Diccionario de mexicanismos

ACADEMIA
MEXICANA
DE LA
LENGUA

Diccionario de mexicanismos.

Propios y compartidos

Cuidado de la edición: Ileana Arias Leal y José Eduardo Latapí Zapata
Corrección de estilo: Oswaldo Barrera Franco, Alberto Mclean, Estela Peña Molatore, Aurora Peralta Rosales y Laura Elena Pulido

Diseño de interiores: Beatriz Díaz Corona J.
Formadores: Beatriz Díaz Corona J., Sandra Elena Ferrer Alarcón, MonoChroma, Andrea Cristina Lehn Angelides y Víctor Montalvo

Diseño de portada: Planeta Arte & Diseño / Daniel Bolívar
Planeta Arte & Diseño
Ilustraciones de portada: © Profe

Bajo el sello editorial ESPASA M.R.
Avenida Presidente Masarik núm. 111,
Piso 2, Polanco V Sección, Miguel Hidalgo
C.P. 11560, Ciudad de México
www.planetadelibros.com.mx

Primera edición impresa en tapa dura en México: septiembre de 2022
ISBN: 978-607-07-8066-0

Impreso en los talleres de Litográfica Ingramex, S.A. de C.V.
Centeno núm. 162-1, colonia Granjas Esmeralda, Ciudad de México
Impreso y hecho en México – *Printed and made in Mexico*

Comisión de Lexicografía

Académicos
Concepción Company Company (Presidenta)
Aurelio González
Ascensión Hernández Triviño
Tarsicio Herrera Zapién
Yolanda Lastra
Pedro Martín Butragueño
Rodrigo Martínez Baracs
Enrique Fernando Nava López

Lexicógrafos
Ileana Arias Leal
Rodrigo Flores Dávila
Víctor Adrián García Córdova
Valeria Elizabeth Guzmán Pérez
Rocío Mandujano Servín (Coordinadora)
Oscar Abraham Moreno Silva
Stefany Olivar Espinosa
Rebeca Pasillas Mendoza
Miriam Heila Reyes Núñez
Fernando Rodríguez Guerra

Colaboradores biólogos
Leonardo O. Alvarado-Cárdenas
César Emiliano Escalona Prado
Martín Leonel Zurita

Introducción

Historicidad, tradición, continuidad, variación, cambio y creatividad son conceptos clave en la elaboración de toda obra lexicográfica, los cuales, a manera de telón de fondo, le otorgan un marco conceptual general a esta, le dan soporte y la organizan, en un nivel abstracto, mediante un diálogo no explícito con la microestructura y macroestructura propias de la lexicografía, que son las que, vinculadas con aquellos conceptos, dan forma y coherencia a un diccionario.

Son conceptos nodales porque están en la base del funcionamiento de una lengua, cuyo vocabulario, en la forma y en el significado, es el objeto del diccionario. Se podría definir este como una fotografía del léxico de una comunidad, realizada en un momento dado de su devenir histórico —o en momentos dados sucesivos, si se trata de un diccionario histórico—, una estaticidad que genera la gran paradoja de querer detener una entidad muy dinámica que está en constante transformación imperceptible, la lengua, la cual, a su vez, en igual y complementaria paradoja, es un objeto de gran estabilidad y grandes continuidades, que parece ser siempre el mismo en el transcurso de décadas e incluso de siglos.

Todos los seres humanos hemos recibido la lengua que hablamos como una herencia del pasado, que, además de permitirnos la comunicación con nuestros semejantes, nos hace también depositarios de la cultura y de la visión de mundo de aquellos que la utilizaron antes que nosotros. Al tiempo, como propietarios de una lengua —o de varias— la renovamos y ponemos al día, en el camino de trasladarla a otras personas. Somos seres históricos gracias, fundamentalmente, a que poseemos lengua, puesto que por medio de ella transmitimos experiencias de padres a hijos, de abuelos a nietos, de amigos a amigos. La historicidad está cargada de rutinas y de hábitos ritualmente repetidos a lo largo de siglos y generaciones; está cargada asimismo de innovaciones, de creación léxica, de extensiones metafóricas y de adaptación constante a nuevas necesidades culturales, sociales o económicas. La lengua, cosa sabida también, es, antes que nada, un sistema de base genética neuronal muy complejo. Una lengua es, en suma, capacidad biológica más uso y actividad histórica.

La variación es inherente al funcionamiento de toda lengua y es siempre enriquecedora. No existen lenguas sin variación. En el caso de la lengua española, todas sus variantes, absolutamente todas, sean cultas o populares, rurales o urbanas, cuidadas o informales, escritas o habladas, contribuyen por igual al concierto de hacer del español una lengua integral, viva y funcional, como lo es cualquier lengua, sea cual sea su extensión geográfica y sea cual sea su número de hablantes, y es, además, pluricéntrica y multinormativa, como son las lenguas internacionales. La variación es una de las causas, a la vez que es la depositaria, del hecho esencial de que las comunidades lingüísticas suelen ser multidialectales, multisociales y multiculturales.

La capacidad de hablar una lengua nos hace seres históricos, pero hablar un determinado dialecto, esto es, hablar en el marco de unas determinadas coordenadas espacio-temporales y experienciales —el español de México, en el caso que nos ocupa—, nos hace seres con una particular historia y con una determinada identidad lingüística, que para nosotros es la identidad o, mejor, las identidades mexicanas.

Todos los niveles de la lengua viven en variación. Sin embargo, el léxico o vocabulario es, posiblemente, el área que de modo más directo, aunque filtrado por la arbitrariedad de los signos y por convenciones sociales seculares, refleja la historicidad, la tradición y las grandes continuidades lingüísticas de una comunidad, al mismo tiempo que en él emergen de modo patente la creatividad, la variación y el cambio. En efecto, el léxico es, por un lado, el nivel de lengua en que mejor se percibe cómo esta es, en gran medida, sedimentación de tradiciones y de hábitos lingüísticos; por otro, y simultáneamente, el léxico es el nivel en que mejor afloran la creatividad, las extensiones metafóricas sustentadas en aquélla y la adaptación a nuevas realidades, todas las cuales son consustanciales a la actividad lingüística de cualquier ser humano.

La obra que ahora tiene el lector en sus manos, *Diccionario de mexicanismos. Propios y compartidos*, recoge el léxico de millones de mexicanos, que, por el hecho de serlo, emplean en su día a día un vocabulario propio y diferente del de otros dialectos de la lengua española, un léxico que es, además, en buena medida, identitario para México. Sin duda, hablar y escribir español es una actividad común a casi 500 millones de hispanohablantes nativos, repartidos en 20 países, ya que, con mínimas dificultades, es posible la comunicación de esos millones a lo largo y ancho del subcontinente hispanoamericano y a uno y otro lado del océano Atlántico. Por ello, es mucho más lo que comparte el español de México en el concierto general de la lengua española, que lo que le es exclusivo y diferencial, lo cual no obsta para que se investigue y consigne el vocabulario que otorga una personalidad léxica propia a este país.

La Academia Mexicana de la Lengua consideró que era importante investigar y recoger el léxico que nos define y nos da entidad e identidad lingüística y cultural como mexicanos, es decir, aquel que otorga un carácter léxico específico. Por ello, elaboró un diccionario diferencial respecto del español de España, en su variante castellana, a la vez que estableció un marcado integral respecto de la lengua española en Hispanoamérica. No existe contradicción alguna en este doble carácter del diccionario.

Una de las funciones de un diccionario, cosa sabida, es estandarizar, esto es, otorgar carta de naturaleza a voces, simples y complejas, que han vivido por siglos en la oralidad, sea cual sea su registro social de uso. Este objetivo ha estado presente en todo momento durante la elaboración de la presente obra.

Es un diccionario dedicado a un léxico específico, usual y sincrónico. Su elaboración inició en 2011 y estuvo a cargo de la Comisión de Lexicografía de la Academia Mexicana de la Lengua. En todo momento fue un trabajo corporativo, colaborativo y realizado en equipo, en que tanto los académicos que integran la comisión como los lexicógrafos, todos jóvenes posgraduados en lingüística, hicieron la investigación, las múltiples tareas y los numerosos controles requeridos para que hoy vea la luz este libro.

El *Diccionario de mexicanismos. Propios y compartidos* contiene 10 587 lemas o artículos lexicográficos, 431 sublemas —formas de un lema que generan nuevos significados—, concentrados, mayoritariamente, en los verbos, y 22 333 acepciones. De estas, compartimos 6 108 con uno o más países de Hispanoamérica.

Al final de este diccionario el usuario encontrará la lista de voces exclusivas de México, que están definidas en el cuerpo de la obra. Por 'exclusivas' ha de entenderse aquellas entradas que no tienen ninguna acepción compartida con otros países hispanoamericanos. La lista es pequeña, lo cual no debe sorprender, porque, como hispanohablantes americanos, es mucho más lo que compartimos que aquello en lo que diferimos. El usuario podrá apreciar que la mexicanidad no está en los vocablos simples sino en la combinatoria de voces; es decir, tenemos muchísimas locuciones, expresiones e interjecciones que sólo se emplean en México, pero muy pocas palabras simples que sean solo nuestras.

1. El concepto de *mexicanismo*

Por mexicanismo este diccionario entiende el conjunto de voces, simples y complejas, locuciones, expresiones y acepciones, o significados, que son normativas —en el sentido de preferidas y más extendidas— y caracterizadoras del español de México, hablado, escrito o ambos, que distancian la variante mexicana respecto del español peninsular, concretamente, de su variedad castellana.

El diccionario consigna cuatro tipos de registros: *a*) voces empleadas en México y que son inexistentes en el español peninsular castellano; *b*) construcciones que tienen significado integral, de construcción, en México, en diverso grado de lexicalización, y que carecen de tal significado de construcción en el español peninsular castellano; *c*) voces formalmente compartidas con el español peninsular, pero que han desarrollado en México —por sí solo o en conjunción con otros países americanos— significados propios, y *d*) voces que, siendo mexicanismos en su origen, están en proceso de generalización también en el español peninsular castellano. Las tres primeras clases construyen casi el cien por ciento de esta obra, la última no llega a 40 voces.

a) *Voces del español de México inexistentes en el español peninsular castellano.* Tales son los casos de *agandalle*, *apapachar*, *balconear*, *chípil*, *chongo*, *conferencista*, *cooptar*, *itacate*, *ñengo*, *parteaguas*, *requisitar* o *zacate*, por citar solo una docena entre los muchísimos vocablos que se adscriben a este primer tipo de mexicanismo. Todas las categorías léxicas —sustantivos, adjetivos, verbos, adverbios, etc.— pueden estar codificadas como mexicanismos de esta primera clase. Los referentes de estas voces o bien se codifican en otras variantes con otras palabras, *conferenciante*, en el caso del mexicanismo *conferencista*; *sobornar*, en el caso del mexicanismo *cooptar*; *hito*, en el caso de *parteaguas*, etc., o bien carecen de una voz simple en el español castellano, de manera que deben ser parafraseadas, para dar cuenta del significado unitario que poseen en México, como es el caso de *itacate*.

Como es lógico, un mexicanismo, propio o compartido con otros países de Hispanoamérica, y una voz que no lo sea pueden convivir y estar en variación en el español de México, *apapachar* y *mimar*, *cuate* y *gemelo* o *cuate* y *amigo*, *escuincle* ~ *escuintle* y *niño*, *cooptar* y *sobornar*, *achichincle* ~ *achichintle* y *ayudante*, etc., cada una asociada a contextos pragmáticos y comunicativos específicos, pero no siempre existe tal variación, de manera que *conferencista*, *molcajete*, *papalote* o *trapear*, y un larguísimo etcétera, no tienen alternante. A continuación aparece ejemplificada esta primera clase de mexicanismo con su artículo lexicográfico completo.

agavero, ra. ■ ADJ. **1.** Perteneciente o relativo al agave: "La zona agavera solo incluye algunos estados del país". ■ M. y F. **2.** Persona que se dedica a cortar las hojas del agave para elaborar el tequila o el mezcal; jimador.

itacate. ■ M. **1.** Comida que un anfitrión entrega a sus invitados para llevar después de una reunión. || **2.** Refrigerio que, generalmente, se lleva a la escuela, al trabajo, a un viaje, etc., y que se suele consumir a mediodía. || **3.** Conjunto de objetos personales que se lleva como equipaje. || **4.** *En Morelos*, gordita triangular de masa de maíz, rellena de distintos ingredientes.

parteaguas. ■ M. Momento o hecho decisivo que marca la diferencia entre un estado previo y otro siguiente; hito: "La Revolución mexicana fue un parteaguas para la historia del país".

b) *Construcciones que tienen en México un significado integral.* Numerosas voces complejas, locuciones y expresiones se adscriben a este segundo tipo de mexicanismo. En el español de México la combinatoria de estas formas complejas no tiene significado composicional sino total, esto es, ha adquirido significado de construcción y por ello está en el diccionario, mientras que en el español peninsular castellano las partes no coaparecen juntas o, si lo hacen, tienen solo un significado sumatorio, por lo que no tienen estatus de construcción. Tal es el caso, por ejemplo, de la gran productividad del pronombre átono de dativo *-le(s)* afijado a varias categorías, que es, sin duda, un caracterizador del español mexicano más allá de nuestras fronteras, como *híjole(s)*, *órale(s)*, *quihúbole(s)*, además de concurrir con numerosos verbos, los cuales mediante la afijación de *-le(s)* se han recategorizado como interjecciones a partir de su forma imperativa, *ándale(s)*, *chíngale*, *vuélale*, etc. —en España este dativo no referencial existe, pero con un uso restringido a un solo verbo, *dar*, *(y) dale*; *dale que dale*, y la recategorización como interjección no es un cambio cumplido—. Son, asimismo, mexicanismos de este segundo tipo la alta productividad del adverbio *ya*, en construcción con verbos y en menor medida con otras categorías, para significar una acción que fue concluida o es considerada por el hablante como concluida o de inminente conclusión, *ya valió*, *ya fue*, *ya vas*, *ya estuvo*, *ya mero*, etc., o la amplia combinatoria del adverbio *no* con diversas categorías, pero sobre todo con verbos, como es esperado dada su categoría originaria, *no haber de otra*, *no servir ni para el arranque*, *el que no transa no avanza*, pudiendo incluso adquirir la locución verbal un significado positivo, *no cantar mal las rancheras*, *de no malos bigotes*, *no que no*, y pudiendo generar una palabra simple, esto es, univerbarse, en alguna ocasión, *nomás*, a partir de dos adverbios, o *quihubo*, a partir de un interrogativo y de un verbo.

nomás. ■ ADV. **1.** supran. coloq. Nada más; solamente: "—¿Te dolió mucho el golpe? —No, nomás tantito". || **2.** supran. coloq. Se usa para añadir énfasis a una orden u ofrecimiento: "¡Siéntate nomás!". || **3.** supran. coloq. Apenas: "Los vecinos nomás llegaron y se sintieron en casa". ■ LOC. CONJ. **~ que.** **1.** coloq. Se usa para contraponer algo a lo ya dicho: "Manuel me insultó, nomás que no se acuerda". || **2.** coloq. Tan pronto como: "Iré a Querétaro, nomás que tenga dinero". ■ EXPR. **¡~ faltaba!** fam. Se usa para reafirmar algo de manera enfática: "Te voy a acompañar al doctor, ¡nomás faltaba!". ■ INTERJ. **¡nomás!** fam. Se usa para expresar que algo se hace sin razón ni finalidad alguna: "—¿Y ahora por qué vas a ir a Xalapa? —¡Nomás!".

quihubo. ■ INTERJ. **¡quihubo! 1.** Se usa para saludar: "¡Quihubo!, ¿cómo estás?". || **2.** Se usa para mostrar molestia: "¡Quihubo!, ¿dónde quedó mi monedero?". || **3.** Se usa para confirmar una aseveración: "Ganó mi equipo. ¡Quihubo!, ¿no que no ganaba?". || **4.** Se usa para indicar sorpresa: "¡Quihubo!, ¡no me pegues!".

ya. ■ LOC. **~ mero.** LOC. ADV. supran. coloq. Casi: "Ya mero llegamos al cine, no te desesperes". ▶ **~ mismo.** LOC. ADV. supran. En este momento: "Lo quiero resuelto ya mismo o cancelaré tu contrato". ■ EXPR. **¡~ cásate!** fam. Se usa para indicar que una persona está de mal humor: "¿Vas a seguir así todo el día? ¡Ya cásate!". ▶ **¡~ chingué!** malson. **¡ya la hice!** ▶ **¡~ chole!** fam. **¡ya estuvo (suave)!** ▶ **¡~ estufas!** fam. **¡ya estuvo (suave)!** ▶ **¡~ estuvo (suave)!** coloq. Se usa para mostrar molestia ante una situación que es repetitiva: "¡Ya estuvo suave! Siempre me reclamas lo mismo". ▶ **¡~ fregué!** malson. **¡ya la hice!** ▶ **~ fue.** fam. Se usa para indicar que algo tendrá un final que no se puede modificar: "—¿Quieres que estudiemos para el examen o no? —Olvídalo, ya fue, es en una hora y no lo voy a aprobar". ▶ **¡~ la...!** supran. fam. Se usa para indicar sorpresa: "¡Ya la...!, se cayó la tele y se descompuso". ▷ **¡~ la hice!** fam. Se usa para expresar que se ha logrado o conseguido lo que se deseaba: "¡Ya la hice! Me gané los boletos para el concierto". ▷ **~ (se) lo besó el diablo.** fest. **ya (se) lo chupó el diablo.** ▷ **~ (se) lo chupó el diablo.** fest. Se usa para indicar que alguien debe evitar comer o levantar algo del suelo: "¡No levantes ese dulce, Pablito!, ya lo chupó el diablo". ▷ **~ ni la amuelas.** fam. Se usa para expresar reclamo o reproche: "Ya ni la amuelas, perdiste otra vez el dinero". ▷ **~ ni la chingas.** malson. **ya ni la amuelas.** ▷ **~ ni la friegas.** malson. **ya ni la amuelas.** ▷ **¡~ qué!** supran. fam. Se usa para indicar resignación: "—No me prestaron el coche para ir a la fiesta. —¡Ya qué!". ▷ **¡~ rugiste!** fest. Se usa para indicar asentimiento: "—Yo te invito los boletos para el concierto. —¡Ya rugiste!". ▷ **~ salió el peine.** fam. Se usa para evidenciar la verdad de algo: "¡Ya salió el peine!, me dijo que se sentía mal, pero salió con otros amigos". ▷ **¡~ vas (Barrabás)!** fam. Se usa para indicar asentimiento: "—¿Nos vamos de viaje? —¡Ya vas!". ■ INTERJ. **¡ya!** supran. Se usa para manifestar duda sobre lo que alguien dice: "—Voy a dejar el cigarro. —¡Ya!, cómo no".

c) *Voces formalmente compartidas con el español peninsular, pero que han desarrollado en México valores semánticos propios*. Este tercer tipo de mexicanismo atañe a cualquier categoría, pero es especialmente llamativo en preposiciones y cierto tipo de adverbios, temporales y locativos sobre todo, los cuales con frecuencia muestran en el español de México significados diferentes de los usuales en el español peninsular castellano, por lo cual exhiben en México y en España una distribución y selección contextuales diferentes. Son mexicanismos de esta clase, por ejemplo, el conocido valor de límite temporal inicial de la preposición *hasta* sin concurrencia con negación, *el doctor llega hasta las cinco*, 'llega a partir de las cinco'; el uso del adverbio *recién* como introductor de oración con verbo conjugado, *recién me di cuenta del problema*, 'tan pronto me di cuenta'. El camino propio para resemantizar ciertos verbos, como *coger* en la acepción de 'realizar el coito', como *parar* en la acepción de 'poner en posición vertical', así como la resemantización de muchos sustantivos y adjetivos son un ejemplo de este tercer tipo de mexicanismo: tal es el caso de *café*, 'color marrón de cualquier tonalidad'; *camión* 'transporte de pasajeros, urbano o interurbano'; *llanta*, 'neumático'; *milagrito*, 'acción perjudicial'; 'embarazo no deseado' e 'hijo, especialmente uno pequeño'; *té*, como genérico para cualquier 'infusión de frutos, hojas, tallos, flores o cortezas de ciertas plantas', etcétera.

camión. ■ M. Vehículo grande destinado al transporte de pasajeros; autobús.
parar. ■ TR. **1.** Despertar: "Ya para a Ramiro porque se le va a hacer tarde". || **2.** supran. Poner en posición vertical: "Paré los libros para que ocuparan menos espacio".
remojo. ■ M. **1.** fam. Acción con la que se marca el estreno o la inauguración de algo. || **2.** fam. Ducha rápida.

d) Voces en proceso de generalización en el español peninsular castellano. Nos ha parecido conveniente incorporar poco más de una treintena de lemas (34 voces) que sí están documentados en el español peninsular castellano, con diferente grado de expansión, pero cuyo empleo todavía se asocia cultural y geográficamente a México. No son ya mexicanismos en sentido estricto, pero son voces altamente identitarias en la formación del español mexicano y de la cultura construida con esta lengua en nuestro país. De hecho, algunos pocos vocablos de este reducido grupo han traspasado no solo las fronteras de México sino de la lengua española, y han pasado en forma de préstamos a muchas otras lenguas; tal es el caso de *aguacate*, *chocolate* y *tomate*. Una muestra de este reducido grupo que constituye el cuarto tipo de mexicanismo es *ajolote*, *azteca*, *burrito*, *cacao*, *chicano*, *chía*, *chicle*, *coyote*, *guacamole*, *hule*, *mariachi*, *maya*, *mordida*, *taco* o *tequila*. Están marcados como *gralizado.* 'generalizado'. La consignación de este vocabulario es resultado de movimientos poblacionales y de trasvases culturales propiciados, en buena medida, por la globalización de la comunicación en el mundo actual, aunque algunos tienen ya bastante profundidad histórica.

azteca. ■ ADJ. […] **5.** gralizado. Perteneciente o relativo a la lengua yutoazteca del subgrupo lingüístico nahuatlano; náhuatl: "El léxico azteca ha permeado el español". || **6.** gralizado. Perteneciente o relativo a México; mexicano: "La vestimenta azteca es reconocida en todo el mundo". || **7.** gralizado. Natural o procedente de México; mexicano: "El boxeador azteca es campeón del mundo".

mordida. ■ F. gralizado. Soborno que se da, generalmente, a un policía o a un funcionario.

taco. ■ M. **1.** Alimento o sustento. || **2.** Comida informal, generalmente poco abundante. || **3.** supran. Tacón. || **4.** gralizado. Alimento que se prepara con una tortilla caliente de maíz o de harina de trigo, enrollada o doblada con algún alimento dentro.

Algunos otros aspectos relativos al concepto de 'mexicanismo' deben ser tomados en cuenta. Un mexicanismo no es necesariamente un indigenismo, no es necesariamente un uso regional, no es necesariamente un uso costumbrista, no es tampoco necesariamente un uso popular, no es tampoco vocabulario marginal y un mexicanismo no es una creatividad espontánea. Es decir, un mexicanismo no es el habla folclórica y popular ni es el conocido estereotipo del habla cantinflesca, aunque esas hablas también sean caracterizadoras de una parte de la cultura mexicana.

Hay cientos de indigenismos que sí son mexicanismos, como *atole*, *cenzontle*, *chapulín*, *charal*, *esquite*, *itacate*, *molcajete*, *mole*, *metlapil*, *papalote*, *petate*, *pibil*, *tambache* y un muy numeroso etcétera, pero hay indigenismos que ya no son mexicanismos, o bien porque su empleo es común en el español peninsular castellano, como *copal* o el generalizado *aguacate*, o bien porque su significado base no se emplea en México, tal es el caso del nahuatlismo *tiza*, ya que en nuestro país para ese referente se usa *gis*, procedente a su vez —quizá tras pasar por otra lengua— del latín *gypsu*, y *tiza* en México refiere únicamente al talco que se pone en el extremo del palo de billar. La gran mayoría de los mexicanismos no está constituida por indigenismos, ya que aquellos no están relacionados ni en su creación ni en su empleo con las lenguas amerindias, dado que no son resultado del contacto cultural y lingüístico entre el español y las lenguas originarias de México, sino del devenir histórico y del uso cotidiano del léxico patrimonial de la lengua española en este país. Además, si bien una parte relevante de los indigenismos que sí son mexicanismos se emplea en todo México, otros muchos presentan vitalidad en regiones específicas.

Existen mexicanismos en todos los niveles diastráticos y en todos los niveles de la lengua. Desde los ángulos diastrático y diafásico, hay mexicanismos de empleo formal y culto, hay mexicanismos neutros, generales o no marcados —la inmensa mayoría de voces en este diccionario—, hay mexicanismos informales que solo se emplean en la proximidad comunicativa y hay mexicanismos que son malsonantes, vulgares y tabú. Como es usual en cualquier lengua, el vocabulario recorre el amplio espectro social y situacional de los hablantes que la emplean.

Existen mexicanismos formales o cuidados del tipo *bienes mancomunados, cadencia, cooptar, erario público, imprudencial, parteaguas, retribuir* y un no pequeño etcétera (a partir de aquí, véanse las respectivas entradas para los significados; por razones de espacio, no siempre está ejemplificado el artículo completo). Hay mexicanismos que podrían ser considerados generales en el sentido de no marcados, porque es el modo usual o el único posible de nombrar esas entidades o eventos en el español de México, y constituyen la inmensa mayoría en este diccionario, tales como, en ciertas acepciones, *acordeón, alineación, ameritar, balanceo, banqueta, camión, colegiatura, cuadra, equipal, espectacular, estacionamiento, llantera, machimbrado, parar, parque, platicar, taquería, tlapalería, torito, vulcanizar* y un larguísimo etcétera. Otros mexicanismos se adscriben a la proximidad comunicativa y al ámbito informal de la vida cotidiana, tales como *¡achis!, ahi muere, ahi nos vidrios* (con pronunciación grave el adverbio *ahí*), *alipús, chafa, chido, el dese, fresa, hechizo, llevarse de piquete de ombligo, mano, de a piocha, ruco, ¡sopas!, simón ese,* además de un casi inacabable etcétera. Finalmente, otros pueden ser calificados de muy íntimos, tales como *aquellito, chingaquedito, chingativo, pendejo, pinche, rapidín, a toda(s) madre(s)*, y muchísimos más. Muchos mexicanismos de este último rubro están marcados como malsonantes o vulgares.

Es un hecho bien sabido en la sociolingüística que a mayor distancia comunicativa entre dos o más interlocutores, más aflora un vocabulario más general y compartido entre ellos; esto es, todos los hablantes activamos una autorregulación que nos hace emplear una lengua más general en la medida en que nos distanciamos de nuestro entorno cotidiano. Pero es un hecho sociolingüístico también conocido que cuanta mayor proximidad comunicativa exista, más voces de valor comunitario, mexicanismos en el caso que nos concierne, informales, íntimos y malsonantes habrá, porque es en esos registros coloquiales donde la lengua se distancia más del español general y, sobre todo, porque los filtros de corrección se aminoran y donde, por consiguiente, emerge con mayor facilidad la idiosincrasia léxica de una comunidad de habla y se plasma con mayor libertad la identidad de una persona.

En cuanto a los niveles de lengua, existen mexicanismos en todos ellos. *Prosódicos*, porque la pronunciación en México contrasta con la del español europeo, y aunque el significado es el mismo nos ha parecido adecuado consignarlos; tales son los conocidos casos de *beisbol, biósfera, estratósfera, karate, pénalti* o *video*, entre otros. *Morfológicos*, cuando el español de México usa la misma forma pero con género distinto, como *la bolsa*, que es *el bolso* en España, o cuando ciertos afijos han adquirido nuevos significados en nuestro país, además de tener una mucha mayor productividad, tal es caso de *-ada*, entre otros. Hay mexicanismos *sintagmáticos*, como es el caso de las múltiples locuciones, coapariciones y construcciones generadas mediante diversos procedimientos; por ejemplo, con verbos de significado ligero o no específico, como *dar*: *dar baje, dar cran, dar el avión, dar el gatazo, dar entrada*, etc., o *valer*: *valer gorro, valer madres, valer queso, valer sombrilla, valer cacahuate*, etc.; asimismo, es un mexicanismo sintagmático el uso concurrente de algunas preposiciones, particularmente *de a*, una locución prepositiva de alta productividad en el español de México: *de a cómo no, de a dedo, de (a) gratis, de a peso, de a tiro*, etc. Por último, hay mexicanismos que podrían denominarse *semánticos*, cuando la forma es la misma pero el referente o entidad denotada es distinta, por ejemplo, en México *torta* es 'comida que se prepara con una pieza de pan' o 'glúteo', mientras que en España es 'bofetada'; *saco* es una prenda de vestir en México pero un 'costal' en España; la *pajarita* de España es nuestro *moño*, y el *moño* español es el *chongo* mexicano, *té* es un genérico para infusión de hierbas o frutos en México y es solo el 'negro' en España, entre muchos otros ejemplos.

El *Diccionario de mexicanismos. Propios y compartidos*, dado que es un diccionario descriptivo, contiene numerosos extranjerismos, básicamente anglicismos, que están plenamente incorporados al español usual de México y son por ello, en un sentido sincrónico, mexicanismos. Algunos se emplean en México como préstamos duros, sin adaptación fónica ni gráfica, como *office boy*, *mouse*, *strike*, entre muchos otros. Algunos, los menos, son anglicismos adaptados: *jonrón*, *jaibol*, *cátsup*, etc. Queda reflejado en este diccionario que el español de México tiene una marcada preferencia por escribir y pronunciar los extranjerismos sin adaptación alguna a la pauta del español, de ahí que, bajo el lema, aparezca el modo de pronunciación entre corchetes, en una transcripción fonética ligera, accesible para cualquier usuario.

2. Diccionario diferencial e integral

Existe una clasificación tradicional, bien conocida, de los diccionarios en *integrales* y *diferenciales*. Los primeros tienen como objetivo dar cuenta del léxico que es general para una comunidad hablante, incorporando tanto lo que esos hablantes comparten con otros y lo que les es exclusivo, en tanto que su finalidad es consignar la estructura general del léxico, así como la ubicación y relaciones del vocabulario en el sistema general de la lengua. Por ello, la comparación o contraste de las características léxicas dialectales de esa comunidad, frente a otra u otras, no suele ser motivo de estudio en un diccionario integral, o lo es nada más de modo secundario, por ejemplo añadiendo algunas marcas geográficas para acotar el empleo de una palabra. Los segundos, por su parte, tienen como meta consignar el léxico que es particular de un dialecto o grupo social y que es, por ello, diferenciador y definidor de una comunidad frente a otra u otras comunidades de la misma lengua general. Un diccionario diferencial, sin duda, también da cuenta de la estructura general de ese léxico, su ubicación y relaciones en el sistema general de ese dialecto.

El *Diccionario de mexicanismos. Propios y compartidos*, como ya dijimos, es diferencial respecto del español peninsular castellano y es integral respecto de los países americanos hispanohablantes, ya que cuando un mexicanismo es compartido por uno o más países de Hispanoamérica se indica con la abreviatura *supran.* 'supranacional'. Esta marca puede remitir a todas las acepciones o solo a algunas particulares dentro de un artículo lexicográfico. Los ejemplos a continuación muestran este doble carácter del diccionario. Las dos primeras voces son exclusivas de México, la tercera es un mexicanismo supranacional en sus dos acepciones y las dos últimas tienen tanto acepciones exclusivas mexicanas como compartidas con otras variantes del español americano, y por ello aparece *supran.* al inicio de la acepción, después del número si lo hay. El hecho de que más de 90% de la población hispanohablante nativa haya nacido en este continente respalda la doble naturaleza de este diccionario académico:

achipilarse. ■ INTR. PRNL. fam. Ponerse chípil alguien: "Mi mamá supo que estaba embarazada porque yo me achipilé".
chípil. ■ ADJ. **1.** *Referido a persona*, melindrosa: "Tania es muy chípil con la comida, no le gusta nada". || **2.** *Referido a persona*, que experimenta tristeza y no encuentra sosiego: "Rebeca está chípil porque extraña a su mascota". || **3.** Propio de la persona **chípil**: "No sé qué pasa, pero me desperté con el ánimo muy chípil". || **4.** *Referido a un niño*, que siente malestar por hallarse embarazada su madre o la mujer que lo cría: "Dale más atención a la niña chípil". || **5.** *Referido a un niño*, que siente malestar por la dentición: "Llevaron al pediatra al niño chípil".
acalambrar. ■ TR. **1.** supran. Causar algo un calambre a alguien: "El agua fría de la alberca siempre me acalambra". || **2.** supran. fam. Intimidar a alguien: "Esteban acalambró a su hijo con semejante regaño".
malteada. ■ F. **1.** Bebida que se prepara a base de frutas licuadas con leche, yogurt o agua; licuado. || **2.** supran. Bebida que se prepara con leche y helado, y, generalmente, malta.
palomar. ■ M. **1.** Construcción en la parte alta de un edificio o de un estadio. || **2.** supran. fam. Edificio con muchos departamentos, generalmente pequeños y superpoblados.

La taxonomía binaria arriba señalada responde, asimismo, a objetivos sociales y culturales distintos del quehacer lexicográfico. Desde un punto de vista social, y dados los dos diferentes objetivos lingüísticos ya señalados, ambos tipos de diccionarios tienen objetivos sociolingüísticos distintos, que suelen quedar plasmados en un empleo de marcas de uso, o marcado sociolingüístico y situacional, bastante diferente: más general, en ocasiones casi inexistente, los primeros, más detallado los segundos, ya que estos pretenden plasmar la heterogénea composición social de los hablantes que emplean ese léxico diferencial, a la vez que desean indicar los muchos rangos diastráticos, o gradación diastrática, que todo hablante usa en el día a día.

Desde un ángulo cultural, tienen asimismo un trasfondo subyacente distinto: los primeros ponen énfasis en la estructura lingüística, los segundos, sin dejar de dar cuenta de la estructura lingüística, suelen poner énfasis en aquellos aspectos del léxico que mejor reflejan la idiosincrasia cultural de la comunidad, porque es en ella donde mejor afloran los contrastes respecto de otra u otras comunidades usuarias de la lengua general.

Ambos tipos de diccionarios ejercen un efecto estandarizador de la lengua en cuestión, pero este se realiza de modo distinto en unos y otros. En los diccionarios integrales la estandarización, hoy día, viene dada para la mayor parte del léxico como un hecho (casi) *de facto* —no es necesario estandarizar las voces y acepciones que por siglos se han usado en una lengua; esto es, *amanecer, amor, cantar, ira, ladrar, mesa, silla, sol* o *zapato*, miles más, no requieren un espaldarazo de empleo—, además de que todo diccionario integral siempre tiene un componente de léxico novedoso. En los diccionarios diferenciales hay un esfuerzo por dar carta de naturaleza al léxico local, esto es, hay una fuerte intención valorizadora, de modo que, sea por caso, *agavero, ra, alberca, avión, banqueta, calambre, escarpa, faje, fusil, molcajete, titipuchal* y miles más estén en pie de igualdad en el conjunto multidialectal que construye la lengua española. Son distintas perspectivas para abordar un mismo objeto de estudio.

En el caso de este diccionario académico de mexicanismos, hemos tenido siempre en mente que un diccionario es una herramienta para el mejor conocimiento de nosotros mismos, y en la medida en que sepamos quiénes somos, cómo somos y por qué hablamos y nos comportamos lingüísticamente de una determinada manera, estaremos más seguros de cómo podemos situarnos frente al otro y ante nosotros mismos. Estar seguros de cómo hablamos es saber en qué somos iguales y en qué somos diferentes frente al otro y a los otros; es, en definitiva, conocernos mejor y tener autonomía lingüística.

Dada la dimensión diferencial y cultural identitaria de este diccionario, hemos preferido realizar definiciones no sinonímicas, porque ello habría supeditado el mexicanismo al español peninsular castellano. En caso de que en México se emplee o se reconozca también una voz general para ese significado, hemos puesto al final de la definición, separada por punto y coma, la voz general en cuestión, como se muestra abajo, de modo que el usuario tenga una perspectiva más amplia de la relación léxica de unos vocablos con otros. Cuando una voz general se usa y se reconoce ampliamente en nuestro país, hemos empleado esa voz para construir la definición.

avión. ■ M. supran. Juego infantil que consiste en arrojar una bola de papel mojado, moneda o tejo hacia una cuadrícula en forma de cruz trazada en el suelo y recuperar el objeto, sin pisar las líneas pintadas, brincando sobre un solo pie entre los cuadros; rayuela. Ú.m.e.dim.

dulce. ■ M. Golosina de diferentes sabores y colores; caramelo.

3. Las etapas metodológicas

Fueron varias las etapas, no necesariamente lineales, para realizar este diccionario. En líneas generales, abordamos el trabajo en cuatro fases: *a*) contraste con diccionarios integrales de la lengua española; *b*) cotejo con diccionarios de español de América; *c*) integración de mexicanismos acotados a ámbitos regionales; *d*) búsquedas en corpus, tanto para contrastar con el español peninsular castellano, y descartar, cuanto para confirmar su empleo en México, e incorporar y definir. Contraste, identificación e incorporación de mexicanismos, investigación de acepciones y definición lexicográfica fueron etapas simultáneas la mayoría de las veces, realizadas en un reparto de tareas en la Comisión de Lexicografía de la Academia Mexicana de la Lengua.

La primera fase permitió listar voces y significados que, por una parte, se empleaban en el español peninsular castellano, para descartarlas y, por otra y al mismo tiempo, elaborar, por contraste, una amplia lista de voces y acepciones propias de México. Diccionarios varios, como el *Diccionario del español actual* de Seco, Andrés y Ramos (1999, 2011), el *Diccionario de uso del español* de Moliner (1966), el *Diccionario de la lengua española* de la Real Academia Española y Asociación de Academias de la Lengua Española (2014 y en línea), o el *Diccionario del español de México* de El Colegio de México, dirigido por Lara (2010 y en línea), fueron algunas de las obras con que trabajamos en esta primera fase.

El *Índice de mexicanismos* (2000) de la Academia Mexicana de la Lengua, junto con las obras lexicográficas de las que se nutre, que, de manera conjunta, forman un *Tesoro* de 138 obras que han visto la luz desde 1761 en adelante, y el *Diccionario de mexicanismos* (2010) de la Academia Mexicana de la Lengua constituyeron también puntos de partida para la elaboración de listados de mexicanismos, para su investigación con una nueva mirada contrastiva y para su posterior tratamiento lexicográfico, en caso de que se confirmara su carácter de mexicanismo y se constatara su reconocimiento y empleo. En algunos casos, ciertas voces documentadas en estas dos obras dejaron de adscribirse bajo la noción de mexicanismos, puesto que fueron objeto de reciente adición, ya sin marca alguna alusiva a México o a América en el *Diccionario de la lengua española* de la Real Academia Española y la Asociación de Academias de la Lengua Española, ya que, como es sabido, este diccionario actualiza la versión electrónica una vez al año, y añade palabras o acepciones, sea porque no habían sido registradas con anterioridad o sea porque su uso se extendió y alcanzaron un estatus general. Sucedió así, por ejemplo, con *bóxer*, con el significado de 'calzoncillo parecido a un pantalón corto', que estaba consignado, como mexicanismo, pero que recientemente fue añadido al *Diccionario de la lengua española* como una voz de uso general en la lengua española.

El *Diccionario de americanismos*, de la Asociación de Academias de la Lengua Española (2010), fue la base para llevar a cabo la segunda etapa. Esta obra permitió tanto incorporar los mexicanismos no identificados previamente, como asignar el carácter de supranacional a estos nuevos vocablos y a muchos otros que ya teníamos, a la vez que confirmar que otros muchos eran exclusivos de México. Asimismo, el *Diccionario de la lengua española*, de la Real Academia Española y la Asociación de Academias de la Lengua Española, sirvió en esta etapa como fuente de consulta para comprobar la condición de mexicanismo, fuera supranacional, esto es americanismo, o no, de algunas voces que ya teníamos registradas como tales, ya que esta obra lexicográfica revisa con asiduidad la información dialectal de los lemas que consigna, mediante la información que aportan las diferentes Academias de la Lengua, reunidas todas en la Asociación de Academias de la Lengua Española.

Una tarea, ya en la tercera fase, que constituyó un reto importante para este nuevo diccionario de mexicanismos académico fue la incorporación de mexicanismos acotados a un ámbito geográfico, esto es, no generales para todo el país. Conscientes de la amplitud geográfica, complejidad étnica y demográfica y de la consecuente gran diversidad léxica y dialectal de este país, era un deber integrar, hasta donde fuera posible, mexicanismos de los diferentes estados de la República Mexicana. Hemos consignado algo más de 1100 acepciones demarcadas geográficamente, con un total de hasta 65 contornos que van desde los propios estados (*En Aguascalientes*, *En Baja California*, *En Colima*), grupos de estados, en cuyo caso aparecen en orden alfabético (*En Guanajuato, Querétaro y San Luis Potosí*), regiones geográficas (*En el Noroeste, En el Sureste*), regiones delimitadas por su actividad cultural y económica (como *En El Bajío*), y hasta grupos de regiones (*En El Bajío y el Occidente*).

El hecho de que varios académicos de número y lexicógrafos sean nativos de diferentes estados de la República Mexicana ayudó mucho en esta tarea; la colaboración de algunos académicos correspondientes fue también una valiosa aportación; e igualmente, prestamos atención a los hablantes que, *motu proprio*, enviaron a la página o al correo electrónico de la Academia Mexicana de la Lengua voces que ellos mismos reconocían como identitarias. Lo anterior, más la consulta de lexicones de varios estados, con la correspondiente investigación y constatación en corpus, permitió ampliar considerablemente la lista de mexicanismos que ahora se consignan. Desde siempre, la Academia Mexicana de la Lengua ha deseado recabar información léxica sistemática de las entidades federativas que integran el país; tal sistematicidad sigue siendo un deseo, que requerirá esfuerzos colaborativos posteriores de otra naturaleza.

La investigación en corpus y documentación, cuarta etapa, fue una tarea constante con dos finalidades: una, para descartar una voz o una acepción en caso de que apareciera en corpus de España, aun cuando estuviera en algunas fuentes lexicográficas consignada como mexicanismo, y dos, para confirmar su empleo y extensión o acotamiento geográfico en México. Las búsquedas en internet se hicieron tanto en el dominio *.es* (España) como en el dominio *.mx* (México), como es lógico y se infiere de lo aquí dicho. Asimismo, con el fin de asegurar que las voces o acepciones registradas en los corpus coincidían con los parámetros de documentación requeridos, empleamos distintos operadores ofrecidos por los buscadores web, tales como búsqueda exacta (“ ”); búsqueda excluyente (-); búsqueda combinada (OR); búsqueda por tipo de documento (filetype:pdf), etcétera.

Hemos entendido *corpus* en un sentido amplio, tanto para la documentación sistematizada sobre la lengua oral y la lengua escrita, como para la disponible en diferentes ámbitos de internet. También han sido útiles para diversas discusiones los testimonios de lengua oral empleados por hablantes nativos, porque con gran frecuencia son formas de gran proximidad comunicativa que difícilmente traspasan la oralidad inmediata. Hemos consultado de forma permanente corpus electrónicos conformados como tales, por ejemplo, el *Corpus del Español. Siglo XXI* (*CORPES*) de la Real Academia Española, o *Google libros*, así como datos procedentes de medios audiovisuales y prensa digital, así como redes sociales de muy diversa índole, tales como *Facebook* y *Twitter*, así como sitios electrónicos especializados en determinados campos, como la flora y la fauna, la música o el arte popular, más blogs científicos, redes universitarias, etc. Otra herramienta utilizada con regularidad fue la plataforma *Google Ngram Viewer*; este buscador se empleó para conocer las preferencias de frecuencia, principalmente en casos de controversia entre variantes fonéticas y entre variantes gráficas, con el fin de decidir cuál de las voces debería llevar la definición y cuál de ellas debería remitir, tal como sucede con las palabras *lonch* y *lonche* o las locuciones *sacarle al parche* y *sacarle la vuelta*; en ambos casos, la segunda forma es la más documentada en *Ngram* y por tanto la definición se presenta bajo ella, mientras que sus variantes se definen mediante remisión. Las fuentes consultadas están consignadas al final de esta introducción.

4. Antecedentes

Existe en nuestro país una tradición de quehacer lexicográfico, integral y diferencial, de larga data y de variadas características, que constituye antecedente de esta obra académica. El quehacer lexicográfico de Joaquín García Icazbalceta en el siglo antepasado, con el *Vocabulario de mexicanismos, comprobado con ejemplos y comparado con los de otros países hispanoamericanos* (1899), fue un trabajo pionero, sin duda. El *diccionario de mejicanismos* de Francisco J. Santamaría (1959) y el *Diccionario de México* de Juan Palomar (1991) constituyen, con sus propias finalidades, antecedentes, de alguna manera tangencial, de este nuevo diccionario académico. El *Diccionario del español de México* de El Colegio de México, en sus sucesivas versiones, hoy en línea, de carácter integral y basado en un corpus acotado cronológicamente a la segunda mitad del siglo XX, es un antecedente lexicográfico y fue obra de consulta.

Antecedentes directos lo constituyen dos obras. Por una parte, el proyecto "Diccionario de Mexicanismos" de la Academia Mexicana de la Lengua, dirigido por José Luis Martínez, llevado a cabo a mediados de los años noventa. Este proyecto tenía como objetivos inmediatos crear una red de informantes calificados, compilar todos los trabajos que listaran mexicanismos y compilar un corpus de mexicanismos con las fuentes de documentación. El resultado de este proyecto fue el libro de la Academia Mexicana de la Lengua *Índice de mexicanismos* (2000), ya citado. Esta obra, que a su vez recoge diccionarios, vocabularios y trabajos especializados sobre el léxico mexicano de diferentes periodos, principalmente durante el siglo pasado, constituyó una fuente constante de consulta y orientación para nuestras labores. Se trata de un repositorio de 138 obras que datan desde 1761, con los *Comentarios a las ordenanzas de minas* de Francisco Javier Gamboa, hasta 1996, con las *Nuevas minucias del lenguaje*, de José G. Moreno de Alba. Todas estas obras aportaron información relevante durante las diferentes fases de trabajo.

El segundo antecedente directo es el *Diccionario de mexicanismos* de la Academia Mexicana de la Lengua (2010). Esta obra, que dio inicio en 2007, constituyó un punto de partida para la elaboración de este *Diccionario de mexicanismos. Propios y compartidos*. Aunque con un tratamiento lexicográfico distinto, aquel diccionario académico, elaborado también mediante un trabajo corporativo, sentó un precedente con respecto a la necesidad de realizar una obra lexicográfica diferencial del español de México de otra índole, este nuevo diccionario, que, con nuevos recursos, nuevos métodos lexicográficos y nuevos objetivos diera cuenta de la identidad de México y los mexicanos a través de sus palabras.

Sin ser antecedentes como tales, pero sí como contexto en el que nace este diccionario, deben recordarse otras obras análogas, con diferente grado de afinidad, producidas en los últimos años por varias Academias americanas, así como otras más en proceso de elaboración. Nada más a modo de ejemplo pueden mencionarse el *Diccionario de uso del español de Chile* (2010), el *Breve diccionario de colombianismos* (4ª ed., 2012) o el *Diccionario de la lengua de la Argentina* (3ª ed., 2019).

5. La estructura del diccionario

Varios ejes organizan el *Diccionario de mexicanismos. Propios y compartidos: a)* carácter sincrónico; *b)* ámbito geográfico; *c)* lengua oral y lengua escrita; *d)* léxico general y léxico especializado; *e)* información gramatical; *f)* lematización, *g)* definición, y *h)* remisión. Veamos cada uno de ellos.

a) Carácter sincrónico. Esta obra considera solamente el español actual de México en un rango etario de cuatro generaciones, aproximadamente. No contiene la etimología del lema ni se consigna el lema extranjero originario, en caso de préstamos incorporados al caudal léxico del español de México. Contiene voces de gran frecuencia e inmediato reconocimiento por parte de cualquier usuario, pero consigna también voces o acepciones con poca productividad, empleadas de manera ocasional por algún grupo de hablantes. En caso de que la voz o acepción esté restringida o sea característica de la primera generación, se indica con el contorno *entre jóvenes*.

b) *Ámbito geográfico*. El objetivo básico del diccionario es el vocabulario del español urbano de la República Mexicana, ya que, aproximadamente, 78% de la población de este país vive en ciudades. Incorpora, en mucha menor medida, voces y acepciones rurales, antecedidas de la marca *rur*. El perfil básico del diccionario es el español empleado cotidianamente por un hablante urbano de clase media, instruido o no instruido.

El gran concentrado de los mexicanismos consignados corresponde a las ciudades del Altiplano Central de México, que juntas corresponden a la llamada megalópolis central, ya que en ellas se concentra alrededor de 35% de la población de México, además de que esta variante central suele ser normativa para la elaboración de libros de texto, revisión editorial y medios de comunicación, de manera que de ellas existe más información. Hemos consignado también, sin carácter de exhaustividad por el momento, mexicanismos de otras regiones, en cuyo caso el diccionario indica, a manera de contorno geográfico (véase arriba, apartado 3 de esta introducción), el estado, los estados o la zona geográfica de México en que se emplea tal voz o acepción: *En Sonora*; *En Veracruz*; *En El Bajío*; *En el Sureste*, etc. Si está consignado en varios estados, se presentan éstos, como se ha dicho, en orden alfabético. Hubiera sido deseable dar cuenta de los mexicanismos de todo el país, como ya dijimos también, pero no contamos a la fecha con las obras dialectales y lexicográficas necesarias que nos permitan llegar a este ideal de diccionario diferencial interno general del español de México.

c) *Lengua oral y lengua escrita*. Hemos incorporado no solo voces y acepciones que tienen un respaldo en la lengua escrita, en cualquier género y soporte textual (véase apartado 3 de esta introducción), sino también voces y acepciones de la lengua oral recabadas en medios audiovisuales, así como voces y acepciones del habla espontánea de hablantes nativos, que no están documentadas en soporte alguno o que son de difícil documentación, pero que se emplean en el día a día en diferentes situaciones comunicativas y sociales en México. Estos últimos son mexicanismos que viven en la oralidad, que, con cierta frecuencia, pertenecen a zonas dialectales con una vivencia escritural limitada, pero que tienen un uso extendido, general, en esas regiones, como se aprecia en los ejemplos de abajo, en que sí aparece un contorno geográfico pero no existe una marca de uso que restrinja su empleo. Hemos tomado como base, para este último grupo de lemas, la competencia lingüística de los hablantes nativos que integran la Comisión de Lexicografía, así como la de otros informantes mexicanos, además, por supuesto, de cualquier documentación que haya sido posible allegar. La incorporación de la oralidad, en pie de igualdad con la lengua escrita, da sustento a la prioridad, biológica, histórica y cultural, que aquélla tiene frente a esta en cualquier comunidad lingüística.

candil. ■ ADJ. **1.** *En el Norte, referido a persona,* que provoca enemistad entre terceras personas: "Porque es muy candil tiene problemas en la oficina".
chasca. ■ F. *En Aguascalientes,* preparación hecha a base de granos de maíz hervidos; se puede servir con sal, chile en polvo, queso, limón y mayonesa; esquite.
diantre. ■ ADJ. fam. *En el Occidente, referido a alguien,* maldoso: "Diantre gato, tiró el vaso de la mesa".
takataka. ■ M. *En el Noroeste,* conjunto musical constituido, generalmente, por guitarra, contrabajo, acordeón y tarola; chirrín.

d) *Léxico general y léxico especializado.* Como es usual en la práctica lexicográfica, este diccionario recoge mexicanismos generales y especializados. En su gran mayoría, como ya dijimos, consigna el vocabulario que es de empleo general en los grandes núcleos urbanos de México, pero da cuenta también, en menor medida, del léxico especializado de oficios, actividades o grupos de hablantes, en cuyo caso las acepciones en cuestión llevan contorno o marca, como se ejemplifica a continuación.

albañil. ■ LOC. **~ de cuchara.** LOC. SUST. *En la construcción,* el que tiene todos los conocimientos propios de la albañilería: "Mi vecino construyó su casa él solo porque es albañil de cuchara". ▷ **~ de media cuchara.** LOC. SUST. *En la construcción,* el que solo posee parte de los conocimientos propios del oficio de albañilería: "El albañil de media cuchara no pudo terminar la obra". ▷ **~ de un cuarto de cuchara.** LOC. SUST. *En la construcción,* el que es aprendiz del oficio: "Llegaron dos albañiles de un cuarto de cuchara a la construcción".
banca. ■ F. **1.** Pupitre. || **2.** *En algunos deportes,* reserva de jugadores no titulares. || **3.** supran. *En algunos deportes,* lugar donde permanecen los jugadores en espera para jugar.
clica. ■ F. **1.** *En el Noroeste,* grupo de amigos. || **2.** supran. jerg. Cada uno de los subgrupos organizados, principalmente de jóvenes, que forman una pandilla.

El léxico específico correspondiente a botánica y zoología ha recibido un tratamiento lexicográfico particular. En primer lugar, estos dos ámbitos han sido acotados, en líneas muy generales, a la flora y fauna del Valle de México y áreas aledañas, aun cuando aparezcan algunas de las voces más características de otras regiones. En segundo lugar, la palabra en cuestión aparece definida con las características biológicas especializadas del referente, como es esperado, pero al final de la definición aparecen entre paréntesis los otros sustantivos comunes con que se nombra ese mismo referente, múltiples en ocasiones, con la leyenda *también se llama*. El usuario encontrará las otras denominaciones, en caso de ser también mexicanismos, en las letras respectivas, pero no encontrará la voz alternativa si se trata de una forma del español general que se emplee o que tenga reconocimiento en México. En tercer y último lugar, si la voz de la biología genera locuciones, éstas se lematizan por la denominación de la especie común, que coincide, por lo general, con el género masculino y el número singular. Un par de ejemplos de artículos lexicográficos, botánico y zoológico, respectivamente, aparecen a continuación.

acuyo. ■ M. **1.** Arbusto originario de América, de hasta 5 m de altura, monoico; tallos articulados; ramas quebradizas; hojas opuestas, enteras, grandes, acorazonadas y aromáticas; flores hermafroditas, blancas y diminutas, dispuestas en espigas sobre un eje carnoso; frutos abayados, negros. Familia de las piperáceas, *Piper auritum*. (También se llama acoyo, hierba santa, hierbasanta, hoja de cáncer, hoja de la hierba santa, hoja santa, hojasanta, momo, omequelite, santamaría, tlanepa, xmacolan, yerba santa, yerbasanta). || **2.** Hoja del **acuyo**; comestible; uso en la medicina tradicional.

besucona. ■ F. Lagartija originaria de América, de hasta 10 cm de longitud; con terminación digital en dos lamelas, abruptamente agrandadas en forma de discos u hojas; su cola es relativamente corta, no más larga que el resto del cuerpo; tanto la cabeza como el resto del dorso están cubiertos por tubérculos quillados esparcidos y separados por escamas granulares; pupilas verticales; color de fondo va de café claro a café oscuro, con muchos puntos y manchas oscuras; región ventral de color amarillento o blanco; nocturna, trepadora; a menudo se alimenta de insectos; habita en regiones cálidas. Familia de los filodactílidos del orden Squamata, varios géneros y especies, como *Lepidodactylus lugubris, Phyllodactylus tuberculosus*. (También se llama cuija, geco, gecko, salamanquesa).

El léxico especializado relativo a grupos étnicos originarios del país y a las lenguas indígenas habladas por éstos ha recibido, asimismo, un tratamiento particular, ya que hemos incorporado alguna información enciclopédica, cuando era necesaria, sin la cual es prácticamente imposible la adecuada definición, identificación y ubicación de esas etnias y lenguas. Un ejemplo aparece a continuación.

huachichil. ■ ADJ. **1.** Perteneciente o relativo al **huachichil**; guachichil: "La influencia huachichil era notoria en la antigua zona norte del país". || **2.** Natural o procedente del grupo étnico **huachichil**; guachichil: "Los niños huachichiles ayudaban en la recolección de semillas". ■ M. **3.** Grupo étnico histórico, seminómada, que habitaba en el actual centro-norte de México, cuyos integrantes se caracterizaban por tener la cabeza pintada de rojo; guachichil. ■ COM. **4.** Persona natural o procedente del grupo étnico **huachichil**; guachichil: "El huachichil solía vivir de la caza".

e) Información gramatical. Este diccionario informa, como es esperado, de la clase de palabra o categoría de los mexicanismos:

- Adjetivo, ADJ., *güero, ra, prieto, ta.*
- Sustantivo, masculino, M., *apapacho, fólder*; femenino, F., *machaca, reata*; ambos, M. y F., *bolero, ra, licenciado, da*; común, COM., que requiere, como se sabe, de apoyo sintáctico para saber su género, *el achichincle, la achichincle*; *el derechohabiente, la derechohabiente*; y ambiguo, AMB., porque se puede usar en ambos géneros, masculino o femenino, *hoy hice unos abdominales, hoy hice unas abdominales*; *tiene un buen sazón, tiene una buena sazón.*
- Verbo, transitivo, TR., *candidatear, machucar*; intransitivo, INTR., *callejonear, sufragar*; transitivo pronominal, TR. PRNL., *echarse, peluqueársela*; e intransitivo pronominal, INTR. PRNL., *nacerle, ponerle* —hemos marcado la extensión pronominal siempre y cuando esta genere un nuevo significado.
- Adverbio, ADV., *ahorita, capaz.*
- Preposición, PREP., *hasta.*
- Interjección, INTERJ., *órale, pácatelas.*
- Locución, LOC., *garganta aventurera, sacarle al parche, taco de ojo.*
- Expresión, EXPR., *ay, cómo eres*; *qué show.*

Este diccionario contiene, además, dos informaciones gramaticales adicionales a la clase de palabra o construcción, que, no obstante no ser requeridas ni usuales en el quehacer lexicográfico, consideramos son un valor agregado para la estructura de esta obra lexicográfica, ya que la enriquecen desde tres ángulos: matizan la información semántica de un vocablo dado, permiten apreciar de mejor manera la interacción entre gramática y semántica, y orientan con mayor detalle al usuario interesado en la estructura de los diccionarios o interesado, en general, en las relaciones entre la semántica y la gramática.

Por un lado, hemos establecido una clasificación funcional de todas las locuciones —sustantivas, adejtivas, adverbiales, prepositivas, conjuntivas, etc.—, como se aprecia en los ejemplos a continuación.

gallo. [...] ▶ **~ de pelea.** LOC. SUST. fam. Persona con experiencia: “Mi tío es todo un gallo de pelea, siempre me da buenos consejos”. ▶ **~ giro.** LOC. SUST. supran. El que tiene amarillas las plumas del cuello y de las alas y negras las del cuerpo. ▶ **~ mochiller.** LOC. SUST. El que tiene gran fuerza y peso, que se juega al inicio de la pelea y que es considerado como el mejor.

gorro. ■ LOC. **a ~.** LOC. ADV. *En Chihuahua*, deprisa: “Tú siempre vas a gorro, ya luego te alcanzo”. ▶ **hasta el ~.** LOC. ADJ. **1.** fam. Que ha llegado al límite: “Este estacionamiento está hasta el gorro”. || **2.** fam. *Referido a persona*, intoxicada con alguna bebida alcohólica o alguna droga: “El vecino llegó hasta el gorro el fin de semana”.

relajo. ■ LOC. **ni de ~.** LOC. ADV. De ningún modo: "Yo no me meto a ese barrio ni de relajo, ahí asaltan".

cuanto. ■ LOC. **por ~ hace a.** LOC. PREP. fam. En lo referido a; en cuanto a: "Por cuanto hace a la deforestación, se ha incrementado una fuerte campaña para combatirla".

cada. ■ LOC. **~ y que.** LOC. CONJ. Siempre que, luego que: "Cada y que viajo en coche, me mareo".

Por otro lado, hemos establecido una jerarquía de lemas y sublemas, en una organización vertical, como queda reflejado abajo, con tamaño tipográfico y color diferenciado de lema y sublemas. Entendemos por *sublema* una variante formal de un lema que genera un nuevo significado. Esta organización jerarquizada aporta explicitud y transparencia a las relaciones gramaticales y semánticas de una voz base, y es un procedimiento para responder a una pregunta básica del quehacer lexicográfico, a saber, cuándo juntar y cuándo separar variantes formales o acepciones. En el caso de este diccionario, los sublemas separan, porque formas y significados están ya lexicalizados, pero permiten no desvincular las relaciones entre la voz base y alguna o algunas de sus variantes.

La organización vertical en lemas y sublemas posibilita, además, apreciar en un bloque unitario la capacidad de una voz para recibir complementos obligatorios, esto es, su estructura argumental, a la vez que muestra la red categorial y de construcciones y, por lo tanto, la red de sentidos que un lema dado despliega. Ejemplificamos el artículo lexicográfico del verbo *atorar*, en que se aprecia la separación, guiada por la lexicalización, mediante sublemas, a la vez que la vinculación o unión de variantes bajo un mismo lema. Un ejemplo de sustantivo, con la misma decisión lexicográfica, aparece tras el verbo.

atorar. ■ TR. **1.** fam. Sorprender a alguien en una situación ilícita: "Lo atoraron mientras vendía cosas robadas". Ú.m.c.prnl.: "Se lo atoraron mientras vendía cosas robadas".

atorarle. ■ INTR. PRNL. **2.** fam. Emprender algo con decisión: "¡Vamos, le atoraremos hasta terminar este informe!". ■ INTERJ. **¡atórale!** fam. Se usa para instar a alguien a realizar algo que, por lo regular, le desagrada: "¡Atórale!, a ver si esta vez puedes concluir a tiempo".

atorarse. ■ INTR. PRNL. **3.** supran. Dejar de funcionar algo: "Este celular ya se atoró".

atorársela. ■ INTR. PRNL. **4.** fam. Complicar la realización o conclusión exitosa de algo: "En junio me la atorarán en el examen final".

atorársele. ■ INTR. PRNL. **5.** fam. Ser intolerable algo o alguien para alguien: "Desde que nos corrió injustamente, Juan se me atora".

tabla. ■ F. **1.** supran. rur. Terreno de labranza de pequeña extensión.

tablas. ■ ADJ. **2.** Parejo; a mano: "Ya estoy tablas con Bernardo, los dos hicimos la parte que nos tocaba". || **3.** Sin compromiso pendiente; a mano: "Quedamos tablas con estos cien pesos, ¿verdad?". || **4.** *En un asunto comercial,* libre de deudas, pero carente de beneficios económicos: "Salí tablas en ese negocio".

Ocasionalmente, este diccionario presenta información gramatical, a manera de un contorno, al inicio de la acepción, cuando el sentido en cuestión está dado por la colocación sintáctica del lema o del sublema, como se ejemplifica en el sublema *fregados,* categoría adverbio del lema *fregado, da.*

fregado, da. [...]
fregados. ■ ADV. **4.** malson. *Pospuesto a ciertos interrogativos y antepuesto a un verbo,* indica la intensidad de la acción expresada: "¿Qué fregados quieres?"

f) *Lematización.* El *Diccionario de mexicanismos. Propios y compartidos* lematiza, en el caso de voces complejas, por la primera palabra léxica, sea que esta aporte el significado especializado o principal, sea que contribuya con el significado ligero o secundario. Esta lematización aporta luz no estrictamente lexicográfica, desde dos ángulos. Uno de índole gramatical, ya que muestra bajo un mismo artículo lexicográfico la capacidad construccional y relacional de la voz lematizadora, que suele ser una forma de significado ligero, que se carga de nuevos significados mediante su combinatoria con voces de semántica específica; en otras palabras, este tipo de lematización deja ver que la gramática está al servicio del diccionario. Otro ángulo es de carácter semántico, ya que se muestra bajo un mismo artículo lexicográfico la red de sentidos que construye un determinado vocablo, de manera que el usuario podrá apreciar los desplazamientos de sentido experimentados por las formas integrantes que han construido tal red polisémica. Aparecen a continuación dos ejemplos: con un verbo ligero, o verbo soporte, *dar* (una pequeña parte de este artículo) y con la entrada *no.*

dar. ■ LOC. **~ agua.** LOC. VERB. fam. Asesinar. ▶ **~ aire.** LOC. VERB. **1.** fam. Despedir a alguien de un trabajo: "A Lucía le dieron aire por perder papeles de la oficina". || **2.** fam. Concluir una relación amorosa con alguien: "Le dio aire al novio antes de Navidad". || **3.** fam. No considerar a alguien para algo: "A mi tío le dimos aire en las fiestas decembrinas". ▶ **~ atole con el dedo.** LOC. VERB. supran. Engañar a alguien con falsas promesas: "No te van a ascender, nomás te están dando atole con el dedo". ▶ **~ (un) baile.** LOC. VERB. **1.** Sacar provecho de alguien con astucia o abuso: "El mesero me dio un baile con el cambio". || **2.** supran. Derrotar contundentemente al adversario: "Hubieras visto cómo le dieron baile al América". ▶ **~ baje.** LOC. VERB. **1.** Quitar o robar algo a alguien: "A Luis le dieron baje con su reloj en el metro". || **2.** supran. Deshacerse de alguien o de algo: "Le di baje a las tazas porque ya estaban despostilladas". || **3.** Relegar a alguien del puesto que ocupa: "Al actor le dieron baje con el papel principal". [...] ▶ **~ el albazo.** LOC. VERB. *En la política*, adelantarse por sorpresa a un oponente para sacar ventaja de ello: "Si quieren pasar su reforma, mejor den el albazo pronto".

darlas. ■ INTR. PRNL. **1.** fam. Concluir un objeto su ciclo de actividad: "Esta lavadora ya las dio". || **2.** fam. Morir: "Pobre tortuga, ya las dio, estaba muy viejita". || **3.** fam. Ceder completamente ante una situación complicada o tensa: "Mis compañeros las daban por la presión del jefe". || **4.** fam. Humillarse: "No es necesario que las des para tener un mejor puesto laboral". || **5.** fam. Rendirse: "Hugo las dio con la dieta". || **6.** vulg. Acceder una persona a tener una relación sexual. [...]

darle. ■ INTR. PRNL. **8.** Atinar a algo por conjeturas: "Las preguntas de ese crucigrama eran difíciles, pero tú le diste a varias". || **9.** Trabajar: "—¿Qué haces? —Aquí, dándole". || **10.** vulg. Practicar el coito. ■ LOC. **~ a la bola.** LOC. VERB. supran. Atinar por conjeturas: "Le diste a la bola con tu comentario". ▶ **~ culo.** LOC. VERB. malson. Provocar miedo. ▶ **~ de comer a la labiona.** LOC. VERB. **darle de comer al chango.** ▶ **~ de comer al chango.** LOC. VERB. vulg. Practicar el coito. [...]

darse. ■ TR. PRNL. **11.** vulg. Poseer sexualmente a alguien. ■ INTR. PRNL. **12.** Rendirse: "¡Me doy!, no he dormido en 24 horas". || **13.** Complacerse: "Me di el fin de semana en la playa". ■ LOC. **~ a desear.** LOC. VERB. Hacerse del rogar: "Si quieres que Diana se interese en ti, debes darte a desear". ▶ **~ baños de pureza.** LOC. VERB. Aparentar inocencia: "Se da baños de pureza, pero no le creas". ▶ **~ color.** LOC. VERB. **1.** fam. Reparar en algo: "Apenas me di color de que esa calle me lleva a mi casa". || **2.** fam. Decidirse alguien a hacer o elegir algo: "¡Haré ejercicio, ya me di color!". [...]

dársele. ■ INTR. **14.** Facilitársele algo a alguien: "Esto del dibujo se me da".

no. ■ LOC. **de ~ malos bigotes.** LOC. ADJ. De buen aspecto: "Conocí a un chavo de no malos bigotes". ▶ **~ acabársela.** LOC. VERB. fam. Experimentar que una situación va más allá de los límites normales: "No me la acabo, voy a estar de guardia todo el mes". ▶ **~ cantar mal las rancheras.** LOC. VERB. **1.** coloq. Efectuar alguien algo bien, a pesar de las expectativas negativas: "Manuel no canta mal las rancheras, le pedí un reporte y me entregó un informe completísimo". || **2.** coloq. Comportarse de manera semejante a otra persona con quien se le compara: "—Joaquín siempre llega tarde. —Tú no cantas mal las rancheras, tú también lo haces". ▶ **~ cocerse al primer hervor.** LOC. VERB. **1.** fam. Haber rebasado alguien su juventud: "Juan ya no se cuece al primer hervor y no ha conseguido un trabajo fijo". || **2.** fam. Ser alguien experimentado en alguna materia o asunto: "Ese jugador ya no se cuece al primer hervor, ha jugado muchos partidos internacionales".

▶ ~ **dar paso sin huarache.** LOC. VERB. Buscar beneficio en cualquier situación: "Cecilia no da paso sin huarache, siempre cobra una comisión". ▶ ~ **durar ni para el arranque.** LOC. VERB. **no servir ni para el arranque.** ▶ ~ **haber de otra.** LOC. VERB. supran. Se usa para indicar que solo existe una solución a un determinado problema: "No había de otra, te quedabas a trabajar tiempo extra o perdías el empleo". ▶ ~ **haber para cuándo.** LOC. VERB. Se usa para indicar que se desconoce el momento de conclusión de algo o para la solución de un problema: "No hay para cuándo, quién sabe a qué hora vuelva la luz". ▶ ~ **haber para dónde.** LOC. VERB. Se usa para indicar que se desconoce la ruta de solución de algo o un problema: "Por más que tratamos de resolverlo, no había para dónde". ▶ ~ **haber quinto malo.** LOC. VERB. Se usa para decir que algo puede suceder o está sucediendo por quinta ocasión y que se cree que es positivo o de buena suerte: "Presentó el examen, total, no había quinto malo". ▶ ~ **hacer mal los quesos.** LOC. VERB. **no cantar mal las rancheras.** ▶ ~ **hallar la puerta.** LOC. VERB. **1. no acabársela.** || **2.** Rebasar algo la solución o el término de una situación: "No hallamos la puerta para acabar esta obra". ▶ ~ **más.** LOC. ADV. **nomás.** ▶ ~ **quitar el dedo del renglón.** LOC. VERB. supran. Insistir alguien en un propósito: "No quites el dedo del renglón hasta que reconozcan tu trabajo". ▶ ~ **saber ni a melón.** LOC. VERB. **no servir ni para el arranque.** ▶ ~ **salir (pero) ni en kermés.** LOC. VERB. **no salir (pero) ni en rifa.** ▶ ~ **salir (pero) ni en rifa.** LOC. VERB. fest. Tener alguien nulas posibilidades de establecer una relación de pareja duradera: "¡Pobre Roberto!, ya está cuarentón y no sale pero ni en rifa". ▶ ~ **servir ni para el arranque.** LOC. VERB. **1.** supran. Ser insuficiente: "Esta botana no sirve ni para el arranque". || **2.** supran. Dejar de ser útil algo demasiado pronto: "Estos tenis no me sirvieron ni para el arranque, ya se me despegaron". ▶ ~ **tener carta aborrecida.** LOC. VERB. fam. Ser alguien poco selectivo: "Andas con cualquiera, se nota que no tienes carta aborrecida". ▶ ~ **tener llenadera.** LOC. VERB. fam. **no tener llenadero.** ▶ ~ **tener llenadero.** LOC. VERB. fam. Ser alguien insaciable: "¡No tienes llenadero, te comiste los tacos de todos y quieres más!". ▶ ~ **tener madre.** LOC. VERB. malson. Ser alguien desconsiderado o ruin: "No tienes madre, ayúdale a tu hermano, ¿no ves que no puede solo?". ▶ ~ **tener número aborrecido.** LOC. VERB. **no tener carta aborrecida.** ▶ **por ~ dejar.** LOC. ADV. **1.** Para probar suerte; por si acaso: "También voy a presentar el examen para Ingeniería, por no dejar". || **2.** supran. Por cortesía: "Lidia no me cae bien, pero la invité a mi fiesta de cumpleaños nada más por no dejar". ■ EXPR. **el que ~ transa, ~ avanza.** fam. Se usa para hacer notar que solo quien engaña alcanza los objetivos que desea. ▶ **hasta lo que ~ come le hace daño.** Se usa para criticar a alguien que se queja todo el tiempo y por todo: "Hilario es el típico amargado que hasta lo que no se come le hace daño". ▶ **hasta ~ verte, Jesús mío.** Se usa para proponer o indicar que algo se haga sin interrupciones: "Te sirvo este tequila y ya sabes, ¡hasta no verte, Jesús mío!". ▶ **hasta ~ verte, mujer.** fam. **hasta no verte, Jesús mío.** ▶ ~ **es lo mismo Juana que Chana.** fam. Se usa para expresar que de dos alternativas de una elección, una es notablemente mejor que la otra: "No es lo mismo Juana que Chana cuando escoges entre un hotel de cinco estrellas o una posada". ▶ ~ **está en báscula.** fam. Se usa para indicar que alguien está sosteniendo mucho peso y por ello solicita ayuda urgente: "¡Quítate, que no está en báscula, estos costales pesan muchísimo!". ▶ ~ **hay cuidado.** Se usa para responder cortésmente ante una disculpa: "—Perdón, no te traje tu libro. —No hay cuidado, luego me lo das". ▶ ~ **hay de piña.** fam. Se usa para indicar que no se concede lo solicitado: "—¿Entonces me vas a prestar los mil pesos? —No hay de piña". ▶ ~ **hay fijón.** fam. **no hay cuidado.** ▶ ~ **hay que ser. 1.** Se usa para solicitar ayuda: "No hay que ser, échame la mano con la tarea". || **2.** Se usa para señalar que alguien se comporta de manera reprobable: "Lo corrieron de su chamba en plena crisis económica, no hay que ser". ▶ **~ jales, que descobijas. 1.** fam. **no mames.** || **2.** fam. **no me defiendas, compadre.** ▶ **~ juegues. 1.** coloq. Se usa para indicar que alguien está cometiendo un exceso: "¡No juegues!, deja de molestar a tu hermano". || **2.** supran. coloq. Se usa para manifestar sorpresa o disgusto: "¡No juegues!, ¿a poco reprobó el examen?". ▶ **¡~ la...!** supran. fam. Se usa para indicar sorpresa: "¡No la…!, se cayó la tele y se descompuso". ▶ **~ le hace.** supran. Se usa para indicar que algo carece de importancia: "El pantalón está caro, pero no le hace, igual me lo voy a comprar". ▶ **~ le hagas.** Se usa para manifestar incredulidad o sorpresa ante una situación no deseada: "—¿Crees que nos corran de la chamba? —¡No le hagas!". ▶ **~ mames.** vulg. Se usa para manifestar sorpresa o incredulidad ante una situación no deseada; no le hagas. ▶ **~ manches.** eufem. **no mames.** ▶ **~ me defiendas, compadre.** supran. fam. Se usa para hacerle saber a alguien que, con su intención de ayudar, puede empeorar la situación: "No me defiendas, compadre, mejor ya no le expliques". ▶ **~ me toques ese son.** fam. **no me toquen ese vals.** ▶ **~ me toquen ese vals.** supran. Se usa para pedirle a alguien que evite mencionar un tema o recordar una situación desagradable: "No me toquen ese vals, todavía me duele haber perdido esa oportunidad". ▶ **~ pues sí.** coloq. Se usa para reconfirmar algo sobre lo que se tenía duda: "—Yo no estoy de acuerdo con el jefe. —No pues sí, yo tampoco". ▶ **¿~ que ~?** coloq. Se usa para hacer evidente que se cumplió algo que el interlocutor había negado: "—Las Chivas ganaron el clásico. —¿No que no?". ▶ **¿~ quieres pavo?** fam. Se usa para mostrar molestia o enfado por las excesivas peticiones o pretensiones de alguien: "—¿No tienes un mejor coche que me prestes? —¿No quieres pavo?". ▶ **~ te calientes, granizo.** fam. Se usa para pedir moderación ante la excitación de alguien: "—Ya deja de decirme esas cosas, porque no ando de buenas. —No te calientes, granizo. Ahí la dejamos". ▶ **si ~ compra, ~ mallugue.** pop. Se usa para pedir a alguien que no distraiga o haga perder el tiempo a alguien si no se tiene la intención de comprometerse o cerrar un trato: "Joven, si no compra, no mallugue; tengo muchos clientes". ▶ **si ~ es Juana, es Chana. 1.** fam. Se usa para indicar que apenas acaba un problema, surge otro: "—Apenas me alivié de la tos y ya tengo gripe. —Si no es Juana, es Chana". || **2.** supran. fam. Se usa para indicar que alguien siempre tiene una excusa: "Antier no llegaste por la lluvia y ayer por el tráfico, si no es Juana, es Chana".

Hemos lematizado asimismo formas inferiores al nivel de palabra, afijos, *-ada*, *-ida*, *-iza*, *-ón*, etc., y el pronombre átono *le*, que en construcción con numerosos verbos y ciertas categorías no verbales es casi un afijo, dado que éste y aquéllos tienen una altísima productividad en nuestra variedad. La decisión otorga economía al diccionario y permite al usuario apreciar patrones posibles de formación de léxico.

-ada. ■ AFIJO. Forma sustantivos femeninos a partir de verbos terminados en *-ar* con el significado de acción realizada de manera rápida y superficial: "El afijo *-ada* aparece al final de palabras, como en *peinada, recortada, trapeada*".

-ón, na. ■ AFIJO. Forma adjetivos a partir de otros adjetivos para atenuar, en grados

diversos, la cualidad designada por la palabra a la que se une: "El afijo *-ón, na* aparece al final de adjetivos, como en *chistosón, elegantona, groserón*".
le. ■ PRON. **1.** supran. *Acompañando a un verbo,* añade un refuerzo expresivo: "El pronombre *le* aparece en casos como *búscale* o *¿ya le barriste bien?*". || **2.** supran. *Integrado a muchos verbos,* genera nuevos significados: "El pronombre *le* aparece en casos como *jalarle,* 'dirigirse a un lugar', o *picarle,* 'apresurarse'". || **3.** supran. *Acompañando a algunos sustantivos, adverbios, conjunciones e interjecciones,* añade valor de admiración, sorpresa o aceptación: "El pronombre *le* aparece en casos como *híjole, órale, no le aunque, úchale*".

g) Definición. Las definiciones fueron realizadas, hasta donde ello fue posible, con un léxico general o no marcado, capaz de ser entendido por cualquier hispanohablante, mexicano o no.

Este diccionario, como ya dijimos, procura las definiciones no sinonímicas, es decir, no emplea el sinónimo correspondiente del español castellano ni de ninguna otra variedad hispanohablante. Las definiciones parafrásticas o no sinonímicas significan que no se ha sujetado la descripción de la realidad mexicana al dialecto de contraste, porque, de haberlo hecho así, no se habría podido caracterizar adecuadamente la realidad subyacente a ese léxico. Como ya señalamos, se pone tras punto y coma la voz que no es mexicanismo, cuando ésta también se emplea o reconoce en México.

En algunas acepciones, el lector verá en la definición el lema repetido con una tipografía en color gris; existe una razón de economía, que es no volver a poner la definición completa, tal como se ejemplifica a continuación.

farol, la. ■ ADJ. **1.** fam. *Referido a persona,* fanfarrona: "No invites a esa chava farola a la fiesta". Ú.t.c.sust.: "No invites a esa farola a la fiesta". || **2.** fam. Propio de la persona **farola**: "Ya déjate de actitudes farolas".
flamenco, ca. ■ ADJ. **1.** coloq. *Referido a persona,* caprichosa: "Ella es muy flamenca y por eso cae mal". Ú.t.c.sust.: "Ella es una flamenca y por eso cae mal". || **2.** supran. coloq. *Referido a persona,* enojona: "El vecino flamenco ya está echando gritos". Ú.t.c.sust.: "Es un flamenco y ya está echando gritos". || **3.** supran. coloq. Propio de la persona **flamenca**: "Sus modales flamencos ya me cansaron".
náhuatl. ■ ADJ. **1.** gralizado. Perteneciente o relativo al **náhuatl**: "La lengua náhuatl se habla en 15 estados de México". || **2.** gralizado. Natural o procedente del grupo étnico **náhuatl**: "El pueblo náhuatl de La Malinche tiene telares domésticos". ■ M. **3.** gralizado. Grupo étnico establecido en varios estados de México y en El Salvador. || **4.** gralizado. Lengua yutoazteca del subgrupo lingüístico nahuatlano. ■ COM. **5.** gralizado. Persona natural o procedente del grupo étnico **náhuatl**: "Los náhuatl de La Malinche tienen telares domésticos".

h) *Remisión.* Este diccionario solo remite dentro de una misma letra y no entre letras, con el fin de facilitar la consulta al usuario. Se define en la forma preferida o más frecuente; así, por ejemplo, *cebiche* remite a *ceviche*, lema bajo el cual se define este referente en la letra C, y *sebiche* remite a *seviche*, lema este en que se define en la letra S, pero entre C y S no hay remisión.

6. Marcas de uso social y geográfico

La presencia de marcas de uso social en el *Diccionario de mexicanismos. Propios y compartidos* responde a la indudable utilidad que su inclusión tiene para usuarios cuyo conocimiento del español mexicano no es de primera mano, quienes, sin duda, agradecerán la inclusión de marcas o restricciones de uso que orienten la utilización de voces y expresiones con las que no están familiarizados.

Las marcas de uso social establecidas en este diccionario son diez, se listan en orden alfabético abajo y se definen después. Más que ser etiquetas que identifiquen voces, significados o empleos bien acotados, nítidamente diferenciados unos de otros, son, como decimos, marcas orientadoras de uso. Las fronteras pueden, y suelen, ser borrosas y la apreciación de una marca puede cambiar de una edad a otra; por ejemplo, lo que para un joven es festivo, para un adulto de tercera generación es, con no poca frecuencia, malsonante. La perspectiva de esta marcación responde a la de un adulto culto, urbano, hablante nativo de Ciudad de México, próximo a los 60 años. La inmensa mayoría de los mexicanismos consignados en este diccionario carece de marca de uso, ya que responde a empleos generales, sea de todo el país, sea de determinadas zonas geográficas.

1. afectivo (afect.)
2. coloquial (coloq.)
3. despectivo (despect.)
4. eufemismo (eufem.)
5. familiar (fam.)
6. festivo (fest.)
7. jergal (jerg.)
8. malsonante (malson.)
9. popular (pop.)
10. vulgar (vulg.)

1. *Afectivo* se refiere a acepciones de voces, simples o complejas, que conllevan una afectividad, implican estimación o cariño y se aplica solo a entidades animadas (véanse las entradas respectivas para la variación flexiva y la definición): *cabecita blanca, chango marango, gordo, mami, mijo, puchunguito, viejo.*

2. *Coloquial* se anota para significados que conllevan informalidad, pero sin implicar necesariamente confianza o cercanía: *cuscús, sacar de onda, suave, meterle segunda, pachón, vestidor.*

3. *Despectivo* marca casos que conllevan desdén o menosprecio. Se aplica generalmente a entidades animadas, como *achichincle, cambujo, chairo, chichifo, gachupín, macuarro, nacada, naco, nopal, sardo, vestida, viejerío.*

4. *Eufemismo* se aplica a voces que se emplean en sustitución de otra, con la que guardan una semejanza fónica, que se omite por considerarse indecorosa, de mal gusto o grosera, y que constituye el disfemismo, *cabezón* (por cabrón), *cajetear* (por cagar), *culebra* (por culero), *ojal* (por ojete), *romper la mandarina* (por romper la madre), *pensativo* (por pendejo), *puñal* (por puto).

5. *Familiar* se refiere a acepciones de voces que remiten a la cercanía y a la inmediatez comunicativa, con un alto grado de confianza entre los interlocutores, *cachetón* (por entretenido), *bajar* (por quitar), *boleto* (por lío o problema), *cacle, chido, dar aire* (por despedir a alguien de un trabajo), *hasta el queque* (por hasta el límite), *neta, pasar* (por gustar), *ya chole.*

6. *Festivo* se emplea para aquellos casos que conllevan rasgos de humor, gracia, agudeza o picardía, mediante, en muchos casos, un juego de palabras, juego que se identifica entre paréntesis antes de la definición, *bizcocho* (para referirse a un estrábico, juego de palabras entre bizcocho y bizco), *capirucha* (para referirse a la Ciudad de México, juego de palabras entre capirucho y capital), *¡Qué Pachuca por Toluca!* (por ¡qué pasó!), *orégano* (para referirse al oro, juego de palabras entre orégano y oro), *rugir la ardilla* (por oler mal la axila), *serpentina* (para referirse a cerveza, juego de palabras entre serpentina y cerveza), *Yolanda* (por yo).

7. *Jergal* se refiere a voces usadas con propósitos identitarios y de eficacia comunicativa entre los miembros de alguna colectividad, como ciertas profesiones, oficios y actividades: *alacrán* (entre periodistas, máquina de escribir), *bartola* (cárcel), *campana* (entre delincuentes, centinela que vigila para alertar a sus compañeros), *lodero* (albañil encargado de transportar la mezcla en una construcción), *robo de coscorrón* (el que se realiza horadando parte del techo de algún lugar), *tacha* (pastilla de droga), *talquear* (drogar a alguien con cocaína).

8. *Malsonante* se emplea para voces soeces que pueden ser ofensivas y faltas de respeto para algunas personas, típicamente las llamadas groserías, *ánimo chingativo, armarla de pedo, cabrón, chinga, madriza, mojapendejos, ojete, rajarse la madre, traer un pedo.*

9. *Popular* marca voces que suelen atribuirse a personas carentes de instrucción; frecuentemente se trata de formas estigmatizadas y no canónicas, como *abusivez, acachar, desemburujar, empiezo* (por comienzo, sustantivo), *garibolear, rencorista, vágido, varo.*

10. *Vulgar* se anota en palabras que, sin llegar a ser exactamente malsonantes o groseras, pueden resultar de mal gusto, faltas de delicadeza o cortesía para

ciertos hablantes; típicamente, remiten a la esfera sexual: *bajar por los chescos* (practicar sexo oral), *cola* (mujer joven), *ponchar* (por desvirgar), *reata* (pene), *tronar sus huesos* (poseer sexualmente a alguien).

Este diccionario emplea, además, tres marcas de ámbito geográfico, ya comentadas en esta introducción, pero que volvemos a exponer de forma resumida aquí, para que el usuario tenga el panorama de conjunto de la marcas de esta obra.

1. *Generalizado* (gralizado.) se refiere a significados de voces que, siendo originalmente mexicanismos, se han extendido no solo a todo el ámbito hispánico sino también, con cierta frecuencia, a otras latitudes, si bien asociadas en mayor o menor medida a nuestro país. Se trata de un puñado de voces, como *ajolote, azteca, burrito, mariachi, cenote, taco* o *tequila*. Las acepciones generalizadas van al final de todo el artículo, dentro de una categoría, en caso de que la voz en cuestión tenga también significados exclusivos de México y significados supranacionales.

2. *Rural* (rur.) se anota en voces propias de la vida del campo y sus labores, generalmente desconocidas en los entornos urbanos, por ejemplo *barzón* (coyunda), *calmil* (milpa), *gafo* (referido a una caballería, que tiene la superficie plantar del casco desgastada por no tener herraje y trabajar excesivamente), *gargatón* (cabestro o ronzal de lujo), *pilador* (persona que se dedica a pilar o descascarar el arroz), *vaquear* (reunir las vacas o el ganado disperso).

3. *Supranacional* (supran.) es propia de acepciones que se emplean en México, pero no son exclusivas de nuestro país, pues se documentan en al menos otro país de Hispanoamérica. Por tratarse de una información geográfica integral, es la única marca que puede aparecer junto a otras restricciones de uso; puede verse en *abanderar, cacahuate, faulear, lapicero, muy muy, padrote, vacacionar,* entre muchas otras voces. Las acepciones supranacionales van al final, dentro de una categoría, en caso de que la voz en cuestión tenga también uno o más significados exclusivos de México.

7. Cómo consultar el diccionario. Estructura del artículo lexicográfico

Las siguientes informaciones son orientadoras de cómo están organizados los contenidos del artículo lexicográfico, es decir, la microestructura del diccionario: *a*) jerarquización categorial; *b*) jerarquización de acepciones; *c*) jerarquización geográfica; *d*) marca, contorno, definición y ejemplo; *e*) corchetes y paréntesis; *f*) empleo de punto y coma; *g*) símbolos; *h*) abreviaturas.

a) *Jerarquización categorial.* Todos los lemas y sublemas llevan delante de ellos un cuadratín negro junto al cual aparece la categoría gramatical. Existe una organización jerarquizada de categorías, en caso de que un lema tenga más de una. En categorías nominales, el adjetivo precede al sustantivo; en los sustantivos, el masculino precede al femenino, y estos, juntos, M. y F., o separados, preceden al sustantivo común y este precede al ambiguo. En categorías verbales, transitivo precede a intransitivo, y dentro del ámbito pronominal, transitivo pronominal precede a intransitivo pronominal.

En caso de que un lema despliegue locuciones, interjecciones y expresiones, el orden de aparición es locución, expresión, interjección, cuyas variantes internas, en caso de haberlas, van ordenadas alfabéticamente y precedidas de un triángulo.

En el caso de locuciones que pueden flexionar en género y número en uno de los constituyentes, se consigna este en masculino singular, aun cuando el ejemplo pueda aparecer en femenino o en plural: *hacerse el occiso*, *hacerse tarugo*.

b) Jerarquización de acepciones. Las acepciones guardan un orden jerárquico, primero van los significados generales, luego los particulares, sea porque es por sí mismo un significado más preciso y acotado, sea porque tiene un contorno que lo restringe, sea porque tiene una marca de uso, que también restringe el significado.

chirrisco, ca. ■ ADJ. **1.** Que es poco elegante: "No te lleves ese vestido chirrisco a la celebración; se te ve muy mal". || **2.** *Referido a persona*, enamoradiza: "Tu primo chirrisco a todas les jura amor eterno". Ú.t.c.sust.: "Ese chirrisco a todas les jura amor eterno".

c) Jerarquización geográfica. Las acepciones que son mexicanismos exclusivos de nuestro país preceden a las compartidas con uno o más países hispanoamericanos. En un artículo lexicográfico dado, primero aparecen las acepciones generales, luego las acotadas a regiones geográficas, luego las acotadas a varios estados, que aparecen en orden alfabético, luego las acotadas a un solo estado, ordenados estos también alfabéticamente, luego, en caso de existir, las supranacionales y, finalmente, la generalizada. De modo general —puesto que generalizado atañe solo a 34 voces—, supranacional es la acepción que aparece al final dentro de una categoría dada. Una muestra de esta jerarquización aparece en seguida.

tarecua. ■ F. **1.** *En el Occidente*, zapato viejo y desgastado. || **2.** *En Guerrero y Michoacán*, instrumento de labranza con el mango de madera y la pala de hierro, que se usa para hacer hoyos. || **3.** *En Jalisco*, especie de sandalia. || **4.** *En Michoacán*, cierta especie de hongo. || **5.** *En Nuevo León*, persona con pie grande.

d) Marca, contorno, definición y ejemplo. En caso de que el lema tenga restricciones sociolingüísticas y contorno, primero va la marca de uso, tras ella el contorno, después la definición, tras ella un ejemplo. No se ejemplifican sustantivos, excepto muy ocasionalmente algunos abstractos, porque el ejemplo aporta muy poco a un mejor conocimiento de su empleo o de su significado; esto es, ejemplificar *banqueta*, sea por caso, no añade nada a lo que ya está en la definición. Todas las otras categorías llevan ejemplos, con la excepción de aquellos lemas y acepciones cuya ejemplificación pudiera resultar ofensiva a algunos lectores; tales ausencias atañen, fundamentalmente, a los ámbitos de la sexualidad y a la discriminación.

e) Corchetes y paréntesis. Se emplean corchetes delante de un lema para representar el modo de pronunciación, en una transcripción fonética ligera, accesible a cualquier usuario, cuando la grafía no es transparente respecto de la pronunciación. Estos corchetes se han empleado, especialmente, en casos de extranjerismo y de voces procedentes de lenguas amerindias. Van justo delante del lema, antes de la indicación de categoría, o van tras el lema complejo, en caso de locuciones.

Los paréntesis se emplean en este diccionario para cuatro informaciones: 1. para explicar lemas cuya forma resulta de un juego de palabras, sea la voz *betabel* para *vetusto*, en cuyo caso los paréntesis van delante de la categoría; 2. para señalar que una voz procede de una marca registrada, en cuyo caso va delante del lema o de la locución; 3. para señalar las denominaciones alternativas de una voz, en el caso de léxico botánico y zoológico, en cuyo caso van ordenadas alfabéticamente al final de la definición; 4. para indicar que cierta forma o morfema es de uso optativo, *ándale(s), de (a) gratis*.

f) Empleo de punto y coma. En este diccionario el punto y coma (;) se usa para tres situaciones lexicográficas: 1. para poner una voz general tras una acepción, cuando aquélla se reconoce en México, tal es el caso de *camión*, ejemplificado arriba, que, tras su definición, lleva *autobús* separado mediante un punto y coma; 2. para poner una variante gráfica, en caso de que el mexicanismo tenga dos graficaciones, tal es el caso de *guacal* y *huacal*, cuando ambos son igualmente frecuentes, como se ejemplifica abajo; 3. para indicar que una variante gráfica dada tiene una variante gráfica más extendida; por ejemplo *wey* lleva *güey* tras punto y coma, pero no al revés, esto es, *güey* no tiene indicación a *wey*.

guacal. ■ M. **1.** Parte posterior de un ave, compuesta por las costillas y la columna vertebral; huacal. || **2.** supran. *En Tabasco,* vasija; jícara; huacal. || **3.** supran. Palangana pequeña; huacal. || **4.** supran. Caja rectangular formada de varillas o tablillas de madera, que se usa generalmente para el transporte de mercancía; huacal.

huacal. ■ M. y F. **1.** Parte posterior de un ave, compuesta por las costillas y la columna vertebral; guacal. || **2.** supran. *En Tabasco,* vasija; jícara; guacal. || **3.** supran. Palangana pequeña; guacal. || **4.** supran. Caja rectangular formada de varillas o tablillas de madera, que se usa generalmente para el transporte de mercancía; guacal.

g) *Símbolos*. Como es usual en la lexicografía, la vírgula, ~, sustituye al lema, para generar economía en la elaboración del diccionario y agilizar la consulta; se ha evitado el empleo de doble ~ , de manera que, en caso de repetición de un lema, se hace el desdoblamiento completo: *chaca chaca*, *ñaca ñaca*, *muy muy*. La doble pleca, ||, separa acepciones.

h) *Abreviaturas*. Son las usuales en la práctica lexicográfica. Además de las que indican la categoría, que van en versalitas, ya consignadas en el apartado 5 de esta introducción, se han empleado algunas otras, muy pocas: Ú.t.c.sust. 'úsase también como sustantivo'. Ú.m.c.prnl. 'úsase más como pronominal'. Ú.m.e.dim. 'úsase más en diminutivo'. Ú.m.e.pl. 'úsase más en plural'. La lista completa de símbolos y abreviaturas puede verse más abajo.

8. Agradecimientos

La Academia Mexicana de la Lengua agradece a las instituciones y personas que, a lo largo de diferentes periodos en el lapso de diez años que duró la confección de esta obra, apoyaron con financiamiento o con colaboración y apoyo académico de diversa naturaleza. A la Agencia Española de Cooperación Internacional y para el Desarrollo (AECID) y a la Fundación Carolina, por haber proporcionado becas a varios lexicógrafos.

El léxico correspondiente a lenguas y grupos indígenas que figura en este diccionario procede, en esencia, del libro de Leopoldo Valiñas, *Lenguas originarias y pueblos indígenas de México. Familias y lenguas aisladas*, publicado por la Academia Mexicana de la Lengua en 2020. Deseamos dar especiales gracias a su autor por el diálogo, el tiempo y la generosa asesoría brindada en esta y en otras muy diversas cuestiones de la confección de este diccionario.

Muy importante también fue la ayuda de alumnos de servicio social, en el convenio de la Academia Mexicana de la Lengua con la Universidad Nacional Autónoma de México, a lo largo de estos diez años, así como la de ayudantes de investigación de investigador nivel III del Sistema Nacional de Investigadores del CONACYT. Todos ellos, en orden alfabético, fueron: Diana Laura Aranda Mendoza, José Luis Balderrama García, Berenice Basilio Hernández, Alan Alberto Cruz Ponce, Aimeé Yenzuni Galicia Ávila, Lorena Gamper, Alondra González Méndez, Elvira Gómez Mendoza, Guadalupe Frías, Jessica Lavadores Gutiérrez, Teresa Osvelia López de León Serrano, Sergio Luis Ojeda Trueba, Alexa Ortiz Castañeda, Guillermo Miguel Pastrán Yáñez, Xarenny Yazmín Pérez Santiago, Luis Santiago Reza Calvillo, Evelyn Rubí Rojas Navarrete, Karen Salgado Albarrán, Karla Sandoval Osio, Mariana Vergara García, Brenda Yáñez Rivera.

Comisión de Lexicografía
Academia Mexicana de la Lengua
Mayo de 2021

Fuentes consultadas

ACADEMIA MEXICANA DE LA LENGUA. 2000. *Índice de mexicanismos*, México: Academia Mexicana de la Lengua, Consejo Nacional para la Cultura y las Artes y Fondo de Cultura Económica.

_____. 2010. *Diccionario de mexicanismos*, C. Company Company (Dir.ª), México: Siglo XXI Editores.

ADEMEBA, Asociación Deportiva Mexicana de Basquetbol, disponible en: basquetmex.com/ademeba.php.

ALVAR EZQUERRA, M. 1990. *Vox: Gran diccionario general de la lengua española*. Bogotá: Rei Andes.

ARANDA SÁNCHEZ, JAIME MARCELO. 2012. *Manual para el rastreo de mamíferos silvestres de México*, México: Conabio.

ARTES DE MÉXICO, disponible en: artesdemexico.com/.

Biblioteca digital de la medicina tradicional mexicana, Universidad Nacional Autónoma de México, disponible en: medicinatradicionalmexicana.unam.mx.

BioWeb Ecuador, Pontificia Universidad Católica del Ecuador, disponible en: bioweb.bio/.

Centro Virtual Cervantes, Instituto Cervantes, disponible en: cvc.cervantes.es/foros/.

CITRO, Centro de Investigaciones Tropicales. 2010. "Descripciones de especies endémicas de Veracruz", en *Conociendo las plantas de mi localidad, rescatando especies en peligro*, adaptación de Gómez-Pompa, A., T. Krömer y R. Castro-Cortés, Xalapa: Universidad Veracruzana.

¿Cómo ves? Revista de Divulgación de la Ciencia, Universidad Nacional Autónoma de México, disponible en: comoves.unam.mx/.

CONABIO, Comisión Nacional para el Conocimiento y uso de la Biodiversidad. 2020. *aVerAves*, disponible en: ebird.org/averaves/home.

_____. 2020. *Biodiversidad mexicana*, disponible en: biodiversidad.gob.mx.

_____. 2020. *EncicloVida*, disponible en: enciclovida.mx.

_____. 2020. *NaturaLista*, disponible en: naturalista.mx/taxa.

CONAFOR, Comisión Nacional Forestal, Gobierno de México, disponible en: conafor.gob.mx.

CONANP, Comisión Nacional de Áreas Naturales Protegidas, Gobierno de México, disponible en: conanp.gob.mx.

Convención sobre el Comercio Internacional de Especies Amenazadas de Fauna y Flora Silvestres, disponible en: cites.org/esp/disc/species.php.

CORDE, *Corpus Diacrónico del Español*, Real Academia Española, disponible en: rae.es.

CORDIAM, *Corpus Diacrónico y Diatópico del Español de América*, Academia Mexicana de la Lengua, disponible en: cordiam.org.

CORPES XXI, *Corpus del Español del Siglo XXI*, Real Academia Española, disponible en: rae.es.

CREA, *Corpus de Referencia del Español Actual*, Real Academia Española, disponible en: rae.es.

DEPARTAMENTO DE BOTÁNICA, Instituto de Biología (IBUNAM). 2020. Ejemplares varios de: *Herbario Nacional de México* (MEXU), en Portal de Datos Abiertos UNAM Colecciones Universitarias, México: Universidad Nacional Autónoma de México, disponible en: datosabiertos.unam.mx/biodiversidad/.

DEPARTAMENTO DE ZOOLOGÍA, Instituto de Biología (IBUNAM). 2020. Ejemplares varios de: *Colección Nacional de Insectos* (CNIN), en Portal de Datos Abiertos UNAM, México: Universidad Nacional Autónoma de México, disponible en: datosabiertos.unam.mx/biodiversidad/.

_____. 2020. Ejemplares varios de: *Colección Nacional de Mamíferos* (CNMA), en Portal de Datos Abiertos UNAM, México: Universidad Nacional Autónoma de México, disponible en: datosabiertos.unam.mx/biodiversidad/.

Diccionario de neologismos, Universidad Pompeu Fabra, disponible en: obneo.iula.upf.edu/spes/.

EL COLEGIO DE MÉXICO. 2010. *Diccionario del español de México*, L. F. Lara (dir.), México: El Colegio de México, también disponible en: dem.colmex.mx/.

ENCLAVE-RAE, Plataforma ENCLAVE RAE, Real Academia Española, disponible en: enclave.rae.es/.

Facebook, disponible en: facebook.com/.

FEMEBEIS, Federación Mexicana de Beisbol, disponible en: femebeis.com/.

FMF, Federación Mexicana de Fútbol Asociación, A.C., disponible en: fmf.mx/#/reglamentos/Generales.

FMVB, Federación Mexicana de Voleibol, disponible en: fmvb.com.mx/.

FUNDÉU-RAE, Fundación del Español Urgente, Real Academia Española-Agencia EFE, disponible en: fundeu.es/.

GARCÍA ICAZBALCETA, JOAQUÍN. 1975[1899]. *Vocabulario de mexicanismos*, México: Academia Mexicana.

GARCÍA-ROBLES, JORGE. 2012. *Diccionario de modismos mexicanos*, México: Porrúa.

GÓMEZ DE SILVA, GUIDO. 2001. *Diccionario breve de mexicanismos*, México: Academia Mexicana-Fondo de Cultura Económica.

Google Books Ngram Viewer, disponible en: books.google.com/ngrams.

Google España, google.es/.

Google México, google.com.mx/.

Guía de aves, Universidad Nacional Autónoma de México, disponible en: zaragoza.unam.mx/wp-content/Portal2015/FinalPublicarGUIAAVES CAMPUS2_29Mar17/quiscalus_eco.html.

INECOL, Instituto de Ecología, Gobierno de México, disponible en: inecol.mx

INEGI, Instituto Nacional de Estadística y Geografía, Gobierno de México, disponible en: inegi.org.mx/.

INPI, Instituto Nacional de los Pueblos Indígenas, Gobierno de México, disponible en: gob.mx/inpi.

IPNI, *International Plant Names Index*, The Royal Botanic Gardens, Kew, Harvard University Herbaria & Libraries y Australian National Botanic Gardens, disponible en: ipni.org.

IUCN, *International Union for Conservation of Nature*. 2020. *The IUCN Red List of Threatened Species*, disponible en: iucnredlist.org.

LATHAM, ALISON. 2008. *Diccionario enciclopédico de la música*, México: Fondo de Cultura Económica.

MARTÍNEZ, MAXIMINO. 1979. *Catálogo de nombres vulgares y científicos de plantas mexicanas*, México: Fondo de Cultura Económica.

MOLINER, MARÍA. 2016 [1966]. *Diccionario de uso del español*, Madrid: Gredos.

MUÑOZ ZURITA, RICARDO. 2012. *Diccionario enciclopédico de la gastronomía mexicana*, México: Larousse, disponible en: laroussecocina.mx/diccionarios.

PALOMAR DE MIGUEL, JUAN. 1991. *Diccionario de México*, México: Panorama Editorial.

PENADÉS MARTÍNEZ, INMACULADA. 2019. *Diccionario de locuciones idiomáticas del español actual*, disponible en: diccionariodilea.es.

Real Academia Española-Asociación de Academias de la Lengua Española. 2010. *Diccionario de americanismos*, también disponible en: www.asale.org/.

_____. 2014. *Diccionario de la lengua española*, Madrid: Espasa Libros, también disponible en: rae.es/.

Red de herbarios del noroeste de México, Universidad de Sonora, disponible en: herbanwmex.net/portal/.

RDI, Repositorio Digital Institucional, Instituto Politécnico Nacional, disponible en: repositoriodigital.ipn.mx.

Registro de marcas, patentes y derechos de autor en México y el mundo, disponible en: marcas.com.mx/.

SALA, MARIUS, DAN MUNTEANU, VALERIA NEAGU y TUDORA SANDRU-OLTEANU. 1977. *El léxico indígena del español americano*, México-Bucarest: Academia Mexicana-Academiei Romane.

SÁNCHEZ MANZANARES, C. (dir.), D. AZORÍN FERNÁNDEZ e I. SANTAMARÍA PÉREZ. 2016. *Diccionario de neologismos del español actual* (NEOMA), Murcia: Editum.

Santamaría, Francisco Javier. 1974[1959]. *Diccionario de mejicanismos, razonado, comprobado con citas de autoridades; comparado con el de americanismos y con los vocabularios provinciales de los más distinguidos diccionaristas hispanoamericanos*, 2ª ed., México: Porrúa.

Seco, Manuel, Olimpia Andrés y Gabino Ramos. 2011[1999]. *Diccionario del español actual*, Madrid: Aguilar.

Secretaría de Educación de Veracruz. 2020. *Atlas de la Flora de Veracruz: Un patrimonio Natural en Peligro*, Gobierno del Estado de Veracruz, p. 528, disponible en reservaeleden.org/plantasloc/fichas/fichasalum.html.

sectur, Secretaría de Turismo, Gobierno de México, disponible en: visit mexico.com/.

sivicoff, Sistema Integral de Vigilancia y Control Fitosanitario Forestal, Gobierno de México, disponible en: sivicoff.cnf.gob.mx/.

snigf, Sistema Nacional de Información y Gestión Forestal, Gobierno de México, disponible en: cnf.gob.mx/.

stri, Smithsonian Tropical Research Institute, disponible en: stricollections.org/portal/.

Tesoro. Registrados en 138 listas publicadas desde 1761, Academia Mexicana de la Lengua, disponible en: tesoro.academia.org.mx/.

The iucn Red List, disponible en: iucnredlist.org.

The Plant List, Proceedings of the Royal Society, disponible en: theplant list.org/ (accessed 1st January.

Tropicos, *Botanical information system at the Missouri Botanical Garden*. 2020. Disponible en: tropicos.org.

Twitter, disponible en: twitter.com/.

Valiñas Coalla, Leopoldo. 2020. *Lenguas originarias y pueblos indígenas de México. Familias y lenguas aisladas*, Ciudad de México: Academia Mexicana de la Lengua.

Abreviaturas y símbolos empleados

Abreviaturas

ADJ.	adjetivo
ADV.	adverbio
afect.	afectivo
AFIJO	afijo
AMB.	ambiguo
coloq.	coloquial
COM.	común
eufem.	eufemismo
EXPR.	expresión
F.	femenino
fest.	festivo
fam.	familiar
gralizado.	generalizado
INTERJ.	interjección
INTR.	intransitivo
INTR. PRNL.	intransitivo pronominal
jerg.	jergal
LOC. ADJ.	locución adjetiva
LOC. ADV.	locución adverbial
LOC. CONJ.	locución conjuntiva
LOC. INTERJ.	locución interjectiva
LOC. PREP.	locución prepositiva
LOC. SUST.	locución sustantiva
LOC. VERB.	locución verbal
M.	masculino
malson.	malsonante
PL.	plural
pop.	popular
PRON.	pronombre

rur.	rural
supran.	supranacional
TR.	transitivo
TR. PRNL.	transitivo pronominal
Ú.m.e.dim.	úsase más en diminutivo
Ú.m.e.pl.	úsase más en plural
Ú.m.e.pp.	úsase más en participio pasado
Ú.m.c.prnl	úsase más como pronominal
Ú.t.c.sust.	úsase también como sustantivo
vulg.	vulgar

Símbolos

~ Representa el lema del artículo cuando se cita en el interior de este. Si el lema presenta variación de género, el signo representa cualquiera de las dos formas.

|| Separa acepciones.

: Señala el fin de una definición y el comienzo del ejemplo del uso del lema.

; Indica una voz general tras una acepción y una variante gráfica, en caso de dos o más graficaciones.

“ ” Contiene el ejemplo donde se ilustra el empleo del lema definido.

[ ] Indica la pronunciación del lema.

( ) Indica juegos de palabras, optatividad de uso, información de marca registrada, otros modos de denominar un referente de botánica o de zoología.

▶ Separa dentro de los bloques locución y expresión las variantes de estas.

■ Anuncia una categoría gramatical.

Diagrama de artículos

abarrotero, ra. ■ ADJ. **1.** Perteneciente o relativo a los abarrotes: "El sector abarrotero es buen negocio". ■ M. y F. **2.** supran. Propietario de una **abarrotera**. || **3.** supran. Persona que trabaja en una **abarrotera**. ■ F. **4.** *En el Noroeste*, establecimiento donde se almacenan abarrotes. || **5.** supran. Tienda donde se venden abarrotes.

chido, da. ■ ADJ. **1.** fam. Bonito: "Te traje el regalo más chido que encontré". || **2.** fam. Bueno: "La plática se pone chida con José". || **3.** fam. *Referido a persona*, amigable: "Me gusta salir con Rafael porque es muy chido".

chido. ■ ADV. **4.** fam. Bien: "El tendero prepara chido el café". || **5.** fam. Se usa para expresar afirmación o confirmación; sí: "—¿Vamos al cine? —Chido". ■ LOC. **~ liro.** LOC. ADV. **chido.** ▶ **~ *one*.** [*guán*] LOC. ADV. **chido.** ■ EXPR. **¡~ *one*!** [*guán*] **1.** fam. Se usa para manifestar acuerdo o entendimiento; chido: "—¿Vamos al cine después de clases? —¡Chido *one*!". || **2.** fam. Se usa para indicar sorpresa; chido: "¡Chido *one*!, me gané el premio". ■ INTERJ. **chido. 1.** fam. Se usa para manifestar acuerdo o entendimiento: "—¿Vamos al cine después de clases? —¡Chido!". || **2.** fam. Se usa para indicar sorpresa: "¡Chido el aguacero!".

Lema
Anuncia una categoría gramatical
Lema dentro de la definición
Contorno geográfico
Ejemplo
Sublema
Símbolo que sustituye al lema
Categoría gramatical de la locución
Acepciones dentro de locuciones, expresiones o interjecciones

Definición
Categorías gramaticales
Marca de ámbito geográfico
Marca de uso social
Separación de acepciones
Modo de pronunciación
Indica el inicio de una variante dentro de las categorías gramaticales locución y expresión
Numeración de acepciones

A

abajeño, ña. ■ ADJ. **1.** Perteneciente o relativo a la región de El Bajío, que abarca, fundamentalmente, los estados de Guanajuato y Querétaro, además de Aguascalientes y partes de Jalisco y Michoacán: "Las tierras abajeñas son propicias para el cultivo de la fresa". || **2.** Natural o procedente de la región de El Bajío, que abarca, fundamentalmente, los estados de Guanajuato y Querétaro, además de Aguascalientes y partes de Jalisco y Michoacán: "Los hombres abajeños trabajan en la industria maquiladora". Ú.t.c.sust.: "Los abajeños trabajan en la industria maquiladora". || **3.** supran. Perteneciente o relativo a las zonas costeras o de tierras bajas cercanas a la costa: "Los terrenos abajeños suelen usarse para plataneras". || **4.** supran. Natural o procedente de zonas costeras o de tierras bajas cercanas a la costa: "Los hombres abajeños cocinan muy bien el pescado". Ú.t.c.sust.: "Los abajeños cocinan muy bien el pescado".

abajo. ■ LOC. **los de ~.** LOC. SUST. **1.** vulg. Testículos. || **2.** supran. Grupo de personas que pertenece a una clase social de escasos recursos: "En esta colonia viven los de abajo".

abalanzarse. ■ INTR. PRNL. Aprovecharse de alguien o de algo: "No te abalances con los ahorros de tu hermano, que no te corresponden".

abanderado, da. ■ M. Y F. **1.** Empleado ferroviario encargado de manejar las agujas o rieles móviles que permiten que los trenes cambien de vía. || **2.** supran. *En el futbol*, cada uno de los árbitros auxiliares que cubren las bandas.

abanderamiento. ■ M. supran. Entrega que hace de la bandera nacional una autoridad a un individuo o a un colectivo.

abanderar. ■ TR. supran. Entregar una autoridad, a un individuo o a un colectivo, la bandera nacional: "El presidente abanderó al equipo que representará al país en el próximo campeonato".

abanicar. ■ TR. supran. *En el beisbol*, fallar el intento de pegarle a la pelota con el *bat*: "Abel abanicó la bola en la última entrada y el equipo perdió el partido".

abanico. ■ M. **1.** Pan dulce de masa de hojaldre con forma de semicírculo. || **2.** *En la charrería*, ejercicio ornamental grupal que consiste en que ocho escaramuzas se alinean diagonalmente para dar una vuelta completa al ruedo, en sincronización y a galope, con la jinete puntera cabalgando pegada a la barrera. || **3.** *En una embarcación*, grúa rudimentaria hecha con un palo vertical y otro inclinado amarrados entre sí. || **4.** rur. *En el Sureste*, parte superior del fuste de la silla de montar, cuyo borde exterior, semicircular, se cierra sobre los lomillos. || **5.** supran. Aparato, generalmente eléctrico, que impulsa el aire para ventilar. || **6.** supran. Utensilio hecho de diversos materiales que sirve para avivar el fuego en un anafre; soplador.

abaratar. ■ TR. **1.** pop. Abusar de alguien: "El jefe abarató a Luis y lo mandó a sacar copias". || **2.** pop. Propinar una golpiza: "Unos tipos abarataron a Paco y lo mandaron al hospital".

abarrotamiento. ■ M. supran. Saturación de productos en el mercado para que se deprecien por su excesiva abundancia.

abarrotar. ■ TR. supran. Saturar de productos el mercado para que se deprecien por su abundancia: "Abarrotaron las tiendas con zapatos de plástico".

abarrote. ■ M. **1.** fam. Conversación informal sobre asuntos personales o de interés común; chisme. || **2.** *En el Norte,* tienda en que se venden artículos para el abasto, generalmente alimentos, bebidas y artículos de limpieza; abarrotes.

abarrotes. ■ M. PL. **3.** supran. Artículos para el abasto, generalmente alimentos, bebidas y artículos de limpieza. || **4.** supran. Tienda en que se venden artículos para el abasto, generalmente alimentos, bebidas y artículos de limpieza.

abarrotera. ■ F. Véase **abarrotero, ra.**

abarrotero, ra. ■ ADJ. **1.** Perteneciente o relativo a los abarrotes: "El sector abarrotero es buen negocio". ■ M. y F. **2.** supran. Propietario de una **abarrotera**. || **3.** supran. Persona que trabaja en una **abarrotera**. ■ F. **4.** *En el Noroeste,* establecimiento donde se almacenan abarrotes. || **5.** supran. Tienda donde se venden abarrotes.

abdomen. ■ LOC. **~ de lavadero.** LOC. SUST. El marcado por el ejercicio: "Ese deportista tiene abdomen de lavadero".

abejero. ■ M. Ave originaria de América, de hasta 20 cm de longitud; de color gris, con el pecho gris oscuro, cola sin horquilla; tiene las puntas más claras y angostas; se alimenta de insectos, frutos y reptiles. Familia de los tiránidos del orden Passeriformes, *Tyrannus vociferans.* (También se llama madrugador, tirano chibiú, tirano gritón).

abejucarse. ■ INTR. PRNL. supran. Desarrollarse de manera torcida y enmarañada el tallo de una planta, a manera de bejuco: "El rosal se abejucó por falta de espacio".

abierto, ta. ■ ADJ. *Referido a un equino,* menor de siete años de edad: "Tengo un corral de yeguas abiertas".

ablandar. ■ TR. **1.** supran. Someter el motor nuevo o rectificado de un vehículo a una marcha regular antes de usarlo a altas velocidades: "Le recomiendo que ablande el motor antes de salir a carretera". || **2.** supran. fam. *En deportes,* reducir la capacidad física y el entusiasmo de alguien a fuerza de golpes: "Ablandaron al delantero de un rodillazo".

ablandarse. ■ INTR. PRNL. **3.** Desajustarse las piezas de un vehículo: "El carro del abuelo se ablandó con tanto bache en la carretera".

abocar. ■ TR. Mejorar el pulque en su sabor, agregándole aguamiel u otra sustancia: "Mi tío abocó dos tinajas de pulque para la boda de su hija".

abofamiento. ■ M. supran. rur. Hinchazón de una parte del cuerpo de una persona o de un animal.

abofarse. ■ INTR. PRNL. supran. rur. Hincharse una parte del cuerpo de una persona o de un animal: "Comió mariscos y se le abofó la cara".

abogado. ■ M. *En Oaxaca,* hombre responsable de interceder por alguien en algunos ritos de petición y agradecimiento.

abogánster. (Juego de palabras entre abogado y gánster). ■ COM. supran. despect. Abogado que es considerado corrupto: "La abogánster liosa que llevó ese caso debería estar presa".

abombachado, da. ■ ADJ. supran. *Referido a una prenda de vestir,* holgada, abultada y ceñida en sus extremos: "Ese pantalón abombachado no se te ve bien".

abonar. ■ TR. **1.** supran. Hacer un pago parcial de una deuda: "Mi papá abonó quinientos pesos al prestamista en esta quincena".

abonarse. ■ INTR. PRNL. **2.** supran. Bailar alguien con la misma persona durante un largo tiempo: "José se abonó con Eva toda la noche".

abonero, ra. ■ M. y F. **1.** Comerciante callejero y ambulante que vende en abonos. || **2.** supran. Persona que se dedica a visitar a un deudor en su domicilio para cobrar un abono.

abono. ■ M. supran. Pago parcial de una deuda. ■ LOC. **en abonos.** LOC. ADV. supran. En pagos parciales: "Me compré la lavadora en abonos".

abrasada. ■ F. supran. Herida por fuego o por calor excesivo.

abrazo. ■ LOC. **~ de tamal.** LOC. SUST. fest. Coito.

abrigadero. ■ M. rur. Doblez de la ropa en donde se ocultan chinches y pulgas.

abrigarse. ■ INTR. PRNL. **1.** fam. Irse de un lugar: "Se abrigó temprano porque lo corrieron de la fiesta". || **2.** fam. Desistir de algo: "Me abrigo porque ya no quiero saber más del tema".

abrigo. (Juego de palabras entre abrigo y abrirse). ■ INTERJ. **¡abrigo! 1.** fam. Se usa para expresar enojo o desaprobación: "¡Abrigo! Ya estoy hasta el gorro de tanto problema". || **2.** fam. Se usa como fórmula de despedida: "¡Abrigo! Nos vemos mañana". || **3.** fam. Se usa para solicitar, con poca cortesía, que alguien abandone un lugar: "Las visitas tienen sueño, ¡abrigo!".

abrir. ■ LOC. **~ cancha.** LOC. VERB. supran. fam. Despejar un espacio: "¡Ábreme cancha para que pueda pasar la silla de ruedas!". ▷ **~ el caballo.** LOC. VERB. *En la charrería,* dirigir el caballo hacia el lado opuesto al del animal coleado, es decir, al que se intenta derribar tras haberlo agarrado de la cola: "El jinete abrió el caballo muy bien y ganó la competencia". ▷ **~ la boca.** LOC. VERB. Delatar a alguien: "Verónica abrió la boca y, por su culpa, nos regañaron a todos". ■ EXPR. **¡ábranla, que lleva bala!** Se emplea para pedir paso: "¡A los de enfrente, ábranla, que lleva bala!". ▷ **¡ábranme, que vengo herido!** Se emplea para manifestar alguien un dolor profundo, generalmente asociado a una relación amorosa, y solicitar por ello la atención de los interlocutores: "¡Ábranme, que vengo herido! Me acaba de dejar mi novia".

abrirse. ■ TR. PRNL. **1.** *En Sinaloa,* terminar algo: "Apenas me abrí el informe, me fui a mi casa". ■ INTR. PRNL. **2.** supran. Apartarse alguien: "Mario se abrió para dejar pasar a la señora". || **3.** supran. Desistir de algo: "Mejor Sonia se abrió de trabajar en esa compañía". || **4.** supran. Desviarse un caballo repentinamente de la línea que seguía en una carrera: "La yegua se abrió y perdimos nuestra apuesta".

abrocharse. ■ TR. PRNL. **1.** fam. Perjudicar: "El banco se abrochará a varios clientes deudores". || **2.** fam. Derrotar a alguien en una competencia: "Este tenista siempre se abrocha a sus rivales". || **3.** supran. vulg. Poseer sexualmente a alguien.

abuela. ■ F. rur. Partera.

abueleada. ■ F. **1.** Conversión de alguien en abuelo. || **2.** Comportamiento de un abuelo con los nietos que denota paciencia, consentimiento, tolerancia y cariño.

abuelear. ■ INTR. **1.** Convertirse alguien en abuelo: "Muy joven, Manuel abueleó". || **2.** Comportarse un abuelo de manera paciente, consentidora, tolerante y cariñosa con los nietos: "Don Ramiro abuelea todos los fines de semana aunque los niños no se porten bien". || **3.** Parecer alguien abuelo por su aspecto físico: "Mis hermanos ya abuelean con esas canas, aunque son muy jóvenes". || **4.** Comportarse un joven como se esperaría que lo hiciera una persona mayor: "Los viernes salgo con mis amigos, pero los sábados abueleo". || **5.** Heredar alguien los rasgos físicos o de personalidad de alguno de sus abuelos: "Paula abueleó, sacó los ojos de mi suegra".

abuelita. (Juego de palabras entre abuelita y a huevo). ■ ADV. fest. Se usa para expresar afirmación o confirmación; sí: "—¿Quieres un café? —Abuelita". ■ EXPR. **¡~ de Batman!** fest. Se usa para afirmar o confirmar enfáticamente algo: "—¿Vas a apostar o no? —¡Abuelita de Batman!". ▷ **¡~, mi café!** fest. **¡abuelita de Batman!** ▷ **¡~, soy tu nieto!** fest. **¡abuelita de Batman!**

abuelo. ■ M. *En el Noreste,* dulce de azúcar morena con nuez, en forma de cono truncado.

abusado, da. ■ ADJ. supran. *Referido a persona,* lista; perspicaz: "Cintia es muy abusada en los negocios". Ú.t.c.sust.: "Cintia es la abusada para los negocios en esta empresa". ■ INTERJ. **¡abusado!** supran. Se usa para advertir a alguien de una situación peligrosa para que tenga precaución: "¡Abusado! Casi te caes en la escalera".

abusador, ra. ■ ADJ. **1.** supran. *Referido a persona*, que se aprovecha de la confianza de otros: "Roberto es muy abusador, nunca paga lo que le corresponde". Ú.t.c.sust.: "Roberto es un abusador, nunca paga lo que le corresponde". || **2.** supran. *Referido a persona*, que golpea a su pareja. Ú.t.c.sust. || **3.** supran. *Referido a persona*, que comete abusos sexuales. Ú.t.c.sust.

abusivez. ■ F. supran. pop. Abuso: "Es una abusivez el precio de los aguacates".

acá. ■ ADJ. **1.** fam. De excelente calidad: "La comida quedó muy acá". || **2.** fam. Corriente: "Órale, el vestidito de Julia está bien acá". || **3.** fam. Raro: "Me siento medio acá, no sé por qué". || **4.** fam. *Referido a persona*, engreída: "No aguanto a Adolfo porque se siente muy acá". ■ ADV. **5.** De manera pretenciosa: "Odio a Luis, siempre se porta muy acá".

acabalar. ■ TR. Alcanzar una determinada edad: "Don Juan acabala los 80 años en marzo".

acabamiento. ■ M. supran. Deterioro físico de alguien: "Me sorprendió el acabamiento de Ricardo después de la enfermedad".

acabar. ■ INTR. **1.** supran. Alcanzar el orgasmo.

acabarse. ■ TR. PRNL. **2.** Criticar intensamente a alguien: "Nos acabamos a Patricio por cómo venía vestido".

acabársele. ■ LOC. **~ el veinte.** LOC. VERB. Agotársele a alguien el tiempo o la oportunidad para hacer algo: "Apaga la tele, ya se te acabó el veinte".

acachar. ■ TR. pop. Atrapar en el aire cualquier objeto; cachar: "¡Niño, acacha la pelota!".

acagual. Véase **acahual.**

acagualero, ra. Véase **acahualero, ra.**

acahual. ■ M. **1.** Hierba originaria de América, de hasta 4 m de altura, monoica; tallos pilosos; hojas alternas, de ovadas a triangulares, con margen aserrado; flores hermafroditas, tubulares, agregadas en una gran cabezuela de largos pedúnculos, las flores de la periferia semejan pétalos de color amarillo o anaranjado; frutos aquenios, con un par de espinas en el ápice; una sola semilla. Familia de las compuestas, *Tithonia tubaeformis.* (También se llama acagual, gigantón, palocote, sunté). || **2.** rur. Rastrojo de **acahual** o cualquier otra hierba parecida que sirve como combustible. ■ LOC. **~ blanco.** LOC. SUST. **aceitilla.**

acahualera. ■ F. Véase **acahualero, ra.**

acahualero, ra. ■ M. y F. **1.** Persona que se dedica a recoger hierbas secas que se utilizan para encender fuego. ■ M. **2.** Hierba que crece en un barbecho. ■ F. **3.** Hierba originaria de América, de hasta 1 m de altura; tallos erectos o decumbentes, angulosos y pilosos; hojas generalmente alternas pero con frecuencia subopuestas, simples o sinuado-dentadas, de ovadas a elípticas, con margen sinuado-dentado; flores hermafroditas, pequeñas, cinco lobadas, de blanco verdoso a color paja, estambres densamente pubescentes en la base; frutos abayados, subglobosos, purpúreos o negros, con pulpa jugosa; semillas diminutas, obovadas, reticuladas o con pequeñas fosas, de color café oscuro. Familia de las solanáceas, *Jaltomata procumbens.* (También se llama equelite, jaltomata, jaltomate, quelite cojudo, tomatillo).

acahuite. ■ M. **ayacahuite.**

acalambrada. ■ F. Acción y resultado de acalambrar o acalambrarse.

acalambrar. ■ TR. **1.** supran. Causar algo un calambre a alguien: "El agua fría de la alberca siempre me acalambra". || **2.** supran. fam. Intimidar a alguien: "Esteban acalambró a su hijo con semejante regaño".

acalambrarse. ■ INTR. PRNL. **3.** rur. Presentarse en algunos animales de granja una especie de parálisis convulsiva que les sobreviene por exceso de coraje o miedo: "Ese toro es tan bravo que a cada rato se acalambra".

acalote. ■ M. **atotola.**

acamaya. ■ F. Crustáceo originario de América, de hasta 30 cm de longitud; forma típica del camarón común; detritívoro; de hábitos nocturnos; tiene una coloración característica formada por tres bandas longitudinales oscuras azuladas sobre un fondo claro o amarillento en el cefalotórax y el abdomen; cuenta con dos grandes tenazas; habita en fuentes de agua dulce y salobre; comestible. Familia de los palemónidos del orden Decapoda, *Macrobrachium carcinus*. (También se llama camarón de agua dulce, camarón de río, langostino, mayacaste, pigua).

acamayo. ■ M. Hierba originaria de México, de hasta 60 cm de altura, monoica; bulbos subterráneos; hojas en roseta, de dos a seis, enteras, largamente lineares; flores hermafroditas, solitarias sobre un eje tan largo o más que las hojas, muy vistosas, con seis tépalos de color rojizo, dispuestos en forma de cruz; frutos capsulares, cafés; semillas numerosas, subglobosas; uso ornamental. Familia de las amarilidáceas, *Sprekelia formosissima*. (También se llama flor de lis, flor de Santiago, lirio azteca).

acamellonar. ■ TR. Ponerle camellones a una avenida: "Acamellonaron la avenida para mejorar la vista de la ciudad".

acampar. ■ INTR. supran. pop. Cesar la lluvia; escampar: "¡Por fin acampó, ve a la tienda!".

acantinflarse. ■ INTR. PRNL. gralizado. Comportarse alguien con los ademanes, forma de vestir o hablar del personaje mexicano Cantinflas: "Mi primo se acantinfló en el discurso". Ú.m.e.pp.: "Nadie entendió su discurso acantinflado".

acapetate. ■ M. supran. Estera gruesa y flexible, de aproximadamente 1 m de largo, hecha de tiras de caña o de carrizo entrelazadas.

acapulqueño, ña. ■ ADJ. **1.** Perteneciente o relativo a la ciudad portuaria de Acapulco, en el estado de Guerrero: "La industria hotelera acapulqueña resintió la crisis económica". || **2.** Natural o procedente de la ciudad portuaria de Acapulco, en el estado de Guerrero: "Llegaron dos turistas acapulqueños al Museo de Historia Natural". Ú.t.c. sust.: "Llegaron dos acapulqueños al Museo de Historia Natural".

acarreada. ■ F. Véase **acarreado, da.**

acarreadera. ■ F. Sucesión continua de acarreadas: "Todo el día de ayer estuvimos en la acarreadera de ropa usada".

acarreadero. ■ F. **acarreadera.**

acarreado, da. ■ M. y F. **1.** Persona que asiste, a cambio de algo, a una manifestación política o a una votación. || **2.** Persona que es llevada, de manera coercitiva, a una manifestación política o a una votación. ■ F. **3.** supran. Transporte de algo.

acarreamiento. ■ M. **acarreo.**

acarrear. ■ TR. **1.** Hacer a alguien asistir a un mitin o evento político a cambio de algún beneficio o para no perder un privilegio: "Nuestro líder sindical nos acarrea a las asambleas". ■ INTR. **2.** Hacerse una persona responsable de llevar algo a un determinado lugar: "Mi mamá siempre acarrea con las botanas y con los refrescos en las reuniones".

acarreo. ■ M. Acción y resultado de acarrear.

acasúchil. ■ M. **1.** Nombre general para varias plantas, como el gordolobo y la caña. || **2.** Hierba originaria de América, de hasta 2 m de altura, monoica; hojas alternas, enteras, ovadas o lanceoladas, con margen finamente aserrado; flores hermafroditas que crecen solitarias en las axilas de las hojas, tubulares, con cinco pétalos de color rojo o amarillo dispuestos en forma de labios; frutos capsulares, cafés, elipsoides; semillas numerosas, diminutas. Familia de las campanuláceas, *Lobelia laxiflora*. (También se llama acaxóchitl, chilpanxóchitl). || **3.** Raíz del **acasúchil**; uso en la medicina tradicional.

acatarrar. ■ TR. coloq. Hostigar: "No lo acatarres con tantas preguntas".

acateco, ca. ■ ADJ. **1.** supran. Perteneciente o relativo al **acateco**: "La vestimenta acateca de las mujeres consiste en enrollarse una tela larga en la cintura". || **2.** supran. Natural o procedente del grupo étnico **acateco**: "Los músicos acatecos elaboran sus propias marimbas". Ú.t.c.sust.: "Los acatecos elaboran sus propias marimbas". ■ M. **3.** supran. Grupo étnico establecido en los municipios de Frontera Comalapa y La Trinitaria, en el estado de Chiapas, en los estados de Campeche y Quintana Roo, México, y en Guatemala. || **4.** supran. Lengua maya del subgrupo lingüístico kanjobaleano.

acaxaxan. [*akashásham*] ■ M. Hierba dulceacuícola de distribución cosmopolita, monoica; tallos usualmente comprimidos, adheridos a las rocas; hojas alternas, pequeñas y generalmente lineares; flores hermafroditas, verdosas, diminutas, agrupadas en espigas que emergen del agua; frutos aquénicos, globosos, con un pico apical; una sola semilla. Familia de las potamogetonáceas, varias especies del género *Potamogeton*. (También se llama oreja de conejo, tochnacaztli).

acaxóchitl. [*akasóchitl*] ■ M. **acasúchil.**

accesar. ■ TR. **1.** Introducir datos en un sistema informático: "Por favor, accesa tu número de cuenta para que te atendamos". ■ INTR. **2.** supran. Tener acceso una persona a información o datos contenidos en un sistema informático: "No accesaré a mi cuenta bancaria desde esta computadora".

accidente. ■ LOC. **~ laminero.** LOC. SUST. Percance automovilístico leve que solo afecta la carrocería de los coches implicados: "Nada más fue un accidente laminero, pero me asusté mucho".

acecé. ■ M. **1.** Planta anual originaria de México y Centroamérica, de hasta 2 m de altura; tallos ramificados; inflorescencias masculinas, con espigas, cada una envuelta por una sola bráctea; varias espigas femeninas en una vaina, con pedúnculos de hasta 2 cm de largo; flores en forma de espiguillas dispuestas en dos hileras; de cinco a 12 semillas cariópsides, cubiertas por una gluma endurecida, con superficie lustrosa, lisa, de color blanco uniforme a café muy oscuro, con manchas de color café más claro a gris; uso forrajero. Familia de las gramíneas, varias especies del género *Zea*, como *Zea mays* ssp. *mexicana*, *Zea mays* ssp. *parviglumis*. (También se llama diente de burro, madre de maíz, maíz cimarrón, milpilla, pezuña de burro, sarazo, teocintle, teosinte). || **2.** Fruto del **acecé**.

aceitar. ■ LOC. **~ la maquinaria.** LOC. VERB. supran. Preparar, organizar y controlar todos los detalles para conseguir los objetivos propuestos: "En este año de elecciones, todos los partidos aceitarán la maquinaria".

aceite. ■ LOC. **~ de olivo.** LOC. SUST. El de oliva.

aceitero. ■ M. supran. Recipiente para guardar la botella de aceite comestible que está en uso.

aceitilla. ■ F. Hierba originaria de América, de hasta 1 m de altura, monoica; tallos cuadrangulares, pilosos; hojas opuestas, divididas de tres a cinco foliolos, de ovadas a lanceoladas, con margen aserrado; flores hermafroditas, pequeñas, tubulares, de color amarillo, agregadas en cabezuelas, con cinco flores de la periferia en forma de pétalos, de color blanco a morado; frutos aquénicos, lineares o claviformes, con un par de espinas en el ápice; hojas y tallos, uso en la medicina tradicional. Familia de las compuestas, *Bidens odorata*. (También se llama acahual blanco, cisiquelite).

aceituno. ■ M. supran. Árbol originario de México, de hasta 30 m de altura, dioico; tallos erectos con corteza fisurada, de color pardo amarillento a moreno, la interna de color blanco amarillento; hojas alternas, divididas de ocho a 16 foliolos oblongos u oblanceolados, pequeños, con nervadura central amarillenta; flores unisexuales, pequeñas, de color blanquecino verdoso a blanco amarillento, dispuestas en panículas axilares terminales; frutos drupáceos, ovoides, arreglados en grupos de dos a cinco, ligeramente angulosos, de amarillos a rojizos, astringentes cuando maduros; una semilla por fruto; cortezas, uso en la medicina tradicional; frutos, comestibles; tallos, uso artesanal e industrial. Familia de las simarubáceas, *Simarouba amara*. (También se llama cedrillo, negrito, pistache, talcochote).

acelerada. ■ F. **1.** fam. Enfurecimiento de una persona. || **2.** fam. Euforia de una persona por la ingesta de alcohol o droga.

acelerarse. ■ INTR. PRNL. **1.** supran. fam. Enfurecerse una persona: "Javier se aceleró con la mala noticia". || **2.** supran. fam. Ponerse eufórica una persona por la ingesta de alcohol o droga.

acelere. ■ M. **acelerada.**

acelga. ■ LOC. **~ silvestre.** LOC. SUST. **1.** Hierba originaria de Europa y cultivada en todo el mundo, de hasta 60 cm de altura; raíces carnosas y globosas, de color rojo; tallos reducidos o ausentes; hojas con peciolos largos rojos, alternas, en roseta en la base, de color verde brillante con tonos de rojizos a morados, enteras o con margen sinuado; flores hermafroditas, pequeñas, verdosas, agrupadas en tres o más flores sobre espigas terminales; frutos capsulares, pequeños, globosos; una o tres semillas, globosas, de color rojizo a negro. Familia de las amarantáceas, *Beta vulgaris*. (También se llama betabel, remolacha). || **2.** Raíz de esta hierba; comestible; uso como colorante.

acetato. ■ M. **1.** Disco fonográfico de larga duración hecho de vinilo. || **2.** supran. Hoja delgada de plástico transparente que puede contener imágenes o texto impresos en ella, la cual, con ayuda de un retroproyector, puede reflejar la información contenida.

acezintle. ■ M. Árbol originario de América, de regiones templadas, de 10 a 20 m de altura, caducifolio, dioico; hojas alternas, divididas de cinco a siete foliolos, con márgenes aserrados; flores unisexuales, pequeñas y sin pétalos, con flores masculinas y femeninas en diferentes individuos, dispuestas en racimos péndulos; frutos en sámaras aplanadas y aladas en forma de V; una semilla por ala; uso ornamental. Familia de las sapindáceas, *Acer negundo*.

achafranar. ■ INTR. vulg. Practicar el coito.

achaparramiento. ■ M. **1.** Reducción de la altura de algo. || **2.** Agachamiento.

achaparrar. ■ TR. **1.** Reducir la altura de algo: "El arquitecto achaparró la columna".

achaparrarse. ■ INTR. PRNL. **2.** Agacharse: "¡Achapárrate para que no te pegues en la cabeza!".

achicalamiento. ■ M. Acción y resultado de achicalar.

achicalar. ■ TR. **1.** Compactar algo en pacas, generalmente hierba: "Achicalamos la alfalfa para venderla". || **2.** Agotar algo: "Los compradores achicalaron la última edición de la revista". Ú.m.c.prnl.: "Los compradores se achicalaron la última edición de la revista". || **3.** Bañar con miel un alimento, generalmente el camote: "No achicaló la fruta y por eso no me la comí". || **4.** jerg. Encarcelar: "Achicalaron al vecino por robar un frasco de perfume en el supermercado". Ú.m.c.prnl.: "Se achicalaron al vecino por robar un frasco de perfume en el supermercado". || **5.** jerg. Asesinar. Ú.m.c.prnl.

achichiguar. ■ TR. **1.** supran. fam. Amamantar a un niño: "La mamá de Raúl no lo achichiguó porque estaba enferma". || **2.** supran. fam. Cuidar a un niño: "La vecina quiere que le achichigüe a Daniel". || **3.** supran. fam. Mimar en exceso a un niño: "Joaquín es un malcriado porque lo achichiguaste mucho".

achichinar. ■ TR. **1.** fam. Chamuscar: "Achichiné las tortillas sin querer". || **2.** fam. Asesinar. Ú.m.c.prnl.

achichincle. ■ M. **1.** *En la minería*, operario que traslada a las piletas el agua que sale de los veneros subterráneos. ■ COM. **2.** supran. despect. Persona que de ordinario acompaña a un superior y sigue sus órdenes: "En vacaciones Manuel es el achichincle de mi tío".

achichinque. ■ M. **achichincle.**

achichintle. ■ M. **achichincle.**

achicopalamiento. ■ M. supran. Desánimo.

achicopalar. ■ TR. supran. fam. Causar desánimo: "El noticiero achicopaló a Mariano".

achigual. ■ M. **1.** *En Chiapas*, conjunto de desperdicios de comida que se emplea para alimentar animales. || **2.** *En Chiapas*, asunto o problema en que se inmiscuyen varias personas.

achiotado, da. ■ ADJ. supran. Del color del achiote: "No me gusta esa tela achiotada".

achiotar. ■ TR. **1.** supran. Condimentar o adobar con achiote: "Achioté la carne para la cena". || **2.** supran. Curar con hojas y fruto del achiote: "Mi madrina me achiotó la rodilla para desinflamarla". || **3.** supran. Teñir con las semillas del achiote: "Los artesanos achiotaron la tela para el morral".

achiote. ■ M. **1.** supran. Árbol o arbusto originario de América, de hasta 6 m de altura, monoico; hojas alternas, enteras, acorazonadas, con largos peciolos; flores hermafroditas, vistosas, olorosas, con un anillo de glándulas en la base del cáliz, con cinco pétalos de rosados a blancos y numerosos estambres rosados; frutos capsulares, ovoides, cubiertos de pelos rígidos rojizos; semillas numerosas, de rojizas a rosadas; hojas, uso en la medicina tradicional. Familia de las bixáceas, *Bixa orellana*. (También se llama achote, axiote). || **2.** supran. Fruto del **achiote**; uso en la medicina tradicional. || **3.** supran. Pasta que se utiliza para colorear y condimentar alimentos, que se prepara con la semilla molida del **achiote**, especias, jugo de naranja o de limón, vinagre y ajo. || **4.** supran. Sustancia colorante que se obtiene de las semillas molidas del fruto del **achiote**: "Algunos indígenas se teñían el rostro con achiote". || **5.** supran. Color rojizo que tiene esta sustancia colorante.

achiotero, ra. ■ ADJ. **1.** Perteneciente o relativo al achiote: "La industria achiotera sigue en auge". ■ M. **2.** supran. Árbol o arbusto del achiote.

achiotillo. ■ M. **1.** supran. Árbol originario de América, de hasta 20 m de altura, monoico; tallos con savia anaranjada al cortarlos, ramas delgadas con pubescencia ferruginosa; hojas opuestas, enteras, de ovadas a lanceoladas, coriáceas, con pubescencia ferrugínea densa en el envés; flores hermafroditas, vistosas, de amarillas a amarillentas, pubescentes, con líneas glandulares, agrupadas en panículas y con estambres numerosos; frutos abayados, de ovoides a globosos, de color amarillo a gris café; semillas pequeñas, numerosas, cilíndricas. Familia de las hipericáceas, *Vismia baccifera.* (También se llama achotillo). || **2.** supran. Cogollo del **achiotillo**; uso en la medicina tradicional. || **3.** supran. Hoja del **achiotillo**; uso en la medicina tradicional.

achiotuda. ■ ADJ. **achotuda.**

achipilarse. ■ INTR. PRNL. fam. Ponerse chípil alguien: "Mi mamá supo que estaba embarazada porque yo me achipilé".

achipilinarse. ■ INTR. PRNL. **achipilarse.**

achiquillarse. ■ INTR. PRNL. **1.** supran. Adquirir una persona madura rasgos físicos de joven: "Lo que pasa es que Juan se achiquilló, pero sí tiene 50 años". || **2.** supran. Actuar una persona madura como un joven: "No te achiquilles y asume tus responsabilidades frente al jefe".

achiquitarse. ■ INTR. PRNL. supran. Acobardarse alguien: "Mario se achiquitó cuando lo detuvo el agente de tránsito".

achis. ■ INTERJ. **¡achis! 1.** fam. Se usa para protestar: "—Dime a dónde fuiste. —¡Achis!, ¿desde cuándo tengo que explicarte todo?". || **2.** supran. fam. Se usa para expresar sorpresa o incredulidad: "—¿Te dijeron que vamos a trabajar el fin de semana? —¡Achis!".

achís. ■ INTERJ. **achis.**

achispamiento. ■ M. fam. Estado de atención y vigilancia.

achisparse. ■ INTR. PRNL. fam. Estar alguien atento y vigilante: "Achíspense para que no nos vea mi mamá".

achocar. ■ TR. **1.** *En el Sureste*, meter o colocar excesivo número de personas o cosas en un espacio: "La niña no acomodó la ropa, solo la achocó en el cajón".

achocarse. ■ INTR. PRNL. **2.** *En el Sureste*, inmiscuirse en asuntos ajenos: "Ella se achocó en el problema de la herencia familiar, aunque ni pariente es". || **3.** *En el Sureste,* acudir a un evento sin ser invitado: "Cándido siempre se achoca en las celebraciones de los demás". || **4.** *En el Sureste,* vivir en casa ajena y a costa de su dueño: "Esteban se achocó en casa de sus abuelos mientras encontraba trabajo".

achorizo. ■ M. Hierba dulceacuícola cosmopolita, de hasta 3 m de altura, monoica; tallos muy ramificados, adheridos a las rocas; hojas en verticilos, divididas de uno a cuatro foliolos filamentosos; flores unisexuales, pequeñas, de color verdoso; frutos aquénicos; con una o más espinas. Familia de las ceratofiláceas, varias especies del género *Ceratophyllum.* (También se llama cola de zorra).

achote. ■ M. **achiote.**

achotillo. ■ M. **achiotillo.**

achotuda. ■ ADJ. despect. *En Tabasco, referido a una mujer*, que lleva las mejillas maquilladas en exceso: "Cuando Antonia llega muy achotuda es porque se pinta en el camino".

achucatado, da. ■ ADJ. *En el Noroeste*, pegajoso: "Siempre quedas achucatado cuando comes miel".

acitrón. ■ M. **1.** Dulce tradicional hecho con el tallo, descortezado y confitado, de algunas biznagas. || **2.** Juego infantil en que los niños se sientan en círculo y se van pasando un objeto mientras cantan hasta que alguien falle al pasar el objeto.

acitronar. ■ TR. Sofreír algunas verduras, generalmente cebolla y ajo, hasta volverse translúcidas: "Acitrona la cebolla con el apio cuando prepares la sopa".

aclasole. ■ M. **1.** Grupo de diferentes especies de hierbas dulceacuícolas diminutas de distribución cosmopolita, monoicas; sin tallos; hojas solitarias o en grupos de cuatro, de forma elíptica u obovada, verdes o con tonos rojizos o amarillentos, con margen entero o denticulado; flores unisexuales, diminutas, sin pétalos, a veces cubiertas por una bráctea o espata incolora o verdosa; frutos utriculares, pequeños; de una a cuatro semillas. Familia de las aráceas, varias especies de los géneros *Lemna*, *Spirodela*, *Wolffia* y *Wolffiella*. (También se llama chilacaste, chilacastle, chilicastle, lentejilla). || **2.** Individuo del **aclasole**. || **3.** Hoja de los individuos del **aclasole**; uso agropecuario.

aclinán. ■ M. Arbusto originario de México y Centroamérica, de hasta 3 m de altura; tallos muy ramificados, aromáticos al estrujarse, las ramas jóvenes cubiertas de pelos largos y entrecruzados; hojas opuestas, enteras, de triangulares a triangulares ovadas, raramente ovadas o lanceoladas, estrigosas en el haz y velutinas en el envés, con muchas gotitas de exudado resinoso, con margen entero o aserrado; flores hermafroditas o estériles, diminutas, tubulares, de color blanco o crema, las tres a 17 del centro hermafroditas y las cero a seis de la periferia estériles, con apariencia de pétalos, flores dispuestas en cabezuelas, agrupadas a su vez en panículas densas; frutos aquénicos, obovados, algo comprimidos, negruzcos, con una única semilla; uso en la medicina tradicional. Familia de las compuestas, *Montanoa tomentosa*. (También se llama pirimo blanco, soapatle, zoapatle).

acochambrarse. ■ INTR. PRNL. supran. Llenarse de cochambre: "Dejé de limpiar por un tiempo la estufa y ya se acochambró".

acocil. ■ M. **1.** Grupo de crustáceos mexicanos, de hasta 5 cm de longitud; forma típica del camarón común; se encuentra en ríos, lagos, presas, bordos y canales; habita en las inmediaciones de las raíces de la vegetación riparia en los primeros 50 cm de profundidad. Familia de los cambáridos del orden Decapoda, especies del subgénero *Cambarellus*. || **2.** Individuo del **acocil**; comestible.

acocote. ■ M. **1.** Utensilio hecho de una baya perforada por ambos extremos que se usa para extraer por succión el aguamiel del maguey. || **2.** Hierba rastrera cosmopolita, de hasta 9 m de longitud; tallos hirsutos; hojas alternas, acorazonadas, con tres o cinco lóbulos; provista de zarcillos; flores unisexuales, ambos sexos en la misma planta, amarillas y campanuladas, solitarias, surgen en las axilas de las hojas; frutos en forma de baya de gran tamaño; semillas numerosas. Familia de las cucurbitáceas, *Lagenaria siceraria*. (También se llama ayacaste, ayacastle, ayacaxtle, bule, guaje, huaje, jícaro). || **3.** Fruto del **acocote**; comestible.

acolchichi. ■ M. Ave de distribución en América del Norte y Centroamérica, de hasta 25 cm de longitud y 40 cm de envergadura; con marcado dimorfismo sexual; machos con plumaje negro lustroso, hombros rojos y una raya amarilla pálida debajo de las manchas rojas; pico y patas de color negro; hembras con plumaje jaspeado, en tonos grisáceos blanquecinos en la región ventral y negruzcos y pardos en la región dorsal; rostro en tonos salmón o amarillentos. Familia de los ictéridos del orden Passeriformes, *Agelaius phoeniceus*. (También se llama arrocero, ave sargento, sargento alirrojo, tordo alirrojo, tordo capitán).

acolhua. ■ ADJ. **1.** Perteneciente o relativo al pueblo prehispánico **acolhua**: "Los asentamientos acolhuas fueron escasos". || **2.** Natural o procedente del pueblo prehispánico **acolhua**: "Los guerreros acolhuas lucharon contra pueblos vecinos". ■ M. **3.** Pueblo prehispánico de lengua náhuatl, que habitaba en la ribera del lago de Texcoco. ■ COM. **4.** Persona natural o procedente del pueblo prehispánico **acolhua**: "Los acolhuas lucharon contra pueblos vecinos".

acomedir. ■ TR. **1.** Solicitar una persona algo con discreción: "Sara acomidió ayuda para pagar una deuda".

acomedirse. ■ INTR. PRNL. **2.** supran. Ofrecerse a realizar algo: "¿Quién se acomide a llevarme al súper?".

acomejenarse. ■ INTR. PRNL. supran. rur. Llenarse de comején algo, generalmente granos y semillas: "Todo el maíz se acomejenó el año pasado".

acomodado, da. ■ M. y F. supran. Persona que tiene un puesto o cargo por influencia.

acomodar. ■ TR. supran. Colocar a alguien en un puesto laboral por influencias: "El jefe acomodó a su hermano como subdirector de la empresa".

acomodo. ■ M. supran. Colocación de alguien en un puesto laboral por influencias.

acompadramiento. ■ M. **1.** *En Oaxaca,* reconocimiento mutuo de los padres de unos contrayentes como consuegros. || **2.** *En Oaxaca,* ceremonia en que los padres de unos contrayentes se reconocen mutuamente como compadres.

acompadrar. ■ TR. *En Oaxaca,* reconocerse mutuamente los padres de unos contrayentes como compadres.

acompañar. ■ LOC. **~ a la Flaca.** LOC. VERB. fest. Morirse: "Tan sano y acompañó a la Flaca".

acompes. ■ M. Cactus columnar originario de México, alcanza hasta 5 m de altura; ramificado desde la base, de 12 a 15 costillas, espinoso; flores hermafroditas, blancas, de numerosos pétalos y estambres; frutos en forma de baya, ovoides, amarillentos, con espinas. Familia de las cactáceas, *Pachycereus hollianus.* (También se llama baboso).

aconcharse. ■ INTR. PRNL. **1.** Ponerse en posición fetal o de concha alguien; hacerse bolita: "Mi hija se aconcha para dormir desde pequeña". || **2.** Adoptar alguien una actitud cómoda o haragana: "Tu marido se aconcha con mucha facilidad". || **3.** Establecerse en la casa de alguien para vivir y comer a las expensas de él: "Los amigos de Mario, descaradamente, se aconcharon en su departamento". || **4.** *En el Sureste,* pegarse algo a una pared: "Una araña se aconchó en esa esquina".

acondicionamiento. ■ M. **1.** supran. Entrenamiento que se le da a un deportista. || **2.** supran. Adiestramiento que se le da a un animal.

acondicionar. ■ TR. **1.** supran. Entrenar a un deportista: "Isaías acondiciona al nuevo boxeador". || **2.** supran. Adiestrar a un animal: "En el club acondicionaron a los mejores caballos para el campeonato nacional".

acontentar. ■ TR. **1.** pop. Dar alegría a alguien; contentar: "Acontenté a mi mamá con mis calificaciones". || **2.** pop. Hacer que una persona deje de estar enojada; contentar: "Juan acontentó a Eva cuando se disculpó".

acontentarse. ■ INTR. PRNL. **3.** pop. Reconciliarse quienes estaban disgustados; encontentarse: "Tus tíos se acontentaron en el cumpleaños de Inés".

acople. ■ COM. **1.** *En el Noroeste,* pareja de trabajo, especialmente la policiaca: "El nuevo acople del policía llegó muy tarde hoy". || **2.** supran. Persona con quien se mantiene una relación de amistad muy cercana; amigo: "Lola es mi acople, porque siempre está en las buenas y en las malas".

acordada. ■ F. Véase **acordado, da.**

acordado, da. ■ M. y F. **1.** Miembro de la **acordada.** ■ F. **2.** Cuerpo policial establecido en México en el siglo XVIII para aprehender y juzgar a los salteadores.

acordeón. ■ M. supran. Apuntes o notas que emplean los estudiantes para copiar en un examen.

acorrientar. ■ TR. Hacer que algo parezca de baja calidad: "Esos accesorios acorrientan tu vestido".

acostón. ■ M. supran. Relación sexual pasajera que no implica ningún compromiso.

acotamiento. ■ M. *En una carretera,* espacio reservado a un costado de la carretera para uso de peatones o para estacionamiento momentáneo de vehículos.

acoyo. ■ M. **acuyo.**

acuache. ■ COM. fam. Persona con quien se mantiene una relación de amistad íntima; cuate: "Tengo una acuache muy querida en San Luis".

acuacultura. ■ F. **1.** supran. Técnica de cultivo de especies acuáticas, animales o vegetales; acuicultura. || **2.** supran. Cultivo con **acuacultura**; acuicultura.

acuyo. ■ M. **1.** Arbusto originario de América, de hasta 5 m de altura, monoico; tallos articulados; ramas quebradizas; hojas opuestas, enteras, grandes, acorazonadas y aromáticas; flores hermafroditas, blancas y diminutas, dispuestas en espigas sobre un eje carnoso; frutos abayados, negros. Familia de las piperáceas, *Piper auritum.* (También se llama acoyo, hierba santa, hierbasanta, hoja de cáncer, hoja de la hierba santa, hoja santa, hojasanta, momo, omequelite, santamaría, tlanepa, xmacolan, yerba santa, yerbasanta). || **2.** Hoja del **acuyo**; comestible; uso en la medicina tradicional.

-ada. ■ AFIJO. Forma sustantivos femeninos a partir de verbos terminados en *-ar* con el significado de acción realizada de manera

A

rápida y superficial: "El afijo *-ada* aparece al final de palabras, como en *peinada, recortada, trapeada*".

adelita. ■ F. Mujer que acompañaba en campaña a los insurrectos durante la Revolución mexicana.

adentro. ■ INTERJ. **¡adentro!** Se usa para expresar sorpresa o incredulidad: "—Me corrieron del trabajo. —¡Adentro!".

adio. ■ INTERJ. **achis.**

adió. ■ INTERJ. **achis.**

aditar. ■ TR. supran. Añadir algo a otra cosa para mejorarla: "Aditaron más vitaminas al nuevo medicamento".

administración. ■ F. supran. Equipo de gobierno bajo el mando del presidente de un país: "La administración actual presentó sus logros en materia laboral".

adobera. ■ F. **1.** supran. Molde para hacer quesos en forma de adobe rectangular. || **2.** supran. Queso que se elabora con leche de vaca, fresco, de pasta blanda y granular, con forma rectangular similar a un adobe, de color crema, de sabor suave y ligeramente salado; típico de Occidente.

adocreto. ■ M. **1.** supran. Baldosa o ladrillo hecho de mezcla de concreto con otro material de construcción. || **2.** supran. Revestimiento hecho con **adocreto**.

adoquinamiento. ■ M. **1.** supran. Hecho de adoquinar. || **2.** supran. Pavimento con adoquines.

adormidera. ■ F. supran. Hierba o arbusto originario de América, de hasta 1 m de altura, monoico; tallos espinosos; hojas alternas, divididas en numerosos foliolos pequeños, se cierran ante cualquier contacto; flores hermafroditas, pequeñas, de color rosado, agrupadas en cabezuelas esféricas; frutos en vainas pardas; semillas numerosas, circulares, negras. Familia de las leguminosas, *Mimosa pudica*. (También se llama dormidera, dormilona, mimosa, moriviví, vergonzosa).

adrede. ■ LOC. **de ~.** LOC. ADV. supran. De manera intencionada: "Me empujó de adrede".

aduana. ■ F. **1.** fest. Prostíbulo. || **2.** jerg. Sitio secreto donde se reúnen los ladrones.

aduanal. ■ ADJ. supran. Perteneciente o relativo a la aduana u oficina pública, en fronteras y aeropuertos, donde se controla el movimiento de mercancías sujetas a aranceles; aduanero: "En el aeropuerto, pagaron el derecho aduanal por los productos".

afanador, ra. ■ M. y F. supran. Persona que se dedica a realizar tareas de limpieza, generalmente en establecimientos públicos.

afigurársele. ■ INTR. PRNL. pop. Imaginarse alguien algo: "Se me afiguró que el señor de la esquina era mi abuelito".

afilador. ■ M. supran. Piedra para afilar.

afilar. ■ LOC. **~ el fierro.** LOC. VERB. vulg. Practicar el coito.

afilarse. ■ TR. PRNL. vulg. Poseer sexualmente a alguien.

afiliarse. ■ LOC. **~ a la mortal cofradía.** LOC. VERB. Morirse: "Tarde o temprano todos nos afiliamos a la mortal cofradía".

afinación. ■ F. supran. Limpieza y regulación de las partes del motor de un vehículo.

afinamiento. ■ M. fam. **afinación.**

afinar. ■ TR. **1.** supran. Poner mecánicamente a punto un automóvil: "Afinamos la camioneta antes de irnos de vacaciones". || **2.** supran. Limpiar y regular las partes del motor de un vehículo, en especial las bujías y el carburador: "Afiné el coche porque andaba fallando".

afligido, da. ■ ADJ. *En Chiapas*, apresurado: "Iba afligido porque cerraban el banco a las cuatro de la tarde".

aflojar. ■ LOC. **~ el mastique.** LOC. VERB. vulg. Evacuar el vientre. ▶ **~ la lengua.** LOC. VERB. Confesar: "Con la borrachera, Mario aflojó la lengua y nos contó que se dormía en el trabajo".

aflojarle. ■ LOC. **~ el mecate.** LOC. VERB. supran. coloq. Dar a alguien más libertad de la conveniente: "A mi hermano le aflojaron el mecate muy joven y tomó malas decisiones".

aflojársele. ■ LOC. **~ el estómago.** LOC. VERB. fam. Tener diarrea: "No fui a la escuela porque se me aflojó el estómago desde la mañana". ▶ **~ el mastique.** LOC. VERB. **1.** fam. Tener necesidad de evacuar el vientre. || **2.** fam. **aflojársele el estómago.**

afore. (De Administradora de Fondos para el Retiro). ■ F. Institución financiera que administra las cuentas individuales de ahorro para el retiro de los trabajadores.

aforo. ■ M. supran. Capacidad de un barril u otro recipiente.

afroseminol. ■ ADJ. **1.** supran. Perteneciente o relativo al **afroseminol**: "La lengua afroseminol se habla, además de en México, en Texas y Oklahoma". ■ M. **2.** supran. Lengua criolla hablada por los mascogos.

agachadilla. ■ F. *En Yucatán*, ejercicio físico que consiste en flexionar las piernas manteniendo recto el tronco; sentadilla.

agachadiza. ■ F. **azulejo.**

agachamiento. ■ M. Acobardamiento.

agachar. ■ TR. **1.** Acobardar: "Juan agachó a Pedro con sus amenazas". ■ LOC. **~ la cabeza.** LOC. VERB. fam. Morirse: "Con sus noventa años, mi vecino no tarda en agachar la cabeza".

agacharse. ■ INTR. PRNL. **2.** supran. *En los juegos de mesa, principalmente en el dominó*, fingir una desventaja para luego aprovecharse: "Leo se agachó haciéndome creer que tenía varios seises y por eso cerré el juego".

agachón, na. ■ ADJ. **1.** coloq. *Referido a persona*, cobarde: "Acompáñame a la montaña rusa, no seas tan agachón". Ú.t.c.sust.: "Acompáñame a la montaña rusa, no seas un agachón". ■ M. y F. **2.** supran. *En los juegos de mesa, principalmente en el dominó*, jugador que finge una desventaja para luego aprovecharse de ella: "Nos ganaste nada más porque eres un agachón". ■ M. **3.** supran. *En los juegos de mesa, principalmente en el dominó*, movimiento en que se finge una desventaja para luego aprovecharse de ella: "Gané la partida con un agachón en la última jugada". ■ F. **4.** Ave de distribución cosmopolita, de hasta 30 cm de longitud; plumaje café con manchas o líneas blancas, cabeza rayada y vientre blanquecino; habita en terrenos pantanosos; al volar lleva el pico apuntando hacia abajo. Familia de los escolopácidos del orden Charadriiformes, *Gallinago gallinago*.

agachona. ■ F. Véase **agachón, na.**

agandallar. ■ TR. **1.** fam. Obtener provecho abusivamente: "Agandallé toda la botana de la fiesta". Ú.m.c.prnl.: "Me agandallé toda la botana de la fiesta".||**2.** fam. Robar: "Mi vecino agandalló la ropa del tendedero". Ú.m.c.prnl.: "Mi vecino se agandalló la ropa del tendedero".

agandalle. ■ M. **1.** fam. Abuso que se comete contra alguien para obtener un beneficio; gandalle.||**2.** fam. Robo; gandalle.

agapando. ■ M. **1.** supran. Hierba originaria del sur de África que forma matas densas de hasta 1 m de altura, monoica; raíces tuberosas; hojas arregladas en roseta, enteras, lineares; flores hermafroditas, en forma de embudo, con seis tépalos de color blanco, azul o morado, agrupadas en una umbela sobre un eje principal cilíndrico más largo que las hojas; frutos capsulares, ovoides; semillas numerosas, diminutas; uso ornamental. Familia de las amarilidáceas, *Agapanthus africanus*. (También se llama agapanto). ||**2.** supran. Flor del **agapando**.

agarradera. ■ F. **1.** *En la charrería*, abertura que el fuste de la silla de montar tiene en la parte posterior. ||**2.** supran. Paño de cocina, pequeño y acolchado, que sirve para sujetar recipientes calientes.

agarrar. ■ TR. **1.** Asir: "Agarra al niño mientras voy al cajero". ■ INTR. **2.** supran. fam. Dirigirse alguien a un lugar específico: "Agarraron para la fiesta". || **3.** supran. fam. Iniciar alguien una acción: "Entonces agarró y dijo que no iría al cine con nosotros". ■ LOC. **~ barco.** LOC. VERB. **agarrar de (su) barco.** ▶ **~ cochito.** LOC. VERB. fam. *En Sonora*, sorprender a alguien en flagrancia: "Lo agarraron cochito intentando robar". ▶ **~ cuerpo.** LOC. VERB. fam. Adquirir alguien buen aspecto físico: "Mi hermano se compuso con las vitaminas y agarró cuerpo". ▶ **~ de bajada.** LOC. VERB. **1.** fam. Sacar alguien ventaja continuamente de una persona: "María ya me agarró de bajada, me pide dinero a cada rato". || **2.** fam. Tomar desprevenido: "Me agarró de bajada y dije que sí". ▶ **~ de (su) barco.** LOC. VERB. **agarrar de encargo.** ▶ **~ de botana.** LOC. VERB. fam. Tomar a alguien como blanco de bromas o burlas: "Lo agarraron de botana porque se tropezó frente a todo el salón". ▶ **~ de encargo.** LOC. VERB. supran. fam. Fastidiar a alguien con insistencia: "Sandra siempre agarra de encargo a Manuel por lo de su equivocación". ▶ **~ de su puerquito.** LOC. VERB. **agarrar de encargo.** ▶ **~ de variedad.** LOC. VERB. **agarrar de encargo.** ▶ **~ el patín.** LOC. VERB. **agarrarle la onda.**

▶ **~ en curva.** LOC. VERB. supran. fam. Sorprender a alguien cuando está descuidado o en un mal momento: "Me agarras en curva, no tengo aquí esos papeles". ▶ **~ en *offside*.** [*ófsaid, ofsáid*] LOC. VERB. **agarrar en curva.** ▶ **~ en *outside*.** [*áutsaid, autsáid*] LOC. VERB. **agarrar en curva.** ▶ **~ en plena maroma.** LOC. VERB. fam. Sorprender a alguien mientras comete algo indebido: "Agarraron a los secuestradores en plena maroma". ▶ **~ fuera de base.** LOC. VERB. **agarrar en curva.** ▶ **~ gallo muerto.** LOC. VERB. pop. Practicar el coito con una mujer que ya no es virgen. ▶ **~ la calle.** LOC. VERB. fam. Prostituirse alguien. ▶ **~ mundo.** LOC. VERB. Refinarse: "Con tantas lecturas, Anita ya agarró mundo". ▶ **~ un aire.** LOC. VERB. supran. coloq. Enfermarse, generalmente de algo que paraliza alguna parte del cuerpo: "En el bosque agarré un aire que me dejó sin mover el brazo un rato". ▶ **~ una cura.** LOC. VERB. fam. *En el Norte*, divertirse: "Agarramos una cura en la fiesta". ▶ **~ valor.** LOC. VERB. Cobrar valentía: "Agarra valor y decláratele a Paola".

agarrarle. ■ INTR. PRNL. **4.** Adquirir una habilidad: "Después de años, por fin le agarré al tejido". || **5.** supran. Comprender algo: "No me expliques, ya le agarré al chiste". ■ LOC. **~ el modo.** LOC. VERB. **1.** Adaptarse una persona a la forma de ser de otra: "Al principio fue difícil mi trabajo porque no le agarraba el modo a Celia". || **2.** Entender el funcionamiento de algo: "Ya le agarré el modo a mi nueva computadora". || **3.** Adquirir o mejorar una habilidad: "Le agarramos el modo a las matemáticas y subimos de calificación". ▶ **~ la onda.** LOC. VERB. **1.** coloq. **agarrarle el modo.** || **2.** supran. coloq. Comprender algo: "Mi abuelo nunca le agarró la onda a la discusión". ▶ **~ la palabra.** LOC. VERB. Aceptar de buena gana la propuesta hecha por alguien: "Le agarré la palabra y nos fuimos en la moto". ▶ **~ las corriendillas.** LOC. VERB. **agarrarle las prisas.** ▶ **~ las prisas.** LOC. VERB. coloq. Faltarle a alguien tiempo para cumplir con las obligaciones o quehaceres que tiene a su cargo: "En la mañana, siempre me agarran las prisas con los niños".

agarrarse. ■ TR. PRNL. **6.** fam. Discutir acaloradamente: "Anoche me agarré con Sebastián por el asunto del dinero". || **7.** supran. fam. Golpear a alguien: "Ignacio se agarró a Ramiro en plena calle". ■ LOC. **~ a guamazos.** LOC. VERB. fam. Pelear mediante golpes; reñir: "Los chavos se agarraron a guamazos ayer". ▶ **~ a veinte uñas.** LOC. VERB. fam. Aferrarse alguien a algo con vehemencia: "Para no caerse, la viejita se agarró a veinte uñas". ▶ **~ de la(s) greña(s).** LOC. VERB. fam. Reñir acaloradamente: "Mis vecinas se agarraron de la greña y nadie las detuvo". ▶ **~ del chongo.** LOC. VERB. supran. fam. Reñir o pelear: "No me acuerdo cuándo te agarraste del chongo".

agarrón. ■ M. **1.** *En competencias deportivas*, enfrentamiento lleno de emoción y muy parejo. || **2.** supran. Discusión acalorada. || **3.** supran. Pleito o riña.

agaruto. ■ M. rur. Hongo que se forma en la flor del centeno.

agasajar. ■ INTR. PRNL. vulg. Acariciar y besar a alguien sin llegar al coito.

agasaje. ■ M. **agasajo.**

agasajo. ■ M. vulg. Caricias y besos que sostiene una pareja sin llegar al coito.

ágata. ■ F. Canica de vidrio blanco con vetas de colores.

agave. ■ M. **1.** Grupo de diferentes especies de plantas, de arrosetadas a arborescentes, originarias de América, de hasta 3 m de altura, monoicas; hojas o pencas en roseta de color verde azulado, carnosas, triangulares con espinas en el margen de las hojas y en las puntas; flores hermafroditas, tubulares y con seis tépalos amarillentos, agrupadas en densos racimos sobre un bohordo o eje central de hasta 7 m de altura que no se desarrolla hasta pasados varios años; frutos capsulares, globosos y negros; semillas numerosas, aplanadas, negras. De las hojas se obtiene hilaza; de ciertas variedades se obtienen bebidas como el tequila y el mezcal. Familia de las asparagáceas, varias especies del género *Agave*. || **2.** Individuo del **agave**. ■ LOC. **~ azul.** LOC. SUST. Planta arrosetada con la que se produce el tequila. Familia de las asparagáceas, variedad de la especie de

Agave tequilana. (También se llama maguey de tequila, maguey tequilero). ▷ **~ bacanora.** LOC. SUST. Planta arrosetada originaria de América, de hasta 1 m de altura; hojas en rosetas, largamente lanceoladas; flores hermafroditas, tubulares, de color verde amarillento, agrupadas en racimos sobre un eje de hasta 5 m. Se cultiva en Sonora y con ella se fabrica la bebida del mismo nombre. Familia de las asparagáceas, *Agave angustifolia*. ▷ **~ henequén.** LOC. SUST. **1.** Planta originaria de América, de hasta 2 m de altura, monoica; tallos con tejido fibroso; hojas arrosetadas, ovado-lanceoladas, carnosas y perennes, con márgenes dentados y ápice terminado en una aguda espina; flores hermafroditas, vistosas, de color blanco verdoso, agrupadas en panículas sobre un largo escapo que sale del centro de la planta; frutos capsulares, elipsoides, carnosos, de color verde; semillas semicirculares, aplanadas, numerosas, negras. Familia de las asparagáceas, *Agave fourcroydes*. (También se llama henequén). || **2.** Hoja de esta planta; uso industrial. ▷ **~ sotol.** LOC. SUST. Planta de arbustiva a arborescente originaria de América, de hasta 4 m de altura, que crece en forma silvestre en Chihuahua; su tronco mide hasta 40 cm de anchura; hojas en rosetas, largas y lineares, con margen densamente aserrado; flores unisexuales, con seis tépalos, con flores masculinas y femeninas en diferentes individuos: las masculinas de color blanco, las femeninas de color rosado o morado, agrupadas en racimos cortos sobre un largo eje central; frutos capsulares, de elípticos a ovados; una semilla. Planta con la que se produce la bebida del mismo nombre. Familia de las asparagáceas, *Dasylirion wheeleri*.

agavero, ra. ■ ADJ. **1.** Perteneciente o relativo al agave: "La zona agavera solo incluye algunos estados del país". ■ M. Y F. **2.** Persona que se dedica a cortar las hojas del agave para elaborar el tequila o el mezcal; jimador.

agencia. ■ LOC. **~ automotriz.** LOC. SUST. Empresa dedicada a la comercialización de automóviles. ▷ **~ funeraria.** LOC. SUST. Empresa que se encarga de proveer los ataúdes, transportes y demás servicios pertenecientes a los entierros.

agente. ■ LOC. **~ aduanal.** LOC. SUST. supran. Funcionario de aduana. ▷ **~ viajero.** LOC. SUST. supran. Representante de una agencia comercial que viaja recabando pedidos y haciendo negocios dentro de un territorio asignado.

agorzomar. ■ TR. **1.** Fastidiar a alguien: "No agorzomes a los niños con tanta tarea". || **2.** Dominar a alguien abusivamente: "Ese jefe siempre agorzomaba a sus empleados".

agrietadura. ■ F. supran. Hendidura que se hace en la tierra o en cualquier cuerpo sólido; grieta.

agripamiento. ■ M. supran. Hecho de agriparse o contraer gripe.

agripar. ■ TR. supran. Causar gripe: "Tus estornudos agriparon a todos los compañeros de la oficina".

agrito. ■ M. **1.** Grupo de diferentes especies de hierbas originarias de América, de hasta 20 cm de altura, monoicas; bulbos o bulbillos subterráneos; hojas alternas, divididas en tres o más foliolos de forma acorazonada o aovada; flores hermafroditas, con cinco pétalos de color rosado, amarillo o morado, agrupadas en umbelas sobre un eje más largo que las hojas; frutos capsulares, cilíndricos, pequeños, de color café; semillas diminutas, ovoides. Familia de las oxalidáceas, varias especies del género *Oxalis*, como *Oxalis corniculata, Oxalis divergens, Oxalis tetraphylla*. (También se llama cuiyul, trébol de cuatro hojas). || **2.** Individuo del **agrito**. || **3.** Hoja de los individuos del **agrito**; comestible.

agroforestería. ■ F. supran. Cultivo de plantas, como el café, asociadas con árboles de sombra.

agruras. ■ F. PL. Acidez estomacal.

agua. ■ LOC. **~ bronca.** LOC. SUST. La de la creciente de los ríos, que arrastra tierra, troncos, lodo, etc. ▷ **~ de azahar.** LOC. SUST. **1.** Hierba de distribución en América, de hasta 45 cm de altura, monoica; tallos simples o poco ramificados; hojas simples, alternas, las basales oblanceoladas, las apicales de oblongas a ovadas, con margen de sinuado-dentado a pinatífido; flores hermafroditas, pequeñas y vistosas, con cuatro pétalos de color rosado a morado, con ocho estambres de igual o diferente tamaño, flores solitarias o agrupadas en racimos; frutos capsulares, obovoides, con cuatro ángulos ligeramente alados, cubiertos de pelos; semillas de oblongas a obovoides, cafés; uso ornamental y en la medicina tradicional. Familia de las onagráceas, *Oenothera rosea*. (También se llama hierba del golpe, yerba del golpe). || **2.** *En Guanajuato*, agua perfumada que se usa para lavar imágenes religiosas en la víspera de su festividad. || **3.** *En Guanajuato*, ceremonia en la que un sacerdote lava con esta agua perfumada la imagen de un santo en la víspera de su celebración. ▶ **~ de betabel.** LOC. SUST. Bebida preparada con esta raíz, lima, lechuga, plátano, manzana y naranja. ▶ **~ de chaya.** LOC. SUST. Bebida preparada con hojas de esta planta, limón y azúcar; típica del Sureste. ▶ **~ de chía.** LOC. SUST. supran. Bebida preparada con esta semilla, jugo de limón y azúcar. ▶ **~ de cuaresma.** LOC. SUST. supran. Bebida preparada con jugo de naranja, hojas de lechuga y betabel. ▶ **~ de Florida.** (De Agua de Florida®). LOC. SUST. supran. La que se hace a base de agua, alcohol y esencias aromáticas. ▶ **~ de horchata.** LOC. SUST. Bebida preparada con arroz molido, leche, canela y azúcar. ▶ **~ de jamaica.** LOC. SUST. supran. Bebida preparada con la infusión de las flores secas de esta planta y azúcar. ▶ **~ de la llave.** LOC. SUST. La que sale directamente de la tubería. ▶ **~ de las verdes matas.** LOC. SUST. fam. Pulque. ▶ **~ de limón.** LOC. SUST. Bebida preparada con el jugo de este fruto y azúcar. ▶ **~ de mezquite.** LOC. SUST. Bebida preparada con las vainas y semillas cocidas de este árbol. ▶ **~ de naranja.** LOC. SUST. Bebida preparada con el jugo de esta fruta y azúcar. ▶ **~ de riñón.** LOC. SUST. fest. Orina. ▶ **~ de Semana Santa.** LOC. SUST. **agua de betabel.** ▶ **~ de tamarindo.** LOC. SUST. Bebida preparada con la pulpa de este fruto y azúcar. ▶ **~ electropura.** (De Electropura®). LOC. SUST. La purificada y embotellada para consumo humano. ▶ **~ fresca.** LOC. SUST. La que se prepara con fruta o saborizantes y algún endulzante. ▶ **~ gasificada.** LOC. SUST. supran. La carbonatada artificialmente. ▶ **~ mineral.** LOC. SUST. **agua gasificada.** ▶ **~ pintada.** LOC. SUST. Bebida, generalmente alcohólica, muy diluida. ▶ **~ pura.** LOC. SUST. supran. La que es sin sabor para el consumo humano. ▶ **~ simple.** LOC. SUST. **1. agua de la llave.** || **2. agua pura.** ▶ **aguas locas.** LOC. SUST. Bebida que se prepara con saborizantes naturales o artificiales, algún endulzante y licor de baja calidad. ▶ **como ~ para chocolate.** LOC. ADJ. supran. *Referido a persona*, colérica; enojado: "Llegó a la reunión como agua para chocolate". ■ INTERJ. **¡aguas!** Se usa para advertir a alguien de una situación peligrosa para que tenga cuidado: "¡Aguas con el escalón! Te puedes caer".

aguacate. ■ M. **1.** Árbol originario de México y Centroamérica, de hasta 20 m de altura; troncos erectos o torcidos; cortezas ásperas, a veces surcadas longitudinalmente; hojas alternas, ovadas, coriáceas, aromáticas, verdes; flores dioicas, sin pétalos, de color verde amarillento claro; frutos en forma de baya oval o piriforme, cáscara de color verde a púrpura oscuro, delgada o gruesa, lisa o ligeramente rugosa, pulpa firme, oleica, de amarilla a verde claro; una semilla, grande, dura y pesada, redonda o puntuda, de color marfil, con dos envolturas papelosas, cafés, delgadas, que a menudo se quedan adheridas a la pulpa; hojas, uso en la gastronomía y en la medicina tradicional. Familia de las lauráceas, *Persea americana*. || **2.** gralizado. Fruto del **aguacate**; comestible. ■ LOC. **~ cáscara de papel.** LOC. SUST. **aguacate criollo.** ▶ **~ criollo.** LOC. SUST. Fruto del árbol del mismo nombre; de menor tamaño que la variedad fuerte, en forma de pera u ovoide; con piel delgada, lisa, de color verde oscuro a negro; con fibras en la pulpa; semillas de ovoides a globosas; comestible. Familia de las lauráceas, *Persea americana* var. *drymifolia*. (También se llama aguacatillo, aguacate cáscara de papel, aguacate pellejo). ▶ **~ del monte.** LOC. SUST. **aguacate pagua.** ▶ **~ fuerte.** LOC. SUST. Fruto del árbol del mismo nombre, de mayor tamaño que la variedad criollo, en forma de pera; con piel suave a ligeramente áspera, siempre verde; sin fibras en la pulpa; comestible. ▶ **~ Hass.** LOC. SUST. Fruto del árbol del mismo nombre, en forma de pera; de piel coriácea, ligeramente arrugada, de color violáceo a negro;

pulpa de consistencia de mantequilla al madurar; sin fibras en la pulpa; semillas ovoides; comestible. Familia de las lauráceas, *Persea americana*, var. *Hass*. ▶ **~ pagua.** LOC. SUST. **1.** Árbol originario de México y Centroamérica, de hasta 20 m de altura; hojas deciduas; flores verdes amarillentas claras, estambres rojos con el tiempo; frutos en forma ovoide, con piel gruesa, rugosa, de color verde purpúreo; semillas grandes. Familia de las lauráceas, *Persea schiedeana*. (También se llama aguacate del monte, aguacate pahua, chinene, pagua, pahua). || **2.** Fruto de este árbol; comestible. ▶ **~ pahua.** LOC. SUST. **aguacate pagua.** ▶ **~ pellejo.** LOC. SUST. **aguacate criollo.**

aguacateco, ca. ■ ADJ. **1.** supran. Perteneciente o relativo al **aguacateco**: "La falda aguacateca suele ser de color negro con franjas de diversos colores". || **2.** supran. Natural o procedente del grupo étnico **aguacateco**: "Los pueblos aguacatecos se dedican principalmente al cultivo de ajo y cebolla". Ú.t.c.sust.: "Los aguacatecos se dedican principalmente al cultivo de ajo y cebolla". ■ M. **3.** supran. Grupo étnico establecido en el estado de Campeche, en México, y en Guatemala. || **4.** supran. Lengua maya del subgrupo lingüístico aguacateco-ixil.

aguacateco-ixil. [*aguakatéko ishíl*] ■ ADJ. **1.** supran. Perteneciente o relativo al **aguacateco-ixil**: "En el país el grupo aguacateco-ixil está en riesgo de perder sus lenguas". ■ M. **2.** supran. Grupo étnico histórico que dio origen a los aguacatecos y a los ixiles, entre otros. || **3.** supran. Conjunto de grupos étnicos establecidos principalmente en los estados de Campeche y Quintana Roo, en México, y en Guatemala. || **4.** supran. Lengua reconstruida que, históricamente, dio origen al aguacateco y al ixil. || **5.** supran. Grupo o familia de lenguas mayas que incluye al aguacateco y al ixil, entre otras.

aguacatero, ra. ■ ADJ. **1.** supran. Perteneciente o relativo al aguacate: "Los campos aguacateros están en crisis por la sequía". || **2.** supran. *Referido a persona*, que gusta de comer aguacates: "Mi papá es muy aguacatero, todos los días hace guacamole". Ú.t.c. sust.: "Mi papá es un aguacatero, todos los días hace guacamole". ■ M. y F. **3.** supran. Persona que se dedica a cultivar o a vender aguacates.

aguacatillo. ■ M. **1.** supran. *En Veracruz*, árbol originario de América, de hasta 30 m de altura, monoico; tallos lisos, con pubescencia diminuta; hojas alternas, simples, de elípticas a ovadas, con márgenes enteros, glabras en la madurez, coriáceas; flores hermafroditas, diminutas, con cinco lóbulos, color crema, agrupadas de diez a 15 en cimas axilares; frutos drupáceos, globosos, densamente pubescentes, verdes o pardos amarillentos. Familia de las ulmáceas, *Ampelocera hottlei*. (También se llama cautivo, cuerillo, luín). || **2.** supran. **aguacate criollo.**

aguacharse. ■ INTR. PRNL. despect. *En Sonora*, adoptar las costumbres de la gente del centro o del sur del país: "Javier prefiere tortillas de maíz desde que se aguachó".

aguachile. ■ M. **1.** Comida que se prepara con camarones o mariscos crudos sumergidos en jugo de limón con cebolla, pepino y chile. || **2.** Ceviche de camarón crudo, cocido en jugo de limón, cebolla, pepino y chile.

aguachinarse. ■ INTR. PRNL. *En el Noroeste*, dejar de desarrollarse, generalmente una persona: "Se aguachinó en su adolescencia".

aguadar. ■ TR. **1.** Hacer que algo pierda su firmeza y elasticidad: "Tanta lavada aguadó el resorte del pantalón". || **2.** fam. Echar a perder un evento o situación: "Jorge aguadó la reunión con su actitud". || **3.** supran. Mezclar un líquido con agua; aguar: "En ese bar aguadan el licor".

aguadarse. ■ INTR. PRNL. **4.** Ablandarse un alimento: "El cereal se aguadó porque lo dejaste mucho tiempo en la leche". || **5.** fam. Deprimirse alguien: "Cuando Max se aguada, nadie puede animarlo".

aguadear. Véase **aguadar.**

aguaita. ■ INTERJ. **¡aguaita!** *En el Noroeste*, se usa para pedir a alguien que resista o tenga paciencia: "¡Aguaita! Ahorita te traigo la cena".

aguaje. ■ M. **1.** rur. Abrevadero para el ganado. || **2.** *En el Noroeste*, lugar en donde se vende clandestinamente alcohol.

aguama. ■ F. **1.** Hierba originaria de América, de hasta 1.5 m de altura, monoica; tallos inconspicuos; hojas simples, arrosetadas, lanceoladas, rígidas, envainadas, con envés pubescente, numerosas, con margen con espinas; flores hermafroditas, grandes y vistosas, con tres pétalos color lila, fusionados en la base, carnosos, estambres fusionados a la base de los pétalos, flores dispuestas en racimos, cubiertos por numerosas brácteas de color rojo brillante y verde pálido; frutos abayados, fusiformes, estrechos en la parte apical y basal, de blancos amarillentos a cafés oscuros; semillas numerosas, pequeñas; uso artesanal. Familia de las bromeliáceas, *Bromelia plumieri*. (También se llama guámara, jocuistle, mexocote, timbiriche, xococuistle). || **2.** Fruto de la **aguama**; comestible.

aguamiel. ■ AMB. **1.** supran. Jugo del maguey antes de fermentar y transformarse en pulque: "Este aguamiel tiene mucho tiempo de fermentación". || **2.** supran. Agua preparada con azúcar de caña sin refinar: "La aguamiel de ayer estaba muy rica".

aguamielero, ra. ■ ADJ. **1.** Perteneciente o relativo al aguamiel o jugo de maguey sin fermentar: "La producción aguamielera sigue siendo escasa". || **2.** *Referido a persona*, que gusta de beber aguamiel o jugo de maguey sin fermentar: "Heredé de mi abuelo ser tan aguamielera". Ú.t.c.sust.: "Yo soy una aguamielera gracias a mi abuelo". ■ M. y F. **3.** Persona que se dedica a extraer el aguamiel o jugo de maguey sin fermentar para la elaboración del pulque.

aguanieve. ■ M. Copla que se añade en las composiciones en décimas.

aguantar. ■ INTR. fam. Valer la pena: "Mi trabajo es complicado, pero sí aguanta". ■ LOC. **~ un piano (y la cola de otro).** LOC. VERB. **1.** coloq. Tener alguien mucha resistencia o paciencia: "Mi mamá aguanta un piano con los niños". || **2.** coloq. Valer la pena: "La alberca del gimnasio aguanta un piano". ▷ **~ vara.** LOC. VERB. fam. Soportar una situación adversa: "Déjale más tarea a Jaime, que al cabo aguanta vara". ■ INTERJ. **¡aguanta! 1.** fam. Se usa para tranquilizar a alguien: "¡Aguanta!, ¡no te pelees!". || **2.** fam. Se usa para pedir a alguien que resista o tenga paciencia: "¡Aguanta! Ahorita te traigo la cena".

aguarse. ■ LOC. **~ la boca.** LOC. VERB. supran. fam. Desear alguien un alimento, un objeto o a una persona: "Se me aguó la boca con ese pastel de chocolate". ▷ **~ los ojos.** LOC. VERB. supran. fam. Llenarse de lágrimas los ojos de una persona: "Se le aguaron los ojos cuando le dieron el premio".

aguascalentense. ■ ADJ. **1.** Perteneciente o relativo a la ciudad o al estado de Aguascalientes: "La comida aguascalentense es la favorita de mi madre". || **2.** Natural o procedente de la ciudad o del estado de Aguascalientes: "Mi amigo aguascalentense viene de visita a casa". ■ COM. **3.** Persona natural o procedente de la ciudad o del estado de Aguascalientes: "Las aguascalentenses son muy buenas para bailar".

aguascaltense. Véase **aguascalentense.**

aguasol. ■ M. Caña del rastrojo de un maizal que, seca, se usa como pastura.

aguatar. ■ TR. Espinar algo con aguates: "Aguaté mi mano con las tunas".

aguate. ■ M. **1.** Espina que tienen algunas plantas como el cardo y la mayoría de los cactus. || **2.** supran. Pelo pequeño y delgado, general mente rígido, que tienen algunas plantas en sus tallos, hojas o frutos y que al contacto genera malestar o irritación, como los de la ortiga, la caña de azúcar o el tamo de las hojas del maíz.

aguatoso, sa. ■ ADJ. supran. **aguayo, ya.**

aguaucle. ■ M. **ahuautle.**

aguautle. ■ M. **ahuautle.**

aguayo, ya. ■ ADJ. *Referido a algo*, espinoso: "Esas ramas aguayas son un peligro para los niños".

aguayón. ■ M. **1.** Corte de carne de la cadera de la res. || **2.** vulg. Conjunto de las dos nalgas. ■ INTERJ. **¡aguayón!** fest. Se usa para pedir a una mujer, especialmente la que se dedica a desnudarse en espectáculos, que se despoje de las prendas.

aguazol. ■ M. **aguasol.**

águila. ■ LOC. **~ o sol.** LOC. SUST. **1.** Juego entre dos o más personas en que se emplea una moneda que se echa al aire para que, tras sucesivos tiros, el azar vaya determinando al ganador; volados; cara o cruz: "El águila o sol entretuvo a los niños toda la tarde". || **2.** Lanzamiento de una moneda al aire para decidir entre dos opciones, según la cara que quede arriba: "Vamos a echar un águila o sol para ver quién paga la comida". ▷ **del ~.** LOC.

ADJ. fam. *Referido a dinero*, de denominación nacional: "Nos gastamos cien del águila en la cafetería".

aguilita. ■ COM. jerg. Persona que realiza tareas de vigilancia: "Esos aguilitas son muy observadores, cuidan el Palacio Municipal toda la noche". ■ LOC. **de ~.** LOC. ADJ. **1.** fam. De cuclillas para orinar o evacuar el vientre: "En el campo vi a dos niños de aguilita que no encontraron un baño". || **2.** fam. *En un autobús lleno*, asido alguien con dificultad y con el cuerpo fuera del vehículo: "Me tuve que ir de aguilita en el camión hasta mi casa".

aguinaldo. ■ M. **1.** Dulces y frutas de la temporada, contenidos en una pequeña bolsa o canasta, que se dan en Navidad, principalmente a los niños. || **2.** supran. Bonificación salarial que se entrega a fin de año.

agüita. ■ F. supran. Canica de vidrio transparente o de color translúcido y de menor jerarquía que las demás.

agüitar. ■ TR. **1.** supran. fam. Desanimar a alguien: "Esas noticias agüitan a mi abuelita".

agüitarse. ■ INTR. PRNL. **2.** supran. fam. Avergonzarse: "Me agüitó tener que disculparme".

agüite. ■ M. supran. fam. Acción y resultado de agüitar o agüitarse.

agüizote. Véase **ahuizote.**

agüizotero, ra. ■ M. y F. **ahuizotero, ra.**

aguja. ■ F. supran. rur. Poste con agujeros por los que se deslizan horizontalmente los palos de una tranquera. ■ LOC. **~ de canevá.** LOC. SUST. La que es larga, gruesa y con ojo grande para poder pasar hilo de lana. ▶ **~ del diablo**. LOC. SUST. supran. Libélula. ▶ **~ norteña.** LOC. SUST. Corte de carne entre el lomo y el costillar de la res.

ah. ■ EXPR. **¡~, chingá!** malson. Se usa para manifestar incredulidad: "¡Ah, chingá!, ¿de dónde salió ese chisme?". ▶ **¡~, chis!** fam. **achis.**

ahi. ■ LOC. **~ al cálculo.** LOC. ADV. Aproximadamente; a ojo de buen cubero: "Ponle agua a la olla, medio litro, ahi al cálculo". ▶ **~ llevarla.** LOC. VERB. fam. Desarrollarse favorablemente: "Mi doctor dice que ahi la llevo, que me va a dar de alta". ▶ **~ mero.** LOC. ADV. En ese lugar: "Pon la tele sobre la mesa, ahi mero". ▶ **~ nomás.** LOC. ADV. **1.** Muy cerca: "Llévame ahi nomás, a dos calles". || **2.** supran. En ese momento: "Ahi nomás vi llegar a Regina". ▶ **al ~ se va.** LOC. ADV. De manera descuidada: "Ramón hace todo al ahi se va". ▶ **de ~ en fuera.** LOC. ADV. supran. Excepto eso: "El problema de la máquina es que es muy lenta, de ahi en fuera funciona bien". ▶ **de ~ para el real.** LOC. ADV. Desde entonces: "Aprendí computación en 1990, de ahi para el real la tecnología ha avanzado mucho". ▶ **por ~ de.** LOC. ADV. supran. Aproximadamente: "Por ahi de enero tendremos vacaciones". ■ EXPR. **~ bueno.** Se usa para indicarle a alguien que se detenga: "Ahi bueno, ya no des reversa". ▶ **~ la dejamos**. fam. **ahi muere.** ▶ **~ la vemos.** fam. **ahi nos vemos.** ▶ **~ los vidrios.** fam. **ahi nos vemos.** ▶ **~ muere.** Se usa para manifestar la intención de concluir de inmediato una conversación o un asunto: "Ahi muere, mejor luego me pagas lo que me debes". ▶ **~ murió.** fam. **ahi muere.** ▶ **~ nos vemos**. supran. Se usa como fórmula de despedida: "Ahi nos vemos, me voy a trabajar". ▶ **~ nos vidrios.** fam. **ahi nos vemos.** ▶ **~ que quede. 1.** fam. Se usa para manifestar la intención de concluir de inmediato una conversación o un asunto: "Ahi que quede, ya vámonos". || **2.** fam. Se usa para indicar que no es necesaria una réplica o explicación: "—No, no quise decir que estés gordo. —Ahi que quede, ya déjalo así". ▶ **~ te ves.** fam. **ahi nos vemos.** ▶ **~ va el golpe.** fest. Se usa para pedirle a alguien que abra paso: "¡Ahi va el golpe, voy cargado!".

ahogado. ■ M. supran. Mezcla de cebolla y ajo picado, achiote y diversos condimentos, usada para aliñar y sofreír un alimento.

ahogarse. ■ INTR. PRNL. **1.** Emborracharse excesivamente: "Se ahogó con puro tequila en la fiesta". || **2.** *En el juego de canicas*, golpear una bola a otra, haciendo que alguna de las dos caiga en el agujero, perdiendo algún jugador la oportunidad de ganar: "No sabe jugar a las canicas, siempre se ahoga". || **3.** *En el juego de billar americano*, meter la bola blanca en alguna de las buchacas de la mesa, perdiendo así los puntos que correspondían a la tirada y el turno del jugador correspondiente: "Se ahogó dos veces y por eso perdió el juego".

ahora. ■ ADV. supran. Hoy: "Ahora estamos aquí reunidos para festejar". ■ LOC. **de ~ en más.** LOC. ADV. supran. Desde este momento: "De ahora en más estamos preparados para cualquier contingencia". ■ EXPR. **~ es cuando.** supran. Se usa para indicar la llegada del momento decisivo en un proceso: "Ahora es cuando, compremos la casa".

ahorcado, da. ■ M. y F. supran. Persona muerta por estrangulamiento.

ahorcar. ■ TR. **1.** supran. Presionar a alguien, generalmente para pagar una deuda: "Los cobradores me ahorcan todas las quincenas". || **2.** supran. Ahogar a alguien oprimiéndole el cuello hasta impedir la respiración; estrangular. ■ LOC. **~ la gallina.** LOC. VERB. vulg. Practicar el coito.

ahorcarse. ■ INTR. PRNL. **3.** rur. Atragantarse: "Se ahorcó con un pedazo de pan".

ahorita. ■ ADV. supran. Después, en un lapso indeterminado: "Espérame un rato, ahorita vengo".

ahuacharse. ■ INTR. PRNL. despect. *En el Sureste*, adoptar las costumbres de la gente del centro o del norte del país: "Se ahuachó porque vivió diez años en Ciudad de México".

ahuatar. ■ TR. **aguatar.**

ahuate. ■ M. **aguate.**

ahuaucle. ■ M. **ahuautle.**

ahuauhtle. ■ M. **ahuautle.**

ahuauhtli. ■ M. **ahuautle.**

ahuautle. ■ M. Conjunto de huevos de diversas especies de chinches acuáticas; se encuentra en las zonas lacustres del valle de México; comestible. Familias de los notonéctidos y los coríxidos del orden Hemiptera, especies de los géneros *Corisella*, *Graptocorixa* y *Krizousacorixa*. (También se llama aguaucle, aguautle, ahuaucle, ahuauhtle, ahuauhtli).

ahuehuete. ■ M. **1.** supran. Árbol originario de América, de hasta 40 m de altura, monoico; troncos de hasta 14 m de diámetro; hojas dispuestas en espiral, finamente divididas en múltiples foliolos lineares; conos unisexuales: los conos masculinos, diminutos, agrupados en espigas péndulas, los conos femeninos, globosos y leñosos; semillas pequeñas, aladas; crece en lugares donde abunda el agua; uso ornamental. Familia de las cupresáceas, *Taxodium mucronatum*. (También se llama bochil, sabino, yucundatura). || **2.** supran. Madera del **ahuehuete**. || **3.** supran. Rama del **ahuehuete**; uso ceremonial y en la medicina tradicional.

ahuejote. ■ M. Árbol originario de América, de hasta 15 m de altura, dioico; hojas alternas, enteras, de lineares a lanceoladas, envés de color blanco plateado, con margen finamente aserrado; flores unisexuales y pequeñas: flores masculinas y femeninas de color amarillo a blanco, dispuestas en espigas cilíndricas, péndulas; frutos capsulares, pequeños, de color pardo; semillas diminutas, cubiertas de pelos blancos. Familia de las salicáceas, *Salix bonplandiana*. (También se llama huejote, sauce).

ahuitar. Véase **agüitar.**

ahuizotar. ■ TR. Molestar: "Manuel ahuizota a los niños del edificio".

ahuizote. ■ M. **1.** Animal maléfico de la mitología prehispánica, de aspecto semejante al de la nutria. || **2.** rur. Amuleto o talismán. || **3.** supran. Garza originaria de América, de hasta 90 cm de longitud; con cuerpo muy delgado; cuello alargado y pico muy afilado; negruzco con grandes manchas argénteas en las partes delanteras de las alas; con cola larga y cuello largo y serpentino; la hembra tiene el pecho beige claro; piscívoro; se zambulle desde la superficie o se sumerge a veces sacando solo la cabeza y el cuello sobre el agua. Familia de los aníngidos del orden Suliformes, *Anhinga anhinga*. (También se llama agüizote, huizote). || **4.** supran. Creencia supersticiosa de mala suerte. || **5.** supran. Maleficio. ■ COM. **6.** Persona que molesta y fatiga continuamente: "Tu hermanita es una ahuizote con sus malos tratos". || **7.** rur. Persona que tiene poderes para hacer llover: "El ahuizote favoreció la cosecha del año pasado".

ahuizotero, ra. ■ M. y F. **1.** supran. rur. Persona que adivina. || **2.** supran. fam. Persona que acostumbra desanimar a otras con creencias supersticiosas o comentarios pesimistas.

ahulado. ■ M. *En el Sureste*, plástico transparente con que se cubre un mantel.

ahular. ■ TR. supran. Impermeabilizar con hule o goma elástica una tela o una prenda de vestir: "En ese local ahulan manteles".

ailamiento. ■ M. *En Colima*, impermeabilización que se le hace a una palapa o construcción rústica.

ailar. ■ TR. *En Colima*, aislar o impermeabilizar una palapa o construcción rústica: "Ailamos la palapa con ayuda de los vecinos".

aile. ■ M. supran. Árbol originario de América, de hasta 20 m de altura, monoico; hojas alternas, ovadas, simples, con margen aserrado; flores unisexuales y pequeñas: las flores masculinas con cuatro pétalos blancos y agrupadas en espigas péndulas, las femeninas sin pétalos y agrupadas en espigas leñosas, cilíndricas, parecidas a conos; frutos en nueces diminutas, con una pequeña ala. Familia de las betuláceas, *Alnus acuminata*. (También se llama aliso).

aire. ■ M. **1.** supran. Aliento. || **2.** supran. Dolor muscular provocado por agitación, enfriamiento o por haber levantado algo pesado del suelo. || **3.** supran. vulg. Ventosidad expulsada por el ano; pedo.

aironazo. ■ M. Viento fuerte.

aje. ■ M. **1.** supran. Chinche originaria de México y Centroamérica, de hasta 15 mm de longitud; con cuerpo ovoide, globoso o alargado; con antenas y patas en la hembra adulta; parásita de plantas; se alimenta de la savia de varios árboles de las zonas tropicales secas; las hembras se agregan de tal manera que dan la apariencia de motas de algodón; uso artesanal, cosmético y en la medicina tradicional. Familia de los margaródidos del orden Hemiptera, *Llaveia axin*, *Llaveia mexicanorum*. (También se llama axe, axi, axin). || **2.** supran. Sustancia resinosa de color rojo o amarillento producida por el **aje**, que sirve como barniz.

ajerada. ■ F. Acción y resultado de ajerar.

ajerar. ■ TR. **1.** fam. *En Aguascalientes*, exagerar: "Juan ajeró la noticia y todos le creyeron". || **2.** fam. *En Chihuahua*, apresurar a alguien: "No me ajeres, que todavía tenemos tiempo". || **3.** fam. *En Jalisco*, molestar: "Siempre que salgo de la escuela, me ajeran los vagos de la esquina".

ajiaco. ■ M. **1.** *En Quintana Roo*, guiso de arroz con azafrán al que suele agregarse caracol marino. || **2.** *En Tabasco*, guiso hecho de panza de res, chile rojo, especias y ajo.

ajolote. ■ M. **1.** Larva de la rana; renacuajo. || **2.** gralizado. Anfibio urodelo endémico de México, de hasta 30 cm de longitud; de color oscuro; con tres pares de branquias externas muy largas; cuatro extremidades cortas; cola larga; puede vivir como larva indefinidamente, aunque ello no le impide reproducirse. Familia de los ambistomátidos del orden Caudata, *Ambystoma mexicanum*.

ajuar. ■ M. **1.** Conjunto de prendas que usa una persona para una ocasión especial. || **2.** Conjunto de herramientas que usan los trabajadores del campo.

ajuarear. ■ TR. **1.** Acicalar a alguien: "Enrique ajuareó a sus hijas para los quinceaños". || **2.** Proveer a alguien de ropa y accesorios: "Mi mamá siempre ajuarea a toda la familia en la temporada de rebajas". || **3.** Proveer de mobiliario un bien inmueble: "Elsa ajuareó su casa con lo que se ganó en la lotería". || **4.** Proveer de herramientas a los trabajadores del campo: "Los patrones ajuarearon a los campesinos".

ajuareo. ■ M. Acción y resultado de ajuarear.

ajuatar. ■ TR. **aguatar.**

ajuchar. ■ TR. **1.** supran. fam. Incitar a una persona para que pelee con otra: "Genaro ajuchó a Rubén por rencor". || **2.** supran. fam. Incitar a un perro para que acometa: "El dueño ajuchaba a su animal como entrenamiento".

ajustador, ra. ■ M. Y F. Persona que se dedica a evaluar los daños en un siniestro o accidente para una compañía de seguros.

ajustar. ■ TR. **1.** supran. Completar cierta cantidad de algo que falta para el total: "Ajusté el último pago de la televisión con la quincena". || **2.** supran. fam. Golpear a alguien: "Toño ajustó a Ramiro". Ú.m.c.prnl.: "Toño se ajustó a Ramiro".

ajuste. ■ M. **1.** supran. Hecho de ajustar o completar cierta cantidad de algo que falta para el total. || **2.** supran. fam. Golpe que se le da a alguien.

ajusticiar. ■ TR. **1.** supran. Castigar: "El forajido ajustició a los jóvenes que lo delataron". || **2.** supran. Asesinar, generalmente como ajuste de cuentas.

akateko, ka. Véase **acateco, ca.**

ala. ■ F. supran. fest. Axila.

alabado. ■ M. Canto devoto que en algunas haciendas solían entonar los trabajadores al comenzar y al terminar sus labores. ■ LOC. **al ~.** LOC. ADV. A la hora de las oraciones de la noche: "Llegaron con el enfermo al alabado".

alacena. ■ F. supran. Habitación pequeña en una casa dedicada a guardar alimentos; despensa.

alacrán. ■ M. **1.** Terminación en forma de cuña abierta en algunos martillos que sirve para extraer clavos. || **2.** rur. Pieza metálica en forma de horquilla que las varas de un carruaje o los timones de los arados llevan en su extremidad para enganchar los balancines. || **3.** jerg. Máquina de escribir.

alacrana. ■ F. jerg. Máquina de escribir; alacrán.

alagartarse. ■ INTR. PRNL. *En la charrería*, separar un caballo las cuatro patas para disminuir la altura y facilitar al jinete montarlo: "El animal se resistía, pero al final se alagartó y pude subirme en él".

alamar. ■ M. Pan dulce que semeja una letra eme unida por su base, de masa agalletada y cubierto de gránulos de azúcar.

alambre. ■ M. **1.** Comida que se prepara con pequeños trozos de carne, asados a la plancha, con trocitos de cebolla, tocino, pimiento o chile poblano y, generalmente, con queso. || **2.** Comida que se prepara con trozos de carne o mariscos y verduras, ensartados en una aguja o varilla de metal y asados al fuego; brocheta.

alambrear. ■ TR. **1.** fam. Instalar el cableado telefónico para nuevas líneas: "El mes siguiente alambrearán toda la colonia". || **2.** fam. Timar: "Alambrearon al vecino con el gas y le cobraron el doble". || **3.** fam. Manipular, torcer o falsear alguien un proceso o unos datos: "El abogado alambreó el acta".

alambreo. ■ M. fam. Acción y resultado de alambrear.

alambrerío. ■ M. supran. Conjunto de alambres desordenados.

alazán, na. ■ LOC. **~ hormiga.** LOC. SUST. Caballo de color café rojizo ligeramente sombreado.

albañil. ■ LOC. **~ de cuchara.** LOC. SUST. *En la construcción*, el que tiene todos los conocimientos propios de la albañilería: "Mi vecino construyó su casa él solo porque es albañil de cuchara". ▷ **~ de media cuchara.** LOC. SUST. *En la construcción*, el que solo posee parte de los conocimientos propios del oficio de albañilería: "El albañil de media cuchara no pudo terminar la obra". ▷ **~ de un cuarto de cuchara.** LOC. SUST. *En la construcción*, el que es aprendiz del oficio: "Llegaron dos albañiles de un cuarto de cuchara a la construcción".

albarda. ■ F. supran. rur. Silla de montar de cuero. ■ LOC. **~ sobre aparejo.** LOC. SUST. supran. Acción redundante, generalmente considerada una molestia o perjuicio: "Esa decisión que tomaron es albarda sobre aparejo, nadie les va a hacer caso".

albardeada. ■ F. **1.** supran. rur. Colocación de una silla a un potro o caballo cerril. || **2.** supran. rur. Molestia que se le hace a alguien.

albardear. ■ TR. **1.** supran. rur. Colocar alguien la silla a un potro o caballo cerril, sin que lo monte el jinete, para que se acostumbre a la montura: "Nancy albardea todas las mañanas a su potrillo". || **2.** supran. rur. Molestar a alguien: "No albardees a tu tío porque se siente mal".

albardón. ■ M. supran. rur. Albardilla o caballete de los aparejos.

albazo. ■ M. *En la política*, maniobra anticipada para sacar ventaja a un oponente.

alberca. ■ F. supran. Piscina.

albergue. ■ M. rur. Vivienda colectiva en la que habitan niños de comunidades alejadas del centro de enseñanza durante los días hábiles del ciclo escolar.

alborada. ■ F. **1.** *En Yucatán*, procesión nocturna que hacen los indígenas llevando una imagen. || **2.** supran. Misa o procesión de fiestas patronales que se lleva a cabo al rayar el alba.

alborotador, ra. ■ M. y F. Persona que incita a la realización de algo, pero sin que ayude a hacerlo.

alborotar. ■ TR. **1.** Incitar alguien a realizar algo, pero sin ayudar a hacerlo: "Solo nos alborotó para hacer la fiesta y no puso ni un peso". || **2.** supran. Causar entusiasmo: "Alborotamos a los niños con la invitación al campamento". || **3.** supran. vulg. Provocar excitación sexual a alguien.

alborotarse. ■ INTR. PRNL. **4.** supran. Estar en celo un animal: "El ganado se alborota en este tiempo". ■ LOC. **~ la gallera.** LOC. VERB. coloq. Suscitarse un bullicio en un grupo: "Con el aumento del salario, se alborotó la gallera en la oficina".

alborotista. ■ COM. supran. Persona que provoca alborotos o desórdenes: "Ese alborotista es un necio, ya se metió otra vez en problemas".

alboroto. ■ M. **1.** supran. Regocijo. || **2.** supran. Golosina en forma de bola, elaborada con palomitas de maíz, bañadas en caramelo o miel.

albur. ■ M. **1.** Juego de azar en que se apuesta a uno de dos naipes. || **2.** supran. Expresión ingeniosa, de doble sentido y connotación sexual, generalmente de alusiones homosexuales. || **3.** supran. Juego con estas expresiones en que se busca imponerse sobre el adversario y dejarlo sin respuesta. || **4.** supran. Aventura amorosa.

albureador, ra. ■ ADJ. **alburero, ra.**

alburear. ■ TR. **1.** Decir albures. || **2.** Jugar albures.

albureo. ■ M. Hecho de alburear.

alburero, ra. ■ ADJ. **1.** *Referido a persona*, que emplea albures: "Cuidado con Luis, es muy alburero". Ú.t.c.sust.: "Cuidado con Luis, es un alburero". || **2.** Propio de la persona **alburera**: "Cuidado con los chistes albureros de Luis".

alcachofa. (Juego de palabras entre alcachofa y alcahuete). ■ COM. supran. fest. Alcahuete: "Carlos, eres un alcachofa con tu sobrino; le permites de todo".

alcahuete. ■ M. **1.** *En Colima*, cuña, generalmente de piedra, que sirve para nivelar los utensilios de cocina en el fogón. ■ COM. **2.** supran. fam. Persona que consiente en exceso a otra, especialmente a hijos y nietos: "Ese niño es muy grosero porque su mamá siempre fue un alcahuete".

alcahuetear. ■ TR. supran. fam. Consentir a una persona en exceso, especialmente a hijos y nietos: "Papá, ya no alcahuetees a la niña".

alcahuetería. ■ F. supran. fam. Consentimiento que hace una persona a alguien, especialmente a hijos y nietos.

alcahueto, ta. ■ M. Y F. supran. fam. Persona que consiente en exceso a otra, especialmente a hijos y nietos; alcahuete.

alcáncer. ■ F. Hierba originaria de México y Centroamérica, de hasta 1 m de altura; tallos ramificados, tendidos basalmente y apicalmente ascendentes o erectos, de color rojo o morado, con pelos violeta o rojizos; hojas simples, opuestas, sésiles, ovadas o angostas, en ocasiones con pelos rectos; flores hermafroditas, pequeñas, basalmente tubulares, externamente cubiertas de pelos purpúreos, seis pétalos de color violeta intenso o rosa purpúreo, con 11 estambres; frutos capsulares; semillas globosas, diminutas; uso en la medicina tradicional. Familia de las litráceas, *Cuphea aequipetala.* (También se llama apanchola, hierba del cáncer).

alcancía. ■ F. **1.** supran. Caja de madera u otro material con cerradura y una abertura por la que se introducen las limosnas o donativos, que se fija en iglesias u otros lugares. || **2.** supran. fest. Parte superior de la división que separa las nalgas, dejada al descubierto. || **3.** supran. jerg. Cárcel. || **4.** supran. vulg. Órgano sexual femenino.

alcanzar. ■ LOC. **~ el timbre.** LOC. VERB. fest. Llegar una persona a la edad suficiente para mantener relaciones sexuales.

alcatraz. ■ M. **1.** Hierba originaria de África, de 1.5 m de altura, monoica; hojas alternas, acorazonadas y largamente pecioladas; flores unisexuales: las flores masculinas y femeninas diminutas, amarillas, agrupadas en una espiga carnosa llamada espádice, que es rodeada por una estructura foliar o espata muy vistosa de color blanco; frutos abayados, de color rojo; uso ornamental. Familia de las aráceas, *Zantedeschia aethiopica.* (También se llama capote, cartucho, cucurucho, lampaz). || **2.** Flor del **alcatraz**.

aldabonazo. ■ M. supran. Noticia que tiene el efecto de desprestigiar a alguien.

alebrestar. ■ TR. **1.** supran. Alterar a alguien: "Marcos alebresta a todo el grupo con sus dudas". || **2.** supran. Asustar a un animal mediante ruidos sorpresivos: "Alebresten al caballo para que regrese al potrero".

alebrestarse. ■ INTR. PRNL. **3.** supran. Rebelarse una persona contra algo: "Los vecinos se alebrestaron contra el delegado municipal". || **4.** supran. Enfadarse: "El jefe se alebrestó con sus trabajadores". || **5.** supran. Ilusionarse o entusiasmarse alguien por algo: "Me alebresté con la noticia de tu boda".

alebrije. ■ M. Figura de papel maché, barro o madera, pintada de colores vivos, que representa un animal imaginario.

alegador, ra. ■ M. y F. supran. Persona muy dada a discutir.

alegar. ■ TR. supran. Discutir dos o más personas algo generalmente de poca importancia: "Ya no alegues tantos disparates y acepta que tengo razón".

alegata. ■ F. **alegato.**

alegato. ■ M. supran. Discusión de dos o más personas, generalmente por algo de poca importancia.

alegradora. ■ F. fest. Prostituta.

alegrar. ■ LOC. **~ la pupila.** LOC. VERB. Deleitar algo a alguien: "Ese colorido espectáculo nos alegró la pupila".

alegría. ■ F. **1.** Hierba originaria de América, de hasta 2 m de altura, monoica; hojas alternas, enteras, a veces con tonos rojizos; flores hermafroditas, pequeñas, con cinco pétalos de color rojo o rosado, agrupadas en largos racimos terminales; frutos capsulares, globosos, cafés; semillas diminutas, globosas, negras o blancas. Familia de las amarantáceas, *Amaranthus cruentus* y *Amaranthus hypochondriacus*. (También se llama amaranto, guaute, huautle, huautli). || **2.** Semilla de la **alegría**; comestible. || **3.** Dulce prensado de semillas de **alegría**, tostadas y compactadas con melaza.

aleluyo, ya. ■ M. y F. **1.** despect. Persona protestante, fervientemente religiosa y proselitista. || **2.** despect. Miembro de una iglesia protestante.

alentarse. ■ INTR. PRNL. **1.** Perder velocidad; ralentizarse: "Los carros se alentan con los años". || **2.** Atontarse: "Javier se alentó en la partida de ajedrez". || **3.** supran. rur. Mejorarse alguien de una enfermedad: "Marisol se alentará de la tos con el medicamento que le recetó el doctor".

aleta. ■ F. **1.** *En un automóvil*, ventanilla triangular, pequeña y móvil de las puertas delanteras que sirve para regular la entrada de aire. || **2.** supran. pop. Axila.

aletón. ■ M. *En la charrería*, tira que llevan en los costados de cada pernera, desde la cadera hasta el extremo inferior, los pantalones de charro y las chaparreras o cubiertas de cuero usadas sobre el pantalón.

alevoso, sa. ■ ADJ. **1.** supran. *Referido a persona*, abusiva: "Corrieron a Jaime por ser tan alevoso con sus compañeros". Ú.t.c.sust.: "Corrieron a Jaime por ser un alevoso con sus compañeros". || **2.** supran. Propio de la persona **alevosa**: "Corrieron a Jaime por su comportamiento alevoso".

alfabetizar. ■ TR. Proporcionar una escritura alfabética a lenguas ágrafas: "El grupo de trabajo alfabetizará el mayo de Sonora".

alfajor. ■ M. supran. Dulce pastoso hecho de coco, leche y azúcar.

alfanje. ■ M. **1.** rur. Machete. || **2.** rur. Limpieza que se hace con **alfanje**.

alfiler. ■ M. jerg. Arma blanca. ■ LOC. **~ de seguridad.** LOC. SUST. Broche metálico que se cierra colocando la punta dentro de una vaina en forma de gancho con una lengüeta para que no se abra fácilmente; seguro.

alfilerazo. ■ M. jerg. Herida hecha con un alfiler o arma blanca.

alfilerillo. ■ M. **1.** Nombre común de varias plantas cactáceas que tienen púas largas y agudas. || **2.** Hierba originaria de América, de hasta 1.5 m de altura, monoica; tallos muy ramificados; hojas alternas, enteras, de ovadas a angostamente lanceoladas, con margen de entero a serrado, esparcidamente pubescentes; flores hermafroditas, pequeñas, corola de cuatro pétalos, dos más grandes y espatulados, los otros lineares y a veces con una glándula, de rosados a rojos, blancos, morados o anaranjados, agrupados en racimos; frutos capsulares, globosos, de diversos cafés; semillas diminutas, numerosas, ovoides, cafés. Familia de las onagráceas, *Lopezia racemosa.* (También se llama perita, perilla, perlilla). || **3.** Larva del escarabajo, de distribución en

América del Norte, Centroamérica y el Caribe, de hasta 12 mm de longitud; con cuerpo muy delgado y cilíndrico; de color blanco a amarillo pálido y cabeza café; dañino para diversos cultivos. Familia de los crisomélidos del orden Coleoptera, *Diabrotica virgifera zeae.*

alfombrado. ■ M. supran. Alfombra que cubre por completo el suelo de una habitación, una oficina o un coche.

alfombrilla. ■ F. **1.** Grupo de diferentes especies de arbustos originarios de América, de hasta 3 m de altura, monoicos; tallos y ramas generalmente cuadrangulares; hojas opuestas o verticiladas, enteras, de elípticas a ovadas; flores hermafroditas, tubulares, con cinco pétalos de colores amarillo, anaranjado o rojo, agrupadas en racimos, espigas o cabezuelas; frutos capsulares o drupas negras; semilla, una; uso ornamental. Familia de las verbenáceas, varias especies y géneros. || **2.** Individuo de la **alfombrilla**. || **3.** supran. Enredadera originaria de América y de algunos países de África y Asia, de hasta 3 m de longitud, monoica; tallos herbáceos a veces semileñosos en la base, con zarcillos; hojas alternas, divididas en nueve foliolos con margen de crenado a dentado; flores diminutas, de blancas a amarillentas, agrupadas en panículas con un par de zarcillos; fruto capsular, abultado, membranoso, con apariencia de inflado; semillas globosas, negras. Familia de las anacardiáceas, *Cardiospermum halicacabum.* (También se llama farolito, zapatito).

algodoncillo. ■ M. **1.** Arbusto de amplia distribución en México, de hasta 1 m de altura, monoico; tallos muy ramificados, con látex blanquecino y lechoso; hojas simples, alternas, lineares, más o menos carnosas; flores hermafroditas, pequeñas, de color blanco verdoso o matizadas de morado en el exterior, flores dispuestas en umbelas; frutos foliculares, ovoides, cafés verdosos; semillas numerosas, obovadas, de color café pálido, con un penacho de pelos blancos. Familia de las apocináceas, *Asclepias linaria.* (También se llama mapipitza, romerillo, tezonpantli, venenillo). || **2.** Hoja del **algodoncillo**; uso en la medicina tradicional. || **3.** Semilla del **algodoncillo**; uso en la medicina tradicional. || **4.** Árbol originario de México, de hasta 15 m de altura; tallos teretes, con densos pelos suaves y largos cuando jóvenes, de corteza grisácea a gris café; hojas simples, alternas, de elípticas a ovadas o acorazonadas, con margen aserrado, tomentuloso por el envés; flores hermafroditas, pequeñas, con cinco pétalos y sépalos violáceos o lilas, estambres numerosos, agrupadas en cimas axilares; frutos capsulares, pequeños, redondos, cubiertos por vellosidades de color gris o café. Familia de las malváceas, *Trichospermum mexicanum.* (También se llama capulín, jonote, yaco). || **5.** supran. Enfermedad parasitaria que se caracteriza por la presencia de placas blancas en las mucosas bucales.

algonquino, na. ■ ADJ. **1.** Perteneciente o relativo al **algonquino**: "Una leyenda algonquina trata sobre la creación del mundo". ■ M. **2.** Grupo étnico histórico que dio origen al fox y al algonquino, entre otros. || **3.** Conjunto de grupos étnicos, como el fox y el algonquino, entre otros, establecidos en el estado de Coahuila, en México, en el noreste de Estados Unidos de América y en el sur y sureste de Canadá. || **4.** Familia lingüística que incluye a la lengua kikapú y otras lenguas originarias del noreste de Estados Unidos de América, y del sur y sureste de Canadá. || **5.** Lengua reconstruida que históricamente dio origen a las lenguas de la familia **algonquino**. || **6.** Nombre del conjunto de las lenguas de esta familia, como el kikapú, entre otras.

alguacil. ■ M. Ave de amplia distribución en la costa oeste de México, de hasta 56 cm de longitud; con cresta negra, larga y aguda; garganta y rostro blancos; banda angosta y negra que le cruza el pecho blanco y partes inferiores blancas; cola extremadamente larga; dorso azul brillante; habita en pastizales con arbustos, crecimiento secundario o bosques ralos; omnívora. Familia de los córvidos del orden Passeriformes, varias especies del género *Calocitta*, como *Calocitta colliei*, *Calocitta formosa.* (También se llama urraca copetona).

alguate. ■ M. *En el Noroeste*, **aguate.**

alharaquear. ■ TR. supran. fam. Exagerar: "Tu primo siempre alharaquea sus historias".

alharaqueo. ■ M. supran. coloq. Exageración.

alicante. ■ M. Serpiente de distribución en la zona neotropical de México, de hasta 2 m de longitud; constrictora, con cuerpo macizo y cabeza pequeña; parte ventral de coloración amarilla, con manchas oscuras, pequeñas, esparcidas irregularmente a los lados y manchas semicirculares a lo largo del cuerpo que van del castaño oscuro al negro; en la punta de la cola tiene una última escama llamada botón a la que hace vibrar para realizar un ruido similar al de la víbora de cascabel; no venenosa; se alimenta casi exclusivamente de roedores. Familia de los colúbridos del orden Squamata, *Pituophis deppei*. (También se llama cencuate, chincuate, cincuate, culebra sorda, sincuate).

alicata. ■ F. Especie de pinza curvada hacia adentro y con los extremos afilados, que sirve para cortar; alicate. Ú.m.e.pl.

alicate. ■ M. Serpiente originaria del sur de México, de hasta 1 m de longitud; de coloración pardo ocre en la región dorsal, con varias manchas más oscuras y muy irregulares; vientre de color blanco amarillento. Familia de los colúbridos del orden Squamata, *Coluber mentovarius*. (También se llama chicotera, chirrionera, culebra chirriadora, sabanera).

alimento. ■ LOC. **~ balanceado.** LOC. SUST. **1.** Suplemento alimenticio que contiene diversos nutrientes: "El nutriólogo me recomendó un alimento balanceado muy bueno". || **2.** supran. Preparado comestible para animales domésticos y ganado, mezcla de diversos componentes, tales como fibra, proteínas, vitaminas, etc.: "Los caballos de carreras necesitan alimento balanceado".

alineación. ■ F. supran. *En la mecánica*, corrección de los ángulos de las ruedas de un automóvil de modo que queden perfectamente paralelas y asentadas para evitar un desgaste desigual y prematuro.

alinear. ■ TR. **1.** Adornar o arreglar a una persona con esmero: "Alinea a los niños para irnos a la comida de fin de año". || **2.** Disciplinar: "El prefecto alineó a todos los alumnos conflictivos". || **3.** supran. *En la mecánica*, corregir los ángulos de las ruedas de un automóvil de modo que queden perfectamente paralelas y asentadas para evitar un desgaste desigual y prematuro: "En este taller alinearon el coche de mi padre".

alipús. ■ M. **1.** Bebida alcohólica. || **2.** supran. Trago de bebida alcohólica.

alivianado, da. ■ ADJ. **1.** fam. *Referido a persona*, accesible y afable: "Tu hermana es bien alivianada, me cae muy bien". Ú.t.c.sust.: "Tu hermana es una alivianada, me cae muy bien". || **2.** supran. fam. *Referido a persona*, que vive con holgura económica: "Como es un muchacho alivianado, pudo ir a estudiar al extranjero". Ú.t.c.sust.: "Como es un alivianado, pudo ir a estudiar al extranjero". || **3.** supran. fam. *Referido a persona*, que está bajo los efectos de la droga. || **4.** supran. Propio de la persona **alivianada**: "Dulce tiene una personalidad muy alivianada".

alivianar. ■ TR. **1.** supran. fam. Ayudar una persona a alguien para que salga de un apuro: "Alivianė a mi hermana con sus deudas".

alivianarse. ■ INTR. PRNL. **2.** supran. fam. Tranquilizarse: "Aliviánate, todo se solucionará". || **3.** supran. fam. Animarse: "Se alivianó cuando supo que haríamos una fiesta por su cumpleaños". || **4.** supran. fam. Drogarse.

aliviane. ■ M. supran. fam. Acción y resultado de alivianar o alivianarse.

aliviarse. ■ INTR. PRNL. supran. pop. Parir: "¿Ya se alivió Alicia?".

allacito. ■ ADV. supran. fam. Ahí mismo: "Nos vemos allacito para ir a la fiesta".

allanamiento. ■ M. supran. *En el ámbito jurídico*, registro que se hace a un domicilio con orden judicial.

allanar. ■ TR. supran. *En el ámbito jurídico*, registrar un domicilio con orden judicial: "Allanaron la casa del vecino en busca de pruebas".

almácigo. ■ M. Conjunto de plantas o flores empleado para ornamento.

almaraduz. ■ M. **1.** Arbusto originario de América, de hasta 2 m de altura, monoico; tallos con pelos glandulares; hojas alternas, de elípticas a lanceoladas, pelos glandulares, con margen aserrado y espinoso; flores hermafroditas, vistosas, tubulares, rojas, con cinco pétalos; frutos capsulares, ovoides y cafés; semillas numerosas, circulares, diminutas. Familia de las polemoniáceas, *Loeselia mexicana*. (También se llama chuparrosa, espinosilla, guachichil, hierba de la virgen, hierba de san Antonio). || **2.** Hoja del **almaraduz**; uso cosmético y en la medicina tradicional. || **3.** Tallo del **almaraduz**; uso cosmético y en la medicina tradicional.

almárcigo. ■ M. **almácigo.**

almidonar. ■ LOC. **~ el escape.** LOC. VERB. vulg. Poseer sexualmente un hombre a alguien. ▶ **~ el mofle.** LOC. VERB. **almidonar el escape.**

almidonarse. ■ INTR. PRNL. supran. fam. Volverse alguien engreído en su trato con los demás: "Ese compañero tuyo se almidona en las fiestas que organiza".

almohadazo. ■ M. **1.** fam. Aplastamiento del cabello en alguna región de la cabeza por haberla tenido apoyada por mucho tiempo. || **2.** fam. Marca que deja la superficie sobre la que se ha apoyado la cara durante un tiempo prolongado.

almohadilla. ■ F. supran. *En el beisbol,* cada una de las cuatro esquinas de un campo; base.

almorzada. ■ F. supran. fam. Almuerzo abundante y apetitoso.

alquimia. ■ F. fest. *En la política,* fraude electoral.

alrevesado, da. ■ ADJ. **1.** supran. fam. *Referido a algo,* enrevesado: "No te entendí, tu explicación está muy alrevesada". || **2.** supran. fam. *Referido a persona,* que no actúa como la mayoría de la gente lo hace: "Primero te comes el guisado y luego la sopa; estás muy alrevesado". Ú.t.c.sust.: "Primero te comes el guisado y luego la sopa; eres un alrevesado". || **3.** supran. fam. Propio de la persona **alrevesada**: "A ver si ya ordenas tus costumbres alrevesadas".

alta. ■ LOC. **~ reina.** LOC. SUST. Hierba originaria de México y Centroamérica, de hasta 70 cm de longitud; tallos muy ramificados, cilíndricos, glabros o puberulentos en dos líneas longitudinales; hojas simples, opuestas, de lanceoladas a angostamente ovadas, puntiagudas, con margen aserrado; flores hermafroditas, diminutas, tubulares, blancas con tintes rojizos, cubiertas de abundantes pelos, dispuestas en cabezuelas de tres o cuatro flores; frutos aquénicos prismáticos, diminutos, con cuatro costillas, glabros; uso ornamental y en la medicina tradicional. Familia de las compuestas, *Piqueria trinervia.* (También se llama cuapopolchi, hierba de san Nicolás, hierba del perro, hierba del tabardillo, hierba del zopilote, yoloxiltic).

altamiz. ■ F. **altamiza.**

altamiza. ■ F. Hierba originaria de México, de hasta 1 m de altura, monoica; tallos cilíndricos, ramificados, estriados, de híspidos a hirsutos o pubérulos; hojas alternas, de pinatilobadas a bipinatilobadas, cada segmento anchamente oblongo u ovado, híspidas estrigulosas; flores diminutas, tubulares, amarillas, dispuestas en cabezuelas corimbosas o paniculadas, flores del centro hermafroditas, flores del disco femeninas; frutos aquénicos, los de las flores del centro tetrágonos, los de las flores liguladas trígonos, pubescentes y con un penacho de pelos en el ápice; hierba aromática al estrujarse. Familia de las compuestas, *Zaluzania triloba.* (También se llama altamiz, hierba amargosa, jediondilla).

altar. ■ LOC. **~ de Dolores.** LOC. SUST. Instalación hecha con la imagen de la Virgen de los Dolores y elementos tradicionales, como agua de colores, trigo germinado, manzanilla, etc., para conmemorar el Viernes de Dolores; incendio de Dolores. ▶ **~ de muertos.** LOC. SUST. Estructura adornada con flores, generalmente de cempasúchil, veladoras, papel picado de diversos colores y otros objetos simbólicos, dedicada a los difuntos el 2 de noviembre, en la que se colocan las bebidas y los alimentos que aquellos disfrutaban en vida; hay variaciones según las distintas regiones del país; ofrenda.

altas. ■ F. PL. Luces de mayor intensidad en un automóvil. ■ INTERJ. **¡altas!** *En el juego de canicas,* se usa para indicarle al jugador que tiene el turno que la canica debe ser tirada desde lo alto, no a ras del suelo: "¡Altas!, no hagas trampa!".

alternaria. ■ F. supran. Enfermedad del tomate producida por un hongo, caracterizada por la aparición de manchas de color café en las hojas.

altero. ■ M. Conjunto de cosas sin orden, unas encima de otras; montón: "Acomoda ese altero de hojas, por favor". ■ LOC. **(un) ~ de.** LOC. ADJ. Numeroso, abundante o intenso; mucho: "Tengo un altero de quehacer en la casa".

alterón. ■ M. **altero.**

altisonante. ■ ADJ. Que resulta vulgar y grosero; malsonante: "Ofelia me ofendió con sus palabras altisonantes".

alto. ■ M. **1.** Luz roja del semáforo. || **2.** supran. Señal de circulación para detener el tránsito de los vehículos. || **3.** supran. Detención de un vehículo para obedecer la señal de circulación. ■ LOC. **los altos.** LOC. SUST. Zona con mayor altura sobre el nivel del mar de una región.

alucín. ■ M. **alucine.**

alucinar. ■ TR. fam. Sentir aversión por algo: "Ya alucino a mis vecinos, me tengo que cambiar de casa".

alucine. ■ M. fam. Sentimiento de aversión por algo.

alumbrar. ■ TR. supran. jerg. Drogar.

aluminero, ra. ■ M. y F. Persona que se dedica a fabricar o a instalar estructuras de aluminio.

alux. [*alúsh*] ■ M. *En el Sureste*, duendecillo.

aluxe. [*alúshe*] ■ M. **alux.**

aluzar. ■ TR. **1.** Deslumbrar: "Aluzaron al conejo con la linterna y no supo para dónde correr". || **2.** supran. Alumbrar: "Los faros de la camioneta aluzan el camino".

alverja. ■ F. **1.** supran. Hierba trepadora originaria de Europa, de hasta 4 m de longitud, monoica; hojas alternas, divididas en dos o seis foliolos ovados, el ápice de la hoja termina en zarcillos; flores hermafroditas, vistosas, con cinco pétalos de color rojo, rosado o morado, solitarias o agrupadas en racimos que surgen de las axilas de las hojas; frutos en vainas cilíndricas; hasta diez semillas, globosas. Familia de las leguminosas, *Pisum sativum*. (También se llama arveja, chícharo). || **2.** supran. Vaina de la **alverja**; comestible. || **3.** supran. Semilla de la **alverja**.

alverjón. ■ M. *En Puebla y Veracruz*, chícharo seco; arvejón.

alzacolita. ■ F. supran. Ave migratoria originaria de América, de hasta 20 cm de longitud; patas y pico delgados; manchas redondas y negras en el plumaje de invierno; con una mancha oscura bordeada de blanco en el pecho, cerca del hombro, inexistente en los individuos de otoño e invierno, que son de color café olivo arriba y blanco abajo, con una línea blanca sobre el ojo; al caminar balancea la cola de arriba abajo y cabecea; habita en lagos de orillas pedregosas, charcos, bordes de los arroyos, y en invierno también en las playas. Familia de los escolopácidos del orden Charadriiformes, *Actitis macularius*.

alzado, da. ■ ADJ. **1.** supran. *Referido a persona*, engreída y soberbia: "Mi cuñada es muy alzada". Ú.t.c.sust.: "Mi cuñada es una alzada". || **2.** supran. Propio de la persona **alzada**: "Mi cuñada tiene un carácter muy alzado". || **3.** supran. rur. *Referido a animal doméstico*, que huye al campo y se hace silvestre: "Nos encontramos un gato alzado en el bosque". ■ M. **4.** *En la charrería*, caballo al que se le amarra el pene al tronco de la cola para que estimule a las yeguas que serán montadas por el semental.

alzar. ■ TR. **1.** supran. Ordenar y limpiar algo: "Alza la cocina antes de que te vayas". ■ LOC. **~ los tenis.** LOC. VERB. Morirse; colgar los tenis.

> **alzarlas.** ■ INTERJ. **¡álzalas!** fest. Se usa para indicar a alguien que tenga cuidado al caminar: "Cuidado con el escalón, ¡álzalas!".
>
> **alzarse.** ■ INTR. PRNL. **2.** supran. rur. Escaparse un animal doméstico al campo y hacerse silvestre: "Creo que mi gato se alzó en el bosque".

alzumiate. ■ M. **asomiate amarillo.**

amacharse. ■ INTR. PRNL. **1.** supran. Adquirir una mujer modos considerados masculinos: "Julia se amachó mucho desde la última vez que la vi". || **2.** supran. Obstinarse una persona con algo: "Mis primos y yo nos amachamos con el juego de cartas".

amachinar. ■ TR. **1.** fam. Apoderarse de algo: "Alfredo amachinó los juguetes de su hermano". Ú.m.c.prnl.: "Alfredo se amachinó los juguetes de su hermano". ■ INTR. **2.** fam. Armonizar con algo: "Estas cortinas amachinan con el color de la pared".

> **amachinarse.** ■ INTR. PRNL. **3.** fam. Encapricharse: "Ana se amachinó con la tele nueva y no la quiere soltar". || **4.** fam. Asirse a algo con firmeza: "Los niños se amachinaron a su mamá cuando sintieron miedo".

amacizamiento. ■ M. Acción y resultado de amacizar o amacizarse.

amacizar. ■ TR. **1.** Rellenar un hueco en una superficie: "Amacizamos la pared con cemento". || **2.** *En una construcción*, rellenar con material de construcción el hueco de un elemento a fin de reforzar la consistencia del conjunto: "El albañil amacizó el cimiento con arena y cemento". ■ INTR. **3.** Fortalecerse una planta: "La higuera amacizó cuando la desyerbamos". || **4.** Madurar el fruto de una planta: "Los mangos amacizaron con las lluvias". Ú.m.c.prnl.: "Los mangos se amacizaron con las lluvias". || **5.** Cocinarse y sazonarse bien un guiso: "Deja cocer otros diez minutos la carne para que amacice".

amacizarse. ■ INTR. PRNL. **6.** Consolidarse: "Se amacizó el proyecto sobre el medio ambiente". || **7.** supran. Adquirir consistencia y vigor: "Los jugadores se amacizaron con el nuevo entrenamiento".

amague. ■ M. **1.** fam. Malestar causado por golpe, caída, trabajo, ejercicio, edad, o alguna enfermedad. || **2.** supran. Indicio o señal de que algo generalmente no va a suceder. || **3.** supran. *En el futbol,* engaño que hace un jugador a otro con un movimiento del cuerpo.

amalaya. ■ INTERJ. **¡amalaya!** supran. *En Sonora,* se usa para expresar deseo vehemente; ojalá: "—¿Te sacaste el carro en la rifa? —¡Amalaya!".

amalayón. ■ INTERJ. **amalaya.**

amamparse. ■ INTR. PRNL. **1.** *En Chiapas,* adoptar rasgos afeminados: "Se amampó en la adolescencia". || **2.** despect. *En Chiapas,* acobardarse: "No se amampen, vamos al río esta noche".

amanacochi. ■ F. Ave de amplia distribución en América del Norte, de hasta 40 cm de longitud; con dimorfismo sexual; machos reproductivos con plumaje blanco y negro, en tonos iridiscentes en la cabeza y una mancha blanca detrás del ojo; hembras en tonos grises y con un parche blanco detrás del ojo; ambos con pico oscuro y cabeza relativamente grande para su cuerpo. Familia de las anátidas, *Bucephala albeola.* (También se llama pato cabezón, pato monja).

amanecerse. ■ INTR. PRNL. **1.** supran. Pasar voluntariamente la noche en vela: "En la reunión nos amanecimos escuchando boleros".

amanecérsela. ■ INTR. PRNL. **2.** supran. Pasar la noche en vela, generalmente en una fiesta: "Nos la amanecimos en el cumpleaños de Genaro".

amanecida. ■ F. supran. Hecho de amanecerse o pasar voluntariamente la noche en vela.

amaneramiento. ■ M. Adopción de un hombre de modales femeninos.

amanerarse. ■ INTR. PRNL. Adoptar un hombre modales femeninos: "Él se amaneró desde que estuvo en Europa".

amapa. ■ F. *En el Noroeste,* árbol originario de América, de hasta 25 m de altura, monoico; troncos erectos con corteza ligeramente acanalada; hojas opuestas, palmadas, divididas en cinco foliolos lanceolados o elípticos, cuatro inferiores pequeñas y el terminal más grande, con margen entero; flores hermafroditas, vistosas, violáceas, rosadas o blancas, tubulares, agrupadas en inflorescencias paniculadas; frutos capsulares estrechos, cilíndricos, de color café, con dos suturas laterales; semillas numerosas, blanquecinas, aplanadas, aladas; uso ornamental; cortezas y hojas, uso en la medicina tradicional. Familia de las bignoniáceas, *Tabebuia rosea.* (También se llama apamate, macuilís, palo de rosa, roble blanco).

amapola. ■ F. **1.** Árbol originario de América, de hasta 20 m de altura, monoico; troncos firmes y abombados; hojas alternas, deciduas, divididas en cinco foliolos elípticos; flores hermafroditas, vistosas, con cinco pétalos de blancos a rosados, con numerosos estambres blancos o rosados, cuya forma se asemeja a la de una escobilla; frutos capsulares, elipsoides, cafés; semillas globosas, rodeadas de pelos algodonosos; cortezas, uso en la medicina tradicional. Familia de las malváceas, *Pseudobombax ellipticum.* (También se llama bailarina, cabello de ángel, chicocuchi, coquito, jilosúchil, lele, mocoque, silosúchil, sospó, xiloxóchitl). || **2.** Flor de la **amapola**; uso ornamental y en la medicina tradicional. ■ LOC. **~ de campo.** LOC. SUST. **1.** Hierba originaria de América, de hasta 1 m de altura, monoica; tallos con numerosas espinas puntiagudas y látex amarillento al cortarlas; hojas alternas, de elípticas a espatuladas, con lóbulos agudos y espinas, de color blanco verdoso; flores hermafroditas, vistosas, con seis pétalos de amarillos a blancos; frutos capsulares, elipsoides, negros; semillas numerosas, pequeñas, reniformes, negras. Familia de las papaveráceas, *Argemone mexicana*. (También se llama chicalote). || **2.** Hoja de esta hierba; uso en la medicina tradicional. || **3.** Raíz de esta hierba; uso en la medicina tradicional.

amapolita. ■ F. **1.** Grupo de diferentes especies de hierbas originarias de América, de hasta 2 m de altura, monoicas; tallos de muy pubescentes a hirsutos; hojas alternas, acorazonadas o palmadas; flores hermafroditas, con cinco pétalos de color morado, con numerosos estambres amarillos y fusionados entre sí, solitarias que surgen de las axilas de las hojas; frutos esquizocárpicos y secos. Familia de las malváceas, varias especies del género *Anoda*. (También se llama violeta). || **2.** Individuo de la **amapolita**.

amaranto. ■ M. **alegría.** ■ LOC. **~ silvestre.** LOC. SUST. supran. Hierba originaria de América, de hasta 2 m de altura, monoica; tallos rojizos con estrías longitudinales; hojas alternas y helicoidales, enteras, de ovadas a lanceoladas, verdes, a veces teñidas de rojo, membranáceas; flores hermafroditas, diminutas, con cinco tépalos de color verde, dispuestas sobre largas espigas; frutos capsulares, globosos o subglobosos, pequeños, de apertura transversal; semilla única, aplanada, de globosa a ovoide, de color café rojizo a negro; uso forrajero y en la medicina tradicional; tallos y hojas, comestibles. Familia de las amarantáceas, *Amaranthus hybridus*. (También se llama bledo, chichimeca, quelite, quiltonil, quintonil).

amarchantarse. ■ INTR. PRNL. supran. Hacerse cliente habitual de un comerciante: "Tomás se amarchantó con el de los pollos para que le diera buen precio".

amargosilla. ■ F. **1.** Arbusto originario de México, de hasta 2 m de altura, monoico; tallos muy ramificados, teretes, tomentosos; hojas opuestas, ovado-triangulares, con pelos de color verde en ambas caras, con margen dentado; flores hermafroditas, campanuladas, diminutas, de color blanco, de glóbulos resinosos, agrupadas en cabezuelas con 35 a 40 flores; frutos aquénicos, muy pubescentes, vilano casi del largo de la corola, cerdas de color blanco a rosado. Familia de las compuestas, *Eupatorium petiolare*. (También se llama hierba del ángel, hierba del burro, hierba del pasmo, yolochichi, yolochichitl). || **2.** Hoja de la **amargosilla**; uso en la medicina tradicional.

amarillito. ■ M. **amarillo.**

amarillo. ■ M. *En Oaxaca*, guiso elaborado a base de mole hecho con hierbasanta, chile, masa de maíz y almendras; se sirve con chayotes, ejotes y carne de cerdo; mole amarillo.

amarrador, ra. ■ M. y F. **1.** *En la charrería*, persona que amarra con destreza el lazo a la cabeza de la silla. || **2.** *En las peleas de gallos*, persona que amarra la navaja en la pata del gallo.

amarranamiento. ■ M. Acción y resultado de amarranarse.

amarranarse. ■ INTR. PRNL. **1.** fam. Estar sin hacer nada productivo: "Abel se amarrana todos los fines de semana en su cuarto". || **2.** fam. Sentarse: "Llegamos tarde a la película y todavía nos amarranamos hasta adelante". || **3.** despect. Engordar: "Jovita se amarranó cuando dejó de hacer deporte".

amarranavajas. ■ ADJ. **1.** *Referido a persona*, que mete a terceras personas en discordia; intrigoso: "Ese muchacho amarranavajas te va a causar problemas". ■ COM. **2.** Persona que mete a terceras personas en discordia: "Ese muchacho es un amarranavajas, te va a causar problemas".

amarrar. ■ TR. **1.** Anudar: "Me amarré el suéter en la cintura para no perderlo". || **2.** Hacer un trabajo de brujería para retener los afectos de alguien: "Anselmo fue a ver a la bruja porque descubrió que lo amarraron". ■ INTR. **3.** fam. Ser sabroso un alimento o bebida: "Este mole sí amarra". || **4.** fam. Obtener un alimento la consistencia deseada: "Hierve el polvo de cacao con la leche hasta que amarre". ■ LOC. **~ navajas.** LOC. VERB. Meter a dos personas en discordia; intrigar: "Siempre que asistes a una reunión familiar amarras navajas, por eso ya no te invito".

amarrarse. ■ TR. PRNL. **5.** supran. Conquistar amorosamente a alguien: "Siempre me amarré lindas chicas". ■ INTR. PRNL. **6.** Atorarse: "Me caí de la bici porque la cadena se me amarró". || **7.** supran. Frenarse un vehículo repentinamente: "El coche de adelante se amarró y ya no pude evitar el choque". || **8.** supran. Embriagarse: "Ayer nos amarramos con tequila". ■ LOC. **~ el cinturón.** LOC. VERB. supran. **amarrarse la tripa.** ▷ **~ el dedo.** LOC. VERB. fam. Anticiparse a un inconveniente, dificultad u objeción: "Cuando supimos que nos descubrieron, nos amarramos el dedo". ▷ **~ la tripa.** LOC. VERB. **1.** fam. Aguantarse el hambre: "Cuando era estudiante muchas veces tuve que amarrarme la tripa". || **2.** fam. Restringir alguien sus gastos: "Nos amarramos la tripa por culpa de los nuevos impuestos". ▷ **~ las enaguas.** LOC. VERB. Imponer una mujer su autoridad: "Doña Julia se amarró las enaguas en su casa y nadie se atrevió a contradecirla". ▷ **~ los pantalones.** LOC. VERB. supran. Mantenerse firme ante una situación adversa: "Manuel se amarró los pantalones y le contó todo a su papá".

amarre. ■ M. **1.** Nudo con que se amarra. || **2.** *En lenguaje jurídico,* compromiso político. || **3.** supran. *En la tradición popular,* trabajo de brujería para retener los afectos de alguien.

amasiato. ■ M. supran. Concubinato.

amate. ■ M. **1.** Grupo de diferentes especies de árboles originarios de América, de hasta 50 m de altura, monoicos; troncos gruesos, con corteza suave; generalmente de raíces tubulares; hojas alternas, brillantes, enteras, ovadas o acorazonadas, que secretan látex al romperlas; flores hermafroditas y unisexuales, diminutas, crecen en el interior de una cubierta carnosa y forma esférica, comúnmente llamada higo, donde se alojan también los frutos. Familia de las moráceas, varias especies del género *Ficus,* como *Ficuscarica, Ficus cotinifolia, Ficus elastica, Ficus insipida, Ficus maxima, Ficus petiolaris.* (También se llama higuera, higuerón, matapalo, nacapuli, sabalí, zalate). || **2.** Individuo del **amate**. || **3.** Papel fabricado de la corteza de los individuos del **amate**. || **4.** gralizado. Pintura hecha sobre papel fabricado de la corteza de los individuos del **amate**. ■ LOC. **~ capulín.** LOC. SUST. Árbol originario de Centroamérica, de hasta 25 m de altura, monoico; tallos amarillos pálidos, poros visibles, numerosos; hojas alternas, simples, oblongas, ápice acuminado, base aguda, con márgenes enteros, a veces con glándulas marginales; flores unisexuales o hermafroditas, pequeñas, con glándulas bracteales redondeadas: flores masculinas, de color amarillo rojizo, pediceladas, flores femeninas sésiles, agrupadas en espigas ramificadas terminales; frutos capsulares, de ovoides a subglobosos; semillas lisas, rojizas. Familia de las euforbiáceas, *Sapium lateriflorum.* (También se llama iza).

amatillo. ■ M. Árbol originario de América, de hasta 35 m de altura, monoico; tallos de corteza más o menos lisa, con secreción lechosa al cortarlos; hojas alternas, de oblongas a elípticas, con punta generalmente recurvada, con márgenes crenulados, con dos glándulas en el peciolo; flores unisexuales, amarillas: las masculinas con cáliz bilobulado y con dos estambres, las femeninas con un cáliz con dos o tres lóbulos, agrupadas en espigas; frutos capsulares, más o menos piriformes; semillas con la capa externa blanquecina o rojiza, capa interna verruculosa. Familia de las euforbiáceas, *Sapium macrocarpum.* (También se llama higuerillo).

ambidiestro, tra. ■ ADJ. supran. fam. Bisexual. Ú.t.c.sust.

ambientalismo. ■ M. supran. Movimiento sociopolítico que, con matices muy diversos, propugna la defensa de la naturaleza y la de las personas con respecto a ella.

ambulantaje. ■ M. **1.** Actividad del vendedor ambulante. || **2.** Comercio informal.

ambulante. ■ ADJ. Perteneciente o relativo al comercio informal en un lugar fijo: "La ciudad se llenó de puestos ambulantes".

ambulantismo. ■ M. supran. Actividad del vendedor ambulante.

amelcocharse. ■ INTR. PRNL. **1.** supran. Comportarse dos personas muy cariñosas entre sí: "En la fiesta mis mejores amigos se amelcocharon toda la noche". || **2.** supran. Reblandecerse: "Dejaste el pan sobre la sopa y ahora ya se amelcochó".

amendar. ■ TR. **1.** pop. Enmendar: "Pablo amendó sus errores".

amendarse. ■ INTR. PRNL. **2.** pop. Corregirse alguien en su conducta de manera permanente: "Jazmín se amendó cuando entró a la universidad".

ameyal. ■ M. **1.** Nacimiento de agua, manantial; meyal. || **2.** Cualquier depósito de agua, como estanques, represas, pozos, etcétera.

amigocho, cha. ■ M. y F. fam. Persona con quien se mantiene una relación de amistad íntima; amigo: "Ella es mi amigocha desde la primaria".

amiguero, ra. ■ ADJ. **1.** supran. *Referido a persona*, que tiene facilidad para hacer amistades: "Mi hija resultó ser muy amiguera, por eso todo el mundo la ayuda". || **2.** supran. *Referido a persona*, que pasa mucho tiempo en conversaciones y otras actividades con los amigos: "Rubén es muy amiguero, nunca está en casa". || **3.** supran. Propio de la persona **amiguera**: "Rubén siempre ha tenido una actitud muy amiguera".

amitamiento. ■ M. *En Guerrero*, adopción de un hombre de modales afeminados.

amitarse. ■ INTR. PRNL. *En Guerrero*, adoptar un hombre modales afeminados: "Adán se amitó desde chiquito".

amolada. ■ F. **1.** Hecho de estropear. || **2.** Resignación.

amoladera. ■ F. supran. Insistencia de una persona en molestar o dañar a otra: "Ya párale de amoladeras, mañana te pago lo que te debo".

amolar. ■ TR. **1.** supran. Estropear: "Amolaron la vista de la calle con esa construcción".

amolarse. ■ INTR. PRNL. **2.** Resignarse ante un daño o una circunstancia adversa: "Los que se amolaron con el cierre de la empresa fueron los trabajadores".

amole. ■ M. **1.** Nombre genérico de varias plantas con propiedades saponíferas. || **2.** Hierba originaria de América, de hasta 1 m de altura, monoica; hojas alternas, de lineares a lanceoladas, de coriáceas a carnosas, enteras; flores hermafroditas, tubulares, con seis tépalos de color verde amarillento, agrupadas en una espiga con un pedúnculo de hasta 70 cm; frutos capsulares y cafés; semillas numerosas, aplanadas, negras. Familia de las asparagáceas, *Manfreda scabra*.

amontunarse. ■ INTR. PRNL. supran. Volverse una persona de costumbres toscas y rurales: "No te juntes con mi primo porque te amontunas".

ampayear. ■ INTR. *En el beisbol*, arbitrar: "Juan ampayeó voluntariamente en pequeñas ligas durante algunos años".

ampayeo. ■ M. *En el beisbol*, acción y resultado de ampayear o arbitrar.

ampáyer. ■ COM. supran. *En el beisbol*, árbitro: "El ampáyer novato cometió muchos errores en el juego de hoy".

ampolleta. ■ F. **1.** Pequeño recipiente de vidrio cerrado herméticamente, que contiene una dosis de líquido inyectable, untable o ingerible. || **2.** Botella de vidrio que contiene 250 ml de cerveza. || **3.** Cantidad de cerveza contenida en una **ampolleta**.

ámpula. ■ F. **1.** Elevación local de la epidermis por acumulación de fluido. || **2.** supran. Pequeño recipiente cerrado herméticamente que contiene por lo común una dosis de líquido, generalmente inyectable.

amuinar. ■ TR. **1.** pop. Entristecer: "El final de la película nos amuinó a todos". || **2.** pop. Enojar: "La travesura de mi hermano amuinó a mis papás".

amula. ■ F. Arbusto originario de México, de hasta 3 m de altura, monoico; tallos muy ramificados, de erectos a arqueados, glabros; hojas opuestas, enteras, ovadas, pubescentes, con margen aserrado; flores femeninas o hermafroditas, diminutas, tubulares y blancas, de una a tres en la periferia son femeninas, de cinco a 13 en el centro son hermafroditas, cabezuelas dispuestas en umbelas corimbiformes terminales; frutos aquénicos, cilíndricos, más o menos peludos, de color negro; uso en la medicina tradicional, considerada una especie con actividad psicotrópica. Familia de las compuestas, *Calea ternifolia*. (También se llama hierba amarga, jaral, mala hierba, sacachiche, zacachichi, zacatechichi).

amuzgo, ga. ■ ADJ. **1.** Perteneciente o relativo al **amuzgo**: "Los comales amuzgos están hechos de barro". || **2.** Natural o procedente del grupo étnico **amuzgo**: "Los hombres amuzgos enseñan a los niños a tejer redes y hamacas". Ú.t.c.sust.: "Los amuzgos enseñan a los niños a tejer redes y hamacas". ■ M. **3.** Grupo étnico establecido en los municipios del sureste de Guerrero, y en los municipios de Santa María Ipalapa y San Pedro Amuzgos, en Oaxaca. || **4.** Lengua otomangue del subgrupo lingüístico amuzgo-mixtecano.

amuzgo-mixtecano, na. ■ ADJ. **1.** Perteneciente o relativo al **amuzgo-mixtecano**: "El cuicateco forma parte de las lenguas amuzgo-mixtecanas". ■ M. **2.** Grupo étnico histórico que dio origen a los amuzgos, mixtecos, cuicatecos y triquis, entre otros. || **3.** Conjunto de grupos étnicos establecidos principalmente en el occidente de Oaxaca, oriente de Guerrero y sur de Puebla. || **4.** Lengua reconstruida que históricamente dio origen al amuzgo, al mixteco, al cuicateco y al triqui. || **5.** Grupo o familia de las lenguas otomangues que incluye al amuzgo, al mixteco, al cuicateco y al triqui, entre otras.

anacagüite. ■ M. **ayacahuite.**

anacahuita. ■ M. **ayacahuite.**

anacahuite. ■ M. **ayacahuite.**

ancheta. ■ F. **1.** Cualquier tipo de herramienta. || **2.** Cosa insignificante o de poco valor. || **3.** *En el Sureste,* negocio de poca monta.

anchetero, ra. ■ M. Y F. **1.** Persona que se dedica a vender cosas insignificantes o de poco valor. || **2.** *En el Sureste,* persona que se dedica a hacer negocios de poca monta.

anchoa. ■ F. supran. Forma que toma un mechón de pelo cuando se hace un rizo y se sujeta a la cabeza con una horquilla o pasador.

anchoveta. ■ F. supran. Pez pelágico, de hasta 15 cm de longitud; con cuerpo delgado y alargado; su color varía desde el azul oscuro hasta el gris claro, generalmente con una banda plateada en el flanco; aspecto fusiforme, cubierto de escamas grandes cicloides que se desprenden con facilidad; cabeza larga; ojos grandes; hocico puntiagudo y boca muy amplia; forma densos cardúmenes. Familia de los engráulidos del orden Clupeiformes, *Engraulis ringens.*

andador. ■ M. Pasillo entre casas o edificios.

andar. ■ INTR. **1.** Tener una relación de pareja: "Ella y yo andamos desde hace dos años". ■ LOC. **~ a la quinta.** LOC. VERB. **andar bruja.** ▷ **~ a la última pregunta.** LOC. VERB. **andar bruja.** ▷ **~ a raiz.** LOC. VERB. **1.** fam. **andar bruja.** || **2.** fam. No llevar ropa interior: "Descubrí que el niño andaba a raiz". || **3.** fam. *En Jalisco,* estar descalzo: "Jesús anduvo a raiz todo el día en la casa". ▷ **~ bruja.** LOC. VERB. fam. Estar alguien sin dinero: "Ando bruja porque pagué una deuda". ▷ **~ cacheteando la banqueta.** LOC. VERB. fam. Estar alguien profundamente enamorado: "Julián anda cacheteando la banqueta por mi hermana". ▷ **~ de.** LOC. VERB. **1.** Ejercer algún oficio o función temporalmente: "Anduve de mesero mientras estudiaba la carrera". || **2.** Hallarse alguien temporalmente en determinado estado o situación: "Jorge anda de buenas porque le aumentaron el sueldo". || **3.** Comportarse transitoriamente de determinada manera: "Carlos anda de holgazán desde hace dos semanas". ▷ **~ desatado.** LOC. VERB. **1.** fam. Estar en estado de intensa actividad: "Con la auditoría, todos en la oficina andan desatados". || **2.** fam. No llevar ropa interior; andar a raiz: "Descubrí que el niño andaba desatado". || **3.** fam. **andar bruja.** ▷ **~ en la bola.** LOC. VERB. **1.** fam. Participar alguien en un tumulto: "Julio anda en la bola con otros estudiantes". || **2.** fam. Estar implicado en un determinado asunto: "Andamos en la bola porque apoyamos la huelga". ▷ **~ erizo.** LOC. VERB. **1.** fam. Estar despechado por un amor no correspondido: "Últimamente Omar solo oye canciones románticas, anda erizo". || **2.** fam. jerg. No tener droga suficiente para el autoconsumo. ▷ **~ tras los huesos.** LOC. VERB. fam. Cortejar a alguien: "Daniel anda tras los huesos de Ana desde la prepa". ▷ **~ trazando vía.** LOC. VERB. fest. Estar alguien muy borracho: "Livio anda trazando vía desde ayer". ▷ **~ volado.** LOC. VERB. fam. Carecer de sentido común: "Mis hermanas andan voladas con el nuevo vecino". ▷ **~ volando bajo.** LOC. VERB. fam. Sufrir por enamoramiento: "Ando volando bajo por culpa de esa chica".

andarle. ■ INTR. PRNL. **2.** fam. Tener alguien necesidad inminente de orinar o evacuar el vientre: "¡Apúrate, Gabriel, que ya le anda al niño!". ■ LOC. **~ del dos.** LOC. VERB. supran. fam. Tener alguien necesidad de evacuar el vientre: "Vámonos, que me anda del dos". ▷ **~ del uno.** LOC. VERB. supran. fam. Tener alguien necesidad de orinar: "Vámonos, que me anda del uno". ▷ **~ la ardilla.** LOC. VERB. fam. Pensar mejor: "Después de tomar café me anda la ardilla". ▷ ~ **por.** LOC. VERB. fam. Necesitar o desear algo con impaciencia: "Ya te anda por saber tu calificación, ¿verdad?". ■ INTERJ. **¡ándale(s)! 1.** fam. Se usa para animar o incitar: "¡Ándale! ¡Ya cómprate esa bolsa". || **2.** fam. Se usa para manifestar acuerdo o asentimiento: "—¿Está bien hecho el ejercicio? —¡Ándale!". || **3.** fam. Se usa para expresar sorpresa o admiración: "¡Ándale!, los vecinos se ganaron la lotería".

anfibio, bia. ■ ADJ. jerg. *Referido a persona*, bisexual. Ú.t.c.sust.

ánfora. ■ F. supran. Botella de bolsillo para transportar bebidas alcohólicas.

angelopolitano, na. ■ ADJ. **1.** Perteneciente o relativo a la ciudad de Puebla, capital del estado de Puebla: "La arquitectura sacra angelopolitana es muy estudiada". || **2.** Natural o procedente de la ciudad de Puebla, capital del estado de Puebla: "Los alumnos angelopolitanos viajaron a Veracruz para el partido". Ú.t.c.sust.: "Los angelopolitanos viajaron a Veracruz para el partido".

angiolote. ■ M. Hierba parásita de raíces originaria de América, de hasta 15 cm de altura, monoica; tallos carnosos a veces muy ramificados; hojas alternas, enteras, reducidas a escamas, de elípticas a lanceoladas, con margen dentado; flores hermafroditas, pequeñas, tubulares, de color azul, violeta o morado, aglomeradas, que forman una inflorescencia apretada; frutos capsulares, globosos, pequeños y cafés; semillas numerosas, diminutas, subglobosas. Familia de las boragináceas, *Lennoa madreporoides*. (También se llama espiga chica, flor de hongo, flor de tierra).

angú. ■ M. **1.** supran. Hierba o arbusto originario de África, de hasta 2 m de altura, monoico; tallos de color rojizo; hojas alternas, acorazonadas o lobuladas en tres o cinco lóbulos, con margen aserrado; flores hermafroditas, vistosas, con cinco pétalos amarillos y de color rojo en la base, flores solitarias en las axilas de las hojas; frutos capsulares, cónicos, de color amarillo a rojo; semillas numerosas, pequeñas, esféricas, grises. Familia de las malváceas, *Abelmoschus esculentus*. (También se llama gombo, chimbombó, quimbombó). || **2.** supran. Fruto del **angú**; comestible. || **3.** supran. Hoja del **angú**; uso en la medicina tradicional.

angurriento, ta. ■ ADJ. fam. *Referido a persona*, que orina con frecuencia: "Por tomar tanto café, estoy angurriento ". Ú.t.c.sust. "Desde que tomo tanto café, soy un angurriento".

aniceto. (Juego de palabras entre Aniceto y ano). ■ M. supran. eufem. Ano.

anillo. ■ M. **1.** Anticonceptivo intrauterino de forma anular. || **2.** Faja de papel litografiado que identifica la marca del fabricante de tabacos. ■ LOC. ~ **periférico.** LOC. SUST. supran. Carretera o autovía de dos direcciones que bordea y comunica circularmente los puntos extremos de una ciudad.

animalerío. ■ M. supran. Abundancia de animales; animalero.

animalero, ra. ■ ADJ. **1.** supran. *Referido a persona*, que tiene especial afecto y predilección por los animales: "Rodrigo es muy animalero, hasta tiene conejos en su casa". ■ M. **2.** supran. Abundancia de animales.

ánimo. ■ LOC. ~ **chingativo.** LOC. SUST. malson. Comportamiento molesto, fastidioso y desagradable en extremo: "Llegó el maestro con ánimo chingativo y no nos dejó salir a tiempo". ▷ ~ **joditivo.** LOC. SUST. **ánimo chingativo.**

anís. (Juego de palabras entre anís y ano). ■ M. supran. eufem. Ano.

anisillo. ■ M. **1.** Grupo de diferentes especies de hierbas originarias de América, de hasta 40 cm de altura, monoicas; tallos muy ramificados; hojas opuestas, divididas en segmentos lineares, con olor a anís al estrujarse; flores hermafroditas, tubulares, de color amarillo a anaranjado con tonos rojizos, diminutas, agrupadas en pequeñas cabezuelas, con cinco u ocho flores de la periferia, con forma de pétalos de color blanco a anaranjado; frutos aquénicos, pequeños, lineares, con dos a tres pequeñas escamitas en el ápice. Familia de las compuestas, varias especies del género *Tagetes*. (También se llama anisito). || **2.** Individuo del **anisillo**. || **3.** Rama del **anisillo**; uso en la medicina tradicional.

anisito. ■ M. **anisillo.**

anolar. ■ TR. *En el Sureste*, chupar lentamente en la boca algún dulce, caramelo, etc.:

"Anola bien esa pastilla para que sientas su sabor".

anona. ■ F. **1.** supran. Árbol originario de América, de hasta 8 m de altura, monoico; troncos ramosos, con corteza oscura; hojas alternas, enteras, de oblongas a elípticas; flores hermafroditas, de color verde amarillo, con seis a ocho pétalos carnosos, con una mancha de color rojo en la base, con más de 20 estambres, agrupadas en racimos; frutos abayados, acorazonados, verdosos y escamosos, de pulpa blanca; semillas elipsoides, negras. Familia de las anonáceas, *Annona squamosa*. (También se llama anona de México, chirimoya, saramuyo). || **2.** supran. Fruto de la **anona**; comestible. ■ LOC. **~ de México.** LOC. SUST. **anona.**

anotarse. ■ LOC. **~ en todas.** LOC. VERB. supran. fam. Declararse alguien dispuesto a participar en cualquier asunto o proyecto: "Samanta se anota en todas, así que nos va a ayudar".

anquera. ■ F. *En la charrería*, cubierta de cuero que se pone sobre las ancas de los caballos.

ante. ■ M. **1.** Postre cremoso hecho con harina, huevo, coco y almendras. || **2. anteburro.** || **3.** supran. Almíbar hecho con harina de garbanzos, frijoles u otros frutos herbáceos.

anteburro. ■ M. Mamífero originario de América, de hasta 2 m de longitud; corpulento; con pelaje corto y grueso, de color café oscuro a negro en la mayor parte del cuerpo, con tonos grisáceos en el pecho, la garganta y las puntas de las orejas; cabeza grande y cuello delgado, con una nariz larga curvándose hacia abajo sobre la boca a manera de trompa; orejas cortas, redondas, con la orilla blanca; patas cortas con cuatro dedos en las extremidades anteriores y tres en las posteriores; cola corta y tiesa; herbívoro; comestible. Familia de los tapíridos del orden Perissodactyla, *Tapirus bairdii*. (También se llama ante, danto, tapir).

antecomedor. ■ M. Juego de mesa y sillas de menor tamaño que el comedor principal de una casa.

antellevar. ■ TR. Atropellar: "En el metro vi como un señor antellevó a otro por andar distraído".

antifaz. ■ LOC. **con ~ y cachiporra.** LOC. ADJ. *Referido a persona*, encubierta; incógnito: "Al director técnico le dirán de todo, a menos de que aparezca con antifaz y cachiporra".

antimotines. ■ ADJ. **1.** supran. *Referido a una fuerza policial*, que tiene por función conservar el orden público durante una manifestación: "Los policías antimotines cerraron el paso a los manifestantes". ■ F. **2.** supran. Fuerza policial que tiene por función conservar el orden público durante una manifestación. ■ COM. **3.** supran. Miembro de la **antimotines**: "Las antimotines fueron enviadas para cerrar el paso a los manifestantes".

antirreeleccionismo. ■ M. Doctrina política que promueve la no reelección en los cargos de gobierno.

antirreeleccionista. ■ COM. Persona que está de acuerdo con la doctrina del antirreeleccionismo: "Las antirreeleccionistas estaban muy bien organizadas en el mitin del centro".

antojería. ■ F. Lugar donde se venden y consumen antojitos.

antojito. ■ M. **1.** Cualquiera de los platillos típicos de la cocina mexicana, elaborados principalmente de maíz, de diferentes formas y con diversos ingredientes: "El pozole es un antojito".

antojitos. ■ M. PL. **2.** Variedad de platillos típicos de la cocina mexicana elaborados principalmente de maíz, de diferentes formas y con diversos ingredientes: "Enchiladas, flautas, gorditas, tamales, tostadas, pambazos, pozole, chalupas, tlacoyos, sopes, entre muchos otros, son antojitos". ■ LOC. **~ mexicanos.** LOC. SUST. [*mejikános*] **antojitos.**

antro. ■ M. supran. Local público donde se sirven bebidas alcohólicas y, generalmente, hay música para bailar, como clubes nocturnos, bares y discotecas.

anturio. ■ M. **1.** Grupo de diferentes especies de hierbas rastreras o trepadoras originarias de América, de hasta 2 m de longitud, monoicas; hojas de consistencia coriácea, ovales, acorazonadas o sagitadas, a veces divididas en lóbulos o incluso en forma de mano; flores unisexuales, diminutas, agregadas en una estructura carnosa llamada espádice, rodeada de una estructura foliar llamada bráctea o espata, de distintos colores; frutos abayados de distintos colores, agregados al espádice; uso ornamental. Familia de las aráceas, varias especies del género *Anthurium*. || **2.** Individuo del **anturio**. || **3.** Flor de los individuos del **anturio**.

anualizado, da. ■ ADJ. **1.** Que está calculado para periodos de un año: "En el trabajo nos pidieron un informe anualizado". || **2.** supran. *En la economía*, que está calculado para periodos de menos de un año sobre la base aplicable a un año completo: "La estimación se hizo con base en la producción anualizada".

anuncio. ■ LOC. **~ clasificado.** LOC. SUST. supran. Mensaje corto, con diferentes finalidades, que se publica en una sección especial de un periódico.

añil. ■ M. **1.** supran. Arbusto originario de América, de hasta 1 m de altura; hojas pinadas, alternas, de 11 a 17 foliolos, de elípticas a oblanceoladas, raramente obovadas, de hasta 3 cm de largo; flores de hasta 5 mm de largo, rojas; frutos legumbres oblongas, rollizas, marcadamente curvadas, de hasta 2 cm de largo, cortamente puntiagudas, cubiertas de pelillos; de tres a siete semillas, negras; uso como colorante. Familia de las fabáceas, *Indigofera suffruticosa*. (También se llama jiquilite). || **2.** supran. Tinte que se obtiene al remojar en agua las hojas del **añil**, cuyo líquido se filtra en una solución de cal y agua.

áñil. ■ INTERJ. **¡áñil!** fam. *En Sonora*, se usa para afirmar o confirmar enfáticamente algo; sí: "—¿Me quieres? —¡Áñil!".

año. ■ LOC. **~ con ~.** LOC. ADV. De manera continua y reiterada durante el transcurso de los años: "Año con año nos suben la renta". ▶ **~ de Hidalgo.** LOC. SUST. Último de los seis años que constituyen el mandato legal de un gobierno, y en que se suele incurrir en prácticas abusivas y de enriquecimiento ilícito: "Como es año de Hidalgo, todos los delegados se van a comprar autos último modelo". ▶ **~ de la cachetada.** LOC. SUST. **año del caldo.** ▶ **~ de la canica.** LOC. SUST. **año del caldo.** ▶ **~ de la tostada.** LOC. SUST. **año del caldo.** ▶ **~ del caldo.** LOC. SUST. fest. Tiempo remoto: "Cuando era joven, en el año del caldo, le hablábamos de usted a los papás".

apabullador, ra. ■ ADJ. **1.** supran. Impactante: "La campaña del candidato de la oposición fue apabulladora". || **2.** supran. Agobiante: "La espera de los resultados de la cirugía ya es apabulladora".

apache. ■ M. **1.** Capote rústico hecho de palma que usan los campesinos para protegerse de la lluvia. || **2.** Especie de cojín hecho del corazón de la palma que se usa para proteger el lomo de las caballerías. ■ COM. || **3.** *En El Bajío, en una danza de conquista*, danzante de un grupo que es rival de los franceses: "Los apaches estaban muy bien caracterizados en la danza de este año".

apachite. ■ M. **1.** Palma originaria de América, de hasta 25 m de altura, monoica; tallos de tronco alto y redondo, sin ramas, a veces con las bases de los peciolos persistentes; hojas dispuestas en espiral, sobre largos peciolos sin espinas, lámina en forma de abanico, con numerosos lóbulos de lineares a lanceolados; flores hermafroditas, diminutas, con seis tépalos blanquecinos, agrupadas en largas panículas; frutos drupáceos, elipsoides, negros. Familia de las arecáceas, *Sabal mexicana*. (También se llama guano, palma real). || **2.** Tronco del **apachite**; uso en la construcción. || **3.** Hoja del **apachite**; uso en la construcción.

apachurramiento. ■ M. Acción y resultado de apachurrar o apachurrarse.

apachurrar. ■ TR. **1.** Ejercer presión contra alguien empleando el propio cuerpo: "Apachurré a mi sobrino y se puso a llorar". || **2.** Oprimir alguien un botón o una tecla de un dispositivo: "Apachurra con fuerza el timbre para que se oiga". || **3.** fam. Vencer una persona a alguien: "El boxeador apachurró a su contrincante en la pelea de ayer". || **4.** fam. Atropellar: "Fíjate al cruzar la avenida para que no te apachurren". || **5.** vulg. Poseer sexualmente a alguien. || **6.** supran. Aplastar: "Apachurren las papas para hacer el puré". || **7.** supran. Abrazar fuertemente a alguien: "Jaime apachurró a Alicia por su cumpleaños". ■ LOC. **~ el corazón.** LOC. VERB. supran. Causar una emoción, una pasión o un sentimiento, generalmente triste: "La muerte de su abuelito le apachurraba el corazón". ▶ **~ el gato.** LOC. VERB. vulg.

Practicar el coito. ▷ ~ **la ranita.** LOC. VERB. vulg. Desvirgar. ■ INTERJ. **¡apachurro!** vulg. Se usa para elogiar, a modo de piropo, a una persona atractiva.

apachurrarse. ■ INTR. PRNL. **8.** supran. Acomodarse una persona apretándose contra otras o encogiéndose en un espacio angosto: "Apachurrémonos en el sillón para que quepamos todos". || **9.** supran. Desanimarse: "Me apachurré porque perdí el trabajo otra vez".

apachurrón. ■ M. **apachurramiento.**

apagador. ■ M. supran. Interruptor de la corriente eléctrica.

apamate. ■ M. **amapa.**

apanchola. ■ F. **alcáncer.**

apancle. ■ M. **apantle.**

apandamiento. ■ M. fam. Encarcelamiento.

apandar. ■ TR. fam. Encarcelar: "Apandaron al ladrón hace una semana".

apando. ■ M. Celda de castigo en una cárcel.

apanicar. ■ TR. Causar pánico: "La explosión apanicó a los niños que estaban en el parque".

apantallapendejos. ■ ADJ. **1.** malson. Que aparenta una calidad que no tiene: "Esa bolsa es apantallapendejos, es pirata". ■ COM. **2.** malson. Persona que fanfarronea, pretende y frecuentemente logra deslumbrar a los demás: "Valentina me cae muy mal porque es una apantallapendejos."

apantallar. ■ TR. supran. Impresionar: "Apantallé a mi jefe con el informe anual".

apantle. ■ M. supran. Canal de agua pequeño.

apañar. ■ TR. **1.** fam. Detener la autoridad, generalmente la policía, a alguien: "Apañaron a un vendedor ambulante".

apañarse. ■ TR. PRNL. **2.** fam. Apoderarse de algo: "En cuanto llegó, se apañó la mesa". || **3.** fam. Robarse algo.

apañe. ■ M. supran. fam. Acción y resultado de apañar o apañarse.

apapachador, ra. ■ ADJ. **1.** *Referido a persona,* que gusta de mimar, acariciar y cuidar a la gente: "Tu abuelita es bien apapachadora con sus nietos". Ú.t.c.sust.: "Tu abuelita es una apapachadora con sus nietos". || **2.** Propio de la persona **apapachadora**: "La forma de ser de tu abuelita es muy apapachadora".

apapachar. ■ TR. supran. Mimar: "Siempre apapacho a mi gatita cuando llego a casa".

apapacho. ■ M. supran. Mimo que se le hace a alguien.

apapachón, na. ■ ADJ. **apapachador, ra.**

aparar. ■ TR. fam. Comprar o guardar objetos que han sido robados: "En este taller los dueños aparan la mitad de la mercancía".

apartadero. ■ M. rur. Lugar en donde se aparta o separa el ganado.

apartado, da. ■ ADJ. **1.** supran. *Referido a persona,* introvertida: "Miguel es muy apartado, por eso no va a las fiestas". Ú.t.c.sust.: "Miguel es un apartado, por eso no va a las fiestas". ■ M. **2.** Edificio dependiente de la fábrica donde se hace esta operación. || **3.** Cantidad que se retira de una mayor, de manera generalmente abusiva y sin el consentimiento del dueño. || **4.** Operación de separar metales. || **5.** supran. Línea que se hace en la cabeza para dividir el cabello en dos partes.

apartar. ■ TR. **1.** Seleccionar algo con el fin de usarlo o disfrutarlo después: "Llama a tu mamá y a tus hermanas porque ya aparté tres lugares más". || **2.** Extraer el oro contenido en las barras de plata: "Antes hasta los mineros apartaban en las minas de Guanajuato".

aparte. ■ M. **1.** Lugar en donde se aparta o separa el ganado; apartadero. || **2.** rur. Apartamiento del ganado: "El aparte de vacas se hizo después de ordeñarlas". ■ ADV. **3.** Además: "Ya te pagué la comida, ¿y aparte quieres que te invite al cine?".

apaste. ■ M. **1.** *En Chiapas,* olla de barro para batir el pozol. || **2. apastle.** ■ LOC. **~ del mondongo.** LOC. SUST. *En Sinaloa,* lo peor: "Tanto cuidarse para ir a caer en el apaste del mondongo".

apastle. ■ M. supran. Vasija de barro de diferentes tamaños, con dos asas y boca grande, que se utiliza para almacenar y refrescar el agua.

apazote. ■ M. **1.** Hierba originaria de América, de hasta 1 m de altura, monoica; tallos a veces muy ramificados, de estriados a angulosos; hojas alternas, enteras, a veces con tonos rojizos, con margen sinuado, glandulosas, olorosas al estrujarse; flores hermafroditas, diminutas, con cinco pétalos de color blanco a verdoso, agrupadas en numerosas espigas; frutos capsulares, globosos, diminutos y cafés; semillas diminutas, globosas, negras. Familia de las amarantáceas, *Chenopodium ambrosioides*. (También se llama epazote, ipazote, pasote). || **2.** Rama del **apazote**; comestible; uso en la medicina tradicional.

apealar. ■ TR. supran. *En la charrería*, lazar las patas traseras a una bestia equina o vacuna: "Apealamos las reses hacia el mediodía".

apelechar. ■ INTR. pop. Morirse: "El albañil que se cayó del andamio apelechó ahí mismo". Ú.m.c.prnl.: "El albañil que se cayó del andamio se apelechó ahí mismo".

apenar. ■ TR. supran. Causar vergüenza: "El comportamiento del niño apenó a su papá".

apencarse. ■ INTR. PRNL. *En la charrería*, quedar el caballo sin bríos: "Ese caballo ya está viejo, se apenca a la primera".

apendejamiento. ■ M. malson. Acción y resultado de apendejar o apendejarse.

apendejar. ■ TR. **1.** malson. Atontar: "El sol y el cansancio apendejaron a los turistas". || **2.** malson. Timar: "El vendedor apendejó a mi tía con el cambio". Ú.m.c.prnl.: "El vendedor se apendejó a mi tía con el cambio". || **3.** malson. Distraer: "Las caricaturas apendejan a mi hijo".

apendejarse. ■ INTR. PRNL. **4.** malson. Dejar pasar una buena oportunidad: "Me apendejé, no fui a la junta de consejo y ahí se decidió mi puesto en la empresa".

apenitas. ■ ADV. supran. fam. En muy poca cantidad: "Me serviste frijoles apenitas".

apeñucar. ■ TR. **apeñuncar.**

apeñuncamiento. ■ M. supran. Hacinamiento en un espacio muy reducido.

apeñuncar. ■ TR. supran. Hacinar en un espacio muy reducido: "Apeñuncarán a todos los damnificados en un albergue".

apercollar. ■ TR. **1.** fam. Coartar a alguien: "Los papás del joven lo apercollaron y no pudo salir con sus amigos". || **2.** fam. Delatar a un delincuente: "Juan apercolló a sus vecinos del barrio". || **3.** fam. Asesinar. || **4.** fam. **apergollar.**

apercollarse. ■ INTR. PRNL. **5.** fam. Comprometerse a cumplir las exigencias de alguien: "Vicente se apercolló con el jefe para trabajar hasta el domingo".

apergollar. ■ TR. supran. fam. Asir a alguien con fuerza: "¡No me apergolles del brazo!, me lastimas".

apero. ■ M. rur. Lugar donde se guardan los instrumentos de labranza.

aperrarse. ■ INTR. PRNL. **1. agandallar.** || **2.** fam. Obstinarse: "Alberto se aperró con el proyecto". || **3.** supran. fam. Agruparse muchas personas de manera desorganizada por un motivo determinado: "La gente se aperra en el tianguis de los domingos".

apersogar. ■ TR. supran. rur. Atar una bestia con un mecate largo a una de sus patas delanteras para que pueda pastar sin alejarse: "Todas las mañanas mi abuelo apersoga al burro".

apersonarse. ■ INTR. PRNL. Hacer acto de presencia en un lugar: "No te preocupes, yo me apersono en la oficina".

aperturar. ■ TR. Abrir una cuenta bancaria: "El ejecutivo no me aperturó la cuenta en el banco".

apescahuarse. ■ INTR. PRNL. **apoxcahuarse.**

apesgar. ■ TR. **1.** *En el Sureste*, sujetar algo para detenerlo: "Mejor apesga los documentos con una grapa". || **2.** *En el Sureste*, presionar algo: "Por favor, no apesgues todos los botones del elevador".

apiñonado, da. ■ ADJ. **1.** *Referido a alguien*, que tiene la piel de un color levemente moreno: "Esteban es el chico apiñonado; el moreno es mi cuate Raúl". || **2.** *Referido a la piel*, que tiene un color ligeramente bronceado: "Quedé medio apiñonada por el sol de Acapulco".

apipisca. ■ F. **apipizca.**

apipixca. [*apipíshka, apipíska*] ■ F. **apipizca.**

apipizca. ■ F. Ave acuática originaria de América, migratoria, de hasta 40 cm de longitud; con plumaje blanco; en verano la cabeza es negra y en otoño blanca; ojos pequeños; espalda y alas de color gris oscuro; al volar se observa la banda blanca que separa el negro del gris en el ala extendida; omnívora. Familia de los láridos del orden Charadriiformes, *Leucophaeus pipixcan*. (También se llama apipisca, apipixca, llamahielos).

apixcaguarse. [*apishkaguárse, apiskaguárse*] ■ INTR. PRNL. **1.** Apestarse la ropa que se ha dejado en remojo o húmeda: "Se apixcaguó la camisa que no tendí anoche". || **2. apoxcahuarse.**

apizcachar. ■ TR. fam. Deprimir a alguien: "Los problemas económicos del país apizcachan a cualquiera".

aplanado. ■ M. **1.** Aplanamiento de la superficie de una pared para alisarla. || **2.** supran. Capa de yeso o de cemento que cubre las paredes.

aplanadora. ■ F. **1.** Acción de una mayoría política: "La aplanadora del partido gobernante impuso su iniciativa en el senado". || **2.** supran. Apisonadora.

aplanar. ■ TR. **1.** Aplicar una capa de yeso o cemento a un muro o pared a fin de conseguir el acabado deseado: "El albañil aplanó el cuarto de la cocina y quedó muy bien". || **2.** supran. Apretar una capa de terreno: "No aplanes tanto la tierra para que se den las flores". ■ LOC. **~ las calles.** LOC. VERB. supran. fest. Vagar: "Javier y Rodrigo aplanaron las calles de Mérida hasta perderse".

aplanarse. ■ INTR. PRNL. **3.** fam. Sentarse: "¡Aplánense donde quieran o donde puedan!". || **4.** supran. fam. Sentarse alguien con toda comodidad, sin deseos de realizar ninguna acción: "Nada más llegas de la escuela y te aplanas en el sillón".

aplastado, da. ■ ADJ. **1.** fam. *Referido a persona,* que se la pasa sentada sin hacer nada de provecho: "Como ya no va a la escuela, Ramiro se la pasa aplastado viendo televisión". || **2.** supran. fam. *Referido a persona,* decaída: "Adriana llegó toda aplastada después de la entrevista de trabajo". || **3.** supran. fam. *Referido a persona,* abrumada: "El contador estaba aplastado por tanta responsabilidad".

aplastar. ■ LOC. **~ la oreja.** LOC. VERB. fam. Dormir: "Domingo aplastó la oreja un ratito en su cuarto".

aplastarse. ■ INTR. PRNL. supran. fam. Sentarse alguien con toda comodidad, sin deseos de realizar ninguna acción: "Me aplasté en el sillón de la sala toda la tarde".

aplatanamiento. ■ M. **1.** fam. Situación cómoda. || **2.** supran. fam. Depresión o bajón anímico.

aplatanarse. ■ INTR. PRNL. fam. Ponerse en una posición muy cómoda: "Se aplatanó en cuanto llegó de la oficina".

aplaudida. ■ ADJ. vulg. *Referido a una mujer,* promiscua. Ú.t.c.sust.

aplaudido, da. ■ ADJ. **1.** fam. *Referido a algo,* físicamente maltratado: "Mi ejemplar de *Pedro Páramo* ya está muy aplaudido". || **2.** fam. *Referido a persona,* de edad avanzada: "Los años no pasan en vano, estoy bastante aplaudido".

aplazar. ■ TR. supran. Reprobar a un examinando: "La maestra de física aplazó a Juan en el examen final".

aplicársela. ■ INTR. PRNL. fam. Aprovecharse de alguien: "Mi hermano me la aplicó y se llevó mi carro".

apochamiento. ■ M. Adopción de costumbres propias de lo que se considera el estilo de vida estadounidense.

apocharse. ■ INTR. PRNL. Adoptar costumbres propias de lo que se considera el estilo de vida estadounidense: "Orlando se apochó cuando se fue a trabajar a California".

aporreadillo. ■ M. Guiso hecho con carne, generalmente cecina salada desmenuzada, revuelta con huevo y cocida en salsa de chile con ajo y cilantro.

aporreado, da. ■ ADJ. **1.** supran. *Referido a alguien,* agotado y adolorido físicamente: "Quedé toda aporreada cuando terminé de nadar". ■ M. **2. aporreadillo.** || **3.** *En Tabasco,* guiso de carne o bacalao aderezado con especias.

aporrear. ■ TR. **1.** *En Yucatán,* azotar algo contra otra cosa: "Daniela aporrea la puerta siempre que sale enojada". || **2.** supran. *En el Sureste,* limpiar de maleza un terreno: "Aporreamos el jardín después de las lluvias". ■ LOC. **~ la lengua.** LOC. VERB. **1.** *En Yucatán,* decir chismes: "Las vecinas aporrean la lengua siempre que se juntan". || **2.** *En Yucatán,* decir calumnias: "Luis aporreó la lengua cuando dijo que su tío era un mal jugador".

aporreo. ■ M. *En el Sureste,* limpieza de maleza de un terreno.

aporreón. ■ M. *En Guanajuato, Querétaro y San Luis Potosí,* parte de una topada en que los decimistas se dirigen mutuamente décimas burlescas o satíricas; bravata.

apoxcahuarse. [*aposhkaguárse, aposkaguárse*] ■ INTR. PRNL. fam. Llenarse un alimento de moho: "Las tortillas que guardé en el refrigerador ya se apoxcahuaron".

apoyar. ■ TR. supran. rur. Estimular a la vaca para que baje la leche, humedeciéndole la ubre o acercándole la cría: "Acompaña a tu tío para que apoye a la vaca".

apoyo. ■ M. supran. Estímulo que se da a la vaca para que baje la leche, humedeciéndole la ubre o acercándole la cría.

apozolarse. ■ INTR. PRNL. Aguadarse un alimento, adquiriendo una consistencia similar al pozole: "Este guiso se apozoló por no hervirlo".

apretarse. ■ INTR. PRNL. **1.** Juntarse estrechamente: "Apriétense para que quepan todos en el carro". || **2.** fam. Inhibirse por recato o miedo: "Dime la verdad, no te aprietes". || **3.** fam. Hacerse del rogar: "Aunque se apretó, sí nos prestó el coche". || **4.** fam. Negarse: "Para qué lo invitas si siempre se aprieta". || **5.** fam. Engreírse: "Omar se aprieta porque tiene dinero". ■ LOC. **~ el calzón.** LOC. VERB. fam. Hacerse del rogar: "No te aprietes el calzón y vámonos a ver el partido".

aprevenir. ■ TR. pop. Desprevenir: "La noticia los aprevino". Ú.m.pp.: "La noticia los tomó aprevenidos".

apuchar. ■ TR. **1.** pop. Presionar algo: "Apúchale al botón rojo del control para cambiarle a la telenovela". || **2.** *En el Noroeste,* empujar algo, generalmente un automóvil: "Me quedé sin gas y apuchamos el coche hasta la gasolinera".

apuchón. ■ M. **1.** pop. Presión que se le hace a algo. || **2.** *En el Noroeste,* empuje de algo, generalmente un automóvil.

apuñalar. ■ LOC. **~ al chango.** LOC. VERB. vulg. Practicar el coito.

apurarle. ■ INTR. PRNL. Tener alguien necesidad de orinar o evacuar el vientre: "Córrele, no ves que ya me apura".

apurón, na. ■ ADJ. *Referido a persona,* que se preocupa mucho: "No seas tan apurona, te van a dar el trabajo". Ú.t.c.sust.: "Eres una apurona, claro que te van a dar el trabajo".

aquellito. ■ M. **1.** vulg. Órgano sexual. || **2.** vulg. Coito.

aquequexquic. [*akekéshkik, akekéskik*] ■ M. **1.** Hierba originaria de América, de hasta 3 m de altura, monoica; tallos ausentes o muy cortos, tuberosos; hojas simples, alternas, grandes, con peciolos muy largos y envainantes en la base, láminas con forma de corazón; flores unisexuales, pequeñas, sin pétalos ni sépalos, agrupadas en una estructura carnosa llamada espádice, y rodeada de una estructura foliar llamada bráctea o espata vistosa, de color blanco verdoso por fuera y blanco rosado por dentro; frutos abayados, ovoides, de color amarillo o café claro; semillas pequeñas, ovoides, con estrías longitudinales gruesas; uso ornamental. Familia de las aráceas, *Xanthosoma robustum.* (También se llama colomo, hoja elegante, mafafa, quequescamote, quequesque, quequeste). || **2.** Hoja del **aquequexquic**; uso en la medicina tradicional. || **3.** Tallo del **aquequexquic**; comestible; uso en la medicina tradicional.

aquí. ■ LOC. **~ mero.** LOC. ADV. coloq. En este preciso lugar: "No te muevas, aquí mero me esperas". ▷ **de ~ para el real.** LOC. ADV. coloq. Desde este momento: "De aquí para el real se acabaron los permisos hasta que mejores tus calificaciones". ■ EXPR. ▷ **~ les brinco.** fam. Se usa para advertir la intervención de alguien en un asunto: "Aquí les brinco porque ustedes no pueden solos". ▷ **~ mis ojos. 1.** fam. Se usa para referirse a una persona presente cuyo nombre no se quiere mencionar: "Que no me escuche, pero aquí mis ojos ya tiene novio". || **2.** fam. Se usa para referirse a la persona que el hablante tiene al lado y con quien tiene una relación afectiva: "Aquí mis ojos dice que no puede dormir". ▷ **~ se rompió una jerga (y cada quien para la verga).** malson. **aquí se rompió una taza (y cada quien para su casa).** ▷ **~ se rompió una taza (y cada quien para su casa).** fam. Se usa para indicar tajantemente la conclusión de una relación afectiva o profesional: "De plano terminé con mi novia, o sea que aquí se rompió una taza". ▷ **~ solo sus chicharrones truenan.** fam. Se usa para indicar que alguien tiene el dominio de una persona o situación: "Déjate de tonterías, que aquí solo sus chicharrones truenan y vas a hacer lo que ella diga".

aquiche. ■ M. **1.** Árbol originario de América, de hasta 20 m de altura; troncos de 30 a 60 cm de diámetro recubiertos de corteza gris; savia incolora, mucilaginosa; hojas simples, alternas, con estípulas, con la base asimétrica subcordada con peciolos cortos, aovadas u oblongas, aserradas, de 6 a 12 cm de largo y con el ápice agudo; flores pequeñas, agrupadas en inflorescencias axilares y cortamente estipitadas, con cinco pétalos de color blanco amarillento; frutos en cápsula subglobosa o elipsoidea, negro purpúreo al madurar; uso en la medicina tradicional. Familia de las malváceas, *Guazuma ulmifolia*. (También se llama caulote, guásima, guásimo, tablote). || **2.** Fruto del **aquiche**.

arábiga. ■ F. **1.** Arbusto originario del noreste de África, de 5 m de altura, monoico; hojas opuestas de color verde oscuro, enteras, elípticas; flores hermafroditas, blancas, tubulares, con cinco pétalos, surgen en grupos de las axilas de las hojas; frutos abayados, de color rojo a negro; dos semillas elipsoides; uso en la producción de café. Familia de las rubiáceas, *Coffea arabica*. || **2.** Fruto de la **arábiga**. || **3.** Semilla del fruto de la **arábiga**.

araña. ■ ADJ. **1.** despect. *Referido a persona,* fea: "Mi vecino está muy araña, por eso no tiene pareja". || **2.** despect. *Referido a persona,* trepadora: "Mi excompañero salió de la empresa porque era muy araña". || **3.** despect. *Referido a persona,* que roba: "El contador araña estaba metiendo facturas de más". || **4.** despect. *Referido a mujer,* libertina. Ú.t.c. sust. ■ F. **5.** Instrumento que sirve para inmovilizar vehículos estacionados en una zona prohibida; cepo. || **6.** despect. Persona fea: "Mi vecino es una araña, por eso no tiene pareja". || **7.** despect. Persona trepadora: "Corrieron a mi excompañero de la empresa porque era una araña". || **8.** despect. Persona que roba: "Esa araña estaba metiendo facturas de más". || **9.** supran. vulg. Órgano sexual femenino. ■ LOC. **~ capulina.** LOC. SUST. Arácnido originario del este de América del Norte; la hembra de hasta unos 50 mm de longitud, el macho de 12 mm de longitud y pesa 30 veces menos; de color negro carbón brillante con una mancha roja en la cara inferior del abdomen y cuatro pares de rayas rojas y blancas en los lados; insectívoro; vive en refugios construidos por él mismo a base de hilos entrecruzados sin un patrón aparente, muy duros y no pegajosos. Familia de los terídidos del orden Araneae, *Latrodectus hesperus*, *Latrodectus mactans*. (También se llama capulina, casampulga, chintatlahua, viuda negra). ▷ **~ patona.** LOC. SUST. Nombre genérico dado a varios arácnidos, de hasta 12 cm de diámetro; en tonos grises, cafés o negruzcos según la especie; con cuerpo pequeño globoso y no regionalizado, con el prosoma y opistosoma unidos; patas sumamente largas; carecen de glándula venenosa. Orden Opiliones, varios subórdenes. (También se llama pinacate). ▷ **~ peluda.** LOC. SUST. supran. Tarántula.

arbano, na. (Juego de palabras entre árabe y hermano). ■ ADJ. supran. fest. *Referido a persona,* originaria o descendiente de árabes o libaneses: "Cerramos el trato con unos empresarios arbanos". Ú.t.c.sust.: "Cerramos el trato con unos arbanos".

árbol. ■ LOC. **~ de corazón.** LOC. SUST. Árbol originario de México y Centroamérica, de hasta 30 m de altura; tallos rectos, con corteza lisa y grisácea; hojas simples, alternas, oblongas, coriáceas y brillantes; flores hermafroditas, vistosas y aromáticas, de color rosado o blanco, pétalos carnosos y con numerosos estambres rosados, flores solitarias y terminales; frutos foliculares, leñosos, agregados en grupos densos dando la apariencia de un único fruto; semillas cubiertas de una pulpa roja; uso ornamental y en la medicina tradicional. Familia de las magnoliáceas, *Magnolia mexicana*. (También se llama flor de corazón, magnolia, súchil, yolosóchil, yoloxóchitl). ▷ **~ de fuego.** LOC. SUST. supran. Árbol originario de Madagascar y cultivado en regiones tropicales, de hasta 12 m de altura, monoico; tallos con raíces gruesas; hojas alternas, divididas en numerosos y pequeños foliolos, elípticos; flores hermafroditas, vistosas, con cuatro pétalos de color rojo anaranjado y uno con tonos blancos y amarillos, con numerosos estambres rojos, agrupadas en racimos; frutos en vainas alargadas, aplanadas, de color café oscuro; semillas cafés, numerosas, de elipsoides a cilíndricas; uso ornamental. Familia de las leguminosas, *Delonix regia*. (También se llama flamboyán, framboyán, tabachín). ▷ **~ de la manita.** LOC. SUST. **1.** Árbol originario de México, de hasta 15 m de altura, monoico; tallos con cortezas lisas, de color gris o parduzcos; hojas simples, alternas, lobuladas, pelosas por el envés; flores hermafroditas, vistosas, de color rojo intenso, carnosas, de cinco pétalos, con marcas claras en las puntas, con cuatro estambres rojos, fusionados en su base; frutos capsulares, elipsoides, leñosos, cafés; semillas numerosas, negras, con una protuberancia amarilla. Familia de las malváceas, *Chiranthodendron pentadactylon*. (También se llama flor de la manita, mano de león, mapasúchil). || **2.** Hoja de este árbol; uso en la medicina tradicional. ▷ **~ del caucho.** LOC. SUST. supran. Árbol de amplia distribución en México, de hasta 20 m de altura; troncos gruesos con corteza gris, lisa, con abundante jugo lechoso, ramas jóvenes glabras, con epidermis exfoliante, de color café amarillento a gris; hojas de elípticas a oblongas, acuminadas en el ápice, redondeadas en la base, lisas, coriáceas; flores hermafroditas y unisexuales, diminutas, que crecen en el interior de una cubierta carnosa y con forma esférica, comúnmente llamada higo, donde se alojan también los frutos; frutos con dos higos por nudo, obovoides, glabros, verdes con manchas oscuras, con ostiolo ligeramente cónico, sésiles, brácteas basales fusionadas y formando una base cupuliforme, apicalmente ondulada, glabras o a veces puberulentas; jugo lechoso, uso industrial. Familia de las moráceas, *Ficus elastica*. (También se llama gomero, hule). ▷ **~ del cuerno.** LOC. SUST. supran. Árbol originario de Centroamérica, de hasta 15 m de altura, monoico; tallos y ramas hirsutos, con espinas muy gruesas y evidentes que alojan hormigas; hojas alternas, compuestas de cuatro a diez pares de pinas, foliolos de diez a 26 pares por pina, oblongos, ápice redondeado y mucronulado, base oblicua, con glándulas entre cada par de pinas; flores hermafroditas, diminutas, amarillas, en forma de embudo, agrupadas en espigas axilares solitarias, glabras; frutos en vaina, cilíndricos, indehiscentes, cartáceos, de color amarillo, rojo o café; semillas numerosas, elipsoides a subesféricas, cafés oscuras, rodeadas por un arilo blanquecino o amarillento, esponjoso. Familia de las leguminosas, *Acacia cornigera*. (También se llama cornezuelo, huisache, huizache, ixcanal, izcanal, subín, subinché, zubín, zubinché). ▷ **~ espinaca.** LOC. SUST. **1.** supran. Arbusto originario de América, de hasta 3 m de altura, monoico; tallos muy ramificados, con látex lechoso al estrujarlos; hojas alternas, con cinco lóbulos y margen dentado, a veces presentan pelos urticantes; flores unisexuales, ambos sexos en la misma planta, pequeñas, tubulares, blancas y agrupadas en racimos; frutos capsulares elipsoides, cafés; semillas elipsoides, cafés, con manchas más oscuras. Familia de las euforbiáceas, *Cnidoscolus aconitifolius*. (También se llama chaya). || **2.** supran. Hoja de este arbusto; comestible; uso en la medicina tradicional.

arca. ■ F. supran. fam. Axila.

archivar. ■ TR. fest. Encarcelar: "Agarraron a los secuestradores y los archivaron por 15 años".

archivero. ■ M. supran. Mueble para archivar; archivador.

arcial. ■ M. rur. Instrumento que se pone en el morro de las caballerías para dominarlas y que se estén quietas; acial.

arción. ■ M. supran. rur. *En la charrería*, arzón delantero de la silla de montar.

arcionar. ■ TR. **1.** *En la charrería*, levantar la pierna con el arción sobre la cola del animal para amarrarlo y derribarlo: "Arcionamos al caballo porque estaba muy inquieto". || **2.** supran. *En la charrería*, amarrar una soga al arción para sujetar al animal lazado: "Ya tenemos el animal, ahora arciona la cuerda".

arcionera. ■ F. supran. rur. *En la charrería*, abertura que tienen los fustes para colocar el arción o arzón delantero.

arco. ■ M. Instrumento musical de cuerda, de unos 1.5 m de largo, que se toca puesto sobre una jícara de grandes dimensiones y se percute con un par de flechas o varas delgadas; típico de comunidades indígenas del Occidente; tahuitol. ■ LOC. **~ musical.** LOC. SUST. **arco.**

arcuza. ■ F. Instrumento musical de percusión, con forma de tambor, a cuyo parche se ata una vara por encima o una cuerda por dentro, la cual se frota con la mano para producir el sonido; bote del diablo.

arderse. ■ INTR. PRNL. supran. fam. Despecharse: "Se ardió con la deslealtad de su amigo".

ardilla. ■ ADJ. (Juego de palabras entre ardilla y ardido). **1.** fest. *Referido a persona,* despechada: "Iván anda muy ardilla porque no le dieron la chamba". ■ COM. (Juego de palabras entre ardilla y ardido). **2.** fest. Persona despechada: "Iván es un ardilla desde que no le dieron la chamba". ■ LOC. **~ de pedregal.** LOC. SUST. **ardillón de roca.** ▷ **~ rayada.** LOC. SUST. Mamífero originario de América, de hasta 20 cm de longitud; partes superiores grisáceas con franjas de color pardo oscuro y franjas más claras de color crema; es muy ágil, se le suele ver escalando laderas; no almacena grasa corporal, por lo que en invierno crea una "bodega" de alimentos; se alimenta de semillas, frutas, hierbas y pequeños animales, como insectos, ranas, salamandras y culebras. Familia de los esciúridos del orden Rodentia, *Tamias dorsalis.* (También se llama chichimoco). ▷ **~ terrestre.** LOC. SUST. **ardillón mexicano.**

ardillón. ■ LOC. **~ de roca.** LOC. SUST. Mamífero roedor de distribución en América del Norte, de hasta 53 cm de longitud; con pelaje jaspeado, en tonos grises y pardos, la parte ventral en tonos cafés; ojos con un contorno claro; con cuerpo alargado; orejas pequeñas pero visibles; cola larga y tupida. Familia de los esciúridos del orden Rodentia, *Otospermophilus variegatus.* (También se llama ardilla de pedregal, tachalote, techalote). ▷ **~ mexicano.** [*mejikáno*] LOC. SUST. Mamífero roedor endémico de México, de hasta 35 cm de longitud; de color pardo amarillento con manchas claras e irregulares; cabeza más oscura que el resto del cuerpo, párpados blancos, patas y vientre color crema, cola de color ocre claro con la punta negra. Familia de los esciúridos del orden Rodentia, *Spermophilus mexicanus.* (También se llama ardilla terrestre, moto, motocle).

arepa. ■ F. *En Quintana Roo,* tortilla de maíz pequeña, frita y espolvoreada con azúcar.

arete. ■ M. **1.** supran. Adorno hecho de diversos materiales y con diferentes diseños que se usa en el lóbulo de la oreja. || **2.** supran. Grupo de diferentes especies de arbustos originarios de América, de hasta 1 m de altura, monoicos; tallos muy ramificados; hojas opuestas, enteras, ovadas, con margen dentado; flores hermafroditas, colgantes, de diversos matices, de pedúnculos largos, cáliz cilíndrico, con cuatro lóbulos morados, corola de cuatro pétalos, lóbulos de color rojo a rosado; frutos abayados, ovoides, de diversos matices; semillas numerosas, pequeñas. Familia de las onagráceas, varias especies del género *Fuchsia.* (También se llama chorros). || **3.** supran. Individuo del **arete.** || **4.** supran. Flor de los individuos del **arete.**

árganas. ■ F. PL. supran. rur. Sacos de cuero colocados en la montura o las ancas de una caballería.

argolla. ■ F. **1.** supran. Anillo de matrimonio. || **2.** supran. *En el beisbol,* marcador que se mantiene en ceros después de una entrada sin anotaciones. || **3.** supran. vulg. Ano.

argüende. ■ M. **1.** supran. fam. Debate agitado que se suscita sobre algún motivo o acontecimiento controvertidos, que puede concluir en una pelea. || **2.** supran. fam. Chismorreo.

argüendear. ■ INTR. **1.** supran. fam. Debatir agitadamente sobre algún motivo o acontecimiento controvertidos, concluyendo en ocasiones en una pelea: "Argüendearon saliendo de clase". || **2.** supran. fam. Chismorrear: "Su familia argüendea toda la noche".

argüendero, ra. ■ ADJ. **1.** fam. *Referido a persona,* que es propensa a peleas: "Se llevaron a la cárcel al muchacho argüendero". Ú.t.c. sust.: "Se llevaron a la cárcel al argüendero". || **2.** supran. fam. *Referido a persona,* que gusta de mezclarse en chismorreos: "Ocúpate de tus asuntos y deja de ser tan argüendera". Ú.t.c. sust.: "Ocúpate de tus asuntos y deja de ser una argüendera". || **3.** supran. fam. Propio de la persona **argüendera**: "Tu comportamiento argüendero siempre te trae problemas".

arguenudo, da. ■ ADJ. fam. *Referido a persona,* haragana: "Ese muchacho arguenudo nunca va a encontrar trabajo". Ú.t.c.sust.: "Ese arguenudo nunca va a encontrar trabajo".

armador, ra. ■ ADJ. supran. rur. *Referido a caballería,* que se encabrita con frecuencia: "Fue difícil vender a la yegua armadora".

armaduría. ■ F. supran. Taller que trabaja para una fábrica en el montaje de las piezas de aparatos o máquinas.

armarla. ■ LOC. **~ de jamón.** LOC. VERB. eufem. **armarla de pedo.** ▶ **~ de pedo.** LOC. VERB. **1.** malson. Complicar las cosas o poner trabas o excusas para no hacer algo: "No la armes de pedo y termina lo que te encargué". || **2.** malson. Regañar a alguien: "Mi mujer me la armó de pedo porque llegué tarde". ▶ **~ de tos.** LOC. VERB. eufem. **armarla de pedo.** ▶ **~ en grande.** LOC. VERB. **1.** Tener mucho éxito: "Julián la está armando en grande, ya es gerente del banco". || **2.** Celebrar espléndidamente: "Mis papás la armaron en grande cuando Melisa cumplió sus 15 años".

armarse. ■ INTR. PRNL. **1.** supran. Hacerse de dinero o de bienes inesperada o impensadamente: "Con ese negocio, mi tío se armó en muy poco tiempo". || **2.** supran. Negarse a dar un paso más una caballería: "No llegamos porque la yegua se armó". ■ LOC. **~ en grande.** LOC. VERB. **armarse la bola.** ▶ **~ la bola.** LOC. VERB. coloq. Iniciarse el desorden: "Nada más acabó el partido y se armó la bola, tuvo que llegar la policía para separarlos". ▶ **~ la machaca.** LOC. VERB. fam. Ocurrir el desenlace deseado: "Ayer besé a María, ahora sí ya se armó la machaca".

armazón. ■ AMB. Montura de lentes: "Los armazones que compré me salieron de oferta".

armonía. ■ F. supran. Inquietud de alguien por algo; curiosidad: "Me causa mucha armonía tu actitud".

árnica. ■ LOC. **~ del país.** LOC. SUST. **1.** Hierba originaria de México, de hasta 1.5 m de altura, monoica; tallos muy ramificados, de pilosos a hirsutos, algunos glandulares; hojas alternas, enteras, de ovadas a lanceoladas, con margen aserrado; flores hermafroditas, agrupadas en conjuntos de cabezuelas, de diez a 35 flores de la periferia en forma de pétalos de color amarillo; frutos aquénicos, aovados, con un mechón de pelos en el ápice. Familia de las compuestas, *Heterotheca inuloides*. || **2.** Rama de esta hierba; uso en la medicina tradicional.

arpa. ■ F. supran. *En la charrería*, caballo flaco.

arracada. ■ F. **1.** Aro metálico colgante, que se usa como adorno en el lóbulo de la oreja. || **2.** Pan de sal, redondo, con un agujero al centro, de consistencia dura, quebradizo y cubierto de ajonjolí.

arrachera. ■ F. Corte de carne de vacuno, extraído del músculo del diafragma.

arraigar. ■ TR. supran. *En lenguaje jurídico*, someter a alguien a arresto domiciliario: "El juez arraigó a los sospechosos".

arraigo. ■ M. supran. *En lenguaje jurídico*, orden judicial para mantener a alguien bajo vigilancia.

arrancarse. ■ INTR. PRNL. **1.** Irse pronto a hacer algo: "Arráncate por las cervezas". || **2.** fam. Morirse: "Tu papá era muy joven cuando se arrancó". || **3.** supran. fam. Quedarse alguien sin dinero: "Mis hermanos se arrancaron después de hacer el viaje".

arrancharse. ■ INTR. PRNL. supran. fam. Acomodarse a vivir en algún sitio o alojarse en forma provisional: "Carlos se arranchó un tiempo en nuestra casa".

arrancón. ■ M. **1.** Conato de pelea. || **2.** supran. Aceleración brusca y potente de un automóvil.

arrancones. ■ M. PL. **3.** Competición clandestina de vehículos de motor en la cual generalmente, partiendo del reposo, deben cubrir una corta distancia sacando ventaja del impulso inicial que les proporciona una potente y explosiva puesta en movimiento.

arranque. ■ M. Acción y resultado de arrancarse.

arrastrada. ■ F. Véase **arrastrado, da.**

arrastrado, da. ■ ADJ. **1.** supran. *Referido a persona*, que se humilla ante los demás: "No seas tan arrastrado, mejor ponte a trabajar". Ú.t.c.sust.: "No seas un arrastrado, mejor ponte a trabajar". || **2.** supran. despect. *Referido a persona*, servil: "¿No te da vergüenza ser tan arrastrado con tu jefe?". Ú.t.c.sust.: "¿No te da vergüenza ser un arrastrado con tu jefe?". || **3.** supran. despect. Propio de la persona **arrastrada**: "Cambia ya tus maneras arrastradas con tus jefes". ■ F. **4.** Derrota contundente: "En el debate le dieron una arrastrada, que hasta dio pena ajena". || **5.** Humillación: "Mi papá le puso una arrastrada a mi hermano".

arrastrar. ■ LOC. **~ la cobija.** LOC. VERB. **1.** fam. Estar deprimido: "Tania arrastra la cobija desde que murió su mamá". || **2.** fam. Estar enamorado: "A leguas se te nota que arrastras la cobija por mi hermano". ▷ **~ la cobija y ensuciar el apellido.** LOC. VERB. fam. Ponerse en vergüenza: "En las comidas de trabajo no falta el compañero que arrastra la cobija y ensucia el apellido".

arrastriza. ■ F. **1.** Derrota contundente; arrastrada: "En el debate le dieron una arrastriza, que hasta dio pena ajena". || **2.** Humillación; arrastrada: "Mi papá le puso una arrastriza a mi hermano por llegar tarde".

arre. ■ INTERJ. **¡arre!** Se usa para afirmar o confirmar enfáticamente algo; sí: "—¿Vamos al cine? —¡Arre!".

arrear. ■ TR. **1.** fam. Robar: "Le arrearon todo el dinero que tenía guardado". || **2.** supran. fam. Hacer que alguien haga algo o cumpla con su tarea: "Todos los días el maestro arrea a los alumnos".

arrebasar. ■ TR. pop. Rebasar: "Si arrebasas un coche por la derecha, te multan".

arrebatado, da. ■ ADJ. **1.** fam. *Referido a persona*, que reacciona poniéndose fuera de sí: "Abel es muy arrebatado, mejor espérate para darle la noticia". Ú.t.c.sust. "Abel es un arrebatado, mejor espérate para darle la noticia". || **2.** fam. Propio de la persona **arrebatada**: "Las respuestas arrebatadas de Abel le han causado muchos problemas".

arrebatinga. ■ F. pop. Arrebatiña.

arrecharse. ■ INTR. Estar alguien animado y brioso: "En las gradas se arrechan porque va ganando el equipo local".

arrechiar. ■ INTR. *En Chiapas*, socializar con fines sexuales.

arrecho. ■ M. **1.** Arrojo o determinación para emprender algo arduo. || **2.** Cerdo.

arrecholar. ■ TR. Arrumbar: "Arrecholamos las sillas en la bodega".

arrechura. ■ F. supran. *En el Sureste*, lujuria; concupiscencia.

arreglar. ■ LOC. **~ al chivo.** LOC. VERB. fam. Concertar un trato o negocio ilícita y subrepticiamente: "Esos tipos mal encarados están arreglando al chivo con la venta de drogas".

arreglarse. ■ INTR. PRNL. Concertar un cohecho: "El gerente se arregló con los vendedores y no fueron a trabajar".

arremangar. ■ INTR. vulg. Practicar el coito.

arrempujar. ■ TR. supran. pop. Empujar: "Arrempujaron al niño en el mercado".

arrempujón. ■ M. supran. pop. Empuje.

arriba. ■ LOC. **los de ~.** LOC. SUST. Grupo de personas que pertenece a una clase social alta: "Los de arriba se vieron perjudicados con el acuerdo económico".

arribazón. ■ M. Aparición de gran cantidad de tortugas en las costas en la época de desove.

arribeño, ña. ■ ADJ. **1.** supran. Perteneciente o relativo a tierras altas o montañosas, o a las riberas río arriba: "Los paisajes arribeños son mis favoritos". || **2.** supran. Natural o procedente de tierras altas o montañosas, o de las riberas río arriba: "Dijo que está acostumbrado al frío porque es un hombre arribeño". Ú.t.c.sust.: "Los arribeños tienen una excelente condición física".

arriera. ■ F. supran. Hormiga originaria de América; la reina llega a medir hasta 3 cm de longitud; la casta trabajadora, de 4 a 7 mm; generalmente de color rojizo; comestible. Familia de los formícidos del orden Hymenoptera, varias especies del género *Atta*, como *Atta cephalotes*, *Atta mexicana*, *Atta texana*. (También se llama chicatana, chincatana, chincantana, hormiga arriera, hormiga chicatana, mochomo, nacasmá, nucú, talata, zompopa, zompopo).

arrimado, da. ■ M. Y F. supran. despect. Persona que vive en casa ajena y a costa de su dueño.

arrimar. ■ LOC. **~ el camarón.** LOC. VERB. vulg. Acercar un hombre subrepticiamente el pene al cuerpo de una mujer y frotarse en ella. ▷ **~ el fierro.** LOC. VERB. **arrimar el camarón.** ▷ **~ el mueble.** LOC. VERB. **arrimar el camarón.**

arrimarse. ■ INTR. PRNL. Quedarse una persona a vivir en la casa de otra, a expensas de ella: "Mi primo ya se arrimó con mi mamá, no se va nunca de su casa".

arrimón. ■ M. vulg. Roce lascivo contra el cuerpo de otra persona, generalmente no consensuado.

arrinquín. ■ M. *En Chiapas*, voltereta; maroma.

arriscar. ■ TR. **1.** Remangar: "Arrríscate el pantalón para que no te lo mojes".

arriscarse. ■ INTR. PRNL. **2.** supran. fam. Morirse: "Anda muy triste desde que su abuela se arriscó".

arroba. ■ LOC. **~ de sembradura.** LOC. SUST. *En Chiapas*, unidad de medida para una superficie, con diferentes equivalencias.

arrocero. ■ M. **acolchichi.**

arrocillo. ■ M. Hierba originaria de Asia, de hasta 1 m de altura, monoica; tallos erectos; hojas de lineares a lanceoladas, con base cordada, con margen entero, membranáceas; flores unisexuales, diminutas, las femeninas y masculinas agrupadas en racimos distintos; frutos cariópsides, globosos, de blanquecinos a morados; uso artesanal. Familia de las gramíneas, *Coix lacryma-jobi*. (También se llama lágrima de san Pedro).

arrodillada. ■ F. supran. Posicionamiento de una o ambas rodillas en tierra, generalmente en señal de reverencia.

arroyera. ■ LOC. **~ de cola negra.** LOC. SUST. Serpiente de amplia distribución en México, de hasta 2.5 m de longitud; de coloración café a olivácea, en tonos más oscuros hacia la cola, su vientre en tonos más claros, de distintos colores dependiendo de las subespecies; con tres rayas oscuras alrededor de los ojos, una mancha oscura vertical justo detrás de la mandíbula y una fuerte barra diagonal oscura a ambos lados del cuello; con escamas suaves y brillantes. Familia de los colúbridos del orden Squamata, *Drymarchon melanurus*. (También se llama culebra azul, culebra negra, culebra prieta, palancacoate, rabo negro, sabanera, tilcoate).

arroz. ■ LOC. **~ con popote.** LOC. SUST. vulg. Coito homosexual. ■ EXPR. **este ~ ya se coció.** coloq. Se usa para indicar que algo concluyó favorablemente: "Este arroz ya se coció, no hay manera que pierda nuestro equipo". ■ INTERJ. **¡arroz!** fam. Se usa para presumir la realización de algo que parecía muy difícil o imposible: "¡Arroz!, ¿no que no ganábamos el campeonato?".

arrugarse. ■ INTR. PRNL. **1.** fam. Acobardarse o echarse para atrás alguien en el último momento: "Héctor se arrugó en la carrera de motos".

arrugársele. ■ INTR. PRNL. **2. arrugarse.** ■ LOC. **~ el alma.** LOC. VERB. Atemorizarse: "A mi primo se le arrugó el alma con el choque de ayer". ▷ **~ el cuello.** LOC. VERB. Acobardarse o echarse para atrás alguien en el último momento: "A ese tipo se le arrugó el cuello y ya no quiere pelear".

artesa. ■ F. *En Guerrero y Oaxaca*, plataforma cuadrangular de madera, generalmente de un tronco ahuecado colocado boca abajo, sobre la que una pareja baila sones; cajón.

artículo. ■ LOC. **~ de muerte.** LOC. SUST. Tiempo o momento próximo al deceso: "Una vecina se casó en artículo de muerte; dejó viudo a su marido a los dos días".

artisteada. ■ F. coloq. Hecho de realizar actividades en el medio artístico, especialmente en teatro, cine o televisión.

artistear. ■ INTR. coloq. Realizar una persona actividades en el medio artístico, especialmente en teatro, cine o televisión: "Angélica artistea desde los tres años".

arvejón. ■ M. **alverjón.**

asado. ■ M. *En el Noroeste*, comida que se prepara con trozos de carne de res cortados en pequeños cubos, asados a la parrilla, acompañados de papas, chile y jitomate. ■ LOC. **~ de boda.** LOC. SUST. Guiso preparado con trozos de carne de cerdo, chile guajillo, naranja, canela, piloncillo.

asadura. ■ F. **1.** fam. Sustento diario; pitanza. || **2.** *En Sinaloa*, grasa que se obtiene de los lomos de los animales vacunos.

asaltacunas. ■ COM. fam. Persona que entabla relaciones amorosas con alguien mucho más joven: "Lorena es una asaltacunas, trae un novio bien chavito".

asaltar. ■ TR. supran. Visitar un grupo sorpresivamente a alguien en su casa para festejar algo: "Los amigos del gobernador lo asaltaron por su cumpleaños".

asalto. ■ M. supran. Hecho de asaltar o visitar un grupo sorpresivamente a alguien en su casa para festejar algo. ■ LOC. **~ en despoblado.** LOC. SUST. **1.** coloq. Cobro excesivo de dinero, mediante engaños o abusos: "Los pagos a plazos son un asalto en despoblado". || **2.** coloq. Precio muy elevado de algún producto o servicio: "Lo que piden por esa casa es un asalto en despoblado".

asapán. ■ F. Ardilla voladora.

asbesto. ■ M. Material de construcción compuesto de fibra de vidrio con una capa ligera de concreto.

asegún. ■ ADV. **1.** pop. Conforme a; según: "Con la crisis, este año nos van a pagar asegún hayamos trabajado". || **2.** pop. Supuestamente; dizque: "Asegún, mi sobrino iba a venir por mí, pero no creo".

asegunes. ■ M. PL. **3.** fam. Condiciones: "¿Y cuáles son los asegunes para que podamos cerrar el trato?". || **4.** fam. Inconvenientes: "Ese negocio tiene muchos asegunes, no le voy a entrar".

asemejarse. ■ INTR. PRNL. Parecerse a alguien o algo; semejarse: "Siempre me han dicho que mi hermano y yo nos asemejamos mucho".

asentadera. ■ F. fam. Nalga.

asentar. ■ LOC. **~ su razón.** LOC. VERB. **1.** *En lenguaje jurídico,* dar testimonio: "El notario asentará su razón en el expediente". || **2.** *En lenguaje jurídico,* acusar la recepción de un documento o expediente: "El pasante tuvo que esperar a que asentara su razón en el juzgado".

asesor, ra. ■ M. y F. Persona que orienta y dirige el trabajo o la investigación de un alumno.

asesorar. ■ TR. Orientar y dirigir a un alumno en su trabajo de investigación: "He asesorado dos tesis sobre medio ambiente".

asesoría. ■ F. Orientación y dirección que se hace a un alumno en su trabajo de investigación.

así. ■ LOC. **~ nomás.** LOC. ADV. supran. Sin razón aparente: "Norma se fue del cumpleaños así nomás". ■ EXPR. **~ sí baila mi hija con el señor.** coloq. Se usa para aceptar, bajo ciertas condiciones, la solicitud de alguien: "Por fin nos dieron computadoras nuevas en la oficina, así sí baila mi hija con el señor".

asiento. ■ M. **1.** Poso del café. || **2.** Manteca y residuos del cerdo ya cocinados que se emplean para aderezar diversos platillos regionales hechos con masa de maíz. || **3.** Parte del freno de los caballos que se fija entre los colmillos y las primeras muelas de la mandíbula inferior. ■ LOC. **~ de suegra.** LOC. SUST. Cactus originario de México, de hasta 1.5 m de altura, monoico; tallos de globosos a cilíndricos, de color verdoso, con muchas costillas, con espinas de color amarillo; flores hermafroditas, de color amarillo a dorado, con muchos tépalos y estambres, agrupadas de cinco o más en el ápice del tallo; frutos abayados, redondos, de color amarillo verdoso y cubiertos con una lana blanquecina; semillas numerosas, muy pequeñas, negras; uso ornamental. Familia de las cactáceas, *Echinocactus platyacanthus.* (También se llama biznaga burra).

asientos. ■ M. PL. **4.** supran. Restos de líquido en una vasija.

asilenciar. ■ TR. **1.** pop. Hacer callar a alguien: "Asilencia a los niños porque estoy hablando por teléfono". || **2.** pop. Asesinar.

asimilar. ■ TR. supran. Recibir muchos golpes un boxeador sin ablandarse ni quebrantarse: "Aunque el púgil asimiló varios derechazos, fue noqueado hasta el noveno asalto".

asoleada. ■ F. **1.** Agobio. || **2.** supran. Molestia que se le hace a alguien.

asolear. ■ TR. **1.** supran. Molestar a alguien: "Pepe asolea a su hermana con mandados".

asolearse. ■ INTR. PRNL. **2.** Agobiarse: "Jorge se asolea con tanto pedido a la hora de la comida". ■ LOC. **~ de noche.** LOC. VERB. fam. Ser un hombre homosexual.

asomiate. ■ LOC. **~ amarillo.** LOC. SUST. Arbusto originario de América, de hasta 3 m de altura, monoico; tallos ramosos y pubescentes; hojas alternas, enteras, lanceoladas o espatuladas, con margen ligeramente aserrado o entero; flores hermafroditas, diminutas, amarillas y agrupadas en pequeñas y numerosas cabezuelas, con cinco o seis flores de la periferia con forma de pétalos amarillos; frutos aquénicos, diminutos, subcilíndricos, con un penacho de cerdas blancas en el ápice; hojas, uso en la medicina tradicional. Familia de las compuestas, *Senecio salignus.* (También se llama alzumiate, azomiate, chilca, jarilla).

asonsarse. Véase **azonzarse.**

astabandera. ■ F. Palo o barra de cierta longitud a la que se ciñe la bandera.

astillado, da. ■ ADJ. *Referido a algo,* que tiene astillas: "Cuidado con esa silla astillada".

astilladura. ■ F. **1.** Superficie o parte con astillas de un objeto. || **2.** Hecho de astillar un objeto. || **3.** supran. Erosión o herida superficial causada en el cuerpo por astilla. || **4.** supran. Desperfecto leve causado en un objeto por una rozadura o golpe que deja una señal o hace saltar un fragmento de material del que está hecho. || **5.** supran. Agrietamiento de un cristal o vidrio habitualmente a causa de un golpe. || **6.** supran. Irregularidad áspera o punzante que queda en los bordes de ciertos materiales, como la madera o el hueso, cuando se cortan, parten o fisuran.

asumir. ■ TR. supran. Dar algo por hecho: "Discúlpame, asumí que llegaría temprano y podría recogerte a tiempo".

asustar. ■ EXPR. **¡asústame, panteón!** fam. Se usa para demostrar que alguien no se amedrenta ante un reto o dificultad: "—El examen va a estar muy difícil. —¡Uy, asústame, panteón!".

asustarse. ■ LOC. **~ con el petate del muerto.** LOC. VERB. fam. Intimidar a alguien con una noticia falsa o exagerando un hecho: "Me asustaste con el petate del muerto, a Rosa no le pasó nada en el choque".

atacarse. ■ INTR. PRNL. **1.** fam. Comer en exceso: "Me ataqué de cacahuates en la reunión". || **2.** fam. Dejarse dominar por una pasión que no se controla: "Noé se atacó cuando volvió a ver a Mónica". || **3.** supran. fam. Sorprenderse y enojarse a la vez: "Los empleados se atacaron con el recorte de salarios". || **4.** supran. fam. Ser alguien presa de una súbita irritación incontenible: "Me ataqué con la historia de mis suegros". ■ LOC. **~ de la risa.** LOC. VERB. supran. fam. Echarse a reír compulsivamente, de forma irreprimible: "Jaime se atacó de la risa con los chistes de mi abuelo".

atajacaminos. ■ M. supran. Ave de amplia distribución en el Golfo de México, de hasta 30 cm de longitud; con plumaje de color café y una lista negra en coronilla, nuca y espalda; cara y región inferior de color ocre con pintas negras; parte baja de la garganta con una faja blanquecina; pico y patas negruzcos. Familia de los caprimúlgidos del orden Caprimulgiformes, *Caprimulgus carolinensis, Caprimulgus vociferus.* (También se llama tapacaminos).

atajada. ■ F. supran. *En el futbol,* hecho de atajar o parar una pelota.

atajar. ■ TR. **1.** *En el juego de canicas,* parar con el pie la trayectoria de una canica: "No me gusta que atajes mi bombocha cuando voy ganando". || **2.** supran. *En el futbol,* parar o desviar una pelota: "El portero atajó el tiro a gol del mejor delantero".

atajarse. ■ INTR. PRNL. **3.** Protegerse de las inclemencias del clima: "Nos atajamos de la tormenta en la tiendita".

atalaya. ■ COM. **1.** despect. Persona protestante, fervientemente religiosa y proselitista. || **2.** supran. Miembro de los Testigos de Jehová: "La iglesia de la colonia tiene muchos atalayas nuevos".

atápakua. ■ F. *En Michoacán,* guiso espeso con textura semejante a la del mole, con masa de maíz, con verduras, pepitas o cacahuates y carne.

atarragada. ■ F. Atiborramiento de comida.

atarragar. ■ TR. supran. Atiborrar de comida a alguien: "Juan atarragó al perro con las sobras de la fiesta".

atascada. ■ F. fam. Acción y resultado de atascar o atascarse.

atascar. ■ TR. **1.** Ensuciar: "Atasqué de mole la blusa de Berenice".

atascarse. ■ INTR. PRNL. **2.** fam. Excederse en los alimentos: "Nos atascamos de palomitas en el cine". || **3.** fam. Abarrotar por completo un lugar: "El estadio se atascó en el concierto". || **4.** fam. Obsesionarse con algo: "Me atasqué escuchando música toda la noche". ■ EXPR. **atáscate (marrano), ahora que hay lodo.** fam. Se usa para invitar a alguien a aprovecharse de algo que hay en abundancia: "—¡Mira cuánta comida gratis! —Pues adelante, ¡atáscate, marrano, ahora que hay lodo!".

atasque. ■ M. **atascada.**

ate. ■ M. Pasta de dulce hecha con azúcar y la pulpa de frutas cocidas como membrillo, perón, guayaba, etcétera.

atenerse. ■ INTR. PRNL. supran. Depender de algo o de alguien: "Siempre te atienes a que te traigan la comida".

atepocate. ■ M. Larva de la rana; renacuajo.

atingencia. ■ F. Diligencia y habilidad para hacer algo.

atingente. ■ ADJ. **1.** *Referido a persona*, comedida; acertada: "No sé por qué mi hermano te cae tan mal, si siempre es muy atingente, porque lava los platos". || **2.** Propio de la persona **atingente**: "¿Dices que la actitud atingente de mi hermano te cae mal?". ■ COM. **3.** Persona comedida: "No sé por qué mi hermano te cae tan mal, si es un atingente y diario hace de comer y limpia la cocina".

atiriciarse. ■ INTR. PRNL. supran. coloq. Tener alguien tiricia: "Cuando escucha esa canción se atiricia, porque le recuerda a su abuela".

atizar. ■ INTR. supran. jerg. Fumar marihuana. ■ LOC. **~ el fogón.** LOC. VERB. vulg. Practicar el coito.

atlanchana. ■ F. Hierba originaria de México, de hasta 30 cm de altura, monoica; tallos pubescentes, blancos, sedosos; hojas alternas, divididas de forma palmada, con seis o diez foliolos de forma ovada a elíptica, con margen dentado; flores hermafroditas, con cinco pétalos de color amarillo, con 20 estambres o más, flores solitarias o agrupadas en racimos terminales; frutos aquénicos, pequeños, lisos, cafés o negros. Familia de las rosáceas, *Potentilla candicans*.

atlanchane. ■ M. Hierba originaria de América, de hasta 1 m de altura, monoica; tallos muy ramificados desde la base; hojas alternas u opuestas, sin peciolo, enteras, de ovadas a lanceoladas, coriáceas; flores hermafroditas, con un cáliz en forma de trompeta que soporta seis pétalos diminutos, de color morado; flores solitarias en las axilas de las hojas; frutos capsulares, cilíndricos y cubiertos por el tubo del cáliz; semillas numerosas, diminutas. Familia de las litráceas, *Lythrum gracile*.

atol. ■ M. Nutria.

atole. ■ M. supran. Bebida caliente de masa, fécula o harina de maíz disuelta en agua o leche, a la que se pueden agregar sabores, edulcorantes o fruta molida. ■ LOC. **~ agrio.** LOC. SUST. El que se prepara con masa de maíz que se deja fermentar por cuatro o cinco días, condimentado con sal y chile o azúcar y, generalmente, acompañado de frijoles. ▷ **~ blanco.** LOC. SUST. El que se prepara con masa de maíz disuelta en agua. ▷ **~ corriente.** LOC. SUST. **atole blanco.** ▷ **~ cuajado.** LOC. SUST. *En Michoacán*, el que se prepara con mucha masa de maíz hasta que condensa. ▷ **~ de granillo.** LOC. SUST. **atole de grano.** ▷ **~ de grano.** LOC. SUST. El que se prepara con maíz martajado o maíz tierno. ▷ **~ de leche.** LOC. SUST. El que se sirve cuajado. ▷ **~ de nalga.** LOC. SUST. *En Veracruz*, el que se prepara con masa de maíz azul o negro, que se deja fermentar por un día, condimentado con piloncillo y canela. ▷ **~ de puscua.** LOC. SUST. **1.** El que se prepara con masa de maíz disuelta en agua y endulzado con piloncillo o azúcar y canela. || **2.** El que se prepara con maíz blanco cocido con tequesquite. ▷ **~ de puzcua.** LOC. SUST. **atole de puscua.** ▷ **~ mezclado.** LOC. SUST. vulg. Mujer que tiene más de una pareja sexual.

atolero, ra. ■ ADJ. **1.** Perteneciente o relativo al atole: "Pásame la olla atolera". || **2.** *Referido a persona*, que gusta de beber atole: "Mi cuñada es muy atolera, todas las mañanas desayuna tres tazas de atole". Ú.t.c.sust.: "Mi cuñada es una atolera, todas las mañanas desayuna tres tazas de atole". ■ M. y F. **3.** supran. Persona que se dedica a hacer o a vender atole.

atolillo. ■ M. supran. Dulce hecho de harina de arroz o de maíz, leche y cubierta de azúcar y canela.

atorar. ■ TR. **1.** fam. Sorprender a alguien en una situación ilícita: "Lo atoraron mientras vendía cosas robadas". Ú.m.c.prnl.: "Se lo atoraron mientras vendía cosas robadas".

atorarle. ■ INTR. PRNL. **2.** fam. Emprender algo con decisión: "¡Vamos, le atoraremos hasta terminar este informe!". ■ INTERJ. **¡atórale!** fam. Se usa para instar a alguien a realizar algo que, por lo regular, le desagrada: "¡Atórale!, a ver si esta vez puedes concluir a tiempo".

atorarse. ■ INTR. PRNL. **3.** supran. Dejar de funcionar algo: "Este celular ya se atoró".

atorársela. ■ INTR. PRNL. **4.** fam. Complicar la realización o conclusión exitosa de algo: "En junio me la atorarán en el examen final".

atorársele. ■ INTR. PRNL. **5.** fam. Ser intolerable algo o alguien para alguien:

"Desde que nos corrió injustamente, Juan se me atora".

atornillar. ■ TR. **1.** fam. Perjudicar a alguien: "Atornillaron a Jaime con el recorte salarial". Ú.m.c.prnl.: "Se atornillaron a Jaime con el recorte salarial". ■ INTR. **2.** supran. vulg. Practicar el coito.

atorón. ■ M. fam. Acción y resultado de atorar, atorarle, atorársela o atorársele.

atotola. ■ F. Ave de amplia distribución en México, de 35 a 60 cm de longitud; con pico largo y curvado, de color castaño púrpura fuerte, que a la distancia parece casi negro; vuela en líneas, con el cuello extendido, planeando y aleteando alternadamente con movimientos más rápidos que las garzas. Familia de los tresquiornítidos del orden Pelecaniformes, *Plegadis chihi*. (También se llama acalote).

atrabancar. ■ TR. **1.** supran. Obstaculizar: "Atrabancaron el papeleo y no hay para cuando se resuelva el asunto".

atrabancarse. ■ INTR. PRNL. **2.** Precipitarse, como consecuencia de la falta de reflexión al tomar decisiones: "Omar se atrabancó y perdió su negocio".

atracada. ■ F. supran. Atracón.

atracador, ra. ■ M. y F. supran. Persona que saca dinero de otra con amenazas o engaños: "Un atracador quiso venderme un reloj de imitación como si fuera original".

atracar. ■ TR. supran. Obtener algo de valor mediante artimañas y engaños, con el ánimo de no pagarlo: "No voy a dejar que atraques más cosas de la casa, no vuelvo a prestarte nada".

atrás. ■ LOC. **hasta ~.** LOC. ADJ. fam. *Referido a persona,* intoxicada con alguna sustancia, generalmente alcohólica; hasta la madre: "El vecino llegó hasta atrás, debería moderarse".

atusarse. ■ INTR. PRNL. fam. Correr a esconderse: "Los ambulantes se atusaron cuando vieron a la policía".

audífono. ■ M. **1.** Parte de un aparato por donde sale el sonido y que se coloca en la oreja.

audífonos. ■ M. PL. **2.** Aparato que consta de dos auriculares unidos por un cable o una diadema para escuchar el sonido reproducido o transmitido por medio de un aparato electrónico.

autobanco. ■ M. supran. Espacio de una entidad bancaria en la que los clientes son atendidos desde su propio automóvil.

autoestéreo. ■ M. supran. Sistema de sonido estereofónico para automóviles.

autolavado. ■ M. Establecimiento con una instalación mecánica para lavar automóviles.

autopartes. ■ F. PL. **1.** supran. Conjunto de piezas que intervienen en el armado de un automóvil, y que se venden por separado. || **2.** supran. Tienda en la que se venden **autopartes**.

autotransporte. ■ M. supran. Transporte automóvil.

ave. ■ LOC. **~ del paraíso.** LOC. SUST. **1.** supran. Hierba originaria de África, monoica, tallos de hasta 1.5 m de altura; hojas con largos peciolos de color verde grisáceo; flores hermafroditas, sobre un largo pedúnculo, con tres sépalos de color anaranjado o amarillo y tres pétalos de color azul, semeja el penacho de ciertas aves; frutos capsulares; con numerosas semillas globosas, negras, con un penacho de pelos cortos; uso ornamental. Familia de las estrelitziáceas, *Strelitzia reginae*. || **2.** supran. Flor de esta hierba. ▷ **~ sargento.** LOC. SUST. Ave de distribución en América del Norte y Centroamérica, de hasta 25 cm de longitud y 40 cm de envergadura; con marcado dimorfismo sexual; machos con plumaje negro lustroso, hombros rojos y una raya amarilla pálida debajo de las manchas rojas; pico y patas de color negro; hembras con plumaje jaspeado, en tonos grisáceos blanquecinos en la región ventral y negruzcos y pardos en la región dorsal; rostro en tonos salmón o amarillentos. Familia de los ictéridos del orden Passeriformes, *Agelaius phoeniceus*. (También se llama acolchichi, arrocero, sargento alirrojo, tordo alirrojo, tordo capitán).

aventado, da. ■ ADJ. **1.** supran. coloq. *Referido a persona*, arrojada, audaz: "Siempre hay alguien muy aventado que se lanza por el micrófono para cantar". Ú.t.c.sust.: "Siempre hay un aventado que se lanza por el micrófono para cantar". || **2.** supran. coloq. Propio de la persona **aventada**: "La personalidad aventada de esa chica la ha sacado adelante".

aventador. ■ M. supran. Objeto semejante a un abanico que se utiliza para avivar la lumbre de las brasas.

aventar. ■ TR. **1.** supran. Dar un aventón o viaje gratuito a alguien: "Aventé a mi alumno a su casa". ■ LOC. **~ el calzón.** LOC. VERB. fest. Coquetear; echar el calzón. ▶ **~ el chon.** LOC. VERB. **aventar el calzón.** ▶ **~ la toalla.** LOC. VERB. coloq. Rendirse alguien: "Voy a aventar la toalla, no puedo más con el trabajo". ▶ **~ lámina.** LOC. VERB. coloq. Conducir un automóvil de manera temeraria: "Miguel siempre avienta lámina cuando se emborracha". ▶ **~ los perros.** LOC. VERB. **aventar el calzón.**

aventarse. ■ TR. PRNL. **2.** coloq. Ingerir: "Fui a Puebla y me aventé un mole buenísimo". ■ INTR. PRNL. **3.** supran. Lanzarse con fuerza hacia alguien o algo: "Me aventé a la cama apenas llegué a mi cuarto". || **4.** supran. coloq. Decidirse alguien a hacer algo: "¡Aviéntate a practicar escalada! Es muy divertido". ■ LOC. **~ como el Borras.** LOC. VERB. coloq. Realizar algo sin preparación: "Juan se aventó como el Borras a pedir trabajo". ▶ **~ un diez.** LOC. VERB. **aventarse una puntada.** ▶ **~ un ocho.** LOC. VERB. **aventarse una puntada.** ▶ **~ una puntada.** LOC. VERB. coloq. Decir o hacer alguien algo gracioso: "Artemio se aventó una puntada buenísima con su comentario". ▶ **~ una sopita.** LOC. VERB. fam. Tener una querella física o verbal: "Carlos se aventó una sopita con el poli de la entrada porque no lo dejaba entrar".

aventón. ■ M. **1.** Transferencia de un objeto mediante un impulso. || **2.** supran. Viaje gratuito que alguien facilita a otra persona para llevarla hacia su destino. || **3.** supran. Impulso que se da con fuerza para apartar o mover a alguien o algo. ■ LOC. **al ~.** LOC. ADV. Sin cuidado: "Hizo la tarea al aventón y lo reprobaron". ▶ **de ~.** LOC. ADV. supran. Mediante la ayuda de un automovilista, que transporta de un lugar a otro a alguien sin ningún pago: "Si no es de aventón, no llego a la casa a tiempo".

averiarse. ■ INTR. PRNL. fest. Dejar escapar alguien una ventosidad: "Qué mal huele… ¿quién se averió?".

aviador, ra. ■ M. Y F. **1.** Empleado que cobra un salario sin trabajar. || **2.** Persona que ilegalmente se apropia e instala en un predio. || **3.** supran. Persona con un trabajo privilegiado, bien pagado y de poca exigencia.

avión. ■ M. supran. Juego infantil que consiste en arrojar una bola de papel mojado, moneda o tejo hacia una cuadrícula en forma de cruz trazada en el suelo y recuperar el objeto, sin pisar las líneas pintadas, brincando sobre un solo pie entre los cuadros; rayuela. Ú.m.e.dim. ■ LOC. **~ guajolotero.** LOC. SUST. fam. El que opera con las condiciones mínimas de servicio, generalmente de bajo costo. ▶ **~ lechero.** LOC. SUST. **avión guajolotero.**

avionazo. ■ M. Accidente aéreo.

aviso. ■ LOC. **~ de ocasión.** LOC. SUST. supran. Escrito de pequeña extensión en que se anuncia algo en la sección publicitaria de un periódico.

avivarse. ■ INTR. PRNL. **1.** Ponerse atento: "Nos avivamos para no perder el vuelo". || **2.** supran. Sacar alguien un beneficio personal a costa de otros, sin detrimento necesario de estos últimos: "Luis se avivó con la herencia de su padrino y puso un negocio".

avorazamiento. ■ M. **1.** supran. Hecho de avorazarse o aventajarse alguien de manera codiciosa de una situación. || **2.** supran. Hecho de avorazarse o abalanzarse alguien sobre algo con el fin de apoderarse de ello.

avorazarse. ■ INTR. PRNL. **1.** supran. Aventajarse alguien de manera codiciosa de una situación: "Te avorazaste mucho desde que trabajas en ese despacho". || **2.** supran. Abalanzarse alguien sobre algo con el fin de apoderarse de ello: "Pancho se avorazó sobre el pastel y se lo acabó todo".

awakateko, ka. Véase **aguacateco, ca.**

ax. [*ásh*] ■ M. *En el Sureste,* verruga.

axe. [*áshe*] ■ M. **aje.**

axi. [*áshi*] ■ M. **aje.**

axín. [*ashín*] ■ M. **aje.**

axiote. [*ashióte*] ■ M. **achiote.**

ay. ■ EXPR. **¡~, canijo!** fam. Se usa para demostrar asombro o sorpresa: "¡Ay, canijo, Elvira, me asustaste!". ▶ **¡~, jijo(s)!** fam. Se usa para manifestar sorpresa o preocupación: "¡Ay, jijos!, ¿dónde dejé el dinero?".

▶ **¡~, nanita!** fam. Se usa para manifestar miedo: "¡Ay, nanita!, creo que vi un fantasma".

ayacahuite. ■ M. **1.** supran. Árbol originario de América, de hasta 40 m de altura y hasta 2 m de diámetro, monoico; hojas aciculares agregadas en fascículos de cinco; conos unisexuales: conos masculinos muy pequeños, de 15 a 25 mm, casi cilíndricos, amarillos, conos femeninos surgen cerca del ápice de las ramas, en grupos de dos o cuatro, leñosos de forma cilíndrica y bastante encorvada, resinosos; semillas aladas; uso ornamental. Familia de las pináceas, *Pinus ayacahuite*. (También se llama acahuite, anacagüite, anacahuita, anacahuite, cahuite, chahuite, ocote, sacalacahuite). || **2.** supran. Madera del **ayacahuite**. || **3.** supran. Resina del **ayacahuite**; uso industrial y en la medicina tradicional.

ayacaste. ■ M. **1.** Instrumento musical que consiste en una pequeña horqueta de madera, en cuyos extremos se colocan de lado a lado dos alambres con varias chapas metálicas insertadas en estos, las cuales, al moverse, producen un sonido similar a las sonajas o maracas. || **2. acocote.**

ayacastle. ■ M. **ayacaste.**

ayacatcho. ■ M. Ave originaria de México, de hasta 20 cm de longitud; tamaño mediano; con cuerpo delgado; pico delgado y ligeramente curvado; cola con frecuencia levantada; barras en la espalda, en la parte superior de colores negro y blanco, en las partes inferiores de color blanquecino opaco; totalmente barrado y manchado; se alimenta de pequeños insectos y arácnidos; su voz es chachareo áspero; habita en bosques de coníferas. Familia de los troglodítidos del orden Passeriformes, *Campylorhynchus megalopterus*.

ayacaxtle. [*ayakáshtle, ayakástle*] ■ M. **ayacaste.**

ayale. ■ M. **1.** *En Sinaloa y Sonora*, grupo de árboles originarios de América, de hasta 15 m de altura, monoicos; tallos con largas ramas extendidas e irregulares; hojas alternas, enteras o divididas, espatuladas, lustrosas; flores hermafroditas, vistosas, campanulares, amarillas verdosas; frutos capsulares, subglobosos, con pulpa negra, corteza dura, café; semillas numerosas, circulares, aplanadas, cafés. Familia de las bignoniáceas, varias especies del género *Crescentia*, como *Crescentia alata, Crescentia cujete*. (También se llama bule morro, calabazo, coatecomate, cuatecomate, cuautecomate, guaje, güiro, huaje, jícara, jícaro, tecomate). || **2.** *En Sinaloa y Sonora*, individuo del **ayale**. || **3.** *En Sinaloa y Sonora*, fruto seco de los individuos del **ayale**; uso artesanal. || **4.** *En Sinaloa y Sonora*, recipiente hecho con el fruto seco de los individuos del **ayale**. || **5.** *En Sinaloa y Sonora*, vasija hecha con la mitad del fruto seco de los individuos del **ayale**.

ayapaneco, ca. ■ ADJ. **1.** Perteneciente o relativo al **ayapaneco**: "Una bebida ayapaneca es el chorote". || **2.** Natural o procedente del grupo étnico **ayapaneco**: "Los adultos ayapanecos aún se dedican al campo". Ú.t.c.sust.: "Los ayapanecos aún se dedican al campo". ■ M. **3.** Grupo étnico establecido en el municipio de Jalpa de Méndez, en el estado de Tabasco. || **4.** Lengua mixe-zoque del subgrupo lingüístico zoqueano del Golfo.

ayate. ■ M. **1.** Tela rala de fibra de maguey, palma, henequén o algodón. || **2.** Prenda hecha con un recuadro de **ayate**, que se lleva anudada en uno de los hombros; se usa para abrigarse, recolectar o llevar objetos varios.

ayatero, ra. ■ M. y F. **1.** Persona que por oficio elabora ayates. || **2.** Ropavejero.

ayote. ■ M. **1.** supran. Hierba originaria de México, reptante o trepadora, monoica; tallos angulosos, pubescentes, con zarcillos apicales; hojas anchas, un poco acorazonadas, con márgenes serrados; flores unisexuales, de color verde claro o amarillo, en forma de campanas grandes: las masculinas con cáliz corto y las femeninas en pedicelos anchos y robustos; frutos pepónides, esféricos, un poco aplanados y con surcos como gajos, de color verde, rayados con amarillo. Familia de las cucurbitáceas, *Cucurbita moschata*. (También se llama calabaza, hacayote). || **2.** supran. Flor del **ayote**; comestible. || **3.** supran. Fruto del **ayote**; comestible; uso en la medicina tradicional.

ayoyote. ■ M. **1.** Árbol originario de México, de hasta 6 m de altura; tallos con corteza de aspecto ceniciento, con huellas manifiestas de las hojas que se han caído; hojas simples, alternas, linear-lanceoladas; flores hermafroditas, grandes y vistosas, en forma de embudo, amarillas, agrupadas en cimas terminales o axilares; frutos drupáceos, subglobosos, negros al madurar, con pequeños puntos blancos; semillas aladas, blanquecinas. Familia de las apocináceas, *Cascabela thevetioides*. (También se llama chachayote, chachayotl, codo de fraile, gorro de obispo, huesos de fraile, joyote, narciso amarillo, venenillo, yoyote, yucucaca). || **2.** Fruto del **ayoyote**; uso artesanal, ornamental y en la medicina tradicional. || **3.** Instrumento musical de percusión hecho con los huesos huecos del fruto del **ayoyote** unidos a una banda de piel o tela que se amarra en los tobillos y en las muñecas de los participantes de algunas danzas.

ayudada. ■ F. coloq. Ayuda.

azahar. ■ F. Arbusto originario de México y Centroamérica, de hasta 10 m de altura, monoico; tallos con ramas delgadas, inclinadas, con corteza de color castaño; hojas simples, opuestas, de ovadas a elípticas, pubescentes, con margen finamente denticulado; flores hermafroditas, pequeñas y aromáticas, de color blanco a amarillo pálido, estambres numerosos, flores comúnmente solitarias y terminales; frutos capsulares, leñosos, pequeños y obovoides, que se abren en cuatro valvas; semillas diminutas, oblongas subcilíndricas, cafés, membranosas; uso ornamental. Familia de las hidrangeáceas, *Philadelphus mexicanus*. (También se llama flor de jazmín, jazmín, jazmín del monte, jazmín mosqueta, mosqueta).

azálea. ■ F. **1.** Grupo de arbustos o pequeños árboles originarios de Asia, Europa y América, de hasta 1.5 m de altura, monoicos; tallos muy ramosos; hojas alternas dispuestas en espiral, enteras, de ovado-elípticas a lanceoladas, pubescentes; flores hermafroditas, vistosas, campanuladas o en forma de trompeta, de color rosado, blanco o rojizo, agrupadas en racimos; frutos capsulares, de elipsoides a ovoides, cafés; semillas numerosas, diminutas, circulares, negras; uso ornamental. Familia de las ericáceas, varias especies e híbridos del género *Rhododendron*. (También se llama azalea). || **2.** Individuo de la **azálea**. || **3.** Flor de los individuos de la **azálea**.

-azo. ■ AFIJO. Forma sustantivos masculinos a partir de otros sustantivos que designan alimentos, para referirse al residuo de comida que queda entre los dientes: "El afijo *-azo* aparece al final de palabras, como en *cilantrazo, elotazo, frijolazo*".

azolve. ■ M. Lodo o basura que obstruye un conducto de agua.

azomiate. ■ M. **asomiate amarillo.**

azonzamiento. ■ M. Acción y resultado de azonzar o azonzarse.

azonzar. ■ TR. **1.** Aturdir a alguien: "El calor siempre me azonza". || **2.** Estafar a alguien: "Don Luis me azonzó con el cambio".

azonzarse. ■ INTR. PRNL. **3.** Distraerse al grado de cometer un error: "Me azoncé en el cierre del negocio".

azorrillar. ■ TR. **1.** Cambiar el sabor de la cerveza por enfriarla una segunda vez: "Carlos azorrilló todo el barril que sobró de la fiesta". || **2.** fam. Fastidiar a alguien: "Ya cállate, ya nos azorrillaste a todos". || **3.** fam. Atontar a alguien: "El vendedor azorrilló a mi primo y después lo estafó". || **4.** fam. Humillar a alguien: "El señor azorrilló al vendedor y todos lo defendimos". || **5.** fam. Asustar a alguien: "Los truenos azorrillan a mi perro". || **6.** fam. Intimidar a alguien: "Los asaltantes azorrillaron a los pasajeros y les quitaron todo".

azotador. ■ M. **1.** Grupo de insectos en estadio de larva, de alrededor de 4.5 cm de longitud; como característica particular presentan espinas o setas que cubren sus cuerpos; las setas están provistas de toxinas que al entrar en contacto con la piel humana generan lesiones dérmicas, así como otros síntomas. Varias familias del orden Lepidoptera. (También se llama gusano quemador, quemador). || **2.** Individuo del **azotador**.

azotar. ■ INTR. **1.** Caer con estrépito y sin control: "Azoté por las escaleras".

azotarse. ■ INTR. PRNL. **2.** fam. Alarmarse o angustiarse fácilmente alguien: "Juliana se azotó cuando supo lo del accidente". || **3.** fam. Exagerar al hablar o al actuar: "No te azotes, a todos nos fue mal en el parcial de historia". || **4.** fam. Pagar: "Saúl se azotó con la lana que me debía". || **5.** fam. Invitar u obsequiar algo: "Dile que se azote con el vino para la parranda".

azote. ■ M. fam. Acción y resultado de azotar o azotarse.

azotehuela. ■ F. Patio interior, techado o no, de una vivienda; zotehuela.

azotón. ■ M. **1.** Caída aparatosa y contundente. || **2.** Cierre brusco y con ruido de una puerta, ventana, cajón, etcétera.

azteca. ■ ADJ. **1.** supran. Perteneciente o relativo al conjunto de los pueblos prehispánicos que vivieron en México-Tenochtitlan; mexica: "Las costumbres aztecas se mezclaron con las españolas durante la Colonia". || **2.** supran. Perteneciente o relativo al conjunto de pueblos prehispánicos que habitaron el mítico Aztlán: "Los pueblos aztecas llegaron al Valle de México después de una larga migración". || **3.** supran. Natural o procedente de cualquiera de los pueblos prehispánicos que vivieron en México-Tenochtitlan; mexica: "Los grupos aztecas sobresalían en la agricultura y la guerra". || **4.** supran. Natural o procedente de cualquiera de los pueblos prehispánicos que habitaron el mítico Aztlán: "Los guerreros aztecas lucharon contra pueblos vecinos". || **5.** gralizado. Perteneciente o relativo a la lengua yutoazteca del subgrupo lingüístico nahuatlano; náhuatl: "El léxico azteca ha permeado el español". || **6.** gralizado. Perteneciente o relativo a México; mexicano: "La vestimenta azteca es reconocida en todo el mundo". || **7.** gralizado. Natural o procedente de México; mexicano: "El boxeador azteca es campeón del mundo". ■ M. **8.** supran. Conjunto de los pueblos prehispánicos que vivieron en México-Tenochtitlan; mexica. || **9.** supran. Conjunto de pueblos prehispánicos que habitaron el mítico Aztlán. || **10.** gralizado. Lengua yutoazteca del subgrupo lingüístico nahuatlano; náhuatl. ■ COM. **11.** supran. Persona natural o procedente de cualquiera de los pueblos prehispánicos que vivieron en México-Tenochtitlan; mexica: "Los aztecas sobresalían en la agricultura y la guerra". || **12.** supran. Persona natural o procedente de cualquiera de los pueblos prehispánicos que habitaron el mítico Aztlán: "Los aztecas consumían mucho pescado". || **13.** gralizado. Persona natural o procedente de México; mexicano: "El azteca es campeón del mundo".

azucena. ■ LOC. **~ del campo.** LOC. SUST. **1.** Hierba originaria de América, de hasta 80 cm de altura, monoica; de uno o dos tallos, cilíndricos, con bulbos subglobosos en la base, glabros; hojas basales, enteras, de lineares a subcilíndricas; flores hermafroditas, vistosas, con cinco tépalos, blancos, agrupadas en umbelas; frutos capsulares, elipsoides y cafés; semillas numerosas, diminutas, subglobosas, negras. Familia de las liliáceas, *Milla biflora*. (También se llama azucena silvestre, estrella, flor de mayo). || **2.** Hoja de esta hierba; uso en la medicina tradicional. ▶ **~ silvestre.** LOC. SUST. **azucena del campo.**

azul. ■ COM. supran. fam. Miembro del cuerpo de policía: "Cuida que no te vean las azules porque están bien atentas y te pueden encerrar".

azulejo. ■ M. Ave originaria de América, de hasta 20 cm de longitud; hembra con cola y alas de color gris azul, el vientre de color pardo y la cabeza gris; el macho es de color azul cobalto. Familia de los túrdidos del orden Passeriformes, varias especies del género *Sialia*, como *Sialia currucoides, Sialia mexicana, Sialia sialis*. (También se llama agachadiza, olototol, pájaro azul, ventura).

azulillo. ■ LOC. **~ grande.** LOC. SUST. Ave originaria de América, de hasta 20 cm de longitud; con pico grueso y triangular; los machos son de color azul oscuro, con alas de color negro que tienen dos barras de color pardo oscuro; las hembras son de color pardo brillante, con alas que tienen dos barras de color pardo. Familia de los cardinálidos del orden Passeriformes, *Passerina caerulea*. (También se llama elototol, picogordo azul, picogrueso azul).

azumiate. ■ M. **1.** Arbusto originario de América, de hasta 2 m de altura, dioico; tallos glandulares; hojas alternas, enteras, de lineares a elípticas, con margen ligeramente aserrado; flores unisexuales, diminutas, blancas, agrupadas en pequeñas cabezuelas; frutos aquénicos, diminutos, granulosos, con una serie de cerdas en el ápice. Familia de las compuestas, *Baccharis salicifolia*. (También se llama chamizo, jara). || **2.** Rama del **azumiate**; uso forrajero y en pirotecnia. || **3.** Semilla del **azumiate**; comestible.

azurumbamiento. ■ M. supran. coloq. Aturdimiento.

azurumbar. ■ TR. supran. coloq. Aturdir a alguien: "Tanto ruido azurumbó a los niños". Ú.m.e.pp.: "Salí de la fiesta todo azurumbado".

B

baas. ■ M. *En Yucatán*, baúl tejido con las hojas secas de la palma.

baba. ■ F. pop. Pulque. ■ LOC. **~ blanca.** LOC. SUST. Plaga de himenópteros que ataca el cafeto. ▷ **~ de perico.** LOC. ADJ. **1.** fam. *Referido a persona*, que promete mucho, pero no cumple con lo dicho: "Ese tipo es muy baba de perico, no le creas nada". || LOC. SUST. **2.** fam. Cantidad mínima de algo, generalmente de dinero: "En los tianguis siempre encuentras cosas que valen una baba de perico". ▷ **~ *dry*.** [*drái*] LOC. SUST. fest. Pulque.

babas. ■ ADJ. **1.** fam. *Referido a persona*, tonta: "No seas tan babas, mejor pon las llaves en la bolsa". || **2.** fam. Propio de la persona **babas**: "Por tu actitud tan babas, volviste a perder el dinero". ■ COM. **3.** fam. Persona tonta: "Mi hermano es un babas, ya perdió las llaves".

babaza. ■ F. *En Guerrero*, baba que arrojan los niños enfermos cuando los desfleman.

babero. ■ M. **1.** fam. Bata de médico. || **2.** fest. Pulque.

babilla. ■ F. **1.** Sustancia que segrega un hueso fracturado para soldarse. || **2.** supran. rur. Callo en las fracturas de las caballerías. || **3.** supran. rur. Abultamiento ulcerado en el hocico de las caballerías provocado por un golpe.

babosada. ■ F. **1.** supran. fam. Cosa, expresión o acción tonta. || **2.** supran. fam. Cosa intrascendente.

babosear. ■ TR. **1.** supran. fam. Tratar a alguien como baboso o tonto: "Los hermanos mayores de Humberto lo babosean todo el tiempo". ■ INTR. **2.** supran. fam. Estar distraído: "Marina baboseó toda la clase y no entendió nada de lo que explicó el maestro". || **3.** supran. fam. Perder el tiempo deambulando: "Baboseamos en el centro comercial toda la tarde".

baboseo. ■ M. fam. Acción y resultado de babosear.

baboso, sa. ■ ADJ. **1.** fam. *Referido a persona*, distraída: "Hermenegildo anda muy baboso, se puso calcetines de colores diferentes". Ú.t.c. sust.: "Hermenegildo es un baboso, se puso calcetines de colores diferentes". || **2.** fam. *Referido a persona*, que pierde el tiempo deambulando: "Esos niños babosos estuvieron en el centro comercial toda la tarde". Ú.t.c.sust.: "Esos babosos estuvieron en el centro comercial toda la tarde". || **3.** fam. Propio de la persona **babosa**: "Donaciano siempre anda con sus chistes babosos". ■ M. Y F. **4.** supran. fam. Persona indeterminada: "En la esquina había unos babosos repartiendo volantes". ■ M. **5.** Cactus columnar originario de México, alcanza hasta 5 m de altura; ramificado desde la base, de 12 a 15 costillas, espinoso; flores hermafroditas, blancas, de numerosos pétalos y estambres; frutos en forma de baya,

B

ovoides, amarillentos, con espinas. Familia de las cactáceas, *Pachycereus hollianus*. (También se llama acompes).

babotas. ■ ADJ. **1.** fam. *Referido a persona*, torpe: "Tu hermano siempre tan babotas, se tropieza con todo". || **2.** fam. Propio de la persona **babotas**: "¿Por qué tienes esa forma de ser tan babotas?". ■ COM. **3.** fam. Persona torpe: "Tu hermano es un babotas, se tropieza con todo".

bacachá. ■ M. **bacacho.**

bacacho. ■ M. fest. Ron.

bacal. ■ M. *En el Sureste*, centro de la mazorca del maíz; olote.

bacalear. ■ TR. **1.** *En el Sureste*, disfrutar una bebida alcohólica: "Mientras don Tiburcio bacaleaba su trago, le conté la historia de mi viaje". || **2.** *En el Sureste*, acariciar lascivamente y besar a una persona sin llegar al acto sexual; fajar.

bacaleo. ■ M. **1.** *En el Sureste*, disfrute de una bebida alcohólica. || **2.** *En el Sureste*, conjunto de caricias y besos lascivos sin llegar al acto sexual; faje.

bacanora. ■ M. *En el Noroeste*, aguardiente que se obtiene por destilación de una variedad de agave.

bacha. ■ F. Véase **bacho, cha.**

bachacha. ■ F. Resto de cigarrillo de tabaco o de marihuana; bacha.

bacherío. ■ M. supran. Gran cantidad de baches u hoyos en el camino.

bachicha. ■ F. **1.** Resto de cigarrillo de tabaco o de marihuana; bacha. || **2.** fam. *En Coahuila*, tunda de manazos que, de manera festiva, un grupo de personas da a alguien en la espalda y en la cabeza; pamba.

bacho, cha. ■ M. y F. **1.** Estudiante de bachillerato. ■ F. **2.** despect. Prostituta vieja. || **3.** supran. Colilla de cigarrillo. || **4.** supran. Resto de cigarrillo de tabaco o de marihuana.

bacín. ■ LOC. **~ de perro.** LOC. SUST. **boxosdá.**

bacinico, ca. ■ M. y F. despect. Miembro del cuerpo de la policía de tránsito.

bacote. ■ M. *En Sonora*, palo delgado y largo que se utiliza para bajar fruta de los árboles.

badajo. ■ M. vulg. Testículo.

bagazo. ■ M. *En Colima*, estado de debilitamiento posterior a una enfermedad. ■ EXPR. **al ~, poco caso.** supran. Se usa para indicar la poca importancia que debe darse a lo que dice o hace alguien: "Hugo dice que ampliarán el plazo de entrega, pero al bagazo, poco caso".

bahía. ■ F. supran. Entrante en una calle para que pueda orillarse un vehículo para bajar o subir pasajeros.

baica. ■ F. supran. fam. Bicicleta.

bailable. ■ M. Cualquier pieza de baile folclórico.

bailar. ■ TR. **1.** supran. fam. Engañar: "Mi novio me bailó con mi mejor amiga". Ú.m.c. prnl.: "Mi hermano se bailó a su novia con su mejor amiga". || **2.** supran. fam. Robar. Ú.m.c. prnl. || **3.** supran. fam. Asesinar. Ú.m.c.prnl. ■ INTR. **4.** fam. Salir alguien perdiendo: "Ya bailamos con el negocio". ■ LOC. **~ el oso.** LOC. VERB. fam. Retar a una pelea: "Mike Tyson le bailará el oso al campeón mundial de boxeo". ▶ **~ las calmadas.** LOC. VERB. **1.** fam. Tratar asuntos ríspidos de la manera más tranquila posible: "Pese a la presión mediática, el secretario baila las calmadas". || **2.** fam. Morirse: "Ya bailó las calmadas el vecino, lo sepultan mañana".

bailarle. ■ INTR. PRNL. **~ los ojos.** LOC. VERB. supran. fam. Sentir una atracción intensa por alguien: "A Cristian le bailan los ojos por Marta".

bailarina. ■ F. **1.** Árbol originario de América, de hasta 20 m de altura, monoico; troncos firmes y abombados; hojas alternas, deciduas, divididas en cinco foliolos elípticos; flores hermafroditas, vistosas, con cinco pétalos de blancos a rosados, con numerosos estambres blancos o rosados, cuya forma se asemeja a la de una escobilla; frutos capsulares, elipsoides, cafés; semillas globosas, rodeadas de pelos algodonosos; cortezas, uso en la medicina tradicional. Familia de las malváceas, *Pseudobombax ellipticum*. (También se llama amapola, cabello de ángel, chicocuchi, coquito, jilosúchil, lele, mocoque, silosúchil, sospó, xiloxóchitl). || **2.** Flor de la **bailarina**; uso ornamental y en la medicina tradicional.

baile. ■ M. **1.** fam. Engaño. || **2.** fam. Robo.

baisa. ■ F. supran. pop. Mano.

bajacaliforniano, na. ■ ADJ. **1.** Perteneciente o relativo a los estados de Baja California o Baja California Sur: "Me gusta mucho la comida bajacaliforniana". || **2.** Natural o procedente de los estados de Baja California o de Baja California Sur: "Los estudiantes bajacalifornianos son muy alegres". Ú.t.c.sust.: "Los bajacalifornianos son muy alegres".

bajada. ■ F. Puerta trasera de camiones y microbuses del transporte público.

bajadero. ■ M. *En Guerrero*, callejón en declive.

bajador. ■ M. supran. *En la charrería*, cuerda que pasa por debajo del cuello del caballo y que sirve para impedir que el animal lleve la cabeza demasiado levantada.

bajar. ■ TR. **1.** supran. fam. Quitar: "La secretaria se quejó de que le bajaron su lugar en la sala de trabajo". ■ LOC. **~ al agua.** LOC. VERB. **bajar por los chescos.** ▷ **~ al pozo.** LOC. VERB. supran. **bajar por los chescos.** ▷ **~ al río.** LOC. VERB. **bajar por los chescos.** ▷ **~ la cortina.** LOC. VERB. Dar por concluido un asunto: "Los diputados bajaron la cortina y la reforma no saldrá en este periodo". ▷ **~ por los chescos.** LOC. VERB. vulg. Practicar sexo oral. ■ EXPR. **lo bajaron del cerro a tamborazos.** fam. Se usa para indicar que alguien tiene modales toscos y poco refinados: "El nuevo jefe es muy descortés, lo bajaron del cerro a tamborazos". ■ INTERJ. **¡bajan!** Se usa para avisar al chofer de un autobús que se desea bajar: "En la esquina, ¡bajan!".

bajarle. ■ INTR. PRNL. **2.** Tener la menstruación: "Nunca me baja el mismo día del mes". || **3.** supran. fam. Rebajar alguien la intensidad de las declaraciones o de un comportamiento: "Ya bájale a tus comentarios, que nos van a correr". ■ LOC. **~ de espuma a tu chocolate.** LOC. VERB. coloq. **bajarle de huevos.** ▷ **~ de huevos.** LOC. VERB. vulg. Rebajar alguien la intensidad de las declaraciones o de un comportamiento; bajarle. ▷ **~ dos rayitas.** LOC. VERB. coloq. **bajarle de huevos.**

bajarse. ■ INTR. PRNL. **4.** vulg. Practicar sexo oral. ■ LOC. **~ de la nube.** LOC. VERB. **1.** supran. fam. Dejar alguien de ser iluso: "No te vas a ganar la lotería, ya bájate de la nube". || **2.** supran. fam. Dejar alguien de ser soberbio: "Por fin se bajó de su nube y reconoció sus errores". ▷ **~ por los chescos.** LOC. VERB. **bajar por los chescos.**

bajársela. ■ INTR. PRNL. **5.** fam. Aliviar alguien los efectos del consumo de alcohol o de drogas.

bajareque. ■ M. **1.** supran. rur. Mezcla de barro, estiércol de equino y paja que se utiliza para hacer paredes; adobe. || **2.** supran. rur. Pared de palos entretejidos con paja y barro.

baje. ■ M. fam. Hecho de bajar o quitar.

bajear. ■ INTR. Tocar el instrumento que hace los tonos graves en un conjunto musical: "Pásale el tololoche a Marcos, él es muy bueno cuando bajea".

bajeo. ■ M. Hecho de tocar un instrumento musical de tono grave.

bajera. ■ F. supran. Hoja inferior de la planta del tabaco, considerada de mala calidad.

bajita. ■ LOC. **~ la mano.** LOC. ADV. **1.** coloq. Disimuladamente: "Maricela anda diciendo, bajita la mano, que tu esposo te engaña". || **2.** coloq. Por lo menos: "Ese librero, bajita la mano, te cuesta diez mil pesos".

bajo. ■ LOC. **~ de espiga.** LOC. SUST. **1. bajo quinto.** || **2. bajo sexto.** ▷ **~ quinto.** LOC. SUST. Instrumento musical de cuerda, de tono grave, con forma de guitarra, de mayores dimensiones que esta, de cinco órdenes de cuerdas dobles; bajo de espiga. ▷ **~ sexto.** LOC. SUST. Instrumento musical de cuerda, de tono grave, con forma de guitarra, de mayores dimensiones que esta, de seis órdenes de cuerdas dobles; bajo de espiga.

bajonear. ■ TR. **1.** supran. coloq. Desanimar a alguien: "Las historias tristes siempre me bajonean mucho".

bajonearse. ■ INTR. PRNL. **2.** vulg. Practicar sexo oral.

bajoneo. ■ M. supran. coloq. Deterioro del ánimo; bajón.

bala. ■ ADJ. **1.** fam. *Referido a persona*, capaz: "Alicia es muy bala para las matemáticas". || **2.** fam. *Referido a persona*, inquieta: "Por ser muy bala, el niño se lastimó con la puerta". ■ F. **3.** fam. Persona muy capaz: "Alicia es una bala para las matemáticas". || **4.** fam. Persona inquieta: "Por ser una bala, el niño se lastimó con la puerta". || **5.** *En Guerrero*, guiso de frijol con caldo.

balacear. ■ TR. supran. Atacar con un arma de fuego.

balam. ■ ADJ. *En Yucatán, referido a un gato*, de color semejante al pelaje del jaguar: "Cuando era niña, tenía un gato balam".

balance. ■ M. **1.** *En Quintana Roo*, saldo o resto de una producción o mercancía. || **2.** *En Quintana Roo*, dinero restante de una cantidad que falta por cobrar o pagar.

balancear. ■ TR. supran. Equilibrar las ruedas de un vehículo fijando en ellas, si es necesario, pequeñas piezas alargadas de plomo: "Si no balanceas las llantas, vas a dañar el coche".

balanceo. ■ M. supran. Equilibrio de las ruedas de un vehículo fijando en ellas, si es necesario, pequeñas piezas alargadas de plomo.

balancín. ■ M. supran. Juego que consiste en colocarse dos niños con las espaldas encontradas y agarrados de los brazos para tratar de levantar y cargar al contrario sobre su espalda.

balanzón. ■ M. Vasija que forma parte de una báscula, en la que se pesan algunas mercancías, como granos, carnes, frutas, etcétera.

balastrar. ■ TR. supran. Extender una capa de grava o de piedra machacada sobre la calzada de una calle o carretera; balastar: "Cuando los trabajadores balastraban, ocurrió un accidente".

balastrear. ■ TR. **balastrar.**

balastreo. ■ M. supran. Capa de grava o de piedra machacada sobre la calzada de una calle o carretera; balasto.

balata. ■ F. **1.** supran. Pieza del freno que actúa por fricción sobre el disco o el tambor para detener el rodamiento de los neumáticos; zapata. || **2.** supran. Recubrimiento de la **balata**.

balazos. ■ LOC. **ni a ~.** LOC. ADV. supran. De ninguna manera: "No te presto dinero ni a balazos, nunca pagas".

balché. ■ M. **1.** supran. Árbol originario de América, de hasta 18 m de altura; tallos rectos y con corteza fisurada, la copa es grande, extendida y se compone de ramas ascendentes con follaje denso; hojas alternas, compuestas, imparipinadas, con 15 foliolos oblongos u ovados, de ápice acuminado; flores hermafroditas, vistosas, de color lila o morado, dispuestas en largos racimos; frutos en vainas largas y aplanadas, de color café claro; dos semillas, aplanadas, reniformes, de color café rojizo a café oscuro. Familia de las leguminosas, *Lonchocarpus longistylus*. || **2.** supran. rur. Bebida alcohólica elaborada por la fermentación de la cáscara de piña o de caña de azúcar a la que se le añade la corteza del **balché**.

balcón. ■ ADJ. **1.** fam. *Referido a persona*, delatora: "No le cuentes tantos secretos a Fernanda, es muy balcón". ■ M. **2.** fam. Persona delatora. || **3.** supran. Segundo piso de un teatro.

balconear. ■ TR. **1.** Exhibir a alguien en asuntos reservados: "Balconeó a su jefe y lo corrieron". Ú.m.c.prnl.: "Se balconeó a su jefe y lo corrieron". || **2.** Hacer burla de alguien: "Siempre balconea a su amigo y este lo aguanta". Ú.m.c.prnl.: "Siempre se balconea a su amigo y este lo aguanta".

balconeo. ■ M. **1.** Exhibición de los asuntos privados de alguien. || **2.** Burla que se le hace a alguien.

balde. ■ LOC. **de ~.** LOC. ADV. supran. Sin hacer nada: "Si sigues de balde nunca vas a encontrar trabajo". ▶ **de en ~.** LOC. ADV. En vano: "Vinieron de en balde los bomberos, ya se había apagado el incendio".

baldío, día. ■ ADJ. **1.** supran. *Referido a un terreno urbano o a un inmueble*, abandonado: "Hay tres casas baldías junto a la plaza". ■ M. **2.** Terreno urbano en abandono.

baldoquín. ■ M. supran. Templete para colocar la custodia o una imagen religiosa; baldaquín.

balearse. ■ INTR. PRNL. Beneficiarse de algo: "Con la jubilación de Ernesto, Jacinto se baleó porque así pudo sustituirlo".

baleo. ■ M. supran. Ataque con un arma de fuego.

balero. ■ M. **1.** *En la mecánica*, rodamiento con que se protege de la fricción un eje o una flecha que rota, formado por balines colocados entre dos pistas circulares y concéntricas. || **2.** supran. Juguete de madera que se compone de un palo corto unido por un cordón a una pieza en forma de pequeño barril con un agujero en el centro de su base; esta, lanzada al aire, se intenta ensartar en la punta del palo. ■ LOC. **~ de copa.** LOC. SUST. supran. Juguete de madera que se compone de un palo corto que termina en media esfera cóncava, unido por un cordón a una pelotita; esta se intenta meter en esta concavidad. ▶ **~ de mujer.** LOC. SUST. **balero de copa.** ▶ **~ de rodamiento.** LOC. SUST. El que es de mecánica.

B

balín. ■ ADJ. **1.** fam. Falso: "Todos saben que el título de Jaime es balín". || **2.** fam. *Referido a algo*, de mala calidad: "En la oficina hay goteras porque el impermeabilizante que pusieron es balín". || **3.** fam. *Referido a persona*, que no cumple con las expectativas de su profesión u oficio: "Lo asesoró un abogado balín". ■ M. **4.** Esfera pequeña de acero que se emplea para facilitar el rodamiento de algo. ■ COM. **5.** fam. Persona que no cumple con las expectativas de su profesión u oficio: "No te recomiendo a ese abogado, es un balín".

ballena. ■ F. **1.** fam. Residuo de comida que, al beber de un vaso, sale de la boca y queda flotando en el líquido. || **2.** *En Sinaloa*, botella de cerveza de aproximadamente un litro de capacidad; caguama. || **3.** *En Sinaloa*, cantidad de cerveza contenida en esta botella; caguama.

balotán. ■ M. *En Guerrero*, conjunto de ropa que está envuelta.

balumba. ■ F. **1.** supran. Alboroto. || **2.** supran. Barullo.

banana. ■ F. **1.** Atracción acuática que consiste en montar un inflable en forma de plátano, remolcado por una lancha sobre el mar a alta velocidad. || **2.** Inflable en forma de plátano que se usa en la **banana**.

bananera. ■ F. Véase **bananero, ra.**

bananero, ra. ■ ADJ. **1.** *Referido a algo*, de poca calidad: "No van a ganar ni un partido con ese equipo bananero". ■ M. y F. **2.** supran. Persona que se dedica a cultivar o a vender plátanos. ■ F. **3.** supran. Finca en que se produce el banano.

banca. ■ F. **1.** Pupitre. || **2.** *En algunos deportes*, reserva de jugadores no titulares. || **3.** supran. *En algunos deportes*, lugar donde permanecen los jugadores en espera para jugar.

banda. ■ ADJ. **1.** fam. *Referido a persona*, solidaria y amigable: "Mario es muy banda, el otro día me volvió a prestar dinero". || **2.** fam. Propio de la persona **banda**: "Mario tiene una actitud muy banda, el otro día me volvió a prestar dinero". ■ F. **3.** Cinta mecánica circular donde se deposita el equipaje en los aeropuertos para ser recogido por sus dueños.|| **4.** fam. Conjunto de personas afines. || **5.** supran. Correa del radiador del coche. ■ COM. **6.** fam. Persona solidaria y amigable: "Mario es un banda, el otro día me prestó dinero". ■ LOC. ▶ **~ de guerra.** LOC. SUST. supran. Conjunto musical de cornetas y tambores que actúa en distintos tipos de ceremonias, generalmente cívicas.

bandeja. ■ F. Vasija redonda u oval que sirve principalmente para lavarse la cara y las manos; palangana.

bandera. ■ F. **1.** Hierba de amplia distribución en México, de hasta 1 m de altura; tallos cuadrangulares y pilosos glandulares; hojas opuestas, ovadas, pubescentes y con margen crenado; flores hermafroditas, tubulares, con pétalos dispuestos en forma de labios, vistosas, de color rojo y blanco en la base, solitarias o en racimos; frutos formados por cuatro pequeñas nueces. Familia de las lamiáceas, *Salvia microphylla.* || **2.** Flor de la **bandera**. || **3.** (Juego de palabras entre bandera y banda). fest. Grupo de amigos; banda.

banderazo. ■ M. supran. *En los taxis*, tarifa inicial fija que se paga independientemente del importe correspondiente al recorrido.

banderilla. ■ F. **1.** Pan dulce de hojaldre en forma rectangular alargada, barnizado con huevo y cubierto con azúcar. || **2.** Comida que se prepara con una salchicha que se ensarta en un palo, se cubre con una mezcla de harina, huevo y leche, y se fríe.

banderola. ■ F. supran. Letrero en el que se indica el número y el itinerario de un transporte público, especialmente en un autobús.

bandido. ■ M. *En Tamaulipas*, sombrero típico de fieltro y piel.

banqueta. ■ F. **1.** *En Yucatán*, mesa pequeña. || **2.** supran. Parte lateral de una calle u otra vía pública algo más elevada que esta, generalmente hecha con concreto y que sirve para el paso de peatones; acera.

banquetazo. ■ M. Golpe accidental que se le da a los neumáticos o a la parte baja de un coche contra la banqueta.

banquetear. ■ INTR. Golpear un coche contra la banqueta o acera.

banquito. ■ M. **1.** *En algunos deportes*, acción de agacharse en forma de banco para que el jugador del equipo contrario caiga. || **2.** supran. Asiento de tres o cuatro patas, sin respaldo ni brazos.

bañar. ■ TR. **1.** Empapar a alguien accidentalmente: "El mesero me bañó cuando destapó la cerveza". || **2.** supran. Limpiar o refrescar a alguien haciendo caer agua sobre su cuerpo: "En la familia bañamos todas las noches a los niños para que duerman bien". ■ LOC. **~ a mentadas.** LOC. VERB. fam. Limpiar o refrescar a alguien echando agua con un recipiente sobre el cuerpo, con un movimiento brusco del brazo: "Faustino se bañó a mentadas porque le cortaron el agua". ▷ **~ la nutria.** LOC. SUST. vulg. Practicar el coito.

bañarse. ■ INTR. PRNL. **3.** Acicalarse con esmero: "Hoy Víctor sí se bañó". ■ EXPR. **(pero) te bañas.** fest. Se usa para despedirse: "Nos vemos mañana, pero te bañas".

bañársela. ■ INTR. PRNL. **4.** fest. Exagerar: "Ahora sí te la bañaste con ese comentario". ■ EXPR. **te la bañas. 1.** fest. Se usa para decirle a alguien que exagera: "—Hoy jugué el mejor partido de mi vida. —¡Te la bañas!". || **2.** fest. **(pero) te bañas.**

bañera. ■ F. supran. Mueble con palangana, cambiador y repisas, usado especialmente para asear a los niños.

baño. ■ M. **1.** Habitación de un club o gimnasio acondicionada con regaderas y espacios para vestirse. Ú.m.e.pl. || **2.** supran. Aseo corporal con agua en una regadera. ■ LOC. **~ de avión.** LOC. SUST. **baño vaquero.** ▷ **~ de esponja.** LOC. SUST. El que se da mediante un paño húmedo, generalmente por estar la persona inmovilizada o incapacitada. ▷ **~ de novia.** LOC. SUST. Servicio especial de cuidado corporal, que se ofrece en un *spa*, generalmente a las mujeres que están por contraer matrimonio. ▷ **~ de pueblo.** LOC. SUST. Situación en que una persona entra en contacto con un ambiente popular que le es ajeno. ▷ **~ de tina.** LOC. SUST. Lavado o limpieza de alguien por inmersión en una bañera con agua. ▷ **~ de visitas.** LOC. SUST. supran. Habitación pequeña, con lavabo y retrete, y sin regadera, que se encuentra en una vivienda. ▷ **~ francés.** LOC. SUST. **1.** fest. Falta de lavado o limpieza en alguien, que los demás perciben por su mal olor. || **2.** fest. Aplicación de perfume para disimular la falta de lavado o limpieza de alguien y evitar el mal olor. || **3.** fest. **baño vaquero.** ▷ **~ público.** LOC. SUST. **1.** Establecimiento dotado de instalaciones para prestar servicios sanitarios. || **2.** Establecimiento comercial que presta servicios de aseo como regaderas, vapor, barbería, etc. ▷ **~ ranchero.** LOC. SUST. **baño vaquero.** ▷ **~ ruso.** LOC. SUST. **1.** El de vapor, seguido de fricción, masaje y una ducha de agua fría. || **2. baño vaquero.** ▷ **~ torero.** LOC. SUST. **baño vaquero.** ▷ **~ vaquero.** LOC. SUST. fest. El que se realiza de forma rápida y superficial, lavando únicamente algunas partes del cuerpo, como axilas y genitales.

baqueta. ■ F. supran. Cuero curtido de animal vacuno, muy resistente, que se usa para tapizar muebles.

baquetón, na. ■ ADJ. fam. *Referido a alguien*, que es flojo y que actúa con desfachatez: "Tu compadre es bien baquetón, no hace nada de su vida". Ú.t.c.sust.: "Tu compadre es un baquetón, no hace nada de su vida".

baquetonada. ■ F. Holgazanería.

baquetonear. ■ INTR. Holgazanear: "El esposo de mi hermana no tiene remedio, baquetoneó todas las vacaciones".

baquetudo, da. ■ ADJ. **baquetón, na.**

bara. ■ EXPR. **¡bara bara!** fam. *En mercados o tianguis*, se usa para instar a los clientes a comprar un producto: "¡Bara bara!, ¡aquí los aguacates!".

barajearla. ■ LOC. **~ más despacio.** LOC. VERB. supran. fam. Repetir lo dicho, generalmente aportando más detalles: "A ver, barajéala más despacio, ¿qué pasó?".

baras. ■ ADJ. fam. Barato: "Estuvo muy baras el material para la tarea".

barata. ■ F. **1.** supran. Venta de artículos a bajo precio hasta agotar existencias; liquidación. || **2.** supran. Periodo en que se lleva a cabo la **barata**.

baratero, ra. ■ ADJ. *Referido a persona*, que cobra poco por el trabajo que realiza: "Abusan de ti porque eres muy baratero". Ú.t.c.sust.: "Abusan de ti porque eres un baratero".

barba. ■ ADJ. **1.** *Referido a persona*, adulador a: "Consiguió permiso porque es muy barba". ■ F. **2.** Adulación. || **3.** supran. Fleco de un pañuelo grande, rebozo, colcha, etc. Ú.m.e.pl. ■ COM. **4.** Persona aduladora: "Ismael consiguió permiso porque es un barba". ■ LOC. **~ de candado.** LOC. SUST. supran. Estilo de afeitado que consiste en rasurar el vello de las mejillas y el cuello, quedando vello solo en el mentón y en el bigote. ▷ **~ de chivo.** LOC. SUST. **1.** Arbusto originario de Sudamérica, de hasta 3 m de altura, monoico; tallos con ramas pubescentes y glandulosas; hojas alternas, compuestas, bipinadas, papiráceas, de siete a 13 pares de foliolos por pina, opuestos, de oblongos a elípticos, con glándulas marginales; flores hermafroditas, grandes y vistosas, amarillas, estambres y estilo de color rojo, agrupadas en racimos terminales piramidales; frutos en vainas lineares, comprimidos, pubescentes, dehiscentes; seis semillas comprimidas, cafés; uso ornamental. Familia de las leguminosas, *Caesalpinia gilliesii*. (También se llama lagaña de perro). || **2.** Hierba originaria de América, de hasta 1 m de altura, monoica; tallos erectos, ramificados en la base o comprimidos; hojas alternas, enteras, lanceoladas, envainantes en la base, en las hojas superiores las vainas infladas; flores hermafroditas, diminutas, de color verde amarillento, plateadas o purpúreas, dispuestas en conjuntos de espigas terminales y ascendentes, con una flor fértil y dos reducidas; frutos cariópsides, fusiformes, lisos, con manchas rojizas; una semilla por fruto; uso forrajero y en la medicina tradicional. Familia de las gramíneas, *Chloris virgata*. (También se llama escobilla, zacate cola de zorra, zacate mota). || **3.** Arbusto trepador originario de América, de hasta 20 m de longitud; hojas opuestas, divididas en tres foliolos ovados; flores unisexuales: las flores masculinas y femeninas en plantas distintas, con cinco pétalos blancos, agrupados en conjuntos de racimos; frutos en grupos de aquenios pubescentes y con un apéndice plumoso. Familia de las ranunculáceas, *Clematis dioica*. ▶ **~ de viejo.** LOC. SUST. supran. Hierba originaria de América, de hasta 3 m de longitud, monoica; tallos colgantes en forma de hebras, muy ramificados, de color grisáceo, localizados sobre las ramas de los árboles; flores hermafroditas, pequeñas, con tres pétalos de color verde pálido a azul, con seis estambres; frutos capsulares, cilíndricos, cafés; semillas más o menos cilíndricas, plumosas en la base; uso ornamental. Familia de las bromeliáceas, *Tillandsia usneoides*. (También se llama heno, musgo, tacari). ■ EXPR. **¡barbas tienes!** fam. Se usa para manifestar sorpresa o reprobación: "—¡Que se vuelve a casar la abuela! —¡Barbas tienes!".

barbacha. ■ F. **1.** fest. Carne, generalmente de borrego, chivo o res, que se cuece cubierta de hojas de plátano o pencas de maguey, en un hoyo en la tierra que funciona como horno; barbacoa. || **2.** fest. Reunión en la que se come **barbacha**.

barbacoa. ■ F. **1.** Proceso de cocción de carne, generalmente de borrego o chivo, que se cubre con pencas de maguey y se mete en un hoyo en la tierra que funciona como horno. || **2.** Carne, generalmente de borrego, chivo o res, que se cuece cubierta de hojas de plátano o pencas de maguey, en un hoyo en la tierra que funciona como horno. || **3.** Reunión en la que se come esta carne. || **4.** *En Sinaloa y Sonora*, carne de res que se guisa con ajo, cebolla, chile, jitomate y especias. || **5.** supran. Conjunto de palos de madera verde o piedras puesto en un hoyo en la tierra, a manera de parrilla, para asar carne, generalmente de borrego o chivo. || **6.** supran. Andamio en que se coloca la persona que vigila los maizales. ■ LOC. **a la ~.** LOC. ADJ. *Referido a carne*, preparada con sal, cubierta con hojas de plátano o pencas de maguey y cocida en un hoyo en la tierra que funciona como horno.

barbacoyero, ra. ■ ADJ. **1.** Perteneciente o relativo a la barbacoa: "Hidalgo es un estado barbacoyero". || **2.** *Referido a persona*, que gusta de comer barbacoa: "Mi primo es muy barbacoyero, todos los sábados desayuna tacos y consomé". Ú.t.c.sust.: "Mi primo es un barbacoyero, todos los sábados desayuna tacos y consomé". ■ M. Y F. **3.** Persona que se dedica a hacer o a vender barbacoa.

barbaján, na. ■ ADJ. **1.** *Referido a persona*, tosca y rústica: "Diego es un hombre barbaján, se pelea con todos". Ú.t.c.sust.: "Diego es un barbaján, se pelea con todos". || **2.** *Referido a persona*, que se conduce sin respeto ni medida: "El escándalo lo armó la muchacha barbajana del primer piso". Ú.t.c.sust.: "El escándalo lo armó la barbajana del primer piso". || **3.** *Referido a persona*, desvergonzada: "El esposo es un abusón, y ella, una vieja barbajana". Ú.t.c.sust.: "El esposo es un abusón, y ella, una barbajana".

barbaridad. ■ LOC. **~ y media.** LOC. SUST. supran. Expresión o acción disparatada e irreflexiva: "Enrique siempre dice barbaridad y media".

barbasquillo. ■ M. Hierba trepadora originaria de América, monoica, algunas veces dioica; tallos estriados, a veces esparcidamente pubescentes; hojas alternas, simples, acorazonadas, con márgenes enteros, membranáceas, glabrescentes; flores unisexuales: pequeñas, con seis tépalos, las masculinas verdes y con tres estambres, agrupadas en racimos ramificados axilares; las femeninas verdes blanquecinas, estilos divididos en tres, agrupadas en racimos axilares; frutos capsulares, elípticos, cafés claros; dos semillas en cada lóculo, oblongas, aladas hacia la base, con superficie lisa. Familia de las dioscoreáceas, *Dioscorea convolvulacea*. (También se llama ixpengua).

barbear. ■ TR. Adular: "No me barbees porque no te voy a ayudar".

barberismo. ■ M. Adulación; barba.

barbero, ra. ■ ADJ. **1.** *Referido a persona*, aduladora: "Elena es muy barbera, le dijo al jefe que su traje le sentaba muy bien". Ú.t.c. sust.: "Elena es una barbera porque le dijo al jefe que su traje le sentaba muy bien". || **2.** Propio de la persona **barbera**: "Elena siempre hace comentarios muy barberos".

barbiquejo. ■ M. supran. rur. Lazo de soga que pasa por la boca de las bestias a manera de bocado.

barbiquín. ■ M. supran. Herramienta para taladrar, constituida por un manubrio que forma barrena en la extremidad; berbiquí.

barcino, na. ■ ADJ. supran. *Referido a un animal o una planta*, que tiene rayas o manchas: "Los dos gatitos barcinos son los más lindos de la camada".

barco. ■ ADJ. **1.** supran. *Referido a persona de cierta jerarquía*, bonachona y poco exigente: "La maestra Tamara es muy barco, a todos nos aprobó". || **2.** supran. *Referido a examen o asignatura*, fácil de aprobar: "El examen de matemáticas estuvo barco". ■ M. **3.** supran. Persona de cierta jerarquía, bonachona y poco exigente: "La maestra Tamara es un barco, a todos nos aprobó". ■ COM. **4.** supran. Persona de cierta jerarquía, bonachona y poco exigente: "La maestra Tamara es una barco, a todos nos aprobó".

bardado. ■ M. **bardeado.**

bardar. ■ TR. **bardear.**

bardeado. ■ M. Construcción de un linde alrededor de una edificación, de un terreno o de una determinada zona.

bardear. ■ TR. Construir un linde alrededor de una edificación, de un terreno o de una determinada zona: "El vecino bardeó su casa para tener privacidad".

barniz. ■ LOC. **~ de uñas.** LOC. SUST. supran. Laca de uñas.

baro. ■ M. **1.** pop. Peso, unidad monetaria. || **2.** supran. pop. Dinero.

barra. ■ F. supran. Conjunto de seguidores de un partido político que, generalmente, asiste a observar las sesiones de las cámaras legislativas u otros cuerpos colegiados. ■ LOC. **~ brava.** LOC. SUST. supran. Grupo de individuos fanáticos de un equipo de futbol que suele actuar con violencia. ▷ **~ de abogados.** LOC. SUST. supran. Organización o asamblea de profesionales que se dedican al Derecho.

barral. ■ M. supran. Lugar para la extracción de arcilla roja.

barranco. ■ M. supran. Borde en pendiente casi vertical de un terreno.

barrapié. ■ LOC. **~ chiflador.** LOC. SUST. *En Campeche*, cohete sin varilla que, encendido, corre por la tierra entre los pies de la gente; buscapiés.

barrepiés. ■ M. *En el Sureste*, cohete sin varilla que, encendido, corre por la tierra entre los pies de la gente; buscapiés.

barrer. ■ TR. **1.** supran. Mirar a alguien de arriba abajo con afán de crítica: "Claudio me presentó a su novia y ella nomás me barrió".

barrerse. ■ INTR. PRNL. **2.** Deteriorarse la rosca de un tornillo o una tuerca: "El tornillo se barrió por tanto uso". || **3.** Moverse súbita e involuntariamente una caballería hacia un lado: "Las yeguas se barrieron y nos asustaron". || **4.** supran. Patinarse un vehículo: "Cuando un coche se barre, no sirve que metas el freno". || **5.** supran. *En algunos deportes*, lanzarse un jugador al suelo a la carrera y con gran impulso, generalmente con los pies por delante, calculando alcanzar un determinado propósito mientras cae o resbala sobre el terreno de juego: "El defensa se barrió muy fuerte y lo amonestaron".

barrérsele. ■ INTR. PRNL. **6.** Olvidársele algo a alguien: "Se me barrió que ibas a venir, lo siento".

barreta. ■ F. **1.** Árbol originario del noreste de México, de hasta 8 m de altura, monoico;

B

tallos de corteza lisa, con coloración café; hojas opuestas, divididas en tres foliolos, de elípticos a aovados, glabros; flores hermafroditas, pequeñas, con tres o cuatro pétalos amarillentos, agrupadas en cortas panículas; frutos samaroides, trilobados y con tres alas evidentes, cada uno de los cuales se separa de los otros en la madurez; tres semillas, de elipsoides a subglobosas, negras. Familia de las rutáceas, *Helietta parvifolia*. (También se llama guayacán, jonote, palo blanco). || **2.** Madera de la **barreta**. || **3.** supran. Barra de hierro, o de madera con punta de hierro en un extremo, que se utiliza para abrir agujeros en la tierra.

barrida. ■ F. Véase **barrido, da.**

barrido, da. ■ ADJ. **1.** *Referido a persona*, que realiza una acción de manera rápida y en el último momento: "Jimena llegó barrida cuando estaban cerrando el banco". ■ F. **2.** Derrota contundente: "Los camaroneros de San Blas sufrieron una barrida por parte de los estibadores de San Felipe". || **3.** supran. Operación policial en la que se apresa de una vez a un conjunto de personas; redada: "La barrida del fin de semana ya tenía tiempo planeándose por los agentes". ■ LOC. **de barrida.** LOC. ADV. Apenas: "El alumno alcanzó a inscribirse de barrida".

barrilete. ■ M. **1.** supran. Cometa de papel. ■ COM. **2.** Ayudante de un profesional, especialmente el aprendiz de los abogados: "Ahora Norma es una barrilete, pero pronto será toda una abogada".

barrio. ■ LOC. **~ bravo.** LOC. SUST. supran. Sector donde habita y actúa la delincuencia y cuyo tránsito se considera altamente peligroso: "Si vas a entrar al barrio bravo, hazlo con conocidos". ▶ **mi ~.** LOC. SUST. pop. Fórmula de tratamiento entre amigos: "¿Qué pasó, mi barrio?, ¡cuánto tiempo que no te veía!".

bartola. ■ F. Véase **bartolo, la.**

bartolina. ■ F. supran. jerg. Celda estrecha e incómoda, generalmente de castigo, de una prisión o dependencia policial.

bartolo, la. ■ ADJ. **1.** supran. fam. *Referido a persona*, tonta: "No seas tan bartola, defiéndete". Ú.t.c.sust.: "Eres una bartola, nunca te defiendes". ■ F. **2.** supran. jerg. Cárcel.

barudo, da. ■ ADJ. *Referido a persona*, que tiene mucho baro o dinero: "La tía baruda de Marcos le regaló un viaje a la India". Ú.t.c. sust.: "La tía es una baruda porque le regaló un viaje a la India a Marcos".

barzón. ■ M. supran. rur. Correa o soga con que se uncen los bueyes; coyunda.

barzoneada. ■ F. supran. rur. Azote que se da a una persona con barzón o correa con que se uncen los bueyes.

barzonear. ■ TR. supran. rur. Azotar una persona a otra con un barzón o correa con que se uncen los bueyes.

bas. ■ F. **1.** *En juegos infantiles*, lugar donde un jugador está a resguardo del perseguidor; base. || **2.** *En el beisbol*, almohadilla que marca cada una de las cuatro esquinas del terreno de juego; base.

basca. ■ F. supran. Vómito.

báscula. ■ F. fam. Cateo que se le hace a alguien.

basculeada. ■ F. **basculeo.**

bascular. ■ TR. fam. Catear a alguien: "El policía nos basculeó en la redada".

basculeo. ■ M. fam. Cateo que se le hace a alguien.

base. ■ F. **1.** Lugar en el que se estacionan los autobuses y otros vehículos de servicio público y que es empleado como punto de partida o de llegada. || **2.** Cosmético en crema, polvo o líquido, usado en el maquillaje para que la piel se vea reluciente y sin imperfecciones. || **3.** *En juegos infantiles*, lugar donde un jugador está a resguardo del perseguidor; bas. || **4.** supran. Ondulación o rizado artificial del cabello; permanente.

basilisco. ■ M. Reptil originario de América, de hasta 1 m de longitud; de color verde claro, café, con manchas y rayas blancas amarillas o negruzcas, según la especie; con cuerpo que se asemeja al de las iguanas, pero mucho más esbelto, con cresta grande sobre el dorso hasta la cuarta parte de su cola; cabeza aguda con una o dos crestas y las extremidades posteriores mucho más largas que las anteriores; es capaz de correr sobre el agua sobre sus patas posteriores, que están provistas de unos lóbulos dérmicos que funcionan como aletas. Familia de los coritofánidos del orden Squamata, varias especies del género *Basiliscus*, como *Basiliscus basiliscus*, *Basiliscus plumifrons*, *Basiliscus vittatus*. (También se llama pasarríos, querreque, tequereque, teterete, toloque).

basquear. ■ TR. Vomitar: "El niño basqueó la comida".
basquetbolista. ■ COM. supran. Jugador de baloncesto: "El nuevo basquetbolista arrasó en el partido, hizo 40 puntos".
basta. ■ M. Juego en el que los participantes tienen que escribir una lista de palabras relativas a uno o varios tópicos propuestos previamente, que inicien con una letra determinada; el jugador que termina primero dice "basta" para indicar a los demás jugadores que dejen de escribir.
bastardear. ■ INTR. vulg. Practicar el coito.
bastidor. ■ M. supran. Marco rectangular con un tejido de alambre tupido y elástico sobre el que se coloca el colchón de la cama.
bastillado. ■ M. supran. Doblez de una pieza de tela o una prenda de vestir; bastilla.
bastillar. ■ TR. supran. Hacer la bastilla a una pieza de tela o a una prenda de vestir.
bastión. ■ M. supran. Idea fundamental de algo, generalmente una doctrina o un sistema: "El desarrollo económico y la libre competencia han sido los bastiones del neoliberalismo".
basto. ■ M. vulg. Pene.
bastonero, ra. ■ M. y F. **1.** Persona que en los desfiles de carnaval forma parte del séquito como primer ministro del rey o la reina y porta un bastón con el que gesticula y anima la fiesta. || **2.** supran. Persona que con un bastón en la mano dirige una banda de música que toca mientras marcha. || **3.** supran. Persona, generalmente mujer, que en un evento festivo marcha en formación junto con otros; viste uniforme y maneja una vara o bastón que usa para ejecutar una coreografía basada en movimientos rítmicos acompasados a una música.
basura. ■ F. fam. Partícula muy pequeña de algo. Ú.m.e.dim.: "Traigo una basurita en el ojo, por eso lagrimeo". ■ EXPR. **hasta la ~ se separa.** fam. Se usa para indicar que no se debe comparar a dos personas, ya que las cualidades de una de ellas superan las de la otra: "Perdón, pero hasta la basura se separa, y Efrén y yo no somos iguales".
basurero. ■ M. Recipiente donde se echa la basura.
bat. [*bát*] ■ M. **1.** vulg. Pene. || **2.** supran. Palo con el que se pega a la pelota en el juego de beisbol.
bata. ■ LOC. **~ de baño.** LOC. SUST. supran. Prenda de ropa holgada y larga, hecha generalmente de felpa. ▷ **~ de maternidad.** LOC. SUST. supran. Vestido o blusa muy holgados que usan las mujeres embarazadas.
bataca. ■ F. supran. fam. Batería o conjunto de instrumentos musicales de percusión que dan base o acompañamiento rítmico a un grupo musical.
batachán. ■ M. Bebida que se prepara con ron, jugo de piña, limón y hielo.
bataclán. ■ M. fam. Suceso escandaloso por ser considerado inmoral u obsceno.
batarete. ■ M. **1.** *En Sonora*, desorden. || **2.** *En Sonora*, postre preparado con pinole, queso y miel de piloncillo con canela.
batea. ■ F. Parte trasera de una camioneta tipo *pickup* donde se pone la carga. ■ LOC. **~ de babas.** LOC. SUST. **1.** coloq. Cosa, expresión o acción tonta: "Tenías que llegar con tu batea de babas, no puedes hacer nada bien". || **2.** coloq. Excusa torpe e inútil con que se intenta justificar un hecho: "Juan otra vez faltó al trabajo y de nuevo salió con una batea de babas".
bateada. ■ F. fam. Acción y resultado de batear.
bateador, ra. ■ LOC. **~ emergente.** LOC. SUST. **1.** supran. Persona que realiza una actividad que no le corresponde, para cubrir o sustituir a alguien. || **2.** supran. *En el beisbol*, jugador que sustituye a otro en su turno de batear.
batear. ■ TR. **1.** Rechazar a alguien, principalmente en asuntos amorosos: "Sonia bateó a Jorge y ahora sale con Luis". || **2.** Evadir algo: "El diputado bateó las preguntas en la conferencia de prensa". || **3.** Reprobar a un alumno: "Con ese examen, seguro nos batearon a varios". || **4.** supran. Echar a alguien de su cargo o puesto de trabajo: "Lo batearon de la compañía porque faltaba mucho". ■ INTR. **5.** Tener éxito en una empresa: "Tu primo batea con su nueva taquería". || **6.** fam. *En Quintana Roo*, acariciarse y besarse una pareja sin llegar al acto sexual. Ú.m.c.prnl. ■ LOC. **~ de los dos lados.** LOC. VERB. Ser bisexual. ▷ **~ de zurda.** LOC. VERB. supran. **batear del otro lado.** ▷ **~ del otro lado.** LOC. VERB. Ser homosexual. ▷ **~ para tercera (base).** LOC. VERB. **batear del otro lado.**

batepi. ■ COM. fam. *En el Noroeste*, muchacho: "Las batepis de la vecina ya no están tan chiquitas, ya van a la secundaria".

batería. ■ F. supran. *En el beisbol*, conjunto conformado por el lanzador y el receptor.

batidillo. ■ M. **1.** Desorden, generalmente con suciedad: "Los niños dejaron un batidillo cuando terminaron de jugar a la comidita". || **2.** Trabajo mal hecho: "El albañil me cobró mucho y lo que me entregó fue un batidillo". || **3.** Mezcla malograda: "Como no me dieron la receta, terminé haciendo un batidillo". || **4.** *En Guerrero*, melcocha.

batir. ■ TR. Ensuciar algo. ■ LOC. **~ atole.** LOC. VERB. vulg. Tener relaciones sexuales un hombre con una mujer que tiene varias parejas.

bato, ta. ■ M. y F. **1.** fam. Apelativo para dirigirse a alguien; vato: "Bato, préstame unas monedas para mi pasaje". || **2.** supran. fam. Joven; vato: "Pregúntale a ese bato en qué calle estamos". || **3.** supran. fam. Persona indeterminada; vato: "Llegó un bato a preguntarnos por el lugar del concierto".

bautizar. ■ TR. **1.** fam. Ensalivar la colilla de un cigarrillo cuando se fuma: "Ya no quiero de tu cigarro, ya lo bautizaste". || **2.** fam. Mojar algo para que pese más en su venta por kilo: "Bautizó el periódico y no se dieron cuenta en la planta recicladora".

bayo. ■ LOC. **~ lobo.** LOC. SUST. Caballo de pelaje de color amarillo a café, con crines, cola y cabos notablemente más oscuros.

bayunco, ca. ■ ADJ. supran. *Referido a persona*, sin pulimento ni labor; burdo: "¡Héctor, no seas tan bayunco con los invitados!". Ú.t.c.sust.: "¡Héctor es un bayunco con los invitados!".

be. ■ LOC. **~ alta.** LOC. SUST. **be grande.** ▷ **~ grande.** LOC. SUST. supran. Nombre de la letra *b*. ▷ **~ larga.** LOC. SUST. **be grande.**

bebedera. ■ F. supran. Ingestión recurrente y excesiva de bebidas alcohólicas.

bebedero. ■ M. supran. Fuente para beber agua potable en parques, escuelas y edificios públicos. ■ LOC. **~ de mapache(s).** LOC. SUST. **1.** fam. Desorden: "No podemos pasar a tu cuarto porque es un bebedero de mapache". || **2.** fam. Conjunto de personas oportunistas: "Su empresa es un bebedero de mapaches".

bebeleche. ■ M. **1.** *En el Noroeste*, juego infantil que consiste en arrojar una bola de papel mojado hacia una cuadrícula en forma de cruz trazada en el suelo y recuperarla brincando entre los cuadros sin pisar las líneas pintadas; avión; avioncito. ■ COM. **2.** vulg. Persona que practica sexo oral a un hombre.

beber. ■ EXPR. **o la bebes o la derramas.** fam. Se usa para señalar que una decisión es irreversible: "Tú lo prometiste, ahora o la bebes o la derramas".

beberse. ■ LOC. **~ las lágrimas.** LOC. VERB. supran. *En Puebla*, llorar desconsoladamente: "Cuando Marina se fue, Homero se bebió las lágrimas". ▷ **~ las palabras.** LOC. VERB. Escuchar con mucho embeleso a alguien: "Leonor está muy enamorada, se bebe las palabras de Néstor".

beberecua. ■ ADJ. **1.** fam. *Referido a persona*, que gusta de tomar bebidas alcohólicas en exceso: "Pablo es muy beberecua de tequila". ■ F. **2.** fam. Bebida alcohólica genérica. ■ COM. **3.** fam. Persona que gusta de tomar bebidas alcohólicas en exceso: "Pablo es un beberecua de tequila".

bebesaurio, ria. (Juego de palabras entre bebé y dinosaurio). ■ M. y F. supran. fest. Persona de una nueva generación política cuya ideología y hábitos son los de los antiguos miembros del partido.

bebida. ■ F. *En Chiapas*, brebaje hecho con pinole y agua.

bebo, ba. ■ M. y F. supran. Niño de pocos meses: "Mi cuñada tuvo una beba".

beca. ■ F. supran. fest. Empleo en el que una persona cobra sin trabajar.

becar. ■ TR. supran. Pagar a una persona por un trabajo que no realiza: "La empresa becó a los dos sobrinos de la dueña".

becerrada. ■ F. Abundancia de becerros.

beek. ■ M. *En Yucatán*, árbol originario de México y Centroamérica, de hasta 25 m de altura; tallos delgados, glabros; hojas simples, alternas, elípticas, glabras y brillantes, con margen entero; flores hermafroditas, pequeñas, tubulares campanuladas, blancas y aromáticas, flores dispuestas en panículas terminales; frutos drupáceos, anchamente elipsoides, glabros, amarillos, anaranjados, rojos o purpúreos; uso ornamental; cortezas, uso en la medicina tradicional. Familia de las boragináceas, *Ehretia tinifolia*. (También se llama mandimbo, nambimbo, pingüica, roble).

beisbol. ■ M. supran. Deporte de *bat* y pelota jugado entre dos equipos de nueve jugadores cada uno; el objetivo es anotar carreras golpeando con un *bat* una pelota lanzada y tocando una serie de cuatro bases puestas en cada una de las cuatro esquinas de un rombo llamado diamante. ■ LOC. **~ pateado.** LOC. SUST. Tipo de juego semejante a este deporte en el que un jugador de un equipo deberá patear una pelota que le arroja un lanzador del otro equipo y recorrer inmediatamente un cuadrado que tiene una base en cada esquina, hasta llegar al lugar de donde salió, llamado *home*.

bejuco. ■ LOC. **~ blanco.** LOC. SUST. **bicholi.** ▷ **~ de araña.** LOC. SUST. Hierba originaria de América, de hasta 50 cm de longitud; tallos angulados, muy ramificados, de semierectos a postrados; hojas simples, opuestas, ovadas, triangulares o rómbicas orbiculares, glabras por ambas caras, con márgenes sinuados; flores hermafroditas, pequeñas y vistosas, con forma de embudo, de color verde amarillento, glabras o con algunos pelos externamente cerca del margen del limbo, estambres sobresaliendo de la corola, flores dispuestas en umbelas; frutos en antocarpos clavados, diez acanalados, viscosos y glandulares. Familia de las nictagináceas, *Commicarpus scandens*. (También se llama sonorita). ▷ **~ de san Pedro.** LOC. SUST. **1.** Planta trepadora originaria de América, de hasta 10 m de longitud, monoica; tallos rugosos o papilosos, huecos, glabros; hojas alternas, simples, de ovadas a acorazonadas, membranáceas o cartáceas, glabrescentes, base cordada, ápice acuminado, con márgenes enteros; flores hermafroditas, vistosas, en forma de embudo, color crema o blancas, púrpuras en el interior, agrupadas en inflorescencias corimbosas, terminales; frutos capsulares, ovoides, pardos, glabros; una o dos semillas, fusiformes o redondeadas, pardas, puberulentas, con propiedades psicotrópicas; uso ornamental. Familia de las convolvuláceas, *Turbina corymbosa*. (También se llama ixtabentún, ololiuque, ololiuqui, semilla de la virgen, xtabentún). || **2.** Flor de esta planta; uso ornamental. || **3.** Semilla de esta planta; uso en la medicina tradicional. ▷ **~ siete corazones.** LOC. SUST. Arbusto originario de América, de hasta 7 m de altura; tallos trepadores, poco ramificados; hojas alternas, divididas en tres foliolos de ovados a elípticos, con margen aserrado, aterciopeladas por ambas caras; flores pequeñas, hermafroditas, blancas, dispuestas en espigas terminales, con cuatro pétalos y cuatro sépalos, con ocho estambres; frutos samaroides, de ovados a cordados, de pubescentes a glabros con la edad; semillas esféricas, cafés, con alas delgadas, dispuestas del ápice de los frutos; uso en la medicina tradicional. Familia de las sapindáceas, *Serjania racemosa*. (También se llama bejuco tres en uno, hierba de golpe, nuevehojas). ▷ **~ tres en uno.** LOC. SUST. **bejuco siete corazones.**

bejuquear. ■ TR. **1.** Aplicar bejuco a ciertos muebles, tejiéndolos: "En ese local bejuquean sillas". || **2.** supran. Varear con algo, generalmente bejuco: "Ya bejuquearon el maíz, por eso hay tanta basura".

bejuquera. ■ F. supran. Lugar donde crecen los bejucos; bejuquero.

bejuquero. ■ M. supran. Lugar donde crecen los bejucos; bejuquera.

bejuquilla. ■ F. **1.** supran. Grupo de serpientes originarias de América, de hasta 2 m de longitud; con cuerpo delgado y alargado al igual que la cabeza y el hocico; este último, tres o más veces más largo que el diámetro del ojo; de coloración desde café claro hasta gris amarillento; arborícolas; diurnas; ovíparas; habitan desde bosques secos hasta bosques tropicales muy húmedos. Familia de los colúbridos del orden Squamata, varias especies del género *Oxybelis*. || **2.** supran. Individuo de la **bejuquilla**.

bekech. [*bekésh*] ■ ADJ. **1.** *En Yucatán, referido a persona*, exageradamente delgada y enjuta: "Tu prima quedó muy bekech después de su enfermedad". ■ COM. **2.** *En Yucatán*, persona exageradamente delgada y enjuta: "Tu prima es una bekech, hasta parece enferma".

belduque. ■ M. supran. Cuchillo grande de hoja puntiaguda.

belén. ■ M. Hierba suculenta y frágil originaria de Asia, de hasta 60 cm de altura; hojas alternas, de ovadas a elípticas, enteras, con margen aserrado; flores hermafroditas, vistosas, con cinco pétalos de color rosado, blanco o morado y un cáliz con un espolón curvo evidente, solitarias o en grupos de tres, surgen de las axilas de las hojas; frutos en forma de cápsula elipsoidal, que al apretarse disparan las semillas; estas son numerosas, diminutas; uso ornamental. Familia de las balsamináceas, *Impatiens balsamina*. (También se llama balsamina).

bellaco, ca. ■ ADJ. supran. *Referido a una caballería*, difícil de gobernar: "El nuevo potro salió muy bellaco, no se deja montar".

bembiar. ■ INTR. *En Guerrero*, gastar alguien el tiempo en cosas vanas, con la intención de distraerse: "Antes bembiaba toda la tarde en las zapaterías".

bembo, ba. ■ ADJ. **1.** *Referido a persona*, tonta: "¡Ay, qué bemba eres! Me asustaste". Ú.t.c. sust.: "¡Ay, eres una bemba! Me asustaste". || **2.** supran. *Referido a persona*, de labios gruesos: "Vi a una muchacha muy bemba en el trabajo". Ú.t.c.sust.: "Vi a una bemba en el trabajo".

bembudo, da. ■ ADJ. supran. *Referido a persona*, de labios gruesos: "La niña bembuda es mi hija".

ben. ■ F. supran. Furgoneta con puertas laterales, de pasajeros o para transportar mercancías; van.

beneficiar. ■ TR. **1.** supran. *En el Sureste*, limpiar por dentro un ave u otro animal para consumirlo: "Guillermo ya benefició el pavo para el platillo". || **2.** supran. Procesar café, arroz o caña de azúcar para su venta: "En la finca se beneficia el café por año".

beneficio. ■ M. **1.** *En la minería*, lugar donde se procesa el mineral. || **2.** supran. Conjunto de instalaciones y máquinas donde se procesan productos agrícolas, como café, arroz o azúcar.

berlinesa. ■ F. supran. Pan dulce suave, redondo, de masa frita, relleno generalmente de crema pastelera y espolvoreado con azúcar.

berrear. ■ INTR. **1.** fam. Sonar una bocina estridentemente: "El modular berrea mucho, apáguenlo mejor". || **2.** supran. Manifestar enojo o queja una persona de manera desaforada: "Nada más berreas y ni te fijas quién lo hizo".

beso. ■ M. Pan dulce hecho de dos medias esferas de bizcocho suave unidas con mermelada y cubiertas de mantequilla y azúcar. ■ LOC. **~ de novia.** LOC. SUST. *En Puebla*, galleta pequeña hecha con harina de trigo, azúcar y nuez picada, espolvoreada con azúcar glas.

besucona. ■ F. Lagartija originaria de América, de hasta 10 cm de longitud; con terminación digital en dos lamelas, abruptamente agrandadas en forma de discos u hojas; su cola es relativamente corta, no más larga que el resto del cuerpo; tanto la cabeza como el resto del dorso están cubiertos por tubérculos quillados esparcidos y separados por escamas granulares; pupilas verticales; color de fondo va de café claro a café oscuro, con muchos puntos y manchas oscuras; región ventral de color amarillento o blanco; nocturna, trepadora; a menudo se alimenta de insectos; habita en regiones cálidas. Familia de los filodactílidos del orden Squamata, varios géneros y especies, como *Lepidodactylus lugubris, Phyllodactylus tuberculosus*. (También se llama cuija, geco, gecko, salamanquesa).

betabel. ■ ADJ. (Juego de palabras entre betabel y vetusto). **1.** fest. *Referido a persona*, vieja: "Mi abuelita ya está muy betabel". ■ M. **2.** Hierba originaria de Europa y cultivada en todo el mundo, de hasta 60 cm de altura; raíces carnosas y globosas, de color rojo; tallos reducidos o ausentes; hojas con peciolos largos rojos, alternas, en roseta en la base, de color verde brillante con tonos de rojizos a morados, enteras o con margen sinuado; flores hermafroditas, pequeñas, verdosas, agrupadas en tres o más flores sobre espigas terminales; frutos capsulares, pequeños, globosos; una o tres semillas, globosas, de color rojizo a negro. Familia de las amarantáceas, *Beta vulgaris*. (También se llama acelga silvestre, remolacha). || **3.** Raíz del **betabel**; comestible; uso como colorante. || **4.** (Juego de palabras entre betabel y vetusto). fest. Persona vieja: "Mi abuelita ya es un betabel". ■ COM. (Juego de palabras entre betabel y vetusto). **5.** fest. Persona vieja: "Mi abuelita ya es una betabel".

betún. ■ M. supran. Mezcla de azúcar y claras de huevo batidas, con que se cubren muchas clases de pasteles y dulces.

bibi. ■ AMB. fam. Biberón: "El pequeño pidió otro bibi".

bichar. ■ TR. *En el Noroeste,* desnudar: "La mamá bichó al niño para bañarlo".
bicherío. ■ M. supran. Abundancia de animales pequeños, generalmente insectos, que resultan molestos.
bichi. ■ ADJ. *En el Noroeste, referido a persona,* desnuda: "El niño bichi se metió al río a nadar".
bichicori. ■ ADJ. **bichi.**
bicho, cha. ■ M. y F. Gato: "Se me olvidó comprar la arena de la bicha".
bichola. ■ F. vulg. *En el Noroeste,* pene.
bicholi. ■ M. **1.** *En Oaxaca,* bejuco originario de México, de hasta 35 m de longitud, monoico; tallos de cilíndricos a subcilíndricos, con corteza agrietada; hojas simples, alternas, oblongas o cordiformes, con pelos de apariencia aracnoide en ambas caras, de consistencia papirácea o cartácea, con margen denticulado o dentado; flores bisexuales o unisexuales, amarillentas, diminutas, las unisexuales con estambres bien desarrollados y pistilos reducidos, flores dispuestas en panículas densas, dispuestas en las axilas de las hojas; frutos en bayas orbiculares, de color verde a púrpura oscuro en la madurez; generalmente con dos semillas por fruto, diminutas, piriformes, ligeramente curveadas. Familia de las vitáceas, *Vitis tiliifolia.* (También se llama bejuco blanco, pichol, sanalotodo, uva cimarrona). || **2.** *En Oaxaca,* tallo del **bicholi**; uso en la medicina tradicional. || **3.** *En Oaxaca,* fruto del **bicholi**; uso en la industria vinícola y en la medicina tradicional. || **4.** *En Oaxaca,* semilla del **bicholi**; uso como oleaginosa y en la producción de harina.
bicicletero, ra. ■ ADJ. **1.** Que no cumple con las expectativas: "Ésta es una papelería bicicletera, no encuentras nada". || **2.** supran. Perteneciente o relativo a la bicicleta: "Fue difícil encontrar las refacciones bicicleteras". ■ M. y F. **3.** supran. Persona que se dedica a reparar o armar bicicletas.
bicicleto, ta. (Juego de palabras entre bicicleta y bisexual). ■ ADJ. fest. *Referido a persona,* bisexual. Ú.t.c.sust.
bicimoto. ■ F. supran. Bicicleta con motor de pequeña cilindrada, que no puede alcanzar mucha velocidad; ciclomotor.
bicla. ■ F. supran. fam. Bicicleta.
bien. ■ LOC. **~ mancomunado.** LOC. SUST. Patrimonio conyugal de propiedad compartida. ▶ **~ parado.** LOC. ADJ. supran. *Referido a persona,* que se encuentra en una situación favorable: "Tu prima está bien parada con la nueva administración". ▶ **~ quién sabe cómo.** LOC. ADJ. *Referido a persona,* rara: "Tu primo es bien quién sabe cómo, nunca quiere ir a las fiestas". ▶ **~ sabe cómo.** LOC. ADV. coloq. Mal: "No vino porque se siente bien sabe cómo". ▶ **~ separado.** LOC. SUST. Patrimonio exclusivo de uno de los cónyuges. ▶ **bienes mancomunados.** LOC. SUST. Régimen económico en virtud del cual los cónyuges comparten la titularidad y libre disposición de las propiedades adquiridas durante el matrimonio. ▶ **bienes separados.** LOC. SUST. Régimen económico en virtud del cual cada cónyuge conserva la titularidad y libre disposición de las propiedades adquiridas antes del matrimonio y de las que adquiera durante este. ■ EXPR. **~ bajado ese balón.** Se usa para felicitar enfáticamente a alguien por conseguir algo deseado contra todas las expectativas: "—Nos ahorramos un millón en la negociación. —¡Bien bajado ese balón!". ▶ **~ jugado ese balón.** coloq. **bien bajado ese balón.**
bienquevaya. ■ M. Son que se toca, canta y baila tradicionalmente en las topadas, después de interpretarse una poesía y un decimal.
bienteveo. ■ M. supran. Ave originaria de América, de hasta 25 cm de longitud; con plumaje amarillo intenso en pecho y abdomen; garganta de color blanco, dorso de color café verdoso con dos franjas blancas a modo de cejas; se alimenta principalmente de insectos. Familia de los tiránidos del orden Passeriformes, *Pitangus sulphuratus.* (También se llama chalangandina, chepitofué, comechile, cristofué, justofué, luis bienteveo).
bigote. ■ M. Pan dulce elaborado con masa hojaldrada, de forma alargada, más grueso en el centro; suele rellenarse con cajeta, chocolate, mermelada o crema pastelera. ■ LOC. **~ aguamielero.** LOC. SUST. fam. El que es largo y delgado. ▶ **~ panochero.** LOC. SUST. fam. El que es largo y grueso.
bigotillo. ■ M. Arbusto originario de América, de hasta 3 m de altura; troncos delgados y lisos; hojas bipinadas, de 2 a 4 cm de largo, con

B

tres a diez pares de pinas, con seis a diez pares de foliolos; flores en racimos, de 2 cm de largo, cada flor con cinco pétalos amarillos, anaranjados o rojos; frutos legumbres, alargados, de 6 a 12 cm de largo, de color café; uso ornamental y en la medicina tradicional. Familia de las leguminosas, *Caesalpinia pulcherrima*. (También se llama chacalsúchil, chacalxóchitl, chachalcahuite, sirundanicua, tabachín).

bigotona. ■ F. despect. Lesbiana.

biker. [*báiker*] ■ M. supran. Pantalón elástico deportivo, muy pegado al cuerpo, que llega hasta la rodilla.

bilé. ■ M. Lápiz labial.

bilet. [*bilé*] ■ M. **bilé.**

bilimbique. ■ M. Papel moneda emitido durante el movimiento constitucionalista de 1913 a 1916.

bilioso, sa. ■ ADJ. *Referido a persona,* que padece ictericia: "Un paciente bilioso entró al consultorio". Ú.t.c.sust.: "Un bilioso entró al consultorio".

bilis. ■ LOC. **~ derramada.** LOC. SUST. **1.** Estado o condición debida a un exceso de secreción de bilis: "Fue al doctor por la bilis derramada". || **2.** Enojo o susto muy fuerte: "Tu noticia me causó una bilis derramada".

billarda. ■ F. supran. Trampa para cazar lagartos.

billelle. ■ M. **billullo.**

billete. ■ M. supran. fam. Dinero. ■ LOC. **~ chico.** LOC. SUST. El que es de una denominación menor a doscientos pesos. ▷ **~ grande.** LOC. SUST. El que es de una denominación mayor a doscientos pesos.

billeteada. ■ F. **1.** Soborno. || **2.** supran. Logro de mucho billete o dinero que hace alguien, generalmente con un negocio.

billetear. ■ TR. **1.** supran. Sobornar a alguien. ■ INTR. **2.** Hacer alguien mucho billete o dinero, generalmente con un negocio: "Billetearon cuando pusieron un restaurante".

billetero, ra. ■ M. y F. supran. Persona que se dedica a vender billetes de lotería.

billetiza. ■ F. supran. Gran cantidad de dinero.

billetudo, da. ■ ADJ. supran. *Referido a persona*, adinerada: "Remigio es muy billetudo por sus negocios". Ú.t.c.sust.: "Remigio es un billetudo por sus negocios".

billullo. ■ M. supran. fest. Dinero.

bimbalete. ■ M. **1.** Palanca con que se da juego al émbolo de una bomba aspirante; guimbalete. || **2.** Palo redondo que sirve, generalmente, para sostener tejados. || **3.** Pieza alargada puesta en equilibrio en un punto de apoyo, sobre la cual se balancean dos personas sentadas cada una en un extremo; balancín.

bingarrote. ■ M. Aguardiente destilado del binguí.

binguí. ■ M. Bebida que se elabora con las cabezas de maguey, asadas y fermentadas.

biósfera. ■ F. **1.** supran. Conjunto de los seres vivos del planeta Tierra; biosfera. || **2.** supran. Conjunto de los medios donde se desarrollan los seres vivos; biosfera.

bipear. ■ TR. **1.** supran. Enviar mensajes a alguien por medio de un bíper: "Bipearon al contratista para iniciar la obra". ■ INTR. **2.** supran. Comunicarse por medio de un bíper: "Hace algunos años bipeábamos para estar en contacto".

bíper. ■ M. supran. Aparato portátil que recibe mensajes y emite notificaciones sonoras; buscapersonas.

birich. ■ ADJ. *En Quintana Roo, referido a algo,* de mala calidad. "Esta falda es birich, no te la compres".

birlo. ■ M. **1.** Tornillo de cabeza plana y poligonal que sirve para fijar el rin a la rueda de un vehículo. || **2.** Tuerca cerrada que se asegura al vástago encordado que sobresale del tambor de un vehículo. ■ LOC. **~ de seguridad.** LOC. SUST. Cada uno de los tornillos con que se fija el rin a la rueda y que no se pueden aflojar fácilmente.

birlocha. ■ F. pop. Prostituta.

birolo, la. ■ ADJ. **1.** fam. Chiflado: "Ese muchacho birolo tiene al menos tres días dando vueltas por la misma calle". || **2.** supran. fam. Bizco: "El cantante me parece muy guapo, el problema son sus ojos birolos".

bironga. ■ F. supran. fam. Cerveza.

birote. ■ M. **1.** Pan blanco ovoide de unos 15 cm de largo, hecho de harina de trigo, levadura y sal, semejante al bolillo. || **2.** fam. Asunto: "¿Se resolvió el birote en tu trabajo?".

birria. ■ F. **1.** Guiso elaborado con carne, especialmente de chivo, chile guajillo y especias; se sirve con limón, cebolla, lechuga y cilantro picados. || **2.** Barbacoa de borrego o de chivo. || **3.** Establecimiento donde se vende

birria. ■ LOC. **~ tatemada.** LOC. SUST. La elaborada con carne previamente asada o frita.

birriería. ■ F. Establecimiento donde se vende birria.

birriondo, da. ■ ADJ. *Referido a persona*, promiscua. Ú.t.c.sust.

bisagra. ■ F. **1.** Tabla de madera para cortar la carne para tacos. || **2.** fest. Axila.

bisbirindo, da. ■ ADJ. **1.** Que no se destaca; regular: "Estos tamales están bisbirindos". || **2.** supran. *Referido a alguien*, vivaracho: "Alicia tiene muchos amigos en todos lados porque es muy bisbirinda". || **3.** supran. *Referido a persona*, coqueta: "Tu hermano es muy bisbirindo con las vecinas". Ú.t.c.sust.: "Tu hermano es un bisbirindo con las vecinas".

bisbirulo, la. ■ ADJ. **1.** fam. *Referido a alguien*, travieso: "Por fin se estuvieron quietos los chamacos bisbirulos". ■ M. **2.** fam. Travesura.

bisne. ■ M. **bisnes.**

bisnear. ■ INTR. Hacer alguien dinero con un negocio: "Los cocineros bisnean muy bien en las ciudades turísticas".

bisnero, ra. ■ ADJ. **1.** Perteneciente o relativo al bisnes o dinero: "Hoy salió un artículo sobre las empresas bisneras". || **2.** *Referido a persona*, hábil para los negocios: "Jerónimo es muy bisnero desde niño". Ú.t.c.sust.: "Jerónimo es un bisnero desde niño".

bisnes. ■ M. **1.** supran. Transacción comercial que, generalmente, deja buenas ganancias; negocio: "Traigo un buen bisnes con Raúl". || **2.** supran. Dinero. "Todavía no hay bisnes para las becas". || **3.** supran. Relación amorosa: "Tengo un bisnes con esa chava". || **4.** supran. Materia de que se trata; asunto: "Hay bisnes que te quitan mucho tiempo".

bísquet. ■ M. Pan redondo de sabor ligeramente salado, abrillantado en la parte superior.

bistec. ■ M. fam. Moretón en el rostro.

bitachi. ■ F. *En Sonora*, avispa.

bitácora. ■ F. **1.** Libro donde se lleva el registro de cualquier actividad. || **2.** *En el Noroeste*, lámpara de petróleo. ■ LOC. **~ de trabajo.** LOC. SUST. Libro donde se lleva el registro de cualquier actividad; bitácora.

bítamo. ■ M. supran. Arbusto de amplia distribución en el este de México, de hasta 3 m de altura; tallos numerosos, carnosos; hojas alternas, carnosas, de aovadas a oblongas; flores pequeñas, en cabezuelas dentro de unas brácteas rojas con forma de zapatilla; frutos, en cápsulas de tres lóbulos; uso en la medicina tradicional. Familia de las euforbiáceas, *Pedilanthus tithymaloides*. (También se llama ponopinito).

bitoque. ■ M. **1.** Llave para regular el paso de los líquidos. || **2.** Contrapeso que se adosa bajo el cañón de las armas de fuego largas para equilibrarlas. || **3.** supran. Cánula de una jeringa. || **4.** supran. Boquilla fina y alargada a modo de cánula con espita, que se introduce en el ano para practicar una lavativa. ■ LOC. **~ de lavativa.** LOC. SUST. Persona sumamente molesta por su insistencia: "El nuevo jefe es un verdadero bitoque de lavativa".

biyuyo. ■ M. **billullo.**

bizarro, rra. ■ ADJ. **1.** Anormal: "Estos gatos nacieron bizarros". || **2.** Feo: "Ella dijo que su traje de novia estaba bien bizarro". || **3.** Grotesco: "Tu comportamiento bizarro alejó a María". || **4.** supran. Raro: "La película estuvo muy bizarra".

bizbirindo, da. ■ ADJ. **bisbirindo, da.**

bizcocho, cha. ■ ADJ. (Juego de palabras entre bizcocho y bizco). **1.** supran. fest. *Referido a alguien*, estrábico; bizco. ■ M. y F. **2.** supran. fam. Persona bien parecida y atractiva. ■ M. **3.** supran. vulg. Órgano sexual femenino.

bizcorneto, ta. ■ ADJ. supran. fest. Estrábico; bizco. Ú.t.c.sust.

biznaga. ■ F. **1.** Nombre genérico de varios cactus espinosos o no, de forma esférica. Varios integrantes de los géneros *Echinocactus*, *Ferocactus*, *Lophophora* y *Melocactus*. || **2.** Cualquiera de los individuos de la **biznaga**. || **3.** Tallo de la **biznaga**; comestible. ■ LOC. **~ barril de Puebla.** LOC. SUST. fam. Cactus originario de México, de hasta 60 cm de altura, monoico; tallos de ovoides a cilíndricos, verdes oscuros, costillas numerosas, delgadas, tuberculadas; areolas distantes entre sí, espinas radiales erectas, espinas centrales subuladas, ligeramente aplanadas, de color castaño rojizo; flores hermafroditas, vistosas, en forma de embudo, de color rosado a ligeramente violáceo; frutos abayados, elipsoides, amarillos, escamas semicirculares, pequeñas y ciliadas; semillas numerosas, ovoides, negras. Familia de las cactáceas, *Ferocactus haematacanthus*. (También se llama limilla). ▶ **~ burra.** LOC.

SUST. fam. Cactus originario de México, de hasta 1.5 m de altura, monoico; tallos de globosos a cilíndricos, de color verdoso, con muchas costillas, con espinas de color amarillo; flores hermafroditas, de color amarillo a dorado, con muchos tépalos y estambres, agrupadas de cinco o más en el ápice del tallo; frutos abayados, redondos, de color amarillo verdoso y cubiertos con una lana blanquecina; semillas numerosas, muy pequeñas, negras; uso ornamental. Familia de las cactáceas, *Echinocactus platyacanthus*. (También se llama asiento de suegra).

bla. ■ M. Discurso largo y sin sustancia, y a veces con tonterías o desatinos; blablablá.

blanca. ■ F. **blancanieves.**

blancanieves. ■ F. supran. jerg. Cocaína.

blanco. ■ LOC. **~ de Pátzcuaro.** LOC. SUST. Pez endémico de este lugar de Michoacán, de hasta 40 cm de longitud; dulceacuícola; con cuerpo grácil y alargado, comprimido y fusiforme; cabeza grande y triangular; mandíbula inferior proyectada ligeramente sobre el hocico; boca terminal y hocico no muy agudo; aletas pectorales redondeadas o ligeramente agudas, de coloración plateada, con una vistosa y amplia banda lateral; carnívoro; ovíparo. Familia de los aterinópsidos del orden Ateriniformes, *Chirostoma estor*. ▶ **~ mexicano.** [*mejikáno*] LOC. ADJ. *Referido a un color*, semejante al de los huesos: "Compré mosaico blanco mexicano para la cocina nueva".

blancuchento, ta. ■ ADJ. supran. Blancuzco: "El pan quedó todo blancuchento y no me gustó".

blandita. ■ F. *En Oaxaca*, tortilla grande y maleable.

blandura. ■ F. vulg. Diarrea.

blanqueada. ■ F. supran. *En el beisbol*, victoria en un juego sin permitir al contrario anotar carreras.

blanqueador. ■ M. supran. Solución comercial de hipoclorito de sodio que se emplea para desinfectar y blanquear; cloro.

blanquear. ■ TR. supran. *En el beisbol*, ganar un juego sin permitir al contrario anotar carreras: "Nuestro equipo blanquea a los contrincantes todo el tiempo".

blanquillo. ■ M. **1.** supran. Huevo de gallina. || **2.** supran. vulg. Testículo.

blanquizal. ■ M. *En Quintana Roo*, parte del cuero cabelludo que es muy visible después de haberse cortado el pelo.

bledo. ■ M. **1.** supran. Hierba originaria de América, de hasta 2 m de altura, monoica; tallos rojizos con estrías longitudinales; hojas alternas y helicoidales, enteras, de ovadas a lanceoladas, verdes, a veces teñidas de rojo, membranáceas; flores hermafroditas, diminutas, con cinco tépalos de color verde, dispuestas sobre largas espigas; frutos capsulares, globosos o subglobosos, pequeños, de apertura transversal; semilla única, aplanada, de globosa a ovoide, de color café rojizo a negro; uso forrajero y en la medicina tradicional. Familia de las amarantáceas, *Amaranthus hybridus*. (También se llama amaranto silvestre, chichimeca, quelite, quiltonil, quintonil). || **2.** supran. Rama del **bledo**; comestible.

blof. ■ ADJ. **1.** supran. fam. *Referido a persona*, fanfarrona; blofero: "Mi compañero blof les cae mal a todos mis amigos". || **2.** supran. fam. *Referido a persona*, que hace amagos con la intención de engañar; blofero: "El niño blof otra vez me timó". ■ M. **3.** supran. fam. Fanfarronada. || **4.** supran. fam. Amago que se hace con la intención de engañar a alguien. ■ COM. **5.** supran. fam. Persona fanfarrona; blofero: "Guadalupe es una blof, les cae mal a todos mis amigos". || **6.** supran. fam. Persona que hace amagos con la intención de engañar; blofero: "El blof otra vez me timó, aunque sea un niño chiquito".

blofe. Véase **blof.**

blofeador, ra. ■ ADJ. **blofero, ra.**

blofear. ■ INTR. **1.** supran. fam. Fanfarronear: "Siempre blofeas con Josefina para impresionarla". || **2.** supran. fam. Hacer un amago con la intención de engañar a alguien: "Hermenegildo blofeó toda la fiesta, solo me quería asustar".

blofero, ra. ■ ADJ. **1.** supran. fam. *Referido a persona*, fanfarrona: "Mi compañero blofero les cae mal a todos". Ú.t.c.sust.: "Mi compañero es un blofero, les cae mal a todos". || **2.** supran. fam. *Referido a persona*, que hace amagos con la intención de engañar: "El niño blofero otra vez me timó". Ú.t.c.sust.: "El blofero otra vez me timó".

blufear. ■ INTR. **blofear.**

blusa. ■ LOC. **~ pachuqueña.** LOC. SUST. *En la charrería,* la que emplean los charros, entallada y con mancuerna en el cuello para ajustarse.

boa. ■ F. *En Sinaloa,* anzuelo para pescar.

bobby pin. [*bóbi pín*] ■ M. *En el Norte,* objeto metálico delgado doblado sobre sí mismo que se emplea para sujetar el cabello; pasador.

bobo. ■ M. Ave de distribución desde el noroeste de México hasta el este de Guatemala, de hasta 50 cm de longitud; de color azul verde con la corona café; alas con dos raquetas terminales cuyo movimiento simula un péndulo. Familia de los momótidos del orden Coraciiformes, *Momotus mexicanus.* (También se llama momoto mexicano, pájaro cú, pájaro raqueta, pájaro reloj, tolobojo, turco).

bobox. [*bobósh*] ■ M. **1.** *En el Sureste,* trasero de una persona. || **2.** *En el Sureste,* rabadilla.

boca. ■ LOC. **~ de carretonero.** LOC. ADJ. **boca de verdulero.** ▶ **~ de verdulero.** LOC. ADJ. *Referido a persona,* que usa groserías constantemente: "Ese muchacho maleducado es muy boca de verdulero". ▶ **~ floja.** LOC. ADJ. supran. *Referido a persona,* indiscreta: "Ten cuidado con Isabel porque es muy boca floja". ▶ **~ suelta.** LOC. ADJ. **boca floja.** ■ EXPR. **que la ~ se te haga chicharrón.** Se usa para callar a quien pronostica posibles males o para que sus presagios no se cumplan: "—Yo creo que Armando se va a enfermar gravemente. —Que la boca se te haga chicharrón".

bocabajear. ■ TR. **1.** Derrotar: "El boxeador bocabajeó al rival con un solo golpe". || **2.** Humillar: "Se separaron porque ella lo bocabajeaba en público".

bocadillo. ■ M. **1.** Canapé. || **2.** supran. Dulce hecho de leche, huevo, azúcar y coco.

bocado. ■ M. *En Sinaloa,* carnada para pescar.

bocafloja. ■ ADJ. **1.** supran. *Referido a persona,* indiscreta; boca floja: "Ten cuidado con Luis porque es muy bocafloja". ■ COM. **2.** supran. Persona indiscreta; boca floja: "Ten cuidado con Luis porque es un bocafloja".

bocamanga. ■ F. Abertura longitudinal en el centro de una manta o sarape, por donde se introduce la cabeza.

bocasuelta. ■ ADJ. **1.** supran. *Referido a persona,* chismosa o que divulga secretos; boca suelta: "Manuel es muy bocasuelta". ■ COM. **2.** supran. Persona chismosa o que divulga secretos; boca suelta: "Mi tía se enteró de todo porque un bocasuelta entrometido se lo dijo".

bochi. ■ M. *En Chiapas,* recipiente hecho con el fruto seco del morro, que se utiliza para beber pozol.

bochil. ■ M. **1.** *En Chiapas,* árbol originario de América, de hasta 40 m de altura, monoico; troncos de hasta 14 m de diámetro; hojas dispuestas en espiral, finamente divididas en múltiples foliolos lineares; conos unisexuales: los conos masculinos, diminutos, agrupados en espigas péndulas, los conos femeninos, globosos y leñosos; semillas pequeñas, aladas; crece en lugares donde abunda el agua; uso ornamental. Familia de las cupresáceas, *Taxodium mucronatum.* (También se llama ahuehuete, sabino, yucundatura). || **2.** *En Chiapas,* rama del **bochil**; uso ceremonial y en la medicina tradicional.

bochinche. ■ M. supran. Lío o alboroto.

bochinchero, ra. ■ ADJ. supran. fam. *Referido a persona,* que provoca bochinches o líos: "Juliana es tan bochinchera que adonde llega arma problemas". Ú.t.c.sust.: "Juliana es una bochinchera de lo peor, adonde llega arma problemas".

bocina. ■ F. **1.** Auricular del teléfono. || **2.** (Juego de palabras entre bocina y boca). fest. Boca. || **3.** supran. Parte a la que se acerca la boca al hablar, para recoger la voz, en un aparato telefónico.

bocol. ■ M. *En la Huasteca,* tortilla gruesa y pequeña hecha con masa de maíz, mezclada con manteca de cerdo; se sirve abierta en el borde y rellena de algún guisado o queso. ■ LOC. **~ pinto.** LOC. SUST. *En la Huasteca,* el que se prepara con masa de maíz mezclada con frijoles negros. ▶ **~ verde.** LOC. SUST. *En Veracruz,* el que se prepara con chile verde y cilantro.

bocón, na. ■ ADJ. **1.** *Referido a persona,* que no cumple con lo que dice: "El muy bocón se retractó de la apuesta". Ú.t.c.sust.: "El bocón se retractó de la apuesta". || **2.** supran. *Referido a persona,* protestona: "Eres un tipo bocón y siempre crees tener la razón". Ú.t.c.sust.: "Eres un bocón y siempre crees tener la razón". || **3.** supran. *Referido a persona,* chismosa:

"Eres muy bocona, no tenías por qué contar nada a nadie". Ú.t.c.sust.: "Eres una bocona, no tenías por qué contar nada a nadie". || **4.** supran. Propio de la persona **bocona**: "Tienes una forma de ser muy bocona, por eso caes mal".

bodega. ■ F. **1.** Tienda grande, principalmente de alimentos, productos del hogar y ropa. || **2.** supran. Almacén, local donde se depositan géneros, especialmente mercancías. || **3.** supran. Abacería, puesto o tienda donde se venden al por menor aceite, vinagre, legumbres secas, bacalao, entre otros.

bodegaje. ■ M. **1.** supran. Almacenamiento de mercancías en bodegas o locales especiales, destinados para este fin. || **2.** supran. Cantidad de dinero que se cobra por almacenar bienes en una bodega.

bodoque. ■ ADJ. **1.** supran. fam. *Referido a persona*, gorda, pesada y poco ágil: "Estoy muy bodoque desde que dejé de ir al gimnasio". ■ M. **2.** supran. fam. Objeto excesivamente voluminoso. || **3.** supran. fam. Hinchazón de forma redonda en cualquier parte del cuerpo. || **4.** supran. fam. Chichón. || **5.** supran. fam. Porción de cualquier material blando, generalmente tela o papel, en forma de pelota. ■ COM. **6.** supran. fam. Persona gorda, pesada y poco ágil: "Soy toda una bodoque desde que dejé de ir al gimnasio". || **7.** supran. afect. Persona querida, especialmente un niño pequeño: "Ya dejé a mi bodoque bien peinadito en la escuela".

bodorria. ■ F. fam. Fiesta de bodas; bodorrio.

bofe. ■ M. **1.** jerg. Boxeador. || **2.** jerg. Boxeo.

bofetiza. ■ F. Serie de golpes que se da con la mano abierta en la mejilla de alguien; cachetiza.

bofo, fa. ■ ADJ. **1.** supran. Liviano: "La madera bofa de ese árbol sirve para hacer juguetes". || **2.** supran. Hueco: "Hay que tirar todas las nueces bofas".

bóiler. ■ M. supran. Calentador de agua doméstico, alimentado con leña, gas o electricidad.

boinas. ■ INTERJ. Se usa para expresar sorpresa y enojo: "¡Boinas! ¿A poco se pelearon?".

bojote. ■ M. *En Quintana Roo*, lío o envoltorio grande, generalmente de ropa.

bola. ■ F. Véase **bolo, la.**

bolán. ■ M. *En Yucatán*, calesa.

bolea. ■ F. Puñetazo.

boleada. ■ F. Lustre de calzado.

boleado. ■ M. **boleada.**

boleador, ra. ■ M. y F. Limpiabotas; bolero.

bolear. ■ TR. **1.** Lustrar un calzado: "El señor boleó los zapatos en tiempo récord". ■ INTR. **2.** supran. *En el volibol*, tocar la pelota con los dedos abiertos de las dos manos para elevarla en diferentes jugadas; volear: "En la siguiente rotación, yo saco y tú boleas, ¿no?".

bolenco, ca. ■ ADJ. supran. coloq. *Referido a persona*, borracha: "Después de la fiesta, Miguel llegó muy bolenco". Ú.t.c.sust.: "Miguel es un bolenco, así regresó de la fiesta".

bolera. ■ F. Véase **bolero, ra.**

bolería. ■ F. Establecimiento dedicado a la limpieza, arreglo y brillo de los zapatos.

bolero, ra. ■ M. y F. **1.** Limpiabotas. ■ F. **2.** Chaqueta corta que se usa por arriba de la cintura. || **3.** Caja donde se apoya el pie para que el calzado sea boleado o lustrado por el limpiabotas. || **4.** Máquina que en las labores de tejer o hilar sirve para devanar la madeja o engrosarla enrollando el hilo. || **5.** Mueble auxiliar para el juego de billar, consistente en unos estantes especialmente concebidos para alojar las bolas según se van eliminando de la mesa o para guardarlas una vez terminada la partida. || **6.** Bolsa de tejido grueso y absorbente que en el juego del boliche se utiliza para transportar, limpiar y guardar la bola. || **7.** coloq. *En Chiapas*, borrachera.

boleta. ■ F. **1.** Papeleta para votar en unas elecciones. || **2.** Papeleta de calificaciones. ■ LOC. **~ de empeño.** LOC. SUST. Resguardo que se da a quien empeña algo para que pueda rescatarlo mediante el pago de la cantidad convenida. ▷ **~ electoral.** LOC. SUST. Papel impreso en donde los votantes, en las elecciones de cargos públicos, marcan el candidato o partido de su elección.

boletaje. ■ M. supran. Conjunto de billetes o boletos que permiten el acceso a un teatro, un estadio, un autobús, etcétera.

boletería. ■ F. supran. Lugar donde se venden las entradas para un espectáculo.

boletero, ra. ■ M. y F. **1.** Persona que se dedica a revisar los boletos de los pasajeros en distintos medios de transporte. || **2.** supran. Persona que se dedica a vender boletos.

boletinar. ■ TR. **1.** Insertar una nota en un boletín: "Por favor, boletina el anuncio de la junta". || **2.** Reportar negativamente algo o a alguien: "Ya boletinamos la fuga de agua". || **3.** Divulgar un dato o noticia: "El administrador boletinó el robo de las herramientas en el edificio". || **4.** Someter alguien a una persona a diligencias averiguadoras para verificar si cometió irregularidad o delito en sus funciones laborales: "No entiendo por qué me boletinaron, si siempre cumplo con mi trabajo".

boleto. ■ M. **1.** Documento que sirve para dar el derecho de entrar a un evento o para viajar en un transporte; billete: "Compré dos boletos para el concierto". || **2.** fam. Asunto: "Puedes dominar otro idioma, pero apreciar un chiste es otro boleto". || **3.** fam. Lío, problema: "Fuimos testigos de un robo y nos trajeron a declarar. ¡En qué boleto nos metimos!". || **4.** *En una competición deportiva*, calificación para la siguiente fase o para la final: "Los Tuzos perdieron el boleto a la final frente a los Pumas". ■ LOC. **~ redondo.** LOC. SUST. El que cubre la ida y la vuelta. ▷ **de ~.** LOC. ADV. fam. De inmediato; enseguida: "Tráeme la comida de boleto, tengo mucha hambre".

boli. ■ AMB. Golosina congelada hecha de agua de diversos sabores y colores, contenida en pequeñas bolsas de plástico de forma cilíndrica: "Hace mucho calor, se me antoja un boli".

boliche. ■ F. Canica.

boligoma. ■ F. Pelota pequeña que rebota muy alto.

bolillo, lla. ■ M. y F. **1.** fam. Persona estadounidense. || **2.** fam. Persona alta y rubia. ■ M. **3.** Pan blanco ovoide de unos 15 cm de largo, hecho de harina de trigo, levadura y sal; suave y esponjoso por dentro y quebradizo por fuera. || **4.** Juego en el que se usan dos palos de madera. Uno corto, como de 20 a 30 cm, con punta en ambos extremos, y otro, mucho más largo y que sirve de *bat*. El corto se coloca en el suelo y con el largo se golpea en una de sus orillas haciendo que el corto se eleve. En el aire se intenta batearlo. De lograrlo, su contrincante debe cargar en la espalda al que lo bateó y llevarlo a donde cayó el palo corto. || **5.** Palo corto que se usa en el juego con el mismo nombre. || **6.** fam. Cosa mínima. || **7.** supran. Pan blanco de mesa. || **8.** supran. Palo pequeño y cilíndrico que se usa para tocar instrumentos de percusión.

bolinga. ■ F. **1.** Excremento en forma de pequeñas bolas. || **2.** *En el Noroeste*, gentío.

bolis. ■ M. **boli.**

bolito, ta. ■ ADJ. coloq. *En Chiapas, referido a persona*, que es alcohólica y suele pedir limosna: "Falleció el hombre bolito que se ponía enfrente de la iglesia". Ú.t.c.sust.: "Falleció el bolito que se ponía enfrente de la iglesia". ■ LOC. **bolita de masa.** LOC. SUST. fest. Lesbiana menor de edad.

bolívar. (Juego de palabras entre Bolívar y volar). ■ EXPR. **¡a ~!** fest. Se usa para echar a alguien de un lugar o rechazarlo de manera tajante: "Ya estuvo bueno de fiesta, ¡a bolívar todos!".

bollo. ■ M. **1.** Pan de sal, individual, de base redonda aplanada y parte superior semiesférica, usado generalmente para preparar hamburguesas. || **2.** Pan en forma de cubilete. || **3.** Pasta hecha de cacao molido y pinole. || **4.** supran. vulg. Órgano sexual femenino.

bolo, la. ■ ADJ. **1.** supran. *Referido a persona*, en continuo estado de ebriedad: "Samuel es muy bolo, siempre tiene problemas con su familia". Ú.t.c.sust.: "Samuel es un bolo, siempre tiene problemas con su familia". ■ M. **2.** Tarjeta de invitación a un bautizo católico. || **3.** Pequeño objeto decorativo que se ofrece como recordatorio en una celebración, generalmente un bautizo. || **4.** supran. Conjunto de monedas que el padrino de un bautizo regala a los niños asistentes, generalmente arrojándolas al aire. ■ F. **5.** Grupo de amigos: "Esa bola siempre está en la cafetería". || **6.** *En la Revolución mexicana*, grupo de seguidores de un caudillo: "Las adelitas eran parte de la bola". || **7.** supran. fam. Peso, unidad monetaria: "Las hojas cuestan cien bolas". || **8.** supran. coloq. Tumulto: "En quincena siempre hay una bola en el súper". || **9.** supran. coloq. Riña: "Se armó una bola en la calle". || **10.** supran. *En el beisbol*, lanzamiento malo del lanzador al bateador. ■ LOC. **(una) bola de.** LOC. ADJ. supran. Numeroso, abundante o intenso; mucho: "No puedo ir a la fiesta porque tengo una bola de trabajo pendiente". ▷ **bola de bosque.** LOC. SUST. Hongo originario de América, de forma globosa a piriforme, de hasta 5 cm de altura; de color blanco a café al madurar, con verrugas en la superficie; parte interna carnosa y esponjosa cuando inmaduro, polvorienta y pergaminosa al madurar; el polvo está formado por las esporas que son expulsadas por un poro formado en el ápice del hongo; comestible. Familia de las licoperdáceas, *Lycoperdon perlatum*. ▶ **bola de humo.** LOC. SUST. Maniobra inducida o situación utilizada por alguien como distracción o tapadera para desviar la atención de un asunto que le interesa ocultar: "El cambio de secretario solo fue una bola de humo para que nos olvidáramos del problema". ▶ **bola de rey.** LOC. SUST. Hierba originaria de Sudáfrica, de hasta 2 m de altura; tallos cuadrangulares; hojas opuestas, ovadas, enteras, con margen dentado; flores hermafroditas, tubulares, de color anaranjado, con cinco pétalos dispuestos en forma de labios, agrupadas en cabezuelas globosas a lo largo del tallo, que al caer las flores quedan como esferas espinosas; frutos en forma de pequeñas nueces; uso en la medicina tradicional. Familia de las lamiáceas, *Leonotis nepetifolia*. ▶ **de bolas.** LOC. ADV. Por la fuerza: "A Roberto lo sacaron del camión de bolas". ▶ **en bola.** LOC. ADV. supran. En grupo: "Vámonos en bola de vacaciones". ■ INTERJ. **¡bolas!** coloq. Se usa para expresar asombro: "¡Bolas! Otra vez subió el precio de la gasolina". ▶ **¡bolo!** fest. Se usa para hacer notar que a alguien se le cayeron monedas: "Cuando oímos ¡bolo!, todos ayudamos a recoger el dinero de la señora".

bolpoch. ■ M. *En Yucatán*, serpiente originaria de México y Centroamérica, de hasta 1 m de longitud; con cabeza grande bien diferenciada del cuello; cuerpo robusto; color dorsal de rojizo a anaranjado, con una serie definida de bandas dorsales de color café a anaranjado; con dos líneas claras bien definidas que se extienden desde la punta del hocico hacia atrás; ovovivípara; se alimenta de anfibios y roedores; venenosa. Familia de los vipéridos del orden Squamata, *Agkistrodon bilineatus*. (También se llama cantil, pichicuata, pichicuate, volpoch, wolpoch, zolcuate).

bolsa. ■ F. **1.** Objeto hueco de cuero, tela, material sintético, etc., con un cierre y un asa o correa, que se usa, generalmente, para llevar objetos personales; bolso. || **2.** supran. Bolsillo de las prendas de vestir. ■ LOC. **~ de aire.** LOC. SUST. Turbulencia que hace que un avión se mueva bruscamente en sentido vertical. ▶ **~ de dormir.** LOC. SUST. supran. Saco forrado o almohadillado que se usa para dormir dentro de él. ▶ **~ del mandado.** LOC. SUST. La hecha de rejilla de plástico, con dos asas, y generalmente de colores vivos.

bolsas. ■ F. PL. **3.** supran. vulg. Testículos.

bolsear. ■ TR. **1.** fam. Embaucar a alguien: "¡Me bolseas porque soy tu amiga!". || **2.** supran. Catear a alguien: "El policía bolseó a un individuo sospechoso". || **3.** supran. fam. Tomar algo ajeno como si fuera propio con evidente abuso: "Mi prima bolsea mis blusas porque somos de la misma talla". || **4.** supran. fam. Robar subrepticiamente el dinero de la bolsa de una persona: "En el metro me bolsearon, no sentí cuando me sacaron la cartera". || **5.** supran. vulg. Acariciar lascivamente a una persona, generalmente un hombre a una mujer, sobre todo por encima de la ropa y casi siempre sin su consentimiento.

bolseo. ■ M. **1.** Fabricación de bolsas en grandes cantidades por medio de un proceso industrial. || **2.** Empaquetado en bolsa de un producto o un objeto, sobre todo en cantidades masivas y por medio de un proceso industrial. || **3.** Sistema de acopio y reconducción de agua de lluvia mediante zanjas en desnivel, para aprovechamiento agrícola. || **4.** Registro efectuado por alguien a una persona para saber si oculta objetos prohibidos; cacheo. || **5.** Robo o sustracción de una pertenencia que alguien lleva encima.

bolsero, ra. ■ M. y F. Ladrón de bolsos. ■ LOC. **bolsero yucateco.** LOC. SUST. *En el Sureste*, ave de hasta 20 cm de longitud; con pico alargado y puntiagudo; plumaje principalmente anaranjado y amarillento; alas con plumas negras y líneas blancas; cola y un parche en la garganta con plumas negras. Familia de los ictéridos del orden Passeriformes, *Icterus auratus*. (También se llama calandria dorso naranja, yuya).

bolsón, na. ■ ADJ. **1.** supran. fam. *Referido a persona*, perezosa: "No quiero hacer equipo con ellos, son muy bolsones". Ú.t.c.sust.: "No quiero hacer equipo con ellos, son unos bolsones". ■ M. **2.** supran. Cuenca entre montañas, relativamente circular, a veces atravesada por un río que permite su desagüe al exterior.

boludo, da. ■ ADJ. **1.** Que tiene protuberancias: "Esta almohada ya está boluda". ■ M. **2.** *En la marina*, marinero raso.

bomba. ■ F. **1.** Utensilio para destapar cañerías que consiste en una ventosa sujeta a un palo. || **2.** supran. Pompa de jabón. || **3.** supran. Ampolla que forma el agua por el aire que se le introduce. || **4.** supran. Globo pequeño de goma que se hincha con aire. || **5.** supran. Juego pirotécnico que al estallar en el aire produce luces de colores en forma de crisantemo. || **6.** supran. Camión cisterna de los bomberos. || **7.** supran. Copla con sentido humorístico o picaresco, que se declama en las jaranas. ■ LOC. **~ de aire.** LOC. SUST. **1.** La que sirve para inflar las llantas. || **2.** Barco grande de carga, de fondo plano y poco calado, que se utiliza en canales y brazos de mar. ■ INTERJ. **¡bomba!** *En Yucatán*, se usa para indicar la apertura o el cierre de cada una de las coplas del mismo nombre: "Ya no bailes, ya gritaron ¡bomba!".

bombear. ■ TR. **1.** coloq. *En Chiapas*, trasvasar repetidamente un líquido caliente para enfriarlo: "Bombea la leche para que te la puedas tomar y te vayas a la escuela". ■ INTR. **2.** supran. vulg. Practicar el coito.

bombearse. ■ TR. PRNL. **3.** vulg. Poseer sexualmente a alguien.

bomberazo. ■ M. **1.** Trabajo imprevisto y urgente que debe ser resuelto: "Me salió un bomberazo de último minuto y me perdí la final del torneo". || **2.** Resultado de un trabajo imprevisto: "El proyecto que presentó fue un bomberazo". || **3.** Persona que participa en algo de manera imprevista: "Marco fue el bomberazo para el cargo". ■ LOC. **de ~.** LOC. ADV. Con premura: "Tu libro se publicó de bomberazo".

bombero, ra. ■ M. y F. Persona que realiza bomberazos o trabajos imprevistos y urgentes que deben ser resueltos.

bombita. ■ F. *En Campeche*, artificio pirotécnico de entretenimiento, pequeño, de forma triangular, con mecha.

bombocha. ■ F. Canica de unos 2.5 cm de diámetro.

bombón. ■ M. Dulce suave y esponjoso, con textura chiclosa, generalmente de forma cilíndrica y de diversos colores tenues; malvavisco.

bon. ■ M. *En Quintana Roo*, pan de harina de trigo, de forma redonda o cuadrada, elaborado con levadura, anís, azúcar, relleno de pasas y barnizado con miel.

bonche. ■ M. coloq. Conjunto de cosas sin orden, unas encima de otras; montón: "Acomoda ese bonche de hojas, por favor". ■ LOC. **(un) ~ de.** LOC. ADJ. coloq. Numeroso, abundante o intenso; mucho: "Esa compañía teatral tiene un bonche de actores famosos".

bonda. ■ M. **1.** Arbusto suculento originario de México, de hasta 3 m de altura; tallos articulados, con pencas de forma circular u obovados, de color verde azuloso a grisáceo y con espinas amarillas; flores hermafroditas, con numerosos pétalos de color de verde a amarillo con tintes púrpuras; frutos en forma de baya globosa, de color blanco verdoso; semillas numerosas, discordes. Familia de las cactáceas, *Opuntia robusta*. || **2.** Fruto del **bonda**; comestible.

boné. ■ M. **1.** Árbol originario de México, de hasta 20 m de altura, dioico; tallos erectos, con corteza escamosa, amarillos parduzcos, con un exudado que se torna azul verdoso al secarse, de sabor dulce; hojas simples, alternas o dispuestas en espiral, de oblongas a elípticas, con pubescencia en las axilas de las nervaduras en el envés; flores unisexuales, pequeñas y verdosas: las masculinas, glabras o ligeramente pubescentes, dispuestas en amentos, las femeninas, pubescentes, solitarias o dispuestas en pares; frutos drupáceos, de ovoides a globosos, lisos, de color verde oscuro y brillantes, cada uno con una sola semilla. Familia de las icacináceas, *Calatola laevigata*. (También se llama duraznillo, nuez calatola). || **2.** Fruto del **boné**; comestible; uso en la medicina tradicional.

bonete. ■ LOC. **~ de obispo.** LOC. SUST. Cactus originario de México, de hasta 1 m de altura, monoico; tallos globosos o columnares, solitarios o con muy poca ramificación, principalmente de cuatro a cinco costillas de color verde brillante, cubiertos de diminutas escamas peludas y blancas que le confieren una apariencia gris plateada, estas pueden ser pocas o abundantes, con o sin espinas, delgadas, arregladas en bolitas en las puntas de las costillas; flores hermafroditas, vistosas, con numerosos tépalos amarillos, solitarias o en grupos de pocas flores en el ápice de los tallos; frutos abayados, de color verde a rojizos, cubiertos de numerosas

B

escamas superpuestas, color café; semillas numerosas, pequeñas, de color café oscuro, brillantes; uso ornamental. Familia de las cactáceas, *Astrophytum myriostigma*. (También se llama cactus estrella, gorro de obispo, mitra).

bonetería. ■ F. Tienda donde se vende ropa interior, camisas y otras prendas de punto.

bongolona. ■ F. *En Quintana Roo*, canica grande de vidrio.

bongosero, ra. ■ ADJ. *Referido a persona*, jacarandosa y alegre: "El hombre más bongosero que me hace reír es mi tío". Ú.t.c.sust.: "Mi tío es un bongosero".

bono. ■ M. supran. Pago extra que se da como premio o incentivo. ■ LOC. **~ sexenal.** LOC. SUST. El que se da al final de un periodo de administración federal.

bonzo, za. ■ ADJ. *En Sinaloa*, tonto: "No seas tan bonzo, es una buena oportunidad de trabajo". Ú.t.c.sust.: "Eres un bonzo, se te fue la oportunidad de trabajo".

boquetero, ra. ■ M. y F. supran. jerg. Ladrón que roba haciendo boquetes o agujeros en techos o paredes, para poder entrar a una casa o un establecimiento.

boquiflojo, ja. ■ ADJ. **1.** supran. *Referido a persona*, indiscreta; boca floja: "El muchacho boquiflojo no pudo guardar el secreto". Ú.t.c. sust.: "El boquiflojo no pudo guardar el secreto". || **2.** supran. Propio de la persona **boquifloja**: "Su carácter boquiflojo me metió en problemas".

borcelana. ■ F. **1.** pop. Recipiente que se usa para evacuar el vientre y orinar, principalmente en el dormitorio; bacinica. || **2.** *En Chiapas*, plato hondo; tazón. || **3.** supran. pop. Porcelana.

bordo. ■ M. **1.** Estación de almacenamiento y tratamiento de basura y residuos. || **2.** Dique de pequeña o mediana capacidad, y de muy diversa factura, con que se retienen, desvían o conducen las aguas fluyentes, particularmente las provenientes de la lluvia o riadas. || **3.** Embalse de mediana capacidad previsto para contener sobre todo las aguas de lluvia o riadas. || **4.** supran. Elevación de palos, tierra y piedras que se hace a ambos lados de un río o quebrada para evitar inundaciones o para retener o estancar las aguas.

borlote. ■ M. Desorden con bullicio; morlote.

borlotero, ra. ■ ADJ. **1.** *Referido a persona*, que causa borlotes: "El vecino borlotero se peleó con los vigilantes del edificio". Ú.t.c.sust.: "El borlotero se peleó con los vigilantes del edificio". || **2.** *Referido a persona*, que es aficionada a los borlotes: "La vecina borlotera es insoportable". Ú.t.c.sust.: "La borlotera es insoportable".

borona. ■ F. supran. pop. Parte más pequeña y menuda del pan, que suele saltar o desmenuzarse al partirlo; migaja.

borrado. ■ M. y F. *Entre los coras de Nayarit*, persona caracterizada para participar en las ceremonias de la Semana Santa, haciendo desmanes y transgresiones simbólicas, para representar la persecución de Cristo.

borrarse. ■ INTR. PRNL. **1.** *Entre los coras de Nayarit*, caracterizarse para participar en las ceremonias de la Semana Santa, haciendo desmanes y transgresiones simbólicas, para representar la persecución de Cristo: "Mi familia se borró en las fiestas del año pasado". || **2.** supran. Irse una persona de un lugar: "Ojalá Manuel se borre pronto de la fiesta".

borrársele. ■ INTR. PRNL. **3.** Olvidarse alguien de algo: "Discúlpame, se me borró que tenía que pasar por ti a la oficina". ■ LOC. **~ el *cassette*.** [*kasét*] LOC. VERB. supran. Perder alguien la percepción de una cosa u olvidarse de ella: "Con la edad se le borra el *cassette* fácilmente".

borrasca. ■ F. supran. *En la minería*, carencia de mineral útil en el criadero.

borrega. ■ F. Véase **borrego, ga.**

borrego, ga. ■ M. y F. **1.** Persona que es llevada en autobús a un lugar para que participe en una manifestación o para que vote. ■ M. **2.** supran. Rumor falso, de contenido, por lo regular, escandaloso. ■ F. **3.** Chamarra con forro de lana de borrego. ■ LOC. **borrego cimarrón.** LOC. SUST. Mamífero de distribución en América del Norte, de hasta 2 m de longitud desde la punta de la nariz hasta la punta de la cola; con cuerpo robusto y patas fuertes; cabeza grande y ancha; orejas un poco puntiagudas; partes superiores de color café claro a oscuro, partes inferiores más claras; cuernos de los machos en forma de espiral que rodea las orejas y llega hasta los ojos; habita en climas desérticos y de relieve topográfico intrincado. Familia de los bóvidos del orden Artiodactyla, *Ovis canadensis*. (También se llama tajé).

boruca. ■ F. **1.** supran. Escándalo. || **2.** supran. Pelea.

boruquero, ra. ■ ADJ. **1.** *Referido a persona*, escandalosa: "Mi mamá es tan boruquera que grita al hablar". Ú.t.c.sust.: "La boruquera grita al hablar". || **2.** *Referido a persona*, pendenciera: "Expulsaron del partido al entrenador boruquero". Ú.t.c.sust.: "Expulsaron del partido al boruquero".

boruquiento, ta. ■ ADJ. **boruquero, ra.**

boshito, ta. Véase **boxito, ta.**

bosticar. ■ TR. supran. *En el Sureste*, decir algo entre dientes: "Como mi prima bosticaba el chisme, no pude entender lo que decía".

bota. ■ F. supran. Pelea de gallos del mismo dueño que sirve de prueba o ensayo. ■ LOC. **~ laredo.** LOC. SUST. supran. La que es puntiaguda y con tacón relativamente alto. ▶ **~ piporra.** LOC. SUST. **bota laredo.**

botada. ■ F. Véase **botado, da.**

botadero. ■ M. **1.** Desorden. || **2.** Espacio destinado a saldos en algunas tiendas. || **3.** supran. Lugar al aire libre donde se depositan grandes cantidades de basura; basurero.

botado, da. ■ ADJ. **1.** supran. fam. Barato: "Esos pantalones estaban muy botados, le compré hasta a mi hermana". || **2.** supran. coloq. *Referido a algo*, tirado en el suelo: "Dejaste todo botado, no puede ser que tenga que levantar tu desorden". || **3.** supran. coloq. *Referido a persona*, varada en un lugar por averiarse el vehículo en que viajaba: "Anoche me quedé botada en plena carretera". ■ F. **4.** *En Quintana Roo*, viaje gratuito que ofrece alguien a otra persona, ya sea para llevarla a su destino o para acercarla a él; aventón: "Vamos a pedirle al papá de Eloy que nos dé una botada al parque".

botador. ■ M. *En las peleas de gallos*, funda acojinada que protege el espolón del gallo.

botaguas. ■ M. **1.** supran. Trozo de plástico curvado y duro que se fija en puertas y ventanas para evitar la entrada de agua. || **2.** supran. vulg. Ano.

botana. ■ ADJ. **1.** *Referido a persona*, simpática y de trato fácil: "Rodrigo es muy botana, siempre nos hace reír". ■ F. **2.** Persona simpática, de trato fácil: "Rodrigo es una botana, siempre nos hace reír". || **3.** Persona o cosa objeto de burlas: "Me tocó ser la botana de la fiesta". || **4.** supran. Alimento que suele tomarse antes de una comida principal: "Siempre pido llevar la botana a las fiestas porque es lo más fácil". || **5.** supran. Vaina de cuero o tela gruesa usada para cubrir los espolones de los gallos de pelea y evitar que se lastimen en las pruebas o ensayos: "Esos gallos perdieron las botanas".

botanear. ■ TR. **1.** Burlarse de alguien: "Botaneamos a Javier porque metió la pata con el jefe". Ú.m.c.prnl.: "Nos botaneamos a Jorge toda la tarde". ■ INTR. **2.** Comer botanas: "Botaneamos un rato mientras llegaba Luisa".

botar. ■ TR. **1.** supran. Abandonar: "En las noticias dijeron que botaron un coche en nuestra colonia". || **2.** supran. Despedir alguien a una persona de un empleo: "De plano, lo botaron de su nuevo trabajo". || **3.** supran. Despilfarrar un bien: "Francisco bota todo el dinero que gana en tonterías". || **4.** supran. *En Puebla*, derribar o destruir algo, en especial edificios: "Bota esa pared, quedó chueca".

botarse. ■ INTR. PRNL. **5.** *En Sonora*, emborracharse: "Elizabeth se bota con una caguama". ■ LOC. **~ de (la) risa.** LOC. VERB. Reirse mucho, sin poder contenerse; desternillarse: "Se botó de risa con mi comentario".

botársele. ■ INTR. PRNL. **6.** Alocarse: "¿No llegaste porque se te bota, o qué?". ■ LOC. **~ la canica.** LOC. VERB. coloq. Enloquecer: "A ese señor se le botó la canica, ya nos quería pegar a todos". ▶ **~ la cuiria.** LOC. VERB. **botársele la canica.**

botarate, ta. ■ ADJ. supran. coloq. *Referido a persona*, que malgasta o derrocha sus bienes: "Si no fueras tan botarata, te alcanzaría con lo que ganas". Ú.t.c.sust.: "Si no fueras una botarata, te alcanzaría con lo que ganas".

bote. ■ M. **1.** Juego que consiste en que algunos de los jugadores se escondan, mientras que quien debe buscarlos va por un bote pequeño que ha sido lanzado al aire; bote pateado. || **2.** fest. Trasero de una persona. || **3.** supran. coloq. Cárcel. ■ LOC. **~ de basura.** LOC. SUST. supran. Recipiente que se utiliza para depositar los desechos. ▶ ~ **del diablo.** LOC. SUST. Instrumento musical de percusión, con forma de tambor, a cuyo parche se ata una vara por encima o una cuerda por dentro, la cual se frota con la mano para producir el sonido; arcuza. ▶ ~ **pateado.** LOC. SUST. **1.** Juego que consiste en que algunos de los jugadores se escondan, mientras que quien debe buscarlos va por un bote pequeño que ha sido lanzado al aire. || **2.** Juego que consiste en patear un bote con papel mojado, para semejar el juego del futbol. ▶ ~ **robado.** LOC. SUST. Juego que consiste en que algunos de los jugadores se escondan, mientras que quien debe buscarlos va por un bote pequeño que ha sido lanzado al aire; bote pateado.

botear. ■ INTR. Colectar dinero, usando un bote, para una causa: "Los alumnos botearon toda la tarde para poder imprimir los volantes".

boteo. ■ M. Colecta de dinero, usando un bote, para una causa.

botellón. ■ M. supran. Recipiente de vidrio, barro cocido o plástico, de cuello corto, que sirve para contener líquidos; damajuana.

botijón, na. ■ ADJ. supran. coloq. Muy gordo; barrigudo: "Por no hacer ejercicio estoy muy botijón". Ú.t.c.sust.: "Por no hacer ejercicio soy un botijón".

botiquín. ■ M. fest. Cárcel; bote.

botonazo. ■ M. fest. Desprendimiento de un botón por estrechez de la prenda o por el aumento de volumen de quien la porta, generalmente por abultamiento del abdomen.

bóveda. ■ F. supran. *En los bancos*, cámara para guardar dinero, objetos y papeles valiosos.

box. ■ ADJ. **1.** [*bósh*] *En el Sureste, referido a la piel*, de tono moreno o de color negro: "El niño box es mi hijo menor". ■ M. **2.** [*bóks*] supran. Boxeo. ■ LOC. ~ ***spring.*** [*bóks espríng*] LOC. SUST. supran. Soporte metálico de láminas u otros materiales sobre el que se coloca el colchón.

boxito, ta. [*boshíto*] ■ ADJ. **1.** *En el Sureste*, moreno o negro: "Unos niños boxitos estaban jugando en el parque". Ú.t.c.sust.: "Unos boxitos estaban jugando en el parque". || **2.** *En Quintana Roo*, natural o procedente del estado de Yucatán: "Llegaron los tíos boxitos de visita". Ú.t.c.sust.: "Llegaron los boxitos de visita". ■ M. Y F. **3.** *En el Sureste*, fórmula de tratamiento para dirigirse a una persona conocida: "¡Cómo te quiero, boxita mía!".

boxosdá. [*boshosdá*] ■ M. Arbusto originario de México, de hasta 80 cm de altura; tallos hirsutos; hojas alternas, obovadas o espatuladas, de ligera a profundamente divididas en lóbulos agudos, resinosos; flores hermafroditas, tubulares, pequeñas, amarillas, agrupadas en conjuntos de pequeñas cabezuelas; frutos aquenios, lineares, con un penacho de pelos rígidos. Familia de las compuestas, *Haplopappus venetus*. (También se llama bacín de perro, jarilla chura).

bozal. ■ M. supran. *En la charrería*, lazo que se anuda al hocico y cuello de una caballería.

bozalear. ■ TR. **1.** Gobernar una caballería por medio del bozal. || **2.** supran. Poner alguien un bozal a una caballería.

bracero, ra. ■ M. Y F. supran. Persona que emigra a Estados Unidos de América y trabaja de manera informal.

braguero. ■ M. supran. Cuerda que a modo de cincha rodea el cuerpo del toro y de la cual se agarra quien lo monta a pelo, particularmente en los rodeos.

bramadero. ■ M. supran. *En la charrería*, poste que se emplea para amarrar animales vacunos y caballares, con diversos fines, tales como herrar, domesticar, curar o matar.

bramante. ■ M. supran. Lienzo de algodón, fino y fuerte, utilizado generalmente para la confección de sábanas.

brasero. ■ M. **1.** Lugar en donde se enciende el fuego para cocinar. || **2.** supran. Fogón portátil.

brasier. ■ M. supran. Prenda íntima femenina que sirve para sujetar el busto; sostén.

brassier. ■ M. **brasier.**

brassiere. [*brasiér*] ■ M. **brasier.**

brata. ■ F. *En Quintana Roo*, porción extra de mercancía o golosina que da el vendedor a quien le compra; añadidura; pilón: "Gracias por su compra, aquí le pongo una brata, regrese pronto".

bravata. ■ F. *En Guanajuato, Querétaro y San Luis Potosí*, parte de una topada en que los decimistas se dirigen mutuamente décimas burlescas o satíricas; aporreón.

bravo, va. ■ ADJ. supran. *Referido a un alimento*, que está muy picante: "Ahora las enchiladas quedaron bravas".

brazo. ■ M. **1.** Pan dulce que toma la forma de un brazo humano extendido; de consistencia suave y relleno de mermelada. || **2.** *En el Sureste,* conjunto de hilos que parten del cuerpo de una hamaca y se unen en un ojal apretado que se cuelga de una ese o se ata a una cuerda. || **3.** *En el Sureste,* cuerda o soga que une el conjunto de hilos que parten del cuerpo de una hamaca con la ese del hamaquero. ■ LOC. **~ de indio.** LOC. SUST. **brazo de reina.** ▷ **~ de mestiza.** LOC. SUST. **brazo de reina.** ▷ **~ de reina.** LOC. SUST. *En Yucatán,* tamal grande relleno de hoja de chaya, huevos cocidos y pepita de calabaza, envuelto en hoja de plátano y cocido al vapor. ▷ **~ de tamalera.** LOC. SUST. fam. El que es grueso y fofo: "Mi hermano tiene brazos de tamalera, tendría que hacer más ejercicio".

brecha. ■ F. **1.** Camino que se forma con el tiempo y con el uso entre la maleza. || **2.** Zanja. || **3.** *En Chiapas,* franja fronteriza. || **4.** supran. rur. Camino: "Cuida de no irte por la brecha larga".

brequero. ■ M. supran. Hombre que se dedica a manejar los frenos en los trenes ferroviarios.

brete. ■ M. *En el Noreste,* deseo constante e incontrolable de algo.

breva. ■ F. supran. Tabaco en rama, elaborado para masticarlo.

brevedad. ■ LOC. **a la ~.** LOC. ADV. supran. Lo más pronto posible: "Solicito que me envíe el pedido a la brevedad".

briago, ga. ■ ADJ. *Referido a persona,* borracha: "Lo sacaron de la cantina porque ya estaba muy briago". Ú.t.c.sust.: "Los briagos de esa cantina hacen mucho escándalo".

brilloso, sa. ■ ADJ. supran. *Referido a algo,* que brilla; brillante: "Limpié el piso y quedó brilloso".

brinca. ■ LOC. **brinca brinca.** LOC. SUST. Estructura inflable, de diversas formas y tamaños, para brincar; brincolín.

brincable. ■ ADJ. despect. *Referido a persona,* que es abierta a mantener relaciones sexuales con parejas informales.

brincaburro. ■ M. *En el Sureste,* juego infantil en que uno de los participantes se agacha y apoya las manos en las rodillas, y los demás saltan sobre él, poniendo las manos sobre su espalda, abriendo las piernas y cantando en cada salto una rima.

brincacharcos. ■ M. Pantalón más corto de lo usual.

brincadero. ■ M. *En la charrería,* lugar de los potreros y corrales donde acostumbran a los animales a brincar obstáculos.

brincador, ra. ■ M. y F. **1.** *En el Norte,* inmigrante ilegal que cruza con frecuencia la frontera y se mantiene cerca de ella. ■ M. **2.** Ave originaria de América, de hasta 10 cm de longitud; macho de color azul negro lustroso, con una mancha blanca en la unión del ala al cuerpo, pico con borde derecho y punta aguda; hembra de color pardo, con partes ventrales claras que tienen rayas de color pardo oscuro. Familia de los tráupidos del orden Passeriformes, *Volatinia jacarina.* (También se llama loquito, semillerito).

brincar. ■ INTR. **1.** supran. Protestar o reclamar airadamente por algo: "Los pensionados brincaron cuando se enteraron de que hoy no pagaban". ■ LOC. **~ paro.** LOC. VERB. fam. Ayudar a alguien: "Mi cuate brincó paro con la tarea".

brincarle. ■ INTR. PRNL. **2.** Hacérsele algo notorio abruptamente a alguien: "Estaba leyendo y me brincó el error en el texto". ■ INTERJ. **¡bríncale! 1.** Se usa para provocar a alguien a pelearse: "¡Ya basta de palabras!, ¡bríncale!". || **2.** Se usa para poner un alto tajante a alguien contra su voluntad: "—Voy a la fiesta. —Para nada, ¡bríncale!".

brincarse. ■ LOC. **~ la barda.** LOC. VERB. **1.** Tener un éxito inesperado: "Juan se brincó la barda en la presentación del proyecto". || **2.** Extralimitarse: "Manuel se brincó la barda con su chiste en clase". ▷ **~ las trancas.** LOC. VERB. **1.** Transgredir una norma: "Se brincó las trancas de nuevo y por eso lo despidieron". || **2.** Pasar por encima de una autoridad y acudir a la inmediata superior: "Se brincaron las trancas y entregaron el oficio al secretario y no al jefe del departamento".

brincasoga. ■ F. *En el Sureste,* juego infantil que consiste en saltar una cuerda que dos personas hacen girar en círculo y de abajo hacia arriba.

brinco. ■ M. Lugar clandestino donde se practican juegos de azar; garito. ■ LOC. **de un ~.** LOC. ADV. En una sola etapa: "Los estudiantes terminaron el trabajo de un brinco". ■ EXPR. **¡brincos dieras!** Se usa para señalar el carácter casi imposible de un deseo: "Que Samuel te dé el trabajo, ¡brincos dieras!".

brincolín. ■ M. Estructura inflable, de diversas formas y tamaños, para brincar; brinca brinca.

brincotear. ■ INTR. supran. Dar pequeños y continuos saltos sobre el suelo: "El conejito brincotea en el pasto".

brincoteo. ■ M. Hecho de dar pequeños y continuos saltos sobre el suelo.

brinquitiburro. ■ M. *En Aguascalientes,* juego infantil en que un participante se agacha y los demás saltan sobre él apoyando las manos sobre su espalda; burro.

brisear. ■ INTR. Lloviznar: "Desde muy temprano briseó en el rancho".

brisera. ■ F. supran. Farol de cristal, abierto por arriba y por debajo, dentro del cual se colocan las velas.

brístol. ■ LOC. **a la ~.** LOC. ADJ. **de brístol.** ▷ **de ~.** LOC. ADJ. *Referido a corte de pelo femenino,* muy corto y engominado: "Es algo retro, pero me gustaría hacerme un corte de brístol".

brizna. ■ F. **1.** vulg. Pene. || **2.** supran. Lluvia constante y muy menuda.

briznar. ■ INTR. supran. Llover de manera constante y muy menuda: "Briznó durante toda la noche".

broca. ■ F. **1.** vulg. Pene. || **2.** supran. Enfermedad del grano de café.

brocha. ■ F. vulg. Pene.

bróder. ■ COM. **1.** supran. fam. Persona con quien se mantiene una relación de amistad; amigo: "La bróder de mi hermana es Irasema". || **2.** supran. fam. Persona indeterminada: "Llegó un bróder y me pidió dinero para su pasaje".

brodi. ■ COM. **bróder.**

bromoso, sa. ■ ADJ. **1.** Que molesta o fastidia mucho: "El gato es muy bromoso, siempre se sienta encima de mis piernas". || **2.** Que requiere mucho tiempo: "Me gusta hacer pasteles, pero su preparación es bromosa".

bronca. ■ F. Véase **bronco, ca.**

bronco, ca. ■ ADJ. **1.** *Referido a un equino,* sin domar. || **2.** *Referido a la leche,* que no está pasteurizada. || **3.** *Referido al queso,* que está hecho con leche no pasteurizada. ■ F. **4.** supran. fam. Problema: "Hazlo como te dijo la jefa, para que no haya broncas".

bronquear. ■ TR. **1.** fam. Ofender: "Los niños bronquearon a la vecina porque no les devolvió el balón".

bronquearse. ■ INTR. PRNL. **2.** supran. fam. Enojarse o molestarse: "Mi mamá se bronquea con todos cuando va a pagar el teléfono". || **3.** supran. fam. Pelearse: "Mis papás se bronquearon muy fuerte anoche".

broquel. ■ M. Pendiente para oreja que, a modo de pequeño perno, atraviesa el lóbulo y se asegura por el lado posterior con una tuerquecilla.

brotar. ■ INTR. *En el Sureste,* romper el cascarón un ave: "Los pollitos de la gallina que tenemos en casa por fin brotaron ayer".

broza. ■ F. despect. Grupo de personas de baja extracción social.

bruja. ■ ADJ. **1.** fam. *Referido a persona,* sin dinero: "Terminé bruja después del viaje de bodas". ■ F. **2.** Artificio pirotécnico de entretenimiento, hecho con un garbanzo cubierto de pólvora, que saca chispas al friccionarlo contra una superficie dura y rugosa. Ú.m.e. dim.: "Siempre ha sido muy peligroso quemar brujitas".

brujer. (Juego de palabras entre bruja y mujer). ■ F. **1.** fest. Mujer cautivadora. || **2.** despect. Mujer fea y de mal carácter.

brunch. [*brónch*] ■ M. Comida intermedia entre el desayuno y el almuerzo.

brutal. ■ ADJ. supran. Magnífico: "Esa película está brutal".

bruto, ta. ■ ADJ. **1.** supran. *Referido a persona,* tonta: "No seas bruto, no dejes la escuela". Ú.t.c.sust.: "Eres un bruto, no dejes la escuela". || **2.** supran. Propio de la persona **bruta**: "Dejar la escuela fue tu decisión más bruta".

bubi. ■ F. supran. fam. Cada una de las mamas de la mujer.

bubón, na. ■ ADJ. fam. *Referido a persona,* de mamas grandes. Ú.t.c.sust.

bubu. ■ F. *En el Sureste,* cada uno de los resonadores de las teclas de una marimba.

buchaca. ■ F. **1.** supran. Bolsa de la tronera de la mesa de billar. || **2.** supran. fam. Boca de una persona.

buche. ■ M. supran. fest. Conjunto de los dos senos de una mujer.

buchón, na. ■ ADJ. **1.** Ostentoso y extravagante: "No me gustó ese abrigo buchón". || **2.** supran. *Referido a alguien*, que padece bocio: "Está buchón por falta de yodo". Ú.t.c. sust.: "A los buchones les falta yodo".

buchona. ■ ADJ. *Referido a mujer*, de pechos prominentes: "No le quedó el vestido porque está muy buchona". Ú.t.c.sust.: "No le quedó el vestido porque es una buchona".

bucitos. ■ M. PL. fam. Residuos de comida que, al beber de un vaso, salen de la boca y quedan flotando en el líquido.

budín. ■ LOC. **~ azteca.** LOC. SUST. Comida que se prepara con varias capas de tortillas de maíz, bañadas en salsa verde, roja, de frijol, de mole, etc., alternadas con pollo deshebrado o rajas de chile poblano con crema y queso.

buen. ■ LOC. **en ~ plan.** LOC. ADV. coloq. De buena manera: "No se enoje, señora, vamos a arreglarnos en buen plan". ▷ **mi ~.** LOC. SUST. coloq. Fórmula de tratamiento para dirigirse con confianza a un hombre: "¡Oye, mi buen! ¿Qué hay de nuevo?". ▷ **un ~.** LOC. ADV. supran. coloq. Con demasiada intensidad o frecuencia; mucho: "Mis amigas van un buen a la playa". ▷ **un ~ de.** LOC. ADJ. supran. coloq. Numeroso, abundante o intenso; mucho: "A esta hora hay un buen de tráfico".

buena. ■ F. Véase **bueno, na.**

bueno, na. ■ ADJ. **1.** *Referido a persona*, atractiva: "El compañero nuevo está muy bueno". ■ M. **2.** supran. Juego para desempatar: "Ahora sí, aquí viene el bueno de Cruz Azul". ■ F. **3.** Anotación extra en partidos que se juegan a tantos limitados: "Juguemos a cinco y buena". || **4.** Juego para desempatar: "Ahora sí, aquí viene la buena de Cruz Azul". ■ LOC. **buena educación.** LOC. SUST. fest. Pechos prominentes. ▷ **buena onda.** LOC. ADJ. **1.** supran. coloq. *Referido a alguien*, simpático, agradable, generoso: "María, bien buena onda, me prestó dinero cuando más lo necesitaba". || **2.** supran. coloq. *Referido a un hecho o situación*, que se juzga favorable: "La fiesta estuvo buena onda". ▷ **buena vibra.** LOC. SUST. supran. coloq. Sensación o sentimiento positivo, instintivo y subjetivo, que emana de algo o de alguien, percibido por una persona: "Adán tiene buena vibra con todos". ▷ **~ para nada.** LOC. SUST. despect. Persona inútil: "Mi sobrino es un bueno para nada, ni estudia ni trabaja". ▷ **de la buena.** LOC. SUST. jerg. Marihuana. ■ INTERJ. **¿bueno? 1.** Se usa para iniciar una conversación al contestar el teléfono: "¿Bueno? ¿Quién habla?". || **2.** Se usa para verificar el estado de la conexión o el volumen en un aparato de sonido: "¿Bueno? ¿Bueno? ¿Se escucha bien al fondo de la sala?".

buey. ■ ADJ. **1.** supran. fam. *Referido a persona*, tonta: "Eres muy buey para las matemáticas". || **2.** supran. fam. Propio de la persona **buey**: "Siempre cuentas chistes muy bueyes". ■ COM. **3.** supran. fam. Persona tonta: "Eres una buey, amiga, preguntas puras obviedades".

bufar. ■ INTR. fam. Despedir mal olor: "La leche podrida bufaba tanto que la tuvimos que tirar muy lejos".

buga. ■ ADJ. **1.** *Entre homosexuales, referido a persona*, heterosexual. ■ COM. **2.** *Entre homosexuales*, persona heterosexual.

bugambilia. ■ ADJ. **1.** De color morado rojizo: "Berta llegó a la fiesta con zapatos bugambilia". ■ M. **2.** Color morado rojizo. ■ F. **3.** supran. Arbusto trepador originario de Sudamérica, de hasta 10 m de longitud; tallos espinosos; hojas opuestas, ovales o elípticas, enteras; flores hermafroditas, tubulares, rodeadas de brácteas de color rojo, rosa o blanquecino; frutos en forma de cápsulas pequeñas, cubiertas por las flores secas; uso ornamental. Familia de las nictagináceas, *Bougainvillea spectabilis* (También se llama camelina). || **4.** supran. Flor de la **bugambilia**; uso en la medicina tradicional.

bugui. ■ M. *En el Noroeste*, vehículo jalado por un caballo.

buki. ■ COM. fam. *En el Noroeste*, niño: "Las bukis más rápidas de la colonia hicimos un equipo de beisbol".

bul. ■ M. supran. Bebida refrescante que se prepara con cerveza, gaseosa o agua, limón y azúcar.

bule. ■ M. **1.** Hierba rastrera cosmopolita, de hasta 9 m de longitud; tallos hirsutos; hojas alternas, acorazonadas, con tres o cinco lóbulos; provista de zarcillos; flores unisexuales, ambos sexos en la misma planta, amarillas y campanuladas, solitarias, surgen en las axilas de las hojas; frutos en forma de baya de gran tamaño; semillas numerosas. Familia de las cucurbitáceas, *Lagenaria siceraria*. (También se llama acocote, ayacaste, ayacastle, ayacaxtle, guaje, huaje, jícaro). || **2.** Fruto del **bule**; comestible. || **3.** Fruto del **bule** que, seco, se rellena de piedritas o semillas y se usa como sonaja. || **4.** Vasija hecha del fruto seco del **bule**. || **5.** fest. Burdel. || **6.** *En Guerrero*, cárcel. || **7.** *En Sinaloa*, mitad de un objeto cortado longitudinalmente. ■ LOC. **~ morro.** LOC. SUST. **1.** Grupo de árboles originarios de América, de hasta 15 m de altura, monoicos; tallos con largas ramas extendidas e irregulares; hojas alternas, enteras o divididas, espatuladas, lustrosas; flores hermafroditas, vistosas, campanulares, amarillas verdosas; frutos capsulares, subglobosos, con pulpa negra, corteza dura, café; semillas numerosas, circulares, aplanadas, cafés. Familia de las bignoniáceas, varias especies del género *Crescentia*, como *Crescentia alata*, *Crescentia cujete*. (También se llama ayale, calabazo, coatecomate, cuatecomate, cuautecomate, guaje, güiro, huaje, jícara, jícaro, tecomate). || **2.** Individuo de este grupo de árboles. || **3.** Fruto seco de los individuos de este grupo de árboles; uso artesanal.

bulero, ra. ■ ADJ. **1.** Perteneciente o relativo al bule: "En mi región hay una zona bulera". ■ M. y F. **2.** Persona que se dedica a cultivar o a vender bule. || **3.** Persona que se dedica a trabajar o a vender bule.

búlico, ca. ■ ADJ. supran. *Referido a un gallo de pelea*, que tiene el plumaje de color amarillo o rojizo con pintas blancas: "El gallo búlico fue el ganador de la pelea".

bulinga. ■ F. *En Colima*, recipiente cilíndrico, provisto de una tapa con asa, que sirve para almacenar y transportar líquidos.

bulique. ■ ADJ. supran. *Referido a un gallo de pelea*, que tiene el plumaje de color amarillo o rojizo con pintas blancas; búlico: "El gallo bulique fue el ganador de la pelea".

bullanguerío. ■ M. **bullaranga.**

bullaranga. ■ F. supran. fam. Desorden con bullicio.

bullirengue. ■ M. **1.** fam. Fiesta. || **2. bullaranga.**

bulto. ■ M. **1.** Costal de tamaño variable lleno de algo, como cemento, azúcar, harina, etc. || **2.** Cantidad que cabe en este costal: "Está muy diluida la mezcla, échale otro bulto de cemento". || **3.** Conjunto de cosas sin orden, unas encima de otras; bonche: "Acomoda ese bulto de hojas, por favor". || **4.** supran. Mochila.

búngalo. ■ M. supran. Casa de una sola planta, que se encuentra generalmente en sitios campestres o de descanso; *bungalow*.

buñuelera. ■ F. Véase **buñuelero, ra.**

buñuelero, ra. ■ ADJ. **1.** Perteneciente o relativo al buñuelo: "Lo mío no es la cocina, pero soy un maestro buñuelero". || **2.** *Referido a persona*, que gusta de comer buñuelos: "Mi abuelo es muy buñuelero, toda la semana me mandó a la feria a comprarle unos de postre". Ú.t.c.sust.: "Mi abuelo es un buñuelero, toda la semana me mandó a la feria a comprarle unos de postre". ■ M. y F. **3.** supran. Persona que se dedica a hacer o a vender buñuelos; buñolero. ■ M. **4.** Molde para hacer buñuelos; buñuelera. ■ F. **5.** Molde para hacer buñuelos.

buquerío. ■ M. *En el Noroeste*, conjunto o grupo de niños.

buqui. ■ COM. **buki.**

bura. ■ M. Ciervo de distribución en América del Norte, de hasta 2 m de longitud; con pelaje color gris o pardo, en tonos blancos en la región ventral; cola blanca con un mechón negro en la punta; cuerpo más robusto en comparación con el venado cola blanca; orejas relativamente largas, semejantes a las de las mulas; machos con astas de color negro, que crecen de forma ramificada, se inclinan hacia adelante y se renuevan de manera anual; con glándula grande en el hueco del hueso lagrimal. Familia de los cérvidos del orden Artiodactyla, *Odocoileus hemionus*. (También se llama venado bura, venado cola negra, venado mula).

burbuja. ■ F. *En la política*, grupo de diputados principales que apoya a la dirigencia de cada bancada.

burga. ■ F. fam. Hamburguesa.

burguer. (Juego de palabras entre *burger* y verga). ■ LOC. **de la ~.** LOC. ADJ. **1.** fest. *Referido a algo*, terriblemente difícil, complicado: "Este trabajo está de la burguer". || LOC. ADV. **2.** fest. Mal: "Ayer dormí de la burguer".

burlón. ■ M. Ave de amplia distribución en América del Norte, Centroamérica y el Caribe, de hasta 30 cm de longitud; con cuerpo delgado y alargado; plumaje de color gris por la parte superior, con región inferior más pálida y pecho blanquecino; ojos de color amarillo pálido; pico negro mínimamente curvo; alas con finas líneas blancas; cola de color oscuro con los bordes blancos; patas negras y largas; su canto es muy variado y melodioso. Familia de los mímidos del orden Passeriformes, *Mimus polyglottos*. (También se llama censonte, censontle, centzontle, cenzontle, sinsonte, zenzontle).

buró. ■ M. supran. Mueble pequeño, con cajones, que se coloca al lado de la cama.

burrera. ■ F. Véase **burrero, ra.**

burrero, ra. ■ M. y F. **1.** supran. jerg. Persona que transporta droga al por menor de un país a otro. || **2.** supran. rur. Dueño o arriero de una recua de burros. ■ F. **3.** Armazón de barras de acero que se agrega a los autos, generalmente las camionetas, para amortiguar los golpes; tumbaburros.

burrita. ■ F. Comida que se prepara con una tortilla de harina de trigo doblada a la mitad rellena de queso y jamón.

burrito. ■ M. gralizado. Comida que se prepara con una tortilla de harina de trigo rellena de algún alimento, generalmente carne, que se enrolla después de doblar dos de sus extremos; burro.

burro. ■ M. **1.** Comida que se prepara con una tortilla de harina de trigo rellena de algún alimento, generalmente carne, que se enrolla después de doblar dos de sus extremos; burrito. || **2.** Tortilla con sal. || **3.** Juego en que un participante se agacha y los demás saltan sobre él apoyando las manos sobre su espalda. || **4.** Escalera compuesta por dos escaleras de mano unidas por bisagras en la parte superior. || **5.** fest. Prostíbulo. || **6.** supran. Mueble plegable que sirve de apoyo para planchar ropa. ■ LOC. **~ castigado.** LOC. SUST. Juego en que un participante se agacha y los demás saltan sobre él apoyando las manos sobre su espalda. ▶ **~ de planchar.** LOC. SUST. Mueble plegable que sirve de apoyo para este fin. ▶ **~ dieciséis.** LOC. SUST. Juego que consiste en saltar a un muchacho agachado y decir un parlamento, cada salto es un número y su estribillo. ▶ **~ percherón.** LOC. SUST. *En Sonora*, comida que se prepara con una tortilla sobaquera más grande que la común, rellena de carne y otros ingredientes, que se enrolla después de doblar dos de sus extremos y que aparenta un cilindro grueso. ▶ **como ~ en primavera.** LOC. ADJ. *Referido a alguien*, excitado sexualmente. ▶ **como (el) ~ que tocó la flauta.** LOC. ADV. Por casualidad: "Encontré las llaves como el burro que tocó la flauta". ▶ **como ~ sin mecate.** LOC. ADJ. *Referido a persona*, desatada; descontrolada: "Federico anda como burro sin mecate, todos los días agarra la fiesta". ■ INTERJ. **¡burro!** fam. Se usa para manifestar sorpresa: —"Dicen que Julián se sacó la lotería. —¡Burro!".

burruscal. ■ M. supran. rur. Terreno lleno de matorrales o burruscos.

burrusco. ■ M. supran. rur. Arbusto espeso o matorral.

burundanga. ■ F. **1.** vulg. Pene. || **2.** fam. **borona.**

buscabullas. ■ ADJ. **1.** supran. *Referido a persona,* pendenciera; picapleitos: "Mariana es muy buscabullas, ya está otra vez en la dirección". ■ COM. **2.** supran. Persona pendenciera; picapleitos: "Mariana es una buscabullas, ya está otra vez en la dirección".

buscabusca. ■ M. *En el Sureste*, juego del escondite; escondidas.

buscaniguas. ■ M. supran. Cohete sin varilla que se lanza y estalla a ras de tierra.

buscapiés. ■ M. Argucia para obtener información.

buscapleitos. ■ ADJ. **1.** supran. *Referido a persona,* pendenciera; picapleitos: "Siempre ha tenido problemas porque es un muchacho buscapleitos". || **2.** supran. Propio de la persona **buscapleitos**: "Siempre ha tenido problemas por su carácter buscapleitos". ■ COM. **3.** supran. Persona pendenciera; picapleitos: "Juan Carlos siempre ha tenido problemas porque es un buscapleitos".

buscar. ■ TR. **1.** *En Yucatán*, encontrar: "No busco el papel que me pediste". ■ EXPR. **el que busca encuentra.** Se usa para señalar que alguien puede recibir un daño debido a su insistente mal proceder: "Deja de fastidiar a tu hermano, ya sabes que el que busca encuentra y un día te va a poner en tu lugar".

buscarle. ■ INTR. PRNL. **2.** Insistir: "No le busques porque te va a ir mal". || **3.** Actuar provocativamente en perjuicio de uno mismo: "Ya no le busques con Pepe porque te va a dar tu merecido". ■ LOC. **~ chichis a las culebras.** LOC. VERB. **buscarle las mangas al chaleco.** ▷ **~ chichis a las víboras.** LOC. VERB. **buscarle las mangas al chaleco.** ▷ **~ cuesco a la breva.** LOC. VERB. supran. **buscarle ruido al chicharrón.** ▷ **~ las mangas al chaleco.** LOC. VERB. Buscar lo que no hay o intentar hacer lo que es imposible: "No le busques las mangas al chaleco, eso no tiene solución". ▷ **~ ruido al chicharrón.** LOC. VERB. fam. Procurarse alguien problemas: "Mejor haz lo que dice, no le busques ruido al chicharrón".

buscarse. ■ LOC. **~ los frijoles.** LOC. VERB. supran. Ganarse alguien la vida: "A mi hijo no le gusta ese trabajo, pero hay que buscarse los frijoles".

buscársela. ■ INTR. PRNL. **4.** Actuar provocativamente en perjuicio de uno mismo: "Ni modo, era bien transa, se la buscó".

but. ■ M. *En el Sureste*, picadillo de res o de puerco y especias con que se rellena un ave o una pieza de queso.

butaque. ■ M. supran. rur. Especie de tumbona de patas de tijera, de asiento bajo y ahondado de cuero, con o sin brazos, generalmente con respaldo largo y echado para atrás.

buti. ■ LOC. **un ~.** LOC. ADV. fam. Con demasiada intensidad o frecuencia; mucho: "Aprendí un buti hablando con usted". ▷ **un ~ de.** LOC. ADJ. fam. Numeroso, abundante o intenso; mucho: "En esa calle hay un buti de tiendas nuevas".

buzo, za. ■ ADJ. supran. *Referido a persona*, lista, hábil y despierta: "Martina es muy buza para las matemáticas". Ú.t.c.sust.: "Martina es una buza para las matemáticas". ■ EXPR. **¡~, caperuzo!** coloq. Se usa para exhortar a alguien a que esté alerta: "Ya ves, casi te pegas en la cabeza, ¡buza, caperuza!".

C

C

caballada. ■ F. **1.** Grupo de personas elegibles para un puesto. || **2.** Grupo de apoyo de un líder o de una facción. || **3.** supran. *En el Sureste,* tontería.

caballazo. ■ M. **1.** Golpe que se le da a alguien. || **2.** supran. Golpe que da un jinete a otro o a alguien de a pie, echándole encima un caballo.

caballazos. ■ M. PL. **3.** Juego en que los contrincantes, montados en sendos compañeros, intentan derribarse mutuamente con golpes y empujones.

caballerango, ga. ■ M. y F. **1.** Persona que acompaña a su patrón en la caballería; mozo de espuela. || **2.** supran. Persona que se dedica al cuidado y mantenimiento de los caballos.

caballeriza. ■ F. Espacio colectivo de trabajo separado por paneles y sin puertas que hay en una oficina.

caballete. ■ M. *En la minería,* masa de roca estéril que atraviesa una veta mineral.

caballito. ■ M. **1.** Vaso, generalmente de vidrio, pequeño y angosto, utilizado para servir tequila, mezcal o sangrita. || **2.** Cantidad de tequila que cabe en un **caballito**.

caballo. ■ M. fam. Toalla higiénica femenina. ■ LOC. **~ negro.** LOC. SUST. supran. Participante, sin muchas posibilidades de vencer, que logra imponerse y ganar en una competencia, generalmente política o deportiva: "Toros Neza era el caballo negro de ese campeonato".

caballón, na. ■ ADJ. **1.** supran. fest. *Referido a persona,* alta y robusta: "Más peso aguanta un hombre caballón que uno flaco". Ú.t.c. sust.: "Más peso aguanta un caballón que un flaco". ■ F. **2.** fam. Mujer de cadera grande y nalgas prominentes.

caballona. ■ F. Véase **caballón, na.**

cabalonga. ■ F. **1.** supran. Árbol o arbusto originario de América, de hasta 8 m de altura, monoico; hojas alternas, enteras, lineares y lustrosas; flores hermafroditas, vistosas, en forma de embudo, amarillas y olorosas; frutos drupáceos, globosos, carnosos, de negros a púrpuras al madurar y con un hueso central; semillas carnosas, blancas, tóxicas. Familia de las apocináceas, *Cascabela thevetia.* (También se llama venenillo). || **2.** supran. Fruto de la **cabalonga**; uso en la medicina tradicional. || **3.** supran. Semilla de la **cabalonga**; uso en la medicina tradicional.

cabaña. ■ F. supran. *En el futbol,* portería.

cabañuelas. ■ F. PL. supran. Lluvias de invierno.

cabaretear. ■ INTR. Asistir a un cabaret: "Cabareteamos todos los sábados desde hace cinco años".

cabareteo. ■ M. Asistencia a un cabaret.

cabaretera. ■ F. **1.** Mujer que ofrece servicios de compañía en un centro nocturno. || **2.** Prostituta que ofrece sus servicios en un centro nocturno.

cabeceada. ■ F. **1.** Siesta que se toma sentado. || **2.** supran. Inclinación o vaivén que hace con la cabeza quien, sin estar acostado, se va durmiendo.

cabecear. ■ TR. **1.** *En el boxeo*, esquivar: "La Chiquita González cabeceaba los golpes hábilmente". || **2.** supran. Unir hojas de tabaco atándolas por su base.

cabecirroja. ■ F. **chombo.**

cabecita. ■ ADJ. **1.** fam. *Referido a persona*, inteligente: "Jaime es muy cabecita en todas las clases". ■ F. **2.** fam. Persona inteligente: "Jaime es una cabecita en todas las clases". ■ COM. **3.** fam. Persona inteligente: "Jaime es un cabecita en todas las clases". ■ LOC. **~ blanca.** LOC. SUST. afect. Persona de edad avanzada, generalmente con muchas canas: "Mi cabecita blanca me cuenta historias de su niñez todos los días". ▷ **~ de algodón.** LOC. SUST. **cabecita blanca.**

cabello. ■ LOC. **~ de ángel.** LOC SUST. **1.** Arbusto originario de México, de hasta 3 m de altura, monoico; tallos con corteza negruzca, ramillas pubescentes; hojas alternas, divididas en numerosos foliolos, linear-oblongos, casi erectos, ápice obtuso o ligeramente agudo, con margen entero; flores hermafroditas, tubulares, pequeñas, con estambres largos y numerosos, de color púrpura brillante, agrupadas en racimos terminales densos; frutos en vainas, densamente híspidos, con ápice obtuso y margen engrosado; de tres a cinco semillas, obovadas, de color amarillo; uso en la medicina tradicional. Familia de las leguminosas, *Calliandra grandiflora.* (También se llama huitote, taguapillo). || **2. chicocuchi.** ▷ **~ de elote.** LOC. SUST. **1.** Filamento o barba de la mazorca tierna del maíz: "En la milpa ya se ven los cabellos de elote". || **2.** fest. El que es rubio, a veces con matices anaranjados, y tiende a pararse: "Ese muchacho tiene cabellos de elote, por eso hará de extranjero en la obra de teatro".

cabete. ■ M. supran. *En el Norte y el Occidente*, cordón con que se anudan los zapatos; agujeta.

cabeza. ■ F. supran. Rueda pequeña y dentada de algunos relojes de bolsillo o de pulsera, que sirve para darles cuerda o ponerlos en hora; corona. ■ LOC. **~ de iscatón.** LOC. SUST. La que tiene el pelo encanecido: "La cabeza de iscatón se nota con los años". ▷ **~ de mico.** LOC. SUST. **1.** Árbol originario de América, de hasta 30 m de altura, monoico; tallos con ramas horizontales y luego colgantes, cortezas escamosas, de color pardo amarillenta, la interna rosada; hojas simples, alternas, de elípticas a lanceoladas, las jóvenes son péndulas, de color pardo rosado; flores hermafroditas, pequeñas, blancas amarillentas, con cinco pétalos, con 15 a 20 estambres, flores arregladas en panículas terminales; frutos drupáceos, obovoides, de color pardo amarillento, rugosos, con pulpa amarilla anaranjada, dulce al madurar; semillas grandes, pelosas; uso en la medicina tradicional. Familia de las crisobalanáceas, *Licania platypus.* (También se llama mezonzapote, sonzapote, sunzapote). || **2.** Fruto de este árbol; comestible. ▷ **~ de negro.** LOC. SUST. **1.** Grupo de diferentes especies de hierbas acuáticas originarias de América, de hasta 1 m de altura, monoicas; tallos rizomatosos, alargados o globosos, sumergidos; hojas alternas, largamente pecioladas, enteras, láminas flotantes, orbiculares, coriáceas; flores hermafroditas, vistosas, con numerosos pétalos, blancos a amarillos; frutos abayados y globosos; semillas numerosas, pequeñas, cubiertas de un tejido carnoso. Familia de las ninfáceas, varias especies del género *Nymphaea*, como *Nymphaea mexicana, Nymphaea odorata.* || **2.** Individuo de este grupo de diferentes especies de hierbas acuáticas.

cabezón, na. ■ ADJ. **1.** eufem. *Referido a algo*, cabrón; difícil: "El examen de cálculo estuvo muy cabezón". || **2.** fam. *Referido a persona*, malintencionada: "Jorge siempre fue muy cabezón, por eso no le iba bien". Ú.t.c.sust.: "Jorge siempre fue un cabezón, por eso no le iba bien". ■ M. **3.** supran. vulg. Pene. ■ F. **4.** Hierba originaria de América, de hasta 2 m de altura, monoica; tallos pubescentes y alados; hojas alternas, enteras, de lineares a espatuladas, pubescentes; flores hermafroditas, diminutas, tubulares, de color café a morado, agrupadas en cabezuelas globosas, con las flores de la periferia en forma de pétalos trilobados, amarillos; frutos aquénicos, diminutos, cubiertos de pelos diminutos y escamas en el ápice; uso como insecticida. Familia de las compuestas, *Helenium mexicanum*. (También se llama chapuz). || **5.** Hierba originaria de México y Centroamérica, de hasta 50 cm de altura, monoica; sin tallos aparentes, cuando los hay, son de erectos a decumbentes, con ramificaciones casi horizontales; hojas simples, las basales arregladas en rosetas, las superiores opuestas, oblanceoladas, envainantes, con margen con pelos tiesos; flores hermafroditas, pequeñas, blancas, azules o moradas, dispuestas en cimas, en ocasiones repetidamente ramificadas; frutos en esquizocarpos pequeños, de ovoides a subglobosos, aplanados lateralmente, pubescentes; dos semillas; uso en la medicina tradicional. Familia de las apiáceas, *Eryngium carlinae*. (También se llama hierba del sapo, mosquitos).

cabezona. ■ F. Véase **cabezón, na.**

cableada. ■ F. supran. Instalación de cables.

cablería. ■ F. **cablerío.**

cablerío. ■ M. supran. Conjunto desordenado de cables.

cabo. ■ M. supran. **cachimba.**

cabrería. ■ F. Corte de lomo de res con hueso.

cabrestear. ■ TR. **1.** supran. rur. Amansar a un animal caballar o vacuno: "El capataz no cabrestea aún al nuevo potro". ■ INTR. **2.** supran. rur. Seguir una cabalgadura sin resistencia al que la lleva del cabresto: "Esta yegua cabrestea desde que la amansé".

cabrestero, ra. ■ M. y F. rur. Persona que se dedica a fabricar o a vender cabrestos; cabestrero.

cabresto, ta. (Juego de palabras entre cabresto y cabrón). ■ ADJ. **1.** eufem. *Referido a algo*, cabrón; difícil: "Está muy cabresto que terminemos a tiempo la maqueta". || **2.** eufem. *Referido a alguien*, cabrón; de mal carácter: "Tu amigo Matías es muy cabresto, no lo soporto". Ú.t.c.sust.: "Tu amigo Matías es un cabresto, no lo soporto". || **3.** eufem. *Referido a persona*, cabrona; hábil: "Mariana es muy cabresta para jugar cartas". Ú.t.c.sust.: "Mariana es una cabresta para jugar cartas".

cabrilla. ■ F. Pez marino de distribución cosmopolita, de hasta 40 cm de longitud; con cuerpo delgado; cabeza de boca grande, con la mandíbula inferior prominente; presenta bandas anaranjadas y azuladas; las escamas son pequeñas; el cuerpo tiene de siete a nueve bandas transversales pardas, que se van apagando en la zona lateral inferior, justo debajo de una línea azul blanquecina que recorre el cuerpo a la altura del ojo; por debajo de esta línea, las bandas se encuentran flanqueadas por otras dos líneas de color anaranjado; las aletas dorsal y caudal presentan moteado azulado; comestible. Familia de los serránidos del orden Perciformes, *Serranus cabrilla*.

cabrón, na. ■ ADJ. **1.** supran. malson. *Referido a algo*, difícil: "Está muy cabrón que terminemos a tiempo el trabajo". || **2.** supran. malson. *Referido a algo*, excelente: "Tomás tiene un coche cabrón". || **3.** supran. malson. *Referido a alguien*, de mal carácter: "Tu amigo Aníbal es muy cabrón, no lo soporto". Ú.t.c.sust.: "Tu amigo Aníbal es un cabrón, no lo soporto". || **4.** supran. malson. *Referido a persona*, hábil: "Santiago es muy cabrón para jugar basquetbol". Ú.t.c.sust.: "Santiago es un cabrón para jugar basquetbol". || **5.** supran. malson. Propio de la persona **cabrona**: "Santiago tiene una actitud bien cabrona". ■ LOC. **a lo cabrón.** LOC. ADV. malson. A la fuerza: "Los ladrones se subieron a lo cabrón al autobús". ■ EXPR. **para cabrón, cabrón y medio.** malson. Se usa para indicar que a una persona malvada se debe responder con una astucia mayor: "Ya me tiene harto Diego, ya verá, porque para cabrón, cabrón y medio".

cabronazo. ■ M. malson. Golpe fuerte.

cabuche. ■ M. **1.** Cactus originario de México, de hasta 50 cm de altura, monoico; tallos de globosos a cilíndricos, de color verde azuloso, con numerosas costillas y espinas que surgen en grupos de ocho a 13, rojizas o amarillas, gruesas y ganchudas; flores hermafroditas, vistosas, en forma de embudo, con numerosos tépalos y con estambres de color purpúreo a amarillo; frutos abayados, de elipsoides a ovoides, rojos y escamosos; semillas numerosas, pequeñas, cafés. Familia de las cactáceas, *Ferocactus latispinus*. || **2.** Flor del **cabuche**; comestible. || **3.** Fruto del **cabuche**; comestible.

cábula. ■ ADJ. **1.** pop. *Referido a persona*, malintencionada: "Armando es muy cábula con su familia, los mete en problemas a propósito". || **2.** pop. *Referido a persona*, socarrona:

"Eres muy cábula, solo te burlas de mí". || **3.** pop. Propio de la persona **cábula**: "Ya me regañaron por mis comentarios cábulas". ■ F. **4.** pop. Socarronería. || **5.** supran. pop. Mentira. ■ COM. **6.** pop. Persona malintencionada: "Armando y Eduardo son unos cábulas y no me caen en gracia". || **7.** pop. Persona socarrona: "Eres un cábula, Sergio, no te creo nada".

cabuleada. ■ F. **cabuleo.**

cabulear. ■ TR. **1.** pop. Actuar con mala intención para perjudicar a una persona: "Su primo la cabuleó hasta que se puso a llorar". Ú.m.c.prnl.: "Su primo se la cabuleó hasta que se puso a llorar". || **2.** pop. Hacer socarronerías: "Carlos cabuleó a Joaquín porque se cayó de la silla". Ú.m.c.prnl.: "Carlos se cabuleó a Joaquín porque se cayó de la silla". || **3.** pop. Embaucar: "Cabulearon a Martín con ese negocio". Ú.m.c.prnl.: "Se cabulearon a Martín con ese negocio". || **4.** supran. pop. Mentir: "Fernando cabuleó a todos con su edad". Ú.m.c.prnl.: "Fernando se cabuleó a todos con su edad".

cabuleo. ■ M. pop. Acción y resultado de cabulear.

cabulero, ra. ■ ADJ. **1.** pop. *Referido a persona*, malintencionada: "Armando es muy cabulero con su familia, los mete en problemas a propósito". Ú.t.c.sust.: "Armando es un cabulero con su familia, los mete en problemas a propósito". || **2.** pop. *Referido a persona*, socarrona: "Eres muy cabulera, solo te burlas de mí". Ú.t.c.sust.: "Eres una cabulera, solo te burlas de mí". || **3.** pop. *Referido a persona*, mentirosa: "No lo toman en cuenta porque es un hombre muy cabulero". Ú.t.c.sust.: "No lo toman en cuenta porque es un cabulero".

cabús. ■ M. **1.** Último vagón de un tren caracterizado por tener en una de las partes del techo un nivel más elevado con ventanillas. || **2.** fam. Cadera, especialmente la ancha. || **3.** fam. Conjunto de las dos nalgas.

caca. ■ LOC. **~ grande.** LOC. SUST. **1.** despect. Persona que se percibe como importante sin necesariamente serlo: "Es hijo del jefe y se siente un caca grande, pero nadie le obedece". || **2.** despect. Persona de gran importancia que ejerce liderazgo: "La directora de la empresa ganó el concurso, es una caca grande".

cacahuacintle. ■ M. Variedad de maíz de grano grande, redondo y blanco, que se utiliza para preparar pozole y de cuya harina se hacen atoles, tamales, pinole, etc. Familia de las gramíneas, raza de *Zea mays*. (También se llama cacahuasintle, cacahuazintle).

cacahuanance. ■ M. **cacahuananche.**

cacahuananche. ■ M. **1.** supran. Árbol originario de América, de hasta 15 m de altura, monoico; tallos de grisáceos a cafés; hojas alternas, deciduas, divididas en foliolos elípticos; flores hermafroditas, vistosas, con cinco pétalos de rosados a blanquecinos, agrupadas en densos racimos; frutos en vainas largas y aplanadas, cafés; semillas circulares, aplanadas. Familia de las leguminosas, *Gliricidia sepium*. (También se llama cacahuanance, cocoite, madre de cacao, matarratón, yaité). || **2.** supran. Madera del **cacahuananche**; uso artesanal y como combustible. || **3.** supran. Corteza, hoja, raíz y semilla del **cacahuananche**; uso como insecticida. || **4.** supran. Veneno para perros y roedores elaborado con las hojas y la corteza del **cacahuananche**.

cacahuasintle. ■ M. **cacahuacintle.**

cacahuasúchil. ■ M. **1.** supran. Árbol originario de América, de hasta 20 m de altura, monoico; tallos con espinas, corteza gris negruzca, agrietada; hojas simples, alternas, ovales o elípticas, de hasta 40 cm de largo; flores hermafroditas, vistosas, blancas, los estambres fusionados en un tubo, flores arregladas en cimas densas; frutos capsulares, globosos y elipsoides, muy pequeños, rodeados por el cáliz persistente. Familia de las malváceas, *Quararibea funebris*. (También se llama cacahuaxóchitl, flor de cacao, molinillo). || **2.** supran. Flor del **cacahuasúchil**; uso en la medicina tradicional. || **3.** supran. Fruto del **cacahuasúchil**; uso en la medicina tradicional.

cacahuate. ■ M. **1.** supran. Hierba o arbusto originario de América, de hasta 50 cm de altura, monoico; tallos ramificados desde la base; hojas alternas, divididas en cuatro foliolos ovados; flores hermafroditas, vistosas, con cinco pétalos amarillos; frutos en vainas leñosas, cafés, rugosos, que se desarrollan bajo la tierra; semillas elipsoides, cafés. Familia de las leguminosas, *Arachis hypogaea*. (También se llama maní). || **2.** supran. Fruto del **cacahuate.** || **3.** supran. Semilla del **cacahuate**; comestible. ■ LOC. **~ japonés.** LOC. SUST. El que está cubierto con una mezcla de harina, azúcar y salsa de soya, y tostado hasta dorarse.

cacahuaxóchitl. [*kakaguasóchitl*] ■ M. **cacahuasúchil.**

cacahuazintle. ■ M. **cacahuacintle.**

cacala. ■ F. **1.** Tortilla que se tuesta en comal y que se usa como tostada o totopo; típica de Veracruz. || **2.** Fritura de harina de trigo grande sobre la que se pone mayonesa, lechuga, queso y salsa; típica de Veracruz.

cacalichuche. ■ M. **cacalosúchil.**

cacalojoche. ■ M. **cacalosúchil.**

cacalosúchil. ■ M. **1.** supran. Árbol originario de América, de hasta 8 m de altura, monoico; tallos más o menos frágiles, con látex; hojas alternas, enteras, elípticas y lustrosas; flores hermafroditas, vistosas, en forma de trompeta, con cinco pétalos, de color rosado, rojo o de amarillo a blanco, olorosas, agrupadas en grandes cimas; frutos foliculares, elipsoides, alargados y leñosos; semillas numerosas, aladas, cafés; uso en la medicina tradicional. Familia de las apocináceas, *Plumeria rubra*. (También se llama cacalichuche, cacalojoche, ensalada, escuijoche, nicté, sabacuite, sabanicté, sangre de toro, tabasqueño). || **2.** supran. Flor del **cacalosúchil**; uso como aromatizante y ornamental.

cacalote. ■ M. **1.** supran. *En el Sureste*, rosetas de maíz. || **2.** supran. Grupo de aves de distribución en América, de hasta 70 cm de longitud; con pico largo y fuerte; cola larga; cuello grueso; dependiendo de la especie, presenta coloraciones negras, azules oscuras, opacas e iridiscentes. Familia de los córvidos del orden Passeriformes, varias especies como *Corvus corax*. (También se llama cuervo, urraca). || **3.** supran. Individuo del **cacalote**.

cacao. ■ M. **1.** supran. Árbol de hasta 4 m de altura; troncos rectos, con corteza de color castaño oscuro, agrietada, áspera y delgada; hojas grandes, alternas, colgantes, elípticas u oblongas, de punta larga, ligeramente gruesas, con margen liso, cuelgan de un peciolo; flores en racimos a lo largo del tronco y de las ramas, de color rosa, púrpura y blanco, en forma de estrella; frutos en forma de baya grande, carnosa, de oblonga a ovada, de color amarillo o púrpura, puntiaguda y con canales longitudinales, cada fruto contiene en general entre 30 y 40 semillas incrustadas en una masa de pulpa desarrollada de las capas externas de la testa. Familia de las malváceas, *Theobroma cacao*. || **2.** gralizado. Semilla del **cacao**; comestible.

cacaotero, ra. ■ M. y F. **1.** supran. Persona que se dedica a cultivar o a vender cacao. ■ M. **2.** supran. Grupo de diferentes especies de árboles originarios de América, de hasta 10 m de altura, monoicos; tallos más o menos ramificados; hojas alternas, enteras, de elípticas a obovadas, coriáceas, lustrosas; flores hermafroditas, pequeñas, con cinco pétalos de color blanquecino a rosado, las flores surgen del tallo principal o ramas viejas; frutos abayados, de apariencia y textura de calabaza, elipsoides, de color amarillo a rojo; semillas numerosas, ovoides, cubiertas de pulpa blanca. Familia de las malváceas, varias especies del género *Theobroma*. || **3.** supran. Individuo del **cacaotero**.

cacaraquear. ■ TR. **1.** supran. fam. Anunciar algo públicamente: "Mayra cacaraqueó su premio en la reunión". ■ INTR. **2.** supran. Cacarear: "El gallo cacaraquea al amanecer".

cacaraqueo. ■ M. **1.** supran. Cacareo. || **2.** supran. fam. Anuncio público de algo.

cacarizo, za. ■ ADJ. **1.** *Referido a persona*, que tiene muchas cicatrices de viruela o de acné en la cara: "Era un joven alto y muy cacarizo". Ú.t.c.sust.: "El cacarizo es su amigo". ■ M. **2.** Cicatriz de viruela o de acné.

cácaro. ■ M. Persona que se dedica a operar el proyector cinematográfico. ■ INTERJ. **¡cácaro!** *En una sala cinematográfica*, se usa para avisar a la persona que se dedica a operar el proyector que hay algún problema técnico que impide ver u oír la película: "Cuando se detuvo la proyección, al unísono se escuchó: ¡cácaro!".

cacaseca. ■ ADJ. **1.** malson. *En el Occidente, referido a persona*, tacaña: "No invitamos a salir a tu amigo porque es muy cacaseca". ■ COM. **2.** malson. *En el Occidente*, persona tacaña: "Tu amigo es un cacaseca y por eso no lo invitamos a salir".

cacaste. ■ M. **cacaxtle.**

cacastero, ra. ■ M. y F. supran. Persona que transporta algo en un cacaxtle o en un armazón rectangular hecho generalmente de varas o tablas.

cacastle. ■ M. **cacaxtle.**

cacatúa. ■ F. supran. fam. Persona que habla mucho: "Mi tío Carlos es una cacatúa, ¡no hay forma de callarlo!".

cacaxtle. [*kakáshtle, kakástle*] ■ M. **1.** supran. Armazón de tablas para construir el esqueleto de algunos juegos pirotécnicos. || **2.** supran. rur. Armazón rectangular, hecho generalmente de varas o tablas, para llevar algo a cuestas. || **3.** supran. rur. Esqueleto de los vertebrados, especialmente el del ser humano.

cacayaca. ■ F. **1.** Reproche. Ú.m.e.pl. || **2.** Quejido emitido con un volumen elevado. Ú.m.e.pl. || **3.** Cosa menuda que queda de algo que se desmorona.

cachada. ■ F. supran. Acción y resultado de cachar.

cachafás. ■ ADJ. **1.** fam. *Referido a persona*, mentirosa: "Hugo es muy cachafás, no confíes en él". ■ COM. **2.** fam. Persona mentirosa: "Hugo es un cachafás, no confíes en él".

cachagranizo. ■ ADJ. jerg. *Referido a un hombre*, homosexual. Ú.t.c.sust.

cachanilla. ■ ADJ. **1.** Perteneciente o relativo a la ciudad de Mexicali, capital del estado de Baja California: "Me trajeron pescado cachanilla para hacer ceviche". || **2.** Natural o procedente de la ciudad de Mexicali, capital del estado de Baja California: "Las mujeres cachanillas llegaron ayer a la competencia". ■ COM. **3.** Persona natural o procedente de la ciudad de Mexicali, capital del estado de Baja California: "El cachanilla es muy buen tenor y ganó el concurso de canto".

cachar. ■ TR. **1.** supran. Sorprender a alguien en una situación comprometedora: "Cacharon a Mariana copiando en el examen". || **2.** supran. Atrapar en el aire cualquier objeto: "¡Ahí te va, cacha la naranja!". || **3.** supran. Vigilar a alguien con disimulo: "La mamá cacha a los niños cuando están jugando". || **4.** supran. Comprender: "No cachamos tu idea". ■ LOC. **~ al aire.** LOC. VERB. Entender algo desde el inicio: "Caché al aire el plan del entrenador para ganar el juego". ▶ **~ en la maroma.** LOC. VERB. Sorprender a alguien en acciones ilícitas: "Detuvieron a Ernesto porque lo cacharon en la maroma".

cacharote. ■ M. *En el Sureste*, porción de excremento.

cacharpa. ■ F. **1.** Moneda de baja denominación. || **2.** *En el Occidente*, pan dulce de harina de trigo, ovalado, tostado y delgado, cubierto de azúcar. || **3.** supran. Automóvil viejo. ■ COM. **4.** *En Veracruz*, persona que asiste a festejos sin ser invitado: "Mi vecino es el cacharpa de todas las fiestas".

cacharpo. ■ M. Ayudante del conductor de un autobús de servicio público.

cacharrerío. ■ M. Conjunto de cacharros.

cachazo. ■ M. **1.** supran. Golpe dado con la cacha de una pistola. || **2.** supran. Golpe dado con un cacho o cuerno.

cachazón. ■ F. *En Chiapas*, infidelidad.

cachetada. ■ F. Golosina de caramelo suave aplanado, de sabores comúnmente picantes. ■ LOC. **~ de judicial.** LOC. SUST. **cachetada guajolotera.** ▶ **~ guajolotera.** LOC. SUST. fest. Bofetada dada para espabilar a alguien: "Dale una cachetada guajolotera para que despierte". ▶ **de la ~.** LOC. ADJ. fam. En muy malas condiciones: "Mi casa está de la cachetada, por eso no te invito".

cachete. ■ M. supran. fest. Nalga. ■ LOC. **cachetes de ardilla (huevona).** LOC. SUST. fest. Carrillos abultados: "Yo nací con cachetes de ardilla".

cacheteado, da. ■ ADJ. fam. Maltratado o desgastado por el uso o el paso del tiempo: "Tu coche está muy cacheteado". ■ LOC. **~ por la vida.** LOC. ADJ. fam. *Referido a persona*, que ha sufrido adversidades: "A pesar de ser tan joven está muy cacheteada por la vida".

cachetear. ■ INTR. **1.** Tocar el contrabajo o el tololoche de tal manera que, al jalar y soltar las cuerdas, estas suenen al chocar contra el diapasón. || **2.** Preparar tortillas a mano: "Las tortilleras cachetean toda la mañana para acabar los pedidos". ■ LOC. **~ la banqueta.** LOC. VERB. Sentir un fuerte enamoramiento: "Óscar anda cacheteando la banqueta por Daniela".

cacheteo. ■ M. **1.** Acción de tocar el contrabajo o el tololoche de tal manera que, al jalar y soltar las cuerdas, estas suenen al chocar contra el diapasón. || **2.** fest. Preparación de tortillas a mano.

cachetero. ■ M. **calzón cachetero.**

cachetiza. ■ F. **1.** Conjunto de cachetadas. || **2.** Pelea a golpes. || **3.** Derrota evidente de un contendiente a manos de otro.

cachetón, na. ■ ADJ. **1.** fam. Entretenido: "Las fiestas de Miguel siempre están cachetonas". || **2.** fam. *Referido a alguien*, descarado: "Mateo nunca coopera, es muy cachetón". Ú.t.c.sust.: "Mateo nunca coopera, es un cachetón".

cachetonamente. ■ ADV. **1.** fam. Tranquilamente: "Enriqueta vive cachetonamente". || **2.** fam. Descaradamente: "Marina se fue cachetonamente y no dio su parte del pago en la fonda".

cachimba. ■ F. Colilla del puro.

cachiquel. Véase **cakchiquel.**

cachirul. ■ ADJ. **1.** Que es ilegítimo: "Me regalaron un reloj cachirul". ■ M. **2.** Peineta pequeña. || **3.** *En la charrería*, refuerzo de gamuza que se pone en ciertas partes de pantalones y faldas a fin de protegerlos del desgaste. || **4.** supran. Fraude. ■ LOC. **de ~.** LOC. ADV. Fraudulentamente: "Javier entró al equipo de cachirul".

cachirulear. ■ TR. **1.** Poner refuerzos a una prenda de vestir: "¿Ya cachiruleaste el dobladillo de este pantalón?". ■ INTR. **2.** Hacer fraude: "Castigaron al partido político porque cachiruleó con sus candidatos".

cachirulearse. ■ INTR. PRNL. **3.** Arreglarse con esmero: "Adriano sí que se cachiruleó para la graduación".

cachirulo, la. ■ ADJ. **1.** Que es ilegítimo: "Me regalaron un reloj cachirulo". ■ M. **2.** Peineta pequeña. || **3.** *En la charrería*, refuerzo de gamuza que se pone en ciertas partes de pantalones y faldas a fin de protegerlos del desgaste. || **4.** supran. Remiendo. || **5.** supran. Fraude. ■ LOC. **de cachirulo.** LOC. ADV. Fraudulentamente: "Lucía entró al equipo de cachirulo".

cachito. ■ M. supran. Fracción vigésima de un billete de lotería, que da derecho a participar con un número en el sorteo. ■ LOC. **~ de toro.** LOC. SUST. **cornezuelo.**

cachivachero, ra. ■ ADJ. **1.** supran. *Referido a persona*, que gusta de acumular cachivaches: "Salvador es muy cachivachero, guarda hasta los clavos que se encuentra". Ú.t.c.sust.: "Salvador es un cachivachero, guarda hasta los clavos que se encuentra". ■ M. y F. **2.** supran. Persona que se dedica a comprar y vender cachivaches. ■ M. **3.** supran. Montón de cachivaches.

cacho. ■ M. supran. Cuerno de un animal. ■ LOC. **y ~.** LOC. SUST. Cantidad que excede de un número redondo o entero: "Saúl tiene cuarenta y cacho de años".

cachora. ■ F. *En el Norte*, lagartija originaria de América, de hasta 65 mm; terminación digital en dos lamelas, abruptamente agrandadas en forma de discos u hojas; su cola es relativamente corta, no más larga que el resto del cuerpo; tanto la cabeza como el resto del dorso están cubiertos por tubérculos quillados esparcidos y separados por escamas granulares; pupilas verticales; el color de fondo va de café a café oscuro grisáceo, con muchos puntos y manchas oscuras; región ventral de color amarillento o blanco; nocturna, trepadora; a menudo se alimenta de insectos; habita en regiones cálidas. Familia de los filodactílidos del orden Squamata, varios géneros y especies, como *Lepidodactylus lugubris, Phyllodactylus tuberculosus.* (También se llama besucona, chuchu, cuija, geco, gecko, guija, salamanquesa).

cachorón. ■ M. *En el Noroeste*, prenda de vestir de una sola pieza que se pone generalmente a los bebés para dormir; mameluco.

cachucha. ■ LOC. **de ~.** LOC. ADV. fam. Sin pagar el costo de algo: "Manuel entró de cachucha al concierto".

cachudo, da. ■ ADJ. **1.** *Referido a persona*, que tiene gesto adusto: "Ernesto tiene muy marcada la frente, es muy cachudo". Ú.t.c. sust.: "Ernesto tiene muy marcada la frente, es un cachudo". || **2.** supran. *Referido a un animal*, que tiene los cuernos grandes: "Mi tío se compró un carnero cachudo".

cachupín, na. ■ ADJ. **1.** despect. Perteneciente o relativo a España; gachupín: "Esta cerveza cachupina está muy amarga". || **2.** supran. despect. Natural o procedente de España; gachupín: "Tengo un tío cachupín en Morelia". Ú.t.c.sust.: "Los cachupines llegaron ayer".

cachureco, ca. ■ ADJ. *Referido a algo*, torcido, cuando debe ser recto; chueco: "Este árbol está cada vez más cachureco".

cacique. ■ LOC. **~ pico claro.** LOC. SUST. Ave originaria de América, de hasta 20 cm de longitud; de color negro, con pico amarillo, cónico y largo; ojos de color amarillo pálido; patas de color gris; habita en matorrales muy densos, cañaverales, bordes de quebradas y bosques. Familia de los ictéridos del orden Passeriformes, *Amblycercus holosericeus*. (También se llama horatotol).

cacle. ■ M. fam. Zapato.

cacoite. ■ M. **1.** Hierba originaria de México, de hasta 30 cm de altura, monoica; bulbos carnosos y subterráneos; hojas plegadas y envainantes en la base, enteras, linear-lanceoladas; flores hermafroditas, vistosas, campanuladas, con seis tépalos de color violáceo, con centro de amarillo a blanco y moteado de morado, sobre un escapo de hasta 40 cm de altura; frutos capsulares y cilíndricos; semillas numerosas, piriformes, cafés. Familia de las iridáceas, *Tigridia augusta*. || **2.** Bulbo del **cacoite**; comestible. || **3.** Flor del **cacoite**.

cacomiscle. Véase **cacomistle.**

cacomistle. ■ M. **1.** supran. Mamífero carnívoro parecido a la comadreja, pero de mayor tamaño, originario de América del Norte, de hasta 50 cm de longitud, sin contar la cola; con cuerpo pardo claro; cola muy larga, de hasta 53 cm, con ocho anillos de color negro oscuro; arborícola, de hábitos nocturnos; omnívoro; suele cazar roedores, aves y reptiles; basáride. Familia de los prociónidos del orden Carnivora, *Bassariscus sumichrasti*. (También se llama cacomiscle, cacomixtle, cacomiztle, uayuc). ■ COM. **2.** fam. Ladrón: "Revisa que estén completas tus cosas porque vino Marta y dicen que es una cacomistle".

cacomite. ■ M. **1.** Hierba originaria de México, de hasta 80 cm de altura, monoica; bulbos carnosos, subterráneos; hojas plegadas y envainantes en la base, enteras, largamente lanceoladas; flores hermafroditas, vistosas, con seis tépalos de color rojo amarillento con base amarilla moteada de rojo, sobre un escapo de hasta 70 cm de altura; frutos capsulares; semillas numerosas, globosas, negras. Familia de las iridáceas, *Tigridia pavonia*. (También se llama flor de tigre, ocelosúchil, oceloxóchitl). || **2.** Flor del **cacomite**. || **3.** Tubérculo del **cacomite**; comestible.

cacomixtle. [*kakomíshtle, kakomístle*] Véase **cacomistle.**

cacomiztle. Véase **cacomistle.**

cacte. ■ M. *En Tabasco*, sandalia rústica formada por una suela que se sostiene en el pie mediante un cordel que se anuda en el empeine.

cactus. ■ LOC. **~ cola de rata.** LOC. SUST. Cactácea epífita originaria de México, actualmente cultivada en muchos países, de hasta 1 m de altura, monoica; tallos ramificados, cilíndricos, colgantes, con numerosas y pequeñas espinas; flores hermafroditas, vistosas, tubulares, con numerosos tépalos de color rosa a rojo, solitarias; frutos abayados, elipsoides, rojos; semillas diminutas, numerosas, amarillas. Familia de las cactáceas, *Disocactus flagelliformis*. (También se llama cactus junco, flor de látigo, floricuerno, junquillo, nopalillo). ▷ **~ estrella.** LOC. SUST. Cactácea originaria de México, de hasta 1 m de altura, monoica; tallos globosos o columnares, solitarios o con muy poca ramificación, principalmente de cuatro a cinco costillas de color verde brillante, cubiertos de diminutas escamas peludas y blancas que le confieren una apariencia gris plateada, estas pueden ser pocas o abundantes, con o sin espinas, delgadas, arregladas en bolitas en las puntas de las costillas; flores hermafroditas, vistosas, con numerosos tépalos amarillos, solitarias o en grupos de pocas flores en el ápice de los tallos; frutos abayados, de color verde a rojizos, cubiertos de numerosas escamas superpuestas, color café; semillas numerosas, pequeñas, de color café oscuro, brillantes. Familia de las cactáceas, *Astrophytum myriostigma*. (También se llama bonete de obispo, gorro de obispo, mitra). ▷ **~ junco.** LOC. SUST. **cactus cola de rata.**

cada. ■ LOC. **~ y que.** LOC. CONJ. Siempre que, luego que: "Cada y que viajo en coche, me mareo".

cadena. ■ F. **1.** Cuerda o cable que precede a la entrada de antros y bares. || **2.** *En el futbol americano*, implemento de medición que consiste en dos soportes unidos por una serie de eslabones y que tiene una longitud de 9.14 m o 10 yd. ■ LOC. **~ nacional.** LOC. SUST. supran. Conexión obligatoria de todas las emisoras de radio y televisión para transmitir algún mensaje o acto cívico del gobierno: "La cadena nacional transmitió el mensaje del presidente".

cadencia. ■ F. *En la música*, improvisación de un solista, hacia el final del primer movimiento de un concierto para instrumento y orquesta, basada en el tema principal.

cadenero. ■ M. **1.** Hombre encargado en los antros y bares de permitir el acceso a los clientes. || **2.** *En el futbol americano*, oficial que se encarga de colocar, alinear e indicar la línea imaginaria donde debe ubicarse el balón.

cadera. ■ LOC. **~ con cola.** LOC. SUST. fam. Par de personas inseparables: "Desde que son novios, María y Jorge se volvieron cadera con cola".

cadete. ■ COM. supran. Aprendiz de un establecimiento comercial: "Esa cadete resultó muy buena para cortar las telas".

cadillo. ■ M. Arbusto originario de América, de hasta 50 cm de altura, monoico; tallos agrupados en densos manchones; hojas alternas, divididas en foliolos, ovados y aserrados, cuyo número oscila entre nueve y 19; flores hermafroditas, pequeñas, sin pétalos, pero con una cubierta o hipantio con pequeñas espinas, agrupadas en racimos o espigas; frutos aquénicos y cubiertos por el hipantio espinoso. Familia de las rosáceas, *Acaenae longata*. (También se llama pegarropa).

caedero. ■ M. **1.** fam. Conjunto de personas que llegan a un evento sin ser invitadas. || **2.** supran. fam. Lugar a donde se llega habitualmente sin previo aviso, por existir confianza.

caedizo. ■ M. supran. Tejadillo que sobresale de la pared.

caer. ■ INTR. **1.** supran. Dormirse: "La bebé cayó a las ocho y sus hermanos más tarde". || **2.** supran. fam. Llegar a un sitio, generalmente sin previo aviso: "María cayó el fin de semana en la casa y estábamos ocupados". ■ LOC. **~ como patada de burro.** LOC. VERB. **1.** fam. Sentar mal una comida o bebida a alguien: "El caldo que me comí ayer me cayó como patada de burro". || **2.** fam. Sentir repulsión por alguien: "El portero de tu edificio me cae como patada de burro". ▷ **~ como patada de mula.** LOC. VERB. **caer como patada de burro.** ▷ **~ de apóstol.** LOC. VERB. Llegar a comer a un lugar sin ser invitado: "Tus amigos cayeron de apóstol a la comida". ▷ **~ de barbas.** LOC. VERB. Ser alguien encarcelado sin haber cometido delito: "¡Pobre Genaro!, cayó de barbas y lo retuvieron 48 horas". ▷ **~ de (a) madre(s).** LOC. VERB. **1.** malson. Asegurar alguien enfáticamente algo: "¡Me cae de madres que vi a tu novio con otra!". || **2.** malson. Detestar: "Nos cae de a madres quedarnos a trabajar hasta tarde". ▷ **~ de peso.** LOC. VERB. **1.** Sentarle mal a alguien la comida: "Los tacos de suadero me cayeron de peso". || **2.** Afectar algo a alguien: "La muerte de Lourdes me cayó de peso". ▷ **~ de variedad.** LOC. VERB. Simpatizar: "Tu hija siempre cae de variedad a todos". ▷ **~ el chahuiscle.** LOC. VERB. **caer el chahuistle.** ▷ **~ el chahuistle.** LOC. VERB. **1.** fam. Sobrevenir a alguien un mal o una molestia: "Ya nos cayó el chahuistle con el nuevo reglamento". || **2.** fam. Llegar sorpresivamente alguien no deseado: "¡Ya nos cayó el chahuistle, ahí viene el jefe!". ▷ **~ en la movida.** LOC. VERB. fam. Descubrir a alguien en un acto incorrecto o reprobable: "Le caímos en la movida a Daniel, estaba robándose el fondo de ahorro". ▷ **~ en la punta (del hígado).** LOC. VERB. fam. Provocar animadversión: "Tus comentarios sobre Cristina me caen en la punta del hígado". ▷ **~ en la punta del zapato.** LOC. VERB. **caer en la punta (del hígado).** ▷ **~ en los callos.** LOC. VERB. **caer en la punta (del hígado).** ▷ **~ en los huevos.** LOC. VERB. malson. **caer en la punta (del hígado).** ▷ **~ en pandorga.** LOC. VERB. **caer en la punta (del hígado).** ▷ **~ la gorda.** LOC. VERB. fam. Sobrevenir a alguien una pendencia o conflicto: "Ya les cayó la gorda a esos corruptos". ▷ **~ parado.** LOC. VERB. supran. fam. Quedar bien: "Caíste parado con ese discurso". ▷ **~ pesado.** LOC. VERB. fam. Sentar mal una comida o bebida a alguien: "Los tamales que me comí ayer me cayeron pesado". ■ EXPR. **caete cadáver.** fam. **caite cadáver.** ▷ **caite cadáver.** fam. Se usa para manifestar que se debe pagar una cantidad de dinero: "Caite cadáver con la renta del mes". ▷ **cayendo el muerto y soltando el llanto.** Se usa para indicar la reciprocidad obligada de algún hecho: "Te doy el coche cuando me lo pagues, cayendo el muerto y soltando el llanto". ▶ **(a) lo caido, caido. 1.** fam. Se usa para indicar la imposibilidad de rehacer o deshacer algo, generalmente malo: "Ya lo perdiste, a lo caido, caido". || **2.** fam. Se usa para indicar que no se le debe poner reparo a lo obsequiado: "Los tenis no me gustaron mucho, pero a lo caido, caido". || **3.** fam. Se usa para indicar que no se puede pedir algo que ya fue obsequiado: "Lo caido, caido y no te lo voy a regresar".

caerle. ■ INTR. PRNL. **3.** Causar una impresión en alguien: "Jaime me cayó muy bien, lo voy a invitar a la fiesta". || **4.** supran. fam. Visitar a una persona: "Te caemos el sábado, prepara las botanas". || **5.** supran. fam. Sorprender a alguien cuando comete un delito o una falta: "Le cayeron a Manuel llevándose la máquina". ■ LOC. **~ el veinte.** LOC. VERB. Percatarse alguien de algo que era evidente o debió ser advertido antes: "Ya me cayó el veinte de que no me quieres". ▶ **~ tierra.** LOC. VERB. Ser alguien descubierto cuando comete un delito: "Le cayó tierra a Álvaro cuando falsificaba la firma". ■ EXPR. **ahí te caigo.** supran. fam. Se usa para acordar un próximo encuentro. ▶ **¡cáete!** supran. fam. Se usa para exhortar a alguien a pagar una cantidad de dinero o a entregar alguna propiedad. ▶ **me cae.** fam. Se usa para señalar que algo se considera cierto o seguro: "¡Me cae que mañana sí llego temprano!". ▶ **¿te cae?** fam. Se usa para manifestar incredulidad ante un hecho.

caerse. ■ INTR. PRNL. **6.** fam. Aportar algo para un fin determinado: "Cáete con el dinero para la fiesta". ■ LOC. **~ de bueno.** LOC. VERB. fam. Poseer alguien gran atractivo físico: "Las amigas de Rodolfo se caen de buenas". ▶ **~ del mecate.** LOC. VERB. fam. Quedar alguien en evidencia: "Por descuidado, Rogelio se cayó del mecate ante su familia". ▶ **~ para que lo levanten.** LOC. VERB. **1.** fam. Fingirse alguien humilde o ignorante para que lo alaben: "No le creas todo a Joel, se cae para que lo levanten". || **2.** fam. Hablar alguien mal de sí mismo para que lo contradigan y ensalcen sus cualidades: "Me fastidia que Édgar se caiga para que lo levanten siempre que tomamos decisiones".

caérsele. ■ LOC. **~ el teatrito.** LOC. VERB. Ponerse en evidencia las intenciones ocultas y trampas de alguien: "A Gerardo se le cayó el teatrito, descubrimos que quería timarnos". ▶ **~ la ceja.** LOC. VERB. **caérsele la mano.** ▶ **~ la mano.** LOC. VERB. supran. Ser un hombre homosexual o afeminado: "¿Crees que a Héctor se le cae la mano?". ▶ **~ los brazos.** LOC. VERB. Perder alguien el ánimo: "A Jaime se le cayeron los brazos porque lo despidieron". ▶ **~ los calzones.** LOC. VERB. supran. fam. Experimentar alguien una fuerte impresión por algo: "Se me cayeron los calzones con el temblor". ▶ **~ los chones.** LOC. VERB. **caérsele los calzones.**

café. ■ M. jerg. Marihuana. ■ LOC. **~ colado.** LOC. SUST. El que se prepara pasándolo por un filtro cónico de tela: "No hay muchos establecimientos que vendan café colado". ▶ **~ de chinos.** LOC. SUST. Restaurante donde se sirven guisos mexicanos y chinos, café y pan elaborado en el lugar: "Por mi casa hay varios cafés de chinos". ▶ **~ de olla.** LOC. SUST. El hervido con canela y endulzado con piloncillo: "Solamente tomo café de olla cuando voy al rancho de mi abuela". ▶ **~ de talega.** LOC. SUST. *En Sonora,* **café colado.**

cafeceada. ■ F. fam. Hecho de tomar un café.

cafecear. ■ INTR. fam. Tomar un café: "Después de la clase cafeceamos".

cafeteada. ■ F. **1.** Guardia que se hace a un difunto durante la noche; velación. || **2.** supran. Hecho de tomar café en un velorio.

cafetear. ■ TR. **1.** Hacer guardia a un difunto durante la noche; velar: "Anoche cafeteamos al papá de Ricardo". ■ INTR. **2.** supran. Tomar café en un velorio: "Todos cafeteamos recordándolo".

cafre. ■ ADJ. **1.** fam. *Referido a persona,* que conduce un vehículo de manera temeraria: "Me da miedo ir con mi sobrino en el coche porque es muy cafre". ■ COM. **2.** fam. Persona que conduce un vehículo de manera temeraria: "Me da miedo ir con mi sobrino en el coche porque es un cafre".

cafrear. ■ TR. fam. Conducir un vehículo de manera temeraria: "Cafreamos el coche nuevo de mi papá".

cagada. ■ F. Véase **cagado, da.**

cagadal. ■ M. supran. malson. Conjunto de errores o de malas acciones cometidas por alguien.

cagadera. ■ F. supran. malson. Diarrea; cagalera.

cagadero. ■ M. malson. Lugar desordenado.

cagado, da. ■ ADJ. **1.** malson. Que llama la atención por su rareza u originalidad: "Esa es de las películas más cagadas que he visto". || **2.** malson. Gracioso; chistoso: "Tienes un perro bonito y cagado". || **3.** malson. Ridículo: "El vecino es un tipo muy cagado". ■ M. y F. **4.** malson. *En Tamaulipas*, persona sensible a las críticas: "Domínguez es un cagado, por eso no aguanta comentario alguno". ■ F. **5.** malson. Coincidencia afortunada: "Fue una cagada que no llegara el maestro al examen porque no estudié". || **6.** malson. Consecución de algo inesperado: "Fue una cagada que metieras el gol de ese modo". || **7.** supran. malson. Acción malintencionada que perjudica a alguien: "Fue una cagada que se robaran los ahorros de los trabajadores". || **8.** supran. malson. Reprimenda vehemente: "Cuando llegue Fabián, voy a ponerle una cagada que ya verá". ■ LOC. **de (pura) cagada.** LOC. ADV. malson. Por casualidad: "Ganamos el partido de pura cagada".

cagante. ■ ADJ. **1.** malson. *Referido a persona*, molesta; pesado: "Qué hombre tan cagante, ni él mismo se aguanta". || **2.** malson. Propio de la persona **cagante**: "Ese hombre tiene una personalidad muy cagante".

cagar. ■ TR. **1.** supran. malson. Arruinar algo: "Cagaron la película con ese final". || **2.** supran. malson. Amonestar ostensiblemente a una persona; reprender: "Mi papá cagó a Ana por llegar tarde". Ú.m.c.prnl.: "Mi papá se cagó a Ana por llegar tarde". ■ LOC. **~ el palo.** LOC. VERB. **1.** malson. Molestar a alguien con una acción: "Deja de cagar el palo y vete a llorar a otra parte". || **2.** malson. Resultar intolerable alguien para otra persona: "Yolanda me caga el palo, no la soporto". ▶ **~ la madre.** LOC. VERB. malson. Molestar enormemente algo o alguien a una persona: "Los deportes me cagan la madre, por eso no practico ninguno".

cagarle. ■ INTR. PRNL. **3.** malson. Molestar algo a alguien: "Me caga el calor".

cagarse. ■ INTR. PRNL. **4.** malson. Hacer o lograr algo por casualidad: "Luis se cagó, ganó la lotería". ■ LOC. **~ de (la) risa.** LOC. VERB. malson. Carcajearse: "Nos cagamos de la risa con sus historias". ▶ **~ fuera de la bacinica.** LOC. VERB. **1.** malson. Actuar descarriadamente, sin sentido de la realidad, incurriendo en un despropósito o desacierto: "Te cagaste fuera de la bacinica con esa decisión". || **2.** malson. Actuar de manera incorrecta, particularmente infringiendo una norma: "El jefe se cagó fuera de la bacinica con las sanciones". ▶ **~ para arriba.** LOC. VERB. malson. Tener alguien mucha suerte: "Se cagó para arriba en esa partida de dominó".

cagón, na. ■ ADJ. **1.** malson. *Referido a persona*, con mucha suerte; suertudo: "¡Qué cagona, ganaste de nuevo!". Ú.t.c.sust.: "Eres una cagona, Nancy, ganaste de nuevo". || **2.** supran. malson. *Referido a persona, generalmente joven*, sin experiencia: "No lo castigues, aún está cagón". Ú.t.c.sust.: "No lo castigues, es un cagón". ■ M. y F. **3.** supran. malson. Niño que se está criando; crío.

cagoteada. ■ F. **1.** malson. Amonestación ostensible a una persona. || **2.** malson. Pérdida de algo mediante una actitud o comportamiento equivocados.

cagotear. ■ TR. **1.** malson. Amonestar ostensiblemente a una persona; cagar: "Sandra cagoteó a Roberto por no llegar a la junta". Ú.m.c.prnl.: "Sandra se cagoteó a Roberto por no llegar a la junta". || **2.** malson. Echar a perder algo mediante una actitud o comportamiento equivocados: "Cagoteaste la reunión por impertinente".

caguama. ■ F. Véase **caguamo, ma.**

caguamanta. ■ F. *En Sonora*, caldo elaborado con camarón, mantarraya, ajo, cebolla, chile verde y tomate.

caguamear. ■ INTR. Beber cerveza directamente de una caguama o botella de cerveza de aproximadamente un litro de capacidad: "Tengo cruda, ayer caguameamos toda la tarde".

caguamo, ma. ■ M. y F. **1.** fam. Persona a la que se le atribuye una actividad sexual prolongada, intensa y muy frecuente. || **2.** fam. Persona alta y robusta. ■ F. **3.** Botella de cerveza de aproximadamente un litro de capacidad. || **4.** Cantidad de cerveza contenida en una **caguama**.

caguengue. ■ ADJ. **1.** fam. *Referido a persona*, que se queja frecuentemente; cagón: "Paco es un niño caguengue que llora por todo". || **2.** fam. *Referido a persona, generalmente joven*, sin experiencia; cagón: "El muchacho caguengue no consiguió el trabajo". || **3.** fam. Propio de la persona **caguengue**: "Paco todo el tiempo está con berrinchitos caguengues". ■ COM. **4.** fam. Persona que se queja frecuentemente; cagón: "Paco es un caguengue, llora por todo". || **5.** fam. Persona sin experiencia; cagón: "Esa caguengue no ha conseguido trabajo en ningún lado".

cahíta. ■ ADJ. **1.** Perteneciente o relativo al **cahíta**: "La cerámica cahíta era tosca". ■ M. **2.** Grupo étnico histórico que dio origen a los yaquis, a los mayos y a los tehuecos. || **3.** Conjunto de grupos étnicos, como los yaquis, los mayos y los tehuecos; establecidos principalmente en los estados de Sonora y Sinaloa. || **4.** Lengua reconstruida que históricamente dio origen al yaqui, al mayo y al tehueco. || **5.** Grupo o familia de lenguas yutoaztecas que incluye al yaqui, al mayo y al tehueco. ■ EXPR. **~ tomi.** *En Sonora*, se usa para negarse ante una petición de dinero: "Quería que le prestara mil pesos, pero cahíta tomi".

cahuamanta. ■ F. **caguamanta.**

cahuamo, ma. Véase **caguamo, ma.**

cahuite. ■ M. **1.** supran. Árbol originario de América, de hasta 40 m de altura y hasta 2 m de diámetro, monoico; hojas aciculares agregadas en fascículos de cinco; conos unisexuales: conos masculinos muy pequeños, de 15 a 25 mm, casi cilíndricos, amarillos, conos femeninos surgen cerca del ápice de las ramas, en grupos de dos o cuatro, leñosos de forma cilíndrica y bastante encorvada, resinosos; semillas aladas. Familia de las pináceas, *Pinus ayacahuite*. (También se llama acahuite, anacagüite, anacahuita, anacahuite, ayacahuite, chahuite, ocote, sacalacahuite). || **2.** supran. Madera del **cahuite**. || **3.** supran. Resina del **cahuite**; uso industrial y en la medicina tradicional.

caico. ■ M. *En el Occidente*, canica grande de vidrio.

caifán. ■ M. **1.** Hombre caracterizado por un llamativo atuendo que consiste en un pantalón muy holgado pero ceñido a la cintura y a los tobillos, chaqueta larga con amplias solapas, sombrero adornado con una pluma y zapatos bicolores; pachuco. || **2.** Hombre prominente de un barrio popular.

caifás. (Juego de palabras entre Caifás y caer). ■ INTERJ. **¡caifás!** supran. fest. Se usa para solicitar a alguien la entrega o aportación de algo, generalmente dinero: "Tenemos que pagar la renta, ¡caifás!".

caimán. ■ M. **1.** Cuero de este reptil empleado en marroquinería. || **2.** Pinza de presión pequeña.

caimanera. ■ F. Véase **caimanero, ra.**

caimanero, ra. ■ ADJ. **1.** supran. Perteneciente o relativo al caimán: "Llevarán al animal a la reserva caimanera". ■ M. y F. **2.** supran. Persona que se dedica a cuidar a los caimanes en una reserva. ■ F. **3.** supran. Lugar a orillas de los ríos y lagunas que sirve de refugio a los caimanes.

cairel. ■ M. supran. Rizo de cabello en forma de espiral; tirabuzón. ■ INTERJ. (Juego de palabras entre cairel y caer). **¡cairel(es)!** fest. Se usa para solicitar a alguien la entrega o aportación de algo, generalmente dinero: "¡Cairel! ¡Págame todo lo que me debes!".

caite. ■ M. supran. *En Chiapas*, sandalia tosca de cuero.

caitear. ■ INTR. supran. *En Chiapas*, caminar: "¿Aún caiteas en el parque todas las mañanas?".

caitudo, da. ■ ADJ. **1.** supran. *En Chiapas, referido a persona*, que usa caites o sandalias toscas de cuero: "Llegó caitudo a la fiesta". Ú.t.c.sust.: "Los caitudos llegaron a la fiesta". || **2.** supran. *En Chiapas, referido a persona*, de modales propios del campo: "Los hombres caitudos se levantan al amanecer y se duermen temprano". Ú.t.c.sust.: "Los caitudos se levantan al amanecer y se duermen temprano".

caja. ■ LOC. **~ chica.** LOC. SUST. supran. Suma de dinero que se destina a los gastos menores ordinarios y cotidianos durante un periodo determinado en una empresa o negocio: "Vamos a completar el pago con lo que hay en la caja chica".

cajeada. ■ F. fam. Robo.

cajear. ■ TR. fam. Robar: "Le cajearon la maleta".

cajeta. ■ F. supran. Dulce hecho con leche de cabra y azúcar, cocinada hasta que adquiere una consistencia espesa y un color café claro. ■ LOC. **~ quemada.** LOC. SUST. La que está cocida hasta adquirir un color café oscuro. ▷ **de ~.** LOC. ADJ. supran. fam. De buena calidad; excelente: "El vestido está de cajeta". ■ EXPR. **¡qué ~!** fam. Se usa para señalar que alguien tuvo suerte en algo: "José recuperó su auto robado, ¡qué cajeta!".

cajete. ■ M. **1.** Cavidad en el maguey donde se deposita el aguamiel. || **2.** Recipiente pequeño. || **3.** Vasija de barro que se usa como plato. || **4.** Hoyo que se hace en el suelo para sembrar. || **5.** Hueco que se hace en una superficie para colocar un dispositivo mecánico o eléctrico. || **6.** vulg. Excremento. || **7.** supran. Cazuela de barro honda y gruesa sin barnizar.

cajeteada. ■ F. fam. Acción y resultado de cajetear, cajetearla o cajetearse.

cajetear. ■ TR. **1.** eufem. Amonestar ostensiblemente a una persona; cagar: "Mi papá cajeteó a Ana por llegar tarde". Ú.m.c.prnl.: "Mi papá se cajeteó a Ana por llegar tarde". ■ INTR. **2.** rur. Hacer un hoyo en la tierra para sembrar plantas: "Ya traje las semillas, cajetea en el huerto". || **3.** eufem. Defecar.

cajetearla. ■ INTR. PRNL. **4.** fam. Errar gravemente; cagarla: "La cajeteamos con el llenado del recibo de nómina".

cajetearse. ■ INTR. PRNL. **5.** eufem. Burlarse de alguien: "Se cajetearon de Luis porque reprobó el examen". ■ LOC. **~ de (la) risa.** LOC. VERB. fam. Carcajearse: "Se cajeteó de la risa durante toda la película".

cajetero, ra. ■ ADJ. **1.** Perteneciente o relativo a la cajeta: "La industria cajetera atraviesa por una crisis de producción". || **2.** *Referido a persona*, que gusta de comer cajeta: "Ana es muy cajetera, siempre tiene en su alacena". Ú.t.c. sust.: "Ana es una cajetera, siempre tiene en su alacena". ■ M. y F. **3.** supran. Persona que se dedica a elaborar o a vender cajeta.

cajeto, ta. (Juego de palabras entre cajeta y cagado). ■ ADJ. **1.** eufem. Que llama la atención por su rareza u originalidad; cagado: "Su último cortometraje está cajeto". || **2.** eufem. Chistoso; cagado: "Mi hermana cajeta los hizo reír mucho". || **3.** eufem. Ridículo; cagado: "El portero del edificio resultó ser un tipo muy cajeto".

cajón. ■ M. **1. cajón de estacionamiento.** || **2.** *En Guerrero y Oaxaca*, plataforma cuadrangular de madera, generalmente de un tronco ahuecado colocado boca abajo, sobre la que una pareja baila sones; artesa. ■ LOC. **~ de estacionamiento.** LOC. SUST. Espacio delimitado para estacionar un automóvil: "El departamento cuenta con dos cajones de estacionamiento". ▷ **~ de ropa.** LOC. SUST. Tienda de ropa: "No he podido encontrar el cajón de ropa que me recomendaste en el centro". ▷ **de ~.** LOC. ADV. **1.** supran. Forzosamente; obligatoriamente: "Esa materia hay que cursarla de cajón". || **2.** supran. Habitualmente: "Nos reunimos todos los miércoles de cajón".

cajuela. ■ F. supran. Lugar destinado para maletas o equipajes en los vehículos; maletero.

cakchiquel. ■ ADJ. **1.** supran. Perteneciente o relativo al **cakchiquel**; kaqchikel: "Los cotones cakchiqueles están elaborados de lana de oveja". || **2.** supran. Natural o procedente del grupo étnico **cakchiquel**; kaqchikel: "El hombre cakchiquel viste su cotón de lana de oveja". ■ M. **3.** supran. Grupo étnico establecido en los estados de Campeche y Quintana Roo, en México, y en Guatemala; kaqchikel. || **4.** supran. Lengua maya del subgrupo lingüístico quicheano; kaqchikel. ■ COM. **5.** supran. Persona natural o procedente del grupo étnico **cakchiquel**; kaqchikel: "La cakchiquel preparó tamales de masa de maíz".

calabaceada. ■ F. fam. Acción y resultado de calabacear, calabacearla o calabacearse.

calabaceado. ■ M. **1.** Baile que se realiza haciendo constantes cambios de pareja. || **2.** *En el Norte*, forma tradicional de baile que se realiza haciendo varios movimientos fuertes, explosivos, con taconeado intenso, golpes en el piso y constantes cambios de pareja.

calabacear. ■ TR. **1.** eufem. Reprender a alguien; cagar: "Manuel calabacea siempre a sus empleados". || **2.** fam. Engañar a alguien debido a su inexperiencia o ingenuidad; chamaquear: "Calabacearon a mi abuelita en el café internet". || **3.** fam. Embadurnar de excremento: "El perro calabaceó los sillones". ■ INTR. **4.** Bailar haciendo varios cambios de pareja: "Hugo calabacea muy bien". || **5.** eufem. Cagar; defecar.

calabacearla. ■ INTR. PRNL. **6.** eufem. Errar gravemente; cagarla: "Ya la calabaceaste, le pusiste mucha sal a la sopa".

calabacearse. ■ INTR. PRNL. **7.** eufem. Evacuar involuntariamente en la ropa interior; cagarse.

calabacete. ■ M. Recipiente de uso doméstico hecho con la mitad de una calabaza ahuecada; calabazo.

calabacita. ■ F. **1.** Hierba trepadora originaria de América, de hasta 10 m de longitud, monoica; tallos con zarcillos; hojas alternas, lobuladas o acorazonadas, pubescentes y ásperas; flores unisexuales, vistosas, en forma de embudo y de color amarillo; frutos pepónides, de forma, tamaño y color diversos; semillas numerosas, aplanadas, elípticas, comestibles; flores comestibles. Familia de las cucurbitáceas, varias especies del género *Cucurbita*, como *Cucurbita pepo*. (También se llama calabacín). || **2.** Fruto de la **calabacita**; comestible.

calabaza. ■ F. Véase **calabazo, za.**

calabazo, za. ■ ADJ. **1.** eufem. Cagado; gracioso: "Qué calabazo está ese señor, ¡qué nariz!". || **2.** fam. Estúpido: "¡Estás bien calabazo si crees que me vas a engañar!". Ú.t.c. sust.: "¡Eres un calabazo si crees que me vas a engañar!". ■ M. **3.** Perla en forma de pera usada en joyería. || **4.** supran. Grupo de árboles originarios de América, de hasta 15 m de altura, monoicos; tallos con largas ramas extendidas e irregulares; hojas alternas, enteras o divididas, espatuladas, lustrosas; flores hermafroditas, vistosas, campanulares, amarillas verdosas; frutos capsulares, subglobosos, con pulpa negra, corteza dura, café; semillas numerosas, circulares, aplanadas, cafés. Familia de las bignoniáceas, varias especies del género *Crescentia*, como *Crescentia alata*, *Crescentia cujete*. (También se llama ayale, bule morro, coatecomate, cuatecomate, cuautecomate, guaje, güiro, huaje, jícara, jícaro, tecomate). || **5.** supran. Individuo del **calabazo.** || **6.** supran. Fruto seco de los individuos del **calabazo**; uso artesanal. || **7.** supran. Recipiente hecho con el fruto seco de los individuos del **calabazo.** || **8.** supran. Vasija hecha con la mitad del fruto seco de los individuos del **calabazo.** ■ F. **9.** supran. Hierba originaria de México, reptante o trepadora, monoica; tallos angulosos, pubescentes, con zarcillos apicales; hojas anchas, un poco acorazonadas, con márgenes serrados; flores unisexuales, de color verde claro o amarillo, en forma de campanas grandes: las masculinas con cáliz corto y las femeninas en pedicelos anchos y robustos; frutos pepónides, esféricos, un poco aplanados y con surcos como gajos, de color verde, rayados con amarillo. Familia de las cucurbitáceas, *Cucurbita moschata*. (También se llama ayote, hacayote). || **10.** supran. Flor de la **calabaza**; comestible. || **11.** supran. Fruto de la **calabaza**; comestible; uso en la medicina tradicional. ■ LOC. **calabaza estropajo.** LOC. SUST. Hierba trepadora o rastrera originaria de América, de hasta 6 m de longitud, monoica; tallos delgados, estriados, con zarcillos divididos en el ápice; hojas alternas, ásperas, acorazonadas o divididas de tres a cinco lóbulos, con margen de dentado a sinuado; flores unisexuales, pequeñas: las masculinas de color amarillo y en racimos, las femeninas amarillas y solitarias; frutos pepónides, elipsoides, fibrosos, pubescentes y con pequeñas espinas, de color café; semillas ovoides, comprimidas, cafés. Familia de las cucurbitáceas, *Luffa operculata*. (También se llama esponja, esponjilla).

calaca. ■ F. **1.** Esqueleto humano. || **2.** Cráneo. || **3.** Calavera. ■ LOC. **la Calaca (tilica y flaca).** LOC. SUST. Personificación de la Muerte: "Roberta actuó en la obra como la Calaca". ■ EXPR. **a calacas. 1.** Se usa para indicarle a alguien que se vaya: "A ver, Miguel, a calacas". || **2.** Se usa para indicar el deseo de que algo se termine: "A calacas con esa película de ficheras". ▶ **a calacas (y palomas).** *En el juego de canicas*, se usa para indicar que un jugador quedó fuera, luego de que otro participante le pegara a su canica, haciéndola salir por la línea de entrada o tiro: "Ya, Manuel, a calacas y palomas, quita tu canica".

calamápatl. ■ M. **calancapacle.**

calancapacle. ■ M. Hierba originaria de México, de hasta 50 cm de altura, monoica; tallos ramosos, pubescentes y rizomatosos;

hojas arrosetadas en la base y alternas en tallos, enteras, espatuladas, con margen ligeramente aserrado o entero; flores hermafroditas, diminutas, amarillas y agrupadas en pequeñas y numerosas cabezuelas, con 12 o 13 flores de la periferia en forma de pétalos de color amarillo; frutos aquénicos, diminutos, subcilíndricos, con un penacho de cerdas blancas en el ápice; uso en la medicina tradicional. Familia de las compuestas, *Senecio bellidifolius*. (También se llama calamápatl, calancapatle, nanahuapatli, palancapatli).

calancapatle. ■ M. **calancapacle.**

calandria. ■ F. **1.** Coche abierto, con toldo móvil, tirado por caballos; generalmente de uso turístico. || **2.** supran. Ave originaria de América, de hasta 25 cm de longitud; su plumaje varía desde oscuro a amarillo; la cabeza puede ser amarilla, castaña o negra; presenta la rabadilla y partes ventrales de color castaño oscuro; cuello, espalda, alas y cola son negras; la hembra y el ejemplar joven son generalmente de color verde oliva en la parte superior y verde amarillento en la parte inferior. Familia de los ictéridos del orden Passeriformes, varias especies del género *Icterus*. (También se llama chiltote). ■ LOC. **~ dorso naranja.** LOC. SUST. *En el Sureste*, ave de hasta 20 cm de longitud; con pico alargado y puntiagudo; plumaje principalmente anaranjado y amarillento; alas con plumas negras y líneas blancas; cola y un parche en la garganta con plumas negras. Familia de los ictéridos del orden Passeriformes, *Icterus auratus*. (También se llama bolsero yucateco, yuya).

calaquear. ■ TR. **1.** fam. Matar.

calaquearse. ■ INTR. PRNL. **2.** fest. Morirse: "Mi pez ya se calaqueó".

calaqueo. ■ M. fest. Hecho de matar.

calar. ■ TR. **1.** Herir física o sentimentalmente a alguien: "Ricardo caló a Romina con esa mentira". ■ INTR. **2.** Resultar incómodas las condiciones del clima: "Este viento cala mucho".

calavera. ■ F. **1.** Composición de versos festivos o satíricos que se dedican a una persona viva con motivo del Día de Muertos. || **2.** Dulce de azúcar en forma de cráneo, generalmente adornado con azúcar de colores y con algún nombre escrito en la frente; se hace en fechas cercanas al Día de Muertos. Ú.m.e. dim. || **3.** Dinero o golosina que piden los niños el Día de Muertos. Ú.m.e.dim. || **4.** Foco y pantalla, generalmente roja, en cada uno de los extremos de la parte trasera de un vehículo. || **5.** Agujero en el talón de los calcetines.

calca. ■ F. **1.** supran. Hoja fina, con tinta en una de sus caras, que permite obtener una o varias copias; papel carbón. || **2.** supran. Papel de escribir, muy delgado y translúcido, que suele emplearse para copias; papel cebolla. || **3.** supran. Adhesivo decorativo que lleva impreso un motivo de tema diverso; calcomanía.

calce. ■ M. Margen inferior o lateral de un documento, por lo general jurídico o administrativo. ■ LOC. **al ~.** LOC. ADV. *En un documento*, en el espacio inferior inmediatamente siguiente a la conclusión del contenido que se menciona: "Le solicito que firme al calce de la orden".

calderón. ■ M. Arbusto o árbol originario de América, de hasta 7 m de altura, monoico; tallos quebradizos, produce un látex color amarillo o anaranjado; hojas alternas, muy variables en forma y tamaño, generalmente divididas en lóbulos irregulares, frecuentemente concentradas en los extremos de las ramas; flores hermafroditas, pequeñas y numerosas, purpurinas, pétalos ausentes, con 12 a 16 estambres, flores arregladas en panículas terminales; frutos capsulares, elipsoides, cafés o negros; semillas pequeñas, de cafés a negras, con un tejido pulposo en la base; uso ornamental; cortezas, uso como colorante; látex, uso en la medicina tradicional. Familia de las papaveráceas, *Bocconia frutescens*. (También se llama llora sangre, manalote).

caldo. ■ M. **1.** fam. Besuqueo entre dos personas. || **2.** supran. Jugo de la caña de azúcar. ■ LOC. **~ de piedra.** LOC. SUST. *En Oaxaca y Veracruz*, el que se prepara con cebolla, chile verde y jitomate en rebanadas, condimentado con ajo y yerbasanta, al que se le agrega piedras calientes al rojo vivo para cocer las verduras, posteriormente se le añade pescado o camarón. ▶ **~ huevón.** LOC. SUST. *En el Noroeste*, guiso de carne de res, papas, orégano y chile. ▶ **~ siete mares.** LOC. SUST. El que se prepara con una combinación de mariscos, caldillo de jitomate y chile.

calendarización. ■ F. supran. Programación de las fechas de ciertas actividades a lo largo de un periodo.

calentada. ■ F. fam. Golpiza que se da como advertencia de consecuencias peores.

calentano, na. ■ ADJ. **1.** Perteneciente o relativo a la región de Tierra Caliente: "La región calentana comprende parte de Guerrero, Michoacán, Jalisco, Colima y del Estado de México". || **2.** Natural o procedente de la región de Tierra Caliente: "Llegaron los vendedores calentanos a ofrecer aguacates". Ú.t.c.sust.: "Llegaron los calentanos a vender aguacates".

calentar. ■ LOC. **~ cemento.** LOC. VERB. fam. Cumplir alguien una penitencia, generalmente aislado o encarcelado: "Los mandaron a calentar cemento por revoltosos". ▷ **~ la banca.** LOC. VERB. **1.** supran. Mantener un alumno una actitud pasiva en la clase: "Paulina nada más viene a calentar la banca, no hace nada". || **2.** supran. *En algunos deportes*, permanecer un jugador sin ingresar al campo de juego: "No entiendo por qué dejan que Ulises siempre caliente la banca, si es muy buen jugador".

calentón. ■ M. **1.** Calentador de agua; bóiler. || **2.** Primer golpe para provocar una pelea. || **3.** *En el Norte*, aparato eléctrico o de leña que sirve para calentar una habitación.

caliche. ■ M. **1.** *En algunos juegos*, ronda de prueba. || **2.** supran. Forma de hablar utilizada en situaciones de mucha confianza. || **3.** supran. Jerga utilizada por los ladrones.

calichón. ■ M. *En el Noroeste*, esfera grande de vidrio con la que se juega; canica grande.

calientahuevos. ■ ADJ. **1.** malson. *Referido a persona*, que busca confrontación; provocador. || **2.** supran. malson. *Referido a persona*, que acostumbra insinuarse sexualmente, pero sin intención de llegar al coito. ■ COM. **3.** malson. Persona provocadora que busca confrontación; provocador. || **4.** supran. malson. Persona que acostumbra insinuarse sexualmente, pero sin intención de llegar al coito.

calilla. ■ ADJ. **1.** supran. *Referido a persona*, que molesta o fastidia continuamente: "Mi primo es muy calilla con sus bromas pesadas". ■ F. **2.** supran. *En Quintana Roo*, supositorio. ■ COM. **3.** supran. Persona que molesta o fastidia continuamente: "Mi primo siempre ha sido un calilla".

calillar. ■ TR. Molestar o fastidiar continuamente: "Calillas a tus sobrinos siempre".

calistemo. ■ M. Árbol originario de Australia, de hasta 6 m de altura, monoico; tallos arqueados, lanosos cuando jóvenes, rosados o rojizos; hojas alternas, simples, lanceoladas, venas prominentes en ambas caras, glabras, con glándulas sebáceas, con olor a limón al estrujarlas, con márgenes enteros, coriáceas; flores hermafroditas, pequeñas, pétalos verdosos o rojizos, estambres de color rojo brillante, muy rara vez blancos, largos, las flores agrupadas en espigas; frutos capsulares, cupuliformes, deprimidos, globosos. Familia de las mirtáceas, *Callistemon citrinus*. (También se llama cepillo, escobillón, escobillón rojo).

callarse. ■ LOC. **de ~ los ojos.** LOC. ADJ. *Referido a algo*, de singular y extraordinaria calidad: "Esta cena estuvo de callarse los ojos". ■ EXPR. **¡cállate los ojos!** Se usa para mostrar asombro ante algo insólito o dicho con atrevimiento: "¡Cállate los ojos!, ¿en serio te dijo eso?".

callejera. ■ F. supran. despect. Prostituta.

callejoneada. ■ F. Serenata que da una estudiantina o un grupo musical mientras camina por calles y callejones.

callejonear. ■ INTR. Dar serenata una estudiantina o un grupo musical mientras camina por calles y callejones.

callo. ■ LOC. **~ de hacha.** LOC. SUST. Músculo abductor comestible de varios moluscos marinos bivalvos: "Los callos de hacha son la especialidad de este lugar".

calma. ■ EXPR. **con ~ y nos amanecemos.** Se usa para pedir paciencia o cordura a alguien: "No te aceleres, con calma y nos amanecemos".

calmantes. ■ EXPR. **~ montes (alicantes pintos, pájaros cantantes, escuela de estudiantes).** Se usa para pedir calma a alguien: "Calmantes montes, ahorita llegamos, ya estamos cerca".

calmil. ■ M. rur. Milpa ubicada junto a una casa.

calote. ■ ADJ. **1.** *En el Norte, referido a persona*, robusta: "Cada vez estás más calote, ¿cómo le haces?". ■ COM. **2.** *En el Norte*, persona robusta: "Su compadre es un calote, ya no cabe en el pantalón".

calpul. ■ M. **calpulli.**
calpuli. ■ M. **calpulli.**
calpulli. [*kalpúli*] ■ M. **1.** *En la sociedad mexica*, clan integrado por parientes y aliados, quienes habitaban y trabajaban las mismas tierras, adoraban al mismo dios principal y compartían actividades militares. || **2.** *En la sociedad mexica*, demarcación territorial de las ciudades, habitada por un **calpulli**.
calsonte. ■ M. supran. Armazón que sostiene una cubierta o techumbre.
calzar. ■ LOC. **~ chico.** LOC. VERB. vulg. Tener el pene una longitud menor al promedio. ▷ **~ grande.** LOC. VERB. vulg. Tener el pene una longitud mayor al promedio.
calzarse. ■ TR. PRNL. vulg. Poseer sexualmente un hombre a una persona.
calzársele. ■ LOC. **~ la frente.** LOC. VERB. Salirle vello abundante a alguien en esta parte de la cara: "Se me calzó la frente y no tengo tiempo de depilarme".
calzón. ■ M. **1.** Pantalón de manta amplio, generalmente usado por campesinos. || **2.** supran. Prenda interior que cubre desde la cintura o la cadera, generalmente hasta el inicio de los muslos. ■ LOC. **~ cachetero.** LOC. SUST. fest. El que solo cubre la mitad de la nalga. ▷ **~ de indio.** LOC. SUST. *En Colima y Michoacán*, **castilleja.** ▷ **como ~ de puta.** LOC. ADV. **1.** vulg. De una parte a otra, de aquí para allá. || **2.** vulg. Sin descanso. ▷ **por sus (puros) calzones.** LOC. ADV. Por imposición, de manera unilateral y sin admitir réplica: "Salimos siempre tarde por sus puros calzones".
calzonear. ■ INTR. fam. Defecar.
calzonera. ■ F. *En el Sureste*, traje de baño del varón.
calzonudo, da. ■ ADJ. **1.** fam. *Referido a persona*, que tiene agallas: "A la reunión convocada irán puros hombres calzonudos". Ú.t.c. sust.: "A la reunión irán los calzonudos". ■ M. y F. **2.** Campesino pobre. || **3.** despect. Indígena. || **4.** *En tiempos de la Revolución mexicana*, campesino que seguía a un caudillo como parte de una tropa. ■ M. **5.** supran. rur. *Entre las mujeres*, hombre.
camada. ■ F. supran. Grupo de personas, generalmente de edad similar, que en un periodo dado participan de experiencias o actividades comunes.
camagua. ■ ADJ. **1.** supran. *Referido a un fruto*, que comienza a madurar: "Las guayabas ya están camaguas". || **2.** supran. *Referido al maíz*, que está en la etapa de maduración cuando los granos no están ni tiernos ni duros: "En esta temporada hay puras mazorcas camaguas".
camahua. ■ ADJ. **camagua.**
camalote. ■ M. supran. Hierba originaria de África, de hasta 2 m de altura, monoica; tallos amacollados, ásperos y rectos; hojas alternas, envainantes en la base, enteras, lineares, pilosas o no; flores hermafroditas, diminutas, con pétalos verdosos, péndulas y agrupadas en conjuntos de numerosos racimos o espiguillas; frutos cariópsides y pequeños. Familia de las gramíneas, *Brachiaria mutica*. (También se llama camelote, zacate, zacate camalote).
camalotera. ■ F. supran. Lugar poblado de camalotes.
camandulear. ■ INTR. supran. Intrigar: "Tomás camandulea todo el día en la oficina".
camandulero, ra. ■ ADJ. *Referido a persona*, intrigosa: "Los compañeros de la oficina son muy camanduleros". Ú.t.c.sust.: "Los compañeros de la oficina son unos camanduleros".
cámara. ■ INTERJ. **¡cámara! 1.** coloq. Se usa para manifestar acuerdo o entendimiento: "—¿Vamos al cine después de clases? —¡Cámara!". || **2.** coloq. Se usa para indicar sorpresa: "¡Cámara con el aguacero!".
camarón. ■ M. vulg. Pene. ■ LOC. **~ de agua dulce.** LOC. SUST. **camarón de río.** ▷ **~ de río.** LOC. SUST. Crustáceo originario de América, de hasta 30 cm de longitud; forma típica de este crustáceo; detritívoro; de hábitos nocturnos; tiene una coloración característica formada por tres bandas longitudinales oscuras azuladas sobre un fondo claro o amarillento en el cefalotórax y el abdomen; cuenta con dos grandes tenazas; habita en fuentes de agua dulce y salobre; comestible. Familia de los palemónidos del orden Decapoda, *Macrobrachium carcinus*. (También se llama acamaya, camarón de agua dulce, langostino, mayacaste, pigua). ▷ **~ (de) pacotilla.** LOC. SUST. Crustáceo, de 3 a 5 cm, que se emplea generalmente en la elaboración de cocteles.

C

camaronear. ■ INTR. supran. Pescar camarones: "Mi marido camaronea desde temprano en la laguna".

cambaya. ■ F. Tela rústica de algodón de entramado abierto de diversos colores y diseños.

cambiador, ra. ■ M. y F. supran. Persona que se dedica a manejar las agujas o rieles móviles que permiten que los trenes cambien de vía; guardagujas.

cambiar. ■ LOC. **~ la camiseta.** LOC. VERB. supran. Dejar un bando o partido al que se pertenecía y pasarse a otro: "Después de mucho pensarlo, mi papá se cambió la camiseta y renunció al sindicato".

cambiavía. ■ COM. supran. Persona encargada de mover las agujas en los cambios de vía de los ferrocarriles; cambiador: "Ricardo es el cambiavía de esta estación".

cambio. ■ M. *En algunos deportes*, jugador sustituto.

cambujo, ja. ■ ADJ. **1.** *Referido a un ave*, que tiene plumas y carne oscuras: "Un pájaro cambujo que estuvo graznando toda la noche, no me dejó dormir". ■ M. y F. **2.** despect. Persona de tez muy morena.

camelina. ■ F. **1.** Arbusto trepador originario de Sudamérica, de hasta 10 m de altura; tallos espinosos; hojas opuestas, ovales o elípticas, enteras; flores hermafroditas, tubulares, rodeadas de brácteas de color rojo, rosa o blanquecino; frutos en forma de cápsulas pequeñas, cubiertas por las flores secas. Familia de las nictagináceas, *Bougainvillea spectabilis*. (También se llama bugambilia). || **2.** Flor de la **camelina**; uso en la medicina tradicional.

camellón. ■ M. supran. Franja, generalmente de concreto, que separa los dos sentidos del tráfico de una avenida.

camelote. ■ M. **camalote.**

caminada. ■ F. supran. Recorrido a pie de larga duración.

caminadera. ■ F. **caminada.**

caminadora. ■ F. supran. Máquina de ejercicios con una banda móvil para caminar o trotar.

caminar. ■ TR. **1.** supran. Recorrer un vehículo una determinada distancia: "Mi carro camina 200 kilómetros por semana". ■ INTR. **2.** supran. Progresar o seguir su curso un trámite, una gestión o un negocio: "Los trámites de la herencia caminan muy lento". || **3.** supran. Funcionar algo: "La lavadora camina muy bien desde que la reparaste".

caminera. ■ F. Última copa que se toma antes de abandonar un lugar.

camino. ■ M. supran. Raya que divide el pelo de la cabeza en dos partes.

camión. ■ M. Vehículo grande destinado al transporte de pasajeros; autobús. ■ LOC. **~ de línea.** LOC. SUST. El que es de transporte interestatal con una ruta predeterminada. ▷ **~ de redilas.** LOC. SUST. El que lleva la plataforma de carga cercada con rejas de madera o metal, fijas o desmontables. ▷ **~ de volteo.** LOC. SUST. supran. El que dispone de una caja que puede elevarse hacia atrás para vaciar su carga. ▷ **~ guajolotero.** LOC. SUST. El foráneo que opera con las condiciones mínimas de servicio, que generalmente lleva sobrecupo, sigue una ruta indirecta, hace paradas continuas y es de bajo costo. ▷ **~ materialista.** LOC. SUST. El que transporta materiales para construcción. ▷ **~ recolector.** LOC. SUST. supran. El que se encarga de recoger la basura. ▷ **~ repartidor.** LOC. SUST. El que distribuye algún tipo de producto.

camioneta. ■ F. Vehículo particular de mayores dimensiones y capacidad que un automóvil estándar.

camochayote. ■ M. supran. **chinchayote.**

camote. ■ ADJ. **1.** fam. *Referido a persona*, que sufre de trabajo y estrés excesivos: "La mesera ya está muy camote, atiende diez mesas ella sola". ■ M. **2.** fam. Situación complicada. || **3.** vulg. Pareja sexual o sentimental de una persona. || **4.** vulg. Hombre con quien se mantiene una relación de amistad cercana; amigo. || **5.** supran. Hierba trepadora originaria de América, de hasta 2 m de longitud, monoica; raíces tuberosas, de gran tamaño, dulce, de color pardo por fuera y amarillento o blanco por dentro, de hasta 12 cm de longitud y 5 cm de diámetro; hojas alternas, ovadas o acorazonadas, enteras o lobadas; flores hermafroditas, vistosas, campanuladas, de color azul a púrpura o blancas; frutos capsulares, ovoides y cafés; semillas subglobosas, negras. Familia de las convolvuláceas, *Ipomoea batatas*. || **6.** supran. Raíz o tubérculo del **camote**; comestible. || **7.** supran. vulg. Pene. ■ LOC. **~ enmielado.**

LOC. SUST. El cocinado al horno con azúcar o piloncillo y agua. ▶ ~ **poblano.** LOC. SUST. Dulce elaborado con esta raíz o tubérculo y azúcar cocidos; típico de Puebla.

camoteada. ■ F. fam. Reprensión.

camotear. ■ TR. **1.** Reprender: "Camoteé a mi hijo por respondón". Ú.m.c.prnl.: "Se lo camotearon por respondón". ■ INTR. **2.** Andar alguien de un lado a otro: "Camoteas todo el tiempo y por eso te pierdes".

camotero, ra. ■ ADJ. **1.** Perteneciente o relativo al camote: "Hay varias zonas camoteras en esta región". || **2.** *Referido a persona*, que gusta de comer camote: "Enrique es muy camotero, siempre come uno de postre". Ú.t.c. sust.: "Enrique es un camotero, siempre come uno de postre". ■ M. y F. **3.** Persona que se dedica a cultivar o a vender camote. || **4.** Persona que se dedica a elaborar o a vender el camote enmielado o el camote poblano.

camotillo. ■ M. **1.** Madera de color violáceo, veteada de negro. || **2.** supran. Arbusto originario de América, de hasta 2 m de altura, dioico; tallos generalmente subterráneos, a menudo tuberosos y carnosos; hojas dispuestas en espiral, divididas en foliolos, de elípticos a espatulados, coriáceos; conos unisexuales: los masculinos cilíndricos, pequeños, los femeninos de subcilíndricos a elipsoides, leñosos y erguidos sobre un largo eje; semillas carnosas, de subglobosas a cuadrangulares, rojas. Familia de las zamiáceas, *Zamia furfuracea*.

camotiza. ■ F. **1.** fam. Reprensión fuerte. || **2.** fam. Derrota contundente.

campamocha. ■ F. supran. Insecto de distribución cosmopolita, de hasta 6 cm de longitud; sus patas delanteras están modificadas en forma de sierra para atrapar a sus presas, la forma como las colocan recuerdan la posición de rezo; puede comerse al macho antes, durante o después del apareamiento. Varias familias de los mántidos del orden Mantodea. (También se llama mantis religiosa).

campana. ■ F. **1.** supran. Arbusto originario de Sudamérica, de hasta 5 m de altura, monoico; tallos muy ramificados y frágiles; hojas alternas, enteras, de ovadas a elípticas, pubescentes, con márgenes de enteros a dentados; flores hermafroditas, vistosas, campanuladas o en forma de trompeta, de blancas a amarillas con tonos rosados, péndulas, muy fragantes al atardecer; frutos capsulares, elipsoides, cafés; semillas angulosas, cafés; uso ornamental. Familia de las solanáceas, *Brugmansia suaveolens*. (También se llama florifundio, floripondio, floripundio, trompeta). || **2.** supran. Flor de la **campana**; uso en la medicina tradicional. ■ COM. **3.** supran. jerg. Centinela que vigila para alertar a los demás compañeros de cualquier intromisión inoportuna: "Ulises es el campana del grupo". ■ LOC. ~ **morada.** LOC. SUST. Planta trepadora originaria de México, actualmente cultivada en zonas templadas del mundo, de hasta 5 m de altura; hojas alternas, divididas en cuatro o seis foliolos, ovados, que terminan en zarcillos ramificados; flores hermafroditas, vistosas, campanuladas, moradas, solitarias; frutos capsulares, elipsoides, coriáceos, cafés; semillas numerosas, aladas. Familia de las polemoniáceas, *Cobaea scandens*. (También se llama flor de la campana).

campanear. ■ TR. **1.** Acechar un policía a alguien para arrestarlo: "El policía campaneó al sospechoso hasta atraparlo". || **2.** Agredir a alguien mediante golpes repetidos: "Unos malvivientes campanearon al vecino". || **3.** *En el boxeo*, esquivar los golpes del contrincante: "Campaneó el derechazo del oponente". || **4.** rur. *En la medicina tradicional*, masajear la partera el vientre de la parturienta en forma de péndulo para que el niño adopte la posición correcta para nacer: "A mi tía la campaneó la partera para acomodar al niño". ■ INTR. **5.** *En el futbol*, golpear el balón primero en el travesaño de la portería y luego, despedido, botar en el terreno de juego: "¡Campaneó de nuevo!, no hay forma de meter gol". || **6.** *En la mecánica*, vibrar un pistón, generalmente de un auto, golpeando en el curso de su desplazamiento contra las paredes del cilindro: "Mi coche campaneaba porque ya estaba muy viejito". || **7.** supran. Avisar un camión recolector por medio de un sonido para que los vecinos saquen la basura a la calle: "Hoy no campanearon y me quedé con todo el desperdicio de la comida". || **8.** supran. jerg. Vigilar para alertar a los demás compañeros del riesgo de ser descubiertos en flagrancia: "Antes de que mi abuela entrara a la casa, mi primo campaneó".

campanearse. ■ INTR. PRNL. **9.** Dar un vehículo de motor varias vueltas de campana: "El coche se campaneó en un barranco".

campaneo. ■ M. Acción y resultado de campanear o campanearse.

campanilla. ■ F. **1.** Hierba originaria de México, de hasta 50 cm de altura, monoica; tallos muy ramificados, erectos o ascendentes, pubescentes; hojas alternas, de linear-lanceoladas a lineares, con márgenes aserrados, pubescentes; flores hermafroditas, vistosas, tubulares, de color azul morado, acompañadas de numerosas brácteas, agrupadas en racimos; frutos capsulares, pequeños, ovoides, cafés; semillas numerosas, diminutas, ovadas, angostamente aladas; uso en la medicina tradicional. Familia de las polemoniáceas, *Loeselia coerulea*. (También se llama guachichil). || **2.** supran. Árbol o arbusto originario de Latinoamérica, de hasta 10 m de altura, dioico; tallos de corteza lisa, con lenticelas en bandas horizontales, de color gris claro, las ramas jóvenes de color pardo; hojas simples, alternas, oblongo-elípticas, glabras, con margen en ocasiones aserrado; flores unisexuales, pequeñas, blancas, flores masculinas más largas que las femeninas, con cuatro pétalos y cuatro estambres, agrupadas en espigas; frutos drupáceos, globosos u ovoides, pubescentes, rojos o púrpuras; una sola semilla, de color amarillento; hojas, uso forrajero. Familia de las moráceas, *Trophis racemosa*. (También se llama ramón colorado, ramón de caballo, ramoncillo). || **3.** supran. Fruto de la **campanilla**; comestible.

campanita. ■ F. Hierba trepadora o rastrera originaria de América, de hasta 4 m de longitud, monoica; tallos muy pubescentes; hojas alternas, enteras o trilobadas, acorazonadas; flores hermafroditas, vistosas, campanuladas, de color púrpura o blanco en la base; frutos capsulares, globosos y cafés; semillas subglobosas, pubescentes, cafés. Familia de las convolvuláceas, *Ipomoea purpurea*. (También se llama mecapacle, mecapatli, metlancasis, quiebraplatos).

campechana. ■ F. Véase **campechano, na.**

campechanear. ■ TR. **1.** Mezclar alimentos o bebidas, generalmente por partes iguales: "Campechanea mi ron con agua mineral, por favor". || **2.** Amalgamar o mezclar diversos elementos de manera que juntos formen un todo homogéneo: "Campechaneó el informe con los datos que tenía". || **3.** Hacer compatible una actividad con otra, alternándolas debidamente: "Campechaneamos la universidad con el trabajo, no hay de otra". || **4.** Sobrellevar alguien una situación apurada o exigente: "Campechaneamos el divorcio aunque parecía muy difícil".

campechanearse. ■ INTR. PRNL. **5.** Dividir alguien su presencia o tiempo entre dos o más lugares o actividades: "Me campechaneo para alcanzar a visitar a todos".

campechaneársela. ■ INTR. PRNL. **6. campechanearse.** || **7.** Comportarse alguien de manera ociosa, desentendiéndose de una responsabilidad: "No hay día en que no se la campechanee tu hermano, es un flojo".

campechaneo. ■ M. Acción y resultado de campechanear, campechanearse o campechaneársela.

campechanidad. ■ F. **1.** Conducta que caracteriza a los naturales del estado de Campeche o arraigados allí. || **2.** Franqueza y simpatía en el trato; campechanía.

campechano, na. ■ ADJ. **1.** Perteneciente o relativo a la ciudad o al estado de Campeche: "Los bordados campechanos son hermosos". || **2.** Natural o procedente de la ciudad o del estado de Campeche: "Francisco Carvajal es uno de los personajes campechanos más importantes". Ú.t.c.sust.: "Francisco Carvajal es uno de los campechanos más importantes". || **3.** *Referido a persona*, que mantiene la tranquilidad ante cualquier situación adversa: "El nuevo jefe es muy campechano, nada lo perturba". || **4.** Propio de la persona **campechana**: "Me sorprende mucho el carácter campechano del jefe". || **5.** *Referido a un alimento o una bebida*, combinado: "Dame una cerveza campechana con tequila". Ú.t.c.sust.: "Tráeme un campechano de maciza y chicharrón". ■ F. **6.** Coctel de dos o más tipos de mariscos, servido generalmente en una copa. || **7.** Pan dulce rectangular hecho de capas de hojaldre sobrepuestas, muy dorado en la parte superior por el azúcar caramelizado.

campeona. ■ LOC. **~ de natación.** LOC. SUST. supran. despect. Mujer que tiene busto pequeño y nalgas planas.

campeonar. ■ INTR. supran. Ganar un campeonato: "La temporada pasada nuestro equipo campeonó en el interescolar".

campero, ra. ■ ADJ. *Referido al trote de un caballo*, pausado: "El animal anda muy campero, llegaré tarde".

campirano, na. ■ ADJ. **1.** *Referido a persona*, diestra en el manejo del caballo y otros animales: "Mi tío es el más campirano del rancho". || **2.** supran. *Referido a persona*, que vive y trabaja en el campo: "Tiene varios parientes campiranos". Ú.t.c.sust.: "Sus parientes son unos campiranos". || **3.** supran. *Referido a persona*, que entiende de faenas propias del campo: "Contrataron a un mayordomo campirano". Ú.t.c.sust.: "Contrataron a un campirano en el nuevo rancho".

camuco. ■ M. *En el Norte*, engaño.

camuflajear. ■ TR. supran. Camuflar: "Camuflajeé a mi hermana pequeña cuando fuimos a la selva".

cana. ■ F. **1.** jerg. Trozo de papel arroz con que se hace un cigarrillo de marihuana. || **2.** supran. jerg. Cárcel.

canaleteada. ■ F. **1.** *En Quintana Roo*, hecho de remar con el canalete o remo de pala muy ancha. || **2.** *En Quintana Roo*, golpiza que se le da a alguien con el canalete o remo de pala muy ancha.

canaletear. ■ TR. **1.** supran. *En Quintana Roo*, golpear a alguien con el canalete o remo de pala muy ancha. ■ INTR. **2.** supran. *En Quintana Roo*, remar con el canalete o remo de pala muy ancha: "Canaleteamos para atravesar el río".

canaleteo. ■ M. **canaleteada.**

canaletero, ra. ■ ADJ. **1.** *En Quintana Roo*, perteneciente o relativo al canalete: "El oficio canaletero se aprende en las familias". ■ M. y F. **2.** *En Quintana Roo*, persona que se dedica a fabricar canaletes. || **3.** *En Quintana Roo*, persona que se dedica a remar con canaletes.

canané. ■ M. *En Chiapas*, tamal que se prepara con masa de maíz mezclada con frijoles, envuelto en hoja de maíz y cocido al vapor.

canasta. ■ F. *En la charrería*, ejercicio ornamental que consiste en que el jinete produce un movimiento circular del lazo, de izquierda a derecha, mientras está sobre su caballo y que incluye a ambos, en reposo primero, después al paso y, finalmente, a todo galope. ■ LOC. **~ básica.** LOC. SUST. supran. Conjunto de productos de primera necesidad, cuyo precio sirve para calcular el poder adquisitivo del salario mínimo y la carestía de la vida.

canastilla. ■ F. **1.** Grupo de diferentes especies de hierbas trepadoras distribuidas en los trópicos, algunas nativas de México, de hasta 2 m de longitud, monoicas; tallos ásperos y muy ramificados; hojas alternas, ovadas o acorazonadas; flores hermafroditas, vistosas, tubulares o en forma de jarrón, de color amarillo, rojo o negro; frutos capsulares, elipsoides y cafés, que al madurar y abrir tienen la apariencia de una canasta; semillas numerosas, circulares o triangulares, aplanadas, cafés. Familia de las aristoloquiáceas, varias especies del género *Aristolochia*, como *Aristolochia brevipes*. || **2.** Individuo de la **canastilla**. || **3.** Fruto de los individuos de la **canastilla**. || **4.** supran. Cesta metálica que se coloca frente al manubrio de una bicicleta, un patín o un triciclo para transportar objetos. || **5.** supran. Aditamento que se coloca en el toldo de un coche para transportar equipaje u objetos voluminosos.

cancab. ■ M. *En el Sureste*, barro lodoso y pegajoso, abundante en tierras calcáreas; kancab.

cancabear. ■ TR. *En Yucatán*, enlodar: "Marcela cancabeó sus zapatos".

cancalaz. ■ M. *En el Sureste*, hombre homosexual afeminado.

cancanear. ■ INTR. supran. *En Tabasco*, tartamudear: "Mi prima cancanea por los nervios".

cancaneo. ■ M. supran. *En Tabasco*, tartamudeo.

cancel. ■ M. **1.** Par de puertas de vidrio templado u otro material, generalmente traslúcido, para evitar salpicaduras en la regadera o para aislar el escusado en un baño. || **2.** Panel con que se delimitan y separan espacios en un edificio o en una construcción. || **3.** Estructura metálica con barrotes, fuertemente anclada en el vano de una fachada, en el suelo y paredes, con que se protege el acceso a un lugar.

cancerillo. ■ M. **1.** Hierba originaria de América, de hasta 1 m de altura, monoica; tallos muy ramificados, con jugo lechoso blanco; hojas opuestas, enteras, lanceoladas; flores hermafroditas, vistosas, de color rojo anaranjado a rojo amarillo, agrupadas en umbelas; frutos foliculares y elipsoides; semillas numerosas, semicirculares, aplanadas, con un penacho de pelos; látex, uso en la medicina tradicional. Familia de las apocináceas, *Asclepias curassavica*. (También se llama quiebramuelas, revientamuelas, rompemuelas, venenillo). || **2.** Raíz del **cancerillo**; uso en la medicina tradicional.

canchalagua. ■ F. **1.** Grupo de diferentes especies de hierbas originarias de América, de hasta 50 cm de altura, monoicas; tallos angulosos; hojas opuestas, enteras, de espatuladas a lineares; flores hermafroditas, vistosas, tubulares, con cuatro o cinco pétalos, de rosadas a moradas, a veces blancas; frutos capsulares, elipsoides y cafés; semillas diminutas, numerosas. Familia de las gencianáceas, varias especies del género *Gentianaceae*, como *Gyrandra chironioides, Centaurium strictum*. || **2.** Individuo de la **canchalagua**.

canchanchán, na. ■ M. y F. **1.** fam. Ayudante. || **2.** supran. fam. Pareja sentimental.

canción. ■ LOC. **~ cardenche.** LOC. SUST. Forma polifónica de canción a capela, que se caracteriza por su interpretación melancólica; típica de Durango y la Comarca Lagunera. ▷ **~ grupera.** LOC. SUST. Género popular derivado del corrido, de la canción ranchera y de la música tradicional del Norte. ▷ **~ norteña.** LOC. SUST. Conjunto de géneros tradicionales que comprende el chotís, la polka, la redova, etc.; típico del Norte. ▷ **~ ranchera.** LOC. SUST. Género musical popular derivado de los sones y los gustos del Occidente, generalmente interpretado por mariachi.

cancioncita. ■ F. *En Guanajuato, Querétaro y San Luis Potosí*, composición que se canta y se alterna con música instrumental en celebraciones religiosas.

cancunense. ■ ADJ. **1.** Perteneciente o relativo a la ciudad de Cancún, en el estado de Quintana Roo: "El turismo cancunense es muy importante para el país". || **2.** Natural o procedente de la ciudad de Cancún, en el estado de Quintana Roo: "La deportista cancunense destacó en la competencia nacional de natación". ■ COM. **3.** Persona natural o procedente de la ciudad de Cancún, en el estado de Quintana Roo: "La cancunense más destacada en natación ganó la competencia nacional".

candado. ■ M. supran. Estilo de afeitado que consiste en rasurar el vello de las mejillas y el cuello, quedando vello solo en el mentón y en el bigote; barba de candado.

candelero. ■ M. **1.** Árbol o arbusto originario de México, de hasta 4 m de altura, de apariencia candelabriforme, monoico; tallos suculentos, quebradizos, de color grisáceo; hojas alternas y aglomeradas en el ápice de las ramas, ovadas y con cinco u ocho lóbulos, suculentas; flores hermafroditas, diminutas, amarillas y agrupadas en pequeñas y numerosas cabezuelas, con cuatro o seis flores de la periferia en forma de pétalos amarillos; frutos aquénicos, diminutos, claviformes, con un penacho de cerdas blancas en el ápice. Familia de las compuestas, *Pittocaulon praecox*. (También se llama palo loco). || **2.** Tallo del **candelero**; uso en la medicina tradicional.

candelilla. ■ F. **1.** Arbusto originario de México, de hasta 3 m de altura, monoico; tallos suculentos, glabros o pubescentes; hojas alternas, enteras, con peciolo corto o ausente y margen entero; flores unisexuales, pequeñas: las masculinas reducidas a numerosos estambres, las femeninas pistiladas, solitarias, ambas sin pétalos, agrupadas en inflorescencias compactas llamadas ciatios que tienen apariencia de una flor; frutos capsulares, trilobados, rojizos, generalmente indehiscentes; semillas cilíndricas, lisas. Familia de las euforbiáceas, *Euphorbia bracteata*. (También se llama huisai, huisay). || **2. chilasca.**

candidatear. ■ TR. **1.** supran. Proponer a alguien como candidato: "Lo candidatearon para presidente municipal". || **2.** supran. Hacer campaña activamente en favor de un determinado candidato: "El sindicato candidatea a Regina con todos sus recursos".

candil. ■ ADJ. **1.** *En el Norte, referido a persona*, que provoca enemistad entre terceras personas: "Porque es muy candil tiene problemas en la oficina". ■ M. **2.** Lámpara de techo

C

con un haz de brazos en cada uno de cuyos extremos está situada una bombilla. || **3.** *En el Norte*, persona que provoca enemistad entre terceras personas. ■ EXPR. **~ de la calle (oscuridad de su casa).** supran. Se usa para manifestar que alguien tiene actitud, comportamiento o desempeño positivos entre extraños, pero negativos con los propios: "Luisa, candil de la calle, oscuridad de su casa, como siempre".

canear. ■ TR. supran. Encarcelar a alguien: "Lo canearon luego de la sentencia".

caneca. ■ F. **1.** fam. Cubeta. || **2.** *En Campeche*, recipiente de aluminio en forma de cono.

canela. ■ F. Véase **canelo, la.**

canelazo. ■ M. fest. Mancha de excremento en el calzón.

canelita. ■ F. Infusión caliente de canela en alcohol de 96 grados.

canelo, la. ■ ADJ. **1.** *Referido a persona*, que tiene la piel tostada por el sol: "Mi prima quedó muy canela cuando fue a Acapulco". Ú.t.c.sust.: "Hay puros canelos en Acapulco porque el sol pega muy fuerte". ■ F. **2.** *En el Sureste*, plátano dañado por temperaturas demasiado bajas. ■ LOC. **canela de cuya.** LOC. SUST. *En el Sureste*, vainilla.

canero, ra. ■ ADJ. supran. *Referido a persona*, que estuvo en la cana o cárcel: "Ese chavo canero ya se puso a conseguir trabajo". Ú.t.c.sust.: "Ese canero ya se puso a conseguir trabajo".

canevá. ■ M. supran. Tela de tejido ralo, dispuesta para bordar en ella con seda o lana de colores.

cangrejear. ■ INTR. supran. Pescar cangrejos: "Ya nunca cangrejeamos porque está prohibido en este río".

cangrejo. ■ ADJ. despect. *En el Sureste, referido a un hombre*, homosexual. Ú.t.c.sust.

cangro. ■ M. **1.** Carbunco. || **2.** supran. Tumor cancerígeno.

cangurera. ■ F. **1.** Arnés que se pone en la parte superior del cuerpo para cargar a los bebés; canguro. || **2.** supran. Bolsa pequeña que se lleva ajustada alrededor de la cintura; riñonera.

canibalear. ■ TR. **1.** fam. Desarmar en piezas un vehículo u otro aparato, generalmente robado, para venderlas. || **2.** *En la política*, atacar a un político caído en desgracia: "Ya canibalearon al delegado que aceptó el soborno". || **3.** supran. fam. Saquear.

canibaleo. ■ M. Acción y resultado de canibalear.

canica. ■ F. fest. Testículo. ■ LOC. **en canicas.** LOC. ADJ. *Referido a persona*, desnuda: "No andes en canicas por el cuarto. ¡Vístete!".

canijada. ■ F. fam. Acción inesperada que cambia las condiciones iniciales en que se contrae un compromiso o se hace un trato o un pacto: "Fue una canijada poner esa cláusula tan importante en letras chiquitas".

canijo, ja. ■ ADJ. **1.** *Referido a algo*, difícil; cabrón: "El examen está muy canijo". || **2.** *Referido a algo*, perjudicial: "Canija lluvia, nos echó a perder el asado". || **3.** *Referido a algo*, desagradable: "Tiene un olor muy canijo, mejor no lo compres". || **4.** *Referido a persona*, malintencionada: "Tus niños son más canijos que los míos. Contrólalos". Ú.t.c.sust.: "Tus niños son unos canijos. Contrólalos". || **5.** *Referido a persona*, inteligente: "Tu hijo es muy canijo para la biología". Ú.t.c.sust.: "Tu hijo es un canijo para la biología". || **6.** Propio de la persona **canija**: "Tus hijos siempre andan con ocurrencias muy canijas". ■ M. y F. **7.** Persona indeterminada: "Estaban dos canijos que nunca había visto en la esquina".

canilla. ■ F. **1.** Pan dulce en forma de hueso largo. || **2.** *En Veracruz*, pan crujiente en forma rectangular alargada y trenzada. || **3.** supran. Parte anterior de la pierna; espinilla. || **4.** supran. Fuerza física. || **5.** supran. Llave colocada en el extremo de una tubería para regular el paso o la salida de líquido; grifo.

canoa. ■ F. **1.** supran. rur. Recipiente similar a un cajón, más largo que ancho, generalmente de madera, usado para dar de comer a los animales. || **2.** supran. rur. Canal de madera o metal para conducir agua. ■ LOC. **~ trajinera.** LOC. SUST. La de transporte de paseo turístico en el lago de Xochimilco y Tláhuac.

canoero, ra. ■ M. y F. **1.** supran. Persona que se dedica a fabricar canoas. || **2.** supran. Persona que se dedica a trajinar con una canoa.

cansón, na. ■ ADJ. supran. *Referido a persona*, que produce incomodidad por su insistencia o forma de ser: "Tu mamá es muy cansona, por eso no me gusta visitarla". Ú.t.c.sust.: "Tu mamá es una cansona, por eso no me gusta visitarla".

cantada. ■ F. **1.** Reclamo o regaño. || **2.** *En el juego del bridge*, promesa de un número determinado de bazas.

cantadito. ■ M. supran. Modo de hablar de una persona que muestra su variedad dialectal mediante la entonación y la pronunciación de ciertos sonidos.

cantaleta. ■ F. **1.** Expresión trillada: "Sus regaños son puras cantaletas". || **2.** supran. Repetición molesta e inoportuna de algo: "David salió otra vez con la cantaleta de que no lo tomamos en cuenta". || **3.** supran. Lema o consigna que se reitera, coreándola repetidamente: "Las cantaletas de los aficionados podían escucharse en la transmisión".

cantar. ■ INTR. **1.** eufem. Evacuar el vientre: "Después de comer, todos cantamos en el baño del restaurante". ■ LOC. **~ Guadalajara.** LOC. VERB. fest. Vomitar: "Canté Guadalajara y me ensucié la blusa nueva". ▶ **~ la guácara.** LOC. VERB. **cantar Guadalajara.** ▶ **~ Oaxaca.** [*oajáka*] LOC. VERB. **cantar Guadalajara.** ▶ **~ un tiro.** LOC. VERB. pop. Incitar a la agresión: "Cántale un tiro, a ver si es muy valiente".

cantársela. ■ INTR. PRNL. **2.** Retar a una pelea: "Luis se la cantó a Jorge hasta que se agarraron a golpes". || **3.** Confesar a una persona el amor que le tiene: "Óscar se la cantó a Mariana de manera muy romántica".

cantera. ■ F. Piedra caliza labrada usada en la construcción.

cantidad. ■ LOC. **cualquier ~ de.** LOC. ADJ. supran. Numeroso, abundante o intenso; mucho: "Patricio siempre dice cualquier cantidad de tonterías".

cantil. ■ M. **1.** supran. Borde de un despeñadero. || **2.** supran. Serpiente originaria de México y Centroamérica, de hasta 1 m de longitud; con cabeza grande bien diferenciada del cuello; cuerpo robusto; color dorsal de rojizo a anaranjado, con una serie definida de bandas dorsales de color café a anaranjado; con dos líneas claras bien definidas que se extienden desde la punta del hocico hacia atrás; ovovivípara; se alimenta de anfibios y roedores; venenosa. Familia de los vipéridos del orden Squamata, *Agkistrodon bilineatus*. (También se llama bolpoch, pichicuata, pichicuate, volpoch, wolpoch, zolcuate).

cantina. ■ F. **1.** Arreo de caballería a modo de banda ancha, generalmente de cuero, que se pasa por el lomo del animal, por detrás de la silla de montar, y en cuyos extremos van cosidas sendas carteras o bolsas. || **2.** supran. Mueble para guardar bebidas alcohólicas, mezcladores, copas, etc. ■ LOC. **~ libre.** LOC. SUST. **1.** Servicio por el cual se pueden consumir las bebidas alcohólicas que se desee por un precio fijo; barra libre. || **2.** supran. *En ciertos actos sociales o en algunos establecimientos*, consumo ilimitado de bebidas por un precio fijo; barra libre.

cantinas. ■ F. PL. **3.** Bolsas cuadradas de cuero unidas cuyas tapas se colocan junto al borrén trasero de la silla de montar para quedar una a cada lado y que sirven para llevar provisiones.

cantinero, ra. ■ ADJ. **1.** Perteneciente o relativo a la cantina: "Han cerrado varios establecimientos cantineros en la zona". || **2.** Perteneciente o relativo a las bebidas alcohólicas: "Se divorciaron porque siempre llegaba con aliento cantinero". ■ M. Y F. **3.** supran. Persona que se dedica a preparar y a servir bebidas alcohólicas en restaurantes, bares, eventos sociales, etcétera.

cantinflada. ■ F. **1.** supran. Expresión propia de quien habla de forma disparatada e incongruente. || **2.** supran. Declaración o acto, insensatos o extravagantes.

cantinflas. ■ COM. gralizado. Persona que, por hablar o actuar como el personaje mexicano del mismo nombre, se expresa de forma embrollada y con conceptos contradictorios, de modo que parece que no dice nada con sentido: "Mi cuñada es una cantinflas, nunca entiendo lo que me dice".

cantinflear. ■ INTR. **1.** gralizado. Hablar como el personaje mexicano Cantinflas: "Verónica cantinflea sin parar". || **2.** gralizado. Actuar o comportarse como el personaje mexicano Cantinflas: "Omar cantinflea bastante bien, ¡para concurso!".

cantinfleo. ■ M. **cantinflada.**

cantinflero, ra. ■ ADJ. **1.** supran. *Referido a persona*, que habla como el personaje mexicano

Cantinflas; cantinflesco: "Tu amigo cantinflero nos hace reír todo el tiempo". || **2.** supran. *Referido a persona*, que actúa como el personaje mexicano Cantinflas; cantinflesco: "Pobre Hilaria, es tan cantinflera que siempre se hace bolas". || **3.** supran. Propio de la persona **cantinflera**; cantinflesco: "Ya vas a empezar con tus discursos cantinfleros".

cantinflesco, ca. ■ ADJ. **1.** gralizado. *Referido a persona*, que habla como el personaje mexicano Cantinflas: "Tu amigo cantinflesco nos hace reír todo el tiempo". || **2.** gralizado. *Referido a persona*, que actúa como el personaje mexicano Cantinflas: "Pobre Hilaria, es tan cantinflesca que siempre se hace bolas". || **3.** gralizado. Propio de la persona **cantinflesca**: "Ya vas a empezar con tus discursos cantinflescos".

cantón. ■ M. **1.** Tela de algodón que imita la cachemira y tiene los mismos usos. || **2.** supran. Vivienda; casa.

cantonear. ■ INTR. fam. Pasar alguien el tiempo en su cantón o vivienda: "Luisa casi siempre cantoneaba los sábados".

cañada. ■ F. *En Tabasco*, terreno donde ya se cosechó el maíz y no se han quitado las cañas.

cáñamo. ■ M. **1.** supran. Nombre genérico para designar algunas plantas de las que se obtienen fibras textiles, que se usan para fabricar telas, hilos, cuerdas, etc. || **2.** supran. Cordel hecho de **cáñamo**.

cañangas. ■ EXPR. **~ ñangas.** fest. Se usa para indicar que es el momento oportuno de algo: "—¿Vamos a comer fuera? —Pues cañangas ñangas".

cañera. ■ F. Véase **cañero, ra.**

cañero, ra. ■ M. y F. **1.** supran. Persona que se dedica a cultivar caña de azúcar. ■ M. **2.** supran. Lugar en donde se deposita la caña en los ingenios. ■ F. **3.** supran. Empresa que se dedica al cultivo, corte y procesamiento de la caña de azúcar.

cañita. ■ F. Hierba originaria de América, de hasta 80 cm de altura, monoica; raíces tuberosas; tallos suculentos; hojas alternas, envainantes en la base, enteras, de ovadas a lanceoladas, a veces con tonos morados; flores hermafroditas, pequeñas, con tres pétalos azules, agrupadas en cimas escorpioides y rodeadas por una bráctea vellosa y de tono morado; frutos capsulares, pequeños, bivalvos, elipsoides; cuatro semillas muy pequeñas, piramidales, de negras a cafés. Familia de las comelináceas, *Commelina coelestis*. (También se llama cielo azul, hierba del pollo, quesadilla).

cañonazo. ■ M. **1.** supran. Acierto extraordinario. || **2.** supran. Soborno de gran cantidad de dinero.

caoba. ■ LOC. **~ del Pacífico.** LOC. SUST. Árbol originario de México y Centroamérica, de hasta 20 m de altura, monoico; tallos de tronco erecto y grueso, corteza fisurada, de color café rosado, más oscura al madurar; hojas alternas, agrupadas en los extremos de las ramas, compuestas de cuatro a diez foliolos de ovados a elíptico-ovados; flores unisexuales, pequeñas y vistosas, de color blanco verdoso, estambres fusionados lateralmente que forman un tubo largo, dispuestas en tirsos terminales; frutos capsulares, ovoides, erectos y alargados, de color café gris pálido; semillas numerosas, aladas, cafés pálidas, con uso industrial y en la medicina tradicional; tallos, uso industrial. Familia de las meliáceas, *Swietenia humilis*. (También se llama caobilla, gateado, venadillo, zopilocahuite, zopilote).

caobilla. ■ F. **caoba del Pacífico.**

capar. ■ TR. **1.** Extirpar el cogollo del maguey para que no salga el tallo de la flor o quiote para obtener el aguamiel: "Caparemos los agaves mañana temprano". || **2.** supran. Podar las matas de tabaco para que crezcan nuevas hojas: "Capa el tronco del tabaco, ya está lleno de brotes".

capaz. ■ ADV. supran. Quizá: "Capaz eso es solo un chisme, relájate". ■ LOC. **~ que.** LOC. ADV. **capaz.** ▷ **~ y.** LOC. ADV. **capaz.**

capear. ■ TR. **1.** Cubrir un alimento primero con harina y luego con una mezcla de clara batida y yema de huevo, para después freírlo: "Carmen capea los chiles rellenos como nadie". || **2.** Atrapar algo lanzado por alguien: "¡A ver si ya capeas la pelota!". ■ INTR. **3.** *En el Norte*, ceder ante los deseos de alguien: "¿Capeó tu papá? ¿Te prestó el coche para la fiesta?".

capelo. ■ M. **1.** Vidrio integrado a la parrilla de una estufa, empleado para cubrirla. || **2.** supran.

Campana de vidrio o acrílico cerrada por arriba con la que se cubren objetos para protegerlos o exhibirlos; fanal.

caperuza. ■ F. supran. Capa provista de capucha.

capichocho. ■ M. *En Michoacán*, **chinchibul.**

capirotada. ■ F. Postre hecho con pan rebanado, seco y frito, bañado con miel de piloncillo muy caliente y reposado hasta que se esponja, al que generalmente se añade queso, cacahuate y pasas.

capirote. ■ M. fam. *En Quintana Roo*, tapa del compartimento del motor del automóvil.

capirucha. ■ F. supran. fest. Ciudad donde reside el gobierno del país o de un estado; capital.

capirucho. ■ M. **1.** vulg. Masturbación masculina. || **2.** *En el juego del balero*, movimiento que consiste en lanzar el cilindro al aire y, sujetando con una mano la cuerda con la que se une al palo, hacer que este dé una vuelta y se ensarte en el palo. || **3.** supran. Juguete de madera que se compone de un palo corto unido por un cordón a una pieza en forma de pequeño barril con un agujero en el centro de su base; esta, lanzada al aire, se intenta ensartar en la punta del palo; balero. || **4.** supran. Juego del balero.

capitán, na. ■ M. y F. supran. Jefe de meseros.

capitaneja. ■ F. supran. Hierba o arbusto originario de México, de hasta 70 cm de altura, monoico; tallos angostamente alados y pubescentes; hojas opuestas, de enteras a profundamente lobuladas, ovadas, de textura muy áspera y tuberculada; flores hermafroditas, diminutas, amarillas, agrupadas en pequeñas cabezuelas sobre largos pedúnculos, con ocho o 13 flores de la periferia en forma de pétalos amarillos; frutos aquénicos, diminutos, claviformes, alados, de color café a grisáceo, con un par de puntas en el ápice; uso como insecticida y en la medicina tradicional. Familia de las compuestas, *Verbesina pedunculosa*.

capón. ■ M. **1.** Maguey al que se le ha cortado el cogollo para estimular la producción de aguamiel. || **2.** Comida que se prepara con chile, huevo y longaniza. || **3.** Guisado elaborado con xoconostle, jitomate, cebolla, ajo, cilantro y chile, al que se añade chicharrón, pollo o pescado. || **4.** *En Chihuahua*, jaula de madera en que se encierra a los capones para criarlos; caponera.

capote. ■ M. **1.** *En Chiapas*, **cucurucho.** || **2.** supran. fam. Evasión.

capoteada. ■ F. fam. Evasiva.

capotear. ■ TR. fam. Evadir: "El niño capoteó el regaño de su papá". Ú.m.c.prnl.: "El niño se capoteó el regaño de su papá". ■ LOC. **~ el temporal.** LOC. VERB. fam. Sortear problemas, por lo regular económicos: "Aunque me despidieron, capoteamos el temporal este mes".

capri. ■ M. Pantalón ajustado que llega hasta la mitad de la pierna.

capturista. ■ COM. Persona que se dedica a recopilar datos a través de una computadora: "El capturista de la empresa es experto en digitalización".

capulín. ■ M. **1.** Árbol originario de América, de hasta 15 m de altura, monoico o dioico; tallos cilíndricos, rectos, con cicatrices dispuestas en espiral, ramas que crecen horizontalmente o ligeramente colgantes, corteza gris, ligeramente fisurada; hojas alternas, simples, oblongo-ovadas, con márgenes serrados; flores unisexuales pequeñas, flores masculinas sésiles, verdes, agrupadas en cimas, flores femeninas pediceladas, verdes, agrupadas en cimas axilares; frutos drupáceos, carnosos, elipsoidales, rojos; semilla única, pequeña, negra; uso como especie maderable e industrial. Familia de las canabáceas, *Trema micrantha*. (También se llama cuichpipil, equipal, guacimillo, ixpepe, pellejo de vieja, totogapolín, yaco de cuero). || **2.** Árbol originario de México, de hasta 15 m de altura; tallos teretes, con densos pelos suaves y largos cuando jóvenes, de corteza grisácea a gris café; hojas simples, alternas, de elípticas a ovadas o acorazonadas, con margen aserrado, tomentuloso por el envés; flores hermafroditas, pequeñas, con cinco pétalos y sépalos violáceos o lilas, estambres numerosos, agrupadas en cimas axilares; frutos capsulares, pequeños, redondos, cubiertos por vellosidades de color gris o café. Familia de las malváceas, *Trichospermum mexicanum*. (También se llama algodoncillo, jonote, yaco). || **3.** Arbusto o árbol pequeño originario de América, de hasta 5 m de altura, monoico; tallos con tricomas que caen pronto, con prominentes lenticelas; hojas de ovado-lanceoladas a elípticas, glabras, verdes o rojizas; flores hermafroditas, vistosas, de color rosado o rojo pálido, casi glabras, con pequeñas glándulas en la base de los sépalos, agrupadas en inflorescencias umbeliformes; frutos abayados, piramidales, globosos, carnosos, de color rojo, lisos; semillas numerosas, ovoides, con alas dorsales, márgenes tuberculados o verrugosos. Familia de las malpigiáceas, *Malpighia glabra*. (También se llama huaxacote, manzanita). || **4.** supran. Árbol originario de América, de hasta 10 m de altura, monoico; tallos de corteza café rojiza o grisácea; hojas alternas, deciduas, enteras, de elípticas a lanceoladas, con margen denticulado; flores hermafroditas, vistosas, con cinco pétalos blancos o rosados y con 15 a 20 estambres, agrupadas en racimos o flores solitarias; los frutos son drupas globosas, rojas o casi negras cuando maduran; con una sola semilla esférica. Familia de las rosáceas, *Prunus serotina* ssp. *capuli*. || **5.** supran. Fruto de este árbol de la familia de las rosáceas; comestible.

capulina. ■ F. Araña originaria del este de América del Norte; la hembra de hasta unos 50 mm de longitud, el macho de 12 mm de longitud y pesa 30 veces menos; de color negro carbón brillante con una mancha roja en la cara inferior del abdomen y cuatro pares de rayas rojas y blancas en los lados; insectívora; vive en refugios construidos por ella misma a base de hilos entrecruzados sin un patrón aparente, muy duros y no pegajosos. Familia de los terídidos del orden Araneae, *Latrodectus hesperus*, *Latrodectus mactans*. (También se llama araña capulina, casampulga, chintatlahua, viuda negra).

capulinero. ■ LOC. **~ gris.** LOC. SUST. Ave originaria de América, de hasta 20 cm de longitud; cabeza, cresta y partes superiores de color azul grisáceo con una franja blanca por arriba de los ojos; vientre blanquecino. Familia de los tilogonátidos del orden Passeriformes, *Ptilogonys cinereus*. (También se llama jaltomatero, jaripa).

capullo. ■ LOC. **~ de joloche.** LOC. SUST. Hoja seca de la mazorca de maíz que se usa para forraje o como envoltura para tamales y para la elaboración de artesanías; totomoxtle.

cara. ■ LOC. **~ de bala.** LOC. SUST. vulg. Pene. ▶ **~ de chichicuilote.** LOC. ADJ. *Referido a persona*, fea: "El bebito salió muy cara de chichicuilote". ▶ **~ de fuchi.** LOC. SUST. Gesto adusto, generalmente de desagrado ante cualquier cosa: "Quita tu cara de fuchi y cómete las verduras". ▶ **~ de haba.** LOC. SUST. vulg. Pene. ▶ **~ de nopal.** LOC. ADJ. despect. *Referido a persona*, que tiene rasgos indígenas. ▶ **~ de palo.** LOC. SUST. Gesto neutro y falto de emotividad: "Mi novio puso cara de palo cuando le dieron la noticia". ▶ **~ de pedo (atorado).** LOC. SUST. **1.** malson. Gesto de angustia: "Hubieras visto la cara de pedo atorado que puso cuando no vio su coche estacionado". || **2.** malson. Gesto de incomodidad: "Su cara de pedo evidenció lo que pensaba sobre la situación". ▶ **~ de velorio.** LOC. SUST. supran. Semblante de desilusión o de tristeza: "Julia trae cara de velorio porque está muy enferma". ▶ **~ de yo no fui.** LOC. SUST. supran. Semblante de inocencia fingida: "Conmigo no funciona tu cara de yo no fui, así que déjate de tonterías".

caracara. ■ M. supran. Ave originaria de México, de hasta 60 cm de longitud; con patas y cuello largos; con cresta negra y rostro de color amarillo oscuro a naranja rojo; al vuelo, las partes inferiores del cuerpo presentan zonas alternadas de claro y oscuro; garganta y pecho blanquecinos; vientre negro y cola blanca con la punta oscura; carroñera. Familia de los falcónidos del orden Falconiformes, *Caracara cheriway*. (También se llama quebrantahuesos, quelele).

caracol. ■ LOC. **~ de arroyo.** LOC. SUST. **chuti.** ▶ **~ de jardín.** LOC. SUST. Molusco gasterópodo pulmonado de distribución cosmopolita, de hasta 10 cm de longitud; plaga de diversas plantas; comestible. Familia de los helícidos del orden Pulmonata, *Helix aspersa*. ▶ **~ de tierra.** LOC. SUST. Molusco gasterópodo pulmonado de distribución cosmopolita, de entre 1 y 15 cm de longitud; en tonos café amarillo y crema; sin concha; cuerpo cilíndrico con tentáculos ópticos y sensoriales; con hábito terrestre. Orden Pulmonata, infraorden Stylommatophora. (También se llama baboso).

caracolitos. ■ M. PL. fam. Gesto que se hace con movimientos enérgicos del brazo para mostrar la palma de la mano con los dedos flexionados a diferente abertura con la intención de ofender. ■ INTERJ. **¡caracolitos!** fam. Se usa para acompañar el gesto que se hace con movimientos enérgicos del brazo para mostrar la palma de la mano con los dedos flexionados a diferente abertura con la intención de ofender: "¡Caracolitos!, quítate de mi lugar".

carácter. ■ LOC. **de ~.** LOC. ADJ. **1.** *Referido a persona*, ecuánime: "Mi padre era de carácter en todos sus actos". || **2.** *Referido a persona*, íntegra: "A tu abuelo lo respetan por ser de carácter". || **3.** *Referido a la indumentaria*, sencilla para estar cómodamente en un espacio: "Me puse mi ropa de carácter porque es fin de semana".

carajada. ■ F. supran. Maldad: "¿Por qué le perdonas tanta carajada?".

carajal. ■ LOC. **(un) ~ de.** LOC. ADJ. supran. fam. Numeroso, abundante o intenso; mucho: "Tengo un carajal de sentimientos hacia ti".

carajazo. ■ M. supran. fam. Golpe fuerte.

carajo. ■ LOC. **del ~.** LOC. ADJ. **de la chingada.** ▶ **hasta el ~.** LOC. ADJ. **1.** supran. *Referido a un lugar*, saturado; hasta la chingada: "El bar estaba hasta el carajo". || **2.** supran. *Referido a persona*, harta; hasta la chingada: "Estoy hasta el carajo de este tráfico". || LOC. ADV. **3.** supran. Muy lejos; hasta la chingada: "La casa de mis tíos está hasta el carajo".

carátula. ■ F. **1.** supran. Superficie del reloj, generalmente un círculo, en la que se colocan los números y sobre la que giran las manecillas. || **2.** supran. Página que se encuentra al principio de un cuaderno o una carpeta escolar, en la que se consignan los datos de identificación de la asignatura y del estudiante. || **3.** supran. *En un expediente, generalmente judicial*, hoja en que consta el número de identificación, la fecha de ingreso y el título del mismo.

caravana. ■ F. **1.** Demostración fingida o exagerada de cortesía. || **2.** supran. Reverencia.

caravanear. ■ TR. Hacer demostraciones fingidas o exageradas de cortesía: "Caravaneamos a los posibles accionistas para convencerlos del proyecto". ■ LOC. **~ con sombrero ajeno.** LOC. VERB. Aprovecharse de los bienes ajenos para beneficiarse o lucirse: "El presidente municipal caravaneó con sombrero ajeno durante toda su gestión".

caravaneo. ■ M. Demostración fingida o exagerada de cortesía; caravana.

carbón. ■ M. **cuitlacoche.**

carcacha. ■ F. supran. Máquina, aparato o vehículo desvencijado.

carcamán, na. ■ M. y F. supran. Persona decrépita y achacosa: "Mi vecina ya es una carcamana, siempre está enferma".

cardenal. ■ M. supran. Ave originaria de América, de hasta 25 cm de longitud; el macho es rojo con una cresta puntiaguda, con un parche negro en la base del pico grueso; la hembra es parda leonada con un tinte rojizo; tiene la cresta desigual y el pico grueso y rojo; se encuentra en matorrales y bosques abiertos. Familia de los cardinálidos del orden Passeriformes, *Cardinalis cardinalis*. (También se llama chaccicip). ■ LOC. **~ de laguna.** LOC. SUST. Hierba o arbusto originario de América, de hasta 2 m de altura, monoico; tallos muy ramificados, secretan savia o látex hialino al romperlos; hojas alternas, enteras, lanceoladas o lineares, con márgenes finamente dentados; flores hermafroditas, vistosas, con cinco pétalos de color rojo, tres de ellos más grandes y vistosos, agrupadas en racimos; frutos capsulares y elipsoides; semillas numerosas, diminutas, cafés. Familia de las campanuláceas, *Lobelia cardinalis*.

cardenche. ■ ADJ. **1.** Perteneciente o relativo a la canción cardenche: "Mi tío tiene un conjunto cardenche". ■ M. **2. canción cardenche.**

cardenchero, ra. ■ ADJ. Perteneciente o relativo a la canción cardenche: "Mi tío tiene un conjunto cardenchero".

cardillo. ■ M. Reflejo del sol producido por un objeto brillante con que juegan y se divierten los niños; escardillo.

cardo. ■ M. **1.** Grupo de diferentes especies de hierbas principalmente del hemisferio boreal, algunas nativas de México, de hasta 2 m de altura, monoicas; tallos lanosos, no muy ramificados; hojas alternas o arrosetadas en la base, de enteras a profundamente lobuladas, de elípticas a lanceoladas, muy pubescentes, con espinas y margen aserrado; flores hermafroditas, pequeñas, tubulares, blancas, amarillas, de rosadas a moradas, agrupadas en grandes cabezuelas espinosas; frutos aquénicos, pequeños, claviformes más o menos tetragonales, con un penacho de cerdas plumosas, blancas en el ápice; uso artesanal y en la medicina tradicional. Familia de las compuestas, varias especies del género *Cirsium*, como *Cirsium ehrenbergii, Cirsium rhaphilepis*. (También se llama cardo colorado, cardo de montaña, cardo santo, cuautlahuizquílitl, rosa de las nieves). || **2.** Individuo del **cardo**. || **3.** Inflorescencia de los individuos del **cardo**. ■ LOC. **~ colorado.** LOC. SUST. **cardo.** ▷ **~ de montaña.** LOC. SUST. **cardo.** ▷ **~ santo.** LOC. SUST. **cardo.**

cardón. ■ M. **1.** supran. Cactus de hasta 4 m de altura, monoico; tallos ramificados, con artículos o segmentos de elipsoides a cilíndricos, tuberculados, espinas fuertes y gruesas; flores hermafroditas, con numerosos pétalos amarillos verdosos con tonos púrpuras a rosados; frutos abayados, amarillos, cubiertos de pelos finos o aguates; semillas numerosas, subglobosas. Familia de las cactáceas, *Cylindropuntia imbricata*. (También se llama tasajo, vela de coyote). || **2.** supran. Tallo seco del **cardón**; uso artesanal. || **3.** supran. Fruto del **cardón**; comestible; uso en la medicina tradicional.

careada. ■ F. **careo.**

carear. ■ TR. supran. Enfrentar un gallo de pelea contra otro, sujetándolos entre las manos, para probarlos antes de una pelea.

careo. ■ M. supran. Enfrentamiento de un gallo de pelea contra otro, sujetándolos entre las manos, para probarlos antes de una pelea.

cargada. ■ F. **1.** fam. Hecho de preñar. || **2.** *En la política*, grupo de personas oportunistas que apoya al candidato con mayores posibilidades de ganar: "No sabía que ya eras de la cargada para las próximas elecciones". || **3.** *En la política*, acto de apoyo de una gran cantidad de personas mediante mecanismos de coerción y recompensa: "La cargada duró varias horas en la plaza principal".

cargar. ■ TR. **1.** supran. Llevar consigo algo: "Paulina no cargó dinero para comprar sus cuadernos". || **2.** supran. pop. Preñar: "Ese gato cargó a mi gatita cuando se me escapó". Ú.m.e.pp.: "La gatita está cargada otra vez". ■ LOC. **~ batería(s).** LOC. VERB. **1.** supran. Ingerir alguien alimentos: "Cargué baterías en la cafetería de enfrente". || **2.** supran. Descansar alguien: "Siempre cargo baterías después de hacer ejercicio". ▷ **~ carrilla.** LOC. VERB. Hacer a alguien objeto de bromas y burlas insistentes: "Mis cuates me cargaron carrilla en la fiesta y por eso me fui". ▷ **~ el muerto.** LOC. VERB. Enfrentar la culpa de algo: "Cargué el muerto de las pérdidas de la empresa". ▷ **~ (con) el petate del muerto.** LOC. VERB. **cargar el muerto.** ▷ **~ hasta con el molcajete.** LOC. VERB. Llevar cosas en exceso, gran parte de ellas innecesarias: "Ella traía un desarmador en su bolsa porque carga hasta con el molcajete". ▷ **~ la chingada.** LOC. VERB. malson. Sufrir alguien una enorme contrariedad: "Nos va a cargar la chingada por no llegar a tiempo". ▷ **~ la mano.** LOC. VERB. Imponer a alguien más trabajo del que le corresponde: "Nos van a cargar la mano con el informe final". ▷ **~ la verga.** LOC. VERB. **cargar la chingada.** ▷ **~ pasaje** LOC. VERB. Subir un conductor pasajeros a un autobús: "Llegaré tarde porque el chofer cargó pasaje todo el camino".

cargarle. ■ LOC. **~ el muerto.** LOC. VERB. Atribuir la culpa de algo a alguien: "Defiéndete si no quieres que te carguen el muerto de la falla del sistema".

cargarse. ■ LOC. **~ el diablo.** LOC. VERB. fest. **cargarse la chingada.** ▷ **~ el payaso.** LOC. VERB. fest. **cargarse la chingada.** ▷ **~ la chingada.** LOC. VERB. **1.** malson. Ser alguien o algo objeto de desgracias: "Los encontramos en pleno delito, ya se los cargó la chingada". || **2.** malson. Morir alguien: "Era muy vicioso, por eso se lo cargó la chingada". ▷ **~ la Pelona.** LOC. VERB. fam. **cargarse la chingada.** ▷ **~ Pifas.** LOC. VERB. fest. **cargarse la chingada.** ■ EXPR. **¡me carga (la chingada)!** malson. Se usa para expresar enojo ante una situación adversa: "¡Me carga la chingada, nunca salimos a tiempo!". ■ INTERJ. **¡cárgueme!** fam. *En Guanajuato*, se usa para expresar enojo ante una situación adversa; ¡me carga la chingada!: "¡Cárgueme! ¡Nunca salimos a tiempo!".

caricaturas. ■ F. PL. supran. Dibujos animados.

cariñoso, sa. (Juego de palabras entre cariñoso y caro). ■ ADJ. supran. fest. Caro; costoso: "Este celular me salió muy cariñoso".

carita. ■ ADJ. **1.** fam. *Referido a persona*, bien parecida; guapo: "Jorge es muy carita, ¿no?". ■ F. **2.** *En el Noroeste*, panel frontal de un aparato de sonido de automóvil donde se alojan los controles para su manejo. ■ COM. **3.** fam. Persona bien parecida; guapo: "Jorge es el carita del salón".

carnal, la. ■ M. y F. **1.** pop. Hermano: "Mis papás nos castigaron a mi carnal y a mí". || **2.** pop. Persona con quien se mantiene una relación de amistad; amigo: "Mis carnales siempre me apoyan en las broncas". || **3.** pop. Persona indeterminada: "No completaba para mi camión y un carnal que estaba en la parada me alivianó". || **4.** pop. Fórmula de tratamiento para dirigirse con confianza a una persona conocida: "¿Qué pasó, carnal, vas a ir al rato?".

carnaval. ■ M. *En Hidalgo*, bebida hecha con jugo de naranja, jugo de caña y canela, generalmente con tequila. Ú.m.e.dim.

carne. ■ LOC. **~ clasificada.** LOC. SUST. La que cumple con las normas de calidad, higiene y sanidad para su venta en establecimientos autorizados. ▶ **~ de camino.** LOC. SUST. *En el Norte*, la que es de res, deshebrada y seca; machaca. ▶ **~ de campo.** LOC. SUST. La que no se somete a las pruebas de calidad, higiene y sanidad, pero que se vende o se consume. ▶ **~ de res.** LOC. SUST. supran. La de vaca o buey. ▶ **~ en barra.** LOC. SUST. vulg. Pene. ▶ **carnes frías.** LOC. SUST. Las que se sazonan, se curan mediante sal, frío, humo o cocción y quedan listas para su consumo.

carnear. ■ TR. **1.** Engañar: "Rogelio ha carneado a Raquel todo este tiempo, y ella sin darse cuenta". Ú.m.c.prnl.: "Rogelio se ha carneado a Raquel todo este tiempo, y ella sin darse cuenta". || **2.** Hacer burla de alguien: "Ya no carneen a Saúl porque se va a enojar". Ú.m.c.prnl.: "Ya no se carneen a Saúl porque se va a enojar". || **3.** supran. Matar a una persona con arma blanca. Ú.m.c.prnl.

carneo. ■ M. supran. Acción y resultado de carnear.

carneraje. ■ M. supran. Rebaño de carneros.

carnero. ■ M. **1.** Árbol originario de América, de hasta 15 m de altura; tallos puberulentos, con corteza gris, lisa y fina, que se desprende en escamas; hojas simples, alternas, de orbiculares a reniformes, glabras por ambas caras, coriáceas; flores hermafroditas, diminutas, de blancas a verdosas, fragantes, dispuestas en racimos terminales y laterales, densas; frutos aquénicos, con forma de pera, con los sépalos persistentes, de color rosado a morado cuando maduros; semillas elípticas; uso en la medicina tradicional; madera, uso industrial. Familia de las poligonáceas, *Coccoloba uvifera*. (También se llama paparrón, papaturro, roble de la costa, uva de mar, uva de playa, uvero). || **2.** Fruto del **carnero**; comestible; uso en licorería.

carnet. ■ M. Documento que otorga alguna institución de salud en el que se agendan las citas médicas.

carnitas. ■ F. PL. Comida que se prepara con carne de cerdo, cocida en su propia grasa en un cazo de gran tamaño.

carnitero, ra. ■ M. y F. Persona que se dedica a preparar y vender carnitas.

carpa. ■ F. **1.** supran. Tienda montada durante algunas fiestas populares, en que hay venta de productos. || **2.** supran. Tienda de campaña.

carpeta. ■ F. supran. Cubierta, por lo general de pequeño tamaño, de tela o tejido que se pone de adorno o protección sobre algunos muebles o bandejas. ■ LOC. **~ asfáltica.** LOC. SUST. supran. Capa de asfalto con que se recubre una vía.

carranceada. ■ F. fam. Robo.

carrancear. ■ TR. fam. Robar: "Carrancearon todo lo que pudieron en el último atraco". Ú.m.c.prnl.: "Se carrancearon todo lo que pudieron en el último atraco".

carrancismo. ■ M. **1.** Corriente de pensamiento político constitucionalista encabezada por Venustiano Carranza. || **2.** Conjunto de partidarios o militantes del **carrancismo**.

carrancista. ■ ADJ. **1.** Perteneciente o relativo al carrancismo: "Si bien son importantes las medidas tomadas desde 1915 por el gobierno carrancista, los fundamentos explícitos de la nueva sociedad cristalizan en la Constitución de 1917". || **2.** *Referido a persona*, partidaria o militante del carrancismo: "Las fuerzas carrancistas reclutaban gente muy joven". ■ COM. **3.** Persona partidaria o militante del carrancismo: "Los carrancistas eran buenos para reclutar gente muy joven".

carraquear. ■ TR. jerg. *En el Noroeste*, asesinar con metralleta.

carrascaloso, sa. ■ ADJ. supran. *Referido a persona*, quisquillosa: "No seas tan carrascalosa, no lo dije para ofenderte". Ú.t.c. sust.: "Eres una carrascalosa, de todo te ofendes".

carraspiento, ta. ■ ADJ. supran. *Referido a persona*, que sufre carraspera: "No importa si hace frío o calor, siempre ando muy carraspienta".

carrera. ■ LOC. **~ anotada.** LOC. SUST. supran. *En el beisbol*, jugada en que el corredor pisa el plato y anota en el marcador: "Las carreras anotadas son el principal talento de Ulises". ▷ **~ de costales.** LOC. SUST. Juego en que los participantes avanzan a saltos, metidos hasta la cintura en una bolsa o saco: "Organizamos una carrera de costales durante la feria de la escuela". ▷ **~ empujada.** LOC. SUST. *En el beisbol*, jugada en que el batazo de un jugador permite anotar en el marcador, ya sea por él mismo o por otro jugador que estaba en la base: "Lleva quince carreras empujadas en esta temporada". ▷ **~ limpia.** LOC. SUST. *En el beisbol*, anotación obtenida mediante uno o varios batazos y sin haberse cometido ningún error por los jugadores defensivos: "Con ese gran golpe, Tadeo logró una carrera limpia". ▷ **~ sucia.** LOC. SUST. *En el beisbol*, anotación en el marcador por parte de un corredor que logró avanzar gracias, al menos, a un error cometido por algún jugador defensivo: "La carrera sucia de Matías nos otorgó el triunfo". ▷ **de ~ larga.** LOC. ADJ. *Referido a persona*, que bebe en exceso en fiestas y reuniones: "Aldo es de carrera larga, ya compró tres botellas más".

carreras. ■ F. PL. fam. Evacuaciones intestinales líquidas y frecuentes; diarrea.

carrerear. ■ TR. **1.** supran. Apresurar a alguien: "Si no carrereas a Fausto, vamos a llegar tarde". ■ INTR. **2.** supran. Darse prisa: "Ayer carrereé todo el día, pero no terminé los pendientes".

carretero. ■ M. Hierba originaria de América, de hasta 1 m de altura, monoica; tallos amacollados, pilosos o no; hojas alternas, envainantes en la base, enteras, lineares; flores hermafroditas, pequeñas, pétalos diminutos, agrupadas en panículas con numerosos racimos o espiguillas plumosas, amarillas o blanquecinas; frutos cariópsides y pequeños. Familia de las gramíneas, *Bothriochloa laguroides*.

carretilla. ■ F. supran. Cilindro para devanar hilos, alambres, cables, etc.; carrete.

carretiza. ■ F. Cantidad que cabe en una carreta: "Acomoda esa carretiza de ladrillos que acaban de traer".

carricillo. ■ M. **1.** Hierba originaria de América, de hasta 2 m de altura, monoica; tallos muy ramificados, un tanto huecos, suculentos y angulosos; hojas alternas, enteras, de elípticas a ovado-lanceoladas; flores hermafroditas, pequeñas, con cinco tépalos de blancos a rojizos y numerosos estambres, agrupadas en densos racimos; frutos abayados, globosos, rojos o negros; de seis a diez semillas, pequeñas, negras brillantes. Familia de las fitolacáceas, *Phytolacca icosandra*. (También se llama jaboncillo, mazorquilla, niamole, ñamole). || **2.** Fruto del **carricillo**; uso en la medicina tradicional. || **3.** Raíz del **carricillo**; uso en la medicina tradicional.

carril. ■ M. supran. Franja por la que ha de desplazarse el deportista en ciertas pruebas de atletismo o de natación.

carrilla. ■ ADJ. **1.** *Referido a persona*, que se burla de los demás; burlón: "Federico es bien carrilla, nadie lo aguanta con sus apodos". ■ F. **2.** Burla. || **3.** Broma. || **4.** Barullo. ■ COM. **5.** Persona que se burla de los demás; burlón: "Federico es un carrilla, nadie lo aguanta con sus apodos".

carriola. ■ F. Vehículo pequeño para llevar a un bebé.

carrito. ■ M. supran. Vehículo pequeño utilizado para la venta ambulante de comidas o bebidas. ■ LOC. **~ de baleros.** LOC. SUST. Pequeña plataforma rectangular, generalmente de madera, que tiene dos ejes, uno móvil adelante y otro fijo atrás, cuyos extremos tienen rodamientos que hacen las veces de ruedas.

carrizo. ■ M. **1.** Hierba de distribución cosmopolita, de hasta 8 m de altura, monoica;

tallos sin ramificar, erectos y huecos; hojas alternas, enteras, acuminadas, envainantes en la base de hasta 50 cm, glabras; flores hermafroditas, masculinas o estériles, diminutas, sin pétalos, de color café pálido a purpúreo, rodeadas de sedosos pelos blancos, dispuestas en espiguillas de tres a siete flores, las basales masculinas o estériles, y a su vez en largas espigas; frutos cariópsides, cilíndricos, diminutos, cafés; hojas y raíces, comestibles; tallos, uso industrial. Familia de las gramíneas, *Phragmites australis*. (También se llama juco, picuaremo, zongón). || **2.** supran. Hierba originaria de Asia, de hasta 8 m de altura, monoica; densamente cespitosa; tallos gruesos y huecos; hojas alternas, enteras, con base envainante, de lanceoladas a lineares, de color verde brillante; flores hermafroditas, pequeñas, pétalos diminutos, agrupadas en una gran panícula de espiguillas violáceas o amarillas, cada espiguilla tiene una o dos flores; frutos cariópsides y pequeños. Familia de las gramíneas, *Arundo donax*. || **3.** supran. Tallo de esta hierba originaria de Asia; uso artesanal y ornamental.

carro. ■ M. supran. Vehículo automotor destinado al transporte de personas o carga; coche. ■ LOC. **~ alegórico.** LOC. SUST. supran. Vehículo grande y decorado para los desfiles y las festividades populares. ▷ **~ completo.** LOC. SUST. *En la política*, conjunto de todos los puestos de representación popular. ▷ **~ convertible.** LOC. SUST. supran. Coche descapotable. ▷ **~ estándar.** LOC. SUST. supran. Coche manual, de marchas no automáticas. ▷ **~ vestido.** LOC. SUST. **carro alegórico.** ▷ **carros chocones.** LOC. SUST. supran. Atracción de feria que consiste en una plataforma metálica sobre la que ruedan y chocan coches eléctricos pequeños provistos de bandas protectoras de goma. Ú.m.e.dim.

carrujo. ■ M. supran. jerg. Cigarrillo de marihuana.

carrusel. ■ M. **1.** Aditamento circular de un proyector de imágenes donde se colocan diapositivas. || **2.** Acción policial de prevención, rastreo o asistencia a gran escala, que involucra un gran contingente y numeroso material, a fin de conseguir la máxima cobertura para la misión. || **3.** Banda de equipaje que se encuentra en los aeropuertos. || **4.** *En la política*, grupo de personas que comete acciones electorales ilícitas en varias casillas.

carta. ■ ADJ. **1.** supran. *Referido al tamaño de una hoja de papel*, cuyas medidas oficiales son 28 cm de longitud por 21.6 cm de ancho: "Necesito hojas carta para imprimir el documento". || **2.** supran. *Referido al tamaño de un sobre, fólder o bandeja de impresora*, que puede contener hojas de esta medida: "Los documentos deben entregarse en un sobre carta". ■ LOC. **~ de ciudadanía.** LOC. SUST. supran. **carta de naturalización.** ▷ **~ de naturalización.** LOC. SUST. Documento con que el Estado otorga la nacionalidad a un extranjero residente en el país.

cartera. ■ LOC. **~ de huevo(s).** LOC. SUST. **cartón de huevo(s).** ▷ **~ vencida.** LOC. SUST. supran. Conjunto de préstamos sin pagar, generalmente hechos por un banco u otra institución crediticia.

cartilla. ■ F. *En Oaxaca*, texto, generalmente escrito a mano, del parlamento de cada uno de los personajes que participa en danzas dialogadas.

cartón. ■ LOC. **~ corrugado.** LOC. SUST. supran. El que está formado por tres láminas, dos lisas y una interior ondulada; sirve generalmente para embalar los objetos que han de transportarse. ▷ **~ de cervezas.** LOC. SUST. Caja hecha con este material y con divisiones que contiene, generalmente, 24 botellas de esta bebida. ▷ **~ de huevo(s).** LOC. SUST. supran. Empaque de este material con cavidades individuales que contiene, generalmente, 30 unidades de este producto. ▷ **de (a) ~ (de cerveza).** LOC. ADV. **1.** fest. *Referido a una forma de bailar*, poniendo las manos en las nalgas o caderas de la pareja: "Eso se baila de a cartón de cerveza". || **2.** fest. *Referido a una forma de bailar*, con las manos sujetando muy cerca a la pareja de la cadera: "Ese baile costeño se ejecuta de a cartón de cerveza". ▷ **de (a) ~ (de chelas).** LOC. ADV. **de (a) cartón (de cerveza).**

cartucho. ■ M. supran. *En Oaxaca*, **cucurucho.**

casa. ■ LOC. **~ chata.** LOC. SUST. Construcción cuya entrada está ochavada o es una fachada en chaflán: "Me gusta la casa chata de la esquina". ▷ **~ chica.** LOC. SUST. **1.** Vivienda que habita la amante, en contraposición a la de la esposa: "Mi tío tuvo casa chica en el mismo barrio". || **2.** Núcleo familiar que alguien mantiene además del oficial: "Se fue de vacaciones con la casa chica". ▷ **~ de asistencia.** LOC. SUST. Vivienda de socorro para indigentes: "En la casa de asistencia están proporcionando servicio médico a los necesitados". ▷ **~ de la chingada.** LOC. SUST. malson. Lugar muy lejano: "Me quedé dormida en el autobús y me desperté en casa de la chingada". ▷ **~ de la risa.** LOC. SUST. fest. Hospital para locos; manicomio: "Ese edificio era una casa de la risa cuando yo era pequeña". ▷ **~ del carajo.** LOC. SUST. supran. **casa de la chingada.** ▷ **~ habitación.** LOC. SUST. supran. Vivienda en la que habita una persona o una familia: "Ayer se reportaron varios robos a casa habitación". ▷ **~ llena.** LOC. SUST. **1.** Lugar abarrotado. || **2.** supran. *En el beisbol,* situación en la que el equipo ofensivo tiene un corredor en cada una de las tres bases y un bateador en turno. ▷ **~ rodante.** LOC. SUST. supran. Vehículo o remolque acondicionado para servir de vivienda durante los viajes: "Mi abuelo vive en una casa rodante".

casaguate. ■ M. Árbol originario de América, de hasta 8 m de altura, monoico; tallos de madera blanca, no muy resistente, con látex lechoso; hojas alternas, enteras, ovado-lanceoladas, con margen entero; flores hermafroditas, vistosas, en forma de embudo o campanuladas, blancas, agrupadas en panículas o flores solitarias; frutos capsulares, ovoides y cafés; cuatro semillas, romboides, con pelos blancos. Familia de las convolvuláceas, *Ipomoea murucoides.* (También se llama casahuate, cazaguate, cazahuate, palo bobo, ozote).

casahuate. ■ M. **casaguate.**

casampulga. ■ F. **capulina.**

casarse. ■ LOC. **~ bien.** LOC. VERB. Contraer matrimonio por la Iglesia: "Mi abuela quería que me casara bien y de blanco". ▷ **~ por el civil.** LOC. VERB. supran. Contraer matrimonio ante un juez cívico; casarse por lo civil: "Mariana y Josué solo se casaron por el civil".

cascabelear. ■ INTR. supran. Tener un mal funcionamiento el motor de un vehículo por alguna causa eléctrica, de combustión o mecánica, manifestado por una vibración fuerte: "La camioneta ya cascabelea, voy a tener que llevarla al taller".

cascabeleo. ■ M. supran. Mal funcionamiento del motor de un vehículo por alguna causa eléctrica, de combustión o mecánica, manifestado por una vibración fuerte.

cascabelillo. ■ M. **1.** Árbol o arbusto originario de México, de hasta 10 m de altura; tallos espinosos, de corteza amarillenta y exfoliante; hojas simples, alternas, oblanceoladas, glabras; flores hermafroditas, vistosas, tubulares, de color rojo anaranjado o amarillo, estambres numerosos, casi el doble de largos de la corola; frutos capsulares, globosos, de color cobrizo; de seis a 15 semillas, pequeñas, aplanadas, aladas; flores, uso en la medicina tradicional. Familia de las fouquieriáceas, *Fouquieria formosa.* (También se llama colorín cimarrón, ocotillo, palo santo, palosanto, rosalillo). || **2.** Madera del **cascabelillo**; uso artesanal e industrial.

cascar. ■ TR. **1.** Probar la funcionalidad de algo: "A ver, Pepe, casca esta herramienta". || **2.** Poner algo a punto mediante su uso: "Por fin se me cascaron las canicas, por eso no quiero cambiarlas".

cáscara. ■ ADJ. **1.** *Referido a alguien,* viejo: "Ya estás muy cáscara, no aguantas las fiestas". || **2.** *Referido a persona,* hábil: "Juan Luis es bien cáscara para el inglés". || **3.** *Referido a persona,* asidua practicante de algún deporte: "Marco es muy cáscara, juega futbol todos los días". ■ F. **4.** Juego deportivo informal. Ú.m.e.dim.: "¿Nos echamos una cascarita al rato?". ■ COM. **5.** Persona vieja: "Eres un cáscara, Manuel, ya no aguantas las fiestas". || **6.** Persona hábil: "Juan Luis es un cáscara para el inglés". || **7.** Persona asidua practicante de algún deporte: "Daniel es un cáscara, juega futbol todos los días".

cascarear. ■ INTR. **1.** Practicar un deporte de manera informal: "Cascareamos cada tarde en este parque". || **2.** Recoger la basura: "Fabián cascarea para ganarse la vida". || **3.** Envejecer alguien: "Mis papás cascarearon de pronto, ni cuenta me di".

cascarero, ra. ■ ADJ. **1.** *Referido a persona,* hábil para ciertos deportes por haberlos practicado mucho tiempo de manera informal: "Matilde es muy cascarera y por eso la seleccionó el equipo de su estado". Ú.t.c. sust.: "Matilde es una cascarera y por eso la seleccionó el equipo de su estado". ||**2.** Propio de la persona **cascarera**: "Es hora de demostrar tus capacidades cascareras en la cancha".

cascorvo, va. ■ ADJ. supran. *Referido a alguien,* que tiene las rodillas juntas y las piernas abiertas; patizambo: "Ese caballo está todo cascorvo, no camina bien". Ú.t.c.sust.: "Ese caballo es un cascorvo, no camina bien".

casero, ra. ■ M. y F. *En Chiapas,* indígena originario de San Cristóbal de Las Casas.

caseta. ■ F. **1.** Conjunto de instalaciones para el pago de uso de carretera, que suele incluir servicios varios. || **2.** supran. Cabina para uso de un teléfono público.

casilla. ■ F. supran. Lugar que aloja las urnas, personas a su cargo y demás dispositivos necesarios para realizar una consulta o una elección ciudadana, en una determinada circunscripción electoral. ■ LOC. **~ electoral.** LOC. SUST. **casilla.**

casino. ■ M. *En el Norte,* salón de eventos o fiestas.

caso. ■ ADV. *En Chiapas,* acaso: "¿Caso vendrás a comer?".

caspiento, ta. ■ ADJ. supran. *Referido a alguien,* que tiene caspa; casposo: "Mi perro caspiento está en el veterinario".

casquete. ■ LOC. **~ corto.** LOC. SUST. Estilo de corte de cabello utilizado frecuentemente por los militares y que se caracteriza por ser recto y al ras: "El casquete corto es obligatorio para los marineros".

casta. ■ F. Calidad de raza pura de un animal.

castacán. ■ M. *En el Sureste,* comida que se prepara con carne de estómago de cerdo troceada y frita en su propia grasa.

castaño. ■ M. *En Chihuahua y Durango,* barril pequeño de capacidad variable que se emplea para contener líquidos.

castigar. ■ TR. supran. Rebajar el precio de un producto por no venderlo o por estar deteriorado: "Castigaron mucho esos jugos y néctares porque nadie quería comprarlos".

castigo. ■ M. supran. Rebaja del precio de un producto por no venderlo o por estar deteriorado.

castilleja. ■ F. Hierba o arbusto parásito originario de México, de hasta 1 m de altura, monoico; tallos muy ramificados, con pelos largos y tiesos; hojas alternas, enteras, de lineares a lanceoladas, con pubescencia suave y algunas veces glandular; flores hermafroditas, vistosas, tubulares y bilabiadas, de color rojo a anaranjado, agrupadas en racimos; frutos capsulares, ovoides, cafés; semillas numerosas, diminutas, elipsoides, cafés. Familia de las orobancáceas, *Castilleja tenuiflora.* (También se llama calzón de indio, cola de borrego, garañona, sacamiel).

castillo. ■ M. supran. *En la construcción,* columna de varilla y cemento.

castorear. ■ TR. *En Sonora,* timar: "El vendedor castoreó a los clientes con una promoción falsa".

castrador, ra. ■ ADJ. *Referido a persona,* que molesta: "No quiero ver a tu amigo porque es muy castrador". Ú.t.c.sust.: "No quiero ver a ese castrador".

castrante. ■ ADJ. Molesto: "Esa reportera siempre hace preguntas castrantes".

castrar. ■ TR. Molestar: "No me castres, ya déjame tranquilo".

casuarina. ■ F. supran. Árbol originario de Australia, de hasta 30 m de altura, monoico; tallos finamente fisurados, tronco y copa cónicos, con ramillas muy delgadas, cilíndricas; hojas verticiladas, reducidas a escamas en forma triangular; flores unisexuales, diminutas: las masculinas en espigas, las femeninas en cabezuelas globosas que al madurar se vuelven leñosas, pequeñas, similares a conos; frutos como nuececillas, leñosas, de ovoides a subglobosas, cafés. Familia de las casuarináceas, *Casuarina equisetifolia.*

catafixia. ■ F. Intercambio de un objeto por otro: "Hizo una catafixia con el suéter".

catafixiar. ■ TR. Intercambiar un objeto por otro: "Te catafixio esta galleta por un café".

catalización. ■ F. supran. Instalación de un catalizador en un vehículo.

catalizar. ■ TR. supran. Instalar un catalizador en un vehículo: "Los de la agencia aún no catalizan el coche".

catarina. ■ F. Escarabajo terrestre de distribución cosmopolita, de hasta 8 mm de longitud; con forma variable, generalmente de forma ovalada; el número de manchas en el pronoto y élitros es variable; depredador; se emplea como control biológico. Familia de los coccinélidos del orden Coleoptera. (También se llama mariquita).

catarriento, ta. ■ ADJ. **1.** Que provoca o puede provocar catarro: "Cuídate, estos cambios de temperatura suelen ser catarrientos". || **2.** *Referido a una enfermedad*, que tiene como síntoma el catarro: "Esta infección de garganta es catarrienta". || **3.** supran. *Referido a persona*, que padece catarro: "Amanecí bien catarrienta y me duele la cabeza". Ú.t.c.sust.: "Un catarriento estornudó en la fila de las tortillas".

cateado, da. ■ ADJ. **1.** fam. Deteriorado: "El carro ya está muy cateado, se descompone todo el tiempo". || **2.** fam. *Referido a persona*, desmejorada: "Rebeca y yo terminamos el semestre muy cateados".

cateador, ra. ■ M. y F. Persona que allana una vivienda.

catear. ■ TR. **1.** Golpear a alguien: "Los asaltantes casi catean a Lucrecia". Ú.m.c. prnl.: "Los asaltantes casi se catean a Lucrecia". || **2.** Poner en malas condiciones: "La enfermedad cateó a mi tío Chava". || **3.** supran. Registrar la policía una casa: "Antes de retirarse, la policía cateó las viviendas".

cateo. ■ M. supran. Registro que hace la policía en una casa.

catorrazo. ■ M. supran. Golpe muy fuerte.

catota. ■ F. *En el Noroeste*, bola de vidrio o barro cocido con la que juegan los niños; canica.

catrín, na. ■ ADJ. **1.** *Referido a persona*, que pertenece a una clase acomodada: "Invitó a la fiesta a sus amigos catrines". Ú.t.c.sust.: "Sus amigos son unos catrines". || **2.** supran. *Referido a persona*, vestida con esmero: "Se pusieron catrines para ir al cine". Ú.t.c.sust.: "El catrín de mi primo tiene mucho estilo". ■ M. y F. **3.** Persona disfrazada de la Muerte como figura elegante.

cátsup. ■ F. supran. Salsa envasada de jitomate condimentada con vinagre, azúcar y especias.

caucho. ■ M. supran. Árbol originario de la región amazónica, aunque su cultivo se ha extendido a otras zonas tropicales, de hasta 30 m de altura, dioico; tallos con látex blanco o amarillento, madera blanca y liviana; hojas alternas, divididas en tres foliolos elípticos; flores unisexuales, pequeñas, de verdosas a blanquecinas y agrupadas en panículas; frutos capsulares, de subglobosos a trilobados, cafés, que al madurar se abren de forma explosiva; tres semillas, elipsoides, cafés, con manchas más oscuras. Familia de las euforbiáceas, *Hevea brasiliensis*.

caulote. ■ M. **1.** Árbol originario de América, de hasta 20 m de altura; troncos de 30 a 60 cm de diámetro recubiertos de corteza gris; savia incolora, mucilaginosa; hojas simples, alternas, con estípulas, con la base asimétrica subcordada con peciolos cortos, aovadas u oblongas, aserradas, de 6 a 12 cm de largo y con el ápice agudo; flores pequeñas, agrupadas en inflorescencias axilares y cortamente estipitadas, con cinco pétalos de color blanco amarillento; frutos en cápsula subglobosa o elipsoidea, negros purpúreos al madurar; uso en la medicina tradicional. Familia de las malváceas, *Guazuma ulmifolia*. (También se llama aquiche, guásima, guásimo, tablote). || **2.** Fruto del **caulote**.

cauque. ■ M. *En Sinaloa*, langostino de río.

causal. ■ F. supran. *En el ámbito jurídico*, causa legalmente aceptada para que se logre una sentencia judicial, especialmente en los juicios de divorcio.

causante. ■ COM. Persona que declara y paga impuestos al fisco; contribuyente: "Se conminó a los causantes morosos a presentar su declaración anual a tiempo".

cautivo. ■ M. **cuerillo.**

cayagual. ■ M. Rosca de tela para llevar un peso sobre la cabeza; rodete.

cayahual. ■ M. **cayagual.**

cayitos. (Juego de palabras entre callo y caer). ■ INTERJ. **¡cayitos!** supran. fest. Se usa para solicitar a alguien la entrega o aportación de algo, generalmente dinero: "Tenemos que pagar la renta, ¡cayitos!".

cayuco. ■ M. **1.** Canica grande. || **2.** *En Campeche*, canica. || **3.** supran. *En el Sureste*, embarcación de madera, pequeña y alargada, que se mueve con un remo ancho.

caza. ■ LOC. **~ pulga.** LOC. SUST. Hierba originaria de México y las Antillas, de hasta 3 m de altura; tallos carnosos, viscosos pubescentes, leñosos con la edad, con tintes morados; hojas simples, opuestas, de ovadas a triangulares, con margen anguloso, glandulosas y

C

viscosas por ambas caras; flores hermafroditas, vistosas, campanuladas, de blancas a rosadas o hasta rojizas moradas, con una mancha interna de color morado, dispuestas en racimos terminales densos; frutos en cápsulas drupáceas, ovoides, la parte interna leñosa, con una cresta dentada y dos cuernos; uso ornamental y en la medicina tradicional; frutos, comestibles. Familia de las martiniáceas, *Martynia annua*. (También se llama cinco llagas, perrito, uña de gato, uña de gavilán).

cazaguate. ■ M. **casaguate.**

cazahuate. ■ M. **casaguate.**

cazueleja. ■ F. *En Chiapas*, pan preparado con huevo, mantequilla y queso.

cebadilla. ■ F. **1.** fest. Cerveza. || **2.** supran. Hierba originaria de América, de hasta 50 cm de altura, monoica; tallos bulbosos, subterráneos; hojas en roseta, enteras, lineares, parecidas a las de las gramíneas; flores hermafroditas, pequeñas, con seis tépalos blancos, agrupadas en espigas sobre un largo pedúnculo; frutos capsulares, ovoides, pequeños, de color gris rojizo; semillas diminutas. Familia de las melantiáceas, *Schoenocaulon officinale*. ■ LOC. ~ **criolla.** LOC. SUST. Hierba originaria de América, de hasta 1.5 m de altura, monoica; hojas alternas, enteras, con base envainante, de lanceoladas a lineares, verdes brillantes; flores hermafroditas, pequeñas, pétalos diminutos, ubicados en una gran panícula de espiguillas blanquecinas o amarillentas, de apariencia similar a la avena, cada espiguilla tiene numerosas flores, con una estructura foliar aristada llamada lema; frutos cariópsides y pequeños. Familia de las gramíneas, *Bromus carinatus*. (También se llama zacopipilol).

cebadina. ■ F. Bebida refrescante hecha a base de infusión de jamaica y tamarindo servida con bicarbonato de sodio para hacerla efervescente.

cebar. ■ TR. Malograr algo: "Tu comentario desatinado cebó mis planes".

cebo, ba. ■ ADJ. *Referido a algo*, que es de mala calidad: "Este carro cebo ya se descompuso otra vez".

cebolla. ■ F. Pieza de metal o plástico con pequeños orificios por donde sale el agua en una ducha; regadera. ■ LOC. ~ **albarrana.** LOC. SUST. Hierba nativa de México, de hasta 90 cm de altura, monoica; tallos bulbosos, subterráneos; hojas arrosetadas, enteras, linear-lanceoladas, de carnosas a subcoriáceas, de color verde brillante; flores hermafroditas, vistosas, en forma de embudo, con seis tépalos lineares, blancos, con tres o cuatro flores agrupadas en umbelas sobre un largo escapo; frutos capsulares, globosos; alrededor de diez semillas, comprimidas. Familia de las amarilidáceas, *Hymenocallis harrisiana*.

cebollazo. ■ M. fam. Halago.

cebollero, ra. ■ ADJ. **1.** fam. *Referido a persona*, aduladora: "Eres muy cebollero con tu jefa, te pasas". Ú.t.c.sust.: "Eres un cebollero con tu papá, te pasas". || **2.** fam. Propio de la persona **cebollera**: "Por fin convenciste a tu jefa con tu choro cebollero".

cebollín. ■ M. **cebollino.**

cebollino. ■ M. **1.** supran. Cebolla de tamaño pequeño y muy delgada. || **2.** supran. Hierba originaria del extremo norte de América y Asia, de 30 cm de altura, monoica; tallos bulbosos y subterráneos; hojas arrosetadas, lineares, carnosas y aromáticas; flores hermafroditas, pequeñas, con seis tépalos de color rosado a blanquecino, agrupadas en umbelas; frutos en cápsulas subglobosas; semillas numerosas, de subglobosas a reniformes; comestible. Familia de las amarilidáceas, *Allium schoenoprasum*. (También se llama cebollín).

cebollón, na. ■ ADJ. **1.** fam. *Referido a persona*, totalmente canosa: "Mi mamá con sus 60 años ya está cebollona". Ú.t.c.sust.: "La cebollona es mi mamá". || **2.** fam. *Referido a persona*, que se relaciona amorosamente con alguien mucho más joven: "Don Facundo es muy cebollón, anda con pura jovencita". Ú.t.c.sust.: "Don Facundo es un cebollón, anda con pura jovencita".

ceboruco. ■ M. Lugar de rocas escarpadas.

cedrillo. ■ M. Árbol originario de México, de hasta 30 m de altura, dioico; tallos erectos con corteza fisurada, de color pardo amarillento a moreno, la interna de color blanco amarillento; hojas alternas, divididas de ocho a 16 foliolos oblongos u oblanceolados, pequeños, con nervadura central amarillenta; flores unisexuales, pequeñas, de color blanquecino verdoso a blanco amarillento, dispuestas en panículas axilares terminales; frutos drupáceos, ovoides, arreglados en grupos de dos a cinco, ligeramente angulosos, de amarillos a rojizos, astringentes cuando maduros; una semilla por fruto; cortezas, uso en la medicina tradicional; frutos, comestibles; tallos, uso artesanal e industrial. Familia de las simarubáceas, *Simarouba amara*. (También se llama aceituno, negrito, pistache, talcochote).

cédula. ■ F. *En museos y zonas arqueológicas*, texto breve que sirve para dar información sobre una obra en exposición. ■ LOC. **~ de empadronamiento.** LOC. SUST. **1.** Documento que permite a su poseedor iniciar un negocio comercial: "Tramita tu cédula de empadronamiento antes de abrir el local". || **2.** Documento que permite a su poseedor identificarse como votante: "Con la cédula de empadronamiento podré votar en las siguientes elecciones". ▷ **~ de votación.** LOC. SUST. Papeleta con la que se emite el voto en unas elecciones: "Anulé mi cédula de votación". ▷ **~ profesional.** LOC. SUST. Documento oficial que acredita el grado académico de una persona: "Necesito la cédula profesional para poder trabajar en el laboratorio".

cejo. ■ M. Entrecejo.

celaduría. ■ F. Demarcación administrativa.

celda. ■ F. supran. *En un dispositivo mecánico*, compartimento donde tienen lugar procesos químicos o eléctricos. ■ LOC. **~ solar.** LOC. SUST. **1.** supran. Dispositivo, generalmente de forma rectangular, que sirve para aprovechar la energía de radiación solar: "Instalamos una celda solar para calentar el agua de la casa". || **2.** supran. Cada uno de los compartimentos que forman parte de este dispositivo, y donde se transforma la energía luminosa en energía eléctrica: "Tenemos que dar mantenimiento a las celdas solares".

celute. ■ ADJ. *En Tabasco, referido a un fruto*, que no está maduro: "Hay que esperar para comernos esos plátanos celutes".

cema. ■ F. Pan de acemite; cemita.

cementearse. ■ INTR. PRNL. supran. Drogarse mediante aspiración de cemento o pegamento fuerte y volátil.

cementero, ra. ■ ADJ. supran. *Referido a persona*, que se droga mediante aspiración de pegamento fuerte y volátil. Ú.t.c.sust.

cemento. ■ M. **1. concreto.** || **2.** supran. Pegamento fuerte y volátil.

cemita. ■ ADJ. **1.** *Referido a una mujer*, soltera y embarazada. Ú.t.c.sust. ■ F. **2.** Pan de acemite. ■ LOC. **~ poblana.** LOC. SUST. Comida que se prepara con una **cemita**, generalmente espolvoreada con ajonjolí, que lleva dentro quesillo o queso fresco, aguacate, chiles y milanesa de res, pollo o cerdo; típica de Puebla.

cempasúchil. ■ M. **1.** supran. Hierba nativa de México, de hasta 1 m de altura, monoica; tallos poco ramificados, verdosos; hojas alternas, divididas en numerosos foliolos, lanceoladas, con margen diminutamente aserrado; flores hermafroditas, vistosas, amarillas o anaranjadas, agrupadas en cabezuelas, con olor fuerte, con cinco u ocho flores de la periferia en forma de pétalos amarillos; frutos aquénicos, lineares, con escamas en el ápice; uso ceremonial, como insecticida y en la medicina tradicional. Familia de las compuestas, *Tagetes erecta*. (También se llama cempoal, flor de muerto, iscoque, musajoyó, sempasúchil, xpuhuk, zempasúchil). || **2.** supran. Flor del **cempasúchil**; comestible; uso como colorante.

cempoal. ■ M. **cempasúchil.**

cena. ■ LOC. **~ de negros.** LOC. SUST. supran. Riña en que termina, inesperadamente, una reunión: "La asamblea acabó en una cena de negros".

cenaduría. ■ F. Establecimiento comercial en que se sirven cenas o comidas en la noche.

cenancle. ■ M. Mazorca del maíz.

cencal. ■ M. **cencalli.**

cencali. ■ M. **cencalli.**

cencalli. [*senkáli*] ■ M. Granero que se utiliza para conservar el maíz.

cencuate. ■ M. **cincuate.**

cencuatera. ■ F. Madriguera de cincuates.

cenegal. ■ M. supran. Sitio o lugar lleno de cieno; cenagal.

cenicienta. ■ F. Hierba suculenta distribuida en América, África, Asia y Australia, de hasta 50 cm de largo, monoica; tallos postrados; hojas opuestas, enteras, de oblongas a oblongo-lanceoladas, con margen entero; flores hermafroditas, pequeñas, con cinco tépalos de color rosado a morado, estambres numerosos; frutos capsulares, cónicos, de color verde a morado claro; semillas numerosas, de lenticulares a arriñonadas, negras, lustrosas. Familia de las aizoáceas, *Sesuvium portulacastrum*. (También se llama cenicilla).

cenicilla. ■ F. **cenicienta.**

cenicillo. ■ LOC. **~ amarillo.** LOC. SUST. Hierba o arbusto originario de América, de hasta 60 cm de altura, monoica; tallos simples o ramificados, erectos, delgados, cenicientos por la presencia de pelos estrellados, densos; hojas alternas, simples, lanceoladas u oblanceoladas, tomentosas por ambas caras, lo que les da una apariencia blanquecina o grisácea; flores de cinco pétalos amarillos, dispuestas en cimas o racimos terminales, en glomérulos solitarios; frutos capsulares, redondeados y lisos, de apertura en tres valvas, los de las flores cleistógamas ligeramente más pequeños. Familia de las cistáceas, *Helianthemum glomeratum*. (También se llama cilantrillo del monte, damiana, flor del golpe, hierba de la gallina, juanita).

cenizo. ■ M. **1.** supran. Hierba de distribución cosmopolita, de hasta 1.5 m de altura, monoica; tallos poco o muy ramificados, con tintes rojizos o purpúreos que forman rayas longitudinales, bien pronunciados en las bases de las hojas; hojas enteras, alternas, lanceoladas, ovadas, triangulares o rómbicas, de tonos blanquecinos en el envés, membranáceas; flores unisexuales, pequeñas y numerosas, verdosas, con cinco pétalos, cinco sépalos y cinco estambres, agrupadas en espigas; frutos capsulares, pequeños, ligeramente membranosos, en ocasiones translúcidos; semilla única, pequeña, subglobosa, de color negro brillante; uso en la medicina tradicional. Familia de las amarantáceas, *Chenopodium album*. (También se llama quelite). || **2.** supran. Rama del **cenizo**; comestible.

cenote. ■ M. gralizado. Depósito a cielo abierto de agua dulce, generalmente de gran tamaño y de contorno circular, formado de manera natural en un sistema comunicado de cavernas profundas, alimentado por corrientes acuíferas subterráneas; característico de la Península de Yucatán.

censonte. ■ M. **cenzontle.**

censontle. ■ M. **cenzontle.**

centavear. ■ INTR. **1.** Ser tacaño: "Mi tío centaveó toda su vida". || **2.** Apostar muy poca cantidad de dinero en el juego: "Centaveas cada vez que jugamos dominó".

centaveo. ■ M. **1.** Tacañería. || **2.** Apuesta de muy poca cantidad que se hace de dinero en el juego.

centavero, ra. ■ ADJ. **1.** *Referido a persona*, tacaña: "Tengo un tío tan centavero que cuenta hasta la última moneda". Ú.t.c.sust.: "Los centaveros no son de mi agrado". || **2.** *Referido a persona*, que apuesta muy poco dinero en el juego: "No quiero invitarte al cubilete porque eres muy centavero". Ú.t.c.sust.: "Los centaveros no serán invitados al cubilete".

centaviza. ■ F. Conjunto de monedas o billetes de curso legal; dinero.

centavo. ■ LOC. **al (puro) ~.** LOC. ADV. **1.** supran. Exactamente: "Antes de hacer planes, platícame al centavo lo que quieres". || **2.** supran. Perfectamente: "Este mole te quedó al puro centavo".

centavos. ■ M. PL. supran. Monedas o billetes de curso legal que forman un conjunto; dinero.

centenario. ■ M. **1.** Moneda de oro mexicana que tenía un valor de 50 pesos, acuñada en 1916 y que circuló hasta 1930, aproximadamente. || **2.** Moneda de oro que acuña el Banco de México de 1.20 oz o 37.5 g de oro, de ley .999 y que se compra como una forma de ahorro e inversión.

central. ■ F. *En Veracruz*, escopeta de dos cañones. ■ LOC. **~ camionera.** LOC. SUST. Terminal de autobuses. ▶ **~ de abasto(s).** LOC. SUST. Mercado público de grandes dimensiones y venta, generalmente al mayoreo, que expende a otros mercados.

centralazo. ■ M. *En Veracruz*, disparo efectuado con una central o escopeta de dos cañones.

centro. ■ M. **1.** supran. *En el futbol americano*, posición en la ofensiva ubicada justo detrás del balón antes de que comience la jugada. || **2.** supran. *En el futbol americano*, jugador que juega esta posición. || **3.** supran. *En el Sureste*, conjunto de vestir para hombre, que consta de saco, pantalón, camisa y corbata, y a veces de chaleco. ■ LOC. **~ delantero.** LOC. SUST. supran. *En el futbol*, jugador que se mueve por la parte central de la cancha, por oposición a los que se mueven por los flancos. ▶ **~ nocturno.** LOC. SUST. supran. Lugar de diversión, abierto en la noche, donde se sirve comida y licor, con espectáculo de variedades, música y espacio para bailar.

centzontle. ■ M. **cenzontle.**

cenzontle. ■ M. supran. Ave de amplia distribución en América del Norte, Centroamérica y el Caribe, de hasta 30 cm de longitud; con cuerpo delgado y alargado; plumaje de color gris por la parte superior, con región inferior más pálida y pecho blanquecino; ojos de color amarillo pálido; pico negro mínimamente curvo; alas con finas líneas blancas; cola de color oscuro con los bordes blancos; patas negras y largas; su canto es muy variado y melodioso. Familia de los mímidos del orden Passeriformes, *Mimus polyglottos*. (También se llama burlón, censonte, censontle, centzontle, sinsonte, zenzontle).

ceñidor. ■ M. *En la charrería*, faja del charro.

cepa. ■ F. **1.** Zanja que se abre para colocar un cimiento o algún tipo de tuberías.||**2.** Hoyo para plantar un árbol.

cepillada. ■ F. **1.** vulg. Masturbación masculina.||**2.** supran. Adulación.

cepillarse. ■ TR. PRNL. supran. Adular a alguien: "Se cepilló al jefe para conseguir el ascenso".

cepillazo. ■ M. supran. Adulación; cepillada.

cepillería. ■ F. Lugar donde se elabora toda clase de cepillos.

cepillo. ■ ADJ. **1.** supran. *Referido a persona*, aduladora: "Sofía es bien cepillo con el profesor de química". ■ M. **2. calistemo.**||**3.** supran. Persona aduladora: "Sofía es un cepillo con el profesor de química".

cepo. ■ LOC. **~ de campaña.** LOC. SUST. supran. Castigo militar que se ejecutaba oprimiendo al reo entre dos fusiles, ligados por una correa, uno de los cuales presionaba las corvas y el otro la nuca.

cera. ■ LOC. **~ de Campeche.** LOC. SUST. La que produce un tipo de abeja sin aguijón; se usa como adhesivo. ▶ **~ de candelilla.** LOC. SUST. La que proviene de esta planta, es de color café claro a amarillo y se usa en la elaboración de cosméticos. ▶ **~ escamada.** LOC. SUST. Vela con adornos muy elaborados que se usa en la decoración de altares.

cerca. ■ LOC. **~ viva.** LOC. SUST. La que se hace con arbustos, matorrales, palos, etc. ■ EXPR. **¡~ la bala! 1.** Se usa para indicar la cercanía de un peligro o una amenaza: "Casi nos pega ese auto, ¡cerca la bala!".||**2.** Se usa para indicar que se responde casi acertadamente: "—¿Cuántos habitantes tiene la ciudad? —Veinte millones. —¡Cerca la bala!".

cerdo. ■ LOC. **~ de monte.** LOC. SUST. supran. Mamífero de amplia distribución en México, de 50 cm en la cruz, de hasta 1 m de longitud y de 2 a 5 cm de cola; con cerdas largas y fuertes; colmillos pequeños y rectos; hocico con terminación en un disco cartilaginoso; ojos pequeños en relación con el tamaño de su cabeza; con una glándula en lo alto del lomo, que segrega una sustancia fétida; comestible. Familia de los tayasuidos del orden Artiodactyla. (También se llama pecarí).

ceré. ■ M. *En Quintana Roo*, guiso caldoso de pescado, de color rojizo, aderezado con leche de coco y plátano macho en trozos y con cáscara.

cerecillo. ■ M. supran. Árbol o arbusto originario de América, de hasta 8 m de altura, monoico; tallos muy ramificados; hojas alternas, deciduas, enteras, ovado-lanceoladas, con margen aserrado; flores hermafroditas, vistosas, con cinco pétalos blancos, solitarias o en ramilletes de una a cinco flores; frutos abayados, globosos, jugosos y dulces, de color rojizo, comestibles; semillas numerosas, diminutas, cafés; cortezas y hojas, uso en la medicina tradicional. Familia de las muntingiáceas, *Muntingia calabura*. (También se llama palmán).

cereque. ■ M. *En el Sureste*, mamífero roedor de distribución en México y Centroamérica, de hasta 60 cm de longitud; con pelaje largo, liso y brillante, de color café rojizo, salpicado en negro en el dorso y la rabadilla; cabeza alargada, con el hocico truncado, labio superior hendido y provisto de vibrisas; orejas pequeñas y redondeadas; cuello corto y grueso; tronco robusto y curvo; la cola es vestigial; las extremidades posteriores largas y delgadas, las delanteras un poco más cortas; de patas tridáctilas; su carne es muy apreciada en la gastronomía. Familia de los dasipróctidos del orden Rodentia, *Dasyprocta mexicana*,

Dasyprocta punctata. (También se llama agutí, guaqueque, guatusa, querreque, sereque, uco, zerete).

cereza. ■ F. **1.** supran. Grano de café maduro de color rojo. || **2.** supran. Cáscara del grano del café.

cerillo, lla. ■ M. y F. *En los supermercados*, persona que ayuda al cliente a empacar los productos que ha comprado.

cernidor. ■ M. Utensilio que sirve para cernir harina; cernedor.

cero. ■ ADV. *Entre jóvenes*, en grado extremo negativo: "Me gusta cero esa película".

ceroso, sa. ■ ADJ. supran. *Referido a una sustancia*, blanda y pegajosa: "La pintura salió muy cerosa, no me sirve".

cerote, ta. ■ ADJ. **1.** supran. despect. Estúpido: "Estos días has estado muy cerote". Ú.t.c. sust.: "En estos días te has comportado como un cerote". ■ M. **2.** supran. Excremento.

cerrada. ■ F. Véase **cerrado, da.**

cerrado, da. ■ ADJ. **1.** supran. *Referido a un bosque*, que está poblado densamente de árboles: "Me gusta pasear por Chapultepec en donde está más cerrado". || **2.** supran. *Referido al cielo*, que está colmado de nubes: "Quiero salir a caminar pero está muy cerrado y creo que lloverá". ■ F. **3.** supran. Calle con un solo extremo abierto por el que se entra y se sale.

cerraja. ■ F. Hierba nativa de México, de hasta 2 m de altura, monoica; tallos huecos, con pelos glandulares y con exudado de látex blanco; hojas alternas, de enteras a divididas en lóbulos agudos, con margen denticulado; flores hermafroditas, pequeñas, tubulares, amarillas, agrupadas en pequeñas cabezuelas con pelos glandulosos, con numerosas flores de la periferia en forma de pétalos amarillos; frutos aquénicos, diminutos, claviformes, rugosos, cafés y con un penacho de cerdas blancas. Familia de las compuestas, *Sonchus oleraceus.* (También se llama chichicaquítl).

cerrar. ■ LOC. **~ el grano.** LOC. VERB. Formarse el grano de maíz en la mazorca: "Si cierra el grano pronto, no se perderá la cosecha". ▶ **~ la fábrica.** LOC. VERB. supran. Tomar la decisión una persona de no tener más hijos: "Cerraremos la fábrica una vez que nazca el bebé". ▶ **~ lance.** LOC. VERB. Juntarse dos embarcaciones que llevan cada una un extremo de una misma red de pesca, y que forman con ella un círculo: "No cerramos lance y perdimos la redada".

cerrarse. ■ INTR. PRNL. Interferir algo en el libre tránsito de otro mientras ambos están en movimiento: "Un coche se me cerró en el periférico y casi no logro esquivarlo".

cerrazón. ■ F. supran. Espesor de un bosque.

cerrero, ra. ■ ADJ. supran. *Referido a persona*, de modales rústicos y groseros o de corta instrucción: "Enrique es muy cerrero, pero muy trabajador". Ú.t.c.sust.: "Ese cerrero es muy trabajador".

cerro. ■ M. supran. Montón: "Acomoda ese cerro de hojas, por favor".

certeneja. ■ F. Pantano pequeño y profundo.

cervatana. (Juego de palabras entre cerbatana y cerveza). ■ F. fest. Cerveza.

cerveceada. ■ F. supran. Hecho de beber cerveza abundantemente y durante un tiempo prolongado.

cervecear. ■ INTR. supran. Beber cerveza abundantemente y durante un tiempo prolongado: "Cerveceamos con los amigos de la secundaria el sábado pasado".

cervecerío. ■ M. supran. Gran cantidad de cervezas.

céspol. ■ M. Tubo en forma de U para colocarse en un desagüe e impedir el paso de los malos olores de la cañería exterior.

cevichería. ■ F. supran. Establecimiento donde se vende ceviche.

cevichero, ra. ■ ADJ. **1.** supran. Perteneciente o relativo al ceviche: "Pásame el plato cevichero, por favor". || **2.** supran. *Referido a persona*, que gusta de comer ceviche: "Me he vuelto muy cevichera desde que vivo en la playa". Ú.t.c.sust.: "Me he vuelto una cevichera desde que vivo en la playa". ■ M. y F. **3.** supran. Persona que se dedica a preparar y vender ceviche.

chabacano, na. ■ ADJ. **1.** *Referido a persona*, que no se involucra en complicaciones: "Eres bien chabacano, no das problemas ni te metes con nadie". Ú.t.c.sust.: "Eres un chabacano, no das problemas ni te metes con nadie". || **2.** *Referido a persona*, de buen trato: "Mi tía es muy chabacana y por eso voy seguido a su casa". Ú.t.c.sust.: "Mi tía es una chabacana y por eso voy seguido a su casa". ■ M. **3.** Árbol originario de Asia, de hasta 5 m de altura, monoico; tallos muy ramificados en la copa, de corteza fisurada; hojas alternas, enteras, ovadas, con margen aserrado; flores hermafroditas, pequeñas, con cinco pétalos de color blanco a rosado, agrupadas en racimos; frutos drupáceos, globosos, de amarillos a anaranjados, aterciopelados, de 2 a 4 cm de longitud; semilla única y elíptica. Familia de las rosáceas, *Prunus armeniaca*. (También se llama albaricoque, albaricoquero). || **4.** Fruto del **chabacano**; comestible.

chabelita. ■ F. Arbusto o hierba originaria de Madagascar, ahora cultivada en todo el mundo, de hasta 1 m de altura, monoica; tallos muy ramificados, con látex blanco al trozarlos; hojas opuestas, de aovadas a elípticas, enteras; flores hermafroditas, vistosas, con cinco pétalos de color blanco, de rosado a morado y de tono más oscuro en la base, agrupadas en cimas en las axilas de las hojas; frutos capsulares, elipsoides y delgados; semillas numerosas, globosas, negras. Familia de las apocináceas, *Catharanthus roseus*.

chaborra. ■ F. rur. Prostituta.

chaca. ■ ADJ. **1.** *Referido a persona*, que es hábil para algo: "Juan es muy chaca para los albures". || **2.** despect. *Referido a persona*, de clase baja, con vestimenta peculiar y aficionada al género musical reguetón: "Mi vecino parece muy chaca desde que se depila las cejas y usa el copete tusado y decolorado". || **3.** Propio de la persona **chaca**: "Mi vecino tiene una personalidad muy chaca". ■ COM. **4.** Persona que es hábil para algo: "Juan es un chaca para los albures". || **5.** despect. Persona, generalmente de clase baja, con vestimenta peculiar y aficionada al género musical reguetón: "Llegaron los chacas bien arreglados, con las cejas depiladas y el copete tusado y decolorado". ■ LOC. **chaca chaca.** LOC. SUST. supran. fest. Coito.

chacal, la. ■ ADJ. **1.** Feo: "Vives en una zona muy chacala". || **2.** *Referido a algo*, de baja calidad: "Qué mueble tan chacal nos vendieron". || **3.** despect. *Referido a persona*, de clase baja, con vestimenta peculiar y aficionada al género musical reguetón; chaca. Ú.t.c.sust. || **4.** despect. *Referido a persona de ciertos grupos urbanos*, que habla con una entonación particular y con juegos constantes del lenguaje, como paronimias y albures. Ú.t.c.sust. || **5.** supran. despect. *Referido a persona*, agresiva y peligrosa. Ú.t.c.sust. || **6.** Propio de la persona **chacala**: "Mi vecino tiene una personalidad muy chacala". ■ M. y F. **7.** despect. *En el Noroeste*, persona que abusa sexualmente de menores de edad. ■ M. **8.** Arbusto originario de México, de hasta 2 m de altura; tallos cuadrangulares, pubérulos a glabrescentes, de color púrpura; hojas opuestas, simples, de lineares a oblongas, elípticas o lanceoladas, glabras, con gotitas de exudado resinoso; flores hermafroditas, diminutas y tubulares, de blancas a rosadas, glabras o casi glabras, dispuestas en cabezuelas agrupadas en corimbos densos; frutos aquénicos, pequeños, hispídulos, con una a tres aristas o sin estas; uso en la medicina tradicional. Familia de las compuestas, *Stevia salicifolia*. (También se llama jarilla). || **9.** *En el Occidente*, langostino de río. || **10.** *En Chihuahua*, mazorca de maíz cocida y seca. ■ F. **11.** Rebozo de algodón de manufactura muy corriente.

chacala. ■ F. Véase **chacal, la.**

chacalear. ■ TR. **1.** Entrevistar de manera rápida e improvisada a alguien, generalmente a un funcionario: "Los reporteros chacalearon al candidato presidencial en el pasillo". || **2.** Asesinar, sobre todo en forma despiadada. || **3.** *En el Occidente*, pescar chacal o langostino de río: "Fuimos de campamento y chacaleamos para la comida".

chacaleo. ■ M. Acción y resultado de chacalear.

chacalero, ra. ■ M. y F. **1.** Persona que entrevista de manera rápida e improvisada a alguien, generalmente a un funcionario. || **2.** Asesino, sobre todo el que lo hace de forma despiadada. || **3.** *En el Occidente*, pescador de chacal o langostino de río.

chacaloso, sa. ■ ADJ. pop. *Referido a persona*, hábil: "Juana es la más chacalosa de la escuela en el futbol". Ú.t.c.sust.: "Juana es la chacalosa de la escuela en el futbol".

chacalsúchil. ■ M. Arbusto originario de América, de hasta 3 m de altura; troncos delgados y lisos; hojas bipinadas, de 2 a 4 cm de largo, con tres a diez pares de pinas, con seis a diez pares de foliolos; flores en racimos, de 2 cm de largo, cada flor con cinco pétalos amarillos, anaranjados o rojos; frutos legumbres, alargados, de 6 a 12 cm de largo de color café; uso ornamental y en la medicina tradicional. Familia de las leguminosas, *Caesalpinia pulcherrima*. (También se llama bigotillo, chacalxóchitl, chachalcahuite, sirundanicua, tabachín).

chacalxóchitl. [*chakalsóchitl*] ■ M. **chacalsúchil.**

chacamota. ■ F. **1.** *En el Occidente*, voltereta, maroma. || **2.** *En el Occidente*, insecto volador que gira en torno a una fuente de luz.

chácara. ■ F. *En Quintana Roo*, juego infantil que consiste en arrojar una lata aplastada hacia una cuadrícula en forma de cruz pintada en el suelo y recuperarla sin pisar las líneas saltando con un solo pie.

chacbolay. ■ M. **chacmool.**

chaccicip. ■ M. *En el Sureste*, **cardenal.**

chacha. ■ F. *En el Sureste*, molleja de ave.

chachaco, ca. ■ ADJ. supran. *En el Sur, referido a persona*, que tiene muchas cicatrices de viruela o de acné en la cara; cacarizo: "Era un joven alto y muy chachaco". Ú.t.c.sust.: "Ese chachaco es su amigo".

chachaguate. ■ M. **chachahuate.**

chachahuate. ■ M. **1.** *En el Sureste*, correa que pasa de estribo a estribo, bajo la barriga de la caballería. || **2.** *En el Sureste*, petral que se pone a la res para montarla a pelo.

chachalaca. ■ F. Véase **chachalaco, ca.**

chachalaco, ca. ■ ADJ. **1.** *Referido a persona*, borracha: "Mi vecino está muy chacalaco, no pudo entrar a su casa". Ú.t.c.sust.: "El chachalaco no pudo entrar a su casa". || **2.** supran. *Referido a persona*, que habla demasiado: "Mis tías son muy chachalacas, no les para el pico". Ú.t.c.sust.: "Mis tías son unas chachalacas, no les para el pico". ■ F. **3.** *En Veracruz*, prostituta. || **4.** supran. Ave de distribución en el Golfo de México, de hasta 70 cm de longitud; similar a un ave de corral; con cola larga; cresta y patas fuertes; pico similar al de las gallinas; dedo trasero relativamente largo, que le ayuda cuando se posa; su llamado característico es un estridente y repetido cha-ca-lac. Familia de los crácidos del orden Galliformes, varias especies del género *Ortalis*, como *Ortalis vetula*.(También se llama pava de monte). ■ COM. **5.** *En Veracruz*, persona que se dedica a la prostitución. ■ LOC. **chachalaca negra.** LOC. SUST. Ave de distribución en Centroamérica y sur de México, de hasta 65 cm de longitud; con dimorfismo sexual; los machos con plumaje negro y brillante en el dorso y las alas, en tono pardo oscuro en el vientre; las hembras con plumaje castaño barreteado de negro, cola más oscura y con barras negras; en ambos, pico y garganta de color rojo. Familia de los crácidos del orden Galliformes, *Penelopina nigra*. (También se llama pajuil).

chachalaquear. ■ INTR. **1.** supran. Emitir la chachalaca una serie de sonidos y reclamos muy sonoros, generalmente en periodos de apareamiento o cuando va en bandadas: "Esas aves chachalaquean todas las tardes a la misma hora". || **2.** supran. Conversar dos o más personas durante largo tiempo de cosas intrascendentes: "Las señoras no se dieron cuenta de lo tarde que era porque chachalaqueaban como locas".

chachalaqueo. ■ M. **1.** supran. Reclamo de la chachalaca consistente en una serie de sonidos muy agudos. || **2.** supran. Conversación larga de cosas intrascendentes.

chachalaquero, ra. ■ M. y F. **1.** Persona que habla mucho y de forma escandalosa. ■ M. **2.** Bandada de chachalacas. || **3.** Lugar donde abundan las chachalacas.

chachalcahuite. ■ M. **chacalsúchil.**

cháchara. ■ F. **1.** Cualquier mercancía que se comercia de manera informal a un precio menor que el del mercado: "Fuimos a comprar cháchara a la Lagunilla". || **2.** supran. Objeto de poco valor: "Por favor, no te gastes la quincena en más cháchara".

chacharear. ■ INTR. **1.** Negociar con cháchara o con objetos de poco valor: "Yo chachareo en el bazar de los sábados". || **2.** Perder el tiempo mirando mercancías; babosear: "Chachareamos un rato después de la comida".

chachareo. ■ M. **1.** Negociación con objetos de poco valor. || **2.** Pérdida de tiempo al mirar mercancías.

chacharero, ra. ■ ADJ. **1.** *Referido a persona*, que vende objetos de poco valor: "Me dicen que soy buena chacharera porque saco buen dinero en la reventa de la ropa". Ú.t.c. sust.: "Me dicen que soy una buena chacharera porque saco buen dinero en la reventa de la ropa". || **2.** *Referido a persona*, que compra objetos de poco valor: "Somos tan chachareros que ya no cabemos en el cuarto". Ú.t.c. sust.: "Somos unos chachareros que ya no cabemos en el cuarto".

chachayote. ■ M. **1.** Árbol originario de México, de hasta 6 m de altura; tallos con corteza de aspecto ceniciento, con huellas manifiestas de las hojas que se han caído; hojas simples, alternas, linear-lanceoladas; flores hermafroditas, grandes y vistosas, en forma de embudo, amarillas, agrupadas en cimas terminales o axilares; frutos drupáceos, subglobosos, negros al madurar, con pequeños puntos blancos; semillas aladas, blanquecinas. Familia de las apocináceas, *Cascabela thevetioides*. (También se llama ayoyote, chachayotl, codo de fraile, gorro de obispo, huesos de fraile, joyote, narciso amarillo, venenillo, yoyote, yucucaca). || **2.** Fruto del **chachayote**; uso artesanal, ornamental y en la medicina tradicional.

chachayotl. ■ M. **chachayote.**

chacmool. [*chákmol*] ■ M. *En el Sur*, felino originario de América, de hasta 2 m de longitud; con cuerpo robusto y voluminoso; cabeza voluminosa y mandíbula prominente, orejas pequeñas y redondeadas; su piel puede ser de entre amarillo pálido y castaño rojizo, cubierta de manchas en forma de roseta, excepto la región ventral, el cuello y la superficie exterior de las patas y los flancos inferiores, que son blancos; en ocasiones sufre de melanismo, lo que provoca que sea totalmente negro; animal solitario; depredador; ha sido objeto de culto de diversas culturas. Familia de los félidos del orden Carnivora, *Panthera onca*. (También se llama chacbolay, champoltrín, jaguar, tigre).

chacuaco, ca. ■ M. y F. **1.** Persona que fuma en exceso: "Esas chacuacas ya se acabaron la cajetilla". ■ M. **2.** Conducto para que se desaloje el humo de una combustión; chimenea: "Demolieron el chacuaco del ingenio azucarero".

chacualazo. ■ M. Golpe dado al agua con las manos o los pies.

chacualear. ■ INTR. **1.** Golpear el agua u otro líquido, especialmente con las manos o pies, haciendo que salpique con ruido; chapotear: "Mi sobrina chacualea cuando va al río". || **2.** Caminar con dificultad, como si se pisara fango o excremento: "Ana chacualeaba cuando usaba zapatos de tacón".

chacualeo. ■ M. **1.** Golpe dado al agua con las manos o los pies. || **2.** Ruido que se produce al ser golpeada el agua. || **3.** Ruido de las gotas al caer sobre el agua. || **4.** Ruido que se hace con los zapatos al caminar con dificultad.

chacualole. ■ M. **1.** Dulce de almíbar que se hace con la pulpa del chilacayote. || **2.** coloq. Excremento.

chacualolear. ■ INTR. **chacualear.**

chacualote. ■ M. coloq. Excremento; chacualole.

chacualotear. ■ INTR. **chacualear.**

chacualoteo. ■ M. **chacualeo.**

chacueco, ca. ■ ADJ. **1.** rur. *Referido a algo*, torcido, cuando debe ser recto; chueco: "Este palo chacueco no nos sirve". || **2.** supran. rur. *Referido a algo*, mal hecho: "Tu tarea está muy chacueca, por eso sacaste cinco".

chafa. ■ ADJ. **1.** *Referido a algo*, de poco valor: "Solo tengo para comprarle un regalo chafa". || **2.** supran. *Referido a algo*, de mala calidad: "Me vendieron un reloj muy chafa, por eso dejó de funcionar en una semana". || **3.** *Referido a persona*, que no cumple con las expectativas de su profesión u oficio; incompetente: "Ese maestro es muy chafa, sus clases son malísimas". ■ COM. **4.** Persona que no cumple con las expectativas de su profesión u oficio; incompetente: "Ese maestro es un chafa, sus clases son malísimas".

chafaldrana. ■ ADJ. **1.** *Referido a algo*, de poco valor: "En los intercambios siempre me tocan regalos chafaldranas". ■ F. **2.** Cualquier cosa de poco valor: "Las chafaldranas que me regalan en los intercambios son para llorar".

chafaldranería. ■ F. Conjunto de objetos de escaso valor o calidad.

chafalote. ■ M. supran. Cuchillo o machete tosco.

chafarote. ■ M. **chafalote.**

chafear. ■ INTR. **1.** Echarse a perder algo; estropearse: "La licuadora ya chafeó". || **2.** Equivocarse alguien: "Chafeé frente a todo el auditorio". || **3.** Quedar eliminado de alguna competencia: "Los jugadores chafearon en la primera etapa del torneo".

chafez. ■ F. Cualidad de chafa.

chafirete, ta. ■ M. y F. **1.** despect. Conductor de vehículos descortés y poco hábil. || **2.** supran. fest. Operador de transporte público.

chaflán. ■ M. *En la minería*, pozo de ventilación.
chagolla. ■ F. Moneda falsa o gastada.
chagrín. ■ M. supran. Piel curtida muy fina y delgada para forrar por dentro el calzado o poner el lomo de los libros en la encuadernación.
chaguala. ■ F. supran. Calzado de verano que se sujeta al pie con una o dos tiras en el empeine o entre los dedos; sandalia.
chague. ■ M. Técnica para pintar en que se utiliza una mezcla de pintura con agua.
chagüe. ■ M. Cultivo a la orilla de los ríos o en zonas lodosas o anegadas; chahuite.
chahuiscle. ■ M. **chahuistle.**
chahuistle. ■ M. **1.** Grupo de hongos microscópicos que atacan principalmente al nopal y a ciertas plantas gramíneas, como el trigo o el maíz; en su primera etapa, el hongo se desarrolla como células o hifas dentro del hospedero, posteriormente produce dos tipos de estructuras reproductivas, una transportada por insectos y otra por el viento; estas últimas infectan a otro hospedero, principalmente una gramínea, y en ella se desarrollan como una pústula, como polvillo negro o rojizo en las hojas y los tallos. Familia de las pucciniáceas, varias especies del género *Puccinia*. (También se llama chahuiscle, chahuiztle). || **2.** Individuo del **chahuistle**. || **3.** Cualquier plaga.
chahuite. ■ M. **1.** Cultivo a la orilla de los ríos o en zonas lodosas o anegadas. || **2.** *En Chiapas y Oaxaca*, sistema agrícola de invierno. || **3. cahuite.** || **4.** supran. Terreno cubierto de agua y lodo.
chahuitoso, sa. ■ ADJ. supran. *Referido a un terreno*, cubierto de agua y lodo: "Pasamos a visitar el terreno chahuitoso y los zapatos se me ensuciaron".
chahuiztle. ■ M. **chahuistle.**
chaine. ■ M. **1.** supran. *En el Norte*, grasa para limpiar el calzado. || **2.** supran. *En el Norte*, limpieza del calzado.
chaineada. ■ F. Acción y resultado de chainear.
chainear. ■ TR. **1.** supran. *En el Norte*, lustrar el calzado: "Chainea los zapatos antes de la junta". || **2.** supran. *En el Norte*, acicalar a una persona: "Chaineé a mis hijas para la fiesta". || **3.** supran. fam. Reparar: "Ya te chainearon el coche y quedó como nuevecito". || **4.** supran. fam. Limpiar: "Chaineamos la casa para la fiesta".
chaira. ■ F. Véase **chairo, ra.**
chairo, ra. ■ ADJ. **1.** Feo: "Tu vestido está muy chairo con esos holanes". || **2.** *Referido a persona, generalmente joven*, partidaria de ciertos movimientos sociales, como el ecologismo y la antiglobalización: "Los alumnos chairos volvieron a manifestarse en la plaza". Ú.t.c. sust.: "Los chairos volvieron a manifestarse en la plaza". || **3.** despect. *Referido a persona*, que es socialmente poco refinada: "Lucía es muy chaira, come sin cubiertos". Ú.t.c.sust.: "Lucía es una chaira, come sin cubiertos". ■ F. **4.** fest. Masturbación. || **5.** fest. *En el Sureste*, pene.
chaka. Véase **chaca.**
chal. ■ M. Comadreo: "Estuvieron echando el chal toda la tarde".
chalalate. ■ M. **cuachalalate.**
chalán, na. ■ ADJ. **1.** *En el Noroeste, referido a persona*, conversadora y de buen humor: "Tu tía siempre está chalana, por eso me cae bien". Ú.t.c.sust.: "Necesitamos invitar a una chalana para que anime la fiesta". ■ M. y F. **2.** Ayudante en algún oficio.
chalangandina. ■ F. **cristofué.**
chalapastroso, sa. ■ ADJ. **chilapastroso, sa.**
chalape. ■ M. *En el Norte*, cualquier bebida alcohólica.
chalchigüite. ■ M. **chalchihuite.**
chalchihuite. ■ M. supran. Piedra semipreciosa de color verde, parecida al jade.
chalchuán. ■ M. **1.** Grupo de diferentes especies de hierbas originarias de América, de hasta 50 cm de altura, monoicas; tallos pubescentes, rizomatosos; hojas alternas o arrosetadas en la base, enteras, de ovadas a espatuladas, con margen aserrado; flores hermafroditas, diminutas, tubulosas, amarillas y agrupadas en cabezuelas sobre largos pedúnculos, con 50 a 120 flores de la periferia en forma de pétalos, de color blanco, rosado o morado; frutos aquénicos, diminutos, claviformes, cafés, con un penacho de cerdas blancas y caedizas; uso en la medicina tradicional. Familia de las compuestas, varias especies del género *Erigeron*, como *Erigeron longipes*, *Erigeron pubescens*. || **2.** Individuo del **chalchuán**.
chale. ■ COM. fam. Persona con rasgos orientales: "Muchas chales extranjeras se asentaron en la costa del océano Pacífico". ■ INTERJ.

¡chale! **1.** Se usa para expresar desagrado: "¡Chale!, hay una mosca en mi sopa". || **2.** Se usa para expresar admiración o sorpresa: "¡Chale! Terminaron el torneo invictos".

chalear. ■ INTR. *En el Norte*, comadrear: "Mis amigas y yo chaleamos toda la tarde".

chaleco. ■ LOC. **a ~.** LOC. ADV. supran. Obligatoriamente: "Hay que trabajar el domingo, a chaleco".

chalequeada. ■ F. Estafa.

chalequear. ■ TR. Estafar a alguien: "Chalequearon a mi primo con la televisión que compró". Ú.m.c.prnl.: "Se chalequearon a mi primo con la televisión que compró".

chalequero, ra. ■ ADJ. *Referido a persona*, que chalequea o estafa: "El vendedor chalequero finalmente fue descubierto". Ú.t.c.sust.: "El chalequero finalmente fue descubierto".

chalturama. ■ F. Hierba originaria de México, de hasta 50 cm de altura, monoica; tallos con pelos glandulares, de color café; hojas opuestas, enteras, ovadas, a veces con margen crenado; flores hermafroditas, pequeñas, campanuladas, amarillas con manchas verdosas en el centro y con cinco estambres de anteras azules; frutos abayados, globosos, de 1 cm de diámetro, negros, rodeados por el cáliz que crece al madurar. Familia de las solanáceas, *Physalis sordida*. (También se llama xucúpara).

chalupa. ■ F. **1.** Tortilla de maíz, frita o tostada, pequeña y cóncava, cubierta con algún alimento. || **2.** Embarcación pequeña y descubierta, sin timón ni quilla e impulsada con un remo, para transporte o venta de comida, flores o recuerdos a los pasajeros de otras embarcaciones; típica de Xochimilco y Tláhuac. || **3.** *En Puebla*, tortilla pequeña de maíz, frita, cubierta de salsa y carne deshebrada; se sirve con cebolla y queso. || **4.** supran. Receptáculo de metal que se coloca en un muro o techo para recibir los cables eléctricos y contener las conexiones del apagador y los contactos.

chamacada. ■ F. Conjunto de chamacos o personas jóvenes.

chamaco, ca. ■ ADJ. **1.** *Referido a persona*, joven: "Se ve muy chamaca, pero ya terminó la maestría". Ú.t.c.sust.: "Es una chamaca, pero ya terminó la maestría". ■ M. y F. **2.** Hijo. || **3.** supran. Niño.

chamagoso, sa. ■ ADJ. **1.** Sucio: "Ese niño chamagoso no se quiere bañar". || **2.** Pegajoso por suciedad: "La estufa está chamagosa porque la limpiamos hace mucho". || **3.** Vulgar y deslucido: "Ese vestido chamagoso te hace ver mal".

chamagua. ■ F. Maíz que empieza a madurar.

chamaquear. ■ TR. Engañar a alguien debido a su inexperiencia o ingenuidad: "Ángel chamaqueó a mi hermana y la estafó con cinco mil pesos". Ú.m.c.prnl.: "Ángel se chamaqueó a mi hermana y la estafó con cinco mil pesos".

chamaqueo. ■ M. Engaño que se le hace a alguien debido a su inexperiencia o ingenuidad.

chamarra. ■ F. *En el Noreste*, bozal de correas de cuero para perros bravos.

chamarrear. ■ TR. **1.** supran. Engañar a alguien en una transacción: "Chamarrearon a Lucía con la venta del coche".

chamarrearse. ■ INTR. PRNL. **2.** *En el Sureste*, hacerse del rogar: "Ya no te chamarrees y sal conmigo". || **3.** *En el Sureste*, rehuir un compromiso: "Juan se chamarreó para no pagarme".

chamba. ■ F. **1.** supran. Empleo; trabajo: "Tengo muchos pendientes en la chamba". || **2.** supran. Carga de trabajo: "Tengo mucha chamba, no voy a poder salir".

chambarete. ■ M. Corte de carne que se hace a la altura de las canillas de las patas de la res.

chambeador, ra. ■ ADJ. **1.** supran. *Referido a persona*, aplicada a la chamba o trabajo: "Mi hijo es muy chambeador, desde pequeño se dedicó a la tapicería". Ú.t.c.sust.: "Este trabajo de tapicería es para un chambeador". || **2.** supran. Propio de la persona **chambeadora**: "Necesitamos un tapicero con una actitud muy chambeadora".

chambear. ■ INTR. supran. Trabajar: "Chambeo sin descanso y ya me urgen unas vacaciones".

chambelán. ■ M. supran. Joven que acompaña a una quinceañera durante el festejo en que se celebra el décimo quinto aniversario de esta.

chambismo. ■ M. Situación social caracterizada por el desempeño de varios cargos, empleos, oficios, etc., por la misma persona: "El chambismo es un fenómeno frecuente en nuestro país".

chambista. ■ ADJ. **1.** supran. *Referido a persona*, que tiene dos o más trabajos: "Artemio es un hombre chambista, por eso nunca está en su casa". || **2.** *Referido a persona*, poco comprometida con algún trabajo: "No le encargues nada a Adrián, es bien chambista". ■ COM. **3.** supran. Persona que tiene dos o más trabajos: "Artemio es un chambista, por eso nunca está en su casa". || **4.** Persona poco comprometida con algún trabajo: "No le encargues nada a Adrián, es un chambista".

chambitas. ■ COM. Persona que hace cualquier tipo de trabajo informal: "Manuel, que es un chambitas, me arregló la puerta y la lavadora".

chambón, na. ■ ADJ. **1.** supran. *Referido a algo*, malhecho: "El albañil hizo un trabajo chambón en mi casa". || **2.** supran. *Referido a persona*, que trabaja sin esmero: "Leticia es medio chambona, por eso no consigue trabajo". Ú.t.c.sust.: "Leticia es una chambona, por eso no consigue trabajo". || **3.** supran. *Referido a persona*, ingenua o poco perspicaz: "Siempre te ganan en los juegos por chambón". Ú.t.c.sust.: "Es un chambón para los juegos". || **4.** supran. *Referido a persona*, que comete errores por falta de experiencia o habilidad: "José Luis es muy chambón porque apenas se está incorporando". Ú.t.c.sust.: "José Luis es un chambón porque apenas se está incorporando". || **5.** supran. Propio de la persona **chambona**: "Ten cuidado con tu actitud chambona, te puede causar broncas".

chambona. ■ ADJ. *Referido a una mujer*, embarazada: "Laura quedó chambona a los dos meses de casada".

chambonada. ■ F. supran. Trabajo hecho sin cuidado ni esmero: "Esto que hiciste es una chambonada. Repítelo".

chambonería. ■ F. supran. Tosquedad e imperfección en cualquier empresa: "La chambonería es lo que menos soportan en el despacho de mi tío".

chambrita. ■ F. supran. Suéter tejido para bebé.

chamico. ■ M. **1.** supran. Grupo de diferentes especies de hierbas o arbustos pequeños distribuidos principalmente de México a Sudamérica, de hasta 90 cm de altura; hojas alternas, enteras; flores hermafroditas, vistosas, blancas o con tonos púrpuras, campanuladas, solitarias, axilares o terminales, erectas o péndulas; frutos capsulares ovoides, dehiscentes en cuatro valvas, a veces espinosos; semillas numerosas, comprimidas lateralmente o angulosas; flores, uso ornamental; frutos, uso ceremonial. Familia de las solanáceas, varias especies del género *Datura*. (También se llama estramonio, hedionda, hediondo, nacazul, toloache). || **2.** supran. Individuo del **chamico**; uso en la medicina tradicional.

chamil. ■ M. rur. Milpa sembrada en el mes de marzo.

chamitle. ■ M. *En la Huasteca*, tamal de elote, piloncillo, queso y mantequilla, pequeño, envuelto en hoja de maíz y cocido al vapor.

chamizo. ■ M. **1.** Arbusto originario de América, de hasta 2 m de altura, dioico; tallos glandulares; hojas alternas, enteras, de lineares a elípticas, con margen ligeramente aserrado; flores unisexuales, diminutas, blancas, agrupadas en pequeñas cabezuelas; frutos aquénicos, diminutos, granulosos, con una serie de cerdas en el ápice. Familia de las compuestas, *Baccharis salicifolia*. (También se llama azumiate, jara). || **2.** Rama del chamizo; uso forrajero y en pirotecnia. || **3.** Semilla del **chamizo**; comestible.

chamoi. Véase **chamoy.**

chamois. ■ ADJ. **1.** *Referido a persona*, que está bajo los efectos de la marihuana; pacheco. || **2.** *Referido a persona*, que tiene mala suerte; chamoy: "Andas bien chamois, mejor no juegues cartas". ■ COM. **3.** Persona que está bajo los efectos de la marihuana; pacheco. || **4.** Persona que tiene mala suerte; chamoy: "Corrimos a Brenda del equipo porque es una chamois y solo nos hace perder".

chamorro. ■ M. Pantorrilla.

chamoy. ■ ADJ. **1.** *Referido a persona*, que tiene mala suerte: "Andas muy chamoy, mejor no juegues cartas". ■ M. **2.** Fruta seca, generalmente chabacano, en salmuera. || **3.** Salsa hecha de frutas, principalmente chabacano, sal, azúcar y chile, que se usa para aliñar botanas, frutas y verduras. ■ COM. **4.** Persona que tiene mala suerte: "Corrimos a Brenda del equipo porque es una chamoy y solo nos hace perder".

chamoyada. ■ F. **1.** Paleta helada cubierta de salsa de chamoy. || **2.** Granizado de frutas con salsa de chamoy.

champa. ■ F. supran. rur. Cobertizo hecho de ramas.

champanera. ■ F. Yunta de peón de hacienda.

champlar. ■ TR. Echar en cara algo a alguien; champar: "Le champlió todos los favores que le había hecho en la oficina".

champola. ■ F. supran. Bebida hecha con leche y helado o fruta, tradicionalmente guanábana; típica del Sureste.

champoloco. ■ M. Insecto en estadio de larva originario de México, de hasta 7 cm de longitud por 1.5 cm de ancho; con cuerpo de tonalidades blanquecinas, a excepción de su cabeza que se encuentra esclerotizada (endurecida) en tonos oscuros; se alimenta de plantas de la familia de las agaváceas hasta completar su estadio larval; comestible. Familia de los hespéridos del orden Lepidoptera, *Aegiale hesperiaris*. (También se llama gusano blanco de maguey, gusano mantequilla, meocuil).

champoltrín. ■ M. **chacmool.**

champurrado. ■ M. **1.** Atole hecho a base de masa de maíz con chocolate. || **2.** Atole hecho a base de masa de maíz con piloncillo y canela. || **3.** Mezcla de cosas que tienen poca o ninguna relación entre sí: "El disco que me enseñaste es un champurrado, todas las canciones son muy diferentes".

chamucar. ■ INTR. Hablar mal de alguien: "Lorenzo chamuca de su exmujer desde que se divorció".

chamuchina. ■ F. supran. Conjunto de niños o adolescentes.

chamuco, ca. ■ M. y F. **1.** pop. Brujo. ■ M. **2.** supran. Diablo.

chamullar. ■ TR. supran. *En el Norte*, hablar mal una lengua, generalmente el inglés: "Pablo chamulla el francés porque lo estudió muy poco tiempo".

chamusca. ■ F. supran. Quema parcial de algo.

chamuscada. ■ F. **1.** fam. Quemadura, generalmente superficial. || **2.** fam. Fusilamiento. || **3.** fam. Desacreditación. || **4.** fam. Evidencia dada generalmente para desacreditar a alguien.

chamuscamiento. ■ M. Quemadura.

chamuscar. ■ TR. **1.** fam. Dejar en evidencia, generalmente desacreditando: "El periódico chamuscó al futbolista con fotos comprometedoras". Ú.m.c.prnl.: "El periódico se chamuscó al futbolista con fotos comprometedoras". || **2.** fam. Fusilar: "Chamuscaron a muchos inocentes durante la revuelta". Ú.m.c.prnl.: "Se chamuscaron a muchos inocentes durante la revuelta".

chamusco. ■ M. supran. Enfermedad del plátano producida por hongos que manchan las hojas hasta que las secan.

chanate. ■ M. supran. *En el Norte*, ave originaria de América, de hasta 40 cm de longitud; con pico largo y robusto; cola también larga y patas de dedos grandes; el plumaje presenta una coloración que oscila, en los machos, entre negro con lustre iridiscente y, en las hembras, café con cejas grisáceas; habita generalmente en áreas agrícolas, pero se ha extendido hasta zonas urbanas. Familia de los ictéridos del orden Passeriformes, *Quiscalus mexicanus*. (También se llama cuervo, picho, tordo, xcau, zanate, zanate mayor, zanate mexicano).

chancaca. ■ F. **1.** supran. Pan alargado hecho de harina de maíz con un baño de azúcar o miel por encima y harina espolvoreada. || **2.** supran. Tableta rectangular hecha con la miel que se obtiene de la caña de azúcar.

chancada. ■ F. Azúcar mascabado con forma de cono truncado; piloncillo.

chancaste. ■ M. *En Veracruz*, sedimento del café.

chance. ■ M. **1.** supran. Espacio temporal breve; instante: "Cuando tenga un chance te atiendo". ■ ADV. **2.** Quizá: "—¿Vamos a comer en la tarde? —Chance, háblame al rato". ■ LOC. **~ y.** LOC. ADV. **1.** Posiblemente: "Chance y mañana voy al mercado". || **2.** Con suerte: "Chance y no trabajamos mañana". ■ INTERJ. **¡chance!** Expresa el deseo de que suceda algo: "—¿Crees que hoy ganemos el partido? —¡Chance!".

chanchac. ■ M. *En Yucatán*, guiso de carne de res preparado con verduras y sal.

chanchamito. ■ M. *En Tabasco*, tamal pequeño de forma circular, con pollo o cerdo, con achiote, envuelto en hoja de maíz y de aguacate, cocido al vapor.

chánchamo. ■ M. **chanchán.**

chanchán. ■ M. *En el Sureste*, tamal de masa de maíz, en forma esférica, relleno de alguna carne, amarrado en ambos extremos de las hojas de maíz o de plátano que lo envuelven, cocido al vapor.

chanchayote. ■ M. **chinchayote.**

chancho, cha. ■ ADJ. **1.** Grande: "El paquete de lecturas está chancho". || **2.** supran. Gordo: "Está muy chancha y tiene problemas con el colesterol". ■ M. y F. **3.** supran. Cerdo.

chancista. ■ ADJ. **1.** supran. *Referido a persona*, bromista: "El compadre es muy chancista con las visitas". ■ COM. **2.** supran. Persona bromista: "El compadre es un chancista con las visitas".

chancla. ■ F. **1.** Tipo de pan blanco, ovalado, suave y esponjoso, sin costra y cubierto de harina. || **2.** Comida que se prepara con este tipo de pan, relleno de algún alimento y bañado con salsa de jitomate; típica de Puebla. || **3.** fest. Hermana. || **4.** despect. Lesbiana. ■ LOC. **como ~.** LOC. ADJ. **1.** *Referido a un alimento*, endurecido por sobrecocción: "Las tortillas quedaron como chanclas y nadie se las comió". || **2.** Exhausto: "Llegamos como chanclas después de ir a la sierra". || LOC. ADV. **3.** Mal: "Renuncié porque me trataban como chancla". ▶**como ~ vieja.** LOC. ADJ. Deteriorado en extremo: "Esa relación te dejó como chancla vieja". ▶**hasta las chanclas.** LOC. ADJ. *Referido a persona*, intoxicada con alguna sustancia, generalmente alcohólica; hasta el copete: "El vecino llegó hasta las chanclas, debería de moderarse". ■ INTERJ. **¡chanclas!** Se usa para expresar sorpresa o contrariedad: "¡Chanclas!, dejé la cartera en el taxi".

chanclear. ■ TR. **1.** Golpear con una chancla o zapato: "Mi mamá chancleó la ventana porque estaba atorada". Ú.m.c.prnl.: "Mi mamá se chancleó la ventana porque estaba atorada". ■ INTR. **2.** Hacer ruido al caminar arrastrando los pies: "No chancles porque vas a despertar al bebé".

chancleo. ■ M. Ruido que se hace al caminar arrastrando los pies.

chancletear. Véase **chanclear.**

chancletudo, da. ■ ADJ. **1.** supran. *Referido a persona*, que usa chanclas habitualmente: "El jefe es muy chancletudo siempre, debería de cuidar su aspecto". Ú.t.c.sust.: "El jefe es un chancletudo, debería de cuidar su aspecto". ■ M. y F. **2.** supran. despect. Persona considerada pobre y de baja clase social.

chanclo. ■ M. supran. Zapato muy viejo y estropeado.

chancluda. ■ F. Véase **chancludo, da.**

chancludo, da. ■ ADJ. **1.** despect. *Referido a persona*, que usa chanclas: "El mesero chancludo no nos quiso atender en el restaurante". Ú.t.c.sust.: "Un chancludo no nos quiso atender en el restaurante". || **2.** despect. *Referido a persona*, de aspecto sucio y desaliñado: "Guillermo vino muy chancludo a la cena, ni se peinó". Ú.t.c.sust.: "Ese chancludo vino a la cena y ni se peinó". ■ F. **3.** despect. Pareja sentimental.

chaneque. ■ M. **1.** Duende travieso. || **2.** Personaje mitológico de la cultura náhuatl que cuida la naturaleza.

chanfaina. ■ F. **1.** Guiso elaborado con vísceras de cerdo o de res, con adobo. || **2.** *En el Sureste*, guiso elaborado con arroz y picadillo de vísceras de res.

chanfla. ■ ADJ. **1.** *Referido a persona*, ingenua: "Leonardo es muy chanfla, siempre le ven la cara". || **2.** *Referido a persona*, inexperta: "El gerente de esta cafetería es muy chanfla y por eso perdió clientes". ■ COM. **3.** Persona ingenua: "Leonardo es un chanfla, siempre le ven la cara". || **4.** Persona inexperta: "El gerente de esta cafetería es un chanfla y por eso pierde clientes".

chanfle. ■ M. **1.** Jugador torpe: "El defensa que contrataron resultó un chanfle". || **2.** Desvío o ángulo que presenta una superficie recta: "El albañil le quitó el chanfle al escalón". || **3.** supran. Cara que resulta de cortar por un plano una esquina de un sólido. || **4.** supran. Plano largo y estrecho que, en lugar de esquina, une dos superficies planas que forman ángulo. || **5.** supran. *En algunos deportes*, efecto de rotación que se da a la pelota haciendo que describa una curva: "La pelota agarró chanfle y se metió a la portería". ■ INTERJ. **¡chanfle(s)!** Se usa para expresar sorpresa o contrariedad: "¡Chanfle! ¡Ya empezó a llover!".

chanflón, na. ■ ADJ. **1.** *Referido a persona*, ingenua: "Leonardo es muy chanflón, siempre le ven la cara". Ú.t.c.sust.: "Leonardo es un chanflón, siempre le ven la cara". || **2.** *Referido* *a persona*, inexperta: "El gerente de esta cafetería es muy chanflón y por eso perdió clientes". Ú.t.c.sust.: "El gerente de esta cafetería es un chanflón y por eso pierde clientes".

changarrero, ra. ■ M. Y F. supran. Persona que tiene un establecimiento comercial pequeño o changarro.

changarro. ■ M. supran. Establecimiento comercial pequeño.

changazo. ■ M. Golpe fuerte que sufre alguien al caerse.

chango, ga. ■ M. Y F. **1.** Persona cuyo nombre no se quiere pronunciar: "Salió en la tele un chango diciendo que van a cerrar el aeropuerto". || **2.** despect. Persona indeterminada: "Afuera había un chango que no dejaba de mirarnos". || **3.** supran. fam. Muchacho: "Mis changos ganaron el partido". Ú.m.e.dim. ■ M. **4.** fest. Pubis. || **5.** *En Colima*, bebida preparada con alcohol, agua de limón y refresco de cola || **6.** supran. Simio. ■ LOC. **chango (de) cilindrero.** LOC. SUST. **1.** Ayudante de la persona que toca el cilindro cuyo trabajo consiste en recolectar las propinas de la gente: "Dale diez pesos al chango cilindrero; hay que mantener las tradiciones". || **2.** Niño empleado para provocar compasión y obtener una limosna que pasa a su empleador: "Ellos se escaparon de su casa y terminaron como changos cilindreros". ▶ **chango marango.** LOC. SUST. afect. Niño: "Esos changos marangos se ven muy divertidos". ▶ **como chango (de) cilindrero.** LOC. ADJ. *Referido a persona*, borracha: "Tu amiga se puso como chango cilindrero en la fiesta". ■ EXPR. **cada chango a su mecate.** coloq. Se usa para indicar que una persona debe ocuparse de lo que le concierne: "Me dijo que cada chango a su mecate, por eso no lo hice".

changos. ■ M. PL. **7.** Juego infantil construido con un armazón de tubos pintados de colores vivos en el que los niños se cuelgan y se balancean. || **8.** Señal hecha con la mano que consiste en cruzar los dedos índice y medio para invocar la buena suerte. ■ INTERJ. **¡changos! 1.** Se usa para expresar sorpresa o contrariedad: "¡Changos! Corrieron a Mariana de su casa". || **2.** Se usa para invocar la buena suerte. Ú.m.e. dim.: "¿Vendrá el chavo que me gusta? ¡Changuitos!".

changuear. ■ INTR. **1.** Practicar la pesca de manera ilegal: "Si changueas aquí, te multan". || **2.** *En la pesca*, ayudar al desembarco de un producto a cambio de dinero o de parte de ese producto: "Con las tormentas de los últimos días ya no changueamos".

changueo. ■ M. **1.** Práctica ilegal de la pesca. || **2.** *En la pesca*, ayuda en el desembarco de un producto a cambio de dinero o de parte de ese producto.

changuga. ■ F. *En el Sur*, fruto del nanche.

changüí. ■ M. supran. Ventaja que se da en un juego o competición, muy frecuentemente en el billar.

changüicero, ra. ■ ADJ. *Referido a persona*, que da ventaja en un juego o competencia para disimular su superioridad: "La tenista changüicera se dejó ganar el primer set".

chano, na. ■ ADJ. **1.** *En Colima*, de color pardo grisáceo. || **2.** *En Colima*, de color ya indefinido por el uso y el desgaste.

chanquilón, na. ■ ADJ. *En el Norte, referido a persona*, que tiene los pies muy grandes: "Tu hija está muy chanquilona, por eso nunca encuentra zapatos de su número". Ú.t.c.sust.: "La chanquilona nunca encuentra zapatos de su número".

chantarse. ■ INTR. PRNL. fam. Desanimarse: "Me chanté cuando me dijeron sobre la suspensión del viaje".

chante. ■ M. supran. fam. Vivienda; casa.

chanza. ■ F. **1.** *En Sonora*, paperas. || **2.** supran. Oportunidad.

chapa. ■ F. supran. Cerradura de una puerta.

chapalear. ■ INTR. **1.** *En el Sureste*, pescar pejelagartos. || **2.** *En el Sureste*, desovar el pejelagarto.

chapaleo. ■ M. **1.** *En el Sureste*, pesca para capturar pejelagartos. || **2.** *En el Sureste*, desove del pejelagarto.

chapaletear. ■ INTR. **chapalear.**

chapaleteo. ■ M. **chapaleo.**

chaparrastroso, sa. ■ ADJ. supran. **chilapastroso, sa.**

chaparreras. ■ F. PL. **1.** Abultamientos adiposos en la parte superior externa del muslo de las mujeres: "Voy a salir a correr, a ver si así se me quitan las chaparreras". || **2.** Cubiertas de cuero que usan charros y vaqueros sobre el pantalón; se atan a la cintura y se ajustan a las piernas con correas y hebillas: “Olvidó sus chaparreras y no quiso salir a cabalgar”.

chaparro, rra. ■ ADJ. **1.** supran. De baja estatura: “Por favor, dejen a los niños más chaparros adelante”. ■ M. y F. **2.** afect. Persona de corta edad. ■ M. **3.** Nopal de poca altura. || **4. chumico.** ■ LOC. **chaparro amargo.** LOC. SUST. Arbusto originario de América, de hasta 3 m de altura, monoico; tallos muy ramificados, con ramas espinosas; hojas alternas, enteras, de elípticas a ovadas, con una espina en su base; flores hermafroditas, pequeñas, con cuatro pétalos, de blancos a rojizos; frutos drupáceos, globosos, pequeños, de color rojo a negro al madurar, de sabor muy amargo; una sola semilla; uso en la medicina tradicional. Familia de las simarubáceas, *Castela erecta.*

chapata. ■ F. **1.** Pan de este nombre partido longitudinalmente en dos, relleno generalmente de carne, queso y vegetales. || **2.** *En Michoacán*, tamal de maíz negro o rojo y chía criolla con canela y endulzado con piloncillo, cocido al vapor; chápata.

chápata. ■ F. *En Michoacán*, tamal de maíz negro o rojo y chía criolla con canela y endulzado con piloncillo, cocido al vapor; chapata.

chapatón, na. ■ ADJ. *En el Noroeste*, **chanquilón, na.**

chapea. ■ F. supran. rur. *En el Sureste*, limpieza de un terreno de hierbas con machete.

chapeada. ■ F. Véase **chapeado, da.**

chapeadera. ■ F. **chapea.**

chapeado, da. ■ ADJ. **1.** *En el Norte, referido a las manos o los labios*, agrietados: “Traigo los labios muy chapeados por el frío”. ■ M. **2.** supran. rur. Limpieza de hierbas de un terreno con machete; chapea. ■ F. **3.** supran. rur. Limpieza de hierbas de un terreno con machete; chapea.

chapeador, ra. ■ ADJ. supran. rur. *Referido a persona*, que chapea o limpia un terreno de hierbas con el machete: “Necesito contratar unos jardineros chapeadores”. Ú.t.c.sust.: “Necesito contratar a unos chapeadores”.

chapear. ■ TR. **1.** supran. Colorear las mejillas a alguien: “Chapeamos al niño para su disfraz de payaso”. || **2.** supran. rur. Limpiar un terreno de hierbas con machete.

chapearse. ■ INTR. PRNL. **3.** supran. Sonrojarse: “Me apené tanto que me chapeé”.

chapeo. ■ M. **chapea.**

chaperón, na. ■ M. y F. supran. Persona mayor que acompaña a otra u otras menores para supervisarlas.

chaperonear. ■ TR. supran. Acompañar una persona mayor a otra u otras menores para supervisarlas: “Agustín chaperoneaba a los novios cuando iban al cine”.

chapeta. ■ F. **1.** Pieza redonda de plata con que se adornan los arneses de montar. || **2.** supran. Cabeza.

chapete. ■ M. **1.** Color sonrosado natural de la mejilla. || **2.** Cachete.

chapetear. Véase **chapear.**

chapetón. ■ M. Pieza redonda de plata con que se adornan los arneses de montar.

chapil. ■ M. rur. Depósito que se utiliza para almacenar el grano.

chapín, na. ■ ADJ. **1.** supran. Perteneciente o relativo a Guatemala: “Solo encontré trabajo en el turismo chapín”. || **2.** supran. Natural o procedente de Guatemala: “Llegó la selección chapina para participar en la carrera”. Ú.t.c.sust.: “Llegaron los chapines para participar en la carrera”. ■ M. **3.** *En el Sureste*, calcetín corto.

chapinada. ■ F. Cosa, expresión o acción propias de guatemaltecos.

chapiscle. ■ M. Arbusto originario de América, de hasta 2 m de altura, monoico; tallos muy ramosos; hojas alternas, enteras, ovoides y suculentas, en la base de cada una tiene una espina larga y blanca; flores hermafroditas, vistosas, con numerosos pétalos de colores rojo y amarillo; frutos abayados, subglobosos, rojizos; semillas numerosas, pequeñas, globosas, cubiertas de pequeños pelos. Familia de las cactáceas, *Pereskiopsis rotundifolia.*

chapo, pa. ■ ADJ. De baja altura: “Corta la fruta de ese árbol chapo”.

chapodar. ■ TR. supran. rur. Limpiar un terreno de hierbas con machete; chapear: “Necesito que alguien chapode el terreno antes de sembrar”.

chapodo. ■ M. supran. rur. Limpieza de un terreno de hierbas con machete; chapea.

chapolear. ■ TR. rur. Limpiar un terreno de hierbas con machete; chapear: “Mañana chapolearán la mala hierba desde temprano”.

chapoleo. ■ M. rur. Limpieza de un terreno de hierbas con machete; chapea.

chapón. ■ M. rur. *En Colima*, terreno que ha sido deshierbado para la siembra.

chaponear. ■ TR. rur. Limpiar un terreno de hierbas con machete; chapear: "Asegúrate que chaponeen la hierba antes de sembrar".

chaponeo. ■ M. rur. Limpieza de un terreno de hierbas con machete; chapea.

chapopote. ■ M. **1.** supran. Cualquier sustancia quemada, viscosa y con fuerte olor. || **2.** gralizado. Asfalto.

chapopotero, ra. ■ ADJ. Perteneciente o relativo al chapopote: "Le pusimos un recubrimiento chapopotero a la entrada".

chaporrear. ■ TR. supran. rur. Limpiar un terreno de hierbas con machete; chapear: "Chaporrearon el baldío para poder construir un jacal".

chaporro. ■ M. supran. rur. Limpieza de un terreno de hierbas con machete; chapea.

chapoteadero. ■ M. Alberca de poca profundidad.

chapucear. ■ TR. **1.** Hacerle trampa a alguien: "Chapucearon a mi tía en el juego". || **2.** Estafar a alguien: "Chapucearon a los muchachos en la tienda".

chapucero, ra. ■ ADJ. **1.** *Referido a persona*, tramposa: "No juego a las canicas contigo porque eres bien chapucero". Ú.t.c.sust.: "No juego a las canicas contigo porque eres un chapucero". || **2.** *Referido a persona*, estafadora: "Los vendedores chapuceros me dejaron puro aparato descompuesto". Ú.t.c.sust.: "Los chapuceros me dejaron puro aparato descompuesto". || **3.** Propio de la persona **chapucera**: "Ten cuidado con las investigaciones chapuceras de ese periodista".

chapule. ■ M. *En el Noroeste*, **chapulín.**

chapulín, na. ■ ADJ. **1.** *Referido a persona*, oportunista y advenediza que cambia de bando de forma continua, sin congruencia ideológica: "Presentaron una iniciativa para frenar a los miembros chapulines del partido". Ú.t.c.sust.: "Presentaron una iniciativa para frenar a los chapulines del partido". ■ M. **2.** supran. Insecto de amplia distribución cosmopolita, de hasta 10 cm de longitud; con antenas cortas, patas fuertes y largas que le permiten dar grandes saltos; fitófago; comestible. Varias familias del suborden Caelifera del orden Orthoptera. (También se llama chapule, saltamontes).

chapulinear. ■ INTR. Cambiar de bando de manera oportunista y advenediza, continuamente y sin congruencia ideológica: "El delegado sindical chapulineó y ahora es subjefe de departamento".

chapulineo. ■ M. Cambio de bando de manera oportunista y advenediza, continuamente y sin congruencia ideológica.

chapulinero, ra. ■ ADJ. **1.** *Referido a persona*, oportunista y advenediza que cambia de bando de forma continua, sin congruencia ideológica: "Presentaron una iniciativa para frenar a los miembros chapulineros del partido". Ú.t.c.sust.: "Presentaron una iniciativa para frenar a los chapulineros del partido". ■ M. **2.** Ave originaria de América, de hasta 40 cm de longitud; robusta, con alas y cola relativamente cortas, redondeadas y anchas; con las partes inferiores barradas en rojizo, habitualmente se remonta en grandes círculos; se alimenta de pequeños mamíferos e insectos. Familia de los accipítridos del orden Accipitriformes, *Buteo magnirostris*. (También se llama gavilán pollero).

chapulinismo. ■ M. **chapulineo.**

chapuliscle. ■ M. Arbusto originario de América, de hasta 5 m de altura, monoico; tallos ramificados, resinosos y pegajosos; hojas simples, alternas, sésiles o semisésiles, lanceoladas, ligeramente brillosas, en ocasiones pubescentes en el envés; flores pequeñas, unisexuales y amarillentas, dispuestas en racimos cortos: flores masculinas con cinco u ocho estambres, flores femeninas con tres estambres rudimentarios muy pequeños; frutos capsulares, con tres alas, de color cobrizo o rojo; una sola semilla, pequeña y de color negro; uso artesanal, en la medicina tradicional y como pesticida y combustible. Familia de las sapindáceas, *Dodonaea viscosa*. (También se llama chapulixcle, ocotillo).

chapulixcle. [*chapulíshkle, chapulískle*] ■ M. **chapuliscle.**

chapuz. ■ M. *En Michoacán*, hierba originaria de América, de hasta 2 m de altura, monoica; tallos pubescentes y alados; hojas alternas, enteras, de lineares a espatuladas, pubescentes; flores hermafroditas, diminutas, tubulares, de color café a morado, agrupadas en cabezuelas globosas, con las flores de la periferia en forma de pétalos trilobados, amarillos; frutos aquénicos, diminutos, cubiertos de pelos diminutos y escamas en el ápice; uso como insecticida. Familia de las compuestas, *Helenium mexicanum*. (También se llama cabezona).

chapuza. ■ F. **1.** Trampa: "Si haces chapuza, ya no vamos a jugar". || **2.** Estafa: "Cuidado con las chapuzas en ese taller". ■ EXPR. **la ~ siempre acusa.** Se usa para señalar el engaño o la mentira de alguien: "Mira, tú, la chapuza siempre acusa, no te creo nada".

chapuzón. ■ M. fam. Baño rápido: "Me di un chapuzón antes de salir a la oficina".

chaqueta. ■ F. Véase **chaqueto, ta.**

chaquetear. ■ TR. **1.** vulg. Masturbar a alguien. ■ INTR. **2.** Incumplir con lo esperado o comprometido: "No imaginaba que chaquetearía de esa manera".

chaqueteársela. ■ INTR. PRNL. **3.** Equivocarse estrepitosamente: "Se la chaqueteó con esos regalos inapropiados". || **4.** Estar alguien fuera de la realidad: "Se la chaquetea constantemente con sus comentarios".

chaqueteo. ■ M. Acción y resultado de chaquetear o chaqueteársela.

chaquetero, ra. ■ ADJ. **1.** *Referido a algo*, que está mal hecho: "Tu tarea está bien chaquetera, se ve que la hiciste a las carreras". || **2.** supran. vulg. *Referido a persona*, que tiene el hábito de masturbarse. Ú.t.c.sust.

chaqueto, ta. ■ ADJ. **1.** *Referido a algo*, de mala calidad: "No compres esa tela chaqueta para las cortinas". || **2.** *Referido a persona*, atontada: "Salí muy chaqueto del examen de Geografía". Ú.t.c.sust.: "El chaqueto reprobó el examen de Geografía". || **3.** *Referido a persona*, que está bajo el influjo de algún estupefaciente. Ú.t.c.sust. ■ F. **4.** supran. vulg. Masturbación masculina. ■ LOC. **chaqueta charra.** LOC. SUST. La que es entallada, propia de la vestimenta del charro. ▶ **chaqueta mental.** LOC. SUST. Elucubración: "Sus negocios millonarios eran solo chaquetas mentales".

chaquira. ■ F. **1.** supran. Cuenta perforada, pequeña, de vidrio o plástico para adornos, bordados o joyería. || **2.** supran. Arbusto originario de América, de hasta 7 m de altura, monoico; hojas alternas, enteras, ovado-lanceoladas y aserradas en los bordes; flores hermafroditas, pequeñas, con cinco pétalos azules, agrupadas en panículas muy apretadas; frutos drupáceos, globosos, pequeños y de color negro; tres semillas. Familia de las ramnáceas, *Ceanothus coeruleus*. (También se llama sayolistle). || **3.** supran. Corteza de la **chaquira**; uso en la medicina tradicional. || **4.** supran. Hoja de la **chaquira**; uso en la medicina tradicional. || **5.** supran. Raíz de la **chaquira**; uso en la medicina tradicional.

chaquistal. ■ M. **chaquistero.**

chaquiste. ■ M. Insecto de distribución cosmopolita, de hasta 4 mm de longitud; se encuentra en hábitats acuáticos y semiacuáticos; puede ser hematófago, polinizador, depredador, ectoparásito y considerado plaga en algunas regiones. Varias especies de la familia de los ceratopogónidos del orden Diptera.

chaquistero. ■ M. Lugar donde abunda el chaquiste.

chara. ■ F. Ave de amplia distribución en Baja California, de alrededor de 30 cm de longitud; con plumaje de color azul profundo en nuca, costado y parte superior de la cabeza; según la especie, presenta una franja en tono blanco bajo el ojo y en tonos negruzcos en la región del oído; pecho normalmente de color blanco o en tonos grisáceos; cola en tono azul intenso al igual que las alas; patas y pico de color negro. Varias especies de la familia de los córvidos del orden Passeriformes. (También se llama pájaro azul, urraca azulejo).

charabasca. ■ F. *En Colima*, persona platicadora y que hace reír: "Mi hijo es una charabasca, por eso lo expulsaron de la clase".

charagua. ■ F. Bebida preparada con pulque añejo, miel, hojas de maíz fermentadas y chile rojo.

charal. ■ M. **1.** Pez de agua dulce originario de América, de hasta 12 cm de longitud; con cuerpo delgado y comprimido lateralmente; cubierto de escamas, con una banda plateada en los flancos; de cabeza larga y aplanada, hocico romo, boca chica con dientes, labios gruesos; tiene dos aletas dorsales; se encuentra comúnmente en cuerpos de agua lénticos del altiplano mexicano; comestible fresco y seco. Familia de los aterinópsidos, varias especies del género *Chirostoma*. ■ COM. **2.** fam. Persona muy delgada: "Laura es una charal desde que se enfermó".

charamusca. ■ F. supran. Dulce o confitura de formas variadas, hecho de azúcar derretida, mezclada con otros ingredientes y puesta a enfriar hasta endurecer.

charamusquero, ra. ■ ADJ. **1.** Perteneciente o relativo a la charamusca o confitura de azúcar: "La mayoría de la industria charamusquera está en Guanajuato". || **2.** *Referido a persona*, que gusta de comer charamuscas o confituras de azúcar: "Desde niña soy muy charamusquera". Ú.t.c.sust.: "Desde niña soy una charamusquera". ■ M. y F. **3.** supran. Persona que se dedica a preparar o a vender charamuscas o confituras de azúcar.

charanagua. ■ F. Bebida compuesta de pulque agrio, miel y chile rojo que se prepara a fuego lento.

charanda. ■ F. **1.** Aguardiente de caña de azúcar; típica de Michoacán. || **2.** *En Michoacán*, tierra rojiza que contiene óxido de hierro. || **3.** *En Michoacán*, mezcla de color rojizo que forma esta tierra con el agua.

charanga. ■ F. **1.** Género musical popular de origen sudamericano. || **2.** *En Sonora*, coche viejo y destartalado; charchina. || **3.** supran. Baile familiar.

charanguero, ra. ■ ADJ. **1.** Perteneciente o relativo a la charanga o al charango: "En la fiesta solo hubo música charanguera". || **2.** supran. *Referido a persona*, que toca el charango: "El conjunto tenía dos músicos charangueros". Ú.t.c.sust.: "El conjunto tenía dos charangueros". || **3.** supran. *Referido a persona*, que gusta de bailar charanga: "Mi tía es muy charanguera". Ú.t.c.sust.: "Mi tía es una charanguera".

charape. ■ M. Bebida fermentada, hecha con pulque, piloncillo, miel, clavo y canela.

charchina. ■ F. **1.** rur. Caballo flaco y endeble. || **2.** supran. Coche viejo y destartalado.

charicurinda. ■ F. *En Michoacán*, tamal de masa de maíz negro y frijol ligeramente agriado, cocido en ceniza.

charlador. ■ M. supran. Ave originaria de América, de hasta 20 cm de longitud; el macho es de un azul brillante intenso con un parche triangular púrpura intenso en el abdomen y otro en la garganta, separado por una banda azul; la hembra es de ojos grandes y cuerpo pardo, densamente moteada arriba y abajo; se alimenta de semillas e insectos. Familia de los cotíngidos del orden Passeriformes, *Cotinga amabilis*.

charol. ■ M. **1.** Identificación oficial de un alto funcionario: "Ese señor cree que por sacar el charol va a entrar gratis". || **2.** Deslumbramiento producido por algún objeto brillante; charolazo: "El charol del escenario no dejaba distinguir a los actores".

charola. ■ F. **1.** Placa o identificación de chapa bruñida que usan los policías. || **2.** Identificación oficial de un alto funcionario. || **3.** supran. Bandeja.

charolazo. ■ M. **1.** Presentación de la charola o identificación oficial de un alto funcionario para obtener un beneficio de manera ilícita: "Con un charolazo se coló al evento". || **2.** Deslumbramiento producido por algún objeto brillante: "El charolazo no dejaba ver bien las caras de los actores".

charolear. ■ TR. **1.** Deslumbrar a alguien: "El espejo me charoleó y no pude verte". || **2.** supran. Lustrar a alguien el calzado: "El zapatero me charoleó las botas viejas". ■ INTR. **3.** Producir deslumbramiento un objeto brillante: "Si mueves la pantalla, ya no charolea". || **4.** Traficar con influencias: "Ese funcionario siempre charoleaba para conseguir los permisos". || **5.** Pedir dinero a los asistentes a un acto o reunión: "Charoleamos para cubrir los gastos de la fiesta".

charolero, ra. ■ ADJ. **1.** *Referido a persona*, que charolea. ■ M. y F. **2.** Limpiabotas.

charpear. ■ TR. supran. Salpicar; manchar: "Héctor charpeó la cocina cuando intentó usar la batidora".

charquerío. ■ M. supran. Lugar donde hay muchos charcos.

charra. ■ F. Véase **charro, rra.**

charrana. ■ F. **1.** despect. Prostituta. || **2.** *En Colima*, cicatriz. || **3.** *En Colima*, llaga o úlcera de difícil cicatrización.

charrapastroso, sa. ■ ADJ. **chilapastroso, sa.**

charrasca. ■ F. Arma blanca gastada y deteriorada, especialmente un cuchillo.

charrasquear. ■ TR. Herir a alguien con charrasca o arma blanca dejándole una cicatriz: "El ladrón charrasqueó a Tito". Ú.m.e.pp.: "Mi primo quedó charrasqueado después de la pelea".

charreada. ■ F. gralizado. Festejo que incluye ejercicios y suertes propios de la charrería.

charrear. ■ INTR. **1.** Ejercer la charrería: "Cada año mi tío charrea en las fiestas patrias". || **2.** Tener dificultad para socializar: "De niña charreabas y ahora quién te viera, tienes muchos amigos".

charrería. ■ F. **1.** Conjunto de charros. || **2.** Conjunto de prácticas y suertes que ejecutan los charros.

charrismo. ■ M. Comportamiento propio de un líder sindical charro.

charrito. ■ M. Fritura de maíz, en forma de varita, sazonada con chile y limón. Ú.m.e.pl.

charro, rra. ■ ADJ. **1.** *Referido a persona*, que tiene las piernas ligeramente curvadas; zambo: "El corredor charro ganó la competencia". Ú.t.c.sust.: "El charro ganó la competencia". || **2.** *Referido a persona*, ignorante: "Ese muchacho charro no sabe de lo que habla". Ú.t.c.sust.: "Ese charro no sabe de lo que habla". || **3.** *Referido a persona*, tímida: "Hija, no seas charra, saluda a los invitados". Ú.t.c. sust.: "No saludó a los invitados porque es un charro". || **4.** *Referido a persona*, corrupta: "Tu primo charro es impresentable". Ú.t.c.sust.: "Ese charro es impresentable". ■ M. y F. **5.** Líder sindical que favorece al patrón: "Lo habían elegido todos los trabajadores y resultó ser un charro". || **6.** Miembro de una asociación para la práctica de la charrería. || **7.** Persona que usa vestimenta de la charrería. || **8.** gralizado. Jinete o caballista diestro con el lazo y en la doma y manejo del caballo y otros animales, que viste traje especial compuesto de chaqueta corta y pantalón ajustado o falda ancha y larga, camisa blanca y sombrero de ala ancha y copa cónica alta. ■ M. **9.** Pez marino de distribución en el Pacífico, de hasta 50 cm de longitud; con cuerpo alargado, con el dorso de color azul oscuro y el vientre plateado; comestible. Familia de los carángidos del orden Perciformes, *Decapterus hypodus*. (También se llama macarena mexicana). || **10. chicharro.** ■ F. **11.** *En el Noroeste*, narración humorística, tradicional y breve. ■ LOC. **~ de agua dulce.** LOC. SUST. Persona que desatiende a los animales que tiene a su cuidado: "Eres un charro de agua dulce, ve nomás cómo tienes a tus perros". ■ INTERJ. **¡charros!** Se usa para expresar sorpresa o contrariedad: "¡Charros!, subieron otra vez los precios del transporte público".

charruscar. ■ TR. *En Colima*, quemar algo por la parte exterior; chamuscar: "Charruscamos las tortillas por dejarlas en el comal".

chas. ■ LOC. **al chas (chas).** LOC. ADV. **1.** Al contado: "Te vendo el coche, pero me lo pagas al chas chas". || **2.** Inmediatamente: "Haz la tarea al chas chas o no sales a jugar".

chasca. ■ F. *En Aguascalientes*, preparación hecha a base de granos de maíz hervidos; se puede servir con sal, chile en polvo, queso, limón y mayonesa; esquite.

chaser. [*chéiser*] ■ M. **1.** Bebida no alcohólica, generalmente agua gasificada, servida para acompañar a otra que sí lo es. || **2.** Vaso de cristal, generalmente pequeño, en que se sirve el ***chaser***.

chasís. ■ M. **1.** supran. Armazón de un vehículo; chasis. || **2.** supran. fest. Trasero.

chasquearse. ■ INTR. PRNL. Llevarse un chasco; decepcionarse: "Se chasqueó mucho con el resultado del examen".

chasquetear. ■ INTR. Hacer un ruido de chasquido con la lengua: "Niño, no chasquetees, es de mala educación".

chasqueteo. ■ M. Ruido producido con la lengua; chasquido.

chata. ■ F. supran. Nariz.

chatarra. ■ ADJ. **1.** *Referido a algo*, que no funciona adecuadamente: "Tu teléfono es tan chatarra que no agarra la señal en ningún lado". || **2.** *Referido a algo*, que es obsoleto: "Mi computadora es bien chatarra, se traba con cualquier programa". || **3.** supran. *Referido a algo*, que es de baja calidad: "Esos patines salieron muy chatarras, no me duraron nada". ■ F. **4.** supran. Comida de alto contenido calórico y valor nutrimental escaso y desbalanceado: "Me pasé todo el día comiendo chatarra".

chatino, na. ■ ADJ. **1.** Perteneciente o relativo al **chatino**: "En algunos pueblos chatinos elaboran alfarería". || **2.** Natural o procedente del grupo étnico **chatino**: "Las comadres chatinas usaron la herbolaria para curar mi herida". Ú.t.c.sust.: "Las chatinas usaron la herbolaria para curar mi herida". ■ M. **3.** Grupo étnico establecido en el suroeste del estado de Oaxaca. || **4.** Lengua otomangue del subgrupo lingüístico zapotecano.

chato. ■ M. **1.** Maguey de tequila. || **2.** vulg. Pene.

chautle. ■ M. Hierba originaria de América, de hasta 70 cm de altura, monoica; tallos engrosados en forma de bulbos subterráneos; hojas alternas, solo dos o tres, enteras, lanceoladas; flores hermafroditas, vistosas, campanuladas, con seis tépalos, de rosados a púrpuras, con tonos blancos, agrupadas en racimos; frutos capsulares, elipsoides; semillas numerosas, diminutas, de color café. Familia de las orquidáceas, *Bletia campanulata*. (También se llama saucle, sautle).

chavalo, la. Véase **chavo, va.**

chavo, va. ■ ADJ. **1.** supran. *Referido a persona*, joven: "Erasmo está muy chavo para casarse". Ú.t.c.sust.: "Erasmo es un chavo para casarse". ■ M. y F. **2.** Persona joven indeterminada: "Pasó una chava y me preguntó por el lugar del concierto". || **3.** supran. Pareja sentimental: "Mi chavo me regaló flores". ■ LOC. **~ banda.** LOC. SUST. Joven de escasos recursos que pertenece a un grupo relacionado, por lo general, con vandalismo y drogas: "Me encontré con una chava banda a la entrada del edificio".

chavorruco, ca. ■ ADJ. *Referido a persona*, que es adulta pero que conserva conducta y apariencia de joven: "¿Me veré muy chavorruco si me pongo esta camisa?". Ú.t.c.sust.: "Afuera había un chavorruco paseando a su perro".

chavorruquear. ■ INTR. Comportarse una persona como chavorruco: "A los cuarenta años muchos chavorruquean".

chaya. ■ F. **1.** supran. Arbusto originario de América, de hasta 3 m de altura, monoico; tallos muy ramificados, con látex lechoso al estrujarlos; hojas alternas, con cinco lóbulos y margen dentado, a veces presentan pelos urticantes; flores unisexuales, ambos sexos en la misma planta, pequeñas, tubulares, blancas y agrupadas en racimos; frutos capsulares elipsoides, cafés; semillas elipsoides, cafés, con manchas más oscuras. Familia de las euforbiáceas, *Cnidoscolus aconitifolius*. (También se llama árbol espinaca). || **2.** supran. Hoja de la **chaya**; comestible; uso en la medicina tradicional. ■ LOC. **~ de monte.** LOC. SUST. Arbusto o árbol pequeño originario de México y Centroamérica, de hasta 8 m de altura, monoico; hojas simples, alternas, profundamente divididas en cinco lóbulos obovados, con márgenes toscamente dentados, con abundantes pelos urticantes; flores unisexuales, pequeñas: las masculinas blancas, en ocasiones ligeramente pelosas, estambres en dos hileras, las femeninas blancas, densamente pelosas; frutos capsulares, con pelos urticantes; tres semillas por cápsula, cafés; uso farmacológico. Familia de las euforbiáceas, *Cnidoscolus multilobus*. (También se llama malamujer).

chayacate. ■ M. *En el Occidente*, danzante con máscara de madera, con cuernos de venado, vestido con fibras naturales no procesadas, con una sonaja en una mano y con piel de tejón en la otra.

chayo. ■ M. Soborno dado a un periodista; chayote: "Ahora resulta que no recibió chayo por sacar esa noticia falsa".

chayotada. ■ F. Estupidez: "Hice una chayotada y Jacinta se enojó".

chayote. ■ M. **1.** Soborno dado a un periodista; chayo: "Publicó una nota sobre el chayote que recibió su colega". || **2.** vulg. Vagina.

chayotear. ■ TR. Sobornar a un periodista: "Chayotearon al columnista para que hablara bien del candidato".

chayotero, ra. ■ ADJ. *Referido a periodista*, que acepta un chayote o soborno. Ú.t.c.sust.

chayotescle. ■ M. *En Veracruz*, **chinchayote.**

chayotestle. ■ M. *En Veracruz*, **chinchayote.**

chayotextle. [*chayotéshtle, chayotéstle*] ■ M. *En Veracruz*, **chinchayote.**

chayotillo. ■ M. Hierba trepadora nativa de México, de hasta 7 m de longitud, monoica; hojas alternas, enteras o con tres o cinco lóbulos, con un penacho de pelos en la base y ápice del peciolo, zarcillos presentes; flores unisexuales, en forma de estrella, blancas, muy pequeñas: las masculinas agrupadas en racimos, las femeninas solitarias o en pares; frutos pepónides de formas elipsoides, carnosos, con espinas; semillas pequeñas, de color café oscuro. Familia de las cucurbitáceas, *Echinopepon milleflorus*.

chaz. ■ LOC. **al chaz (chaz).** LOC. ADV. **al chas (chas).**
chazarilla. ■ F. **1.** *En el Sureste*, camisa o playera escolar. || **2.** *En el Sureste*, especie de guayabera corta y sencilla, generalmente de manga corta.
checada. ■ F. Acción y resultado de checar.
checador, ra. ■ M. y F. **1.** Persona que se dedica a llevar el control de los empleados, de la mercancía o del manejo de un negocio. ■ M. **2.** Aparato que registra la hora de entrada o salida de un empleado.
checar. ■ TR. **1.** Revisar algo: "¿Ya checaste el sistema para detectar fallas?". || **2.** supran. Vigilar: "Checa a los niños mientras voy al súper". ■ INTR. **3.** Registrar un empleado su entrada o salida: "Chequé a tiempo todo el mes y me darán bono de puntualidad". || **4.** Combinar adecuadamente una cosa con otra: "Ese pantalón y esa camisa sí checan". || **5.** Ser algo coherente y esperado: "No checa que Lorenzo y Eva se hayan separado". Ú.m.c.prnl.: "No nos checa que Lorenzo y Eva se hayan separado". ■ LOC. **~ tarjeta.** LOC. VERB. **1.** Registrar un empleado su entrada o salida: "No checamos tarjeta y nos pusieron falta". || **2.** fest. Hacer acto de presencia en un lugar: "Checo tarjeta en mi casa y me regreso a la fiesta".
checarse. ■ EXPR. **¡chécate esta!** Se usa para compartir con alguien la sorpresa que causa algo: "¡Chécate esta! Mira cómo domino el balón".
cheche. ■ ADJ. **1.** *En el Sureste, referido a un niño*, llorón: "Qué niña tan cheche tienes, no deja de llorar". || **2.** supran. *Referido a persona*, valentona: "Los muchachos de este barrio son muy cheches". ■ COM. **3.** *En el Sureste*, niño llorón: "Karen, no te voy a llevar al parque porque eres una cheche". || **4.** supran. Persona valentona: "Los muchachos de este barrio son unos cheches".
chechera. ■ F. *En el Sureste*, llanto persistente de un niño: "La chechera del niño ya me provocó dolor de cabeza".
chechón, na. ■ ADJ. *En el Sureste, referido a un niño*, llorón; cheche: "¡Cómo eres chechón, ya cállate!". Ú.t.c.sust.: "Eres un chechón, ya cállate".
chechonear. ■ INTR. *En el Sureste*, lloriquear: "Mi prima chechonea por cualquier cosa".
chel. ■ ADJ. **1.** *En el Sureste, referido a persona*, de piel blanca: "Esa modelo está muy chel, ponle maquillaje". || **2.** supran. *En el Sureste, referido a persona*, rubia y de ojos claros: "A tu tía chel siempre la confunden con extranjera". ■ COM. **3.** *En el Sureste*, persona de piel blanca: "A la chel ponle maquillaje para que no se vean tan pálida". || **4.** supran. *En el Sureste*, persona rubia y de ojos claros: "Siempre piensan que esa chel es extranjera".
chela. ■ F. Véase **chelo, la.**
chele. ■ ADJ. **1.** supran. *En el Sureste*, de color rojo intenso; achiotado: "Se compró un vestido chele que le luce muy bien". ■ M. **2.** supran. *En Chiapas*, lagaña.
chelear. ■ INTR. supran. Beber chela o cerveza: "Cheleamos hasta que cerraron el bar".
cheleque. Véase **chereque.**
chelería. ■ F. supran. Establecimiento donde se venden chelas o cervezas.
chelero, ra. ■ ADJ. **1.** supran. Perteneciente o relativo a la chela o cerveza: "La industria chelera es de las más grandes en México". || **2.** supran. *Referido a persona*, que gusta de beber chela o cerveza: "Laura es bien chelera, no le aguanto el paso". Ú.t.c.sust.: "Laura es una chelera, no le aguanto el paso".
chelo, la. ■ ADJ. **1.** *En el Sureste, referido a persona*, de piel blanca; chel: "Mi abuela es muy chela, se tiene que cuidar más del sol". Ú.t.c. sust.: "Juana es la chela de la familia". || **2.** supran. *En el Sureste, referido a persona*, rubia y de ojos claros; chel: "Tus tías chelas son muy parecidas entre sí". Ú.t.c.sust.: "Ellas son las chelas de la familia". ■ F. **3.** supran. Cerveza.
chelón, na. ■ ADJ. *En Chiapas, referido a persona*, llorona: "Ahí está otra vez el bebé chelón de la vecina". Ú.t.c.sust.: "Ese bebé es un chelón".
chelonear. ■ INTR. *En Chiapas*, lloriquear: "¡Cómo cheloneó Yolanda por ese tipo!".
chem. ■ M. *En el Sureste*, lagaña: "Quítate ese chem del ojo".
chemil. ■ ADJ. *En el Sureste, referido a persona*, lagañosa: "Estaba muy chemil cuando me levanté". Ú.t.c.sust.: "Ese niño es un chemil porque tiene una infección".
chemise. [*chemís*] ■ M. supran. Vestido de mujer corto y ligero.
chemo, ma. ■ ADJ. **1.** *Referido a persona*, tonta: "Mi sobrina es muy chema, no aceptó

el trabajo". Ú.t.c.sust.: "Mi sobrina es una chema, no aceptó el trabajo". ■ M. y F. **2.** jerg. Persona que se droga con inhalantes. ■ M. **3.** supran. Pegamento fuerte y volátil; cemento.

chempó. ■ ADJ. *En el Sureste, referido a ropa,* lavada pero sin planchar: "Siempre llega a la escuela con la camisa chempó".

chenche. ■ EXPR. **~ no canche.** fam. Se usa para invitar a alguien a tomar asiento: "Caminaste todo el día, ándale, chenche no canche, mija".

chencho, cha. ■ ADJ. *Referido a persona,* holgazana: "Niña chencha, limpia tu cuarto". Ú.t.c.sust.: "Es una chencha y no limpia su cuarto".

chentarse. ■ TR. PRNL. **1.** Darle a alguien su merecido propinándole una golpiza: "Mi tío se chentó a mi primo por abusivo". || **2.** Reprender a alguien: "Estuvo bien que se lo chentaran por impertinente".

chepil. ■ M. **chipilín.**

chepito. ■ M. Ave canora originaria de América, de hasta 15 cm de longitud; con ojos grandes, pico delgado y patas robustas; la espalda es de color pardo o pardo óxido; cabeza de color café o negra, pico y patas de color anaranjado pálido o brillante; pecho oliváceo o grisáceo; se alimenta de insectos, caracoles, bayas y frutos. Familia de los túrdidos del orden Passeriformes, varias especies del género *Catharus*. (También se llama zorzal).

chepitofué. ■ M. **cristofué.**

cheque. ■ LOC. **~ de caja.** LOC. SUST. supran. El bancario emitido por el propio banco a nombre del beneficiario que indique el cliente: "Pagaremos con cheque de caja". ▶ **~ de hule.** LOC. SUST. supran. El que no tiene fondos: "Los estafadores pagaron con un cheque de hule".

chequeador, ra. ■ M. y F. **1.** supran. Persona que se dedica a llevar el control de los empleados, de la mercancía o del manejo de un negocio; checador. ■ M. **2.** supran. Aparato que registra la hora de entrada o salida de un empleado; checador.

chercha. ■ F. *En el Sureste,* cárcel.

cherepo, pa. ■ ADJ. *En Quintana Roo, referido a algo,* maltratado: "Tu balón está bien cherepo, ya no sirve".

chereque. ■ ADJ. **1.** *En el Occidente, referido a persona,* desnutrida; enclenque: "El niño está muy chereque porque está enfermo". ■ COM. **2.** *En el Occidente,* persona desnutrida; enclenque: "La niña es una chereque desde que se enfermó".

cherrengue. ■ ADJ. **1.** *En Colima, referido a persona,* renga: "Roberto quedó cherrengue después del accidente". ■ COM. **2.** *En Colima,* persona renga: "María es una cherrengue desde el accidente".

chesco. ■ M. fam. Refresco.

chesta. ■ F. fest. Fiesta.

chetos. (Juego de palabras entre Cheetos® y *shit*). ■ INTERJ. **¡chetos!** Se usa para expresar sorpresa o contrariedad: "¡Chetos! ¡Se robaron mi cámara!".

chetumalense. ■ ADJ. **1.** Perteneciente o relativo a la ciudad de Chetumal, capital del estado de Quintana Roo: "La cocina chetumalense emplea muchos pescados y mariscos". || **2.** Natural o procedente de la ciudad de Chetumal, capital del estado de Quintana Roo: "Esas muchachas chetumalenses son muy atentas". ■ COM. **3.** Persona natural o procedente de la ciudad de Chetumal, capital del estado de Quintana Roo: "Los chetumalenses son hombres muy atentos".

chetumaleño, ña. ■ ADJ. **1.** Perteneciente o relativo a la ciudad de Chetumal, capital del estado de Quintana Roo; chetumalense: "La cocina chetumaleña emplea muchos pescados y mariscos". || **2.** Natural o procedente de la ciudad de Chetumal, capital del estado de Quintana Roo; chetumalense: "Las personas chetumaleñas son muy atentas". Ú.t.c.sust.: "Los chetumaleños son personas muy atentas".

cheve. ■ F. supran. Cerveza.

chevear. ■ INTR. Tomar cheve o cerveza.

chévere. ■ ADJ. **1.** supran. *Referido a algo,* bonito: "¡Qué chévere departamento compraste!". || **2.** supran. *Referido a persona,* agradable: "Tengo unos amigos muy chéveres, te van a caer bien". ■ COM. **3.** supran. Persona agradable: "Ximena es una chévere, te va a caer bien".

chía. ■ F. **1.** Hierba originaria de América, de hasta 1.5 m de altura, monoica; tallos cuadrangulares y vellosos; hojas opuestas, enteras, ovadas, con margen de crenado a dentado; flores hermafroditas, pequeñas, tubulares, de purpúreas a blancas, con los pétalos dispuestos en forma de labios, agrupadas en densas cabezuelas; frutos nuculares, pequeños, de negros a cafés. Familia de las lamiáceas, *Salvia hispanica*. || **2.** gralizado. Semilla de la **chía**; comestible. ■ LOC. **~ cimarrona.** LOC. SUST. Hierba originaria de América, de hasta 1 m de altura, monoica; tallos cuadrangulares y vellosos; hojas opuestas, enteras, lineares, pequeñas, con margen dentado y olorosas; flores hermafroditas, vistosas, tubulares, azules, con los pétalos dispuestos en forma de labios, agrupadas en densas cabezuelas; frutos nuculares, pequeños, de negros a cafés. Familia de las lamiáceas, *Salvia reptans*.

chiampinole. ■ M. Harina tostada de chía con que se elabora una bebida.

chianatole. ■ M. Atole preparado con chía.

chianzotzolatole. ■ M. Bebida preparada con chía y maíz.

chiapaneca. ■ ADJ. **1.** Perteneciente o relativo al **chiapaneca**: "La cultura chiapaneca se ladinizó al estar en contacto con grupos mestizos". || **2.** Natural o procedente del grupo étnico **chiapaneca**: "Muchos pobladores chiapanecas murieron por las epidemias del siglo XVIII". ■ M. **3.** Grupo étnico que habitaba en el centro del estado de Chiapas. || **4.** Lengua otomangue del subgrupo lingüístico mangueano. ■ COM. **5.** Persona natural o procedente del grupo étnico **chiapaneca**: "Muchos chiapanecas murieron por las epidemias del siglo XVIII".

chiapaneco, ca. ■ ADJ. **1.** Perteneciente o relativo al estado de Chiapas: "Me cautivó la belleza de ese río chiapaneco". || **2.** Perteneciente o relativo al **chiapaneco**: "El territorio chiapaneco se encontraba en la actual Chiapa de Corzo". || **3.** Natural o procedente del estado de Chiapas: "Las mujeres chiapanecas elaboran artesanías muy vistosas". Ú.t.c. sust.: "Las chiapanecas elaboran artesanías muy vistosas". || **4.** Natural o procedente del grupo étnico **chiapaneco**: "Los pobladores chiapanecos dejaron de hablar su lengua en la primera mitad del siglo XX". Ú.t.c.sust.: "Los chiapanecos dejaron de hablar su lengua en la primera mitad del siglo XX". ■ M. **5.** Grupo étnico que habitaba en el centro del estado de Chiapas. || **6.** Lengua otomangue del subgrupo lingüístico mangueano.

chibaluna. ■ F. *En el Sureste*, mancha negra con que nacen algunos niños.

chibola. ■ F. supran. Abultamiento redondeado que se forma en una parte del cuerpo, especialmente en la cabeza, a causa de un golpe.

chical. ■ M. **1.** *En el Norte*, ración de comida. || **2.** *En el Norte*, preparación de granos de elote deshidratados y guisados. Ú.m.e.pl. || **3.** *En Colima*, huerto de chicozapote. || **4.** *En Veracruz*, vasija semiesférica grande.

chicalote. ■ M. **1.** supran. Hierba originaria de América, de hasta 1 m de altura, monoica; tallos con numerosas espinas puntiagudas y látex amarillento al cortarlas; hojas alternas, de elípticas a espatuladas, con lóbulos agudos y espinas, de color blanco verdoso; flores hermafroditas, vistosas, con seis pétalos de amarillos a blancos; frutos capsulares, elipsoides, negros; semillas numerosas, pequeñas, reniformes, negras. Familia de las papaveráceas, *Argemone mexicana*. (También se llama amapola de campo). || **2.** supran. Hoja del **chicalote**; uso en la medicina tradicional. || **3.** supran. Raíz del **chicalote**; uso en la medicina tradicional. ■ LOC. **~ de árbol.** LOC. SUST. Árbol originario de México y Centroamérica, de hasta 8 m de altura; cortezas muy fisuradas; hojas elípticas con varios lóbulos estrechos y aserrados; inflorescencias en panículas con numerosas flores; frutos en cápsulas elipsoides, de color amarillo; varias semillas oscuras, brillantes; uso en la medicina tradicional. Familia de las papaveráceas, *Bocconia arborea*. (También se llama inguande, jauque).

chicana. ■ F. **1.** *En el automovilismo*, curva en forma de S; chicane. || **2.** supran. Artimaña o maniobra de mala fe, generalmente con fines dilatorios; chicanada.

chicanada. ■ F. **1.** supran. Conjunto de chicanos: "La chicanada salió a manifestarse en las calles de Los Ángeles". || **2.** supran. Artimaña o artificio de mala fe que se hace, generalmente, para ganar tiempo; chicana: "Rufino hace muchas chicanadas, mejor no contemos con él".

chicanear. ■ INTR. supran. Recurrir a artimañas o artificios de mala fe, generalmente, para ganar tiempo: "Este equipo chicanea desde el inicio del partido".

chicanería. ■ F. supran. Artimaña o artificio de mala fe, generalmente para ganar tiempo.

chicanero, ra. ■ ADJ. **1.** Perteneciente o relativo al chicano: "Esas palabras son de influencia chicanera". || **2.** supran. *Referido a persona, especialmente un abogado*, que entorpece el juicio: "Tiene fama de ser muy chicanera". Ú.t.c.sust.: "Los chicaneros fueron despedidos".

chicano, na. ■ ADJ. **1.** gralizado. Perteneciente o relativo a las tradiciones, costumbres y expresiones originadas entre personas nacidas y residentes en Estados Unidos de América, de ascendencia mexicana, y que incorporan elementos emblemáticos de ambas culturas: "La literatura chicana se caracteriza por narrar las experiencias de estadounidenses latinos". || **2.** gralizado. *Referido a persona*, nacida y residente en Estados Unidos de América, de ascendencia mexicana, que en su cultura incorpora elementos emblemáticos de ambas tradiciones: "Mis primos chicanos hablan español e inglés". Ú.t.c. sust.: "Los chicanos hablan español e inglés". || **3.** gralizado. Propio de la persona **chicana**: "La identidad chicana es naturalmente mestiza".

chicatana. ■ F. Hormiga originaria de América, la reina llega a medir hasta 3 cm de longitud; la casta trabajadora, de 4 a 7 mm; generalmente de color rojizo; comestible. Familia de los formícidos del orden Hymenoptera, varias especies del género *Atta*, como *Atta cephalotes*, *Atta mexicana*, *Atta texana*. (También se llama arriera, chincatana, chincantana, hormiga arriera, hormiga chicatana, mochomo, nacasmá, nucú, talata, zompopa, zompopo).

chicha. ■ F. Palma originaria de América, de hasta 10 m de altura, monoica; tallos erectos, no ramificados, gruesos y escamosos, conservan las cicatrices de las hojas caídas; hojas simples, arregladas en roseta, estrechamente lanceoladas, rígidas, que terminan en una punta con una fuerte espina, con márgenes enteros; flores hermafroditas, pequeñas, campanuladas o globosas, con tres tépalos de blancos a amarillentos, flores dispuestas en racimos axilares; frutos abayados, carnosos; semillas pequeñas, gruesas, planas, semirredondas. Familia de las asparagáceas, *Yucca carnerosana*. (También se llama palma samandoca).

chichapal. ■ M. Vasija; recipiente.

chícharo, ra. ■ M. y F. **1.** Empacador en una tienda de autoservicio. || **2.** Estudiante de secundaria pública que se caracteriza por vestir uniforme verde. || **3.** Ayudante de un taller u oficina, especialmente el que trabaja en las peluquerías. ■ M. **4.** Audífono apuntador mediante el cual se da indicaciones a actores o presentadores de televisión. ■ LOC. **chícharo negro.** LOC. SUST. supran. Hierba rastrera originaria de México, de hasta 120 cm de longitud; tallos delgados, muy ramificados, pubescentes o glabros; hojas alternas, divididas en numerosos foliolos de obovado-obtusos a elíptico-obtusos, redondeadas en el ápice, con una espina triangular en la base de cada hoja; flores hermafroditas, pequeñas, de amarillas a anaranjadas, cinco pétalos, uno de ellos más largo, con diez estambres, flores dispuestas en racimos terminales; frutos en legumbres oblongas, comprimidas lateralmente, pubescentes, de color café purpúreo; uso en la medicina tradicional. Familia de las leguminosas, *Chamaecrista hispidula*. (También se llama naguapate, nahuapate).

chicharra. ■ F. **1.** Instrumento musical de cuerda que consta de un pequeño cilindro cerrado por un extremo y una cuerda de tripa de cerdo en su interior que se hace vibrar. || **2.** Pasta hecha con maíz y frijol molido, con forma parecida a la de una cigarra, que se consume en ciertas ceremonias indígenas. || **3.** supran. Colilla del cigarrillo de marihuana. ■ INTERJ. **¡chicharra!** eufem. **¡chingados!**

chicharrear. ■ INTR. **1.** Cantar la chicharra: "No pude dormir, esos insectos chicharrearon durante toda la noche". || **2.** supran. Producir algo un sonido desagradable: "Tu coche chicharrea mucho".

chicharreo. ■ M. **1.** Canto de la chicharra. || **2.** Emisión de un sonido desagradable.

chicharrero, ra. ■ M. y F. Ladrón que fuerza cerraduras con habilidad.

chicharriento, ta. ■ ADJ. supran. *Referido a un sonido*, que es áspero e intermitente: “Apaga la música, me molesta esa canción chicharrienta”.

chicharro. ■ M. Pez marino, de distribución en el Pacífico, de hasta 80 cm de longitud; con cuerpo alargado, con aletas radiadas, de ocho a nueve espinas dorsales. Familia de los carángidos del orden Perciformes, *Trachurus symmetricus*. (También se llama charro).

chicharrón. ■ M. **1.** Fritura de harina de trigo de apariencia similar a la piel frita de cerdo. || **2.** fam. Pecho de una mujer. || **3.** *En el Noroeste*, residuo de la carne de res o puerco que queda en el fondo del cazo. || **4.** supran. Piel de cerdo seca y frita. ■ LOC. **~ prensado.** LOC. SUST. Alimento preparado con los restos de la carne que se desprende de la piel del cerdo cocinada en su propia grasa. ▷ **~ preparado.** LOC. SUST. Fritura de harina de trigo grande sobre la que se pone mayonesa, col, cueritos, jitomate, aguacate, queso y salsa.

chicharronada. ■ F. supran. Comida en la que el plato principal es el chicharrón.

chicharroneada. ■ F. **chicharronada.**

chicharronear. ■ INTR. supran. Freír chicharrones: “Chicharronea cuando el aceite esté muy caliente”.

chicharronero, ra. ■ ADJ. **1.** supran. Perteneciente o relativo al chicharrón: “Mis vecinos pusieron un negocio chicharronero”. || **2.** *Referido a algo*, de poca importancia: “Alicia publicó un libro chicharronero”. || **3.** supran. *Referido a persona*, que gusta de comer chicharrón: “Efraín es muy chicharronero, ¡cómo no engorda!”. Ú.t.c.sust.: “Efraín es un chicharronero, ¡cómo no engorda!”. ■ M. y F. **4.** Ladrón que fuerza una cerradura con habilidad; chicharrero. || **5.** supran. Persona que se dedica a preparar y vender chicharrones.

chiche. ■ ADJ. **1.** supran. *En el Sureste, referido a persona*, que es blanca y rubia; chel: “La secretaria tuvo una hija chiche y ella es apiñonada”. ■ F. **2.** supran. Cada una de las mamas de una hembra; chichi.

chichero. ■ M. supran. fam. Prenda íntima femenina que sirve para sujetar el busto; sostén.

chichi. ■ F. **1.** Prominencia parecida a un pezón. || **2.** *En el Sureste*, miga de pan. || **3.** supran. Cada una de las mamas de una hembra. ■ LOC. **chichis de lágrima caída.** LOC. SUST. **chichis de lágrima llovida.** ▷ **chichis de lágrima llovida.** LOC. SUST. Busto femenino pequeño, flácido y caído.

chichí. ■ F. **1.** Nodriza. || **2.** *En el Sureste*, abuela. ■ COM. **3.** supran. Bebé: “Ya nació la nueva chichí de mi hermana”.

chichibe. ■ M. **chichituna.**

chichicamole. ■ M. Hierba trepadora originaria de México, de hasta 5 m de longitud, monoica; tallos con zarcillos presentes; hojas alternas, enteras o con forma de estrella, con tres, cinco o siete lóbulos, hirsutas, ásperas, con margen finamente aserrado; flores unisexuales, pequeñas, campanuladas, amarillas, agrupadas en racimos; frutos pepónides, ovoides, pueden tener algunas espinas, de color verdoso a amarillo; una sola semilla. Familia de las cucurbitáceas, *Sicyos deppei*, aunque otras especies de cucurbitáceas reciben este mismo nombre, como *Microsechium ruderale*. (También se llama ximacol).

chichicaquítl. ■ M. **cerraja.**

chichicascle. Véase **chichicastle.**

chichicaste. Véase **chichicastle.**

chichicastle. ■ M. **1.** supran. Grupo de diferentes especies de hierbas o arbustos originarios de América, de hasta 80 cm de altura, monoicos o dioicos; tallos con pelillos urticantes; hojas opuestas, enteras, de ovadas a lanceoladas, con margen dentado y también con pelos urticantes; flores unisexuales, diminutas, con cuatro pétalos de color amarillo verdoso, agrupadas en espigas o glomérulos; frutos aquénicos, pequeños, comprimidos. Familia de las urticáceas, varias especies del género *Urtica*, como *Urtica dioica*, *Urtica urens*. (También se llama chichicascle, chichicaste, chichicate, ortiga). || **2.** supran. Individuo del **chichicastle**. || **3.** supran. Raíz de los individuos del **chichicastle**; uso en la medicina tradicional. ■ COM. **4.** Persona mordaz: “Juan es un chichicastle, siempre causa polémicas”. || **5.** Persona colérica: “Al chichicastle de Octavio nada le parece”.

chichicate. Véase **chichicastle.**

chichichbe. ■ M. Arbusto originario de América, de hasta 1 m de altura, monoico; tallos con pelos estrellados; hojas alternas, enteras, de ovadas a lanceoladas, con margen dentado; flores hermafroditas, vistosas, con cinco pétalos amarillos o anaranjados, con numerosos estambres unidos que forman una columna central; frutos capsulares que se parten en diez o 14 segmentos, comprimidos; cada uno con una semilla. Familia de las malváceas, *Malvastrum coromandelianum*.

chichicle. ■ M. *En minería*, formación cristalina de diversas formas y colores que se extrae de las minas.

chichicuilote, ta. ■ ADJ. **1.** fest. *Referido a persona*, de piernas largas y delgadas: "Buscan a una modelo chichicuilota". Ú.t.c.sust.: "Solamente los chichicuilotes se ven bien con ese modelo de pantalón". ■ M. **2.** Grupo de aves limícolas de amplia distribución, de hasta 70 cm de longitud; con plumaje regularmente opaco, de tonos grises y cafés, con leves manchas oscuras en patrones crípticos; con pico fino de longitud variable según la especie; la garganta y el abdomen pueden tener coloraciones más tenues dependiendo de la especie; en temporada reproductiva pueden mostrar tonalidades más vivas en su plumaje; con cola pequeña redondeada; con patas delgadas y largas; viven en sitios abiertos y semiabiertos, pastizales y zonas pantanosas; comestible. Familias de los carádridos, los escolopácidos y los rálidos del orden Charadriiformes y Gruiformes, varias especies de los géneros *Calidris* y *Phalaropus*. || **3.** Individuo de este grupo de aves.

chichifear. ■ TR. **1.** Explotar un hombre a una prostituta. ■ INTR. **2.** *Entre homosexuales*, prostituirse un hombre.

chichifeo. ■ M. **1.** Explotación de un hombre a una prostituta. || **2.** *Entre homosexuales*, prostitución de un hombre.

chichifo. ■ M. **1.** despect. Hombre que se beneficia del trabajo de una prostituta; padrote. **2.** despect. *Entre homosexuales*, hombre que se prostituye.

chichigua. ■ F. **1.** Árbol que da sombra. || **2.** supran. rur. Hembra que está criando. || **3.** supran. rur. Mujer que cría a un niño que no es su hijo.

chichihua. ■ F. **chichigua.**

chichil. ■ M. Mineral cristalizado de diversas formas y colores llamativos.

chichilasa. ■ F. Mujer atractiva de mal carácter.

chichimeca. ■ ADJ. **1.** Perteneciente o relativo al grupo étnico establecido en el estado de Guanajuato: "El aguamiel chichimeca estuvo muy sabroso". || **2.** Perteneciente o relativo a la lengua otomangue del subgrupo lingüístico otopame: "El vocabulario chichimeca está desapareciendo". || **3.** Perteneciente o relativo a cualquiera de los pueblos prehispánicos, seminómadas, que habitaron el centro-norte de México: "El arsenal chichimeca tenía arcos y flechas". || **4.** Natural o procedente del grupo étnico establecido en el estado de Guanajuato: "Los campesinos chichimecas realizan faenas para arreglar sus construcciones". || **5.** Natural o procedente de cualquiera de los pueblos prehispánicos, seminómadas, que habitaron el centro-norte de México: "Los jefes chichimecas eran desafiados para ser sucedidos". ■ M. **6.** Grupo étnico establecido en el estado de Guanajuato. || **7.** Conjunto de pueblos prehispánicos, seminómadas, que habitaron el centro-norte de México. || **8.** Lengua otomangue del subgrupo lingüístico otopame. ■ F. **9.** supran. Hierba originaria de América, de hasta 2 m de altura, monoica; tallos rojizos con estrías longitudinales; hojas alternas y helicoidales, enteras, de ovadas a lanceoladas, verdes, a veces teñidas de rojo, membranáceas; flores hermafroditas, diminutas, con cinco tépalos de color verde, dispuestas sobre largas espigas; frutos capsulares, globosos o subglobosos, pequeños, de apertura transversal; semilla única, aplanada, de globosa a ovoide, de color café rojizo a negro; uso forrajero y en la medicina tradicional. Familia de las amarantáceas, *Amaranthus hybridus*. (También se llama amaranto silvestre, bledo, quelite, quelite morado, quiltonil, quintonil). || **10.** supran. Hoja tierna de esta hierba; comestible. || **11.** supran. Tallo tierno de esta hierba; comestible. ■ COM. **12.** Persona natural o procedente del grupo étnico establecido en el estado de Guanajuato: "Las chichimecas cocinarán para la fiesta patronal". || **13.** Persona natural o procedente de cualquiera de los pueblos prehispánicos, seminómadas, que habitaron el centro-norte de México: "Los chichimecas oraban y danzaban antes de ir a la guerra". ■ LOC. **~ jonaz.** LOC. ADJ. **1.** Perteneciente o relativo al **chichimeca jonaz**: "El aguamiel chichimeca jonaz estuvo muy sabroso". || LOC. SUST. **2.** Grupo étnico establecido en el estado de Guanajuato. || **3.** Conjunto de pueblos prehispánicos, seminómadas, que habitaron el centro-norte de México. || **4.** Lengua otomangue del subgrupo lingüístico otopame.

chichimeco, ca. ■ ADJ. **1.** Perteneciente o relativo al grupo étnico establecido en el estado de Guanajuato; meco: "El cuento chichimeco sobre un conejo y un coyote me lo contó la abuela". || **2.** Perteneciente o relativo a la lengua otomangue del subgrupo lingüístico otopame; meco: "La lengua chichimeca es hablada por poco más de dos mil personas". || **3.** Perteneciente o relativo a cualquiera de los pueblos prehispánicos, seminómadas, que habitaron el centro-norte de México; meco: "Los jefes chichimecos eran desafiados para ser sucedidos". || **4.** Natural o procedente del grupo étnico establecido en el estado de Guanajuato; meco: "La población chichimeca realiza faenas para arreglar sus construcciones". Ú.t.c.sust.: "El chichimeco participa en el arreglo de las construcciones". || **5.** Natural o procedente de cualquiera de los pueblos prehispánicos, seminómadas, que habitaron el centro-norte de México; meco: "Los hombres chichimecos oraban y danzaban antes de ir a la guerra". Ú.t.c.sust.: "Los chichimecos oraban y danzaban antes de ir a la guerra". ■ M. **6.** Grupo étnico establecido en el estado de Guanajuato; meco. || **7.** Conjunto de pueblos prehispánicos, seminómadas, que habitaron el centro-norte de México; meco. || **8.** Lengua otomangue del subgrupo lingüístico otopame; meco. || **9.** Arbusto originario de América, de hasta 5 m de altura, monoico; hojas opuestas, enteras, de elípticas a lanceoladas, pilosas o no; flores hermafroditas, pequeñas, campanuladas, blancas, agrupadas en panículas; frutos abayados, globosos, de 1 cm de diámetro, negros; semillas diminutas y ovadas. Familia de las solanáceas, *Solanum argentinum*. ■ LOC. **~ jonaz.** LOC. ADJ. **1.** Perteneciente o relativo al **chichimeco jonaz**; meco: "El aguamiel chichimeco jonaz estuvo muy sabroso". || LOC. SUST. **2.** Grupo étnico establecido en el estado de Guanajuato; meco. || **3.** Conjunto de pueblos prehispánicos, seminómadas, que habitaron el centro-norte de México; meco. || **4.** Lengua otomangue del subgrupo lingüístico otopame; meco.

chichimoco. ■ M. Mamífero originario de América, de hasta 20 cm de longitud; partes superiores grisáceas con franjas de color pardo oscuro y franjas más claras de color crema; es muy ágil, se le suele ver escalando laderas; no almacena grasa corporal, por lo que en invierno crea una "bodega" de alimentos; se alimenta de semillas, frutas, hierbas y pequeños animales, como insectos, ranas, salamandras y culebras. Familia de los esciúridos del orden Rodentia, *Tamias dorsalis*. (También se llama ardilla rayada).

chichinar. ■ TR. pop. Chamuscar; achichinar: "La flama del bóiler le chichinó las pestañas".

chichipe. ■ M. **chichituna.**

chichiquelite. ■ M. Hierba originaria de América, de hasta 1.5 m de altura, monoica; hojas opuestas, enteras, de ovadas a lanceoladas, pilosas o no, a veces con margen crenado; flores hermafroditas, pequeñas, campanuladas, blancas, con el centro morado, agrupadas en umbelas; frutos abayados, globosos, de 1 cm de diámetro, negras; semillas diminutas, ovadas. Familia de las solanáceas, *Solanum nigrescens*.

chichiquil. ■ M. *En Veracruz*, tamal que se prepara con masa de maíz y ejotes, cocido al vapor.

chichita. ■ LOC. **~ de burro.** LOC. SUST. Cactus originario de México, de hasta 10 cm de altura, monoico; tallos de globosos a cilíndricos, de color verde a grisáceo, con numerosas proyecciones cónicas en cuyo ápice tienen muchas espinas; flores hermafroditas, vistosas, en forma de embudo, con gran cantidad de pétalos de color amarillo a dorado, con líneas de rojizas a rosadas, con numerosos estambres de color blanco amarillento; frutos abayados, subglobosos, de color blanco a amarillo; semillas numerosas, pequeñas, cafés. Familia de las cactáceas, *Coryphantha connivens*.

chichituna. ■ F. **1.** Cactus arbustivo o arborescente originario de México, de hasta 5 m de altura, monoico; tallos con seis a ocho costillas, de color verde claro, con numerosas espinas; flores hermafroditas, pequeñas, con numerosos tépalos y estambres de color blanco a amarillento; frutos abayados, ovoides, rojos, espinosos; semillas numerosas, pequeñas, negras. Familia de las cactáceas, *Polaskia chichipe*. (También se llama chichibe, chichipe). || **2.** Fruto de la **chichituna**; comestible.

chicho, cha. ■ ADJ. **1.** *Referido a algo*, que es de excelente calidad: "Este motor está más chicho que el viejo". || **2.** *Referido a algo*, que es bonito: "Tu camisa está muy chicha". || **3.** *Referido a persona*, hábil: "Benito es muy chicho en ajedrez". Ú.t.c.sust.: "Benito es un chicho en ajedrez".

chichón, na. ■ ADJ. supran. vulg. *Referido a alguien*, de mamas grandes. Ú.t.c.sust.

chichudo, da. ■ ADJ. **chichón, na.**

chiclanero. ■ M. rur. Caballo sin testículos.

chicle. ■ M. gralizado. Gomorresina que se extrae del tronco del chicozapote. ■ COM. supran. Persona que llega a ser molesta para otra por estar siempre con ella: "Daniela es una chicle, estuvo en mi casa todo el fin de semana".

chiclería. ■ F. supran. Lugar de explotación del chicle.

chicloso. ■ M. **1.** Dulce blando y suave de diversos sabores con la consistencia del chicle. || **2.** supran. Dulce tradicional de leche con la consistencia del chicle.

chico, ca. ■ ADJ. **1.** fest. Grande: "Le dieron chica madriza y hasta al hospital fue a parar". ■ M. **2.** Vaso pequeño de pulque. ■ M. PL. **3.** *En Sonora*, granos de maíz deshidratados. || **4.** *En Sonora*, guiso caldoso hecho a base de estos granos, tomate, cebolla, ajo, cilantro y chile colorado. ■ LOC. **chico, grande y mameluco.** LOC. SUST. vulg. Práctica sexual que consiste en penetración anal, vaginal y felación.

chicocuchi. ■ M. **1.** Árbol originario de América, de hasta 20 m de altura, monoico; troncos firmes y abombados; hojas alternas, deciduas, divididas en cinco foliolos elípticos; flores hermafroditas, vistosas, con cinco pétalos de blancos a rosados, con numerosos estambres blancos o rosados, cuya forma se asemeja a la de una escobilla; frutos capsulares, elipsoides, cafés; semillas globosas, rodeadas de pelos algodonosos; cortezas, uso en la medicina tradicional. Familia de las malváceas, *Pseudobombax ellipticum*. (También se llama amapola, bailarina, cabello de ángel, coquito, jilosúchil, lele, mocoque, silosúchil, sospó, xiloxóchitl). || **2.** Flor del **chicocuchi**; uso ornamental y en la medicina tradicional.

chicol. ■ M. rur. Vara provista de un gancho que sirve para recoger frutas en los árboles.

chicole. ■ M. **chicol.**

chicoleada. ■ F. **chicoleo.**

chicolear. ■ TR. **1.** Hacer gestos de cariño a alguien: "El abuelo chicolea a los niños siempre". || **2.** *En el Sureste*, agitar un líquido dentro de un recipiente tapado: "No chicolees el refresco porque te va a estallar".

chicoleo. ■ M. **1.** Acto de hacer gestos de cariño. || **2.** *En el Sureste*, agitamiento de un líquido dentro de un recipiente tapado.

chicolero, ra. ■ ADJ. *Referido a persona*, que gusta de hacer gestos de cariño: "Tu papá es muy chicolero con sus nietos". Ú.t.c.sust.: "Tu papá es un chicolero con sus nietos".

chicomucelteca. ■ ADJ. **1.** Perteneciente o relativo al **chicomucelteca**: "El territorio chicomucelteca estaba formado por algunas localidades en México y otras en Guatemala". || **2.** Natural o procedente del grupo étnico **chicomucelteca**: "Algunos hombres chicomucelteca vivieron en tierras que en la actualidad pertenecen a Guatemala". ■ M. **3.** Grupo étnico que habitaba la parte sureste de Chiapas. || **4.** Lengua maya del grupo lingüístico huastecano. ■ COM. **5.** Persona natural o procedente del grupo étnico **chicomucelteca**: "Algunos chicomuceltecas vivieron en tierras que en la actualidad pertenecen a Guatemala".

chicomucelteco, ca. ■ ADJ. **1.** Perteneciente o relativo al **chicomucelteco**: "La lengua chicomucelteca ya no se habla en la actualidad". || **2.** Natural o procedente del grupo étnico **chicomucelteco**: "Algunos hombres chicomuceltecos vivieron en tierras que en la actualidad pertenecen a Guatemala". Ú.t.c.sust.: "Algunos chicomuceltecos vivieron en tierras que en la actualidad pertenecen a Guatemala". ■ M. **3.** Grupo étnico que habitaba la parte sureste de Chiapas. || **4.** Lengua maya del grupo lingüístico huastecano.

chicomuselteco, ca. Véase **chicomucelteco, ca.**

chicotazo. ■ M. **1.** Movimiento brusco. || **2.** Descarga eléctrica.

C

chicote. ■ M. **1.** Cable de transmisión mecánica entre las palancas de un vehículo y los dispositivos que controlan, como pueden ser el acelerador o el freno. || **2.** supran. Especie de látigo largo, delgado y flexible, que suele terminar con un conjunto unido de tiras de cuero o cuerda y se usa para avivar o castigar a las caballerías.

chicotear. ■ TR. **1.** Molestar a alguien: "Ricardo chicotea a su hermano sin parar". || **2.** Apremiar a alguien para que haga algo con rapidez: "Chicoteamos a Joaquín todo el día para que entregara resultados". || **3.** supran. Dar chicotazos a alguien: "Lo chicotearon en su casa por peleonero". ■ INTR. **4.** Moverse algo bruscamente: "Con el frenón del coche chicoteó mi cabeza y me lastimé el cuello".

chicoteo. ■ M. Acción y resultado de chicotear.

chicotera. ■ F. **culebra chirriadora.**

chicoyote. ■ M. *En el Sur*, hierba rastrera originaria de México, de hasta 7 m de longitud, monoica; raíces con tubérculos pequeños; tallos hirsutos; hojas alternas, enteras, con tres a cinco lóbulos, con margen denticulado, ásperas, zarcillos presentes; flores unisexuales, vistosas, campanuladas, de amarillas a anaranjadas; frutos pepónides, globosos, de hasta 6 cm de diámetro, verdosos con líneas amarillas; semillas numerosas, aplanadas, elípticas. Familia de las cucurbitáceas, *Cucurbita radicans*. (También se llama sanacoche).

chicozapote. ■ M. **1.** Árbol originario de América, de hasta 20 m de altura, monoico; troncos gruesos y rectos, de corteza gris verdoso y madera blanquecina, de las incisiones en el tronco destila un látex lechoso y pegajoso; hojas alternas, enteras, lanceoladas, lanuginosas por el envés; flores hermafroditas, pequeñas, blancas y fragantes, aglomeradas en el ápice de las ramas; frutos drupáceos, de subglobosos a elipsoides, carnosos y jugosos, de color café; semillas elipsoides, aplanadas, negras; jugo lechoso que emana de las incisiones hechas en el tronco, conocido como chicle, uso industrial; madera, uso en la construcción de casas. Familia de las sapotáceas, *Manilkara zapota*. (También se llama quelachina, zapote chico, zapote de abejas, zapotillo). || **2.** Fruto del **chicozapote**; comestible; uso en la medicina tradicional.

chicuace. ■ ADJ. **1.** rur. *Referido a persona*, que tiene seis dedos en una mano o en un pie: "Aprendí a bailar con una maestra chicuace". ■ COM. **2.** rur. Persona que tiene seis dedos en una mano o en un pie: "Matilde es una chicuace, pero aun así baila muy bien".

chicuate. ■ M. Ave originaria de América, de hasta 30 cm de longitud; de color pardo, con cabeza redonda, patas largas y cola recortada; cuando se agita, cabecea y se mueve de arriba abajo. Familia de los estrígidos del orden Estrigiformes, *Athene cunicularia*. (También se llama búho, chicuatotol, tecolote).

chicuatotol. ■ M. **chicuate.**

chicuaz. Véase **chicuace.**

chido, da. ■ ADJ. **1.** fam. Bonito: "Te traje el regalo más chido que encontré". || **2.** fam. Bueno: "La plática se pone chida con José". || **3.** fam. *Referido a persona*, amigable: "Me gusta salir con Rafael porque es muy chido".

chido. ■ ADV. **4.** fam. Bien: "El tendero prepara chido el café". || **5.** fam. Se usa para expresar afirmación o confirmación; sí: "—¿Vamos al cine? —Chido". ■ LOC. **~ liro.** LOC. ADV. **chido.** ▶ ***~ one.*** *[guán]* LOC. ADV. **chido.** ■ EXPR. **¡~ *one*!** *[guán]* **1.** fam. Se usa para manifestar acuerdo o entendimiento; chido: "—¿Vamos al cine después de clases? —¡Chido *one*!". || **2.** fam. Se usa para indicar sorpresa; chido: "¡Chido *one*!, me gané el premio". ■ INTERJ. **chido. 1.** fam. Se usa para manifestar acuerdo o entendimiento: "—¿Vamos al cine después de clases? —¡Chido!". || **2.** fam. Se usa para indicar sorpresa: "¡Chido el aguacero!".

chiero, ra. ■ M. y F. Persona que se dedica a vender aguas frescas, como la chía, en un puesto ambulante.

chifla. ■ F. Mal humor: "Bruno trae una chifla que nadie lo aguanta".

chifladera. ■ F. eufem. **chingadera.**

chiflar. ■ INTR. **1.** Cantar las aves: "Los canarios chiflan desde temprano". ■ LOC. **~ a su máuser.** (Juego de palabras entre chiflar y chingar y entre máuser y madre). LOC. VERB. eufem. **chingar a su madre.**

chiflársela. ■ INTR. PRNL. **2.** fam. Perder una oportunidad: "Carlos ya se la chifló con esa chica".

chiflido. ■ LOC. **en un ~.** LOC. ADV. **1.** fam. De manera rápida: "Luis terminó la tarea en un chiflido". || **2.** fam. De manera inmediata: "No te preocupes, llego a tu casa en un chiflido".

chiflis. ■ ADJ. **1.** supran. *Referido a persona*, loca: "No le hagas mucho caso a Joel, está muy chiflis". ■ COM. **2.** supran. Persona loca: "No le hagas mucho caso a Joel, es un chiflis".

chiflón. ■ M. **1.** Derrumbe de piedra suelta en el interior de las minas. || **2.** fest. Ano. || **3.** supran. Corriente de aire que pasa a través de un espacio estrecho, especialmente en un edificio o una vivienda. || **4.** supran. Boquilla con una válvula que regula la presión de salida de una manguera.

chiflonazo. ■ LOC. **de ~.** LOC. ADV. **1.** fam. Rápidamente: "Pintó el cuarto de chiflonazo". || **2.** fam. Inmediatamente: "Se salió de chiflonazo en cuanto lo llamaron".

chihuahua. ■ INTERJ. **¡chihuahua!** Se usa para expresar sorpresa o contrariedad: "¡Chihuahua! ¿Por qué no llegabas?".

chihuahuense. ■ ADJ. **1.** Perteneciente o relativo a la ciudad o al estado de Chihuahua: "Muchos cultivos chihuahuenses se vieron afectados por el frío". || **2.** Natural o procedente de la ciudad o del estado de Chihuahua: "Los estudiantes chihuahuenses que llegaron son muy estudiosos". ■ COM. **3.** Persona natural o procedente de la ciudad o del estado de Chihuahua: "Los chihuahuenses que llegaron son alumnos muy estudiosos".

chihuahueño, ña. ■ ADJ. **1.** Perteneciente o relativo al estado de Chihuahua; chihuahuense: "Muchos pueblos chihuahueños se vieron afectados por el frío". || **2.** Natural o procedente del estado de Chihuahua; chihuahuense: "Las estudiantes chihuahueñas que llegaron son personas muy amables". Ú.t.c.sust.: "Las chihuahueñas que llegaron son personas muy amables".

chihuó. Véase **chiwó**.

chilacaste. ■ M. **chilacastle.**

chilacastle. ■ M. **1.** Grupo de diferentes especies de hierbas dulceacuícolas diminutas de distribución cosmopolita, monoicas; sin tallos; hojas solitarias o en grupos de cuatro, de forma elíptica u obovada, verdes o con tonos rojizos o amarillentos, con margen entero o denticulado; flores unisexuales, diminutas, sin pétalos, a veces cubiertas por una bráctea o espata incolora o verdosa; frutos utriculares, pequeños; de una a cuatro semillas. Familia de las aráceas, varias especies de los géneros *Lemna*, *Spirodela*, *Wolffia* y *Wolffiella*. (También se llama aclasole, chilacaste, chilicastle, lentejilla). || **2.** Individuo del **chilacastle**. || **3.** Hoja de los individuos del **chilacastle**; uso agropecuario.

chilacayota. ■ F. Planta trepadora de amplia distribución en México; tallos glabros, armados con espinas gruesas, recurvadas; hojas oblongas y lanceoladas, de hasta 30 cm de largo; flores monopétalas, de color blanco, en grandes racimos; frutos globosos, rojos; semillas pardas. Familia de las solanáceas, *Solanum refractum*. (También se llama toronja).

chilacayote. ■ M. **1.** supran. Hierba rastrera originaria de América, de hasta 6 m de longitud, monoica; tallos ásperos de olor fétido, zarcillos presentes; hojas alternas, enteras, ovadas, con margen sinuado-denticulado, ásperas, verdes grisáceas; flores unisexuales, vistosas, campanuladas, amarillas; frutos pepónides, globosos, de hasta 6 cm de diámetro, verdosos con franjas blanquecinas. Familia de las cucurbitáceas, *Cucurbita ficifolia*. || **2.** supran. Fruto del **chilacayote**; comestible.

chilacayotera. ■ F. supran. Hierba del chilacayote.

chilamate. ■ M. **1.** supran. Grupo de diferentes especies de árboles originarios de América, de hasta 20 m de altura, monoicos; troncos gruesos, con corteza suave, generalmente con raíces tubulares; hojas alternas, enteras, ovadas o acorazonadas, con secreción de látex al romperlas; flores diminutas que crecen en el interior de una cubierta carnosa de forma esférica, comúnmente llamada higo, donde se alojan también los frutos. Familia de las moráceas, varias especies del género *Ficus*. || **2.** supran. Individuo del **chilamate**.

chilandrajoso, sa. ■ ADJ. **chilapastroso, sa.**

chilango, ga. ■ ADJ. **1.** Perteneciente o relativo a Ciudad de México: "La imaginación culinaria chilanga no tiene límites". || **2.** Natural o procedente de Ciudad de México: "Muchas personas chilangas están encontrando en su azotea un espacio para sobrevivir al

C

confinamiento". Ú.t.c.sust.: "Muchos chilangos están encontrando en su azotea un espacio para sobrevivir al confinamiento".

chilapastroso, sa. ■ ADJ. despect. Andrajoso. Ú.t.c.sust.

chilapeño. ■ M. Sombrero de paja que tradicionalmente se fabrica en Chilapa de Álvarez, municipio del estado de Guerrero.

chilaquiles. ■ M. PL. Guiso elaborado con tortillas de maíz troceadas, fritas y, posteriormente, bañadas y brevemente reposadas en una salsa caliente, generalmente de jitomate o tomate verde y chile; se sirve con crema, queso y cebolla.

chilar. ■ M. supran. Terreno cultivado de chiles; chilera.

chilarajo. ■ M. **1.** rur. Espantajo que se coloca en un sembrado, generalmente de chile. || **2.** rur. Prenda de vestir andrajosa.

chilasca. ■ F. supran. Escarabajo originario de América, de hasta 2 cm de longitud; el macho adulto con cuerpo alargado; el protórax cubre su cabeza; el cuerpo puede ir de amarillo parduzco a ambarino o negro; la hembra tiene forma de larva, carece de alas y los élitros son reducidos; larva carnívora; los adultos y sus larvas son bioluminiscentes. Varias especies de la familia de los lampíridos del orden Coleoptera. (También se llama candelilla, luciérnaga).

chilate. ■ M. supran. Bebida hecha con chile, maíz tostado y cacao; típica de Guerrero.

chilatole. ■ M. **chileatole.**

chilayo. ■ M. *En Colima*, guiso preparado con carne de cerdo en una salsa roja o verde.

chilazo. ■ M. rur. Fumigación que se realiza quemando chile para ahuyentar ratones e insectos dañinos. ■ LOC. **al ~.** LOC. ADV. eufem. **al chingadazo.** ▶ **en un ~.** LOC. ADV. eufem. **de (un) chingadazo.**

chilca. ■ F. supran. Arbusto originario de América, de hasta 3 m de altura, monoico; tallos ramosos y pubescentes; hojas alternas, enteras, lanceoladas o espatuladas, con margen ligeramente aserrado o entero; flores hermafroditas, diminutas, amarillas y agrupadas en pequeñas y numerosas cabezuelas, con cinco o seis flores de la periferia con forma de pétalos amarillos; frutos aquénicos, diminutos, subcilíndricos, con un penacho de cerdas blancas en el ápice; hojas, uso en la medicina tradicional. Familia de las compuestas, *Senecio salignus*. (También se llama alzumiate, asomiate amarillo, azomiate, jarilla).

chile. ■ M. **1.** supran. Hierba originaria de América, de hasta 3 m de altura, monoica; hojas alternas, enteras, de elípticas a lanceoladas; flores hermafroditas, pequeñas, campanuladas, blancas; frutos abayados, de gran variedad de formas, tamaños y colores, cada uno con un nombre común diferente; semillas numerosas, pequeñas, circulares, aplanadas, amarillentas. Familia de las solanáceas, *Capsicum annuum*. || **2.** supran. Salsa picante. || **3.** supran. vulg. Pene. || **4.** gralizado. Fruto del **chile**; comestible. ■ LOC. **a medios chiles.** LOC. ADV. A medias, a la mitad: "El trabajo me quedó a medios chiles, me faltó tiempo". ▶ **al (puro) ~.** LOC. ADV. malson. Sin tapujos: "Hablemos al chile, para eso somos amigos". ▶ **~ ancho.** LOC. SUST. supran. El poblano cuando está seco y ha adquirido un color rojo oscuro. ▶ **~ bola.** LOC. SUST. El que es de forma esférica, verde claro cuando está inmaduro y rojo oscuro al madurar; se cultiva en Coahuila, Durango y San Luis Potosí. ▶ **~ capón.** LOC. SUST. *En Puebla*, guiso que se prepara con chile poblano o chilaca, relleno de queso en salsa blanca. ▶ **~ cascabel.** LOC. SUST. El bola cuando está seco y ha adquirido un color café rojizo o guinda. ▶ **~ cascabelillo.** LOC. SUST. **chile cascabel.** ▶ **~ chilaca.** LOC. SUST. El que es angosto, largo, carnoso y verde negruzco. ▶ **~ chilcoste.** LOC. SUST. **chile chilcostle.** ▶ **~ chilcostle.** LOC. SUST. El que es verde oscuro cuando está fresco y de color rojo oscuro a negro cuando está seco; se cultiva en Oaxaca. ▶ **~ chilguacle.** LOC. SUST. **chile chilhuacle.** ▶ **~ chilhuacle.** LOC. SUST. El que es negro, rojo o amarillo y al secarse mantiene su forma original sin arrugarse; se consume seco y se cultiva en Oaxaca. ▶ **~ chipotle.** LOC. SUST. supran. El jalapeño que se seca con humo y adquiere un color rojo o café oscuro; generalmente se consume en adobo. ▶ **~ costeño.** LOC. SUST. El que es de forma cilíndrica o triangular alargada, verde brillante cuando está fresco y de color rojo claro cuando está seco; se cultiva en las costas tropicales. ▶ **~ cuaresmeño.** LOC. SUST. **chile**

jalapeño. ▷ ~ **de árbol.** LOC. SUST. El que es delgado, verde cuando está fresco y de color rojo lustroso cuando está seco. ▷ ~ **en barra.** LOC. SUST. vulg. Pene. ▷ ~ **en nogada.** LOC. SUST. Comida hecha con el poblano asado, desvenado y limpio, relleno de carne molida, acitrón, pasas, nueces, almendras y otros ingredientes; puede ser rebozado en huevo batido, cubierto de una salsa blanca de crema y nuez, que se adorna con granos de granada y perejil. ▷ ~ **girasol.** LOC. SUST. El puya cuando está seco, enjuto y ha adquirido un color rojo parduzco. ▷ ~ **guajillo.** LOC. SUST. El mirasol cuando está seco y ha adquirido un color café rojizo. ▷ ~ **güero.** LOC. SUST. El que es amarillo pálido y un poco translúcido; se consume generalmente en escabeche. ▷ ~ **habanero.** LOC. SUST. El que es de forma más o menos esférica, verde, rojo, anaranjado, blanco, café, amarillo o rosado y muy picante; típico del Sureste. ▷ ~ **jalapeño.** LOC. SUST. supran. El que es grueso, verde oscuro y lustroso; se consume generalmente en escabeche. ▷ ~ **joto.** LOC. SUST. *En Aguascalientes*, **chile guajillo.** ▷ ~ **largo.** LOC. SUST. **chile güero.** ▷ ~ **mirasol.** LOC. SUST. **1.** El que es rojo, mediano y cuya punta se dirige hacia arriba cuando está en la planta. || **2. chile guajillo.** ▷ ~ **mora.** LOC. SUST. **chile morita.** ▷ ~ **morita.** LOC. SUST. El que es rojizo o morado; se consume seco y se cultiva en Veracruz. ▷ ~ **morrón.** LOC. SUST. supran. **chile pimiento.** ▷ ~ **mulato.** LOC. SUST. El poblano cuando está seco y ha adquirido un color negro. ▷ ~ **negro.** LOC. SUST. **chile pasilla.** ▷ ~ **pasilla.** LOC. SUST. El chilaca cuando está seco y ha adquirido un color café oscuro o casi negro. ▷ ~ **pimiento.** LOC. SUST. supran. El que es grueso, de gran tamaño, carnoso y lustroso, anaranjado, amarillo, verde o rojo, con la punta redondeada y no es picante. ▷ ~ **piquín.** LOC. SUST. **1.** Polvo hecho de una o más variedades de chile seco, al que a veces se añade sal y jugo de limón, que se usa para aderezar alimentos. || **2. chiltepín.** ▷ ~ **poblano.** LOC. SUST. supran. El que es grande y ancho, carnoso, verde oscuro y lustroso. ▷ ~ **puya.** LOC. SUST. supran. El que es delgado, verde y chico cuando está fresco, y de color rojo cuando está seco; se cultiva en Chihuahua. ▷ ~ **relleno.** LOC. SUST. supran. Comida hecha con el poblano asado, desvenado y limpio, con queso o carne picada en su interior u otros ingredientes; puede ser rebozado en huevo batido y aderezado con salsas de distintos tipos. ▷ ~ **seco.** LOC. SUST. El deshidratado para su conservación y consumo. ▷ ~ **serrano.** LOC. SUST. El que es verde, pequeño y lustroso cuando está fresco, y de color rojo cuando está seco; muy picante. ▷ ~ **tabasco.** LOC. SUST. supran. **chiltepín.** ▷ ~ **verde.** LOC. SUST. supran. El que es de este color, pequeño, lustroso y muy picante; chile serrano. ▷ ~ **xcatic.** [*shkatík*] LOC. SUST. El que es alargado, amarillo y muy picoso; se cultiva en Yucatán. ▷ **de ~, de dulce y de manteca.** LOC. ADJ. De todo tipo; variado: "En la fiesta había música de chile, de dulce y de manteca". ■ EXPR. **¡al ~!** Se emplea para pedir al interlocutor que diga o haga lo que interesa, sin perderse en detalles o circunloquios: "Déjate de cuentos, ¡al chile!, dime qué pasó cuando no estuve".

chileajo. ■ M. *En Guerrero y Oaxaca*, guiso de chile con carne de cerdo.

chileatole. ■ M. **1.** Bebida hecha de atole de maíz, a la que se añade chile, y que se puede endulzar al gusto, generalmente con piloncillo. || **2.** *En Veracruz*, guiso de carne en una salsa de chile, que se espesa con masa, a la que se añaden granos de maíz.

chilena. ■ F. *En Guerrero y Oaxaca*, composición musical bailable de la familia de los sones, que alterna partes instrumentales y coplas cantadas.

chilera. ■ F. Véase **chilero, ra.**

chilero, ra. ■ ADJ. **1.** Perteneciente o relativo al chile: "La industria chilera reportó un aumento en sus ganancias el año pasado". || **2.** supran. *Referido a persona*, que gusta de comer chile: "Mi mamá es tan chilera que ninguna salsa le pica". Ú.t.c.sust.: "Mi mamá es una chilera, ninguna salsa le pica". ■ M. y F. **3.** supran. Persona que se dedica a cultivar o a vender chiles. ■ F. **4.** supran. Terreno cultivado de chiles; chilar.

chili. ■ M. **chili con carne.** ■ LOC. ~ **con carne.** LOC. SUST. *En el Norte*, guiso de carne y frijoles en una salsa picante hecha de jitomate.

chilib. ■ M. *En el Sureste*, vara delgada que se saca de las hojas de cualquier palmera.

chilicastle. ■ M. **chilacastle.**
chilicoyote. ■ M. Hierba rastrera originaria de América, de hasta 6 m de longitud, monoica; tallos ásperos de olor fétido, con zarcillos presentes; hojas alternas, enteras, ovadas, con margen sinuado-denticulado, ásperas, de color verde grisáceo; flores unisexuales, vistosas, campanuladas, de color amarillo; frutos pepónides, globosos, de hasta 6 cm de diámetro, verdosos con franjas blanquecinas; semillas numerosas, aplanadas, ovadas. Familia de las cucurbitáceas, *Cucurbita foetidissima*.
chililllo. ■ M. **1.** Tornillo. || **2.** Grupo de diferentes especies de hierbas originarias de América, de hasta 1 m de altura, acuáticas o subacuáticas, monoicas; tallos muy ramificados; hojas alternas, enteras, de ovadas a lanceoladas, con glándulas diminutas en forma de puntos, con margen ciliado; flores hermafroditas, diminutas, verdes, blancas, rosas o rojas, agrupadas en espigas o racimos globosos; frutos aquénicos, pequeños, comprimidos. Familia de las poligonáceas, varias especies del género *Persicaria*. || **3.** Individuo de este grupo. || **4.** fam. Disgusto provocado por envidia o por no haber conseguido algo que se deseaba; despecho: "Me dio mucho chilillo que no me invitaras a tu cumpleaños".
chilincual. ■ M. **chinicuil.**
chilindrina. ■ F. Pan dulce suave y esponjado, de forma circular, cubierto de azúcar en granos gruesos.
chilla. ■ F. Miseria: "Ya me cansé de andar siempre en la chilla, no traigo ni para el camión".
chillante. ■ ADJ. supran. *Referido a un color*, muy vivo: "Salió vestida toda de naranja chillante".
chillar. ■ INTR. **1.** fam. Suplicar insistentemente para conseguir algo: "Le chillé mucho para que me perdonara". || **2.** pop. Pagar: "Nada de regalos, chilla y te lo llevas". || **3.** supran. fam. Llorar: "Cuando me machuqué el dedo, chillé mucho". || **4.** supran. fam. Quejarse alguien de sus desgracias: "Ya no soporto al compañero, chilla y chilla por sus descuentos". ■ LOC. **~ la víbora.** LOC. VERB. fest. Practicar el coito.

chillarle. ■ LOC. **~ la ardilla.** LOC. VERB. fest. Tener mal olor de axilas: "Cambia de desodorante porque te chilla la ardilla". ▶ **~ la rata.** LOC. VERB. **chillar la ardilla.** ▶ **~ la tripa.** LOC. VERB. fest. Tener hambre: "A Mario ya le chilla la tripa. Vámonos a comer".

chilletas. ■ ADJ. **1.** *Referido a alguien*, quejumbroso: "Tu colega es bien chilletas, ya fue a la dirección otra vez". || **2.** supran. *Referido a alguien*, llorón: "Mi novio es muy chilletas, de todo se conmueve". ■ COM. **3.** Persona quejumbrosa: "Tu colega es un chilletas, ya fue a la dirección otra vez". || **4.** supran. Persona llorona: "Mi novio es un chilletas, de todo se conmueve".
chillón, na. ■ ADJ. **1.** supran. *Referido a alguien*, quejumbroso: "Tu colega es bien chillón, ya fue a la dirección otra vez". Ú.t.c. sust.: "Tu colega es un chillón, ya fue a la dirección otra vez". || **2.** supran. *Referido a alguien*, llorón: "Mi novio es un chillón, de todo se conmueve". Ú.t.c.sust.: "Mi novio es un chillón, de todo se conmueve".
chillonear. ■ INTR. **1.** Llorar de manera intermitente pero constante: "Ese niño chillonea por todo". || **2.** Suplicar insistentemente para conseguir algo: "Ernesto le chilloneó a su mamá para que le diera el permiso de salir". || **3.** Quejarse alguien de sus desgracias: "Desde que la corrieron, Alicia chillonea todo el tiempo".
chilmol. ■ M. supran. Guarnición de jitomate, cebolla, rábano y chile picados, con sal, pimienta, vinagre o jugo de naranja agria.
chilmole. ■ M. **1.** Salsa preparada con chile, jitomate, especias y condimentos. || **2.** Guiso de carne servido en **chilmole**. || **3. chilmol.**
chilmolera. ■ F. Véase **chilmolero, ra.**
chilmolero, ra. ■ M. y F. **1.** Persona que se dedica a preparar y vender chilmole y otros guisados. ■ F. **2.** Molcajete de barro.
chilnecuatole. ■ M. Atole que se prepara con chile amarillo y se puede endulzar con miel o piloncillo.
chilo, la. ■ ADJ. **1.** fam. *En el Noroeste,* bonito; chido: "Te traje el regalo más chilo que encontré". || **2.** fam. *En el Noroeste,* bueno; chido: "La plática se pone chila con José". || **3.** fam. *En el Noroeste*, amigable; chido: "Me gusta salir con Rafael porque es bien chilo".

chilo. ■ ADV. **4.** fam. *En el Noroeste,* bien; chido: "El tendero prepara chilo el café". || **5.** fam. *En el Noroeste,* sí; chido: "—¿Salimos a comer? —Chilo". ■ INTERJ. **¡chilo!** fam. *En el Noroeste,* se usa para mostrar empatía; chido: "—¿Qué crees? ¡Ya me dieron el trabajo! —¡Chilo!".

chilocle. ■ M. Bebida que se hace con pulque, chile ancho, epazote y ajo.

chilocuil. ■ M. **chinicuil.**

chilorio. ■ M. Guiso de carne de cerdo desmenuzada en una salsa de chile y especias; típico del Noroeste.

chiloso, sa. ■ ADJ. supran. *Referido a un alimento,* picante: "La salsa quedó muy chilosa, ¿me pasas el agua?".

chilote. ■ M. **chilocle.**

chilpachole. ■ M. *En Veracruz,* caldo de jaiba que se prepara con jitomate, epazote y chile.

chilpancingueño, ña. ■ ADJ. **1.** Perteneciente o relativo a la ciudad de Chilpancingo, capital del estado de Guerrero: "Para tu cumpleaños comeremos pozole chilpancingueño". || **2.** Natural o procedente de la ciudad de Chilpancingo, capital del estado de Guerrero: "Una señora chilpancingueña nos enseñó a hacer pozole verde". Ú.t.c.sust.: "Una chilpancingueña nos enseñó a hacer pozole verde".

chilpanxóchitl. [*chilpansóchitl*] ■ M. **1.** Nombre general para varias plantas, como el gordolobo y la caña. || **2.** Hierba originaria de América, de hasta 2 m de altura, monoica; hojas alternas, enteras, ovadas o lanceoladas, con margen finamente aserrado; flores hermafroditas que crecen solitarias en las axilas de las hojas, tubulares, con cinco pétalos de color rojo o amarillo dispuestos en forma de labios; frutos capsulares, cafés, elipsoides; semillas numerosas, diminutas. Familia de las campanuláceas, *Lobelia laxiflora.* (También se llama acasúchil, acaxóchitl). || **3.** Raíz del **chilpanxóchitl**; uso en la medicina tradicional.

chilpayate, ta. ■ M. y F. **1.** Niño. || **2.** Hijo. ■ M. **3.** vulg. Pene.

chilpocle. ■ M. **chipotle.**

chilpotle. ■ M. **chipotle.**

chilsaguate. ■ M. Insecto originario de América, que no rebasa el milímetro de longitud; con cabeza grande que forma ángulo con el vientre; ectoparásito, se introduce en la piel principalmente del pie y produce prurito intenso. Familia de los heptopsílidos del orden Siphonaptera, *Tunga penetrans.*

chiltepín. ■ M. **1.** Hierba originaria de América, de hasta 1 m de altura, monoica; hojas alternas, enteras, de elípticas a lanceoladas; flores hermafroditas, pequeñas, campanuladas, de blancas a verdosas, con cinco estambres de filamentos morados; frutos abayados, de elipsoides a ovoides, de color anaranjado a rojo, picantes; semillas numerosas, pequeñas, circulares, aplanadas, amarillentas. Familia de las solanáceas, *Capsicum frutescens.* (También se llama chile piquín, chile tabasco, chiltipiquín, miracielos). || **2.** Fruto del **chiltepín**; comestible.

chiltipiquín. ■ ADJ. **1.** *Referido a persona,* cascarrabias: "El vecino chiltipiquín no nos deja jugar". ■ M. **2. chiltepín.** ■ COM. **3.** Persona cascarrabias: "El vecino es un chiltipiquín, no nos deja jugar".

chiltomate. ■ M. Salsa de jitomate molido con chile, cebolla y sal, que puede llevar cilantro fresco picado.

chiltote. ■ M. supran. Ave originaria de América, de hasta 25 cm de longitud; su plumaje varía de oscuro a amarillo; la cabeza puede ser amarilla, castaña o negra; presenta la rabadilla y partes ventrales de color castaño oscuro; cuello, espalda, alas y cola son negras; la hembra y el ejemplar joven son generalmente de color verde oliva en la parte superior y verde amarillento en la parte inferior. Familia de los ictéridos del orden Passeriformes, varias especies del género *Icterus.* (También se llama calandria).

chiluca. ■ F. **1.** Roca de gran dureza, de color gris oscuro y con cristales de feldespato, usada en la construcción. || **2.** fest. Cabeza de una persona.

chimal. ■ M. **1.** *En Guanajuato y Querétaro,* estructura de carrizos de hasta 20 m de altura, recubierta de cucharilla, que se levanta en la fachada de las iglesias en algunas fiestas religiosas. || **2.** *En Colima,* cabellera abultada y ensortijada.

chimbo, ba. ■ ADJ. *En Chiapas, referido a persona,* de baja estatura: "Este niño chimbo nomás no da el estirón". Ú.t.c.sust.: "Este chimbo nomás no da el estirón".

chimbombó. ■ M. **1.** supran. Hierba o arbusto originario de África, de hasta 2 m de altura, monoico; tallos de color rojizo; hojas alternas, acorazonadas o lobuladas en tres o cinco lóbulos, con margen aserrado; flores hermafroditas, vistosas, con cinco pétalos amarillos y de color rojo en la base, flores solitarias en las axilas de las hojas; frutos capsulares, cónicos, de color amarillo a rojo; semillas numerosas, pequeñas, esféricas, grises. Familia de las malváceas, *Abelmoschus esculentus*. (También se llama angú, gombo, quimbombó). || **2.** supran. Fruto del **chimbombó**; comestible. || **3.** supran. Hoja del **chimbombó**; uso en la medicina tradicional.

chimeco, ca. ■ ADJ. **1.** *Referido a alguien*, que está sucio: "La gata chimeca ya necesita un baño". Ú.t.c.sust.: "La chimeca ya necesita un baño". ■ M. **2.** Transporte interurbano propio de la periferia capitalina, generalmente en malas condiciones.

chimichanga. ■ F. supran. Comida que se prepara con una tortilla de trigo rellena con algún tipo de carne, enrollada y frita; se sirve con crema, lechuga y alguna salsa; típica del Norte.

chimicuil. ■ M. **chinicuil.**

chimiscolear. ■ INTR. Chismorrear: "Chimiscoleas todo el tiempo con la vecina".

chimiscoleo. ■ M. **chismorreo.**

chimiscolero, ra. ■ ADJ. *Referido a persona*, chismosa: "El vecino chimiscolero no deja de preguntar sobre la vida de los demás". Ú.t.c. sust.: "El vecino es un chimiscolero, no deja de preguntar sobre la vida de los demás".

chimiscolo, la. ■ ADJ. **chimiscolero, ra.**

chimistreta. ■ F. *En el Occidente*, objeto cualquiera.

chimisturre. ■ M. Mezcla bebible de destilados de baja calidad; chimisturria.

chimisturria. ■ F. **1.** Mezcla bebible de destilados de baja calidad. || **2.** supran. Objeto inútil y de poco valor.

chimo. ■ M. *En el Sureste*, aguardiente.

chimole. ■ M. **chilmol.**

chimolero, ra. ■ ADJ. **1.** *Referido a persona*, que gusta de comer chilmol o chilmole: "Lucrecia es muy chimolera, acaba de comerlo y ya quiere más". Ú.t.c.sust.: "Lucrecia es una chimolera, acaba de comerlo y ya quiere más". || **2.** *Referido a persona*, fastidiosa: "Los hijos de Luis son tan chimoleros que no los soporto". Ú.t.c.sust.: "Los hijos de Luis son unos chimoleros, no los soporto". ■ M. y F. **3.** Persona que se dedica a preparar o a vender chilmol o chimole.

chimotal. ■ M. *En Colima*, equipal de gran tamaño.

chimuelo, la. ■ ADJ. **1.** supran. *Referido a alguien*, que carece de uno o más dientes: "El boxeador se quedó chimuelo en la pelea". Ú.t.c.sust.: "Ese chimuelo perdió la pelea". ■ M. **2.** fest. Ano. ■ EXPR. **cualquier ~ masca tuercas.** coloq. **hasta el más chimuelo masca tuercas.** ▶ **hasta el más ~ masca tuercas.** coloq. Se usa para indicar que, en un grupo, incluso el menos capacitado de sus integrantes es muy capaz; hasta el más tullido es alambrista: "Pues dirás lo que quieras de nosotros, pero aquí hasta el más chimuelo masca tuercas.

chin. ■ EXPR. **¡chin, chin! 1.** Se usa para amenazar: "¡Chin, chin! Si no vienes mañana". || **2.** Se usa para mostrar inconformidad: "—Tenemos que venir todos mañana. —¡Chin, chin!, yo no vengo". ■ INTERJ. **¡chin!** Se usa para expresar sorpresa o contrariedad: "¡Chin! ¡Olvidé las llaves!".

china. ■ F. Véase **chino, na.**

chinaca. ■ F. Véase **chinaco, ca.**

chinacaste. ■ M. **chincaste.**

chinacastear. ■ TR. rur. *En el Sureste*, preñar a una hembra: "El caballo más joven chinacasteó a la yegua".

chinacasteo. ■ M. rur. *En el Sureste*, hecho de preñar a una hembra.

chinacate. ■ ADJ. **1.** *Referido a un ave*, que no tiene plumas en la rabadilla: "Cámbieme la gallina porque está chinacate". ■ M. **2.** Murciélago.

chinaco, ca. ■ ADJ. **1.** despect. *Referido a persona*, que lleva la ropa sucia, vieja o rota: "Gustavo es muy chinaco, necesita otra ropa". Ú.t.c.sust.: "Gustavo es un chinaco, necesita otra ropa". ■ M. y F. **2.** despect. Persona de bajo estrato social y cultural. ■ M. **3.** Campesino a caballo que combatió en el bando liberal durante la Intervención francesa y que utilizaba sombrero de ala ancha, chaqueta corta y pantalón de gamuza abierto. ■ F. **4.** despect.

Conjunto de pobres. ■ LOC. **chinaca popular.** LOC. SUST. despect. Grupo de personas de bajo estrato social y cultural.

chinamel. ■ M. **chinámil.**

chinámel. ■ M. **chinámil.**

chinamil. ■ M. **chinámil.**

chinámil. ■ M. rur. Seto o valla de cañas que forma parte de la estructura de una vivienda rústica construida con materiales austeros.

chinamitla. ■ F. rur. Choza pequeña de paja.

chinamitle. ■ ADJ. **1.** *Referido a persona*, andrajosa: "Juan llegó todo chinamitle de su excursión". ■ M. **2. chinámil.** ■ COM. **3.** Persona andrajosa: "Llevaron a Juan, el chinamitle del barrio, a un albergue".

chinampa. ■ F. Plataforma flotante construida con troncos, cañas y tierra, que sirve para sembrar flores y hortalizas; típica de Xochimilco y Tláhuac: "Compramos las verduras en una chinampa".

chinampear. ■ INTR. **1.** Rehuir un compromiso: "Miguel chinampeó, y ya no hicimos trato". || **2.** *En una pelea de gallos*, huir uno de ellos: "El Dorado chinampeó, por eso nosotros ganamos".

chinampero, ra. ■ ADJ. **1.** Perteneciente o relativo a la chinampa: "La tradición chinampera se conserva en el pueblo". ■ M. y F. **2.** Persona que se dedica a cultivar en chinampas.

chinampina. ■ F. Serpentina de papel con ampollas de pólvora que por percusión hacen breves estallidos; buscapiés. ■ LOC. **como ~.** LOC. ADJ. **1.** *Referido a persona*, nerviosa: "Doña Luz está como chinampina porque su hijo no llega". || LOC. ADV. **2.** Rápidamente: "Tan pronto llegue, te vas como chinampina por las tortillas porque se enfría la comida".

chinana. ■ F. **1.** Supositorio casero hecho con glicerina, jabón, sebo, parafina, queso de tuna o algún ate, como el de guayaba o membrillo. || **2.** Molestia.

chinancal. ■ M. **chinámil.**

chinantecano, na. ■ ADJ. **1.** Perteneciente o relativo al **chinantecano**: "Los grupos chinantecanos se desplazaron debido a la construcción de la presa Miguel Alemán". ■ M. **2.** Grupo étnico histórico que dio origen a los chinantecos. || **3.** Conjunto de grupos étnicos que habitaron en la región conocida como Chinantla, en los actuales estados de Oaxaca, Puebla y Veracruz. || **4.** Lengua reconstruida que históricamente dio origen a las chinantecas. || **5.** Grupo o familia de lenguas otomangues que incluye a las lenguas chinantecas, entre otras.

chinanteco, ca. ■ ADJ. **1.** Perteneciente o relativo al **chinanteco**: "En la banda chinanteca se tocan instrumentos de viento". || **2.** Natural o procedente del grupo étnico **chinanteco**: "Los hombres chinantecos son quienes cocinan el caldo de piedra". Ú.t.c.sust.: "Los chinantecos son quienes cocinan el caldo de piedra". ■ M. **3.** Grupo étnico establecido en el noroeste del estado de Oaxaca y parte del estado de Veracruz. || **4.** Lengua otomangue del subgrupo lingüístico chinantecano.

chinapo. ■ M. *En Michoacán*, obsidiana.

chinascle. ■ M. Nido.

chinaste. ■ M. **chinascle.**

chinastera. ■ F. *En Chiapas*, mujer que tiene muchos hijos.

chinastle. ■ M. **chinascle.**

chinaxtle. [*chináshtle*, *chinástle*] ■ M. **chinascle.**

chincantana. ■ F. **chicatana.**

chincaste. ■ M. Azúcar morena que, en su proceso de fabricación, sale en último lugar de las calderas.

chincastle. ■ M. **chincaste.**

chincatana. ■ F. **chicatana.**

chincate. ■ M. **chincaste.**

chinchal. ■ M. supran. Tienda o taller de aspecto muy pobre.

chincharrazo. ■ M. Golpe brusco que se da con alguna cosa.

chinchayote. ■ M. Raíz comestible del chayote.

chinchento, ta. ■ ADJ. *Referido a algo*, con muchas chinches: "El albergue chinchento fue clausurado".

chinchero. ■ M. **1.** supran. Abundancia de chinches. || **2.** supran. Lugar desorganizado, de aspecto pobre y sucio.

chinchibul. ■ M. *En Chiapas*, ave de amplia distribución en América, de hasta 20 cm de longitud; según la especie, con plumaje de color café, en diversas tonalidades de grises, cafés y blancos; con patrones distintos, casi siempre de color blanco; con pico largo y fino;

ojos negros; la mayoría de las especies presenta dieta con base en insectos y otros invertebrados; se reconoce por su canto. Varias especies de la familia de los troglodítidos del orden Passeriformes. (También se llama capichocho, matraca, saltapared, saltarroca, sonaja).

chinchín. ■ M. **1.** Grupo de diferentes especies de hierbas o arbustos originarios de América, de hasta 2.5 m de altura, monoicos; tallos ramosos y pilosos; hojas alternas, divididas desde 17 a 30 foliolos, de lineares a elípticas; flores hermafroditas, pequeñas, con cinco pétalos de color violeta, púrpura, amarillo o blanquecino, agrupadas en racimos; espigas o umbelas densas; frutos en vainas elipsoides, usualmente pilosas o estrigosas; semillas numerosas, reniformes o subglobosas, cafés o negras. Familia de las leguminosas, varias especies del género *Astragalus*, como *Astragalus quinqueflorus, Astragalus radicans.* || **2.** Individuo del **chinchín**. || **3.** supran. Sonaja.

chinchinear. ■ INTR. supran. Sonar el chinchín o sonaja: "Siempre me despierto cuando Emilio chinchinea".

chinchineo. ■ M. supran. Sonido que produce el chinchín o sonaja.

chinchorro. ■ M. **1.** Recua. || **2.** *En Chiapas*, abultamiento que se forma en la cabeza como resultado de un golpe; chichón.

chinchurreta. ■ ADJ. *En el Sureste, referido a algo*, de mala calidad: "Este celular salió muy chinchurreta, ya lo voy a cambiar".

chincolo, la. ■ ADJ. *Referido a un animal*, que ha perdido la cola o una parte de esta: "Recogimos un gato chincolo en la calle". Ú.t.c. sust.: "El chincolo es el gato que recogimos en la calle".

chincual. ■ M. **1.** Sarpullido alrededor del ano que produce prurito a los recién nacidos: "El chincual no dejó dormir a mi bebé". || **2.** Estado de ánimo irritable: "Ya párale, traes el chincual muy alto". || **3.** *En Colima*, deseo intenso de algo: "Tiene el chincual de ir al baile". || **4.** *En Veracruz*, fiesta: "David siempre anda en el chincual".

chincualear. ■ INTR. Estar de fiesta: "Chincualeamos todo el fin de semana en la casa de Tomás".

chincualeo. ■ M. Fiesta.

chincualero, ra. ■ ADJ. *Referido a persona*, que gusta de la fiesta: "Mi cuata chincualera nos va a animar la reunión". Ú.t.c.sust.: "La chincualera nos va a animar la reunión".

chincuás. Véase **chicuace.**

chincuate. ■ M. **cincuate.**

chincuete. ■ M. Prenda de vestir tradicional que algunas mujeres usan a modo de falda, y que consiste en una pieza de lana que cubre desde la cadera hasta los tobillos.

chincuetuda. ■ F. Mujer que viste un chincuete o prenda de vestir tradicional.

chincuey. ■ M. **chincuete.**

chincuil. ■ M. **1. chincuete.** || **2. chinicuil.**

chineado, da. ■ ADJ. *Referido a alguien*, acicalado: "Ema llegó toda chineada al baile". Ú.t.c.sust.: "La chineada del baile fue Ema".

chinear. ■ TR. **1.** Dar brillo; abrillantar: "Chineé tanto mis zapatos que hasta parecen de charol". || **2.** Acicalar: "La señora chineó a su hijo para la fiesta". || **3.** supran. *En Quintana Roo*, mecer en los brazos al bebé; arrullar: "A mi hijo le gusta que lo chineen para dormir".

chinelo. ■ M. Danzante que baila en comparsa, especialmente en carnaval, caracterizado con una indumentaria colorida, un tocado alto en forma de cono invertido y una máscara barbada; típico de Morelos.

chinene. ■ M. **1.** *En Veracruz*, árbol originario de México a Panamá, de hasta 20 m de altura; hojas deciduas; flores verdes amarillentas claras, estambres rojos con el tiempo; frutos en forma ovoide, con piel gruesa, rugosa, de color verde purpúreo; semillas grandes. Familia de las lauráceas, *Persea schiedeana.* (También se llama aguacate del monte, aguacate pagua, aguacate pahua, pagua, pahua). || **2.** *En Veracruz*, fruto del **chinene**; comestible.

chinerío. ■ M. **1.** Abundancia de rizos de pelo. || **2.** despect. Conjunto de personas naturales de China. || **3.** despect. Conjunto de personas de rasgos asiáticos.

chinga. ■ F. **1.** malson. Maltrato excesivo: "Mi mamá le puso una chinga a mi hermano porque no llegó a dormir". || **2.** malson. Situación que resulta fastidiosa: "Es una chinga empezar el trabajo a las cinco de la mañana". || **3.** malson. Trabajo excesivo y arduo: "Es una chinga estar horas extras en la oficina". || **4.** malson. Trabajo cotidiano y rutinario:

"La chinga diaria aumentó durante la cuarentena". ■ LOC. ~ **de perro bailarín.** LOC. SUST. **1.** malson. Maltrato excesivo: "Si vuelves a faltarle al respeto, te pongo una chinga de perro bailarín". || **2.** malson. Trabajo excesivo y molesto: "Concluir esto fue una chinga de perro bailarín". ▷ **en ~.** LOC. ADV. **1.** malson. Rápidamente: "Salió en chinga en cuanto la vio venir". || **2.** malson. De manera apresurada y bajo presión: "Está en chinga con la entrega del proyecto".

chingá. ■ EXPR. **¡ah, ~!** malson. Se usa para manifestar incredulidad: "¡Ah, chingá!, ¿de dónde salió ese chisme?".

chingadazo. ■ M. malson. Golpe muy fuerte: "No me fijé y me di un chingadazo con la puerta". ■ LOC. **al ~.** LOC. ADV. malson. Con premura y mal hecho: "Al final tuvimos que hacer el trabajo al chingadazo". ▷ **de (un) ~.** LOC. ADV. malson. Muy rápidamente: "Se comió los seis tacos de chingadazo".

chingadera. ■ F. **1.** malson. Acción vil: "La chingadera que hiciste no tiene nombre". || **2.** malson. Acción sin importancia: "Siempre te enojas por chingaderas". || **3.** malson. Cosa inútil y de poco valor. Ú.m.e.dim.: "¿Por qué compraste esa chingaderita?". || **4.** malson. Cosa de mala calidad: "Las chingaderas que compraste se descompusieron el primer día". || **5.** malson. Objeto indeterminado, cuyo nombre se olvida o se desconoce: "Pásame esa chingadera con la que se aprietan los tornillos". ■ LOC. **una ~.** LOC. ADV. malson. Un poco. Ú.m.e.dim.: "Súbele una chingaderita al volumen, no alcanzo a escuchar bien". ▷ **una ~ de.** LOC. ADJ. malson. Poco. Ú.m.e.dim.: "Échale una chingaderita de chile a la salsa".

chingadez. ■ F. malson. Cualidad de lo chingado: "La chingadez de esta cuarentena es limpiar y limpiar".

chingado, da. ■ ADJ. **1.** malson. Fastidioso: "El chingado dolor no me deja dormir". || **2.** malson. Arruinado económicamente: "Mi compadre está muy chingado desde que vendió su negocio". Ú.t.c.sust.: "Mi vecino es el chingado que no pagó la renta". || **3.** supran. malson. Deteriorado: "El carro ya está muy chingado, se descompone todo el tiempo". ■ LOC. **de la chingada.** LOC. ADJ. **1.** malson. Muy difícil: "Estoy harto, esto está de la chingada". || **2.** malson. Feo: "La silla está de la chingada". || **3.** malson. Que está en mal estado: "Me siento de la chingada desde ayer". ▷ **hasta la chingada.** LOC. ADJ. **1.** malson. *Referido a un lugar,* saturado: "El bar estaba hasta la chingada". || **2.** malson. *Referido a persona,* harta: "Estoy hasta la chingada de este tráfico". || LOC. ADV. **3.** malson. Muy lejos: "La casa de mis tíos está hasta la chingada". || **4.** malson. En grado extremo: "Mi maestro es exigente hasta la chingada". ■ EXPR. **¡a la chingada!** malson. Se usa para manifestar que se ha llegado al límite de la paciencia o de la tolerancia: "Después de tres horas de esperarte, ¡a la chingada!". ▷ **¡chingada madre!** malson. Se usa para expresar furia: "¡Chingada madre!, ¡vamos a llegar tarde!". ▷ **¡con una chingada!** malson. Se usa para expresar furia: "¡Con una chingada!, ¡estate quieto!". ▷ **¡qué chingados!** malson. Se usa para reafirmar una sentencia: "Vienes porque vienes, ¡qué chingados!". ▷ **¡qué la chingada! 1.** malson. Se usa para manifestar enojo: "¡Qué la chingada!, ¡que ya dejes de estar molestando!". || **2.** malson. Se usa para manifestar extrañeza o duda: "¡Qué la chingada!, ¿qué no te habías ido ya a tu casa?". ▷ **y la chingada.** malson. Se usa para concluir una enumeración y para enfatizar el carácter excesivo, reiterativo o conocido de lo que se relata; etc.: "Mi mamá me mandó al mercado por peras, manzanas, plátanos y la chingada".

chingados. ■ ADV. **4.** malson. *Pospuesto a ciertos interrogativos y antepuesto a un verbo,* indica la intensidad de la acción expresada: "¿Qué chingados quieres?". ■ INTERJ. **¡chingados! 1.** malson. Se usa para demostrar sorpresa: "¡Chingados!, ¿por qué está tan cara la fruta?". || **2.** malson. *En una interrogación o exclamación,* se usa como refuerzo expresivo: "¿Viniste, ¡chingados!? Te dije que no vinieras".

chingamadral. ■ LOC. **(un) ~ de.** LOC. ADJ. malson. Numeroso, abundante o intenso; chingo: "Tengo tareas, reuniones y un chingamadral de cosas que hacer". ▷ **un ~.** LOC. ADV. malson. Con demasiada intensidad o frecuencia; chingo: "Me duele un chingamadral la cabeza".

chingaputamadral. ■ LOC. **chingamadral.**

chingaputamadrazo. ■ M. malson. Golpe muy fuerte.

C

chingaputimadral. ■ LOC. **chingamadral.**
chingaputimadrazo. ■ M. **chingaputamadrazo.**
chingaquedito. ■ ADJ. **1.** malson. *Referido a persona*, que insiste en algo hasta el hartazgo: "No seas tan chingaquedito, no te voy a comprar la nueva consola". || **2.** malson. *Referido a persona*, que hace soterradamente acciones en perjuicio de otro: "Mi tía es bien chingaquedito con su exesposo". ■ COM. **3.** malson. Persona que insiste en algo hasta el hartazgo: "Efrén, no seas un chingaquedito, no te voy a comprar la nueva consola". || **4.** malson. Persona que hace soterradamente acciones en perjuicio de otro: "Mi tía es una chingaquedito con su exesposo".
chingar. ■ TR. **1.** malson. Derrotar a alguien: "Chingaron al equipo de basquetbol en el partido de ayer". Ú.m.c.prnl.: "Se chingaron al equipo de basquetbol en el partido de ayer". || **2.** malson. Causar daño grave a alguien: "El defensa chingó al delantero con una patada". Ú.m.c.prnl.: "El defensa se chingó al delantero con una patada". || **3.** malson. Conseguir algo que se desea: "Por fin chingué unos boletos para la premier". Ú.m.c.prnl.: "Por fin me chingué unos boletos para la premier". || **4.** supran. malson. Molestar intensa y premeditadamente a alguien: "Este niño chinga a sus papás todos los días". Ú.m.c.prnl.: "Este niño se chinga a sus papás todos los días". || **5.** supran. malson. Estropear algo: "El mecánico chingó el motor del coche". Ú.m.c.prnl.: "El mecánico se chingó el motor del coche". ■ INTR. **6.** malson. Practicar el coito. ■ LOC. **~ a su madre.** LOC. VERB. **1.** malson. Sufrir un daño: "Chingó a su madre el negocio". || **2.** malson. Perder: "El boxeador chingó a su madre por decisión dividida". || **3.** malson. Quedar alguien excluido: "El basquetbolista chingó a su madre por dar un codazo". || **4.** malson. Morirse: "Hortensia chingó a su madre hace tres meses". ▷ **~ la paciencia.** LOC. VERB. supran. malson. Hacer que alguien llegue al límite de su tolerancia; colmar la paciencia: "Ya me chingaste la paciencia, lárgate". ▷ **chinga y jode.** LOC. ADV. malson. Con ánimo constante de molestar; fastidiando: "Estás siempre chinga y jode, ya me tienes harto". ▷ **chingue y jode.** LOC. ADV. **chinga y jode.** ■ EXPR. **¡chinga (a) tu madre!** malson. Se usa para ofender a alguien con mucha violencia: "¡A mí no me vas a engañar, chinga tu madre!". ▷ **chingo a mi madre. 1.** malson. Se usa para garantizar que lo que se dice se cumplirá: "Chingo a mi madre si mañana no pago el mantenimiento". || **2.** malson. Se usa para garantizar que lo que se ha dicho es cierto: "Chingo a mi madre si no fueron ellos los que me atacaron". ▷ **¡chingue (a) su (madre)! 1.** malson. Se usa para permitirse uno mismo el incumplimiento de algo: "¡Chingue su madre!, ¡vámonos al cine sin terminar la tarea!". || **2.** malson. Se usa para darse valor frente a una adversidad: "¡Chingue a su madre!, me lanzo en paracaídas!". || **3.** malson. Se usa para asumir una actitud indiferente ante una situación: "¡Chingue su madre!, ¡hagan lo que quieran!". || **4.** malson. Se usa al percatarse de haber cometido un error: "¡Chingue su!, ¡olvidé apagar la estufa!". ▷ **¡ya chingué!** malson. Se usa para expresar que se ha logrado o conseguido lo que se deseaba: "¡Ya chingué! Me gané los boletos del concierto".

chingarle. ■ INTR. PRNL. **7.** malson. Apresurarse: "¡Chíngale con la tarea porque ya es muy tarde!". || **8.** malson. Trabajar arduamente: "Le chingamos desde temprano". ■ INTERJ. **¡chíngale!** malson. Se usa para expresar sorpresa o contrariedad: "¡Chíngale! ¡Se me cayó el florero!".

chingarse. ■ TR. PRNL. **9.** malson. Consumir alimento o bebida, generalmente con fruición y de manera inmediata: "Tenía tanta sed que me chingué tres jugos". || **10.** malson. Robarse algo: "Un ladrón se chingó mi cartera". || **11.** supran. malson. Agredir físicamente a alguien: "Unos tipos se lo chingaron por nada". || **12.** supran. malson. Violar a alguien. ■ INTR. PRNL. **13.** malson. Resignarse a soportar algo ingrato o no deseado: "Ya me chingué porque tengo que trabajar el fin de semana". || **14.** malson. Fastidiarse: "Ya me chingué, tengo que trabajar horas extras". || **15.** supran. malson. Descomponerse algo: "La tele se chingó". || **16.** supran. malson. Fracasar: "Me chingué, no pasé el examen a la universidad". || **17.** supran. malson. Esforzarse para lograr algo: "Teresa se chingó para terminar sus estudios".

chingaste. ■ M. **1.** supran. rur. Sedimento en algunas bebidas como el café, jugo o aguas frescas. || **2.** supran. rur. Residuo de los granos molidos o quebrados, como los del maíz o los del café.

chingatal. ■ LOC. **chingamadral.**

chingativo, va. ■ ADJ. malson. Que hostiga a los demás: "No queremos a Juan en el equipo porque es bien chingativo". Ú.t.c.sust.: "No queremos a Juan en el equipo porque es un chingativo".

chingazo. Véase **chingadazo.**

chingo. ■ M. Porción de bebida alcohólica, generalmente pequeña: "Antes de empezar sírveme un chingo". ■ LOC. **(un) ~ de.** LOC. ADJ. supran. malson. Numeroso, abundante o intenso; mucho: "Ayer había un chingo de bicis en la avenida principal". ▶ **un ~.** LOC. ADV. supran. malson. Con demasiada intensidad o frecuencia; mucho: "Me gusta un chingo esa chamarra".

chingomadral. ■ LOC. **chingamadral.**

chingón, na. ■ ADJ. **1.** supran. malson. *Referido a algo*, que es bonito: "Compré una maleta muy chingona". || **2.** supran. malson. *Referido a algo*, que es de excelente calidad: "La tela de tu vestido está chingona". || **3.** supran. malson. *Referido a alguien*, que es hábil: "Los alumnos más chingones para la mecánica cuántica asombraron en la feria de ciencia". Ú.t.c.sust.: "Los chingones para la mecánica cuántica asombraron en la feria de ciencia".

chingonada. ■ F. **chingonería.**

chingonería. ■ F. malson. Algo que causa admiración, generalmente por su buena calidad: "Esa peluca resultó una chingonería y me salió bien barata".

chingüengüenchón, na. ■ ADJ. supran. fest. *Referido a persona*, sinvergüenza: "Él es muy chingüengüenchón, no le creas". Ú.t.c.sust.: "Él es un chingüengüenchón, no le creas".

chínguere. ■ M. **1.** Aguardiente. || **2.** Cualquier bebida alcohólica destilada, generalmente de baja calidad. || **3.** Porción de bebida alcohólica, generalmente pequeña.

chinguero. ■ LOC. **chingamadral.**

chinguetas. ■ ADJ. **1.** malson. *Referido a persona*, lista: "Pasó el examen con facilidad porque es bien chinguetas". || **2.** malson. *Referido a persona*, fastidiosa: "No la voy a invitar al viaje porque es muy chinguetas". ■ COM. **3.** malson. Persona lista: "Orlando aprobó el examen con facilidad porque es un chinguetas". || **4.** malson. Persona fastidiosa: "No voy a invitar al viaje a Sonia porque es una chinguetas".

chinguiña. ■ F. Lagaña; legaña.

chinguiñoso, sa. ■ ADJ. *Referido a alguien*, lagañoso; legañoso: "El perro andaba todo chinguiñoso y lo llevaron al veterinario". Ú.t.c.sust.: "Hay que llevar al chinguiñoso al veterinario".

chinguirito. ■ M. **1.** Aguardiente de caña. || **2.** Bebida alcohólica de calidad inferior.

chinicuil. ■ M. Insecto en estadio de larva originario de América del Norte, de hasta 3 cm de longitud; con cuerpo ligeramente aplanado dorsoventralmente, de tonalidades rojizas, a excepción de su cabeza y una proyección quitinosa en forma de cuerno o espina que presenta en el último segmento de su cuerpo tonos oscuros; se alimenta de plantas de la familia de las agaváceas hasta completar su estadio larval; comestible. Familia de los cósidos del orden Lepidoptera, *Comadia redtenbacheri*. (También se llama chilincual, chilocuil, chimicuil, chincuil, gusano colorado, gusano rojo, gusano rojo de maguey, techol, tecol).

chiniji. ■ ADJ. **1.** *En Chiapas, referido a alguien*, que carece de uno o más dientes; chimuelo: "El boxeador se quedó chiniji en la pelea". ■ COM. **2.** *En Chiapas*, persona que carece de uno o más dientes; chimuelo: "Ese chiniji perdió la pelea y quedó todo lastimado".

chinito. ■ M. Ave originaria de América, de hasta 20 cm de longitud; con cabeza y espalda de color pardo canela; con cresta parda y alargada; con una gruesa franja negra que cubre la frente y los ojos en forma de antifaz; con pequeños grupos de plumas de color rojo brillante en las alas y con una banda amarilla en la punta de la cola; de conducta gregaria; se alimenta de insectos. Familia de los bombicílidos del orden Passeriformes, *Bombycilla cedrorum*. (También se llama filomeno).

chinizcán. ■ M. **coa.**

chino, na. ■ ADJ. **1.** *Referido a persona*, que tiene el pelo rizado: "Ulises es alto, delgado, chino y moreno". Ú.t.c.sust.: "El chino es alto, delgado y moreno". || **2.** *Referido a mercancía*, introducida de contrabando en el país y vendida a precio más bajo: "Los tenis que compraste son chinos". ■ M. **3.** Rizo de cabello. ■ F. **4.** afect. Mujer joven. || **5.** *En Colima*, prenda tosca a manera de capa, hecha de palma tejida, que se usa para protegerse de la lluvia. ■ LOC. **china libre.** LOC. SUST. fest. Persona que se comporta de manera despreocupada, sin asumir ninguna responsabilidad: "Julia es una china libre y hace lo que quiere". ▷ **china poblana.** LOC. SUST. Mujer acompañante del charro, vestida de manera tradicional con telas de colores llamativos, rebozo, blusa blanca bordada, falda ancha y larga con lentejuelas: "Disfruto el baile de las chinas poblanas". ▷ **~ poblano.** LOC. SUST. fest. Persona de ojos rasgados: "Nos atendió un chino poblano en la tienda".

chinoleada. ■ F. Hecho de chinolear o lustrar el calzado.

chinolear. ■ TR. supran. Lustrar el calzado: "Eva chinoleó sus zapatillas para la fiesta".

chinopote. ■ M. *En Tabasco*, dulce tradicional en forma de rombo, elaborado con pinole y harina.

chinquearse. ■ INTR. PRNL. **chinquecharse.**

chinquecharse. ■ INTR. PRNL. *En el Noroeste*, agacharse curvando la espalda hacia el suelo: "Se chinquechó bruscamente y se lastimó".

chinquechate. ■ M. *En el Noroeste*, voltereta.

chinta. ■ F. **chinchayote.**

chintatlahua. ■ F. **1. capulina.** || **2.** fest. Prostituta.

chintesle. ■ M. *En Oaxaca*, salsa muy picante preparada con nuez.

chintete. ■ M. Lagartija originaria de América, de hasta 20 cm de longitud; con cabeza aplanada y de forma triangular; su piel está cubierta de escamas y tiene una serie de pequeñas protuberancias sobre la columna vertebral; carece de oído externo y las extremidades tienen cinco dedos; sus párpados son móviles y la cola es más larga que su cuerpo y, si llega a perderla, posee la capacidad para regenerarla; de hábitos diurnos; se alimenta de pequeños insectos y arañas. Familia de los frinosomátidos, varias especies del género *Sceloporus*.

chintinoso, sa. ■ ADJ. **1.** *Referido a persona*, quisquillosa: "Daniel es muy chintinoso para la comida, no le gusta nada". Ú.t.c.sust.: "Daniel es un chintinoso para la comida, no le gusta nada". || **2.** *En Jalisco, referido a persona*, conflictiva: "Raúl es el más chintinoso en las juntas, discute sobre cualquier cosa". Ú.t.c.sust.: "El chintinoso de Raúl discute sobre cualquier cosa en las juntas".

chintla. ■ F. **chinchayote.**

chinto, ta. ■ ADJ. despect. *Referido a persona*, tosca o sin habilidad para desenvolverse en ambientes urbanos; jacinto. Ú.t.c.sust.

chintolas. ■ INTERJ. **chintrolas.**

chintolos. ■ INTERJ. **chintrolas.**

chintrolas. ■ INTERJ. **¡chintrolas!** fam. Se usa para expresar desesperación: "¡Chintrolas!, ¿cuándo vamos a llegar? Ya nos tardamos mucho".

chintrolos. ■ INTERJ. **chintrolas.**

chintul. ■ M. **1.** *En Oaxaca*, hierba de aspecto parecido al junco, de distribución en zonas tropicales, de hasta 1.5 m de altura, forma colonias, monoica; raíces en pequeños tubérculos; tallos ligeramente triangulares en sección transversal; hojas arrosetadas en la base, enteras, lineares, de color café rojizo o amarillento; flores hermafroditas, diminutas, sin pétalos, cubiertas por brácteas cafés o amarillentas, agrupadas en conjuntos de espiguillas laxas que surgen en el ápice de un pedúnculo; frutos aquénicos, pequeños, angulosos; una semilla. Familia de las ciperáceas, *Cyperus articulatus*. (También se llama chintule). || **2.** *En Oaxaca*, raíz del **chintul**; uso cosmético y en la medicina tradicional.

chintule. ■ M. *En el Sur*, **chintul.**

chipalón, na. ■ ADJ. *En el Sureste, referido a alguien*, comelón: "Mi gata es muy chipalona, no se llena con nada". Ú.t.c.sust.: "Mi gata es una chipalona, con nada se llena".

chipe. ■ LOC. **~ dorado.** LOC. SUST. Ave de distribución cosmopolita, de hasta 13 cm de longitud; con plumaje amarillo en cabeza y cuello, en tonos anaranjados en los machos; espalda en tonos oliváceos; alas y cola en tonos azules; pico puntiagudo; patas en tonos oscuros. Familia de los parúlidos del orden Passeriformes, *Protonotaria citrea*. (También se llama gorgoreador, reinita anaranjada). ▷ **~ trepador.** LOC. SUST. Ave de distribución en América, de hasta 12 cm de longitud; con plumaje con rayas negras y blancas en su cabeza y torso; alas negras con algunas manchas blancas en las partes distales, dos barras blancas por cada ala; hábitos migratorios. Familia de los parúlidos del orden Passeriformes, *Mniotilta varia*. (También se llama limpiatronco, pepino, reinita blanca y negra, reinita trepadora). ▷ ~ **tropical.** LOC. SUST. Ave de distribución en América, de hasta 11 cm de longitud; de color gris azulado en la cabeza y dorso, con un parche verdoso en la parte posterior del dorso y dos barras blancas en las alas; región ventral amarilla con tonalidades anaranjadas en el pecho. Familia de los parúlidos del orden Passeriformes, *Setophaga pitiayumi*. (También se llama reinita montañera, reinita tropical).

chipichipi. ■ M. supran. Lluvia constante y menuda: "Nos agarró un chipichipi en la calle".

chípil. ■ ADJ. **1.** *Referido a persona*, melindrosa: "Tania es muy chípil con la comida, no le gusta nada". || **2.** *Referido a persona*, que experimenta tristeza y no encuentra sosiego: "Rebeca está chípil porque extraña a su mascota". || **3.** Propio de la persona **chípil**: "No sé qué pasa, pero me desperté con el ánimo muy chípil". || **4.** *Referido a un niño*, que siente malestar por hallarse embarazada su madre o la mujer que lo cría: "Dale más atención a la niña chípil". || **5.** *Referido a un niño*, que siente malestar por la dentición: "Llevaron al pediatra al niño chípil". ■ COM. **6.** Persona melindrosa: "Tania es una chípil con la comida, no le gusta nada". || **7.** Niño que siente malestar por hallarse embarazada su madre o la mujer que lo cría: "Dale más atención a la chípil, pobrecita nena". || **8.** Niño que siente malestar por la dentición: "Ya es hora de llevar a este chípil al pediatra".

chipilín. ■ M. **1.** supran. Hierba originaria de América, de hasta 1.5 m de altura, monoica; tallos muy ramificados; hojas alternas, divididas en tres foliolos, obovados, de color verde oscuro; flores hermafroditas, vistosas, con cinco pétalos de amarillos a rojizos, agrupadas en racimos; frutos en vainas, cilíndricos, verdosos; semillas reniformes, cafés. Familia de las leguminosas, *Crotalaria longirostrata*. (También se llama chepil). || **2.** supran. Hoja del **chipilín**; comestible.

chipilingo, ga. ■ M. y F. Niño de corta edad.

chipilo, la. ■ ADJ. **1.** *En Morelos, referido a persona*, rubia: "Leobardo está muy chipilo, quién sabe a quién salió". Ú.t.c.sust.: "Ese chipilo es Leobardo". ■ M. y F. **2.** Niño chípil. || **3.** Niño de menor edad en una familia.

chipiturco. ■ M. Cualquier prenda que protege del frío, como un suéter, jorongo, chal, etcétera.

chipocle. ■ M. **chipotle.**

chipocludo, da. ■ ADJ. **chicho, cha.**

chipote. ■ M. **1.** Abultamiento en una superficie. || **2.** supran. Abultamiento que se forma en la cabeza como resultado de un golpe; chichón.

chipotle. ■ M. **1. chile chipotle.** || **2.** vulg. Pene.

chipotudo, da. ■ ADJ. Que tiene muchos chipotes: "Me tocó una almohada chipotuda muy incómoda".

chipujo, ja. ■ ADJ. *En Veracruz, referido a persona*, pálida y anémica: "Ulises tiene un aspecto chipujo, ¿estuvo enfermo?". Ú.t.c. sust.: "Ulises es un chipujo, siempre parece que está enfermo".

chipule. ■ M. Hierba originaria de América, de hasta 70 cm de altura, monoica; tallos muy ramificados, glabros, estriados; hojas arrosetadas, concentradas cerca de la base de la planta, enteras, de lineares a espatuladas, con margen dentado; flores hermafroditas, pequeñas, con los pétalos fusionados, de rosados a blancos, agrupadas en cabezuelas solitarias y terminales; frutos aquénicos, pequeños, con cinco costillas, linear-fusiformes, con un vilano de numerosas cerdas cafés. Familia de las compuestas, *Pinaropappus roseus*. (También se llama escorzonera, espule, ixpule, motita, motita morada).

chiqueador, ra. ■ ADJ. **1.** supran. *Referido a persona*, que chiquea o consiente a alguien: "Es una abuela chiqueadora". ■ M. **2.** *En la medicina tradicional*, cada una de las rodajas, generalmente de algún vegetal, empapada en alguna sustancia medicamentosa que se coloca en las sienes como remedio casero para algunos malestares.

chiquear. ■ TR. **1.** supran. Consentir a alguien; mimar: "Chiqueas demasiado a tus hijos, en todo los complaces".

chiquearse. ■ INTR. PRNL. **2.** Demandar atención, cuidado y cariño de otra persona: "El bebé se chiquea con su abuelo".

C

chiqueo. ■ M. **1.** Demanda de atención, cuidado y cariño que una persona exige. || **2.** supran. Consentimiento que se hace a alguien; mimo.

chiqueón, na. ■ ADJ. **1.** supran. *Referido a persona*, que gusta de consentir o mimar: "Tu mamá es muy chiqueona con los niños". Ú.t.c.sust.: "Tu mamá es una chiqueona con los niños". || **2.** supran. *Referido a persona, generalmente un niño*, que continuamente solicita mimos: "La niña está chiqueona desde ayer que se cayó". Ú.t.c.sust.: "La chiqueona quiere que le sigas sobando el golpe".

chiquerero, ra. ■ M. y F. supran. Persona que se dedica a atender el terreno cercado en donde se encierran cerdos o becerros.

chiquereye. ■ M. Insecto himenóptero de distribución en el noreste y centro de México, de entre 6 a 16.5 mm de longitud; con mesosoma pubescente, de color castaño claro a oscuro; machos y princesas, alados; su ontogenia consta de cuatro estadios larvarios y uno pupal al que se llama escamol y es comestible. Familia de los formícidos del orden Hymenoptera, *Liometopum apiculatum*. (También se llama hormiga chiquerei, hormiga de escamol, hormiga de hueva, hormiga güijera, hormiga pedorra, teclate, tetla, tetlame).

chiquero. ■ M. supran. Lugar desordenado y sucio.

chiquigüite. ■ M. **chiquihuite.**

chiquihuite. ■ M. **1.** vulg. Ano. || **2.** supran. Cesto de mimbre, bejuco o carrizo; cesta.

chiquita. ■ F. Residuo de las carnitas que queda en el fondo del cazo.

chiquiteada. ■ F. **1.** Hecho de chiquitear o consumir algo despacio y en pequeñas porciones con la intención de que dure más. || **2.** vulg. Hecho de chiquitear o sodomizar.

chiquitear. ■ TR. **1.** Consumir algo despacio y en pequeñas porciones con la intención de que dure más: "Chiquitéate la quincena hasta fin de mes". || **2.** supran. vulg. Sodomizar.

chiquito, ta. ■ M. supran. vulg. Ano. ■ LOC. **~ pero picoso.** LOC. ADJ. fest. *Referido a alguien*, que resulta capaz contra toda expectativa: "Las de primer grado son bien chiquitas pero picosas; les ganaron a los de quinto en futbol".

chiras. ■ LOC. **~ pelas.** LOC. SUST. **1.** *En el juego de canicas*, jugada que se realiza pintando una circunferencia en la que las canicas se colocan al centro y desde afuera se les tira con otra con el objetivo de quedarse con la central: "De niño era muy bueno para chiras pelas". || **2.** *En el juego de canicas*, tiro en el cual se golpea con una canica a más de una, en una sola jugada y que deja fuera al que hizo la tirada: "Benito perdió el juego porque hizo chiras pelas". ■ EXPR. **¡~ pelas!** Se usa para indicar que algo concluyó, por lo general, intempestivamente: "Estabas tan seguro de casarte con Helena y ¡chiras pelas!".

chirgo, ga. ■ ADJ. **1.** rur. Lanudo: "Mira, el perro está todo chirgo". || **2.** pop. *En El Bajío, referido a alguien*, que es flaco y débil, generalmente porque no tiene el desarrollo físico esperado: "Lleva a tu hijo al doctor, está muy chirgo". || **3.** pop. *En Hidalgo*, áspero: "Las hojas chirgas de la planta me lastimaron". ■ M. **4.** Capote de palma; típico de los tarahumaras.

chiribital. ■ M. **1.** supran. rur. *En el Sureste*, matorral. || **2.** supran. rur. *En el Sureste*, lugar lleno de ramaje o de maleza.

chirimoya. ■ F. supran. Árbol originario de América, de hasta 8 m de altura, monoico; troncos ramosos, con corteza oscura; hojas alternas, enteras, de oblongas a elípticas; flores hermafroditas, de color verde amarillo, con seis a ocho pétalos carnosos, con una mancha de color rojo en la base, con más de 20 estambres, agrupadas en racimos; frutos abayados, acorazonados, verdosos y escamosos, de pulpa blanca; semillas elipsoides, negras. Familia de las anonáceas, *Annona squamosa*. (También se llama anona, anona de México, saramuyo).

chiripazo. ■ M. supran. Logro casual; chiripa. ■ LOC. **de (puro) ~.** LOC. ADV. supran. Por casualidad; de churro: "Le avisaron de puro chiripazo".

chiripiolca. ■ F. **chiripiorca.**

chiripiorca. ■ F. **1.** supran. fest. Ataque nervioso o epiléptico: "A mi perro le dio la chiripiorca con los cohetes". || **2.** supran. fest. Comportamiento extraño: "Nunca he entendido su chiripiorca".

chirmol. ■ M. **1.** *En Chiapas*, desorden. || **2.** supran. Guarnición de jitomate, cebolla, rábano y chile picante picados con sal, pimienta, vinagre o jugo de naranja agria; chilmol.

chirmole. ■ M. *En el Sureste*, caldo hecho con recado negro al que se le agrega epazote, jitomate, huevos cocidos enteros y carne, generalmente pollo.

chirmolero, ra. ■ ADJ. supran. *Referido a persona*, entrometida: "Esteban es un tipo bien chirmolero, mejor no le cuentes nada". Ú.t.c.sust.: "Esteban es un chirmolero, mejor no le cuentes nada".

chiro, ra. ■ ADJ. **1.** fam. Bonito; chido: "Te traje la camiseta más chira que encontré". || **2.** fam. Bueno; chido: "El partido se puso chiro". || **3.** fam. Amigable; chido: "Me gusta salir con ustedes porque son bien chiros".

chiro. ■ ADV. **4.** fam. Bien; chido: "María prepara chiro el atole". || **5.** fam. Sí; chido: "—¿Salimos a cenar? —Chiro". ■ INTERJ. **¡chiro!** fam. Se usa para mostrar empatía; chido: "—¿Qué crees? ¡Ya me dieron la casa! —¡Chiro!".

chirola. ■ F. supran. jerg. Cárcel.

chirotear. ■ INTR. supran. Divertirse una persona, en especial un niño, corriendo y dando saltos: "Chiroteábamos en ese parque cuando éramos chiquitos".

chiroteo. ■ M. Divertimento de persona, en especial un niño, que lo hace corriendo y dando saltos.

chirrín. ■ M. Conjunto musical constituido por algunos instrumentos, generalmente guitarra, contrabajo, acordeón y tarola; típico del Norte.

chirrión. ■ M. **1.** Cuerda o tira de cuero. || **2.** supran. Látigo hecho de cuero. ■ INTERJ. **¡chirrión!** supran. Se usa para mostrar sorpresa o contrariedad: "¡Chirrión!, ¿quién te crees para darme órdenes?".

chirrionar. ■ TR. Azotar con un chirrión o látigo: "No me gusta que chirrioneen al ganado".

chirrionazo. ■ M. supran. Azote dado con un chirrión o látigo.

chirrionera. ■ F. **culebra chirriadora.**

chirris. ■ ADJ. **1.** *Referido a persona*, de poca edad, pequeño: "Tu hija está muy chirris". ■ M. **2.** Cantidad pequeña de algo: "Sírveme un chirris de café". ■ COM. **3.** Persona de poca edad; pequeño: "Tu hija es una chirris".

chirrisca. ■ ADJ. *Referido a una mujer de edad avanzada*, que pretende amorosamente a personas de menor edad: "La vecina es muy chirrisca, quiere con uno de mis amigos". Ú.t.c.sust.: "La vecina es una chirrisca, quiere con uno de mis amigos".

chirrisco, ca. ■ ADJ. **1.** Que es poco elegante: "No te lleves ese vestido chirrisco a la celebración; se te ve muy mal". || **2.** *Referido a persona*, enamoradiza: "Tu primo chirrisco a todas les jura amor eterno". Ú.t.c.sust.: "Ese chirrisco a todas les jura amor eterno".

chirriscuás. ■ ADJ. afect. *Referido a alguien*, pequeño: "Tengo una gata chirriscuás que rescaté de la calle".

chis. ■ EXPR. **¡ah, ~!** **1.** Se usa para demostrar sorpresa: "¡Ah, chis!, ¿no te habías ido ya?". || **2.** Se usa para protestar: "¡Ah, chis!, ¿desde cuándo tengo que explicarte todo?".

chisguete. ■ LOC. **de ~.** LOC. ADJ. De poca importancia: "Los futbolistas de chisguete generalmente se quedan en la banca".

chisguetear. ■ TR. supran. Salpicar con un líquido: "Chisguetea a tu cachorro si se porta mal".

chisme. ■ M. **1.** Conversación informal sobre asuntos personales o de interés común: "Estábamos en el chisme y el jefe nos reprendió". || **2.** Noticia o informe que se anuncia como novedoso o sorprendente: "Te tengo un chisme buenísimo sobre tu primo". || **3.** Mentira: "Noé dice puros chismes". ■ LOC. **~ caliente.** LOC. SUST. Persona que gusta de entrometerse y esparcir murmuraciones: "Cuidado con Juan Carlos, es un chisme caliente". ▷ **~ de lavadero.** LOC. SUST. Conversación informal sobre asuntos informales o de interés común: "Mis vecinos se la pasan en el chisme de lavadero".

chismear. ■ TR. **1.** Informar algo que se anuncia como novedoso o sorprendente: "Me chismearon lo que se dijo en la reunión". ■ INTR. **2.** Conversar informalmente sobre asuntos personales o de interés común: "El domingo nos reunimos en la casa y chismeamos toda la tarde". || **3.** Mentir: "Ya supe la verdad, nada más me chismeaste".

chismerío. ■ M. **1. chismorreo.** || **2.** supran. Conjunto de comentarios que tratan sobre la vida privada de una persona y con los cuales se pretende desacreditarla.

chismolear. ■ TR. **1.** Informar algo que se anuncia como novedoso o sorprendente;

chismorrear: "Me chismolearon lo que se dijo en la reunión". ■ INTR. **2.** Conversar informalmente sobre asuntos personales o de interés común; chismorrear: "El domingo nos reunimos en la casa de Mauricio y chismoleamos toda la tarde".

chismolero, ra. ■ ADJ. **1.** *Referido a persona*, mentirosa: "No le creas a Iván porque es muy chismolero". Ú.t.c.sust.: "No le creas a Iván porque es un chismolero". || **2.** *Referido a persona*, que hace alharacas: "Francisco es tan chismolero que a donde va causa problemas". Ú.t.c.sust.: "Francisco es un chismolero y a donde quiera que va causa problemas". || **3.** supran. *Referido a persona*, soplona: "No se lo digas a Diana porque es bien chismolera y puede echar a perder el plan". Ú.t.c.sust.: "No se lo digas a Diana porque es una chismolera y puede echar a perder el plan". || **4.** supran. Propio de la persona **chismolera**: "Nos preocupa su actitud chismolera".

chismorrear. ■ TR. **1.** Informar algo que se anuncia como novedoso o sorprendente: "¡Me chismorreó lo que se dijo en la reunión!". ■ INTR. **2.** Conversar informalmente sobre asuntos personales o de interés común: "Nos reunimos en la casa de Mauricio y chismorreamos toda la tarde". || **3.** Congregarse para opinar y difundir información sobre un problema o asunto: "Los vecinos chismorrearon sobre el aumento de las cuotas".

chismorreo. ■ M. **1.** Conversación informal sobre asuntos personales o de interés común. || **2.** Congregación para opinar y difundir información sobre un problema o asunto.

chismosear. ■ TR. **1.** Informar algo que se anuncia como novedoso o sorprendente; chismorrear: "Me chismosearon lo que se dijo en la reunión". ■ INTR. **2.** Conversar informalmente sobre asuntos personales o de interés común; chismorrear: "El domingo nos reunimos en la casa de Mauricio y chismoseamos toda la tarde".

chismoseo. ■ M. **chismorreo.**

chismoso, sa. ■ ADJ. **1.** *Referido a persona*, mentirosa: "No le creas a David porque es muy chismoso". Ú.t.c.sust.: "No le creas a David porque es un chismoso". || **2.** supran. *Referido a persona*, soplona: "Se lo dijo a Laura, que es bastante chismosa y echó a perder la sorpresa". Ú.t.c.sust.: "Se lo dijo a Laura, que es una chismosa, y echó a perder la sorpresa". || **3.** supran. Propio de la persona **chismosa**: "Ese reportero se dedica a hacer comentarios chismosos sobre los famosos". ■ M. **4.** vulg. Ano.

chispa. ■ ADJ. **1.** supran. fam. Gracioso; divertido: "¡Qué película tan chispa!". || **2.** supran. fam. Interesante: "Conocí a una muchacha muy chispa". ■ EXPR. **¡ah, chispas!** **1.** supran. Se usa para demostrar sorpresa: "¡Ah, chispas! ¡Metieron gol!". || **2.** supran. Se usa para protestar: "¡Ah, chispas!, ¿por qué me haces esto?". ■ INTERJ. **¡chispas!** supran. Se usa para demostrar sorpresa: "¡Chispas!, ¡llegaste temprano! Todavía no estoy lista".

chisparse. ■ INTR. PRNL. **1.** Desentenderse de algo: "Yo mejor me chispo de ese asunto". || **2.** Desprenderse algo; chispearse: "El radio no suena porque ya se chispó la clavija". || **3.** supran. Escaparse con rapidez: "Los rufianes se chisparon al ver la patrulla".

chispearse. ■ INTR. PRNL. **1.** Desprenderse algo; chisparse: "El radio no suena porque ya se chispeó la clavija". || **2.** supran. Embriagarse ligeramente: "Elena se chispeó con el licor".

chisperío. ■ M. supran. Conjunto de chispas que despiden algunos objetos al quemarse; chispero.

chispero. ■ M. **1.** supran. Conjunto de chispas que despiden algunos objetos al quemarse. || **2.** supran. Estructura de metal generalmente cuadrada, con patas y con una malla del mismo material que se pone delante de las chimeneas para evitar que las chispas salgan.

chisporrotear. ■ TR. **1.** Dispersar un problema: "El portero ya chisporroteó el conflicto de los vecinos".

chisporrotearse. ■ INTR. PRNL. **2.** Distraerse: "Me chisporroteé con la tele, ¿qué me decías?".

chispoteársele. ■ INTR. PRNL. supran. Cometer alguien un error o indiscreción: "Se me chispoteó decirle que su novia lo engañaba".

chiste. ■ LOC. **~ alemán.** LOC. SUST. supran. El que no causa risa: "Nadie quiere escuchar tus chistes alemanes". ▷ **~ colorado.** LOC. SUST. supran. El de tema sexual u obsceno:

"Ese chiste colorado estuvo fuera de lugar". ▷ **~ de color.** LOC. SUST. **chiste colorado.** ▷ **~ rojo.** LOC. SUST. **chiste colorado.** ▷ **de ~.** LOC. ADJ. Falso: "El billete que me dieron de cambio era de chiste". ▷ **ni de ~.** LOC. ADV. supran. De ninguna manera: "Yo no me aviento ni de chiste en paracaídas".

chistorete, ta. ■ ADJ. **1.** *Referido a persona*, graciosa y simpática: "Mi compañera de la oficina es tan chistoreta que a todos nos cae bien". Ú.t.c.sust.: "Mi compañera de la oficina es una chistoreta, por eso a todos nos cae bien". || **2.** Propio de la persona **chistoreta**: "Me encanta cuando te sale la personalidad chistoreta". ■ M. **3.** Chiste simplón: "Manuel siempre nos hace reír con unos chistoretes nuevos".

chistosada. ■ F. supran. Broma que no produce gracia.

chistoso, sa. ■ ADJ. supran. **curioso, sa.**

chítara. ■ F. **1.** *En Colima*, vara larga utilizada para cortar fruta, generalmente de carrizo, que en uno de sus extremos tiene una bolsa de tela y un gancho de metal. || **2.** *En Colima*, utensilio de forma redonda y hecho con olotes amarrados, que sirve para desgranar maíz.

chitero, ra. ■ M. y F. Persona que elabora el chito o carne de chivo seca y salada.

chito. ■ M. **1.** Carne de res frita y enchilada. || **2.** Carne de chivo seca y salada. || **3.** *En Puebla*, chicharrón de chivo.

chiva. ■ F. **1.** jerg. Droga adictiva obtenida de la morfina; heroína. || **2.** supran. fam. Objeto indeterminado, cuyo nombre se elude o se desconoce. Ú.m.e.pl. || **3.** supran. jerg. Acción ilegal, especialmente la de contrabando.

chivato, ta. ■ ADJ. **1.** *Referido a persona*, traviesa: "Sus sobrinos son unos niños chivatos". Ú.t.c.sust.: "Sus sobrinos son unos chivatos". ■ M. **2.** Vaso grande para servir el pulque.

chivear. ■ TR. **1.** Introducir mercancía al país, generalmente de contrabando, para su venta a precios más bajos en comercios informales o ambulantes: "El mes pasado chivearon dos toneladas de ropa". || **2.** Comerciar con mercancía que se introduce al país, generalmente de contrabando, para su venta a precios más bajos en comercios informales o ambulantes: "Mis familiares chivean perfumes en el tianguis". || **3.** supran. Avergonzar a alguien: "Valeria chiveó a su hijo porque lo regañó en público". ■ INTR. **4.** supran. Hacer travesuras un niño: "Chivearon toda la tarde en el jardín".

chivearse. ■ INTR. PRNL. **5.** Inyectarse heroína. || **6.** supran. Avergonzarse: "Emiliano se chiveó porque les enseñé sus fotos de bebé". || **7.** supran. Huir por miedo: "Los niños se chivearon porque los asusté".

chivera. ■ F. **1.** supran. rur. Lugar donde pasta el ganado caprino. || **2.** supran. rur. Lugar donde se encierra ganado caprino.

chivito. ■ LOC. **~ en precipicio.** LOC. SUST. fest. Posición sexual que consiste en que alguien tiene buena parte del cuerpo fuera de la cama al ser penetrado por otra persona.

chivitos. ■ M. PL. **1.** Hierba rastrera originaria de América, de hasta 30 cm de longitud, monoica; tallos suculentos; hojas alternas, enteras, espatuladas, suculentas; flores hermafroditas, pequeñas, con tres a cinco pétalos rosados, con igual número de estambres; frutos capsulares, elipsoides, muy pequeños; semillas diminutas, ovadas, negras. Familia de las portulacáceas, *Calandrinia ciliata*. || **2.** Hoja de esta hierba.

chivo. ■ M. **1.** pop. Salario. || **2.** pop. Cantidad de dinero que periódicamente entrega el marido a su esposa para gastos domésticos. || **3.** pop. Vaso pequeño para servir el pulque.

chiwó. [*chiguó*] ■ ADJ. **1.** despect. *En Yucatán, referido a persona*, mala: "Tu amiga chiwó nos criticó de nuevo". ■ F. **2.** *En Yucatán*, tarántula. ■ COM. **3.** despect. *En Yucatán*, persona mala: "Tu amiga es una chiwó, ya nos criticó de nuevo".

chocante. ■ ADJ. **1.** *Referido a persona*, presuntuosa: "Dayana es muy chocante, se la pasa hablando de su dinero". || **2.** supran. Que molesta y produce aversión: "Fue una reunión muy chocante". || **3.** supran. *Referido a persona*, antipática: "No seas chocante y deja de hacer muecas cuando te hablo". || **4.** supran. Propio de la persona **chocante**: "Ese señor tiene unos modales muy chocantes, no me cae nada bien". ■ COM. **5.** Persona presuntuosa: "Dayana es una chocante, se la pasa hablando de su dinero". || **6.** supran. Persona antipática: "Eres una chocante, Abigail, ya deja de hacer muecas cuando te hablo".

chocantería. ■ F. **1.** Presunción. || **2.** supran. Cosa desagradable y molesta. || **3.** supran. Pedantería.

chocarlas. ■ INTR. PRNL. Reconciliarse: "Ricardo y Perla se enojaron ayer, pero ya las chocaron".

chocha. ■ F. Véase **chocho, cha.**

chochero, ra. ■ M. y F. **1.** fam. Médico homeópata. || **2.** fam. Persona que confía su salud a la homeopatía.

chochito. ■ M. Gránulo de azúcar.

chochnac. ■ M. **choknak.**

chocho, cha. ■ ADJ. **1.** Perteneciente o relativo al grupo étnico establecido en el oeste del estado de Oaxaca: "Los cotones chochos eran elaborados con lana". || **2.** Perteneciente o relativo a la lengua otomangue del subgrupo lingüístico popolocano: "La lengua chocha posee tres variantes". || **3.** Natural o procedente del grupo étnico establecido en el oeste del estado de Oaxaca: "Las mujeres chochas venden sombreros de palma". Ú.t.c.sust.: "Las chochas venden sombreros de palma". ■ M. **4.** Grupo étnico establecido en el oeste del estado de Oaxaca. || **5.** Lengua otomangue del subgrupo lingüístico popolocano. || **6.** Dulce pequeño de forma esférica. Ú.m.e. dim. || **7.** Gránulo dulce que recubre cierto tipo de pan dulce u otra golosina; gragea. || **8.** Píldora que contiene droga, sustancia de efecto estimulante. || **9.** Píldora homeopática. || **10.** *En Guanajuato*, chapulín; saltamontes. || **11.** *En Michoacán*, nombre genérico de los insectos saltadores: "Los niños atraparon varios chochos en el jardín". ■ F. **12.** supran. vulg. Órgano sexual de la mujer. ■ LOC. **ni con chochos.** LOC. ADV. En lo absoluto: "Ni con chochos le vuelvo a dirigir la palabra a Nuria".

chochocol. ■ M. **1.** rur. Vasija grande de barro. ■ COM. **2.** Persona que bebe mucha agua: "Prepara la jarra, que ahí viene Eva y ya ves que es una chochocol".

chocholteco, ca. ■ ADJ. **1.** Perteneciente o relativo al **chocholteco**: "Algunas prendas de vestir chocholtecas eran elaboradas de lana". || **2.** Natural o procedente del grupo étnico **chocholteco**: "Las mujeres chocholtecas elaboran objetos de palma". Ú.t.c.sust.: "Las chocholtecas elaboran objetos de palma". ■ M. **3.** Grupo étnico establecido en el oeste del estado de Oaxaca. || **4.** Lengua otomangue del subgrupo lingüístico popolocano.

chochón, na. Véase **chocholteco, ca.**

chochopascle. ■ M. Palo ancho para tupir una tela que se está tejiendo.

chochopaste. ■ M. **chochopascle.**

chochoyote. ■ M. Bolita de masa de maíz frita que se agrega a caldos, moles y sopas.

chocnac. ■ M. **choknak.**

choco, ca. ■ ADJ. **1.** Perteneciente o relativo al estado de Tabasco: "Te traje esta artesanía choca". || **2.** Natural o procedente del estado de Tabasco: "Llegaron los comerciantes chocos a vender cacao". Ú.t.c.sust.: "Llegaron los chocos a vender cacao". || **3.** *En el Sureste, referido a persona*, de piel cobriza: "Su hermano es un hombre choco". Ú.t.c.sust.: "Su hermano es un choco". || **4.** supran. *En Chiapas*, tuerto: "Yo tengo un amigo choco en el trabajo". Ú.t.c. sust.: "El choco es mi amigo". || **5.** supran. *En Chiapas*, ciego: "Esta es la fundación que apoya a las personas chocas". Ú.t.c.sust.: "Esta es la fundación que apoya a los chocos". ■ M. **6.** *En Veracruz*, árbol de amplia distribución al sur y sureste de México, de hasta 10 m de altura; troncos con corteza grisácea, lisa, con ramas extendidas; hojas simples, de ovadas a elípticas, acuminadas, de base cuneada o redondeada; flores sésiles, blancas o verdosas, reunidas en cabezuelas que se agrupan en inflorescencias paniculadas terminales; frutos globosos. Familia de las araliáceas, *Oreopanax capitatus*. (También se llama xoco). || **7.** *En Veracruz*, hoja del **choco**; uso en la gastronomía. || **8.** *En Veracruz*, tamal que se hace con masa de maíz negro, envuelto en hoja del **choco**, cocido al vapor; xoco.

chocoaventura. ■ F. Suceso narrado de forma exagerada, por lo general divertido.

chocolate. ■ ADJ. **1.** *Referido a un vehículo*, que es introducido ilegalmente al país: "Este año entraron 4 000 carros chocolate al país". ■ M. **2.** supran. Pieza de chocolate macizo de diferentes figuras. || **3.** supran. *En el beisbol*, eliminación del bateador por el lanzador, ya sea por fallar tres veces al batear la pelota, impedir que el corredor llegue a la base, tocar la almohadilla antes o tocarlo a él con la pelota; ponche. || **4.** gralizado. Pasta elaborada con granos de cacao tostados y molidos.

chocolomo. ■ M. **1.** *En el Sureste*, guiso de carne de res con jitomate. || **2.** *En Quintana Roo*, caldo de carne y vísceras de res con verduras.

chocomil. ■ M. **chocomilk.**

chocomilk. (De Choco Milk®). ■ M. **1.** Cualquier chocolate en polvo empacado para disolver en leche. || **2.** Cualquier saborizante en polvo empacado para disolver en leche. || **3.** Cualquier licuado con leche. || **4.** supran. Bebida hecha con chocolate en polvo.

chocoso, sa. ■ ADJ. **1.** *Referido a persona*, presumida: "Nancy es bien chocosa, siempre dice la marca de su ropa". Ú.t.c.sust.: "Nancy es una chocosa, siempre dice la marca de su ropa". || **2.** *Referido a persona*, antipática: "Nadie soporta a su hermano chocoso, nunca se quiere ir en metro". Ú.t.c.sust.: "Nadie soporta al chocoso, nunca se quiere ir en metro". || **3.** Propio de la persona **chocosa**: "Ya nos cansaste con tu carácter chocoso".

choi. ■ M. *En Yucatán*, perrilla; orzuelo.

choknak. ■ M. *En Yucatán*, cólico.

chol. ■ ADJ. **1.** Perteneciente o relativo al **chol**: "En la parcela chol se siembra maíz, frijol, papa y café". || **2.** Natural o procedente del grupo étnico **chol**: "La población chol migra a los centros turísticos para trabajar". ■ M. **3.** Grupo étnico establecido en los estados de Chiapas y Tabasco. || **4.** Lengua maya del subgrupo lingüístico cholano. ■ COM. **5.** Persona natural o procedente del grupo étnico **chol**: "La chol migra a los centros turísticos para trabajar".

cholano, na. ■ ADJ. **1.** supran. Perteneciente o relativo al **cholano**: "Las lenguas cholanas se repartían en la antigua zona maya". ■ M. **2.** supran. Grupo étnico histórico que dio origen a los chontales y a los choles, entre otros. || **3.** supran. Conjunto de grupos étnicos, como los chontales y los choles, entre otros; establecidos principalmente en los estados de Tabasco y Chiapas, en México, y en Guatemala. || **4.** supran. Lengua reconstruida que históricamente dio origen a las lenguas chontal y chol, entre otras. || **5.** supran. Grupo o familia de lenguas mayas que incluye al chontal y al chol, entre otras.

cholenco, ca. ■ ADJ. *En Chiapas, referido a alguien*, cojo: "Las personas cholencas caminan despacito". Ú.t.c.sust.: "Las cholencas caminan despacito".

cholo, la. ■ ADJ. **1.** supran. despect. *Referido a un indígena*, que ha adoptado costumbres y usos urbanos. Ú.t.c.sust. ■ M. y F. **2.** supran. Joven que viste pantalón muy suelto ajustado a la cadera baja, habitualmente miembro de una pandilla.

C

cholulteca. ■ ADJ. **1.** Perteneciente o relativo a la ciudad de Cholula, en el estado de Puebla: "El municipio cholulteca es muy visitado cada año". || **2.** Natural o procedente de la ciudad de Cholula, en el estado de Puebla: "Mis abuelos cholultecas se dedicaban a la venta de artesanías". ■ COM. **3.** Persona natural o procedente de la ciudad de Cholula, en el estado de Puebla: "Los cholultecas son artesanos expertos".

cholulteco, ca. ■ ADJ. **1.** Perteneciente o relativo a la ciudad de Cholula, en el estado de Puebla: "Las tradiciones cholultecas han pervivido por cientos de años". || **2.** Natural o procedente de la ciudad de Cholula, en el estado de Puebla: "Mis abuelos cholultecos se dedicaban a la venta de artesanías". Ú.t.c. sust.: "Los cholultecos se dedican a la venta de artesanías".

chombo. ■ M. *En el Sureste*, ave carroñera de amplia distribución en América, de 1.5 m de longitud; con plumaje de color café oscuro a negro; cabeza y cuello desnudos, de color anaranjado o amarillo anaranjado, con una corona azul violácea; pico corto, ganchudo y de color marfil; en el vuelo su cola se distingue por ser larga y delgada. Familia de los catártidos del orden Cathartiformes, *Cathartes aura*. (También se llama aura, cabecirroja, gallinazo, viuda, zopilote).

chompa. ■ F. Véase **chompo, pa.**

chompeta. ■ F. fest. *En el Norte*, cabeza del cuerpo humano.

chompetear. ■ TR. fest. *En el Norte*, pensar: "Chompeteamos el problema todo el día".

chompipe, pa. ■ ADJ. **1.** *Referido a persona*, tonta: "Julieta está bien chompipa si cree que le vuelvo a prestar dinero". Ú.t.c.sust.: "Julieta es una chompipa si cree que le vuelvo a prestar dinero". ■ M. **2.** supran. **cócono.**

chómpiras. ■ COM. **1.** Ladrón de poca monta: "Esos chicos son los chómpiras que robaron la tienda". || **2.** Persona con quien se mantiene una relación de amistad cercana; amigo: "Joaquina es mi chómpiras".

chompo, pa. ■ ADJ. **1.** *Referido a persona*, abrumada por una reprimenda: "Nicolás está muy chompo porque su papá le gritó". ■ F. **2.** fest. *En el Norte*, cabeza del cuerpo humano.

chon. ■ M. Prenda interior que, generalmente, cubre desde la cintura o la cadera hasta el inicio de los muslos; calzón.

choncho, cha. ■ ADJ. **1.** *Referido a algo*, de grandes proporciones: "Está en un problema choncho, por irresponsable". || **2.** *Referido a algo*, lleno: "La olla está muy choncha, quítale tantito caldo". || **3.** supran. *Referido a alguien*, regordete: "Tu hermano se ve muy choncho, debería ponerse a dieta". Ú.t.c.sust.: "Tu hermano ya es un choncho, debería ponerse a dieta".

chongo. ■ M. **1.** supran. Rodete que se hace en el cabello para recogerlo. ■ LOC. **hasta el ~.** LOC. ADJ. **hasta el copete.**

chongos. ■ M. PL. **2.** Dulce que se hace con leche cuajada, almíbar y canela. ■ LOC. **~ zamoranos.** LOC. SUST. Dulce que se hace con leche cuajada, almíbar y canela. ■ INTERJ. **¡chongos!** fest. Se usa para invocar la buena suerte; changuitos: "¿Vendrá el chavo que me gusta? ¡Chongos!". Ú.m.e.dim.: "¿Vendrá el chavo que me gusta? ¡Chonguitos!".

chonino. ■ M. **chon.**

chontal. ■ ADJ. **1.** Perteneciente o relativo al grupo étnico establecido al sur del estado de Oaxaca: "La comida chontal en tiempo de lluvias incluye hongos silvestres". || **2.** Perteneciente o relativo al grupo étnico establecido en el estado de Tabasco: "El comal chontal está hecho por mujeres". || **3.** Perteneciente o relativo a la lengua que habla el grupo étnico establecido al sur del estado de Oaxaca: "La lengua chontal es hablada en la costa sur de Oaxaca". || **4.** Perteneciente o relativo a la familia lingüística formada únicamente por la lengua chontal de Oaxaca: "La familia lingüística chontal está conformada por una lengua aislada". || **5.** Perteneciente o relativo a la lengua maya del subgrupo cholano: "El idioma chontal se distribuye en cuatro regiones en Tabasco". || **6.** Natural o procedente del grupo étnico establecido al sur del estado de Oaxaca: "Los curanderos chontales emplean muchas plantas medicinales". || **7.** Natural o procedente del grupo étnico establecido en el estado de Tabasco: "Los músicos chontales suelen tocar tambores". ■ M. **8.** Grupo étnico establecido al sur del estado de Oaxaca. || **9.** Grupo étnico establecido en el estado de Tabasco. || **10.** Lengua maya del subgrupo cholano. || **11.** Lengua que habla el grupo étnico establecido al sur del estado de Oaxaca. || **12.** Familia lingüística formada únicamente por la lengua chontal de Oaxaca. ■ COM. **13.** Persona natural o procedente del grupo étnico establecido al sur del estado de Oaxaca: "La chontal elabora artesanalmente el mezcal". || **14.** Persona natural o procedente del grupo étnico establecido en el estado de Tabasco: "El chontal hace talabartería con la piel de la iguana". ■ LOC. **~ de Oaxaca.** [*oajáka*] LOC. ADJ. **1.** Perteneciente o relativo al **chontal de Oaxaca**: "La comida chontal de Oaxaca en tiempo de lluvias se basa en hongos silvestres". || **2.** Natural o procedente del grupo étnico **chontal de Oaxaca**: "Los curanderos chontales de Oaxaca emplean muchas plantas medicinales". || LOC. SUST. **3.** Grupo étnico establecido al sur del estado de Oaxaca. || **4.** Lengua que habla el grupo étnico **chontal de Oaxaca**. || **5.** Familia lingüística formada únicamente por la lengua **chontal de Oaxaca**. || **6.** Persona natural o procedente del grupo étnico **chontal de Oaxaca**: "La chontal de Oaxaca elabora artesanalmente el mezcal". ▶ **~ de Tabasco.** LOC. ADJ. **1.** Perteneciente o relativo al **chontal de Tabasco**: "El comal chontal de Tabasco está hecho por mujeres". || **2.** Natural o procedente del grupo étnico **chontal de Tabasco**: "Los músicos chontales de Tabasco suelen tocar tambores". || LOC. SUST. **3.** Grupo étnico establecido en el estado de Tabasco. || **4.** Lengua maya del subgrupo cholano. || **5.** Persona natural o procedente del grupo étnico **chontal de Tabasco**: "El chontal de Tabasco hace talabartería con la piel de la iguana".

chop. ■ ADJ. **1.** *En el Sureste, referido a alguien*, tuerto: "¿Y el perro chop que siempre vagaba por aquí?". ■ COM. **2.** *En el Sureste*, persona tuerta: "¿Y el chop que siempre andaba de vago por aquí?".

chopcalle. ■ F. *En el Sureste*, calle cerrada: "Vivo en una chopcalle, ahí puedes dejar tu coche".

chopo. ■ M. *En Chihuahua,* tamal de masa de maíz mezclada con azúcar, uva pasa, trozos de ate de membrillo y nueces, en forma de bola, envuelto en hoja de maíz, cocido al vapor.

chopontil. ■ M. *En Veracruz,* tortuga de distribución en Centroamérica y México, de hasta 20 cm de longitud; con caparazón de color café oscuro; plastrón reducido y de color crema; patas robustas con aletas desarrolladas; cabeza grande; mandíbula amarilla con manchas negras y con protuberancias que parecen colmillos. Familia de los quinostérnidos del orden Testudines, *Claudius angustatus.* (También se llama taimame, tortuga almizclera).

choque. ■ LOC. **~ laminero.** LOC. SUST. Impacto vehicular de consecuencias menores y sin heridos graves: "Afortunadamente se trató de un choque laminero, solo fue el susto".

choquear. ■ TR. **1.** supran. Producir un impacto emocional: "La noticia choqueó a toda la comunidad".

choquearse. ■ INTR. PRNL. **2.** supran. Sufrir alguien un impacto emocional: "Se choqueó cuando supo la mala noticia".

choquía. ■ F. Olor desagradable que guardan las cosas como resultado de un mal lavado o un mal secado.

choquiaque. ■ M. **choquía.**

choquiento, ta. ■ ADJ. **1.** Que tiene el olor desagradable que guardan las cosas como resultado de un mal lavado o un mal secado: "Esta toalla está bien choquienta, hay que volver a lavarla". || **2.** *Referido a persona,* que no se baña y huele mal: "A esa niña choquienta le urge un buen baño". Ú.t.c.sust.: "A esa choquienta le urge un buen baño".

choquilla. ■ F. **choquía.**

choquillento, ta. ■ ADJ. **choquiento, ta.**

choquillo. ■ M. **choquía.**

choquiloso, sa. ■ ADJ. *En Sonora, referido a algo,* de textura pegajosa: "El envase de la miel está todo choquiloso, límpialo".

choquío. ■ M. **choquía.**

chorcha. ■ F. **1.** Reunión de amigos: "¡Qué buenas chorchas se arman en casa de Roberto!". || **2.** Charla animada: "Estuvo buena la chorcha con mis cuates de la secundaria". || **3.** Fiesta: "El sábado habrá chorcha en el pueblo". || **4.** *En el Suroeste,* cantidad grande de personas; multitud: "Llegó una chorcha al desfile de primavera".

chorchear. ■ INTR. Estar alguien en una chorcha o en una charla animada: "Chorcheamos toda la tarde en la casa de mis padres".

chorchero, ra. ■ ADJ. *Referido a persona,* fiestera: "Guadalupe es bien chorchera, pero no fue a mi boda". Ú.t.c.sust.: "Guadalupe es una chorchera, pero no fue a mi boda".

choreada. ■ F. **1.** Discurso largo y poco creíble: "Déjate de choreadas y vamos al grano". || **2.** Mentira: "No te creo nada, son puras choreadas".

chorear. ■ TR. **1.** Engañar mediante choros o palabras: "José choreó a sus papás y no lo castigaron". Ú.m.c.prnl. "José se choreó a sus papás y no lo castigaron". ■ INTR. **2.** Decir choros o discursos largos y vacíos: "Javier solo chorea en las asambleas".

choreco, ca. ■ ADJ. **1.** fam. *Referido a algo,* torcido, cuando debe ser recto; chueco: "Ponle un palo a la planta para que no crezca choreca". || **2.** fam. *Referido a alguien,* loco: "¡Está muy choreco si piensa que le volveré a hablar!". Ú.t.c.sust.: "¡Es un choreco si piensa que le volveré a hablar!". || **3.** fam. *Referido a alguien,* de orejas grandes: "Uso el cabello suelto porque estoy muy choreca". Ú.t.c. sust.: "Uso el cabello suelto porque soy una choreca". || **4.** fam. *Referido a alguien,* que no escucha bien; soreco: "Súbele al volumen porque estoy bien choreco". Ú.t.c.sust.: "Súbele al volumen porque soy un choreco".

chorero, ra. ■ ADJ. **1.** *Referido a persona,* que engaña mediante choros o palabras: "Eres muy chorero, ya no te creo nada". Ú.t.c.sust.: "Eres un chorero, ya no te creo nada". || **2.** *Referido a persona,* que recurre a choros o discursos largos y vacíos: "Estuvimos media hora escuchando a los vendedores choreros". Ú.t.c. sust.: "Estuvimos media hora escuchando a esos choreros". || **3.** Propio de la persona **chorera**: "Ya bájale a tu carácter chorero e hipócrita".

chorizo. ■ ADJ. **1.** *Referido a persona,* que engaña mediante choros o palabras; choro: "Laura es bien chorizo y nadie le cree nunca". || **2.** supran. *Referido a persona,* que recurre a choros o discursos largos y vacíos;

choro: "Hermenegildo es un abogado muy chorizo que aburre con sus alegatos". ■ M. **3.** Cualquier cadena de objetos o personas de la misma especie; fila: "Había un chorizo de gente en la caja del supermercado". || **4.** Engaño mediante palabras; choro: "No te creo nada, son puros chorizos". || **5.** Persona que engaña mediante choros o palabras; choro: "Laura es un chorizo y nadie le cree nunca". || **6.** supran. Persona que recurre a choros o discursos largos y vacíos; choro: "Sara es un chorizo, aburre con sus alegatos". || **7.** supran. Discurso largo y vacío; choro: "Nos echó un chorizo para convencernos de su inocencia". || **8.** supran. Hecho interminable: "La junta de ayer fue un chorizo aburridísimo". || **9.** supran. vulg. Pene. ■ COM. **10.** Persona que engaña mediante choros o palabras; choro: "Laura es una chorizo y nadie le cree nunca". || **11.** supran. Persona que recurre a choros o discursos largos y vacíos; choro: "Sara es una chorizo, aburre con sus alegatos".

choro, ra. ■ ADJ. **1.** Viejo: "Todas las tardes se reúnen unos señores choros a platicar". Ú.t.c. sust.: "Todas las tardes se reúnen unos choros a platicar". || **2.** *Referido a persona*, que engaña mediante palabras: "Eres muy chora, por eso ya no te creemos nada". Ú.t.c.sust.: "Ya no te creemos nada porque eres una chora". || **3.** *Referido a persona*, que recurre a discursos largos y vacíos: "Estuvimos media hora escuchando a los vendedores choros". Ú.t.c.sust.: "Estuvimos media hora escuchando a esos choros". || **4.** *Referido a persona*, que está bajo los efectos de un estupefaciente. Ú.t.c.sust. || **5.** *En Sonora, referido a persona*, arrugada por estar mucho tiempo sumergida en agua: "Saúl salió choro del mar". Ú.t.c.sust.: "Se nota que ese choro estuvo horas en el mar". ■ M. **6.** Discurso largo y vacío: "Déjate de choros y vamos al grano". || **7.** Engaño mediante palabras: "No te creo nada, son puros choros".

choroco, ca. ■ ADJ. *En Chiapas, referido a persona*, de vista escasa: "Mi abuela choroca no lee bien sin luz". Ú.t.c.sust.: "La choroca no lee bien sin luz".

chorote. ■ M. *En Tabasco*, bebida hecha con maíz cocido y cacao tostado y molido.

chorreado, da. ■ M. y F. fest. Pareja sentimental.

chorrear. ■ TR. **1.** Ensuciar con una sustancia: "Chorreaste el mantel con mole".

chorrearse. ■ INTR. PRNL. **2.** supran. vulg. Llegar al orgasmo.

chorrillo. ■ M. supran. Diarrea.

chorro. ■ M. **1.** *En Quintana Roo*, rizo de cabello. || **2.** supran. Diarrea; chorrillo.

chorros. ■ M. PL. **3.** Grupo de diferentes especies de arbustos originarios de América, de hasta 1 m de altura, monoicos; tallos muy ramificados; hojas opuestas, enteras, ovadas, con margen dentado; flores hermafroditas, colgantes, de diversos matices, de pedúnculos largos, cáliz cilíndrico, con cuatro lóbulos morados, corola de cuatro pétalos, lóbulos de color rojo a rosado; frutos abayados, ovoides, de diversos matices; semillas numerosas, pequeñas. Familia de las onagráceas, varias especies del género *Fuchsia*. (También se llama arete). || **4.** Individuo de este grupo de diferentes especies de arbustos. || **5.** Flor de los individuos de este grupo de diferentes especies de arbustos.

chóstomo. ■ M. vulg. Pene.

chota. ■ F. **1.** Cuerpo de policía. || **2.** supran. vulg. Pene. ■ COM. **3.** supran. Miembro del cuerpo de policía: "Había unos chotas muy serios cuidando el desfile".

choteador, ra. ■ ADJ. **1.** supran. *Referido a persona*, que gusta de burlarse de los demás: "Tu amigo es muy choteador y luego se queja de que le dejan de hablar". Ú.t.c.sust.: "El choteador llegó a incomodar a todos". || **2.** supran. Propio de la persona **choteadora**: "Tu amigo siempre responde con comentarios choteadores".

chotear. ■ TR. **1.** Repetir algo en exceso: "Las radiodifusoras chotearon tanto esa canción que ahora no me gusta".

chotearse. ■ INTR. PRNL. **2.** supran. Volverse algo vulgar y corriente por repetirse en exceso: "Las telenovelas de ese canal ya se chotearon".

choteo. ■ M. **1.** Repetición de algo en exceso. || **2.** supran. Situación en la que algo se vuelve vulgar y corriente por repetirse en exceso.

choto. ■ M. fest. Hombre homosexual; joto.

choya. ■ F. **1.** *En Sonora*, abrojo. || **2.** supran. Cabeza del cuerpo humano; cholla.

chozno, na. ■ M. Y F. **1.** Antecesor de los tatarabuelos. || **2.** Descendiente de los tataranietos.

chu. ■ M. *En Campeche,* recipiente de uso doméstico hecho con la mitad de una calabaza ahuecada; calabazo.

chúcata. ■ F. **1.** *En el Noroeste,* resina o goma que se extrae del mezquite. || **2.** *En Michoacán,* árbol del mezquite.

chucatoso, sa. ■ ADJ. *En el Noroeste,* pegajoso: "Me quedaron las manos chucatosas con el mango".

chuchita. ■ EXPR. **(que) a Chuchita la bolsearon. 1.** Se usa para indicar contrariedad e incredulidad por lo hecho o dicho por otra persona: "Te advierto que te engaña, después no me salgas con que a Chuchita la bolsearon". || **2.** Se usa para indicar la intención de eludir responsabilidades: "El supervisor tenía que entregar los papeles y ahora resulta que a Chuchita la bolsearon".

chucho, cha. ■ LOC. **chucho con rabia.** LOC. SUST. *En Chiapas,* bebida alcohólica de 96 grados. ▷ **~ cuerero.** LOC. ADJ. Que tiene gran astucia para salir avante de situaciones difíciles: "¡Qué equipo tan chucho cuerero, felicidades!". ■ EXPR. **¡qué la chucha!** eufem. **¡qué la chingada!**

chuchú. ■ M. *En el Sureste,* pecho femenino; mama.

chuchul. ■ ADJ. **1.** *En el Sureste, referido a persona,* arrugada: "Mi abuelito ya está muy chuchul". ■ COM. **2.** *En el Sureste,* persona arrugada: "Mi abuelito ya es un chuchul".

chuchuluco. ■ M. **1.** Cualquier golosina. || **2.** Dinero. || **3.** Peluca pequeña que solo cubre parte de la cabeza. || **4.** Abultamiento que se forma en cualquier parte del cuerpo como resultado de un golpe; chichón. || **5.** supran. Objeto personal de poco valor.

chueca. ■ ADJ. **1.** supran. *Entre homosexuales, referido a un hombre,* que es afeminado. ■ F. **2.** supran. *Entre homosexuales,* hombre afeminado.

chueco. ■ ADJ. supran. despect. *Referido a un hombre,* que es afeminado. Ú.t.c.sust.

chueco, ca. ■ ADJ. **1.** *Referido a un objeto,* robado: "No tengo la factura de mi celular porque es chueco". || **2.** supran. *Referido a algo,* torcido, cuando debe ser recto: "La mesa está chueca". || **3.** supran. *Referido a algo,* ilegal: "Me pidió que le ayudara en un asunto chueco". || **4.** supran. *Referido a persona,* que no obra honradamente: "Un tipo chueco nos timó". Ú.t.c.sust.: "Ese chueco nos timó". || **5.** supran. Propio de la persona **chueca**: "Se sancionará severamente cualquier práctica chueca de los empleados". || **6.** supran. *Referido a persona,* que tiene las piernas arqueadas, de tal modo que, con los pies juntos, le quedan separadas las rodillas: "Ese niño es chueco de nacimiento". Ú.t.c.sust.: "El chueco es mi compañero de clases". || **7.** supran. *Referido a un documento,* falso: "Nos quería ver la cara con un testamento chueco".

chuecura. ■ F. Cualidad de chueco.

chufa. ■ F. Hierba de distribución cosmopolita, de hasta 60 cm de altura, monoica; tallos angulosos, triangulares en sección transversal; hojas arrosetadas en la base, enteras, lineares, verdes o con tonos rojizos o amarillentos, con margen entero; flores hermafroditas, diminutas, sin pétalos, cubiertas por brácteas verdosas, las flores agrupadas en conjuntos de espiguillas que surgen en el ápice de un pedúnculo triangular; frutos pequeños, aquénicos y angulosos; semilla única. Familia de las ciperáceas, *Cyperus esculentus*. (También se llama coquillo, coquito).

chuj. ■ ADJ. **1.** supran. Perteneciente o relativo al **chuj**: "El huipil chuj se reconoce por el bordado de estrellas". || **2.** supran. Natural o procedente del grupo étnico **chuj**: "Las mujeres chujes crían animales de traspatio". ■ M. **3.** supran. Grupo étnico establecido en los estados de Chiapas y Quintana Roo, en México, y en Guatemala. || **4.** supran. Lengua maya del subgrupo lingüístico chujeano. ■ COM. **5.** supran. Persona natural o procedente del grupo étnico **chuj**: "El chuj cría animales de traspatio".

chujeano, na. ■ ADJ. **1.** supran. Perteneciente o relativo al **chujeano**: "El pueblo chujeano se estableció cerca de zonas selváticas". ■ M. **2.** supran. Grupo étnico histórico que dio origen a los chujes y a los tojolabales, entre otros. || **3.** supran. Conjunto de grupos étnicos establecidos principalmente en los estados de Chiapas y Quintana Roo, en México, y de Guatemala. || **4.** supran. Lengua reconstruida que históricamente dio origen al chuj y al tojolabal. || **5.** supran. Grupo o familia de lenguas mayas que incluye al chuj y al tojolabal, entre otras.

chula. ■ F. Véase **chulo, la.**

chuleada. ■ F. Acción y resultado de chulear.

chulear. ■ TR. **1.** Elogiar: "Chuleamos el vestido nuevo de la niña". || **2.** Decorar algo para embellecerlo: "¿Y si chuleamos la casa para la reunión?". || **3.** *En Campeche,* tomar lo último que queda en un plato con alimento: "¿Te chuleaste el pastel de mi cumpleaños?".

chulo, la. ■ ADJ. **1.** supran. *Referido a persona,* guapa: "¡Rafael está bien chulo! ¡Me encanta!". Ú.t.c.sust.: "Ese chulo se llama Rafael. ¡Me encanta!". ■ M. **2.** Hombre que vive a expensas de su pareja. ■ F. **3.** Fórmula de tratamiento para dirigirse a una clienta en un intercambio informal: "Ándele, chula, ¿qué se va a llevar hoy?". ■ LOC. **~ de bonito.** LOC. ADJ. Muy lindo o agraciado: "Mira qué chula de bonita se ve mi niña con el vestido nuevo que le regaló mi papá".

chuma. ■ F. Véase **chumo, ma.**

chumarse. ■ INTR. PRNL. **1.** *En Guerrero,* rasparse: "El celular se cayó en la banqueta y se chumó todito". || **2.** supran. *En el Sureste,* embriagarse: "Se chumó con seis cervezas e hizo desfiguros".

chumazo. ■ M. supran. Mazo o ramillete de cosas; manojo.

chumiar. ■ TR. **1.** rur. Asar vegetales: "Chumió los chiles con los tomates y la salsa quedó mejor". || **2.** *En Tabasco,* espiar: "No chumíes a la vecina desde la ventana cuando sale".

chumico. ■ M. **1.** supran. *En el Sureste,* árbol originario de América, de hasta 15 m de altura, monoico; troncos gruesos, con corteza de color grisáceo; hojas alternas, ovadas o elíptico-ovadas, coriáceas, muy rugosas en ambas superficies, bordes irregulares y agrupadas en las partes terminales de las ramas; flores hermafroditas, pequeñas, con cuatro pétalos, de color blanco a rosado, con olor dulce y con numerosos estambres, agrupadas en racimos axilares; frutos capsulares verdes y peludos, coriáceos; una o dos semillas, elipsoides, negras, cubiertas con un arilo blanco. Familia de las dileniáceas, *Curatella americana.* (También se llama chaparro, hoja chigüe, hojamán, ojamán, rascalavieja). || **2.** supran. *En el Sureste,* corteza del **chumico**; uso industrial. || **3.** supran. *En el Sureste,* corteza del fruto del **chumico**; uso en la medicina tradicional.

chumo, ma. ■ ADJ. **1.** *En Chiapas, referido a persona,* encorvada: "Mi abuelita ya está chuma". Ú.t.c.sust.: "Mi abuelita es una chuma desde joven". || **2.** supran. *En el Sureste, referido a persona,* borracha: "Llegué bien chumo de la fiesta y me regañó mi mamá". Ú.t.c.sust.: "Regañaron al chumo cuando llegó tarde de la fiesta". ■ F. **3.** *En Chiapas,* joroba.

chumpe. ■ M. supran. **cócono.**

chumpipe. ■ M. supran. **cócono.**

chunche. ■ M. supran. Objeto indeterminado, cuyo nombre se olvida o se desconoce.

chundo, da. ■ ADJ. **1.** fam. *Referido a alguien,* que carece de algún miembro o parte articulada del cuerpo: "Adopté al gatito chundo". Ú.t.c.sust.: "Ese chundo peludo es el que quiero". || **2.** fam. *Referido a persona,* tímida: "No seas chundo, saluda". Ú.t.c.sust.: "Él es un chundo porque nunca saluda". || **3.** despect. *Referido a persona,* que no transmite confianza: "Un joven chundo me abordó en la calle". Ú.t.c.sust.: "Un chundo me abordó en la calle". || **4.** despect. *Referido a persona,* vaga: "Cada vez hay más jóvenes chundos en la ciudad". Ú.t.c.sust.: "Cada vez hay más chundos en la ciudad". || **5.** despect. *Referido a persona,* que difiere cultural y socialmente de cierto grupo, principalmente de clases altas o de elevada formación académica: "Ernesto siempre lleva la contraria porque, francamente, es muy chundo". Ú.t.c.sust.: "El chundo siempre nos lleva la contraria". || **6.** despect. *Referido a persona,* indígena. Ú.t.c.sust.

chúntaro, ra. ■ ADJ. despect. *En el Norte, referido a persona,* de bajo estrato social o de poca instrucción. Ú.t.c.sust.

chupacabras. ■ M. supran. *En la tradición popular,* personaje que chupa la sangre del ganado causándole heridas graves, generalmente mortales.

chupador, ra. ■ ADJ. *Referido a persona,* que gusta de ingerir bebidas alcohólicas: "Mi primo chupador se la vive en los bares". Ú.t.c. sust.: "Ese chupador se la vive en los bares".

chupaflor. ■ AMB. **chupamirto.**

chupamaro, ra. ■ ADJ. *Referido a persona*, borracha: "Trajeron al vecino chupamaro hasta la puerta de su casa".Ú.t.c.sust.: "Trajeron al chupamaro hasta la puerta de su casa".

chupamedias. ■ ADJ. **1.** supran. *Referido a persona*, que adula de manera servil con la intención de obtener algún beneficio: "Genaro es muy chupamedias, por eso recibe un trato privilegiado". ■ COM. **2.** supran. Persona que adula de manera servil con la intención de obtener algún beneficio: "Genaro es un chupamedias, por eso recibe un trato privilegiado".

chupamiel. ■ AMB. *En el Sureste*, **chupamirto.**

chupamirto. ■ M. supran. Ave originaria de América, de tamaño pequeño, de 6 a 20 cm de longitud; con plumaje de colores iridiscentes; el pico se adapta al tipo de flor preferida por cada especie; con gorgueras o coronillas brillantes, collares y otros adornos según la especie; vuelo de aleteos rápidos y una rotación singular de toda el ala en la articulación del hombro, que le permite ir en cualquier dirección, incluso para atrás. Familia de los troquílidos del orden Apodiformes. (También se llama chupaflor, chupamiel, chuparrosa, colibrí, pájaro mosca, picaflor, zumbador).

chupar. ■ INTR. **1.** supran. Ingerir bebidas alcohólicas: "Chupamos toda la noche, no puedo con el dolor de cabeza". || **2.** supran. Fumar un cigarro o un puro: "No chupes aquí, es un área cerrada". ■ LOC. **~ faros.** LOC. VERB. **1.** Malograrse: "El negocio chupó faros por tu falta de interés". || **2.** Morirse: "Julián chupó faros el año pasado". ▷ **~ la sangre.** LOC. VERB. Ser impertinente y fastidioso: "¡Me chupas la sangre, niño, no te metas ahí!". ■ EXPR. **chupando que es gerundio.** fest. Se usa para incitar a una o más personas a consumir bebidas alcohólicas: "No seas aguafiestas, Paola; chupando que es gerundio".

chuparle. ■ EXPR. **¡chúpale, pichón! 1.** Se usa para motivar a alguien a continuar una actividad: "No le pares al trabajo, ¡chúpale, pichón!". || **2.** Se utiliza para instar a alguien a probar una bebida: "Mira, este es mi tequila favorito, ¡chúpale, pichón!".

chupárselo. ■ LOC. **~ el mero viejo.** LOC. VERB. Morirse: "A Saúl se lo chupó el mero viejo hace tres días". ▷ **~ la bruja.** LOC. VERB. **1.** Desmejorar alguien en grado extremo: "Ya se lo chupó la bruja y se ve muy demacrado". || **2.** Morirse: "Nos chupará la bruja si no nos cuidamos".

chuparrosa. ■ F. **1.** Arbusto originario de América, de hasta 2 m de altura, monoico; tallos con pelos glandulares; hojas alternas, de elípticas a lanceoladas, pelos glandulares, con margen aserrado y espinoso; flores hermafroditas, vistosas, tubulares, rojas, con cinco pétalos; frutos capsulares, ovoides y cafés; semillas numerosas, circulares, diminutas. Familia de las polemoniáceas, *Loeselia mexicana*. (También se llama almaraduz, espinosilla, guachichil, hierba de la virgen, hierba de San Antonio). || **2.** Hoja de la **chuparrosa**; uso cosmético y en la medicina tradicional. || **3.** Tallo de la **chuparrosa**; uso cosmético y en la medicina tradicional. ■ AMB. **4. chupamirto.**

chupe. ■ M. **1.** supran. Bebida alcohólica: "Vamos al bar por unos chupes". || **2.** supran. Acción de ingerir bebidas alcohólicas: "Tu marido se la vive en el chupe".

chupete. ■ M. supran. Marca que queda, generalmente en el cuello, a causa de una succión ejercida con la boca.

chupirul. ■ ADJ. **1.** fest. *Referido a persona*, borracha: "¿Ya estás bien chupirul otra vez?". ■ M. **2.** Dulce de caramelo en forma de paleta cónica generalmente de colores vivos. || **3.** vulg. Sexo oral. || **4.** supran. Bebida alcohólica: "Los chupirules en esta cantina salen más bara". || **5.** supran. Acción de ingerir bebidas alcohólicas: "El chupirul que me puse ayer me dejó una resaca de dos días". ■ COM. **6.** fest. Persona borracha: "Pasaron por la calle unos chupirules bien ruidosos y contentos".

chupón. ■ M. **1.** Dispositivo de memoria USB. || **2. chupete.** || **3.** supran. Objeto de goma en forma de pezón que se da a chupar a los niños de pecho para que se entretengan. || **4.** supran. Pezón de goma que tienen adaptados los biberones para permitir la succión de la leche.

chuponero, ra. ■ ADJ. jerg. *Referido a persona*, que es adicta al éxtasis o droga sintética alucinógena. Ú.t.c.sust.

chuqui. ■ ADJ. *En Sonora*, *referido a algo*, de buena calidad: "El bacanora que me regalaste está chuqui".

chuquija. ■ F. **1.** *En Chiapas,* **choquía.** || **2.** *En Chiapas,* olor de azufre.

chuquijiento, ta. ■ ADJ. *En Chiapas,* **choquiento, ta.**

churido, da. ■ ADJ. **1.** pop. Marchito: "Mi abuela tiene plantas churidas". || **2.** pop. *Referido a persona,* triste: "Su hermano está churido porque su equipo perdió el campeonato". Ú.t.c. sust.: "El churido no tiene ganas de ir a la fiesta".

churipo. ■ M. *En Michoacán,* caldo elaborado con carne de res, verduras y chiles.

churro. ■ M. **1.** Rizo. || **2.** supran. Cigarrillo de marihuana. ■ LOC. **de (puro) ~.** LOC. ADV. Por casualidad: "Llegamos a tiempo de puro churro".

chusma. ■ ADJ. **1.** supran. despect. *Referido a persona,* vulgar: "Erick es muy chusma, no tiene educación". ■ COM. **2.** supran. despect. Persona vulgar: "Erick es un chusma, no tiene educación".

chusmerío. ■ M. supran. despect. Conjunto de gente de modales vulgares.

chuspata. ■ F. *En Michoacán,* junco que nace cerca del agua.

chutarse. ■ TR. PRNL. **1.** Aguantar; tolerar: "Me chuté todo el tráfico para llegar al aeropuerto". || **2.** Ingerir: "Se chutaron unos tacos viendo el partido". || **3.** Encargarse a disgusto de una actividad: "Nos chutamos la limpieza de la casa porque mi mamá no estaba". || **4.** vulg. Poseer sexualmente a alguien.

chute. ■ M. supran. *En el futbol,* golpe que se da al balón con el pie.

chuti. ■ M. Molusco de agua dulce, de hasta 5 cm de altura y 2 cm de diámetro; con concha sólida en forma de torre, posee un periostraco de color oliva a negruzco, de diez u 11 vueltas; se encuentra en ríos y arroyos con movimiento constante, pero de poca intensidad, poco profundo y con sombra; comestible. Familia Pachychilidae, varias especies del género *Pachychilus.* (También se llama caracol de arroyo, shote, shuti, xote).

chuza. ■ F. supran. *En el boliche,* lance que consiste en derribar todos los bolos en una sola oportunidad y con sola una bola.

chuzo. ■ M. supran. rur. Instrumento de siembra que consiste en un palo largo con punta en uno de sus extremos, que sirve para hacer hoyos.

cicirisco. ■ M. vulg. Ano.

ciclaje. ■ M. supran. Medida de la frecuencia de una corriente alterna que se usa en electricidad.

cíclope. ■ M. vulg. Pene.

ciclopolicía. ■ COM. *En El Bajío y el Occidente,* agente de policía de seguridad pública que realiza su labor de vigilancia desplazándose en una bicicleta: "Siempre hay unas ciclopolicías muy atentas cuidando mi calle".

ciego. (Juego de palabras entre ciego y cien). ■ M. **1.** fest. Billete de cien pesos: "Con un ciego me alcanza para ir al cine". || **2.** fest. Cantidad equivalente a cien pesos mexicanos: "Deme un ciego de nueces, por favor".

cielo. ■ M. Hierba rastrera originaria de Europa, ahora cultivada en América, de hasta 1 m de longitud, monoica; tallos frágiles, con jugo lechoso al romperlos; hojas opuestas, enteras, de ovadas a lanceoladas; flores hermafroditas, vistosas, de color azul a morado, con cinco pétalos que dan la apariencia de rehilete; frutos foliculares, cilíndricos; semillas subglobosas, negras. Familia de las apocináceas, *Vinca major.* (También se llama cielo raso, vicaria, vinca). ■ LOC. **~ azul.** LOC. SUST. **cañita.** ▶ **~ raso.** LOC. SUST. **cielo.**

ciento. ■ LOC. **~ en rama.** LOC. SUST. **clavel del poeta.**

cierre. ■ M. supran. Cremallera.

cigarrillo. ■ M. Arbusto originario de México, de hasta 7 m de altura, monoico; troncos con corteza delgada y quebradiza, pubescentes, produce látex blanco; hojas simples, alternas, de largos peciolos, de ovadas a elíptico-ovadas, con margen entero; flores unisexuales, diminutas: las masculinas de sépalos persistentes, con estambres numerosos, las femeninas con tres estilos fusionados que forman una columna corta, flores agrupadas en una estructura que asemeja una sola flor; frutos capsulares, pequeños; semillas ovoides, diminutas, tuberculadas; hojas y látex, uso en la medicina tradicional. Familia de las euforbiáceas, *Euphorbia schlechtendalii.* (También se llama lecherillo, medicina de las gallinas, mulatilla, palo de leche).

ciguapate. ■ F. **1.** supran. Arbusto originario de América, de hasta 3 m de altura, monoico; tallos muy ramificados y con puntos glandulares, pubescentes; hojas opuestas, enteras, de ovadas a lanceoladas, con puntos resinosos en la superficie, con margen ligeramente dentado, aromáticas al estrujarse; flores hermafroditas, diminutas, tubulares y de color azul a morado, agrupadas en numerosas cabezuelas pequeñas; frutos aquénicos, diminutos y cilíndricos, negros, con una serie de cerdas blancas en el ápice. Familia de las compuestas, *Chromolaena odorata*. (También se llama siguapate, tachiste). || **2.** supran. Hoja de la **ciguapate**; uso en la medicina tradicional.

ciguatera. ■ F. supran. Enfermedad de peces, crustáceos y moluscos caracterizada por producir, en quien los come, intoxicación o envenenamiento graves.

cilantrazo. ■ M. fest. Residuo de alimento que queda en los dientes, especialmente cilantro.

cilantrillo. ■ M. Hierba originaria de Europa y naturalizada en América, de hasta 50 cm de altura, monoica; tallos muy ramificados y con pubescencia glandulosa; hojas en fascículos, enteras, lineares; flores hermafroditas, pequeñas, con cinco pétalos de color blanco y agrupadas en cimas; frutos capsulares, pequeños, ovoides; semillas diminutas, comprimidas, negras. Familia de las cariofiláceas, *Spergula arvensis*. ■ LOC. **~ del monte.** LOC. SUST. **cenicillo amarillo.**

cilindrero, ra. ■ M. y F. Persona que se dedica a tocar el cilindro u organillo, generalmente en las calles.

cilindro. ■ M. Órgano pequeño que se hace sonar por medio de un rodillo con púas movido por un manubrio y encerrado en un cajón portátil.

cimbra. ■ F. Madero grande al que se amarra un anzuelo, usado para pescar tiburones en el océano Pacífico.

cimbrar. ■ TR. supran. Sufrir alguien una fuerte impresión: "La noticia de su accidente cimbró a mi abuela".

cinchar. ■ TR. Obligar a alguien a hacer algo: "Bruno cinchó a Jacinta a ir a la reunión".

cincho, cha. ■ ADJ. **1.** fest. *Referido a algo*, asegurado; consolidado: "Esta alianza ya está cincha". ■ M. **2.** supran. rur. Tejido o faja con que se asegura la silla o la carga en las caballerías. || **3.** supran. rur. Tira ancha de cuero que rodea el cuerpo del toro por detrás de las patas delanteras y que sirve para sujetarse el que lo monta en los jaripeos. ■ INTERJ. **¡cincho!** fest. Se usa para expresar asentimiento; sí: "—¿Vamos al parque? —¡Cincho!".

cinco. ■ LOC. **al ~ para las doce.** LOC. ADV. En el último momento: "Si haces las cosas al cinco para las doce, todo sale mal". ▷ **~ llagas.** LOC. SUST. **1.** Hierba originaria de América, de hasta 80 cm de altura, monoica; tallos muy ramificados y aromáticos al estrujarse; hojas alternas, divididas en numerosos foliolos, de lineares a lanceolados, con margen aserrado; flores hermafroditas, pequeñas, tubulares, amarillas o anaranjadas, agrupadas en cabezuelas, con cinco flores de la periferia en forma de pétalos y con una mancha en forma de V o W en su base; frutos aquénicos, lineares, finamente pilosos, con escamas en el ápice; uso ornamental y en la medicina tradicional. Familia de las compuestas, *Tagetes lunulata*. || **2.** Flor de esta hierba. || **3. caza pulga.** ▷ **~ negritos.** LOC. SUST. supran. *En el Sureste*, arbusto o hierba de amplia distribución en México, de hasta 3 m de altura, monoico; tallos ramificados, inermes o espinosos; hojas opuestas o dispuestas en verticilos, simples, de ovadas a elípticas, láminas generalmente rugosas; flores hermafroditas, pequeñas, blancas, amarillas, rojas o violáceas, sésiles, pequeñas, dispuestas en cabezuelas o espigas; frutos drupáceos, generalmente jugosos; uso ornamental. Familia de las verbenáceas, varias especies del género *Lantana*, como *Lantana camara*. (También se llama flor del campo, frutilla, lampana, lantana).

cincolote. ■ M. **1.** rur. Cesto de mimbre en donde se transportan gallos de pelea. || **2.** rur. Armazón hecha de carrizo o tablas, similar a una jaula, de grandes dimensiones y más alto que ancho, que sirve para almacenar mazorcas de maíz.

cincuate. ■ M. Serpiente de distribución en la zona neotropical de México, de hasta 2 m de longitud; constrictora, con cuerpo macizo y cabeza pequeña; parte ventral de coloración amarilla, con manchas oscuras pequeñas, esparcidas irregularmente a los lados, y manchas semicirculares a lo largo del cuerpo, que van del castaño oscuro al negro; en la punta de la cola tiene una última escama llamada botón, a la que hace vibrar para realizar un ruido similar al de la víbora de cascabel; no venenosa; se alimenta casi exclusivamente de roedores. Familia de los colúbridos del orden Squamata, *Pituophis deppei*. (También se llama alicante, cencuate, chincuate, culebra sorda, sincuate).

cincuenta. ■ LOC. **cincuenta y cincuenta.** LOC. ADV. supran. A medias; micha y micha: "Pagamos la cuenta cincuenta y cincuenta, ¿no?".

cinero, ra. ■ ADJ. supran. *Referido a persona*, cinéfila: "Le gusta mucho la literatura y también es muy cinero". Ú.t.c.sust.: "Le gusta mucho la literatura y también es un cinero".

cineteca. ■ F. **1.** Archivo en que se resguardan películas para su estudio y conservación; filmoteca. || **2.** supran. Sala en que se proyectan películas para su exhibición y estudio; filmoteca.

cinta. ■ F. **1.** Grupo de hierbas originarias de África, de hasta 40 cm de altura, monoicas; rizomas tuberosos, generalmente cubiertos con las hojas viejas y con brotes laterales sobre largos estolones; hojas verdes con una línea central blanca o amarilla, lanceoladas, ápice puntiagudo, con márgenes enteros, membranáceas; flores hermafroditas, pequeñas, blancas, en forma de estrella, agrupadas en inflorescencias laxas o fascículos axilares; frutos capsulares, angulados, cafés; semillas aplanadas, negras; uso ornamental. Familia de las asparagáceas, *Chlorophytum comosum*. (También se llama listoncillo, mala madre). || **2.** Individuo de la **cinta**. || **3.** supran. *En las artes marciales*, categoría o grado conseguidos por el luchador y que se distinguen por su color: "Conquistó la cinta negra en el karate". ■ LOC. **~ adhesiva.** LOC. SUST. La que es de tela, generalmente blanca, con un adherente por uno de sus lados. ▶ **~ canela.** LOC. SUST. La que es de plástico, adhesiva por uno de sus lados, delgada, ancha y de color café. ▶ **~ de aislar.** LOC. SUST. La que se emplea para recubrir los empalmes de los conductores eléctricos. ▶ ***~ micropore.*** [*mikropór*] (De Micropore®). LOC. SUST. La que es adhesiva, hecha de celulosa, porosa e impermeable. ▶ **~ microporo.** LOC. SUST. **cinta *micropore*.**

cintillo. ■ M. **1.** *En el voleibol*, borde superior de la red. || **2.** supran. Tira de tela u otro material, generalmente elástica, que sirve para sujetar, atar o ceñir el pelo, o como adorno. || **3.** supran. Anuncio o noticia breve que se pone en la parte inferior de una hoja de periódico o de la pantalla de televisión sin interrumpir las imágenes.

cío. ■ M. Recipiente con agua que se pone en la mesa al final de la comida para enjuagarse los dedos.

cipe. ■ ADJ. supran. *Referido a un grano o una fruta*, que no ha completado su proceso de maduración: "Hay que envolver con periódico esa papaya cipe".

circulante. ■ M. supran. Dinero que está en circulación en un país: "Este año hubo falta de circulante".

ciricote. ■ M. **1.** supran. Árbol originario de América, de hasta 10 m de altura; tallos erectos, corteza externa de fisurada a ligeramente escamosa, grisácea o blanquecina; hojas simples, alternas, dispuestas en espiral, de elíptico-oblongas a ampliamente obovadas, glabras por ambas caras, con margen entero; flores hermafroditas, vistosas, con forma de embudo, de color anaranjado o rojo anaranjado, dispuestas en cimas paniculiformes, terminales; frutos drupáceos globosos, de verdes a amarillos pálidos; una o dos semillas, blancas; uso como especie maderable. Familia de las boragináceas, *Cordia dodecandra*. (También se llama siricote). || **2.** supran. Fruto del **ciricote**; comestible; uso industrial y en la medicina tradicional. || **3.** supran. Hoja del **ciricote**; se usa para lavar utensilios.

ciruela. ■ LOC. **~ de huesito.** LOC. SUST. **ciruela mexicana.** ▶ **~ mexicana.** [*mejikána*] LOC. SUST. **1.** Árbol originario de Centroamérica, de hasta 25 m de altura; troncos cortos, ramas gruesas, retorcidas y quebradizas, con corteza rugosa, de color gris plomo a oscuro verdoso; hojas alternas, compuestas de foliolos elípticos, de nueve a 25, insertos a uno y otro lado del peciolo, con borde ligeramente ondulado; flores púrpuras en racimos simples, pequeñas y de color rojo o rosado, cáliz diminuto con cinco lóbulos y cinco pétalos; frutos oblongos, carnosos, de color amarillo, anaranjado o rojo al madurar, cubiertos con una vellosidad blanca; una semilla; uso industrial y en la medicina tradicional. Familia de las anacardiáceas, *Spondias purpurea*. (También se llama ciruela de huesito, ciruelo, cocota, jobo, jocote, xocote). || **2.** Fruto de este árbol; comestible; uso en licorería.

ciruelillo. ■ M. **1.** Árbol originario de América, de hasta 12 m de altura, monoico; tallos con copa redondeada y densa; hojas alternas, divididas de tres a nueve foliolos, de ovados a elípticos; flores hermafroditas, pequeñas, con cinco pétalos de blancos a verdosos, estambres fusionados formando un tubo, agrupados en pequeñas cimas; frutos capsulares, ovoides o globosos, leñosos, cafés; tres semillas, elipsoides, rojas. Familia de las meliáceas, *Trichilia havanensis*. (También se llama garrapatilla, palo cucharo). || **2.** Corteza del **ciruelillo**; uso en la medicina tradicional. || **3.** Hoja del **ciruelillo**; uso en la medicina tradicional. || **4.** Rama del **ciruelillo**; uso ceremonial.

ciruelo. ■ M. **ciruela mexicana.**

cirugía. ■ F. jerg. Robo que consiste en quitarle el dinero o la cartera a alguien utilizando una navaja pequeña para rajar el lugar donde lo lleva.

ciscar. ■ TR. **1.** Asustar: "Ciscamos a mi hermanito con una máscara". || **2.** Hacer que alguien se equivoque: "Cisqué a mi hermana cuando estaba planchando". || **3.** Hacer que alguien pierda la concentración: "La alarma ciscó a los niños durante el examen". || **4.** Generar en alguien recelo por una experiencia negativa: "El vecino ciscó a su perro y ahora huye cada vez que lo ve".

ciscarse. ■ INTR. PRNL. **5.** Sentir alguien recelo por una experiencia negativa: "El vecino se ciscó después de que robaron el edificio".

cisiquelite. ■ M. Hierba originaria de América, de hasta 1 m de altura, monoica; tallos cuadrangulares, pilosos; hojas opuestas, divididas de tres a cinco foliolos, de ovadas a lanceoladas, con margen aserrado; flores hermafroditas, pequeñas, tubulares, de color amarillo, agregadas en cabezuelas, con cinco flores de la periferia en forma de pétalos, de color blanco a morado; frutos aquénicos, lineares o claviformes, con un par de espinas en el ápice; hojas y tallos, uso en la medicina tradicional. Familia de las compuestas, *Bidens odorata*. (También se llama acahual blanco, aceitilla).

cisterna. ■ F. **1.** Depósito de gran capacidad construido para almacenar agua y desde donde se distribuye. || **2.** (Juego de palabras entre cisterna y *sister*). fest. Hermana: "¿No sabías que Abigail es mi cisterna?".

citabaro. ■ M. Arbusto originario de América, de hasta 6 m de altura, monoico; troncos ramificados desde el suelo, corteza rugosa de color grisáceo, con látex lechoso; hojas alternas, glabras, ovado-lanceoladas; flores hermafroditas, pequeñas, tubulares, de color blanco a verde amarillento, agrupadas en cimas; frutos drupáceos, ovoide-oblongos, glabros y traslúcidos; semilla única, ovoide-oblonga, con testa jugosa. Familia de las apocináceas, *Vallesia glabra*. (También se llama huitatobe, otatave, palo verde, peralillo, uclatave).

citadino, na. ■ ADJ. **1.** supran. Perteneciente o relativo a la ciudad: "La planeación citadina está a cargo de los expertos". || **2.** supran. *Referido a persona*, que gusta de vivir en una ciudad grande: "Se mudó a la capital porque es una mujer citadina". Ú.t.c.sust.: "El citadino se regresó a la capital". || **3.** supran. Propio de la persona **citadina**: "Este libro trata sobre las distintas costumbres citadinas".

ciudad. ■ LOC. **~ caliente.** LOC. SUST. La que vive extrema violencia, debido al crimen organizado: "Cancelé mi viaje a esa ciudad caliente". ▶ **~ perdida.** LOC. SUST. Sección de una zona urbana habitada por personas de bajos recursos, generalmente migrantes, cuyas viviendas y servicios son deficientes: "El alcalde puso drenaje en la ciudad perdida".

ciudadanización. ■ F. **1.** Sometimiento de algo a la opinión de los ciudadanos. || **2.** Transparencia pública de los asuntos gubernamentales.

ciudadanizar. ■ TR. **1.** Someter algo a la opinión de los ciudadanos: "En la junta delegacional ciudadanizamos el aumento a los impuestos". || **2.** Transparentar públicamente los asuntos gubernamentales: "El presidente municipal ciudadanizará la información del presupuesto del siguiente año".

clacámel. ■ M. **1.** Planta rosetófila originaria del norte de México, de hasta 2.5 m de altura, monoica; hojas de verdes claras a glaucas, anchamente lanceoladas, algo cóncavas, engrosadas en la base, de hasta 2.2 m de largo, de margen con dientes rectos, abruptamente dilatados en la base, de pardos oscuros a rojizos, espina terminal cónica, recta, pardo oscura; flores hermafroditas, vistosas, verdes amarillentas, con el ápice rojizo, dispuestas en una larga panícula congesta de hasta 6 m de altura; frutos capsulares, elipsoidales; semillas numerosas, aplanadas, negras. Familia de las asparagáceas, *Agave atrovirens.* (También se llama maguey de pulque, maguey manso, maguey pulquero, tlacámel, tlacámetl). || **2.** Fruto del **clacámel**; comestible. || **3.** Inflorescencia del **clacámel**; uso en la construcción y forrajero. || **4.** Hoja del **clacámel**; uso en la medicina tradicional.

clachar. ■ TR. **1.** supran. Ver: "Claché a mis amigos de la universidad en una fiesta". || **2.** supran. Vigilar a alguien: "Clacheo a mis sobrinos para que no hagan travesuras".

clachique. ■ M. rur. Aguamiel o jugo del maguey, generalmente para hacer pulque; tlachique.

claco. ■ M. pop. Dinero; tlaco.

claconete, ta. ■ M. y F. pop. Niño.

clacote. ■ M. Inflamación purulenta producida por la infección bacteriana de un folículo piloso; tlacote.

clarasol. (De Clarasol®). ■ M. Solución comercial de hipoclorito de sodio, que se emplea para limpiar, desinfectar y blanquear, generalmente ropa; cloro.

claridoso, sa. ■ ADJ. **1.** *Referido a persona,* impertinente e indiscreta: "Mario es muy claridoso, por eso tiene problemas con la gente". Ú.t.c.sust.: "Mario es un claridoso, por eso tiene problemas con la gente". || **2.** supran. *Referido a persona,* que habla sin rodeos: "Me gusta platicar con doña Juana porque es muy claridosa". Ú.t.c.sust.: "Me gusta platicar con doña Juana porque es una claridosa". || **3.** supran. Propio de la persona **claridosa**: "Sus discursos claridosos siempre llaman mucho la atención".

clarín. (Juego de palabras entre clarín y claro). ■ EXPR. **~ clarines.** fam. Se usa para afirmar o confirmar enfáticamente algo: "Clarín clarines que no falto a la fiesta". ▷ **~ clarinete.** fam. **clarín clarines.** ▷ **~ cornetas.** fam. **clarín clarines.** ▷ **~ de órdenes.** fam. **clarín clarines.** ▷ **~ que *yes*.** [*yés*] fam. **clarín clarines.** ■ INTERJ. **¡clarín!** supran. fam. Se usa para dar una respuesta afirmativa: "—¿Nos vemos mañana? —¡Clarín!".

clarinete (Juego de palabras entre clarinete y claro). ■ INTERJ. **¡clarinete!** supran. Se usa para dar una respuesta afirmativa: "—¿Nos vemos mañana? —¡Clarinete!".

clavadismo. ■ M. supran. Deporte que consiste en zambullirse en una alberca cumpliendo con rutinas preestablecidas para acumular puntos.

clavadista. ■ COM. supran. Persona que practica el clavadismo: "Los clavadistas más novatos entrenan todas las tardes".

clavado, da. ■ ADJ. **1.** *Referido a persona,* entrometida: "Tu suegra es muy clavada, no te deja en paz". Ú.t.c.sust.: "Tu suegra es una clavada, no los deja en paz". || **2.** *Referido a persona,* obsesiva: "Saúl es bien clavado con el trabajo". Ú.t.c.sust.: "Saúl es un clavado con el trabajo". || **3.** Propio de la persona **clavada**: "Esos chavos se la pasan en pláticas clavadas". ■ M. **4.** supran. Zambullida.

clavar. ■ TR. **1.** supran. jerg. Golpear a alguien: "Clavaron a Luis en la esquina del barrio". || **2.** supran. jerg. Matar a alguien.

clavarse. ■ TR. PRNL. **3.** supran. fam. Robarse algo: "Se clavaron mis lápices nuevos en la oficina". || **4.** supran. vulg. Poseer sexualmente un hombre a otra persona. ■ INTR. PRNL. **5.** fam. Obsesionarse: "Saúl se clava con la limpieza de su ropa". || **6.** fam. Dedicarse intensamente a una actividad: "Ese entrenador se clava mucho con el ejercicio". || **7.** supran. fam. Enamorarse de alguien: "No quiero clavarme con Sandra, la acabo de conocer". || **8.** supran. fam. Introducirse alguien en un lugar inesperadamente o sin autorización: "Al final, logré clavarme en el concierto sin boleto". ■ LOC. **~ en la textura.** LOC. VERB. fam. Obsesionarse con algo: "Clávate en la textura para revisar bien el trabajo".

clavel. ■ ADJ. (Juego de palabras entre clavel y clavado). **1.** fest. *Referido a persona,* entrometida; clavado: "Tu hermano clavel anduvo contando los secretos que le confié". || **2.** fest. *Referido a persona*, obsesiva; clavado: "Está bien clavel con el negocio inmobiliario". ■ COM. (Juego de palabras entre clavel y clavado). **3.** fest. Persona entrometida; clavado: "Eres un clavel, Ángel, contaste todos los secretos que te confié". || **4.** fest. Persona obsesiva; clavado: "Victoria es una clavel cuando se trata de negociar". ■ LOC. **~ chino.** LOC. SUST. **clavel del poeta.** ▷ **~ de monte.** LOC. SUST. Hierba originaria de América, de hasta 1 m de altura, monoica; tallos con pelos glandulares; hojas opuestas, enteras, de elípticas a lanceoladas; flores hermafroditas, vistosas, tubulares, de color rojo, con cinco pétalos fuertemente divididos, solitarias o agrupadas en panículas; frutos capsulares, de cilíndricos a ovoides, de tres a seis espinas en el ápice; semillas diminutas, numerosas, papiladas, de color café rojizo. Familia de las cariofiláceas, *Silene laciniata*. ▷ **~ del poeta.** LOC. SUST. Planta herbácea, de hasta 50 cm de altura, monoica; tallos erectos; hojas simples, opuestas, lineares, de color gris verdoso, las de la base envainantes; flores hermafroditas, vistosas y fragantes, purpúreas o blancas, con el centro ligeramente más oscuro y peloso, cinco pétalos con margen festoneado, dispuestas en umbelas de cinco a 20 flores; frutos capsulares, pequeños; semillas diminutas, tuberculadas, de color café oscuro. Familia de las cariofiláceas, *Dianthus barbatus*. (También se llama ciento en rama, clavel chino, clavel japonés, minutisa). ▷ **~ japonés.** LOC. SUST. **clavel del poeta.**

clavería. ■ F. supran. Oficina que se encarga de la recaudación y distribución de las rentas del cabildo en las catedrales.

clavero, ra. ■ M. y F. supran. Persona encargada de la clasificación, recaudación y distribución de las rentas de la clavería.

clavito. ■ M. **1.** Grupo de diferentes especies de hongos de distribución cosmopolita, de hasta 15 cm de altura, que crecen en grupos compactos unidos en la base; con un estípite o pie grande, grueso, carnoso, blanco o rosado; el sombrero o píleo es de tamaño mediano, de hasta 10 cm de diámetro, aunque a veces alcanza mayores tallas, es al principio convexo o más o menos aplanado, de color café claro a oscuro o incluso grisáceo, con numerosas láminas finas blancas. Familia de las tricomeláceas, varias especies del género *Lyophyllum*. || **2.** Individuo del **clavito**; comestible.

clavo. ■ M. **1.** fam. Objeto de valor que alguien tiene escondido: "Mis clavos los guardo bajo la cama". || **2.** fam. Dinero: "Necesito clavo para la renta del mes". || **3.** supran. Dinero ahorrado: "Tengo un clavo en el banco". || **4.** supran. *En la minería*, parte de una veta rica en metales.

clayuda. ■ F. **1.** Tortilla de maíz grande de 30 cm de diámetro aproximadamente; típica de Oaxaca; tlayuda. || **2.** Comida que se prepara con una **clayuda** a la que se le unta asiento de chicharrón y se le pone algún ingrediente, como frijol, cecina, chorizo u otros guisos de la región; típica de Oaxaca; tlayuda.

clericot. [*klerikót*] ■ M. supran. Bebida refrescante a base de vino y frutas de la estación cortadas en trozos pequeños; sangría.

clica. ■ F. **1.** *En el Noroeste*, grupo de amigos. || **2.** supran. jerg. Cada uno de los subgrupos organizados, principalmente de jóvenes, que forman una pandilla.

clima. ■ M. Sistema electrónico que regula la temperatura en un espacio cerrado; aire acondicionado.

clinera. ■ F. supran. Caja pequeña, decorativa, que sirve para cubrir o presentar el empaque de los pañuelos desechables; klinera.

clínica. ■ F. supran. Curso práctico breve sobre procedimientos básicos empleados en un deporte o pasatiempo: "Las inscripciones para la clínica de futbol están abiertas".

clonación. ■ F. supran. Reproducción o copia ilegal de un objeto, especialmente de una tarjeta bancaria o de medios de reproducción digital.

clonar. ■ TR. supran. Copiar ilegalmente un objeto, especialmente tarjetas bancarias o medios de reproducción digital: "Clonaron la tarjeta de crédito de Alejandra".

cloro. ■ M. supran. Solución comercial de hipoclorito de sodio, que se emplea para limpiar, desinfectar y blanquear, generalmente ropa.

cloroformar. ■ TR. supran. Cloroformizar.

clueco, ca. ■ ADJ. supran. *Referido a persona*, orgullosa de alguien, especialmente los padres de los hijos: "Samuel está muy clueco de sus nietos". Ú.t.c.sust.: "Mi tío es un clueco de sus nietos".

clutch. [*klóch*] ■ M. **1.** *En la mecánica*, dispositivo que conecta o desconecta dos ejes de un vehículo mediante un pedal. || **2.** supran. *En un vehículo automotor*, mecanismo que acopla el motor con el sistema de cambio de velocidades. || **3.** supran. *En un vehículo automotor*, pedal que acciona el mecanismo de cambio de velocidades.

coa. ■ F. supran. Ave originaria de América, de hasta 30 cm de longitud; con vientre rojo geranio con una franja angosta blanca que le cruza el pecho; el macho tiene tres franjas blancas anchas en la cola, en la parte superior es de color verde brillante, la garganta y el rostro son negros; la hembra tiene la garganta y el rostro de color pardo oscuro; se alimenta de frutos e insectos; cuando está en la percha emite un tuca-tuca-tuca. Familia de los trogónidos del orden Trogoniformes, *Trogon mexicanus*. (También se llama chinizcán).

coactar. ■ TR. supran. Coaccionar: "Los abogados coactaron a David hasta hacerlo hablar".

coahuilense. ■ ADJ. **1.** Perteneciente o relativo al estado de Coahuila: "La minería coahuilense es reconocida en todo el país". || **2.** Natural o procedente del estado de Coahuila: "Los habitantes coahuilenses están acostumbrados al calor". ■ COM. **3.** Persona natural o procedente del estado de Coahuila: "Todos los coahuilenses están acostumbrados al calor".

coamil. ■ M. rur. Pequeña extensión de terreno agrícola que no permite el trabajo con arado, sino con azada.

coatecomate. ■ M. **cuatecomate.**

cobia. ■ M. supran. Pez marino de distribución en aguas tropicales y subtropicales, de hasta 2 m de longitud; con cuerpo alargado, casi cilíndrico; con cabeza ancha y deprimida; boca grande, terminal, con la mandíbula inferior protuberante; la parte inferior y la región lateral son de color castaño oscuro; con dos bandas laterales plateadas estrechas bien definidas; comestible. Familia de los raquicéntridos del orden Perciformes, *Rachycentron canadum*. (También se llama esmedregal).

cobija. ■ F. supran. Pieza grande y rectangular de tela, por lo general gruesa, que sirve para abrigarse, principalmente al dormir.

cobijar. ■ TR. supran. Cubrir a alguien con una cobija: "Cobijé al niño para que no tuviera frío".

cobrarse. ■ LOC. **~ a lo chino.** LOC. VERB. Tomar el dinero u otra pertenencia de alguien como pago, sin tener en cuenta su consentimiento: "Me cobré a lo chino con la chamarra de Raúl".

cobratario, ria. ■ M. y F. *En Quintana Roo*, persona que cobra adeudos de dinero de casa en casa.

cobrón, na. ■ ADJ. supran. *Referido a persona*, que insiste en cobrar lo que le deben: "Me mandó a su ayudante más cobrón para sacarme el dinero". Ú.t.c.sust.: "Me chocan los cobrones porque siempre me sacan el dinero".

coca. ■ F. Véase **coco, ca.**

cocer. ■ TR. Someter un alimento a la acción del fuego o una fuente de calor para que quede listo para ser consumido: "Cuece la carne para preparar el salpicón".

cochal. ■ M. *En Colima*, conjunto de las agujas del pino que cubre el suelo del bosque.

cochar. ■ INTR. vulg. Practicar el coito.

coche. ■ M. supran. rur. Cerdo. ■ LOC. **~ de sitio.** LOC. SUST. Taxi que forma parte de un grupo de autos de alquiler, cuya ubicación es fija: "¿Tienes el número de los coches de sitio?". ▷ **~ libre.** LOC. SUST. Automóvil de alquiler: "Pide un coche libre para llegar más rápido".

cochi. ■ ADJ. **1.** rur. Obeso: "Mi perro ya está muy cochi, lo voy a sacar a correr". ■ M. **2.** *En Sinaloa*, acordeón. || **3.** supran. rur. Cerdo.

cochimí. ■ ADJ. **1.** Perteneciente o relativo al **cochimí**: "El pirograbado cochimí está hecho de manera artesanal". || **2.** Natural o procedente del grupo étnico **cochimí**: "La anciana cochimí recolecta pitahayas". ■ M. **3.** Grupo étnico establecido en el estado de Baja California. || **4.** Lengua cochimí-yumana del subgrupo lingüístico del mismo nombre. ■ COM. **5.** Persona natural o procedente del grupo étnico **cochimí**: "La cochimí recolecta pitahayas".

cochimí-yumano, na. ■ ADJ. **1.** Perteneciente o relativo al **cochimí-yumano**: "Las lenguas cochimíes-yumanas en México son habladas al norte del país". ■ M. **2.** Grupo étnico histórico que dio origen a los paipais, los ku'ahl, los cucapás, los kumiais, los kiliwas y los cochimíes, entre otros. || **3.** Conjunto de grupos étnicos que hablan alguna lengua de los subgrupos pai, delta-California, kiliwa o cochimí; establecidos principalmente en el estado de Baja California, en México, y en Estados Unidos de América. || **4.** Familia lingüística que incluye a los subgrupos lingüísticos pai, delta-California, kiliwa y cochimí, entre otros. || **5.** Lengua reconstruida que históricamente dio origen a lenguas como el paipai, el ku'ahl y el cucapá, entre otras. || **6.** Nombre del conjunto de las lenguas de esta familia, como el paipai, el ku'ahl y el cucapá, entre otras.

cochinera. ■ F. **1.** Cactus arbustivo o arborescente originario de México, de hasta 3 m de altura, monoico; tallos ramificados, agrietados en la base, con artículos o segmentos casi circulares, de color verde grisáceo, espinas adpresas al artículo, de color blanco a gris negruzco; flores hermafroditas, con numerosos tépalos amarillos con tonos rojizos y numerosos estambres de filamentos amarillos; frutos abayados, de color rojo purpúreo, cubiertos de pelos finos o aguates; semillas numerosas, subglobosas. Familia de las cactáceas, *Opuntia cochinera*. || **2.** Fruto de la **cochinera**; comestible.

cochinero. ■ M. **1.** Mezcolanza: "Mi bebé siempre hace un cochinero con su comida". || **2.** Suciedad que queda como resultado de hacer algo descuidadamente: "El plomero dejó un cochinero en la cocina y tuve que volver a limpiar". || **3.** Trabajo mal hecho: "Mi tarea terminó siendo un cochinero".

cochinita. ■ F. **1.** Carne de cerdo en salsa de achiote y jugo de naranja agria, que se cubre con hojas de plátano para cocinarse en un horno bajo tierra; típica de Yucatán; cochinita pibil. || **2.** Platillo preparado con **cochinita** y servido con cebolla morada y chile habanero; típico de Yucatán; cochinita pibil. ■ LOC. **~ pibil.** LOC. SUST. **1.** Carne de cerdo en salsa de achiote y jugo de naranja agria, que se cubre con hojas de plátano para cocinarse en un horno bajo tierra; típica de Yucatán; cochinita. || **2.** Platillo preparado con esta carne y servido con cebolla morada y chile habanero; típico de Yucatán; cochinita.

cochito. ■ M. *En Chiapas*, lechón horneado.

cochupo. ■ M. Soborno que se le da a un periodista.

cocina. ■ LOC. **~ económica.** LOC. SUST. Establecimiento donde se prepara y se vende comida casera a precios accesibles para llevar: "No traigo mucho dinero, por eso voy a ir a una cocina económica".

cocinar. ■ TR. supran. Tramar alguien o un grupo reducido de personas algo a espaldas de otros: "Los compañeros cocinaron un plan para no invitarme a ver el partido".

cocineta. ■ F. **1.** Mueble de cocina para espacios pequeños que integra, generalmente, la estufa, los armarios y el fregadero, con un mismo estilo. || **2.** Espacio reducido que, en uno mayor, se asigna para preparar o calentar alimentos.

coco, ca. ■ ADJ. **1.** *Referido a persona*, que se droga con cocaína; cocainómano. Ú.t.c. sust. ■ M. **2.** Golpe que se da en la cabeza con los nudillos de la mano cerrada; coscorrón. || **3.** Motivo de dificultades para alguien: "El cálculo era mi coco en la preparatoria". || **4.** Adversario o contrincante fuerte: "Javier es mi coco en el concurso de vencidas". || **5.** supran. Semilla de marihuana. ■ F. **6.** fam. Refresco de cola. || **7.** fam. Cualquier refresco.

cocoa. ■ F. **1.** supran. Cacao en polvo. || **2.** supran. Bebida preparada con **cocoa** y leche.

cocodrilo, la. ■ ADJ. jerg. *Referido a persona*, que se droga con cocaína; cocainómano. Ú.t.c.sust.

cocoite. ■ M. **cacahuananche.**

cocol. ■ ADJ. **1.** jerg. *Referido a persona*, que se droga con cocaína; cocainómano. ■ M. **2.** Pan dulce con anís que tiene forma de rombo, generalmente espolvoreado con semillas de ajonjolí. || **3.** fam. Rombo. ■ COM. **4.** jerg. Persona que se droga con cocaína; cocainómano. ■ LOC. **del ~.** LOC. ADV. **1.** fam. Muy difícil: "El examen de ingreso siempre está del cocol". || **2.** fam. Muy mal: "El evento salió del cocol". || **3.** fam. Muy feo: "El peinado de la novia estuvo del cocol".

C

cocolazo. ■ M. **1.** fam. Golpe, generalmente dado en la cabeza. || **2.** fam. Agresión física en una riña. Ú.m.e.pl.

cocolazos. ■ M. PL. **3.** fam. Conflictos.

cocolero, ra. ■ M. y F. Persona que se dedica a hacer o vender cocoles.

cocolía. ■ F. Antipatía que se siente hacia alguien.

cocoliso, sa. ■ ADJ. **1.** jerg. *Referido a persona*, que se droga con cocaína; cocainómano. Ú.t.c.sust. || **2.** supran. fest. *Referido a persona*, calva o con poco pelo en la cabeza: "Brenda cada vez está más cocolisa, pronto necesitará peluca". Ú.t.c.sust.: "Brenda es una cocolisa, necesita peluca".

cocoliste. ■ M. **1.** Cualquier enfermedad epidémica. || **2.** Tifus.

cocolmeca. ■ M. **1.** supran. Hierba trepadora originaria de América, de hasta 90 cm de altura, dioica; raíces leñosas, nudosas y rojizas; tallos angulosos, volubles y delgados, con zarcillos; hojas alternas, simples, cordiformes, oblongas y puntiagudas, coriáceas; flores unisexuales, pequeñas, blanquecinas, agrupadas en umbelas; frutos abayados, globosos, de color rojizo a negro al madurar; en época de lluvias toma una coloración de rosada a rojiza. Familia de las esmiláceas, *Smilax cordifolia*. (También se llama olcacatzin, zarzaparrilla). || **2.** supran. Raíz del **cocolmeca**; uso en la medicina tradicional.

coconete. ■ COM. fam. Niño pequeño: "Esa coconete está molesta porque ya le están saliendo los dientes".

cócono. ■ M. Ave originaria de América, de hasta 1 m de altura, 1.3 m desde la punta del pico hasta el extremo de la cola, 2 m de envergadura y 20 kg de peso; tiene plumaje de color pardo verdoso con reflejos cobrizos y manchas blanquecinas en los extremos de las alas y de la cola; cabeza y cuello cubiertos de carúnculas rojas, así como la membrana eréctil que lleva encima del pico; tarsos negruzcos muy fuertes, dedos largos, y en el pecho un mechón de cerdas de 3 a 4 cm de longitud; la hembra es algo menor, pero semejante al macho en todo lo demás; en domesticidad, el ave ha disminuido de tamaño y ha cambiado el color del plumaje; hay variedades negras, rubias y blancas; comestible. Familia de los faisánidos del orden Galliformes, *Meleagris gallopavo*. (También se llama chompipe, chumpe, chumpipe, guajolote, güilo, huilo, jolote, pavo, pípilo, totol, totole, xolo).

cócora. ■ ADJ. **1.** fam. *Referido a persona*, que causa molestia por su insistencia: "Mi vecino es muy cócora, siempre me está provocando para pelear". ■ F. **2.** fam. Persona que causa molestia por su insistencia: "Mi vecino es una cócora, siempre me está provocando para pelear". || **3.** *En Quintana Roo*, curiosidad que se experimenta ante una situación. ■ COM. **4.** fam. Persona que causa molestia por su insistencia: "Mi vecino es un cócora, siempre me está provocando para pelear".

cocorear. ■ TR. fam. Causar molestia mediante la insistencia: "Mis compañeros cocorearon toda la tarde y terminamos discutiendo".

cócoro, ra. ■ ADJ. fam. *Referido a persona*, que causa molestia por su insistencia: "Mi vecino es muy cócoro, siempre me está provocando para pelear". Ú.t.c.sust.: "Mi vecino es un cócoro, siempre me está provocando para pelear".

cocota. ■ F. **ciruela mexicana.**

cocotero, ra. ■ ADJ. supran. Perteneciente o relativo a la palma del coco: "El problema cocotero sigue sin resolverse".

cocowash. [*kokoguásh*] ■ M. supran. Cambio en las convicciones o costumbres de alguien por medio de constantes y reiterativos discursos de convencimiento.

cocowashear. [*kokoguáshear*] ■ TR. supran. Cambiar las convicciones o costumbres de alguien por medio de constantes y reiterativos discursos de convencimiento: "Por más que lo cocowasheó, no consiguió convencerlo".

coctel. ■ LOC. **~ de elote.** LOC. SUST. *En el Noroeste*, preparación hecha a base de granos de maíz hervidos con epazote; se puede servir con sal, chile en polvo, queso, limón y mayonesa; esquite.

codales. ■ ADJ. **1.** fest. *Referido a persona*, tacaña; codo: "No seas tan codales, Araceli, ya invítame a comer". ■ COM. **2.** fest. Persona tacaña; codo: "Eres una codales, Araceli, por eso no me invitaste a comer".

codez. ■ F. Tacañería.

código. ■ LOC. **~ de área.** LOC. SUST. supran. *En una comunicación telefónica*, clave de dígitos que indica el país y la ciudad de destino u origen de una llamada: "¿Te sabes el código de área de Pátzcuaro, Michoacán?". ▷~ **postal.** LOC. SUST. fest. Conducta y vocabulario de una persona que deja ver aspectos de su personalidad, generalmente defectos: "Compórtate, no enseñes el código postal".

codiguero, ra. ■ ADJ. despect. *Referido a un abogado*, poco diestro en la interpretación de leyes y que se limita a enunciarlas al pie de la letra: "Juan resultó muy codiguero, por eso no gana los pleitos". Ú.t.c.sust.: "Ese abogado es un codiguero, por eso no gana los pleitos".

codinche. ■ ADJ. **1.** fest. *Referido a persona*, tacaña; codo: "Mi hermano codinche nunca me invita a comer". ■ COM. **2.** fest. Persona tacaña; codo: "Mi hermana es una codinche, nunca me invita a comer".

codito. ■ M. supran. Pasta alimenticia de harina en forma de tubos acodados, generalmente de tamaño pequeño.

codo, da. ■ ADJ. **1.** supran. *Referido a persona*, tacaña: "Cada vez eres más codo". Ú.t.c. sust.: "No compraste las botanas porque eres un codo". || **2.** supran. Propio de la persona **coda**: "Ya deja tu actitud tan coda y paga la cuenta una vez, por lo menos". ■ LOC. **codo de fraile.** LOC. SUST. **chachayote.**

codomontano, na. ■ ADJ. **1.** despect. Perteneciente o relativo a la ciudad de Monterrey, capital del estado de Nuevo León; regiomontano: "La industria codomontana sobresale en el país". || **2.** despect. Natural o procedente de la ciudad de Monterrey, capital del estado de Nuevo León; regiomontano: "Los muchachos codomontanos trajeron mucha porra". Ú.t.c.sust.: "Los codomontanos trajeron mucha porra".

codzito. ■ M. *En Yucatán*, preparación elaborada por medio de una tortilla de maíz enrollada y frita, que puede estar rellena de carne o algún otro alimento, bañada en una salsa espesa de jitomate y espolvoreada con queso sopero.

cofre. ■ M. **1.** Parte del automóvil que cubre el motor. || **2.** Parte delantera del automóvil donde generalmente se encuentra el motor.

cogedor, ra. ■ ADJ. **cogelón, na.**

cogelón, na. ■ ADJ. vulg. *Referido a alguien*, que gusta de tener relaciones sexuales frecuentemente. Ú.t.c.sust.

coger. ■ INTR. **1.** supran. vulg. Practicar el coito. **cogerse.** ■ TR. PRNL. **2.** vulg. Poseer sexualmente a alguien.

cogible. ■ ADJ. **1.** vulg. *Referido a persona*, que es atractiva físicamente. || **2.** supran. vulg. *Referido a persona*, que ha alcanzado la edad socialmente permitida para realizar el coito.

cogida. ■ F. supran. vulg. Coito.

cogienda. ■ F. **1.** vulg. Realización frecuente del coito. || **2.** vulg. Orgía.

coima. ■ F. supran. Soborno.

coime. ■ M. Hombre que trabaja en un burdel.

coitán. ■ M. *En Chiapas*, porción extra de algo que se agrega a un todo.

cojón. ■ M. vulg. Coito. ■ LOC. ~ **de toro.** LOC. SUST. Árbol o arbusto originario de América, de hasta 10 m de altura; tallos glabros, erectos; hojas simples, opuestas, de obovadas a elípticas, glabras por ambos lados, con margen ondulado; flores hermafroditas, vistosas, con forma de trompeta, blancas o amarillentas, con cinco pétalos de obovados a elípticos, las flores dispuestas en panículas axilares; frutos foliculares, de fusiformes a elipsoidales, con dos crestas longitudinales; semillas pequeñas; uso ornamental y en la medicina tradicional. Familia de las apocináceas, *Tabernaemontana amygdalifolia*. (También se llama hoja de chivo, leche de chivita, lechoso blanco, palo de leche, tempecate, utzupec, verraco).

cola. ■ F. **1.** vulg. Mujer joven; muchacha. || **2.** supran. vulg. Trasero de una persona. ■ LOC. ~ **de ardilla.** LOC. SUST. **1.** Hierba originaria de América, de hasta 70 cm de altura, monoica; tallos amacollados, pilosos o no; hojas alternas, envainantes en la base, enteras, lineares; flores hermafroditas o unisexuales, diminutas, pétalos diminutos, agrupadas en densas espiguillas plumosas, amarillas o blanquecinas; frutos cariópsides, pequeños. Familia de las gramíneas, *Hordeum jubatum*. || **2.** supran. Árbol o arbusto originario de México, de hasta 20 m de altura, dioico; tallos de corteza de color gris claro a anaranjado, lisa, con numerosas lenticelas; hojas alternas, compuestas con más de 50 foliolos, de elípticos a oblongos, membranáceos, glaucos y pubérulos en el envés; flores unisexuales, diminutas: las masculinas y las femeninas sin pétalos, agrupadas en racimos; frutos sámaras, rojizos, lanceolados, con márgenes provistos de pelos cortos y blancos; semillas con forma elíptica, comprimidas, lisas, opacas; uso industrial; cortezas y hojas, uso en la medicina tradicional. Familia de las picramniáceas, *Alvaradoa amorphoides*. (También se llama huichipil). ▷ **~ de borrego.** LOC. SUST. **1.** Hierba originaria de América, de hasta 80 cm de altura, monoica; tallos muy pilosos, rizomatosos; hojas alternas, enteras, lineares, de lanceoladas a espatuladas, con margen entero o aserrado, a veces con gotitas de resina en su superficie; flores hermafroditas, diminutas, blancas y agrupadas en conjuntos de cabezuelas; frutos aquénicos, diminutos, elípticos con unas cerdas o aristas. Familia de las compuestas, *Stevia serrata*. || **2. castilleja.** ▷ **~ de caballo.** LOC. SUST. **1.** Conjunto de los pelos de la mazorca del maíz: "Hazme un té de cola de caballo". || **2.** Grupo de diferentes especies de hierbas distribuidas en zonas templadas y tropicales del mundo, de hasta 1.5 m de altura, dioicas; tallos muy ramificados, huecos y estriados, rizomatosos; hojas diminutas en forma de escamas triangulares en las articulaciones del tallo; conos unisexuales, elipsoides, que surgen en la parte apical de las ramas. Familia de las equisetáceas, varias especies del género *Equisetum*, como *Equisetum hyemale*, *Equisetum giganteum*. || **3.** Individuo de este grupo de diferentes especies de hierbas. || **4.** Tallo de los individuos de este grupo de diferentes especies de hierbas; uso en la medicina tradicional. ▷ **~ de mico.** LOC. SUST. **1.** Hierba originaria de América, de hasta 80 cm de altura, monoica; tallos postrados o ascendentes, más o menos suculentos; hojas alternas, enteras, de espatuladas a lineares; flores hermafroditas, diminutas, tubulares, blancas y agrupadas en conjuntos de cimas escorpioides; frutos nuculares, diminutos, de elipsoides a subglobosos, los que se parten en cuatro segmentos con una semilla cada uno. Familia de las boragináceas, *Heliotropium curassavicum*. || **2.** Flor de esta hierba. ▷ **~ de pato.** LOC. SUST. Pieza con forma de trapecio que se usa para unir las tablas de madera que forman esquina: "Faltó ponerle la cola de pato a esta mesa". ▷ **~ de ratón.** LOC. SUST. **1.** Cadena delgada que cuelga de un interruptor y que sirve para accionarlo: "Ayuda al niño porque no alcanza la cola de ratón". || **2.** Cable metálico en espiral usado para destapar cañerías: "Me prestaron una cola de ratón para destapar el lavabo". || **3.** Tira hecha con papel crepé finamente enrollado que se usa en diversas manualidades: "Pónganles tallos a las flores con cola de ratón". || **4.** Cordoncillo, de diversos colores, usado en la elaboración de accesorios, en el adorno de prendas de vestir y en diversas manualidades: "La cola de ratón se usa mucho para hacer pulseras". ▷ **~ de zorra.** LOC. SUST. Hierba dulceacuícola cosmopolita, de hasta 3 m de altura, monoica; tallos muy ramificados, adheridos a las rocas; hojas en verticilos, divididas de uno a cuatro foliolos filamentosos; flores unisexuales, pequeñas, de color verdoso; frutos aquénicos; con una o más espinas. Familia de las ceratofiláceas, varias especies del género *Ceratophyllum*. (También se llama achorizo). ▷ **~ de zorro.** LOC. SUST. Hierba originaria del Mediterráneo, naturalizada en diferentes áreas templadas del mundo, de hasta 1 m de altura; tallos erectos o doblados en los nudos, ramificados en la base; hojas alternas, enteras, envainantes en la base, opacas y ásperas en el haz; flores hermafroditas, diminutas, de color verde amarillento, dispuestas en dos hileras opuestas de espiguillas con numerosas flores; frutos cariópsides y diminutos; uso forrajero y ornamental. Familia de las gramíneas, *Lolium multiflorum*. (También se llama pasto inglés, zacate italiano).

colache. ■ M. **1.** Juego infantil que consiste en arrojar una bola de papel mojado, moneda o tejo hacia una cuadrícula en forma de cruz pintada en el suelo y recuperar el objeto, sin pisar las líneas, brincando sobre un solo pie entre los cuadros; avión: "El colache es el pasatiempo que más recuerdo de mi infancia". || **2.** Mezcla uniforme de ingredientes varios: "La cocinera decidió preparar un colache con todo lo que tenía a la mano". || **3.** *En el Noroeste*, guiso de calabacita, rajas de chile, elote y queso gratinado; puede estar endulzado.

colachi. ■ M. **colache.**

coladera. ■ F. Persona que permite el paso de lo que se supone debe detener: "El nuevo portero resultó una coladera".

colado, da. ■ M. y F. **1.** Hijo no previsto o planeado. || **2.** supran. Persona que asiste a un lugar sin haber sido invitada. ■ M. **3.** *En la construcción*, mezcla de cemento, arena, grava y agua para colar. || **4.** *En la construcción*, proceso que consiste en echar el **colado** en un armazón de varillas, cimbrado generalmente con madera, para hacer un techo, una columna u otra parte de una edificación.

colar. ■ TR. *En la construcción*, verter, compactar y emparejar la mezcla de cemento, arena, grava y agua sobre una estructura previamente armada: "El fin de semana colamos las columnas de su casa".

coleada. ■ F. **1.** supran. Deslizamiento que un vehículo automotor hace sin control, desviándose lateralmente de la dirección que llevaba. || **2.** supran. *En la charrería,* suerte que consiste en derribar una res jalándola de la cola mientras se corre a caballo.

coleadas. ■ F. PL. **3.** Juego infantil que consiste en tomarse de las manos para formar una hilera y correr dando vueltas inesperadas buscando que los últimos sientan un chicoteo.

coleadero. ■ M. *En la charrería*, lugar donde se colean las reses.

coleador. ■ M. supran. *En la charrería y en las corridas de toros*, hombre que tira de la cola de una res para derribarla.

colear. ■ TR. **1.** supran. *En la charrería*, realizar una suerte que consiste en derribar una res jalándola de la cola mientras se corre a caballo: "Lo más emocionante es cuando el charro colea a las vacas".

colearse. ■ INTR. PRNL. **2.** supran. *Referido a un vehículo automotor*, patinar sin control, desviándose lateralmente de la dirección que llevaba: "Antes de chocar contra la barda, se coleó por unos segundos".

colecitas. ■ F. PL. Hierba originaria de América, de hasta 25 cm de altura, monoica; raíces tuberosas; tallos únicos o muy ramificados, al quebrarlos secretan látex lechoso; hojas alternas, con glándulas en la base, enteras, de elípticas a lineares, estrigosas, con margen entero; flores unisexuales, pequeñas, sin pétalos, con los grupos de flores soportadas por largas brácteas de color blanco a rojizo; frutos capsulares, trilobados, pequeños, cafés; semillas diminutas, ornamentadas. Familia de las euforbiáceas, *Euphorbia radians*.

colectivo. ■ M. supran. Unidad de transporte público, especialmente un microbús o un camión.

colegiatura. ■ F. supran. *En los colegios privados*, cuota mensual que paga el alumno a su centro educativo.

coleto, ta. ■ ADJ. **1.** Perteneciente o relativo a la localidad de San Cristóbal de Las Casas, en el estado de Chiapas: "José está orgulloso de su identidad coleta". || **2.** Natural o procedente de la localidad de San Cristóbal de Las Casas, en el estado de Chiapas: "Ayer conocí a dos chavos coletos". Ú.t.c.sust.: "Ayer conocí a dos coletos".

colgar. ■ LOC. **~ de las pestañas.** LOC. VERB. Regañar con amenaza de castigo: "Si no vienes a tiempo, te cuelgo de las pestañas". ▶ **~ el milagrito.** LOC. VERB. Atribuir a alguien la culpa de algo: "No salió bien la reunión y ya me colgaron el milagrito". ▶ **~ los guantes.** LOC. VERB. supran. Desistir: "Colgó los guantes y ya no buscó trabajo". ▶ **~ los tachones.** LOC. VERB. Retirarse alguien de una actividad profesional, generalmente deportiva: "Miranda ya colgó los tachones, no va a volver a boxear". ▶ **~ los tenis.** LOC. VERB. supran. Morirse: "El año pasado mi perro colgó los tenis".

colgarse. ■ INTR. PRNL. **1.** supran. Durar algo más de lo esperado o previsto: "La reunión se colgó por varias horas más". || **2.** supran. Retrasarse alguien en el cumplimiento de algo, especialmente de un trabajo o de una tarea: "Ya se colgó en la entrega del proyecto". || **3.** supran. Conectarse alguien ilegalmente a una línea eléctrica o telefónica, o a una señal televisiva o similar: "El vecino se colgaba de mi cable, hasta que lo descubrí". || **4.** supran. Aprovecharse de la posición social o profesional de una persona para obtener un beneficio: "Lo nombraron jefe y se le colgaron tres advenedizos". ■ LOC. **~ de la lámpara.** LOC. VERB. **1.** Desesperarse: "Con este tráfico cualquiera se cuelga de la lámpara". || **2.** Escandalizarse: "Se colgaron de la lámpara cuando se enteraron del embarazo".

colguije. ■ M. **1.** Adorno que se cuelga en una pulsera o collar. || **2.** Accesorio que se usa colgado como adorno. || **3.** supran. Fleco, generalmente de tela.

colimense. ■ ADJ. **1.** Perteneciente o relativo a la ciudad o al estado de Colima: "Las artesanías colimenses fueron elogiadas en la exposición". || **2.** Natural o procedente de la ciudad o del estado de Colima: "Las personas colimenses son muy amables". ■ COM. **3.** Persona natural o procedente de la ciudad o del estado de Colima: "Las colimenses son mujeres muy amables".

colimeño, ña. ■ ADJ. **1.** Perteneciente o relativo a la ciudad o al estado de Colima; colimense: "Las artesanías colimeñas fueron elogiadas en la exposición". || **2.** Natural o procedente de la ciudad o del estado de Colima; colimense: "Las personas colimeñas son muy amables". Ú.t.c.sust.: "Las colimeñas son muy amables".

colimote, ta. Véase **colimeño, ña.**

coliseo. ■ M. supran. Recinto cerrado para algunos juegos deportivos.

colmar. ■ LOC. **~ el plato.** LOC. VERB. **colmar la paciencia.** ▷ **~ la paciencia.** LOC. VERB. Hacer que alguien llegue al límite de su tolerancia: "Ya me colmaste la paciencia, me voy".

colmenilla. ■ F. Hongo originario de América, con un estípite corto blanco, hueco; píleo de mayor longitud del estípite, irregularmente de esférico a ovoide o cónico, con alvéolos o cavidades profundas, de redondeados a poligonales de varias formas, lo que da una apariencia de colmena; de color amarillo ocre, amarillo maíz o amarillo miel, también puede ser de color claro a gris café oscuro; comestible. Familia de las morqueláceas, varias especies del género *Morchella*, como *Morchella esculenta*. (También se llama elote, morilla, morilla común).

colmillo. ■ M. supran. Astucia que tiene una persona debido a su experiencia: "No podemos negar que Susana tiene colmillo para el tema".

colmilludo, da. ■ ADJ. **1.** supran. *Referido a persona*, astuta: "El nuevo jugador resultó ser muy colmilludo". Ú.t.c.sust.: "El nuevo jugador resultó ser un colmilludo". || **2.** supran. Propio de la persona **colmilluda**: "La estrategia del entrenador estuvo muy colmilluda".

colmoyote. ■ M. supran. Mosca originaria de América, especies adultas de hasta 18 mm de longitud; con tórax negro azulado; abdomen de contorno romboidal, de color azul violáceo con reflejos metálicos y con cabeza y patas amarillentas; la larva se alimenta de tejidos vivos de hospederos como el ser humano, otros mamíferos y algunas aves. Familia de los éstridos del orden Diptera, *Dermatobia hominis*. (También se llama moyocuil).

colocho, cha. ■ ADJ. **1.** supran. *Referido al cabello*, ensortijado: "Mariana tiene una cabellera colocha". ■ M. **2.** supran. Rizo de cabello.

colomo. ■ M. **1.** Hierba originaria de América, de hasta 3 m de altura, monoica; tallos ausentes o muy cortos, tuberosos; hojas simples, alternas, grandes, con peciolos muy largos y envainantes en la base, láminas con forma de corazón; flores unisexuales, pequeñas, sin pétalos ni sépalos, agrupadas en una estructura carnosa llamada espádice, y rodeada de una estructura foliar llamada bráctea o espata vistosa, de color blanco verdoso por fuera y blanco rosado por dentro; frutos abayados, ovoides, de color amarillo o café claro; semillas pequeñas, ovoides, con estrías longitudinales gruesas. Familia de las aráceas, *Xanthosoma robustum*. (También se llama aquequexquic, hoja elegante, mafafa, quequescamote, quequesque, quequeste). || **2.** Hoja del **colomo**; uso en la medicina tradicional. || **3.** Tallo del **colomo**; comestible; uso en la medicina tradicional.

colonche. ■ M. *En el Norte*, bebida alcohólica que se hace con el jugo fermentado de la tuna roja y azúcar.

colonia. ■ F. supran. División mínima administrativa en una demarcación urbana: "Son ocho las colonias que conforman el distrito".

color. ■ M. supran. Lápiz para colorear. ■ LOC. **~ de hormiga.** LOC. ADJ. supran. *Referido a una situación*, difícil: "Esa decisión está color de hormiga".

colorada. ■ F. supran. *En el Noroeste*, enfermedad causada por un virus que afecta la piel, dejando manchas de color rosado y causando otros síntomas como fiebre y aumento en el tamaño de los ganglios; rubeola.

coloradilla. ■ F. supran. Ácaro de amplia distribución en América; los adultos miden hasta 1 mm de longitud; las larvas miden hasta .2 mm de longitud; estas son normalmente anaranjadas o rojas con solo seis patas, pero desarrollan ocho en su fase de ninfa; en este estadio es cuando se alimentan de sus huéspedes; en el caso del ser humano provocan un prurito intenso al hozar en la piel con sus mandíbulas y secreciones proteolíticas. Varias especies de la familia de los trombicúlidos del orden Trombidiformes.

coloradito. ■ M. **colorado.**

colorado. ■ M. *En Oaxaca*, guiso que se prepara con chile chilcostle, chile guajillo, chile ancho, chocolate y plátano macho; se sirve generalmente con papa y con carne de pollo o cerdo.

colorín. ■ M. **1.** Grupo de diferentes especies de árboles o arbustos principalmente originarios de América, con otros miembros en África, Asia y Australia, de hasta 10 m de altura, monoicos; tallos a veces con pequeñas proyecciones en la corteza en forma de espinas, corteza lisa, de color café amarillento; hojas alternas, divididas en tres foliolos, de romboides a ovados; flores hermafroditas, vistosas, con cinco pétalos, de rojos a anaranjados, alargados, agrupadas en racimos; frutos en vainas alargadas y en forma de rosarios, de cafés a negras; semillas reniformes, de color rojo o anaranjado; hojas, uso en la medicina tradicional. Familia de las leguminosas, varias especies del género *Erythrina*, como *Erythrina americana*. (También se llama equimite, gasparito, patol, pemuche, pichoco, zompantle). || **2.** Individuo del **colorín**. || **3.** Flor de los individuos del **colorín**; comestible; uso en la medicina tradicional. || **4.** Fruto y semilla de los individuos del **colorín**; uso artesanal y en la medicina tradicional. ■ LOC. **~ cimarrón.** LOC. SUST. **cascabelillo.**

colote. ■ M. **1.** Canasto de forma cilíndrica o cónica. || **2.** rur. Construcción de forma cilíndrica donde se almacena el maíz.

coludo, da. ■ ADJ. **1.** supran. Que tiene la cola larga: "El mapache es muy coludo". || **2.** supran. fam. *Referido a persona*, que tiene las nalgas abultadas: "Estoy haciendo ejercicio para estar más coludo". Ú.t.c.sust.: "Aquel coludo hizo mucho ejercicio para estar así". || **3.** supran. fam. *Referido a persona*, que suele dejar las puertas abiertas: "¡Cómo eres coludo!, ¡de nuevo se te olvidó cerrar la puerta!". Ú.t.c.sust.: "Héctor es un coludo, siempre deja la puerta abierta". ■ M. **4.** supran. *En el Norte*, diablo; demonio.

comadre. ■ F. **1.** Mujer indeterminada: "Había una comadre estorbando en la entrada del edificio". || **2.** fam. Fórmula de tratamiento para dirigirse a una mujer conocida. Ú.m.e. dim.: "Comadrita, el jitomate subió de precio, mejor haga enchiladas verdes". || **3.** fest. Cada una de las mamas de una mujer.

comadrear. ■ INTR. supran. Conversar informalmente sobre asuntos personales o de interés común: "Comadreamos todo el fin de semana en Acapulco".

comadreo. ■ M. Conversación informal sobre asuntos personales o de interés común.

comal. ■ M. supran. Utensilio que consiste en una placa de barro o de metal, generalmente de forma circular, que se utiliza para cocer, tostar o calentar alimentos. ■ EXPR. **el ~ le dijo a la olla.** Se usa para indicar que una persona critica a otra lo que ella misma hace: "—Doña Lucrecia es bien chismosa. —Ay, tú, el comal le dijo a la olla".

comalada. ■ F. **1.** Conjunto de alimentos que caben en un comal para cocerse, tostarse, calentarse, asarse o cocinarse: "Esta comalada es para la fiesta". || **2.** Reunión donde se consumen alimentos preparados en un comal: "En la comalada de ayer hubo de todo". || **3.** Conjunto grande de cosas que se producen al mismo tiempo: "En la tortillería sacan comaladas de totopos, tostadas y tortillas".

comaleada. ■ F. supran. **comalada.**

comalear. ■ TR. **1.** supran. Cocer, tostar, calentar, asar o cocinar algo en un comal: "Comalea las tortillas porque ya se enfriaron". || **2.** supran. Limpiar y acercar la tierra al tronco o tallo de una planta, generalmente la caña de azúcar o el plátano: "Comalea los plátanos, ya les hace falta".

comaleo. ■ M. **1.** Cocimiento, tostado, calentamiento, asado o cocción que se hace en un comal. || **2.** Limpieza y acercamiento de la tierra al tronco o tallo de una planta, generalmente la caña de azúcar o el plátano.

comalero, ra. ■ M. y F. supran. Persona que se dedica a hacer o a vender comales.

comalonga. ■ F. Arbusto o bejuco originario de México y Centroamérica, de hasta 30 cm de altura; tallos cuadrangulares, puberulentos, con espinas y zarcillos; hojas simples, opuestas, de lanceoladas a ovadas, glabras en ambas caras; flores hermafroditas, diminutas, campanuladas, con cinco pétalos amarillos, barbados internamente y papilosos externamente, flores dispuestas en cimas paniculadas, terminales; frutos en bayas, globosos, tuberculados; semillas diminutas, de oblicuas a piramidales, reticuladas, pardas anaranjadas. Familia de las loganiáceas, *Strychnos brachistantha*. (También se llama espuela de gallo, uña de gato).

comanche. (Juego de palabras entre comanche y comandante). ■ M. supran. fest. Comandante policial.

comanda. ■ F. Papeleta que usan los meseros para llevar el control de los alimentos pedidos a la cocina: "A ese mesero se le cayeron todas las comandas".

comata. ■ F. Hierba originaria de América, de hasta 80 cm de altura, monoica; tallos muy ramificados, lisos, a veces con pubescencia glandular; hojas alternas, enteras, de ovadas a deltoides, con margen entero; flores hermafroditas, vistosas, campanuladas, de color rojo a morado, pegajosas, agrupadas en densas cimas; frutos aquénicos, ovoides, verrugosos, negros; semilla única, diminuta y de color café amarillento. Familia de las nictagináceas, *Mirabilis violacea*.

combi. ■ F. supran. Vehículo de transporte público urbano que, generalmente, consiste en una furgoneta adaptada para el traslado de pocos pasajeros: "No me gusta viajar en combi, es muy incómodo".

combo. ■ M. supran. Conjunto de productos que se venden juntos a un precio menor que si se adquiriera cada uno por separado, generalmente en un establecimiento de comida rápida.

comecalla. ■ M. **comicalla.**

comechile. ■ M. **cristofué.**

comedia. ■ F. supran. Telenovela.

comején. ■ M. supran. Termita de distribución cosmopolita, de hasta 15 mm de longitud; cuerpo blando; dos pares de alas iguales; sistema social dividido en diferentes castas; al alimentarse de la madera ocasiona daño a diferentes materiales. Varias familias del orden Isoptera. (También se llama paloma de san Juan, termita).

comelón, na. ■ ADJ. supran. Que come mucho; comilón: "Tu conejo es muy comelón, no dejó nada de lechuga".

comer. ■ LOC. **come cuando hay.** LOC. SUST. **1.** despect. Persona que actúa movida por el interés: "Aguas con ese come cuando hay, solo te va a sacar dinero". || **2.** despect. Persona a la que se desprecia por su pobreza o su insignificancia: "No fue decisión suya ser un come cuando hay, échale la mano". ▷ **~ ansias.** LOC. VERB. supran. Impacientarse: "Tranquila, no comas ansias, ya llegará". ▷ **~ arroz con popote.** LOC. VERB. despect. Ser un hombre homosexual. ▷ **~ el mandado.** LOC. VERB. **1.** Adelantarse a alguien para sacar provecho de una situación: "Oliva se puso lista y le comió el mandado a Javier para el ascenso". || **2.** Superar a alguien en habilidades: "Mi equipo le come el mandado al tuyo". ▷ **~ gallo.** LOC. VERB. Estar alguien de mal humor y mostrarse agresivo: "¡Deja de regañarme!, ¿comiste gallo, o qué?". ▷ **~ gente.** LOC. VERB. supran. Censurar o hablar mal de las personas: "Ese amargado solo come gente". ▷ **~ payaso.** LOC. VERB. **1.** Reírse mucho sin motivo aparente: "Este niño no se calma desde que se levantó, parece que comió payaso". || **2.** Decir bromas sin gracia: "No es chistoso lo que dices, ¿qué, comiste payaso?". ▷ **~ verga.** LOC. VERB. **1.** malson. Estar alguien distraído: "Este nomás come verga, tarda años en atender". || **2.** malson. Fallar: "Ya comí verga, no pasé la evaluación". || **3.** malson. Carecer de remedio: "Mi coche ya comió verga".

comerse. ■ TR. PRNL. **1.** supran. Criticar a alguien, especialmente en su ausencia: "Sara se come a todos los que la rodean". ■ LOC. **~ con los ojos.** LOC. VERB. **1.** Amonestar visualmente a alguien: "Eva lo avergonzó frente a sus amigos y Santiago se la comió con los ojos". || **2.** Mirar detenidamente a alguien: "Benito se sintió incómodo porque se lo comieron con los ojos en el metro". ▷ **~ la torta antes del recreo.** LOC. VERB. Quedar una mujer embarazada antes de contraer matrimonio: "Organiza la boda pronto para que no se note que se comió la torta antes del recreo". ▷ **~ las uñas.** LOC. VERB. supran. Estar ansioso: "Camila se come las uñas de tantas deudas que tiene". ▷ **~ un pollito.** LOC. VERB. **1.** Aclarar un problema dos o más personas: "Se comieron un pollito e hicieron las paces". || **2.** Reprender a alguien por su mal comportamiento: "Su mamá se comió un pollito con él porque se salió sin permiso". || **3.** fest. Tener relaciones sexuales.

comérsela. ■ INTR. PRNL. **2.** Caer en el engaño de alguien: "El árbitro se la comió con la caída del defensa". ■ LOC. **~ todita.** LOC. VERB. Caer alguien en un engaño: "Lo amagó el defensa y se la comió todita".

comérselas. ■ LOC. **~ muertas y cagarlas vivas.** LOC. VERB. malson. Creerse alguien insuperable: "Daniel se las come muertas y las caga vivas en la oficina, nadie lo soporta".

comercial. ■ M. **1.** supran. Soporte visual o auditivo en el que se transmite un mensaje publicitario; anuncio. || **2.** supran. Contenido del **comercial**.

comesolo, la. ■ ADJ. *Referido a persona*, que no ofrece a los demás de lo que come: "Alfredo, no seas comesolo, dale dulces a tu hermana". Ú.t.c.sust.: "Alfredo es un comesolo, por eso no le da dulces a su hermana".

comicalla. ■ M. Golosina en forma de bola hecha con palomitas de maíz y alguna miel.

comida. ■ LOC. **~ chatarra.** LOC. SUST. supran. La de alto contenido calórico y valor nutrimental escaso y desbalanceado. ▷ **~ corrida.** LOC. SUST. La que incluye una serie de platos determinados, por lo general en tres tiempos, usualmente con un horario y un precio fijos.

comité. ■ M. supran. Local de un partido político donde se desarrollan actividades de información, propaganda y proselitismo.

cómo. ■ LOC. **de a ~.** LOC. ADV. **1.** Cuánto: "¿De a cómo el kilo de limones?". || **2.** *En una cooperación*, en qué proporción: "¿De a cómo nos toca para la fiesta del sábado?". ▷ **de a ~ no.** LOC. ADV. Cuánto; de a cómo: "¿De a cómo no para el convivio del lunes?". ■ EXPR. **¡~ chingados no!** malson. Se usa para enfatizar la realización o el cumplimiento de algo: "Le voy a hacer su fiesta de quince años a mi hija, ¡cómo chingados no!". ▷ **de a ~.** Se usa para amenazar en una discusión o riña: "—Éntrale a los madrazos. —De a cómo. —Nos la partimos". ▷ **de a ~ no.** Se usa para manifestar una afirmación rotunda: "—Hay que dejar de venir los lunes. —De a cómo no". ▷ **de a ~ nos toca.** Se usa para que se aclaren las cosas hasta las últimas consecuencias: "Pues tú dirás de a cómo nos toca con ese asunto". ▷ **~ de que no. 1.** Se usa para afirmar algo con seguridad: "Aunque esté lloviendo vamos a ir al concierto, cómo de que no". || **2.** Se usa para mostrar incredulidad: "—El conferencista acaba de informar que no viene. —¡Cómo de que no!". ▷ **¡~ fregados no!** malson. **¡cómo chingados no!** ▷ **~ la ves (desde ahi). 1.** Se usa para llamar la atención sobre determinada información con el fin de molestar al interlocutor: "Según tú me iban a correr del trabajo, pero ayer me dieron un ascenso, ¿cómo la ves?". || **2.** supran. Se usa para llamar la atención sobre determinada información para que el interlocutor se solidarice: "Tengo mucho trabajo en la casa y necesito tu ayuda, ¿cómo la ves?". ▷ **~ (la) ves que.** Se usa para indicar que algo se llevó a cabo contra toda expectativa: "¿Cómo ves que los del seguro nos reembolsaron el dinero?".

comodín, na. ■ ADJ. **comodino, na.**

comodino, na. (Juego de palabras entre comodín y cómodo). ■ ADJ. **1.** supran. *Referido a persona*, que busca excesivamente la comodidad; comodón: "No seas tan comodino, tiende la cama". Ú.t.c.sust.: "Eres un comodino, ahora te toca tender la cama". || **2.** supran. Propio de la persona **comodina**: "Ya deberías cambiar tus costumbres comodinas, caes mal".

cómodo. ■ M. Recipiente que se usa para hacer sus necesidades sin bajarse de la cama, generalmente un enfermo.

compadre. ■ M. **1.** Hombre indeterminado. || **2.** *En Oaxaca*, consuegro.

comparente. ■ COM. Persona que comparece ante un juez, un tribunal, un notario o un organismo público: "Las comparentes fueron citadas para reabrir su caso".

compenetrarse. ■ INTR. PRNL. supran. Imbuirse alguien de un asunto o materia: "Saúl se compenetró con la dinámica de la empresa".

complemento. ■ M. supran. *En el futbol*, segundo tiempo.
complotarse. ■ INTR. PRNL. supran. Confabularse, generalmente con fines políticos: "Se complotó con Hugo para que lo eligieran como administrador".
componer. ■ TR. **1.** rur. Castrar a un animal: "El veterinario compuso al puerco". || **2.** supran. *En la medicina tradicional*, arreglar un huesero las dolencias o dislocaciones de los huesos: "Don José le compuso el esguince muy rápido".
componerse. ■ INTR. PRNL. **3.** supran. Recuperarse de una enfermedad o lesión: "Ya se compuso mi mamá de la gripa". || **4.** supran. rur. Parir una mujer: "Marisol se compuso ayer en su casa".
composta. ■ F. supran. Conjunto de desechos orgánicos puesto a pudrirse para preparar un abono natural: "La composta está en el huerto de la abuela".
comprador, ra. ■ LOC. **~ de chueco.** LOC. SUST. Persona que se dedica a comerciar con cosas robadas.
comprar. ■ LOC. **~ al tiempo.** LOC. VERB. rur. Negociar antes de la cosecha los productos que se obtendrán: "Habrá heladas este año, mejor compremos el maíz al tiempo". ■ EXPR. **que te compre quien no te conozca.** supran. Se usa para señalar que se conocen de sobra los defectos de una persona: "A ti, Javier, que te compre quien no te conozca. No haremos negocios contigo".
comprarse. ■ LOC. **~ un pleito.** LOC. VERB. Hacerse alguien cargo de un problema o disputa que corresponde a otra persona: "Te compraste un pleito ayudando a Gisela a conseguir el divorcio".
comprársela. ■ INTR. PRNL. Actuar en perjuicio de uno mismo: "Federico no tenía nada que ver en el asunto, por tonto se la compró y por eso le pegaron". ■ EXPR. **~ todita.** Se usa para señalar que alguien se cree el discurso de otra persona: "Manuel se la compró todita a ese vendedor".
compromiso. ■ M. Rizo en el pelo de una mujer, especialmente el que está sobre una mejilla.
comunal. ■ ADJ. supran. Perteneciente o relativo a una comunidad rural: "El consejo comunal se va a reunir la siguiente semana".
comunero, ra. ■ ADJ. **1.** supran. Perteneciente o relativo a una comunidad rural; comunal: "El consejo comunero se va a reunir la siguiente semana". ■ M. y F. **2.** supran. Miembro de una comunidad rural: "Los comuneros pidieron que se solucione el problema del agua".
concertacesión. ■ F. *En política*, cesión de una posición partidista a cambio de un beneficio: "La concertacesión provocó diferencias entre algunos diputados del partido".
concertacesionar. ■ TR. *En política*, ceder una posición partidista a cambio de un beneficio: "Los principales partidos de oposición concertacesionaron el aumento de impuestos".
concesionar. ■ TR. supran. Otorgar una concesión: "El gobierno concesionó la construcción del edificio por medio de un concurso".
concesionaria. ■ F. supran. Establecimiento comercial que tiene la concesión oficial para vender una determinada marca de automóviles y sus refacciones, y proporcionar servicio de mantenimiento.
concha. ■ ADJ. **1.** fam. *Referido a persona*, floja: "Roberto es muy concha, nunca quiere cooperar". || **2.** supran. fam. *Referido a persona*, descarada: "Azucena es muy concha, cobró sin hacer el trabajo". ■ F. **3.** Pan dulce semiesférico y esponjoso cubierto con una costra de grasa y azúcar que semeja el entramado de una valva. || **4.** Flojera: "Qué concha ir a caminar con este calor". || **5.** Instrumento musical parecido a una guitarra pequeña, de cinco cuerdas dobles, cuya caja de resonancia está hecha con un caparazón de armadillo. || **6.** *En deportes*, pieza que protege los genitales. || **7.** supran. Descaro: "¡Qué concha tienes, mira que cobrar sin haber trabajado!". ■ COM. **8.** fam.Persona floja: "Roberto es un concha, nunca quiere cooperar". || **9.** supran. fam. Persona descarada: "Azucena es una concha, cobró sin hacer el trabajo". ■ LOC. **~ nácar.** LOC. SUST. supran. Crema blanqueadora para la piel, obtenida del recubrimiento interno de los caparazones de algunos moluscos.
conchabalarse. ■ TR. PRNL. **conchabarse.**
conchabarse. ■ TR. PRNL. **1.** Ligarse a alguien con fines amorosos o sexuales: "César se conchabó a mi prima cuando fuimos al partido". || **2.** supran. Convencer a alguien para

que realice un trabajo o una tarea: "Ya me la conchabé para que haga la revisión del libro en mi lugar".

conchero, ra. ■ M. y F. **1.** Danzante ataviado con taparrabo y penacho que lleva muñequeras y tobilleras de cascabeles hechos con conchas. || **2.** Danzante ataviado con taparrabo y pectoral los hombres, y huipil las mujeres, con un penacho de plumas, que baila al son de un tambor alto o huéhuetl. || **3.** Persona que toca la concha o instrumento musical parecido a una guitarra pequeña, de cinco cuerdas dobles, cuya caja de resonancia está hecha con un caparazón de armadillo.

concheros. ■ M. PL. **4.** Danza popular que se baila al son de la concha o instrumento musical parecido a una guitarra pequeña, de cinco cuerdas dobles, cuya caja de resonancia está hecha con un caparazón de armadillo.

conchita. ■ F. **1.** Hierba originaria de América, de hasta 20 cm de altura, monoica; tallos muy reducidos o ausentes, suculentos; hojas arrosetadas en la base, enteras, de ovadas a espatuladas, de color verde a glauco; flores hermafroditas, pequeñas, tubulares, de color anaranjado a rojo, agrupadas en racimos o espigas curvas; frutos foliculares, de color café, pequeños, que abren en forma de estrella; semillas diminutas, numerosas, ovoides, de color café amarillento. Familia de las crasuláceas, *Echeveria secunda*. (También se llama oreja de ratón). || **2.** Hoja de la **conchita**.

conchito. ■ M. Hierba trepadora originaria de América, de hasta 1 m de longitud, monoica; tallos cilíndricos, gruesos, cubiertos densamente de pelos sedosos y plateados, que en ocasiones pierden con la edad; hojas alternas, divididas, trifoliadas, largamente pecioladas, foliolos romboides, de ovados a suborbiculares, envés plateado por pilosidad, ápice agudo; flores hermafroditas con cinco pétalos de color verde rojizo a café rojizo, con diez estambres unidos, agrupadas en racimos; frutos en vainas adpresas pilosas, apertura de forma explosiva, valvas curvas al separarse; semillas pequeñas, oscuras, reniformes; uso agropecuario. Familia de las leguminosas, *Macroptilium atropurpureum*. (También se llama gallina, ojo de zanate).

conchudez. ■ F. **1.** fam. Flojera; concha: "¡Qué conchudez salir a caminar a esta hora!". || **2.** supran. fam. Descaro; concha: "¡Qué conchudez tienes, mira que cobrar sin haber trabajado!".

conchudo, da. ■ ADJ. **1.** supran. fam. *Referido a persona*, floja: "Reprobó el semestre porque es un alumno conchudo". Ú.t.c.sust.: "Reprobó el semestre porque es un conchudo". || **2.** supran. fam. *Referido a persona*, descarada: "¡Bien conchuda que eres, nos dejaste solos con el reporte final!". Ú.t.c.sust.: "¡Eres una conchuda, nos dejaste solos con el reporte final!".

conchuela. ■ F. supran. Escarabajo de distribución en América del Norte, de hasta 7 mm; de forma oval, con ocho manchas negras en cada élitro; el color varía de pardo a amarillo dorado; la larva es amarilla y de forma cilíndrica, cubierta con espinas; plaga del frijol y otras leguminosas. Familia de los coccinélidos del orden Coleoptera, *Epilachna varivestis*.

conclapacharse. ■ TR. PRNL. **contlapacharse.**

conclapache. ■ COM. **contlapache.**

concreto. ■ M. **1.** supran. Mezcla hecha de cemento, cal, arena, grava y agua. || **2.** supran. Solidificación del **concreto**.

concuño, ña. ■ M. y F. **1.** supran. Cónyuge del cuñado de una persona; concuñado. || **2.** supran. Hermano del cuñado de una persona; concuñado.

condenado, da. ■ ADJ. **1.** fam. Que molesta: "El condenado perro ensució el sillón con las patas". || **2.** supran. fam. *Referido a persona*, bribona y astuta: "Esa condenada niña me volvió a engañar".

condominio. ■ M. **1.** supran. Conjunto habitacional formado por un grupo de viviendas separadas o por edificios de departamentos, generalmente con una misma fachada y distribución interna, construido en un terreno cercado y con vigilancia en la entrada común. || **2.** supran. Edificio en régimen administrativo de propiedad horizontal.

conectar. ■ TR. **1.** Ligar: "En el bar conectamos a unos chicos, pero al final salimos solas". || **2.** supran. *En deportes*, golpear: "El bateador conectó muy bien la pelota". ■ INTR. **3.** supran. jerg. Comprar ilícitamente alguna droga.

conectarse. ■ INTR. PRNL. **4.** supran. Relacionarse alguien con otra persona que tiene influencia o poder: "Si te sabes mover y te conectas, puedes conseguir un buen puesto de trabajo".

conecte. ■ M. supran. Persona que tiene influencia y de la que se puede conseguir algún favor.

conejear. ■ TR. fest. Robar: "¿A poco te conejearon la cartera en el camión?".

conejo. ■ M. **1.** fest. Ladrón. || **2.** supran. Bíceps braquial, especialmente el ejercitado. ■ LOC. **~ de los volcanes.** LOC. SUST. Mamífero originario de México, de hasta 30 cm de longitud; con pelaje jaspeado en tonos amarillo, castaño y negro, algunas partes ocres; orejas relativamente pequeñas en comparación con otros conejos; vive en pequeños grupos, en madrigueras excavadas en el suelo. Familia de los lepóridos del orden Lagomorpha, *Romerolagus diazi*. (También se llama tepol, tepolito, teporingo, zacatuche).

conferencista. ■ COM. supran. Persona que da una conferencia; conferenciante: "En ese instituto hay muy buenos conferencistas, reconocidos en todo el mundo".

confitillo. ■ M. Hierba originaria de México, de hasta 1 m de altura, monoica; tallos muy ramificados y pilosos; hojas alternas, divididas en numerosos foliolos, con margen entero o aserrado, con pelos ásperos; flores hermafroditas, diminutas, tubulares y blancas, agrupadas en conjuntos de cabezuelas, con las cinco flores de la periferia en forma de pétalos muy pequeños, blancos; frutos aquénicos, diminutos, elípticos con un par de escamas en el ápice. Familia de las compuestas, *Parthenium bipinnatifidum*.

conflictuar. ■ TR. **1.** supran. Provocar un conflicto: "La subida de precios conflictuó la balanza de pagos".

conflictuarse. ■ INTR. PRNL. **2.** Alterarse algo en grado extremo: "La economía se conflictúa cada vez que suben los precios". || **3.** supran. Padecer un conflicto interno por algún asunto: "Eva se conflictuó por la subida del precio del alimento de los animales".

confrontar. ■ TR. supran. Hacer frente a un problema o situación comprometida: "Los campesinos confrontaron la escasez de agua".

conga. ■ F. Bebida elaborada con la mezcla de jugos de varias frutas, jarabe y, generalmente, licor.

congal. ■ M. **1.** Prostíbulo. || **2.** Cualquier lugar donde se venden y consumen bebidas alcohólicas.

congelada. ■ F. Barra de hielo de distintos sabores que se consume para refrescar y como golosina; bolis.

congeladora. ■ LOC. **la ~.** LOC. SUST. **1.** Suspensión indefinida de la participación de una persona en algo: "El entrenador envió al jugador a la congeladora por falta de condición física". || **2.** supran. Suspensión indefinida de un proceso, generalmente administrativo: "Los diputados dejaron en la congeladora la iniciativa legislativa".

congestionamiento. ■ M. **1.** supran. Congestión. || **2.** supran. Embotellamiento automovilístico.

conglomerado. ■ M. supran. Conjunto de personas.

conmutador. ■ M. **1.** supran. Aparato que conecta una o varias líneas telefónicas en un mismo edificio, recibe las llamadas entrantes y las dirige al teléfono correspondiente. || **2.** supran. Lugar dentro del mismo edificio donde está instalado el **conmutador**.

cono. ■ M. **1.** supran. Recipiente generalmente hecho de oblea o barquillo que se puede comer, más ancho por uno de sus extremos en que se sirve helado o nieve. || **2.** supran. **cono** con helado o nieve. || **3.** supran. Vasito desechable de papel.

conocimiento. ■ M. Documento donde se registra la mercancía que alguien transporta y tiene que entregar; conocimiento de embarque. ■ LOC. **~ de embarque.** LOC. SUST. Documento donde se registra la mercancía que alguien transporta y tiene que entregar; conocimiento. ▶ **~ de firma.** LOC. SUST. supran. Documento con el que una entidad identifica o certifica la rúbrica de una persona.

conquemeo. ■ M. fest. Aparato reproductor masculino o femenino.

consecuentar. ■ TR. Tolerar acciones de otros que pueden considerarse censurables: "No le consecuentes sus tonterías al niño".

consecuente. ■ ADJ. **1.** supran. *Referido a persona*, tolerante con acciones de otros que pueden considerarse censurables: "La abuelita es muy consecuente y sus nietos la quieren mucho". ■ COM. **2.** supran. Persona tolerante con acciones de otros que pueden considerarse censurables: "La abuelita es una consecuente y sus nietos la quieren mucho".

consentidor, ra. ■ ADJ. **1.** supran. *Referido a persona*, que es demasiado indulgente o mima en exceso: "Los niños adoran a su abuela consentidora". Ú.t.c.sust.: "Los niños adoran a la consentidora de la abuela". || **2.** supran. Propio de la persona **consentidora**: "Mi abuela tenía la actitud más consentidora del mundo".

conservarse. ■ LOC. **~ en alcohol.** LOC. VERB. **1.** fest. Ser borracho: "Don Tulio se conservaba en alcohol y por eso le dio cirrosis". || **2.** supran. fest. Verse un adulto más joven de lo que es: "Malena se conserva en alcohol, parece que no envejece".

consignar. ■ TR. Poner a alguien a disposición de la autoridad judicial: "Consignaron a los vendedores ambulantes".

consola. ■ F. supran. Mueble cerrado que contiene un aparato receptor de radio, tocadiscos y bocinas.

consolar. ■ TR. vulg. Poseer sexualmente a alguien.

contador. ■ LOC. **~ privado.** LOC. SUST. **1.** Técnico en contabilidad que carece de facultades públicas. || **2.** Conjunto de estudios que cursa este técnico en contabilidad. ▷ **~ público.** LOC. SUST. Especialista en contaduría que tiene facultad para dar fe de aquello que compete a su profesión.

contar. ■ LOC. **~ una de piratas.** LOC. VERB. **contar una de vaqueros.** ▷ **~ una de vaqueros.** LOC. VERB. Relatar una historia de dudosa veracidad o verosimilitud: "Sí, cómo no, mejor cuéntame una de vaqueros".

contentar. ■ TR. Hacer que una persona deje de estar enojada: "Mariana le pidió disculpas a Lucía y así la contentó".

contento, ta. ■ ADJ. *Referido a persona*, que se reconcilió con alguien: "Ella ya está contenta con su amigo porque se disculpó".

contestadora. ■ F. supran. Dispositivo que recibe y almacena mensajes y que está conectado a la línea telefónica o es parte del equipo telefónico.

contingencia. ■ LOC. **~ ambiental.** LOC. SUST. Estado de inestabilidad en el ambiente causado por un agente contaminante: "Hubo contingencia ambiental la semana pasada y suspendieron las clases".

contlapacharse. ■ TR. PRNL. Convencer a alguien, en beneficio propio, de hacer algo que no está permitido: "Me contlapaché a Eric para que me dejara manejar su camioneta, aunque no tengo licencia".

contlapache. ■ COM. Compinche: "Era falso que Marisol fuera una contlapache secreta".

contlapachearse. ■ TR. PRNL. **contlapacharse.**

contra. ■ F. Pieza que sirve para fijar un arete o pendiente.

contraflujo. ■ M. **1.** Sentido contrario al permitido en que un vehículo circula en una vía. || **2.** supran. Carril confinado para la circulación en sentido contrario. || **3.** supran. Cambio de dirección en una vía para agilizar el tráfico.

contraherrar. ■ TR. supran. rur. Volver a marcar con hierro candente al ganado que posee una marca previa: "Contraherraron las vacas para identificarlas mejor".

contrahierba. ■ F. **1.** Hierba originaria de América, de hasta 1 m de altura, monoica; tallos estriados y rojizos; hojas opuestas, enteras, de elípticas a lanceoladas o espatuladas, con margen aserrado; flores hermafroditas, diminutas, tubulares y amarillas, agrupadas en conjuntos de cabezuelas; frutos aquénicos, diminutos, elípticos, con ocho a diez costillas, de negros a rojizos. Familia de las compuestas, *Flaveria trinervia*. || **2.** supran. Hierba originaria de América, de hasta 15 cm de altura, monoica; raíces gruesas, olorosas y nudosas; hojas arrosetadas, enteras o con cinco o siete lóbulos; flores unisexuales, diminutas, sobre un receptáculo carnoso y cuadrangular; frutos drupáceos, diminutos, globosos; semilla única. Familia de las moráceas, *Dorstenia contrajerva*.

contralátigo. ■ M. supran. rur. Correa que asegura la argolla de la cincha de la montura.

contrapuntear. ■ INTR. supran. Estar en disputa dos o más personas o instituciones: "Héctor y Soledad contrapuntearon antes de comprar su nueva casa".

contrapunteo. ■ M. supran. Confrontación de pareceres; disputa.

C

contrapunto. ■ M. supran. jerg. Competencia poético-musical de dos o más versificadores populares.

controversial. ■ ADJ. supran. Que suscita el debate o la discusión; controvertido: "En la reunión solo tratamos temas controversiales, como el aumento de sueldo".

contumerioso, sa. ■ ADJ. supran. *Referido a persona*, que tiende a sentirse ofendida o molesta por cosas pequeñas: "Explícale con tiento porque es un hombre muy contumerioso". Ú.t.c.sust.: "Explícale con tiento porque es un contumerioso".

conurbado, da. ■ ADJ. Perteneciente o relativo a los límites de un asentamiento urbano: "La zona conurbada tuvo problemas con los servicios básicos".

conversacionista. ■ ADJ. **1.** *Referido a persona*, que hace amena una conversación: "Disfruto viajar con Joaquín porque es muy conversacionista". ■ COM. **2.** Persona que hace amena una conversación: "Disfruto viajar con Joaquín porque es un conversacionista".

conversatorio. ■ M. **1.** supran. Reunión concertada para tratar un tema. || **2.** supran. Mesa redonda.

convertible. ■ ADJ. **1.** supran. *Referido a un automóvil*, descapotable: "Compré un coche convertible". ■ M. **2.** supran. Automóvil descapotable.

cooperacha. ■ F. supran. Cooperación, generalmente voluntaria, para un fin determinado: "Hicimos una cooperacha para hacer un asado".

cooptar. ■ TR. **1.** supran. Manipular a alguien: "Federico cooptó a mi hijo para que invirtiera en su negocio". || **2.** supran. Sobornar: "Lo cooptó con una buena cantidad para que aprobara el proyecto".

copa. ■ LOC. **~ de oro.** LOC. SUST. Planta trepadora originaria de América, de hasta 30 m de longitud, monoica; tallos un tanto pilosos; hojas alternas, enteras, de elípticas a ovadas, con pubescencia lanosa; flores hermafroditas, vistosas, en forma de embudo, amarillas, con franjas cafés y aromáticas; frutos abayados, ovoides, cafés; semillas numerosas; uso ornamental. Familia de las solanáceas, *Solandra guttata*. || **2.** Arbusto originario de México, de hasta 5 m de altura; tallos leñosos, volubles y trepadores; hojas simples, alternas, ovadas, coriáceas, brillantes y glabras; flores hermafroditas, grandes y vistosas, amarillas con cinco líneas rojas surgiendo desde la base, con forma de embudo, los lóbulos de los pétalos enroscados hacia atrás, flores solitarias o agrupadas en racimos; frutos abayados, globosos o piriformes, verdes, los sépalos persistentes; uso ornamental. Familia de las solanáceas, *Solandra maxima*. (También se llama rama de oro, trompeta).

copalchi. ■ M. Árbol pequeño o arbusto originario de América, de hasta 10 m de altura; tallos cilíndricos, grisáceos; hojas opuestas, algunas veces alternas, enteras, ovado-lanceoladas, con pequeñas bolsas en el envés llamadas domacios; flores hermafroditas, vistosas, de color blanco o amarillo, la corola formando un tubo en el que al final se abren los pétalos de manera retrorsa, flores solitarias o en inflorescencias laterales; frutos capsulares, ligeramente comprimidos, con costillas; semillas elípticas, con un ala concéntrica entera. Familia de las rubiáceas, *Exostema caribaeum*. (También se llama sabacché).

copastón, na. ■ ADJ. **1.** *En Chiapas*, lanudo: "Andrea tiene un perro copastón y muy travieso". || **2.** *En Chiapas*, de cabellera abundante y crespa: "Este niño está copastón desde que nació".

copeche. ■ M. **copechi.**

copechi. ■ M. **1.** Cocuyo. || **2.** *En el Noroeste*, luciérnaga.

coperacha. ■ F. **cooperacha.**

copete. ■ LOC. **~ de hueso.** LOC. SUST. fest. Calvicie. ▶ **hasta el ~.** LOC. ADJ. **1.** Que ha llegado al límite; hasta la madre: "El teatro está hasta el copete". || **2.** *Referido a persona*, intoxicada con alguna sustancia, generalmente alcohólica; hasta la madre: "El vecino llegó hasta el copete, debería de moderarse".

copetear. ■ TR. Llenar completamente un recipiente, hasta el punto de casi desbordarlo: "María, copetéame el plato con pozole".

copia. ■ F. La segunda de dos tortillas con que se prepara un taco. ■ LOC. **~ ciega.** LOC. SUST. La que se envía a una persona distinta al destinatario y sin que este lo sepa. ▶ **~ fotostática.** LOC. SUST. supran. Fotocopia.

copiadora. ■ F. supran. Establecimiento donde se hacen fotocopias.

copinado, da. ■ ADJ. *Referido a alguien*, que se parece a un antepasado: "El niño es copinado a su abuela".
copinar. ■ TR. **1.** rur. Desollar animales sacando entera la piel: "Ayer copinaron a los becerros que crió mi abuelo". ■ INTR. PRNL. **2.** Salirse o zafarse algo: "Los pantalones se le copinaron al niño".
copiosa. ■ F. fest. Copa de licor: "Hay que pedir otra ronda de copiosas porque estas ya se terminaron".
cople. ■ M. supran. *En un motor o vehículo*, eje de extremo cuadrado o circular que se une a otra pieza para transmitir o recibir la fuerza de tracción.
copotí. ■ M. *En Chiapas*, sarna en la cabeza.
coptar. ■ TR. **cooptar.**
coqueta. ■ F. *En el Occidente*, arracada.
coquillo. ■ M. **chufa.**
coquita. ■ F. Ave originaria de América, de hasta 17 cm de longitud; con alas redondeadas y reflejos castaños muy notorios al vuelo; tiene pecho con apariencia manchada; patas amarillas; pico rosado o rojizo. Familia de los colúmbidos del orden Passeriformes, *Columbina passerina*. (También se llama mucuya, parbuca, rolita, torito, toro buey).
coquito. ■ M. **1. chufa.** || **2. chicocuchi.**
cora. ■ ADJ. **1.** Perteneciente o relativo al **cora**: "El morral cora está hecho de lana en colores negro y blanco". || **2.** Natural o procedente del grupo étnico **cora**: "Algunos hombres coras visten aún calzón de manta". ■ M. **3.** Grupo étnico establecido en el estado de Nayarit. || **4.** Lengua yutoazteca del subgrupo lingüístico corachol. ■ COM. **5.** Persona natural o procedente del grupo étnico **cora**: "Algunos coras visten aún calzón de manta".
corachol. ■ ADJ. **1.** Perteneciente o relativo al **corachol**: "El pueblo corachol migró desde el actual sur de Chihuahua hasta el actual Jalisco". ■ M. **2.** Grupo étnico histórico que dio origen a los coras y a los huicholes, entre otros. || **3.** Conjunto de grupos étnicos establecidos principalmente en los estados de Jalisco, Nayarit y Zacatecas. || **4.** Lengua reconstruida que históricamente dio origen al cora y al huichol. || **5.** Grupo o familia de lenguas yutoaztecas que incluye al cora y al huichol, entre otras.
coralillo. ■ M. **1.** Hierba más o menos rastrera originaria de Europa, si bien ahora maleza casi cosmopolita, de hasta 50 cm de longitud, monoica; tallos angulosos y frágiles; hojas opuestas, enteras, de ovadas a lanceoladas; flores hermafroditas, pequeñas, subglobosas, de rojizas a rosadas, con la base de tono morado a negro; frutos capsulares, pequeños, globosos; semillas numerosas, finamente papilosas. Familia de las primuláceas, *Anagallis arvensis*. (También se llama hierba del pájaro). || **2.** Arbusto de hasta 3 m de altura; hojas ternadas, de aovadas a elíptico-oblongas; flores de color naranja y rojo; frutos en drupas globosas. Familia de las rubiáceas, *Hamelia versicolor*. (También se llama sangre de toro).
corbata. ■ F. **1.** Bizcocho esponjoso con forma de moño y recubierto de azúcar; moño. || **2.** supran. Pan dulce con forma de moño, hecho de hojaldre y recubierto de azúcar; moño. ■ LOC. **~ de mariposa.** LOC. SUST. **corbata de moño.** ▷ **~ de moño.** LOC. SUST. supran. La que se anuda por delante del cuello en forma de lazo; pajarita.
corbatearse. ■ INTR. PRNL. fam. Suicidarse mediante ahorcamiento.
corbatudo, da. ■ M. y F. **1.** fest. Persona que usa corbata con ropa informal: "En Insurgentes se acumulan los corbatudos para esperar el autobús". || **2.** supran. despect. Persona elegante y adinerada: "A ese lugar solo entran los corbatudos".
corcholata. ■ F. **1.** fest. Persona borracha que yace en el suelo. || **2.** fest. Persona de muy baja estatura y gorda. || **3.** supran. Tapa metálica que cierra herméticamente las botellas.
corcoveada. ■ F. **corcoveo.**
corcoveador, ra. ■ ADJ. supran. rur. *Referido a una caballería*, que tiene el hábito de dar corcoveos para librarse del jinete: "No lleves a la yegua corcoveadora".
corcovear. ■ INTR. **1.** supran. Protestar: "Los usuarios corcovearon por el aumento a la tarifa del metro". || **2.** supran. rur. Tener una caballería el hábito de dar corcoveos para librarse del jinete.
corcoveo. ■ M. **1.** supran. Protesta. || **2.** supran. rur. Hecho de levantarse de manos o dar coces un caballo para deshacerse del que monta; corcovo.

cordoncillo. ■ M. **1.** supran. Arbusto originario de América, de hasta 3 m de altura, monoico; tallos nudosos y ramas quebradizas; hojas alternas, enteras, de ovadas a acorazonadas; flores hermafroditas, diminutas y blancas, dispuestas en espigas sobre un eje carnoso; frutos drupáceos, carnosos y negros al madurar. Familia de las piperáceas, *Piper amalago*. (También se llama mecasúchil, mecaxóchitl). || **2.** supran. Flor del **cordoncillo**. || **3.** supran. Hoja del **cordoncillo**; uso en la medicina tradicional.

corico. ■ M. *En el Noroeste*, galleta elaborada con harina de maíz, redonda y aplanada; tacuarín.

cornezuela. ■ F. *En el Sureste*, ciervo de 1.5 m de longitud, de 40 a 50 cm de alzada; presenta dos pequeñas cornamentas agudas y no ramificadas; su pelaje de color gris, tonos pardos en la cabeza y patas. Familia de los cérvidos del orden Artiodactyla, *Mazama pandora*. (También se llama temazate, venado gris, venado pardo, yuco, yuk).

cornezuelo. ■ M. Árbol originario de Centroamérica, de hasta 15 m de altura, monoico; tallos y ramas hirsutos, con espinas muy gruesas y evidentes que alojan hormigas; hojas alternas, compuestas de cuatro a diez pares de pinas, foliolos de diez a 26 pares por pina, oblongos, ápice redondeado y mucronulado, base oblicua, con glándulas entre cada par de pinas; flores hermafroditas, diminutas, amarillas, en forma de embudo, agrupadas en espigas axilares solitarias, glabras; frutos en vaina, cilíndricos, indehiscentes, cartáceos, de color amarillo, rojo o café; semillas numerosas, de elipsoides a subesféricas, cafés oscuras, rodeadas por un arilo blanquecino o amarillento, esponjoso. Familia de las leguminosas, *Acacia cornigera*. (También se llama árbol del cuerno, huisache, huizache, ixcanal, izcanal, subín, subinché, zubín, zubinché).

corona. ■ LOC. **~ de muerto.** LOC. SUST. supran. Adorno de flores dispuestas en forma circular para honrar a un difunto; corona fúnebre.

corpiño. ■ M. **1.** Prenda interior de mujer, con tirantes, generalmente de algodón, sin varillas, que sostiene el pecho, usada por lo regular por niñas y adolescentes. || **2.** supran. Brasier; sostén. || **3.** supran. Prenda interior de mujer que sirve para ceñir el pecho, generalmente utilizada en actividades deportivas; top.

corralito. ■ M. jerg. Área reservada para la prensa en las cámaras del Poder Legislativo.

corralón. ■ M. supran. Terreno donde la policía guarda los vehículos retirados de circulación como sanción al incumplimiento del Reglamento de Tránsito.

corrector. ■ M. supran. Sustancia blanca para cubrir errores en un escrito.

correlón, na. ■ ADJ. supran. *Referido a persona*, que huye ante las situaciones adversas o difíciles: "¿Cómo te fías de gente correlona?". Ú.t.c.sust.: "Es una correlona, no te fíes de ella".

correoso, sa. ■ ADJ. **1.** *Referido a persona*, que envejece sin que se note el avance de la edad: "Mi abuelita es muy correosa, ni parece que tiene 90 años". || **2.** *Referido a persona*, que soporta las adversidades: "Marcela es muy correosa, ha aguantado toda la presión de la oficina". || **3.** *Referido a persona*, que luce débil, flaca o envejecida y que, sin embargo, posee gran resistencia: "Se mantuvo correoso toda su vida". || **4.** *Referido a persona*, experimentada: "Joaquín se volvió correoso después de tantos problemas".

correr. ■ TR. **1.** rur. Fecundar un toro a una vaca. || **2.** supran. Hacer que circule una mercancía o comerciar con ella: "Corre la comida que pronto vaya a caducar". ■ LOC. **corre que te alcanzo.** LOC. SUST. **1.** Juego infantil en el que un niño persigue a los demás hasta que toca a otro que, a su vez, se convierte en el nuevo perseguidor. || **2.** supran. Diarrea. ▷ **~ traslado.** LOC. VERB. supran. *En el ámbito jurídico*, proporcionar un juez copia de un escrito a la contraparte en un juicio. ■ INTERJ. **¡corro!** Se usa para negarse a hacer algo: "—¿Irás al supermercado? —¡Corro!".

correrle. ■ INTR. PRNL. **3.** Evitar a alguien: "Sergio le corre a Miguel desde que le rompió la nariz". || **4.** Huir: "Los ladrones le corrieron cuando llegó la policía". ■ LOC. **~ atole por las venas.** LOC. VERB. **1.** Mostrar alguien carácter pasivo o excesivamente tranquilo ante cualquier circunstancia: "Todos estamos estresados por el exceso de trabajo en la oficina y a Miguel le corre atole por las venas". || **2.** Ser alguien poco sensible: "¿No lloraste con la película? Te corre atole por las venas". ▶ **córrele que te alcanzo. 1. corre que te alcanzo.** || **2.** LOC. ADV. Rápidamente: "Me encantó la película, aunque la historia iba córrele que te alcanzo".

correteadera. ■ F. supran. Persecución: "Ayer se armó una correteadera entre policías y ambulantes".

correteado, da. ■ ADJ. **1.** *Referido a cosa*, que se obtiene con mucho esfuerzo: "Me dijeron que para la final de futbol hay puros boletos correteados". || **2.** *Referido a persona*, que está ajetreada, con mucho trabajo que hacer: "No tengo tiempo de nada, ando correteada". || **3.** *Referido a persona*, que luce envejecida y de aspecto deteriorado: "Ricardo está muy correteado por no dormir bien". || **4.** despect. *Referido a persona*, que ha tenido muchas parejas sexuales.

corretear. ■ TR. **1.** Apresurar: "Me molesta salir contigo porque nada más me correteas". || **2.** supran. Perseguir: "El policía correteó al ladrón por unas cuatro cuadras".

corretiza. ■ F. **1.** Apresuramiento. || **2.** supran. Persecución.

corrida. ■ F. **1.** Viaje, generalmente corto, a varios lugares, volviendo a aquel en que se tiene la residencia. || **2.** Viaje en un transporte público, generalmente en taxi o autobús, por un determinado costo.

corridero, ra. ■ M. Y F. Persona que se dedica a componer o a interpretar corridos.

corridista. ■ COM. supran. Persona que se dedica a componer o a interpretar corridos; corridero: "Para el palenque contrataron a Rosa, la corridista del pueblo".

corrido. ■ M. **1.** supran. Composición narrativa octosilábica con rima asonante que se canta, acompañada o no por música. || **2.** supran. Género musical popular, generalmente narrativo.

corta. ■ F. fam. Soborno: "Le pasé una corta al portero para que me dejara pasar".

cortar. ■ TR. **1.** supran. Terminar a alguien en una relación de pareja: "Sofía cortó a Samuel ayer en la tarde". ■ INTR. **2.** supran. Terminar una relación de pareja: "Juan y Luisa ya cortaron". ■ LOC. **~ cartucho.** LOC. VERB. Preparar la carga de un arma de fuego para disparar: "El policía cortó cartucho en cuanto acorraló al delincuente".

cortarlas. ■ INTR. PRNL. **3.** Terminar una relación de amistad: "Las corté con José porque me acusó". ■ INTERJ. **¡córtalas!** Se usa como fórmula para tomar distancia de una persona: "Ya me caíste mal, ¡córtalas!".

cortarse. ■ INTR. PRNL. **4.** Irse repentinamente de alguna parte: "Ni cuenta nos dimos cuando te cortaste de la fiesta". || **5.** Dejar de participar en algo colectivo: "Aunque se quedó en la junta, se cortó de la discusión". || **6.** supran. Dejar de frecuentar a una persona o a un grupo de personas con las que se mantenía una amistad: "Ese Paulo, se casó y se cortó". || **7.** supran. Mostrarse antipático y poco dispuesto a la interacción: "Cada vez que vamos a ver a mi familia, te cortas".

corte. ■ LOC. **~ de caja.** LOC. SUST. supran. Revisión que se hace cada cierto tiempo del estado de las cuentas de una entidad: "El corte de caja salió mal porque bajaron las ventas".

cortés. ■ EXPR. **lo Cortés no quita lo Cuauhtémoc.** fest. **lo cortés no quita lo valiente.** ▶ **lo ~ no quita lo valiente.** Se usa para indicar que alguien debe conservar las buenas maneras pese a no estar de acuerdo con una situación: "Qué bien ha solucionado el problema Agustín, cómo se ve que lo cortés no quita lo valiente".

cortina. ■ F. **1.** Melodía que acompaña o marca las transiciones de un programa de radio o de televisión, una obra teatral, una película, etc. || **2.** supran. Puerta metálica que se enrolla sobre sí misma verticalmente. ■ LOC. **~ musical.** LOC. SUST. supran. Melodía que acompaña un programa de radio o de televisión, una obra teatral, una película, etcétera.

cortinero, ra. ■ M. Y F. **1.** supran. Persona que se dedica a fabricar o reparar cortinas. ■ M. **2.** supran. Eje, generalmente metálico, del que pende una cortina que se desliza de forma horizontal.

corto. ■ M. supran. Cortocircuito. ■ LOC. **en ~.** LOC. ADV. supran. **1.** A la brevedad: "Vamos a hacer el trabajo en corto". || **2.** En privado: "Te lo digo en corto porque ahora están los jefes".

C

cortón. ■ M. **1.** Ruptura sentimental: "El cortón es una de las cosas más difíciles de superar". || **2.** Salida repentina de alguna parte: "Azotó la puerta cuando dio el cortón". || **3.** Interrupción repentina en la participación de algo colectivo: "El cortón de Lilia afectó el trabajo". || **4.** supran. Interrupción repentina del trato con una persona o un grupo de personas con las que se mantenía una amistad: "Ese Paulo, se casó y nos dio el cortón". || **5.** supran. Muestra de antipatía y poca disposición a interactuar: "Ella se molestó por el cortón que le diste en la plática". || **6.** supran. Frase tajante para callar a alguien: "En la discusión, ya no le pude responder después del cortón que me dio".

cortopunzante. ■ ADJ. supran. *Referido a un arma o un utensilio*, que corta y pincha; punzocortante: "No dejes objetos cortopunzantes a la mano, los niños se pueden lastimar".

coruco. ■ M. Ácaro de distribución en zonas tropicales y subtropicales, de hasta .8 mm de longitud; vive sobre las aves y se alimenta de ellas; con cuerpo esclerotizado, de color pardo y transparente, pero se puede ver rojizo después de parasitar. Familia de los macronísidos del orden Mesostigmata, *Ornithonyssus bursa*, *Ornithonyssus sylviarum*. (También se llama pepeyote).

corunda. ■ F. **1.** Tamal de forma triangular que se prepara con masa de maíz mezclada con manteca de cerdo, leche o agua y sal, envuelto en hojas del tallo del maíz y cocido al vapor; típico de Michoacán. || **2. corunda** servida con crema, queso y salsa picante.

cosa. ■ EXPR. **una ~ es una y otra ~ es otra.** Se usa para indicar que se deben deslindar dos hechos o situaciones que no influyen entre sí: "Una cosa es una y otra cosa es otra, aunque seas mi amigo, tienes que pagarme lo que me debes".

coscolino, na. ■ ADJ. **1.** coloq. *Referido a persona*, descarada: "La muchacha coscolina todavía me dijo que ella no tuvo nada que ver". Ú.t.c.sust.: "La coscolina todavía me dijo que ella no tuvo nada que ver". || **2.** supran. coloq. *Referido a persona*, enamoradiza: "Mi primo es muy coscolino, pero no se ha casado". Ú.t.c.sust.: "Eres un coscolino y ni así te has casado".

coscomate. ■ M. Troje cerrada hecha con barro y zacate, para conservar el maíz; cuescomate.

cosijoso, sa. ■ ADJ. supran. *Referido a persona*, quejosa y molesta: "Mi primo anda cosijoso por la cirugía". Ú.t.c.sust.: "Mi primo es un cosijoso después de la cirugía".

cosmetiquera. ■ F. supran. Pequeño bolso o estuche, generalmente de tela o plástico, usado para guardar cosméticos y utensilios de higiene.

cosmetiquero. ■ M. **cosmetiquera.**

cosquilludo, da. ■ ADJ. supran. *Referido a persona*, que es muy sensible a las cosquillas; cosquilloso: "Este bebé es muy cosquilludo, siempre se ríe". Ú.t.c.sust.: "El bebé es un cosquilludo, se ríe cuando lo cargas".

costillas. ■ LOC. **a ~ de.** LOC. PREP. supran. A expensas de alguien o algo; a costa de: "Terminó su trabajo a costillas de mi esfuerzo".

costo. ■ M. Valor de un beneficio, un bien o un servicio; coste.

costurar. ■ TR. supran. Unir con hilo dos o más piezas, generalmente de tela: "Carla costuró telas para hacer un vestido".

costurear. ■ TR. **1.** Coser descuidadamente: "Te pagué muy bien y nada más costureaste mi falda". || **2. costurar.**

costureo. ■ M. **1.** Hecho de costurear o de coser descuidadamente. || **2.** supran. Unión con hilo de dos o más piezas, generalmente de tela.

cotizarse. ■ INTR. PRNL. Tener alguien un concepto muy elevado de sí mismo; creerse: "Ese tipo se cotiza mucho, ni que estuviera tan guapo".

cotón. ■ M. **1.** Prenda de abrigo, con diversos largos, generalmente de colores vivos y con abertura en el centro para introducir la cabeza; jorongo. || **2.** supran. rur. Camisa de tela para las faenas agrícolas.

cotonete. (De Cotonetes®). ■ M. supran. Palillo con una porción de algodón en los extremos, que se usa generalmente para la limpieza de oídos o nariz; hisopo.

cotoque. ■ ADJ. **1.** Perteneciente o relativo al **cotoque**: "La lengua cotoque se hablaba en el sureste de Chiapas". ■ M. **2.** Grupo étnico histórico que dio origen a los mochó y a los tuzantecos. || **3.** Conjunto de grupos étnicos establecidos principalmente en el estado de Chiapas. || **4.** Lengua reconstruida que históricamente dio origen al mochó y al tuzanteco. || **5.** Grupo o familia de lenguas mayas que incluye al mochó y al tuzanteco.

cotorrear. ■ TR. **1.** supran. Hacer mofa de alguien: "Todos mis hermanos cotorrearon a Juan cuando llegó". Ú.m.c.prnl.: "Todos mis hermanos se cotorrearon a Juan cuando llegó". || **2.** supran. Engañar a alguien por diversión: "Ya no me cotorrees, dime la verdad". ■ INTR. **3.** Pasar el rato, generalmente con otras personas: "Siempre cotorrea con sus amigos". ■ LOC. **~ el punto.** LOC. VERB. Abordar un tema superficialmente: "Surgió lo de las vacaciones y cotorreamos el punto".

cotorrearla. ■ INTR. PRNL. **4.** Salir a divertirse una persona: "Siempre la cotorrea con su compadre".

cotorreo. ■ M. Acción y resultado de cotorrear o cotorrearla.

cotorro, rra. ■ ADJ. **1.** Que llama la atención por su rareza u originalidad: "El niño traía un trajecito muy cotorro". || **2.** Entretenido: "La clase de baile estuvo cotorra". || **3.** Gracioso; chistoso: "Mi prima es muy cotorra, siempre me hace reír". || **4.** supran. *Referido a persona*, que habla mucho: "Mi nieto es un muchacho muy cotorro". Ú.t.c.sust.: "Mi nieto es un cotorro". || **5.** *Referido a persona*, solterona: "Por ese carácter, te vas a quedar cotorro". Ú.t.c.sust.: "Por ese carácter, te vas a volver un cotorro". || **6.** supran. Propio de la persona **cotorra**: "Mi prima tiene un carácter muy cotorro". ■ M. y F. **7.** supran. Loro.

cóver. ■ M. supran. Cantidad de dinero que se cobra en bares y discotecas para poder acceder.

coyámel. ■ M. Mamífero de amplia distribución en México, de hasta 1 m de longitud y de alrededor de 40 kg; con cuerpo robusto, con pelaje compuesto por cerdas gruesas de colores negro, gris y castaño, con una mancha blanquecina que asemeja un collar alrededor de su cuello; ojos pequeños en relación con su cabeza; en el lomo tiene una cavidad glandular de la que secreta un aceite de olor almizclado; comestible. Familia de los tayasuidos del orden Artiodactyla, *Pecari tajacu*. (También se llama jabalí de collar, pecarí de collar, quitán).

coyol. ■ M. **1.** *En el Noroeste*, serpiente originaria de América, de hasta 3 m de longitud; con cabeza triangular; se caracteriza por tener un apéndice córneo en forma de anillos en disminución, producto de las mudas de su piel; venenosa. Familia de los vipéridos, varias especies del género *Crotalus*. (También se llama cascabel, crótalo, ocozoal). || **2.** supran. fest. Testículo.

coyolón, na. ■ ADJ. *En Chiapas, referido a persona*, holgazana: "Mi compañero es muy coyolón, nunca termina su trabajo". Ú.t.c. sust.: "Mi compañero es un coyolón, nunca termina su trabajo".

coyón, na. ■ ADJ. supran. coloq. *Referido a persona*, que no tiene el valor para afrontar situaciones comprometidas o arriesgadas; collón: "El jugador coyón no quiso tirar el penal". Ú.t.c.sust.: "No quiso tirar el penal porque es un coyón".

coyonería. ■ F. supran. Actitud de quien no tiene el valor para afrontar situaciones comprometidas o arriesgadas.

coyota. ■ F. Véase **coyote, ta.**

coyotaje. ■ M. supran. Acción y resultado de coyotear.

coyote, ta. ■ M. y F. **1.** Hijo menor; benjamín. || **2.** Persona que compra y revende algo para sacar, de modo ventajoso, un beneficio inmediato. || **3.** Persona que ejerce de abogado sin serlo. || **4.** supran. Intermediario de trámites burocráticos o comerciales que, sin garantizar la conclusión de estos, pide a cambio de su servicio un beneficio abusivo. || **5.** supran. Persona que introduce personas a Estados Unidos de América de manera ilegal. ■ M. **6. coyotito.** || **7.** Juego grupal de niños que consiste en entrelazarse y formar un círculo, uno del grupo se coloca en el centro, representando a la gallina, y otro fuera, al coyote. || **8.** Juego de mesa que se lleva a cabo en un tablero cuadrado en el que se mueven doce fichas iguales, que representan gallinas, y una diferente, que representa al coyote que las persigue y trata de comérselas, a menos que las gallinas lo encierren. || **9.** gralizado. Mamífero carnívoro de amplia distribución en Norteamérica y Centroamérica, de hasta 60 cm de altura y 90 cm de longitud, sin contar la cola; con pelaje que varía de color gris castaño a canela en el lomo y amarillento o blancuzco en las partes inferiores; cabeza cónica, orejas erectas y puntiagudas, hocico agudo, boca con grandes maxilares, tronco vigoroso y cola ancha y peluda. Familia de los cánidos, *Canis latrans*. ■ F. **10.** *En Colima*, propina. || **11.** *En Colima*, trabajo eventual. || **12.** *En Guerrero*, bebida hecha con aguardiente y jugo de algún cítrico, como naranja, piña y maracuyá. || **13.** *En Sonora*, pan con forma de dos tortillas sobrepuestas, hecho de harina de trigo con manteca y relleno de piloncillo.

coyotear. ■ TR. **1.** supran. Introducir personas a Estados Unidos de América de manera ilegal. ■ INTR. **2.** Ejercer la abogacía sin título: "No creo que esté titulado, seguro coyotea". || **3.** supran. Actuar como coyote o intermediario o por medio de este: "Si no coyoteas, tu trámite no va a salir nunca".

coyoteo. ■ M. **coyotaje.**

coyotera. ■ F. Véase **coyotero, ra.**

coyotería. ■ F. **coyotaje.**

coyotero, ra. ■ ADJ. **1.** supran. *Referido a un perro*, amaestrado para perseguir al cánido llamado coyote: "Debemos entrenar un nuevo perro coyotero, el nuestro ya está viejo". ■ F. **2.** supran. Trampa para cazar coyotes.

coyotito. ■ M. supran. fest. Siesta breve.

crápula. ■ ADJ. **1.** *Referido a persona*, de la peor calaña; miserable: "Mi primo es bien crápula, me volvió a engañar". ■ COM. **2.** Persona de la peor calaña; miserable: "Mi primo es un crápula, me volvió a engañar".

credenciales. ■ F. PL. Méritos curriculares.

credencialización. ■ F. Emisión masiva de un documento de identidad o credencial de una institución.

credencializar. ■ TR. Emitir masivamente una credencial una institución: "La secretaría credencializó a sus empleados el mes pasado".

credo. ■ M. Navaja curva que sirve para quitar callos de los pies.

creerse. ■ LOC. **~ la divina garza (envuelta en huevo).** LOC. VERB. supran. fam. **creerse mucho.** ▷ **~ la divina mierda (y no llegar ni a pedo).** LOC. VERB. malson. **creerse mucho.** ▷ **~ la gran caca (y no llegar ni a pedo).** LOC. VERB. malson. **creerse mucho.** ▷ **~ la gran mierda (y no llegar ni a pedo).** LOC. VERB. supran. malson. **creerse mucho.** ▷ **~ la mamá de los pollitos.** LOC. VERB. supran. coloq. **creerse mucho.** ▷ **~ la mamá de Tarzán.** LOC. VERB. supran. coloq. **creerse mucho.** ▷ **~ la última coca (cola) del desierto.** (De Coca-Cola®). LOC. VERB. fam. **creerse mucho.** ▷ **~ mucho.** LOC. VERB. Sentirse alguien superior a todos o único en algo, sin realmente serlo: "Jaime se cree mucho desde que se compró un auto deportivo". ▷ **~ muy muy.** LOC. VERB. coloq. **creerse mucho.** ▷ **~ muy salsa.** LOC. VERB. coloq. **creerse mucho.**

cremas. Véase **caracolitos.**

cremera. ■ F. supran. Recipiente o jarra pequeña para la crema o la leche.

cresta. ■ F. fam. Sombrero. ■ LOC. **~ de gallo.** LOC. SUST. **1.** supran. Hierba originaria de América, de hasta 80 cm de altura; tallos erectos, cilíndricos, estriados, pubescentes, de color rojizo purpúreo; hojas simples, alternas, de espatulado-lanceoladas a lanceolado-oblongas, híspidas o hirsutas en ambas caras, con margen entero; flores hermafroditas, pequeñas, tubulares, de color rojo amarillento, cubiertas por pequeñas hojas obovadas, verdes, flores dispuestas en espigas densas, terminales; frutos pequeños, capsulares, elipsoides o globosos; semillas diminutas, oblongas, reticuladas o rugosas, de color café; uso en la medicina tradicional. Familia de las orobancáceas, *Castilleja arvensis*. (También se llama rosilla). || **2.** supran. Hierba originaria de América, de hasta 80 cm de altura, monoica; tallos poco ramificados y con pequeños abultamientos en la base, muy pilosos; hojas alternas, enteras, de lanceoladas a espatuladas, muy pilosas; flores hermafroditas, vistosas, tubulares, de color rojo a amarillento, agrupadas en espigas rodeadas por brácteas verdes con tonos rojos; frutos capsulares, elipsoides, cafés; semillas numerosas, diminutas, con textura reticulada, cafés; uso en la medicina tradicional. Familia de las orobancáceas, *Castilleja scorzonerifolia*. || **3.** supran. Flor de la *Castilleja scorzonerifolia*.

criba. ■ F. supran. Joroba.

crico. ■ M. jerg. Droga derivada de la cocaína; crack.

crinolina. ■ F. supran. Prenda interior femenina rígida, por llevar generalmente una estructura acampanada, que se usa para ahuecar la falda.

criollo, lla. ■ ADJ. **1.** supran. *Referido a un perro*, que es resultado de la cruza de razas distintas: "Adoptamos a una cachorra criolla". || **2.** supran. *Referido a un animal o una planta*, que es producto de la aclimatación a un determinado lugar: "Hay rescate del cultivo del arroz criollo en el sur del país".

cristalazo. ■ M. supran. Golpe y ruptura consecuente que se da al cristal de un automóvil o de una tienda, por lo general con fines delictivos.

cristalero, ra. ■ ADJ. **1.** jerg. *Referido a persona*, que consume la droga llamada cristal. Ú.t.c.sust. ■ M. y F. **2.** supran. Ladrón de automóviles que rompe los cristales para realizar su delito.

cristalización. ■ F. supran. Proceso de cocer fruta o verdura en almíbar a fuego lento hasta que adquiere una apariencia translúcida.

cristalizar. ■ TR. supran. Cocer fruta o verdura en almíbar a fuego lento hasta que adquiere una apariencia translúcida: "Lucía cristalizó los higos para conservarlos".

cristero, ra. ■ ADJ. **1.** Perteneciente o relativo a la Guerra Cristera o movimiento armado que enfrentó al gobierno y a algunos grupos católicos, entre 1926 y 1929, principalmente en Ciudad de México, Colima, Guanajuato, Jalisco, Michoacán y Zacatecas: "El lema cristero fue «¡Viva Cristo Rey!»". || **2.** *Referido a persona*, que formó parte de alguno de los grupos católicos que lucharon durante la Guerra Cristera: "Las autoridades cristeras llegaron en tren". Ú.t.c.sust.: "Los cristeros llegaron en tren".

cristofué. ■ M. supran. Ave originaria de América, de hasta 25 cm de longitud; con plumaje amarillo intenso en pecho y abdomen; garganta de color blanco, dorso de color café verdoso con dos franjas blancas a modo de cejas; se alimenta principalmente de insectos. Familia de los tiránidos del orden Passeriformes, *Pitangus sulphuratus*. (También se llama bienteveo, chalangandina, chepitofué, comechile, justofué, luis bienteveo).

crucillo. ■ LOC. **~ chino.** LOC. SUST. **1.** Arbusto originario de México, de hasta 6 m de altura, monoico; tallos ramificados y con espinas en la base de las hojas; hojas opuestas, enteras, de ovadas a elípticas, pubescentes, con márgenes enteros; flores hermafroditas, vistosas, tubulares, de blancas a amarillas, aromáticas, agrupadas en cimas; frutos capsulares, globosos, de verdes a cafés, con numerosas protuberancias; semillas numerosas, pequeñas, de ovadas a circulares, aplanadas, de cafés a negras. Familia de las rubiáceas, *Randia echinocarpa*. (También se llama granjel, papache). || **2.** Fruto de este arbusto; uso en la medicina tradicional.

cruda. ■ F. Véase **crudo, da.**

crudo, da. ■ ADJ. **1.** *Referido a persona*, que tiene resaca al día siguiente de una borrachera: "No puedo atenderte hoy, estoy crudo". Ú.t.c.sust.: "Este caldo está bueno para curar a un crudo". ■ F. **2.** supran. Malestar causado por beber alcohol en exceso; resaca: "La cruda no me dejó dormir". ■ LOC. **cruda moral.** LOC. SUST. Sentimiento de arrepentimiento o remordimiento por un acto cometido.

cruza. ■ F. supran. rur. Arada de un terreno que se hace de manera perpendicular a los surcos previamente hechos.

cruzar. ■ TR. **1.** Robar una mercancía fingiendo que se compra otra: "Yo vi cuando ella cruzó el chocolate mientras pagaba un pan".

cruzarse. ■ INTR. PRNL. **2.** supran. Padecer malestar severo por haber ingerido una mezcla de varios tipos de alcohol o drogas: "Juan se cruzó por beber tanta cosa".

cruzazuleada. ■ F. **1.** fam. Obtención del segundo lugar, generalmente contra la expectativa. || **2.** fam. Fallo inesperado.

cruzazulear. ■ INTR. **1.** fam. Quedar en segundo lugar, generalmente contra la expectativa: "El equipo otra vez cruzazuleó". || **2.** fam. Fallar de modo inesperado: "El alumno cruzazuleó al final del curso".

cuacha. ■ F. Véase **cuache, cha.**

cuachala. ■ F. *En Colima y Jalisco*, guiso preparado con carne de gallina, chile ancho, tomate, ajo, cilantro y masa de maíz.

cuachalalá. ■ F. **cuachalalate.**

cuachalalate. ■ M. **1.** Árbol originario de México, de hasta 10 m de altura, dioico; troncos con espinas o proyecciones irregulares en la corteza, con resina hialina al cortarlos; hojas alternas, agrupadas densamente en el ápice de las ramas, divididas en tres foliolos obovados, con margen aserrado; flores unisexuales, pequeñas: las masculinas con cinco pétalos amarillos verdosos, las femeninas sin pétalos, agrupadas en panículas; frutos samaroides, con un ala muy evidente; una sola semilla. Familia de las anacardiáceas, *Amphipterygium adstringens*. (También se llama chalalate, cuachalalá, cuachalalatl, volador). || **2.** Corteza del **cuachalalate**; uso en la medicina tradicional.

cuachalalatl. ■ M. **cuachalalate.**

cuachalote, ta. ■ ADJ. **1.** *Referido a algo*, hecho sin esmero: "¡Qué presentación tan cuachalota preparaste para la clase!". || **2.** *Referido a persona*, desaliñada: "A ese niño cuachalote no lo arreglan sus padres". Ú.t.c.sust.: "A ese cuachalote no lo arreglan sus padres".

cuachalotera. ■ F. *En el Occidente*, desorden: "Tienes una cuachalotera en tu cuarto, ¡arréglalo!".

cuachar. ■ INTR. *En el Noroeste*, defecar.

cuache, cha. ■ ADJ. **1.** supran. *Referido a persona*, melliza: "Los hermanos cuaches ganaron la rifa". Ú.t.c.sust.: "Los cuaches ganaron la rifa". || **2.** *En el Noroeste, referido a persona*, despreciable. Ú.t.c.sust. ■ F. **3.** *En el Noroeste*, excremento. || **4.** *En el Noroeste*, cosa cualquiera: "Qué te preocupas, es una cuacha fácil de resolver".

cuacheche. ■ M. **cuachenche.**

cuachenche. ■ M. *En la Huasteca*, ave de amplia distribución en las costas de México, de hasta 35 cm de longitud; con cabeza con penacho de plumas de color rojo; cuerpo con parte superior y alas de color negro, parte inferior de coloración blanca con veteados negruzcos. Familia de los pícidos del orden Piciformes, varias especies de los géneros *Campephilus* y *Dryocupus*, como *Campephilus guatemalensis*, *Dryocopus lineatus*. (También se llama cuachiquimuli, pájaro carpintero, querreque).

cuachi. ■ ADJ. **1.** *En Chiapas, referido a persona*, melliza: "Los hermanos cuachis ganaron la rifa". ■ COM. **2.** *En Chiapas*, persona melliza: "Un cuachi de los Pérez fue muy generoso y apadrinó la fiesta".

cuachiquimuli. ■ M. **cuachenche.**

cuaco. ■ M. supran. Caballo.

cuaderno. (Juego de palabras entre cuaderno y cuate). ■ M. fest. Persona con quien se mantiene una relación de amistad cercana; amigo: "Mi cuaderno me llevó a casa después de la fiesta". ■ LOC. **~ doble raya.** LOC. SUST. fest. **cuaderno.**

cuadra. ■ F. **1.** Conjunto de vecinos que habitan en una de las calles que forman una manzana. || **2.** supran. *En una manzana*, distancia que va de una esquina a la siguiente.

cuadrado, da. ■ ADJ. **1.** supran. *Referido a persona*, que es poco flexible para comprender alguna idea: "Ese tipo es muy cuadrado, no lo harás entender". Ú.t.c.sust: "Ese tipo es un cuadrado, no lo harás entender". || **2.** supran. Propio de la persona **cuadrada**: "Ese tipo tiene una mentalidad muy cuadrada, no va a entender".

cuadrangular. ■ M. supran. *En el beisbol*, batazo que lanza la pelota fuera del campo y permite al bateador recorrer todas las bases hasta anotar una carrera; jonrón.

cuajarse. ■ INTR. PRNL. **1.** *En Sonora*, beneficiarse con algo que no se esperaba: "Sofía se cuajó con ese trabajo de secretaria". || **2.** supran. fam. Dormir profundamente: "Rosa se cuajó toda la tarde". ■ LOC. **~ un chorro y dos montones.** LOC. VERB. Dormir profundamente: "Nos subimos al coche y Pepe se cuajó un chorro y dos montones hasta llegar a Acapulco".

cuajilote. ■ M. **1.** supran. Árbol originario de América, de hasta 12 m de altura, monoico; tallos recubiertos de espinas cortas y curvas; hojas verticiladas, divididas de tres a cinco foliolos, elípticos, lustrosos; flores hermafroditas, vistosas, en forma de embudo, de verdosas a blanquecinas, que crecen en el propio tronco o en las ramas; frutos abayados, estriados, de elipsoides a casi cilíndricos, de color pardo verdoso, pulpa carnosa y fibrosa; semillas numerosas, circulares, aplanadas. Familia de las bignoniáceas, *Parmentiera aculeata*. (También se llama guachilote, guajilote). || **2.** supran. Fruto del **cuajilote**; comestible.

cuajinicuil. ■ M. **1.** supran. Árbol originario de Sudamérica, de hasta 25 m de altura; tallos erectos, con ramas de anguladas a cilíndricas, de cafés a cafés amarillentas y cubiertas de pelos cuando jóvenes; hojas alternas, divididas de cuatro a seis pares de foliolos, de ovados a lanceolados o elípticos, densamente peludos en la vena media por ambas caras; flores hermafroditas, llamativas, blancas, ligeramente vellosas, con estambres numerosos, dispuestas en espigas axilares; frutos en vainas cilíndricas, ferrugíneos pubescentes, surcados; semillas elipsoides, cubiertas por un arilo carnoso y comestible de color blanco; uso como sombra en plantíos de cafetales. Familia de las leguminosas, *Inga edulis*. (También se llama guajinicuil, jinicuil). || **2.** supran. Semilla del **cuajinicuil**; comestible.

cuajiote. ■ M. **1.** supran. Grupo de diferentes especies de árboles o arbustos resinosos originarios de América, de hasta 10 m de altura, dioicos; tallos con corteza de color rojo oscuro a amarillento o grisáceo, secretan resina muy aromática al quebrar o lastimar el tronco; hojas alternas, divididas en numerosos foliolos, de ovados a elípticos, con margen aserrado; flores unisexuales, diminutas, blanquecinas: las masculinas agrupadas en grandes panículas, las femeninas en cortos racimos; frutos drupáceos, pequeños, globosos y aromáticos; semilla única, elipsoide, de rojiza a negra. Familia de las burseráceas, varias especies del género *Bursera*, como *Bursera cuneata, Bursera fagaroides, Bursera glabrifolia*. (También se llama copal, guajiote, inamé, inanué, lináloe, yaguela). || **2.** supran. Individuo del **cuajiote**. || **3.** supran. Resina aromática que se obtiene de los individuos del **cuajiote**; uso ceremonial y en la medicina tradicional.

cualquierear. ■ TR. despect. Menospreciar a alguien: "Armando cualquierea a su ayudante en cada sesión". Ú.m.c.prnl.: "Armando se cualquierea a su ayudante en cada sesión".

cuanabichi. ■ M. *En Oaxaca*, árbol originario de Centroamérica, de hasta 8 m de altura, monoico; tallos cortos con ramas patentes; hojas opuestas, simples, obovadas, ápice redondeado, a veces mucronulado, base atenuada, con márgenes crenado-serrados, subcoriáceas glabrescentes; flores hermafroditas, pequeñas, verdes amarillentas o blancas verdosas, puberulentas, anteras anaranjadas, agrupadas en panículas; frutos capsulares, péndulos, emarginados en el ápice; semillas con un ala basal. Familia de las celastráceas, *Semialarium mexicanum*. (También se llama ixcate, matapiojo).

cuando. ■ EXPR. **~ te toca, te toca.** Se usa para decirle a alguien que no puede cambiar su destino; de que te toca, te toca: "¡Gané la lotería!, de veras, cuando te toca, te toca". ▷ **~ no es Juana, es Chana. 1.** Se usa para indicar que, apenas acaba un problema, surge otro: "—Apenas me alivié de la tos y ya tengo gripe. —Cuando no es Juana, es Chana". || **2.** Se usa para indicar que alguien siempre tiene una excusa: "—Antier no llegaste por la lluvia y ayer por el tráfico, cuando no es Juana, es Chana".

cuándo. ■ EXPR. **¡~ no!** supran. Se usa para indicar que el hecho o situación a que se hace referencia es habitual: "—Salvador se llevó el coche sin permiso. —¡Cuándo no!".

cuanto. ■ LOC. **por ~ hace a.** LOC. PREP. fam. En lo referido a; en cuanto a: "Por cuanto hace a la deforestación, se ha incrementado una fuerte campaña para combatirla".

cuánto. ■ LOC. **de a ~.** LOC. ADV. **de a cómo.** ▷ **en ~.** LOC. ADV. En qué precio: "¿En cuánto los zapatos rojos?".

cuapopolchi. ■ M. Hierba originaria de México y Centroamérica, de hasta 70 cm de longitud; tallos muy ramificados, cilíndricos, glabros o puberulentos en dos líneas longitudinales; hojas simples, opuestas, de lanceoladas a angostamente ovadas, puntiagudas, con margen aserrado; flores hermafroditas, diminutas, tubulares, blancas con tintes rojizos, cubiertas de abundantes pelos, dispuestas en cabezuelas de tres o cuatro flores; frutos aquénicos prismáticos, diminutos, con cuatro costillas, glabros; uso ornamental y en la medicina tradicional. Familia de las compuestas, *Piqueria trinervia*. (También se llama alta reina, hierba de san Nicolás, hierba del perro, hierba del tabardillo, hierba del zopilote, yoloxiltic).

cuarentena. ■ F. supran. Periodo que transcurre desde el parto hasta que la mujer vuelve al estado ordinario anterior a la gestación.

cuarta. ■ F. supran. Látigo corto para las caballerías.

cuartazo. ■ M. **1.** Caída violenta. || **2.** supran. Golpe dado con la cuarta.

cuartear. ■ TR. **1.** Dar azotes con la cuarta: "Todo el camino cuarteamos al caballo para que avanzara rápido".

cuartearse. ■ INTR. PRNL. **2.** Acobardarse: "No se cuartee, soldado, sea fuerte".

cuartería. ■ F. supran. *En el Sureste*, serie de cuartos pegados, con puerta directa a la calle y no comunicados entre sí.

cuarterón. ■ M. Unidad para medir peso, cuya equivalencia varía de una región a otra.
cuartilla. ■ F. Moneda antigua de plata que solía valer la cuarta parte de un real o tres centavos de peso y un octavo durante el reinado de Carlos IV.
cuartillo. ■ M. Unidad para medir volumen o peso, cuya equivalencia varía de una región a otra.
cuarto. ■ M. **1.** Cada una de las luces preventivas del coche. || **2.** Látigo corto para las caballerías. ■ LOC. **al ~ para las doce.** LOC. ADV. coloq. En el último momento: "Me lo dices al cuarto para las doce, ya ni la chingas". ▷ **~ oscuro.** LOC. SUST. *En un centro nocturno*, espacio privado y poco iluminado donde los asistentes pueden tener intimidad: "Contamos con un cuarto oscuro, pásele".
cuatachismo. ■ M. Nepotismo.
cuatacho, cha. ■ M. y F. supran. Persona con quien se mantiene una relación de amistad muy cercana; amigo: "Mi cuatacho me contó sus problemas".
cuate, ta. ■ ADJ. **1.** *Referido a persona*, melliza: "Tengo un hermano cuate que vive en Ciudad de México". Ú.t.c.sust.: "Mi cuate vive en Ciudad de México". || **2.** supran. Idéntico: "Tengo un abanico cuate del tuyo". || **3.** supran. *Referido a persona*, con la que se mantiene una relación de amistad; amigo: "Laura y Rosa son muy cuatas desde la primaria". Ú.t.c.sust.: "Estas cuatas se conocen desde la primaria". ■ M. y F. **4.** Persona indeterminada: "Llegó un cuate y me pidió dinero para su pasaje". || **5.** Par de otra cosa: "No encuentro el cuate de este calcetín". || **6.** Fórmula de tratamiento para dirigirse a una persona conocida: "¡Cuate!, ¿trajiste el refresco?".
cuates. ■ M. PL. **7.** fest. Testículos. ■ EXPR. **cuates mis huevos y no se hablan.** malson. Se emplea para negar o ironizar una supuesta relación de amistad entre dos personas que busca conceder un favor: "Quería mil pesos porque éramos cuates, pero cuates mis huevos y no se hablan".
cuatecomate. ■ M. **1.** Grupo de árboles originarios de América, de hasta 15 m de altura, monoicos; tallos con largas ramas extendidas e irregulares; hojas alternas, enteras o divididas, espatuladas, lustrosas; flores hermafroditas, vistosas, campanulares, amarillas verdosas; frutos capsulares, subglobosos, con pulpa negra, corteza dura, café; semillas numerosas, circulares, aplanadas, cafés. Familia de las bignoniáceas, varias especies del género *Crescentia*, como *Crescentia alata*, *Crescentia cujete*. (También se llama ayale, bule morro, calabazo, coatecomate, cuautecomate, guaje, güiro, huaje, jícara, jícaro, tecomate). || **2.** Individuo del **cuatecomate**. || **3.** Fruto seco de los individuos del **cuatecomate**; uso artesanal. || **4.** Recipiente hecho con el fruto seco de los individuos del **cuatecomate**. || **5.** Vasija hecha con la mitad del fruto seco de los individuos del **cuatecomate**.
cuatezón, na. ■ ADJ. rur. *Referido a un animal*, que carece de cuernos aunque, por su especie, debiera tenerlos: "En el documental aparecía un venado cuatezón".
cuatrapear. ■ TR. **1.** Desconcertar: "Cuatrapeé a Lucía con mi pregunta". || **2.** Colocar algo de manera superficial: "Nada más cuatrapeaste las maderas de la cerca y se cayeron". || **3.** Empalmar algo: "Si cuatrapeas bien los mosaicos, se verán parejitos".
cuatrapearse. ■ INTR. PRNL. **4.** Desconcertarse: "Ya me cuatrapeé, ¿a dónde dices que vamos?". ■ LOC. **~ los cables.** LOC. VERB. Desorientarse momentáneamente: "Se me cuatrapearon los cables y me equivoqué de andén".
cuatrapeo. ■ M. Acción y resultado de cuatrapear o cuatrapearse.
cuatrero, ra. ■ ADJ. **1.** *Referido al español mexicano*, hablado con uso limitado: "Aquellos señores hablaban un español cuatrero". || **2.** *Referido a un mexicano*, que habla náhuatl como primera lengua y tiene un uso limitado del español: "Los muchachos cuatreros están tomando clases en la cooperativa". Ú.t.c. sust.: "Los cuatreros están tomando clases en la cooperativa". || **3.** *Referido a persona*, tosca: "Los personajes que usa el escritor son muy cuatreros". Ú.t.c.sust.: "Los personajes que usa el escritor son unos cuatreros".
cuatrimoto. ■ F. supran. Moto de cuatro ruedas anchas, dos delanteras y dos traseras, para cualquier tipo de terreno.
cuatro. ■ M. **1.** Trampa. || **2.** Disparate. || **3.** supran. Instrumento musical de cuatro cuerdas,

parecido a la guitarra. ■ LOC. ~ **narices.** LOC. SUST. supran. Serpiente originaria de América, de hasta 1.8 m de longitud; con rayas diagonales y diamantes con diferentes tonalidades pardas; venenosa. Familia de los vipéridos del orden Squamata, *Bothrops asper.* (También se llama maguaquite, mahuaquite, mano de metate, nahuyaca, nauyaca, nauyaque, nauyaqui, terciopelo).

cuatromilpas. ■ COM. fest. Persona que usa anteojos; cuatro ojos: "Yo me burlaba de todos los cuatromilpas y ahora tengo que usar lentes como ellos".

cuauhnahuacense. Véase **cuernavaquense.**

cuautecomate. ■ M. **cuatecomate.**

cuautlahuizquílitl. ■ M. **cardo.**

cuaxala. [*kuashála*] ■ F. **cuachala.**

cuba. ■ F. **1.** Cualquier bebida alcohólica mezclada. || **2.** supran. Bebida hecha a base de refresco de cola, ron y jugo de limón agrio.

cubeta. ■ F. **1.** supran. Recipiente de plástico o metal, en forma generalmente cilíndrica, con asa abatible; cubo. || **2.** supran. Conjunto de seis cervezas que se ofrece en **cubeta** con hielo; cubetazo.

cubetada. ■ F. supran. Cantidad que cabe en una cubeta: "Está muy diluido el color, échale otra cubetada de pintura".

cubetazo. ■ M. **1. cubetada.** || **2.** supran. Conjunto de seis cervezas que se ofrecen en una cubeta con hielo; cubeta.

cubículo. ■ M. supran. Oficina o despacho pequeño.

cubilete. ■ M. supran. Pan de dulce en forma de cono truncado, generalmente relleno de queso o crema pastelera.

cubo. ■ M. fam. **cubículo.**

cubrebocas. ■ M. supran. Mascarilla para proteger de agentes patógenos o tóxicos.

cucapá. ■ ADJ. **1.** Perteneciente o relativo al **cucapá**: "Antes las faldas cucapás estaban hechas de corteza de sauce". || **2.** Natural o procedente del grupo étnico **cucapá**: "La mujer cucapá cosió las muñecas de fieltro". ■ M. **3.** Grupo étnico establecido en los estados de Baja California y Sonora. || **4.** Lengua cochimí-yumana del subgrupo lingüístico delta-California. ■ COM. **5.** Persona natural o procedente del grupo étnico **cucapá**: "El cucapá talló los bastones de madera".

cucar. ■ TR. supran. *En el Sureste,* fastidiar, molestar: "No me cuques o ya verás".

cúcara. ■ F. fest. Cucaracha.

cucaracha. ■ F. Broche curvado para sujetar el cabello. ■ LOC. ~ **alemana.** LOC. SUST. **cucaracha rubia.** ▷ ~ **rubia.** LOC. SUST. *En Aguascalientes,* insecto de 1 a 1.5 cm de longitud; con cuerpo deprimido, aplanado, de color rojizo; antenas filiformes; las seis patas casi iguales; abdomen terminado por dos puntas articuladas. Familia de los blatélidos del orden Blattodea, *Blattella germanica.* (También se llama cucaracha alemana, tecuán, tecuejo).

cucarachero. ■ M. **1.** supran. Abundancia de cucarachas. || **2.** supran. Lugar donde abundan las cucarachas.

cuchara. ■ F. **1.** Albañil ayudante de otro de mayor rango. || **2.** Alteración de los resultados de una investigación o una encuesta. || **3.** supran. Herramienta compuesta de una lámina metálica con forma aovada, pero más alargada en uno de sus extremos, y una manija o asa, que usan los albañiles para extender o aplicar la mezcla. || **4.** supran. vulg. Vulva.

cucharear. ■ TR. fam. Alterar el resultado de una investigación o una encuesta: "Cucharearon la encuesta para que saliera ganador el candidato".

cucharilla. ■ F. **1.** Hierba dulceacuícola originaria de México, de hasta 50 cm de altura, monoica; raíces tuberosas, sumergidas; hojas aglomeradas en la base, enteras, emergentes, de forma de punta de flecha; flores unisexuales, vistosas, con tres pétalos de blancos a rosados, agrupadas en racimos con largos pedúnculos; frutos aquénicos, elipsoides, con un pico apical. Familia de las alismatáceas, *Sagittaria macrophylla.* (También se llama flecha de agua, papa de agua). || **2.** Raíz de esta hierba; comestible. || **3.** Planta acuática originaria de Sudamérica, de hasta 30 cm de largo, monoica; tallos reducidos, flotadores fijos al sustrato; hojas arrosetadas, elípticas, de oblatas a casi circulares, los individuos flotantes con peciolos cortos y flotantes; flores hermafroditas, grandes y llamativas, tubulares, pubescentes, de color lila o rara vez blancas, dispuestas en espigas; frutos capsulares, pequeños y elípticos, trígonos; semillas

C

oblongo-elípticas, con tres costillas longitudinales, negruzcas. Familia de las pontederiáceas, *Eichhornia crassipes*. (También se llama flor de agua, jacinto de agua, lirio acuático, lirio de agua, pico de pato, violeta de agua).

cucharita. ■ LOC. **de ~.** LOC. ADV. supran. En pareja y en posición fetal, en la que la parte posterior de uno se acopla a la anterior del otro, mientras se está acostado: "Llevamos muchos años de casados y aún dormimos de cucharita".

cúchila. ■ INTERJ. **¡cúchila(s)!** fam. Se usa para alejar a alguien o algo: "¡Cúchilas! Vete de aquí, ya estoy harto".

cuchilear. ■ TR. **1.** fam. Aconsejar a alguien, generalmente de manera mal intencionada, respecto a un determinado asunto o problema: "Aurora cuchileó a su prima para que le dieran permiso". || **2.** fam. Hostigar: "Mónica cuchilea a las personas hasta obtener lo que quiere". || **3.** fam. Apresurar: "Cuchilea a tu abuelo, la cita es en media hora". || **4.** *En el Sureste*, incitar a alguien a pelear con otra persona: "Bernardo cuchilea a sus cuates en todas las fiestas". || **5.** *En el Sureste*, azuzar a los perros contra una persona o un animal: "Cuchileé a los perros porque escuché un ruido en el patio".

cuchillero, ra. ■ ADJ. supran. *Referido a persona*, pendenciera y diestra en pelear con el cuchillo: "Ese muchacho cuchillero siempre se mete en problemas".

cuchillo. ■ LOC. **cuchillito de palo.** LOC. ADJ. **cuchillo de palo.** ▷ **~ de palo.** LOC. ADJ. *Referido a persona*, insistente hasta la impertinencia: "Eres bien cuchillo de palo, todo el día me estás moliendo".

cuchiplanchar. ■ INTR. fest. Practicar el coito.

cucho, cha. ■ ADJ. **1.** *Referido a algo*, que está mal formado o mal hecho. || **2.** despect. *Referido a alguien*, nacido con malformaciones en la nariz y la boca o en las extremidades. Ú.t.c.sust.

cuchufleta. ■ F. supran. Cosa insignificante o de poca importancia.

cuchumbear. ■ INTR. supran. *En el Sureste*, jugar al cuchumbo: "Mis tíos cuchumbearon con los niños toda la tarde".

cuchumbo. ■ M. **1.** *En el Sureste*, cubilete para echar los dados. || **2.** supran. Juego de dados.

cuclillo. ■ M. Ave migratoria de amplia distribución en México, de hasta 30 cm de longitud; de color grisáceo en la parte superior, blanco en la inferior; plumas timoneras laterales de color negro con la punta blanca; pico amarillo con la punta negra. Familia de los cucúlidos del orden Cuculiformes, *Coccyzus americanus*. (También se llama platero).

cucurucho. ■ M. **1.** Hierba originaria de África, de 1.5 m de altura, monoica; hojas alternas, acorazonadas y largamente pecioladas; flores unisexuales: las flores masculinas y femeninas diminutas, amarillas, agrupadas en una espiga carnosa llamada espádice, que es rodeada por una estructura foliar o espata muy vistosa de color blanco; frutos abayados, de color rojo. Familia de las aráceas, *Zantedeschia aethiopica*. (También se llama alcatraz, capote, cartucho, lampaz). || **2.** Flor del **cucurucho**; uso ornamental.

cucuyuche. ■ M. Ácaro de distribución cosmopolita, de hasta 1 mm de longitud; ectoparásito de las aves que se alimenta de su sangre y es transmisor de enfermedades. Varias especies de las familias de los dermanísidos y de los macronísidos del orden Mesostigmata, como *Dermanyssus gallinae*, *Ornithonyssus sylviarum*.

cuello. ■ LOC. **~ de tortuga.** LOC. SUST. supran. *En una prenda de vestir*, el que es largo, ajustado y que sube hasta doblarse sobre sí mismo. ▷ **~ mao.** LOC. SUST. *En una prenda de vestir*, el que va abierto, no se dobla sobre sí mismo y cubre la garganta.

cuentachiles. ■ ADJ. **1.** *Referido a persona*, que escatima lo que debe dar o da; tacaño: "Martín es muy cuentachiles, nunca me da lo que le pido". ■ COM. **2.** Persona que escatima lo que debe dar o da; tacaño: "Martín es un cuentachiles, nunca me da lo que le pido".

cuentahabiente. ■ COM. supran. Persona que tiene una cuenta bancaria: "Cada vez son más las cuentahabientes madres de familia que tenemos en esta institución".

cuenteada. ■ F. supran. Engaño que se hace con falsas historias.

cuentear. ■ TR. supran. Intentar engañar con historias falsas: "No cuentees a tu tía, que yo vi lo que hacías". Ú.m.c.prnl.: "No te cuentees a tu tía, que yo vi lo que hacías".

cuentere. ■ M. **1.** Arbusto de amplia distribución en México, de hasta 1 m de altura, monoico; tallos muy ramificados, con pubescencia estrellada, diminuta; hojas alternas, romboides, obtusas o agudas, crenadas o dentadas, algo discoloras; flores hermafroditas, de color amarillo, campanuladas, solitarias en las axilas de las hojas, con pubescencia estrellada muy fina; frutos esquizocárpicos, cónicos, glabrescentes, con o sin dos pequeñas espinas apicales, dehiscentes en el ápice entre las espinas; semillas glabras. Familia de las malváceas, *Sida rhombifolia*. (También se llama escobilla, huinar, malvilla, tlalamate). ||**2.** Fibra del **cuentere**; uso industrial. ||**3.** Raíz del **cuentere**; uso en la medicina tradicional.

cuento. ■ LOC. **~ colorado.** LOC. SUST. **chiste colorado.**

cuera. ■ F. *En el Norte*, chaqueta de cuero, adornada en las mangas, con flecos que cuelgan.

cuerazo. ■ M. **1.** fam. Pinchazo que se recibe fuera de una vena. ||**2.** supran. Latigazo o golpe dado con un cinturón.

cuerda. ■ F. Resalte en forma de espiral de un tornillo o de una tuerca.

cuereada. ■ F. supran. fam. Castigo que se le da a alguien, especialmente con azotes o golpes.

cuerear. ■ TR. supran. fam. Castigar a alguien, especialmente con azotes o golpes: "¡Si no me dices la verdad, te cuereo!".

cuerillo. ■ M. Árbol originario de América, de hasta 30 m de altura, monoico; tallos lisos, con pubescencia diminuta; hojas alternas, simples, de elípticas a ovadas, con márgenes enteros, glabras en la madurez, coriáceas; flores hermafroditas, diminutas, con cinco lóbulos, color crema, agrupadas de diez a 15 en cimas axilares; frutos drupáceos, globosos, densamente pubescentes, verdes o pardos amarillentos. Familia de las ulmáceas, *Ampelocera hottlei*. (También se llama aguacatillo, cautivo, luín).

cuerito. ■ M. **1.** Ate de fruta, prensado y enrollado. ||**2.** Piel de puerco en trozos encurtida en vinagre, aceite y especias. Ú.m.e.pl.

cueriza. ■ F. supran. fam. Castigo dado, especialmente, con azotes o golpes.

cuernavaquense. ■ ADJ. **1.** Perteneciente o relativo a la ciudad de Cuernavaca, capital del estado de Morelos: "Las flores cuernavaquenses son las que llegan más frescas al mercado". ||**2.** Natural o procedente de la ciudad de Cuernavaca, capital del estado de Morelos: "Los jóvenes cuernavaquenses llegaron a la final del concurso". ■ COM. **3.** Persona natural o procedente de la ciudad de Cuernavaca, capital del estado de Morelos: "Los cuernavaquenses más listos llegaron a la final del concurso".

cuernavaqueño, ña. ■ ADJ. **1.** Perteneciente o relativo a la ciudad de Cuernavaca, capital del estado de Morelos; cuernavaquense: "Las flores cuernavaqueñas son las que llegan más frescas al mercado". ||**2.** Natural o procedente de la ciudad de Cuernavaca, capital del estado de Morelos; cuernavaquense: "Los jóvenes cuernavaqueños llegaron a la final del concurso". Ú.t.c.sust.: "Los cuernavaqueños llegaron a la final del concurso".

cuernear. ■ TR. supran. Ser alguien infiel a la pareja: "A esa señora la cuernearon con la vecina".

cuernito. ■ M. Trago de licor o aguardiente que se da como prueba.

cuerno. ■ M. **1.** supran. Pan dulce de masa hojaldrada enrollada en forma de media luna o rombo; cruasán. Ú.m.e.dim.

cuernos. ■ M. PL. **2.** Gesto que se hace levantando el meñique y el índice o pulgar mostrando el dorso de la mano. ■ LOC. **de ~.** LOC. ADV. De cabeza: "Tomás se arrojó de cuernos a la alberca". ■ INTERJ. **¡cuernos!** supran. Se usa para acompañar el gesto que se hace levantando el meñique y el índice o pulgar mostrando el dorso de la mano y se usa para negar algo enfáticamente: "¡Cuernos!, yo no voy a esa reunión".

cuernudo, da. ■ ADJ. supran. *Referido a persona*, que es engañada por su pareja; cornudo. Ú.t.c.sust.

cuero. ■ M. **1.** Golpe dado con un látigo o cinturón; cuerazo: "Me dio un cuero que todavía me duele". ||**2.** supran. Látigo o cinturón que se usa para golpear a alguien: "María le dio con el cuero a su hijo porque se portó mal". ||**3.** supran. Persona guapa y atractiva: "Benito está hecho un cuero, cada día me gusta más". ■ LOC. **~ de rana.** LOC. SUST. fest. Dólar.

cuerpo. ■ LOC. **~ de oquis.** LOC. SUST. *En el Norte*, hombre grande y musculoso que se intimida fácilmente.

cuervo. ■ M. **chanate.**

cuesa. ■ F. **cueza.**

cuesco. ■ M. Masa redondeada de mineral de gran tamaño.

cuescomate. ■ M. **coscomate.**

cuete. ■ ADJ. **1.** fam. *Referido a persona*, borracha: "Tu hermana llegó muy cuete de la fiesta". ■ M. **2.** Corte de carne que se saca del muslo de la res. **3.** Dificultad; problema. || **4.** Bala. || **5.** Trenza doblada sobre sí misma y con forma redondeada que se hace a cada lado de la cabeza. || **6.** supran. Cohete. || **7.** supran. Borrachera. || **8.** supran. Pistola o revólver. ■ COM. **9.** Persona borracha: "Tus amigas son puras cuetes".

cuetear. ■ INTR. Disparar con un cuete o pistola.

cuetero, ra. ■ ADJ. **1.** Perteneciente o relativo a los cuetes o juegos pirotécnicos: "Hay un mercado cuetero que está en Tultepec". ■ M. y F. **2.** supran. Persona que se dedica a fabricar o a vender cohetes y juegos pirotécnicos.

cueza. ■ F. *En el Sureste*, **chinchayote.**

cuica. ■ F. Véase **cuico, ca.**

cuicateco, ca. ■ ADJ. **1.** Perteneciente o relativo al **cuicateco**: "En la festividad cuicateca se sirvió mole amarillo". || **2.** Natural o procedente del grupo étnico **cuicateco**: "Los hombre cuicatecos migran para trabajar en las plantaciones de café". Ú.t.c.sust.: "Los cuicatecos migran para trabajar en las plantaciones de café". ■ M. **3.** Grupo étnico establecido en la cañada de Cuicatlán, en el norte del estado de Oaxaca. || **4.** Lengua otomangue del subgrupo lingüístico mixtecano.

cuichpipil. ■ M. *En Veracruz*, árbol originario de América, de hasta 15 m de altura, monoico o dioico; tallos cilíndricos, rectos, con cicatrices dispuestas en espiral, ramas que crecen horizontalmente o ligeramente colgantes, corteza gris, ligeramente fisurada; hojas alternas, simples, oblongo-ovadas, con márgenes serrados; flores unisexuales pequeñas, flores masculinas sésiles, verdes, agrupadas en cimas, flores femeninas pediceladas, verdes, agrupadas en cimas axilares; frutos drupáceos, carnosos, elipsoidales, rojos; semilla única, pequeña, negra; uso como especie maderable e industrial. Familia de las cannabáceas, *Trema micrantha*. (También se llama capulín, equipal, guacimillo, ixpepe, pellejo de vieja, totogapolín, yaco de cuero).

cuico, ca. ■ M. y F. **1.** supran. despect. Miembro del cuerpo de policía. ■ F. **2.** Esfera de vidrio o barro que se usa para jugar; canica. || **3.** despect. Cuerpo de policía.

cuícuiri. ■ EXPR. **pues ~.** fam. Se usa para manifestar indiferencia ante una declaración: "—Martín dijo que no iba a ir a tu cumpleaños —¡Pues cuícuiri!".

cuidacoches. ■ COM. supran. Persona que vigila automóviles estacionados en la vía pública y que recibe una propina por ello: "La cuidacoches de la esquina es muy lista y saca un buen dinero cada semana".

cuidar. ■ LOC. **~ las espaldas.** LOC. VERB. Resguardar o proteger de riesgos a alguien; cubrir las espaldas: "Seguridad privada le cuidó las espaldas al jefe durante las protestas".

cuija. ■ F. **1.** Ouija. || **2.** supran. despect. Mujer flaca y fea. || **3.** supran. Cactus originario de México, de hasta 1 m de altura, monoico; tallos ramificados, con artículos o segmentos de elipsoides a subcirculares, espinas en grupos de cuatro, amarillentas; flores hermafroditas, con numerosos tépalos amarillos verdosos y con tonos rojizos, con estambres numerosos de color amarillo; frutos abayados, subglobosos, púrpuras y cubiertos de pelos finos o aguates amarillos; semillas numerosas, subglobosas. Familia de las cactáceas, *Opuntia engelmannii*. || **4.** supran. *En el Norte*, lagartija originaria de América, de hasta 10 cm de longitud; con terminación digital en dos lamelas, abruptamente agrandadas en forma de discos u hojas; cola relativamente corta, no más larga que el resto del cuerpo; tanto la cabeza como el resto del dorso están cubiertos por tubérculos quillados esparcidos y separados por escamas granulares; pupilas verticales; color de fondo de café claro a café oscuro, con muchos puntos y manchas oscuras; región ventral de color amarillento o blanco; nocturna, trepadora; a menudo se alimenta de insectos; habita en regiones cálidas. Familia de los filodactílidos del orden Squamata, varios géneros y especies, como *Phyllodactylus lanei*,

Lepidodactylus lugubris, Phyllodactylus tuberculosus. (También se llama besucona, gecko, geco, salamanquesa).

cuije. ■ M. **1.** fam. Muchacho joven que trabaja como ayudante. || **2.** supran. Ave originaria de América, de hasta 40 cm de longitud; con cuerpo pequeño y compacto; de color gris con manto finamente rayado; rabadilla blanca; ojos cafés oscuros; la membrana que rodea la base del pico y las patas es amarilla. Familia de los accipítridos del orden Accipitriformes, *Buteo nitidus.* (También se llama gavilán).

cuijinicuil. ■ M. **cuajinicuil.**

cuilta. ■ F. **1.** *En el Noroeste,* cobertor relleno de plumón o algodón; edredón. || **2.** *En el Noroeste,* pieza de tela gruesa, grande y rectangular que se usa para abrigarse al dormir; cobija.

cuina. ■ F. Véase **cuino, na.**

cuino, na. ■ M. y F. **1.** Cerdo. || **2.** fam.Persona muy gruesa. ■ F. **3.** supran. *En la baraja francesa,* carta marcada con la letra Q y que corresponde a la reina.

cuitlacoche. ■ M. supran. Hongo parásito microscópico de las plantas del maíz, que afecta a toda la planta, pero principalmente a las inflorescencias o las mazorcas; infecta los tejidos de la planta, al madurar genera deformaciones a manera de agallas abultadas, de color grisáceo a negro al madurar y de textura esponjosa, las esporas se encuentran adentro de esta agalla; comestible. Orden de los ustilaginales, *Ustilago maydis.* (También se llama carbón, huiclacoche, huitlacoche).

cuitón. ■ M. *En la Huasteca,* tamal que se prepara con masa de maíz mezclada con frijol tierno y cocido al vapor; tamal cuitón.

cuiyul. ■ M. **1.** Grupo de diferentes especies de hierbas originarias de América, de hasta 20 cm de altura, monoicas; bulbos o bulbillos subterráneos; hojas alternas, divididas en tres o más foliolos de forma acorazonada o aovada; flores hermafroditas, con cinco pétalos de color rosado, amarillo o morado, agrupadas en umbelas sobre un eje más largo que las hojas; frutos capsulares, cilíndricos, pequeños, de color café; semillas diminutas, ovoides. Familia de las oxalidáceas, varias especies del género *Oxalis,* como *Oxalis corniculata, Oxalis divergens, Oxalis tetraphylla.* (También se llama agrito, trébol de cuatro hojas). || **2.** Individuo del **cuiyul**. || **3.** Hoja de los individuos del **cuiyul**; comestible.

cuja. ■ F. *En Quintana Roo,* funda en que se guardan los discos.

culantrillo. ■ M. **1.** supran. Helecho originario de América, de hasta 70 cm de altura; tallos rizomatosos y carnosos; hojas con ejes negros brillantes, divididas en numerosos foliolos en forma de abanico de 1 cm de longitud; las estructuras reproductivas o soros surgen en el envés de los foliolos. Familia de las pteridáceas, varias especies del género *Adiantum,* como *Adiantum capillus-veneris.* || **2.** supran. Hoja del **culantrillo**; uso en la medicina tradicional.

culantro. (Juego de palabras entre culantro y culo). ■ M. supran. malson. Conjunto de las dos nalgas.

culateada. ■ F. supran. Golpiza dada con la culata de un fusil.

culatear. ■ TR. supran. Golpear con la culata de un fusil: "El hombre culateó la puerta para abrirla".

culeada. ■ F. malson. Acción y resultado de culear o culearse.

culear. ■ INTR. **1.** supran. malson. Practicar el coito.

culearse. ■ TR. PRNL. **2.** malson. Sodomizar un hombre a una persona. ■ INTR. PRNL. **3.** malson. Arrepentirse una persona después de haber aceptado un trato o encomienda: "Reynaldo se culeó cuando supo de los riesgos".

culebra. ■ ADJ. (Juego de palabras entre culebra y culero). **1.** eufem. Peligroso y violento; culero: "Mi barrio se pone muy culebra en las noches". || **2.** eufem. Feo; culero: "El regalo que me trajo está bien culebra". || **3.** eufem. *Referido a persona,* cobarde; culero: "Eres bien culebra, te fuiste cuando empezó la pelea". || **4.** eufem. *Referido a persona,* traidora; culero: "Esa mujer culebra nos delató con el vigilante". || **5.** eufem. *Referido a persona,* desconsiderada; culero: "El vecino es muy culebra, no me quiso hacer un favor". ■ F. **6.** Tramo horizontal de la tubería de drenaje. ■ COM. (Juego de palabras entre culebra y culero). **7.** eufem. Persona cobarde; culero: "El culebra de Francisco se fue cuando empezó la pelea". || **8.** eufem. Persona traidora; culero: "Tu amiga, la culebra, nos delató a todos". || **9.** eufem. Persona desconsiderada; culero: "El vecino es un culebra, no me quiso hacer un favor". ■ LOC. **~ azul.** LOC. SUST. **culebra negra.** ▷ **~ chirriadora.** LOC. SUST. Serpiente originaria del sur de México, de hasta 1 m de longitud; de coloración pardo ocre en la región dorsal, con varias manchas más oscuras y muy irregulares; vientre de color blanco amarillento. Familia de los colúbridos del orden Squamata, *Coluber mentovarius*. (También se llama alicate, chicotera, chirrionera, sabanera). ▷ **~ de agua.** LOC. SUST. Columna de este líquido que se eleva desde el mar por efecto del viento. ▷ **~ lira.** LOC. SUST. Serpiente originaria de América, de hasta 1 m de longitud; dorso pardo claro, con varias manchas oscuras o rojizas con forma de silla de montar y centros claros; vientre amarillo claro; carnívora. Familia de los colúbridos del orden Squamata, *Trimorphodon bisculatus*. (También se llama culebra lira cabeza negra, ilamacoa de noche). ▷ **~ lira cabeza negra.** LOC. SUST. **culebra lira.** ▷ **~ listonada.** LOC. SUST. Serpiente de amplia distribución en el este de América del Norte, de hasta 1.3 m de longitud; con cabeza y región dorsal en tonos cafés negruzcos o tonos oliváceos; labios superiores en tonos blanquecinos, con tres bandas en tonos más claros a los costados; región ventral en tonos verdes pálidos; cuerpo esbelto; cola larga, de aproximadamente un tercio de su longitud. Familia de los natricinos del orden Squamata, *Thamnophis proximus*. (También se llama sabanera). ▷ **~ negra.** LOC. SUST. Serpiente de amplia distribución en México, de hasta 2.5 m de longitud; de coloración café a olivácea, en tonos más oscuros hacia la cola, su vientre en tonos más claros, de distintos colores dependiendo de las subespecies; con tres rayas oscuras alrededor de los ojos, una mancha oscura vertical justo detrás de la mandíbula y una fuerte barra diagonal oscura a ambos lados del cuello; con escamas suaves y brillantes. Familia de los colúbridos del orden Squamata, *Drymarchon melanurus*. (También se llama arroyera de cola negra, culebra azul, culebra prieta, palancacoate, rabo negro, sabanera, tilcoate). ▷ **~ prieta.** LOC. SUST. **culebra negra.** ▷ **~ sorda.** LOC. SUST. **cincuate.**

culebrear. ■ INTR. **1.** supran. Mantenerse alguien indeciso por conveniencia: "No te fíes de Úrsula, siempre culebrea a la hora de tomar decisiones". Ú.m.c.prnl.: "No te fíes de Úrsula, siempre se culebrea a la hora de tomar decisiones".

culebrearse. ■ INTR. PRNL. (Juego de palabras entre culebrearse y culearse). **2.** eufem. Arrepentirse de un compromiso, después de haber aceptado; culearse: "Joaquín se culebreó y nos dejó tirado el trabajo".

culeco, ca. ■ ADJ. supran. *Referido a persona*, que se siente muy orgullosa de algo o de alguien, especialmente los padres de sus hijos y los abuelos de sus nietos: "Arturo está todo culeco porque su hijo se graduó".

culequear. ■ INTR. supran. Empollar los huevos un ave.

culero, ra. ■ ADJ. **1.** malson. Peligroso y violento: "Mi barrio se pone muy culero en las noches". || **2.** malson. Feo: "El regalo que me trajo está bien culero". || **3.** malson. *Referido a persona*, cobarde: "Eres bien culero, te fuiste cuando empezó la pelea". Ú.t.c.sust.: "El culero se fue cuando empezó la pelea". || **4.** malson. *Referido a persona*, traidora: "Esa mujer culera nos delató con la policía". Ú.t.c.sust.: "La culera nos delató a todos". || **5.** malson. *Referido a persona*, desconsiderada: "Ese vecino es muy culero, no me quiso hacer un favor". Ú.t.c.sust.: "El culero no me quiso hacer un favor". || **6.** malson. Propio de la persona **culera**: "Tu actitud culera es insoportable".

culiacanense. ■ ADJ. **1.** Perteneciente o relativo a la ciudad de Culiacán, capital del estado de Sinaloa: "La cocina culiacanense emplea mucho el camarón". || **2.** Natural o procedente de la ciudad de Culiacán, capital del estado de Sinaloa: "Tu prima culiacanense está muy guapetona". ■ COM. **3.** Persona natural o procedente de la ciudad de Culiacán, capital del estado de Sinaloa: "La culiacanense está muy guapetona".

culiche. Véase **culiacanense.**

culichi. Véase **culiacanense.**

culiflojo, ja. Véase **culipronto, ta.**

culipandearse. (Juego de palabras entre culearse y pandearse). ■ INTR. PRNL. supran. malson. Arrepentirse una persona después de haber aceptado un trato o encomienda; culearse o culebrearse: “Al enterarse de las condiciones de trabajo, Manuel se culipandeó”.

culipronta. ■ F. Véase **culipronto, ta.**

culipronto, ta. (Juego de palabras entre culo y pronto). ■ ADJ. **1.** malson. *Referido a persona*, que busca o cede fácilmente a relaciones sexuales con distintas personas; promiscuo. Ú.t.c.sust. || **2.** supran. malson. *Referido a persona*, apresurada: “Juana es muy culipronta cuando toma decisiones”. Ú.t.c.sust.: “Juana es una culipronta cuando toma decisiones”. ■ F. **3.** malson. Prostituta.

culo. ■ ADJ. **1.** malson. *Referido a persona*, cobarde: “Mi compañera del salón es muy culo, nunca se atreve a hablar en público”. ■ M. **2.** malson. Persona cobarde: “Mi compañera del salón es un culo, nunca se atreve a hablar en público”. ■ LOC. **~ apretado.** LOC. SUST. supran. malson. Persona arrogante y presuntuosa: “Sofía es una culo apretado, no te va a hacer caso”. ▶ **del ~.** LOC. ADJ. **de la chingada.**

cultivarse. ■ TR. PRNL. *En Yucatán*, adular excesivamente a alguien para después burlarse de manera dolosa: “Federico se cultivó a sus amigos”.

cumbancha. ■ F. supran. *En el Sureste*, juerga.

cumbianchero, ra. ■ ADJ. **1.** supran. Perteneciente o relativo a la cumbia: “Todos los días toca con su grupo cumbianchero”. || **2.** supran. *Referido a persona*, aficionada a bailar o tocar cumbia: “Soy muy cumbianchera”. Ú.t.c.sust.: “Los buenos cumbiancheros se juntan en ese lugar”.

cumplis. ■ COM. *En Chiapas*, cómplice: “Necesito una cumplis muy organizada para planear la fiesta sorpresa”.

cundemba. ■ M. Árbol pequeño o arbusto de amplia distribución en el este de México, de hasta 15 m de altura; tallos grises, huecos, con lenticelas conspicuas; hojas opuestas, compuestas de cinco a 11 foliolos de elípticos a lanceolados, glabros o diminutamente puberulentos sobre el nervio principal en el envés, con márgenes enteros; flores hermafroditas, pequeñas, con cinco pétalos extendidos de color blanco, muy fragantes, dispuestas en corimbos compuestos, muy densos; frutos en bayas, globosas u ovoides, diminutas, negras purpúreas, comestibles, uso en la medicina tradicional; de tres a cinco semillas por fruto; flores, uso como saborizante y en la medicina tradicional. Familia de las caprifoliáceas, *Sambucus canadensis*. (También se llama cundumbo, saúco).

cundina. ■ F. **1.** *En el Norte*, sistema grupal de ahorro que consiste en la aportación periódica de una determinada cantidad de dinero a un encargado; una vez que se ha recaudado la cantidad total correspondiente al periodo, se entrega conforme al orden de una lista de los participantes, previamente establecido; tanda. || **2.** *En el Norte*, cantidad de dinero que se entrega en la **cundina**; tanda. || **3.** *En Jalisco*, carrera entre dos o más caballos.

cundumbo. ■ M. **cundemba.**

cunero. ■ M. supran. *En una clínica o en un hospital*, lugar donde se atiende y cuida a los recién nacidos.

cuña. ■ F. *En política*, infiltrado en otro equipo de trabajo.

cuñado. ■ M. supran. Fórmula de tratamiento para dirigirse a un amigo hombre: “Cuñado, vamos por unos tacos”.

cupo. ■ M. **1.** jerg. Cárcel. || **2.** supran. Espacio que tiene algo para contener otra cosa.

cuquear. ■ TR. **cucar.**

cura. ■ ADJ. supran. *En el Norte*, gracioso; chistoso: “La película que vimos está muy cura, nos hizo reír mucho”.

curado, da. ■ ADJ. **1.** *En el Norte*, gracioso; chistoso: “Qué chiste tan curado”. || **2.** *En el Norte*, agradable: “Qué carro tan curado”. ■ M. **3.** Pulque preparado con jugo de fruta y algún endulzante.

curar. ■ TR. **1.** Mezclar con jugo de fruta de temporada el pulque, para después colarlo y obtener una consistencia menos espesa y con mayor sabor: “Los productores curaron el pulque para venderlo en la feria”. || **2.** Hacer un trabajo de brujería para retener los afectos de alguien; amarrar: “Ya te curaron a tu hijo, por eso no hace caso a los consejos”.

curársela. ■ INTR. PRNL. **3.** Aliviarse el malestar de la embriaguez: “Me la curé con un tequila”. || **4.** Divertirse: “Nos la curamos en el antro, ¿no?”.

curiosidad. ■ F. supran. Artículo que suele venderse como *souvenir*.

curioso, sa. ■ ADJ. **1.** fam. *Referido a algo*, cursi: "Me regalaron una taza muy curiosa". Ú.m.e.dim.: "Me regalaron una taza muy curiosita". || **2.** eufem. *Referido a alguien*, feo: "El bebé de mi vecina está muy curioso". Ú.m.e.dim.: "El bebé de mi vecina está muy curiosito".

curita. (De Curitas®). ■ AMB. supran. Apósito adhesivo en forma de pequeña tira, con una almohadilla con antiséptico en el centro para cubrir heridas pequeñas: "Me puse una curita en la herida de mi pie".

currutaco, ca. ■ ADJ. supran. despect. *Referido a alguien*, que tiene poca altura y es generalmente grueso: "Tu pretendiente currutaco es buena gente, dale una oportunidad". Ú.t.c.sust.: "El currutaco se ve buena gente, dale una oportunidad".

cursear. ■ INTR. supran. fam. Tener diarrea.

cursera. ■ F. supran. fam. Diarrea.

cursiento, ta. ■ ADJ. supran. fam. *Referido a alguien*, que tiene diarrea.

curul. ■ M. **1.** supran. Puesto de un legislador en su Cámara. ■ F. **2.** supran. Silla que ocupa un legislador.

cusco, ca. ■ ADJ. **cuzco, ca.**

cuscús. ■ M. coloq. Miedo.

cusicuz. ■ M. fam. Caricia.

cutzis. ■ M. supran. Orquídea originaria de América, de hasta 1 m de altura, monoica; raíces un tanto carnosas, sin bulbos; tallos pilosos; hojas alternas, enteras, de ovado-lanceoladas a orbiculares; flores hermafroditas, vistosas, tubulares, de anaranjadas a rojas y rodeadas por brácteas de amarillas a anaranjadas, agrupadas en espigas; frutos capsulares, elipsoides y cafés; semillas diminutas. Familia de las orquidáceas, *Dichromanthus aurantiacus*.

cuyo. ■ M. supran. Conejillo de Indias.

cuzco, ca. ■ ADJ. supran. *Referido a persona*, coqueta. Ú.t.c.sust.

cuzquear. ■ INTR. supran. Coquetear: "Cuzquea mucho".

D

dado, da. ■ ADJ. *Referido a alguien*, musculoso: "Es común ver a chavos bien dados en los gimnasios". ■ LOC. **~ a la chingada.** LOC. ADJ. malson. En muy malas condiciones: "El sillón de la sala ya está dado a la chingada". ▶ **~ a la fregada.** LOC. ADJ. **dado a la chingada.** ▶ **~ a la madre.** LOC. ADJ. **dado a la chingada.** ▶ **~ a la tristeza.** LOC. ADJ. eufem. **dado a la chingada.** ▶ **~ al catre.** LOC. ADJ. eufem. **dado a la chingada.** ▶ **~ al diablo.** LOC. ADJ. eufem. **dado a la chingada.** ▶ **~ al queso.** LOC. ADJ. eufem. **dado a la chingada.** ▶ **dado cargado.** LOC. SUST. supran. El que está trucado para que una de las caras pese más: "Tres veces seguidas te ha salido cinco, sospecho que tienes dado cargado". ▶ **dados cargados.** LOC. SUST. Infracción maliciosa a las reglas: "Hubo dados cargados en la asamblea". ■ EXPR. **dadas, hasta las puñaladas.** fam. Se usa para indicar que algo, si es regalado, es bienvenido: "No me gustó el suéter que me dieron, pero dadas, hasta las puñaladas". ▶ **dadas, ni las puñaladas duelen.** fam. **dadas, hasta las puñaladas.**

daga. ■ F. **1.** rur. Especie de remolino, semejante a una pluma, que se forma en la base del cuello de un caballo, cerca del nacimiento de la crin. || **2.** *En Colima*, travesura. || **3.** supran. vulg. Pene.

dala. ■ F. *En la construcción*, viga de concreto para reforzar una pared o un muro.

dama. ■ LOC. **~ de compañía.** LOC. SUST. **dama de noche.** ▶ **~ de noche.** LOC. SUST. supran. fam. Prostituta.

damajagua. ■ F. supran. Árbol originario de América, de hasta 25 m de altura, monoico; troncos rectos, con corteza fisurada, de color blanquecino; hojas alternas, simples, con forma acorazonada, ovado-cordadas, verdes en el haz y pálidas en el envés, con bordes de enteros a ligeramente aserrados, tomentosas; flores hermafroditas, vistosas, de color rojo a anaranjado, más oscuras en el centro, solitarias, terminales o axilares; frutos capsulares, ovoides, de color café amarillento, densamente pubescentes; semillas numerosas, pubescentes; troncos, uso artesanal e industrial; cortezas, flores, hojas y raíces, uso en la medicina tradicional. Familia de las malváceas, *Hibiscus elatus*. (También se llama holó, majagua).

damasana. ■ F. supran. Recipiente de barro cocido o de vidrio, de cuerpo redondo y voluminoso, de cuello corto, que sirve para contener líquidos; damajuana.

damiana. ■ F. **1.** Arbusto originario de América, de hasta 35 cm de altura, monoico; tallos cilíndricos, de glabros a puberulentos; hojas simples, alternas, de lineares a estrechamente oblanceoladas o de cilíndricas a algo aplanadas, suculentas, con glándulas de aceite en los márgenes; flores pequeñas, tubulares, amarillas o verdosas, las del centro hermafroditas, de ocho a 13 femeninas en la periferia, con forma de pétalo, flores dispuestas en cabezuelas terminales; frutos aquénicos, de cilíndricos a fusiformes, cubiertos por pelos rígidos y con un mechón de cerdas en el ápice; uso en la medicina tradicional. Familia de las compuestas, *Chrysactinia mexicana*. (También se llama garañona, hierba de san Nicolás, yeyepaxtle). || **2.** Hierba o arbusto originario de América, de hasta 1.5 m de altura, monoico; tallos muy ramificados, pilosos; hojas alternas, enteras, de ovadas a elípticas, pilosas, margen serrado con pequeñas glándulas; flores hermafroditas, pequeñas, campanuladas, amarillas, solitarias y dispuestas en las axilas de las hojas; frutos capsulares, ovoides, pequeños y tuberculados, cafés; semillas numerosas, diminutas, cafés o negras. Familia de las pasifloráceas, *Turnera diffusa*. || **3.** Hoja de esta hierba de la familia de las pasifloráceas; uso en licorería y en la medicina tradicional. || **4.** Hierba o arbusto originario de América, de hasta 60 cm de altura, monoico; tallos simples o ramificados, erectos, delgados, cenicientos por la presencia de pelos estrellados, densos; hojas alternas, simples, lanceoladas u oblanceoladas, tomentosas por ambas caras, lo que les da una apariencia blanquecina o grisácea; flores de cinco pétalos amarillos, dispuestas en cimas o racimos terminales, en glomérulos solitarios; frutos capsulares, redondeados y lisos, de apertura en tres valvas, los de las flores cleistógamas ligeramente más pequeños. Familia de las cistáceas, *Helianthemum glomeratum*. (También se llama cenicillo amarillo, cilantrillo del monte, flor del golpe, hierba de la gallina, juanita).

danés. ■ M. **1.** Pan dulce de masa suave, generalmente enrollado, con nueces, pasas y mermelada. || **2.** Golosina elaborada con nuez y dátil.

danto. ■ M. **1.** *En Durango*, especie de chirrido débil que emite el alacrán para llamar a la hembra durante la época de celo. || **2.** supran. Mamífero originario de América, de hasta 2 m de longitud; corpulento; con pelaje corto y grueso, de color café oscuro a negro en la mayor parte del cuerpo, en tonos grisáceos en el pecho, la garganta y las puntas de las orejas; cabeza grande y cuello delgado, con una nariz larga que se curva hacia abajo sobre la boca a manera de trompa; orejas cortas, redondas, con la orilla blanca; patas cortas con cuatro dedos en las extremidades anteriores y tres en las posteriores; cola corta y tiesa; herbívoro; comestible. Familia de los tapíridos del orden Perissodactyla, *Tapirus bairdii*. (También se llama ante, anteburro, tapir).

danza. ■ LOC. **~ de moros y cristianos.** LOC. SUST. supran. La de Conquista, que consiste en una representación popular de dos grupos antagónicos de danzantes, de ordinario, vistosamente ataviados; por lo general, uno, el de los moros, representa a los indígenas, y otro, el de los cristianos, representa a los colonizadores españoles.

danzante. ■ COM. Persona que participa en los bailes de fiestas regionales con vestimenta tradicional: "La danzante más veterana recibió un reconocimiento".

danzar. ■ INTR. coloq. Ir de un lugar a otro repetidamente: "Toda la semana dancé del hospital a la casa".

dañado, da. ■ ADJ. **1.** supran. *Referido a persona*, con trastornos mentales: "Ese hombre dañado atravesó la calle sin fijarse". Ú.t.c. sust.: "Ese dañado atravesó la calle sin fijarse". || **2.** supran. Propio de la persona **dañada**: "Su personalidad dañada me preocupa".

dañar. ■ TR. **1.** supran. Hacer un maleficio a alguien: "Dañaron a Juan con unas hierbas".

dañarse. ■ INTR. PRNL. **2.** fam. *En Guerrero*, enfermarse de diarrea los niños pequeños: "Mis sobrinos se dañaron con la comida que les dieron".

dañero, ra. ■ ADJ. rur. *Referido a un animal*, dañino: "La tuza, el tlacuache y el jabalí son dañeros para los sembradíos".

dañisto, ta. ■ ADJ. *En el Noroeste, referido a persona*, que gusta de molestar a los demás y causarles daño: "Esa mujer dañista siempre altera a Inés". Ú.t.c.sust.: "Esa dañista siempre altera a Inés".

daño. ■ M. **1.** fam. *En Guerrero*, diarrea en niños pequeños. || **2.** supran. pop. Maleficio.

dar. ■ LOC. **~ agua.** LOC. VERB. fam. Asesinar. ▷ **~ aire.** LOC. VERB. **1.** fam. Despedir a alguien de un trabajo: "A Lucía le dieron aire por perder papeles de la oficina". || **2.** fam.

Concluir una relación amorosa con alguien: "Le dio aire al novio antes de Navidad". || **3.** fam. No considerar a alguien para algo: "A mi tío le dimos aire en las fiestas decembrinas". ▶ **~ atole con el dedo.** LOC. VERB. supran. Engañar a alguien con falsas promesas: "No te van a ascender, nomás te están dando atole con el dedo". ▶ **~ (un) baile.** LOC. VERB. **1.** Sacar provecho de alguien con astucia o abuso: "El mesero me dio un baile con el cambio". || **2.** supran. Derrotar contundentemente al adversario: "Hubieras visto cómo le dieron baile al América". ▶ **~ baje.** LOC. VERB. **1.** Quitar o robar algo a alguien: "A Luis le dieron baje con su reloj en el metro". || **2.** supran. Deshacerse de alguien o de algo: "Le di baje a las tazas porque ya estaban despostilladas". || **3.** Relegar a alguien del puesto que ocupa: "Al actor le dieron baje con el papel principal". ▶ **~ batería.** LOC. VERB. **1.** supran. Enfrentar con vehemencia: "Ese contrincante le dio batería a Pedro". || **2.** supran. Incitar a alguien a hacer algo para lo que tiene predisposición: "Si ya sabes que al abuelo le gusta contar historias, ¿para qué le das batería?". || **3.** supran. vulg. Responder satisfactoriamente una persona a las necesidades sexuales de otra. ▶ **~ bola.** LOC. VERB. **1.** Dar lustre al calzado: "Tengo una fiesta mañana, ya le di bola a mis botas". || **2.** Hacer algo de manera eficaz: "El delantero dio bola en su partido de presentación". ▶ **~ cachucha.** LOC. VERB. vulg. Poseer sexualmente a alguien. ▶ **~ calambres.** LOC. VERB. **1.** Ser algo de muy mala calidad: "Esa blusa me da calambres, nunca me la compraría". || **2.** Causar enojo a alguien: "Marcos nada más te da calambres, no le hagas caso". ▶ **~ calor.** LOC. VERB. **1.** fam. Reprender a alguien: "Como me vuelva a apagar el celular, le doy calor". || **2.** fam. Golpear a alguien: "No me contestes así, que yo sí te doy calor". || **3.** vulg. Poseer sexualmente a alguien. ▶ **~ carrilla.** LOC. VERB. Insistir: "Mi mujer me dio carrilla hasta que saqué la basura". ▶ **~ (el) charolazo.** LOC. VERB. **1.** Reflejar la superficie de algo la luz del sol o de un foco: "La tele no se ve bien desde aquí porque da el charolazo". || **2.** Identificarse como funcionario o persona pública para obtener un beneficio de manera ilícita: "Lucas dio el charolazo para salvarse de la infracción". ▶ **~ chicharrón.** LOC. VERB. **1.** supran. fam. Asesinar. || **2.** supran. fam. *En un espectáculo*, ponerse un participante delante de otro de manera que la audiencia no lo ve en escena: "El cantante se ofendió porque un corista le dio chicharrón". ▶ **~ cisca.** LOC. VERB. pop. Provocar miedo: "Esta casa da cisca". ▶ **~ color.** LOC. VERB. **1.** Manifestar una persona su opinión o postura ante un hecho: "Mi mamá siempre da color en las juntas vecinales". || **2.** Mostrar signos de decisión o avance: "Como que este asunto no da color, mejor nos olvidamos". ▶ **~ comezón.** LOC. VERB. Causar rechazo: "Me dan comezón los fanáticos de ese equipo". ▶ **~ con (un) tubo.** LOC. VERB. Actuar con eficacia: "Esa medicina le dio con tubo a mi catarro". ▶ **~ cran (al alacrán).** LOC. VERB. **dar cuello.** ▶ **~ cuello.** LOC. VERB. **1.** fam. Consumir algo por completo: "Ya le di cuello al refresco". || **2.** fam. Asesinar. ▶ **~ de brincos.** LOC. VERB. **1.** Mostrar alguien su indignación o molestia: "Ricardo dio de brincos cuando se enteró de que lo iban a despedir". || **2.** Alegrarse: "Dimos de brincos cuando nos enteramos de la fiesta". ▶ **~ el albazo.** LOC. VERB. *En la política*, adelantarse por sorpresa a un oponente para sacar ventaja de ello: "Si quieren pasar su reforma, mejor den el albazo pronto". ▶ **~ el ancho.** LOC. VERB. supran. Satisfacer las expectativas o requisitos necesarios para un determinado fin: "Si no das el ancho en el trabajo, te despiden". ▶ **~ el avión.** LOC. VERB. Hacer creer a alguien que lo que dice es interesante y se sigue con atención: "Nunca me escucha, siempre me da el avión". ▶ **~ el azotón.** LOC. VERB. Sufrir una caída grave: "No vi la banqueta y di el azotón". ▶ **~ el brinco.** LOC. VERB. Reaccionar ante una información sorpresiva o inesperada: "Violeta dio el brinco cuando supo de su embarazo". ▶ **~ el changazo.** LOC. VERB. fam. **dar el azotón.** ▶ **~ el gatazo.** LOC. VERB. **1.** coloq. Tener apariencia de algo que no es: "Tu vestido da el gatazo de ser de diseñador". || **2.** coloq. Conseguir un mejor aspecto para algo: "La bolsa da el gatazo con el zurcido que le hicieron". ▶ **~ el golpe.** LOC. VERB. Inhalar el humo de un cigarrillo o de un puro. ▶ **~ el marranazo.**

D

LOC. VERB. fam. **dar el azotón.** ▷ **~ el pitazo.** LOC. VERB. supran. Avisar a alguien de algo urgente o peligroso: "¡Rápido, da el pitazo del incendio!". ▷ **~ el viejazo.** LOC. VERB. supran. coloq. Mostrar alguien signos de decaimiento o envejecimiento de forma súbita: "Mi perro dio el viejazo después del accidente". ▷ **~ en la chapa.** LOC. VERB. fam. **dar en la madre.** ▷ **~ en la madre.** LOC. VERB. **1.** malson. Provocar la desgracia o desdicha de alguien. || **2.** malson. Echar a perder algo. || **3.** supran. malson. Golpear a alguien con fuerza. ▷ **~ en la maraca.** LOC. VERB. eufem. **dar en la madre.** ▷ **~ en la torre.** LOC. VERB. fam. **dar en la madre.** ▷ **~ entrada.** LOC. VERB. **1.** Depositar la confianza en alguien: "Le diste entrada y ahora te quejas de sus intromisiones". || **2.** Ceder a las insinuaciones amorosas de alguien: "¿Ya por fin le vas a dar entrada a Marco?". ▷ **~ flachazo.** LOC. VERB. **dar flashazo.** ▷ **~ flashazo.** [*flasháso*] LOC. VERB. fam. Enseñar una mujer los calzones por un descuido postural. ▷ **~ garrote.** LOC. VERB. vulg. Poseer sexualmente un hombre a una persona. ▷ **~ gas.** LOC. VERB. fam. Molestar insistentemente a alguien. ▷ **~ hasta con la cubeta.** LOC. VERB. **1.** Propinar a alguien una paliza: "El abuelo le dio a Luis hasta con la cubeta por dejar la tienda sola". || **2.** Derrotar a alguien de manera contundente: "Mi primo te da hasta con la cubeta en el ajedrez". ▷ **~ jalón.** LOC. VERB. pop. Ceder a las insinuaciones amorosas de alguien: "Después de tres meses de insistirle, Ernesto me dio jalón". ▷ **~ la machincuepa.** LOC. VERB. *En la política*, cambiar de partido: "Hoy en día casi todos los políticos dan la machincuepa". ▷ **~ la suave.** LOC. VERB. fam. **dar el avión.** ▷ **~ la vuelta.** LOC. VERB. **1.** Eludir una situación difícil: "Leticia le dio la vuelta al problema y está menos estresada". || **2.** Evitar a alguien: "Beto le dio la vuelta a su padre porque no quería verlo". ▷ **~ las nalgas.** LOC. VERB. **1.** malson. Humillarse. || **2.** malson. Fatigarse. || **3.** malson. Rendirse. || **4.** supran. vulg. Ofrecerse sexualmente una persona. ▷ **~ línea.** LOC. VERB. Indicar a alguien cómo debe actuar: "Parece que dieron línea porque todos votaron a favor". ▷ **~ más lata que un petate con chinches.** LOC. VERB. Molestar intensa y continuamente a alguien: "Ese perro da más lata que un petate con chinches porque está enfermo". ▷ **~ matarile.** LOC. VERB. fest. **dar mate.** ▷ **~ matarili.** LOC. VERB. fest. **dar mate.** ▷ **~ mate.** LOC. VERB. supran. fam. Matar. ▷ **~ (un) norte.** LOC. VERB. supran. Orientar: "Me dieron un norte de cómo llegar al teatro". ▷ **~ para abajo.** LOC. VERB. Causar decaimiento anímico: "Esa noticia me dio para abajo". ▷ **~ para arriba.** LOC. VERB. Causar euforia: "Las vitaminas me dieron para arriba". ▷ **~ para atrás.** LOC. VERB. **1.** fam. Rechazar: "Lo invité a comer y me dio para atrás". || **2.** fam. Encarcelar: "A Julio le dieron para atrás por asalto a mano armada". ▷ **~ para el chesco.** LOC. VERB. **1.** fam. Retribuir una pequeña propina a alguien: "Dale para el chesco al cuidador". || **2.** vulg. Poseer sexualmente a alguien. ▷ **~ para sus aguas.** LOC. VERB. **dar para el chesco.** ▷ **~ para sus chicles.** LOC. VERB. **dar para el chesco.** ▷ **~ para sus chuchulucos.** LOC. VERB. **dar para el chesco.** ▷ **~ para sus tunas.** LOC. VERB. **1.** fam. Golpear a alguien: "El papá de Memo le dio para sus tunas por dejar la escuela". || **2. dar para el chesco.** ▷ **~ (de) patadas al pesebre.** LOC. VERB. **1.** fam. Renegar del lugar de procedencia: "Gustavo da de patadas al pesebre cuando mencionan que es defeño". || **2.** fam. Renegar del origen de algún beneficio: "No ha conseguido un ascenso en el trabajo porque siempre da de patadas al pesebre". ▷ **~ (de) picones.** LOC. VERB. Relacionarse con una persona para provocar celos en alguien más: "Solo sale contigo porque así le da de picones a su exnovia". ▷ **~ piso.** LOC. VERB. fam. Asesinar. ▷ **~ por su lado.** LOC. VERB. Hacer pensar a una persona que tiene la razón cuando se cree lo contrario: "A los necios es mejor darles por su lado". ▷ **~ puerta.** LOC. VERB. **1.** Mostrar: "Le di puerta y entendió cómo se hacía". || **2. dar entrada.** ▷ **~ seguimiento.** LOC. VERB. supran. Examinar algo: "El procurador de justicia dio seguimiento al caso". ▷ **~ soga.** LOC. VERB. **dar cuello.** ▷ **~ suelo.** LOC. VERB. **dar piso.** ▷ **~ toloache.** LOC. VERB. Enamorar, supuestamente por maleficio: "Su novio le dio toloache para casarse con ella". ▷ **~ (de) toques.** LOC. VERB. **1.** fam. Causar molestia alguien por su conducta o apariencia: "Tus chistecitos dan de toques, mejor ya cállate". || **2.** fam. Ser algo de muy mala calidad: "Tu mochila da toques". ▶ **~ tupido.** LOC. VERB. **1.** supran. fam. Trabajar o esforzarse mucho: "Le di tupido al entrenamiento para ganar la competencia". || **2.** supran. fam. Golpear mucho: "Multaron a Carlos porque le daba tupido a su perro". ▶ **~ un aire.** LOC. VERB. **1.** Tener rasgos similares a los de alguien: "Soledad le da un aire a su abuela". || **2.** Enfermarse súbitamente alguien, generalmente con parálisis ligera de alguna parte del cuerpo: "Guille está en cama porque le dio un aire". || **3.** Experimentar alguien un enfriamiento repentino: "A Romina le dio un aire por salir con el cabello mojado". ▶ **~ un empujón.** LOC. VERB. Ayudar a alguien: "Le daré un empujón a Genaro para que termine a tiempo". ▶ **~ una bailada.** LOC. VERB. **dar (un) baile.** ▶ **~ una conformada.** LOC. VERB. Moldear algo mediante un corte ligero, especialmente, plantas y cabello: "Demos una conformada a estos arbolitos". ▶ **~ vajilla.** (Juego de palabras entre baje y vajilla). LOC. VERB. fest. **dar baje.** ▶ **~ vuelo (a la hilacha).** LOC. VERB. **1.** Hacer algo sin limitaciones y con mucho gusto: "Le doy vuelo a la hilacha cada vez que me subo a la patineta". || **2.** vulg. Practicar el coito. ■ EXPR. **a como dé lugar.** supran. Se usa para indicar que algo se realizará a toda costa: "Vamos a terminar el trabajo a como dé lugar". ▶ **da lo mismo Juana quc Chana.** fam. Se usa para indicar que es posible cualquiera de las dos alternativas en una elección: "Da lo mismo Juana que Chana, podemos comer enchiladas o carne asada". ▶ **dando (y) dando (pajarito volando).** supran. Se usa para exigir la retribución inmediata de un beneficio otorgado: "Ya no te voy a fiar, de ahora en adelante, dando y dando pajarito volando".

darlas. ■ INTR. PRNL. **1.** fam. Concluir un objeto su ciclo de actividad: "Esta lavadora ya las dio". || **2.** fam. Morir: "Pobre tortuga, ya las dio, estaba muy viejita". || **3.** fam. Ceder completamente ante una situación complicada o tensa: "Mis compañeros las daban por la presión del jefe". || **4.** fam. Humillarse: "No es necesario que las des para tener un mejor puesto laboral". || **5.** fam. Rendirse: "Hugo las dio con la dieta". || **6.** vulg. Acceder una persona a tener una relación sexual. || **7.** vulg. Ofrecerse sexualmente una persona.

darle. ■ INTR. PRNL. **8.** Atinar a algo por conjeturas: "Las preguntas de ese crucigrama eran difíciles, pero tú le diste a varias". || **9.** Trabajar: "—¿Qué haces? —Aquí, dándole". || **10.** vulg. Practicar el coito. ■ LOC. **~ a la bola.** LOC. VERB. supran. Atinar por conjeturas: "Le diste a la bola con tu comentario". ▶ **~ culo.** LOC. VERB. malson. Provocar miedo. ▶ **~ de comer a la labiona.** LOC. VERB. **darle de comer al chango.** ▶ **~ de comer al chango.** LOC. VERB. vulg. Practicar el coito. ▶ **~ duro.** LOC. VERB. **1.** supran. Trabajar con empeño: "Hay que darle duro para tener qué comer". || **2.** supran. Ingerir bebidas alcohólicas en gran cantidad y en corto tiempo: "Le dio duro al tequila y perdió el conocimiento". ▶ **~ en su (mero) mole.** LOC. VERB. coloq. Acertar en los gustos de una persona: "Empecé a hablar de box con tu compadre y le di en su mero mole". ▶ **~ las doce.** LOC. VERB. Estar alguien en una situación negativa inminente: "No pagó y ya le dieron las doce". ■ EXPR. **¡a ~, que es mole de olla!** Se usa para pedir que algo se realice con celeridad: "La junta es en diez minutos y no hemos terminado la presentación, ¡a darle que es mole de olla!".

darse. ■ TR. PRNL. **11.** vulg. Poseer sexualmente a alguien. ■ INTR. PRNL. **12.** Rendirse: "¡Me doy!, no he dormido en 24 horas". || **13.** Complacerse: "Me di el fin de semana en la playa". ■ LOC. **~ a desear.** LOC. VERB. Hacerse del rogar: "Si quieres que Diana se interese en ti, debes darte a desear". ▶ **~ baños de pureza.** LOC. VERB. Aparentar inocencia: "Se da baños de pureza, pero no le creas". ▶ **~ color.** LOC. VERB. **1.** fam. Reparar en algo: "Apenas me di color de que esa calle me lleva a mi casa". || **2.** fam. Decidirse alguien a hacer o elegir algo: "¡Haré ejercicio, ya me di color!". ▶ **~ de golpes.** LOC. VERB. **darse de topes.** ▶ **~ de santos.** LOC. VERB. Conformarse: "Me doy de santos con que mi hijo termine la secundaria". ▷ ~ **de topes.** LOC. VERB. Lamentarse por algo: "No estudiaste lo suficiente, espero que no te des de topes en el examen". ▷ ~ **guerra.** LOC. VERB. *En el Occidente,* apresurarse: "Date guerra porque no llegamos". ▷ ~ **las tres.** LOC. VERB. jerg. Fumar marihuana. ▷ ~ **las tres de olor.** LOC. VERB. fam. Percatarse de la calidad de las cosas: "Alicia se da las tres de olor para comprar alimentos". ▷ ~ **su(s) vuelta(s).** LOC. VERB. Visitar con frecuencia a alguien con el fin de vigilarlo: "Mi sobrina se da su vuelta para verme porque estoy enferma". ▷ ~ **un aire.** LOC. VERB. **1.** fam. Descansar: "Me di un aire en la playa". || **2.** fam. Darse un tiempo de separación una pareja: "Julián y Martina se dieron un aire para pensar en su relación". ▷ ~ **un jalón.** LOC. VERB. supran. jerg. Consumir una droga que se inhala o se fuma. ▷ ~ **vuelo.** LOC. VERB. Excederse en algo: "Lorena tiene calambres porque se dio vuelo con el ejercicio".

dársele. ■ INTR. **14.** Facilitársele algo a alguien: "Esto del dibujo se me da".

darketo, ta. ■ ADJ. **1.** Perteneciente o relativo a una tribu urbana que se caracteriza porque se viste y se maquilla de negro y se autodefine como melancólica: "Daniel usaba ropa muy darketa". || **2.** *Referido a persona,* que pertenece a una tribu urbana que se caracteriza porque se viste y se maquilla de negro y se autodefine como melancólica: "Daniela era muy darketa, hasta se pintaba los labios de negro". Ú.t.c.sust.: "Daniela era una darketa, hasta se pintaba los labios de negro". || **3.** Propio de la persona **darketa**: "Daniel tenía un estilo muy darketo".

de. ■ LOC. ~ **a.** LOC. PREP. **1.** *Antepuesto a ciertos adjetivos cuantificadores o ciertos sustantivos,* se usa para indicar distribución: "Nos vamos de a mitad con las casetas y la gasolina". || **2.** Precede a la designación del precio de algo: "Me compré dos plumas de a peso".

debajo. ■ LOC. **por ~ del agua.** LOC. ADV. Disimuladamente: "Le pasé un recado por debajo del agua".

décima. ■ F. *En Colima,* hoja impresa con el programa de actividades parroquiales, fiestas patronales y otras celebraciones religiosas.

decimero, ra. ■ M. y F. supran. Persona que improvisa, canta o recita composiciones en décimas o combinaciones métricas de diez versos.

decir. ■ LOC. ~ **de cosas.** LOC. VERB. coloq. Insultar a alguien: "Leticia le dijo de cosas al taxista que se pasó el alto". ▷ ~ **hasta de lo que se va a morir.** LOC. VERB. supran. coloq. Reprender severamente: "¡Le dije hasta de lo que se iba a morir porque volvió a pisar mis flores del jardín!". ▷ ~ **hasta la despedida.** LOC. VERB. **decir hasta de lo que se va a morir.** ▷ ~ **su precio.** LOC. VERB. fam. Menospreciar verbalmente a alguien: "Me hizo tantas maldades que le dije su precio". ▷ **sin ~ agua va.** LOC. ADV. supran. fam. Repentina e inesperadamente: "Me dio las malas noticias sin decir agua va". ■ EXPR. **lo que diga mi dedo.** fam. Se usa, acompañado de un gesto del índice, para responder algo que no se desea contestar directamente: "—Entonces, ¿sí vas a prestarme el dinero que te pedí? —Lo que diga mi dedito".

declaratoria. ■ F. Declaración pública.

dedal. ■ M. **1. dedeada.** || **2.** supran. Copa pequeña de licor.

dedazo. ■ M. **1.** Acción y resultado de dedear. || **2.** supran. Designación de un candidato a un puesto, por parte de una autoridad, sin las formalidades de rigor.

dedeada. ■ F. vulg. Masturbación vaginal o anal con los dedos.

dedear. ■ TR. **1.** Introducir los dedos en un alimento para probarlo: "No dedees la comida, es de mala educación". || **2.** Dejar marcas con los dedos sobre una superficie: "El niño dedeó el nuevo monitor". || **3.** vulg. Masturbar con los dedos la vagina o el ano.

dedeo. ■ M. **dedeada.**

dedo. ■ ADJ. **1.** fam. *Referido a persona,* delatora: "No le cuenten nada a Eva porque es muy dedo". ■ COM. **2.** fam. Persona delatora: "Descubrieron que Eva era la dedo del grupo". ■ LOC. **de a ~.** LOC. ADJ. **1.** fam. *Referido a algo,* falso: "Tus palabras de a dedo me desquician". || **2.** fam. *Referido a persona,* sin compañía: "Estaré de a dedo una semana porque mi familia se va de viaje". || **3.** supran. fam. *Referido a un viaje,* que se realiza solicitando transporte a los vehículos que pasan: "No gasté en autobús durante este viaje porque me fui de a dedo". || LOC. ADV. **4.** fam. Individualmente: "Las pizzas las pagamos de a dedo". ▶ **de (a) ~ parado.** LOC. ADJ. **1.** supran. fam. Elegante y pretencioso: "Arréglate muy bien porque las fiestas de los Solórzano son de a dedo parado". || **2.** supran. fam. *Referido a persona*, de clase social alta: "No le va a gustar la baratija que le compraste, ella es de dedo parado". ▶ **~ chiquito.** LOC. SUST. Persona consentida de alguien: "Elena siempre me procura, por eso ella es mi dedo chiquito". ▶ **~ de gorila.** LOC. SUST. jerg. Cigarrillo grueso de marihuana. ▶ **~ de novia.** LOC. SUST. Dulce elaborado con pasta filo enrollada, relleno de nuez y cubierto de miel. ▶ **~ sin uña.** LOC. SUST. supran. vulg. Pene.

defeccionar. ■ INTR. supran. Separarse con deslealtad de la causa a la que se pertenecía: "Patricio defeccionó de nuestro bando".

defensoría. ■ F. **1.** supran. Institución encargada de defender los derechos de alguien. || **2.** supran. Labor del defensor.

defeño, ña. ■ ADJ. **1.** Perteneciente o relativo al Distrito Federal, hoy Ciudad de México: "El transporte defeño es insuficiente". || **2.** Natural o procedente del Distrito Federal, hoy Ciudad de México: "Mis amigos defeños son muy fiesteros". Ú.t.c.sust.: "Los defeños son muy fiesteros".

degenere. ■ M. **1.** Perversión. || **2.** supran. Barullo.

degrafilado. ■ M. supran. Estilo de corte de cabello en que se reduce el volumen mediante pequeños cortes transversales con unas tijeras o una navaja, para lograr una apariencia más ligera.

degrafilar. ■ TR. supran. Reducir el volumen del cabello mediante pequeños cortes transversales con unas tijeras o una navaja, para lograr una apariencia más ligera; entresacar: "Ayer me degrafilaron el cabello".

dejada. ■ F. Viaje en vehículo de alquiler, especialmente un taxi.

dejar. ■ LOC. **~ capote.** LOC. VERB. *En un juego*, derrotar a un equipo sin que este haya anotado puntos: "Dejamos capote al equipo adversario". ▶ **~ colgado (de la brocha).** LOC. VERB. supran. Dejar a alguien esperando: "El cliente me dejó colgado de la brocha con el pago". ▶ **~ de ese tamaño.** LOC. VERB. supran. Abandonar un asunto complicado o difícil: "El trámite está muy enredado, mejor lo dejo de ese tamaño". ▶ **~ en el terreno.** LOC. VERB. **dejar tendido.** ▶ **~ encampanado.** LOC. VERB. Abandonar a alguien con quien se tiene un compromiso: "Mi compañera me dejó encampanada con el trabajo final". ▶ **~ para billetero.** LOC. VERB. fam. Golpear a alguien: "Dos tipos dejaron para billetero a mi amigo". ▶ **~ tendido.** LOC. VERB. *En algunos deportes*, derrotar contundentemente: "El boxeador dejó tendido a su contrincante".

dejarla. ■ LOC. **~ caer.** LOC. VERB. **1.** fam. Decir algo a alguien sin miramientos o inesperadamente: "Héctor no sabía que lo habían despedido y un chismoso se la dejó caer". || **2.** fam. Encargar una tarea de manera repentina y sin margen de tiempo: "El maestro nos la dejó caer, quiere seis reportes de lectura para la próxima clase". || **3.** fam. Abusar de alguien: "Siempre se la dejan caer a Patricio por novato". || **4.** vulg. Poseer sexualmente a alguien. ▶ **~ ir.** LOC. VERB. **dejarla caer.**

dejarle. ■ INTR. PRNL. fam. Interrumpir: "No creo terminar hoy la maqueta, hasta aquí le dejo porque ya me cansé".

dejarse. ■ LOC. **~ caer (para que lo levanten).** LOC. VERB. fam. Fingir humildad: "Manuel siempre se deja caer para que lo levanten; no le hagas caso". ▶ **~ de brincos.** LOC. VERB. fam. Cesar alguien de jactarse o proferir bravuconadas acerca de algo: "El luchador se dejó de brincos cuando vio que su oponente lo doblaba en tamaño". ▶ **~ de cosas.** LOC. VERB. fam. No poner alguien pretextos: "Niña, ya déjate de cosas y ponte a hacer la tarea".

delegación. ■ F. **1.** Oficina de Ciudad de México donde la policía atiende las quejas y denuncias del público, levanta las actas y realiza las averiguaciones correspondientes. || **2.** Circunscripción política y administrativa del antes llamado Distrito Federal, hoy Ciudad de México. || **3.** Edificio que ocupaban las autoridades de esta circunscripción política y administrativa.

D

delegacional. ■ ADJ. Perteneciente o relativo a una delegación o circunscripción política y administrativa del antes llamado Distrito Federal, hoy Ciudad de México: "La recolección de basura es un problema delegacional que no está resuelto".

delegado, da. ■ M. y F. Jefe delegacional del antes llamado Distrito Federal, hoy Ciudad de México.

delgado, da. ■ ADJ. *Referido a un líquido*, menos espeso de lo esperado: "Hoy te quedó muy delgado el atole".

delta-California. ■ ADJ. **1.** Perteneciente o relativo al **delta-California**: "La lengua delta-California dio origen a varias lenguas del norte de México". ■ M. **2.** Grupo étnico histórico que dio origen a los cucapás y a los kumiai, entre otros. || **3.** Conjunto de grupos étnicos establecidos principalmente en el estado de Baja California, México, y en Estados Unidos de América. || **4.** Lengua reconstruida que históricamente dio origen al cucapá y al kumiai. || **5.** Grupo o familia de lenguas cochimí-yumanas que incluye al cucapá y al kumiai, entre otras.

demandar. ■ TR. Pedir imperiosamente algo a lo que se tiene derecho: "Juan demandó el pago de sus horas extras".

demandita. ■ F. *En Guanajuato*, imagen pequeña que se lleva en procesiones religiosas y que es réplica de la original que está en la iglesia.

dementizar. ■ TR. fam. Hacer perder el juicio a alguien: "Las apuestas dementizaron a mi abuelo".

demeritar. ■ TR. supran. Quitar mérito a alguien o a algo: "El mal carácter de tu padre no demerita sus logros".

demonial. ■ ADJ. fam. Extremoso: "Hizo un frío demonial". ■ LOC. **(un) ~ de.** LOC. ADJ. fam. Numeroso, abundante o intenso; mucho: "Échale un demonial de aguacate a mi torta". ▶ **un ~.** LOC. ADV. fam. Con demasiada intensidad o frecuencia; mucho: "Me pegué en el codo y ahora me duele un demonial".

dengue. ■ M. **1.** fam. Remilgo. || **2.** supran. fam. Contoneo de alguna parte del cuerpo, como caderas, hombros o manos.

denominación. ■ F. Valor marcado de un billete o una moneda.

denso, sa. ■ ADJ. **1.** supran. *Referido a persona*, insoportable: "Elena es muy densa, por eso no tiene amigos". Ú.t.c.sust.: "Elena es una densa, por eso no tiene amigos". || **2.** supran. Propio de la persona **densa**: "Ya estoy harta de tus bromas densas".

deoquis. ■ ADJ. **1.** fam. Gratuito; de a oquis: "El concierto es deoquis, ¡vamos!". ■ ADV. **2.** fam. En vano; de a oquis: "Hicimos deoquis el viaje al parque porque estaba cerrado".

deponer. ■ TR. supran. Vomitar: "Quién sabe qué comí que depuse todo".

deportivo. ■ M. supran. Conjunto de instalaciones donde se practican diversos deportes.

deposición. ■ F. supran. Vómito.

depósito. ■ M. **1.** Lugar destinado para resguardar vehículos que están fuera de servicio. || **2.** Establecimiento donde se venden productos al mayoreo. || **3.** Cantidad que se entrega como primer pago para la adquisición de algo. || **4.** Cantidad de dinero que se deja en garantía de algo.

derecho, cha. ■ ADJ. **1.** *Referido a una bebida alcohólica*, sin mezclas: "Para mí, un ron derecho, por favor". || **2.** supran. *Referido a persona*, honrada: "Un hombre derecho mantiene su palabra". || **3.** supran. Propio de la persona **derecha**: "Martina tiene una educación muy derecha".

derechohabiente. ■ COM. supran. Beneficiario de una institución de salud o de seguridad social: "Las derechohabientes madres de familia agendan citas a mediodía".

derramar. ■ LOC. **~ (la) miel.** LOC. VERB. Dar muestras excesivas de afecto: "Paco y Chabela derramaron miel en Acapulco".

derramarse. ■ INTR. PRNL. supran. vulg. Eyacular. ■ LOC. **~ la bilis.** LOC. VERB. Encolerizarse: "Esta situación tan complicada hace que se me derrame la bilis a cada rato".

derrapada. ■ F. **derrape.**

derrapar. ■ INTR. **1.** fam. Equivocarse: "El expositor derrapó en el debate público". Ú.m.c.prnl.: "El expositor se derrapó en el debate público". || **2.** fam. Decir tonterías: "David derrapa cuando conoce gente nueva". Ú.m.c. prnl.: "David se derrapa cuando conoce gente nueva". || **3.** fam. Estar perdidamente enamorado: "Pablo derrapa por Emma desde hace mucho tiempo". Ú.m.c.prnl.: "Pablo se derrapa por Emma desde hace mucho tiempo".

derrape. ■ M. Acción y resultado de derrapar.

derrapón. ■ M. **1.** Huella que deja un vehículo al patinar desviándose lateralmente de la dirección que llevaba. || **2. derrape.**

derriba. ■ F. supran. Corte de árboles o matas de una zona con vegetación; desmonte.

derriengue. ■ M. rur. Enfermedad parecida a la rabia que afecta al ganado vacuno.

desabrido, da. ■ ADJ. supran. Falto de gracia: "Este diseño está muy desabrido; ponle más color".

desaburrimiento. ■ M. Actividad que se realiza para superar el aburrimiento o tedio.

desaburrirse. ■ INTR. PRNL. supran. Realizar alguna actividad para superar el aburrimiento o tedio: "Yo me desaburro tocando la guitarra, ¿y tú?".

desacabalar. Véase **desacompletar.**

desacomedido, da. ■ ADJ. **1.** supran. *Referido a persona*, poco o nada servicial: "No seas desacomedido y ayúdale a tu abuela con esas cajas". Ú.t.c.sust.: "Eres un desacomedido, ayuda a tu abuela con esas cajas". || **2.** supran. Propio de la persona **desacomedida**: "Tu forma de ser desacomedida no te va a llevar a nada bueno".

desacompasado, da. ■ ADJ. **1.** *Referido a algo*, desproporcionado: "Las sillas que compré están desacompasadas, no le quedan a la mesa". || **2.** *Referido a algo*, excesivo: "Teresa tiene un gusto desacompasado por las películas de terror".

desacompletar. ■ TR. **1.** supran. pop. Dejar algo incompleto: "Desacompleté la renta porque se descompuso el coche".

desacompletarse. ■ INTR. PRNL. **2.** pop. Tener alguien presupuesto incompleto: "Me desacompleté con la renta porque tuve que pagar la multa".

desactualización. ■ F. **1.** Situación en que algo deja de ser actual. || **2.** Estado en que un profesional se queda al margen de los últimos conocimientos o avances en su área de especialidad.

desactualizarse. ■ INTR. PRNL. **1.** supran. Dejar algo de ser actual: "Las tarjetas perforadas se desactualizaron hace tiempo". || **2.** supran. Quedarse un profesional al margen de los últimos conocimientos o avances en su área de especialidad: "Ese abogado se desactualizó tanto que dejó de entender la nueva jerga legal".

desafanamiento. ■ M. **desafane.**

desafanar. ■ TR. **1.** fam. Liberar a alguien de una carga u obligación: "Si usted me desafana con las llamadas, se lo agradeceré".

desafanarse. ■ INTR. PRNL. **2.** fam. Divertirse: "Ximena se desafana en el cine".

desafane. ■ M. **1.** fam. Liberación que se le hace a alguien de una carga u obligación. || **2.** fam. Diversión.

desahijar. ■ TR. rur. Quitar los retoños perjudiciales de una planta; deshijar: "No desahijaron las rosas en todo el año y crecieron mal".

desahije. ■ M. rur. Proceso mediante el cual se quitan los retoños perjudiciales de una planta.

desahogada. ■ F. Solución a un trámite legal.

desahogar. ■ TR. Dar solución a un trámite legal: "El abogado desahogó el papeleo del divorcio muy rápido".

desajustar. Véase **desacompletar.**

desamarrar. ■ TR. **1.** fam. Quitar un amarre o hechizo: "Desamarraron al muchacho y se sintió mejor". || **2.** supran. Soltar algo que está atado: "Me desamarré las agujetas para quitarme los zapatos".

desangre. ■ M. supran. fam. Desangramiento.

desaparecer. ■ TR. **1.** supran. Privar de la libertad: "Desaparecieron a mi primo durante cinco días". || **2.** supran. Asesinar.

desaparición. ■ F. supran. Privación de la libertad.

desaprevenido, da. ■ ADJ. supran. pop. *Referido a persona,* desprevenida: "El temblor me agarró totalmente desaprevenida". Ú.t.c. sust.: "Por ser una desaprevenida, me quedé sin gasolina a medio camino".

desarmador. ■ M. **1.** Bebida hecha de jugo de naranja y vodka. || **2.** supran. Herramienta que sirve para destornillar y atornillar; destornillador.

desarme. ■ LOC. **~ voluntario.** LOC. SUST. Campaña promovida por el gobierno en la que los ciudadanos entregan sus armas de fuego a cambio de una gratificación, generalmente en especie.

desarrajamiento. ■ M. fam. *En Tabasco*, hecho de violentar la cerradura de una puerta, un escritorio, una caja fuerte, etc.; descerrajadura.

desarrajar. ■ TR. fam. *En Tabasco*, violentar una cerradura; descerrajar: "El bombero desarrajó la entrada con astucia para rescatar a la niña".

desatorar. ■ TR. fam. Solucionar algo: "Si desatoramos este problema, nos podremos ir a casa".

desatore. ■ M. fam. Solución de algo.

desatornillador. ■ M. supran. fam. Herramienta que sirve para desatornillar y atornillar; destornillador.

desavalorinarse. ■ INTR. PRNL. pop. Entristecerse: "No se desavalorine, ya pronto va a encontrar trabajo".

desayunador. ■ M. **1.** supran. Espacio cercano a la cocina usado para comer, generalmente con mesa y sillas. || **2.** supran. Juego de mesa y sillas del **desayunador**.

desazolvar. ■ TR. Quitar el azolve o los sedimentos sólidos que obstruyen un conducto: "Los trabajadores municipales desazolvaron el drenaje antes de la época de lluvias".

desazolve. ■ M. Desbloqueo de un conducto de sedimentos sólidos.

desbabar. ■ TR. **1.** Quitar las babas al nopal antes de consumirlo: "Desbaba el nopal para preparar la ensalada". || **2.** supran. rur. Quitar el jugo viscoso que producen las bayas maduras del cacao y del café: "Las semillas van a escurrir, es necesario que las desbabemos".

desbalagar. ■ TR. **1.** Distraer a alguien: "La televisión desbalaga a María cuando hace tarea". || **2.** supran. Malversar alguien bienes o dinero: "Don Demetrio nos engañó y desbalagó nuestros ahorros".

desbalagarse. ■ INTR. PRNL. **3.** Apartarse alguien de lo que se considera justo y razonable; descarriarse: "El joven se desbalagó y cometió un delito".

desbambar. ■ TR. Deshacer una prenda tejida: "El perro desbambó mi suéter favorito".

desbaratar. ■ TR. *En Jalisco*, desnudar: "Doña Ana desbarató al bebé para bañarlo".

desbarrancadero. ■ M. supran. Despeñadero.

desbarrancamiento. ■ M. supran. Caída por un barranco.

desbarrancar. ■ TR. **1.** *En Puebla*, delatar: "Ya te desbarrancó con tu tío". || **2.** supran. Arrojar algo a un barranco: "La gente desbarranca la basura para deshacerse de ella".

desbielarse. ■ INTR. PRNL. **1.** Perder la buena disposición o el estado saludable; descomponerse: "A esta hora y sin desayunar, me desbielo". || **2.** supran. *En la mecánica*, averiarse el motor de un automóvil por pegársele las bielas: "La camioneta se desbieló a la mitad de la carretera".

desboronamiento. ■ M. supran. pop. Descomposición de una cosa en porciones muy pequeñas; desmoronamiento.

desboronar. ■ TR. supran. pop. Descomponer una cosa en porciones muy pequeñas; desmoronar: "Desboroné el pan para hacer el budín".

desborrar. ■ TR. pop. Borrar: "Ya desborré todos tus correos y tus mensajes".

desbotonado. ■ M. supran. Proceso mediante el cual se quitan los botones y la guía a la planta del tabaco para que las hojas crezcan más grandes.

desbotonamiento. ■ M. **desbotonado.**

desbotonar. ■ TR. supran. Quitar los botones y la guía a la planta del tabaco para que las hojas crezcan más grandes: "Desbotona las plantas para lograr una mejor cosecha".

desbreñar. ■ TR. Retirar la maleza de un lugar: "El jardinero desbreñó el jardín ayer".

descabezamiento. ■ M. Desintegración de una organización mediante el derrocamiento de su líder.

descabezar. ■ TR. Desintegrar una organización mediante el derrocamiento de su líder: "La autoridad descabezó varias organizaciones ilícitas vinculadas al tráfico de drogas".

descachalandrado, da. ■ ADJ. supran. Desaliñado: "El cuarto de hotel que nos dieron estaba muy descachalandrado".

descachar. ■ TR. **1.** supran. rur. Quitar los cuernos a un animal: "El vaquero descachó al toro".

descacharse. ■ INTR. PRNL. **2.** supran. *En algunos juegos*, no acertar el golpe a la bola o al balón: "Ese jugador se descacha tanto que no merece estar en la selección".

descacharrización. ■ F. Acción y resultado de descacharrizar.

descacharrizar. ■ TR. **1.** Deshacerse de objetos inservibles: "Descacharrizamos la casa cada enero". || **2.** Limpiar el parque vehicular de autos viejos o en muy mal estado: "Descacharrizaron los taxis anteriores a 2000". || **3.** Limpiar un lugar de recipientes que contienen líquidos estancados para prevenir la reproducción de mosquitos: "Descacharrizaron 11 colonias".

descache. ■ M. **1.** supran. rur. Descornamiento de un animal. || **2.** supran. *En algunos juegos*, desacierto en el golpe a la bola o al balón.

descalabrada. ■ F. supran. Ruina económica.

descalabrar. ■ TR. supran. Arruinar económicamente: "Las deudas descalabraron la compañía".

descansar. ■ LOC. **~ haciendo adobes.** LOC. VERB. Trabajar durante el tiempo de descanso o de ocio: "Estas vacaciones voy a pintar la casa, descansaré haciendo adobes".

descarapelamiento. ■ M. **1.** Proceso mediante el cual se quita el recubrimiento a una superficie. || **2.** Pérdida de la epidermis seca en forma de escamilla.

descarapelar. ■ TR. **1.** supran. Quitar el recubrimiento a una superficie: "Descarapela la pared antes de pintarla".

descarapelarse. ■ INTR. PRNL. **2.** supran. Perder alguien la epidermis seca en forma de escamilla: "Me descarapelé por asolearme en la playa sin bloqueador".

descargar. ■ INTR. supran. fest. Evacuar el vientre: "Descargo muchas veces porque estoy enfermo".

descarrilada. ■ F. supran. Acción y resultado de descarrilar.

descarrilar. ■ TR. **1.** supran. *En deportes*, derrotar a un equipo o a alguien que hasta ese momento era ganador: "Descarrilaron a los punteros por un golpe de suerte".

descarrilarse. ■ INTR. PRNL. **2.** supran. Desviarse alguien de un estado o condición considerados como normales: "Se descarriló a causa de la bebida". || **3.** supran. Sufrir alguien una derrota: "El boxeador se descarriló por falta de preparación".

deschalecado, da. ■ ADJ. despect. *Referido a persona*, muy pobre: "Luisa sale siempre con amigas deschalecadas". Ú.t.c.sust.: "Luisa sale siempre con deschalecadas".

deschapar. ■ TR. supran. Abrir por la fuerza una chapa o cerradura: "El ratero deschapó el ropero con un desarmador".

deschavetada. ■ F. supran. fam. Pérdida del juicio que tiene alguien.

deschavetar. ■ TR. supran. fam. Hacer que alguien pierda el juicio: "El amor deschavetó a Mauricio".

deschongada. ■ F. **deschongue.**

deschongar. ■ TR. **1.** fam. Despeinar: "El aire deschongó a la quinceañera". Ú.m.c.prnl.: "La quinceañera se deschongó con el aire". || **2.** fam. Desinhibir: "Beber siempre lo deschonga".

deschongarse. ■ INTR. PRNL. **3.** fam. Pelearse con alguien, generalmente tirando del chongo o cabello: "Marco se deschongó con Leticia".

deschongue. ■ M. fam. Acción y resultado de deschongar o deschongarse.

desclochar. ■ TR. Estropear el *clutch* o embrague de un vehículo, de manera que se pierda la conexión del motor con las ruedas: "Éric desclochó el coche, por eso lo llevó al taller".

descolada. ■ F. **descolón.**

descolar. ■ TR. Tratar a alguien con desprecio o aspereza: "El sargento descoló al soldado toda la semana".

descolgarse. ■ INTR. PRNL. supran. Dirigirse a un lugar determinado: "Mi grupo se descolgó al Zócalo".

descolón. ■ M. Desprecio o aspereza con que se trata a alguien.

desconchabada. ■ F. Lesión de un miembro articulado del cuerpo.

desconchabar. ■ TR. **1.** fam. Lesionar un miembro articulado del cuerpo: "El accidente me desconchabó la manita". || **2.** supran. fam. Estropear; descomponer: "Un apagón desconchabó la tele".

desconchinflar. ■ TR. **1.** fam. Causar una lesión: "La mala postura le desconchinfló la columna". || **2.** supran. fam. Estropear; descomponer: "Tita desconchinfló la lavadora por no leer el instructivo".

descontar. ■ TR. Dejar a una persona fuera de combate por medio de un golpe fuerte, un puñetazo o una patada: "Enrique descontó a un tipo que lo había insultado". Ú.m.c.prnl.: "Enrique se descontó a un tipo que lo había insultado".

D

descontón. ■ M. Golpe fuerte, como un puñetazo o una patada, que se da a una persona y que la deja fuera de combate.
descopetar. ■ TR. **1.** Quitar el copete o la parte superior de algo: "Descopeta esos arbustos antes de cortar el pasto". ■ INTR. **2.** *En la minería,* extraer un mineral: "Contrataron a diez hombres para que descopetaran en la mina".
descorchar. ■ INTR. supran. Pagar una cantidad de dinero en un restaurante o en un establecimiento similar por el derecho de llevar las bebidas alcohólicas que se van a consumir ahí mismo: "Si descorchamos, la cuenta sale más barata".
descorche. ■ M. supran. Cantidad de dinero que se paga en un restaurante o en un establecimiento similar por el derecho de llevar las bebidas alcohólicas que se van a consumir ahí mismo.
descuachalangar. ■ TR. **descuacharrangar.**
descuacharrangar. ■ TR. **1.** fam. Estropear; descomponer: "El agua descuacharrangó mi reloj". || **2.** fam. Desaliñar; descomponer: "Los jaloneos en el metro descuacharrangaron el ramo de flores".
descuarrangar. ■ TR. **descuacharrangar.**
descubrir. ■ LOC. **~ el agua tibia.** LOC. VERB. **descubrir el hilo negro.** ▷ **~ el hilo negro.** LOC. VERB. supran. Presentar como novedoso algo ampliamente conocido: "Los directivos descubren el hilo negro en cada cambio de administración". ▷ **~ la sopa de ajo.** LOC. VERB. **descubrir el hilo negro.**
descuido. ■ LOC. **en un ~.** LOC. ADV. Inadvertidamente; en un abrir y cerrar de ojos: "¡Mírate, ayer eras un niño y, en un descuido, ya eres todo un hombre!".
desdichado, da. ■ ADJ. supran. *Referido a persona,* despreciable: "Ese hombre desdichado no entregó los papeles a tiempo y perdí la beca". Ú.t.c.sust.: "Ese desdichado no entregó los papeles a tiempo y perdí la beca".
dese, sa. ■ M. y F. fam. Objeto cuyo nombre se desconoce o no se recuerda y no está próximo: "No encuentro la desa para pintar".
desecho. ■ M. supran. rur. Senda por donde se abrevia el camino; atajo.
desembrocar. ■ TR. supran. Poner boca arriba un recipiente: "Desembroca las tazas que ya se secaron".
desembroque. ■ M. supran. Puesta de un recipiente boca arriba.
desemburujar. ■ TR. supran. pop. Desenredar: "Ya desemburujé la bola de estambre".
desempance. ■ M. **1.** Alivio o disminución de la sensación producida por el exceso de comida. || **2.** fest. Desempate.
desempastar. ■ TR. supran. Quitar las pastas o las cubiertas a un libro, libreta, cuaderno, etc.: "Desempastaron el diccionario en la papelería".
desempatar. ■ TR. **1.** Aclarar una confusión: "Hablaron entre ellos y desempataron las cosas". || **2.** Desatar: "Desempató los zapatos de los cordones".
desemplumar. ■ TR. supran. Quitar las plumas a un ave; desplumar: "Desemplumamos a la gallina para poder cocinarla".
desenchilar. ■ TR. **1.** Contentar: "Las palabras de mi tío desenchilaron a mi mamá".
desenchilarse. ■ INTR. PRNL. **2.** supran. Hacer que disminuya el picor o escozor producido al comer chile: "Hugo se desenchiló con leche".
desencorralar. ■ TR. supran. rur. Sacar el ganado de los corrales o cercados: "Desencorrala las ovejas para trasquilarlas".
desengañado, da. ■ ADJ. rur. *Referido a alguien,* valiente: "José es un hombre desengañado, a todo le hace frente". Ú.t.c.sust.: "Edmundo es un desengañado, a todo le hace frente".
desengañar. ■ TR. rur. Hacer perder a un caballo el temor por medio de la persuasión: "Desengaña al potro para que cruce el río".
desengrapar. ■ TR. supran. Quitar las grapas a algo: "Desengrapa estos documentos para fotocopiarlos".
desentejar. ■ TR. supran. Quitar las tejas a un tejado: "El viento desentejó la casa".
desentoldarse. ■ INTR. PRNL. pop. Despejarse el cielo: "El día se desentoldó por el ventarrón".
desenyugar. ■ TR. supran. Quitar el yugo a los bueyes: "Desenyuga a esos pobres animales, ya trabajaron toda la mañana".
desenzolvar. ■ TR. **desazolvar.**
desespero. ■ M. supran. Impaciencia en grado extremo.
desfiguro. ■ M. Cosa, expresión o acción extravagante o ridícula.

desflemar. ■ TR. Quitar el picor o el sabor fuerte a un vegetal: "Doña Enriqueta desflemó la berenjena con sal".

desflemo. ■ M. rur. Periodo de sequía a que se somete la caña de azúcar para ponerla en sazón antes de cosecharla.

desfogar. ■ TR. supran. Dar salida al agua que está embalsada o estancada: "Joel desfogó el charco del jardín".

desfogue. ■ M. **1.** Conducto u orificio por donde sale el agua embalsada o estancada. || **2.** supran. Salida del agua embalsada o estancada.

desfondar. ■ TR. supran. **desfundar.**

desfundar. ■ TR. vulg. Desvirgar.

desgano. ■ M. supran. Falta de energía o vigor.

desgañotar. ■ TR. **1.** supran. Degollar a alguien.

desgañotarse. ■ INTR. PRNL. **2.** supran. Gritar una persona; desgañitarse: "El candidato se desgañotó lanzando promesas en la plaza".

desgaritarse. ■ INTR. PRNL. supran. *En el Sureste*, separarse de un grupo: "El niño se desgaritó de los demás por perseguir al perro".

desgarrancharse. ■ INTR. PRNL. fam. Sentarse con las piernas abiertas: "Me molesta sentarme junto a los que se desgarranchan".

desgarrapatar. ■ TR. supran. rur. Dejar libre de garrapatas a un animal: "El veterinario desgarrapató a la vaca".

desgarre. ■ M. supran. Distensión de un músculo o de un tendón.

desgarriate. ■ M. pop. Desorden.

desgraciadez. ■ F. Cosa, expresión o acción propia de una persona desgraciada o vil.

desgraciado, da. ■ M. y F. fam. Persona indeterminada: "Un desgraciado me pidió dinero para su pasaje".

desgranar. ■ TR. fest. Quitarle a alguien los granos, barros o espinillas: "Ana desgrana a su hermana". ■ LOC. **~ la mazorca.** LOC. VERB. fam. Ir directo al punto: "¡No más palabrería, desgrana la mazorca de una buena vez!".

desgranarse. ■ LOC. **~ la mazorca.** LOC. VERB. supran. fam. Desintegrarse poco a poco un grupo de personas, especialmente una familia: "Ya se desgranó la mazorca, se fueron dos del equipo".

desgreñada. ■ F. Acción y resultado de desgreñar o desgreñarse.

desgreñar. ■ TR. **1.** Jalar las greñas o cabellos: "Amanda desgreñó a su prima porque la ofendió". Ú.m.c.prnl.: "Amanda se desgreñó a su prima porque la ofendió". || **2.** Golpear a alguien: "Mariana desgreñó a su hermana". Ú.m.c.prnl.: "Mariana se desgreñó a su hermana".

desgreñarse. ■ INTR. PRNL. **3.** Pelearse con alguien, generalmente tirando de las greñas o cabellos: "Javier se desgreñó a Marcos en la junta".

desgreñón. ■ M. **desgreñada.**

desguachipado, da. ■ ADJ. **1.** supran. fam. Desarreglado: "Pedro tiene su cama toda desguachipada". || **2.** supran. fam. *Referido a persona*, mal vestida; desguangüilado: "El novio se presentó desguachipado a la boda". Ú.t.c.sust.: "El novio es un desguachipado, ¿cómo pudo presentarse así a la boda?".

desguance. ■ M. fam. Falta de fuerza o vigor; cansancio.

desguanguilado, da. ■ ADJ. **desguangüilado, da.**

desguangüilado, da. ■ ADJ. **1.** fam. *Referido a algo*, viejo: "Hay un avión desguangüilado en el museo de la guerra". || **2.** fam. *Referido a alguien*, sin fuerza: "Por cargar las bolsas de mandado quedé muy desguangüilada". || **3.** fam. *Referido a alguien*, flácido: "Rosa tiene brazos desguangüilados". || **4.** fam. *Referido a persona*, mal vestida: "No te dieron el trabajo por andar todo desguangüilado". Ú.t.c.sust.: "No te dieron el trabajo porque eres un desguangüilado".

desguanzado, da. ■ ADJ. fam. *Referido a alguien*, que no tiene fuerza ni vigor: "Iré al doctor porque me siento desguanzada".

desguanzarse. ■ INTR. PRNL. **1.** fam. Quedarse sin fuerza o vigor: "Me desguancé porque no comí en todo el día". || **2.** fam. Desvanecerse sin llegar a perder el conocimiento: "Gertrudis se desguanzó con el golpe".

desguanzo. ■ M. **desguance.**

desgusanar. ■ TR. supran. rur. Quitar los gusanos: "Rita desgusanó las guayabas".

deshierbar. ■ TR. supran. Arrancar o cortar la hierba de un terreno: "Deshierbemos la maleza para poder sembrar".

D

deshierbe. ■ M. supran. Arranque o corte de la hierba de un terreno.

deshuesadero. ■ M. supran. Lugar donde se desarman vehículos y se venden sus piezas; yonque.

deshuesar. ■ TR. supran. Desarmar un vehículo para venderlo en piezas: "Gregorio deshuesó su camioneta para pagar sus deudas".

deshuese. ■ M. supran. Desarme de un vehículo para venderlo en piezas.

desinfestar. ■ TR. supran. Limpiar un lugar de animales dañinos o perjudiciales: "Eva desinfestó el departamento de cucarachas".

deslavarse. ■ INTR. PRNL. Perder un cerro o pendiente una porción de tierra a causa de la lluvia: "El monte se deslavó con la tormenta".

deslave. ■ M. supran. Desprendimiento de tierra de un cerro o de una pendiente a causa de la lluvia.

deslechada. ■ F. vulg. Eyaculación.

deslechar. ■ TR. **1.** vulg. Hacer que alguien eyacule. || **2.** supran. Destetar a un animal: "Mi vecino vendió las camadas de perros después de que las deslecharon".

desmadramiento. ■ M. malson. Acción y resultado de desmadrar.

desmadrar. ■ TR. **1.** malson. Averiar; descomponer: "Fabiola desmadró la lavadora por llenarla de más". || **2.** malson. Golpear con fuerza desmedida: "Ellos desmadraron la puerta con un palo". || **3.** supran. malson. Destruir: "El accidente desmadró el coche".

desmadre. ■ M. **1.** malson. Desorden. || **2.** malson. Fiesta bulliciosa.

desmalezado. ■ M. Acto de quitar la maleza.

desmalezar. ■ TR. supran. Quitar la maleza: "Nora desmalezó su terreno para sembrar jitomates".

desmanchado. ■ M. supran. Limpieza de manchas.

desmanchador, ra. ■ ADJ. **1.** supran. *Referido a una sustancia*, que sirve para quitar las manchas: "Usa el detergente desmanchador, tendrás un mejor resultado". ■ M. **2.** supran. Producto que sirve para quitar las manchas.

desmañanada. ■ F. Hecho de levantarse muy temprano; madrugón.

desmañanar. ■ TR. **1.** Despertar a alguien muy temprano: "Raúl desmañanó al niño para llevarlo al estudio médico".

desmañanarse. ■ INTR. PRNL. **2.** Levantarse muy temprano: "Ese atleta se desmañana para entrenar".

desmecatarse. ■ INTR. PRNL. Desinhibirse: "Manuel se desmecató en la reunión".

desmechado, da. ■ ADJ. **1.** supran. *Referido a la carne*, que se deshebra: "Me enseñaron una receta de pollo desmechado". || **2.** supran. fam. *Referido a persona*, que tiene el cabello alborotado: "Tu amigo desmechado me cayó muy bien". Ú.t.c.sust.: "El desmechado me cayó muy bien". ■ M. **3.** supran. Acción y resultado de desmechar.

desmechar. ■ TR. **1.** supran. Deshebrar la carne: "Luis desmechó la falda de res para el guisado". || **2.** supran. fam. Desenredar las mechas o el pelo: "Durante dos horas, Lucía desmechó los flecos del rebozo". || **3.** supran. fam. Arrancar las mechas o el pelo: "Hortensia desmechó a Julio cuando se pelearon".

desmeritar. ■ TR. **demeritar.**

desmoderado, da. ■ ADJ. *Referido a persona*, carente de moderación: "Esteban es un hombre desmoderado, nunca mide sus palabras". Ú.t.c.sust.: "Esteban es un desmoderado, nunca mide sus palabras".

desmondongar. ■ TR. **1.** supran. fam. Quitar el mondongo o vísceras a una res: "El carnicero desmondongó las reses". || **2.** supran. fam. Herir a alguien con un arma blanca en el vientre provocando que quede expuesto el mondongo o vísceras.

desmorrar. ■ TR. rur. *En el Sureste*, podar un árbol para que dé más fruto: "Desmorra el mamoncillo y tendrás mejor cosecha".

desmorre. ■ M. rur. *En el Sureste*, poda que se hace a un árbol para que dé más fruto.

desmuelar. ■ TR. supran. Quitar las muelas a alguien: "Desmuelaron al niño". Ú.m.e.pp.: "Ese niño desmuelado se ve gracioso".

desnalgado, da. ■ ADJ. supran. *Referido a persona*, de nalgas poco prominentes: "Mi amiga desnalgada se compra pantalones holgados". Ú.t.c.sust.: "Esa desnalgada usa pantalones holgados".

desobligado, da. ■ ADJ. **1.** supran. *Referido a persona*, que no cumple con sus obligaciones o responsabilidades: "Jorge siempre ha sido un trabajador desobligado". Ú.t.c.sust.: "Jorge siempre ha sido un desobligado". || **2.** supran.

Propio de la persona **desobligada**: "Lo corrieron por su actitud desobligada".

despachador, ra. ■ M. y F. **1.** Persona encargada de surtir mercancía a las tiendas. || **2.** supran. Jefe de una estación de ferrocarriles. ■ M. **3.** Máquina que surte algún producto; despachadora. ■ F. **4.** Máquina que surte algún producto.

despachadora. ■ F. Véase **despachador, ra.**

despacharse. ■ TR. PRNL. supran. fam. Comer o beber rápidamente: "Me despaché unas garnachas porque ya tenía mucha hambre". ■ LOC. **~ con la cuchara grande.** LOC. VERB. supran. Tomar alguien la mejor parte cuando se distribuye algo entre varias personas: "René se despachó con la cuchara grande solo porque él consiguió los recursos".

despacientarse. ■ INTR. PRNL. supran. pop. Impacientarse: "Catalina se despacienta cuando espera a su esposo".

despalmar. ■ TR. **1.** rur. Sacar filo a una herramienta: "Despalma las tijeras para desyerbar el terreno porque ya no cortan". || **2.** supran. rur. Sacar filo por primera vez a un instrumento cortante: "Arturo despalmó el machete nuevo antes de usarlo".

despalotar. ■ TR. rur. *En el Sureste*, limpiar de palos, ramas o troncos un río o un terreno: "Despalotaron el río y ya se puede nadar".

despalote. ■ M. rur. *En el Sureste*, limpieza de palos, ramas o troncos de un río o un terreno.

despapaye. ■ M. supran. cufcm. **desmadre.**

desparpajar. ■ TR. **1.** Espabilar: "Eva desparpajó a Luis con sus gritos". || **2.** Desinhibir: "El vino desparpaja a Lucía".

desparpajo. ■ M. **1.** Acto de espabilar. || **2.** Desinhibición.

desparramadora. ■ F. Hierba originaria de Europa, de hasta 50 cm de altura, monoica; tallos muy ramificados, postrados y pilosos; hojas opuestas, enteras, de ovadas a sagitadas; flores hermafroditas, pequeñas, tubulares, amarillas, solitarias y dispuestas en las axilas de las hojas, con un pequeño espolón en la base, los pétalos dispuestos a manera de labios donde el superior es morado; frutos capsulares, subglobosos, pequeños y cafés; semillas numerosas, diminutas. Familia de las plantagináceas, *Kickxia elatine*.

despedorrar. ■ TR. malson. Desordenar algo: "Julián despedorró mis papeles".

despedorre. ■ M. malson. Desorden.

despeinar. ■ LOC. **~ el chango.** LOC. VERB. **despeinar la cotorra.** ▷ **~ la cotorra.** LOC. VERB. vulg. Practicar el coito.

despeinarse. ■ INTR. PRNL. Pelearse: "Anoche unos borrachos se despeinaron en el bar".

despelechar. ■ INTR. supran. Perder el pelo un animal: "Mi mascota despelecha en primavera". Ú.m.c.prnl.: "Mi mascota se despelecha en primavera".

despellejada. ■ F. fam. Hecho de despellejar o dejar a alguien sin dinero o pertenencias, generalmente en una casa de juego.

despellejadero. ■ M. **1.** fam. Lugar donde se pierde o se gasta mucho dinero, generalmente una casa de juego. || **2. despellejada.**

despellejar. ■ TR. **1.** fam. Dejar a alguien sin dinero o pertenencias, generalmente en una casa de juego: "Despellejaron a mi primo en el billar". || **2.** fam. Golpear intensamente: "Juan despellejó al ladrón que entró a su casa". || **3.** fam. Matar.

despelucada. ■ F. fam. Hecho de despelucar o dejar a alguien sin dinero o pertenencias, generalmente en una casa de juego.

despelucadero. ■ M. **1.** fam. Lugar donde se pierde o se gasta mucho dinero, generalmente una casa de juego; despellejadero. || **2. despelucada.**

despelucar. ■ TR. supran. fam. Dejar a alguien sin dinero o pertenencias, generalmente en una casa de juego; despellejar: "A Esteban lo despelucaron en el casino".

despepitadora. ■ F. supran. Máquina para quitar las pepitas de los productos agrícolas.

despepitar. ■ TR. **1.** supran. fam. Apresurar: "El señor despepitó a los niños para alcanzar el camión". ■ INTR. **2.** supran. fam. Hablar mal de alguien: "Demetrio despepitó contra Pánfilo porque no cumplió su palabra".

despercudir. ■ TR. supran. Aclarar el tono de la piel: "Esta crema despercude los codos".

despicar. ■ TR. **1.** supran. Cortar el pico de un ave, generalmente un pollo.

despicarse. ■ INTR. PRNL. **2.** *En el Sureste*, caerse: "Las manzanas ya se despicaron".

D

despique. ■ M. **1.** Acto de cortar el pico de un ave, generalmente un pollo. || **2.** *En el Sureste*, caída de algo o de alguien.

despistolización. ■ F. supran. Incautación de armas de fuego.

despistolizar. ■ TR. supran. Incautar a alguien armas de fuego: "El gobierno despistolizó a los vecinos de la comunidad".

desplegado. ■ M. supran. Inserción en prensa escrita que expresa la postura de quien la paga.

desplumadero. ■ M. **1.** fam. Acción y resultado de dejar a alguien sin dinero o pertenencias, generalmente en una casa de juego; despellejadero. || **2.** fam. Lugar donde se pierde o se gasta mucho dinero, generalmente una casa de juego; despellejadero.

desplumar. ■ TR. supran. Criticar a alguien que, generalmente, no está presente: "Ana desplumó a Violeta porque siempre llega tarde".

despochinar. ■ TR. fam. *En el Norte*, desordenar: "Los niños despochinaron el cuarto".

despostilladura. ■ F. **1.** Mella o defecto que queda en la superficie de un objeto, generalmente por un golpe. || **2.** Fragmento que por accidente se separa de la superficie de un objeto.

despostillar. ■ TR. supran. Causar una mella o defecto en la superficie de un objeto, generalmente por un golpe: "Edmundo despostilló el plato al lavarlo".

despuntada. ■ F. Véase **despuntado, da.**

despuntado, da. ■ ADJ. **1.** *Referido a un animal*, que tiene un anca más alta que la otra: "Al toro despuntado se lo llevaron a la hacienda". ■ F. **2.** Corte mínimo al cabello para emparejarlo.

despuntador. ■ M. **1.** *En la minería*, aparato utilizado para separar minerales. || **2.** *En la minería*, martillo que se usa para romper minerales.

desquelitar. ■ TR. rur. Arrancar quelites o maleza de un terreno: "El muchacho desquelitó la milpa de su abuelo".

desquelite. ■ M. rur. Corte de quelites o maleza de un terreno.

desquintar. ■ TR. vulg. Desvirgar.

desrielar. ■ TR. **1.** Quitar los rieles de una vía férrea: "Los trabajadores desrielaron la vía para colocar una nueva".

desrielarse. ■ INTR. PRNL. **2.** Apartarse de lo que se considera justo y razonable; descarriarse: "Con la adolescencia, mi primo se desrieló".

destajar. ■ TR. supran. Descuartizar un animal: "En el matadero destajan puercos".

destantear. ■ TR. supran. fam. Desorientar: "La nueva ubicación de señalamientos de tránsito destanteó a Miguel".

destanteo. ■ M. supran. fam. Desorientación.

destapacaños. ■ M. **1.** Bomba que sirve para destapar el conducto obstruido de una tubería. || **2.** Compuesto químico que sirve para destapar el conducto obstruido de una tubería.

destapador. ■ M. supran. Utensilio que sirve para quitar las tapas metálicas de las botellas.

destapar. ■ TR. supran. fam. Anunciar oficialmente a alguien como el candidato de un determinado grupo o partido político para ocupar un puesto público: "El comité destapó al señor Pérez para ser delegado". ■ LOC. **~ la(s) cloaca(s).** LOC. VERB. vulg. Practicar el coito.

destape. ■ M. fam. Anuncio oficial de un candidato de un determinado grupo o partido político para ocupar un puesto público.

destartalar. ■ TR. supran. Estropear: "Mi tío destartaló el radio y no lo arregló".

destazar. ■ TR. supran. Criticar fuertemente a alguien: "El periodista destazó al diputado en la entrevista".

deste, ta. ■ M. y F. fam. Objeto cuyo nombre se desconoce o no se recuerda: "No encuentro la desta para pintar".

destemplamiento. ■ M. supran. Sensación dolorosa experimentada en los dientes por un cambio de temperatura.

destemplarse. ■ INTR. PRNL. supran. Experimentar en los dientes una sensación dolorosa por un cambio de temperatura: "Los dientes se me destemplaron con el helado".

desteñido, da. ■ ADJ. supran. fam. *Referido a persona*, que tiene la piel clara: "La vecina desteñida es muy conflictiva". Ú.t.c.sust.: "La desteñida es muy conflictiva".

destoldar. ■ TR. Quitar un toldo o una cubierta: "Un ventarrón destoldó la casa".

destramador. ■ M. *En el Noroeste*, peine de dientes gruesos.

destramparse. ■ INTR. PRNL. **1.** Excederse alguien en su comportamiento: "Si no vigilo a mis hijos, se destrampan". || **2.** Actuar de manera sobresaliente: "Benito se destrampó metiendo tres goles".

destrampe. ■ M. **1.** Exceso de alguien en su comportamiento. || **2.** Acción sobresaliente. || **3.** supran. Fiesta bulliciosa; desmadre.

destrancar. ■ TR. **1.** supran. Quitar la tranca de una puerta: "Mi abuela destrancaba el portón con su bastón". || **2.** supran. Eliminar el bloqueo de un mecanismo: "El mecánico destrancó el motor que se detuvo repentinamente".

destranque. ■ M. **1.** supran. Acto de quitar la tranca de una puerta. || **2.** supran. Eliminación del bloqueo de un mecanismo.

destripado, da. ■ ADJ. despect. *Referido a persona*, que proviene de una clase social baja y accede a una superior: "Esos vecinos destripados son muy ostentosos, ahora andan presumiendo coche nuevo". Ú.t.c.sust.: "Esos destripados son muy ostentosos, ahora andan presumiendo coche nuevo".

destripar. ■ INTR. fam. Abandonar los estudios: "Mi sobrino destripó para dedicarse a trabajar".

destroncar. ■ TR. **1.** supran. Limpiar de troncos un terreno: "La máquina destroncó la hectárea para sembrarla". || **2.** supran. Arrancar plantas de raíz: "Miguel destroncó el jardín y lo renovó".

destronconar. ■ TR. **destroncar.**

destronque. ■ M. **1.** supran. Limpieza de troncos en un terreno. || **2.** supran. Hecho de arrancar plantas de raíz.

destróyer. ■ ADJ. **1.** *Referido a alguien*, que destroza o descompone cualquier cosa que esté a su lado: "Ya no aguanto a ese muchacho destróyer". || **2.** *Referido a persona*, que vandaliza: "Un chavo destróyer quebró las ventanas de mi comercio". ■ COM. **3.** Persona que destroza o descompone cualquier cosa que esté a su lado: "Mi primo Gustavo es un destróyer, ya rompió los vasos nuevos". || **4.** Persona que vandaliza: "Un destróyer muy violento quebró las ventanas de mi comercio".

desvelada. ■ F. supran. Acto de pasar la noche en vela.

desvelar. ■ TR. supran. Develar: "Laura desveló el retrato del fundador del restaurante".

desvenar. ■ TR. Limpiar los chiles de venas y de semillas: "Martina desvenó una gran cantidad de chiles para hacer el mole".

desvene. ■ M. Limpieza de chiles tanto de venas como de semillas.

desvergue. ■ M. supran. vulg. Alteración del orden; caos.

desviadero. ■ M. Vía corta derivada de la principal, que sirve para apartar en ella vagones, tranvías y locomotoras; apartadero.

desviejadero. ■ M. fam. Aumento en la cantidad de muertes en viejos o en personas de edad avanzada en determinada época del año, generalmente en invierno.

desviejar. ■ INTR. fam. Aumentar la cantidad de muertes de viejos o de personas de edad avanzada en determinada época del año, generalmente en invierno.

desyerbar. ■ INTR. **deshierbar.**

desyerbe. ■ M. **deshierbe.**

detalle. ■ M. **1.** supran. fest. Amante. || **2.** supran. fest. Hijo ilegítimo.

detectar. ■ TR. Establecer la identidad de una persona o de una cosa; identificar: "La señora detectó al ladrón".

detener. ■ TR. Sostener un objeto: "Te detengo la bolsa mientras abres la puerta".

detroit. (Juego de palabras entre Detroit y detrás). ■ LOC. **por ~.** [*detróit, ditróit*] LOC. ADV. supran. Por detrás: "Omar entró a la casa por detroit".

devanar. ■ TR. *En el Sureste*, ensuciar: "Guadalupe devanó sus zapatos con lodo".

develación. ■ F. supran. Hecho de quitar el velo que cubre algo.

develar. ■ TR. supran. Quitar el velo que cubre algo: "Laura develó la placa conmemorativa de su restaurante".

devolver. ■ LOC. **~ el chirrión por el palito.** LOC. VERB. Corresponder con un agravio a alguien que intentó causar un daño: "Ante cualquier amenaza les devuelvo el chirrión por el palito".

devolverse. ■ INTR. PRNL. supran. Regresarse: "Eva se devolvió a su ciudad natal".

día. ■ LOC. **~ del chivo.** LOC. SUST. fam. Aquel en que un trabajador recibe su sueldo: "El día del chivo invito los tacos".

diabla. ■ LOC. **a la ~.** LOC. ADJ. *Referido a un alimento*, guisado con salsa de chile muy picante: "Comí unos camarones a la diabla buenísimos".

diablada. ■ F. supran. fam. Travesura de poca importancia, especialmente de niños; diablura.

diablal. ■ LOC. **(un) ~ de.** LOC. ADJ. fam. Numeroso, abundante o intenso; mucho: "Me gasté un diablal de dinero arreglando el coche". ▷ **un ~.** LOC. ADV. fam. Con demasiada intensidad o frecuencia; mucho: "El rosal de mi abuela creció un diablal".

diablar. ■ M. **diablal.**

diable. ■ ADJ. **diantre.**

diablero, ra. ■ M. y F. Persona que se dedica a transportar mercancías en un diablo o carro de dos ruedas con una plataforma, generalmente en un mercado.

diablito. ■ M. Raspado de tamarindo con chile, limón y chamoy.

diablo. ■ M. **1.** Carro de dos ruedas con una plataforma sobre la que se transportan cosas. Ú.m.e.dim. || **2.** Cada uno del par de tubos pequeños que se enroscan en el eje de la llanta de una bicicleta, principalmente la trasera, y que permiten llevar algún pasajero que va de pie sobre ellos. Ú.m.e.dim. || **3.** jerg. Pastilla de droga hecha a base de *crack* o cocaína y tabaco. Ú.m.e.dim. || **4.** supran. Conexión fraudulenta que se hace para tomar corriente de las líneas eléctricas públicas. Ú.m.e.dim.

diamante. ■ M. supran. *En el beisbol*, área interior del campo de juego, en forma de rombo, delimitado por las bases y la registradora.

diantre. ■ ADJ. fam. *En el Occidente, referido a alguien*, maldoso: "Diantre gato, tiró el vaso de la mesa".

dichoso, sa. ■ ADJ. Que es ampliamente conocido y mencionado: "Por fin probé los dichosos tacos de carnitas que me decías".

diente. ■ LOC. **~ de burro.** LOC. SUST. **1.** Planta anual originaria de México y Centroamérica, de hasta 2 m de altura; tallos ramificados; inflorescencias masculinas, con espigas, cada una envuelta por una sola bráctea; varias espigas femeninas en una vaina, con pedúnculos de hasta 2 cm de largo; flores en forma de espiguillas dispuestas en dos hileras; de cinco a 12 semillas cariópsides, cubiertas por una gluma endurecida, con superficie lustrosa, lisa, de color blanco uniforme a café muy oscuro, con manchas de color café más claro a gris; uso forrajero. Familia de las gramíneas, varias especies del género *Zea*, como *Zea mays* ssp. *mexicana*, *Zea mays* ssp. *parviglumis*. (También se llama acecé, madre de maíz, maíz cimarrón, milpilla, pezuña de burro, sarazo, teocintle, teosinte). || **2.** Fruto de esta planta.

dieta. ■ LOC. **de ~.** LOC. ADJ. *Referido a una bebida o a una comida*, baja en calorías, azúcares, grasas, etc.; *light*: "Yo siempre pido refrescos de dieta".

diez. ■ LOC. **al ~ para las doce.** LOC. ADV. En el último momento: "Todo siempre lo haces al diez para las doce".

diezmillo. ■ M. Corte de carne de vacuno que se ubica entre las costillas y el lomo del animal; aguja.

diferendo. ■ M. supran. Desacuerdo.

difícil. ■ ADJ. **1.** fam. *Referido a persona*, torpe: "Evaristo es un niño difícil, siempre se tropieza con todo". ■ COM. **2.** fam. Persona torpe: "Evaristo es un difícil, siempre se tropieza con todo".

difuntear. ■ TR. **1.** supran. fam. Asesinar. Ú.m.c.prnl.

difuntearse. ■ INTR. PRNL. **2.** fam. Morirse: "Raquel se difunteó un día antes de su cumpleaños".

difunto. ■ EXPR. **el ~ era más grande.** fest. Se usa para señalar a una persona que viste ropa que le queda notoriamente grande: "Manuel, cámbiate el saco, el difunto era más grande". ▷ **el ~ era mayor.** fest. **el difunto era más grande.**

difusora. ■ F. supran. Empresa dedicada a la emisión de programas de radio.

dinero. ■ EXPR. **con ~ baila el chango.** fam. **con dinero baila el perro.** ▷ **con ~ baila el perro.** supran. fam. Se usa para señalar que con una cantidad monetaria se puede obtener lo que sea: "Sara dice que sus principios son intachables, pero con dinero baila el perro".

direccional. ■ F. **1.** Interruptor de la **direccional**. || **2.** supran. Luz intermitente que indica la dirección, izquierda o derecha, hacia la que va a dar vuelta un vehículo.

director. ■ LOC. **~ técnico.** LOC. SUST. Persona que entrena a los jugadores de futbol; entrenador.

directorio. ■ LOC. **~ telefónico.** LOC. SUST. supran. Libro que recoge el nombre, la dirección y el número de teléfono de los abonados al servicio de telefonía.

discada. ■ F. **1.** *En el Norte,* guiso elaborado con carne de res y puerco, tocino, chorizo, cebolla y tomate, se fríe y se deja al fuego, y se le agrega cerveza hasta que esta se consuma. || **2.** *En el Norte,* comida que se prepara con trozos de carne, cebolla, tocino y pimiento, entre otros ingredientes, hecha tradicionalmente en un disco de arado. || **3.** *En el Norte,* fiesta o reunión al aire libre donde se prepara y se consume la **discada**.

discado. ■ M. supran. Marcación en el disco o pieza giratoria de un teléfono del número de otro para establecer comunicación.

discar. ■ TR. supran. Marcar en el disco o pieza giratoria de un teléfono el número de otro para establecer comunicación: "Por favor, disque los dígitos de la persona con quien desea comunicarse".

discutido, da. ■ ADJ. **disparador, ra.**

discutirse. ■ INTR. PRNL. Quedar bien en un propósito: "La madrina se discutió con la hechura del vestido".

disímbolo, la. ■ ADJ. Disímil; diferente: "En la reunión se trataron temas disímbolos".

disparador, ra. ■ ADJ. *Referido a persona,* que con frecuencia invita algo a alguien: "Néstor es un amigo muy disparador, siempre paga los vinos". Ú.t.c.sust.: "Néstor es un disparador, siempre paga los vinos".

disparar. ■ TR. supran. Pagar algo a alguien por cortesía: "El jefe disparó la cena".

disparejo. ■ M. **1.** Lanzamiento de monedas al aire para la resolución de algo. || **2.** Fórmula de sorteo en que tres o más participantes apuntan con el dedo pulgar hacia arriba o hacia abajo para la resolución de algo.

disquera. ■ F. supran. Empresa que se encarga de la manufactura, producción y distribución de discos musicales.

distinguido, da. ■ LOC. **mi ~.** LOC. SUST. supran. Fórmula de tratamiento para dirigirse con respeto y confianza a una persona conocida: "Mi distinguido, gusto en saludarlo".

distribuidor. ■ M. **1.** Dispositivo del sistema de encendido de los motores de gasolina. || **2.** supran. **distribuidor vial.** ■ LOC. **~ vial.** LOC. SUST. Conjunto de vías que facilita el acceso a otras rápidas; distribuidor.

dita. ■ F. supran. Deuda, por lo común dinero, que alguien tiene que pagar, satisfacer o reintegrar a otra persona.

diúrex. (De Durex®). ■ M. supran. Cinta, generalmente transparente, con adhesivo por uno de sus lados.

divisadero. ■ M. supran. Lugar bien situado para contemplar un paisaje o un acontecimiento; mirador.

divisionario. ■ M. General de división.

dizque. ■ ADJ. **1.** supran. Supuesto: "La dizque abogada me engañó". ■ ADV. **2.** supran. Supuestamente: "Dizque iba a venir una enfermera a inyectarme".

dobla. ■ F. supran. rur. Doblamiento de las plantas de maíz cuando el fruto está maduro para favorecer su secado.

doblada. ■ F. Alimento preparado con tortilla de maíz o de harina de trigo que se dobla por la mitad y se rellena con algún ingrediente.

dobladillador. ■ M. Pieza de una máquina de coser que sirve para hacer pliegues en dobladillos o en los bordes de la ropa.

dobladizo, za. ■ ADJ. *Referido a algo,* que se dobla con facilidad; plegadizo: "Las sillas dobladizas ahorran espacio".

doblar. ■ TR. **1.** fam. Matar a balazos. Ú.m.c. prnl. || **2.** supran. rur. Encorvar las plantas de maíz para favorecer su secado: "Ayer doblamos la milpa completa". ■ LOC. **~ el petate.** LOC. VERB. supran. **doblar las manos.** ▷ **~ las manitas.** LOC. VERB. **doblar las manos.** ▷ **~ las manos.** LOC. VERB. **1.** fam. Rendirse: "El corredor hizo un gran esfuerzo, pero al final dobló las manos". || **2.** fam. Morirse: "El lugar olía horrible porque un perro dobló las manos". ▷ **~ los codos.** LOC. VERB. supran. **doblar las manos.** ▷ **~ los remos.** LOC. VERB. **doblar las manos.**

doble. ■ LOC. **~ ancho.** LOC. ADJ. fest. *Referido a alguien,* que es excesivamente gordo: "Tu hermana doble ancho no me deja ver la tele". ▷ **~ turno.** LOC. SUST. El que corresponde a dos jornadas laborales seguidas: "Estoy muy cansado; ayer hice doble turno porque faltaron varios de los trabajadores". ▶ **~ u.** LOC. SUST. supran. Nombre de la letra *w*.

dobleteada. ■ F. Acción y resultado de dobletear.

dobletear. ■ TR. **1.** Duplicar el precio de algo: "Dobletearon los boletos de la final de futbol y no pudimos ir". || **2.** supran. Tomar doble ración de algo: "Los niños dobletearon pastel". ■ INTR. **3.** Trabajar un empleado dos jornadas laborales seguidas: "José dobleteó por falta de personal".

dodge. (Juego de palabras entre Dodge® y dos). ■ LOC. **a ~ (patas).** [*dóch*] LOC. ADV. **en dodge (patas).** ▶ **en ~ (patas).** [*dóch*] LOC. ADV. supran. fest. A pie: "Llegaré en la noche porque me voy en dodge patas".

dogo. ■ M. *En el Norte*, comida que se prepara con un panecillo suave, alargado, caliente, abierto longitudinalmente y con una salchicha dentro, asada o cocida; se sirve normalmente con mayonesa, mostaza, cátsup y otros ingredientes; *hot dog*.

dolencia. ■ F. supran. Dolor o molestia focalizados en una parte del cuerpo.

dolerle. ■ LOC. **~ el codo.** LOC. VERB. supran. Ser tacaño: "No le pidas nada a Verónica porque siempre le duele el codo".

domador, ra. ■ M. y F. fest. Persona con la que se mantiene una relación amorosa.

dominada. ■ F. Control de un balón de futbol mediante ligeros golpes con el pie y sin dejar que este caiga.

domingo. ■ M. supran. Dinero que se da en ese día a un niño para que compre lo que quiera, como asignación semanal. ■ LOC. **~ siete.** LOC. SUST. **1.** Embarazo no planeado: "Este domingo siete va a arruinar mi relación". || **2.** Cosa o acción fuera de tono: "Este examen inesperado fue un total domingo siete".

dominguero, ra. ■ ADJ. **1.** *Referido a una expresión hablada y escrita*, especializada o rebuscada, usada en un contexto informal: "Deja de usar palabras domingueras, no te entiendo". || **2.** *Referido a una producción audiovisual*, que entretiene por un argumento que se percibe como ligero; palomero: "Veo películas domingueras para distraerme". || **3.** supran. *Referido a algo*, que, por esmerado, está fuera de la cotidianidad de quien lo usa: "Todos nos pusimos nuestra ropa dominguera para la boda".

dominguilla. ■ F. Hierba o arbusto americano, de hasta 80 cm de altura, monoico o dioico; tallos con pelillos urticantes; hojas opuestas, enteras, de ovadas a lanceoladas, con margen dentado y también con pelos urticantes; flores unisexuales, diminutas, con cuatro pétalos amarillo verdosos, agrupadas en espigas o glomérulos; frutos aquénicos, pequeños y comprimidos. Familia de las urticáceas, *Urtica dioica*. (También se llama ortiga).

dominiquito. ■ M. Ave originaria de América, de hasta 13 cm de longitud; con partes superiores de color castaño oscuro y partes inferiores más claras; con marcadas franjas longitudinales; tiene una cola profundamente horquillada; alas y cola con manchas amarillas, no siempre visibles; de canto melodioso; habita en bosques de coníferas. Familia de los fringílidos del orden Passeriformes, *Spinus pinus*.

don. ■ M. **1.** Hombre indeterminado: "Llegó un don y me pidió dinero para su pasaje". || **2.** Fórmula de tratamiento para dirigirse con respeto a un hombre que generalmente tiene mayor jerarquía social: "Don, ¿cuándo regresa?". || **3.** supran. Hombre de edad madura: "Su papá es un don con mucha energía".

dona. ■ F. **1.** Pan dulce en forma de rosquilla, suave y esponjoso, recubierto con una capa, generalmente, de azúcar. || **2.** Liga decorativa para sujetar el cabello. || **3.** vulg. Ano. ■ LOC. **en donas.** LOC. ADV. fam. *En deportes*, con el marcador en ceros: "Van tres veces seguidas que mi equipo termina en donas".

donape. ■ M. **donapé.**

donapé. ■ M. Arbusto parásito de raíces originario de América, de hasta 1 m de altura, monoico; tallos ramosos, cafés, muy pubescentes; hojas alternas, divididas en tres foliolos, pequeños, de elípticos a lanceolados, de pubescencia estrigosa; flores hermafroditas, vistosas, con cinco pétalos, tres de color rosado y dos de color verdoso, flores solitarias; frutos capsulares, globosos u ovoides, pubescentes y con numerosos aguijones, cafés; de una a dos semillas, globosas, cafés o negras. Familia de las krameriáceas, *Krameria cytisoides*. (También se llama donape).

donde. ■ LOC. **y ~ que.** LOC. ADV. En ese momento; entonces: "Y donde que iba Evaristo caminando y que se encuentra un fajo de billetes".
donjuán. ■ M. **1.** Árbol originario de América, de hasta 6 m de altura, monoico; tallos ramosos, verdes azulados, cerosos; hojas alternas, enteras, de ovadas a lanceoladas, glabras y de color verde a azuloso; flores hermafroditas, vistosas, tubulares, de amarillas a verdosas, agrupadas en panículas; frutos capsulares, globosos u ovoides, cafés; semillas diminutas, ovadas, cafés o negras. Familia de las solanáceas, *Nicotiana glauca.* (También se llama gretana, mostaza montés, tabaco cimarrón, tacote, virginio). || **2.** Hoja del **donjuán**; uso como insecticida.
doña. ■ F. **1.** Mujer indeterminada: "Una doña me vendió unos tamales". || **2.** Fórmula de tratamiento para dirigirse con respeto a una mujer que generalmente tiene mayor jerarquía social. Ú.m.e.dim.: "Doñita, ¿cómo ha estado?". || **3.** supran. Mujer de edad madura: "Mi tía es una doña, pero tiene mucha energía". ■ LOC. **~ diabla.** LOC. SUST. Hierba originaria de Asia Central o la India, ahora cultivada en varias partes del mundo, de hasta 4 m de altura, dioica; tallos muy ramificados, pubescentes y glandulosos; hojas opuestas en la base y alternas en las ramas, divididas en cinco foliolos, linear-lanceolados, con margen aserrado; flores unisexuales, pequeñas: las masculinas verdosas, agrupadas en panículas, las femeninas rodeadas por grandes brácteas, agrupadas en densos racimos; frutos aquénicos, ovoides, pequeños, verdosos con tonos púrpuras; una semilla, diminuta. Familia de las cannabáceas, *Cannabis sativa.* (También se llama doña Juana, doña Juanita). ▷ **~ Josefa.** LOC. SUST. vulg. Vagina. ▷ **~ Juana.** LOC. SUST. **doña diabla.** ▷ **~ Juanita.** LOC. SUST. **doña diabla.**
dopar. ■ TR. Drogar a alguien.
doradilla. ■ F. **1.** Hierba originaria de América, de hasta 20 cm de altura, monoica; raíces fibrosas; tallos muy ramificados, arrosetados, que al deshidratarse se enroscan; hojas alternas o en espiral, enteras, diminutas y en forma de escamas, ovadas; los estróbilos solitarios en el ápice de las ramas, cuadrangulares o aplanados, con esporofilas de un tipo; las esporas, diminutas, de dos tipos: microesporas y megaesporas. Familia de las selagineláceas, *Selaginella lepidophylla.* || **2.** Hoja de la *Selaginella lepidophylla*; uso en la medicina tradicional. || **3.** Hierba originaria de América, de hasta 20 cm de altura, monoica; tallos muy ramificados, ascendentes, a veces formando densos manchones; hojas en espiral, enteras, lineares, de verdes a rojizas, con márgenes ciliados; los estróbilos unisexuales, solitarios en el ápice de las ramas y ovoides; las esporas, diminutas, de dos tipos: microesporas y megaesporas; uso ornamental. Familia de las selagineláceas, *Selaginella rupestris.* (También se llama flor de peña, flor de piedra).
doradita. ■ F. *En el Occidente*, tortilla de maíz desecada; tostada.
dorado. ■ M. **1.** Soldado que formaba parte de la escolta personal del jefe revolucionario Francisco Villa. || **2.** Ave originaria de América, de hasta 9 cm de longitud; el macho es de pecho blanco y cara rojiza; con la parte dorsal, los flancos y la cola de color pardo rojizo; la garganta es de color naranja o rojo intenso; la hembra tiene la espalda de color verde; algunas plumas de la garganta son de color naranja iridiscente, su cola es negra con la punta blanca y la base rojiza. Familia de los troquílidos del orden Apodiformes, *Selasphorus rufus.* (También se llama colibrí, zumbador canelo, zumbador rufo).
dormidera. ■ F. supran. Hierba o arbusto originario de América, de hasta 1 m de altura, monoico; tallos espinosos; hojas alternas, divididas en numerosos foliolos pequeños, se cierran ante cualquier contacto; flores hermafroditas, pequeñas, de color rosado, agrupadas en cabezuelas esféricas; frutos en vainas pardas; semillas numerosas, circulares, negras. Familia de las leguminosas, *Mimosa pudica.* (También se llama adormidera, dormilona, mimosa, moriviví, vergonzosa).
dormilona. ■ F. **1.** fam. Golpe dado en el muslo o el brazo y que provoca una sensación de adormecimiento y dolor. || **2.** fam. Llave de lucha que produce pérdida momentánea del sentido: "A Pedro le aplicaron la dormilona y lo asaltaron". || **3. dormidera.**

dormir. ■ TR. supran. Engañar a alguien: "Francisco durmió a Jorge con cincuenta pesos". Ú.m.c.prnl.: "Francisco se durmió a Jorge con cincuenta pesos". ■ LOC. **~ a nalga suelta.** LOC. VERB. malson. Hacerlo profundamente y durante un tiempo prolongado: "Espero dormir a nalga suelta esta noche".

dos. ■ LOC. **~ caras.** LOC. SUST. Persona falsa, que procede con doblez: "Es un dos caras que habla mal de ti a tus espaldas". ▷ **~ de bastos.** LOC. SUST. fam. Ladrón de carteras: "Un dos de bastos me robó en el camión". ▷ **~ (que) tres.** LOC. ADV. supran. Más o menos: "A Lisa le fue dos que tres en el examen".

dragonazo. ■ M. fest. Mal aliento.

drenar. ■ TR. Retirar la salmuera de los alimentos: "Drena las aceitunas para la ensalada". ■ LOC. **~ el riñón.** LOC. VERB. fest. Orinar.

driblada. ■ F. **drible.**

driblaje. ■ M. **drible.**

drible. ■ M. supran. *En el futbol y otros deportes*, finta que hace un jugador para esquivar al contrario y que no le arrebate la pelota; regate.

driblear. ■ TR. supran. *En el futbol y otros deportes*, hacer dribles o fintas a un jugador para no dejarse arrebatar el balón; regatear: "El delantero dribleó fácilmente al defensa".

drogo, ga. ■ ADJ. supran. fam. *Referido a persona*, drogadicta. Ú.t.c.sust.

ducto. ■ M. supran. Tubo por el que circula algo, generalmente un líquido.

duda. ■ LOC. **por (si) las dudas.** LOC. ADV. supran. Por si acaso: "Por si las dudas, revisa que la puerta esté bien cerrada".

duela. ■ F. **1.** supran. Tabla larga y estrecha de madera, de diversos tipos, usada en pisos entarimados. || **2.** supran. Piso hecho con **duela.**

dueño, ña. ■ LOC. **~ de mis quincenas.** LOC. SUST. fest. Pareja sentimental: "Rafa es el dueño de mis quincenas".

dulce. ■ M. Golosina de diferentes sabores y colores; caramelo. ■ LOC. **~ cubierto.** LOC. SUST. Fruta cocida en almíbar espeso hasta que alcanza el punto de cristalización; fruta cristalizada.

dulzoso, sa. ■ ADJ. supran. *Referido a una bebida o a una comida*, empalagosa: "Ese chocolate está muy dulzoso".

duque. ■ M. supran. *En algunos juegos*, el número dos.

dura. ■ F. Véase **duro, ra.**

duranguense. ■ ADJ. **1.** Perteneciente o relativo a la ciudad o al estado de Durango: "La arquitectura duranguense es muy apreciada". || **2.** Natural o procedente de la ciudad o del estado de Durango: "Me casé con un muchacho duranguense". ■ COM. **3.** Persona natural o procedente de la ciudad o del estado de Durango: "Me casé con una duranguense muy culta y guapa".

durangueño, ña. ■ ADJ. **1.** Perteneciente o relativo a la ciudad o al estado de Durango; duranguense: "La arquitectura durangueña es muy apreciada". || **2.** Natural o procedente de la ciudad o del estado de Durango; duranguense: "Me casé con un joven durangueño". Ú.t.c.sust.: "Me casé con un durangueño".

durar. ■ EXPR. **¡qué me dura!** Se usa para enfatizar que algo resulta fácil y rápido: "—¿A poco acabarás esta tarea? ¡Si está bien difícil! —¡Uy!, ¡qué me dura!".

duraznillo. ■ M. **1.** Arbusto originario de América, de hasta 3 m de altura, monoico; tallos muy ramificados, de corteza café o grisácea; hojas alternas, enteras, de elípticas a ovadas, con margen denticulado, muy pubescentes en el envés; flores hermafroditas, pequeñas, con cinco pétalos blancos, agrupadas en corimbos o umbelas; frutos en pomos pequeños, globosos, rojos y pubescentes; semillas pequeñas, ovoides, cafés. Familia de las rosáceas, *Amelanchier denticulata*. (También se llama yagalán). || **2.** Hierba originaria de América, de hasta 1 m de altura, monoica; tallos muy ramificados, pubescentes y con espinas gruesas y numerosas; hojas opuestas, divididas en varios foliolos, ovadas u oblongas, pilosas y con espinas; flores hermafroditas, vistosas, campanuladas, amarillas, pilosas y con espinas, agrupadas en cimas; frutos abayados, globosos, espinosos, cafés o amarillos; semillas diminutas, de ovadas a irregulares, cafés o negras. Familia de las solanáceas, *Solanum rostratum*. (También se llama mala mujer). || **3.** Árbol originario de México, de hasta 20 m de altura, dioico; tallos erectos, con corteza escamosa, amarillos parduzcos, con un exudado que se torna azul verdoso al secarse, de sabor dulce; hojas simples, alternas o dispuestas en espiral, de oblongas a elípticas, con pubescencia en las axilas de las nervaduras en el envés; flores unisexuales, pequeñas y verdosas: las masculinas, glabras o ligeramente pubescentes, dispuestas en amentos, las femeninas, pubescentes, solitarias o dispuestas en pares; frutos drupáceos, de ovoides a globosos, lisos, de color verde oscuro y brillantes, cada uno con una sola semilla. Familia de las icacináceas, *Calatola laevigata*. (También se llama boné, nuez calatola). || **4.** Fruto de este árbol; comestible; uso en la medicina tradicional. ■ LOC. **~ blanco.** LOC. SUST. Cactus originario de México, de hasta 1.5 m de altura, monoico; tallos ramificados, a veces rastreros, con artículos o segmentos ovados, de color verde limón a amarillento, espinas en grupos de dos, amarillentas; flores hermafroditas, con numerosos tépalos amarillos verdosos y con tonos rojizos, con numerosos estambres de color amarillo; frutos de abayado-globosos a piriformes, amarillos y a veces con manchas púrpuras, cubiertos de densos pelos finos o ahuates amarillos; semillas numerosas, subglobosas. Familia de las cactáceas, *Opuntia heliobravoana*. (También se llama nopal ardilla, tetechal).

durmiente. ■ M. supran. Cada uno de los maderos, o soportes de otro material, sobre los que se tienden los rieles de una línea férrea.

duro, ra. ■ ADJ. **1.** supran. *Referido a persona*, que escatima excesivamente al gastar o dar dinero; codo: "Joaquín es un chico duro, solo compra lo más barato". Ú.t.c.sust.: "Joaquín es un duro, solo compra lo más barato". ■ M. **2.** Fritura de harina en forma cuadrada o rectangular; chicharrón. ■ F. **3.** *En Colima*, tostada de maíz con la que se acompaña el pozole y otros guisos. ■ LOC. **duro de puerco.** LOC. SUST. **1.** Piel de cerdo seca y frita; chicharrón. || **2.** *En Jalisco*, residuo de la carne de este animal que, al freírse, queda en el fondo del cazo. ▶ **duro y a la cabeza.** LOC. ADV. De manera contundente: "He visto resultados desde que entreno duro y a la cabeza". ▶ **duro y bonito.** LOC. ADV. **duro y a la cabeza.** ▶ **duro y parejo.** LOC. ADV. supran. **duro y a la cabeza.**

dzic. ■ M. *En el Sureste*, salpicón de venado; zik.

E

ecapatl. ■ M. **ecapatli.**

ecapatli. ■ M. **1.** Arbusto originario de América, de hasta 2 m de altura, monoico; tallos ramificados; hojas alternas, divididas en diez foliolos ovados; flores hermafroditas, vistosas, agrupadas en conjuntos de racimos con cinco pétalos amarillos; frutos en vainas alargadas y aplanadas; semillas numerosas, pequeñas, ovoides, cafés. Familia de las leguminosas, *Cassia occidentalis.* (También se llama ecapatl). || **2.** Raíz del **ecapatli**; uso en la medicina tradicional. || **3.** Hoja del **ecapatli**; uso en la medicina tradicional.

echada. ■ F. **1.** Mentira: "Todas las promesas fueron puras echadas". || **2.** Fanfarronada: "Está bien que tengas coche nuevo, pero ya bájale a tus echadas".

echador, ra. ■ ADJ. **1.** *Referido a persona*, mentirosa: "Pepe es muy echador, se inventa todo". Ú.t.c.sust.: "Pepe es un echador, se inventa todo". || **2.** supran. *Referido a persona*, fanfarrona: "No soporto a mi prima por echadora, se la pasa hablando de sus viajes". Ú.t.c.sust.: "No soporto a esa echadora, se la pasa hablando de sus viajes". || **3.** supran. Propio de la persona **echadora**: "No soporto los choros echadores de Victoria".

echar. ■ INTR. **1.** Fanfarronear: "Tú nada más echas y no haces nada de lo que dices". || **2.** Mentir: "Javier nos echó y no nos dijo qué pasó en realidad". ■ LOC. **~ aguas.** LOC. VERB. Vigilar para alertar a alguien de un riesgo: "Échale aguas a Javier para que estacione bien el coche". ▶ **~ bala.** LOC. VERB. **echar bronca.** ▶ **~ brava.** LOC. VERB. **echar bronca.** ▶ **~ bronca.** LOC. VERB. fam. Buscar pelea o confrontación: "Mi papá le echó bronca al del taller porque no estuvo el coche a tiempo". ▶ **~ (de) cacayacas.** LOC. VERB. Reprender: "Ya me cansé de que me eches de cacayacas por todo". ▶ **~ canilla.** LOC. VERB. fam. Organizarse en equipo para concluir rápidamente algo que requiere de mucho esfuerzo físico; echar montón: "Echamos canilla para sacar el trabajo a tiempo". ▶ **~ cardillo.** LOC. VERB. Tratar de causar admiración: "Jaime echó cardillo ante el jurado del concurso". ▶ **~ carrilla.** LOC. VERB. Hacer objeto de bromas y burlas insistentes a alguien: "Yo aguanto que me echen carrilla mis primos". ▶ **~ (el) charol.** LOC. VERB. **1.** Identificarse como funcionario o persona pública para obtener un beneficio de manera ilícita; dar el charolazo: "Marcos echó el charol para salvarse de la infracción". || **2.** Reflejar la superficie de algo la luz del sol o de un foco; dar el charolazo: "La tele no se ve bien desde aquí porque echa el charol". ▶ **~ (el) charolazo.** LOC. VERB. **echar (el) charol.** ▶ **~ (el) cotorreo.** LOC. VERB. **echar desmadre.**

▶ **~ cuento(s).** LOC. VERB. **1.** Mantener una conversación larga y animada: "No nos veíamos desde hace años y echamos cuento un buen rato". || **2.** supran. Mentir: "No me eches cuento y dime la verdad". ▶ **~ de cabeza.** LOC. VERB. supran. Delatar: "Su hermano lo echó de cabeza con sus papás y lo castigaron". ▶ **~ desmadre.** LOC. VERB. malson. Provocar desorden en busca de diversión: "Mis primos echan desmadre en todas las fiestas". ▶ **~ el calzón.** LOC. VERB. fest. Coquetear. ▶ **~ el can.** LOC. VERB. fest. **echar los perros.** ▶ **~ el chon.** LOC. VERB. **echar el calzón.** ▶ **~ el chonino.** LOC. VERB. **echar el calzón.** ▶ **~ el moco en el atole.** LOC. VERB. **1.** fest. Hacer alguien algo de manera que se malogre un proyecto: "Omar echó el moco en el atole y arruinó el trabajo". || **2.** fest. Decir algo que resulta inapropiado o incómodo para la audiencia: "Tú siempre echas el moco en el atole, ¿no puedes hacer un comentario positivo?". ▶ **~ el perro.** LOC. VERB. **echar los perros.** ▶ **~ (de) frijoles.** LOC. VERB. **1.** fest. Decir mentiras: "Ya no le creo nada a Enriqueta, siempre echa frijoles". || **2.** fest. Regañar: "Mi mamá me echó frijoles porque no hice la tarea". ▶ **~ (de) habladas.** LOC. VERB. **1.** fam. Mentir: "Consiguió el puesto por echar de habladas". || **2.** fam. Fanfarronear: "Desde que le dieron el ascenso solo echa habladas". || **3.** fam. Decir algo de manera indirecta: "Luis siempre me echa de habladas y no me confronta". ▶ **~ (la) hueva.** LOC. VERB. **1.** supran. malson. Holgazanear: "Raúl echa la hueva todo el día, nunca hace nada". || **2.** supran. malson. Descansar: "Eché la hueva después de dos días seguidos de trabajo". ▶ **~ jareta.** LOC. VERB. fest. Contraer el ano para evitar defecar. ▶ **~ la aburridora.** LOC. VERB. fest. Regañar: "Mi abuelita me echa la aburridora cada vez que le digo que no me voy a casar". ▶ **~ la gata a retozar.** LOC. VERB. **1.** fam. Aprovecharse de una posición de poder para abusar: "Nada más conseguiste el puesto y echaste la gata a retozar descaradamente". || **2.** vulg. Practicar el coito. ▶ **~ la meme.** LOC. VERB. Tomar una siesta: "Estaba cansado y eché la meme toda la tarde". ▶ **~ la nutria.** LOC. VERB. vulg. Defecar. ▶ **~ la sal.** LOC. VERB. Desear que se malogren los propósitos de otro: "Juan le echó la sal a Martín para que no se ganara la rifa". ▶ **~ la suave.** LOC. VERB. Hacer creer a alguien que se le da la razón: "Le eché la suave a Josué para que no se enojara". ▶ **~ lámina.** LOC. VERB. coloq. Conducir un automóvil de manera temeraria: "Miguel echó lámina porque venía borracho". ▶ **~ los kilos.** LOC. VERB. Poner alguien todo el empeño en una tarea: "Me gusta trabajar con Toño porque siempre le echa los kilos a todo". ▶ **~ los perros.** LOC. VERB. supran. Pretender a alguien: "Tu hermano me echó los perros desde que me conoció". ▶ **~ (de) madres.** LOC. VERB. malson. Maldecir: "María echó de madres cuando la corrieron del trabajo". ▶ **~ montón.** LOC. VERB. fam. Agruparse para hacer algo: "Echaron montón en la elección y le ganaron al rival". ▶ **~ ojitos.** LOC. VERB. **1.** Tener intención de conseguir algo: "Le eché ojitos a un vestido, el sábado me lo compro". || **2.** Manifestar una intención amorosa, generalmente con la mirada: "Humberto te echa ojitos desde hace meses". ▶ **~ (un) ojo.** LOC. VERB. **echar ojitos.** ▶ **~ (un) palenque.** LOC. VERB. vulg. Practicar el coito. ▶ **~ (la) papa.** LOC. VERB. Comer: "Echamos la papa en casa de mis suegros". ▶ **~ (el/un) paro.** LOC. VERB. fam. Ayudar a alguien; hacer (el/un) paro: "Juan le echó un paro a su primo". ▶ **~ pata.** LOC. VERB. fest. Practicar el coito: "Los vecinos siempre echan pata el fin de semana". ▶ **~ patadas.** LOC. VERB. **echar pata.** ▶ **~ perico.** LOC. VERB. fam. Conversar durante largo rato: "Mi tía echa perico con mi mamá cuando viene de visita". ▶ **~ (un) pisto.** LOC. VERB. Tomar una siesta: "Estoy cansado, pero echo un pisto y me repongo". ▶ **~ (de) porras.** LOC. VERB. Alentar y apoyar a alguien: "Esa maestra es muy buena, nos echa porras para que estudiemos". ▶ **~ relajo.** LOC. VERB. **echar desmadre.** ▶ **~ rostro.** LOC. VERB. Presumir los atractivos físicos: "Raúl echa rostro todo el tiempo en la oficina". ▶ **~ tijera.** LOC. VERB. supran. Criticar: "Esas muchachas echan tijera cada que se ven". ▶ **~ tipo.** LOC. VERB. fam. Lucirse: "Laura echó tipo en la entrevista y consiguió el puesto". ▶ **~ tortillas.** LOC. VERB. Elaborarlas a mano y cocerlas sobre un comal: "Doña Lupe es la única en el barrio que echa tortillas". ▷ ~ **tripa.** LOC. VERB. **echar pata.** ▷ ~ **un brinco.** LOC. VERB. supran. vulg. Practicar el coito. ▷ ~ **un fon.** LOC. VERB. Llamar por teléfono: "Échame un fon cuando llegues a casa". ▷ ~ **un grito.** LOC. VERB. supran. Llamar a alguien, generalmente por teléfono: "Échale un grito al jardinero para que venga a cortar el pasto". ▷ ~ **un lente.** LOC. VERB. supran. Vigilar: "Échale un lente a mi mochila en lo que voy al baño". ▷ ~ **un pial.** LOC. VERB. **1.** Ir en busca de alguien: "Echa un pial a ver si encuentras a tu primo". || **2.** Afianzar una relación: "El empresario echó un pial con los funcionarios". || **3.** supran. Aprisionar a un animal arrojándole un lazo a las patas traseras: "Échale un pial a esa yegua porque se escapa". ▷ ~ **una firma.** LOC. VERB. fest. Orinar: "No me gusta echarme firmas en baños públicos".

echarle. ■ LOC. ~ **(más) agua a los frijoles.** LOC. VERB. Hacer rendir los alimentos cuando aumenta el número de comensales o disminuye el presupuesto: "Mi mamá le echó más agua a los frijoles porque llegaron más invitados". ▷ ~ **conejo.** LOC. VERB. **echarle galleta.** ▷ ~ **(mucha) crema a sus tacos.** LOC. VERB. Fanfarronear: "Alejandro le echó mucha crema a sus tacos en la fiesta de anoche". ▷ ~ **galleta.** LOC. VERB. Poner entusiasmo y dedicación en algo: "Si le echas galleta al estudio seguro pasas el examen". ▷ ~ **ganas.** LOC. VERB. Poner empeño en algo: "Voy a echarle ganas para pasar el examen". ▷ ~ **pata.** LOC. VERB. fest. Caminar: "¡Échale pata, que ya se hizo tarde!". ▷ ~ **pimienta al piloncillo.** LOC. VERB. Estropear o desperdiciar una oportunidad: "¡Ay, Rosa, tú siempre le echas pimienta al piloncillo!, hubieras aceptado la invitación". ▷ ~ **(mucha) salsa a sus tacos.** LOC. VERB. **echarle (mucha) crema a sus tacos.** ■ INTERJ. **¡échale! 1.** Se usa para pedir que algo se realice con celeridad: "¡Échale, compadre! ¿Qué no ve que se nos hace tarde?". || **2.** Se usa para exigir la devolución o entrega de algo: "¿Y el dinero que te presté? ¡Échale!". || **3.** Se usa para animar o incitar: "¡Échale! ¡Haz la tarea!".

echarse. ■ TR. PRNL. **3.** Eliminar algo: "Se echaron la partida para publicidad en el recorte de presupuesto". || **4.** vulg. Poseer sexualmente a alguien. || **5.** supran. Ingerir algo: "Nos echamos unos tequilas durante la fiesta". || **6.** supran. Asesinar. ■ LOC. ~ **a la bolsa.** LOC. VERB. supran. Ganarse la voluntad de alguien: "Joaquín se echó a la bolsa a la jefa con su nuevo proyecto". ▷ ~ **al plato.** LOC. VERB. **1.** Asesinar. || **2.** fest. Practicar el coito. || **3. echarse a la bolsa.** ▷ ~ **sus totopos.** LOC. VERB. fest. Practicar el coito entre lesbianas. ▷ ~ **(un) taco.** LOC. VERB. supran. Tomar un refrigerio: "¿Qué te parece si nos echamos un taco mientras esperamos?". ▷ ~ **un caldo.** LOC. VERB. fest. Abrazarse, acariciarse y besarse dos personas. ▷ ~ **un champurrado.** LOC. VERB. vulg. Practicar el coito. ▷ ~ **un clavado.** LOC. VERB. Saltar desde un trampolín al agua: "Me eché un clavado y casi me ahogo". ▷ ~ **un diez.** LOC. VERB. **echarse un ocho.** ▷ ~ **un faje.** LOC. VERB. fam. **echarse un caldo.** ▷ ~ **un gaucho veloz.** LOC. VERB. fest. Practicar el coito rápidamente. ▷ ~ **un ocho.** LOC. VERB. fam. Hacer o decir algo conveniente y atinado: "Te echaste un ocho con ese chiste". ▷ ~ **un paliacate.** LOC. VERB. **echarse un palo.** ▷ ~ **un palo.** LOC. VERB. supran. vulg. Practicar el coito. ▷ ~ **un palomazo.** LOC. VERB. **1.** Cantar o tocar un instrumento de manera improvisada: "Mis amigos se echaron un palomazo en mi fiesta de cumpleaños". || **2.** Actuar alguien de manera improvisada como muestra de apoyo: "Me eché un palomazo en la reunión de exalumnos". ▷ ~ **un pollito.** LOC. VERB. **1.** Aclarar un problema dos o más personas: "Se echaron un pollito e hicieron las paces". || **2.** Reprender a alguien por su mal comportamiento: "Su mamá se echó un pollito con él porque se salió sin permiso". || **3.** Tener relaciones sexuales. ▷ ~ **un quienvive.** LOC. VERB. Enfrentarse dos personas a golpes o verbalmente: "Nos echamos un quienvive para ver quién era más fuerte". ▷ ~ **un rapidín.** LOC. VERB. fest. Practicar el coito rápidamente. ▷ ~ **una jeta.** LOC. VERB. **echarse una pestaña.** ▷ ~ **una pestaña.** LOC. VERB. Tomar una siesta: "Me eché una pestaña porque venía muy cansado". ■ EXPR. **échate esa.** Se usa para llamar la atención del interlocutor acerca de lo que se cuenta con la intención de sorprenderlo: "Échate esa, el jefe nos va a aumentar el sueldo el próximo mes". ▶ **échate ese trompo a la uña.** supran. Se usa para indicar que un asunto reviste gran dificultad: "Quieren aumentar el presupuesto. ¡Échate ese trompo a la uña!". ▶ **échate esta.** fam. **échate esa.**

-eco, ca. ■ AFIJO. **1.** supran. Forma adjetivos que indican, generalmente, defectos físicos, a partir de sustantivos: "El afijo *-eco* aparece al final de adjetivos como choreco, patuleco y soreco". || **2.** supran. Forma adjetivos gentilicios a partir de sustantivos topónimos de México y Centroamérica: "El afijo *-eco* aparece al final de adjetivos como chiapaneco, cholulteco y guatemalteco".

école. ■ INTERJ. **¡école!** supran. Se usa para manifestar acuerdo o asentimiento: "—¿Dejo la tele aquí? —¡École!".

ecuaro. ■ M. rur. *En Michoacán*, terreno agrícola de pequeña extensión.

edad. ■ LOC. **~ de festejar.** LOC. SUST. **edad de la punzada.** ▶ **~ de la punzada.** LOC. SUST. supran. Adolescencia: "Déjalo, mujer, el chavo está en la edad de la punzada y no escucha razones".

edecán. ■ COM. **1.** Persona que se dedica a promover productos de marcas comerciales: "Ese edecán es un tipo muy convincente, siempre termino comprando". || **2.** supran. Persona que ayuda a los asistentes en congresos, reuniones, eventos públicos, etc.: "Las edecanes nos recibieron muy atentas en la entrada de la cena".

eficientamiento. ■ M. supran. Eficiencia.

eficientar. ■ TR. supran. Hacer que algo se vuelva eficiente: "Estas acciones eficientarán el uso de la energía eléctrica".

egresado, da. ■ M. y F. supran. Persona que ha concluido sus estudios en una institución educativa.

egreso. ■ M. supran. Término de los estudios en una institución educativa.

eje. ■ M. supran. **eje vial.** ■ LOC. **~ vial.** LOC. SUST. Avenida amplia, por lo regular de trazado recto, que funciona como vía rápida.

ejecutarse. ■ TR. PRNL. fam. Ingerir algo: "Nos ejecutamos unos tequilas con carnitas en la fiesta".

ejecutivo, va. ■ M. y F. supran. Persona encargada de atender a los clientes de una empresa de servicios.

éjele. ■ INTERJ. **¡éjele!** Se usa para expresar burla de forma amistosa o cariñosa: "¡Éjele!, te gané esta partida de ajedrez".

ejercer. ■ LOC. **~ sin título.** LOC. VERB. vulg. Practicar el coito con alguien sin ser su pareja formal.

ejidal. ■ ADJ. Perteneciente o relativo a un ejido; ejidatario: "Formalizaron la propiedad de los terrenos ejidales".

ejidatario, ria. ■ ADJ. **1.** Perteneciente o relativo a un ejido; ejidal: "Los terrenos ejidatarios están en disputa". ■ M. y F. **2.** Copropietario de un ejido. || **3.** Usufructuario de un ejido.

ejido. ■ M. **1.** Forma de propiedad de la tierra, producto de la Reforma Agraria, que consiste en la asignación estatal de un terreno a un grupo de campesinos para su explotación colectiva. || **2.** Terreno que funciona bajo este régimen de propiedad. || **3.** Sociedad de ejidatarios.

electorerismo. ■ M. supran. Actitud electorera.

electropura. (De Electropura®). ■ F. Agua purificada y embotellada para consumo humano.

elegantioso, sa. ■ ADJ. supran. fam. Que pretende ser elegante: "Nos invitaron a una fiesta muy elegantiosa y no sé qué ponerme".

elevador. ■ M. supran. Ascensor.

elevadorista. ■ COM. Persona que se dedica a manejar un elevador: "Emilio, el nuevo elevadorista, es muy amable".

elevavidrios. ■ M. supran. Mecanismo para subir y bajar los vidrios de un vehículo.

elotada. ■ F. Reunión en que se come elotes.

elote. ■ M. **1.** Hongo originario de América, con un estípite corto blanco, hueco; píleo de mayor longitud del estípite, irregularmente de esférico a ovoide o cónico, con alvéolos o cavidades profundas, de redondeados a poligonales de varias formas, lo que da una apariencia de colmena; de color amarillo ocre, amarillo maíz o amarillo miel, también puede ser de color claro a gris café oscuro; comestible. Familia de las morqueláceas, varias especies del género *Morchella*, como *Morchella esculenta*. (También se llama colmenilla, morilla, morilla común). || **2. elotillo.** || **3.** supran. Fruto del maíz con los granos ya desarrollados pero tiernos, que se consume, cocido o asado, como alimento. ■ LOC. **~ de ardilla.** LOC. SUST. **elotillo.** ▷ **~ de conejo.** LOC. SUST. **elotillo.** ▷ **~ en vaso.** LOC. SUST. *En el Noreste*, preparación hecha a base de granos de maíz hervidos con epazote; se puede servir con sal, chile en polvo, queso, limón y mayonesa; esquite.

eloteada. ■ F. Acción y resultado de elotear.

elotear. ■ INTR. **1.** Comer elotes en una reunión: "Eloteamos durante las fiestas patrias". || **2.** supran. Brotar los elotes de una planta de maíz: "La milpa elotea en octubre". || **3.** supran. Recolectar elotes: "Elotearemos mañana en la madrugada".

elotero, ra. ■ ADJ. **1.** Perteneciente o relativo al elote: "La producción elotera disminuyó este año". || **2.** supran. *Referido a persona*, que gusta de comer elotes: "Ya no seas tan elotero, te vas a empachar". Ú.t.c.sust.: "Eres un elotero, te vas a empachar". ■ M. y F. **3.** supran. Persona que se dedica a preparar o a vender elotes.

elotillo. ■ M. Hierba parásita originaria de América, de hasta 30 cm de altura, monoica; tallos carnosos, con pelos glandulares diminutos; hojas alternas o en espiral, enteras, coriáceas, de ovadas a lanceoladas, de color café; flores agrupadas en panículas, hermafroditas, pequeñas, tubulares, amarillentas, con los pétalos dispuestos en forma de labios; frutos capsulares, ovoides, de color café a negro; semillas numerosas, diminutas, finamente reticuladas, de color café o negro. Familia de las orobancáceas, *Conopholis alpina*. (También se llama elote, elote de ardilla, elote de conejo).

elotiza. ■ F. **elotada.**

elototol. ■ M. Ave originaria de América, de hasta 20 cm de longitud; con pico grueso y triangular; los machos son de color azul oscuro, con alas de color negro que tienen dos barras de color pardo oscuro; las hembras son de color pardo brillante, con alas que tienen dos barras de color pardo. Familia de los cardinálidos del orden Passeriformes, *Passerina caerulea*. (También se llama azulillo grande, picogordo azul, picogrueso azul).

embalada. ■ F. **1.** Atascamiento de una bala en el cañón de un arma de fuego. || **2.** *En algunos deportes*, racha positiva en la que se pone un jugador o un equipo.

embalarse. ■ INTR. PRNL. **1.** Atascarse un arma de fuego: "El revólver se embaló y no salió el tiro". || **2.** *En algunos deportes*, ponerse un jugador o un equipo en una racha positiva: "El equipo se embaló, tiene dos meses sin perder".

emballestarse. ■ INTR. PRNL. Contraer una caballería emballestado o enfermedad que les encorva los menudillos de las patas delanteras: "La yegua se emballestó, por eso camina chueco".

embancamiento. ■ M. *En una fundidora*, hecho de embancarse o pegarse un material a las paredes del horno, con pérdida de toda la operación.

embancarse. ■ INTR. PRNL. *En una fundidora*, pegarse un material a las paredes del horno, con pérdida de toda la operación: "Se embancó el metal y la máquina ya no sirve".

embanquetado. ■ M. **embanquetamiento.**

embanquetamiento. ■ M. Hecho de embanquetar o ponerle banqueta o acera a una calle.

embanquetar. ■ TR. **1.** Poner banqueta o acera a una calle: "Embanquetaron la calle de mi tía la semana pasada". || **2.** Golpear un vehículo contra la banqueta; banquetear: "Embanquetó el carro porque estaba lloviendo".

embarazar. ■ LOC. **~ (las) urnas.** LOC. VERB. Depositar boletas con votos fraudulentos durante el armado del paquete electoral, antes de la votación: "Los llevaron detenidos porque embarazaron las urnas".

embarazo. ■ LOC. **~ de (las) urnas.** LOC. SUST. Depósito de boletas con votos fraudulentos durante el armado del paquete electoral, antes de la votación: "El embarazo de urnas es un delito grave".

embarbetar. ■ TR. rur. *En Tamaulipas y Veracruz*, transportar ganado por agua apoyando su cabeza en una canoa: "Embarbetamos las vacas en la última inundación".

embarrada. ■ F. Véase **embarrado, da.**

embarrado, da. ■ ADJ. **1.** fam. Adyacente a otra cosa: "Mi casa y el antro están embarrados". ■ F. **2.** fam. Acción y resultado de embarrar, embarrarla o embarrarse.

embarrar. ■ TR. **1.** fam. Dejar algo muy pegado a otra cosa, de manera que no quede espacio: "Juan embarró el carro a la pared para poder estacionarse". || **2.** supran. fam. Involucrar a alguien en un asunto sin su consentimiento: "No me embarres en tus negocios ilegales". ■ LOC. **~ el camarón.** LOC. VERB. vulg. Acercar un hombre subrepticiamente el pene al cuerpo de otra persona y frotarlo en él. ▷ **~ la mano.** LOC. VERB. fam. Sobornar: "Le embarré la mano para que me dejara entrar al partido".

embarrarla. ■ INTR. PRNL. **3.** supran. fam. Cometer una falta grave: "La embarraste por no terminar el trabajo a tiempo".

embarrarse. ■ INTR. PRNL. **4.** Pegarse alguien excesiva, subrepticia y lascivamente a otra persona. || **5.** supran. Estrellarse contra algo: "Me embarré contra la puerta por distraído". || **6.** supran. Equivocarse: "Genaro se embarró con las cuentas y ahora tendrá que pagar".

embatusar. ■ TR. **embijar.**

embejucada. ■ F. supran. Tejido que se hace con bejuco en algo, generalmente un mueble.

embejucar. ■ TR. supran. Hacer un tejido con bejuco en algo, generalmente un mueble: "Embejucamos las sillas de la casa".

emberrinchinamiento. ■ M. Hecho de emberrincharse o encapricharse con algo.

emberrinchinarse. ■ INTR. PRNL. Encapricharse con algo: "Otra vez se emberrinchinó Pablo porque no le diste su juguete". Ú.m.e.pp.: "El niño está emberrinchinado otra vez".

embichamiento. ■ M. **1.** *En el Noroeste*, desnudamiento. || **2.** supran. Infección que sufre alguien por bichos o parásitos.

embichar. ■ TR. **1.** *En el Noroeste*, desnudar a alguien: "Jimena embichó a su niño para bañarlo".

embicharse. ■ INTR. PRNL. **2.** supran. Infectarse alguien con bichos o parásitos: "Me embiché por comer verduras sin lavar".

embijada. ■ F. **embije.**

embijar. ■ TR. **1.** Untar: "Embijamos mantequilla en todos los panes para la merienda". || **2.** supran. Ensuciar, generalmente con una sustancia pegajosa: "El niño embijó la mesa con miel".

embije. ■ M. **1.** Untadura: "El embije de mermelada en el pan no quedó bien". || **2.** supran. Suciedad, generalmente de una sustancia pegajosa.

embochinchar. ■ TR. supran. fam. Alborotar: "Juan embochinchó a los demás para no entrar a clases".

embodegamiento. ■ M. **1.** fam. Encarcelamiento. || **2.** vulg. Posesión sexual ejercida por un hombre.

embodegar. ■ TR. **1.** fam. Encarcelar: "Embodegaron al ratero tres meses".

embodegársela. ■ INTR. PRNL. **2.** vulg. Poseer sexualmente un hombre a alguien.

embojotar. ■ TR. supran. *En el Sureste*, hacer un envoltorio, generalmente de ropa: "Embojota todo para ir al río a lavar".

emboletar. ■ TR. **1.** Entregar boletos a un número considerable de personas: "Emboleté a toda mi familia para la rifa de la escuela". || **2.** Comprometer a alguien: "Emboletaron a Rebeca con el pago". || **3.** Imponer a alguien una tarea que no le corresponde o no desea hacer; enjaretar: "Nos emboletaron más trabajo para el fin de semana".

embolismado. ■ M. fam. Arropamiento en exceso de manera profusa y desordenada.

embolismar. ■ TR. fam. Arropar en exceso de manera profusa y desordenada: "Mi mamá embolismó a mi hermano porque hacía mucho frío". Ú.m.e.pp.: "La señora llegó toda embolismada a la misa".

embolsamiento. ■ M. supran. Apropiación de algo ajeno.

embolsarse. ■ TR. PRNL. supran. Apropiarse de algo ajeno: "Laura se embolsó la caja de ahorros".

embonar. ■ TR. **1.** supran. Acoplar: "Embonen bien los tubos o tendremos una fuga".

embonarse. ■ TR. PRNL. **2.** vulg. Poseer sexualmente a alguien.

embonársela. ■ INTR. PRNL. **3. embonarse.**

embone. ■ M. **1.** vulg. Posesión sexual de alguien. || **2.** supran. Acoplamiento.

E

emboquillado. ■ M. *En la construcción*, relleno y alineamiento de los bordes de los marcos de puertas y ventanas con mezcla de yeso y cemento.
emboquillamiento. ■ M. **emboquillado.**
emboquillar. ■ TR. *En la construcción*, rellenar y alinear los bordes de los marcos de puertas y ventanas con mezcla de yeso y cemento: "El albañil no emboquilló bien la ventana y quedó dispareja".
emborrachaduría. ■ F. Establecimiento donde se venden y beben bebidas alcohólicas; cantina.
emborrascamiento. ■ M. supran. *En la minería*, reducción o pérdida de una veta.
emborrascarse. ■ INTR. PRNL. supran. *En la minería*, reducirse una veta, generalmente hasta perderse: "La veta que habíamos visto se emborrascó".
emborucar. ■ TR. **1.** fam. Perjudicar: "El desfalco de la empresa nos emborucó a todos". || **2.** fam. Robar: "Mientras fue jefe emborucó muchos millones de pesos".
emborucarse. ■ INTR. PRNL. **3.** fam. Confundirse: "José Antonio se emboruca a cada rato".
emboruco. ■ M. **emborujo.**
emborujar. ■ TR. **1.** Enmarañar algo: "Tania emborujó el estambre". || **2.** supran. Abrigar, generalmente con mucha ropa: "Mario emborujó a su niño antes de salir".
emborujarse. ■ INTR. PRNL. **3.** Confundirse; emborucarse: "José Antonio se emborujó con todos los datos y Eduardo no entendió su historia".
emborujo. ■ M. Confusión: "Hice un emborujo con los datos y ya no se entendió mi historia".
embotar. ■ TR. supran. rur. Poner tela o vainas de cuero a los espolones de los gallos de pelea para que no lastimen: "Para esta pelea exigen que embotemos los gallos".
embotelladora. ■ F. supran. Fábrica de refrescos y otras bebidas industrializadas.
emboticamiento. ■ M. supran. Ingesta de gran cantidad de medicamentos.
emboticarse. ■ INTR. PRNL. supran. Ingerir una gran cantidad de medicamentos, con prescripción médica o sin ella: "Claudia se embotica cada vez que tiene catarro".
embotijarse. ■ INTR. PRNL. **1.** fam. Ponerse alguien gordo: "Javier se embotijó con los años". || **2.** fam. Excederse en la ingesta de alimentos: "Nos embotijamos de palomitas en el cine". || **3.** fam. Avergonzarse: "Julián se embotijó en la conferencia".
embracilamiento. ■ M. Hecho de embracilar o acostumbrar a alguien a estar cargado en brazos.
embracilar. ■ TR. Acostumbrar a alguien a estar cargado en brazos: "Fernanda embraciló a todos sus hijos".
embramarse. ■ INTR. PRNL. supran. Ponerse en celo un animal: "Mi perrita se embramó hace dos meses".
embrocar. ■ TR. **1.** Recargar algo sobre la pared: "Embroca las tablas para que no estorben". ■ INTR. **2.** supran. vulg. Practicar el coito.
embromada. ■ F. Acción y resultado de embromar o embromarse.
embromar. ■ TR. **1.** supran. Distraer a alguien para impedirle que haga algo: "¡No me embromes con tus tonterías, tengo que trabajar!". || **2.** supran. Fastidiar a alguien: "El ruido embromó a mi abuelito".
embromarse. ■ INTR. PRNL. **3.** Endeudarse: "Nancy se embromó con el banco". || **4.** supran. Entretenerse: "Jazmín se embroma jugando dominó". || **5.** supran. Enojarse intensamente: "Cristóbal se embromó por el escándalo". || **6.** supran. Enfermarse: "Genaro se embromó del estómago por comer en la calle".
embromón, na. ■ ADJ. **1.** supran. *Referido a persona*, fastidiosa: "Mi primo embromón vino a visitarnos sin previo aviso". Ú.t.c.sust.: "Esa embromona vino a visitarnos sin previo aviso". || **2.** supran. Propio de la persona **embromona**: "La personalidad embromona de mi prima ya nos tiene hartos".
embroque. ■ M. **1.** Hecho de embrocar o recargar algo sobre la pared. || **2.** vulg. Coito.
embuchamiento. ■ M. supran. Dilatación del buche de un ave por ingerir alimento.
embucharse. ■ INTR. PRNL. supran. Dilatársele el buche a un ave por ingerir alimento: "Mi canario siempre se embucha cuando come".
emburrar. ■ TR. **1.** fam. Apilar algo: "Emburra todas estas cajas antes de mediodía".

|| **2.** rur. Poner algo a modo de carga sobre un burro: "Ya emburraron la leña para que vayas a venderla".

embutar. ■ TR. jerg. Sobornar a un periodista para que manipule la información: "Mi primo es muy honesto, no aceptó que lo embutaran".

embute. ■ M. jerg. Soborno que se da a un periodista para que manipule la información.

embutido. ■ M. **1.** *En Quintana Roo*, relleno de cascajo para emparejar un terreno. || **2.** supran. Tira bordada o de encaje, que se cose entre dos telas.

emergencias. ■ F. PL. supran. Sección de los hospitales donde se atiende a los enfermos y heridos que necesitan cuidados médicos inmediatos; urgencias.

empacada. ■ F. Acción y resultado de empacar o empacarle.

empacadora. ■ F. **1.** Establecimiento donde se empacan o enlatan productos para la venta. || **2.** supran. Lugar donde se mata y destaza al ganado vacuno, se empaca y congela su carne para exportación.

empacar. ■ TR. **1.** fam. Comer algo con avidez: "Tenía mucha hambre y empaqué unos tacos antes de salir a la calle". Ú.m.c.prnl.: "Tenía mucha hambre y me empaqué unos tacos antes de salir a la calle". ■ INTR. **2.** supran. fam. Hacer el equipaje: "Empaqué ayer para no andar con prisas".

empacarle. ■ INTR. PRNL. **3.** supran. fam. Comer, generalmente con gran disfrute: "Le empacamos duro a la salida del antro".

empadre. ■ M. **1.** supran. *En la ganadería*, apareamiento del macho con la hembra. || **2.** supran. *En la ganadería*, conversión de un potro en semental.

empadrar. ■ TR. **1.** supran. *En la ganadería*, aparear: "Empadramos el toro desde hace un mes". || **2.** supran. *En la ganadería*, convertir un potro en semental: "Mi papá empadró al alazán".

empanada. ■ F. *En algunas regiones*, alimento preparado con masa de maíz en forma de disco doblado por la mitad con cualquier alimento salado dentro, sellado en los bordes y frito en aceite; quesadilla. ■ LOC. **~ de vigilia.** LOC. SUST. supran. La que está elaborada con masa de hojaldre o con masa de pan, rellena de pescado o de verduras.

empanizado. ■ M. **1.** supran. Rebozado de un alimento con huevo batido y pan molido, y frito en aceite muy caliente. || **2.** supran. Costra frita que queda al empanizar un alimento.

empanizar. ■ TR. supran. Rebozar un alimento con huevo batido y pan molido para freírlo: "Ya empanizamos los bisteces para la comida".

empanochada. ■ F. **empanochado.**

empanochado. ■ M. *En el Occidente*, pan dulce en forma de galleta, endulzado con panocha o piloncillo.

empanochamiento. ■ M. **1.** *En el Occidente*, endulzado de un postre con panocha o piloncillo. || **2.** vulg. *En Sonora*, prendamiento sexual de un hombre por una mujer.

empanochar. ■ TR. **1.** *En el Occidente*, endulzar un postre con panocha o piloncillo: "Si empanochas el pastel, te quedará más rico".

empanocharse. ■ INTR PRNL. **2.** vulg. *En Sonora*, prendarse sexualmente de una mujer.

empantalonarse. ■ INTR. PRNL. **1.** Ponerse pantalones una mujer: "Lucía se empantalonó para la fiesta". || **2.** Presumir una persona de valor y de entereza: "Braulio se empantalona delante de las mujeres". || **3.** supran. Cobrar valor para actuar con convicción y firmeza: "Ella se empantalonó para enfrentar a su hermana".

empanzada. ■ F. supran. fam. Atracón de comida o de bebida.

empanzamiento. ■ M. **empanzonamiento.**

empanzar. Véase **empanzonar.**

empanzonamiento. ■ M. **1.** fam. Abultamiento del vientre por haber comido en exceso o haber bebido demasiado. || **2.** fam. Embarazo.

empanzonar. ■ TR. **1.** fam. Embarazar a una mujer. Ú.m.c.prnl.

empanzonarse. ■ INTR. PRNL. **2.** fam. Sentir alguien una molestia consistente en el abultamiento del vientre por haber comido en exceso o haber bebido demasiado: "Me empanzoné con las cervezas".

empanzurramiento. ■ M. **empanzonamiento.**

empanzurrarse. ■ INTR. PRNL. fam. Sentir alguien una molestia consistente en el abultamiento del vientre por haber comido en exceso

o haber bebido demasiado: "Me empanzurré con las cervezas".
empapelado, da. ■ ADJ. *Referido a un alimento*, que está cocinado, junto con ingredientes variados, en un papel encerado: "En ese restaurante preparan truchas empapeladas".
empapelamiento. ■ M. supran. Detención con trámites de un informe o una iniciativa de ley con el fin de que no se discuta ni se apruebe.
empapelar. ■ TR. supran. Detener con trámites un informe o una iniciativa de ley con el fin de que no se discuta ni se apruebe: "No va a proceder, ya empapelaron la ley".
empaque. ■ M. supran. Pieza de hule, plástico o corcho que se coloca entre dos partes o piezas de un aparato para mantenerlas herméticamente unidas.
emparejada. ■ F. fam. Alteración ilícita de los resultados de algo para beneficio de alguien.
emparejar. ■ TR. fam. Alterar de manera ilícita los resultados de algo para beneficio de alguien: "Empareja las cuentas para que nos toque algo".
emparrandarse. ■ INTR. PRNL. **1.** Sentir hartazgo de una parranda o fiesta: "Ya me emparrandé, vámonos a la casa". || **2.** supran. Estar de parranda o fiesta con baile y bebidas alcohólicas: "Nos emparrandamos el fin de semana porque fue mi cumpleaños".
empascalada. ■ F. **1.** *En la Huasteca*, preparación hecha con una tortilla pasada por aceite caliente y cubierta de pascal.
empascaladas. ■ F. PL. **2.** *En la Huasteca*, platillo hecho con esta preparación; se sirve con queso y cebolla.
empastadura. ■ F. **1.** supran. Encuadernación. || **2.** supran. Cubierta rígida de un libro.
empastar. ■ TR. supran. Convertir en prado un terreno: "El gobierno empastó los baldíos de la ciudad".
empatadura. ■ F. supran. fam. Empalme de dos cosas; empate.
empedar. ■ TR. **1.** supran. malson. Emborrachar a alguien: "Claudio me empedó con tequila". ■ INTR. **2.** supran. malson. Ingerir bebidas alcohólicas: "¿Empedamos el sábado en tu casa?".
empelotamiento. ■ M. Acción y resultado de empelotar o empelotarse.
empelotar. ■ TR. **1.** fam. Manipular algún asunto para conveniencia de alguien: "Él empelotó el contrato y ganó más".
empelotarse. ■ INTR. PRNL. **2.** supran. fam. Complicarse algo: "El trámite se empelotó por falta de documentos". || **3.** supran. fam. Apasionarse: "El mes pasado nos empelotamos con el dominó". || **4.** supran. vulg. Prendarse sexualmente de un hombre.
empeñero, ra. ■ M. y F. **1.** Persona que trabaja en una casa de empeños. || **2.** Persona que empeña cosas con frecuencia.
empepeyotarse. ■ INTR. PRNL. *En Veracruz*, llenarse alguien de pepeyote o insecto parásito diminuto que vive sobre las aves y se alimenta de ellas: "Fuimos al campo y los niños se empepeyotaron".
emperendengar. ■ TR. supran. fam. Vestir a alguien con esmero: "Josefa emperendengó a su hija para la graduación".
empericarse. ■ INTR. PRNL. **1.** Encaramarse: "Javier se emperició en la escalera". || **2.** supran. jerg. Drogarse con perico o cocaína.
emperramiento. ■ M. Acción y resultado de emperrarse.
emperrarse. ■ INTR. PRNL. **1.** Ser algo más difícil de lo esperado: "El trámite se emperró a medida que pasaba el tiempo". || **2.** Agudizarse una enfermedad: "Mi tos se emperró y tuve que ir al hospital". || **3.** Volverse crónica una enfermedad: "Si no tomas medicina, la depresión se te emperrará". || **4.** supran. Enojarse una persona: "Me emperré con mis amigos porque llegaron tarde a la cita".
empeyotada. ■ F. **1.** Hecho de empeyotarse o drogarse, especialmente con peyote. || **2.** *En Veracruz*, hecho de empepeyotarse o llenarse de pepeyotes.
empeyotarse. ■ INTR. PRNL. **1.** Drogarse, especialmente con peyote. || **2. empepeyotarse.**
empiernada. ■ F. **1.** supran. fam. Entrelazamiento de las piernas de dos personas de manera que ambos cuerpos quedan unidos. || **2.** supran. vulg. Coito.
empiernarse. ■ INTR. PRNL. **1.** supran. fam. Entrelazar las piernas dos personas de manera que ambos cuerpos queden unidos: "Nos empiernamos porque teníamos frío". || **2.** supran. vulg. Practicar el coito.
empiezo. ■ M. supran. pop. Comienzo.

empinada. ■ F. Acción y resultado de empinar o empinarse.

empinar. ■ TR. **1.** fam. Arruinar: "Mireya empinó el proyecto".

empinarse. ■ TR. PRNL. **2.** vulg. Poseer sexualmente a alguien. ■ INTR. PRNL. **3.** supran. fam. Doblar el cuerpo hacia adelante y hacia abajo acercando la cabeza al suelo: "Me empiné para alcanzar la moneda que se me cayó".

empiojamiento. ■ M. supran. Hecho de empiojar o llenar a alguien de piojos.

empiojar. ■ TR. supran. Llenar a alguien de piojos: "Empiojaron a mi niño en la escuela".

empipianada. ■ F. **1.** Preparación hecha con una tortilla pasada por aceite caliente y cubierta de pipián verde; típico de Veracruz.

empipianadas. ■ F. PL. **2.** Platillo hecho con esta preparación; se sirve con queso y cebolla.

empistolar. ■ TR. **1.** supran. Proveer de una pistola a alguien. || **2.** supran. Apuntar a alguien con una pistola.

empiyamada. ■ F. supran. Hecho de empiyamar o poner a alguien la piyama.

empiyamar. ■ TR. supran. Poner a alguien la piyama: "Abel empiyama a sus hijos desde muy temprano".

emplayar. ■ TR. **1.** Preparar un artículo para regalo, colocándolo sobre una base plana y cubriéndolo con plástico adherente. || **2.** supran. Envolver un objeto, generalmente equipaje, en plástico autoadherente.

empolvarse. ■ INTR. PRNL. Perder alguien la destreza en el ejercicio de una profesión o de una actividad por falta de práctica o de información: "Me empolvé en el tenis desde que dejé de entrenar".

emposmarse. ■ INTR. PRNL. **1.** *En el Sureste*, obstruírsele a alguien el intestino por acumulación de materia fecal: "Manuel se emposmó y le pusieron una lavativa". Ú.m.e.pp.: "Manuel lleva tres días emposmado". || **2.** *En Yucatán*, indigestarse: "Marina se emposmó con los frijoles".

empotreramiento. ■ M. supran. rur. Hecho de empotrerar o meter ganado en un terreno cercado para que se alimente y engorde.

empotrerar. ■ TR. supran. rur. Meter ganado en un terreno cercado para que se alimente y engorde: "Empotreré a las vacas en el nuevo corral".

empozamiento. ■ M. supran. rur. Detención del agua en un terreno o superficie formando pozas o charcos.

empozarse. ■ INTR. PRNL. supran. rur. Quedarse detenida el agua en un terreno o superficie formando pozas o charcos: "La azotea se empozó horrible con las lluvias".

empujada. ■ F. fam. Ayuda en lo moral y económico; ayudada.

empujar. ■ TR. **1.** fam. Ayudar a alguien en lo moral o económico: "Ella empujó a su primo con el préstamo que necesitaba".

empujarse. ■ TR. PRNL. **2.** vulg. Practicar el coito. || **3.** supran. fam. Ingerir algo, generalmente de golpe o en exceso: "Fui al mercado y me empujé unas enchiladas verdes".

empuje. ■ M. Corte deshuesado de carne magra que se obtiene de la pierna de res.

empujón. ■ LOC. **~ de tripa.** LOC. SUST. vulg. Sodomía.

empulgar. ■ TR. supran. Llenar algo de pulgas: "Fido empulgó al gato".

empuntada. ■ F. Adorno con flecos que se le hace a una prenda.

empuntar. ■ TR. Hacer los flecos a una prenda como adorno: "Empuntamos los rebozos antes de venderlos".

emputamiento. ■ M. supran. malson. Enfado intenso.

emputar. ■ TR. supran. malson. Enfadar mucho a alguien: "La gente que maneja mal me emputa".

enagua. ■ F. supran. Prenda exterior femenina que cubre desde la cintura y que es larga y amplia.

enarcarse. ■ INTR. PRNL. rur. Alterarse violentamente una caballería: "Siempre que el potro se siente amenazado, se enarca".

encabezado. ■ M. **1.** Título de un escrito. || **2.** supran. Titular de un periódico.

encabrestar. ■ TR. **1.** rur. Poner el cabestro o ronzal a los animales; encabestrar: "Salvador encabrestó a la yegua desde el domingo".

encabrestarse. ■ INTR. PRNL. **2.** rur. Enredarse la extremidad de una bestia en el cabestro o ronzal con que está atada; encabestrarse: "Se encabrestó la pata del caballo y se lastimó". || **3.** eufem. Enojarse; encabronarse: "Me encabresté con tu papá porque llegó tarde".

encabronamiento. ■ M. supran. malson. Enfado intenso.

encajarse. ■ INTR. PRNL. Abusar de la confianza de otro para lograr un beneficio: "No invites al vecino a comer porque siempre se encaja".

encaje. ■ M. **1.** Abuso de la confianza de otro para lograr un beneficio. || **2. espuma de mar.**

encajoso, sa. ■ ADJ. **1.** *Referido a persona*, que abusa de la confianza de otro para lograr un beneficio: "Ella es muy encajosa porque siempre me pide dinero". Ú.t.c.sust.: "Ella es una encajosa porque siempre me pide dinero". || **2.** Propio de la persona **encajosa**: "Su actitud encajosa ya me tiene harto".

encajuelamiento. ■ M. Hecho de ocultar a alguien en la cajuela de un vehículo.

encajuelar. ■ TR. Poner algo en la cajuela de un vehículo: "Encajuela las mochilas para que vayamos más cómodos".

encajundillar. ■ TR. Adjudicarle algo a alguien contra su voluntad: "Nos encajundillaron más trabajo durante la cuarentena".

encalada. ■ F. Galleta redonda y grande de ajonjolí y trigo cubierta con clara de huevo, harina y azúcar, decorada con gránulos de azúcar de color rosado; típica de Oaxaca.

encalillada. ■ F. *En Colima*, sentimiento de enojo.

encalillarse. ■ INTR. PRNL. *En Colima*, sentir alguien enojo: "Carlos se encalilló porque su papá no le prestó el carro".

encamable. ■ ADJ. fest. *Referido a persona*, atractiva sexualmente: "Ese chavo está muy encamable".

encamorramiento. ■ M. **1.** Molestia que se le hace a alguien hasta el punto de que responda agresivamente. || **2.** Estado entre la vigilia y el sueño.

encamorrar. ■ TR. **1.** Causar enojo a alguien hasta el punto de que responda agresivamente; encamotar: "Encamorraron al vecino hasta que los golpeó".

encamorrarse. ■ INTR. PRNL. **2.** Estar entre la vigilia y el sueño: "Se encamorró, pero no consiguió dormir".

encamotamiento. ■ M. fam. Acción y resultado de encamotar o encamotarse.

encamotar. ■ TR. **1.** fam. Causar enojo a alguien hasta el punto de que responda agresivamente: "Alonso encamotó a Rosaura hasta que ella se fue".

encamotarse. ■ INTR. PRNL. **2.** fam. Confundirse: "Se encamotó con tanto trámite y perdió su turno". || **3.** supran. fam. Enamorarse: "Diego se encamotó de Sara". || **4.** supran. fam. Prendarse sexualmente de alguien.

encampanar. ■ TR. **1.** Proteger algo con una campana: "Encampanamos el pan para que no se mosquee". || **2.** supran. fam. Poner algo en alto: "El técnico encampanó los cables de la electricidad para que no los tocaran". || **3.** supran. fam. Elevar o encumbrar socialmente a alguien: "Los seguidores del candidato lo encampanan constantemente". || **4.** supran. fam. Abandonar a alguien en una situación comprometida: "Mi tío encampanó a Tania con el pago de la renta".

encampanarse. ■ INTR. PRNL. **5.** Comprometerse con una empresa dudosa: "Juan se encampanó con un tiempo compartido que resultó carísimo".

encanijada. ■ F. **encanijamiento.**

encanijamiento. ■ M. fam. Enojo.

encanijar. ■ TR. fam. Enojar: "Tantos impedimentos lo encanijaron".

encanoar. ■ TR. rur. Canalizar el agua a través de canalones de madera para el riego u otros usos: "Encanoa el terreno pronto para empezar la siembra".

encantados. ■ M. PL. Juego infantil en el que uno de los niños se ocupa de perseguir a los demás, tratando de tocarlos, cuando lo logra estos tienen que quedarse inmóviles; los niños corren para evitar al que encanta y el juego termina cuando todos han sido tocados.

encaramada. ■ F. Efecto notable que causa el alcohol o una droga en una persona.

encaramador, ra. ■ ADJ. *Referido a una bebida alcohólica o a una droga*, que presenta rápidamente sus efectos: "Ese coctel estuvo encaramador".

encaramarse. ■ INTR. PRNL. Causar efectos notables el alcohol o una droga en una persona: "Se le encaramaron las cervezas que se tomó".

encaramelarse. ■ INTR. PRNL. **1.** supran. Mostrarse dos enamorados muy cariñosos: "Los novios se encaramelaron toda la tarde". || **2.** supran. Enamorarse: "Julián y Blanca se encaramelaron en la secundaria".

encarpetamiento. ■ M. **1.** Pavimentación. || **2.** supran. Obstaculización de un proceso judicial mediante el retraso de los tiempos procedimentales.

encarpetar. ■ TR. **1.** supran. Pavimentar: "El año pasado encarpetaron la avenida principal". || **2.** supran. Obstaculizar un proceso judicial mediante el retraso de los tiempos procedimentales: "El juez encarpetó los expedientes del desahucio".

encarreramiento. ■ M. Acción y resultado de encarrerar o encarrerarse.

encarrerar. ■ TR. **1.** Dirigir alguien con celeridad y habilidad una situación: "Ya encarreré el trabajo, yo creo que esta semana sí lo termino".

encarrerarse. ■ INTR. PRNL. **2.** Tomar impulso: "La camioneta se encarreró en la bajada". || **3.** Tomar algo o alguien el rumbo esperado: "El negocio se encarreró gracias a los intermediarios".

encarrilada. ■ F. Hecho de encarrilarse o tomar impulso.

encarrilarse. ■ INTR. PRNL. Tomar impulso; encarrerarse: "Diego ya se encarriló, ahora sí terminará sus estudios".

encartarse. ■ INTR. PRNL. Llenarse un contenedor de cosas inútiles: "El cajón se encartó de recortes de periódicos viejos, hay que limpiarlo".

encasquetada. ■ F. fam. Asignación de algo a una persona sin su consentimiento.

encasquetar. ■ TR. fam. Asignar a una persona algo sin su consentimiento: "Mi mamá me encasquetó la lavada del coche".

encatrinar. ■ TR. supran. Vestir a alguien con esmero: "La tía Julia encatrinó al niño para su bautizo".

encauchar. ■ TR. **1.** *En Chiapas*, unir una cosa a otra: "Encauchamos las cajas con una cuerda". || **2.** supran. Impermeabilizar algo con caucho o con un material plástico: "Quiero que encauchen la tela de las cortinas".

encelamiento. ■ M. fam. Sentimiento de celos por alguien.

encelar. ■ TR. fam. Celar a alguien: "Estoy harta de Mauricio, me encela cuando salgo con mis amigos".

encenegarse. ■ INTR. PRNL. supran. Meterse en una ciénaga; encenagarse: "El coche se encenegó, hay que llamar al seguro".

encerrón. ■ M. **1.** Reunión laboral de duración indefinida y previamente convenida. || **2.** supran. fest. Reunión que sostienen dos o más personas con fines de entretenimiento.

encerrona. ■ F. **1.** Pelea a golpes entre dos o más personas. || **2.** fest. Reunión que sostienen dos o más personas con fines de entretenimiento; encerrón.

enchamarrada. ■ F. Hecho de poner una chamarra.

enchamarrar. ■ TR. supran. Ponerle una chamarra a alguien: "Enchamarramos a mi abuela en invierno".

enchaparramiento. ■ M. fam. Reducción de estatura.

enchaparrarse. ■ INTR. PRNL. fam. Reducirse de estatura o altura: "El árbol se enchaparró con el tiempo".

enchapilado. ■ M. rur. *En el Occidente*, amontonamiento de las sartas de tabaco.

enchapilar. ■ TR. rur. *En el Occidente*, amontonar las sartas de tabaco: "Enchapila las hojas de tabaco para ponerlas a secar".

enchapopotamiento. ■ M. **1.** Hecho de enchapopotar. || **2.** Revestimiento con chapopote.

enchapopotar. ■ TR. Revestir de chapopote: "Enchapopotaron la calle muy rápido".

encharcada. ■ F. supran. Salpicadura con agua o barro.

encharcarse. ■ INTR. PRNL. supran. Salpicarse con agua o barro: "Los niños salieron al patio y se encharcaron".

enchilada. ■ F. **1.** supran. Acción y resultado de enchilar. || **2.** supran. Preparación hecha con tortilla de maíz doblada o enrollada, cubierta o sazonada con salsa, que puede estar rellena de algún alimento.

enchiladas. ■ F. PL. **3.** Platillo hecho con esta preparación; se sirve con crema, queso y cebolla. ■ LOC. **~ michoacanas.** LOC. SUST. **enchiladas morelianas.** ▷ **~ mineras.** LOC. SUST. Platillo hecho con tortillas de maíz bañadas en una salsa de chile guajillo y fritas, que se rellenan con queso

E

y cebolla; se sirve con lechuga, papas y zanahorias cocidas y fritas, queso y chiles en vinagre, acompañado con una pieza de pollo. ▷~ **morelianas.** LOC. SUST. Platillo hecho con tortillas de maíz bañadas en un adobo de chile guajillo o ancho y vinagre de manzana, fritas, y rellenas o acompañadas de pollo; se sirve sobre una hoja de lechuga y se adorna con zanahorias y papas picadas, adobadas y fritas. ▷~ **potosinas.** LOC. SUST. Platillo hecho con tortillas de maíz amasadas con una salsa de chile guajillo o chile ancho, que se rellenan, se doblan y se fríen; se sirve con queso y cebolla. ▷~ **rojas.** LOC. SUST. Platillo hecho con tortillas de maíz bañadas en una salsa hecha con jitomate y algún chile; se sirve con crema, queso fresco y cebolla. ▷~ **suizas.** LOC. SUST. Platillo hecho con tortillas de maíz bañadas en una salsa roja o verde, fritas y rellenas de pollo, cubiertas con queso gratinado; se sirve con crema y cebolla. ▷~ **verdes.** LOC. SUST. Platillo hecho con tortillas de maíz bañadas en una salsa de tomate verde o tomatillo y algún chile; se sirve con crema, queso fresco y cebolla.

enchilar. ■ TR. **1.** supran. Causar un alimento escozor en la boca y en los ojos por contener chile: "La salsa me enchiló mucho". || **2.** supran. Preparar con chile un alimento: "Enchilamos la cecina para la comida". || **3.** supran. Enfurecer: "Julio enchila a cualquiera con sus comentarios".

enchileanchar. ■ TR. *En Veracruz*, sazonar un alimento con chile ancho: "Enchileancharon varios kilos de carne". Ú.m.e.pp.: "Envían cada tres días hasta 150 kilos de carne enchileanchada".

enchiloso, sa. ■ ADJ. **1.** supran. *Referido a un alimento*, que causa escozor en la boca y en los ojos por contener chile: "Hizo una salsa muy enchilosa". || **2.** supran. *Referido a un alimento*, muy picante: "Estos tacos están enchilosos".

enchinada. ■ F. **1.** Hecho de rizar algo. || **2.** supran. Hecho de ponérsele a alguien la carne de gallina.

enchinamiento. ■ M. **enchinada.**

enchinar. ■ TR. **1.** Rizar: "Enchínale el cabello a Claudia".

enchinarse. ■ INTR. PRNL. **2.** supran. Ponérsele a alguien la carne de gallina: "Me enchiné todita con lo que me dijiste". ■ LOC. ~ **el cuero.** LOC. VERB. **1. enchinarse.** || **2.** Acobardarse: "Se nos enchinó el cuero y ya no salimos esa noche". ▷~ **el cuerpo.** LOC. VERB. **enchinarse el cuero.** ▷~ **la(s) pestaña(s).** LOC. VERB. Maquillarse: "Andrea se enchinó la pestaña durante dos horas".

enchinchamiento. ■ M. fam. Acción y resultado de enchinchar o enchincharse.

enchinchar. ■ TR. **1.** fam. Hacer perder el tiempo a alguien con quien no se concreta un asunto: "Julio nada más enchinchó al tendero, no le compró nada". || **2.** supran. fam. Molestar: "Sebastián enchincha a Jerónimo con sus burlas". || **3.** supran. fam. Causar enojo: "Enchinchaste a la abuela por haber llegado tarde a la comida".

enchincharse. ■ INTR. PRNL. **4.** supran. Llenarse de chinches: "Tira ese colchón porque ya se enchinchó".

enchincualar. ■ TR. *En Colima*, entusiasmar: "Rosario enchincualó a sus hijos con la promesa de ir a la feria".

enchipoclamiento. ■ M. fam. Acción y resultado de enchipoclar o enchipoclarse.

enchipoclar. ■ TR. **1.** fam. Aderezar algo con chipocle o chipotle: "Enchipoclamos las albóndigas". || **2.** fam. Enojar: "Pepe enchipocla a su mujer con sus ronquidos".

enchipoclarse. ■ TR. PRNL. **3.** vulg. Poseer sexualmente a alguien.

enchipotlamiento. ■ M. **enchipoclamiento.**

enchipotlar. ■ TR. Véase **enchipoclar.**

enchucatada. ■ F. *En el Noroeste*, hecho de ensuciar algo con alguna sustancia pegajosa, como la chúcata.

enchucatarse. ■ INTR. PRNL. *En el Noroeste*, ensuciarse alguien con una sustancia pegajosa, como la chúcata: "Elisa se enchucató con la miel".

enchuecada. ■ F. Hecho de enchuecar o hacer que algo quede chueco.

enchuecar. ■ TR. supran. Hacer que algo quede chueco: "El golpe enchuecó la puerta".

enchufada. ■ F. fam. Acción y resultado de enchufar o enchufarse.

enchufar. ■ TR. **1.** fam. Conquistar amorosamente a alguien: "En el baile enchufé al primo de Mireya". Ú.m.c.prnl.: "En el baile me enchufé al primo de Mireya".

enchufarse. ■ TR. PRNL. **2.** fam. Comer: "Me enchufé unos tacos buenísimos". || **3.** supran. vulg. Poseer sexualmente a alguien. ■ LOC. **~ a la cama.** LOC. VERB. vulg. Practicar el coito.

enchulamiento. ■ M. supran. Hecho de enchular o poner chulo o bonito.

enchular. ■ TR. supran. Poner chulo o bonito: "El mecánico enchuló mi vieja carcacha".

enchumbamiento. ■ M. supran. Empapamiento.

enchumbar. ■ TR. supran. Empapar: "El aguacero enchumbó a todos los niños".

encierre. ■ M. Encierro.

encimar. ■ TR. **1.** Poner encima: "Encimé los libros para despejar la mesa". || **2.** supran. *En una compra*, añadir el vendedor un poco más del producto que está vendiendo, como regalo: "El señor me despachó tres kilos de naranjas y le encimó otras dos".

encimoso, sa. ■ ADJ. **1.** *Referido a alguien*, que molesta con insistencia: "Marcos es encimoso con Samuel, siempre que puede le hace burlas". Ú.t.c.sust.: "Marcos es un encimoso con Samuel, siempre que puede le hace burlas". || **2.** supran. *Referido a alguien*, que incomoda por invadir con insistencia el espacio físico de alguien más: "Este niño encimoso cargó al pobre perro toda la tarde". Ú.t.c. sust.: "Este encimoso cargó al pobre perro toda la tarde".

encino. ■ LOC. **~ barcino.** LOC. SUST. Árbol originario de Europa, Asia y América, de hasta 30 m de altura, monoico; tallos erectos, con corteza grisácea, pubescentes cuando jóvenes, posteriormente glabros; hojas alternas, divididas de cinco a nueve foliolos, de ovados a elípticos, con margen de entero a serrado, de glabros a pubescentes, principalmente en las axilas de las venas; flores unisexuales, pequeñas: las masculinas con cuatro tépalos ovados y con diez a 20 estambres, dispuestas en amentos laterales, las femeninas con cuatro tépalos lineares, dispuestas en espigas terminales; frutos drupáceos, de ovoides a subglobosos, verdes; de dos a cuatro semillas, lobuladas, pequeñas, comestibles; uso como especie maderable. Familia de las fagáceas, *Quercus oleoides*. (También se llama nogalillo, roble encino).

enclochar. ■ TR. **1.** Reparar el embrague o *clutch* a un vehículo: "El mecánico encloché mi auto". || **2.** supran. Activar el embrague o *clutch* a un vehículo: "Enclocha el auto para que encienda".

enclocharse. ■ INTR. PRNL. **3.** Estropeársele el embrague o *clutch* a un vehículo: "Llevé mi auto al taller porque se enclochó".

enclochamiento. ■ M. Acción y resultado de enclochar o enclocharse.

encolado, da. ■ ADJ. *Referido a persona*, vestida con esmero: "Sandra llegó muy encolada a la boda".

encomioso, sa. ■ ADJ. supran. Que alaba o contiene encomios; encomiástico: "Tu discurso de ayer fue encomioso".

encontentamiento. ■ M. pop. Acción y resultado de encontentar o encontentarse.

encontentar. ■ TR. **1.** pop. Dar alegría a alguien; contentar: "Encontenté a mi mamá con mis calificaciones". || **2.** pop. Hacer que una persona deje de estar enojada; contentar: "Pablo encontentó a su hija cuando se disculpó".

encontentarse. ■ INTR. PRNL. **3.** pop. Reconciliarse quienes estaban disgustados; contentarse: "Tus tíos se encontentaron en la fiesta de Inés".

encontrarle. ■ LOC. **~ la punta al ovillo.** LOC. VERB. Esclarecer algo: "Después de mucho rato, le encontré la punta al ovillo y ya sé dónde estuvo el error".

encornamiento. ■ M. Infidelidad que se le hace a alguien.

encornar. ■ TR. Ser infiel a alguien: "Se separaron porque Laura encornaba a Rogelio".

encuartelamiento. ■ M. **1.** Encierro de un grupo de personas con algún fin determinado. || **2.** supran. Situación en la que una tropa permanece en el cuartel en previsión de alguna alteración del orden público; acuartelamiento.

encuartelar. ■ TR. **1.** supran. Hacer que la tropa permanezca en el cuartel en previsión de alguna alteración del orden público; acuartelar: "Encuartelaron a trescientos soldados por la visita del gobernador".

encuartelarse. ■ INTR. PRNL. **2.** Encerrarse un grupo de personas con algún fin determinado: "Nos encuartelamos para terminar la revisión de la propuesta de ley".

encuatar. ■ TR. Acoplar: "Los ingenieros todavía no encuatan los ductos de agua".

encuerado. ■ M. Tamal que, después de cocido al vapor, se asa o se fríe y se sirve sin la hoja de maíz en que se coció.

encuerada. ■ F. supran. Hecho de dejar a alguien sin dinero.

encuerar. ■ TR. **1.** supran. fam. Desnudar: "La señora encueró al niño para bañarlo". || **2.** supran. fam. Dejar sin dinero a alguien: "Tuvo mala suerte y lo encueraron con las apuestas".

encueratriz. (Juego de palabras entre encuerar y actriz). ■ F. fest. Mujer que muestra su cuerpo desnudo a cambio de dinero, generalmente con fines de entretenimiento.

encuerdamiento. ■ M. Acción y resultado de encuerdar o encuerdarse.

encuerdar. ■ TR. **1.** Poner a alguien contra las cuerdas o en una situación comprometida de la que es difícil salir: "Javier encuerdó a Miguel hasta que logró que renunciara". || **2.** Incitar a alguien a hacer algo; dar cuerda: "¿Quién encuerdó a Pablo diciéndole que era un buen comediante? Ahora no deja de contar chistes". || **3.** Conquistar amorosamente a alguien: "Mónica encuerdó a Raúl en la fiesta de graduación".

encuerdarse. ■ INTR. PRNL. **4.** Estropearse el mecanismo de un reloj de cuerda: "El reloj de mi abuelo se encuerdó, hay que llevarlo con el relojero". || **5.** fam. Entumecerse una parte del cuerpo: "Ponle pomada de árnica al brazo que se encuerdó".

encuerparse. ■ INTR. PRNL. fam. Embarnecer alguien: "Martín se encuerpó con la edad".

encuetar. ■ TR. fam. Emborrachar a alguien: "Dos copas de ron encuetaron a Brenda".

enculada. ■ F. supran. vulg. Acción y resultado de encular o encularse.

enculamiento. ■ M. **enculada.**

encular. ■ TR. **1.** supran. malson. Causar mucho enojo: "Me encula que llegues tarde".

encularse. ■ INTR. PRNL. **2.** supran. malson. Apasionarse: "Carlos se enculó con su coche nuevo". || **3.** supran. malson. Prendarse sexualmente de alguien.

enculecarse. ■ INTR. PRNL. supran. rur. Ponerse culeca un ave: "Mis gallinas se enculecaron al mismo tiempo".

endelante. ■ ADV. **1.** supran. pop. En adelante: "Ni te creas que endelante te voy a ayudar con tus problemas". || **2.** supran. pop. Adelante: "Endelante de mi casa hay una tienda".

endenantes. ■ ADV. rur. Antes: "Lo debías tener listo endenantes".

endiablar. ■ TR. Sazonar un alimento con salsa diabla o salsa de chile muy picante: "Mi mamá endiabló salchichas y quedaron muy buenas". Ú.m.e.pp. "Comimos salchichas endiabladas que preparó mi tía".

enditamiento. ■ M. **endrogamiento.**

enditarse. ■ INTR. PRNL. **endrogarse.**

endócrino, na. ■ ADJ. supran. **1.** Perteneciente o relativo a las secreciones internas; endocrino: "¿Cuál es la función del sistema endócrino en el cuerpo?". || **2.** supran. *Referido a las glándulas*, que producen hormonas que van a la sangre; endocrino: "Las glándulas endócrinas liberan hormonas en el torrente sanguíneo".

endrogada. ■ F. **endrogamiento.**

endrogamiento. ■ M. supran. Hecho de endrogarse; endeudamiento.

endrogarse. ■ INTR. PRNL. supran. Endeudarse: "Francisco se endrogó en la tienda".

endulzar. ■ LOC. **~ el oído.** LOC. VERB. **1.** supran. Dar muestras de afecto a una persona con palabras que puedan serle gratas: "No dejes que Joaquín te endulce el oído porque no te conviene". || **2.** supran. Adular o decir interesadamente a una persona cosas que le agraden: "Eduardo le endulzó el oído al patrón y consiguió un ascenso". ▶ **~ la oreja.** LOC. VERB. **endulzar el oído.**

enfajilladora. ■ F. Véase **enfajillador, ra.**

enfajillador, ra. ■ M. y F. **1.** Persona que por oficio pone fajillas a un impreso. ■ F. **2.** Máquina para poner fajillas a algo.

enfajillamiento. ■ M. supran. Hecho de poner una fajilla a algo.

enfajillar. ■ TR. supran. Ponerle una fajilla a algo: "Mauricio enfajilló las revistas para venderlas".

enferma. ■ ADJ. **1.** supran. pop. *Referido a una mujer*, embarazada: "Juanita anda enferma, se alivia en julio". || **2.** supran. pop. *Referido a una mujer*, que está menstruando: "No quiero ir a nadar porque ando enferma".

enfermada. ■ F. supran. pop. Hecho de enfermarse o menstruar.

enfermarse. ■ INTR. PRNL. **1.** supran. pop. Embarazarse: "Mi prima se enfermó de gemelos". || **2.** supran. pop. Menstruar: "Me enfermé cuando cumplí trece años".

enfermedad. ■ F. supran. pop. Menstruación.

enfierrar. ■ TR. supran. fam. Herir a alguien con un objeto punzocortante: "El asaltante enfierró a mi amigo con una navaja".

enfiestarse. ■ INTR. PRNL. **1.** Sentir hartazgo por estar de fiesta: "Ya me enfiesté, vámonos a la casa". || **2.** supran. Estar de fiesta: "Nos enfiestamos el fin de semana porque fue mi cumpleaños".

enfieste. ■ M. supran. Hecho de enfiestarse o estar de fiesta.

enflatar. ■ TR. **1.** *En el Sureste*, causar mal humor a alguien: "Me enflatan tus desobediencias". || **2.** *En el Sureste*, causar angustia y aflicción a alguien: "La muerte de tu tía lo enflató".

enfrazar. ■ TR. Envolver en una frazada o manta: "Enfraza al niño porque hace frío".

enfrenada. ■ F. **enfrenón.**

enfrenar. ■ TR. fam. Frenar: "No enfrenes el coche así".

enfrenón. ■ M. fam. Hecho de frenar de manera súbita y violenta; frenón.

enfriada. ■ F. supran. fam. Hecho de enfriar o matar.

enfriador. ■ M. supran. Electrodoméstico que sirve para enfriar agua potable.

enfriar. ■ TR. **1.** supran. fam. Matar. Ú.m.c. prnl.

enfriarse. ■ INTR. PRNL. **2.** fam. Morirse.

enfrijolada. ■ F. **1.** Preparación hecha con una tortilla de maíz frita, por lo general doblada y rellena, cubierta de salsa de frijoles molidos.

enfrijoladas. ■ F. PL. **2.** Platillo hecho con esta preparación; se sirve con crema, queso y cebolla.

enfullinar. ■ TR. supran. fam. Causar ira: "Haber perdido la apuesta enfullinó a Mateo".

engañar. ■ LOC. **~ el hambre.** LOC. VERB. Comer un tentempié: "Los trabajadores engañaron el hambre para soportar la jornada".

engaratusar. ■ TR. supran. fam. Ganar la voluntad de alguien con falsos halagos; engatusar: "Jaime me engaratusó para que le prestara dinero".

engaratuzar. ■ TR. **engaratusar.**

engargolado. ■ M. **1.** Conjunto de hojas unidas mediante una espiral de plástico o metal que se inserta en los orificios hechos a lo largo de uno de los bordes de las hojas. || **2.** Unión de un **engargolado**.

engargolamiento. ■ M. Unión de un engargolado o conjunto de hojas mediante una espiral de plástico o metal que se inserta en los orificios hechos a lo largo de uno de los bordes de las hojas; engargolado.

engargolar. ■ TR. Unir un conjunto de hojas mediante una espiral de plástico o metal que se inserta en los orificios hechos a lo largo de uno de los bordes de las hojas: "Luis engargoló sus fotocopias en la papelería".

engarrapatarse. ■ INTR. supran. Llenarse de garrapatas: "Llama al veterinario porque las vacas se engarrapataron".

engarrotarse. ■ EXPR. **¡engarróteseme ahí!** fest. Se usa para ordenar a alguien que se quede en el lugar donde está: "¡Engarróteseme ahí! No tardo en regresar".

engarruñamiento. ■ M. supran. fam. Acción y resultado de engarruñarse.

engarruñarse. ■ INTR. PRNL. **1.** supran. fam. Encogerse y quedar arrugado; engurruñarse: "El papel se engarruñó por la humedad". || **2.** supran. fam. Encogerse una persona; engurruñarse: "Me engarruñé de dolor". || **3.** supran. fam. Entumecerse una parte del cuerpo; engurruñarse: "Tus dedos se engarruñaron por el frío". || **4.** supran. fam. Entristecerse una persona; engurruñarse: "Miguel se engarruñó porque perdió su juguete preferido". || **5.** supran. fam. Enojarse; engurruñarse: "Juana no quiere salir porque se engarruñó".

engentamiento. ■ M. Sensación de molestia que produce la presencia de mucha gente.

engentar. ■ TR. Producir malestar a alguien la presencia de mucha gente: "Ir a los centros comerciales en domingo engenta a mi mamá".

engerir. ■ TR. supran. rur. Entristecer: "La sequía engirió a los campesinos".
engodadero. ■ M. *En el Sureste*, lugar en que se pone el cebo o engodo para atraer al animal que se va a pescar o a cazar.
engodamiento. ■ M. **engodo.**
engodar. ■ TR. supran. *En el Sureste*, atraer a los peces u otros animales a un determinado lugar mediante un cebo o engodo para pescarlos o cazarlos: "María engodó las truchas en la mañana".
engodo. ■ M. supran. *En el Sureste*, cebo que se usa para atraer a los peces u otros animales a un determinado lugar para pescarlos o cazarlos.
engomado, da. ■ ADJ. **1.** supran. *Referido a persona*, vestida con esmero: "Fue muy engomada a la fiesta de su hija". Ú.t.c.sust.: "Unos engomados llegaron a la fiesta de su hija". || **2.** supran. *En el Sureste*, *referido a persona*, que tiene goma o resaca al día siguiente de una borrachera: "Sírvele a Abel un caldo bien caliente porque está engomado". ■ M. **3.** supran. Calcomanía emitida por la autoridad vehicular que, mediante un color y el número de matrícula del automóvil, lo identifica y habilita para circular. || **4.** supran. Proceso de emisión y asignación de esta calcomanía.
engorda. ■ F. **1.** supran. Alimentación abundante y esmerada para aumentar el peso del ganado, especialmente el que sirve para el sustento del hombre; engorde. || **2.** supran. Conjunto de animales vacunos o de cerda que se ceban para su consumo.
engordacabra. ■ F. Hierba originaria de América, de hasta 50 cm de altura, monoica; tallos rastreros, angulosos, estriados y pilosos; hojas alternas, divididas en tres foliolos de ovados a elípticos, pilosos; flores hermafroditas, agrupadas en racimos, pequeñas, con cinco pétalos rosados; frutos en vainas aplanadas, ceñidas en cada semilla, con apariencia de rosario, de color café, pubescentes; semillas pequeñas, aplanadas, de elípticas a reniformes, cafés. Familia de las leguminosas, *Desmodium neomexicanum*.
engordadera. ■ F. **1.** Hecho de engordar. || **2.** Comida que engorda por su alto contenido calórico y poco valor nutricional.
engordar. ■ LOC. **~ la bolsa.** LOC. VERB. supran. Incrementar la riqueza de una persona o de una institución: "Esos precios engordarán la bolsa de don Julio".
engordero, ra. ■ M. y F. Persona que se dedica a engordar el ganado.
engorilamiento. ■ M. supran. fest. Enojo intenso que siente alguien.
engorilar. ■ TR. supran. fest. Causar un enojo intenso a alguien: "A mi mamá la engorila que mi papá llegue tarde a comer".
engreír. ■ TR. supran. Hacer que alguien se encariñe o se apegue: "Lucero engrió a José, él ya no tiene ojos para nadie más".
engrifada. ■ F. **1.** supran. fam. Enojo intenso que siente alguien. || **2.** supran. fam. Hecho de engrifar.
engrifar. ■ TR. **1.** supran. fam. Causar un enojo intenso a alguien: "Manuel engrifó a su cuñado porque se burló de él". || **2.** supran. fam. Drogar a alguien.
engripamiento. ■ M. supran. Agripamiento.
engripar. ■ TR. supran. Causar gripe; agripar: "El cambio de temperatura me engripó".
engrosar. ■ TR. *En lenguaje jurídico*, incorporar la autoridad, a una sentencia, los argumentos formulados por los juzgadores que intervinieron en la decisión, sustentados al discutir el proyecto presentado por un ponente cuyas consideraciones jurídicas corrigen, enfatizan o matizan.
engrose. ■ M. *En lenguaje jurídico*, incorporación a una sentencia de los argumentos formulados por los juzgadores que intervinieron en la decisión, sustentados al discutir el proyecto presentado por un ponente cuyas consideraciones jurídicas corrigen, enfatizan o matizan.
enguacalar. ■ TR. **enhuacalar.**
enguarapetada. ■ F. fam. Emborrachamiento.
enguarapetar. ■ TR. supran. fam. Emborrachar: "El fin de semana mis amigos enguarapetaron a mi primo".
enguasar. ■ TR. *En el Norte y el Occidente*, llenar de tareas o de trabajo a alguien; atarear: "El jefe enguasó a los trabajadores".
engurruñamiento. ■ M. **1.** supran. fam. Enojo. || **2.** supran. fam. Entumecimiento de una parte del cuerpo.
engurruñarse. ■ INTR. PRNL. **1.** fam. Enojarse: "Pablo se engurruñó porque Javier no le

devolvió su herramienta". || **2.** fam. Entumecerse una parte del cuerpo: "Tus dedos se engurruñaron con el frío".

engusanada. ■ F. Hecho de engusanarse o llenarse algo de gusanos.

engusanarse. ■ INTR. PRNL. supran. Llenarse algo de gusanos; agusanarse: "Separa las manzanas que ya se engusanaron".

enhierbar. Véase **enyerbar.**

enhorquetar. ■ TR. supran. Poner a alguien a horcajadas: "Julia enhorquetó a su niño en el caballo".

enhuacalamiento. ■ M. **1.** Hecho de meter algo en un huacal. || **2.** *En una construcción*, instalación de un molde formado con tableros o chapas de metal en el que se vacía el hormigón hasta que fragua, y que se desmonta después.

enhuacalar. ■ TR. **1.** Meter en un huacal: "Enhuacala la fruta que nos vamos a llevar". || **2.** *En una construcción*, instalar un molde formado con tableros o chapas de metal en el que se vacía el hormigón hasta que fragua, y que se desmonta después: "El albañil enhuacaló el techo ayer en la mañana".

enjabonada. ■ F. supran. fam. Reprimenda.

enjalmable. ■ ADJ. **1.** *Referido a persona*, terca: "Mi abuelo es muy enjalmable, no entiende de razones". ■ COM. **2.** Persona terca: "Mi abuela es una enjalmable, no entiende de razones".

enjambre. ■ M. Dulce de nuez, cacahuate, almendra u otros frutos secos partidos en trozos y unidos con azúcar caramelizado o chocolate.

enjaquimarse. ■ INTR. PRNL. Ponerse serio por desagrado o enojo: "Blanca se enjaquima cada vez que la visita su nuera".

enjarrada. ■ F. **enjarrado.**

enjarrado. ■ M. **1.** Hecho de enjarrar. || **2.** Revestimiento o acabado de una pared hecho con cualquiera de estas mezclas.

enjarrar. ■ TR. **1.** Aplicar enjarre a una pared: "El albañil enjarró el cuarto en un día". ■ INTR. **2.** Preparar enjarre: "El ayudante del albañil enjarra en el suelo".

enjarre. ■ M. **1.** Mezcla de cal o cemento, arena y agua, que se usa para revestir paredes. || **2.** Mezcla de barro con paja que se usa para recubrir paredes hechas con caña u otras materias vegetales o para hacer ladrillos. || **3.** Revestimiento o acabado de una pared hecho con cualquiera de estas mezclas. || **4.** Aplicación de cualquiera de estas mezclas.

enjaulador, ra. ■ M. y F. fam. Ladrón que se introduce en las jaulas o viviendas para robar.

enjaularse. ■ INTR. PRNL. fam. Introducirse en una jaula o vivienda para robar: "Los ladrones se enjaularon en el fraccionamiento".

enjetar. ■ TR. supran. Causar enojo a alguien: "El comentario enjetó a la señora".

enjitomatada. ■ F. **1.** Preparación hecha con una tortilla de maíz enrollada o doblada, rellena de carne o queso y cubierta de salsa de jitomate, generalmente sin chile.

enjitomatadas. ■ F. PL. **2.** Platillo hecho con esta preparación; se sirve con crema, queso y cebolla.

enjitomatar. ■ TR. Aderezar un guiso con jitomate: "La cocinera enjitomató la carne y la metió al horno".

enjorongar. ■ TR. Poner a una persona un jorongo: "Enjorongué a mi hermano porque está haciendo mucho frío".

enjorquetar. ■ TR. **enhorquetar.**

enjuague. ■ M. supran. Acondicionador para suavizar el cabello.

enjutirse. ■ INTR. PRNL. *En Chiapas*, encogerse y quedar arrugado: "Se enjutieron mis pantalones después de lavarlos".

enlajamiento. ■ M. supran. Recubrimiento que se hace con lajas.

enlajar. ■ TR. supran. Cubrir algo con lajas: "Esteban enlajó el piso del patio".

enlamamiento. ■ M. Recubrimiento que se hace con lama o moho.

enlamarse. ■ INTR. PRNL. Cubrirse de lama o de moho algo: "El pan se enlamó por la humedad".

enlame. ■ M. Abono de un terreno mediante el lodo que depositan las aguas de una inundación o de un río desbordado.

enlevar. ■ TR. *En el Occidente*, entretener: "Los programas de cocina enlevan a Carla".

enlistamiento. ■ M. supran. Reclutamiento.

enlistar. ■ TR. **1.** supran. Asentar o inscribir en lista: "Esta es una aplicación gratuita en la que enlistan 150 empresas". || **2.** supran. Reclutar: "El Ejército mexicano enlistó a nuevos miembros".

E

enlozado. ■ M. supran. Cubrimiento que se hace en un objeto con esmalte o barniz vítreo.

enlozar. ■ TR. supran. Cubrir un objeto con esmalte o barniz vítreo: “Ayer enlozaron la parrilla porque estaba muy oxidada”.

enlutamiento. ■ M. Hecho de enlutecer o enlutar.

enlutecer. ■ TR. Enlutar: “La muerte del escritor enluteció la ciudad”.

enmadejamiento. ■ M. supran. Hecho de enmadejar o hacer madeja el hilo.

enmadejar. ■ TR. supran. Hacer madeja el hilo: “Antes de ponerte a bordar, enmadeja el hilo”.

enmallado. ■ M. Malla que protege algo.

enmalladora. ■ F. Máquina para enmallar o poner algo dentro de una malla.

enmallamiento. ■ M. Acción y resultado de enmallar.

enmallar. ■ TR. **1.** Poner algo dentro de una malla: “Los trabajadores enmallaron las cabezas de ajo”. || **2.** Poner mallas a alguien: “Las mamás enmallaron a sus hijas para la clase de danza”. || **3.** supran. Cercar un sitio con una malla metálica o plástica: “Los obreros enmallaron el terreno para delimitarlo e iniciar la construcción”.

enmarihuanada. ■ F. supran. Intoxicación con marihuana.

enmarihuanar. ■ TR. supran. Intoxicar a alguien con marihuana.

enmicado. ■ M. **1.** Revestimiento que se hace a un documento, con dos micas o láminas de plástico que se prensan con calor hasta que quedan rígidas y adheridas. || **2.** Revestimiento que se hace a una superficie plana con una mica para protegerla.

enmicar. ■ TR. **1.** Revestir un documento, con dos micas o láminas de plástico que se prensan con calor hasta que quedan rígidas y adheridas: “La secretaria es la que enmica las credenciales”. || **2.** Revestir una superficie plana con una mica para protegerla: “Juan enmicó la pantalla de su celular”.

enmochilar. ■ TR. **1.** supran. Guardar o meter algo, generalmente en una mochila: “Enmochilamos las botanas para irnos a la fiesta”.

enmochilarse. ■ TR. PRNL. **2.** Robarse algo: “María se enmochiló unos dulces para la función de cine”. ■ INTR. PRNL. **3.** Ponerse una mochila: “Nos enmochilamos para irnos de campamento el fin de semana”.

enmolada. ■ F. **1.** Preparación hecha con una tortilla de maíz enrollada o doblada, rellena de carne o queso y cubierta de mole.

enmoladas. ■ F. PL. **2.** Platillo hecho con esta preparación; se sirve con crema, queso y cebolla.

enmontamiento. ■ M. supran. rur. Hecho de llenarse un terreno de maleza.

enmontarse. ■ INTR. PRNL. supran. rur. Llenarse un terreno de maleza: “Se enmontó la parcela del abuelo porque nadie la cuidó”.

enmorralada. ■ F. Hecho de enmorralar o guardar algo en un morral.

enmorralar. ■ TR. **1.** Guardar o meter algo en un morral: “Los estudiantes enmorralaron sus libros antes de salir”.

enmorralarse. ■ INTR. PRNL. **2.** Ponerse un morral: “Los estudiantes se enmorralaron para irse de excursión”.

enmugramiento. ■ M. supran. Hecho de enmugrar o ensuciar.

enmugrar. ■ TR. supran. Ensuciar: “José enmugró su ropa con el aceite del carro”.

enmuinamiento. ■ M. fam. supran. Enfado.

enmuinar. ■ TR. fam. Enfadar: “Tus palabrotas enmuinan a mi mamá”.

enojón, na. ■ ADJ. supran. Que se enfada con facilidad: “Tu mamá es muy enojona, siempre nos regaña”. Ú.t.c.sust.: “Tu mamá es una enojona, siempre nos regaña”.

enqueridarse. ■ INTR. PRNL. fam. Juntarse una pareja en unión libre: “Mis papás se enqueridaron en vez de casarse”.

enratonarse. ■ INTR. PRNL. *En Aguascalientes*, dejar de crecer el cabello a alguien: “Se me enratonó el pelo desde que Moni me lo cortó en la noche”.

enredar. ■ TR. Envolver: “Enredé al niño con una cobija porque hacía frío”.

enredo. ■ M. **1.** Pieza de tela, no muy ancha, que se enrolla alrededor de la cintura para sujetar la falda. || **2.** Manta que se enrolla alrededor de la cintura y hace las veces de falda.

enrielada. ■ F. **enrielamiento.**

enrielamiento. ■ M. **1.** Introducción de un vehículo en los rieles. || **2.** supran. Colocación sobre los rieles de un vagón de un tren descarrilado.

enrielar. ■ TR. **1.** supran. Colocar sobre los rieles un vagón de tren descarrilado; encarrilar: "Enrielaron la locomotora para poder continuar el viaje". || **2.** supran. Dirigir a alguien por el camino que le es conveniente; encarrilar: "El capitán del equipo enrieló a sus compañeros para que ganaran".

enrielarse. ■ INTR. PRNL. **3.** Meterse un vehículo en los rieles: "El coche se enrieló y se le abolló el rin".

enronchamiento. ■ M. **1.** *En los juegos de apuesta*, hecho de hacerse alguien con mucho dinero. || **2.** supran. Hecho de enroncharse o cubrirse alguien de ronchas.

enroncharse. ■ INTR. PRNL. **1.** *En los juegos de apuesta*, hacerse alguien con mucho dinero: "Anoche Gerardo se enronchó en el dominó". || **2.** supran. Cubrirse alguien de ronchas: "Moisés se enronchó porque el medicamento le provocó alergia".

enroscarse. ■ INTR. PRNL. fam. Resistirse alguien a hacer una cosa: "No te enrosques, Trini, baila conmigo".

ensalada. ■ F. **escuijoche.**

ensalitrar. ■ TR. Llenar de salitre: "La humedad ensalitró los muros de mi casa".

ensamble. ■ M. Abrigo o chaqueta femenina que, generalmente, va a juego con el vestido.

ensarapar. ■ TR. Cubrir a alguien con un sarape: "La mamá ensarapó a su hijo porque hacía mucho frío".

ensartada. ■ M. Acción y resultado de ensartar o ensartarse.

ensartar. ■ TR. **1.** Fastidiar a alguien: "Me ensartaron todo el día en la oficina". || **2.** supran. Comprometer a alguien sin su consentimiento: "Claudia me ensartó con la comida de la fiesta". || **3.** supran. Hacer caer a alguien en un engaño o una trampa: "Mario ensartó a sus amigos con falsas promesas". Ú.m.c. prnl.: "Mario se ensartó a sus amigos con falsas promesas".

ensartarse. ■ TR. PRNL. **4.** vulg. Poseer sexualmente a alguien. ■ INTR. PRNL. **5.** supran. Endeudarse alguien: "Ya se ensartó otra vez con ese préstamo".

enseñar. ■ LOC. **~ el cobre.** LOC. VERB. supran. Dejar ver alguien aspectos desconocidos de su personalidad, especialmente vicios o defectos: "Luis enseñó el cobre en la reunión pasada y ya nadie confía en él".

ensuelado. ■ M. supran. Corte, cosido y ahormado de la suela del calzado.

ensuelador, ra. ■ M. y F. supran. Persona que por oficio se encarga de cortar, coser y ahormar la suela del calzado.

ensuelar. ■ TR. supran. Cortar, coser y ahormar la suela del calzado: "Ensuelamos zapatos en el nuevo taller".

entabacarse. ■ INTR. PRNL. Ser alguien valiente y audaz: "El jinete se entabacó y cabalgó sin la silla de montar".

entabicado. ■ M. supran. Construcción con tabiques.

entabicar. ■ TR. **1.** supran. Colocar tabiques para reforzar una superficie: "Los albañiles entabicaron la cisterna". ■ INTR. **2.** supran. Hacer tabiques: "Los muchachos entabicaron toda la tarde".

entablarse. ■ INTR. PRNL. **1.** Ingerir bebidas alcohólicas sin llegar a la embriaguez: "Mi amigo solo se entabla, no le gusta excederse". || **2.** Cubrirse el cielo de nubes uniformemente: "El cielo se entabla bien bonito en las tardes de verano". || **3.** supran. *En un juego de cartas*, empatar los jugadores o equipos que se enfrentan: "Los jugadores se entablaron después de tres horas".

entable. ■ M. Acción y resultado de entablarse.

entaconar. ■ TR. Vestir a una mujer con esmero: "Mi tía entaconó a sus hermanas para la fiesta".

entacuchar. ■ TR. supran. Vestir a alguien con esmero: "Entacuchamos a Martín para su bautizo".

entambar. ■ TR. fam. Encarcelar a alguien: "Entambaron a mi tío por cinco años".

entejado. ■ M. supran. Cubierta de un edificio hecha con tejas; tejado.

entelerido, da. ■ ADJ. supran. *Referido a alguien*, flaco y enclenque: "Mi perro está muy entelerido, no come aunque le cambie las croquetas". Ú.t.c.sust.: "Mi perro es un entelerido, no come aunque le cambie las croquetas".

entender. ■ EXPR. **¿(me) entiendes, Méndez (o te explico, Federico)?** supran. Se usa para preguntar a alguien si ha entendido algo con claridad o se da por sabedor de una noticia: "Así es como debe de hacerse, ¿me entiendes, Méndez, o te explico, Federico?".

entequilada. ■ F. **entequilamiento.**

entequilamiento. ■ M. supran. Hecho de entequilar o emborrachar a alguien con tequila.

entequilar. ■ TR. supran. Emborrachar a alguien con tequila: "Mis amigos y yo entequilamos a Javier en la fiesta".

entero. ■ M. supran. Conjunto de veinte billetes de lotería correspondientes a una sola serie.

enterrar. ■ TR. **1.** vulg. Practicar el coito. || **2.** supran. Clavar algo en una parte del cuerpo: "Le enterré accidentalmente la aguja a Juanita mientras le hilvanaba la falda". ■ LOC. **~ la barbacoa.** LOC. VERB. vulg. Practicar el coito.

enterregar. ■ TR. fam. **entierrar.**

entierrar. ■ TR. **1.** supran. Ensuciar con tierra: "Entierramos los sillones con las herramientas del jardín". || **2.** supran. Cubrir con tierra: "Entierramos el agujero que dejaron los perros".

entierro. ■ M. **1.** supran. Ensuciamiento con tierra. || **2.** supran. Cubrimiento con tierra. || **3.** supran. vulg. Coito.

entomatada. ■ F. **1.** Preparación hecha con tortilla de maíz enrollada o doblada, rellena de carne o queso y cubierta de salsa de jitomate o tomate, generalmente sin chile.

entomatadas. ■ F. PL. **2.** Platillo hecho con esta preparación; se sirve con crema, queso y cebolla.

entomatado. ■ M. **1.** Guiso de carne con salsa de tomate verde o tomatillo y chile chipotle o chile de árbol. || **2.** Aderezo de un guiso con tomate o jitomate.

entomatar. ■ TR. Aderezar un guiso con tomate o jitomate: "La cocinera entomató la carne y la metió al horno".

entorchado. ■ M. Remate de un automóvil, a manera de adorno: "Me gusta el entorchado de tu coche nuevo".

entorilar. ■ TR. fam. Meter a alguien a la cárcel: "Entorilaron al vecino injustamente".

entrada. ■ F. Véase **entrado, da.**

entrado, da. ■ ADJ. **1.** *Referido a alguien*, entusiasmado: "Javier está muy entrado por la beca que consiguió". || **2.** *Referido a persona*, concentrada: "Leonardo está muy entrado en la lectura". || **3.** *Referido a persona*, enamorada: "César y Eva están muy entrados, este año se casan". Ú.t.c.sust.: "César y Eva son unos entrados, este año se casan". || **4.** *Referido a una pareja*, absorta en acariciarse o en practicar el coito: "Juan y María estaban bien entrados cuando los sorprendieron los papás de ella". ■ F. **5.** Golpiza. || **6.** supran. Castigo que se da a alguien generalmente con golpes. || **7.** supran. *En el beisbol*, cada una de las divisiones del juego, parte alta y parte baja, que corresponde a un turno de batear para cada uno de los dos equipos que juegan. ■ LOC. **de entrada por salida.** LOC. ADJ. *Referido a una persona dedicada al servicio doméstico*, que no habita en la vivienda donde trabaja: "Requiero de una cocinera de entrada por salida, para que me ayude los martes".

entrambulicamiento. ■ M. **entrambulique.**

entrambulicar. ■ TR. fest. *En Colima*, confundir: "La mala explicación entrambulicó a los niños".

entrambulique. ■ M. fest. *En Colima*, confusión.

entrapajar. ■ TR. supran. Cubrir a alguien con mucha ropa para protegerse del frío: "La abuela entrapajó al niño en la mañana". Ú.m.e.pp.: "El niño iba entrapajado a la escuela".

entrarle. ■ INTR. PRNL. **1.** Involucrarse en una acción: "Mis amigos le entraron al paseo del domingo". || **2.** Comer o beber algo con mucho apetito: "No comí en todo el día y le entré duro en la cena". ■ LOC. **~ al chile.** LOC. VERB. **entrarle al toro.** ▷ **~ al toro.** LOC. VERB. Enfrentar una situación difícil: "Éntrale al toro y habla con tu mujer".

entre. ■ M. **1.** Participación de alguien en una pelea. || **2.** Hecho de comer con mucho apetito.

entrecostilla. ■ F. Carne de vacuno que se ubica entre las costillas y el lomo del animal.

entrefalda. ■ F. Parte interna de la falda, suelta, a manera de fondo.

entregar. ■ LOC. **~ el cuero.** LOC. VERB. **entregar el equipo.** ▷ **~ el equipo.** LOC. VERB. supran. fest. Morirse: "Finalmente, el viejo escritor entregó el equipo". ▷ **~ la zalea.** LOC. VERB. **entregar el equipo.**

entrego. ■ M. Cantidad fija y periódica de algo que debe entregarse por obligación, en virtud de un contrato.

entreguismo. ■ M. supran. Inclinación a ceder a la propuesta de la contraparte en una negociación, sin defender los intereses de su propio grupo.

entreguista. ■ ADJ. **1.** *Referido a persona*, que practica el entreguismo: "El funcionario entreguista está buscando la venta". || **2.** Propio de la persona **entreguista**: "El discurso entreguista del funcionario está buscando la venta". ■ COM. **3.** Persona que practica el entreguismo: "Los entreguistas son unos interesados que solo buscan la privatización de las empresas estatales".

entretención. ■ F. **1.** Demora. || **2.** supran. pop. Entretenimiento, diversión.

entripar. ■ TR. **1. empanzonar.** || **2.** fam. Engordar: "En estas vacaciones Julio entripó a su cerdo".

entriparse. ■ INTR. PRNL. **3.** *En Aguascalientes*, **empanzonarse.** || **4.** supran. fam. Ponerse alguien colérico: "Mario se entripó por la mentira que le dijiste".

entromparse. ■ INTR. PRNL. supran. fam. Enfadarse: "Bonifacio se entrompó con su hijo porque se tatuó".

entrón, na. ■ ADJ. **1.** *Referido a persona*, que se entrega fácilmente al placer sexual. || **2.** supran. *Referido a persona*, aventada; audaz: "Estos trabajadores son muy entrones, no les da miedo nada". Ú.t.c.sust.: "Estos trabajadores son unos entrones, no les da miedo nada". || **3.** supran. Propio de la persona **entrona**: "El carácter de Francisco es muy entrón, se mete en todo".

entuchar. ■ TR. fam. Retener a una pareja valiéndose de encantos y habilidades sexuales: "Genaro entuchó a Camila para evitar el divorcio".

entular. ■ INTR. Tejer tule: "Entulamos toda la mañana para acabar las canastas".

envarillado. ■ M. **1.** Cierre de un espacio con varillas. || **2.** supran. *En una construcción*, elaboración con varillas de un armazón de un elemento de la obra.

envarillar. ■ TR. **1.** Cerrar un espacio con varillas: "Los trabajadores envarillaron el terreno". || **2.** supran. *En una construcción*, elaborar con varillas un armazón de un elemento de la obra: "Pascual envarilló los castillos y las trabes".

envarillarse. ■ INTR. PRNL. **3.** *En Sonora*, enfadarse: "Marcos se envarilló con su tía porque lo despertó de madrugada".

envenenar. ■ INTR. fam. Gustar mucho algo, generalmente un alimento: "Los postres me envenenan".

envergamiento. ■ M. malson. Enfado intenso.

envergar. ■ TR. malson. Enfadar mucho: "Tu actitud me enverga".

enviar. ■ LOC. **~ a su letra.** LOC. VERB. *En una oficina*, archivar: "Mi secretaria ya envió a su letra el expediente".

envidia. ■ LOC. **~ de la buena.** LOC. SUST. Deseo de lograr lo que otro ha conseguido, pero sin sentir pesar del bien ajeno: "Te tengo envidia de la buena porque te fuiste de viaje".

envidioso, sa. ■ ADJ. **1.** supran. *Referido a persona*, que no comparte sus pertenencias: "Luis es muy envidioso, no le presta sus juguetes a su hermano". Ú.t.c.sust.: "Luis es un envidioso, no le presta sus juguetes a su hermano". || **2.** supran. Propio de la persona **envidiosa**: "Luis tiene una personalidad muy envidiosa, no le presta sus juguetes a su hermano".

envoltijo. ■ M. supran. fam. Envoltorio.

enyerbar. ■ TR. **1.** *En la tradición popular*, dar a alguien un bebedizo para hechizarlo: "La vecina enyerbó a mi tío y luego se casó con él". || **2.** *En la tradición popular*, envenenar: "Enyerbó a su marido con toloache".

enyerbarse. ■ INTR. PRNL. **3.** jerg. Drogarse con marihuana.

enyerbadura. ■ M. **enyerbe.**

enyerbe. ■ M. Acción y resultado de enyerbar o enyerbarse.

enzacatarse. ■ INTR. PRNL. supran. rur. Llenarse un terreno de zacate o pasto: "La parcela se enzacató por las lluvias".

enzolvamiento. ■ M. **enzolve.**

enzolvar. ■ TR. Obstruir un conducto del drenaje, generalmente con basura: "Enzolvé la tubería con los residuos de la mezcla".

enzolve. ■ M. Obstrucción de un conducto del drenaje, generalmente con basura.

enzoquetar. ■ TR. supran. Llenar algo de zoquite o lodo: "El perro enzoquetó el tapete".

epa. ■ INTERJ. **épale.**

épale. ■ INTERJ. **¡épale! 1.** Se usa para llamar la atención de alguien: "¡Épale!, cuidado con el escalón". || **2.** Se usa para animar o incitar:

"¡Épale!, ya casi terminas la tarea". || **3.** supran. Se usa para expresar sorpresa o admiración: "¡Épale! ¡Qué bonito regalo!".

epazote. ■ M. **1.** Hierba originaria de América, actualmente naturalizada en Europa, de hasta 1 m de altura, monoica; tallos a veces muy ramificados, de estriados a angulosos; hojas alternas, enteras, a veces con tonos rojizos, con margen sinuado, glandulosas, olorosas al estrujarse; flores hermafroditas, diminutas, con cinco pétalos de color blanco a verdoso, agrupadas en numerosas espigas; frutos capsulares, globosos, diminutos y cafés; semillas diminutas, globosas, negras. Familia de las amarantáceas, *Chenopodium ambrosioides*. (También se llama apazote, ipazote, pasote). || **2.** Rama del **epazote**; comestible; uso en la medicina tradicional. ■ LOC. **~ de zorrillo.** LOC. SUST. Hierba originaria de América, de hasta 80 cm de altura, monoica; tallos a veces muy ramificados, de estriados a angulosos, con líneas de color rojizo; hojas alternas, de enteras a fuertemente divididas, con margen sinuado, glandulosas y un tanto pegajosas, olorosas al estrujarse; flores hermafroditas, a veces unisexuales, diminutas, con cinco pétalos verdosos, agrupadas en numerosas panículas; frutos capsulares, globosos, diminutos y cafés; semillas diminutas, globosas, de cafés a negras. Familia de las amarantáceas, *Chenopodium graveolens*.

equelite. ■ M. Hierba originaria de América, de hasta 1 m de altura; tallos erectos o decumbentes, angulosos y pilosos; hojas generalmente alternas pero con frecuencia subopuestas, simples o sinuado-dentadas, de ovadas a elípticas, con margen sinuado-dentado; flores hermafroditas, pequeñas, cinco lobadas, de blanco verdoso a color paja, con estambres densamente pubescentes en la base; frutos abayados, subglobosos, purpúreos o negros, con pulpa jugosa; semillas diminutas, obovadas, reticuladas o con pequeñas fosas, de color café oscuro. Familia de las solanáceas, *Jaltomata procumbens*. (También se llama acahualera, jaltomata, jaltomate, quelite cojudo, tomatillo).

equimite. ■ M. **1.** *En Puebla*, grupo de diferentes especies de árboles o arbustos principalmente originarios de América, con otros miembros en África, Asia y Australia, de hasta 10 m de altura, monoicos; tallos a veces con pequeñas proyecciones en la corteza en forma de espinas, corteza lisa, de color café amarillento; hojas alternas, divididas en tres foliolos, de romboides a ovados; flores hermafroditas, vistosas, con cinco pétalos, de rojos a anaranjados, alargados, agrupadas en racimos; frutos en vainas alargadas y en forma de rosarios, de cafés a negras; semillas reniformes, de color rojo o anaranjado; hojas, uso en la medicina tradicional. Familia de las leguminosas, varias especies del género *Erythrina*, como *Erythrina americana*. (También se llama colorín, gasparito, patol, pemuche, pichoco, zompantle). || **2.** *En Puebla*, individuo del **equimite**. || **3.** *En Puebla*, flor de los individuos del **equimite**; comestible; uso en la medicina tradicional. || **4.** *En Puebla*, fruto y semilla de los individuos del **equimite**; uso artesanal y en la medicina tradicional.

equipal. ■ M. **1.** Silla con el asiento y el respaldo de cuero o de palma tejida y la base compuesta de madera entretejida; típico del Occidente. || **2.** *En Michoacán*, árbol originario de América, de hasta 15 m de altura, monoico o dioico; tallos cilíndricos, rectos, con cicatrices dispuestas en espiral, ramas que crecen horizontalmente o ligeramente colgantes, corteza gris, ligeramente fisurada; hojas alternas, simples, oblongo-ovadas, con márgenes serrados; flores unisexuales pequeñas, flores masculinas sésiles, verdes, agrupadas en cimas, flores femeninas pediceladas, verdes, agrupadas en cimas axilares; frutos drupáceos, carnosos, elipsoidales, rojos; semilla única, pequeña, negra; uso como especie maderable e industrial. Familia de las cannabáceas, *Trema micrantha*. (También se llama capulín, cuichpipil, guacimillo, ixpepe, pellejo de vieja, totogapolín, yaco de cuero).

equipatear. ■ INTR. *En el Noroeste*, lloviznar en el invierno o caer aguanieve comúnmente en las zonas altas: "Me encanta quedarme en casa cuando equipatea".

equipata. ■ F. *En el Noroeste*, llovizna invernal o aguanieve común en las zonas altas.

equis. ■ ADJ. **1.** fam. Que carece de atractivo o de singularidad; mediocre: "Ayer fuimos a ver una película muy equis". ■ COM. **2.** fam.

Persona que carece de atractivo o de singularidad; mediocre: "Abel es un equis, por eso no salgo con él". ■ INTERJ. **¡equis!** fam. Se usa para expresar indiferencia: "—Ricardo estuvo quejándose de ti todo el día. —¡Equis!, mejor hablemos de otra cosa".

equitador, ra. ■ M. y F. supran. Persona que tiene afición deportiva por los caballos.

eres. ■ M. Juego infantil en el que un niño persigue a otros con el fin de tocarlos, al alcanzar a alguno de ellos, este dice "eres" y designa al nuevo perseguidor.

erizamiento. ■ M. Acción y resultado de erizar o erizarse.

erizar. ■ TR. **1.** fam. Causar enojo; enfadar: "Mi comadre siempre eriza a todos con sus chismorreos". || **2.** jerg. Drogar. || **3.** vulg. Excitar sexualmente.

erizarse. ■ INTR. PRNL. **4.** vulg. Negarse a una propuesta sexual.

erizo, za. ■ ADJ. **1.** fam. *Referido a persona*, enojada: "Irma anda eriza porque extravió su anillo de compromiso". || **2.** fam. *Referido a persona*, despechada: "Él está erizo con Mariana porque lo dejó plantado". || **3.** fam. *Referido a persona*, fea: "El más erizo del salón es mi primo, no sé cómo consiguió novia". || **4.** fam. *Referido a persona*, que no trae dinero: "Ayer le pedí dinero a mi mamá porque andaba erizo". || **5.** fam. *Referido a persona*, que sufre ansiedad por abstinencia. || **6.** vulg. *Referido a persona*, excitada sexualmente. || **7.** fam. Propio de la persona **eriza**: "Ulises últimamente trae un ánimo muy erizo, ¿qué le habrá pasado?".

erogación. ■ F. **1.** supran. Gasto que hace un gobierno en construcciones, proyectos, salarios, etc. || **2.** supran. *En lenguaje jurídico*, dinero en efectivo o bienes entregados en pago de un servicio o de un bien de activo adquirido.

erogar. ■ TR. **1.** supran. Gastar un gobierno, cierta cantidad de dinero para construcciones, proyectos, salarios: "El municipio erogó 40 millones de dólares para el pago de las nuevas obras". || **2.** supran. *En lenguaje jurídico*, entregar dinero en efectivo o bienes como pago de un servicio o de un bien de activo adquirido: "Le erogué la casa al abogado, no quedaba de otra".

escabecharse. ■ TR. PRNL. **1.** fam. Comerse alguien algo: "Nos escabechamos unas carnitas en mi cumpleaños". || **2.** vulg. Practicar el coito.

escabeche. ■ M. supran. Preparado de vegetales que se conservan en vinagre, sal y especias; encurtido. ■ LOC. **~ oriental.** LOC. SUST. *En Yucatán*, guiso preparado con carne de pollo, gallina o pavo untada con un recado, ajo, orégano seco, sal y jugo de naranja agria o vinagre.

escalera. ■ LOC. **~ eléctrica.** LOC. SUST. supran. La que tiene automoción y cuyos peldaños se deslizan de manera ascendente o descendente; escalera mecánica.

escamada. ■ F. Susto.

escamar. ■ TR. Asustar: "Me escamó el accidente en la carretera".

escamocha. ■ F. **1.** fam. Conjunto de sobras de varias comidas. || **2.** *En el Occidente*, coctel o ensalada de frutas.

escamol. ■ M. Pupa o larva de la hormiga *Liometopum apiculatum*, de color cremoso, con una apariencia similar al arroz inflado; consistencia suave y delicado sabor, comúnmente se encuentra en nidos que se asocian a las plantas del maguey (género *Agave*); comestible; escamole.

escamole. ■ M. **1. escamol.**

escamoles. ■ M. PL. **2.** Guiso hecho con el **escamole**, generalmente frito en manteca de cerdo mezclado con epazote picado; se sirve en tacos con salsa.

escaramuza. ■ F. **1.** *En la charrería*, grupo de mujeres charras que, en celebraciones, ejecuta diversas suertes a caballo. || **2.** *En la charrería*, ejercicio ecuestre que practican estas mujeres charras. || **3.** *En la charrería*, cada una de las mujeres de una **escaramuza**.

escarapelamiento. ■ M. **1.** supran. Desprendimiento de la pintura o del revestimiento de una pared u otra superficie. || **2.** supran. fam. Despellejamiento por efecto de las quemaduras del sol.

escarapelar. ■ TR. **1.** supran. Desprender la pintura o revestimiento de una pared u otra superficie; descarapelar: "Mi papá escarapeló la pared para repintarla".

escarapelarse. ■ INTR. PRNL. **2.** supran. fam. Despellejarse por efecto de las

E

quemaduras del sol; descarapelarse: "Me escarapelé por asolearme tanto".

escarcha. ■ F. Tira hecha de hilo con hebras de plástico o de papel, generalmente de color plata u oro, que se usa como adorno en Navidad.

escarlatino, na. ■ ADJ. De color escarlata: "Mis papás me regalaron un suéter escarlatino".

escarmenada. ■ F. **1.** Hecho de escarmenar el cabello con un escarmenador o peine de doble dentada, extremadamente cerrada, que se usa para quitar los piojos del cabello al tiempo que se peina. || **2.** *En Puebla*, hecho de desenredar el cabello.

escarmenador. ■ M. Peine de doble dentada, extremadamente cerrada, que se usa para quitar piojos del cabello al tiempo que se peina.

escarmenar. ■ TR. **1.** Peinar el cabello con un escarmenador o peine de doble dentada, extremadamente cerrada, que se usa para quitar los piojos del cabello al tiempo que se peina: "Escarmena a la niña, es la única solución para curarla". || **2.** *En Puebla*, desenredar el cabello: "Siempre me escarmeno el cabello antes de dormir".

escarola. ■ F. Fruncido que tienen algunos vestidos como adorno.

escarpa. ■ F. *En el Sureste*, orilla de la calle; acera.

escautear. ■ TR. *En deportes*, buscar talentos: "Escautearon beisbolistas por todo el país".

escauteo. ■ M. supran. *En deportes*, búsqueda de talentos.

escoba. ■ F. **1.** Arbusto originario de México, de hasta 2 m de altura, monoico; tallos muy ramificados, glabros; hojas con pedúnculos muy cortos, romboides, con márgenes enteros o frecuentemente con tres dientes de cada lado, con base cuneada, coriáceas y glabras; flores masculinas glabras, pubérulas en el tubo, de 18 a 32 agrupadas en cabezuelas, flores femeninas glabras, de 28 a 48 agrupadas en cabezuelas, ambas se encuentran en las partes terminales de las ramas, ápice con dientes no claramente marcados; frutos aquénicos, glabros, de color café; uso en la medicina tradicional. Familia de las compuestas, *Baccharis conferta*. (También se llama hierba del carbonero). || **2.** Palma originaria de América, de hasta 10 m de altura; tallos erectos, no ramificados, de aspecto robusto, cubierto de espinas radicales simples o ramificadas; hojas simples, alternas, con forma de abanico, totalmente hendidas por la mitad, con más de 40 segmentos fusionados; flores hermafroditas, pequeñas, con tres sépalos y tres pétalos, de color blanco amarillento, flores dispuestas en panículas densas, en forma de espiral; frutos de globosos a subglobosos, lisos, de blanquecinos a amarillentos; semillas globosas, pequeñas; hojas, uso industrial. Familia de las arecáceas, *Cryosophila argentea*. (También se llama guano de escoba, guano kum, palma de escoba). || **3.** Palma originaria de México, de hasta 5 m de altura; tallos erectos o ligeramente arqueados, cubiertos de largas espinas en la base; hojas simples, alternas, ampliamente redondeadas y lobuladas en segmentos lanceolados y rígidos, glabras, con margen entero; flores hermafroditas, diminutas, con cuatro pétalos más o menos de ovados a redondeados, estambres fusionados basalmente formando un tubo corto, flores dispuestas en panículas largas, cubiertas con amplias brácteas envolventes; frutos pequeños, de redondeados a ovoides, lisos, de color verde; semillas diminutas, más o menos esféricas; fibra de la hoja, uso industrial. Familia de las arecáceas, *Cryosophila nana*. (También se llama palma abanico, soyamiche).

escobeta. ■ F. **1.** Escobilla de raíz de zacate, corta y recia, que sirve para limpiar, generalmente restregando, pisos, trastes, loza, etc. || **2.** Mechón de cerda que sale en el papo a los pavos adultos.

escobeteada. ■ F. Limpieza de un objeto o una superficie con una escobilla de zacate.

escobetear. ■ TR. Limpiar un objeto o una superficie con una escobeta o escobilla de raíz de zacate: "Escobeteamos la parrilla para asar la carne".

escobeteo. ■ M. **escobeteada.**

escobilla. ■ F. **1.** Arbusto originario de América, de hasta 1 m de altura, monoico; tallos muy ramificados, con pelos estrellados; hojas opuestas, enteras, de elípticas a oblanceoladas, con margen crenado, pelos diminutos, estrellados; flores hermafroditas, diminutas, de color amarillo a verde amarillento, agrupadas en conjuntos de cabezuelas; frutos capsulares, diminutos, subglobosos y cafés; varias semillas diminutas, subglobosas, cafés. Familia de las escrofulariáceas, *Buddleja scordioides*. (También se llama hierba de las escobas). || **2.** Hoja de este arbusto originario de América; uso en la medicina tradicional. || **3.** Hierba originaria de América, de hasta 1 m de altura, monoica; tallos erectos, ramificados en la base o comprimidos; hojas alternas, enteras, lanceoladas, envainantes en la base, en las hojas superiores las vainas infladas; flores hermafroditas, diminutas, de color verde amarillento, plateadas o purpúreas, dispuestas en conjuntos de espigas terminales y ascendentes, con una flor fértil y dos reducidas; frutos cariópsides, fusiformes, lisos, con manchas rojizas; una semilla por fruto; uso forrajero y en la medicina tradicional. Familia de las gramíneas, *Chloris virgata*. (También se llama barba de chivo, zacate cola de zorra, zacate mota). || **4.** Hierba o subarbusto originario de América, de hasta 2 m de altura, monoico; tallos erectos, más o menos ramificados, estriados, brillantes y pegajosos; hojas alternas, de lineares a lanceoladas, densamente punteadas en ambas caras; flores hermafroditas o femeninas, diminutas, tubulares, amarillas, las del centro hermafroditas y las de la periferia femeninas, con apariencia de pétalos, dispuestas en cabezuelas numerosas, a su vez arregladas en corimbos terminales; frutos aquénicos, oblongos, algo comprimidos, en ocasiones de cuatro a cinco costillas y pelillos; uso en la medicina tradicional. Familia de las compuestas, *Gymnosperma glutinosum*. (También se llama popote, tatalencho, xonequelite, zazal). || **5.** Arbusto de amplia distribución en México, de hasta 1 m de altura, monoico; tallos muy ramificados, con pubescencia estrellada, diminuta; hojas alternas, romboides, obtusas o agudas, crenadas o dentadas, algo discoloras; flores hermafroditas, de color amarillo, campanuladas, solitarias en las axilas de las hojas, con pubescencia estrellada muy fina; frutos esquizocárpicos, cónicos, glabrescentes, con o sin dos pequeñas espinas apicales, dehiscentes en el ápice entre las espinas; semillas glabras. Familia de las malváceas, *Sida rhombifolia*. (También se llama cuentere, huinar, malvilla, tlalamate). || **6.** Fibra de este arbusto de amplia distribución en México; uso industrial. || **7.** Raíz de este arbusto de amplia distribución en México; uso en la medicina tradicional.

escobillado. ■ M. **escobilleo.**

escobillar. ■ INTR. supran. *En algunos bailes tradicionales*, zapatear suavemente: "Durante el baile, las muchachas escobillaron vistosamente".

escobilleo. ■ M. supran. *En algunos bailes tradicionales*, zapateo suave.

escobillo. ■ M. Hierba originaria de América, de hasta 1 m de altura; tallos muy ramificados, glabros; hojas alternas, enteras, de lineares a linear-oblanceoladas, con margen entero o aserrado, glabras; flores hermafroditas, diminutas, amarillas, agrupadas en cabezuelas generalmente numerosas y dispuestas en panículas, las 20 a 35 flores de la periferia en forma de pétalos, pequeños, blancos; frutos aquénicos, diminutos, claviformes, pubérulos, con un penacho de pelos. Familia de las compuestas, *Aster subulatus*. (También se llama estrellita, metezurras).

escobillón. ■ M. **1.** Escobilla de mango largo para limpiar biberones. || **2. escobillón rojo.** || **3.** supran. Escoba de mango largo para limpiar paredes y techos. ■ LOC. **~ rojo.** LOC. SUST. Árbol originario de Australia, de hasta 6 m de altura, monoico; tallos arqueados, lanosos cuando jóvenes, rosados o rojizos; hojas alternas, simples, lanceoladas, venas prominentes en ambas caras, glabras, con glándulas sebáceas, con olor a limón al estrujarlas, con márgenes enteros, coriáceas; flores hermafroditas, pequeñas, pétalos verdosos o rojizos, estambres de color rojo brillante, muy rara vez blancos, largos, las flores agrupadas en espigas; frutos capsulares, cupuliformes, deprimidos, globosos; uso ornamental. Familia de las mirtáceas, *Callistemon citrinus*. (También se llama calistemo, cepillo, escobillón).

escoleta. ■ F. **1.** Banda de músicos aficionados. || **2.** Reunión de la **escoleta** para ensayar.

escoltero. ■ M. jerg. Soldado en retiro que ejerce como escolta.

escombrada. ■ F. Hecho de escombrar u ordenar y limpiar las cosas de un espacio.

escombrar. ■ TR. Ordenar y limpiar las cosas de un espacio: "Escombramos el cuarto porque ya no encontrábamos nada".

escondidas. ■ F. PL. supran. Juego infantil que consiste en que algunos de los participantes se escondan para que otro u otros los busquen; escondite.

escondidillas. ■ F. PL. **escondidas.**

escorpión. ■ M. **1.** supran. Saurio originario de México, de hasta 90 cm de longitud; con cuerpo cilíndrico; piel negra, con pequeñas manchas amarillas o naranjas y recubierta de escamas granulares y pequeñas; venenoso. Familia de los helodermátidos del orden Squamata, *Heloderma horridum*. (También se llama lagarto de chaquira, lagarto de cuentas, lagarto enchaquirado, temacuil). || **2.** supran. Lagartija originaria de Centroamérica, de hasta 13 cm de longitud; con cuerpo alargado; con partes dorsales verdes, pardas u olivas; con vientre blanco o con manchas oscuras; con extremidades pequeñas y uñas bien desarrolladas; los lados del cuerpo con un pliegue granular débilmente desarrollado; arbórea. Familia de los ánguidos del orden Squamata, del género *Abronia*.

escorzonera. ■ F. Hierba originaria de América, de hasta 70 cm altura, monoica; tallos muy ramificados, glabros, estriados; hojas arrosetadas, concentradas cerca de la base de la planta, enteras, de lineares a espatuladas, con margen dentado; flores hermafroditas, pequeñas, con los pétalos fusionados, de rosados a blancos, agrupadas en cabezuelas solitarias y terminales; frutos aquénicos, pequeños, con cinco costillas, linear-fusiformes, con un vilano de numerosas cerdas cafés. Familia de las compuestas, *Pinaropappus roseus*. (También se llama chipule, espule, ixpule, motita, motita morada).

escritorio. ■ LOC. **~ público.** LOC. SUST. **1.** Oficina o local en donde se ofrece el servicio de redacción de cartas y de documentos. || **2.** Mesa en la calle en donde se ofrece el servicio de redacción de cartas y de documentos.

escuadra. ■ F. supran. Pistola automática de cañón corto que tiene esta forma.

escuálido, da. ■ ADJ. supran. *Referido a algo*, escaso: "El guiso está escuálido de carne".

escuijoche. ■ M. **1.** supran. Árbol originario de América, de hasta 8 m de altura, monoico; tallos más o menos frágiles, con látex; hojas alternas, enteras, elípticas y lustrosas; flores hermafroditas, vistosas, en forma de trompeta, con cinco pétalos, de color rosado, rojo o de amarillo a blanco, olorosas, agrupadas en grandes cimas; frutos foliculares, elipsoides, alargados y leñosos; semillas numerosas, aladas, cafés; uso en la medicina tradicional. Familia de las apocináceas, *Plumeria rubra*. (También se llama cacalichuche, cacalojoche, cacalosúchil, ensalada, nicté, sabacuite, sabanicté, sangre de toro, tabasqueño). || **2.** supran. Flor del **escuijoche**; uso como aromatizante y ornamental.

escuincle, cla. ■ M. y F. **1.** supran. Niño. || **2.** supran. Hijo.

escuintle, tla. ■ M. y F. **escuincle, cla.**

escupefuego. ■ F. supran. Arma de fuego.

escupidor. ■ M. supran. Petardo que al encenderse, arroja luces de colores o pequeñas estrellas de fuego.

escupir. ■ EXPR. **¡escupe, Lupe!** supran. Se usa para instar a alguien a confesar algo que omite u oculta: "¿Y qué hiciste ayer? ¡Escupe, Lupe!".

escurrida. ■ F. Véase **escurrido, da.**

escurridera. ■ F. **1.** Utensilio de cocina con agujeros en que se drenan los alimentos; colador.

escurrideras. ■ F. PL. **2.** Aguas sobrantes que se escurren de un campo regado y forman pequeñas corrientes.

escurrido, da. ■ ADJ. **1.** fam. *Referido a algo*, manchado: "La alfombra está escurrida, la voy a lavar". || **2.** fam. *Referido a persona*, avergonzada: "Hugo anda escurrido porque lo regañó su mamá". || **3.** supran. fam. *Referido a una prenda de vestir*, excesivamente holgada: "En los noventa, Luz usaba pantalones escurridos". ■ F. **4.** Resultado de adelgazar notablemente.

escurriduras. ■ F. PL. Aguas sobrantes que se escurren de un campo regado y forman pequeñas corrientes; escurrideras.

escurrir. ■ TR. **1.** rur. Orear el maguey que se arranca: "Escurrimos varias pencas".

escurrirse. ■ INTR. **2.** fam. Adelgazar alguien: "César se escurrió con la nueva dieta".

ese, sa. ■ M. y F. supran. fam. Persona indeterminada: "Estaba un ese, esperando en la puerta del edificio".

eskimo. (De Eskimo®). ■ M. **1.** Bebida elaborada con leche y saborizantes, batida hasta espumar. || **2.** Bebida elaborada con hielo molido y chocolate en polvo. || **3.** Licuado elaborado con leche.

esmedregal. ■ M. Pez marino de distribución en aguas tropicales y subtropicales, de hasta 2 m de longitud; con cuerpo alargado, casi cilíndrico; con cabeza ancha y deprimida; boca grande, terminal, con la mandíbula inferior protuberante; la parte inferior y la región lateral son de color castaño oscuro; con dos bandas laterales plateadas estrechas bien definidas; comestible. Familia de los raquicéntridos del orden Perciformes, *Rachycentron canadum*. (También se llama cobia).

esnórquel. ■ M. **1.** supran. Deporte acuático que consiste en bucear utilizando generalmente una máscara de buceo, un tubo conectado a la boca, que extrae el aire que está por encima de la superficie del agua, y unas aletas. || **2.** supran. Tubo conectado a la boca, que extrae el aire que está por encima de la superficie del agua.

esnorquelear. ■ INTR. supran. Bucear, utilizando generalmente una máscara de buceo, un esnórquel y unas aletas: "El fin de semana esnorqueleamos en la playa".

esnorqueleo. ■ M. supran. Buceo con fines de recreación, que se realiza utilizando generalmente una máscara de buceo, un esnórquel y unas aletas.

eso. ■ EXPR. **de ~ pide su limosna.** Se usa para señalar que alguien desea intensamente algo: "Adolfo quiere ser gerente, de eso pide su limosna". ▷ **~ que ni qué.** Se usa para confirmar lo antes dicho: "El equipo de futbol perdió por sus errores, eso que ni qué".

espabilada. ■ F. **espabilamiento.**

espabilamiento. ■ M. supran. fest. Escabullimiento.

espabilarse. ■ INTR. PRNL. supran. fest. Escabullirse: "El ladrón se espabiló en cuanto escuchó las sirenas de la policía".

espadín. ■ M. Planta arrosetada originaria de México, de hasta 1 m de altura, monoica; troncos muy pequeños; hojas en rosetas, lineares, con margen sin espinas, pero con una espina terminal; flores bisexuales, con seis tépalos, de color amarillo blanquecino a verdoso, agrupadas en una larga espiga; frutos capsulares, de elipsoides a ovoides; semillas numerosas, aplanadas, negras. Familia de las asparagáceas, *Agave striata*. (También se llama estoquillo, maguey espadín, palmita, peinecillo, sotolito).

espadón. ■ M. rur. Animal castrado.

espalda. ■ LOC. **~ con ~.** LOC. SUST. *En el beisbol*, dos jonrones de manera consecutiva: "Un espalda con espalda le dio el triunfo a los Diablos Rojos". ▷ **~ mojada.** LOC. SUST. gralizado. Persona que ingresa ilegalmente a Estados Unidos de América, generalmente, en busca de trabajo.

espamentero, ra. ■ ADJ. **1.** supran. fam. *Referido a persona*, que manifiesta de un modo exagerado sus sentimientos, emociones o dolores; aspaventero: "Julio es un niño muy espamentero, solo hay que oírlo". Ú.t.c.sust.: "Julio es un espamentero, solo hay que oírlo". || **2.** supran. fam. Propio de la persona **espamentera**: "Julio tiene reacciones muy espamenteras, que ya se calme".

espamentoso, sa. ■ ADJ. **espamentero, ra.**

espantabobos. ■ ADJ. **espantapendejos.**

espantacigüeñas. ■ COM. fam. Médico que practica abortos: "Antes había un espantacigüeñas muy diestro en esa clínica".

espantaflojos. ■ ADJ. **espantapendejos.**

espantalobos. ■ M. **1.** Hierba originaria de México, de hasta 1 m de altura, monoica; raíces tuberosas; tallos finamente pubescentes; hojas alternas, de ovadas a lanceoladas, con margen irregularmente dentado; flores hermafroditas, vistosas, campanuladas, de color azul a púrpura, blancas en la base, solitarias o en pares; frutos capsulares, ovoides, cubiertos por el cáliz; cuatro semillas, elipsoides, negras. Familia de las convolvuláceas, *Ipomoea stans*. (También se llama tanibata, tumbavaqueros). || **2.** Raíz del **espantalobos**; uso en la medicina tradicional.

espantapendejos. ■ ADJ. **1.** malson. *Referido a llovizna*, constante y de corta duración: "La obra se suspendió por una simple lluvia espantapendejos". ■ M. **2.** malson. Lluvia fina, constante y de corta duración.

E

espantar. ■ LOC. **~ con el petate del muerto.** LOC. VERB. Asustar con cosas sin importancia: "No me espantes con el petate del muerto, tu problema no es tan grave".

espátula. ■ LOC. **~ rosada.** LOC. SUST. supran. Ave de distribución en América, de hasta 70 cm de altura; con pico largo y chato de color amarillento, que se expande y redondea en la punta que asemeja una espátula; piel desnuda de su cabeza en tonos amarillentos; plumaje en tonos rosados en todo el cuerpo, principalmente en alas; patas largas y de color rosa. Familia de los tresquiornítidos del orden Pelecaniformes, *Platalea ajaja*. (También se llama quechol).

especie. ■ LOC. **en ~.** LOC. ADV. vulg. Con favores sexuales.

espectacular. ■ M. Estructura de grandes dimensiones que sirve como soporte publicitario en la vía pública o en el techo de un edificio.

espelón. ■ M. *En el Sureste*, frijol negro y tierno; xpelón.

espeque. ■ M. supran. rur. Palo puntiagudo que sirve para sacar plantas de raíz y abrir hoyos para sembrar.

espequeada. ■ F. supran. rur. Movimiento del espeque que se genera por la fuerza aplicada mientras se sacan plantas de raíz y se abren hoyos para sembrar.

espequeador, ra. ■ M. y F. supran. rur. Persona que trabaja con el espeque o palo puntiagudo que sirve para sacar plantas de raíz y abrir hoyos para sembrar.

espequear. ■ INTR. supran. rur. Trabajar con el espeque para sacar plantas de raíz y abrir hoyos para sembrar: "Los campesinos espequearon para poder sembrar el frijol".

espeso, sa. ■ ADJ. **1.** fam. *Referido a persona*, obsesionada: "Fabiola estaba muy espesa con el tema de la pandemia". || **2.** supran. fam. *Referido a persona*, impertinente y molesta: "Mi vecino es espeso, por eso me cae mal". || **3.** supran. fam. Propio de la persona **espesa**: "Los comentarios que hace Joaquín son muy espesos".

espiada. ■ F. *En Chiapas*, hecho de espiar o buscar.

espiar. ■ TR. *En Chiapas*, buscar: "Espíalo bien, no es posible que no lo halles".

espichado, da. ■ ADJ. *En el Noroeste, referido a alguien*, sigiloso: "No te vi porque eres muy espichado".

espichar. ■ TR. **1.** Reducir el peso de una persona; adelgazar: "La dieta espichó bastante a Óscar". || **2.** Avergonzar: "Tu compañero espichó a los niños con sus chistes".

espiga. ■ LOC. **~ chica.** LOC. SUST. Hierba parásita de raíces originaria de América, de hasta 15 cm de altura, monoica; tallos carnosos a veces muy ramificados; hojas alternas, enteras, reducidas a escamas, de elípticas a lanceoladas, con margen dentado; flores hermafroditas, pequeñas, tubulares, de color azul, violeta o morado, aglomeradas, que forman una inflorescencia apretada; frutos capsulares, globosos, pequeños y cafés; semillas numerosas, diminutas, subglobosas. Familia de las boragináceas, *Lennoa madreporoides*. (También se llama angiolote, flor de hongo, flor de tierra). ▷ **~ negra.** LOC. SUST. Hierba originaria de América, de hasta 30 cm de altura, monoica; tallos erguidos o ligeramente recostados, pilosos en los nudos; hojas alternas, enteras, dispuestas en dos hileras sobre el tallo, lanceoladas, envainantes en la base, ligeramente enrolladas, escabrosas en el haz y los márgenes; flores unisexuales, diminutas, de color pardo purpúreo, agrupadas en conjuntos de tres espiguillas, cada una con una flor central hermafrodita o femenina y de dos a cinco flores laterales masculinas; frutos cariópsides y diminutos. Familia de las gramíneas, *Hilaria cenchroides*. (También se llama zacate mezquite).

espigueador, ra. ■ ADJ. **1.** rur. *Referido a una caballería*, que espiguea: "El caballo espigueador no me deja terminar de cepillarlo". ■ M. **2.** Lugar donde se guardan las espigas de la cosecha.

espiguear. ■ INTR. **1.** rur. Mover un caballo la cola de arriba abajo: "La yegua espigueó cuando le pusieron las herraduras". || **2.** supran. rur. Echar espigas los cereales, generalmente el maíz: "La milpa está verde, aún no espiguea".

espiguero. ■ M. rur. Lugar donde se guardan las espigas de la cosecha.

espinerío. ■ M. **espinero.**

espinero. ■ M. supran. Lugar donde abundan los espinos.

espinillento, ta. ■ ADJ. supran. *Referido a persona*, que tiene muchas espinillas, especialmente en la cara: "Nuestro vecino espinillento necesita un tratamiento dermatológico". Ú.t.c. sust.: "El espinillento necesita un tratamiento dermatológico".

espinillo. ■ M. Arbusto o árbol originario de América, de hasta 10 m de altura, monoico; tallos cortos, de corteza fisurada, ramas con espinas, de color verde amarillento; hojas alternas, divididas en numerosos y pequeños foliolos, ovados y rápidamente deciduos, de color verde pálido; flores hermafroditas, vistosas, con cinco pétalos amarillos, los superiores con tonos rojizos, fragantes, agrupadas en racimos; frutos en vainas que tienen marcadas las semillas, coriáceas y cafés; semillas poco numerosas, con forma cuadrangular y aplanada, cafés; uso en la medicina tradicional. Familia de las leguminosas, *Parkinsonia aculeata.* (También se llama guacóporo, huacóporo, palo verde, retama, uacóporo).

espinilludo, da. ■ ADJ. **espinillento, ta.**

espinosilla. ■ F. **1.** Arbusto originario de América, de hasta 2 m de altura; monoico; tallos con pelos glandulares; hojas alternas, de elípticas a lanceoladas, pelos glandulares, con margen aserrado y espinoso; flores hermafroditas, vistosas, tubulares, rojas, con cinco pétalos; frutos capsulares, ovoides y cafés; semillas numerosas, circulares, diminutas. Familia de las polemoniáceas, *Loeselia mexicana.* (También se llama almaraduz, chuparrosa, guachichil, hierba de la virgen, hierba de san Antonio). || **2.** Hoja de la **espinosilla**; uso cosmético y en la medicina tradicional. || **3.** Tallo de la **espinosilla**; uso cosmético y en la medicina tradicional.

esponjar. ■ TR. supran. Molestar; enfadar: "Siempre esponjamos a Ana con esa broma".

esponja. ■ F. **esponjilla.** ■ LOC. **~ vegetal.** LOC. SUST. Bejuco originario de Asia o África, de hasta 10 m de longitud, monoico; tallos angulosos, con tricomas esparcidos y recostados en la superficie; hojas simples, alternas, de cinco a siete lobuladas o angulares con forma triangular, escabrosas al tacto en ambas caras, generalmente con ampollas pequeñas en el haz y con glándulas en el envés, con margen entero; flores unisexuales, pequeñas y llamativas, campanuladas, de color amarillo brillante, las masculinas dispuestas en racimos axilares y densos, las femeninas solitarias en las axilas de las hojas; frutos cilíndricos, grandes, verdes, con manchas verdes oscuras y verdes claras, que se vuelven pardas; semillas numerosas, oblongo-ovadas, comprimidas, lisas, diminutamente tuberculadas. Familia de las cucurbitáceas, *Luffa aegyptiaca.* (También se llama estropajo, sonayote, zacate).

esponjilla. ■ F. supran. Hierba trepadora o rastrera originaria de América, de hasta 6 m de longitud, monoica; tallos delgados, estriados, con zarcillos divididos en el ápice; hojas alternas, ásperas, acorazonadas o divididas de tres a cinco lóbulos, con margen de dentado a sinuado; flores unisexuales, pequeñas: las masculinas de color amarillo y en racimos, las femeninas amarillas y solitarias; frutos pepónides, elipsoides, fibrosos, pubescentes y con pequeñas espinas, de color café; semillas ovoides, comprimidas, cafés. Familia de las cucurbitáceas, *Luffa operculata.* (También se llama calabaza estropajo, esponja).

esprea. ■ F. Alimentador de combustible del motor de un vehículo.

espuela. ■ F. **1.** Hierba originaria de América, de hasta 40 cm de altura, monoica; tallos postrados o semierectos, aplanados, acanalados, hirsutos; hojas arrosetadas en la base, las caulinares alternas, divididas, de tres a nueve pares de foliolos lineares, orbiculares u obovados, estrigulosos o hirsutos; flores hermafroditas, pequeñas, campanuladas, de color rosado, azul, blanco morado o blanco, solitarias o dispuestas en cincinos laxos; frutos capsulares, diminutos, globosos, pilosos en el ápice; semillas numerosas, ovoides, angulosas, aquilladas, de color pardo rojizo a amarillo. Familia de las hidrofiláceas, *Phacelia platycarpa.* (También se llama flor blanca, tlatomaxíhuitl). || **2.** supran. rur. Horquilla formada por las clavículas de un ave; espoleta. ■ LOC. **~ de gallo.** LOC. SUST. Arbusto o bejuco originario de México y Centroamérica, de hasta 30 cm de altura; tallos cuadrangulares, puberulentos, con espinas y zarcillos; hojas simples, opuestas, de lanceoladas a ovadas, glabras en ambas caras; flores hermafroditas, diminutas, campanuladas, con cinco pétalos amarillos, barbados internamente y papilosos externamente, flores dispuestas en cimas paniculadas, terminales; frutos en bayas, globosos, tuberculados; semillas diminutas, de oblicuas a piramidales, reticuladas, pardas anaranjadas. Familia de las loganiáceas, *Strychnos brachistantha*. (También se llama comalonga, uña de gato).

espuelado, da. ■ ADJ. **1.** *Referido a algo*, físicamente maltratado: "Mi mamá ya tiene el cutis muy espuelado". || **2.** *Referido a persona*, demacrada por el paso del tiempo: "Mi mamá se ve muy espuelada". || **3.** rur. *Referido a un animal de labor*, sumamente extenuado por sus años de trabajo: "Ese buey está espuelado, hay que darle un descanso".

espueleada. ■ F. supran. rur. Hecho de espuelear o espolear.

espuelear. ■ TR. supran. rur. Espolear: "Jaime espueleó a la yegua para que acelerara el paso".

espuelita. ■ F. Hierba originaria de México, de hasta 60 cm de altura, monoica; tallos a veces muy ramificados, pubescentes; hojas alternas, divididas, palmadas, en cinco o siete lóbulos, con margen sinuado y pubescentes; flores hermafroditas, vistosas, cuatro pétalos azules, con un espolón en la base de la flor, agrupadas en numerosos racimos o panículas; frutos foliculares, cilíndricos, pubescentes; semillas diminutas, ovoides, rugosas, de color café a negro. Familia de las ranunculáceas, *Delphinium pedatisectum*.

espule. ■ M. **escorzonera.**

espuma. ■ LOC. **~ de mar.** LOC. SUST. Hierba cultivada en América, de hasta 1 m de altura, monoica; tallos ramificados; hojas alternas, divididas en numerosos foliolos, de ovados a lanceolados, con margen aserrado; flores hermafroditas, diminutas, con cinco pétalos blancos, agrupados en numerosas umbelas; frutos esquizocárpicos, diminutos y cafés; dos semillas, elipsoides, de color café a negro; uso ornamental. Familia de las apiáceas, *Ammi majus*. (También se llama encaje).

espumilla. ■ F. Variedad de salitre de tierras lacustres.

esquiate. ■ M. *En Chihuahua*, bebida hecha a base de maíz tostado y descascarado, y que se acompaña con aguardiente.

esquilmo. ■ M. supran. Beneficio pequeño que se obtiene de cultivos o de la ganadería.

esquimera. ■ F. Batidora para preparar esquimos.

esquimo. ■ M. **eskimo.**

esquina. ■ INTERJ. **¡esquina!** supran. Se usa para pedir que un transporte público se detenga para poder descender: "¡Esquina! ¡Bajan!".

esquinear. ■ INTR. **1.** supran. Permanecer en una esquina para pasar el tiempo: "Manuel y Aldo esquineaban toda la tarde cuando eran solteros". || **2.** supran. Esperar al novio o a la novia en una esquina: "Fernando esquineaba todos los días al salir del trabajo".

esquinera. ■ F. Véase **esquinero, ra.**

esquinero, ra. ■ ADJ. **1.** fam. *Referido a persona*, que gusta de estar en una esquina para pasar el tiempo: "Ella se va a casar con un muchacho esquinero". Ú.t.c.sust.: "Ella se va a casar con un esquinero". ■ M. **2.** supran. rur. Madero, piedra o columna colocada verticalmente para servir de apoyo o de señal; poste. ■ F. **3.** rur. Poste que hace esquina en algunas construcciones, como corrales, potreros o alambrados.

esquite. ■ M. **1.** supran. *En el Noroeste*, palomitas de maíz. Ú.m.e.pl. || **2.** supran. Preparación hecha a base de granos de maíz hervidos con epazote; se puede servir con sal, chile en polvo, queso, limón y mayonesa. Ú.m.e.pl. || **3.** supran. Preparación hecha a base de granos de maíz, asados en un comal, con hierbas y condimentos; se puede servir con limón y chile en polvo. Ú.m.e.pl. || **4.** supran. Maíz tostado y quebrado para preparar el pinole.

esquitera. ■ F. Véase **esquitero, ra.**

esquitero, ra. ■ ADJ. **1.** Perteneciente o relativo al esquite: "El negocio esquitero es una entrada de dinero para algunas personas". || **2.** *Referido a persona*, que gusta de comer esquites: "Soy muy esquitera, como esquites casi a diario". Ú.t.c.sust.: "Soy una esquitera, como esquites casi a diario". ■ M. y F. **3.** Persona que se dedica a hacer o a vender esquites. ■ F. **4.** jerg. Ruido de una balacera.

esta. ■ LOC. **a estas alturas del partido.** LOC. ADV. En un momento avanzado del proceso de algo: "Esas observaciones sobre el escrito no importan a estas alturas del partido". ■ EXPR. **por ~.** Se usa para enfatizar que lo que se dice es cierto; se acompaña de una cruz formada con los dedos pulgar e índice: "Por esta que el fin de semana te pago lo que te debo".

establo. ■ M. fest. Gimnasio para boxeadores.

estaca. ■ F. supran. vulg. Pene.

estacada. ■ F. Acción y resultado de estacar.

estacar. ■ TR. **1.** Abandonar a alguien en una situación comprometida: "Estaqué a mi compadre con la fiesta de mi ahijado". || **2.** Estafar a alguien: "Lo estacaron con billetes falsos". || **3.** supran. Herir con arma blanca. || **4.** supran. rur. Extender un cuero fresco en el suelo y fijarlo con estacas para secarlo: "Estacamos la piel durante tres días al menos en nuestra fábrica". ■ LOC. **~ el cuero.** LOC. VERB. **entregar el equipo.** ▶ **~ la zalea.** LOC. VERB. **entregar el equipo.**

estado. ■ LOC. **en ~ burro.** LOC. ADJ. **en estado inconveniente.** ▶ **en ~ inconveniente.** LOC. ADJ. supran. *Referido a persona*, embriagada por una bebida alcohólica: "Mario llegó en estado inconveniente a la casa".

estafiate. ■ M. **1.** Hierba originaria de América, de hasta 1.5 m de altura, monoica; tallos rizomatosos, muy ramificados, de estriados a angulosos, tomentosos; hojas alternas, enteras, de lineares a lanceoladas, tomentosas, aromáticas al estrujarse; flores hermafroditas, diminutas, campanuladas, de color púrpura con tonos amarillentos, agrupadas en cabezuelas dispuestas en racimos o panículas, las seis o 12 flores de la periferia en forma de pétalos; frutos aquénicos, diminutos, cilíndricos, de color café. Familia de las compuestas, *Artemisia ludoviciana*. (También se llama ajenjo, hierba maestra, istafiate). || **2.** Hoja del **estafiate**; uso en la medicina tradicional.

estampa. ■ F. supran. Imagen impresa, generalmente de tamaño pequeño y con adhesivo integrado, para jugar o coleccionar en un álbum. Ú.m.e.dim.

estampar. ■ LOC. **~ la poderosa.** LOC. VERB. fest. Firmar: "Natalia estampó la poderosa en la cuenta del restaurante".

estampilla. ■ F. supran. Timbre postal; sello de correos.

estampillar. ■ TR. supran. Poner una estampilla o timbre postal a algo: "Estampillamos la carta para mandarla por correo postal".

estampilleo. ■ M. supran. Hecho de poner una estampilla a algo.

estándar. ■ ADJ. supran. *Referido a un automóvil*, que tiene cambio manual de marchas o velocidades: "Es más difícil manejar un coche estándar que uno automático".

estanquillo. ■ M. Local informal en que se venden artículos variados, como refrescos, golosinas, cigarros, prensa, etcétera.

estantillo. ■ M. rur. Estaca de madera clavada en el suelo.

estar. ■ LOC. **~ cocol.** LOC. VERB. fest. Tener alguien necesidad urgente de evacuar el vientre: "Estoy cocol, ahorita vengo, voy al baño". ▶ **~ como botón.** LOC. VERB. **estar cocol.** ▶ **~ como quiere.** LOC. VERB. **1.** supran. Tener alguien un cargo muy bueno: "¡Imagínate que de ser nadie, Angélica pasó a estar como quiere!". || **2.** supran. Ser muy guapo: "Esas chicas están como quieren". ▶ **~ de antojo.** LOC. VERB. Tener alguien la necesidad de ingerir un alimento específico, generalmente por el embarazo: "Estoy de antojo desde hace dos semanas". ▶ **~ de días.** LOC. VERB. Encontrarse una mujer próxima a parir: "Cristina ya está de días, por eso no viene a trabajar". ▶ **~ de encargo.** LOC. VERB. supran. Encontrarse una mujer embarazada: "Nos enteramos de que Laura está de encargo". ▶ **~ en el éter.** LOC. VERB. Encontrarse alguien desorientado o distraído: "Laura está en el éter y por eso no llegó a tiempo". ▶ **~ en sus días.** LOC. VERB. Tener la menstruación: "Ana no puede ir a la playa porque está en sus días". ▶ **~ pintado.** LOC. VERB. Ser ignorado: "A tu mamá le cuentas todo, pero uno está pintado". ■ EXPR. **está bien que mames (pero no te cuelgues).** vulg. **está bueno el encaje (pero no tan ancho).** ▶ **está bueno.** Se usa para manifestar acuerdo o asentimiento: "Está bueno, nos vemos a las tres en tu casa". ▶ **está bueno el encaje (pero no tan ancho).** Se usa para indicar que el aprovechamiento por parte de una persona para sacar beneficio de otra ha alcanzado el límite: "Ya no le pidas más dinero a tu papá, está bueno el encaje, pero no tan ancho". ▶ **nos estamos viendo.** Se usa para despedirse: "Ya me voy, nos estamos viendo".

estarse. ■ INTR. fam. Comportarse bien: "Luis se estuvo toda la tarde, por eso lo llevé a las nieves". ■ LOC. **estarse silencio.** LOC. VERB. fam. Permanecer callado: "¡Niño, estate silencio, no escucho la película!".

estatal. ■ ADJ. Perteneciente o relativo a uno o a todos los estados de la república mexicana: "La frontera estatal está delimitada por señalamientos".

esténcil. ■ M. Plantilla de diversos materiales para estampar sobre una superficie letras, números, dibujos, etcétera.

estencilear. ■ TR. Realizar diseños con un esténcil: "Los artistas urbanos estencilearon el muro de la cuadra".

estéreo. ■ M. **1.** Equipo modular de sonido. || **2.** supran. Sistema de reproducción de sonido portátil para el automóvil.

estética. ■ F. Establecimiento donde se prestan servicios diversos de peluquería, depilación, maquillaje, etcétera.

estilacho. ■ M. supran. fest. Manera de ser distintiva y propia de un individuo o de una colectividad; estilo.

estimado. ■ M. supran. Cálculo o cómputo que se hace por anticipado. ■ LOC. **mi ~.** LOC. SUST. fam. Fórmula de tratamiento para dirigirse con respeto y confianza a una persona conocida: "Mi estimada, que tengas buen viaje".

estirar. ■ LOC. **~ la jeta.** LOC. VERB. Manifestar enojo: "Vi que estiró la jeta cuando lo regañaste". ▷ **~ la mano.** LOC. VERB. supran. Pedir algo, generalmente dinero, más de lo que puede considerarse apropiado: "Estoy buscando trabajo para no tener que estirar la mano".

estómago. ■ M. Zona abdominal del ser humano; panza.

estopa. ■ F. **1.** Maraña de hilos de algodón que se usa en distintas labores domésticas e industriales. || **2.** Fibra gruesa que se obtiene de la capa media del coco y que se usa como material de jardinería y de construcción. || **3.** supran. Parte media que separa la cáscara de la pulpa del coco.

estoperol. ■ M. supran. Tachuela grande de cabeza dorada o plateada con que suelen adornarse prendas de vestir, zapatos y otros objetos.

estoquillo. ■ M. **espadín.**

estornudadera. ■ F. Hierba originaria de México, de hasta 40 cm de altura, monoica; tallos postrados, muy ramificados, pubescentes; hojas alternas, abrazando ligeramente al tallo, enteras, pubescentes; flores hermafroditas, pequeñas, campanuladas, con cinco lóbulos, con colores morados, azules o rosados, agrupadas en cimas axilares o terminales; frutos capsulares, ovados, pubescentes, cafés; semillas numerosas, diminutas, amarillas. Familia de las hidrofiláceas, *Nama undulatum*. (También se llama garañona, matagusano).

estratósfera. ■ F. supran. Zona superior de la atmósfera, desde los 12 hasta los 50 km de altura; estratosfera.

estrechón. ■ LOC. **~ de manos.** LOC. SUST. supran. Apretón de estas de manera fuerte y efusiva.

estrella. ■ F. **1.** Hierba originaria de América, de hasta 80 cm de altura, monoica; de uno o dos tallos, cilíndricos, con bulbos subglobosos en la base, glabros; hojas basales, enteras, de lineares a subcilíndricas; flores hermafroditas, vistosas, con cinco tépalos, blancos, agrupadas en umbelas; frutos capsulares, elipsoides y cafés; semillas numerosas, diminutas, subglobosas, negras. Familia de las liliáceas, *Milla biflora*. (También se llama azucena del campo, azucena silvestre, flor de mayo). || **2.** Hoja de esta hierba; uso en la medicina tradicional. || **3.** Grupo de diferentes especies de hierbas originarias de México, de hasta 90 cm de altura, bulbosas; las hojas arrosetadas, linear-lanceoladas, de carnosas a subcoriáceas, de color verde brillante; las flores son hermafroditas, vistosas en forma de embudo y con seis tépalos lineares, blancas, con tres o cuatro flores agrupadas en umbelas sobre un largo escapo; frutos capsulares, globosos, de color café; alrededor de diez semillas, comprimidas, de color negro; uso ornamental. Familia de las amarilidáceas, varias especies del género *Hymenocallis*. || **4.** Individuo de este grupo de diferentes especies de hierbas. ■ LOC. **~ de agua.** LOC. SUST. Hierba acuática originaria de México, de hasta 50 cm de altura, monoica; tallos ramificados, gruesos y huecos, estriados, con tintes morados, pilosos; hojas opuestas, enteras, de lineares a lanceoladas, con margen dentado, pilosas; flores hermafroditas, diminutas, tubulares, amarillas, agrupadas en cabezuelas solitarias, las 15 o 20 flores de la periferia en forma de pétalos, blancos; frutos aquénicos, diminutos, de cilíndricos a claviformes, de color café oscuro. Familia de las compuestas, *Jaegeria bellidiflora*. (También se llama margarita de agua).

estrellita. ■ F. **1.** Grupo de diferentes especies de hierbas originarias de América, actualmente distribuidas en Europa, de hasta 1 m de altura, monoicas; tallos más o menos ramificados, angulosos, estriados, esporádicamente pubescentes; hojas opuestas, enteras, de linear-lanceoladas a ovadas, con margen crenado o aserrado, con pelos estrigosos, a veces glandulosos; flores hermafroditas, diminutas, amarillas, agrupadas en cabezuelas, las cinco a ocho flores de la periferia en forma de pétalos, pequeños, de blancos a rosados; frutos aquénicos, diminutos, claviformes, con escamas en el ápice. Familia de las asteráceas, varias especies del género *Galinsoga*, como *Galinsoga parviflora*, *Galinsoga quadriradiata*. || **2.** Individuo de la **estrellita**. || **3. escobillo.**

estribera. ■ F. supran. rur. Correa del estribo.

estribo. ■ M. Pan hecho de harina y manteca vegetal, ligeramente dulce, semejante en su forma al de los caballos. ■ LOC. **la del ~.** LOC. SUST. supran. Última copa de una bebida alcohólica que se toma antes de abandonar el sitio en que se ha bebido: "El cantinero nos sirvió la del estribo".

estrujadas. ■ F. PL. *En la Huasteca*, guiso compuesto de tortillas de maíz más gruesas de lo normal a las que se pone manteca y se trocean, posteriormente, se bañan y se reposan brevemente en una salsa caliente de jitomate o tomate y chile; se sirve con queso y cebolla.

eudeve. ■ ADJ. **1.** Perteneciente o relativo al **eudeve**: "El territorio eudeve se encontraba en la sierra Madre Occidental". || **2.** Natural o procedente del grupo étnico **eudeve**: "Los hablantes eudeves dejaron de usar su lengua desde mediados del siglo XX". ■ M. **3.** Grupo étnico que habitaba en la sierra, en el norte del estado de Sonora. || **4.** Lengua yutoazteca del subgrupo lingüístico opatano. ■ COM. || **5.** Persona natural o procedente del grupo étnico **eudeve**: "Las eudeves están preparando su comida típica".

evangelista. ■ COM. Persona que se dedica a escribir cartas u otros documentos para la gente que no sabe escribir: "Los evangelistas de la plaza de Santo Domingo son muy solicitados".

examen. ■ LOC. **~ de gabinete.** LOC. SUST. Prueba de diagnóstico obtenida mediante aparatos especializados, cuyo resultado es una imagen: "Todavía me faltan los exámenes de gabinete para ir al médico". ▷ **~ de laboratorio.** LOC. SUST. Prueba química de diagnóstico: "Entre los exámenes de laboratorio que me pidieron está una biometría hemática".

exhibición. ■ F. **1.** Presentación pública de diversos productos de la industria, las artes y las ciencias con fines comerciales o culturales; exposición. || **2.** Pago de un adeudo de tipo administrativo o fiscal.

exhibir. ■ TR. Pagar adeudos de tipo administrativo o fiscal: "Eugenio exhibió lo que debía puntualmente".

exósfera. ■ F. supran. Espacio interplanetario, exterior a la atmósfera terrestre; exosfera.

exótica. ■ F. **1.** Bailarina de cabaret. || **2.** Prostituta. || **3.** despect. Hombre homosexual.

expendio. ■ M. **1.** Tienda donde se venden artículos al por menor, generalmente especializada en un tipo de producto. || **2.** supran. Tienda donde se venden productos comestibles básicos al por menor, subvencionados o administrados por el Estado.

exponer. ■ LOC. **~ el cuero.** LOC. VERB. supran. fam. Poner en riesgo la vida: "Los bomberos expusieron el cuero en el incendio de ayer". ▷ **~ el físico.** LOC. VERB. **exponer el cuero.**

exquisitura. ■ F. supran. Cualidad de exquisito; exquisitez.

extensible. ■ M. Pulsera de un reloj, metálica, flexible por estar formada de eslabones y que se puede extender para ajustarse a la muñeca.

extensión. ■ F. **1.** Aparato de teléfono que depende de la línea principal. || **2.** supran. Cable eléctrico largo con enchufe en un extremo y contacto en el otro, que sirve para hacer más larga una conexión eléctrica.

externación. ■ F. supran. Manifestación de algo, generalmente una opinión.

externar. ■ TR. supran. Manifestar algo, generalmente una opinión: "Georgina

E

externó su desacuerdo de vender la casa de sus padres”.

extinguidor. ■ M. supran. Aparato para apagar incendios; extintor.

extrañamiento. ■ M. Amonestación de carácter jurídico o administrativo.

extraordinario. ■ M. Evaluación extemporánea de una asignatura por no haber sido acreditada en el periodo ordinario: “Me tronaron en el ordinario y me fui a extraordinario”.

extremarse. ■ INTR. PRNL. rur. Estar en celo un animal: “Los perros de mi tía se extremaron el mes pasado”.

ey. ■ ADV. fam. Se usa para expresar afirmación o confirmación; sí: “—La película estuvo divertida, ¿no? —Ey”.

F

F

fa. ■ LOC. **en ~.** LOC. ADV. supran. fam. Rápidamente: "Tenemos que irnos en fa para encontrar boletos en el cine".

fabriquero, ra. ■ M. y F. Persona que se dedica a destilar el aguardiente de caña.

facetada. ■ F. **faceteada.**

faceteada. ■ F. fam. Acción y resultado de facetear.

facetear. ■ INTR. **1.** fam. Ser tonto: "Francamente faceteas, no entiendes nada de lo que dice el maestro". || **2.** fam. Considerarse una persona a sí misma ocurrente y graciosa sin serlo: "Tu amigo facetea, nadie se ríe de lo que dice". || **3.** fam. Ser presuntuoso: "Los futbolistas de la actualidad facetean".

faceto, ta. ■ ADJ. **1.** fam. *Referido a persona*, tonta: "Francamente eres un tipo faceto, no entiendes nada". Ú.t.c.sust.: "Francamente eres un faceto, no entiendes nada". || **2.** fam. *Referido a persona*, que se considera a sí misma ocurrente y graciosa sin serlo: "Tu amigo es muy faceto, nadie se ríe de lo que dice". Ú.t.c.sust.: "Tu amigo es un faceto, nadie se ríe de lo que dice". || **3.** fam. *Referido a persona*, presuntuosa: "Son unos futbolistas facetos". Ú.t.c.sust.: "Esos futbolistas son unos facetos".

facha. ■ F. **1.** Apariencia desaliñada y descuidada: "Por la facha que trae Jorge, sabemos que no fue a trabajar".

fachas. ■ F. PL. **2.** Atuendo que se usa para representar a un personaje; disfraz: "Llegó a la fiesta con fachas de pirata". ■ LOC. **en ~.** LOC. ADV. supran. Con vestimenta desaliñada o inapropiada: "Eva llegó en fachas a la boda de su hermano".

fachosear. ■ TR. coloq. Presumir algo: "Mis vecinos fachosean sus coches cada vez que pueden".

fachoseo. ■ M. coloq. Presunción de algo.

fachoso, sa. ■ ADJ. coloq. *Referido a persona*, descuidada: "Berenice es muy fachosa y entregó un reporte pésimo". Ú.t.c.sust.: "Berenice es una fachosa y entregó un reporte pésimo".

fachudo, da. ■ ADJ. **1. fachoso, sa.** || **2.** supran. *Referido a persona*, que viste de manera desaliñada o con descuido: "Ese conductor de televisión anda muy fachudo". Ú.t.c.sust.: "Ese conductor de televisión es un fachudo". || **3.** supran. *Referido a persona*, que viste de manera llamativa: "A ese joven fachudo le encanta la moda de los años ochenta". Ú.t.c.sust.: "Al fachudo le encanta la moda de los años ochenta". || **4.** supran. Propio de la persona **fachuda**: "El estilo fachudo de esa chava me gusta mucho".

faena. ■ F. **1.** fest. Coito. || **2.** rur. Trabajo que se hace en el campo.

fafalais. ■ M. PL. **fafalaises.**

fafalaises. ■ M. PL. Adornos de papel de china o tela que se usan en sombreros, piñatas, vestidos, etcétera.

fafalias. ■ M. PL. **fafalaises.**

faisán. ■ LOC. **~ real.** LOC. SUST. Ave de distribución en el sur de México, Centroamérica y Sudamérica, de hasta 90 cm de longitud; con dimorfismo sexual; los machos presentan una protuberancia de color amarillo en el pico, plumaje negro brillante, vientre blanco y patas grisáceas; las hembras tienen tres morfos, uno con cabeza y cuello blancos con listas, otro con cabeza negra y plumaje castaño rojizo y uno más con cabeza negra y plumaje pardo oscuro; todos con cola rufa, rayas blancas, pico amarillo y patas claras. Familia de los crácidos del orden Galliformes, *Crax rubra.* (También se llama hoco, hocofaisán, kambul, pajuil, pavón, pavón norteño).

fajada. ■ F. fam. Acción y resultado de fajarse.

fajador, ra. ■ M. y F. fam. Persona que no rehúye el trabajo.

fajarse. ■ TR. PRNL. **1.** fam. Manosear y besar lascivamente a alguien. || **2.** supran. vulg. Poseer sexualmente a alguien. ■ INTR. PRNL. **3.** supran. fam. Actuar alguien con energía y responsabilidad: "El jefe se fajó ante los problemas de la empresa". || **4.** supran. fam. Ser alguien valiente: "Tus amigos se fajaron al pasear por ese barrio". ■ LOC. **~ los calzones.** LOC. VERB. **fajarse los pantalones.** ▷ **~ los pantalones.** LOC. VERB. supran. coloq. Hacerse alguien el valiente: "Se fajó los pantalones y se hizo cargo de sus hermanos menores".

faje. ■ M. fam. Manoseo acompañado de besos lascivos; magreo.

fajina. ■ F. **1.** Trabajo de limpieza o mantenimiento que exige fuerza y resistencia. || **2.** rur. Trabajo agrícola que se hace en la mañana y se interrumpe al mediodía para comer. || **3.** rur. Comida que se hace en el momento en que se interrumpe este tipo de trabajo agrícola. || **4.** *En la cárcel,* cuota que se da para evitar trabajos obligatorios.

fajita. ■ F. **1.** supran. Tira fina de carne, generalmente de pollo.

fajitas. ■ F. PL. **2.** supran. Platillo que se prepara con tiras finas de carne y vegetales asados a la plancha; se sirve con tortillas y salsa picante.

fajo. ■ M. **1.** fam. Trago de aguardiente. || **2.** rur. Golpe dado con un cinturón; cintarazo.

faldillero. ■ ADJ. **1.** despect. *Referido a un hombre,* dado a chismes: "Él es muy faldillero, está pendiente de todo y de todos". Ú.t.c. sust.: "Él es un faldillero, está pendiente de todo y de todos". || **2.** despect. *Referido a un hombre,* afeminado y dado a estar entre mujeres; faldero: "Él es muy faldillero, siempre sale con sus primas". Ú.t.c.sust.: "Él es un faldillero, siempre sale con sus primas".

faldilludo. ■ ADJ. **1.** *En el Noroeste,* **faldillero.** || **2.** despect. *En el Noroeste, referido a un hombre,* que obedece las órdenes de su mujer: "Ricardo es muy faldilludo, no responde por él". Ú.t.c.sust.: "Ricardo es un faldilludo, no responde por él".

fallarle. ■ INTR. PRNL. supran. Actuar como loco: "A mi vecino le falla, se pone a gritar todos los días".

fallón, na. ■ ADJ. supran. Que falla continuamente: "No quiero comprar un carro fallón".

falsa. ■ F. *En un libro,* hoja que va impresa por el frente, generalmente solo con el título, y blanca por detrás. ■ LOC. **~ árnica.** LOC. SUST. Arbusto originario de México, de hasta 2 m de altura, monoico; tallos poco ramificados, a veces alados, lanosos o estrigosos y con pubescencia glandular; hojas alternas, enteras, de ovado-lanceoladas a elípticas, con margen denticulado, estrigosas y cortamente glandulares, pubescentes; flores amarillas, hermafroditas, diminutas, agrupadas en numerosas cabezuelas, las flores de la periferia semejan pétalos amarillos; frutos aquénicos, diminutamente pubescentes, con numerosas cerdas en el ápice. Familia de las compuestas, *Trixis michuacana.*

falseada. ■ F. supran. Dislocación de una articulación.

falsearse. ■ TR. PRNL. supran. Dislocarse una articulación: "Mi hermano se falseó el tobillo en el juego del viernes".

falseta. ■ F. supran. Brida corta que se ata al bozal de una caballería y que se usa en sustitución del freno.

falsete. ■ M. rur. *En el Noroeste,* puerta rústica hecha de madera y alambre de púas.

falso. ■ M. supran. Mentira: "Encontramos al menos cuatro falsos en lo que nos contó".

faltista. ■ ADJ. **1.** supran. *Referido a persona*, que falta con frecuencia: "Eres un alumno faltista, por eso no aprobarás el examen de matemáticas". || **2.** supran. Propio de la persona **faltista**: "Si sigues con tus costumbres faltistas, vas a reprobar el examen de matemáticas". ■ COM. **3.** supran. Persona que falta con frecuencia: "Los faltistas serán reprobados en el curso".

familia. ■ LOC. **~ muégano.** LOC. SUST. **1.** fam. La que se mantiene muy unida: "Una familia muégano se reúne todos los fines de semana". || **2.** fam. La que incluye miembros consanguíneos y políticos, y que habita un espacio en común: "Las familias muégano son habituales en las vecindades".

famullo, lla. ■ M. y F. fam. Empleado doméstico; fámulo.

fanal. ■ M. fest. Globo ocular; ojo.

fanaticada. ■ F. supran. Conjunto de fanáticos; hinchada.

fandango. ■ M. **1.** Fiesta tradicional en la cual se interpretan sones de tarima, especialmente importante en Veracruz. || **2.** Género musical para banda de viento. || **3.** Composición del género músical **fandango**.

fantochería. ■ F. Presunción.

fara. ■ LOC. **fara fara.** LOC. SUST. **farafara.**

farafara. ■ M. *En el Noreste*, conjunto musical constituido, generalmente, por guitarra, contrabajo, acordeón y tarola; chirrín.

faramalla. ■ F. coloq. Acción exagerada y fingida. "Olga hizo una faramalla porque llegué tarde unos minutos".

faramallar. ■ INTR. **faramallear.**

faramallear. ■ INTR. supran. coloq. Exagerar y fingir: "Faramallearon mucho cuando llegaron con su coche nuevo".

faramallero, ra. ■ ADJ. **1.** supran. coloq. *Referido a persona*, que tiene una actitud exagerada y fingida: "Los árbitros ya no le hacen caso a ese entrenador faramallero". Ú.t.c. sust.: "Los árbitros ya no le hacen caso a ese entrenador porque es un faramallero". || **2.** supran. coloq. Propio de la persona **faramallera**: "La actitud faramallera de los árbitros provocó la bronca en el estadio".

faramalloso, sa. ■ ADJ. **faramallero, ra.**

farlopero, ra. ■ ADJ. jerg. *Referido a persona*, adicta a la cocaína; cocainómana. Ú.t.c.sust.

farmaceuta. ■ COM. supran. Persona autorizada para ejercer la farmacia; farmacéutico: "El farmaceuta Tomás me recomendó un jarabe para la tos".

faro. (De Faros®). ■ M. Cigarrillo.

farol. ■ ADJ. **1.** fam. *Referido a persona*, fanfarrona: "No invites a ese chavo farol a la fiesta". ■ M. **2.** supran. fam. Globo ocular; ojo. ■ COM. **3.** fam. Persona fanfarrona: "No invites a Amada a la fiesta, es una farol y no la soporto".

farol, la. ■ ADJ. **1.** fam. *Referido a persona*, fanfarrona: "No invites a esa chava farola a la fiesta". Ú.t.c.sust.: "No invites a esa farola a la fiesta". || **2.** fam. Propio de la persona **farola**: "Ya déjate de actitudes farolas".

farolazo. ■ M. supran. coloq. Bebida alcohólica de alta graduación que suele consumirse de un solo trago.

farolito. ■ M. supran. Enredadera originaria de América y de algunos países de África y Asia, de hasta 3 m de longitud, monoica; tallos herbáceos, a veces semileñosos en la base, con zarcillos; hojas alternas, divididas en nueve foliolos con margen de crenado a dentado; flores diminutas, de blancas a amarillentas, agrupadas en panículas con un par de zarcillos; fruto capsular, abultado, membranoso, con apariencia de inflado; semillas globosas, negras. Familia de las anacardiáceas, *Cardiospermum halicacabum*. (También se llama alfombrilla, zapatito).

fatiga. ■ F. jerg. Lista de asistencia que se hace en prisiones.

faul. ■ M. Acción y resultado de faulear.

faulear. ■ TR. **1.** Golpear a alguien: "Los villanos faulearon al protagonista". || **2.** supran. *En algunos deportes*, agredir un jugador a otro: "Juan fauleó a Jorge en el partido de basquetbol". ■ INTR. **3.** *En algunos deportes*, violar las reglas del juego: "El equipo visitante fauleó durante todo el partido y terminó con tres jugadores expulsados". || **4.** *En el beisbol*, enviar un bateador la pelota fuera de los límites legales del campo de juego: "El emergente ya fauleó en dos ocasiones".

favor. ■ EXPR. **de ~.** supran. Se usa para acompañar una petición; por favor: "¿Me prestas tu lápiz, de favor?".

fayuca. ■ F. **1.** Mercancía introducida al país, generalmente de contrabando, para su venta a precios más bajos en comercios informales o ambulantes. || **2.** Comercio que se hace con **fayuca**.

fayuqueada. ■ F. Comercio que se hace con fayuca o mercancía que se introduce al país, generalmente de contrabando, para su venta a precios más bajos en comercios informales o ambulantes.

fayuquear. ■ TR. **1.** Introducir fayuca o mercancía al país, generalmente de contrabando, para su venta a precios más bajos en comercios informales o ambulantes: "El mes pasado fayuquearon dos toneladas de ropa". || **2.** Comerciar con fayuca o mercancía que se introduce al país, generalmente de contrabando, para su venta a precios más bajos en comercios informales o ambulantes: "Mis familiares fayuquean juguetes en el tianguis".

fayuqueo. ■ M. **1.** Introducción al país de fayuca o mercancía, generalmente de contrabando, para su venta a precios más bajos, generalmente en comercios informales o ambulantes. || **2.** Comercio que se hace con fayuca o mercancía, generalmente de contrabando, para su venta a precios más bajos, generalmente en comercios informales o ambulantes.

fayuquero, ra. ■ ADJ. **1.** Perteneciente o relativo a la fayuca o mercancía, generalmente de contrabando, para su venta a precios más bajos, generalmente en comercios informales o ambulantes: "Hoy pasamos por el barrio fayuquero y me compré una bolsa". ■ M. y F. **2.** Persona que se dedica a comprar o a vender fayuca o mercancía, generalmente de contrabando.

federal. ■ ADJ. **1.** Perteneciente o relativo al ejército regular durante la Revolución mexicana: "La tropa federal llegó a la ciudad y persiguió a los contrabandistas". || **2.** (Juego de palabras entre federal y feo). supran. eufem. *Referido a persona,* fea: "Tu amigo es el hombre más federal que he visto". ■ M. **3.** Miembro del cuerpo del ejército regular durante la Revolución mexicana. ■ COM. **4.** (Juego de palabras entre federal y feo). supran. eufem. Persona fea: "Tu amiga es la federal del grupo".

federica. ■ F. Véase **federico, ca.**

federico, ca. ■ ADJ. (Juego de palabras entre Federico y feo). **1.** supran. eufem. *Referido a persona,* fea; federal: "La nueva actriz está muy federica". Ú.t.c.sust.: "Mi hermano se casó con una federica". ■ F. **2.** Bota militar alta.

feliz. ■ LOC. **~ como (una) lombriz.** LOC. ADJ. fest. *Referido a alguien,* muy contento: "Estoy feliz como una lombriz porque ya me titulé".

felón, na. ■ M. y F. jerg. Persona que regentea a otras dedicadas a la prostitución; lenón.

felpar. ■ TR. **1.** fam. Descomponer o arruinar algo: "La falta de mantenimiento felpó el motor de mi motocicleta". ■ INTR. **2.** fam. Terminar algo inesperadamente: "Mi relación laboral con la empresa ya felpó". || **3.** fam. Morir: "El contador felpó el mes pasado".

feo. ■ LOC. **de a ~.** LOC. ADV. **1.** fam. Mucho: "Se equivocó de a feo en el examen". || **2.** fam. De mala manera: "Siempre que me ve, me trata de a feo". ▶ **~ con efe de foca.** LOC. ADJ. **feo con efe de foco fundido.** ▶ **~ con efe de foco fundido.** LOC. ADJ. fam. Horrible: "El vestido está feo con efe de foco fundido". ▶ **~ con efe de fundillo.** LOC. ADJ. supran. malson. **feo con efe de foco fundido.**

feria. ■ F. **1.** supran. fam. Dinero. || **2.** supran. fam. Moneda fraccionaria o suelto.

ferrocarrilero, ra. ■ M. y F. supran. Persona que trabaja en una empresa de ferrocarriles; ferroviario.

fiaca. ■ F. supran. fam. Pereza.

ficha. ■ F. *En algunos centros nocturnos,* vale equivalente al pago que hace un cliente por el servicio que presta una fichera.

fichadora. ■ F. **fichera.**

fichar. ■ TR. **1.** *En algunos centros nocturnos,* recibir una cabaretera una ficha o vale equivalente al pago que hace un cliente por el servicio que ella le presta. ■ INTR. **2.** Ejercer alguien la prostitución en un centro nocturno.

fichera. ■ F. supran. Cabaretera que ficha en un centro nocturno.

fideo. ■ M. Planta parásita, sin clorofila, originaria de México y Centroamérica; tallos volubles, lisos, filiformes, de color amarillo; hojas alternas, enteras, en forma de escamas diminutas; flores hermafroditas, pequeñas, de subcampanuladas a cilíndricas, con tres a cinco lóbulos blancos o amarillentos, dispuestas en racimos o cimas compactas; frutos capsulares, de globosos a cónicos; cuatro semillas, ovadas, lisas o arrugadas, cubiertas con una estructura carnosa; uso en la medicina tradicional. Familia de las convolvuláceas, *Cuscuta jalapensis*. (También se llama zacapal).

fiera. ■ F. supran. fest. Esposa o novia.

fierrada. ■ F. fam. Cantidad grande de dinero.

fierro. ■ M. **1.** fam. Cada una de las piezas que conforma el juego de cubiertos. || **2.** supran. Instrumento de hierro utilizado para marcar ganado. || **3.** supran. fam. Dinero. || **4.** supran. fam. Pedal de aceleración de un vehículo. || **5.** supran. jerg. Arma blanca. || **6.** supran. jerg. Arma de fuego de mediano calibre. || **7.** supran. vulg. Pene.

fiesta. ■ LOC. **~ del Grito.** LOC. SUST. La que se celebra la noche del 15 de septiembre, en conmemoración del inicio de la Guerra de Independencia de México: "La fiesta del Grito será en la plaza principal". ▶ **fiestas patrias.** LOC. SUST. supran. Conjunto de actividades de carácter cívico que se realizan en septiembre para celebrar y conmemorar el aniversario de la independencia nacional: "Habrá festivales en las escuelas para celebrar las fiestas patrias".

fiesterío. ■ M. **1.** Desorden. || **2.** Bulla. || **3.** supran. Serie de fiestas próximas entre sí.

fifar. ■ INTR. supran. fam. Funcionar algo: "Mi televisión fifa de maravilla".

fifez. ■ F. Cualidad de lo fifí: "Esa fifez tuya me incomoda".

fifí. ■ ADJ. **1.** Perteneciente o relativo a la fifez: "Me gusta mucho tu chamarra fifí". || **2.** *Referido a persona*, vestida con esmero: "Los invitados llegaron muy fifís a la boda". || **3.** *Referido a persona*, que se apega a las convenciones de la moda: "Mi primo es muy fifí, siempre trae ropa de la última temporada". || **4.** supran. *Referido a persona*, que pertenece a una clase social acomodada: "En este restaurante come gente fifí". || **5.** supran. *Referido a persona*, arrogante: "Ella es muy fifí, siempre alardea de sus compras". || **6.** supran. Propio de la persona **fifí**: "Su actitud fifí es muy llamativa". ■ COM. **7.** Persona vestida con esmero: "La novia es una fifí, qué bien se arregló". || **8.** Persona que se apega a las convenciones de la moda: "Mi primo es un fifí, siempre trae ropa de la última temporada". || **9.** supran. Persona que pertenece a una clase social acomodada: "Los fifís más ricos de la universidad comen en este restaurante". || **10.** supran. Persona arrogante: "Ella es una fifí, siempre alardea de sus compras".

fifiriche. ■ ADJ. **1.** supran. *Referido a persona*, atildada y muy delgada: "Esa joven fifiriche usa pantalón talla cero". ■ COM. **2.** supran. Persona atildada y muy delgada: "Mi amiga la fifiriche usa pantalón talla cero".

F

fifirucho, cha. ■ ADJ. **1.** Perteneciente o relativo a la fifez: "Me gusta mucho tu chamarra fifirucha". || **2.** *Referido a persona*, vestida con esmero; fifí: "Los invitados llegaron muy fifiruchos a la boda". || **3.** *Referido a persona*, que se apega a las convenciones de la moda; fifí: "Mi primo es muy fifirucho, siempre trae ropa de la última temporada". || **4.** supran. *Referido a persona*, que pertenece a una clase social acomodada; fifí: "En este restaurante come gente fifirucha". || **5.** supran. *Referido a persona*, arrogante; fifí: "La vecina es muy fifirucha, siempre alardea de sus compras". || **6.** supran. Propio de la persona **fifirucha**; fifí: "Su actitud fifirucha es muy llamativa". || **7.** supran. *Referido a persona*, atildada y muy delgada; fifiriche: "Esa joven fifirucha usa pantalón talla cero". Ú.t.c.sust.: "Esa fifirucha usa pantalón talla cero".

fifo. ■ M. fam. Cigarrillo.

figuras. ■ F. PL. fam. Apariencia muy descuidada: "No te contrataron por las figuras que traes".

figurita. ■ F. supran. Estampa o tarjeta coleccionable, ilustrada con dibujos o fotografías.

figuroso, sa. ■ ADJ. **1.** fam. *Referido a persona*, que se viste de una manera extravagante: "Nos llamó la atención la señora figurosa que nos atendió". Ú.t.c.sust.: "Nos llamó la atención la figurosa que nos atendió". || **2.** fam. *Referido a persona*, que es propensa a figurarse o imaginarse malas ideas: "Él es un hombre figuroso, no confía en nadie". Ú.t.c.sust.: "Él es un figuroso, no confía en nadie".

fijado, da. ■ ADJ. **1.** supran. *Referido a persona*, que es dada a fijarse en los detalles, hasta la exageración, de modo que causa molestia: "Laura es muy fijada, siempre está al pendiente de la hora exacta en que llegan sus compañeros". Ú.t.c.sust.: "Laura es una fijada, siempre está al pendiente de la hora exacta en que llegan sus compañeros". || **2.** supran. Propio de la persona **fijada**: "No soporto más los moditos tan fijados de Laura".

fijón, na. ■ ADJ. **fijado, da.**

filereada. ■ F. jerg. Herida que se hace con un filero o arma blanca.

filerear. ■ TR. jerg. Herir con un filero o arma blanca.

filero. ■ M. supran. jerg. Arma blanca.

filete. ■ M. vulg. Pene.

filipéndula. ■ F. Hierba originaria de la región mediterránea, de hasta 80 cm de altura, monoica; tallos ramificados, estriados, algo pubescentes; hojas alternas, de enteras a profundamente divididas, de oblongas a obovadas en contorno general; flores hermafroditas, diminutas, tubulares, amarillas, agrupadas en numerosas cabezuelas sobre largos pedúnculos, con diez o 20 flores de la periferia en forma de pétalos de color amarillo o blanco; frutos aquénicos, angulosos, a veces alados o con costillas, con numerosas glándulas. Familia de las compuestas, *Chrysanthemum coronarium.* (También se llama crisantemo, flor de oro).

filipina. ■ F. supran. Camisa recta, con botones o cierre al frente, generalmente de manga corta y con cuello mao, que se usa en ciertos oficios y profesiones: "La filipina blanca es parte del uniforme del chef".

filo. ■ M. **1.** fam. Perspicacia. || **2.** fam. Disposición para hacer algo. || **3.** fam. Deseo sexual. || **4.** supran. fam. Hambre.

filomeno. ■ M. Ave originaria de América, de hasta 20 cm de longitud; con cabeza y espalda de color pardo canela; con cresta parda y alargada; con una gruesa franja negra que cubre la frente y los ojos en forma de antifaz; con pequeños grupos de plumas de color rojo brillante en las alas y con una banda amarilla en la punta de la cola; de conducta gregaria; se alimenta de insectos. Familia de los bombicílidos del orden Passeriformes, *Bombycilla cedrorum.* (También se llama chinito).

filoso, sa. ■ ADJ. **1.** fam. *Referido a alguien,* hambriento: "Ando muy filoso, me comería dos tortas". || **2.** vulg. *Referido a alguien,* que siente un deseo sexual intenso. Ú.t.c.sust. || **3.** supran. fam. *Referido a persona,* perspicaz: "Conozco un abogado filoso para tu asunto". Ú.t.c.sust.: "Mi abogado es un filoso, va a ayudarte mucho en tu asunto". || **4.** supran. fam. *Referido a persona,* que tiene disposición para hacer algo: "Te vienes filoso para pintar la casa".

filtro. ■ M. *En el Noroeste,* trozo de carne de cerdo que se fríe en la manteca con la que se prepara el chicharrón.

filudo, da. ■ ADJ. **1. filoso, sa.** || **2.** supran. Que tiene filo: "Me corté la mano porque el cuchillo estaba muy filudo".

financista. ■ COM. supran. Persona que financia algo: "Mi compañero fue el financista del evento".

finca. ■ F. rur. *En el Noroeste,* vallado construido con piedra.

fincar. ■ TR. **1.** Construir: "Ya finqué la nueva casa de mis padres". || **2.** supran. *En lenguaje jurídico,* imputar cargos judiciales: "El Ministerio Público reveló que fincará responsabilidades al ladrón".

fineada. ■ F. *En el Noroeste,* coqueteo.

finear. ■ INTR. *En el Noroeste,* coquetear: "Él finea con Natalia cada vez que la ve".

fineo. ■ M. **fineada.**

finero, ra. ■ ADJ. *En el Noroeste, referido a persona,* coqueta: "Él es muy finero con Regina". Ú.t.c.sust.: "Él es un finero con Regina".

fingir. ■ LOC. **~ demencia.** LOC. VERB. supran. Aparentar ignorancia o desconocimiento: "¿Estás seguro de que lo viste?, no finjas demencia".

finta. ■ LOC. **en ~.** LOC. ADV. **1.** fam. Rápidamente; en chinga: "En cuanto me llamaste, me salí en finta de la casa". || **2.** fam. De manera apresurada y bajo presión; en chinga: "Lo hice en finta, a lo mejor encuentras errores".

fintear. ■ INTR. supran. Fintar.

finteo. ■ M. supran. Hecho de fintear.

fintero, ra. ■ ADJ. supran. *Referido a persona,* que hace fintas: "Pavel es muy fintero con sus amigos". Ú.t.c.sust. "Pavel es un fintero con sus amigos".

firmar. ■ INTR. fest. Orinar: "Firmé antes de salir del bar". ■ LOC. **~ el libro de actas.** LOC. VERB. fest. Orinar: "Firmé el libro de actas antes de salir del bar".

firuláis. ■ M. supran. fest. Perro callejero.

fistol. ■ M. Alfiler decorativo que se lleva en la corbata o en la solapa del saco.

fiusha. [*fiúsha*] ■ ADJ. **1.** De color rosa intenso a morado; fucsia: "Los zapatos fiusha te combinan muy bien con el vestido". ■ M. **2.** Color de rosa intenso a morado.

flaca. ■ LOC. **la Flaca.** LOC. SUST. Personificación de la muerte: "Me vestí de la Flaca para la fiesta de muertos".

flaco, ca. ■ M. y F. supran. afect. Fórmula de tratamiento para dirigirse a una persona de trato muy cercano: "Flaca, ¿sí compraste toda la despensa?".

flamable. ■ ADJ. supran. Inflamable: "La gasolina es una sustancia flamable".

flamas. ■ ADJ. **1.** fest. *Referido a persona*, borracha: "Él es muy flamas, cada fin de semana se toma una botella de tequila". ■ COM. **2.** fest. Persona borracha: "Él es un flamas, cada fin de semana se toma una botella de tequila".

flamboyán. ■ M. supran. Árbol originario de la India y cultivado en regiones tropicales, de hasta 12 m de altura, monoico; tallos con raíces gruesas; hojas alternas, divididas en numerosos y pequeños foliolos, elípticos; flores hermafroditas, vistosas, con cuatro pétalos de color rojo anaranjado y uno con tonos blancos y amarillos, con numerosos estambres rojos, agrupadas en racimos; frutos en vainas alargadas, aplanadas, de color café oscuro; semillas cafés, numerosas, de elipsoides a cilíndricas; uso ornamental. Familia de las leguminosas, *Delonix regia*. (También se llama árbol de fuego, framboyán, tabachín).

flamear. ■ TR. fest. Ingerir bebidas alcohólicas: "Flameamos unos tequilas en el bar".

flamenco, ca. ■ ADJ. **1.** coloq. *Referido a persona*, caprichosa: "Ella es muy flamenca y por eso cae mal". Ú.t.c.sust.: "Ella es una flamenca y por eso cae mal". || **2.** supran. coloq. *Referido a persona*, enojona: "El vecino flamenco ya está echando gritos". Ú.t.c.sust.: "Es un flamenco y ya está echando gritos". || **3.** supran. coloq. Propio de la persona **flamenca**: "Sus modales flamencos ya me cansaron".

flamingo. ■ M. Ave de amplia distribución en zonas tropicales de América, de hasta 1.5 m de altura; con cuerpo de color rosado a salmón, delgado y esbelto; con pico doblado, cuello largo y patas zancudas; mientras vuela mantiene el cuello y las patas completamente estirados. Familia de los fenicoptéridos del orden Phoenicopteriformes, *Phoenicopterus ruber*. (También se llama flamenco, quechol).

flaquencia. ■ F. supran. fam. Delgadez.

flashazo. [*flasháso*] ■ M. fam. Exposición momentánea que una mujer hace de su ropa interior, generalmente de forma involuntaria.

flato. ■ M. **1.** *En el Sureste*, mal humor. || **2.** supran. *En el Sureste*, angustia y aflicción.

flatoso, sa. ■ ADJ. **1.** *En el Sureste*, malhumorado: "No quiso salir a jugar porque está flatoso". || **2.** *En el Sureste*, angustiado y afligido: "Cuando se van sus hijos, mi abuela se pone muy flatosa".

flauta. ■ F. **1.** Comida que se prepara con una tortilla de maíz, alargada y más grande que la común, rellena de algún alimento, generalmente carne, enrollada y frita. || **2.** *En el Sureste*, armónica. || **3.** supran. vulg. Pene.

flautas. ■ F. PL. **4.** Platillo que se prepara con esta comida; se sirve con lechuga, crema, queso y salsa picante.

flecha. ■ F. supran. *En un automóvil*, barra cilíndrica sólida que sirve para transmitir la fuerza motriz por rotación a las ruedas. ■ LOC. **~ de agua.** LOC. SUST. **1.** Hierba dulceacuícola originaria de México, de hasta 50 cm de altura, monoica; raíces tuberosas, sumergidas; hojas aglomeradas en la base, enteras, emergentes, de forma de punta de flecha; flores unisexuales, vistosas, con tres pétalos de blancos a rosados, agrupadas en racimos con largos pedúnculos; frutos aquénicos, elipsoides, con un pico apical. Familia de las alismatáceas, *Sagittaria macrophylla*. (También se llama cucharilla, papa de agua). || **2.** Raíz de esta hierba; comestible.

flecudo, da. ■ ADJ. **1.** *Referido a algo*, que tiene un adorno compuesto de una serie de hilos o cordoncillos colgantes de una tira de tela: "Me encanta tu chaleco flecudo". || **2.** *Referido a persona*, que tiene flequillo: "Ahora Gloria anda flecuda". Ú.t.c.sust.: "Ahora Gloria es una flecuda".

fleima. ■ M. **fleiman.**

fleiman. (De Fleischmann®). ■ M. *En Jalisco*, pan blanco muy poco salado, de textura suave y costra crujiente, caracterizado por su intenso aroma a levadura, parecido al bolillo.

fletada. ■ F. Acción y resultado de fletar o fletarse.

fletar. ■ TR. **1.** supran. Transportar algo: "Ya fletaron las verduras a la ciudad". ■ INTR. **2.** vulg. Practicar el coito.

fletarse. ■ TR. PRNL. **3.** fam. Encargarse de un trabajo pesado a disgusto: "Se fletaron el resumen de un libro en una mañana". || **4.** fam. Ponerse algo sobre el cuerpo: "Juan se fletó una chamarra porque hacía mucho frío". || **5.** supran. fam. Aguantarse algo con paciencia: "Tania se fletó la hora del tráfico". ■ INTR. PRNL. **6.** supran. fam. Esforzarse en un trabajo: "Me fleté mucho para entregar un reporte intachable".

fletear. Véase **fletar.**

fletera. ■ F. Véase **fletero, ra.**

fletero, ra. ■ ADJ. **1.** supran. *Referido a persona*, que se dedica a transportar objetos en un vehículo de carga: "Tuvimos que llamar al muchacho fletero para que nos ayudara con la mudanza". Ú.t.c.sust.: "Tuvimos que llamar al fletero para que nos ayudara con la mudanza". || **2.** supran. *Referido a un medio de transporte*, que se alquila para transporte de carga: "La lancha fletera nos puede llevar las cosas". ■ M. y F. **3.** supran. Propietario de un medio de transporte terrestre o fluvial que recibe un pago por alquilarlo. ■ F. **4.** supran. despect. Prostituta que recorre las calles en busca de clientes.

fleyman. ■ M. **fleiman.**

flojito, ta. ■ LOC. **~ y cooperando.** LOC. ADJ. fest. Que resignadamente no opone resistencia ante una situación: "A ver, niño, flojito y cooperando para tomarte las medicinas".

flojo, ja. ■ ADJ. supran. *Referido a alguien*, que tiene diarrea: "Ando flojo porque comí en la calle".

flor. ■ LOC. **~ blanca.** LOC. SUST. Hierba originaria de América, de hasta 40 cm de altura, monoica; tallos postrados o semierectos, aplanados, acanalados, hirsutos; hojas arrosetadas en la base, las caulinares alternas, divididas de tres a nueve pares de foliolos lineares, orbiculares u obovados, estrigulosos o hirsutos; flores hermafroditas, pequeñas, campanuladas, de color rosado, azul, blanco morado o blanco, solitarias o dispuestas en cincinos laxos; frutos capsulares, diminutos, globosos, pilosos en el ápice; semillas numerosas, ovoides, angulosas, aquilladas, de color pardo rojizo a amarillo. Familia de las hidrofiláceas, *Phacelia platycarpa*. (También se llama espuela, tlatomaxíhuitl). ▶ **~ de agua.** LOC. SUST. **1.** Hierba acuática originaria de América, de hasta 50 cm de altura, monoica; tallos largos, postrados; hojas alternas, enteras, envainadas en el tallo, flotantes, de ovadas a lanceoladas; flores hermafroditas, pequeñas, con seis tépalos de color morado a azul violeta, agrupadas en espigas; frutos capsulares, pequeños, elipsoides, cafés; semillas diminutas, elipsoides, con numerosas costillas. Familia de las pontederiáceas, *Heteranthera peduncularis*. || **2.** Hierba acuática originaria de Sudamérica, de hasta 30 cm de longitud, monoica; tallos reducidos, flotadores fijos al sustrato; hojas arrosetadas, elípticas, de oblatas a casi circulares, los individuos flotantes con peciolos cortos y flotantes; flores hermafroditas, grandes y llamativas, tubulares, pubescentes, de color lila o rara vez blancas, dispuestas en espigas; frutos capsulares, pequeños y elípticos, trígonos; semillas oblongas, elípticas, con tres costillas longitudinales, negruzcas. Familia de las pontederiáceas, *Eichhornia crassipes*. (También se llama cucharilla, jacinto de agua, lirio acuático, lirio de agua, pico de pato, violeta de agua). ▶ **~ de cacao.** LOC. SUST. **1.** Árbol originario de América, de hasta 20 m de altura, monoico; tallos con espinas, corteza gris negruzca, agrietada; hojas simples, alternas, ovales o elípticas, de hasta 40 cm de largo; flores hermafroditas, vistosas, blancas, los estambres fusionados en un tubo, flores arregladas en cimas densas; frutos capsulares, globosos y elipsoides, muy pequeños, rodeados por el cáliz persistente. Familia de las malváceas, *Quararibea funebris*. (También se llama cacahuasúchil, cacahuaxóchitl, molinillo). || **2.** Flor de este árbol; uso en la medicina tradicional. || **3.** Fruto de este árbol; uso en la medicina tradicional. ▶ **~ de corazón.** LOC. SUST. Árbol originario de México y Centroamérica, de hasta 30 m de altura; tallos rectos, con corteza lisa y grisácea; hojas simples, alternas, oblongas, coriáceas y brillantes; flores hermafroditas, vistosas y aromáticas, de color rosado o blanco, pétalos carnosos y con numerosos estambres rosados, flores solitarias y terminales; frutos foliculares, leñosos, agregados en grupos densos dando la apariencia de un único fruto; semillas cubiertas de una pulpa roja; uso ornamental y en la medicina tradicional. Familia de las magnoliáceas, *Magnolia mexicana*. (También se llama árbol de corazón, magnolia, súchil, yolosóchil, yoloxóchitl). ▶ **~ de hielo.** LOC. SUST. Hierba originaria de México, de hasta 1 m de altura; tallos poco ramificados desde la base, en ocasiones con finos pelillos; hojas simples, opuestas, de angostas a anchamente ovadas, puntiagudas, con margen entero; flores hermafroditas, vistosas, tubulares y acampanadas, terminando en cinco lóbulos circulares u ovados, de color azul o azul morado, dispuestas en cimas densas; frutos capsulares, algo comprimidos; semillas numerosas, aladas; uso en la medicina tradicional. Familia de las gencianáceas, *Gentiana spathacea*. (También se llama hielera). ▶ **~ de hongo.** LOC. SUST. **flor de tierra.** ▶ **~ de izote.** LOC. SUST. **1.** Palma originaria de México, de hasta 10 m de altura; tallos erectos, poco ramificados apicalmente, conservan las cicatrices de las hojas caídas y las hojas viejas; hojas simples, dispuestas en espiral, lanceoladas y muy largas, rígidas y coriáceas, de color verde oscuro, con una espina terminal, con márgenes fibrosos; flores hermafroditas, vistosas, campanuladas, de color blanco a crema, dispuestas en racimos axilares; frutos capsulares, oblongos, carnosos y colgantes; semillas pequeñas, semicirculares, negras; uso industrial. Familia de las asparagáceas, *Yucca filifera*. (También se llama flor de palma, izote, palma china, palma grande, palma loca, palma pita). || **2.** Flor de esta palma; comestible. || **3.** Fruto de esta palma; comestible. || **4.** Inflorescencia de esta palma; uso forrajero. ▶ **~ de jamaica.** LOC. SUST. supran. **1.** Planta herbácea, de hasta 5 m de altura; tallos rojizos; hojas en forma de espada, con bordes dentados; flores solitarias, sin peciolo, con cáliz y brácteas gruesas, de color rojo o púrpura oscuro, corola amarilla; frutos en cápsula. Familia de las malváceas, *Hibiscus sabdariffa*. (También se llama jamaica). || **2.** Flor de esta planta; uso en la preparación de una bebida refrescante. ▶ **~ de jazmín.** LOC. SUST. Arbusto originario de México y Centroamérica, de hasta 10 m de altura, monoico; tallos con ramas delgadas, inclinadas, con corteza de color castaño; hojas simples, opuestas, de ovadas a elípticas, pubescentes, con margen finamente denticulado; flores hermafroditas, pequeñas y aromáticas, de color blanco a amarillo pálido, estambres numerosos, flores comúnmente solitarias y terminales; frutos capsulares, leñosos, pequeños y obovoides, que se abren en cuatro valvas; semillas diminutas, oblongo-subcilíndricas, cafés, membranosas; uso ornamental. Familia de las hidrangeáceas, *Philadelphus mexicanus*. (También se llama azahar, jazmín, jazmín del monte, jazmín mosqueta, mosqueta). ▶ **~ de la campana.** LOC. SUST. Planta trepadora originaria de México, actualmente cultivada en zonas templadas del mundo, de hasta 5 m de altura; hojas alternas, divididas en cuatro o seis foliolos, ovados, que terminan en zarcillos ramificados; flores hermafroditas, vistosas, campanuladas, moradas, solitarias; frutos capsulares, elipsoides, coriáceos, cafés; semillas numerosas, aladas. Familia de las polemoniáceas, *Cobaea scandens*. (También se llama campana morada). ▶ **~ de la manita.** LOC. SUST. **1.** Árbol originario de México, de hasta 15 m de altura, monoico; tallos con cortezas lisas, de color gris o parduzcos; hojas simples, alternas, lobuladas, pelosas por el envés; flores hermafroditas, vistosas, de color rojo intenso, carnosas, de cinco pétalos, con marcas claras en las puntas, con cuatro estambres rojos, fusionados en su base; frutos capsulares, elipsoides, leñosos, cafés; semillas numerosas, negras, con una protuberancia amarilla. Familia de las malváceas, *Chiranthodendron pentadactylon*. (También se llama árbol de la manita, mano de león, mapasúchil). || **2.** Hoja de este árbol; uso en la medicina tradicional. ▶ **~ de látigo.** LOC. SUST. **floricuerno.** ▶ **~ de lis.** LOC. SUST. **flor de Santiago.** ▶ **~ de María.** LOC. SUST. Hierba originaria de México, de hasta 70 cm de altura, monoica; tallos simples o con ramas ascendentes, verdes o morados en la base; hojas opuestas, enteras, de lanceoladas a lineares, pubescentes, con márgenes aserrados; flores hermafroditas, vistosas, tubulares, con cinco pétalos de color azul a morado, dispuestos en forma de labios, agrupadas en racimos o espigas; frutos capsulares, ovoides, cafés; semillas diminutas, numerosas, de color café claro, lisas. Familia de las campanuláceas, *Lobelia gruina*. ▷ **~ de mayo.** LOC. SUST. **1.** Hierba originaria de México, de hasta 50 cm de altura; bulbos ovoides; tallos de cilíndricos a ligeramente comprimidos, estriados; hojas basales, enteras, lanceoladas, ligeramente acanaladas; flores hermafroditas, vistosas, en forma de embudo, con seis tépalos de color rosado a blanco y con tonos rosados; frutos capsulares, subglobosos y trilobados; semillas semicirculares, con la superficie brillante. Familia de las amarilidáceas, *Zephyranthes fosteri*. (También se llama mayito, quiebraplatos). || **2.** Hierba originaria de América, de hasta 80 cm de altura, monoica; de uno o dos tallos, cilíndricos, con bulbos subglobosos en la base, glabros; hojas basales, enteras, de lineares a subcilíndricas; flores hermafroditas, vistosas, con cinco tépalos, blancos, agrupadas en umbelas; frutos capsulares, elipsoides y cafés; semillas numerosas, diminutas, subglobosas, negras. Familia de las liliáceas, *Milla biflora*. (También se llama azucena del campo, azucena silvestre, estrella). || **3.** Hoja de esta hierba originaria de América; uso en la medicina tradicional. ▷ **~ de muerto.** LOC. SUST. **1.** supran. Hierba originaria de México, de hasta 1 m de altura, monoica; tallos poco ramificados, verdosos; hojas alternas, divididas en numerosos foliolos, lanceoladas, con margen diminutamente aserrado; flores hermafroditas, vistosas, amarillas o anaranjadas, agrupadas en cabezuelas, con olor fuerte, con cinco u ocho flores de la periferia en forma de pétalos amarillos; frutos aquénicos, lineares, con escamas en el ápice; uso ceremonial, como insecticida, en la medicina tradicional y ornamental. Familia de las compuestas, *Tagetes erecta*. (También se llama cempasúchil, cempoal, iscoque, musajoyó, sempasúchil, xpuhuk, zempasúchil). || **2.** Flor de esta hierba; comestible; uso como colorante. ▷ **~ de nochebuena.** LOC. SUST. **1.** Arbusto originario de México y Centroamérica, de hasta 6 m de altura; tallos gruesos y lisos; hojas con márgenes lisos o dentados, simples, dispuestas de manera alterna, de forma ovada a elíptica, venosas, sinuosas; inflorescencias amarillas con brácteas rojas, rosas o blanquecinas; hojas, uso en la medicina tradicional. Familia de las euforbiáceas, *Euphorbia pulcherrima*. || **2.** Inflorescencia de este arbusto de la familia de las euforbiáceas; ornamental; uso en la medicina tradicional. (También se llama flor de Pascua). ▷ **~ de ocote.** LOC. SUST. Hierba parásita de tallos de pinos originaria de América, de hasta 50 cm de altura, dioica; tallos angulosos, péndulos, de color amarillo, naranja o café; hojas diminutas, escamosas o ausentes; flores unisexuales, diminutas, de color amarillo, naranja o verde; frutos capsulares, de elipsoides a ovoides, cafés; semillas diminutas, de cafés a negras. Familia de las santaláceas, *Arceuthobium globosum*, *Arceuthobium vaginatum*. (También se llama flor de pino, retoño de ocote). ▷ **~ de oro.** LOC. SUST. **filipéndula.** ▷ **~ de palma.** LOC. SUST. **flor de izote.** ▷ **~ de peña.** LOC. SUST. **flor de piedra.** ▷ **~ de piedra.** LOC. SUST. Hierba originaria de América, de hasta 20 cm de altura, monoica; tallos muy ramificados, ascendentes, a veces formando densos manchones; hojas en espiral, enteras, lineares, de verdes a rojizas, con márgenes ciliados; los estróbilos unisexuales, solitarios en el ápice de las ramas y ovoides; las esporas, diminutas, de dos tipos, microesporas y megaesporas; uso ornamental. Familia de las selagineláceas, *Selaginella rupestris*. (También se llama doradilla, flor de peña). ▷ **~ de pino.** LOC. SUST. **flor de ocote.** ▷ **~ de san José.** LOC. SUST. Arbusto originario de América, de hasta 4 m de altura, monoico; tallos densamente tomentosos; hojas alternas, cinco lobadas, pubescentes; flores hermafroditas, vistosas, de color rosado a rojo intenso, con numerosos estambres fusionados, formando un tubo; frutos esquizocárpicos, casi globosos, con 30 a 40 segmentos o mericarpios; una semilla por mericarpio, diminutas. Familia de las malváceas, *Phymosia rosea*. ▷ **~ de san Juan.** LOC. SUST. Arbusto originario de América, de hasta 2 m de altura, monoico; tallos poco ramificados, con o sin pubescencia; hojas opuestas, enteras, de lanceoladas a ovadas, con pubescencia blanca; flores hermafroditas, vistosas, tubulares, blancas, solitarias; frutos capsulares, elipsoides, de color café a negro; semillas diminutas; uso ornamental. Familia de las rubiáceas, *Bouvardia longiflora*. (También se llama rosa de san Juan). ▶ **~ de Santiago.** LOC. SUST. Hierba originaria de México, de hasta 60 cm de altura, monoica; bulbos subterráneos; hojas en roseta, de dos a seis, enteras, largamente lineares; flores hermafroditas, solitarias sobre un eje tan largo o más que las hojas, muy vistosas, con seis tépalos de color rojizo, dispuestos en forma de cruz; frutos capsulares, cafés; semillas numerosas, subglobosas; uso ornamental. Familia de las amarilidáceas, *Sprekelia formosissima*. (También se llama acamayo, flor de lis, lirio azteca). ▶ **~ de tierra.** LOC. SUST. Hierba parásita de raíces originaria de América, de hasta 15 cm de altura, monoica; tallos carnosos a veces muy ramificados; hojas alternas, enteras, reducidas a escamas, de elípticas a lanceoladas, con margen dentado; flores hermafroditas, pequeñas, tubulares, de color azul, violeta o morado, aglomeradas, que forman una inflorescencia apretada; frutos capsulares, globosos, pequeños y cafés; semillas numerosas, diminutas, subglobosas. Familia de las boragináceas, *Lennoa madreporoides*. (También se llama angiolote, espiga chica, flor de hongo). ▶ **~ de tigre.** LOC. SUST. **1.** Hierba originaria de México, de hasta 80 cm de altura, monoica; bulbos carnosos, subterráneos; hojas plegadas y envainantes en la base, enteras, largamente lanceoladas; flores hermafroditas, vistosas, con seis tépalos de color rojo amarillento con base amarilla moteada de rojo, sobre un escapo de hasta 70 cm de altura; frutos capsulares; semillas numerosas, globosas, negras. Familia de las iridáceas, *Tigridiapavonia*. (También se llama cacomite, ocelosúchil, oceloxóchitl). || **2.** Flor de esta hierba. || **3.** Tubérculo de esta hierba; comestible. ▶ **~ del campo.** LOC. SUST. Arbusto o hierba de amplia distribución en México, de hasta 3 m de altura, monoico; tallos ramificados, inermes o espinosos; hojas opuestas o dispuestas en verticilos, simples, de ovadas a elípticas, láminas generalmente rugosas; flores hermafroditas, pequeñas, blancas, amarillas, rojas o violáceas, sésiles, pequeñas, dispuestas en cabezuelas o espigas; frutos drupáceos, generalmente jugosos; uso ornamental. Familia de las verbenáceas, varias especies del género *Lantana*, como *Lantana camara*. (También se llama cinco negritos, frutilla, lampana, lantana). ▶ **~ del golpe.** LOC. SUST. Hierba o arbusto originario de América, de hasta 60 cm de altura, monoico; tallos simples o ramificados, erectos, delgados, cenicientos por la presencia de pelos estrellados, densos; hojas alternas, simples, lanceoladas u oblanceoladas, tomentosas por ambas caras, lo que les da una apariencia blanquecina o grisácea; flores de cinco pétalos amarillos, dispuestas en cimas o racimos terminales, en glomérulos solitarios; frutos capsulares, redondeados y lisos, de apertura en tres valvas, los de las flores cleistógamas ligeramente más pequeños. Familia de las cistáceas, *Helianthemum glomeratum*. (También se llama cenicillo amarillo, cilantrillo del monte, damiana, hierba de la gallina, juanita).

floreada. ■ F. Acción y resultado de florear o florearse.

florear. ■ TR. **1.** Herir: "El boxeador floreó al contrincante". Ú.m.c.prnl.: "El boxeador se floreó al contrincante". || **2.** vulg. Poseer sexualmente a alguien. Ú.m.c.prnl. || **3.** supran. Adular a alguien: "Él siempre floreaba a esa muchacha y terminó por conquistarla". Ú.m.c.prnl.: "Él siempre se floreaba a esa muchacha y terminó por conquistarla". ■ INTR. **4.** *En la charrería*, realizar con la reata, la correa o el lazo de la caballería varias figuras en el aire: "Ese charro florea bonito". || **5.** supran. Florecer: "El cactus ya floreó".

florearse. ■ INTR. PRNL. **6.** Abrirse algo en forma de flor por exceso de calor o presión: "Las salchichas se florearon porque las dejé hirviendo mucho tiempo".

floricuerno. ■ M. Cactus epífito originario de México, actualmente cultivado en muchos países, de hasta 1 m de altura, monoico; tallos ramificados, cilíndricos, colgantes, con numerosas y pequeñas espinas; flores hermafroditas, vistosas, tubulares, con numerosos tépalos de color rosa a rojo, solitarias; frutos abayados, elipsoides, rojos; semillas diminutas, numerosas, amarillas. Familia de las cactáceas, *Disocactus flagelliformis*. (También se llama cactus cola de rata, cactus junco, flor de látigo, junquillo, nopalillo).

florido, da. ■ ADJ. supran. *Referido a una expresión hablada,* soez: "Tienes un vocabulario muy florido, nadie te dará trabajo".

florifundio. Véase **floripondio.**

floripondio. ■ ADJ. **1.** supran. despect. *Referido a un hombre,* homosexual. Ú.t.c.sust. ■ M. **2.** supran. Arbusto originario de Sudamérica, de hasta 5 m de altura, monoico; tallos muy ramificados y frágiles; hojas alternas, enteras, de ovadas a elípticas, pubescentes, con márgenes de enteros a dentados; flores hermafroditas, vistosas, campanuladas o en forma de trompeta, de blancas a amarillas con tonos rosados, péndulas, muy fragantes al atardecer; frutos capsulares, elipsoides, cafés; semillas angulosas, cafés; uso ornamental. Familia de las solanáceas, *Brugmansia suaveolens.* (También se llama campana, florifundio, floripundio, trompeta). || **3.** supran. Hoja del **floripondio**; uso en la medicina tradicional. || **4.** supran. Flor del **floripondio**; uso en la medicina tradicional.

floripundio. Véase **floripondio.**

flota. ■ F. supran. fam. Cantidad grande de personas: "Vi una flota de señoras afuera del casino".

flotilla. ■ F. **flota.**

foco. ■ ADJ. **1.** jerg. *Referido a persona,* que es adicta a la metanfetamina cristalizada que se consume utilizando un **foco**; fogoso. ■ M. **2.** jerg. Metanfetamina cristalizada que se consume utilizando un **foco**. || **3.** supran. Lámpara incandescente de vidrio, que produce luz mediante el calentamiento de un filamento metálico por el paso de corriente eléctrica; bombilla. ■ COM. **4.** jerg. Persona que es adicta a la metanfetamina cristalizada que se consume utilizando un **foco**.

fodongo, ga. ■ ADJ. **1.** fam. *Referido a persona,* holgazana: "Él es muy fodongo, no levanta ni su ropa sucia". Ú.t.c.sust.: "Él es un fodongo, no levanta ni su ropa sucia". || **2.** fam. *Referido a persona,* desaseada: "La edecán llegó toda fodonga al evento y le llamaron la atención". Ú.t.c.sust.: "La edecán es una fodonga, por eso le llamaron la atención". || **3.** fam. Propio de la persona **fodonga**: "Deberías dejar esa actitud fodonga".

fodonguear. ■ INTR. **1.** fam. Holgazanear: "Él fodongueó el semestre pasado y por eso reprobó cuatro materias". || **2.** fam. Estar alguien desaseado: "Ella fodongueó toda la cuarentena".

fodongueo. ■ M. **1.** fam. Holgazaneo. || **2.** fam. Desaseo.

fodonguería. ■ F. **fodonguez.**

fodonguez. ■ F. fam. Cualidad del fodongo.

fogonazo. ■ M. supran. fam. Bebida alcohólica de alta graduación que suele beberse de un solo trago; farolazo.

fogoso, sa. ■ ADJ. jerg. *Referido a persona,* que consume metanfetamina cristalizada; foco. Ú.t.c.sust.

foja. ■ F. supran. Página de un documento oficial.

fólder. ■ M. supran. Carpeta de cartulina, plástico u otro material que sirve para guardar papeles o documentos.

fonda. ■ F. supran. Establecimiento tradicional donde generalmente se sirven comidas corridas a precios accesibles.

fondear. ■ TR. **1.** Recolectar fondos para un negocio, empresa, institución o proyecto: "Mi tío fondeó su cafetería para evitar la quiebra". || **2.** Aportar fondos para el funcionamiento de un negocio, empresa, institución o proyecto: "La Secretaría fondeó el sistema de becas de la universidad".

fondeo. ■ M. **1.** Colecta de fondos para un negocio, empresa, institución o proyecto: "Mi tío fondeó su cafetería para evitar la quiebra". || **2.** Aportación de fondos para el funcionamiento de un negocio, empresa, institución o proyecto.

fondero, ra. ■ ADJ. **1.** Perteneciente o relativo a la fonda: "Continúa la tradición fondera". ■ M. y F. **2.** Propietario de una fonda.

fondillo. ■ M. **fundillo.**

fondo. ■ M. **1.** Saya o bajofalda blanca que las mujeres llevan debajo de las enaguas. || **2.** supran. Prenda interior femenina que se usa debajo del vestido, la falda o la blusa con la finalidad de que no se transparente el cuerpo u otra ropa interior.

forjar. ■ TR. Hacer manualmente un cigarrillo, principalmente de marihuana.

forma. ■ F. supran. Impreso con espacios en blanco para rellenarse; formulario.

formador, ra. ■ M. y F. Persona que se dedica a formar tipográficamente libros, revistas, periódicos, etcétera.

fórmula. ■ F. **1.** supran. *En una elección*, lista de nombres de personas que se presentan para ocupar diferentes cargos en una empresa o en una institución. || **2.** supran. *En una elección*, agrupación de personas que aspira a ocupar cargos de representación o directivos en una empresa o en una institución. || **3.** supran. *En una elección*, papeleta electoral con los nombres de los candidatos que se presentan para ocupar cargos públicos.
forro. ■ M. fam. Persona físicamente atractiva.
fósil. ■ M. supran. coloq. Estudiante muy rezagado.
fotingo. ■ M. **1.** Automóvil de alquiler, generalmente viejo. || **2.** Automóvil resistente y barato.
fotostática. ■ F. supran. Fotocopia.
fotuto. ■ M. supran. *En el Sureste*, instrumento de aliento hecho con un caracol grande que produce un ruido prolongado y fuerte.
fox. ■ ADJ. **1.** Perteneciente o relativo al **fox**: "El grupo fox migró a la actual zona centro de Estados Unidos". ■ M. **2.** Grupo étnico histórico que dio origen a los kikapú, entre otros. || **3.** Conjunto de grupos étnicos establecidos principalmente en el estado de Coahuila, en México, y al oriente de los Grandes Lagos de Estados Unidos de América. || **4.** Lengua reconstruida que históricamente dio origen al kikapú, entre otras. || **5.** Grupo o familia de lenguas algonquinas que incluye al kikapú, entre otras. || **6.** Nombre también dado a la lengua kikapú.
fraccionadora. ■ F. supran. Compañía constructora que urbaniza terrenos.
fraccionamiento. ■ M. **1.** *En algunos estados del país*, colonia residencial. || **2.** supran. Conjunto residencial de acceso controlado.
fraccionar. ■ TR. Urbanizar: "Fraccionaron la barranca".
fragata. ■ F. supran. Ave palmípeda de distribución en zonas tropicales del Atlántico y el Pacífico, de 1 m de longitud y de hasta 2.5 m de envergadura; con plumaje negro en cabeza y cuello, con una línea parda en las alas; los machos con piel orbital en tonos negros, una bolsa gular de color rojizo que se despliega durante el periodo de apareamiento; patas en tonos oscuros; hembras con cabeza y cuello de color negro; alas pardas; pecho blanco y piel orbital en tonos violáceos; ambos con patas en color rojizo; pico largo con una punta ganchuda; cola larga en forma de horquilla; se alimentan principalmente de peces; posan en zonas elevadas que les permiten emprender el vuelo fácilmente. Familia de los fregátidos del orden Suliformes, varias especies del género *Fregata*, como *Fregata magnificens*, *Fregata minor*. (También se llama rabiahorcado).
framboyán. ■ M. **flamboyán.**
francotirador, ra. ■ M. y F. supran. Persona políticamente activa que critica, sin estar afiliada a ningún partido.
franelear. ■ INTR. Vigilar una persona vehículos estacionados en la vía pública, recibiendo una propina por ello: "Mi vecino franelea en el centro de la ciudad".
franeleo. ■ M. Vigilancia que hace una persona de vehículos estacionados, recibiendo una propina por ello.
franelero, ra. ■ M. y F. Persona que auxilia en las maniobras de estacionamiento y cuidado de un vehículo en la vía pública, y que recibe una propina por ello; vieneviene: "Déjale el coche a la franelera de la esquina, es muy cuidadosa".
franjolino, na. ■ ADJ. fam. *Referido a persona*, infiel: "Él siempre fue un marido franjolino". Ú.t.c.sust.: "Él siempre fue un franjolino".
franquiciatario, ria. ■ M. y F. Persona titular de una franquicia.
free. [*frí*] ■ M. **1.** Relación amorosa sin compromiso formal: "Juan y yo solo tenemos un *free*". || **2.** Persona con la que se sostiene un ***free***: "Laura es mi *free* desde la última fiesta".
fregadazo. ■ M. fam. Golpe fuerte: "No me fijé y me di un fregadazo con la puerta". ■ LOC. **al ~.** LOC. ADV. fam. Con premura y mal hecho: "Al final tuvimos que hacer el trabajo al fregadazo". ▶ **de (un) ~.** LOC. ADV. fam. Muy rápidamente: "En la noche escuché un ruido extraño y de fregadazo me levanté a ver qué era".
fregadera. ■ F. **1.** fam. Acción vil: "La fregadera que me hiciste no tiene nombre". || **2.** fam. Acción sin importancia: "Siempre te enojas por fregaderas". || **3.** fam. Cosa inútil y de poco valor. Ú.m.e.dim.: "¿Por qué compraste esa fregaderita?". || **4.** fam. Cosa de mala calidad:

F

"Compraste puras fregaderas en el tianguis". || **5.** fam. Objeto indeterminado, cuyo nombre se olvida o se desconoce: "Pásame esa fregadera para apretar los tornillos". ■ LOC. **una ~.** LOC. ADV. fam. Un poco. Ú.m.e.dim.: "Súbele una fregaderita al volumen, no alcanzo a escuchar bien". ▶ **una ~ de.** LOC. ADJ. fam. Poco. Ú.m.e.dim.: "Échale una fregaderita de chile a la salsa".

fregadez. ■ F. fam. Cualidad de lo fregado: "La fregadez de esta cuarentena es limpiar y limpiar".

fregado, da. ■ ADJ. **1.** fam. Fastidioso: "El fregado dolor no me deja dormir". || **2.** supran. fam. Deteriorado: "El carro ya está muy fregado, se descompone todo el tiempo". || **3.** supran. fam. *Referido a persona,* arruinada económicamente: "Mi compadre está muy fregado desde que vendió su negocio". Ú.t.c. sust.: "Mi vecino es el fregado que no pagó la renta". ■ LOC. **de la fregada.** LOC. ADJ. **1.** fam. Muy difícil: "Estoy harto, esto está de la fregada". || **2.** fam. Feo: "La silla está de la fregada". || **3.** fam. Que está en mal estado: "Me siento de la fregada desde ayer". ▶ **hasta la fregada.** LOC. ADJ. **1.** fam. *Referido a un lugar,* saturado: "El bar estaba hasta la fregada". || **2.** fam. *Referido a persona,* harta: "Estoy hasta la fregada de este tráfico". || LOC. ADV. **3.** fam. Muy lejos: "La casa de mis tíos está hasta la fregada". ■ EXPR. **¡a la fregada!** fam. Se usa para manifestar que se ha llegado al límite de la paciencia o de la tolerancia: "Después de tres horas de esperarte, ¡a la fregada!". ▶ **¡como una fregada!** fam. **¡con una fregada!** ▶ **¡con una fregada!** fam. Se usa para expresar furia: "¡Con una fregada!, ¡estate quieto!". ▶ **¡fregada madre!** fam. Se usa para manifestar furia: "¡Fregada madre!, ¡vamos a llegar tarde!". ▶ **¡qué fregados!** fam. Se usa para reafirmar una sentencia: "Vienes porque vienes, ¡qué fregados!". ▶ **¡qué la fregada!** **1.** fam. Se usa para manifestar enojo: "¡Qué la fregada!, ¡que ya dejes de estar molestando!". || **2.** fam. Se usa para manifestar extrañeza o duda: "¡Qué la fregada!, ¿qué no te habías ido ya a tu casa?". ▶ **y la fregada.** fam. Se usa para concluir una enumeración y para enfatizar el carácter excesivo, reiterativo o conocido de lo que se relata; etc.: "Mi mamá me mandó al mercado por peras, manzanas, plátanos y la fregada".

fregados. ■ ADV. **4.** malson. *Pospuesto a ciertos interrogativos y antepuesto a un verbo,* indica la intensidad de la acción expresada: "¿Qué fregados quieres?". ■ INTERJ. **¡fregados!** fam. Se usa para demostrar sorpresa o incredulidad: "¡Fregados! ¡Se robaron el coche!".

fregar. ■ TR. **1.** fam. Derrotar a alguien: "Fregaron al equipo de basquetbol en el partido de ayer". Ú.m.c.prnl.: "Se fregaron al equipo de basquetbol en el partido de ayer". || **2.** fam. Causar daño grave a alguien: "El defensa fregó al delantero con una patada". Ú.m.c. prnl.: "El defensa se fregó al delantero con una patada". || **3.** fam. Conseguir algo que se desea: "Por fin fregué unos boletos para la premier". Ú.m.c.prnl.: "Por fin me fregué unos boletos para la premier". || **4.** supran. fam. Molestar intensa y premeditadamente a alguien: "Este niño friega a sus papás todos los días". Ú.m.c.prnl.: "Este niño se friega a sus papás todos los días". || **5.** supran. fam. Estropear algo: "El mecánico fregó el motor del coche". Ú.m.c.prnl.: "El mecánico se fregó el motor del coche". ■ INTR. **6.** vulg. Practicar el coito. ■ LOC. **~ la paciencia.** LOC. VERB. supran. fam. Hacer que alguien llegue al límite de su tolerancia; colmar la paciencia: "Ya me fregaste la paciencia, lárgate". ■ EXPR. **¡ya fregué!** fam. Se usa para manifestar que se ha logrado o conseguido lo que se deseaba: "¡Ya fregué! Me gané los boletos del concierto".

fregarle. ■ INTR. PRNL. **7.** fam. Apresurarse: "¡Friégale con la tarea porque ya es muy tarde!". || **8.** fam. Trabajar arduamente: "Le fregamos desde temprano en la construcción". ■ INTERJ. **¡friégale!** fam. Se usa para expresar sorpresa: "¡Friégale! ¡Se me cayó el florero!".

fregarse. ■ TR. PRNL. **9.** fam. Consumir alimento o bebida, generalmente con gran goce y de manera inmediata: "Me fregué diez tacos en la cena". || **10.** fam. Robarse algo: "Un ladrón se fregó mi cartera". || **11.** supran. fam. Agredir físicamente a alguien: "Los asaltantes se lo fregaron para quitarle el dinero". || **12.** supran. vulg.

Violar a alguien. ■ INTR. PRNL. **13.** fam. Resignarse a soportar algo ingrato o no deseado: "Ya nos fregamos con la sequía". || **14.** fam. Fastidiarse: "El día de campo se fregó con la lluvia". || **15.** supran. fam. Descomponerse algo: "La tele ya se fregó". || **16.** supran. fam. Fracasar: "Me fregué en el intento de adelgazar". || **17.** supran. fam. Esforzarse para lograr algo: "Teresa se fregó para terminar sus estudios".

fregativo, va. ■ ADJ. **1.** fam. *Referido a persona,* que hostiga a los demás: "No queremos a Juan en el equipo porque es muy fregativo". Ú.t.c.sust.: "No queremos a Juan en el equipo porque es un fregativo". || **2.** fam. Propio de la persona **fregativa**: "No me gusta tu ánimo fregativo".

fregón, na. ■ ADJ. **1.** supran. fam. *Referido a algo,* bonito: "¡Qué vestido tan fregón te compraste!". || **2.** supran. fam. *Referido a algo,* de excelente calidad: "Lucía se acaba de comprar un teléfono fregón". || **3.** supran. fam. *Referido a alguien,* hábil: "Este caballo es fregón para las carreras". Ú.t.c.sust.: "Este caballo es un fregón para las carreras". || **4.** supran. fam. *Referido a persona,* que fastidia: "Este muchacho fregón empieza a desesperarme". Ú.t.c.sust.: "Este muchacho es un fregón, ya me desesperó". || **5.** supran. fam. Propio de la persona **fregona**: "Mi tía tiene un carácter bien fregón".

fregonería. ■ F. fam. Algo que causa admiración: "Esa peluca resultó una fregonería".

french. [*frénch*] ■ M. Beso de lengua.

frenillo. ■ M. **1.** supran. Conjunto de cuerdas atadas, por un extremo, al centro de un papalote o cometa y, por el otro, a tres puntos diferentes del borde de la estructura, usados para darle estabilidad durante el vuelo.

frenillos. ■ M. PL. **2.** supran. **frenos.**

freno. ■ LOC. **~ de mano.** LOC. SUST. supran. fest. Pareja sentimental: "¿Viene tu freno de mano a la fiesta?".

frenos. ■ M. PL. Aparato de ortodoncia, generalmente metálico, que se utiliza para corregir la posición de los dientes.

frenón. ■ M. supran. Hecho de frenar de manera súbita y violenta; enfrenón.

frentazo. ■ M. Lección recibida por una experiencia adversa.

frente. ■ LOC. **con la ~ en alto.** LOC. ADV. supran. Sin avergonzarse de lo que se ha hecho: "A pesar de haber perdido el partido, la Selección Mexicana puede irse con la frente en alto".

fresa. ■ ADJ. **1.** *Referido a algo,* que está recargado de adornos de modo que se percibe de mal gusto: "Esa mochila rosa y con corazones plateados que traes está muy fresa". || **2.** *Referido a persona,* que se niega a hacer o a participar en algo que considera inapropiado o indeseable: "Eres muy fresa, nunca quieres ir a las fiestas que hacen mis amigos". || **3.** *Referido a persona,* que pertenece a una clase social acomodada y que ostenta sus privilegios: "Mi compañera es muy fresa, tiene coches muy lujosos". || **4.** supran. *Referido a persona,* que viste, habla y se comporta como si perteneciera a la clase alta: "Él es muy fresa, siempre quiso estudiar en una escuela privada". || **5.** supran. Propio de la persona **fresa**: "Ella tiene una personalidad muy fresa". || **6.** supran. Que se apega a las convenciones de la moda: "Esa chamarra que usas está muy fresa". ■ COM. **7.** Persona que se niega a hacer o a participar en algo que considera inapropiado o indeseable: "Ella es una fresa, nunca quiere ir a las fiestas que hacen mis amigos". || **8.** Persona que pertenece a una clase social acomodada y que manifiesta sus privilegios: "Él es un fresa, usa coches muy costosos". || **9.** supran. Persona que viste, habla y se comporta como si perteneciera a la clase alta: "Su hermano es un fresa, siempre quiso estudiar en una escuela privada". ■ LOC. (Juego de palabras entre fresa y frente). **de ~.** LOC. ADV. supran. fest. En dirección recta; de frente: "Para llegar al metro te tienes que seguir de fresa tres cuadras".

fresco. ■ ADJ. supran. *En el Norte, referido a un hombre,* homosexual. Ú.t.c.sust.

frescobote. ■ M. **1.** fam. Cerveza en lata. || **2.** jerg. Cárcel.

fresez. ■ F. Cualidad de lo fresa.

fresura. ■ F. **fresez.**

fría. ■ F. Véase **frío, a.**

friega. ■ F. **1.** fam. Maltrato excesivo: "Mi mamá le puso una friega a mi hermano porque no llegó a dormir". || **2.** fam. Situación que resulta fastidiosa: "Es una friega empezar el trabajo a las cinco de la mañana". || **3.** fam. Trabajo excesivo y arduo: "Es una friega trabajar horas extras en la oficina". || **4.** fam. Trabajo cotidiano y rutinario: "La friega diaria aumentó durante la cuarentena". ■ LOC. **~ de perro bailarín.** LOC. SUST. **1.** fam. Maltrato excesivo: "Si vuelves a faltarle al respeto, te pongo una friega de perro bailarín". || **2.** fam. Trabajo excesivo y molesto: "Concluir esto fue una friega de perro bailarín". ▷ **en ~.** LOC. ADV. **1.** fam. Rápidamente: "Salió en friega en cuanto la vio venir". || **2.** fam. De manera apresurada y bajo presión: "Está en friega con la entrega del proyecto".

friegamadral. ■ LOC. **friego.**

friegaquedito. ■ ADJ. **1.** fam. *Referido a persona*, que insiste en algo hasta el hartazgo: "No seas tan friegaquedito, no te voy a comprar la nueva consola". || **2.** fam. *Referido a persona*, que hace soterradamente acciones en perjuicio de otro: "Mi tía es bien friegaquedito con su familia". || **3.** fam. Propio de la persona **friegaquedito**: "Ella tiene un modo muy friegaquedito". ■ COM. **4.** fam. Persona que insiste en algo hasta el hartazgo: "No seas una friegaquedito, Linda, no te voy a comprar la nueva consola". || **5.** fam. Persona que hace soterradamente acciones en perjuicio de otro: "Mi tía es una friegaquedito con su familia".

friego. ■ LOC. **(un) ~ de.** LOC. ADJ. fam. Numeroso, abundante o intenso; mucho: "Todavía tengo un friego de trabajo y ya me quiero dormir". ▷ **un ~.** LOC. ADV. fam. Con demasiada intensidad o frecuencia; mucho: "Estos zapatos ya me duraron un friego".

friegomadral. ■ LOC. **friego.**

frigobar. ■ M. supran. Refrigerador de pequeñas dimensiones.

frijol. ■ M. **1.** supran. Hierba trepadora o rastrera originaria de América, de hasta 3 m de largo, monoica; hojas alternas, divididas en tres foliolos, ovados, enteros o ligeramente lobulados; flores hermafroditas, vistosas, con cinco pétalos de color rosado, de morado a blanco y diez estambres, agrupadas en racimos; frutos en vainas comprimidas, cilíndricas; semillas arriñonadas, de colores diversos según la variedad. Familia de las leguminosas, *Phaseolus vulgaris*. || **2.** supran. Fruto del **frijol**; comestible. || **3.** supran. Semilla del **frijol**; comestible. || **4.** (Juego de palabras entre frijol y frío). supran. fest. Frío. ■ LOC. **~ ancho.** LOC. SUST. **frijol lima.** ▷ **~ ayacote.** LOC. SUST. **frijol ayocote.** ▷ **~ ayecote.** LOC. SUST. **frijol ayocote.** ▷ **~ ayocote.** LOC. SUST. **1.** supran. Hierba trepadora o rastrera originaria de América, de hasta 3 m de longitud, monoica; tallos no muy delgados, pilosos o casi sin pelos; hojas, con peciolos de 5 a 10 cm de largo, algo pilosos, foliolos ovados o elíptico-ovados, a veces casi orbiculares; flores, de 1 a 2 cm de largo, brácteas lineares o lanceolado-ovadas, grandes y conspicuas, cáliz anchamente campanulado, sin pelos o con pelos rectos de base redondeada, dientes inferiores muy cortos y anchos; pétalos de color rojo brillante, escarlata o naranja, a veces morados rojizos o blancos; frutos y semillas en una legumbre anchamente falcada, en forma de hoz, fuertemente comprimida, ápice agudo y rostrado, base atenuada, cubierta por pelos largos y rectos o sin pelos. Familia de las leguminosas, *Phaseolus coccineus*. (También se llama frijol ayacote, frijol ayecote, frijol grueso, frijol patol). || **2.** supran. Fruto de esta hierba; comestible. || **3.** supran. Semilla de esta hierba; comestible. ▷ **~ bayo.** LOC. SUST. Variedad cuya semilla es de color beige a café-rosado claro, generalmente sin manchas. ▷ **~ canario.** LOC. SUST. Variedad cuya semilla es de color amarillento a beige. ▷ **~ delgado.** LOC. SUST. *En Oaxaca*, variedad cuya semilla es de color negro y de tamaño muy pequeño. ▷ **~ espelón.** LOC. SUST. *En el Sureste*, variedad cuya semilla es de color negro y se consume tierna. ▷ **~ flor de junio.** LOC. SUST. Variedad cuya semilla es mediana, de color crema con rayas rosadas. ▷ **~ flor de mayo.** LOC. SUST. Variedad cuya semilla es de color rosado claro a café rosado, con manchas irregulares oscuras, distribuidas por toda la semilla. ▷ **~ gordo.** LOC. SUST. **1.** supran. Hierba trepadora o rastrera originaria de América, monoica; ramas y hojuelas cortamente pelosas; hojas, con tres hojuelas rómbicas, de 12 a 13 cm; inflorescencias con brácteas que a veces forman un manojo en el ápice y bractéolas conspicuas; flores de color blanco, algunas veces de color lavanda a púrpura; semillas más grandes y alargadas que las del frijol común, rojizas, de 8 a 10 mm, en forma de riñón. Familia de las leguminosas, *Phaseolus dumosus*. || **2.** supran. Fruto de esta hierba; comestible. || **3.** supran. Semilla de esta hierba; comestible. ▶ **~ grueso.** LOC. SUST. *En Oaxaca*, **frijol ayocote.** ▶ **~ ib.** LOC. SUST. **frijol lima.** ▶ **~ ibes.** LOC. SUST. **frijol lima.** ▶ **~ lima.** LOC. SUST. **1.** Hierba trepadora o rastrera originaria de América, monoica; tallos estriados, de glabros a escasamente pubescentes; hojas alternas, compuestas, divididas en tres foliolos de ovados a rómbicos, estrigosas, con margen entero; flores hermafroditas, pequeñas y llamativas, con cinco pétalos lilas, rosas, violetas o blancos, con diez estambres, flores agrupadas en largos racimos axilares, densos; frutos en vainas aplanadas y oblongas, péndulas, que abren en dos valvas de delgadas a subcoriáceas; de tres a seis semillas, de oblongas a orbiculares, comprimidas, de color café a negro; frutos y semillas; comestibles. Familia de las leguminosas, *Phaseolus lunatus*. (También se llama frijol ancho, frijol mantequilla, frijol patachete, frijol patashete, frijol ib, frijol ibes). || **2.** Fruto de esta hierba; comestible. || **3.** Semilla de esta hierba; comestible. || **4.** *En el Sureste*, variedad de frijol común, de grano pequeño y de color bayo o acafetado. ▶ **~ mantequilla.** LOC. SUST. **frijol lima.** ▶ **~ negro.** LOC. SUST. supran. Variedad cuya semilla es de color negro mate a lustroso. ▶ **~ patachete.** LOC. SUST. **frijol lima.** ▶ **~ patashete.** LOC. SUST. **frijol lima.** ▶ **~ patol.** LOC. SUST. **frijol ayocote.** ▶ **~ peruano.** LOC. SUST. Variedad cuya semilla es de color amarillo claro. ▶ **~ pinto.** LOC. SUST. Variedad cuya semilla es de color beige a café muy claro, con manchas irregulares de color café oscuro a rojizo. ▶ **~ saltarín.** LOC. SUST. Semilla del guayacán, especie *Sebastiania bilocularis*. ▶ **~ xpelón.** [*eshpelón*] LOC. SUST. **frijol espelón.**

frijoles. ■ M. PL. **5.** fam. Insultos: "Al candidato le echaron frijoles por su propuesta de gobierno". || **6.** supran. fest. Comida: "¿A qué hora sirven los frijoles aquí?". || **7.** supran. fest. Sustento: "Trabajo muy duro para traer los frijoles a casa". ■ LOC. **~ a la charra.** LOC. SUST. **frijoles charros.** ▶ **~ charros.** LOC. SUST. Los cocidos, sazonados con jitomate, cebolla, cilantro, chile y trocitos de carne de puerco o chorizo. ▶ **~ chinitos.** LOC. SUST. Los cocidos, molidos o machacados y fritos con manteca o aceite hasta quedar resecos; se sirven con queso rallado. ▶ **~ de fiesta.** LOC. SUST. *En Sonora*, los cocidos que se fríen con aceite o manteca, chile colorado, mantequilla y queso. ▶ **~ de (la) olla.** LOC. SUST. Los cocidos en agua con sal. ▶ **~ hervidos.** LOC. SUST. **frijoles de (la) olla.** ▶ **~ kabax.** LOC. SUST. [*kabásh*] *En el Sureste*, los cocidos en agua con ajo, cebolla y sal, que sirven de base para hacer otros platillos. ▶ **~ maneados.** LOC. SUST. Los cocidos que se fríen ligeramente con aceite o manteca. ▶ **~ molidos.** LOC. SUST. Los cocidos, escurridos, machacados y fritos con aceite o manteca. ▶ **~ parados.** LOC. SUST. **1.** Los que quedan mal cocidos. || **2.** supran. Los cocidos en agua con sal; frijoles de (la) olla. ▶ **~ puercos.** LOC. SUST. **1.** Los cocidos que se fríen con aceite o manteca, trozos de carne de cerdo y epazote. || **2.** *En el Noroeste y Occidente*, los cocidos, machacados y fritos con manteca, chile, tocino, chorizo y jamón picado; se sirven con queso. ▶ **~ refritos.** LOC. SUST. **1.** supran. Los cocidos, molidos o machacados y fritos con manteca o aceite; se sirven con queso rallado. || **2.** supran. Los cocidos y posteriormente fritos con el fin de conservarlos. ▶ **~ secos.** LOC. SUST. **frijoles chinitos.**

frijolazo. ■ M. **1.** fest. Residuo de alimento que queda en los dientes, especialmente de frijol. || **2.** fest. Insulto.

frijolear. ■ TR. fest. Reprender a alguien: "Su papá lo frijoleó porque reprobó el examen".

frijolero, ra. ■ ADJ. **1.** Perteneciente o relativo al frijol: "Compré una olla frijolera". || **2.** despect. *Referido a persona*, mexicana residente en Estados Unidos de América. Ú.t.c.sust. || **3.** supran. *Referido a persona*, que cultiva o vende frijol: "Los comerciantes frijoleros tuvieron grandes ventas este año". Ú.t.c.sust.: "Los frijoleros tuvieron grandes ventas este año". || **4.** supran. *Referido a* *persona*, que gusta de comer frijol: "Mi hijo es muy frijolero, no los perdona un día". Ú.t.c. sust.: "Mi hijo es un frijolero, no los perdona un día".

frío, a. ■ ADJ. **1.** supran. fam. *Referido a alguien*, muerto: "Creí que el gato estaba dormido, pero estaba bien frío". ■ F. **2.** supran. fest. Cerveza.

friqueada. ■ F. **1.** fam. Desconcierto que sufre alguien. || **2.** supran. fam. Temor causado a alguien.

friquear. ■ TR. **1.** fam. Desconcertar a alguien: "La noticia friqueó a todos". || **2.** supran. fam. Atemorizar a alguien: "Esa violencia friquea al más valiente".

friqueo. ■ M. **friqueada.**

fritada. ■ F. *En el Norte*, guiso elaborado con menudencias de cabrito cocinadas en su propia sangre.

fritanga. ■ F. **1.** Comida frita en abundante aceite o manteca de cerdo, que suele venderse en establecimientos populares o en la calle. || **2.** Variedad de antojitos mexicanos, preparados con tortilla de maíz o elaborados con masa de maíz, que suelen llevar salsa picante y queso, entre otros ingredientes; garnacha. || **3.** Cualquiera de los antojitos mexicanos preparados con tortilla de maíz o elaborados con masa de maíz, que suelen llevar salsa picante y queso, entre otros ingredientes; garnacha. || **4.** Cualquiera de los antojitos mexicanos fritos en abundante aceite o manteca de cerdo. || **5.** Tortilla de maíz pequeña, frita en manteca, a la que se pone encima frijoles, chorizo, papas o carne y salsa picante; garnacha; típica de Veracruz y Puebla. || **6.** jerg. Marihuana.

fritanguear. ■ INTR. **1.** Comer fritangas: "Fritangueamos todo el fin de semana y por eso nos sentimos mal". || **2.** jerg. Fumar marihuana.

fritanguero, ra. ■ ADJ. **1.** supran. Perteneciente o relativo a la fritanga: "Sus hermanos pusieron un negocio fritanguero". || **2.** supran. *Referido a persona*, que gusta de comer fritangas: "Esperanza es muy fritanguera, por eso ha subido mucho de peso". Ú.t.c.sust.: "Esperanza es una fritanguera, por eso ha subido de peso". ■ M. y F. **3.** supran. Persona que se dedica a preparar o a vender fritangas.

frito, ta. ■ ADJ. jerg. *Referido a persona*, que se droga con algún estupefaciente. Ú.t.c.sust.

frondoso, sa. ■ ADJ. **1.** supran. fest. *Referido a alguien*, saludable: "Ella es una muchacha frondosa porque sale a correr todos los días". || **2.** supran. fest. *Referido a alguien*, gordo: "¡Qué frondoso se puso el coordinador con la pandemia!".

frotadita. ■ F. vulg. Contacto físico genital, no coital, que una persona tiene con otra sin ser necesariamente voluntario.

fruncimiento. ■ M. **1.** fam. Acobardamiento. || **2.** fam. Entristecimiento.

fruncir. ■ TR. **1.** fam. Acobardar: "Daniel frunció a su hermano con una película de terror". || **2.** fam. Entristecer: "La noticia frunció a Roberto".

fruta. ■ F. fest. Excremento. ■ LOC. **de la ~.** LOC. ADJ. **1.** fam. Muy difícil: "No me sale esta coreografía, está de la fruta". || **2.** fam. Feo: "Este cuadro está de la fruta". || **3.** fam. Que está en mal estado: "Me siento de la fruta desde ayer". ▶ **~ cristalizada.** LOC. SUST. supran. La cocida en almíbar a fuego lento hasta que adquiere una apariencia translúcida. ▶ **~ cubierta.** LOC. SUST. **fruta cristalizada.**

frutilla. ■ F. **flor del campo.**

fuchi. ■ INTERJ. **¡fuchi!** supran. Se usa para expresar asco, desagrado o rechazo: "¡Fuchi! Huele mal aquí".

fúchila. ■ INTERJ. **fuchi.**

fúchile. ■ INTERJ. **fuchi.**

fucho. ■ M. fam. Futbol.

fuente. ■ LOC. **~ de sodas.** LOC. SUST. **1.** Establecimiento donde se venden sodas o bebidas gaseosas, café, helado y otros alimentos: "Frente al parque hay una fuente de sodas". || **2.** Sección del menú que ofrece bebidas gaseosas, café, helado y otros alimentos: "No vi la fuente de sodas en la carta".

fuera. ■ LOC. **~ de base.** LOC. ADJ. supran. *Referido a persona*, desprevenida: "Tenemos que agarrar a Rodrigo fuera de base para hacerle la broma".

fuereño, ña. ■ ADJ. supran. *Referido a persona*, forastera: "En mi pueblo suelen desconfiar de la gente fuereña". Ú.t.c.sust.: "En mi pueblo suelen desconfiar de los fuereños".

fuerza. ■ EXPR. **a ~ ni los zapatos entran. 1.** coloq. Se usa para indicar que es imposible obligar a alguien a hacer lo que no desea: "Deja de insistir en que baile contigo, a fuerza ni los zapatos entran". || **2.** coloq. Se usa para indicar que existe un impedimento para que alguien consiga algo: "Quieres correr un maratón pero, con esa rodilla, a fuerza ni los zapatos entran". ▷**a ~ ni las gallinas ponen.** coloq. **a fuerza ni los zapatos entran.** ■ LOC. **fuerzas vivas.** LOC. SUST. *En la política,* militancia: "Las fuerzas vivas del partido piden el desafuero del alcalde".

fuerzudo, da. ■ ADJ. supran. pop. *Referido a persona,* forzudo: "Después de años en el gimnasio, por fin Pepe está muy fuerzudo". Ú.t.c.sust.: "Después de años en el gimnasio, por fin Pepe es todo un fuerzudo".

fuete. ■ M. supran. rur. Azote largo, delgado y flexible, de cuero, cuerda u otro material, con que se aviva y castiga a la caballería.

fueteada. ■ F. **1.** Golpe que se le da a alguien con un fuete. || **2.** Hecho de apresurar a alguien.

fuetear. ■ TR. **1.** Golpear a alguien con un fuete: "El jinete fueteó al caballo para que corriera más rápido". || **2.** Apresurar a alguien: "Fuetea a los niños para llegar temprano".

fufurufar. ■ INTR. fam. Funcionar un aparato: "La tele no fufurufa desde hace como media hora".

fufurufo, fa. ■ ADJ. **1.** supran. *Referido a persona,* que gusta de darse importancia; vanidosa: "Su prima es bien fufurufa nomás porque su novio es rico". Ú.t.c.sust.: "Su prima es una fufurufa nomás porque su novio es rico". || **2.** supran. *Referido a persona,* que viste, habla y actúa como si perteneciera a una clase social alta: "Mi escuela está llena de chicos fufurufos". Ú.t.c.sust.: "Los chicos que van a mi escuela son unos fufurufos". || **3.** supran. Propio de la persona **fufurufa**: "Ya me hartó su mentalidad fufurufa".

fumable. ■ ADJ. supran. coloq. Aceptable: "Me cae muy mal, pero su opinión sí es fumable".

fumar. ■ TR. **1.** coloq. Prestar atención a alguien: "Mis amigos consiguieron trabajo y ya ni me fuman". ■ LOC. **~ como chacuaco.** LOC. VERB. Hacerlo en exceso: "Todos mis amigos fuman como chacuacos". ■ EXPR. **¿de cuál fumaste?** supran. Se usa para manifestar sorpresa cuando alguien dice algo no esperado o disparatado: "¿De cuál fumaste?, yo no hice ese comentario".

fumarse. ■ TR. PRNL. **2.** coloq. Aguantarse algo con paciencia: "Nos fumamos todo el discurso del candidato".

fumigarse. ■ INTR. PRNL. supran. fest. Emborracharse: "Alfredo se fumigó ayer". Ú.m. e.pp.: "Alfredo está fumigado desde ayer".

funda. ■ F. **1.** pop. Persona con quien se mantiene una relación de amistad muy cercana; amigo: "Gustavo es la funda de Juan Carlos". || **2.** vulg. Compañero sexual pasivo.

fundamento. (Juego de palabras entre fundamento y fundillo). ■ M. eufem. **fundillo.**

fundillo. ■ M. **1.** supran. malson. Trasero. || **2.** supran. malson. Ano.

fundida. ■ F. **1.** Hecho de cansar a alguien: "Me di una fundida con tanta junta virtual". || **2.** supran. Hecho de perjudicar a alguien: "Esa fundida me parece imperdonable".

fundir. ■ TR. **1.** Cansar a alguien: "La vida nocturna funde a cualquiera". || **2.** supran. Perjudicar a alguien: "El juez de línea fundió al equipo con ese fuera de lugar".

funeraria. ■ F. Empresa que se encarga de proveer los ataúdes, transportes y demás servicios pertenecientes a los entierros; agencia funeraria: "La funeraria se encargará de trasladar el cuerpo al panteón".

fungir. ■ INTR. supran. Realizar las funciones propias de un cargo de manera temporal: "Funge como director de la empresa".

furcio. ■ M. supran. jerg. Equivocación cometida al hablar, especialmente si lo hace un actor, un conductor o un reportero de televisión.

furgón. ■ M. supran. Vehículo de más de cuatro ruedas que en su parte posterior lleva adaptada una plataforma o una caja cerrada para transportar cargas pesadas o de gran tamaño.

furgonazo. ■ M. supran. jerg. Introducción de mercancía de manera ilegal en el país por medio de un furgón.

fúrico, ca. ■ ADJ. supran. *Referido a persona,* furiosa en extremo: "Silvia se puso fúrica porque perdió su cheque".

furris. ■ ADJ. **1.** supran. fam. Mal hecho: "La comida de Verónica está bien furris".

F

|| **2.** supran. fam. Feo: "¡Tu perro está muy furris!". || **3.** supran. fam. *Referido a algo*, de baja calidad, de poco valor: "Mario tiene un carro furris".

fusil. ■ ADJ. **1.** fam. *Referido a persona*, copiona: "Mi hermana es bien fusil, ahora se peina igual que yo". ■ M. **2.** supran. fam. Copia exacta de algo, que se presenta como propio: "Las palabras del crítico son un fusil de las del escritor". ■ COM. **3.** fam. Persona copiona: "Mi hermana es una fusil, ahora se peina igual que yo".

fusilata. ■ F. **1.** Copia exacta de algo, que se presenta como propio; fusil. || **2.** Fusilamiento.

fushia. [*fúshia*] Véase **fiusha.**

fustán. ■ M. supran. Prenda de vestir que usan las mujeres por encima de la ropa interior y por debajo del vestido; fondo.

fuste. ■ M. **fundillo.**

fusteque. ■ ADJ. **1.** fam. *Referido a persona, generalmente un niño*, que rechaza un alimento que le sirven; melindroso: "Niña fusteque, ya cómase esas enjitomatadas, que es lo único que hay". ■ COM. **2.** fam. Persona que rechaza un alimento que le sirven; melindroso: "Bety es una fusteque, no se quiso comer las enjitomatadas que le hizo mi abuelita".

futbol. ■ LOC. **~ arena.** LOC. SUST. supran. El que se basa en el americano, se juega en un campo, generalmente cubierto, de medidas similares a las de la cancha de basquetbol, con ocho jugadores por equipo. ▶ **~ llanero.** LOC. SUST. El que se juega de manera no profesional, generalmente en ligas organizadas. ▶ **~ rápido.** LOC. SUST. supran. El que se juega en una cancha reducida, delimitada por paredes y con pasto sintético, con cinco o seis jugadores por equipo.

futbolito. ■ M. supran. Juego de mesa que simula un partido de futbol, con una caja rectangular que sirve de campo y 11 figuras por equipo que se fijan a ocho travesaños; futbolín.

futurismo. ■ M. **1.** Consideración de razones puramente electorales en la política de un partido. || **2.** Actitud de un político cuya única finalidad es conseguir un cargo público.

G

gabacho, cha. ■ ADJ. **1.** fam. Perteneciente o relativo a Estados Unidos de América: "Aquí venden pura ropa gabacha". || **2.** fam. Natural de Estados Unidos de América: "Los estudiantes gabachos se fueron de paseo a la playa". Ú.t.c.sust.: "Los gabachos se fueron de paseo a la playa". || **3.** fam. *Referido a persona*, extranjera y rubia: "Dile a ese hombre gabacho que toque en la siguiente puerta". Ú.t.c.sust.: "Dile al gabacho que toque en la siguiente puerta". || **4.** fam. Propio de la persona **gabacha**: "En Ciudad Juárez hay gente de costumbres muy gabachas". ■ M. **5.** fam. Lengua inglesa: "Tienes que saber gabacho para conseguir ese empleo".

gabán. ■ M. Prenda de abrigo que consiste en un rectángulo de lana o de otro tejido, que tiene en el centro una abertura para pasar la cabeza y que cuelga de los hombros hasta más abajo de la cintura.

gabanear. ■ INTR. *En el Sureste*, huir: "Joaquín gabaneó de la pelea".

gabanero, ra. ■ M. y F. *En Morelos*, persona que se dedica a cardar y tejer lana.

gabinete. ■ M. supran. Mueble con repisas, cajones y puertas que se usa para guardar artículos diversos.

gacela. ■ F. fam. Prostituta.

gachada. ■ F. fam. Acción vil.

gachez. ■ F. **gachada.**

gacho, cha. ■ ADJ. **1.** supran. fam. Feo: "Ese edificio está muy gacho". || **2.** supran. fam. *Referido a algo*, que es de mala calidad: "Solo me alcanzó para este regalo gacho". || **3.** supran. fam. *Referido a persona*, ruin: "¡Qué hermano tan gacho eres, delataste a mi amiga!". Ú.t.c. sust.: "El gacho de tu hermano te delató con tu jefe". || **4.** supran. fam. Propio de la persona **gacha**: "Tus comentarios gachos son muy hirientes".

gachupas. ■ ADJ. **1.** despect. Perteneciente o relativo a España: "Esta cerveza gachupas está muy amarga". || **2.** supran. despect. Natural o procedente de España: "Tengo un tío gachupas en Morelia". ■ COM. **3.** supran. despect. Persona natural o procedente de España: "Mis amigas las gachupas llegaron ayer".

gachupatas. Véase **gachupas.**

gachupín, na. ■ ADJ. **1.** despect. Perteneciente o relativo a España: "Esta cerveza gachupina está muy amarga". || **2.** supran. despect. Natural o procedente de España: "Tengo un tío gachupín en Morelia". Ú.t.c.sust.: "Los gachupines llegaron ayer".

gachupinada. ■ F. **1.** despect. Conjunto numeroso de gachupines. || **2.** despect. Cosa, expresión o acción propia de los gachupines.

gachupo, pa. ■ ADJ. **gachupín, na.**

gafete. ■ M. supran. Identificador personal que se prende o se cuelga a la ropa o al cuello.

gafo, fa. ■ ADJ. supran. rur. *Referido a una caballería*, que tiene la superficie plantar del casco desgastada por no tener herraje y trabajar excesivamente.

galán, na. ■ M. y F. **1.** Novio: "Mi primo vino a la fiesta con su galana".

galán. ■ ADV. **2.** *En Chiapas*, copiosamente: "Ayer llovió galán".

galantea. ■ F. Arbusto o árbol originario de América, de hasta 8 m de altura, monoico; tallos con ramas pubescentes; hojas alternas, enteras, de ovadas a ovado-elípticas, pilosas; flores hermafroditas, pequeñas, campanuladas, blancas o con tonos violáceos, agrupadas en panículas pubescentes; frutos abayados, globosos, amarillos, diminutamente pubescentes, tóxicos; semillas diminutas, ovadas; contiene alcaloides; uso en la medicina tradicional y como sombra en plantíos de cafetales. Familia de las solanáceas, *Solanum erianthum*.

galera. ■ F. Véase **galero, ra.**

galero, ra. ■ M. y F. **1.** Propietario de una galería de arte. ■ F. **2. gayola.** || **3. galerón.**

galerón. ■ M. supran. Construcción sencilla, amplia y techada destinada a resguardar de la intemperie; galera.

galgo, ga. ■ ADJ. **1.** rur. Flaco: "Ese caballo está viejo y galgo". || **2.** supran. rur. Hambriento: "Pedro regresó muy galgo de la escuela".

galgódromo. ■ M. Terreno que se prepara para las carreras de galgos; canódromo.

gallardete. ■ M. **1.** supran. Arbusto originario de Asia, de hasta 3 m de altura, monoico; tallos muy ramificados; hojas alternas, enteras, de ovadas a ovado-lanceoladas, con margen aserrado; flores hermafroditas, vistosas, en forma de campana, con cinco pétalos rojos o de diferentes colores, estambres unidos en un tubo largo, solitarias; frutos capsulares, ovoides, cafés; uso ornamental. Familia de las malváceas, *Hibiscus rosa-sinensis*. (También se llama lamparilla, obelisco, rosicler, tulipán, tulipán americano). || **2.** supran. Flor del **gallardete**; uso ceremonial, en la medicina tradicional y ornamental.

gallego, ga. ■ M. y F. *En un chiste*, personaje arquetípico al que se le atribuye poca inteligencia.

gallera. ■ F. **gayola.**

galleta. ■ F. **1.** fam. Fuerza de voluntad: "Javier terminó el tratamiento con mucha galleta". || **2.** supran. fam. Fuerza física: "Mi abuelo todavía tiene mucha galleta". ■ LOC. **~ de soda.** LOC. SUST. **galleta salada.** ▷ **~ salada.** LOC. SUST. La de sal, cuadrada y delgada, crujiente y con pequeñas perforaciones: "Acompañó su coctel de camarones con galletas saladas".

gallina. ■ F. Hierba trepadora originaria de América, de hasta 1 m de altura, monoica; tallos cilíndricos, gruesos, cubiertos densamente de pelos sedosos y plateados, que en ocasiones pierden con la edad; hojas alternas, divididas, trifoliadas, largamente pecioladas, foliolos romboides, de ovados a suborbiculares, envés plateado por pilosidad, ápice agudo; flores hermafroditas con cinco pétalos de color verde rojizo a café rojizo, con diez estambres unidos, agrupadas en racimos; frutos en vainas adpresas pilosas, apertura de forma explosiva, valvas curvas al separarse; semillas pequeñas, oscuras, reniformes; uso agropecuario. Familia de las leguminosas, *Macroptilium atropurpureum*. (También se llama conchito, ojo de zanate). ■ LOC. **~ ciega.** LOC. SUST. supran. Larva de coleóptero de amplia distribución en América, de hasta 4 mm; con cuerpo robusto ensanchado hacia atrás, blanquecino, grisáceo o amarillento; la región de la cabeza en tonos más oscuros respecto al resto del cuerpo, en tonos amarillos, ocres y negruzcos; con seis patas cortas y una cabeza bien definida con mandíbulas fuertes; en México se han catalogado más de 1 000 mayates (escarabajo adulto) con sus respectivas gallinas ciegas (estadios larvales); varias especies tienen importancia ecológica y económica por su relación con los cultivos. Familia de los escarabeidos del orden Coleoptera, varias especies del género *Phyllophaga*, como *Phyllophaga dentex*. (También se llama nesticuil, nixticuil). ▷ **~ de Moctezuma.** LOC. SUST. Ave de amplia distribución en Veracruz y el sureste de México, de hasta 40 cm de longitud; con cabeza y cuello de color gris azulado, con un parche café oscuro detrás de la cabeza, región dorsal en tonos que van del verde oliva al café oscuro, pecho ocre canela, abdomen negro, patas rojas coral y pico amarillo verdoso; habita a orillas de lagunas y esteros. Familia de los rálidos del orden Gruiformes, *Aramides cajaneus*. (También se llama popoxcal). ▷ **~ pinta.** LOC.

SUST. *En el Noroeste*, guiso caldoso elaborado con carne de res, maíz, frijol, ajo, cebolla, chile verde y tomate.

gallinazo. ■ M. supran. Ave carroñera de amplia distribución en América, de 1.5 m de longitud; con plumaje de color café oscuro a negro; cabeza y cuello desnudos, de color anaranjado o amarillo anaranjado, con una corona azul violácea; pico corto, ganchudo y de color marfil; en el vuelo su cola se distingue por ser larga y delgada. Familia de los catártidos del orden Cathartiformes, *Cathartes aura*. (También se llama aura, cabecirroja, chombo, viuda, zopilote).

gallinita. ■ F. Planta epífita originaria de América, de hasta 30 cm de longitud, monoica; tallos colgantes, muy ramificados; hojas simples, arregladas en roseta, con forma de hebras largas, de color gris o plateado, cubiertas de numerosos pelos cortos de apariencia polvorienta; flores hermafroditas, diminutas, de color morado claro o azul, solitarias o en pares sobre un tallo largo que sale de en medio de las hojas; frutos capsulares, terminados en un pico corto; semillas erectas, de cilíndricas a fusiformes, con un mechón de pelos en la base. Familia de las bromeliáceas, *Tillandsia recurvata*. (También se llama heno, pascle, pastle, paxtle).

gallito. ■ LOC. **~ de agua.** LOC. SUST. supran. Ave zancuda originaria de América del Norte y Centroamérica, de hasta 25 cm de longitud; con plumaje negro y rojo pardo; ojos oscuros y frente con cresta amarilla; con un espolón en cada ala; patas en tonos verdosos, con dedos largos y garras agudas; habita en ecosistemas pantanosos y se alimenta de insectos, crustáceos y moluscos pequeños. Familia de los jacánidos del orden Charadriiformes, *Jacana spinosa*. (También se llama jacana norteña, viuda, yohualcuachil).

gallo. ■ M. **1.** jerg. Marihuana. || **2.** supran. Remolino de cabello que se forma en la cabeza de una persona. || **3.** supran. Serenata. || **4.** supran. Candidato que alguien prefiere. || **5.** supran. fam. Ropa usada. || **6.** supran. jerg. Cigarro de marihuana. ■ LOC. **como ~ en corral ajeno.** LOC. ADJ. *Referido a alguien*, incómodo o sin soltura en un ambiente determinado, generalmente, extraño: “Me siento como gallo en corral ajeno cuando trato con nuevas personas”. ▷ **como ~ en patio ajeno.** LOC. ADJ. **como gallo en corral ajeno.** ▷ **~ (de) capote.** LOC. SUST. El que es grande y fino, con gran fuerza y peso excedido respecto al reglamentario en las peleas. ▷ **~ chinampero.** LOC. SUST. **gallo chinampo.** ▷ **~ chinampo.** LOC. SUST. El que huye o demuestra cobardía en la pelea. ▷ **~ de pelea.** LOC. SUST. fam. Persona con experiencia: “Mi tío es todo un gallo de pelea, siempre me da buenos consejos”. ▷ **~ giro.** LOC. SUST. supran. El que tiene amarillas las plumas del cuello y de las alas y negras las del cuerpo. ▷ **~ mochiller.** LOC. SUST. El que tiene gran fuerza y peso, que se juega al inicio de la pelea y que es considerado como el mejor. ▷ **~ (de) tapado.** LOC. SUST. **gallo (de) capote.**

gallogallina. ■ M. **1.** Capón de la gallina que se ceba para su consumo. || **2. gallogallino.**

gallogallino. ■ M. fest. Hombre homosexual; gallogallina.

gallón, na. ■ M. y F. *En la política*, persona poderosa.

galopeada. ■ F. supran. Carrera al galope; galopada: “Hicimos una galopeada para alcanzar lugar en el estadio”.

gamborimbo. ■ M. fest. Pequeño trozo de materia fecal o de papel higiénico adherido al ano.

gambusino. ■ M. supran. Buscador de minerales, especialmente oro.

ganado. ■ LOC. **~ de cría.** LOC. SUST. supran. El que se destina para la reproducción. ▷ **~ de engorda.** LOC. SUST. supran. El que se ceba para ser vendido y consumido. ▷ **~ en pie.** LOC. SUST. supran. El vacuno vivo que está en venta.

ganar. ■ INTR. **1.** pop. Tomar una dirección determinada: “Por las lluvias, los campesinos ganaron para el cerro”. ■ LOC. **~ el mandado.** LOC. VERB. supran. coloq. Adelantarse alguien a otra persona, de manera que esta pierde la oportunidad de hacer o de obtener algo: “Felipe envió primero la solicitud y me ganó el mandado”.

ganarle. ■ INTR. PRNL. **2.** fam. Orinar o evacuar el vientre alguien de manera involuntaria: “Al niño le ganó porque el viaje fue muy largo”.

ganarse. ■ LOC. **~ la chuleta.** LOC. VERB. **ganarse los frijoles.** ▷ **~ la frita.** LOC. VERB. **ganarse los frijoles.** ▷ **~ la papa.**

LOC. VERB. **ganarse los frijoles.** ▷ **~ los frijoles.** LOC. VERB. supran. coloq. Procurarse alguien el sustento mediante su trabajo: "Ni modo, hay que salir a la calle para ganarse los frijoles".

gancho. ■ M. **1.** supran. Utensilio triangular que sirve para colgar la ropa; percha. || **2.** supran. Pinza para sujetar la ropa en el tendedero. Ú.m.e.dim.

gandalla. ■ ADJ. **1.** fam. *Referido a persona*, que se aprovecha de alguien o se apropia de algo de manera artera: "Ella es una mujer muy gandalla". || **2.** fam. Propio de la persona **gandalla**: "Me choca su actitud gandalla". ■ COM. **3.** fam. Persona que se aprovecha de alguien o se apropia de algo de manera artera: "Él es un verdadero gandalla".

gandalle. ■ M. **1.** fam. Abuso que se comete contra alguien para obtener un beneficio; agandalle. || **2.** fam. Robo; agandalle.

gandalleo. ■ M. **gandalle.**

gandaya. Véase **gandalla.**

gandul. Véase **gandalla.**

gane. ■ M. supran. fam. Victoria en una competencia: "Le dieron el gane al equipo rival".

ganón, na. ■ ADJ. coloq. *Referido a persona*, que resulta beneficiada de una situación: "Remedios salió ganona con el cambio de oficina". Ú.t.c.sust.: "Remedios fue la ganona con el cambio de oficina".

ganso. ■ ADJ. **1.** supran. despect. *Referido a un hombre*, homosexual. Ú.t.c.sust. ■ M. **2.** supran. vulg. Pene.

ganzúa. ■ ADJ. **1.** despect. *Referido a un hombre*, homosexual: "Vino mi primo ganzúa". ■ M. **2.** despect. Hombre homosexual: "Vino el ganzúa". ■ F. **3.** despect. Hombre homosexual: "Vino la ganzúa".

gañote. ■ LOC. **~ aventurero.** LOC. SUST. **1.** fam. **garganta aventurera.** || **2.** fam. Persona que vive a expensas de los demás; vividor: "Ya me cansé de mantener gañotes aventureros".

garabato. ■ M. **1.** Arbusto o árbol originario de América, de hasta 12 m de altura, monoico; tallos en forma de zig zag, puberulentos, con espinas; hojas alternas, de ovadas a elípticas, cartáceas, con margen casi entero, aserrado por la parte media; flores unisexuales, pequeñas, masculinas sésiles, agrupadas en conjuntos compactos, con cinco estambres, flores hermafroditas de una a tres, en inflorescencias ramificadas, con algunas flores masculinas; frutos drupáceos, elipsoides, anaranjados, carnosos, con un pico persistente. Familia de las cannabáceas, *Celtis iguanaea*. (También se llama nanchibejuco, vainoro). || **2.** Fruto del **garabato**; comestible. || **3.** *En la charrería*, caballería flaca.

garambullo. ■ M. **1.** Cactus originario de México, de hasta 4 m de altura, monoico; tallos con numerosas ramas, candelabriformes, con cinco a seis costillas, de color verde azuloso, espinosas; flores hermafroditas, pequeñas, con numerosos tépalos de color blanco verdoso y estambres blancos; frutos abayados, pequeños, de globosos a elipsoides, morados, sin espinas; semillas numerosas, diminutas, negras. Familia de las cactáceas, *Myrtillocactus geometrizans*. (También se llama xoalacate). || **2.** Fruto de este cactus; comestible. || **3.** Arbusto originario de América, de hasta 4 m de altura, monoico; tallos con corteza exfoliante en tiras largas, muy ramificados; ramas pubescentes cuando son jóvenes; hojas alternas, enteras, elípticas, coriáceas, pubescentes en el envés, con margen aserrado; flores hermafroditas, vistosas, en forma de urna, de rojas a rosadas, con diez estambres, agrupadas en panículas; frutos abayados, globosos, de superficie granular, rojizos. Familia de las ericáceas, *Comarostaphylis discolor*. || **4.** Flor de este arbusto; comestible. || **5.** Fruto de este arbusto; uso en la medicina tradicional. ■ LOC. **~ blanco.** LOC. SUST. Cactus originario de México y Guatemala, de hasta 7 m de altura; tallos principales cortos, ramificados en forma de candelabro cerca de la base, de color verde azulado; espinas radiales rectas, grisáceas, espina central algunas veces ausente; flores hermafroditas, vistosas, de color verde a blanco amarillentas; frutos globosos, rojos, algunas veces con espinas; uso forrajero y para formar cercas; tallos, flores y frutos, comestibles. Familia de las cactáceas, *Myrtillocactus schenckii*. (También se llama vichishovo, vichi-xoba).

garañona. ■ F. Véase **garañón, na.**

garañón, na. ■ M. y F. **1.** fam. Persona encargada de un burdel. ■ F. **2.** Arbusto originario de América, de hasta 35 cm de altura, monoico; tallos cilíndricos, de glabros a puberulentos;

hojas simples, alternas, de lineares a estrechamente oblanceoladas o de cilíndricas a algo aplanadas, suculentas, con glándulas de aceite en los márgenes; flores pequeñas, tubulares, amarillas o verdosas, las del centro hermafroditas, de ocho a 13 femeninas en la periferia, con forma de pétalo, flores dispuestas en cabezuelas terminales; frutos aquénicos, de cilíndricos a fusiformes, cubiertos por pelos rígidos y con un mechón de cerdas en el ápice; uso en la medicina tradicional. Familia de las compuestas, *Chrysactinia mexicana*. (También se llama damiana, hierba de san Nicolás, yeyepaxtle). || **3.** Hierba originaria de México, de hasta 40 cm de altura, monoica; tallos postrados, muy ramificados, pubescentes; hojas alternas, abrazando ligeramente al tallo, enteras, pubescentes; flores hermafroditas, pequeñas, campanuladas, con cinco lóbulos, con colores morados, azules o rosados, agrupadas en cimas axilares o terminales; frutos capsulares, ovados, pubescentes, cafés; semillas numerosas, diminutas, amarillas. Familia de las hidrofiláceas, *Nama undulatum*. (También se llama estornudadera, matagusano). || **4.** Hierba o arbusto parásito originario de México, de hasta 1 m de altura, monoico; tallos muy ramificados, con pelos largos y tiesos; hojas alternas, enteras, de lineares a lanceoladas, con pubescencia suave y algunas veces glandular; flores hermafroditas, vistosas, tubulares y bilabiadas, de color rojo a anaranjado, agrupadas en racimos; frutos capsulares, ovoides, cafés; semillas numerosas, diminutas, elipsoides, cafés. Familia de las orobancáceas, *Castilleja tenuiflora*. (También se llama calzón de indio, castilleja, cola de borrego, sacamiel).

garapiña. ■ F. **1.** fam. Robo. || **2.** supran. Bebida refrescante hecha con la cáscara de piña, agua y azúcar.

garapiñado, da. ■ ADJ. fam. Sucio, por mancha o salpicadura, generalmente de vómito o heces: "Las palomas me dejaron el coche todo garapiñado".

garapiñar. ■ TR. pop. Robar algo de poco valor.

garatusa. ■ ADJ. fam. *En el Sureste, referido a una mujer*, coqueta: "Irene es muy garatusa y simpática". Ú.t.c.sust.: "Irene es una garatusa y muy simpática".

garbancillo. ■ M. Hierba originaria de América, de hasta 1.5 m de altura, monoica; tallos muy ramificados; hojas alternas, divididas, palmadas, de cinco a siete foliolos, de espatulados a lineares; flores hermafroditas, vistosas, con cinco pétalos desiguales, de color entre azul y morado, agrupadas en racimos densos; frutos en vainas, de elipsoides a cilíndricas, pilosas, de color café claro; semillas globosas. Familia de las leguminosas, varias especies del género *Lupinus*, como *Lupinus elegans*, *Lupinus hartwegii*.

garbanza. ■ F. **1.** Garbanzo. || **2.** *En Querétaro*, **guasana.**

garfia. ■ F. Véase **garfio, fia.**

garfio, fia. ■ M. y F. **1.** jerg. Miembro del cuerpo de policía. ■ F. **2.** jerg. Cuerpo de policía.

garfil. ■ COM. supran. jerg. Miembro del cuerpo de policía: "Tengo una conocida que es una garfil".

garganta. ■ LOC. **~ aventurera.** LOC. SUST. fest. Persona que no es selectiva con las bebidas alcohólicas que ingiere: "Cuando Luis anda de parranda se vuelve una garganta aventurera". ▷ **~ de pirata.** LOC. SUST. **garganta aventurera.**

gargantón, na. ■ ADJ. **1.** fam. *Referido a persona*, influyente: "Qué suerte que tengamos una vecina gargantona en la colonia". Ú.t.c. sust.: "Qué suerte que haya una gargantona en la colonia". ■ M. **2.** rur. Cabestro o ronzal de lujo.

garibaldi. ■ M. Pan dulce suave, con forma de cono truncado, bañado de mermelada de chabacano y cubierto con gránulos de azúcar o chochitos.

garibolear. ■ TR. pop. **garigolear.**

gariboleo. ■ M. pop. **garigoleo.**

garigolear. ■ TR. fam. Adornar profusamente: "Sandra garigoleó el margen de los cuadernos".

garigoleo. ■ M. fam. Adorno profuso: "No se ve la figura central del retablo con tanto garigoleo".

garnacha. ■ F. **1.** Variedad de antojitos mexicanos, preparados con tortilla de maíz o elaborados con masa de maíz, que suelen llevar salsa picante y queso, entre otros ingredientes. || **2.** Cualquiera de los antojitos mexicanos preparados con tortilla de maíz o elaborados con masa de maíz, que suelen llevar salsa picante y queso, entre otros ingredientes. || **3.** Tortilla de maíz pequeña, frita en manteca, a la que se pone encima frijoles, chorizo, papas o carne y salsa picante; típica de Puebla y Veracruz. || **4.** supran. fam. Vigor físico: "Hay que echarle garnacha para subir todos los ladrillos a la azotea rápido".

garnachear. ■ INTR. Comer garnachas: "Anoche garnacheamos en la feria".

garnacheo. ■ M. Hecho de comer garnachas.

garnachero, ra. ■ ADJ. **1.** Perteneciente o relativo a la garnacha: "Sus hermanos pusieron un negocio garnachero". || **2.** *Referido a persona*, que gusta de comer garnachas: "Mi hermano es muy garnachero". Ú.t.c.sust.: "El garnachero de mi hermano ya subió mucho de peso". ■ M. y F. **3.** Persona que se dedica a preparar y vender garnachas.

garnachudo, da. ■ ADJ. fam. *Referido a persona*, vigorosa: "Se necesitan albañiles garnachudos para este trabajo". Ú.t.c.sust.: "Ya llegaron los garnachudos que van a hacer el trabajo".

garniel. ■ M. **1.** Estuche de cuero donde se guardan las navajas para las peleas de gallos. || **2.** *En talabartería*, pequeña bolsa de cuero con secciones donde se guardan utensilios para distintos trabajos.

garnil. ■ M. **garniel.**

garnuchazo. ■ M. fam. Golpe seco que se da con el dedo índice o el medio, después de retener cualquiera de ellos con el pulgar.

garnucho. ■ M. **garnuchazo.**

garra. ■ ADJ. **1.** supran. despect. *Referido a persona*, fea y vulgar: "De plano, está muy garra el novio de Luisa". ■ F. **2.** supran. despect. Persona fea y vulgar: "El novio de Luisa es una garra".

garras. ■ F. PL. **3.** supran. fest. Prendas de vestir; ropa: "Vamos a la plaza a comprarnos garras nuevas para la boda de tu prima". || **4.** supran. despect. Ropa desgastada: "Ya quítate esas garras que eran de tu abuela".

garrafa. ■ F. Botella con asa cerca del cuello.

garrafón. ■ M. **1.** supran. Cantidad de líquido contenido en un **garrafón**. || **2.** supran. Recipiente de vidrio o de plástico para almacenar de 18 a 25 litros.

garraleta. ■ F. **1.** despect. Concubina. || **2.** despect. Mujer fea y mal vestida. || **3.** despect. Prostituta, generalmente de edad avanzada.

garrapatero. ■ M. supran. Ave de amplia distribución en América, de hasta 30 cm de longitud; con plumaje de color negro con escamado iridiscente en la cabeza y el pecho; apariencia desgarbada; alas relativamente cortas y redondeadas; cola larga colgante y maxila con el culmen alto y surcos prominentes; pico curvo y fuerte; piel de la cara y patas de color negro. Familia de los cucúlidos del orden Cuculiformes, *Crotophaga sulcirostris*. (También se llama picuy, pijón, pijul, pijuy, zopilotillo).

garrapatilla. ■ F. **1.** Árbol originario de América, de hasta 12 m de altura, monoico; tallos con copa redondeada y densa; hojas alternas, divididas de tres a nueve foliolos, de ovados a elípticos; flores hermafroditas, pequeñas, con cinco pétalos de blancos a verdosos, estambres fusionados formando un tubo, agrupados en pequeñas cimas; frutos capsulares, ovoides o globosos, leñosos, cafés; tres semillas, elipsoides, rojas. Familia de las meliáceas, *Trichilia havanensis*. (También se llama ciruelillo, palo cucharo). || **2.** Corteza de la **garrapatilla**; uso en la medicina tradicional. || **3.** Hoja de la **garrapatilla**; uso en la medicina tradicional. || **4.** Rama de la **garrapatilla**; uso ceremonial.

garraspera. ■ F. supran. fam. Malestar de garganta; carraspera.

garrasposo, sa. ■ ADJ. supran. fam. *Referido a algo*, áspero; carrasposo: "La pared quedó muy garrasposa después de que le pusieron cemento".

garrear. ■ INTR. **1.** supran. fest. Vestir alguien de forma elegante: "El jefe garrea todos los días". Ú.m.e.pp.: "El jefe llega garreado todos los días". || **2.** supran. despect. Vestir alguien con ropa desgastada: "Garreamos todos los días de la cuarentena". Ú.m.e.pp.: "Anduvimos garreados todos los días de la cuarentena".

garrerío. ■ M. **1.** fam. Conjunto de prendas desordenadas: "¡Recoge todo el garrerío que tienes tirado en el piso!". || **2.** despect. Conjunto de ropa desgastada: "Todo el garrerío del clóset me sirvió mucho en la cuarentena".

garrocha. ■ F. fest. Persona muy alta.

garrolero, ra. ■ ADJ. **1.** *En Colima, referido a persona*, viciosa y ruin: "Mejor no confíes en él porque es muy garrolero". Ú.t.c.sust.: "Mejor no confíes en él porque es un garrolero". || **2.** *En Colima, referido a persona, generalmente un niño*, que vive en la calle: "En esa colonia hay varias chicas garroleras". Ú.t.c.sust.: "En esa colonia hay varias garroleras".

garrote. ■ M. supran. vulg. Pene.

garrotera. ■ F. Véase **garrotero, ra.**

garrotero, ra. ■ M. y F. **1.** Ayudante de mesero. ■ M. **2.** Encargado del freno del furgón de cola de un tren; guardafrenos. ■ F. **3.** fam. Entumecimiento de las extremidades.

garrotillo. ■ M. **1.** fam. Tos persistente de las personas. || **2.** fam. Tos que les queda a los perros después de algún resfriado.

garrotiza. ■ F. supran. fam. Paliza.

garruchazo. ■ M. **garnuchazo.**

garrudo, da. ■ ADJ. despect. *Referido a persona*, que suele estar con ropa desgastada: "Ya me cansé de andar toda garruda en esta cuarentena".

garrufo. ■ M. supran. jerg. Cigarro de mariguana.

garruliento, ta. ■ ADJ. fam. *Referido a la voz*, grave y áspera: "La tonada garrulienta de mi abuelo es inconfundible".

garupera. ■ F. *En Jalisco*, cinto para el caballo.

garza. ■ LOC. **~ morena.** LOC. SUST. supran. Ave de distribución en América, de hasta 1 m de longitud; con centro de la corona y lados de la cabeza blancos, lados de la corona y larga cresta occipital negros, lomo gris azulado, costados y parte posterior del cuello gris violáceo, parte anterior del cuello blanca con línea negra, lados del vientre negruzcos, centro del vientre gris y blanco con algo de rojo; muslos con plumaje ensortijado; pico largo y puntiagudo, de color amarillo; cuerpo esbelto con un cuello largo; patas oscuras y largas. Familia de las ardeidas del orden Pelecaniformes, *Ardea herodias*. (También se llama garza ceniza, garzón, sietepresas). ▶ **~ ceniza.** LOC. SUST. **garza morena.**

gas. ■ LOC. **~ LP.** [*éle pé*] (De licuado de petróleo). LOC. SUST. Combustible derivado del petróleo, compuesto principalmente de propano.

garzón. ■ M. **garza morena.**

gasero. ■ M. Repartidor de tanques de gas licuado, propano o LP.

gasné. ■ M. Pañuelo de adorno para el cuello y el pecho, de uso masculino.

gasofa. ■ F. *En Sonora*, **gasofia.**

gasofia. ■ F. supran. fam. Gasolina.

gasolina. ■ F. supran. jerg. Pasta de cocaína de mala calidad.

gasolinazo. ■ M. supran. Incremento periódico del precio de los hidrocarburos, especialmente de la gasolina.

gasolinería. ■ F. supran. Gasolinera.

gasparito. ■ M. **1.** Grupo de diferentes especies de árboles o arbustos principalmente originarios de América, con otros miembros en África, Asia y Australia, de hasta 10 m de altura, monoicos; tallos a veces con pequeñas proyecciones en la corteza en forma de espinas, corteza lisa, de color café amarillento; hojas alternas, divididas en tres foliolos, de romboides a ovados; flores hermafroditas, vistosas, con cinco pétalos, de rojos a anaranjados, alargados, agrupadas en racimos; frutos en vainas alargadas y en forma de rosarios, de cafés a negras; semillas reniformes, de color rojo o anaranjado; hojas, uso en la medicina tradicional. Familia de las leguminosas, varias especies del género *Erythrina*, como *Erythrina americana*. (También se llama colorín, equimite, patol, pemuche, pichoco, zompantle). || **2.** Individuo del **gasparito**. || **3.** Flor de los individuos del **gasparito**; comestible; uso en la medicina tradicional. || **4.** Fruto y semilla de los individuos del **gasparito**; uso artesanal y en la medicina tradicional.

gastar. ■ LOC. **~ en pitos y flautas.** LOC. VERB. **gastar (la) pólvora en infiernitos.** ▶ **~ (la) pólvora en infiernitos.** LOC. VERB. fam. Desperdiciar esfuerzos: "Deberías buscar una mejor solución, no gastes pólvora en infiernitos".

gasto. ■ M. supran. Cantidad fija de dinero que se aporta periódicamente al hogar para cubrir las necesidades básicas.

gateado. ■ M. Árbol originario de México y Centroamérica, de hasta 20 m de altura, monoico; tallos de tronco erecto y grueso, corteza fisurada, de color café rosado, más oscura al madurar; hojas alternas, agrupadas en los extremos de las ramas, compuestas de cuatro a diez foliolos de ovados a elíptico-ovados; flores unisexuales, pequeñas y vistosas, de color blanco verdoso, estambres fusionados lateralmente formando un tubo largo, dispuestas en tirsos terminales; frutos capsulares, ovoides, erectos y alargados, de color café gris pálido; semillas numerosas, aladas, cafés pálidas, con uso industrial y en la medicina tradicional; tallos, uso industrial. Familia de las meliáceas, *Swietenia humilis*. (También se llama caoba del Pacífico, caobilla, venadillo, zopilocahuite, zopilote).

gatear. ■ INTR. **1.** despect. Trabajar en el servicio doméstico. || **2.** despect. Cortejar o seducir a una persona que trabaja en el servicio doméstico.

gatero, ra. ■ ADJ. **1.** despect. *Referido a persona*, que corteja o seduce a una persona que trabaja en el servicio doméstico: "Ese personaje era muy gatero con los empleados". Ú.t.c. sust.: "Ese personaje era un gatero con los empleados". || **2.** despect. Propio de la persona **gatera**: "Nunca dejó sus costumbres gateras".

gatígrafo, fa. (Juego de palabras entre gato y mecanógrafo). ■ M. y F. **1.** despect. Persona que se dedica a escribir a máquina. || **2.** despect. Persona que se dedica a asistir a un empleado superior en una oficina.

gatillero, ra. ■ M. y F. supran. Pistolero.

gato, ta. ■ ADJ. **1.** despect. Vulgar o de mal gusto; naco: "Este abrigo está muy gato, mejor busco otro". || **2.** despect. *Referido a persona*, que tiene escasa instrucción escolar; naco: "El vecino es muy gato, no terminó la primaria". Ú.t.c.sust.: "El vecino es un gato, no terminó la primaria". || **3.** despect. *Referido a persona*, de pésimos modales; naco: "Ella es muy gata, mastica con la boca abierta". Ú.t.c.sust.: "Ella es una gata, mastica con la boca abierta". || **4.** despect. *Referido a persona*, de bajos recursos; naco: "Esos muchachos gatos no pudieron pagar la entrada al festival". Ú.t.c.sust.: "Esos gatos no pudieron pagar la entrada al festival". ■ M. y F. **5.** supran. despect. Persona que trabaja en el servicio doméstico. || **6.** supran. despect. Empleado subordinado. ■ M. **7.** vulg. Órgano sexual femenino. || **8.** supran. Juego que consiste en poner tres marcas adyacentes en forma horizontal, vertical o diagonal, en una retícula de nueve casillas, antes de que lo haga el oponente; tres en raya. || **9.** supran. Signo (#) que indica número con diversos usos en las telecomunicaciones, la imprenta, la lingüística, etc.; almohadilla. ■ INTERJ. **¡gato!** Se usa para indicar que se ganó en el juego del mismo nombre: "¡Gato!, ya perdiste".

gatúbela. (Juego de palabras entre Gatúbela y gata). ■ F. despect. Mujer que se dedica al servicio doméstico.

gaucho. ■ LOC. **~ veloz.** LOC. SUST. **1.** coloq. Persona que realiza muchas actividades: "Paco estudia, trabaja, toca la guitarra y canta; es un gaucho veloz". || **2.** vulg. Hombre que suele practicar el coito sin preámbulos amorosos. || **3.** vulg. Eyaculador precoz. || **4.** vulg. Coito rápido; rapidín.

gavera. ■ F. supran. Molde para hacer tejas.

gavilán. ■ LOC. **~ café.** LOC. SUST. Ave rapaz de amplia distribución en México, de hasta 50 cm de longitud y 1.25 m de envergadura; machos con plumaje gris oscuro, en tonos cafés en la parte dorsal, de color crema en la parte ventral; con grupa de color blanco; hembras en tonos más oscuros y parduzcos, región ventral rayada en tonos cafés; zonas de reproducción en Canadá y norte de Estados Unidos de América, durante el invierno migran a las llanuras del sur llegando hasta Colombia. Familia de los accipítridos del orden Accipitriformes, *Circus hudsonius*. (También se llama gavilán planeador, gavilán ratonero, rastrojero, tlacocuautli). ▶ **~ planeador.** LOC. SUST. **gavilán café.** ▶ **~ pollero.** LOC. SUST. **1.** Ave originaria de América, de hasta 40 cm de longitud; robusta, con alas y cola relativamente cortas, redondeadas y anchas; con las partes inferiores barradas en rojizo, habitualmente se remonta en grandes círculos; se alimenta de pequeños mamíferos e insectos. Familia de los accipítridos del orden Accipitriformes, *Buteo magnirostris*. (También se llama chapulinero). || **2.** supran. fam. Hombre de edad avanzada al que le gusta galantear y seducir a mujeres jóvenes; viejo rabo verde.

gavilla. ■ F. **1.** Cuatrero. || **2.** jerg. Grupo de asaltantes.

gavillero, ra. ■ M. y F. jerg. Miembro de una gavilla o grupo de asaltantes.

gaviota. ■ ADJ. **1.** fest. *Referido a persona*, que come, vive o se divierte a costa ajena; gorrón: "Mi primo es muy gaviota, solo viene a mi casa a la hora de la comida o cuando hay fiesta". ■ F. **2.** fest. Persona que come, vive o se divierte a costa ajena; gorrón: "Él es una gaviota, solo viene a mi casa a la hora de la comida o cuando hay fiesta". ■ COM. **3.** fest. Persona que come, vive o se divierte a costa ajena; gorrón: "Él es un gaviota, solo viene a mi casa a la hora de la comida o cuando hay fiesta".

gayo, ya. ■ ADJ. **1.** Perteneciente o relativo a la homosexualidad o a los gais. || **2.** *Referido a persona*, homosexual. Ú.t.c.sust.

gayola. ■ F. Zona de localidades más barata, especialmente en un teatro; galería.

gayuba. ■ LOC. **~ de México.** LOC. SUST. **1.** Arbusto originario de América, de hasta 3 m de altura, monoico; tallos muy ramificados desde la base, con corteza color café rojizo; hojas simples, alternas, elípticas, coriáceas; flores hermafroditas, pequeñas, de color blanco a rosa, campanuladas, dispuestas en racimos; frutos abayados, pequeños, globosos, de color amarillento rojizo a café; con aproximadamente diez semillas, diminutas, cafés. Familia de las ericáceas, *Arctostaphylos pungens*. (También se llama manzanita, pindicua, pingüica, tepesquite). || **2.** Fruto de este arbusto; comestible.

gaznápiro, ra. ■ ADJ. **1.** supran. fam. *Referido a persona*, lista y hábil en su actuar: "El concursante era un joven muy gaznápiro, pues no se equivocó". Ú.t.c.sust.: "El gaznápiro que ganó el concurso de ajedrez era muy joven". || **2.** supran. fam. Propio de la persona **gaznápira**: "Tus preguntas gaznápiras siempre me sorprenden".

gaznate. ■ M. **1.** Cono hecho de pasta similar a la del buñuelo, relleno de merengue. || **2.** *En Coahuila*, dulce hecho de frutas, con textura similar al merengue.

gazné. ■ M. **gasné.**

gazpacho. ■ M. Coctel preparado a gusto del consumidor con frutas variadas, finamente picadas y bañadas en jugo de naranja; se sirve con cebolla, queso rallado y salsa picante; típico de Michoacán.

gecko. ■ M. **geco.**

geco. [*guéko*] ■ M. *En el Sureste*, lagartija originaria de América, de hasta 10 cm de longitud; con terminación digital en dos lamelas, abruptamente agrandadas en forma de discos u hojas; cola relativamente corta, no más larga que el resto del cuerpo; tanto la cabeza como el resto del dorso están cubiertos por tubérculos quillados esparcidos y separados por escamas granulares; pupilas verticales; color de fondo de café claro a café oscuro, con muchos puntos y manchas oscuras; región ventral de color amarillento o blanco; nocturna, trepadora; a menudo se alimenta de insectos; habita en regiones cálidas. Familia de los filodactílidos del orden Squamata, varios géneros y especies, como *Phyllodactylus lanei, Lepidodactylus lugubris, Phyllodactylus tuberculosus*. (También se llama besucona, cuija, gecko, salamanquesa).

genioso, sa. ■ ADJ. supran. coloq. *Referido a persona*, que habitualmente tiene mal humor; geniudo: "Doña Eva siempre ha sido muy geniosa". Ú.t.c.sust.:"Doña Eva es una geniosa".

genízaro, ra. ■ M. y F. **1.** fam. Guardaespaldas de un político. || **2.** supran. fam. Miembro del cuerpo de policía.

gente. ■ ADJ. **1.** supran. *Referido a persona*, de buen trato y modales corteses: "Laura y Luisa son muy gentes, les caen bien a todos". (Se usa también en singular referido a dos o más personas). ■ F. **2.** supran. coloq. Persona; individuo: "Mi vecino es una gente poco solidaria". ■ LOC. **~ bonita.** LOC. SUST. Persona que se percibe como de clase social alta, caracterizada por su elitismo y vestimenta. ▷ **~ como uno.** LOC. SUST. Persona que se percibe con características sociales, ideológicas, económicas, etc., similares a las de quien habla. ▷ **~ fea.** LOC. SUST. **1.** Persona que se percibe como de clase social baja y de mala educación. || **2.** Persona despreciable.

gerber. [*guérber*] (De Gerber®). ■ M. supran. Alimento envasado en un frasco de vidrio para niños de corta edad, con consistencia de papilla: "Cómprale un *gerber* de pera al niño".

gigante. ■ M. Cactus originario de México, de hasta 3 m de altura, monoico; tallos numerosos, con hasta 11 costillas, de color verde, espinas en grupos de hasta diez; flores hermafroditas, vistosas, olorosas, que abren en la noche, de hasta 30 cm de altura, con numerosos tépalos de color blanco a rosado, estambres numerosos, blancos; frutos abayados, de piriformes a globosos, con escamas basales, espinosos, de color rojo a rosado; semillas numerosas, ovoides, negras. Familia de las cactáceas,

Nyctocereus castellanosii. (Tambien se llama junco espinoso, reina de la noche).

gigantón. ■ M. Hierba originaria de América, de hasta 4 m de altura, monoica; tallos pilosos; hojas alternas, de ovadas a triangulares, con margen aserrado; flores hermafroditas, tubulares, agregadas en una gran cabezuela de largos pedúnculos, las flores de la periferia semejan pétalos de color amarillo o anaranjado; frutos aquenios, con un par de espinas en el ápice; una sola semilla. Familia de las compuestas, *Tithonia tubaeformis*. (También se llama acagual, acahual, palocote, sunté).

gióser. ■ M. Molde de cartón o de plástico para hacer letras o dibujos.

girarla. ■ LOC. **~ de.** LOC. VERB. fam. Dedicarse alguien a cierto oficio o profesión: "Ella la gira de mesera desde hace mucho tiempo".

girasol. ■ LOC. **~ morado.** LOC. SUST. Hierba originaria de México, de hasta 2 m de altura, monoica; tallos erectos, poco ramificados, de pubescentes a casi glabros; hojas alternas, divididas en foliolos numerosos, filiformes; flores hermafroditas, diminutas, tubulares, amarillas, agregadas en cabezuelas de largos pedúnculos, con ocho flores de la periferia en forma de pétalos de color rosado, lila, violeta o blanco; frutos aquénicos, lineares, angulosos, de cafés a negros, con un mechón de pelos en el ápice; con una sola semilla; uso ornamental. Familia de las compuestas, *Cosmos bipinnatus*. (También se llama mirasol).

girera. ■ F. fam. Prostituta.

girimico, ca. ■ ADJ. fam. *Referido a persona*, quejumbrosa: "Tu hija es muy girimica porque está muy consentida". Ú.t.c.sust.: "Tu hija es una girimica porque está muy consentida".

girimiquear. ■ INTR. **1.** supran. Quejarse por cualquier motivo: "Ismael girimiquea desde que llega a la oficina". || **2.** supran. Lloriquear: "Ella girimiqueó toda la noche por la mala noticia que recibió".

girimiqueo. ■ M. **1.** supran. Queja que se hace por cualquier motivo. || **2.** supran. Lloriqueo.

giriolo, la. ■ ADJ. **1.** fam. *En el Norte, referido a persona*, despreocupada y desvergonzada: "Ese muchacho giriolo cobra y no trabaja". Ú.t.c. sust.: "Ese giriolo cobra y no trabaja". || **2.** fam. *En el Norte*, propio de la persona **giriola**: "Esa actitud giriola no te va a llevar a nada bueno".

giro, ra. ■ ADJ. **1.** fam. *Referido a persona*, sana y vigorosa, especialmente si es anciano o si ha estado enfermo: "El abuelo salió muy giro de la gripa que le dio". Ú.m.e.dim.: "El abuelo salió muy girito de la gripa que le dio". || **2.** fam. *Referido a persona*, resuelta para cualquier situación que pudiera presentarse: "Agustín anda muy giro, por eso le ofrecieron ese trabajo". Ú.m.e.dim.: "Agustín anda muy girito, por eso le ofrecieron ese trabajo".

gis. ■ ADJ. **1.** fam. *Referido a persona*, borracha: "Llegó muy gis a la fiesta". ■ M. **2.** fam. Pulque. || **3.** fam. Cualquier licor blanco o transparente. || **4.** fam. Persona borracha: "Llegó el gis a la fiesta". || **5.** supran. Pasta seca de yeso, generalmente en forma de cilindro delgado, que sirve para escribir o dibujar en una superficie, generalmente en un pizarrón. ■ COM. **6.** fam. Persona borracha: "Ya llegó Renata, la gis de las fiestas".

gladiola. ■ F. **1.** supran. Hierba originaria de Europa, Asia y África, de hasta 60 cm de altura, monoica; hojas bulbosas en la base, enteras, lanceoladas, más o menos coriáceas, glabras; flores hermafroditas, vistosas, con seis tépalos de colores blanco, crema, rojo, amarillo, anaranjado y púrpura, agrupadas en largas espigas; frutos capsulares, elipsoides; semillas numerosas, pequeñas, aladas, cafés; uso ornamental. Familia de las iridáceas, varias especies del género *Gladiolus*. (También se llama gladiolo). || **2.** supran. Flor de la **gladiola**.

globero, ra. ■ ADJ. **1.** Perteneciente o relativo al globo u objeto de material flexible, generalmente esférico, y que se llena de aire o gas: "Cerró la empresa globera". ■ M. Y F. **2.** Persona que se dedica a fabricar o a vender globos.

globo. ■ M. fest. Condón.

gloria. ■ LOC. **~ de la mañana.** LOC. SUST. Hierba trepadora originaria de América, de hasta 10 m de longitud, monoica; base leñosa, partes jóvenes herbáceas, que al romperlas liberan un látex blanquecino; hojas simples, alternas, ovales o acorazonadas, membranáceas; flores hermafroditas, vistosas, campanuladas, de azules a púrpuras con partes blancas, agrupadas en racimos axilares; frutos capsulares, globosos, pardos; semillas ovoides, pardas o de color negro, con pelos cortos en toda la superficie, con uso ceremonial. Familia de las convolvuláceas, *Ipomoea violacea*. (También se llama machacuana, semilla de la virgen).

gobernadora. ■ F. **1.** Arbusto originario de América, de hasta 4 m de altura, aromático con olor a creosota, monoico; tallos muy ramificados; ramas con nudos evidentes y resinosos; las hojas opuestas, divididas en dos foliolos, ovados, coriáceos, resinosos, pubescentes; flores hermafroditas, vistosas, con cinco pétalos amarillos y con diez estambres; frutos capsulares, pequeños, globosos y con cinco lóbulos, con pelos blancos o rojizos. Familia de las zigofiláceas, *Larrea tridentata*. (También se llama guamis). || **2.** Rama de la **gobernadora**; uso en la medicina tradicional.

gobernatura. ■ F. supran. **gubernatura.**

godín. Véase **godínez.**

godinato. ■ M. Conjunto de godínez.

godinear. ■ INTR. Comportarse como un godínez: "Víctor godinea cuando viene de traje a trabajar".

godineo. ■ M. Comportamiento parecido al de un godínez o persona que trabaja en una oficina.

godínez. ■ ADJ. **1.** Perteneciente o relativo al oficinista subordinado que se identifica por su vestimenta semiformal: "Conseguí una lonchera godínez en el supermercado". || **2.** *Referido a persona*, que trabaja en una oficina y se identifica por su vestimenta semiformal: "Comimos junto a unas muchachas godínez". || **3.** Propio de la persona **godínez**: "Tu personalidad godínez es muy llamativa". ■ COM. **4.** Persona que trabaja en una oficina y se identifica por su vestimenta semiformal: "Comí junto a unas godínez muy arregladitas".

gol. ■ LOC. **~ de campanita.** LOC. SUST. *En el futbol*, el que se anota cuando la pelota golpea antes el travesaño para luego entrar en la portería. ▷ **~ olímpico.** LOC. SUST. supran. *En el futbol*, el que se anota directamente mediante un saque de esquina.

golden. [*gólden*] ■ F. supran. jerg. Marihuana de excelente calidad. ■ LOC. **~ de Acapulco.** LOC. SUST. ***golden.***

golfito. ■ M. **1.** supran. Juego parecido al golf que se practica en un campo muy reducido; minigolf. || **2.** supran. Instalación para practicar el **golfito**; minigolf.

goliza. ■ F. **1.** supran. *En el futbol*, abundancia de goles; goleada. || **2.** supran. *En el futbol*, gran diferencia de goles, generalmente mayor a tres, por la que un equipo gana a otro; goleada.

gollete. ■ M. **1.** Pan dulce esponjoso en forma de rosca con una cubierta de azúcar pintada de rosa mexicano. || **2.** fam. Fiesta de alguna celebración. ■ LOC. **de ~.** LOC. ADV. **1.** fam. A expensas de otro; de gorra: "Me fui de vacaciones con mis suegros de gollete". || **2.** fam. Gratis: "Vamos al cine, hoy es de gollete".

golletear. ■ INTR. fam. Vivir o divertirse a expensas de otro; gorrear: "Todo el fin de semana golleteamos por la boda de mi prima".

golleteo. ■ M. fam. Hecho de vivir o divertirse a expensas de otro.

golletero, ra. ■ ADJ. fam. *Referido a persona*, que suele vivir o divertirse a expensas de otro: "No invites a los primos, son muy golleteros". Ú.t.c.sust.: "No invites a esos golleteros".

golón. ■ M. rur. Ejemplar equino o vacuno de gran tamaño y peso.

golondrina. ■ F. Véase **golondrino, na.**

golondrino, na. ■ ADJ. **1.** *Referido a un animal*, de color negro con manchas de color café en el hocico y las ijadas: "Se enfermó el caballo golondrino". ■ F. **2.** supran. Hierba originaria de América, de hasta 50 cm de longitud, monoica; tallos erectos o postrados, densamente pilosos, con látex lechoso al cortarlos; hojas opuestas, enteras, pubescentes, de ovadas a lanceoladas, con margen diminutamente aserrado; flores unisexuales, diminutas, agrupadas en ciatios aglomerados en cabezuelas; frutos capsulares, pequeños, trilobados, pubescentes; semillas diminutas, ovoides, algo angulosas, de color rosado o café rojizo. Familia de las euforbiáceas, *Euphorbia hirta*. (También se llama hierba de paloma).

golpe. ■ M. **1.** fam. Inhalación profunda de una droga por vía nasal. || **2.** supran. fam. Trago de bebida alcohólica de alta gradación que se toma de una sola vez. ■ EXPR. **(el) ~ avisa. 1.** supran. fam. Se usa para indicar a quien está moviendo algo que continúe con la acción con mucha precaución: "Échate más para atrás, el golpe avisa". || **2.** supran. fam. Se usa para pedirle a alguien que abra paso: "¡Golpe avisa, llevo prisa!".

goma. ■ F. **1.** supran. *En el beisbol*, lugar del campo en donde se batea y adonde debe llegar el jugador para anotar la carrera; registradora. || **2.** supran. *En el Sureste*, malestar causado por beber alcohol en exceso; resaca. ■ EXPR. **a la ~.** fam. Se usa para manifestar rechazo o desaprobación: "¡A la goma con su actitud! No me voy a ir con él".

gombo. ■ M. **1.** supran. Hierba o arbusto originario de África, de hasta 2 m de altura, monoico; tallos de color rojizo; hojas alternas, acorazonadas o lobuladas en tres o cinco lóbulos, con margen aserrado; flores hermafroditas, vistosas, con cinco pétalos amarillos y de color rojo en la base, flores solitarias en las axilas de las hojas; frutos capsulares, cónicos, de color amarillo a rojo; semillas numerosas, pequeñas, esféricas, grises. Familia de las malváceas, *Abelmoschus esculentus*. (También se llama angú, chimbombó, quimbombó). || **2.** supran. Fruto del **gombo**; comestible. || **3.** supran. Hoja del **gombo**; uso en la medicina tradicional.

gomero. ■ M. supran. Árbol de amplia distribución en México, de hasta 20 m de altura; troncos gruesos con corteza gris, lisa, con abundante jugo lechoso, ramas jóvenes glabras, con epidermis exfoliante, de color café amarillento a gris; hojas de elípticas a oblongas, acuminadas en el ápice, redondeadas en la base, lisas, coriáceas; flores hermafroditas y unisexuales, diminutas, que crecen en el interior de una cubierta carnosa y con forma esférica, comúnmente llamada higo, donde se alojan también los frutos; frutos con dos higos por nudo, obovoides, glabros, verdes con manchas oscuras, con ostiolo ligeramente cónico, sésiles, brácteas basales fusionadas y formando una base cupuliforme, apicalmente ondulada, glabras o a veces puberulentas; jugo lechoso, uso industrial. Familia de las moráceas, *Ficus elastica*. (También se llama árbol del caucho, hule).

gomita. ■ F. Dulce pequeño, de textura elástica, hecho a base de grenetina, azúcar, colorante y saborizante.

gorbetear. ■ INTR. rur. Levantar y agachar un caballo continuamente la cabeza: "En la exhibición descalificaron a su caballo porque gorbeteó".

gorbeteo. ■ M. rur. Hecho de levantar y agachar un caballo continuamente la cabeza.

gorda. ■ F. Véase **gordo, da.**

gordo, da. ■ M. y F. **1.** supran. afect. Fórmula de tratamiento para dirigirse a una persona de trato muy cercano: "Gordo, ¿me pasas el teléfono?". ■ M. **2.** Grasa de cualquier carne que se fríe hasta dorarla y que se trocea para comer en tacos. Ú.m.e.dim. || **3.** supran. Abultamiento grasoso en alguna parte del cuerpo, generalmente en cintura y espalda. Ú.m.e. dim. ■ F. **4.** Tortilla gruesa hecha con masa de maíz, abierta en el borde y rellena de algún guisado. Ú.m.e.dim. || **5.** Porción de masa de maíz mezclada con chicharrón prensado, de forma redonda y gruesa, asada o frita. Ú.m.e.dim. || **6.** Tortilla de maíz. || **7.** Tortilla de maíz más gruesa que la común. || **8.** *En Sonora*, tortilla gruesa hecha de harina de trigo, manteca y leche. Ú.m.e.dim. ■ LOC. **gorda del perro.** LOC. SUST. fam. Hijo menor, generalmente nacido varios años después que el hermano que le precede; pilón: "Mi primo es la gorda del perro, tiene diez años menos que su hermano".

gorgoreador. ■ M. Ave de distribución cosmopolita, de hasta 13 cm de longitud; con plumaje amarillo en cabeza y cuello, en tonos anaranjados en los machos; espalda en tonos oliváceos; alas y cola en tonos azules; pico puntiagudo; patas en tonos oscuros. Familia de los parúlidos del orden Passeriformes, *Protonotaria citrea*. (También se llama chipe dorado, reinita anaranjada).

gorgorear. ■ INTR. supran. Hacer gorgoritos al cantar; gorgoritear: "Mi mamá siempre gorgorea mientras hace de comer".

gorgoreo. ■ M. supran. Hecho de hacer gorgoritos, especialmente en el canto.

gorra. ■ F. **1.** fam. Abuso que una persona hace de una situación, a expensas de otra: "Ya estuvo buena la gorra, ahora te toca pagar". || **2.** fam. Fiesta a la que se asiste sin ser invitado: "Mi primo me llevó a una gorra de mucho ambiente". || **3.** fam. Fiesta: "Cuando acabe la pandemia, vamos a hacer una gorra".

gorreada. ■ F. **1.** fam. Hábito de vivir de gorra o a expensas de otro: "Tú te la pasas en la gorreada: vives con mi tía, comes con mi abuelo y cenas con tu novia". || **2.** fam. Hecho de obtener un beneficio a expensas de otro: "Ayer hubo gorreada en la comida del sindicato".

gorreo. ■ M. **gorreada.**

gorrión. (Juego de palabras entre gorrión y gorra). ■ LOC. **de ~.** LOC. ADV. **1.** fam. A expensas de otro; de gorra: "Me fui de vacaciones con mis suegros de gorrión". || **2.** fam. Gratis: "Usé un cupón para entrar de gorrión al cine".

gorrita. ■ LOC. **de ~ café.** LOC. ADV. **1.** fam. A expensas de otro; de gorra: "Me fui de vacaciones con mis suegros de gorrita café". || **2.** fam. Gratis: "Usé un cupón para entrar de gorrita café al cine". ▶ **~ café.** LOC. SUST. fam. Persona que tiene por hábito comer, vivir o divertirse a expensas de otro: "Nos cayó el gorrita café a la reunión".

gorrito. ■ M. supran. fest. Condón.

gorro. ■ M. **1.** fam. *En El Bajío*, fiesta a la que se asiste sin ser invitado; gorra: "Mi primo me llevó a un gorro". || **2.** fam. *En El Bajío*, fiesta; gorra: "Cuando acabe la pandemia, vamos a hacer un gorro". ■ LOC. **a ~.** LOC. ADV. *En Chihuahua*, deprisa: "Tú siempre vas a gorro, ya luego te alcanzo". ▶ **~ de obispo.** LOC. SUST. **1.** Árbol originario de México, de hasta 6 m de altura; tallos con corteza de aspecto ceniciento, con huellas manifiestas de las hojas que se han caído; hojas simples, alternas, linear-lanceoladas; flores hermafroditas, grandes y vistosas, en forma de embudo, amarillas, agrupadas en cimas terminales o axilares; frutos drupáceos, subglobosos, negros al madurar, con pequeños puntos blancos; semillas aladas, blanquecinas. Familia de las apocináceas, *Cascabela thevetioides*. (También se llama ayoyote, chachayote, chachayotl, codo de fraile, huesos de fraile, joyote, narciso amarillo, venenillo, yoyote, yucucaca). || **2.** Fruto de este árbol; uso artesanal, ornamental y en la medicina tradicional. || **3.** Cactus originario de México, de hasta 1 m de altura, monoico; tallos globosos o columnares, solitarios o con muy poca ramificación, principalmente de cuatro a cinco costillas de color verde brillante, cubiertos de diminutas escamas peludas y blancas que le confieren una apariencia gris plateada, estas pueden ser pocas o abundantes, con o sin espinas, delgadas, arregladas en bolitas en las puntas de las costillas; flores hermafroditas, vistosas, con numerosos tépalos amarillos, solitarias o en grupos de pocas flores en el ápice de los tallos; frutos abayados, de color verde a rojizos, cubiertos de numerosas escamas superpuestas, color café; semillas numerosas, pequeñas, de color café oscuro, brillantes; uso ornamental. Familia de las cactáceas, *Astrophytum myriostigma*. (También se llama bonete de obispo, cactus estrella, mitra). ▶ **hasta el ~.** LOC. ADJ. **1.** fam. Que ha llegado al límite: "Este estacionamiento está hasta el gorro". || **2.** fam. *Referido a persona*, intoxicada con alguna bebida alcohólica o alguna droga: "El vecino llegó hasta el gorro el fin de semana".

gota. ■ F. *En el Norte*, carburante; gasolina.

goteadura. ■ F. Filtración de agua que cae a gotas.

goteras. ■ F. PL. supran. Alrededores marginados de una población.

gotero. ■ M. supran. Cuentagotas: "Necesito un gotero para darle la medicina al bebé".

gracejada. ■ F. supran. Payasada, generalmente de mal gusto: "Él hace puras gracejadas cuando está borracho".

gracia. ■ F. fest. Excreción, especialmente la de una mascota, que se hace fuera del espacio designado para ello. Ú.m.e.pl.

graciotas. ■ INTERJ. fam. *En Guerrero*, se usa para manifestar agradecimiento: "Graciotas, hermanita, por ayudarme con la tarea".

graficación. ■ F. supran. Representación de algo de manera gráfica.

graficada. ■ F. **graficación.**

graficar. ■ TR. supran. Representar algo gráficamente: "El estudiante graficó los resultados de su investigación".

grafo. ■ M. Grafiti.

granada. ■ LOC. **~ china.** LOC. SUST. **1.** supran. Bejuco trepador originario de Sudamérica, de hasta 7 m de largo, monoico; tallos angulosos, muy ramificados, con zarcillos; hojas alternas, enteras, de ovadas a acorazonadas, con márgenes esparcidamente aserrados; flores hermafroditas, vistosas, con cinco pétalos de color azulado a púrpura, con una serie de filamentos concéntricos de tonos blancos y morados; frutos abayados, de esféricos a elipsoides, de amarillos a anaranjados con puntos blanquecinos; semillas numerosas, ovadas, aplanadas, de amarillentas a negras, envueltas

G

con un arilo grisáceo translúcido, mucilaginoso y acidulado. Familia de las pasifloráceas, *Passiflora ligularis*. (También se llama granadilla). || **2.** supran. Fruto de este bejuco; comestible.

granadero, ra. ■ M. y F. Miembro del cuerpo de policía, cuya principal función es controlar los disturbios y las manifestaciones civiles, en ocasiones mediante granadas de gas lacrimógeno.

granadilla. ■ F. **granada china.**

grandes. ■ LOC. **~ ligas.** LOC. SUST. **1.** Alto nivel de algo o de alguien: "Ya no lo vemos porque tiene un trabajo de grandes ligas". || **2.** supran. *En el beisbol*, denominación en español de la asociación de equipos estadounidenses y canadienses pertenecientes a la Liga Americana y Liga Nacional.

granero. ■ M. supran. *En Tamaulipas y Veracruz*, negocio donde se venden semillas, granos y aves de corral.

granjel. ■ M. **1.** Árbol originario de México, de hasta 6 m de altura, monoico; tallos ramificados y con espinas en la base de las hojas; hojas opuestas, enteras, de ovadas a elípticas, pubescentes, con márgenes enteros; flores hermafroditas, vistosas, tubulares, de blancas a amarillas, aromáticas, agrupadas en cimas; frutos capsulares, globosos, de verdes a cafés, con numerosas protuberancias; semillas numerosas, pequeñas, de ovadas a circulares, aplanadas, de cafés a negras. Familia de las rubiáceas, *Randia echinocarpa*. (También se llama crucillo chino, papache). || **2.** Fruto del **granjel**; uso en la medicina tradicional.

granjena. ■ F. Fruto del granjeno.

granjeno. ■ M. Arbusto o árbol originario de México, de hasta 5 m de altura, monoico; tallos muy ramificados, ramas en forma de espinas; hojas alternas o en fascículos, enteras, de elípticas a espatuladas, con márgenes enteros, pubescentes; flores hermafroditas, pequeñas, con cinco pétalos blancos, agrupadas en pequeños fascículos; frutos drupáceos, pequeños, de ovoides a esféricos, de color rojo a negro; semilla única, lisa, de color café claro. Familia de las ramnáceas, *Condalia velutina*. (También se llama membrillo cimarrón).

grano. ■ M. supran. rur. Enfermedad contagiosa, principalmente en el ganado, causada por la bacteria *Bacillus anthracis*; carbunco. ■ LOC. **granos básicos.** LOC. SUST. supran. Semillas de cereales o leguminosas que son el fundamento de la dieta de una población.

granola. (De Granola®). ■ F. supran. Alimento que consiste en trozos de diversos cereales endulzados, principalmente copos de avena, mezclados con frutos secos.

granzón. ■ M. supran. Piedra pequeña machacada que, mezclada con arena y cemento, se emplea en la construcción; gravilla.

grapa. ■ F. jerg. Dosis individual de alguna droga en polvo. ■ LOC. (Juego de palabras entre grapa y gratis). **de (a) ~.** LOC. ADV. fam. Gratuitamente: "Como no éramos muchos, nos dejaron entrar de a grapa al evento".

grasa. ■ F. Sustancia oleosa, sólida o líquida, que se usa para dar brillo y color al calzado.

gratinar. ■ LOC. **~ el mollete.** LOC. VERB. vulg. Poseer sexualmente un hombre a una mujer.

gratis. ■ LOC. **de (a) ~.** LOC. ADV. supran. fam. Sin tener que gastar; gratuitamente: "Me voy de vacaciones de a gratis, mi hermano me va a invitar".

gremial. ■ ADJ. supran. Perteneciente o relativo al sindicato: "Esa prestación fue un acuerdo gremial".

grenetina. ■ F. supran. Sustancia sólida sin sabor obtenida al cocer los huesos y cartílagos de ciertos animales, que remojada en algún líquido se utiliza en la elaboración de diversos alimentos, medicamentos o en distintos usos industriales.

greña. ■ LOC. **en ~.** LOC. ADJ. *Referido a una sustancia o materia*, sin purificar ni recibir la última aplicación o manufactura; en rama: "Conseguimos plata en greña en Taxco".

greñero. ■ M. **1.** fest. Cabellera. || **2.** supran. fest. Cabellera desordenada.

gretado. ■ LOC. **~ galán.** LOC. SUST. Árbol o arbusto de hasta 30 m de altura, monoico; tallos con corteza desprendible en bandas, resinosos; hojas imbricadas, enteras, en forma de escamas, diminutas, de color verde azulado; conos unisexuales, pequeños: los masculinos diminutos, ovoides, amarillos, en la parte terminal de las ramillas, los femeninos, pequeños, globosos, de color café rojizo, en las axilas de las ramas, dehiscentes; semillas numerosas, pequeñas, angulosas, aplanadas.

Familia de las cupresáceas, *Cupressus lindleyi*. (También se llama nuculpat).

gretana. ■ F. **1.** Árbol originario de América, de hasta 6 m de altura, monoico; tallos ramosos, verdes azulados, cerosos; hojas alternas, enteras, de ovadas a lanceoladas, glabras y de color verde a azuloso; flores hermafroditas, vistosas, tubulares, de amarillas a verdosas, agrupadas en panículas; frutos capsulares, globosos u ovoides, cafés; semillas diminutas, ovadas, cafés o negras. Familia de las solanáceas, *Nicotiana glauca*. (También se llama donjuán, mostaza montés, tabaco cimarrón, tacote, virginio). || **2.** Hoja de la **gretana**; uso como insecticida.

grifa. ■ F. Véase **grifo, fa.**

grifear. ■ INTR. supran. jerg. Fumar grifa o marihuana.

grifo, fa. ■ ADJ. **1.** supran. jerg. *Referido a persona*, que consume habitualmente marihuana. Ú.t.c.sust. || **2.** supran. jerg. *Referido a persona*, que está bajo los efectos de la marihuana. Ú.t.c.sust. ■ F. **3.** jerg. Marihuana.

grilla. ■ F. Véase **grillo, lla.**

grillar. ■ INTR. Hacer grilla: "Los asistentes grillaron hasta que se cansaron".

grillero, ra. ■ ADJ. **1. grillo, lla.** ■ M. **2.** Lugar en donde hay grilla o atmósfera de intriga provocada por un grupo de personas que quiere sacar ventaja de sus oponentes: "Nuestro pasillo es un grillero".

grillo, lla. ■ ADJ. **1.** *Referido a persona*, que se organiza con otros para lograr un cambio social: "Él es muy grillo, consiguió becas para los estudiantes de bajos recursos". Ú.t.c. sust.: "Él es un grillo, consiguió becas para los estudiantes de bajos recursos". || **2.** despect. *Referido a persona*, que se dedica a la intriga en algunos círculos sociales con el fin de sacar ventaja de sus oponentes: "Esos muchachos grillos están en todas las reuniones". Ú.t.c.sust.: "Esos grillos están en todas las reuniones". || **3.** despect. Propio de la persona **grilla**: "Tu carácter grillo siempre sale a relucir en las asambleas". ■ F. **4.** Atmósfera de intriga provocada por un grupo de personas que quiere sacar ventaja de sus oponentes: "Se pone tremenda la grilla en periodo electoral".

gringa. ■ F. Véase **gringo, ga.**

gringada. ■ F. **1.** supran. Conjunto numeroso de gringos o estadounidenses: "Fui al Templo Mayor y estaba toda la gringada viendo las ruinas". || **2.** supran. Cosa, expresión o acción propia del gringo o estadounidense: "La celebración de los dulces dieciséis es una gringada".

gringo, ga. ■ ADJ. **1.** supran. Estadounidense: "Llegaron los muchachos gringos a Taxco para estudiar español". Ú.t.c.sust.: "Llegaron los gringos a Taxco para estudiar español". || **2.** supran. *Referido a un extranjero,* rubio y de tez blanca: "Esas estudiantes gringas son de Polonia". Ú.t.c.sust.: "Esas gringas nacieron en Polonia". ■ F. **3.** Comida que se prepara con dos tortillas de harina entre las que se pone queso fundido y carne al pastor.

gringuerío. ■ M. supran. Conjunto de gringos o estadounidenses.

gripa. ■ F. supran. Enfermedad epidémica aguda, caracterizada por catarro, fiebre y malestar general; gripe.

grito. ■ M. Día en que se celebra el inicio de la guerra de Independencia de México, la noche del 15 de septiembre: "En los dos últimos gritos estuvo la plaza llena".

gritón, na. ■ M. y F. **1.** Niño que canta los números ganadores en el sorteo de la Lotería Nacional. || **2.** Persona que en las peleas de gallos y en las carreras de caballos se encarga de acordar las apuestas mediante gritos.

gritonear. ■ INTR. supran. Reprender a gritos: "La señora les gritoneó porque tiraron su refresco".

gritoneo. ■ M. supran. Reprensión que se hace a gritos.

grueso, sa. ■ ADJ. **1.** fam. Peligroso: "Ese barrio se volvió muy grueso". || **2.** supran. fam. Tremendo; impresionante: "Las escenas de terror estuvieron gruesas". || **3.** supran. fam. Difícil: "Está bien grueso el trabajo que nos encargaron". ■ M. **4.** supran. Estera flexible, de aproximadamente 1 m de largo, hecha de tiras de caña o de carrizo entrelazadas; acapetate.

grulla. ■ F. supran. fam. Grupo de personas que inesperadamente se presenta, de una vez y sin orden, en un lugar o en un evento: "Estábamos en la boda y llegó la grulla a acabarse el tequila".

G

grupera. ■ F. Canción popular derivada del corrido y otros géneros musicales del Norte.
gruyero, ra. ■ ADJ. **1.** Perteneciente o relativo a las grúas: "Ellos son los dueños de un negocio gruyero". ■ M. y F. **2.** Persona que se dedica a trasladar automóviles mediante una grúa.
guabesi. ■ ADJ. **1.** *En Tamaulipas y Veracruz, referido a alguien,* que carece de uno o más dientes; desdentado: "Mira, ese niño está guabesi". ■ COM. **2.** *En Tamaulipas y Veracruz,* persona que carece de uno o más dientes; desdentado: "Mira, esa niña es una guabesi".
guacabaque. ■ M. *En Sinaloa y Sonora,* guiso preparado con hueso y carne de res, garbanzo, calabacita, zanahoria, chayote, ejote, elote, papa, camote, col, ajo, chile verde y cilantro.
guacabaqui. ■ M. **guacabaque.**
guacal. ■ M. **1.** Parte posterior de un ave, compuesta por las costillas y la columna vertebral; huacal. || **2.** supran. *En Tabasco,* vasija; jícara; huacal. || **3.** supran. Palangana pequeña; huacal. || **4.** supran. Caja rectangular formada de varillas o tablillas de madera, que se usa generalmente para el transporte de mercancía; huacal.
guácala. ■ INTERJ. **¡guácala(s)!** supran. fam. Se usa para indicar desagrado, asco o rechazo: "¡Guácala! ¡Ya pisé caca de perro!".
guacalero, ra. ■ M. y F. **1.** Persona que se dedica a cargar mercancías, generalmente en guacales, en un mercado; huacalero. || **2.** Persona que se dedica a vender frutas y verduras; huacalero. || **3.** supran. Persona que se dedica a hacer o a vender guacales; huacalero.
guacalón, na. ■ ADJ. fam. *Referido a persona,* de caja torácica amplia; huacalón: "Me detuvo un guardia guacalón".
guacamaya. ■ ADJ. **1.** *Referido a persona,* que habla mucho; parlanchín: "Ella es muy guacamaya y me desespera". ■ F. **2.** Persona parlanchina: "Ese comentarista deportivo es una guacamaya". || **3.** *En Guanajuato,* torta hecha con un bolillo abierto por la mitad, relleno de chicharrón de cerdo, salsa de jitomate picante y limón. || **4.** supran. Guacamayo.
guacamole. ■ M. gralizado. Salsa espesa que se prepara con aguacate machacado o picado al que se le agrega cebolla, chile serrano y cilantro finamente picados.
guacamote. ■ M. **1.** supran. Arbusto originario de América, de hasta 3 m de altura, monoico; raíces tuberosas, de ovoides a cónicas; tallos de erectos a postrados, con látex; hojas alternas, divididas, palmeadas, de cinco a siete lóbulos, de forma aovada o linear; las flores son unisexuales, pequeñas, las masculinas y femeninas con cinco pétalos de color verdoso a blanco amarillento, con tonos de rojizos a rosados, ambos sexos agrupados en racimos; frutos abayados, globosos, verdes; tres semillas, ovoides, cafés, con manchas negras. Familia de las euforbiáceas, *Manihot esculenta.* (También se llama yuca). || **2.** supran. Raíz del **guacamote**; comestible.
guácara. ■ F. **1.** fam. Vómito. || **2.** fam. Náusea.
guacareada. ■ F. fam. Vómito.
guacarear. ■ TR. fam. Vomitar: "Mi tío estaba enfermo y guacareó la cena".
guacarera. ■ F. Véase **guacarero, ra.**
guacarero, ra. ■ ADJ. **1.** fam. *Referido a alguien,* que vomita fácilmente: "El vecino es muy guacarero". ■ M. **2.** fam. Lugar donde alguien vomita: "El guacarero es el parqueadero del antro". ■ F. **3.** fam. Hecho de vomitar: "Cuando terminó la fiesta empezó la guacarera".
guácatela. ■ INTERJ. **¡guácatela(s)!** supran. fam. Se usa para indicar desagrado, asco o rechazo: "¡Guácatelas!, el pescado huele mal".
guachal. ■ M. rur. Elote cocido y seco; huachal.
guachapear. ■ INTR. *En el Sureste,* bailar la jarana zapateando; huachapear: "Anoche guachapearon en la tarima para ensayar".
guachapeo. ■ M. *En el Sureste,* zapateado que se hace en el baile de la jarana; huachapeo.
guachar. ■ TR. **1.** supran. fam. Mirar: "Guachen bien la película o no van a entender". ■ INTR. **2.** fam. Gustarle algo a alguien: "El chocolate le guacha desde que era niña".
guache, cha. ■ M. y F. **1.** despect. *En el Sureste,* persona oriunda de Ciudad de México; huache. || **2.** *En Guerrero,* muchacho; huache.
guachichil. ■ ADJ. **1.** Perteneciente o relativo al grupo étnico **guachichil**; huachichil: "La influencia guachichil era notoria en la antigua zona norte del país". || **2.** Natural o procedente del grupo étnico **guachichil**; huachichil: "Los niños guachichiles ayudaban en la recolección de semillas". ■ M. **3.** Grupo étnico histórico, seminómada, que habitaba en

el actual centro-norte de México, cuyos integrantes se caracterizaban por tener la cabeza pintada de rojo; huachichil. || **4.** Hierba originaria de México, de hasta 50 cm de altura, monoica; tallos muy ramificados, erectos o ascendentes, pubescentes; hojas alternas, de linear-lanceoladas a lineares, con márgenes aserrados, pubescentes; flores hermafroditas, vistosas, tubulares, de color azul morado, acompañadas de numerosas brácteas, agrupadas en racimos; frutos capsulares, pequeños, ovoides, cafés; semillas numerosas, diminutas, ovadas, angostamente aladas; uso en la medicina tradicional. Familia de las polemoniáceas, *Loeselia coerulea*. (También se llama campanilla). || **5.** Arbusto originario de América, de hasta 2 m de altura, monoico; tallos con pelos glandulares; hojas alternas, de elípticas a lanceoladas, pelos glandulares, con margen aserrado y espinoso; flores hermafroditas, vistosas, tubulares, rojas, con cinco pétalos; frutos capsulares, ovoides y cafés; semillas numerosas, circulares, diminutas. Familia de las polemoniáceas, *Loeselia mexicana*. (También se llama almaraduz, chuparrosa, espinosilla, hierba de la virgen, hierba de san Antonio). || **6.** Hoja de este arbusto; uso cosmético y en la medicina tradicional. || **7.** Tallo de este arbusto; uso cosmético y en la medicina tradicional. ■ COM. **8.** Persona natural o procedente del grupo étnico **guachichil**; huachichil: "El guachichil solía vivir de la caza".

guachilote. ■ M. **guajilote.**

guachipilín. ■ M. **1.** supran. Árbol originario de América, de hasta 25 m de altura, monoico; troncos rectos, con corteza fisurada, de color café, ramas puberulentas; hojas alternas, divididas de 25 a 39 foliolos, de ovados a elípticos, ápice obtuso, raquis puberulento, aguijonoso; flores hermafroditas, pequeñas, amarillas, puberulentas, agrupadas en cortos racimos; frutos glabros, en vainas estipitadas, un tanto infladas o vesiculares; uso en la medicina tradicional. Familia de las leguminosas, *Diphysa carthagenensis*. (También se llama huachipilín). || **2.** supran. Árbol originario de América, de hasta 25 m de altura, monoico; troncos gruesos de color amarillo por dentro, corteza fisurada; hojas alternas, divididas de nueve a 15 foliolos, de ovados a elípticos, glabros; flores hermafroditas, vistosas, con cinco pétalos amarillos, agrupadas en racimos; frutos en vainas, elipsoides, un tanto infladas, cafés; semillas elipsoides, cafés; uso en la medicina tradicional. Familia de las leguminosas, *Diphysa robinioides*. (También se llama huachipilín). || **3.** supran. Madera del **guachipilín**.

guacho, cha. ■ M. y F. **1.** despect. *En el Sureste*, persona oriunda de Ciudad de México; huacho. || **2.** despect. *En Sonora*, persona oriunda del centro o del sur del país; huacho. || **3.** supran. despect. Soldado; huacho. ■ M. **4.** supran. fam. Reloj, especialmente el de pulsera; huacho.

guacimillo. ■ M. *En San Luis Potosí y Veracruz*, árbol originario de América, de hasta 15 m de altura, monoico o dioico; tallos cilíndricos, rectos, con cicatrices dispuestas en espiral, ramas que crecen horizontalmente o ligeramente colgantes, corteza gris, ligeramente fisurada; hojas alternas, simples, oblongo-ovadas, con márgenes serrados; flores unisexuales pequeñas, flores masculinas sésiles, verdes, agrupadas en cimas, flores femeninas pediceladas, verdes, agrupadas en cimas axilares; frutos drupáceos, carnosos, elipsoidales, rojos; semilla única, pequeña, negra; uso como especie maderable e industrial. Familia de las cannabáceas, *Trema micrantha*. (También se llama capulín, cuichpipil, equipal, ixpepe, pellejo de vieja, totogapolín, yaco de cuero).

guaco. ■ M. supran. Enredadera originaria de México, de hasta 2 m de longitud, monoica; tallos ásperos y muy ramificados; hojas alternas, acorazonadas; flores hermafroditas, vistosas, tubulares o en forma de jarrón, de color amarillo con tonos morados, agrupadas en cabezuelas o racimos; frutos capsulares, elipsoides, cafés, que al madurar y abrir tienen la apariencia de una canasta; semillas numerosas, de circulares a triangulares, aplanadas, cafés; uso en la medicina tradicional. Familia de las aristoloquiáceas, *Aristolochia anguicida* y *Aristolochia pringlei*.

guacóporo. ■ M. Arbusto o árbol originario de América, de hasta 10 m de altura, monoico; tallos cortos, de corteza fisurada, ramas con espinas, de color verde amarillento; hojas alternas, divididas en numerosos y pequeños foliolos, ovados y rápidamente deciduos, de color verde pálido; flores hermafroditas, vistosas, con cinco pétalos amarillos, los superiores con tonos rojizos, fragantes, agrupadas en racimos; frutos en vainas que tienen marcadas las semillas, coriáceas y cafés; semillas con forma cuadrangular y aplanada, cafés; uso en la medicina tradicional. Familia de las leguminosas, *Parkinsonia aculeata*. (También se llama espinillo, huacóporo, palo verde, retama, uacóporo).

guadalajarense. ■ ADJ. **1.** Perteneciente o relativo a la ciudad de Guadalajara, en el estado de Jalisco; tapatío: "A Sandra le encanta la comida guadalajarense". || **2.** Natural o procedente de la ciudad de Guadalajara, en el estado de Jalisco; tapatío: "Este verano vienen mis primos guadalajarenses a visitarnos". ■ COM. **3.** Persona natural o procedente de la ciudad de Guadalajara: "Este verano vienen unas guadalajarenses muy simpáticas a visitarnos".

guadalajareño, ña. ■ ADJ. **1.** Perteneciente o relativo a la ciudad de Guadalajara, en el estado de Jalisco; tapatío: "A Sandra le encanta la comida guadalajareña". || **2.** Natural o procedente de la ciudad de Guadalajara, en el estado de Jalisco; tapatío: "Este verano vienen mis primos guadalajareños a visitarnos". Ú.t.c.sust.: "Este verano vienen los guadalajareños a visitarnos".

guadalupano, na. ■ ADJ. **1.** Perteneciente o relativo a la virgen de Guadalupe: "Las fiestas guadalupanas son en diciembre". || **2.** *Referido a persona*, que es creyente de la virgen de Guadalupe: "Los peregrinos guadalupanos van a descansar en el albergue". Ú.t.c.sust.: "Los guadalupanos van a descansar en el albergue". || **3.** Propio de la persona **guadalupana**: "Las creencias guadalupanas son muy firmes en el país".

guaguana. ■ F. supran: *En Sinaloa*, erupción cutánea.

guáguara. ■ F. **1.** fam. Discurso largo y vacío; choro: "La guáguara del conductor me tenía atarantado". || **2.** fam. Conversación informal sobre asuntos personales o de interés común; chisme: "Me encontré a tu hermano, y nos quedamos en la guáguara".

guaguarear. ■ INTR. **1.** fam. Decir choros o discursos largos y vacíos: "Javier solo guaguarea en las reuniones". || **2.** supran. fam. Conversar informalmente sobre asuntos personales o de interés común; chismear: "Mis compadres guaguarearon toda la tarde".

guaguareo. ■ M. **1.** fam. Hecho de decir guáguaras o choros. || **2.** supran. fam. Hecho de conversar informalmente sobre asuntos personales o de interés común.

guagüis. ■ M. vulg. Sexo oral.

guajal. ■ M. supran. Sitio poblado de guajes; huajal.

guajay. ■ LOC. **~ platanillo.** LOC. SUST. Hierba originaria de América, de hasta 1.5 m de altura, monoica; tallos ramificados en la parte superior, que muere generalmente hasta quedar el rizoma; hojas simples, alternas, ovadas, glabras en el haz, glabras o pilosas en el envés; flores hermafroditas, pequeñas, con tres pétalos blancos y un estambre con tres o cuatro estaminodios; flores arregladas en panículas terminales; frutos capsulares, elipsoides, de color verde a matizado de café rojizo; tres semillas; raíces, uso en la medicina tradicional. Familia de las marantáceas, *Maranta arundinacea*. (También se llama papatlitla, sagú, sagú de monte, yuquilla).

guaje. ■ ADJ. **1.** supran. coloq. *Referido a persona*, tonta; huaje: "No seas tan guaje, siempre te engañan". ■ M. **2.** Hierba rastrera cosmopolita, de hasta 9 m de longitud; tallos hirsutos; hojas alternas, acorazonadas, con tres o cinco lóbulos; provista de zarcillos; flores unisexuales, ambos sexos en la misma planta, amarillas y campanuladas, solitarias, surgen en las axilas de las hojas; frutos en forma de baya de gran tamaño; semillas numerosas. Familia de las cucurbitáceas, *Lagenaria siceraria*. (También se llama acocote, ayacaste, ayacastle, ayacaxtle, bule, huaje, jícaro). || **3.** Fruto de esta hierba; comestible. || **4.** Fruto seco de esta hierba que, al rellenarlo con piedras pequeñas o semillas, se usa como sonaja. || **5.** supran. Árbol originario de México y Centroamérica, de hasta 20 m de altura, monoico; troncos ligeramente torcidos; ramas oblicuas y gruesas; hojas opuestas, divididas en numerosos foliolos falcados, pequeños, el eje principal con pelos, la hoja a menudo con una glándula en la base y a veces en la punta; flores hermafroditas, diminutas, de color crema verdoso, aromáticas, dispuestas en espigas densas, axilares; frutos en vainas alargadas, aplanadas, de textura aterciopelada; semillas numerosas, elipsoides, aplanadas, cafés oscuras, lustrosas; follaje y vainas, uso forrajero; troncos, uso industrial. Familia de las leguminosas, *Lysiloma acapulcense*. (También se llama huaje, machao, tepehuaje). || **6.** supran. Semilla de este árbol; uso en la medicina tradicional. || **7.** supran. Arbusto o árbol originario de México, de hasta 6 m de altura, monoico; tallos muy ramificados y con ramas de pubescentes a glabras; hojas alternas, divididas en glándulas, foliolos numerosos, elípticos; flores hermafroditas, pequeñas, tubulares, con cinco pétalos y diez estambres, de blancas a amarillentas, agrupadas en cabezuelas globosas; frutos en vainas, rectas, aplanadas, coriáceas, de cafés a rojizas; semillas numerosas, ovoides, aplanadas, de color café oscuro. Familia de las leguminosas, *Leucaena leucocephala*. (También se llama huaje, tepehuaje dormilón, waaxim). || **8.** supran. Fruto de este arbusto o árbol; comestible. || **9.** supran. Semilla de este arbusto o árbol; comestible; uso en la medicina tradicional. || **10.** supran. Grupo de árboles originarios de América, de hasta 15 m de altura, monoicos; tallos con largas ramas extendidas e irregulares; hojas alternas, enteras o divididas, espatuladas, lustrosas; flores hermafroditas, vistosas, campanulares, amarillas verdosas; frutos capsulares, subglobosos, con pulpa negra, corteza dura, café; semillas numerosas, circulares, aplanadas, cafés. Familia de las bignoniáceas, varias especies del género *Crescentia*, como *Crescentia alata*, *Crescentia cujete*. (También se llama ayale, bule morro, calabazo, coatecomate, cuatecomate, cuautecomate, güiro, huaje, jícara, jícaro, tecomate). || **11.** supran. Individuo de este grupo de árboles. || **12.** supran. Fruto seco de los individuos de este grupo de árboles; uso artesanal. || **13.** supran. Madera de los individuos de este grupo de árboles. || **14.** supran. Recipiente para contener líquidos o granos elaborado con el fruto de estos árboles, principalmente de las especies *Crescentia alata*, *Crescentia cujete*, *Lagenaria siceraria*. ■ COM. **15.** supran. coloq. Persona tonta; huaje: "A esa guaje la engañaron fácilmente, pobrecita".

guajinicuil. ■ M. **1.** supran. Árbol originario de Sudamérica, de hasta 25 m de altura; tallos erectos, con ramas de anguladas a cilíndricas, de cafés a cafés amarillentas y cubiertas de pelos cuando jóvenes; hojas alternas, divididas de cuatro a seis pares de foliolos, de ovados a lanceolados o elípticos, densamente peludos en la vena media por ambas caras; flores hermafroditas, llamativas, blancas, ligeramente vellosas, con estambres numerosos, dispuestas en espigas axilares; frutos en vainas cilíndricas, ferrugíneos pubescentes, surcados; semillas elipsoides, cubiertas por un arilo carnoso y comestible de color blanco; uso como sombra en plantíos de cafetales. Familia de las leguminosas, *Inga edulis*. (También se llama cuajinicuil, jinicuil). || **2.** supran. Fruto del **guajinicuil**; comestible.

guajilote. ■ M. **1.** supran. Árbol originario de América, de hasta 12 m de altura, monoico; tallos recubiertos de espinas cortas y curvas; hojas verticiladas, divididas de tres a cinco foliolos, elípticos, lustrosos; flores hermafroditas, vistosas, en forma de embudo, de verdosas a blanquecinas, que crecen en el propio tronco o en las ramas; frutos abayados, estriados, de elipsoides a casi cilíndricos, de color pardo verdoso, pulpa carnosa y fibrosa; semillas numerosas, circulares, aplanadas. Familia de las bignoniáceas, *Parmentiera aculeata*. (También se llama cuajilote, guachilote). || **2.** supran. Fruto del **guajilote**; comestible.

guajiote. ■ M. **1.** Grupo de diferentes especies de árboles o arbustos resinosos originarios de América, de hasta 10 m de altura, dioicos; tallos con corteza de color rojo oscuro a amarillento o grisáceo, secretan resina muy aromática al quebrar o lastimar el tronco; hojas alternas, divididas en numerosos foliolos, de ovados a elípticos, con margen aserrado; flores unisexuales, diminutas, blanquecinas: las masculinas agrupadas en grandes panículas, las femeninas en cortos racimos; frutos drupáceos, pequeños, globosos y aromáticos; semilla única, elipsoide, de rojiza a negra. Familia de las burseráceas, varias especies del género *Bursera*, como *Bursera cuneata*, *Bursera fagaroides*, *Bursera glabrifolia*. (También se llama copal, cuajiote, inamé, inanué, lináloe, yaguela). || **2.** Individuo del **guajiote**. || **3.** Resina

G

aromática que se obtiene de los individuos del **guajiote**; uso ceremonial y en la medicina tradicional.

guajolocombo. (Juego de palabras entre guajolota y combo). ■ M. fest. Paquete de guajolota y atole.

guajolojet. [*guajoloyét*] (Juego de palabras entre guajolote y *jet*). ■ M. **1.** fest. Avión que opera con las condiciones mínimas de servicio, generalmente de bajo costo y con escalas. || **2.** fest. Transporte foráneo que opera con las condiciones mínimas de servicio, que generalmente lleva sobrecupo, sigue una ruta indirecta, hace paradas continuas y es de bajo costo.

guajolota. ■ F. Véase **guajolote, ta.**

guajolote, ta. ■ ADJ. **1.** fam. *Referido a persona*, que habla mucho y sin sustancia: "La secretaria es muy guajolota y nunca se calla". Ú.t.c.sust.: "La secretaria es una guajolota, nunca se calla". || **2.** fam. *Referido a persona*, tonta: "Mi hermano es muy guajolote, reprobó el examen otra vez". Ú.t.c.sust.: "Mi hermano es un guajolote, reprobó el examen otra vez". ■ M. **3.** *En Querétaro*, comida que se prepara con un bolillo o telera, relleno de papas con chorizo y otros ingredientes, bañado previamente en salsa de chile y frito en aceite; se sirve con crema y queso; pambazo. || **4.** supran. Ave originaria de América, de hasta 1 m de altura, 1.3 m desde la punta del pico hasta el extremo de la cola, 2 m de envergadura y 20 kg de peso; tiene plumaje de color pardo verdoso con reflejos cobrizos y manchas blanquecinas en los extremos de las alas y de la cola, cabeza y cuello cubiertos de carúnculas rojas, así como la membrana eréctil que lleva encima del pico; tarsos negruzcos muy fuertes, dedos largos, y en el pecho un mechón de cerdas de 3 a 4 cm de longitud; la hembra es algo menor, pero semejante al macho en todo lo demás; en domesticidad, el ave ha disminuido de tamaño y ha cambiado el color del plumaje; hay variedades negras, rubias y blancas; comestible. Familia de los faisánidos del orden Galliformes, *Meleagris gallopavo*. (También se llama chompipe, chumpe, chumpipe, cócono, güilo, huilo, jolote, pavo, picho, pípilo, totol, totole, xolo). ■ F. **5.** Torta hecha de bolillo, o telera, abierto por la mitad con un tamal dentro.

guajolotear. ■ INTR. **1.** Vender guajolotes: "El señor guajolotea en la plaza del pueblo". || **2.** fam. Parlotear: "Ya no guajoloteen porque no dejan escuchar". || **3.** fam. Perder el tiempo: "Durante la pandemia guajoloteamos viendo la tele". || **4.** fam. Comer guajolotas: "¿Guajoloteamos o comemos chilaquiles?". || **5.** fam. Viajar en un transporte guajolotero: "Guajoloteamos para llegar hasta acá".

guajolotera. ■ F. Véase **guajolotero, ra.**

guajolotero, ra. ■ ADJ. **1.** fam. Perteneciente o relativo al transporte público **guajolotero**: "La central guajolotera no tenía cajero". || **2.** fam. *Referido a persona*, que parlotea: "Él es muy guajolotero, ya cállenlo". Ú.t.c.sust.: "Él es un guajolotero, ya cállenlo". || **3.** fam. *Referido a persona*, que pierde el tiempo: "Ya ponte a hacer algo, deja de ser tan guajolotera". Ú.t.c.sust.: "Ya ponte a hacer algo, deja de ser una guajolotera". || **4.** fam. Propio de la persona **guajolotera**: "Me chocan tus pláticas guajoloteras". || **5.** fam. *Referido a un transporte público*, que ofrece un servicio deficiente, sea por deteriorado, sea por sobrecupo, sea por permitir sobrecarga, y que suele hacer paradas continuas: "Viajamos hasta Oaxaca en un autobús guajolotero". ■ F. **6.** fam. Pelea: "Se armó la guajolotera en plena fiesta".

gualulo. ■ M. **1.** Arbusto originario de América, de hasta 1.5 m de altura, dioico; tallos muy ramificados, con látex de hialino a rojizo al quebrarlos; hojas alternas, enteras, espatuladas, a veces lobuladas en el ápice; flores unisexuales, pequeñas, tubulares, de blanquecinas a rosadas, agrupadas en pequeñas cimas; frutos capsulares, globosos, cafés; semilla única, globosa, café. Familia de las euforbiáceas, *Jatropha dioica*. || **2.** Raíz del **gualulo**; uso en la medicina tradicional.

guámara. ■ F. **1.** Hierba originaria de América, de hasta 1.5 m de altura, monoica; tallos inconspicuos; hojas simples, arrosetadas, lanceoladas, rígidas, envainadas, con envés pubescente, numerosas, margen con espinas; flores hermafroditas, grandes y vistosas, con tres pétalos color lila, fusionados en la base, carnosos, estambres fusionados a la base de los pétalos, flores dispuestas en racimos, cubiertos por numerosas brácteas de color rojo brillante y verde pálido; frutos abayados, fusiformes, estrechos en la parte apical y basal, de blancos amarillentos a cafés oscuros; semillas numerosas, pequeñas; uso artesanal. Familia de las bromeliáceas, *Bromelia plumieri*. (También se llama aguama, jocuistle, mexocote, timbiriche, xococuistle). || **2.** Fruto de la **guámara**; comestible.

guamazo. ■ M. supran. fam. Golpe dado o recibido.

guameada. ■ F. fam. Golpiza que se le da a alguien.

guamear. ■ TR. fam. Golpear: "Guamearon a los aficionados al terminar el partido de futbol". Ú.m.c.prnl.: "Se guamearon a Carlos en la pelea de ayer".

guamil. ■ M. supran. rur. Terreno donde se ha cosechado y quedan solo los rastrojos; huamil.

guamis. ■ M. **gobernadora.**

guamuche. ■ M. **guamúchil.**

guamúchil. ■ M. **1.** Árbol originario de América, de hasta 20 m de altura, monoico; tallos muy robustos, de copas muy anchas y frondosas, ramas espinosas; hojas alternas, divididas en cuatro foliolos, de ovados a elípticos, glabros; flores hermafroditas, pequeñas, tubulares, de blancas a verdosas, agrupadas en cabezuelas, con numerosos estambres blancos; frutos en vainas, enroscadas, en forma de rosario, pubescentes, rojizas; semillas ovoides, cafés, rodeadas de un arilo de blanco a rosado; uso industrial y en la medicina tradicional. Familia de las leguminosas, *Pithecellobium dulce*. (También se llama guamuche, huamuche, huamúchil, macochín, muchite). || **2.** Fruto del **guamúchil**; comestible.

guamuchilera. ■ F. Sitio poblado de guamúchiles; huamuchilera.

guanaca. ■ F. Véase **guanaco, ca.**

guanacaste. ■ M. **1.** supran. *En el Sureste,* árbol originario de América, de hasta 35 m de altura, monoico; troncos de hasta 4 m de diámetro, a veces con contrafuertes; hojas alternas, divididas en numerosos y diminutos foliolos, elipsoides; flores hermafroditas, pequeñas, tubulares, de blancas a verdosas, con numerosos estambres blancos, agrupadas en cabezuelas; frutos en vainas, recurvadas, en forma de oreja, lustrosas, de color café rojizo; semillas elipsoides, cafés, con marca circular de color café oscuro, redondeadas de un arilo blanquecino. Familia de las leguminosas, *Enterolobium cyclocarpum*. (También se llama guanacastle, huanacaste, huanacastle, orejón). || **2.** supran. *En el Sureste,* madera del **guanacaste**. || **3.** supran. *En el Sureste,* semilla del **guanacaste**; uso en la medicina tradicional.

guanacastle. ■ M. **guanacaste.**

guanaco, ca. ■ ADJ. **1.** supran. *En el Sureste, referido a persona,* tonta: "Ese muchacho guanaco perdió las llaves". Ú.t.c.sust.: "Ese guanaco ya perdió las llaves otra vez". ■ F. **2.** *En el Sureste,* carnosidad a modo de papada de algunos animales como los gallos, las iguanas, las vacas, etc. || **3.** *En el Sureste,* papada flácida.

guanajuatense. ■ ADJ. **1.** Perteneciente o relativo a la ciudad o al estado de Guanajuato: "Me gusta la arquitectura guanajuatense". || **2.** Natural o procedente de la ciudad o del estado de Guanajuato: "Nuestro expresidente es un político guanajuatense". ■ COM. **3.** Persona natural o procedente de la ciudad o del estado de Guanajuato: "Nuestro expresidente es un guanajuatense".

guandajón, na. ■ ADJ. **1.** fam. *Referido a persona,* desaliñada: "El vecino siempre anda muy guandajón los domingos". Ú.t.c.sust.: "El vecino es un guandajón, mira la ropa que trae". || **2.** fam. *Referido a persona,* vestida con ropa demasiado holgada: "Esos muchachos guandajones llevan el tiro de los pantalones hasta la rodilla". || **3.** fam. *Referido a persona,* holgazana: "Eres muy guandajona, por eso no consigues trabajo". Ú.t.c.sust.: "No consigues trabajo porque eres una guandajona". || **4.** Propio de la persona **guandajona**: "Deberías modificar el estilo guandajón que tanto te gusta".

guanengo. ■ M. Huipil bordado que usan las indígenas purépechas.

guango, ga. ■ ADJ. **1.** fam. Flácido: "El encargado tiene los brazos muy guangos". || **2.** fam. *Referido a persona,* poco animosa o poco solidaria: "Vamos a la fiesta, no seas tan guanga". Ú.t.c.sust.: "Eres una guanga porque no quieres acompañarme a la fiesta". || **3.** fam. Propio de la persona **guanga**: "Si no cambias esa actitud tan guanga, no vas a hacer más amigos". || **4.** supran. fam. *Referido a algo,* ancho y sobrado para lo que ha de contener: "Esa blusa se te ve muy guanga".

guano. ■ M. **1.** supran. Palma originaria de América, de hasta 25 m de altura, monoica; tallos de tronco alto y redondo, sin ramas, a veces con las bases de los peciolos persistentes; hojas dispuestas en espiral, sobre largos peciolos sin espinas, lámina en forma de abanico, con numerosos lóbulos de lineares a lanceolados; flores hermafroditas, diminutas, con seis tépalos blanquecinos, agrupadas en largas panículas; frutos drupáceos, elipsoides, negros. Familia de las arecáceas, *Sabal mexicana*. (También se llama apachite, palma real). || **2.** supran. Tronco del **guano**; uso en la construcción. || **3.** supran. Hoja del **guano**; uso en la construcción. ■ LOC. **~ de escoba.** LOC. SUST. Palma originaria de América, de hasta 10 m de altura; tallos erectos, no ramificados, de aspecto robusto, cubierto de espinas radicales simples o ramificadas; hojas simples, alternas, con forma de abanico, totalmente hendidas por la mitad, con más de 40 segmentos fusionados; flores hermafroditas, pequeñas, con tres sépalos y tres pétalos, de color blancos amarillentos, flores dispuestas en panículas densas, en forma de espiral; frutos de globosos a subglobosos, lisos, de blanquecinos a amarillentos; semillas globosas, pequeñas; hojas, uso industrial. Familia de las arecáceas, *Cryosophila argentea*. (También se llama escoba, guano kum, palma de escoba). ▷ **~ kum.** LOC. SUST. **guano de escoba.**

guapachosear. ■ INTR. **1.** supran. fam. Bailar música de ritmo afroantillano; huapachosear: "Samuel guapachosea en sus clases de baile". || **2.** supran. fam. Salir de fiesta y de diversión; huapachosear: "Tania guapachosea con sus primas cada fin de semana".

guapachoso, sa. ■ ADJ. **1.** supran. *Referido a la música*, de ritmo afroantillano; huapachoso: "Todos se pararon a bailar con las canciones guapachosas". || **2.** supran. *Referido a persona*, que gusta de las fiestas y la diversión; huapachoso: "El tío Pepe es muy guapachoso y a todas saca a bailar". Ú.t.c.sust.: "El tío Pepe es un guapachoso porque a todas saca a bailar". || **3.** supran. Propio de la persona **guapachosa**; huapachoso: "Eres el alma de la fiesta por tu ánimo tan guapachoso".

guapal. ■ M. **1.** rur. Tabla con garfios en que se cuelgan utensilios de cocina; huapal. || **2.** rur. *En Chihuahua*, tela donde se ponen los chiquihuites o cestos de mimbre para guardarlos; huapal.

guapaque. ■ M. **1.** Árbol de distribución en la vertiente del Golfo de México, de hasta 45 m de altura; copa redondeada; hojas dispuestas en espiral, imparipinadas; troncos derechos con contrafuertes delgados y altos, con corteza externa lisa, pardo grisácea o gris muy clara, la corteza interna es de color crema claro a moreno parduzco, fibrosa, ligeramente dulce; flores en panículas axilares y terminales, flores zigomórficas, perfumadas, con perianto verde amarillento o café; frutos en vainas, globosas u ovoides, pubescentes, de color verde amarillento a moreno oscuro; una o dos semillas, reniformes y comprimidas, grisáceas o ligeramente pardas, lustrosas. Familia de las fabáceas, *Dialium guianense*. (También se llama huapaque). || **2.** Fruto de este árbol de distribución en la vertiente del Golfo de México; comestible. || **3.** Árbol caducifolio de amplia distribución en México, de hasta 15 m de altura; con copa piramidal que tiende a redondearse a medida que el árbol envejece, cortezas agrietadas color café, ramas delgadas y torcidas; hojas simples, alternas, de oval-lanceoladas a oblongo-ovadas, con borde aserrado; flores color verde claro; frutos en forma de nuez, ovoide, con una sola semilla; madera, uso en la fabricación de muebles y para construcciones rústicas. Familia de las betuláceas, *Ostrya virginiana*. (También se llama huapaque).

guaparra. ■ F. rur. Machete campestre.

guapilla. ■ F. Hierba originaria de México, de hasta 1 m de altura, monoica; sin tallos; hojas en rosetas muy densas, enteras, de lanceoladas a linear-lanceoladas, de color verde grisáceo, margen con espinas rojizas; flores hermafroditas, pequeñas, con tres pétalos blancos, agrupadas en una larga espiga; frutos capsulares, de ovoides a trilobulares, con pubescencia blanca; semillas numerosas, pequeñas, fusiformes, aladas, de cafés a rojizas. Familia de las bromeliáceas, *Hechtia glomerata*.

guapo, pa. ■ ADJ. **1.** fam. *Referido a persona*, hábil: "Mi plomero es muy guapo para reparar las fugas de agua". Ú.t.c.sust.: "Mi plomero es un guapo para reparar las fugas de agua".

|| **2.** fam. *En Tabasco, referido a persona*, que se enoja con facilidad: "Claudia es muy guapa y nada le parece". Ú.t.c.sust.: "A esa guapa nada le parece".

guaqueque. ■ M. *En el Sureste*, mamífero roedor de distribución en México y Centroamérica, de hasta 60 cm de longitud; con pelaje largo, liso y brillante, de color café rojizo, salpicado en negro en el dorso y la rabadilla; cabeza alargada, con el hocico truncado, labio superior hendido y provisto de vibrisas; orejas pequeñas y redondeadas; cuello corto y grueso; tronco robusto y curvo; la cola es vestigial; las extremidades posteriores largas y delgadas, las delanteras un poco más cortas; de patas tridáctilas; su carne es muy apreciada en la gastronomía. Familia de los dasipróctidos del orden Rodentia, *Dasyprocta mexicana, Dasyprocta punctata*. (También se llama agutí, cereque, guatusa, querreque, sereque, uco, zerete).

guaracha. ■ F. **1.** supran. Música procedente de las Antillas de ritmo rápido y compás variable, que se toca con orquesta; huaracha. || **2.** supran. Canción que presenta de modo satírico algún hecho político o social, acompañada con la música de **guaracha**; huaracha. || **3.** supran. Baile popular procedente de las Antillas que se ejecuta en pareja, acompañado de **guaracha**; huaracha.

guarachar. ■ INTR. **guarachear.**

guarachazo. ■ M. fam. Cualquier tipo de baile; huarachazo.

guarache. ■ M. **1.** Calzado abierto tradicional con suela, generalmente de caucho, que se sujeta al pie con tiras de cuero u otro material; huarache. || **2.** Zapato ligero y muy abierto, generalmente hecho con tiras de diversos diseños en la parte superior; huarache. || **3.** Tortilla de maíz gruesa y ovalada; huarache. || **4.** Comida que se prepara con una tortilla de maíz gruesa y ovalada, frijoles, salsa, queso y, opcionalmente, carne; huarache. || **5.** Parche de caucho para un neumático; huarache. || **6.** Funda de teflón para planchar telas finas; huarache. || **7.** *En Aguascalientes*, chancla para baño; huarache.

guarachear. ■ INTR. **1.** fam. Arrastrar los pies al caminar haciendo ruido; huarachear: "No guarachees porque el bebé está dormido". || **2.** supran. fam. Bailar; huarachear: "Los niños guarachearon en la fiesta de la escuela".

guaracheo. ■ M. **1.** fam. Hecho de arrastrar los pies al caminar haciendo ruido; huaracheo. || **2.** supran. fam. Hecho de bailar; huaracheo.

guarachero, ra. ■ ADJ. **1.** Perteneciente o relativo a la guaracha; huarachero: "Esa canción tiene ritmo guarachero". || **2.** *Referido a persona*, que toca, canta o baila guarachas; huarachero: "El grupo guarachero de Veracruz ganó el concurso". Ú.t.c.sust.: "Los guaracheros de Veracruz ganaron el concurso". || **3.** Propio de la persona **guarachera**; huarachero: "Mis primos tienen gustos muy guaracheros". ■ M. y F. **4.** Persona que se dedica a hacer guaraches o tortillas de maíz, gruesas y ovaladas, sobre las que se ponen frijoles, salsa, queso y, opcionalmente, carne; huarachero. || **5.** supran. Persona que se dedica a hacer guaraches o especie de sandalias de cuero; huarachero.

guarachudo, da. ■ ADJ. **1.** *Referido a persona*, que usa guaraches; huarachudo: "Hay muchos guarachudos en la playa". Ú.t.c.sust.: "Hay unos guarachudos en la playa". || **2.** despect. *Referido a persona*, desaliñada; huarachudo: "Mandamos a bañar a mi primo guarachudo". Ú.t.c.sust.: "Mandamos a bañar al guarachudo". || **3.** despect. Propio de la persona **guarachuda**; huarachudo: "Mi primo debe cambiar su estilo guarachudo si quiere encontrar trabajo". || **4.** despect. *Referido a persona*, que es indígena; huarachudo. Ú.t.c.sust.

guarampa. ■ F. despect. *En Chiapas*, mujer avejentada y descuidada en su aspecto personal.

guarapear. ■ TR. fam. Emborrachar a alguien; huarapear: "Guarapearon a los muchachos como parte de la novatada".

guarapeta. ■ F. supran. fam. Borrachera; huarapeta.

guardadito. ■ M. supran. Reserva de algo como previsión para necesidades futuras.

guardarraya. ■ F. supran. Vereda ancha que evita la propagación de los incendios; cortafuegos.

guare. ■ F. **1.** *En el Noroeste*, canasto de palma. || **2.** *En Michoacán*, mujer indígena. || **3.** *En Michoacán*, campesina.

guarenga. ■ F. fam. *En Tabasco*, prostituta.

guarijío, a. ■ ADJ. **1.** Perteneciente o relativo al **guarijío**: "La máscara guarijía puede representar aves u otros animales". || **2.** Natural o procedente del grupo étnico **guarijío**: "El yerbero guarijío me curó del susto". Ú.t.c.sust.: "El guarijío me curó del susto". ■ M. **3.** Grupo étnico establecido en los estados de Sonora y Chihuahua. || **4.** Lengua yutoazteca del subgrupo lingüístico tarahumarano.

guarín, na. ■ ADJ. **1.** fam. *Referido a persona*, tonta: "No seas tan guarín, te dije que aquí era la vuelta". Ú.t.c.sust.: "Tu vecino es un guarín, olvidó apagar las luces". ■ M. y F. **2.** despect. Indígena que no habla español.

guaripa. ■ F. Sombrero rústico de copa y alas cortas.

guarro, rra. ■ ADJ. **1.** fam. Feo: "Esa bolsa que nos dieron está muy guarra". ■ M. **2.** despect. Guardaespaldas.

guarumo, ma. ■ M. y F. **1.** despect. *En Sonora*, persona vestida como cholo y que habitualmente se droga. ■ M. **2.** jerg. Conjunto de semillas y tallos de la planta de la marihuana. || **3.** jerg. Marihuana pulverizada.

guarura. ■ M. **1.** fam. Granadero de la policía. ■ COM. **2.** supran. fam. Guardaespaldas: "El jefe tiene unas guaruras muy fornidas".

guasana. ■ F. *En Jalisco*, garbanzo tierno en vaina que se cuece, generalmente al vapor, y se sirve con sal, chile y limón.

guasanga. ■ F. supran. fam. Ruido de muchas voces juntas, generalmente motivado por alegría.

guaseado, da. ■ ADJ. *En el Noroeste*, *referido a persona*, que se comporta como si estuviera loca: "Mi vecino está muy guaseado, se la pasa hablando solo". Ú.t.c.sust.: "Mi vecino es un guaseado, se la pasa hablando solo".

guásima. ■ F. **1.** Árbol originario de América, de hasta 20 m de altura; troncos de 30 a 60 cm de diámetro recubiertos de corteza gris; savia incolora, mucilaginosa; hojas simples, alternas, con estípulas, con la base asimétrica subcordada con peciolos cortos, aovadas u oblongas, aserradas, de 6 a 12 cm de largo y con el ápice agudo; flores pequeñas, agrupadas en inflorescencias axilares y cortamente estipitadas, con cinco pétalos de color blanco amarillento; frutos en cápsula subglobosa o elipsoidea, negro purpúreo al madurar; uso en la medicina tradicional. Familia de las malváceas, *Guazuma ulmifolia*. (También se llama aquiche, caulote, guásimo, tablote). || **2.** Fruto de la **guásima**.

guásimo. ■ M. **guásima.**

guasob. ■ M. *En Yucatán*, coscorrón.

guasoncle. ■ M. **guasontle.**

guasontle. ■ M. **1.** Hierba originaria de América, de hasta 2 m de altura, monoica; tallos muy ramificados, delgados, tubulares; hojas alternas, verdes o moradas, más anchas en la parte central, ligeramente parecidas a lanzas; flores hermafroditas, diminutas, de color blanco verdoso, dispuestas en pequeñas espigas; frutos capsulares, secos, rodeados por el cáliz; semillas negras, abundantes; uso cosmético, forrajero y en la medicina tradicional. Familia de las amarantáceas, *Chenopodium nuttalliae*. (También se llama guasoncle, guausoncle, huanzontle, huaunzontle, huauzontle, huazontle). || **2.** Inflorescencia del **guasontle**; comestible. || **3.** Comida que se prepara con espigas de **guasontle** cocidas en agua, rellenas con queso y capeadas en salsa de jitomate, tomate verde o chile pasilla.

guasontles. ■ M. PL. **4.** Platillo hecho con esta comida.

guausoncle. ■ M. **guasontle.**

guatal. ■ M. supran. *En el Sureste*, conjunto de arbustos, matas y hierbas que pueblan un terreno que ya ha sido cultivado; huatal.

guatape. ■ M. *En Tamaulipas y Veracruz*, guiso caldoso, espesado con masa de maíz, elaborado con mariscos, especialmente con camarón fresco o salado, chile ancho, jitomate, cebolla y epazote; huatape.

guatapera. ■ F. *En Michoacán*, casa anexa a los templos de los antiguos hospitales de indios, compuesta de patios, corredores, habitaciones y capilla.

guatear. ■ TR. rur. *En Colima*, limpiar de malezas un terreno: "Luis guatea todas sus tierras cuando terminan las lluvias".

guateque. ■ M. **1.** fam. Alboroto; huateque. || **2.** fam. Riña; huateque. || **3.** fam. Conversación informal sobre asuntos personales o de interés común; huateque. || **4.** fam. Acción de congregarse, opinar y difundir información sobre un problema o asunto; huateque.

guatequero, ra. ■ ADJ. fam. *Referido a persona*, que gusta del guateque; huatequero: "Miguel es muy guatequero, sale todos los fines de semana". Ú.t.c.sust.: "Miguel es un guatequero, sale todos los fines de semana".

guato. ■ M. **1.** fam. *En Tamaulipas y Veracruz,* bulla. || **2.** supran. jerg. Paquete pequeño de marihuana lista para su consumo. ■ LOC. **(un) ~ de.** LOC. ADJ. fam. Numeroso, abundante o intenso; mucho: "Ayer vi un guato de muchachas afuera de la casa".

guatusa. ■ F. **guaqueque.**

guaute. ■ M. **1.** Hierba originaria de América, de hasta 2 m de altura, monoica; hojas alternas, enteras, a veces con tonos rojizos; flores hermafroditas, pequeñas, con cinco pétalos de color rojo o rosado, agrupadas en largos racimos terminales; frutos capsulares, globosos, cafés; semillas diminutas, globosas, negras o blancas. Familia de las amarantáceas, *Amaranthus cruentus* y *Amaranthus hypochondriacus.* (También se llama alegría, amaranto, huautle, huautli). || **2.** Semilla del **guaute**; comestible.

guaxmole. [*guashmóle*] ■ M. **1.** Guiso hecho de carne, generalmente de cerdo, semillas del guaje, principalmente de la especie *Leucaena leucocephala,* y chile; huaxmole. || **2.** Guiso caldoso preparado con chile guajillo, chile costeño y chile serrano molidos; se condimenta con hoja de aguacate; se sirve con ejote, guaje y con esta parte del chivo; típico de Puebla; mole de caderas; huaxmole.

guayaba. ■ F. Véase **guayabo, ba.**

guayabate. ■ M. Pasta dulce de guayaba.

guayabazo. ■ M. coloq. Elogio excesivo.

guayabillo. ■ M. supran. Árbol originario de América, de hasta 25 m de altura, monoico; tallos con corteza exfoliante en placas irregulares, ramas pubescentes cuando jóvenes; hojas alternas, enteras, con tres lóbulos ovado-lanceolados, pubescentes; flores unisexuales, diminutas: las masculinas con pétalos muy reducidos, cafés, las femeninas sin pétalos, cada sexo agrupado en cabezuelas distintas; frutos aquénicos, pequeños, claviformes, con largos pelos cafés. Familia de las platanáceas, *Platanus mexicana.*

guayabo, ba. ■ ADJ. **1.** coloq. Perteneciente o relativo a la ciudad de Cuernavaca, capital del estado de Morelos; cuernavaquense: "Disfruto mucho andar por las calles guayabas". || **2.** coloq. Natural o procedente de la ciudad de Cuernavaca, capital del estado de Morelos; cuernavaquense: "Los jóvenes guayabos llegaron a la final del concurso". Ú.t.c.sust.: "Los guayabos llegaron a la final del concurso". || **3.** coloq. *Referido a persona,* atractiva: "Ese actor está muy guayabo". Ú.t.c.sust.: "Ese actor es un guayabo". ■ M. **4.** vulg. Órgano sexual femenino. || **5.** vulg. Coito. ■ F. **6.** coloq. Persona de buen aspecto, aunque enfermiza y achacosa.

guayacán. ■ M. **1.** Árbol o arbusto originario de América, de hasta 6 m de altura, monoico; tallos ramosos, ramas delgadas y glabras; hojas simples, alternas, de oblongas a anchamente ovadas, generalmente verdes aunque en temporadas frías se tornan rojizas, con margen ligeramente aserrado; flores unisexuales, diminutas, rojas verdosas, sin pétalos, en espigas; frutos capsulares con tres valvas, envueltos en una cúpula globosa, con una pequeña abertura en el ápice de esta; una semilla por cápsula, larga, a menudo contiene una larva de polilla que hace que esta se "mueva" o "brinque", de ahí que se llame a esta semilla frijol saltarín; resina, tóxica. Familia de las euforbiáceas, *Sebastiania bilocularis.* (También se llama hierba de la flecha, mago). || **2.** Árbol originario del noreste de México, de hasta 8 m de altura, monoico; tallos de corteza lisa, con coloración café; hojas opuestas, divididas en tres foliolos, de elípticos a aovados, glabros; flores hermafroditas, pequeñas, con tres o cuatro pétalos amarillentos, agrupadas en cortas panículas; frutos samaroides, trilobados y con tres alas evidentes, separándose cada uno de los otros en la madurez; tres semillas, de elipsoides a subglobosas, negras. Familia de las rutáceas, *Helietta parvifolia.* (También se llama barreta, jonote, palo blanco). || **3.** Madera del **guayacán**.

guayame. ■ M. **1.** Árbol originario de América, de hasta 50 m de altura, monoico, propio de las tierras altas y frías, de copa densa y cónica, con corteza grisácea, áspera y agrietada, dividida en placas irregulares; hojas simples, agrupadas en fascículos, lineares, angulosas, de color verde oscuro en el haz y verde claro en el envés; conos unisexuales: estróbilos masculinos, violáceos, axilares, estróbilos femeninos, subcilíndricos, blandos y rojizos terminales, resinosos; semillas de cuneadas a oblongas, agudas en la base, provistas de un ala lateral amplia, cafés. Familia de las pináceas, *Abies religiosa*. (También se llama oyamel). || **2.** Madera del **guayame**; uso industrial y ornamental.

guayín. ■ AMB. Tipo de vehículo que tiene en la parte trasera un espacio amplio para personas o para carga: "Me prestaron una guayín viejita para la mudanza".

guayule. ■ M. Arbusto pequeño originario de las regiones semiáridas de América del Norte, de hasta 1.5 m de altura, dioico; ramificación intrincada que inicia casi desde la base; los extremos de las ramas presentan una pubescencia plateada canescente; hojas oblongas y lanceoladas, estrechamente elípticas u ovaladas, de color gris plateado; flores en cabezuelas o capítulos, dispuestas en pequeños corimbos o panículas corimbosas, cortamente pediceladas, con dos clases de flores: liguladas y de disco; las lígulas de color opaco a blanco crema; frutos aquenios obovados, negros; una semilla por aquenio; uso industrial. Familia de las asteráceas, *Parthenium argentatum*. (También se llama tananini, tatanini).

gubernatura. ■ F. **1.** Cargo de gobernador de un estado. || **2.** Periodo en el que se ejerce la **gubernatura**.

güegüeche. ■ M. **güegüenche.**

güegüecho, cha. ■ ADJ. **1.** supran. fam. *Referido a persona*, que tiene un abultamiento carnoso debajo de la barba; huehuecho: "Ese muchacho güegüecho es mi primo". Ú.t.c. sust.: "El güegüecho de mi primo ya llegó". ■ M. **2.** supran. fam. Abultamiento carnoso que se forma debajo de la barba, o entre esta y el cuello; bocio; huehuecho.

güegüenche. ■ COM. **1.** Persona, generalmente de edad avanzada, que dirige las danzas en las fiestas tradicionales; huehuenche. || **2.** Personaje de danza de carnaval que usa máscara de viejo; huehuenche. || **3.** Personaje burlesco caracterizado grotescamente, con máscara de viejo, que interactúa con el público durante la interpretación de algunas danzas tradicionales; huehuenche.

güeja. ■ F. supran. *En el Noroeste*, vasija pequeña hecha de corteza de calabaza; hueja.

guelaguetza. ■ F. Fiesta con música y danzas tradicionales del estado de Oaxaca: "Hay una buena guelaguetza todos los viernes en ese hotel".

güépula. ■ ADJ. **1.** coloq. *En el Noroeste*, *referido a persona*, tuerta: "El villano de la película es un señor güépula". ■ COM. **2.** coloq. *En el Noroeste*, persona tuerta: "El güépula es el villano de la película".

güerco, ca. ■ M. y F. **1.** *En el Norte*, niño o muchacho; huerco. || **2.** *En el Norte*, persona indeterminada; huerco: "Llegó un güerco a preguntarnos por el lugar del concierto". || **3.** *En el Norte*, fórmula de tratamiento para dirigirse a una persona conocida; huerco: "Güerco, parquea aquí tu troca".

güerejo, ja. ■ ADJ. fam. *Referido a persona*, de cabello rubio: "Ese muchacho güerejo me ayuda con los mandados". Ú.t.c.sust.: "Ese güerejo me ayuda con los mandados".

güero, ra. ■ ADJ. **1. gringo, ga.** || **2.** *Referido a alguien*, de pelo amarillo o claro: "¡Mira qué comelón es ese gato güero!". Ú.t.c.sust.: "El güero es el gato más comelón". || **3.** *Referido a persona*, de tez blanca: "No te asolees porque estás muy güero". Ú.t.c.sust.: "El güero fue el que más se requemó en la playa". ■ M. y F. **4.** Fórmula de tratamiento para dirigirse a un cliente: "¡Güero, pásele, a ver qué se le ofrece!". Ú.m.e.dim.: "¡Güerita, pásele, a ver qué se le ofrece!". ■ LOC. **~ balín.** LOC. SUST. fam. Persona con el cabello pintado de rubio.

guerrerense. ■ ADJ. **1.** Perteneciente o relativo al estado de Guerrero: "Compré una artesanía guerrerense de corteza de coco". || **2.** Natural o procedente del estado de Guerrero: "Las muchachas guerrerenses ganaron la competencia de natación". ■ COM. **3.** Persona natural o procedente del estado de Guerrero: "Las guerrerenses más rápidas ganaron la competencia de natación".

guerrista. ■ ADJ. **1.** *Referido a un niño*, que da guerra; guerroso: "Tus sobrinitos son muy guerristas, yo no los cuido". ■ COM. **2.** Niño que da guerra; guerroso: "No me gusta cuidar a tus sobrinos, son unos guerristas".

guerroso, sa. ■ ADJ. *Referido a un niño*, que da guerra; travieso: "Tus sobrinitos son muy guerrosos, yo no los cuido". Ú.t.c.sust.: "No me gusta cuidar a tus sobrinos, son unos guerrosos".

güey. ■ ADJ. **1.** supran. malson. *Referido a persona*, tonta: "La vendedora es muy güey, siempre nos la cotorreamos". || **2.** supran. malson.

Propio de la persona **güey**: "La vendedora tiene ocurrencias muy güeyes, siempre nos la cotorreamos". ■ M. **3.** Pareja sentimental: "Mi güey no va a venir a la fiesta". ■ COM. **4.** malson. Persona indeterminada: "Llegó un güey a preguntarnos por el lugar del concierto". || **5.** malson. Fórmula de tratamiento para dirigirse a un amigo: "Güey, préstame tus apuntes, no seas mala". || **6.** supran. malson. Persona tonta: "La vendedora es una güey, siempre nos la cotorreamos". ■ EXPR. **¡ay, ~!** malson. Se usa para mostrar asombro, incredulidad o dolor: "¡Ay, güey!, ¡desde aquí arriba se ve muy lejos el suelo!".

guía. ■ F. Adorno de flores o de papel que se amarra a lo largo de un hilo: "Decoramos el salón para la fiesta con unas guías de colores". ■ LOC. **~ de adelante.** LOC. SUST. vulg. Pene.

güichol. ■ M. Sombrero rústico de copa y ala corta.

güila. ■ F. Véase **güilo, la.**

güilanche. ■ M. rur. Piedra para moler, parecida al metate; huilanche.

güilo, la. ■ ADJ. **1.** *Referido a alguien*, tullido; huilo: "El caballo quedó güilo después del accidente". || **2.** *Referido a alguien*, delgado; huilo: "Mi hermana está muy güila porque se enfermó". || **3.** despect. *Referido a persona*, promiscua; huilo. Ú.t.c.sust. ■ M. y F. **4.** despect. Persona que se dedica a la prostitución; huilo. ■ M. **5.** Ave originaria de América, de hasta 1 m de altura, 1.3 m desde la punta del pico hasta el extremo de la cola, 2 m de envergadura y 20 kg de peso; tiene plumaje de color pardo verdoso con reflejos cobrizos y manchas blanquecinas en los extremos de las alas y de la cola, cabeza y cuello cubiertos de carúnculas rojas, así como la membrana eréctil que lleva encima del pico; tarsos negruzcos muy fuertes, dedos largos, y en el pecho un mechón de cerdas de 3 a 4 cm de longitud; la hembra es algo menor, pero semejante al macho en todo lo demás; en domesticidad, el ave ha disminuido de tamaño y ha cambiado el color del plumaje; hay variedades negras, rubias y blancas; comestible. Familia de los faisánidos del orden Galliformes, *Meleagris gallopavo*. (También se llama chompipe, chumpe, chumpipe, cócono, guajolote, huilo, jolote, pavo, picho, pípilo, totol, totole, xolo). ■ F. **6.** *En el Norte*, papalote; huila. || **7.** *En el Norte*, novia; huila. || **8.** *En el Norte*, bicicleta; huila. || **9.** *En Colima*, canica pequeña; huila. || **10.** *En Veracruz*, bruja; huila.

güilota. ■ F. **1.** Ave originaria de América, de hasta 30 cm de longitud; con plumaje en tonos grisáceos y castaños claros; vientre en tonos más tenues y rosados; cola larga y apuntada; cabeza pequeña con un pico pequeño de color negruzco; patas cortas y rojizas; cuerpo relativamente esbelto. Familia de los colúmbidos del orden Columbiforme, *Zenaida macroura*. (También se llama huilota, paloma huilota). || **2.** despect. Prostituta; huilota.

güinche. ■ M. supran. Máquina que consiste en un torno de eje vertical que se emplea para mover grandes pesos por medio de un cable que va enrollado en él; malacate; huinche.

güinchero, ra. ■ M. y F. supran. Persona que trabaja con un güinche; malacatero; huinchero.

güinduri. ■ ADJ. **1.** *Referido a un caballo*, que tiene una mancha blanca con pequeñas manchas oscuras en la grupa. ■ M. **2.** supran. *En Tamaulipas y Veracruz*, felino originario de América, de hasta 90 cm de longitud; con cuerpo alargado y robusto; cola relativamente corta; dorso de color gris mate o amarillo; dorso, hombros y cuello con manchas alargadas, de color pardo oscuro con el borde negro; vientre y patas con pequeñas marcas negras; hábito nocturno. Familia de los félidos del orden Carnivora, *Leopardus pardalis*. (También se llama ocelote, onza, tigrillo, winduri).

guineo. ■ M. supran. *En el Sureste*, plátano. ■ LOC. **~ manzano.** LOC. SUST. **1.** supran. Variedad de plátano cuyo fruto, amarillo, recuerda por su sabor, olor y color a los de la manzana. || **2.** supran. Fruto de esta variedad de plátano. ▶ **~ morado.** LOC. SUST. **1.** supran. Variedad de plátano cuyo fruto tiene una cáscara de coloración ligeramente rojiza, su pulpa es consistente y fibrosa. || **2.** supran. Fruto de esta variedad de plátano.

guingaro. ■ M. rur. Machete en forma de hoz.

guinumo. ■ M. rur. *En el Occidente*, conjunto de hojas secas de pino que cubren el suelo.

güinza. ■ F. **güisa.**

güipil. ■ M. **1.** supran. Vestimenta tradicional de las mujeres indígenas; huipil. || **2.** supran. Blusón largo sin mangas, generalmente bordado; huipil.

güira. ■ F. fam. Cuerpo de policía.

güirero, ra. ■ M. y F. supran. Persona que se dedica a tocar el güiro o instrumento musical hecho con el fruto seco y sin semillas de este árbol, y con una serie de ranuras sobre las que se frota una pequeña barra de metal o de madera.

güirigüirear. ■ INTR. **1.** Chismorrear: "Se sentaron y güirigüirearon toda la tarde". || **2.** supran. Hablar excesivamente: "Güirigüireas y no dejas hablar a los demás".

güirigüiri. ■ M. **1.** Chismorreo: "Por estar en el güirigüiri, a mi mamá se le quemó la cena". || **2.** supran. Habladuría excesiva: "Ya déjate de güirigüiri y cumple lo que me prometiste".

güiro. ■ M. **1.** supran. Grupo de árboles originarios de América, de hasta 15 m de altura, monoicos; tallos con largas ramas extendidas e irregulares; hojas alternas, enteras o divididas, espatuladas, lustrosas; flores hermafroditas, vistosas, campanulares, amarillas verdosas; frutos capsulares, subglobosos, con pulpa negra, corteza dura, café; semillas numerosas, circulares, aplanadas, cafés. Familia de las bignoniáceas, varias especies del género *Crescentia*, como *Crescentia alata*, *Crescentia cujete*. (También se llama ayale, bule morro, calabazo, coatecomate, cuatecomate, cuautecomate, guaje, huaje, jícara, jícaro, tecomate). || **2.** supran. Individuo del **güiro**. || **3.** supran. Fruto seco de los individuos del **güiro**; uso artesanal. || **4.** supran. Instrumento musical de percusión hecho con el fruto seco y sin semillas de los individuos del **güiro**, al que se le hace una hilera de pequeñas ranuras horizontales paralelas, sobre las que se frota una pequeña barra de madera.

güisa. ■ F. *En el Norte*, prostituta.

güisache. ■ M. Arbusto o árbol originario de América, de hasta 7 m de altura, monoico; tallos muy ramificados, lisos, con las últimas ramillas pubescentes en la juventud, con espinas blanquecinas; hojas alternas, divididas hasta en 14 foliolos, con un nectario ubicado poco más abajo de la base del primer par de pinas, elípticas, con margen entero; flores hermafroditas, pequeñas, tubulares, de color amarillo, sésiles, agrupadas en cabezuelas globosas; frutos en vainas cilíndricas, con las puntas redondeadas, negras al madurar, glabras; semillas numerosas, en forma de riñón, de color pardo amarillo; uso industrial y en la medicina tradicional. Familia de las leguminosas, *Acacia farnesiana*. (También se llama güizache, huisache, huizache, vinorama, yóndiro).

güisarapo. ■ M. **gusarapo.**

güisayote. ■ M. **güisquil.**

güisquil. ■ M. **1.** Chayotera; huisquil. || **2.** supran. Fruto de la chayotera; chayote; huisquil.

güísquil. ■ M. **güisquil.**

güisquilar. ■ M. **1. güisquil.** || **2.** supran. Terreno plantado de güisquiles; huisquilar.

guitarrón. ■ M. supran. Instrumento de cuerda, parecido a la guitarra, aunque de mayores dimensiones que esta, con seis cuerdas y con el mango relativamente corto, que forma parte de los instrumentos que conforman un mariachi.

güitumbillo. ■ M. *En el Sureste*, árbol originario de América, de hasta 6 m de altura; tallos cilíndricos, con corteza externa grisácea y salvia negra; hojas simples, alternas, oblongo-lanceoladas o de obovadas a oblongas, glabras por ambas caras, con márgenes enteros; flores hermafroditas, diminutas, de color blanco, los sépalos con franjas de color negro, dispuestas en panículas terminales; frutos drupáceos, de globosos a subglobosos, verdes con punteaduras negras en la superficie exterior tornándose negros al madurar, comestibles; uso como especie maderable. Familia de las mirsináceas, *Ardisia revoluta*. (También se llama sirarí, sirasil).

güiza. ■ F. **güisa.**

güizache. ■ M. **güisache.**

gumarro. ■ M. vulg. Testículo.

gurbia. ■ F. supran. Herramienta de carpintería, semejante a un formón pero con la hoja de perfil semicircular, que sirve para labrar superficies curvas; gubia.

gurguñate. ■ M. fam. Parte superior de la tráquea; gaznate.

gurrumino. ■ M. Pajarito enjaulado que ha sido entrenado para sacar con el pico papelitos de una caja con una supuesta predicción de la suerte.

gurusapo. ■ M. **1.** *En el Sureste*, nombre general que se da a las larvas del mosquito que viven en el agua. || **2.** pop. **gusarapo.**

gusanillo. ■ M. Hierba originaria de América, de hasta 1 m de altura, monoica; tallos muy ramificados, de tonos morados, pubescentes; hojas alternas, enteras, lanceoladas o lineares, con márgenes dentados; flores hermafroditas, vistosas, tubulares, agrupadas en racimos, con cinco pétalos de color azul a rosado, tres de ellos más grandes y vistosos; frutos capsulares, elipsoides; semillas numerosas, diminutas, lustrosas, cafés; uso ornamental. Familia de las campanuláceas, *Lobelia fenestralis*. (También se llama talclote).

gusano. ■ M. **1.** fam. Sensación de curiosidad, inquietud, duda o antojo. Ú.m.e.dim.: "Tenía el gusanito de conocer la calificación del examen final". || **2.** vulg. *En Hidalgo*, órgano sexual femenino. ■ LOC. **~ barrenador.** LOC. SUST. Nombre genérico dado a varios tipos de insectos en estadios larvales, de los órdenes Diptera, Lepidoptera, Coleoptera; pueden ser parásitos de animales o plantas y tienen como característica en común la habilidad de hacer agujeros. ▷ **~ blanco de maguey.** LOC. SUST. Insecto en estadio de larva originario de México, de hasta 7 cm de longitud por 1.5 cm de ancho; con cuerpo de tonalidades blanquecinas, a excepción de su cabeza que se encuentra esclerotizada en tonos oscuros; se alimenta de plantas de la familia de las agaváceas hasta completar su estadio larval; comestible. Familia de los hespéridos del orden Lepidoptera, *Aegiale hesperiaris*. (También se llama champoloco, gusano mantequilla, meocuil). ▷ **~ colorado.** LOC. SUST. **gusano rojo de maguey.** ▷ **~ mantequilla.** LOC. SUST. **gusano blanco de maguey.** ▷ **~ medidor.** LOC. SUST. supran. Insecto en estadio de larva originario de América, de hasta 4 cm de longitud; de color verde amarillento o blanco con rayas negras y puntas oscuras; al desplazarse encoge y alarga alternativamente su cuerpo como si estuviera midiendo el espacio recorrido; se alimenta de pétalos, brácteas, botones y ciertas cápsulas o frutos secos; es plaga de especies de importancia económica, como el algodón. Familia de los noctuidos del orden Lepidoptera, *Remigia conveniens*. ▷ **~ quemador.** LOC. SUST. **1.** Grupo de insectos en estadio de larva, de alrededor de 4.5 cm de longitud; como característica particular presentan espinas o setas que cubren sus cuerpos; las setas están provistas de toxinas que al entrar en contacto con la piel humana generan lesiones dérmicas, así como otros síntomas. Varias familias del orden Lepidoptera. (También se llama azotador, quemador). || **2.** Individuo de este grupo de insectos. ▷ **~ rojo.** LOC. SUST. **gusano rojo de maguey.** ▷ **~ rojo de maguey.** LOC. SUST. Insecto en estadio de larva originario de América del Norte, de hasta 3 cm de longitud; con cuerpo ligeramente aplanado dorsoventralmente, de tonalidades rojizas, a excepción de su cabeza y una proyección quitinosa en forma de cuerno o espina que presenta en el último segmento de su cuerpo tonos oscuros; se alimenta de plantas de la familia de las agaváceas hasta completar su estadio larval; comestible. Familia de los cósidos del orden Lepidoptera, *Comadia redtenbacheri*. (También se llama chilincual, chilocuil, chimicuil, chincuil, chinicuil, gusano colorado, gusano rojo, techol, tecol).

gusarapo. ■ M. supran. Larva de la rana; renacuajo.

guso. ■ M. jerg. Hombre homosexual.

gustar. ■ LOC. **~ el arroz con popote.** LOC. VERB. fest. Ser un hombre homosexual. ▷ **~ el pozole de vampiro.** LOC. VERB. **gustar el arroz con popote.** ▷ **~ el pulque de guayaba.** LOC. VERB. **gustar el arroz con popote.** ▷ **~ la botella.** LOC. VERB. Tener alguien afición por la bebida: "Cuidado con Jacinto porque le gusta la botella". ▷ **~ la carne de puerco.** LOC. VERB. **gustar el arroz con popote.** ▷ **~ la Coca-Cola en rebanadas.** (De Coca-Cola®). LOC. VERB. **gustar el arroz con popote.** ▷ **~ la Coca-Cola hervida.** (De Coca-Cola®). LOC. VERB. **gustar el arroz con popote.** ▷ **~ la Coca-Cola tibia.** (De Coca-Cola®). LOC. VERB. **gustar el arroz con popote.**

guzgo, ga. ■ ADJ. *Referido a persona*, que come con exceso y ansia; glotón: "Si Rita tiene sobrepeso, es por guzga". Ú.t.c.sust.: "La guzga de Rita se comió todo el pastel".

guzguear. ■ INTR. Comer con exceso y ansia; glotonear: "Tu problema es que guzgueas todo el día, por eso no adelgazas".

guzguera. ■ F. Véase **guzguero, ra.**

guzguería. ■ F. Glotonería; guzguera.

guzguero, ra. ■ ADJ. **1. guzgo, ga.** ■ F. **2.** Glotonería; guzguera.

G

H

haba. ■ LOC. **~ de san Ignacio.** LOC. SUST. **1.** supran. Árbol originario de América, de hasta 25 m de altura, monoico; troncos con corteza lisa, de color castaño claro, con numerosas espigas; hojas alternas, simples, ovadas, con márgenes dentados; flores unisexuales: las masculinas sin pétalos y sésiles, agrupadas en una espiga terminal, las femeninas axilares, solitarias, sin pétalos; frutos capsulares, multivalvados, aplastados en los extremos, cubiertos con lenticelas de color café oscuro; semillas circulares, planas. Familia de las euforbiáceas, *Hura polyandra.* || **2.** supran. Semilla de este árbol, uso en la medicina tradicional.

habanera. ■ F. Véase **habanero, ra.**

habanero, ra. ■ ADJ. **1.** Perteneciente o relativo al chile habanero: "La zona habanera de Tabasco rompió su récord de producción anual". ■ M. **2.** Aguardiente de caña, de alta gradación alcohólica, de color ámbar claro, que se produce en Tabasco. ■ F. **3.** Salsa picante que tiene chile habanero como ingrediente principal. || **4.** (De Habaneras®). Galleta de harina de trigo, redonda, plana, crujiente y salada.

haber. ■ LOC. **~ pájaros en el alambrado.** LOC. VERB. **haber pájaros en el alambre.** ▷**~ pájaros en el alambre.** LOC. VERB. Estar presente alguien que no debería escuchar una conversación: "No comentes nada, hay pájaros en el alambre". ▷**~ pájaros en los alambres.** LOC. VERB. **haber pájaros en el alambre.**

hablada. ■ F. **1.** coloq. Rumor malintencionado. Ú.m.e.pl.: "No creo lo que dice Jimena, son puras habladas". || **2.** supran. coloq. Fanfarronada. Ú.m.e.pl.: "Mi cuñado dice puras habladas y ya me hartó".

habladera. ■ F. **1.** supran. coloq. Habladuría. || **2.** supran. coloq. Palabrería.

hablador, ra. ■ ADJ. **1.** supran. coloq. *Referido a persona*, fanfarrona: "Golpearon al vecino por ser tan hablador". Ú.t.c.sust.: "Al vecino lo golpearon por ser un hablador". || **2.** supran. coloq. *Referido a persona*, mentirosa: "Mis vecinos son muy habladores, mejor no te les acerques". Ú.t.c.sust.: "Mis vecinos son unos habladores, mejor no te les acerques". || **3.** supran. coloq. Propio de la persona **habladora**: "La actitud habladora del vecino siempre le trae muchos problemas".

hablar. ■ INTR. supran. Llamar por teléfono a alguien: "Habla para que te den la cita en el consultorio". ■ LOC. **~ a calzón quitado.** LOC. VERB. fam. Decir algo sin miramientos: "Cristina siempre habla a calzón quitado". ▷**~ al oído.** LOC. VERB. **1.** Decir a alguien cosas en privado: "Me habló al oído para contarme el problema". || **2. hablar bonito.** ▷**~ al tanteo.** LOC. VERB. Decir algo sin certeza:

"¿Te consta o me hablas al tanteo?". ▷~ **bonito.** LOC. VERB. Persuadir a alguien mediante palabras: "Me habló bonito y acepté venir". ▷~ **castilla.** LOC. VERB. supran. Expresarse alguien en español: "Ese hombre habla castilla muy bien". ▷~ **como (un) perico.** LOC. VERB. supran. Platicar mucho: "Tu tía habla como perico". ▷~ **de bulto.** LOC. VERB. **1.** coloq. Decir algo de manera confusa o revuelta: "Nunca entiendo a José porque habla de bulto". || **2.** coloq. Acompañar lo que se está contando con gestos y ademanes: "—Entonces que la avienta así. —¡Órale, pero no hables de bulto!". || **3.** coloq. **hablar al tanteo.** ▷~ **de golpe.** LOC. VERB. **hablar golpeado.** ▷~ **duro.** LOC. VERB. Regañar a alguien: "Juan le habló duro a su hijo porque reprobó el examen". ▷~ **feo.** LOC. VERB. Decir a alguien cosas negativas, generalmente improperios: "El hombre le habló feo a la cajera del super". ▷~ **golpeado.** LOC. VERB. **1. hablar a calzón quitado.** || **2.** fam. Decir algo con un tono elevado de voz: "¡Cuidadito con hablarme golpeado, respétame!".

hablarle. ■ EXPR. **háblale a la mano.** fam. Se usa para indicarle a un interlocutor que es molesto y que no se le escuchará; se acompaña de un gesto que consiste en extender el brazo y dirigir la palma de la mano hacia el oyente: "—¡Déjame explicar! —Háblale a la mano".

habliche. ■ ADJ. **1.** coloq. *Referido a persona*, chismosa: "Tus amigos son muy habliches". ■ COM. **2.** coloq. Persona chismosa: "Tus amigas son unas habliches".

hablichi. Véase **habliche.**

hablinche. Véase **habliche.**

hacayote. ■ M. **1.** Hierba originaria de México, reptante o trepadora, monoica; tallos angulosos, pubescentes, con zarcillos apicales; hojas anchas, un poco acorazonadas, con márgenes serrados; flores unisexuales, de color verde claro o amarillo, en forma de campanas grandes: las masculinas con cáliz corto y las femeninas en pedicelos anchos y robustos; frutos pepónides, esféricos, un poco aplanados y con surcos como gajos, de color verde, rayados con amarillo. Familia de las cucurbitáceas, *Cucurbita moschata*. (También se llama ayote, calabaza). || **2.** Flor del **hacayote**; comestible. || **3.** Fruto del **hacayote**; comestible; uso en la medicina tradicional.

hacendario, ria. ■ ADJ. supran. Perteneciente o relativo a la hacienda pública: "Los diputados votaron una nueva ley hacendaria".

hacer. ■ LOC. ~ **banquito.** LOC. VERB. Ayudar a subir a alguien: "Me hizo banquito para los juegos". ▷~ **bizcos.** LOC. VERB. **1.** Realizar gestos que consisten en la desviación voluntaria de los ojos, generalmente convergente hacia la nariz. || **2.** Estar agobiado por una situación límite: "Llevo tres días sin dormir, ya hago bizcos". || **3.** Mirar lascivamente a una persona. ▷~ **bola.** LOC. VERB. Unirse a un grupo para hacerlo más numeroso: "Hicimos bola para que los delegados nos hicieran caso". ▷~ **bolas.** LOC. VERB. supran. Confundir a alguien: "No me hagas bolas, que me pongo nerviosa". ▷~ **caballito.** LOC. VERB. **1.** supran. Colocar a un niño sobre las piernas o sobre la espalda y simular que cabalga: "Mi abuelo me hacía caballito para que dejara de llorar". || **2.** supran. Llevar sobre la espalda a alguien, generalmente a un niño: "Tío, ¿me haces caballito?". ▷~ **caca.** LOC. VERB. **hacer talco.** ▷~ **capirotada.** LOC. VERB. Destrozar algo: "Hice capirotada la maceta cuando me tropecé con ella". ▷~ **caras.** LOC. VERB. supran. Expresar disgusto o rechazo gesticulando con el rostro: "Manuel me hace caras siempre que le doy sopa de verduras". ▷~ **caravana con sombrero ajeno.** LOC. VERB. Aprovecharse alguien de los méritos de otra persona para beneficiarse o para lucirse: "Pablo hace caravana con sombrero ajeno por la cartera de clientes que consiguió Hugo". ▷~ **casita.** LOC. VERB. Cubrir a alguien o algo para evitar que sea visto o para protegerlo de la intemperie. ▷~ **chango.** LOC. VERB. Emberrincharse: "Daniel hizo chango porque no lo dejé salir a jugar". ▷~ **chicharrón.** LOC. VERB. Arrugar algo: "Ya hiciste chicharrón el vestido, hay que plancharlo otra vez". ▷~ **chichis.** LOC. VERB. fam. Arrullar a un niño: "Hazle chichis al nene para que se duerma". ▷~ **chiras pelas.** LOC. VERB. **1.** Suspenderse bruscamente algo emprendido: "El partido de futbol americano hizo chiras pelas porque cayó un aguacero". || **2.** No congeniar dos o más personas:

"Presenté a unos amigos, pero hicieron chiras pelas". || **3.** No corresponderse dos objetos entre sí: "Te equivocaste de tuerca, hace chiras pelas con la rosca". || **4.** Morirse: "Ayer mi gato hizo chiras pelas". ▶ **~ chuza.** LOC. VERB. Colisionar con varios objetos en una misma trayectoria: "Un carro hizo chuza con el poste y otros coches". ▶ **~ circo, maroma y teatro.** LOC. VERB. Intentar por todos los medios alcanzar un objetivo: "Por más que hice circo, maroma y teatro, no me ascendieron". ▶ **~ clic.** LOC. VERB. **1.** Causar alguien, de manera inmediata, una impresión favorable: "Mi nueva jefa me hizo clic". || **2.** Enamorarse alguien a primera vista: "María y Pablo hicieron clic en la fiesta". || **3.** Volverse comprensible algo a alguien: "Cuando releí la novela, me hizo clic y entendí al autor". ▶ **~ cocos.** LOC. VERB. Intentar provocar envidia: "Ricardo hizo cocos hablando de su casa nueva". ▶ **~ concha.** LOC. VERB. Demorar alguien la realización de algo, por pereza o indiferencia: "Deja de hacer concha y haz tu tarea". ▶ **~ del baño.** LOC. VERB. Orinar o defecar. ▶ **~ del dos.** LOC. VERB. supran. fam. Defecar: "Vámonos, que quiero hacer del dos". ▶ **~ del uno.** LOC. VERB. supran. fam. Orinar: "Vámonos, que quiero hacer del uno". ▶ **~ el caldo gordo.** LOC. VERB. **1.** Agrandar un problema: "Tu situación no es tan grave como para hacer el caldo gordo". || **2.** vulg. Practicar el coito. ▶ **~ el cuatro.** LOC. VERB. supran. Elevar un pie sobre la parte frontal de la otra extremidad, formando con las piernas ese número para demostrar que se está sobrio: "A ver, joven, salga del carro para que haga el cuatro aquí, por favor". ▶ **~ el día.** LOC. VERB. Dar contento a alguien: "Tu comentario me hizo el día, gracias". ▶ **~ el favor.** LOC. VERB. fest. Consumir algo valioso y de manera excesiva con la complacencia del que invita: "Te voy a hacer el favor, saca tu mejor tequila". ▶ **~ el gasto.** LOC. VERB. **hacer el favor.** ▶ **~ el/un paro.** LOC. VERB. fam. Ayudar a alguien: "Juan le hizo el paro a su primo". ▶ **~ el quite.** LOC. VERB. supran. Ayudar a otra persona con un trabajo o tarea: "Ándale, hazme el quite con la comida". ▶ **~ esquina.** LOC. VERB. fam. Ayudar a alguien en una pelea, generalmente con alevosía y ventaja: "Mis cuates me hicieron esquina cuando me peleé con Iván". ▶ **~ (el) fuchi.** LOC. VERB. Rechazar o desdeñar a alguien o algo: "No me hagas el fuchi, cómete lo que te preparé". ▶ **~ guaje.** LOC. VERB. **hacer güey.** ▶ **~ güey.** LOC. VERB. malson. Engañar a alguien: "No me quieras hacer güey y devuélveme lo que te presté". ▶ **~ huevos.** LOC. VERB. **1.** malson. Ejecutar un gesto con un movimiento enérgico del brazo para mostrar la palma de la mano y los dedos flexionados a diferente abertura con la intención de insultar a quien lo ve: "El chofer del camión le hizo huevos al taxista cuando se le atravesó". || **2.** malson. Desdeñar: "Una chica me hizo huevos en el antro". ▶ **~ iris.** LOC. VERB. Protestar enérgicamente: "Estos jóvenes hacen iris todo el tiempo". ▶ **~ jalón.** LOC. VERB. **1.** fam. Fijarse en alguien con fines amorosos: "Tu hermana hizo jalón con mi amigo Mario". || **2. hacer el quite.** ▶ **~ la chillona.** LOC. VERB. coloq. Poner dificultades para no hacer algo: "A Refugio le encanta hacer la chillona cuando le pido que limpie su cuarto". ▶ **~ la finta.** LOC. VERB. supran. Aparentar la realización de algo con la intención de engañar a alguien: "Reinaldo hizo la finta de que estudiaba para que su mamá lo dejara jugar un rato". ▶ **~ lagartijas.** LOC. VERB. vulg. Practicar el coito. ▶ **~ la lucha.** LOC. VERB. supran. Esforzarse para conseguir algo: "Olga hizo la lucha y dejó de fumar". ▶ **~ la maleta.** LOC. VERB. fam. Morirse: "Después de que mi mamá hizo la maleta, mi papá no volvió a casarse". ▶ **~ la meme.** LOC. VERB. supran. Dormir: "Ya es hora de que hagas la meme". ▶ **~ la sopa.** LOC. VERB. *En el dominó*, mezclar las fichas antes de empezar la jugada: "Le toca a Tatiana hacer la sopa para la siguiente partida". ▶ **~ la valona.** LOC. VERB. **hacer el quite.** ▶ **~ la vida de cuadritos.** LOC. VERB. supran. Complicar a alguien la existencia: "Durante años mi suegro me hizo la vida de cuadritos". ▶ **~ lo que el aire a Juárez.** LOC. VERB. **hacer lo que el viento a Juárez.** ▶ **~ lo que el viento a Juárez.** LOC. VERB. **1.** No causar algo efecto o daño alguno: "Tus palabras me hacen lo que el viento a Juárez". || **2.** No alterar o intimidar algo a alguien: "Mira a Noé, hablar en público le hace lo que el viento a Juárez". ▶ **~ los mandados.** LOC.

VERB. supran. Ser alguien inferior en capacidad o habilidad que otra persona: "El empleado nuevo me hace los mandados". ▷**~ (la) machaca.** LOC. VERB. vulg. Practicar el coito. ▷**~ (el) *manicure*.** [*manikiúr*] LOC. VERB. fest. *En la cárcel*, tomar las huellas digitales de alguien al momento de ingresarlo: "Le hicieron el *manicure* a Horacio por ratero". ▷**~ manita de puerco.** LOC. VERB. Forzar a alguien a hacer algo: "Úrsula me hace manita de puerco porque sabe cómo chantajearme". ▷**~ mierda.** LOC. VERB. **hacer talco.** ▷**~ monte.** LOC. VERB. Huir: "Haz monte, vete a otra ciudad". ▷**~ mosca.** LOC. VERB. **1.** Estorbar a alguien con su presencia, especialmente a una pareja: "Mi sobrino nos hizo mosca toda la mañana a mi novia y a mí". || **2.** Distraer a alguien: "Hazle mosca al maestro para que no se dé cuenta de que llegué tarde". ▷**~ ojitos.** LOC. VERB. Atraer algo fuertemente la atención de alguien, quien desea poseerlo: "Tu vestido nuevo me hizo ojitos, ¡préstamelo!". ▷**~ olas.** LOC. VERB. Causar confusión en una situación que ya es complicada: "Ese asunto hará olas en la oficina". ▷**~ panchos.** LOC. VERB. Manifestar inconformidad o molestia a través de una rabieta: "Marco hizo panchos anoche porque no le compraron un juguete". ▷**~ pato.** LOC. VERB. **hacer güey.** ▷**~ pelotas.** LOC. VERB. **hacer bolas.** ▷**~ perdedizo.** LOC. VERB. Robar: "La muchacha me hizo perdedizos los aretes". ▷**~ pinole.** LOC. VERB. **1.** supran. Destrozar algo: "El perro hizo pinole mis zapatos". || **2.** supran. Golpear a alguien: "¡Te voy a hacer pinole, si sigues molestándome!". ▷**~ pira.** LOC. VERB. vulg. Poseer sexualmente varios hombres a una mujer. ▷**~ pomada.** LOC. VERB. **hacer talco.** ▷**~ roncha.** LOC. VERB. coloq. Obtener beneficio de algún negocio: "Toribio hizo roncha con la franquicia de sus padres". ▷**~ san lunes.** LOC. VERB. coloq. Faltar alguien al trabajo ese día para prolongar el fin de semana: "¡Mis dos asistentes hicieron san lunes, son unos irresponsables!". ▷**~ su regalada gana.** LOC. VERB. Realizar alguien lo que su deseo le dicta: "Yo voy a conducir así, aunque no te parezca, porque hago mi regalada gana". ▷**~ talco.** LOC. VERB. supran. Causar un gran daño físico a alguien o a algo: "El coche hizo talco al gato". ▷**~ un circo (en el estómago).** LOC. VERB. Causar algo o alguien molestia, asco o repulsión: "Esa noticia amarillista me hizo un circo en el estómago". ▷**~ un iris.** LOC. VERB. **1.** fam. Cerrar alguien un ojo o hacer cualquier otro gesto a manera de coqueteo: "Esa chica me hizo un iris ahorita que pasé". || **2.** *Entre delincuentes*, realizar un ademán convenido entre ellos para facilitar la comisión de un acto delictivo: "Yo vi cuando el ratero le hizo un iris a su compinche". ▷**~ un ocho.** LOC. VERB. Caminar en espiral para comprobar que se está sobrio: "Juan le hizo un ocho al policía del alcoholímetro". ▷**~ un quiebre.** LOC. VERB. **1.** Escabullirse: "Tere hizo un quiebre para salirse de la reunión". || **2.** *En el futbol*, burlar a un jugador del equipo contrario: "Sánchez hizo un quiebre y se libró del defensa". ▷**~ un tango.** LOC. VERB. Realizar alguien un berrinche: "Su hijo le hizo un tango en el supermercado". ▷**~ una mala jugada.** LOC. VERB. Realizar alguien una acción subrepticiamente, con la intención de perjudicar a una o más personas: "A Manuel le hicieron una mala jugada y por eso lo corrieron de la empresa". ▷**~ valer.** LOC. VERB. Realizar un favor: "Nos hizo valer con ese dinero". ▷**~ violines.** LOC. VERB. fest. Ejecutar un gesto burlón con los dedos índice y cordial de una mano a un lado y otro en la nariz para insultar a quien lo ve: "Le hice violines al tipo del carro que se me atravesó". ▷**~ visiones.** LOC. VERB. fam. Darse alguien a notar mediante muecas o una conducta llamativa: "Mario siempre hace visiones frente al jefe, es un ridículo". ▷**~ yemas.** LOC. VERB. **1.** eufem. **hacer huevos.** || **2.** eufem. Tronar los dedos pulgar y medio para apremiar a alguien a que haga algo. ▷**la de ~ gente.** LOC. SUST. vulg. Pene. ■ EXPR. **¿hace cuántos kilos que no te veía?** fest. Se usa para saludar a una persona que, de manera notoria, ha perdido o ganado peso desde la última vez que se le vio: "Estás irreconocible, Alicia, ¿hace cuántos kilos que no te veía?". ▷**¡hazme (tú) el favor!** supran. Se usa para indicar enfado o desconcierto ante un hecho: "Llegó tarde en la primera cita, ¡hazme el favor!".

hacerla. ■ INTR. PRNL. **1.** supran. Dañar a alguien: "Temía que Juan me delatara y, finalmente, me la hizo". || **2.** supran. coloq.

Conseguir alguien lo que desea: "¡Por fin la hice, me contrataron!". ■ LOC. **~ cansada.** LOC. VERB. **hacerla de cuento.** ▷ **~ cardiaca.** LOC. VERB. Producir una gran expectativa: "Los equipos la hicieron cardiaca y se fueron a tiempo extra". ▷ **~ de cuento.** LOC. VERB. Poner trabas o excusas para hacer algo: "Ya, Rosa, no me la hagas de cuento y dime si me vas a ayudar o no". ▷ **~ de emoción.** LOC. VERB. **hacerla cardiaca.** ▷ **~ de episodios.** LOC. VERB. **1. hacerla cardiaca.** || **2.** Tardar en dar una solución: "El jurado de mi examen profesional la hizo de episodios". ▷ **~ de jamón.** LOC. VERB. **hacerla de tos.** ▷ **~ de pedo.** LOC. VERB. malson. **hacerla de tos.** ▷ **~ de tos.** LOC. VERB. **1.** fam. Complicar las cosas o poner trabas o excusas para hacer algo: "Mi mamá me la hizo de tos para salir el sábado". || **2.** fam. Reclamar con insistencia y de manera altanera buscando la confrontación: "Laura la hizo de tos porque su esposo llegó tarde". ▷ **~ larga.** LOC. VERB. supran. Demorarse alguien excesivamente al hacer o decir algo, especialmente en un discurso o exposición: "El profe la hizo larga cuando explicó las ecuaciones".

hacerle. ■ LOC. **~ al/a la.** LOC. VERB. **1.** Imitar las características de alguien: "Mi prima le hace a la María Félix muy bien". || **2.** Improvisar un oficio o profesión: "Luis le hizo al mecánico y logró arrancar el carro". || **3.** Ejercer un oficio o profesión: "Mi abuelo le hace al albañil desde hace veinte años". || **4.** Tener nociones elementales de un oficio o profesión: "Háblenle al señor que le hace al electricista". ▷ **~ al barro.** LOC. VERB. vulg. Ser un hombre homosexual. ▷ **~ al cuento.** LOC. VERB. **1.** coloq. Entretener a alguien con dilaciones por querer ocultar la realidad: "Marina le hace al cuento cuando les enseña las calificaciones a sus papás". || **2.** coloq. Exagerar: "Hugo siempre le hace al cuento para llamar la atención". || **3.** coloq. Hablar con circunloquios: "Ese abogado le hace al cuento con sus clientes". ▷ **~ al desarrapado.** LOC. VERB. **hacerle al ensarapado.** ▷ **~ al ensarapado.** LOC. VERB. coloq. Intentar pasar inadvertido: "Renata le hace al ensarapado para no tener obligaciones en su trabajo". ▷ **~ al iris.** LOC. VERB. fam. Poner trabas o excusas para hacer algo: "Guadalupe le hace al iris cuando le reclamo lo que me debe". ▷ **~ al loco.** LOC. VERB. **1.** Fingir ignorancia: "No le hagas al loco y dime la verdad". || **2.** Evadir una situación comprometida: "Dime qué opinas de las decisiones del jefe, ya no le hagas al loco". ▷ **~ al minero.** LOC. VERB. vulg. Practicar el coito. ▷ **~ al occiso.** LOC. VERB. **hacerle al loco.** ▷ **~ al pendejo.** LOC. VERB. malson. **hacerle al loco.** ▷ **~ al tarugo.** LOC. VERB. **hacerle al loco.** ▷ **~ de chivo los tamales.** LOC. VERB. **1.** supran. Serle infiel a la pareja: "Arturo le hizo de chivo los tamales a su esposa con Mari". || **2.** supran. Engañar a alguien con premeditación: "A Teresa le hicieron de chivo los tamales con las cortinas porque al lavarlas se le encogieron". ▷ **~ la lucha.** LOC. VERB. Esforzarse para conseguir algo: "Olga le hizo la lucha y dejó de fumar".

hacerse. ■ INTR. PRNL. **3.** Volverse realidad algo que alguien deseaba: "Al fin se me hizo conocer la Patagonia". || **4.** Suponer o imaginar algo: "Se me hace que nomás estás inventando que te sientes mal para no ir a trabajar". || **5.** Acostumbrarse: "La abuela se hizo a los modos anticuados del abuelo". || **6.** Actuar de manera esquiva ante un cuestionamiento: "No te hagas y dime a dónde fuiste". || **7.** Obtener algo: "Mi tía se hizo de un terrenito". ■ LOC. ▷ **~ bolita.** LOC. VERB. Ponerse en posición fetal: "Tenía mucho frío y me hice bolita al acostarme". ▷ **~ camote.** LOC. VERB. **1.** coloq. Echarse a perder algo: "El guisado se hizo camote por no meterlo al refrigerador". || **2.** coloq. Actuar con torpeza: "Ernesto se hace camote cuando está nervioso". || **3.** coloq. Expresarse con dificultad: "No te hagas camote y explícalo con calma". ▷ **~ chicharrón.** LOC. VERB. **1.** supran. Arrugarse algo mucho hasta quedar casi inservible: "El recibo se hizo chicharron y no pudimos cobrar el envío". || **2.** supran. Quemarse algo por completo: "Las tortillas se hicieron chicharrón porque no las cuidaste". ▷ **~ chiquito.** LOC.

VERB. Acobardarse alguien: "Cuando vio al león, Julia se hizo chiquita". ▶ ~ **como que la virgen le habla.** LOC. VERB. **hacerse pato.** ▶ ~ **concha.** LOC. VERB. **hacerse pato.** ▶ ~ **de la boca chiquita.** LOC. VERB. supran. Fingir alguien que no desea algo: "Daniela se hizo de la boca chiquita y no aceptó más pastel". ▶ ~ **el difícil.** LOC. VERB. supran. No acceder alguien a lo que otra persona solicita, hasta que se lo pida con insistencia: "En la ventanilla se hicieron los difíciles para soltarme el cheque". ▶ ~ **el occiso.** LOC. VERB. Desentenderse alguien de un asunto: "Claudia siempre se hace la occisa cuando le pido su ayuda". ▶ ~ **el pelo.** LOC. VERB. Arreglarse el cabello: "Una vez al mes voy al salón de belleza a hacerme el pelo". ▶ ~ **fuera de la bacinica.** LOC. VERB. **1.** fam. Actuar alguien sin sentido de la realidad, incurriendo en un despropósito y desacierto de gran magnitud; mearse fuera de la bacinica: "El acusado se hizo fuera de la bacinica cuando le gritó al juez". || **2.** fam. Actuar incorrectamente, particularmente infringiendo una norma; mearse fuera de la bacinica: "Manuel se hizo fuera de la bacinica cuando aceleró y se pasó el alto". ▶ ~ **guaje.** LOC. VERB. coloq. **hacerse pato.** ▶ ~ **güey.** LOC. VERB. malson. **hacerse pato.** ▶ ~ **las uñas.** LOC. VERB. Realizarse el *manicure*: "Me hago las uñas una vez al mes". ▶ ~ **ojo de hormiga.** LOC. VERB. supran. Desaparecer: "Mis nuevos zapatos se hicieron ojo de hormiga, alguien los tomó". ▶ ~ **ojo de Pancha.** LOC. VERB. **hacerse pato.** ▶ ~ **para lo oscurito.** LOC. VERB. Incumplir alguien un compromiso: "Miguel se hizo para lo oscurito cuando le pidieron trabajar todos los sábados". ▶ ~ **pato.** LOC. VERB. supran. Aparentar ignorancia o desconocimiento: "Sonia siempre se hace pato cuando le preguntan cuándo nació". ▶ ~ **pendejo.** LOC. VERB. supran. malson. **hacerse pato.** ▶ ~ **perdedizo.** LOC. VERB. Esconderse alguien: "Mi hermana se hizo perdediza cuando mis padres supieron de su embarazo". ▶ ~ **rosca.** LOC. VERB. coloq. Incumplir alguien un compromiso o una promesa: "Inés se hizo rosca y no nos ayudó a estudiar para los exámenes finales". ▶ ~ **tarugo.** LOC. VERB. **hacerse pato.** ■ EXPR. **qué se me hace (que).** Se usa para indicar que se supone algo: "Qué se me hace, seguro tú estás enamorado de Sara". ▶ **que se te haga la boca chicharrón.** fam. Se usa para señalar el deseo de que una suposición o augurio, generalmente perjudicial, no se realice: "¿Que no me van a dar el trabajo?, ¡que se te haga la boca chicharrón!". ▶ **que se te haga la lengua chicharrón.** fam. **que se te haga la boca chicharrón.**

hacérsela. ■ LOC. **házmela buena.** LOC. VERB. Se usa para poner en duda la afirmación o el deseo del interlocutor: "—Hoy saldremos temprano del trabajo. —¡Házmela buena!".

hacérsele. ■ LOC. ~ **agua la canoa.** LOC. VERB. **1.** vulg. Excitarse sexualmente. || **2.** supran. vulg. Ser un hombre homosexual.

hacha. ■ LOC. **como ~.** LOC. ADJ. coloq. *Referido a persona*, muy preparada para alguna actividad: "Ramón está como hacha para el examen". ▶ **de un ~.** LOC. ADV. coloq. Rápidamente: "Zoila terminó de un hacha la redacción".

hacienda. ■ LOC. ~ **de beneficio.** LOC. SUST. Lugar con las instalaciones necesarias para procesar los minerales extraídos de una mina y separar los metales preciosos, especialmente la plata.

hamacarse. ■ INTR. PRNL. supran. Mecerse, particularmente en una hamaca o un columpio: "Don Roberto se hamaca todas las tardes a la hora de la siesta".

hamaquearse. ■ INTR. PRNL. **hamacarse.**

harinudo, da. ■ ADJ. supran. Harinoso: "La masa del pastel quedó muy harinuda".

hasta. ■ PREP. supran. Indica el momento de inicio de una situación o actividad: "El doctor llega hasta las cinco porque antes está en cirugía".

hechizo, za. ■ ADJ. supran. *Referido a algo*, hecho de forma apresurada y sin planeación: "Le hice un arreglito hechizo al cable del teléfono".

hecho, cha. ■ LOC. ~ **garra(s).** LOC. ADJ. supran. fam. En mal estado: "Los finalistas quedaron hechos garras por tanto esfuerzo".

H

▶ ~ **la chingada.** LOC. ADV. malson. Rápidamente: "Tengo que salir hecha la chingada para llegar a la escuela". ▶ ~ **la fregada.** LOC. ADV. fam. **hecho la chingada.** ▶ ~ **la madre.** LOC. ADV. malson. **hecho la chingada.** ▶ ~ **la mocha.** LOC. ADV. fam. **hecho la chingada.** ▶ ~ **la raya.** LOC. ADV. fam. **hecho la chingada.** ▶ ~ **la toditita.** LOC. ADV. fam. **hecho la chingada.** ▶ ~ **leña.** LOC. ADJ. supran. fam. *Referido a persona*, quebrantada: "Quedé hecha leña después de terminar el proyecto". ▶ ~ **un hilacho.** LOC. ADJ. **hecho una hilacha.** ▶ ~ **un tiro.** LOC. ADJ. fam. *Referido a persona*, muy guapa: "Rubén está hecho un tiro". ▶ ~ **una hilacha.** LOC. ADJ. **1.** fam. Que está flaco: "Javier está hecho una hilacha después de la enfermedad". || **2.** fam. Que está en malas condiciones físicas o morales: "Luisa y su madre quedaron hechas una hilacha después del accidente".

hedionda. ■ F. **1.** Grupo de diferentes especies de hierbas o arbustos pequeños distribuidos principalmente de México a Sudamérica, de hasta 90 cm de altura; hojas alternas, enteras; flores hermafroditas, vistosas, blancas o con tonos púrpuras, campanuladas, solitarias, axilares o terminales, erectas o péndulas; frutos capsulares ovoides, dehiscentes en cuatro valvas, a veces espinosos; semillas numerosas, comprimidas lateralmente o angulosas; flores, uso ornamental; frutos, uso ceremonial. Familia de las solanáceas, varias especies del género *Datura*. (También se llama chamico, estramonio, hediondo, nacazul, toloache). || **2.** Individuo de la **hedionda**; uso en la medicina tradicional.

hediondilla. ■ F. **hueledenoche.**

hediondo. ■ M. **hedionda.**

helodia. (Juego de palabras entre Elodia y helado). ■ ADJ. **1.** fest. *Referido a una bebida*, fría: "Pásame una cerveza bien helodia". ■ F. **2.** fest. Cerveza fría: "Tráete las helodias".

hembrero, ra. ■ ADJ. supran. *Referido a alguien*, que engendra únicamente hembras: "El abuelo era muy hembrero, tuvo seis hijas". Ú.t.c.sust.: "El abuelo fue un hembrero, solo tuvo hijas".

henequén. ■ M. **1.** supran. Planta originaria de América, de hasta 2 m de altura, monoica; tallos con tejido fibroso; hojas arrosetadas, ovado-lanceoladas, carnosas y perennes, con márgenes dentados y ápice terminado en una aguda espina; flores hermafroditas, vistosas, de color blanco verdoso, agrupadas en panículas sobre un largo escapo que sale del centro de la planta; frutos capsulares, elipsoides, carnosos, de color verde; semillas semicirculares, aplanadas, numerosas, negras. Familia de las asparagáceas, *Agave fourcroydes*. (También se llama agave henequén). || **2.** supran. Hoja del **henequén**; uso industrial. || **3.** supran. Fibra vegetal extraída de las hojas del **henequén**. || **4.** supran. Cuerda hecha con la fibra del **henequén**.

henequenero, ra. ■ ADJ. **1.** supran. Perteneciente o relativo al henequén: "La hacienda henequenera fue abandonada por el incendio". ■ M. y F. **2.** supran. Persona que se dedica a cultivar o a vender henequén.

hendida. ■ F. Incisión que se hace en algunos cuerpos con un instrumento cortante; hendidura.

heno. ■ M. **1.** Hierba originaria de América, de hasta 3 m de longitud, monoica; tallos colgantes en forma de hebras, muy ramificados, de color grisáceo, localizados sobre las ramas de los árboles; flores hermafroditas, pequeñas, con tres pétalos de color verde pálido a azul, con seis estambres; frutos capsulares, cilíndricos, cafés; semillas más o menos cilíndricas, plumosas en la base; uso ornamental. Familia de las bromeliáceas, *Tillandsia usneoides*. (También se llama barba de viejo, musgo, tacari). || **2.** Planta epífita originaria de América, de hasta 30 cm de longitud, monoica; tallos colgantes, muy ramificados; hojas simples, arregladas en roseta, con forma de hebras largas, de color gris o plateado, cubiertas de numerosos pelos cortos de apariencia polvorienta; flores hermafroditas, diminutas, de color morado claro o azul, solitarias o en pares sobre un tallo largo que sale de en medio de las hojas; frutos capsulares, terminadas en un pico corto; semillas erectas, de cilíndricas a fusiformes, con un mechón de pelos en la base. Familia de las bromeliáceas, *Tillandsia recurvata*. (También se llama gallinita, pascle, pastle, paxtle).

hermosillense. ■ ADJ. **1.** Perteneciente o relativo a la ciudad de Hermosillo, capital del estado de Sonora: "La afición hermosillense rindió tributo a su jugador estrella". || **2.** Natural o procedente de la ciudad de Hermosillo, capital del estado de Sonora: "Una deportista hermosillense entrenó al equipo de beisbol de mi escuela". ■ COM. **3.** Persona natural o procedente de la ciudad de Hermosillo, capital del estado de Sonora: "Una hermosillense muy alta entrenó al equipo de beisbol de mi escuela".

heroica. ■ F. jerg. Droga obtenida de la morfina, heroína, codeína y derivados.

herradura. ■ F. supran. Pan dulce que tiene esta forma, elaborado con masa similar a la de la galleta, cuyos extremos se cubren con chocolate.

herrero. ■ M. supran. Ave originaria de México, de hasta 47 cm de longitud; con región dorsal de color pardo y la ventral de color rojizo, con mejillas y garganta blancas; cuerpo compacto, alas cortas y redondeadas; cola corta; cabeza pequeña, con escudos en la frente y el pico largo y fino parecido al de una gallina; puede nadar; se alimenta en aguas poco profundas. Familia de los rálidos del orden Gruiformes, *Rallus elegans*.

hey. ■ ADV. fam. Se usa para expresar afirmación o confirmación; sí: "—¿Ya fuiste al mercado? —Hey".

hicaco. ■ M. **1.** supran. Árbol originario de América y África, de hasta 5 m de altura, monoico; tallos rojizos con pequeñas estípulas; hojas alternas, simples, ovado-elípticas, ápice redondeado, base subcuneada, glabras, con margen entero; flores hermafroditas, blancas, pequeñas, agrupadas en cimas pequeñas, terminales y axilares; frutos drupáceos, lisos con crestas longitudinales, carnosos. Familia de las crisobalanáceas, *Chrysobalanus icaco*. (También se llama icaco, jicaco). || **2.** supran. Fruto del **hicaco**; comestible.

hicotea. ■ F. Tortuga de agua dulce originaria de América, de hasta 40 cm de longitud; con caparazón aserrado en la región posterior, de color olivo oscuro con líneas irregulares amarillas y naranjas, algunas veces negras; la cabeza y las extremidades anteriores y posteriores con líneas negras y amarillas; vive en cuerpos permanentes, principalmente en ríos de corrientes lentas, lagos y lagunas; omnívora oportunista, además se alimenta de hojas, flores, frutos y semillas; comestible. Familia de los emídidos del orden Testudines, *Trachemys venusta*. (También se llama jicotea).

hidalguense. ■ ADJ. **1.** Perteneciente o relativo al estado de Hidalgo: "Este tipo de rocas son propias de la región hidalguense". || **2.** Natural o procedente del estado de Hidalgo: "Esos hombres hidalguenses trabajan en las minas". ■ COM. **3.** Persona natural o procedente del estado de Hidalgo: "Los hidalguenses suelen trabajar en las minas".

hidalgo. ■ M. **1.** Trago mediante el cual se consume, de un solo golpe, el contenido de un vaso o de una copa de bebida alcohólica: "Nos echamos dos hidalgos de tequila en el bar". || **2.** Moneda de oro mexicana de diez pesos con el perfil de Miguel Hidalgo y Costilla, acuñada en 1905, hoy fuera de circulación.

hidrocálido, da. ■ ADJ. **1.** Perteneciente o relativo a la ciudad o al estado de Aguascalientes: "Esta mermelada es hidrocálida, ¿te gusta?". || **2.** Natural o procedente de la ciudad o del estado de Aguascalientes: "Los jugadores hidrocálidos ganaron el partido". Ú.t.c. sust.: "Los hidrocálidos ganaron el partido".

hielera. ■ F. **1.** Hierba originaria de México, de hasta 1 m de altura; tallos poco ramificados desde la base, en ocasiones con finos pelillos; hojas simples, opuestas, de angostas a anchamente ovadas, puntiagudas, con margen entero; flores hermafroditas, vistosas, tubulares y acampanadas, terminando en cinco lóbulos circulares u ovados, de color azul o azul morado, dispuestas en cimas densas; frutos capsulares, algo comprimidos; semillas numerosas, aladas; uso en la medicina tradicional. Familia de las gencianáceas, *Gentiana spathacea*. (También se llama flor de hielo). || **2.** supran. Caja portátil hecha de un material térmico que conserva el frío. || **3.** supran. Recipiente usado para servir cubitos de hielo. || **4.** supran. Molde con divisiones de diversas formas para poner agua y hacer hielos. || **5.** supran. Máquina para producir hielo. || **6.** supran. Refrigerador donde se conserva el hielo. || **7.** supran. Establecimiento donde se elabora y vende hielo.

hielo. ■ LOC. **~ frapé.** LOC. SUST. supran. El que está triturado: "Conservamos el pescado en una cama de hielo frapé".

H

hierba. ■ LOC. **~ amarga.** LOC. SUST. Arbusto originario de México, de hasta 3 m de altura, monoico; tallos muy ramificados, de erectos a arqueados, glabros; hojas opuestas, enteras, ovadas, pubescentes, con margen aserrado; flores femeninas o hermafroditas, diminutas, tubulares y blancas, de una a tres en la periferia son femeninas, de cinco a 13 en el centro son hermafroditas, cabezuelas dispuestas en umbelas corimbiformes terminales; frutos aquénicos, cilíndricos, más o menos peludos, de color negro; uso en la medicina tradicional, considerada una especie con actividad psicotrópica. Familia de las compuestas, *Calea ternifolia.* (También se llama amula, jaral, mala hierba, sacachiche, zacachichi, zacatechichi). ▶ **~ amargosa.** LOC. SUST. Hierba originaria de México, de hasta 1 m de altura, monoica; tallos cilíndricos, ramificados, estriados, de híspidos a hirsutos o pubérulos; hojas alternas, de pinatilobadas a bipinatilobadas, cada segmento anchamente oblongo u ovado, híspidas estrigulosas; flores diminutas, tubulares, amarillas, dispuestas en cabezuelas corimbosas o paniculadas, flores del centro hermafroditas, flores del disco femeninas; frutos aquénicos, los de las flores del centro tetrágonos, los de las flores liguladas trígonos, pubescentes y con un penacho de pelos en el ápice; hierba aromática al estrujarse. Familia de las compuestas, *Zaluzania triloba.* (También se llama altamiz, altamiza, jediondilla). ▶ **~ de golpe.** LOC. SUST. Arbusto originario de América, de hasta 7 m de altura; tallos trepadores, poco ramificados; hojas alternas, divididas en tres foliolos de ovados a elípticos, con margen aserrado, aterciopeladas por ambas caras; flores pequeñas, hermafroditas, blancas, dispuestas en espigas terminales, con cuatro pétalos y cuatro sépalos, con ocho estambres; frutos samaroides, de ovados a cordados, de pubescentes a glabros con la edad; semillas esféricas, cafés, con alas delgadas, dispuestas del ápice de los frutos; uso en la medicina tradicional. Familia de las sapindáceas, *Serjania racemosa.* (También se llama bejuco siete corazones, bejuco tres en uno, nuevehojas). ▶ **~ de la flecha.** LOC. SUST. Árbol o arbusto originario de América, de hasta 6 m de altura, monoico; tallos ramosos, ramas delgadas y glabras; hojas simples, alternas, de oblongas a anchamente ovadas, generalmente verdes aunque en temporadas frías se tornan rojizas, con margen ligeramente aserrado; flores unisexuales, diminutas, rojas verdosas, sin pétalos, en espigas; frutos capsulares con tres valvas, envueltos en una cúpula globosa, con una pequeña abertura en el ápice de esta; una semilla por cápsula, larga, a menudo contiene una larva de polilla que hace que esta se "mueva" o "brinque", de ahí que se llame a esta semilla frijol saltarín; resina, tóxica. Familia de las euforbiáceas, *Sebastiania bilocularis.* (También se llama guayacán, mago). ▶ **~ de la gallina.** LOC. SUST. Hierba o arbusto originario de América, de hasta 60 cm de altura, monoico; tallos simples o ramificados, erectos, delgados, cenicientos por la presencia de pelos estrellados, densos; hojas alternas, simples, lanceoladas u oblanceoladas, tomentosas por ambas caras, lo que les da una apariencia blanquecina o grisácea; flores de cinco pétalos amarillos, dispuestas en cimas o racimos terminales, en glomérulos solitarios; frutos capsulares, redondeados y lisos, de apertura en tres valvas, los de las flores cleistógamas ligeramente más pequeños. Familia de las cistáceas, *Helianthemum glomeratum.* (También se llama cenicillo amarillo, cilantrillo del monte, damiana, flor del golpe, juanita). ▶ **~ de la mosca.** LOC. SUST. Arbusto originario de América, de hasta 4 m de altura, monoico, raramente dioico; tallos de corteza fisurada, de color café claro, ramas jóvenes cuadrangulares y tomentosas; hojas opuestas, enteras, lanceoladas, elípticas u ovadas, tomentosas por el envés, con margen aserrado; flores hermafroditas o funcionalmente unisexuales, diminutas, con forma de embudo, amarillentas en su interior, de blanquecinas a verduscas al exterior, dispuestas en cimas laxas y a su vez en espigas terminales o axilares; frutos capsulares, cilíndricos, tomentosos y glandulares; semillas de oblongas a elipsoidales, aladas; uso en la medicina tradicional. Familia de las escrofulariáceas, *Buddleja americana.* (También se llama pozancle, tepozán, zayoliscán, zayolizcán). ▶ **~ de la virgen.** LOC. SUST. **hierba de san Antonio.** ▶ **~ de las escobas.** LOC. SUST. **1.** Arbusto originario de América, de hasta 1 m de altura, monoico; tallos muy ramificados, con pelos estrellados; hojas opuestas, enteras, de elípticas a oblanceoladas, con margen crenado, pelos diminutos, estrellados; flores hermafroditas, diminutas, de color amarillo a verde amarillento, agrupadas en conjuntos de cabezuelas; frutos capsulares, diminutos, subglobosos y cafés; varias semillas diminutas, subglobosas, cafés. Familia de las escrofulariáceas, *Buddleja scordioides*. (También se llama escobilla). || **2.** Hoja de este arbusto; uso en la medicina tradicional. ▶ **~ de las mariposas.** LOC. SUST. **1.** Hierba originaria de Sudamérica, de hasta 4 m de altura, monoica; tallos ramificados, rastreros o trepadores; hojas simples, alternas, casi circulares, con margen ondulado, peciolos largos unidos casi al centro de la hoja, membranácea; flores hermafroditas, vistosas, de color anaranjado, rojo o amarillo, sépalos fusionados en la base y prolongados hacia abajo formando un espolón nectarífero, con ocho estambres, desiguales; frutos trilobados, elipsoides, separándose en tres frutillos indehiscentes, rugosos en la madurez; semillas ovoides, cafés; uso ornamental. Familia de las tropeoláceas, *Tropaeolum majus*. (También se llama capuchina, mastuerzo). || **2.** Hoja de esta hierba; comestible. || **3.** Flor de esta hierba; comestible. ▶ **~ de oso.** LOC. SUST. Hierba originaria de México, de hasta 1 m de altura; tallos erectos, más o menos densamente estrigosos; hojas alternas, concentradas cerca de la base del tallo, enteras o trilobadas, ovadas, rasposas, con margen crenado o dentado; flores hermafroditas o estériles, pequeñas, tubulares, las de la periferia estériles, con forma de pétalo, moradas, las del centro hermafroditas, amarillas, flores dispuestas en cabezuelas terminales, solitarias o agrupadas en varias; frutos aquénicos, oblongo-ovados, algo comprimidos, en ocasiones con dos aristas en la punta, de color negruzco; uso en la medicina tradicional. Familia de las compuestas, *Iostephane heterophylla*. (También se llama hierba del manso, zacapal). ▶ **~ de paloma.** LOC. SUST. supran. Hierba originaria de América, de hasta 50 cm de longitud, monoica; tallos erectos o postrados, densamente pilosos, con látex lechoso al cortarlos; hojas opuestas, enteras, pubescentes, de ovadas a lanceoladas, con margen diminutamente aserrado; flores unisexuales, diminutas, agrupadas en ciatios aglomerados en cabezuelas; frutos capsulares, pequeños, trilobados, pubescentes; semillas diminutas, ovoides, algo angulosas, de color rosado o café rojizo. Familia de las euforbiáceas, *Euphorbia hirta*. (También se llama golondrina). ▶ **~ de san Antonio.** LOC. SUST. Arbusto originario de América, de hasta 2 m de altura, monoico; tallos con pelos glandulares; hojas alternas, de elípticas a lanceoladas, pelos glandulares, con margen aserrado y espinoso; flores hermafroditas, vistosas, tubulares, rojas, con cinco pétalos; frutos capsulares, ovoides y cafés; semillas numerosas, circulares, diminutas; hojas, uso cosmético y en la medicina tradicional. Familia de las polemoniáceas, *Loeselia mexicana*. (También se llama almaraduz, chuparrosa, espinosilla, guachichil, hierba de la virgen). ▶ **~ de san Nicolás.** LOC. SUST. **1.** Hierba originaria de México y Centroamérica, de hasta 70 cm de longitud; tallos muy ramificados, cilíndricos, glabros o puberulentos en dos líneas longitudinales; hojas simples, opuestas, de lanceoladas a angostamente ovadas, puntiagudas, con margen aserrado; flores hermafroditas, diminutas, tubulares, blancas con tintes rojizos, cubiertas de abundantes pelos, dispuestas en cabezuelas de tres o cuatro flores; frutos aquénicos prismáticos, diminutos, con cuatro costillas, glabros; uso ornamental y en la medicina tradicional. Familia de las compuestas, *Piqueria trinervia*. (También se llama alta reina, cuapopolchi, hierba del perro, hierba del tabardillo, hierba del zopilote, yoloxiltic). || **2.** Arbusto originario de América, de hasta 35 cm de altura, monoico; tallos cilíndricos, de glabros a puberulentos; hojas simples, alternas, de lineares a estrechamente oblanceoladas o de cilíndricas a algo aplanadas, suculentas, con glándulas de aceite en los márgenes; flores pequeñas, tubulares, amarillas o verdosas, las del centro hermafroditas, de ocho a 13 femeninas en la periferia, con forma de pétalo, flores dispuestas en cabezuelas terminales; frutos aquénicos, de cilíndricos a fusiformes, cubiertos por pelos rígidos y con un mechón de cerdas en el ápice; uso en la medicina tradicional.

Familia de las compuestas, *Chrysactinia mexicana*. (También se llama damiana, garañona, yeyepaxtle). ▷~ **de tepozán.** LOC. SUST. Arbusto de amplia distribución en México, de hasta 3 m de altura, monoico; tallos con corteza amarilla o café, fisurada, ramas jóvenes cuadrangulares, amarillentas, inicialmente pubescentes, después glabras; hojas simples, opuestas, de ovadas a elípticas, con margen aserrado, pelosas en el envés; flores hermafroditas, pequeñas, amarillas, pubescentes, con desagradable aroma, dispuestas en cabezuelas terminales, a veces ramificadas; frutos capsulares, cilíndricos, pelosos en el ápice; semillas numerosas, diminutas, fusiformes, aladas; hojas, uso en la medicina tradicional; tallos, uso industrial. Familia de las escrofulariáceas, *Buddleja sessiliflora*. (También se llama mispacle, mispastle, zayoliscán, zayolizcán). ▷~ **del ángel.** LOC. SUST. **1.** Arbusto originario de México, de hasta 2 m de altura, monoico; tallos muy ramificados, teretes, tomentosos; hojas opuestas, ovadotriangulares, con pelos de color verde en ambas caras, con margen dentado; flores hermafroditas, campanuladas, diminutas, de color blanco, con glóbulos resinosos, agrupadas en cabezuelas con 35 a 40 flores; frutos aquénicos, muy pubescentes, vilano casi del largo de la corola, cerdas de color blanco a rosado. Familia de las compuestas, *Eupatorium petiolare*. (También se llama amargosilla, hierba del burro, hierba del pasmo, yolochichi, yolochichitl). || **2.** Hoja de este arbusto; uso en la medicina tradicional. ▷~ **del burro.** LOC. SUST. **hierba del ángel.** ▷~ **del cáncer.** LOC. SUST. **1.** Hierba originaria de México y Centroamérica, de hasta 1 m de largo; tallos ramificados, tendidos basalmente y apicalmente ascendentes o erectos, de color rojo o morado, con pelos violeta o rojizos; hojas simples, opuestas, sésiles, ovadas o angostas, en ocasiones con pelos rectos; flores hermafroditas, pequeñas, basalmente tubulares, externamente cubiertas de pelos purpúreos, seis pétalos de color violeta intenso o rosa purpúreo, con 11 estambres; frutos capsulares; semillas globosas, diminutas; uso en la medicina tradicional. Familia de las litráceas, *Cuphea aequipetala*. (También se llama alcáncer, apanchola). || **2.** Hierba originaria de México y Centroamérica, de hasta 1 m de altura; tallos simples o ramificados, erectos y robustos; hojas de opuestas a alternas hacia el ápice, sésiles, de oblongas a ovado-oblongas; flores hermafroditas, pequeñas, tubulares, que terminan en cinco lóbulos de obovados a oblongos, de color rosa morado, caedizos, con seis estambres, flores dispuestas en espigas terminales; frutos capsulares, de oblongo a cilíndricos, cartilaginosos; semillas numerosas, diminutas, ovoides, cafés. Familia de las litráceas, *Lythrum vulneraria*. ▷~ **del carbonero.** LOC. SUST. Arbusto originario de México, de hasta 2 m de altura, monoico; tallos muy ramificados, glabros; hojas con pedúnculos muy cortos, romboides, con márgenes enteros o frecuentemente con tres dientes de cada lado, con base cuneada, coriáceas y glabras; flores masculinas glabras, pubérulas en el tubo, de 18 a 32 agrupadas en cabezuelas, flores femeninas glabras, de 28 a 48 agrupadas en cabezuelas, ambas se encuentran en las partes terminales de las ramas, ápice con dientes no claramente marcados; frutos aquénicos, glabros, de color café; hojas y tallos, uso en la medicina tradicional. Familia de las compuestas, *Baccharis conferta*. (También se llama escoba). ▷~ **del golpe.** LOC. SUST. supran. Hierba de distribución en América, de hasta 45 cm de altura, monoica; tallos simples o poco ramificados; hojas simples, alternas, las basales oblanceoladas, las apicales de oblongas a ovadas, con margen de sinuado-dentado a pinatífido; flores hermafroditas, pequeñas y vistosas, con cuatro pétalos de color rosado a morado, con ocho estambres de igual o diferente tamaño, flores solitarias o agrupadas en racimos; frutos capsulares, obovoides, con cuatro ángulos ligeramente alados, cubiertos de pelos; semillas de oblongas a obovoides, cafés; uso ornamental y en la medicina tradicional. Familia de las onagráceas, *Oenothera rosea*. (También se llama agua de azahar, yerba del golpe). ▷~ **del manso.** LOC. SUST. **hierba de oso.** ▷~ **del pájaro.** LOC. SUST. Hierba más o menos rastrera originaria de Europa, si bien ahora es una maleza casi cosmopolita, de hasta 50 cm de longitud, monoica; tallos angulosos y frágiles; hojas opuestas, enteras, de ovadas a lanceoladas; flores hermafroditas, pequeñas, subglobosas, de rojizas a rosadas, con la base de tono morado a negro; frutos capsulares, pequeños, globosos; semillas numerosas, finamente papilosas. Familia de las primuláceas, *Anagallis arvensis*. (También se llama coralillo). ▷**~ del pasmo.** LOC. SUST. **hierba del ángel.** ▷**~ del perro.** LOC. SUST. **hierba de san Nicolás.** ▷**~ del pollo.** LOC. SUST. Hierba originaria de América, de hasta 80 cm de altura, monoica; raíces tuberosas; tallos suculentos; hojas alternas, envainantes en la base, enteras, de ovadas a lanceoladas, a veces con tonos morados; flores hermafroditas, pequeñas, con tres pétalos azules, agrupadas en cimas escorpioides y rodeadas por una bráctea vellosa y de tono morado; frutos capsulares, pequeños, bivalvos, elipsoides; cuatro semillas muy pequeñas, piramidales, de negras a cafés. Familia de las comelináceas, *Commelina coelestis*. (También se llama cañita, cielo azul, quesadilla). ▷**~ del sapo.** LOC. SUST. Hierba originaria de México y Centroamérica, de hasta 50 cm de altura, monoica; sin tallos aparentes, cuando los hay, son de erectos a decumbentes, con ramificaciones casi horizontales; hojas simples, las basales arregladas en rosetas, las superiores opuestas, oblanceoladas, envainantes, con margen con pelos tiesos; flores hermafroditas, pequeñas, blancas, azules o moradas, dispuestas en cimas, en ocasiones repetidamente ramificadas; frutos en esquizocarpos pequeños, de ovoides a subglobosos, aplanados lateralmente, pubescentes; dos semillas; uso en la medicina tradicional. Familia de las apiáceas, *Eryngium carlinae*. (También se llama cabezona, mosquitos). ▷**~ del tabardillo.** LOC. SUST. **hierba de san Nicolás.** ▷**~ del toro.** LOC. SUST. Hierba de amplia distribución en México, de hasta 60 cm de altura; tallos erectos, con pelos glandulares; hojas simples, opuestas, de tres a cinco lobadas, con margen aserrado; flores hermafroditas, vistosas, campanuladas, de color púrpura o magenta, agrupadas en racimos axilares; frutos capsulares, elipsoides, con pelos glandulares, al madurar la punta del fruto se divide en dos dando la apariencia de dos cuernos. Familia de las martiniáceas, *Proboscidea fragrans*. (También se llama uña del diablo). ▷**~ del zopilote.** LOC. SUST. **hierba de san Nicolás.** ▷**~ maestra.** LOC. SUST. **1.** Hierba originaria de América, de hasta 1.5 m de altura, monoica; tallos rizomatosos, muy ramificados, de estriados a angulosos, tomentosos; hojas alternas, enteras, de lineares a lanceoladas, tomentosas, aromáticas al estrujarse; flores hermafroditas, diminutas, campanuladas, de color púrpura con tonos amarillentos, agrupadas en cabezuelas dispuestas en racimos o panículas, las seis o 12 flores de la periferia en forma de pétalos; frutos aquénicos, diminutos, cilíndricos, de color café. Familia de las compuestas, *Artemisia ludoviciana*. (También se llama ajenjo, estafiate, istafiate). || **2.** Hoja de esta hierba; uso en la medicina tradicional. ▷**~ mala.** LOC. SUST. jerg. Marihuana. ▷**~ santa.** LOC. SUST. **hierbasanta.**

hierbal. ■ M. supran. Lugar poblado de hierbas.

hierbasanta. ■ F. **1.** Arbusto originario de América, de hasta 5 m de altura, monoico; tallos articulados; ramas quebradizas; hojas opuestas, enteras, grandes, acorazonadas y aromáticas; flores hermafroditas, blancas y diminutas, dispuestas en espigas sobre un eje carnoso; frutos abayados, negros. Familia de las piperáceas, *Piper auritum*. (También se llama acoyo, acuyo, hierba santa, hoja de cáncer, hoja de la hierba santa, hoja santa, hojasanta, momo, omequelite, santamaría, tlanepa, xmacolan, yerba santa, yerbasanta). || **2.** Hoja de la **hierbasanta**; comestible; uso en la medicina tradicional.

hierbatero, ra. Véase **hierbero, ra.**

hierbería. ■ F. supran. Tienda donde se venden plantas medicinales; herboristería.

hierbero, ra. ■ ADJ. **1.** supran. Perteneciente o relativo a las hierbas medicinales: "Su familia puso un negocio hierbero". ■ M. y F. || **2.** supran. Persona que se dedica a cultivar o a vender hierbas medicinales. || **3.** supran. Curandero que usa hierbas, generalmente medicinales.

hierra. ■ F. **1.** supran. Hecho de marcar el ganado con un hierro candente. || **2.** supran. Temporada en que se marca el ganado. || **3.** supran. Fiesta celebrada con motivo del acto de marcar el ganado.

hígado. ■ ADJ. **1.** supran. *Referido a persona*, antipática: "Verónica es muy hígado, ni su mamá la aguanta". ■ M. **2.** supran. Persona antipática: "Verónica es un hígado, ni su mamá la aguanta". ■ COM. **3.** supran. Persona antipática: "Verónica es una hígado, ni su mamá la aguanta".

higadoso, sa. ■ ADJ. supran. fam. *Referido a persona*, antipática: "Elsa es muy higadosa, por eso nadie la visita". Ú.t.c.sust.: "Elsa es una higadosa, por eso nadie la visita".

higuera. ■ F. **1.** supran. Grupo de diferentes especies de árboles originarios de América, de hasta 50 m de altura, monoicos; troncos gruesos, con corteza suave; generalmente de raíces tubulares; hojas alternas, brillantes, enteras, ovadas o acorazonadas, que secretan látex al romperlas; flores hermafroditas y unisexuales, diminutas, crecen en el interior de una cubierta carnosa y forma esférica, comúnmente llamada higo, donde se alojan también los frutos. Familia de las moráceas, varias especies del género *Ficus*, como *Ficus carica, Ficus cotinifolia, Ficus elastica, Ficus insipida, Ficus petiolaris, Ficus maxima.* (También se llama amate, higuerón, matapalo, nacapuli, sabalí, zalate). || **2.** supran. Individuo de la **higuera**.

higuerillero. ■ M. Ave originaria de América, de hasta 11 cm de longitud; el macho es de color negro con partes inferiores amarillas; la hembra es de color oliva oscuro en la parte superior, amarillo oliva claro en el pecho y la garganta; habita en bosques tropicales húmedos y ecotonos, plantaciones, jardines; se alimenta de insectos, frutos pequeños y néctar. Familia de los fringílidos del orden Passeriformes, *Euphonia hirundinacea*.

higuerillo. ■ M. Árbol originario de América, de hasta 35 m de altura, monoico; tallos de corteza más o menos lisa, con secreción lechosa al cortarlos; hojas alternas, de oblongas a elípticas, con punta generalmente recurvada, con márgenes crenulados, con dos glándulas en el peciolo; flores unisexuales, amarillas: las masculinas con cáliz bilobulado y con dos estambres, las femeninas con un cáliz con dos o tres lóbulos, agrupadas en espigas; frutos capsulares, más o menos piriformes; semillas con la capa externa blanquecina o rojiza, capa interna verruculosa. Familia de las euforbiáceas, *Sapium macrocarpum*. (También se llama amatillo).

higuerón. ■ M. **higuera.**

hijear. ■ INTR. supran. Echar hijos o retoños una planta: "Podé el rosal para que hijee pronto".

hijo, ja. ■ LOC. **~ de la chingada.** LOC. SUST. supran. malson. Persona despreciable o malvada: "Odio a Carlos porque es un hijo de la chingada con todos". ▷ **~ de la fregada.** LOC. SUST. **hijo de la chingada.** ▷ **~ de la guayaba.** LOC. SUST. supran. eufem. **hijo de la chingada.** ▷ **~ de la mañana.** LOC. SUST. eufem. **hijo de la chingada.** ▷ **~ de la pelona.** LOC. SUST. eufem. **hijo de la chingada.** ▷ **~ de la (gran) tiznada.** LOC. SUST. eufem. **hijo de la chingada.** ▷ **~ de la tostada.** LOC. SUST. eufem. **hijo de la chingada.** ▷ **~ de papi.** LOC. SUST. **1.** supran. despect. Joven que pertenece a una clase social alta o adinerada: "El club está lleno de puros hijos de papi". || **2.** supran. despect.Persona mimada: "Toribio tiene cuarenta y sigue siendo hijo de papi". ▷ **~ de riego.** LOC. SUST. fest. El que se procrea dentro del matrimonio. ▷ **~ de su chingada (madre).** LOC. SUST. **hijo de la chingada.** ▷ **~ de su fregada (madre).** LOC. SUST. **hijo de la chingada.** ▷ **~ de su mal dormir.** LOC. SUST. eufem. **hijo de la chingada.** ▷ **~ de su pelona.** LOC. SUST. eufem. **hijo de la chingada.** ▷ **~ de su tiznada (madre).** LOC. SUST. **hijo de la chingada.** ▷ **~ de (su) tal por cual.** LOC. SUST. eufem. **hijo de la chingada.** ▷ **~ de temporal.** LOC. SUST. fest. El que se procrea fuera del matrimonio. ▷ **~ del chile.** LOC. SUST. eufem. **hijo de la chingada.** ▷ **~ del maiz.** LOC. SUST. supran. eufem. **hijo de la chingada.** ■ EXPR. **~ de tigre, pintito.** supran. coloq. Se usa para afirmar que una persona ha heredado o reúne los rasgos o cualidades de su padre o madre: "—Tu niño es muy bueno para la música. —Ya sabes: hijo de tigre, pintito". ▷ **~ de tigre, tigrillo.** supran. **hijo de tigre, pintito.** ▷ **~ de tigre, tigrito.** supran. **hijo de tigre, pintito.**

híjole. ■ INTERJ. **¡híjole(s)! 1.** coloq. Se usa para expresar preocupación: "¡Híjole! Ahora sí nos van a regañar". || **2.** supran. coloq. Se usa para expresar asombro o sorpresa: "¡Híjoles! ¿Ya viste la hora que es?".

hilacha. ■ F. **1.** fam. Persona muy delgada. || **2.** fam. Persona que está en malas condiciones físicas o morales.

hilachas. ■ F. PL. **3.** supran. despect. Ropa vieja; hilachos. ■ EXPR. **¡qué las hilachas! 1.** fam. Se usa para manifestar enojo: "¡Qué las hilachas!, ¡que ya dejes de estar molestando!". || **2.** fam. Se usa para manifestar extrañeza o duda: "¡Qué las hilachas!, ¿qué no te habías ido ya a tu casa?".

hilachento, ta. ■ ADJ. **1.** supran. *Referido a algo, especialmente a una tela*, que tiene muchas hilachas: "Las faldas hilachentas están de moda". || **2.** supran. *Referido a persona*, vestida con harapos: "Un señor hilachento me gritó en la calle". Ú.t.c.sust.: "Un hilachento me gritó en la calle".

hilachiento, ta. ■ ADJ. **hilachento, ta.**

hilacho. ■ M. **1.** fam. Persona muy delgada; hilacha. || **2.** fam. Persona que está en malas condiciones físicas o morales; hilacha.

hilachos. ■ M. PL. **3.** despect. Ropa vieja; hilachas.

hilo. ■ LOC. **al ~.** LOC. ADV. supran. Sin interrupción: "Manuel durmió ocho horas al hilo". ▶ **de un ~.** LOC. ADV. **al hilo.**

hincharse. ■ LOC. **~ de dinero.** LOC. VERB. Hacerse alguien sumamente rico: "El compadre se hinchó de dinero con la lotería".

hinchársele. ■ LOC. **~ la gana.** LOC. VERB. fam. Hacer algo con o sin razón, nada más porque sí: "Sergio siempre llega tarde porque se le hincha la gana". ▶ **~ los huevos.** LOC. VERB. malson. **hinchársele la gana.** ▶ **~ su regalada gana.** LOC. VERB. **hinchársele la gana.**

hipil. ■ M. **huipil.**

hisopo. ■ M. **1.** supran. Palillo con una porción de algodón en los extremos, que se usa generalmente para la limpieza de oídos o nariz; cotonete. || **2.** supran. Palillo con una porción de algodón en un extremo para diversos usos médicos.

hocico. ■ LOC. **~ de puerco.** LOC. SUST. Serpiente originaria de América, de hasta 1 m de longitud; cuerpo robusto, cabeza ligeramente distinta del cuello; el color varía dependiendo de la localidad, rojo, naranja, pardo, verde o negro, a veces es manchada y a veces de color uniforme; inofensiva; se alimenta de sapos, principalmente. Familia de los colúbridos del orden Squamata, *Heterodon platirhinos.*

hocicón, na. ■ ADJ. **1.** malson. *Referido a persona*, fanfarrona: "Miguel es tan hocicón que la gente lo desprecia". Ú.t.c.sust.: "La gente no confía en Miguel porque es un hocicón". || **2.** malson. *Referido a persona*, mentirosa: "Mis vecinos son muy hocicones, mejor no te les acerques". Ú.t.c.sust.: "Mis vecinos son unos hocicones, mejor no te les acerques". || **3.** malson. *Referido a persona*, malhablada: "No invité a Jorge porque es muy hocicón". Ú.t.c.sust.: "No invité a Jorge porque es un hocicón". || **4.** supran. malson. *Referido a persona*, indiscreta: "Ramiro no guarda secretos, es muy hocicón". Ú.t.c.sust.: "Ramiro no guarda secretos, es un hocicón". || **5.** supran. malson. Propio de la persona **hocicona**: "Ya me harté de sus comentarios hocicones".

hociconear. ■ INTR. **1.** malson. Fanfarronear: "Benjamín hociconea desde que ganó la lotería". || **2.** malson. Decir mentiras: "No le creas a Diego porque siempre hociconea". || **3.** malson. Malhablar: "Mis papás castigaron a mi hermano porque hociconeó frente a mis abuelos". || **4.** supran. malson. Hablar de manera indiscreta: "En mi barrio todos hociconean".

hociconeo. ■ M. supran. malson. Acción y resultado de hociconear.

hoco. ■ M. **hocofaisán.**

hocofaisán. ■ M. Ave de distribución en el sur de México, Centroamérica y Sudamérica, de hasta 90 cm de longitud; con dimorfismo sexual; los machos presentan una protuberancia de color amarillo en el pico, plumaje negro brillante, vientre blanco y patas grisáceas; las hembras tienen tres morfos, uno con cabeza y cuello blancos con listas, otro con cabeza negra y plumaje castaño rojizo y uno más con cabeza negra y plumaje pardo oscuro; todos con cola rufa, rayas blancas, pico amarillo y patas claras. Familia de los crácidos del orden Galliformes, *Crax rubra.* (También se llama faisán real, hoco, kambul, pajuil, pavón, pavón norteño).

hoja. ■ LOC. **~ blanca.** LOC. SUST. **hoja de to.** ▶ **~ chigüe.** LOC. SUST. supran. **hojamán.** ▶ **~ de cáncer.** LOC. SUST. **hierbasanta.** ▶ **~ de chivo.** LOC. SUST. Árbol o arbusto originario de América, de hasta 10 m de altura; tallos glabros, erectos; hojas simples,

H

opuestas, de obovadas a elípticas, glabras por ambos lados, con margen ondulado; flores hermafroditas, vistosas, con forma de trompeta, blancas o amarillentas, con cinco pétalos de obovados a elípticos, las flores dispuestas en panículas axilares; frutos foliculares, de fusiformes a elipsoidales, con dos crestas longitudinales; semillas pequeñas; uso ornamental y en la medicina tradicional. Familia de las apocináceas, *Tabernaemontana amygdalifolia*. (También se llama cojón de toro, leche de chivita, lechoso blanco, palo de leche, tempecate, utzupec, verraco). ▷**~ de chombo.** LOC. SUST. **hoja de to.** ▷**~ de la hierba santa.** LOC. SUST. **hierbasanta.** ▷**~ de maíz.** LOC. SUST. supran. La de la mazorca; se usa para envolver tamales y para hacer artesanías. ▷**~ de pozol.** LOC. SUST. *En Oaxaca y Tabasco*, **hoja de to.** ▷**~ de pozole.** LOC. SUST. *En Oaxaca y Tabasco*, **hoja de to.** ▷**~ de to.** LOC. SUST. **1.** *En el Sureste*, planta caulescente, de hasta 4 m de altura; hojas varias, similares a las del plátano, basales, láminas de 30 a 150 cm de longitud y 20 a 60 cm de ancho, verdes en el haz, blancas pruinosas en el envés; inflorescencias varias por brote, cilíndricas, de siete a 18 brácteas, coriáceas, persistentes, erectas; flores abiertas, sépalos, matizados de rosado, corolas amarillas claras, lóbulos de color morado café, con estambres amarillos; cápsulas obovoides, redondeadas, anaranjadas, vellosas en la base, sépalos persistentes; semillas verdosas. Familia de las marantáceas, *Calathea lutea*. (También se llama hojablanca, hoja de chombo, hoja de pozol, hoja de pozole, platanillo). || **2.** *En el Sureste*, hoja de esta planta; uso gastronómico y en la fabricación de techos rústicos. ▷**~ elegante.** LOC. SUST. **1.** Hierba originaria de América, de hasta 3 m de altura, monoica; tallos ausentes o muy cortos, tuberosos; hojas simples, alternas, grandes, con peciolos muy largos y envainantes en la base, láminas con forma de corazón; flores unisexuales, pequeñas, sin pétalos ni sépalos, agrupadas en una estructura carnosa llamada espádice, y rodeada de una estructura foliar llamada bráctea o espata vistosa, de color blanco verdoso por fuera y blanco rosado por dentro; frutos abayados, ovoides, de color amarillo o café claro; semillas pequeñas, ovoides, con estrías longitudinales gruesas; uso ornamental. Familia de las aráceas, *Xanthosoma robustum*. (También se llama aquequexquic, colomo, mafafa, quequescamote, quequesque, quequeste). || **2.** Hoja de esta hierba; uso en la medicina tradicional. || **3.** Tallo de esta hierba; comestible solo después de cocido; uso en la medicina tradicional. ▷**~ santa.** LOC. SUST. **hierbasanta.** ■ EXPR. **¡hojas, Petra!** fam. Se usa para afirmar o confirmar enfáticamente: "—¿Vas a ir al cine? —¡Hojas, Petra!".

hojalatear. ■ TR. supran. Restaurar la carrocería de los vehículos: "La semana pasada hojalatearon el carro de mi papá".

hojalatería. ■ F. supran. Restauración de la carrocería de los vehículos.

hojalatero, ra. ■ ADJ. **1.** supran. Perteneciente o relativo a la restauración de la carrocería de los vehículos: "La maquinaria hojalatera es muy costosa". ■ M. y F. **2.** supran. Persona que se dedica a restaurar la carrocería de los vehículos.

hojaldra. ■ ADJ. (Juego de palabras entre hojaldra y ojete). **1.** eufem. Feo; ojete: "La noticia que le dio estuvo muy hojaldra". || **2.** eufem. *Referido a algo*, de mala calidad; ojete: "Estos zapatos salieron muy hojaldras, ya se rompieron y los acabo de comprar". || **3.** eufem. *Referido a algo*, peligroso y violento; ojete: "En ese barrio hojaldra asaltan muy seguido". || **4.** eufem. *Referido a algo*, sumamente perjudicial; ojete: "Hizo un frío tan hojaldra que me enfermé". || **5.** eufem. *Referido a persona*, desconsiderada; ojete: "Mi prima es muy hojaldra, no me quiso acompañar a la fiesta". || **6.** eufem. *Referido a persona*, traidora; ojete: "Su hermano fue muy hojaldra porque la dejó sin herencia". || **7.** eufem. *Referido a persona*, cobarde; ojete: "Eres bien hojaldra, te fuiste cuando empezó la pelea". || **8.** eufem. Propio de la persona **hojaldra**; ojete: "Me chocan tus reacciones tan hojaldras". ■ F. **9.** Pan dulce ovalado, esponjado y de color café dorado, con una capa exterior fina, quebradiza y porosa; hojaldre. || **10.** (Juego de palabras entre hojaldra y ojete). eufem. Persona desconsiderada; ojete: "Mi primo es una hojaldra, no me quiso acompañar a la fiesta". || **11.** (Juego de palabras entre hojaldra y ojete). eufem. Persona traidora; ojete: “Su hermano fue una hojaldra porque la dejó sin herencia”. || **12.** (Juego de palabras entre hojaldra y ojete). eufem. Persona cobarde; ojete: “Eres una hojaldra, Tomás, te fuiste cuando empezó la pelea”. || **13.** *En Puebla y Veracruz*, pan dulce de forma redondeada, recubierto con una capa de azúcar o de ajonjolí; se suele preparar y consumir para celebrar el Día de Muertos; pan de muerto. ■ COM. (Juego de palabras entre hojaldra y ojete). **14.** eufem. Persona desconsiderada; ojete: “Mi primo es un hojaldra, no me quiso acompañar a la fiesta”. || **15.** eufem. Persona traidora; ojete: “Su hermana fue una hojaldra porque lo dejó sin herencia”. || **16.** eufem. Persona cobarde; ojete: “Eres un hojaldra, Tomás, te fuiste cuando empezó la pelea”.

hojaldre. ■ ADJ. (Juego de palabras entre hojaldre y ojete). **1.** eufem. Feo; hojaldra: “La noticia que le dio estuvo muy hojaldre”. || **2.** eufem. *Referido a algo*, de mala calidad; hojaldra: “Estos zapatos salieron muy hojaldres, ya se rompieron y los acabo de comprar”. || **3.** eufem. *Referido a algo*, peligroso y violento; hojaldra: “En ese barrio hojaldre asaltan muy seguido”. || **4.** eufem. *Referido a algo*, sumamente perjudicial; hojaldra: “Hizo un frío tan hojaldre que me enfermé”. || **5.** eufem. *Referido a persona*, desconsiderada; hojaldra: “Mi prima es muy hojaldre, no me quiso acompañar a la fiesta”. || **6.** eufem. *Referido a persona*, traidora; hojaldra: “Su hermana fue muy hojaldre porque la dejó sin herencia”. || **7.** eufem. *Referido a persona*, cobarde; hojaldra: “Eres bien hojaldre, te fuiste cuando empezó la pelea”. || **8.** eufem. Propio de la persona **hojaldre**; hojaldra: “Me chocan tus reacciones tan hojaldres”. ■ M. (Juego de palabras entre hojaldre y ojete). **9.** eufem. Persona desconsiderada; hojaldra: “Mi prima es un hojaldre, no me quiso acompañar a la fiesta”. || **10.** eufem. Persona traidora; hojaldra: “Su hermana fue un hojaldre porque la dejó sin herencia”. || **11.** eufem. Persona cobarde; hojaldra: “Eres un hojaldre, Tania, te fuiste cuando empezó la pelea”. ■ F. **12.** Pan dulce ovalado, esponjado y de color café dorado, con una capa exterior fina, quebradiza y porosa; hojaldra. ■ COM. (Juego de palabras entre hojaldre y ojete). **13.** eufem. Persona desconsiderada; hojaldra: “Mi prima es una hojaldre, no me quiso acompañar a la fiesta”. || **14.** eufem. Persona traidora; hojaldra: “Su hermana fue una hojaldre porque la dejó sin herencia”. || **15.** eufem. Persona cobarde; hojaldra: “Tania, eres una hojaldre, te fuiste cuando empezó la pelea”.

hojamán. ■ M. **1.** Árbol originario de América, de hasta 15 m de altura, monoico; troncos gruesos, con corteza de color grisáceo; hojas alternas, ovadas o elíptico-ovadas, coriáceas, muy rugosas en ambas superficies, bordes irregulares y agrupadas en las partes terminales de las ramas; flores hermafroditas, pequeñas, con cuatro pétalos, de color blanco a rosado, con olor dulce y con numerosos estambres, agrupadas en racimos axilares; frutos capsulares verdes y peludos, coriáceos; una o dos semillas, elipsoides, negras, cubiertas con un arilo blanco. Familia de las dileniáceas, *Curatella americana*. (También se llama chaparro, chumico, hoja chigüe, ojamán, rascalavieja). || **2.** Corteza del **hojamán**; uso industrial. || **3.** Corteza del fruto del **hojamán**; uso en la medicina tradicional.

hojarasca. ■ F. Hierba originaria de América, de hasta 1 m de altura, monoica; raíces gruesas; tallos por lo general ramificados, glandulares pubérulos; hojas alternas, sésiles, de ovadas a oblongas, redondeadas en el ápice, con márgenes dentados, las inferiores adheridas al tallo; flores hermafroditas, pequeñas, prominentemente bilabiadas, campanuladas, de color morado o rosado, agrupadas de siete a 12 por cabezuela, ubicadas en los extremos de las ramillas; frutos aquénicos, de cilíndricos a fusiformes, glandulares pubérulos, con vilano blanquecino; uso en la medicina tradicional. Familia de las compuestas, *Acourtia humboldtii*.

hojasanta. ■ F. **hierbasanta.**

hojear. ■ TR. **1.** rur. Alimentar con hojas a un animal: “El ganadero hojea al becerro diariamente”. || **2.** rur. Frotar a alguien con ramas verdes: “Un curandero hojeó a mi hermano para sanarlo”.

holán. ■ M. Adorno que llevan algunas prendas, que consiste en una tira de encaje o tela fruncida o plegada, cosida de manera que forma ondas que caen sueltas; olán.

H

holó. ■ M. *En el Sureste,* árbol originario de América, de hasta 25 m de altura, monoico; troncos rectos, con corteza fisurada, de color blanquecino; hojas alternas, simples, con forma acorazonada, ovado-cordadas, verdes en el haz y pálidas en el envés, con bordes de enteros a ligeramente aserrados, tomentosas; flores hermafroditas, vistosas, de color rojo a anaranjado, más oscuras en el centro, solitarias, terminales o axilares; frutos capsulares, ovoides, de color café amarillento, densamente pubescentes; semillas numerosas, pubescentes; troncos, uso artesanal e industrial; cortezas, flores, hojas y raíces, uso en la medicina tradicional. Familia de las malváceas, *Hibiscus elatus.* (También se llama damajagua, majagua).

hombrada. ■ F. *En el Sureste,* conjunto de hombres: "Toda la hombrada se junta en la plaza central".

hora. ■ LOC. **a la ~ de la ~.** LOC. ADV. supran. En el momento decisivo o crucial: "A la hora de la hora, Ricardo no me quiso ayudar". ▶ **a la ~ de los chingadazos.** LOC. ADV. malson. **a la hora de la hora.** ▶ **a la ~ de los cocolazos.** LOC. ADV. fest. **a la hora de la hora.** ▶ **a la ~ de los fregadazos.** LOC. ADV. malson. **a la hora de la hora.** ▶ **a la ~ de los madrazos.** LOC. ADV. malson. **a la hora de la hora.** ▶ **a la ~ de los putazos.** LOC. ADV. malson. **a la hora de la hora.** ▶ **a la ~ de los trancazos.** LOC. ADV. **a la hora de la hora.** ▶ **~ pico.** LOC. SUST. supran. Periodo del día en que se registra mayor aglomeración en los transportes públicos y en las calles; hora punta: "No llegué a la cena porque salí a la hora pico de mi casa".

horatotol. ■ M. *En el Sureste,* ave originaria de América, de hasta 20 cm de longitud; de color negro, con pico amarillo, cónico y largo; ojos de color amarillo pálido; patas de color gris; habita en matorrales muy densos, cañaverales, bordes de quebradas y bosques. Familia de los ictéridos del orden Passeriformes, *Amblycercus holosericeus.* (También se llama cacique pico claro).

horchata. ■ F. **1.** supran. Bebida refrescante hecha, generalmente, de arroz remojado y molido con agua, leche, azúcar y canela en polvo.|| **2.** (Juego de palabras entre horchata y orgía). supran. eufem. Orgía.

horma. ■ F. *En Chiapas,* apariencia: "Él desconfió de su vecino solo por su horma".

hormanguillo. ■ M. Árbol o arbusto originario de América, de hasta 30 m de altura, monoico; tallos irregulares, con corteza de color gris negruzco, fisurado, con aroma agradable, las ramas con nudos engrosados y huecos en donde suelen habitar hormigas; hojas alternas, simples, enteras, elípticas oblongas, glabras, con márgenes enteros; flores hermafroditas, pequeñas, en forma de trompeta, blancas, fragantes, agrupadas en largas panículas; frutos drupáceos, de globosos a elipsoides; con una sola semilla; uso como especie maderable. Familia de las boragináceas, *Cordia alliodora.*

hormiga. ■ LOC. **~ arriera.** LOC. SUST. supran. Insecto himenóptero originario de América; la reina llega a medir hasta 3 cm de longitud; la casta trabajadora, de 4 a 7 mm; generalmente de color rojizo; comestible. Familia de los formícidos del orden Hymenoptera, varias especies del género *Atta,* como *Atta cephalotes, Atta mexicana* y *Atta texana.* (También se llama arriera, chicatana, chincatana, chincantana, mochomo, nacasmá, nucú, talata, zompopa, zompopo). ▶ **~ chicatana.** LOC. SUST. **hormiga arriera.** ▶ **~ chiquerei.** LOC. SUST. **hormiga de escamol.** ▶ **~ de escamol.** LOC. SUST. Insecto himenóptero de distribución en el noreste y centro de México, de entre 6 a 16.5 mm de longitud; con mesosoma pubescente, de color castaño claro a oscuro; machos y princesas, alados; su ontogenia consta de cuatro estadios larvarios y uno pupal al que se llama escamol y es comestible. Familia de los formícidos del orden Hymenoptera, *Liometopum apiculatum.* (También se llama chiquereye, hormiga chiquerei, hormiga de hueva, hormiga güijera, hormiga pedorra, teclate, tetla, tetlame). ▶ **~ de hueva.** LOC. SUST. **hormiga de escamol.** ▶ **~ de miel.** LOC. SUST. Insecto himenóptero originario de América, de hasta 12 mm de longitud; de color amarillo oscuro, generalmente; el abdomen de la casta obrera puede almacenar un líquido tipo néctar, así como otras sustancias que pueden servir de alimento para otras hormigas de la colonia; comestible; uso en la medicina tradicional. Familia de los formícidos del orden Hymenoptera, varias especies del género *Myrmecystus*. (También se llama huitzilera). ▷ **~ guerrera.** LOC. SUST. **hormiga soldado.** ▷ **~ güijera.** LOC. SUST. **hormiga de escamol.** ▷ **~ pedorra.** LOC. SUST. **hormiga de escamol.** ▷ **~ soldado.** LOC. SUST. Insecto himenóptero originario de América, de 3 a 12 mm de longitud; con mandíbula larga en forma de gancho; cuerpo y patas alargadas que pueden llegar a dar una apariencia arácnida; con coloraciones desde el dorado profundo hasta el café apagado; prefiere ambientes húmedos y calurosos; se caracteriza por realizar incursiones expansivas en grupos, asemejando ejércitos al marchar; altamente polimórficas dependiendo su trabajo. Familia de los formícidos del orden Hymenoptera, *Eciton burchellii*. (También se llama hormiga guerrera, xulab).

hornazo. ■ M. fam. Olor, generalmente desagradable, que llega repentinamente.

horqueta. ■ F. supran. rur. Conjunto de tres palos en forma de triángulo que se coloca en el pescuezo de un animal vacuno para evitar que traspase cercados.

horquillada. ■ F. Acción y resultado de horquillar.

horquillar. ■ TR. **1.** pop. Ahorcar: "Horquillaron a un delincuente". || **2.** supran. rur. Trabajar un terreno con la horquilla. || **3.** supran. rur. Juntar hierba o cereal segado con la horquilla.

horquilleada. ■ F. **horquillada.**

hostigar. ■ TR. **1.** supran. Fastidiar alguien por ser excesivamente cariñoso: "La tía Luisa hostiga a sus sobrinos con tanto abrazo". || **2.** supran. Fastidiar a alguien un alimento dulce por comerlo en exceso: "La miel de caña hostigó al niño".

hostigoso, sa. ■ ADJ. **1.** supran. *Referido a persona,* que molesta por su afectación y excesivas muestras de cariño: "¡Tu galán resultó ser muy hostigoso! Ú.t.c.sust.: "¡Tu galán es un hostigoso!". || **2.** supran. Propio de la persona **hostigosa**: "Tu galán tiene una forma de ser muy hostigosa, ¿no?". || **3.** supran. *Referido a un alimento,* que empalaga: "La miel de agave es muy hostigosa".

hot cake. [*jót kéik*] ■ M. supran. Pan esponjoso en forma circular, a manera de tortilla gruesa, hecho con harina de trigo, polvo para hornear, leche, huevo y mantequilla, cocido en una sartén o en una plancha engrasada; se puede servir con miel, mermelada, mantequilla, frutas, etcétera.

hotel. ■ LOC. **~ de paso.** LOC. SUST. El que alquila habitaciones por hora: "Abrieron muchos hoteles de paso por esta zona".

hoy. ■ LOC. **~ no circula.** LOC. SUST. Prohibición de la circulación vehicular en determinados días, con el objetivo de reducir la contaminación atmosférica: "El hoy no circula no aplicará el mes que viene".

hoyanco. ■ M. supran. Hoyo de gran tamaño que se hace en el suelo por una oquedad subterránea.

hoyada. ■ F. supran. Hecho de realizar hoyos en un terreno.

hoyar. ■ TR. supran. Hacer hoyos en un terreno: "Los de la constructora hoyaron todo el campo en un solo día".

hoyo. ■ M. supran. vulg. Ano. ■ LOC. **~ negro.** LOC. SUST. **1.** supran. Singularidad cósmica de alta densidad cuyo campo gravitacional no refleja ni emite luz; agujero negro. || **2.** supran. Pérdida financiera grave en una empresa o institución, que generalmente trata de mantenerla oculta: "Publicaron en el periódico el hoyo negro de la compañía telefónica".

huacal. ■ M. y F. **1.** Parte posterior de un ave, compuesta por las costillas y la columna vertebral; guacal. || **2.** supran. *En Tabasco*, vasija; jícara; guacal. || **3.** supran. Palangana pequeña; guacal. || **4.** supran. Caja rectangular formada de varillas o tablillas de madera, que se usa generalmente para el transporte de mercancía; guacal.

huacalero, ra. ■ M. y F. **1.** Persona que se dedica a cargar mercancías, generalmente en huacales, en un mercado; guacalero. || **2.** Persona que se dedica a vender frutas y verduras; guacalero. || **3.** supran. Persona que se dedica a hacer o a vender huacales; guacalero.

huacalillo. ■ M. **1.** Grupo de arbustos, u ocasionalmente árboles, distribuidos ampliamente en los trópicos de América y Europa; tallos cilíndricos o cuadrangulares, con tricomas estrellados; hojas opuestas, enteras, pilosas; flores hermafroditas, pequeñas, blancas amarillentas, fragantes, agregadas en panículas o dispuestas en cabezuelas, terminales o axilares; frutos capsulares, ovoides, cafés; semillas diminutas a menudo aladas; uso en la medicina tradicional. Familia de las escrofulariáceas, varias especies del género *Buddleja*, como *Buddleja cordata*. (También se llama tepozán). || **2.** Individuo del **huacalillo**.

huacalón, na. ■ ADJ. fam. *Referido a persona*, de caja torácica amplia; guacalón: "Me detuvo un guardia huacalón".

huacalxóchitl. [*guakalsóchitl*] ■ M. Hierba hemiepífita originaria de América, de varios metros de altura, monoica; tallos aplanados, muy aromáticos, de color verde oscuro a gris verdoso; hojas alternas, erectas, de largos peciolos, láminas con tres lóbulos muy marcados casi hasta la base, bicolora, con manchas violetas o rojizas; flores unisexuales, diminutas y fragantes, agrupadas en una espádice rodeada por una bráctea llamada espata, de color blanco con manchas púrpuras; frutos abayados, de color blanquecino; generalmente de seis a ocho semillas, cilíndricas, pegajosas. Familia de las aráceas, *Philodendron tripartitum*.

huachal. ■ M. rur. Elote cocido y seco; guachal.

huachapear. ■ INTR. *En el Sureste*, bailar la jarana zapateando; guachapear: "Anoche huachapearon en la tarima para ensayar el bailable".

huachapeo. ■ M. *En el Sureste*, zapateado que se hace en el baile de la jarana; guachapeo.

huache, cha. ■ M. y F. **1.** despect. *En el Sureste*, persona oriunda de Ciudad de México; guache. || **2.** *En Guerrero*, niño, muchacho; guache.

huachichil. ■ ADJ. **1.** Perteneciente o relativo al **huachichil**; guachichil: "La influencia huachichil era notoria en la antigua zona norte del país". || **2.** Natural o procedente del grupo étnico **huachichil**; guachichil: "Los niños huachichiles ayudaban en la recolección de semillas". ■ M. **3.** Grupo étnico histórico, seminómada, que habitaba en el actual centro-norte de México, cuyos integrantes se caracterizaban por tener la cabeza pintada de rojo; guachichil. ■ COM. **4.** Persona natural o procedente del grupo étnico **huachichil**; guachichil: "El huachichil solía vivir de la caza".

huachichile. Véase **huachichil**.

huachicol. ■ M. **1.** Palo alargado que en uno de sus extremos tiene una especie de canastilla para recoger frutas de los árboles. || **2.** Bebida alcohólica adulterada con aguardiente de caña. || **3.** Robo de hidrocaburo mediante su extracción por perforación ilegal de ductos, para su venta clandestina. || **4.** Hidrocarburo que ha sido robado mediante su extracción por perforación ilegal de ductos. ■ COM. **5.** Persona que roba hidrocarburos para su venta clandestina. || **6.** *En el Sureste*, ladrón.

huachicolear. ■ TR. Robar hidrocarburos mediante su extracción por perforación ilegal de ductos, para su venta clandestina.

huachicoleo. ■ M. Robo de hidrocarburos mediante su extracción por perforación ilegal de ductos, para su venta clandestina.

huachicolero, ra. ■ ADJ. **1.** Perteneciente o relativo al huachicol: "Esas zonas huachicoleras son asediadas por la delincuencia". ■ M. y F. **2.** Persona que recoge frutas de los árboles con un huachicol o palo alargado. || **3.** Persona que adultera licores, generalmente con alcohol de caña. || **4.** Persona que roba hidrocarburos para su venta clandestina.

huachipilín. ■ M. **1.** supran. Árbol originario de América, de hasta 25 m de altura, monoico; troncos rectos, con corteza fisurada, de color café, ramas puberulentas; hojas alternas, divididas de 25 a 39 foliolos, de ovados a elípticos, ápice obtuso, raquis puberulento, aguijonoso; flores hermafroditas, pequeñas, amarillas, puberulentas, agrupadas en cortos racimos; frutos glabros, en vainas estipitadas, un tanto infladas o vesiculares; uso en la medicina tradicional. Familia de las leguminosas, *Diphysa carthagenensis*. (También se llama guachipilín). || **2.** supran. Árbol originario de América, de hasta 25 m de altura, monoico; troncos gruesos de color amarillo por dentro, corteza fisurada; hojas alternas, divididas de nueve a 15 foliolos, de ovados a elípticos, glabros; flores hermafroditas, vistosas, con cinco pétalos amarillos, agrupadas en racimos; frutos en vainas, elipsoides, un tanto infladas, cafés; semillas elipsoides, cafés; uso en la medicina tradicional. Familia de las leguminosas, *Diphysa robinioides*. (También se llama guachipilín). || **3.** supran. Madera del **huachipilín**.

huacho, cha. ■ M. y F. **1.** despect. *En el Sureste*, persona oriunda de Ciudad de México; guacho. || **2.** despect. *En Sonora*, persona oriunda del centro o del sur del país;

guacho. || **3.** supran. despect. Soldado; guacho. ■ M. **4.** supran. fam. Reloj, especialmente el de pulsera; guacho.

huacóporo. ■ M. Arbusto o árbol originario de América, de hasta 10 m de altura, monoico; tallos cortos, de corteza fisurada, ramas con espinas, de color verde amarillento; hojas alternas, divididas en numerosos y pequeños foliolos, ovados y rápidamente deciduos, de color verde pálido; flores hermafroditas, vistosas, con cinco pétalos amarillos, los superiores con tonos rojizos, fragantes, agrupadas en racimos; frutos en vainas que tienen marcadas las semillas, coriáceas y cafés; semillas con forma cuadrangular y aplanada, cafés; uso en la medicina tradicional. Familia de las leguminosas, *Parkinsonia aculeata*. (También se llama espinillo, guacóporo, palo verde, retama, uacóporo).

huacux. [*guakús, guakúsh*] ■ M. **1.** *En Michoacán*, árbol originario de América, de hasta 40 m de altura, monoico; tallos con la corteza fisurada, grisácea, se escama en pedazos rectangulares grandes, densamente velloso, con látex lechoso; hojas glabrescentes, cartáceas, dispuestas en espiral, de oblanceoladas a espatuladas, ápice cuspidado; flores hermafroditas, pequeñas, tubulares, de color amarillo verdoso, con aroma dulce, agrupadas en fascículos por debajo de las hojas; frutos abayados, de ovoidales a elipsoidales, glabros, escamosos y pardos; una o dos semillas, elipsoidales, lisas. Familia de las sapotáceas, *Pouteria sapota*. (También se llama huacuxa, huacuz, mamey, zapote, zapote colorado, zapote de niño, zapote de santo Domingo, zapote mamey). || **2.** *En Michoacán*, fruto del **huacux**; comestible. || **3.** *En Michoacán*, hoja del **huacux**; uso en la medicina tradicional. || **4.** *En Michoacán*, semilla del **huacux**; uso industrial y en la medicina tradicional.

huacuxa. [*guakúja, guakúsa, guakúsha*] ■ F. **1.** *En Michoacán*, **huacux.** || **2.** *En Michoacán*, sitio poblado de mameyes.

huacuz. ■ M. *En Michoacán*, **huacux.**

huajal. ■ M. supran. Sitio poblado de huajes; guajal.

huaje. ■ ADJ. **1.** supran. coloq. *Referido a persona*, tonta; guaje: "No seas tan huaje, hijo, te van a engañar". ■ M. **2.** Hierba rastrera cosmopolita, de hasta 9 m de longitud; tallos hirsutos; hojas alternas, acorazonadas, con tres o cinco lóbulos; provista de zarcillos; flores unisexuales, ambos sexos en la misma planta, amarillas y campanuladas, solitarias, surgen en las axilas de las hojas; frutos en forma de baya de gran tamaño; semillas numerosas. Familia de las cucurbitáceas, *Lagenaria siceraria*. (También se llama acocote, ayacaste, ayacastle, ayacaxtle, bule, guaje, jícaro). || **3.** Fruto de esta hierba; comestible. || **4.** Fruto seco de esta hierba que, al rellenarlo con piedras pequeñas o semillas, se usa como sonaja. || **5.** supran. Árbol originario de México y Centroamérica, de hasta 20 m de altura, monoico; troncos ligeramente torcidos; ramas oblicuas y gruesas; hojas opuestas, divididas en numerosos foliolos falcados, pequeños, el eje principal con pelos, la hoja a menudo con una glándula en la base y a veces en la punta; flores hermafroditas, diminutas, de color crema verdoso, aromáticas, dispuestas en espigas densas, axilares; frutos en vainas alargadas, aplanadas, de textura aterciopelada; semillas numerosas, elipsoides, aplanadas, cafés oscuras, lustrosas; follaje y vainas, uso forrajero; troncos, uso industrial. Familia de las leguminosas, *Lysiloma acapulcense*. (También se llama guaje, machao, tepehuaje). || **6.** supran. Semilla de este árbol; uso en la medicina tradicional. || **7.** supran. Arbusto o árbol originario de México, de hasta 6 m de altura, monoico; tallos muy ramificados y con ramas de pubescentes a glabras; hojas alternas, divididas en glándulas, foliolos numerosos, elípticos; flores hermafroditas, pequeñas, tubulares, con cinco pétalos y diez estambres, de blancas a amarillentas, agrupadas en cabezuelas globosas; frutos en vainas, rectas, aplanadas, coriáceas, de cafés a rojizas; semillas numerosas, ovoides, aplanadas, de color café oscuro. Familia de las leguminosas, *Leucaena leucocephala*. (También se llama guaje, tepehuaje dormilón, waaxim). || **8.** supran. Fruto de este arbusto o árbol; comestible. || **9.** supran. Semilla de este arbusto o árbol; comestible; uso en la medicina tradicional. || **10.** supran. Grupo de árboles originarios de América, de hasta 15 m de altura, monoicos; tallos con largas ramas extendidas e irregulares; hojas alternas, enteras o divididas, espatuladas, lustrosas; flores hermafroditas, vistosas, campanulares, amarillas verdosas; frutos capsulares, subglobosos, con pulpa negra, corteza dura, café; semillas numerosas, circulares, aplanadas, cafés. Familia de las bignoniáceas, varias especies del género *Crescentia*, como *Crescentia alata*, *Crescentia cujete*. (También se llama ayale, bule morro, calabazo, coatecomate, cuatecomate, cuautecomate, guaje, güiro, jícara, jícaro, tecomate). || **11.** supran. Individuo de este grupo de árboles. || **12.** supran. Fruto seco de los individuos de este grupo de árboles; uso artesanal. || **13.** supran. Madera de los individuos de este grupo de árboles. || **14.** supran. Recipiente para contener líquidos o granos elaborado con el fruto de estos árboles, principalmente de las especies *Crescentia alata*, *Crescentia cujete*, *Lagenaria siceraria*. ■ COM. **15.** supran. coloq. Persona tonta; guaje: "A esa huaje la engañaron fácilmente, pobrecita".

huamil. ■ M. supran. rur. Terreno donde se ha cosechado y quedan solo los rastrojos; guamil.

huamuche. ■ M. **huamúchil.**

huamúchil. ■ M. **1.** Árbol originario de América, de hasta 20 m de altura, monoico; tallos muy robustos, de copas muy anchas y frondosas, ramas espinosas; hojas alternas, divididas en cuatro foliolos, de ovados a elípticos, glabros; flores hermafroditas, pequeñas, tubulares, de blancas a verdosas, agrupadas en cabezuelas, con numerosos estambres blancos; frutos en vainas, enroscadas, en forma de rosario, pubescentes, rojizas; semillas ovoides, cafés, rodeadas de un arilo de blanco a rosado; uso industrial y en la medicina tradicional. Familia de las leguminosas, *Pithecellobium dulce*. (También se llama guamuche, guamúchil, huamuche, macochín, muchite). || **2.** Fruto del **huamúchil**; comestible.

huamuchilera. ■ F. Sitio poblado de huamúchiles; guamuchilera.

huanacaste. ■ M. **1.** *En el Sureste*, árbol originario de América, de hasta 35 m de altura, monoico; troncos de hasta 4 m de diámetro, a veces con contrafuertes; hojas alternas, divididas en numerosos y diminutos foliolos, elipsoides; flores hermafroditas, pequeñas, tubulares, de blancas a verdosas, con numerosos estambres blancos, agrupadas en cabezuelas; frutos en vainas, recurvadas, en forma de oreja, lustrosas, de color café rojizo; semillas elipsoides, cafés, con marca circular de color café oscuro, redondeadas de un arilo blanquecino. Familia de las leguminosas, *Enterolobium cyclocarpum*. (También se llama guanacaste, guanacastle, huanacastle, orejón). || **2.** *En el Sureste*, madera del **huanacaste**. || **3.** *En el Sureste*, semilla del **huanacaste**; uso en la medicina tradicional.

huanacastle. ■ M. **huanacaste.**

huanchal. ■ M. **1.** Árbol originario de México, de hasta 20 m de altura, monoico; troncos rectos, acanalados, ramas ascendentes; hojas glabras, alternas, divididas en foliolos de elípticos a lanceolados, ápice por lo general de redondeado a truncado, con margen crenado o serrado dentado, a veces casi entero; flores de hermafroditas a unisexuales, pequeñas, numerosas, blancas o blanquecinas, agrupadas en panículas racemosas, densamente pubescentes; frutos capsulares turbinado globosos, de color verde a café, glabros; semillas ovoides, lisas, de color café, provistas de un arilo basal envolvente. Familia de las sapindáceas, *Cupania dentata*. || **2.** Madera del **huanchal**; uso industrial.

huanzontle. ■ M. **huauzontle.**

huapachosear. ■ INTR. **1.** supran. fam. Bailar música de ritmo afroantillano; guapachosear: "Samuel huapachosea en sus clases de baile". || **2.** supran. fam. Salir de fiestas y de diversión; guapachosear: "Tania huapachosea con sus primas cada fin de semana".

huapachoso, sa. ■ ADJ. **1.** supran. *Referido a la música*, de ritmo afroantillano; guapachoso: "Todos se pararon a bailar con las canciones huapachosas". || **2.** supran. *Referido a persona*, que gusta de las fiestas y la diversión; guapachoso: "El tío Pepe es muy huapachoso y a todas saca a bailar". Ú.t.c.sust.: "El tío Pepe es un huapachoso porque a todas saca a bailar". || **3.** supran. Propio de la persona **huapachosa**; guapachoso: "Eres el alma de la fiesta por tu ánimo tan huapachoso".

huapal. ■ M. **1.** rur. Tabla con garfios en que se cuelgan utensilios de cocina; guapal. || **2.** rur. *En Chihuahua*, tela donde se ponen los chiquihuites o cestos de mimbre para guardarlos; guapal.

huapango. ■ M. **1.** Baile cadencioso que se ejecuta zapateando. || **2.** Música y canto que acompañan este baile. ■ LOC. **~ de vara.** LOC. SUST. El que se toca, canta y baila tradicionalmente en las topadas, después de interpretarse una poesía y un decimal; son arribeño.
huapanguear. ■ INTR. **1.** Bailar huapangos. || **2.** Tocar y cantar huapangos.
huapanguero, ra. ■ ADJ. **1.** Perteneciente o relativo al huapango: "En vacaciones conocimos varias zonas huapangueras". || **2.** *Referido a persona*, que baila, toca o canta huapango: "El músico huapanguero fue premiado en el carnaval". Ú.t.c.sust.: "El huapanguero fue premiado en el carnaval".
huapaque. ■ M. **1.** Árbol de distribución en la vertiente del Golfo de México, de hasta 45 m de altura; copa redondeada; hojas dispuestas en espiral, imparipinadas; troncos derechos con contrafuertes delgados y altos, con corteza externa lisa, pardo grisácea o gris muy clara, la corteza interna es de color crema claro a moreno parduzco, fibrosa, ligeramente dulce; flores en panículas axilares y terminales, flores zigomórficas, perfumadas, con perianto verde amarillento o café; frutos en vainas, globosas u ovoides, pubescentes, de color verde amarillento a moreno oscuro; una o dos semillas, reniformes y comprimidas, grisáceas o ligeramente pardas, lustrosas. Familia de las fabáceas, *Dialium guianense*. (También se llama guapaque). || **2.** Fruto de este árbol de distribución en la vertiente del Golfo de México; comestible. || **3.** Árbol caducifolio de amplia distribución en México, de hasta 15 m de altura; con copa piramidal que tiende a redondearse a medida que el árbol envejece, cortezas agrietadas color café, ramas delgadas y torcidas; hojas simples, alternas, de oval-lanceoladas a oblongo-ovadas, con borde aserrado; flores color verde claro; frutos en forma de nuez, ovoide, con una sola semilla; madera, uso en la fabricación de muebles y para construcciones rústicas. Familia de las betuláceas, *Ostrya virginiana*. (También se llama guapaque).
huaracha. ■ F. **1.** supran. Música procedente de las Antillas de ritmo rápido y compás variable, que se toca con orquesta; guaracha. || **2.** supran. Canción que presenta de modo satírico algún hecho político o social, acompañada con la música de **huaracha**; guaracha. || **3.** supran. Baile popular procedente de las Antillas que se ejecuta en pareja, acompañado de **huaracha**; guaracha.
huarachar. ■ INTR. **huarachear.**
huarachazo. ■ M. fam. Cualquier tipo de baile; guarachazo.
huarache. ■ M. **1.** Calzado abierto tradicional con suela, generalmente de caucho, que se sujeta al pie con tiras de cuero u otro material; guarache. || **2.** Zapato ligero y muy abierto, generalmente hecho con tiras de diversos diseños en la parte superior; guarache. || **3.** Tortilla de maíz gruesa y ovalada; guarache. || **4.** Comida que se prepara con una tortilla de maíz gruesa y ovalada, frijoles, salsa, queso y, opcionalmente, carne; guarache. || **5.** Parche de caucho para un neumático; guarache. || **6.** Funda de teflón para planchar telas finas; guarache. || **7.** *En Aguascalientes*, chancla para baño; guarache.
huarachear. ■ INTR. **1.** fam. Arrastrar los pies al caminar haciendo ruido; guarachear: "No huarachees porque el bebé está dormido". || **2.** supran. fam. Bailar; guarachear: "Los niños huarachearon en la fiesta de la escuela".
huaracheo. ■ M. **1.** fam. Hecho de arrastrar los pies al caminar haciendo ruido; guaracheo. || **2.** supran. fam. Hecho de bailar; guaracheo.
huarachero, ra. ■ ADJ. **1.** Perteneciente o relativo a la huaracha; guarachero: "Esa canción tiene ritmo huarachero". || **2.** *Referido a persona*, que toca, canta o baila huarachas; guarachero: "El grupo huarachero de Veracruz ganó el concurso". Ú.t.c.sust.: "Los huaracheros de Veracruz ganaron el concurso". || **3.** Propio de la persona **huarachera**; guarachero: "En Veracruz tienen gustos muy huaracheros". ■ M. Y F. **4.** Persona que se dedica a hacer huaraches o tortillas de maíz, gruesas y ovaladas, sobre las que se ponen frijoles, salsa, queso y, opcionalmente, carne; guarachero. || **5.** supran. Persona que se dedica a hacer huaraches o especie de sandalias de cuero; guarachero.
huarachudo, da. ■ ADJ. **1.** *Referido a persona*, que usa huaraches; guarachudo: "Hay muchos huarachudos en la playa". Ú.t.c.sust.: "Hay unos huarachudos en la playa". || **2.** despect.

H

Referido a persona, desaliñada; guarachudo: "Mandamos a bañar a mi primo huarachudo". Ú.t.c.sust.: "Mandamos a bañar al huarachudo". || **3.** despect. Propio de la persona **huarachuda**; guarachudo: "Mi primo debe cambiar su estilo huarachudo si quiere encontrar trabajo". || **4.** despect. *Referido a persona*, que es indígena; guarachudo. Ú.t.c.sust.

huarapear. ■ TR. fam. Emborrachar a alguien; guarapear: "Huarapearon a los muchachos como parte de la novatada".

huarapeta. ■ F. supran. fam. Borrachera; guarapeta.

huastecano, na. ■ ADJ. **1.** Perteneciente o relativo al **huastecano**: "Una lengua huastecana era el chicomucelteco, que se hablaba al sureste de Chiapas". ■ M. **2.** Grupo étnico histórico que dio origen a los huastecos y a los chicomuceltecos, entre otros. || **3.** Conjunto de grupos étnicos establecidos principalmente en los estados de San Luis Potosí, Veracruz y Chiapas. || **4.** Lengua reconstruida que históricamente dio origen al huasteco y al chicomucelteco. || **5.** Grupo o familia de lenguas mayas que incluye al huasteco y al chicomucelteco, entre otras.

huasteco, ca. ■ ADJ. **1.** Perteneciente o relativo al **huasteco**: "Los huipiles huastecos tienen bordados con hilos coloridos". || **2.** Natural o procedente del grupo étnico **huasteco**: "El curandero huasteco me hizo una limpia". Ú.t.c.sust.: "Las huastecas participan en las faenas para arreglar el pueblo". ■ M. **3.** Grupo étnico establecido en los estados de San Luis Potosí y Veracruz. || **4.** Lengua maya del subgrupo lingüístico huastecano.

huatal. ■ M. supran. *En el Sureste*, conjunto de arbustos, matas y hierbas que pueblan un terreno que ya ha sido cultivado; guatal.

huatape. ■ M. *En Tamaulipas y Veracruz*, guiso caldoso, espesado con masa de maíz, elaborado con mariscos, especialmente con camarón fresco o salado, chile ancho, jitomate, cebolla y epazote; guatape.

huateque. ■ M. **1.** fam. Alboroto; guateque. || **2.** fam. Riña; guateque. || **3.** fam. Conversación informal sobre asuntos personales o de interés común; guateque. || **4.** fam. Acción de congregarse, opinar y difundir información sobre un problema o asunto; guateque.

huatequero, ra. ■ ADJ. fam. *Referido a persona*, que gusta del huateque; guatequero: "Miguel es muy huatequero, sale todos los fines de semana". Ú.t.c.sust.: "Miguel es un huatequero, sale todos los fines de semana".

huaunzontle. ■ M. **huauzontle.**

huautle. ■ M. **1.** Hierba originaria de América, de hasta 2 m de altura, monoica; hojas alternas, enteras, a veces con tonos rojizos; flores hermafroditas, pequeñas, con cinco pétalos de color rojo o rosado, agrupadas en largos racimos terminales; frutos capsulares, globosos, cafés; semillas diminutas, globosas, negras o blancas. Familia de las amarantáceas, *Amaranthus cruentus* y *Amaranthus hypochondriacus*. (También se llama alegría, amaranto, guaute, huautli). || **2.** Semilla del **huautle**; comestible

huautli. ■ M. **huautle.**

huauzontle. ■ M. **1.** Hierba originaria de América, de hasta 2 m de altura, monoica; tallos muy ramificados, delgados, tubulares; hojas alternas, verdes o moradas, más anchas en la parte central, ligeramente parecidas a lanzas; flores hermafroditas, diminutas, de color blanco verdoso, dispuestas en pequeñas espigas; frutos capsulares, secos, rodeados por el cáliz; semillas negras, abundantes; uso cosmético, forrajero y en la medicina tradicional. Familia de las amarantáceas, *Chenopodium nuttalliae*. (También se llama guasoncle, guasontle, guausoncle, huanzontle, huaunzontle, huazontle). || **2.** Inflorescencia del **huauzontle**; comestible. || **3.** Comida que se prepara con espigas de **huauzontle** cocidas en agua, rellenas con queso y capeadas en salsa de jitomate, tomate verde o chile pasilla.

huauzontles. ■ M. PL. **4.** Platillo hecho con esta comida.

huave. ■ ADJ. **1.** Perteneciente o relativo al **huave**: "La comunidad huave se dedica a la pesca ribereña de camarón". || **2.** Natural o procedente del grupo étnico **huave**: "La abuelita huave prendió una veladora en el altar familiar". ■ M. **3.** Grupo étnico establecido en el sur del istmo de Tehuantepec, en Oaxaca. || **4.** Lengua que habla el grupo étnico **huave**. || **5.** Familia lingüística formada únicamente por la lengua **huave**. ■ COM. **6.** Persona natural o procedente del grupo étnico **huave**:

"Las huaves salan y secan el camarón para venderlo en los mercados".

huaxacote. [*guajakóte, guasakóte, guashakóte*] ■ M. Arbusto o árbol pequeño originario de América, de hasta 5 m de altura, monoico; tallos con tricomas que caen pronto, con prominentes lenticelas; hojas de ovado-lanceoladas a elípticas, glabras, verdes o rojizas; flores hermafroditas, vistosas, de color rosado o rojo pálido, casi glabras, con pequeñas glándulas en la base de los sépalos, agrupadas en inflorescencias umbeliformes; frutos abayados, piramidales, globosos, carnosos, de color rojo, lisos; semillas numerosas, ovoides, con alas dorsales, márgenes tuberculados o verrugosos. Familia de las malpigiáceas, *Malpighia glabra*. (También se llama capulín, manzanita).

huaxmole. [*guashmóle*] ■ M. **1.** Guiso hecho de carne, generalmente de cerdo, semillas del guaje, principalmente de la especie *Leucaena leucocephala*, y chile; guaxmole. || **2.** *En Puebla*, guiso caldoso preparado con chile guajillo, chile costeño y chile serrano molidos; se condimenta con hoja de aguacate; se sirve con ejote, guaje y con carne de chivo; mole de caderas; guaxmole.

huazontle. ■ M. **huauzontle.**

huehuecho, cha. ■ ADJ. **1.** supran. fam. *Referido a persona*, que tiene un abultamiento carnoso debajo de la barba; güegüecho: "Ese muchacho huehuecho es mi primo". Ú.t.c. sust.: "El huehuecho de mi primo ya llegó". ■ M. **2.** supran. fam. Abultamiento carnoso que se forma debajo de la barba, o entre esta y el cuello; bocio; güegüecho.

huehuenche. ■ COM. **1.** Persona, generalmente de edad avanzada, que dirige las danzas en las fiestas tradicionales; güegüenche. || **2.** Personaje de danza de carnaval que usa máscara de viejo; güegüenche. || **3.** Personaje burlesco caracterizado grotescamente, con máscara de viejo, que interactúa con el público durante la interpretación de algunas danzas tradicionales; güegüenche.

huéhuetl. ■ M. Tambor alargado, construido con un tronco de árbol hueco, con la abertura superior cubierta con piel; se usa en fiestas religiosas y tradicionales.

hueja. ■ F. supran. *En el Noroeste*, vasija pequeña hecha de corteza de calabaza; güeja.

huejote. ■ M. Árbol originario de América, de hasta 15 m de altura, dioico; hojas alternas, enteras, de lineares a lanceoladas, envés de color blanco plateado, con margen finamente aserrado; flores unisexuales y pequeñas: flores masculinas y femeninas de color amarillo a blanco, dispuestas en espigas cilíndricas, péndulas; frutos capsulares, pequeños, de color pardo; semillas diminutas, cubiertas de pelos blancos. Familia de las salicáceas, *Salix bonplandiana*. (También se llama ahuejote, sauce).

huele. ■ LOC. **~ de noche.** LOC. SUST. **1.** vulg. Ano. || **2.** vulg. Órgano sexual femenino. || **3. hueledenoche.**

hueledenoche. ■ M. supran. Arbusto originario de México y el Caribe, de hasta 4 m de altura, monoico; tallos teretes con tricomas simples; hojas simples, alternas, tan anchas en la punta como en el centro; flores hermafroditas, pequeñas, tubulares, de color verde amarillento o verde pálido, de aroma agradable, agrupadas en racimos cortos de muchas flores, axilares o terminales; frutos abayados, globosos, de color negro al madurar; uso ornamental. Familia de las solanáceas, *Cestrum nocturnum*. (También se llama hediondilla, huele de noche).

huelepedos. ■ ADJ. **1.** supran. vulg. *Referido a persona*, que sigue servilmente las órdenes de un superior, lo adula y usualmente lo acompaña; lambiscón: "No despidieron a Luis porque es bien huelepedos". || **2.** supran. vulg. *Referido a persona*, entrometida: "No le comentes nada a Elena porque es muy huelepedos". ■ COM. **3.** supran. vulg. Persona que sigue servilmente las órdenes de un superior, lo adula y usualmente lo acompaña; lambiscón: "No despidieron a Luis porque es un huelepedos". || **4.** supran. vulg. Persona entrometida: "No le comentes nada a Elena porque es una huelepedos".

huellear. ■ TR. supran. Seguir un rastro mediante el olfato y las huellas: "Los perros de la policía huellearon la pista".

huelleo. ■ M. supran. Seguimiento de un rastro mediante el olfato y las huellas.

huellero, ra. ■ ADJ. **1.** supran. *Referido a alguien*, que sigue un rastro mediante el olfato y las huellas: "Los perros huelleros ayudaron a encontrar más pistas". ■ M. **2.** Almohadilla empapada en tinta con que se impregna la yema del dedo para imprimirla en un documento. || **3.** Dispositivo electrónico que reconoce huellas digitales para dar acceso, registrar asistencia, identificar usuarios, etcétera.

huentle. ■ M. **1.** *En la tradición popular*, ofrenda. || **2.** *En la tradición popular*, ofrenda de comida y copal para pedir por la fertilidad de la tierra. || **3.** *En la tradición popular*, ofrenda que se dedica a una persona fallecida; altar de muertos. || **4.** *En Morelos, Puebla y Veracruz, en la tradición popular*, danza tradicional prenupcial, acompañada por una banda de instrumentos de aliento, en una procesión en que se recolectan las viandas que se consumirán en la boda. || **5.** *En Guerrero y Morelos, en la tradición popular*, procesión que culmina en una ceremonia en que se ofrenda comida y copal para pedir por la fertilidad de la tierra.

huerco, ca. ■ M. y F. **1.** *En el Norte*, niño o muchacho; güerco. || **2.** *En el Norte*, persona indeterminada; güerco: "Llegó un huerco a preguntarnos por el lugar del concierto". || **3.** *En el Norte*, fórmula de tratamiento para dirigirse a una persona conocida; güerco: "Huerca, parquea aquí tu troca".

huerfanito. ■ M. **1.** Última pieza o sección de cualquier producto que queda por repartirse. || **2.** Última pieza que queda de comida. || **3.** Último cupón o fracción de un entero o billete de lotería que queda por venderse.

huerfanita. ■ F. **1.** Última pieza o sección de cualquier producto que queda por repartirse. || **2.** Última pieza que queda de comida.

huérfano, na. ■ ADJ. **1.** fest. *Referido a algo*, de excelente calidad: "Este mole te quedó huérfano". ■ M. **2.** fest. Testículo.

huesamenta. ■ F. **hueserío.**

huesear. ■ INTR. **1.** *En las artes escénicas*, emplearse alguien en trabajos eventuales, generalmente mal remunerados: "Ese saxofonista hueseaba en bares antes de ser famoso". || **2.** supran. Comer la carne pegada al hueso para chuparlo después.

hueserío. ■ M. **1.** supran. fest. Osamenta. || **2.** supran. fest. Cuerpo.

huesero, ra. ■ ADJ. **1.** *Referido a persona*, que gusta de comer la carne pegada al hueso para chuparlo después: "Mariana es muy huesera, llévala a las alitas". Ú.t.c.sust.: "Mariana es una huesera, llévala a las alitas". ■ M. y F. **2.** Artista escénico que se emplea en trabajos eventuales, generalmente mal remunerados. || **3.** supran. *En la medicina tradicional*, persona que se dedica a tratar dolencias de huesos y articulaciones.

huesillo. ■ M. **1.** Árbol originario de América, de hasta 30 m de altura, monoico; tallos rectos, cilíndricos, ramas ascendentes, con corteza gris amarillenta, áspera y fisurada; hojas alternas, divididas de siete a diez foliolos, de ovados a elípticos, haz verde oscuro, lustroso, con margen liso; flores hermafroditas, pequeñas, con cinco pétalos de color amarillo o blanco, glabras, agrupadas en panículas laterales, con escasa pubescencia; frutos en vainas de oblongas a elípticas, de color café claro; una o tres semillas, ovoides, comprimidas, lisas, lustrosas, coriáceas. Familia de las leguminosas, *Acosmium panamense*. || **2.** Tallo del **huesillo**; uso industrial.

hueso. ■ M. **1.** Pan que tiene forma de fémur, hecho de harina de trigo, manteca y espolvoreado de azúcar. || **2.** *En las artes escénicas*, empleo en un trabajo eventual, generalmente mal remunerado. || **3.** supran. Puesto o empleo, generalmente de gobierno, obtenido por influencias. ■ LOC. **de ~ colorado.** LOC ADJ. supran. *Referido a persona*, fanática: "Mi papá es izquierdista de hueso colorado". ▷ **~ de tigre.** LOC. SUST. Árbol o arbusto originario de América, de hasta 15 m de altura; tallos delgados, poco ramificados, erectos o ligeramente recostados en las ramas apicales, de corteza grisácea; hojas alternas, divididas en tres foliolos grandes, de obovados a elípticos, el de en medio ligeramente más grande, suavemente pilosos en ambas caras, con margen entero, sobre peciolos largos y delgados, frecuentemente alados; flores hermafroditas, pequeñas, numerosas, de pétalos persistentes, densamente pilosos en la cara inferior, de color amarillo pálido, dispuestas en panículas terminales, extendidas mas allá de las hojas; frutos subglobosos, divididos en cinco lóbulos, que a veces terminan en una pequeña punta dorsal, glabros y rugosos, verdes cuando maduros, café claro cuando secos; semillas con forma de lágrima, glabras; uso como cerca viva.

Familia de las rutáceas, *Esenbeckia berlandieri.* (También se llama limoncillo). ▶ **huesos de fraile.** LOC. SUST. **1.** Árbol originario de México, de hasta 6 m de altura; tallos con corteza de aspecto ceniciento, con huellas manifiestas de las hojas que se han caído; hojas simples, alternas, linear-lanceoladas; flores hermafroditas, grandes y vistosas, en forma de embudo, amarillas, agrupadas en cimas terminales o axilares; frutos drupáceos, subglobosos, negros al madurar, con pequeños puntos blancos; semillas aladas, blanquecinas. Familia de las apocináceas, *Cascabela thevetioides.* (También se llama ayoyote, chachayote, chachayotl, codo de fraile, gorro de obispo, joyote, narciso amarillo, venenillo, yoyote, yucucaca). || **2.** Fruto de este árbol; uso artesanal, ornamental y en la medicina tradicional. ▶ **la de ~.** LOC. SUST. pop. Cabeza: "Manuel se abrió la de hueso en el accidente".

huéspeda. ■ F. fam. Prostituta que trabaja en un burdel.

huesuda. ■ LOC. **la Huesuda.** LOC. SUST. supran. Personificación de la Muerte.

hueva. ■ F. **1.** malson. Hartazgo; fastidio: "La historia que siempre me cuentas ya me da hueva". || **2.** supran. malson. Pereza extrema; flojera: "Me da hueva acompañar a mi hermana al cine". ■ LOC. **de ~.** LOC. ADJ. malson. Que causa aburrimiento: "La película estuvo de hueva, por eso me dormí en el cine".

huevo. ■ LOC. **a ~** LOC. ADV. supran. vulg. Por supuesto: "—¿Quieres que vayamos al partido? —¡A huevo, Martín!". ▶ **(de) a ~.** LOC. ADV. supran. vulg. Forzosamente: "Me tuve que quedar en la oficina de a huevo". ▶ **de huevos.** LOC. ADJ. **1.** vulg. Excelente: "La película estuvo de huevos". || LOC. ADV. **2.** vulg. Por la fuerza: "A Ricardo lo sacaron del vagón de huevos". || **3.** vulg. Por voluntad: "No fui a la escuela de huevos". ▶ **~ cocido.** LOC. SUST. El hervido con cascarón, hasta quedar duro. ▶ **~ nidador.** LOC. SUST. supran. El que se deja en un lugar señalado para que el ave de corral acuda a poner allí. ▶ **~ tibio.** LOC. SUST. supran. El que se pasa con cascarón por agua hirviendo y que queda con la clara semicuajada y la yema casi líquida. ▶ **~ (en) torta.** LOC. SUST. El que se bate y se fríe en aceite hasta tomar la forma del sartén donde se hace, al que generalmente se le añaden carnes frías o vegetales. ▶ **huevos a la mexicana.** [*mejikána*] LOC. SUST. Platillo elaborado con huevos revueltos a los que se les agrega, al freírlos, cebolla, jitomate y chile serrano picados. ▶ **huevos a la veracruzana.** LOC. SUST. **1.** Platillo elaborado con tortillas enrolladas rellenas de huevo revuelto con chorizo y bañadas en una salsa de jitomate. || **2. huevos tirados.** ▶ **huevos ahogados.** LOC. SUST. Platillo elaborado con huevos escalfados en una salsa de jitomate y chile; se sirve cubierto con crema. ▶ **huevos al albañil.** LOC. SUST. Platillo elaborado con huevos revueltos que se bañan en salsa de jitomate y chile; se sirven, generalmente, con chicharrón y frijoles. ▶ **huevos aporreados.** LOC. SUST. Platillo elaborado con huevos revueltos con cecina salada desmenuzada, en salsa de jitomate y chile. ▶ **huevos con migas.** LOC. SUST. Platillo elaborado con tortillas fritas cortadas en cuadros pequeños, mezcladas con huevos revueltos; se sirve con salsa encima. ▶ **huevos divorciados.** LOC. SUST. Platillo elaborado con dos huevos estrellados, uno bañado en una salsa roja de jitomate y otro en una salsa verde de tomate, sobre dos tortillas. ▶ **huevos motuleños.** LOC. SUST. Platillo elaborado con huevos estrellados, con cebolla, jamón, chícharos y queso, montados en una tortilla untada de frijoles y bañados en salsa de jitomate. ▶ **huevos rancheros.** LOC. SUST. Platillo elaborado con huevos estrellados, montados en una tortilla frita y bañados en salsa roja o verde. ▶ **huevos revueltos.** LOC. SUST. supran. Platillo elaborado con huevos batidos, a los que generalmente se les añaden otros ingredientes, como jamón, chorizo, cebolla, etc., se fríen y se menean constantemente. ▶ **huevos tibios.** LOC. SUST. **1.** despect. Persona holgazana: "Mi cuñado es un huevos tibios, otra vez dejó el trabajo". || **2.** despect. Persona pusilánime: "Tania es una huevos tibios, no da la cara porque no le conviene". ▶ **huevos tirados.** LOC. SUST. Platillo elaborado con huevos revueltos y frijoles. ▶ **por mis huevos.** LOC. ADV. vulg. Sin duda: "Por mis huevos que terminamos hoy". ■ EXPR. **¡mis huevos!** vulg. Se usa para desacreditar lo que alguien dice o propone: "—Jefe, le voy a decir un secreto. —¡Mis huevos! Eso lo sabe todo mundo". ▶ **¡mis huevos, qué!** vulg. Se usa para negar la posibilidad de que algo se realice: "¡Mis huevos, qué! Yo no voy a venir a trabajar el sábado". ■ INTERJ. **¡huevos! 1.** vulg. Se usa para expresar asombro o sorpresa: "—¡A Ernesto le robaron el auto! —¡Huevos!". || **2.** vulg. Se usa para expresar enojo o molestia; se acompaña de un gesto que consiste en movimientos enérgicos del brazo para mostrar la palma de la mano y los dedos flexionados a diferente abertura con la intención de ofender.

huevonada. ■ F. supran. vulg. Flojera.

huevonear. ■ INTR. supran. vulg. Flojear: "Cristóbal huevonea en la escuela".

huevoneo. ■ M. **huevonada.**

huevonería. ■ F. **huevonada.**

huevonudo, da. ■ ADJ. **huevudo, da.**

huevudo, da. ■ ADJ. **1.** vulg. *Referido a persona*, que ha alcanzado la madurez física: "Ya estás huevudo para comportarte de esa manera". Ú.t.c.sust.: "Ya eres un huevudo para comportarte de esa manera". || **2.** supran. vulg. *Referido a persona*, valiente y osada: "Alma es bien huevuda para irse caminando a esta hora de la noche". Ú.t.c.sust.: "Alma es una huevuda para irse caminando a esta hora de la noche".

huge. ■ M. **huje.**

huichacame. ■ M. Arbusto suculento de distribución en el norte de México, de hasta 60 cm de altura, monoico; tallos y ramas cortas, cilíndricas, recubiertas de espinas blancas en grupos de seis, divergentes, entrelazadas unas con las otras; hojas presentes solo en las ramas juveniles, lineares, carnosas; flores hermafroditas, vistosas, con espinas cortas y glóquidas en la base, pétalos numerosos, de color rosado a rojizo, con una banda verdosa, solitarias o en grupos de dos o tres en el ápice de las ramas; frutos abayados, de cilíndricos a ovoides, de color verdoso a amarillento; semillas atrofiadas; uso artesanal, industrial y ornamental. Familia de las cactáceas, *Opuntia tunicata.*

huichagorare. ■ M. Arbusto originario de México, de hasta 2.5 m de altura; tallos con corteza oscura, ramas con espinas fuertes, tomentosas; hojas alternas, simples, de elípticas a ovadas, haz finamente puberulento, envés tomentoso, con margen glandular denticulado; flores hermafroditas, pequeñas, blancas, de tres a seis agrupadas en umbelas, axilares; frutos capsulares, trilobulados, negros; tres semillas, ovoides, de color pardo amarillento. Familia de las ramnáceas, *Ceanothus depressus.*

huichichile. Véase **huachichil.**

huichichiltemel. ■ M. Arbusto originario de América, de hasta 6 m de altura, dioico; troncos con espinas a menudo ramificadas, glabros o diminutamente pubérulos; hojas alternas, cortas pecioladas, glabras, de elípticas a ovadas, con margen glandular serrado; flores unisexuales: las masculinas y las femeninas sin pétalos, con cáliz lobulado de color verde amarillento, pubérulas o glabras, agrupadas en fascículos; frutos abayados, subglobosos, de color amarillo a rojo en la madurez; de dos a seis semillas, muy pequeñas, ovoides, con la testa de color café rojizo, glabras. Familia de las salicáceas, *Xylosma flexuosa.*

huichipil. ■ M. supran. Árbol o arbusto originario de México, de hasta 20 m de altura, dioico; tallos de corteza de color gris claro a anaranjado, lisa, con numerosas lenticelas; hojas alternas, compuestas con más de 50 foliolos, de elípticos a oblongos, membranáceos, glaucos y pubérulos en el envés; flores unisexuales, diminutas: las masculinas y las femeninas sin pétalos, agrupadas en racimos; frutos sámaras, rojizos, lanceolados, con márgenes provistos de pelos cortos y blancos; semillas con forma elíptica, comprimida, lisa, opaca; uso industrial; cortezas y hojas, uso en la medicina tradicional. Familia de las picramniáceas, *Alvaradoa amorphoides.* (También se llama cola de ardilla).

huichol. ■ ADJ. **1.** Perteneciente o relativo al **huichol**: "El peyote, el venado y el maíz son símbolos de la religión huichol". || **2.** Natural o procedente del grupo étnico **huichol**: "Una mujer huichol preparó tejuino para beber". ■ M. **3.** Grupo étnico establecido en los estados de Jalisco, Nayarit y Zacatecas. || **4.** Lengua yutoazteca del subgrupo lingüístico corachol. ■ COM. **5.** Persona natural o procedente del grupo étnico **huichol**: "Una huichol preparó tejuino para beber".

huichol, la. ■ ADJ. **1.** Perteneciente o relativo al grupo étnico establecido en los estados de Jalisco, Nayarit y Zacatecas: "Las figuras huicholas están forradas con chaquira". || **2.** Perteneciente o relativo a la lengua yutoazteca del subgrupo lingüístico corachol: "La lengua huichola se habla en Jalisco, Nayarit y Zacatecas". || **3.** Natural o procedente del grupo étnico establecido en los estados de Jalisco, Nayarit y Zacatecas: "La mujer huichola elabora trabajos de estambre". Ú.t.c.sust.: "La huichola elabora trabajos de estambre".

huichuta. ■ F. *En el Noroeste*, garfio.

huiclacoche. ■ M. **huitlacoche.**

huico. ■ M. Lagartija originaria de América, de hasta 30 cm de longitud; cuerpo elongado, con cola relativamente larga; de pardo a verde parduzco y por lo general con franjas longitudinales; hábito locomotor terrestre. Familia de los teídos del orden Squamata, varias especies del género *Aspidoscelis*, como *Aspidoscelis sexlineata*.

huicumo. ■ M. **1.** Árbol originario de América, de hasta 25 m de altura, dioico; troncos ligeramente acostillados, en ejemplares muy grandes con contrafuertes, con corteza grisácea, fisurada y látex pegajoso; hojas dispuestas en espiral, elípticas, cartáceas, glabras; flores unisexuales, pequeñas, tubulares, de color blanco amarillento, dos o tres agrupadas en fascículos axilares por debajo de las hojas, glabras; frutos abayados, subglobosos, de color amarillo, anaranjado o verde oscuro, lisos, glabros, con ápice obtuso; de una a seis semillas, elipsoidales, de color café oscuro, lisas, brillantes. Familia de las sapotáceas, *Pouteria campechiana*. (También se llama zapote amarillo). || **2.** Fruto del **huicumo**; comestible.

huila. ■ F. Véase **huilo, la.**

huilanche. ■ M. rur. Piedra para moler, parecida al metate; güilanche.

huilo, la. ■ ADJ. **1.** *Referido a alguien*, tullido; güilo: "El caballo quedó huilo después del accidente". || **2.** *Referido a alguien*, delgado; güilo: "Mi hermana está muy huila porque se enfermó". || **3.** despect. *Referido a persona*, promiscua; güilo. Ú.t.c.sust. ■ M. y F. **4.** despect. Persona que se dedica a la prostitución; güilo. ■ M. **5.** Ave originaria de América, de hasta 1 m de altura, 1.3 m desde la punta del pico hasta el extremo de la cola, 2 m de envergadura y 20 kg de peso; tiene plumaje de color pardo verdoso con reflejos cobrizos y manchas blanquecinas en los extremos de las alas y de la cola, cabeza y cuello cubiertos de carúnculas rojas, así como la membrana eréctil que lleva encima del pico; tarsos negruzcos muy fuertes, dedos largos, y en el pecho un mechón de cerdas de 3 a 4 cm de longitud; la hembra es algo menor, pero semejante al macho en todo lo demás; en domesticidad, el ave ha disminuido de tamaño y ha cambiado el color del plumaje; hay variedades negras, rubias y blancas; comestible. Familia de los faisánidos del orden Galliformes, *Meleagris gallopavo*. (También se llama chompipe, chumpe, chumpipe, cócono, guajolote, güilo, jolote, pavo, picho, pípilo, totol, totole, xolo). ■ F. **6.** *En el Norte*, papalote; güila. || **7.** *En el Norte*, novia; güila. || **8.** *En el Norte*, bicicleta; güila. || **9.** *En Colima*, canica pequeña; güila. || **10.** *En Veracruz*, bruja; güila.

huilota. ■ F. **1.** Ave originaria de América, de hasta 30 cm de longitud; con plumaje en tonos grisáceos y castaños claros; vientre en tonos más tenues y rosados; cola larga y apuntada; cabeza pequeña con un pico pequeño de color negruzco; patas cortas y rojizas; cuerpo relativamente esbelto. Familia de los colúmbidos del orden Columbiforme, *Zenaida macroura*. (También se llama güilota, paloma huilota). || **2.** despect. Prostituta; güilota.

huinar. ■ M. **1.** Arbusto de amplia distribución en México, de hasta 1 m de altura, monoico; tallos muy ramificados, con pubescencia estrellada, diminuta; hojas alternas, romboides, obtusas o agudas, crenadas o dentadas, algo discoloras; flores hermafroditas, de color amarillo, campanuladas, solitarias en las axilas de las hojas, con pubescencia estrellada muy fina; frutos esquizocárpicos, cónicos, glabrescentes, con o sin dos pequeñas espinas apicales, dehiscentes en el ápice entre las espinas; semillas glabras. Familia de las malváceas, *Sida rhombifolia*. (También se llama cuentere, escobilla, malvilla, tlalamate). || **2.** Fibra del **huinar**; uso industrial. || **3.** Raíz del **huinar**; uso en la medicina tradicional.

huinche. ■ M. supran. Máquina que consiste en un torno de eje vertical que se emplea para mover grandes pesos por medio de un cable que va enrollado en él; malacate; güinche.

huinchero, ra. ■ M. y F. supran. Persona que trabaja con un huinche; malacatero; güinchero.

huipil. ■ M. **1.** supran. Vestimenta tradicional de las mujeres indígenas; güipil. || **2.** supran. Blusón largo sin mangas, generalmente bordado; güipil.

huisachada. ■ F. **huizachada.**

huisache. Véase **huizache.**

huisachear. ■ INTR. **huizachear.**

huisachería. ■ F. **huizachería.**

huisachero, ra. ■ ADJ. **huizachero, ra.**

huisai. ■ M. **huisay.**

huisay. ■ M. Arbusto originario de México, de hasta 3 m de altura, monoico; tallos suculentos, glabros o pubescentes; hojas alternas, enteras, con peciolo corto o ausente y margen entero; flores unisexuales, pequeñas: las masculinas reducidas a numerosos estambres, las femeninas pistiladas, solitarias, ambas sin pétalos, agrupadas en inflorescencias compactas llamadas ciatios que tienen apariencia de una flor; frutos capsulares, trilobados, rojizos, generalmente indehiscentes; semillas cilíndricas, lisas. Familia de las euforbiáceas, *Euphorbia bracteata.* (También se llama candelilla, huisai).

huisiquil. ■ M. **huisquil.**

huisquil. ■ M. **1.** Chayotera; güisquil. || **2.** supran. Fruto de la chayotera; chayote; güisquil.

huisquilar. ■ M. **1. huisquil.** || **2.** supran. Terreno plantado de huisquiles; güisquilar.

huistempisque. ■ M. **1.** supran. Árbol originario de América, de hasta 35 m de altura, monoico; tallos de corteza exfoliante, que se desprende en pequeñas placas rectangulares y en la que se produce un látex blanco; hojas alternas, enteras, elípticas, ápice de agudo a redondeado, a veces con una proyección foliar, glabras o con esparcidos tricomas aplicados; flores hermafroditas, tubulares, de color amarillo pálido, agrupadas en fascículos por debajo de las hojas; frutos abayados, de elipsoides a globosos, verdes, glabros y lisos; semillas elipsoidales, con testa lisa, brillante, de color café oscuro. Familia de las sapotáceas, *Sideroxylon capiri.* (También se llama tempisque). || **2.** supran. Fruto del **huistempisque**; comestible.

huitatobe. ■ M. Arbusto originario de América, de hasta 6 m de altura, monoico; troncos ramificados desde el suelo, corteza rugosa de color grisáceo, con látex lechoso; hojas alternas, glabras, ovado-lanceoladas; flores hermafroditas, pequeñas, tubulares, de color blanco a verde amarillento, agrupadas en cimas; frutos drupáceos, ovoide-oblongos, glabros y traslúcidos; semilla única, ovoide-oblonga, con testa jugosa. Familia de las apocináceas, *Vallesia glabra.* (También se llama citabaro, otatave, palo verde, peralillo, uclatave).

huitlacoche. ■ M. supran. Hongo parásito microscópico de las plantas del maíz, que afecta a toda la planta pero principalmente a las inflorescencias o las mazorcas; infecta los tejidos de la planta, al madurar genera deformaciones a manera de agallas abultadas, de color grisáceo a negro al madurar y de textura esponjosa, las esporas se encuentran adentro de esta agalla; comestible. Orden de los ustilaginales, *Ustilago maydis.* (También se llama carbón, cuitlacoche, huiclacoche).

huitote. ■ M. Arbusto originario de México, de hasta 3 m de altura, monoico; tallos con corteza negruzca, ramillas pubescentes; hojas alternas, divididas en numerosos foliolos, linear-oblongos, casi erectos, ápice obtuso o ligeramente agudo, con margen entero; flores hermafroditas, tubulares, pequeñas, con estambres largos y numerosos, de color púrpura brillante, agrupadas en racimos terminales densos; frutos en vainas, densamente híspidos, con ápice obtuso y margen engrosado; de tres a cinco semillas, obovadas, de color amarillo; uso en la medicina tradicional. Familia de las leguminosas, *Calliandra grandiflora.* (También se llama cabello de ángel, taguapillo).

huitzapole. ■ M. Hierba de origen americano, de hasta 60 cm de altura, monoica; tallos tendidos y ramificados, con pubescencia variable, huecos, delicados, con varios nudos manifiestos; hojas alternas, enteras, envainantes en la base, de lineares a lanceoladas; flores hermafroditas, diminutas, pétalos diminutos, con brácteas asociadas, pilosas y con numerosas cerdas, algunas delgadas y otras espinoides, agrupadas en racimos densos, espiciformes; frutos caripsoides, pequeños y ovoides. Familia de las gramíneas, *Cenchrus echinatus*. (También se llama ojo de hormiga, rosetilla).

huitzilera. ■ F. **hormiga de miel.**

huizachada. ■ F. supran. Hecho de ejercer la profesión de abogado sin título.

huizache. ■ M. **1.** Árbol originario de Centroamérica, de hasta 15 m de altura, monoico; tallos y ramas hirsutos, con espinas muy gruesas y evidentes que alojan hormigas; hojas alternas, compuestas de cuatro a 10 pares de pinas, foliolos de diez a 26 pares por pina, oblongos, ápice redondeado y mucronulado, base oblicua, con glándulas entre cada par de pinas; flores hermafroditas, diminutas, amarillas, en forma de embudo, agrupadas en espigas axilares solitarias, glabras; frutos en vaina, cilíndricos, indehiscentes, cartáceos, de color amarillo, rojo o café; semillas numerosas, elipsoides a subesféricas, cafés oscuras, rodeadas por un arilo blanquecino o amarillento, esponjoso. Familia de las leguminosas, *Acacia cornigera*. (También se llama árbol del cuerno, cornezuelo, huisache, ixcanal, izcanal, subín, subinché, zubín, zubinché). || **2.** supran. Arbusto o árbol originario de América, de hasta 7 m de altura, monoico; tallos muy ramificados, lisos, con la últimas ramillas pubescentes en la juventud, con espinas blanquecinas; hojas alternas, divididas hasta en 14 foliolos, con un nectario ubicado poco más abajo de la base del primer par de pinas, elípticas, con margen entero; flores hermafroditas, pequeñas, tubulares, de color amarillo, sésiles, agrupadas en cabezuelas globosas; frutos en vainas cilíndricas, con las puntas redondeadas, negras al madurar, glabras; semillas numerosas, en forma de riñón, de color pardo amarillo; uso industrial y en la medicina tradicional. Familia de las leguminosas, *Acacia farnesiana*. (También se llama güisache, güizache, huisache, vinorama, yóndiro).

huizachear. ■ INTR. Ejercer alguien la profesión de abogado sin título: "Carlos huizacheó unos años en ese despacho".

huizachería. ■ F. **huizachada.**

huizachero, ra. ■ ADJ. **1.** *Referido a algo*, mediocre: "Manuel quiso convencerlos con argumentos huizacheros". || **2.** *Referido a persona*, que ejerce la abogacía sin título: "No pudo firmar los papeles porque resultó ser un defensor huizachero". Ú.t.c.sust.: "No pudo firmar los papeles porque resultó ser un huizachero". || **3.** *Referido a persona*, que ejerce su oficio de manera mediocre: "No resolvió el caso porque resultó ser un detective huizachero". Ú.t.c.sust.: "No resolvió el caso porque resultó ser un huizachero".

huizote. ■ M. **1.** supran. Garza originaria de América, de hasta 90 cm de longitud; con cuerpo muy delgado; cuello alargado y pico muy afilado; negruzco con grandes manchas argénteas en las partes delanteras de las alas; con cola larga y cuello largo y serpentino; la hembra tiene el pecho beige claro; piscívoro; se zambulle desde la superficie o se sumerge a veces sacando solo la cabeza y el cuello sobre el agua. Familia de los aníngidos del orden Suliformes, *Anhinga anhinga*. (También se llama agüizote, ahuizote). || **2.** supran. Instrumento de labranza, de hierro o madera, con punta en uno de sus extremos, que sirve para hacer hoyos.

huiztlacuache. ■ M. Mamífero roedor originario de América, de hasta 80 cm de longitud; con cara corta y ancha, con orejas pequeñas; ojos pequeños, redondos y lustrosos; hocico abultado y carnoso, con largas y duras vibrisas; cola prensil larga; cuerpo cubierto por pelos y espinas; hábitat arbóreo. Familia de los eretizóntidos del orden Rodentia, *Sphiggurus mexicanus*. (También se llama puercoespín mexicano, puercoespín tropical).

huje. ■ M. *En el Occidente*, árbol originario de Centroamérica, de 40 m de altura; troncos derechos, cilíndricos, con contrafuertes grandes y bien formados, cortezas lisas, de color café, lenticelas redondeadas y con exudado lechoso; hojas alternas, simples, cortamente pecioladas, ovadas o elípticas, con margen entero; flores unisexuales, solitarias y axilares: las masculinas reunidas en amentos globosos, las femeninas en cabezuelas oblongas, ovales, de color verde; frutos drupáceos, globosos, anaranjados o rojos, de sabor y olor dulces; semillas esféricas, aplanadas por ambos lados; uso como biocombustible y en la medicina tradicional. Familia de las moráceas, *Brosimum alicastrum*. (También se llama huge, mujú, ojite, ojoche, ox, ramón, samaritano).

hule. ■ M. **1.** Árbol de amplia distribución en México, de hasta 20 m de altura; troncos gruesos con corteza gris, lisa, con abundante jugo lechoso, ramas jóvenes glabras, con epidermis exfoliante, de color café amarillento a gris; hojas de elípticas a oblongas, acuminadas en el ápice, redondeadas en la base, lisas, coriáceas; flores hermafroditas y unisexuales, diminutas, que crecen en el interior de una cubierta carnosa y con forma esférica, comúnmente llamada higo, donde se alojan también los frutos; frutos con dos higos por nudo, obovoides, glabros, verdes con manchas oscuras, con ostiolo ligeramente cónico, sésiles, brácteas basales fusionadas y formando una base cupuliforme, apicalmente ondulada, glabras o a veces puberulentas; uso ornamental. Familia de las moráceas, *Ficus elastica.* (También se llama árbol del caucho, gomero). || **2.** fam. Condón. || **3.** gralizado. Látex o goma elástica que se obtiene del jugo lechoso del **hule**; uso industrial; caucho.

hulear. ■ INTR. supran. Extraer el látex o goma elástica del hule: "El capataz contrató a más trabajadores para que hulearan toda la temporada".

hulero, ra. ■ ADJ. **1.** supran. Perteneciente o relativo al hule: "La industria hulera ha avanzado mucho en estos años". ■ M. Y F. **2.** Persona que se dedica a extraer hule.

hulífero, ra. ■ ADJ. Perteneciente o relativo a la producción del hule: "El guayule es una planta hulífera".

humadera. ■ F. supran. fam. Humareda.

I

icaco. ■ M. **1.** supran. Árbol de amplia distribución al sur de México, de hasta 5 m de altura, monoico; tallos rojizos con pequeñas estípulas; hojas alternas, simples, ovado-elípticas, ápice redondeado, base subcuneada, glabras, con margen entero; flores hermafroditas, blancas, pequeñas, agrupadas en cimas pequeñas, terminales y axilares; frutos drupáceos, lisos con crestas longitudinales, carnosos. Familia de las crisobalanáceas, *Chrysobalanus icaco*. (También se llama hicaco, jicaco). || **2.** supran. Fruto del **icaco**; comestible.

ichcatón. ■ M. **iscatón.**

iche. ■ ADJ. **1.** *En el Sureste, referido a persona*, gemela: "Bernardo es hermano iche de Jerónimo". ■ COM. **2.** *En el Sureste*, persona gemela: "Katia es la iche de Jerónimo".

ichi. ■ INTERJ. **¡ichi!** *En Chiapas*, se usa para expresar miedo: "¡Ichi!, me salió una araña en el baño".

icinté. ■ M. Arbusto originario de América, de hasta 5 m de altura, monoico; tallos subteretes o tetragonales, medulosos, glabrescentes; hojas opuestas o ternadas, simples, elípticas, base aguda, ápice acuminado, con márgenes sinuado-dentados, puberulentas, membranáceas; flores hermafroditas, pequeñas, blancas, resinosas punteadas, estilo de la misma longitud que los estambres, agrupadas en cimas dicotómicas, axilares; frutos dividiéndose en pirenos cada uno; dos semillas. Familia de las lamiáceas, *Volkameria ligustrina*. (También se llama muste).

icohueyo. ■ M. Hierba originaria de América, de hasta 60 cm de altura, monoica; tallos subterráneos, subglobosos, suculentos; hojas alternas, simples, elípticas, con márgenes enteros, membranáceas; flores hermafroditas, vistosas, blancas cremosas, con tonos algo purpúreos, el tépalo basal o labelo amarillo y siempre con cinco manchas cafés rojizas, agrupadas en racimos que sobrepasan las hojas; frutos capsulares, elipsoides; semillas numerosas, diminutas. Familia de las orquidáceas, *Govenia liliacea*.

-ida. ■ AFIJO. Forma sustantivos femeninos a partir de verbos con el significado de acción realizada de manera rápida y superficial: "El afijo *-ida* aparece al final de palabras, como en *barrida, leída, llovida*".

ideático, ca. ■ ADJ. **1.** supran. *Referido a persona*, que tiene manías o ideas extravagantes: "Mi tío es muy ideático, no toma alimentos envasados". Ú.t.c.sust.: "Mi tío es un ideático, no toma alimentos envasados". || **2.** supran. Propio de la persona **ideática**: "Mi papá tiene actitudes ideáticas, nunca maneja cuando llueve".

ideay. ■ EXPR. **¡~ vos!** fam. *En Chiapas*, se usa como saludo entre personas de confianza:

"¡Ideay vos!, ¿cómo estás?". ■ INTERJ. **¡ideay!** fam. *En Chiapas*, se usa para expresar sorpresa: "¡Ideay!, ¿cómo te rompiste la nariz?".

ido, da. ■ ADJ. supran. fam. *Referido a persona*, que está bajo los efectos de un estupefaciente. ■ LOC. **de ida y vuelta.** LOC. ADJ. **1.** *Entre homosexuales, referido a un hombre*, que es activo y pasivo en las relaciones sexuales. || LOC. ADV. **2.** Sin permanecer mucho tiempo en el lugar que se visita: "Fui de ida y vuelta a Acapulco a visitar a mis tías".

ídolo. ■ M. Figura prehispánica con forma humana o de animal hecha de piedra, barro o cerámica.

ife. (Del extinto Instituto Federal Electoral). ■ AMB. **ine.**

igual. ■ LOC. **~ y.** LOC. ADV. Quizá: "No tengo dinero, pero igual y mi hermano me presta para el viaje". ■ INTERJ. **¡igual!** Expresa el deseo de que suceda algo: "—¿Crees que hoy ganemos el partido? —¡Igual!".

igualado, da. ■ ADJ. **1.** supran. *Referido a persona*, que se toma confianzas indebidas en el trato con sus superiores o desconocidos; confianzudo: "Daniel es muy igualado, le habla a la jefa de tú, como si fueran amigos". Ú.t.c. sust.: "Daniel es un igualado, le habla a la jefa de tú, como si fueran amigos". || **2.** supran. Propio de la persona **igualada**: "Los modos igualados de Daniel ya me tienen harto".

iguana. ■ LOC. **~ negra.** LOC. SUST. Reptil de distribución en Centroamérica y el sureste de México, de hasta 1.3 m de longitud; de colores grisáceos acompañados por bandas negras; presenta un saco gular bien desarrollado y extremidades musculosas; los machos tienen una pequeña cresta que surge en la parte posterior de la cabeza y continúa hasta la cola, que es larga y presenta anillos con escamas espinosas; prefiere las zonas rocosas y puede habitar tanto en climas cálidos y templados, así como secos y húmedos; comestible. Familia de los iguánidos del orden Squamata, *Ctenosaura similis*. (También se llama tolok, xtolok). ■ EXPR. **iguanas ranas.** supran. fam. Se usa para indicar reciprocidad a lo antes dicho por el interlocutor: "—Que te vaya bien. —Iguanas ranas".

iguanal. ■ M. Lugar donde abundan las iguanas.

iguanero, ra. ■ ADJ. **1.** supran. Perteneciente o relativo a la iguana: "Los biólogos favorecen la reproducción iguanera en la reserva". ■ M. **2.** supran. Lugar donde abundan las iguanas; iguanal.

ilama. ■ F. **ilamo.**

ilamacoa. ■ F. **1.** Serpiente originaria de México, de hasta 55 cm de longitud; con dorso de color pardo claro, manchas rectangulares claras en la región media del cuerpo; cabeza con una línea oscura a la altura de los ojos; nuca con una mancha oscura en forma de Y; nocturna; carnívora. Familia de los colúbridos del orden Squamata, *Pseudoficimia frontalis*. (También se llama llamacoa). || **2.** Serpiente originaria de América, de hasta 1 m de longitud; con dorso pardo oscuro y manchas blanquecinas; nocturna; carnívora. Familia de los loxocémidos del orden Squamata, *Loxocemus bicolor*. (También se llama serpiente chatilla). || **3.** supran. Serpiente originaria de América, de hasta 2.5 m de longitud; con cuerpo robusto y muy fuerte; dorso de color gris con manchas rectangulares o bandas irregulares pardas, usualmente con manchas más claras en el centro; cabeza triangular en vista dorsal delimitada del cuerpo por medio de un cuello más estrecho; no venenosa; piel y cabeza, uso artesanal. Familia de los boídos del orden Squamata, *Boa constrictor*. (También se llama malcoa, masacúa, masacuata, mazacúa, mazacuata, mazacuate, sauyán). ■ LOC. **~ de noche.** LOC. SUST. Serpiente originaria de América, de hasta 1 m de longitud; con dorso pardo claro y con varias manchas oscuras o rojizas con forma de silla de montar con centros claros; vientre amarillo claro; carnívora. Familia de los colúbridos del orden Squamata, *Trimorphodon bisculatus*. (También se llama culebra lira, culebra lira cabeza negra).

ilamo. ■ M. **1.** supran. Árbol originario de América, de hasta 5 m de altura, monoico; tallos glabros; hojas alternas, simples, aovadas, base redondeada, ápice agudo, glabras, con margen entero; flores hermafroditas, vistosas, solitarias, triangulares, diminutamente pubescentes, amarillas rojizas; frutos abayados, ovoides o acorazonados, con protuberancias redondeadas y una cubierta cerosa de color verde, pulpa de blanca a rosada, comestible; semillas numerosas, elipsoides, cafés. Familia de las anonáceas, *Annona macroprophyllata.* (También se llama ilama, papausa). || **2.** supran. Fruto del **ilamo**; comestible.

ilícito. ■ M. supran. Acto en contra de la ley; delito.

imeca. (De Índice Metropolitano de la Calidad del Aire). ■ M. Unidad de medida de contaminación ambiental.

imparable. ■ M. supran. *En el beisbol,* batazo que permite a los jugadores del equipo alcanzar una o más bases; *hit.*

impasable. ■ ADJ. **1.** supran. coloq. *Referido a un alimento o una bebida,* que no es agradable al paladar: "La sopa está impasable, quién sabe qué le puso". || **2.** supran. coloq. *Referido a un comportamiento o una situación,* que no se puede tolerar: "Renuncié porque el trato en la empresa era impasable".

impavidez. ■ F. **1.** Asombro. || **2.** supran. Descaro.

impávido, da. ■ ADJ. **1.** *Referido a persona,* asombrada: "Sandra se quedó impávida cuando supo que había ganado el premio". || **2.** supran. *Referido a persona,* insolente: "Marco estuvo impávido en el juicio". Ú.t.c.sust.: "Marco siempre es un impávido con sus superiores". || **3.** supran. Propio de la persona **impávida**: "La actitud impávida de Mauricio molestó a todos".

imponer. ■ TR. supran. fam. Acostumbrar a alguien a algo: "Nuestra madre nos impuso levantarnos temprano".

importamadrismo. ■ M. malson. Actitud de indiferencia ante todo; valemadrismo.

importamadrista. ■ ADJ. **1.** malson. *Referido a persona,* que mantiene una actitud de indiferencia ante todo; valemadrista: "Tu hermano es muy importamadrista, por eso me cae muy mal". ■ COM. **2.** malson. Persona que mantiene una actitud de indiferencia ante todo; valemadrista: "Ese importamadrista es un cínico, nunca se preocupa por nosotros".

importarle. ■ LOC. **~ (una) madre.** LOC. VERB. **importarle madres.** ▷ **~ madres.** LOC. VERB. malson. Ser de poca o ninguna importancia para alguien: "Sus papás le compran todo, por eso sus cosas le importan madres". ▷ **~ un cacahuate.** LOC. VERB. supran. fam. **importarle madres.** ▷ **~ un camote.** LOC. VERB. **importarle madres.** ▷ **~ un carajo.** LOC. VERB. **importarle madres.** ▷ **~ un chorizo.** LOC. VERB. supran. **importarle madres.** ▷ **~ un churro.** LOC. VERB. fam. **importarle madres.** ▷ **~ una chingada.** LOC. VERB. **importarle madres.**

impreparación. ■ F. supran. fam. Preparación precaria para una labor.

impreparse. ■ INTR. PRNL. fam. Prepararse o formarse una persona de manera precaria para una labor: "Se impreparó para ese oficio, por eso lo corrieron".

imprevisivo, va. ■ ADJ. *Referido a persona,* que no prevé: "Mi marido es muy imprevisivo, no arregló la llanta de refacción y nos quedamos en la carretera". Ú.t.c.sust.: "Mi marido es un imprevisivo, no arregló la llanta de refacción y nos quedamos en la carretera".

improvisado, da. ■ M. y F. Persona que entra a una cancha o a un escenario para llamar la atención: "En el concierto de anoche, una improvisada se subió a abrazar al bajista".

imprudencial. ■ ADJ. supran. *En lenguaje jurídico, referido a una falta,* cometida por imprudencia o negligencia: "Metieron a la cárcel al conductor por homicidio imprudencial".

inamé. ■ M. **1.** Grupo de diferentes especies de árboles o arbustos resinosos originarios de América, de hasta 10 m de altura, dioicos; tallos con corteza de color rojo oscuro a amarillento o grisáceo, secretan resina muy aromática al quebrar o lastimar el tronco; hojas alternas, divididas en numerosos foliolos, de ovados a elípticos, con margen aserrado; flores unisexuales, diminutas, blanquecinas: las masculinas agrupadas en grandes panículas, las femeninas en cortos racimos; frutos drupáceos, pequeños, globosos y aromáticos; semilla única, elipsoide, de rojiza a negra. Familia de las burseráceas, varias especies del género *Bursera,* como *Bursera cuneata, Bursera fagaroides, Bursera glabrifolia.* (También se llama copal, cuajiote, guajiote, inanué, lindruoe, yaguela). || **2.** Individuo del **inamé**. || **3.** Resina aromática que se obtiene de los individuos del **inamé**; uso ceremonial y en la medicina tradicional.

inanué. ■ M. **inamé.**

incendio. ■ M. **incendio de Dolores.** ■ LOC. **~ de Dolores.** LOC. SUST. *En Coahuila, Colima y Jalisco,* instalación hecha con la imagen de la Virgen de los Dolores y elementos tradicionales, como agua de colores, trigo germinado, manzanilla, etc., para conmemorar el Viernes de Dolores; altar de Dolores: "Fuimos al museo a ver el incendio de Dolores".

inconformarse. ■ INTR. PRNL. **1.** Llevar a cabo un procedimiento legal para apelar una decisión de una autoridad: "El profesor se inconformó por el fallo de la comisión dictaminadora". || **2.** supran. Manifestar desacuerdo ante una autoridad: "Los trabajadores se inconformaron ante la Procuraduría porque no se cumplió su contrato".

inconformidad. ■ F. Procedimiento legal para apelar una decisión de una autoridad.

incróspido, da. ■ ADJ. fest. *Referido a persona,* que carece de equilibrio a causa de la embriaguez: "Él ya anda muy incróspido, llévenselo antes de que se caiga".

indiana. ■ F. *En Veracruz,* sombrero de uso cotidiano elaborado con hoja de palma.

indiciar. ■ TR. *En lenguaje jurídico,* abrir la autoridad judicial un proceso legal contra alguien: "La autoridad competente indició al detenido".

indígena. ■ ADJ. **1.** supran. Perteneciente o relativo a una comunidad en que se habla una lengua indoamericana: "Fui a Chile a estudiar la historia indígena del mundo andino". || **2.** supran. Natural o procedente de una comunidad en que se habla una lengua indoamericana: "Tengo una vecina indígena que llegó a la ciudad hace poco". ■ COM. **3.** supran. Persona natural o procedente de una comunidad en que se habla una lengua indoamericana: "El guía de turistas era un indígena zapoteca".

indigenizarse. ■ INTR. PRNL. supran. Adquirir usos y costumbres de un grupo indígena: "El antropólogo que vino se indigenizó en poco tiempo".

indio, dia. ■ ADJ. **1.** supran. despect. *Referido a persona,* de modales toscos. Ú.t.c.sust. || **2.** supran. despect. Propio de la persona **india.** ■ LOC. **~ pata raiz.** LOC. SUST. **indio pata rajada.** ▷ **~ pata rajada.** LOC. SUST. supran. despect. Persona indígena o mestiza procedente de una zona rural.

ine. (De Instituto Nacional Electoral). ■ AMB. Credencial de elector con fotografía que sirve como identificación personal oficial: "Traje la ine para poder cobrar mi cheque".

infeliz. ■ COM. supran. Persona malvada: "Una infeliz me robó la bolsa, ojalá la encierren por ladrona".

inflable. ■ M. Estructura de plástico de diferentes formas y colores que se llena de aire para jugar y saltar en ella; brincolín.

inflar. ■ INTR. fam. Ingerir bebidas alcohólicas: "Ese señor infla en todas las reuniones". ■ LOC. **~ las bolas.** LOC. VERB. supran. malson. Molestar a alguien hasta el hartazgo: "Le puse un alto porque ya me había inflado las bolas".

infundia. ■ F. supran. rur. Grasa de ave, especialmente la de gallina; enjundia.

íngrimo, ma. ■ ADJ. **1.** supran. *Referido a algo,* solitario: "La ciudad estaba íngrima por la cuarentena". || **2.** supran. *Referido a persona,* que está sin compañía; solo: "Estaba íngrimo aquella noche y me sentí muy mal". ■ LOC. **~ y solo.** LOC. ADJ. **1.** supran. pop. *Referido a algo,* solitario: "La ciudad estaba íngrima y sola por la cuarentena". || **2.** supran. pop. *Referido a persona,* que está sin compañía; solo: "Estaba íngrimo y solo aquella noche y me sentí muy mal".

inguande. ■ M. Árbol originario de México y Centroamérica, de hasta 8 m de altura; cortezas muy fisuradas; hojas elípticas con varios lóbulos estrechos y aserrados; inflorescencias en panículas con numerosas flores; frutos en cápsulas elipsoides, de color amarillo; varias semillas oscuras, brillantes; uso en la medicina tradicional. Familia de las papaveráceas, *Bocconia arborea.* (También se llama chicalote de árbol, jauque).

inquilinario, ria. ■ ADJ. **1.** supran. Perteneciente o relativo a los condominios, arrendamientos y asuntos vecinales: "Acaban de proponer una nueva ley inquilinaria". ■ M. **2.** Conjunto de regulaciones civiles que rigen los arrendamientos y asuntos vecinales.

ínter. ■ M. Receso: "¿Necesitan un ínter? Tómense diez minutos". ■ LOC. **en el ~.** LOC. ADV. Mientras tanto: "Te espero a la salida y, en el ínter, me fumo un cigarro".

inventar. ■ LOC. **~ el agua tibia.** LOC. VERB. **inventar el hilo negro.** ▷ **~ el hilo negro.** LOC. VERB. supran. Presentar como novedoso algo ya conocido; descubrir el hilo negro: "Ya sabíamos lo que nos contó, cree que inventa el hilo negro". ▷ **~ la sopa de ajo.** LOC. VERB. **inventar el hilo negro.**

invisible. ■ M. **1.** Redecilla para mantener la forma del peinado. || **2.** supran. Pasador para el cabello que por su forma y color queda oculto cuando se coloca en la cabellera.

invite. ■ M. supran. pop. Invitación: "¿Va a haber invite para tu fiesta?".

ionósfera. ■ F. supran. Conjunto de capas de la atmósfera que están por encima de los 80 km con fuerte ionización como resultado de la radiación solar; ionosfera.

ipazote. ■ M. **1.** supran. Hierba originaria de América, actualmente naturalizada en Europa, de hasta 1 m de altura, monoica; tallos a veces muy ramificados, de estriados a angulosos; hojas alternas, enteras, a veces con tonos rojizos, con margen sinuado, glandulosas, olorosas al estrujarse; flores hermafroditas, diminutas, con cinco pétalos de color blanco a verdoso, agrupadas en numerosas espigas; frutos capsulares, globosos, diminutos y cafés; semillas diminutas, globosas, negras. Familia de las amarantáceas, *Chenopodium ambrosioides*. (También se llama apazote, epazote, pasote). || **2.** supran. Rama del **ipazote**; comestible; uso en la medicina tradicional.

ipecacuana. ■ F. supran. Hierba originaria de América, de hasta 50 cm de altura, monoica; tallos a veces muy ramificados, rizomatosos, glabrescentes; hojas opuestas, simples, de elípticas a ovadas, membranáceas, base cuneada, ápice acuminado, con márgenes enteros; flores hermafroditas, pequeñas, en forma de embudo, sésiles, glabrescentes, agrupadas en inflorescencias en forma de cabezuelas, terminales y pseudoaxilares; frutos drupáceos elipsoidales, de rojos a negros, pirenios o huesos subglobosos, dorsalmente lisos. Familia de las rubiáceas, *Carapichea ipecacuanha*.

ir. ■ LOC. **~ a cortar flores.** LOC. VERB. fest. Defecar y orinar al aire libre: "Iré a cortar flores detrás de esos árboles". ▷ **~ a donde el rey va solo.** LOC. VERB. fest. Acudir al sanitario: "—¿A dónde vas con esa revista? —Voy a donde el rey va solo". ▷ **~ a la segura.** LOC. VERB. supran. Participar en algo sin correr riesgos: "Antes de involucrarme, tengo que conocer bien la situación, así voy a la segura". ▷ **~ a mi arbolito.** LOC. VERB. fest. Orinar: "Él no tarda, fue a mi arbolito". ▷ **~ a su rancho.** LOC. VERB. fest. Defecar: "Voy a su rancho porque creo que tengo diarrea". ▷ **~ a un entierro.** LOC. VERB. supran. vulg. Practicar el coito. ▷ **~ a un sepelio.** LOC. VERB. **ir a un entierro.** ▷ **~ con todo.** LOC. VERB. Poner alguien su máximo esfuerzo y energía para conseguir algo: "Roberto va con todo en su nuevo negocio". ▷ **~ en (el) caballo de (la) hacienda.** LOC. VERB. Tener asegurado el triunfo: "Todo indica que Manuel va en caballo de hacienda en las próximas elecciones". ▷ **~ matándose.** LOC. VERB. supran. Trasladarse con prisas y a gran velocidad: "Siempre va matándose para llegar a tiempo al trabajo". ▷ **~ que chuta.** LOC. VERB. **ir que vuela.** ▷ **~ que vuela.** LOC. VERB. Dirigirse apresurada e inevitablemente hacia un objetivo: "Márquez va que vuela para conseguir la gerencia de la empresa". ▷ **~ tras (de) sus huesos.** LOC. VERB. Pretender a alguien: "Mi papá fue tras los huesos de mi mamá por varios años hasta que la convenció". ■ EXPR. **¡como va!** Se usa para indicar que algo debe hacerse de forma inmediata: "Limpia la mesa, pero ¡como va!". ▷ **ni yendo a bailar a Chalma.** Se usa para indicar que algo es inconseguible por muchos esfuerzos que se hagan: "Julián no terminará el trabajo ni yendo a bailar a Chalma". ▷ **va de nuez.** (Juego de palabras entre nuez y nuevo). fam. Se usa para indicar que algo se repetirá: "Si no entendieron la tarea, va de nuez". ▷ **¡va que va!** Se usa para indicar asentimiento o aprobación para realizar una acción: "—¿Hacemos una pachanga hoy? —¡Va que va!". ■ INTERJ. **¡va! 1.** Se usa para indicar asentimiento o aprobación para realizar una acción: "—¿Podemos pasar a saludar a un amigo? —¡Va!". || **2.** Se usa para anunciar que se dará comienzo a una acción: "¡Va!, tira los dados ya". ▷ **¡vas!** *En deportes de pelota*, se usa para indicar a otro que inicie o continúe la jugada: "¡Vas!, este pase es para ti". ▷ **¡voy! 1.** *En deportes de pelota*, se usa para

I

indicar que quien lo dice iniciará o continuará la jugada: "¡Voy!, esta es mía". || **2.** fam. Se usa para mostrar incredulidad respecto de algo; frecuentemente se intensifica mediante la duplicación de la forma: "—Creo que ya me puedo casar. —¡Voy! ¿A poco sí?". ▷ **¡vóytelas! 1.** fam. Se usa para expresar sorpresa: "¡Vóytelas!, no me esperaba que llegaran tantos invitados". || **2.** fam. Se usa para indicar acuerdo: "—¿Vienes a cenar? —¡Vóytelas! En media hora llego".

irle. ■ INTR. PRNL. **1.** Ser el turno de alguien: "Le va a Francisco para batear". || **2.** Apoyar a alguien o a algo: "Yo le voy al mismo equipo que mi papá". ■ LOC. **~ como en feria.** LOC. VERB. supran. Sufrir alguien dificultades severas: "A Eva le fue como en feria con tanto problema el año pasado". ▷ **~ del cocol.** LOC. VERB. **irle como en feria.**

irse. ■ INTR. **3.** Partir de un lugar: "Juan se fue temprano para evitar el tráfico de la mañana". ■ LOC. **~ a bailar (a Chalma).** LOC. VERB. eufem. **irse a la chingada.** ▷ **~ a la chingada.** LOC. VERB. malson. Retraerse de un lugar o situación tras sentirse injuriado o haberlo sido. ▷ **~ a rolar.** LOC. VERB. fam. Acostarse para dormir: "Se fue a rolar temprano porque trabaja mañana". ▷ **~ con la finta.** LOC. VERB. Dejarse engañar: "Él se fue con la finta y aceptó un contrato que no le convenía". ▷ **~ de boca.** LOC. VERB. supran. Caerse hacia adelante: "Ese chavo no vio el escalón y se fue de boca". ▷ **~ de espaldas.** LOC. VERB. **1.** supran. Caerse hacia atrás: "Se fue de espaldas porque se resbaló". || **2.** supran. Sorprenderse grandemente: "Me fui de espaldas cuando supe que me iban a correr del trabajo". ▷ **~ de jeta.** LOC. VERB. supran. fam. **irse de boca.** ▷ **~ por un tubo.** LOC. VERB. fam. Malograrse algo: "El proyecto se fue por un tubo por las malas gestiones". ■ EXPR. **¡vete a bailar a Chalma!** eufem. **¡vete a la chingada!** ▷ **¡vete a la chingada!** malson. Se usa para insultar fuertemente a alguien.

írsela. ■ LOC. **~ campechaneando.** LOC. VERB. coloq. Arreglárselas en medio de apuros: "Mi tía se la va campechaneando con la pensión de su marido".

írsele. ■ LOC. **~ a los golpes.** LOC. VERB. Golpear a alguien: "Irineo estaba discutiendo con Enrico y se le fue a los golpes". ▷ **~ el avión.** LOC. VERB. supran. Perder el hilo: "Disculpa, se me fue el avión. ¿De qué estábamos hablando?". ▷ **~ el tren.** LOC. VERB. supran. Quedarse soltero: "Parece que a Carlos se le irá el tren, le voy a presentar a mi prima". ▷ **~ encima.** LOC. VERB. supran. Atacar a alguien: "Apenas vio a Luis, Juan se le fue encima con una botella". ▷ **~ la onda.** LOC. VERB. **írsele el avión.** ▷ **~ las cabras (al monte).** LOC. VERB. **1.** Comportarse como loco: "De repente se pone a hacer cosas extrañas, se le van las cabras". || **2. írsele el avión.** ▷ **~ las patas.** LOC. VERB. fam. Equivocarse: "Se le fueron las patas con el presupuesto de su casa".

irigote. ■ M. **1.** fam. Alboroto. || **2.** fam. Berrinche. || **3.** fam. Asunto complicado de resolver.

irigotero, ra. ■ ADJ. **1.** fam. *Referido a persona,* que alborota: "Mis compañeros de clase son muy irigoteros, siempre están gritando". Ú.t.c.sust.: "Mis compañeros de clase son unos irigoteros, siempre están gritando". || **2.** fam. *Referido a persona,* que hace berrinche: "La hija de los vecinos es muy irigotera, hacen lo que ella dice". Ú.t.c.sust.: "La hija de los vecinos es una irigotera, hacen lo que ella dice".

iris. ■ M. **1.** fam. Señal o ademán. || **2.** fam. Gracia y donaire en el actuar de alguien. || **3.** (Juego de palabras entre iris e irigote). fest. Alboroto; irigote. || **4.** (Juego de palabras entre iris e irigote). fest. Berrinche; irigote. || **5.** *En Yucatán,* mentira.

irrespetar. ■ TR. supran. fam. Faltar al respeto: "Los niños de ahora irrespetan a sus mayores".

irrespeto. ■ M. supran. fam. Falta de respeto.

iscatón. ■ M. Especie de algodón o pelusa que producen algunas plantas, como el algodoncillo, *Asclepias linaria.*

iscoque. ■ M. **1.** Hierba nativa de México, de hasta 1 m de altura, monoica; tallos poco ramificados, verdosos; hojas alternas, divididas en numerosos foliolos, lanceoladas, con margen diminutamente aserrado; flores hermafroditas, vistosas, amarillas o anaranjadas, agrupadas en cabezuelas, con olor fuerte, con cinco u ocho flores de la periferia en forma de pétalos amarillos; frutos aquénicos, lineares, con escamas en el ápice; uso ceremonial, como insecticida, en la medicina tradicional y ornamental. Familia de las compuestas, *Tagetes erecta*. (También se llama cempasúchil, cempoal, flor de muerto, musajoyó, sempasúchil, xpuhuk, zempasúchil). || **2.** Flor del **iscoque**; comestible; uso como colorante.

isla. ■ LOC. ~ **flotante.** LOC. SUST. supran. Postre de natilla sobre la que se colocan bolas de merengue y caramelo.

islaúl. ■ M. Árbol originario de América, de hasta 10 m de altura, monoico; tallos glabrescentes, con látex lechoso al cortarlo; hojas opuestas, simples, elípticas, glabras o pubescentes en el envés, base cuneada, ápice acuminado; flores hermafroditas, vistosas, en forma de embudo, blancas con la garganta amarilla, nectario de la mitad de la longitud del ovario, agrupadas en panículas; frutos foliculares, verdes anaranjados, gruesos y agudos apicalmente; semillas numerosas, elipsoides, rodeadas de un arilo carnoso anaranjado. Familia de las apocináceas, *Tabernaemontana litoralis*. (También se llama islaúr, sicte, zapotecuate).

islaúr. ■ M. **islaúl.**

istacayota. ■ M. Hierba rastrera originaria de América, monoica; tallos teretes, apostillados, híspidos; hojas alternas, simples, de subcirculares a reniformes, base cordada, con márgenes denticulados, híspidas, cinco palmatilobadas, con cuatro zarcillos ramificados; flores unisexuales, vistosas: las masculinas largamente pediceladas, amarillas, con márgenes crispados, las femeninas en pedicelos más cortos y fuertes, amarillas; frutos pepónides, variables en tamaño, forma y color, comúnmente esferoides y muy grandes, esponjosos, teretes; semillas numerosas, blancas, ovadas, aplanadas; frutos y semillas, comestibles. Familia de las cucurbitáceas, *Cucurbita maxima*. (También se llama tamalayota, tamalayote).

istafiate. ■ M. **1.** Hierba originaria de América, de hasta 1.5 m de altura, monoica; tallos rizomatosos, muy ramificados, de estriados a angulosos, tomentosos; hojas alternas, enteras, de lineares a lanceoladas, tomentosas, aromáticas al estrujarse; flores hermafroditas, diminutas, campanuladas, de color púrpura con tonos amarillentos, agrupadas en cabezuelas dispuestas en racimos o panículas, las seis o 12 flores de la periferia en forma de pétalos; frutos aquénicos, diminutos, cilíndricos, de color café. Familia de las compuestas, *Artemisia ludoviciana*. (También se llama ajenjo, estafiate, hierba maestra). || **2.** Hoja del **istafiate**; uso en la medicina tradicional.

isuate. ■ M. Palma originaria de América, de hasta 5 m de altura, monoica; tallos solitarios, erectos; hojas de alternas a helicoidales, palmadas, filíferas, glabrescentes, peciolos de densa a esparcidamente dentados, lámina dividida de 50 a 80 segmentos, con márgenes ligeramente involutos; flores hermafroditas, diminutas, cubiertas de tomento, glabrescentes, con seis tépalos ovado-triangulares, agrupadas en largas panículas, pardos rojizas, ramificadas cerca de la base; frutos drupáceos, elipsoides, con ápice redondeado, de color amarillento; hojas, uso industrial. Familia de las arecáceas, *Brahea dulcis*. (También se llama palma apache, soyacapulín, soyate, zoyate).

itacate. ■ M. **1.** Comida que un anfitrión entrega a sus invitados para llevar después de una reunión. || **2.** Refrigerio que, generalmente, se lleva a la escuela, al trabajo, a un viaje, etc., y que se suele consumir a mediodía. || **3.** Conjunto de objetos personales que se lleva como equipaje. || **4.** *En Morelos*, gordita triangular de masa de maíz, rellena de distintos ingredientes.

itzá. ■ ADJ. **1.** supran. Perteneciente o relativo al **itzá**: "El son itzá fue tocado con la marimba". || **2.** supran. Natural o procedente del grupo étnico **itzá**: "El hombre itzá viste de blanco". ■ M. **3.** supran. Grupo étnico establecido en Guatemala. || **4.** supran. Lengua maya del subgrupo lingüístico mopan-itzá. ■ COM. **5.** supran. Persona natural o procedente del grupo étnico **itzá**: "El itzá viste de blanco".

itzamacúa. ■ F. Hierba epífita originaria de México, de hasta 40 cm de altura, monoica; rizomas muy cortos, de tres a cinco internodos; tallos en forma de pseudobulbos

I

subglobosos, elipsoides, con superficie rugosa; hojas de una a dos, simples, lanceolado-elípticas, coriáceas, ligeramente carnosas, superficie ocasionalmente morada rojiza; flores hermafroditas, vistosas, de rosa a púrpura, labios blancos con los márgenes coloreados, agrupadas en racimos; frutos capsulares, elipsoides, con tres costillas prominentes y un pico apical diminuto; semillas numerosas, diminutas, blanquecinas. Familia de las orquidáceas, *Laelia speciosa*.

ixcanal. [*ishkanál*] ■ M. supran. *En el Sureste*, árbol originario de Centroamérica, de hasta 15 m de altura, monoico; tallos y ramas hirsutos, con espinas muy gruesas y evidentes que alojan hormigas; hojas alternas, compuestas de cuatro a diez pares de pinas, foliolos de diez a 26 pares por pina, oblongos, ápice redondeado y mucronulado, base oblicua, con glándulas entre cada par de pinas; flores hermafroditas, diminutas, amarillas, en forma de embudo, agrupadas en espigas axilares solitarias, glabras; frutos en vaina, cilíndricos, indehiscentes, cartáceos, de color amarillo, rojo o café; semillas numerosas, de elipsoides a subesféricas, cafés oscuras, rodeadas por un arilo blanquecino o amarillento, esponjoso. Familia de las leguminosas, *Acacia cornigera*. (También se llama árbol del cuerno, cornezuelo, huisache, huizache, izcanal, subín, subinché, zubín, zubinché).

ixcate. [*ishkáte, iskáte*] ■ M. Árbol originario de Centroamérica, de hasta 8 m de altura, monoico; tallos cortos con ramas patentes; hojas opuestas, simples, obovadas, ápice redondeado a veces mucronulado, base atenuada, con márgenes crenado-serrados, subcoriáceas glabrescentes; flores hermafroditas, pequeñas, verdes amarillentas o blancos verdosas, puberulentas, anteras anaranjadas, agrupadas en panículas; frutos capsulares, péndulos, emarginados en el ápice; semillas con un ala basal. Familia de las celastráceas, *Semialarium mexicanum*. (También se llama cuanabichi, matapiojo).

ixcateco, ca. [*iskatéco, ishkatéco*] ■ ADJ. **1.** Perteneciente o relativo al **ixcateco**: "El tanate ixcateco está hecho de palma". || **2.** Natural o procedente del grupo étnico **ixcateco**: "Las mujeres ixcatecas usan mandiles sobre su vestimenta". Ú.t.c.sust.: "Las ixcatecas usan mandiles sobre su vestimenta". ■ M. **3.** Grupo étnico establecido en el municipio de Santa María Ixcatlán, en el estado de Oaxaca. || **4.** Lengua otomangue del subgrupo lingüístico popolocano.

ixguá. [*ishguá*] ■ M. *En el Sureste*, tortilla dulce o salada hecha con masa de maíz tierno.

ixil. [*ishíl*] ■ ADJ. **1.** supran. Perteneciente o relativo al **ixil**: "El morral ixil es de fibra de maguey". || **2.** supran. Natural o procedente del grupo étnico **ixil**: "La población ixil profesa diversas religiones". ■ M. **3.** supran. Grupo étnico establecido en los estados de Campeche y Quintana Roo, en México, y en Guatemala. || **4.** supran. Lengua maya del subgrupo lingüístico aguacateco-ixil. ■ COM. **5.** supran. Persona natural o procedente del grupo étnico **ixil**: "Los ixiles profesan diversas religiones".

ixmahaná. [*ishmajaná*] ■ F. *En el Sureste*, mariposa originaria de América, de hasta 17 cm de longitud; la hembra es parda con pequeñas manchas de diferentes tonalidades de rosa; el macho es más pequeño y negro; nocturna; se le asocia con la muerte o mala suerte. Familia de los noctuidos del orden Lepidoptera, *Ascalapha odorata*. (También se llama xmahaná, xmajaná).

ixpengua. [*ishpéngua, ispéngua*] ■ M. *En el Sureste*, hierba trepadora originaria de América, monoica, algunas veces dioica; tallos estriados, a veces esparcidamente pubescentes; hojas alternas, simples, acorazonadas, con márgenes enteros, membranáceas, glabrescentes; flores unisexuales: pequeñas, con seis tépalos, las masculinas verdes y con tres estambres, agrupadas en racimos ramificados axilares; las femeninas verdes blanquecinas, estilos divididos en tres, agrupadas en racimos axilares; frutos capsulares, elípticos, cafés claros; dos semillas en cada lóculo, oblongas, aladas hacia la base, superficie lisa. Familia de las dioscoreáceas, *Dioscorea convolvulacea*. (También se llama barbasquillo).

ixpepe. [*ishpépe, ispépe*] ■ M. *En el Sureste*, árbol originario de América, de hasta 15 m de altura, monoico o dioico; tallos cilíndricos, rectos, con cicatrices dispuestas en espiral, ramas que crecen horizontalmente o ligeramente colgantes, corteza gris, ligeramente fisurada; hojas alternas, simples, oblongo-ovadas, con márgenes serrados; flores unisexuales pequeñas, flores masculinas sésiles, verdes, agrupadas en cimas, flores femeninas pediceladas, verdes, agrupadas en cimas axilares; frutos drupáceos, carnosos, elipsoidales, rojos; semilla única, pequeña, negra; uso como especie maderable e industrial. Familia de las cannabáceas, *Trema micrantha*. (También se llama capulín, cuichpipil, equipal, guacimillo, pellejo de vieja, totogapolín, yaco de cuero).

ixpule. [*ishpúle, ispúle*] ■ M. Hierba originaria de América, de hasta 70 cm de altura, monoica; tallos muy ramificados, glabros, estriados; hojas arrosetadas, concentradas cerca de la base de la planta, enteras, de lineares a espatuladas, con margen dentado; flores hermafroditas, pequeñas, con los pétalos fusionados, de rosados a blancos, agrupadas en cabezuelas solitarias y terminales; frutos aquénicos, pequeños, con cinco costillas, linear-fusiformes, con un vilano de numerosas cerdas cafés. Familia de las compuestas, *Pinaropappus roseus*. (También se llama chipule, escorzonera, espule, motita, motita morada).

ixtabentún. [*ishtabentún*] ■ M. **1.** *En el Sureste*, planta trepadora originaria de América, de hasta 10 m de longitud, monoica; tallos rugosos o papilosos, huecos, glabros; hojas alternas, simples, de ovadas a acorazonadas, membranáceas o cartáceas, glabrescentes, base cordada, ápice acuminado, con márgenes enteros; flores hermafroditas, vistosas, en forma de embudo, color crema o blancas, púrpura en el interior, agrupadas en inflorescencias corimbosas, terminales; frutos capsulares, ovoides, pardos, glabros; de una a dos semillas, fusiformes o redondeadas, pardas, puberulentas, con propiedades psicotrópicas; uso ornamental. Familia de las convolvuláceas, *Turbina corymbosa*. (También se llama bejuco de san Pedro, ololiuque, ololiuqui, semilla de la virgen, xtabentún). || **2.** *En el Sureste*, flor del **ixtabentún**; uso ornamental. || **3.** *En el Sureste*, semilla del **ixtabentún**; uso en la medicina tradicional. || **4.** *En Yucatán*, licor de origen maya que se elabora con anís y miel fermentada producida por las abejas que se alimentan de la flor del **ixtabentún**.

ixtle. [*íshtle, ístle*] ■ M. **1.** Fibra que se obtiene de varias plantas del género *Agave*; se usa para hacer cuerdas, canastas, morrales, etc. || **2.** Tela elaborada con **ixtle**.

ixtlero, ra. [*ishtléro, istléro*] ■ ADJ. **1.** Perteneciente o relativo al ixtle: "La próxima semana se reunirán los ejidatarios de la zona ixtlera de San Luis Potosí". ■ M. y F. **2.** Persona que se dedica a extraer la fibra de ixtle. || **3.** Persona que se dedica a elaborar o a vender objetos de ixtle.

iyamole. ■ M. Árbol originario de Chile, de hasta 15 m de altura, monoico; tallos de corteza gris cenicienta, rica en saponinas; hojas alternas, simples, casi sésiles, glabras, elípticas, base obtusa, ápice agudo, con márgenes enteros, coriáceas; flores hermafroditas, pequeñas, en forma de estrella, verdes, agrupadas en corimbos; frutos capsulares, en forma de estrella; semillas numerosas, de cafés a negras, aladas; cortezas, uso industrial y en la medicina tradicional. Familia de las quillajáceas, *Quillaja saponaria*.

-iza. ■ AFIJO. **1.** Forma sustantivos femeninos a partir de otros sustantivos con el significado de golpe reiterado: "El afijo *-iza* aparece al final de palabras, como en *cachetiza, cueriza, reatiza*". || **2.** Forma sustantivos femeninos a partir de otros sustantivos con el significado de gran cantidad del nominal al que se une: "El afijo *-iza* aparece al final de palabras, como en *centaviza, regañiza, taquiza*". || **3.** Forma sustantivos femeninos a partir de otros sustantivos con el significado de propiedad exclusiva del conjunto referido por el nominal al que se une: "El afijo *-iza* aparece al final de palabras, como en *chaviza, momiza, ruquiza*".

iza. ■ F. *En Sinaloa*, árbol originario de Centroamérica, de hasta 25 m de altura, monoico; tallos amarillos pálidos, poros visibles, numerosos; hojas alternas, simples, oblongas, ápice acuminado, base aguda, con márgenes enteros, a veces con glándulas marginales; flores unisexuales o hermafroditas, pequeñas, con glándulas bracteales redondeadas: flores masculinas, amarillas rojizas, pediceladas,

I

flores femeninas sésiles, agrupadas en espigas ramificadas terminales; frutos capsulares, de ovoides a subglobosos; semillas lisas y rojizas. Familia de las euforbiáceas, *Sapium lateriflorum.* (También se llama amate capulín).

izcanal. ■ M. **ixcanal.**

izote. ■ M. **1.** Palma originaria de México, de hasta 10 m de altura; tallos erectos, poco ramificados apicalmente, conservan las cicatrices de las hojas caídas y las hojas viejas; hojas simples, dispuestas en espiral, lanceoladas y muy largas, rígidas y coriáceas, de color verde oscuro, con una espina terminal, con márgenes fibrosos; flores hermafroditas, vistosas, campanuladas, de color blanco a crema, dispuestas en racimos axilares; frutos capsulares, oblongos, carnosos y colgantes; semillas pequeñas, semicirculares y negras; uso industrial. Familia de las asparagáceas, *Yucca filifera.* (También se llama flor de izote, flor de palma, palma china, palma grande, palma loca, palma pita). || **2.** Flor del **izote**; comestible. || **3.** Fruto del **izote**; comestible. || **4.** Inflorescencia del **izote**; uso forrajero.

izquiate. ■ M. *En el Norte*, sopa espesa elaborada con maíz tostado y diversas hierbas.

iztle. ■ M. **ixtle.**

J

jabalí. ■ LOC. **~ de collar.** LOC. SUST. Mamífero de amplia distribución en México, de hasta 1 m de longitud y de alrededor de 40 kg; con cuerpo robusto, con pelaje compuesto por cerdas gruesas de colores negro, gris y castaño, con una mancha blanquecina que asemeja un collar alrededor de su cuello; ojos pequeños en relación con su cabeza; en el lomo tiene una cavidad glandular de la que secreta un aceite de olor almizclado; comestible. Familia de los tayasuidos del orden Artiodactyla, *Pecari tajacu.* (También se llama coyámel, pecarí de collar, quitán).

jabalín, na. ■ M. Y F. *En el Noreste,* persona cuya opinión o actitud es considerada de poca importancia.

jaboncillo. ■ M. **1.** Árbol originario de México, de hasta 25 m de altura, monoico; tallos de corteza oscura, gruesa y profundamente fisurada, las ramillas por lo general con pubescencia color café rojizo; hojas simples, alternas, de oblongo-ovadas a obovadas, con pelos estrellados diminutos, color café, coriáceas; flores hermafroditas, pequeñas, aromáticas, con cinco pétalos de blancos a rosados, estambres largos, flores agrupadas sobre racimos densos o laxos; frutos capsulares, globosos, peludos, de color café; semillas numerosas, aplanadas y aladas, cafés; uso artesanal, como combustible y en la construcción. Familia de las cletráceas, *Clethra mexicana.* (También se llama mamojuaxtle). || **2.** supran. Hierba originaria de América, de hasta 2 m de altura, monoica; tallos muy ramificados, un tanto huecos, suculentos y angulosos; hojas alternas, enteras, de elípticas a ovado-lanceoladas; flores hermafroditas, pequeñas, con cinco tépalos de blancos a rojizos y numerosos estambres, agrupadas en densos racimos; frutos abayados, globosos, rojos o negros; de seis a diez semillas, pequeñas y negras brillantes. Familia de las fitolacáceas, *Phytolacca icosandra.* (También se llama carricillo, mazorquilla, niamole, ñamole). || **3.** supran. Fruto de esta hierba; uso en la medicina tradicional. || **4.** supran. Raíz de esta hierba; uso en la medicina tradicional.

jaboneada. ■ F. supran. fam. Reprensión que se le hace a alguien.

jabonear. ■ TR. supran. fam. Reprender a alguien: "María jaboneó a su hijo por llegar tarde".

jacal. ■ M. **1.** afect. Vivienda; casa. || **2.** supran. Choza o casa sencilla construida generalmente con adobe y carrizo.

jacalear. ■ INTR. **1.** rur. Andar de visita de jacal en jacal o de casa en casa: "Todo el día jacaleamos para ver a la familia". || **2.** rur. Conversar informalmente sobre asuntos personales o de interés común; chismear: "Camila y yo jacaleamos a gusto en la fiesta". || **3.** rur. Inmiscuirse alguien en asuntos que no le competen: "Mi hermano siempre jacalea en mis discusiones con mi mamá".

jacalero, ra. ■ ADJ. **1.** Perteneciente o relativo al jacal: "La estampa mostraba un paisaje jacalero". || **2.** rur. *Referido a persona*, que vive en un jacal, choza o casa sencilla construida generalmente con adobe y carrizo: "Voy a visitar a mis primos jacaleros en el verano". Ú.t.c. sust.: "Voy a visitar a los jacaleros en el verano". || **3.** rur. *Referido a persona*, que anda de visita de jacal en jacal o de casa en casa: "Ese amigo tuyo es muy jacalero". Ú.t.c.sust.: "Ese amigo tuyo es un jacalero". || **4.** rur. *Referido a persona*, que conversa informalmente sobre asuntos personales o de interés común: "Siempre pierdo el tiempo con Lucía porque es muy jacalera". Ú.t.c.sust.: "Siempre pierdo el tiempo con Lucía porque es una jacalera".

jacalón. ■ M. **1.** Construcción, generalmente de una planta, espaciosa y con techo muy alto. || **2.** Cobertizo. || **3.** Construcción desvencijada.

jacalteco, ca. ■ ADJ. **1.** supran. Perteneciente o relativo al **jacalteco**: "La historia jacalteca está relacionada con la de los chuj". || **2.** supran. Natural o procedente del grupo étnico **jacalteco**: "Los jóvenes jacaltecos adornaron la iglesia con flores silvestres". Ú.t.c.sust.: "Los jacaltecos adornaron la iglesia con flores silvestres". ■ M. **3.** supran. Grupo étnico establecido en los estados de Campeche, Quintana Roo, y en los municipios de Amatenango, Bella Vista, Frontera Comalapa y La Trinitaria, en el estado de Chiapas, México, y en Guatemala. || **4.** supran. Lengua maya del subgrupo lingüístico kanjobaleano.

jacana. ■ LOC. **~ norteña.** LOC. SUST. Ave zancuda originaria de América del Norte y Centroamérica, de hasta 25 cm de longitud; con plumaje negro y rojo pardo; ojos oscuros y frente con cresta amarilla; con un espolón en cada ala; patas en tonos verdosos, con dedos largos y garras agudas; habita en ecosistemas pantanosos y se alimenta de insectos, crustáceos y moluscos pequeños. Familia de los jacánidos del orden Charadriiformes, *Jacana spinosa*. (También se llama gallito de agua, viuda, yohualcuachil).

jacinto, ta. ■ ADJ. despect. *Referido a persona*, tosca y sin habilidad para desenvolverse en ambientes urbanos. Ú.t.c.sust. ■ LOC. **jacinto de agua.** LOC. SUST. Hierba acuática originaria de Sudamérica, de hasta 30 cm de longitud, monoica; tallos reducidos, flotadores fijos al sustrato; hojas arrosetadas, elípticas, de oblatas a casi circulares, los individuos flotantes con peciolos cortos y flotantes; flores hermafroditas, grandes y llamativas, tubulares, pubescentes, de color lila, rara vez blanco, dispuestas en espigas; frutos capsulares, pequeños y elípticos, trígonos; semillas oblongo-elípticas, con tres costillas longitudinales, negruzcas. Familia de las pontederiáceas, *Eichhornia crassipes*. (También se llama cucharilla, flor de agua, lirio acuático, lirio de agua, pico de pato, violeta de agua).

jadioso, sa. ■ ADJ. **jarioso, sa.**

jaguarundi. ■ M. supran. Felino de amplia distribución en América, de hasta 70 cm de longitud; de color pardo rojizo u oscuro o grisáceo, sin manchas; con orejas pequeñas y patas cortas. Familia de los félidos del orden Carnivora, *Herpailurus yagouaroundi*. (También se llama onza, yaguarundi, yaguarundí).

jagüey. ■ M. supran. rur. Depósito natural de agua que generalmente se usa para abrevar al ganado.

jaiba. ■ ADJ. **1.** supran. *Referido a persona*, astuta: "Esos muchachos son muy jaibas para hacer trampa en la baraja". ■ F. **2.** fam. Automóvil oficial de la policía; radiopatrulla. || **3.** supran. Tipo de cangrejo que habita en lagunas costeras, esteros, estuarios y zona costera del Atlántico y del Pacífico, de hasta 23 cm de ancho; con caparazón generalmente gris y matices de azul y verde; patas de color azul y blanco, con manchas rojizas o pardas; comestible. Varias familias del orden Decapoda. || **4.** supran. Persona astuta: "Esos muchachos son unas jaibas para hacer trampa en la baraja". ■ COM. **5.** supran. Persona astuta: "Esos muchachos son unos jaibas para hacer trampa en la baraja". || **6.** supran. fam. Miembro del cuerpo de policía que conduce una patrulla: "Hay nuevos jaibas que cuidan el barrio". ■ LOC. **~ azul.** LOC. SUST. supran. Cangrejo de amplia distribución en el Golfo de México, de hasta 23 cm de ancho; con caparazón verde oscuro y patas grises azuladas; comestible. Familia de los portúnidos del orden Decapoda, *Callinectes sapidus*.

jaibo, ba. ■ ADJ. **1.** Perteneciente o relativo a la ciudad portuaria de Tampico, en el estado de Tamaulipas; tampiqueño: "El evento tuvo lugar en el corazón de la costa jaiba". || **2.** Natural o procedente de la ciudad portuaria de Tampico, en el estado de Tamaulipas; tampiqueño: "Los jóvenes jaibos son muy alegres". Ú.t.c. sust.: "Los jaibos son muy alegres". || **3.** *En Chihuahua, referido a persona,* que suele iniciar pleitos: "Tuvimos problemas con Paulo porque es muy jaibo". Ú.t.c.sust.: "Tuvimos problemas con Paulo porque es un jaibo".

jaibol. ■ M. Cualquier bebida alcohólica, preparada con agua mineral y hielo, que se sirve en un vaso jaibolero.

jaibolear. ■ INTR. Ingerir bebidas alcohólicas, generalmente jaiboles: "Toda la tarde jaiboleamos por mi cumpleaños".

jaibolero, ra. ■ ADJ. **1.** Perteneciente o relativo al jaibol: "Ya es la hora jaibolera, vámonos al bar". ■ M. **2.** Vaso de vidrio, alto y angosto, que se utiliza para servir jaiboles.

jaina. ■ F. supran. *En el Norte,* novia.

jainear. ■ INTR. supran. *En el Norte,* noviar: "Mi primo jainea con la vecina".

jaipo, pa. ■ ADJ. supran. jerg. *Referido a persona,* que se inyecta heroína u otras drogas. Ú.t.c.sust.

jakalteco, ca. Véase **jacalteco, ca.**

jal. ■ M. **1.** Piedra pómez; jale. || **2.** *En la construcción,* arena gruesa de acarreo, que se emplea como relleno. || **3.** *En la minería,* lugar donde se depositan los jales o residuos arenosos que se obtienen después del beneficio, que generalmente contienen fragmentos de metales; jale. || **4.** *En Hidalgo,* tierra pobre para la siembra.

jalada. ■ F. **1.** fam. Acción vil. || **2.** fam. Cosa, expresión o acción exagerada o fuera de lugar. || **3.** vulg. Masturbación masculina. || **4.** supran. fam. Tirón fuerte; jalón. || **5.** supran. fam. Cosa, expresión o acción absurda; tontería. || **6.** supran. fam. Mentira.

jaladera. ■ F. supran. Asa para tirar de algo.

jalador, ra. ■ ADJ. **1.** fam. *Referido a persona,* trabajadora: "Siempre puedes contar con Raúl para lo que se necesite, es muy jalador". Ú.t.c. sust.: "Siempre puedes contar con Raúl para lo que se necesite, es un jalador". || **2.** fam. *Referido a persona,* promiscua. Ú.t.c.sust. || **3.** supran. fam. *Referido a persona,* solidaria: "Luisa es muy jaladora, siempre me acompaña en momentos difíciles". Ú.t.c.sust.: "Luisa es una jaladora, siempre me acompaña en momentos difíciles". || **4.** supran. fam. Propio de la persona **jaladora**: "Ellas siempre destacan por su actitud jaladora". ■ M. **5.** supran. Utensilio compuesto por un palo que en el extremo inferior tiene una barra con un hule que sirve para arrastrar el agua en una superficie.

jalalteco, ca. Véase **jacalteco, ca.**

jalapeño, ña. ■ ADJ. **1.** Perteneciente o relativo a la ciudad de Xalapa, capital del estado de Veracruz: "El clima jalapeño es muy húmedo". || **2.** Natural o procedente de la ciudad de Xalapa, capital del estado de Veracruz: "Los jóvenes jalapeños son muy alegres". Ú.t.c. sust.: "Los jalapeños son muy alegres". ■ M. **3.** gralizado. Variedad de chile que es grueso, verde oscuro y lustroso; se consume generalmente en escabeche.

jalar. ■ TR. **1.** fam. Involucrar a alguien en alguna actividad: "Los jefes jalaron a Juana al negocio que abrieron en Cancún". || **2.** fam. Soportar a alguien o algo: "Todos los días jalo el tráfico de la ciudad". || **3.** fam. Levantar pesas: "Jalo 15 kilos en el gimnasio". || **4.** fam. Ingerir bebidas alcohólicas: "Cada uno jaló dos caballitos de tequila en la fiesta". || **5.** supran. fam. Llevar a alguien a algún lugar: "Jalamos a los compadres a la terminal de autobuses". || **6.** supran. fam. Robar. ■ INTR. **7.** fam. Trabajar: "Jalaremos desde temprano para acabar pronto". || **8.** fam. Manifestar apoyo o solidaridad: "Tú siempre jalas conmigo en las decisiones". || **9.** supran. fam. Desplazarse hacia un lugar; ir: "Jalé temprano al mercado y me cansé mucho". || **10.** supran. fam. Salirse de un lugar, generalmente deprisa; irse: "Comenzó a temblar y jalé para la calle". || **11.** supran. fam. Ser capaz un vehículo de acelerar con facilidad: "Tu carro jala mucho, ¿cuántos cilindros tiene?". || **12.** supran. fam. Funcionar algo: "La televisión ya no jala, háblale al técnico para que la revise". || **13.** supran. fam. Aspirar el humo del cigarro. || **14.** supran. jerg. Inhalar cocaína o alguna droga en polvo. ■ LOC. **~ las orejas.** LOC. VERB. supran. fam. Reprender a alguien: "Le jalé las orejas a José porque no hizo la tarea". ▷ **~ parejo.** LOC. VERB.

J

supran. fam. Trabajar de igual manera y en la misma proporción: "Jalamos parejo para terminar pronto el proyecto".

jalarle. ■ INTR. PRNL. **15.** fam. Apresurarse: "Jálenle porque vamos tarde". || **16.** supran. fam. Dirigirse a un lugar: "Después de la reunión, le jalamos para los tacos". || **17.** supran. fam. Consumir bebidas alcohólicas: "Los vecinos siempre le jalan el fin de semana". || **18.** supran. jerg. Inhalar cocaína o alguna droga en polvo. ■ LOC. **~ el cuello al ganso.** LOC. VERB. vulg. Masturbarse un hombre. ▷ **~ el pescuezo al ganso.** LOC. VERB. **jalarle el cuello al ganso.**

jalarse. ■ INTR. PRNL. **19.** Correrse el hilo de una prenda: "Mis medias se jalaron de tanto que bailé". ■ LOC. **~ (de) las greñas.** LOC. VERB. **jalarse (de) los pelos.** ▷ **~ (de) los pelos.** LOC. VERB. supran. fam. Angustiarse: "Me jalé los pelos esperando el resultado del certamen".

jalársela. ■ INTR. PRNL. **20.** vulg. Exagerar: "No bebiste tanto, no te la jales". || **21.** vulg. Hacer o decir algo disparatado, que raya en lo chistoso: "Ahora sí te la jalaste con la broma que le hiciste al jefe". || **22.** supran. vulg. Masturbarse un hombre.

jale. ■ M. **1.** Piedra pómez; jal. || **2.** fam. Empuje: "Me sorprende el jale que tiene el programa". || **3.** fam. Fiesta. || **4.** *En la minería,* residuos arenosos que se obtienen después del beneficio, que generalmente contienen fragmentos de metales; jal: "Los jales de las minas antiguas son explotados con gran éxito". || **5.** *En la minería,* lugar donde se depositan los jales o residuos arenosos que se obtienen después del beneficio, que generalmente contienen fragmentos de metales; jal. || **6.** supran. fam. Empleo. || **7.** supran. fam. Oportunidad de trabajo ocasional.

jaleb. ■ M. Mamífero originario de América, de hasta 80 cm de longitud; de pardo anaranjado a pardo oscuro, con hileras de bandas y manchas blancas; cabeza grande, con mejillas abultadas, orejas cortas y redondeadas, y ojos grandes; hocico chato con varias vibrisas; patas delanteras cortas y las traseras más largas; nocturno; comestible. Familia de los cunicúlidos del orden Rodentia, *Cuniculus paca.* (También se llama tepescuincle, tepescuintle, tepezcuinte, tepezcuintle).

jalisciense. ■ ADJ. **1.** Perteneciente o relativo al estado de Jalisco: "Me gustan los sones jaliscienses". || **2.** Natural o procedente del estado de Jalisco: "Los hombres jaliscienses practican la charrería con mucha habilidad". ■ COM. **3.** Persona natural o procedente del estado de Jalisco: "Los jaliscienses son expertos en charrería".

jalisco, ca. ■ ADJ. **1.** fest. *Referido a persona,* borracha: "Mario se puso muy jalisco en la fiesta". Ú.t.c.sust.: "Mario es un jalisco". ■ M. **2.** Sombrero de paja típico de Jalisco.

jalisquillo, lla. ■ ADJ. **1.** despect. Perteneciente o relativo al estado de Jalisco: "Me gustan los sones jalisquillos". || **2.** despect. Natural o procedente del estado de Jalisco: "Los hombres jalisquillos practican la charrería con habilidad". Ú.t.c.sust.: "Los jalisquillos son expertos en charrería".

jalocote. ■ M. Hierba originaria de México y Guatemala, de hasta 4 m de altura; tallos erectos, glabros o pubescentes, simples o ramificados; hojas inferiores alternas, las superiores opuestas, divididas en dos o tres foliolos, envainantes en la base, con margen crenado; flores hermafroditas, diminutas, verdosas amarillentas o de color rojo oscuro, dispuestas en umbelas densas, terminales o laterales; frutos esquizocárpicos, pequeños y elipsoides, glabros, truncos en ápice y en la base, acostillados, las costillas dorsales cortamente aladas, las laterales ampliamente aladas. Familia de las umbeliferáceas, *Prionosciadium thapsoides.*

jalón. ■ M. **1.** jerg. Aspiración de droga por la nariz, generalmente cocaína; pericazo. || **2.** supran. fam. Tirón fuerte. || **3.** supran. fam. Distancia por recorrer. || **4.** supran. fam. Trago de bebida alcohólica. || **5.** supran. fam. Fumada. ■ LOC. **de un ~.** LOC. ADV. supran. fam. Sin interrupciones: "Terminó el trabajo de un jalón". ▷ **~ de orejas.** LOC. SUST. supran. fam. Reprimenda: "Le dieron un jalón de orejas en el trabajo por llegar tarde".

jalonear. ■ TR. **1.** fam. Regatear: "Jaloneamos el precio de los aguacates en el mercado". || **2.** supran. fam. Dar jalones a algo o a alguien; tironear: "El niño jaloneó a su primo para quitarle el juguete". ■ INTR. **3.** fam. Presionar para que algo se realice, generalmente para obtener un beneficio: "Jaloneamos varios meses para conseguir el pago que nos debía la empresa".

jaloneo. ■ M. supran. fam. Hecho de jalonear o dar jalones a algo o a alguien.

jaltomata. ■ F. **jaltomate.**

jaltomate. ■ M. Hierba originaria de América, de hasta 1 m de altura; tallos erectos o decumbentes, angulosos y pilosos; hojas generalmente alternas pero con frecuencia subopuestas, simples o sinuado-dentadas, de ovadas a elípticas, con margen sinuado-dentado; flores hermafroditas, pequeñas, cinco lobadas, de blanco verdoso a color paja, con estambres densamente pubescentes en la base; frutos abayados, subglobosos, purpúreos o negros, con pulpa jugosa; semillas diminutas, obovadas, reticuladas o con pequeñas fosas, de color café oscuro. Familia de las solanáceas, *Jaltomata procumbens*. (También se llama acahualera, equelite, jaltomata, quelite cojudo, tomatillo).

jaltomatero. ■ M. Ave originaria de América, de hasta 20 cm de longitud; con cabeza, cresta y partes superiores de color azul grisáceo con una franja blanca por arriba de los ojos; vientre blanquecino. Familia de los tilogonátidos del orden Passeriformes, *Ptilogonys cinereus*. (También se llama capulinero gris, jaripa).

jamaica. ■ F. **1.** supran. Planta herbácea, de hasta 5 m de altura; tallos rojizos; hojas en forma de espada, con bordes dentados; flores solitarias, sin peciolo, con cáliz y brácteas gruesas, de color rojo o púrpura oscuro, corola amarilla; frutos en cápsula. Familia de las malváceas, *Hibiscus sabdariffa*. (También se llama flor de jamaica). || **2.** supran. Flor de la **jamaica**; uso en la preparación de una bebida refrescante.

jamaicón. ■ ADJ. **1.** despect. *Referido a un hombre*, que es afeminado. Ú.t.c.sust. ■ M. **2.** fam. Añoranza por el lugar de origen.

jamaicón, na. ■ ADJ. fam. *Referido a persona*, que siente añoranza por su lugar de origen y sus costumbres: "Es muy jamaicón, se la pasa todo el día chillando por su casa". Ú.t.c. sust.: "Es un jamaicón, se la pasa todo el día chillando por su casa".

jamaicona. ■ ADJ. **1.** *Entre homosexuales, referido a un hombre*, que es afeminado. ■ F. **2.** *Entre homosexuales*, hombre afeminado.

jambada. ■ F. **1.** fam. Hartazgo de comida. || **2.** fam. *En el Norte*, robo.

jambador, ra. ■ ADJ. fam. *En el Norte*, ratero: "Detuvieron al muchacho jambador". Ú.t.c. sust.: "Lo detuvieron porque es un jambador".

jambar. ■ TR. **1.** fam. Comer: "Ayer jambé unos tacos al pastor". || **2.** fam. *En el Norte*, robar: "Unos asaltantes jambaron la tienda de la esquina".

jambazón. ■ F. **1.** fam. Comida. || **2.** fam. Hartazgo de comida.

jambo, ba. ■ ADJ. **jambón, na.**

jambón, na. ■ ADJ. fam. *En el Norte*, ratero: "Detuvieron al muchacho jambón". Ú.t.c. sust.: "Lo detuvieron porque es un jambón".

jamón. ■ LOC. **~ endiablado.** LOC. SUST. Pasta elaborada con carne de cerdo molida y sazonada con especias; se comercializa enlatada.

jamoncillo. ■ M. **1.** Dulce hecho con leche y azúcar, que puede llevar nuez u otros ingredientes. || **2.** Dulce hecho con alguna semilla oleaginosa molida, generalmente de calabaza, de varios sabores.

jara. ■ F. **1.** Flecha. || **2.** Arbusto originario de América, de hasta 2 m de altura, dioico; tallos glandulares; hojas alternas, enteras, de lineares a elípticas, con margen ligeramente aserrado; flores unisexuales, diminutas, blancas, agrupadas en pequeñas cabezuelas; frutos aquénicos, diminutos, granulosos, con una serie de cerdas en el ápice. Familia de las compuestas, *Baccharis salicifolia*. (También se llama azumiate, chamizo). || **3.** Rama de la **jara**; uso forrajero y en pirotecnia. || **4.** Semilla de la **jara**; comestible. || **5.** supran. jerg. Policía.

jarabe. ■ M. **1.** Género musical popular, de compás de tres cuartos y seis octavos. || **2.** supran. Baile popular que se ejecuta en pareja, caracterizado por zapateado y giros, acompañado con música del **jarabe**.

jarabero, ra. ■ ADJ. **1.** Perteneciente o relativo al jarabe: "También hay tradición jarabera en Zacatecas". || **2.** *Referido a persona*, aficionada al jarabe: "Diana es muy jarabera y por eso viaja mucho a Jalisco". Ú.t.c.sust.: "Diana es una jarabera y por eso viaja mucho a Jalisco". ■ M. y F. **3.** Persona que interpreta o baila jarabes.

jaral. ■ M. Arbusto originario de México, de hasta 3 m de altura, monoico; tallos muy ramificados, de erectos a arqueados, glabros; hojas opuestas, enteras, ovadas, pubescentes, con margen aserrado; flores femeninas o hermafroditas, diminutas, tubulares y blancas, de una a tres en la periferia son femeninas, de cinco a 13 en el centro son hermafroditas, cabezuelas dispuestas en umbelas corimbiformes terminales; frutos aquénicos, cilíndricos, más o menos peludos, de color negro; uso en la medicina tradicional, considerada una especie con actividad psicotrópica. Familia de las compuestas, *Calea ternifolia*. (También se llama amula, hierba amarga, mala hierba, sacachiche, zacachichi, zacatechichi).

jaramado. ■ M. Hierba originaria del Mediterráneo, de hasta 1 m de altura; tallos cilíndricos, en ocasiones costilludos, glabros, con pubescencia estrigosa; hojas simples, alternas, las inferiores pinadas, con el lóbulo central más grande que los laterales, hojas apicales de elípticas a lanceoladas, con margen crenado o dentado; flores hermafroditas, pequeñas, blancas, amarillas o cremosas, de venación evidente color morado oscuro; frutos en silicuas cilíndricas, apostilladas longitudinalmente; semillas pequeñas, globosas y ovoides, de color rojizo a café anaranjado, reticuladas; uso forrajero; brotes, comestibles. Familia de las brasicáceas, *Raphanus raphanistrum*. (También se llama nabo blanco, rabanillo).

jarana. ■ F. **1.** Instrumento musical de cuatro o cinco cuerdas, en forma de guitarra pequeña, que, por lo general, se utiliza para armonizar un conjunto de cuerdas tradicional y acompañar canto y baile. || **2.** *En el Sureste,* música popular que se acompaña por un conjunto de instrumentos de cuerda, en el que puede haber canto y baile. || **3.** *En el Sureste,* baile popular que se ejecuta de manera individual o en pareja, caracterizado por zapateado y diversos pasos, acompañado con música del mismo nombre. || **4.** rur. *En Colima,* muro calado de poca altura, hecho con ladrillos, puestos de canto en forma diagonal, espaciados, dejando huecos triangulares. || **5.** rur. *En Colima,* entramado hecho de tiras angostas de tablas delgadas o tejamanil que se coloca en el exterior de ventanas de madera. ■ LOC. **~ huasteca.** LOC. SUST. La de cinco cuerdas, de una cuarta parte del tamaño de una guitarra, y que se usa en el son huasteco o en el huapango. ▷ **~ jarocha.** LOC. SUST. La de dimensiones y número de cuerdas variables, que se usa en el son jarocho. ▷ **~ yucateca.** LOC. SUST. **1.** Género musical tradicional, de compás ternario, ejecutado por una pequeña banda de instrumentos de aliento y, en ocasiones, de percusión; se interrumpe su ejecución para recitar bombas. || **2.** Baile de este género musical que se ejecuta en pareja, uno frente al otro.

jaranear. ■ INTR. Tocar la jarana: "Los músicos jaranearon en la plaza de la ciudad".

jaraneo. ■ M. Hecho de jaranear o tocar la jarana.

jaranero, ra. ■ ADJ. **1.** Perteneciente o relativo a la jarana: "Me inscribí a un concurso jaranero". || **2.** *Referido a persona,* aficionada a la jarana: "Rosario es muy jaranera, nunca se pierde la fiesta de Tlacotalpan". Ú.t.c.sust.: "Rosario es una jaranera, nunca se pierde la fiesta de Tlacotalpan". ■ M. Y F. **3.** Persona que se dedica a fabricar o a vender jaranas. || **4.** Persona que se dedica a tocar la jarana. || **5.** Persona que se dedica a bailar jaranas.

jaranista. ■ ADJ. **1.** *Referido a persona,* aficionada a la jarana: "Don Miguel se volvió muy jaranista desde que llegó a vivir a Veracruz". ■ COM. **2.** Persona aficionada a la jarana: "Don Miguel es un jaranista desde que vive en Veracruz".

jarcería. ■ F. **jarciería.**

jarcia. ■ F. supran. Conjunto de productos de fibra vegetal.

jarciería. ■ F. **1.** Industria que fabrica o comercializa productos de fibra vegetal y de limpieza. || **2.** Tienda donde se venden productos de la **jarciería**.

jarciero, ra. ■ M. Y F. supran. Persona que se dedica a fabricar o a vender productos de fibra vegetal.

jardín. ■ M. supran. *En el beisbol,* zona del campo de juego que se encuentra fuera del diamante. ■ LOC. **~ central.** LOC. SUST. supran. *En el beisbol,* el que está detrás de la segunda base. ▷ **~ de niños.** LOC. SUST. **1.** supran. Lugar en el que los infantes de tres a cinco años con 11 meses de edad, generalmente, reciben la educación preescolar; kínder: "Inscribieron a mi sobrino en el jardín de niños que está cerca de mi casa". || **2.** supran. Nivel preescolar en el que se inscriben los infantes de tres a cinco años con 11 meses de edad, generalmente; kínder: "Vamos a meter a mi hijo al jardín de niños, ya cumplió cuatro años". ▷ ~ **derecho.** LOC. SUST. supran. *En el beisbol,* el que está detrás de la primera base y contiguo al central. ▷ ~ **izquierdo.** LOC. SUST. supran. *En el beisbol,* el que está detrás de la tercera base y contiguo al central.

jardinero, ra. ■ M. y F. supran. *En el beisbol,* jugador que tiene por función atrapar la pelota que ha traspasado el diamante; fílder.

jaria. ■ F. fam. Hambre: "Traigo mucha jaria, no he comido nada en todo el día".

jariar. ■ TR. fam. Comer algo con avidez: "No desayuné, jariaré unas tostadas".

jarilla. ■ F. **1.** Arbusto originario de México, de hasta 2 m de altura; tallos cuadrangulares, de pubérulos a glabrescentes, de color púrpura; hojas opuestas, simples, de lineares a oblongas, elípticas o lanceoladas, glabras, con gotitas de exudado resinoso; flores hermafroditas, diminutas y tubulares, de blancas a rosadas, glabras o casi glabras, dispuestas en cabezuelas agrupadas en corimbos densos; frutos aquénicos, pequeños, hispídulos, con una a tres aristas o sin estas; uso en la medicina tradicional. Familia de las compuestas, *Stevia salicifolia.* (También se llama chacal). || **2.** Hierba originaria de América, de hasta 1 m de altura; tallos erectos o ascendentes, estriados, con pelillos alineados en filas o glabros; hojas opuestas, de dentadas a finamente divididas en segmentos lineares; flores diminutas, tubulares, amarillas o anaranjadas, dispuestas en cabezuelas terminales o axilares, las flores del centro hermafroditas, flores de la periferia femeninas, con apariencia de pétalos; frutos aquénicos, comprimidos dorso ventralmente, los de las flores exteriores anchos y alados, sin pico, los de las flores del centro más angostos y provistos de pico. Familia de las compuestas, *Heterosperma pinnatum.* || **3.** Arbusto originario de América, de hasta 3 m de altura, monoico; tallos ramosos y pubescentes; hojas alternas, enteras, lanceoladas o espatuladas, con margen ligeramente aserrado o entero; flores hermafroditas, diminutas, amarillas y agrupadas en pequeñas y numerosas cabezuelas, con cinco o seis flores de la periferia con forma de pétalos amarillos; frutos aquénicos, diminutos, subcilíndricos, con un penacho de cerdas blancas en el ápice; hojas, uso en la medicina tradicional. Familia de las compuestas, *Senecio salignus.* (También se llama alzumiate, asomiate amarillo, azomiate, chilca). || **4. jarilla blanca.** ■ LOC. ~ **blanca.** LOC. SUST. Arbusto originario de México, de hasta 5 m de altura, monoico; tallos muy ramificados desde la base, medulosos y quebradizos, de tomentulosos a densamente blancos tomentosos; hojas simples, alternas, las más jóvenes agrupadas en fascículos, lanceoladas u oblongo-lanceoladas, haz glabro o tomentuloso, envés densamente blanco tomentoso, con margen denticulado; flores hermafroditas, pequeñas, tubulares, amarillas, dispuestas en panículas racimosas o cimas de cabezuelas terminales, las 12 o 14 de la periferia con forma de pétalos; frutos aquénicos, claviformes o subcilíndricos, glabros o ligeramente pubescentes, de color café verdoso, con un penacho de cerdas blancas en el ápice. Familia de las compuestas, *Senecio cinerarioides.* (También se llama jarilla, rosa de san Juan). ▷ ~ **chura.** LOC. SUST. Arbusto originario de México, de hasta 80 cm de altura; tallos hirsutos; hojas alternas, obovadas o espatuladas, de ligera a profundamente divididas en lóbulos agudos, resinosos; flores hermafroditas, tubulares, pequeñas, amarillas, agrupadas en conjuntos de pequeñas cabezuelas; frutos aquenios, lineares, con un penacho de pelos rígidos. Familia de las compuestas, *Haplopappus venetus.* (También se llama bacín de perro, boxosdá).

jarioso, sa. ■ ADJ. **1.** fam. *Referido a alguien,* hambriento: "Siempre llego muy jarioso del trabajo". Ú.t.c.sust.: "Mi perro es un jarioso, siempre pide más croquetas". || **2.** fam. *Referido a alguien,* ansioso: "Estoy muy jariosa porque hoy publican los resultados del concurso". Ú.t.c.sust.: "¡Eres una jariosa, ya cálmate!". || **3.** fam. *Referido a alguien,* que siente un deseo sexual intenso; cachondo. Ú.t.c.sust.

jaripa. ■ F. **jaltomatero.**

jaripeada. ■ F. **jaripeo.**

jaripear. ■ INTR. supran. Participar en un jaripeo: "Esta semana jaripeamos en Guadalajara con otros charros".

jaripeo. ■ M. supran. Práctica que consiste en montar sin silla potros salvajes o reses bravas y hacer otros ejercicios, como arrojar el lazo.

jarocha. ■ F. Véase **jarocho, cha.**

jarocho, cha. ■ ADJ. **1.** Perteneciente o relativo a la ciudad portuaria o al estado de Veracruz: "Anoche fuimos a un fandango jarocho". || **2.** Natural o procedente de la ciudad portuaria o del estado de Veracruz: "Los muchachos jarochos se tomaron un café lechero en el malecón". Ú.t.c.sust.: "Los jarochos se tomaron un café lechero en el malecón". || **3.** Propio de la persona **jarocha**: "El carácter jarocho es muy festivo". ■ M. y F. **4.** Campesino natural o procedente de la costa de Veracruz: "Vi muchos jarochos camino a la fiesta". ■ F. **5.** fam. Cirugía que se hace un hombre para cambiar de sexo.

jaropeada. ■ F. rur. Hecho excesivo, particularmente de ingestión de comida: "Me duele la panza después de la jaropeada que me di en la fiesta".

jaropearse. ■ INTR. PRNL. rur. Excederse en los alimentos: "Miguel se jaropeó anoche y no pudo dormir".

jarra. ■ ADJ. **1.** fam. *Referido a persona*, borracha: "Mi vecino llegó muy jarra a la fiesta". ■ F. **2.** fam. Bebida alcohólica, generalmente cerveza. || **3.** fam. Borrachera. ■ COM. **4.** fam. Persona borracha: "Mi vecino es un jarra, se la pasa en la fiesta".

jarrito. ■ LOC. **~ de Guadalajara.** LOC. SUST. **jarrito de Tlaquepaque.** ▷ **~ de Tlaquepaque.** LOC. SUST. Persona que es sensible a cualquier tipo de crítica hacia su persona: "Te ofendes por cualquier cosa, pareces jarrito de Tlaquepaque". ▷ **~ de Tonalá.** LOC. SUST. **jarrito de Tlaquepaque.**

jarritos. ■ M. PL. **1.** Grupo de diferentes especies de hierbas originarias de América, de hasta 1.5 m de altura; tallos erectos, simples o ramificados, glabros o pubescentes; hojas opuestas, raramente verticiladas o alternas, las superiores sésiles o ligeramente envainantes, las inferiores pecioladas, simples o dentadas o pinatífidas; flores hermafroditas, pequeñas, tubulares, de color violeta, azul, rojo, púrpura o blanco, dispuestas en panículas o tirsos terminales; frutos capsulares, que abren en cuatro valvas enteras o bífidas; semillas numerosas, rugosas y angulosas. Familia de las plantagináceas, varias especies del género *Penstemon*, como *Penstemon barbatus*, *Penstemon campanulatus*. || **2.** Individuo de este grupo de diferentes especies de hierbas.

jarro. ■ LOC. **~ de oro.** LOC. SUST. supran. Árbol originario de México y Centroamérica, de hasta 18 m de altura; tallos poco ramificados, ramas erectas, escasamente pubescentes; hojas simples, opuestas, agrupadas en el ápice de las ramas, lanceoladas u obovado-lanceoladas, glabras, con margen crenado-glanduloso; flores hermafroditas, vistosas, de color naranja a rojas anaranjadas, sépalos verdes anaranjados, estambres muy evidentes, naranjas, flores solitarias, dispuestas en las axilas de las hojas; frutos capsulares, diminutos, elipsoidales, ligeramente rugosos; semillas diminutas, estriadas, rodeadas de un arilo amplio. Familia de las pasifloráceas, *Erblichia odorata*. (También se llama suelda con suelda).

jaspia. ■ F. supran. fam. Hambre excesiva.

jaspiar. ■ INTR. supran. fam. Tener hambre excesiva: "Jaspiábamos pero nos tuvimos que aguantar hasta llegar a la casa".

jaula. ■ F. **1.** Estructura metálica que delimita espacios en una unidad habitacional. || **2.** supran. Estructura que se coloca en la parte trasera de un transporte de carga. || **3.** supran. fest. Vivienda; casa. ■ LOC. **~ de estacionamiento.** LOC. SUST. Estructura metálica para guardar y proteger un coche en una unidad habitacional. ▷ **~ de ropa.** LOC. SUST. **1.** Estructura metálica para almacenar o exhibir la ropa en una tienda. || **2. jaula de tendido.** ▷ **~ de tendido.** LOC. SUST. Estructura metálica para tender la ropa, en la azotea de un edificio.

jaulero, ra. ■ M. y F. fam. Ladrón que entra a las casas cuando no están sus habitantes.

jauque. ■ M. *En el Noroeste*, árbol originario de México y Centroamérica, de hasta 8 m de altura; cortezas muy fisuradas; hojas elípticas con varios lóbulos estrechos y aserrados; inflorescencias en panículas con numerosas flores; frutos en cápsulas elipsoides, de color amarillo; varias semillas oscuras, brillantes; uso en la medicina tradicional. Familia de las papaveráceas, *Bocconia arborea*. (También se llama chicalote de árbol, inguande).

jazmín. ■ M. Arbusto originario de México y Centroamérica, de hasta 10 m de altura, monoico; tallos con ramas delgadas, inclinadas, con corteza de color castaño; hojas simples, opuestas, de ovadas a elípticas, pubescentes, con margen finamente denticulado; flores hermafroditas, pequeñas y aromáticas, de color blanco a amarillo pálido, estambres numerosos, flores comúnmente solitarias y terminales; frutos capsulares, leñosos, pequeños y obovoides, que se abren en cuatro valvas; semillas diminutas, oblongo-subcilíndricas, cafés, membranosas; uso ornamental. Familia de las hidrangeáceas, *Philadelphus mexicanus*. (También se llama azahar, flor de jazmín, jazmín del monte, jazmín mosqueta, mosqueta). ■ LOC. **~ del monte.** LOC. SUST. **jazmín.** ▷ **~ mosqueta.** LOC. SUST. **jazmín.**

jazmincillo. ■ M. Arbusto semileñoso, de hasta 2 m de altura; tallos delgados y ramificados; hojas pecioladas, delgadas y anchas; flores hermafroditas, pequeñas, con forma tubular acampanada y de color blanco o verdoso, agrupadas en glomérulos; frutos aquénicos, oblongo-clavados, algo encorvados, con cinco costillas provistas de glándulas verrucosas, de color guinda cuando tiernos, cafés cuando maduros; una semilla, estrechamente oblonga. Familia de las nictagináceas, *Pisoniella arborescens*.

jechu. ■ F. **1.** afect. Madre. || **2.** afect. Abuela.

jediondilla. ■ F. Hierba originaria de México, de hasta 1 m de altura, monoica; tallos cilíndricos, ramificados, estriados, de híspidos a hirsutos o pubérulos; hojas alternas, de pinatilobadas a bipinatilobadas, cada segmento anchamente oblongo u ovado, híspido-estrigulosas; flores diminutas, tubulares, amarillas, dispuestas en cabezuelas corimbosas o paniculadas, flores del centro hermafroditas, flores del disco femeninas; frutos aquénicos, los de las flores del centro tetrágonos, los de las flores liguladas trígonos, pubescentes y con un penacho de pelos en el ápice; hierba aromática al estrujarse. Familia de las compuestas, *Zaluzania triloba*. (También se llama altamiz, altamiza, hierba amargosa).

jediondo, da. ■ ADJ. supran. fam. Hediondo.

jefe, fa. ■ M. y F. **1.** pop. Fórmula de tratamiento para dirigirse con respeto a una persona de mayor edad que el hablante. Ú.m.e.dim.: "Jefecita, siéntese usted". || **2.** supran. afect. Progenitor. ■ LOC. **de a ~.** LOC. ADV. fam. Con mucha comodidad o con muchos privilegios: "Joaquín se tomó sus vacaciones de a jefe". ▷ **~ de familia.** LOC. SUST. Persona que encabeza y, generalmente, sustenta un hogar, habitualmente el padre o la madre: "Muchos hogares mexicanos están encabezados por una jefa de familia".

jegüite. ■ M. rur. Hierba que cubre un terreno sin cultivar; maleza.

jején. ■ M. **1.** rur. Multitud. || **2.** rur. Chiquillería. || **3.** supran. Insecto originario de América, de hasta 1 mm de longitud; con su aguijón produce picaduras muy irritantes; es vector de enfermedades parasitarias. Familia de los sicódidos del orden Diptera, varias especies del género *Lutzomyia*.

jelengue. ■ M. **1.** supran. fam. Ajetreo. || **2.** supran. fam. Fiesta bulliciosa.

jenízaro, ra. ■ M. y F. **1.** fam. Guardaespaldas de un político. || **2.** supran. fam. Miembro del cuerpo de policía.

jeremico, ca. ■ ADJ. **jirimico, ca.**

jeremiquear. ■ INTR. **jirimiquear.**

jeremiqueo. ■ M. **jirimiqueo.**

jerga. ■ F. **1.** Trapo de limpieza. || **2.** Tela de algodón de trama burda.

jericalla. ■ F. supran. Postre hecho con leche, huevo, canela y vainilla, de textura semejante a la del flan, con una cobertura dorada; típico de Guadalajara.

jericaya. ■ F. **jericalla.**

jerimico, ca. ■ ADJ. **jirimico, ca.**

jerimiquear. ■ INTR. **jirimiquear.**

jerimiqueo. ■ M. **jirimiqueo.**

jeringas. ■ ADJ. **1.** supran. fam. *Referido a persona*, que causa molestia; jeringón: "El nieto de don Melchor es muy jeringas". ■ COM. **2.** supran. fam. Persona que causa molestia; jeringón: "El nieto de don Melchor es un jeringas".

jeringón, na. ■ ADJ. supran. fam. *Referido a persona*, que causa molestia "Nadie le habla a Pepe porque es muy jeringón". Ú.t.c.sust.: "Nadie le habla a Pepe porque es un jeringón".

jeta. ■ F. **1.** fam. Siesta. || **2.** supran. fam. Boca.

jeteada. ■ F. **1.** fam. Siesta. || **2.** fam. Error.

jetear. ■ TR. **1.** fam. Estropear: "Rosa ya jeteó las bocinas nuevas".

jetearla. ■ INTR. PRNL. **2.** fam. Errar gravemente: "Miguel la jeteó en su trabajo".

jetearse. ■ INTR. PRNL. **3.** supran. fam. Dormirse: "Tobías se jetea a las once de la noche".

J

jetón, na. ■ ADJ. **1.** supran. fam. *Referido a persona*, dormida: "Me quedé muy jetón en el cine". || **2.** supran. fam. *Referido a persona*, que tiene semblante de enojo o de mal humor: "La señora de la tienda siempre está muy jetona". Ú.t.c.sust.: "La señora de la tienda siempre ha sido una jetona". || **3.** supran. fam. Propio de la persona **jetona**: "Me choca la actitud jetona del señor de la tienda".

jey. ■ ADV. fam. Se usa para expresar afirmación o confirmación; sí: "—¿Ya fuiste al mercado? —Jey".

jicaco. ■ M. **1.** supran. Árbol originario de América y África, de hasta 5 m de altura, monoico; tallos rojizos con pequeñas estípulas; hojas alternas, simples, ovado-elípticas, ápice redondeado, base subcuneada, glabras, con margen entero; flores hermafroditas, blancas, pequeñas, agrupadas en cimas pequeñas, terminales y axilares; frutos drupáceos, lisos con crestas longitudinales, carnosos. Familia de las crisobalanáceas, *Chrysobalanus icaco*. (También se llama hicaco, icaco). || **2.** supran. Fruto del **jicaco**; comestible.

jicalpeste. ■ M. **jicalpestle.**

jicalpestle. ■ M. *En el Suroeste*, jícara grande, con forma de palangana, hecha del fondo de una calabaza grande, generalmente pulida y ornamentada.

jicalpextle. [*jikalpéshtle, jikalpéstle*] ■ M. **jicalpestle.**

jicalpistle. ■ M. **jicalpestle.**

jícara. ■ F. **1.** Unidad de medida que equivale al contenido que cabe en la vasija del mismo nombre. || **2.** supran. Grupo de árboles originarios de América, de hasta 15 m de altura, monoicos; tallos con largas ramas extendidas e irregulares; hojas alternas, enteras o divididas, espatuladas, lustrosas; flores hermafroditas, vistosas, campanulares, amarillas verdosas; frutos capsulares, subglobosos, con pulpa negra, corteza dura, café; semillas numerosas, circulares, aplanadas, cafés. Familia de las bignoniáceas, varias especies del género *Crescentia*, como *Crescentia alata*, *Crescentia cujete*. (También se llama ayale, bule morro, calabazo, coatecomate, cuatecomate, cuautecomate, guaje, güiro, huaje, jícaro, tecomate). || **3.** supran. Individuo de este grupo de árboles. || **4.** supran. Fruto seco de los individuos de este grupo de árboles; uso artesanal. || **5.** supran. Recipiente hecho con el fruto seco de los individuos de este grupo de árboles. || **6.** supran. Vasija hecha con la mitad del fruto seco de los individuos de este grupo de árboles. || **7.** supran. fest. Cabeza.

jicarada. ■ F. supran. **jicarazo.**

jicaral. ■ M. supran. Terreno plantado de jícaras o de jícaros.

jicarazo. ■ M. **1.** Cantidad de algo que cabe en una jícara o vasija hecha con el fruto seco de la jícara o del jícaro. || **2.** Agua arrojada con un recipiente pequeño, generalmente una jícara o vasija hecha con el fruto seco de la jícara o del jícaro. ■ LOC. **(de) a jicarazos.** LOC. ADV. Mediante agua lanzada en pequeñas cantidades con un recipiente: "Lavamos la ropa a jicarazos porque no tenía presión el agua".

jicarear. ■ TR. Servir un producto usando una jícara como unidad de medida: "En ese puesto jicarean el pulque".

jicareo. ■ M. Hecho de jicarear o servir un producto usando una jícara como unidad de medida.

jicarería. ■ F. Lugar donde se fabrican o venden jícaras.

jicarero, ra. ■ M. Y F. **1.** Persona que cultiva jícaras o jícaros. || **2.** Persona que vende pulque usando una jícara como unidad de medida. || **3.** supran. Persona que fabrica o vende jícaras.

jícaro. ■ M. **1.** Hierba rastrera cosmopolita, de hasta 9 m de longitud; tallos hirsutos; hojas alternas, acorazonadas, con tres o cinco lóbulos; provista de zarcillos; flores unisexuales, ambos sexos en la misma planta, amarillas y campanuladas, solitarias, surgen en las axilas de las hojas; frutos en forma de baya de gran tamaño; semillas numerosas. Familia de las cucurbitáceas, *Lagenaria siceraria*. (También se llama acocote, ayacaste, ayacastle, ayacaxtle, bule, guaje, huaje). || **2.** Fruto de esta hierba; comestible. || **3.** supran. Grupo de árboles originarios de América, de hasta 15 m de altura, monoicos; tallos con largas ramas extendidas e irregulares; hojas alternas, enteras o divididas, espatuladas, lustrosas; flores hermafroditas, vistosas, campanulares, amarillas verdosas; frutos capsulares, subglobosos, con pulpa negra, corteza dura, café; semillas numerosas, circulares, aplanadas, cafés. Familia de las bignoniáceas, varias especies del género *Crescentia*, como *Crescentia alata*, *Crescentia cujete*. (También se llama ayale, bule morro, calabazo, coatecomate, cuatecomate, cuautecomate, guaje, güiro, huaje, jícara, tecomate). || **4.** supran. Individuo de este grupo de árboles. || **5.** supran. Fruto seco de los individuos de este grupo de árboles; uso artesanal. || **6.** supran. Recipiente hecho con el fruto seco de los individuos de este grupo de árboles.

jicarudo, da. ■ ADJ. supran. despect. *Referido a persona*, que tiene la cara ancha y la frente abultada como la jícara: "Ese vendedor está muy jicarudo". Ú.t.c.sust.: "Ese vendedor es un jicarudo".

jichoso, sa. ■ ADJ. **1.** fam. *En el Sureste*, *referido a alguien*, que es de musculatura bien definida, aunque delgado; xichoso: "Juan practica ciclismo y está muy jichoso". || **2.** fam. *En el Sureste*, *referido a la carne de consumo*, que tiene mucho nervio; xichoso: "La carne que me serviste en el caldo está muy jichosa, no me la puedo comer".

jicote. ■ M. **1.** Insecto originario de América, de hasta 3 cm de longitud; sedoso y con la proboscis de casi la misma longitud que el cuerpo; la hembra puede picar con su aguijón mientras que el macho no. Familia de los ápidos del orden Hymenoptera, varias especies de los géneros *Bombus* y *Xylocopa*. || **2.** supran. Panal del **jicote**.

jicotea. ■ F. Tortuga de agua dulce originaria de América, de hasta 40 cm de longitud; con caparazón aserrado en la región posterior, de color olivo oscuro con líneas irregulares amarillas y naranjas, algunas veces negras; la cabeza y las extremidades anteriores y posteriores con líneas negras y amarillas; vive en cuerpos permanentes, principalmente en ríos de corrientes lentas, lagos y lagunas; omnívora oportunista, además se alimenta de hojas, flores, frutos y semillas; comestible. Familia de los emídidos del orden Testudines, *Trachemys venusta*. (También se llama hicotea).

jicotear. ■ INTR. **1.** rur. Buscar miel del jicote: "Mi tío jicotea en el monte todos los veranos". || **2.** rur. Hacer bullicio: "Los niños jicotean en el recreo".

jicotera. ■ F. **1.** supran. rur. Panal del jicote. || **2.** supran. rur. Bullicio que recuerda el zumbido que hace el jicote.

jicotillo. ■ M. **1.** Cualquier insecto que se considera molesto. || **2.** fam. Hombre que corteja a las mujeres de manera insistente y desagradable.

jigote. ■ M. **1.** *En el Norte*, guiso hecho de carne seca de res, machacada o troceada, y chile rojo. || **2.** *En el Sureste*, guiso hecho de carne de pavo picada, ajo, alcaparras, almendras, cebolla, chile, pasas y tomate; se sirve con trozos de huevo cocido.

jijez. ■ F. malson. Acción vil; chingadera.

jijo, ja. ■ ADJ. **1.** fam. Intenso: "Hace un frío jijo". || **2.** malson. *Referido a persona*, despreciable o maligna: "Matías es muy jijo con su familia". Ú.t.c.sust.: "Matías es un jijo con su familia". || **3.** malson. Propio de la persona **jija**: "Me molesta mucho el carácter tan jijo de Matías". ■ LOC. **a lo jijo.** LOC. ADV. fam. Intensamente: "Avisan que lloverá a lo jijo, ¡lleven paraguas!". ▷ **~ de la chingada.** LOC. SUST. malson. Persona despreciable o maligna; hijo de la chingada: "Lo odio porque es un jijo de la chingada con todos". ▷ **~ de la fregada.** LOC. SUST. **jijo de la chingada.** ▷ **~ de la guayaba.** LOC. SUST. eufem. **jijo de la chingada.** ▷ **~ de la mañana.** LOC. SUST. eufem. **jijo de la chingada.** ▷ **~ de la pelona.** LOC. SUST. eufem. **jijo de la chingada.** ▷ **~ de la (gran) tiznada.** LOC. SUST. eufem. **jijo de la chingada.** ▷ **~ de la tostada.** LOC. SUST. eufem. **jijo de la chingada.** ~ ▷ **de suchi.** LOC. SUST. eufem. **jijo de la chingada.** ▷ **~ de su chingada (madre).** LOC. SUST. **jijo de la chingada.** ▷ **~ de su fregada (madre).** LOC. SUST. **jijo de la chingada.** ▷ **~ de su madre.** LOC. SUST. eufem. **jijo de la chingada.** ▷ **~ de su mal dormir.** LOC. SUST. eufem. **jijo de la chingada.** ▷ **~ de su pelona.** LOC. SUST. eufem. **jijo de la chingada.** ▷ **~ de su tiznada (madre).** LOC. SUST. **jijo de la chingada.** ▷ **~ de (su) tal por cual.** LOC. SUST. eufem. **jijo de la chingada.** ▷ **~ del chile.** LOC. SUST. eufem. **jijo de la chingada.** ▷ **~ del maiz.** LOC. SUST. eufem. **jijo de la chingada.** ■ INTERJ. **¡jijo(s)!** Se usa para expresar asombro o sorpresa: "¡Jijos! Ya se me hizo tarde".

J

jíjole. ■ INTERJ. **¡jíjole(s)! 1.** supran. fam. Se usa para expresar preocupación: "¡Jíjole! Ahora sí nos van a regañar". || **2.** supran. fam. Se usa para expresar asombro o sorpresa: "¡Jíjoles! ¿Ya viste la hora que es?".

jilea. ■ F. rur. *En el Sureste*, limpieza de una milpa u otro terreno sembrado en hileras.

jilear. ■ TR. rur. *En el Sureste*, limpiar la milpa u otro terreno sembrado en hileras: "José jileó los platanales desde muy temprano".

jilguerear. ■ TR. **1.** Pasar información, generalmente por indiscreción: "Me jilguearearon que Camila está embarazada". ■ INTR. **2.** Chismear: "Mis amigas y yo jilguereamos por horas cuando nos vemos". || **3.** *En la política*, usar una persona un discurso que sirve para entretener a otras en los mítines: "María jilgueréó en la marcha del fin de semana".

jilguero. ■ M. Acción y resultado de jilguerear.

jilosúchil. ■ M. **1.** Árbol originario de América, de hasta 20 m de altura, monoico; troncos firmes y abombados; hojas alternas, deciduas, divididas en cinco foliolos elípticos; flores hermafroditas, vistosas, con cinco pétalos de blancos a rosados, con numerosos estambres blancos o rosados, cuya forma se asemeja a la de una escobilla; frutos capsulares, elipsoides, cafés; semillas globosas y rodeadas de pelos algodonosos; cortezas, uso en la medicina tradicional. Familia de las malváceas, *Pseudobombax ellipticum*. (También se llama amapola, bailarina, cabello de ángel, chicocuchi, coquito, lele, mocoque, silosúchil, sospó, xiloxóchitl). || **2.** Flor del **jilosúchil**; uso ornamental y en la medicina tradicional.

jilote, ta. ■ M. y F. **1.** rur. Adolescente. ■ M. **2.** rur. Conjunto de filamentos que tiene el fruto de la planta de maíz al que aún no le han brotado los granos. || **3.** supran. rur. Mazorca tierna de maíz, cuando aún no se han formado los granos.

jilotear. ■ INTR. supran. rur. Echar jilote la planta del maíz: "Las matas ya casi jilotean".

jiloteo. ■ M. supran. rur. Hecho de jilotear o echar jilote la planta de maíz.

jima. ■ F. **1.** Corte de las hojas del agave para elaborar el tequila o el mezcal. || **2.** Hecho de quitar la cáscara exterior del coco.

jimador, ra. ■ M. y F. **1.** Persona que se dedica a cortar las hojas del agave para elaborar el tequila o el mezcal. || **2.** Persona que se dedica a quitar la cáscara exterior del coco.

jimar. ■ TR. **1.** Cortar las hojas del agave para elaborar el tequila o el mezcal. || **2.** Quitar la cáscara exterior del coco.

jimbar. ■ TR. *En Chiapas*, arrojar: "Los campesinos jimbaron ya las semillas en los surcos".

jincar. ■ TR. fam. *En el Norte*, asignar a una persona una actividad contra su voluntad: "Mi tía no quiso salir y me jincó la compra de su mandado".

jincho, cha. ■ ADJ. **1.** despect. *Referido a persona*, que es de modales toscos: "No seas tan jincho; límpiate con la servilleta, no con las manos". Ú.t.c.sust.: "Eres un jincho, no te limpies con las manos". || **2.** supran. rur. *Referido a persona*, ignorante y que cae en engaños fácilmente: "Don Manuel es muy jincho, le compraron la cosecha muy barata". Ú.t.c. sust.: "Don Manuel es un jincho, le compraron la cosecha muy barata".

jinetear. ■ TR. **1.** supran. Domar caballos cerriles. || **2.** supran. Retener indebidamente el dinero de un tercero, con el fin de sacar ganancias: "Arturo jineteó mi dinero todo un año". Ú.m.c.prnl.: "Arturo se jineteó mi dinero todo un año". ■ INTR. **3.** supran. Ejercer alguien la prostitución.

jineteo. ■ M. supran. Acción y resultado de jinetear.

jinetero, ra. ■ ADJ. **1.** *Referido a persona*, que jinetea el dinero: "Lucas es muy jinetero, no confíes en él". Ú.t.c.sust.: "Lucas es un jinetero, no confíes en él". || **2.** Propio de la persona **jinetera**: "Ten cuidado con las prácticas jineteras de Lucas". ■ M. y F. **3.** supran. Persona que ejerce la prostitución.

jingibrina. ■ F. **1.** Hierba trepadora originaria de México y Centroamérica, monoica; raíces adventicias, delgadas, que cuelgan hasta tocar el suelo; hojas simples, acorazonadas, las jóvenes ovado-oblongas, cordadas, subenteras, hojas adultas ampliamente ovadas, lobadas casi hasta el nervio central; flores unisexuales, pequeñas, sin pétalos ni sépalos, amarillas cremosas, dispuestas en un mismo cilindro delgado con la porción masculina más angosta que la femenina, protegidas por una bráctea o espata de color verde por fuera y de rojizo a purpúreo por dentro;

frutos abayados y blancos. Familia de las aráceas, *Philodendron radiatum.* (También se llama mano de tigre, mutusay). || **2.** Raíz de la **jingibrina**; uso en cestería.

jinicuil. ■ M. **1.** Árbol originario de México y Centroamérica, de hasta 10 m de altura, monoico; tallos cilíndricos, delgados y lisos; hojas alternas, compuestas, de seis a diez foliolos, de lanceolados a ovados; flores hermafroditas, pequeñas y blanquecinas, con estambres numerosos, vistosos, fusionados en un tubo de color blanco, flores dispuestas en umbelas fasciculadas; frutos en vainas, de rectas a curvadas, aplanadas o ligeramente cilíndricas; semillas elipsoides, cubiertas por un arilo carnoso, de color blanco. Familia de las leguminosas, *Inga paterno.* (También se llama machetón). || **2.** Árbol originario de Sudamérica, de hasta 25 m de altura; tallos erectos, con ramas de anguladas a cilíndricas, de cafés a cafés amarillentas y cubiertas de pelos cuando jóvenes; hojas alternas, divididas de cuatro a seis pares de foliolos, de ovados a lanceolados o elípticos, densamente peludos en la vena media por ambas caras; flores hermafroditas, llamativas, blancas, ligeramente vellosas, con estambres numerosos, dispuestas en espigas axilares; frutos en vainas cilíndricas, ferrugíneos pubescentes, surcados; uso como especie maderable y como combustible; semillas elipsoides, cubiertas por un arilo carnoso, de color blanco; uso como sombra en plantíos de cafetales. Familia de las leguminosas, *Inga edulis.* (También se llama cuajinicuil, guajinicuil). || **3.** Semilla del **jinicuil**; comestible.

jiote. ■ M. **1.** Lesión cutánea que se caracteriza por una disminución en la pigmentación. || **2.** supran. Enfermedad cutánea que se manifiesta con lesiones rojizas y prominentes, acompañadas de comezón y descamación. || **3.** supran. Lesión rojiza de esta enfermedad.

jiotoso, sa. ■ ADJ. supran. *Referido a alguien,* que tiene jiotes: "Llevamos al perro al veterinario porque estaba muy jiotoso".

jiotudo, da. ■ ADJ. **jiotoso, sa.**

jipatez. ■ F. supran. Condición del jipato.

jipato, ta. ■ ADJ. **1.** supran. *En Tabasco y Veracruz, referido a persona,* que tiene el semblante pálido y enfermizo: "Hay que llevar al niño al doctor, se ve muy jipato". || **2.** supran. *En Tabasco y Veracruz, referido a persona,* que tiene el semblante triste o acongojado: "Mi hija está muy jipata porque se murió su perro".

jipioso, sa. ■ ADJ. **1.** Que por su aspecto se percibe como jipi: "Compré un morral jipioso en la playa". || **2.** *Referido a persona,* que se comporta y viste como jipi: "Mi hijo jipioso usa pantalones rotos y morral". Ú.t.c.sust.: "Mi hijo es un jipioso, usa pantalones rotos y morral".

jipiteca. ■ ADJ. **1.** Jipi. || **2.** Perteneciente o relativo al movimiento jipi que incorpora elementos emblemáticos de las culturas indígenas: "Esta es una foto de mis tíos con atuendo jipiteca". || **3.** *Referido a persona,* partidaria del movimiento jipi que incorpora elementos emblemáticos de las culturas indígenas: "Los jóvenes jipitecas organizaron un taller de cultivo de hortalizas". ■ COM. **4.** Persona partidaria del movimiento jipi que incorpora elementos emblemáticos de las culturas indígenas: "Los jipitecas más organizados planearon un taller de cultivo de hortalizas".

jipiteco, ca. ■ ADJ. **1.** Jipi: "La cultura de los sesenta era muy jipiteca". || **2.** Perteneciente o relativo al movimiento jipi que incorpora elementos emblemáticos de las culturas indígenas: "Esta es una foto de mis tíos con atuendo jipiteco". || **3.** *Referido a persona,* partidaria del movimiento jipi que incorpora elementos emblemáticos de las culturas indígenas: "Los jóvenes jipitecos organizaron un taller de cultivo de hortalizas". Ú.t.c.sust.: "Los jipitecos organizaron un taller de cultivo de hortalizas".

jiquilite. ■ M. **1.** supran. Arbusto originario de América, de hasta 1 m de altura; hojas pinadas, alternas, de 11 a 17 foliolos, de elípticas a oblanceoladas, raramente obovadas, de hasta 3 cm de largo; flores de hasta 5 mm de largo, rojas; frutos legumbres oblongas, rollizas, marcadamente curvadas, de hasta 2 cm de largo, cortamente puntiagudas, cubiertas de pelillos; de tres a siete semillas, negras; uso como colorante. Familia de las fabáceas, *Indigofera suffruticosa.* (También se llama añil). || **2.** supran. Tinte que se obtiene al remojar en agua las hojas del **jiquilite**, cuyo líquido se filtra en una solución de cal y agua.

jiribilla. ■ F. **1.** Movimiento giratorio de un objeto lanzado. || **2.** Agudeza. || **3.** Intención oculta, generalmente negativa. || **4.** *En Sonora,* alegría lujuriosa. || **5.** *En Veracruz,* mentira. || **6.** supran. Inquietud.

jiricaya. ■ F. **jericalla.**

jirimico, ca. ■ ADJ. fam. *Referido a persona,* quejumbrosa: "Tu hija es jirimica porque está muy consentida". Ú.t.c.sust.: "Tu hija es una jirimica porque está muy consentida".

jirimiquear. ■ INTR. **1.** supran. fam. Quejarse por cualquier motivo: "Abel jirimiquea desde que llega a la oficina". || **2.** supran. fam. Lloriquear: "Ella jirimiqueó toda la noche por la mala noticia que recibió".

jirimiqueo. ■ M. **1.** supran. fam. Queja que se hace por cualquier motivo. || **2.** supran. fam. Lloriqueo.

jiriolo, la. ■ ADJ. **1.** *En el Norte, referido a persona,* contenta: "La niña anda muy jiriola porque le compraron dulces". || **2.** *En Coahuila, referido a persona,* coqueta: "El jefe es muy jiriolo, siempre anda muy arregladito". Ú.t.c. sust.: "El jefe es un jiriolo, siempre anda muy arregladito".

jitomatazo. ■ M. fam. Ofensa verbal con la que el auditorio reprueba a alguien en un acto público; abucheo.

jitomate. ■ M. **1.** Planta herbácea originaria de México, de hasta 1 m de altura; tallos semileñosos; hojas alternas, de hasta 25 cm de longitud, ápice puntiagudo, con margen de aserrado a ligeramente hendido; flores dispuestas en racimos cortos o alargados, a veces ramificados, amarillas; frutos carnosos, jugosos, globosos o alargados, de color rojo al madurar; semillas numerosas, más o menos circulares, aplanadas, amarillas. Familia de las solanáceas, *Lycopersicum esculentum.* (También se llama tomate, tomate rojo, xucúpara). || **2.** Fruto del **jitomate**; comestible.

jobo. ■ M. **1.** supran. Árbol originario de Centroamérica, de hasta 25 m de altura; troncos cortos, ramas gruesas, retorcidas y quebradizas, con corteza rugosa, de color gris plomo a oscuro verdoso; hojas alternas, compuestas de foliolos elípticos, de nueve a 25, insertos a uno y otro lado del peciolo, con borde ligeramente ondulado; flores púrpuras en racimos simples, pequeñas y de color rojo o rosado, cáliz diminuto con cinco lóbulos y cinco pétalos; frutos oblongos, carnosos, de color amarillo, naranja o rojo al madurar, cubiertos con una vellosidad blanca; una semilla; uso industrial y en la medicina tradicional. Familia de las anacardiáceas, *Spondias purpurea.* (También se llama ciruela de huesito, ciruela mexicana, ciruelo, cocota, jocote, xocote). || **2.** supran. Fruto del **jobo**; comestible; uso en licorería.

jocho. ■ M. fam. Comida que se prepara con un panecillo suave, alargado, caliente, abierto longitudinalmente y con una salchicha dentro, asada o cocida; se sirve normalmente con mayonesa, mostaza, cátsup y otros ingredientes; *hot dog.*

jocoatol. ■ M. **jocoatole.**

jocoatole. ■ M. Atole preparado con masa de maíz que se deja fermentar por uno o varios días, condimentado con sal y chile; se sirve con frijoles o cacao.

joconostle. ■ M. **1.** Planta arbustiva endémica de México, de hasta 3 m de altura; troncos bien definidos y con densa ramificación, según el estado de maduración, de color verde claro a verde glauco; cladodios obovados, de color mate o verde azulado pálido, recubiertos de una capa cerosa; areolas dispuestas de siete a nueve series, en forma de pera, glóquidas amarillas, cortas, dispuestas en la parte central de la areola; espinas blancas en toda la penca, de escasas a abundantes; flores amarillas, con pericarpelo obovado; frutos de globosos a elipsoides, con cicatriz floral hundida, según el estado de maduración con cáscara de color blanco, verde pálido o de verde a color amarillo, anaranjado, rosado o rojo, la pulpa muy ácida, ligeramente perfumada; los frutos no caen de las pencas cuando maduran, pudiendo quedar hasta varios meses sobre ellas, por lo que hay frutos durante todo el año; semillas rosadas y anguladas. Familia de las cactáceas, diversas variedades hortícolas de *Opuntia joconostle.* (También se llama xoconochtle, xoconoscle, xoconostle, xoconoxcle, xoconoxtle). || **2.** Fruto del **joconostle**; comestible; uso gastronómico y en la medicina tradicional. ■ LOC. **~ cenizo.** LOC. SUST. **joconostle verde.** ▶ **~ colorado.** LOC. SUST. **joconostle rojo.** ▶ **~ cuaresmeño.** LOC. SUST. **joconostle verde.** ▶ **~ rojo.** LOC. SUST. El que ya está maduro. ▷ ~ **rosa.** LOC. SUST. El que está semimaduro. ▷ ~ **rosa de Castilla.** LOC. SUST. **joconostle rosa.** ▷ ~ **sangre de toro.** LOC. SUST. **joconostle rojo.** ▷ ~ **verde.** LOC. SUST. El que está inmaduro.

jocoque. ■ M. Alimento a base de leche cuajada y fermentada, semejante al yogur.

jocotal. ■ M. supran. Terreno plantado de jocotes.

jocote. ■ M. **jobo.**

jocoyote, ta. ■ M. y F. fam. Hijo menor de una familia; xocoyote: "Jacinta ya no será la jocoyota, va a tener una hermana en abril".

jocuistle. ■ M. **1.** Hierba originaria de América, de hasta 1.5 m de altura, monoica; tallos inconspicuos; hojas simples, arrosetadas, lanceoladas, rígidas, envainadas, con envés pubescente, numerosas, con margen con espinas; flores hermafroditas, grandes y vistosas, con tres pétalos color lila, fusionados en la base, carnosos, estambres fusionados a la base de los pétalos, flores dispuestas en racimos, cubiertos por numerosas brácteas de color rojo brillante y verde pálido; frutos abayados, fusiformes, estrechos en la parte apical y basal, de blancos amarillentos a cafés oscuros; semillas numerosas, pequeñas; uso artesanal. Familia de las bromeliáceas, *Bromelia plumieri.* (También se llama aguama, guámara, mexocote, timbiriche, xococuistle). || **2.** Fruto del **jocuistle**; comestible.

joda. ■ F. malson. Maltrato excesivo de palabra o de hecho: "Me puso una joda por andar de malhablado". ■ LOC. **en ~.** LOC. ADV. malson. De manera apresurada y bajo presión; en chinga: "Trabajó en joda para la entrega del pedido".

jodedumbre. ■ F. **jodidez.**

joder. ■ TR. **1.** supran. malson. Derrotar a alguien; chingar: "Lo jodieron en las elecciones para diputados".

joderse. ■ INTR. PRNL. **2.** supran. malson. Fracasar; chingarse: "Ya me jodí, no pude terminar el seminario". || **3.** supran. malson. Esforzarse para lograr algo; chingarse: "Valentín se jode todo el día para sacar más dinero".

jodidez. ■ F. malson. Cualidad de lo jodido.

jodido, da. ■ ADJ. **1.** malson. Deteriorado: "Ese vestido ya está muy jodido para el baile". || **2.** supran. malson. Arruinado económicamente: "Mi compadre está muy jodido desde que perdió su negocio". Ú.t.c.sust.: "A ese jodido ya se le acabó la quincena". || **3.** supran. malson. *Referido a persona,* despreciable: "Qué jodido eres, mira que mentirle a tu hijo…". Ú.t.c.sust.: "Eres un jodido, mira que mentirle a tu hijo…". || **4.** supran. malson. *Referido a persona,* pobre. Ú.t.c.sust. || **5.** supran. malson. Propio de la persona **jodida**: "Tienes un trato muy jodido con tu hijo, mira que decirle esas mentiras…". ■ LOC. **de a jodido.** LOC. ADV. malson. Mínimamente: "Ojalá que de a jodido me paguen los viáticos".

jodinche. ■ ADJ. **1.** supran. malson. *Referido a persona,* que hostiga a los demás; jodón: "Los del banco son muy jodinches, no dejan de llamar por teléfono". || **2.** supran. malson. Propio de la persona **jodinche**: "Andas con una actitud muy jodinche cada que te levantas temprano". ■ COM. **3.** supran. malson. Persona que hostiga a los demás: "Las jodinches del banco son muy tercas, no dejan de llamar por teléfono".

joditivo, va. ■ ADJ. **jodón, na.**

jodón, na. ■ ADJ. **1.** supran. malson. *Referido a persona,* que hostiga a los demás: "Los del banco son muy jodones, no dejan de llamar por teléfono". Ú.t.c.sust.: "Los jodones del banco no dejan de llamar por teléfono". || **2.** supran. malson. Propio de la persona **jodona**: "El carácter jodón de Cecilia no la deja hacer amigos".

jojó. ■ M. *En el Sureste,* ave originaria de América, de hasta 44 cm de longitud; con parte superior de color verduzco, alas de color gris oscuro; coronilla y cresta verdes negruzcas; con pico negro y patas amarillas; habita en pequeñas zonas húmedas. Familia de los ardeidos del orden Pelecaniformes, *Butorides virescens.*

jolín, na. ■ ADJ. **jolino, na.**

jolino, na. ■ ADJ. **1.** fam. *Referido a animal,* que tiene el rabo más corto de lo normal en su especie o que no lo tiene: "Ese potrillo jolino no puede espantarse las moscas". || **2.** fam. *Referido a una prenda de vestir,* que es más corta de lo habitual: "La falda que mandé arreglar me quedó jolina".

jolochal. ■ M. *En el Sureste,* lugar donde se tira el joloche o la hoja que envuelve la mazorca del maíz.

J

joloche. ■ M. **1.** *En el Sureste*, hoja que envuelve la mazorca del maíz. || **2.** *En Tabasco*, dulce de camote, azúcar y diversas frutas envuelto en hoja de maíz. || **3.** *En Yucatán*, tamal de masa de maíz, manteca y carne de cerdo, jitomate y achiote, envuelto en hoja de elote y cocido al vapor.

jolochero, ra. ■ ADJ. **1.** *En el Sureste*, perteneciente o relativo al joloche: "Cuando fui a Tabasco, compré varias artesanías jolocheras". ■ M. y F. **2.** *En el Sureste*, persona que se dedica a recoger el joloche o la hoja que envuelve la mazorca del maíz. ■ M. **3.** **jolochal.**

jolote. ■ M. supran. *En Chiapas*, ave originaria de América, de hasta 1 m de altura, 1.3 m desde la punta del pico hasta el extremo de la cola, 2 m de envergadura y 20 kg de peso; tiene plumaje de color pardo verdoso con reflejos cobrizos y manchas blanquecinas en los extremos de las alas y de la cola, cabeza y cuello cubiertos de carúnculas rojas, así como la membrana eréctil que lleva encima del pico; tarsos negruzcos muy fuertes, dedos largos, y en el pecho un mechón de cerdas de 3 a 4 cm de longitud; la hembra es algo menor, pero semejante al macho en todo lo demás; en domesticidad, el ave ha disminuido de tamaño y ha cambiado el color del plumaje; hay variedades negras, rubias y blancas; comestible. Familia de los faisánidos del orden Galliformes, *Meleagris gallopavo*. (También se llama chompipe, chumpe, chumpipe, cócono, guajolote, güilo, huilo, pavo, pípilo, totol, totole, xolo).

jolotón. ■ M. **1.** *En el Occidente*, blusa blanca, con cuello de ojal, adornada en la unión de los hombros con una puntada de varios nudos de vuelta de cabo hecha con aguja fina; forma parte de la indumentaria femenina de ciertas comunidades indígenas. || **2.** *En el Occidente*, manto blanco, en forma de rectángulo doble, cerrado por tres de sus lados, dos de ellos con una abertura pequeña para sacar las manos, adornado con una puntada de varios nudos de vuelta de cabo hecha con aguja fina; se utiliza como rebozo y forma parte de la indumentaria femenina de ciertas comunidades indígenas.

jonote. ■ M. **1.** Árbol originario del noreste de México, de hasta 8 m de altura, monoico; tallos de corteza lisa, con coloración café; hojas opuestas, divididas en tres foliolos, de elípticos a ovados, glabros; flores hermafroditas, pequeñas, con tres o cuatro pétalos amarillentos, agrupadas en cortas panículas; frutos samaroides, trilobados y con tres alas evidentes, que se separan cada uno de los otros en la madurez; tres semillas, de elipsoides a subglobosas, negras. Familia de las rutáceas, *Helietta parvifolia*. (También se llama barreta, guayacán, palo blanco). || **2.** Árbol originario de México, de hasta 15 m de altura; tallos teretes, con densos pelos suaves y largos cuando jóvenes, de corteza grisácea a gris café; hojas simples, alternas, de elípticas a ovadas o acorazonadas, con margen aserrado, tomentuloso por el envés; flores hermafroditas, pequeñas, con cinco pétalos y sépalos violáceos o lilas, estambres numerosos, agrupadas en cimas axilares; frutos capsulares, pequeños, redondos, cubiertos por vellosidades de color gris o café. Familia de las malváceas, *Trichospermum mexicanum*. (También se llama algodoncillo, capulín, yaco). || **3.** Madera del **jonote**.

jonrón. ■ M. supran. *En el beisbol*, batazo que lanza la pelota fuera del campo y permite al bateador recorrer todas las bases hasta anotar una carrera.

jonronear. ■ INTR. supran. *En el beisbol*, batear un jonrón: "El jugador jonroneó tres veces en el partido".

jonronero, ra. ■ ADJ. **1.** supran. *En el beisbol*, perteneciente o relativo al jonrón: "Acaban de batir la marca jonronera". || **2.** supran. *En el beisbol, referido a persona o equipo*, que logra muchos jonrones: "El nuevo jugador es muy jonronero, ganó el campeonato de bateo". Ú.t.c.sust.: "El jonronero ganó el campeonato de bateo".

jonuco. ■ M. **1.** fam. Espacio donde se guardan cosas, generalmente el que está debajo de la escalera de una casa. || **2.** fam. Vivienda muy pequeña. || **3.** *En Chihuahua*, tienda pequeña. || **4.** *En Jalisco*, habitación humilde y pequeña.

jornadas. ■ F. PL. *En el Norte*, extensión grande de terreno, árido y con poca vegetación.

joronche. ■ ADJ. **1.** fam. *Referido a persona*, que tiene joroba: "Luis es un muchacho joronche a su corta edad". ■ COM. **2.** fam. Persona que tiene joroba: "Mariana ya es una joronche a su corta edad".

jorongo. ■ M. Prenda de abrigo de lana o algodón, con diversos largos, generalmente de colores vivos y con abertura en el centro para introducir la cabeza.

josco, ca. ■ ADJ. supran. rur. *Referido al ganado vacuno*, de color rojo negruzco: "Separa los becerros joscos para vacunarlos de una vez".

jota. ■ ADJ. **1.** *Entre homosexuales, referido a un hombre*, afeminado. ■ F. **2.** *Entre homosexuales*, hombre afeminado.

jotería. ■ F. **1.** fam. Objeto cuya función es menos importante que su valor ornamental, de manera que puede llegar a percibirse como ridículo o cursi. || **2.** despect. Acción o expresión propias de un hombre homosexual amanerado.

jotingas. ■ ADJ. **1.** despect. *Referido a persona*, cobarde: "Me vi muy jotingas por no meterme al mar abierto". || **2.** despect. *Referido a un hombre*, homosexual. || **3.** despect. *Referido a un hombre homosexual*, afeminado. ■ M. **4.** despect. Hombre homosexual: "Él es un jotingas y tiene un novio muy guapo". || **5.** despect. Hombre homosexual afeminado: "Él es un jotingas y le gusta maquillarse". ■ F. **6.** *Entre homosexuales*, hombre homosexual: "Él es una jotingas y tiene un novio muy guapo". || **7.** *Entre homosexuales*, hombre homosexual afeminado: "Él es una jotingas y le gusta maquillarse". ■ COM. **8.** despect. Persona cobarde: "Ella es una jotingas por no meterse al mar abierto".

joto. ■ ADJ. **1.** despect. *Referido a un hombre homosexual*, afeminado. Ú.t.c.sust. || **2.** supran. despect. *Referido a un hombre*, homosexual. Ú.t.c.sust.

joto, ta. ■ ADJ. **1.** fam. *Referido a algo*, cursi o ridículo: "Está muy joto ese peluche que le compraste". || **2.** supran. despect. *Referido a persona*, cobarde: "Fui muy jota porque no quise lanzarme ayer del paracaídas". Ú.t.c. sust.: "Soy una jota por no lanzarme ayer del paracaídas".

jotolón. ■ ADJ. **joto.**

jotolón, na. ■ ADJ. **joto, ta.**

joven. ■ M. supran. Hombre de cualquier edad que presta un servicio, generalmente en establecimientos comerciales: "Joven, ¿me trae la cuenta, por favor?".

joy. ■ M. fam. Fórmula de tratamiento entre amigos hombres: "Oye, joy, ¿cómo vas en la chamba?".

joyote. ■ M. **1.** Árbol originario de México, de hasta 6 m de altura; tallos con corteza de aspecto ceniciento, con huellas manifiestas de las hojas que se han caído; hojas simples, alternas, linear-lanceoladas; flores hermafroditas, grandes y vistosas, en forma de embudo, amarillas, agrupadas en cimas terminales o axilares; frutos drupáceos, subglobosos, negros al madurar, con pequeños puntos blancos; semillas aladas, blanquecinas. Familia de las apocináceas, *Cascabela thevetioides*. (También se llama ayoyote, chachayote, chachayotl, codo de fraile, gorro de obispo, huesos de fraile, narciso amarillo, venenillo, yoyote, yucucaca). || **2.** Fruto del **joyote**; uso artesanal, ornamental y en la medicina tradicional. || **3.** Prenda de adorno hecha con los huesos huecos del fruto del **joyote** unidos a una base de piel o tela; se usa amarrada en los tobillos o en las muñecas de los danzantes o de los músicos.

juacané. ■ M. *En Chiapas*, tamal de masa de maíz y manteca de cerdo con pasta de frijoles, pepita de calabaza, cabezas de camarón con yerbasanta, envuelto en hoja de maíz y cocido al vapor.

juan. ■ M. *En lugares con presencia militar*, soldado.

juana. ■ F. **1.** *En lugares con presencia militar*, soldadera. || **2.** *En lugares con presencia militar*, mujer del soldado. || **3.** supran. fest. Mariguana. ■ EXPR. **ni Juana ni Chana.** fam. Se usa para negar enfáticamente las dos alternativas de una elección: "—¿Quieres acelgas o espinacas? —Ni Juana ni Chana, no me gusta ninguna".

juanada. ■ F. *En lugares con presencia militar*, conjunto de juanes o soldados.

juanita. ■ F. Hierba o arbusto originario de América, de hasta 60 cm de altura, monoico; tallos simples o ramificados, erectos, delgados, cenicientos por la presencia de pelos estrellados, densos; hojas alternas, simples, lanceoladas u oblanceoladas, tomentosas por ambas caras, lo que les da una apariencia blanquecina o grisácea; flores de cinco pétalos amarillos, dispuestas en cimas o racimos terminales, en glomérulos solitarios; frutos capsulares, redondeados y lisos, de apertura en tres valvas, los de las flores cleistógamas ligeramente más pequeños. Familia de las cistáceas, *Helianthemum glomeratum*. (También se llama cenicillo amarillo, cilantrillo del monte, damiana, flor del golpe, hierba de la gallina).

juarismo. ■ M. Corriente de pensamiento político liberal laicista, encabezada por Benito Juárez, presidente de México de 1858 a 1872 y promotor de las reformas juaristas y de la Constitución de 1857.

juarista. ■ ADJ. **1.** Perteneciente o relativo al político mexicano Benito Juárez: "Las leyes juaristas son pilar de la historia del país". || **2.** Perteneciente o relativo al juarismo: "Las nuevas leyes tienen un espíritu juarista". || **3.** *Referido a persona,* partidaria o militante del juarismo: "Los gobernantes juaristas defienden la educación laica". ■ COM. **4.** Persona partidaria o militante del juarismo: "Los juaristas más comprometidos defienden la educación laica".

jubilosa. ■ F. despect. Prostituta.

juco. ■ M. Hierba de distribución cosmopolita, de hasta 8 m de altura, monoica; tallos sin ramificar, erectos y huecos; hojas alternas, enteras, acuminadas, envainantes en la base de hasta 50 cm, glabras; flores hermafroditas, masculinas o estériles, diminutas, sin pétalos, de color café pálido a purpúreo, rodeadas de sedosos pelos blancos, dispuestas en espiguillas de tres a siete flores, las basales masculinas o estériles, y a su vez en largas espigas; frutos cariópsides, cilíndricos, diminutos, cafés; hojas y raíces, comestibles; tallos, uso industrial. Familia de las gramíneas, *Phragmites australis*. (También se llama carrizo, picuaremo, zongón).

juda. Véase **judicial.**

judas. ■ F. **1.** despect. Cuerpo de policía de investigación que viste de civil. ■ COM. **2.** despect. Miembro de este cuerpo de policía: "Los judas fueron los primeros en llegar al lugar de los hechos". || **3.** despect. Persona que tiene un interés desmedido por el dinero: "A tu tía, la judas de la familia, solo le importa la herencia".

judicial. ■ F. **1.** supran. Cuerpo de policía de investigación que viste de civil. ■ COM. **2.** supran. Miembro de este cuerpo de policía: "Los judiciales fueron los primeros en llegar al lugar de los hechos".

judío, a. ■ ADJ. **1.** *Referido a persona, generalmente a un niño,* muy traviesa. Ú.t.c.sust. ■ M. y F. **2.** despect. Miembro del cuerpo de policía de investigación que viste de civil; judicial. ■ M. **3.** Aguardiente puro.

juego. ■ LOC. **~ de la cebolla.** LOC. SUST. El de niños que consiste en sentarse en el suelo formando una fila, muy juntos, abriendo las piernas y abrazando al que está enfrente; otro niño tira del que está sentado hasta delante e intenta soltarlo de la fila; cebollitas. ▷ **~ mecánico.** LOC. SUST. El que se destina a la diversión, que generalmente se instala en ferias y parques.

juez. ■ LOC. **~ de plaza.** LOC. SUST. supran. El que preside una corrida de toros: "El juez de plaza otorgó dos orejas".

jugar. ■ LOC. **~ a las ensartadas.** LOC. VERB. vulg. Practicar el coito. ▷ **~ al balero.** LOC. VERB. **jugar a las ensartadas.** ▷ **~ (a las) luchitas.** LOC. VERB. **jugar (a las) vencidas.** ▷ **~ rudo.** LOC. VERB. fam. Actuar alguien deshonestamente o de manera traicionera: "A él no le importa jugar rudo con tal de conseguir lo que quiere". ▷ **~ (a las) vencidas.** LOC. VERB. Competir dos personas, tomándose de una mano y apoyando el codo en un lugar firme; gana quien tiene más fuerza en el pulso y logra abatir el brazo del contrario: "Ya me duele el brazo por jugar vencidas". ■ INTERJ. **¡juega!** supran. fam. Se usa para expresar afirmación o confirmación; sí: "—¿Vamos al cine? —¡Juega!".

jugo. ■ M. **1.** Líquido que se extrae de frutas y verduras para su consumo. || **2.** rur. Humedad de la tierra preparada para la siembra. ■ LOC. **en su ~.** LOC. ADJ. **1.** fam. Sudado: "Mi hijo estaba en su jugo después del partido". || **2.** fam. A gusto: "Aurora está en su jugo en el nuevo trabajo".

juguería. ■ F. supran. Establecimiento donde se preparan, consumen y venden jugos de frutas o de verduras.

juguete. ■ LOC. **de ~.** LOC. ADJ. **1.** *Referido a algo,* que es una imitación de mala calidad; chafa: "Me compré unos lentes para el sol de juguete en el mercado". || **2.** *Referido a algo,* que es frágil: "Este teléfono es carísimo, pero resultó ser de juguete".

juguetear. ■ TR. *En Chiapas*, desperdiciar: "No juguetees el agua".

juicio. ■ LOC. **~ de amparo.** LOC. SUST. supran. *En lenguaje jurídico*, el que interpone alguien para evitar violaciones a sus garantías por parte de una autoridad: "El abogado interpuso un juicio de amparo para su cliente".

juida. ■ F. pop. Hecho de irse a vivir con el novio sin casarse: "Empezamos a tener problemas después de la juida".

juilón, na. ■ ADJ. fam. *En el Sureste, referido a persona*, cobarde: "No seas juilón, acompáñame a ver esa película de terror". Ú.t.c. sust.: "Eres una juilona porque no me quieres acompañar a ver esa película de terror".

juirse. ■ INTR. PRNL. pop. Irse a vivir con el novio sin casarse: "Mi prima se juyó el mes pasado".

julia. ■ F. fam. Vehículo que emplea la policía para el traslado de presuntos delincuentes.

jumatada. ■ F. **jumatazo.**

jumatazo. ■ M. rur. Cantidad de líquido que cabe en un jumate.

jumate. ■ M. **1.** rur. Especie de recipiente que sirve para contener líquidos o sólidos, elaborado con la cáscara seca de una calabaza. || **2.** rur. Gesto facial con que se manifiesta tristeza o malestar, que generalmente precede al llanto; puchero.

jumatear. ■ TR. rur. Pasar un líquido de un recipiente a otro con el fin de enfriarlo; trasvasar: "Jumatea la leche para que el niño se la pueda tomar".

jumatero, ra. ■ M. y F. rur. Persona que se dedica a fabricar o a vender jumates.

jumil. ■ M. Insecto originario de América, de hasta 12 mm de longitud; con cuerpo parecido a una chinche, de color verde o pardo; comestible. Familia de los pentatómidos del orden Hemiptera, varias especies del género *Euschistus*. (También se llama xumil).

jumper. [*yómper*] ■ M. supran. Prenda de vestir femenina sin cuello ni mangas, a manera de vestido holgado, que se usa sobre una blusa o playera.

junco. ■ M. Hierba originaria de México y Centroamérica, de hasta 4 m de altura; tallos trepadores, ascendentes, pronto péndulos, verdes o rojizos, cilíndricos y apostillados, costillas con margen crenado; espinas pequeñas arregladas en grupos compactos (areolas) aciculares, divergentes, espinas tiesas, amarillas claras; flores hermafroditas, vistosas, tubulares, con múltiples pétalos, los externos angostamente lanceados, de color rojo a pardo rojizo, los internos linear-lanceolados, rojos; frutos abayados, oblongos, verdes oscuros, cubiertos de espinas rígidas, amarillas claras; semillas diminutas; uso ornamental. Familia de las cactáceas, *Heliocereus schrankii*. (También se llama nopalillo, texcaxóchitl). ■ LOC. **~ espinoso.** LOC. SUST. Cactus originario de México, de hasta 3 m de altura, monoico; tallos numerosos, con hasta 11 costillas, de color verde, espinas en grupos de hasta diez; flores hermafroditas, vistosas, olorosas, que abren en la noche, de hasta 30 cm de altura, con numerosos tépalos de color blanco a rosado, estambres numerosos, blancos; frutos abayados, de piriformes a globosos, con escamas basales, espinosos, de color rojo a rosado; semillas numerosas, ovoides, negras. Familia de las cactáceas, *Nyctocereus castellanosii*. (También se llama gigante, reina de la noche).

junior. [*yúnior*] ■ COM. Hijo de familia adinerada que ostenta sus privilegios: "Eva es una *junior*, tiene coches muy lujosos".

junquillo. ■ M. Cactus epífito originario de México, actualmente cultivado en muchos países, de hasta 1 m de altura, monoico; tallos ramificados, cilíndricos, colgantes, con numerosas y pequeñas espinas; flores hermafroditas, vistosas, tubulares, con numerosos tépalos de color rosa a rojo, solitarias; frutos abayados, elipsoides, rojos; semillas diminutas, numerosas, amarillas. Familia de las cactáceas, *Disocactus flagelliformis*. (También se llama cactus cola de rata, cactus junco, flor de látigo, floricuerno, nopalillo).

jura. ■ F. **1.** supran. despect. Cuerpo de policía. ■ COM. **2.** supran. despect. Miembro del cuerpo de policía: "Los juras fueron los primeros en llegar al lugar de los hechos".

jurado, da. ■ ADJ. *Referido a persona*, que ha prometido ante algún santo o virgen abstenerse de algo, especialmente del consumo de alcohol o de estupefacientes: "La tía Plácida lleva un año jurada".

J

juramentero, ra. ■ ADJ. *En el Noroeste, referido a persona,* que realiza muchos juramentos que luego no cumple: "Es muy juramentero, por eso ya no creo en sus promesas". Ú.t.c. sust.: "Es un juramentero, por eso ya no creo en sus promesas".

jurar. ■ INTR. Prometer ante un santo o una virgen que se dejará de consumir alcohol o estupefacientes por un periodo determinado: "La tía Plácida juró ayer en la basílica".

jurgoneada. ■ F. supran. fam. Hurgamiento.

jurgonear. ■ TR. **1.** fam. Pasar algo de un lugar a otro: "Al ordenar mi mesa de trabajo, mi mamá jurgoneó todos mis cuadernos". || **2.** supran. fam. Revolver cosas en el interior de algo; hurgar: "Violeta jurgoneó su bolsa y sacó cinco monedas".

juria. ■ F. **1.** Conjunto de monedas que el padrino de un bautizo regala a los niños asistentes, generalmente arrojándolas al aire; bolo. || **2.** fam. Cuerpo de policía. ■ COM. **3.** fam. Miembro del cuerpo de policía: "Hay muchos jurias nuevos haciendo rondines en este barrio ".

justofué. ■ M. Ave originaria de América, de hasta 25 cm de longitud; con plumaje amarillo intenso en pecho y abdomen; garganta de color blanco, dorso de color café verdoso con dos franjas blancas a modo de cejas; se alimenta principalmente de insectos. Familia de los tiránidos del orden Passeriformes, *Pitangus sulphuratus.* (También se llama bienteveo, chalangandina, chepitofué, comechile, cristofué, luis bienteveo).

jutamo. ■ M. *En el Noroeste,* árbol originario de América, de hasta 20 m de altura; tallos erectos, ramificados en la parte superior, de color grisáceo; hojas alternas, ovado-deltadas, enteras o ligeramente trilobuladas, con margen entero; flores hermafroditas y masculinas, pequeñas, tépalos libres, dos de ellos de mayor tamaño, blancos, dispuestos en inflorescencias dicotómicas; frutos samaroides, péndulos, ovoides, con dos alas formadas por los tépalos. Familia de las hernandiáceas, *Gyrocarpus americanus.* (También se llama sanfelipe, volador).

juzgar. ■ TR. supran. fam. Espiar a alguien con disimulo: "El tendero juzgaba a los clientes desde la cámara escondida".

juzgón, na. ■ ADJ. supran. fam. *Referido a persona,* que es aficionada a espiar o husmear a los demás: "No seas tan juzgón, deja de meterte en mi vida". Ú.t.c.sust.: "Eres un juzgón, deja de meterte en mi vida".

K

kabax. [*kabásh*] ■ ADJ. **1.** *En el Sureste,* simplón: "Esa nueva novela resultó muy kabax". ■ M. **2.** *En el Sureste,* frijol cocido con epazote y ajo.

kakik. ■ M. supran. *En el Sureste,* guiso caldoso hecho de pavo con chile.

kambul. ■ M. Ave de distribución en el sur de México, Centroamérica y Sudamérica, de hasta 90 cm de longitud; con dimorfismo sexual; los machos presentan una protuberancia de color amarillo en el pico, plumaje negro brillante, vientre blanco y patas grisáceas; las hembras tienen tres morfos, uno con cabeza y cuello blancos con listas, otro con cabeza negra y plumaje castaño rojizo, y uno más con cabeza negra y plumaje pardo oscuro; todos con cola rufa, rayas blancas, pico amarillo y patas claras. Familia de los crácidos del orden Galliformes, *Crax rubra.* (También se llama faisán real, hoco, hocofaisán, pajuil, pavón, pavón norteño).

kamia. Véase **kumiai.**

kancab. ■ M. *En el Sureste,* barro lodoso y pegajoso, abundante en tierras calcáreas.

kancabear. ■ TR. *En el Sureste,* enlodar: "Marcela kancabeó sus zapatos".

kanjobal. ■ ADJ. **1.** supran. Perteneciente o relativo al **kanjobal**: "El tamal kanjobal está relleno de pollo". || **2.** supran. Natural o procedente del grupo étnico **kanjobal**: "La población kanjobal es bilingüe, habla su lengua y el español". ■ M. **3.** supran. Grupo étnico establecido en varios municipios de los estados de Chiapas y Campeche, México, y en Guatemala. || **4.** supran. Lengua maya del subgrupo lingüístico kanjobaleano. ■ COM. **5.** supran. Persona natural o procedente del grupo étnico **kanjobal**: "Los kanjobales viven en el pueblo vecino".

kanjobaleano, na. ■ ADJ. **1.** supran. Perteneciente o relativo al **kanjobaleano**: "El grupo kanjobaleano ha sido dividido algunas veces en dos ramas: la chujeana y la kanjobaleana". ■ M. **2.** supran. Grupo étnico histórico que dio origen a los kanjobales, a los acatecos y a los jacaltecos, entre otros. || **3.** supran. Conjunto de grupos étnicos, como los kanjobales, los acatecos, los jacaltecos, entre otros; establecidos principalmente en los estados de Campeche, Chiapas y Quintana Roo, México, y en Guatemala. || **4.** supran. Lengua reconstruida que históricamente dio origen al kanjobal, al acateco y al jacalteco. || **5.** supran. Grupo o familia de lenguas mayas que incluye al kanjobal, al acateco y al jacalteco, entre otras.

kankab. ■ M. **kancab.**

kaqchikel. [*kakchikél*] ■ ADJ. **1.** supran. Perteneciente o relativo al **kaqchikel**; cakchiquel: "Los cotones kaqchikeles están elaborados de lana de oveja". || **2.** supran. Natural o procedente del grupo étnico **kaqchikel**; cakchiquel: "El hombre kaqchikel viste un cotón de lana de oveja". ■ M. **3.** supran. Grupo étnico establecido en los estados de Campeche y Quintana Roo, México, y en Guatemala; cakchiquel. || **4.** supran. Lengua maya del subgrupo lingüístico quicheano; cakchiquel. ■ COM. **5.** supran. Persona natural o procedente del grupo étnico **kaqchikel**; cakchiquel: "La kaqchikel preparó tamales de masa de maíz".

kekchí. ■ ADJ. **1.** supran. Perteneciente o relativo al **kekchí**; quekchí: "Los escritos kekchí poseen información sobre la época colonial". || **2.** supran. Natural o perteneciente del grupo étnico **kekchí**; quekchí: "El pueblo kekchí basa su identidad en la relación que tiene con la tierra". ■ M. **3.** supran. Grupo étnico establecido en los estados de Campeche y Quintana Roo, México, y en Guatemala; quekchí. || **4.** supran. Lengua maya del subgrupo lingüístico quicheano; quekchí. ■ COM. **5.** supran. Persona natural o procedente del grupo étnico **kekchí**; quekchí: "Los kekchí basan su identidad en la relación que tienen con la tierra".

kickapoo. [*kikapú*] Véase **kikapú.**

kikapú. ■ ADJ. **1.** Perteneciente o relativo al **kikapú**: "El pueblo kikapú se dedica a la recolección de chile piquín y nueces". || **2.** Natural o procedente del grupo étnico **kikapú**: "La mujer kikapú curte la piel de venado para la elaboración de ropa". ■ M. **3.** Grupo étnico establecido en el estado de Coahuila, México, y en Estados Unidos de América. || **4.** Lengua algonquina del subgrupo lingüístico fox. ■ COM. **5.** Persona natural o procedente del grupo étnico **kikapú**: "La kikapú curte la piel de venado para la elaboración de ropa".

kiliwa. ■ ADJ. **1.** Perteneciente o relativo al **kiliwa**: "La población kiliwa ha disminuido notablemente en los últimos años". || **2.** Natural o procedente del grupo étnico **kiliwa**: "El abuelito kiliwa trajo muy buena miel". ■ M. **3.** Grupo étnico establecido en el estado de Baja California. || **4.** Lengua cochimí-yumana del subgrupo lingüístico **kiliwa**. ■ COM. **5.** Persona natural o procedente del grupo étnico **kiliwa**: "El kiliwa trajo muy buena miel".

kilo. ■ LOC. **kilos y kilos.** LOC. ADJ. Numeroso, abundante o intenso; mucho: "En la escuela nos dejaron kilos y kilos de ejercicios para mañana". ▶ **por kilos.** LOC. ADV. En grandes cantidades: "La gente llegó por kilos a la reunión del partido".

kimosabi. ■ INTERJ. fam. Pospuesto a una forma de primera persona plural, se usa como pregunta irónica para negar una afirmación previa: "—Nos quedó muy limpia la casa. —¿Nos quedó, kimosabi?".

kinkajú. ■ M. supran. Mamífero originario de América, de hasta 60 cm de longitud; con cuerpo robusto y piernas cortas; dorso de color pardo dorado; cabeza redondeada; ojos grandes y redondos; hocico corto; cola larga y prensil; nocturno; comestible. Familia de los prociónidos del orden Carnivora, *Potos flavus*. (También se llama martucha, oso melero, perro de monte).

kinkis. ■ INTERJ. **¡kinkis!** fam. *En Chihuahua*, se usa para pedirle a alguien que haga una pausa en lo que está haciendo: "¡Kinkis!, no entendí eso último que dijiste, repítemelo".

klica. ■ F. **1.** fam. *En el Noroeste*, grupo de amigos; clica. || **2.** supran. jerg. Cada uno de los subgrupos organizados, principalmente de jóvenes, que forman una pandilla; clica.

klinera. ■ F. supran. Caja pequeña, decorativa, que sirve para cubrir o presentar el empaque de los pañuelos desechables.

kodzito. ■ M. *En Yucatán*, comida que se prepara con una tortilla de maíz enrollada y frita, que puede estar rellena de carne o algún otro alimento, bañada en una salsa espesa de jitomate y espolvoreada con queso sopero.

kol. ■ M. *En Yucatán*, salsa hecha con el caldo que se obtiene de cocer carne de pavo, manteca de puerco, vinagre y harina o masa de maíz para que espese, con que se preparan algunos platillos típicos.

kola. ■ LOC. **~ loka.** (De Kola Loka®). LOC. SUST. **kolaloka.**

kolaloka. (De Kola Loka®). ■ AMB. Pegamento instantáneo.

komóh. [*komój*] ■ ADJ. fam. *En Yucatán*, fétido: "La basura ya está muy komóh".

kótex. (De Kotex®). ■ AMB. supran. Toalla higiénica femenina.

ku'ahl. [*kuál*] ■ ADJ. **1.** Perteneciente o relativo al **ku'ahl**: "La cultura ku'ahl está en peligro de desaparecer". || **2.** Natural o procedente del grupo étnico **ku'ahl**: "El hombre ku'ahl también se dedica a la cerámica, como el paipai". ■ M. **3.** Grupo étnico establecido en la comunidad indígena de Santa Catarina en el municipio de Ensenada, en el estado de Baja California. || **4.** Lengua cochimí-yumana del subgrupo lingüístico pai. ■ COM. **5.** Persona natural o procedente del grupo étnico **ku'ahl**: "El ku'ahl también se dedica a la cerámica, como el paipai".

kumiai. ■ ADJ. **1.** Perteneciente o relativo al **kumiai**: "La cestería kumiai está hecha de junco y de sauce". || **2.** Natural o procedente del grupo étnico **kumiai**: "Los ancestros kumiais elaboraron pinturas rupestres en colores rojo, anaranjado y negro". ■ M. **3.** Grupo étnico establecido en los municipios de Ensenada, Tecate y Playas de Rosarito, en el estado de Baja California. || **4.** Lengua cochimí-yumana del subgrupo lingüístico delta-California. ■ COM. **5.** Persona natural o procedente del grupo étnico **kumiai**: "Los kumiais antiguos elaboraron pinturas rupestres en colores rojo, anaranjado y negro".

L

lábaro. ■ LOC. **~ patrio.** LOC. SUST. supran. Bandera nacional: "Los niños rinden honores al lábaro patrio los lunes".

labial. ■ M. Cosmético que se usa para pintar los labios, generalmente en forma de barra; lápiz labial.

labioso, sa. ■ ADJ. **1.** supran. *Referido a persona*, que tiene mucha labia o habilidad para hablar con gracia: "El candidato labioso convenció a todos con su proyecto". Ú.t.c.sust.: "El candidato resultó ser un labioso, por eso convenció con su proyecto". || **2.** supran. *Referido a persona*, aduladora y mentirosa: "Eres muy labiosa con tus jefes y por eso te ascendieron". Ú.t.c.sust.: "Eres una labiosa con tus jefes y por eso te ascendieron".

laboratorista. ■ COM. **1.** supran. Profesionista que realiza análisis clínicos: "Necesitan a un laboratorista nuevo en el hospital". || **2.** supran. Especialista en el trabajo de laboratorio de algunas ciencias: "Luisa es una laboratorista en el departamento de bacteriología".

laborista. ■ ADJ. **1.** *Referido a un profesionista*, dedicado a la atención de los empleados: "Nuestra empresa consultó a una abogada laborista". ■ COM. **2.** Profesionista dedicado a la atención de los empleados: "Nuestra empresa consultó a un laborista experto y reconocido".

labrador, ra. ■ M. y F. **1.** supran. *En el Sureste*, persona que se dedica a sacar la corteza de los árboles cortados, y a dejarlos listos para su transportación. || **2.** supran. *En el Sureste*, persona que por oficio esculpe madera.

lacandón, na. ■ ADJ. **1.** Perteneciente o relativo al **lacandón**: "Los collares lacandones son coloridos y hechos de semillas". || **2.** Natural o procedente del grupo étnico **lacandón**: "Las niñas lacandonas visten túnicas blancas". Ú.t.c.sust.: "Las lacandonas visten túnicas blancas". ■ M. **3.** Grupo étnico establecido en el estado de Chiapas. || **4.** Lengua maya del subgrupo lingüístico yucateco-lacandón.

laceada. ■ F. **1.** supran. rur. Sujeción de un animal lanzando un lazo. || **2.** supran. rur. Hecho de propinar una serie de golpes con un lazo o una cuerda.

lacear. ■ TR. **1.** supran. rur. Sujetar a un animal lanzando un lazo: "El vaquero laceó a ese caballo para que no se escapara". || **2.** supran. rur. Propinar una serie de golpes con un lazo o una cuerda: "Los pastores lacean a las ovejas para que caminen rápido".

lacra. ■ ADJ. **1.** despect. *Referido a persona*, abusiva: "Él es bien lacra, siempre se cuela en las filas". || **2.** supran. despect. *Referido a persona*, que delinque: "Ese tipo es muy lacra, me robó el celular". ■ F. **3.** despect. Persona abusiva: "Él es una lacra, siempre se cuela en las filas". || **4.** supran. despect. Persona que delinque: "Ese tipo es una lacra, me robó el celular". ■ COM. **5.** supran. despect. Persona abusiva: "Él es un lacra, siempre se cuela en las filas". || **6.** supran. despect. Persona que delinque: "Esa tipa es una lacra, me robó el celular".

ladea. ■ F. rur. Limpieza de hierbas y maleza de un campo sembrado.

ladilla. ■ ADJ. **1.** supran. fam. *Referido a persona*, que causa mucho fastidio o molestia: "Él es muy ladilla, no te deja ni un momento en paz". ■ F. **2.** supran. fam. Persona que causa mucho fastidio o molestia: "Él es una ladilla, no te deja ni un momento en paz". ■ COM. **3.** supran. fam. Persona que causa mucho fastidio o molestia: "Él es un ladilla, no te deja ni un momento en paz".

ladillento, ta. ■ ADJ. **1.** *Referido a alguien*, que está infestado de ladillas: "Saca de la casa a tu perro ladillento". || **2.** supran. fam. *Referido a persona*, que causa mucho fastidio o molestia; ladilla: "Él es muy ladillento, no te deja ni un momento en paz". Ú.t.c.sust. "Él es un ladillento, no te deja ni un momento en paz".

ladilloso, sa. ■ ADJ. **ladillento, ta.**

ladinización. ■ F. supran. Proceso mediante el cual un indígena adquiere usos y costumbres propios de los mestizos.

ladinizar. ■ TR. supran. Hacer que un indígena o una comunidad adquiera usos y costumbres propios de los mestizos.

ladino, na. ■ ADJ. **1.** rur. *Referido a un animal, generalmente vacuno*, salvaje: "Mi abuelo laza toros ladinos". || **2.** *En Guanajuato, referido a la voz*, aguda y de intención quejumbrosa: "Su tonadita ladina me molesta". || **3.** supran. Indígena que ha adquirido los usos y costumbres propios de los mestizos: "Se fue a la ciudad hace años y regresó siendo un indio ladino". Ú.t.c.sust.: "Se fue a la ciudad hace años y regresó siendo un ladino".

ladrería. ■ F. **ladrerío.**

ladrerío. ■ M. supran. Sonido reiterado de ladridos.

ladrillera. ■ F. Fábrica de ladrillos o piezas de barro cocidas para la construcción.

ladrillo. ■ M. **1.** *En Aguascalientes*, pan dulce rectangular, plano y grueso, que se elabora con masa de harina de trigo quebrada y crujiente, sobrantes de pan y manteca abundante, horneado hasta alcanzar una consistencia semidura. Ú.m.e.dim. || **2.** supran. fest. Objeto muy grande respecto a otros de su misma especie, generalmente un libro.

ladrón, na. ■ LOC. **~ de cuello blanco.** LOC. SUST. supran. Persona de posición económica y social destacada que comete delitos financieros: "La película era sobre una ladrona de cuello blanco que engañaba a todos".

ladrónde. (Juego de palabras entre ladrón y dónde). ■ ADV. supran. fest. Se usa para preguntar con ironía la procedencia de un objeto, generalmente lujoso, sobre el que se sospecha un origen ilícito: "¿Y ese reloj ladrónde lo sacaste?".

lagaña. ■ LOC. **~ de perro.** LOC. SUST. Arbusto originario de Sudamérica, de hasta 3 m de altura, monoico; tallos con ramas pubescentes y glandulosas; hojas alternas, compuestas, bipinadas, papiráceas, de siete a 13 pares de foliolos por pina, opuestos, de oblongos a elípticos, con glándulas marginales; flores hermafroditas, grandes y vistosas, amarillas, estambres y estilo de color rojo, agrupadas en racimos terminales piramidales; frutos en vainas lineares, comprimidos, pubescentes, dehiscentes; seis semillas, comprimidas, cafés; uso ornamental. Familia de las leguminosas, *Caesalpinia gilliesii*. (También se llama barba de chivo).

lagartear. ■ INTR. **1.** Cazar lagartos o cocodrilos: "Mi abuelo lagarteó durante mucho tiempo antes de que lo prohibieran". || **2.** Emplear todo tipo de artimañas para seducir a alguien; zorrear.

lagartija. ■ F. **1.** vulg. Coito. || **2.** supran. Ejercicio para fortalecer los brazos que consiste en subir y bajar el cuerpo de manera horizontal, apoyando las palmas de las manos y las puntas de los pies en el suelo, de modo similar a una lagartija. Ú.m.e.pl. || **3.** supran. fam. Persona muy delgada.

lagarto. ■ M. **1.** supran. Nombre genérico que se da a las especies de origen americano de la familia de los crocodílidos del orden Crocodilia. || **2.** supran. Reptil originario de América, de hasta 7.5 m de longitud; con cuerpo típico de un cocodrilo; cabeza estrecha y larga; hocico largo y angosto; tabiques longitudinales frente a los ojos. Familia de los crocodílidos del orden Crocodilia,

Crocodylus acutus, *Crocodylus moreletii*, *Caiman crocodilus fuscus*. ■ LOC. **~ de chaquira.** LOC. SUST. Saurio originario de México, de hasta 90 cm de longitud; con cuerpo cilíndrico; piel negra, con pequeñas manchas amarillas o naranjas y recubierta de escamas granulares y pequeñas; venenoso. Familia de los helodermátidos del orden Squamata, *Heloderma horridum*. (También se llama escorpión, lagarto de cuentas, lagarto enchaquirado, temacuil). ▷ **~ de cuentas.** LOC. SUST. **lagarto de chaquira.** ▷ **~ enchaquirado.** LOC. SUST. **lagarto de chaquira.**

lágrima. ■ LOC. **~ de san Pedro.** LOC. SUST. supran. Hierba originaria de Asia, de hasta 1 m de altura, monoica; tallos erectos; hojas de lineares a lanceoladas, con base cordada, con margen entero, membranáceas; flores unisexuales, diminutas, las femeninas y masculinas agrupadas en racimos distintos; frutos cariópsides, globosos, de blanquecinos a morados; uso artesanal. Familia de las gramíneas, *Coix lacryma-jobi*. (También se llama arrocillo).

lambedero. ■ M. supran. rur. Lugar salitroso al que acude el ganado a lamer.

lambiche. ■ ADJ. **1.** supran. fam. *Referido a persona*, aduladora; lambiscón: "Ella es muy lambiche con sus jefes porque quiere un aumento salarial". ■ COM. **2.** supran. fam. Persona aduladora; lambiscón: "Ella es una lambiche con sus jefes porque quiere un aumento salarial".

lambiscón, na. ■ ADJ. **1.** supran. fam. *Referido a persona*, aduladora: "Nicolás es muy lambiscón, siempre quiere quedar bien para conseguir beneficios". Ú.t.c.sust.: "Nicolás es un lambiscón, siempre quiere quedar bien para conseguir beneficios". || **2.** supran. fam. Propio de la persona **lambiscona**: "María Eugenia ha conseguido todo gracias a su actitud lambiscona".

lambisconear. ■ TR. supran. fam. Adular: "Rubén siempre nos lambisconea para quedar bien y conseguir beneficios".

lambisconeo. ■ M. fam. Adulación.

lambisconería. ■ F. supran. **lambisconeo.**

lambisquear. ■ TR. **lambisconear.**

lambrín. ■ M. Revestimiento de azulejo o de madera que se pone sobre una pared.

lambrisco, ca. ■ ADJ. *Referido a persona*, delgada: "El vendedor está muy lambrisco, ya se le caen los pantalones". Ú.t.c.sust.: "El vendedor es un lambrisco, ya se le caen los pantalones".

lamepatas. Véase **lameplatos.**

lameplatos. ■ ADJ. **1.** despect. *Referido a persona*, aduladora; lameculos: "Él es muy lameplatos con su padrino". ■ COM. **2.** despect. Persona aduladora; lameculos: "Ella es una lameplatos con su padrino".

lamer. ■ LOC. **~ el trasero.** LOC. VERB. **lamer los huevos.** ▷ **~ las suelas.** LOC. VERB. **lamer los huevos.** ▷ **~ los huevos.** LOC. VERB. vulg. Adular.

lamerse. ■ TR. PRNL. **~ los bigotes.** LOC. VERB. **1.** fam. Disfrutar algo en exceso: "Me lamí los bigotes con esas enchiladas". || **2.** fam. Sentir una persona un gran deseo de algo: "Me lamo los bigotes por ir a la fiesta de mañana".

laminazo. ■ M. **1.** Abolladura ligera en un automóvil. || **2.** Colisión entre automóviles.

lampana. ■ F. **lantana.**

lámpara. ■ ADJ. **1.** supran. fam. *Referido a persona*, lista y astuta; lángara: "Juana es muy lámpara, siempre sale airosa de los problemas en su trabajo". || **2.** supran. fam. *Referido a persona*, pretenciosa: "Ahora que Luis tiene nuevo coche es muy lámpara". ■ F. **3.** *En el Occidente*, luciérnaga. || **4.** supran. fam. Persona lista y astuta; lángara: "Juan es una lámpara, siempre sale venturoso de los problemas en su trabajo". || **5.** supran. fam. Persona pretenciosa: "Ahora que Luis tiene un nuevo coche es una lámpara". ■ COM. **6.** supran. Persona lista y astuta; lángara: "Juan es un lámpara, siempre sale venturoso de los problemas en su trabajo". || **7.** supran. Persona pretenciosa: "Ahora que Luis tiene un nuevo coche es un lámpara". ■ LOC. **~ de neón.** LOC. SUST. Tubo fluorescente cargado de este gas que sirve para emitir luz.

lamparazo. ■ M. supran. *En el Sureste*, bebida alcohólica de alta gradación, que suele consumirse de un solo trago; farolazo.

lamparear. ■ TR. **1.** Dejar a alguien sin visión momentáneamente, debido a un exceso de luz; deslumbrar: "Las luces del carro lo lamparearon cuando cruzaba la calle". || **2.** fam.

Emborrachar a alguien: "Joaquín lampareó a su amigo en la fiesta de graduación". || **3.** fam. Manchar algo: "Sergio lampareó el mantel de la cocina con la salsa". || **4.** supran. Cazar a un animal con la ayuda de una lámpara: "Lampareamos al conejo en el bosque".

lampareo. ■ M. Acción y resultado de lamparear.

lamparilla. ■ F. **1.** *En el Sureste*, arbusto originario de Asia, de hasta 3 m de altura, monoico; tallos muy ramificados; hojas alternas, enteras, de ovadas a ovado-lanceoladas, con margen aserrado; flores hermafroditas, vistosas, en forma de campana, con cinco pétalos rojos o de diferentes colores, estambres unidos en un tubo largo, solitarias; frutos capsulares, ovoides, cafés; uso ornamental. Familia de las malváceas, *Hibiscus rosa-sinensis*. (También se llama gallardete, obelisco, rosicler, tulipán, tulipán americano). || **2.** *En el Sureste*, flor de la **lamparilla**; uso en la medicina tradicional, ornamental y religioso.

lamparudo, da. ■ ADJ. **1.** fam. Manchado: "No lleves ese suéter lamparudo a la escuela". || **2.** fam. *Referido a persona*, que usa demasiado maquillaje o que exagera en su arreglo personal: "La cajera del supermercado siempre está muy lamparuda". Ú.t.c.sust.: "La cajera del supermercado es una lamparuda".

lampaz. ■ M. **1.** *En Guerrero*, hierba originaria de África, de 1.5 m de altura, monoica; hojas alternas, acorazonadas y largamente pecioladas; flores unisexuales: las flores masculinas y femeninas diminutas, amarillas, agrupadas en una espiga carnosa llamada espádice, que es rodeada por una estructura foliar o espata muy vistosa de color blanco; frutos abayados, de color rojo. Familia de las aráceas, *Zantedeschia aethiopica*. (También se llama alcatraz, capote, cartucho, cucurucho). || **2.** *En Guerrero*, flor del **lampaz**; uso ornamental.

lancear. ■ INTR. rur. Brotar las hojas centrales del maíz que anteceden a la espiga.

lancha. ■ F. **1.** supran. **lanchón.** || **2.** supran. fest. Zapato grande.

lanchón. ■ M. Automóvil grande, generalmente de modelo antiguo; lancha.

lángara. ■ ADJ. **1.** fam. *Referido a persona*, lista y astuta; lámpara: "Ramiro es muy lángara, siempre sale airoso de los problemas en su trabajo". || **2.** despect. *Referido a persona*, taimada: "El coordinador es muy lángara, no te fíes de él". ■ COM. **3.** fam. Persona lista y astuta; lámpara: "Ramiro es un lángara, siempre sale airoso de los problemas en su trabajo". || **4.** despect. Persona taimada: "El coordinador es un lángara, no te fíes de él".

langarear. ■ TR. **1.** fam. Robar: "Me langarearon la cartera en el metro". || **2.** fam. Codiciar: "Mi compañero siempre ha langareado la jefatura del área". ■ INTR. **3.** fam. Comer por antojo, no por hambre: "Ella langarea a todas horas, más si hace frío".

langarico, ca. ■ ADJ. **languarico, ca.**

lángaro. ■ ADJ. despect. *En Querétaro y Veracruz, referido a un hombre*, que se caracteriza por tener inclinaciones pervertidas. Ú.t.c.sust.

lángaro, ra. ■ ADJ. **1.** despect. *Referido a persona*, taimada: "Los coordinadores son muy lángaros, no te fíes de ellos". Ú.t.c.sust.: "Los coordinadores son unos lángaros, no te fíes de ellos". || **2.** supran. despect. *Referido a persona*, que aprovechadamente se acaba la comida dispuesta para otros: "Julia es muy lángara, se comió la botana ella sola". Ú.t.c. sust.: "Julia es una lángara, se comió la botana ella sola".

langaruzo, za. ■ ADJ. **lángaro, ra.**

langosta. ■ F. supran. fest. Persona con nalgas voluminosas.

languarico, ca. ■ ADJ. fam. *Referido a persona*, que habla mucho; hablador: "Mi amigo es muy languarico y constantemente se mete en problemas". Ú.t.c.sust.: "Es un languarico que constantemente se mete en problemas".

langüetazo. ■ M. supran. pop. Lengüetazo.

lantana. ■ F. supran. Arbusto o hierba de amplia distribución en México, de hasta 3 m de altura, monoico; tallos ramificados, inermes o espinosos; hojas opuestas o dispuestas en verticilos, simples, de ovadas a elípticas, láminas generalmente rugosas; flores hermafroditas, pequeñas, blancas, amarillas, rojas o violáceas, sésiles, pequeñas, dispuestas en cabezuelas o espigas; frutos drupáceos, generalmente jugosos; uso ornamental. Familia de las verbenáceas, varias especies del género *Lantana*, como *Lantana camara*. (También se llama cinco negritos, flor del campo, frutilla, lampana).

lantisco. ■ M. **lantrisco.**

L

lantrisco. ■ M. Árbol o arbusto originario de México y Guatemala, de hasta 3 m de altura, dioico; tallos glabros, pubescentes en el ápice cuando jóvenes; hojas alternas, divididas, agrupadas hacia el ápice de las ramas, de 11 a 33 foliolos, sésiles, de oblongos a elípticos, con margen entero, membranáceos; flores unisexuales, diminutas: las masculinas pilosas, con cinco estambres, agrupadas en espigas, pubescentes, las femeninas densamente pilosas, agrupadas en panículas, ovadas, ciliadas y pilosas; frutos drupáceos, sésiles, comprimidos lateralmente, de azul oscuro a negro, glabros; semillas pequeñas y lenticulares. Familia de las anacardiáceas, *Pistacia mexicana*. (También se llama copal, lantisco, lentisco, pistacho mexicano, ramón, soconante).

lanza. ■ ADJ. **1.** fam. *Referido a persona*, valiente: "Tu padre fue muy lanza en esa decisión". || **2.** fam. *Referido a persona*, que no es digna de confianza: "No le prestes tu computadora porque es un chavo lanza". || **3.** supran. fam. *Referido a persona*, atrevida; audaz: "Los actores de esa compañía son muy lanzas". ■ F. **4.** fam. Persona valiente: "Tu papá es una lanza, se pasó con esa decisión". || **5.** fam. Persona que no es digna de confianza: "No le prestes tu computadora a Claudio porque es una lanza". || **6.** supran. fam. Persona atrevida; audaz: "El actor de esa compañía es una lanza". ■ COM. **7.** fam. Persona valiente: "Tu papá es un lanza, se pasó con esa decisión". || **8.** fam. Persona que no es digna de confianza: "No le prestes tu computadora a Claudio porque es un lanza". || **9.** supran. fam. Persona atrevida; audaz: "El actor de esa compañía es un lanza".

lanzador, ra. ■ M. Y F. supran. *En el beisbol*, jugador que lanza la pelota al bateador.

lanzar. ■ LOC. **~ el calzón.** LOC. VERB. fest. Coquetear: "Mi amigo le lanzó el calzón a tu prima y fue rechazado". ▷ **~ el chon.** LOC. VERB. **lanzar el calzón.** ▷ **~ los canes.** LOC. VERB. **lanzar el calzón.** ▷ **~ los perros.** LOC. VERB. **lanzar el calzón.**

lanzarse. ■ INTR. PRNL. **1.** Dirigirse alguien a un lugar determinado: "El fin de semana todos mis amigos se lanzaron a la playa". ■ LOC. **~ como el Borras.** LOC. VERB. fest. Realizar algo sin preparación o sin experiencia; aventarse como el Borras: "No conocía la ciudad y se lanzó como el Borras a trabajar de taxista".

lanzársele. ■ INTR. PRNL. **2.** Declararle a alguien intenciones amorosas o sexuales: "Víctor se le lanzó a Claudia, pero ella lo rechazó".

lapalada. ■ F. rur. *En el Sur*, llovizna.

lapicera. ■ F. supran. Estuche para guardar lápices, plumas, borradores, etcétera.

lapicero. ■ M. **1.** supran. Portaminas. || **2.** supran. Recipiente de diferentes formas y materiales, generalmente en forma de vaso, en que se guardan lápices, plumas, borradores, etc. || **3.** supran. Bolígrafo.

lápiz. ■ LOC. **~ adhesivo.** LOC. SUST. Barra pequeña de pegamento sólido, contenida en un cilindro provisto de un mecanismo que lo empuja hacia afuera para usarlo: "Mi lápiz adhesivo seca muy rápido y no mancha la hoja". ▷ **~ labial.** LOC. SUST. supran. **labial.**

laraila. ■ ADJ. **1.** *Entre homosexuales, referido a un hombre*, homosexual, generalmente afeminado. ■ F. **2.** *Entre homosexuales*, hombre homosexual, generalmente afeminado.

larailo. ■ ADJ. despect. *Referido a hombre*, homosexual, generalmente afeminado. Ú.t.c.sust.

larga. ■ ADJ. Véase **largo, ga.**

largar. ■ TR. **1.** fam. *En Colima y Nayarit*, rebasar: "Larga ese coche que no nos deja pasar". || **2.** supran. fam. *En el Occidente*, arrojar una cosa descuidadamente: "Mi papá largó la taza y se quebró". ■ LOC. **~ camino (de).** LOC. VERB. fam. Irse de algún lugar: "Largamos camino del pueblo para vivir en la ciudad".

largo, ga. ■ ADJ. **1.** fam. *Referido a persona*, mentirosa: "Eres muy largo, yo no te vi en la fiesta". Ú.t.c.sust: "Son unos largos, ya nadie les cree". || **2.** supran. fam. *Referido a persona*, sinvergüenza: "Él es muy largo, cobra sin venir a trabajar". Ú.t.c.sust.: "Él es un largo, cobra sin venir a trabajar". ■ M. **3.** Pan dulce, elaborado con masa similar a la de la galleta, de forma rectangular, con una hendidura longitudinal rellena de mermelada y espolvoreado con azúcar granulada. ■ F. **4.** rur. *En Aguascalientes*, cantidad de masa de maíz para elaborar una tortilla gruesa. || **5.** rur. *En Aguascalientes y Guanajuato*, tortilla muy gruesa de masa de maíz, torteada a mano.

lata. ■ F. rur. Palo largo y cilíndrico que corre horizontalmente a través de algunos maderos verticales y que sirve de puerta en ciertos corrales o cercados rústicos; tranca.

latir. ■ INTR. **1.** fam. Parecer a alguien que algo es probable: "Me late que mañana llueve". || **2.** fam. Gustar algo a alguien: "Los chocolates nos laten mucho". || **3.** fam. Apetecer algo a alguien: "—¿Les late si vamos al cine el próximo viernes? —Va".

lavadero. ■ M. **1.** fam. Abdomen marcado por el ejercicio: "Cuando el entrenador se quitó la camisa, le vi su lavadero". || **2.** fam. Conversación informal sobre asuntos personales o de interés común; chismorreo: "Se armó el lavadero en la oficina por el cambio de jefe". || **3.** fam. Situación en que se conversa informalmente sobre asuntos personales o de interés común; chismorreo: "Al rato voy a ir al lavadero con mis amigas, que hace mucho que no nos vemos".

lavado. ■ M. supran. Lavativa; enema.

lavadora. ■ LOC. **~ de platos.** LOC. SUST. **lavadora de trastes.** ▷ **~ de trastes.** LOC. SUST. Máquina para lavar la vajilla; lavavajillas: "Compré una lavadora de trastes para mi madre".

lavar. ■ INTR. fam. Conversar informalmente sobre asuntos personales o de interés común; chismorrear: "El sábado nos reunimos en la casa y lavamos toda la tarde". ■ LOC. **~ ajeno.** LOC. VERB. **1.** Limpiar ropa por encargo a cambio de dinero: "En mi familia, además de vender comida, lavamos ajeno". || **2.** fam. Inmiscuirse en asuntos de otros: "Los recepcionistas se la pasan lavando ajeno en la oficina".

lavárselo. ■ EXPR. **¡te lo lavas!** fest. Se usa para despedirse de alguien: "—Nos vemos mañana. —¡Te lo lavas!".

lavatorio. ■ M. **1.** Lavativa; enema. || **2.** supran. Palangana; jofaina. || **3.** supran. Mueble para colocar la jofaina.

lavatrastes. ■ M. **1.** Detergente que se usa para lavar trastes y otros enseres de cocina. ■ F. **2.** Máquina para lavar enseres de cocina, especialmente la vajilla; lavavajillas. ■ COM. **3.** Persona que se dedica a lavar trastes y otros enseres de cocina; lavaplatos: "Juan Carlos es el nuevo lavatrastes del restaurante".

lazariento, ta. ■ ADJ. *Referido a persona*, que padece el mal de san Lázaro o elefantiasis: "El nuevo delegado es lazariento". Ú.t.c. sust.: "El nuevo delegado es un lazariento".

lazo. ■ M. **1.** Cordón que se coloca sobre los hombros de los novios, en forma de ocho, en la ceremonia del sacramento del matrimonio. || **2.** Cuerda delgada de fibra vegetal o plástico en que se cuelga la ropa lavada para ponerla a secar. || **3.** supran. rur. Cuerda de lechuguilla que se emplea para lazar el ganado.

le. ■ PRON. **1.** supran. *Acompañando a un verbo*, añade un refuerzo expresivo: "El pronombre *le* aparece en casos como *búscale* o *¿ya le barriste bien?*". || **2.** supran. *Integrado a muchos verbos*, genera nuevos significados: "El pronombre *le* aparece en casos como *jalarle*, 'dirigirse a un lugar', o *picarle*, 'apresurarse'". || **3.** supran. *Acompañando a algunos sustantivos, adverbios, conjunciones e interjecciones*, añade valor de admiración, sorpresa o aceptación: "El pronombre *le* aparece en casos como *híjole*, *órale*, *no le aunque*, *úchale*".

lebón. ■ M. Árbol pequeño de amplia distribución en el noroeste de México, de hasta 8 m de altura, monoico; tallos delgados, fotosintéticos, de verdes a anaranjados, exfoliantes o lisos, las ramas forman espinas; hojas alternas, deciduas, bipinadas, de cuatro a ocho pares de pinas, cada una con de tres a siete foliolos elípticos, con márgenes enteros; flores hermafroditas, vistosas, amarillas, con un pétalo más claro que el resto, agrupadas en racimos axilares con hasta siete flores; frutos leguminosos, constreñidos entre las semillas, planos; de una a cinco semillas por fruto, ovoides, cafés; uso ornamental. Familia de las leguminosas, *Cercidium microphyllum*. (También se llama palo verde).

lebrancha. ■ F. supran. Pez teleósteo de distribución cosmopolita, de unos 70 cm de longitud; con cuerpo alargado, de color gris azulado en el dorso y plateado en el vientre; sus huevas son muy estimadas; comestible. Familia de los mugílidos del orden Mugiliformes, varias especies del género *Mugil*, como *Mugil cephalus*, *Mugil curema*. (También se llama lisa).

lebrón, na. ■ ADJ. **1.** *Referido a persona*, que no se deja engañar; sagaz: "Ella salió muy lebrona para los negocios". Ú.t.c.sust.: "Ella es una lebrona para los negocios". || **2.** *Referido a persona*, fanfarrona: "Ese señor lebrón se la vive presumiendo todo el tiempo". Ú.t.c.sust.: "Esos lebrones presumen todo lo que compran". || **3.** *En Aguascalientes, referido a persona*, rezongona: "Este niño es muy lebrón, cuando lo regaño no se calla". Ú.t.c.sust.: "Ese lebrón no se calla cuando lo regaño".

lechareada. ■ F. **lechereada.**

lecharear. ■ TR. **lecherear.**

leche. ■ LOC. **~ búlgara.** LOC. SUST. La que se ha fermentado con bacilos búlgaros. ▷ **~ *carnation* (clavel).** [*karnéishon*] (De Carnation® y Clavel®). LOC. SUST. **leche clavel.** ▷ **~ clavel.** (De Clavel®). LOC. SUST. La entera, concentrada por evaporación de gran parte del agua que contiene; leche evaporada. ▷ **~ de chivita.** LOC. SUST. **lechoso blanco.** ▷ **~ malteada.** LOC. SUST. supran. Bebida que se prepara con leche, helado y, generalmente, malta.

lechemaría. ■ F. Árbol originario de América, de hasta 45 m de altura, dioico o monoico; tallos cilíndricos, rectos, contrafuertes muy pequeños, corteza fisurada; hojas opuestas, simples, decusadas, elípticas u oblongas, con margen entero, coriáceas; flores masculinas y bisexuales en el mismo árbol, pequeñas, blancas, ligeramente perfumadas, numerosas, agrupadas en panículas axilares; frutos drupáceos, esféricos, olor fragante; con una semilla grande, esférica, blanca amarillenta; uso como especie maderable. Familia de las clusiáceas, *Calophyllum brasiliense*.

lechereada. ■ F. **1.** Preparación de cemento o yeso para lecherear. || **2.** Aplicación de cemento o yeso diluido con agua para rellenar los espacios entre los azulejos o las baldosas de una superficie.

lecherear. ■ TR. Aplicar a una superficie cemento o yeso diluido con agua para rellenar los espacios entre los azulejos o las baldosas: "Los albañiles lecherearon el piso en la mañana. Mejor no entres".

lechería. ■ F. supran. Hacienda ganadera destinada a la producción de leche y otros productos lácteos.

lecherillo. ■ M. Arbusto originario de México, de hasta 7 m de altura, monoico; troncos con corteza delgada y quebradiza, pubescentes, produce látex blanco; hojas simples, alternas, de largos peciolos, de ovadas a elíptico-ovadas, con margen entero; flores unisexuales, diminutas: las masculinas de sépalos persistentes, con estambres numerosos, las femeninas con tres estilos fusionados que forman una columna corta, flores agrupadas en una estructura que asemeja una sola flor; frutos capsulares, pequeños; semillas ovoides, diminutas, tuberculadas; hojas y látex, uso en la medicina tradicional. Familia de las euforbiáceas, *Euphorbia schlechtendalii*. (También se llama cigarrillo, medicina de las gallinas, mulatilla, palo de leche).

lechero, ra. ■ ADJ. **1.** fam. *Referido a un transporte público*, que es el primero del día en salir, a primera hora de la mañana: "Vamos a tomar el avión lechero, así que no te desveles mucho". || **2.** fam. *Referido a un transporte público*, que ofrece un servicio deficiente, sea por deteriorado, sea por sobrecupo, sea por permitir sobrecarga, y que suele hacer paradas continuas: "Viajamos hasta Oaxaca en un autobús lechero".

lechillo. ■ M. Árbol de distribución al noreste, oeste y sur de México, de hasta 10 m de altura, monoico; tallos profundamente surcados, ramas glabras o esparcidamente pilosas; hojas alternas, simples, oblongas, nervios medios pilosos, margen regular y agudamente biserrado, ápice acuminado, base aguda; flores unisexuales, sin pétalos, las masculinas pequeñas, amarillentas, estambres cortos, anteras pilosas en el ápice, agrupadas en amentos solitarios, axilares, femeninas pequeñas, trilobadas, amarillentas, lóbulos enteros o con dientes, en amentos solitarios en ramas secundarias; frutos en nueces, ovoides, cáliz persistente. Familia de las betuláceas, *Carpinus caroliniana*.

lechoso. ■ LOC. **~ blanco.** LOC. SUST. Árbol o arbusto originario de América, de hasta 10 m de altura; tallos glabros, erectos; hojas simples, opuestas, de obovadas a elípticas, glabras por ambos lados, con margen ondulado; flores hermafroditas, vistosas, con forma de trompeta, blancas o amarillentas, con cinco pétalos de obovados a elípticos, las flores dispuestas en panículas axilares; frutos foliculares, de fusiformes a elipsoidales, con dos crestas longitudinales; semillas pequeñas; uso ornamental y en la medicina tradicional. Familia de las apocináceas, *Tabernaemontana amygdalifolia*. (También se llama cojón de toro, hoja de chivo, leche de chivita, palo de leche, tempecate, utzupec, verraco).

lechuguilla. ■ F. Hierba originaria de América, de hasta 1 m de altura; tallos simples o ramificados desde la base, carnosos y rojizos; hojas simples, alternas, elípticas u obovadas, largas, suculentas y glabras; flores hermafroditas, diminutas, de rojas a rosadas, en ocasiones amarillas, de 15 a 20 estambres, flores dispuestas en panículas terminales; frutos capsulares, globosos, pequeños, que se abren por tres valvas; semillas numerosas, reniformes, comprimidas, estriadas o tuberculadas, negras y brillantes; uso ornamental y en la medicina tradicional. Familia de las portulacáceas, *Talinum paniculatum*. (También se llama rama de sapo).

leco, ca. ■ ADJ. fam. *En Tamaulipas y Veracruz, referido a persona*, que está o se comporta como loca: "Mi vecino leco se la pasa hablando solo". Ú.t.c.sust.: "Ese leco se la pasa hablando solo".

lejía. ■ F. Sustancia espesa alcalina, corrosiva, usada, generalmente, como destapacaños; potasa cáustica.

lela. ■ LOC. **en la ~.** LOC. ADJ. fam. *Referido a persona*, distraída; en la pendeja: "Andaba en la lela y no me enteré de nada en la junta".

lele. ■ M. **1.** *En el Sureste*, árbol originario de América, de hasta 20 m de altura, monoico; troncos firmes y abombados; hojas alternas, deciduas, divididas en cinco foliolos elípticos; flores hermafroditas, vistosas, con cinco pétalos de blancos a rosados, con numerosos estambres blancos o rosados, cuya forma se asemeja a la de una escobilla; frutos capsulares, elipsoides, cafés; semillas globosas y rodeadas de pelos algodonosos. Familia de las malváceas, *Pseudobombax ellipticum*. (También se llama amapola, bailarina, cabello de ángel, chicocuchi, coquito, jilosúchil, mocoque, silosúchil, sospó, xiloxóchitl). || **2.** *En el Sureste*, corteza del **lele**; uso en la medicina tradicional. || **3.** *En el Sureste*, flor del **lele**; uso ornamental y en la medicina tradicional.

lengua. ■ LOC. **~ de pájaro.** LOC. SUST. Hierba de amplia distribución en México, de hasta 1 m de altura, monoica; tallos estriados longitudinalmente, rastreros o ascendentes; con una envoltura, u ócrea, asociada a las hojas, membranosa, hialina y lacerada; hojas alternas, simples, de ovadas a lanceoladas, con márgenes enteros; flores hermafroditas, diminutas, blancas o verdes, con bordes blancos o rojizos, axilares, solitarias o agrupadas en fascículos hasta de seis flores; frutos aquénicos, triangulares, de color café oscuro, finamente granulados; comestible; uso en la medicina tradicional. Familia de las poligonáceas, *Polygonum aviculare*. (También se llama sanguinaria). ▶ **~ de vaca.** LOC. SUST. **1.** Hierba originaria de México, de hasta 1 m de altura, monoica; tallos firmes, erectos y carnosos, de color rosado, en ocasiones muy ramificados; hojas alternas, dispuestas en roseta generalmente basal, simples, gruesas, cóncavas, anchamente aovadas, carnosas, de consistencia cerosa; flores hermafroditas, pequeñas, de color rojo coral a rosado, sin aroma, agrupadas en panículas; frutos capsulares, ovoides, cafés; semillas numerosas, pequeñas, oblongas; uso ornamental. Familia de las crasuláceas, *Echeveria gibbiflora*. (También se llama oreja de burro, tememetla). || **2.** Hoja de esta hierba; uso en la medicina tradicional.

lenguarico, ca. ■ ADJ. **languarico, ca.**

lengüetero, ra. ■ ADJ. supran. fam. *Referido a persona*, chismosa: "Por gente lengüetera es que tenemos problemas". Ú.t.c.sust.: "Los lengüeteros causan muchos problemas".

lenguón, na. ■ ADJ. **lengüetero, ra.**

lentejilla. ■ F. **1.** Grupo de diferentes especies de hierbas dulceacuícolas diminutas de distribución cosmopolita, monoicas; sin tallos; hojas solitarias o en grupos de cuatro, de forma elíptica u obovada, verdes o con tonos rojizos o amarillentos, con margen entero o denticulado; flores unisexuales, diminutas, sin pétalos, a veces cubiertas por una bráctea o espata incolora o verdosa; frutos utriculares, pequeños; de una a cuatro semillas. Familia de las aráceas, varias especies de los géneros *Lemna*, *Spirodela*, *Wolffia* y *Wolffiella*. (También se llama aclasole, chilacaste, chilacastle, chilicastle). || **2.** Individuo de la **lentejilla**. || **3.** Hoja de los individuos de la **lentejilla**; uso agropecuario.

L

lentes. ■ M. PL. Anteojos; gafas.
lentisco. ■ M. **lantrisco.**
leñadero. ■ M. supran. Lugar destinado para la leña.
león. ■ LOC. **de a ~.** LOC. ADJ. fam. *Referido a persona*, sin compañía: "¡Cómo serán!, me dejaron de a león toda la tarde".
leonera. ■ F. **leonero.**
leonero. ■ M. Departamento que tienen algunos hombres, generalmente casados, para mantener relaciones extramaritales.
lepe, pa. ■ M. y F. **1.** *En el Norte*, niño. || **2.** rur. *En el Noroeste*, becerro huérfano que mama de otra madre.
leperada. ■ F. **1.** Conjunto de léperos. || **2.** Palabra malsonante. || **3.** supran. Cosa, expresión o acción propia de un lépero.
lépero, ra. ■ ADJ. **1.** supran. *Referido a persona*, grosera: "Es un hombre lépero y no respeta a nadie". Ú.t.c.sust.: "Es un lépero y no respeta a nadie". || **2.** supran. Propio de la persona **lépera**: "Ya estoy cansada de tus bromitas tan léperas".
leperuza. ■ F. **1.** Conjunto de léperos; leperada. || **2.** despect. Prostituta.
leprosero, ra. ■ ADJ. *Referido a persona*, que cuida leprosos: "El hospital contrató a un asistente leprosero". Ú.t.c.sust.: "El hospital contrató a un leprosero".
lerdearse. ■ INTR. PRNL. **1.** supran. *En el Sureste*, tardarse demasiado en hacer algo: "Siempre nos lerdeamos para tomar decisiones". || **2.** supran. *En el Sureste*, moverse con pesadez o torpeza: "El boxeador se lerdeó durante toda la pelea".
lerendo, da. ■ ADJ. *Referido a persona*, tonta: "Definitivamente, eres muy lerendo; no entiendes nada". Ú.t.c.sust.: "Eres un lerendo, no entiendes nada".
lero. ■ EXPR. **¡lero, lero, (candelero)!** supran. fam. Se usa para burlarse de alguien: "¡Lero, lero, candelero!, a mí me dejaron salir temprano y a ti no".
letra. ■ LOC. **~ chica.** LOC. SUST. supran. Texto en que se consignan las aclaraciones a las cláusulas de un contrato, generalmente en un tamaño menor, por lo que suelen ignorarse: "Por no leer la letra chica no me enteré bien de las condiciones del crédito hipotecario". ▶ **~ de doctor.** LOC. SUST. supran. fest. La que es ilegible o difícil de leer: "Ni cómo entender su recado, tiene letra de doctor".
levantamuertos. ■ ADJ. *Referido a bebida o comida*, que energiza o restablece a una persona: "Me tomé un caldo levantamuertos para el resfriado".
levantar. ■ TR. **1.** Acomodar y limpiar un lugar: "Levanta tu cuarto porque van a llegar las visitas". || **2.** supran. Entablar relaciones amorosas o sexuales pasajeras; ligar. ■ LOC. **~ ámpula.** LOC. VERB. Causar un comentario molestia o enfado a alguien: "Las declaraciones del gobernador levantaron ámpula entre la ciudadanía". ▶ **~ el polvo.** LOC. VERB. fam. Huir: "Apenas le dijeron que tenía que pagar la cuenta, levantó el polvo". ▶ **~ la canasta.** LOC. VERB. fam. Arrepentirse: "¿Sí le vas a entrar al negocio o levantarás la canasta?". ▶ **~ la catapulta.** LOC. VERB. vulg. Tener un hombre una erección. ▶ **~ la mano.** LOC. VERB. **1.** Ofrecerse alguien a prestar algún tipo de ayuda: "Se aprovechan de ti porque siempre levantas la mano". || **2.** Asumir alguien la responsabilidad de una situación adversa: "Arturo levantó la mano y se hizo cargo de sus hermanos menores". ▶ **~ muertos.** LOC. VERB. Animar a alguien o algo que se encuentra decaído, apagado o inactivo: "En la fiesta todos se aburrían, pero llegó la música y levantó muertos". ▶ **~ presión.** LOC. VERB. **1.** Mejorar alguien económicamente, por lo general con un negocio: "Estaba por cerrar mi fonda, pero levanté presión". || **2.** Prepararse para acometer una tarea: "Levantemos presión y hagamos el reporte final". ▶ **~ roncha(s).** LOC. VERB. **1.** Causar un comentario molestia o enfado a alguien: "No digas eso enfrente de todos los asistentes porque puede levantar ronchas". || **2.** Incitar a una multitud: "El discurso del candidato levantó ronchas".

levantarla. ■ INTR. PRNL. **3.** Lograr alguien lo que se propone; tener éxito: "David la levantó con su nuevo negocio".

levantarse. ■ LOC. **~ el cuello.** LOC. VERB. **1.** Hacer ostentación de algo que se posee o se hace para recibir el reconocimiento de los demás; pararse el cuello: "Nosotros hicimos todo el trabajo y el gerente se levantó el cuello frente al jefe". || **2.** Presumir de algún mérito que no le corresponde; pararse el cuello: "Se levantó el cuello con el éxito de su hijo cuando nunca se hizo cargo de él".

leve. ■ ADJ. Fácil: "El examen de física estuvo leve". ■ EXPR. **¡leve la nieve!** fam. **¡leve, leve, no te espantes!** ▷ **¡leve, leve, no te espantes!** Se usa para tranquilizar al interlocutor ante lo dicho antes: "—¿Cuánto te costó esto? Debió ser carísimo. —¡Leve, leve no te espantes!".

ley. ■ LOC. **la ~.** LOC. SUST. supran. Cuerpo encargado de velar por el orden público y la seguridad de los ciudadanos; la policía: "Los ladrones estaban asaltando el banco cuando llegó la ley". ▷ **~ de Herodes.** LOC. SUST. Situación adversa en la que una persona se encuentra, sin posibilidad de salida favorable: "Haz lo que te digo, ya no tienes alternativa, esta es la ley de Herodes". ▷ **~ fuga.** LOC. SUST. supran. Acto en el que la autoridad permite, de manera fingida, dejar escapar a alguien para matarlo por la espalda; ley de fugas: "Dicen que intentó huir, pero yo creo que le aplicaron la ley fuga". ■ EXPR. **~ de Herodes, o te chingas o te jodes.** malson. Se usa para manifestar que una persona se encuentra en una situación adversa, sin salida favorable alguna: "Mira, la ley de Herodes, o te chingas o te jodes; no vas a hacer lo que tú quieras".

liacho. ■ M. Envoltorio mal hecho.

libramiento. ■ M. **1.** *En una carretera*, atajo para automóviles que evita entrar a un poblado o ciudad. || **2.** *En una carretera*, espacio reservado para uso de peatones o para estacionamiento momentáneo de vehículos.

librar. ■ TR. **1.** fam. Pasar algo o alguien por un espacio reducido: "Este coche no libra el callejón".

librarla. ■ INTR. PRNL. **2.** supran. fam. Superar alguna dificultad: "Los pequeños negocios no la librarán con la crisis económica".

libre. ■ M. supran. Taxi.

librero. ■ M. supran. Mueble con estante para colocar libros.

libro. ■ LOC. **~ de raya.** LOC. SUST. El que tiene una lista con los nombres de los trabajadores con la que se lleva el control de pagos, por lo regular, semanales.

licar. ■ TR. fam. Observar: "Polo licó los detalles de las artesanías".

licencia. ■ F. supran. Documento en que consta que alguien tiene permiso de la autoridad competente para conducir vehículos automotores. ■ LOC. **~ de conducir.** LOC. SUST. **licencia.** ▷ **~ de manejar.** LOC. SUST. **licencia.** ▷ **~ de manejo.** LOC. SUST. **licencia.**

licenciado, da. ■ M. y F. Abogado.

liche. ■ M. supran. **litchi.**

licra. ■ F. ***lycra.***

licuado. ■ M. supran. Bebida que se prepara a base de frutas licuadas con leche, yogurt o agua.

liderear. ■ TR. supran. Liderar: "Gutiérrez liderea el sindicato desde hace años".

liendrero. ■ M. **1.** supran. Abundancia de liendres. || **2.** supran. Peine de doble dentada, extremadamente cerrada, que se usa para sacar liendres y piojos.

lienzo. ■ M. **lienzo charro.** ■ LOC. **~ charro.** LOC. SUST. Ruedo donde se laza y se colea ganado.

ligar. ■ TR. supran. *En la tradición popular*, conservar una persona a su pareja sentimental por medio de magia o brujería: "Me dieron un volante que ofrecía servicios para que ligues una pareja".

ligas. ■ LOC. **~ mayores.** LOC. SUST. supran. Alto nivel de algo o de alguien: "Su trabajo es de ligas mayores". ▷ **~ menores.** LOC. SUST. Bajo nivel de algo o de alguien: "No ganarás la carrera con ese coche de ligas menores".

limetón. ■ M. rur. *En el Sureste*, garrafa grande de cuello corto y boca ancha.

limilla. ■ F. Cactus originario de México, de hasta 60 cm de altura, monoico; tallos de ovoides a cilíndricos, verdes oscuros, costillas numerosas, delgadas, tuberculadas; areolas distantes entre sí, espinas radiales erectas, espinas centrales subuladas, ligeramente aplanadas, de color castaño rojizo; flores hermafroditas, vistosas, en forma de embudo, de color rosado a ligeramente violáceo; frutos abayados, elipsoides, amarillos, escamas semicirculares, pequeñas y ciliadas; semillas numerosas, ovoides, negras. Familia de las cactáceas, *Ferocactus haematacanthus*. (También se llama biznaga barril de Puebla).

limonaria. ■ F. **1.** supran. Arbusto originario del sureste de Asia, de hasta 7 m de altura, monoico; tallos grises, muy ramificados desde la base, delgados; hojas alternas o subopuestas, divididas de tres a nueve foliolos, de romboides a ovados, con márgenes enteros, emarginadas en el ápice; flores hermafroditas, vistosas, blancas, acampanadas, fragantes, agrupadas en inflorescencias terminales; frutos carnosos, elipsoides, rojos; semillas envueltas en una pulpa ácida; uso ornamental. Familia de las rutáceas, *Murraya paniculata*. || **2.** supran. Flor de la **limonaria**.

limoncillo. ■ M. Árbol o arbusto originario de América, de hasta 15 m de altura; tallos delgados, poco ramificados, erectos o ligeramente recostados en las ramas apicales, de corteza grisácea; hojas alternas, divididas en tres foliolos grandes, de obovados a elípticos, el de en medio ligeramente más grande, suavemente pilosos en ambas caras, con margen entero, sobre peciolos largos y delgados, frecuentemente alados; flores hermafroditas, pequeñas, numerosas, de pétalos persistentes, densamente pilosos en la cara inferior, de color amarillo pálido, dispuestas en panículas terminales, extendidas mas allá de las hojas; frutos subglobosos, divididos en cinco lóbulos, que a veces terminan en una pequeña punta dorsal, glabros y rugosos, verdes cuando maduros, cafés claros cuando secos; semillas con forma de lágrima, glabras; uso como cerca viva. Familia de las rutáceas, *Esenbeckia berlandieri*. (También se llama hueso de tigre).

limosnero, ra. ■ EXPR. **~ (y) con garrote.** supran. fam. Se usa para señalar que una persona pide algo, abusando de las circunstancias y sin agradecer después: "Limosnero y con garrote, vino a comer y encima trajo a su novia".

limpia. ■ F. supran. *En la tradición popular*, ritual que se realiza con la intención de sanar o prevenir a alguien de males o circunstancias desfavorables.

limpiador. ■ M. **1.** Utensilio compuesto por un palo que en el extremo inferior tiene una barra con un hule que sirve para arrastrar el líquido con el que se limpian los vidrios o los pisos. || **2.** Varilla provista de una tira de hule que quita el agua o la nieve del parabrisas de un vehículo; limpiaparabrisas. || **3.** Mecanismo que hace que funcione esta varilla; limpiaparabrisas.

limpiar. ■ TR. **1.** *En el beisbol*, vencer a un equipo en cada uno de los tres juegos de una serie: "Los Naranjeros de Hermosillo limpiaron a los Tomateros de Culiacán en la final". || **2.** supran. *En la tradición popular*, hacer un ritual, los brujos o curanderos, para sanar o prevenir a alguien de males o circunstancias desfavorables: "Don Tomás limpió a Laura porque no podía dormir bien".

limpiarse. ■ LOC. **~ el cielo.** LOC. VERB. supran. Despejarse de nubes: "Hace rato parecía que iba a llover, pero se limpió el cielo".

limpiatronco. ■ M. Ave de distribución en América, de hasta 12 cm de longitud; con plumaje con rayas negras y blancas en su cabeza y torso; alas negras con algunas manchas blancas en las partes distales, dos barras blancas por cada ala; hábitos migratorios. Familia de los parúlidos del orden Passeriformes, *Mniotilta varia*. (También se llama chipe trepador, pepino, reinita blanca y negra, reinita trepadora).

limpiavidrios. ■ M. **1. limpiador.** || **2.** supran. Líquido para limpiar vidrios. ■ COM. **3.** Persona que se dedica a limpiar parabrisas de los vehículos que esperan la luz verde de un semáforo: "Hace mucho que no veo a la limpiavidrios jovencita de esta esquina". || **4.** supran. Persona que se dedica a limpiar vidrios: "Contratamos varios limpiavidrios nuevos en la empresa".

lináloe. ■ M. **1.** Grupo de diferentes especies de árboles o arbustos resinosos originarios de América, de hasta 10 m de altura, dioicos; tallos con corteza de color rojo oscuro a amarillento o grisáceo, secretan resina muy aromática al quebrar o lastimar el tronco; hojas alternas, divididas en numerosos foliolos, de ovados a elípticos, con margen aserrado; flores unisexuales, diminutas, blanquecinas: las masculinas agrupadas en grandes panículas, las femeninas en cortos racimos; frutos drupáceos, pequeños, globosos y aromáticos; semilla única, elipsoide, de rojiza a negra. Familia de las burseráceas, varias especies del género *Bursera*, como *Bursera cuneata, Bursera* *fagaroides*, *Bursera glabrifolia*. (También se llama copal, cuajiote, guajiote, inamé, inanué, yaguela). || **2.** Individuo del **lináloe**. || **3.** Resina aromática que se obtiene del **lináloe**; uso ceremonial y en la medicina tradicional.

linche. ■ M. rur. Bolsa hecha con fibra de maguey.

línea. ■ F. **1.** supran. *En la pesca*, hilo fino de diversos materiales que se ata al anzuelo. || **2.** supran. *En el beisbol*, batazo de un jugador que le permite a él o a otros corredores ganar una o más bases; *hit*.

lineamiento. ■ M. **1.** supran. Cada uno de los pasos que se establecen para conseguir el desarrollo de algo. || **2.** supran. Conjunto de rasgos generales y básicos que permiten definir una tendencia o un plan, generalmente en el orden político.

línguili. ■ EXPR. **¡línguili, línguili!** Se usa para manifestar un reclamo a una persona perezosa: "Nosotros abrumados de trabajo, y tú, ¡línguili, línguili!, te la pasas hablando por teléfono".

liquidámbar. ■ M. **1.** supran. Árbol originario de América, de hasta 40 m de altura, monoico; tallos de corteza fisurada, de la que fluye un líquido resinoso; hojas alternas o en espiral, palmeadas con tres o cinco lóbulos triangulares, con margen aserrado; flores unisexuales, diminutas, sin pétalos: las masculinas agrupadas en racimos de cabezuelas, las femeninas agrupadas en cabezuelas péndulas, globosas y equinadas; frutos capsulares, diminutos, ovoides, dentro de las cabezuelas se tornan leñosas; semillas diminutas, aladas, de color café; uso artesanal, industrial y en la medicina tradicional. Familia de las altingiáceas, *Liquidambar styraciflua*. (También se llama estoraque, ocozol, ocozote). || **2.** supran. Resina del **liquidámbar**; uso en la medicina tradicional.

lira. ■ F. supran. fam. Guitarra.

lírico, ca. ■ ADJ. **1.** *Referido a persona*, que se ha formado o instruido por sí mismo, generalmente en el terreno de la música; autodidacta: "Toca muy bien el piano para ser un músico lírico". Ú.t.c.sust.: "Toca muy bien el piano para ser un lírico". || **2.** Propio de la persona **lírica**: "Es un excelente pianista, a pesar de que su aprendizaje fue lírico".

lirio. ■ LOC. **~ acuático.** LOC. SUST. Hierba acuática originaria de Sudamérica, de hasta 30 cm de longitud, monoica; tallos reducidos, flotadores fijos al sustrato; hojas arrosetadas, elípticas, de oblatas a casi circulares, los individuos flotantes con peciolos cortos y flotantes; flores hermafroditas, grandes y llamativas, tubulares, pubescentes, de color lila o rara vez blancas, dispuestas en espigas; frutos capsulares, pequeños y elípticos, trígonos; semillas oblongo-elípticas, con tres costillas longitudinales, negruzcas. Familia de las pontederiáceas, *Eichhornia crassipes*. (También se llama cucharilla, flor de agua, jacinto de agua, lirio de agua, pico de pato, violeta de agua). ▷ **~ amarillo.** LOC. SUST. Hierba acuática, nativa de la costa del Golfo de México, de hasta 15 cm de altura; tallos rizomatosos, erectos, cilíndricos, que forman estolones; hojas simples, alternas, de ovadas a elípticas, verdes con manchas cafés, glabras, flotantes; flores hermafroditas, vistosas y flotantes, con múltiples pétalos amarillentos, con numerosos estambres amarillos, flores solitarias sobre largos escapos; frutos abayados; semillas diminutas, globosas, cubiertas de largos tricomas. Familia de las ninfáceas, *Nymphaea mexicana*. (También se llama ninfa, ninfa mexicana). ▷ **~ azteca.** LOC. SUST. Hierba originaria de México, de hasta 60 cm de altura, monoica; bulbos subterráneos; hojas en roseta, de dos a seis, enteras, largamente lineares; flores hermafroditas, solitarias sobre un eje tan largo o más que las hojas, muy vistosas, con seis tépalos de color rojizo, dispuestos en forma de cruz; frutos capsulares, cafés; semillas numerosas, subglobosas; uso ornamental. Familia de las amarilidáceas, *Sprekelia formosissima*. (También se llama acamayo, flor de lis, flor de Santiago). ▷ **~ de agua.** LOC. SUST. **lirio acuático.** ▷ **~ de día.** LOC. SUST. Hierba originaria de Asia y ampliamente cultivada a nivel mundial, de hasta 70 cm de altura; tallos reducidos, subterráneos; hojas simples, alternas, agrupadas en la base, hojas de linear-lanceoladas a agudas, muy largas y arqueadas, glabras por ambas caras, con márgenes enteros; flores hermafroditas, grandes y vistosas, de color anaranjado rojizo, en ocasiones con la base amarillenta, con seis tépalos

L

con los márgenes enteros o en ocasiones ondulados, estambres largos, rojizos de base amarillenta, flores dispuestas en cimas axilares, con pedúnculos muy alargados; frutos capsulares; uso ornamental. Familia de las liliáceas, *Hemerocallis fulva*. (También se llama sanjuanero).

liso, sa. ■ ADJ. supran. *Referido a persona*, que está sin dinero: "Yo no voy a poder cooperar esta vez, ando muy liso".

lista. ■ LOC. **~ de raya.** LOC. SUST. Relación de empleados que cobran un salario por ejercer un oficio, generalmente de forma semanal: "Este año creció la lista de raya en la fábrica de zapatos".

listón. ■ M. supran. Cinta, generalmente de tela, usada para atar o adornar. ■ LOC. **~ de popotillo.** LOC. SUST. El que es de tela gruesa y acordonada en sentido longitudinal, que aparenta haber sido hecha con popotes: "El listón de popotillo se usa para hacer moños".

listoncillo. ■ M. **1.** Grupo de hierbas originarias de África, de hasta 40 cm de altura, monoicas; rizomas tuberosos, generalmente cubiertos con las hojas viejas y con brotes laterales sobre largos estolones; hojas verdes con una línea central blanca o amarilla, lanceoladas, ápice puntiagudo, con márgenes enteros, membranáceas; flores hermafroditas, pequeñas, blancas, en forma de estrella, agrupadas en inflorescencias laxas o fascículos axilares; frutos capsulares, angulados, cafés; semillas aplanadas, negras; uso ornamental. Familia de las asparagáceas, *Chlorophytum comosum*. (También se llama cinta, mala madre). || **2.** Individuo del **listoncillo**.

lisura. ■ F. **1.** Palabra malsonante. || **2.** supran. Cosa, expresión o acción grosera. || **3.** supran. Atrevimiento.

litche. ■ M. **litchi.**

litchi. ■ M. **1.** *En el Noreste*, árbol originario de Asia, de hasta 10 m de altura, monoico; tallos rectos, ásperos, con corteza color café oscuro; hojas alternas, pinadas, de dos a cuatro pares de foliolos, coriáceas, elípticas, lisas, glabrescentes; flores unisexuales masculinas y hermafroditas sin pétalos, pequeñas, de blanco a verdosas o amarillentas, estambres con filamentos pilosos, agrupadas en panículas, axilares o terminales; frutos drupáceos, ovoides, rojos, con pequeñas protuberancias, pulpa blanca; una sola semilla; uso ornamental. Familia de las sapindáceas, *Litchi chinensis*. (También se llama liche, lichi, litche). || **2.** *En el Noreste*, fruto del **litchi**; comestible.

litósfera. ■ F. supran. Envoltura rocosa que constituye la corteza exterior sólida del globo terrestre; litosfera.

liviano, na. ■ ADJ. **1.** supran. *Referido a persona*, cortés y tratable: "Es un gusto trabajar con Miguel porque es muy liviano". Ú.t.c. sust.: "Es un gusto trabajar con Miguel porque es un liviano". || **2.** supran. Propio de la persona **liviana**: "Me gusta mucho el carácter liviano de Miguel".

llamacoa. ■ F. Serpiente originaria de México, de hasta 55 cm de longitud; con dorso pardo claro, manchas rectangulares claras en la región media del cuerpo; cabeza con una línea oscura a la altura de los ojos; nuca con una mancha oscura en forma de Y; nocturna; carnívora. Familia de los colúbridos del orden Squamata, *Pseudoficimia frontalis*. (También se llama ilamacoa).

llamada. ■ F. *En salas de espectáculos*, cada uno de los tres avisos que se dirige al público con intervalos de pocos minutos, para anunciar el inicio o la continuación de una función. ■ LOC. **~ de larga distancia.** LOC. SUST. supran. *En telefonía*, la que se establece con una localidad de código de área diferente: "Hicimos una llamada de larga distancia para organizar el congreso". ▶ **~ en espera.** LOC. SUST. *En telefonía*, la que permanece retenida mientras se realiza otra llamada: "Ahorita te marco de nuevo, tengo una llamada en espera". ▶ **~ por cobrar.** LOC. SUST. supran. *En telefonía*, la que acepta y paga el destinatario: "Como se me acabó el dinero, le hice una llamada por cobrar a mi mamá".

llamado. ■ M. **1.** *En las artes escénicas*, ensayo, función o grabación, previamente programados. || **2.** *En las artes escénicas*, convocatoria al **llamado**.

llamahielos. ■ M. Ave acuática originaria de América, migratoria, de hasta 38 cm de longitud; con plumaje blanco; en verano la cabeza es negra y en otoño blanca; ojos pequeños; espalda y alas de color gris oscuro; al volar se observa la banda blanca que separa el negro del gris en el ala extendida; omnívora. Familia de los láridos del orden Charadriiformes, *Leucophaeus pipixcan*. (También se llama apipisca, apipixca, apipizca).

llamarada. ■ LOC. **~ de petate.** LOC. SUST. Hecho, cosa o persona que defrauda las expectativas de alguien: "Todos nos emocionamos con la propuesta de trabajo, pero terminó siendo una llamarada de petate".

llanta. ■ F. **1.** Flotador en forma de rueda, que se coloca a la altura del pecho y se detiene con las axilas. || **2.** supran. Neumático. || **3.** supran. Pliegue de grasa que se forma en el cuerpo de una persona, especialmente en la cintura.

llantera. ■ F. Véase **llantero, ra.**

llantero, ra. ■ ADJ. **1.** supran. Perteneciente o relativo a las llantas de vehículos: "El comercio llantero es muy rentable en esta zona". ■ M. y F. **2.** supran. Persona que se dedica a reparar llantas de vehículos. ■ F. **3.** supran. Establecimiento donde se venden llantas de vehículos. || **4.** supran. Establecimiento donde se arreglan las ponchaduras de las llantas de vehículos.

llave. ■ F. **1.** rur. Cuerno del ganado vacuno. || **2.** supran. Dispositivo con que se regula la salida de un líquido entubado, generalmente agua; grifo. ■ LOC. **~ de cruz.** LOC. SUST. supran. Herramienta que tiene esta forma, con cuatro cubos terminales, que se utiliza para apretar y aflojar las tuercas de las llantas de un automóvil; llave de cruceta: "Necesitamos una llave de cruz para cambiar la rueda ponchada".

llegada. ■ F. **1.** fam. Golpe accidental y leve; llegue. || **2.** fam. Herida que se hace con un objeto punzocortante; llegue. || **3.** fam. Amonestación de cualquier tipo que ofende, molesta o intimida. || **4.** jerg. Aspiración que se hace de una vez a un cigarrillo, generalmente de marihuana; toque.

llegador, ra. ■ ADJ. **1.** fam. Conmovedor: "Vimos una película llegadora en el cine". || **2.** fam. *Referido a una bebida alcohólica*, que emborracha fácilmente: "En la fiesta nos dieron un tequila muy llegador".

llegar. ■ LOC. **~ a primera base.** LOC. VERB. supran. Alcanzar logros iniciales en la consecución de un fin propuesto: "Llegamos a primera base con nuestro proyecto de trabajo". ▷ **~ barriéndose.** LOC. VERB. fam. Presentarse alguien en el último momento y de forma apresurada: "Julián llegó barriéndose al examen".

llegarle. ■ INTR. PRNL. **1.** fam. Herir a alguien con un objeto punzocortante: "El asaltante le llegó a Elsa con un navajazo". || **2.** fam. Comer o beber con entusiasmo; entrarle: "Le llegamos a los tacos en la comida del domingo". || **3.** fam. Asistir alguien a un lugar: "Muchos mexicanos le llegaron al campeonato mundial de futbol". || **4.** fam. Irse alguien de un lugar: "Estábamos en el parque y le llegamos en cuanto empezó a llover". || **5.** fam. Conmover a alguien: "Saber que no le dieron el trabajo a su hijo le llegó". || **6.** supran. Declarar una persona a otra el amor que siente: "Después de varias citas, Abel le llegó a Lupita". ■ LOC. **~ al precio.** LOC. VERB. fam. Sobornar a alguien: "Los nuevos inversionistas le llegaron al precio al director de la empresa". ▷ **~ el agua al cuello.** LOC. VERB. fam. Encontrarse alguien en una situación muy difícil o desesperada: "Le llegó el agua al cuello con tantas deudas". ▷ **~ el agua hasta el cuello.** LOC. VERB. **llegarle el agua al cuello.** ▷ **~ la lumbre a los aparejos.** LOC. VERB. **llegarle el agua al cuello.** ■ INTERJ. **¡llégale!** fam. Se usa para animar o incitar: "¡Llégale! ¡Prueba esos tacos de la esquina, están buenísimos!".

llegue. ■ M. **1.** fam. Golpe accidental y leve. || **2.** fam. Herida que se hace con un objeto punzocortante. || **3.** fam. Trago de una bebida alcohólica. || **4.** vulg. Roce lascivo del pene con el cuerpo de otra persona; arrimón. || **5.** *En el Sureste*, novio. || **6.** supran. jerg. Aspiración que se hace de una vez a un cigarrillo, generalmente de marihuana; toque. || **7.** supran. jerg. Aspiración de una sustancia enervante por la nariz; toque.

llenar. ■ LOC. **~ el buche.** LOC. VERB. fam. Comer: "Fuimos a llenar el buche a la fonda de la esquina". ▷ **~ el buche de piedritas.** LOC. VERB. supran. Hartar a alguien; colmar la paciencia: "Mi primo me llenó el buche de piedritas, ya no aguanto sus

L

desplantes". ▶ ~ **el tambo.** LOC. VERB. **llenar el buche.** ▶ ~ **las bases.** LOC. VERB. supran. *En el beisbol*, colocar el equipo a la ofensiva, jugadores en las almohadillas de primera, segunda y tercera: "Los Pericos de Puebla llenaron las bases en tres entradas, pero no pudieron anotar".

llevar. ■ LOC. ~ **bala.** LOC. VERB. fam. Tener prisa alguien: "Parecía que llevaba bala, ni siquiera se paró a saludar". ▶ ~ **cola.** LOC. VERB. fam. Traer algo consecuencias graves: "Creo que la subida de precios llevará cola en nuestra economía".

llevarse. ■ TR. PRNL. supran. fam. Reprobar una asignatura: "Me llevé Química otra vez". ■ LOC. ~ **al baile.** LOC. VERB. **1.** fam. Timar a alguien: "A Damián se lo llevaron al baile con ese negocio". || **2.** fam. Asesinar a alguien. ▶ ~ **de a cuartos.** LOC. VERB. fam. Mantener dos o más personas una relación de confianza: "Yo me llevo de a cuartos con mi jefe". ▶ ~ **de corbata.** LOC. VERB. fam. Dañar lo que se interpone en el trayecto: "El camión se llevó de corbata el bote de basura". ▶ ~ **de (a) piquete de ombligo.** LOC. VERB. fest. **llevarse de a cuartos.** ▶ ~ **el carajo.** LOC. VERB. supran. **llevarse la chingada.** ▶ ~ **el demonio.** LOC. VERB. supran. fam. Ser alguien o algo objeto de desgracias: "Se lo lleva el demonio con las deudas que tiene". ▶ ~ **el diablo.** LOC. VERB. **llevarse el demonio.** ▶ ~ **el tren.** LOC. VERB. eufem. **llevarse la chingada.** ▶ ~ **entre las espuelas.** LOC. VERB. **llevarse entre las patas.** ▶ ~ **entre las patas.** LOC. VERB. fam. Causar daño a un tercero, generalmente sin querer: "El carro se llevó entre las patas el anuncio de publicidad". ▶ ~ **la chingada.** LOC. VERB. **1.** malson. Ser alguien o algo objeto de desgracias; cargarse la chingada: "Desde que la despidieron del trabajo, se la llevó la chingada". || **2.** malson. Morir alguien; cargarse la chingada: "Era muy vicioso, por eso se lo llevó la chingada". ▶ ~ **la tiznada.** LOC. VERB. supran. **llevarse la chingada.** ▶ ~ **la tostada.** LOC. VERB. eufem. **llevarse la chingada.** ▶ ~ **pesado.** LOC. VERB. fam. Tratarse dos o más personas con exceso de confianza y familiaridad: "Muchachos, no se lleven pesado porque luego comienzan las peleas". ▶ ~ **Pifas.** LOC. VERB. eufem. **llevarse la chingada.** ▶ ~ **su puta madre.** LOC. VERB. **llevarse la chingada.** ■ EXPR. **el que se lleva se aguanta.** fam. Se usa para indicar que quien toma excesos de confianza debe asumir las consecuencias: "No te quejes, le quitaste la novia a tu primo, el que se lleva se aguanta". ▶ **¡me lleva la chicharra!** eufem. **¡me lleva la chingada!** ▶ **¡me lleva la chingada!** supran. malson. Se usa para manifestar gran enojo ante una situación adversa: "¡Me lleva la chingada!, no me dieron el apoyo que pedí". ▶ **¡me lleva la que me trajo!** supran. eufem. **¡me lleva la chingada!** ▶ **¡me lleva la verga!** vulg. **¡me lleva la chingada!**

llevársela. ■ LOC. ~ **de (a) pechito.** LOC. VERB. **llevársela leve.** ▶ ~ **leve.** LOC. VERB. **1.** fam. Actuar o hacer algo despreocupadamente: "Me tocó trabajar en domingo, pero me la llevé leve". || **2.** fam. Actuar o hacer algo con calma: "Llévatela leve con el trabajo, tenemos mucho tiempo para entregarlo". ▶ ~ **suave.** LOC. VERB. **llevársela leve.**

llora. ■ LOC. ~ **sangre.** LOC. SUST. Arbusto o árbol originario de América, de hasta 7 m de altura, monoico; tallos quebradizos, produce un látex color amarillo o anaranjado; hojas alternas, muy variables en forma y tamaño, por lo general divididas en lóbulos irregulares, frecuentemente concentradas en los extremos de las ramas; flores hermafroditas, pequeñas y numerosas, purpurinas, pétalos ausentes, de 12 a 16 estambres, flores arregladas en panículas terminales; frutos capsulares, elipsoides, cafés o negros; semillas pequeñas, de cafés a negras, con un tejido pulposo en la base; uso ornamental; cortezas, uso como colorante; látex, uso en la medicina tradicional. Familia de las papaveráceas, *Bocconia frutescens.* (También se llama calderón, manalote).

lloradera. ■ F. supran. Petición insistente con el fin de conmover y obtener algún beneficio de alguien.

lloradero. ■ M. **lloradera.**

llover. ■ LOC. ~ **a jicarazos.** LOC. VERB. fam. Caer la lluvia de manera intensa: "Llueve a jicarazos en el sureste del país".

lloverle. ■ INTR. supran. fam. Ocurrirle a alguien una serie de adversidades: "Al equipo le llovió toda la temporada, quedaron en último lugar del torneo". ■ LOC. **~ duro y tupido.** LOC. VERB. **lloverle.** ▷ **~ en su milpa.** LOC. VERB. **lloverle.** ▷ **~ en su milpita.** LOC. VERB. **lloverle.**

lobo, ba. ■ ADJ. *Referido a un equino,* de color bayo oscuro, con la crin, la cola y las patas más oscuras: "Esa yegua loba ganó todas las carreras".

locación. ■ F. supran. Lugar en que se realiza la filmación de una película, una telenovela, una serie de televisión, etcétera.

locadio, dia. (Juego de palabras entre Leocadio y loco). ■ ADJ. supran. fest. *Referido a persona,* que está o se comporta como loca: "Tu amigo es muy locadio cuando conduce". Ú.t.c.sust.: "Tu amigo es un locadio cuando conduce".

lochi. ■ ADJ. **1.** fam. *En el Noroeste, referido a persona,* que tiene joroba: "Lilia parece más bajita porque está muy lochi". ■ COM. **2.** fam. *En el Noroeste,* persona que tiene joroba: "Lilia parece más bajita porque es una lochi".

loco, ca. ■ ADJ. **1.** supran. *Referido a persona,* coqueta: "Miguel anduvo de loco con Cristina toda la noche". || **2.** supran. *Referido a persona,* que está bajo los efectos de alguna droga. Ú.t.c.sust. || **3.** supran. Propio de la persona **loca**: "Esa actitud loca de Ariel nos sorprendió a todos". ■ M. y F. **4.** supran. Amigo, camarada: "A esta loca la conozco desde la secundaria". || **5.** supran. Persona indeterminada: "Afuera estaba un loco que no dejaba de mirarnos". ■ LOC. **de locos.** LOC. ADJ. **1.** fam. *Referido a algo,* caótico: "Hoy el tráfico está de locos". || **2.** fam. *Referido a algo,* muy intenso: "Llegó el invierno y con él, un frío de locos".

locochón, na. ■ ADJ. **1.** fam. Que rompe con los límites establecidos; atrevido: "El fin de semana fuimos a una fiesta locochona en la playa". || **2.** fam. Innovador, vanguardista o que sigue las últimas tendencias: "Es una generación locochona". || **3.** fam. Gracioso: "Su perrito está muy locochón". || **4.** fam. *Referido a persona,* que está bajo los efectos de alguna droga. Ú.t.c.sust.

locote, ta. ■ ADJ. fam. *Referido a persona,* que está bajo los efectos de alguna droga. Ú.t.c.sust.

locuaz. ■ ADJ. **1.** fest. *Referido a persona,* que está o se comporta como loca: "Ese señor locuaz empezó a soltar golpes". || **2.** fest. *Referido a persona,* que va más allá de los límites establecidos; atrevido: "Liz es muy locuaz, se fue a viajar sola durante dos años". || **3.** fest. Propio de la persona **locuaz**: "La actitud locuaz de Ariel nos sorprendió a todos". ■ COM. **4.** fest. Persona que está o se comporta como loca: "Nadia es una locuaz, empezó a gritar por toda la calle". || **5.** fest. Persona que va más allá de los límites establecidos; atrevido: "Él es un locuaz, siempre anda en ropa interior por toda la casa".

lodero. ■ M. jerg. Albañil encargado de transportar la mezcla en la construcción.

loma. ■ F. supran. *En el beisbol,* sitio en el centro del campo de juego desde donde el pícher lanza la pelota.

lombricera. ■ F. supran. *En el Sureste, en la medicina tradicional,* remedio a base de epazote para combatir las lombrices intestinales.

lombriciento, ta. ■ ADJ. **1.** *Referido a persona,* que tiene aspecto enfermizo, pálida y extremadamente delgada: "Esa niña lombricienta todos los días está cansada". Ú.t.c.sust.: "La niña es una lombricienta, todos los días está cansada". || **2.** supran. *Referido a alguien,* que tiene parásitos intestinales: "El perro lombriciento ya no quiere comer". Ú.t.c.sust.: "Ese perro es un lombriciento, ya no quiere comer". || **3.** supran. *Referido a persona,* que tiene corta edad: "Ese muchacho lombriciento ya viene a pedir dinero". Ú.t.c.sust.: "Es un lombriciento y ya viene a pedir dinero".

lometón. ■ M. supran. Loma pequeña.

lomillo. ■ M. supran. *En la charrería,* pieza de la silla de montar que va colocada sobre el lomo del caballo y que consiste en dos almohadillas de cuero rellenas de junco, afianzadas a la carona con una correa.

lomudo, da. ■ ADJ. supran. fam. *Referido a persona,* robusta: "Un señor muy lomudo me ayudó a cargar mis maletas". Ú.t.c.sust.: "Un lomudo me ayudó a cargar mis maletas".

lonch. ■ M. **lonche.**

lonchar. ■ INTR. **lonchear.**

lonche. ■ M. **1.** *En el Occidente,* comida que se prepara con una pieza de pan, por lo regular bolillo o telera, abierta, cuyas mitades se untan generalmente con frijoles, crema, mayonesa o mostaza, entre las que se ponen diversos ingredientes, como jamón, queso o carne, y se le añaden acompañantes, como chile, jitomate, aguacate, lechuga y cebolla, entre otros; torta. || **2.** supran. Provisión de alimento que se lleva a la escuela, al trabajo, a un viaje, etc., y que generalmente se consume a mediodía.

lonchear. ■ INTR. supran. Comer el lonche.

lonchera. ■ F. supran. Contenedor portátil con asa o correa en que se lleva el lonche.

lonchería. ■ F. supran. Establecimiento donde se sirven comidas ligeras como jugos, licuados, sándwiches, etcétera.

lonja. ■ F. supran. Pliegue de grasa que se forma en alguna parte del cuerpo, generalmente alrededor de la cintura.

loquera. ■ F. **1.** Acto absurdo, fuera de lo normal. || **2.** jerg. Ingesta recreativa de estupefacientes. || **3.** supran. Privación del juicio; locura. || **4.** supran. Exaltación del ánimo producida por alguna actividad excesiva o extraordinaria.

loquito. ■ M. Ave originaria de América, de hasta 10 cm de longitud; macho de color azul negro lustroso, con una mancha blanca en la unión del ala al cuerpo, pico con borde derecho y punta aguda; hembra de color pardo, con partes ventrales claras que tienen rayas de color pardo oscuro. Familia de los tráupidos del orden Passeriformes, *Volatinia jacarina.* (También se llama brincador, semillerito).

lorenza. ■ F. Véase **lorenzo, za.**

lorenzana. ■ F. *En la charrería*, parte frontal del ala de un sombrero charro.

lorenzo, za. ■ ADJ. (Juego de palabras entre Lorenzo y loco). **1.** supran. fest. *Referido a persona*, que está o se comporta como loca: "Ese señor está muy lorenzo, se puso a gritar en medio de la calle". Ú.t.c.sust.: "Es un lorenzo, se puso a gritar en medio de la calle". || **2.** supran. fest. *Referido a persona*, tonta: "Qué lorenza eres, perdiste otra vez las llaves". Ú.t.c.sust.: "Eres una lorenza, perdiste otra vez las llaves". || **3.** supran. fest. Propio de la persona **lorenza**: "No empieces con tus costumbres lorenzas porque espantas a todos". ■ F. **4.** *En Sonora*, tortilla de maíz tostada con carne y queso; se sirve generalmente con aguacate y salsa.

loreto, ta. (Juego de palabras entre Loreto y loco). ■ ADJ. **1.** supran. fest. *Referido a persona*, que está o se comporta como loca; lucas: "Ese señor está muy loreto, se puso a gritar en medio de la calle". Ú.t.c.sust.: "Es un loreto, se puso a gritar en medio de la calle". || **2.** supran. fest. *Referido a persona*, tonta; lucas: "Qué loreta eres, perdiste otra vez las llaves". Ú.t.c.sust.: "Eres una loreta, perdiste otra vez las llaves". || **3.** supran. fest. Propio de la persona **loreta**: "No empieces con tus costumbres loretas porque espantas a todos".

lorito. ■ LOC. **~ huasteco.** LOC. SUST. Perico originario de América, de hasta 36 cm de longitud; con pico y patas grises; ojos amarillos más o menos oscuros y anillo ocular gris claro; plumaje verde lustroso con lores y frente rojas; corona con la parte anterior azul, cachetes amarillos; alas primarias y secundarias azules en la punta, con manchón rojo en las secundarias externas; con cola corta. Familia de los psitácidos del orden Psittaciformes, *Amazona autumnalis*.

lotificación. ■ F. supran. División de un terreno en lotes.

lotificar. ■ TR. supran. Dividir un terreno en lotes: "Era una extensión de tierra muy grande y la lotificamos para sacarle más provecho".

lucas. (Juego de palabras entre Lucas y loco). ■ ADJ. **1.** supran. fest. *Referido a persona*, que está o se comporta como loca; lurias: "Estás muy lucas si piensas que le volveré a hablar después de lo que me hizo". || **2.** supran. fest. Propio de la persona **lucas**: "Las ocurrencias de mi abuela estaban muy lucas". ■ COM. **3.** supran. fest. Persona que está o se comporta como loca: "Lola, eres una lucas si piensas que le volveré a hablar después de lo que me hizo".

lucerillo. ■ M. rur. Mancha blanca que tienen en la frente algunos animales, generalmente los caballos; lucero.

lucida. ■ F. **1.** Exhibición ridícula: "Qué lucida se dio Claudia cuando se cayó en las escaleras". || **2.** supran. Lucimiento personal: "Me di una lucida con el jefe porque le entregué el informe una semana antes".

luego. ■ ADV. De vez en cuando; a veces: "Yo no bebo, pero luego sí me echo un tequilita". ■ LOC. **luego luego.** LOC. ADV. supran. Inmediatamente; enseguida: "Luego luego de que te fuiste, llegó mi primo".

luín. ■ M. Árbol originario de América, de hasta 30 m de altura, monoico; tallos lisos, con pubescencia diminuta; hojas alternas, simples, de elípticas a ovadas, con márgenes enteros, glabras en la madurez, coriáceas; flores hermafroditas, diminutas, con cinco lóbulos, color crema, agrupadas de diez a 15 en cimas axilares; frutos drupáceos, globosos, densamente pubescentes, verdes o pardos amarillentos. Familia de las ulmáceas, *Ampelocera hottlei.* (También se llama aguacatillo, cautivo, cuerillo).

luis. ■ LOC. **~ bienteveo.** LOC. SUST. Ave originaria de América, de hasta 25 cm de longitud; con plumaje amarillo intenso en pecho y abdomen; garganta de color blanco, dorso de color café verdoso con dos franjas blancas a modo de cejas; se alimenta principalmente de insectos. Familia de los tiránidos del orden Passeriformes, *Pitangus sulphuratus.* (También se llama bienteveo, chalangandina, chepitofué, comechile, cristofué, justofué). ▷ **~ gregario.** LOC. SUST. Ave originaria de América, de hasta 18 cm de longitud; de color verde olivo oscuro, con alas y cola pardas; con el pico corto de color negro, cabeza gris oscura, con una línea blanca muy marcada sobre los ojos; frente gris y blanquecina, garganta blanca; insectívora. Familia de los tiránidos del orden Passeriformes, *Myiozetetes similis.*

luna. ■ F. supran. Raíz de la uña, de color blanquecino y en forma de arco. ■ LOC. **~ maciza.** LOC. SUST. fam. Luna llena. ▷ **~ tierna.** LOC. SUST. supran. Luna nueva.

lunada. ■ F. supran. Fiesta o reunión nocturna al aire libre, en la que generalmente se enciende una hoguera.

lunch. [*lónch*] ■ M. **lonche.**

luneta. ■ F. **1.** (De Lunetas®). Gragea de chocolate confitado con caramelo. || **2.** supran. Patio de butacas en un centro de espectáculos.

luriarse. ■ INTR. PRNL. *En Sinaloa,* enamorarse una persona: "Él se lurió de su vecina".

lurias. ■ ADJ. **1.** supran. fest. *Referido a persona,* que está o se comporta como loca; lucas: "Sus hermanos están muy lurias, siempre hacen cosas extrañas". || **2.** supran. fest. Propio de la persona **lurias**: "Las travesuras lurias de mis hermanos siempre son muy extrañas". ■ COM. **3.** supran. fest. Persona que está o se comporta como loca; lucas: "Sus hermanos son unos lurias, siempre hacen cosas extrañas".

lurio, ria. ■ ADJ. **1.** *En Sinaloa, referido a persona,* enamorada: "Él está muy lurio de mi hermana". || **2.** supran. fest. *Referido a persona,* que está o se comporta como loca: "Su hermano está muy lurio, siempre hace cosas extrañas". Ú.t.c.sust.: "Su hermano es un lurio, siempre hace cosas extrañas". || **3.** supran. fest. Propio de la persona **luria**: "Las travesuras lurias de mis hermanos siempre son muy extrañas".

luz. ■ F. supran. Porción de cabello teñida de un color semejante o más claro al resto de la cabellera. Ú.m.e.pl. ■ LOC. **~ alta.** LOC. SUST. supran. *En un automóvil,* la de largo alcance: "Prende las luces altas porque hay neblina". ▷ **~ baja.** LOC. SUST. supran. *En un automóvil,* la de corto alcance: "Hay que poner las luces bajas para no molestar en la autopista". ■ EXPR. **ni sus luces.** supran. Se usa para manifestar que alguien está ausente: "Teníamos que hacer la tarea juntas y mi amiga, ¡ni sus luces!".

lycra. [*líkra*] (De Lycra®). ■ F. supran. Pantalón ajustado de fibra elástica.

L

M

macabí. ■ M. supran. Pez marino de distribución en aguas tropicales próximas a la costa, de hasta 1 m de longitud; con cuerpo compacto y fusiforme; plateado con las aletas más oscuras, con la base de las aletas pectorales de color amarillo. Familia de los albúlidos del orden Albuliformes, *Albula vulpes.* (También se llama macabil).

macabil. ■ M. **macabí.**

macachí. ■ INTERJ. **¡macachí!** *En Yucatán,* se usa para silenciar a alguien: "¡Macachí!, que la abuela está durmiendo".

macalancoso, sa. ■ ADJ. rur. *En el Sureste, referido a alguien,* de salud quebrantada; achacoso: "Mi sobrina Jacinta siempre ha sido muy macalancosa". Ú.t.c.sust.: "Mi sobrina Jacinta siempre ha sido una macalancosa".

macana. ■ ADJ. **1.** malson. *Referido a persona,* hábil en alguna actividad. ■ F. **2.** malson. Persona hábil en alguna actividad: "Roberto es una macana para las carreras". || **3.** supran. Garrote grueso de madera dura o de hule comprimido. || **4.** supran. vulg. Pene.

macanear. ■ TR. supran. Golpear con la macana o garrote.

macaneo. ■ M. supran. Golpe que se da con la macana o garrote.

macaniza. ■ F. Golpiza dada con la macana o garrote.

macanudo. ■ ADJ. supran. vulg. *Referido a un hombre,* de macana o pene grande. Ú.t.c.sust.

macarena. ■ LOC. **~ mexicana.** [*mejikána*] LOC. SUST. Pez marino de distribución en el Pacífico, de hasta 50 cm de longitud; con cuerpo alargado, con el dorso de color azul oscuro y el vientre plateado; comestible. Familia de los carángidos del orden Perciformes, *Decapterus hypodus.* (También se llama charro).

macarrón. ■ M. Dulce elaborado con leche, azúcar y huevo, en forma de cilindro.

macayo. ■ M. Árbol originario de México, de hasta 25 m de altura, monoico; troncos gruesos, con corteza escamosa, de color café rojizo; hojas alternas, divididas de tres a cinco pares de foliolos y uno terminal, de elípticos a lanceolados, membranáceos; flores hermafroditas, vistosas, perfumadas, con cinco pétalos color de rosa a violeta, con una mancha blanca, flores arregladas en racimos; frutos en vainas de ovoides a globosas, secos, muy rugosos, de color café oscuro a negro; semillas numerosas, blancas, globosas, envueltas por una capa papirácea; semillas, uso en la medicina tradicional; troncos, uso industrial. Familia de las leguminosas, *Andira galeottiana.*

macegual. Véase **macehual.**

macehual. ■ ADJ. **1.** *En el Sureste,* perteneciente o relativo a los indígenas mayas de la península de Yucatán que habitan en las zonas rurales y son descendientes de los rebeldes que huyeron a la selva tras luchar en la guerra de castas: "Ha llovido mucho en la zona macehual". || **2.** *En el Sureste, referido a indígena maya de la península de Yucatán,* que habita en las zonas rurales y que es descendiente de los rebeldes que huyeron a la selva tras luchar en la guerra de castas: "Muchas jóvenes macehuales estudian en Cancún". ■ COM. **3.** *En el Sureste,* indígena maya de la península de Yucatán que habita en las zonas rurales y que es descendiente de los rebeldes que huyeron a la selva tras luchar en la guerra de castas: "Muchas macehuales estudian en Cancún". || **4.** supran. Trabajador de baja condición social que desempeña labores de campo; jornalero: "Este macehual es el encargado de mover los costales de grano al almacén".

maceta. ■ F. supran. fest. Cabeza de una persona.

macha. ■ ADJ. supran. despect. Lesbiana. Ú.t.c.sust.

machaca. ■ F. **1.** Carne salada de res, secada al sol, deshebrada y machacada; típica del Norte. || **2.** Guiso elaborado con **machaca** y verdura; típico del Norte.

machacado. ■ M. **1.** Guiso elaborado con machaca, huevo y verdura; típico del Norte. || **2.** *En Veracruz,* bebida refrescante elaborada con fruta en trozos, azúcar y hielo picado.

machacuana. ■ F. Hierba trepadora originaria de América, de hasta 10 m de longitud, monoica; base leñosa, partes jóvenes herbáceas, que al romperlas liberan un látex blanquecino; hojas simples, alternas, ovales o acorazonadas, membranáceas; flores hermafroditas, vistosas, campanuladas, de azules a púrpuras con partes blancas, agrupadas en racimos axilares; frutos capsulares, globosos, pardos; semillas ovoides, pardas o de color negro, con pelos cortos en toda la superficie, con uso ceremonial. Familia de las convolvuláceas, *Ipomoea violacea.* (También se llama gloria de la mañana, semilla de la virgen).

machao. ■ M. Árbol originario de México y Centroamérica, de hasta 20 m de altura, monoico; troncos ligeramente torcidos; ramas oblicuas y gruesas; hojas opuestas, divididas en numerosos foliolos falcados, pequeños, el eje principal con pelos, la hoja a menudo con una glándula en la base y a veces en la punta; flores hermafroditas, diminutas, de color crema verdoso, aromáticas, dispuestas en espigas densas, axilares; frutos en vainas alargadas, aplanadas, de textura aterciopelada; semillas numerosas, elipsoides, aplanadas de color café oscuro, lustrosas; follaje y vainas, uso forrajero; semillas, uso en la medicina tradicional; troncos, uso industrial. Familia de las leguminosas, *Lysiloma acapulcense.* (También se llama guaje, huaje, tepehuaje).

machero, ra. ■ ADJ. **1.** supran. fam. *Referido a alguien,* que engendra únicamente machos o varones: "Luis fue muy machero, tuvo cinco hombres". Ú.t.c.sust.: "Luis fue un machero, tuvo cinco hombres". ■ M. y F. **2.** rur. Persona que se dedica a cuidar el ganado mular. ■ M. **3.** rur. Corral para ganado mular.

machetear. ■ INTR. **1.** Reflexionar sobre algo con insistencia: "En la cafetería, ellos machetean sobre los problemas de su universidad".

machetearle. ■ INTR. PRNL. **2.** supran. Estudiar alguien con ahínco: "Le macheteamos durísimo para el examen de historia".

macheteo. ■ M. **1.** Reflexión insistente. || **2.** supran. Estudio que se hace con ahínco.

machetero, ra. ■ ADJ. **1.** supran. *Referido a persona,* que se esfuerza con ahínco en sus labores, generalmente en el estudio: "Nora es muy machetera y saca puro diez en las tareas". Ú.t.c.sust.: "Nora es una machetera y saca puro diez en las tareas". ■ M. y F. **2.** Miembro de la tripulación de un camión o de un ferrocarril que se dedica a la carga y descarga de la mercancía; estibador.

machetiza. ■ F. **1.** Tarea de recolección o de limpieza realizada con un machete. || **2.** Conjunto de machetazos que alguien da a otro. || **3.** Golpiza.

machetón, na. ■ ADJ. **1.** *En el Noreste, referido a persona,* que trabaja sin esmero: "Leticia es muy machetona, por eso no consigue trabajo". Ú.t.c.sust.: "Leticia es una machetona, por eso no consigue trabajo". ■ M. **2.** supran. *En el Sureste,* árbol originario de México y Centroamérica, de hasta 10 m de altura, monoico; tallos cilíndricos,

M

delgados y lisos; hojas alternas, compuestas de seis a diez foliolos, de lanceolados a ovados; flores hermafroditas, pequeñas y blanquecinas, con estambres numerosos, vistosos, fusionados en un tubo de color blanco, flores dispuestas en umbelas fasciculadas; frutos en vainas, de rectas a curvadas, aplanadas o ligeramente cilíndricas; semillas elipsoides, cubiertas por un arilo carnoso, de color blanco. Familia de las leguminosas, *Inga paterno.* (También se llama jinicuil). || **3.** supran. *En el Sureste,* semilla del **machetón**; comestible.

machetona. ■ ADJ. **1.** fam. Lesbiana. Ú.t.c. sust. || **2.** supran. *Referido a una mujer,* que gusta de realizar actividades habitualmente atribuidas a los hombres: "Brenda es muy machetona, hace albañilería y plomería". Ú.t.c.sust.: "Brenda es una machetona, hace albañilería y plomería".

machi. ■ F. *En Veracruz,* fórmula de tratamiento para dirigirse con confianza a una mujer: "Qué onda, machi, ya no te había visto".

machigüe. ■ M. **machihue.**

machihue. ■ M. **1.** rur. Agua para enjuagar las manos antes y durante la molienda del maíz o la elaboración de los productos con masa de maíz. || **2.** rur. Recipiente que contiene **machihue**.

machihuy. ■ M. **machihue.**

machimbra. ■ F. **machimbre.**

machimbradora. ■ F. supran. Máquina para machimbrar o ensamblar piezas, generalmente de madera, de modo que el saliente de una entre en la hendidura de la otra.

machimbrar. ■ TR. supran. Ensamblar piezas de madera de modo que el saliente de una entre en la hendidura de la otra; machihembrar. "El albañil machimbró las piezas del piso de la sala".

machimbre. ■ M. **1.** supran. Técnica de ensamblaje de piezas, generalmente de madera, de modo que el saliente de una entre en la hendidura de la otra. || **2.** supran. Conjunto de piezas ensambladas con esta técnica.

machín. ■ ADJ. **1.** fam. *Referido a un hombre,* que tiene una actitud prepotente con las mujeres; macho: "Es muy machín y aun así lo soporta su mujer". Ú.t.c.sust.: "Es un machín y aun así lo soporta su mujer". || **2.** despect. *Referido a un hombre homosexual,* que aparenta no serlo. Ú.t.c.sust. ■ M. **3.** fam. Varón: "Mis abuelos solo tuvieron machines". ■ ADV. **4.** fam. Hábilmente: "Polo sabe jugar muy machín al futbolito". || **5.** fam. Mucho: "A mí me laten machín las canciones gruperas".

machín, na. ■ ADJ. **1.** fam. *Referido a algo,* difícil: "El examen de gramática estuvo muy machín". || **2.** fam. *Referido a algo,* muy bueno: "La comida del viernes estuvo machina". || **3.** fam. *Referido a persona,* que se comporta de manera decidida: "Mi hermana es muy machina, no se va a rajar". Ú.t.c.sust.: "Mi hermana es una machina, no se va a rajar". || **4.** fam. Propio de la persona **machina**: "Tu actitud machina siempre me sorprende". ■ M. y F. **5.** fam. Persona indeterminada: "Ese machín está preguntando por ti, ¿lo conoces?". || **6.** fest. Pareja sentimental: "Te aviso que voy con mi machina a la cena". || **7.** fam. Fórmula de tratamiento entre amigos: "Oye, machín, préstame cien pesos".

machina. ■ ADJ. **1.** *Entre homosexuales, referido a un hombre homosexual,* que aparenta no serlo. ■ F. **2.** *Entre homosexuales,* hombre homosexual que aparenta no serlo.

machincuepa. ■ F. **1.** fam. Cambio oportunista de partido político o de opinión; maroma: "Ese dirigente es famoso por las machincuepas que ha hecho desde hace diez años". || **2.** fam. Trabajo o proceso lleno de complicaciones; maroma: "Cobrar el seguro fue toda una machincuepa". || **3.** supran. Pirueta; maroma: "En el campamento hicimos un concurso de machincuepas".

machirrín. ■ ADJ. **1.** fam. *Referido a un hombre,* que tiene una actitud prepotente con las mujeres; macho: "Es muy machirrín y aun así lo soporta su mujer". Ú.t.c.sust.: "Es un machirrín y aun así lo soporta su mujer". || **2.** despect. *Referido a un hombre homosexual,* que aparenta no serlo. Ú.t.c.sust.

machirrín, na. ■ ADJ. fam. *Referido a persona,* que se comporta de manera decidida: "Eugenia es muy machirrina, no se va a rajar". Ú.t.c.sust.: "Eugenia es una machirrina, no se va a rajar".

machis. ■ F. **machi.**

machito. ■ M. Intestino troceado de borrego, cabrito, res o cerdo que se come frito o asado. Ú.m.e.pl.

macho. ■ ADJ. **1.** *Referido a un hombre*, que tiene una actitud prepotente con las mujeres; machista: "Mis primos tratan mal a sus esposas, son muy machos". Ú.t.c.sust.: "Mis primos tratan mal a sus esposas, son unos machos". ■ M. **2.** supran. rur. Grano de arroz con cáscara. ■ LOC. **a lo (mero) ~.** LOC. ADV. **1.** supran. fam. A la brava, sin contemplaciones: "Juan me dijo a lo mero macho que estaba mal mi trabajo". || **2.** supran. fam. De verdad, sinceramente: "A lo macho, mañana te pago la tanda". ▷ **a lo puro ~.** LOC. ADV. **a lo (mero) macho.**

machomenos. (Juego de palabras entre macho y más o menos). ■ ADJ. **1.** supran. fest. *Referido a un hombre*, homosexual. || **2.** supran. fest. *Referido a un hombre*, afeminado. ■ M. **3.** supran. fest. Hombre homosexual. || **4.** supran. fest. Hombre afeminado.

machote. ■ M. **1.** Señal que se pone para medir los destajos en las minas. || **2.** supran. Formulario con espacios en blanco para rellenar. || **3.** supran. Modelo, generalmente de un documento, para imitarlo y ajustarlo a necesidades particulares. ■ LOC. **de ~.** LOC. ADJ. Que se realiza siempre de la misma manera: "Luis pinta cuadros de machote, son todos iguales".

machuache. Véase **macuache.**

machucada. ■ F. Acción y resultado de machucar o machucarse.

machucadura. ■ F. **machucada.**

machucar. ■ TR. **1.** supran. Dañar una parte del cuerpo, generalmente los dedos, por la compresión entre dos objetos sólidos: "Sergio le machucó el meñique a Lilián con la puerta". || **2.** supran. Atropellar a alguien: "El taxista machucó al joven de la bicicleta y lo mandó al hospital". || **3.** supran. Maltratar algo al pisarlo: "Alejandro machucó las flores que se le cayeron al ramo". || **4.** supran. *En el beisbol*, no golpear de lleno la pelota el bateador: "Benjamín no es tan bueno, siempre machuca la pelota".

machucarse. ■ INTR. PRNL. **5.** vulg. Practicar el coito, especialmente las lesbianas.

machuco, ca. ■ ADJ. *Referido a persona*, que por su edad está llena de socarronería y experiencia: "A sus años, doña Leonor es bastante machuca; da buenos consejos". Ú.t.c.sust.: "A sus años, doña Leonor es una machuca; da buenos consejos".

machucón. ■ M. **1.** Daño provocado a una parte del cuerpo, generalmente los dedos, por la compresión entre dos objetos sólidos: "El viento azotó la puerta cuando la iba a cerrar y me di un machucón en el meñique". || **2.** Golpe con un martillo u otra herramienta que alguien se da: "Se me cayó el cincel y me di un machucón en el pie". || **3.** supran. Hecho de aplastar o machacar algo: "Con un buen machucón a los jitomates y a los chiles, la salsa queda sabrosa". || **4.** supran. *En el beisbol*, desplazamiento corto de la pelota en el terreno: "Benjamín solo le da machucones a la bola, por eso no es tan bueno".

machuelo. ■ M. *En el Occidente*, borde de la banqueta o acera.

maciza. ■ F. Véase **macizo, za.**

macizo, za. ■ ADJ. **1.** fam. *Referido a persona*, que está bajo los efectos de la mariguana. Ú.t.c.sust. || **2.** supran. fam. *Referido a alguien*, que tiene mucha resistencia: "Francisco aguantó todo el maratón porque está muy macizo". ■ F. **3.** Porción de carne magra. || **4.** vulg. Pene.

maclura. ■ F. **1.** Árbol originario de México y Centroamérica, de hasta 30 m de altura, dioico; tallos y ramas con espinas axilares, rectas y agudas, látex blanquecino; hojas simples, alternas, elípticas u obovadas, haz pubescente, con margen aserrado; flores unisexuales, pequeñas, verdosas: las femeninas arregladas en cabezuelas globosas, las masculinas arregladas en racimos alargados; frutos aquénicos, de globosos a lentiformes, de color amarillo verdoso, con pulpa jugosa; uso industrial; cortezas, uso en la extracción de taninos y en la medicina tradicional. Familia de las moráceas, *Maclura tinctoria*. (También se llama palo de mora, yagahuil). || **2.** Fruto de la **maclura**; comestible.

macochín. ■ M. **1.** *En el Noroeste*, árbol originario de América, de hasta 20 m de altura, monoico; tallos muy robustos, de copas muy anchas y frondosas, ramas espinosas; hojas alternas, divididas en cuatro foliolos, de ovados a elípticos, glabros; flores hermafroditas, pequeñas, tubulares, de blancas a verdosas, agrupadas en cabezuelas, con numerosos

M

estambres blancos; frutos en vainas, enroscadas, en forma de rosario, pubescentes, rojizas; semillas ovoides, cafés, rodeadas de un arilo de blanco a rosado; uso industrial y en la medicina tradicional. Familia de las leguminosas, *Pithecellobium dulce*. (También se llama guamuche, guamúchil, huamuche, huamúchil, muchite). || **2.** *En el Noroeste,* fruto del **macochín**; comestible.

mactá. ■ ADJ. **1.** despect. *En Yucatán, referido a persona,* despreciable: "El vecino era muy mactá, trataba mal a sus mascotas". ■ COM. **2.** despect. *En Yucatán,* persona despreciable: "El vecino era un mactá, trataba mal a sus mascotas".

macuache. ■ ADJ. **1.** despect. *Referido a persona, generalmente indígena,* que no tiene instrucción: "Siempre he sido muy macuache, no me salen las cuentas". || **2.** *En el Occidente, referido a algo,* de mala calidad: "Compré una tele macuache y se descompuso en tres meses". || **3.** *En el Occidente, referido a algo,* mal hecho: "La costura te quedó muy macuache, vuélvela a hacer". || **4.** *En el Occidente, referido a persona,* que hace las cosas con descuido: "El muchacho macuache descompuso la máquina". ■ COM. **5.** despect. Persona, generalmente indígena, que no tiene instrucción: "Siempre he sido una macuache y despistada, no me salen las cuentas". || **6.** *En el Occidente,* persona que hace las cosas con descuido: "David es un macuache y ya descompuso la máquina".

macuarreada. ■ F. **1.** fam. Cosa, expresión o acción propia de un macuarro. || **2.** fam. Hecho de realizar trabajos pesados, especialmente de albañilería.

macuarrear. ■ INTR. **1.** despect. Hacer cosas propias de un macuarro. || **2.** fam. Realizar trabajos pesados, especialmente de albañilería: "Contrataron a dos nuevos albañiles para que macuarreen en la obra negra".

macuarro, rra. ■ ADJ. **1.** Vulgar o de mal gusto; naco: "Este vestido está muy macuarro, mejor busco otro". || **2.** despect. *Referido a persona,* que tiene escasa instrucción escolar; naco: "Raquel es muy macuarra, no terminó la primaria". Ú.t.c.sust.: "Raquel es una macuarra, no terminó la primaria". || **3.** despect. *Referido a persona,* de pésimos modales; naco: "Ramón es muy macuarro, mastica con la boca abierta". Ú.t.c.sust.: "Ramón es un macuarro, mastica con la boca abierta". || **4.** despect. *Referido a persona,* que se percibe como indígena; naco. Ú.t.c. sust. || **5.** supran. despect. *Referido a persona,* de bajos recursos; naco: "Mis compañeros macuarros no pudieron pagar el pasaje". Ú.t.c.sust.: "Los macuarros no pudieron pagar el pasaje". ■ M. y F. **6.** despect. Ayudante que desempeña trabajos menores, especialmente el que auxilia a un albañil.

macuche. ■ ADJ. **1.** **macuache.** ■ M. **2.** *En el Noroeste,* tabaco. || **3.** *En el Noroeste,* cigarrillo hecho especialmente para ceremonias rituales indígenas y tratamientos de medicina tradicional.

macuco, ca. ■ ADJ. **1.** fam. Bonito: "El bordado de tu carpeta te quedó muy macuco". || **2.** *En Chihuahua, referido a persona,* vieja: "El maestro Javier ya está muy macuco, se le olvida lo que estaba explicando". Ú.t.c. sust.: "El maestro Juan ya es un macuco, se le olvida lo que estaba explicando".

macuilís. ■ ADJ. **1.** fam. *Referido a un niño,* más pequeño que el promedio: "Mi sobrinita Lucía está toda macuilís, el vestidito le quedó grande". ■ M. **2.** Árbol originario de América, de hasta 25 m de altura, monoico; troncos erectos con corteza ligeramente acanalada; hojas opuestas, palmadas, divididas en cinco foliolos lanceolados o elípticos, cuatro inferiores pequeños y el terminal más grande, con margen entero; flores hermafroditas, vistosas, violáceas, rosadas o blancas, tubulares, agrupadas en inflorescencias paniculadas; frutos capsulares estrechos, cilíndricos, de color café, con dos suturas laterales; semillas numerosas, blanquecinas, aplanadas y aladas; uso ornamental; cortezas y hojas, uso en la medicina tradicional. Familia de las bignoniáceas, *Tabebuia rosea*. (También se llama amapa, apamate, palo de rosa, roble blanco). ■ COM. **3.** fam. Niño más pequeño que el promedio: "Mi sobrinita Lucía es una macuilís, el vestidito le quedó grande".

macús. ■ M. Planta herbácea originaria de México y Centroamérica, de hasta 1 m de altura, monoica; raíces fibrosas y tuberosas, globosas; hojas simples, alternas, con un largo peciolo envainante, láminas de hasta 60 cm de largo, de oblongas a oblongas elípticas; flores hermafroditas, pequeñas, de color irregular, de blancas, verdosas, amarillo pálido a violetas, arregladas en un racimo corto y globoso con numerosas brácteas de color blanco o verde claro; frutos capsulares, elipsoides; semillas de color amarillo verdoso; comestible. Familia de las marantáceas, *Calathea allouia*.

macuteno, na. ■ M. y F. fam. Ladrón.

maderismo. ■ M. Corriente de pensamiento político antirreeleccionista encabezada por Francisco I. Madero.

maderista. ■ ADJ. **1.** Perteneciente o relativo al maderismo: "El movimiento maderista dio lugar a la Revolución mexicana". || **2.** *Referido a persona*, partidaria o militante del maderismo: "Los hombres maderistas se oponían a la reelección de Porfirio Díaz". ■ COM. **3.** Persona partidaria o militante del maderismo: "Los maderistas eran los opositores de la reelección de Porfirio Díaz".

madral. ■ LOC. **(un) ~ de.** LOC. ADJ. malson. Numeroso, abundante o intenso; mucho: "Tengo un madral de trabajo, por eso no puedo ir". ▶ **un ~.** LOC. ADV. malson. Con demasiada intensidad o frecuencia; mucho: "Te pareces un madral a Matilde".

madrazo. ■ M. supran. malson. Golpe fuerte. ■ LOC. **al ~.** LOC. ADV. malson. Con prisa y descuido: "Hiciste tu tarea al madrazo, por eso te la regresaron". ▶ **de ~.** LOC. ADV. malson. Rápidamente: "Salgo de madrazo para verte en el hospital".

madre. ■ F. **1.** fam. Fórmula de tratamiento para dirigirse a una clienta: "Madre, pásele, la fila está de este lado". || **2.** malson. Acción vil: "La madre que hiciste no tiene nombre". || **3.** malson. Cosa inútil y de poco valor: "En el intercambio me dieron estas madres que no sirven para nada". || **4.** malson. Cosa de mala calidad: "Las madres que compraste se descompusieron el primer día". || **5.** malson. Objeto indeterminado, cuyo nombre se olvida o se desconoce: "Pásame esa madre con la que se aprietan los tornillos". ■ LOC. **con ~.** LOC. ADJ. **1.** malson. Muy bueno; de poca madre: "La carne asada estuvo con madre". || LOC. ADV. **2.** malson. Muy bien; de poca madre: "Daniel jugó con madre en el partido". ▶ **de a madre(s).** LOC. ADV. **1.** malson. Muy bien: "Este carro corre de a madres". || **2.** malson. En abundancia: "Hay fruta de a madres en Colima, mira la que te traje". ▶ **hasta la ~.** LOC. ADJ. **1.** supran. malson. Que ha llegado al límite: "Este estacionamiento está hasta la madre". || **2.** supran. malson. *Referido a persona*, intoxicada con alguna sustancia, generalmente alcohólica: "El vecino llegó hasta la madre, debería moderarse". ▶ **(una) ~ de.** LOC. ADJ. malson. Poco: "Échale nomás una madre de sal a la salsa". ▶ **~ de cacao.** LOC. SUST. supran. **matarratón.** ▶ **~ de maíz.** LOC. SUST. **maíz cimarrón.** ▶ **ni madre(s).** LOC. SUST. supran. malson. Nada: "No me trajo ni madres de su viaje". ▶ **una ~.** LOC. ADV. malson. Un poco: "Es muy inteligente y capaz, pero una madre descuidado". ■ EXPR. **¡a la ~!** malson. **¡en la madre!** ▶ **¡en la ~!** malson. Se usa para manifestar diversos estados de ánimo, especialmente sorpresa o enfado: "¡En la madre!, se me olvidó el dinero en la casa, no podré pagar la inscripción". ▶ **¡ni madre(s)!** **1.** supran. malson. Se usa para negar enfáticamente: "¡Ni madres!, ni te pienses que voy a ayudarte en eso". || **2.** supran. malson. Se usa para manifestar desacuerdo sobre un hecho u opinión: "—Te toca sacar la basura. —¡Ni madres! Yo lo hice ayer". ▶ **¡pa' su ~!** malson. **¡en la madre!**

madres. ■ ADV. **6.** malson. *Pospuesto a ciertos interrogativos y antepuesto a un verbo*, indica la intensidad de la acción expresada: "¿Qué madres quieres?". ■ INTERJ. **¡madres!** malson. Se usa para expresar sorpresa: "¡Madres!, está lloviendo muy fuerte y yo sin paraguas".

madreada. ■ F. Véase **madreado, da.**

madreado, da. ■ ADJ. **1.** malson. *Referido a alguien*, fatigado: "Estuve ayudando en la cocina y terminé toda madreada". ■ F. **2.** malson. Acción y resultado de madrear.

madrear. ■ TR. **1.** malson. Golpear fuertemente a alguien: "Carlos madreó a Ernesto por hocicón". Ú.m.c.prnl.: "Carlos se madreó a Ernesto por hocicón". || **2.** malson. Descomponer algo: "Uriel madreó la tele al intentar

M

repararla". || **3.** malson. Deteriorar algo: "El alcohol le madreó el hígado a mi tío".

madrina. ■ F. **1.** Persona que trabaja como confidente o espía de la policía. || **2.** Mujer que financia algo, generalmente en una fiesta. || **3.** Grúa con una gran plataforma en que se trasportan automóviles nuevos. || **4.** (Juego de palabras entre madrina y madriza). eufem. **madriza.**

madrinola. ■ F. **1.** malson. Cosa insignificante; madre: "En el intercambio me dieron estas madrinolas que no sirven para nada". || **2.** malson. Algo cuyo nombre, características o función se desconoce u olvida; madre: "Pásame esa madrinola con la que se aprietan los tornillos". || **3.** malson. Golpiza; madriza: "Le pusieron una madrinola por hocicón".

madriza. ■ F. **1.** malson. Golpiza: "Le pusieron una madriza por hocicón". || **2.** malson. Pelea a golpes: "La discusión de la película terminó en madriza". || **3.** malson. Maltrato efectuado con palabras: "A Iván le pusieron una madriza en el debate porque su argumento era débil".

madrola. ■ F. **1.** malson. Cosa insignificante; madre: "En el intercambio me dieron estas madrolas que no sirven para nada". || **2.** malson. Algo cuyo nombre, características o función se desconoce u olvida; madre: "Pásame esa madrola con la que se aprietan los tornillos".

madroño. ■ M. **1.** Árbol originario de América, de hasta 20 m de altura, monoico; troncos de corteza rojiza que se desprende en láminas apergaminadas; las ramas nuevas son por lo general densamente pelosas, los vellos en ocasiones glandulares, con margen de entero a dentado en la base; hojas simples, alternas, de elípticas a ovadas, generalmente pubescentes en el envés y el peciolo; flores hermafroditas, pequeñas, de blancas, amarillas, a rojizas, con diez estambres, flores arregladas en panículas terminales; frutos abayados, pequeños y globosos, verrugosos y rojizos; semillas fusiformes, pequeñas. Familia de las ericáceas, *Arbutus xalapensis.* || **2.** Tronco del **madroño**; uso como especie maderable. || **3.** Hoja del **madroño**; uso en la medicina tradicional. || **4. madroño mexicano.** ■ LOC. **~ mexicano.** [*mejikáno*] LOC. SUST. Árbol originario de México, de hasta 15 m de altura, monoico; troncos con corteza clara gris oscuro, áspera, cuadriculada; ramas jóvenes, con tricomas largos, glandulares y cortos, lisos; hojas simples, alternas, ovadas, a veces elípticas, en ocasiones con el envés peloso, principalmente los brotes, con tricomas glandulares y lisos; flores hermafroditas, pequeñas, de color blanco o amarillo, urceoladas, cada una con una bráctea color rojo oscuro, con diez estambres, flores arregladas en racimos congestos; frutos abayados, pequeños y globosos, verrugosos, de anaranjados a rojizos; generalmente tres semillas pequeñas, de caras irregulares, finamente reticuladas. Familia de las ericáceas, *Arbutus tessellata.* (También se llama madroño).

madrota. ■ F. Mujer que regentea un prostíbulo.

madrugador. ■ M. Ave originaria de América, de hasta 20 cm de longitud; de color gris, con el pecho gris oscuro, cola sin horquilla; tiene las puntas más claras y angostas; se alimenta de insectos, frutos y reptiles. Familia de los tiránidos del orden Passeriformes, *Tyrannus vociferans.* (También se llama abejero, tirano chibiú, tirano gritón).

madruguete. ■ M. fam. Anticipación a los movimientos o decisiones de un contrincante para sacar ventaja: "Hubo una protesta contra el madruguete de la oposición".

maestro, tra. ■ M. Y F. **1.** fam. Fórmula de tratamiento para dirigirse con confianza a una persona conocida: "No, maestra, la pachanga la vamos a hacer en casa de Felipe". || **2.** supran. Persona que ha concluido la maestría o los cursos del primer nivel de posgrado. ■ LOC. **~ normalista.** LOC. SUST. supran. Profesor titulado de una escuela normal.

mafafa. ■ F. **1.** Hierba originaria de América, de hasta 3 m de altura, monoica; tallos ausentes o muy cortos, tuberosos; hojas simples, alternas, grandes, con peciolos muy largos y envainantes en la base, láminas con forma de corazón; flores unisexuales, pequeñas, sin pétalos ni sépalos, agrupadas en una estructura carnosa llamada espádice, y rodeada de una estructura foliar llamada bráctea o espata vistosa, de color blanco verdoso por fuera y blanco rosado por dentro; frutos abayados, ovoides, de color amarillo o café claro; semillas pequeñas, ovoides, con estrías longitudinales gruesas; uso ornamental. Familia de las aráceas, *Xanthosoma robustum*. (También se llama aquequexquic, colomo, hoja elegante, quequescamote, quequesque, quequeste). || **2.** Hoja de la **mafafa**; uso en la medicina tradicional. || **3.** Tallo de la **mafafa**; comestible; uso en la medicina tradicional.

mafufa. ■ F. Véase **mafufo, fa.**

mafufada. ■ F. fam. Disparate.

mafufo, fa. ■ ADJ. **1.** fam. *Referido a algo*, de mala calidad: "El plomero hizo un trabajo muy mafufo". || **2.** fam. *Referido a algo*, disparatado: "Estuvo muy mafufa la película". || **3.** fam. *Referido a persona*, que se comporta como loca: "Ese tipo está muy mafufo, mejor no te le acerques". Ú.t.c.sust.: "Ese tipo es un mafufo, mejor no te le acerques". || **4.** fam. *Referido a persona*, presuntuosa: "Los señores más mafufos van vestidos de gala al teatro". Ú.t.c. sust.: "Los mafufos van vestidos de gala al teatro". || **5.** fam. Propio de la persona **mafufa**: "Ya vas a empezar con tus ideas mafufas". || **6.** supran. *Referido a persona*, que se encuentra bajo los efectos de alguna droga. Ú.t.c.sust. || **7.** supran. *Referido a persona*, que fuma marihuana. Ú.t.c.sust. ■ F. **8.** jerg. Marihuana.

magnavoz. (De Magnavox®). ■ M. Aparato electroacústico que sirve para amplificar el sonido.

magnetósfera. ■ F. supran. Región exterior de la tierra donde el magnetismo ejerce especial influencia sobre las partículas; magnetosfera.

mago. ■ M. Árbol o arbusto originario de América, de hasta 6 m de altura, monoico; tallos ramosos, ramas delgadas y glabras; hojas simples, alternas, de oblongas a anchamente ovadas, generalmente verdes aunque en temporadas frías se tornan rojizas, con margen ligeramente aserrado; flores unisexuales, diminutas, de color rojo verdoso, sin pétalos, en espigas; frutos capsulares con tres valvas, envueltos en una cúpula globosa, con una pequeña abertura en el ápice de esta; una semilla por cápsula, larga, a menudo contiene una larva de polilla que hace que esta se "mueva" o "brinque", de ahí que se llame a esta semilla frijol saltarín; resina, tóxica. Familia de las euforbiáceas, *Sebastiania bilocularis*. (También se llama guayacán, hierba de la flecha).

maguaquite. ■ M. Serpiente originaria de América, de hasta 1.8 m de longitud; con rayas diagonales y diamantes con diferentes tonalidades pardas; venenosa. Familia de los vipéridos del orden Squamata, *Bothrops asper*. (También se llama cuatro narices, mahuaquite, mano de metate, nahuyaca, nauyaca, nauyaque, nauyaqui, terciopelo).

maguey. ■ M. **1.** Planta rosetófila originaria de América, de hasta 3 m de altura; tallos cortos; hojas simples, arrosetadas, gruesas y suculentas (pencas), en forma de lanza, terminadas en una espina muy dura, con espinas en forma de gancho en los bordes, generalmente glabras; flores hermafroditas, pequeñas, de color amarillo o blanco, campanuladas o tubulares, dispuestas en una larga inflorescencia racimosa o paniculada, que alcanza los 10 m en algunas especies; frutos capsulares, leñosos; semillas negras, lunares, triangulares, aplanadas, angostamente aladas; comestible; uso como combustible y en la medicina tradicional. Familia de las asparagáceas, varias especies del género *Agave*. || **2.** Hoja del **maguey**; uso forrajero, industrial y en la construcción. ■ LOC. **~ curandero.** LOC. SUST. **1.** Planta rosetófila originaria de México, de hasta 1.5 m de altura, monoica; hojas color verde o verdes amarillentas con franjas transversales blanquecinas, ampliamente lanceoladas, frecuentemente onduladas, acanaladas, ásperas al tacto, de margen con dientes color pardo claro o negruzco, espina terminal corta y robusta; flores pequeñas, amarillas, campanuladas, dispuestas en un quiote con panículas laxas; frutos capsulares, de ovoides a elipsoides, verdinegros o pardos; semillas numerosas, aplanadas, semicirculares, negras; uso en la medicina tradicional. Familia de las asparagáceas, *Agave marmorata*. (También se llama maguey tepeztate). || **2.** Tallo de esta planta; comestible; uso industrial, forrajero y como combustible. || **3.** Inflorescencia de esta planta; comestible. ▶ **~ de mezcal.** LOC. SUST. Planta rosetófila originaria de México, de 1 m de altura, monoica; hojas color verde brillante, ampliamente lanceoladas, de margen con dientes grandes y curvos, de color cobre o gris, espina terminal delgada y sinuosa; flores hermafroditas, vistosas, amarillas, dispuestas en una larga panícula congesta de hasta 6 m de altura; frutos capsulares, elipsoides, cafés; semillas numerosas, aplanadas, de forma discoidal, negras; comestible. Familia de las asparagáceas, *Agave cupreata*. (También se llama maguey mezcalero, maguey papalote). ▷ **~ de pulque.** LOC. SUST. **1.** Planta rosetófila originaria del norte de México, de hasta 2.5 m de altura, monoica; hojas de color verde claro a glauco, anchamente lanceoladas, algo cóncavas, engrosadas en la base, de hasta 2.2 m de largo, de margen con dientes rectos, abruptamente dilatados en la base, de color pardo oscuro a rojizo, espina terminal cónica, recta, pardo oscura; flores hermafroditas, vistosas, de color verde amarillento, con el ápice rojizo, dispuestas en una larga panícula congesta de hasta 6 m de altura; frutos capsulares, elipsoidales; semillas numerosas, aplanadas, negras. Familia de las asparagáceas, *Agave atrovirens*. (También se llama clacámel, maguey manso, maguey pulquero, tlacámel, tlacámetl). || **2.** Fruto de esta planta; comestible. || **3.** Hoja de esta planta; uso en la medicina tradicional. || **4.** Inflorescencia de esta planta; uso en la construcción y forrajero. ▷ **~ de tequila.** LOC. SUST. Planta rosetófila originaria de México, de hasta 2 m de altura, monoica; hojas azuladas o verdes grisáceas, lanceoladas, cóncavas, ensanchadas en la parte central, de margen con dientes pequeños, espaciados irregularmente, espina terminal corta, de color rojo oscuro, achatada o abiertamente surcada de arriba; flores hermafroditas, pequeñas, verdes con estambres rosados, dispuestas en una larga panícula congesta; frutos capsulares, ovoides y alargados, cafés; semillas numerosas, aplanadas, semicirculares, negras; comestible. Familia de las asparagáceas, *Agave tequilana*. (También se llama agave azul, maguey tequilero). ▷ **~ espadín.** LOC. SUST. Planta arrosetada originaria de México, de hasta 1 m de altura, monoica; troncos muy pequeños; hojas en rosetas, lineares, con margen sin espinas, pero con una espina terminal; flores bisexuales, con seis tépalos, de color amarillo blanquecino a verdoso, agrupadas en una larga espiga; frutos capsulares, de elipsoides a ovoides; semillas numerosas, aplanadas, negras. Familia de las asparagáceas, *Agave striata*. (También se llama espadín, estoquillo, palmita, peinecillo, sotolito). ▷ **~ manso.** LOC. SUST. **maguey de pulque.** ▷ **~ mezcalero.** LOC. SUST. **maguey de mezcal.** ▷ **~ papalote.** LOC. SUST. **maguey de mezcal.** ▷ **~ pulquero.** LOC. SUST. **maguey de pulque.** ▷ **~ tepeztate.** LOC. SUST. **maguey curandero.** ▷ **~ tequilero.** LOC. SUST. **maguey de tequila.**

magueyal. ■ M. supran. Terreno plantado de magueyes.

magueyera. ■ F. **magueyal.**

magullada. ■ F. supran. Magulladura.

magullón. ■ M. supran. **magullada.**

mahuaquite. ■ M. **maguaquite.**

mai. ■ M. **1.** fam. Hombre indeterminado: "Afuera hay un mai que te está esperando". || **2.** fam. Fórmula de tratamiento para dirigirse a un cliente: "Oiga, mai, ¿dónde le dejo la lavadora?". || **3.** fam. *En algunos oficios*, persona de más experiencia, generalmente jefe de labores: "El mai amaneció enfermo, no vendrá a trabajar".

maicear. ■ TR. **1.** fam. *En política*, dar dinero o prebendas a alguien a cambio de la adhesión a una causa: "Los del partido maicearon a muchas familias justo antes de las elecciones". || **2.** supran. Alimentar con maíz a los animales: "Mi abuelita maiceaba a las gallinas para que pusieran muchos huevos".

maiceo. ■ M. **1.** fam. *En política*, hecho de maicear o dar dinero o prebendas a alguien a cambio de la adhesión a una causa. || **2.** supran. Hecho de maicear o alimentar con maíz a los animales.

maicería. ■ F. supran. Establecimiento en donde se vende o guarda maíz.

maicillo. ■ M. **1.** supran. Hierba originaria del Mediterráneo, de hasta 2 m de altura, monoica; tallos huecos y pelosos; hojas simples, alternas, lineares y envainantes en la base, pelosas; flores hermafroditas y unisexuales, diminutas, rojas, con brácteas (glumas) anchas y brillantes, sin nervadura, agrupadas en numerosas espiguillas; frutos cariópsides, ocultos por las glumas, con una única semilla; uso forrajero. Familia de las gramíneas, *Sorghum halepense*. (También se llama zacate Johnson). || **2.** supran. Semilla pequeña y rojiza, más grande que los cañamones, para alimento de animales domésticos.

maicito. ■ M. **1.** Hormiga de distribución en México y Estados Unidos de América; cuerpo pubescente; cuatro castas: una de obreras y tres reproductoras (machos, princesas y reina); ontogenia de cuatro estadios larvarios y uno pupal; las hormigas obreras, de hasta 6 mm; de color castaño claro a oscuro; antenas largas, delgadas, con pubescencia corta y pelos erectos; dorso del mesosoma con pubescencia adpresa; omnívoras; cuidan y transportan los huevos desde la cámara de la reina hasta la cámara de cría, donde construyen la trabécula, en la cual depositan los huevos y se desarrollan las larvas y pupas, comúnmente llamadas escamoles; los machos, de hasta 8.8 a 13.5 mm de longitud; de color negro; alados; mesosoma convexo y liso; alas posteriores, con 20 o más ganchos con los que se unen al ala anterior; volsella o apéndice reproductor con pilosidad densa y erecta a lo largo del margen ventral, finamente denticulada a lo largo del margen posterior; princesas, de hasta 12 a 16.5 mm de longitud; de color castaño oscuro a negro; aladas; dorso del mesosoma con pelos largos y erectos, además de pubescencia densa y adpresa; reina. Familia de los formícidos del orden Hymenoptera, *Liometopum apiculatum*. (También se llama chiquereye, cuije, escamol, escamole, güije, güijera, hormiga chiquerei, hormiga de escamol, hormiga de hueva, hormiga pedorra, tecate, teclate, tetla, tetlame). ||**2.** Larva comestible del **maicito**.

maiz. ■ EXPR. **ni ~ (paloma).** fam. **¡ni madre(s)!**

maíz. ■ LOC. **~ ancho.** LOC. SUST. El que se caracteriza por sus mazorcas semicilíndricas, con granos muy grandes, anchos en longitud, aunque no muy gruesos; uso alimenticio. ▶ **~ azul.** LOC. SUST. El que se caracteriza por sus mazorcas alargadas con granos cristalinos y semiharinosos, de coloración azulada a violácea; uso alimenticio. ▶ **~ blanco.** LOC. SUST. El que se caracteriza por sus granos de color hueso; uso alimenticio. ▶ **~ cacahuacintle.** LOC. SUST. El que se caracteriza por sus mazorcas grandes con muchas hileras de granos anchos, redondos y blancos; uso alimenticio. ▶ **~ cacahuasintle.** LOC. SUST. **maíz cacahuacintle.** ▶ **~ cacahuazintle.** LOC. SUST. **maíz cacahuacintle.** ▶ **~ cimarrón.** LOC. SUST. **1.** Planta anual originaria de México y Centroamérica, de hasta 2 m de altura; tallos ramificados; inflorescencias masculinas, con espigas, cada una envuelta por una sola bráctea; varias espigas femeninas en una vaina, con pedúnculos de hasta 2 cm de largo; flores en forma de espiguillas dispuestas en dos hileras; de cinco a 12 semillas cariópsides, cubiertas por una gluma endurecida, con superficie lustrosa, lisa, de color blanco uniforme a café muy oscuro, con manchas de color café más claro a gris; uso forrajero. Familia de las gramíneas, varias especies del género *Zea*, como *Zea mays* ssp. *mexicana*, *Zea mays* ssp. *parviglumis*. (También se llama acecé, diente de burro, madre de maíz, milpilla, pezuña de burro, sarazo, teocintle, teosinte). || **2.** Fruto de esta planta. ▶ **~ cónico.** LOC. SUST. El que se caracteriza por agrupar diferentes poblaciones de maíces de mazorca de forma cónica o piramidal, que presentan granos frecuentemente blancos, pero con tonalidades amarillas, moradas y rojas con textura principalmente semicristalina y semidentada; uso forrajero. ▶ **~ de monte.** LOC. SUST. Helecho originario de las zonas tropicales del mundo; con rizoma compacto a masivo, carnoso, con escamas amorfas, con largas glándulas de mucílago por toda la superficie de la planta, de color rojo o ámbar; hojas de hasta 4 m de longitud, dos, tres o cuatro veces divididas o pinadas, lanceoladas, oblongas y carnosas, cada pina algo abultada y oscurecida; esporas bilaterales, elipsoidales, monoletes, hialinas, arregladas en esporangios compuestos, elípticos, ubicados cerca de las terminaciones de las venas. Familia de las maratiáceas, varias especies del género *Marattia*. ▶ **~ de Tejas.** LOC. SUST. Hierba originaria de América, de hasta 3 m de altura, monoica; tallos erectos, por lo general híspido; hojas de ovadas a triangulares, ásperas al tacto; flores

M

hermafroditas, pequeñas, tubulares, de cafés a negras, dispuestas en grandes cabezuelas de largo pedúnculo, flores del centro hermafroditas, flores de la periferia estériles, petaloides, de amarillas a anaranjadas; frutos aquénicos, ovoides, algo comprimidos, grisáceos con franjas blancas, con dos escamas lanceoladas en el ápice; una semilla por fruto; uso ornamental; semillas y tallos, uso en la medicina tradicional. Familia de las compuestas, *Helianthus annuus*. (También se llama girasol, maíz meco). ▷ **~ dulce.** LOC. SUST. El que se caracteriza por tener mazorcas de cónicas a semicilíndricas, con granos de diferente coloración, morados, azulosos, amarillos y anaranjados, y un alto contenido de sacarosa, lo que les da una apariencia rugosa al secarse; uso alimenticio. ▷ **~ meco.** LOC. SUST. **maíz de Tejas**. ▷ **~ mején.** LOC. SUST. El que se caracteriza por presentar una maduración temprana y grano pequeño, suave y fino; uso alimenticio. ▷ **~ palomero.** LOC. SUST. El que, al contacto con el calor, revienta y se convierte en palomitas o rosetas de maíz. ▷ **~ palomero toluqueño.** LOC. SUST. El que se caracteriza por las mazorcas cónicas y pequeñas de numerosas hileras y con grano puntiagudo y reventador; uso alimenticio. ▷ **~ pinto.** LOC. SUST. El que se caracteriza por tener granos de diversos colores; uso alimenticio. ▷ **~ tuxpeño.** [*tuspéño*] LOC. SUST. El que se caracteriza por las mazorcas grandes, cilíndricas, de grano dentado, predominando el color blanco, pero puede presentar diversos colores, con un alto número de hileras y granos por hilera; uso alimenticio y en el mejoramiento genético.

maizal. ■ M. supran. Gran cantidad de maíz.

majaderear. ■ TR. supran. Decirle majaderías a alguien: "Corrieron a Jesús porque majadereaba a sus compañeros". Ú.m.c.prnl.: "Corrieron a Jesús porque se majadereaba a sus compañeros".

majadero, ra. ■ ADJ. **1.** supran. *Referido a persona*, malhablada o que dice majaderías: "Tobías es muy majadero, se la pasa diciendo groserías". Ú.t.c.sust.: "Tobías es un majadero, se la pasa diciendo groserías". || **2.** supran. Propio de la persona **majadera**: "La actitud majadera de Tobías le va a traer muchos problemas".

majagua. ■ F. supran. Árbol originario de América, de hasta 25 m de altura, monoico; troncos rectos, con corteza fisurada, de color blanquecino; hojas alternas, simples, con forma acorazonada, ovado-cordadas, verdes en el haz y pálidas en el envés, con bordes de enteros a ligeramente aserrados, tomentosas; flores hermafroditas, vistosas, de color rojo a anaranjado, más oscuras en el centro, solitarias, terminales o axilares; frutos capsulares, ovoides, de color café amarillento, densamente pubescentes; semillas numerosas, pubescentes; troncos, uso artesanal e industrial; cortezas, flores, hojas y raíces, uso en la medicina tradicional. Familia de las malváceas, *Hibiscus elatus*. (También se llama damajagua, holó).

maje. ■ ADJ. **1.** supran. *Referido a persona*, ingenua; tonto: "Ernesto es muy maje para la ortografía". ■ COM. **2.** supran. Persona ingenua; tonto: "Ernesto es un maje para la ortografía". || **3.** supran. Persona indeterminada: "¿Y esa maje de dónde salió?".

majear. ■ TR. supran. Hacer tonto a alguien: "El comerciante majeó al ranchero con el precio del frijol". Ú.m.c.prnl.: "El comerciante se majeó al ranchero con el precio del frijol".

mal. ■ LOC. **en ~ plan.** LOC. ADV. De mala manera: "Mi jefe me regañó en mal plan". ▷ **~ de ojo.** LOC. SUST. Hierba originaria de América, de hasta 90 cm de altura, monoica; tallos estriados, finamente pelosos; hojas simples, opuestas, de lineares a ovadas; flores hermafroditas, pequeñas, dispuestas en cabezuelas terminales, flores de dos tipos: las del centro, tubulares, de amarillentas a verdosas en la parte inferior, de moradas a negruzcas en la superior, glabras; las flores de la periferia petaloides, generalmente de color rojo oscuro, pero a veces amarillas o verdosas; frutos aquénicos, fusiformes y linear-oblongos, cafés, finamente pubescentes; una semilla por fruto; uso forrajero, en la medicina tradicional y ornamental. Familia de las compuestas, *Zinnia peruviana*. (También se llama virginia). ▷ **~ de san Vito.** LOC. SUST. supran. Enfermedad convulsiva; baile de San Vito: "Un pariente lejano padecía mal de San Vito y lo tuvieron que llevar al médico". ▷ ~ **del pinto.** LOC. SUST. Enfermedad tropical caracterizada por lesiones pigmentarias en la piel, de color blancuzco, rojizo o azul oscuro; vitiligo: "Doña Gertrudis se ve muy manchada de la piel porque tiene mal del pinto". ▷ ~ **del puerco.** LOC. SUST. coloq. Somnolencia que da después de haber ingerido una comida abundante: "Cuando como en el trabajo, siempre me da mal del puerco". ▷ ~ **parado.** LOC. ADJ. supran. *Referido a persona,* que tiene una posición desfavorable en una situación: "Claudia está muy mal parada en su nuevo trabajo". ▷ ~ **tercio.** LOC. SUST. Persona que estorba a una pareja: "Acompáñame al cine con Néstor y su novia, no quiero ir de mal tercio". ▷ ~ **y de malas.** LOC. ADV. Por si fuera poco: "A la pobre Luisa, mal y de malas, se le murió el marido y ahora le quieren quitar la casa".

mala. ■ F. fam. Prostituta. ■ LOC. **a la ~.** LOC. ADV. supran. A traición; a la fuerza: "El jugador ganó esa partida a la mala". ▷ ~ **hierba.** LOC. ADJ. **1.** *Referido a persona,* que influye negativamente sobre los demás: "Sonia es mala hierba, provocó que su marido se peleara con sus hermanos". || LOC. SUST. **2.** Arbusto originario de México, de hasta 3 m de altura, monoico; tallos muy ramificados, de erectos a arqueados, glabros; hojas opuestas, enteras, ovadas, pubescentes, con margen aserrado; flores femeninas o hermafroditas, diminutas, tubulares y blancas, de una a tres en la periferia son femeninas, de cinco a 13 en el centro son hermafroditas, cabezuelas dispuestas en umbelas corimbiformes terminales; frutos aquénicos, cilíndricos, más o menos peludos, de color negro; uso en la medicina tradicional, considerada una especie con actividad psicotrópica. Familia de las compuestas, *Calea ternifolia.* (También se llama amula, hierba amarga, jaral, sacachiche, zacachichi, zacatechichi). ▷ ~ **leña.** LOC. ADJ. *Referido a persona,* poco solidaria; mala onda: "Mario es mala leña, no me ayudó cuando más lo necesitaba". ▷ ~ **madre.** LOC. SUST. **1.** Grupo de hierbas originarias de África, de hasta 40 cm de altura, monoicas; rizomas tuberosos, generalmente cubiertos con las hojas viejas y con brotes laterales sobre largos estolones; hojas verdes con una línea central blanca o amarilla, lanceoladas, ápice puntiagudo, con márgenes enteros, membranáceas; flores hermafroditas, pequeñas, blancas, en forma de estrella, agrupadas en inflorescencias laxas o fascículos axilares; frutos capsulares, angulados, cafés; semillas aplanadas, negras; uso ornamental. Familia de las asparagáceas, *Chlorophytum comosum.* (También se llama cinta, listoncillo). || **2.** Individuo de este grupo de hierbas. ▷ ~ **mujer.** LOC. SUST. Hierba originaria de América, de hasta 1 m de altura, monoica; tallos muy ramificados, pubescentes y con espinas gruesas y numerosas; hojas opuestas, divididas en varios foliolos, ovados u oblongos, pilosas y con espinas; flores hermafroditas, vistosas, campanuladas, amarillas, pilosas y con espinas, agrupadas en cimas; frutos abayados, globosos, espinosos, cafés o amarillos; semillas diminutas, de ovadas a irregulares, cafés o negras. Familia de las solanáceas, *Solanum rostratum.* (También se llama duraznillo). ▷ ~ **onda.** LOC. ADJ. **1.** supran. coloq. *Referido a un hecho o a una situación,* lamentable: "Nos invitaron a una fiesta mala onda". || **2.** supran. coloq. *Referido a persona,* poco solidaria: "Eres muy mala onda, no te apareciste en el funeral de nuestra amiga".

malacara. ■ ADJ. supran. *Referido a un caballo,* que tiene blanca la mayor parte de la cara: "La yegua malacara ha ganado las últimas carreras".

malacate. ■ M. **1.** Rueda con el canto acanalado, por donde corre una cuerda, que sirve para levantar objetos pesados; polea. || **2.** Correa o cinta que, apoyándola en la frente, ayuda a llevar bultos sobre la espalda; mecapal. || **3.** supran. Huso de madera que se utiliza para hilar el algodón o para hacer cordel de pita.

malacatero, ra. ■ ADJ. **1.** Perteneciente o relativo al malacate: "El técnico dijo que lo que necesitaba era una cuerda malacatera". ■ M. y F. **2.** Persona encargada del manejo de un malacate: "El malacatero se lastimó el brazo con la leña".

malacatonche. ■ M. **1.** Juego infantil que consiste en tomarse de las manos a modo de balancín horizontal, dando vueltas hasta marearse y caer al suelo. || **2.** Acción de hacer girar a alguien, continua y rápidamente, hasta marearlo. || **3.** vulg. Coito.

malacopa. ■ ADJ. **1.** *Referido a persona*, que se comporta de manera impropia cuando ingiere bebidas alcohólicas: "No lo invites a la fiesta, es muy malacopa y nadie lo soporta". || **2.** *Referido a persona*, que se emborracha fácilmente: "Ya no me sirvas, compadre, recuerda que soy malacopa y me toca conducir". ■ COM. **3.** Persona que se comporta de manera impropia cuando ingiere bebidas alcohólicas: "No invites a Jorge a la fiesta, es un malacopa y nadie lo soporta". || **4.** Persona que se emborracha fácilmente: "Ya no me sirvas, compadre, recuerda que soy un malacopa y soy el único con coche".

malacopeada. ■ F. **malcopeada.**

malacopear. ■ INTR. **malcopear.**

malacrianza. ■ F. **malcriadez.**

malamujer. ■ F. **1.** Mujer colérica o irritable. || **2.** Arbusto o árbol pequeño originario de México y Centroamérica, de hasta 8 m de altura, monoico; hojas simples, alternas, profundamente divididas en cinco lóbulos obovados, con márgenes toscamente dentados, con abundantes pelos urticantes; flores unisexuales, pequeñas: las masculinas blancas, en ocasiones ligeramente pelosas, estambres en dos hileras, las femeninas blancas, densamente pelosas; frutos capsulares, con pelos urticantes; tres semillas por cápsula, cafés; uso farmacológico. Familia de las euforbiáceas, *Cnidoscolus multilobus*. (También se llama chaya de monte). || **3.** Arbusto o árbol originario de México y Centroamérica, de hasta 5 m de altura, monoico; hojas simples, alternas, de ovadas a circulares, de hasta 50 cm de largo, rugosas, cubierta de pelos urticantes, con margen crenado; flores hermafroditas, pequeñas, de moradas a lilas blanquecinas, campanuladas, cinco estambres, de filamento peloso, dispuestas en panículas o cimas escorpioideas; frutos capsulares, de ovado-oblongos a elipsoides, cubiertos de abundantes pelos; semillas numerosas, diminutas, cafés; hojas, uso ceremonial y en la medicina tradicional. Familia de las boragináceas, *Wigandia urens*. (También se llama ortiga de tierra caliente, soso, tabaco cimarrón, tabaquillo).

malandro, dra. ■ ADJ. **1.** *Referido a persona*, mal intencionada: "Esa muchacha malandra fue la que tiró la piedra". Ú.t.c.sust.: "Esa malandra fue la que tiró la piedra". || **2.** supran. *Referido a persona*, que delinque: "Unos tipos malandros asaltaron la tienda en la madrugada". Ú.t.c.sust.: "Unos malandros asaltaron la tienda en la madrugada".

malanga. ■ F. **1.** supran. Hierba originaria de Centroamérica, de hasta 2 m de altura, monoica; tallos subterráneos o muy cortos, unidos a un rizoma tuberoso; hojas simples, alternas, deltadas o sagitadas, largamente pecioladas y envainantes, glaucas o blanquecinas en el envés; flores unisexuales, diminutas, sin pétalos ni sépalos: femeninas de color amarillo pálido, masculinas fértiles blancas, masculinas estériles rosadas, flores dispuestas en un mismo cilindro delgado, protegido por una bráctea o espata de color crema a rosado, en ocasiones con una mancha rosa en la base; uso ornamental. Familia de las aráceas, *Xanthosoma sagittifolium*. (También se llama tarabundí). || **2.** supran. Tubérculo de la **malanga**; comestible.

malcoa. ■ F. *En Colima*, **mazacuata.**

malcopeada. ■ F. **1.** Hecho de malcopear o actuar de manera impropia cuando se ingieren bebidas alcohólicas. || **2.** Hecho de malcopear o emborracharse fácilmente.

malcopear. ■ INTR. **1.** Actuar de manera impropia cuando alguien ingiere bebidas alcohólicas: "Ramón malcopea y nadie lo soporta". || **2.** Emborracharse fácilmente: "Malcopeé y no pude manejar".

malcopeo. ■ M. **malcopeada.**

malcriadez. ■ F. supran. Cualidad de malcriado.

maldad. ■ F. supran. Travesura o diablura.

maldadoso, sa. ■ ADJ. pop. **maldoso, sa.**

maldoso, sa. ■ ADJ. **1.** supran. *Referido a alguien*, travieso: "La gata maldosa me rasguña cuando le doy de comer". Ú.t.c.sust.: "La maldosa me rasguña cuando le doy de comer". || **2.** supran. *Referido a persona*, que actúa con maldad: "Ese muchacho maldoso arrancó la planta". Ú.t.c. sust.: "Ese maldoso arrancó la planta".

malecón. ■ M. supran. Paseo que corre paralelamente a la orilla del mar o de un río.

maleconear. ■ INTR. Pasear por el malecón: "En el verano maleconeamos para refrescarnos con la brisa".

maleta. (Juego de palabras entre maleta y malo). ■ ADJ. fam. *Referido a algo*, de baja calidad: "Compraste una licuadora muy maleta y ya se descompuso".

malgenioso, sa. ■ ADJ. supran. *Referido a persona*, de mal genio: "Claudia es malgeniosa, por eso no la interrumpimos". Ú.t.c. sust.: "Claudia es una malgeniosa, por eso no la interrumpimos".

malgeniudo, da. ■ ADJ. **malgenioso, sa.**

malhabido, da. ■ ADJ. supran. *Referido a algo, especialmente al dinero*, conseguido de forma ilícita: "A mí se me hace que abrieron ese restaurante con ganancias malhabidas".

malhaya. ■ COM. Persona vil: "Joaquín es un malhaya, nos robó los ahorros". ■ INTERJ. **¡malhaya! 1.** Se usa para expresar el deseo de que sobrevenga un mal: "Quiero que se arruine su negocio, ¡malhaya!". || **2.** supran. Se usa para expresar el lamento de algo ocurrido: "¡Malhaya! ¿Por qué te conocí?".

malhecho, cha. ■ ADJ. supran. *Referido a persona*, que hace las cosas con descuido: "El técnico malhecho descompuso la estufa". Ú.t.c. sust.: "El malhecho descompuso la estufa".

malhombre. ■ M. Hombre colérico, irritable: "No le preguntes a ese malhombre, que se va a enojar todavía más".

malilla. ■ ADJ. **1.** *Referido a persona*, que actúa con maldad: "Juan es muy malilla con los compañeros de clase y por eso no lo toman en cuenta". ■ F. **2.** pop. Conjunto de síntomas provocados por la falta de consumo de droga en una persona que sufre dependencia de ella; síndrome de abstinencia: "Llegó todo tembloroso, yo creo que era la malilla". ■ COM. **3.** Persona que actúa con maldad: "Roberto es un malilla con los compañeros de clase y por eso no lo toman en cuenta". || **4.** Persona que comete delitos menores: "Atraparon a la malilla de mi barrio, a ver si no se la llevan presa".

malinche. Véase **malinchista.**

malinchear. ■ INTR. supran. Tener una actitud de preferencia por lo extranjero con menosprecio de lo propio.

malinchismo. ■ M. supran. Actitud de quien muestra preferencia por lo extranjero con menosprecio de lo propio.

malinchista. ■ ADJ. **1.** supran. *Referido a persona*, que muestra preferencia por lo extranjero con menosprecio de lo propio: "Eres muy malinchista, Paulo, prefieres esa marca solo porque es gringa". || **2.** supran. Propio de la persona **malinchista**: "Paulo debería dejar de lado su actitud malinchista". ■ COM. **3.** supran. Persona que muestra preferencia por lo extranjero con menosprecio de lo propio: "Eres un malinchista, Paulo, prefieres esa marca solo porque es gringa".

malla. ■ LOC. **~ ciclónica.** LOC. SUST. supran. La metálica de entramado abierto, que se emplea en el cercado de espacios al aire libre para delimitar una determinada zona.

mallón. ■ M. Pantalón ceñido de tela elástica: "Me compré un mallón para mis clases de baile".

mallugada. ■ F. supran. pop. Magulladura.

mallugadura. ■ F. supran. pop. Magulladura.

mallugamiento. ■ M. supran. pop. Magullamiento.

mallugar. ■ TR. supran. pop. Magullar: "Cuida que no se malluguen los aguacates".

mallugón. ■ M. pop. **magullón.**

malmodeo. ■ M. supran. Trato que se hace con malos modos o de manera grosera a alguien.

malmodiar. ■ TR. Tratar con malos modos o groseramente a alguien: "Don Eulalio malmodiaba a sus vecinos".

malmodiento, ta. ■ ADJ. *Referido a persona*, de malos modos: "No seas malmodiento, saluda a la visita". Ú.t.c.sust.: "No saluda porque es un malmodiento".

malmodoso, sa. ■ ADJ. **malmodiento, ta.**

malobra. ■ F. supran. coloq. Hecho que perjudica a una persona: "Me hicieron una malobra en el trabajo y casi me corren".

maloja. ■ F. **malojo.**

malojal. ■ M. supran. Terreno plantado de malojos.

malojo. ■ M. supran. Planta de maíz que solo sirve para pasto del ganado.

malora. ■ ADJ. **1.** *Referido a persona*, que actúa con maldad: "Juana es muy malora con los compañeros de clase y por eso no le

M

hablan". || **2.** supran. *Referido a persona*, que gusta de hacer maldades o travesuras: "Rompieron los huevos de la canasta porque son muy maloras". ■ COM. **3.** Persona que actúa con maldad: "Alfredo es un malora con los compañeros de clase y por eso no le hablan". || **4.** Persona delincuente: "Atraparon al malora de mi barrio, a ver si no se lo llevan preso". || **5.** supran. Persona que gusta de hacer maldades o travesuras: "Esos niños son los maloras que rompieron los huevos de la canasta".

malorear. ■ TR. Hacer maldades o travesuras a alguien: "Este niño malorea a su primo todo el tiempo".

maloso, sa. ■ ADJ. supran. *Referido a persona*, que delinque: "Aquellos chavos malosos me quitaron mi celular". Ú.t.c.sust.: "Esos malosos me quitaron mi celular".

malpasada. ■ F. **1.** Desatención de las necesidades básicas de alimentación y descanso. || **2.** Estado en el que una persona pasa muchas horas sin ingerir alimento.

malpasarse. ■ INTR. PRNL. **1.** Desatender las necesidades básicas de alimentación y descanso: "Nos malpasamos para entregar el trabajo a tiempo". || **2.** Pasar muchas horas sin ingerir alimento: "Me he malpasado toda la semana por asistir al curso".

malteada. ■ F. **1.** Bebida que se prepara a base de frutas licuadas con leche, yogurt o agua; licuado. || **2.** supran. Bebida que se prepara con leche y helado, y, generalmente, malta.

maltratada. ■ F. supran. Reprimenda, especialmente si se hace con insultos.

maluco, ca. ■ ADJ. supran. *Referido a alguien*, enfermo, indispuesto: "¿Qué tienes para el dolor de panza?, me siento medio maluco".

malva. ■ F. **malva de quesitos.** ■ LOC. **~ de quesitos.** LOC. SUST. **1.** Hierba originaria de Europa, de hasta 60 cm de altura, monoica; tallos erectos, con extensas ramificaciones laterales, ligeramente pubescentes; hojas simples, alternas, orbiculares, reniformes, onduladas o palmatilobadas, con largos peciolos; flores hermafroditas, pequeñas, lilas o blancas con estambres numerosos, agrupadas en cimas cortas; frutos mericárpicos, rugosos, alados entre las paredes dorsales y las laterales, de circulares a ovados, dando al fruto un aspecto acostillado; una semilla por fruto, reniforme, de negra a café; uso forrajero y en la medicina tradicional. Familia de las malváceas, *Malva parviflora*. (También se llama malva). || **2.** Fruto de esta hierba; comestible. || **3.** Hoja de esta hierba; comestible.

malvavisco. ■ M. supran. Dulce suave y esponjoso, con textura chiclosa, generalmente en forma cilíndrica y de diversos colores tenues; bombón.

malviajarse. ■ INTR. PRNL. **1.** Resentir los efectos de consumir alguna droga alucinógena. || **2.** Alterarse: "Ya no te malviajes, sí llegamos a tiempo a la graduación de tu hermana". || **3.** Imaginarse cosas sin fundamento; elucubrar: "No vale la pena que te malviajes con ese problema".

malviaje. ■ M. Acción y resultado de malviajarse.

malvilla. ■ F. **1.** Arbusto de amplia distribución en México, de hasta 1 m de altura, monoico; tallos muy ramificados, con pubescencia estrellada, diminuta; hojas alternas, romboides, obtusas o agudas, crenadas o dentadas, algo discoloras; flores hermafroditas, de color amarillo, campanuladas, solitarias en las axilas de las hojas, con pubescencia estrellada muy fina; frutos esquizocárpicos, cónicos, glabrescentes, con o sin dos pequeñas espinas apicales, dehiscentes en el ápice entre las espinas; semillas glabras. Familia de las malváceas, *Sida rhombifolia*. (También se llama cuentere, escobilla, huinar, tlalamate). || **2.** Fibra de la **malvilla**; uso industrial. || **3.** Raíz de la **malvilla**; uso en la medicina tradicional.

mam. ■ ADJ. **1.** supran. Perteneciente o relativo al **mam**: "El zapateado mam solo se baila entre hombres o entre mujeres". || **2.** supran. Natural o procedente del grupo étnico **mam**: "La señora mam recoge hoja de plátano para los tamales". ■ M. **3.** supran. Grupo étnico establecido en el estado de Chiapas, en México, y en Guatemala. || **4.** supran. Lengua maya del subgrupo lingüístico teco-mam. ■ COM. **5.** supran. Persona natural o procedente del grupo étnico **mam**: "La mam recoge hoja de plátano para los tamales".

mamá. ■ LOC. **~ Dolores.** LOC. ADJ. fam. *Referido a persona*, de músculos desarrollados y gran fuerza, generalmente debido al ejercicio: "Hilario está bien mamá Dolores porque hace pesas". ▶ ~ **gallina.** LOC. SUST. Mujer que sobreprotege a sus hijos: "No seas mamá gallina, deja de hacer todo por Jaime". ▶ ~ **grande.** LOC. SUST. supran. rur. Abuela: "Háblale a tu mamá grande para que venga a comer". ■ EXPR. **¡ay, ~!** supran. Se usa para manifestar miedo o preocupación: "¡Ay, mamá!, me tocó ver cómo asaltaban al de la tienda".

mamacita. ■ ADJ. **1.** fam. *Referido a persona,* engreída: "Ese cuate es muy mamacita, siempre cree que tiene la razón". || **2.** fam. *Referido a una mujer,* físicamente atractiva: "Tu amiga está bien mamacita, preséntamela". Ú.t.c.sust.: "Tu amiga es una mamacita, preséntamela". ■ F. **3.** supran. Fórmula de tratamiento para dirigirse a una clienta: "¿Qué le damos, mamacita? ¡Pásele, hay de todo!". ■ COM. **4.** fam. Persona engreída: "Ese cuate es un mamacita, siempre cree que tiene la razón". ■ EXPR. **por tu ~.** Se usa para encarecer un ruego: "Préstame dos mil pesos, por tu mamacita que te los pago en la siguiente quincena".

mamada. ■ F. Véase **mamado, da.**

mamado, da. ■ ADJ. **1.** supran. *Referido a persona,* de músculos desarrollados y gran fuerza, generalmente debido al ejercicio: "Alonso se puso muy mamado con tres meses en el gimnasio". Ú.t.c.sust.: "Alonso nomás estuvo tres meses en el gimnasio y ya es un mamado". ■ F. **2.** malson. Cosa insignificante o de poco valor: "¿Qué es esta mamada que trajiste?". || **3.** malson. Dicho o hecho fuera de razón: "Estoy harto de tus mamadas, lárgate de aquí". || **4.** vulg. Felación. || **5.** supran. Estado de embriaguez; borrachera: "Alberto se puso una buena mamada con el ron".

mamar. ■ TR. **1.** vulg. Practicar una felación. Ú.m.c.prnl. ■ INTR. **2.** malson. Molestar: "Ya, Carlos, nomás mamas y no haces nada". || **3.** malson. Morirse: "El perro del vecino ya mamó". || **4.** malson. Dejar de funcionar algo: "La televisión ya mamó y eso que era nueva". ■ LOC. ~ **chichi.** LOC. VERB. malson. Beneficiarse de una situación sin dar nada a cambio o sin esforzarse: "En el trabajo nomás mamas chichi, pedazo de holgazán".

mamarse. ■ TR. PRNL. **5.** malson. Terminar algo: "Claudio se mamó todas las galletas de la despensa". || **6.** malson. Ganarse: "Entramos a la tómbola y nos mamamos un radio". || **7.** malson. Marcar tantos; anotar: "Y así, de media vuelta, que se mama un pinche golazo". || **8.** malson. Aceptar con resignación algo indeseable: "Jorge se mamó los dos *hits* que le dieron la victoria al equipo contrario". ■ INTR. PRNL. **9.** malson. Desarrollársele a alguien los músculos, generalmente debido al ejercicio: "Joaquín se mamó en el gimnasio". Ú.m.e.pp.:"Joaquín está mamado desde que va al gimnasio". || **10.** malson. Excederse alguien en palabras o hechos; mamársela: "Te mamas, es mucho dinero lo que me pides". || **11.** malson. *En Yucatán,* embriagarse: "Manolo se mamó con puro ron". ■ EXPR. **¡mámate esta!** vulg. Se usa para anticiparse a la sorpresa e incredulidad del interlocutor.

mamársela. ■ INTR. PRNL. **12.** vulg. Excederse alguien en palabras o hechos. || **13.** vulg. No tener alguien méritos suficientes para ser comparado con otra persona o para causarle algún efecto o daño; pelársela.

mamazo. ■ M. vulg. Felación.

mame. Véase **mam.**

mameluco, ca. ■ ADJ. (Juego de palabras entre mameluco y mamón). **1.** eufem. *Referido a persona,* quisquillosa; mamón: "Mi jefe es muy mameluco, revisó el informe línea por línea". Ú.t.c.sust.: "Mi jefe es un mameluco, revisó el informe línea por línea". || **2.** eufem. *Referido a persona,* que trata de causar gracia sin conseguirlo; mamón: "Su prima es muy mameluca, se la pasa haciendo chistes malos". Ú.t.c.sust.: "Su prima es una mameluca, se la pasa haciendo chistes malos". || **3.** eufem. *Referido a persona,* molesta, enfadosa e impertinente; mamón: "El portero es muy mameluco, no deja pasar a nadie". Ú.t.c. sust.: "El portero es un mameluco, no deja pasar a nadie". || **4.** supran. eufem. *Referido a persona,* pretenciosa y arrogante; mamón: "Sacaron a tu hijo del grupo porque es muy mameluco". Ú.t.c.sust.: "Sacaron a tu hijo del grupo porque es un mameluco".

|| **5.** supran. eufem. Propio de la persona **mameluca**: "Estoy harta de tu comportamiento tan mameluco". ■ M. **6.** (Juego de palabras entre mameluco y mamada). vulg. Felación. || **7.** supran. Prenda de vestir para dormir de una sola pieza que se pone generalmente a los bebés.

mamerto, ta. ■ ADJ. fest. **mamón, na.**

mamey. ■ ADJ. **1.** (Juego de palabras entre mamey y mamado). eufem. *Referido a persona*, de músculos desarrollados y gran fuerza, generalmente debido al ejercicio; mamado: "Abel se puso muy mamey con tres meses en el gimnasio". Ú.t.c.sust.: "Abel es un mamey con tres meses en el gimnasio". || **2.** Anaranjado rojizo: "Me compré una blusa mamey muy bonita". ■ M. **3.** vulg. Vagina. || **4.** (Juego de palabras entre mamey y mamada). supran. vulg. Felación.

mameyito. ■ M. **1.** Árbol originario de América, de hasta 10 m de altura, dioico; tallos de corteza grisácea o café, finamente fisurada, pubescente; hojas simples, alternas, aovadas o elíptico-lanceoladas, con bordes enteros, aglomeradas, pubescentes; flores pequeñas, unisexuales, blancas y aromáticas, con sépalos de margen pubescente, pétalos pelosos, las flores arregladas en un tirso; frutos en cápsulas verdes o amarillas que se tornan rojizos al madurar; semillas pequeñas, numerosas, obovoides angulares, rodeadas por una pulpa mucilaginosa. Familia de las actinidiáceas, *Saurauia scabrida*. (También se llama mameyito negro). || **2.** Fruto del **mameyito**; comestible. ■ LOC. **~ negro.** LOC. SUST. *En el Sur*, **mameyito.**

mami. ■ ADJ. **1.** fam. *Referido a persona*, engreída: "Ese cuate es muy mami, siempre cree que tiene la razón". || **2.** fam. *Referido a una mujer*, físicamente atractiva: "Tu prima está bien mami, preséntamela". Ú.t.c.sust.: "Tu amiga es una mami". ■ F. **3.** supran. Fórmula de tratamiento para dirigirse a una clienta: "¿Qué le damos, mami? ¡Pásele!". || **4.** supran. afect. Fórmula de tratamiento para dirigirse a una niña o a una mujer de trato muy cercano: "¿Mami, qué quieres de desayunar?". ■ LOC. **~ chula.** LOC. SUST. fam. Cualquier mujer: "Le pedí su teléfono a esa mami chula". ▶ **~ rica.** LOC. SUST. supran. Mujer considerada físicamente atractiva: "Esa mami rica me dio su número de teléfono".

mamila. ■ ADJ. (Juego de palabras entre mamila y mamón). **1.** eufem. *Referido a persona*, quisquillosa; mamón: "Mi jefe es muy mamila, revisó el informe línea por línea". || **2.** eufem. *Referido a persona*, que trata de causar gracia sin conseguirlo; mamón: "Su amigo es muy mamila, se la pasa haciendo chistes malos". || **3.** eufem. *Referido a persona*, molesta, enfadosa e impertinente; mamón: "El portero es muy mamila, no deja pasar a nadie". || **4.** eufem. *Referido a persona*, pretenciosa y arrogante; mamón: "Sacaron a tu hermana del grupo porque es muy mamila". || **5.** eufem. Propio de la persona **mamila**: "Estoy harta de tus comentarios mamilas". ■ F. **6.** vulg. Mama de mujer. || **7.** supran. Utensilio para la lactancia artificial que consiste en una botella pequeña de plástico o vidrio, con un pezón, generalmente de hule, para la succión de la leche; biberón. ■ COM. (Juego de palabras entre mamila y mamón). **8.** eufem. Persona quisquillosa; mamón: "Mi jefe es un mamila, revisó el informe línea por línea". || **9.** eufem. Persona que trata de causar gracia sin conseguirlo; mamón: "Su amigo es un mamila, se la pasa haciendo chistes malos". || **10.** eufem. Persona molesta, enfadosa e impertinente; mamón: "El portero es un mamila, no deja pasar a nadie". || **11.** eufem. Persona pretenciosa y arrogante; mamón: "Sacaron a tu hermana del grupo porque es una mamila".

mamirrina. ■ F. fest. Mujer muy atractiva.

mamita. ■ F. supran. afect. Fórmula de tratamiento para dirigirse a una niña o a una mujer de trato muy cercano: "A ver, mamita, lávate las manos".

mamojuaxtle. [*mamojuáshtle, mamojuástle*] ■ M. Árbol originario de México, de hasta 25 m de altura, monoico; tallos de corteza oscura, gruesa y profundamente fisurada, las ramillas por lo general con pubescencia color café rojizo; hojas simples, alternas, de oblongo-ovadas a obovadas, con pelos estrellados diminutos, color café, coriáceas; flores hermafroditas, pequeñas, aromáticas, con cinco pétalos de blancos a rosados, estambres largos, flores agrupadas sobre racimos densos o laxos; frutos capsulares, globosos, peludos, de color café; semillas numerosas, aplanadas, aladas, cafés; uso artesanal, como combustible y en la construcción. Familia de las cletráceas, *Clethra mexicana.* (También se llama jaboncillo).

mamón, na. ■ ADJ. **1.** malson. *Referido a persona,* quisquillosa: "Mi jefe es muy mamón, revisó el informe línea por línea". Ú.t.c.sust.: "Mi jefe es un mamón, revisó el informe línea por línea". || **2.** malson. *Referido a persona,* que trata de causar gracia sin conseguirlo: "Su amigo es muy mamón, se la pasa haciendo chistes malos". Ú.t.c.sust.: "Su amigo es un mamón, se la pasa haciendo chistes malos". || **3.** malson. *Referido a persona,* molesta, enfadosa e impertinente: "El portero es muy mamón, no deja pasar a nadie". Ú.t.c. sust.: "El portero es un mamón, no deja pasar a nadie". || **4.** supran. malson. *Referido a persona,* pretenciosa y arrogante: "Sacaron a tu hermana del grupo porque es muy mamona". Ú.t.c.sust.: "Sacaron a tu hermana del grupo porque es una mamona". || **5.** supran. malson. Propio de la persona **mamona**: "Estoy harta de tu actitud tan mamona". ■ M. **6.** Pan dulce esponjoso y suave que puede tener diferentes formas.

mampo. ■ M. supran. despect. Hombre homosexual.

mampuesto. ■ M. supran. Punto de apoyo en que se afirma un arma de fuego para adquirir mejor puntería.

mamucas. ■ ADJ. **1.** eufem. *Referido a persona,* quisquillosa; mamón: "Mi jefe es muy mamucas, revisó el informe línea por línea". || **2.** eufem. *Referido a persona,* que trata de causar gracia sin conseguirlo; mamón: "Su amigo es muy mamucas, se la pasa haciendo chistes malos". || **3.** eufem. *Referido a persona,* molesta, enfadosa e impertinente; mamón: "El portero es muy mamucas, no deja pasar a nadie". || **4.** eufem. *Referido a persona,* pretenciosa y arrogante; mamón: "Sacaron a tu hermana del grupo porque es muy mamucas". ■ COM. **5.** eufem. Persona quisquillosa; mamón: "Mi jefe es un mamucas, revisó el informe línea por línea". || **6.** eufem. Persona que trata de causar gracia sin conseguirlo; mamón: "Su amigo es un mamucas, se la pasa haciendo chistes malos". || **7.** eufem. Persona molesta, enfadosa e impertinente; mamón: "El portero es un mamucas, no deja pasar a nadie". || **8.** eufem. Persona pretenciosa y arrogante; mamón: "Sacaron a tu hermana del grupo porque es una mamucas".

mamuco, ca. ■ ADJ. **1.** eufem. *Referido a persona,* quisquillosa; mamón: "Mi hermano es muy mamuco, no deja que nadie toque sus cosas". Ú.t.c.sust.: "Mi hermano es un mamuco, no deja que nadie toque sus cosas". || **2.** eufem. *Referido a persona,* que trata de causar gracia sin conseguirlo; mamón: "Ese comediante es muy mamuco". Ú.t.c.sust.: "Es un comediante mamuco". || **3.** eufem. *Referido a persona,* molesta, enfadosa e impertinente; mamón: "El portero es muy mamuco, revisa a todo el mundo al salir". Ú.t.c.sust.: "El portero es un mamuco, revisa a todo el mundo al salir". || **4.** supran. eufem. *Referido a persona,* pretenciosa y arrogante: mamón: "Sacaron a tu hermana del grupo porque es muy mamuca". Ú.t.c.sust.: "Sacaron a tu hermana del grupo porque es una mamuca". || **5.** supran. eufem. Propio de la persona **mamuca**: "Harta tu actitud mamuca".

mamueca. ■ F. vulg. Felación.

mamuncia. ■ F. pop. Alimento, comida.

man. [*mán, mén*] ■ M. **1.** supran. fam. Fórmula de tratamiento para dirigirse a un hombre conocido: "*Man,* préstame unos pesos para mi pasaje". || **2.** supran. fam. Persona indeterminada: "Llegó un *man* a preguntarnos por los tacos de la esquina".

mana. ■ F. Véase **mano, na.**

manaca. ■ F. **1.** supran. Palma originaria de Centroamérica y Sudamérica, de hasta 15 m de altura, monoica; troncos solitarios, rectos y cilíndricos; hojas helicoidales, compuestas por numerosos pares de foliolos lanceolados, cuando aún no maduran, forman un cilindro compacto en el ápice del tronco denominado palmito; flores unisexuales, pequeñas, blancas, dispuestas en racimos, de más de un metro de largo, protegidas por dos grandes brácteas de color verde; frutos oblongos o elipsoides, morados cuando están maduros; hojas y troncos, uso en la construcción; hojas, uso artesanal e industrial. Familia de las arecáceas, *Euterpe oleracea.* || **2.** supran. Fruto de

M

la **manaca**; comestible. || **3.** supran. Palmito de la **manaca**; comestible.

managuatillo. ■ M. Arbusto o árbol originario de México, de hasta 5 m de altura, monoico; tallos de ramillas pequeñas, fasciculadas, cuadrangulares, pubescentes; hojas simples, opuestas, de lineares a linear-lanceoladas, muy pequeñas, lisas; flores hermafroditas, pequeñas, verdosas, con cuatro pétalos, solitarias o dispuestas en cimas axilares; frutos drupáceos, obovados, rojizos, ligeramente comprimidos, con una única semilla. Familia de las celastráceas, *Crossopetalum managuatillo.*

manalote. ■ M. Arbusto o árbol originario de América, de hasta 7 m de altura, monoico; tallos quebradizos, produce un látex de color amarillo o anaranjado; hojas alternas, muy variables en forma y tamaño, generalmente divididas en lóbulos irregulares, frecuentemente concentradas en los extremos de las ramas; flores hermafroditas, pequeñas y numerosas, purpurinas, pétalos ausentes, con 12 a 16 estambres, flores arregladas en panículas terminales; frutos capsulares, elipsoides, cafés o negros; semillas pequeñas, de cafés a negras, con un tejido pulposo en la base; uso ornamental; cortezas, uso como colorante; látex, uso en la medicina tradicional. Familia de las papaveráceas, *Bocconia frutescens.* (También se llama calderón, llora sangre).

mancacaballo. ■ M. Cactus originario del norte de México, de hasta 50 cm de altura, monoico; plantas solitarias de tallo deprimido, globoso y cilíndrico, de color verde azulado, con costillas prominentes y agudas, espinas grandes, aplanadas y algo curvadas hacia atrás, rojas con la base más clara; flores hermafroditas, vistosas, con numerosos tépalos rosados y fragantes, campanuladas, estambres rojizos; frutos abayados, ovoides, de color rojo brillante, con pequeñas escamas y cubiertos con una pelusa blanca; semillas reniformes, numerosas, pequeñas, negras; uso ornamental. Familia de las cactáceas, *Echinocactus texensis.*

manchado, da. ■ ADJ. fam. Excesivo: "El jefe nos pidió un trabajo muy manchado".

manchamancha. ■ M. supran. Árbol originario de México y Centroamérica, de hasta 20 m de altura, monoico; tallos rectos y cilíndricos, con ramas ligeramente aplanadas, en ocasiones surgen desde la base; hojas simples, verticiladas, de elípticas a elíptico-ovadas, verdes en el haz, cafés en el envés; el envés pubescente, con margen entero; flores hermafroditas, pequeñas, blancas y aromáticas, dispuestas en panículas densas; frutos abayados, pequeños, globosos, de color azul púrpura al madurar, jugosos; semillas numerosas y diminutas, de piramidales a lunares, lisas; uso como especie maderable. Familia de las melastomatáceas, *Miconia argentea.* (También se llama sabano).

manchamantel. ■ M. **manchamanteles.**

manchamanteles. ■ M. supran. Guiso que se prepara con chile ancho, trozos de piña, plátano macho, verduras y carne; típico de Oaxaca.

manchar. ■ INTR. **1.** *En el Occidente,* manosearse y besarse lascivamente dos personas; fajar.

mancharse. ■ INTR. PRNL. **2.** fam. Faltarle al respeto a alguien: "Juan se manchó con su amigo al tirarle el trabajo". || **3.** supran. fam. Excederse con algo: "El pescado está muy salado, el cocinero se manchó con la sal". Ú.m.e.pp.: "Esa maestra es muy manchada, nos deja un montón de tarea".

manchis. ■ LOC. **a ~.** LOC. ADV. *En el Occidente,* sobre la espalda: "Félix la trajo a manchis porque no puede caminar".

manchón. ■ LOC. **~ de los nueve quince.** LOC. SUST. **manchón de pénalti.** ▶ **~ de penal.** LOC. SUST. **manchón de pénalti.** ▶ **~ de pénalti.** LOC. SUST. *En el futbol,* marca circular de color blanco que indica dónde se coloca el balón para tirar los penales.

mancomunado, da. ■ ADJ. *Referido a bienes,* en copropiedad: "La casa es mancomunada, de acuerdo con el contrato prenupcial".

mancuerna. ■ F. **1.** Pareja: "Esos dos hacen buena mancuerna para trabajar". || **2.** Identificación mental y afectiva de una persona con el estado de ánimo de otra; empatía: "Hicimos buena mancuerna en la reunión de bienvenida". || **3. mancuernilla.**

mancuernilla. ■ F. supran. Pasador formado por dos piezas unidas por un pequeño vástago o por una cadenilla, que se usa para cerrar el puño de la camisa; gemelo.

manda. ■ F. Cumplimiento forzoso de algo: "Párale de trabajar, si no es manda".

mandado, da. ■ LOC. **(que) ni ~ (a) hacer.** LOC. ADJ. A la medida: "El sombrero que me regaló el abuelo está que ni mandado a hacer".

mandar. ■ LOC. **~ a bailar (a Chalma).** LOC. VERB. supran. Rechazar con enfado a alguien: "Tuve que mandarla a bailar, no me cae bien". ▷ **~ a comer tierra.** LOC. VERB. Matar a alguien. ▷ **~ a la china.** LOC. VERB. supran. eufem. **mandar a la chingada.** ▷ **~ a la chingada.** LOC. VERB. **1.** malson. Despedir a alguien con aspereza, disgusto o sin miramientos: "A Joel lo mandaron a la chingada de su oficina por mentiroso". || **2.** malson. Denegar algo a alguien: "Le pedí su carro a mi prima, pero me mandó a la chingada". || **3.** malson. Terminar una relación con alguien: "La mandó a la chingada después de seis años". || **4.** supran. malson. Deshacerse o desentenderse de alguien o algo: "Mandé a la chingada la escuela, ya no voy a estudiar". ▷ **~ a la fregada.** LOC. VERB. **mandar a la chingada.** ▷ **~ a la goma.** LOC. VERB. fam. **mandar a la chingada.** ▷ **~ por un tubo.** LOC. VERB. supran. fam. **mandar a la chingada.**

mandarse. ■ INTR. PRNL. **1.** Faltarle al respeto a alguien: "Se mandó con el vecino porque le dejó la basura en su puerta". || **2.** supran. Excederse en algo: "El plomero se mandó con el presupuesto que nos hizo".

mande. ■ EXPR. Se usa para responder al llamamiento de alguien: "—¡Oye, Roberta! —Mande, ¿qué pasó?".

mandil. ■ ADJ. **1.** supran. fest. *Referido a persona*, de poco carácter, que obedece las órdenes de su mujer o de su marido; mandilón: "Chucho es muy mandil, no hace nada sin permiso de su esposa". ■ COM. **2.** supran. fest. Persona de poco carácter, que obedece las órdenes de su mujer o de su marido; mandilón: "Chucho es un mandil, no hace nada sin permiso de su esposa".

mandilón, na. ■ ADJ. supran. despect. *Referido a persona*, de poco carácter, que obedece las órdenes de su mujer o de su marido. Ú.t.c.sust.

mandiloneada. ■ F. Acción y resultado de mandilonear o mangonear una mujer a un hombre.

mandilonear. ■ TR. Mangonear una mujer a un hombre.

mandimbo. ■ M. Árbol originario de México y Centroamérica, de hasta 25 m de altura; tallos delgados, glabros; hojas simples, alternas, elípticas, glabras y brillantes, con margen entero; flores hermafroditas, pequeñas, tubulares campanuladas, blancas y aromáticas, flores dispuestas en panículas terminales; frutos drupáceos, anchamente elipsoides, glabros, amarillos, anaranjados, rojos o purpúreos; uso ornamental; cortezas, uso en la medicina tradicional. Familia de las boragináceas, *Ehretia tinifolia*. (También se llama beek, nambimbo, pingüica, roble).

mandonear. ■ TR. supran. fam. Mandar sobre alguien con exceso de autoridad: "Mi abuelo mandoneaba a mi papá y a mis tíos".

manea. ■ F. *En Chiapas y Tabasco*, tamal grande de masa sin batir de maíz martajado, carne deshebrada y caldo de res, puerco o pollo y manteca de cerdo, revuelta con cilantro, perejil, tomate, cebolla y chile amaxito molido, cocido al vapor envuelto en hoja de to.

maneador. ■ M. supran. rur. Tira de cuero con una presilla en uno de sus extremos, que sirve para trabar o atar las patas de las caballerías.

manejada. ■ F. Conducción de un vehículo.

manejador, ra. ■ M. Y F. **1.** *En algunos deportes*, director técnico. || **2.** supran. Representante artístico o deportivo. || **3.** supran. Operador de un vehículo o una maquinaria.

manejar. ■ TR. supran. Conducir un vehículo: "Don Gilberto manejaba un camión de la Ruta 100".

manflora. ■ ADJ. **1.** supran. despect. *Referido a una mujer*, de modales masculinos. Ú.t.c. sust. || **2.** supran. despect. *Referido a una mujer*, lesbiana que generalmente asume el rol masculino. Ú.t.c.sust.

manga. ■ F. **1.** rur. Poncho de hule para protegerse de la lluvia cuando se cabalga. || **2.** fam. Condón. || **3.** supran. Nube de langostas. || **4.** supran. rur. Pasadizo corto entre dos empalizadas que se utiliza para enfilar el ganado. ■ LOC. **la ~ del muerto.** LOC.

SUST. fam. Otros elementos de la misma clase; etc.: "Llegaron a la fiesta Saúl, Omar, Jesús, Alejandro y la manga del muerto". ■ EXPR. **¡la ~, qué!** fam. Se usa para manifestar incredulidad o negación ante un evento: "Dizque no puede venir porque está enfermo, ¡la manga, qué!".

mangal. ■ M. supran. Terreno plantado de árboles de mango.

mangana. ■ F. Trampa: "No vayas a ir porque es una mangana".

mangarriazo. ■ M. fam. Golpe fuerte.

mangle. ■ M. Árbol o arbusto originario de los trópicos, de hasta 30 m de altura, monoico; troncos rectos; raíces aéreas de origen adventicio, corteza de color olivo pálido con manchas grises que se desprende fácilmente en escamas; hojas simples, opuestas, de elípticas a oblongas, aglomeradas en las puntas de las ramas, verdes en el haz, amarillentas con puntos negros en el envés; flores hermafroditas, pequeñas, blancas o amarillentas en la base y rojizas en las puntas, cuatro pétalos pelosos; frutos capsulares, elipsoides alargados, de color pardo, con cáliz persistente; de una a dos semillas, germinan al interior de los frutos; corteza, hoja y raíz, uso en la medicina tradicional. Familia de las rizoforáceas, *Rhizophora mangle*. (También se llama mangle rojo, tabché). ■ LOC. **~ negro.** LOC. SUST. **1.** supran. Árbol originario de América, de hasta 30 m de altura, monoico; tallos erectos, con raíces arqueadas y aéreas que se prolongan por encima del agua, corteza fisurada y rojiza; hojas simples, opuestas, ovado-lanceoladas, envés peloso, pueden expeler la sal absorbida; flores hermafroditas, pequeñas, de color verde oscuro, crema o blanco, tubulares, agrupadas en racimos; frutos redondeados y comprimidos lateralmente, de color verde pálido, ligeramente pelosos. Familia de las acantáceas, *Avicennia germinans*. || **2.** supran. Madera de este árbol; uso industrial. || **3.** supran. Semilla de este árbol; uso en la medicina tradicional. ▷ **~ rojo.** LOC. SUST. **mangle.**

manglero, ra. ■ M. y F. supran. Persona que se dedica a cortar o a comercializar el mangle.

mango. ■ M. supran. Persona guapa. ■ LOC. **~ ataulfo.** LOC. SUST. Fruto amarillo, de pulpa dura y menos dulce que el manila; comestible. ▷ **~ criollo.** LOC. SUST. Fruto amarillo con tinte carmín, semilla abultada y pulpa algo fibrosa; comestible. ▷ **~ dominico.** LOC. SUST. Fruto amarillo, de tamaño pequeño, de pulpa suave y muy dulce; comestible. ▷ **~ manila.** LOC. SUST. Fruto amarillo pálido, de pulpa suave y muy dulce, semilla aplanada; comestible. ▷ **~ petacón.** LOC. SUST. Fruto verde con tinte carmín, grande, semilla ovalada y abultada, con pulpa amarilla pálida, de textura consistente; comestible. ■ INTERJ. **¡mangos!** Se usa para expresar negación o rechazo de manera enfática: "—Préstame tu coche. —¡Mangos! Manejas muy mal".

mangueada. ■ F. supran. rur. Hecho de manguear o hacer entrar al ganado por un pasadizo corto o manga.

manguear. ■ INTR. **1.** supran. Buscar o recoger el fruto del mango. || **2.** supran. rur. Hacer entrar al ganado por un pasadizo corto o manga.

manguetería. ■ F. *En la construcción*, conjunto de ventanas y domos de un edificio.

manguillo. ■ M. Mango en que se coloca la pluma metálica para escribir o dibujar; portaplumas.

manicure. [*manikiúr*] ■ AMB. supran. Cuidado y embellecimiento de las manos y uñas: "Me hago el *manicure* cada mes".

manicurista. ■ COM. supran. Persona que se dedica a hacer manicuras: "El manicurista Saúl es muy profesional".

manilla. ■ F. supran. *En el beisbol*, guante de cuero con que se atrapa la bola; manopla.

manita. ■ LOC. **hasta las manitas.** LOC. ADJ. eufem. *Referido a persona,* intoxicada con alguna sustancia, generalmente alcohólica; hasta la madre: "El vecino llegó hasta las manitas, debería moderarse".

manjar. ■ LOC. **~ de nalga**. LOC. SUST. *En Veracruz*, postre que se prepara con masa de maíz azul o negro, piloncillo, canela y pasas.

mano. ■ F. Unidad de medida, equivalente a cinco: "Deme una mano de cebollas, por favor". ■ LOC. **a ~.** LOC. ADJ. **1.** supran. Parejo: "Ya estoy a mano con Juan, los dos hicimos la parte que nos tocaba". || LOC. ADV. **2.** supran. Sin compromiso pendiente: "Quedamos a mano con estos cien pesos,

¿verdad?". ▶ **a ~ limpia.** LOC. ADV. supran. *En una pelea,* con los puños y sin armas: "Sergio se agarró a mano limpia con unos tipos afuera de su casa". ▶ **con la ~ en la cintura.** LOC. ADV. supran. Con facilidad: "Pasé el examen de inglés con la mano en la cintura". ▶ **de ~ caída.** LOC. ADJ. *Referido a un hombre,* homosexual. ▶ **de ~ sudada.** LOC. ADJ. *Referido a una relación amorosa,* que se limita a contactos físicos mínimos y superficiales, y se percibe por ello como inocente e ingenua: "Estuvieron dos meses de mano sudada". ▶ **~ de león.** LOC. SUST. **1.** Hierba originaria de América, de hasta 1 m de altura, monoica; hojas simples, de lineares a rómbicas, largamente pecioladas, a veces con tonos rojizos, membranáceas; flores hermafroditas, pequeñas, rojas, rosadas, anaranjadas o amarillas, tépalos lanceolados, papiráceos, estambres con filamentos ensanchados en la base, cada flor rodeada por una bráctea lanceolada del mismo color que las flores dispuestas en espigas densas; frutos capsulares, globosos, de color rojo oscuro; semillas pequeñas, negras, brillantes, circulares, aplanadas, ligeramente reticuladas; uso ornamental. Familia de las amarantáceas, *Celosia argentea.* || **2. mapasúchil.** ▶ **~ de metate.** LOC. SUST. **1. maguaquite.** || **2.** supran. Rodillo de piedra con que se muele en el instrumento de este nombre; metlapil. ▶ **~ de tigre.** LOC. SUST. **1.** Hierba trepadora originaria de México y Centroamérica, monoica; raíces adventicias, delgadas, cuelgan hasta tocar el suelo; hojas simples, acorazonadas, las jóvenes ovado-oblongas, cordadas, subenteras, hojas adultas ampliamente ovadas, lobadas casi hasta el nervio central; flores unisexuales, pequeñas, sin pétalos ni sépalos, de color amarillo cremoso, dispuestas en un mismo cilindro delgado con la porción masculina más angosta que la femenina, protegidas por una bráctea o espata de color verde por fuera y de rojizo a purpúreo por dentro; frutos abayados y blancos. Familia de las aráceas, *Philodendron radiatum.* (También se llama jingibrina, mutusay). || **2.** Raíz de esta hierba; uso en cestería. ▶ **~ del molcajete.** LOC. SUST. Instrumento cilíndrico de piedra que sirve para moler en el recipiente de este nombre; tejolote: "Te ayudas de la mano del molcajete para preparar la salsa". ▶ **~ negra.** LOC. SUST. Intervención ilícita y clandestina con la intención de alterar el resultado de algo: "Hubo mano negra en la rifa". ▶ **~ santa.** LOC. SUST. Persona que se presume como neutral e imparcial en un sorteo o en la repartición de algo: "Fui la mano santa en la kermés de la escuela". ▶ **manos de estómago.** LOC. ADJ. *Referido a persona,* que rompe o descompone todo lo que toca: "Tu sobrino es muy manos de estómago, destrozó mi teléfono". ■ EXPR. **¡manos arriba, patas a la barriga!** fest. *En los juegos infantiles,* se usa para ordenar que se levanten las manos en señal de rendición: "¡Manos arriba, patas a la barriga!, ¡ya perdiste!".

mano, na. ■ M y F. fam. Fórmula de tratamiento entre amigos: "Oye, mano, tráeme algo de la tienda".

manojear. ■ TR. supran. rur. Poner en manojos.

manojeo. ■ M. rur. Compra que se hace por manojo: "Hice el manojeo de hierbas en el mercado".

manojo. ■ M. fest. Par de testículos. ■ LOC. **como ~ de hediondilla.** LOC. ADV. *En el Occidente,* sin propósito definido: "Anda de aquí para allá, como manojo de hediondilla". ▶ **~ de hediondilla.** LOC. SUST. Persona que huele mal: "Métete a bañar, manojo de hediondilla".

manopla. ■ F. **1.** fest. Mano. || **2.** supran. *En el beisbol,* guante de cuero con que se recoge o se atrapa la bola.

manosear. ■ TR. Intervenir mucha gente en un asunto: "Todo el equipo manoseó el proyecto y aún no está terminado".

manoseo. ■ M. Intervención de mucha gente en un asunto.

manrubio. ■ M. **1.** Hierba de amplia distribución en el centro de México, de hasta 1 m de altura, monoica; tallos más o menos angulosos, de color blanco lanoso; hojas simples, opuestas, ovadas u orbiculares, pelosas, con margen crenado, membranáceas; flores hermafroditas, pequeñas, blancas, tubulares, agrupadas en glomérulos en los nudos; frutos en forma de pequeñas nueces lisas, de color café a café negruzco. Familia de

M

las labiadas, *Marrubium vulgare.* || **2.** Hoja del **manrubio**; uso en la medicina tradicional.

manta. ■ F. **1.** supran. Tela ordinaria de algodón. || **2.** supran. Pancarta.

manteado. ■ M. supran. Toldo, generalmente de lona, utilizado para cubrir la carga que se transporta en un vehículo.

mantenido, da. ■ M. y F. supran. despect. Persona que vive alevosamente a expensas de otra.

mantequillera. ■ F. Espacio en el refrigerador donde se guarda la mantequilla.

manto. ■ M. Hierba originaria de Asia, de hasta 1 m de altura, monoica; tallos pelosos, con glándulas; hojas simples, opuestas, ovadas, con marcas púrpuras rojizas en la base y centro, con margen crenado, con pelos y glándulas pálidas en el envés; flores hermafroditas, pequeñas, de color púrpura azulado, tubulares, pétalos dispuestos en forma de labios, estambres fusionados hasta la mitad, flores agrupadas en cimas; frutos en forma de diminutas nuececillas, lenticulares; uso ornamental. Familia de las lamiáceas, *Plectranthus scutellarioides.* ■ LOC. **~ azul.** LOC. SUST. Hierba originaria de América, ampliamente distribuida en el mundo, de hasta 4 m de altura, monoica; tallos angulosos, flexibles, glabros o puberulentos plateados; hojas simples, alternas, redondeadas ovadas, enteras o tres lobadas, de pilosas a glabras por ambas caras; con margen entero; flores hermafroditas, vistosas, campanuladas, de color azul a morado, a veces blancas, agrupadas en conjuntos de dos o tres flores; frutos capsulares, subglobosos, algo comprimidos, de color café pajizo; seis semillas, diminutas, subglobosas, trígonas, de color café oscuro; uso en la medicina tradicional y ornamental. Familia de las convolvuláceas, *Ipomoea indica.* (También se llama quiebraplatos, rompeplatos).

manubrio. ■ M. supran. Mecanismo de dirección que sirve para conducir y apoyar las manos en un vehículo, especialmente el de dos ruedas; manillar.

manuela. ■ F. vulg. Masturbación.

manzanilla. ■ F. **1.** *En el Sureste*, árbol originario de México, de hasta 10 m de altura; tallos erectos con espinas; hojas alternas, simples, láminas de elípticas a ovadas; flores hermafroditas, pequeñas, blancas, que salen en las axilas de las hojas, agrupadas en corimbos con pocas flores; frutos en pomo de color amarillo naranja; semillas cafés, lisas; raíces, uso en la medicina tradicional. Familia de las rosáceas, *Crataegus mexicana.* (También se llama tejocote). || **2.** *En el Sureste*, fruto de la **manzanilla**; comestible. ■ LOC. **~ cimarrona.** LOC. SUST. Hierba originaria de México, de hasta 50 cm de altura, monoica; tallos erectos, ramificados desde la base, pelosos; hojas simples, alternas, de lineares a oblongas, pubescentes; flores hermafroditas, pequeñas, tubulares, amarillas, agrupadas en cabezuelas sobre largos pedúnculos, con las 50 a 120 flores unisexuales en la periferia en forma de pétalos blancos y rosas o morados en la cara inferior; frutos aquénicos, de oblongos a ovados, algo comprimidos, cubiertos por pelillos, con un mechón de cerdas en el ápice; semilla única por fruto; uso en la medicina tradicional. Familia de las compuestas, *Erigeron pubescens.* ▶ **~ de la muerte.** LOC. SUST. Árbol originario de América, de hasta 15 m de altura, monoico; tallos de corteza gris, fisurada, con látex cáustico y lechoso; hojas simples, alternas, ampliamente ovadas, con márgenes serrados; flores unisexuales, diminutas, verdes amarillentas, sin pétalos: las masculinas con dos estambres, dispuestas en espigas en el ápice de las ramas, flores femeninas más grandes que las masculinas, dispuestas en espigas en la base de las ramas; frutos drupáceos, de color verde amarillento, deprimidos, globosos, de olor dulce, pero altamente tóxicos; semillas ovoides, lisas, oscuras; árbol ampliamente tóxico. Familia de las euforbiáceas, *Hippomane mancinella.* ▶ **~ del amor.** LOC SUST. Arbusto originario de Europa, de hasta 2 m de altura, monoico; tallos muy ramificados, pelosos en las partes jóvenes; hojas simples, alternas, de lanceoladas a oblanceoladas, ligeramente pálidas en el envés y pubescentes; flores hermafroditas, blancas, en forma de estrella, con cinco estambres amarillos por fuera, flores solitarias o arregladas en pequeños grupos; frutos abayados, globosos, de anaranjados a rojos; semillas numerosas, diminutas, casi circulares, comprimidas, brillantes; uso en la medicina tradicional. Familia de las solanáceas, *Solanum pseudocapsicum*.

manzanillo. ■ M. *En el Sureste*, árbol originario de México y el Caribe, de hasta 10 m de altura; tallos con corteza grisácea; hojas simples, opuestas, de lanceoladas a elípticas, lustrosas y glabras por ambas caras, a menudo con glándulas esparcidas en el envés, con margen entero; flores hermafroditas, pequeñas, con cinco pétalos de color amarillo brillante, estrechos en la base, de ocho a diez glándulas globosas y amarillentas en los sépalos, flores dispuestas en pseudorracimos laterales o terminales; frutos drupáceos, rojos y brillantes en la madurez, subglobosos, una semilla por fruto. Familia de las malpigiáceas, *Bunchosia glandulosa*. (También se llama sipché).

manzanita. ■ F. **1.** Arbusto originario de América, de hasta 3 m de altura, monoico; tallos muy ramificados desde la base, con corteza de color café rojizo; hojas simples, alternas, elípticas, coriáceas; flores hermafroditas, pequeñas, de color blanco a rosa, campanuladas, dispuestas en racimos; frutos abayados, pequeños, globosos, de color amarillento rojizo a café; aproximadamente diez semillas, diminutas, cafés. Familia de las ericáceas, *Arctostaphylos pungens*. (También se llama gayuba de México, pinduica, pingüica, tepesquite). || **2.** Fruto de este arbusto originario de América; comestible. || **3.** Arbusto o árbol pequeño originario de América, de hasta 5 m de altura, monoico; tallos con tricomas que caen pronto, con prominentes lenticelas; hojas de ovado-lanceoladas a elípticas, glabras, verdes o rojizas; flores hermafroditas, vistosas, de color rosado o rojo pálido, casi glabras, con pequeñas glándulas en la base de los sépalos, agrupadas en inflorescencias umbeliformes; frutos abayados, piramidales, globosos, carnosos, de color rojo, lisos; semillas numerosas, ovoides, con alas dorsales, márgenes tuberculados o verrugosos. Familia de las malpigiáceas, *Malpighia glabra*. (También se llama capulín, huaxacote). || **4.** Arbusto de amplia distribución en el sur de México, de hasta 4 m de altura; tallos muy ramificados, cuadrangulares, estrigosos; hojas simples, opuestas, ovadas, oblongo-ovadas, oblongo-elípticas, el haz de rugoso reticulado a escabroso, el envés generalmente estriguloso o cortamente pubescente, con margen crenulado; flores hermafroditas, pequeñas, tubulares, de color rosa, lila o púrpura, la garganta amarilla, dispuestas en cabezuelas globosas; frutos drupáceos, diminutos, azules o purpúreos. Familia de las verbenáceas, *Lantana involucrata*. (También se llama sonora).

mañanera. ■ F. supran. Primera bebida alcohólica que se ingiere por la mañana.

mañanero. ■ M. **1. mañanera.** || **2.** supran. vulg. Coito matutino.

mañanitas. ■ F. PL. **1.** Serenata. || **2.** Corrido. || **3.** gralizado. Canción tradicional en coplas que se le canta a alguien en ocasión de su cumpleaños.

mapachagüe. ■ M. Reptil originario de América, de hasta 40 cm de longitud; anaranjado en época de apareamiento; cabeza corta y no tan alargada; macho con cresta grande y protuberante; comestible. Familia de los iguánidos del orden Squamata, *Iguana iguana*. (También se llama iguana).

mapache. ■ M **1.** supran. Mamífero carnívoro de distribución en América del Norte y Centroamérica, de hasta 1 m de longitud; con pelaje en tonos grises y pardos; hocico y borde de orejas en tonos claros; característico antifaz negro en los ojos; cola espesa anillada, entre cuatro y diez anillos negros; hocico aguzado; orejas pequeñas y erectas; cuerpo ancho, con extremidades cortas; patas delanteras con cinco dedos. Familia de los prociónidos del orden Carnivora, *Procyon lotor*. (También se llama oso lavandero, ratón lavandero). ■ COM. **2.** *En política*, persona que altera las urnas electorales, robando o agregando votos a favor de un partido.

mapachería. ■ F. Práctica electoral fraudulenta.

mapano, na. ■ ADJ. rur. *Referido a un caballo*, bayo y con una raya negra que va de la parte más alta del lomo al anca.

mapasúchil. ■ M. **1.** Árbol originario de México, de hasta 15 m de altura, monoico; tallos con cortezas lisas, de color gris o parduzcos; hojas simples, alternas, lobuladas, pelosas por el envés; flores hermafroditas, vistosas, de color rojo intenso, carnosas, de cinco pétalos, con marcas claras en las puntas, con

M

cuatro estambres rojos, fusionados en su base; frutos capsulares, elipsoides, leñosos, cafés; semillas numerosas, negras, con una protuberancia amarilla. Familia de las malváceas, *Chiranthodendron pentadactylon*. (También se llama árbol de la manita, flor de la manita, mano de león). || **2.** Hoja del **mapasúchil**; uso en la medicina tradicional.

mapear. ■ TR. Limpiar el piso con un mop o trapeador; mopear: "Georgina mapea la sala y tú la cocina".

mapeo. ■ M. Limpieza del piso que se hace con un mop o trapeador; mopeo.

mapipitza. ■ F. **1.** Arbusto de amplia distribución en México, de hasta 1 m de altura, monoico; tallos muy ramificados, con látex blanquecino y lechoso; hojas simples, alternas, lineares, más o menos carnosas; flores hermafroditas, pequeñas, de color blanco verdoso o matizadas de morado en el exterior, flores dispuestas en umbelas; frutos foliculares, ovoides, de color café verdoso; semillas numerosas, obovadas, de color café pálido, con un penacho de pelos blancos. Familia de las apocináceas, *Asclepias linaria*. (También se llama algodoncillo, romerillo, tezonpantli, venenillo). || **2.** Hoja de la **mapipitza**; uso en la medicina tradicional. || **3.** Semilla de la **mapipitza**; uso en la medicina tradicional.

mapoteca. ■ F. supran. Local en donde se guardan, conservan, catalogan y consultan mapas y bibliografía cartográfica; cartoteca.

maquech. ■ M. *En Yucatán*, escarabajo originario de América, de hasta 4 cm de longitud; con cuerpo duro, completamente negro o con manchas ; se suele adherir piedras preciosas sobre su caparazón y usarlo como amuleto. Varias especies de la familia de los zooféridos del orden Coleoptera.

maquila. ■ F. **1.** supran. Producción de manufacturas textiles o electrónicas, entre otros productos. || **2.** supran. Fábrica destinada a la **maquila**; maquiladora.

maquilador, ra. ■ ADJ. **1.** Perteneciente o relativo a la maquila: "La industria maquiladora de la frontera es muy productiva". ■ M. y F. **2.** supran. Persona que trabaja en una maquila. ■ F. **3.** supran. Lugar en que se ensamblan productos para su exportación.

maquiladora. ■ F. Véase **maquilador, ra.**

maquilar. ■ TR. **1.** supran. Importar materias primas para transformarlas en productos manufacturados destinados a la exportación: "En esta fábrica maquilan la mezclilla para armar los *jeans* de las marcas gringas". || **2.** supran. Ensamblar un producto en una maquila: "Las empresas nacionales maquilaron productos con costo total de millones de pesos".

maquilero, ra. ■ ADJ. **1.** Perteneciente o relativo a la maquila: "La industria maquilera está en crisis". ■ M. y F. **2.** supran. Propietario de una maquila. || **3.** supran. Persona que trabaja en una maquila.

maquillista. ■ COM. supran. Persona que se dedica a maquillar; maquillador: "Ramiro, el maquillista, le quitó el brillo de la cara a la cantante".

máquina. ■ F. **1.** Motor de automóvil. || **2.** Computadora. || **3.** supran. Automóvil. ■ LOC. **a toda ~.** LOC. ADJ. eufem. **a toda madre.** ▷ **~ de toques.** LOC. SUST. Dispositivo eléctrico recreativo que produce descargas de baja y mediana intensidad: "A ver quién aguanta más en la máquina de toques". ■ EXPR. **¡pa' su ~!** eufem. **¡en la madre!**

maraquero, ra. ■ M. y F. supran. Persona que se dedica a tocar las maracas.

maratónico, ca. ■ ADJ. supran. *Referido a algo*, que se prolonga y cansa mucho: "La jornada laboral estuvo maratónica, trabajamos 18 horas continuas".

marca. ■ LOC. **~ diablo.** LOC. ADJ. fam. De mucha intensidad: "Organizamos una pachanga marca diablo". ▷ **~ patito.** LOC. ADJ. fam. *Referido a algo*, de mala calidad: "Mi reloj es marca patito, ya se rompió".

marcador. ■ M. supran. Utensilio semejante al bolígrafo o lápiz de tinta que escribe o dibuja con un trazo ancho mediante una punta gruesa de fieltro u otro material; rotulador.

marcar. ■ INTR. Llamar por teléfono a alguien: "Te marco en un ratito".

marcatextos. ■ M. Marcador o rotulador de colores traslúcidos a base de agua que se emplea para pintar sobre un texto con la intención de resaltarlo.

marcha. ■ F. **1.** Reunión pública al aire libre, en la cual los asistentes caminan y reclaman algo, expresan una protesta o se adhieren a una propuesta social o política; manifestación. || **2.** Dinero que se recibe como prestación laboral para gastos funerarios.

marchante, ta. ■ M. y F. **1.** supran. Vendedor de un mercado o tianguis que tiene compradores habituales: "Yo le compro la fruta a la marchanta del puesto de la esquina". || **2.** supran. Cualquier comprador de un mercado o tianguis: "El día de hoy hubo pocos marchantes por la lluvia".

marchantear. ■ INTR. **1.** Buscar clientes para que consuman algo en un negocio: "Nora marchantea en la vía pública". || **2.** Acudir a un mercado o tianguis: "Enrique marchantea los jueves porque es más barato".

marchantería. ■ F. Grupo de clientes que asisten a un mercado o tianguis.

marchista. ■ COM. supran. Manifestante que participa en una marcha de protesta o de apoyo a una causa: "Esos marchistas son los máximos defensores de la libertad de expresión en Veracruz".

mare. ■ INTERJ. **¡mare!** *En Yucatán*, se usa para expresar sorpresa o admiración: "¡Mare! ¡Qué bonita está esa falda!".

mareada. ■ F. Engaño o embaucamiento que hace alguien con cuentos y promesas falsas: "Por la mareada que me dieron terminé comprando una porquería".

marear. ■ TR. supran. Engañar o embaucar a alguien con cuentos y promesas falsas: "El vendedor me mareó y le compré una porquería".

margallate. ■ M. pop. Enredo, confusión: "Se armó un buen margallate en la junta del lunes".

margarita. ■ F. **1.** Pan dulce esponjoso con la forma de esta flor. || **2.** Galleta artesanal con la forma de esta flor. ■ LOC. **~ de agua.** LOC. SUST. Hierba acuática originaria de México, de hasta 50 cm de altura, monoica; tallos ramificados, gruesos y huecos, estriados, con tintes morados, pilosos; hojas opuestas, enteras, de lineares a lanceoladas, con margen dentado, pilosas; flores hermafroditas, diminutas, tubulares, amarillas, agrupadas en cabezuelas solitarias, las 15 o 20 flores de la periferia en forma de pétalos, blancos; frutos aquénicos, diminutos, de cilíndricos a claviformes, de color café oscuro. Familia de las compuestas, *Jaegeria bellidiflora*. (También se llama estrella de agua). ▷ **~ del campo.** LOC. SUST. Arbusto originario de Sudamérica, de hasta 2 m de altura, monoico; tallos muy ramosos, pubescentes; hojas simples, alternas, de lanceoladas a linear-lanceoladas, con margen aserrado, glabras o lanosas en el haz, tomentosas en el envés; flores hermafroditas, pequeñas, tubulares, amarillas, dispuestas en cabezuelas terminales, las 15 a 20 flores en la periferia en forma de pétalos; frutos aquénicos cilíndricos, con un penacho de cerdas blancas en el ápice. Familia de las compuestas, *Senecio grisebachii*.

margayate. ■ M. **margallate.**

maría. ■ ADJ. **1.** fest. *Referido a un hombre*, que tiene actitudes que habitualmente se atribuyen a una mujer: "Iván, eres bien maría, ya deja de arreglarte". ■ F. **2.** fest. Hombre que tiene actitudes que habitualmente se atribuyen a una mujer: "Iván, eres una maría, ya deja de arreglarte". || **3.** supran. coloq. Mujer indígena que comercia en la vía pública. || **4.** supran. coloq. Mujer que se dedica al servicio doméstico. ■ LOC. **~ gorda.** LOC. ADJ. **1.** *En Jalisco, referido a un huevo*, que queda grumoso al cocinarse: "Ahora el huevo le salió muy maría gorda". || LOC. SUST. **2.** *En el Occidente*, dulce hecho a base de harina de maíz, leche, piloncillo y canela.

mariachera. ■ F. Camioneta donde se transportan los mariachis y sus instrumentos.

mariachi. ■ ADJ. **1.** fam. *Referido a persona*, tímida: "Nidia no habla en público porque es muy mariachi". || **2.** fam. *Referido a persona*, tonta: "De plano estás muy mariachi hoy, Toño, no das una". ■ M. **3.** gralizado. Conjunto musical tradicional, originario del occidente del país, que actualmente incluye instrumentos de cuerda, de aliento y voces. ■ COM. **4.** fam. Persona tímida: "Nidia no habla en público porque es una mariachi". || **5.** fam. Persona tonta: "De plano eres un mariachi, Toño, no das una". || **6.** Miembro del **mariachi**: "Francisco es un mariachi desde joven".

mariagorda. ■ F. **maría gorda.**

mariguanada. ■ F. supran. **marihuanada.**

mariguanearse. ■ INTR. PRNL. **1.** supran. Fumar marihuana; marihuanearse.

M

mariguaneársela. ■ INTR. PRNL. **2.** fam. Hacer y decir disparates; marihuaneársela: "Diego se la mariguanea para llamar la atención".

mariguano, na. ■ ADJ. **marihuano, na.**

marihuanada. ■ F. **1.** fam. Hecho de marihuaneársela o hacer y decir disparates. || **2.** supran. Hecho de marihuanearse o fumar marihuana.

marihuanearse. ■ INTR. PRNL. **1.** supran. Fumar marihuana.

marihuaneársela. ■ INTR. PRNL. **2.** fam. Hacer y decir disparates: "Rosendo se la marihuanea para llamar la atención".

marihuano, na. ■ ADJ. **1.** fam. *Referido a persona*, que está o se comporta como loca. Ú.t.c.sust. || **2.** supran. *Referido a persona*, que fuma marihuana. Ú.t.c.sust. || **3.** supran. *Referido a persona*, adicta a las drogas. Ú.t.c.sust.

marilópez. ■ F. supran. Arbusto originario de México y Centroamérica, de hasta 1 m de altura, monoico; tallos muy ramificados, pelosos; hojas simples, alternas, lanceoladas, con margen aserrado, pelosas, principalmente en las nervaduras, con nectarios en la base; flores hermafroditas, vistosas, de color amarillo intenso, a veces púrpura oscuro o café en la base, campanuladas, estambres pilosos, flores solitarias en las axilas de las hojas; frutos capsulares, elipsoides, verdes, de tuberculados a esparcidamente pilosos; semillas pequeñas, obovoides; uso en la medicina tradicional y ornamental. Familia de las pasifloráceas, *Turnera ulmifolia*.

marimba. ■ F. **1.** Conjunto musical en el que hay uno o dos instrumentos de este nombre, que se consideran los instrumentos principales. || **2.** Recipiente que usan los conductores de ciertos transportes públicos en el que colocan las diferentes monedas separadas por denominación para poder manejarlas con facilidad. || **3.** Conjunto de rayas paralelas entre sí y pintadas sobre el pavimento para señalar un paso peatonal; paso de cebra. || **4.** supran. Instrumento musical de percusión que consiste en una serie de tablas delgadas o teclas sonoras de madera puestas de mayor a menor largura; cada tecla lleva una caja de resonancia especial que es un paralelepípedo de madera con una boca superior cuadrangular recogida por los bordes, que se ensanchan en la parte de abajo y se estrechan por la parte inferior hasta cerrarse en forma piramidal. || **5.** supran. Familia con muchos hijos de distintas edades, cuyas diferentes alturas semejan los tubos de resonancia y las teclas de la **marimba.** || **6.** supran. fest. Marihuana.

marimbero, ra. ■ ADJ. **1.** supran. Perteneciente o relativo a la marimba: "Usaron música marimbera para esa película". || **2.** supran. *Referido a persona*, que gusta de la música de la marimba: "Mi abuelo era muy marimbero". ■ M. y F. **3.** supran. Músico que toca la marimba o instrumento musical de percusión que consiste en una serie de tablas delgadas o teclas sonoras de madera puestas de mayor a menor largura; cada tecla lleva una caja de resonancia especial que es un paralelepípedo de madera con una boca superior cuadrangular recogida por los bordes, que se ensanchan en la parte de abajo y se estrechan por la parte inferior hasta cerrarse en forma piramidal. || **4.** supran. Persona que se dedica a fabricar o a vender marimbas.

marina. ■ F. **1.** Pan de sal suave y ovalado. || **2.** Preparación hecha con una **marina** rellena de algún guisado seco, como ensalada de atún o mole.

mariola. ■ F. **1.** Arbusto de amplia distribución en México, de hasta 1.5 m de altura, monoico; tallos muy ramificados, cubiertos de pelos algodonosos y gotitas resinosas; hojas simples, alternas, de contorno aovado, ovado o anchamente oblongo, divididas en lóbulos, pelosas; flores hermafroditas y unisexuales, pequeñas, tubulares y blancas, agrupadas en cabezuelas, las cinco flores de la periferia con apariencia de pétalos diminutos; frutos aquénicos, obovados, comprimidos, con un par de escamas en el ápice, una semilla por fruto. Familia de las compuestas, *Parthenium incanum*. || **2.** Rama de la **mariola**; uso en la medicina tradicional.

mariposa. ■ F. **1.** Clip cuyo doblez semeja las alas de este insecto. || **2.** supran. Pieza, generalmente de metal, que sirve para sujetar y ajustar el arete detrás de la oreja. || **3.** supran. Hélice del motor de una lancha. || **4.** supran. fam. Prostituta. ■ LOC. **~ azteca.** LOC. SUST. Planta herbácea que habita desde México hasta Sudamérica, de hasta 1.5 m de altura; tallos erectos, ramificados desde cerca de la base o más arriba; hojas opuestas en la porción inferior de la planta, las superiores alternas, en peciolos, láminas ovadas o semirredondas, ápice de obtuso a ligeramente escotado, base de redondeada a obtusa, con margen de sinuado a crenado, con glándulas oleíferas en los márgenes y en el ápice; cabezuelas solitarias, verdes, con el ápice de color púrpura, con glándulas lineares dispuestas en hileras; flores de color verde amarillento a café; frutos secos, indehiscentes, con una sola semilla; muy aromática al estrujarse; uso en la gastronomía y en la medicina tradicional. Familia de las asteráceas, *Porophyllum ruderale*. (También se llama pápalo, papaloquelite).

maritates. ■ M. PL. supran. Enseres personales de escaso valor.

marmaja. ■ F. supran. fam. Dinero, moneda corriente.

marmoleado, da. ■ ADJ. supran. *Referido a algo*, con vetas similares a las que presentan ciertos tipos de mármol; veteado: "Cómprame un panqué marmoleado en la tiendita".

maroma. ■ F. **1.** Cable del que pende una carretilla que pasa sobre un río y sirve para transportar personas y carga. || **2.** Trabajo o proceso lleno de complicaciones. || **3.** supran. Pirueta. || **4.** supran. Cambio oportunista de partido político o de opinión. || **5.** supran. Espectáculo, generalmente circense, en que se hacen acrobacias.

maromear. ■ INTR. supran. Hacer maromas.

maromero, ra. ■ M. y F. **1.** supran. Persona que se dedica a hacer acrobacias. || **2.** supran. Persona oportunista que cambia de opinión o de partido político. ■ M. **3.** Insecto de distribución en zonas tropicales, de hasta 10 mm de longitud; de color negro, a veces con manchas blancas; la hembra produce un zumbido al volar, se alimenta de sangre y su picadura es irritante; el macho se alimenta de néctar; algunas especies transmiten enfermedades como el paludismo, el dengue y la fiebre amarilla. Infraorden de los culicomorfos, suborden Nematocera del orden Diptera. En la actualidad existen un total de 39 géneros y 135 subgéneros reconocidos, con algo más de 3 500 especies. (También se llama saltarina, zancudo).

marometa. ■ F. supran. Maroma; pirueta.

marota. ■ F. **1.** Mujer de modales masculinos. || **2.** Lesbiana.

marquesita. ■ F. Especie de crepa enrollada y crujiente, rellena con queso holandés o con algún ingrediente dulce; típica de Yucatán.

marquesote. ■ M. supran. *En el Sur*, pan dulce esponjoso hecho con harina, huevo y azúcar, de gran tamaño, que se corta y se vende en porciones.

marqueta. ■ F. **1.** Dulce en forma rectangular hecho de leche, azúcar y pulpa de fruta. || **2.** *En el Norte*, supermercado. || **3.** supran. Pan de caja o molde. || **4.** supran. Bloque en forma prismática de cera, hielo, jabón, etcétera.

marranazo. ■ M. supran. fam. Golpe fuerte que se da alguien al caer.

marranilla. ■ F. **1.** Bebida alcohólica destilada que está adulterada o es de baja calidad. || **2.** fam. Pulque.

marrazo. ■ M. Bayoneta del fusil.

marro, rra. ■ ADJ. **1.** fam. *Referido a persona*, tacaña: "Luis es muy marro, no me quiso prestar cincuenta pesos". Ú.t.c.sust.: "Luis es un marro, no me quiso prestar cincuenta pesos". || **2.** fam. *En Colima, referido a persona*, terca: "No seas tan marra, Federico no te va a hacer caso". Ú.t.c.sust.: "Eres una marra, Federico no te va a hacer caso". ■ M. **3.** Martillo grande; mazo.

martajada. ■ F. **martajado.**

martajado. ■ M. Hecho de martajar o machacar sin llegar a moler de manera completa, generalmente el maíz para la masa o los ingredientes para una salsa.

martajar. ■ TR. supran. Machacar sin llegar a moler de manera completa, generalmente el maíz para la masa o los ingredientes para una salsa: "La señora martajó el maíz para las gorditas".

martelina. ■ F. Herramienta de dos puntas por ambos extremos y con filo serrado para dar acabado rugoso a superficies lisas de piedra, de cemento, de yeso, etcétera.

martelinado. ■ M. Hecho de martelinar o dar acabado rugoso con una martelina a superficies lisas de piedra, de cemento, de yeso, etcétera.

M

martelinar. ■ TR. Dar acabado rugoso con una martelina a superficies lisas de piedra, de cemento, de yeso, etc.: "El albañil martelinó la pared del baño".

martillo. ■ ADJ. **1.** fam. *Referido a persona,* tacaña; marro: "Eres muy martillo, compraste el regalo más barato". ■ M. **2.** Juego mecánico que consiste en un eje sujeto a un brazo oscilante en cuyo extremo se encuentra una cabina para los pasajeros. || **3.** fam. Persona tacaña; marro: "Juana es un martillo; compró el regalo más barato".

martucha. ■ F. supran. Mamífero originario de América, de hasta 60 cm de longitud; con cuerpo robusto y piernas cortas; dorso de color pardo dorado; cabeza redondeada; ojos grandes y redondos; hocico corto; cola larga y prensil; nocturno; comestible. Familia de los prociónidos del orden Carnivora, *Potos flavus*. (También se llama kinkajú, oso melero, perro de monte).

más. ■ LOC. **entre ~.** LOC. ADV. supran. Cuanto más: "Entre más te demores, más complicadas se volverán". ▷ **~ puesto que un calcetín.** LOC. ADJ. Dispuesto: "Para ver el futbol, ahí sí, estás más puesto que un calcetín, pero para ayudarme, no".

masa. ■ F. Maíz nixtamalizado y molido con agua; se usa para hacer tortillas, atoles, tamales, entre otros alimentos. ■ LOC. **~ de maíz.** LOC. SUST. La que se hace con este grano nixtamalizado. ▷ **~ de nixtamal.** LOC. SUST. **masa de maíz.**

masacote, ta. Véase **mazacote, ta.**

masacotudo, da. ■ ADJ. **mazacotudo, da.**

masacúa. ■ F. *En el Sureste,* **mazacuata.**

masacuata. ■ F. **mazacuata.**

mascada. ■ F. supran. Pañuelo de tamaño más grande que el regular, especialmente de seda, para adorno en el cuello o en la cabeza.

mascogo, ga. ■ ADJ. **1.** supran. Perteneciente o relativo al **mascogo**: "El pueblo mascogo fue reconocido como grupo indígena". || **2.** supran. Natural o procedente del grupo étnico **mascogo**: "La mujer mascoga lleva un pañuelo en su cabeza". Ú.t.c.sust.: "La mascoga lleva un pañuelo en su cabeza". ■ M. **3.** supran. Grupo étnico establecido en el estado de Coahuila, en México.

maseca. (De Maseca®). ■ F. supran. Harina de maíz industrializada para hacer tortillas.

masinó. ■ ADV. fam. *En el Sureste,* se usa al inicio de oraciones interrogativas para obtener la aprobación de algo por parte del interlocutor: "¿Masinó que ya te pagué lo que me prestaste?".

maskin. (De Masking Tape®). ■ M. ***masking tape.***

masking. (De Masking Tape®). ■ LOC. ***~ tape.*** [*máskin téip*] LOC. SUST. supran. Cinta adhesiva de papel de color pajizo, no transparente, que puede desprenderse fácilmente.

mastate. ■ M. supran. rur. Faja o cinta con que se ciñe el cuerpo por la cintura.

masticar. ■ TR. **1.** fam. Repasar: "Si tienes examen, mejor mastica bien tus apuntes". || **2.** fam. Hablar con fluidez un idioma: "Marta, tú que masticas el náhuatl, ¿me ayudas con esta traducción?".

mastique. ■ M. **1.** Pasta moldeable hecha de polvo mineral, aceite vegetal y secante; sirve para sellar y fijar el vidrio de una ventana a su marco. || **2.** supran. Pasta de yeso y algún adhesivo; sirve para igualar las superficies o tapar junturas.

mastuerzo. ■ M. **1.** Hierba originaria de Sudamérica, de hasta 4 m de altura, monoica; tallos ramificados, rastreros o trepadores; hojas simples, alternas, casi circulares, con margen ondulado, peciolos largos unidos casi al centro de la hoja, membranácea; flores hermafroditas, vistosas, de color anaranjado, rojo o amarillo, sépalos fusionados en la base y prolongados hacia abajo formando un espolón nectarífero, con ocho estambres, desiguales; frutos trilobados, elipsoides, que se separan en tres frutillos indehiscentes, rugosos en la madurez; semillas ovoides, cafés; uso ornamental. Familia de las tropeoláceas, *Tropaeolum majus*. (También se llama capuchina, hierba de las mariposas). || **2.** Hoja del **mastuerzo**; comestible. || **3.** Flor del **mastuerzo**; comestible.

masú. ■ M. *En Chiapas,* árbol de hasta 15 m de altura; troncos leñosos y copas frondosas en forma de paraguas; hojas afelpadas por la cara superior, de color verde pálido; flores blancas y fragantes; frutos en forma de uva pequeña, de color blanco amarillento, en racimos; el jugo del fruto se usa como pegamento. Familia de las boragináceas, *Cordia alba*. (También se llama zazamil, zazanil).

masudo, da. ■ ADJ. **1.** *Referido a algo,* de textura apelmazada; pastoso: "A mí me gustan más los panes masudos". || **2.** supran. fam. *En el Sureste, referido a persona,* obesa: "Estoy a dieta porque me dijo el doctor que estoy muy masudo". Ú.t.c.sust.: "Estoy a dieta porque me dijo el doctor que soy un masudo".

matabacha. ■ F. supran. **matabachas.**

matabachas. ■ F. Especie de pinza para fumar la bacha o colilla de un cigarrillo, generalmente el de marihuana; matabacha.

matacuaz. ■ M. fam. Peón de albañil.

matado, da. ■ ADJ. supran. *Referido a persona,* que se sacrifica por la consecución de un objetivo: "Todo el equipo de colaboradores es muy matado y por eso el libro salió a tiempo". Ú.t.c.sust.: "Los colaboradores son unos matados".

matagusano. ■ M. supran. Hierba originaria de México, de hasta 40 cm de altura, monoica; tallos postrados, muy ramificados, pubescentes; hojas alternas, abrazando ligeramente al tallo, enteras, pubescentes; flores hermafroditas, pequeñas, campanuladas, con cinco lóbulos, con colores morados, azules o rosados, agrupadas en cimas axilares o terminales; frutos capsulares, ovados, pubescentes, cafés; semillas numerosas, diminutas, amarillas. Familia de las hidrofiláceas, *Nama undulatum.* (También se llama estornudadera, garañona).

matalote. ■ M. Canica grande.

matambó, bá. ■ ADJ. supran. *Referido a equino,* blanco con escasas manchas en el cuerpo.

matancear. ■ TR. pop. Matar.

matanceo. ■ M. pop. Acción y resultado de matancear o matar.

matanga. ■ F. Juego infantil consistente en arrebatar de un golpe lo que otro niño tiene en la mano. ■ EXPR. **¡~, dijo la changa!** **1.** fest. Se usa para arrebatarle algo a alguien en el juego de la **matanga.** || **2.** fest. Se usa para indicar que alguien se ha aprovechado de otra persona o de una situación, robando o arrebatando algo: "Que se descuida el tendero y, ¡matanga, dijo la changa!, que se lleva un refresco". ■ INTERJ. **¡matanga!** **1.** fest. Se usa para arrebatarle algo a alguien en el juego de la **matanga**: "¡Matanga! ¡Te gané!". || **2.** fest. Se usa para indicar que alguien se ha aprovechado de otra persona o de una situación, robando o arrebatando algo de manera indebida o abrupta: "Que me descuido y, ¡matanga!, me quitaron la torta".

matanguear. ■ TR. **matancear.**

matangueo. ■ M. **matanceo.**

matapalo. ■ M. **1.** supran. Grupo de diferentes especies de árboles originarios de América, de hasta 50 m de altura, monoicos; troncos gruesos, con corteza suave; generalmente de raíces tubulares; hojas alternas, brillantes, enteras, ovadas o acorazonadas, que secretan látex al romperlas; flores hermafroditas y unisexuales, diminutas, crecen en el interior de una cubierta carnosa y de forma esférica, comúnmente llamada higo, donde se alojan también los frutos. Familia de las moráceas, varias especies del género *Ficus,* como *Ficus carica, Ficus cotinifolia, Ficus elastica, Ficus insipida, Ficus maxima, Ficus petiolaris.* (También se llama amate, higuera, higuerón, nacapuli, sabalí, zalate). || **2.** supran. Individuo del **matapalo.**

matapasiones. ■ ADJ. **1.** supran. Que inhibe o disminuye la pasión erótica: "No vayas a ponerte esa pijama matapasiones". ■ M. **2.** supran. Calzoncillo o calzón largo y abultado.

matapiojo. ■ M. *En el Sureste,* árbol originario de Centroamérica, de hasta 8 m de altura, monoico; tallos cortos con ramas patentes; hojas opuestas, simples, obovadas, ápice redondeado a veces mucronulado, base atenuada, con márgenes crenado-serrados, subcoriáceas glabrescentes; flores hermafroditas, pequeñas, de color verde amarillento o blanco verdoso, puberulentas, anteras anaranjadas, agrupadas en panículas; frutos capsulares, péndulos, emarginados en el ápice; semillas con un ala basal. Familia de las celastráceas, *Semialarium mexicanum.* (También se llama cuanabichi, ixcate).

matar. ■ LOC. **~ carita.** LOC. VERB. Ser algo superior o prevalecer ante otra cosa que de por sí ya resulta valiosa y apreciable: "Con este carrazo que trae, Manuel ya mata carita en su salón". ▶ **~ clase(s).** LOC. VERB. Faltar un alumno a una o más sesiones, sin autorización del profesor: "Vamos a matar clase de matemáticas, ¿le entras?". ▶ **~ el oso a puñaladas.** LOC. VERB. vulg. Practicar el coito.

▷ ~ **la tarántula.** LOC. VERB. **matar el oso a puñaladas.** ▷ ~ **marrano.** LOC. VERB. **matar el oso a puñaladas.** ▷ ~ **víbora en viernes (santo).** LOC. VERB. Tener mucha suerte o ser afortunado en la consecución de algo: "Con esa chamba, bien pagada y pocas horas, ya mataste víbora en viernes".

matarratón. ■ M. **1.** supran. *En el Sureste,* árbol originario de América, de hasta 15 m de altura, monoico; tallos de grisáceos a cafés; hojas alternas, deciduas, divididas en foliolos elípticos; flores hermafroditas, vistosas, con cinco pétalos de rosados a blanquecinos, agrupadas en densos racimos; frutos en vainas largas y aplanadas, cafés; semillas circulares, aplanadas. Familia de las leguminosas, *Gliricidia sepium.* (También se llama cacahuanance, cacahuananche, cocoite, madre de cacao, yaité). || **2.** supran. *En el Sureste,* madera del **matarratón**; uso artesanal y como combustible. || **3.** supran. *En el Sureste,* corteza, hoja, raíz y semilla del **matarratón**; uso como insecticida.

matasano. ■ M. Árbol originario de México y Guatemala, de hasta 12 m de altura, monoico; tallos muy ramificados, lisos; hojas alternas, enteras, compuestas de tres a siete foliolos elípticos, glabras o esparcidamente pubescentes; flores unisexuales, pequeñas, fragantes, con cinco pétalos de color amarillo verdoso a blanquecino, con cinco estambres, flores agrupadas en panículas terminales o axilares; frutos drupáceos, globosos o alargados, lisos, de color verde o amarillo pálido; frutos, comestibles; hojas, uso en la medicina tradicional. Familia de las rutáceas, *Casimiroa edulis.* (También se llama zapote, zapote blanco, zapote dormilón).

matate. ■ M. supran. Bolso o morral colgante hecho de red de cuerda de pita que se utiliza para transportar vasijas, frutos y otros productos.

matatena. ■ F. **1.** Juego infantil que se practica arrojando una pelota pequeña al aire y recogiendo piezas de plástico con forma de estrella o piedrecillas o huesecillos de fruta. || **2.** Conjunto de la pelota y las piezas de plástico con forma de estrella o piedrecillas o huesecillos de fruta del juego de la **matatena**. || **3.** Piedra pequeña y redondeada del lecho de los ríos.

matazón. ■ F. supran. Matanza.

materialista. ■ ADJ. **1.** Perteneciente o relativo a los materiales de construcción: "Llama al chofer materialista para que se lleve el escombro". ■ M. **2.** Camión que sirve para transportar materiales de construcción. ■ COM. **3.** Persona que se dedica a la transportación o a la venta de materiales de construcción: "Los materialistas concesionados incumplieron el contrato".

matlatzinca. ■ ADJ. **1.** Perteneciente o relativo al **matlatzinca**: "La dieta matlatzinca se basa en semillas, hierbas y hongos". || **2.** Natural o procedente del grupo étnico **matlatzinca**: "Los pobladores matlatzincas conviven con algunos nahuas". ■ M. **3.** Grupo étnico establecido en el suroeste del Nevado de Toluca, en el Estado de México. || **4.** Lengua otomangue del subgrupo lingüístico otopame. ■ COM. **5.** Persona natural o procedente del grupo étnico **matlatzinca**: "Los matlatzincas conviven con algunos nahuas".

matona. ■ F. fest. Pistola.

matraca. ■ F. **1.** Ave de amplia distribución en América, de hasta 20 cm de longitud; según la especie, con plumaje de color café, en diversas tonalidades de grises, cafés y blancos; con patrones distintos, casi siempre de color blanco; con pico largo y fino; ojos negros; la mayoría de las especies presenta dieta con base en insectos y otros invertebrados; se reconoce por su canto. Varias especies de la familia de los troglodítidos del orden Passeriformes. (También se llama capichocho, chinchibul, saltapared, saltarroca, sonaja). || **2.** fam. Sonaja. || **3.** supran. fest. Persona muy habladora. || **4.** supran. fest. Vehículo viejo y ruidoso.

matrero, ra. ■ ADJ. *Referido a persona,* tacaña: "Miguel es muy matrero, por eso no lo invitamos". Ú.t.c.sust.: "Miguel es un matrero, por eso no lo invitamos".

matudo, da. ■ ADJ. supran. fam. *Referido a persona,* que tiene el cabello largo y abundante: "A Dora nomás le gustan los hombres matudos". Ú.t.c.sust.: "A Dora nomás le gustan los matudos".

matzatli. ■ M. **muatzate.**

máuser. ■ EXPR. **¡en la ~!** eufem. **¡en la madre!**

maxtate. [*mashtáte, mastáte*] ■ M. supran. rur. **mastate.**
may. ■ M. **mai.**
maya. ■ ADJ. **1.** gralizado. Perteneciente o relativo al **maya**: "El territorio maya en gran parte está formado por selvas tropicales". || **2.** gralizado. Natural o procedente del grupo étnico histórico **maya**: "Los antiguos pobladores mayas elaboraron calendarios precisos". || **3.** gralizado. Natural o procedente de cualquiera de los grupos étnicos que hablan alguna lengua de los subgrupos lingüísticos huastecano, yucateco-lacandón, cholano, tzeltalano o chujeano, entre otros; establecidos desde los estados de San Luis Potosí y Veracruz, en México, hasta El Salvador y Honduras: "La mujer maya preparó el pollo pibil". || **4.** gralizado. Natural o procedente del grupo étnico **maya**: "Los hombres mayas trabajan el henequén". ■ M. **5.** gralizado. Grupo étnico histórico que dio origen al huastecano, al yucateco-lacandón, al mopán-itzá, al cholano, al tzeltalano, al kanjobaleano, al cotoque y al chujeano, entre otros. || **6.** gralizado. Conjunto de grupos étnicos que hablan alguna lengua de los subgrupos lingüísticos huastecano, yucateco-lacandón, cholano, tzeltalano o chujeano, entre otros; establecidos desde los estados de San Luis Potosí y Veracruz, en México, hasta El Salvador y Honduras. || **7.** gralizado. Grupo étnico establecido en los estados de Yucatán, Campeche y Quintana Roo. || **8.** gralizado. Familia lingüística que incluye a los subgrupos lingüísticos huastecano, yucateco-lacandón, cholano, tzeltalano y chujeano, entre otros. || **9.** gralizado. Lengua reconstruida que históricamente dio origen a las lenguas de esta familia, como el tzeltal, el tojolabal y el huasteco, entre otras. || **10.** gralizado. Nombre del conjunto de las lenguas de esta familia, como el tzeltal, el tojolabal y el huasteco, entre otras. || **11.** gralizado. Lengua maya del subgrupo lingüístico yucateco-lacandón; maya yucateco. ■ COM. **12.** gralizado. Persona natural o procedente del grupo étnico histórico **maya**: "Los pobladores mayas elaboraron calendarios precisos". || **13.** gralizado. Persona natural o procedente de cualquiera de los grupos étnicos que hablan alguna lengua de los subgrupos lingüísticos huastecano, yucateco-lacandón, cholano, tzeltalano o chujeano, entre otros; establecidos desde los estados de San Luis Potosí y Veracruz, en México, hasta El Salvador y Honduras: "La maya preparó el pollo pibil". || **14.** gralizado. Persona natural o procedente del grupo étnico **maya**: "Los mayas trabajan el henequén". ■ LOC. **~ itzá.** LOC ADJ. **1.** Perteneciente o relativo al **maya itzá**: "Los sones maya itzá son tocados con una marimba". || **2.** Natural o procedente del grupo étnico **maya itzá**: "El hombre maya itzá viste de blanco". || LOC SUST. **3.** Grupo étnico establecido en Guatemala. || **4.** Lengua maya del subgrupo lingüístico mopan-itzá. ■ COM. **5.** Persona natural o procedente del grupo étnico **maya itzá**: "El maya itzá viste de blanco". ▷ **~ yucateco.** LOC ADJ. **1.** Perteneciente o relativo al **maya yucateco**: "Muchas artesanías maya yucatecas se elaboran con henequén". || **2.** Natural o procedente del grupo étnico **maya yucateco**: "Los hombres maya yucatecos limpiaron la pepita para hacer el guiso". || LOC SUST. **3.** Grupo étnico establecido en los estados de Yucatán, Campeche y Quintana Roo. || **4.** Lengua maya del subgrupo lingüístico yucateco-lacandón. ■ COM. **5.** Persona natural o procedente del grupo étnico **maya yucateco**: "Los maya yucatecos limpiaron la pepita para hacer el guiso".
mayacaste. ■ M. Crustáceo originario de América, de hasta 30 cm de longitud; forma típica del camarón común; detritívoro; de hábitos nocturnos; tiene una coloración característica formada por tres bandas longitudinales oscuras azuladas sobre un fondo claro o amarillento en el cefalotórax y el abdomen; cuenta con dos grandes tenazas; habita en fuentes de agua dulce y salobre; comestible. Familia de los palemónidos del orden Decapoda, *Macrobrachium carcinus*. (También se llama acamaya, camarón de agua dulce, camarón de río, langostino, pigua).
mayate. ■ M. **1.** Escarabajo originario de América, de hasta 3 cm de longitud; con dorso de color verde opaco. Familia de los escarabeidos del orden Coleoptera, varias especies del género *Cotinis*. || **2.** despect. Hombre homosexual. ■ LOC. **como ~ sin hilo.** LOC. ADV.

fam. Sin rumbo fijo: “Se fue como mayate sin hilo”.

mayito. ■ M. Hierba originaria de México, de hasta 50 cm de altura; bulbos ovoides; tallos de cilíndricos a ligeramente comprimidos, estriados; hojas basales, enteras, lanceoladas, ligeramente acanaladas; flores hermafroditas, vistosas, en forma de embudo, con seis tépalos de color rosado a blanco y con tonos rosados; frutos capsulares, subglobosos y trilobados; semillas semicirculares, con la superficie brillante. Familia de las amarilidáceas, *Zephyranthes fosteri.* (También se llama flor de mayo, quiebraplatos).

mayo. ■ ADJ. **1.** Perteneciente o relativo al grupo étnico establecido al sur del estado de Sonora y al norte del estado de Sinaloa: “La máscara mayo está hecha de piel de chivo”. || **2.** Perteneciente o relativo a la lengua yutoazteca del subgrupo lingüístico cahíta: “La lengua mayo está en un contacto reducido con el español”. || **3.** Natural o procedente del grupo étnico establecido al sur de Sonora y al norte de Sinaloa: “Los danzantes mayos utilizan un cinturón de cascabeles en la fiesta de la Pascola”. ■ M. **4.** Grupo étnico establecido al sur del estado de Sonora y al norte del estado de Sinaloa. || **5.** Lengua yutoazteca del subgrupo lingüístico cahíta. || **6.** Hierba originaria de México, de hasta 20 cm de altura, monoica; tallos huecos, comprimidos, con la base bulbosa; hojas simples, arrosetadas, lineares y estrechas, ligeramente acanaladas; flores hermafroditas, vistosas, de color rosado o rosado rojizo, con seis tépalos fusionados en su base formando un tubo corto, flores solitarias y terminales sobre largos escapos; frutos capsulares, elipsoides, de color café; semillas numerosas, aplanadas, negras; uso ornamental. Familia de las amarilidáceas, *Zephyranthes carinata.* ■ COM. **7.** Persona natural o procedente del grupo étnico establecido al sur del estado de Sonora y al norte del estado de Sinaloa: “Los mayos utilizan un cinturón de cascabeles en la fiesta de la Pascola”.

mayocol. ■ M. rur. Mayoral de una hacienda; capataz.

mayora. ■ F. Mujer que ejerce el oficio de chef sin tener estudios gastronómicos.

mayordomía. ■ F. **1.** Responsabilidad que recae sobre un miembro de un pueblo o barrio, que consiste en cuidar, por un determinado tiempo, del santo patrono del lugar y correr con los gastos y con la organización de la fiesta anual del santo. || **2.** Periodo que dura la **mayordomía**.

mayordomo, ma. ■ M. y F. Persona responsable de cuidar del santo patrono de su pueblo o barrio y correr con los gastos y con la organización de la fiesta anual del santo.

mayorear. ■ TR. supran. Comerciar algo al por mayor: “Doña Lidia mayoreó zapatos toda la vida”.

mayoritear. ■ INTR. Lograr la mayoría de votos: “Nuestro partido mayoriteó en la aprobación de esa iniciativa”.

mayoriteo. ■ M. Hecho de mayoritear o lograr la mayoría de obtención de votos.

mazacote, ta. ■ ADJ. **1.** *Referido a algo*, que tiene un gran volumen y carece de forma definida; mazacotudo: “Ese pan está muy mazacote”. || **2.** *Referido a un alimento*, que pierde consistencia y forma, generalmente por sobrecocción; mazacotudo: “No me gusta el arroz mazacote”. ■ M. **3.** supran. Pasta hecha de los residuos del azúcar que, después de refinada, quedan adheridos al fondo y a las paredes de la caldera. || **4.** supran. Masa pastosa y pegajosa; plasta: “Traigo un mazacote en el pelo”.

mazacotudo, da. ■ ADJ. **1.** *Referido a algo*, que tiene un gran volumen y carece de forma definida: “Ese panqué está muy mazacotudo”. || **2.** *Referido a un alimento*, que pierde consistencia y forma, generalmente por sobrecocción: “No me gusta la pasta mazacotuda”.

mazacúa. ■ F. *En el Sureste*, **mazacuata.**

mazacuata. ■ F. supran. Serpiente originaria de América, de hasta 2.5 m de longitud; con cuerpo robusto y muy fuerte; dorso gris con manchas rectangulares o bandas irregulares pardas, usualmente con manchas más claras en el centro; cabeza triangular en vista dorsal delimitada del cuerpo por medio de un cuello más estrecho; no venenosa; piel y cabeza, uso artesanal. Familia de los boídos del orden Squamata, *Boa constrictor.* (También se llama ilamacoa, malcoa, masacúa, masacuata, mazacúa, mazacuate, sauyán).

mazacuate. ■ M. **mazacuata.**
mazahua. ■ ADJ. **1.** Perteneciente o relativo al **mazahua**: "Las ollas mazahuas son de barro rojo". || **2.** Natural o procedente del grupo étnico **mazahua**: "El hierbero mazahua me curó el empacho". ■ M. **3.** Grupo étnico establecido en el oeste del Estado de México y en el este del estado de Michoacán. || **4.** Lengua otomangue del subgrupo lingüístico otopame. ■ COM. **5.** Persona natural o procedente del grupo étnico **mazahua**: "El mazahua me curó el empacho".
mazamorra. ■ F. **1.** Mezcla similar al engrudo. || **2.** *En Veracruz*, manteca de cerdo. || **3.** supran. Revoltijo de cosas o ideas; mezcolanza.
mazapán. ■ M. Arbusto originario de América, de hasta 3 m de altura, monoico; tallos de glabros a ligeramente pubescentes; hojas simples, opuestas, de elípticas a ovadas, ligeramente lobadas, con margen dentado, glabras o ligeramente pelosas; flores hermafroditas, vistosas, rojas, estambres fusionados en un tubo que sobrepasa los pétalos, flores solitarias y axilares; frutos abayados, pequeños, usualmente rojos; cinco semillas; hojas y flores, uso en la medicina tradicional. Familia de las malváceas, *Malvaviscus arboreus.*
mazateco, ca. ■ ADJ. **1.** Perteneciente o relativo al **mazateco**: "La vivienda mazateca se construye con adobe, madera y bambú". || **2.** Natural o procedente del grupo étnico **mazateco**: "El viejo mazateco usa los hongos con fines religiosos". Ú.t.c.sust.: "El mazateco usa los hongos con fines religiosos". ■ M. **3.** Grupo étnico establecido en el norte del estado de Oaxaca y en el sur del estado de Veracruz. || **4.** Lengua otomangue del subgrupo lingüístico popolocano.
mazorca. ■ F. supran. fest. Dentadura.
mazorquear. ■ INTR. **1.** Madurarse y secarse el fruto del maíz. || **2.** supran. Desarrollarse como mazorca el fruto del maíz o del cacao.
mazorqueo. ■ M. **1.** Hecho de madurarse y secarse el fruto del maíz. || **2.** supran. Hecho de desarrollarse como mazorca el fruto del maíz o del cacao.
mazorquera. ■ F. Véase **mazorquero, ra.**
mazorquero, ra. ■ ADJ. **1.** Perteneciente o relativo a la mazorca: "El gusano mazorquero es difícil de controlar". ■ M. y F. **2.** Persona que se dedica a cultivar o a vender mazorcas. ■ F. **3.** Conjunto de mazorcas de maíz.
mazorquilla. ■ F. **1.** Hierba originaria de América, de hasta 2 m de altura, monoica; tallos muy ramificados, un tanto huecos, suculentos y angulosos; hojas alternas, enteras, de elípticas a ovado-lanceoladas; flores hermafroditas, pequeñas, con cinco tépalos de blancos a rojizos y numerosos estambres, agrupadas en densos racimos; frutos abayados, globosos, rojos o negros; de seis a diez semillas, pequeñas y negras brillantes. Familia de las fitolacáceas, *Phytolacca icosandra*. (También se llama carricillo, jaboncillo, niamole, ñamole). || **2.** Fruto de la **mazorquilla**; uso en la medicina tradicional. || **3.** Raíz de la **mazorquilla**; uso en la medicina tradicional.
mearse. ■ LOC. **~ fuera de la bacinica.** LOC. VERB. **1.** malson. Actuar alguien sin sentido de la realidad, incurriendo en un despropósito o desacierto de gran magnitud; hacerse fuera de la bacinica: "Te measte fuera de la bacinica con ese proyecto". || **2.** malson. Actuar de manera incorrecta, particularmente infringiendo una norma; hacerse fuera de la bacinica: "El director se meó fuera de la bacinica con los despidos". ▷ **~ fuera de la olla.** LOC. VERB. **mearse fuera de la bacinica.** ▷ **~ fuera del huacal.** LOC. VERB. **mearse fuera de la bacinica.**
mecahilo. ■ M. **1.** Cuerda fina; cordel. || **2.** *En Chiapas*, cordón delgado de ixtle para hacer hamacas.
mecapacle. ■ M. Hierba trepadora o rastrera originaria de América, de hasta 4 m de longitud, monoica; tallos muy pubescentes; hojas alternas, enteras o trilobadas, acorazonadas; flores hermafroditas, vistosas, campanuladas, de color púrpura o blanco en la base; frutos capsulares, globosos y cafés; semillas subglobosas, pubescentes, cafés. Familia de las convolvuláceas, *Ipomoea purpurea*. (También se llama campanita, mecapatli, metlancasis, quiebraplatos).
mecapal. ■ M. **1.** Tejido fibroso de la parte intermedia dorsal de los cortes de costilla y espaldilla de res, ternera y cordero. || **2.** supran. Banda con dos orificios en sus extremos en los que se amarra lo que sujeta o contiene

la carga que, apoyada en la parte frontal de la cabeza, se lleva sobre la espalda.

mecapalear. ■ TR. supran. Transportar algo en el mecapal: "El vendedor del mercado mecapalea toda su mercancía diariamente".

mecapaleo. ■ M. supran. Transporte de alguna carga en mecapal.

mecapalero, ra. ■ M. y F. **1.** Persona que se dedica a hacer o a vender mecapales. || **2.** supran. Cargador que usa mecapal.

mecapatli. ■ M. **mecapacle.**

mecasúchil. ■ M. **1.** supran. Arbusto originario de América, de hasta 3 m de altura, monoico; tallos nudosos y ramas quebradizas; hojas alternas, enteras, de ovadas a acorazonadas; flores hermafroditas, diminutas y blancas, dispuestas en espigas sobre un eje carnoso; frutos drupáceos, carnosos y negros al madurar. Familia de las piperáceas, *Piper amalago*. (También se llama cordoncillo, mecaxóchitl). || **2.** supran. Flor del **mecasúchil**. || **3.** supran. Hoja del **mecasúchil**; uso en la medicina tradicional.

mecatazo. ■ M. **1.** supran. fam. Golpe fuerte dado con un mecate o cuerda. || **2.** supran. fam. Trago de bebida alcohólica, generalmente aguardiente. ■ LOC. **a ~ limpio.** supran. fam. LOC. ADV. Por la fuerza: "Me llevaron a mecatazo limpio al dentista".

mecate. ■ M. supran. Cuerda entretejida hecha de fibra natural. ■ LOC. **con el ~ en el pescuezo.** fam. LOC. ADJ. *Referido a persona*, que está en una situación difícil o riesgosa: "Sara está con el mecate en el pescuezo, si no estudia, reprobará el curso".

mecateada. ■ F. Véase **mecateado, da.**

mecateado, da. ■ ADJ. **1.** fam. Atado: "Llevo la caja de mi herramienta bien mecateada". ■ F. **2.** supran. fam. Serie de golpes dados con un mecate o cualquier otra cuerda; mecatiza. || **3.** supran. fam. Serie de golpes que se dan como castigo; mecatiza.

mecatero, ra. ■ ADJ. **1.** Perteneciente o relativo al mecate: "La industria mecatera es muy productiva en esta zona". ■ M. y F. **2.** supran. Persona que se dedica a fabricar o a vender mecates.

mecatiza. ■ F. **1.** fam. Serie de golpes dados con un mecate o cualquier otra cuerda. || **2.** fam. Serie de golpes que se dan como castigo.

mecatona. ■ F. pop. Alimento; comida.

mecaxóchitl. [*mekasóchil, mekasóchitl*] ■ M. **mecasúchil.**

mecha. ■ F. **1.** fest. Pene. || **2.** supran. fam. Cabello, generalmente largo y desordenado. Ú.m.e.pl. ■ LOC. **de ~ corta.** LOC. ADJ. fam. *Referido a persona*, poco tolerante: "Gema es de mecha corta, así que ten cuidado". ■ EXPR. **¡pa' su ~!** fam. **¡su mecha!** ▶ **¡su ~!** fam. Se usa para indicar sorpresa, contrariedad o admiración: "¡Su mecha!, ¡qué coche te compraste!".

meche. ■ ADJ. **1.** fam. *Referido a persona*, metiche: "Norma es muy meche, siempre quiere opinar". ■ COM. **2.** fam. Persona metiche: "Norma es una meche, siempre quiere opinar".

mechero. ■ M. **1.** fest. Pene. || **2.** Corte de cabello que ha perdido su forma. || **3.** supran. Lámpara de petróleo con una mecha. || **4.** supran. fam. Cabellera despeinada.

mechudo, da. ■ ADJ. **1.** supran. fam. *Referido a alguien*, que tiene el cabello descuidado: "Benito es ese joven mechudo que está en la banca". Ú.t.c.sust.: "Ese mechudo que está en la banca es Benito". ■ M. **2.** Utensilio de limpieza compuesto por un palo que lleva en su extremo tiras de tela o hilo grueso; sirve para trapear los pisos; trapeador. || **3.** Palo que lleva en sus extremos adornos de papel de colores en forma de cabellera, que se usa en actos públicos. || **4.** vulg. Vulva.

meclapil. ■ M. **metlapil.**

meco, ca. ■ ADJ. **1.** Perteneciente o relativo al grupo étnico establecido en el estado de Guanajuato; chichimeco: "El cuento meco sobre un conejo y un coyote me lo contó la abuela". || **2.** Perteneciente o relativo a la lengua otomangue del subgrupo lingüístico otopame; chichimeco: "La lengua meca es hablada por poco más de dos mil personas". || **3.** Perteneciente o relativo a cualquiera de los pueblos prehispánicos, seminómadas, que habitaron el centro-norte de México; chichimeco: "Los jefes mecos eran desafiados para ser sucedidos". || **4.** Natural o procedente del grupo étnico establecido en el estado de Guanajuato; chichimeco: "La población meca realiza faenas para arreglar sus construcciones". Ú.t.c.sust.: "El meco participa en el arreglo de las construcciones". || **5.** Natural o procedente de cualquiera de los pueblos prehispánicos, seminómadas, que habitaron el centro-norte de México; chichimeco: "Los hombres mecos oraban y danzaban antes de ir a la guerra". Ú.t.c.sust.: "Los mecos oraban y danzaban antes de ir a la guerra". || **6.** *Referido a persona*, indígena, especialmente el que conserva sus costumbres y tradiciones: "Los comerciantes mecos traen variados productos al mercado". Ú.t.c.sust.: "Los mecos traen variados productos al mercado". || **7.** despect. *Referido a persona*, de modales toscos y fenotipo indígena. Ú.t.c.sust. || **8.** pop. De mucha dificultad: "Nos pusieron una tarea muy meca en la escuela". || **9.** pop. De gran tamaño: "Queremos un cerdo meco para la fiesta". || **10.** pop. Sucio, desaseado: "Andas muy meco, vete a bañar". || **11.** pop. *Referido a persona*, borracha: "Cristina salió muy meca de la fiesta y se cayó". Ú.t.c.sust.: "Una meca de la fiesta se cayó". || **12.** pop. *Referido a un golpe*, muy fuerte: "Me di un trancazo meco con la puerta". || **13.** rur. *Referido a un animal*, de color rojizo con mezcla de negro: "Mete en el corral a aquella gallina meca". || **14.** *En Chiapas*, *referido a alguien*, rubio o de piel blanca. Ú.t.c.sust. || **15.** fam. *En Chihuahua*, *referido a persona*, falta de experiencia: "Ese muchacho está muy meco para el trabajo que le diste". Ú.t.c.sust.: "Ese muchacho es un meco para el trabajo que le diste". || **16.** *En Yucatán*, *referido a persona*, de piernas combadas y que junta las puntas de los pies: "La joven meca gasta mucho los zapatos". Ú.t.c.sust.: "La meca gasta mucho los zapatos". ■ M. **17.** Grupo étnico establecido en el estado de Guanajuato; chichimeco. || **18.** Conjunto de pueblos prehispánicos, seminómadas, que habitaron el centro-norte de México; chichimeco. || **19.** Lengua otomangue del subgrupo lingüístico otopame; chichimeco. || **20.** vulg. Semen. Ú.m.e.pl.

mecuate. ■ M. Retoño o hijuelo del agave que se emplea para la reproducción de esta planta.

media. ■ F. Calceta de punto. ■ LOC. **(de) a medias.** LOC. ADV. Por partes iguales: "Javier y yo nos fuimos a medias en los gastos de la fiesta". ▶ **de ~ agua.** LOC. ADJ. supran. *Referido a una construcción*, con el techo de una sola vertiente: "Compramos una casa de media agua". ▶ **~ crema.** LOC. SUST. La de leche, reducida en grasa y semiespesa. ▶ **~ de popotillo.** LOC. SUST. Calceta larga y gruesa para mujer, cuyo tejido tiene líneas verticales a semejanza de popotes. ▶ **~ luna.** LOC. SUST. Espacio blanquecino de la raíz de las uñas. ▶ **~ noche.** LOC. SUST. Pan blanco, cilíndrico y esponjoso, partido longitudinalmente, que se usa para preparar *hot dogs*: "Vete por unas medias noches para la cena". ▶ **medias de seda.** LOC. SUST. Bebida alcohólica preparada con ginebra, leche condensada, granadina y hielo batidos.

medicamentar. ■ TR. supran. Medicar: "La señora medicamentó al niño porque tenía vómito".

medicina. ■ LOC. **~ de las gallinas.** LOC. SUST. Arbusto originario de México, de hasta 7 m de altura, monoico; troncos con corteza delgada y quebradiza, pubescentes, produce látex blanco; hojas simples, alternas, de largos peciolos, de ovadas a elíptico-ovadas, con margen entero; flores unisexuales, diminutas: las masculinas de sépalos persistentes, con estambres numerosos, las femeninas con tres estilos fusionados que forman una columna corta, flores agrupadas en una estructura que asemeja una sola flor; frutos capsulares, pequeños; semillas ovoides, diminutas, tuberculadas; hojas y látex, uso en la medicina tradicional. Familia de las euforbiáceas, *Euphorbia schlechtendalii*. (También se llama cigarrillo, lecherillo, mulatilla, palo de leche).

médico. ■ LOC. **~ legista.** LOC. SUST. supran. El adscrito oficialmente a un juzgado de instrucción para realizar trabajo pericial propio de lo legal; médico forense.

medidor. ■ M. supran. Instrumento para medir el consumo de agua, gas o energía eléctrica de una vivienda en un tiempo determinado. ■ LOC. **~ de aceite.** LOC. SUST. **1.** Barra delgada de metal con que se mide el nivel de este en el motor de un vehículo. || **2.** Indicador del nivel de este, ubicado en el tablero de un vehículo. || **3.** supran. vulg. Pene.

medio. ■ LOC. **a medios chiles.** LOC. ADJ. **1.** fam. *Referido a algo*, sin terminar: "Laura

M

dejó el trabajo a medios chiles". || **2.** fam. *Referido a persona*, ligeramente borracha: "César llegó a medios chiles y su madre lo regañó". || **3.** fam. *Referido a persona*, casi dormida: "No hagas ruido, la nena está a medios chiles". ▷ **~ baño.** LOC. SUST. *En una vivienda*, habitación pequeña, con lavabo y escusado, y sin regadera. ▷ **~ fondo.** LOC. SUST. supran. Prenda interior femenina que se usa debajo de la falda, con la finalidad de que no se transparente el cuerpo u otra ropa interior. ▷ **medio medio.** LOC. ADJ. supran. fam. No muy bien, regular: "La película estuvo medio medio, no me gustó el final". ▷ **~ pescado.** LOC. SUST. *En Colima*, lenguado.

mediofondo. ■ M. supran. Prenda interior femenina que se usa debajo de la falda con la finalidad de que no se transparente el cuerpo u otra ropa interior; medio fondo.

medir. ■ TR. **1.** Esperar algo o a alguien, calculando lo necesario para golpearlo o provocarle algún daño: "Israel midió a Juan hasta que le dio un patadón". Ú.m.c.prnl.: "Israel se midió a Juan hasta que le dio un patadón". ■ LOC. **~ el aceite.** LOC. VERB. supran. vulg. Practicar el coito.

medirle. ■ LOC. **~ el agua a los camotes.** LOC. VERB. fam. Valorar una situación para ver hasta dónde se puede llegar: "No le midas el agua a los camotes si no quieres que me desespere". ▷ **~ el agua a los chayotes.** LOC. VERB. **medirle el agua a los camotes.** ▷ **~ el agua a los tamales.** LOC. VERB. **medirle el agua a los camotes.**

medirse. ■ TR. PRNL. **2.** supran. Probarse una prenda para comprobar si la talla es correcta y si es satisfactoria: "Mídete bien la falda antes de comprarla".

meimportamadrismo. ■ M. malson. Actitud de indiferencia ante todo; valemadrismo: "El meimportamadrismo de Javier me desespera".

mején. ■ M. **maíz mején.** ■ LOC. **~ kisín.** LOC. SUST. *En Yucatán*, niño travieso: "Mi sobrinito Pablo es todo un mején kisín, me destruyó todas las plantas cuando vino".

mejora. ■ F. rur. Primera limpieza que se lleva a cabo en los terrenos cultivados de caña de azúcar.

melado. ■ M. supran. Almíbar espeso que se obtiene por cocción del azúcar o del piloncillo en una pequeña cantidad de agua.

meladora. ■ F. supran. Vasija grande donde se lleva a cabo la última cocción del azúcar, de donde sale con una textura melosa.

melcocha. ■ ADJ. **1.** supran. *Referido a persona*, empalagosa: "Jamás andaría con Ricardo porque es muy melcocha". ■ F. **2.** fam. Cualquier sustancia que ha adquirido una consistencia espesa y viscosa. || **3.** vulg. Excremento. ■ COM. **4.** supran. Persona empalagosa: "Jamás andaría con Ricardo porque es un melcocha".

melón, na. ■ ADJ. rur. *En el Noroeste*, *referido a ganado vacuno*, que carece de cuernos: "Trae a la vaca melona para vacunarla". ■ LOC. **melón loco.** LOC. SUST. **meloncillo.**

meloncillo. ■ M. **1.** Hierba rastrera originaria de América del Norte, de hasta 2 m de longitud, monoica; tallos más o menos suculentos, ligeramente pilosos; hojas simples, alternas, de ovadas a suborbiculares, profundamente lobuladas, zarcillos en las axilas de las hojas; flores unisexuales, vistosas, amarillas, campanuladas, las masculinas dispuestas en umbelas, las femeninas ligeramente más grandes, solitarias o dispuestas en pares; frutos pepónides, de color verde oscuro cuando es inmaduro y amarillento o anaranjado en la madurez, de sabor amargo; semillas numerosas, aovado-elípticas, amarillentas, comestibles. Familia de las cucurbitáceas, *Apodanthera undulata*. (También se llama melón loco). || **2.** Fruto del **meloncillo**; uso en la medicina tradicional.

melonzapote. ■ M. **1.** Árbol originario de América, de hasta 10 m de altura, monoico o dioico; tallos erectos, de poca ramificación, con látex blanco; hojas simples, alternas, orbiculares, de ligeras a profundamente lobadas, aglomeradas en el ápice; flores unisexuales, pequeñas, blancas amarillentas: las flores masculinas tubulares, con diez estambres, en dos hileras, dispuestas en panículas axilares, las flores femeninas más grandes que las masculinas, solitarias o en grupos de dos o tres; frutos abayados, de ovoides a elipsoides, de amarillos a anaranjados; semillas numerosas, elipsoides, cafés o negras, ligeramente estriadas, rodeadas de un arilo mucilaginoso; látex, uso farmacéutico e industrial; tallos, comestibles. Familia de las caricáceas, *Carica papaya.*|| **2.** Fruto del **melonzapote**; comestible.

membresía. ■ F. **1.** supran. Condición de miembro de una organización. || **2.** supran. Conjunto de miembros de una organización.

membrete. ■ LOC. **de ~.** LOC. ADJ. Falso: "Juan es amigo de membrete, cuando tengo problemas siempre desaparece".

membrillo. ■ M. (Juego de palabras entre membrillo y miembro). fest. Pene. ■ LOC. **~ cimarrón.** LOC. SUST. *En San Luis Potosí,* arbusto o árbol originario de México, de hasta 5 m de altura, monoico; tallos muy ramificados, ramas en forma de espinas; hojas alternas o en fascículos, enteras, de elípticas a espatuladas, con márgenes enteros, pubescentes; flores hermafroditas, pequeñas, con cinco pétalos blancos, agrupadas en pequeños fascículos; frutos drupáceos, pequeños, de ovoides a esféricos, de color rojo a negro; semilla única, lisa, de color café claro. Familia de las ramnáceas, *Condalia velutina.* (También se llama granjeno).

memela. ■ F. Comida que se prepara con una tortilla de maíz, gruesa y ovalada, en la que se ponen frijoles molidos y refritos, salsa, queso y, opcionalmente, carne.

memento, ta. ■ ADJ. supran. rur. Tonto: "Ignacio es muy memento, ya perdió el reloj otra vez". Ú.t.c.sust.: "Ignacio es un memento, ya perdió el reloj otra vez".

memoria. ■ LOC. **~ de pollo.** LOC. SUST. **memoria de teflón.** ▷ **~ de teflón.** LOC. SUST. fest. Mala retentiva: "Tengo memoria de teflón, así que todo lo apunto en un cuaderno".

menarca. ■ F. supran. Aparición de la primera menstruación; menarquia.

méndigo, ga. ■ ADJ. **1.** malson. *Referido a persona,* despreciable: "¡Ese méndigo muchacho me pegó a propósito!". Ú.t.c.sust.: "¡Ese méndigo me pegó a propósito!". ■ M. y F. **2.** malson. Persona indeterminada: "Hay unos méndigos en la esquina esperando su camión".

menear. ■ LOC. **~ el bote.** LOC. VERB. **mover el bote.** ▷ **~ el piso.** LOC. VERB. **mover el piso.** ▷ **~ el tapete.** LOC. VERB. **mover el piso.**

menguiche. ■ M. **minguichi.**

menjunje. ■ M. **menjurje.**

menjurje. ■ M. **1.** supran. Ingrediente de una preparación líquida o pastosa: "Ese caldo lleva chile verde y otros menjurjes". || **2.** supran. Mezcla de cosas diversas que se hace sin orden ni medida: "Con este menjurje seguro le quito el cochambre a la estufa".

menos. ■ LOC. **entre ~.** LOC. ADV. supran. Cuanto menos: "Entre menos gente venga, mejor". ■ EXPR. **entre ~ burros, más olotes.** fam. Se usa para indicar la ventaja de haber menos personas en una situación: "Partan ya el pastel, entre menos burros, más olotes".

mensada. ■ F. fam. Tontada.

menso, sa. ■ ADJ. **1.** supran. fam. *Referido a persona,* que carece de entendimiento o de razón; tonto: "¡Eres muy menso!, era una gran oportunidad". Ú.t.c.sust.: "¡Eres un menso!, era una gran oportunidad". || **2.** supran. fam. Propio de la persona **mensa**: "Tu compañero siempre hace preguntas muy mensas".

menta. ■ F. supran. Caramelo duro con sabor a la planta del mismo nombre.

mentada. ■ F. **mentada de madre.** ■ LOC. **~ de madre.** LOC. SUST. supran. malson. Injuria u ofensa dirigida a alguien: "En la tele censuran las mentadas de madre".

mentar. ■ LOC. **mentarle la madre.** LOC. VERB. Injuriar u ofender a alguien; mentársela: "El público le mentó la madre al árbitro todo el partido".

mentársela. ■ INTR. PRNL. Injuriar u ofender a alguien: "El público se la mentó al árbitro por no marcar la falta".

mentira. ■ LOC. **de (a) mentira(s).** LOC. ADJ. **1.** fam. Falso o ficticio: "Nos timó un abogado de a mentiras". || LOC. ADV. **2.** fam. Falsamente: "En la lucha libre se golpean de mentiras".

mentis. ■ LOC. **de (a) ~.** fam. **de (a) mentira(s).**

mentolato. (De Mentholatum®). ■ M. supran. Ungüento para las picaduras, los resfriados o los dolores musculares, hecho a base de mentol y alcanfor.

menudear. ■ TR. supran. Vender al menudeo: "Los comerciantes menudean toda la mercancía en los tianguis".

menudista. ■ ADJ. **1.** Perteneciente o relativo al menudeo: "El comercio menudista aumentó durante la pandemia". ■ COM. **2.** supran. Comerciante que compra y vende al menudeo: "Don Abel, el menudista, no consiguió mi encargo".

menudo. ■ M. **1.** Guiso caldoso hecho a base de salsa de chile guajillo y estómago de res cortado en trozos pequeños, acompañado, generalmente, con cebolla, cilantro, orégano y limón. || **2.** *En el Norte*, guiso caldoso a base de estómago de res cortado en trozos pequeños, granos de maíz y chile verde de la región, acompañado, generalmente, con cebolla, cilantro, orégano y limón.

meocuil. ■ M. Insecto en estadio de larva originario de México, de hasta 7 cm de longitud por 1.5 cm de ancho; con cuerpo de tonalidades blanquecinas, a excepción de su cabeza que se encuentra esclerotizada (endurecida) en tonos oscuros; se alimenta de plantas de la familia de las agaváceas hasta completar su estadio larval; comestible. Familia de los hespéridos del orden Lepidoptera, *Aegiale hesperiaris.* (También se llama champoloco, gusano blanco de maguey, gusano mantequilla).

mequiote. ■ M. **1.** Eje o tallo floral del maguey; quiote. || **2.** Tallo floral de otras plantas semejantes; quiote.

mera. ■ LOC. **la ~ mata.** LOC. SUST. supran. Lugar de donde es originario algo o donde se encuentra en abundancia: "Esta ciudad es la mera mata del tequila".

mercadela. ■ F. **1.** Hierba originaria de Europa, de hasta 50 cm de altura, monoica; tallos erectos o semirrastreros, poco ramificados, glanduloso-pubescentes; hojas simples, alternas, de oblanceoladas a espatuladas, con margen ligeramente dentado, glanduloso-pubescentes; flores hermafroditas, pequeñas, amarillas o anaranjadas, tubulares, dispuestas en cabezuelas solitarias o arregladas en varios grupos, las 30 flores de la periferia de apariencia de pétalos; frutos aquénicos dispuestos en dos o tres series: exteriores lineares, con un pico en el ápice, intermedios anchamente alados, interiores lineares, pubescentes. Familia de las compuestas, *Calendula officinalis.* (También se llama virreina). || **2.** Flor de la **mercadela**; uso en la medicina tradicional.

mercado. ■ LOC. **~ sobre ruedas.** LOC. SUST. El que se instala eventual y periódicamente en un determinado lugar; tianguis.

mercocha. ■ F. *En Tabasco*, bolita de masa con azúcar que se come como golosina.

merendero. ■ M. *En Aguascalientes*, cantina familiar.

merenguero, ra. ■ ADJ. **1.** *Referido a persona*, que tiene habilidad para ganar volados: "Martín es bien merenguero, no le ganas nunca en los disparejos". Ú.t.c.sust.: "Martín es un merenguero, no le ganas nunca en los disparejos". ■ M. Y F. **2.** Persona que se dedica a fabricar o a vender merengues.

merequetengue. ■ M. supran. coloq. Gran alboroto.

meridano, na. ■ ADJ. **1.** Perteneciente o relativo a la ciudad de Mérida, capital del estado de Yucatán; meridense: "No sabía que la comida meridana fuera tan diferente". || **2.** Natural o procedente de la ciudad de Mérida, capital del estado de Yucatán; meridense: "Las mujeres meridanas son muy amables". Ú.t.c.sust.: "Las meridanas son muy amables".

meridense. ■ ADJ. **1.** Perteneciente o relativo a la ciudad de Mérida, capital del estado de Yucatán: "El henequén meridense es de muy buena calidad". || **2.** Natural o procedente de la ciudad de Mérida, capital del estado de Yucatán: "Algunos hombres meridenses visten guayaberas de lino". ■ COM. **3.** Persona natural o procedente de la ciudad de Mérida, capital del estado de Yucatán: "Las meridenses son expertas en bordar los encajes de sus faldas".

merideño, ña. ■ ADJ. **meridano, na.**

mero, ra. ■ ADJ. **1.** fam. Exacto: "Esta sopa tiene el mero sazón de mi suegra". || **2.** fam. Mismo: "En el mero centro de la ciudad está mi casa". || **3.** fam. Se refiere al grado extremo de la cualidad señalada por el adjetivo: "Esa canción es la mera buena".

mero. ■ ADV. **4.** supran. pop. Exactamente: "Me senté mero adelante". ■ LOC. **a lo ~ macho.** LOC. ADV. fam. Sin tapujos: "A lo mero macho, dime si quieres seguir trabajando en esto". ▶ **el mero mero (petatero).** LOC. SUST. **1.** supran. fam. Persona que manda en una demarcación:

"En esta colonia yo soy la mera mera". || **2.** supran. fam. El mejor en su campo: "Mariano es el mero mero para las ventas a nivel nacional". || **3.** supran. fam. Pareja sentimental: "Ahí viene mi mera mera". ▷ **el ~ mole.** LOC. SUST. fam. Actividad que mejor se domina o que es de mayor interés para alguien: "La geometría es el mero mole de Tania". ▷ **en su ~ mole.** LOC. ADV. supran. fam. En un ambiente o situación ideal: "Josefa estaba en su mero mole intercambiando chismes con sus amigas".

merolico, ca. ■ ADJ. **1.** supran. *Referido a persona*, que habla mucho: "Me fastidia sentarme junto a Alicia porque es muy merolica". Ú.t.c.sust.: "Me fastidia sentarme junto a Alicia porque es una merolica". ■ M. y F. **2.** supran. Persona que vende remedios medicinales y baratijas en las plazas públicas anunciándolas con promesas, anécdotas maravillosas, ofertas extraordinarias, etc.: "Le compré este ungüento para los hongos de las uñas a un merolico del Centro".

mertiolate. (De Merthiolate®). ■ M. supran. Desinfectante líquido para heridas superficiales de la piel.

mertiolato. ■ M. **mertiolate.**

mes. ■ LOC. **~ de la patria.** LOC. SUST. supran. **mes patrio.** ▷ **~ patrio.** LOC. SUST. Aquel en que se inició el movimiento de Independencia, que en México corresponde a septiembre: "Vamos a organizar un desfile para el mes patrio".

mesabanco. ■ M. Mueble compuesto por asiento y tabla horizontal al frente que sirve como apoyo para escribir.

mesero, ra. ■ M. y F. Persona que se dedica a servir alimentos y bebidas en restaurantes, bares u otros establecimientos similares.

mesilla. ■ F. Altiplanicie pequeña sobre una sierra: "El pueblo de mis bisabuelos está en una mesilla del norte del estado".

mesiote. ■ M. rur. Membrana que recubre la penca del maguey.

mesonzapote. ■ M. **mezonzapote.**

mesósfera. ■ F. supran. Mesosfera.

mesote. ■ M. **mezote.**

mestlapique. ■ M. Tamal relleno de un pescado entero pequeño, asado al horno.

metapil. ■ M. **metlapil.**

metate. ■ M. supran. Piedra rectangular ligeramente cóncava, con un extremo más alto que otro, sobre la que se muele manualmente con el metlapil.

metatear. ■ TR. rur. Moler en el metate: "Mi abuela todavía metatea los chiles para el mole".

metatero, ra. ■ ADJ. **1.** Perteneciente o relativo al metate: "Los trabajadores metateros tienen una cooperativa para vender sus productos". ■ M. y F. **2.** Persona que se dedica a fabricar o vender metates.

metepancle. ■ M. **metepantle.**

metepantle. ■ M. rur. Terreno acotado por dos hileras de magueyes.

metepantli. ■ M. **metepantle.**

meter. ■ LOC. **~ bisturí.** LOC. VERB. **1.** Realizar un tratamiento quirúrgico: "Le metieron bisturí con láser para corregirle la miopía". || **2.** Recortar: "El editor le metió bisturí al artículo". || **3.** Hacer arreglos para mejorar u ordenar algo: "Vamos a meterle bisturí a la casa en las vacaciones". ▷ **~ calilla.** LOC. VERB. supran. Indisponer a una persona contra alguien o contra algo: "No hay que meter calilla a los amigos". ▷ **~ cuchillo.** LOC. VERB. supran. **meter bisturí.** ▷ **~ el fierro.** LOC. VERB. **1.** fam. Conducir más rápidamente un vehículo: "Si no metes el fierro, no vamos a llegar". || **2.** vulg. Practicar el coito. ▷ **~ el hombro.** LOC. VERB. **1.** supran. fam. Trabajar arduamente: "Metió el hombro a última hora para terminar a tiempo". || **2.** supran. fam. Contribuir solidariamente en la realización de una tarea colectiva: "Ya verás que Luis mete el hombro por todos al final". ▷ **~ la cuchara.** LOC. VERB. fam. Intervenir alguien en asuntos que no le incumben: "Nada más metió su cuchara y todo se vino abajo". ▷ **~ la reata.** LOC. VERB. **1.** vulg. Perjudicar a alguien. || **2.** vulg. Practicar el coito. ▷ **~ las cuatro.** LOC. VERB. supran. coloq. Equivocarse gravemente: "Perdí la partida porque metí las cuatro con mi jugada".

meterle. ■ INTR. PRNL. **1.** supran. coloq. Dedicarse alguien de manera intensa o exclusiva a una actividad: "Sergio le mete cada vez que hay exámenes". || **2.** supran. coloq. Darse prisa: "Como íbamos tarde, mi papá le metió y llegamos en diez minutos". ■ LOC. ~ **el hombro.** LOC. VERB. fam. Recomendar a alguien para un trabajo: "Arturo le metió el hombro a Rubén para el puesto de asistente". ▷ ~ **(el) fierro.** LOC. VERB. fam. Conducir más rápidamente un vehículo "Métele al fierro, que se nos hace tarde". ▷ ~ **fruta a la piñata.** LOC. VERB. fest. Ingerir alguien alimento: "Si le sigues metiendo fruta a la piñata, vas a quedar hecho un cerdo". ▷ ~ **segunda.** LOC. VERB. **1.** coloq. Apresurar el paso: "Métele segunda si no quieres que nos dejen aquí". || **2.** coloq. Trabajar con ahínco: "Hay que meterle segunda, si no, no sale el libro".

meterse. ■ TR. PRNL. **3.** fam. *En Aguascalientes*, arruinar algo: "Mis nietos se metieron la pantalla con la pelota". || **4.** supran. Consumir cualquier tipo de droga: "Quién sabe qué se metió Rolando, pero está riéndose solo desde hace rato". ■ INTR. PRNL. **5.** Tener una persona contacto físico erótico con otra: "Joaquín se metió con Gladis en la fiesta". || **6.** supran. Tener una persona relaciones sexuales con otra que se perciben socialmente como ilícitas: "Alberto se metió con mi prima y mi tío está fúrico".

metérsela. ■ LOC. ~ **doblada.** LOC. VERB. || **1.** vulg. Derrotar a alguien. || **2.** vulg. Causar daño grave a alguien.

metezurras. ■ F. Hierba originaria de América, de hasta 1 m de altura; tallos muy ramificados, glabros; hojas alternas, enteras, de lineares a linear-oblanceoladas, con margen entero o aserrado, glabras; flores hermafroditas, diminutas, amarillas, agrupadas en cabezuelas generalmente numerosas y dispuestas en panículas, las 20 a 35 flores de la periferia en forma de pétalos, pequeños, blancos; frutos aquénicos, diminutos, claviformes, pubérulos, con un penacho de pelos. Familia de las compuestas, *Aster subulatus*. (También se llama escobillo, estrellita).

metiche. ■ ADJ. **1.** supran. fam. *Referido a persona*, entrometida: "¡Húyele!, ese fulano es bien metiche". || **2.** supran. fam. Propio de la persona **metiche:** "Ya me cansó su actitud metiche, de todo quiere enterarse". ■ COM. **3.** supran. fam. Persona entrometida: "¡Húyele!, Araceli es una metiche".

metlancasis. ■ M. **mecapacle.**

metlapil. ■ M. supran. Rodillo de piedra con que se muele en el metate.

metodista. ■ COM. jerg. Persona que consume todo tipo de sustancias estupefacientes.

metrobús. ■ M. supran. Autobús urbano articulado que transita por un carril confinado.

metzole. ■ M. **metzolle.**

metzolle. ■ M. Cactus originario de México, de hasta 20 cm de altura, monoico; tallos globosos o cilíndricos, solitarios o muy ramificados, con el ápice hundido, espinas radiales delgadas, aciculares, ligeramente encorvadas, de color yeso; espinas centrales aciculares, ligeramente curvadas, rígidas, blancas, con la punta de color café; flores hermafroditas, pequeñas, campanuladas, de color rosa o rojo; frutos abayados, de globosos a claviformes, de color rojo carmín; semillas diminutas, piriformes, rugosas, de color castaño; uso ornamental. Familia de las cactáceas, *Mammillaria geminispina*. (También se llama metzole).

mexa. [*méksa*] ■ ADJ. **1.** fest. Perteneciente o relativo a México; mexicano: "La música mexa es reconocida en todo el mundo". || **2.** fest. Natural o procedente de México; mexicano: "El boxeador mexa es campeón del mundo". ■ COM. **3.** fest. Persona natural o procedente de México; mexicano: "Ese mexa es campeón del mundo".

mexcal. [*meshkál, meskál*] ■ M. **mezcal.**

mexica. [*mejíka, meshíka*] ■ ADJ. **1.** gralizado. Perteneciente o relativo a México; mexicano: "La vestimenta mexica es reconocida en todo el mundo". || **2.** gralizado. Natural o procedente de México; mexicano: "El boxeador mexica es campeón del mundo". || **3.** gralizado. Perteneciente o relativo al **mexica**; azteca: "Las costumbres mexicas se mezclaron con las españolas durante la Colonia". || **4.** gralizado. Natural o procedente de cualquiera de los pueblos prehispánicos que vivieron en México-Tenochtitlan; azteca: "Los grupos mexicas sobresalían en la agricultura y la guerra". ■ M. **5.** gralizado. Conjunto de los pueblos prehispánicos que vivieron en México-Tenochtitlan; azteca. ■ COM. **6.** gralizado. Persona natural o procedente de México; mexicano: "El mexica es campeón del mundo". || **7.** gralizado. Persona natural o procedente de cualquiera de los pueblos prehispánicos que vivieron en México-Tenochtitlan; azteca: "Los mexicas sobresalían en la agricultura y la guerra".

mexicalense. [*mejikalénse*] ■ ADJ. **1.** Perteneciente o relativo a la ciudad de Mexicali, capital del estado de Baja California: "Me impresionó la feria de agroindustria mexicalense". || **2.** Natural o procedente de la ciudad de Mexicali, capital del estado de Baja California: "Dicen que las personas mexicalenses son muy risueñas". ■ COM. **3.** Persona natural o procedente de la ciudad de Mexicali, capital del estado de Baja California: "Dicen que los mexicalenses son muy risueños".

mexicanidad. [*mejikanidád*] ■ F. Rasgo o cualidad de lo mexicano: "La mexicanidad es nuestra herencia cultural".

mexicanista. [*mejikanísta*] ■ COM. Persona especializada en estudios de cultura o historia de México: "Los mexicanistas fueron bien recibidos en la universidad extranjera".

mexicanización. [*mejikanisasión*] ■ F. Acción y resultado de mexicanizar.

mexicanizar. [*mejikanisár*] ■ TR. **1.** Adquirir un extranjero los derechos y deberes propios de México: "Lo mexicanizaron y le dieron el pasaporte". || **2.** Expropiar propiedad privada a favor del Estado mexicano: "Mexicanizaron la industria eléctrica". ■ INTR. PRNL. **3.** Adoptar un extranjero costumbres propias de lo que se considera mexicano: "John se mexicanizó cuando se fue a vivir a Oaxaca".

mexicano, na. [*mejikáno*] ■ ADJ. **1.** Perteneciente o relativo a México: "La música mexicana es reconocida en todo el mundo". || **2.** Perteneciente o relativo al **mexicano**: "La lengua mexicana es hablada cerca de La Malinche". || **3.** Natural o procedente de México: "El boxeador mexicano es campeón del mundo". Ú.t.c.sust.: "El mexicano es campeón del mundo". ■ M. **4.** Lengua yutoazteca del subgrupo lingüístico nahuatlano. ▶ **a la mexicana.** [*mejikána*] LOC. ADJ. **1.** *Referido a un alimento*, que está guisado con jitomate, cebolla, chile y, en ocasiones, cilantro: "Hoy preparamos unos bisteces a la mexicana". || LOC. ADV. **2.** fam. De manera improvisada: "Arregló la máquina a la mexicana, con un alambre". || **3.** fam. A la brava, sin contemplaciones: "No hay anestesia, te voy a curar a la mexicana".

mexiote. [*meshióte*] ■ M. **mixiote.**

mexiquense. [*mejikénse*] ■ ADJ. **1.** Perteneciente o relativo al Estado de México: "La población mexiquense convive muy de cerca con la de Ciudad de México". || **2.** Natural o procedente del Estado de México: "Los niños mexiquenses sobresalieron en el concurso de canto". ■ COM. **3.** Persona natural o procedente del Estado de México: "Los mexiquenses más afinados sobresalieron en el concurso de canto".

mexocote. [*meshokóte, mesokóte*] ■ M. **1.** Hierba originaria de América, de hasta 1.5 m de altura, monoica; tallos inconspicuos; hojas simples, arrosetadas, lanceoladas, rígidas, envainadas, con envés pubescente, numerosas, con margen con espinas; flores hermafroditas, grandes y vistosas, con tres pétalos de color lila, fusionados en la base, carnosos, estambres fusionados a la base de los pétalos, flores dispuestas en racimos, cubiertos por numerosas brácteas de color rojo brillante y verde pálido; frutos abayados, fusiformes, estrechos en la parte apical y basal, de color blanco amarillento a café oscuro; semillas numerosas, pequeñas; uso artesanal. Familia de las bromeliáceas, *Bromelia plumieri*. (También se llama aguama, guámara, jocuistle, timbiriche, xococuistle). || **2.** Fruto del **mexocote**; comestible.

mextlapique. [*meshtlapíke, mestlapíke*] ■ M. **mestlapique.**

meyal. ■ M. **1.** Nacimiento de agua, manantial; ameyal. || **2.** Cualquier depósito de agua, como estanque, represa, pozo.

meyolote. ■ M. Cogollo del maguey.

mezcal. ■ M. **1.** Nombre dado a varias especies del género *Agave*, principalmente *Agave cupreata*. Familia de las asparagáceas. || **2.** supran. Aguardiente que se obtiene por la fermentación y destilación de la piña de una variedad de agave. ■ LOC. **~ de olla.** LOC. SUST. Licor de agave; quitupán.

mezcalear. ■ INTR. **1.** Destilar mezcal: "Cerraron esa fábrica porque mezcaleó sin respetar las normas sanitarias". || **2.** Cultivar

M

y cosechar mezcal: “Hoy mezcaleamos desde muy temprano”. || **3.** Tomar mezcal: “Mezcaleamos para celebrar su cumpleaños”.

mezcalería. ■ F. **1.** Expendio de mezcal. || **2.** supran. Lugar donde se procesa el mezcal.

mezcalero, ra. ■ ADJ. **1.** Perteneciente o relativo al mezcal: “Me compré unos jarritos mezcaleros en Oaxaca”. || **2.** *Referido a persona*, que gusta de beber mezcal: “Lourdes es muy mezcalera”. Ú.t.c.sust.: “Lourdes es una mezcalera”. ■ M. y F. **3.** Persona que se dedica a cultivar y cosechar mezcal. || **4.** supran. Persona que se dedica a procesar el mezcal.

mezcla. ■ F. supran. Material de construcción resultante de la mixtura de grava, arena, cemento, cal y agua.

mezcladora. ■ F. Llave que dispone de alimentación de agua caliente y fría, que se combinan en el flujo de salida.

mezclapique. ■ M. **mestlapique.**

mezclilla. ■ F. **1.** Ave originaria de América, de hasta 12 cm de longitud; con ojos negros, pico largo y punteado, de color gris oscuro; con línea superciliar, corona, zona malar y anillo ocular de color blanco; resto de la cabeza de color negro; garganta, pecho y vientre blancos y jaspeados de negro; cobertoras inferiores de la cola blancas; espalda negra, jaspeada de blanco; alas negras con dos barras alares blancas; tarsos negros; patas amarillas. Familia de los parúlidos del orden Passeriformes, *Mniotilta varia.* || **2.** supran. Tela gruesa de algodón, generalmente de color azul.

mezontete. ■ M. **mezote.**

mezontle. ■ M. **mezote.**

mezonzapote. ■ M. **1.** Árbol originario de América, de hasta 30 m de altura, monoico; tallos con ramas horizontales, colgantes, cortezas escamosas, de color pardo amarillento, la interna rosada; hojas simples, alternas, de elípticas a lanceoladas, las jóvenes son péndulas, de color pardo rosado; flores hermafroditas, pequeñas, de color blanco amarillento, con cinco pétalos, con 15 a 20 estambres, flores arregladas en panículas terminales; frutos drupáceos, obovoides, de color pardo amarillento, rugosos, con pulpa amarilla anaranjada, dulce al madurar; semillas grandes, pelosas; uso en la medicina tradicional. Familia de las crisobalanáceas, *Licania platypus.* (También se llama cabeza de mico, sonzapote, sunzapote). || **2.** Fruto del **mezonzapote**; comestible.

mezote. ■ M. rur. Penca seca del maguey que se emplea como combustible.

mezquicopal. ■ M. Resina del árbol del mezquite.

mezquino. ■ M. **1.** Abultamiento de la piel parecido a un grano, con la superficie rugosa, que brota generalmente en las manos o en los pies. || **2.** supran. Excrecencia cutánea.

mezquitamal. ■ M. Alimento preparado con las vainas secas y molidas del mezquite, envuelto en hojas de algún vegetal, generalmente de maíz.

mezquite. ■ M. **1.** Árbol originario de América, de hasta 10 m de altura, monoico; tallos de corteza gruesa, de color café negruzco, algo fisurada, ramas glabras o pilosas, con espinas; hojas alternas, compuestas de uno a tres pares de pinas, cada una con diez o 20 pares de foliolos, pequeños, oblongos o linear-oblongos, en ocasiones ligeramente pubescentes; flores hermafroditas, pequeñas, de color blanco amarillento, con pelos en los márgenes de los pétalos y al interior, dispuestas en espigas densas; frutos en vainas lineares, comprimidas, de color café amarillento, a veces rojizas; semillas oblongas, comprimidas, de color blanco amarillento; resina de cortezas, uso en la fabricación de pegamentos y barnices; flores, uso melífero y en la medicina tradicional. Familia de las leguminosas, *Prosopis laevigata.* (También se llama algarrobo, mezquite blando, péchita). || **2.** Vaina del **mezquite**; comestible; uso forrajero. || **3.** Tallo del **mezquite**; uso maderable. ■ LOC. **~ blando.** LOC. SUST. **mezquite.**

mezquitillo. ■ M. Hierba originaria de México y Centroamérica, de hasta 1 m de altura, monoica; tallos erectos y ligeramente rastreros, poco o muy ramificados; hojas alternas, compuestas por numerosos foliolos elípticos, diminutos; flores hermafroditas, pequeñas, de color rosa a morado, con cinco pétalos desiguales, con diez estambres, nueve fusionados y uno libre, flores dispuestas en espigas densas, de cilíndricas a casi esféricas; frutos en vainas, más o menos triangulares, con una sola semilla; uso en la medicina tradicional. Familia de las leguminosas, *Dalea foliosa*.

miagua. ■ F. rur. *En Veracruz*, espiga del maíz.

miango, ga. ■ ADJ. **1.** fam. *Referido a alguien*, enclenque; ñango: "Ese perro miango necesita comer". Ú.t.c.sust.: "Ese miango necesita comer". || **2.** fam. *Referido a persona*, que no llega a las expectativas de crecimiento; ñango: "Mi prima mianga parece una adolescente, pero ya tiene 30". Ú.t.c.sust.: "Esa mianga parece una adolescente, pero ya tiene 30".

mica. ■ F. **1.** Visa en forma de tarjeta que sirve para entrar a Estados Unidos de América. || **2.** supran. Lámina de plástico transparente, flexible y resistente con la que se recubre algo, generalmente un documento, para protegerlo.

micha. ■ F. **1.** fest. Mitad. || **2.** *En Veracruz*, pan blanco ovoide, de unos 15 cm de largo, hecho de harina de trigo, levadura y sal. ■ LOC. **a (las) michas.** LOC. ADV. fest. Por partes iguales: "Vámonos a michas con la comida". ▷ **de a micha(s).** LOC. ADV. **micha y micha.** ▷ **~ y ~.** LOC. ADV. fest. Por partes iguales: "Pagamos micha y micha en el cine, ¿va?".

michelada. ■ F. supran. Bebida que se prepara con cerveza fría, limón y otros condimentos; se sirve en un tarro con el borde escarchado con sal.

michoacán. ■ M. Enredadera originaria de México, de hasta 7 m de longitud, monoica; tallos herbáceos, que se tornan leñosos con la edad; hojas simples, alternas, ovadas o cordadas, pubescentes en el envés, largamente pecioladas; flores hermafroditas, vistosas, campanuladas, de color morado, lila o púrpura, en ocasiones blancas, con el centro más oscuro, dispuestas en dicasios; frutos capsulares, pequeños, cónicos, pardos; semillas diminutas, pardas o grises, lanosas; raíces, uso en la medicina tradicional. Familia de las convolvuláceas, *Ipomoea jalapa*.

michoacano, na. ■ ADJ. **1.** Perteneciente o relativo al estado de Michoacán: "La producción de aguacate michoacano va en aumento". || **2.** Natural y procedente del estado de Michoacán: "Los hombres michoacanos tienen una amplia tradición artesanal". Ú.t.c. sust.: "Los michoacanos tienen una amplia tradición artesanal".

micro. ■ AMB. supran. Microbús.

microbusero, ra. ■ M. y F. supran. Persona que se dedica a conducir un microbús.

micropore. [*mikropór*] (De Micropore®). ■ M. supran. Cinta adhesiva de papel poroso e impermeable que se usa sobre la piel.

mielero. ■ M. Ave de distribución desde el sur de México hasta Brasil, de hasta 12 cm de longitud; en etapa reproductiva los machos tienen plumaje azul violeta, alas negras con una raya azul violeta, parte de la región ventral de color amarillo limón; cola y espalda negras; antifaz alrededor de los ojos; patas rojas brillantes; hembras de color verde opaco, más claro en las partes ventrales; pico largo, curvo y de color negro. Familia de los tráupidos del orden Passeriformes, *Cyanerpes cyaneus*. (También se llama mielero patas rojas, reinita azul). ■ LOC. **~ patas rojas.** LOC. SUST. **mielero.** ▷ **~ verde.** LOC. SUST. Ave de distribución desde México hasta Bolivia, de hasta 14 cm de longitud; macho con plumaje azul verde, cabeza negra; cola y alas con coloración oscura en bordes y parte interna; hembras y jóvenes con plumaje verde, amarillento en las partes ventrales; en ambos sexos los ojos de color rojo, más oscuros en las hembras; pico largo y curvo; patas grises; cola acortada. Familia de los tráupidos del orden Passeriformes, *Chlorophanes spiza*. (También se llama reinita verde).

mientras. ■ LOC. **de (por) ~.** LOC. ADV. fam. **por (de) mientras.** ▷ **en ~.** LOC. ADV. fam. **por (de) mientras.** ▷ **por (de) ~.** LOC. ADV. **1.** fam. Provisionalmente: "Mañana viene el carpintero, por de mientras ponle una cuña a la pata de la mesa". || **2.** supran. fam. Entre tanto: "Pon la mesa por mientras voy por las tortillas".

migra. ■ F. supran. Cuerpo de la policía de inmigración de Estados Unidos de América que vigila la frontera con México.

migración. ■ F. *En aeropuertos y puertos marítimos*, oficina de documentación de tránsito internacional.

miguel. (Juego de palabras entre Miguel y mí). ■ PRON. fest. Forma que designa a la persona que habla, generalmente en una enumeración. Ú.m.e.dim.: "Llegamos a la fiesta Abel, Mariana y miguelito".

miguelito. (De Miguelito®). ■ M. Mezcla industrializada de chile piquín molido, sal y azúcar, usada como golosina o condimento.

mije. ■ M. rur. Tabaco de mala calidad.

mijo, ja. ■ M. y F. **1.** supran. afect. Fórmula de tratamiento para dirigirse a una persona conocida de menor edad que el hablante: "Mijo, pásale el pasaje al chofer". || **2.** supran. fam. Fórmula de tratamiento entre amigos: "Mija, no se te olvide contarme el chisme".

mil. ■ ADV. *Entre jóvenes,* en grado extremo: "Te quiero mil, amiga".

milagriento, ta. ■ ADJ. supran. fam. Milagroso: "Esta virgencita es muy milagrienta, por eso vienen tantos a rezarle".

milagrito. ■ M. **1.** fam. Acción perjudicial. || **2.** fam. Embarazo no deseado. || **3.** fam. Hijo, especialmente uno pequeño.

milagro. ■ EXPR. **¡qué ~!** fam. Se usa como saludo, generalmente después de no haber visto al interlocutor por mucho tiempo: "¡Qué milagro!, compadre, ¿a qué debemos tu visita?".

milcahual. ■ M. **1.** Sembradío de maíz a punto de cosecharse. || **2.** Tierra propia para sembrar, en la que se da bien la milpa. || **3.** rur. *En el Norte,* vegetación que cubre un terreno sembrado mientras está en barbecho. || **4.** *En la Huasteca hidalguense,* salsa elaborada con elementos que se dan en la milpa, generalmente con chile chiltepín, tomate y cilantro.

milloneta. ■ ADJ. **1.** supran. fest. *Referido a persona,* millonaria: "Esa empresaria milloneta tiene propiedades en todo el país". ■ COM. **2.** supran. fest. Persona millonaria: "Él es el milloneta que es dueño de muchas propiedades en todo el país".

millonetas. Véase **milloneta.**

milpa. ■ F. **1.** supran. Sembradío de maíz. || **2.** supran. Terreno dedicado al cultivo del maíz y a veces de otras semillas.

milpear. ■ TR. **1.** supran. Cuidar la milpa. ■ INTR. **2.** Brotar el maíz.

milperío. ■ M. supran. Lugar en el que hay muchas milpas.

milpero, ra. ■ ADJ. **1.** supran. Perteneciente o relativo a la milpa: "Hay que espantar los pájaros milperos porque se comen la mazorca". ■ M. y F. **2.** supran. Persona que se dedica a cultivar y cosechar maíz.

milpilla ■ F. **maíz cimarrón.**

miltomate. ■ M. **1.** Hierba originaria de México de hasta 60 cm de altura, monoica; tallos erectos o trepadores, en ocasiones ligeramente pubescentes; hojas simples, opuestas, ovadas, con márgenes irregularmente dentados; flores hermafroditas, pequeñas, campanuladas, amarillas, con manchas de color azul verdoso o morado al centro, estambres con anteras azules; frutos abayados, de color verde a anaranjado, cubiertos por el cáliz que crece al madurar el fruto; semillas aplanadas, de obovadas a reniformes o circulares, de color amarillo a café; uso forrajero; hojas, uso en la medicina tradicional. Familia de las solanáceas, *Physalis philadelphica.* (También se llama tomate, tomate de cáscara, tomate verde, tomatillo). || **2.** Fruto del **miltomate**; comestible.

milusos. ■ COM. supran. Persona que realiza cualquier tipo de trabajo informal: "Bruno, el milusos, arregló la instalación eléctrica e impermeabilizó el techo".

mimisqui. ■ M. fam. Pérdida súbita y pasajera del sentido y del movimiento; patatús.

minguiche. ■ M. **minguichi.**

minguichi. ■ M. *En el Occidente,* salsa hecha con chile y queso.

ministro, tra. ■ M. y F. supran. Miembro de la Suprema Corte de Justicia de la Nación.

minisúper. ■ M. supran. Establecimiento de menor tamaño que un supermercado donde se venden, especialmente, artículos de consumo básico.

minutisa. ■ F. Planta herbácea, de hasta 50 cm de altura, monoica; tallos erectos; hojas simples, opuestas, lineares, de color gris verdoso, las de la base envainantes; flores hermafroditas, vistosas y fragantes, purpúreas o blancas, con el centro ligeramente más oscuro y peloso, cinco pétalos con margen festoneado, dispuestas en umbelas de cinco a 20 flores; frutos capsulares, pequeños; semillas diminutas, tuberculadas, de color café oscuro; uso ornamental. Familia de las cariofiláceas, *Dianthus barbatus.* (También se llama ciento en rama, clavel chino, clavel del poeta, clavel japonés).

miracielos. ■ M. **1.** Hierba originaria de América, de hasta 1 m de altura, monoica; hojas alternas, enteras, de elípticas a lanceoladas; flores hermafroditas, pequeñas, campanuladas, de blancas a verdosas, con cinco estambres de filamentos morados; frutos abayados, de elipsoides a ovoides, de color anaranjado a rojo, picantes; semillas numerosas, pequeñas, circulares, aplanadas, amarillentas. Familia de las solanáceas, *Capsicum frutescens*. (También se llama chile piquín, chile tabasco, chiltepín, chiltipiquín). || **2.** Fruto del **miracielos**; comestible.

mirar. ■ LOC. **~ de menos.** LOC. VERB. supran. Menospreciar a alguien: "Él siempre mira de menos a todo el mundo, es muy creído". ■ EXPR. **¡mira nada más!** Se usa para llamar la atención sobre algo o para enfatizarlo: "¡Mira nada más qué desorden dejaste en el cuarto!". ▶ **¡mira nomás!** fam. **¡mira nada más!**

mirasol. ■ M. Hierba originaria de México, de hasta 2 m de altura, monoica; tallos erectos, poco ramificados, de pubescentes a casi glabros; hojas alternas, divididas en foliolos numerosos, filiformes; flores hermafroditas, diminutas, tubulares, amarillas, agregadas en cabezuelas de largos pedúnculos, con ocho flores de la periferia en forma de pétalos de color rosado, lila, violeta o blanco; frutos aquénicos, lineares, angulosos, de cafés a negros, con un mechón de pelos en el ápice, con una sola semilla; uso ornamental. Familia de las compuestas, *Cosmos bipinnatus*. (También se llama girasol morado).

miriñaque. ■ M. supran. *En el Sureste*, bastidor de tela metálica que se coloca en puertas y ventanas para impedir el paso a los insectos; mosquitero.

mirlillo. ■ LOC. **~ solitario.** LOC. SUST. **mirulincillo.**

mirón. ■ EXPR. **los mirones son de palo. 1.** *En un juego de mesa, generalmente póker o dominó*, se usa para pedir a una persona que no forma parte del juego que no se entrometa: "A ver, Humberto, los mirones son de palo, así que cállate". || **2.** supran. Se usa para pedir a una persona que no se entrometa en un asunto que no le compete: "—¿Y si mejor se casan después de agosto? —Los mirones son de palo, Daniela".

mirotear. ■ TR. *En Chiapas*, espiar: "Esa señora siempre mirotea a sus vecinos por la ventana".

miroteo. ■ M. *En Chiapas*, hecho de mirotear o espiar.

mirruña. ■ F. **1.** supran. Cosa pequeña: "Esa mirruña le costó muy cara". || **2.** supran. Cantidad mínima de algo: "Cuando se repartió la herencia, nomás nos dieron una mirruña". ■ LOC. **(una) ~ de.** LOC. ADJ. supran. Poco: "Échale nomás una mirruña de sal a la sopa".

mirulincillo. ■ M. Ave originaria de América, de hasta 20 cm de longitud; con parte dorsal de color pardo olivo o pardo rojizo; alrededor del ojo color ante pálido; lados de la cabeza de color pardo olivo pálido; cuello y pecho teñidos de ante, este último bien delineado, marcado con manchas triangulares; abdomen blanco; flancos color pardo olivo; patas de color pardo pálido. Familia de los túrdidos del orden Passeriformes, *Catharus ustulatus*. (También se llama mirlillo solitario, tordo pinto).

misa. ■ LOC. **~ de nueve días.** LOC. SUST. La que se celebra en el noveno día después de la inhumación o la cremación de una persona: "El martes vamos a la misa de nueve días del abuelito de Carmen". ▶ **~ fronteriza.** LOC. SUST. Hora de mayor concurrencia en la línea fronteriza entre México y Estados Unidos de América.

miscelánea. ■ F. supran. Establecimiento pequeño donde se venden artículos de consumo básico.

miscua. ■ F. *En el Noreste*, excremento.

misión. ■ F. *En Jalisco*, **misión funeral.** ■ LOC. **~ funeral.** LOC. SUST. Funeraria; tanatorio: "Esta misión funeral es para gente de dinero".

mispacle. ■ M. **mispastle.**

mispastle. ■ M. Arbusto de amplia distribución en México, de hasta 3 m de altura, monoico; tallos con corteza amarilla café, fisurada, ramas jóvenes cuadrangulares, amarillentas, inicialmente pubescentes, después glabras; hojas simples, opuestas, de ovadas a elípticas, con margen aserrado, pelosas en el envés; flores hermafroditas, pequeñas, amarillas, pubescentes, con desagradable

M

aroma, dispuestas en cabezuelas terminales, a veces ramificadas; frutos capsulares, cilíndricos, pelosos en el ápice; semillas numerosas, diminutas, fusiformes, aladas; hojas, uso en la medicina tradicional; tallos, uso industrial. Familia de las escrofulariáceas, *Buddleja sessiliflora.* (También se llama hierba de tepozán, mispacle, zayoliscán, zayolizcán).

mistela. ■ F. **1.** Aguardiente de caña. || **2.** *En Chiapas*, bebida de jugos de frutas.

mita. ■ F. fest. Mitad. ■ LOC. **a (las) mitas.** LOC. ADV. **a (las) michas.** ▶ **(de) a mita(s).** LOC. ADV. **micha y micha.** ▶ **~ y ~.** LOC. ADV. **micha y micha.**

mitaza. ■ F. *En la charrería*, calzón ancho y largo, abierto por los lados, que se pone encima del pantalón y se puede cerrar con botones: "El abuelo usaba siempre una mitaza cuando se iba a pasear al pueblo".

mitle. ■ M. **muicle.**

mitote. ■ M. **1.** Fiesta animada y ruidosa. || **2.** Alboroto. || **3.** Chisme. || **4.** *En el Occidente, en los pueblos indígenas*, tipo de fiesta con danza. || **5.** *En el Occidente, en los pueblos indígenas*, danza del **mitote**.

mitotear. ■ INTR. **1.** Armar un mitote o alboroto: "Los vendedores ambulantes mitotearon la tarde de ayer". || **2.** Armar un mitote o chisme: "Esas muchachas siempre mitotean en el trabajo".

mitotero, ra. ■ ADJ. **1.** *Referido a persona*, alborotadora: "Nacho es muy mitotero, se mete en todas las discusiones". Ú.t.c.sust.: "Nacho es un mitotero, se mete en todas las discusiones". || **2.** *Referido a persona*, chismosa: "Doña Chelo es muy mitotera, en todo anda". Ú.t.c.sust.: "Doña Chelo es una mitotera, en todo anda". || **3.** *Referido a persona*, que gusta de fiestas animadas y ruidosas: "Ximena es muy mitotera porque siempre organiza la celebración del pueblo". Ú.t.c.sust.: "Ximena es una mitotera porque siempre organiza la celebración del pueblo". || **4.** Propio de la persona **mitotera**: "Todos conocen el carácter mitotero de Ximena".

mitra. ■ F. Cactus originario de México, de hasta 1 m de altura, monoico; tallos globosos o columnares, solitarios o con muy poca ramificación, principalmente de cuatro a cinco costillas de color verde brillante, cubiertos de diminutas escamas peludas y blancas que le confieren una apariencia gris plateada, estas pueden ser pocas o abundantes, con o sin espinas, delgadas, arregladas en bolitas en las puntas de las costillas; flores hermafroditas, vistosas, con numerosos tépalos amarillos, solitarias o en grupos de pocas flores en el ápice de los tallos; frutos abayados, de color verde a rojizos, cubiertos de numerosas escamas superpuestas, color café; semillas numerosas, pequeñas, de color café oscuro, brillantes; uso ornamental. Familia de las cactáceas, *Astrophytum myriostigma.* (También se llama bonete de obispo, cactus estrella, gorro de obispo).

mixcoco. [*mishkóko, miskóko*] ■ M. *En Sinaloa*, tamal que se prepara con masa fermentada, ceniza y un trozo de palo de Brasil para darle el color magenta característico; nixcoco.

mixe. [*mije*] ■ ADJ. **1.** Perteneciente o relativo al **mixe**: "La banda mixe tocó sones y jarabes en la fiesta". || **2.** Natural o procedente del grupo étnico **mixe**: "La joven mixe pinta murales en las bardas del pueblo". ■ M. **3.** Grupo étnico establecido en el noreste y en el oriente del estado de Oaxaca. || **4.** Lengua mixe-zoque del subgrupo lingüístico mixeano. ■ COM. **5.** Persona natural o procedente del grupo étnico **mixe**: "La mixe pinta murales en las bardas del pueblo". ■ LOC. **~ zoque.** LOC. ADJ. **1.** Perteneciente o relativo al **mixe zoque**: "En los grupos mixe zoques se han incluido hasta siete etnias". || LOC. SUST. **2.** Grupo étnico histórico que dio origen a los grupos étnicos mixe, zoque y popoluca, entre otros. || **3.** Conjunto de grupos étnicos que hablan alguna lengua de los subgrupos lingüísticos mixeano o zoqueano; establecidos en los estados de Oaxaca, Veracruz, Tabasco y Chiapas. || **4.** Familia lingüística que incluye los subgrupos lingüísticos mixeano y zoqueano, entre otros. || **5.** Lengua reconstruida que históricamente dio origen a las lenguas de esta familia, como el mixe y el zoque, entre otras. || **6.** Conjunto de las lenguas de esta familia, como el mixe y el zoque, entre otras.

mixeano, na. [*mijeáno*] ■ ADJ. **1.** Perteneciente o relativo al **mixeano**: "Las lenguas mixeanas poseen algunos estudios lingüísticos". ■ M. **2.** Grupo étnico histórico que dio origen a los mixes, a los sayultecos y a los olutecos, entre otros. || **3.** Conjunto de grupos étnicos establecidos principalmente en los estados de Oaxaca y Veracruz. || **4.** Lengua reconstruida que históricamente dio origen al mixe, al sayulteco y al oluteco. || **5.** Grupo o familia de lenguas mixe-zoques que incluye al mixe, al sayulteco y al oluteco, entre otras.

mixe-zoque. [*mijesóke*] ■ ADJ. **1.** Perteneciente o relativo al **mixe-zoque**: "En los grupos mixe-zoques se han incluido hasta siete etnias". ■ M. **2.** Grupo étnico histórico que dio origen al mixe, al zoque y al popoluca, entre otros. || **3.** Conjunto de grupos étnicos que hablan alguna lengua de los subgrupos lingüísticos mixeano o zoqueano; establecidos en los estados de Oaxaca, Veracruz, Tabasco y Chiapas. || **4.** Familia lingüística que incluye los subgrupos lingüísticos mixeano y zoqueano, entre otros. || **5.** Lengua reconstruida que históricamente dio origen a las lenguas de esta familia, como el mixe y el zoque, entre otras. || **6.** Conjunto de las lenguas de esta familia, como el mixe y el zoque, entre otras.

mixezoque. Véase **mixe-zoque.**

mixiote. [*mishióte, mishóte*] ■ M. **1.** Comida que se prepara con carne condimentada con pasta de achiote o chile guajillo y especias, metida en un saquito hecho con la membrana que recubre la penca del maguey y cocida al vapor. || **2.** Membrana que recubre la penca del maguey; se usa para envolver guisos.

mixteca. [*mistéka*] ■ ADJ. **1.** Perteneciente o relativo al **mixteca**: "Las comunidades oaxaqueñas rescatarán el paraíso mixteca". || **2.** Natural o procedente del grupo étnico **mixteca**: "Las profesoras mixtecas rescatarán el paraíso natural del estado de Guerrero". ■ M. **3.** Grupo étnico establecido en el oriente del estado de Guerrero, en el sur del estado de Puebla y en la parte central y occidental, incluyendo la costa, del estado de Oaxaca. || **4.** Lengua otomangue del subgrupo lingüístico mixtecano. ■ COM. **5.** Persona natural o procedente del grupo étnico **mixteca**: "Los mixtecas rescatarán el paraíso natural del estado de Guerrero".

mixtecano, na. [*mistekáno*] ■ ADJ. **1.** Perteneciente o relativo al **mixtecano**: "Los pueblos mixtecanos es probable que hayan habitado el centro de Puebla, Tlaxcala y Morelos". ■ M. **2.** Grupo étnico histórico que dio origen a los mixtecos, a los cuicatecos y a los triquis, entre otros. || **3.** Conjunto de grupos étnicos establecidos principalmente en el este del estado de Guerrero, en el sur de Puebla y en el oeste del estado de Oaxaca. || **4.** Lengua reconstruida que históricamente dio origen al mixteco, al cuicateco y al triqui. || **5.** Grupo o familia de lenguas otomangues que incluye al mixteco, al cuicateco y al triqui, entre otras.

mixteco, ca. [*mistéko*] ■ ADJ. **1.** Perteneciente o relativo al **mixteco**: "La gastronomía mixteca está representada por el mole de caderas". || **2.** Natural o procedente del grupo étnico **mixteco**: "Algunas mujeres mixtecas se dedican al cultivo de la seda". Ú.t.c.sust.: "Algunas mixtecas se dedican al cultivo de la seda". ■ M. **3.** Grupo étnico establecido en el oriente del estado de Guerrero, en el sur del estado de Puebla y en la parte central y occidental, incluyendo la costa, del estado de Oaxaca. || **4.** Lengua otomangue del subgrupo lingüístico mixtecano.

mocezuelo. ■ M. supran. rur. Infección tetánica contraída por los recién nacidos a causa del corte del cordón umbilical.

mocha. ■ F. Véase **mocho, cha.**

mochada. ■ F. Soborno que se da, generalmente, a un policía o a un funcionario; mordida.

mochar. ■ TR. **1.** fam. Matar. Ú.m.c.prnl. || **2.** fam. Cortar objetos con descuido, generalmente cabello: "El peluquero mochó el cabello de Isaac". Ú.m.c.prnl.: "El peluquero se mochó el cabello de Isaac".

mocharse. ■ INTR. PRNL. **3.** fam. Dar un moche o soborno. || **4.** fam. Contribuir con algo: "Móchate con los refrescos para la fiesta". || **5.** vulg. Acceder a peticiones sexuales.

moche. ■ M. **1. mochada.** || **2.** *En Tabasco*, bejuco que sirve para hacer canastas.

mochería. ■ F. **1.** fam. Actitud propia de una persona mocha o conservadora. || **2.** fam. Actitud propia de una persona mocha o que exagera en los actos de devoción religiosa. || **3.** fam. Conjunto de mochos.

mochez. ■ F. **1.** fam. Actitud propia de una persona mocha o conservadora; mochería.

M

|| **2.** fam. Actitud propia de una persona mocha o que exagera en los actos de devoción religiosa; mochería.

mochilas. ■ INTERJ. **¡mochilas!** fest. Se usa para pedir algo, generalmente una porción de comida: "¡Mochilas con un pedazo de pastel!".

mochilería. ■ F. fest. **mochería.**

mochó. ■ ADJ. **1.** Perteneciente o relativo al **mochó**; motozintleco: "El danzante mochó interpretará a un toro en la fiesta patronal". || **2.** Natural o procedente del grupo étnico **mochó**; motozintleco: "La señora mochó usa paliacate rojo en la fiesta patronal". ■ M. **3.** Grupo étnico establecido en el municipio de Motozintla en el estado de Chiapas; motozintleco. || **4.** Lengua maya del subgrupo lingüístico cotoque; motozintleco. ■ COM. **5.** Persona natural o procedente del grupo étnico **mochó**; motozintleco: "La mochó usa paliacate rojo en la fiesta patronal".

mocho, cha. ■ ADJ. **1.** fam. *Referido a persona*, que exagera en los actos de devoción religiosa; santurrón: "Don Julio es muy mocho, siempre está involucrado en las actividades de la iglesia". Ú.t.c.sust.: "Don Julio es un mocho, siempre está involucrado en las actividades de la iglesia". || **2.** fam. *Referido a persona*, tradicional o conservadora: "Juana no quiso vivir con su novio porque es muy mocha". Ú.t.c. sust.: "La mocha de Juana no quiso vivir con su novio". || **3.** fam. Propio de la persona **mocha**: "¿La familia de tu novio es de mentalidad muy mocha, verdad?". || **4.** fam. *Referido a persona*, que tiene labio leporino o alguna deformación en la boca: "Mayela no come bien porque está mocha". || **5.** supran. fam. Que carece de una de sus partes: "La silla mocha ya no sirve para sentarse". ■ F. **6.** Máquina pequeña de ferrocarril, muy ligera, usada para casos de emergencia. || **7.** supran. rur. Machete pequeño que se utiliza generalmente para cortar caña.

mochomera. ■ F. *En el Norte*, nido de mochomos.

mochomo. ■ M. **1.** Guiso que se prepara con machaca, ajo, cebolla y salsa de jitomate; típico del Norte. || **2.** *En el Norte*, hormiga originaria de América; la reina llega a medir hasta 3 cm de longitud; la casta trabajadora, de 4 a 7 mm; generalmente de color rojizo; comestible. Familia de los formícidos del orden Hymenoptera, varias especies del género *Atta*, como *Atta cephalotes*, *Atta mexicana*, *Atta texana*. (También se llama arriera, chicatana, chincatana, chincantana, hormiga arriera, hormiga chicatana, nacasmá, nucú, talata, zompopa, zompopo).

mochongada. ■ F. *En Veracruz*, payasada.

mochongo, ga. ■ M. y F. *En Veracruz*, persona que sirve de diversión a los demás; hazmerreír.

mocla. ■ F. fest. Mochila.

moco. ■ ADJ. **1.** fam. *Referido a persona joven*, sin experiencia: "Como quieres que entienda el problema, si Abel está muy moco". ■ M. **2.** fam. Persona joven que no tiene experiencia: "Como quieres que entienda el problema, si Abel es un moco". || **3.** fam. Niño. || **4.** supran. vulg. Semen. Ú.m.e.pl. ■ LOC. **hasta el ~.** LOC. ADJ. fest. **hasta la madre.** ▷ **~ de guajolote.** LOC. SUST. **1.** Hierba de amplia distribución en México, de hasta 1 m de altura, monoica; tallos erectos, delgados, verdosos o rojizos; hojas simples, alternas, lanceoladas y estrechas, con márgenes lisos, ligeramente enroscados; flores hermafroditas, pequeñas, de color rosa o rojo vivo, con seis a ocho estambres, flores dispuestas en fascículos, y estos a su vez en racimos; frutos aquenios, de ovoides a lenticulares, pequeños, oscuros; uso en la medicina tradicional. Familia de las poligonáceas, *Polygonum mexicanum*. || **2.** vulg. Pene flácido. ▷ **~ de pavo.** LOC. SUST. Arbusto originario de Malasia, de hasta 2 m de altura, dioico; tallos poco ramificados, con corteza áspera y dura; hojas simples, alternas, ovadas, brillantes, de hasta 23 cm de largo, con margen toscamente dentado; flores unisexuales, pequeñas, sin pétalos, dispuestas en espigas colgantes, aterciopeladas y comprimidas: flores masculinas no conocidas, flores femeninas de púrpuras a rojizas, de largos pistilos, cubiertas con brácteas del mismo color que la flor; frutos y semillas no han sido vistos; uso ornamental y en la medicina tradicional. Familia de las euforbiáceas, *Acalypha hispida*. ■ INTERJ. **¡moco(s)!** fam. **¡madres!**

mocoque. ■ M. **1.** Árbol originario de América, de hasta 20 m de altura, monoico; troncos firmes y abombados; hojas alternas, deciduas, divididas en cinco foliolos elípticos; flores hermafroditas, vistosas, con cinco pétalos de blancos a rosados, con numerosos estambres blancos o rosados, cuya forma se asemeja a la de una escobilla; frutos capsulares, elipsoides, cafés; semillas globosas, rodeadas de pelos algodonosos; cortezas, uso en la medicina tradicional. Familia de las malváceas, *Pseudobombax ellipticum*. (También se llama amapola, bailarina, cabello de ángel, chicocuchi, coquito, jilosúchil, lele, silosúchil, sospó, xiloxóchitl). || **2.** Flor del **mocoque**; uso ornamental y en la medicina tradicional.

modelar. ■ TR. **1.** Construir modelos a escala de aviones, barcos o autos: "Eleazar modeló barcos de guerra para la exposición". || **2.** supran. Exhibir en una pasarela o en una sesión fotográfica diseños de moda: "Amalia modeló la ropa para esa marca". ■ INTR. **3.** supran. Servir alguien de modelo a un artista para un dibujo, un cuadro, una fotografía, etc.: "Luis modeló para los estudiantes de la escuela de artes".

modo. ■ LOC. **al ~.** LOC. ADV. fam. *En Sinaloa*, como siempre: "Al modo Pilar llegó tarde". ■ EXPR. **ni ~.** supran. Se usa para manifestar resignación ante un hecho no esperado: "No pude ir a la fiesta, ni modo".

modorra. ■ F. Véase **modorro, rra.**

modorro, rra. ■ ADJ. **1.** *Referido a alguien*, que padece letargo y sopor: "Pablo está modorro porque se acaba de levantar". ■ F. **2.** Sensación de pesadumbre y somnolencia.

módulo. ■ M. supran. Local pequeño de atención al público.

mofle. ■ M. supran. Dispositivo que se acopla al tubo de escape de un vehículo para reducir el sonido que produce el motor y las emisiones contaminantes.

mojado, da. ■ M. y F. supran. coloq. Persona que ingresa ilegalmente a Estados Unidos de América, generalmente, en busca de trabajo.

mojapendejos. ■ ADJ. malson. *Referido a la lluvia*, que es menuda y de corta duración.

mojiganga. ■ F. supran. Figura humana gigante y extravagante hecha con una estructura de madera, carrizo, otate o vara, con trapos y con cabeza de cartón pintada; se usa en festividades.

mojigango. ■ M. *En Colima*, **mojiganga.**

mojina. ■ F. Tortuga originaria de América, de hasta 20 cm de longitud; cabeza con la mitad de color negro, con unas finas líneas naranjas, y la mitad inferior más clara en tonos amarillentos; caparazón plano y alargado; tonos pardos; plastrón claro con dos manchas negras. Familia de los geoemídidos del orden Testudines, *Rhinoclemmys areolata*.

mojinete. ■ M. supran. Remate triangular de las dos paredes más altas y angostas de una construcción sobre el que se apoya el techo.

mojo. ■ LOC. **al ~ de ajo.** LOC. ADJ. *Referido a un alimento*, generalmente pescado o marisco, frito y condimentado con mucho ajo: "Tráigame una mojarra al mojo de ajo".

molacho, cha. ■ ADJ. *Referido a alguien*, que carece de uno o más dientes: "Ana está molacha y no puede morder manzanas". Ú.t.c.sust.: "Ana es una molacha y no puede morder manzanas".

molcajete. ■ M. **1.** Platillo que consiste en carnes, nopales y quesos, bañados en salsa y servidos en un **molcajete**. || **2.** supran. Utensilio cóncavo, generalmente de piedra volcánica, con tres patas cortas, provisto de una mano o tejolote, que sirve para machacar.

molcajetear. ■ TR. Moler o martajar algo en el molcajete: "Celia molcajeteó los chiles con el ajo y la cebolla para la salsa".

molcajetero, ra. ■ ADJ. **1.** Perteneciente o relativo al molcajete: "La zona molcajetera está en El Seco, Puebla". ■ M. y F. **2.** Persona que se dedica a fabricar o a vender molcajetes.

molcas. ■ COM. **1.** fam. Persona indeterminada: "Llegaron a la fiesta Marco, Mariana y un molcas". || **2.** fam. Persona cuyo nombre se omite o se ignora: "Oye, y molcas, ¿cómo está? Hace mucho que no sé de él". || **3.** fam. Forma que designa a la persona que habla: "Catalina y molcas llegamos tarde a la fiesta".

molcate. ■ M. **1.** rur. Mazorca de maíz de la más baja calidad. || **2.** rur. Conjunto de estas mazorcas.

mole. ■ M. **1.** Guiso espeso preparado con la molienda de varios chiles, frutos secos, tortilla tostada, especias y otros ingredientes en función de la variedad que se prepare. || **2.** Platillo de carne de pollo, de guajolote o de cerdo que se prepara con el guiso del mismo nombre.

|| **3.** Molienda de varios chiles, frutos secos, tortilla tostada, especias y otros ingredientes que da como resultado una pasta o un polvo con que se prepara este guiso. || **4.** Fiesta concurrida en la que el platillo principal es el **mole**. || **5.** supran. Salsa que se prepara con varios chiles, tomates, especias, condimentos, entre otros ingredientes. ■ LOC. **~ amarillito.** LOC. SUST. **mole amarillo.** ▷ **~ amarillo.** LOC. SUST. El que se prepara con chile chilhuacle, chile guajillo, chile ancho y masa de maíz; se condimenta con hoja santa; se sirve con ejote, chayote y generalmente con carne de cerdo; típico de Oaxaca. ▷ **~ blanco.** LOC. SUST. El que se prepara con chile güero, piñón y chocolate blanco; se sirve generalmente con carne de pollo. ▷ **~ coloradito.** LOC. SUST. El que se prepara con chile chilcostle, chile guajillo, chile ancho, chocolate y plátano macho; se sirve generalmente con papa y con carne de pollo o cerdo; típico de Oaxaca. ▷ **~ colorado.** LOC. SUST. El que se prepara con chile chilhuacle, chile costeño y chile ancho; se sirve generalmente con carne de cerdo, pollo o gallina; típico de Oaxaca. ▷ **~ de cadera.** LOC. SUST. **mole de caderas.** ▷ **~ de caderas.** LOC. SUST. Guiso caldoso preparado con chile guajillo, chile costeño y chile serrano molidos; se condimenta con hoja de aguacate; se sirve con ejote, guaje y con esta parte del chivo; típico de Puebla. ▷ **~ de ladrillo.** LOC. SUST. *En Tlaxcala*, el que se prepara con chile guajillo, semilla de cilantro y masa de maíz; se sirve con carne de res. ▷ **~ de masa.** LOC. SUST. *En Oaxaca*, el que se prepara con chile guajillo y masa de maíz; se condimenta con hoja santa; se sirve con ejote y generalmente con carne de cerdo, tepezcuintle o venado. ▷ **~ de novia.** LOC. SUST. **mole blanco.** ▷ **~ de olla.** LOC. SUST. Guiso caldoso preparado con chile guajillo y chile ancho molidos, verdura y generalmente carne de cerdo o res; típico del centro de México. ▷ **~ de pipián.** LOC. SUST. **1. mole verde.** || **2.** El que se prepara con chile serrano, cacahuate y pepita de calabaza; se sirve con verdura y generalmente con carne de pollo, guajolote, cerdo o res. ▷ **~ manchamanteles.** LOC. SUST. El que se prepara con chile ancho y piña o plátano macho; se sirve con verdura y generalmente con carne de cerdo; típico de Oaxaca. ▷ **~ negro.** LOC. SUST. El que se prepara con chiles chilguacle negro y rojo, chile guajillo, chile mulato, chile ancho, chile chipotle y chile pasilla; se sirve generalmente con carne de guajolote o pollo; típico de Oaxaca. ▷ **~ oaxaqueño.** [*oajakéño*] LOC. SUST. **mole negro.** ▷ **~ poblano.** LOC. SUST. El que se prepara con chile seco, chile guajillo, chile mulato, chile pasilla, chile chipotle, chile ancho y chocolate; se sirve generalmente con carne de guajolote o pollo; típico de Puebla. ▷ **~ prieto.** LOC. SUST. *En Tlaxcala*, el que se prepara con chile chipotle y masa de maíz; se sirve generalmente con carne de pollo, guajolote o venado. ▷ **~ rojo.** LOC. SUST. **mole poblano.** ▷ **~ verde.** LOC. SUST. El que se prepara con chile serrano y pepita de calabaza; se condimenta con epazote; se sirve con ejote o chayote y generalmente con carne de cerdo o pollo; típico de Oaxaca. ■ INTERJ. **¡mole(s)!** fest. **¡madres!**

molenque, ca. ■ ADJ. **molacho, cha.**

molera. ■ F. Véase **molero, ra.**

molero, ra. ■ ADJ. **1.** *Referido a persona*, que gusta de comer mole: "Mi prima oaxaqueña es muy molera". Ú.t.c.sust.: "Mi prima oaxaqueña es una molera". ■ F. **2.** Cazuela grande para preparar comida, generalmente mole.

molinillo. ■ M. **1.** supran. Árbol originario de América, de hasta 20 m de altura, monoico; tallos con espinas, corteza gris negruzca, agrietada; hojas simples, alternas, ovales o elípticas, de hasta 40 cm de largo; flores hermafroditas, vistosas, blancas, los estambres fusionados en un tubo, flores arregladas en cimas densas; frutos capsulares, globosos y elipsoides, muy pequeños, rodeados por el cáliz persistente. Familia de las malváceas, *Quararibea funebris.* (También se llama cacahuasúchil, cacahuaxóchitl, flor de cacao). || **2.** supran. Flor del **molinillo**; uso en la medicina tradicional. || **3.** supran. Fruto del **molinillo**; uso en la medicina tradicional.

mollete. ■ M. **1.** Pan blanco partido longitudinalmente, untado con frijoles, cubierto de queso que se gratina al horno; se sirve con alguna salsa. || **2.** Pan blanco partido longitudinalmente, untado con mantequilla, espolvoreado de azúcar y tostado. || **3.** *En Puebla,* pan dulce esponjoso, de forma redonda, relleno con crema pastelera envinada y coco rallado, cubierto con jamoncillo de pepita. || **4.** *En San Luis Potosí,* pan blanco partido longitudinalmente, untado con frijoles y cubierto de queso blanco desmenuzado; se sirve frío.

molletear. ■ INTR. Comer molletes.

molón, na. ■ ADJ. *Referido a alguien,* que molesta con insistencia: "Claudia es muy molona, otra vez quiere que le dé dinero". Ú.t.c. sust.: "Claudia es una molona, otra vez quiere que le dé dinero".

molongo. ■ M. **1. molonqui.** || **2.** rur. Elote malogrado por el gusano del maíz.

molonqueada. ■ F. Pelea con violencia física.

molonquearse. ■ INTR. PRNL. Pelearse con violencia física: "Los perros se molonquearon enfrente de la tienda".

molonqui. ■ M. **1.** Planta trepadora originaria de América, de hasta 3 m de altura, monoica; tallos rastreros o trepadores, flexibles, ligeramente pubescentes en las partes jóvenes; hojas simples, alternas, de forma variable, de ovadas a profundamente partidas, de hasta 15 cm de altura, con margen aserrado, en ocasiones pubescentes; flores hermafroditas, pequeñas, de color blanco verdoso, blanco, amarillo y en raras ocasiones rojo, cuatro pétalos, dispuestas en cimas umbeliformes; frutos abayados, de ovoides a globosos, púrpuras o negros; semilla única, ovoide. Familia de las vitáceas, *Cissus verticillata.* (También se llama molongo, tripa de vaca). || **2.** Tallo del **molonqui**; uso en la medicina tradicional.

molote. ■ M. **1.** Chongo o moño de cabello. || **2.** *En Puebla y Veracruz,* antojito que se prepara con masa de maíz frita, de forma ovoidal o esférica, generalmente relleno de algún alimento; empanada. || **3.** supran. Conjunto de cosas envueltas; envoltorio. || **4.** supran. Alboroto.

molotera. ■ F. Véase **molotero, ra.**

molotero, ra. ■ ADJ. **1.** fam. *Referido a persona,* que hace mucho ruido: "Rosario era muy molotera y la escuchaban hasta la esquina". Ú.t.c.sust.: "Rosario era una molotera y la escuchaban hasta la esquina". || **2.** fam. *Referido a persona,* buscapleitos: "Darío es muy molotero y siempre causa problemas". Ú.t.c.sust.: "Darío es un molotero y siempre causa problemas". ■ F. **3.** supran. Alboroto.

momento. ■ INTERJ. **¡momento!** supran. Se usa para pedir al interlocutor que espere o atienda: "¡Momento!, yo nunca te dije eso".

momia. ■ ADJ. **1.** fam. *Referido a persona,* vieja: "Mi papá ya está muy momia, se cansa de todo". ■ F. **2.** fam. Persona vieja: "Mi papá ya es una momia, se cansa de todo".

momio, mia. ■ ADJ. despect. *Referido a persona,* vieja: "Don Justo ya está muy momio, todo le duele". Ú.t.c.sust.: "Don Justo es un momio, todo le duele".

momita. ■ F. Juego en el que un jugador, con los ojos vendados, trata de atrapar a otro y adivinar su identidad; gallina ciega.

momiza. ■ F. fest. Conjunto de personas adultas o viejas.

momo. ■ M. **1.** Arbusto originario de América, de hasta 5 m de altura, monoico; tallos articulados; ramas quebradizas; hojas opuestas, enteras, grandes, acorazonadas y aromáticas; flores hermafroditas, blancas y diminutas, dispuestas en espigas sobre un eje carnoso; frutos abayados, negros. Familia de las piperáceas, *Piper auritum.* (También se llama acoyo, acuyo, hierba santa, hierbasanta, hoja de cáncer, hoja de la hierba santa, hoja santa, hojasanta, omequelite, santamaría, tlanepa, xmacolan, yerba santa, yerbasanta). || **2.** Hoja del **momo**; comestible; uso en la medicina tradicional.

momoto. ■ LOC. **~ corona azul.** LOC. SUST. Ave de distribución en zonas tropicales de México y Centroamérica, de hasta 45 cm de longitud; de color azul verde, cabeza con una banda azul clara que rodea su coronilla negra y se vuelve morada en la nuca; con pico grueso y fuerte; alas con dos raquetas terminales cuyo movimiento simula un péndulo. Familia de los momótidos del orden Coraciiformes, *Momotus momota.* ▶ **~ mexicano.** [*mejikáno*] LOC. SUST. Ave de distribución desde el noroeste de México hasta el este de Guatemala, de hasta 50 cm de longitud; de color azul verde con la corona café; alas con dos raquetas terminales cuyo movimiento simula un péndulo. Familia de los momótidos del

M

orden Coraciiformes, *Momotus mexicanus*. (También se llama bobo, pájaro cú, pájaro raqueta, pájaro reloj, tolobojo, turco).

mona. ■ F. Véase **mono, na.**

monchis. ■ M. **1.** fam. Deseo de comer algún alimento, generalmente una golosina. || **2.** jerg. Apetito agudo tras consumir marihuana.

monda. ■ F. **1.** Golpiza, paliza. || **2.** vulg. Pene. ■ EXPR. **¡la ~ !** vulg. Se usa para deshacerse o desentenderse de alguien o algo.

mondingo, ga. ■ ADJ. rur. *En Hidalgo, referido a equino*, que mueve mucho los cuartos traseros cuando camina: "No me gustó ese caballo mondingo".

mondongo. ■ M. **1.** Guiso caldoso hecho a base de estómago de res cortado en trozos pequeños, con diversos ingredientes y condimentos; panza. || **2.** fam. Vientre. || **3.** vulg. Vulva. ■ LOC. **~ kabic.** LOC. SUST. *En Yucatán*, guiso caldoso hecho a base de estómago de res, sazonado con jitomate, achiote, epazote y jugo de naranja.

mondongudo, da. ■ ADJ. supran. despect. *Referido a alguien*, que tiene el vientre abultado: "Marta se puso mondonguda por comer tantas fritangas". Ú.t.c.sust.: "Marta es una mondonguda porque come muchas fritangas".

móndrigo, ga. ■ ADJ. eufem. **méndigo, ga.**

mone. ■ M. *En el Sureste*, tamal de pescado envuelto en hojas de yerbasanta.

monear. ■ TR. **1.** rur. Atar en gavillas el maíz o la caña de azúcar cuando están todavía sembrados para preservarlos de la lluvia o de las heladas.

monearse. ■ INTR. PRNL. **2.** jerg. Inhalar un solvente químico con la intención de drogarse.

monedero. ■ LOC. **~ electrónico.** LOC. SUST. Tarjeta electrónica emitida por un establecimiento comercial que permite al titular acumular los puntos o el equivalente de dinero de las bonificaciones que se generan al hacer compras.

monero, ra. ■ ADJ. **1.** jerg. *Referido a persona*, que inhala mona o estopa bañada con un solvente. Ú.t.c.sust. ■ M. y F. **2.** Caricaturista. || **3.** Persona que talla figuras, generalmente imágenes religiosas. || **4.** *En Colima*, persona que se dedica al saqueo de yacimientos arqueológicos y a la comercialización de los objetos encontrados en ellos.

monillo, lla. ■ M. y F. **1.** Persona indeterminada. || **2.** jerg. Persona que frecuentemente se droga con solventes o que está bajo sus efectos; drogadicto.

mono, na. ■ M. y F. **1.** jerg. Persona que frecuentemente se droga con solventes o que está bajo sus efectos; drogadicto. ■ M. **2.** fam. Cualquier muñeco. || **3.** supran. vulg. Vulva. ■ F. **4.** jerg. Pedazo de estopa bañada con un solvente que se inhala como estupefaciente. || **5.** Arbusto o árbol originario del noreste de México, de hasta 10 m de altura, monoico; tallos de corteza delgada, de color gris o café; hojas alternas, compuestas de tres a siete foliolos lanceolados u ovados, de hasta 12 cm de largo cada uno, con margen aserrado; flores hermafroditas, pequeñas, rosadas, aromáticas, estambres con las anteras rojizas, dispuestas en racimos axilares; frutos capsulares, trilobados, de color café rojizo cuando maduros; de una a tres semillas, oleaginosas, de color café oscuro a negro. Familia de las sapindáceas, *Ungnadia speciosa*. ■ LOC. **mono saraguato.** LOC. SUST. **1.** supran. Primate originario de América, de hasta 1.5 m de longitud; con pelo largo, de café a café rojizo, amarillento en los costados, hirsuto y abundante; cabeza grande; cara desnuda con el hocico chato, nostrilos amplios, redondos y planos; con mandíbula prominente; cola prensil fuerte; tiene un rugido característico. Familia de los atélidos del orden Primates, *Alouatta palliata*. (También se llama mono aullador, saraguato, sarahuato). || **2.** supran. Primate platirrino originario de América, de hasta 65 cm de longitud, excluyendo la cola, que mide entre 60 y 70 cm; con pelo largo y negro, las crías presentan coloraciones más cafés, en los machos mayores se muestra un escroto en tonos blancos; cara corta; narinas achatadas y separadas; cola prensil fuerte, que puede soportar todo el peso corporal; tiene un rugido característico. Familia de los atélidos del orden Primates, *Alouatta pigra*. (También se llama mono aullador, saraguato, sarahuato).

monos. ■ M. PL. **6.** Tira cómica. || **7.** Serie televisiva de dibujos animados.

montada. ■ F. supran. Cuerpo de policía a caballo.

montalayo. ■ M. **1.** Guiso con panza de cordero o de chivo rellena de vísceras, condimentado con chiles, hierbas de olor y especias; se cuece en barbacoa. || **2.** Platillo que se prepara con vísceras de cerdo o res, guisadas en una salsa espesa de chiles, condimentada con especias; chanfaina. || **3.** fest. Vientre de una persona. || **4.** *En Veracruz*, preparación similar a las carnitas de cerdo.

montaña. ■ F. **1.** fest. Prostíbulo. || **2.** supran. Terreno extenso y muy poblado de árboles.

montarse. ■ LOC. **~ en su macho.** LOC. VERB. supran. Mostrar una actitud obstinada: "Rosa ya se montó en su macho y no vamos a convencerla de que vaya a la fiesta".

montazal. ■ M. supran. Sitio poblado de maleza.

monte. ■ M. **1.** Dinero de apuestas en un juego de mesa. || **2.** supran. Campo despoblado.

monteada. ■ F. **1.** supran. rur. Hecho de andar por el monte o la selva. || **2.** supran. *En el Sureste*, búsqueda de árboles de madera valiosa en el monte.

montear. ■ TR. **1.** supran. *En el Sureste*, buscar en el monte árboles de madera valiosa: "Mi papá monteaba caobas para hacer muebles". ■ INTR. **2.** supran. rur. Andar por el monte o la selva: "Mañana monteamos desde temprano para regresar antes de que se ponga el sol".

montera. ■ F. Véase **montero, ra.**

montería. ■ F. *En el Sureste*, establecimiento dedicado a la explotación de maderas valiosas.

montero, ra. ■ M. Y F. **1.** *En el Sureste*, persona que se dedica a buscar árboles de madera valiosa. ■ F. **2.** *En Chiapas*, cabellera abundante y rebelde.

monterrelleno, na. (Juego de palabras entre monterreyense y relleno). ■ ADJ. **1.** despect. Perteneciente o relativo a la ciudad de Monterrey, capital del estado de Nuevo León; regiomontano: "El clásico monterrelleno se jugará este fin de semana". || **2.** despect. Natural o procedente de la ciudad de Monterrey, capital del estado de Nuevo León; regiomontano: "La concursante monterrellena ganó el primer lugar". Ú.t.c. sust.: "La monterrellena ganó el primer lugar".

monterreyeno, na. (Juego de palabras entre monterreyense y relleno). ■ ADJ. **monterrelleno, na.**

monterreyense. ■ ADJ. **1.** Perteneciente o relativo a la ciudad de Monterrey, capital del estado de Nuevo León; regiomontano: "El clásico monterreyense se jugará este fin de semana". || **2.** Natural o procedente de la ciudad de Monterrey, capital del estado de Nuevo León; regiomontano: "La concursante monterreyense ganó el primer lugar". ■ COM. **3.** Persona natural o procedente de la ciudad de Monterrey, capital del estado de Nuevo León; regiomontano: "Carolina es la monterreyense que ganó el primer lugar".

montículo. ■ M. supran. *En el beisbol*, sitio en el centro del campo de juego desde donde el pícher lanza la pelota; loma.

montonal. ■ LOC. **(un) ~ de.** LOC. ADJ. supran. fam. Numeroso, abundante o intenso; mucho: "Pedimos un montonal de postres en el restaurante". ▷ **un ~.** LOC. ADV. supran. fam. Con demasiada intensidad o frecuencia; mucho: "Nuestra plática me alegró un montonal".

montonero, ra. ■ ADJ. **1.** *Referido a persona*, que junto con otras agrede a alguien: "Lino es muy montonero, siempre llama a sus cuates cuando hay bronca". Ú.t.c.sust.: "Lino es un montonero, siempre llama a sus cuates cuando hay bronca". || **2.** *Referido a persona*, que junto con otras se inmiscuye en algo: "Las muchachas montoneras fueron a la marcha". Ú.t.c.sust.: "Las muchachas son unas montoneras, ya se fueron a la marcha".

moño. ■ M. **1.** Bizcocho esponjoso con esta forma y recubierto de azúcar; corbata. || **2.** Pan dulce con esta forma, hecho de hojaldre y recubierto de azúcar; corbata. || **3.** supran. Corbata que se anuda en forma de lazo sin extremos colgantes; pajarita.

moñudo, da. ■ ADJ. **1.** *Referido a persona*, que hace remilgos: "Héctor es muy moñudo y por su culpa se enojaron todos". Ú.t.c.sust.: "Héctor es un moñudo y por su culpa se enojaron todos". || **2.** *Referido a persona*, enojada: "Rosa anda muy moñuda porque perdió en el concurso de baile".

mop. ■ M. Utensilio de limpieza compuesto por un palo que lleva en su extremo tiras de

M

tela o hilo grueso; sirve para trapear los pisos; mechudo.

mopán-itzá. ■ ADJ. **1.** Perteneciente o relativo al **mopán-itzá**: "La familia lingüística mopán-itzá se derivó del grupo yucateco-lacandón". ■ M. **2.** supran. Grupo étnico histórico que dio origen a los itzaes y a los mopanes, entre otros. || **3.** supran. Conjunto de grupos étnicos establecidos principalmente en Guatemala. || **4.** supran. Lengua reconstruida que históricamente dio origen al itzá y al mopán. || **5.** supran. Grupo o familia de lenguas mayas que incluye al itzá y al mopán, entre otras.

mopeador. ■ M. supran. **mop.**

mopear. ■ TR. supran. Limpiar el piso con un mop; trapear: "Elia dijo que mopeaba la cocina todos los días".

mopeo. ■ M. Limpieza del piso que se hace con un mop o trapeador; trapeada.

moquear. ■ INTR. **1.** fam. Sentir deseo intenso: "Francisco moquea por un coche nuevo". || **2.** supran. fam. Llorar, especialmente cuando se hace con desconsuelo: "Eva moqueaba porque había perdido su trabajo". || **3.** supran. vulg. Eyacular.

moquera. ■ F. supran. Secreción nasal continua.

moquete. ■ M. fam. Golpe dado o recibido en el cuerpo.

moquetear. ■ TR. supran. Dar moquetes o golpes a alguien: "Luis moqueteó a Martín durante la fiesta del viernes". Ú.m.c.prnl.: "Luis se moqueteó a Martín durante la fiesta del viernes".

moquetiza. ■ F. **madriza.**

moquiento, ta. ■ ADJ. supran. *Referido a alguien*, que tiene la nariz llena de mocos; mocoso: "No quiero ir a la reunión porque estoy todo moquiento".

mora. ■ F. **maclura.** ■ LOC. **~ de clavo.** LOC. SUST. **maclura.**

mordelón, na. ■ ADJ. **1.** *Referido a alguien*, acostumbrado a morder: "Fue difícil vacunar a ese perro mordelón". ■ M. y F. **2.** Miembro del cuerpo de policía que pide o acepta mordida o soborno para no multar a un infractor. ■ F. **3.** Cuerpo de policía.

mordelona. ■ F. Véase **mordelón, na.**

morder. ■ TR. **1.** Invadir superficialmente: "Infraccionaron a Malena porque el coche mordía el borde de la zona peatonal". || **2.** supran. Sobornar a alguien, generalmente, a un policía. || **3.** supran. Estafar a alguien: "Elio mordió a su amigo con el precio del coche".

morderse. ■ LOC. **~ el rebozo.** LOC. VERB. **1.** fam. Ser muy tímido: "No participó en el concurso porque se muerde el rebozo". || **2.** fam. Ser homosexual. ▶ **~ la trenza.** LOC. VERB. **morderse el rebozo.**

mordida. ■ F. gralizado. Soborno que se da, generalmente, a un policía o a un funcionario.

morelense. ■ ADJ. **1.** Perteneciente o relativo al estado de Morelos: "Fui a conocer el paisaje morelense". || **2.** Natural o procedente del estado de Morelos: "El candidato morelense presentó una propuesta original de turismo". ■ COM. **3.** Persona natural o procedente del estado de Morelos: "El morelense fue felicitado por su propuesta de turismo".

moreliana. ■ F. Véase **moreliano, na.**

moreliano, na. ■ ADJ. **1.** Perteneciente o relativo a la ciudad de Morelia, capital del estado de Michoacán: "Los antojitos morelianos le gustan a toda mi familia". || **2.** Natural o procedente de la ciudad de Morelia, capital del estado de Michoacán: "Es un cineasta moreliano reconocido a nivel internacional". Ú.t.c.sust.: "Es un moreliano reconocido a nivel internacional gracias a su cine". ■ F. **3.** Dulce elaborado con dos obleas circulares que comprimen una capa de cajeta.

morenista. ■ ADJ. **1.** Perteneciente o relativo al partido político Morena: "La sede morenista recibió a los precandidatos". || **2.** *Referido a persona*, partidaria o simpatizante del partido político Morena: "Los votantes morenistas asistieron a las urnas". ■ COM. **3.** Miembro del partido político Morena: "Las nuevas morenistas se conocieron en su asamblea nacional". || **4.** Persona partidaria o simpatizante del partido político Morena: "Algunos morenistas asistieron a las urnas desde temprano".

morete. ■ M. supran. Moretón.

moretear. ■ TR. supran. Hacer moretes o moretones: "El entrenamiento de box la moreteaba toda, por eso se salió".

moretoneada. ■ F. **morete.**

moretonear. ■ TR. **moretear.**

morilla. ■ F. Hongo originario de América, con un estípite corto blanco, hueco; píleo de mayor longitud que el estípite, irregularmente de esférico a ovoide o cónico, con alvéolos o cavidades profundas, de redondeados a poligonales de varias formas, lo que da una apariencia de colmena; de color amarillo ocre, amarillo maíz o amarillo miel, también puede ser de color claro a gris café oscuro; comestible. Familia de las morqueláceas, varias especies del género *Morchella*, como *Morchella esculenta.* (También se llama colmenilla, elote, morilla común). ■ LOC. **~ común.** LOC. SUST. **morilla.**

morillo. ■ M. **1.** Viga principal de una construcción sobre la que se apoyan las tablas, maderos o listones que conforman el tejado. || **2.** Palo o poste vertical sobre el que se apoyan las vigas de una construcción.

morirse. ■ LOC. **~ en la raya.** LOC. VERB. supran. Hacer alguien hasta el último esfuerzo por cumplir con lo prometido: "Me quedé con ese proveedor porque siempre se muere en la raya para entregar a tiempo".

morita. ■ F. jerg. Marihuana.

moriviví. ■ M. supran. Hierba o arbusto originario de América, de hasta 1 m de altura, monoico; tallos espinosos; hojas alternas, divididas en numerosos foliolos pequeños, se cierran ante cualquier contacto; flores hermafroditas, pequeñas, de color rosado, agrupadas en cabezuelas esféricas; frutos en vainas pardas; semillas numerosas, circulares, negras. Familia de las leguminosas, *Mimosa pudica.* (También se llama adormidera, dormidera, dormilona, mimosa, vergonzosa).

morlaco. ■ M. **1.** fam. Unidad monetaria: "Préstame doscientos morlacos". || **2.** supran. fam. Dinero: "Me quedé sin morlaco para pagar la renta".

morlote. ■ M. Desorden con bullicio; borlote.

mormado, da. ■ ADJ. *Referido a un animal,* que padece muermo, enfermedad virulenta y contagiosa de las caballerías, transmisible al hombre y caracterizada principalmente por ulceración y flujo de la mucosa nasal e infarto de los ganglios linfáticos próximos: "Ten cuidado con el ternero mormado, puede contagiar a los otros".

mormarse. ■ INTR. PRNL. Congestionarse de la nariz: "Siempre me mormo en temporada de frío".

morona. ■ F. **1.** Desperdicio o residuo de algo que alguien más aprovecha. || **2.** supran. Parte más pequeña y menuda, generalmente de pan, que suele saltar o desmenuzarse al partirlo; migaja.

moronga. ■ F. **1.** fest. Sangre. || **2.** supran. Embutido hecho a base de sangre cocida de cerdo, pollo o res. || **3.** supran. Guiso elaborado con este embutido, frito en aceite con cebolla y distintas especias. || **4.** supran. vulg. Pene.

morral. ■ M. **1.** Bolsa informal de tela u otro material resistente de un solo compartimiento y con asas largas. || **2.** fest. Par de testículos.

morralla. ■ F. supran. Moneda fraccionaria; cambio: "Ya no traigo morralla para pagar el pasaje del camión".

morro, rra. ■ ADJ. **1.** *En el Sureste, referido a persona,* cacariza: "Es una mujer morra porque tuvo viruela". Ú.t.c.sust.: "Es una morra porque tuvo viruela". ■ M. y F. **2.** Niño o muchacho: "Conocí a una morra muy guapa el domingo".

morroñoso, sa. ■ ADJ. supran. fam. Rugoso, áspero: "Me raspé la espalda cuando me recargué en esa pared morroñosa".

morteadora. ■ F. Máquina para moler o pulverizar granos, especias o semillas.

mortual. ■ AMB. supran. Conjunto de bienes, derechos y obligaciones que, al morirse alguien, son transmisibles a sus herederos.

moruna. ■ F. *En Veracruz,* machete.

mosca. ■ LOC. **de (a) ~.** LOC. ADV. fam. *En un autobús lleno,* con el cuerpo o parte de este fuera del vehículo, sujetándose con dificultad, generalmente sin pagar pasaje: "Ni modo, me voy de mosca, no quepo". ▷ **~ chiclera.** LOC. SUST. supran. Insecto originario de América, de hasta 1 mm de longitud; con su aguijón produce picaduras muy irritantes; es vector de enfermedades parasitarias. Familia de los sicódidos del orden Diptera, varias especies del género *Lutzomyia.* ▷ **~ panteonera.** LOC. SUST. Insecto de distribución cosmopolita, de hasta 12 mm de longitud; con cuerpo típico de una mosca común; color metálico o no; se alimenta de excreciones y de cuerpos en descomposición. Varias especies de la familia de los califóridos del orden Diptera. ▷ **~ prieta.** LOC. SUST. Insecto de amplia distribución en

M

América, de hasta 15 mm de longitud; con cuerpo típico de una mosca común; posee dos pares de alas amarillentas o anaranjadas; con un aparato bucal picador-chupador que le sirve para succionar la savia de las plantas; plaga de varios cultivos. Familia de los aleuródidos del orden Hemiptera, *Aleurocanthus woglumi*.

moscardón, na. ■ M. y F. fest. Policía de tránsito.

mosco. ■ M. Aguardiente preparado con algún tipo de fruta. ■ EXPR. **¡te conozco, ~!** fam. Se usa para indicar a alguien que su comportamiento es previsible en una conversación: "Acepta que te gustó Daniel, ¡te conozco, mosco!".

mosongo, ga. ■ ADJ. *En Colima, referido a alguien*, huraño: "Este niño es muy mosongo, no le gusta nada". Ú.t.c.sust.: "Este niño es un mosongo, no le gusta nada".

mosquear. ■ TR. **1.** Acercarse a algo con insistencia: "Susana mosqueó el pastel de cumpleaños". || **2.** Complicar la solución de un asunto al tratarlo mucho: "Mosquearon mucho la asignación del presupuesto". || **3.** Ahuyentar a pretendientes o a clientes: "Sus papás le mosquearon el novio a María".

mosquearse. ■ INTR. PRNL. **4.** supran. Haber estado un alimento en contacto con moscas: "Tira la fruta porque ya se mosqueó". || **5.** supran. rur. Mover una caballería las orejas y la cola para espantar las moscas o, especialmente, cuando se le castiga u obliga a marchar: "Hay que mover de lugar al potro para que no se mosquee".

mosqueo. ■ M. Acción y resultado de mosquear o mosquearse.

mosquero. ■ M. supran. Abundancia de moscas; mosquerío.

mosqueta. ■ F. Arbusto originario de México y Centroamérica, de hasta 10 m de altura, monoico; tallos con ramas delgadas, inclinadas, con corteza de color castaño; hojas simples, opuestas, de ovadas a elípticas, pubescentes, con margen finamente denticulado; flores hermafroditas, pequeñas y aromáticas, de color blanco a amarillo pálido, estambres numerosos, flores comúnmente solitarias y terminales; frutos capsulares, leñosos, pequeños y obovoides, que se abren en cuatro valvas; semillas diminutas, oblongas subcilíndricas, cafés, membranosas; uso ornamental. Familia de las hidrangeáceas, *Philadelphus mexicanus*. (También se llama azahar, flor de jazmín, jazmín, jazmín del monte, jazmín mosqueta).

mosquitero. ■ M. supran. Abundancia de mosquitos.

mosquito. ■ LOC. **de (a) ~.** LOC. ADV. **de (a) mosca.**

mosquitos. ■ M. PL. Hierba originaria de México y Centroamérica, de hasta 50 cm de altura, monoica; sin tallos aparentes, cuando los hay, son de erectos a decumbentes, con ramificaciones casi horizontales; hojas simples, las basales arregladas en rosetas, las superiores opuestas, oblanceoladas, envainantes, con margen con pelos tiesos; flores hermafroditas, pequeñas, blancas, azules o moradas, dispuestas en cimas, en ocasiones repetidamente ramificadas; frutos en esquizocarpos pequeños, de ovoides a subglobosos, aplanados lateralmente, pubescentes; dos semillas; uso en la medicina tradicional. Familia de las apiáceas, *Eryngium carlinae*. (También se llama cabezona, hierba del sapo).

mostacilla. ■ F. **1.** Hierba originaria del Mediterráneo, de hasta 1 m de altura, monoica; tallos cilíndricos, ocasionalmente estriados, glabros o con algunos pelos en la base; hojas alternas, divididas en dos o cuatro pares de lóbulos de lanceolados a triangulares, el último segmento más grande que el resto, los superiores reducidos; flores hermafroditas, pequeñas, amarillas o verdosas, con cuatro pétalos y cuatro sépalos, dispuestas en racimos terminales; frutos en silicuas lineares, ligeramente encorvadas, cilíndricas; semillas numerosas, diminutas, oblongas triangulares, de color café rojizo a café amarillento; uso forrajero. Familia de las brasicáceas, *Sisymbrium irio*. (También se llama mostacilla alta). || **2.** Hoja de la **mostacilla**; comestible. ■ LOC. **~ alta.** LOC. SUST. **mostacilla.**

mostaza. ■ F. fest. Marihuana. ■ LOC. **~ montés.** LOC. SUST. **1.** Árbol originario de América, de hasta 6 m de altura, monoico; tallos ramosos, verdes azulados, cerosos; hojas alternas, enteras, de ovadas a lanceoladas, glabras y de color verde a azuloso; flores hermafroditas, vistosas, tubulares, de amarillas a verdosas, agrupadas en panículas; frutos capsulares, globosos u ovoides, cafés; semillas diminutas, ovadas, cafés o negras. Familia de las solanáceas, *Nicotiana glauca*. (También se llama donjuán, gretana, tabaco cimarrón, tacote, virginio). || **2.** Hoja de este árbol; uso como insecticida.

mosto. ■ M. supran. Residuo del jugo de la caña de azúcar. ■ LOC. **~ muerto.** LOC. SUST. Mezcla de agua y miel hervida que queda en el alambique tras un proceso de destilación en la elaboración de licores: "Trae el mosto muerto para una segunda destilación".

mostrar. ■ LOC. **~ el cobre.** LOC. VERB. supran. Dejar ver alguien aspectos de su personalidad, especialmente vicios o defectos: "No lleva ni tres meses en la oficina y Anabel ya mostró el cobre".

mota. ■ F. **1.** rur. Conjunto de árboles. || **2.** supran. Borla para aplicar los polvos que se usan como cosmético. || **3.** supran. fam. Marihuana.

moteada. ■ F. supran. Hecho de fumar mota o marihuana.

motear. ■ INTR. supran. Fumar mota o marihuana.

motelar. ■ M. rur. *En el Sureste*, terreno recién plantado de árboles de cacao.

motilla. ■ F. Hierba originaria de América, de hasta 1 m de altura; tallos erectos o primero tendidos y después erectos, simples o ramificados cerca de la base; hojas alternas, enteras, lineares, envainantes en la base, en ocasiones esparcidamente pelosas hacia la base en el haz; flores hermafroditas o estériles, diminutas, verdes, en ocasiones purpúreas, agrupadas en una espiga densa y rígida, compuesta a su vez de ramas cortas de numerosas espiguillas, cada una con grupos de seis a diez cerdas en la parte basal; frutos cariópsides y diminutos; con una sola semilla cada uno. Familia de las gramíneas, *Setaria parviflora*. (También se llama triguillo, zacate sedoso).

motita. ■ F. Hierba originaria de América, de hasta 70 cm altura, monoica; tallos muy ramificados, glabros, estriados; hojas arrosetadas, concentradas cerca de la base de la planta, enteras, de lineares a espatuladas, con margen dentado; flores hermafroditas, pequeñas, con los pétalos fusionados, de rosados a blancos, agrupadas en cabezuelas solitarias y terminales; frutos aquénicos, pequeños, con cinco costillas, linear-fusiformes, con un vilano de numerosas cerdas cafés. Familia de las compuestas, *Pinaropappus roseus*. (También se llama chipule, escorzonera, espule, ixpule, motita morada). ■ LOC. **~ morada.** LOC. SUST. **motita.**

moto, ta. ■ ADJ. **1.** fam. **motorolo, la.** ■ M. || **2. motocle.**

motocintleco, ca. Véase **motozintleco, ca.**

motocle. ■ M. Ardilla endémica de México, de hasta 35 cm de longitud; de color pardo amarillento con manchas claras e irregulares; cabeza más oscura que el resto del cuerpo, párpados blancos, patas y vientre color crema, cola de color ocre claro con la punta negra. Familia de los esciúridos del orden Rodentia, *Spermophilus mexicanus*. (También se llama ardillón mexicano, ardilla terrestre, moto).

motorolo, la. ■ ADJ. **1.** fest. *Referido a persona*, que gusta de la marihuana u otras drogas; moto. Ú.t.c.sust. || **2.** supran. fest. *Referido a persona*, que está bajo los efectos de la marihuana o de otras drogas; moto. Ú.t.c.sust.

motozintleco, ca. ■ ADJ. **1.** Perteneciente o relativo al **motozintleco**: "El danzante motozintleco interpretará a un toro en la fiesta patronal". || **2.** Natural o procedente del grupo étnico **motozintleco**: "Las señoras motozintlecas usan paliacates rojos en la fiesta patronal". Ú.t.c.sust.: "Las motozintlecas usan paliacates rojos en la fiesta patronal". ■ M. **3.** Grupo étnico establecido en el municipio de Motozintla, en el estado de Chiapas. || **4.** Lengua maya del subgrupo lingüístico cotoque; mochó.

mouse. [*máus*] ■ M. supran. Dispositivo móvil, pequeño, que se emplea para controlar el movimiento del cursor en la pantalla de una computadora; ratón.

mover. ■ LOC. **~ el bote.** LOC. VERB. **1.** Bailar: "Movimos el bote hasta la madrugada". || **2.** Hacerse a un lado: "Ya muevan el bote, que no dejan pasar". ▷ **~ el piso.** LOC. VERB. **1.** supran. Desconcertar: "Me movió el piso que Juan dijera que se iba de la casa".

M

|| **2.** supran. Provocar sentimientos amorosos: "Elisa me mueve el piso desde que me la presentaron". ▷ **~ el tapete.** LOC. VERB. **mover el piso.**

moverse. ■ LOC. **~ como chinicuil.** LOC. VERB. fam. Manifestar alguien su nerviosismo o intranquilidad a través de movimientos acelerados de las extremidades: "Claudia se mueve como chinicuil desde que escuchó la mala noticia". ▷ **~ como jinicuil.** LOC. VERB. **moverse como chinicuil.**

movida. ■ F. **1.** supran. fam. Estrategia o maniobra que se realiza para llevar a cabo un asunto. || **2.** supran. fam. Acción ilegal e inmoral. || **3.** supran. fam. Relación amorosa clandestina. || **4.** supran. fam. Persona con la que se tienen relaciones sexuales ilícitas o clandestinas; amante.

moyo. ■ M. *En el Occidente*, cangrejo originario de América, de hasta 10 cm de longitud; con cuerpo de color crema con caparazón rojizo; comestible. Familia de los gecarcínidos del orden Decapoda, *Gecarcinus planatus*.

moyocuil. ■ M. Mosca originaria de América, especies adultas de hasta 18 mm de longitud; con tórax negro azulado; abdomen de contorno romboidal, de color azul violáceo con reflejos metálicos y con cabeza y patas amarillentas; la larva se alimenta de tejidos vivos de hospederos como el ser humano, otros mamíferos y algunas aves. Familia de los éstridos del orden Diptera, *Dermatobia hominis*. (También se llama colmoyote).

moyotle. ■ M. **muicle.**

moyotli. ■ M. **muicle.**

muatzate. ■ M. **1.** Hierba originaria de Sudamérica, de hasta 1.5 m de altura, monoica; sin tallos o estos muy reducidos; hojas simples, lanceoladas, rígidas, con margen espinoso, arregladas en rosetas en forma de corona; flores hermafroditas, pequeñas y numerosas, tubulares, violetas o rojizas, dispuestas en espigas que nacen del corazón de la roseta; frutos abayados, ovoides o alargados, carnosos, jugosos y amarillos, cubiertos por una cáscara gruesa y dura, con escamas cafés; semillas ausentes o muy raras; enzima bromeliana, uso farmacológico. Familia de las bromeliáceas, *Ananas comosus*. (También se llama matzatli, piña). || **2.** Fruto del **muatzate**; comestible.

mucamo, ma. ■ M. y F. supran. *En hotelería*, persona encargada del cuidado y arreglo de las habitaciones.

mucbilpollo. ■ M. *En el Sureste*, guiso elaborado con carne de pollo, de cerdo y verduras, sazonadas con achiote, otras especias y jugo de naranja, envuelto en masa de maíz y hoja de plátano, a manera de tamal; se hornea en pib u horno; se sirve en porciones; pibipollo.

mucbipollo. ■ M. **mucbilpollo.**

muchachero, ra. ■ ADJ. supran. *Referido a un adulto*, que gusta de relacionarse con los jóvenes: "El tío Laureno siempre fue muy muchachero, a todos nos invitaba las chelas". Ú.t.c.sust.: "El muchachero nos invitaba las chelas a todos".

muchite. ■ M. *En el Sur*, **macochín.**

mucho. ■ LOC. **~ muy.** LOC. ADV. supran. Extremadamente: "Ese jugador es mucho muy cotizado".

mucuya. ■ F. Ave originaria de América, de hasta 17 cm de longitud; con alas redondeadas y reflejos castaños muy notorios al vuelo; tiene pecho con apariencia manchada; patas amarillas; pico rosado o rojizo. Familia de los colúmbidos del orden Passeriformes, *Columbina passerina*. (También se llama coquita, mucuya, parbuca, rolita, torito, toro buey).

mudenco, ca. ■ ADJ. supran. *Referido a persona*, poco dada a hablar; silenciosa: "Por ser tan mudenco, Efrén no supo defender sus ideas en el debate". Ú.t.c.sust.: "Ese mudenco no supo defender sus ideas en el debate".

mueble. ■ M. fam. *En el Noroeste*, automóvil: "Me voy a comprar un mueble para no andar más en camión".

mueblero, ra. ■ ADJ. **1.** Perteneciente o relativo a los muebles: "La industria mueblera está en crecimiento". ■ M. y F. **2.** supran. Persona que se dedica a fabricar o a vender muebles.

muégano. ■ M. Dulce elaborado con cuadritos de masa de harina de trigo, fritos y cubiertos con miel de piloncillo hasta que se aglomeran.

muelas. ■ COM. fest. Policía de tránsito: "El muelas estaba muy atento y nos detuvo en el semáforo".

muerdealmohadas. ■ ADJ. **1.** supran. despect. *Referido a un hombre homosexual*, que ejerce el rol pasivo. ■ M. **2.** supran. despect. Hombre homosexual que ejerce el rol pasivo. ■ F. **3.** supran. despect. Hombre homosexual que ejerce el rol pasivo.

muertito. ■ LOC. **de (a) ~.** LOC. ADV. **1.** Boca arriba mientras se flota: "Mi papá me ponía de muertito cuando nos metíamos a la alberca". || **2.** Sin oponer resistencia, dejándose llevar: "Con este señor tan terco, mejor llévatela de muertito". || **3.** Sin esforzarse: "Esta última semana, pienso llevármela de muertito".

muerto, ta. ■ ADJ. **1.** fest. *Referido a una bebida*, fría: "Pásame una chela bien muerta del refri". ■ EXPR. **el muerto era más grande.** fest. Se usa para señalar a una persona que viste ropa que le queda notoriamente grande: "Manuel, cámbiate el saco, el muerto era más grande". ▶ **el muerto era mayor.** fest. **el muerto era más grande.** ▶ **sobre el muerto, las coronas.** Se usa para exigir la retribución inmediata de un beneficio a favor de alguien: "Ahorita me pagas, ya sabes que sobre el muerto, las coronas".

muertos. ■ M. PL. **2.** *Entre meseros*, conjunto de vajilla y cristalería vacío o con sobrantes, que se retira de la mesa después de una comida: "Ayúdame a levantar los muertos porque ya van a servir el postre".

mugre. ■ ADJ. **1.** supran. fam. *Referido a persona*, vil: "Pável es muy mugre, le pegó a su perro". ■ F. **2.** supran. fam. Persona vil: "Pável es una mugre, le pegó a su perro". || **3.** supran. fam. Cosa insignificante: "Pásame esa mugre que está encima de la mesa, por favor". ■ COM. **4.** supran. fam. Persona vil: "Pável es un mugre, le pegó a su perro".

mugrero. ■ M. Conjunto de objetos esparcidos desordenadamente en un lugar.

muguete. ■ M. supran. Enfermedad parasitaria que se caracteriza por la presencia de placas blancas en las mucosas bucales; algodoncillo.

muicle. ■ M. **1.** Arbusto originario de México, de hasta 5 m de altura, monoico; tallos muy ramificados, jóvenes cuadrangulares, pubescentes a lo largo de dos líneas; hojas simples, opuestas, ovadas, pubescentes, con las nervaduras muy marcadas; flores hermafroditas, pequeñas, tubulares, con lóbulos en forma de labio, de color anaranjado o rojo pálido, dispuestas en espigas terminales o axilares; frutos capsulares, ovoides; de dos a cuatro semillas. Familia de las acantáceas, *Justicia spicigera.* (También se llama mitle, moyotle, moyotli). || **2.** Hoja del **muicle**; uso en la medicina tradicional.

muina. ■ F. Véase **muino, na.**

muino, na. ■ ADJ. **1.** pop. *Referido a persona*, iracunda: "Por ser tan muino, mi abuelo se quedó solo". Ú.t.c.sust.: "Es un muino, por eso se quedó solo". ■ F. **2.** supran. pop. Ira o molestia: "Al patrón le agarró la muina y ya me andaba corriendo".

mujeraje. ■ M. *En Chiapas*, conjunto de mujeres reunidas para chismorrear.

mujererío. ■ M. supran. Conjunto de mujeres.

mujú. ■ M. *En el Sureste,* árbol originario de Centroamérica, de 40 m de altura; troncos derechos, cilíndricos, con contrafuertes grandes y bien formados, cortezas lisas, de color café, lenticelas redondeadas y con exudado lechoso; hojas alternas, simples, cortamente pecioladas, ovadas o elípticas, con margen entero; flores unisexuales, solitarias y axilares: las masculinas reunidas en amentos globosos, las femeninas en cabezuelas oblongas, ovales, de color verde; frutos drupáceos, globosos, anaranjados o rojos, de sabor y olor dulces; semillas esféricas, aplanadas por ambos lados; uso como biocombustible y en la medicina tradicional. Familia de las moráceas, *Brosimum alicastrum.* (También se llama huge, huje, ojite, ojoche, ox, ramón, samaritano).

mula. ■ ADJ. **1.** fam. *Referido a persona*, desconsiderada y malintencionada: "Leonardo es muy mula con su abuela, se gasta su pensión a sus espaldas". ■ F. **2.** Ficha de dominó que tiene dos veces el mismo número. || **3.** fam. Persona desconsiderada y malintencionada: "Leonardo es una mula con su abuela, se gasta su pensión a sus espaldas". ■ COM. **4.** fam. Persona desconsiderada y malintencionada: "Leonardo es un mula con su abuela, se gasta su pensión a sus espaldas". || **5.** despect. *En Sonora*, miembro del cuerpo de policía: "Un mula que estaba muy atento me detuvo por conducir a exceso de velocidad".

mulataje. ■ M. supran. Conjunto de personas mulatas.

mulatilla. ■ F. **medicina de las gallinas.**

mulato. ■ M. Ave originaria de México, de hasta 25 cm de longitud; de color azul pizarra opaco en tonos grises; ojos rojos; pico negro; loras y auriculares negras; la espalda, rabadilla, región escapular y las cobertoras de las alas de color azul pizarra opaco. Familia de los mímidos del orden Passeriformes, *Melanotis caerulescens.* (También se llama mulato azul, mulato común). ■ LOC. **~ azul.** LOC. SUST. **mulato.** ▷ **~ común.** LOC. SUST. **mulato.**

mulix. [*mulish*] ■ ADJ. **1.** *En el Sureste, referido a persona,* que tiene el cabello rizado: "Ese chiquillo salió mulix por herencia del abuelo materno". ■ COM. **2.** *En el Sureste,* persona que tiene el cabello rizado: "Ese chiquillo es un mulix por herencia del abuelo materno".

mulo, la. ■ ADJ. fam. *Referido a persona,* desconsiderada y malintencionada: "Leonardo es muy mulo con su abuela, se gasta su pensión a sus espaldas". Ú.t.c.sust.: "Leonardo es un mulo con su abuela, se gasta su pensión a sus espaldas".

multifamiliar. ■ M. supran. Edificio de varias plantas y numerosos departamentos destinado para viviendas familiares.

múltiple. ■ M. *En mecánica,* pieza de maquinaria que distribuye un fluido por diversos conductos.

muñeca. ■ F. **1. muñeco.** || **2.** supran. rur. Mazorca de maíz cuando empieza a crecer.

muñeco. ■ M. Trozo de excremento que, envuelto en tela de algodón, se agregaba al aguamiel para acelerar la fermentación de algunos pulques; muñeca.

muñequilla. ■ F. supran. rur. Mazorca de maíz cuando empieza a crecer; muñeca.

muppet. [*mópet*] ■ ADJ. **1.** fest. *Referido a persona,* tonta: "Julián es muy *muppet,* como que nunca entiende". || **2.** fest. *Referido a persona,* borracha: "Julián salió muy *muppet* del antro". ■ M. **3.** Bebida alcohólica elaborada con tequila y refresco de toronja que se sirve agitada. ■ COM. **4.** fest. Persona tonta: "Brenda es una *muppet,* como que nunca entiende". || **5.** fest. Persona borracha: "Todas las *muppets* que salían del antro pasaron por el alcoholímetro".

musajoyó. ■ M. **1.** Hierba nativa de México, de hasta 1 m de altura, monoica; tallos poco ramificados, verdosos; hojas alternas, divididas en numerosos foliolos, lanceoladas, con margen diminutamente aserrado; flores hermafroditas, vistosas, amarillas o anaranjadas, agrupadas en cabezuelas, con olor fuerte, con cinco u ocho flores de la periferia en forma de pétalos amarillos; frutos aquénicos, lineares, con escamas en el ápice; uso ceremonial, como insecticida, en la medicina tradicional y ornamental. Familia de las compuestas, *Tagetes erecta.* (También se llama cempasúchil, cempoal, flor de muerto, iscoque, sempasúchil, xpuhuk, zempasúchil). || **2.** Flor del **musajoyó**; comestible; uso como colorante.

musaraña. ■ F. supran. *En el Sureste,* mueca.

música. ■ ADJ. **1.** (Juego de palabras entre música y mustio). fest. *Referido a persona,* vil; mustio: "Reinaldo es muy música, por eso no lo quieren en el equipo". || **2.** fest. *Referido a persona,* parlanchina: "Ellos son muy músicas, no los callas con nada". ■ COM. **3.** (Juego de palabras entre música y mustio). fest. Persona vil; mustio: "Reinaldo es un música, por eso no lo quieren en el equipo". || **4.** fest. Persona parlanchina: "Ellos son unos músicas, no los callas con nada". ■ LOC. **~ de boca.** LOC. SUST. *En Veracruz,* instrumento musical de aliento en forma de pequeña caja alargada provista de una serie de orificios y lengüetas; armónica. ▷ **~ de camarín.** *En Guanajuato, Querétaro y San Luis Potosí,* la que se interpreta en la velación de un santo. ▷ **~ de capilla.** *En Tierra Caliente,* **música de velación.** ▷ **~ de tamborita.** *En Guerrero,* conjunto musical tradicional constituido por uno o dos violines, una o dos guitarras, en algunos casos tololoche, además de una tamborita. ▷ **~ de velación.** La que se interpreta para honrar a difuntos y santos. ▷ **~ de viento.** LOC. SUST. fest. Conjunto de chiflidos para manifestar desaprobación. ▷ **~ grupera.** Género popular derivado del corrido, de la canción ranchera y de la música tradicional del Norte. ▷ **~ norteña.** Conjunto de géneros tradicionales que comprende el chotís, la polka, la redova, etc.; típico del

Norte. ▶ ~ **ranchera.** Género musical popular derivado de los sones y los gustos del Occidente, generalmente interpretado por mariachi.

músico, ca. ■ ADJ. **1.** (Juego de palabras entre músico y mustio) fest. *Referido a persona*, vil; mustio: "Beto es muy músico, por eso no lo quieren en el equipo". Ú.t.c.sust.: "Beto es un músico, por eso no lo quieren en el equipo". || **2.** fest. *Referido a persona*, parlanchina: "Óscar y David son muy músicos, no los callas con nada". Ú.t.c.sust.: "Óscar y David son unos músicos, no los callas con nada".

muste. ■ M. Arbusto originario de América, de hasta 5 m de altura, monoico; tallos subteretes o tetragonales, medulosos, glabrescentes; hojas opuestas o ternadas, simples, elípticas, base aguda, ápice acuminado, con márgenes sinuado-dentados, puberulentas, membranáceas; flores hermafroditas, pequeñas, blancas, resinosas punteadas, estilo de la misma longitud que los estambres, agrupadas en cimas dicotómicas, axilares; frutos que se dividen en pirenos cada uno; dos semillas. Familia de las lamiáceas, *Volkameria ligustrina*. (También se llama icinté).

mustio, tia. ■ ADJ. **1.** *Referido a persona*, que aparenta ingenuidad o inocencia: "Cuidado con Octavio, es muy mustio". Ú.t.c. sust.: "Cuidado con Octavio, es un mustio". || **2.** Propio de la persona **mustia**: "Con tu actitud mustia no me vas a convencer".

musú. ■ M. *En Chiapas*, sedimento de una bebida, especialmente de pozol o de café.

mutusay. ■ M. *En el Sureste*, **mano de tigre.**

muxe. [*múshe*] ■ ADJ. **1.** Perteneciente o relativo al **muxe**: "La comunidad muxe más grande se ubica en Oaxaca". || **2.** *En el Istmo de Tehuantepec, referido a un hombre*, afeminado: "Había muchachos muxes en la plaza". || **3.** *En el Istmo de Tehuantepec, referido a un hombre*, que adopta o se le asignan funciones habitualmente atribuidas a las mujeres, entre otras, el cuidado de los padres: "Un hijo muxe es muy apegado a la familia". ■ M. **4.** *En el Istmo de Tehuantepec*, hombre afeminado: "Había unos muxes en la plaza". || **5.** *En el Istmo de Tehuantepec*, hombre que adopta o a quien se le asignan funciones habitualmente atribuidas a las mujeres, entre otras, el cuidado de los padres: "Un muxe es muy apegado a la familia". ■ F. **6.** *En el Istmo de Tehuantepec*, hombre afeminado: "Había unas muxes en la plaza". || **7.** *En el Istmo de Tehuantepec*, hombre que adopta o a quien se le asignan funciones habitualmente atribuidas a las mujeres, entre otras, el cuidado de los padres: "Una muxe es muy apegada a la familia".

muy. ■ LOC. ~ **acá.** LOC. ADJ. **muy muy.** ▶ **muy muy.** LOC. ADJ. supran. fam. *Referido a persona*, engreída: "Gabriel se siente muy muy y da órdenes a todo el mundo". ▶ **ni muy muy ni tan tan.** LOC. ADV. supran. fam. Mesuradamente: "Ponle sal a la comida, pero ni muy muy ni tan tan".

M

N

nabo. ■ M. **1.** Hierba originaria de Asia central, de hasta 1.5 m de altura; tallos cilíndricos, pelosos y ásperos; hojas simples, alternas, las inferiores lobuladas, con el lóbulo central generalmente más grande que los laterales, pecioladas, con margen sinuoso; hojas apicales, de oblongas a lanceoladas, sésiles, con la base abrazando el tallo, con margen entero; flores hermafroditas, pequeñas, amarillas, seis estambres, dos de ellos más cortos, arregladas en racimos terminales; frutos en silicuas lineares, cilíndricas, que se abren en dos valvas; semillas globosas, de cafés a negras; flores y hojas, comestibles; frutos, uso forrajero; semillas, uso industrial. Familia de las brasicáceas, *Brassica rapa.* || **2.** Hierba originaria del Mediterráneo occidental, de hasta 1 m de altura; tallos ramificados desde la base, glabros o pubescentes, de olor fétido al estrujarse; hojas simples, alternas, las inferiores pinatífidas o lobadas, las apicales más pequeñas y ligeramente menos lobuladas; flores hermafroditas, pequeñas, de color blanco, amarillo o verde, de venación evidente de color café amarillento; frutos en silicuas angostas y aplanadas, ligeramente pubescentes, dos valvas con el nervio medio evidente; semillas numerosas, ovoides, de color café amarillento, dispuestas en dos series; uso industrial; hojas, comestibles. Familia de las brasicáceas, *Eruca vesicaria.* (También se llama rucola, rucola silvestre, rúcula). || **3.** Hierba originaria del Mediterráneo, de hasta 1.5 m de altura; tallos simples o ramificados desde la base, pubescentes en la base o en las porciones jóvenes, en ocasiones costilludos; hojas simples, alternas, las inferiores pinatilobadas, con el lóbulo terminal más grande, las apicales de oblongo-lanceoladas a lanceoladas o lobuladas; flores hermafroditas, pequeñas, de color amarillo pálido, cuatro pétalos, estrechos en una uña corta, dispuestas en racimos terminales; frutos en silicuas que abren en dos valvas, una de ellas cilíndrica, la otra globosa; semillas ovado-oblongas, diminutas, de color café amarillento. Familia de las brasicáceas, *Rapistrum rugosum.* ■ LOC. **del ~.** LOC. ADJ. **1.** fam. Muy difícil; de la chingada: "Pasar el examen final estuvo del nabo". || **2.** fam. Feo; de la chingada: "La colonia en la que vives está del nabo". || **3.** fam. Que está en mal estado; de la chingada: "Hoy no iré a la escuela porque me siento del nabo". ▶ **~ blanco.** LOC. SUST. Hierba originaria del Mediterráneo, de hasta 1 m de altura; tallos cilíndricos, en ocasiones costilludos, glabros, con pubescencia estrigosa; hojas simples, alternas, las inferiores pinadas, con el lóbulo central más grande que los laterales, hojas apicales de elípticas a lanceoladas, con margen crenado o dentado; flores hermafroditas, pequeñas, blancas, amarillas o cremosas, de venación evidente color morado oscuro; frutos en silicuas cilíndricas, apostilladas longitudinalmente; semillas pequeñas, globosas y ovoides, de color rojizo a café anaranjado, reticuladas; uso forrajero; brotes, comestibles. Familia de las brasicáceas, *Raphanus raphanistrum*. (También se llama jaramado, rabanillo).

nacada. ■ F. **1.** despect. Conjunto de nacos. || **2.** despect. Cosa, expresión o acción propia de un naco.

nacagüite. ■ M. supran. **nacahuite.**

nacahua. ■ M. **nacahuite.**

nacahuite. ■ M. **1.** Arbusto o árbol originario de América del Norte, de hasta 8 m de altura; tallos muy ramificados que forman una copa amplia, corteza gruesa y grisácea; hojas simples, alternas, ovadas, de hasta 20 cm de largo, de superficie pilosa aterciopelada, cafés por el envés; flores hermafroditas, vistosas, blancas con el centro amarillento, pétalos fusionados en forma de trompeta, flores dispuestas en cimas o corimbos; frutos drupáceos, ovoides, de color pardo verdoso a purpúreo, carnosos y dulces; de una a cuatro semillas; uso industrial; hojas, comestibles. Familia de las bignoniáceas, *Cordia boissieri*. (También se llama nacahua, nacagüite, olivo mexicano, olivo texano). || **2.** Fruto del **nacahuite**, comestible; uso en la medicina tradicional.

nacapitú. ■ M. **1.** *En Chiapas*, gorda o tortilla gruesa de maíz rellena de patashete o frijol verde y grande. || **2.** *En Chiapas*, tamal de patashete o frijol verde y grande. || **3.** *En Chiapas*, unidad de medida que equivale a una gruesa de frijol.

nacapuli. ■ M. **1.** Grupo de diferentes especies de árboles originarios de América, de hasta 50 m de altura, monoicos; troncos gruesos, con corteza suave; generalmente de raíces tubulares; hojas alternas, brillantes, enteras, ovadas o acorazonadas, que secretan látex al romperlas; flores hermafroditas y unisexuales, diminutas, crecen en el interior de una cubierta carnosa y forma esférica, comúnmente llamada higo, donde se alojan también los frutos. Familia de las moráceas, varias especies del género *Ficus*, como *Ficus carica*, *Ficus cotinifolia*, *Ficus elastica*, *Ficus insipida*, *Ficus maxima*, *Ficus petiolaris*. (También se llama amate, higuera, higuerón, matapalo, sabalí, zalate). || **2.** Individuo del **nacapuli**.

nacascalote. ■ M. **nacascolo.**

nacascolo. ■ M. supran. Árbol originario de México y Centroamérica, de hasta 12 m de altura; tallos ramificados desde la base, generalmente torcidos, con corteza fisurada, de color café a ligeramente café o gris; hojas opuestas, divididas en múltiples foliolos de lineares a oblongos, diminutos, generalmente con puntitos negros en el envés; flores hermafroditas, pequeñas, amarillas o de color verde pálido, dispuestas en racimos cortos; frutos en vainas, oblongas, gruesas y carnosas, de color café, enroscadas en forma de S; cortezas, flores, frutos y hojas, uso en la medicina tradicional; tallos, uso industrial. Familia de las leguminosas, *Caesalpinia coriaria*. (También se llama nacascalote, nacascolote, nacascul).

nacascolote. ■ M. **nacascolo.**

nacascul. ■ M. **nacascolo.**

nacasmá. ■ F. *En el Sureste*, hormiga originaria de América; la reina llega a medir hasta 3 cm de longitud; la casta trabajadora, de 4 a 7 mm; generalmente de color rojizo; comestible. Familia de los formícidos del orden Hymenoptera, varias especies del género *Atta*, como *Atta cephalotes*, *Atta mexicana*, *Atta texana*. (También se llama arriera, chicatana, chincatana, chincantana, hormiga arriera, hormiga chicatana, mochomo, nucú, talata, zompopa, zompopo).

nacatamal. ■ M. supran. *En Guerrero, Michoacán y Veracruz*, tamal relleno de carne guisada con chile rojo o verde y verduras.

nacatear. ■ TR. **1.** *En Veracruz*, matar y destazar algún animal para consumo: "Esos hombres nacatean reses desde jóvenes". || **2.** *En Veracruz*, vender carne: "Emilio nacatea carne de puerco".

nacateo. ■ M. **1.** *En Veracruz*, hecho de nacatear o matar y destazar algún animal para consumo. || **2.** *En Veracruz*, venta de carne.

nacatero, ra. ■ M. y F. **1.** *En Veracruz*, persona que mata algún animal para consumo. || **2.** *En Veracruz*, persona que se dedica a la venta de carne; carnicero.

nacatete. ■ M. **nacatón.**

nacatón. ■ M. rur. Pollo que aún no ha echado pluma.

nacayote, ta. ■ ADJ. **naco, ca.**

nacazul. ■ M. **1.** Grupo de diferentes especies de hierbas o arbustos pequeños distribuidos principalmente de México a Sudamérica, de hasta 90 cm de altura; hojas alternas, enteras; flores hermafroditas, vistosas, blancas o con tonos púrpuras, campanuladas, solitarias, axilares o terminales, erectas o péndulas; frutos capsulares ovoides, dehiscentes en cuatro valvas, a veces espinosos; semillas numerosas, comprimidas lateralmente o angulosas; flores, uso ornamental; frutos, uso ceremonial. Familia de las solanáceas, varias especies del género *Datura*. (También se llama chamico, estramonio, hedionda, hediondo, toloache). || **2.** Individuo del **nacazul**; uso en la medicina tradicional.

nacer. ■ LOC. **~ con la torta bajo el brazo.** LOC. VERB. fam. Tener alguien buena suerte: "Raquel nació con la torta bajo el brazo, siempre consigue buenos trabajos". ▷ **~ parado.** LOC. VERB. supran. **nacer con la torta bajo el brazo.**

nacerle. ■ INTR. PRNL. supran. Producirse con naturalidad una actitud en alguien: "A Juan le nació llevarle serenata a Eva".

nach. ■ M. *En Yucatán*, sobrante de comida.

nacha. ■ F. fam. Nalga; glúteo.

naco, ca. ■ ADJ. **1.** Vulgar o de mal gusto: "Este vestido está muy naco, mejor busco otro". || **2.** despect. *Referido a persona*, que tiene escasa instrucción escolar: "Nanci es muy naca, no terminó la primaria". Ú.t.c.sust.: "Nanci es una naca, no terminó la primaria". || **3.** despect. *Referido a persona*, de pésimos modales: "Ramón es muy naco, mastica con la boca abierta". Ú.t.c.sust.: "Ramón es un naco, mastica con la boca abierta". || **4.** despect. *Referido a persona*, que se percibe como indígena. Ú.t.c.sust. || **5.** supran. despect. *Referido a persona*, de bajos recursos: "Mis compañeros nacos no pudieron pagar el pasaje". Ú.t.c.sust.: "Los nacos no pudieron pagar el pasaje". || **6.** supran. despect. Propio de la persona **naca**: "Como que Ofelia tiene gustos muy nacos, ¿no?".

nada. ■ EXPR. **¡nada, qué!** Se usa para manifestar rechazo ante una idea o propuesta: "—Este sábado doblaremos turno en el trabajo. —¡Nada, qué!, yo me quedo en mi casa". ▷ **por ~.** supran. Se usa como forma de cortesía para responder a quien da las gracias; de nada: "—Gracias por prestarme tus cuadernos. —Por nada".

nadie. ■ EXPR. **~ sabe para quién trabaja.** Se usa para indicar que el beneficio por el que alguien trabajó lo recibe alguien más: "Yo hice los reportes y mi jefe se llevó todo el mérito, nadie sabe para quién trabaja".

nadita. ■ F. supran. Porción muy pequeña de algo: "Me serví una nadita de pastel porque estoy a dieta".

nado. ■ M. supran. Cada uno de los estilos en que se practica la natación. ■ LOC. **~ de dorso.** LOC. SUST. Estilo de natación en que el cuerpo se desplaza sobre la espalda mediante brazadas y movimiento simultáneo de las piernas. ▷ **~ de pecho.** LOC. SUST. supran. Estilo de natación en que el cuerpo avanza sobre el torso mediante brazadas laterales y movimiento simultáneo de las piernas. ▷ **~ de río.** LOC. SUST. Forma de natación que consiste en batir constantemente las piernas y en mover alternativamente los brazos hacia adelante sacándolos del agua sin sumergir la cabeza.

nagatero, ra. ■ M. y F. **nacatero, ra.**

nagual, la. ■ ADJ. **1. naco, ca.** ■ M. y F. **2.** *En la tradición popular*, persona a la que se atribuye la capacidad de transformarse en un animal o en un fenómeno atmosférico. || **3.** supran. *En la tradición popular*, entidad, generalmente un animal, que protege a una persona. || **4.** supran. *En la tradición popular*, hechicero al que se atribuye el poder de convertirse en animal protector. ■ M. **5.** Buey viejo.

nagualeada. ■ F. fam. Robo.

nagualear. ■ TR. fam. Robar: "Francisco nagualeó las galletas de su primo". Ú.t.c.prnl.: "Francisco se nagualeó las galletas de Juan".

nagualismo. ■ M. **1.** Estudio de la creencia en los naguales o hechiceros. || **2.** supran. Creencia en los naguales o hechiceros.

nagualista. ■ ADJ. **1.** Perteneciente o relativo al nagualismo: "Esta semana asistiremos al foro nagualista". ■ COM. **2.** Hechicero; nagual: "Don Gerardo me asustaba con historias de una nagualista famosa a la que todos temían". || **3.** Persona que estudia la creencia en los naguales o hechiceros: "Él es el nagualista que dio una plática sobre las tradiciones populares". || **4.** supran. Persona que cree en los naguales o hechiceros: "Los nagualistas más ancianos nos enseñaron a seguir las tradiciones populares".

naguapate. ■ M. supran. Hierba rastrera originaria de México, de hasta 1 m de altura; tallos delgados, muy ramificados, pubescentes o glabros; hojas alternas, divididas en numerosos foliolos de obovado-obtusos a elíptico-obtusos, redondeadas en el ápice, con una espina triangular en la base de cada hoja; flores hermafroditas, pequeñas, de amarillas a anaranjadas, cinco pétalos, uno de ellos más largo, con diez estambres, flores dispuestas en racimos terminales; frutos en legumbres oblongas, comprimidas lateralmente, pubescentes, de color café purpúreo; uso en la medicina tradicional. Familia de las leguminosas, *Chamaecrista hispidula.* (También se llama chícharo negro, nahuapate).

nahua. Véase **náhuatl.**

nahuahablante. ■ ADJ. **1.** *Referido a persona*, que habla náhuatl: "En nuestra comunidad hay muchos niños nahuahablantes". ■ COM. **2.** Persona que habla náhuatl: "En nuestra comunidad hay muchas nahuahablantes defensoras de su lengua materna".

náhual. Véase **náhuatl.**

nahual, la. Véase **nagual, la.**

nahualear. ■ TR. **nagualear.**

nahualismo. ■ M. **nagualismo.**

nahualista. Véase **nagualista.**

nahuapate. ■ M. **naguapate.**

náhuatl. ■ ADJ. **1.** gralizado. Perteneciente o relativo al **náhuatl**: "La lengua náhuatl se habla en 15 estados de México". || **2.** gralizado. Natural o procedente del grupo étnico **náhuatl**: "El pueblo náhuatl de La Malinche tiene telares domésticos". ■ M. **3.** gralizado. Grupo étnico establecido en varios estados de México y en El Salvador. || **4.** gralizado. Lengua yutoazteca del subgrupo lingüístico nahuatlano. ■ COM. **5.** gralizado. Persona natural o procedente del grupo étnico **náhuatl**: "Los náhuatl de La Malinche tienen telares domésticos".

nahuatlaca. ■ ADJ. **1.** *Referido a persona*, del grupo étnico nahua: "Mis parientes nahuatlacas vendrán de visita". || **2.** *Referido a persona,* que tiene el náhuatl como lengua nativa: "El joven nahuatlaca está aprendiendo español". || **3.** despect. *Referido a persona*, que se percibe como indígena. ■ COM. **4.** Persona del grupo étnico nahua: "Mis primos los nahuatlacas vendrán de visita". || **5.** Persona que tiene el náhuatl como lengua nativa: "El nahuatlaca más jovencito está aprendiendo español". || **6.** despect. Persona que se percibe como indígena.

nahuatlaco, ca. ■ ADJ. **1.** *Referido a persona*, del grupo étnico nahua: "Mis parientes nahuatlacos vendrán de visita". Ú.t.c.sust.: "Los nahuatlacos vendrán de visita". || **2.** *Referido a persona,* que tiene el náhuatl como lengua nativa: "El joven nahuatlaco está aprendiendo español". Ú.t.c.sust.: "El nahuatlaco está aprendiendo español". || **3.** despect. *Referido a persona*, que se percibe como indígena. Ú.t.c.sust.

nahuatlano, na. ■ ADJ. **1.** supran. Perteneciente o relativo al **nahuatlano**: "La migración nahuatlana llegó hasta lo que hoy es Jalisco y Nayarit". ■ M. **2.** supran. Grupo étnico histórico que dio origen a los nahuas, entre otros. || **3.** supran. Conjunto de grupos étnicos establecidos principalmente en varios estados de México y en otros países de Centroamérica. || **4.** supran. Lengua reconstruida que históricamente dio origen al náhuatl. || **5.** supran. Grupo o familia de lenguas yutoaztecas que incluye al náhuatl, entre otras.

nahuatlato, ta. ■ M. y F. **1.** Persona que habla la lengua náhuatl. || **2.** Especialista del náhuatl que no es hablante nativo. || **3.** Persona que interpretaba la lengua náhuatl y, por extensión, otras lenguas.

nahuatlismo. ■ M. supran. Palabra o parte de una palabra del español de origen nahua.

nahuyaca. ■ F. **nauyaca.**

nailon. (De Nylon®). ■ M. **1.** supran. fam. Pieza de plástico flexible que se usa para cubrir. ■ F. (Juego de palabras entre nailon y nalga). **2.** fest. Nalga.

najayote, ta. ■ ADJ. **1. naco, ca.** ■ M. **2. nejayote.**

najualá. ■ M. Arbusto o árbol originario de América, de hasta 8 m de altura, monoico; tallos muy ramificados desde la base, glabros, de látex incoloro a amarillento; hojas simples, alternas, de ovadas a deltado-ovadas, envés con nervaduras cortamente pubescentes; flores unisexuales, pequeñas, verdosas o blancas

N

amarillentas, con los pétalos fusionados en la base, con ocho o diez estambres, flores dispuestas en dicasios terminales; frutos capsulares, ovoides, ligeramente trilobados, amarillentos; tres semillas por fruto, pequeñas, ovoides, blancas, estriadas; látex, uso en la medicina tradicional; semillas, comestibles. Familia de las euforbiáceas, *Jatropha curcas*. (También se llama sikilté).

nakatamal. ■ M. **nacatamal.**

nalga. ■ ADJ. **1.** malson. *Referido a persona*, engreída: "Manuel y Luisa andan muy nalgas con su coche nuevo". ■ F. **2.** supran. vulg. Pareja sexual. ■ COM. **3.** malson. Persona engreída: "Desde que se compró un coche, Manuel es un nalga". ■ LOC. **nalga(s) pronta(s).** LOC. SUST. vulg. Persona que busca o cede fácilmente a relaciones amorosas. ▶ **nalgas de aspirina.** LOC. SUST. fest. Glúteos planos.

nalgazo. ■ M. **1.** supran. fam. Golpe que se da con las nalgas: "Traía muchas cosas y cerré la puerta de un nalgazo". || **2.** supran. fam. Golpe que se da en las nalgas: "Carlos se cayó con los patines y se dio un nalgazo".

nalgón, na. ■ ADJ. supran. fam. *Referido a persona*, que tiene las nalgas grandes. Ú.t.c.sust.

nalgueada. ■ F. fam. Hecho de nalguear o dar palmadas o golpes en las nalgas; nalgada.

nalguear. ■ TR. **1.** supran. fam. Dar palmadas o golpes en las nalgas. || **2.** supran. vulg. Manosear las nalgas de alguien.

nalguipronto, ta. ■ ADJ. vulg. *Referido a persona*, que busca o cede fácilmente a relaciones sexuales. Ú.t.c.sust.

nambimbo. ■ M. *En el Sureste,* árbol originario de México y Centroamérica, de hasta 25 m de altura; tallos delgados, glabros; hojas simples, alternas, elípticas, glabras y brillantes, con margen entero; flores hermafroditas, pequeñas, tubulares campanuladas, blancas y aromáticas, flores dispuestas en panículas terminales; frutos drupáceos, anchamente elipsoides, glabros, amarillos, anaranjados, rojos o purpúreos; uso ornamental; cortezas, uso en la medicina tradicional. Familia de las boragináceas, *Ehretia tinifolia*. (También se llama beek, mandimbo, pingüica, roble).

nana. ■ F. **1.** Útero guisado de la hembra del cerdo y de otros animales. || **2.** supran. Niñera. || **3.** supran. Nodriza.

nanacate. ■ M. **1.** Nombre que se le da a cualquier variedad de hongo. || **2.** *En Oaxaca,* **nacatón.**

nanahuapatli. ■ M. Hierba originaria de México, de hasta 50 cm de altura, monoica; tallos ramosos, pubescentes y rizomatosos; hojas arrosetadas en la base y alternas en tallos, enteras, espatuladas, con margen ligeramente aserrado o entero; flores hermafroditas, diminutas, amarillas y agrupadas en pequeñas y numerosas cabezuelas, con 12 o 13 flores de la periferia en forma de pétalos de color amarillo; frutos aquénicos, diminutos, subcilíndricos, con un penacho de cerdas blancas en el ápice; uso en la medicina tradicional. Familia de las compuestas, *Senecio bellidifolius*. (También se llama calamápatl, calancapacle, calancapatle, palancapatli).

nanáis. ■ EXPR. **¡~ paloma(s)!** fam. **nanáis.** ■ INTERJ. **¡nanáis!** fam. Se usa para expresar negación o rechazo de manera enfática: "—Te voy a llevar al dentista esta semana. —¡Nanáis!, prefiero aguantarme el dolor de muelas".

nananche. ■ M. **nanche.**

nananchi. ■ M. **nanche.**

nance. ■ M. **nanche.**

nancear. ■ INTR. supran. Recoger el fruto del nanche: "Nanceamos toda la mañana para hacer la mermelada para el pan".

nancerol. ■ M. **nanche.**

nanche. ■ M. **1.** supran. Árbol o arbusto originario de América, de hasta 15 m de altura; tallos de corteza fisurada, pardos oscuros, rosados al desgajarse, las ramas jóvenes esparcidamente tomentosas; hojas simples, opuestas, de obovadas a elípticas, con envés densamente pubescente, suaves al tacto; flores hermafroditas, pequeñas, amarillas, cinco pétalos, uno de ellos a menudo más pequeño y erecto, con diez estambres, flores dispuestas en racimos terminales; frutos drupáceos, ovado-globosos, lisos, de amarillos a rojizos, de sabor agridulce; cortezas, uso industrial y en la medicina tradicional. Familia de las malpigiáceas, *Byrsonima crassifolia*. (También se llama nananche, nananchi, nance, nancerol). || **2.** supran. Fruto del **nanche**, comestible; uso en la medicina tradicional.

nanchibejuco. ■ M. **1.** *En Chiapas,* arbusto o árbol originario de América, de hasta 12 m de altura, monoico; tallos en forma de zig zag, puberulentos, con espinas; hojas alternas, de ovadas a elípticas, cartáceas, con margen casi entero, aserrado por la parte media; flores unisexuales, pequeñas, masculinas sésiles, agrupadas en conjuntos compactos, con cinco estambres, flores hermafroditas de una a tres, en inflorescencias ramificadas, con algunas flores masculinas; frutos drupáceos, elipsoides, anaranjados, carnosos, con un pico persistente. Familia de las cannabáceas, *Celtis iguanaea*. (También se llama garabato, vainoro). || **2.** *En Chiapas,* fruto del **nanchibejuco**; comestible.

nango, ga. ■ ADJ. *En Colima, referido a persona*, tonta: "No seas tan nanga, trata de conservar tu trabajo". Ú.t.c.sust.: "Eres una nanga, ya perdiste tu trabajo".

nanguera. ■ F. *En Colima*, tontería.

nanita. ■ EXPR. **¡ay, nanita!** Se usa para manifestar miedo: "¡Ay, nanita! Creí que estaba sonando la alerta sísmica".

nanzal. ■ M. supran. Sitio poblado de nanches.

naquear. ■ INTR. despect. Hacer cosas, expresarse o realizar acciones propias de un naco.

naquerío. ■ M. despect. Conjunto de nacos; nacada.

naquez. ■ F. despect. Cosa, expresión o acción propia de un naco; nacada.

naquiza. ■ F. despect. Conjunto de nacos; nacada.

naranjo. ■ LOC. **~ amarillo.** LOC. SUST. Arbusto originario de América, de 2 a 4 m de altura; tallos erectos, muy ramificados, glabros; hojas alternas, divididas en tres foliolos de oblongos a lanceolados, con margen entero, glabras; flores hermafroditas, vistosas, acampanadas, amarillas, con numerosos estambres amarillos, dispuestas en racimos terminales; frutos en vainas, globosos, pequeños, amarillos, anaranjados, rojos o morados; semillas pequeñas, de elípticas a reniformes, de color negro a gris o café oscuro, brillantes. Familia de las cesalpináceas, *Swartzia simplex* var. *continentalis*.

narciso. ■ LOC. **~ amarillo.** LOC. SUST. **1.** Árbol originario de México, de hasta 6 m de altura; tallos con corteza de aspecto ceniciento, con huellas manifiestas de las hojas que se han caído; hojas simples, alternas, linear-lanceoladas; flores hermafroditas, grandes y vistosas, en forma de embudo, amarillas, agrupadas en cimas terminales o axilares; frutos drupáceos, subglobosos, negros al madurar, con pequeños puntos blancos; semillas aladas, blanquecinas. Familia de las apocináceas, *Cascabela thevetioides*. (También se llama ayoyote, chachayote, chachayotl, codo de fraile, gorro de obispo, huesos de fraile, joyote, venenillo, yoyote, yucucaca). || **2.** Fruto de este árbol; uso artesanal, en la medicina tradicional y ornamental.

nariguera. ■ F. supran. Argolla que se coloca en la nariz del ganado para controlarlo.

narrativa. ■ F. *En lenguaje jurídico,* argumentación legislativa: "La narrativa del Plan de Desarrollo tiene varios temas que deben ser ajustados".

narro, rra. ■ ADJ. rur. *Referido al cerdo*, sin pelo: "El cuero de los puercos narros es el mejor para hacer zapatos".

nata. ■ F. supran. Escoria que queda tras fundir un mineral o un metal.

nauyaca. ■ F. **1.** supran. Serpiente originaria de América, de hasta 1.8 m de longitud; con rayas diagonales y diamantes con diferentes tonalidades pardas; venenosa. Familia de los vipéridos del orden Squamata, *Bothrops asper*. (También se llama cuatro narices, maguaquite, mahuaquite, mano de metate, nahuyaca, nauyaque, nauyaqui, terciopelo). || **2.** supran. **nauyaca de árbol bicolor.** ■ LOC. **~ de árbol bicolor.** LOC. SUST. supran. Serpiente originaria de América, de hasta 70 cm de longitud; con cuerpo delgado, de color verde; venenosa. Familia de los vipéridos del orden Squamata, *Bothriechis bicolor*. (También se llama nahuyaca, nauyaca, nauyaque, nauyaqui).

nauyaque. ■ F. **nauyaca.**

nauyaqui. ■ F. **nauyaca.**

navaja. ■ ADJ. **1.** supran. *En el Sureste, referido a persona*, astuta y mañosa: "Ellos son muy navajas, dejaron el carro sin llantas ni faros en un ratito". ■ COM. **2.** supran. *En el Sureste*, persona astuta y mañosa: "Esos chavos son los navajas que dejaron el carro sin llantas ni faros".

navajear. ■ INTR. rur. Comenzar la planta del frijol a formar las vainas.

navajudo, da. ■ ADJ. fam. *Referido a persona*, astuta y mañosa: "Ten cuidado con tu

N

compadre porque es muy navajudo hasta con la familia". Ú.t.c.sust.: "Ten cuidado con tu compadre porque es un navajudo hasta con la familia".

navajuela. ■ F. **1.** Grupo de diferentes especies de hierbas originarias de América, de hasta 2 m de altura, monoicas; tallos erectos, cortos, con tres en forma angulada, angostamente alados; hojas simples, alternas, arregladas en rosetas basales, lineares, ásperas al tacto, glabras o pubescentes; flores unisexuales, rodeadas de una pequeña hoja, con una castilla al centro y pelos en los márgenes, flores dispuestas en panículas terminales o axilares; frutos aquénicos, diminutos, oblongo-ovoides, blancos y lisos, brillantes; uso forrajero. Familia de las ciperáceas, varias especies del género *Scleria*. || **2.** Individuo de la **navajuela**.

nave. ■ F. fam. Automóvil.

navegar. ■ INTR. Luchar para conseguir algo: "Irma navegó mucho para terminar la carrera". ■ LOC. **~ con bandera de pendejo.** LOC. VERB. malson. Hacerse pasar por tonto.

nayarita. ■ ADJ. **1.** Perteneciente o relativo al estado de Nayarit: "Ayer fuimos a pasear por la riviera nayarita". || **2.** Natural o procedente del estado de Nayarit: "Un náufrago nayarita fue rescatado la semana pasada". ■ COM. **3.** Persona natural o procedente del estado de Nayarit: "Un nayarita fue rescatado la semana pasada".

neceada. ■ F. fam. Necedad.

necear. ■ INTR. supran. fam. Obstinarse: "Abelardo necea mucho con sus planes".

néctar. ■ LOC. **~ de los dioses.** LOC. SUST. fam. Pulque: "Nos tomamos como dos litros de néctar de los dioses".

necuatolli. [*nekuatóli*] ■ M. **nicuatole.**

negociante. ■ M. *En Yucatán*, objeto indeterminado, cuyo nombre se elude o se desconoce: "Pásame ese negociante, lo necesito".

negociar. ■ TR. *En Yucatán*, reparar algo: "Negocia esa llave porque se está tirando el agua".

negocio. ■ M. **negociante.**

negra. ■ F. **1.** jerg. Arma de fuego, corta y, generalmente, semiautomática. || **2.** vulg. Pene.

negrear. ■ TR. supran. coloq. Aprovechar de manera abusiva el trabajo de alguien; explotar: "Renuncié porque en ese lugar negreaban a todos".

negreo. ■ M. supran. Aprovechamiento abusivo en el trabajo de alguien; explotación.

negrito. ■ M. **1.** Árbol o arbusto originario de México, de hasta 8 m de altura, dioico; tallos compactos de poca ramificación, con corteza gris oscura, fisurada, pubescencia en las ramas jóvenes; hojas simples, opuestas angostamente, de lanceoladas a ovadas o rómbicas; flores unisexuales, pequeñas, flores masculinas amarillentas, flores femeninas blancas amarillentas, ligeramente más grandes que las masculinas, dispuestas en racimos; frutos drupáceos, ovoides, verdes, rojos o amarillos, de sabor dulce; uso como especie maderable. Familia de las opiliáceas, *Agonandra obtusifolia*. || **2.** Árbol originario de México, de hasta 30 m de altura, dioico; tallos erectos con corteza fisurada, de color pardo amarillento a moreno, la interna de color blanco amarillento; hojas alternas, divididas de ocho a 16 foliolos oblongos u oblanceolados, pequeños, con nervadura central amarillenta; flores unisexuales, pequeñas, de color blanquecino verdoso a blanco amarillento, dispuestas en panículas axilares terminales; frutos drupáceos, ovoides, arreglados en grupos de dos a cinco, ligeramente angulosos, de amarillos a rojizos, astringentes cuando maduros; una semilla por fruto; cortezas, uso en la medicina tradicional; frutos, comestibles; tallos, uso artesanal e industrial. Familia de las simarubáceas, *Simarouba amara*. (También se llama aceituno, cedrillo, pistache, talcochote). || **3.** Árbol o arbusto caducifolio de amplia distribución en el noreste de México, de hasta 9 m de altura, monoico; tallos muy ramificados, ramas gruesas, con corteza gris; hojas opuestas, simples, de ovadas a rómbicas, de pubérulas a hirsutas, de color verde olivo en el haz, ligeramente más pálido en el envés, con márgenes enteros o ligeramente dentados; flores hermafroditas, pequeñas, campanuladas, de color blanco o crema, oscuras en el centro, aromáticas, agrupadas en racimos, axilares o terminales; frutos drupáceos, globosos o elipsoides, de tonos anaranjados o rojizos y finalmente negruzcos, glabros y brillantes; dos semillas, elipsoides; uso en la medicina tradicional. Familia de las verbenáceas, *Citharexylum berlandieri*. (También se llama orcajuela, revientacabra, saúco hediondo). || **4.** Fruto de este árbol o arbusto caducifolio; comestible.

neja. ■ F. Véase **nejo, ja.**

nejayo. ■ M. **nejayote.**

nejayote. ■ M. Agua amarillenta que resulta de nixtamalizar el maíz.

nejo, ja. ■ ADJ. **1.** rur. Sucio o desaseado: "Llegué toda neja de la pisca". ■ F. **2.** Tortilla cuyo maíz se hirvió con exceso de cal o de ceniza, de manera que su color o su sabor no son los esperados.

nel. ■ ADV. supran. fest. No: "—¿Vamos a cenar tacos? —Nel, no tengo ganas". ■ LOC. **~ pastel.** LOC. ADV. supran. **nel.**

nena. ■ ADJ. **1.** fam. *Referido a persona*, cobarde: "Efrén y Luis son muy nenas, nunca se meten al mar". ■ F. **2.** fam. Persona cobarde: "Éfren y Luis son unas nenas, nunca se meten al mar".

neolonés, sa. ■ ADJ. **1.** Perteneciente o relativo al estado de Nuevo León: "En la región neolonesa se vende mucho calzado". || **2.** Natural o procedente del estado de Nuevo León: "Los políticos neoloneses no ganaron las elecciones". Ú.t.c.sust.: "Los neoloneses no ganaron las elecciones".

nerdo, da. ■ ADJ. supran. *Referido a persona*, estudiosa e inteligente que, por lo general, muestra carácter abstraído y hace poca vida social: "Rodrigo es muy nerdo y no quiso ir a la fiesta". Ú.t.c.sust.: "El nerdo no quiso ir a la fiesta".

nesticuil. ■ M. **nixticuil.**

neta. ■ ADJ. **1.** fam. Verdadero: "Voy a invitar a mi negocio a mis amigos netas". ■ F. **2.** fam. Verdad: "Dime la neta, ¿quieres venir al cine o no?". ■ ADV. **3.** fam. De verdad: "¿Neta, vas a ir a la fiesta?". ■ LOC. **la ~ (del planeta).** LOC. SUST. **1.** fam. La verdad: "Háblame con la neta del planeta y sin rodeos". || **2.** fam. Lo mejor: "Esta película es la neta del planeta".

netear. ■ INTR. fam. Decir a alguien sus verdades: "Ayer nos neteamos y todavía así seguimos siendo amigos".

netón. ■ ADV. fam. De verdad; neta: "Netón, me gusta mucho esta página".

neucle. ■ M. **neutle.**

neutle. ■ M. **1.** Aguamiel. || **2.** Pulque.

neutli. ■ M. **neutle.**

nevado. ■ M. supran. Montaña cubierta de nieve la mayor parte del año.

nevería. ■ F. **1.** Fuente de sodas. || **2.** supran. Establecimiento donde se hacen y venden nieves y helados.

nexcoyote. [*neshkoyóte, neskoyóte*] ■ M. Tortilla de maíz que se hace con el último trozo de masa.

nextamalxóchitl. [*neshtamalsóchitl, nestamalsóchitl*] ■ M. Hierba originaria de América, de hasta 60 cm de altura; raíces fibrosas o tuberculadas, a menudo fasciculadas; tallos erectos o decumbentes, a menudo formando estolones o rizomas; hojas simples o compuestas, dispuestas en una roseta basal o alternas; flores hermafroditas, pequeñas, amarillas, blancas o rojizas, con cinco sépalos, con cinco pétalos, numerosos o ausentes; frutos aquénicos, irregularmente ovados, comprimidos lateralmente, en ocasiones pubescentes. Familia de las ranunculáceas, varias especies del género *Ranunculus*.

niamole. ■ M. **1.** Hierba originaria de América, de hasta 2 m de altura, monoica; tallos muy ramificados, un tanto huecos, suculentos y angulosos; hojas alternas, enteras, de elípticas a ovado-lanceoladas; flores hermafroditas, pequeñas, con cinco tépalos de blancos a rojizos y numerosos estambres, agrupadas en densos racimos; frutos abayados, globosos, rojos o negros; de seis a diez semillas, pequeñas, negras brillantes. Familia de las fitolacáceas, *Phytolacca icosandra*. (También se llama carricillo, jaboncillo, mazorquilla, ñamole). || **2.** Fruto del **niamole**; uso en la medicina tradicional. || **3.** Raíz del **niamole**; uso en la medicina tradicional.

nica. ■ F. supran. fam. Bacinica.

nicho. ■ LOC. **en un ~.** LOC. ADV. En alta consideración: "Claudia tiene en un nicho a su sobrina, no para de elogiarla".

nicoatole. ■ M. **nicuatole.**

nicté. ■ M. **1.** *En el Sureste*, árbol originario de América, de hasta 8 m de altura, monoico; tallos más o menos frágiles, con látex; hojas alternas, enteras, elípticas y lustrosas; flores hermafroditas, vistosas, en forma de trompeta, con cinco pétalos, de color rosado, rojo o de amarillo a blanco, olorosas, agrupadas en grandes cimas; frutos foliculares, elipsoides,

N

alargados y leñosos; semillas numerosas, aladas, cafés; uso en la medicina tradicional. Familia de las apocináceas, *Plumeria rubra.* (También se llama cacalichuche, cacalojoche, cacalosúchil, ensalada, escuijoche, sabacuite, sabanicté, sangre de toro, tabasqueño). || **2.** *En el Sureste,* flor del **nicté**; uso como aromatizante y ornamental.

nicuatole. ■ M. *En el Sur,* dulce gelatinoso hecho con maíz, leche y canela.

nidador. ■ M. supran. Huevo que se deja en un lugar señalado para que el ave de corral acuda a poner allí.

nido. ■ LOC. **~ de ratas.** LOC. SUST. Lugar desordenado y sucio: "Tu cuarto está hecho un nido de ratas, a ver si ya lo arreglas".

nieve. ■ F. **1.** supran. Helado de agua. || **2.** supran. *En algunos estados,* helado. ■ EXPR. **¿y tu ~ (de qué la quieres)?** coloq. Se usa para mostrar molestia o enfado por las excesivas peticiones o pretensiones de alguien: "—Échame la mano con mi tarea. —¿Y tu nieve?, eres un flojo". ▶ **¿y tu ~ (de qué sabor)?** coloq. **¿y tu nieve (de qué la quieres)?**

nigua. ■ F. **1.** supran. Insecto originario de América, de 1 a 1.2 mm de longitud; de color café rojizo; con cabeza grande, cóncava y aplanada, y una trompa alargada que mide la longitud de su cuerpo; las hembras fecundadas penetran bajo la piel de animales y del ser humano, principalmente bajo las uñas de los pies, y allí depositan la cría, que ocasiona mucha picazón y úlceras graves. Familia de los hectopsílidos del orden Siphonaptera, *Tunga penetrans.*

niguas. ■ ADV. **2.** supran. fest. No: "—Ya córtate el pelo. —¡Niguas!, me lo voy a dejar crecer".

nigüento, ta. ■ ADJ. supran. rur. *Referido a alguien,* con picaduras de nigua: "Llegué todo nigüento del viaje al rancho de mis tíos".

nigüero. ■ M. supran. rur. Lugar plagado de niguas.

nimácata. ■ F. Sustancia para pintar jícaras y otras artesanías, preparada con la grasa de la chinche aje, con aceite de la planta chicalote y el mineral tepútzuta.

ninfa. ■ F. Hierba acuática, nativa de la costa del Golfo de México, de hasta 15 cm de altura; tallos rizomatosos, erectos, cilíndricos, que forman estolones; hojas simples, alternas, de ovadas a elípticas, verdes con manchas cafés, glabras, flotantes; flores hermafroditas, vistosas y flotantes, con múltiples pétalos amarillentos, con numerosos estambres amarillos, flores solitarias sobre largos escapos; frutos abayados; semillas diminutas, globosas, cubiertas de largos tricomas. Familia de las ninfáceas, *Nymphaea mexicana.* (También se llama lirio amarillo, ninfa mexicana). ■ LOC. **~ mexicana.** [*mejikána*] LOC. SUST. **ninfa.**

nintendo. (De Nintendo®). ■ M. supran. Consola de videojuegos.

niño, ña. ■ M. y F. supran. Fórmula de tratamiento de un trabajador doméstico para dirigirse con respeto a la persona para quien trabaja, sin importar su edad: "Niña Lucía, ya llegó su marido". ■ LOC. **niño envuelto.** LOC. SUST. **1.** Bizcocho enrollado en forma de cilindro, con un relleno de crema pastelera o mermelada. || **2.** supran. Rollo de carne relleno con diferentes ingredientes, generalmente verduras. ▶ **~ gritón.** LOC. SUST. El que canta los números premiados de la lotería.

niple. ■ M. supran. Tubo corto que sirve para unir dos piezas de cañería.

niquindó. ■ M. *En Guerrero,* estiércol de ave de corral.

niscoco. ■ M. **nixcoco.**

niscómel. ■ M. **niscómil.**

niscómil. ■ M. **1.** Olla, generalmente de barro, en que se pone a hervir el maíz. || **2. nejayote.** || **3. nixtamal.**

nivel. ■ M. supran. Cada una de las plantas de un edificio; piso.

nixcoco. [*nishkóko, niskóko*] ■ M. **1.** *En Michoacán,* tamal amarillo cuyo nixtamal se prepara con ceniza en lugar de cal, se envuelve en hoja de maíz. || **2.** *En Sinaloa,* tamal que se prepara con masa fermentada, ceniza y un trozo de palo de Brasil para darle el color magenta característico; mixcoco.

nixcómitl. [*nishkómitl, niskómitl*] ■ M. **niscómil.**

nixtamal. [*nishtamál, nistamál*] ■ M. supran. Maíz cocido en agua con cal o con ceniza, reposado, pelado, lavado y, generalmente, molido para hacer masa.

nixtamalero, ra. [*nishtamaléro, nistamaléro*] ■ ADJ. **1.** Perteneciente o relativo al nixtamal: "La industria nixtamalera está en crisis".

■ M. y F. **2.** Persona que se dedica a moler o a vender nixtamal. || **3.** Propietario de un molino de nixtamal.

nixtamalización. [*nishtamalisasión, nistamalisasión*] ■ F. supran. Hecho de nixtamalizar o poner a cocer el maíz con cal o con ceniza, dejándolo reposar por horas para pelarlo, lavarlo y, generalmente, molerlo.

nixtamalizada. [*nishtamalisáda, nistamalisáda*] ■ F. **nixtamalización.**

nixtamalizar. [*nishtamalisár, nistamalisár*] ■ TR. supran. Poner a cocer el maíz con cal o con ceniza, reposarlo por horas, pelarlo, lavarlo y, generalmente, molerlo.

nixticuil. [*nishtikuil, nistikuil*] ■ M. supran. Larva de coleóptero de amplia distribución en América, de hasta 4 mm; con cuerpo robusto ensanchado hacia atrás, blanquecino, grisáceo o amarillento; la región de la cabeza en tonos más oscuros respecto al resto del cuerpo, en tonos amarillos, ocres y negruzcos; con seis patas cortas y una cabeza bien definida con mandíbulas fuertes; en México se han catalogado más de mil mayates (escarabajo adulto) con sus respectivas gallinas ciegas (estadios larvales); varias especies tienen importancia ecológica y económica por su relación con los cultivos. Familia de los escarabeidos del orden Coleoptera, varias especies del género *Phyllophaga*, como *Phyllophaga dentex*. (También se llama gallina ciega, nesticuil).

no. ■ LOC. **de ~ malos bigotes.** LOC. ADJ. De buen aspecto: "Conocí a un chavo de no malos bigotes". ▶ **~ acabársela.** LOC. VERB. fam. Experimentar que una situación va más allá de los límites normales: "No me la acabo, voy a estar de guardia todo el mes". ▶ **~ cantar mal las rancheras.** LOC. VERB. **1.** coloq. Efectuar alguien algo bien, a pesar de las expectativas negativas: "Manuel no canta mal las rancheras, le pedí un reporte y me entregó un informe completísimo". || **2.** coloq. Comportarse de manera semejante a otra persona con quien se le compara: "—Joaquín siempre llega tarde. —Tú no cantas mal las rancheras, tú también lo haces". ▶ **~ cocerse al primer hervor.** LOC. VERB. **1.** fam. Haber rebasado alguien su juventud: "Juan ya no se cuece al primer hervor y no ha conseguido un trabajo fijo". || **2.** fam. Ser alguien experimentado en alguna materia o asunto: "Ese jugador ya no se cuece al primer hervor, ha jugado muchos partidos internacionales". ▶ **~ dar paso sin huarache.** LOC. VERB. Buscar beneficio en cualquier situación: "Cecilia no da paso sin huarache, siempre cobra una comisión". ▶ **~ durar ni para el arranque.** LOC. VERB. **no servir ni para el arranque.** ▶ **~ haber de otra.** LOC. VERB. supran. Se usa para indicar que solo existe una solución a un determinado problema: "No había de otra, te quedabas a trabajar tiempo extra o perdías el empleo". ▶ **~ haber para cuándo.** LOC. VERB. Se usa para indicar que se desconoce el momento de conclusión de algo o para la solución de un problema: "No hay para cuándo, quién sabe a qué hora vuelva la luz". ▶ **~ haber para dónde.** LOC. VERB. Se usa para indicar que se desconoce la ruta de solución de algo o un problema: "Por más que tratamos de resolverlo, no había para dónde". ▶ **~ haber quinto malo.** LOC. VERB. Se usa para decir que algo puede suceder o está sucediendo por quinta ocasión y que se cree que es positivo o de buena suerte: "Presentó el examen, total, no había quinto malo". ▶ **~ hacer mal los quesos.** LOC. VERB. **no cantar mal las rancheras.** ▶ **~ hallar la puerta.** LOC. VERB. **1. no acabársela.** || **2.** Rebasar algo la solución o el término de una situación: "No hallamos la puerta para acabar esta obra". ▶ **~ más.** LOC. ADV. **nomás.** ▶ **~ quitar el dedo del renglón.** LOC. VERB. supran. Insistir alguien en un propósito: "No quites el dedo del renglón hasta que reconozcan tu trabajo". ▶ **~ saber ni a melón.** LOC. VERB. **no servir ni para el arranque.** ▶ **~ salir (pero) ni en kermés.** LOC. VERB. **no salir (pero) ni en rifa.** ▶ **~ salir (pero) ni en rifa.** LOC. VERB. fest. Tener alguien nulas posibilidades de establecer una relación de pareja duradera: "¡Pobre Roberto!, ya está cuarentón y no sale pero ni en rifa". ▶ **~ servir ni para el arranque.** LOC. VERB. **1.** supran. Ser insuficiente: "Esta botana no sirve ni para el arranque". || **2.** supran. Dejar de ser útil algo demasiado pronto: "Estos tenis no me sirvieron ni para el arranque, ya se me despegaron". ▶ **~ tener carta aborrecida.** LOC. VERB. fam. Ser alguien poco selectivo: "Andas con cualquiera, se nota que no tienes carta aborrecida". ▶ **~ tener llenadera.** LOC. VERB.

N

fam. **no tener llenadero.** ▷ **~ tener llenadero.** LOC. VERB. fam. Ser alguien insaciable: "¡No tienes llenadero, te comiste los tacos de todos y quieres más!". ▷ **~ tener madre.** LOC. VERB. malson. Ser alguien desconsiderado o ruin: "No tienes madre, ayúdale a tu hermano, ¿no ves que no puede solo?". ▷ **~ tener número aborrecido.** LOC. VERB. **no tener carta aborrecida.** ▷ **por ~ dejar.** LOC. ADV. **1.** Para probar suerte; por si acaso: "También voy a presentar el examen para Ingeniería, por no dejar". || **2.** supran. Por cortesía: "Lidia no me cae bien, pero la invité a mi fiesta de cumpleaños nada más por no dejar". ■ EXPR. **el que ~ transa, ~ avanza.** fam. Se usa para hacer notar que solo quien engaña alcanza los objetivos que desea. ▷ **hasta lo que ~ come le hace daño.** Se usa para criticar a alguien que se queja todo el tiempo y por todo: "Hilario es el típico amargado que hasta lo que no se come le hace daño". ▷ **hasta ~ verte, Jesús mío.** Se usa para proponer o indicar que algo se haga sin interrupciones: "Te sirvo este tequila y ya sabes, ¡hasta no verte, Jesús mío!". ▷ **hasta ~ verte, mujer.** fam. **hasta no verte, Jesús mío.** ▷ **~ es lo mismo Juana que Chana.** fam. Se usa para expresar que de dos alternativas de una elección, una es notablemente mejor que la otra: "No es lo mismo Juana que Chana cuando escoges entre un hotel de cinco estrellas o una posada". ▷ **~ está en báscula.** fam. Se usa para indicar que alguien está sosteniendo mucho peso y por ello solicita ayuda urgente: "¡Quítate, que no está en báscula, estos costales pesan muchísimo!". ▷ **~ hay cuidado.** Se usa para responder cortésmente ante una disculpa: "—Perdón, no te traje tu libro. —No hay cuidado, luego me lo das". ▷ **~ hay de piña.** fam. Se usa para indicar que no se concede lo solicitado: "—¿Entonces me vas a prestar los mil pesos? —No hay de piña". ▷ **~ hay fijón.** fam. **no hay cuidado.** ▷ **~ hay que ser. 1.** Se usa para solicitar ayuda: "No hay que ser, échame la mano con la tarea". || **2.** Se usa para señalar que alguien se comporta de manera reprobable: "Lo corrieron de su chamba en plena crisis económica, no hay que ser". ▷ **~ jales, que descobijas. 1.** fam. **no mames.** || **2.** fam. **no me defiendas, compadre.** ▷ **~ juegues. 1.** coloq. Se usa para indicar que alguien está cometiendo un exceso: "¡No juegues!, deja de molestar a tu hermano". || **2.** supran. coloq. Se usa para manifestar sorpresa o disgusto: "¡No juegues!, ¿a poco reprobó el examen?". ▷ **¡~ la...!** supran. fam. Se usa para indicar sorpresa: "¡No la...!, se cayó la tele y se descompuso". ▷ **~ le hace.** supran. Se usa para indicar que algo carece de importancia: "El pantalón está caro, pero no le hace, igual me lo voy a comprar". ▷ **~ le hagas.** Se usa para manifestar incredulidad o sorpresa ante una situación no deseada: "—¿Crees que nos corran de la chamba? —¡No le hagas!". ▷ **~ mames.** vulg. Se usa para manifestar sorpresa o incredulidad ante una situación no deseada; no le hagas. ▷ **~ manches.** eufem. **no mames.** ▷ **~ me defiendas, compadre.** supran. fam. Se usa para hacerle saber a alguien que, con su intención de ayudar, puede empeorar la situación: "No me defiendas, compadre, mejor ya no le expliques". ▷ **~ me toques ese son.** fam. **no me toquen ese vals.** ▷ **~ me toquen ese vals.** supran. Se usa para pedirle a alguien que evite mencionar un tema o recordar una situación desagradable: "No me toquen ese vals, todavía me duele haber perdido esa oportunidad". ▷ **~ pues sí.** coloq. Se usa para reconfirmar algo sobre lo que se tenía duda: "—Yo no estoy de acuerdo con el jefe. —No pues sí, yo tampoco". ▷ **¿~ que ~?** coloq. Se usa para hacer evidente que se cumplió algo que el interlocutor había negado: "—Las Chivas ganaron el clásico. —¿No que no?". ▷ **¿~ quieres pavo?** fam. Se usa para mostrar molestia o enfado por las excesivas peticiones o pretensiones de alguien: "—¿No tienes un mejor coche que me prestes? —¿No quieres pavo?". ▷ **~ te calientes, granizo.** fam. Se usa para pedir moderación ante la excitación de alguien: "—Ya deja de decirme esas cosas, porque no ando de buenas. —No te calientes, granizo. Ahí la dejamos". ▷ **si ~ compra, ~ mallugue.** pop. Se usa para pedir a alguien que no distraiga o haga perder el tiempo a alguien si no se tiene la intención de comprometerse o cerrar un trato: "Joven, si no compra, no mallugue; tengo muchos clientes". ▷ **si ~ es Juana, es Chana. 1.** fam. Se usa para indicar que apenas acaba un problema, surge otro: "—Apenas me alivié de la tos y ya tengo gripe.

—Si no es Juana, es Chana". || **2.** supran. fam. Se usa para indicar que alguien siempre tiene una excusa: "Antier no llegaste por la lluvia y ayer por el tráfico, si no es Juana, es Chana".

noche. ■ LOC. **~ del Grito.** LOC. SUST. La del 15 de septiembre, en que se conmemora el inicio de la Guerra de Independencia de México. ▷ **~ triste.** LOC. SUST. La del 30 de junio de 1520, cuando las huestes de Hernán Cortés fueron derrotadas por los mexicas.

nochera. ■ F. Véase **nochero, ra.**

nochero, ra. ■ ADJ. **1.** supran. *Referido a persona*, que tiene un horario laboral nocturno: "En mi trabajo están buscando a un chofer nochero". || **2.** supran. *Referido a persona*, que acostumbra permanecer despierta hasta entrada la madrugada: "Me puedes hablar a las dos de la mañana porque soy muy nochera". Ú.t.c.sust.: "Me puedes hablar a las dos de la mañana porque soy una nochera". ■ M. y F. **3.** *En Yucatán,* persona que voluntariamente organiza y paga uno de los días del novenario de un difunto: "El nochero del jueves es Mauricio". ■ F. **4.** supran. Mesita de noche; buró.

nochesnopal. ■ M. Arbusto originario de México, de hasta 5 m de altura; tallos articulados, aplanados, en forma de pala u ovados, verdosos; espinas pequeñas, blanquecinas, agregadas en grupos compactos (areolas) a lo largo del tallo; flores hermafroditas, vistosas, tubulares, con múltiples pétalos de color rosado a rojo; estambres numerosos, de rosados a rosado amarillentos; frutos abayados, de obcónicos a piriformes, rojizos, de pulpa rojiza y dulce; semillas pequeñas, numerosas, negras; frutos y tallos, comestibles; tallos, uso en la medicina tradicional. Familia de las cactáceas, *Nopalea cochenillifera.* (También se llama nocheztli, nochiztli, nopal de la cochinilla, nopalnocheztli).

nocheztli. ■ M. **nochesnopal.**

nochiztli. ■ M. **1. nochesnopal.** || **2.** rur. Colorante extraído de la cochinilla.

nochocle. ■ M. **nochote.**

nochote. ■ M. *En la Huasteca*, bebida hecha con el jugo de tuna fermentada, pulque y agua.

nochotle. ■ M. **nochote.**

nogada. ■ F. **1.** Dulce elaborado con nuez, leche y piloncillo. || **2.** Salsa de consistencia espesa elaborada con nuez de Castilla fresca, agua o leche y queso fresco de cabra.

nogal. ■ LOC. **~ de nuez lisa.** LOC. SUST. **nogal pecanero.** ▷ **~ pecanero.** LOC. SUST. Árbol de distribución en el centro, noreste y noroeste de México, de hasta 30 m de altura, monoico; tallos con corteza grisácea o castaña, de escamosa a agrietada con la edad; hojas alternas, divididas de nueve a 13 foliolos ovado-elípticos, el terminal mayor que los laterales, el envés escamoso o glabro, con margen aserrado; flores unisexuales, diminutas, sin pétalos, verdosas, las masculinas con tres a diez estambres, reunidas en grupos de tres y a su vez arregladas en amentos, las femeninas arregladas en espigas terminales; frutos drupáceos, elipsoides u ovoides, cubiertos por una cáscara que abre en cuatro valvas; semillas de formas cerebroides, castañas rojizas, comestibles; uso industrial; cortezas y hojas, uso en la medicina tradicional. Familia de las juglandáceas, *Carya illinoinensis.* (También se llama nogal de nuez lisa, pacana, pacano, pecanero, pecano).

nogalillo. ■ M. Árbol originario de Europa, Asia y América, de hasta 30 m de altura, monoico; tallos erectos, con corteza grisácea, pubescentes cuando jóvenes, posteriormente glabros; hojas alternas, divididas de cinco a nueve foliolos, de ovados a elípticos, con margen de entero a serrado, de glabros a pubescentes, principalmente en las axilas de las venas; flores unisexuales, pequeñas: las masculinas con cuatro tépalos ovados y con diez a 20 estambres, dispuestas en amentos laterales, las femeninas con cuatro tépalos lineares, dispuestas en espigas terminales; frutos drupáceos, de ovoides a subglobosos, verdes; semillas pequeñas, de dos a cuatro lobuladas, comestibles; uso como especie maderable. Familia de las fagáceas, *Quercus oleoides.* (También se llama encino barcino, roble encino).

nohoch. [*nojóch*] ■ ADJ. **1.** *En Yucatán,* que es más grande de lo usual: "Ese perro nohoch no cabe por la reja". || **2.** *En Yucatán, referido a persona,* gorda: "Mi abuelito antes era delgado, ahora está muy nohoch". ■ COM. **3.** *En Yucatán,* persona gorda: "Mi abuelito antes era delgado, ahora es un nohoch".

nojoch. Véase **nohoch.**

nomás. ■ ADV. **1.** supran. coloq. Nada más; solamente: "—¿Te dolió mucho el golpe? —No, nomás tantito". || **2.** supran. coloq. Se usa para añadir énfasis a una orden u ofrecimiento: "¡Siéntate nomás!". || **3.** supran. coloq. Apenas: "Los vecinos nomás llegaron y se sintieron en casa". ■ LOC. CONJ. **~ que. 1.** coloq. Se usa para contraponer algo a lo ya dicho: "Manuel me insultó, nomás que no se acuerda". || **2.** coloq. Tan pronto como: "Iré a Querétaro, nomás que tenga dinero". ■ EXPR. **¡~ faltaba!** fam. Se usa para reafirmar algo de manera enfática: "Te voy a acompañar al doctor, ¡nomás faltaba!". ■ INTERJ. **¡nomás!** fam. Se usa para expresar que algo se hace sin razón ni finalidad alguna: "—¿Y ahora por qué vas a ir a Xalapa? —¡Nomás!".

nomeolvides. ■ M. **1.** Hierba originaria de Europa, de hasta 50 cm de altura; tallos erectos o postrados, en ocasiones muy ramificados, pubescentes y estrigosos en la parte inferior; hojas simples, alternas, de obovadas a elíptico-lanceoladas, pubescentes en el envés, las apicales sin peciolos; flores hermafroditas, pequeñas y vistosas, tubulares, azules con un disco amarillo al centro, estambres insertos en la garganta del tubo, flores dispuestas en cimas terminales; frutos en esquizocarpos, divididos en cuatro secciones ovoides, comprimidas, lisas y brillantes; uso ornamental. Familia de las boragináceas, *Myosotis silvatica*. || **2.** Hierba originaria de China, de hasta 50 cm de altura, monoica; tallos erectos, de color grisáceo y pubescentes; hojas simples, alternas, las apicales de oblongas a lanceolado-elípticas, sin peciolo, abrazando ligeramente los tallos, hojas basales lanceolado-elípticas, pecioladas, ambas pubescentes; flores hermafroditas, pequeñas y vistosas, tubulares, azules o blancas, el centro blanco o amarillento, glanduloso-pubescente, flores dispuestas en panículas; frutos en esquizocarpos, que se dividen en cuatro secciones ovadas, deprimidas dorsalmente, blanquecinas, cubiertos de pequeñas espinas; uso ornamental. Familia de las boragináceas, *Cynoglossum amabile*.

nonti. ■ ADJ. **1.** *En el Noroeste, referido a persona*, tonta: "El vecino es muy nonti, dejó su billetera en el restaurante". ■ COM. **2.** *En el Noroeste*, persona tonta: "El vecino es un nonti, dejó su billetera en el restaurante".

noósfera. ■ F. supran. Conjunto de los seres inteligentes y el medio en que viven; noosfera.

nopal. ■ ADJ. **1.** fam. *Referido a persona*, babosa o tonta: "Francisco sería muy nopal si deja ese trabajo". || **2.** fam. *Referido a persona*, distraída: "Ando muy nopal, me puse calcetines de colores diferentes". || **3.** despect. *Referido a persona*, que tiene escasa instrucción escolar; naco: "Flor es muy nopal, no terminó la primaria". || **4.** despect. *Referido a persona*, de pésimos modales; naco: "Vicente es muy nopal, mastica con la boca abierta". || **5.** despect. *Referido a persona*, que se percibe como indígena; naco. Ú.t.c.sust. || **6.** supran. despect. *Referido a persona*, de bajos recursos; naco: "Yo no entro a comer aquí, hay unos hombres muy nopales". ■ M. **7.** gralizado. Arbusto originario de México, de hasta 5 m de altura; tallos postrados o erectos, articulados, aplanados, en forma de pala u ovados, o cortamente cilíndricos; espinas pequeñas, en grupos compactos (areolas) a lo largo del tallo, cubiertas de lana y cerdas armadas con púas; flores hermafroditas, vistosas, tubulares, con múltiples pétalos de color amarillo, anaranjado, rojo o rosado, estambres numerosos, insertados en la garganta del tubo, las flores solitarias, laterales o terminales; frutos abayados, de globosos a claviformes, en ocasiones con areolas provistas de lana, cerdas y espinas, de color amarillo a purpúreo, comestibles; semillas lenticulares, rodeadas de mucílago; uso forrajero, como cerca viva y en la medicina tradicional. Familia de las cactáceas, varias especies del género *Opuntia*. || **8.** gralizado. Penca tierna de este arbusto; comestible. ■ COM. **9.** fam. Persona babosa o tonta: "Francisco sería un nopal si dejara ese trabajo". || **10.** fam. Persona distraída: "Soy una nopal, me puse calcetines diferentes y ahora parezco loca". || **11.** despect. Persona que tiene escasa instrucción escolar; naco: "Flor es una nopal, no terminó la primaria". || **12.** despect. Persona de pésimos modales; naco: "Vicente es un nopal, mastica con la boca abierta". || **13.** despect. Persona que se percibe como indígena; naco. || **14.** supran. despect. Persona de bajos recursos; naco: "Yo no entro a comer aquí, hay puras nopales y groseras". ■ LOC. **~ ardilla.** LOC. SUST. **1.** Cactus originario de México, de hasta 1.5 m de altura, monoico; tallos ramificados, a veces rastreros, con artículos o segmentos ovados, de color verde limón a amarillento, espinas en grupos de dos, amarillentas; flores hermafroditas, con numerosos tépalos amarillos verdosos y con tonos rojizos, con numerosos estambres de color amarillo; frutos de abayado-globosos a piriformes, amarillos y a veces con manchas púrpuras, cubiertos de densos pelos finos o ahuates amarillos, comestibles; semillas numerosas, subglobosas. Familia de las cactáceas, *Opuntia heliobravoana*. (También se llama duraznillo blanco, tetechal). || **2. nopal corriente.** ▶ **~ camueso.** LOC. SUST. Arbusto originario de México, de hasta 2 m de altura; tallos erectos, muy ramificados, articulados, pencas de circulares a obovadas, muy gruesas, de color verde azulado, cubiertas con una capa de cera; areolas ovadas, elevadas en la parte superior de la penca, cubiertas de lana de color castaño claro a negruzco, cerdas numerosas, de color castaño a amarillo dorado, espinas vigorosas, amarillentas; flores hermafroditas, vistosas, tubulares, con múltiples pétalos amarillos, los exteriores de deltoides a obovados, los interiores espatulados, estambres numerosos, de color blanco verdoso, flores solitarias; frutos abayados, globosos, purpúreos, cubiertos de areolas con lana negruzca y cerdas amarillas; semillas diminutas, deltoides; frutos, se usan para preparar infusión; pencas, comestibles y con uso forrajero. Familia de las cactáceas, *Opuntia robusta* var. *robusta*. (También se llama nopal tapón, tuna tapona). ▶ **~ cardón.** LOC. SUST. Árbol o arbusto originario de México, de hasta 5 m de altura; tallos erectos, muy ramificados, articulados, pencas angostamente obovadas, de color verde oscuro a grisáceo, recubiertas con una capa de cera; areolas cubiertas de lana de color castaño a negruzco, espinas de color amarillento a rojizo; flores hermafroditas, vistosas, tubulares, con múltiples pétalos verdes con tintes rojizos en el exterior y amarillos con tintes rojizos al interior, estambres numerosos, verdes, flores solitarias; frutos abayados, elipsoides, rojos, cubiertos de areolas sin espinas, comestibles; semillas de discoideas a triangulares. Familia de las cactáceas, *Opuntia streptacantha*. (También se llama nopal de tuna colorada, nopal hartón, tuna cordona, tuna mansa). ▶ **~ cascarón.** LOC. SUST. Árbol o arbusto originario de México, de hasta 4 m de altura; troncos erectos, articulados, pencas de circulares a obovadas, de color verde claro a grisáceo, recubiertas con una capa de cera que les da un tono cenizo; areolas cubiertas de una lana de color gris a negro, espinas de cinco o seis, una rígida, negras, cerdas pequeñas, de color amarillo rojizo; flores hermafroditas, vistosas, tubulares, con múltiples pétalos de color verde amarillento, con tintes rojizos en el ápice, estambres numerosos, amarillos pálidos, flores solitarias; frutos abayados, de globosos a subglobosos, cubiertos de areolas y lana castaña rojiza, comestibles; semillas discoideas. Familia de las cactáceas, *Opuntia hyptiacantha*. (También se llama tuna corriente). ▶ **~ chamacuelo.** LOC. SUST. Arbusto originario de México, de hasta 6 m de altura, monoico; tallos erectos, pubescentes, articulados, pencas oblongas, de obovadas a elípticas, de color verde oscuro a verde oscuro grisáceo; areolas cubiertas de lana color gris negruzco, con cerdas desiguales, dispuestas en la parte superior de la areola, amarillo oscuro; flores hermafroditas, vistosas, tubulares, con múltiples pétalos, los exteriores oblongos, blancos, con una banda verde al centro, los interiores espatulados, rojos purpúreos, estambres numerosos, de color rosa rojizo, flores solitarias; frutos drupáceos, elipsoides, purpúreos, cubiertos de areolas y lana color castaño amarillento, con cerdas abundantes, comestibles; semillas discoideas, pubescentes, amarillentas. Familia de las cactáceas, *Opuntia tomentosa* var. *tomentosa*. ▶ **~ chamacuerito.** LOC. SUST. **1.** Arbusto originario de México, de hasta 4 m de altura; tallos erectos, articulados, pencas obovadas, de color verde claro amarillento, con tubérculos oblongos en la base; areolas negruzcas, cubiertas de una lana inconspicua negra, cerdas pequeñas, de color castaño amarillento; flores hermafroditas, vistosas, tubulares, con múltiples pétalos, los exteriores deltoides, amarillos con tintes anaranjados rojizos, los interiores espatulados, anaranjados, estambres numerosos, pubescentes, amarillos o verdes, flores solitarias; frutos abayados, de subglobosos a elipsoides, purpúreos, cubiertos de areolas; semillas diminutas, discoideas, anguladas; frutos y pencas, comestibles; mucílago, uso industrial. Familia

N

de las cactáceas, *Opuntia sarca*. || **2.** Arbusto originario de México, de hasta 2.5 m de altura; tallos erectos, pequeños, pubescentes, articulados, pencas oblongas, de obovadas a elípticas, de verde oscuro a verde oscuro grisáceo; areolas cubiertas de lana, de color castaño grisáceo a negruzco, con cerdas desiguales, dispuestas en la parte superior de la areola, color castaño amarillento; flores hermafroditas, vistosas, tubulares, con múltiples pétalos, los exteriores deltoides, blancos, con una banda verde al centro, los exteriores espatulados, amarillentos, estambres numerosos, color blanco verdoso y amarillento, flores solitarias; frutos abayados, piriformes, purpúreos, cubiertos de areolas y lana de color castaño amarillento, con cerdas abundantes, comestibles; semillas discoideas, pubescentes, amarillentas. Familia de las cactáceas, *Opuntia tomentosa*. ▶ **~ corriente.** LOC. SUST. Arbusto originario de México, de hasta 1 m de altura; tallos erectos, articulados, de pencas obovadas a casi circulares, de corteza gris negruzca, pubescente; areolas cubiertas de lana grisácea, espinas blancas con tintes rojizos en la base y la punta; flores hermafroditas, vistosas, tubulares, con múltiples pétalos de amarillos a verdes, con margen ondulado, estambres numerosos, de color blanco, flores solitarias; frutos abayados, subglobosos, de color verde grisáceo, cubiertos de pelos sedosos, comestibles; semillas discoides, irregularmente anguladas, de color castaño grisáceo. Familia de las cactáceas, *Opuntia spinulifera*. (También se llama nopal ardilla). ▶ **~ de cerro.** LOC. SUST. **nopal de pedregal.** ▶ **~ de la cochinilla.** LOC. SUST. **nochesnopal.** ▶ **~ de pedregal.** LOC. SUST. Árbol o arbusto originario de México, de hasta 4 m de altura; tallos erectos, articulados, de pencas obovadas a elípticas, de color verde claro a amarillento, con tubérculos prominentes; areolas pequeñas, cubiertas de lana grisácea, con cerdas numerosas, amarillas o pardas, espinas aciculares, blancas; flores hermafroditas, vistosas, tubulares, con múltiples pétalos anaranjados con tintes rosados, los exteriores triangulares, los interiores espatulados, estambres numerosos, amarillentos, flores solitarias; frutos abayados, de obcónicos a subglobosos, verdes amarillentos con manchas rojas, cubiertos de areolas, comestibles; semillas discoideas, anguladas. Familia de las cactáceas, *Opuntia lasiacantha*. (También se llama nopal de cerro). ▶ **~ de tuna colorada.** LOC. SUST. **nopal cardón.** ▶ **~ hartón.** LOC. SUST. **nopal cardón.** ▶ **~ manso.** LOC. SUST. Arbusto originario de América, de hasta 5 m de altura; tallo erecto, muy ramificado, articulado, de pencas oblongas a obovadas, verdes opacas, cubiertas de una capa de cera grisácea; areolas hundidas, cubiertas de lana color grisáceo negruzco, con algunas cerdas pequeñas, color castaño amarillento, y espinas aplanadas, largas; flores hermafroditas, vistosas, tubulares, con múltiples pétalos amarillos con tintes rojizos, los exteriores de deltoides a oblongos, los interiores anchamente oblongos, estambres numerosos, blancos; frutos abayados, de elipsoides a obovoides, color rojo purpúreo, cubiertos de areolas sin espinas, cerdas y lana rojizas, comestibles; semillas diminutas, discoideas; pencas, uso en la medicina tradicional. Familia de las cactáceas, *Opuntia ficus-indica*. (También se llama nopal tempranillo, tuna colorada fina). ▶ **~ tapón.** LOC. SUST. **nopal camueso.** ▶ **~ tempranillo.** LOC. SUST. **nopal manso.** ▶ **nopales navegantes.** LOC. SUST. Guiso caldoso hecho con estas pencas tiernas, cortadas en trozos pequeños, con chile, cebolla, ajo y aromatizado con epazote. ▶ **nopales xoletes.** [*jolétes, sholétes, solétes*] LOC. SUST. *En Colima*, platillo preparado con estas pencas tiernas, chícharo, papa, chiles poblano y chipotle, cebolla y epazote.

nopalear. ■ INTR. **1.** supran. fam. Estar distraído: "Marina nopaleó toda la clase y no entendió nada de lo que explicó el maestro". || **2.** supran. fam. Perder el tiempo deambulando: "Nopaleamos en el centro comercial toda la tarde".

nopalero, ra. ■ ADJ. **1.** Perteneciente o relativo a la planta del nopal: "Este año la industria nopalera tuvo grandes ganancias". || **2.** *Referido a persona*, que gusta de comer nopales: "Chava es muy nopalero, le pone nopales a todo". Ú.t.c.sust.: "Chava es un nopalero, le pone nopales a todo". ■ M. y F. **3.** Persona que se dedica a recolectar y vender nopales.

nopalillo. ■ M. **1.** Hierba originaria de México y Centroamérica, de hasta 4 m de altura; tallos trepadores, ascendentes, pronto péndulos, verdes o rojizos, cilíndricos y apostillados, costillas con margen crenado; espinas pequeñas arregladas en grupos compactos (areolas) aciculares, divergentes, espinas tiesas, amarillas claras; flores hermafroditas, vistosas, tubulares, con múltiples pétalos, los externos angostamente lanceados, de color rojo a pardo rojizo, los internos linear-lanceolados, rojos; frutos abayados, oblongos, verdes oscuros, cubiertos de espinas rígidas, de color amarillo claro; semillas diminutas; uso ornamental. Familia de las cactáceas, *Heliocereus schrankii*. (También se llama junco, texcaxóchitl). || **2.** Cactus epífito originario de México, actualmente cultivado en muchos países, de hasta 1 m de altura, monoico; tallos ramificados, cilíndricos, colgantes, con numerosas y pequeñas espinas; flores hermafroditas, vistosas, tubulares, con numerosos tépalos de color rosa a rojo, solitarias; frutos abayados, elipsoides, rojos; semillas diminutas, numerosas, amarillas. Familia de las cactáceas, *Disocactus flagelliformis*. (También se llama cactus cola de rata, cactus junco, flor de látigo, floricuerno, junquillo).

nopalnocheztli. ■ M. **nochesnopal.**

nopo. ■ M. *En el Sureste y Veracruz*, ave carroñera de amplia distribución en América, de hasta 60 cm de longitud y 1.5 m de envergadura; con plumaje negro; cabeza y cuello desnudos, arrugados y de color gris pizarra; cola corta y redondeada; patas grisáceas. Familia de los catártidos del orden Cathartiformes, *Coragyps atratus*. (También se llama zopilote, zopilote negro).

noquear. ■ TR. **1.** Producir una droga o un medicamento la pérdida del sentido: "La nueva medicina me noqueó en la noche". || **2.** Causar fatiga o somnolencia en grado extremo: "Ese trabajo noqueó a Luis". || **3.** supran. Producir una bebida alcohólica un alto estado de ebriedad; embriagar: "El mezcal noquea a Lorenzo".

normatividad. ■ F. Conjunto de normas aplicables a una determinada materia o actividad.

norteada. ■ F. **1.** fam. Soplido fuerte del viento. || **2.** supran. fam. Desorientación.

nortear. ■ TR. **1.** fam. Soplar viento fuerte: "Ayer norteó toda la noche en Chiapas". || **2.** supran. fam. Desorientar a alguien: "La señora me norteó con tanta indicación para llegar al mercado".

norteña. ■ F. Canción popular derivada de géneros musicales del Norte, como el chotís, la polka, la redova, etcétera.

nota. ■ F. supran. Artículo periodístico. ■ LOC. **~ de remisión.** LOC. SUST. supran. Comprobante de pago: "No me dieron una nota de remisión en el supermercado". ▷ **~ roja.** LOC. SUST. **1.** supran. Sección de un periódico sobre acontecimientos policiacos: "A Braulio le gusta mucho la nota roja del periódico local". || **2.** supran. Noticia de sucesos violentos o sensacionalista: "La nota roja del lunes fue impactante".

noticiero. ■ M. supran. Programa de radio o de televisión que transmite noticias; noticiario.

novateada. ■ F. Vejación o molestia que los veteranos realizan a los recién llegados a un grupo o colectividad.

novatear. ■ TR. Vejar y molestar los veteranos a los recién llegados a un grupo o colectividad: "Los alumnos de último año siempre novatean a los nuevos".

novela. ■ F. supran. Telenovela.

novelear. ■ INTR. supran. Ver telenovelas.

novelón. ■ M. supran. Situación de mucho enredo o confusión que resulta escandalosa: "Mi hijo hace siempre un novelón cuando le toca la vacuna".

novena. ■ F. supran. Equipo de beisbol o de softbol.

novia. ■ F. Pan dulce en forma de espiral, cubierto con azúcar. ■ LOC. **la ~ fiel.** LOC. SUST. fest. La muerte. ▷ **novias al balcón.** LOC. SUST. *En Colima*, comida que se prepara con dos pencas de nopal empalmadas, rellenas de queso, capeadas y servidas en una salsa de jitomate.

noviar. ■ INTR. **1.** Pasar tiempo con la pareja amorosa: "Eva jamás noviaba en sus horas de trabajo". || **2.** Coquetear con el fin de tener una relación amorosa: "Mi hermano siempre noviaba con mis amigas, pero nunca anduvo con ninguna". || **3.** supran. Mantener una relación de noviazgo: "Mis papás noviaron durante ocho años".

novillo. ■ M. **1.** supran. Toro castrado que se destina para la alimentación humana. || **2.** supran. Ternero.

nube. ■ F. **1.** Hierba originaria de Europa y Asia, de hasta 90 cm de altura; tallos erectos, muy ramificados, glabros; hojas simples, opuestas, de lanceoladas a linear-lanceoladas, las inferiores abrazando el tallo; flores hermafroditas, pequeñas, campanuladas, con cinco pétalos blancos, venación en ocasiones de color rosado, estambres diminutos, flores numerosas, dispuestas en cimas; frutos capsulares, globosos y diminutos; semillas muy pequeñas, de reniformes a denticuladas, tuberculadas, de color café a rojizo. Familia de las cariofiláceas, *Gypsophila elegans.* || **2.** Flor de la **nube**; uso ornamental. || **3.** Pan dulce semiesférico y esponjoso, cubierto con una costra hecha de grasa y azúcar, que lleva azúcar espolvoreada encima. ■ LOC. **~ de campo.** LOC. SUST. Hierba originaria de América, de hasta 3 m de altura, dioica; tallos erectos o trepadores, poco o muy ramificados, cilíndricos o cuadrangulares, de glabros a pubescentes; hojas simples, opuestas, de elípticas a ovadas, con margen entero a dentado; flores hermafroditas y unisexuales, pequeñas, con forma de embudo, de color blanco a morado pálido, de glabras a pubescentes, dispuestas en panículas cimosas, estambres que salen de la garganta; frutos aquénicos, de lineares a oblongos, falcados, pequeños y lisos, de color amarillento a ligeramente morado. Familia de las caprifoliáceas, *Valeriana clematitis.*

nublazón. ■ F. supran. Nubosidad.

nucú. ■ M. **nacasmá.**

nuculpat. ■ M. Árbol o arbusto de hasta 30 m de altura, monoico; tallos con corteza desprendible en bandas, resinosos; hojas imbricadas, enteras, en forma de escamas, diminutas, de color verde azulado; conos unisexuales, pequeños: los masculinos, diminutos, ovoides, amarillos, en la parte terminal de las ramillas, los femeninos, pequeños, globosos, de color café rojizo, en las axilas de las ramas, dehiscentes; semillas numerosas, pequeñas, angulosas, aplanadas. Familia de las cupresáceas, *Cupressus lindleyi.* (También se llama gretado galán).

nuégado. ■ M. *En Chiapas*, dulce elaborado con bolas pequeñas de masa de harina de trigo fritas y bañadas con miel de azúcar.

nuevehojas. ■ M. Arbusto originario de América, de hasta 7 m de altura; tallos trepadores, poco ramificados; hojas alternas, divididas en tres foliolos de ovados a elípticos, con margen aserrado, aterciopeladas por ambas caras; flores pequeñas, hermafroditas, blancas, dispuestas en espigas terminales, con cuatro pétalos y cuatro sépalos, con ocho estambres; frutos samaroides, de ovados a cordados, de pubescentes a glabros con la edad; semillas esféricas, cafés, con alas delgadas, dispuestas del ápice de los frutos; uso en la medicina tradicional. Familia de las sapindáceas, *Serjania racemosa.* (También se llama bejuco siete corazones, bejuco tres en uno, hierba de golpe).

nuez. ■ LOC. **de ~.** (Juego de palabras entre nuez y nuevo). LOC. ADV. De nuevo: "Desayuné de nuez con mi vecino". ▶ **~ calatola.** LOC. SUST. **1.** Árbol originario de México, de hasta 20 m de altura, dioico; tallos erectos, con corteza escamosa, amarillos parduzcos, con un exudado que se torna azul verdoso al secarse, de sabor dulce; hojas simples, alternas o dispuestas en espiral, de oblongas a elípticas, con pubescencia en las axilas de las nervaduras en el envés; flores unisexuales, pequeñas y verdosas: las masculinas, glabras o ligeramente pubescentes, dispuestas en amentos, las femeninas, pubescentes, solitarias o dispuestas en pares; frutos drupáceos, de ovoides a globosos, lisos, de color verde oscuro y brillantes, cada uno con una sola semilla. Familia de las icacináceas, *Calatola laevigata.* (También se llama boné, duraznillo). || **2.** Fruto de este árbol; comestible; uso en la medicina tradicional. ▶ **~ de Castilla.** LOC. SUST. **1.** Árbol originario del sureste de Europa y oeste de Asia, de hasta 30 m de altura, monoico; tallos erectos, con corteza grisácea, rugosa y fisurada; hojas alternas, divididas en tres, cinco o nueve foliolos de ovados a elíptico-ovados, de glabros a pubescentes en los nervios, largamente peciolados; flores unisexuales, pequeñas, diminutas, verdosas, con cuatro tépalos: las masculinas, con numerosos estambres, dispuestas en amentos, las femeninas, solitarias, en grupos de tres o en racimos; frutos drupáceos, de ovoides a subglobosos, verdosos; semillas con dos o cuatro lóbulos en la base; uso como especie maderable. Familia de las juglandáceas, *Juglans regia.* (También se llama nogal). || **2.** Fruto de este árbol; comestible.

▶ **~ de la India.** LOC. SUST. **1.** Árbol originario de Malasia, de hasta 10 m de altura, monoico; tallos erectos, con corteza de color café grisácea a blanquecina; hojas simples, alternas, ovadas, tres lobadas o cinco lobadas, con un par de glándulas en la base, largamente pecioladas; flores unisexuales, pequeñas, blancas verdosas y fragantes, dispuestas en panículas, con cinco pétalos; frutos drupáceos, globosos, lateralmente comprimidos, verdes o cafés, de una a dos semillas. Familia de las euforbiáceas, *Aleurites moluccanus*. || **2.** Fruto de este árbol; comestible. ▶ **~ de pecán.** LOC. SUST. Fruto del árbol llamado nogal pecanero. ▶ **~ encarcelada.** LOC. SUST. Fruto de diversas especies de árbol, de color café, cáscara lisa y forma de aceituna, con almendra aceitosa, comestible y de sabor agradable.

nulificación. ■ F. supran. Anulación.

nulificar. ■ TR. supran. Anular: "El director nulificó el acuerdo de la junta".

nuncamente. ■ ADV. fest. Nunca: "—¿Te pondrías un arete en el ombligo? —Nuncamente, ¡qué dolor!".

nurite. ■ M. Hierba originaria de México, de hasta 3 m de altura; tallos muy ramificados, pubescentes, de aroma parecido a la menta al estrujarse; hojas simples, opuestas, de aovadas a lanceoladas, con margen aserrado, en ocasiones con tintes anaranjados; flores hermafroditas, vistosas, tubulares, de anaranjadas a purpúreas, con cuatro estambres que sobresalen de los pétalos, solitarias o dispuestas en grupos de tres; frutos como nueces oblongas u ovoides, lisas, en ocasiones mucronadas, estriadas o reticuladas; uso en la medicina tradicional. Familia de las labiadas, *Clinopodium macrostemum*.

nylon. [*náilon*] (De Nylon®). Véase **nailon.**

N

Ñ

ñaca. ■ EXPR. **¡ñaca ñaca!** Se usa para indicar que una situación es incierta: "Ayer eligieron nuevo jefe, ¡ñaca ñaca!, lo que nos espera".

ñamole. ■ M. **1.** Hierba originaria de América, de hasta 2 m de altura, monoica; tallos muy ramificados, un tanto huecos, suculentos y angulosos; hojas alternas, enteras, de elípticas a ovado-lanceoladas; flores hermafroditas, pequeñas, con cinco tépalos de blancos a rojizos y numerosos estambres, agrupadas en densos racimos; frutos abayados, globosos, rojos o negros; de seis a diez semillas, pequeñas y negras brillantes. Familia de las fitolacáceas, *Phytolacca icosandra.* (También se llama carricillo, jaboncillo, mazorquilla, niamole). || **2.** Fruto del **ñamole**; uso en la medicina tradicional. || **3.** Raíz del **ñamole**; uso en la medicina tradicional.

ñango, ga. ■ ADJ. **1.** fam. *Referido a alguien,* enclenque: "Aquel perro ñango necesita comer". Ú.t.c.sust.: "Aquel ñango necesita comer". || **2.** fam. *Referido a persona,* que no llega a las expectativas de crecimiento; desmedrado: "Mi prima ñanga parece una adolescente, pero ya tiene 30". Ú.t.c.sust.: "Esa ñanga parece una adolescente, pero ya tiene 30".

ñáñara. ■ F. **1.** fam. Residuos de excremento en los vellos del ano. Ú.m.e.pl. || **2.** supran. fam. Comezón. Ú.m.e.pl.: "Las ñáñaras en la espalda no me dejan trabajar". || **3.** supran. fam. Temor indefinido. Ú.m.e.pl.: "Sentí ñañaras cuando caminé por ese callejón oscuro". || **4.** supran. fam. Repugnancia que suscita algo. Ú.m.e.pl.: "Ver cucarachas me da ñañaras".

ñapa. ■ F. **1.** *En el Sureste,* robo de cosas de poco valor. || **2.** supran. Porción extra de mercancía que da un comerciante a su cliente como obsequio; pilón. ■ LOC. **de (a) ~.** LOC. ADV. **1.** Sin causa aparente: "Yolanda me dejó de hablar de ñapa". || **2.** supran. Gratuitamente: "Hugo recibió de a ñapa una suscripción al periódico".

ñapear. ■ TR. *En el Sureste,* robar cosas de poco valor: "Me ñapearon mi lápiz en el salón durante el receso".

ñasgado, da. ■ ADJ. *En el Sureste, referido a persona,* jorobada: "Domingo está muy ñasgado por cargar bultos pesados". Ú.t.c.sust.: "Ahí viene el ñasgado cargando los bultos pesados".

ñengo, ga. ■ ADJ. **ñango, ga.**

ñeque. ■ ADJ. **1.** *Referido a persona,* que tiene un párpado caído: "Lino quedó ñeque por la parálisis facial". ■ M. **2.** supran. Golpe o puñetazo. ■ COM. **3.** Persona que tiene un párpado caído: "Ese ñeque se llama Lino".

ñerez. ■ F. **1.** Cualidad de ñero. || **2.** Cosa, expresión o acción propia de un ñero.

ñero, ra. ■ ADJ. **1.** despect. Vulgar o de mal gusto. || **2.** despect. *Referido a persona,* que habla, viste y se comporta de manera vulgar y maleducada. Ú.t.c.sust. ||**3.** despect. *Referido a persona de ciertos grupos urbanos*, que habla con una entonación particular y con juegos constantes del lenguaje, como paronimias y albures: "Mi jefe, que es muy ñero, me dijo: ¿Qué Pachuca por Toluca, valedor?". Ú.t.c.sust.: "El ñero me dijo: ¿Qué Pachuca por Toluca, valedor?". ||**4.** supran. despect. *Referido a persona,* de bajo estrato social; marginado. Ú.t.c.sust. ||**5.** supran. despect. Propio de la persona **ñera**: "A ver si ya dejas tus costumbres ñeras, ¿no?". ■ M. y F. **6.** despect. Persona indeterminada.

ñonga. ■ F. vulg. Pene. ■ LOC. **de la ~.** LOC. ADJ. **1.** Muy difícil: "Estoy harto, esto está de la ñonga". ||**2.** Feo: "La silla está de la ñonga". ||**3.** Que está en mal estado: "Me siento de la ñonga desde ayer".

ñoño, ña. ■ ADJ. **1.** *Referido a persona,* que muestra espanto por lo soez o lo sexual: "Karla es muy ñoña, se escandaliza cuando ve que se besan en la calle". Ú.t.c.sust.: "Karla es una ñoña, se escandaliza cuando ve que se besan en la calle". ||**2.** supran. *Referido a persona,* apegada a sus deberes: "Carmen es muy ñoña, no come ni duerme si no termina el trabajo". Ú.t.c.sust.: "Carmen es una ñoña, no come ni duerme si no termina el trabajo". ||**3.** supran. *Referido a persona,* que cultiva obsesivamente una afición: "Hernán es muy ñoño, tiene todos los cómics de su héroe". Ú.t.c.sust.: "Hernán es un ñoño, tiene todos los cómics de su héroe".

ñor, ra. ■ M. y F. pop. Fórmula de tratamiento para dirigirse a un señor o a una señora: "Ñora, buenos días. Aquí está lo de la renta de septiembre".

O

oaxaco, ca. [*oajáko*] ■ ADJ. **1.** fam. **oaxaqueño, ña.** || **2.** despect. *Referido a persona*, que es de baja estatura y de tez morena. Ú.t.c.sust.

oaxaqueño, ña. [*oajakéño*] ■ ADJ. **1.** Perteneciente o relativo al estado o ciudad de Oaxaca: "Estoy aprendiendo a preparar tamales oaxaqueños". || **2.** Natural o procedente del estado o ciudad de Oaxaca: "El gobernador oaxaqueño inauguró la librería". Ú.t.c.sust.: "Los oaxaqueños organizaron una comida para los invitados".

obatel. ■ M. *En el Noroeste*, arbusto o árbol originario de Sudamérica, de hasta 9 m de altura, monoico; tallos con ramas extendidas; hojas alternas, simples, de oblongo-elípticas a lanceolado-acuminadas, pubescentes; flores hermafroditas, pequeñas, de color blanco verdoso, dispuestas en corimbos, con cinco pétalos, de elípticos a redondeados, unidos por la base en la que forman un tubo, con ocho estambres pequeños; frutos capsulares, de ovoides a elipsoides, de color amarillo rojizo en el exterior y rojo intenso en el interior; semillas pequeñas, ovoides, de color café claro, rodeadas de un arilo carnoso; uso ceremonial, como plaguicida y en la medicina tradicional. Familia de las salicáceas, *Casearia nitida*.

obelisco. ■ M. **1.** Arbusto originario de Asia, de hasta 3 m de altura, monoico; tallos muy ramificados; hojas alternas, enteras, de ovadas a ovado-lanceoladas, con margen aserrado; flores hermafroditas, vistosas, en forma de campana, con cinco pétalos rojos o de diferentes colores, estambres unidos en un tubo largo, solitarias; frutos capsulares, ovoides, cafés; uso ornamental. Familia de las malváceas, *Hibiscus rosa-sinensis*. (También se llama gallardete, lamparilla, rosicler, tulipán, tulipán americano). || **2.** Flor del **obelisco**; uso ceremonial, en la medicina tradicional y ornamental.

oblea. ■ F. **1.** Dulce elaborado con dos hojas delgadas de harina de trigo, sal y agua, en forma de círculo o medio círculo de diversos colores, que comprimen una capa de miel y generalmente se adornan en la orilla con pepitas de calabaza secas o amaranto. || **2.** supran. Dulce elaborado con dos hojas delgadas de harina de trigo, sal y agua, generalmente en forma circular, que comprimen una capa de cajeta o dulce de leche.

obra. ■ LOC. **~ negra.** LOC. SUST. supran. Construcción a la que le faltan los acabados: "Compré la casa en obra negra para terminarla a mi gusto".

obradera. ■ F. supran. fam. Diarrea; cagadera.

obrador, ra. ■ M. Y F. **1.** Persona que se dedica a atender en un obraje o lugar donde se preparan y venden embutidos y carne de cerdo. ■ M. **2. obraje**.

obraje. ■ M. Lugar donde se preparan y venden embutidos y carne de cerdo.
obrajero, ra. ■ ADJ. **1.** Perteneciente o relativo al obraje o lugar donde se preparan y venden embutidos y carne de cerdo: “En mi ciudad predomina el comercio obrajero”. ■ M. y F. **2.** Persona que se dedica a atender en un obraje o lugar donde se preparan y venden embutidos y carne de cerdo.
obregonismo. ■ M. **1.** Corriente de pensamiento político, encabezada por Álvaro Obregón que, en 1920, propició la caída del gobierno de Venustiano Carranza y propuso la reorganización general del país. || **2.** Conjunto de militantes o simpatizantes del **obregonismo**.
obregonista. ■ ADJ. **1.** Perteneciente o relativo al obregonismo: “Durante el periodo obregonista se creó la Secretaría de Educación Pública”. || **2.** *Referido a persona*, partidaria o militante del obregonismo: “Los líderes obregonistas buscaron la renegociación de la deuda externa”. ■ COM. **3.** Persona partidaria o militante del obregonismo: “Los obregonistas más comprometidos buscaron la renegociación de la deuda externa”.
ocalo. ■ M. **1.** Árbol originario de Australia, de hasta 50 m de altura, ampliamente distribuido en la actualidad en áreas de clima cálido templado, monoico; raíces pivotantes que penetran hasta 100 m de profundidad; tallos delgados de corteza costrosa y café, que al desprenderse deja manchas grisáceas; hojas simples, las jóvenes opuestas y de ramas angulares, y las maduras, alternas, lanceoladas, coriáceas, de color verde azulado; flores hermafroditas, pequeñas, con numerosos estambres, de color blanquecino o amarillento, agrupadas en inflorescencias umbeliformes; frutos capsulares, blanquecinos, globosos y turbinados; semillas diminutas, numerosas, cafés o negruzcas. Familia de las mirtáceas, *Eucalyptus globulus*. (También se llama eucalipto). || **2.** Hoja del **ocalo**; uso farmacéutico y en la medicina tradicional.
ocaxtle. [*okáshtle, okástle*] ■ M. **1.** Herramienta metálica en forma de cucharón que usan los tlachiqueros para raspar el interior del maguey; raspador. || **2.** Herramienta metálica que sirve para raspar los avíos de las bestias de carga.
ocelosúchil. ■ M. **1.** Hierba originaria de México, de hasta 80 cm de altura, monoica; bulbos carnosos, subterráneos; hojas plegadas y envainantes en la base, enteras, largamente lanceoladas; flores hermafroditas, vistosas, con seis tépalos de color rojo amarillento con base amarilla moteada de rojo, sobre un escapo de hasta 70 cm de altura; frutos capsulares; semillas numerosas, globosas, negras. Familia de las iridáceas, *Tigridia pavonia*. (También se llama cacomite, flor de tigre, oceloxóchitl). || **2.** Flor del **ocelosúchil**. || **3.** Tubérculo del **ocelosúchil**; comestible.
oceloxóchitl. [*oselosóchitl*] ■ M. **ocelosúchil.**
ochmul. ■ M. supran. *En el Sureste*, arbusto originario de América, de hasta 3 m de altura, monoico; tallos muy ramificados y fibrosos; hojas simples, alternas, de ovadas a rómbicas, a veces trilobuladas, pubescentes, con margen dentado y ápice acuminado; flores hermafroditas, pequeñas, con cinco pétalos amarillos, con 15 o más estambres, agrupadas en cimas axilares; frutos capsulares, redondos y pequeños, indehiscentes, estrellados, puberulentos, cubiertos de espinas terminadas en gancho; semillas pequeñas, piriformes; uso industrial y en la medicina tradicional. Familia de las malváceas, *Triumfetta semitriloba*.
ocho. ■ M. **1.** *En la charrería*, lazada que tiene la forma de este número, que se coloca en el suelo para atrapar las patas del animal. || **2.** supran. Pan dulce que tiene la forma de este número, que generalmente lleva crema pastelera en el interior de los círculos que lo forman.
oclayo. ■ M. supran. fest. Ojo.
ocochal. ■ M. **ocoxal.**
ocojal. ■ M. **ocoxal.**
ocotal. ■ M. supran. Sitio poblado de ocotes.
ocote. ■ ADJ. **1.** fam. *Referido a persona*, que genera discordias. Ú.m.e.dim.: “Mariana es muy ocotito, por eso no la invité a la fiesta”. ■ M. **2.** supran. Árbol originario de México, actualmente cultivado en algunos países de Centroamérica, Irlanda, España y Australia, de hasta 30 m de altura, monoico; tallos con el tronco grueso de hasta 90 cm de diámetro, con corteza de color moreno rojizo, gruesa y áspera; hojas simples, lineares, agrupadas en fascículos de cuatro a seis hojas, colgantes, vaina persistente; estróbilos masculinos,

pequeños, de 2 cm de altura, de color café rojizo; estróbilos femeninos, vistosos, cilíndricos, leñosos, de color púrpura o moreno azulado, glaucos, solitarios o en grupos de dos a tres; semillas aladas, pequeñas, cafés; uso industrial y ornamental. Familia de las pináceas, *Pinus montezumae*. || **3.** supran. Madera del **ocote**. || **4.** supran. Resina del **ocote**; uso industrial y en la medicina tradicional. || **5.** supran. Árbol originario de América, de hasta 40 m de altura y hasta 2 m de diámetro, monoico; hojas aciculares agregadas en fascículos de cinco; conos unisexuales: conos masculinos muy pequeños, de 15 a 25 mm, casi cilíndricos, amarillos, conos femeninos surgen cerca del ápice de las ramas, en grupos de dos o cuatro, leñosos de forma cilíndrica y bastante encorvada, resinosos; semillas aladas; uso industrial y ornamental. Familia de las pináceas, *Pinus ayacahuite*. (También se llama acahuite, anacagüite, anacahuita, anacahuite, ayacahuite, cahuite, chahuite, sacalacahuite). || **6.** supran. Nombre genérico de varias especies de pino americano, aromático y resinoso, de amplia distribución desde México hasta Nicaragua, de 15 a 25 m de altura. ■ COM. **7.** fam. Persona que genera discordias: "Mariana es una ocote, por eso no la invité a la fiesta". Ú.m.e.dim.: "Mariana es una ocotito, por eso no la invité a la fiesta".

ocoteada. ■ F. Acción y resultado de ocotear.

ocotear. ■ TR. **1.** Fumigar con humo de ocote la madriguera de algunos animales. "Don Carmelo ocoteó las madrigueras de las ardillas". || **2.** Perseguir a alguien: "Ocoteamos al vendedor de leña, pero no pudimos alcanzarlo". ■ INTR. **3.** supran. Cortar o vender ocote: "Recuerdo que primero Mauricio ocoteaba y luego desayunábamos".

ocoteo. ■ M. **ocoteada.**

ocotero, ra. ■ ADJ. **1.** supran. Perteneciente o relativo al ocote: "Un paraje ocotero rodea el pueblo". ■ M. y F. **2.** Persona que se dedica a cortar o a vender ocote. ■ M. **3.** supran. **ocotal.**

ocotillo. ■ M. **1.** Arbusto originario de América, de hasta 5 m de altura, monoico; tallos ramificados, resinosos y pegajosos; hojas simples, alternas, sésiles o semisésiles, lanceoladas, ligeramente brillosas, en ocasiones pubescentes en el envés; flores pequeñas, unisexuales y amarillentas, dispuestas en racimos cortos: flores masculinas con cinco u ocho estambres, flores femeninas con tres estambres rudimentarios muy pequeños; frutos capsulares, con tres alas, de color cobrizo o rojo; una sola semilla, pequeña y de color negro; uso artesanal, en la medicina tradicional, y como pesticida y combustible. Familia de las sapindáceas, *Dodonaea viscosa*. (También se llama chapuliscle, chapulixcle). || **2.** Árbol o arbusto originario de México, de hasta 10 m de altura; tallos espinosos, de corteza amarillenta y exfoliante; hojas simples, alternas, oblanceoladas, glabras; flores hermafroditas, vistosas, tubulares, de color rojo anaranjado o amarillo, estambres numerosos, casi el doble de largos de la corola; frutos capsulares, globosos, de color cobrizo; de seis a 15 semillas, pequeñas, aplanadas, aladas; flores, uso en la medicina tradicional. Familia de las fouquieriáceas, *Fouquieria formosa*. (También se llama cascabelillo, colorín cimarrón, palo santo, palosanto, rosalillo). || **3.** Madera de este árbol o arbusto; uso artesanal e industrial.

ocoxal. [*okojál, okosál, okoshál*] ■ M. Hojarasca que cubre el suelo de los bosques de ocotes.

ocoxale. [*okojále, okosále, okoshále*] ■ M. **ocoxal.**

ocozoal. ■ M. Serpiente originaria de América, de hasta 3 m de longitud; con cabeza triangular; se caracteriza por un apéndice córneo en forma de anillos en disminución, producto de las mudas de su piel; venenosa. Familia de los vipéridos, varias especies del género *Crotalus*. (También se llama cascabel, coyol, crótalo).

ocozol. ■ M. **ocozote.**

ocozote. ■ M. **1.** supran. Árbol originario de América, de hasta 40 m de altura, monoico; tallos de corteza fisurada, de la que fluye un líquido resinoso; hojas alternas o en espiral, palmadas con tres o cinco lóbulos triangulares, con margen aserrado; flores unisexuales, diminutas, sin pétalos: las masculinas agrupadas en racimos de cabezuelas, las femeninas agrupadas en cabezuelas péndulas, globosas y equinadas; frutos capsulares, diminutos, ovoides, ubicados dentro de las cabezuelas que se tornan leñosas; semillas diminutas, aladas, de color café; uso artesanal, industrial y en la medicina tradicional. Familia de las altingiáceas,

Liquidambar styraciflua. (También se llama estoraque, liquidámbar, ocozol). || **2.** supran. Resina del **ocozote**; uso en la medicina tradicional.

octagenario, ria. ■ ADJ. supran. Octogenario: "Un hombre octagenario cae accidentalmente a un pozo y pierde la vida". Ú.t.c.sust.: "Un octagenario cae accidentalmente a un pozo y pierde la vida".

octavilla. ■ F. Guitarra pequeña de seis cuerdas metálicas dobles.

ocuilteco, ca. ■ ADJ. **1.** Perteneciente o relativo al **ocuilteco**; tlahuica: "Los muebles ocuiltecos se venden en el tianguis". || **2.** Natural o procedente del grupo étnico **ocuilteco**; tlahuica: "Las abuelitas ocuiltecas preparan los tamales de quelite". Ú.t.c.sust.: "Las ocuiltecas preparan los tamales de quelite". ■ M. **3.** Grupo étnico establecido en el sureste del Nevado de Toluca en el Estado de México; tlahuica. || **4.** Lengua otomangue del subgrupo lingüístico otopame; tlahuica.

ocupar. ■ TR. supran. Necesitar: "Ocupo tus apuntes para estudiar".

ocurso. ■ M. supran. *En lenguaje jurídico*, petición por escrito: "El abogado me hizo llenar el ocurso para solicitar el divorcio".

ocuy. ■ M. *En el Sureste*, tallo floral del maguey, comestible; quiote.

odio. ■ LOC. **~ jarocho.** LOC. SUST. supran. fam. Antipatía profunda hacia alguien.

ofender. ■ INTR. *En algunos deportes*, hacer jugadas un equipo con el objetivo de hacerle anotaciones al equipo contrario: "Todo el segundo tiempo el equipo visitante ofendió, pero solo pudo marcar un gol".

ofensiva. ■ F. Véase **ofensivo, va.**

ofensivo, va. ■ M. y F. **1.** *En algunos deportes*, jugador de la delantera. ■ F. **2.** *En algunos deportes*, conjunto de jugadas que tienen como objetivo hacerle anotaciones al equipo contrario. || **3.** supran. *En algunos deportes*, conjunto de jugadores que participa en las jugadas que tienen como objetivo hacerle anotaciones al equipo contrario.

office. ■ LOC. **~ *boy.*** [*ófis bói*] LOC. SUST. Mensajero de una oficina: "Contrataron a una nueva *office boy*".

oficial. ■ COM. supran. Miembro de una corporación policiaca o de un cuerpo de seguridad: "La oficial no me dejó pasar al edificio, es muy estricta".

oficialía. ■ LOC. **~ de partes.** LOC. SUST. Sección de una dependencia oficial donde se recibe, clasifica, procesa y distribuye correspondencia o documentación: "Esos sobres deben enviarse a la oficialía de partes de la institución".

oficio. ■ ADJ. **1.** supran. *Referido al tamaño de una hoja de papel*, cuyas medidas oficiales son 35.6 cm de longitud por 21.6 cm de ancho: "Necesito hojas oficio para imprimir el documento". || **2.** supran. *Referido al tamaño de un sobre, fólder o bandeja de impresora*, que puede contener hojas tamaño **oficio**: "Los documentos deben entregarse en un sobre oficio".

ofrecido, da. ■ ADJ. **1.** despect. *Referido a persona*, que se insinúa y concede favores sexuales con facilidad. Ú.t.c.sust. || **2.** despect. *Referido a persona*, aduladora y servil; lambiscón: "Joaquín es muy ofrecido con el jefe, por eso le dio el puesto". Ú.t.c.sust.: "Joaquín es un ofrecido con el jefe, por eso le dio el puesto". || **3.** despect. Propio de la persona **ofrecida**.

ofrenda. ■ LOC. **~ de muertos.** LOC. SUST. Estructura adornada con flores, generalmente de cempasúchil, veladoras, papel picado de diversos colores y otros objetos simbólicos, dedicada a los difuntos el 2 de noviembre, en la que se colocan las bebidas y los alimentos que estos disfrutaban en vida; hay variaciones según las distintas regiones del país; altar de muertos: "Los alumnos montaron una ofrenda en la escuela."

oír. ■ LOC. **~ pasos en la azotea.** LOC. VERB. supran. fam. Prever temerosamente un asunto desagradable: "Cuando su novia le presentó a su mejor amigo, oyó pasos en la azotea y se puso celoso".

ojal. (Juego de palabras entre ojal y ojete). eufem. **ojete.**

ojaldra. (Juego de palabras entre hojaldra y ojete). eufem. **ojete.**

ojaldre. (Juego de palabras entre hojaldre y ojete). eufem. **ojete.**

ojamán. ■ M. **1.** Árbol originario de América, de hasta 15 m de altura, monoico; troncos gruesos, con corteza de color grisáceo; hojas alternas, ovadas o elíptico-ovadas, coriáceas, muy rugosas en ambas superficies, bordes irregulares y agrupadas en las partes terminales de las ramas; flores hermafroditas, pequeñas, con cuatro pétalos, de color blanco a rosado, con olor dulce y con numerosos estambres, agrupadas en racimos axilares; frutos capsulares verdes y peludos, coriáceos; una o dos semillas, elipsoides, negras, cubiertas con un arilo blanco. Familia de las dileniáceas, *Curatella americana*. (También se llama chaparro, chumico, hoja chigüe, hojamán, rascalavieja). || **2.** Corteza del **ojamán**; uso industrial. || **3.** Corteza del fruto del **ojamán**; uso en la medicina tradicional.

ojéis. Véase **ojete.**

ojetada. ■ F. **ojetez.**

ojete. ■ ADJ. **1.** malson. Feo: "La noticia que le dio estuvo muy ojete". || **2.** malson. *Referido a algo*, de mala calidad: "Esta mochila salió muy ojete, ya se rompió y la acabo de comprar". || **3.** malson. *Referido a algo*, peligroso y violento: "En ese barrio ojete asaltan muy seguido". || **4.** malson. *Referido a algo*, sumamente perjudicial: "Hizo un frío tan ojete que me enfermé". || **5.** malson. *Referido a persona*, desconsiderada: "Natalia es muy ojete, no me quiso acompañar a la fiesta". || **6.** malson. *Referido a persona*, traidora: "Su hermano fue muy ojete porque la dejó sin herencia". || **7.** malson. *Referido a persona*, cobarde: "Eres bien ojete, te fuiste cuando empezó la discusión". || **8.** malson. Propio de la persona **ojete**: "Me chocan tus reacciones tan ojetes". ■ COM. **9.** malson. Persona desconsiderada: "Natalia es una ojete, no me quiso acompañar a la fiesta". || **10.** malson. Persona traidora: "Su hermano fue un ojete porque la dejó sin herencia". || **11.** malson. Persona cobarde: "Eres una ojete, Tania, te fuiste cuando empezó la discusión".

ojetear. ■ INTR. malson. Hacer algo ojete.

ojetería. ■ F. **ojetez.**

ojetez. ■ F. malson. Cosa, expresión o acción ojete.

ojialegre. ■ ADJ. **1.** *Referido a persona*, coqueta: "Luis es muy ojialegre, a todas les sonríe". || **2.** *Referido a persona*, promiscua. || **3.** supran. *Referido a persona*, que mira con picardía a otra persona. ■ COM. **4.** Persona coqueta: "Luis es un ojialegre, a todas les sonríe". || **5.** Persona promiscua. || **6.** supran. Persona que mira con picardía a otra persona.

ojillo. ■ M. **1.** supran. Orificio pequeño y circular en un zapato, un cinturón u otros objetos, en el que se introduce un cordón o una hebilla para atar. || **2.** Bejuco originario de América, monoico; tallos trígonos y leñosos; hojas alternas, divididas en cinco foliolos, los terminales y las basales a veces trilobados, de ovadas a anchamente elípticas, pequeñas, largas, con el raquis y el peciolo alados; flores hermafroditas, pequeñas, blancas, dispuestas en racimos; frutos capsulares, generalmente de color rojo oscuro; tres semillas, globosas, negras. Familia de las sapindáceas, *Paullinia tomentosa*.

ojite. ■ M. supran. Árbol originario de Centroamérica, de 40 m de altura; troncos derechos, cilíndricos, con contrafuertes grandes y bien formados, cortezas lisas, de color café, lenticelas redondeadas y con exudado lechoso; hojas alternas, simples, cortamente pecioladas, ovadas o elípticas, con margen entero; flores unisexuales, solitarias y axilares: las masculinas reunidas en amentos globosos, las femeninas en cabezuelas oblongas, ovales, de color verde; frutos drupáceos, globosos, anaranjados o rojos, de sabor y olor dulces; semillas esféricas, aplanadas por ambos lados; uso como biocombustible y en la medicina tradicional. Familia de las moráceas, *Brosimum alicastrum*. (También se llama huge, huje, mujú, ojoche, ox, ramón, samaritano).

ojo. ■ M. vulg. Ano. ■ LOC. **con el ~ cuadrado.** LOC. ADJ. supran. Muy impresionado: "Cuando Laura llegó, me quedé con el ojo cuadrado por lo bonita que se veía". ▶ **con el ~ pelón.** LOC. ADV. **1.** Sin dormir: "Pasé toda la noche con el ojo pelón". || **2. con el ojo cuadrado.** ▶ **~ alegre.** LOC. ADJ. **1.** *Referido a persona*, coqueta; ojialegre: "Fernando es muy ojo alegre, a todas les sonríe". || **2.** *Referido a persona*, promiscua; ojialegre. || **3.** supran. *Referido a persona*, que mira con picardía a otra persona; ojialegre. ▶ **~ de águila.** LOC. ADJ. *Referido a persona*, alerta y atenta a cualquier contingencia: "Tienes que ponerte ojo de águila para no caerte del andamio". ▶ **~ de buey.** LOC. SUST. Pan dulce, en forma redonda, con hojaldre ligero y dorado en el exterior y que en el centro tiene bizcocho esponjoso; ojo de pancha. ▷ **~ de cangrejo.** LOC. SUST. **1.** supran. Planta trepadora originaria de América, de hasta 1 m de altura, monoica; tallos de color verde cenizo; hojas compuestas, alternas, foliolos de deltoides, acorazonados, de ovados a suborbiculares, lustrosos en el haz y glabrados o pubescentes en el envés, ápice agudo; flores hermafroditas en seudorracimo, papilionadas, pequeñas, amarillas o blancas con rayas morenas o violáceas, con nueve estambres fusionados en un tubo que rodea al pistilo y uno libre; frutos en vainas, dispuestos en racimos; semillas pequeñas, reniformes, una mitad coloreada de negro y la otra de rojo. Familia de las leguminosas, *Rhynchosia pyramidalis.* (También se llama ojo de chanate, ojo de perico). || **2.** supran. Fruto de esta planta; uso artesanal y en la medicina tradicional. || **3.** supran. Semilla de esta planta; uso en la medicina tradicional. ▷ **~ de chanate.** LOC. SUST. **ojo de cangrejo.** ▷ **~ de chícharo.** LOC. ADJ. fam. **ojo de águila.** ▷ **~ de gallo.** LOC. SUST. **1.** Bebida fermentada que se prepara con pulque blanco, agua y miel y se hierve con pimienta, anís y chile ancho. || **2.** supran. Enfermedad producida por un hongo que ocasiona manchas en el haz de las hojas del cafeto o del cacao, principalmente. ▷ **~ de gringa.** LOC. SUST. **1.** fest. Billete de 50 pesos mexicanos de color azul, en circulación entre 1941 y 1972: "El ojo de gringa estaba roto". || **2.** fest. Cantidad equivalente a 50 pesos mexicanos entre 1941 y 1972: "Me costó un ojo de gringa". ▷ **~ de hormiga.** LOC. SUST. Hierba de origen americano, de hasta 60 cm de altura, monoica; tallos tendidos y ramificados, con pubescencia variable, huecos, delicados, con varios nudos manifiestos; hojas alternas, enteras, envainantes en la base, de lineares a lanceoladas; flores hermafroditas, diminutas, pétalos diminutos, con brácteas asociadas, pilosas y con numerosas cerdas, algunas delgadas y otras espinoides, agrupadas en racimos densos, espiciformes; frutos caripsoides, pequeños y ovoides. Familia de las gramíneas, *Cenchrus echinatus.* (También se llama huitzapole, rosetilla). ▷ **~ de luto.** LOC. SUST. fest. **ojo moro.** ▷ **~ de pájaro.** LOC. SUST. Hierba trepadora originaria de África, extensamente cultivada en la actualidad, de hasta 3 m de altura, monoica; tallos de aplanados a cuadrangulares, pubescentes; hojas opuestas, simples, largamente pecioladas, láminas sagitadas, con glándulas sésiles, con margen entero o poco dentado, de color rojizo; flores hermafroditas, vistosas, con cinco pétalos unidos en un tubo, amarillos, anaranjados o blancos, con manchas de color púrpura oscuro en la base y centro del tubo, agrupadas en dicasios axilares; frutos capsulares, globosos, pero con un apéndice delgado, densamente pubescentes; dos semillas, hemisféricas, pequeñas, escamosas, con un lado plano provisto de un poro; uso farmacéutico, en la medicina tradicional y ornamental. Familia de las acantáceas, *Thunbergia alata.* (También se llama ojo de venus). ▷ **~ de pancha.** LOC. SUST. **1.** Pan dulce, en forma redonda, con hojaldre ligero y dorado en el exterior y que en el centro tiene bizcocho esponjoso. || **2.** Pan en forma de semiesfera elaborado con masa salada y espolvoreado con gránulos de azúcar en la parte superior. ▷ **~ de perico.** LOC. SUST. **ojo de cangrejo.** ▷ **~ de pescado.** LOC. SUST. **1.** Lente gran angular de frente curvo, que cubre un ángulo de 180 grados y da una imagen circular. || **2.** supran. Callo pequeño de forma circular y aplastada que sale generalmente en los pies. || **3.** supran. Excrecencia cutánea que sale generalmente en las manos. ▷ **~ de rendija.** LOC. SUST. fam. **ojos de alcancía.** ▷ **~ de venado.** LOC. SUST. **1.** supran. Planta trepadora originaria de Centroamérica, monoica; hojas alternas, compuestas con tres foliolos, el central elíptico-oval y los laterales oblicuos, desiguales en la base, blancos, sedosos y lustrosos por el envés, con pelos cortos y rígidos en el haz, ápice corto y acuminado; flores hermafroditas, pequeñas, de color verdoso amarillento o con tonos de lavanda, agrupadas en racimos densos; fruto en vaina, constricto entre las semillas, con valvas delgadas y pelos rígidos, densos, de color blanquecino o café; semillas orbiculares, fuertemente comprimidas, negras, lustrosas, con un anillo amarillento; uso en la medicina tradicional. Familia de las leguminosas, *Mucuna argyrophylla.* || **2.** supran. Semilla de esta planta; uso artesanal, industrial y ornamental. ▷ **~ de venus.**

O

LOC. SUST. fam. **ojo de pájaro.** ▷ **~ de zanate.** LOC. SUST. Hierba trepadora originaria de América, de hasta 1 m de altura, monoica; tallos cilíndricos, gruesos, cubiertos densamente de pelos sedosos y plateados, que en ocasiones pierden con la edad; hojas alternas, divididas, trifoliadas, largamente pecioladas, foliolos romboides, de ovados a suborbiculares, envés plateado por pilosidad, ápice agudo; flores hermafroditas con cinco pétalos de color verde rojizo a café rojizo, con diez estambres unidos, agrupadas en racimos; frutos en vainas adpresas pilosas, apertura de forma explosiva, valvas curvas al separarse; semillas pequeñas, oscuras, reniformes; uso agropecuario. Familia de las leguminosas, *Macroptilium atropurpureum.* (También se llama conchito, gallina). ▷ **~ mágico.** LOC. SUST. supran. Dispositivo pequeño con una lente de aumento que se coloca en una puerta y permite ver al otro lado; mirilla. ▷ **~ moro.** LOC. SUST. fest. El amoratado a consecuencia de un golpe: "Me dejó el ojo moro de un trancazo". ▷ **ojos de alcancía.** LOC. SUST. fam. Los que son rasgados: "Priscila está ansiosa de operarse para que le quiten los ojos de alcancía". ▷ **ojos de apipizca.** LOC. SUST. fam. Los que son muy pequeños: "Los ojos de apipizca hay que maquillarlos más". ▷ **ojos de pistola.** LOC. SUST. fam. Mirada amenazadora: "Mi mamá me miró con ojos de pistola cuando invité a mi novio a comer". ■ EXPR. **¡ay, ojón!** fam. Se usa para expresar sorpresa: "¡Ay, ojón!, me espantaste". ▷ **con qué ojos (divino tuerto).** fam. Se usa para indicar la imposibilidad de hacer algo: "—Ándale, no seas malo, préstame dinero. —¿Con qué ojos, divino tuerto?, ¡no tengo un quinto!". ▷ **¡ni qué ~ de hacha!** fam. Se usa para negar con vehemencia lo que alguien dice: "¡Qué buenos días ni qué ojo de hacha!, ¿por qué llegas a esta hora?".

ojoalegre. Véase **ojialegre**.

ojoche. ■ M. **ojite.**

ojolote. ■ M. Hilo elaborado con fibra vegetal.

ojona. ■ EXPR. **muy ojona para (ser) paloma.** fam. Se usa para manifestar incredulidad: "—Vamos a dar la vuelta al mundo en barco en dos semanas. —¡Muy ojona para paloma!".

okey. ■ EXPR. **~ maguey.** fam. Se usa para manifestar acuerdo: "Okey maguey, yo paso a buscarte a tu casa".

oki. ■ EXPR. **~ doki.** fam. Se usa para manifestar acuerdo: "Oki doki, vamos al cine". ■ INTERJ. **oki doki.**

olán. ■ M. Adorno que llevan algunas prendas, consistente en una tira de encaje o tela fruncida o plegada, cosida de manera que forma ondas que caen sueltas; holán.

olcacatzin. ■ M. **1.** *En Tamaulipas y Veracruz*, hierba trepadora originaria de América, de hasta 90 cm de altura, dioica; raíces leñosas, nudosas y rojizas; tallos angulosos, volubles y delgados, con zarcillos; hojas alternas, simples, cordiformes, oblongas y puntiagudas, coriáceas; flores unisexuales, pequeñas, blanquecinas, agrupadas en umbelas; frutos abayados, globosos, de color rojizo a negro al madurar; en época de lluvias toma una coloración de rosada a rojiza. Familia de las esmiláceas, *Smilax cordifolia.* (También se llama cocolmeca, zarzaparrilla). || **2.** *En Tamaulipas y Veracruz*, raíz del **olcacatzin**; uso en la medicina tradicional.

olcahuite. ■ M. **1.** Árbol originario de América, de hasta 25 m de altura, monoico; tallos con el tronco recto de hasta 60 cm de diámetro, con látex blanquecino, de ramas gruesas y vellosas; hojas alternas, simples y elípticas, coriáceas, con margen de entero a ondulado y venación pinada, de color verde oscuro y opaco en el haz, verde amarillento y pubescente en el envés; flores unisexuales, diminutas: las masculinas, amarillentas, pubescentes y con numerosos estambres, agrupadas en receptáculos cóncavos axilares, las femeninas de color verde amarillento, agrupadas en un receptáculo semicóncavo; frutos drupáceos, agregados y cónicos, angulosos, de color anaranjado o bermellón, cartilaginosos, jugosos y de sabor ligeramente agrio; dos semillas, oblongas, rodeadas de una testa morena; uso en la medicina tradicional. Familia de las moráceas, *Castilla elastica.* || **2.** Tallo del **olcahuite**; uso industrial. || **3.** Madera del **olcahuite**; uso combustible e industrial.

oleada. ■ F. Grupo de animales que se mueve rápidamente.

oler. ■ LOC. **~ a chivo (correteado).** LOC. VERB. supran. fam. Despedir alguien un olor desagradable: "¡Ni te me acerques!, hueles a chivo correteado". ▷ **~ a gimnasio.** LOC. VERB.

oler a chivo (correteado). ▷ **~ a león.** LOC. VERB. **oler a chivo (correteado).**

olérselas. ■ TR. PRNL. supran. Sospechar o adivinar algo: "Desde que llegué, me las olí que iba a haber problemas".

olinalá. ■ F. Técnica de laqueado artesanal del estado de Guerrero con la que se decoran diversos objetos.

olivo. ■ LOC. **~ mexicano.** [*mejikáno*] LOC. SUST. **1.** Arbusto o árbol originario de América del Norte, de hasta 8 m de altura; tallos muy ramificados que forman una copa amplia, corteza gruesa y grisácea; hojas simples, alternas, ovadas, de hasta 20 cm de largo, de superficie pilosa aterciopelada, cafés por el envés; flores hermafroditas, vistosas, blancas con el centro amarillento, pétalos fusionados en forma de trompeta, flores dispuestas en cimas o corimbos; frutos drupáceos, ovoides, de color pardo verdoso a purpúreo, carnosos y dulces; semillas de una a cuatro; uso industrial; hojas, comestibles. Familia de las bignoniáceas, *Cordia boissieri*. (También se llama nacagüite, nacahua, nacahuite, olivo texano). || **2.** Fruto de este arbusto o árbol, comestible; uso en la medicina tradicional. ▷ **~ texano.** [*tejáno*] LOC. SUST. **olivo mexicano.**

olla. ■ F. fest. Cabeza de una persona.

olmeca. ■ ADJ. **1.** Perteneciente o relativo al pueblo prehispánico **olmeca**: "Un sitio arqueológico olmeca es La Venta". || **2.** Natural o procedente del pueblo prehispánico **olmeca**: "El artesano olmeca tallaba piedras de jade para elaborar joyas". || **3.** despect. *Referido a persona*, de cabeza grande y generalmente de labios gruesos y de nariz ancha: "Edmundo se ve muy olmeca en las fotos". ■ M. **4.** Pueblo prehispánico que habitaba en el sur de México, principalmente, en Tabasco y Veracruz, y que se considera fundacional de Mesoamérica. ■ COM. **5.** Persona natural o procedente del pueblo prehispánico **olmeca**: "El olmeca tallaba piedras de jade para elaborar joyas". || **6.** despect. Persona de cabeza grande y generalmente de labios gruesos y de nariz ancha: "Edmundo parece un olmeca en las fotos".

ololiuque. ■ M. **1.** Planta trepadora originaria de América, de hasta 10 m de longitud, monoica; tallos rugosos o papilosos, huecos, glabros; hojas alternas, simples, de ovadas a acorazonadas, membranáceas o cartáceas, glabrescentes, base cordada, ápice acuminado, con márgenes enteros; flores hermafroditas, vistosas, en forma de embudo, color crema o blancas, púrpura en el interior, agrupadas en inflorescencias corimbosas, terminales; frutos capsulares, ovoides, pardos, glabros; una o dos semillas, fusiformes o redondeadas, pardas, puberulentas, con propiedades psicotrópicas; uso ornamental. Familia de las convolvuláceas, *Turbina corymbosa*. (También se llama bejuco de san Pedro, ixtabentún, ololiuqui, semilla de la virgen, xtabentún). || **2.** Flor del **ololiuque**; uso ornamental. || **3.** Semilla del **ololiuque**; uso en la medicina tradicional.

ololiuqui. ■ M. **ololiuque.**

olote. ■ M. supran. Corazón de la mazorca del maíz ya sin granos.

olotear. ■ INTR. **1.** supran. rur. Juntar olotes para su aprovechamiento: "Mis tíos y yo oloteamos todo el día". || **2.** supran. rur. Desprender con la mano los granos de maíz que quedan en el olote después de haber sido aporreada la mazorca seca: "Olotea para completar un kilo".

olotera. ■ F. Véase **olotero, ra.**

olotero, ra. ■ ADJ. **1.** rur. *Referido a alguien*, que tiene dientes grandes: "Saúl está muy olotero, siempre que se ríe enseña sus dientotes". Ú.t.c.sust.: "Saúl es un olotero, siempre que se ríe enseña sus dientotes". ■ M. y F. **2.** rur. Persona que se dedica a recoger olotes. ■ F. **3.** rur. Conjunto de olotes. || **4.** rur. Haz de olotes para desgranar las mazorcas del maíz. || **5.** rur. Máquina rústica a manera de torno, formada con olotes atados por el medio y utilizada para desgranar el maíz. || **6.** rur. Lugar donde se guardan los olotes que regularmente se ocupan como combustible.

olotón, na. ■ ADJ. **1.** fam. *Referido a persona*, obesa: "Doña Alfonsina desde joven fue muy olotona". Ú.t.c.sust.: "Doña Alfonsina desde joven fue una olotona". || **2.** fam. *Referido a persona*, que tiene alguna malformación: "El compadre de David nació olotón". Ú.t.c. sust.: "El compadre de David es un olotón".

olototol. ■ M. Ave originaria de América, de hasta 20 cm de longitud; hembra con cola y alas de color gris azul, el vientre pardo y la cabeza gris; el macho es de color azul cobalto. Familia de los túrdidos del orden Passeriformes, varias especies del género *Sialia*, como *Sialia currucoides, Sialia mexicana, Sialia sialis*. (También se llama agachadiza, azulejo, pájaro azul, ventura).

olotudo, da. Véase **olotero, ra.**

olozapote. ■ M. **1.** Árbol originario de México y Centroamérica, de hasta 15 m de altura; tallos con corteza áspera, cafés con manchas blancas; hojas simples, alternas, de ovadas a elípticas, glabras por el haz y finamente pubescentes en el envés, con margen entero; flores hermafroditas, pequeñas, tubulares, con cinco pétalos blanquecinos, estambres numerosos, flores agrupadas en panículas terminales o axilares, densas; frutos drupáceos, pequeños, de elipsoides a ovoides, fibrosos, de color amarillo y de sabor dulce; uso industrial y en la medicina tradicional. Familia de las rosáceas, *Couepia polyandra*. (También se llama palo de fraile, ulazapote, uspib, zapote bolo, zapote niño, zapotillo, zapotillo amarillo). || **2.** Fruto del **olozapote**; comestible.

oluteco, ca. ■ ADJ. **1.** Perteneciente o relativo al **oluteco**: "La música oluteca más tocada son los huapangos". || **2.** Natural o procedente del grupo étnico **oluteco**: "El vecino oluteco preparó el pozol". Ú.t.c.sust.: "El oluteco preparó el pozol". ■ M. **3.** Grupo étnico establecido en el municipio de Oluta en el sur del estado de Veracruz. || **4.** Lengua mixe-zoque del subgrupo lingüístico mixeano.

ombliguera. ■ F. supran. Blusa o camiseta de talle corto que deja ver el ombligo.

omequelite. ■ M. **1.** Arbusto originario de América, de hasta 5 m de altura, monoico; tallos articulados; ramas quebradizas; hojas opuestas, enteras, grandes, acorazonadas y aromáticas; flores hermafroditas, blancas y diminutas, dispuestas en espigas sobre un eje carnoso; frutos abayados, negros. Familia de las piperáceas, *Piper auritum*. (También se llama acoyo, acuyo, hierba santa, hierbasanta, hoja de cáncer, hoja de la hierba santa, hoja santa, hojasanta, momo, santamaría, tlanepa, xmacolan, yerba santa, yerbasanta). || **2.** Hoja del **omequelite**; comestible; uso en la medicina tradicional.

omita. ■ F. *En el Suroeste*, isla que se forma dentro de un río: "La crecida del río dejó a los animales en una omita".

-ón, na. ■ AFIJO. Forma adjetivos a partir de otros adjetivos para atenuar, en grados diversos, la cualidad designada por la palabra a la que se une: "El afijo *-ón, na* aparece al final de adjetivos, como en *chistosón, elegantona, groserón*".

oncena. ■ F. supran. Equipo de once jugadores de futbol.

onda. ■ F. **1.** fam. Movimiento o comportamiento que se toma durante algún tiempo: "Esa onda de la comida orgánica me ha gustado". || **2.** fam. Ambiente social en el que se mueve una persona: "Su onda son los antros y bares". || **3.** fam. Asunto o tema: "No sé nada de esa onda, por eso voy a ir a la conferencia". || **4.** fam. Cosa, generalmente en sustitución de algo que no se quiere decir o se desconoce: "Compré harina, huevos, moldes, fresas y esas ondas de la repostería". || **5.** *En minería*, asiento en forma de canasta que se hace de cordel de pita o henequén, en el que bajan los mineros atados a una soga al interior de una mina: "La onda está a punto de romperse". || **6.** supran. fam. Fiesta: "La onda que se armó en el cumpleaños de Sandra estuvo buenísima". ■ LOC. **de (pura) ~.** LOC. ADV. fam. De casualidad: "De pura onda que pasé por su casa y lo encontré". ■ EXPR. **¿qué ~?** supran. fam. Se usa para preguntar qué sucede: "¿Qué onda con la tele, Karina?". ▶ **¡qué ~(s)!** supran. fam. Se usa para saludar: "¡Qué ondas, Gilberto!, hace mucho que no te veía".

ondeada. ■ F. fam. Desconcierto que sufre alguien.

ondear. ■ TR. fam. Desconcertar a alguien: "Omar otra vez ondeó a Raúl con sus comentarios".

ondón. ■ M. **1.** fam. Alteración de la conducta causada por el consumo de drogas. || **2.** supran. fam. Fiesta bulliciosa y prolongada.

onza. ■ F. **1.** supran. Mamífero originario de América, de hasta 45 cm de longitud; con cuerpo largo y esbelto, piernas cortas; cola casi tan larga como el resto del cuerpo; carnívoro. Familia de los mustélidos del orden Carnivora, *Mustela frenata*. (También se llama comadreja, hurón, sabín). || **2.** supran. Felino originario de América, de hasta 90 cm de longitud; con cuerpo alargado y robusto; cola relativamente corta; dorso de color gris mate o amarillo; dorso, hombros y cuello con manchas alargadas, de color pardo oscuro con el borde negro; vientre y patas con pequeñas marcas negras; hábito nocturno. Familia de los félidos del orden Carnivora, *Leopardus pardalis*. (También se llama güinduri, ocelote, tigrillo, winduri). || **3.** supran. Felino de amplia distribución en América, de hasta 70 cm de longitud; de color pardo rojizo u oscuro o grisáceo, sin manchas; con orejas pequeñas y patas cortas. Familia de los félidos del orden Carnivora, *Herpailurus yagouaroundi*. (También se llama jaguarundi, yaguarundi, yaguarundí).

o'oba. [*oóba*] ■ ADJ. **1.** Perteneciente o relativo al grupo étnico **o'oba**; pima bajo: "La exposición de fotografía o'oba tuvo mucho éxito". || **2.** Natural o procedente del grupo étnico **o'oba**; pima bajo: "Las familias o'oba viven en rancherías". ■ M. **3.** Grupo étnico establecido en los estados de Sonora y Chihuahua; pima bajo. || **4.** Lengua de la familia yutoazteca que se habla en los estados de Sonora y Chihuahua, en México, y en Arizona, Estados Unidos; pima bajo. ■ COM. **5.** Persona natural o procedente del grupo étnico **o'oba**; pima bajo: "Los o'oba viven en rancherías".

opacarse. ■ INTR. PRNL. supran. Volverse algo oscuro o nublarse: "Se opacó el día con tanta neblina".

ópata. ■ ADJ. **1.** Perteneciente o relativo al **ópata**: "En el territorio ópata se encontraban misioneros franciscanos". || **2.** Natural o procedente del grupo étnico **ópata**: "Los pobladores ópatas invadían a los pimas". ■ M. **3.** Grupo étnico que habitaba en la sierra norte del estado de Sonora. || **4.** Lengua yutoazteca del subgrupo lingüístico opatano. ■ COM. **5.** Persona natural o procedente del grupo étnico **ópata**: "Los ópatas invadían a los pimas".

opatano, na. ■ ADJ. **1.** Perteneciente o relativo al **opatano**: "Las lenguas opatanas se dejaron de hablar el siglo pasado". ■ M. **2.** Grupo étnico histórico que dio origen a los ópatas y a los eudeves, entre otros. || **3.** Conjunto de grupos étnicos establecidos principalmente en el norte del estado de Sonora. || **4.** Lengua reconstruida que históricamente dio origen al ópata y al eudeve. || **5.** Grupo o familia de lenguas yutoaztecas que incluye al ópata y al eudeve, entre otras.

operación. ■ LOC. **~ cajón.** LOC. SUST. fam. Cese de actividades de un empleado de oficina que, por haber concluido su horario laboral, se marcha y deja sus tareas inconclusas: "No le pidas a José que se quede horas extras, siempre aplica la operación cajón". ▷ **~ jarocha.** LOC. SUST. fam. Cirugía que se hace un hombre para cambiar de sexo; jarocha. ▷ **~ tamal.** LOC. SUST. **1.** fam. Práctica electoral fraudulenta que consiste en reunir a personas el día de los comicios para que voten por un determinado partido a cambio de cierto beneficio: "Jesús organizará otra operación tamal con sus primos". || **2.** fam. Práctica electoral fraudulenta que consiste en que una persona vote más veces de las permitidas: "Ese partido ganó las elecciones por una operación tamal".

operador, ra. ■ M. y F. **1.** Persona que se dedica a conducir un vehículo de transporte público. ■ M. **2.** Compañía que se encarga de organizar y promover tareas relacionadas con alguna actividad; operadora: "La farmacéutica firmó un acuerdo de financiamiento con el mayor operador de fondos privados del país". ■ F. **3.** supran. Compañía que se encarga de organizar y promover tareas relacionadas con alguna actividad: "El festival de danza de este año corre a cargo de una operadora de Monterrey".

operadora. ■ F. Véase **operador, ra.**

oquis. ■ LOC. **de (a) ~.** LOC. ADJ. **1.** fam. Gratuito; deoquis: "El concierto de oquis será la semana siguiente, el de hoy vale cien pesos". || LOC. ADV. **2.** fam. En vano; deoquis: "Esperamos de a oquis a la profesora, nunca llegó".

ora. ■ INTERJ. **¡ora(s)!** fam. **órale.**

órale. ■ INTERJ. **¡órale(s)! 1.** fam. Se usa para llamar la atención a alguien: "¡Órale! ¡No me empujes!". || **2.** supran. fam. Se usa para manifestar acuerdo o entendimiento: "—¿Vamos al cine? —¡Órales!". || **3.** supran. fam. Se usa para animar o incitar: "¡Órale! ¡Muévete, que se nos hace tarde!". || **4.** supran. fam. Se usa para expresar sorpresa: "¡Órale! ¡Qué bien cantas!".

orcajuela. ■ F. **1.** Árbol o arbusto de amplia distribución en el noreste de México, de hasta 9 m de altura, monoico; tallos muy ramificados, ramas gruesas, con corteza gris; hojas opuestas, simples, de ovadas a rómbicas, de pubérulas a hirsutas, de color verde olivo

O

en el haz, ligeramente más pálido en el envés, con márgenes enteros o ligeramente dentados; flores hermafroditas, pequeñas, campanuladas, de color blanco o crema, oscuras en el centro, aromáticas, agrupadas en racimos, axilares o terminales; frutos drupáceos, globosos o elipsoides, de tonos anaranjados o rojizos y finalmente negruzcos, glabros y brillantes; dos semillas, elipsoides; uso en la medicina tradicional. Familia de las verbenáceas, *Citharexylum berlandieri.* (También se llama negrito, revientacabra, saúco hediondo). || **2.** Fruto de la **orcajuela**; comestible.

orden. ■ F. **1.** Relación de lo que se va a consumir en una cafetería o restaurante: "Agrega dos cervezas a la orden de la mesa 20". || **2.** Porción de algún platillo o de algún ingrediente que se pide en una cafetería o restaurante: "Pedí una orden más de frijoles para acompañar las chalupas". ■ EXPR. **(muy) a la ~. 1.** supran. coloq. Se usa para responder cortésmente a unas palabras de gratitud: "—Gracias por traerme a casa. —Muy a la orden". || **2.** supran. coloq. Se usa para responder cortésmente a la presentación de otra persona: "—Te presento a mi amigo Raúl. —A la orden, Raúl".

ordenar. ■ TR. **1.** supran. Hacer un pedido de mercancía: "Mañana ordeno otras diez cajas de tornillos". || **2.** supran. Pedir alimentos o bebidas en un restaurante o cafetería: "Ordenamos dos limonadas y dos sopas del día".

ordeña. ■ F. **1.** supran. Extracción ilegal de combustible de un ducto o del tanque de un vehículo. || **2.** supran. Extracción ilegal de boletas de una urna electoral.

ordeñada. ■ F. **ordeña.**

ordeñar. ■ TR. **1.** supran. Extraer ilegalmente combustible de un ducto o del tanque de un vehículo. || **2.** supran. Extraer ilegalmente boletas de una urna electoral.

ordinario. ■ M. Evaluación regular de una asignatura al final de un curso.

oreganal. ■ M. Campo sembrado de la planta herbácea llamada orégano.

orégano. ■ M. **1.** (Juego de palabras entre orégano y oro). supran. fest. Oro. || **2.** supran. fest. Marihuana.

oreja. ■ ADJ. **1.** *Referido a persona,* que escucha conversaciones con disimulo; chismoso: "César es muy oreja, no le cuentes nada". || **2.** *Referido a persona,* que por encargo escucha y recaba información de manera encubierta: "En el mitin había un enviado oreja". ■ F. **3.** supran. Pan dulce de masa de hojaldre, cubierta con azúcar caramelizada, con forma de dos orejas unidas; palmera. ■ COM. **4.** Persona que escucha conversaciones con disimulo; chismoso: "César es un oreja, no le cuentes nada". || **5.** Persona que por encargo escucha y recaba información de manera encubierta: "Seguro que había varios orejas pagados en el mitin, pero no los reconocimos". ■ LOC. **hasta por las orejas.** LOC. ADV. fam. Por todos lados: "Me embarré de betún hasta por las orejas". ▷ **~ de burro.** LOC. SUST. **1.** Hierba originaria de México, de hasta 1 m de altura, monoica; tallos firmes, erectos y carnosos, de color rosado, en ocasiones muy ramificados; hojas alternas, dispuestas en roseta generalmente basal, simples, gruesas, cóncavas, anchamente aovadas, carnosas, de consistencia cerosa; flores hermafroditas, pequeñas, de color rojo coral a rosado, sin aroma, agrupadas en panículas; frutos capsulares, ovoides, cafés; semillas numerosas, pequeñas, oblongas; uso ornamental. Familia de las crasuláceas, *Echeveria gibbiflora.* (También se llama lengua de vaca, tememetla). || **2.** Hoja de esta hierba; uso en la medicina tradicional. ▷ **~ de conejo.** LOC. SUST. Hierba dulceacuícola de distribución cosmopolita, monoica; tallos usualmente comprimidos, adheridos a las rocas; hojas alternas, pequeñas y generalmente lineares; flores hermafroditas, verdosas, diminutas, agrupadas en espigas que emergen del agua; frutos aquénicos, globosos, con un pico apical; una sola semilla. Familia de las potamogetonáceas, varias especies del género *Potamogeton.* (También se llama acaxaxan, tochnacaztli). ▷ **~ de elefante.** LOC. SUST. Bistec aplanado, extenso y delgado, que se empaniza y se fríe: "Mi comadre se comió dos tortas de oreja de elefante, qué bárbara". ▷ **~ de puerco.** LOC. SUST. **1.** Hongo de hasta 13 cm de altura y 13 cm de diámetro, de color entre amarillo y café, parte externa aterciopelada; crece bajo árboles en proceso de descomposición; comestible. Familia de las hipocráceas, *Hypomyces lactifluorum.* || **2.** Hierba suculenta originaria de África, de hasta 50 cm de altura, monoica; tallos muy ramificados, frágiles; hojas opuestas, simples, de ovadas a estrechamente lineares, suculentas, glabras o pubescentes, de color verde brillante a aterciopelado, a menudo con margen rojo; flores hermafroditas, vistosas, campanuladas, de color rosado a anaranjado, agrupadas en cimas sobre un largo pedúnculo; frutos capsulares, ovoides y cafés; semillas numerosas, diminutas; uso ornamental. Familia de las crasuláceas, *Cotyledon orbiculata*. ▶ **~ de ratón.** LOC. SUST. **1.** Hierba originaria de América, de hasta 20 cm de altura, monoica; tallos muy reducidos o ausentes, suculentos; hojas arrosetadas en la base, enteras, de ovadas a espatuladas, de color verde a glauco; flores hermafroditas, pequeñas, tubulares, de color anaranjado a rojo, agrupadas en racimos o espigas curvas; frutos foliculares, de color café, pequeños, que abren en forma de estrella; semillas diminutas, numerosas, ovoides, de color café amarillento; uso ornamental. Familia de las crasuláceas, *Echeveria secunda*. (También se llama conchita). || **2.** Hoja de esta hierba.

orejeada. ■ F. supran. fam. Hecho de orejear o escuchar conversaciones con disimulo.

orejear. ■ TR. supran. Escuchar conversaciones con disimulo: "Me enteré de la discusión porque orejeé a los vecinos".

orejón, na. ■ ADJ. **1.** fam. *En el Occidente, referido a alguien,* desobediente: "Mi tío es muy orejón, nunca hace su tarea a tiempo". Ú.t.c. sust.: "Mi tío es un orejón, nunca hace su tarea a tiempo". || **2.** supran. *Referido a persona,* grosera o tosca: "Ana es muy orejona, nunca saluda". Ú.t.c.sust.: "Ana es una orejona, nunca saluda". || **3.** supran. fam. *Referido a alguien,* falto de entendimiento o razón; tonto: "Mi perro es muy orejón, siempre tira la comida". Ú.t.c.sust.: "Mi perro es un orejón, siempre tira la comida". ■ M. **4.** supran. *En el Sureste,* árbol originario de América, de hasta 35 m de altura, monoico; troncos de hasta 4 m de diámetro, a veces con contrafuertes; hojas alternas, divididas en numerosos y diminutos foliolos, elipsoides; flores hermafroditas, pequeñas, tubulares, de blancas a verdosas, con numerosos estambres blancos, agrupadas en cabezuelas; frutos en vainas, recurvadas, en forma de oreja, lustrosas, de color café rojizo; semillas elipsoides, cafés, con marca circular de color café oscuro, redondeadas de un arilo blanquecino. Familia de las leguminosas, *Enterolobium cyclocarpum*. (También se llama guanacaste, guanacastle, huanacaste, huanacastle). || **5.** supran. *En el Sureste,* madera del **orejón**. || **6.** supran. *En el Sureste,* semilla del **orejón**; uso en la medicina tradicional.

orejones. ■ M. PL. **7.** fam. Proceso inflamatorio de las glándulas parótidas; paperas.

órele. ■ INTERJ. **¡órele(s)!** fam. **órale.**

órenle. ■ INTERJ. **¡órenle(s)!** fam. **órale.**

organillo. ■ LOC. **~ de boca.** LOC. SUST. *En el Sur,* armónica: "Emiliano tocaba muy bien el organillo de boca".

organito. ■ LOC. **~ de víbora.** LOC. SUST. **1.** Cactus originario de México, de hasta 2 m de altura, monoico; raíces tuberosas fasciculadas; tallos muy ramificados, de ascendentes a postrados, pubescentes, de entre seis y diez costillas, con numerosas espinas, adpresas y negras; flores hermafroditas, diurnas, vistosas, tubulares, tépalos numerosos de color rosado intenso a rojo; frutos abayados, de globosos a ligeramente ovoides, de color rojo escarlata, areolas con pelos cortos y blancos, espinas de color blanco o pardo oscuro, pulpa roja y jugosa; semillas pequeñas. Familia de las cactáceas, *Peniocereus viperinus*. || **2.** Pulpa de este cactus; comestible.

órgano. ■ M. **1.** Nombre genérico de varias especies de cactus altos y rectos. || **2.** Cactus arbustivo o arborescente originario del norte de América, de hasta 7 m de altura, monoico; tallos gruesos que se ramifican desde la base, de color verde oscuro, pubescentes, de entre cinco y ocho costillas; espinas radiales y centrales con poca o nula diferenciación, de color blanco grisáceo con punta negra; flores hermafroditas, vistosas, tubulares y diurnas, dispuestas a lo largo del tallo, tépalos numerosos, de color blanco verdoso, estambres blancos y numerosos; frutos abayados, de globosos a ovoides, con pelos rígidos y amarillos; semillas numerosas, piriformes. Familia de las cactáceas, *Marginatocereus marginatus*.

orgasmear. ■ TR. **1.** fam. Producir un orgasmo. || **2.** fam. Producir satisfacción mediante un

O

estímulo sensorial: "Las garnachas me orgasmean".

orinadera. ■ F. supran. Hecho de orinar constantemente.

orinarse. ■ LOC. **~ fuera de la bacinica.** LOC. VERB. **1.** supran. vulg. Actuar de manera inadecuada o impropia a la situación. || **2.** supran. vulg. Equivocarse o salirse del tema que se trata. ▷ **~ fuera de la olla.** LOC. VERB. **orinarse fuera de la bacinica.** ▷ **~ fuera del huacal.** LOC. VERB. **orinarse fuera de la bacinica.**

orita. ■ ADV. supran. Después, en un lapso indeterminado; ahorita: "Espérame un ratito, orita vengo".

oro. ■ LOC. **~ blanco.** LOC. SUST. fest. Pulque.

oropéndola. ■ LOC. **~ de Moctezuma.** LOC. SUST. Ave originaria de América, de hasta 50 cm de longitud; con cuerpo pardo castaño oscuro en los machos o pardo en las hembras; cabeza, cuello y pecho de color negro; pico negro con la punta anaranjada. Familia de los ictéridos del orden Passeriformes, *Psarocolius montezuma*. (También se llama oropéndola mayor, viuda, zacua). ▷ **~ mayor.** LOC. SUST. supran. **oropéndola de Moctezuma.**

orozul. ■ M. **orozuz.**

orozús. ■ M. **orozuz.**

orozuz. ■ M. supran. Hierba originaria de América, de hasta 1 m de altura, monoica; tallos delgados, ásperos y angulosos; hojas opuestas, simples, de oblongas a ovadas, ásperas, verdes brillantes por el haz, pubescentes y grisáceas por el envés, con margen crenado y ondulado, aromáticas al estrujarse; flores hermafroditas, pequeñas, campanuladas, tubo blanquecino con centro amarillo o blanco, pétalos de azules a rosados o lilas, dispuestos en capítulos axilares; frutos drupáceos, pequeños y globosos, separados en dos pirenos; semillas pequeñas; uso en la medicina tradicional. Familia de las verbenáceas, varias especies del género *Lippia*, como *Lippia alba, Lippia dulcis, Lippia geminata*. (También se llama orozul, orozús, salve real).

ortiga. ■ LOC. **~ de tierra caliente.** LOC. SUST. Arbusto o árbol originario de México y Centroamérica, de hasta 5 m de altura, monoico; hojas simples, alternas, de ovadas a circulares, de hasta 50 cm de largo, rugosas, cubierta de pelos urticantes, con margen crenado; flores hermafroditas, pequeñas, de moradas a lilas blanquecinas, campanuladas, con cinco estambres, de filamento peloso, dispuestas en panículas o cimas escorpioideas; frutos capsulares, de ovado-oblongas a elipsoides, cubiertas de abundantes pelos; semillas numerosas, diminutas, cafés; hojas, uso ceremonial y en la medicina tradicional. Familia de las boragináceas, *Wigandia urens*. (También se llama malamujer, soso, tabaco cimarrón, tabaquillo).

ortiguilla. ■ F. Hierba originaria de América, de hasta 4 m de largo, monoica; tallos marcadamente largos y lisos, con pelillos urticantes; hojas simples, alternas, lobuladas, de tres a cinco lóbulos o con forma de corazón; flores unisexuales, pequeñas, de color blanco amarillento a blanco verdoso, los pétalos más cortos que los sépalos, con estambres petaloides dispuestos en una serie, agrupadas en cimas o corimbos; frutos capsulares, de ovoides a pentagonales, con alas diminutas e indehiscentes; semilla única, pequeña, subglobosa, con testa de membranácea a translúcida; uso en la medicina tradicional. Familia de las loasáceas, *Gronovia scandens*. (También se llama quemador blanco, quemadora).

orzuela. ■ F. Deterioro del cabello que consiste en la bifurcación de las puntas.

oscurito. ■ LOC. **a lo ~.** LOC. ADV. coloq. Aparte, a un lugar con pocos testigos o ninguno: "El maestro me llevó a lo oscurito para regañarme". ▷ **en lo ~.** LOC. ADV. supran. coloq. De forma clandestina o a vista de pocos: "Consiguió ese puesto porque hizo un arreglo en lo oscurito".

oso. ■ LOC. **~ lavandero.** LOC. SUST. Mamífero carnívoro de distribución en América del Norte y Centroamérica, de hasta 1 m de longitud; con pelaje en tonos grises y pardos; hocico y borde de orejas en tonos claros; característico antifaz negro en los ojos; cola espesa anillada, entre cuatro y diez anillos negros; hocico aguzado; orejas pequeñas y erectas; cuerpo ancho, con extremidades cortas; patas delanteras con cinco dedos. Familia de los prociónidos del orden Carnivora, *Procyon lotor*. (También se llama mapache, ratón lavandero). ▷ **~ melero.** LOC. SUST. Mamífero originario de América, de hasta 60 cm de longitud; con cuerpo robusto y piernas cortas; dorso de color pardo dorado; cabeza redondeada; ojos grandes y redondos; hocico corto; cola larga y prensil; nocturno; comestible. Familia de los prociónidos del orden Carnivora, *Potos flavus*. (También se llama kinkajú, martucha, perro de monte).

ostento. ■ M. Ostentación.

ostión. ■ M. pop. Gargajo.

ostionería. ■ F. Establecimiento donde se venden y consumen ostiones y otros alimentos del mar.

ostoche. ■ M. Bebida fermentada que se elabora con jugo de caña de maíz; típica de Puebla.

ostochi. ■ M. **ostoche.**

otatal. ■ M. Sitio poblado de otates.

otatave. ■ M. Arbusto originario de América, de hasta 6 m de altura, monoico; troncos ramificados desde el suelo, corteza rugosa de color grisáceo, con látex lechoso; hojas alternas, glabras, ovado-lanceoladas; flores hermafroditas, pequeñas, tubulares, de color blanco a verde amarillento, agrupadas en cimas; frutos drupáceos, ovoide-oblongos, glabros y traslúcidos; semilla única, ovoide-oblonga, con testa jugosa. Familia de las apocináceas, *Vallesia glabra*. (También se llama citabaro, huitatobe, palo verde, peralillo, uclatave).

otate. ■ M. **1.** Hierba arborescente originaria de América, de hasta 25 m de altura, monoica; tallos gruesos, de color verde amarillento, espinosos, erectos, leñosos y huecos, envueltos en largas vainas color pardo; hojas simples, glabras, lanceoladas, con márgenes ligeramente aserrados; flores hermafroditas, diminutas, desnudas y dispuestas en espiguillas cilíndricas y finas hacia la punta, con dos brácteas que rodean cada espiguilla, denominadas glumelas; frutos aquénicos y secos. Familia de las gramíneas, *Guadua amplexifolia*. (También se llama bambú, otatera). || **2.** Tallo del **otate**.

otatera. ■ F. **otate.**

otatillo. ■ M. Hierba perenne originaria de América, de hasta 8 m de altura, monoica; tallos cilíndricos y lisos, centrales y robustos; hojas alternas, simples, membranáceas, de glabras a papiloso-pelosas o velutinas, lígula glabra o ciliolada; flores hermafroditas y desnudas, diminutas, dispuestas en espiguillas cubiertas por una serie de brácteas, verdes cuando son jóvenes y negras al madurar; frutos aquénicos, secos e indehiscentes, con una sola semilla; uso artesanal y forrajero. Familia de las gramíneas, *Lasiacis ruscifolia*.

otomangue. ■ ADJ. **1.** supran. Perteneciente o relativo al **otomangue**: "La lingüística otomangue posee un amplio campo de estudio". ■ M. **2.** supran. Grupo étnico histórico que dio origen al amuzgo-mixtecano, al chinanteco, al otopame, al popolocano, al tlapaneco-subtiaba y al zapotecano, entre otros. || **3.** supran. Conjunto de grupos étnicos que hablan alguna lengua de los subgrupos lingüísticos amuzgo-mixtecano, chinantecano, otopame, popolocano, tlapaneco-subtiaba y zapotecano; establecidos desde la región central y sur de México hasta algunos lugares de Centroamérica. || **4.** supran. Familia lingüística que incluye a los subgrupos lingüísticos amuzgo-mixtecano, chinantecano, otopame, popolocano, tlapaneco-subtiaba y zapotecano, entre otros. || **5.** supran. Lengua reconstruida que históricamente dio origen a las lenguas de la familia otomangue, como el mixteco, otomí y zapoteco, entre otras. || **6.** supran. Conjunto de las lenguas de la familia otomangue, como el mixteco, otomí y zapoteco, entre otras.

otomangueano, na. ■ ADJ. **1.** supran. Perteneciente o relativo al **otomangueano**; otomangue: "La lingüística otomangueana posee un amplio campo de estudio". ■ M. **2.** supran. Grupo étnico histórico que dio origen al amuzgo-mixtecano, al chinantecano, al otopame, al popolocano, al tlapaneco-subtiaba y al zapotecano, entre otros; otomangue. || **3.** supran. Conjunto de grupos étnicos que hablan alguna lengua de los subgrupos lingüísticos amuzgo-mixtecano, chinantecano, otopame, popolocano, tlapaneco-subtiaba y zapotecano; establecidos desde la región central y sur de México hasta algunos lugares de Centroamérica; otomangue. || **4.** supran. Familia lingüística que incluye a los subgrupos lingüísticos amuzgo-mixtecano, chinantecano, otopame, popolocano, tlapaneco-subtiaba y zapotecano, entre otros; otomangue. || **5.** supran. Lengua reconstruida que históricamente dio origen a las lenguas de la familia otomangue, como el mixteco, otomí y zapoteco, entre otras; otomangue. || **6.** supran. Conjunto de las lenguas de la familia otomangue, como el mixteco, otomí y zapoteco, entre otras; otomangue.

otomí. ■ ADJ. **1.** Perteneciente o relativo al **otomí**: "El molcajete otomí está hecho de piedra negra". || **2.** Natural o procedente del grupo étnico **otomí**: "Los campesinos otomíes se dedican a la siembra de maíz". ■ M. **3.** Grupo étnico establecido en los estados de Guanajuato, Hidalgo, México, Michoacán, Puebla, Querétaro, Tlaxcala y Veracruz. || **4.** Lengua otomangue del subgrupo lingüístico otopame. ■ COM. **5.** Persona natural o procedente del grupo étnico **otomí**: "Los otomíes se dedican a la siembra de maíz".

otomiano, na. ■ ADJ. **1.** Perteneciente o relativo al **otomiano**; otomí: "El molcajete otomiano está hecho de piedra negra". || **2.** Natural o procedente del grupo étnico **otomiano**; otomí: "Las campesinas otomianas se dedican a la siembra de maíz". Ú.t.c.sust.: "Las otomianas se dedican a la siembra de maíz". ■ M. **3.** Grupo étnico establecido en los estados de Guanajuato, Hidalgo, México, Michoacán, Puebla, Querétaro, Tlaxcala y Veracruz.; otomí. || **4.** Lengua otomangue del subgrupo lingüístico otopame; otomí.

otopame. ■ ADJ. **1.** Perteneciente o relativo al **otopame**: "Los textiles otopames fueron expuestos en el museo regional". ■ M. **2.** Grupo étnico histórico que dio origen a los chichimecos jonaces, a los matlatzincas, a los mazahuas, a los ocuiltecos, a los otomíes y a los pames, entre otros. || **3.** Conjunto de grupos étnicos, como el chichimeco jonaz, el matlatzinca, el mazahua, el ocuilteco, el otomí o el pame; establecidos principalmente en el sureste de San Luis Potosí y en los estados de Guanajuato, Hidalgo, México, Michoacán, Puebla, Querétaro y Tlaxcala. || **4.** Lengua reconstruida que históricamente dio origen al chichimeco jonaz, al matlatzinca, al mazahua, al ocuilteco, al otomí y al pame. || **5.** Grupo o familia de lenguas otomangues que incluye al chichimeco jonaz, al matlatzinca, al mazahua, al ocuilteco, al otomí y al pame, entre otras.

otopameano, na. ■ ADJ. **1.** Perteneciente o relativo al **otopameano**; otopame: "Los textiles otopameanos fueron expuestos en el museo regional". ■ M. **2.** Grupo étnico histórico que dio origen a los chichimecos jonaces, a los matlatzincas, a los mazahuas, a los ocuiltecos, a los otomíes y a los pames, entre otros. || **3.** Conjunto de grupos étnicos, como el chichimeco jonaz, el mazahua, el matlatzinca, el ocuilteco, el otomí o el pame; establecidos principalmente en el sureste de San Luis Potosí y en los estados de Guanajuato, Hidalgo, México, Michoacán, Puebla, Querétaro y Tlaxcala. || **4.** Lengua reconstruida que históricamente dio origen al chichimeco jonaz, al matlatzinca, al mazahua, al ocuilteco, al otomí y al pame. || **5.** Grupo o familia de lenguas otomangues que incluye al chichimeco jonaz, al matlatzinca, al mazahua, al ocuilteco, al otomí y al pame, entre otras.

otro. ■ LOC. **del ~ bando.** LOC. ADJ. supran. fam. *Referido a persona*, homosexual. ▷ **del ~ barrio.** LOC. ADJ. fam. **del otro lado.** ▷ **del ~ lado.** LOC. ADJ. **1.** coloq. Estadounidense: "Mis sobrinos del otro lado pasaron el verano en Ixtapa". || **2.** coloq. **del otro bando.** ▷ **del ~ laredo.** LOC. ADJ. fest. **del otro lado.** ▷ **el ~ lado.** LOC. SUST. coloq. Estados Unidos de América: "Nací en el otro lado". ▷ **el ~ lado de la moneda.** LOC. SUST. Reverso de una cosa o situación: "Ustedes solo ven las cosas buenas y no toman en cuenta el otro lado de la moneda".

overjauleada. ■ F. fam. Restauración de un vehículo de motor.

overjaulear. ■ TR. fam. Restaurar un vehículo de motor: "El mecánico overjauleó mi clásico para la exhibición del domingo".

overo, ra. ■ ADJ. supran. *Referido a una caballería*, que tiene color general blanco, con manchas más o menos extensas e irregulares de otro color cualquiera, negro, castaño, alazán, etc.: "Monto mejor al caballo overo que al alazán". Ú.t.c.sust.: "Monto mejor al overo que al alazán".

overol. ■ M. supran. Prenda de vestir de una sola pieza, que consta de un pantalón largo o corto con peto.

ovitano. ■ M. Arbusto originario de América, de hasta 6 m de altura, dioico; tallos con ramificación desde la base de forma decusada, corteza de pardo a rojiza, con olor desagradable y sabor amargo, copa irregular, de tomentosa a glabra con la edad; hojas alternas, simples, de elípticas a lanceoladas y de pilosas a tomentosas, con margen plano o revoluto, coriáceas o subcoriáceas; flores unisexuales, sésiles o con un pequeño pedicelo, blanquecinas, pubescentes, dispuestas en racimos, péndulos y densos; frutos abayados, más o menos ovoides, negros; una o dos semillas por fruto, de ovoides a subglobosas, negras; uso en la medicina tradicional y ornamental. Familia de las garryáceas, *Garrya laurifolia.*

ox. ■ M. *En el Sureste,* **ojite.**

oyamel. ■ M. **1.** Árbol originario de América, de hasta 50 m de altura, monoico, propio de las tierras altas y frías, de copa densa y cónica, con corteza grisácea, áspera y agrietada, dividida en placas irregulares; hojas simples, agrupadas en fascículos, lineares, angulosas, de color verde oscuro en el haz y verde claro en el envés; conos unisexuales: estróbilos masculinos, violáceos, axilares, estróbilos femeninos, subcilíndricos, blandos y rojizos terminales, resinosos; semillas de cuneadas a oblongas, agudas en la base, provistas de un ala lateral amplia, cafés. Familia de las pináceas, *Abies religiosa.* (También se llama guayame). || **2.** Madera del **oyamel**; uso industrial y ornamental.

ozonósfera. ■ F. supran. Estrato donde se concentra el ozono atmosférico, de espesor variable y situado entre 10 y 50 km de altura, que atenúa los efectos de la radiación ultravioleta; ozonosfera.

ozote. ■ M. Árbol originario de América, de hasta 8 m de altura, monoico; tallos de madera blanca, no muy resistente, con látex lechoso; hojas alternas, enteras, ovado-lanceoladas, con margen entero; flores hermafroditas, vistosas, en forma de embudo o campanuladas, blancas, agrupadas en panículas o flores solitarias; frutos capsulares, ovoides y cafés; cuatro semillas, romboides y con pelos blancos. Familia de las convolvuláceas, *Ipomoea murucoides.* (También se llama casaguate, casahuate, cazaguate, cazahuate, palo bobo).

P

pacana. ■ F. **pacano.**

pacanil. ■ M. Hierba originaria de América, ampliamente naturalizada en todo el mundo; tallos erectos, poligonales, huecos y glabros; hojas simples, alternas, de ovadas a elípticas, terminadas en una punta larga, glabras, con margen en ocasiones dentado; flores hermafroditas, pequeñas, campanuladas, con cinco pétalos fusionados de color blanquecino, con una mancha parda amarillenta en la base, flores solitarias y axilares; frutos abayados, pequeños, de color amarillo en la madurez, rodeados por los sépalos que crecen al madurar el fruto; semillas planas, lenticulares, diminutas. Familia de las solanáceas, *Physalis angulata*. (También se llama pacanul).

pacano. ■ M. Árbol de distribución en el centro, noreste y noroeste de México, de hasta 30 m de altura, monoico; tallos con corteza grisácea o castaña, de escamosa a agrietada con la edad; hojas alternas, divididas de nueve a 13 foliolos ovado-elípticos, el terminal mayor que los laterales, el envés escamoso o glabro, con margen aserrado; flores unisexuales, diminutas, sin pétalos, verdosas, las masculinas con tres a diez estambres, reunidas en grupos de tres y a su vez arregladas en amentos, las femeninas arregladas en espigas terminales; frutos drupáceos, elipsoides u ovoides, cubiertos por una cáscara que abre en cuatro valvas; semillas de formas cerebroides, castañas rojizas, comestibles; uso industrial; cortezas y hojas, uso en la medicina tradicional. Familia de las juglandáceas, *Carya illinoinensis*. (También se llama nogal de nuez lisa, nogal pecanero, pacana, pecanero, pecano).

pacanul. ■ M. **pacanil.**

pácatelas. ■ INTERJ. **¡pácatelas!** supran. Se usa para manifestar sorpresa: “¡Pácatelas!, mi tío se ganó la lotería”.

paceño, ña. ■ ADJ. **1.** Perteneciente o relativo a la ciudad de La Paz, capital del estado de Baja California Sur: “Me gusta visitar las playas paceñas en el verano”. || **2.** Natural o procedente de la ciudad de La Paz, capital del estado de Baja California Sur: “Un profesor paceño nos impartió clases de biología marina”. Ú.t.c.sust.: “Un paceño nos impartió clases de biología marina”.

pacha. ■ F. Véase **pacho, cha.**

pachacate. ■ ADJ. **1.** rur. *Referido a un fruto*, que se ha secado sin haber madurado: “El árbol de mi casa dio duraznos pachacates”. || **2.** rur. *Referido a un niño*, enclenque: “Diego está pachacate, debería comer más”. ■ COM. **3.** rur. Niño enclenque: “Esa pachacate que casi no come es mi hija”.

pachacato, ta. ■ ADJ. **1.** rur. *Referido a un fruto*, que se ha secado sin haber madurado;

pachacate: "El árbol de mi casa dio duraznos pachacatos". || **2.** rur. *Referido a un niño,* enclenque; pachacate: "Diego está pachacato, debería comer más". Ú.t.c.sust.: "Ese pachacato casi no come".

pachanguear. ■ INTR. **1.** supran. fam. Festejar: "Esta noche pachangueamos en el barrio".

pachanguearse. ■ INTR. PRNL. **2.** fam. Sentir alguien hartazgo en una pachanga o fiesta: "Ya me pachangueé, vámonos a la casa".

pachanguearsela. ■ INTR. PRNL. **3.** fam. Holgazanear: "Ellos se la pachanguean todo el tiempo".

pachangueo. ■ M. fam. Acción y resultado de pachanguear, pachanguearse o pachanguearsela.

pachanguero, ra. ■ ADJ. **1.** supran. fam. Perteneciente o relativo a la pachanga o fiesta: "Ya empezó la temporada más pachanguera del año". || **2.** supran. fam. *Referido a persona,* que asiste constantemente a pachangas o fiestas; fiestero: "Ella se desvela mucho porque es bien pachanguera". Ú.t.c.sust.: "Ella es una pachanguera, por eso se desvela mucho". || **3.** supran. fam. Propio de la persona **pachanguera**: "Hoy amanecí con ánimo pachanguero, hay que salir en la noche".

pachecada. ■ F. **1.** fam. Hecho de pachequear o drogarse. || **2.** fam. Disparate.

pacheco, ca. ■ ADJ. **1.** fam. Disparatado: "Esa película está súper pacheca". || **2.** supran. fam. Drogado, especialmente con marihuana. Ú.t.c.sust.

pachequear. ■ TR. fam. Drogar a alguien, especialmente con marihuana.

pachequeo. ■ M. **pachecada.**

pachequez. ■ F. **pachecada.**

pachi. ■ M. *En Veracruz,* fórmula de tratamiento para dirigirse con confianza a un hombre: "Oye, pachi, ¿ya fuiste por el encargo?".

pachiche. ■ ADJ. **1.** fam. Marchito: "Las flores estaban todas pachiches por el sol". || **2.** fam. Arrugado: "Las manzanas ya estaban pachiches, por eso no las compré". || **3.** fam. *Referido a persona,* vieja: "Mi tía está bien pachiche, ya se le nota la edad".

pachichi. ■ ADJ. **pachiche.**

pachiote. ■ M. *En el Sur,* árbol originario de América, de hasta 20 m de altura, monoico; tallos con ramificación de baja altura, corteza grisácea; hojas simples, alternas, grandes y elípticas, densamente cubiertas de pelos en el envés, con margen diminutamente aserrado; flores hermafroditas, llamativas, con cinco pétalos espatulados, amarillos, cinco sépalos canosos, verdes amarillentos por la cara superior, cafés y peludos en la cara inferior, estambres numerosos, flores arregladas en panículas; frutos capsulares, globosos, cubiertos por cerdas flexibles, de color verde; semillas diminutas, de globosas a algo aplanadas; uso como alternativa de fibra vegetal para hacer papel. Familia de las tiliáceas, *Apeiba tibourbou.* (También se llama tapabotija).

pachis. ■ M. **pachi.**

pacho, cha. ■ ADJ. **1.** supran. *Referido a algo,* aplastado: "Este cojín ya está muy pacho". || **2.** supran. *Referido a persona,* de nalgas o de pechos sin volumen. Ú.t.c.sust. ■ F. **3.** supran. Botella pequeña y aplanada que se usa generalmente para llevar licor. Ú.m.e.dim.

pachocha. ■ F. **1.** supran. Lentitud al hacer las cosas; pachorra. || **2.** supran. Dinero.

pachola. ■ F. Carne de res molida y aplanada, sazonada con ajo, cebolla y chile, generalmente empanizada.

pachole. ■ M. rur. Técnica de siembra del maíz que consiste en plantar los granos a chorrillo o a puñados.

pacholear. ■ INTR. rur. Sembrar el maíz con la técnica del pachole: "Ya tenemos los granos de maiz, pacholearemos el fin de semana".

pacholeo. ■ LOC. **~ de marcha.** LOC. SUST. **pachole.**

pachón, na. ■ ADJ. **1.** coloq. Esponjado: "Me gustan las almohadas pachonas". || **2.** supran. coloq. *Referido a alguien,* peludo: "Ese perro pachón me asustó".

pachonear. ■ TR. **1.** rur. Acariciar a un animal, generalmente un caballo: "El vaquero pachoneaba a sus yeguas todas las mañanas". || **2.** rur. Dar palmadas en las ancas de un equino que se colea antes de iniciar una carrera: "El jinete pachoneó a su caballo en las trampas de la pista". || **3.** rur. *En San Luis Potosí,* sujetar a una bestia de la cabeza y de las patas para jinetearla: "Entre todos pachoneamos al toro fuertemente".

pachorra. ■ F. supran. Pereza.

pachorrudo, da. ■ ADJ. supran. *Referido a alguien*, que actúa con pachorra o pereza: "Ella es muy pachorruda y nunca quiere ayudar en la casa". Ú.t.c.sust.: "Ella es una pachorruda y nunca quiere ayudar en la casa".

pachotada. ■ F. supran. Despropósito; patochada.

pachuca. ■ F. Véase **pachuco, ca.**

pachuco, ca. ■ ADJ. **1.** Que es elegante y extravagante: "Eva llegó con un vestido muy pachuco a la cena". || **2.** *Referido a persona*, emigrada de México a Estados Unidos: "Vendrán de visita los primos pachucos desde Houston". Ú.t.c.sust.: "Mis primos son los pachucos que vienen de Houston". ■ M. **3.** Hombre caracterizado por un atuendo llamativo consistente, generalmente, en un traje de pantalón abombachado, saco amplio, sombrero adornado con una pluma y zapatos de charol blanco y negro. ■ F. **4.** *En el juego de cubilete*, tirada en que los cinco dados caen en números o figuras diferentes. ■ EXPR. **¡qué Pachuca por Toluca!** fest. Se usa para saludar a una persona, que generalmente hace tiempo no se ve: "¡Qué Pachuca por Toluca, Miguel!, pensé que ya no vivías por aquí".

pachuqueño, ña. ■ ADJ. **1.** Perteneciente o relativo a la ciudad de Pachuca, capital del estado de Hidalgo: "En los últimos años la minería pachuqueña ha ido en ascenso". || **2.** Natural o procedente de la ciudad de Pachuca, capital del estado de Hidalgo: "Una señora pachuqueña nos enseñó a hacer pastes". Ú.t.c. sust.: "Una pachuqueña nos enseñó a hacer pastes".

pacota. ■ F. fam. Cosa inútil y de escaso valor.

padre. ■ ADJ. **1.** coloq. Bonito: "¡Tu casa está padre!". || **2.** coloq. Bueno: "Nuestra relación en la oficina es padre". ■ M. **3.** fam. Fórmula de tratamiento para dirigirse con respeto a un hombre conocido de mayor edad que el hablante: "Padre, ¿cómo se siente hoy?". ■ ADV. **4.** coloq. Bien: "Mario baila muy padre". ■ INTERJ. **¡padre!** coloq. Se usa para afirmar enfáticamente algo: "—¿Vamos al cine? —¡Padre!".

padrino. ■ M. Hombre que financia algo, generalmente en una fiesta; patrocinador.

padrote. ■ M. **1.** supran. Hombre que regentea a una prostituta. || **2.** supran. Hombre que concierta, encubre o facilita una relación amorosa, generalmente ilícita.

padroteada. ■ F. **padroteo.**

padrotear. ■ TR. **1.** Abusar de una persona: "El entrenador del equipo padrotea a Samuel porque es el único que no se queja". || **2.** Facilitar alguien una relación amorosa, generalmente ilícita. || **3.** supran. Regentear un hombre a una prostituta.

padroteo. ■ M. Acción y resultado de padrotear.

paga. ■ F. *En Chiapas*, dinero: "Luis tiene mucha paga, ya se compró otro coche".

pagua. ■ F. **1.** Árbol originario de México a Panamá, de hasta 20 m de altura; hojas deciduas; flores verdes amarillentas claras, estambres rojos con el tiempo; frutos en forma ovoide, con piel gruesa, rugosa, de color verde purpúreo; semillas grandes. Familia de las lauráceas, *Persea schiedeana*. (También se llama aguacate del monte, aguacate pagua, aguacate pahua, chinene, pahua). || **2.** Fruto de la **pagua**; comestible.

pahua. ■ F. **pagua.**

pai. ■ ADJ. **1.** Perteneciente o relativo al grupo étnico **pai**: "La familia pai posee dos lenguas emparentadas". ■ M. **2.** Grupo étnico histórico que dio origen a los paipais y a los ku'ahl, entre otros. || **3.** Conjunto de grupos étnicos establecidos principalmente en el estado de Baja California, México, y en Estados Unidos de América. || **4.** Lengua reconstruida que históricamente dio origen al paipai y al ku'ahl. || **5.** Grupo o familia de lenguas cochimí-yumanas que incluye al paipai y al ku'ahl, entre otras.

paila. ■ F. supran. Cazo de metal.

pailería. ■ F. Lugar donde se fabrican o venden pailas.

pailero, ra. ■ ADJ. **1.** Perteneciente o relativo a la paila: "Se solicitan dos soldadores paileros". ■ M. y F. **2.** supran. Persona que se dedica a fabricar o a vender pailas. || **3.** supran. Persona que se dedica a manejar las pailas en los ingenios de azúcar.

paipai. ■ ADJ. **1.** Perteneciente o relativo al **paipai**: "Las sonajas paipai usadas en las fiestas son hechas con bule". || **2.** Natural o procedente del grupo étnico **paipai**: "Los hablantes paipai son cerca de doscientos". ■ M. **3.** Grupo étnico establecido en el municipio de Ensenada, en el estado de Baja California. || **4.** Lengua cochimí-yumana del subgrupo lingüístico pai. ■ COM. **5.** Persona natural o procedente del grupo étnico **paipai**: "Las paipai recolectan bellotas y piñones".

paisa. ■ COM. **1.** fam. Mexicano que reside en Estados Unidos de América: "Ellos son los paisas que trabajan en la construcción". || **2.** supran. fam. Persona con quien se mantiene una relación de amistad; amigo: "Ella es una paisa de la secundaria".

paisano, na. ■ ADJ. **1.** *Referido a persona,* tímida: "El muchacho es de plano muy paisano, no se animó a hablar en público". Ú.t.c.sust.: "El paisano no se animó a hablar en público". ■ M. y F. **2.** Mexicano que reside en Estados Unidos de América: "En diciembre llegan los paisanos a celebrar el fin de año". ■ M. **3.** *En el Norte,* correcaminos.

paiste. ■ M. **paste.**

paisté. ■ M. **paste.**

paistle. ■ M. **paste.**

pajarear. ■ TR. **1.** fam. Escuchar conversaciones con disimulo: "Me enteré del chisme porque pajareé a mis hermanos en la noche". || **2.** supran. rur. Asustar a una caballería: "El ruido de la tormenta pajareó a las yeguas". || **3.** supran. rur. Espantar a las aves de los campos de cultivo: "Los agricultores pajarean a los cuervos con espantapájaros". ■ INTR. **4.** supran. Estar distraído: "Ese alumno pajarea toda la clase".

pajareo. ■ M. supran. Acción y resultado de pajarear.

pajarero, ra. ■ ADJ. supran. rur. *Referido a una caballería,* que se espanta fácilmente: "El potrillo pajarero se inquietó con el ruido de la música".

pajarete. ■ M. *En el Occidente,* bebida que se prepara con leche bronca, alcohol, azúcar o chocolate en polvo; paloma.

pajarillo. ■ M. Hierba originaria de México, de hasta 1 m de altura; tallos numerosos, muy ramificados desde la base; hojas alternas, divididas en tres foliolos más o menos redondeados, algo pubescentes por el envés, el margen con lóbulos cortos; flores grandes, vistosas, péndulas, pétalos amarillentos, redondeados, prolongados por el centro y hacia abajo formando un espolón nectarífero de color rojizo, sépalos excediendo a los pétalos, verdosos amarillentos, estambres numerosos, flores solitarias; frutos foliculares, erectos y pubescentes; semillas oscuras, brillantes; uso ornamental. Familia de las ranunculáceas, *Aquilegia skinneri.*

pajarito. ■ M. supran. Hierba originaria de Sudamérica, de hasta 1 m de altura; tallos muy ramificados, trepadores, glabros o pubescentes; hojas simples, alternas, profundamente divididas en tres, cinco o siete lóbulos, peciolos largos unidos casi al centro de la hoja; flores hermafroditas, vistosas, de color amarillo, con cinco pétalos desiguales, los dos superiores de mayores dimensiones y los tres inferiores reducidos y ciliados, sépalos fusionados en la base y prolongados hacia abajo formando un espolón nectarífero; frutos trilobados, elipsoides, separándose en tres frutillos indehiscentes, negruzcos o de color café oscuro; uso ornamental. Familia de las ranunculáceas, *Tropaeolum peregrinum.* (También se llama palomilla).

pájaro. ■ LOC. **~ azul.** LOC. SUST. **1.** Ave originaria de América, de hasta 20 cm de longitud; hembra con cola y alas de color gris azul, el vientre de color pardo y la cabeza gris; el macho es de color azul cobalto. Familia de los túrdidos del orden Passeriformes, varias especies del género *Sialia,* como *Sialia currucoides, Sialia mexicana, Sialia sialis.* (También se llama agachadiza, azulejo, olototol, ventura). || **2.** Ave de amplia distribución en Baja California, de alrededor de 30 cm de longitud; con plumaje de color azul profundo en nuca, costado y parte superior de la cabeza; según la especie, presenta una franja en tono blanco bajo el ojo y en tonos negruzcos en la región del oído; pecho normalmente de color blanco o en tonos grisáceos; cola en tono azul intenso al igual que las alas; patas y pico de color negro. Varias especies de la familia de los córvidos del orden Passeriformes. (También se llama chara, urraca azulejo). ▷ **~ bandera.** LOC. SUST. Ave de distribución en América del Norte y Centroamérica, de hasta 40 cm de longitud; el macho con el dorso de color verde grisáceo, vientre rojo o amarillo, cola de forma rectangular, negra, con tres bandas blancas horizontales; la hembra en tonos

P

grisáceos, bronces y pardos; ambos con pico ancho y amarillo; cuello corto; patas muy pequeñas. Familia de los trogónidos, *Trogon elegans*. ▷ ~ **bobo.** LOC. SUST. supran. Ave de distribución en la región neotropical de México y en Centroamérica, de hasta 50 cm de longitud; con plumaje de colores vívidos, con diferente composición según la especie, por lo general en tonos verdes y naranjas en cuerpo y alas; con una franja azul en frente, contorno de los ojos en tonos negros; cola larga en tonos oscuros, que en algunas especies se divide en la punta en dos estructuras similares a raquetas o péndulos; cabeza voluminosa y pico grueso, ligeramente curvado. Familia de los momótidos del orden Coraciiformes, varios géneros como *Aspatha*, *Baryphthengus*, *Eumomota*, *Momotus*. ▷ ~ **cú.** LOC. SUST. Ave de distribución desde el noroeste de México hasta el este de Guatemala, de hasta 50 cm de longitud; de color azul verde con la corona café; alas con dos raquetas terminales cuyo movimiento simula un péndulo. Familia de los momótidos del orden Coraciiformes, *Momotus mexicanus*. (También se llama bobo, momoto mexicano, pájaro raqueta, pájaro reloj, tolobojo, turco). ▷ ~ **gato gris.** LOC. SUST. Ave de distribución en América del Norte y el Caribe, de hasta 30 cm de longitud; con plumaje gris, en la parte superior de la cabeza en tono más oscuro, coberteras infracaudales de color naranja y en tonos negros en las plumas rectrices, algunas con bordes blancos; pico delgado y corto; presenta un canto parecido al maullido de gato, de ahí su nombre. Familia de los mímidos del orden Passeriformes, *Dumetella carolinensis*. ▷ ~ **gato negro.** LOC. SUST. Ave con distribución en Yucatán, Guatemala y Belice, de hasta 25 cm de longitud; plumaje, patas y pico de color negro, ojos de tono café, alas redondeadas y pequeñas; cola relativamente alargada; pico corto y con una ligera curva en la punta. Familia de los mímidos, *Melanoptila glabrirostris*. ▷ ~ **mosca.** LOC. SUST. supran. **picaflor.** ▷ ~ **raqueta.** LOC. SUST. **pájaro cú.** ▷ ~ **reloj.** LOC. SUST. **pájaro cú.**

pajuela. ■ F. rur. Punta del cordel entretejido de un látigo.

pajuelazo. ■ M. **1.** fam. Disparo de arma de fuego. || **2.** supran. fam. Trago de licor.

pajuil. ■ M. **1.** Ave de distribución en Centroamérica y sur de México, de hasta 65 cm de longitud; con dimorfismo sexual; los machos con plumaje negro y brillante en el dorso y las alas, en tono pardo oscuro en el vientre; las hembras con plumaje castaño barreteado de negro, cola más oscura y con barras negras; en ambos, pico y garganta de color rojo. Familia de los crácidos del orden Galliformes, *Penelopina nigra*. (También se llama chachalaca negra). || **2. pavón.**

palabra. ■ LOC. ~ **de hombre.** LOC. SUST. supran. Empeño que hace alguien de la honorabilidad de lo que enuncia; palabra de honor: "Te pago el domingo, palabra de hombre". ▷ ~ **dominguera.** LOC. SUST. supran. La especializada, de poco uso o rebuscada: "El tío Eustaquio siempre sale con sus palabras domingueras para apantallarnos".

palabrear. ■ TR. **1.** supran. pop. Acordar algo de palabra: "Los campesinos palabrearon la venta de las tierras con los empresarios". ■ INTR. **2.** supran. pop. Conversar: "Sus amigos palabrean todos los domingos afuera de la iglesia".

palanca. ■ F. **1.** supran. Influencia ante una autoridad para conseguir de ella algún favor: "Él tiene palanca en la dirección del corporativo". || **2.** supran. Persona influyente de la que se puede obtener algún favor: "La palanca que necesitamos puede ser su papá".

palancacoate. ■ M. Serpiente de amplia distribución en México, de hasta 2.5 m de longitud; de coloración café a olivácea, en tonos más oscuros hacia la cola, su vientre en tonos más claros, de distintos colores dependiendo de las subespecies; con tres rayas oscuras alrededor de los ojos, una mancha oscura vertical justo detrás de la mandíbula y una fuerte barra diagonal oscura a ambos lados del cuello; con escamas suaves y brillantes. Familia de los colúbridos del orden Squamata, *Drymarchon melanurus*. (También se llama arroyera de cola negra, culebra azul, culebra negra, culebra prieta, rabo negro, sabanera, tilcoate).

palancapacle. ■ M. Hierba originaria de México, de hasta 1 m de altura; tallos muy ramificados basalmente, de pubescentes a tomentosos; hojas simples, alternas, de ovadas a divididas de uno a tres lóbulos, tomentosas por ambas caras; flores hermafroditas, tubulares, amarillas, dispuestas en cabezuelas terminales suspendidas en largos pedicelos, flores del centro diminutas, flores de la periferia en forma de pétalo, los ápices ligeramente trilobados; frutos aquénicos, diminutos, de cilíndricos a ligeramente angulados, más o menos acanalados. Familia de las compuestas, *Baileya multiradiata*. (También se llama palancapatli).

palancapatli. ■ M. **1. palancapacle.** || **2.** Hierba originaria de México, de hasta 50 cm de altura, monoica; tallos de erectos a ascendentes, simples o ramificados en la parte inferior, densamente vilosos; hojas simples, alternas, las basales elípticas, las apicales de linear-oblongas a lanceoladas, glabras, con margen de aserrado a subentero; flores hermafroditas o femeninas, tubulares, dispuestas en cabezuelas solitarias y terminales, flores del centro hermafroditas, el tubo superior ensanchado y dividido en cinco lóbulos, flores de la periferia femeninas, con forma de pétalos; frutos aquénicos, diminutos, subcuadrangulares, oblongos, lisos, estriados o rugosos tuberculados, con dos aristas en el ápice. Familia de las compuestas, *Grindelia inuloides*. || **3.** Hierba originaria de México, de hasta 50 cm de altura; monoica; tallos ramosos, pubescentes y rizomatosos; hojas arrosetadas en la base y alternas en tallos, enteras, espatuladas, con margen ligeramente aserrado o entero; flores hermafroditas, diminutas, amarillas y agrupadas en pequeñas y numerosas cabezuelas, con 12 o 13 flores de la periferia en forma de pétalos de color amarillo; frutos aquénicos, diminutos, subcilíndricos, con un penacho de cerdas blancas en el ápice; uso en la medicina tradicional. Familia de las compuestas, *Senecio bellidifolius*. (También se llama calamápatl, calancapacle, calancapatle, nanahuapatli).

palanquear. ■ TR. supran. fam. Ayudar alguien influyente a otra persona para que obtenga algún favor: "El jefe palanqueó a su primo para que entrara a trabajar en la empresa".

palanqueo. ■ M. supran. fam. Hecho de palanquear o ayudar alguien influyente a otra persona para que obtenga algún favor.

palanqueta. ■ F. Dulce hecho con pepitas de calabaza, cacahuates, almendras, etc., y un almíbar espeso, al que se le da cualquier forma plana y que al enfriarse adquiere una consistencia dura.

palanquetero, ra. ■ ADJ. **1.** Perteneciente o relativo a la palanqueta: "Toda su familia es fiel a la tradición palanquetera". ■ M. y F. **2.** Persona que se dedica a elaborar o a vender palanquetas.

palapa. ■ F. Estructura abierta techada con hojas de palma, generalmente para protegerse del sol.

palapar. ■ M. Sitio poblado de palapas y palmeras, generalmente en la playa.

palenque. ■ M. **1.** Espectáculo, generalmente de música, que se presenta en una feria. || **2.** Lugar en donde se realiza este espectáculo musical. || **3.** vulg. Coito. || **4.** supran. Lugar en donde se realizan peleas de gallos.

palenquear. ■ INTR. **1.** Asistir a un palenque o lugar donde se presenta un espectáculo, generalmente de música, en una feria: "Mi familia palenquea todos los años en la Feria de San Marcos". || **2.** Dar una función un artista en un palenque o lugar donde se presenta un espectáculo, generalmente de música, en una feria: "Ese cantante palenqueó durante muchos años". || **3.** supran. Asistir a un palenque o lugar en donde se realizan peleas de gallos: "Cuando mi abuelo palenquea suele apostar dinero".

palenquero, ra. ■ ADJ. **1.** Perteneciente o relativo al palenque: "La cartelera palenquera está muy buena este año". || **2.** *Referido a persona*, que gusta del palenque: "Mis amigos son muy palenqueros, siempre compran boletos". Ú.t.c.sust.: "Mis amigos son unos palenqueros, siempre compran boletos". ■ M. y F. **3.** Persona que trabaja en un palenque.

palero, ra. ■ M. y F. **1.** Persona que secunda a alguien. || **2.** supran. Persona que encubre a alguien.

paleta. ■ F. **1.** Tabla, generalmente en forma rectangular con una esquina alargada y ovalada y ligeramente inclinada, que compone un pupitre o mesabanco y sirve para recargarse y escribir sobre ella. || **2.** supran. Dulce que consiste en un caramelo sólido con un palito como mango. || **3.** supran. Helado en forma

P

de pequeño bloque con un palito como mango. || **4.** supran. *En algunos deportes*, pala de madera.

paletería. ■ F. Establecimiento donde se fabrican y venden paletas de hielo, helados y aguas frescas.

paletero, ra. ■ ADJ. **1.** Perteneciente o relativo a las paletas: "Don José inició el negocio paletero hace muchos años". ■ M. y F. **2.** supran. Persona que se dedica a fabricar o a vender paletas.

paliacate. ■ M. Pañuelo de algodón, más grande que el de bolsillo, generalmente de colores vivos y estampado con diversas figuras.

palillo. ■ M. Arbusto originario de América, de hasta 2 m de altura, monoico, a veces dioico; tallos delgados, cubiertos por pubescencia blanca estrellada, las partes viejas glabrescentes; hojas simples, alternas, ovadas, envés blanco tomentoso, con margen entero; flores unisexuales, diminutas, dispuestas en un mismo racimo, flores femeninas sin pétalos, dispuestas en la porción superior del racimo, flores masculinas con pétalos, dispuestas en la porción inferior del racimo; frutos capsulares trilobados; semillas diminutas, oblongas, lisas, de color café oscuro, brillantes; uso en la medicina tradicional. Familia de las euforbiáceas, *Croton morifolius*.

palma. ■ LOC. **~ abanico.** LOC. SUST. Planta originaria de México, de hasta 5 m de altura; tallos erectos o ligeramente arqueados, cubiertos de largas espinas en la base; hojas simples, alternas, ampliamente redondeadas y lobuladas en segmentos lanceolados y rígidos, glabras, con margen entero; flores hermafroditas, diminutas, con cuatro pétalos más o menos de ovados a redondeados, estambres fusionados basalmente formando un tubo corto, flores dispuestas en panículas largas, cubiertas con amplias brácteas envolventes; frutos pequeños, de redondeados a ovoides, lisos, de color verde; semillas diminutas, más o menos esféricas; fibras de las hojas, uso industrial. Familia de las arecáceas, *Cryosophila nana*. (También se llama escoba, soyamiche). ▶ **~ apache.** LOC. SUST. Planta originaria de América, de hasta 5 m de altura, monoica; tallos solitarios, erectos; hojas de alternas a helicoidales, palmadas, filíferas, glabrescentes, peciolos de densa a esparcidamente dentados, lámina dividida de 50 a 80 segmentos, con márgenes ligeramente involutos; flores hermafroditas, diminutas, cubiertas de tomento, glabrescentes, con seis tépalos ovado-triangulares, agrupadas en largas panículas, pardas rojizas, ramificadas cerca de la base; frutos drupáceos, elipsoides, con ápice redondeado, de color amarillento; hojas, uso industrial. Familia de las arecáceas, *Brahea dulcis*. (También se llama isuate, soyacapulín, soyate, zoyate). ▶ **~ ceniza.** LOC. SUST. Planta originaria de México, de hasta 7 m de altura, monoica; tallos altos sin ramificación o con ramificación simple; hojas simples, dispuestas en espiral, lanceoladas, rectas, rígidas y robustas; flores hermafroditas, vistosas, campanuladas, blancas y fragantes, con seis estambres, dispuestas en racimos axilares; frutos capsulares, grandes y cilíndricos, con numerosas semillas planas, de color negro; frutos, comestibles. Familia de las asparagáceas, *Yucca torreyi*. ▶ **~ china.** LOC. SUST. Planta originaria de México, de hasta 10 m de altura; tallos erectos, poco ramificados apicalmente, conservan las cicatrices de las hojas caídas y las hojas viejas; hojas simples, dispuestas en espiral, lanceoladas y muy largas, rígidas y coriáceas, de color verde oscuro, con una espina terminal, con márgenes fibrosos; flores hermafroditas, vistosas, campanuladas, de color blanco a crema, dispuestas en racimos axilares; frutos capsulares, oblongos, carnosos y colgantes; semillas pequeñas, semicirculares, negras; uso industrial; flores y frutos, comestibles; inflorescencias, uso forrajero. Familia de las asparagáceas, *Yucca filifera*. (También se llama flor de izote, flor de palma, izote, palma grande, palma loca, palma pita). ▶ **~ culona.** LOC. SUST. Planta originaria de América, de hasta 15 m de altura, dioica; tallos erectos, cónicos en la base, muy ramificados en la parte superior, corteza formada por placas de alargadas a cuadrangulares, de color gris oscuro a café; hojas simples, dispuestas en espiral, lineares y alargadas, glabras, con margen denticulado; flores unisexuales, diminutas, de color blanco verdoso, dispuestas en panículas muy ramificadas; frutos samaroides, de elipsoides a obovados, con tres alas de color amarillo paja;

semillas elipsoides, lisas, de color café brillante; uso ornamental. Familia de las asparagáceas, *Beaucarnea recurvata.* (También se llama palma monja, pata de elefante). ▷ **~ de escoba.** LOC. SUST. Planta originaria de América, de hasta 10 m de altura; tallos erectos, no ramificados, de aspecto robusto, cubierto de espinas radicales simples o ramificadas; hojas simples, alternas, con forma de abanico, totalmente hendidas por la mitad, con más de 40 segmentos fusionados; flores hermafroditas, pequeñas, con tres sépalos y tres pétalos, de color blanco amarillento, flores dispuestas en panículas densas, en forma de espiral; frutos de globosos a subglobosos, lisos, de blanquecinos a amarillentos; semillas globosas, pequeñas; hojas, uso industrial. Familia de las arecáceas, *Cryosophila argentea.* (También se llama escoba, guano de escoba, guano kum). ▷ **~ de tlaco.** LOC. SUST. Planta originaria de México, de hasta 12 m de altura; tallos erectos, no ramificados, de aspecto robusto, conservan las cicatrices de las hojas caídas; hojas enteras, alternas y arregladas en forma de espiral, palmadas, profundamente divididas en múltiples segmentos; flores hermafroditas, diminutas, blanquecinas y peludas, dispuestas en cimas axilares muy extendidas; frutos capsulares, globosos, cafés brillantes o cafés claros con rayas oscuras; semillas numerosas, piramidales; uso ornamental. Familia de las arecáceas, *Brahea brandegeei.* (También se llama palma negra, palmilla). ▷ **~ grande.** LOC. SUST. **palma china.** ▷ **~ loca.** LOC. SUST. **palma china.** ▷ **~ monja.** LOC. SUST. **palma culona.** ▷ **~ negra.** LOC. SUST. **palma de tlaco.** ▷ **~ pita.** LOC. SUST. **palma china.** ▷ **~ real.** LOC. SUST. **1.** supran. Planta originaria de América, de hasta 25 m de altura, monoica; tallos de tronco alto y redondo, sin ramas, a veces con las bases de los peciolos persistentes; hojas dispuestas en espiral, sobre largos peciolos sin espinas, lámina en forma de abanico, con numerosos lóbulos de lineares a lanceolados; flores hermafroditas, diminutas, con seis tépalos blanquecinos, agrupadas en largas panículas; frutos drupáceos, elipsoides, negros. Familia de las arecáceas, *Sabal mexicana.* (También se llama apachite, guano). || **2.** supran. Tronco de esta planta; uso en la construcción. || **3.** supran. Hoja de esta planta; uso en la construcción. ▷ **~ samandoca.** LOC. SUST. Planta originaria de América, de hasta 10 m de altura, monoica; tallos erectos, no ramificados, gruesos y escamosos, conservan las cicatrices de las hojas caídas; hojas simples, arregladas en roseta, estrechamente lanceoladas, rígidas, que terminan en una punta con una fuerte espina, con márgenes enteros; flores hermafroditas, pequeñas, campanuladas o globosas, con tres tépalos de blancos a amarillentos, flores dispuestas en racimos axilares; frutos abayados, carnosos; semillas pequeñas, gruesas, planas, semirredondas. Familia de las asparagáceas, *Yucca carnerosana.* (También se llama chicha).

palmacristi. ■ F. supran. Arbusto de hasta 6 m altura; tallos gruesos, leñosos y huecos; hojas alternas, muy grandes y dentadas; flores de colores llamativos y dispuestas en inflorescencias terminales de gran tamaño; frutos globosos con abundantes púas; semillas elipsoides, algo aplanadas, lisas y brillantes, frecuentemente jaspeadas de color café y gris, conspicuamente carunculadas, de las que se extrae un aceite de uso en la medicina tradicional e industrial. Familia de las euforbiáceas, *Ricinus communis.* (También se llama higuerilla, ricino).

palmacté. ■ M. Palma originaria de América, de hasta 20 m de altura, monoica; tallos no ramificados, algo engrosados en la parte media, gris blanquecino en la porción inferior y verde brillante en la superior; hojas alternas y arregladas en espiral, divididas en múltiples foliolos linear-lanceolados, dispuestos en diferentes planos con respecto al eje principal, dando una apariencia plumosa a las hojas; flores unisexuales, diminutas, de color blanco amarillento, arregladas en grupos de tres flores, dos masculinas y tres femeninas, y estas a su vez dispuestas en panículas densas en las axilas de las hojas; frutos pequeños, ovoides, lisos, de color blanco purpúreo; semillas elipsoidales; uso ornamental. Familia de las arecáceas, *Roystonea regia.*

palmán. ■ M. Árbol o arbusto originario de América, de hasta 8 m de altura, monoico; tallos muy ramificados; hojas alternas, deciduas, enteras, ovado-lanceoladas, con margen aserrado; flores hermafroditas, vistosas, con cinco pétalos blancos, solitarias o en ramilletes de una a cinco flores; frutos abayados, globosos, jugosos y dulces, de color rojizo, comestibles; semillas numerosas, diminutas, cafés; cortezas y hojas, uso en la medicina tradicional. Familia de las muntingiáceas, *Muntingia calabura*. (También se llama cerecillo).

palmar. ■ TR. supran. fam. Pagar una deuda: "Palma lo que pediste prestado".

palmear. ■ TR. supran. Hacer tortillas de maíz con la palma de las manos: "La señora palmeaba las gorditas antes de ponerlas en el comal".

palmilla. ■ F. **palma de tlaco.**

palmita. ■ F. Planta arrosetada originaria de México, de hasta 1 m de altura, monoica; troncos muy pequeños; hojas en rosetas, lineares, con margen sin espinas, pero con una espina terminal; flores bisexuales, con seis tépalos, de color amarillo blanquecino a verdoso, agrupadas en una larga espiga; frutos capsulares, de elipsoides a ovoides; semillas numerosas, aplanadas, negras. Familia de las asparagáceas, *Agave striata*. (También se llama espadín, estoquillo, maguey espadín, peinecillo, sotolito).

palo. ■ M. **1.** vulg. Coito. || **2.** supran. vulg. Pene. ■ LOC. **~ blanco.** LOC. SUST. **1.** Árbol originario del noreste de México, de hasta 8 m de altura, monoico; tallos de corteza lisa, con coloración café; hojas opuestas, divididas en tres foliolos, de elípticos a aovados, glabros; flores hermafroditas, pequeñas, con tres o cuatro pétalos amarillentos, agrupadas en cortas panículas; frutos samaroides, trilobados y con tres alas evidentes, separándose cada uno de los otros en la madurez; tres semillas, de elipsoides a subglobosas, negras. Familia de las rutáceas, *Helietta parvifolia*. (También se llama barreta, guayacán, jonote). || **2.** Madera de este árbol. ▶ **~ bobo.** LOC. SUST. **1.** Árbol originario de América, de hasta 8 m de altura, monoico; tallos de madera blanca, no muy resistente, con látex lechoso; hojas alternas, enteras, ovado-lanceoladas, con margen entero; flores hermafroditas, vistosas, en forma de embudo o campanuladas, blancas, agrupadas en panículas o flores solitarias; frutos capsulares, ovoides y cafés; cuatro semillas, romboides, con pelos blancos. Familia de las convolvuláceas, *Ipomoea murucoides*. (También se llama casaguate, casahuate, cazaguate, cazahuate, ozote). || **2.** Árbol originario de América, de hasta 12 m de altura; tallos muy ramificados, glabros; hojas alternas, enteras, de ovadas a elípticas, glabras; flores hermafroditas, grandes y vistosas, con forma de embudo, blancas con la garganta de roja a purpúrea, dispuestas en cimas terminales o axiales; frutos capsulares, globosos y elipsoidales, glabros, pardos o rojizos; semillas ovoides, pardas, cubiertas por algunos pelos blancos; cortezas, uso en la medicina tradicional; tallos, uso industrial. Familia de las convolvuláceas, *Ipomoea pauciflora*. (También se llama sosote, zozote). ▶ **~ cucharo.** LOC. SUST. **1.** Árbol originario de América, de hasta 12 m de altura, monoico; tallos con copa redondeada y densa; hojas alternas, divididas de tres a nueve foliolos, de ovados a elípticos; flores hermafroditas, pequeñas, con cinco pétalos de blancos a verdosos, estambres fusionados formando un tubo, agrupados en pequeñas cimas; frutos capsulares, ovoides o globosos, leñosos, cafés; tres semillas, elipsoides, rojas. Familia de las meliáceas, *Trichilia havanensis*. (También se llama ciruelillo, garrapatilla). || **2.** Corteza de este árbol; uso en la medicina tradicional. || **3.** Hoja de este árbol; uso en la medicina tradicional. || **4.** Rama de este árbol; uso ceremonial. ▶ **~ de fraile.** LOC. SUST. **1.** Árbol originario de México y Centroamérica, de hasta 15 m de altura; tallos con corteza áspera, cafés con manchas blancas; hojas simples, alternas, de ovadas a elípticas, glabras por el haz y finamente pubescentes en el envés, con margen entero; flores hermafroditas, pequeñas, tubulares, con cinco pétalos blanquecinos, estambres numerosos, flores agrupadas en panículas terminales o axilares, densas; frutos drupáceos, pequeños, de elipsoides a ovoides, fibrosos, de color amarillo y de sabor dulce; uso industrial y en la medicina tradicional. Familia de las rosáceas, *Couepia polyandra*. (También se llama olozapote, ulazapote, uspib, zapote bolo, zapote niño, zapotillo, zapotillo amarillo). || **2.** Fruto de este árbol; comestible. ▶ **~ de leche.** LOC. SUST. **1.** Árbol o arbusto originario de América, de hasta 10 m de altura; tallos glabros, erectos; hojas simples, opuestas, de obovadas a elípticas, glabras por ambos lados, con margen ondulado; flores hermafroditas, vistosas, con forma de trompeta, blancas o amarillentas, con cinco pétalos de obovados a elípticos, las flores dispuestas en panículas axilares; frutos foliculares, de fusiformes a elipsoidales, con dos crestas longitudinales; semillas pequeñas; uso en la medicina tradicional y ornamental. Familia de las apocináceas, *Tabernaemontana amygdalifolia.* (También se llama cojón de toro, hoja de chivo, leche de chivita, lechoso blanco, tempecate, utzupec, verraco). || **2.** Arbusto originario de México, de hasta 7 m de altura, monoico; troncos con corteza delgada y quebradiza, pubescentes, produce látex blanco; hojas simples, alternas, de largos peciolos, de ovadas a elíptico-ovadas, con margen entero; flores unisexuales, diminutas: las masculinas de sépalos persistentes, con estambres numerosos, las femeninas con tres estilos fusionados formando una columna corta, flores agrupadas en una estructura que asemeja una sola flor; frutos capsulares, pequeños; semillas ovoides, diminutas, tuberculadas; hojas y látex, uso en la medicina tradicional. Familia de las euforbiáceas, *Euphorbia schlechtendalii.* (También se llama cigarrillo, lecherillo, medicina de las gallinas, mulatilla). ▷ **~ de mora.** LOC. SUST. **1.** Árbol originario de México y Centroamérica, de hasta 30 m de altura, dioico; tallos y ramas con espinas axilares, rectas y agudas, látex blanquecino; hojas simples, alternas, elípticas u obovadas, haz pubescente, con margen aserrado; flores unisexuales, pequeñas, verdosas: las femeninas arregladas en cabezuelas globosas, las masculinas arregladas en racimos alargados; frutos aquénicos, de globosos a lentiformes, de color amarillo verdoso, con pulpa jugosa; uso industrial; cortezas, uso en la extracción de taninos y en la medicina tradicional. Familia de las moráceas, *Maclura tinctoria.* (También se llama maclura, yagahuil). || **2.** Fruto de este árbol; comestible. ▷ **~ de rosa.** LOC. SUST. Árbol originario de América, de hasta 25 m de altura, monoico; troncos erectos con corteza ligeramente acanalada; hojas opuestas, palmadas, divididas en cinco foliolos lanceolados o elípticos, cuatro inferiores pequeñas y el terminal más grande, con margen entero; flores hermafroditas, vistosas, violáceas, rosadas o blancas, tubulares, agrupadas en inflorescencias paniculadas; frutos capsulares estrechos, cilíndricos, de color café, con dos suturas laterales; semillas numerosas, blanquecinas, aplanadas, aladas; uso ornamental; cortezas y hojas, uso en la medicina tradicional. Familia de las bignoniáceas, *Tabebuia rosea.* (También se llama amapa, apamate, macuilís, roble blanco). ▷ **~ dulce.** LOC. SUST. **1.** Arbusto o árbol pequeño de amplia distribución en México, de hasta 8 m de altura; tallos muy ramificados, corteza rugosa, escamosa cuando seca, de color café oscuro, las partes jóvenes cubiertas de finos pelos; hojas alternas, compuestas de diez a 15 pares de foliolos elípticos, glabras por ambas caras, con margen entero, cubiertas por glándulas resinosas aromáticas; flores hermafroditas, pequeñas, con cinco pétalos blancos, olorosas, agrupadas en racimos terminales o subterminales; frutos en vainas curvadas, puntiagudas, lisas, pubescentes o glabrescentes, de color café pálido; una semilla por fruto. Familia de las leguminosas, *Eysenhardtia polystachya.* (También se llama rosilla, vara dulce, varaduz, urza). || **2.** Tallo de este arbusto o árbol; uso combustible, forrajero, en la medicina tradicional y ornamental. || **3.** Hoja de este arbusto o árbol; uso en la medicina tradicional. ▷ **~ fierro.** LOC. SUST. **1.** Árbol originario de México, de amplia distribución en Sonora y Sinaloa, de hasta 10 m de altura; ramas delgadas con espinas; hojas perennes, verdes grisáceas, elípticas; flores de color blanco a rosa púrpura o lavanda, con cinco pétalos, en racimos; vainas con una o cuatro semillas. Familia de las fabáceas, *Olneya tesota.* (También se llama palofierro). || **2.** Madera de este árbol originario de México, de amplia distribución en Sonora y Sinaloa; uso artesanal. || **3.** Árbol originario de México, de hasta 7 m de altura; tallos con corteza grisácea y exfoliante en pequeñas escamas rectangulares; hojas alternas, simples o divididas en tres foliolos de elípticos a oblanceolados, glabras, con pequeñas cavidades en las axilas de las nervaduras del envés; flores hermafroditas, diminutas, blanquecinas, con cuatro pétalos carnosos, agrupadas en pequeños fascículos mimosos; frutos capsulares, globosos, con pubescencia esparcida y gruesa, con abertura en tres valvas; una semilla por cada valva, rodeada de un arilo carnoso y anaranjado. Familia de las meliáceas, *Trichilia trifolia*. (También se llama palofierro, remillo). || **4.** Madera de este árbol originario de México; uso artesanal e industrial. ▷ **~ loco.** LOC. SUST. **1.** Árbol o arbusto originario de México, de hasta 4 m de altura, de apariencia candelabriforme, monoico; tallos suculentos, quebradizos, de color grisáceo; hojas alternas y aglomeradas en el ápice de las ramas, ovadas y con cinco u ocho lóbulos, suculentas; flores hermafroditas, diminutas, amarillas y agrupadas en pequeñas y numerosas cabezuelas, con cuatro o seis flores de la periferia en forma de pétalos amarillos; frutos aquénicos, diminutos, claviformes, con un penacho de cerdas blancas en el ápice; uso ornamental. Familia de las compuestas, *Pittocaulon praecox*. (También se llama candelero). || **2.** Tallo de este árbol o arbusto; uso en la medicina tradicional. ▷ **~ santo.** LOC. SUST. **1.** Árbol o arbusto originario de México, de hasta 10 m de altura; tallos espinosos, de corteza amarillenta y exfoliante; hojas simples, alternas, oblanceoladas, glabras; flores hermafroditas, vistosas, tubulares, de color rojo anaranjado o amarillo, estambres numerosos, casi el doble de largos de la corola; frutos capsulares, globosos, de color cobrizo; de seis a 15 semillas, pequeñas, aplanadas, aladas; flores, uso en la medicina tradicional. Familia de las fouquieriáceas, *Fouquieria formosa*. (También se llama cascabelillo, colorín cimarrón, ocotillo, palosanto, rosalillo). || **2.** Madera de este árbol o arbusto; uso artesanal e industrial. ▷ **~ verde.** LOC. SUST. **1.** Árbol pequeño de amplia distribución en el noroeste de México, de hasta 8 m de altura, monoico; tallos delgados, fotosintéticos, de verdes a anaranjados, exfoliantes o lisos, las ramas forman espinas; hojas alternas, deciduas, bipinadas, con cuatro a ocho pares de pinas, cada una con tres a siete foliolos elípticos, con márgenes enteros; flores hermafroditas, vistosas, amarillas, con un pétalo más claro que el resto, agrupadas en racimos axilares con hasta siete flores; frutos leguminosos, constreñidos entre las semillas, planos; de una a cinco semillas por fruto, ovoides, cafés; uso ornamental. Familia de las leguminosas, *Cercidium microphyllum*. (También se llama lebón). || **2. peralillo.** || **3.** Arbusto o árbol originario de América, de hasta 10 m de altura, monoico; tallos cortos, de corteza fisurada, ramas con espinas, de color verde amarillento; hojas alternas, divididas en numerosos y pequeños foliolos, ovados y rápidamente deciduos, de color verde pálido; flores hermafroditas, vistosas, con cinco pétalos amarillos, los superiores con tonos rojizos, fragantes, agrupadas en racimos; frutos en vainas que tienen marcadas las semillas, coriáceas y cafés; semillas poco numerosas, con forma cuadrangular y aplanada, cafés; uso en la medicina tradicional. Familia de las leguminosas, *Parkinsonia aculeata*. (También se llama espinillo, guacóporo, huacóporo, retama, uacóporo).

palocote. ■ M. **1.** Hierba originaria de América, de hasta 4 m de altura; monoica; tallos pilosos; hojas alternas, de ovadas a triangulares, con margen aserrado; flores hermafroditas, tubulares, agregadas en una gran cabezuela de largos pedúnculos, las flores de la periferia semejan pétalos de color amarillo o anaranjado; frutos aquénicos, con un par de espinas en el ápice; una sola semilla. Familia de las compuestas, *Tithonia tubaeformis*. (También se llama acagual, acahual, gigantón, sunté). || **2.** Combustible que consiste en **palocote** seco y otras hierbas semejantes.

palofierro. ■ M. **palo fierro.**

paloma. ■ F. **1.** Signo que semeja un par de alas desplegadas, de las cuales la izquierda es la más corta, empleado para marcar que algo se ha hecho o para calificar de forma aprobatoria, generalmente en trabajos escolares. Ú.m.e.dim. || **2.** Bebida alcohólica que se prepara con tequila, jugo de limón y refresco de toronja. || **3.** Especie de explosivo pequeño en forma de triángulo. || **4.** pop. Ayuda o apoyo que se brinda a alguien. || **5.** *En el Occidente*, bebida que se prepara con leche bronca, alcohol, azúcar o chocolate en polvo. || **6.** *En Veracruz*, papalote; cometa. || **7.** supran. vulg. Pene. ■ LOC. **~ de san Juan.** LOC. SUST. supran. Termita de distribución cosmopolita, de hasta 15 mm de longitud; cuerpo blando; dos pares de alas iguales; sistema social dividido en diferentes castas; al alimentarse de la madera ocasiona daño a diferentes materiales. Varias familias del orden Isoptera. (También se llama comején, termita). ▷ **~ huilota.** LOC. SUST. Ave originaria de América, de hasta 30 cm de longitud; con plumaje en tonos grisáceos y castaños claros; vientre en tonos más tenues y rosados; cola larga y apuntada; cabeza pequeña con un pico pequeño de color negruzco; patas cortas y rojizas; cuerpo relativamente esbelto. Familia de los colúmbidos del orden Columbiforme, *Zenaida macroura*. (También se llama güilota, huilota).

palomar. ■ M. **1.** Construcción en la parte alta de un edificio o de un estadio. || **2.** supran. fam. Edificio con muchos departamentos, generalmente pequeños y superpoblados.

palomazo. ■ M. **1.** Canto improvisado. || **2.** Acto improvisado como muestra de apoyo.

palomear. ■ TR. **1.** Poner en un escrito una paloma o señal que semeja un par de alas desplegadas como muestra de aprobación: "El profesor palomeó mi examen de matemáticas". || **2.** Autorizar algo: "La gobernadora palomeó el presupuesto cultural". || **3.** Cantar alguien de manera improvisada: "Palomeamos varias canciones rancheras en mi cumpleaños".

palomeo. ■ M. Acción y resultado de palomear.

palomero, ra. ■ ADJ. *Referido a una producción audiovisual*, que entretiene por un argumento que se percibe como ligero: "Veo películas palomeras para distraerme".

palomilla. ■ F. **1. pajarito.** || **2.** supran. Grupo de personas afines. || **3.** supran. Grupo de niños o jóvenes que se identifican entre sí y se reúnen regularmente para divertirse; pandilla.

palosanto. ■ M. **palo santo.**

palucha. ■ F. **1.** fam. *En el Sureste*, mentira. || **2.** supran. fam. *En Veracruz*, fanfarronada.

paludo, da. ■ ADJ. **1.** *Referido al pan o a la tortilla*, dura: "Las gorditas de nata estaban muy paludas y las ablandé remojándolas un poco en el café". || **2.** supran. *Referido a un fruto o una planta*, fibroso: "Los chayotes que compré salieron muy paludos y no nos los pudimos comer".

pamba. ■ F. Serie de manazos que, en son festivo, un grupo de personas da a alguien en la cabeza. ■ LOC. **~ china.** LOC. SUST. **pamba.**

pambaceada. ■ F. Véase **pambaceado, da.**

pambaceado, da. ■ ADJ. **1.** *Referido a un rostro*, empalidecido por tener una capa notoria de talco o de maquillaje: "Mi vecina no sabe maquillarse y siempre sale pambaceada". ■ F. **2.** Hecho de dar una pamba o serie de manazos.

pambacear. ■ TR. **1.** Dar una pamba o serie de manazos: "Nos pambaceamos al novato del equipo". || **2.** Maquillar en exceso: "Te pambacearon en el salón de belleza".

pambaceo. ■ M. **pambaceada.**

pambazo. ■ M. **1.** Pan de harina de trigo, salado, esponjoso, de superficie lisa y de forma ovalada. || **2.** Alimento que se prepara con un **pambazo**, bañado en salsa de chile rojo y frito en aceite, relleno de papas con chorizo, lechuga, crema y queso. || **3.** *En Veracruz*, pan de harina de trigo, salado, esponjoso, de forma circular, espolvoreado de harina. || **4.** *En Veracruz*, alimento que se prepara con un **pambazo**, relleno de frijoles, chorizo y queso.

pambiza. ■ F. Serie de manazos que, en son festivo, un grupo de personas da a alguien en la cabeza; pamba.

pambol. ■ M. supran. Futbol.

pambolear. ■ INTR. supran. Jugar pambol o futbol: "El equipo pamboleó muy bien en la cancha".

pambolero, ra. ■ ADJ. **1.** supran. Perteneciente o relativo al pambol o futbol: "El torneo pambolero se pospuso para el 9 de mayo". || **2.** supran. *Referido a persona*, que gusta del pambol o futbol: "En este país somos muy pamboleros". Ú.t.c.sust.: "Son muchos los pamboleros en este país".

pame. ■ ADJ. **1.** Perteneciente o relativo al **pame**: "El canasto pame está hecho de carrizo". || **2.** Natural o perteneciente de cualquier grupo étnico **pame**: "Los rezanderos pames participaron en la celebración religiosa". ■ M. **3.** Grupos étnicos establecidos en el oriente del estado de San Luis Potosí y en el norte del estado de Querétaro. || **4.** Lengua otomangue del subgrupo lingüístico otopame. ■ COM. **5.** Persona natural o procedente de cualquier grupo étnico **pame**: "Las pames participaron en la celebración religiosa". ■ LOC. **~ del norte.** LOC. ADJ. **1.** Perteneciente o relativo al **pame del norte**: "El chiquihuite pame del norte está hecho de palma tejida". || **2.** Natural o procedente del grupo étnico **pame del norte**: "La mujer pame del norte talló la máscara de caballo". || LOC. SUST. **3.** Grupo étnico establecido al oriente del estado de San Luis Potosí. || **4.** Lengua otomangue del subgrupo lingüístico otopame. || **5.** Persona natural o procedente del grupo étnico **pame del norte**: "La pame del norte talló la máscara de caballo". ▷ **~ del sur.** LOC. ADJ. **1.** Perteneciente o relativo al **pame del sur**: "En el territorio pame del sur es posible hallar huizaches". || **2.** Natural o procedente del grupo étnico **pame del sur**: "Los jóvenes pames del sur limpiarán el jagüey". || LOC. SUST. **3.** Grupo étnico que habitó en el estado de Querétaro. || **4.** Lengua otomangue del subgrupo lingüístico otopame. || **5.** Persona natural o procedente del grupo étnico **pame del sur**: "Los pames del sur limpiarán el jagüey".

pámpano. ■ M. supran. Pez marino de distribución principal en el Golfo de México y el Caribe, de hasta 1 m de longitud; en tonos plateados; según la especie, en tonos amarillos u oscuros en aletas y bandas oscuras en costados del cuerpo; este en forma aplanada; sin dientes; cola en forma de trinche; con base angosta; comestible. Familia de los carángidos del orden Perciformes, varios géneros.

pan. ■ LOC. **~ blanco.** LOC. SUST. **1.** supran. El que es de harina de trigo refinada, rectangular, preparado industrialmente y cortado en rebanadas. || **2.** supran. Bolillo. ▷ **~ de bueno.** LOC. SUST. Persona muy bondadosa. ▷ **~ de caja.** LOC. SUST. Pan de molde. ▷ **~ de cazón.** LOC. SUST. *En Campeche*, platillo elaborado con capas de tortillas de maíz a las que se le intercala la carne de este pez guisada y frijoles refritos; se sirve bañado en salsa, con aguacate y chile habanero. ▷ **~ de elote.** LOC. SUST. El que es dulce y esponjoso, elaborado con los granos tiernos de la mazorca del maíz. ▷ **~ de feria.** LOC. SUST. El de trigo, de tamaño grande, de masa esponjosa y dulce, generalmente en forma de trenza, barnizado con huevo y espolvoreado con ajonjolí. ▷ **~ de fiesta.** LOC. SUST. **pan de feria.** ▷ **~ de huevo.** LOC. SUST. supran. El que es azucarado, esponjoso y barnizado en la superficie con yema. ▷ **~ de muerto.** LOC. SUST. El que es semiesférico, generalmente recubierto con azúcar y con cuatro adornos que semejan huesos; se suele preparar y consumir para celebrar el Día de Muertos. ▷ **~ de pulque.** LOC. SUST. El que es de trigo, levado con esta bebida y de textura compacta y poco dulce. ▷ **~ de quesadilla.** LOC. SUST. El que es dulce y cubierto con queso, atole cuajado o un preparado de chile rojo, queso y piloncillo; quesadilla de pan. ▷ **~ de sal.** LOC. SUST. El que tiene corteza y miga esponjosa y se usa para elaborar platillos salados. ▷ **~ de yema.** LOC. SUST. *En Oaxaca*, **pan de huevo.** ▷ **~ (de) dulce.** LOC. SUST. El que se prepara a base de harina de trigo y azúcar, y que tiene diferentes formas. ▷ **~ francés.** LOC. SUST. **1.** El de molde que se capea en huevo batido, se fríe en mantequilla y se espolvorea con azúcar y canela. || **2.** supran. Pan de molde. ▷ **~ molido.** LOC. SUST. supran. El seco y granulado que se usa para empanizar. ▷ **~ puerco.** LOC. SUST. *En la medicina tradicional*, ungüento para masajear el cuerpo y curar ciertas enfermedades, generalmente estomacales.

pana. ■ M. y F. **1.** supran. Persona con quien se mantiene una relación de amistad; amigo: "Fui con mis panas a cenar tacos". || **2.** supran. Fórmula de tratamiento para dirigirse con confianza a una persona conocida: "Hey, pana, pásame la sal".

panchero, ra. ■ ADJ. **1.** fam. *Referido a persona*, que alborota; irigotero: "Mis compañeros de clase son muy pancheros, siempre están gritando". Ú.t.c.sust.: "Mis compañeros de clase son unos pancheros, siempre están gritando". || **2.** fam. *Referido a persona*, que hace berrinche; irigotero: "La hija de los vecinos es muy panchera, hacen lo que ella dice". Ú.t.c. sust.: "La hija de los vecinos es una panchera, hacen lo que ella dice".

panchito, ta. ■ ADJ. **1.** Perteneciente o relativo a Los Panchitos, movimiento contracultural de Ciudad de México, originado en los años ochenta: "Tacubaya era zona panchita". ■ M. y F. **2.** Miembro del movimiento **panchito.**

pancho, cha. ■ M. y F. **1.** Miembro del Frente Popular Francisco Villa: "Llegaron los panchos a la asamblea después de la marcha". ■ M. **2.** fam. Alboroto; irigote. || **3.** fam. Berrinche; irigote. || **4.** fam. Asunto complicado de resolver; irigote.

pancita. ■ F. supran. Guiso caldoso de estómago de res cortado en trozos pequeños, con diversos ingredientes y condimentos; panza.

pancololote. ■ M. Dulce elaborado con fruta almibarada.

pandearse. ■ INTR. PRNL. fam. Echarse para atrás alguien en el último momento; acobardarse: "Mi cuñado se pandeó con la apuesta".

pandeo. ■ M. fam. Hecho de pandearse o echarse para atrás alguien en el último momento; acobardamiento.

pandroso, sa. ■ ADJ. fam. Andrajoso: "El novio de Lucía es muy pandroso". Ú.t.c.sust.: "El novio de Lucía es un pandroso".

panela. ■ F. **1.** Queso que se elabora con leche de vaca, fresco, de pasta blanda, de color blanco, con menor grasa y sal que la mayoría; queso panela. || **2.** supran. Azúcar morena poco refinada y compactada en forma de cono truncado; piloncillo.

paneo. ■ M. supran. Vistazo previo que se hace con una cámara fotográfica antes de fijar el objetivo para darse una idea general de la toma.

panga. ■ F. **1.** supran. Bote pequeño movido a remo, vela o motor que se utiliza para pescar o transportar personas. || **2.** supran. Barcaza de carga movida por motor, de fondo plano y cubierta ancha que, siguiendo un cable como guía, sirve para transportar carga, generalmente vehículos, de un lado a otro de un río, lago, laguna, etcétera.

panguero, ra. ■ M. y F. **1.** supran. Propietario de una panga. || **2.** supran. Persona que se dedica a conducir una panga.

panismo. ■ M. Conjunto de miembros, militantes o simpatizantes del Partido Acción Nacional.

panista. ■ ADJ. **1.** Perteneciente o relativo al Partido Acción Nacional: "La sede panista recibió a los precandidatos". || **2.** *Referido a persona,* partidaria o simpatizante del Partido Acción Nacional: "Los votantes panistas asistieron a las urnas". ■ COM. **3.** Miembro del Partido Acción Nacional: "Los nuevos panistas se conocieron en su asamblea nacional". || **4.** Persona partidaria o simpatizante del Partido Acción Nacional: "Algunos panistas asistieron a las urnas desde temprano".

panocha. ■ F. **1.** Azúcar morena poco refinada, generalmente en forma de cono truncado; piloncillo. || **2.** supran. vulg. Vulva.

panorámico. ■ M. *En Yucatán,* vidrio delantero de un automóvil; parabrisas.

panqué. ■ M. Bizcocho esponjoso y suave, generalmente de forma rectangular y cortado en rebanadas.

pantaleta. ■ F. supran. Prenda interior femenina, que cubre la parte inferior del tronco y tiene dos aberturas en las piernas; calzón.

pantalla. ■ F. supran. Aspecto o parecer exterior de algo o alguien; apariencia: "Siempre luce muy elegante, así es su pantalla". ■ LOC. **~ chica.** LOC. SUST. supran. Televisión: "Seguimos el partido de futbol por la pantalla chica".

pantalón. ■ LOC. **~ brincacharcos.** LOC. SUST. supran. El que es más corto de lo usual: "Mis amigos se burlaron de mi pantalón brincacharcos".

pantalonera. ■ F. **1.** Pantalón con botones en los lados exteriores de las piernas, típico de los charros. || **2.** *En Chihuahua,* pantalón deportivo; pants.

panteón. ■ M. supran. Cementerio.

panteonera. ■ F. Véase **panteonero, ra.**

panteonero, ra. ■ ADJ. **1.** Perteneciente o relativo al panteón o cementerio: "Las flores panteoneras suelen ser crisantemos". || **2.** *Referido a algunos invertebrados, como caracoles, gusanos o moscas,* de mayor tamaño que el habitual: "Me asusté con tanta lombriz panteonera del jardín". ■ M. y F. **3.** supran. Persona que trabaja en un panteón o cementerio. ■ F. **4.** jerg. Marihuana de poca calidad.

pantera. ■ ADJ. **1.** supran. *Referido a persona,* valiente y osada: "El teniente de mi batallón es muy pantera". ■ F. **2.** supran. Persona valiente y osada: "El teniente de mi batallón es una pantera". ■ COM. **3.** supran. Persona valiente y osada: "El teniente de mi batallón es un pantera".

pantimedia. ■ F. supran. Prenda femenina de tejido fino y muy elástico, que cubre y ciñe el cuerpo desde la cintura hasta los pies; panti.

pants. ■ M. **1.** supran. Conjunto de ropa deportiva que consta de pantalón y sudadera; chándal. || **2.** supran. Pantalón de este conjunto de ropa deportiva.

panuchero, ra. ■ ADJ. **1.** *En Yucatán*, perteneciente o relativo a los panuchos: "Saldré a cenar porque hoy es viernes panuchero". || **2.** *En Yucatán, referido a persona*, que gusta de comer panuchos: "Su hermana es muy panuchera y viene seguido a comer al puesto". Ú.t.c.sust.: "Su hermana es una panuchera y viene seguido a comer al puesto". ■ M. y F. **3.** *En Yucatán*, persona que se dedica a hacer o a vender panuchos.

panucho. ■ M. *En Yucatán*, tortilla de maíz frita y untada con frijoles, a la que se le añade carne deshebrada o picada, generalmente cochinita pibil; se sirve con cebolla, lechuga y tomate.

panza. ■ F. **1.** Zona abdominal del ser humano. || **2.** supran. Guiso caldoso hecho a base de estómago de res cortado en trozos pequeños, con diversos ingredientes y condimentos; mondongo. ■ LOC. **~ cervecera.** LOC. SUST. **panza chelera.** ▷ **~ chelera.** LOC. SUST. fest. La abultada de una persona, generalmente por consumo de chela o cerveza: "Lo envidia porque bajó la panza chelera en seis meses". ▷ **~ de lavadero.** LOC. SUST. La marcada por el ejercicio: "Ese boxeador tiene panza de lavadero". ▷ **~ de músico.** LOC. SUST. fest. La de una persona, que come mucho, pero se mantiene delgada: "Mi tío tiene panza de músico y puede comerse veinte tacos en una sentada". ▷ **~ de perro de pueblo.** LOC. SUST. **panza de perro parado.** ▷ **~ de perro parado.** LOC. SUST. fest. La abultada en una persona que es delgada: "Traes panza de perro parado, se me hace que tienes lombrices". ▷ **~ de pulquero.** LOC. SUST. **panza chelera.**

panzar. ■ TR. fest. Acreditar un examen o una materia con la calificación mínima exigida: "Panzamos el examen de matemáticas con seis".

panzazo. ■ LOC. **de (puro) ~.** LOC. ADV. Difícilmente; apenas: "La elección la ganó de puro panzazo".

panzonear. ■ TR. supran. fam. Embarazar a una mujer.

papa. ■ ADJ. **1.** fam. *Referido a persona*, que carece de entendimiento o de razón; tonto: "Ese muchacho es bien papa, a cada rato hace mal las cosas". || **2.** supran. fam. *Referido a algo*, que se puede hacer sin gran esfuerzo; fácil: "Este examen estuvo muy papa". ■ F. **3.** fam. Sustento. || **4.** fam. Persona que carece de entendimiento o de razón; tonto: "Ese muchacho es una papa, a cada rato hace mal las cosas". || **5.** vulg. Testículo. Ú.m.e.pl. || **6.** supran. fam. Comida. || **7.** supran. fam. Mentira. || **8.** supran. fam. Cosa fácil. ■ LOC. **~ caliente.** LOC. SUST. Juego infantil en que los participantes se van pasando, uno a uno, un objeto al ritmo de la música que, cuando esta se detiene, el jugador que tiene el objeto, pierde. ▷ **~ de agua.** LOC. SUST. **1.** Hierba dulceacuícola originaria de México, de hasta 50 cm de altura, monoica; raíces tuberosas, sumergidas; hojas aglomeradas en la base, enteras, emergentes, de forma de punta de flecha; flores unisexuales, vistosas, con tres pétalos de blancos a rosados, agrupadas en racimos con largos pedúnculos; frutos aquénicos, elipsoides, con un pico apical. Familia de las alismatáceas, *Sagittaria macrophylla*. (También se llama cucharilla, flecha de agua). || **2.** Raíz de esta hierba; comestible. ▷ **~ de milpa.** LOC. SUST. **papa extranjera.** ▷ **~ extranjera.** LOC. SUST. **1.** *En Veracruz,* hierba originaria de Sudamérica, de 20 a 30 cm de altura; tallos herbáceos, erguidos y ramosos; raíces tuberosas; tubérculos elípticos o cilíndricos, de color blanco, amarillo, rojo o púrpura, de 5 a 7.5 cm de longitud y de 2.5 a 3.75 cm de diámetro; hojas trifoliadas, acorazonadas y alternas, de color verde azulado; inflorescencias separadas en dos cimas con cuatro o cinco flores; flores pequeñas, con un cáliz formado por cinco sépalos y una corola de cinco pétalos de color amarillo dorado; frutos en forma de cápsula; dos o tres semillas. Familia de las oxalidáceas, *Oxalis tuberosa*. (También se llama oca, papa de milpa, papa loca). || **2.** *En Veracruz,* tubérculo de esta hierba; comestible. ▷ **~ loca.** LOC. SUST. **papa extranjera.** ▷ **papas a la francesa.** LOC. SUST. supran. Las cortadas en forma alargada y fritas en aceite; se sirven generalmente como guarnición de un plato. ■ INTERJ. **¡papas!** **1.** fam. Se usa para manifestar acuerdo ante una propuesta: "—¿Vamos al cine? —¡Papas!". || **2.** fam. Se usa para mostrar sorpresa: "¡Papas! La grúa se llevó tu carro".

papá. ■ LOC. **~ grande.** LOC. SUST. rur. Abuelo: "El papá grande salió con su nieto a ordeñar vacas".

papachador, ra. ■ ADJ. fam. *Referido a persona*, que gusta de mimar a la gente; apapachador: "El papá de Ana es muy papachador con sus hijos". Ú.t.c.sust.: "El papá de Ana es un papachador con sus hijos".

papachar. ■ TR. fam. Mimar; apapachar: "Minerva me papachó cuando me corrieron del trabajo".

papache. ■ M. Árbol originario de México, de hasta 6 m de altura, monoico; tallos ramificados y con espinas en la base de las hojas; hojas opuestas, enteras, de ovadas a elípticas, pubescentes, con márgenes enteros; flores hermafroditas, vistosas, tubulares, de blancas a amarillas, aromáticas, agrupadas en cimas; frutos capsulares, globosos, de verdes a cafés, con numerosas protuberancias; semillas numerosas, pequeñas, de ovadas a circulares, aplanadas, de cafés a negras. Familia de las rubiáceas, *Randia echinocarpa*. (También se llama crucillo chino, granjel).

papacho. ■ M. fam. Mimo; apapacho.

papacla. ■ F. Hoja del árbol del plátano que se emplea para envolver alimentos.

papadzul. ■ M. *En el Sureste*, comida que se prepara con tortillas de maíz enrolladas, cubiertas con salsa de pepita de calabaza y aderezadas con salsa de jitomate, rellenas de huevo cocido.

papafrita. ■ ADJ. **1.** supran. despect. *Referido a persona*, carente de entendimiento o razón; tonto: "Mi tío es muy papafrita, siempre lo engañan". ■ COM. **2.** supran. despect. Persona carente de entendimiento o razón; tonto: "Mi tío es un papafrita, siempre lo engañan".

papagayo. ■ M. **papalote.**

pápago, ga. ■ ADJ. **1.** Perteneciente o relativo al **pápago**: "En la mitología pápaga se representa al águila, al búho y al venado". || **2.** Natural o procedente del grupo étnico **pápago**: "Los pobladores pápagos se pintaban el rostro para protegerse del clima". Ú.t.c. sust.: "Los pápagos se pintaban el rostro para protegerse del clima". ■ M. **3.** Grupo étnico establecido en el norte del estado de Sonora, México, y en el sur de Arizona, Estados Unidos de América. || **4.** Lengua yutoazteca del subgrupo lingüístico tepimano.

pápalo. ■ M. **papaloquelite.**

papalón, na. ■ ADJ. *Referido a persona*, sinvergüenza: "La muy papalona me pidió dos días libres regresando de vacaciones". Ú.t.c. sust.: "La papalona me pidió dos días libres regresando de vacaciones".

papaloquelite. ■ M. Planta herbácea que habita desde México hasta Sudamérica, de hasta 1.5 m de altura; tallos erectos, ramificados desde cerca de la base o más arriba; hojas opuestas en la porción inferior de la planta, las superiores alternas, en peciolos, láminas ovadas o semirredondas, ápice de obtuso a ligeramente escotado, base de redondeada a obtusa, con margen de sinuado a crenado, con glándulas oleíferas en los márgenes y en el ápice; cabezuelas solitarias, verdes, con el ápice de color púrpura, con glándulas lineares dispuestas en hileras; flores de verdes amarillentas a cafés; frutos secos, indehiscentes, con una sola semilla; muy aromática al estrujarse; uso en la gastronomía y en la medicina tradicional. Familia de las asteráceas, *Porophyllum ruderale*. (También se llama mariposa azteca, pápalo).

papalote. ■ M. supran. Juguete formado por un armazón plano que sostiene una lámina de papel o tela con una cola de cintas o trozos de papel que, sujeto con una cuerda, se arroja al aire para que el viento lo eleve; cometa.

papalotear. ■ INTR. **1.** fam. Agonizar: "El perro papaloteó después de que lo atropellaron". || **2.** supran. fam. Agitar un animal las alas: "La mariposa papaloteaba lentamente sobre la flor". || **3.** supran. fam. Vagar: "El domingo papaloteamos por las calles de la ciudad". || **4.** supran. fam. Andar distraído: "Papaloteó todo el semestre y casi reprueba". || **5.** supran. fam. Relacionarse un hombre con varias mujeres sin comprometerse: "Mi amigo papaloteó durante muchos años y ahora no lo toman en serio".

papaloteo. ■ M. supran. Acción y resultado de papalotear.

papán. ■ M. supran. Ave de distribución desde México hasta Centroamérica, de hasta

50 cm; con plumaje negro en cabeza y cuello, gris oscuro en la parte superior y blanco en la inferior, pico amarillo con la punta negra y ojos negros con el contorno amarillo; elaboran nidos de gran tamaño y su canto es chillón y ruidoso. Familia de los córvidos, *Psilorhinus morio.* (También se llama pea, pepe).

papaqui. ■ M. Celebración bulliciosa y alegre de algunas fiestas, generalmente de carnaval; acompañada de música.

paparrón. ■ M. **papaturro.**

papasul. ■ M. **papadzul.**

papatlitla. ■ F. Hierba originaria de América, de hasta 1.5 m de altura, monoica; tallos ramificados en la parte superior, muriendo generalmente hasta quedar el rizoma; hojas simples, alternas, ovadas, glabras en el haz, glabras o pilosas en el envés; flores hermafroditas, pequeñas, con tres pétalos blancos y un estambre con tres o cuatro estaminodios; flores arregladas en panículas terminales; frutos capsulares, elipsoides, de color verde a matizado de café rojizo; tres semillas; raíces, uso en la medicina tradicional. Familia de las marantáceas, *Maranta arundinacea.* (También se llama guajay platanillo, sagú, sagú de monte, yuquilla).

papaturro. ■ M. **1.** supran. Árbol originario de América, de hasta 15 m de altura; tallos puberulentos, con corteza gris, lisa y fina, que se desprende en escamas; hojas simples, alternas, de orbiculares a reniformes, glabras por ambas caras, coriáceas; flores hermafroditas, diminutas, de blancas a verdosas, fragantes, dispuestas en racimos terminales y laterales, densas; frutos aquénicos, con forma de pera, con los sépalos persistentes, de color rosado a morado cuando maduros; semillas elípticas; uso en la medicina tradicional; madera, uso industrial. Familia de las poligonáceas, *Coccoloba uvifera.* (También se llama carnero, paparrón, roble de la costa, uva de mar, uva de playa, uvero). || **2.** supran. Fruto del **papaturro**; comestible; uso en licorería.

papausa. ■ F. **1.** *En el Sureste,* árbol originario de América, de hasta 5 m de altura, monoico; tallos glabros; hojas alternas, simples, aovadas, base redondeada, ápice agudo, glabras, con margen entero; flores hermafroditas, vistosas, solitarias, triangulares, diminutamente pubescentes, amarillas rojizas; frutos abayados, ovoides o acorazonados, con protuberancias redondeadas y una cubierta cerosa de color verde, pulpa de blanca a rosada, comestible; semillas numerosas, elipsoides, cafés. Familia de las anonáceas, *Annona macrophyllata.* (También se llama anón, anona, ilama, ilamo). || **2.** *En el Sureste,* fruto de la **papausa**; comestible.

papaya. ■ F. supran. vulg. Vulva.

papayal. ■ M. supran. Terreno poblado de papayos.

papayero. ■ M. Papayo.

papazul. ■ M. **papadzul.**

papel. ■ LOC. **~ albanene.** LOC. SUST. El que es blanco, translúcido y de espesor mediano; se usa para hacer calcos. ▶ **~ amate.** LOC. SUST. El que está hecho con la corteza del árbol del mismo nombre. ▶ **~ bond.** LOC. SUST. supran. El que es generalmente blanco y rígido, se usa para imprimir documentos en oficinas y proyectos profesionales. ▶ **~ calca.** LOC. SUST. supran. El que es fino y con tinta en una de sus caras, que permite obtener diferentes copias, intercalándolo entre dos hojas para reproducir lo que se hace en la primera; papel de calco. ▶ **~ cascarón.** LOC. SUST. El que es blanco, grueso, duro y un poco rugoso. ▶ **~ crepé.** LOC. SUST. supran. El que es arrugado, delgado, elástico y de varios colores, se usa generalmente para hacer manualidades. ▶ **~ de baño.** LOC. SUST. El que es suave y absorbente y que se usa en el sanitario; papel higiénico. ▶ **~ de empaque.** LOC. SUST. *En el Noroeste,* el que es de estraza. ▶ **~ kraft.** LOC. SUST. supran. Papel de estraza. ▶ **~ lustre.** LOC. SUST. supran. El pintado con un color brillante por una de las caras y blanco por la otra; se usa para decorar. ▶ **~ manila.** LOC. SUST. El que es opaco, de diversos colores, liviano y delgado; se emplea en la elaboración de sobres y en la envoltura de envíos. ▶ **~ pasante.** LOC. SUST. El que es fino y entintado por una de sus caras; sirve para la obtención de copias a mano o a máquina; papel carbón. ▶ **~ picado.** LOC. SUST. **1.** El de china con perforaciones que forman figuras. || **2.** supran. Confeti. ▶ **~ revolución.** LOC. SUST. El que es reciclado, delgado, grisáceo y de baja calidad. ▶ **~ sanitario.** LOC. SUST. supran.

papel de baño. ▶ **~ tapiz.** LOC. SUST. supran. El que está decorado y que se emplea para cubrir paredes.

papelería. ■ F. **1.** Conjunto de enseres de oficina. || **2.** supran. Conjunto de papel que utiliza una empresa, institución, oficina, etcétera.

papelerío. ■ M. supran. Conjunto de papeles desordenados.

papelero, ra. ■ M. y F. Vendedor callejero de periódicos; voceador.

papelito. ■ EXPR. **~ habla.** supran. Se usa para indicar que se dará crédito a la palabra de alguien solo si la avalan documentos confiables: "No me digas nada, papelito habla, dame el comprobante del pago".

papeliza. ■ F. Gran cantidad de billetes.

papelote. ■ M. **papalote.**

papero, ra. ■ ADJ. supran. *Referido a persona*, mentirosa: "Ella es muy papera, por eso tiene pocos amigos". Ú.t.c.sust.: "Ella es una papera, por eso tiene pocos amigos".

papi. ■ ADJ. supran. *Referido a un hombre*, físicamente atractivo: "Tu amigo está bien papi, se parece a un actor". Ú.t.c.sust.: "Tu amigo es un papi, se parece a un actor".

papichulo. Véase **papirrín.**

papín. ■ M. supran. *En Tabasco*, dulce elaborado con leche, huevo, canela y vainilla.

papirotazo. ■ M. supran. *En el juego de canicas*, golpe fuerte dado en el centro de la canica del contrario.

papirrín. ■ ADJ. **1. papi.** ■ M. **2.** fam. Hombre indeterminado: "Llegó un papirrín a la tienda y me pidió dinero".

papuchi. ■ LOC. **a ~.** LOC. ADV. *En Sonora*, en las espaldas de alguien: "Se llevó al niño a papuchi".

papucho. Véase **papirrín.**

paquero, ra. ■ M. y F. **1.** Persona que usa una paca de billetes para estafar a la gente. || **2.** Persona que roba paquetes y bolsas.

paquete. ■ M. **1.** fam. Reto. || **2.** fam. Cigarrillo de mariguana. || **3.** supran. fam. Responsabilidad.

paqueterío. ■ M. supran. Conjunto de paquetes o envoltorios.

paquetero, ra. ■ M. y F. Persona que se dedica a poner en bolsas la mercancía que compra un cliente en un supermercado.

paracaídas. ■ M. fest. Condón.

paracaidista. ■ COM. **1.** Persona que cobra un salario sin trabajar: "Algunas paracaidistas de la oficina vienen solo el día de pago". || **2.** Empleado que goza de un trabajo privilegiado, bien pagado y de poca exigencia: "En mi trabajo hay un paracaidista, y el jefe lo solapa". || **3.** supran. Persona que se apodera de un lugar ajeno para vivir: "Unas paracaidistas abusivas ocuparon la casa sola de mi calle".

paradero. ■ M. supran. Lugar de salida o llegada de una línea de transporte público urbano.

paramédico, ca. ■ ADJ. **1.** Perteneciente o relativo al personal auxiliar en tareas médicas: "No olvides pasar por el equipo paramédico esta tarde". ■ M. y F. **2.** supran. Persona autorizada para auxiliar en tareas médicas.

parangua. ■ F. **1.** *En Michoacán*, piedra que sirve para apoyar la olla en una cocina de leña. || **2.** *En Michoacán*, fogón de tres piedras, donde se preparan los alimentos; tlecuil. || **3.** *En Michoacán*, cada una de las piedras que componen este fogón.

parar. ■ TR. **1.** Despertar: "Ya para a Ramiro porque se le va a hacer tarde". || **2.** supran. Poner en posición vertical: "Paré los libros para que ocuparan menos espacio". ■ LOC. **~ de pestañas.** LOC. VERB. fam. Causar enfado: "El comentario me paró de pestañas". ▶ **~ de uñas.** LOC. VERB. supran. **parar de pestañas.** ▶ **~ el alto.** LOC. VERB. supran. fam. Poner un límite: "La mamá de Rubén le paró el alto cuando quiso dejar de trabajar". ▶ **~ el macho.** LOC. VERB. supran. fam. **parar el alto.** ▶ **~ el oído.** LOC. VERB. supran. **parar la(s) oreja(s).** ▶ **~ la cola.** LOC. VERB. supran. pop. Irse: "¡Mi tío se molestó y que para la cola!". ▶ **~ la trompa.** LOC. VERB. fam. Fruncir la boca: "Mi novio paraba la trompa cuando se enojaba". ▶ **~ la(s) oreja(s).** LOC. VERB. supran. Escuchar indiscretamente una conversación: "El sobrino siempre paraba las orejas cuando sus abuelos platicaban". ▶ **~ las antenas.** LOC. VERB. supran. **parar la(s) oreja(s).** ▶ **~ los tacos.** LOC. VERB. **parar el alto.**

pararle. ■ INTERJ. **¡párale!** Se usa para indicar a alguien que deje de molestar: "¡Párale!, me estás colmando la paciencia".

pararse. ■ LOC. **~ el cuello.** LOC. VERB. **1.** fam. Hacer ostentación de algo que se posee o se hace para recibir el reconocimiento

P

de los demás; levantarse el cuello: "Frente a todos sus amigos, Jacobo se paró el cuello con su nueva moto". ||**2.** fam. Presumir de algún mérito que no le corresponde: "Se para el cuello con el éxito de su hijo cuando nunca se hizo cargo de él".

pararsele. ■ LOC. **~ el pelo.** LOC. VERB. supran. fam. Causarle algo una fuerte impresión a alguien: "Se le paró el pelo cuando se enteró de la verdad". ▷ **~ la cola.** LOC. VERB. pop. Tener alguien diarrea: "Después de la comida, a los invitados se les paró la cola".

parbuca. ■ F. Ave originaria de América, de hasta 17 cm de longitud; con alas redondeadas y reflejos castaños muy notorios al vuelo; tiene pecho con apariencia manchada; patas amarillas; pico rosado o rojizo. Familia de los colúmbidos del orden Passeriformes, *Columbina passerina.* (También se llama coquita, mucuya, rolita, torito, toro buey).

parchada. ■ F. Acción y resultado de parchar o parcharse.

parchar. ■ TR. **1.** supran. Tapar los baches de una vía: "Después de las lluvias parcharon las calles y avenidas de la ciudad". ||**2.** supran. Arreglar algo provisionalmente y de manera apresurada: "Entre todos parchamos la decoración del lugar".

parcharse. ■ TR. PRNL. **3.** supran. vulg. Poseer sexualmente a alguien.

parche. ■ M. Persona que acompaña a una pareja o a una joven para cuidarla; chaperón.

parchicuate. (Juego de palabras entre parchar y cuate). ■ COM. Persona con la que se tiene una relación amorosa informal: "Anoche vi a mi parchicuate nueva".

parcialidad. ■ M. supran. Pago parcial de una deuda. ■ LOC. **en parcialidades.** LOC. ADV. supran. En pagos parciales; en abonos: "Me compré la lavadora en parcialidades".

pardear. ■ LOC. **al ~.** LOC. ADV. rur. Al atardecer: "Al pardear nos regresamos a la casa".

parecimiento. ■ M. supran. pop. Parecido.

parejo, ja. ■ ADJ. **1.** supran. *Referido a persona*, justa: "El profe es bien parejo, no tiene consentidos".

parejo. ■ ADV. **2.** supran. De manera homogénea: "Estos dos alumnos van parejo en sus calificaciones". ■ LOC. **al ~.** LOC. ADV. Al mismo tiempo o en la misma situación: "Hubo protestas al parejo que votaciones este domingo".

parián. ■ M. **1.** Lugar en donde hay establecimientos de comida, joyería, ropa, etc.; plaza. ||**2.** *En el Occidente*, mercado.

pariente, ta. ■ M. y F. *En el Noroeste*, persona con quien se mantiene una relación de amistad cercana; amigo.

parir. ■ LOC. **~ chayotes.** LOC. VERB. fam. Enfrentar una situación difícil: "Parí chayotes cuando me dijiste que era el último día para hacer el trámite". ▷ **~ cuates.** LOC. VERB. fam. **parir chayotes.**

parís. ■ LOC. **~ de noche.** LOC. SUST. Bebida alcohólica preparada con coñac o brandy y refresco de cola.

parlante. ■ M. supran. Altavoz.

paro. ■ M. supran. fam. Favor que se hace a alguien: "Hazme el paro, cuida a mi perro en las vacaciones".

parque. ■ M. supran. Munición. ■ LOC. **~ de diversiones.** LOC. SUST. supran. Lugar con numerosas instalaciones recreativas y otros entretenimientos. ▷ **~ deportivo.** LOC. SUST. Lugar donde se concentran instalaciones relacionadas al deporte.

parqueada. ■ F. **parqueo.**

parqueador, ra. ■ M. y F. supran. Persona que se dedica a auxiliar en el estacionamiento de vehículos.

parquear. ■ INTR. supran. *En el Norte*, estacionar un vehículo en un lugar: "Parquea en frente, así verás el auto".

parqueo. ■ M. supran. Hecho de parquear o de estacionar un vehículo en un lugar.

parrandán. ■ INTERJ. **¡parrandán!** *En Colima*, se usa para imitar el sonido de un golpe o de la caída de algo o alguien: "Iba caminando por la banqueta cuando, ¡parrandán!, me caí de hocico".

parrilla. ■ F. supran. Estructura de metal en forma de rejilla, que se instala sobre el techo de un automóvil o en la parte trasera de una bicicleta, y que sirve para llevar bultos o cargas.

parrillada. ■ F. Reunión de personas donde se preparan y consumen alimentos asados al carbón, al aire libre.

parrillero, ra. ■ ADJ. **1.** supran. Perteneciente o relativo a la parrilla: "Estaban de oferta los utensilios parrilleros". ■ M. y F. **2.** supran. Persona que se dedica a preparar alimentos a la parrilla.

parteaguas. ■ M. Momento o hecho decisivo que marca la diferencia entre un estado previo y otro siguiente; hito: "La Revolución mexicana fue un parteaguas para la historia del país".

partemadres. ■ ADJ. **1.** malson. Bonito; chido: "Te traje el regalo más partemadres que encontré". || **2.** malson. Bueno; chido: "La plática se pone partemadres con José". || **3.** malson. Amigable; chido: "Me gusta salir con Rafael porque es muy partemadres". || **4.** malson. *Referido a persona*, que es hábil golpeando o haciendo sufrir a otra persona; rompemadres: "Cuídate de él porque es muy partemadres". ■ COM. **5.** malson. Persona que es hábil golpeando o haciendo sufrir a otra persona; rompemadres: "Cuídate de él porque es un partemadres". ■ ADV. **6.** malson. Bien; chido: "El tendero prepara muy partemadres el café".

partes. ■ LOC. **~ ocultas.** LOC. SUST. supran. Órganos sexuales externos; genitales.

partida. ■ F. supran. Conjunto de ganado; hato. ■ LOC. **~ de hocico.** LOC. VERB. **partida de madre.** ▷ **~ de madre.** LOC. SUST. **1.** malson. Golpiza que se da a alguien. || **2.** malson. Derrota o daño grave que se inflige a alguien.

partido. ■ M. supran. Raya hecha en la cabeza, que separa el cabello en dos partes. ■ LOC. **~ molero.** LOC. SUST. supran. Juego de futbol de carácter amistoso e intrascendente: "Los partidos moleros de la selección no sirven para nada".

partir. ■ LOC. **~ la/su madre.** LOC. VERB. **1.** supran. malson. Dar una golpiza a alguien: "El vecino le partió la madre a su primo". || **2.** supran. malson. Perjudicar a alguien: "Los problemas le partieron su madre a Juan". ▷ **~ la/su mandarina (en gajos).** (Juego de palabras entre mandarina y madre). LOC. VERB. supran. eufem. **partir la/su madre.**

parva. ■ F. **1. parvada.** || **2.** supran. Conjunto de cañas de maíz con la mazorca adherida, que se guardan como reserva dispuestas en forma de cilindro.

parvada. ■ F. supran. Conjunto de aves que vuelan juntas; bandada.

parvear. ■ TR. Trillar la parva o conjunto de cañas de maíz: "Ayer parveamos el maizal, ya hacía falta".

parvero, ra. ■ M. y F. supran. Trabajador agrícola encargado de hacer parvas o conjuntos de cañas de maíz con la mazorca adherida, que se guardan como reserva dispuestas en forma de cilindro.

parvifundio. ■ M. **1.** Finca rústica que, por su reducida extensión, no puede ser objeto de cultivo en condiciones remuneradoras; minifundio. || **2.** División de la propiedad rural en fincas pequeñas.

parvifundismo. ■ M. Sistema de división de la tierra basado en el parvifundio o división de la propiedad rural en fincas pequeñas; minifundismo.

parvifundista. ■ ADJ. **1.** Perteneciente o relativo al parvifundio: "Esos terrenos parvifundistas no están en venta". ■ COM. **2.** Propietario de uno o varios parvifundios: "Mi vecina la parvifundista sembró frijol en su terreno".

pasadía. ■ F. supran. *En el Sureste*, día de campo.

pasado, da. ■ LOC. **~ por agua.** LOC. ADJ. *Referido a una situación*, que ha sido tratada sin rigor: "La sesión de entrenamiento estuvo pasada por agua, por eso salí seleccionado".

pasalistón. ■ M. Encaje con ojales para introducir por ellos un listón o una tira de tela u otro material de propiedades semejantes que sirve para atar, ceñir o adornar.

pasante. ■ COM. supran. Estudiante que ha terminado los estudios superiores, pero que aún no se ha titulado: "La pasante está haciendo un excelente trabajo, es cumplida y lista".

pasantía. ■ F. **1.** Etapa donde un estudiante ha concluido los estudios superiores, pero que aún no se ha titulado. || **2.** supran. *En lenguaje jurídico*, periodo de prueba o de actividades de entrenamiento que realiza un pasante en un despacho de abogados.

pasaportear. ■ TR. Despedir a alguien; pasaportar: "Los pasaportearon cuando se pusieron en huelga".

pasar. ■ INTR. pop. Gustarle algo a alguien: "Me pasa el nuevo peinado de Ana". ■ LOC. **~ al costo.** LOC. VERB. **1.** Cobrarle a alguien una deuda: "Le pasé al costo lo que gasté ayer en la papelería". || **2.** Comunicar algo a alguien, generalmente un chisme o una noticia, de forma detallada: "Vamos a tomarnos un café y te paso al costo el fraude que me hicieron". ▷ **~ (la) charola.** LOC. VERB. fam. Inducir a un grupo de personas a realizar una contribución económica a favor de una determinada causa: "No se trata de que pasemos la charola, sino de conseguir apoyos legítimos". ▷ **~ de noche.** LOC. VERB. supran. Transcurrir inadvertida una actividad o circunstancia: "Ni me acuerdo de las clases de matemáticas, las pasé de noche". ▷ **~ de panzazo.** LOC. VERB. supran. Superar o aprobar algo, generalmente un examen o una materia, con el mínimo necesario: "Pasé de panzazo Química y Biología". ▷ **~ raspando.** LOC. VERB. **pasar de panzazo.** ▷ **~ sin ver.** LOC. VERB. fam. Negarse alguien a ser partícipe de algo o a realizar una acción: "—¿Le entras a la apuesta? —No, paso sin ver". ■ EXPR. **pásele a lo barrido.** fam. Se usa para invitar a alguien de manera atenta a entrar en un lugar o a participar de una actividad: "Pásenle a lo barrido, muchachos, están en su casa".

pasarse. ■ LOC. **~ de lanza.** LOC. VERB. **1.** fam. Aprovecharse alguien abusivamente de algo o alguien: "No te pases de lanza con Mario, que es una buena persona". || **2.** fam. Excederse en algo: "El postre estaba muy empalagoso, te pasaste de lanza con el azúcar". ▷ **~ de tueste.** LOC. VERB. fam. Excederse en algo: "Este alumno se pasó de tueste con el comentario que hizo". ▷ **~ las cucharadas.** LOC. VERB. **pasársele las copas.** ▷ **~ por el arado.** LOC. VERB. vulg. Practicar el coito. ▷ **~ por las armas.** LOC. VERB. **1.** fam. Criticar alguien duramente a una persona: "Mi vecino me pasaba por las armas hasta que le puse un alto". || **2.** supran. vulg. Poseer sexualmente a alguien. ▷ **~ por los huevos.** LOC. VERB. malson. Despreciar algo de forma total y absoluta; pasarse por el arco del triunfo: "Me paso por los huevos la nueva normativa".

pasársele. ■ LOC. **~ la mano.** LOC. VERB. Excederse alguien en algo: "No debiste haberle gritado así, se te pasó la mano". ▷ **~ las copas.** LOC. VERB. supran. Embriagarse: "A mi novio se le pasaron las copas y tuvimos que pedir un taxi".

pasarríos. ■ M. Reptil originario de América, de hasta 1 m de longitud; de color verde claro, café, con manchas y rayas blancas amarillas o negruzcas, según la especie; con cuerpo que se asemeja al de las iguanas; cabeza aguda con una o dos crestas y las extremidades posteriores mucho más largas que las anteriores; es capaz de correr sobre el agua sobre sus patas posteriores. Familia de los coritofánidos del orden Squamata, varias especies del género *Basiliscus*, como *Basiliscus basiliscus, Basiliscus plumifrons, Basiliscus vittatus.* (También se llama basilisco, querreque, tequereque, teterete, toloque).

pascal. ■ M. *En la Huasteca,* guiso elaborado con carne seca, en una salsa de ajonjolí con algún chile seco y pepita de calabaza, al que se agrega generalmente chayote picado.

pascle. ■ M. **pastle.**

pascola. ■ M. **1.** *En el Noroeste,* danzante de la **pascola**. ■ F. **2.** *En el Noroeste,* danza ritual de yaquis, mayos, tarahumaras, etc. || **3.** *En el Noroeste,* fiesta de estos grupos étnicos.

pascuala. ■ F. supran. vulg. *En el Sureste,* masturbación masculina.

pase. ■ M. supran. jerg. Dosis de cocaína. ■ LOC. **~ de abordar.** LOC. SUST. Tarjeta de embarque: "La azafata nos pidió el pase de abordar antes de subir al avión".

paseado, da. ■ ADJ. fam. *Referido a persona,* que ha tenido muchas parejas sentimentales. Ú.t.c.sust.

pasel. ■ M. *En el Sureste,* techo rústico para protegerse del sol o las lluvias durante las faenas agrícolas; cobertizo.

paseo. ■ LOC. **~ cívico.** LOC. SUST. Desfile callejero con acompañamiento musical que tiene lugar durante las celebraciones nacionales o locales de índole no religiosa.

pasera. ■ F. **pasero.**

pasero. ■ M. rur. Lugar en donde se tienden los chiles para secarlos al sol.

pasillo. ■ M. **1.** Tapete que se pone en este espacio o corredor. || **2.** Adorno de tela alargado, generalmente bordado, que se pone sobre la mesa.

pasión. ■ EXPR. **¡qué ~!** (Juego de palabras entre pasión y pasó). coloq. Se usa para saludar: "¡Qué pasión!, ya estoy aquí".

pasmado, da. ■ ADJ. *Referido a una caballería,* que está lastimada por la silla de montar o los arneses: "Después de la carrera, ese caballo quedó muy pasmado".

pasmarse. ■ INTR. PRNL. **1.** fam. Ralentizarse: "La computadora se pasmó". || **2.** fam. Cocerse mal un alimento: "El pollo se pasmó porque apagaron el fogón". || **3.** fam. No alcanzar un fruto o una planta un buen desarrollo: "Las guayabas se pasmaron por la falta de riego".

pasojo. ■ M. rur. Estiércol de ganado caballar.

pasonearse. ■ INTR. PRNL. jerg. Excederse una persona en una dosis de droga.

pasote. ■ M. **1.** Hierba originaria de América, de hasta 1 m de altura, monoica; tallos a veces muy ramificados, de estriados a angulosos; hojas alternas, enteras, a veces con tonos rojizos, con margen sinuado, glandulosas, olorosas al estrujarse; flores hermafroditas, diminutas, con cinco pétalos de color blanco a verdoso, agrupadas en numerosas espigas; frutos capsulares, globosos, diminutos y cafés; semillas diminutas, globosas y negras. Familia de las amarantáceas, *Chenopodium ambrosioides.* (También se llama apazote, epazote, ipazote). || **2.** Rama del **pasote**; comestible; uso en la medicina tradicional.

pasquín. ■ M. supran. Periódico o revista de carácter sensacionalista y de mala calidad.

pasta. ■ F. supran. jerg. Pastilla de droga.

pastaje. ■ M. **1.** supran. rur. Campo donde pasta el ganado. || **2.** supran. rur. Tarifa correspondiente por el uso de un campo ajeno para que paste el ganado. || **3.** supran. rur. Alimentación del ganado en los campos de pasto.

pastal. ■ M. supran. rur. Sitio poblado de pasto o césped.

paste. ■ M. supran. Empanada generalmente rellena de picadillo o pollo con mole o piña, etc.; típica de Hidalgo.

pastel. ■ LOC. **~ azteca.** LOC. SUST. Platillo horneado hecho con varias capas de tortillas de maíz, bañadas en salsa verde, roja, de frijol o de mole, alternadas con pollo deshebrado o rajas de chile poblano con crema y queso; budín azteca.

pastelear. ■ TR. vulg. Manosear y besar lascivamente a alguien; magrear.

pasteleo. ■ M. vulg. Hecho de pastelear o manosear y besar lascivamente a alguien; magreo.

pastero, ra. ■ ADJ. *Referido a un animal,* que transporta pasto o césped: "Me hace falta un burro pastero".

pastle. ■ M. Planta epífita originaria de América, de hasta 30 cm de longitud, monoica; tallos colgantes, muy ramificados; hojas simples, arregladas en roseta, con forma de hebras largas, de color gris o plateado, cubiertas de numerosos pelos cortos de apariencia polvorienta; flores hermafroditas, diminutas, de color morado claro o azul, solitarias o en pares sobre un tallo largo que sale de en medio de las hojas; frutos capsulares, terminados en un pico corto; semillas erectas, de cilíndricas a fusiformes, con un mechón de pelos en la base. Familia de las bromeliáceas, *Tillandsia recurvata.* (También se llama gallinita, heno, pascle, paxtle).

pasto. ■ M. **1.** supran. Césped. || **2.** supran. jerg. Marihuana. ■ LOC. **~ inglés.** LOC. SUST. Hierba originaria del Mediterráneo, naturalizada en diferentes áreas templadas del mundo, de hasta 1 m de altura; tallos erectos o doblados en los nudos, ramificados en la base; hojas alternas, enteras, envainantes en la base, opacas y ásperas en el haz; flores hermafroditas, diminutas, de color verde amarillento, dispuestas en dos hileras opuestas de espiguillas con numerosas flores; frutos cariópsides y diminutos; uso forrajero y ornamental. Familia de las gramíneas, *Lolium multiflorum.* (También se llama cola de zorro, zacate italiano).

pastor. ■ M. **1.** Carne, generalmente de puerco, marinada con una salsa de vinagre, algún cítrico, achiote, chiles y especias. || **2.** Estaca giratoria en la que se ensarta el **pastor** para ser asado. ■ LOC. **al ~.** LOC. ADJ. *Referido a carne,* marinada con una salsa de vinagre, algún cítrico, achiote, chiles y especias, y cocinada en trompo: "Quiero un kilo de pollo al pastor".

pastorear. ■ TR. **1.** fam. Vigilar y cuidar a alguien, a intervalos, sin obligación y con constancia: "Pastoreamos a mis sobrinos en casa de mi hermana". ■ INTR. **2.** Trabajar en cortar la carne del trompo de pastor para preparar tacos: "Mi tío pastorea desde hace ocho años en la taquería".

pastorela. ■ F. supran. Representación teatral y tradicional navideña, que retrata la anunciación a María, el nacimiento de Cristo y la Epifanía, generalmente mediante el enfrentamiento del bien y del mal.

pastoreo. ■ M. **1.** Corte de la carne del trompo de pastor para preparar tacos. || **2.** supran. fam. Vigilancia y cuidado de alguien, a intervalos, sin obligación y con constancia.

pastorero, ra. ■ M. y F. Persona que se dedica a preparar tacos al pastor.

pasudo, da. ■ ADJ. **1.** supran. fam. *Referido al cabello*, que está crespo: "Mi tío está muy pasudo, por eso le cuesta peinarse". || **2.** supran. fam. *Referido a persona*, que tiene el cabello crespo: "Vino un muchacho alto y pasudo a recoger el paquete". Ú.t.c.sust.: "Vino un pasudo a recoger el paquete".

pata. ■ LOC. **con las patas.** LOC. ADV. fam. De manera descuidada: "El reporte final lo hizo con las patas, estuvo mal". ▷ **hasta las patas.** LOC. ADJ. fam. *Referido a persona*, intoxicada con alguna sustancia, generalmente alcohólica; hasta la madre: "El vecino llegó hasta las patas, debería de moderarse". ▷ **~ de elefante.** LOC. SUST. **palma culona.** ▷ **~ de mula.** LOC. SUST. **1.** Molusco bivalvo con concha grande y ovalada; de 33 a 37 costillas; interior blanco con periostraco piloso, de color castaño a negro; comestible. Familia de los árcidos del orden Arcoida, *Anadara tuberculosa*. || **2.** Coctel preparado con moluscos de este nombre, acompañado con jugo de limón, sal, cebolla y chile. || **3.** *En Colima*, tamal relleno de frijol con chile. ▷ **~ de perro.** LOC. SUST. supran. fam. Persona que pasa mucho tiempo en la calle o que sale mucho de viaje: "Todos los fines de semana voy a la playa porque soy una pata de perro". ▷ **~ rajada.** LOC. SUST. **1.** supran. despect. Persona carente de modales y educación: "Esos patas rajadas dejaron el cuarto del hotel hecho un desorden". || **2.** supran. despect. Persona de clase social baja: "En la esquina se pone un pata rajada a pedir dinero". ▷ **patas de cabra.** LOC. SUST. fam. Diablo: "Es un patas de cabra, por eso se peleó otra vez". ▷ **patas de chivo.** LOC. SUST. **patas de cabra.** ▷ **patas de hilo.** LOC. SUST. fest. Personificación de la muerte: "La patas de hilo se le apareció a Nidia en un sueño". ▷ **patas de hule.** LOC. SUST. supran. fest. Automóvil: "Ignacio está estrenando su nuevo patas de hule". ▷ **patas pa'rriba.** LOC. ADJ. fam. Desordenado: "Encontré mi casa patas pa'rriba porque hubo fiesta".

patacho. ■ M. supran. rur. Reata o hilera de mulas que van atadas una tras otra.

patacua. ■ F. Telar sencillo de pequeño tamaño empleado por indígenas purépechas.

patada. ■ LOC. **de la ~.** LOC. ADJ. **1.** supran. eufem. Muy difícil; de la chingada: "Pasar el examen final está de la patada". || **2.** supran. eufem. Feo; de la chingada: "La colonia en la que vives está de la patada". || **3.** supran. eufem. Que está en mal estado; de la chingada: "Hoy no iré a la escuela porque me siento de la patada". ▷ **~ de mula.** LOC. SUST. **pata de mula.** ■ LOC. **a las patadas.** LOC. ADV. supran. En situación de enemistad o desavenencia: "Se la vivía a las patadas con sus colegas en la oficina".

patarrajada. ■ ADJ. **1.** supran. despect. *Referido a persona*, carente de modales y educación. || **2.** supran. despect. *Referido a persona*, de clase social baja. ■ COM. **3.** supran. despect. Persona carente de modales y educación. || **4.** supran. despect. Persona de clase social baja.

patashete. ■ M. **pataxete.**

pataxete. [*patashéte*] ■ M. *En Chiapas*, guiso hecho con frijol ayocote, que se emplea en la elaboración del nacapitú.

pateado, da. ■ ADJ. *En Chiapas, referido a persona*, con nalgas planas, sin volumen. Ú.t.c.sust.

pateador, ra. ■ ADJ. **1.** *Referido a una bebida alcohólica*, que emborracha rápidamente: "Esa cuba estuvo pateadora". || **2.** *Referido a un arma de fuego*, que produce un movimiento brusco hacia atrás cuando es disparada: "Es una escopeta pateadora, ten cuidado".

patear. ■ INTR. **1.** supran. Causar el alcohol rápidamente efectos notables en una persona: "Este mezcalito patea a la primera". || **2.** supran. Producir un arma de fuego un movimiento brusco hacia atrás al ser disparada: "Hay que arreglar el rifle porque patea". ■ LOC. **~ calles.** LOC. VERB. fam. Caminar durante un largo periodo, generalmente en busca de algo: "Cuando visité Chiapas, pateé calles buscando el mejor café".

patí. ■ M. *En el Sureste*, manta de algodón tejida a mano.

patichueco, ca. ■ ADJ. **patuleco, ca.**

patín. ■ M. **1.** Trazo ubicado generalmente en los extremos de las líneas de los caracteres que se usa en la tipografía.|| **2.** supran. fest. Golpe que se da con el pie; patada. ■ LOC. **a ~.** (Juego de palabras entre patín y pata). LOC. ADV. A pie: "Nos fuimos a patín desde mi casa". ▷ **~ del diablo.** LOC. SUST. supran. Juguete provisto de una plancha con dos ruedas y un manillar, sobre el que se deslizan los niños poniendo un pie sobre la plancha e impulsándose con el otro contra el suelo; patinete.

patinar. ■ INTR. fam. Morirse: "Los gorriones patinaron con la helada".

patinarle. ■ LOC. **~ el coco.** LOC. VERB. supran. Actuar alguien como loco: "A este señor le patina el coco, se pone a caminar entre los carros".

patineta. ■ F. Véase **patineto, ta.**

patineto, ta. ■ M. y F. **1.** Persona que practica el patinaje con patineta. ■ F. **2.** supran. Juguete consistente en una tabla relativamente larga sobre ruedas, con la que se desliza alguien tras impulsarse con un pie contra el suelo.

patiño. ■ COM. Acompañante que hace sobresalir al personaje principal en un espectáculo, generalmente un cómico: "El conductor del programa tiene una nueva patiño muy buena".

patío. ■ M. rur. Taparrabos que se ata a la cintura.

patitas. ■ EXPR. **¡~ para cuándo son!** fam. **¡patitas para qué las quiero!** ▷ **¡~ para qué las quiero!** fam. Se usa para advertir de un peligro inminente y la necesidad de huir de él: "Demandaron al despacho donde trabajo y, ¡patitas para qué las quiero!, ya no regresé".

patito. ■ ADJ. **1.** *Referido a algo*, de poco valor: "En su cumpleaños le llevé un regalo patito". || **2.** *Referido a algo*, de mala calidad: "Estudia en una universidad patito". ■ M. **3.** supran. Bote que dan las piedras sobre la superficie del agua cuando son lanzadas.

patiza. ■ F. supran. Serie de golpes dados con el pie.

pato. ■ M. **1.** supran. Orinal. || **2.** supran. despect. Hombre homosexual. ■ LOC. **~ bobo.** LOC. SUST. Ave marina de amplia distribución en las costas occidentales de México, de hasta 1 m de longitud y 1.8 m de envergadura; hembras ligeramente más grandes que los machos; cuello y cabeza de color café claro jaspeado, vientre y parte inferior con plumaje blanco; alas grandes, puntiagudas y de color café oscuro, ojos con iris amarillo y patas palmeadas de un característico tono azul vivo. Familia de los súlidos del orden Suliformes, *Sula nebouxii.* ▷ **~ bocón.** LOC. SUST. **1.** Ave gregaria de amplia distribución en las costas del Pacífico norte, de hasta 50 cm de longitud y 80 cm de envergadura; con dimorfismo sexual; machos con cuerpo blanco jaspeado, en machos reproductivos con cabeza negra iridiscente; hembras con cuerpo pardo jaspeado y cabeza de color café oscuro; ambos con cabeza grande y redondeada; ojos amarillos y pico gris claro; migratoria; vive en zonas marítimas y lugares de agua dulce. Familia de las anátidas del orden Anseriformes, *Aythya marila.* || **2. pato cuchara.** ▷ **~ cabezón.** LOC. SUST. **pato monja.** ▷ **~ cuchara.** LOC. SUST. Ave de amplia distribución en México, de hasta 50 cm de longitud y 75 cm de envergadura; con dimorfismo sexual; machos reproductivos con cabeza de color verde iridiscente, pecho y base de la cola blancos, flancos castaños, región dorsal en tonos pardos; hembras y machos fuera de temporada de apareamiento con plumaje parduzco vetado, pico gris en tonos anaranjados en las comisuras, largo y ancho que asemeja una espátula. Familia de las anátidas del orden Anseriformes, *Spatula clypeata.* (También se llama pato bocón, pato cucharero, tempatlahoac, yacapatlahoac). ▷ **~ cucharero.** LOC. SUST. **pato cuchara.** ▷ **~ enmascarado.** LOC. SUST. Ave de distribución en México, Centroamérica y Sudamérica, de hasta 35 cm de longitud; con rostro negro (lo que da su nombre); machos adultos con cuerpo de color ocre y alas moteadas; machos fuera de temporada reproductiva y especies jóvenes con cuerpo gris parduzco y dos franjas horizontales de color café oscuro, que atraviesan el rostro. Familia de las anátidas del orden Anseriformes, *Nomonyx dominicus.* ▷ **~ mexicano.** [*mejikáno*] LOC. SUST. Ave de amplia distribución en el centro y norte de México, de hasta 56 cm de longitud; de color café, con un espejuelo de color azul brillante con bordes blancos;

P

patas anaranjadas; el macho tiene pico color amarillo mucho más brillante que la hembra y plumaje verde oscuro en su cabeza y cuello. Familia de las anátidas del orden Anseriformes, *Anas platyrhynchos*. (También se llama pato norteño, xomote). ▶ **~ monja.** LOC. SUST. Ave de amplia distribución en América del Norte, de hasta 40 cm de longitud; con dimorfismo sexual; machos reproductivos con plumaje blanco y negro, en tonos iridiscentes en la cabeza y una mancha blanca detrás del ojo; hembras en tonos grises y con un parche blanco detrás del ojo; ambos con pico oscuro y cabeza relativamente grande para su cuerpo. Familia de las anátidas del orden Anseriformes, *Bucephala albeola*. (También se llama amanacochi, pato cabezón). ▶ **~ norteño.** LOC. SUST. **pato mexicano.**

patojo, ja. ■ M. y F. supran. *En Chiapas*, niño o muchacho.

patol. ■ M. **1.** Grupo de diferentes especies de árboles o arbustos principalmente originarios de América, con otros miembros en África, Asia y Australia, de hasta 10 m de altura, monoicos; tallos a veces con pequeñas proyecciones en la corteza en forma de espinas, corteza lisa, de color café amarillento; hojas alternas, divididas en tres foliolos, de romboides a ovados; flores hermafroditas, vistosas, con cinco pétalos, de rojos a anaranjados, alargados, agrupadas en racimos; frutos en vainas alargadas y en forma de rosarios, de cafés a negras; semillas reniformes, de color rojo o anaranjado; hojas, uso en la medicina tradicional. Familia de las leguminosas, varias especies del género *Erythrina*, como *Erythrina americana*. (También se llama colorín, equimite, gasparito, pemuche, pichoco, zompantle). || **2.** Individuo del **patol**. || **3.** Flor de los individuos del **patol**; comestible; uso en la medicina tradicional. || **4.** Fruto y semilla de los individuos del **patol**; uso artesanal y en la medicina tradicional.

patrimonializar. ■ TR. Hacerse de un patrimonio o conjunto de bienes: "Patrimonializaron terrenos y casas para sus hijos".

patrón, na. ■ M. y F. supran. Fórmula de tratamiento para dirigirse con respeto a una persona: "¿Cómo está, patrón?, es un gusto verlo".

patrulla. ■ F. supran. Automóvil que usa el cuerpo de policía.

patuleco, ca. ■ ADJ. **1.** supran. *Referido a persona*, que tiene las piernas juntas a la altura de las rodillas y separadas a la de los tobillos: "La vecina tiene una hija patuleca". Ú.t.c.sust.: "La patuleca es hija de mi vecina". || **2.** supran. *Referido a persona*, que cojea: "Mi tío se puso muy patuleco con la edad". Ú.t.c.sust.: "Mi tío es un patuleco desde hace unos años".

patzcal. ■ M. **pascal.**

pava. ■ F. rur. Orinal. ■ LOC. **~ de monte.** LOC. SUST. Ave de distribución en el Golfo de México, de hasta 70 cm de longitud; similar a un ave de corral; con cola larga; cresta y patas fuertes; pico similar al de las gallinas; dedo trasero relativamente largo, que le ayuda cuando se posa; su llamado característico es un estridente y repetido cha-ca-lac. Familia de los crácidos del orden Galliformes, varias especies del género *Ortalis*, como *Ortalis vetula*. (También se llama chachalaca).

pavera. ■ F. supran. Recipiente para hornear alimentos, generalmente pavo.

pavesa. ■ F. supran. Mecha de algodón que está en el centro de una vela.

pavón. ■ M. supran. Ave de distribución en el sur de México, Centroamérica y Sudamérica, de hasta 90 cm de longitud; con dimorfismo sexual; los machos presentan una protuberancia de color amarillo en el pico, plumaje negro brillante, vientre blanco y patas grisáceas; las hembras tienen tres morfos, uno con cabeza y cuello blancos con listas, otro con cabeza negra y plumaje castaño rojizo y uno más con cabeza negra y plumaje pardo oscuro; todos con cola rufa, rayas blancas, pico amarillo y patas claras. Familia de los crácidos del orden Galliformes, *Crax rubra*. (También se llama faisán real, hoco, hocofaisán, kambul, pajuil, pavón norteño). ■ LOC. **~ norteño.** LOC. SUST. **pavón.**

paxaque. [*pasáke, pasháke*] ■ M. *En Campeche*, juego infantil que se practica arrojando una pelota pequeña al aire y recogiendo piezas de plástico con forma de estrella o piedrecillas o huesecillos de fruta; matatena.

paxtle. [*páshtle, pástle*] ■ M. **pastle.**

pay. ■ M. supran. Tarta redonda hecha con una base de costra horneada en un molde de paredes bajas y con relleno de algún alimento, generalmente dulce.

payacate. ■ M. **paliacate.**

payanar. ■ INTR. supran. rur. Triturar el maíz en el metate: "Las mujeres payaneaban al calor de los fogones".

payasito. ■ M. **1.** Prenda de vestir elástica de una sola pieza, ajustada al cuerpo, que cubre el torso hasta las piernas, usada generalmente por acróbatas, bailarines y gimnastas; leotardo. || **2.** Prenda de vestir para dormir de una sola pieza que se pone generalmente a los bebés; mameluco.

payaso, sa. ■ ADJ. **1.** *Referido a persona,* antipática: "Tu amigo es muy payaso, a todos les cae mal". Ú.t.c.sust.: "Ese payaso le cae mal a todo mundo". || **2.** supran. *Referido a alguien,* que alardea: "Ya no seas payaso y deja de presumir tu coche". Ú.t.c.sust.: "Este payaso no deja de presumir su coche". || **3.** supran. Propio de la persona **payasa**: "A ver si ya cambias tu actitud payasa, caes mal".

pea. ■ M. **papán.**

pealada. ■ F. **pialada.**

pealar. ■ TR. **pialar.**

pearse. ■ INTR. PRNL. supran. vulg. Pedorrearse.

pecanero. ■ M. **pacano.**

pecano. ■ M. supran. **pacano.**

pecarí. ■ M. supran. Mamífero de amplia distribución en México, de 50 cm en la cruz, de hasta 1 m de longitud y de 2 a 5 cm de cola; con cerdas largas y fuertes; colmillos pequeños y rectos; hocico con terminación en un disco cartilaginoso; ojos pequeños en relación con el tamaño de su cabeza; con una glándula en lo alto del lomo, que segrega una sustancia fétida; comestible. Familia de los tayasuidos del orden Artiodactyla. (También se llama cerdo de monte). ■ LOC. **~ de collar.** LOC. SUST. Mamífero de amplia distribución en México, de hasta 1 m de longitud y de alrededor de 40 kg; con cuerpo robusto, con pelaje compuesto por cerdas gruesas de colores negro, gris y castaño, con una mancha blanquecina que asemeja un collar alrededor de su cuello; ojos pequeños en relación con su cabeza; en el lomo tiene una cavidad glandular de la que secreta un aceite de olor almizclado; comestible. Familia de los tayasuidos del orden Artiodactyla, *Pecari tajacu.* (También se llama coyámel, jabalí de collar, quitán).

pececitos. ■ M. PL. fam. Residuo de comida que, al beber de un vaso, sale de la boca y queda flotando en el líquido.

pechada. ■ F. **1.** *En las peleas de gallos,* combate que se hace simuladamente. || **2.** supran. rur. Golpe que un jinete hace con el pecho de su caballo a una res para apartarla o voltearla.

pechal. ■ M. Correa que se echa al toro para montarlo.

pechar. ■ TR. **1.** *En las peleas de gallos,* hacerlos combatir simuladamente: "El gallo negro pechó al pinto y se puso violenta la pelea". || **2.** supran. rur. Golpear un jinete con el pecho de su caballo una res para apartarla o voltearla: "Los peones pecharon a las vacas para guiarlas al pastizal".

péchita. ■ F. **1.** *En Sonora,* árbol originario de América, de hasta 10 m de altura, monoico; tallos de corteza gruesa, de color café negruzco, algo fisurada, ramas glabras o pilosas, con espinas; hojas alternas, compuestas de una a tres pares de pinas, cada una con diez o 20 pares de foliolos, pequeños, oblongos o linear-oblongos, en ocasiones ligeramente pubescentes; flores hermafroditas, pequeñas, blancas amarillentas, con pelos en los márgenes de los pétalos y al interior, dispuestas en espigas densas; frutos en vainas lineares, comprimidas, cafés amarillentas, a veces rojizas; semillas oblongas, comprimidas, blancas amarillentas; resina de cortezas, uso en la fabricación de pegamentos y barnices; flores, uso melífero y en la medicina tradicional. Familia de las leguminosas, *Prosopis laevigata.* (También se llama algarrobo, mezquite, mezquite blando). || **2.** *En Sonora,* vaina de la **péchita**; comestible; uso forrajero. || **3.** *En Sonora,* tallo de la **péchita**; uso como especie maderable.

pechito. ■ LOC. **de a ~.** LOC. ADJ. Que consiente una situación desfavorable para sí mismo: "Claudio estaba de a pechito, por eso lo extorsionaron". || LOC. ADV. **2.** Desenfadadamente: "Carla terminó todas sus actividades de a pechito porque le sobraba tiempo".

pecho. ■ LOC. **~ amarillo.** LOC. SUST. Ave de distribución en América del Norte, de hasta 26 cm de longitud; con dimorfismo sexual; machos de color negro en casi todo el cuerpo, salvo cabeza y pecho que son de color amarillo, con una mancha característica en las

P

alas, visible cuando emprende el vuelo; hembras en tonos café opaco, pecho y cuello en tono amarillo crema. Familia de los ictéridos del orden Passeriformes, *Xanthocephalus xanthocephalus*.

peda. ■ F. malson. Borrachera.

pedacear. ■ TR. supran. Despedazar: "Pedaceó la galleta y se la dio al niño".

pedacería. ■ F. Conjunto de pedazos.

pedacito. ■ M. supran. Fracción vigésima de un billete de lotería, que da derecho a participar con un número en el sorteo; cachito.

pedaleada. ■ F. Acción y resultado de pedalear o pedalearle.

pedalear. ■ INTR. **1.** fam. Trabajar arduamente: "Todo el fin de semana pedaleamos para terminar el pedido". || **2.** supran. Caminar mucho: "Mis primos pedalearon por todo el centro, hasta que nos encontraron".

pedalearle. ■ INTR. **3.** fam. Trabajar arduamente: "Le pedaleamos desde temprano para acabar pronto con la venta". ■ LOC. **~ la bicicleta.** LOC. VERB. fest. Quitarle a alguien la exclusividad afectiva de su pareja mediante una relación paralela con esta: "Tu amigo le anda pedaleando la bicicleta a su jefe".

pedero, ra. ■ ADJ. malson. *Referido a persona*, que es propensa a riñas o peleas: "Es una mujer muy pedera, por cualquier cosa discute". Ú.t.c.sust.: "Es una pedera, por cualquier cosa discute".

pediche. Véase **pedinche.**

pedicure. [*pedikiúr*] ■ M. supran. Tratamiento de cuidado y embellecimiento de los pies.

pedicurista. ■ COM. supran. Persona que se dedica a hacer la pedicura; pedicuro: "Juanjo es el pedicurista que atiende en las tardes".

pedinche. ■ ADJ. **1.** fam. *Referido a persona*, que pide con frecuencia; pedigüeño: "Iris era una niña muy pedinche y siempre me quitaba mis dulces". ■ COM. **2.** fam. Persona que pide con frecuencia: "Iris era una pedinche y siempre me quitaba mis dulces".

pedir. ■ LOC. **~ cacao.** LOC. VERB. supran. fam. Solicitar el perdón de alguien: "Por más que le pedí cacao a mi hermano, no me perdonó". ▷ **~ esquina.** LOC. VERB. supran. fam. Solicitar alguien una pausa, generalmente ante algo que le agobia: "Pidió esquina cuando tenía que entregar la tesis". ▷ **~ kinkis.** LOC. VERB. *En Chihuahua*, **pedir esquina.**

pedo. ■ M. **1.** malson. Contienda. || **2.** supran. malson. Problema. ■ LOC. **al ~.** LOC. ADJ. malson. De buena calidad; excelente: "El trabajo nos quedó al pedo, por eso fuimos finalistas". ▷ **~ de monja.** LOC. SUST. **1.** Galleta elaborada con azúcar y nuez que tiene forma de tetilla. || **2.** Chocolate en forma de tetilla. || **3.** fest. Flatulencia silenciosa y muy olorosa. ■ EXPR. **(ya) ni ~.** malson. Se usa para mostrar resignación: "Pues ya ni pedo, nos iremos a la casa sin cenar".

pedorriento, ta. ■ ADJ. **1.** malson. *Referido a algo*, de mala calidad: "El café estaba muy pedorriento, parecía agua de calcetín". || **2.** supran. malson. *Referido a alguien*, que expele flatulencias frecuentemente o sin reparo; pedorrero. Ú.t.c.sust.

pedorriza. ■ F. malson. Reprimenda severa.

pedregal. ■ M. *En el Noroeste*, lugar donde se crían las madreperlas.

pega. ■ F. supran. Pez de distribución cosmopolita, de hasta 1 m de longitud; fusiforme, de color ceniciento, con una aleta dorsal y otra ventral que nacen en la mitad del cuerpo y se prolongan hasta la cola; posee una ventosa en la cabeza que le permite adherirse fuertemente a otros peces de mayor tamaño y ser transportado sin esfuerzo. Orden Echeneidae, géneros *Echeneis*, *Phtheirichthys*, *Remora*. (También se llama rémora).

pegador, ra. ■ ADJ. supran. coloq. *Referido a una bebida alcohólica*, que emborracha fácilmente: "En la fiesta solo había cerveza y un mezcal muy pegador".

pegajoso. ■ M. Hierba originaria de México, de hasta 1.5 m de altura; tallos ramificados desde la base, ásperos; hojas alternas, enteras, triangulares y puntiagudas, rasposas y adherentes, con márgenes dentados; flores hermafroditas, vistosas, con cinco pétalos obovados y puntiagudos, de color amarillo claro o anaranjados, estambres numerosos, los diez externos más largos, flores dispuestas en dicasios terminales; frutos capsulares, cónicos, densamente pubescentes; semillas ovoide-oblongas, aplanadas, tuberculadas verrugosas, de color pardo grisáceo; uso en la medicina tradicional. Familia de las loasáceas, *Mentzelia hispida*. (También se llama sasele, zazale, zazálic, zazáñic).

pegalón, na. ■ ADJ. supran. fam. *Referido a persona*, que golpea a otros de manera habitual; pegón: "El niño tiene un compañero pegalón que ya fue suspendido". Ú.t.c.sust.: "El pegalón ya fue suspendido".

pegar. ■ TR. supran. coloq. Emborrachar fácilmente una bebida: "Esa cerveza le pegó a mi papá". ■ LOC. **~ con tubo.** LOC. VERB. supran. Tener éxito: "Este nuevo coche pegó con tubo, ya se vendieron miles". ▷ **~ el brinco.** LOC. VERB. **1.** supran. Reaccionar decisiva y resueltamente ante algo: "Pegué el brinco y dije que sí cuando me propusieron como director". || **2.** supran. Reaccionar con sorpresa ante algo: "El árbitro no marcó la falta y todos pegamos el brinco". ▷ **~ la gorra.** LOC. VERB. Vivir o divertirse a costa ajena; gorrear: "No invité a mi primo a la fiesta porque siempre pega la gorra". ▷ **~ el/su chicle.** LOC. VERB. **1.** Lograr una conquista amorosa: "Al final, mi amigo pegó su chicle con Ana". || **2.** Obtener algo deseado: "Mi sobrino ya pegó el chicle, encontró trabajo".

pegarle. ■ LOC. **~ al clavo.** LOC. VERB. Acertar una persona en algo; darle en el clavo: "Le pegó al clavo con esa respuesta". ▷ **~ al gordo.** LOC. VERB. **1.** Ser alguien afortunado en algo: "Con ese empleo le pegué al gordo". || **2.** supran. Ganar alguien el premio mayor en la lotería: "Mi tío le pegó al gordo, se ganó mucho dinero".

pegársele. ■ LOC. **~ la/su (regalada) gana.** LOC. VERB. supran. Querer alguien algo caprichosamente: "A ella se le pegó la regalada gana y compró el vestido más feo de la tienda".

pegarropa. ■ M. supran. Arbusto originario de América, de hasta 50 cm de altura, monoico; tallos agrupados en densos manchones; hojas alternas, divididas en foliolos, ovados y aserrados, cuyo número oscila entre nueve y 19; flores hermafroditas, pequeñas, sin pétalos, pero con una cubierta o hipantio con pequeñas espinas, agrupadas en racimos o espigas; frutos aquénicos y cubiertos por el hipantio espinoso. Familia de las rosáceas, *Acaena elongata*. (También se llama cadillo).

pegoste. ■ ADJ. **1.** supran. *Referido a persona*, que no se aparta de otra y cuya compañía resulta incómoda: "Mi prima es muy pegoste, por eso no la llevo conmigo a ningún lado". ■ M. **2.** supran. Porción de algo espeso y pegajoso. ■ COM. **3.** supran. Persona que no se aparta de otra y cuya compañía resulta incómoda: "Mi prima es una pegoste, por eso no la llevo conmigo a ningún lado".

pegostear. ■ TR. **1.** supran. Embadurnar con algo espeso y pegajoso: "El niño pegosteó la mesa con la mermelada".

pegostearse. ■ INTR. PRNL. **2.** supran. Ponerse pegajoso: "Dejamos los trastes sucios varios días y se pegostearon".

pegosteo. ■ M. fam. Porción de algo espeso y pegajoso; pegoste.

pegosteoso, sa. ■ ADJ. **1.** supran. *Referido a algo*, embadurnado de alguna sustancia viscosa; pegajoso: "La botella del aceite está pegosteosa". || **2.** supran. *Referido a alguien*, que causa fastidio por su zalamería y afectación; empalagoso: "Tu amiga es muy pegosteosa, por eso nunca la invito a salir". Ú.t.c.sust.: "Tu amiga es una pegosteosa, por eso nunca la invito a salir".

pegostle. Véase **pegoste.**

pegostre. Véase **pegoste.**

pegue. ■ M. supran. Atractivo que una persona tiene para otras.

peinar. ■ INTR. **1.** vulg. Practicar el coito.

peinarse. ■ INTR. PRNL. **2.** fam. Morirse: "Las tortugas se peinaron porque no las cuidaban". || **3.** fam. Irse precipitada e inesperadamente: "Tenían muchos problemas en la colonia y se peinaron". ■ LOC. **~ de libro abierto.** LOC. VERB. fam. Separarse el cabello mediante una raya que lo divide en partes iguales: "Mi mamá me peinaba de libro abierto cuando iba en primaria". ▷ **~ de nalga.** LOC. VERB. malson. **peinarse de libro abierto.** ▷ **~ de préstamo forzoso.** LOC. VERB. fam. **peinarse de queso Oaxaca.** ▷ **~ de queso Oaxaca.** [*oajáka*] LOC. VERB. fest. Cubrir la calvicie con partes de cabellos largos: "Aunque se peine de queso Oaxaca, se le nota lo pelón". ■ EXPR. **pero te peinas.** fest. Se usa para despedirse: "—Nos vemos mañana. —¡Pero te peinas!".

peinecillo. ■ M. **palmita.**

peje. ■ LOC. **~ loro.** LOC. SUST. supran. Pez de amplia distribución en mares tropicales, de hasta 1.3 m de longitud; con llamativas coloraciones; dientes que se agrupan en un paquete compacto fusionados en una estructura similar al pico de un loro; función importante en el ecosistema de arrecifes. Familia de los escaros del orden Perciformes, varias especies en México, *Sparisoma aurofrenatum, Scarus coelestinus, Scarus guacamaia, Scarus iseri, Sparisoma rubripinne.* (También se llama pez loro).

pejelagarto. ■ M. Pez actinopterigio de distribución en regiones costeras del océano Atlántico, Golfo de México y mar Caribe, de hasta 2 m de longitud; en tonos verdes a cafés grisáceos; con distintas manchas según la especie; escamas gruesas y romboidales; hocico alargado y dientes largos y afilados semejantes a los de un lagarto. Familia de los lepisosteiformes, varias especies de los géneros *Atractosteus* y *Lepisosteus.*

pela. ■ F. **1.** fam. Cansancio excesivo; chinga. || **2.** supran. fam. Castigo verbal o físico excesivos; chinga. || **3.** supran. fam. Derrota contundente; chinga.

peladaje. ■ M. despect. Conjunto de personas de bajo estrato sociocultural.

peladal. ■ M. **peladero.**

peladera. ■ F. supran. fam. Murmuración.

peladero. ■ M. supran. rur. Terreno extenso y pelado desprovisto de vegetación.

peladez. ■ F. **1.** Descortesía: "No me gustan nada las peladeces del vecino". || **2.** Dicho ofensivo, indecente o grosero: "Mi tío se enojó conmigo porque hablo con muchas peladeces".

pelado, da. ■ ADJ. **1.** supran. fam. *Referido a un chiste, una película, un cuento, etc.*, de contenido indecoroso: "Lourdes siempre les contaba chistes pelados a sus amigas". || **2.** supran. fam. *Referido a persona,* de modales groseros: "Él es muy pelado, le aventó las llaves a su tío". Ú.t.c.sust.: "Él es un pelado, le aventó las llaves a su tío". || **3.** supran. fam. Propio de la persona **pelada**: "Mi primo tiene una actitud tan pelada que no lo aguanto". ■ M. y F. **4.** supran. fam. Persona indeterminada: "Afuera estaba un pelado que no dejaba de mirarnos".

pelaná. ■ ADJ. **1.** *En Yucatán, referido a persona,* tonta: "Nicolás es muy pelaná, ya perdió las llaves otra vez". || **2.** *En Yucatán, referido a persona,* malintencionada: "Mi tío es muy pelaná, siempre anda engañando a todos". ■ COM. **3.** *En Yucatán,* persona tonta: "Nicolás es un pelaná, ya perdió las llaves otra vez". || **4.** *En Yucatán,* persona malintencionada: "Mi tío es un pelaná, siempre anda engañando a todos". ■ INTERJ. **¡pelaná!** *En Yucatán,* se usa para ofender o insultar: "¡Pelaná! Ya me pegaste, fíjate".

pelandrujo, ja. ■ ADJ. **pelandrusco, ca.**

pelandrusco, ca. ■ ADJ. supran. despect. *Referido a persona,* de modales groseros; pelado: "Manuel es tan pelandrusco que nadie quiere juntarse con él". Ú.t.c.sust.: "Manuel es un pelandrusco, por eso nadie quiere juntarse con él".

pelangoche, cha. ■ ADJ. **1. pelandrusco, ca.** || **2.** supran. fam. *Referido a un chiste, una película, un cuento, etc.*, de contenido indecoroso: "Castigaron a mi hermano por comprar una revista pelangocha".

pelangocho, cha. ■ ADJ. **pelangoche, cha.**

pelar. ■ TR. **1.** supran. fam. Prestar atención: "Cuando Emiliano está con sus amigos, no pela a nadie". || **2.** supran. fam. Dar una pela o serie de golpes a alguien: "Unos delincuentes se pelaron a mi cuate". ■ LOC. **~ el ojo.** LOC. VERB. supran. fam. Estar alguien advertido para que no lo engañen: "Pelas el ojo en los trámites bancarios". ▶ **~ gallo.** LOC. VERB. **1.** supran. fam. Morirse: "El malo de la película peló gallo en un supuesto accidente". || **2.** supran. fam. Irse o abandonar un lugar: "Mis vecinos pelaron gallo para otra colonia". ▶ **~ la verga.** LOC. VERB. **1.** supran. malson. No importar ni afectar en absoluto algo a alguien. || **2.** supran. malson. Ser incapaz de superar a alguien. ▶ **~ los dientes.** LOC. VERB. fam. Sonreír: "Los niños pelaban los dientes cuando les contaba mis anécdotas". ▶ **~ los ojos.** LOC. VERB. **1.** supran. fam. Abrir mucho los ojos: "Sus nietos pelaron los ojos cuando vieron los regalos de navidad". || **2.** supran. fam. **pelar el ojo.** ■ INTERJ. **¡pelas!** Se usa para expresar sorpresa o admiración ante un hecho desafortunado: "¡Pelas!, ya rompieron el vidrio con el balón".

pelarse. ■ INTR. PRNL. **3.** fam. Irse precipitada e inesperadamente: “Los ladrones se pelaron en cuanto llegó la patrulla”. || **4.** supran. fam. Morirse: “El gato de mi abuelita se peló, ya tenía 12 años”. ■ LOC. **~ a coco.** LOC. VERB. coloq. Cortarse alguien el pelo al rape: “Se peló a coco porque perdió la apuesta en el futbol”.

pelársela. ■ INTR. PRNL. **5.** malson. No tener alguien méritos suficientes para ser comparado con otra persona: “Mi primo me la pela, nunca jugará billar mejor que yo”. || **6.** malson. Frustrarse los planes de una persona: “Queríamos ir al concierto y nos la pelamos con la lluvia”.

pelechar. ■ INTR. fam. Morirse: “Con la helada de la semana pasada, mis canarios pelecharon”.

peleonero, ra. ■ ADJ. supran. *Referido a alguien*, propenso a peleas, riñas o pendencias: “Eres muy peleonero y te van a expulsar del grupo”. Ú.t.c.sust.: “Eres un peleonero y te van a expulsar del grupo”.

pelerío. ■ M. **1.** supran. fam. Conjunto de pelos sueltos. || **2.** supran. fam. Cabello largo y mal peinado, revuelto o enredado.

pelícano. ■ LOC. **~ café.** LOC. SUST. supran. **pontó.** ▷ **~ pardo.** LOC. SUST. supran. **pontó.**

pelillal. ■ M. **pelillar.**

pelillar. ■ M. Sitio poblado de la hierba llamada pelillo.

pelillo. ■ M. supran. Hierba de amplia distribución en México, de hasta 50 cm de altura; tallos erectos, estrechos y alargados; flores verdes y pequeñas; habita lugares húmedos; uso forrajero. Familia de las ciperáceas, varias especies como *Cyperus fugax*, *Cyperus prolixus*, *Cyperus surinamensis*, *Cyperus tenerrimus*.

pellejerío. ■ M. supran. Conjunto de pellejos.

pellejo. ■ M. Parte cartilaginosa o nerviosa de una carne comestible, difícil de cortar y de masticar. ■ LOC. **~ de vieja.** LOC. SUST. *En Chiapas*, árbol originario de América, de hasta 15 m de altura, monoico o dioico; tallos cilíndricos, rectos, con cicatrices dispuestas en espiral, ramas que crecen horizontalmente o ligeramente colgantes, corteza gris, ligeramente fisurada; hojas alternas, simples, oblongo-ovadas, con márgenes serrados; flores unisexuales pequeñas, flores masculinas sésiles, verdes, agrupadas en cimas, flores femeninas pediceladas, verdes, agrupadas en cimas axilares; frutos drupáceos, carnosos, elipsoidales, rojos; semilla única, pequeña, negra; uso como especie maderable e industrial. Familia de las cannabáceas, *Trema micrantha*. (También se llama capulín, cuichpipil, equipal, guacimillo, ixpepe, totogapolín, yaco de cuero).

pellejudo, da. ■ ADJ. *Referido a la carne*, que tiene exceso de pellejos: “No comas en esa fonda, sirven los bisteces pellejudos”.

pellizcada. ■ F. **1. picada.** || **2.** fam. Toque mínimo: “El balón dio una pellizcada al travesaño, pero no entró”.

pellizcar. ■ TR. **1.** fam. Tocar mínimamente: “El balón apenas pellizcó el travesaño, pero no entró”.

pellizcársela. ■ INTR. **2. pelársela.**

pellizco. ■ M. Dulce tradicional hecho de pulpa de tamarindo con azúcar y chile.

pellizcón, na. ■ ADJ. supran. *Referido a persona*, que pellizca a otros de manera habitual: “Ella es muy pellizcona, me dejó varios moretones en los brazos”. Ú.t.c.sust.: “Ella es una pellizcona, me dejó varios moretones en los brazos”.

pelo. ■ LOC. **de pelos.** LOC. ADJ. supran. fam. Excelente: “Ayer fui a una fiesta de pelos con mis amigos”. ▷ **~ de alambre.** LOC. SUST. Perro de la raza fox terrier. ▷ **~ de elote.** LOC. SUST. **1.** supran. coloq. El que es rubio: “Mi nieto nació con pelos de elote”. || **2.** supran. coloq. El que es hirsuto: “No puedo peinarlo porque tiene pelos de elote”. ▷ **por un ~ de rana (calva).** LOC. ADV. coloq. Por poco; casi: “Venía caminando con tanta prisa que por un pelo de rana y me atropellan”. ■ INTERJ. **¡pelos!** vulg. Se usa para pedir a quien ofrece un espectáculo de desnudismo que este sea total.

pelódromo. ■ M. vulg. Lugar donde se presentan espectáculos de desnudismo.

pelón, na. ■ ADJ. **1.** fam. *Referido a algo*, que carece de la cubierta con que generalmente se reviste: “Cuidado con los cables pelones, pueden darte una descarga eléctrica”. || **2.** fam. *Referido a algo*, que carece de adornos o decoración: “Las paredes de la casa están pelonas porque me acabo de mudar”. || **3.** fam. *Referido a algo*, difícil: “El último examen del semestre estuvo pelón”. || **4.** supran. *Referido*

P

a un terreno, sin vegetación: "Fuimos de día de campo a una lomita pelona". ■ M. y F. **5.** supran. fam. Persona indeterminada: "Afuera estaba un pelón que no dejaba de mirarnos". ■ M. **6.** supran. fam. Soldado raso. || **7.** supran. vulg. Pene. ■ F. **8.** Mujer que convivía con los soldados durante las campañas de guerra; soldadera: "Las pelonas también eran conocidas como juanas o adelitas". || **9.** supran. fam. Parte de la cabeza de la que se ha caído el pelo; calva: "Mi papá sale a correr con gorra para no quemarse la pelona". || **10.** supran. vulg. Pene; pelón. ■ LOC. **la ~.** LOC. SUST. fam. Personificación de la muerte: "La pelona vino por el vecino y ya lo están velando".

pelona. ■ F. Véase **pelón, na.**

pelonar. ■ TR. *En el Norte,* cortar el pelo a rape; rapar: "Lo pelonaron cuando entró al colegio militar".

pelonote, ta. ■ ADJ. *En Chiapas, referido a persona,* que ha perdido el pelo de la cabeza; calvo: "Usa sombrero porque está pelonote".

pelotera. ■ F. Grupo armado.

pelotero. ■ M. supran. Jugador de beisbol.

peltre. ■ M. Metal esmaltado, generalmente hierro, usado para fabricación de utensilios de cocina.

peluca. ■ F. fam. Pequeña porción de alcohol que se agrega al café o al té; piquete.

peluche. ■ LOC. **de ~.** (Juego de palabras entre peluche y pelos). **de pelos.**

peludo. ■ M. supran. fam. Borrachera: "En la boda todos los invitados agarraron un peludo tremendo".

peluqueada. ■ F. supran. Corte del cabello.

peluquear. ■ TR. **1.** supran. Cortar el cabello: "Don José peluqueaba a sus hermanos una vez al mes".

peluqueársela. ■ TR. PRNL. **2. pelársela.**

pelusa. ■ F. despect. Gente de clase social baja.

pemuche. ■ M. *En la Huasteca,* **patol.**

pena. ■ F. **1.** *En Chiapas,* temor: "Tuvimos pena por las lluvias, siempre se inunda por esta zona". || **2.** supran. Vergüenza: "Me da mucha pena salir vestido así en la pastorela". ■ LOC. **~ ajena.** LOC. SUST. supran. Sentimiento de vergüenza ante una acción o una afirmación bochornosa realizada por otra persona: "Sentí pena ajena con el comentario que hizo mi hermano". ■ EXPR. **con la ~.** supran. Se usa para indicar que algo se hace o dice a pesar de la incomodidad o molestia que pueda causar: "Con la pena, pero tengo que irme".

penal. ■ M. supran. Pénalti.

pénalti. ■ M. supran. *En algunos deportes,* sanción que se aplica a un jugador por cometer una falta en su propia área, consistente en un tiro libre ejecutado a 11 m de distancia frente a la portería; penalti.

penar. ■ TR. **1.** fam. Causar pena: "Las malas decisiones que tomaste me penan". ■ INTR. **2.** supran. Aparecerse o manifestarse un fantasma o un alma en pena: "La vecina dice que un muerto pena en su casa".

penca. ■ LOC. **~ de plátano.** LOC. SUST. Racimo de este fruto.

penchuque. ■ M. *En el Sureste,* alimento preparado con una tortilla muy gruesa y grande de maíz que se sirve acompañada de otros alimentos.

penco, ca. ■ ADJ. eufem. *Referido a persona,* tonta; pendejo. Ú.t.c.sust.

penconote, ta. ■ ADJ. eufem. *En Chiapas, referido a persona,* tonta; pendejo. Ú.t.c.sust.

pendejada. ■ F. supran. malson. Acto de hacer o de decir pendejadas o tonterías.

pendejear. ■ TR. **1.** malson. Tratar a alguien como tonto o estúpido. ■ INTR. **2.** supran. malson. Hacer o decir pendejadas o tonterías. || **3.** supran. malson. Perder el tiempo.

pendejez. ■ F. **1.** malson. Falta de entendimiento o razón. || **2.** malson. Tontería; pendejada.

pendejo, ja. ■ ADJ. supran. malson. Insignificante: "Me ofrecían un sueldo pendejo". ■ LOC. **a la pendeja.** LOC. ADV. malson. **a lo pendejo.** ▶ **a lo pendejo.** LOC. ADV. **1.** supran. malson. Tontamente: "Él abrió la boca a lo pendejo y lo regañaron". || **2.** supran. malson. Improvisadamente, sin esmero: "Hizo su parte del trabajo a lo pendejo, por eso lo estoy corrigiendo yo". ▶ **en la pendeja.** LOC. ADJ. malson. *Referido a persona,* distraída; en la lela: "Sofía llegó en la pendeja porque le habían dado una mala noticia".

pendiente. ■ M. **1.** supran. Preocupación: "Estoy con el pendiente porque no han llegado tus hermanos". || **2.** supran. Asunto sin resolver: "Melisa se fue rápido a su casa porque aún tenía muchos pendientes".

peneque. ■ M. **1.** Porción de masa de maíz a la que se le da forma alargada, se dobla por la mitad y se cuece. || **2.** Comida que se prepara con un **peneque** que se rellena con cualquier alimento salado, se capea y, generalmente, se sirve con salsa de jitomate.

penitente. (Juego de palabras entre penitente y pendejo). ■ ADJ. **1.** supran. eufem. *Referido a persona,* tonta; pendejo: "Ernesto está bien penitente, ya ni le hagas caso". ■ COM. **2.** supran. eufem. Persona tonta; pendejo: "Ernesto es un penitente, ya ni le hagas caso".

penoso, sa. ■ ADJ. supran. *Referido a persona,* tímida: "Bety es muy penosa, así que no te va a saludar". Ú.t.c.sust.: "Bety es una penosa, así que no te va a saludar".

penqueada. ■ F. **1.** Corte de las pencas, especialmente las del maguey. || **2.** *En Tabasco,* hecho de penquear o dar pencas el maguey.

penquear. ■ TR. **1.** Cortar pencas, especialmente las del maguey: "Penqueen el maguey antes de que el sol se ponga muy intenso". ■ INTR. **2.** *En Tabasco,* dar pencas el maguey: "Estamos muy contentos porque ya penqueó".

pensativo, va. (Juego de palabras entre pensativo y pendejo). ■ ADJ. eufem. *Referido a persona,* que es tonta; pendejo. Ú.t.c.sust.

pensión. ■ F. Establecimiento que ofrece el servicio de estacionamiento y guarda de automóviles a cambio de una cuota periódica.

peña. ■ F. supran. Establecimiento donde hay música folclórica y se consume algún refrigerio.

peñasquería. ■ F. rur. Sitio cubierto de peñascos; peñascal.

peor. ■ LOC. **~ es nada.** LOC. SUST. supran. fest. Persona con quien se mantiene una relación amorosa: "Voy a la reunión con mi peor es nada". ▷ **~ tantito.** LOC. ADV. Menos aún: "De día ya no veo, y de noche, peor tantito".

pepa. ■ F. **1.** Herramienta de carpintería parecida a una gubia. || **2.** supran. rur. Tumor o pepita que tienen los gallos y las gallinas en la lengua, y que les impide comer y cacarear. || **3.** supran. vulg. Vulva.

pepe. ■ M. **papán.**

pepena. ■ F. **1.** *En Colima,* platillo típico preparado con órganos de res. || **2.** supran. Recolección del sobrante de una cosecha. || **3.** supran. Búsqueda entre la basura para escoger objetos que pueden tener alguna utilidad o se pueden vender.

pepenable. ■ ADJ. Que se puede pepenar: "Había un sillón pepenable afuera de unos departamentos".

pepenadero. ■ M. Lugar en que se pepena; tiradero.

pepenador, ra. ■ ADJ. supran. *Referido a persona,* que se dedica a rebuscar y escoger material de desecho reusable: "En la ciudad compiten los muchachos pepenadores con las grandes recicladoras". Ú.t.c.sust.: "En la ciudad compiten los pepenadores con las grandes recicladoras".

pepenar. ■ TR. **1.** fam. Encontrar algo que se busca con ahínco: "Saúl pepenó estas botas en el tianguis". || **2.** fam. Sorprender a alguien haciendo algo indebido: "El maestro me pepenó copiando en el examen". || **3.** fam. Agarrar: "Los policías pepenaron al ladrón". || **4.** supran. Recolectar, generalmente en las labores del campo: "Ya pepené lo que quedó de la cosecha". || **5.** supran. Rebuscar y escoger material de desecho reusable: "Aquí pepenan latas de refresco y botellas de plástico". || **6.** supran. fam. Robar: "El ladrón pepenó la tele y unas joyas de la casa del vecino".

pepenco, ca. ■ ADJ. **1.** *En el Noroeste,* malcriado: "Castigaron al niño pepenco por el berrinche que hizo en el parque". Ú.t.c.sust.: "Castigaron al pepenco por el berrinche que hizo en el parque". ■ M. **2.** *En el Norte,* amante de una mujer casada.

pepestle. ■ M. Lecho de hojas de alguna planta colocado en un recipiente para cocer alimentos al vapor, generalmente tamales.

pepeyote. ■ M. *En Veracruz,* ácaro de distribución en zonas tropicales y subtropicales, de hasta .8 mm de longitud; vive sobre las aves y se alimenta de ellas; con cuerpo esclerotizado, de color pardo y transparente, pero se puede ver rojizo después de parasitar. Familia de los macronísidos del orden Mesostigmata, *Ornithonyssus bursa, Ornithonyssus sylviarum.* (También se llama coruco).

pepino. ■ M. Ave de distribución en América, de hasta 12 cm de longitud; con plumaje con rayas negras y blancas en su cabeza y torso; alas negras con algunas manchas blancas en las partes distales, dos barras blancas por cada ala; hábitos migratorios. Familia de los parúlidos del orden Passeriformes, *Mniotilta varia*. (También se llama chipe trepador, limpiatronco, reinita blanca y negra, reinita trepadora).

pepitoria. ■ F. **1.** Dulce que se elabora con dos obleas, con caramelo entre ellas y decorado con pepitas de calabaza alrededor. || **2.** supran. Dulce que se elabora con pepitas de calabaza tostadas y mezcladas con caramelo.

peralillo. ■ M. Arbusto originario de América, hasta 6 m de altura, monoico; troncos ramificados desde el suelo, corteza rugosa de color grisáceo, con látex lechoso; hojas alternas, glabras, ovado-lanceoladas; flores hermafroditas, pequeñas, tubulares, de color blanco a verde amarillento, agrupadas en cimas; frutos drupáceos, ovoide-oblongos, glabros y traslúcidos; semilla única, ovoide-oblonga, con testa jugosa. Familia de las apocináceas, *Vallesia glabra*. (También se llama citabaro, huitatobe, otatave, palo verde, uclatave).

percherón. ■ M. *En Sonora*, comida que se prepara con una tortilla sobaquera, rellena de carne y otros ingredientes, que se enrolla después de doblar dos de sus extremos y que aparenta un cilindro grueso.

percudido. ■ M. supran. Alteración en el color de algo, generalmente tela, piel, cerámica, etc., por falta de cuidado: "No pude quitar el percudido del cuello de la camisa".

perdedizo, za. ■ ADJ. *Referido a algo*, que se pierde con facilidad: "Mi pluma fuente es muy perdediza por su tamañito".

perder. ■ LOC. **~ (el) piso.** LOC. VERB. **1.** Comportarse alguien de manera engreída: "El actor perdió el piso después de su éxito en el cine". || **2.** Dejar alguien de comportarse con cordura: "En la última fiesta bebí de más y perdí el piso".

perdida. ■ LOC. **(ya) de ~.** LOC. ADV. Al menos; siquiera: "Si no quieres ir de día de campo, de perdida vamos a pasear al parque".

pérdigo. ■ M. vulg. ano.

perech. ■ ADJ. *En Yucatán*, ajustado: "No quiero un vestido muy perech porque quiero bailar mucho".

perejilazo. ■ M. fam. Residuo de alimento que queda en los dientes.

perezosa. ■ F. supran. Silla con respaldo largo y reclinable, que se utiliza para sentarse al aire libre.

pergamino. ■ M. supran. rur. Cascarilla delgada que envuelve el grano del café, la cual se halla inmediatamente debajo de la capa mucilaginosa. ■ LOC. **en ~.** LOC. ADJ. supran. *Referido al café*, que no le ha sido quitada la cáscara delgada que envuelve el grano.

peribana. ■ F. Batea o plato artesanal de madera, maqueado, típico de Michoacán.

perica. ■ F. Véase **perico, ca.**

pericazo. ■ M. supran. Aspiración de droga por la nariz, generalmente cocaína.

perico, ca. ■ ADJ. **1.** *Referido a persona*, persona que habla mucho: "Lupita es muy perica, siempre me cuenta su vida". Ú.t.c.sust.: "Lupita es una perica, siempre me cuenta su vida". || **2.** jerg. *Referido a persona*, adicta a la cocaína. Ú.t.c.sust. ■ M. **3.** supran. Llave de cabeza regulable, usada para apretar o aflojar tuercas y tornillos; perica. || **4.** supran. Persona que habla mucho: "Mi tía es un perico, con ella es imposible estar en silencio". ■ F. **5.** Llave de cabeza regulable, usada para apretar o aflojar tuercas y tornillos.

periférico. ■ M. supran. Vía de tránsito para vehículos que circunda un núcleo urbano al que se puede acceder por diferentes entradas; circunvalación.

perilla. ■ F. **1.** Llave que se intercala en una tubería para cerrar, abrir o regular el curso de un fluido. || **2. perita.** || **3.** supran. Instrumento para cerrar de golpe puertas y ventanas. || **4.** supran. Picaporte.

periquera. ■ F. Véase **periquero, ra.**

periquero, ra ■ ADJ. **1.** *Referido a un asiento o una mesa*, de patas altas: "Compré unos taburetes periqueros para el bar". ■ F. **2.** *En Colima*, nido que las termitas construyen sobre el tronco de los árboles. || **3.** supran. Silla de patas altas y con una pequeña tabla horizontal, en que comen los niños pequeños.

perita. ■ F. Hierba originaria de América, de hasta 1.5 m de altura, monoica; tallos muy ramificados; hojas alternas, enteras, de ovadas a angostamente lanceoladas, con margen de entero a serrado, esparcidamente pubescentes; flores hermafroditas, pequeñas, corola de cuatro pétalos, dos más grandes y espatulados, los otros lineares y a veces con una glándula, de rosados a rojos, blancos, morados o anaranjados, agrupados en racimos; frutos capsulares, globosos, de diversos cafés; semillas diminutas, numerosas, ovoides, cafés. Familia de las onagráceas, *Lopezia racemosa*. (También se llama alfilerillo, perilla, perlilla).

perla. ■ LOC. **las perlas de la virgen.** LOC. SUST. Cantidad excesiva: "Pagamos las perlas de la virgen por el departamento nuevo".

perlilla. ■ F. **perita.**

perlita. ■ F. **pispirria.**

permanente. ■ M. Tratamiento del cabello que consiste en rizarlo para que se mantenga así durante un largo periodo.

perol. ■ M. vulg. Ano.

perolada. ■ F. supran. fam. Cantidad que cabe en un perol: "Mi abuelo hizo una perolada de tamales".

perrada. ■ F. fam. Conjunto de personas.

perrear. ■ TR. **1.** fam. Fastidiar a alguien: "Lo perrean dejándole más trabajo". || **2.** vulg. Acosar sexualmente a alguien. ■ INTR. **3.** fam. *En el Noroeste,* trabajar arduamente: "Perreo de seis de la mañana a ocho de la noche todos los días".

perredismo. ■ M. Conjunto de miembros, militantes o simpatizantes, del Partido de la Revolución Democrática.

perredista. ■ ADJ. **1.** Perteneciente o relativo al Partido de la Revolución Democrática: "La sede perredista recibió a los precandidatos". || **2.** *Referido a persona,* partidaria o simpatizante del Partido de la Revolución Democrática: "Los votantes perredistas asistieron a las urnas". ■ COM. **3.** Miembro del Partido de la Revolución Democrática: "Los perredistas nuevos se conocieron en la asamblea". || **4.** Persona partidaria o simpatizante del Partido de la Revolución Democrática: "Algunos perredistas asistieron a las urnas desde temprano".

perreo. ■ M. fam. Acción y resultado de perrear.

perrera. ■ F. supran. fam. Vehículo policial utilizado para transportar presuntos delincuentes.

perrito. ■ M. Hierba originaria de México y las Antillas, de hasta 3 m de altura; tallos carnosos, viscosos pubescentes, leñosos con la edad, con tintes morados; hojas simples, opuestas, de ovadas a triangulares, con margen anguloso, glandulosas y viscosas por ambas caras; flores hermafroditas, vistosas, campanuladas, de blancas a rosadas o hasta rojizas moradas, con una mancha interna de color morado, dispuestas en racimos terminales densos; frutos en cápsulas drupáceas, ovoides, la parte interna leñosa, con una cresta dentada y dos cuernos; uso ornamental y en la medicina tradicional; frutos, comestibles. Familia de las martiniáceas, *Martynia annua*. (También se llama caza pulga, cinco llagas, uña de gato, uña de gavilán).

perro, rra. ■ ADJ. **1.** supran. fam. *Referido a algo,* difícil: "El examen de español estuvo muy perro". || **2.** supran. fam. *Referido a algo,* de buena calidad: "La película está bien perra". ■ M. y F. **3.** despect. Miembro del cuerpo de policía. ■ LOC. **como ~ sin dueño.** LOC. ADJ. supran. **como perro sin mecate.** ▶**como ~ sin mecate.** LOC. ADJ. Desorientado, sin rumbo: "Hice el examen como perro sin mecate y no aprobaré". ▶**perro azteca.** LOC. SUST. Raza de perro originaria de México, de hasta 60 cm de longitud; sin pelo corporal, con cabeza delgada con poco pelo arriba, hocico sin premolares dentales, ojos de color café oscuro o amarillo, cola larga y sin pelo, patas largas y delgadas. Familia de los cánidos del orden Carnivora, *Canis lupus familiaris*. (También se llama xoloescuincle, xoloescuintle, xoloitzcuintle, xoloizcuincle, xoloizcuintle). ▶ **perro de agua.** LOC. SUST. **1.** Nutria. || **2.** supran. Hurón. ▶**perro de monte.** LOC. SUST. Mamífero originario de América, de hasta 60 cm de longitud; con cuerpo robusto y piernas cortas; dorso de color pardo dorado; cabeza redondeada; ojos grandes y redondos; hocico corto; cola larga y prensil; nocturno; comestible. Familia de los prociónidos del orden Carnivora, *Potos flavus*. (También se llama kinkajú, martucha, oso melero). ▶**~ de oreja.** LOC. ADJ. despect. *Referido a persona,* servil: "El asistente es un perro de oreja con el nuevo director". ▶**~ del mal.** LOC. SUST. El que tiene rabia. ■ EXPR. **hasta en los perros hay razas.** fam. Se usa para indicar que alguien es distinto y superior a otra persona: "No me hables tan golpeado,

P

que hasta en los perros hay razas, y tú y yo no somos iguales". ▷ **perro no come perro.** supran. coloq. Se usa para indicar que dos personas de la misma condición no se atacan, ni destaca una sobre la otra: "No te preocupes por lo que se dicen Pablo y Javier, perro no come perro".

perrón, na. ■ ADJ. **1.** supran. fam. *Referido a alguien*, hábil; chingón: "Los alumnos más perrones fueron reconocidos en la feria de ciencia". Ú.t.c.sust.: "Los perrones fueron reconocidos en la feria de ciencia". || **2.** supran. fam. *Referido a algo*, bonito; chingón: "Compré una maleta muy perrona". || **3.** supran. fam. *Referido a algo*, que es de excelente calidad; chingón: "La tela de tu vestido está perrona".

persignarse. ■ INTR. PRNL. **persinarse.**

persinada. ■ F. **1.** supran. Hecho de persignar. || **2.** supran. Hecho de persignarse o ser alguien muy conservador o mojigato.

persinarse. ■ INTR. PRNL. supran. Ser alguien muy conservador o mojigato: "No creo que Ramiro te acompañe al bar, se persina". Ú.m.e.pp.: "No creo que Ramiro te acompañe al bar porque es muy persinado".

persoga. ■ F. supran. rur. Cuerda de fibra vegetal trenzada que se usa para atar animales; mecate.

persogar. ■ TR. supran. rur. Atar un animal con una persoga o cuerda de fibra vegetal trenzada: "Manuel persogó a la yegua para que pastara cerca de él".

persogo. ■ M. **persoga.**

personería. ■ LOC. **~ jurídica.** LOC. SUST. supran. Persona jurídica.

pesador, ra. ■ M. y F. supran. rur. Carnicero.

pesarle. ■ LOC. **~ las nalgas.** LOC. VERB. supran. **pesarle los huevos.** ▷ **~ los huevos.** LOC. VERB. malson. Ser alguien perezoso o lento: "Siempre intenta llegar temprano a clase, pero le pesan los huevos".

pescaditos. ■ M. PL. **pececitos.**

pescado. ■ LOC. **~ zarandeado.** LOC. SUST. El que se prepara abierto a la mitad, condimentado con jugo de limón, alguna salsa y asado a las brasas en una zaranda; se sirve con salsa y tortillas.

pescador. ■ M. supran. Pantalón que llega a la mitad de la pantorrilla.

pescante. ■ M. fest. Parte muy prominente y atractiva del cuerpo de una mujer, generalmente el pecho o las nalgas.

pescoceada. ■ F. Hecho de pescocear o dar pescozones.

pescocear. ■ TR. supran. Dar pescozones: "Mis tíos pescocean a mi primo a cada rato por portarse mal".

pescuezo. ■ M. **pescuezona.**

pescuezona. ■ F. vulg. Pene.

pescuezudo, da. ■ ADJ. Que tiene muy largo el pescuezo: "Tu perro está muy pescuezudo".

pesera. ■ F. Véase **pesero, ra.**

pesero, ra. ■ M. y F. **1.** Persona que se dedica a conducir una unidad de transporte colectivo de este nombre. ■ M. **2.** Unidad de transporte colectivo con trayecto fijo, sin paradas preestablecidas, que originalmente cobraba un peso; pesera. ■ F. **3.** Unidad de transporte colectivo con trayecto fijo, sin paradas preestablecidas, que originalmente cobraba un peso.

pesetero, ra. ■ M. y F. Fotógrafo ambulante.

peso. ■ LOC. **de a ~.** LOC. ADJ. fam. Muy difícil: "Empatarle al otro equipo estuvo de a peso".

pesor. ■ M. supran. rur. Pesadez.

pespunte. ■ M. Hecho de pespuntear o zapatear en el baile del jarabe.

pespunteada. ■ F. **pespunte.**

pespuntear. ■ INTR. Zapatear suavemente en el baile del jarabe: "El maestro de baile pespunteaba al ritmo de la música".

pespunteo. ■ M. **pespunte.**

pestaña. ■ F. fam. Siesta breve. Ú.m.e.dim.

pestañar. ■ INTR. **pestañear.**

pestañazo. ■ M. Siesta breve.

pestañear. ■ INTR. supran. fam. Hacer una siesta breve: "Siempre pestañeo como 20 minutos después de la comida".

pestañeazo. ■ M. **pestañazo.**

pesudo, da. ■ ADJ. *Referido a persona*, adinerada: "Tengo un amigo pesudo que viaja mucho". Ú.t.c.sust.: "Juan viaja mucho porque es un pesudo".

petaca. ■ F. **1.** Maleta donde se lleva algo, generalmente ropa. || **2.** fest. Nalga.

petacón, na. ■ ADJ. *Referido a alguien*, de petacas o nalgas prominentes. Ú.t.c.sust.

petaquear. ■ TR. Meter algo en una petaca o maleta: "Petaqueamos la ropa y nos fuimos".

petaquería. ■ F. Lugar donde se fabrican o venden petacas o maletas y diversos artículos para viaje.

petaquero, ra. ■ M. y F. Persona que se dedica a elaborar o a vender petacas o maletas y diversos artículos para viaje.

petaquilla. ■ F. **1.** Caja de madera, similar a un baúl, que sirve para almacenar. || **2.** supran. Cesto o canasta rústicos para transportar frutas.

petate. ■ M. **1.** Esterilla de palma que se usa generalmente para dormir. || **2.** Tejido de palma que sirve para elaborar distintos productos artesanales como canastas, tapetes, sombreros, etcétera.

petateada. ■ F. fam. Hecho de petatearse o morirse.

petatearse. ■ INTR. PRNL. supran. fam. Morirse: "Nuestro perro se petateó la semana pasada".

petatería. ■ F. Lugar donde se fabrican o se venden objetos elaborados con petate.

petatero, ra. ■ ADJ. **1.** *Referido a persona,* que hace o vende petates: "En Colima hay muchas mujeres petateras". Ú.t.c.sust.: "En Colima hay muchas petateras". || **2.** *Referido a persona,* mentirosa: "No seas tan petatero, no te dieron permiso". Ú.t.c.sust.: "Eres un petatero, no te dieron permiso". || **3.** supran. Perteneciente o relativo al petate: "La producción petatera ha ido disminuyendo".

petatillo. ■ M. **1.** Tejido elaborado con hojas de palma trenzadas con que se hacen asientos de sillas y otros elementos de mobiliario. || **2.** Disposición de las losetas o ladrillos de un piso que asemeja al tejido elaborado con hojas de palma.

petismo. ■ M. Conjunto de miembros, militantes o simpatizantes, del Partido del Trabajo.

petista. ■ ADJ. **1.** Perteneciente o relativo al Partido del Trabajo: "La sede petista recibió a los precandidatos". || **2.** *Referido a persona,* partidaria o simpatizante del Partido del Trabajo: "Los votantes petistas asistieron a las urnas". ■ COM. **3.** Miembro del Partido del Trabajo: "Los petistas nuevos se conocieron en su asamblea nacional". || **4.** Persona partidaria o simpatizante del Partido del Trabajo: "Algunos petistas asistieron a las urnas desde temprano".

petróleo. ■ LOC. **~ blanco.** LOC. SUST. **1.** fest. Litio. || **2.** fest. **pulque.**

petrolera. ■ F. Antojito de maíz preparado con una tortilla de maíz de unos 30 cm de diámetro, generalmente frita, en cuya parte superior se ponen frijoles, carne de res, pollo o carnitas; se sirve con queso y salsa.

petrolizar. ■ TR. Cubrir algo con un derivado del petróleo, como el pavimento: "Petrolizaron las calles de la ciudad porque había baches".

pewter. [*piúter*] ■ M. Material de aluminio que sirve para elaborar diversos objetos, generalmente decorativos: "Le regalaron un portarretratos de *pewter*".

peyoteada. ■ F. Consumo de peyote.

peyotear. ■ INTR. Consumir peyote.

peyotero, ra. ■ ADJ. **1.** Perteneciente o relativo al peyote: "El rito peyotero es sagrado para los indígenas". || **2.** *Referido a persona,* que consume peyote. Ú.t.c.sust. ■ M. y F. **3.** Persona que cultiva peyotes.

pez. ■ LOC. **~ caballo.** LOC. SUST. Vertebrado acuático de distribución en las costas del Pacífico, los machos comúnmente de 60 cm de longitud; con escamas solo en la parte superior de la segunda aleta dorsal y la caudal; cuerpo delgado, fusiforme, de color amarillento con reflejos verdes por arriba; aletas grisáceas, aleta caudal muy bifurcada y una mancha negra en el opérculo; carne, comestible. Familia de los carángidos del orden Perciformes, *Caranx caninus.* (También se llama jurel, pez toro). ▷ **~ toro.** LOC. SUST. **pez caballo.**

pezuña. ■ LOC. **~ de burro.** LOC. SUST. **1.** Planta anual originaria de México y Centroamérica, de hasta 2 m de altura; tallos ramificados; inflorescencias masculinas, con espigas, cada una envuelta por una sola bráctea; varias espigas femeninas en una vaina, con pedúnculos de hasta 2 cm de largo; flores en forma de espiguillas dispuestas en dos hileras; de cinco a 12 semillas cariópsides, cubiertas por una gluma endurecida, con superficie lustrosa, lisa, de color blanco uniforme a café muy oscuro, con manchas de color café más claro a gris; uso forrajero. Familia de las gramíneas, varias especies del género *Zea,* como *Zea mays* ssp. *mexicana, Zea mays* ssp. *parviglumis.* (También se llama acecé, diente de burro, madre de maíz, maíz cimarrón, milpilla, sarazo, teocintle, teosinte). || **2.** Fruto de esta planta.

pi. ■ M. *En el Sureste,* guiso elaborado con carne de cerdo y hojas de pimienta.

pial. ■ M. **1.** Soga que utilizan los rancheros, vaqueros, charros, etc., para pialar. || **2.** supran. Lazada que se arroja con esta cuerda a las patas de una caballería para derribarla o atraparla.

pialada. ■ F. Sujeción de las patas de una caballería con el pial para derribarla o atraparla.

pialador, ra. ■ M. y F. Persona encargada de pialar una caballería.

pialar. ■ TR. Sujetar con el pial o lazo las patas de una caballería para derribar o atrapar: "El ranchero pialó la vaca que se escapó de la manada".

pialera. ■ F. Soga que utilizan los rancheros, vaqueros, charros, etc., para pialar; pial.

pib. ■ M. Horno bajo tierra.

pibil. ■ ADJ. *Referido a un alimento,* que está cocinado en el pib u horno bajo tierra, generalmente aderezado y envuelto en hojas de plátano; típico de Yucatán.

pibinal. ■ M. *En Yucatán,* elote cocinado en el pib u horno bajo tierra.

pibipollo. ■ M. *En el Sureste,* guiso elaborado con carne de pollo, de cerdo y verduras, sazonadas con achiote, otras especias y jugo de naranja, envuelto en masa de maíz y hoja de plátano, a manera de tamal; se hornea en pib u horno; se sirve en porciones; mucbilpollo.

picada. ■ F. Comida que se prepara con una tortilla de maíz gruesa que, al cocerse en comal, se pellizca para hacerle un borde; se le pone manteca caliente, salsa, queso y cebolla. Ú.m.e.dim.

picadero. ■ M. jerg. Lugar, generalmente una vivienda, donde se venden y se consumen drogas, sobre todo las que se pueden inyectar.

picador. ■ M. **1.** fest. Persona con quien se mantiene una relación de amistad íntima; amigo. || **2.** vulg. Hombre que es la pareja sentimental de alguien.

picaflor. ■ M. Ave originaria de América, de tamaño pequeño, de 6 a 20 cm de longitud; con plumaje de colores iridiscentes; el pico se adapta al tipo de flor preferida por cada especie; con gorgueras o coronillas brillantes, collares y otros adornos según la especie; vuelo de aleteos rápidos y una rotación singular de toda el ala en la articulación del hombro, que le permite ir en cualquier dirección, incluso para atrás. Familia de los troquílidos del orden Apodiformes. (También se llama chupaflor, chupamiel, chupamirto, chuparrosa, colibrí, pájaro mosca, zumbador).

picante. ■ ADJ. **1.** *Referido a alimento,* que tiene picor: "Ese menudo picante me gustó mucho". ■ M. **2.** Cualquier chile o salsa con chile.

picar. ■ TR. **1.** Oprimir: "Pica el botón del elevador para subir". || **2.** supran. rur. Realizar incisiones en los árboles para extraer el látex: "Los campesinos picaban los zapotes para extraer la goma del chicle". ■ LOC. **~ en reversa.** LOC. VERB. despect. Ser un hombre homosexual. ▶ **~ la cresta.** LOC. VERB. supran. coloq. Provocar a alguien: "Daniel le picó la cresta al hijo del jefe y lo corrieron". ▶ **~ la uva.** LOC. VERB. fam. Llamar la atención de alguien para que escuche o vea algo: "La mamá le picó la uva al niño para que copiara la tarea". ■ EXPR. **pica, lica y califica.** fest. Se usa para pedir que se preste atención a algo: "Ahora te voy a explicar la ecuación, así que… pica, lica y califica".

picarle. ■ INTR. PRNL. **3.** supran. Apresurarse alguien: "Anabel le picó para llegar a tiempo a la junta". ■ INTERJ. **¡pícale!** Se usa para apresurar a alguien: "¡Pícale! ¡Llegaremos tarde al trabajo!".

picazón. ■ F. *En Colima,* arribo de peces a la playa: "La picazón de sardinas benefició a los pescadores locales".

pichada. ■ F. **picheo.**

pichancha. ■ F. **1.** Válvula que regula el flujo de agua de la cisterna al tinaco. || **2.** *En Oaxaca,* tapa de una alcantarilla.

pichar. ■ TR. **1.** fam. Pagar alguien por el consumo de sus alimentos y por el de la persona que lo acompaña; invitar: "Yo picho los tacos, coman los que quieran". || **2.** supran. *En el beisbol,* lanzar el pícher la pelota al receptor evitando que el bateador del equipo contrario haga contacto con ella: "Solamente pichó dos entradas y le hicieron cinco carreras". ■ INTR. **3.** vulg. Practicar el coito. ■ EXPR. **ni picha, ni cacha, ni deja batear. 1.** Se usa para indicar que alguien obstruye lo que otro pretende hacer: "Tú ni pichas, ni cachas, ni dejas batear, ya déjame terminar el trabajo". || **2.** Se usa para indicar que alguien no sirve para nada: "¡Lo corren de todos los empleos! Ni picha, ni cacha, ni deja batear".

picheo. ■ M. *En el beisbol*, lanzamiento de una pelota que hace el pícher al receptor para evitar que el bateador del equipo contrario haga contacto con ella.

pícher. ■ M. supran. *En el beisbol*, jugador que se encarga de lanzar la pelota al receptor evitando que el bateador haga contacto con ella.

pichi. ■ COM. *En Chiapas*, niño: "Ayer se cayó una pichi del columpio, pobrecita".

pichicatear. ■ TR. supran. fam. Escatimar en lo que se da o en lo que se gasta: "No me pichicatees el dinero del súper porque me enojo".

pichicateo. ■ F. **pichicatería.**

pichicatería. ■ F. supran. fam. Hecho de pichicatear.

pichicato, ta. ■ ADJ. **1.** supran. fam. *Referido a persona*, que escatima en lo que da o en lo que gasta; tacaño: "Es muy pichicata, solo le invitó un refresco a Eva". Ú.t.c.sust.: "Es una pichicata, solo le invitó un refresco a Eva". || **2.** supran. fam. Propio de la persona **pichicata**: "Por tu mentalidad pichicata, te ganaron el negocio".

pichiche. ■ M. **pijije.**

pichicuata. ■ F. **pichicuate.**

pichicuate. ■ M. Serpiente originaria de México y Centroamérica, de hasta 1 m de longitud; con cabeza grande bien diferenciada del cuello; cuerpo robusto; color dorsal de rojizo a anaranjado, con una serie definida de bandas dorsales de color café a anaranjado; con dos líneas claras bien definidas que se extienden desde la punta del hocico hacia atrás; ovovivípara; se alimenta de anfibios y roedores; venenosa. Familia de los vipéridos del orden Squamata, *Agkistrodon bilineatus*. (También se llama bolpoch, cantil, pichicuata, volpoch, wolpoch, zolcuate).

picho. ■ M. **1.** *En el Noreste*, ave originaria de América, de hasta 40 cm de longitud; con pico largo y robusto; cola también larga y patas de dedos grandes; el plumaje presenta una coloración que oscila, en los machos, entre el negro con lustre iridiscente y, en las hembras, café con cejas grisáceas; habita generalmente en áreas agrícolas, pero se ha extendido hasta zonas urbanas. Familia de los ictéridos del orden Passeriformes, *Quiscalus mexicanus*. (También se llama chanate, cuervo, tordo, xcau, zanate, zanate mayor, zanate mexicano). || **2.** *En Colima y Sinaloa*, ave originaria de América, de hasta 1 m de altura, 1.3 m desde la punta del pico hasta el extremo de la cola, 2 m de envergadura y 20 kg de peso; tiene plumaje de color pardo verdoso con reflejos cobrizos y manchas blanquecinas en los extremos de las alas y de la cola, cabeza y cuello cubiertos de carúnculas rojas, así como la membrana eréctil que lleva encima del pico; tarsos negruzcos muy fuertes, dedos largos, y en el pecho un mechón de cerdas de 3 a 4 cm de longitud; la hembra es algo menor, pero semejante al macho en todo lo demás; en domesticidad, el ave ha disminuido de tamaño y ha cambiado el color del plumaje; hay variedades negras, rubias y blancas; comestible. Familia de los faisánidos del orden Galliformes, *Meleagris gallopavo*. (También se llama chompipe, chumpe, chumpipe, cócono, guajolote, güilo, huilo, jolote, pavo, pípilo, totol, totole, xolo). || **3.** *En el Sureste*, pleito; riña.

pichoco. ■ M. **patol.**

pichol. ■ M. **1.** Bejuco originario de México, de hasta 35 m de longitud, monoico; tallos de cilíndricos a subcilíndricos, con corteza agrietada; hojas simples, alternas, oblongas o cordiformes, con pelos de apariencia aracnoide en ambas caras, de consistencia papirácea o cartácea, con margen denticulado o dentado; flores bisexuales o unisexuales, amarillentas, diminutas, las unisexuales con estambres bien desarrollados y pistilos reducidos, flores dispuestas en panículas densas, dispuestas en las axilas de las hojas; frutos en bayas orbiculares, de color verde a púrpura oscuro en la madurez; generalmente con dos semillas por fruto, diminutas, piriformes, ligeramente curveadas. Familia de las vitáceas, *Vitis tiliifolia*. (También se llama bejuco blanco, bicholi, sanalotodo, uva cimarrona). || **2.** Fruto del **pichol**; uso en la industria vinícola y en la medicina tradicional. || **3.** Semilla del **pichol**; uso como oleaginosa y en la producción de harina. || **4.** Tallo del **pichol**; uso en la medicina tradicional.

P

pichón, na. ■ ADJ. supran. *Referido a persona*, sin experiencia: "El portero pichón está nervioso y se le escapan todos los tiros". Ú.t.c. sust.: "Ese pichón está nervioso y se le escapan todos los tiros".

pick-up. [*pikáp, pikóp*] ■ F. Camioneta de trabajo pesado con caja o cajón para transportar cargas.

pico. ■ LOC. **a ~ de botella.** LOC. ADV. supran. *Referido a una forma de beber*, directamente del recipiente: "Me acabé el tequila a pico de botella". ▷ **con el ~ caído.** LOC. ADJ. supran. *Referido a alguien*, cabizbajo: "Desde que dejó su ciudad natal, anda con el pico caído". ▷ **~ de cera.** LOC. ADJ. *Referido a persona*, que no revela secretos: "Te lo voy a contar porque eres un amigo pico de cera". ▷ **~ de gallo.** LOC. SUST. **1.** Salsa preparada con jitomate, cebolla y chile verde picados: "Me gusta comer los tacos con pico de gallo". || **2.** *En el Occidente*, fruta, generalmente jícama, mango y pepino, cortada finamente en cuadros, aderezada con chile piquín: "Compré un pico de gallo en la plaza". ▷ **~ de pato.** LOC. SUST. Planta acuática originaria de Sudamérica, de hasta 30 cm de largo, monoica; tallos reducidos, flotadores fijos al sustrato; hojas arrosetadas, elípticas, de oblatas a casi circulares, los individuos flotantes con peciolos cortos y flotantes; flores hermafroditas, grandes y llamativas, tubulares, pubescentes, de color lila o rara vez blancas, dispuestas en espigas; frutos capsulares, pequeños y elípticos, trígonos; semillas oblongo-elípticas, con tres costillas longitudinales, negruzcas. Familia de las pontederiáceas, *Eichhornia crassipes*. (También se llama cucharilla, flor de agua, jacinto de agua, lirio acuático, lirio de agua, violeta de agua).

picogordo. ■ LOC. **~ azul.** LOC. SUST. Ave originaria de América, de hasta 20 cm de longitud; con pico grueso y triangular; los machos son de color azul oscuro, con alas de color negro que tienen dos barras de color pardo oscuro; las hembras son de color pardo brillante, con alas que tienen dos barras de color pardo. Familia de los cardinálidos del orden Passeriformes, *Passerina caerulea*. (También se llama azulillo grande, elototol, picogrueso azul).

picogrueso. ■ LOC. **~ azul.** LOC. SUST. **picogordo azul.**

picón, na. ■ ADJ. **1.** *En el Sureste, referido a persona*, ligeramente bebida. Ú.t.c.sust. ■ M. **2.** *En el Occidente*, pan dulce en forma semiesférica, de superficie dura y con costras de color blanco amarillento.

picorete. ■ M. supran. fam. Beso.

picoretear. ■ TR. fam. Besar a alguien: "Lidia picoreteó a su hijo antes de irse a trabajar".

picoso, sa. ■ ADJ. supran. *Referido a alimento*, que pica; picante: "Hice una salsa muy picosa con chile habanero".

picte. ■ M. *En Chiapas*, tamal de elote.

pictle. ■ M. **picte**.

picuaremo. ■ M. Hierba de distribución cosmopolita, de hasta 8 m de altura, monoica; tallos sin ramificar, erectos y huecos; hojas alternas, enteras, acuminadas, envainantes en la base de hasta 50 cm, glabras; flores hermafroditas, masculinas o estériles, diminutas, sin pétalos, de color café pálido a purpúreo, rodeadas de sedosos pelos blancos, dispuestas en espiguillas de tres a siete flores, las basales masculinas o estériles, y a su vez en largas espigas; frutos cariópsides, cilíndricos, diminutos, cafés; hojas y raíces, comestibles; tallos, uso industrial. Familia de las gramíneas, *Phragmites australis*. (También se llama carrizo, juco, zongón).

picudo, da. ■ ADJ. **1.** fam. *Referido a algo*, muy bueno: "La comida estuvo picuda, me gustó mucho". || **2.** fam. *Referido a algo*, importante: "Este acuerdo entre los partidos es muy picudo para todos". || **3.** fam. *Referido a persona*, elegante: "La vecina va muy picuda a la fiesta". || **4.** fam. *Referido a persona*, que sobresale en una actividad o rama del saber; hábil: "Pepe es muy picudo para las computadoras". Ú.t.c.sust.: "Pepe es un picudo para las computadoras". ■ M. supran. Insecto de entre 1.5 y 35 mm de longitud; de colores variados según la especie; principal característica, presencia de una proyección anterior de la cabeza, denominada rostro, en cuyo ápice se localiza el aparato bucal masticador; antenas, usualmente formadas por 11 antenitos con un final abultado; plaga en cultivos industriales de algodón, caña de azúcar y gran variedad de frutos y granos. Varias especies de la familia de los curculiónidos del orden Coleoptera. (También se llama gorgojo).

picuy. ■ M. **pijón.**

pie. ■ LOC. **a ~ pelado.** LOC. ADJ. supran. Descalzo: "Anduve a pie pelado todo el día". ▶ **en ~.** LOC. ADJ. rur. *Referido a un animal*, vivo: "La señora llegó con un pollo en pie a su casa". ▶ **~ de tamal.** LOC. SUST. El que es pequeño y gordo: "Con esas sandalias, se te ven los pies de tamal".

piedra. ■ ADJ. **1.** fam. *Referido a persona*, que está negada para el aprendizaje de algo: "Gilberto es muy piedra para el álgebra". || **2.** fam. *Referido a persona*, que escatima excesivamente en lo que gasta o en lo que da; tacaño: "Rosa es bastante piedra y nunca deja propina". ■ F. **3.** fam. Persona que está negada para el aprendizaje de algo: "Gilberto es una piedra para el álgebra". || **4.** fam. Persona que escatima excesivamente en lo que gasta o en lo que da; tacaño: "Rosa es una piedra y nunca deja propina". || **5.** Pan dulce que se elabora con sobrantes de pan, leche, piloncillo y anís, y que se hornea hasta que queda duro. ■ COM. **6.** fam. Persona que está negada para el aprendizaje de algo: "Gilberto es un piedra para el álgebra". || **7.** fam. Persona que escatima excesivamente en lo que gasta o en lo que da; tacaño: "Joaquín es un piedra y nunca deja propina". ■ LOC. **~ de moler.** LOC. SUST. supran. La de forma rectangular y de cara plana o ligeramente cóncava, usada para triturar granos con la ayuda de una mano o piedra en forma de rodillo. ▶ **~ mucar.** LOC. SUST. La de coral que se usaba antiguamente en las construcciones. ▶ **~ mucara.** LOC. SUST. **piedra mucar.**

piel. ■ F. fam. Mujer hermosa.

pierna. ■ LOC. **piernas de chichicuilote.** LOC. SUST. fest. Persona que tiene estas extremidades delgadas y largas: "Ahí llegó tu piernas de chichicuilote para llevarte a bailar". ▶ **piernas de chorro de atole.** LOC. SUST. **piernas de chichicuilote.** ▶ **piernas de popote.** LOC. SUST. **piernas de chichicuilote.**

piernudo, da. ■ ADJ. supran. *Referido a alguien*, de piernas grandes y bien torneadas: "Los futbolistas están muy piernudos". Ú.t.c. sust.: "Esos piernudos son futbolistas".

piesera. ■ F. Parte de la cama donde descansan los pies y opuesta a la cabecera.

piesero. ■ M. **1.** Tarima pequeña que se pone delante de un asiento y que sirve para descansar los pies. || **2. piesera.**

pifar. ■ TR. fam. Averiar: "Tanto bache pifó mi nave".

pifiar. ■ TR. fam. Robar: "Alguien pifió mi cartera y ya no tengo dinero".

pifla. ■ F. pop. Prostíbulo.

pigua. ■ F. *En el Sureste*, crustáceo originario de América, de hasta 30 cm de longitud; forma típica del camarón común; detritívoro; de hábitos nocturnos; tiene una coloración característica formada por tres bandas longitudinales oscuras azuladas sobre un fondo claro o amarillento en el cefalotórax y el abdomen; cuenta con dos grandes tenazas; habita en fuentes de agua dulce y salobre; comestible. Familia de los palemónidos del orden Decapoda, *Macrobrachium carcinus*. (También se llama acamaya, camarón de agua dulce, camarón de río, langostino, mayacaste).

pijije. ■ M. supran. *En el Sur*, ave de amplia distribución en América, de hasta 50 cm de longitud; de color pardo oscuro rojizo en la corona y detrás del cuello, frente y lados de la cabeza grises, lomo y pecho superior castaños parduzcos, vientre negro; coberteras subcaudales estriadas horizontalmente de negro y blanco, presenta un área blanca grande en la parte superior de las alas; pico rosado encendido con la punta más pálida. Familia de las anátidas del orden Anseriformes, *Dendrocygna autumnalis*. (También se llama pichiche).

pijón. ■ M. *En el Sureste*, ave de amplia distribución en América, de hasta 30 cm de longitud; con plumaje de color negro con escamado iridiscente en la cabeza y el pecho; apariencia desgarbada; alas relativamente cortas y redondeadas; cola larga colgante y maxila con el culmen alto y surcos prominentes; pico curvo y fuerte; piel de la cara y patas de color negro. Familia de los cucúlidos del orden Cuculiformes, *Crotophaga sulcirostris*. (También se llama garrapatero, picuy, pijul, pijuy, zopilotillo).

pijul. ■ M. **pijón.**

P

pijuy. ■ M. supran. **pijón.**

pila. ■ ADJ. **1.** fam. *Referido a persona*, que sobresale en una actividad o rama del saber; hábil: "Daniel es muy pila para el futbol". ■ F. **2.** fam. Persona hábil para alguna actividad: "Daniel es una pila para el futbol". ■ COM. **3.** fam. Persona que sobresale en una actividad o rama del saber; hábil: "Daniel es un pila para el futbol".

pilada. ■ F. Hecho de pilar o descascarar el arroz y otros cereales.

piladero. ■ M. Lugar donde se pila o descascara el arroz y otros cereales.

pilador, ra. ■ M. y F. **1.** rur. Persona que se dedica a pilar o a descascarar el arroz y otros cereales. ■ F. **2.** Industria donde se procesa el arroz en cáscara y se empaca para la venta. || **3.** Máquina para descascarillar cereales. || **4.** Máquina para empacar el arroz.

piladora. ■ F. Véase **pilador, ra.**

pilar. ■ TR. Descascarar el arroz y otros cereales: "Es necesario que pilemos el arroz para que lo compren a mejor precio".

pilcate. ■ ADJ. **1.** rur. Pequeño: "Tiene una casa pilcate, solo tiene dos cuartos". ■ M. **2.** rur. Muchacho andrajoso. || **3.** rur. Hijo menor; benjamín. ■ COM. **4.** rur. Niño: "La pilcate se cayó del columpio, pobrecita".

pilguanejo, ja. ■ M. y F. **1.** despect. Criado, especialmente el de un convento o monasterio. || **2.** rur. Muchacho criado en una familia ajena.

pilico. ■ M. **1.** *En el Sureste*, tabaco preparado para mascarlo. || **2.** *En el Sureste*, recipiente donde se lleva el **pilico**.

piligüijo, ja. ■ ADJ. fam. *Referido a persona, especialmente un niño*, que tiene un desarrollo escaso; raquítico: "Hay un chamaco piligüijo en ese salón". Ú.t.c.sust.: "Hay un piligüijo en ese salón".

pilín. ■ M. supran. fest. Pene.

pillote. ■ M. supran. *En el Sureste*, conjunto de cosas desordenadas; montón.

pilmama. ■ F. Mujer que trabaja cuidando niños pequeños; niñera.

pilón. ■ M. **1.** fam. Hijo menor, generalmente nacido varios años después que el hermano que le precede: "Delia es el pilón de su familia, tiene ocho años menos que su hermana". || **2.** supran. Porción extra de producto que un comerciante da a un cliente: "¿Me da mi pilón de cacahuates?". ■ LOC. **de ~.** LOC. ADV. Además: "Me regañaron, me castigaron y de pilón me pusieron a lavar los trastes".

pilonche. ■ LOC. **a ~.** LOC. ADV. fam. En brazos: "Cargó a la niña a pilonche cuando se quedó dormida".

piloncillo. ■ M. Azúcar morena poco refinada y compactada en forma de cono truncado.

pilotear. ■ TR. **1.** Hacer pruebas para verificar algo: "La dirección piloteó los exámenes antes de aplicarlos". || **2.** supran. Ocuparse o encargarse de un asunto: "¿Quién piloteará las ventas del producto?".

piltamal. ■ M. *En Hidalgo*, tamal pequeño.

piltoncle. ■ COM. fam. Niño: "Esa piltoncle es muy juguetona con sus hermanos".

piltontle. ■ COM. **piltoncle.**

pima. ■ ADJ. **1.** Perteneciente o relativo al **pima**: "Durante la pascola pima las mujeres imitan a los borrachos". || **2.** Natural o procedente de cualquier grupo étnico **pima**: "El hombre pima repartió tesgüino". ■ M. **3.** Grupos étnicos establecidos en los estados de Sonora y Chihuahua, México, y en Arizona, Estados Unidos de América. || **4.** Lengua yutoazteca del subgrupo lingüístico tepimano. ■ COM. **5.** Persona natural o procedente de cualquier grupo étnico **pima**: "El pima repartió tesgüino". ■ LOC. **~ alto.** LOC. ADJ. **1.** Perteneciente o relativo al **pima alto**: "En el bordado pima alto se representan figuras de coyotes". || **2.** Natural o procedente del grupo étnico **pima alto**: "Un hombre pima alto tocó en la pascola". || LOC. SUST. **3.** Grupo étnico establecido en el estado de Arizona, Estados Unidos de América.|| **4.** Lengua yutoazteca del subgrupo lingüístico tepimano. || **5.** Persona natural o procedente del grupo étnico **pima alto**: "Un pima alto tocó en la pascola". ▶ **~ bajo.** LOC. ADJ. **1.** Perteneciente o relativo al **pima bajo**; o'oba: "El gallinero pima bajo está construido con madera". || **2.** Natural o procedente del grupo étnico **pima bajo**; o'oba: "El hombre pima bajo vive en rancherías". || LOC. SUST. **3.** Grupo étnico establecido en los estados de Sonora y Chihuahua; o'oba. || **4.** Lengua yutoazteca del subgrupo lingüístico tepimano; o'oba. || **5.** Persona natural o procedente del grupo étnico **pima bajo**; o'oba: "Ese pima bajo hace artesanías de pino".

pin. ■ M. *En el Norte*, pasador; horquilla.

pinacatada. ■ F. fam. Tontería.

pinacate. ■ ADJ. **1.** fam. *Referido a persona*, tonta: "No te das cuenta de nada, Karla, eres muy pinacate". || **2.** despect. *En el Noroeste, referido a persona*, de piel oscura. ■ M. **3.** Escarabajo, de hasta 30 mm de longitud; de color negruzco; con cuerpo ovalado con tagmas bien delimitados; a manera de defensa expide una sustancia con un aroma hediondo. Familia de los tenebriónidos del orden Coleoptera, varias especies del género *Eleodes*. || **4.** Nombre genérico dado a varios arácnidos, de hasta 12 cm de diámetro; en tonos grises, cafés o negruzcos según la especie; cuerpo pequeño globoso y no regionalizado, con el prosoma y opistosoma unidos; patas sumamente largas; carecen de glándula venenosa. Orden Opiliones, varios subórdenes. (También se llama araña patona). ■ COM. **5.** fam. Persona tonta: "No te das cuenta de nada, Karla, eres una pinacate". || **6.** despect. *En el Noroeste*, persona de piel oscura.

pinaco. ■ M. *En Zacatecas*, juego infantil que se practica arrojando una pelota pequeña al aire y recogiendo piezas de plástico con forma de estrella o piedrecillas o huesecillos de fruta; matatena.

pinche. ■ ADJ. **1.** malson. De mala calidad: "Se compró una computadora tan pinche que ya no sirve". || **2.** malson. *Referido a algo*, que produce molestias o que fastidia: "Tiene una actitud muy pinche, no se puede hablar con él". || **3.** malson. *Referido a persona*, mala: "Es un hombre muy pinche y no quiso ayudarnos".

pinches. ■ ADV. **4.** malson. *Pospuesto a ciertos interrogativos y antepuesto a un verbo*, indica la intensidad de la acción expresada: "¿Qué pinches quieres?".

pinchurriento, ta. ■ ADJ. **1.** malson. Despreciable: "Es una compañera pinchurrienta, por eso no le hablo". || **2.** malson. De poco valor: "Compré un reloj pinchurriento y ya se me rompió".

pindicua. ■ F. **pingüica.**

pingo, ga. ■ ADJ. **1.** fam. *Referido a alguien*, travieso: "Ese perro es muy pingo, le quitó la pelota a mi hija". Ú.t.c.sust.: "Ese pingo le quitó la pelota a mi hija". ■ M. **2.** Diablo.

pingüica. ■ F. **1.** Canica pequeña. || **2.** Arbusto originario de América, de hasta 3 m de altura, monoico; tallos muy ramificados desde la base, con corteza color café rojizo; hojas simples, alternas, elípticas, coriáceas; flores hermafroditas, pequeñas, de color blanco a rosa, campanuladas, dispuestas en racimos; frutos abayados, pequeños, globosos, de color amarillento rojizo a café; con aproximadamente diez semillas, diminutas, cafés. Familia de las ericáceas, *Arctostaphylos pungens*. (También se llama gayuba de México, manzanita, pindicua, tepesquite). || **3.** Fruto de este arbusto originario de América; comestible. || **4.** Árbol originario de México y Centroamérica, de hasta 25 m de altura; tallos delgados, glabros; hojas simples, alternas, elípticas, glabras y brillantes, con margen entero; flores hermafroditas, pequeñas, tubulares campanuladas, blancas y aromáticas, flores dispuestas en panículas terminales; frutos drupáceos, anchamente elipsoides, glabros, amarillos, anaranjados, rojos o purpúreos; uso ornamental; cortezas, uso en la medicina tradicional. Familia de las boragináceas, *Ehretia tinifolia*. (También se llama beek, mandimbo, nambimbo, roble).

pinino. ■ M. **1.** supran. Cada uno de los primeros pasos que da un niño o un convaleciente: "Mi sobrina ya empezó a dar sus pininos, aunque sigue usando andadera". || **2.** supran. Cada uno de los primeros pasos que se dan en alguna actividad: "Los pininos de Marco en la actuación fueron muy exitosos".

pino. ■ M. **1.** Pieza de madera u otro material, torneada y alargada, con base plana para que se mantenga en pie, que se usa en el juego de los bolos. || **2.** Líquido comercial para limpiar superficies; pinol.

pinol. ■ M. **1. pinole.** || **2.** (De Pinol®). Líquido comercial para limpiar superficies.

pinole. ■ M. **1.** supran. Molienda de maíz tostado, generalmente endulzada y mezclada con cacao, canela o anís. || **2.** supran. Bebida preparada con **pinole**.

pinolear. ■ INTR. Consumir pinole: "En mi casa siempre pinoleamos después de comer".

P

pinolera. ■ F. Véase **pinolero, ra.**

pinolero, ra. ■ ADJ. **1.** supran. Perteneciente o relativo al pinole: "El comercio pinolero ha disminuido con el tiempo". || **2.** supran. Perteneciente o relativo a Nicaragua: "A mí me encanta la música pinolera". || **3.** supran. Natural o procedente de Nicaragua: "Este verano vienen mis amigas pinoleras a visitarme". Ú.t.c.sust.: "Este verano vienen las pinoleras a visitarme". || **4.** supran. *Referido a persona*, que gusta de consumir pinole: "Me volví muy pinolera cuando mi abuelita lo preparaba cada domingo". Ú.t.c.sust.: "Me volví una pinolera cuando mi abuelita lo preparaba cada domingo". ■ F. **5.** Vasija en que se guarda el pinole.

pinolillo. ■ M. Ácaro, de hasta 1 mm de longitud; de color rojo ocre o naranja; ciclo de vida con fases larva, ninfa y adulta; la fase larvaria es la única parasitaria; con seis patas cubiertas de pelos; cuerpo deprimido dorsoventralmente; habita en presencia de ganado; algunas especies son transmisoras de enfermedades. Familia de los trombicúlidos del orden Parasitengona, varios géneros. (También se llama tlalsahuate, tlalzahuate).

pinta. ■ F. **1.** Grafiti.

pintas. ■ F. PL. **2.** supran. rur. Sistema empírico para pronosticar el tiempo que hará durante los doce meses del año, basado en el comportamiento atmosférico de los días de enero.

pintada. ■ F. despect. Prostituta.

pintar. ■ TR. **1.** Expresar, generalmente con un gesto, una actitud, un estado de ánimo o una manera de ser; poner: "Carmen me pintó huevos desde su ventana". ■ LOC. **~ el templo.** LOC. VERB. vulg. Poseer sexualmente un hombre a alguien.

pintarse. ■ INTR. PRNL. **2.** supran. fam. Irse precipitada e inesperadamente: "Nos pintamos cuando empezó a llover". ■ LOC. **~ cremas.** LOC. VERB. Realizar gestos con movimientos enérgicos del brazo para mostrar la palma de la mano y los dedos flexionados a diferente abertura con la intención de ofender: "Me pintó cremas en la calle y me molestó mucho". ▷ **~ de colores.** LOC. VERB. supran. **pintarse.** ▷ **~ mocos.** LOC. VERB. **pintarse cremas.**

pinto. ■ M. Enfermedad tropical caracterizada por lesiones pigmentarias en la piel, de color blancuzco, rojizo o azul oscuro.

pinturita. ■ F. supran. fest. Persona o cosa bonita.

piña. ■ ADJ. **1.** *Referido a algo*, de mala calidad; piñata: "Me compré un reloj muy piña que se descompuso al día siguiente". ■ F. **2.** Corazón del maguey y del agave. || **3.** Cilindro giratorio donde van las cápsulas de un revólver. || **4.** Pieza central de la rueda de un carruaje en que convergen los radios. || **5.** fam. Ademán que se hace para engañar a alguien. || **6.** *En el juego de billar*, conjunto de las 15 bolas ordenadas en forma de triángulo para iniciar el juego.

piñar. ■ TR. fam. Engañar o estafar a alguien: "Piñaron a la señora con el precio de esos muebles".

piñata. ■ ADJ. **1.** fam. *Referido a algo*, de mala calidad: "Esa mochila salió muy piñata, ya se despintó". ■ F. **2.** Fiesta en que generalmente se rompe una vasija adornada llena de dulces. || **3.** fest. Persona gorda.

piocha. ■ ADJ. **1.** fam. Bueno: "Nuestra amistad es muy piocha". || **2.** fam. Bonito: "¡Tu casa está piocha!". || **3.** fam. *Referido a persona*, que sobresale en una actividad o rama del saber; hábil: "Saúl es muy piocha para la química". || **4.** supran. fam. *Referido a persona*, agradable y simpática: "Mi suegra es muy piocha, siempre está de buen humor". ■ F. **5.** Barba del mentón. || **6.** fam. Persona que sobresale en una actividad o rama del saber; hábil: "Saúl es una piocha para la química". || **7.** supran. fam. Persona agradable y simpática: "Mi suegra es una piocha, siempre está de buen humor". ■ ADV. **8.** fam. Bien: "Ximena baila muy piocha". ■ LOC. **por ~.** LOC. ADV. fam. *En un reparto o distribución*, por persona: "Nos toca de a 200 por piocha".

piojerío. ■ M. **1.** fest. Lugar desordenado y desaseado; piojero. || **2.** supran. Abundancia de piojos; piojero.

piojero. ■ M. **1.** fest. Manta o cobertor de uso regular. || **2.** fest. Lugar desordenado y desaseado. || **3.** supran. Abundancia de piojos.

piojito. ■ M. supran. fam. Hecho de rascar suavemente a alguien como muestra de cariño.

piojo. ■ ADJ. fam. *Referido a algo*, de mala calidad: "Estos pantalones de pana son muy piojos, ya se despintaron". ■ LOC. ~ **maromero.** LOC. SUST. fam. Persona que llega a resultar molesta por ser muy inquieta: "Mi primo es un piojo maromero y me desespera mucho".

piola. ■ ADJ. **1.** fam. Bonito: "¡Tu casa está piola!". || **2.** fam. Bueno: "Nuestra amistad es muy piola". || **3.** fam. *Referido a persona,* que sobresale en una actividad o rama del saber; hábil: "Saúl es muy piola para la química". || **4.** supran. fam. *Referido a persona,* agradable y simpática: "Mi suegra es muy piola, siempre está de buen humor". ■ F. **5.** fam. Persona que sobresale en una actividad o rama del saber; hábil: "Saúl es una piola para la química". || **6.** supran. fam. Persona agradable y simpática: "Mi suegra es una piola, siempre está de buen humor". ■ ADV. **7.** fam. Bien: "Ximena baila muy piola".

pipa. ■ ADJ. **1.** fam. *Referido a persona,* borracha: "Esas comadres son muy pipas, les encanta el ron". ■ F. **2.** supran. Camión cisterna que sirve para transportar líquidos. ■ COM. **3.** fam. Persona borracha: "Esos compadres son unos pipas, les encanta el ron".

pipada. ■ F. **1.** Cantidad de tabaco que se fuma de una vez en una pipa. || **2.** Cantidad de agua que cabe en una pipa o cisterna de un camión.

pipián. ■ M. **1.** Pasta elaborada con semillas de calabaza, chile y especias, generalmente con nueces molidas. || **2.** Guiso con alguna carne y una salsa hecha con **pipián**.

pipicha. ■ F. Hierba de hasta 50 cm de altura; tallos ramificados desde cerca de la base o más arriba, de verdes a teñidos de púrpura; hojas de opuestas a alternas, sésiles, muy angostas, a veces con los márgenes enrollados hacia abajo; inflorescencias en cabezuelas agrupadas sobre pedúnculos en la punta de los tallos; cabezuelas con receptáculo pequeño que no presenta brácteas sobre él, de color púrpura a azul verdosas; flores de 35 a 40 por cada cabezuela, todas tubulares, hermafroditas, estambres alternos con los lóbulos de la corola; frutos aquenios, con una sola semilla, angostos, algo curvados, con pelos erectos, vilano con numerosas cerdas largas, cubiertas de pelillos erectos, de color pajizo, teñido de púrpura; uso en la gastronomía y en la medicina tradicional. Familia de las asteráceas, *Porophyllum linaria.*

pípilo. ■ M. **1.** Ave originaria de América, de hasta 1 m de altura, 1.3 m desde la punta del pico hasta el extremo de la cola, 2 m de envergadura y 20 kg de peso; tiene plumaje de color pardo verdoso con reflejos cobrizos y manchas blanquecinas en los extremos de las alas y de la cola, cabeza y cuello cubiertos de carúnculas rojas, así como la membrana eréctil que lleva encima del pico; tarsos negruzcos muy fuertes, dedos largos, y en el pecho un mechón de cerdas de 3 a 4 cm de longitud; la hembra es algo menor, pero semejante al macho en todo lo demás; en domesticidad, el ave ha disminuido de tamaño y ha cambiado el color del plumaje; hay variedades negras, rubias y blancas; comestible. Familia de los faisánidos del orden Galliformes, *Meleagris gallopavo.* (También se llama chompipe, chumpe, chumpipe, cócono, guajolote, güilo, huilo, jolote, pavo, picho, totol, totole, xolo). || **2.** Cría del **pípilo**.

pipiluyo. ■ ADJ. fam. *Referido a un hombre,* afeminado. Ú.t.c.sust.

pipiolera. ■ F. supran. fam. Conjunto de chiquillos; chiquillería.

pipirín. ■ M. **1.** fest. Pene. || **2.** supran. fest. Alimento.

pípiris. ■ LOC. ~ **nais.** LOC. ADJ. **1.** fam. *Referido a algo,* refinado, elegante: "Esa casa está muy pípiris nais". || **2.** fam. *Referido a persona,* que en su vestuario, modales y lenguaje manifiesta gustos propios de una clase social acomodada: "Julián se ve muy pípiris nais desde que va en escuela de paga". ▶ ~ ***nice.*** [*náis*] LOC. ADJ. fam. **pipiris nais.**

pipirisnáis. ■ ADJ. **pípiris nais.**

pipisca. ■ F. **1.** *En Sinaloa,* porción mínima o muy pequeña de algo; pizca. || **2.** *En Sinaloa,* persona pequeña.

pipisqui. ■ ADJ. **1.** *En el Noroeste,* pequeño: "Miguel tiene los ojos muy pipisquis". || **2.** *En el Noroeste, referido a alguien,* lagañoso: "El perro estaba pipisqui y lo llevé al veterinario". || **3.** *En el Noroeste, referido a persona,* de piel muy clara: "A esa muchacha pipisqui le hace falta tomar el sol". ■ M. **4.** *En el Noroeste,* mal de ojo. ■ COM. **5.** *En el Noroeste,* persona

P

de piel muy clara: "Vicky, estás hecha una pipisqui, sal a tomar el sol".

pipope. ■ ADJ. **1.** despect. Perteneciente o relativo al estado o a la ciudad de Puebla; poblano: "Me gustan mucho los dulces pipopes". || **2.** despect. Natural o procedente del estado o la ciudad de Puebla; poblano: "Las muchachas pipopes se fueron de vacaciones a la playa". ■ COM. **3.** despect. Persona natural o procedente del estado o de la ciudad de Puebla; poblano: "Esas pipopes fueron de vacaciones a la playa cuando eran jovencitas".

pique. ■ M. **1.** *En la Huasteca veracruzana,* tamal pequeño relleno de carnitas, frijol caldoso y chile. || **2.** *En la Huasteca veracruzana,* tamal dulce muy grande que se elabora con piloncillo y se consume porcionado como postre. || **3.** supran. *En el futbol,* aceleración o carrera rápida.

piquera. ■ F. Establecimiento donde se sirven bebidas alcohólicas; cantina.

piquete. ■ M. **1.** supran. Picadura de animal. || **2.** supran. Pequeña porción de alcohol que se agrega a una bebida.

pirar. ■ TR. supran. Enloquecer a alguien: "Esa película piró a mis hijos, no dejaron de mencionarla por semanas".

piraya. ■ F. **pitahaya.**

pirecua. ■ F. Canción tradicional purépecha, cantada en esta lengua, generalmente de tema amoroso; típica de Michoacán.

pirimo. ■ LOC. **~ blanco.** LOC. SUST. Arbusto originario de México y Centroamérica, de hasta 3 m de altura; tallos muy ramificados, aromáticos al estrujarse, las ramas jóvenes cubiertas de pelos largos y entrecruzados; hojas opuestas, enteras, de triangulares a triangulares ovadas, raramente ovadas o lanceoladas, estrigosas en el haz y velutinas en el envés, con muchas gotitas de exudado resinoso, con margen entero o aserrado; flores hermafroditas o estériles, diminutas, tubulares, de color blanco o crema, las tres a 17 del centro hermafroditas y las cero a seis de la periferia estériles, con apariencia de pétalos, flores dispuestas en cabezuelas, agrupadas a su vez en panículas densas; frutos aquénicos, obovados, algo comprimidos, negruzcos, con una única semilla; uso en la medicina tradicional. Familia de las compuestas, *Montanoa tomentosa.* (También se llama aclinán, soapatle, zoapatle).

pirinola. ■ F. **1.** afect. Niño de corta edad que ya sabe caminar. || **2.** fest. Pene. || **3.** supran. Juguete en forma de hexágono u octágono, con premios o castigos escritos en cada uno de sus lados.

pirix. [*piríṡh*] ■ M. *En Yucatán,* conjunto de las dos nalgas; trasero.

piromaniaco, ca. ■ ADJ. supran. Pirómano: "Ese muchacho piromaniaco incendió el laboratorio de química". Ú.t.c.sust.: "Ese muchacho es un piromaniaco, incendió el laboratorio de química".

pirrimplín, na. ■ M. y F. afect. Niño.

pirrín. ■ M. fest. Pene.

pirrurris. ■ ADJ. **1.** Que se apega a las convenciones de la moda; fresa: "Esta cantina es la más pirrurris de la ciudad". || **2.** *Referido a persona,* que pertenece a una clase social acomodada y que manifiesta sus privilegios; fresa: "Ellos son muy pirrurris, manejan coches muy costosos". || **3.** *Referido a persona, en especial a un joven,* que viste, habla y se comporta como si perteneciera a la clase alta; fresa: "Ella es muy pirrurrris, siempre quiso estudiar en una escuela privada". ■ COM. **4.** Persona que pertenece a una clase social acomodada y que manifiesta sus privilegios; fresa: "Ellos son unos pirrurris, manejan coches muy costosos". || **5.** Persona, especialmente un joven, que viste, habla y se comporta como si perteneciera a la clase alta; fresa: "Ella es una pirrurris, siempre quiso estudiar en una escuela privada".

pirujo, ja. ■ ADJ. **1.** despect. *Referido a persona,* que tiene múltiples parejas. Ú.t.c.sust. ■ M. y F. **2.** despect. Persona que ejerce la prostitución.

pisacorbata. ■ M. supran. **pisacorbatas.**

pisacorbatas. ■ M. Objeto metálico, a manera de pinza, para sujetar y adornar la corbata.

pisada. ■ F. **1.** Posición que adoptan los dedos para tocar un acorde en un instrumento de cuerda. || **2.** supran. vulg. Práctica del coito.

pisaicorre. ■ COM. *En el beisbol,* jugador que avanza desde una base y que corre inmediatamente después de que la bola fue agarrada en el aire: "La nueva pisaicorre acaba de meter una carrera, es rapidísima". ■ LOC. **de ~.** LOC. ADJ. **1.** supran. *En el beisbol, referido a una* *carrera*, realizada por un jugador que avanza desde una base y que corre inmediatamente después de que la bola fue agarrada en el aire: "Abel metió su carrera de pisaicorre". || LOC. ADV. **2.** supran. fam. Con prisa: "Desayunamos de pisaicorre porque ya era tarde".

pisaje. ■ M. rur. Renta por el uso de un espacio.

pisar. ■ INTR. supran. vulg. Practicar el coito.

pisatario, ria. ■ M. y F. supran. rur. Agricultor que renta el terreno que cultiva.

pisca. ■ F. rur. Hecho de piscar o recolectar, generalmente a mano.

piscacha. ■ F. **pizcacha.**

piscador, ra. ■ ADJ. **1.** rur. Perteneciente o relativo a la pisca: "Los campesinos tienen nuevos utensilios piscadores". ■ M. y F. **2.** rur. Persona que se dedica a piscar. ■ M. **3.** rur. Herramienta hecha de hueso para deshojar el elote. ■ F. **4.** rur. Máquina para llevar a cabo la pisca.

piscadora. ■ F. Véase **piscador, ra.**

piscar. ■ TR. rur. Recolectar o cosechar, generalmente a mano: "Los muchachos piscaron fresas durante toda la temporada".

pisón. ■ M. supran. Pisada fuerte sobre el pie de alguien o sobre otra cosa; pisotón.

pispirria. ■ F. Ave de amplia distribución en América, de hasta 16 cm de longitud; con plumaje gris claro o azulado, en distintos tonos según la especie; macho con una mancha en la cabeza, cola larga y en tonos oscuros; hembra comúnmente menos azulada; con hábitos migratorios. Familia de los polioptílidos del orden Passeriformes, varias especies del género *Polioptila*. (También se llama perlita, pitiflor).

pispirrín. ■ M. fest. Pene.

pistache. ■ M. **1.** Árbol originario de México, de hasta 30 m de altura, dioico; tallos erectos con corteza fisurada, de color pardo amarillento a moreno, la interna de color blanco amarillento; hojas alternas, divididas de ocho a 16 foliolos oblongos u oblanceolados, pequeños, con nervadura central amarillenta; flores unisexuales, pequeñas, de color blanquecino verdoso a blanco amarillento, dispuestas en panículas axilares terminales; frutos drupáceos, ovoides, arreglados en grupos de dos a cinco, ligeramente angulosos, de amarillos a rojizos, astringentes cuando maduros; una semilla por fruto; cortezas, uso en la medicina tradicional; tallos, uso artesanal e industrial. Familia de las simarubáceas, *Simarouba amara*. (También se llama aceituno, cedrillo, negrito, talcochote). || **2.** Semilla del **pistache**; uso en la producción de aceite comestible.

pistacho. ■ LOC. **~ mexicano.** [*mejikáno*] LOC. SUST. Árbol o arbusto originario de México y Guatemala, de hasta 3 m de altura, dioico; tallos glabros, pubescentes en el ápice cuando jóvenes; hojas alternas, divididas, agrupadas hacia el ápice de las ramas, de 11 a 33 foliolos, sésiles, de oblongos a elípticos, con margen entero, membranáceos; flores unisexuales, diminutas: las masculinas pilosas, con cinco estambres, agrupadas en espigas, pubescentes, las femeninas densamente pilosas, agrupadas en panículas, ovadas, ciliadas y pilosas; frutos drupáceos, sésiles, comprimidos lateralmente, de azul oscuro a negro, glabros; semillas pequeñas, lenticulares; uso en la medicina tradicional. Familia de las anacardiáceas, *Pistacia mexicana*. (También se llama copal, lantisco, lantrisco, lentisco, ramón, soconante).

pisteada. ■ F. fam. Consumo de bebidas alcohólicas.

pisteadera. ■ F. fam. Consumo frecuente de bebidas alcohólicas.

pisteador, ra. ■ ADJ. fam. *Referido a persona*, que gusta de consumir bebidas alcohólicas: "Es muy pisteadora, le encanta la chela". Ú.t.c.sust.: "Es una pisteadora, le encanta la chela".

pistear. ■ TR. fam. Consumir bebidas alcohólicas: "Siempre que podemos, pisteamos chelas los fines de semana".

pistiojo, ja. ■ ADJ. **1.** despect. *Referido a persona*, que tiene alguna deficiencia visual: "Mi hermana se operó de la miopía porque estaba muy pistioja". Ú.t.c.sust.: "Mi hermana se operó de la miopía porque era una pistioja". || **2.** despect. *Referido a persona*, que tiene los ojos muy juntos, sin llegar a ser bizca: "Ella se maquilla mucho para no verse tan pistioja". Ú.t.c.sust.: "Ella se maquilla mucho para no parecer una pistioja".

pisto, ta. ■ ADJ. **1.** *Referido a persona*, borracha: "No le confíes el trabajo a Pepe, es muy pisto". Ú.t.c.sust.: "No le confíes el trabajo a Pepe, es un pisto". ■ M. **2.** Bebida alcohólica.

pistola. ■ ADJ. **1.** fam. *Referido a persona,* que sobresale en una actividad o rama del saber; hábil: "Carlos es muy pistola para las carreras". ■ F. **2.** fam. Persona que sobresale en una actividad o rama del saber; hábil: "Carlos es una pistola para las carreras". || **3.** vulg. Pene. || **4.** supran. Acumulación de grasa en la parte lateral y superior de los muslos de una persona. || **5.** supran. Secador de pelo. || **6.** supran. fam. Hueso de la cadera de una persona. ■ LOC. **por mis pistolas.** LOC. ADV. fam. Por propia iniciativa y sin consideración de los demás: "Pinté toda la casa de rosa por mis pistolas".

pistolazo. ■ M. fam. Disparo hecho con una pistola.

pistoqué. ■ M. Ave de distribución al sur de México, de hasta 23 cm de longitud; con cabeza negra con una franja blanca en ojos y una corona amarilla, parte superior color café e inferior amarilla, alas y cola cafés; pico negro, ancho y convexo que lo distingue de otras especies del mismo género. Familia de los tiránidos del orden Passeriformes, *Megarynchus pitangua.* (También se llama portugués).

pita. ■ F. **1.** Cordel de cáñamo que se utiliza para enrollar el trompo. || **2.** Hilo de algodón con seda para bordar cuero.

pitada. ■ F. supran. fam. Hecho de fumar cigarrillos.

pitahaya. ■ F. **1.** *En Sinaloa y Sonora,* arbusto de amplia distribución en la región noroeste de México, de hasta 8 m; numerosas ramas columnares en forma de árbol; brotes de color verde; flores rosadas, en forma de embudo son blancas o pálidas, aparecen en la parte superior de los brotes, abren de noche y se cierran a la mañana siguiente; frutos rojos, redondos, con pulpa roja. Familia de las cactáceas, *Stenocereus thurberi.* || **2.** supran. Planta perenne, de amplia distribución en México, trepadora, de hasta 10 m de longitud; tallos carnosos, con espinas, verdes, angulosos; flores grandes y fragantes, hermafroditas y tubulares, vistosas, blancas, amarillas, rojas o de otros colores, abren de noche y se cierran a la mañana siguiente; frutos en bayas de forma oval, con aspecto ceroso, rojos o amarillos, con pulpa traslúcida blanquecina o rojiza, agridulce; semillas pequeñas y negras; uso ornamental. Familia de las cactáceas, varias especies del género *Hylocereus,* como *Hylocereus megalanthus, Hylocereus undatus.* (También se llama piraya, pitaya). || **3.** supran. Fruto de esta planta; comestible.

pitar. ■ TR. supran. fam. Fumar cigarrillos.

pitazo. ■ M. **1.** supran. Aviso que se da en secreto y con cautela; soplo. || **2.** supran. Silbido.

pitear. ■ TR. Bordar cuero con pita o hilo de algodón con seda: "Los artesanos del Occidente pitean cinturones de charro".

pitero, ra. ■ ADJ. **1.** malson. *Referido a algo,* de poco valor; chafa: "Solo tengo para comprarle un regalo pitero". || **2.** malson. *Referido a algo,* de mala calidad; chafa: "Esta maleta es muy pitera, se rompió la primera vez que la usé".

pitiflor. ■ M. **pispirria.**

pito. ■ LOC. **hasta el ~.** LOC. ADJ. **1.** Que ha llegado al límite; hasta la madre: "Este estacionamiento está hasta el pito". || **2.** *Referido a persona,* intoxicada con alguna sustancia, generalmente alcohólica; hasta la madre: "El vecino llegó hasta el pito, debería de moderarse". ▷ **~ loco.** LOC. ADJ. **1.** malson. *Referido a un hombre,* mujeriego. || LOC. SUST. **2.** malson. Hombre mujeriego. ▷ **~ suelto.** LOC. ADJ. **pito loco.**

pitos. ■ ADV. malson. *Pospuesto a ciertos interrogativos y antepuesto a un verbo,* indica la intensidad de la acción expresada: "¿Qué pitos quieres?".

pitudo, da. ■ ADJ. supran. *Referido a un sonido,* muy agudo: "Esa flauta tiene un timbre muy pitudo".

pituti. ■ M. **1.** *En Chiapas,* carrizo muy delgado que se utiliza para hacer papalotes. || **2.** fest. *En Chiapas,* pierna muy delgada.

pixca. [*píshka, píska*] ■ F. **pisca.**

pixcador, ra. [*pishkadór, piskadór*] Véase **piscador, ra.**

pixcar. [*pishkár, piskár*] ■ TR. **piscar.**

pixque. [*píshke, píske*] ■ M. *En Chiapas,* tamal grande, salado y sin relleno, envuelto en hoja de plátano.

piyama. ■ F. supran. Pijama.

piyamada. ■ F. supran. Reunión festiva y nocturna en que los asistentes usan piyama y generalmente se quedan a dormir.

pizarrín. ■ M. fest. Pene.

pizarrón. ■ M. supran. Tablero con la superficie acondicionada para escribir y borrar sobre ella con gis o marcador, usado generalmente en las aulas; pizarra.

pizca. ■ F. **pisca**.

pizcacha. ■ F. Porción muy pequeña de algo; pizca.

pizcador, ra. Véase **piscador, ra.**

pizcar. ■ TR. **piscar**.

piznate. ■ M. *En el Noroeste*, bebida de maíz con piloncillo.

pizote. ■ M. Mamífero de amplia distribución en México, de hasta 1 m de longitud de la nariz a la cola, en la que esta última abarca aproximadamente la mitad de la longitud; con pelaje de castaño claro a castaño oscuro, debajo de ojos, hocico y región ventral en tonos cremas, patas en tonos más oscuros, cola con anillos completos en tonos más oscuros respecto al resto de piel; cabeza delgada con nariz alargada, flexible, ligeramente respingona; orejas pequeñas; patas robustas con garras no retráctiles; cola larga no prensil que se usa para equilibrio y señalización. Familia de los prociónidos del orden Carnivora, *Nasua narica.* (También se llama coatí, tejón mexicano).

placa. ■ F. **1.** Lámina de metal que llevan los vehículos en la parte inferior, trasera y delantera, inscritas con el número de matrícula. || **2.** Número de matriculación de un vehículo automotor; matrícula. || **3.** Concesión otorgada por el gobierno a los transportes públicos de pasajeros. || **4.** *En Sonora*, apariencia decadente.

placero, ra. ■ ADJ. supran. despect. *Referido a persona*, vulgar. Ú.t.c.sust.

plafón. ■ M. supran. Techo falso.

plagiador, ra. ■ M. y F. **plagiario, ria.**

plagiar. ■ TR. supran. Secuestrar a alguien, generalmente con el fin de obtener un rescate: "Plagiaron al empresario para pedir mucho dinero".

plagiario, ria. ■ M. y F. supran. Secuestrador.

plagio. ■ M. supran. Secuestro, generalmente con el fin de obtener un rescate.

plan. ■ LOC. **~ ranchero.** LOC. SUST. coloq. El que es improvisado: "Queríamos hacer una parrillada, pero terminó en plan ranchero".

plancha. ■ F. **1.** Mesa rectangular de hierro para colocar cadáveres. || **2.** fam. Espera prolongada.

planchar. ■ TR. **1.** fam. Dejar a alguien esperando: "El tesorero planchó a la asamblea por más de una hora". ■ INTR. **2.** supran. vulg. Practicar el coito. ■ LOC. **~ oreja.** LOC. VERB. fam. Dormir: "Los domingos planchamos oreja hasta tarde".

plancharse. ■ TR. PRNL. **3.** vulg. Poseer sexualmente a alguien.

planeación. ■ F. supran. Planeamiento.

planeada. ■ F. supran. rur. Golpe que se hace con la parte plana del machete o de otro instrumento similar.

planear. ■ TR. supran. rur. Golpear contra algo la parte plana del machete o de otro instrumento similar: "Planea el machete para sacudir los residuos que tiene".

planilla. ■ F. Lista de candidatos en una elección.

plano. ■ LOC. **de ~.** LOC. ADV. Francamente: "De plano, ya ni la friegas con ese coche".

planta. ■ F. supran. Central eléctrica. ■ LOC. **de ~.** LOC. ADJ. **1.** *Referido a persona dedicada al servicio doméstico*, que habita en la vivienda donde trabaja: "Mi abuela tiene una muchacha de planta que le hace compañía". || **2.** supran. *Referido a un empleado*, que forma parte del personal fijo de una vivienda, oficina o empresa: "Hay dos cocineros de planta en el restaurante".

plantada. ■ F. Plantación.

plantel. ■ M. **1.** Conjunto de edificios pertenecientes a una institución educativa. || **2.** Personal con que cuenta una institución. || **3.** supran. Conjunto de integrantes de un equipo deportivo.

plantilla. ■ F. **1.** Remedio casero consistente en una tela untada con sebo caliente y aplicada a las plantas de los pies. || **2.** Molde de cartón o de plástico para hacer letras o dibujos; gióser. || **3.** Lista de candidatos en una elección; planilla.

plantón. ■ M. Acción de permanecer por tiempo indefinido un grupo de personas frente a una oficina de gobierno o en la calle para hacer una solicitud o dar a conocer su apoyo o desacuerdo con algún asunto.

plataforma. ■ LOC. **~ petrolera.** LOC. SUST. Instalación destinada a la prospección y extracción de petróleo del subsuelo marino. ▷ **~ política.** LOC. SUST. Ideología de un partido político.

plataformero, ra. ■ ADJ. **1.** Perteneciente o relativo a la plataforma petrolera: "La construcción plataformera es una industria en crecimiento". ■ M. y F. **2.** Persona que trabaja en una plataforma petrolera.

platanazo. ■ M. supran. Golpe que se da alguien al caer.

platanero. ■ M. Ave de distribución desde el sur de México hasta el sur de Brasil, de hasta 11 cm de longitud; con región dorsal de color gris oscuro, coronilla en tono más oscuro, rabadilla amarilla, con una banda blanca encima del ojo y otra negra al nivel del ojo; garganta blanca; pecho amarillo y resto del vientre en tonos amarillentos; pico negro, delgado y curvo, adaptado para tomar néctar de flores. Familia de los tráupidos del orden Passeriformes, *Coereba flaveola*. (También se llama reinita amarilla).

platanillo. ■ M. **1.** supran. Planta caulescente, de hasta 4 m de altura; hojas varias, similares a las del plátano, basales, láminas de 30 a 150 cm de longitud y 20 a 60 cm de ancho, verdes en el haz, blancas pruinosas en el envés; inflorescencias varias por brote, cilíndricas, de siete a 18 brácteas, coriáceas, persistentes, erectas; flores abiertas, sépalos, matizados de rosado, corolas amarillas claras, lóbulos de color morado café, con estambres amarillos; cápsulas obovoides, redondeadas, anaranjadas, vellosas en la base, sépalos persistentes; semillas verdosas. Familia de las marantáceas, *Calathea lutea*. (También se llama hoja blanca, hoja de chombo, hoja de pozol, hoja de pozole, hoja de to). || **2.** supran. Hoja del **platanillo**; uso en la gastronomía y en la fabricación de techos rústicos.

plátano. ■ LOC. **~ dominico.** LOC. SUST. supran. El que se caracteriza por ser menor a 10 cm de longitud. ▷ **~ enano.** LOC. SUST. supran. **plátano manzano.** ▷ **~ guineo.** LOC. SUST. supran. El que se caracteriza por tener un sabor muy dulce y que al madurar se torna pinto, pero no ennegrece. ▷ **~ hartón.** LOC. SUST. supran. *En el Sureste,* **plátano macho.** ▷ **~ macho.** LOC. SUST. El que se caracteriza por tener un tamaño de hasta 30 cm de longitud. ▷ **~ manzano.** LOC. SUST. supran. El que se caracteriza por tener un ligero sabor a manzana madura. ▷ **~ morado.** LOC. SUST. El que se caracteriza por tener piel roja, oscura o de color vino. ▷ **~ roatán.** LOC. SUST. **plátano Tabasco.** ▷ **~ rotán.** LOC. SUST. **plátano Tabasco.** ▷ **~ Tabasco.** LOC. SUST. El que se caracteriza por tener un tamaño de hasta 20 cm de longitud y se produce en el estado del mismo nombre. ▷ **~ verde.** LOC. SUST. *En Tabasco,* el que se caracteriza por conservar su cáscara de ese color aunque esté maduro.

platero. ■ M. Ave migratoria de amplia distribución en México, de hasta 30 cm de longitud; de color grisáceo en la parte superior, blanco en la inferior; plumas timoneras laterales de color negro con la punta blanca; pico amarillo con la punta negra. Familia de los cucúlidos del orden Cuculiformes, *Coccyzus americanus*. (También se llama cuclillo).

platicón, na. ■ ADJ. supran. *Referido a persona,* que platica mucho cuando no debe hacerlo: "Regañé a esos alumnos porque son muy platicones". Ú.t.c.sust.: "Regañé a esos alumnos porque son unos platicones".

plato. ■ M. supran. *En el beisbol,* lugar del campo desde donde se batea y a donde debe llegar un jugador para anotar una carrera. ■ LOC. **~ extendido.** LOC. SUST. Recipiente cuya concavidad es poco honda y que se usa para servir alimentos sólidos. ▷ **~ pozolero.** LOC. SUST. Recipiente hondo, por lo general de paredes rectas, y que se usa para servir alimentos caldosos. ▷ **~ tampiqueño.** LOC. SUST. Recipiente ovalado y poco hondo, que se usa para servir alimentos sólidos. ▷ **~ tendido.** LOC. SUST. supran. **plato extendido.** ▷ **~ trinche.** LOC. SUST. **plato extendido.**

platón. ■ M. supran. Recipiente poco hondo y grande para servir alimentos.

playera. ■ F. Camiseta de manga corta y sin cuello.

plaza. ■ F. **1.** Compra cotidiana de comida que se hace en el mercado. || **2.** supran. Tianguis. ■ LOC. **de ~.** LOC. ADJ. *Referido a un día,* de compra de víveres para la comida: "El sábado es el día de plaza en mi pueblo". ▷ **~ de armas.** LOC. SUST. supran. Lugar que constituye el centro de algunas ciudades: "Los desfiles siempre pasan por la plaza de armas".

▷ ~ **de cobro.** LOC. SUST. supran. Conjunto de instalaciones para el pago de uso de carretera, que suele incluir servicios varios: "Las plazas de cobro han aumentado mucho en los últimos años".

plebada. ■ F. *En el Noroeste*, conjunto de plebes o niños.

plebe. ■ COM. *En el Noroeste*, niño: "Este plebe está todo lastimado, trae las rodillas muy raspadas".

pleitero, ra. ■ ADJ. supran. *Referido a persona*, aficionada a los pleitos: "Ella es muy pleitera y tiene pocas amigas". Ú.t.c.sust.: "Ella es una pleitera y tiene pocas amigas".

pleito. ■ LOC. ~ **casado.** LOC. SUST. supran. Disputa permanente: "Desde la primaria tengo un pleito casado con el vecino".

plenaria. ■ F. **ponencia plenaria.**

plenarista. ■ COM. Persona que presenta una exposición en un evento académico sobre un tema especializado, de una hora de duración aproximadamente, dictada por invitación de los organizadores: "Laureano fue el plenarista en el congreso pasado".

plomear. ■ TR. supran. fam. Disparar a alguien con un arma de fuego.

plomeo. ■ M. fam. Disparo que se hace a alguien con un arma de fuego.

plomería. ■ F. Oficio especializado en la instalación, mantenimiento y reparación de las tuberías de agua y otros fluidos, así como de otros servicios sanitarios y de calefacción en los edificios; fontanería.

plomero, ra. ■ M. y F. supran. Persona que por oficio instala, mantiene y repara tuberías y otros artefactos empleados en los servicios de agua, sanitarios y de calefacción; fontanero.

pluma. ■ F. **1.** supran. Instrumento en forma de cánula con tinta en su interior y una esfera metálica giratoria en la punta que se emplea para escribir. || **2.** supran. Barra levadiza que se coloca en las entradas de algunos lugares para regular el paso de vehículos. || **3.** supran. Pez marino de distribución en las costas del Atlántico, de entre 50 y 60 cm de longitud; de coloración gris morácea, con cabeza olivácea, escamas doradas en la cara y una franja azul debajo de los ojos; cuerpo alto, comprimido, parecido a una pluma; cabeza alta; ojos grandes; hocico inclinado hacia adelante; boca pequeña con labios finos; comestible. Familia de los espáridos del orden Perciformes, *Calamus calamus.* ■ LOC. ~ **atómica.** LOC. SUST. Instrumento en forma de cánula con tinta en su interior y una esfera metálica giratoria en la punta que se emplea para escribir; pluma. ▷ ~ **fuente.** LOC. SUST. supran. Instrumento en forma de cánula con un depósito de tinta recargable en su interior y punta de metal afilada que se emplea para escribir; pluma estilográfica.

plumilla. ■ F. **1.** Chapa triangular u ovalada de carey, marfil o material plástico, que se emplea para tocar ciertos instrumentos musicales de cuerda; uña. || **2.** Barra levadiza que se coloca en las entradas de algunos lugares para regular el paso de vehículos; pluma.

plumón. ■ M. supran. Instrumento semejante a una pluma atómica, con punta de fieltro, de trazo muy grueso, usado para escribir.

poblano, na. ■ ADJ. **1.** Perteneciente o relativo al estado o a la ciudad de Puebla: "El arroz poblano es de mis favoritos". || **2.** Natural o procedente del estado o de la ciudad de Puebla: "Los alumnos poblanos viajaron a la capital para un concurso". Ú.t.c.sust.: "Los poblanos viajaron a la capital para un concurso".

poca. ■ LOC. **de ~ (madre).** LOC. ADJ. **1.** malson. Muy bueno: "Fui a una fiesta de poca madre, hubo baile, comida y muy buena música". || LOC. ADV. **2.** malson. Muy bien: "Daniel jugó de poca en el partido". ■ EXPR. **¡qué poca (madre)!** malson. Se usa para manifestar enfado ante un hecho: "¡Qué poca!, me robaron la cartera en el metro".

pocamadre. ■ ADJ. **1.** malson. Bueno; de poca madre: "Fui a una fiesta muy pocamadre, hubo baile, comida y buena música". ■ ADV. **2.** malson. Bien; de poca madre: "Daniel jugó muy pocamadre en el partido".

pocavergüenza. ■ ADJ. **1.** *Referido a persona*, que actúa atrevidamente y con descaro: "Néstor es muy pocavergüenza, llega siempre tarde a trabajar". ■ COM. **2.** Persona que actúa atrevidamente y con descaro: "Cirilo es un pocavergüenza, se roba las hojas de la oficina".

poc-chuc. ■ M. *En el Sureste*, comida que se prepara, generalmente, con carne de cerdo fileteada, marinada con naranja agria y especias, asada al carbón; se sirve con salsa y frijoles.

poch. ■ ADJ. **1.** *En Yucatán, referido a persona,* deseosa: "Margarita está muy poch por el guiso de su abuelita, porque no lo ha probado en años". ■ M. **2.** *En Yucatán,* antojo: "Tengo el poch de unas enchiladas desde ayer".

pochar. ■ TR. fam. Acortar: "Juana pochó mi falda porque estaba muy larga".

poche. ■ ADJ. **1. pochi.** ■ M. **2.** Batracio de distribución en el sur de México, de hasta 9 cm de longitud; con dorso en tonos gris oscuro y café verdoso, con manchas amarillas o naranjas, comúnmente con una franja naranja en la espalda que divide el dorso en dos mitades, cabeza y extremidades en tonos más claros que el dorso del cuerpo, vientre gris claro; cabeza pequeña y triangular; ojos pequeños; cuerpo ovalado con extremidades cortas; con piel que asemeja estar suelta o flácida, relativamente lisa con protuberancias separadas; boca rodeada con tubérculos sensoriales; cola larga; renacuajos con barbas; de natación rápida; la mayor parte del tiempo habita bajo tierra. Familia de los rinofrínidos del orden Anura, *Rhinophrynus dorsalis.* (También se llama sapo excavador mexicano).

pochear. ■ TR. **1.** Hablar con vocablos o giros de la lengua propios de un pocho: "Tú siempre pocheas palabras en inglés cuando no las recuerdas en español". || **2.** *En Yucatán,* desear, generalmente comida: "Todos pocheábamos ya algo de comer".

pochería. ■ F. Costumbre que tiene un pocho.

pochi. ■ ADJ. *En el Noroeste,* corto o reducido: "Ignacio tiene un perro con el rabo pochi, se lo cortaron cuando estaba chiquito".

pochismo. ■ M. **1.** Palabra, expresión, dicho, etc., propios de un pocho. || **2.** Rasgo o cualidad de lo pocho. || **3.** Apego o afecto que se siente por lo pocho.

pochitoque. ■ M. *En el Sureste,* tortuga, de hasta 12 cm de longitud; con cabeza oscura con dos pequeñas rayas amarillas en ambos lados; caparazón abombado de color café olivo; plastrón amarillento, dividido en tres partes, una fija y otras dos articuladas, lo que le permite encerrarse en el caparazón; patas ligeramente palmadas. Familia de los quinostérnidos del orden Testudines, *Kinosternon pensylvanicum.* (También se llama sasacua, sasagua, zazacua).

pocho, cha. ■ ADJ. **1.** Perteneciente o relativo a las costumbres que son resultado de la fusión de lo mexicano con lo estadounidense: "En ese restaurante venden muy buena comida pocha". || **2.** *Referido a persona,* nacida y residente en Estados Unidos de América de padres mexicanos: "Tengo unos amigos pochos que no conocen México". Ú.t.c.sust.: "Esos pochos no conocen México". || **3.** *Referido a un mexicano,* que ha emigrado a Estados Unidos de América y que adopta costumbres de ese país: "Mis primos pochos festejan el 4 de julio". Ú.t.c.sust.: "Los pochos festejan el 4 de julio".

pochote. ■ M. **1.** Ceiba. || **2.** *En Chiapas y Tabasco,* árbol originario de América, de hasta 17 m de altura; tallos rectos con ramas ascendentes; hojas alternas, enteras, palmadas, con cinco lóbulos, con márgenes aserrados; flores hermafroditas, vistosas, amarillas, con líneas rojas, agrupadas en racimos o panículas en las axilas superiores o terminales; frutos capsulares, globosos u ovoides, de verdes a rojizos, con el cáliz persistente; semillas numerosas, negras, cubiertas por abundantes pelos blancos, parecidos al algodón. Familia de las bixáceas, *Cochlospermum vitifolium.* (También se llama tecomajuche). || **3.** *En Chiapas y Tabasco,* especie de algodón que rodea las semillas del fruto del **pochote**; se usa como relleno de almohadas.

poco. ■ LOC. **a ~ (no).** LOC. ADV. *En una pregunta,* realmente: "¿A poco me extrañaste?". ■ EXPR. **¡¿a ~?!** coloq. Se usa para manifestar sorpresa o incredulidad: "—Se murió Julián ayer. —¡¿A poco?!". ▶ **¿a ~ no?** coloq. Se usa para motivar la aprobación del interlocutor: "A todos nos gustaría un aumento de sueldo, ¿a poco no?".

poder. ■ TR. **1.** fam. Molestar: "Las groserías que me hace mi hermano me pueden porque lo quiero mucho". ■ INTR. **2.** fam. Gustar algo a alguien: "El mole que hace mi suegra me puede".

poderosa. ■ F. Véase **poderoso, sa.**

poderoso, sa. ■ ADJ. **1.** fam. *Referido a alguien,* musculoso: "Con esa playera pegadita, se veía muy poderoso". ■ F. **2.** supran. fest. Firma.

pókar. ■ M. Póquer.

polaca. ■ F. **1.** fest. Política. || **2.** *En el Noroeste*, patilla.

polejía. ■ F. *En el Sureste*, hidróxido de sodio; lejía.

polendas. ■ LOC. **de (muchas) ~.** LOC. ADJ. supran. Estupendo, de mucha calidad, talento o valor: "La tarta de nuez le quedó de polendas".

policleto, ta. ■ M. y F. supran. Agente de policía que realiza su labor en una bicicleta.

poliducto. ■ M. supran. Tubería que sirve para transportar petróleo, otros líquidos o gases.

polín. ■ M. Viga de madera que sostiene el entarimado de un piso o una estructura arquitectónica de manera provisional.

polko. ■ M. **1.** Mexicano conservador que se aliaba con los estadounidenses en la guerra de México contra Estados Unidos de América, a mediados del siglo XIX. || **2.** Milicia constituida por estos mexicanos conservadores.

polla. ■ F. Véase **pollo, lla.**

pollero, ra. ■ ADJ. **1.** Perteneciente o relativo al **pollero**: "Se volcó cerca de la frontera en su camioneta pollera". ■ M. y F. **2.** Persona que introduce indocumentados a Estados Unidos de América de manera ilegal.

pollito. ■ M. fam. Asunto importante no resuelto: "Tú y yo tenemos un pollito que arreglar".

pollo, lla. ■ M. y F. **1.** Persona indocumentada que entra a Estados Unidos de América. ■ F. **2.** Bebida hecha con leche, huevos, jerez y canela. || **3.** supran. Dinero acumulado por las apuestas, especialmente de las carreras de caballos y del juego de cartas.

polvear. ■ TR. supran. Poner polvos cosméticos en la cara: "La maquillista polveó la cara de la actriz para salir a escena". ■ LOC. **~ la nariz.** LOC. VERB. fam. Inhalar cocaína.

polvera. ■ F. Pieza metálica colocada en la parte inferior de la carrocería, cerca de las llantas, para protegerlas del polvo.

polviento, ta. ■ ADJ. supran. Polvoriento: "Urge sacudir estos libreros polvientos".

polvo. ■ LOC. **~ blanco.** LOC. SUST. supran. Cocaína en polvo. ▷ **~ de hornear.** LOC. SUST. supran. Levadura en polvo: "El pastel lleva media cucharadita de polvo de hornear".

polvorón. ■ M. Pan dulce de masa quebrada crujiente, con consistencia de galleta, con la superficie agrietada y espolvoreada de azúcar.

pomadoso, sa. ■ ADJ. *Referido a alguien*, acicalado: "Javier salió muy pomadoso para su entrevista de trabajo".

pomo. ■ ADJ. **1.** *Referido a persona*, borracha: "Nadia salió muy pomo del antro". ■ M. **1.** Botella que contiene una bebida alcohólica. || **2.** Bebida alcohólica destilada. || **3.** fam. Persona borracha: "Nadia es un pomo, le encanta el ron".

pompa. ■ F. fam. Nalga. Ú.m.e.pl.

pompón. ■ M. supran. Conjunto de tiras de papel, estambre o rafia de colores que se ata en forma de moño redondo que llevan las porristas.

ponchada. ■ F. Acción y resultado de ponchar o poncharse.

ponchadura. ■ F. supran. Pinchazo en una llanta o neumático.

ponchar. ■ TR. **1.** Romper una o más canicas con un ponche: "Ricardo ponchó cuatro canicas de un solo tiro". || **2.** fam. Fatigar: "A Enrique lo poncharon con tantas desveladas por el trabajo". || **3.** fam. Aumentar a alguien la masa muscular: "Con tanto gimnasio Sergio se ponchó". || **4.** jerg. Liar un cigarro de marihuana. || **5.** vulg. Desvirgar. || **6.** *En el beisbol*, eliminar a un bateador con una cuenta de tres *strikes*: "Poncharon al jugador zurdo". || **7.** supran. Perforar un objeto lleno de aire o algún otro gas: "Ponché el globo con mi arete por accidente". ■ INTR. **8.** vulg. Practicar el coito.

poncharse. ■ TR. PRNL. **9.** vulg. Poseer sexualmente a alguien.

ponche. ■ M. **1.** Canica opaca y por lo general más grande que la común. || **2.** *En Colima*, licor obtenido de la maceración de fruta en alcohol y azúcar. || **3.** *En el beisbol*, eliminación del bateador por el lanzador, ya sea por fallar tres veces al batear la pelota, impedir que el corredor llegue a la base, tocar la almohadilla antes o tocarlo a él con la pelota. || **4.** *En el juego de canicas*, golpe dado por el vencedor al contrario, que consiste en hacer un tiro desde lo alto para disparar la canica de una distancia más cercana para tener mejor puntería.||**5.** supran. Bebida que se prepara con diversas frutas troceadas, especias y que generalmente se toma caliente; típica de las fiestas decembrinas.

ponedor, ra. ■ ADJ. **1.** fam. *Referido a persona*, promiscua; jalador. Ú.t.c.sust.||**2.** jerg. *Referido a un estupefaciente*, que causa un efecto mayor que el esperado.

ponencia. ■ F. Exposición sobre un tema especializado en un evento académico, de breve duración, inscrita, generalmente, a solicitud de quien la presenta. ■ LOC. **~ plenaria.** LOC. SUST. Exposición en un evento académico sobre un tema especializado, de una hora de duración aproximadamente, dictada por invitación de los organizadores: "Marina tuvo varias invitaciones para dictar ponencias plenarias el año pasado".

ponente. ■ COM. Persona que presenta una ponencia o exposición sobre un tema especializado en un evento académico, de breve duración, inscrita a solicitud de quien la presenta: "La primera ponente llegó tarde al coloquio, pero fue muy clara en su discurso". ■ LOC. **~ plenario.** LOC. SUST. **ponente plenarista.** ▷ **~ plenarista.** LOC. SUST. Persona que presenta una ponencia plenaria.

poner. ■ LOC. **~ cara de culo.** LOC. VERB. malson. **poner caras.** ▷ **~ cara de fuchi.** LOC. VERB. fam. **poner caras.** ▷ **~ caras.** LOC. VERB. Mostrar desagrado a través de los gestos del rostro: "Isaac ponía caras cuando iba a tu casa". ▷ **~ como camote.** LOC. VERB. **1.** fam. Reprender severamente: "Pusieron como camote a los niños por hacer escándalo".||**2.** fam. Insultar a alguien: "Su jefe lo puso como camote por entregar mal el trabajo". ||**3.** fam. Golpear fuertemente a alguien: "Al ladrón lo pusieron como camote en la cárcel". ▷ **~ como chancla.** LOC. VERB. **poner como camote.** ▷ **~ como dado.** LOC. VERB. **poner como camote.** ▷ **~ como lazo de cochino.** LOC. VERB. **poner como camote.** ▷ **~ como trapo (de cocina).** LOC. VERB. **poner como camote.** ▷ **~ de (a) vuelta y media.** LOC. VERB. fam. Dar su merecido a alguien: "En la dirección lo pusieron de a vuelta y media por robarse la comida". ▷ **~ el dedo en el renglón.** LOC. VERB. supran. Hacer énfasis en algo: "Los empleados pusieron el dedo en el renglón y exigieron un aumento". ▷ **~ en charola de plata.** LOC. VERB. supran. Dar grandes facilidades a alguien para que consiga algo: "Le pusieron en charola de plata el cargo de secretario". ▷ **~ en la/su madre.** LOC. VERB. **1.** malson. Golpear intensa y premeditadamente a alguien. || **2.** malson. Causar a alguien un perjuicio o contrariedad. ▷ **~ en la/su maraca.** LOC. VERB. eufem. **poner en la madre.** ▷ **~ en su lugar.** LOC. VERB. supran. No tolerar en alguien un comportamiento abusivo haciendo valer la autoridad o la firmeza de carácter del interlocutor: "Cuando me quiso hablar golpeado, lo puse en su lugar". ▷ **~ fonda.** LOC. VERB. fam. Vomitar. ▷ **~ la ardilla a trabajar.** LOC. VERB. fam. Pensar, discurrir: "Siempre pongo la ardilla a trabajar para sacar bien todo el trabajo". ▷ **~ la cara.** LOC. VERB. supran. Asumir alguien la responsabilidad por un asunto, generalmente desagradable: "Exigimos que el jefe ponga la cara y renuncie después de lo que hizo". ▷ **~ los cachos.** LOC. VERB. supran. pop. Ser infiel, particularmente entre esposos: "Después de diez años de feliz matrimonio, le puso los cachos". ▷ **~ parejo.** LOC. VERB. **1.** Castigar a alguien: "Su mamá la puso pareja porque sacó malas calificaciones". ||**2.** Enfrentar a alguien de forma agresiva: "El acusado puso parejo a su abogado por no defender bien su caso". || **3.** Aclarar los asuntos pendientes con alguien: "Pondré parejo a mi primo porque me robó tres mil pesos y lo sigue negando". ▷ **~ pinto.** LOC. VERB. Reprender intensa y premeditadamente a alguien: "Se lo pusieron pinto cuando descubrieron el desorden que había hecho". ▷ **~ tache.** LOC. VERB. Descalificar un comportamiento: "Me pusieron tache en el equipo porque cometí varias faltas durante el partido". ▷ **~ un cuatro.** LOC. VERB. coloq. Tender a alguien una trampa: "Ese güey me puso un cuatro y me cacharon en la movida". ▷ **~ una pamba.** LOC. VERB. fam. Golpear intensa y premeditadamente a alguien: "Si no te callas, esos chavos te pondrán una pamba que no te cuento".

ponerle. ■ INTR. PRNL. **1.** vulg. Practicar el coito. ■ LOC. **~ Jorge al niño.** LOC. VERB. vulg. Practicar el coito. ▷ **~ mucha crema a los tacos.** LOC. VERB. Exagerar alguien en algún acto: "Ni tocaron al delantero y se tiró al suelo, le puso mucha crema a los tacos". ▷ ~ **pimienta al piloncillo.** LOC. VERB. **ponerle mucha crema a los tacos.** ■ EXPR. ~ **más agua a los frijoles.** Se usa para exhortar a alguien a que se esfuerce: "Ponle más agua a los frijoles, así no conseguirás nada en la vida".

ponerse. ■ INTR. PRNL. **2.** Comenzar a consumir cualquier alimento: "Ernesto se puso con los tacos de cochinita hasta que se los acabó todos". || **3.** jerg. Drogarse. ■ LOC. ~ **águila.** LOC. VERB. supran. Agudizar alguien sus facultades mentales para rendir al máximo en determinada actividad: "Se puso águila y obtuvo el primer lugar en el concurso de matemáticas". ▷ ~ **al alba.** LOC. VERB. Estar atento: "Ponte al alba en esta escena porque viene lo mejor de la película". ▷ ~ **a las vivas.** LOC. VERB. Estar alguien muy atento y agudizar las facultades mentales para salir airoso de una situación: "Me puse a las vivas y ya no me corrieron del trabajo". ▷ ~ **al brinco.** LOC. VERB. **1.** supran. Adoptar inmotivadamente una actitud defensiva: "No te pongas al brinco, nada más era un comentario". || **2.** supran. Adoptar una actitud agresiva: "Se me puso al brinco, casi me golpea". ▷ ~ **al día.** LOC. VERB. Enterarse de información: "La vecina siempre te pone al día de todos los chismes de la cuadra". ▷ ~ **al kilo.** LOC. VERB. Tratar de cotejar o ponerse alguien al nivel de una situación: "Necesitamos que todo el equipo se ponga al kilo para levantar las ventas este mes". ▷ ~ **almeja.** LOC. VERB. Fijar la atención en algo, estar muy pendiente de ello: "Se puso almeja para ver a qué hora salían los resultados". ▷ ~ **al pedo.** LOC. VERB. malson. Adoptar alguien actitud de pelea o desafío. ▷ ~ **al tiro.** LOC. VERB. Estar alguien alerta: "Se puso al tiro para que no se le pasara la oportunidad". ▷ ~ **anal.** LOC. VERB. *Entre jóvenes*, ser una situación complicada: "Se puso anal el examen". ▷ ~ **ardilla.** LOC. VERB. Estar listo, atento o vigilante: "El policía se puso ardilla ante la manifestación en la calle". ▷ ~ **avispa.** LOC. VERB. supran. Estar muy atento o vigilar algo o a alguien: "Graciela se pone avispa cuando le toca cuidar la caja registradora". ▷ ~ **burro.** LOC. VERB. supran. Embriagarse: "Él siempre se pone burro cuando hay barra libre en el bar". ▷ ~ **buzo.** LOC. VERB. supran. Estar vivo, despierto, en máximo estado de atención: "Ponte buzo porque te bajan la cartera". ▷ ~ **chango.** LOC. VERB. Ponerse listo o alerta: "No se puso chango con su mochila y se la bajaron en el metro". ▷ ~ **chinito.** LOC. VERB. **1.** supran. Tener alguien la piel erizada, debido al frío, horror o miedo: "Me puse chinita cuando me contó su accidente". || **2.** supran. Sentir alguien una emoción agradable: "En la marcha, cuando entonamos el himno nacional, me puse chinito". ▷ ~ **color de hormiga.** LOC. VERB. supran. Volverse algo difícil o complicado: "Este asunto ya se puso color de hormiga". ▷ ~ **como chinampina.** LOC. VERB. Estar alguien inquieto: "Los niños se pusieron como chinampina y tuvimos que irnos de la comida". ▷ ~ **con Sansón a las patadas.** LOC. VERB. Retar a alguien que supera en atributos al retador: "No te pongas con Sansón a las patadas, que te va a surtir". ▷ ~ **de a pechito.** LOC. VERB. Exponerse a una situación perjudicial: "Te pusiste de a pechito para que te regañaran". ▷ ~ **de tapete.** LOC. VERB. Comportarse servilmente o adular a alguien: "Se puso de tapete para que el maestro lo aprobara". ▷ ~ **el agua.** LOC. VERB. supran. rur. Estar próxima la lluvia: "El campesino se apresuró porque ya se ponía el agua". ▷ ~ **el saco.** LOC. VERB. Darse por aludido ante una indirecta: "Luis se puso el saco cuando nos escuchó hablar pestes de los corruptos". ▷ ~ **en onda.** LOC. VERB. **1.** supran. fam. Adaptarse a las circunstancias del momento: "¡Ponte en onda, mano!, lo chido ahora es la música electrónica". || **2.** fam. Drogarse. ▷ ~ **guapo.** LOC. VERB. **1.** Solventar alguien todos los gastos de algo: "Mi tío se puso guapo y pagó el mariachi para la fiesta". || **2.** Sobornar a alguien: "Se puso guapo y nos pasaron luego luego". ▷ ~ **la camiseta.** LOC. VERB. **1.** supran. Mostrar solidaridad con una causa o proyecto comunes: "Pongámonos la camiseta y lograremos recaudar suficientes

P

fondos". || **2.** supran. Mostrar entusiasmo y deseos de hacer bien lo que se tiene entre manos: "La familia se puso la camiseta para sacar el negocio adelante". ▷ **~ la del Puebla.** LOC. VERB. **1.** Contribuir con algo a una causa: "Ponte la del Puebla, necesitamos lana para la pachanga". || **2.** Sobornar, dando dinero: "Me tuve que poner la del Puebla para que me dejaran entrar". ▷ **~ las botas.** LOC. VERB. supran. Imponer alguien su voluntad: "Mi papá se puso las botas y no nos dejó ir a Acapulco". ▷ **~ las pilas.** LOC. VERB. Avivarse, estar atento: "Si nos ponemos las pilas, nos sentamos hasta mero adelante". ▷ **~ los guantes.** LOC. VERB. Pelear dos personas con manoplas de box: "Ramiro y Javier se pusieron los guantes". ▷ **~ los moños.** LOC. VERB. Ser alguien exigente ante una situación: "Lo invité a desayunar al tianguis y se puso sus moños; me dijo que no le gustaba". ▷ **~ pilinqui.** LOC. VERB. *En Sinaloa y Sonora*, comer excesivamente: "El domingo me puse pilinqui y ahora traigo agruras". ▷ **~ sobres.** LOC. VERB. fam. Prepararse para actuar ante las circunstancias: "Jesús se puso sobres para bajarle la novia a Ramiro".

ponérsela. ■ TR. PRNL. **4.** supran. Beber alcohol en exceso hasta emborracharse: "Mis cuates se la pusieron con tequila en la boda de mi hermana".

pongo. ■ M. *En el Sureste*, bongo.

ponle. ■ INTERJ. **¡ponle!** Se usa para indicarle a alguien que actúe de inmediato: "¡Ponle!, ya te tardaste demasiado".

ponopinito. ■ M. Arbusto de amplia distribución en el este de México, de hasta 3 m de altura; tallos numerosos, carnosos; hojas alternas, carnosas, de aovadas a oblongas; flores pequeñas, en cabezuelas dentro de unas brácteas rojas con forma de zapatilla; frutos, en cápsulas de tres lóbulos; uso en la medicina tradicional. Familia de las euforbiáceas, *Pedilanthus tithymaloides*. (También se llama bítamo).

ponteduro. ■ M. **1.** *En Estado de México*, palanqueta elaborada con pinole unido con miel de abeja o azúcar, en forma de barras. || **2.** *En Guerrero*, palanqueta elaborada con garbanzo, seco y molido, unido con miel de piloncillo, en forma de cuadritos. || **3.** *En Michoacán*, palanqueta elaborada con maíz tostado unido con miel de piloncillo. || **4.** *En Yucatán*, palanqueta elaborada con azúcar caramelizada, en forma cilíndrica del tamaño de un cigarro.

pontó. ■ M. *En el Sureste*, ave de amplia distribución en las costas de México, de hasta 1.5 m de longitud y 2.3 m de envergadura; con plumaje café grisáceo oscuro, plumas de las partes superiores recubiertas con un lustre plateado, cabeza y cuello blancos, pico largo de color café, bolsa y piel grisáceas, patas negras; como todos los pelícanos, tiene pico muy largo, con una bolsa gular en la parte inferior del pico que le sirve para pescar. Familia de los pelicánidos del orden Pelecaniformes, *Pelecanus occidentalis*. (También se llama pelícano café, pelícano pardo).

pooch. Véase **poch.**

popada. ■ F. *En el Sureste*, reunión o celebración en la que se bebe popo.

popal. ■ M. *En el Sureste*, ciénaga cubierta de plantas acuáticas.

popalear. ■ INTR. *En el Sureste*, andar por los popales: "Guillermo popalea de noche, aunque sea peligroso".

popaleo. ■ M. *En el Sureste*, hecho de popalear o andar por los popales.

popalería. ■ F. *En el Sureste*, conjunto de popales.

popalero, ra. ■ ADJ. *En el Sureste*, perteneciente o relativo al popal o ciénega cubierta de plantas acuáticas: "Ten cuidado con las víboras popaleras, no te vayan a atacar".

popis. Véase **popof.**

popo. ■ M. *En el Sureste*, bebida espumosa que se elabora generalmente con arroz, cacao, maíz, canela y azúcar.

popof. ■ ADJ. **1.** supran. *Referido a algo*, elegante o suntuoso: "Ese cuadro que compraste se ve muy popof". || **2.** supran. *Referido a persona*, de clase social adinerada: "Claudia es una niña popof, siempre anda de viaje". ■ COM. **3.** supran. Persona de clase social adinerada: "Claudia es una popof, siempre anda de viaje".

popoloca. ■ ADJ. **1.** Perteneciente o relativo al **popoloca**: "Un alimento popoloca es la barbacoa de chivo". || **2.** Natural o procedente del grupo étnico **popoloca**: "El músico popoloca irá al concurso regional". ■ M. **3.** Grupo étnico establecido en el sur del estado de Puebla y en el noroeste del estado de Oaxaca. || **4.** Lengua otomangue del subgrupo lingüístico popolocano. ■ COM. **5.** Persona natural o procedente del grupo étnico **popoloca**: "La popoloca ganadora irá al concurso regional".

popolocano, na. ■ ADJ. **1.** Perteneciente o relativo al **popolocano**: "Los grupos popolocanos habitaron en Puebla y Oaxaca". ■ M. **2.** Grupo étnico histórico que dio origen a los mazatecos, a los ixcatecos, a los chochos y a los popolocas, entre otros. || **3.** Conjunto de grupos étnicos establecidos principalmente en el norte y noroeste del estado de Oaxaca. || **4.** Lengua reconstruida que históricamente dio origen al mazateco, al ixcateco, al chocho y al popoloca. || **5.** Grupo o familia de lenguas otomangues que incluye al mazateco, al ixcateco, al chocho y al popoloca, entre otras.

popoluca. ■ ADJ. **1.** Perteneciente o relativo al **popoluca**: "Los atuendos popolucas son muy coloridos". || **2.** Natural o procedente de cualquier grupo étnico **popoluca**: "Algunos ejidatarios popolucas rentan su tierra para la ganadería". ■ M. **3.** Conjunto de grupos étnicos establecidos en el sur del estado de Veracruz y en el estado de Tabasco. || **4.** Conjunto de lenguas pertenecientes a la familia lingüística mixe-zoque. ■ COM. **5.** Persona natural o procedente de cualquier grupo étnico **popoluca**: "Algunos popolucas rentan su tierra para la ganadería". ■ LOC. **~ de la Sierra.** LOC. ADJ. **1.** Perteneciente o relativo al **popoluca de la Sierra**: "Las hamacas popolucas de la Sierra son muy resistentes". || **2.** Natural o procedente del grupo étnico **popoluca de la Sierra**: "La mujer popoluca de la Sierra ayuda en las tareas del campo". || LOC. SUST. **3.** Grupo étnico establecido en los municipios de Hueyapan, Soteapan y Tatahuicapan, en el sur del estado de Veracruz. || **4.** Lengua mixe-zoque del subgrupo lingüístico zoqueano del Golfo. || **5.** Persona natural o procedente del grupo étnico **popoluca de la Sierra**: "La popoluca de la Sierra ayuda en las tareas del campo".

poposear. ■ INTR. supran. Hacer popo.

popote. ■ M. **1. popotillo.** || **2.** Hierba o subarbusto originario de América, de hasta 2 m de altura, monoico; tallos erectos, más o menos ramificados, estriados, brillantes y pegajosos; hojas alternas, de lineares a lanceoladas, densamente punteadas en ambas caras; flores hermafroditas o femeninas, diminutas, tubulares, amarillas, las del centro hermafroditas y las de la periferia femeninas, con apariencia de pétalos, dispuestas en cabezuelas numerosas, a su vez arregladas en corimbos terminales; frutos aquénicos, oblongos, algo comprimidos, en ocasiones de cuatro a cinco costillas y pelillos; uso en la medicina tradicional. Familia de las compuestas, *Gymnosperma glutinosum.* (También se llama escobilla, tatalencho, xonequelite, zazal). || **3.** supran. Tubo delgado para sorber líquidos. ■ LOC. **~ cambray.** LOC. SUST. **1.** Hierba originaria del suroeste de Estados Unidos de América y México, de hasta 80 cm de altura, cespitosa; tallos erectos, simples, nudos y entrenudos glabros; hojas en su mayoría basales, vainas redondeadas en el dorso; glumas de subiguales a ligeramente desiguales entre sí, más cortas que el flósculo, elípticas, color verde olivo, membranáceas, gluma superior trinervada. Familia de las poáceas, *Muhlenbergia quadridentata.* (También se llama popotillo, zacate aparejo, zacatón). || **2.** Tallo de esta hierba; uso artesanal, ceremonial y en la industria de la jarciería.

popotillo. ■ M. **1.** Grupo de plantas generalmente arbustivas, de hasta 1 m de altura, en su mayoría dioicas; raíces frecuentemente fibrosas rizomatosas, con un eje central bien definido y grueso; tallos cilíndricos, delgados, flexibles y huecos, producen abundante savia; hojas opuestas o verticiladas, reducidas a escamas; semillas solitarias, de rollizas a algo trígonas, de color amarillo a café, de lisas a algo ásperas; uso forrajero y en la medicina tradicional. Familia de las efedráceas, varias especies del género *Ephedra*, como *Ephedra compacta*, *Ephedra pedunculata*, *Ephedra trifurca.* (También se llama ítamo, ítamo real, popote, zacate). || **2.** Individuo del **popotillo**. || **3.** Tallo de los individuos del **popotillo**; uso artesanal, ceremonial y en la industria de la jarciería. || **4. popote cambray.**

popoxcal. [*popóshkal*] ■ M. Ave de amplia distribución en Veracruz y el sureste de México, de hasta 40 cm de longitud; con cabeza y cuello de color gris azulado, con un parche café oscuro detrás de la cabeza, región dorsal

P

en tonos que van del verde oliva al café oscuro, pecho ocre canela, abdomen negro, patas rojas coral y pico amarillo verdoso; habita a orillas de lagunas y esteros. Familia de los rálidos del orden Gruiformes, *Aramides cajaneus*. (También se llama gallina de Moctezuma).

poquianchi. ■ F. despect. Prostituta.

poquitear. ■ INTR. Ser alguien tacaño o mezquino: "Mi abuelo poquiteó toda su vida".

poquiteo. ■ M. Hecho de ser alguien tacaño o mezquino.

poquitero, ra. ■ ADJ. **1.** supran. *Referido a persona*, que escatima en lo que da o en lo que gasta; tacaño: "No seas tan poquitero y compra de una vez todo lo que necesites". Ú.t.c. sust.: "Eres un poquitero, mejor compra de una vez todo lo que necesites". ■ M. y F. **2.** supran. Persona que compra o vende en pequeñas cantidades.

porcelana. ■ F. Orinal.

porfiriano, na. ■ ADJ. **1.** *Referido a algo*, que es del periodo del gobierno de Porfirio Díaz; porfirista: "El gobierno porfiriano dejó huella en la arquitectura, impulsó un estilo francés". || **2.** *Referido a persona*, que simpatizaba con las ideas del presidente Porfirio Díaz; porfirista: "Su tatarabuelo era un hombre porfiriano". Ú.t.c.sust.: "Su tatarabuelo fue un porfiriano".

porfiriato. ■ M. Periodo presidencial de Porfirio Díaz en México, de 1876 a 1911.

porfirismo. ■ M. **porfiriato.**

porfirista. ■ ADJ. **1.** *Referido a algo*, que es del periodo del gobierno de Porfirio Díaz: "El gobierno porfirista dejó huella en la arquitectura, impulsó un estilo francés". || **2.** *Referido a persona*, que simpatizaba con las ideas del presidente Porfirio Díaz: "Su tatarabuelo era un hombre porfirista". ■ COM. **3.** Persona que simpatizaba con las ideas del presidente Porfirio Díaz: "Su tatarabuelo era un porfirista".

poro. ■ M. Puerro.

porra. ■ F. **1.** supran. Composición rítmica breve que se usa para apoyar a alguien. || **2.** supran. Conjunto de expresiones rítmicas que se usa para apoyar a alguien. || **3.** supran. Grupo de seguidores que apoya ruidosamente a alguien. ■ LOC. **de ~.** LOC. ADJ. *Referido a alguien*, travieso, inquieto: "Ese chamaco de porra siempre me esconde los zapatos".

porraceada. ■ F. *En Chiapas*, caída.

porracear. ■ INTR. *En Chiapas*, caer: "La mujer porraceó al bajar las escaleras".

porrazo. ■ M. *En Chiapas*, chubasco. ■ LOC. **de (un) ~.** LOC. ADV. Súbitamente; de pronto: "La mala noticia me la dijo así, de porrazo".

porrear. ■ TR. Participar en actividades, a cambio de una remuneración, con fines políticos por medio de la intimidación o la agresión: "No hay que fomentar personas que porreen en las instituciones".

porril. ■ ADJ. Perteneciente o relativo al porro: "El conflicto porril aún no se resuelve".

porriño. ■ M. *En Tabasco*, mano de mortero para triturar.

porrismo. ■ M. Conducta típica de un porro.

porrista. ■ COM. **1.** supran. Integrante de una porra: "El delantero saludó a unas porristas desde la cancha". || **2.** supran. Joven que anima a su equipo y a los espectadores con cantos y movimientos gimnásticos en un espectáculo deportivo: "Los porristas llegaron muy entusiasmados y listos para ensayar sus rutinas".

porro, rra. ■ ADJ. **1.** Perteneciente o relativo al porro; porril: "Siempre tiene una actitud bien porra". ■ M. y F. **2.** Miembro de un grupo pagado, generalmente pseudoestudiantil, que realiza actividades con fines políticos por medio de la intimidación o la agresión.

portación. ■ F. supran. Hecho de portar o llevar, especialmente armas.

portallanta. ■ M. supran. Estructura que se ajusta en la carrocería de un automóvil para llevar la llanta o neumático de refacción.

portañuela. ■ F. supran. Bragueta.

portavasos. ■ M. supran. Soporte que se coloca debajo de los vasos para que no dejen huella.

portero. ■ LOC. **~ ambulante.** LOC. SUST. El que cumple varias funciones dentro de la cancha, como ser defensa y delantero, en un partido informal de futbol: "José era famoso por ser un portero ambulante que hasta metía goles".

portugués. ■ M. **pistoqué.**

posada. ■ F. supran. Cada una de las fiestas tradicionales que se celebran antes de la Navidad, que simboliza el peregrinar de José y María en la víspera del nacimiento de Cristo.

posadear. ■ INTR. Asistir a una posada o cada una de las fiestas que se celebran antes de la Navidad: "Yolanda siempre posadea mucho en estas fechas navideñas".
posol. ■ M. supran. **pozol.**
postemilla. ■ F. supran. Absceso en la encía.
postería. ■ F. supran. Conjunto de postes o columnas verticales.
postrera. ■ F. supran. rur. Leche espesa y cremosa que se obtiene de la última ordeña de una vaca.
postulante. ■ COM. supran. Aspirante a un cargo o título: "Ayer hubo un debate político entre varias de las postulantes a la gubernatura".
posudo, da. ■ ADJ. supran. *Referido a persona*, presuntuosa y orgullosa de sí misma: "Ramiro es muy posudo porque solo habla de sus logros". Ú.t.c.sust.: "Ramiro es un posudo porque solo habla de sus logros".
pote. ■ M. Recipiente para llevar concreto o cemento.
poto. ■ M. supran. rur. Trasero de un animal.
potosino, na. ■ ADJ. **1.** Perteneciente o relativo al estado o a la ciudad de San Luis Potosí: "La comida potosina tuvo mucho éxito en la feria". || **2.** Natural o procedente del estado o la ciudad de San Luis Potosí: "Los jóvenes potosinos desfilaron frente al palacio municipal". Ú.t.c.sust.: "Los potosinos desfilaron frente al palacio municipal".
potreada. ■ F. rur. Hecho de potrear o domar un potro.
potrear. ■ TR. rur. Domar un potro.
potrero. ■ M. supran. Terreno de pastizales, cercado, para alimentar y guardar el ganado.
potrillada. ■ F. supran. Conjunto de potrillos.
potro. ■ M. supran. Caballo arisco, sin domar.
potze. ■ M. *En el Sureste*, tamal con carne y yerbasanta envuelto en hojas de to.
pozancle. ■ M. Arbusto originario de América, de hasta 4 m de altura, monoico, raramente dioico; tallos de corteza fisurada, de color café claro, ramas jóvenes cuadrangulares y tomentosas; hojas opuestas, enteras, lanceoladas, elípticas u ovadas, tomentosas por el envés, con margen aserrado; flores hermafroditas o funcionalmente unisexuales, diminutas, con forma de embudo, amarillentas en su interior, de blanquecinas a verduscas al exterior, dispuestas en cimas laxas y a su vez en espigas terminales o axilares; frutos capsulares, cilíndricos, tomentosos y glandulares; semillas de oblongas a elipsoidales, aladas; uso en la medicina tradicional. Familia de las escrofulariáceas, *Buddleja americana*. (También se llama hierba de la mosca, tepozán, zayoliscán, zayolizcán).
pozol. ■ M. supran. Bebida preparada con masa de maíz y agua, puede añadirse azúcar, cacao o leche.
pozole. ■ M. **1.** Guiso caldoso preparado con maíz cacahuacintle, generalmente, con carne de cerdo y alguna salsa picante, se sirve con lechuga, rábano, cebolla, orégano, chile en polvo y limón. || **2.** supran. *En el Sureste*, **pozol.** ■ LOC. **~ blanco.** LOC. SUST. Guiso caldoso preparado con maíz cacahuacintle, generalmente, con carne de cerdo y sin salsa picante, se sirve con aguacate, chicharrón, cebolla, orégano, chile en polvo y limón. ▷ **~ de trigo.** LOC. SUST. *En Sonora*, guiso caldoso preparado con este cereal, carne, garbanzo, haba, calabaza, frijol, elote y zanahoria. ▷ **~ mixteco.** [*mistéko*] LOC. SUST. *En Oaxaca*, guiso caldoso preparado con maíz cacahuacintle, generalmente, con carne de cerdo, que al servirse se mezcla con mole colorado. ▷ **~ rojo.** LOC. SUST. Guiso caldoso preparado con maíz cacahuacintle, generalmente, con carne de cerdo y salsa de algún chile colorado, acompañado con lechuga, rábano, cebolla, orégano, chile en polvo y limón. ▷ **~ verde.** LOC. SUST. Guiso caldoso preparado con maíz cacahuacintle, generalmente, con carne de cerdo, salsa verde picante, acompañado con lechuga, rábano, cebolla, orégano, chile en polvo y limón.
pozolear. ■ INTR. **1.** Comer pozole: "Mi familia pozolea en las fiestas patrias de septiembre". || **2.** *En Yucatán*, cocer el maíz o nixtamal hasta reventar: "Necesitas que pozolee antes de preparar el platillo".
pozolearse. ■ INTR. PRNL. **3.** Abrirse el grano de maíz cuando se hierve: "Se pozoleó muy bien, ya prepara el guiso".
pozoleo. ■ M. Hecho de pozolear o comer pozole.
pozolería. ■ F. Establecimiento donde se vende pozole.

P

pozolero, ra. ■ ADJ. **1.** Perteneciente o relativo al pozole: "La salsa pozolera está muy rica". || **2.** *Referido a persona,* que gusta de comer pozole: "Mi mamá es muy pozolera porque es de Guerrero". Ú.t.c.sust.: "Mi mamá es una pozolera porque es de Guerrero". ■ M. y F. **3.** Persona que se dedica a preparar o a vender pozole.

pozolillo. ■ M. **1.** *En el Occidente,* guiso caldoso preparado con elote tierno, generalmente, con carne de cerdo y alguna salsa picante, acompañado con lechuga, rábanos, cebolla, orégano, chile en polvo y limón; pozole de elote. || **2.** *En Oaxaca,* laurel.

pozoliza. ■ F. Reunión en la que se come pozole.

pozonque. ■ M. *En Guerrero y Oaxaca,* bebida preparada con masa de maíz, agua, cacao molido y azúcar, similar al pozol.

pozuelo. ■ M. Taza o jarro pequeño de barro, peltre o aluminio usado para beber; pocillo.

prángana. ■ ADJ. **1.** *Referido a persona,* floja; despreocupado: "Eva se volvió muy prángana cuando la despidieron del trabajo". || **2.** *Referido a persona,* que escatima en lo que da o en lo que gasta; tacaño: "Mi amigo es muy prángana, nunca pone nada en las fiestas". || **3.** supran. Pobre; miserable: "La casa se ve muy prángana y sucia". ■ F. **4.** Parranda; juerga. || **5.** supran. Pobreza; miseria. ■ COM. **6.** Persona floja; despreocupado: "Mi tía se volvió una prángana cuando perdió su trabajo". || **7.** Persona que escatima en lo que da o en lo que gasta; tacaño: "Mi cuñado es un prángana, nunca ayuda en las fiestas".

preciso, sa. ■ M. y F. fest. Presidente, generalmente del gobierno de un país: "La nueva precisa visitará el norte del país".

predicamento. ■ M. supran. Dificultad, aprieto.

premiación. ■ F. supran. Acto en el que se entrega un premio.

prenda. ■ F. supran. Joya.

prendedor. ■ M. **1.** *En el Sureste,* pasador; horquilla. || **2.** *En el Sureste,* aguja grande de metal, u otro material, que sirve para adornar o recoger el cabello.

prender. ■ TR. **1.** Poner en funcionamiento algo: "Prende la televisión para ver la película". || **2.** Enfadar: "Lo que dijo Juan prendió a Carlos esta mañana". || **3.** fam. Entusiasmar: "Nada más llega ese cantante y prende a sus fans". || **4.** vulg. Excitar sexualmente a alguien.

prendérsele. ■ LOC. **~ el foco.** LOC. VERB. supran. Encontrar la solución a algo: "No dije nada porque no se me prendió el foco".

prendida. ■ F. Acción y resultado de prender.

prensar. ■ TR. *En Chiapas,* dejar algo en garantía: "Prensé mis propiedades para el préstamo del banco".

preocupón, na. ■ ADJ. *Referido a persona,* que se preocupa mucho: "No seas tan preocupona, sí te van a dar el trabajo". Ú.t.c.sust.: "Eres una preocupona, claro que te van a dar el trabajo".

preparatoria. ■ F. **1.** Bachillerato. || **2.** Plantel donde se cursa el bachillerato.

preparatoriano, na. ■ ADJ. **1.** Perteneciente o relativo a la preparatoria o bachillerato: "Los estudios preparatorianos son obligatorios para entrar a la universidad". ■ M. y F. **2.** Estudiante de escuela preparatoria: "Los preparatorianos se dirigieron al estadio universitario".

prerrequisito. ■ M. supran. Asignatura obligatoria y previa a otra necesaria para alcanzar un grado.

presidente. ■ LOC. **~ municipal.** LOC. SUST. Jefe del ayuntamiento de un pueblo o término municipal, encargado de ejecutar sus acuerdos, dictar bandos para el buen orden, salubridad y limpieza de la población; delegado del Gobierno en el orden administrativo; alcalde.

presídium. ■ M. Lugar, generalmente elevado, donde se sitúa al conjunto de personas que preside un acto oficial: "Deben subir al presídium a recoger sus diplomas".

prestar. ■ TR. supran. *En el Sureste,* pedir: "No tengo vestido para la fiesta, necesito prestarlo".

presupuestal. ■ ADJ. supran. Presupuestario: "La partida presupuestal del próximo año fue aceptada".

preventiva. ■ F. Luz amarilla en un semáforo vial que indica el cambio entre la luz verde y la roja.

previsivo, va. ■ ADJ. **previsorio, ria.**

previsorio, ria. ■ ADJ. supran. Que incluye previsión, prudencia y sensatez; previsor: "El balance previsorio para el presupuesto a hospitales será posteriormente confirmado".

prieto, ta. ■ ADJ. supran. fam. *Referido a alguien,* de piel morena: "Nomás te gustan los hombres prietos, ¿verdad?". Ú.t.c.sust: "Nomás te gustan los prietos, ¿verdad?". ■ LOC. **prieto en el arroz.** LOC. SUST. **1.** Inconveniente u obstáculo que hay para hacer algo: "Ya salió el prieto en el arroz, por eso no llegaste". || **2.** Lo que desequilibra un conjunto armónico: "En la ceremonia, ese traje era el prieto en el arroz".

priísmo. ■ M. Conjunto de miembros, militantes o simpatizantes, del Partido Revolucionario Institucional.

priísta. ■ ADJ. **1.** Perteneciente o relativo al Partido Revolucionario Institucional: "La sede priísta recibió a los precandidatos". || **2.** *Referido a persona,* partidaria o simpatizante del Partido Revolucionario Institucional: "Los votantes priístas asistieron a las urnas". ■ COM. **3.** Miembro del Partido Revolucionario Institucional: "Los priístas nuevos se conocieron en su asamblea nacional". || **4.** Persona partidaria o simpatizante del Partido Revolucionario Institucional: "Algunos priístas asistieron a las urnas desde temprano".

primero. ■ EXPR. ~ **Dios.** supran. Se usa para indicar que se cumplirá lo deseado, si no se presenta contratiempo que lo impida: "Primero Dios, mañana saldré del hospital".

pringa. ■ F. **1.** supran. fam. Mancha pequeña, generalmente en la piel, el pelo o el plumaje. || **2.** supran. fam. Salpicadura.

pringapié. ■ M. supran. fest. Diarrea.

pringar. ■ TR. **1.** supran. fam. Salpicar: "La bicicleta pringó a los niños que iban pasando". ■ INTR. **2.** supran. fam. Lloviznar: "Llegué a la casa cuando apenas pringaba".

pringue. ■ M. **1.** supran. fam. Salpicada; salpicadura. || **2.** supran. fam. Llovizna.

pringuear. Véase **pringar.**

pritt. [*prít*] (De Pritt®). ■ M. Lápiz adhesivo para pegar papel, tela o materiales similares.

privacía. ■ F. supran. Privacidad.

privada. ■ F. **1.** Calle cerrada por uno de los extremos, normalmente en mitad de una manzana, cuyo uso es particular de los habitantes que viven en ella. || **2.** Conjunto de viviendas que tienen una entrada en común. || **3.** supran. fam. Sueño profundo.

privado. ■ M. supran. Cuarto aislado dentro de una oficina o de un establecimiento mayor.

privarse. ■ INTR. PRNL. **1.** supran. fam. Quedarse profundamente dormido: "Llegué muy cansado de la escuela y me privé toda la tarde". || **2.** supran. fam. Perder la compostura por la cólera: "Mis padres siempre se privan cuando repruebo".

probada. ■ F. **1.** Reseña breve de un producto intelectual o evento. || **2.** supran. Porción mínima que se consume para saborear un alimento.

procurador, ra. ■ M. y F. Funcionario que encabeza la investigación y persecución de los delitos del fuero civil.

procurar. ■ TR. Cuidar del bienestar de alguien: "Mi hermano mayor nos procuraba a mí y a mi hermana hasta que nos casamos".

profesionista. ■ COM. **1.** Persona que tiene título universitario o equivalente: "Todos mis amigos son unos profesionistas". || **2.** supran. Persona que ejerce su profesión con competencia; profesional: "Gabriel es el mejor profesionista de la empresa".

prolongársela. ■ INTR. PRNL. vulg. Exagerar.

prontino, na. ■ ADJ. **1.** *Referido a persona,* indiscreta: "El secretario de la jefa es muy prontino". || **2.** despect. *Referido a persona,* que fácilmente cede a propuestas sexuales; pronto. Ú.t.c.sust.

pronto, ta. ■ ADJ. despect. *Referido a persona,* que fácilmente cede a propuestas sexuales. Ú.t.c.sust. ■ LOC. **pa' pronto.** LOC. ADV. **1.** supran. fam. De inmediato: "Págame lo que me debes, pa'pronto". || **2.** supran. fam. En definitiva: "Deja de poner excusas, pa' pronto, yo no me las trago".

propagandear. ■ TR. supran. Hacer propaganda o publicidad a algo o a alguien: "Propagandearon el producto entregando folletos afuera del centro comercial".

propagandeo. ■ M. supran. Propaganda o publicidad.

propela. ■ F. supran. Hélice del motor de un avión o de una embarcación.

propinero, ra. ■ ADJ. *Referido a persona,* que trabaja sin salario y cuyo sueldo son las propinas

P

que recibe: "Hay muchos adultos propineros en los supermercados". Ú.t.c.sust.: "Hay muchos propineros en los supermercados".

pucha. ■ F. **1.** Pan dulce hojaldrado, en forma circular, cubierto por una capa dura de azúcar. || **2.** supran. vulg. Vulva.

puchar. ■ TR. **1.** supran. fam. Ejercer presión sobre algo; oprimir: "Púchale al control remoto, quiero ver las noticias".

pucharle. ■ INTR. PRNL. **2.** fam. Acelerar la marcha o el movimiento: "¡Púchale porque llegamos tarde!". || **3.** supran. fam. Empujarle: "¡Púchale, Uriel, necesitamos echarlo a andar!".

puchear. Véase **puchar.**

puchunguito, ta. ■ M. y F. supran. afect. Fórmula de tratamiento para dirigirse a una persona amada: "¿Ya cenaste, puchunguito?".

puebleada. ■ F. **1.** Traslado que se hace por una vía que pasa por muchos pueblos. || **2.** supran. Paseo que se hace dentro de un pueblo.

pueblear. ■ INTR. **1.** Trasladarse por una vía que pasa por muchos pueblos: "Para llegar a Xico, puebleamos por más de dos horas". || **2.** Pasear visitando varios pueblos cercanos entre sí: "El sábado puebleamos por los alrededores de Cuernavaca". || **3.** supran. Pasear dentro de un pueblo: "Nosotros puebleamos un rato y nos compramos una nieve".

pueblo. ■ LOC. **~ bicicletero.** LOC. SUST. despect. Población que se considera poco urbanizada y desarrollada: "Me invitó a su lugar de nacimiento y era un pueblo bicicletero".

puerco, ca. ■ M. y F. despect. Miembro del cuerpo de policía.

puercoespín. ■ LOC. **~ mexicano.** [*mejikáno*] LOC. SUST. Mamífero roedor originario de América, de hasta 80 cm de longitud; con cara corta y ancha, con orejas pequeñas; ojos pequeños, redondos y lustrosos; hocico abultado y carnoso, con largas y duras vibrisas; cola prensil larga; cuerpo cubierto por pelos y espinas; hábitat arbóreo. Familia de los eretizóntidos del orden Rodentia, *Sphiggurus mexicanus.* (También se llama huiztlacuache, puercoespín tropical). ▶ **~ tropical.** LOC. SUST. **puercoespín mexicano.**

puerquita. ■ F. *En El Bajío*, cochinilla.

puerquito. ■ M. **1.** Alcancía. || **2.** *En Colima*, **puerquita.**

puerta. ■ LOC. **~ de trancas.** LOC. SUST. supran. rur. Portón rústico hecho con dos postes verticales separados a cierta distancia uno del otro, que tienen una serie de agujeros por los cuales se deslizan horizontalmente unos palos con los que se abre o cierra el paso.

puerto. ■ LOC. **~ aéreo.** LOC. SUST. supran. Aeropuerto: "La avioneta aterrizó en el puerto aéreo".

puesto, ta. ■ ADJ. *Referido a persona*, dispuesta para algo: "Dejé a los niños puestos para dormir".

púgil. ■ M. despect. Hombre homosexual.

pujar. ■ INTR. supran. Emitir un sonido ahogado y fatigoso cuando se hace un gran esfuerzo: "Durante el parto, la mujer pujó varias horas". ■ LOC. **~ para dentro.** LOC. VERB. supran. fam. Aguantarse, no protestar o quejarse ante una determinada situación: "La abuela pujaba para dentro cada vez que el abuelo fumaba puro".

pujido. ■ M. supran. Emisión de un sonido o voz ahogada y fatigosa cuando se hace un gran esfuerzo o se soporta un dolor.

pulcata. ■ F. fam. **pulquería.**

pulga. ■ M. **1.** fest. Hombre homosexual. ■ F. **2.** fest. Hombre homosexual. || **3.** supran. despect. Prostituta. ■ LOC. **(de) pocas pulgas.** LOC. ADJ. supran. *Referido a alguien*, que se irrita o se molesta con facilidad: "No le hables golpeado porque es muy de pocas pulgas". ▶ **pocas pulgas.** LOC. SUST. Alguien que se irrita o se molesta con facilidad: "No le hables golpeado porque es un pocas pulgas".

pulguerío. ■ M. **1.** fam. Lugar desordenado y desaseado. || **2.** supran. Abundancia de pulgas.

pulguero. ■ M. **pulguerío.**

pulguiento, ta. ■ ADJ. **1.** supran. despect. Pulgoso: "Los niños recogieron un perro pulguiento de la calle". || **2.** supran. despect. *Referido a alguien*, de aspecto sucio y desaliñado: "Juan llegó muy pulguiento de un largo viaje". Ú.t.c.sust.: "Ese pulguiento llegó de un largo viaje".

pulirse. ■ INTR. PRNL. supran. Llevar a cabo una tarea muy bien, de modo que despierte admiración; lucirse: "Rosa se pulió con ese pastel de fresas, a todos nos gustó".

pulman. (Juego de palabras entre *pullman* y pulque). ■ M. fest. **pulque.**

pulmón. ■ M. **1.** fam. Espalda. || **2.** fam. Ímpetu. || **3.** fam. Cigarrillo. || **4.** (Juego de palabras entre pulmón y pulque). fam. Pulque. ■ LOC. **a ~.** LOC. ADV. supran. Con gran esfuerzo y sin ayuda: "Terminó la carrera en dos años a pulmón".

pulmonía. ■ F. *En Sinaloa*, coche descubierto que se emplea para el transporte de turistas.

pulpería. ■ F. supran. Establecimiento en que se venden abarrotes.

pulpero, ra. ■ ADJ. **1.** Perteneciente o relativo a la pulpería o establecimiento en que se venden abarrotes: "Mis tíos tienen un negocio pulpero". ■ M. y F. **2.** supran. Propietario de una pulpería. || **3.** supran. Dependiente en una pulpería.

pulque. ■ M. supran. Bebida alcohólica fermentada, blanca y espesa, que se obtiene del jugo extraído del maguey. ■ LOC. **~ acebollado.** LOC. SUST. El que es delgado y de sabor desagradable. ▷ **~ agrio.** LOC. SUST. El que se aceda después de la fermentación. ▷ **~ aguamielado.** LOC. SUST. El que se endulza con aguamiel. ▷ **~ blanco.** LOC. SUST. **pulque.** ▷ **~ chamalote.** LOC. SUST. **pulque aguamielado.** ▷ **~ cortado.** LOC. SUST. El de consistencia menos espesa que la normal. ▷ **~ curado.** LOC. SUST. El que se saboriza generalmente con alguna fruta. ▷ **~ empachado.** LOC. SUST. **pulque aguamielado.** ▷ **~ fuerte.** LOC. SUST. El que se fermenta durante más de 24 horas para conseguir un sabor más concentrado. ▷ **~ granizado.** LOC. SUST. El que, a causa de una temperatura excesivamente baja, no ha fermentado en forma debida. ▷ **~ grueso.** LOC. SUST. El de consistencia más espesa que la normal. ▷ **~ rezagado.** LOC. SUST. **pulque fuerte.** ▷ **~ suave.** LOC. SUST. **pulque aguamielado.** ▷ **~ tlachique.** LOC. SUST. El que es delgado y de sabor agradable por la clase de maguey de donde se extrae.

pulquería. ■ F. Lugar donde se vende pulque.

pulquero, ra. ■ ADJ. **1.** Perteneciente o relativo al pulque: "Los locales pulqueros están otra vez de moda". || **2.** *Referido a persona*, que gusta de tomar pulque: "Elia es bien pulquera, seguro ya probó todos los curados". Ú.t.c. sust.: "Elia es una pulquera, ya probó todos los curados". ■ M. y F. **3.** Persona que se dedica a hacer o a vender pulque.

pulseada. ■ F. supran. Enfrentamiento entre dos o más personas o instituciones para hacer prevalecer los propios intereses o puntos de vista.

pulsear. ■ TR. supran. Enfrentarse dos o más personas o instituciones para hacer prevalecer los propios intereses o puntos de vista: "Un bando pulsea al otro bando y parece que no habrá acuerdo".

pun. ■ M. supran. fam. Flatulencia.

punche. ■ M. *En Puebla y Tlaxcala*, dulce de consistencia gelatinosa, elaborado con maíz azul tierno, leche, azúcar y canela.

punta. ■ F. **1.** Primera tina de aguamiel fermentado que resulta de la elaboración del pulque. || **2.** supran. fam. Cuchillo. || **3.** supran. *En una competencia deportiva*, persona o equipo que va en primer lugar.

puntada. ■ F. supran. fam. Dicho o hecho ingenioso.

puntal. ■ ADJ. **1.** supran. *Referido a un animal astado*, sin desmochar: "Compré un toro puntal en la feria". ■ M. **2.** rur. *En el Sureste*, estaca empleada para sembrar. || **3.** supran. Cantidad pequeña de alimento que se toma para reparar las fuerzas; refrigerio.

puntear. ■ INTR. **1.** supran. Marchar a la cabeza de un grupo de personas o de animales, generalmente sirviendo de guía: "El candidato punteaba durante la marcha para el cierre de campaña". || **2.** supran. *En una competencia deportiva*, estar en el primer lugar de la clasificación: "El marchista sonorense punteaba en la carrera".

punteo. ■ M. **1.** supran. Hecho de marchar a la cabeza de un grupo de personas o de animales, generalmente sirviendo de guía. || **2.** supran. *En una competencia deportiva*, hecho de estar en el primer lugar de la clasificación.

puntero, ra. ■ M. y F. **1.** rur. *En Veracruz*, persona que emplea el espeque para sembrar. || **2.** supran. rur. Persona encargada de señalar el momento en que la melaza está en su punto para hacer el azúcar. || **3.** supran. Persona o animal que va delante de los demás componentes de un grupo, generalmente sirviendo de guía. || **4.** supran. *En una competencia deportiva*, persona o equipo que va en primer lugar. ■ M. **5.** Negocio pequeño que proporciona el principal sustento económico a alguien. || **6.** Inversión inicial para un negocio. || **7.** supran. Cada una de las manecillas del reloj.

puntilla. ■ F. **1.** Barra de grafito que va en el interior del lápiz. || **2.** Barra de grafito que se inserta en el lapicero; mina. || **3.** Canutillo metálico que llevan las agujetas de los zapatos en los extremos. || **4.** *En Aguascalientes,* lápiz de color. || **5.** supran. *En la construcción,* clavo delgado, de hierro o de acero.

punto. ■ LOC. **~ de cordón.** LOC. SUST. **punto de listón.** ▶ **~ de listón.** LOC. SUST. Consistencia cremosa que alcanza la yema de huevo batida con azúcar: "Bata las yemas hasta lograr el punto de listón para preparar el pastel". ▶ **~ de turrón.** LOC. SUST. Consistencia espesa y blanca que alcanza una clara de huevo batida: "Si volteas el recipiente y se caen las claras, aún no alcanzas el punto de turrón".

puntudo, da. ■ ADJ. supran. fam. *Referido a algo,* puntiagudo: "Cuidado con la mesa puntuda porque te puedes lastimar".

punzocortante. ■ ADJ. **1.** supran. *Referido a objeto metálico, especialmente a un arma blanca,* de punta muy aguda: "Encontraron un arma punzocortante en la escena del crimen". || **2.** supran. *Referido a una herida,* ocasionada con un objeto de punta aguda: "Lo llevaron a urgencias con varias lesiones punzocortantes".

puñal. ■ ADJ. **1.** eufem. *Referido a persona,* cobarde; puto: "Brenda es muy puñal y no se atreve a decirle la verdad a su jefa". || **2.** supran. eufem. *Referido a un hombre,* homosexual; puto. Ú.t.c.sust. ■ M. **3.** eufem. Persona cobarde; puto: "Brenda es un puñal y no se atreve a decirle la verdad a su jefa". ■ COM. **4.** eufem. Persona cobarde; puto: "Brenda es una puñal y no se atreve a decirle la verdad a su jefa".

puñetas. Véase **puñal.**

pupilente. ■ M. Lente de contacto.

pura. ■ LOC. **una ~ y dos con sal.** LOC. SUST. fam. Cosa mínima: "Dos pesos alcanzan para una pura y dos con sal". ■ EXPR. **¡~ madre!** malson. Se usa para negar enfáticamente: "—¿Te dieron el aumento? —¡Pura madre!".

purépecha. ■ ADJ. **1.** Perteneciente o relativo al **purépecha**; tarasco: "La charanda purépecha es una bebida tradicional". || **2.** Natural o procedente del grupo étnico **purépecha**; tarasco: "Los danzantes purépechas cerraron el carnaval". ■ M. **3.** Grupo étnico establecido principalmente en el estado de Michoacán; tarasco. || **4.** Lengua que habla el grupo étnico **purépecha**; tarasco. || **5.** Familia lingüística formada únicamente por la lengua **purépecha**; tarasco. ■ COM. **6.** Persona natural o procedente del grupo étnico **purépecha**; tarasco: "Unas purépechas cerraron el carnaval".

purepechismo. ■ M. Palabra de origen purépecha empleada en el español.

purgar. ■ TR. supran. Enfadar: "Mi perro purgó al vecino".

puro. ■ LOC. **~ jarabe de pico.** LOC. ADJ. *Referido a persona,* que promete cosas sin cumplir: "Dijo que nos ayudaría y nada, es puro jarabe de pico". ▶ **~ pájaro nalgón.** LOC. ADJ. malson. **puro jarabe de pico.**

purrún. ■ M. **1.** fam. Flatulencia. || **2.** fam. Problema.

purux. [*purúsh*] ■ ADJ. **1.** *En Yucatán, referido a persona,* con sobrepeso: "Ese muchacho purux ya se puso a dieta". ■ COM. **2.** *En Yucatán,* persona con sobrepeso: "Elías ya se puso a dieta porque es un purux".

put. ■ M. *En el Sureste,* fruto del árbol llamado papayo.

puta. ■ EXPR. **¡~ madre(s)!** malson. **¡puta!** ■ INTERJ. **¡puta!** supran. malson. Expresa admiración o sorpresa, generalmente desagradables: "¡Puta!, ahí vienen a cobrarme".

putas. ■ ADV. malson. *Pospuesto a ciertos interrogativos y antepuesto a un verbo,* indica la intensidad de la acción expresada: "¿Qué putas quieres?".

putamadral. ■ LOC. **(un) ~ de.** LOC. ADJ. malson. Numeroso, abundante o intenso; putero: "Tuve un putamadral de errores en el examen". ▶ **un ~.** LOC. ADV. malson. Con demasiada intensidad o frecuencia; putero: "Te extraño un putamadral".

putazo. ■ M. malson. Golpe fuerte.

puteada. ■ F. Acción y resultado de putear.

putear. ■ TR. **1.** supran. malson. Insultar a alguien con palabras agresivas y malsonantes: "El jefe le alzó mucho la voz y lo puteó por entregar un mal trabajo". || **2.** supran. malson. Golpear violentamente a alguien: "Putearon al ladrón muy feo en la cárcel". ■ INTR. **3.** supran. Manifestar enojo o contrariedad pronunciando palabras malsonantes: "Mi primo putea muchísimo cuando lo deja el camión".

putería. ■ F. **1.** malson. Objeto cuya función es menos importante que su valor ornamental, de manera que puede llegar a percibirse como ridículo o cursi; jotería. || **2.** malson. Cosa, expresión o acción propias de un hombre homosexual amanerado; jotería. || **3.** supran. malson. Acción baja y vil.

putero. ■ M. supran. malson. Prostíbulo. ■ LOC. **(un) ~ de.** LOC. ADJ. malson. Numeroso, abundante o intenso; mucho: "Esa película nos dio un putero de risa". ▶ **un ~.** LOC. ADV. malson. Con demasiada intensidad o frecuencia; mucho: "Me reí un putero con esa película".

putimadral. ■ LOC. **putamadral.**

putiza. ■ F. malson. Golpiza. ■ LOC. **en ~.** LOC. ADV. malson. Rápidamente.

puto. ■ ADJ. malson. *Referido a un hombre,* cobarde: "Rubén es muy puto y no se atreve a renunciar a su trabajo". Ú.t.c.sust.: "Rubén es un puto y no se atreve a renunciar a su trabajo".

puxaxé. [*pushashé*] ■ M. *En Chiapas,* guiso preparado con vísceras de res, masa de maíz y chile.

puxcahua. [*pushkágua*] ■ F. *En el Sureste,* envoltura de papel o de hoja de plátano.

puxinú. [*pushinú*] ■ M. *En el Sureste,* dulce elaborado con palomitas de maíz y miel de panela.

puxo, xa. [*púsho*] ■ ADJ. *En el Sureste, referido a persona,* pálida y anémica: "Esa niña necesita comer mejor, está muy puxa". Ú.t.c. sust.: "Esa puxa necesita comer mejor".

P

Q

quebracho. ■ ADJ. **1.** despect. *Referido a un hombre,* homosexual. Ú.t.c.sust. ■ M. **2.** Arbusto o árbol pequeño originario de México, de hasta 4.5 m de altura, monoico; tallos con espinas, estas de hasta 5 cm de largo, de color verde, rojo o gris, dispuestas en la base de las hojas, oblicuas en las ramas viejas y casi erectas en las ramas jóvenes; hojas alternas, divididas en múltiples foliolos, lineares, dispuestos en dos ejes; flores hermafroditas, diminutas, de color amarillo, campanulares, con estambres numerosos, amarillos y agrupadas en cabezuelas globosas; frutos en una vaina comprimida o cilíndrica, curveada, de color café oscuro; semillas elipsoides, de color pardo claro o amarillento. Familia de las leguminosas, *Acacia cochliacantha.* || **3.** Tallo del **quebracho**; uso como cerca.

quebrada. ■ F. Véase **quebrado, da.**

quebradero. ■ M. *En el Sureste,* lugar donde se quiebra el cacao para sacar el grano.

quebradita. ■ F. **1.** Género musical de ritmo binario, basado en la música tradicional que se bailaba en Sinaloa, conocida como tambora. || **2.** Baile que acompaña a la **quebradita** en que el hombre abraza por la cintura a la mujer y coloca su pierna derecha entre las piernas de ella, mientras giran, simulando quiebres con la cadera y dando pequeños brincos.

quebrado, da. ■ ADJ. **1.** *Referido al cabello,* ondulado: "Mirna tiene el cabello quebrado y castaño". ■ F. **2.** Barranco. || **3.** supran. Arroyo que corre por una hendidura angosta y profunda de la tierra.

quebradora. ■ F. *En la lucha libre,* llave que consiste en dejar caer la espalda del oponente sobre la rodilla, jalando la cabeza para curvarlo y afectarle la espalda. ■ LOC. **~ de a caballo.** LOC. SUST. *En la lucha libre,* llave que consiste en sostener al contrincante de espaldas sobre los hombros, jalando sus extremidades para curvarlo a la altura del dorso: "El rudo le hizo la quebradora de a caballo y ganó la lucha".

quebradura. ■ F. supran. Fractura de un hueso.

quebrantada. ■ F. *En Chiapas,* atole que se hace con maíz molido.

quebrantahuesos. ■ M. Ave originaria de México, de hasta 60 cm de longitud; de patas y cuello largos; con cresta negra y rostro de color amarillo oscuro a naranja rojo; al vuelo, las partes inferiores del cuerpo presentan zonas alternadas de claro y oscuro; garganta y pecho blanquecinos; vientre negro y cola blanca con la punta oscura; carroñera. Familia de los falcónidos del orden Falconiformes, *Caracara cheriway.* (También se llama caracara, quelele).

quebrantamiento. ■ M. *En Aguascalientes*, resfriado.

quebrantar. ■ TR. **1.** rur. Entibiar un líquido: "Quebranta el jugo antes de dárselo al niño porque está muy frío". || **2.** rur. Domar un equino sin concluir el adiestramiento: "Don Vicente quebrantó al potro negro, por eso es tan desobediente". ■ INTR. **3.** rur. Abrir la mazorca del cacao para extraer el grano: "Nos levantamos temprano y quebrantamos". || **4.** rur. Moler el grano de maíz ya cocido: "Mis abuelos quebrantaban desde pequeños y así ayudaban a sus padres".

quebrar. ■ TR. **1.** Triturar o moler una materia sólida, sin reducirla enteramente a polvo: "Pedí que me quebraran la masa para hacer tamales". || **2.** Excluir a alguien: "Quebraron a Francisco del equipo de la escuela". || **3.** rur. Castrar a un animal: "Hoy quebramos nueve reses". || **4.** supran. Asesinar. ■ LOC. **~ el empacho.** LOC. VERB. supran. Curar una indigestión con un masaje que consiste en dar pequeños pellizcos en el abdomen: "Dile a doña Gertrudis que le quiebre el empacho a mi hijo".

quebrarse. ■ INTR.PRNL. **5.** Darse por vencido: "Martín no se quiebra ante la adversidad". || **6.** Morirse: "Gilberto se quebró por una pulmonía". || **7.** supran. Dar vuelta: "Antes de llegar a la avenida, quiébrate a la izquierda".

quebrazón. ■ F. supran. Rotura estrepitosa de objetos.

queca. ■ F. **1.** Alimento preparado con tortilla de maíz doblada por la mitad con cualquier alimento salado dentro, calentada en comal, con o sin aceite; típico de Ciudad de México; quesadilla. || **2.** Alimento preparado con masa de maíz en forma de disco, doblada por la mitad con cualquier alimento salado dentro, sellada en los bordes, que se fríe en aceite; parecido a una empanada; quesadilla. || **3.** *En Sinaloa*, sarna.

quechol. ■ M. **1.** Ave de amplia distribución en zonas tropicales de América, de hasta 1.5 m de altura; con cuerpo de color rosado a salmón, delgado y esbelto; con pico doblado; con cuello largo y patas zancudas; mientras vuela mantiene el cuello y las patas completamente estirados. Familia de los fenicoptéridos del orden Phoenicopteriformes, *Phoenicopterus ruber*. (También se llama flamenco, flamingo). || **2.** Ave de distribución en América, de hasta 70 cm de altura; pico largo y chato de color amarillento, que se expande y redondea en la punta que asemeja una espátula; piel desnuda de su cabeza en tonos amarillentos; plumaje en tonos rosados en todo el cuerpo, principalmente en alas; patas largas y de color rosa. Familia de los tresquiornítidos del orden Pelecaniformes, *Platalea ajaja*. (También se llama espátula rosada).

quechquémel. ■ M. Prenda de vestir de algodón o de lana, en forma de cuadro, con una abertura en el centro por la que se introduce la cabeza, dejando caer los ángulos sobre el pecho, la espalda y los hombros.

quechquémetl. ■ M. **quechquémel.**

quechquémitl. ■ M. **quechquémel.**

queco. ■ M. *En Baja California Sur*, coscorrón.

quedadizo, za. ■ ADJ. *Referido a alguien*, perezoso: "No seas tan quedadizo, párate y ve por mi encargo". Ú.t.c.sust.: "No seas un quedadizo, párate y ve por mi encargo".

quedado, da. ■ ADJ. **quedadizo, za.**

quedar. ■ LOC. **~ bien parado.** LOC. VERB. **1.** supran. Causar buena impresión a alguien: "El cantante quedó bien parado en su primer concierto". || **2.** supran. Obtener una persona una posición favorable en una institución: "Daniel quedó bien parado en la nueva administración". ▶ **~ en veremos.** LOC. VERB. Estar algo pendiente de resolver: "El asunto quedó en veremos". ▶ **~ guango.** LOC. VERB. Resultar sin importancia algo o alguien a una persona: "Me quedan guangos tu amigo y sus opiniones, haré lo que yo quiera". ▶ **~ mal parado.** LOC. VERB. **1.** supran. Causar mala impresión a alguien: "El cantante quedó mal parado en su primer concierto". || **2.** supran. Obtener una persona una posición desfavorable en una institución: "Daniel quedó mal parado en la nueva administración".

quedarse. ■ TR. PRNL. Permanecer alguien soltero en contra de las expectativas: "Parece que Lucio ya se quedó, no se ha casado todavía". ■ LOC. **~ chato.** LOC. VERB. Desilusionarse: "Cuando nos ganaron, todos nos quedamos chatos". ▶ **~ chiflando en la loma.** LOC. VERB. Esperar algo en

Q

vano: "Siempre quiso un aumento pero se quedó chiflando en la loma". ▶~ **chiquito.** LOC. VERB. **1.** Sentirse disminuido por una reprimenda: "Me quedé chiquito después de la regañada que me puso". || **2.** No cumplir las expectativas de alguien: "Se quedó chiquito ante lo que se esperaba de él". ▶~ **con el ojo cuadrado.** LOC. VERB. Sorprenderse: "Me quedé con el ojo cuadrado con la noticia de la muerte de tu amigo".

quejón, na. ■ ADJ. supran. *Referido a persona,* quejumbrosa: "Sergio es muy quejón, me desespera". Ú.t.c.sust.: "Sergio es un quejón, me desespera".

quejumbrear. ■ INTR. fam. Quejarse por hábito: "Quejumbreó toda la película y no me dejó verla con atención".

quejumbreo. ■ M. fam. Hecho de quejumbrear o quejarse por hábito.

quejumbres. ■ ADJ. **1.** fam. *Referido a persona,* quejumbrosa: "Estefanía es muy quejumbres, no quiere comer nada". ■ COM. **2.** fam. Persona quejumbrosa: "Estefanía es una quejumbres, no quiere comer nada".

quekchí. [*kekchí*] ■ ADJ. **1.** supran. Perteneciente o relativo al **quekchí**; kekchí: "Los escritos quekchí poseen información sobre la época colonial". || **2.** supran. Natural o procedente del grupo étnico **quekchí**; kekchí: "El pueblo quekchí basa su identidad en la relación que tiene con la tierra". ■ M. **3.** supran. Grupo étnico establecido en los estados de Campeche y Quintana Roo, México, y en Guatemala; kekchí. || **4.** supran. Lengua maya del subgrupo lingüístico quicheano; kekchí. ■ COM. **5.** supran. Persona natural o procedente del grupo étnico **quekchí**; kekchí: "El quekchí basa su identidad en la relación que tiene con la tierra".

quelachina. ■ F. **1.** Árbol originario de América, de hasta 20 m de altura, monoico; troncos gruesos y rectos, de corteza gris verdoso y madera blanquecina, de las incisiones en el tronco destila un látex lechoso y pegajoso; hojas alternas, enteras, lanceoladas, lanuginosas por el envés; flores hermafroditas, pequeñas, blancas y fragantes, aglomeradas en el ápice de las ramas; frutos drupáceos, de subglobosos a elipsoides, carnosos y jugosos, de color café; semillas elipsoides, aplanadas, negras; jugo lechoso que emana de las incisiones hechas en el tronco, conocido como chicle, uso industrial; madera, uso en la construcción de casas. Familia de las sapotáceas, *Manilkara zapota.* (También se llama chicozapote, zapote chico, zapote de abejas, zapotillo). || **2.** Fruto de la **quelachina**; comestible; uso en la medicina tradicional.

quelele. ■ M. **quebrantahuesos.**

quelite. ■ M. **1. quintonil.** || **2.** Hierba indeseable que crece en un campo destinado al cultivo. || **3.** (Juego de palabras entre quelite y querido). fest. Amante. || **4.** supran. Nombre común de varias hierbas silvestres comestibles. || **5.** supran. Hierba de distribución cosmopolita, de hasta 1.5 m de altura, monoica; tallos poco o muy ramificados, con tintes rojizos o purpúreos que forman rayas longitudinales, bien pronunciados en las bases de las hojas; hojas enteras, alternas, lanceoladas, ovadas, triangulares o rómbicas, de tonos blanquecinos en el envés, membranáceas; flores unisexuales, pequeñas y numerosas, verdosas, con cinco pétalos, cinco sépalos y cinco estambres, agrupadas en espigas; frutos capsulares, pequeños, ligeramente membranosos, en ocasiones translúcidos; semilla única, pequeña, subglobosa, de color negro brillante; uso en la medicina tradicional. Familia de las amarantáceas, *Chenopodium album.* (También se llama cenizo). || **6.** supran. Rama de esta hierba de distribución cosmopolita; comestible. ■ LOC. ~ **cojudo.** LOC. SUST. Hierba originaria de América, de hasta 1 m de altura; tallos erectos o decumbentes, angulosos y pilosos; hojas generalmente alternas pero con frecuencia subopuestas, simples o sinuado-dentadas, de ovadas a elípticas, con margen sinuado-dentado; flores hermafroditas, pequeñas, cinco lobadas, de blanco verdoso a color paja, con estambres densamente pubescentes en la base; frutos abayados, subglobosos, purpúreos o negros, con pulpa jugosa; semillas diminutas, obovadas, reticuladas o con pequeñas fosas, de color café oscuro. Familia de las solanáceas, *Jaltomata procumbens.* (También se llama acahualera, equelite, jaltomata, jaltomate, tomatillo).

quemaca. ■ F. Manta de lana que usan los tarahumaras.

quemacocos. ■ M. supran. Ventanilla situada en el techo de algunos automóviles que permite la entrada de la luz y del aire.
quemada. ■ F. Acción y resultado de quemar o quemarse.
quemador. ■ M. **1.** Grupo de insectos en estadio de larva, de alrededor de 4.5 cm de longitud; como característica particular presentan espinas o setas que cubren sus cuerpos; las setas están provistas de toxinas que al entrar en contacto con la piel humana generan lesiones dérmicas, así como otros síntomas. Varias familias del orden Lepidoptera. (También se llama azotador, gusano quemador). || **2.** Individuo de este grupo de insectos. || **3.** Cualquier oruga que tenga el cuerpo cubierto de púas urticantes que le sirven como defensa. || **4.** supran. Aparato grabador de CD, DVD u otros soportes informáticos o digitales. ■ LOC. ~ **blanco.** LOC. SUST. **quemadora.**
quemadora. ■ F. Hierba originaria de América, de hasta 4 m de largo, monoica; tallos marcadamente largos y lisos, con pelillos urticantes; hojas simples, alternas, lobuladas, de tres a cinco lóbulos o con forma de corazón; flores unisexuales, pequeñas, de color blanco amarillento a blanco verdoso, los pétalos más cortos que los sépalos, con estambres petaloides dispuestos en una serie, agrupadas en cimas o corimbos; frutos capsulares, de ovoides a pentagonales, con alas diminutas e indehiscentes; semilla única, pequeña, subglobosa, con testa de membranácea a translúcida; uso en la medicina tradicional. Familia de las loasáceas, *Gronovia scandens.* (También se llama ortiguilla, quemador blanco).
quemados. ■ M. PL. Juego infantil en el que dos niños reúnen dos equipos que se persiguen mutuamente con una pelota; aquel que es tocado por la pelota debe pasar al equipo contrario; pierde quien se quede sin integrantes en el equipo.
quemar. ■ TR. **1.** Desprestigiar a alguien: "Quemaron a la artista exhibiendo sus videos". Ú.t.c.tr.prnl. || **2.** supran. Repetir algo en exceso: "Ya quemaste ese vestido, ponte otro". ■ INTR. **3.** Fumar marihuana. ■ LOC. ~ **cartucho.** LOC. VERB. vulg. Practicar el coito. ▶ ~ **llanta.** LOC. VERB. **1.** coloq. Presionar el freno de un vehículo mientras se pisa el acelerador para provocar una rápida puesta en movimiento: "El carro quemó llanta solo para apantallar a la banda". || **2.** coloq. Llegar o irse alguien de prisa de un lugar: "Me desperté muy tarde y quemé llanta para el trabajo".
quemarse. ■ TR. PRNL. **3.** pop. Asesinar. ■ INTR. PRNL. **4.** supran. Volverse algo vulgar y corriente por repetirse en exceso: "Las telenovelas de ese canal ya se quemaron". ■ LOC. ~ **el zapato.** LOC. VERB. coloq. Pisar excremento accidentalmente: "Me quemé el zapato por distraído". ▶ ~ **las pestañas.** LOC. VERB. Estudiar o leer mucho alguien: "Tanto quemarme las pestañas toda la carrera para no encontrar chamba".
quemársele. ■ LOC. ~ **las habas.** LOC. VERB. Estar alguien ansioso de que ocurra algo: "A Mónica se le queman las habas por saber el resultado del examen".
quemón. ■ M. **1.** Quemadura: "Traigo un quemón del cigarro en el brazo". || **2.** Desprestigio público: "El artista nunca recuperó popularidad después del quemón en televisión". || **3.** Estreno o inauguración de algo: "Juan nos invitó al quemón de su departamento".
queque. ■ LOC. **del ~.** LOC. ADJ. **del queso.** ▶ **hasta el ~.** LOC. ADJ. **1.** fam. Que ha llegado al límite; hasta la madre: "Este estacionamiento está hasta el queque". || **2.** fam. *Referido a persona,* intoxicada con alguna sustancia, generalmente alcohólica; hasta la madre: "El vecino llegó hasta el queque, debería moderarse".
quequescamote. ■ M. **quequesque.**
quequesque. ■ M. **1.** Hierba originaria de América, de hasta 3 m de altura, monoica; tallos ausentes o muy cortos, tuberosos; hojas simples, alternas, grandes, con peciolos muy largos y envainantes en la base, láminas con forma de corazón; flores unisexuales, pequeñas, sin pétalos ni sépalos, agrupadas en una estructura carnosa llamada espádice, y rodeada de una estructura foliar llamada bráctea o espata vistosa, de color blanco verdoso por fuera y blanco rosado por dentro; frutos abayados, ovoides, de color amarillo o café claro; semillas pequeñas, ovoides, con estrías longitudinales gruesas; uso ornamental. Familia de las aráceas, *Xanthosoma robustum.* (También

se llama aquequexquic, colomo, hoja elegante, mafafa, quequescamote, quequeste). || **2.** Hoja de esta hierba; uso en la medicina tradicional. || **3.** Tallo de esta hierba; comestible; uso en la medicina tradicional. || **4.** supran. Nombre genérico dado a varias especies de plantas ornamentales de hojas grandes acorazonadas, con largos peciolos, tallos muy cortos unidos a un rizoma del que nacen varios tubérculos.

quequeste. ■ M. **quequesque.**

querenda. ■ F. Árbol o arbusto originario de México, de hasta 6 m de altura, monoico; tallos con corteza de color café rojizo, pardo o grisáceo, un tanto suave; hojas opuestas, compuestas, formadas por múltiples foliolos diminutos, dispuestos por pares sobre un eje delgado, de lineares a oblongos, con una o dos glándulas nectaríferas ligeramente cilíndricas, dispuestas en la base de los foliolos inferiores o los terminales; flores hermafroditas, diminutas, blancas o amarillentas, con diez estambres, agrupadas en cabezuelas globosas; frutos en vainas, lineares, aplanadas, de color café rojizo o casi negro cuando madura, abre por dos valvas que se enroscan con el paso del tiempo; semillas numerosas, de elípticas a ovadas, comprimidas, de color rojo brillante; uso forrajero y como sombra en plantíos de cafetales. Familia de las leguminosas, *Leucaena cuspidata*.

queretano, na. ■ ADJ. **1.** Perteneciente o relativo al estado o ciudad de Querétaro: "Me compré unas muñecas queretanas muy bonitas". || **2.** Natural o procedente del estado o ciudad de Querétaro: "La gimnasta queretana logró clasificar para la competencia nacional". Ú.t.c.sust.: "La queretana logró clasificar para la competencia nacional".

querreque. ■ M. **1.** Reptil originario de América, de hasta 1 m de longitud; de color verde claro, café, con manchas y rayas blancas amarillas o negruzcas, según la especie; con cuerpo que se asemeja al de las iguanas, pero mucho más esbelto, con cresta grande sobre el dorso hasta la cuarta parte de su cola; cabeza aguda con una o dos crestas y las extremidades posteriores mucho más largas que las anteriores; es capaz de correr sobre el agua sobre sus patas posteriores que están provistas de unos lóbulos dérmicos que funcionan como aletas. Familia de los coritofánidos del orden Squamata, varias especies del género *Basiliscus*, como *Basiliscus basiliscus, Basiliscus plumifrons, Basiliscus vittatus*. (También se llama basilisco, pasarríos, tequereque, teterete, toloque). || **2.** *En la Huasteca*, ave de amplia distribución en las costas de México, de hasta 35 cm de longitud; con cabeza con penacho de plumas de color rojo; cuerpo con parte superior y alas de color negro, parte inferior de coloración blanca con veteados negruzcos. Familia de los pícidos del orden Piciformes, varias especies de los géneros *Campephilus* y *Dryocupus*, como *Campephilus guatemalensis, Dryocopus lineatus*. (También se llama cuachenche, cuachiquimuli, pájaro carpintero). || **3.** *En el Sureste*, mamífero roedor de distribución en México y Centroamérica, de hasta 60 cm de longitud; con pelaje largo, liso y brillante, de color café rojizo, salpicado en negro en el dorso y la rabadilla; cabeza alargada, con el hocico truncado, labio superior hendido y provisto de vibrisas; orejas pequeñas y redondeadas; cuello corto y grueso; tronco robusto y curvo; la cola es vestigial; las extremidades posteriores largas y delgadas, las delanteras un poco más cortas; de patas tridáctilas; su carne es muy apreciada en la gastronomía. Familia de los dasipróctidos del orden Rodentia, *Dasyprocta mexicana, Dasyprocta punctata*. (También se llama agutí, cereque, guaqueque, guatusa, sereque, uco, zerete). || **4.** *En Hidalgo*, obrero del interior de una mina.

quesadilla. ■ F. **1.** Alimento preparado con tortilla de maíz doblada por la mitad con cualquier alimento salado dentro, calentada en comal, con o sin aceite; típico de Ciudad de México. || **2.** Alimento preparado con masa de maíz en forma de disco doblado por la mitad con cualquier alimento salado dentro, sellado en los bordes y frito en aceite; parecido a una empanada. || **3.** Alimento preparado con tortilla de maíz doblada por la mitad con algún alimento salado dentro, generalmente sesos o pescado, frita hasta que queda muy crujiente. || **4.** Pan dulce y cubierto con queso, atole cuajado o un preparado de chile, queso y piloncillo; pan de quesadilla. || **5.** Hierba originaria de América, de hasta 80 cm de altura, monoica; raíces tuberosas; tallos suculentos; hojas alternas, envainantes en la base, enteras, de ovadas a lanceoladas, a veces con tonos morados; flores hermafroditas, pequeñas, con tres pétalos azules, agrupadas en cimas escorpioides y rodeadas por una bráctea vellosa y de tono morado; frutos capsulares, pequeños, bivalvos, elipsoides; cuatro semillas muy pequeñas, piramidales, de negras a cafés. Familia de las comelináceas, *Commelina coelestis*. (También se llama cañita, cielo azul, hierba del pollo). || **6.** Hierba originaria de América, de hasta 80 cm de altura, monoica; raíces tuberosas; tallos poco ramificados, glabros o pubescentes; hojas alternas, enteras y envainantes en la base, lanceoladas, con tintes purpúreos; flores hermafroditas, pequeñas, con tres pétalos de color azul oscuro, raramente blancos, con tres estambres, dos fértiles de color azul y uno infértil de color amarillo, agrupadas en cimas rodeadas por una bráctea morada y vellosa; frutos capsulares, pequeños, de oblongos a globosos; semillas de color pardo oscuro, oblongas o elipsoides, muy pequeñas; uso forrajero y en la medicina tradicional. Familia de las comelináceas, *Commelina tuberosa*. || **7.** gralizado. Alimento preparado con tortilla de maíz o de trigo doblada por la mitad con queso dentro, calentada en comal. ■ LOC. **~ de pan.** LOC. SUST. Pan dulce y cubierto con queso, atole cuajado o un preparado de chile, queso y piloncillo; pan de quesadilla.

quesillo. ■ M. Queso que se elabora con leche de vaca, fresco, de pasta blanda, hilada, con forma de bola trenzada, de color blanco amarillento; típico de Oaxaca.

queso. ■ LOC. **del ~.** LOC. ADJ. **1.** fam. Muy difícil: "Pasar el examen final estuvo del queso". || **2.** fam. Feo: "La colonia en la que vives está del queso". || **3.** fam. Que está en mal estado: "Hoy no iré a la escuela porque me siento del queso". ▶ **~ adobera.** LOC. SUST. El que se elabora con leche de vaca, fresco, de pasta blanda y granular, con forma rectangular similar a un adobe, de color crema, de sabor suave y ligeramente salado; típico de Occidente. ▶ **~ amarillo.** LOC. SUST. El que se elabora industrialmente con grasa vegetal, leche en polvo y saborizantes; se usa en forma de rebanadas para hamburguesas, sándwiches, tortas, etc., y derretido para nachos, papas fritas, banderillas, etc. ▶ **~ asadero.** LOC. SUST. El que se elabora con leche de vaca, fresco, de pasta semidura, hilada, con forma de bola trenzada y de color crema. ▶ **~ blanco.** LOC. SUST. **queso panela.** ▶ **~ (de) bola.** LOC. SUST. **1.** El edam. || **2. queso ocosingo.** ▶ **~ botanero.** LOC. SUST. El que se elabora con leche de vaca; fresco, de pasta blanda, con forma circular, de color blanco y se le agregan rajas de chile; se usa como botana. ▶ **~ (de) canasta.** LOC. SUST. **queso panela.** ▶ **~ chihuahua.** LOC. SUST. El que se elabora con leche de vaca, semicurado, de pasta semidura, con forma rectangular, de color crema, de sabor suave y ligeramente ácido; típico de Chihuahua. ▶ **~ cocido.** LOC. SUST. *En Sonora*, el que se elabora con leche de vaca, fresco, de pasta blanda, con forma circular; se le puede agregar chile verde o chiltepín. ▶ **~ cotija.** LOC. SUST. **1.** El que se elabora con leche de vaca, semicurado, de pasta dura, de grano, desmoronable, de color blanco amarillento; se usa para aderezar platillos; típico de Michoacán. || **2.** *En Michoacán*, el que se elabora con leche de vaca, semicurado, de pasta dura, de tajo, de color blanco amarillento, con alto contenido en grasa, de sabor salado. ▶ **~ crema.** LOC. SUST. El que se elabora con leche de vaca entera y nata, de pasta blanda y cremosa. ▶ **~ de apoyo.** LOC. SUST. *En Baja California*, el que se elabora con leche de vaca, acabada de parir, es fresco y de pasta blanda. ▶ **~ de aro.** LOC. SUST. El que se elabora con leche de vaca, es fresco, de pasta blanda, de color blanco, con forma cilíndrica, generalmente se conserva en una pieza de madera o de carrizo alrededor. ▶ **~ de cincho.** LOC. SUST. **queso de aro.** ▶ **~ de hebra.** LOC. SUST. **quesillo.** ▶ **~ de puerco.** LOC. SUST. Embutido que se elabora de manera industrial con la carne, piel y cartílago de la cabeza del cerdo, y condimentos. ▶ **~ de tuna.** LOC. SUST. Dulce elaborado con la pulpa de este fruto cocida hasta alcanzar una consistencia de pasta. ▶ **~ doble crema.** LOC. SUST. El que se elabora con leche de vaca, fresco, de pasta blanda y muy cremosa, de color blanco, de sabor ácido y salado; típico de Chiapas. ▶ **~ etla.** LOC. SUST. **quesillo.** ▶ **~ holandés.** LOC. SUST. El edam.

▶ **~ manchego.** LOC. SUST. El que se elabora con leche de vaca, semicurado, de pasta semiblanda, de color amarillento y de alto contenido en grasa. ▶ **~ menonita.** LOC. SUST. **queso chihuahua.** ▶ **~ oaxaca.** [*oajáka*] LOC. SUST. **quesillo.** ▶ **~ ocosingo.** LOC. SUST. *En Chiapas*, el que se elabora con leche de vaca, semicurado, de forma esférica, de pasta blanda y muy cremosa en su interior, de color blanco amarillento, que se cubre con otra capa de queso, esta de pasta dura de color amarillento. ▶ **~ panela.** LOC. SUST. El que se elabora con leche de vaca, fresco, de pasta blanda, con forma circular, de color blanco, con menor grasa y sal que la mayoría. ▶ **~ ranchero.** LOC. SUST. Nombre genérico que se da a distintas variedades de quesos frescos. ▶ **~ relleno.** LOC. SUST. Guiso elaborado con queso de bola, que se ahueca y rellena con picadillo de carne de res o cerdo con salsa de jitomate, se sirve bañado en salsa kol; típico de Yucatán. ▶ **~ sierra.** LOC. SUST. El que se elabora con leche de vaca, maduro, de pasta dura, con forma circular, de color crema, en ocasiones se preserva con una cobertura de chile, ajo y sal que le sirve de protección contra las bacterias.

quesque. ■ ADJ. supran. Supuesto: "La quesque abogada me engañó". ■ ADV. supran. Supuestamente; dizque: "Quesque que dice que se va a vivir a la capital".

quesqueme. ■ M. **quechquémel.**

quesquémel. ■ M. **quechquémel.**

quesquémetl. ■ M. **quechquémel.**

quiché. ■ ADJ. **1.** supran. Perteneciente o relativo al **quiché**: "La marimba quiché se estropeó durante el viaje". || **2.** supran. Natural o procedente del grupo étnico **quiché**: "El curandero quiché me alivió del mal de ojo". ■ M. **3.** supran. Grupo étnico establecido en los estados de Campeche y Quintana Roo, en México, y en Guatemala. || **4.** supran. Lengua maya del subgrupo lingüístico quicheano. ■ COM. **5.** supran. Persona natural o procedente del grupo étnico **quiché**: "El quiché me curó del mal de ojo".

quicheano, na. ■ ADJ. **1.** supran. Perteneciente o relativo al **quicheano**: "El pueblo quicheano tiene su origen en Guatemala". ■ M. **2.** supran. Grupo étnico histórico que dio origen a los cakchiqueles, a los kekchís y a los quichés, entre otros. || **3.** supran. Conjunto de grupos étnicos establecidos principalmente en los estados de Campeche y Quintana Roo, México, y en Guatemala. || **4.** supran. Lengua reconstruida que históricamente dio origen al cakchiquel, al kekchí y al quiché. || **5.** supran. Grupo o familia de lenguas mayas que incluye al cakchiquel, al kekchí y al quiché, entre otras.

quichinixi. [*kichiníshi*] ■ M. Hierba enredadera originaria de América, de varios metros de longitud, monoica; tallos delgados, ligeramente pubescentes en los nudos, al cortar cualquier parte de la planta liberan una secreción lechosa; hojas opuestas, enteras, de lanceoladas a ovadas, con pelos sobre la vena media del envés; flores hermafroditas, pequeñas, con cinco pétalos ligeramente pelosos en la cara posterior y cinco lóbulos globosos en el centro de la flor, ambos de color blanco a amarillo; frutos foliculares, fusiformes, cubiertos de pelos cortos; semillas numerosas, lineares, pequeñas, aplanadas, con un penacho de pelos en el ápice; látex, uso farmacéutico. Familia de las apocináceas, *Funastrum clausum*.

quico. ■ M. fam. Beso.

quicuyo. ■ M. Hierba originaria del este de África, de hasta 10 cm de altura, monoica; rizomas y estolones bien desarrollados; tallos de crecimiento corto y rastreros; hojas alternas, enteras, envainantes, planas, linear-lanceoladas; lígulas en forma de anillo; flores hermafroditas, diminutas, agrupadas en espiguillas pequeñas, escasas, ocultas en las vainas superiores; uso forrajero y ornamental. Familia de las poáceas, *Pennisetum clandestinum*.

quiebra. ■ F. Acción y resultado de quebrar o quebrarse.

quiebramuelas. ■ F. **1.** Hierba originaria de América, de hasta 1 m de altura, monoica; tallos muy ramificados, con jugo lechoso blanco; hojas opuestas, enteras, lanceoladas; flores hermafroditas, vistosas, de color rojo anaranjado a rojo amarillo, agrupadas en umbelas; frutos foliculares y elipsoides; semillas numerosas, semicirculares, aplanadas, con penacho de pelos; látex, uso en la medicina tradicional. Familia de las apocináceas, *Asclepias curassavica*. (También se llama cancerillo, revientamuelas, rompemuelas, venenillo). || **2.** Raíz de la **quiebramuelas**; uso en la medicina tradicional.

quiebrapalito. ■ M. **1.** Ave de distribución en México, Centroamérica y noreste de Sudamérica, de aproximadamente 10 cm de longitud; con corona, alas, excepto coberteras, y cola de color negro; parte superior del cuello de color blanco; pecho y región ventral en tonos amarillos; patas de color naranja lustroso. Familia de los pípridos del orden Passeriformes, *Manacus candei*. (También se llama saltarín cuelliblanco). || **2.** Insecto neóptero de amplia distribución; con cuerpo cilíndrico, delgado y alargado que asemeja ramas o palos, o bien cuerpo deprimido dorsoventralmente con apariencia de hoja; se mimetiza con ramas y hojas para evadir a sus depredadores. Varias familias del orden Phasmatodea, varios géneros como *Bostra*, *Diapheromera*, *Timema*, entre otros. (También se llama insecto palo, zacatón). || **3.** Grupo de insectos de amplia distribución; de .9 mm hasta 7.5 cm de longitud; de coloración variable, desde tonos brillantes e iridiscentes hasta de color negro; con cuerpo de moderado a muy alargado; cabeza generalmente prognata, región frontal muy variable, con o sin carena; ojos generalmente grandes y protuberantes; se caracteriza por la libre articulación entre protórax y mesotórax, por poseer un prolongamiento de la región posterior del prosterno denominado proceso prosternal, el cual se incrusta en una cavidad del mesosterno, fenómeno que inicia un proceso físico que le da la propiedad de saltar acompañado por un chasquido. Varias especies de la familia de los elatéridos del orden Coleoptera. (También se llama saltador, tronador). || **4.** Individuo de este grupo de insectos.

quiebraplatos. ■ M. **1.** Hierba originaria de América, ampliamente distribuida a nivel mundial, de hasta 4 m de altura, monoica; tallos angulosos, flexibles, glabros o puberulentos plateados; hojas simples, alternas, redondeadas ovadas, enteras o tres lobadas, de pilosas a glabras por ambas caras; con margen entero; flores hermafroditas, vistosas, campanuladas, de color azul a morado, a veces blancas, agrupadas en conjuntos de dos o tres flores; frutos capsulares, subglobosos, algo comprimidos, de color café pajizo; seis semillas, diminutas, subglobosas, trígonas, cafés oscuras; uso en la medicina tradicional y ornamental. Familia de las convolvuláceas, *Ipomoea indica*. (También se llama manto azul, rompeplatos). || **2.** Hierba trepadora o rastrera originaria de América, de hasta 4 m de longitud, monoica; tallos muy pubescentes; hojas alternas, enteras o trilobadas, acorazonadas; flores hermafroditas, vistosas, campanuladas, de color púrpura o blanco en la base; frutos capsulares, globosos y cafés; semillas subglobosas, pubescentes, cafés. Familia de las convolvuláceas, *Ipomoea purpurea*. (También se llama campanita, mecapacle, mecapatli, metlancasis). || **3.** Hierba originaria de México, de hasta 50 cm de altura; bulbos ovoides; tallos de cilíndricos a ligeramente comprimidos, estriados; hojas basales, enteras, lanceoladas, ligeramente acanaladas; flores hermafroditas, vistosas, en forma de embudo, con seis tépalos de color rosado a blanco y con tonos rosados; frutos capsulares, subglobosos y trilobados; semillas semicirculares, con la superficie brillante. Familia de las amarilidáceas, *Zephyranthes fosteri*. (También se llama flor de mayo, mayito).

quiebre. ■ M. **1.** fam. Trago de licor. || **2.** supran. *En algunos deportes*, finta o amago para engañar al jugador contrario.

quién. ■ LOC. **~ quita y.** LOC. ADV. Quizá: "No estudié, pero quién quita y paso el examen".

quihubas. ■ INTERJ. **¡quihubas!** supran. **quihubo.**

quihubo. ■ INTERJ. **¡quihubo! 1.** Se usa para saludar: "¡Quihubo!, ¿cómo estás?". || **2.** Se usa para mostrar molestia: "¡Quihubo!, ¿dónde quedó mi monedero?". || **3.** Se usa para confirmar una aseveración: "Ganó mi equipo. ¡Quihubo!, ¿no que no ganaba?". || **4.** Se usa para indicar sorpresa: "¡Quihubo!, ¡no me pegues!".

quihúbole. ■ INTERJ. **¡quihúbole(s)! 1.** Se usa para saludar; quihubo: "¡Quihúbole!, ¿cómo estás?". || **2.** Se usa para mostrar molestia; quihubo: "¡Quihúboles!, ¿dónde quedó mi monedero?". || **3.** Se usa para confirmar una aseveración; quihubo: "Ganó mi equipo. ¡Quihúbole!, ¿no que no ganaba?". || **4.** Se usa para indicar sorpresa; quihubo: "¡Quihúbole!, ¡no me pegues!".

quiltonil. ■ M. **quintonil.**

quimbombó. ■ M. **1.** supran. Hierba o arbusto originario de África, de hasta 2 m de altura, monoico; tallos de color rojizo; hojas alternas, acorazonadas o lobuladas en tres o cinco lóbulos, con margen aserrado; flores hermafroditas, vistosas, con cinco pétalos amarillos y de color rojo en la base, flores solitarias en las axilas de las hojas; frutos capsulares, cónicos, de color amarillo a rojo; semillas numerosas, pequeñas, esféricas, grises. Familia de las malváceas, *Abelmoschus esculentus*. (También se llama angú, chimbombó, gombo). || **2.** supran. Fruto del **quimbombó**; comestible. || **3.** supran. Hoja del **quimbombó**; uso en la medicina tradicional.

quimil. ■ M. pop. Envoltorio, generalmente de ropa. ■ LOC. **(un) ~ de.** LOC. ADJ. *En Aguascalientes y Guanajuato,* numeroso, abundante o intenso; mucho: "En mi salón hay un quimil de flojos".

quina. ■ F. **1.** Árbol originario de América, de hasta 12 m de altura, monoico; tallos con ramas angulares, glabras o pubescentes; hojas opuestas, enteras, elípticas, ovadas o suborbiculares, generalmente pilosas por el envés, rara vez glabras; flores hermafroditas, pequeñas, densamente pubescentes, blancas o rosas, tubulares, dispuestas en panículas; frutos capsulares, de oblongo-ovados a elipsoides, de pilosos a glabros, cuando pilosos las vellosidades con tintes dorados; semillas numerosas, pequeñas, aladas. Familia de las rubiáceas, *Cinchona pubescens*. || **2.** Corteza de este árbol; uso industrial. || **3.** Nombre genérico dado a varias especies vegetales pertenecientes al género *Cinchona*.

quince. ■ M. *En el Norte,* juego de mesa parecido a los dados originario de los tarahumaras; romavoa.

quinceañera. ■ F. Véase **quinceañero, ra.**

quinceañero, ra. ■ M. y F. **1.** Joven de quince años que celebra este aniversario con una fiesta. ■ F. **2.** supran. *En el Norte,* fiesta para celebrar el décimo quinto aniversario del nacimiento de una mujer.

quinceaños. ■ M. PL. Fiesta para celebrar el décimo quinto aniversario del nacimiento de una persona.

quincear. ■ TR. **1.** Cortar con descuido o sin ninguna técnica el cabello; trasquilar: "El peluquero me quinceó el pelo y no me lo puedo peinar". || **2.** Dejar de esperar los alumnos al profesor por no haber llegado este al salón durante los primeros quince minutos de clase: "Esta semana, quinceamos al maestro de matemáticas".

quinientas. ■ LOC. **a las ~.** LOC. ADV. supran. fam. Muy tarde: "Por culpa del tráfico llegué a las quinientas a la reunión".

quinientón. ■ M. **1.** fam. Billete de quinientos pesos mexicanos. || **2.** fam. Cantidad equivalente a quinientos pesos mexicanos.

quintanarroense. ■ ADJ. **1.** Perteneciente o relativo al estado de Quintana Roo: "La asociación quintanarroense abrió hoy su centro de atención". || **2.** Natural o procedente del estado de Quintana Roo: "Los chicos quintanarroenses organizaron el coro de la facultad". ■ COM. **3.** Persona natural o procedente del estado de Quintana Roo: "Las quintanarroenses eliminaron al otro equipo".

quinto. ■ ADJ. **1.** *Referido a persona,* que no ha tenido relaciones sexuales. ■ M. **2.** Moneda de cinco centavos. ■ COM. **3.** Persona que no ha tenido relaciones sexuales.

quinto, ta. ■ ADJ. *Referido a persona,* que no ha tenido relaciones sexuales. Ú.t.c.sust. ■ LOC. **de quinto patio.** LOC. ADJ. **1.** fam. De pobreza extrema: "Por ese rumbo, hay zonas muy de quinto patio". || **2.** despect. Que se percibe como poco refinado: "Robarse las toallas del hotel es muy de quinto patio". ▷ **en el quinto sueño.** LOC. ADJ. **1.** fam. *Referido a persona,* muy dormida: "Cuando llegamos, mi hermano estaba en el quinto sueño". || **2.** fam. *Referido a persona,* muy distraída: "Perdón, no te escuché, estaba en el quinto sueño". ▷ **quinta huapanguera.** LOC. SUST. Guitarra de cinco órdenes de cuerdas, tres de ellas dobles; típica de la Huasteca. ▷ **quinto patio.** LOC. SUST. **1.** fam. Lugar más recóndito y pobre de una vecindad: "Éramos tan pobres que vivíamos en quinto patio". || **2.** fam. Lugar muy pobre: "Nos fuimos hasta el quinto patio de la ciudad". ▷ **sin (un) quinto.** LOC. ADJ. Sin dinero: "Mi tarjeta está sin un quinto". ▷ **un quinto.** LOC. SUST. supran. Cantidad mínima de dinero: "Llegué al mercado con un quinto y nada más compré la verdura".

quintonil. ■ M. **1.** Hierba originaria de América, de hasta 2 m de altura, monoica; tallos rojizos con estrías longitudinales; hojas alternas y helicoidales, enteras, de ovadas a lanceoladas, verdes, a veces teñidas de rojo, membranáceas; flores hermafroditas, diminutas, con cinco tépalos de color verde, dispuestas sobre largas espigas; frutos capsulares, globosos o subglobosos, pequeños, de apertura transversal; semilla única, aplanada, de globosa a ovoide, de color café rojizo a negro; uso forrajero y en la medicina tradicional. Familia de las amarantáceas, *Amaranthus hybridus*. (También se llama amaranto silvestre, bledo, chichimeca, quelite, quiltonil). || **2.** Rama del **quintonil**; comestible.

quintopatiero, ra. ■ ADJ. **1.** *Referido a persona*, pobre; indigente: "Llegó un tipo quintopatiero a buscar trabajo de jardinero". Ú.t.c.sust.: "Llegó un quintopatiero a buscar trabajo de jardinero". || **2.** despect. *Referido a persona*, que habita en el lugar más recóndito y pobre de una vecindad: "Acuérdate, eras un niño quintopatiero que no tenía ni pa' los tenis". Ú.t.c.sust.: "Acuérdate, eras un quintopatiero que no tenía ni pa' los tenis".

quiobas. ■ INTERJ. **¡quiobas!** fam. **quihubo.**

quiobo. ■ INTERJ. **¡quiobo!** fam. **quihubo.**

quióbole. ■ INTERJ. **¡quióbole!** fam. **quihúbole.**

quiote. ■ M. **1.** Tallo floral del maguey; comestible. || **2.** Tallo floral de otras plantas semejantes.

quiquear. ■ TR. fam. Besar: "Damián quiqueó a Leticia afuera de la escuela".

quiricua. ■ F. *En el Occidente,* afección cutánea tropical, caracterizada por lesiones pigmentarias en la piel, de color blancuzco, rojizo o azul oscuro.

quiropedista. ■ COM. supran. Persona que se dedica a cuidar y sanar los pies: "Gil, el quiropedista de mi clínica, es muy profesional y cuidadoso".

quitacalzón. ■ M. **1.** Hormiga de distribución en el noreste de México a Sudamérica, de 1 mm de longitud; de color castaño claro a castaño dorado, sin diferenciación de castas; cabeza grande en relación con el cuerpo; ojos relativamente pequeños; superficie del tórax muy rugosa y con apariencia opaca; gáster brillante, sin rugosidades, inclinado hacia abajo; pelos erectos y relativamente largos, que cubren el cuerpo de forma espaciada; notable por su dolorosa picadura. Familia de los formícidos del orden Hymenoptera, *Wasmannia auropunctata*. || **2.** supran. fam. Asunto, tema o problema de difícil solución: "La herencia de mi abuelo se convirtió en un quitacalzón".

quitán. ■ M. *En el Sureste*, mamífero de amplia distribución en México, de hasta 1 m de longitud y de alrededor de 40 kg; con cuerpo robusto con pelaje compuesto por cerdas gruesas de colores negro, gris y castaño, con una mancha blanquecina que asemeja un collar alrededor de su cuello; ojos pequeños en relación con su cabeza; en el lomo tiene una cavidad glandular de la que secreta un aceite de olor almizclado; comestible. Familia de los tayasuidos del orden Artiodactyla, *Pecari tajacu*. (También se llama coyámel, jabalí de collar, pecarí de collar).

quitaplacas. ■ COM. fest. Agente de tránsito: "Cuando este semáforo falla, viene un quitaplacas muy estricto a controlar el tráfico".

quitarse. ■ LOC. **~ de cosas.** LOC. VERB. No poner alguien pretextos: "Natalia, ya quítate de cosas y ponte a hacer la tarea". ▷ **~ de la pena.** LOC. VERB. Despreocuparse: "Darío se quitó de la pena y se vino a la fiesta con nosotros".

quitupán. ■ M. *En el Occidente*, licor de agave; mezcal de olla.

quiubas. ■ INTERJ. **¡quiubas!** supran. **quihubo.**

quiubo. ■ INTERJ. **¡quiubo!** supran. **quihubo.**

quiúbole. ■ INTERJ. **¡quiúbole(s)!** supran. **quihúbole.**

quizajas. ■ INTERJ. **¡quizajas!** rur. Se usa para expresar sorpresa, poniendo en duda lo que dice el interlocutor: "—Se me hace que este año no va a haber mucha lluvia. —¡Quizajas!".

Q

R

rabanillo. ■ M. **1.** Hierba originaria del Mediterráneo, de hasta 1 m de altura; tallos cilíndricos, en ocasiones costilludos, glabros con pubescencia estrigosa; hojas simples, alternas, las inferiores pinadas, con el lóbulo central más grande que los laterales, hojas apicales de elípticas a lanceoladas, con margen crenado o dentado; flores hermafroditas, pequeñas, blancas, amarillas o cremosas, de venación evidente color morado oscuro; frutos en silicuas cilíndricas, apostilladas longitudinalmente; semillas pequeñas, globosas, ovoides, de color rojizo a café anaranjado, reticuladas; uso forrajero; brotes, comestibles. Familia de las brasicáceas, *Raphanus raphanistrum*. (También se llama jaramado, nabo blanco). || **2.** Hierba originaria de América, de hasta 2 m de altura; tallos estriados o acanalados, huecos, glabros o esparcidamente pubescentes; hojas basales arrosetadas, profundamente divididas, lóbulos más pequeños conforme se acercan al ápice, glabras o pubescentes, con margen dentado, aserrado o lacerado; flores hermafroditas, pequeñas, tubulares, amarillas, dispuestas en cabezuelas terminales, las seis a nueve flores de la periferia en forma de pétalos, a veces pueden estar ausentes; frutos aquénicos, claviformes o subcilíndricos; uso en la medicina tradicional. Familia de las compuestas, *Packera sanguisorbae*. || **3.** Parte del cuerpo de los hombres localizada entre la región glútea y el dorso.

rabazo. ■ M. supran. Golpe fuerte que dan algunos animales con el rabo.

rabeadera. ■ F. Movimiento continuo del rabo de un animal.

rabeador, ra. ■ ADJ. supran. *Referido a un animal*, que da golpes con el rabo: “Mira esa vaca rabeadora, no para de comer”.

rabear. ■ INTR. supran. Golpear con el rabo un animal: “Ese toro rabea constantemente”.

rabiahorcado. ■ M. supran. Ave palmípeda de distribución en zonas tropicales del Atlántico y el Pacífico, de 1 m de longitud y de hasta 2.5 m de envergadura; con plumaje negro en cabeza y cuello, con una línea parda en las alas; los machos con piel orbital en tonos negros, una bolsa gular de color rojizo que se despliega durante el periodo de apareamiento; patas en tonos oscuros; hembras con cabeza y cuello de color negro; alas pardas; pecho blanco y piel orbital en tonos violáceos; ambos con patas rojizas; pico largo con una punta ganchuda; cola larga en forma de horquilla; se alimentan principalmente de peces; posan en zonas elevadas que les permiten emprender el vuelo fácilmente. Familia de los fregátidos del orden Suliformes, varias especies del género *Fregata*, como *Fregatamagnificens*, *Fregata minor*. (También se llama fragata).

rabirrubia. ■ F. supran. *En el Sureste y Veracruz,* pez marino originario del oeste del Atlántico, de hasta 85 cm de longitud y de hasta 1 kg de peso; con parte superior del cuerpo en tonos oliváceos o azules, con manchas dispersas de color amarillo; con una línea amarilla en la mitad del cuerpo desde el ojo hasta la cola; cuerpo alargado y poco alto con aletas radiadas; comestible. Familia de los lutjánidos del orden Perciformes, *Ocyuruschrysurus.*

rabo. ■ M. supran. fam. Trasero de una persona. ■ LOC. **del ~.** LOC. ADJ. **1.** fam. Muy difícil; de la chingada: "Pasar el examen final estuvo del rabo". || **2.** fam. Feo; de la chingada: "La colonia en la que vives está del rabo". || **3.** fam. Que está en mal estado; de la chingada: "Hoy no iré a la escuela porque me siento del rabo". ▶ **~ de bobo.** LOC. SUST. Palma originaria de América, de hasta 3 m de altura, monoica; tallos erectos, delgados, anillados, cubiertos de diminutas espinas delgadas y rígidas; hojas alternas, largas, divididas de cinco a 13 foliolos lanceolados, el peciolo con evidentes manchas blanquecinas, glabras, con margen entero; flores unisexuales, pequeñas y amarillas, dispuestas en largas espigas; frutos drupáceos, ovoides y elipsoides, de color naranja a rojizo; uso ornamental. Familia de las arecáceas, *Chamaedoreaoreophila.* ▶ **~ de chango.** LOC. SUST. **1.** Helecho arborescente originario de México y Centroamérica, de hasta 15 m de altura; tallos erectos y delgados; hojas de hasta 5 m de altura, dos o tres veces divididas o pinadas, delgadas y cafés cuando están secas, raquis y peciolo cubiertos de escamas persistentes; uso ornamental. Familia de las ciateáceas, *Cyatheaprinceps.* (También se llama rabo de mico, rabo de mono). || **2.** Tallo de este helecho; uso industrial. ▶ **~ de iguana.** LOC. SUST. **1.** Arbusto originario de América, de hasta 2 m de altura; tallos de pubescentes a glabrescentes, cubiertos de espinas curvas; hojas alternas, divididas en numerosos foliolos lineares, con márgenes que tienen pequeños cilios, glabras, las pinas basales y el peciolo con algunas glándulas circulares; flores hermafroditas, pequeñas y blancas, pétalos pequeños, estambres numerosos y largos, flores dispuestas en panículas terminales o axilares; frutos en vainas aplanadas y rectas, que abren en dos valvas, estas en color café claro, algo rojizas cuando maduran; semillas elipsoidales, de color café claro. Familia de las leguminosas, *Acacia tenuifolia.* || **2.** Hierba trepadora originaria de América, de hasta 3 m de altura; tallos huecos, pubescentes, con aguijones recurvados; hojas simples, alternas, ovado-lanceoladas, glabras o esparcidamente pubescentes, provistas de un nectario; flores hermafroditas, pequeñas, con cinco pétalos, purpúreos, sépalos fusionados lateralmente, verdes, dispuestas en cimas; frutos capsulares, esferoidales o elipsoidales, cubiertos de aguijones gruesos, de color verde; semillas pequeñas, ovoides, finamente tuberculadas, de color café; uso en la medicina tradicional. Familia de las malváceas, *Byttneria aculeata.* ▶ **~ de mestiza.** LOC. SUST. Guiso caldoso elaborado con salsa de jitomate, a la que se le añaden huevos estrellados y tiras de chile. ▶ **~ de mico.** LOC. SUST. **rabo de chango.** ▶ **~ de mono.** LOC. SUST. **rabo de chango.** ▶ **~ de zorra.** LOC. SUST. Arbusto originario de América, de hasta 9 m de altura; tallos leñosos, muy ramificados, de ligera a densamente pedunculados, estriados o acanalados cuando secos; hojas simples, alternas, ovadas, hirsutas o hispídulas por el haz y el envés, cartáceas cuando secas; flores hermafroditas, diminutas y blancas, con cuatro estambres y tres estigmas sésiles, flores dispuestas en largas espigas axilares; frutos drupáceos, ovoides, redondeados o trígonos, papilosos o hirsutos, de color verde pálido a café cuando secos; uso ornamental. Familia de las piperáceas, *Piper aduncum.* ▶ **~ negro.** LOC. SUST. Serpiente de amplia distribución en México, de hasta 2.5 m de longitud; de coloración café a olivácea, en tonos más oscuros hacia la cola, su vientre en tonos más claros, de distintos colores dependiendo de las subespecies; con tres rayas oscuras alrededor de los ojos, una mancha oscura vertical justo detrás de la mandíbula y una fuerte barra diagonal oscura a ambos lados del cuello; con escamas suaves y brillantes. Familia de los colúbridos del orden Squamata, *Drymarchon melanurus.* (También se llama arroyera de cola negra, culebra azul, culebra negra, culebra prieta, palancacoate, sabanera, tilcoate). ▶ **~ verde.** LOC. SUST. supran.

R

Hombre maduro que pretende relaciones amorosas con mujeres jóvenes.

rabón, na. ■ ADJ. **1.** supran. *Referido a algo,* más corto de lo normal: "Tu falda está muy rabona". ■ M. **2.** Camión de carga con un solo eje trasero, utilizado para cargamento voluminoso y ligero.

radiar. ■ TR. supran. Excluir a alguien de un grupo, asociación o lista: "Lo radiaron del equipo por su actitud individualista".

radiograbadora. ■ F. supran. Aparato electrónico que consta de un radio y una casetera.

raicear. ■ INTR. supran. rur. Echar raíces; enraizar: "Las cebollas ya raicearon".

raicerío. ■ M. supran. rur. Abundancia de raíces; raicero.

raicero, ra. ■ ADJ. **1.** Perteneciente o relativo a la raíz: "Elaboraron un insecticida contra las plagas raiceras". ■ M. y F. **2.** Persona que se dedica a extraer las raíces de algunas plantas, generalmente el zacatón. ■ M. **3.** supran. rur. Abundancia de raíces; raicerío.

raid. ■ M. supran. Viaje gratuito que alguien facilita a otra persona para llevarla hacia su destino; aventón.

raite. ■ M. *En el Norte,* **raid.**

raitear. ■ TR. supran. Transportar a alguien de forma gratuita para acercarlo a su destino: "Tobías es un buen amigo, siempre me raitea cuando lo necesito".

raiting. [*réiting*] ■ M. supran. Número de radioescuchas o televidentes de una estación, programa o canal: "Hay que subir el *raiting,* si no, nos sacan del aire".

raiz. ■ LOC. **a(l) ~.** LOC. ADJ. **1.** fam. Escueto: "La mesa está muy a raiz, ponle unas flores". || **2.** fam. *Referido a persona,* desprovista de ropa interior: "Él nos contó que duerme a raiz". || **3.** fam. *Referido a persona,* que no ha comido: "Me la pasé todo el día a raiz, ni una torta me pude echar". || **4.** fam. *Referido a persona,* que no tiene dinero: "Si por mí fuera, te prestaba, pero ando a raiz".

raíz. ■ LOC. **~ de china.** LOC. SUST. **1.** Hierba trepadora originaria de América, de hasta 5 m de altura, dioica; tallos muy ramificados, rollizos, leñosos, esparcidamente espinosos; hojas simples, alternas, ovadas, glabras, con margen entero, con un zarcillo en el peciolo; flores unisexuales, pequeñas, de color amarillo verdoso, agrupadas en umbelas; frutos abayados, pequeños, globosos, puberulentos, de color rojo. Familia de las esmiláceas, varias especies del género *Smilax,* como *Smilax china, Smilax fluminensis, Smilax ornata.* (También se llama zarzaparrilla). || **2.** Raíz de esta hierba trepadora; uso en la medicina tradicional. || **3.** Hierba originaria de China de hasta 80 cm de altura, monoica; tallos muy ramificados, erectos, delgados y flexibles; hojas simples, alternas, caedizas, de oblanceoladas a linear-elípticas, glabras, con margen entero; flores hermafroditas, pequeñas y amarillas, con cinco estambres blancos, dispuestas en umbelas, protegidas por cinco hojas verdes dispuestas de forma verticilada, que dan la apariencia de pétalos; frutos esquizocárpicos, diminutos, elipsoidales; uso en la medicina tradicional. Familia de las apiáceas, *Bupleurum chinense.* ▷ **~ de gato.** LOC. SUST. Hierba originaria de México, de hasta 60 cm de altura, dioica; tallos ramificados, con pequeñas papilas o pelos en los nudos; hojas simples, opuestas, divididas en múltiples foliolos lineares u oblongos, con margen entero; flores hermafroditas y femeninas, pequeñas, tubulares, dispuestas en panículas cimosas, de color blanco o rosado, las femeninas pubescentes por fuera; frutos aquénicos, de elípticos a ovado-oblongos, pequeños y con abundantes pelillos rígidos; uso en la medicina tradicional. Familia de las caprifoliáceas, *Valeriana ceratophylla.* (También se llama raíz de oso, valeriana). ▷ **~ de(l) indio.** LOC. SUST. **1.** Hierba rastrera originaria de América, de hasta 3 m de longitud; tallos cilíndricos y ásperos; hojas simples, alternas, acorazonadas y puntiagudas, glabras o pubescentes, con margen entero; flores hermafroditas, vistosas, en forma de embudo o jarrón, de color rojo con la base amarilla, cubiertas de pequeñas verrugas al interior excepto en la garganta, solitarias, dispuestas en las axilas de las hojas; frutos capsulares y alados. Familia de las aristoloquiáceas, *Aristolochia monticola.* || **2.** Tallo de esta hierba; uso en la medicina tradicional. || **3.** Raíz de esta hierba; uso en la medicina tradicional. ▷ **~ de oso.** LOC. SUST. **raíz de gato.** ▷ **~ de víbora.** LOC. SUST. **1.** Hierba de amplia distribución en México, de hasta 30 cm de altura; tallos postrados, delgados, glabros o ligeramente pubescentes; hojas alternas, divididas en dos foliolos ovado-lanceolados, estrigosos por ambas caras, con margen entero; flores hermafroditas, pequeñas, de color amarillo con ligeros tintes rojizos en la base de los pétalos, estambres fusionados formando un tubo, cada flor protegida por una pequeña hoja o bráctea ovada, dispuesta en espigas largas y compactas; frutos en legumbres comprimidas formadas de cuatro segmentos amarillentos o verdosos, glabros o ligeramente pubescentes; semillas diminutas, ovoides, comprimidas, de color amarillo rojizo al principio y oscuro después. Familia de las leguminosas, *Zornia thymifolia*. || **2.** Tallo de esta hierba; uso en la medicina tradicional. || **3.** Hoja de esta hierba; uso en la medicina tradicional. ▷ **~ de zacatón.** LOC. SUST. **1.** Hierba originaria de América, de hasta 1.5 m de altura; tallos erectos, robustos, glabros, estrigosos en la base; hojas alternas, simples, linear-lanceoladas, largas, envainantes en la base, glabras o ligeramente rugosas al tacto; flores hermafroditas, diminutas, con pétalos reducidos, de color verde olivo a azul, agrupadas en espigas erectas y densas; frutos cariópsides diminutos, de color rojo pardo oscuro. Familia de las gramíneas, *Muhlenbergia macroura*. (También se llama zacate). || **2.** Raíz de esta hierba; uso en la industria de la jarciería. ▷ **~ del manso.** LOC. SUST. **1.** Hierba de amplia distribución en el norte de México, de hasta 80 cm de altura; tallos erguidos, nudosos, glabros o con pubescencia lanosa o esparcida; hojas simples, alternas, de elípticas a obovadas, glabras o esparcidamente pubescentes, las basales ampliamente pecioladas, las apicales sésiles y cortamente pecioladas; flores hermafroditas, pequeñas, sin pétalos ni sépalos, protegidas por una pequeña hoja blanca o rojizas, dispuestas en espigas terminales, protegidas por pequeñas hojas blancas o rojizas; frutos capsulares, con una pequeña abertura en el ápice. Familia de las saururáceas, *Anemopsis californica*. || **2.** Hoja de esta hierba de amplia distribución en el norte de México; uso en la medicina tradicional. || **3.** Hierba originaria de México, de hasta 2 m de altura; tallos poco ramificados, erectos, de estrigosos a híspidos; hojas simples, las inferiores opuestas, las superiores alternas, de lanceoladas a oblongo-ovadas, haz tuberculado, estrigoso y rasposo, envés híspido sobre nervaduras, con margen entero o serrulado; flores hermafroditas, pequeñas, tubulares, amarillas, dispuestas en cabezuelas de largo pedúnculo, flores del centro hermafroditas, flores de la periferia estériles, con forma de pétalo; frutos aquénicos, oblongos, más o menos comprimidos, pubescentes o glabros, con dos aristas en el ápice, negruzcos. Familia de las compuestas, *Viguiera excelsa*.

raizal. ■ M. supran. rur. Abundancia de raíces; raicero.

raja. ■ F. **1.** rur. Surco donde se siembra el maíz. || **2.** rur. Excremento seco de las reses que se utiliza como combustible para hacer fuego.

rajas. ■ F. PL. **3.** Tiras o rodajas de chile jalapeño en vinagre. || **4. rajas poblanas.** ■ LOC. **~ poblanas.** LOC. SUST. Guiso elaborado con tiras de chile poblano, cebolla y crema.

rajada. ■ F. supran. **rajadura.**

rajadura. ■ F. supran. Hendidura.

rajar. ■ TR. **1.** fam. Delatar a alguien: "Rajaron a Abel y se supo la verdad". ■ LOC. **~ la madre.** LOC. VERB. **1.** malson. Dar una golpiza a alguien. || **2.** malson. Perjudicar a alguien. ▷ **~ leña.** LOC. VERB. fam. Confesar, generalmente un delito: "El robacoches rajó leña y le disminuyeron la condena".

rajarle. ■ INTERJ. **¡rájale!** fam. Se usa para expresar sorpresa: "¡Rájale!, ¡mi prima se sacó la lotería!".

rajarse. ■ INTR. PRNL. **2.** supran. fam. Irse precipitadamente: "Me rajé de la fiesta cuando vi que estaba aburrida".

rajón, na. ■ ADJ. **1.** fam. *Referido a persona*, miedosa: "Sara es muy rajona con las arañas". Ú.t.c.sust.: "Sara es una rajona con las arañas". || **2.** fam. *Referido a persona*, que incumple lo prometido: "No apuestes nada con él, es bien rajón y nunca paga". Ú.t.c.sust.: "No apuestes nada con él, es un rajón y nunca paga". || **3.** fam. *Referido a persona*, que desiste de algo en el último momento; cobarde: "Ella es una persona rajona, no quiso aventarse en paracaídas". Ú.t.c.sust.: "Ella es una rajona, no quiso aventarse en paracaídas".

|| **4.** supran. fam. *Referido a persona*, delatora: "Eres muy rajón, ¿por qué tenías que contar que me robé unos dulces?". Ú.t.c.sust.: "Eres un rajón, ¿por qué tenías que contar que me robé unos dulces?".

ralámuli. Véase **rarámuri.**

rama. ■ LOC. **~ de oro.** LOC. SUST. Arbusto originario de México, de hasta 5 m de altura; tallos leñosos, volubles y trepadores; hojas simples, alternas, ovadas, coriáceas, brillantes y glabras; flores hermafroditas, grandes y vistosas, amarillas con cinco líneas rojas que surgen desde la base, con forma de embudo, los lóbulos de los pétalos enroscados hacia atrás, flores solitarias o agrupadas en racimos; frutos abayados, globosos o piriformes, verdes, los sépalos persistentes; uso ornamental. Familia de las solanáceas, *Solandra maxima*. (También se llama copa de oro, trompeta). ▷ **~ de sapo.** LOC. SUST. Hierba originaria de América, de hasta 1 m de altura; tallos simples o ramificados desde la base, carnosos y rojizos; hojas simples, alternas, elípticas u obovadas, largas, suculentas y glabras; flores hermafroditas, diminutas, de rojas a rosadas, en ocasiones amarillas, de 15 a 20 estambres, flores dispuestas en panículas terminales; frutos capsulares, globosos, pequeños, que se abren por tres valvas; semillas numerosas, reniformes, comprimidas, estriadas o tuberculadas, negras y brillantes; uso ornamental y en la medicina tradicional. Familia de las portulacáceas, *Talinum paniculatum*. (También se llama lechuguilla).

rameada. ■ F. Acción y resultado de ramear.

ramear. ■ TR. **1.** Pasar ramas o hierbas por el cuerpo de una persona con fines curativos: "En el temascal me ramearon un buen rato". || **2.** rur. Hostigar a un animal con una rama: "No ramees a ese caballo porque te va a tirar una patada". ■ INTR. **3.** rur. Comer un animal ramas de los árboles: "Esa vaca rameó mucho y por eso hoy amaneció hinchada". || **4.** supran. Echar ramas una planta: "Mira qué bonito está mi helecho, rameó desde la semana pasada".

ramón. ■ M. **1.** Árbol originario de América del Norte, de hasta 10 m de altura, monoico; tallos de corteza lisa, de color café grisáceo, gris cuando joven, cubierta de protuberancias; hojas simples, alternas, ovadas, glabras por el haz y pubescentes en la vena media por el envés, con margen aserrado; flores masculinas y hermafroditas, diminutas y verdes, solitarias o agrupadas en panículas compactas, axilares: las masculinas localizadas en la parte baja de las ramas y las hermafroditas en la parte alta; frutos drupáceos, globosos, de color rojo a morado o negro; uso ornamental. Familia de las cannabáceas, *Celtis occidentalis*. || **2.** Fruto de este árbol originario de América del Norte; comestible. || **3.** Árbol originario de Centroamérica, de 40 m de altura; troncos derechos, cilíndricos, con contrafuertes grandes y bien formados, cortezas lisas, de color café, lenticelas redondeadas y con exudado lechoso; hojas alternas, simples, cortamente pecioladas, ovadas o elípticas, con margen entero; flores unisexuales, solitarias y axilares: las masculinas reunidas en amentos globosos, las femeninas en cabezuelas oblongas, ovales, de color verde; frutos drupáceos, globosos, anaranjados o rojos, de sabor y olor dulces; semillas esféricas, aplanadas por ambos lados; uso como biocombustible y en la medicina tradicional. Familia de las moráceas, *Brosimum alicastrum*. (También se llama huge, huje, ojite, ojoche, ox, mujú, samaritano). || **4.** supran. Árbol o arbusto originario de México y Guatemala, de hasta 3 m de altura, dioico; tallos glabros, pubescentes en el ápice cuando jóvenes; hojas alternas, divididas, agrupadas hacia el ápice de las ramas, de 11 a 33 foliolos, sésiles, de oblongos a elípticos, con margen entero, membranáceos; flores unisexuales, diminutas: las masculinas pilosas, con cinco estambres, agrupadas en espigas, pubescentes, las femeninas densamente pilosas, agrupadas en panículas, ovadas, ciliadas y pilosas; frutos drupáceos, sésiles, comprimidos lateralmente, de azul oscuro a negro, glabros; semillas pequeñas, lenticulares; uso en la medicina tradicional. Familia de las anacardiáceas, *Pistacia mexicana*. (También se llama copal, lantisco, lantrisco, lentisco, pistacho mexicano, soconante). ■ LOC. **~ colorado.** LOC. SUST. **ramón de caballo.** ▷ **~ de caballo.** LOC. SUST. **1.** supran. Árbol o arbusto originario de Latinoamérica, de hasta 10 m de altura, dioico; tallos de corteza lisa, con lenticelas en bandas horizontales, de color gris claro, las ramas jóvenes de color pardo; hojas simples, alternas, oblongo-elípticas, glabras, con margen en ocasiones aserrado; flores unisexuales, pequeñas, blancas, flores masculinas más largas que las femeninas, con cuatro pétalos y cuatro estambres, agrupadas en espigas; frutos drupáceos, globosos u ovoides, pubescentes, rojos o púrpuras; una sola semilla, de color amarillento; hojas, uso forrajero. Familia de las moráceas, *Trophis racemosa*. (También se llama campanilla, ramón colorado, ramoncillo). || **2.** supran. Fruto de este árbol o arbusto; comestible.

ramoncillo. ■ M. **ramón de caballo.**

ranchera. ■ F. Véase **ranchero, ra.**

rancherada. ■ F. rur. Conjunto de rancheros.

ranchería. ■ F. Conjunto pequeño de viviendas no urbanizadas en zonas rurales.

ranchero, ra. ■ ADJ. **1.** Perteneciente o relativo al rancho o al campo: "Manuel usa botas rancheras". || **2.** Perteneciente o relativo al género de canción popular mexicana con acompañamiento de instrumentos acústicos de cuerda, y de diversos temas líricos, generalmente el desamor: "Ese cantante es famoso por sus boleros rancheros". || **3.** fam. *Referido a persona*, tímida: "La niña ranchera no saludó a sus padrinos". Ú.t.c.sust.: "La niña es una ranchera, no saludó a sus padrinos". || **4.** despect. *Referido a persona*, poco refinada: "Mi padrino es muy ranchero, come con la boca abierta". Ú.t.c.sust.: "Mi padrino es un ranchero, come con la boca abierta". ■ M. y F. **5.** Propietario de un rancho. ■ F. **6.** Canción popular derivada de los sones y gustos del occidente de México. ■ LOC. **a la ranchera.** LOC. ADJ. *Referido a un alimento*, asado sobre un comal a las brasas: "Preparamos pollo a la ranchera".

ranchito. ■ M. **1.** Lumbre que encienden los arrieros y los caminantes. || **2.** supran. Cobertizo hecho de ramas de árboles.

rancho. ■ M. **1. ranchería.** || **2.** Cobertizo hecho de ramas de árboles; ranchito. || **3.** fam. Vivienda; casa. || **4.** supran. Casa sencilla, generalmente con techo de paja, que se construye en áreas rurales o fuera de una población. || **5.** supran. Finca ganadera o agrícola.

ranerío. ■ M. supran. Abundancia de ranas o sapos.

ranfla. ■ F. supran. *En el Norte*, automóvil.

rapa. ■ LOC. **a ~.** LOC. ADJ. *Referido al cabello*, muy corto; al rape: "Lorenzo siempre pide el corte a rapa".

rapamontes. ■ COM. fam. Persona que tala ilegalmente árboles: "Tengo un vecino que es un rapamontes, ojalá lo encierren".

rapidín. ■ M. fest. Coito realizado cuando se dispone de poco tiempo.

rarámuri. ■ ADJ. **1.** Perteneciente o relativo al **rarámuri**; tarahumara: "El violín rarámuri se toca para acompañar varias danzas". || **2.** Natural o procedente del grupo étnico **rarámuri**; tarahumara: "Esa mujer rarámuri viste falda blanca por ser mayor". ■ M. **3.** Grupo étnico establecido en el estado de Chihuahua; tarahumara. || **4.** Lengua yutoazteca del subgrupo lingüístico tarahumarano; tarahumara. ■ COM. **5.** Persona natural o procedente del grupo étnico **rarámuri**; tarahumara: "Esa rarámuri viste falda blanca por ser mayor".

rascabuche. ■ M. supran. *En el Sureste*, instrumento musical de percusión hecho con el fruto seco y sin semillas del güiro, al que se le hace una hilera de pequeñas ranuras horizontales paralelas, sobre las que se frota una pequeña barra de madera.

rascadura. ■ F. **rascaduría.**

rascaduría. ■ F. *En Puebla*, hecho de rascar o cosechar la papa.

rascalavieja. ■ F. **1.** Árbol originario de América, de hasta 15 m de altura, monoico; troncos gruesos, con corteza de color grisáceo; hojas alternas, ovadas o elíptico-ovadas, coriáceas, muy rugosas en ambas superficies, bordes irregulares y agrupadas en las partes terminales de las ramas; flores hermafroditas, pequeñas, con cuatro pétalos, de color blanco a rosado, con olor dulce y con numerosos estambres, agrupadas en racimos axilares; frutos capsulares verdes y peludos, coriáceos; una o dos semillas, elipsoides, negras, cubiertas con un arilo blanco. Familia de las dileniáceas, *Curatella americana*. (También se llama chaparro, chumico, hoja chigüe, hojamán, ojamán). || **2.** Corteza de la **rascalavieja**; uso industrial. || **3.** Corteza del fruto de la **rascalavieja**; uso en la medicina tradicional.

rascar. ■ INTR. supran. rur. *En Puebla*, cosechar la papa.

R

rascarse. ■ LOC. **~ con las/sus propias uñas.** LOC. VERB. supran. fam. Enfrentar una adversidad sin ayuda: "Abel se rasca con sus propias uñas desde los quince años". ▷ **~ la panza.** LOC. VERB. supran. fam. Holgazanear: "El domingo me quedé en casa rascándome la panza". ▷ **~ para adentro.** LOC. VERB. supran. fam. Ocuparse alguien únicamente de sus propios asuntos e intereses: "En cada junta, él nada más se rasca para adentro".

rascarrabias. ■ ADJ. **1.** supran. fest. *Referido a persona*, cascarrabias: "La señora de la panadería es muy rascarrabias, siempre está de malas". ■ COM. **2.** supran. fest. Persona cascarrabias: "La señora de la panadería es una rascarrabias, siempre está de malas".

rascatripas. ■ ADJ. **1.** fam. *Referido a persona*, indigente: "Había un muchacho rascatripas hurgando entre la basura". || **2.** fam. *Referido a persona*, que toca un instrumento musical de cuerda con poca habilidad: "Se consiguió un músico rascatripas para la fiesta de anoche". ■ COM. **3.** fam. Persona indigente: "Ese muchacho es un rascatripas que suele hurgar entre la basura". || **4.** fam. Persona que toca un instrumento musical de cuerda con poca habilidad: "Se consiguió una rascatripas muy mala y carera para la fiesta de anoche".

rascuache. ■ ADJ. **1.** despect. *Referido a algo*, poco abundante: "En la comida nos sirvieron un pozole rascuache, sin nada de carne". || **2.** despect. *Referido a algo*, de mala calidad: "Los plumones que compré son muy rascuaches, se les seca la tinta muy rápido". || **3.** despect. *Referido a un lugar*, pobre y pequeño: "En ese pueblo rascuache no hay ni una farmacia". || **4.** despect. *Referido a persona*, poco refinada: "Mis primas rascuaches nunca saludan cuando llegan". || **5.** despect. *Referido a persona*, tacaña: "La vecina es muy rascuache, ¡ayer me cobró el aventón!". ■ COM. **6.** despect. Persona poco refinada: "Mis primas son unas rascuaches, nunca saludan cuando llegan". || **7.** despect. Persona tacaña: "Sandra es una rascuache, ¡ayer me cobró el aventón!".

rascuachera. ■ F. Véase **rascuachero, ra.**

rascuachero, ra. ■ ADJ. **1. rascuacho, cha.** ■ M. **2.** despect. Conjunto de cosas desordenadas en un lugar: "Recoge tu rascuachero, que vamos a tener visitas". || **3.** supran. despect. Conjunto de cosas de mala calidad: "Ese rascuachero no lo van a poder vender aunque lo regalen". || **4.** supran. despect. Lugar lleno de cosas de mala calidad: "La tienda de la esquina es un rascuachero". ■ F. **5.** despect. Conjunto de cosas desordenadas en un lugar; rascuachero: "Recoge tu rascuachera, que vamos a tener visitas". || **6.** supran. despect. Conjunto de cosas de mala calidad; rascuachero: "Esa rascuachera no la van a poder vender aunque la regalen". || **7.** supran. despect. Lugar lleno de cosas de mala calidad; rascuachero: "La tienda de la esquina es una rascuachera".

rascuacho, cha. ■ ADJ. **1.** despect. *Referido a algo*, de mala calidad; rascuache: "Los plumones que compré son muy rascuachos, se les seca la tinta muy rápido". || **2.** despect. *Referido a persona*, poco refinada; rascuache: "Mis primas rascuachas nunca saludan cuando llegan". Ú.t.c.sust.: "Mis primas son unas rascuachas, nunca saludan cuando llegan". || **3.** despect. *Referido a persona*, tacaña; rascuache: "Es muy rascuacho, me cobra hasta el aventón". Ú.t.c.sust.: "Es un rascuacho, me cobra hasta el aventón".

rasguñada. ■ F. **1.** fam. Hecho de realizar algo con esfuerzo, alcanzando apenas el objetivo. || **2.** supran. fam. Hecho de realizar algo con esfuerzo, sin lograr el objetivo.

rasguñar. ■ TR. **1.** fam. Realizar algo con esfuerzo, alcanzando apenas el objetivo: "La selección de futbol rasguñó su pase a la siguiente ronda". || **2.** supran. fam. Realizar algo con esfuerzo, sin lograr el objetivo: "Carlos rasguñó el primer lugar de la competencia, pero llegó segundo".

rasmillada. ■ F. **rasmillón.**

rasmilladura. ■ F. **rasmillón.**

rasmillar. ■ TR. supran. Rasguñar ligeramente: "El gato me rasmilló la mano".

rasmillón. ■ M. supran. coloq. Rasguño ligero.

raspa. ■ ADJ. **1.** fam. *Referido a algo*, soez: "El comediante solo contó chistes raspas y cuentos subidos de tono". || **2.** despect. *Referido a persona*, de bajo estrato sociocultural: "Los amigos de Sonia son muy raspas, siempre andan harapientos". ■ F. **3.** despect. Gente de malos hábitos. || **4.** supran. fam. Reprensión o regaño vehementes: "Mi papá me dio una tremenda raspa por llegar tarde anoche". ■ COM. **5.** despect. Persona de bajo estrato sociocultural: "Los amigos de Sonia son unos raspas, siempre andan harapientos".

raspabuche. ■ M. Pan elaborado con harina sin refinar y piloncillo, que se vende generalmente en ferias de pueblo.

raspada. ■ F. Véase **raspado, da.**

raspadito. ■ M. Juego de azar que consiste en raspar un boleto para descubrir si este está o no premiado.

raspado, da. ■ ADJ. **1.** fam. *Referido a persona*, que no tiene dinero: "Tú paga la cuenta, estoy muy raspado esta quincena". ■ M. **2.** supran. Preparado hecho con hielo finamente triturado y bañado con algún jarabe de sabor. ■ F. **3.** Perjuicio de manera indirecta. || **4.** supran. Reprensión o regaño.

raspadura. ■ F. supran. Azúcar sin refinar; piloncillo.

raspaguacal. ■ M. **1.** Árbol originario de América, de hasta 25 m de altura; tallos muy ramificados y torcidos, las partes jóvenes de glabras a pubescentes, corteza fisurada, de color café grisáceo a rojizo; hojas simples, opuestas, ovadas, el haz de glabro a estriguloso, el envés glabro o pubérulo, con margen serrado; flores hermafroditas, diminutas, tubulares, de color blanco a rosado, dispuestas en panículas terminales, de glabras a puberulentas; frutos drupáceos, anchamente elipsoidales, ligeramente estriados, de color blanco. Familia de las boragináceas, *Ehretia latifolia.* || **2.** Liana o arbusto trepador, de hasta 7 m de longitud, dioica; tallos de corteza roja, exfoliante, las partes jóvenes cubiertas de pelos estrellados; hojas simples, alternas, elípticas, escabrosas y estrigosas en el haz y en la vena media del envés, con margen dentado; flores unisexuales, diminutas, de dos, tres o cuatro pétalos, de color amarillo pálido, blanco, o blanco verdoso, estambres numerosos, flores dispuestas en panículas terminales o axilares; frutos foliculares, pequeños, glabros y brillantes, de color café oscuro; semillas diminutas, brillantes, negras, cubiertas de un arilo de color rojizo amarillento. Familia de las dileniáceas, *Tetracera portobellensis.* || **3.** Hoja de esta liana o arbusto; uso como lustrador de madera.

raspar. ■ TR. **1.** Perjudicar de manera indirecta: "La subida del dólar nos raspó a todos". || **2.** supran. Reprender o regañar: "Rasparon a mi prima en la escuela por copiar en el examen". ■ LOC. **~ codos.** LOC. VERB. **raspar suela.** ▷ **~ suela.** LOC. VERB. pop. Bailar: "Mi novia y yo raspamos suela en la fiesta del sábado".

raspasombrero. ■ M. **1.** Hierba originaria de América, de hasta 3 m de altura; tallos trepadores, cuadrangulares, pubescentes; hojas simples, opuestas, elíptico-oblongas, glabras o pubescentes, ásperas al tacto; flores hermafroditas, pequeñas y vistosas, tubulares, pubescentes, sépalos más largos que los pétalos, de color azul a violeta, pétalos de color violeta o morado, con el centro blanquecino; frutos drupáceos, completamente cerrados por los sépalos, flores solitarias o agrupadas en racimos axilares o terminales. Familia de las verbenáceas, *Petrea volubilis.* || **2.** Raíz del **raspasombrero**; uso en la medicina tradicional.

raspatablas. ■ COM. despect. Carpintero: "El ropero está descuadrado porque esa raspatablas no tomó bien las medidas".

raspón. ■ M. fam. Comentario incómodo: "El director les echó un raspón a los profesores".

rasquera. ■ F. fam. Comezón.

rasqueta. ■ F. supran. Instrumento compuesto de una chapa de hierro con cuatro a cinco filas de dientes menudos y romos, y de un mango o un asa; usado para limpiar las caballerías.

rasquetear. ■ TR. supran. Limpiar con una rasqueta: "Rasqueteamos la pared antes de pintarla".

rasqueteo. ■ M. supran. Limpieza que se hace con una rasqueta.

rastrillar. ■ TR. supran. Realizar labores de reconocimiento en áreas urbanas o despobladas los militares, policías o personal de rescate: "El fin de semana pasado el ejército rastrilló las zonas afectadas por el huracán".

rastrillo. ■ M. Instrumento de afeitar constituido por un mango con un dispositivo donde se aloja una cuchilla.

rastrojeada. ■ F. supran. rur. Acción y resultado de rastrojear o recoger los restos de un cultivo, especialmente los del maíz.

rastrojear. ■ TR. supran. rur. Recoger los restos de un cultivo, especialmente los del maíz.

rastrojero, ra. ■ ADJ. **1.** rur. Perteneciente o relativo al rastrojo: "Contrataron a más trabajadores para la temporada rastrojera". ■ M. y F. **2.** rur. Persona que se dedica a rastrojar o a recolectar los últimos frutos de un cultivo, especialmente los del maíz. ■ M. **3.** Ave rapaz de amplia distribución en México, de hasta 50 cm de longitud y 1.25 m de envergadura; machos con plumaje gris oscuro, en tonos cafés en la parte dorsal, de color crema en la parte ventral; con grupa de color blanco; hembras en tonos más oscuros y parduzcos, región ventral rayada en tonos cafés; zonas de reproducción en Canadá y norte de Estados Unidos de América, durante el invierno migran a las llanuras del sur llegando hasta Colombia. Familia de los accipítridos del orden Accipitriformes, *Circus hudsonius*. (También se llama gavilán café, gavilán planeador, gavilán ratonero, tlacocuautli).

rastrojo. ■ M. supran. rur. Recolección de los restos de un cultivo, especialmente los del maíz.

rasurada. ■ F. *En algunos deportes*, hecho de rasurar o pasar a una distancia muy corta de algo.

rasurar. ■ TR. *En algunos deportes*, pasar a una distancia muy corta de algo: "El jugador tiró un balonazo de media distancia que rasuró el poste".

rata. ■ ADJ. **1.** despect. *Referido a persona*, que delata; soplón: "Eres muy rata, Memo, por eso nos descubrió la policía". ■ COM. **2.** despect. Persona que delata; soplón: "Eres un rata, Memo, por eso nos descubrió la policía". ■ LOC. **~ cambalachera.** LOC. SUST. **rata de maguey.** ▶ **~ conejo.** LOC. SUST. **rata de maguey.** ▶ **~ de maguey.** LOC. SUST. Roedor de distribución en América del Norte y Centroamérica, de hasta 50 cm de longitud, incluyendo cola; de coloraciones que van del gris pálido al negro; región ventral en tonos blanquecinos; zona de la garganta en tonos grises; orejas relativamente prominentes, casi del largo de las patas; hocico angosto; cola larga y peluda; ojos negros y grandes; comestible. Familia de los cricétidos, varias especies del género *Neotoma*. (También se llama rata cambalachera, rata conejo, rata magueyera, rata montera). ▶ **~ magueyera.** LOC. SUST. **rata de maguey.** ▶ **~ montera.** LOC. SUST. **rata de maguey.**

ratón, na. ■ M. y F. supran. fest. Persona que roba con habilidad y cautela. ■ LOC. **ratón de monte gris.** LOC. SUST. Marsupial endémico de México, de hasta 35 cm de longitud; con pelaje corto y suave en tonos grisáceos parduzcos; con partes ventral e inferior de las patas en tonos blanquecinos; anillos negruzcos alrededor de los ojos; hembras en tonos anaranjados entre las patas traseras que en ocasiones se extienden desde los muslos hasta la garganta; con bigotes cortos, orejas redondeadas, cartilaginosas y en tonos negruzcos; cola larga, desnuda y prensil. Familia de los didélfidos del orden Didelphimorphia, *Tlacuatzin canescens*. (También se llama ratón tlacuache gris, tlacuachín). ▶ **ratón de monte mexicano.** [*mejikáno*] LOC. SUST. Marsupial de distribución en el centro y sur de México y Centroamérica; de hasta 17 cm de longitud; con pelo corto, de color pardo rojizo en la zona dorsal y en tonos amarillos anaranjados en el vientre, con una máscara de pelaje oscuro que rodea los ojos y se extiende hasta la base de las orejas; orejas grandes y membranosas; ojos prominentes; cola larga, delgada y prensil. Familia de los didéfildos del orden Didelphimorphia, *Marmosa mexicana*. (También se llama ratón tlacuache, ratón tlacuache mexicano). ▶ **ratón lavandero.** LOC. SUST. Mamífero carnívoro de distribución en América del Norte y Centroamérica, de hasta 1 m de longitud; con pelaje en tonos grises y pardos; hocico y borde de orejas en tonos claros; característico antifaz negro en los ojos; cola espesa anillada, entre cuatro y diez anillos negros; hocico aguzado; orejas pequeñas y erectas; cuerpo ancho, con extremidades cortas; patas delanteras con cinco dedos. Familia de los prociónidos del orden Carnivora, *Procyon lotor*. (También se llama mapache, oso lavandero). ▶ **ratón tlacuache.** LOC. SUST. **ratón de monte mexicano.** ▶ **ratón tlacuache gris.** LOC. SUST. **ratón de monte gris.** ▶ **ratón tlacuache mexicano.** [*mejikáno*]

LOC. SUST. **ratón de monte mexicano.** ▷ **ratón viejo.** LOC. SUST. **1.** Murciélago. || **2.** Tipo de mariposa de hábitos nocturnos, de gran tamaño y color oscuro. Varias familias del orden Lepidoptera.

ray. ■ M. **raid.**

raya. ■ F. **1.** Salario que recibe un obrero cada semana, generalmente. || **2.** Grafiti. || **3.** rur. Surco en un campo de labranza. || **4.** *En el Noreste*, canal de riego de pequeñas dimensiones.

rayado, da. ■ ADJ. **1.** fam. *Referido a persona*, que es abusiva: "Mi sobrina es muy rayada con su hermanito". Ú.t.c.sust.: "Mi sobrina es una rayada con su hermanito". || **2.** fam. *Referido a persona*, tatuada: "Tengo un primo muy rayado". Ú.t.c.sust.: "Aquel rayado es mi primo".

rayador, ra. ■ M. y F. **1.** Persona encargada de pagar salarios a los trabajadores. || **2.** Persona que hace grafitis.

rayar. ■ TR. **1.** Pagar a un trabajador un salario, generalmente semanal: "Ayer rayé a los albañiles que están trabajando en la casa". || **2.** Cobrar un trabajador su salario, generalmente semanal: "Esta semana rayé más dinero porque me quedé horas extras". || **3.** Grafitear: "Dos muchachos rayaron la barda de la esquina". || **4.** Tatuar: "Ernesto raya sus propias ilustraciones". || **5.** rur. Detener bruscamente a una caballería que va al galope: "Cuando el charro llegó al rectángulo rayó al caballo y este hizo unos giros". || **6.** supran. rur. Trazar surcos en un terreno de labranza con el arado: "El campesino ya rayó su terreno para la siembra". ■ LOC. **~ el/su cuaderno.** LOC. VERB. fam. Mantener una relación amorosa con la pareja de otra persona.

rayarse. ■ INTR. PRNL. **7.** fam. Obtener una ganancia de un asunto o negocio: "Te rayaste con ese contrato, te vas a volver rico". || **8.** fam. Excederse de manera negativa en el trato hacia alguien: "Te rayaste con tu novio, por eso no te habla". || **9.** supran. fam. Tener mucha suerte: "Javier se rayó con ese trabajo que consiguió". || **10.** supran. fam. Sobresalir o distinguirse positivamente: "Sergio se rayó con semejante regalo".

rayársela. ■ INTR. PRNL. **11.** malson. **recordársela.**

rayo. ■ M. supran. Cada uno de los mechones de pelo teñido de color claro o llamativo, que alterna con otros de un color distinto, natural o también teñido. Ú.m.e.pl. ■ LOC. **como de ~.** LOC. ADV. Rápidamente: "Me lancé como de rayo a la oficina para entregar a tiempo".

raza. ■ F. **1.** fam. Gente común de una población. || **2.** supran. fam. Conjunto de familiares, de amigos o de gente allegada.

real. ■ LOC. **~ de minas.** LOC. SUST. Pueblo en cuyo distrito hay minas, especialmente de plata.

realada. ■ F. rur. Agrupación del ganado.

realar. ■ TR. rur. Agrupar el ganado.

realengo, ga. ■ ADJ. supran. rur. *Referido a un animal*, sin dueño o propietario: "Emilio se adueñó de dos caballos realengos que andaban cerca del rancho".

reata. ■ ADJ. **1.** pop. *Referido a persona*, que sobresale en una actividad o rama del saber: "Gregorio es muy reata en el futbol". ■ F. **2.** pop. Persona que sobresale en una actividad o rama del saber: "Gregorio es una reata en el futbol". || **3.** supran. Látigo, generalmente de cuerda. || **4.** supran. vulg. Pene.

reatazo. ■ M. **1.** fam. Golpe fuerte. || **2.** supran. Golpe dado con una reata o látigo, generalmente de cuerda.

reatiza. ■ F. **1.** fam. Golpiza. || **2.** Conjunto de azotes con un látigo o reata.

rebalsarse. ■ INTR. PRNL. supran. rur. Superar su nivel usual un río, una presa o un lago.

rebalse. ■ M. supran. rur. Hecho de rebalsarse o superar su nivel usual un río, una presa o un lago.

rebambaramba. ■ F. supran. Situación en la que imperan la confusión y el desorden: "Hubo una rebambaramba espantosa en el banco por un supuesto robo".

rebane. ■ M. fam. Jolgorio.

rebase. ■ M. supran. Adelantamiento que un vehículo hace de otro que va más lento.

rebatinga. ■ F. **1.** Discusión airada que puede llegar a los golpes. || **2.** Hecho de arrebatarse algo entre muchas personas. || **3.** supran. Alboroto.

rebenque. ■ M. supran. rur. Látigo grueso usado por el jinete.

rebocería. ■ F. **1.** Establecimiento donde se venden rebozos. || **2.** Lugar donde se confeccionan rebozos.

rebocero, ra. ■ ADJ. **1.** Perteneciente o relativo al rebozo: "En ese pueblo han mantenido la tradición rebocera". ■ M. y F. **2.** Persona que por oficio fabrica o vende rebozos.

rebolichada. ■ F. *En el Sureste*, buena suerte, golpe de fortuna.

reboruja. ■ F. **reborujo.**

reborujadero. ■ M. Montón de cosas revueltas, desordenadas o enredadas: "¡Mira este reborujadero!, recoge todo ahora mismo".

reborujar. ■ TR. **1.** Desordenar: "Ya me reborujaste todo el cajón, ordena la ropa otra vez". || **2.** Confundir: "Tus explicaciones reborujan a la familia, por eso no te escuchan". || **3.** *En el Norte*, mezclar una baraja o las fichas del dominó antes de empezar el juego: "Ese bato no reboruja bien el dominó".

reborujo. ■ M. Acción y resultado de reborujar.

rebotar. ■ TR. supran. Rechazar una institución crediticia una tarjeta de crédito o un cheque: "En la mueblería rebotaron mi tarjeta y no pude comprar la sala".

rebote. ■ M. supran. Hecho de rebotar o rechazar una institución crediticia una tarjeta de crédito o un cheque.

rebozo. ■ M. supran. Prenda de vestir femenina en forma de banda ancha y larga, de diversos materiales y colores, que se usa para cubrir la espalda, el pecho y la cabeza, y para cargar a un niño pequeño. ■ LOC. **~ de bolita.** LOC. SUST. El que se elabora con hilo de muy buena calidad. ▷ **~ guare.** LOC. SUST. *En Michoacán*, el que, generalmente, es de fondo liso, con rayas horizontales de diversos colores, en cuyos flecos se representan diseños tradicionales.

rebumbio. ■ M. fam. Fiesta ruidosa y caótica.

rebuscar. ■ TR. **1.** Complicar un asunto: "No rebusques más tu respuesta, van a descubrir tu mentira". || **2.** supran. Buscar con afán y sacrificio la solución de un problema: "Los investigadores rebuscan las pruebas del delito".

rebuscársela. ■ INTR. PRNL. **3.** supran. Ingeniárselas para enfrentar dificultades: "Sandra se la rebuscó y pudo salir adelante".

rebusque. ■ M. Acción y resultado de rebuscar o rebuscársela.

recado. ■ M. **recaudo.**

recalada. ■ F. **1.** Hecho de recalar o ir contra alguien echándole la culpa. || **2.** supran. Hecho de recalar o llegar alguien a un lugar, especialmente a uno diferente del que tenía previsto al principio.

recalar. ■ INTR. **1.** Ir contra alguien echándole la culpa: "Recalaron contra el vecino por el dinero que hizo falta". || **2.** supran. Llegar alguien a un lugar, especialmente a uno diferente del que tenía previsto al principio: "Por la tormenta, recalamos en Manzanillo".

recalentado. ■ M. **1.** Comida que se sirve al día siguiente de una celebración, generalmente la sobrante del día anterior. || **2.** Reunión para convivir y consumir el **recalentado**.

recámara. ■ F. **1.** Juego de muebles del dormitorio. || **2.** supran. Dormitorio.

recamarero, ra. ■ M. y F. supran. Persona encargada de la limpieza de las habitaciones de un hotel o de una vivienda.

recamarista. ■ COM. supran. Persona encargada de la limpieza de las habitaciones de un hotel o de una vivienda; recamarero: "Todos los recamaristas de la hacienda son muy pulcros y atentos".

recargada. ■ F. **1.** Hecho de recargarse o apoyarse. || **2.** fam. Hecho de recargarse o tener demasiado lleno el estómago o el intestino.

recargarse. ■ INTR. PRNL. **1.** Apoyarse: "Recárgate en el escalón para alcanzar el estante". || **2.** fam. Tener demasiado lleno el estómago o el intestino: "Anoche me recargué porque cené mucho pozole".

recargo. ■ LOC. **~ intestinal.** LOC. SUST. Indigestión.

recargón. ■ M. fam. **recargo intestinal.**

recarpetear. ■ TR. **reencarpetar.**

recarpeteo. ■ M. **reencarpeteo.**

recaudería. ■ F. **1.** Tienda donde se venden verduras, frutas, hierbas aromáticas, etc. || **2.** *En el Sureste*, tienda donde se vende el recaudo o pasta a base de condimentos que se utiliza para aderezar, generalmente carnes.

recaudero, ra. ■ ADJ. **1.** Perteneciente o relativo a la recaudería: "Tuvo un negocio recaudero durante años". ■ M. y F. **2.** Persona que trabaja en una recaudería.

recaudo. ■ M. **1.** Verdura picada para preparar algún platillo. || **2.** Compra de lo necesario para la comida. || **3.** Pasta elaborada a base de condimentos que se utiliza para aderezar, generalmente carnes.

receptor, ra. ■ M. y F. supran. *En el beisbol,* jugador que, colocado en cuclillas detrás del bateador, le indica al lanzador, mediante señas, el tipo de lanzamiento que debe hacer.

recesar. ■ TR. **1.** supran. Suspender temporalmente las actividades laborales un cuerpo colegiado: "El Consejo recesó las sesiones por una semana a causa de las elecciones". || **2.** supran. Suspender clases para descansar o jugar en una institución educativa: "Los alumnos recesaron la clase durante media hora".

receso. ■ M. **1.** supran. Suspensión temporal de las actividades laborales en un cuerpo colegiado. || **2.** supran. Tiempo que dura el **receso**. || **3.** supran. *En una institución educativa,* suspensión de clases para descansar o jugar; recreo.

recetada. ■ F. Acción y resultado de recetar o recetarse.

recetar. ■ TR. **1.** fam. Dar un golpe a alguien con algo: "Caminaba por las canchas cuando, ¡sopas!, que me recetan un balonazo".

recetarse. ■ TR. PRNL. **2.** fam. Reprender a alguien: "Se recetaron a Miguel por llegar en la madrugada a su casa". || **3.** vulg. Poseer sexualmente a alguien. || **4.** supran. fam. Darse uno mismo algo apetecible o beneficioso: "En el desayuno me receté unos chilaquiles buenísimos".

rechifle. ■ M. supran. fam. Reprobación pública con silbidos o gritos; abucheo.

rechinadera. ■ F. **rechinadero.**

rechinadero. ■ M. fam. Sonido desagradable y persistente, generalmente producido por fricción; rechinido.

rechinador. ■ M. **1.** Bejuco originario de América, de hasta 4 m de altura; tallos de cilíndricos a tetragonales; hojas opuestas, compuestas por dos foliolos ovados, glabras por el haz, pubescentes en el envés, en ocasiones un zarcillo en el peciolo; flores hermafroditas, pequeñas, campanuladas, de color blanco, lila o rojo purpúreo, los pétalos glandulares externamente; frutos capsulares, lineares, aplanados, negruzcos cuando secos; uso ornamental. Familia de las bignoniáceas, *Bignonia aequinoctialis.* || **2.** Ave de amplia distribución en zonas tropicales de México, de hasta 25 cm de longitud; machos adultos de color blanco grisáceo en la parte dorsal y blanco en la región ventral; alas y cola con coloraciones parcialmente negras; hembras similares, pero más opacas, con marcas en la cabeza de color café o gris; pico y rostro en tonos oscuros, en ocasiones con coloraciones rojizas. Familia de los titíridos del orden Passeriforme, *Tityra semifasciata.* (También se llama viuda).

rechinar. ■ LOC. **~ el catre.** LOC. VERB. vulg. Practicar el coito.

rechola. ■ F. fam. *En el Norte,* reunión de amigos para charlar y divertirse.

recia. ■ F. Véase **recio, cia.**

recién. ■ ADV. supran. Tan pronto como: "Recién llegues, nos vamos al cine".

recio, cia. ■ ADJ. **1.** fam. *Referido a alimento,* que se cuece con dificultad: "Esa carne es muy recia, ponla en el horno una hora más". ■ F. **2.** fam. Reprimenda: "Le dieron una buena recia al muchacho". || **3.** fam. Trabajo duro: "Tuvimos una recia con el último proyecto".

recio. ■ ADV. **4.** fam. Rápidamente: "Dale recio a la bicicleta".

reclamón, na. ■ ADJ. supran. fam. *Referido a persona,* que protesta con frecuencia y por cualquier cosa: "Eres muy reclamón, ya acepta que el trabajo está bien hecho". U.t.c.sust.: "Eres un reclamón, ya acepta que el trabajo está bien hecho".

recoja. ■ F. rur. Cosecha de frutos; recolección.

recordársela. ■ INTR. PRNL. fest. Injuriar u ofender a alguien; mentársela: "El público se la recordó al árbitro por no marcar la falta".

recortar. ■ TR. fam. Hablar mal de una persona: "Mis tías recortan a todos sus conocidos en las fiestas".

recorte. ■ M. **1.** Conjunto de la pedacería de las carnes frías que se venden en una tienda. || **2.** fam. Hecho de recortar o hablar mal de una persona.

recoveco. ■ M. Adorno recargado en algo.

reculativa. ■ F. fam. Revocación de lo que se había dicho o hecho con anterioridad.

R

red. ■ F. supran. rur. Medida de peso variable en función del producto y de la región: "¿A cuánto la red de lana?".
redila. ■ F. supran. Reja de listones entrecruzados ubicada en la caja de carga de un camión o de otro vehículo de transporte de mercancías.
redoba. ■ F. Instrumento musical de percusión, en forma de una caja pequeña que se cuelga a la cintura; típico del Norte.
redomón, na. ■ ADJ. supran. rur. *Referido a caballería*, que no está domada por completo: "Te vendo ese potro redomón".
redondel. ■ M. supran. Espacio circular en el centro de la gallera donde se desarrolla una pelea de gallos.
redondo. ■ ADJ. supran. *Referido a un boleto o un viaje*, que es de ida y vuelta: "Compré un boleto redondo a Monterrey".
redova. ■ F. **redoba.**
redrojear. ■ TR. pop. *En el Sureste*, rebuscar: "Redrojea algo en la cocina para cenar".
redrojo, ja. ■ ADJ. **1.** despect. *Referido a persona*, despreciable: "No sé cómo aguantas a esos vecinos redrojos". Ú.t.c.sust.: "No sé cómo aguantas a tus vecinos, son unos redrojos". ■ M. **2.** Andrajo.
reencarpetar. ■ TR. supran. Recubrir con asfalto o concreto una carretera, calle, avenida, etcétera.
reencarpeteo. ■ M. supran. Recubrimiento que se hace con asfalto o concreto, como en una carretera, calle, avenida, etcétera.
refacción. ■ F. supran. Pieza para sustituir a otra igual.
refaccionar. ■ TR. **1.** supran. fam. Reparar los desperfectos de algo deteriorado: "Ellos refaccionan el coche en su casa". ■ INTR. **2.** supran. fam. Tomar un alimento moderado entre las comidas principales: "El nutriólogo me indicó que refaccione a las doce y a las cinco de la tarde".
refaccionaria. ■ F. Establecimiento donde se venden refacciones para automóviles.
refaccionista. ■ COM. Persona que trabaja en una refaccionaria o establecimiento donde se venden refacciones para automóviles: "Efraín es el refaccionista más veterano de la agencia".
réferi. ■ M. supran. Árbitro de un encuentro deportivo.
refifar. ■ TR. pop. Repetir: "Refifamos la canción hasta que se acabó la fiesta".
refife. ■ M. pop. Repetición.
refinar. ■ TR. **1.** jerg. Fumar marihuana mientras se ingieren trozos de piloncillo o de azúcar. || **2.** *En edición*, cortar con guillotina: "Ya refinaron la nueva revista".
refinarse. ■ TR. PRNL. **3.** fam. Reprender: "Se refinaron al muchacho por su comportamiento en clase". || **4.** supran. fam. Comer con gusto: "Ayer me refiné unos mariscos riquísimos".
refinársela. ■ INTR. PRNL. **5. recordársela.**
refine. ■ M. **1.** Aguardiente de mala calidad. || **2.** Última copa o trago de una bebida que se toma antes de irse de una reunión. || **3.** supran. fam. Acción y resultado de refinar, refinarse o refinársela.
refino. ■ M. Aguardiente de mala calidad.
refreír. ■ TR. Freír en aceite o manteca los frijoles hervidos con el fin de conservarlos: "Refríe los frijoles para que no se echen a perder".
refrescársela. ■ INTR. PRNL. **recordársela.**
refresco. ■ M. supran. Bebida envasada, gasificada, con o sin azúcar, generalmente con sabor. ■ EXPR. **para el/su ~.** supran. fam. Se usa cuando se da una cantidad pequeña de dinero como gratificación: "Dale al cargador veinte pesos para su refresco".
refresquera. ■ F. Véase **refresquero, ra.**
refresquería. ■ F. supran. Establecimiento donde se venden refrescos y comida poco elaborada, como tortas, quesadillas y postres sencillos, entre otros.
refresquero, ra. ■ ADJ. **1.** supran. Perteneciente o relativo al refresco: "Quiere ser el único fabricante refresquero a nivel nacional". ■ M. y F. **2.** supran. Persona que trabaja en la industria del refresco. ■ F. **3.** supran. Industria que se dedica a la elaboración de refresco.
refritar. ■ TR. **1.** Presentar alguien un trabajo, generalmente artístico o de investigación, como nuevo u original, siendo en realidad copia casi idéntica de una obra previa suya: "Refritó su libro de hace años en dos artículos". Ú.m.c.prnl.: "Se refritó el libro que escribió hace años en dos artículos". || **2.** Plagiar una obra artística o académica: "El estudiante

refritó otra tesis y no se pudo graduar". Ú.m.c.prnl.: "El estudiante se refritó otra tesis y no se pudo graduar".

refritear. ■ TR. **refritar.**

refrito. ■ M. Plagio de una obra artística o académica.

refundida. ■ F. supran. Acción y resultado de refundir o refundirse.

refundir. ■ TR. **1.** supran. Poner algo en un lugar oculto a primera vista: "¿Dónde refundiste mis pantalones, mamá?". || **2.** supran. Dejar dentro de un lugar: "Lo refundió en la casa y se fue". || **3.** supran. Encarcelar: "Refundieron al secuestrador por veinte años". || **4.** supran. Arruinar económicamente: "El fraude en la empresa refundió a mi esposo por completo".

refundirse. ■ TR. PRNL. **5.** supran. Recluirse alguien: "Durante la depresión me refundí en mi casa".

regada. ■ F. supran. Acción y resultado de regar o regarla.

regadera. ■ F. **1.** supran. Instalación provista de una salida de agua y una pieza con numerosos orificios, muy pequeños, por los que el agua se dispersa. || **2.** supran. Espacio dentro del cuarto de baño con **regadera**.

regaderazo. ■ M. supran. Ducha rápida.

regalado, da. ■ ADJ. *Referido a algo,* muy fácil: "El examen de historia estuvo regalado".

regalar. ■ TR. **1.** supran. *En una petición cortés,* dar: "¿Me regala otro taquito de suadero y me cobra, por favor?".

regalarse. ■ INTR. PRNL. **2.** *En una competencia,* rendirse ante el contrincante: "El portero se regaló en el tiro de esquina". || **3.** supran. Exponerse a un peligro conscientemente: "Vive en el límite, siempre se regala cuando hace deporte".

regalón, na. ■ ADJ. **1.** supran. fam. *Referido a persona,* que hace muchos regalos o lo hace con frecuencia: "Mi tía es la buena onda, es muy regalona con todos mis hijos". Ú.t.c. sust.: "Mi tía es la buena onda, es una regalona con todos mis hijos". || **2.** supran. fam. *Referido a persona,* que hace muchos mimos: "Siempre anda dando besos, es muy regalón". Ú.t.c. sust.: "Siempre anda dando besos, es un regalón". || **3.** supran. fam. Propio de la persona **regalona**: "La actitud regalona de esa niña me da mucha ternura".

regalonear. ■ TR. **1.** supran. fam. Regalar: "Regaloneó mucha ropa usada". || **2.** supran. fam. Mimar: "La abuela siempre nos regalonea cuando vamos de visita".

regaloneo. ■ M. fam. Mimo.

regañiza. ■ F. fam. Reprimenda.

regar. ■ TR. **1.** supran. fam. Dejar objetos en desorden: "Mauro siempre riega sus cosas en el cuarto". || **2.** supran. fam. Esparcir en un espacio amplio: "Regamos a los niños por el jardín para hacer los ejercicios". || **3.** supran. fam. Divulgar noticias o chismes: "Ayer regaron lo de tu ascenso en la oficina". ■ LOC. **~ el tepache.** LOC. VERB. fam. Cometer una indiscreción: "Con ese comentario ya regaste el tepache". ▷ **~ hijos.** LOC. VERB. supran. fam. Procrear un hombre hijos con diferentes mujeres y en diferentes lugares: "El bisabuelo regó hijos con otras dos mujeres en el pueblo". ▷ **~ la plastilina.** LOC. VERB. fam. **regar el tepache.** ▷ **~ la polilla.** LOC. VERB. fam. Divertirse una persona mayor como si fuera joven: "Don Abel regó la polilla en la pista de baile".

regarla. ■ INTR. PRNL. **4.** supran. fam. Cometer un error: "Pues sí, la regué cuando le mentí a Sara".

regazón. ■ F. **regada.**

regazona. ■ F. **reguero.**

regio, gia. ■ ADJ. **regiomontano, na.**

regiomontano, na. ■ ADJ. **1.** Perteneciente o relativo a la ciudad de Monterrey, capital del estado de Nuevo León: "El clásico regiomontano se jugará este fin de semana". || **2.** Natural o procedente de la ciudad de Monterrey, capital del estado de Nuevo León: "La concursante regiomontana ganó el primer lugar". Ú.t.c.sust.: "La regiomontana ganó el primer lugar".

regionalización. ■ F. **1.** Organización administrativa en la que se integran diversas zonas del país. || **2.** supran. Proceso de integración de diversos países en una zona o región continental.

registradora. ■ F. *En el beisbol,* parte del campo donde se batea y adonde debe llegar el jugador para anotar carreras.

regresar. ■ TR. supran. Devolver algo a alguien: "Regrésale su libro a Juan".

reguera. ■ F. **reguero.**

reguero. ■ M. supran. Conjunto de objetos o de personas esparcidos desordenadamente en un lugar: "Nancy siempre tiene un reguero de juguetes".

reguilete. ■ M. fam. **rehilete.**

regularzón, na. ■ ADJ. supran. fam. Que no alcanza la calidad de regular: "Este celular salió regularzón, tiene mala recepción".

rehilete. ■ M. Juguete que consiste en una varilla en cuya punta hay una cruz o una estrella de papel, con las puntas en forma de aspa, que giran por la acción del viento.

reina. ■ ADJ. **1.** fam. *Referido a persona*, quisquillosa y berrinchuda: "Mi primo es muy reina, se enoja por todo". ■ F. **2.** fam. Persona quisquillosa y berrinchuda: "Mi primo es una reina, se enoja por todo". ■ LOC. **~ de la noche.** LOC. SUST. **1.** supran. Hierba trepadora o arbusto originario de México y Centroamérica, de hasta 2 m de altura; tallos erectos, muy ramificados, cilíndricos o aplanados basalmente, apicalmente aplanados dando la apariencia de una hoja, lanceolados, con un ligero dilatamiento en forma de tubérculo en las bases foliares, con margen crenado y ondulado; flores hermafroditas, grandes y vistosas, de color blanco amarillo o verde rosado, con numerosos pétalos y estambres, muy fragantes, solitarias; frutos abayados, ovoides u oblongos, de color rojizo purpúreo; uso ornamental. Familia de las cactáceas, *Epiphyllum oxypetalum.* || **2.** supran. Fruto de esta hierba; comestible. || **3.** supran. Cactus originario de México, de hasta 3 m de altura, monoico; tallos numerosos, con hasta 11 costillas, de color verde, espinas en grupos de hasta diez; flores hermafroditas, vistosas, olorosas, que abren en la noche, de hasta 30 cm de altura, con numerosos tépalos de color blanco a rosado, estambres numerosos, blancos; frutos abayados, de piriformes a globosos, con escamas basales, espinosos, de color rojo a rosado; semillas numerosas, ovoides, negras. Familia de las cactáceas, *Nyctocereus castellanosii.* (También se llama gigante, junco espinoso).

reinita. ■ LOC. **~ amarilla.** LOC. SUST. Ave de distribución desde el sur de México hasta Argentina, de hasta 11 cm de longitud; con región dorsal de color gris oscuro, coronilla en tono más oscuro, rabadilla amarilla, con una banda blanca encima del ojo y otra negra al nivel del ojo; garganta blanca; pecho amarillo y resto del vientre en tonos amarillentos; pico negro, delgado y curvo, adaptado para tomar néctar de flores. Familia de los tráupidos del orden Passeriformes, *Coereba flaveola.* (También se llama platanero). ▷ **~ anaranjada.** LOC. SUST. supran. Ave de distribución cosmopolita, de hasta 13 cm de longitud; con plumaje amarillo en cabeza y cuello, en tonos anaranjados en los machos; espalda en tonos oliváceos; alas y cola en tonos azules; pico puntiagudo; patas en tonos oscuros. Familia de los parúlidos del orden Passeriformes, *Protonotaria citrea.* (También se llama chipe dorado, gorgogeador). ▷ **~ azul.** LOC. SUST. Ave de distribución desde el sur de México hasta Brasil, de hasta 12 cm de longitud; en etapa reproductiva los machos tienen plumaje azul violeta, alas negras con una raya azul violeta, parte de región ventral de color amarillo limón; cola y espalda negras; antifaz alrededor de los ojos; patas rojas brillantes; hembras de color verde opaco, más claro en las partes ventrales; pico largo, curvo y de color negro. Familia de los tráupidos del orden Passeriformes, *Cyanerpes cyaneus.* (También se llama mielero, mielero patas rojas). ▷ **~ blanca y negra.** LOC. SUST. Ave de distribución en América, de hasta 12 cm de longitud; con plumaje con rayas negras y blancas en su cabeza y torso; alas negras con algunas manchas blancas en las partes distales, dos barras blancas por cada ala; hábitos migratorios. Familia de los parúlidos del orden Passeriformes, *Mniotilta varia.* (También se llama chipe trepador, limpiatronco, pepino, reinita trepadora). ▷ **~ montañera.** LOC. SUST. **reinita tropical.** ▷ **~ trepadora.** LOC. SUST. **reinita blanca y negra.** ▷ **~ tropical.** LOC. SUST. Ave de distribución en América, de hasta 11 cm de longitud; de color gris azulado en la cabeza y dorso, con un parche verdoso en la parte posterior del dorso y dos barras blancas en las alas; región ventral amarilla con tonalidades anaranjadas en el pecho. Familia de los parúlidos del orden Passeriformes, *Setophaga pitiayumi.* (También se llama chipe tropical, reinita montañera). ▶ ~ **verde.** LOC. SUST. Ave de distribución desde México hasta Bolivia, de hasta 14 cm de longitud; macho con plumaje azul verde, cabeza negra; cola y alas con coloración oscura en bordes y parte interna; hembras y jóvenes con plumaje verde, amarillentos en las partes ventrales; en ambos sexos los ojos de color rojo, más oscuros en las hembras; pico largo y curvo; patas grises; cola acortada. Familia de los tráupidos del orden Passeriformes, *Chlorophanes spiza*. (También se llama mielero verde).

rejega. ■ F. Véase **rejego, ga.**

rejego, ga. ■ ADJ. **1.** supran. *Referido a persona*, que muestra oposición o resistencia: "No seas rejego, acompáñame por tu hermana". Ú.t.c.sust.: "Eres un rejego, por eso no me acompañas". ■ F. **2.** rur. *En el Sureste*, vaca destinada a la ordeña.

rejeguear. ■ INTR. rur. *En el Sureste*, ordeñar vacas.

rejeguería. ■ F. rur. *En el Sureste*, lugar donde se ordeñan las vacas.

rejeguero, ra. ■ M. y F. rur. *En el Sureste*, persona que se dedica a ordeñar vacas.

rejo. ■ M. **1.** supran. Soga o pedazo de cuero que sirve para atar el becerro a la vaca o para maniatar reses. || **2.** supran. Conjunto de vacas de ordeño.

rejoya. ■ F. supran. rur. Depresión en un terreno en que, a menudo, se estanca el agua.

rejoyada. ■ F. rur. *En el Sureste*, **rejoya.**

rejuego. ■ M. supran. Ardid o trampa que se utiliza para el logro de un fin.

relajear. ■ INTR. fam. Divertirse causando desorden: "Relajeamos toda la tarde de ayer".

relajiento, ta. ■ ADJ. **1.** fam. *Referido a persona*, que gusta de relajear: "Eres muy relajiento, siempre causas desorden". Ú.t.c.sust.: "Eres un relajiento, siempre causas desorden". || **2.** fam. Propio de la persona **relajienta**: "Tu hijo tiene una personalidad muy relajienta y positiva".

relajista. ■ ADJ. **1.** fam. *Referido a persona*, que gusta de relajear; relajiento: "Eres muy relajista, Toño, siempre contagias la risa con tus locuras". ■ COM. **2.** fam. Persona que gusta de relajear; relajiento: "Eres un relajista, Toño, siempre contagias la risa con tus locuras".

relajo. ■ ADJ. **1.** *Referido a un caballo*, bronco. ■ M. **2.** Acción difícil de realizar: "Los trámites para el pago de impuestos son un relajo". || **3.** supran. fam. Diversión con desorden: "Estuvimos echando relajo en la fiesta". ■ LOC. **ni de ~.** LOC. ADV. De ningún modo: "Yo no me meto a ese barrio ni de relajo, ahí asaltan".

relevo. ■ M. fest. Persona que mantiene una relación de pareja con otra que ya está comprometida.

relingo. ■ M. pop. Ropa gastada y vieja; andrajo.

rellena. ■ F. supran. Moronga; morcilla.

reloj. ■ LOC. **~ checador.** LOC. SUST. supran. El que se usa para registrar la entrada y salida de los empleados.

relojito. ■ LOC. **como ~ (suizo).** LOC. ADV. supran. En perfecto estado de funcionamiento: "Mi carro está como relojito suizo".

remachadura. ■ F. Golpe dado a la cabeza de un clavo para doblarla o ensancharla; remache.

remanse. ■ M. fam. Aquietamiento de las aguas; remanso: "Hay que aprovechar el remanse para cruzar el río".

remedio. ■ LOC. **ni para ~.** LOC. ADV. **1.** supran. fam. Muy poco: "Ni para remedio alcanzó tu contribución". || **2.** supran. fam. Nada: "—¿Traes dinero? —Ni para remedio".

remesa. ■ F. Dinero que envían con regularidad los emigrantes mexicanos desde Estados Unidos de América.

remesero, ra. ■ ADJ. **1.** supran. Perteneciente o relativo a la remesa o dinero que envían con regularidad los emigrantes mexicanos desde Estados Unidos de América: "Su familia puso un negocio remesero y le va muy bien". ■ M. y F. **2.** supran. Persona que se dedica a hacer las transferencias de las remesas o dinero que envían con regularidad los emigrantes mexicanos desde Estados Unidos de América.

remeter. ■ INTR. supran. pop. Arremeter: "La gente remetió contra los delincuentes".

remetida. ■ F. supran. pop. Arremetida.

remillo. ■ M. **1.** Árbol originario de México, de hasta 7 m de altura; tallos con corteza grisácea y exfoliante en pequeñas escamas rectangulares; hojas alternas, simples o

R

divididas en tres foliolos de elípticos a oblanceolados, glabras, con pequeñas cavidades en las axilas de las nervaduras del envés; flores hermafroditas, diminutas, blanquecinas, con cuatro pétalos carnosos, agrupadas en pequeños fascículos mimosos; frutos capsulares, globosos, con pubescencia esparcida y gruesa, con abertura en tres valvas; una semilla por cada valva, rodeada de un arilo carnoso y anaranjado. Familia de las meliáceas, *Trichilia trifolia*. (También se llama palo fierro, palofierro). || **2.** Tallo del **remillo**; uso artesanal e industrial.

remojo. ■ M. **1.** fam. Acción con la que se marca el estreno o la inauguración de algo. || **2.** fam. Ducha rápida.

remojón. ■ M. **remojo.**

remolacha. ■ F. **1.** Hierba originaria de Europa y cultivada en todo el mundo, de hasta 60 cm de altura; raíces carnosas y globosas, de color rojo; tallos reducidos o ausentes; hojas con peciolos largos rojos, alternas, en roseta en la base, de color verde brillante con tonos de rojizos a morados, enteras o con margen sinuado; flores hermafroditas, pequeñas, verdosas, agrupadas en tres o más flores sobre espigas terminales; frutos capsulares, pequeños, globosos; una o tres semillas, globosas, de color rojizo a negro. Familia de las amarantáceas, *Beta vulgaris*. (También se llama acelga silvestre, betabel). || **2.** Raíz de la **remolacha**; comestible; uso como colorante.

remolón, na. ■ ADJ. **1.** *Referido a persona*, que solicita continuamente atención: "Pablo ya nos tomó la medida, es un niño remolón". Ú.t.c.sust.: "Pablo ya nos tomó la medida, es un remolón". || **2.** supran. *Referido a persona*, que causa molestia: "Los vecinos son muy remolones con la basura". Ú.t.c.sust.: "Los vecinos son unos remolones con la basura".

removedor. ■ M. **1.** supran. Quitaesmalte. || **2.** supran. Varilla pequeña que se usa para remover bebidas. || **3.** supran. *En la construcción*, solvente usado para quitar una pintura o para diluirla.

remuda. ■ F. rur. Sustitución de un animal cansado por el trabajo por otro que no lo está.

remudar. ■ TR. rur. Sustituir a un animal cansado por el trabajo por otro que no lo está.

rencorista. ■ ADJ. **1.** supran. pop. *Referido a persona*, rencorosa: "Samuel es bien rencorista, cuídate de él". ■ COM. **2.** supran. pop. Persona rencorosa: "Samuel es un rencorista, cuídate de él".

rendir. ■ INTR. supran. Ser algo suficiente o bastante para algún fin: "El pan sí rinde para toda la semana".

renovadora. ■ LOC. **~ de calzado.** LOC. SUST. supran. Taller en el que se arregla calzado.

rentada. ■ F. supran. Hecho dar o tomar algo en arriendo; alquiler.

rentar. ■ TR. supran. Dar o tomar algo en arriendo; alquilar: "Rentamos unas bicicletas en el parque".

repamplinfarla. ■ INTR. PRNL. pop. No importar algo a alguien: "Me la repamplinfa lo que pienses de mi novia, yo la quiero así".

repapalotear. ■ TR. **1.** *En política*, hacer alarde. ■ INTR. **2.** fam. No importar algo a alguien: "Lo que diga el jefe me repapalotea, ya me voy a mi casa". || **3.** fam. Gustar intensamente algo o alguien: "Me repapalotea el pastel de chocolate".

repapalotearla. ■ INTR. PRNL. **4.** Causar aversión: "Mi suegra me la repapalotea".

repapaloteo. ■ M. Acción y resultado de repapalotear o repapalotearla.

reparar. ■ INTR. supran. rur. Saltar un animal encorvando el lomo: "Ese chivo repara mucho cuando lo sacamos del corral".

reparo. ■ M. supran. rur. Hecho de reparar o saltar un animal encorvando el lomo.

repasada. ■ F. Acción y resultado de repasar.

repasar. ■ TR. **1.** Planchar la ropa: "Repasa la camisa antes de usarla". || **2.** Moler por segunda vez el maíz en el metate: "Rosa repasa el nixtamal para los tamales". || **3.** supran. Barrer o limpiar ligeramente algo: "Por favor, repasa tu cuarto".

repastar. ■ TR. rur. Engordar al ganado: "Repastamos a las vacas desde muy jóvenes".

repasto. ■ M. rur. Potrero donde se engorda el ganado.

repechaje. ■ M. supran. *En deportes*, última oportunidad para un equipo de continuar en una competición: "El equipo pasó a la ronda del repechaje". ■ LOC. **de ~.** LOC. ADV. *En deportes*, casi no; apenas: "El equipo clasificó de repechaje".

repechar. ■ INTR. **1.** Hacer una parada para descanso y provisión: "Repechamos en la caseta para cargar gasolina". ||**2.** supran. Participar en una competencia de repechaje: "El equipo nacional repechará para los Juegos Olímpaicos".

repecho. ■ M. Hecho de repechar o hacer una parada para descanso y provisión.

repela. ■ F. rur. Segunda pasada para apacentar al ganado en un mismo terreno.

repelada. ■ F. rur. Acción y resultado de repelar.

repeladero. ■ M. rur. Lugar donde apacienta por segunda vez el ganado.

repelar. ■ TR. **1.** pop. Regañar: "Lo repelaron por grosero". ■ INTR. **2.** fam. Rezongar: "¿Por qué repelas? Ni que fueras a hacerlo solo". ||**3.** rur. Apacentar por segunda vez el ganado en un mismo lugar: "Las vacas repelaron en la ladera".

repelo. ■ M. Ropa usada.

repelón, na. ■ ADJ. **1.** pop. *Referido a persona,* regañona: "Tiene un amigo muy repelón y nadie lo soporta". Ú.t.c.sust.: "Es un repelón y nadie lo soporta". ||**2.** fam. *Referido a persona,* rezongona: "Luis se volvió muy repelón en su adolescencia". Ú.t.c.sust.: "Luis era un repelón en su adolescencia".

repente. ■ LOC. **de ~.** LOC. ADV. supran. En ocasiones: "De repente voy al cine de arte los sábados". ▶**de ~ y.** LOC. ADV. supran. Quizá: "Uno nunca sabe, de repente y nos sacamos la lotería".

repepenarse. ■ INTR. PRNL. *En Chiapas,* recuperarse de una condición física adversa: "El boxeador se repepenó y volvió a la pelea".

repesca. ■ F. *En deportes,* último intento que realiza un equipo para continuar en una competición; repechaje: "Este fin de semana son los partidos de repesca".

repetir. ■ INTR. Eructar: "No repitas en la mesa porque es de mala educación".

reponerse. ■ INTR. supran. Engordar un poco una persona: "Te repusiste en las vacaciones, ¿verdad?".

reportar. ■ TR. **1.** Denunciar algo o a alguien: "Reportaron el robo a la policía". ||**2.** supran. Transmitir una noticia por un medio de comunicación: "En el noticiero reportaron el sismo en Chile".

reportarse. ■ INTR. PRNL. **3.** Comunicarse con alguien, especialmente el jefe, el cónyuge o los padres para informarles de la actividad que se realiza, el lugar donde se está o la hora de regreso: "Si sales otra vez con tus amigos, te reportas". ||**4.** Presentarse ante alguien, especialmente un superior: "Dice el jefe que te reportes ahorita con él".

reportazgo. ■ M. *En lenguaje jurídico,* reporte o información que se presenta como prueba.

reporte. ■ M. Acción y resultado de reportar o reportarse.

reporteada. ■ F. **1.** supran. Búsqueda de noticias para difundirlas desde un medio de comunicación. ||**2.** supran. Entrevista que un periodista hace a alguien para generar un reportaje.

reportear. ■ TR. **1.** supran. Buscar noticias y difundirlas desde un medio de comunicación: "Esteban reporteó el conflicto de Oaxaca". ||**2.** supran. Entrevistar un periodista a alguien para hacer un reportaje: "Reportearon a los estudiantes que ganaron el premio".

reprobada. ■ F. supran. Obtención de una calificación insuficiente en un examen o evaluación.

reprobar. ■ TR. supran. No acreditar un examen o una evaluación: "Reprobé el examen final de Física".

repuesto, ta. ■ ADJ. supran. *Referido a alguien,* que engordó un poco: "Mi gato está repuesto después de que lo llevé al veterinario".

repunta. ■ F. supran. Crecida de un río.

repuntar. ■ TR. **1.** supran. rur. Reunir a los animales que están dispersos en un campo. ■ INTR. **2.** supran. Recuperar alguien una posición favorable: "El Tri repuntó al tercer lugar del torneo".

repunte. ■ M. supran. rur. Labor de reunir las reses dispersas.

requetecontra. ■ AFIJO. supran. *Antepuesto a adjetivos, participios o adverbios,* se usa para intensificar: "El afijo *requetecontra-* aparece al inicio de algunas palabras, como *requetecontrabueno, requetecontracallado, requetecontralento*".

requintar. ■ TR. supran. Poner tirante una cuerda de guitarra.

requintear. ■ INTR. supran. Tocar el requinto.

requinteo. ■ M. supran. Hecho de requintear o tocar el requinto.

R

requintista. ■ COM. Persona que toca el requinto: "Don Javier es el requintista que alegró el fandango de anoche".

requinto. ■ M. **1.** Instrumento de cuatro cuerdas que se toca con plumilla; típico de Veracruz. || **2.** supran. Instrumento de cuerda parecido a una guitarra, pero más pequeño y de sonido más agudo. || **3.** supran. Solo que se ejecuta con un instrumento de cuerda parecido a una guitarra, pero más pequeño y de sonido más agudo. ■ COM. **4.** Persona que toca el **requinto**: "Raquel es la requinto con mejor ritmo".

requisamiento. ■ M. supran. *En lenguaje jurídico,* hecho de requisar o registrar un lugar, generalmente una vivienda, en busca de algo oculto o ilegal.

requisar. ■ TR. supran. *En lenguaje jurídico,* registrar un lugar, generalmente una vivienda, en busca de algo oculto o ilegal: "La policía requisó la casa de los vecinos".

requisitar. ■ TR. **1.** Llenar un formulario: "Requisitamos esta solicitud de empleo antes de la entrevista laboral". || **2.** *En lenguaje jurídico,* expropiar con efecto inmediato y sin seguir el procedimiento ordinario, cosas, derechos y servicios: "El juez requisitó el edificio por el endeudamiento con la banca".

resaltador. ■ M. supran. Marcador o rotulador de colores traslúcidos a base de agua que se emplea para pintar sobre un texto con la intención de resaltarlo; marcatextos.

resbaladilla. ■ F. Deslizadero artificial en declive por el que las personas, sentadas o tendidas, se dejan resbalar por diversión.

resbaloso, sa. ■ ADJ. **1.** supran. *Referido a persona,* huidiza: "No seas resbaloso y acompáñame al antro". Ú.t.c.sust.: "Es un resbaloso y no me acompañó al antro". || **2.** supran. despect. *Referido a persona,* que se insinúa lascivamente. Ú.t.c.sust.

reservación. ■ F. Territorio sujeto a un régimen especial en el que vive confinada una comunidad indígena; reserva.

resistol. (De Resistol®). ■ M. Pegamento líquido blanco y espeso a base de acetato de polivinilo.

resmillar. ■ TR. rur. **rasmillar.**

resmolido, da. ■ ADJ. supran. rur. *Referido a persona,* malhumorada: "Sandra siempre está resmolida en la escuela". Ú.t.c.sust.: "Sandra es una resmolida, siempre está así en la escuela".

resoca. ■ F. supran. rur. Recolección de la caña de azúcar que se obtiene tras la cosecha de soca.

resolana. ■ F. **1.** supran. Reverberación del sol. || **2.** supran. Calor producido por la **resolana.**

resolladero. ■ M. supran. *En la construcción,* abertura por donde entra y sale el aire; respiradero.

resonga. ■ F. pop. *En el Sureste,* hecho de resongar o hacer songas, burlas o bromas.

resongar. ■ INTR. pop. *En el Sureste,* hacer songas, burlas o bromas: "Estela siempre resonga entre los amigos".

resongón, na. ■ ADJ. pop. *En el Sureste, referido a persona,* que hace songas, burlas o bromas: "Él es muy resongón con sus amigos". Ú.t.c.sust.: "Él es un resongón con sus amigos".

resorte. ■ M. **1.** Juego infantil, generalmente practicado por niñas, en el que dos participantes sujetan con las piernas abiertas una cinta elástica mientras que otras la saltan. || **2.** supran. Elástico.

resortera. ■ F. Horquilla con mango a cuyos extremos se unen los de una goma para estirarla y disparar piedras pequeñas; tirachinas.

respeto. ■ LOC. **de ~.** LOC. ADJ. Que excede lo normal, en lo positivo o en lo negativo: "Las reglas de tu papá son de respeto". ■ EXPR. **mis respetos.** Se usa para indicar que la calidad en el trabajo o las cualidades de alguien o algo son dignas de consideración: "La comida oaxaqueña, mis respetos, una de las mejores de México".

respingada. ■ F. **1.** Indignación. || **2.** supran. Respuesta airada.

respingar. ■ INTR. **1.** Indignarse alguien: "Cuando supo que la corrieron, Susana respingó". || **2.** supran. Responder airadamente a alguien: "Alicia le respingó al maestro porque la regañó".

respingón, na. ■ ADJ. **1.** fam. *Referido a persona,* que se indigna con facilidad: "Gloria es muy respingona, vale más no hablarle". Ú.t.c.sust.: "Gloria es una respingona, vale más no hablarle". || **2.** supran. fam. *Referido a*

persona, que responde airadamente: "Héctor es muy respingón con sus hermanos". Ú.t.c.sust.: "Héctor es un respingón con sus hermanos".
responsiva. ■ F. Documento firmado en el que se asume un compromiso y se descarga a otro de responsabilidad.
resquicio. ■ M. supran. Seña o vestigio que deja alguien o algo.
restaurantero, ra. ■ ADJ. **1.** supran. Perteneciente o relativo al restaurante: "Necesitamos un vehículo restaurantero para repartir la comida". ■ M. y F. **2.** supran. Persona que tiene o dirige un restaurante.
restirador. ■ M. Mueble con un tablero inclinable donde se estira el pliego de papel en que se trabaja, generalmente utilizado por arquitectos.
resto. ■ M. supran. fam. Capacidad para seguir adelante con algo o para lograr algún objetivo: "Tengo resto para lo que me pidas". ■ LOC. **(un) ~ de.** LOC. ADJ. supran. fam. Numeroso, abundante o intenso; mucho: "Tengo un resto de frío, pásame la cobija". ▶**un ~.** LOC. ADV. supran. fam. Con demasiada intensidad o frecuencia; mucho: "Me pegó el aire y ahora me duele un resto la garganta".
restobar. ■ M. supran. Establecimiento en el que hay servicio de restaurante y de bar.
resumidero. ■ M. supran. Alcantarilla.
retacería. ■ F. Conjunto de retazos de cualquier material.
retacerío. ■ M. supran. **retacería.**
retachar. ■ TR. **1.** fam. Rechazar algo: "El maestro retachó el proyecto final del equipo". ||**2.** supran. fam. Restituir algo: "Isaías me retachó el dinero que me debía".
retacharse ■ INTR. PRNL. **3.** fam. Regresarse: "Me retaché porque ya habían cerrado".
retache. ■ M. fam. Acción y resultado de retachar o retacharse. ■ LOC. **de ~.** LOC. ADV. fam. De regreso: "Me llegó de retache el paquete que te había enviado".
retaguardia. ■ F. fest. Conjunto de las dos nalgas.
retama. ■ F. **1.** Árbol originario de América, de hasta 5 m de altura; tallos piloso-tomentulosos, de corteza rugosa; hojas alternas, compuestas de seis a ocho pares de foliolos lanceolados u oblongos, glabras o ligeramente pubescentes en el haz, tomentosas en el envés, con margen entero; flores hermafroditas, vistosas, amarillas, con diez estambres de diferente tamaño, tres de ellos más grandes, dispuestas en racimos axilares; frutos en vainas lineares, ligeramente comprimidas, algo turgentes; semillas numerosas, diminutas, semilunares, de color pardo lustroso. Familia de las leguminosas, *Senna multiglandulosa.* ||**2.** Flor de este árbol; uso en la medicina tradicional y ornamental. ||**3.** Arbusto o árbol originario de América, de hasta 10 m de altura, monoico; tallos cortos, de corteza fisurada, ramas con espinas, de color verde amarillento; hojas alternas, divididas en numerosos y pequeños foliolos, ovados y rápidamente deciduos, de color verde pálido; flores hermafroditas, vistosas, con cinco pétalos amarillos, los superiores con tonos rojizos, fragantes, agrupadas en racimos; frutos en vainas que tienen marcadas las semillas, coriáceas y cafés; semillas poco numerosas, con forma cuadrangular y aplanada, cafés; uso en la medicina tradicional. Familia de las leguminosas, *Parkinsonia aculeata.* (También se llama espinillo, guacóporo, huacóporo, palo verde, uacóporo). ■ LOC. **~ del país.** LOC. SUST. Arbusto de amplia distribución en la región central de México, de hasta 6 m de altura; tallos glabros; hojas alternas, compuestas por tres o cuatro pares de foliolos ovado-lanceolados u oblongo-elípticos, glabras o ligeramente pubescentes, con margen entero, el raquis con un par de glándulas entre cada par de foliolos; flores hermafroditas, vistosas, amarillas, con diez estambres de diferente tamaño, tres de ellos más cortos, agrupadas en racimos axilares o terminales; frutos en vainas subcilíndricas, finamente quebradizas y papiráceas, las suturas hundidas. Familia de las leguminosas, *Senna septemtrionalis.*
retamo. ■ M. **1.** Hierba originaria de Europa, de hasta 3 m de altura; tallos erectos, muy ramificados, con ramas cilíndricas, estriadas y glabras, las partes jóvenes con pocas hojas; estas simples, alternas, lanceoladas o lineares, caedizas, con pelillos recostados sobre la superficie, con margen entero; flores hermafroditas, grandes y vistosas, cortamente tubulares, amarillas, cinco pétalos desiguales y diez estambres fusionados formando un tubo, flores dispuestas en racimos terminales; frutos en

vainas lineares, aplanadas lateralmente, negras al madurar; semillas pequeñas, casi circulares, porosas, de color café rojizo; uso ornamental. Familia de las leguminosas, *Spartium junceum*. || **2.** Flor del **retamo**; uso en la medicina tradicional. **3.** Tallo del **retamo**; uso industrial.

retazo. ■ M. Pedacería que se obtiene de cortar las partes de inferior calidad de la carne o del pescado.

retobar. ■ TR. **1.** supran. Forrar o cubrir algo con cuero: "Retobamos la silla de montar". ■ INTR. **2.** supran. rur. Huir una caballería bruscamente al ser montada: "La yegua retobó en el corral". || **3.** supran. fam. Rezongar: "Juan Carlos siempre retoba a todo lo que dice el jefe".

retobo. ■ M. supran. Acción y resultado de retobar.

retobón, na. ■ ADJ. supran. fam. *Referido a persona*, rezongona: "Siempre has sido muy retobona y por eso me desesperas". Ú.t.c. sust.: "Siempre has sido una retobona y por eso me desesperas".

retoño. ■ LOC. **~ de ocote.** LOC. SUST. Hierba parásita de tallos de pinos originaria de América, de hasta 50 cm de altura, dioica; tallos angulosos, péndulos, de color amarillo, naranja o café; hojas diminutas, escamosas o ausentes; flores unisexuales, diminutas, de color amarillo, naranja o verde; frutos capsulares, de elipsoides a ovoides, cafés; semillas diminutas, de cafés a negras. Familia de las santaláceas, *Arceuthobium globosum*, *Arceuthobium vaginatum*. (También se llama flor de ocote, flor de pino).

retorno. ■ M. Lugar en que se puede hacer un cambio de sentido de circulación de vehículos.

retozar. ■ INTR. rur. Hacer ejercicios ecuestres: "Jaime retoza diariamente con sus caballos".

retozo. ■ M. rur. Hecho de retozar o hacer ejercicios ecuestres.

retrato. ■ LOC. **~ hablado.** LOC. SUST. supran. Dibujo del rostro de alguien que se hace a partir de los rasgos ofrecidos por quien lo ha visto, con el fin de facilitar su localización.

retribuir. ■ TR. Corresponder al favor o al obsequio que alguien recibe: "Jorge me retribuyó el favor con un desayuno".

retroactivo. ■ M. supran. Cantidad de dinero que se paga o se recibe con retroactividad, generalmente un incremento salarial correspondiente a meses anteriores: "Por fin me pagaron el retroactivo de lo que me debían desde hace seis meses".

reuma. ■ F. fest. Auto viejo y desvencijado.

revalidación. ■ F. supran. Hecho de revalidar o dar validez académica una institución a estudios o asignaturas aprobados en otra.

revalidar. ■ TR. supran. Dar validez académica una institución a estudios o asignaturas aprobados en otra: "Me revalidaron los estudios en administración de una universidad canadiense".

reventada. ■ F. Acción y resultado de reventarse.

reventadero. ■ M. Lugar a orillas del mar donde rompen las olas.

reventarse. ■ TR. PRNL. **1.** fam.Hacer algo de principio a fin: "Me reventé tres películas seguidas". ■ INTR. PRNL. **2.** fam. Divertirse con excesos: "¿En qué bar se reventaron el sábado?". ■ LOC. **~ la fuente.** LOC. VERB. supran. Romperse el saco amniótico de una mujer que está a punto de parir: "Se le reventó la fuente a Lucía y la llevamos al hospital".

reventón. ■ M. supran. fam. Fiesta que, generalmente, resulta excesiva.

reverendo, da. ■ ADJ. supran. fam. Muy grande: "Me llevé un reverendo susto con tu llamada a las tres de la mañana".

reversa. ■ F. **1.** supran. Mecanismo que permite que un vehículo retroceda: "La reversa de mi carro no funciona bien". || **2.** supran. Retroceso de un vehículo: "Nos equivocamos en la reversa y ahora hay que mover el auto de aquí". || **3.** supran. Marcha atrás de un automóvil: "Mete reversa para estacionarte".

revientacabra. ■ F. **1.** Árbol o arbusto caducifolio de amplia distribución en el noreste de México, de hasta 9 m de altura, monoico; tallos muy ramificados, ramas gruesas, con corteza gris; hojas opuestas, simples, de ovadas a rómbicas, de pubérulas a hirsutas, de color verde olivo en el haz, ligeramente más pálido en el envés, con márgenes enteros o ligeramente dentados; flores hermafroditas, pequeñas, campanuladas, de color blanco o crema, oscuras en el centro, aromáticas, agrupadas en racimos, axilares o terminales; frutos drupáceos, globosos o elipsoides, de tonos anaranjados o rojizos y finalmente negruzcos, glabros y brillantes; dos semillas, elipsoides; uso en la medicina tradicional. Familia de las verbenáceas, *Citharexylum berlandieri*. (También se llama negrito, orcajuela, saúco hediondo). || **2.** Fruto de la **revientacabra**; comestible.

revientacinchas. ■ LOC. **a ~.** LOC. ADV. Muy rápidamente: "El jinete llegó a revientacinchas a la finca".

revientamuelas. ■ F. **1.** Hierba originaria de América, de hasta 1 m de altura, monoica; tallos muy ramificados, con jugo lechoso blanco; hojas opuestas, enteras, lanceoladas; flores hermafroditas, vistosas, de color rojo anaranjado a rojo amarillo, agrupadas en umbelas; frutos foliculares y elipsoides; semillas numerosas, semicirculares, aplanadas, con un penacho de pelos; látex, uso en la medicina tradicional. Familia de las apocináceas, *Asclepias curassavica*. (También se llama cancerillo, quiebramuelas, rompemuelas, venenillo). || **2.** Raíz de la **revientamuelas**; uso en la medicina tradicional.

revirada. ■ F. **revire.**

revirar. ■ TR. **1.** supran. *En algunos juegos de azar*, doblar o aumentar la apuesta que ha hecho otro. ■ INTR. **2.** supran. Rebotar un cuerpo en movimiento por haber chocado con algo: "La bola de billar reviró en la esquina de la mesa". || **3.** supran. *En el beisbol*, lanzar el pícher la bola hacia una de las bases ocupada por un contrario, con la intención de sacarlo de la jugada: "El relevo reviró a primera toda la entrada".

revirársela. ■ INTR. PRNL. **4.** Contraatacar: "El boxeador se la reviró a su contrincante". || **5.** supran. Contestar de forma insolente a alguien: "El niño se la reviró a su papá y lo castigaron".

revire. ■ M. Acción y resultado de revirar o revirársela.

revivo. ■ M. rur. *En el Sureste*, limpieza periódica que se lleva a cabo en las plantaciones.

revoltijo. ■ M. **romeritos.**

revoltura. ■ F. **1.** supran. Conjunto de cosas en desorden: "Tienes una revoltura en tu cajón". || **2.** supran. *En la construcción*, mezcla de cemento: "Dile al chalán que tenga lista la revoltura".

revolufia. ■ F. **1.** pop. Trifulca: "Hubieras visto la revolufia que se armó en la cámara de diputados". || **2.** supran. pop. Revolución: "Se armó la revolufia en aquel país".

revolvedor. ■ M. supran. Varilla, generalmente de plástico, usada para remover bebidas.

revolvedora. ■ F. Máquina para hacer la mezcla para la construcción; hormigonera.

revolvencia. ■ F. *En finanzas*, capitalización de apoyos económicos.

revuelo. ■ M. supran. rur. Salto que da un gallo de pelea para clavar el espolón al adversario.

rey. ■ LOC. **~ chiquito.** LOC. SUST. supran. fam. Persona que se percibe como importante sin necesariamente serlo: "Es el rey chiquito de su barrio". ▶ **~ de zopilotes.** LOC. SUST. **rey zopilote.** ▶ **~ gallinazo.** LOC. SUST. **rey zopilote.** ▶ **~ zope.** LOC. SUST. **rey zopilote.** ▶ **~ zopilote.** LOC. SUST. supran. Ave carroñera de amplia distribución en América, de hasta 80 cm de longitud; con plumaje de color blanco crema en su mayor parte, manto teñido de café claro, rabadilla y plumas de vuelo negras, collar de plumas gris; cabeza desnuda y con carúnculas, vistosamente pintada de naranja, amarillo, azul y negro; iris blanco y pico de color naranja oscuro; solitario y habita sitios boscosos, generalmente selváticos. Familia de los catártidos del orden Cathartiformes, *Sarcoramphus papa*. (También se llama rey de zopilotes, rey gallinazo, rey zope, zopilote rey).

rezagado. ■ M. Casillero donde se deposita la correspondencia no reclamada por su destinatario.

rezandero, ra. ■ ADJ. **1.** supran. Perteneciente o relativo al rezo: "Esa congregación es muy rezandera". || **2.** supran. *Referido a persona*, que dedica mucho tiempo a las prácticas religiosas: "Ese señor rezandero va a misa, da clases de la Biblia y limpia la iglesia". Ú.t.c.sust.: "Ese rezandero va a misa, da clases de la Biblia y limpia la iglesia". ■ M. y F. **3.** supran. Persona que se dedica a rezar por los muertos durante los rituales funerarios.

R

rezo. ■ M. rur. Cuerda pequeña para atar animales.

riberano, na. ■ ADJ. supran. Ribereño.

ride. [*ráid*] ■ M. **raid.**

riel. ■ M. supran. pop. Zapato. ■ LOC. **sobre rieles.** LOC. ADV. supran. Muy bien: "Este proyecto avanza sobre rieles".

rielera. ■ F. Véase **rielero, ra.**

rielero, ra. ■ ADJ. **1.** Perteneciente o relativo al riel o ferrocarril: "El año pasado hubo problemas en varios asuntos rieleros". || **2.** *Referido a persona*, que trabaja en los servicios de ferrocarril: "El jefe rielero nos dio la información". Ú.t.c.sust.: "El rielero nos dio la información". ■ F. **3.** Mujer que acompaña a los soldados en sus campañas; soldadera.

riesgoso, sa. ■ ADJ. supran. Que implica riesgo o peligro: "Las motos son muy riesgosas".

rifar. ■ INTR. **1.** fam. Sobresalir o destacar en algo: "Lorena rifa en matemáticas, por eso voy a hacer el trabajo con ella".

rifarse. ■ INTR. PRNL. **2.** fam. Aventurarse: "Diana se rifó al tirarse del paracaídas". || **3.** fam. Contribuir con algo para un determinado fin: "Dijo que se rifará con la botana para la fiesta".

rifle. ■ LOC. **como ~.** LOC. ADJ. **1.** fam. *Referido a persona*, atractiva físicamente: "Ese muchacho está como rifle, por eso me gusta". || **2.** fam. *Referido a persona*, preparada o con disposición para hacer algo: "La pasante está como rifle para el examen".

riflero, ra. ■ ADJ. **1.** supran. Perteneciente o relativo al rifle: "Van a adiestrarnos con un curso riflero". || **2.** supran. *Referido a persona*, hábil en el manejo del rifle: "Es un cazador riflero". Ú.t.c.sust.: "Es un riflero y caza en la montaña".

right. ■ LOC. ***~ field.*** [*ráitfil*] LOC. SUST. supran. *En el beisbol*, jugador que se ocupa de cubrir el jardín derecho.

rila. ■ F. supran. pop. Bicicleta.

rin. ■ M. supran. Pieza circular metálica de la rueda de un automóvil, motocicleta, bicicleta, etc., en la que va sujeta la llanta.

rinde. ■ M. supran. *En economía*, rendimiento.

ring. ■ LOC. ***~ side.*** [*rínsáid*] LOC. SUST. *En el boxeo y la lucha libre*, conjunto de butacas que conforma la primera fila alrededor del cuadrilátero.

rinquinillo. ■ M. *En Tamaulipas y Veracruz*, voltereta, pirueta.

riñista. ■ ADJ. **1.** pop. *Referido a persona*, que gusta de reñir; pendenciero: "Mis hijos siempre han sido bien riñistas entre ellos". ■ COM. **2.** pop. Persona que gusta de reñir; pendenciero: "Mis hijos son unos riñistas entre ellos".

riñón. ■ M. Recipiente metálico o de plástico con esta forma que tiene diversos usos y que, generalmente, se usa en hospitales.

ripeo. ■ M. rur. Hecho de ripiar o recolectar lo último de una cosecha.

ripiar. ■ TR. rur. Recolectar lo último de una cosecha: "Ripiamos la caña de azúcar y luego descansamos".

risionada. ■ F. *En el Norte*, irrisión o burla que se hace a alguien.

robacarros. ■ COM. Persona que roba carros o vehículos.

robachicos. ■ COM. Persona que roba menores de edad.

robalón, na. ■ ADJ. *En Veracruz, referido a persona*, que tiene la caja torácica amplia: "Contrataron a unos guardias robalones para la seguridad del edificio". Ú.t.c.sust.: "Contrataron a unos robalones para cuidar el edificio".

robancina. ■ F. supran. pop. Robo frecuente y repetido.

robar. ■ LOC. **~ cámara.** LOC. VERB. supran. Ser el centro de atención, sin que necesariamente deba serlo, en un acto social o público: "El cantante más joven robó cámara al resto del elenco".

robarse. ■ LOC. **~ la base.** LOC. VERB. supran. *En el beisbol*, adelantarse un jugador a la colchoneta siguiente mientras el pícher efectúa un lanzamiento al bateador: "El bateador emergente se robó la base y se colocó en segunda".

robavacas. ■ COM. Persona que roba vacas o ganado.

roble. ■ M. Árbol de amplia distribución en México, de hasta 25 m de altura; tallos delgados, glabros; hojas simples, alternas, elípticas, glabras y brillantes, con margen entero; flores hermafroditas, pequeñas, tubulares campanuladas, blancas y aromáticas, flores dispuestas en panículas terminales; frutos drupáceos, anchamente elipsoides, glabros, amarillos, anaranjados, rojos o purpúreos; uso ornamental; cortezas, uso en la medicina tradicional. Familia de las boragináceas, *Ehretia tinifolia*. (También se llama beek, mandimbo, nambimbo, pingüica). ■ LOC. **~ blanco.** LOC. SUST. Árbol originario de América, de hasta 25 m de altura, monoico; troncos erectos con corteza ligeramente acanalada; hojas opuestas, palmadas, divididas en cinco foliolos lanceolados o elípticos, cuatro inferiores pequeñas y el terminal más grande, con margen entero; flores hermafroditas, vistosas, violáceas, rosadas o blancas, tubulares, agrupadas en inflorescencias paniculadas; frutos capsulares estrechos, cilíndricos, de color café, con dos suturas laterales; semillas numerosas, blanquecinas, aplanadas, aladas; uso ornamental; cortezas y hojas, uso en la medicina tradicional. Familia de las bignoniáceas, *Tabebuia rosea*. (También se llama amapa, apamate, macuilís, palo de rosa). ▶ **~ de la costa.** LOC. SUST. **1.** supran. Árbol originario de América, de hasta 15 m de altura; tallos puberulentos, con corteza gris, lisa y fina, que se desprende en escamas; hojas simples, alternas, de orbiculares a reniformes, glabras por ambas caras, coriáceas; flores hermafroditas, diminutas, de blancas a verdosas, fragantes, dispuestas en racimos terminales y laterales, densas; frutos aquénicos, con forma de pera, con los sépalos persistentes, de color rosado a morado cuando maduros; semillas elípticas; uso en la medicina tradicional; cortezas, uso industrial. Familia de las poligonáceas, *Coccoloba uvifera*. (También se llama carnero, paparrón, papaturro, uva de mar, uva de playa, uvero). || **2.** supran. Fruto de este árbol; comestible; uso en licorería. ▶ **~ encino.** LOC. SUST. Árbol originario de Europa, Asia y América, de hasta 30 m de altura, monoico; tallos erectos, con corteza grisácea, pubescentes cuando jóvenes, posteriormente glabros; hojas alternas, divididas de cinco a nueve foliolos, de ovados a elípticos, con margen de entero a serrado, de glabros a pubescentes, principalmente en las axilas de las venas; flores unisexuales, pequeñas: las masculinas con cuatro tépalos ovados y con diez a 20 estambres, dispuestas en amentos laterales, las femeninas con cuatro tépalos lineares, dispuestas en espigas terminales; frutos drupáceos, de ovoides a subglobosos, verdes; semillas pequeñas, de dos a cuatro lobuladas, comestibles; uso como especie maderable. Familia de las fagáceas, *Quercus oleoides*. (También se llama encino barcino, nogalillo).

robo. ■ LOC. **~ de cachetada.** LOC. SUST. jerg. El que se realiza rompiendo una superficie lateral vertical. ▶ **~ de coscorrón.** LOC. SUST. jerg. El que se realiza horadando parte del techo de un lugar. ▶ **~ hormiga.** LOC. SUST. El que se realiza en cantidades pequeñas, poco a poco: "El gerente ya denunció el robo hormiga".

rocas. ■ LOC. **en las ~.** LOC. ADJ. supran. *Referido a una bebida, generalmente con alcohol*, acompañada de hielo en cubitos: "¿Me da un whisky en las rocas, por favor?".

rocío. ■ M. Hierba originaria del Sur de África, de hasta 60 cm de altura; tallos postrados, suculentos, ligeramente cuatro angulados; hojas simples, opuestas, ovadas o cordadas, con numerosas y diminutas papilas cristalinas en ambas caras; flores hermafroditas, pequeñas, con forma de estrella, de color púrpura, pétalos y estambres numerosos, flores solitarias; frutos capsulares que abren con la humedad; cuatro semillas por fruto, diminutas, en forma de D, aplanadas, ampollosas, de color café oscuro a negro; uso ornamental. Familia de las aizoáceas, *Aptenia cordifolia*.

rockola. (De Rock-Ola®). ■ F. supran. Gramófono eléctrico que reproduce música; rocola.

rocola. ■ F. **rockola.**

rodada. ■ F. Véase **rodado, da.**

rodado, da. ■ ADJ. **1.** fam. *Referido a persona*, que tiene experiencia sexual. ■ F. **2.** Tamaño de la rueda de un vehículo. ■ LOC. **de gran rodada.** LOC. ADJ. fest. *Referido a persona*, que tiene sobrepeso.

rodadura. ■ F. rur. *En una caballería*, mancha redondeada de color más oscuro que el resto del pelaje.

rodar. ■ INTR. **1.** fest. Ser alguien muy obeso: "Mi primo rueda, ya no le den más golosinas". || **2.** *En las carreras de caballos*, caer uno de ellos hacia adelante: "Por la torpeza del jinete, el caballo rodó cerca del foso". ■ LOC. **~ a patadas.** LOC. VERB. fam. Derribar a puntapiés: "Rodamos a patadas la puerta trabada para poder salir".

rodear. ■ TR. supran. rur. Reunir el ganado mayor en un sitio determinado, arreándolo desde los distintos lugares en donde pace.

rodela. ■ F. Trozo redondo, en general delgado, que se les hace a algunos alimentos; rodaja.

rodeo. ■ M. supran. rur. Reunión del ganado mayor en un sitio determinado, arreándolo desde los distintos lugares en donde pace.

rodilla. ■ LOC. **sobre las rodillas.** LOC. ADV. Con premura y mal hecho: "Al final tuvimos que hacer el trabajo sobre las rodillas".

rola. ■ F. **1.** supran. fam. Canción, pieza musical. || **2.** supran. *En el beisbol,* línea que conecta el bateador y que, generalmente, pasa botando por el diamante.

rolar. ■ TR. **1.** fam. Circular: "Con las nuevas disposiciones fiscales, no rola tanto efectivo". ■ INTR. **2.** fam. Viajar: "Rogelio roló por Chiapas durante casi seis meses". || **3.** supran. fam. Andar sin rumbo fijo: "El domingo rolamos por las calles de la ciudad".

rolarse. ■ TR. PRNL. **4.** fam. Cooperar con algo para un determinado fin: "Se roló las botanas para ver el partido". || **5.** fam. Alternar entre dos o más personas alguna actividad o trabajo: "En la casa siempre nos rolamos la lavada de trastes". ■ INTR. PRNL. **6.** fam. Dormirse: "Rafael se roló en la sala".

rolita. ■ F. Ave originaria de América, de hasta 17 cm de longitud; con alas redondeadas y reflejos castaños muy notorios al vuelo; tiene pecho con apariencia manchada; patas amarillas; pico rosado o rojizo. Familia de los colúmbidos del orden Passeriformes, *Columbina passerina.* (También se llama coquita, mucuya, parbuca, torito, toro buey).

rollete. ■ M. supran. Rodete para llevar pesos sobre la cabeza.

rollo. ■ M. Pliegue de gordura que se forma en alguna parte del cuerpo. Ú.m.e.dim. ■ EXPR. **¡qué ~!** fam. Se usa para saludar: "¡Qué rollo, Ana!, hace mucho que no te veía".

romerillo. ■ M. **1.** Grupo de diferentes especies de hierbas o arbustos de amplia distribución, de hasta 1 m de altura; tallos erguidos o postrados, ramas flexuosas, glabras o pubescentes; hojas simples, alternas, cilíndricas o en ocasiones aplanadas y espatuladas, carnosas, sésiles; flores hermafroditas o a veces unisexuales, pequeñas, blancas o verdosas, con cinco pétalos obtusos o agudos, uno de ellos desigual, cinco estambres largos, flores solitarias o agrupadas en las axilares de las hojas; frutos secos e indehiscentes, cubiertos por los pétalos; semillas diminutas, lenticulares o reniformes, lisas o arrugadas; comestible; uso ornamental. Familia de las quenopodiáceas, varias especies del género *Suaeda,* como *Suaeda edulis, Suaeda mexicana.* || **2.** Individuo de este grupo de diferentes especies de hierbas o arbustos. || **3.** Hierba originaria de México, de hasta 2 m de altura; tallos erectos, muy ramificados, ligeramente estriados, con algunos pelillos reclinados; hojas simples, alternas, de lineares a oblongas, estrigosas, con margen entero y curvado hacia atrás; flores hermafroditas y femeninas, pequeñas, tubulares o campanuladas, amarillas, dispuestas en cabezuelas terminales, flores del centro hermafroditas, pubescentes en la parte inferior, flores de la periferia femeninas, con forma de pétalo, glabras; frutos aquénicos, oblongos, más o menos comprimidos, pubescentes, con dos aristas en el ápice. Familia de las compuestas, *Viguiera atacamensis.* || **4.** Arbusto de amplia distribución en México, de hasta 1 m de altura, monoico; tallos muy ramificados, con látex blanquecino y lechoso; hojas simples, alternas, lineares, más o menos carnosas; flores hermafroditas, pequeñas, de color blanco verdoso o matizadas de morado en el exterior, flores dispuestas en umbelas; frutos foliculares, ovoides, cafés verdosos; semillas numerosas, obovadas, de color café pálido, con un penacho de pelos blancos. Familia de las apocináceas, *Asclepias linaria.* (También se llama algodoncillo, mapipitza, tezonpantli, venenillo). || **5.** Hoja de este arbusto; uso en la medicina tradicional. || **6.** Semilla de este arbusto; uso en la medicina tradicional.

romerito. ■ M. **1.** Arbusto de amplia distribución en México, de hasta 1 m de altura; tallos cilíndricos, muy ramificados, estriados cuando jóvenes, verdes o rojizos; hojas simples, alternas, cilíndricas o algo aplanadas, carnosas y sésiles, reducidas cerca de las inflorescencias; flores hermafroditas, diminutas, con cinco tépalos incurvados, verdes o rojizos, cinco estambres largos, flores solitarias o en grupos de uno a cinco, dispuestas en las axilas de las hojas, protegidas por tres pequeñas hojas membranosas; frutos secos, ovoides lenticulares, cubiertos por los tépalos; semillas de ovadas a circulares, aplanadas dorsoventralmente, lisas y brillantes, de color café rojizo. Familia de las quenopodiáceas, *Suaeda torreyana*. || **2.** Punta tierna de las ramas del **romerito**; comestible. ■ LOC. **~ cimarrón.** LOC. SUST. **romero cedro.**

romeritos. ■ M. PL. **3.** Guiso elaborado con las puntas tiernas y las hojas del **romerito**, mole rojo, tortitas de camarón, nopales y papas, que generalmente se come en Semana Santa y Navidad; revoltijo.

romero. ■ LOC. **~ cedro.** LOC. SUST. Arbusto originario de México, de hasta 2 m de altura; tallos muy ramificados, retorcidos, ramillas cortas y densas, corteza de color café grisácea; hojas simples, alternas, lineares, pequeñas y arregladas en grupos de tres, glandulosas punteadas, con margen entero; flores hermafroditas, pequeñas, con cinco pétalos de color blanco amarillento, estambres numerosos, flores solitarias o dispuestas en racimos; frutos aquénicos, obovados, fibrosos, con dos aristas plumosas en el ápice. Familia de las rosáceas, *Purshia mexicana*. (También se llama romerito cimarrón).

rompecapa. ■ M. Arbusto o árbol pequeño originario de México y Centroamérica, de hasta 5 m de altura; tallos ramificados cerca de la base, con brotes frondosos cortos terminados en una espina; hojas simples, agrupadas en fascículos de dos a cinco, oblongo-ovales, deciduas, cartáceas al secarse, glabras o ligeramente puberulentas en el envés; flores hermafroditas, pequeñas, tres pétalos blancos amarillentos o blancos verdosos, con alas longitudinales a lo largo del nervio central, flores dispuestas en fascículos axilares; frutos aquénicos, con tres costillas angostas longitudinales, de color café, lustrosos, envueltos en un tejido delgado, de color blanco a café pálido o amarillento, con tres alas delgadas, decurrentes hacia la base. Familia de las poligonáceas, *Podopterus mexicanus*.

rompelón, na. ■ ADJ. pop. *Referido a alguien, especialmente a un niño*, que tiende a romper las cosas: "En la casa hay vasos de plástico porque mi sobrino es muy rompelón". Ú.t.c. sust.: "En la casa hay vasos de plástico porque mi sobrino es un rompelón".

rompemadres. ■ ADJ. **1.** malson. Bonito; chido: "Te traje el regalo más rompemadres que encontré". || **2.** malson. Bueno; chido: "La plática se pone rompemadres con José". || **3.** malson. Amigable; chido: "Me gusta salir con Rafael porque es muy rompemadres". || **4.** malson. *Referido a persona*, que es hábil en dar golpes o en hacer sufrir a otra persona; partemadres: "Cuídate de él porque es muy rompemadres". ■ COM. **5.** malson. Persona que es hábil golpeando o haciendo sufrir a otra persona; partemadres: "Cuídate de él porque es un rompemadres". ■ ADV. **6.** malson. Bien; chido: "Lola prepara rompemadres el café".

rompemuelas. ■ M. **1.** Dulce hecho de piloncillo y coco rallado en forma de pirámide trunca. ■ F. **2. revientamuelas.**

rompeplatos. ■ M. Hierba originaria de América, ampliamente distribuida a nivel mundial, de hasta 4 m de altura, monoica; tallos angulosos, flexibles, glabros o puberulentos plateados; hojas simples, alternas, redondeadas ovadas, enteras o tres lobadas, de pilosas a glabras por ambas caras; con margen entero; flores hermafroditas, vistosas, campanuladas, de color azul a morado, a veces blancas, agrupadas en conjuntos de dos o tres flores; frutos capsulares, subglobosos, algo comprimidos, de color café pajizo; seis semillas, diminutas, subglobosas, trígonas, cafés oscuras; uso en la medicina tradicional y ornamental. Familia de las convolvuláceas, *Ipomoea indica*. (También se llama manto azul, quiebraplatos).

romper. ■ LOC. **~ el turrón.** LOC. VERB. fam. Empezar a tenerse confianza dos personas: "Berta y Claudia rompieron el turrón y ahora son muy amigas". ▶ **~ la cresta.** LOC. VERB. fam. Golpear a alguien en la cabeza: "Le rompieron la cresta a Héctor". ▶ **~ la madre.** LOC. VERB. supran. malson. Golpear a alguien. ▶ **~ la mandarina (en gajos).** (Juego de palabras entre mandarina y madre). LOC. VERB. supran. eufem. **romper la madre.** ▶ **~ lanzas.** LOC. VERB. fam. Enemistarse con alguien: "Marcos y Ricardo ya rompieron lanzas por un malentendido".

romperse. ■ LOC. **~ la hebra.** LOC. VERB. fam. Terminarse una relación de amistad entre dos personas: "Ya se rompió la hebra entre Gabriel y yo".

rompeviento. ■ M. **rompevientos.**

rompevientos. ■ M. supran. Prenda de tela impermeable no acolchada en su interior, que se usa para protegerse de las inclemencias del tiempo.

rompope. ■ M. supran. Bebida hecha con leche, huevos, azúcar, canela y aguardiente.

ronda. ■ F. supran. *En algunos juegos infantiles,* círculo que forman los participantes tomados de las manos.

rondín. ■ M. Recorrido de vigilancia que realiza un responsable de seguridad.

roña. ■ F. Juego infantil en el que uno de los participantes persigue a los otros hasta tocar a uno de ellos, quien a su vez debe perseguir a los demás, a menos que se encuentren en un lugar establecido donde son invulnerables.

roñoso, sa. ■ ADJ. **1.** fam. *Referido a una superficie,* áspera: "Me raspé al recargarme en la pared roñosa". || **2.** supran. fam. *Referido a persona,* molesta o antipática: "Déjame en paz, no seas tan roñosa conmigo". Ú.t.c.sust.: "Déjame en paz, eres una roñosa conmigo".

ropavieja. ■ F. supran. Platillo preparado con carne de res cocida y deshebrada, frita y sazonada con jitomate, chile rojo y otros condimentos.

roperazo. ■ M. **1.** Regalo recibido previamente que se da a otra persona, por lo general cuando aquel no agrada o no es útil. || **2.** vulg. Práctica sexual que consiste en abalanzarse sobre la pareja.

ropero. ■ M. supran. fest. Persona alta, robusta y muy fuerte.

rorro, rra. ■ M. y F. supran. fam. Persona muy atractiva.

rosa. ■ LOC. **~ de castilla cimarrona.** LOC. SUST. Hierba originaria de América, de hasta 80 cm de altura; tallos muy ramificados, rastreros, lanudos o glabros; hojas simples, las basales arrosetadas, de lanceoladas a espatuladas, hojas apicales opuestas, lanceoladas, elípticas u ovales, haz glabro o ligeramente pubescente, envés velloso o lanoso, con margen entero; flores hermafroditas, diminutas, con cinco tépalos de color amarillo blanquecino, hialinos, con cinco estambres, fusionados basalmente formando una copa, flores dispuestas en glomérulos, protegidas por pequeñas hojas de color blanco cremoso; frutos utriculares, secos, glabros, de color blanco cremoso, protegidos por los tépalos; una semilla por fruto, comprimida, ovoide, de color café brillante. Familia de las amarantáceas, *Guillemimea densa.* ▶ **~ de las nieves.** LOC. SUST. **1.** Grupo de diferentes especies de hierbas principalmente del hemisferio boreal, algunas nativas de México, de hasta 2 m de altura, monoicas; tallos lanosos, no muy ramificados; hojas alternas o arrosetadas en la base, de enteras a profundamente lobuladas, de elípticas a lanceoladas, muy pubescentes, con espinas y margen aserrado; flores hermafroditas, pequeñas, tubulares, blancas, amarillas, de rosadas a moradas, agrupadas en grandes cabezuelas espinosas; frutos aquénicos, pequeños, claviformes más o menos tetragonales, con un penacho de cerdas plumosas, blancas en el ápice; uso artesanal y en la medicina tradicional. Familia de las compuestas, varias especies del género *Cirsium,* como *Cirsium ehrenbergii, Cirsium rhaphilepis.* (También se llama cardo, cardo colorado, cardo de montaña, cardo santo, cuautlahuizquilitl). || **2.** Individuo de este grupo de diferentes especies de hierbas. || **3.** Inflorescencia de los individuos de este grupo de diferentes especies de hierbas. ▶ **~ de san Juan.** LOC. SUST. **1.** Arbusto originario de América, de hasta 2 m de altura, monoico; tallos poco ramificados, con o sin pubescencia; hojas opuestas, enteras, de lanceoladas a ovadas, con pubescencia blanca; flores hermafroditas, vistosas, tubulares, blancas, solitarias; frutos capsulares, elipsoides, de color café a negro; semillas diminutas; uso ornamental. Familia de las rubiáceas, *Bouvardia longiflora.* (También se llama flor de san Juan). || **2.** Arbusto originario de México, de hasta 5 m de altura, monoico; tallos muy ramificados desde la base, medulosos y quebradizos, de tomentulosos a densamente blancos tomentosos; hojas simples, alternas, las más jóvenes agrupadas en fascículos, lanceoladas u oblongas lanceoladas, haz glabro o tomentuloso, envés densamente blanco tomentoso, con margen denticulado; flores hermafroditas, pequeñas, tubulares, amarillas, dispuestas en panículas racimosas o cimas de cabezuelas terminales, las 12 o 14 de la periferia con forma de pétalos; frutos aquénicos, claviformes o subcilíndricos, glabros o ligeramente pubescentes, de color café verdoso, con un penacho de cerdas blancas en el ápice. Familia de las compuestas, *Senecio cinerarioides*. (También se llama jarilla, jarilla blanca). ▷ **~ laurel.** LOC. SUST. **1.** Arbusto o árbol pequeño originario del Mediterráneo, de hasta 5 m de altura; tallos teretes, de pubérulos a glabros, provistos de una látex transparente; hojas simples, verticiladas u opuestas, de elípticas a ovadas u oblongo-lanceoladas, glabras por ambas caras, con margen entero; flores hermafroditas, vistosas, con forma de embudo, blancas, rosas o rojas, con apéndices petaloides en la garganta del tubo, estambres plumosos, flores dispuestas en cimas axilares o terminales; frutos foliculares, elipsoidales, estriados, glabros y parduzcos; semillas numerosas, pequeñas, lineares, con un penacho de cerdas blancas en el ápice; uso ornamental. Familia de las apocináceas, *Nerium oleander*. (También se llama adelfa). ||**2.** Hoja de este arbusto o árbol; uso en la medicina tradicional. ▷ **~ mexicano.** [*mejikáno*] LOC. ADJ. De color similar al fucsia.

rosadilla. ■ F. Árbol o arbusto originario de América, de hasta 5 m de altura; tallos de glabros a densamente pubérulos, parduzcos; hojas simples, alternas, de angostamente ovadas a oblanceoladas o elípticas, coriáceas, el haz liso débilmente acanalado, envés estriado; flores hermafroditas, pequeñas, campanuladas, anaranjadas o rojas, dispuestas en racimos laxos o densos; frutos abayados, subglobosos u oblongos, de color anaranjado o amarillo anaranjado, ligeramente arrugados; semillas numerosas, diminutas. Familia de las teofrastáceas, *Bonellia macrocarpa*.

rosalillo. ■ M. **1.** Árbol o arbusto originario de México, de hasta 10 m de altura; tallos espinosos, de corteza amarillenta y exfoliante; hojas simples, alternas, oblanceoladas, glabras; flores hermafroditas, vistosas, tubulares, de color rojo anaranjado o amarillo, estambres numerosos, casi el doble de largos de la corola; frutos capsulares, globosos, de color cobrizo; de seis a 15 semillas, pequeñas, aplanadas, aladas; flores, uso en la medicina tradicional. Familia de las fouquieriáceas, *Fouquieria formosa*. (También se llama cascabelillo, colorín cimarrón, ocotillo, palo santo, palosanto). ||**2.** Madera del **rosalillo**; uso artesanal e industrial.

rosca. ■ LOC. **de ~ izquierda.** LOC. ADJ. supran. despect. *Referido a hombre*, homosexual. ▷ **~ de Reyes.** LOC. SUST. Bizcocho en forma de circunferencia u óvalo, generalmente de gran tamaño, decorado con pasta de azúcar, ate y fruta cristalizada, que tiene dentro muñequitos que se descubren al cortarla y se consume los días 5 y 6 de enero.

roselina. ■ F. Hierba originaria de México y Centroamérica, de hasta 1.5 m de altura; tallos ramificados en la parte superior, pubescentes, de color púrpura o en ocasiones verdes; hojas simples, ovadas, en ocasiones elípticas o lanceoladas, esparcidamente pubescentes en ambas caras o con gotitas de exudado resinoso, con margen crenado-serrado; flores hermafroditas, pequeñas, tubulares, de color rosa o guinda, dispuestas en cabezuelas terminales; frutos aquénicos, prismáticos, con algunos pelillos en la superficie y varias escamas en el ápice. Familia de las compuestas, *Stevia jorullensis*.

rosetilla. ■ F. Hierba de origen americano, de hasta 60 cm de altura, monoica; tallos tendidos y ramificados, con pubescencia variable, huecos, delicados, con varios nudos manifiestos; hojas alternas, enteras, envainantes en la base, de lineares a lanceoladas; flores hermafroditas, diminutas, pétalos diminutos, con brácteas asociadas, pilosas y con numerosas cerdas, algunas delgadas y otras espinoides, agrupadas en racimos densos, espiciformes; frutos caripsoides, pequeños y ovoides. Familia de las gramíneas, *Cenchrus echinatus*. (También se llama huitzapole, ojo de hormiga).

rosicler. ■ M. **1.** Arbusto originario de Asia, de hasta 3 m de altura, monoico; tallos muy ramificados; hojas alternas, enteras, de ovadas a ovado-lanceoladas, con margen aserrado; flores hermafroditas, vistosas, en forma de campana, con cinco pétalos rojos o de diferentes colores, estambres unidos en un tubo largo, solitarias; frutos capsulares, ovoides, cafés; uso ornamental. Familia de las malváceas,

Hibiscus rosa-sinensis. (También se llama gallardete, lamparilla, obelisco, tulipán, tulipán americano). || **2.** Flor del **rosicler**; uso ceremonial, en la medicina tradicional y ornamental.

rosilla. ■ F. **1.** Arbusto o árbol pequeño de amplia distribución en México, de hasta 8 m de altura; tallos muy ramificados, corteza rugosa, escamosa cuando seca, de color café oscuro, las partes jóvenes cubiertas de finos pelos; hojas alternas, compuestas de diez a 15 pares de foliolos elípticos, glabras por ambas caras, con margen entero, cubiertas por glándulas resinosas aromáticas; flores hermafroditas, pequeñas, con cinco pétalos blancos, olorosas, agrupadas en racimos terminales o subterminales; frutos en vainas curvadas, puntiagudas, lisas, pubescentes o glabrescentes, de color café pálido; una semilla por fruto. Familia de las leguminosas, *Eysenhardtia polystachya.* (También se llama palo dulce, vara dulce, varaduz, urza). || **2.** Tallo de este arbusto o árbol; uso combustible, forrajero, en la medicina tradicional y ornamental. || **3.** Hoja de este arbusto o árbol; uso en la medicina tradicional. || **4.** Hierba originaria de México, de hasta 1.5 m de altura; tallos de erectos a decumbentes, estrigosos; hojas simples, de opuestas a alternas, divididas de siete a 15 septos lineares, de ápice trífido, esparcidamente pubescentes en ambas caras, cubiertas de numerosas glándulas, con margen entero; flores hermafroditas, pequeñas, tubulares, dispuestas en cabezuelas terminales, flores del centro amarillas, puberulentas, ocho flores en la periferia, con forma de pétalos, de color amarillo anaranjado; frutos aquénicos, piramidales, angulosos, con 20 escamas en el ápice dispuestas en dos hileras, de color negro. Familia de las compuestas, *Dyssodia pinnata.* || **5.** Hierba originaria de América, de hasta 80 cm de altura; tallos erectos, cilíndricos, estriados, pubescentes, de color rojizo purpúreo; hojas simples, alternas, de espatulado-lanceoladas a lanceolado-oblongas, híspidas o hirsutas en ambas caras, con margen entero; flores hermafroditas, pequeñas, tubulares, de color rojo amarillento, cubiertas por pequeñas hojas obovadas, verdes, flores dispuestas en espigas densas, terminales; frutos pequeños, capsulares, elipsoides o globosos; semillas diminutas, oblongas, reticuladas o rugosas, de color café; uso en la medicina tradicional. Familia de las orobancáceas, *Castilleja arvensis.* (También se llama cresta de gallo).

rosticería. ■ F. supran. Establecimiento donde se rostizan o asan generalmente pollos, para vender.

rosticero, ra. ■ ADJ. **1.** supran. Perteneciente o relativo a la rosticería: "Están vendiendo unos hornos rosticeros". ■ M. y F. **2.** supran. Persona que se dedica a rostizar, generalmente pollos.

rostizada. ■ F. Acción y resultado de rostizar o rostizarse.

rostizar. ■ TR. **1.** supran. Asar carne de ave, generalmente pollo, untada con aceite o manteca y adobo, y empalada en un mecanismo giratorio: "Ahí en la esquina rostizan los pollos desde temprano".

rostizarse. ■ INTR. PRNL. **2.** Quemarse alguien por el sol: "Estuve solamente un día en la playa y me rosticé". || **3.** Sentir alguien excesivo ardor o calor: "Bájale a la ventana del coche porque me rostizo".

rotafolio. ■ M. **rotafolios.**

rotafolios. ■ M. **1.** Pliego de papel bond de 1 m de largo y 70 cm de ancho. || **2.** Trípode donde se colocan pliegos de papel para poder escribir o dibujar sobre ellos.

rotería. ■ F. **roterío.**

roterío. ■ M. **1.** despect. Conjunto de rotos o personas que visten y tienen maneras de una clase social superior a la que pertenecen. || **2.** supran. despect. Conjunto de rotos o personas de clase social baja y con poca instrucción.

roto, ta. ■ ADJ. **1.** fam. *Referido a persona,* sin dinero: "Fui con un amigo roto a un café y tuve que pagar yo". Ú.t.c.sust.: "Fui con un roto a un café y tuve que pagar yo". || **2.** despect. *Referido a persona,*que viste y tiene maneras de una clase superior a la que pertenece: "En mi clase hay unos compañeros rotos odiosos". Ú.t.c.sust.: "En mi clase hay unos rotos insoportables". || **3.** supran. despect. *Referido a persona,* que se percibe como de clase social baja y con poca instrucción: "En esa zona andan muchos jóvenes rotos". Ú.t.c.sust.: "Esos rotos viven en aquella vecindad".

rotograbado. ■ M. Estampa obtenida mediante la impresión con planchas o cilindros en hueco.
royal. (De Royal®). ■ M. Polvo para hornear.
rozadera. ■ F. rur. Refuerzo de cuero en forma circular situado al final de una cuerda para que esta corra al hacerse el lazo.
rozón. ■ M. Paso de un objeto muy cerca de otro, tocándolo mínimamente.
rubro. ■ M. supran. Título o rótulo de una cosa: "Ese rubro lo encontré en la sección de finanzas de una revista".
ruco, ca. ■ ADJ. fam. Viejo: "Ya estoy muy ruco para viajar lejos solo". Ú.t.c.sust.: "Ya soy un ruco y no viajaré solo".
rucola. ■ F. Hierba originaria del Mediterráneo occidental, de hasta 1 m de altura; tallos ramificados desde la base, glabros o pubescentes, de olor fétido al estrujarse; hojas simples, alternas, las inferiores pinatífidas o lobadas, las apicales más pequeñas y ligeramente menos lobuladas; flores hermafroditas, pequeñas, de color blanco, amarillo o verde, de venación evidente de color café amarillento; frutos en silicuas angostas y aplanadas, ligeramente pubescentes, dos valvas con el nervio medio evidente; semillas numerosas, ovoides, de color café amarillento, dispuestas en dos series; uso industrial; hojas, comestibles. Familia de las brasicáceas, *Eruca vesicaria*. (También se llama nabo, rucola silvestre, rúcula). ■ LOC. **~ silvestre.** LOC. SUST. **rucola.**
rúcula. ■ F. **rucola.**
rudo, da. ■ M. y F. *En la lucha libre*, luchador que no suele respetar las reglas, carece de técnica y comete faltas con tal de triunfar; se asocia simbólicamente con el mal.
rueda. ■ LOC. **~ de la fortuna.** LOC. SUST. Juego mecánico que consiste en una estructura circular de grandes dimensiones que gira de manera vertical y que tiene una serie de cabinas con asientos para las personas.
rugir. ■ LOC. **~ la ardilla.** LOC. VERB. fest. Tener mal olor en las axilas: "Cambia de desodorante porque te ruge la ardilla".
ruidajo. ■ M. supran. **ruidero.**
ruidero. ■ M. Ruido intenso y desagradable.
ruinas. ■ F. PL. Zona arqueológica.
ruletear. ■ INTR. **1.** supran. Recorrer un conductor de taxi las calles en busca de pasaje: "Varias unidades ruletean por el centro". || **2.** supran. Ejercer alguien la prostitución.
ruleteo. ■ M. **1.** Recorrido que hace un conductor de taxi por las calles en busca de pasaje. || **2.** supran. Ejercicio de la prostitución.
ruletero, ra. ■ M. y F. **1.** supran. Conductor de un taxi que recorre las calles en busca de pasaje. || **2.** supran. Persona que ejerce la prostitución. ■ M. **3.** *En el Norte*, autobús de transporte público.
rumba. ■ F. supran. Fiesta.
rumbear. ■ INTR. supran. Andar de rumba o fiesta: "Este sábado rumbeamos en los bares del centro de la ciudad".
rumbero, ra. ■ ADJ. supran. *Referido a persona*, que gusta de la rumba o fiesta: "Leonardo es muy rumbero, todos los fines de semana sale a bailar". Ú.t.c.sust.: "Leonardo es un rumbero, los fines de semana sale a bailar".
rumbo. ■ M. supran. Reparación que se hace a una parte del casco de una embarcación.
rumorar. ■ TR. supran. Difundir algo falso o sin confirmar: "La gente rumora que van a cambiar al jefe de departamento".
rumoreo. ■ M. supran. Hecho de rumorar o difundir algo falso o sin confirmar.
runfia. ■ F. **runfla.**
runfla. ■ F. supran. Conjunto de personas soeces.
ruñido, da. ■ ADJ. *Referido a persona*, que tiene muchas cicatrices de viruela o de acné en la cara; cacarizo: "José está ruñido desde chiquito". Ú.t.c.sust.: "José es un ruñido desde chiquito".
ruñir. ■ TR. Roer: "La rata ruñó el pan".
rupa. ■ ADJ. **1.** despect. *Referido a persona*, de conducta reprobable: "No escupas en el suelo, Elías, no seas tan rupa". || **2.** despect. Que se percibe como vulgar: "Ese adorno está muy rupa". ■ COM. **3.** despect. Persona de conducta reprobable: "Eres un rupa, Elías, no escupas en el suelo".
rutina. ■ F. **1.** Secuencia de ejercicios físicos que se practica habitualmente. || **2.** supran. Actuación que un artista presenta habitualmente.
rutuburi. ■ M. Danza ritual de los indios tarahumaras.

S

sabacché. ■ M. *En el Sureste*, árbol pequeño o arbusto originario de América, de hasta 10 m de altura; tallos cilíndricos, grisáceos; hojas opuestas, algunas veces alternas, enteras, ovado-lanceoladas, con pequeñas bolsas en el envés llamadas domacios; flores hermafroditas, vistosas, de color blanco o amarillo, la corola forma un tubo en el que al final se abren los pétalos de manera retrorsa, flores solitarias o en inflorescencias laterales; frutos capsulares, ligeramente comprimidos, con costillas; semillas elípticas, con un ala concéntrica entera. Familia de las rubiáceas, *Exostema caribaeum*. (También se llama copalchi).

sabacuite. ■ M. **sabanicté.**

sabadazo. ■ M. Argucia para aplicar, en días inhábiles, un procedimiento, generalmente administrativo o legislativo.

sabalí. ■ M. **1.** *En el Noroeste*, grupo de diferentes especies de árboles originarios de América, de hasta 50 m de altura, monoicos; troncos gruesos, con corteza suave; generalmente de raíces tubulares; hojas alternas, brillantes, enteras, ovadas o acorazonadas, que secretan látex al romperlas; flores hermafroditas y unisexuales, diminutas, crecen en el interior de una cubierta carnosa y forma esférica, comúnmente llamada higo, donde se alojan también los frutos. Familia de las moráceas, varias especies del género *Ficus*, como *Ficus carica, Ficus cotinifolia, Ficus elastica, Ficus insipida, Ficus maxima, Ficus petiolaris*. (También se llama amate, higuera, higuerón, matapalo, nacapuli, zalate). || **2.** *En el Noroeste*, individuo del **sabalí**.

sábalo. ■ M. supran. Pez de distribución en las costas del Atlántico, de hasta 2.5 m de longitud; de color verde azulado en el lomo y plateado en los costados, sus aletas cenicientas y rayadas de color azul; boca grande, dirigida hacia arriba, y con el extremo anterior de la mandíbula formando parte del perfil dorsal; con escamas muy grandes en una serie longitudinal; cuerpo fusiforme, la aleta dorsal comienza en la mitad del dorso. Familia de los megalópidos del orden Elopiformes, *Megalops atlanticus*.

sábana. ■ F. Corte de carne que se aplana para adelgazarlo y aumentar su tamaño.

sabanal. ■ M. Sabana o llanura, en especial si es muy dilatada y sin vegetación arbórea: "Se fueron a andar en moto al sabanal".

sabanera. ■ F. **1.** Serpiente de amplia distribución en México, de hasta 2.5 m de longitud; de coloración café a olivácea, en tonos más oscuros hacia la cola, su vientre en tonos más claros, de distintos colores dependiendo de las subespecies; con tres rayas oscuras alrededor de los ojos, una mancha oscura vertical justo detrás de la mandíbula y una fuerte barra diagonal oscura a ambos lados del cuello; con escamas suaves y brillantes. Familia de los colúbridos del orden Squamata, *Drymarchon melanurus*. (También se llama arroyera de cola negra, culebra azul, culebra negra, culebra prieta, palancacoate, rabo negro, tilcoate). || **2.** Serpiente originaria del sur de México, de hasta 1 m de longitud; de coloración pardo ocre en la región dorsal, con varias manchas más oscuras y muy irregulares; vientre de color blanco amarillento. Familia de los colúbridos del orden Squamata, *Coluber mentovarius*. (También se llama alicate, chicotera, chirrionera, culebra chirriadora). || **3.** Serpiente de distribución en el este de América del Norte, de hasta 1.3 m de longitud; con cabeza y región dorsal en tonos cafés negruzcos o tonos oliváceos; labios superiores en tonos blanquecinos, con tres bandas en tonos más claros a los costados; región ventral en tonos verdes pálidos; cuerpo esbelto; cola larga, de aproximadamente un tercio de su longitud. Familia de los natricinos del orden Squamata, *Thamnophis proximus*. (También se llama culebra listonada).

sabanicté. ■ M. **1.** *En el Sureste*, árbol originario de América, de hasta 8 m de altura, monoico; tallos más o menos frágiles, con látex; hojas alternas, enteras, elípticas y lustrosas; flores hermafroditas, vistosas, en forma de trompeta, con cinco pétalos, de color rosado, rojo o de amarillo a blanco, olorosas, agrupadas en grandes cimas; frutos foliculares, elipsoides, alargados y leñosos; semillas numerosas, aladas, cafés; uso en la medicina tradicional. Familia de las apocináceas, *Plumeria rubra*. (También se llama cacalichuche, cacalojoche, cacalosúchil, ensalada, escuijoche, nicté, sabacuite, sangre de toro, tabasqueño). || **2.** *En el Sureste*, flor del **sabanicté**; uso como aromatizante y ornamental.

sabano. ■ M. Árbol originario de México y Centroamérica, de hasta 20 m de altura, monoico; tallos rectos y cilíndricos, con ramas ligeramente aplanadas, en ocasiones surgen desde la base; hojas simples, verticiladas, de elípticas a elípticas ovadas, verdes en el haz, cafés en el envés; el envés pubescente, con margen entero; flores hermafroditas, pequeñas, blancas y aromáticas, dispuestas en panículas densas; frutos abayados, pequeños, globosos, de color azul púrpura al madurar, jugosos; semillas numerosas, diminutas, de piramidales a lunares, lisas; uso como especie maderable. Familia de las melastomatáceas, *Miconia argentea*. (También se llama manchamancha).

saber. ■ EXPR. **¡sepa la bola!** fam. **¡sepa!** ▶ **¡sepa la chingada!** malson. **¡sepa!** ▶ **¡sepa la madre!** malson. **¡sepa!** ■ INTERJ. **¡sepa!** fam. Se usa para indicar ignorancia de un hecho: "—¿Dónde está el control de la tele? —¡Sepa!".

sábila. ■ F. **1.** supran. Planta perenne, de hasta 1.5 m de altura; tallos caulescentes; hojas lanceoladas, con márgenes espinosos dentados, carnosas, con savia semitransparente y gelatinosa, de hasta 50 cm de longitud, de color verde; flores tubulares, de color amarillo, rojo o blanco, colgantes; frutos en cápsulas coriáceas; tres semillas, aplanadas, de color negro. Familia de las asfodeláceas, *Aloe vera*. (También se llama aloe, aloe vera, zábila). || **2.** supran. Savia que contiene la hoja de la **sábila**; comestible; uso cosmético y en la medicina tradicional.

sabín. ■ M. *En el Sureste*, mamífero originario de América, de hasta 45 cm de longitud; con cuerpo largo y esbelto, piernas cortas; cola casi tan larga como el resto del cuerpo; carnívoro. Familia de los mustélidos del orden Carnivora, *Mustela frenata*. (También se llama comadreja, hurón, onza).

sabino. ■ M. **1.** Árbol originario de América, de hasta 40 m de altura, monoico; troncos de hasta 14 m de diámetro; hojas dispuestas en espiral, finamente divididas en múltiples foliolos lineares; conos unisexuales: los conos masculinos, diminutos, agrupados en espigas péndulas, los conos femeninos, globosos y leñosos; semillas pequeñas, aladas; crece en lugares donde abunda el agua; uso ornamental. Familia de las cupresáceas, *Taxodium mucronatum*. (También se llama ahuehuete, bochil, yucundatura). || **2.** Madera del **sabino**. || **3.** Rama del **sabino**; uso ceremonial y en la medicina tradicional.

sabroseada. ■ F. **sabroseo.**

sabrosear. ■ TR. **1.** vulg. Observar a alguien con lascivia. || **2.** vulg. Abrazar, acariciar y besar a alguien con intenciones eróticas.

sabroseo. ■ M. **1.** vulg. Hecho de observar con lascivia. || **2.** vulg. Hecho de abrazar, acariciar y besar a alguien con intenciones eróticas.

sabroso, sa. ■ ADJ. **1.** vulg. *Referido a persona*, atractiva sexualmente. Ú.t.c.sust. || **2.** supran. *Referido a persona*, que trata de vivir sin molestias ni esfuerzos, generalmente a expensas del trabajo ajeno: "Mi compañero de oficina es bien sabroso y se cuelga de quien se deje". Ú.t.c.sust: "Mi compañero de oficina es un sabroso y se cuelga de quien se deje". || **3.** supran. *Referido a la música*, de ritmo alegre y melodioso: "La primera canción está muy sabrosa para empezar el baile".

sabrosura. ■ F. vulg. Persona atractiva sexualmente.

sabucán. ■ M. *En el Sureste*, morral o bolsa elaborada con henequén u otra fibra vegetal: "A Alberto se le rompió el sabucán donde traía la comida".

saca. ■ F. rur. Toma de agua para el riego.

sacabuche. ■ M. rur. Cuchillo de punta.

sacabuches. ■ M. **sacabuche.**

sacabullas. ■ COM. Persona que intimida por su físico y que trabaja en discotecas, centros nocturnos o cantinas: "Me enteré de que Ismael es el sacabullas del antro al que fuimos".

sacachiche. ■ M. Arbusto originario de México, de hasta 3 m de altura, monoico; tallos muy ramificados, de erectos a arqueados, glabros; hojas opuestas, enteras, ovadas, pubescentes, con margen aserrado; flores femeninas o hermafroditas, diminutas, tubulares y blancas, de una a tres en la periferia son femeninas, de cinco a 13 en el centro son hermafroditas, cabezuelas dispuestas en umbelas corimbiformes terminales; frutos aquénicos, cilíndricos, más o menos peludos, de color negro; uso en la medicina tradicional, considerada una especie con actividad psicotrópica. Familia de las compuestas, *Calea ternifolia*. (También se llama amula, hierba amarga, jaral, mala hierba, zacachichi, zacatechichi).

sacagüil. ■ M. Tamal grande de masa martajada de maíz que se cuece al horno, envuelto en hoja de plátano, relleno de diferentes carnes, especialmente cerdo o guajolote, con salsa de chiles; típico de la Huasteca.

sacalacahuite. ■ M. **1.** Árbol originario de América, de hasta 40 m de altura y hasta 2 m de diámetro, monoico; hojas aciculares agregadas en fascículos de cinco; conos unisexuales: conos masculinos muy pequeños, de 15 a 25 mm, casi cilíndricos, amarillos, los conos femeninos surgen cerca del ápice de las ramas, en grupos de dos o cuatro, leñosos de forma cilíndrica y bastante encorvada, resinosos; semillas aladas; uso ornamental. Familia de las pináceas, *Pinus ayacahuite*. (También se llama acahuite, anacagüite, anacahuita, anacahuite, ayacahuite, cahuite, chahuite, ocote). || **2.** Madera del **sacalacahuite**. || **3.** Resina del **sacalacahuite**; uso industrial y en la medicina tradicional.

sacalepunta. ■ ADJ. **1.** fam. *Referido a persona*, obstinada y engreída: "Eres muy sacalepunta, Javier, pero luego haces todo mal". ■ COM. **2.** fam. Persona obstinada y engreída: "Eres un sacalepunta, Javier, pero luego haces todo mal".

sacamaloras. ■ COM. **sacabullas.**

sacamanteca. ■ M. Arbusto originario de México, de hasta 2 m de altura, monoico; tallos de hasta 4 cm de diámetro, con pelos estrellados; hojas alternas, solitarias, ovadas, con densos tricomas en el haz y algunas espinas en el envés, enteras o escasamente lobadas con uno a tres pares; flores unisexuales, zigomorfas, llamativas, azules o lilas, poco aromáticas; frutos en bayas globosas, verdes, rodeados hasta la mitad por el cáliz de la flor que sigue creciendo; semillas pardas, frecuentemente con marcas parecidas a hoyuelos; uso en la medicina tradicional. Familia de las solanáceas, *Solanum houstonii*.

sacamiel. ■ M. Hierba o arbusto parásito originario de México, de hasta 1 m de altura, monoico; tallos muy ramificados, con pelos largos y tiesos; hojas alternas, enteras, de lineares a lanceoladas, con pubescencia suave y algunas veces glandular; flores hermafroditas, vistosas, tubulares y bilabiadas, de color rojo a anaranjado, agrupadas en racimos; frutos capsulares, ovoides, cafés; semillas numerosas, diminutas, elipsoides, cafés. Familia de las orobancáceas, *Castilleja tenuiflora*. (También se llama calzón de indio, castilleja, cola de borrego, garañona).

sacar. ■ TR. **1.** Convidar algo, generalmente un alimento: "Juan sacó los tacos para todos los compañeros". ■ LOC. **~ al buey de la barranca.** LOC. VERB. coloq. Resolver un problema especialmente difícil: "Por su ambición, el candidato arrastró a su partido y ahora no sabe cómo sacar al buey de la barranca". ▷ **~ boleto.** LOC. VERB. **1.** Causar alguien que otra persona quiera provocarle algún daño: "Esa vendedora quiere quitarme a los clientes, ya sacó boleto conmigo". || **2.** Ser alguien indeseable: "Juan nos perjudicó el negocio, ya sacó boleto para mí". ▷ **~ canas verdes.** LOC. VERB. supran. Causar preocupación y disgusto permanentes a alguien: "Mi hija siempre me sacó canas verdes, salió muy rebelde". ▷ **~ de onda.** LOC. VERB. coloq. Desconcertar: "Su actitud me sacó de onda, siempre había sido muy amable y ahora ni me saludó". ▷ **~ el cobre.** LOC. VERB. **1.** Dejar ver alguien su poca calidad moral: "Ahora sí sacaste el cobre al aceptar el soborno". || **2.** Mostrar alguien su procedencia social: "Milena sacaba el cobre cuando hablaban mal de su esposo". ▷ **~ el cuero.** LOC. VERB. Asesinar. ▷ **~ el mole.** LOC. VERB. fam. Hacer sangrar a alguien dándole un golpe: "En la pelea con el vecino Juan le sacó el mole". ▷ **~ (el) jugo.** LOC. VERB. Obtener todo el provecho posible de algo: "Vamos a sacar jugo de este negocio". ▷ **~ la vuelta.** LOC. VERB. Evitar: "Sácale la vuelta a ese bache, no vayas a ponchar la llanta". ▷ **~ pachuca.** LOC. VERB. *En el juego del cubilete*, obtener los cinco dados con numeración distinta en un lanzamiento: "¡Qué mala suerte!, ya van dos veces que saco pachuca". ▷ **~ un pedo.** LOC. VERB. supran. malson. Dar un gran susto a alguien: "Me sacaron un pedo con la noticia del accidente de mi primo".

sacarle. ■ INTR. PRNL. **2.** fam. Evitar realizar alguna actividad: "—¿Vendrías los domingos a trabajar? —Ni sueñes, yo sí le saco". || **3.** fam. Tenerle miedo a algo: "Valeria le saca a las arañas". ■ LOC. **~ al parche.** LOC. VERB. fam. **sacarle la vuelta.** ▷ **~ la vuelta.** LOC. VERB. fam. Evitar: "Mejor ni te metas en sus asuntos, sácale la vuelta".

sacarse. ■ LOC. **~ el sombrero.** LOC. VERB. supran. Mostrar admiración o respeto por algo o alguien: "Contigo sí me saco el sombrero, eres muy buena en matemáticas". ▷ **~ la lotería.** LOC. VERB. supran. Obtener un beneficio alguien de manera inesperada: "Me saqué la lotería con este coche, ha salido muy bueno". ■ EXPR. **¡sácate a bañar! 1.** fam. Se usa para expulsar a alguien de un lugar: "¡Oye!, me estás estorbando, ¡sácate a bañar!". || **2.** fam. Se usa para ordenar a alguien que deje de decir disparates o tonterías: "Yo ni loca voy al centro ahora, ¡sácate a bañar!". ▷ **¡sácate a lavar las patas!** fam. **¡sácate a bañar!** ▷ **¡sácate a volar!** fam. **¡sácate a bañar!** ■ INTERJ. **¡sáquese!** fam. Se usa para ordenar a alguien que abandone un lugar: "Acabo de limpiar aquí. ¡Sáquese!".

sacasil. ■ M. Cactus arbustivo originario de México, de hasta 2 m de altura, monoico; tallos rectos o rastreros, cilíndricos, de hasta 2 cm de diámetro, color verde oscuro, de ocho a nueve costillas poco pronunciadas; con una espina central en cada areola, ligeramente aplanada; las espinas se vuelven blancas con la edad; flores hermafroditas, solitarias, en la extremidad del brote, de gran tamaño, color rosa, con el centro de la flor más oscuro; frutos tipo baya, sin dehiscencia, verdes oscuros, cubiertos de numerosas espinas; semillas negras, numerosas. Familia de las cactáceas, *Echinocereus poselgeri*. (También se llama zacasil).

sacatamal. ■ M. *En Hidalgo*, tamal grande de carne, por lo general de cerdo.

sacatán. ■ M. *En Yucatán*, tambor pequeño que utilizan los mayas.

sacatascal. ■ M. Planta parásita, sin clorofila, originaria de México; tallos volubles, lisos, filiformes, de color amarillo anaranjado; hojas alternas, enteras, en forma de escamas diminutas; flores hermafroditas, pequeñas, campanuladas, de tres a cinco lóbulos blancos, solitarias o agrupadas en glomérulos densos; frutos capsulares, deprimidos globosos, de apertura transversal; tres o cuatro semillas, anguladas; uso industrial. Familia de las convolvuláceas, varias especies del género *Cuscuta*, como *Cuscuta tinctoria*. (También se llama zacatlascal, zacatlaxcale, zacatlaxcali).

sacateada. ■ F. **sacateo.**

sacatear. ■ TR. **1.** Recolectar el zacate de una superficie; zacatear. || **2.** Castigar a alguien mediante golpes; zacatear. Ú.m.c.prnl. || **3.** Limpiar con un zacate; zacatear: "Sacateamos la parrilla antes de asar la carne".

sacatearle. (Juego de palabras entre zacatear y sacarle). ■ INTR. PRNL. **4.** Acobardarse; zacatearle: "No le sacatees y súbete a la montaña rusa".

sacateo. ■ M. Acción y resultado de sacatear o sacatearle; zacateo.

sacatón, na. ■ ADJ. **1.** *Referido a persona*, cobarde; zacatón: "Ella es muy sacatona porque no quiere meterse a la parte profunda de la alberca". Ú.t.c.sust.: "Ella es una sacatona porque no quiere meterse a la parte profunda de la alberca". || **2.** Propio de la persona **sacatona**; zacatón: "Los jefes no pueden tener mentalidad sacatona".

sacatripa. ■ M. **sacatripas.**

sacatripas. ■ M. Utensilio punzocortante de hoja curva.

saco. ■ M. supran. Prenda exterior de vestir, con mangas y abierta por delante, con botones, que cubre el tronco y, por lo regular, la parte superior de la cadera.

sacón, na. ■ ADJ. fam. *Referido a persona*, cobarde: "Luis es bien sacón, no va a querer viajar en la noche". Ú.t.c.sust.: "Luis es un sacón, no va a querer viajar en la noche".

sacrificada. ■ F. Acción y resultado de sacrificar o sacrificarse: "La sacrificada de tu reina me dio el triunfo del juego".

sacrificar. ■ TR. **1.** fam. Matar a alguien. || **2.** fam. Prescindir de alguien o de algo: "Debido a la expulsión, el entrenador sacrificó a un delantero para reforzar la defensa". || **3.** fam. Dejar que se pierda algo: "Sacrifiqué mi reina para lograr el jaque".

sacrificarse. ■ INTR. PRNL. **4.** fest. Aceptar gustosamente, y con cierto cinismo, un regalo o un ofrecimiento: "Ni modo, me sacrificaré con la última cerveza".

sagú. ■ M. supran. Hierba originaria de América, de hasta 1.5 m de altura, monoica; tallos ramificados en la parte superior, que mueren generalmente hasta quedar el rizoma; hojas simples, alternas, ovadas, glabras en el haz, glabras o pilosas en el envés; flores hermafroditas, pequeñas, con tres pétalos blancos y un estambre con tres o cuatro estaminodios; flores arregladas en panículas terminales; frutos capsulares, elipsoides, de color verde a matizado de café rojizo; tres semillas; raíces, uso en la medicina tradicional. Familia de las marantáceas, *Maranta arundinacea*. (También se llama guajay platanillo, papatlitla, sagú de monte, yuquilla). ■ LOC. **~ de monte.** LOC. SUST. **sagú.**

sahumerio. ■ M. jerg. Mariguana.

sal. ■ F. supran. Mala suerte; infortunio: "La pura sal con este nuevo restaurante, no creo que vaya a pegar".

sala. ■ F. Juego de sillones y mesas que se pone en la habitación destinada a recibir visitas. ■ LOC. **~ comedor.** LOC. SUST. supran. Habitación destinada para recibir visitas y para comer.

salación. ■ F. **1.** supran. Mala suerte: "Los agricultores no se pudieron quitar la salación y no sacaron nada". || **2.** supran. Desgracia: "El pueblo está pasando por una gran salación tras la crecida del río".

salado, da. ■ ADJ. supran. *Referido a persona*, que tiene mala suerte: "No vengas con nosotros al casino porque eres muy salado". Ú.t.c.sust.: "No vengas con nosotros al casino porque eres un salado".

salar. ■ TR. supran. Causarle mala suerte a algo o a alguien: "Este bar era bueno, pero lo salaron cuando se metieron a robar".

salazón. ■ F. **salación.**

salbute. ■ M. *En el Sureste*, comida que se prepara con una tortilla de maíz, que se fríe de forma que queda inflada y a la que se le pone encima carne, cebolla curada, jitomate y col.

salchichonería. ■ F. Tienda de embutidos, quesos y conservas.

salesale. ■ COM. coloq. Persona que auxilia en las maniobras de estacionamiento y cuidado de un vehículo en la vía pública, y que recibe una propina por ello; vieneviene: "Déjale el coche al salesale de la esquina, es muy cuidadoso".

salidor, ra. ■ ADJ. **1.** *Referido a persona*, entusiasta: "Él es muy salidor, los va a convencer a todos de ir". Ú.t.c.sust.: "Él es un salidor, los va a convencer a todos de ir". || **2.** *Referido a persona*, que no se amedrenta ante las adversidades; valiente: "Con Eva puedes contar, es bien salidora". Ú.t.c.sust.: "Con Eva puedes contar, es una salidora". || **3.** *Referido a persona*, que busca y aprovecha la ocasión para mantener relaciones sexuales frecuentes con diferentes personas. Ú.t.c.sust.

salir. ■ LOC. **~ a mano.** LOC. VERB. fam. No perder ni ganar al finalizar un juego o un negocio: "Los dos equipos de beisbol salieron a mano en una maratónica jornada". ▷ **~ bailando.** LOC. VERB. coloq. Resultar perjudicado: "Al final, Luis salió bailando por la huelga". ▷ **~ botando.** LOC. VERB. fam. **salir bailando.** ▷ **~ cajeado.** LOC. VERB. fam. Resultar perjudicada una persona en una transacción: "Salí cajeado, me dieron el cambio mal". ▷ **~ con premio.** LOC. VERB. coloq. **salir con su domingo siete.** ▷ **~ con que a Chuchita la bolsearon.** LOC. VERB. fam. Poner alguien pretextos poco creíbles o razonables: "Juan no pudo terminar el informe a tiempo y salió con que a Chuchita la bolsearon". ▷ **~ con su batea de babas.** LOC. VERB. coloq. Decir o hacer algo que denota simpleza o necedad: "No le cedieron la palabra a Patricio porque siempre sale con su batea de babas". ▷ **~ con su domingo siete.** LOC. VERB. fam. Embarazarse sin desearlo: "La vecina dijo que nunca tendría hijos, pero salió con su domingo siete". ▷ **~ de las mismas correas.** LOC. VERB. supran. fam. Pagar el costo, de manera directa o indirecta, de algo que se recibe como obsequio: "Pagaron la comida con lo que sobró de nuestra cooperación, así que salió de las mismas correas". ▷ **~ de perico perro.** LOC. VERB. fam. Superarse alguien: "Desde que terminó la carrera, Luis salió de perico perro". ▷ **~ del clóset.** LOC. VERB. supran. fam. Reconocer alguien públicamente su condición homosexual: "Ese muchacho salió del clóset muy joven". ▷ **~ el chirrión por el palito.** LOC. VERB. fam. Darse una situación desfavorable o contraria a la que se esperaba: "Por quejarnos del calorón, nos salió el chirrión por el palito y ahora no para de llover". ▷ **~ más cabrón que bonito.** LOC. VERB. malson. Mostrar alguien más habilidades y destrezas de lo que se esperaba: "Míralo, tú que lo creías tan tonto y salió más cabrón que bonito". ▷ **~ premiado.** LOC. VERB. **1.** fam. Recibir alguien los beneficios de circunstancias inesperadas: "La prensa salió premiada por el escándalo del artista". || **2. salir con su domingo siete.** ▷ **~ rana.** LOC. VERB. fam. No cumplir las expectativas de algo o alguien: "Esta computadora me salió rana, es muy lenta". ■ EXPR. **¡sale y vale!** Se usa como respuesta positiva a una propuesta: "—¿Paso por ti a las cinco? —¡Sale y vale!". ▷ **~ de Guatemala (para entrar) a guatepeor.** (Juego de palabras entre las dos últimas sílabas de Guatemala y peor). Haber superado una dificultad, pero caer en otra mayor: "Elvira tronó con mi primo para andar con Luis, esa nomás sale de Guatemala para entrar a guatepeor". ■ INTERJ. **¡sale!** Se usa como respuesta positiva a una propuesta: "—¿Paso por ti a las cinco? —¡Sale!".

salirse. ■ LOC. **~ del huacal.** LOC. VERB. supran. No acatar alguien ciertos límites o normas: "En mi familia hay puros doctores, pero yo me salí del huacal y no estudié nada".

salitroso, sa. ■ ADJ. *Referido a persona*, que tiene mala suerte; salado: "Primero te pierdes y luego te quitan la cartera, ¡estás salitroso, mano!". Ú.t.c.sust.: "Primero te pierdes y luego te quitan la cartera, ¡eres un salitroso, mano!".

saliva. ■ F. fam. Verbosidad persuasiva y gracia en el hablar; labia: "Ese político tiene buena saliva y convenció a todos".

salivero. ■ M. **saliva.**

salóbrego, ga. ■ ADJ. *En el Sureste, referido a algo*, de sabor salado; salobre: "No tomes de esa agua porque está salóbrega".

salón. ■ M. **1.** supran. Aula escolar: "El maestro corrió a un alumno del salón". || **2.** supran. Conjunto de estudiantes que reciben el mismo grado de enseñanza o asisten al mismo curso; clase: "El salón estaba muy atento a la exposición del profesor". ■ LOC. **~ de clases.** LOC. SUST. supran. Aula escolar: "Olvidaron varias mochilas en el salón de clases". ▷ **~ de fiestas.** LOC. SUST. supran. Local que se alquila, con o sin servicio, para realizar diversas celebraciones: "Adornamos el salón de fiestas para el cumpleaños de mi ahijado".

salonear. ■ INTR. Recorrer las aulas de una institución docente durante las clases para informar a los estudiantes sobre aspectos de interés general o para invitar a sumarse a una actividad: "El director y el presidente de la sociedad de alumnos salonearon a primera hora de la mañana".

saloneo. ■ M. Recorrido que se hace por las aulas de una institución docente durante las clases para informar a los estudiantes sobre aspectos de interés general o para invitar a sumarse a una actividad.

salpicadera. ■ F. Cada una de las láminas que van sobre las ruedas de los vehículos y que sirven para evitar las salpicaduras.

salsa. ■ F. **1.** fam. Sangre. || **2.** supran. Mezcla a base de chile y otras sustancias comestibles desleídas que pueden ser molidas, cortadas en pedazos pequeños o martajadas; se prepara para elaborar, aderezar o condimentar la comida. ■ LOC. **~ arriera.** LOC. SUST. La que lleva chile verde, cebolla y ajo molidos o martajados. ▷ **~ borracha.** LOC. SUST. La que se prepara con chile pasilla, ajo y pulque o cerveza; se sirve con queso espolvoreado y cebolla picada. ▷ **~ brava.** LOC. SUST. La que lleva chile cascabel, chile guajillo, chile de árbol, pimienta, clavo, comino, orégano, vinagre, cebolla y ajo. ▷ **~ chamoy.** LOC. SUST. La que se prepara con esta fruta deshidratada, vinagre, azúcar y almíbar de piña. ▷ **~ endiablada.** LOC. SUST. La que lleva chile pasilla, ajo, pimienta, clavo y cebolla asados, vinagre y ciertas hierbas de olor. ▷ **~ huichol.** (De Huichol®). LOC. SUST. La que lleva chile cascabel, pimienta, clavo, comino, orégano, vinagre de piña y conservador; típica de Nayarit. ▷ **~ huichola.** LOC. SUST. **salsa huichol.** ▷ **~ macha.** LOC. SUST. La que tiene consistencia de pasta, hecha con chile serrano o chile morita fritos, molidos o martajados con ajo y sal. ▷ **~ mexicana.** [*mejikána*] LOC. SUST. La que lleva jitomate, chile verde, cebolla y cilantro picados, sazonados con sal y a veces jugo de limón. ▷ **~ molcajeteada.** LOC. SUST. La que se prepara directamente en el molcajete y generalmente se sirve en este. ▷ **~ valentina.** (De Valentina®). LOC. SUST. La que lleva chile puya, chile serrano, vinagre, sal, agua, ácido acético, benzoato de sodio y conservador.

salsear. ■ INTR. Hacer una salsa en el molcajete: "Me lastimé el dedo cuando salseaba".

salseo. ■ M. Añadidura de salsa que se le hace a una preparación o a un platillo.

saltador. ■ M. **1.** Grupo de insectos de amplia distribución; de .9 mm hasta 7.5 cm de longitud; de coloración variable, desde tonos brillantes e iridiscentes hasta de color negro; con cuerpo de moderado a muy alargado; cabeza generalmente prognata, región frontal muy variable, con o sin carena; ojos generalmente grandes y protuberantes; se caracteriza por la libre articulación entre protórax y mesotórax, por poseer un prolongamiento de la región posterior del prosterno denominado proceso prosternal, el cual se incrusta en una cavidad del mesosterno, fenómeno que inicia un proceso físico que le da la propiedad de saltar acompañado por un chasquido. Varias especies de la familia de los elatéridos del orden Coleoptera. (También se llama quiebrapalito, tronador). || **2.** Individuo del **saltador**.

saltapalo. ■ M. **1.** Grupo de aves, de hasta 20 cm de longitud; con parte dorsal generalmente en tonos grisáceos; con parte inferior en tonos cálidos; según la especie oscila entre los colores crema, amarillo y naranja; los patrones de la cabeza en su mayoría consisten en una larga lista ocular negra y un píleo total o parcialmente oscuro que contrasta con una lista superciliar o la brida; cabeza grande; pico robusto y puntiagudo; cola y alas cortas. Familia de los sítidos del orden Passeriformes, especies en México, *Sitta canadensis, Sitta pygmaea.* (También se llama trepador). || **2.** Individuo del **saltapalo**.

saltapared. ■ M. Ave de amplia distribución en América, de hasta 20 cm de longitud; según la especie, con plumaje de color café, en diversas tonalidades de grises, cafés y blancos; con patrones distintos, casi siempre de color blanco; con pico largo y fino; ojos negros; la mayoría de las especies presenta dieta con base en insectos y otros invertebrados; se reconoce por su canto. Varias especies de la familia de los troglodítidos del orden Passeriformes. (También se llama capichocho, chinchibul, matraca, saltarroca, sonaja).

saltaperico. ■ M. Serpentina de papel con ampollas de pólvora que por percusión hacen breves estallidos.

saltarín. ■ M. ~ **cuelliblanco.** LOC. SUST. Ave de distribución en México, Centroamérica y noreste de Sudamérica, de aproximadamente 10 cm de longitud; con corona, alas, excepto coberteras, y cola de color negro; parte superior del cuello de color blanco; pecho y región ventral en tonos amarillos; patas de color naranja lustroso. Familia de los pípridos del orden Passeriformes, *Manacus candei.* (También se llama quiebrapalito).

saltarina. ■ F. Insecto de distribución cosmopolita, de hasta 10 mm de longitud; de color negro, a veces con manchas blancas; la hembra produce un zumbido al volar, se alimenta de sangre y su picadura es irritante; el macho se alimenta de néctar; algunas especies transmiten enfermedades como el paludismo, el dengue y la fiebre amarilla. Infraorden de los culicomorfos, suborden Nematocera del orden Diptera. En la actualidad existen un total de 39 géneros y 135 subgéneros reconocidos, con algo más de 3 500 especies. (También se llama maromero, zancudo).

saltarroca. ■ M. *En Chiapas*, **saltapared.**

saltarse. ■ LOC. ~ **la barda.** LOC. VERB. **1.** Tener un éxito inesperado: "Gerardo se saltó la barda en la presentación del proyecto". || **2.** Extralimitarse: "Juan se saltó la barda con su chiste en clase". ▷ ~ **la(s) tranca(s).** LOC. VERB. **1.** Transgredir una norma: "Se saltó las trancas de nuevo y por eso lo despidieron". || **2.** Pasar por encima de una autoridad y acudir a la inmediata superior: "Se saltaron las trancas y entregaron el oficio al secretario y no al jefe del departamento".

saltillense. ■ ADJ. **1.** Perteneciente o relativo a la ciudad de Saltillo, capital del estado de Coahuila: "Las rondallas saltillenses son muy reconocidas en el país". || **2.** Natural o procedente de la ciudad de Saltillo, capital del estado de Coahuila: "Mandamos saludos a las radioescuchas saltillenses". ■ COM. Persona natural o procedente de la ciudad de Saltillo, capital del estado de Coahuila: "Las saltillenses son mujeres muy trabajadoras y risueñas".

saltilleño, ña. ■ ADJ. **1.** Perteneciente o relativo a la ciudad de Saltillo, capital del estado de Coahuila; saltillense: "Me gustan las rondallas saltilleñas". || **2.** Natural o procedente de la ciudad de Saltillo, capital del estado de Coahuila; saltillense: "Unos saraperos saltilleños llegaron a la feria". Ú.t.c.sust.: "Unos saltilleños llegaron a la feria para vender sarapes".

salubridad. ■ F. Conjunto de los servicios relacionados con la protección y conservación de la salud pública.

salud. ■ INTERJ. **¡salud!** Se usa para desear bienestar a alguien después de que ha estornudado.

salvada. ■ F. supran. Situación afortunada que ayuda a salir de un apuro: "¡Uf, mano!, no sabes la salvada que me diste".

salvadora. ■ F. Arbusto originario de América, de hasta 3 m de altura; tallos erectos, estrellado-panosos, espinoso; hojas simples, opuestas, oblongo-lanceoladas, con dos a tres pares de lóbulos triangulares, estrellado-panosas por ambas caras, estrigosas al contacto, con margen entero; flores hermafroditas, vistosas, de color lila, con cinco pétalos triangulares fusionados basalmente, tomentosos externamente, estambres amarillos fusionados lateralmente formando un tubo corto que envuelve al pistilo, flores dispuestas en corimbos laterales; frutos abayados, ovado-elípticos, glabros, envueltos en un cáliz acrescente. Familia de las solanáceas, *Solanum rudepannum.*

salvar. ■ LOC. ~ **el conducto.** LOC. VERB. fam. **saltarse la(s) tranca(s).**

salvavida. ■ COM. **salvavidas.**

salvavidas. ■ COM. supran. Persona encargada de la seguridad de los bañistas: "El nuevo salvavidas es el encargado de las medidas de seguridad en la alberca del hotel".

salve. ■ LOC. ~ **real.** LOC. SUST. Hierba originaria de América, de hasta 1 m de altura, monoica; tallos delgados, ásperos y angulosos; hojas opuestas, simples, de oblongas a ovadas, ásperas, verdes brillantes por el haz, pubescentes y grisáceas por el envés, con margen crenado y ondulado, aromáticas al estrujarse; flores hermafroditas, pequeñas, campanuladas, tubo blanquecino con centro amarillo o blanco, pétalos de azules a rosados o lilas, dispuestos en capítulos axilares; frutos drupáceos, pequeños y globosos, separados en dos pirenos; semillas pequeñas; uso en la medicina tradicional. Familia de las verbenáceas, varias especies del género *Lippia*, como *Lippia alba, Lippia dulcis, Lippia geminata.* (También se llama orozul, orozús, orozuz).

samaritano. ■ M. *En el Sur*, árbol originario de Centroamérica, de 40 m de altura; troncos derechos, cilíndricos, con contrafuertes grandes y bien formados, cortezas lisas, de color café, lenticelas redondeadas y con exudado lechoso; hojas alternas, simples, cortamente pecioladas, ovadas o elípticas, con margen entero; flores unisexuales, solitarias y axilares: las masculinas reunidas en amentos globosos, las femeninas en cabezuelas oblongas, ovales, de color verde; frutos drupáceos, globosos, anaranjados o rojos, de sabor y olor dulces; semillas esféricas, aplanadas por ambos lados; uso como biocombustible y en la medicina tradicional. Familia de las moráceas, *Brosimum alicastrum.* (También se llama huge, huje, mujú, ojite, ojoche, ox, ramón).

sambesarambe. ■ M. Hierba originaria de Australia, ampliamente distribuida a nivel internacional, de hasta 1 m de altura; tallos delgados y decumbentes, de base leñosa, diminuta y dispersamente puberulentos; hojas simples, opuestas, ovadas u oblongas, glabras o con algunos pelos en los nervios del envés y los márgenes; flores hermafroditas, pequeñas y vistosas, campanuladas, de color morado, dispuestas en inflorescencias de glomérulos axilares; frutos antocárpicos, oblanceolados, densamente viscosos glandulares. Familia de las nictagináceas, *Boerhavia diffusa.*

sambumbia. ■ F. **1.** Bebida fermentada de cebada, agua y miel. || **2.** *En Tabasco*, cosa mal hecha, desordenada o de mal gusto. || **3.** *En Yucatán*, bebida de agua de piña con azúcar. || **4.** supran. *En Tabasco*, bebida o comida mal preparada o de poca calidad.

sambutida. ■ F. Acción y resultado de sambutir, sambutirse o sambutírsela.

sambutir. ■ TR. **1.** fam. Recluir; zambutir: "Lo sambutieron tres años en la cárcel por robo". || **2.** fam. Meter algo con descuido; zambutir: "Sambute la ropa en la maleta y vámonos". || **3.** supran. fam. Refundir; zambutir: "Elsa sambutió los víveres en la bodega".

sambutirse. ■ TR. PRNL. **4.** supran. fam. Comer; zambutirse: "Carnal, te sambutiste quince tacos y quieres más".

sambutírsela. ■ INTR. PRNL. **5.** vulg. Poseer sexualmente un hombre a alguien; zambutírsela.

san. ■ LOC. **~ Lunes.** LOC. SUST. **1.** Primer día laboral de la semana que alguien toma, indebidamente, como festivo: "Muchos van a hacer san Lunes mañana porque hoy irán al partido". || **2.** supran. Ausencia laboral injustificada después de un día de descanso: "El jueves no había nadie en la construcción, seguramente hicieron san Lunes".

sanacoche. ■ M. Hierba rastrera originaria de México, de hasta 7 m de longitud, monoica; raíces con tubérculos pequeños; tallos hirsutos; hojas alternas, enteras, con tres a cinco lóbulos, con margen denticulado, ásperas, zarcillos presentes; flores unisexuales, vistosas, campanuladas, de amarillas a anaranjadas; frutos pepónides, globosos, de hasta 6 cm de diámetro, verdosos con líneas amarillas; semillas numerosas, aplanadas, elípticas. Familia de las cucurbitáceas, *Cucurbita radicans.* (También se llama chicoyote).

sanalotodo. ■ M. **1.** Bejuco originario de México, de hasta 35 m de longitud, monoico; tallos de cilíndricos a subcilíndricos, con corteza agrietada; hojas simples, alternas, oblongas o cordiformes, con pelos de apariencia aracnoide en ambas caras, de consistencia papirácea o cartácea, con margen denticulado o dentado; flores bisexuales o unisexuales, amarillentas, diminutas, las unisexuales con estambres bien desarrollados y pistilos reducidos, flores dispuestas en panículas densas, dispuestas en las axilas de las hojas; frutos en bayas orbiculares, de color verde a púrpura oscuro en la madurez; generalmente con dos semillas por fruto, diminutas, piriformes, ligeramente curveadas. Familia de las vitáceas, *Vitis tiliifolia.* (También se llama bejuco blanco, bicholi, pichol, uva cimarrona). || **2.** Fruto del **sanalotodo**; uso en la industria vinícola y en la medicina tradicional. || **3.** Semilla del **sanalotodo**; uso como oleaginosa y en la producción de harina. || **4.** Tallo del **sanalotodo**; uso en la medicina tradicional.

sanar. ■ INTR. rur. Dar a luz: "Mi hermana ya sanó, tuvo niño".

sancamilo, la. ■ ADJ. **1.** fam. *Referido a persona*, que distrae a otra: "Esa muchacha sancamila no te dejó terminar el trabajo". Ú.t.c. sust.: "Esa sancamila no te dejó terminar el trabajo". || **2.** fam. *Referido a persona*, que disuade: "Daniel es muy sancamilo con su hermano menor". Ú.t.c.sust.: "Daniel es un sancamilo con su hermano menor".

sanchac. ■ M. *En Yucatán*, guiso de carne de res preparado con verduras y sal.

sanchaque. ■ M. **sanchac.**

sancho, cha. ■ M. y F. **1.** fam. Amante de una persona casada. || **2.** rur. Animal criado por una hembra que no es su madre.

sancochado. ■ M. Guiso de carne con caldo y hortalizas.

sancochamiento. ■ M. **1.** Hecho de sancochar o sofreír. || **2.** supran. *En el Sureste*, hecho de sancochar o hervir alguna carne en agua con sal, generalmente con hierbas de olor, para después meterla en una salsa o un guiso.

sancochar. ■ TR. **1.** Sofreír: "Sancochamos las verduras antes de agregárselas al pollo". || **2.** supran. *En el Sureste*, hervir alguna carne en agua con sal, generalmente con hierbas de olor, para después meterla en una salsa o un guiso: "Sancoché la costilla para que quede más suave".

sancocho. ■ M. **1.** *En Jalisco*, dulce hecho de guayaba, pera, manzana, membrillo y durazno, con miel de piloncillo. || **2.** vulg. Vulva.

sandía. ■ LOC. **~ de culebra.** LOC. SUST. Hierba trepadora o rastrera de amplia distribución en México, monoica; tallos delgados, con algunos pelos tiesos como cerdas o glabros, generalmente con raíces adventicias en cada nudo; hojas simples, alteras, ovadas cordadas o de triangulares a sagitadas, haz diminutamente escabroso, con cortos y rígidos pelos sobre las nervaduras, envés generalmente glabro, con margen entero o de tres a cinco angulosos; flores unisexuales, campanuladas y esparcidamente puberulentas, de color amarillo; las masculinas dispuestas en racimos, flores femeninas generalmente solitarias; frutos pepónides diminutos, de cilíndrico-ovoides a elipsoides, en ocasiones globosos, verdes con manchas blancas, negros o púrpuras oscuros al madurar, con apariencia a sandía, comestibles; semillas ovado-lanceoladas, amarillas, pajizas o blanquecinas, comestibles. Familia de las cucurbitáceas, *Melothria pendula*. (También se llama sandía de ratón). ▶ **~ de ratón.** LOC. SUST. **sandía de culebra.**

sandunga. ■ F. Música y baile populares; típicos de la zona del Istmo de Tehuantepec en Oaxaca.

sandunguear. ■ INTR. **1.** fam. Irse alguien de parranda: "Las vecinas siempre sandunguean los fines de semana". || **2.** fam. Chismorrear: "Mis amigas y yo sandungueamos en el café cada vez que podemos".

sandunguero, ra. ■ ADJ. **1.** *Referido a persona*, que toca, canta o baila sandungas: "El grupo sandunguero de Oaxaca ganó el premio". Ú.t.c.sust.: "Los sandungueros de Oaxaca ganaron el premio". || **2.** *Referido a persona*, alegre: "A Joaquín siempre lo invitan a las fiestas porque es muy sandunguero". Ú.t.c.sust.: "A Joaquín siempre lo invitan a las fiestas porque es un sandunguero". || **3.** *Referido a persona*, que gusta del chismorreo: "Mis tías sandungueras se pasan toda la tarde platicando". Ú.t.c.sust.: "Mis tías son unas sandungueras, se pasan toda la tarde platicando". || **4.** Propio de la persona **sandunguera**: "El carácter sandunguero de mis tías siempre me pone de buenas".

sándwich. [*sánduich, sángüich*] ■ ADJ. **1.** fest. Que está o queda en medio de algo: "Somos de la generación sándwich". ■ COM. **2.** fest. Persona que está o queda en medio de algo: "Entre todos mis primos, Cristina es la sándwich".

sandwichera. [*sanduichéra, sangüichéra*] ■ F. Recipiente especial para transportar sándwiches.

sanfelipe. ■ M. Árbol originario de América, de hasta 20 m de altura; tallos erectos, ramificados en la parte superior, de color grisáceo; hojas alternas, ovado-deltadas, enteras o ligeramente trilobuladas, con margen entero; flores hermafroditas y masculinas, pequeñas, tépalos libres, dos de ellos de mayor tamaño, blancos, dispuestos en inflorescencias dicotómicas; frutos samaroides, péndulos, ovoides, con dos alas formadas por los tépalos. Familia de las hernandiáceas, *Gyrocarpus americanus*. (También se llama jutamo, volador).

sangarrias. ■ ADJ. *Referido a un trompo*, que gira desacompasadamente: "El niño rompió su trompo sangarrias para que le compraran uno nuevo".

sangaruto, ta. ■ ADJ. **1.** *Referido a un trompo*, que gira desacompasadamente: "El niño rompió su trompo sangaruto para que le compraran uno nuevo". || **2.** pop. *Referido a persona*, brusca, de malos modales: "Él es un niño sangaruto que necesita una llamada de atención". Ú.t.c.sust.: "Él es un sangaruto que necesita una llamada de atención". || **3.** pop. *Referido a persona*, de aspecto débil, desgarbado y forma de andar sin ritmo: "Miguel es el tipo sangaruto que vino ayer". Ú.t.c. sust.: "Miguel es el sangaruto que vino ayer".

sangrada. ■ F. pop. Pérdida de sangre del cuerpo debido a un golpe, herida o punción: "La sangrada no le paró hasta que lo atendieron".

sangre. ■ LOC. **~ de baco.** LOC. SUST. *En Guerrero*, bebida que se obtiene de la fermentación de uvas silvestres. ▷ **~ de conejo.** LOC. SUST. Pulque curado que se elabora con tuna roja. ▷ **~ de Cristo.** LOC. SUST. Hierba originaria de América, de hasta 1 m de altura; tallos simples o ramificados, cubiertos de pelos blancos que dan una apariencia lanosa; hojas simples, opuestas o verticiladas, las basales sésiles, lineares, obovadas o espatuladas, con margen entero; flores hermafroditas o raramente unisexuales, pequeñas y vistosas, de color rosa magenta o blancas, con cinco pétalos fusionados basalmente formando un tubo corto, dispuestas en cimas o racimos terminales o en ocasiones solitarias; frutos capsulares, de obovados a elípticos, de apertura en cinco dientes lanceolados; semillas numerosas, diminutas, reniformes, ligeramente verrugosas, cafés grisáceas; uso ornamental. Familia de las cariofiláceas, *Silene coronaria*. ▷ **~ de doncella.** LOC. SUST. Hierba originaria de México, de hasta 90 cm de altura, monoica; tallos erectos rara vez ramificados, con pelos rígidos y erectos o glandulares; hojas simples, alternas, de ovadas a elípticas, asimétricas, las superiores reducidas, con cortos pelos rígidos o en ocasiones glandulares, el margen de dentado a ondulado-denticulado; flores unisexuales, pequeñas y llamativas, de color rosa; las masculinas con cuatro tépalos, dos de ellos más grandes, flores femeninas con cinco tépalos, flores solitarias o en pares, dispuestas en las axilas de las hojas; frutos capsulares, pequeños, trialados y asimétricamente triangulares, desiguales; semillas diminutas, elipsoides, reticuladas, pardas; uso en la medicina tradicional. Familia de las begonias, *Begonia gracilis*. ▷ **~ de toro.** LOC. SUST. **1.** Hierba originaria de México, de hasta 80 cm de altura; tallos erectos, cilíndricos; hojas opuestas, sésiles, enteras, elípticas; flores hermafroditas, vistosas, rojas, agrupadas en cimas tipo escorpioideas; frutos capsulares, bilobados, con el pericarpio liso; semillas globosas, cafés o negras. Familia de las loganiáceas, *Spigelia longiflora*. || **2. sabanicté.** || **3.** *En el Noroeste*, arbusto de hasta 3 m de altura; hojas ternadas, de aovadas a elíptico-oblongas; flores de color naranja y rojo; frutos en drupas globosas. Familia de las rubiáceas, *Hamelia versicolor*. (También se llama coralillo). ▷ **~ gorda.** LOC. SUST. supran. coloq. Carácter antipático: "Mi primo cae mal porque tiene sangre gorda y se la pasa quejándose". ▷ **(de) ~ ligera.** LOC. ADJ. supran. **(de) sangre liviana.** ▷ **~ linda.** LOC. SUST. Caballería de color dorado claro: "Escogieron al sangre linda para la exposición ecuestre". ▷ **(de) ~ liviana.** LOC. ADJ. supran. fam. *Referido a persona*, cortés y tratable: "Manolo es de sangre liviana, a todos les cae bien". ▷ **(de) ~ pesada.** LOC. ADJ. supran. fam. *Referido a persona*, que causa antipatía: "Nadie soporta a mi vecino porque es de sangre pesada".

sangría. ■ F. **1.** Arbusto originario de Europa, de hasta 20 m de altura; tallos tortuosos, los jóvenes cubiertos de pelos blancos, los viejos con una corteza grisácea que se desprende; hojas simples, alternas, dispuestas en grupos compactos por cada nodo, lineares, erectas, con pelos que las hacen ásperas al tacto, con margen entero; flores hermafroditas, pequeñas y vistosas, tubulares, de color azul intenso o violeta, estambres externos, que se asoman en el limbo de los pétalos, flores solitarias dispuestas en las axilas de las hojas; frutos en esquizocarpos, divididos en cuatro secciones, estriadas, blancuzcas; uso en la medicina tradicional. Familia de las boragináceas, *Lithodora fruticosa*. || **2.** Hierba o arbusto originario de Centroamérica y Sudamérica, de hasta 2 m de altura; tallos subcuadrangulares cuando jóvenes, esparcidamente estrigosos; hojas simples, opuestas, de ovadas a lanceoladas, glabras por ambas caras, excepto sobre las venaciones, con márgenes enteros; flores hermafroditas, pequeñas, de color carmesí o rojo intenso, tubulares, porción superior con apariencia de labios, dispuestas en tirsos o panículas densas, terminales; frutos capsulares, pequeños, claviformes, pubérulos y con algunos tricomas glandulares; cuatro semillas por fruto; uso en la medicina tradicional. Familia de las acantáceas, *Justicia secunda*.

sangrita. ■ F. **1.** Bebida de jugo de jitomate y naranja, sazonada con chile en polvo, que se suele tomar para acompañar el tequila. || **2.** Embutido hecho a base de sangre cocida de cerdo; moronga. || **3.** Guiso elaborado con este embutido, frito en aceite con cebolla y distintas especias; moronga.

sangrón, na. ■ ADJ. **1.** fam. *Referido a persona*, antipática: "No seas tan sangrón, saluda a mis amigos". Ú.t.c.sust.: "Eres un sangrón, saluda a mis amigos". || **2.** fam. Propio de la persona **sangrona**: "A ver si ya le bajas a tu actitud tan sangrona".

sangronada. ■ F. fam. Cosa, expresión o acción propia de la persona sangrona o antipática: "Ella hizo la sangronada de cancelar la reunión a última hora".

sangronear. ■ INTR. fam. Hacer algo propio de la persona antipática: "Sangroneó toda la reunión y no saludó a nadie".

sangronería. ■ F. **sangronada.**

sangualico. ■ M. *En el Sur*, árbol originario de México y Centroamérica, de hasta 35 m de altura, dioica; tallos con corteza exterior gris o negra, exfoliantes en placas circulares; hojas opuestas, divididas en siete o nueve foliolos dispuestos en pares con un foliolo terminal, foliolos de oblongos a lanceolados, glabros en ambas caras, con margen dentado; flores unisexuales, diminutas, de color verde o amarillento, con cinco pétalos, las masculinas ligeramente más grandes que las femeninas, dispuestas en panículas densas, axilares; frutos capsulares, pequeños, fusiformes, con los sépalos persistentes y papiráceos, verdes, negros al madurar; uso como especie maderable y en la medicina tradicional. Familia de las anacardiáceas, *Astronium graveolens*. (También se llama zongolica).

sanguinaria. ■ F. **1.** Hierba de amplia distribución en México, de hasta 1 m de altura, dioica; tallos erectos a patentes, en ocasiones poco ramificados desde la base, tomentosos; hojas simples, alternas y dispuestas en verticilo, linear-oblanceoladas a angostamente espatuladas, tomentosas por ambas caras, los márgenes enteros y revolutos; flores hermafroditas y femeninas, diminutas, tubulares, amarillentas o blancas amarillentas, dispuestas en glomérulos terminales; frutos en cipselas glabras, con un pecho de cerdas en el ápice. Familia de las compuestas, *Pseudognaphalium stramineum*. || **2.** supran. Hierba de amplia distribución en México, de hasta 1 m de altura, monoica; tallos estriados longitudinalmente, rastreros o ascendentes; con una envoltura, u ócrea, asociada a las hojas, membranosa, hialina y lacerada; hojas alternas, simples, de ovadas a lanceoladas, con márgenes enteros; flores hermafroditas, diminutas, blancas o verdes, con bordes blancos o rojizos, axilares, solitarias o agrupadas en fascículos hasta de seis flores; frutos aquénicos, triangulares, de color café oscuro, finamente granulados; comestible; uso en la medicina tradicional. Familia de las poligonáceas, *Polygonum aviculare*. (También se llama lengua de pájaro).

sanitario. ■ M. **1.** Cuarto de baño. || **2.** supran. Taza de baño; inodoro.

sanjol. ■ M. *En el Sureste*, mamífero carnívoro de distribución desde las planicies costeras de México hasta el norte de Argentina, de hasta 75 cm de longitud; con pelaje suave y corto, en tonalidades sepia, castañas o negruzcas, uniforme en el cuerpo y las extremidades, con excepción de la región cefálica, que presenta tonos más claros, comúnmente grisáceos, y el pecho, que muestra una característica mancha en tonos amarillentos, anaranjados o castaños claros; hocico corto; orejas pequeñas y redondeadas; cuerpo alargado, similar al de las comadrejas; patas relativamente largas para un mustélido, con garras fuertes que le permiten trepar; cola larga y peluda; presenta glándulas anales con un olor característico. Familia de los mustélidos del orden Carnivora, *Eira barbara.* (También se llama taira, tayra, tzonistac, viejo de monte, zamhool, zonistac).

sanjuán. ■ M. **1.** Arbusto de distribución en el norte de México, de hasta 50 cm de altura; tallos erectos, tomentosos; hojas simples, opuestas, ovadas, de oblongo-ovadas a oblongo-elípticas, haz piloso, envés de lanuginoso a tomentoso, con margen entero, revoluto u ondulado; flores hermafroditas, grandes y vistosas, con forma de embudo, de color blanco con algunos tintes rosados en el exterior, solitarias u opuestas, dispuestas en las axilas de las hojas; frutos foliculares, muy alargados, continuos, diminutamente pubescentes; semillas pequeñas, con un mechón de cerdas en el ápice. Familia de las apocináceas, *Mandevilla macrosiphon.* || **2. sicaján.**

sanjuanazo. ■ M. pop. Golpe fuerte.

sanjuaneada. ■ F. pop. Acción y resultado de sanjuanear o sanjuanearse.

sanjuanear. ■ TR. **1.** pop. Golpear: "Lo sanjuaneó fuertemente durante toda la pelea". || **2.** pop. Castigar: "Mi papá nos sanjuaneó quitándonos el carro una semana a mi hermano y a mí".

> **sanjuanearse.** ■ TR. PRNL. **3.** pop. Hurtar dinero o bienes materiales a alguien: "Él se sanjuaneó mi billete de quinientos pesos".

sanjuaneo. ■ M. **sanjuaneada.**

sanjuanera. ■ F. Véase **sanjuanero, ra.**

sanjuanero, ra. ■ ADJ. **1.** *Referido a un peregrino,* que camina al santuario de la Virgen de San Juan de los Lagos, en Jalisco: "En febrero los peregrinos sanjuaneros van a cumplir sus mandas". Ú.t.c.sust.: "En febrero los sanjuaneros van a cumplir sus mandas". ■ M. **2.** Hierba originaria de Asia y ampliamente cultivada a nivel mundial, de hasta 70 cm de altura; tallos reducidos, subterráneos; hojas simples, alternas, agrupadas en la base, hojas de linear-lanceoladas a agudas, muy largas y arqueadas, glabras por ambas caras, con márgenes enteros; flores hermafroditas, grandes y vistosas, de color anaranjado rojizo, en ocasiones con la base amarillenta, con seis tépalos con los márgenes enteros o en ocasiones ondulados, estambres largos, rojizos de base amarillenta, flores dispuestas en cimas axilares, con pedúnculos muy alargados; frutos capsulares; uso ornamental. Familia de las liliáceas, *Hemerocallis fulva.* (También se llama lirio de día). ■ F. **3.** *En Aguascalientes,* pan blanco redondo, suave, con una superficie crujiente, hecho de harina de trigo, acemite, levadura y sal.

sanlunero, ra. ■ ADJ. supran. *Referido a persona,* que suele hacer san Lunes: "Los trabajadores más sanluneros son los albañiles". Ú.t.c.sust.: "Los más sanluneros son los albañiles".

sanlunes. ■ M. **san Lunes.**

santa. ■ LOC. **~ Cachucha.** LOC. SUST. fam. Santa imaginaria a quien se invoca en momentos difíciles: "Los alumnos le pedían a santa Cachucha que los ayudara en el examen". ■ EXPR. **¡~ Cachucha!** fam. Se usa para manifestar sorpresa o preocupación: "¡Santa Cachucha!, se me olvidó que dejé los frijoles en la lumbre".

santamaría. ■ F. **1.** Arbusto originario de América, de hasta 5 m de altura, monoico; tallos articulados; ramas quebradizas; hojas opuestas, enteras, grandes, acorazonadas y aromáticas; flores hermafroditas, blancas y diminutas, dispuestas en espigas sobre un eje carnoso; frutos abayados, negros. Familia de las piperáceas, *Piper auritum.* (También se llama acoyo, acuyo, hierba santa, hierbasanta, hoja de cáncer, hoja de la hierba santa, hoja santa, hojasanta, momo, omequelite, tlanepa, xmacolan, yerba santa, yerbasanta). || **2.** Hoja de la **santamaría**; comestible; uso en la medicina tradicional.

santanazo. ■ M. fam. Hijo no esperado que nace varios años después del último.

santanista. ■ ADJ. **1.** Perteneciente o relativo al político mexicano Antonio López de Santa Anna: "El libro trata del pensamiento político santanista". || **2.** *Referido a persona,* partidaria o simpatizante de Antonio López de Santa Anna, presidente de México en el siglo XIX: "El libro trata del pensamiento político de los hombres santanistas". ■ COM. **3.** Persona partidaria o simpatizante de Antonio

López de Santa Anna, presidente de México en el siglo XIX: "El libro trata del pensamiento político de los santanistas más distinguidos".

santoniño. ■ M. Ganzúa.

santuario. ■ M. Lugar de refugio y protección para animales silvestres: "Declararon este bosque de coníferas santuario de mariposas".

sape. ■ M. fam. Golpe que se da con la palma de la mano en la cabeza de alguien.

sapeta. ■ F. **1.** *En Chihuahua y Sonora*, taparrabos. || **2.** *En Chihuahua y Sonora*, pañal.

sapillo. ■ M. supran. Enfermedad parasitaria que se caracteriza por la presencia de placas blancas en las mucosas bucales; algodoncillo.

sapito. ■ M. Hierba originaria de Brasil, de hasta 50 cm de altura; tallos reducidos, semisubterráneos, rizomatosos; hojas simples, alternas, de ovadas a elípticas, de color verde claro o verde brillante, con varios pares de manchas oscuras a los laterales de la vena media, muy vistosas, glabras por ambas caras, con margen entero; flores hermafroditas, diminutas, poco vistosas, de color blanco, con un único estambre petaloide y dos o tres estambres no fértiles, flores dispuestas en cimas racemiformes; frutos con forma de nuez, indehiscentes, con una sola semilla; uso ornamental. Familia de las marantáceas, *Maranta leuconeura*.

sapo. ■ M. **1.** Tapón de goma que controla la salida de agua de la cisterna del escusado. Ú.m.e.dim. || **2.** Máquina para hacer la mezcla para la construcción; hormigonera. || **3.** fam. Eructo. || **4.** fam. Agente de policía. ■ LOC. **~ excavador mexicano.** [*mejikáno*] LOC. SUST. Batracio de distribución en el sur de México, de hasta 9 cm de longitud; con dorso en tonos de gris oscuro y café verdoso, con manchas amarillas o naranjas, comúnmente con una franja naranja en la espalda que divide el dorso en dos mitades, cabeza y extremidades en tonos más claros que el dorso del cuerpo, vientre gris claro; cabeza pequeña y triangular; ojos pequeños; cuerpo ovalado con extremidades cortas; con piel que asemeja estar suelta o flácida, relativamente lisa con protuberancias separadas; boca rodeada con tubérculos sensoriales; cola larga; renacuajos con barbas; de natación rápida; la mayor parte del tiempo habita bajo tierra. Familia de los rinofrínidos del orden Anura, *Rhinophrynus dorsalis*. (También se llama poche).

sapotillo. ■ M. Árbol o arbusto originario de América, de hasta 1 m de altura, monoico; tallos simples o ramificados, corteza externa de color pardo grisáceo pálido, corteza interna pajiza, rojiza o anaranjada; hojas verticiladas, enteras, de oblanceoladas a elípticas, glabras, lustrosas; flores unisexuales o hermafroditas, pequeñas y fragantes, campanuladas, de color blanco verdoso a crema; frutos abayados, elipsoidales u ovoides, lisos y glabros, anaranjados, rojos, violetas o negros cuando maduros; semilla única, elipsoidal, ligeramente comprimida lateralmente, negra y brillante; frutos, comestibles; uso como especie maderable. Familia de las sapotáceas, *Pouteria reticulata*. (También se llama zapotillo).

saraguato. ■ M. **1.** Primate originario de América, de hasta 1.5 m de longitud; con pelo largo, de café a café rojizo, amarillento en los costados, hirsuto y abundante; con cabeza grande; cara desnuda con el hocico chato, nostrilos amplios redondos y planos; con mandíbula prominente; cola prensil fuerte; tiene un rugido característico. Familia de los atélidos del orden Primates, *Alouatta palliata*. (También se llama mono aullador, mono saraguato, sarahuato). || **2.** Primate platirrino originario de América, de hasta 55 cm de longitud, excluyendo la cola que mide entre 60 y 70 cm; con pelo largo y negro, las crías presentan coloraciones más cafés, en los machos mayores se muestra un escroto en tonos blancos; cara corta; narinas achatadas y separadas; cola prensil fuerte, que puede soportar todo el peso corporal; tiene un rugido característico. Familia de los atélidos del orden Primates, *Alouatta pigra*. (También se llama mono aullador, mono saraguato, sarahuato).

sarahuato. ■ M. **saraguato.**

saramuyo. ■ M. **1.** *En Yucatán*, árbol originario de América, de hasta 8 m de altura, monoico; troncos ramosos, con corteza oscura; hojas alternas, enteras, de oblongas a elípticas; flores hermafroditas, de color verde amarillo, con seis a ocho pétalos carnosos, con una mancha de color rojo en la base, con más de 20 estambres, agrupadas en racimos; frutos abayados, acorazonados, verdosos y

S

escamosos, de pulpa blanca; semillas elipsoides, negras. Familia de las anonáceas, *Annona squamosa*. (También se llama anona, anona de México, chirimoya). || **2.** *En Yucatán*, fruto del **saramuyo**; comestible.

sarape. ■ M. Prenda de abrigo de lana o de algodón, generalmente tejida con líneas o grecas de colores vivos, con una abertura en el centro para pasar la cabeza, que cuelga de los hombros y llega hasta la cintura.

sarazo, za. ■ ADJ. **1.** supran. rur. *Referido a un fruto*, que está a medio madurar: "Mi abuelita preparó un pastel con mangos sarazos". ■ M. **2.** supran. Planta anual originaria de México y Centroamérica, de hasta 2 m de altura; tallos ramificados; inflorescencias masculinas, con espigas, cada una envuelta por una sola bráctea; varias espigas femeninas en una vaina, con pedúnculos de hasta 2 cm de largo; flores en forma de espiguillas dispuestas en dos hileras; de cinco a 12 semillas cariópsides, cubiertas por una gluma endurecida, con superficie lustrosa, lisa, de color blanco uniforme a café muy oscuro, con manchas de color café más claro a gris; uso forrajero. Familia de las gramíneas, varias especies del género *Zea*, como *Zea mays* ssp. *mexicana*, *Zea mays* ssp. *parviglumis*. (También se llama acecé, diente de burro, madre de maíz, maíz cimarrón, milpilla, pezuña de burro, teocintle, teosinte). || **3.** supran. Fruto del **sarazo**.

sardo. ■ M. despect. Soldado raso.

sargento. ■ M. supran. Herramienta de carpintería que sirve para mantener fija una pieza. ■ LOC. **~ alirrojo.** LOC. SUST. supran. Ave de distribución en América del Norte y Centroamérica, de hasta 25 cm de longitud y 40 cm de envergadura; con marcado dimorfismo sexual; machos con plumaje negro lustroso, hombros rojos y una raya amarilla pálida debajo de las manchas rojas; pico y patas de color negro; hembras con plumaje jaspeado, en tonos grisáceos blanquecinos en la región ventral y negruzcos y pardos en la región dorsal; rostro en tonos salmón o amarillentos. Familia de los ictéridos del orden Passeriformes, *Agelaius phoeniceus*. (También se llama acolchichi, arrocero, ave sargento, tordo alirrojo, tordo capitán).

sarniento, ta. ■ ADJ. supran. *Referido a alguien*, que tiene sarna; sarnoso: "Llevé a mi perro con el veterinario porque anda sarniento".

sarra. ■ ADJ. *En el Noroeste, referido a algo*, desagradable: "La película de terror que vimos está muy sarra".

sarteneja. ■ F. **1.** Huella que deja el ganado en terrenos lodosos. || **2.** supran. Grieta que se forma con la sequía en algunos terrenos. || **3.** supran. Hoyo o depresión que dejan las aguas al evaporarse en las marismas y vegas bajas.

saruqui. ■ ADJ. *En el Noroeste, referido a algo*, que no está bien molido: "Con ese pinole saruqui no se puede hacer atole".

sasacua. ■ F. *En Veracruz*, tortuga, de hasta 12 cm de longitud; con cabeza oscura con dos pequeñas rayas amarillas en ambos lados; caparazón abombado de color café olivo; plastrón amarillento, dividido en tres partes, una fija y otras dos articuladas, lo que le permite encerrarse en el caparazón; patas ligeramente palmadas. Familia de los quinostérnidos del orden Testudines, *Kinosternon pensylvanicum*. (También se llama pochitoque, sasagua, zazacua).

sasagua. ■ F. **sasacua.**

sascab. ■ M. *En el Sureste*, tierra blanca de origen calizo que se emplea en la construcción.

sascabera. ■ F. *En el Sureste*, cantera de la que se extrae el sascab o tierra blanca de origen calizo.

sasele. ■ M. Hierba originaria de México, de hasta 1.5 m de altura; tallos ramificados desde la base, ásperos; hojas alternas, enteras, triangulares y puntiagudas, rasposas y adherentes, con márgenes dentados; flores hermafroditas, vistosas, con cinco pétalos obovados y puntiagudos, de color amarillo claro o anaranjado, estambres numerosos, los diez externos más largos, flores dispuestas en dicasios terminales; frutos capsulares, cónicos, densamente pubescentes; semillas ovoide-oblongas, aplanadas, tuberculadas verrugosas, de color pardo grisáceo; uso en la medicina tradicional. Familia de las loasáceas, *Mentzelia hispida*. (También se llama pegajoso, zazale, zazálic, zazáñic).

sastre. ■ M. Ave de distribución al oeste de América del Norte y parte de Centroamérica, de hasta 11 cm de longitud; con la parte dorsal en tonos pardos, región ventral en tonos blanquecinos, pico y patas negras; ojos negros en los machos y en las hembras en tonos amarillentos; cabeza grande; pico truncado; cola larga. Familia de los egitálidos del orden Passeriformes, *Psaltriparus minimus*. (También se llama sastrecillo).

sastrecillo. ■ M. **sastre.**

satelital. ■ ADJ. supran. Perteneciente o relativo a los satélites artificiales: "Debido a la tormenta se perdió la imagen satelital".

saucle. ■ M. **sautle.**

saúco. ■ M. Árbol pequeño o arbusto, de hasta 15 m de altura; tallos grises, huecos, con lenticelas conspicuas; hojas opuestas, compuestas de cinco a 11 foliolos de elípticos a lanceolados, glabros o diminutamente puberulentos sobre el nervio principal en el envés, con márgenes enteros; flores hermafroditas, pequeñas, con cinco pétalos extendidos de color blanco, muy fragantes, dispuestas en corimbos compuestos, muy densos; frutos en bayas, globosas u ovoides, diminutas, negras purpúreas, comestibles, uso en la medicina tradicional; de tres a cinco semillas por fruto; flores, uso como saborizante y en la medicina tradicional. Familia de las caprifoliáceas, *Sambucus canadensis*. (También se llama cundemba, cundumbo). ■ LOC. **~ hediondo.** LOC. SUST. **1.** Árbol o arbusto caducifolio de amplia distribución en el noreste de México, de hasta 9 m de altura, monoico; tallos muy ramificados, ramas gruesas, con corteza gris; hojas opuestas, simples, de ovadas a rómbicas, de pubérulas a hirsutas, de color verde olivo en el haz, ligeramente más pálido en el envés, con márgenes enteros o ligeramente dentados; flores hermafroditas, pequeñas, campanuladas, de color blanco o crema, oscuras en el centro, aromáticas, agrupadas en racimos, axilares o terminales; frutos drupáceos, globosos o elipsoides, de tonos anaranjados o rojizos y finalmente negruzcos, glabros y brillantes; dos semillas, elipsoides; uso en la medicina tradicional. Familia de las verbenáceas, *Citharexylum berlandieri*. (También se llama negrito, orcajuela, revientacabra). || **2.** Fruto de este árbol o arbusto; comestible.

sautle. ■ M. Hierba originaria de América, de hasta 70 cm de altura, monoica; tallos engrosados en forma de bulbos subterráneos; hojas alternas, solo dos o tres, enteras, lanceoladas; flores hermafroditas, vistosas, campanuladas, con seis tépalos, de rosados a púrpuras, con tonos blancos, agrupadas en racimos; frutos capsulares, elipsoides; semillas numerosas, diminutas, de color café. Familia de las orquidáceas, *Bletia campanulata*. (También se llama chautle, saucle).

sauyán. ■ M. *En el Sureste*, serpiente originaria de América, de hasta 2.5 m de longitud; con cuerpo robusto y muy fuerte; dorso gris con manchas rectangulares o bandas irregulares pardas, usualmente con manchas más claras en el centro; cabeza triangular en vista dorsal delimitada del cuerpo por medio de un cuello más estrecho; no venenosa; piel y cabeza, uso artesanal. Familia de los boidos del orden Squamata, *Boa constrictor*. (También se llama ilamacoa, malcoa, masacúa, masacuata, mazacúa, mazacuata, mazacuate).

sayolistle. ■ M. **1.** Arbusto originario de América, de hasta 7 m de altura, monoico; hojas alternas, enteras, ovado-lanceoladas y aserradas en los bordes; flores hermafroditas, pequeñas, con cinco pétalos azules, agrupadas en panículas muy apretadas; frutos drupáceos, globosos, pequeños y de color negro; tres semillas. Familia de las ramnáceas, *Ceanothus coeruleus*. (También se llama chaquira). || **2.** Corteza del **sayolistle**; uso en la medicina tradicional. || **3.** Hoja del **sayolistle**; uso en la medicina tradicional. || **4.** Raíz del **sayolistle**; uso en la medicina tradicional.

sayulteco, ca. ■ ADJ. **1.** Perteneciente o relativo al **sayulteco**: "Los abanicos sayultecos están hechos de palma tejida". || **2.** Natural o procedente del grupo étnico **sayulteco**: "Las mujeres sayultecas elaboran platos y vasijas de barro". Ú.t.c.sust.: "Las sayultecas elaboran platos y vasijas de barro". ■ M. **3.** Grupo étnico establecido en el municipio de Sayula de Alemán, en el sur del estado de Veracruz. || **4.** Lengua mixe-zoque del subgrupo lingüístico mixeano.

sayunsay. ■ M. Hierba originaria de América, de hasta 1 m de longitud, monoica; tallos de erectos a ascendentes, más o menos cuadrangulares, surcados, los jóvenes con pelos en forma de gancho; hojas simples, opuestas o subopuestas, ovadas, lanceoladas o deltoides, haz piloso o estrigoso, envés con pelos en forma de gancho, escasos o dispersos, con margen serrado, con dientes agudos; flores hermafroditas, diminutas, tubulares campanuladas, con cinco pétalos de color blanco, morado pálido, morado, azul o rosa pálido, dispuestas en racimos terminales o en las axilas de las hojas, densos; frutos en esquizocarpos diminutos, oblanceolados, que se dividen en dos frutos, cada uno con dos hileras paralelas y longitudinales de espinas cortas; dos semillas por fruto; uso en la medicina tradicional. Familia de las verbenáceas, *Priva lappulacea*.

sazón, na. ■ ADJ. **1.** *En el Noroeste, referido a persona*, precoz: "Cuidadito con ese amigo de tu hijo, salió bastante sazón". || **2.** *En el Occidente, referido a persona*, adulta: "Ella ya está sazona como para pedir permiso a sus padres".

sazón. ■ AMB. **3.** supran. Habilidad de cocinar bien: "Ese cocinero tiene buena sazón".

score. [*eskór*] ■ M. **1.** *En algunos deportes*, número que expresa los puntos ganados en un juego: "El *score* del partido fue 54-52 a favor del equipo local". || **2.** *En algunos deportes*, total de puntos obtenidos: "El *score* fue de 14 en todo el torneo".

seboruco. ■ M. supran. Lugar de rocas ásperas.

sebucán. ■ M. *En el Sureste*, **sabucán.**

secadora. ■ F. **secadora de pelo.** ■ LOC. **~ de pelo.** LOC. SUST. Aparato portátil que expulsa aire, caliente o frío, para secar el cabello.

secretaría. ■ F. supran. Cada uno de los departamentos en los que se divide el gobierno del país; ministerio.

secretario, ria. ■ M. y F. supran. Autoridad máxima de una secretaría.

secretearse. ■ INTR. PRNL. Hablar en secreto una persona con otra: "Mis compañeros se secreteaban cuando regresé a la oficina".

secundaria. ■ F. **1.** Ciclo escolar de tres años que se realiza después de la primaria y antes de la preparatoria: "Terminé la secundaria cuando tenía 15 años". || **2.** Lugar o edificio donde se realizan los estudios de secundaria: "La secundaria será pintada en las vacaciones".

sedilla. ■ F. Árbol o arbusto originario de México, de hasta 8 m de altura; tallos con corteza grisácea, delgada; hojas simples, alternas, elípticas, lanceoladas, oblanceoladas u obovadas, glabras por ambas caras, con margen ligeramente aserrado; flores hermafroditas, diminutas, de color crema, con cinco pétalos y cinco sépalos, dispuestas en umbelas pequeñas y densas; frutos pequeños, secos e indehiscentes, con tres aladas delgadas y papiráceas, una semilla por cada fruto. Familia de las celastráceas, *Wimmeria confusa*.

seguidilla. ■ F. **1.** *En el juego de póquer*, conjunto de naipes de numeración o valor correlativo; escalera: "Gané la última partida con una seguidilla". || **2.** supran. Diarrea: "Le dio una seguidilla de tres días por comerse un montón de empanadas".

seguido. ■ ADV. A menudo; frecuentemente: "Seguido lo veo en la oficina".

seguirle. ■ INTR. PRNL. **1.** Insistir hasta llegar a fastidiar: "Síguele con lo mismo y no te llevo a la fiesta". ■ LOC. **~ la onda.** LOC. VERB. fam. Secundar las opiniones, gustos o propuestas de alguien, frecuentemente de modo poco sincero: "Síguele la onda porque si no, te va a molestar toda la noche".

seguirse. ■ LOC. **~ de frente.** LOC. VERB. **1.** Mantener alguien la dirección del movimiento en forma recta y hacia adelante: "Cuando llegues a mi calle, te sigues de frente hasta topar con una casa de reja negra". || **2.** Continuar con una actividad: "Se siguieron de frente con el festejo". ▶ **~ derecho.** LOC. VERB. **seguirse de frente.**

seguírsela. ■ INTR. **2.** Continuar, sin premeditación, una acción de forma prolongada: "Después de la fiesta, nos la seguimos en mi casa hasta las seis de la mañana". ■ LOC. **~ de frente.** LOC. VERB. **seguírsela.**

según. ■ ADV. Supuestamente; dizque: "Según iba a venir el jefe, pero creo que no llegará".

segundar. ■ TR. rur. Echar más tierra a un terreno ya sembrado para favorecer el crecimiento de las plantas: "Los campesinos segundaron la milpa hace una semana".

segundo. ■ LOC. **~ frente.** LOC. SUST. supran. Amante de alguien que está comprometido afectivamente.

segura. ■ LOC. **a la ~.** LOC. ADV. supran. Sin riesgos: "Vete a la segura, toma un taxi de sitio".

seguro. ■ M. Alfiler que se abrocha de manera que su punta queda dentro de un gancho para que no pueda abrirse fácilmente; imperdible.

segurolas. ■ ADV. fest. Con seguridad: "—¿Vas a ir a la fiesta? —Segurolas".

seis. ■ LOC. **de a ~.** LOC. ADJ. fam. *Referido a persona*, sorprendida: "Olga me dejó de a seis con la noticia".

sellar. ■ TR. rur. Sembrar un terreno de forma completa, aprovechando todo el espacio disponible: "En el ejido sellaron todas las parcelas con maíz, frijol y calabaza".

sema. ■ F. Pan de acemite; cema.

semana. ■ F. Dinero que se le da a una persona semanalmente para sus gastos personales: "Mi papá me dio mi semana el lunes y el miércoles ya no tenía nada".

semblantear. ■ TR. fam. Mirar a alguien a la cara para saber sus sentimientos o intenciones: "Semblantea a tu maestro para saber si es accesible".

semblanteo. ■ M. fam. Hecho de semblantear o mirar a alguien a la cara para saber sus sentimientos o intenciones.

sembrar. ■ TR. supran. Plantar: "Sembraron las palmeras en el camellón". ■ LOC. **~ evidencias.** LOC. VERB. Poner pruebas falsas en el lugar indicado para inculpar a alguien: "Fue juzgado injustamente porque le sembraron evidencias".

semilla. ■ F. **1.** Pulque madre que se agrega al aguamiel para acelerar el proceso de fermentación. || **2.** Cochinilla que se pone en la penca del nopal para su reproducción. || **3.** Fruto seco, generalmente el extraído de vainas. ■ LOC. **~ de la virgen.** LOC. SUST. **1.** Hierba trepadora originaria de América, de hasta 10 m de longitud, monoica; base leñosa, partes jóvenes herbáceas, que al romperlas liberan un látex blanquecino; hojas simples, alternas, ovales o acorazonadas, membranáceas; flores hermafroditas, vistosas, campanuladas, de azules a púrpuras con partes blancas, agrupadas en racimos axilares; frutos capsulares, globosos, pardos; semillas ovoides, pardas o de color negro, con pelos cortos en toda la superficie, estas con uso ceremonial. Familia de las convolvuláceas, *Ipomoea violacea.* (También se llama gloria de la mañana, machacuana). || **2.** Planta trepadora originaria de América, de hasta 10 m de longitud, monoica; tallos rugosos o papilosos, huecos, glabros; hojas alternas, simples, de ovadas a acorazonadas, membranáceas o cartáceas, glabrescentes, base cordada, ápice acuminado, con márgenes enteros; flores hermafroditas, vistosas, en forma de embudo, color crema o blanco púrpura en el interior, agrupadas en inflorescencias corimbosas, terminales; frutos capsulares, ovoides, pardos, glabros; una o dos semillas, fusiformes o redondeadas, pardas, puberulentas, con propiedades psicotrópicas; uso ornamental. Familia de las convolvuláceas, *Turbina corymbosa.* (También se llama bejuco de san Pedro, ixtabentún, ololiuque, ololiuqui, xtabentún). || **3.** Flor de esta planta; uso ornamental. || **4.** Semilla de esta planta; uso en la medicina tradicional.

semillar. ■ INTR. supran. rur. Producir semillas una planta: "Las flores del patio semillan muy seguido".

semillerito. ■ M. Ave originaria de América, de hasta 10 cm de longitud; macho de color azul negro lustroso, con una mancha blanca en la unión del ala al cuerpo, pico con borde derecho y punta aguda; hembra de color pardo, con partes ventrales claras que tienen rayas de color pardo oscuro. Familia de los tráupidos del orden Passeriformes, *Volatinia jacarina.* (También se llama brincador, loquito).

semita. ■ F. Pan de acemite; cemita.

sempasúchil. ■ M. **1.** Hierba nativa de México, de hasta 1 m de altura, monoica; tallos poco ramificados, verdosos; hojas alternas, divididas en numerosos foliolos, lanceoladas, con margen diminutamente aserrado; flores hermafroditas, vistosas, amarillas o anaranjadas, agrupadas en cabezuelas, con olor fuerte, con cinco u ocho flores de la periferia en forma de pétalos amarillos; frutos aquénicos, lineares, con escamas en el ápice; uso ceremonial, como insecticida, en la medicina tradicional y ornamental. Familia de las compuestas, *Tagetes erecta*. (También se llama cempasúchil, cempoal, flor de muerto, iscoque, musajoyó, xpuhuk, zempasúchil). || **2.** Flor del **sempasúchil**; comestible; uso como colorante.

sempiterna. ■ F. Hierba originaria de América, de hasta 70 cm de altura; tallos erectos o ascendentes, cubiertos por pelos cortos; hojas simples, opuestas, ampliamente lanceoladas u ovadas, cubiertas por pelos cortos más densos en el envés, con margen entero; flores hermafroditas, pequeñas y tubulares, de color rosa, morado o blanquecino, agrupadas en densos capítulos terminales que dan la apariencia de una única flor; frutos en utrículos, cortamente cilíndricos, indehiscentes; semillas diminutas, orbiculares, rojizas; uso ornamental. Familia de las amarantáceas, *Gomphrena globosa*. (También se llama siempreviva).

sencillo. ■ ADJ. **1.** *Referido a un boleto o un viaje*, que solo es de ida o de regreso: "Me alcanzó para comprar el boleto sencillo, y no más". ■ M. **2.** supran. Moneda fraccionaria: "Necesito sencillo para pagar el pasaje del autobús".

sendo, da. ■ ADJ. **1.** fam. supran. *Antepuesto al sustantivo*, de gran tamaño: "Llegó con senda botella a la fiesta". || **2.** fam. supran. *Antepuesto al sustantivo*, importante; valioso: "El presidente se aventó un sendo discurso frente al auditorio".

senitud. ■ F. pop. Senectud.

sentada. ■ F. supran. rur. Hecho de sofrenar bruscamente un caballo, haciendo que levante las patas delanteras y se apoye sobre los cuartos traseros.

sentadera. ■ F. supran. fam. Nalga. Ú.m.e.pl.

sentadilla. ■ F. supran. Ejercicio físico que consiste en flexionar las piernas manteniendo recto el tronco.

sentar. ■ TR. supran. rur. Sofrenar bruscamente un caballo, haciendo que levante las patas delanteras y se apoye sobre los cuartos traseros: "El jinete sentó al potro de un solo jalón de las riendas".

sentenciada. ■ F. **1.** supran. fam. Amenaza que se le hace a alguien con la intención de vengarse. || **2.** supran. fam. Advertencia que se le hace a alguien del castigo que recibirá si no obra como se le ha indicado.

sentenciársela. ■ INTR. PRNL. **1.** supran. fam. Amenazar a alguien con vengarse: "Tuvieron una pelea callejera y se la sentenció para la siguiente ocasión". || **2.** supran. fam. Advertir a alguien del castigo que recibirá si no obra como se le ha indicado: "Mi papá me la sentenció: si no voy bien en la escuela, no me comprará el coche".

sentido. ■ M. **1.** rur. Oreja: "Me picó una abeja en el sentido y ahorita no oigo bien". || **2.** *En Oaxaca*, sien: "Me pusieron unos chiquiadores en los sentidos".

sentimiento. ■ M. **1.** Tristeza o dolor emocional: "Me eché un tequilazo de puro sentimiento". || **2.** supran. Resentimiento: "Traigo un sentimiento con mi tío porque no me quiso ayudar con la tarea".

sentir. ■ LOC. **~ pasos en la azotea.** LOC. VERB. supran. fam. Prever temerosamente un asunto desagradable: "Cuando su novia le presentó a su mejor amigo, sintió pasos en la azotea y se puso celoso".

sentirse. ■ INTR. PRNL. supran. Disgustarse con alguien por haber recibido algún perjuicio: "Me sentí con mi amiga porque no me invitó a su fiesta". ■ LOC. **~ la divina garza (envuelta en huevo).** LOC. VERB. **sentirse mucho.** ▷ **~ la gran caca (y no llegar ni a pedo).** LOC. VERB. malson. **sentirse mucho.** ▷ **~ la gran cosa.** LOC. VERB. **sentirse mucho.** ▷ **~ la mamá de Tarzán.** LOC. VERB. **sentirse mucho.** ▷ **~ la última Coca-Cola del desierto.** (De Coca-Cola®). LOC. VERB. **sentirse mucho.** ▷ **~ mucho.** LOC. VERB. supran. Ostentar alguien la sobrevaloración que siente por sí mismo: "Carlos se siente mucho porque es el goleador del equipo".

sentón. ■ M. Golpe dado en las nalgas al caer sobre ellas. ■ LOC. **de un ~.** LOC. ADV. supran. En una sola vez y sin interrupción; de un tirón: "Hizo el trabajo final de un sentón".

seña. ■ F. Gesto grosero.

seño. ■ F. **1.** pop. Señora: "La seño se enojó porque no estaba lista la comida". Ú.m.e.dim.: "La señito se enojó porque no estaba lista la comida". || **2.** pop. Fórmula de tratamiento para dirigirse con respeto a una mujer: "Seño, siéntese en mi lugar, ya casi me bajo". Ú.m.e.dim.: "Señito, siéntese en mi lugar, ya casi me bajo".

señuelo. ■ M. supran. rur. Animal o grupo de animales mansos que sirven de guía para conducir al resto del ganado.

separo. ■ M. Área destinada, dentro de una oficina policial o gubernamental, al arresto preventivo de quienes cometen infracciones administrativas o han sido detenidos en flagrancia.

ser. ■ LOC. **~ la banda.** LOC. VERB. pop. Mostrarse alguien amigable y solidario: "Tu primo es la banda, me ayudó mucho con mis trámites". ▷ **~ otro boleto.** LOC. VERB. **1.** fam. Poseer cualidades excepcionales: "El cantante de ayer es otro boleto, nunca había escuchado una voz como la de él". || **2.** fam. Carecer de pertinencia: "En la junta salió el tema del agua, pero ya no hablamos sobre eso porque es otro boleto". ■ EXPR. **¡ay, cómo eres!** fam. Se usa como queja amistosa ante una crítica: "¡Ay, cómo eres!, si la fiesta nos quedó muy bonita". ▷ **lo que sea de cada quien.** fam. Francamente: "Lo que sea de cada quien, Juan tiene mucho talento". ▷ **será el sereno.** fam. Se usa para manifestar irónicamente desacuerdo o incredulidad sobre algo: "Pues será el sereno, pero yo no me trago tu cuento".

sereno. ■ M. Hierba originaria de México y Centroamérica, de hasta 90 cm de altura; tallos simples o ramificados, erectos o sobre el suelo, de color rojizo a verde, cubiertos de pelos blancos o amarillentos, con savia acuosa; hojas simples, opuestas, de ovadas a triangulares, pubescentes, con margen crenado o dentado; flores hermafroditas, pequeñas y tubulares, la base de color blanco, en ocasiones con pelos glandulares, y los lóbulos de color azul, lila, lavanda o raramente blancos, dispuestas en cabezuelas densas arregladas a su vez en corimbos terminales; frutos aquénicos, diminutos, prismáticos, con cinco costillas, ásperas en los ángulos, en el ápice cinco escamas libres, una semilla por fruto; uso ornamental y en la medicina tradicional. Familia de las compuestas, *Ageratum conyzoides*.

sereque. ■ M. *En el Sureste*, mamífero roedor de distribución en México y Centroamérica, de hasta 60 cm de longitud; con pelaje largo, liso y brillante, de color café rojizo, salpicado en negro en el dorso y la rabadilla; cabeza alargada, con el hocico truncado, labio superior hendido y provisto de vibrisas; orejas pequeñas y redondeadas; cuello corto y grueso; tronco robusto y curvo; la cola es vestigial; las extremidades posteriores largas y delgadas, las delanteras un poco más cortas; de patas tridáctilas; su carne es muy apreciada en la gastronomía. Familia de los dasipróctidos del orden Rodentia, *Dasyprocta mexicana, Dasyprocta punctata.* (También se llama agutí, cereque, guaqueque, guatusa, querreque, uco, zerete).

seri. ■ M. **1.** Perteneciente o relativo al **seri**: "Los collares seris son armados con caracoles, conchas o huesos de pescado". || **2.** Natural o procedente del grupo étnico **seri**: "El pueblo seri ha producido coritas o canastos desde la época prehispánica". ■ M. **3.** Grupo étnico establecido en la costa del estado de Sonora. || **4.** Lengua que habla el grupo étnico **seri**. || **5.** Familia lingüística formada únicamente por la lengua **seri**. ■ COM. **6.** Persona natural o procedente del grupo étnico **seri**: "Las seris han producido coritas o canastos desde la época prehispánica".

sermonero, ra. ■ ADJ. fam. *Referido a persona*, proclive a regañar sin motivo suficiente: "Que no sepa el abuelo que nos salimos sin permiso porque es muy sermonero". Ú.t.c. sust.: "Que no sepa el abuelo que nos salimos sin permiso porque es un sermonero".

serpentina. (Juego de palabras entre serpentina y cerveza). ■ F. supran. fest. Cerveza: "Hacía mucho calor y nos tomamos unas serpentinas bien frías".

serpiente. ■ LOC. **~ chatilla.** LOC. SUST. Ofidio originario de América, de hasta 1 m de longitud; con dorso pardo oscuro y manchas blanquecinas; nocturno; carnívoro. Familia de los loxocémidos del orden Squamata, *Loxocemus bicolor*. (También se llama ilamacoa).

servilleta. (Juego de palabras entre servilleta y servidor). ■ LOC. **su ~.** LOC. SUST. fest. Nombre que alguien se da a sí mismo para designarse en una conversación que mantiene

S

con otra persona: "Aquí tu servilleta te va a ayudar con las tareas".

servir. ■ LOC. **~ en charola de plata.** LOC. VERB. Dar grandes facilidades a alguien para que consiga algo: "Te sirvieron en charola de plata ese puesto y no lo supiste aprovechar".

servirse. ■ LOC. **~ con la cuchara grande.** LOC. VERB. supran. Adjudicarse alguien la mejor parte cuando se distribuye algo entre varias personas: "Ramiro se sirvió con la cuchara grande solo porque él consiguió los recursos".

sesgarse. ■ INTERJ. **¡séségate!** fam. Se usa para exigir a alguien que abandone un lugar: "¡Séségate! Ahí viene el patrón y no te quiere ver".

seso. ■ LOC. **~ vegetal.** LOC. SUST. supran. Árbol originario de África, introducido en América, de hasta 50 m de altura, monoico; tallos amarillentos tomentosos, glabros con la edad; hojas alternas, compuestas de cuatro o cinco pares de foliolos, de cuneado-obovados a elípticos u oblongos, cartáceas o subcoriáceas, glabras en el haz, vellosas en el envés, con margen entero; flores hermafroditas o unisexuales, pequeñas y vistosas, muy fragantes, con cinco pétalos blancos, vilosos en ambas superficies, dispuestas en racimos densos axilares; frutos capsulares, muy vistosos, oblongo-obovados, trilobados, de color amarillento a rojo, glabros al exterior; tres semillas, globosas, negras y brillantes, rodeadas de un arilo carnoso de color blanco, comestible. Familia de las sapindáceas, *Blighia sapida*.

sesteada. ■ F. Siesta rápida. Ú.m.e.dim.

seto. ■ M. Pared de una construcción rústica elaborada con cañas y barro.

sexoservidor, ra. ■ M. y F. Persona que se dedica a la prostitución.

shirgo, ga. ■ ADJ. **1.** rur. Lanudo: "El perro está todo shirgo, lo voy a llevar a cortar el pelo". || **2.** pop. *En el Bajío, referido a persona*, que es flaca y débil, generalmente porque no tiene el desarrollo físico esperado: "Lleva a tu hijo al doctor, está muy shirgo". || **3.** pop. *En Hidalgo*, hirsuto: "Las hojas shirgas de la planta me lastimaron". ■ M. **4.** Capote de palma; típico de los tarahumaras.

shishpolá. [*shispolá*] ■ M. *En Chiapas*, guiso elaborado con carne y garbanzo.

shote. ■ M. **shuti.**

show. [*shóu, chóu*] ■ M. fam. Engorro: "Cancelar las tarjetas de crédito es un *show*". ■ EXPR. **¡qué ~!** fam. Se usa para saludar: "—¡Qué *show*!, ¿cómo has estado?".

shuti. ■ M. Molusco de agua dulce, de hasta 5 cm de altura y 2 cm de diámetro; con concha sólida en forma de torre, posee un periostraco de color oliva a negruzco, de diez u 11 vueltas; se encuentra en ríos y arroyos con movimiento constante, pero de poca intensidad, poco profundos y con sombra; comestible. Familia *Pachychilidae*, varias especies del género *Pachychilus*. (También se llama caracol de arroyo, chuti, shote, xote).

sí. ■ LOC. **de por ~.** LOC. ADV. supran. fam. De todos modos, en cualquier caso: "De por sí, tenía que venir hoy, no te preocupes". ■ EXPR. **~, Chucha (cómo no).** fam. Se usa para negar a alguien irónica y enfáticamente la posibilidad de algo: "¿Prestarte mil pesos?, sí, Chucha, cómo no". ▷ **~, Chucha, tus chicas patas.** fam. **sí, Chucha (cómo no).** ▷ **~, Chucha, ¿y tus calzonzotes?** fam. **sí, Chucha (cómo no).** ▷ **¡~ la...!** supran. fam. Se usa para indicar sorpresa: "¡Sí la!, se cayó la tele y se descompuso". ▷ **~, pues.** fam. Se usa para expresar afirmación: "—La situación está difícil. —Sí, pues". ▷ **~, señor.** fam. Se usa para afirmar enfáticamente algo: "Sí, señor, este año el torneo de pesca estuvo muy, pero muy bueno".

sibal. ■ M. Ciénaga cubierta de plantas acuáticas.

sicaján. ■ M. **1.** *En el Sureste*, grupo de árboles o arbustos distribuidos en México y Centroamérica, de hasta 5 m de altura, monoicos; tallos con ramas glabras o esparcidamente pubérulas, blanquecinas, en su mayoría con lenticelas; hojas simples, alternas, agrupadas en pequeños grupos en los nudos, oblanceoladas, en ocasiones angostamente obovadas o elípticas, glabras por ambas caras, con margen entero; flores hermafroditas, pequeñas, tubulares campanuladas, con cinco de color anaranjado y cinco estaminodios petaloides de color anaranjado, flores dispuestas en racimos axilares y densos; frutos subglobosos u oblongos, anaranjados o naranjas parduzcos, generalmente con manchas pardas rojizas; semillas pequeñas. Familia de las teofrastáceas, *Bonellia nervosa*. (También se llama sanjuán, siché, siqueté). || **2.** *En el Sureste*, individuo del **sicaján**.

siché. ■ M. **sicaján.**

sicte. ■ M. *En el Sureste*, árbol originario de América, de hasta 10 m de altura, monoico; tallos glabrescentes, con látex lechoso al cortarlo; hojas opuestas, simples, elípticas, glabras o pubescentes en el envés, base cuneada, ápice acuminado; flores hermafroditas, vistosas, en forma de embudo, blancas con la garganta amarilla, nectario de la mitad de la longitud del ovario, agrupadas en panículas; frutos foliculares, verdes anaranjados, gruesos y agudos apicalmente; semillas numerosas, elipsoides, rodeadas de un arilo carnoso anaranjado. Familia de las apocináceas, *Tabernaemontana litoralis*. (También se llama islaúl, islaúr, zapotecuate).

sidral. (De Sidral®). ■ M. Refresco de manzana.

siempre. ■ ADV. Después de todo; finalmente: "—¿Siempre trajeron el pastel que faltó? —No, siempre no lo consiguieron".

siempreviva. ■ F. **1.** Hierba epífita originaria de México, de hasta 25 cm de altura; tallos erectos, péndulos o postrados, verdes o rojizos; hojas simples, alternas, de obovadas a espatuladas, carnosas, con numerosas glándulas rojas o verdes y translúcidas a lo largo de los márgenes, glabras por ambas caras, con margen entero; flores hermafroditas, pequeñas, de color amarillo, brillantes, agrupadas en panículas densas, dispuestas en las axilas de las hojas; frutos foliculares, pequeños, pardos. Familia de las crasuláceas, *Sedum dendroideum*. || **2.** supran. **sempiterna.**

sierra. ■ F. **1.** supran. Grupo de peces de amplia distribución, de hasta 1 m de longitud; en tonos azules y plateados a los costados; con rayas o manchas amarillas, en la región caudal se aprecian tonalidades más azuladas; cuerpos largos y comprimidos; aletas dorsales bien separadas, la primera con espinas duras y la segunda con espinas blandas; en la región de la cola, posterior a las aletas dorsales o la anal, con pequeñas espinas que asemejan una sierra; aleta caudal grande para su cuerpo; cabeza triangular con hocico alargado respecto al resto de su cabeza, y la parte posterior del maxilar está expuesto. Familia de los escómbridos del orden Perciformes, especies en México, entre otras, *Scomberomorus concolor*, *Scomberomorus maculatus*, *Scomberomorus sierra*. || **2.** supran. Individuo de la **sierra**; comestible; uso artesanal.

siestear. ■ INTR. supran. Dormir la siesta: "Luis siempre siesteaba media hora".

sietepresas. ■ M. *En el Sureste*, ave de distribución en América, de hasta 1 m de longitud; con centro de la corona y lados de la cabeza blancos, lados de la corona y larga cresta occipital negros, lomo gris azulado, costados y parte posterior del cuello gris violáceo, parte anterior del cuello blanca con línea negra, lados del vientre negruzcos, centro del vientre gris y blanco con algo de rojo; muslos con plumaje ensortijado; pico largo y puntiagudo, de color amarillo; cuerpo esbelto con un cuello largo; patas oscuras y largas. Familia de las ardeidas del orden Pelecaniformes, *Ardea herodias*. (También se llama garza ceniza, garza morena, garzón).

siguapate. ■ F. **1.** supran. Arbusto originario de América, de hasta 3 m de altura, monoico; tallos muy ramificados y con puntos glandulares, pubescentes; hojas opuestas, enteras, de ovadas a lanceoladas, con puntos resinosos en la superficie, con margen ligeramente dentado, aromáticas al estrujarse; flores hermafroditas, diminutas, tubulares y de color azul a morado, agrupadas en numerosas cabezuelas pequeñas; frutos aquénicos, diminutos y cilíndricos, negros, con una serie de cerdas blancas en el ápice. Familia de las compuestas, *Chromolaena odorata*. (También se llama ciguapate, tachiste). || **2.** supran. Hoja de la **siguapate**; uso en la medicina tradicional.

sikilté ■ M. *En el Sureste*, arbusto o árbol originario de América, de hasta 8 m de altura, monoico; tallos muy ramificados desde la base, glabros, de látex incoloro a amarillento; hojas simples, alternas, de ovadas a deltado-ovadas, envés con nervaduras cortamente pubescentes; flores unisexuales, pequeñas, verdosas o blancas amarillentas, con los pétalos fusionados en la base, con ocho o diez estambres, flores dispuestas en dicasios

S

terminales; frutos capsulares, ovoides, ligeramente trilobados, amarillentos; tres semillas por fruto, pequeñas, ovoides, blancas, estriadas, comestibles; látex, uso en la medicina tradicional. Familia de las euforbiáceas, *Jatropha curcas.* (También se llama najualá).

silbante. ■ COM. supran. Árbitro deportivo: "Aranza fue la silbante del primer partido del torneo".

silbatazo. ■ M. Sonido producido por un silbato como aviso de algo.

silenciar. ■ TR. supran. Asesinar.

sillas. ■ LOC. **~ voladoras.** LOC. SUST. Atracción de feria consistente en un carrusel cuyos asientos están colgados de la parte superior mediante largas cadenas.

sillero. ■ M. supran. rur. Cuarto en el que se guardan sillas de montar y otros aperos de caballería en una hacienda.

silosúchil. ■ M. **1.** *En el Sureste*, árbol originario de América, de hasta 20 m de altura, monoico; troncos firmes y abombados; hojas alternas, deciduas, divididas en cinco foliolos elípticos; flores hermafroditas, vistosas, con cinco pétalos de blancos a rosados, con numerosos estambres blancos o rosados, cuya forma se asemeja a la de una escobilla; frutos capsulares, elipsoides, cafés; semillas globosas, rodeadas de pelos algodonosos; cortezas, uso en la medicina tradicional. Familia de las malváceas, *Pseudobombax ellipticum.* (También se llama amapola, bailarina, cabello de ángel, chicocuchi, coquito, jilosúchil, lele, mocoque, sospó, xiloxóchitl). || **2.** *En el Sureste*, flor del **silosúchil**; uso ornamental y en la medicina tradicional.

simón. (Juego de palabras entre Simón y sí). ■ ADV. supran. pop. Sí: "—¿Vas a ir a la fiesta de Gabriela hoy? —Simón, ahí les caigo". ■ LOC. **~ ese.** LOC. ADV. *En el Norte,* **simón.** ▷ **~ que *yes.*** [*yés*] LOC. ADV. **simón.**

simpático, ca. ■ ADJ. supran. *Referido a persona*, de aspecto agradable: "La bebita está muy simpática".

simple. ■ ADJ. **1.** *Referido a persona*, que dice o hace simplezas o boberías: "Tu amigo es muy simple, todo le da risa". ■ COM. **2.** Persona que dice o hace simplezas o boberías: "Eres un simple, Sebastián, todo te da risa".

simpleada. ■ F. Hecho de simplear o hacer simplezas o boberías.

simplear. ■ INTR. Decir o hacer simplezas o boberías: "Cada vez que salgo con mis cuates simpleo y río con puras babosadas".

sina. ■ F. *En Sinaloa y Sonora,* cactus arbustivo originario de México, de hasta 4 m de altura, monoico; tallos cortos; ramas flácidas, arqueadas, de color verde oscuro a verde azulado, con tintes rojizos en las porciones secas, de cinco a ocho costillas obtusas, algo sinuosas, sobre las que se arreglan grupos de espinas blanquecinas, las centrales más grandes que las radiales, provistas de lana blanquecina en la base; flores hermafroditas, grandes y vistosas, tubulares, de color rojo escarlata, con numerosos pétalos y estambres, solitarias; frutos abayados, globosos, de color rojo brillante, con espinas caedizas en la madurez; semillas numerosas; frutos, comestibles. Familia de las cactáceas, *Stenocereus alamosensis.* (También se llama sinita).

sinaloense. ■ ADJ. **1.** Perteneciente o relativo al estado de Sinaloa: "La banda sinaloense está de gira por todo el país". || **2.** Natural o procedente del estado de Sinaloa: "Los muchachos sinaloenses compitieron en remo". ■ COM. **3.** Persona natural o procedente del estado de Sinaloa: "Los sinaloenses son los campeones invictos en remo".

sincolote. ■ M. rur. Armazón hecho de carrizo o tablas, similar a una jaula, de grandes dimensiones y más alto que ancho, que sirve para almacenar mazorcas de maíz; cincolote.

sincotel. ■ M. Bloque de piedra rosa labrada que forma parte de una construcción; sillar.

sincronizada. ■ F. Comida que se prepara con dos tortillas de trigo o de maíz, con relleno de jamón y queso, hecha al comal.

sincuate. ■ M. Serpiente de distribución en la zona neotropical de México, de hasta 2 m de longitud; constrictora, con cuerpo macizo y cabeza pequeña; parte ventral de coloración amarilla, con manchas oscuras pequeñas, esparcidas irregularmente a los lados, y manchas semicirculares a lo largo del cuerpo, que van del castaño oscuro al negro; en la punta de la cola tiene una última escama llamada botón a la que hace vibrar para realizar un ruido similar al de la víbora de cascabel; no venenosa; se alimenta casi exclusivamente de roedores.

Familia de los colúbridos del orden Squamata, *Pituophis deppei*. (También se llama alicante, cencuate, chincuate, cincuate, culebra sorda).

sindicato. ■ LOC. ~ **blanco.** LOC. SUST. **sindicato charro.** ▷ ~ **charro.** LOC. SUST. Organización sindical que no vela por los intereses de los trabajadores, sino que se alinea con los patrones.

síndrome. ■ LOC. ~ **del jamaicón.** LOC. SUST. fam. El que hace sentir una añoranza por su lugar de origen y sus costumbres: "Se fue dos meses a Canadá y le dio síndrome del jamaicón".

sinfonola. ■ F. Gramófono que funciona con monedas.

sinicuiche. ■ M. Arbusto originario de América, de hasta 4 m de altura; tallos numerosos, delgados, cuadrangulares, glabros; hojas simples, opuestas, sésiles o con peciolos muy cortos, de anchas a angostamente elípticas, glabras por ambas caras, con margen entero; flores hermafroditas, pequeñas y vistosas, con cinco pétalos de color amarillo brillante, estrechos en la base, caedizos, flores solitarias en las axilas de las hojas; frutos capsulares, diminutos, globosos, que se abren en cuatro valvas al madurar; semillas numerosas; uso ornamental y en la medicina tradicional. Familia de las litráceas, *Heimia salicifolia*. (También se llama sinicuil, sinicuilche).

sinicuil. ■ M. **sinicuiche.**

sinicuilche. ■ M. **sinicuiche.**

sinita. ■ F. **sina.**

sinodal. ■ COM. **1.** Miembro de un jurado de tesis: "La segunda sinodal le hizo tres preguntas después de la exposición de su trabajo". || **2.** Evaluador o dictaminador, generalmente de equipos deportivos o atletas: "La selección de Jamaica tiene un sinodal muy estricto para los atletas subveinte".

sinsonte. ■ M. supran. Ave de amplia distribución en América del Norte, Centroamérica y el Caribe, de hasta 30 cm de longitud; con cuerpo delgado y alargado; plumaje de color gris por la parte superior, con región inferior más pálida y pecho blanquecino; ojos de color amarillo pálido; pico negro mínimamente curvo; alas con finas líneas blancas; cola de color oscuro con los bordes blancos; patas negras y largas; su canto es muy variado y melodioso. Familia de los mímidos del orden Passeriformes, *Mimus polyglottos*. (También se llama burlón, censonte, censontle, centzontle, cenzontle, zenzontle).

sintul. ■ M. Hierba originaria de África y Madagascar, de hasta 1 m de altura; tallos poco ramificados, glabros, verdes o con máculas verdes; hojas opuestas, simples o de tres a cinco pinadas, de ovadas a elípticas u obovadas, glabras por ambas caras, con margen crenado; flores hermafroditas, grandes y vistosas, tubulares y péndulas, de color rojizo o rosa; frutos foliculares, grandes, ovoides; uso en la medicina tradicional y ornamental. Familia de las crasuláceas, *Kalanchoe pinnata*.

sinvergüenzada. ■ F. supran. Falta de vergüenza: "La sinvergüenzada con que actúa Juan asusta".

sinvergüenzura. ■ F. **sinvergüenzada.**

sipché. ■ M. *En el Sureste*, árbol originario de México y el Caribe, de hasta 10 m de altura; tallos con corteza grisácea; hojas simples, opuestas, de lanceoladas a elípticas, lustrosas y glabras por ambas caras, a menudo con glándulas esparcidas en el envés, con margen entero; flores hermafroditas, pequeñas, con cinco pétalos de color amarillo brillante, estrechos en la base, de ocho a diez glándulas globosas y amarillentas en los sépalos, flores dispuestas en pseudorracimos laterales o terminales; frutos drupáceos, rojos y brillantes en la madurez, subglobosos, una semilla por fruto. Familia de las malpigiáceas, *Bunchosia glandulosa*. (También se llama manzanillo).

siqueté. ■ M. *En Chiapas*, **sicaján.**

siquitraque. ■ M. supran. *En el Sureste*, ruido elevado de golpes repetidos y desordenados; triquitraque: "Anoche nos despertó un siquitraque y ya no pudimos dormir".

sirarí. ■ M. **sirasil.**

sirasil. ■ M. *En el Sureste*, árbol originario de América, de hasta 6 m de altura; tallos cilíndricos, con corteza externa grisácea y salvia negra; hojas simples alternas, oblongas lanceoladas o de obovadas a oblongas, glabras por ambas caras, con márgenes enteros; flores hermafroditas, diminutas, de color blanco, los sépalos con franjas de color negro, dispuestas

S

en panículas terminales; frutos drupáceos, de globosos a subglobosos, verdes con punteaduras negras en la superficie exterior que se tornan negros al madurar, comestibles; uso como especie maderable. Familia de las mirsináceas, *Ardisia revoluta*. (También se llama güitumbillo, sirarí).

siricote. ■ M. **1.** supran. Árbol originario de América, de hasta 10 m de altura; tallos erectos, corteza externa de fisurada a ligeramente escamosa, grisácea o blanquecina; hojas simples, alternas, dispuestas en espiral, de elípticas oblongas a ampliamente obovadas, glabras por ambas caras, con margen entero; flores hermafroditas, vistosas, con forma de embudo, de color anaranjado o rojo anaranjado, dispuestas en cimas paniculiformes, terminales; frutos drupáceos globosos, de verdes a amarillos pálidos; con una o dos semillas, blancas; uso como especie maderable. Familia de las boragináceas, *Cordia dodecandra*. (También se llama ciricote). || **2.** supran. Fruto del **siricote**; comestible; uso como especie maderable y en la medicina tradicional. || **3.** supran. Hoja del **siricote**; se usa para lavar utensilios.

siricua. ■ F. rur. Espacio limitado por tabiques para guardar cereales.

sirimo. ■ M. Árbol originario del este de América del Norte, de hasta 25 m de altura; tallos con ramas de delgadas a moderadamente gruesas, con corteza profundamente acanalada y estriada, cuando jóvenes de verdes a amarillentas o cafés rojizas, glabras o moderadamente pubescentes; hojas simples, alternas, ampliamente de ovadas a cordadas, glabras en el haz y con grupos de pelos en las axilas de las venas secundarias en el envés, con margen entero; flores hermafroditas, pequeñas, de color blanco con algunos tonos rosados, estambres numerosos, a menudo fusionados en la base en grupos de cinco, flores dispuestas en panículas en forma de cúpula plana, más o menos colgantes; frutos en drupas de elipsoides a casi globosas, con un pico corto en la punta, cubierta por densos pelos estrellados; semillas pequeñas, globosas, de color café a café rojizo, glabras. Familia de las tiliáceas, *Tilia americana*. (También se llama yaco).

sirlochi. ■ M. *En el Noroeste*, hierba epífita originaria de América, de hasta 60 cm de longitud; tallos reducidos, semisubterráneos; hojas simples, alteras, angostamente alargadas trianguladas, glabras por ambas caras, involutas distalmente; flores hermafroditas, pequeñas, tubulares, de color purpúreo o rosa, cubiertas por pequeñas brácteas cartáceas, flores dispuestas en espigas de largos pedúnculos; frutos capsulares, pequeños, cilíndricos; semillas plumosas. Familia de las bromeliáceas, *Tillandsia balbisiana*.

sirre. ■ M. rur. Excremento de animal; estiércol.

sirundanicua. ■ F. *En el Occidente*, arbusto originario de América, de hasta 3 m de altura; troncos delgados y lisos; hojas bipinadas, de 2 a 4 cm de largo, con tres a diez pares de pinas, con seis a diez pares de foliolos; flores en racimos, de 2 cm de largo, cada flor con cinco pétalos amarillos, anaranjados o rojos; frutos legumbres, alargados, de 6 a 12 cm de largo de color café; uso en la medicina tradicional y ornamental. Familia de las leguminosas, *Caesalpinia pulcherrima*. (También se llama bigotillo, chacalsúchil, chacalxóchitl, chachalcahuite, tabachín).

sisirisco. ■ M. vulg. Ano.

sisterna. (Juego de palabras entre cisterna y *sister*). ■ F. fest. Hermana.

sitio. ■ M. Lugar autorizado para el estacionamiento de taxis en la espera de pasajeros: "Desde el sitio me van a mandar un taxi en unos minutos".

soapatle. ■ M. Arbusto originario de México y Centroamérica, de hasta 3 m de altura; tallos muy ramificados, aromáticos al estrujarse, las ramas jóvenes cubiertas de pelos largos y entrecruzados; hojas opuestas, enteras, de triangulares a triangulares ovadas, raramente ovadas o lanceoladas, estrigosas en el haz y velutinas en el envés, con muchas gotitas de exudado resinoso, con margen entero o aserrado; flores hermafroditas o estériles, diminutas, tubulares, de color blanco o crema, las tres a 17 del centro hermafroditas y las cero a seis de la periferia estériles, con apariencia de pétalos, flores dispuestas en cabezuelas, agrupadas a su vez en panículas densas; frutos aquénicos, obovados, algo comprimidos, negruzcos, con una única semilla; uso en la medicina tradicional. Familia de las compuestas, *Montanoa tomentosa*. (También se llama aclinán, pirimo blanco, zoapatle).

soba. ■ F. *En la medicina tradicional*, sobada: "Las sobas me han disminuido el dolor de espalda".

sobada. ■ F. Acción y resultado de sobar.

sobador, ra. ■ M. y F. **1.** *En la medicina tradicional*, persona que trata y atiende a las mujeres que están embarazadas con el fin de ir colocando al feto adecuadamente. || **2.** supran. *En la medicina tradicional*, persona que, de modo empírico, realiza masajes con fines terapéuticos.

sobajar. ■ TR. Herir la dignidad de alguien; humillar: "Sobajaron a todos y se marcharon de la reunión".

sobaquera. ■ F. *En el Norte*, tortilla de harina de trigo, agua y sal, delgada, de hasta un metro de diámetro; típica de Sonora.

sobar. ■ TR. **1.** *En la medicina tradicional*, tratar y atender a las mujeres que están embarazadas con el fin de ir colocando el feto adecuadamente: "Sobaron a mi prima que está a unas semanas de dar a luz". || **2.** supran. rur. Fatigar a una caballería sometiéndola a un gran esfuerzo: "Sobarán a los caballos por todo el monte". || **3.** supran. *En la medicina tradicional*, dar un masaje terapéutico que consiste en presionar, frotar o golpear rítmicamente y con intensidad adecuada determinadas zonas del cuerpo: "A Mauricio le sobaron la espalda".

sobarse. ■ LOC. **~ el lomo.** LOC. VERB. coloq. Trabajar arduamente: "Mi padre se sobó el lomo toda la vida para sacarnos adelante".

sobres. ■ INTERJ. **¡sobres! 1.** fam. Se usa para manifestar sorpresa: "¡Sobres!, ¿pagaste todo eso por la casa?". || **2.** fam. Se usa para manifestar afirmación o acuerdo: "—¿Vamos al cine? —¡Sobres!".

soca. ■ F. **1.** supran. rur. Último retoño de la caña de azúcar. || **2.** supran. rur. Segunda cosecha de la caña de azúcar o del algodón para recolectar los últimos retoños.

soconante. ■ M. Árbol o arbusto originario de México y Guatemala, de hasta 3 m de altura, dioicos; tallos glabros, pubescentes en el ápice cuando jóvenes; hojas alternas, divididas, agrupadas hacia el ápice de las ramas, de 11 a 33 foliolos, sésiles, de oblongos a elípticos, con margen entero, membranáceos; flores unisexuales, diminutas: las masculinas pilosas, con cinco estambres, agrupadas en espigas, pubescentes, las femeninas densamente pilosas, agrupadas en panículas, ovadas, ciliadas y pilosas; frutos drupáceos, sésiles, comprimidos lateralmente, de azul oscuro a negro, glabros; semillas pequeñas, lenticulares; uso en la medicina tradicional. Familia de las anacardiáceas, *Pistacia mexicana*. (También se llama copal, lantisco, lantrisco, lentisco, pistacho mexicano, ramón).

socorrido, da. ■ ADJ. Habitual; usual: "El automóvil es el medio de transporte más socorrido por las familias de clase media".

socoyote, ta. ■ M. y F. fam. Hijo menor de una familia; xocoyote.

socucho. ■ M. **1.** supran. Cuarto pequeño. || **2.** supran. Rincón o escondrijo bajo y pequeño.

soda. ■ F. *En el Norte*, bebida gasificada de diversos sabores.

solapa. (Juego de palabras entre solapa y solo). ■ LOC. **de (a) ~.** LOC. ADJ. fest. Sin compañía; solo: "Manolo vive de solapa desde que se mudó a Zacatecas".

sollada. ■ F. rur. Herida superficial en la piel.

sollamada. ■ F. **1.** fam. Hecho de sollamarse o secarse una planta por exceso de sol. || **2.** fam. Hecho de sollamarse o sufrir alguien quemaduras por exposición al sol.

sollamarse. ■ INTR. PRNL. **1.** fam. Secarse o abrasarse una planta por el exceso de sol: "Se sollamó la yerbabuena del jardín". || **2.** fam. Sufrir alguien quemaduras por exposición al sol: "Se sollamaron en la playa".

sollar. ■ TR. rur. Herir superficialmente la piel.

soltar. ■ LOC. **~ el buche.** LOC. VERB. **soltar la sopa.** ▶ **~ la sopa.** LOC. VERB. fam. Decir algo que debería permanecer en secreto: "Leonardo soltó la sopa y se supo quién había cometido el error". ▶ **~ línea.** LOC. VERB. fam. Indicar a alguien cómo debe actuar: "El dueño del equipo soltó línea al entrenador para la conferencia de prensa". ▶ **~ un borrego.** LOC. VERB. fam. Divulgar una noticia

S

falsa: "Soltaron un borrego sobre los posibles aspirantes para dirigir al América".

soltarse. ■ LOC. **~ el chongo.** LOC. VERB. fam. Desinhibirse alguien: "En la fiesta todos nos soltamos el chongo y bailamos como nunca".

sombra. ■ LOC. **por la ~.** LOC. ADV. fam. Con prudencia y cuidado: "Vete por la sombra, que el nuevo jefe es muy quisquilloso".

sombrero. ■ LOC. **con ~ ajeno.** LOC. ADV. supran. fam. Mediante el trabajo o esfuerzo de otra persona: "Héctor ganó un ascenso, pero con sombrero ajeno".

sombrerudo, da. ■ M. y F. despect. Persona de estrato social bajo, que generalmente usa sombrero.

sombrilla. ■ F. supran. Paraguas.

son. ■ M. **1.** Serie de géneros musicales populares, por lo general cantados alternadamente con melodías instrumentales, interpretados por conjuntos de instrumentos de cuerda o bandas de música de aliento y bailados en pareja. || **2.** Cada una de las partes musicales de una ceremonia o una danza, a la que suelen corresponder, respectivamente, una actividad o una coreografía particulares: "De la danza de *Los viejitos*, me gusta el son del *Volantín*". ■ LOC. **~ abajeño.** LOC. SUST. **1.** *En el Occidente*, el de tiempo rápido, cantado con estribillos, bailado en pareja y zapateado vigorosa y constantemente por el hombre. || **2.** *En el Occidente*, pieza instrumental para banda de alientos. ▷ **~ arribeño.** LOC. SUST. El que se toca, canta y baila tradicionalmente en las topadas, después de interpretarse una poesía y un decimal. ▷ **~ calentano.** LOC. SUST. **1.** *En Guerrero*, el bailado en pareja con un zapateado complejo de tiempo rápido y que en ocasiones se canta; cuando los referentes son animales, el violín suele imitar los sonidos de éstos. || **2.** *En la Tierra Caliente de Michoacán*, el que se toca tamboreando y canta el conjunto de arpa grande, que se baila en pareja. ▷ **~ de artesa.** LOC. SUST. *En Guerrero y Oaxaca*, el que baila una pareja sobre una plataforma rectangular de madera. ▷ **~ de tabla.** LOC. SUST. *En la Tierra Caliente de Michoacán*, el que una pareja interpreta, bailando sobre una tabla, al ritmo de un son. ▷ **~ de tarima.** LOC. SUST. *En Guerrero*, el cantado y bailado en pareja sobre una tarima rectangular de madera, acompañado por vihuelas y cajón de tapeo; cuando los referentes son animales, los bailadores imitan los movimientos de éstos. ▷ **~ istmeño.** LOC. SUST. *En el Istmo de Tehuantepec*, el que interpretan generalmente las bandas de música de aliento y los cantantes populares. ▷ **~ jalisciense.** LOC. SUST. El que interpretan generalmente los mariachis; típico de Jalisco. ▷ **~ jarocho.** LOC. SUST. El que interpretan los conjuntos jaraneros y que se baila generalmente en pareja sobre una tarima rectangular de madera; típico de Veracruz.

sonadora. ■ F. Hierba originaria de América, de hasta 60 cm de longitud; tallos muy ramificados; hojas compuestas, trifoliadas, alternas, los foliolos obovados u obovado-oblongos, haz glabro y pubescente en el envés; flores hermafroditas, vistosas, amarillas con tonos rojos, flores dispuestas en racimos sostenidas por largos pedúnculos; frutos en vainas, pequeños y cilíndricos; numerosas semillas, pardas o negras; al secarse el fruto, las semillas se sueltan y producen un sonido como cascabel al agitarse. Familia de las leguminosas, *Crotalaria pumila*.

sonaja. ■ F. **saltapared.**

sonajear. ■ TR. **sonar.**

sonar. ■ TR. fam. Golpear a alguien: "Los muchachos sonaron a un cuate que andaba de mentiroso". Ú.m.c.prnl.: "Los muchachos se sonaron a un cuate que andaba de mentiroso".

sonayote. ■ M. Bejuco originario de Asia o África, de hasta 10 m de longitud, monoico; tallos angulosos, con tricomas esparcidos y recostados en la superficie; hojas simples, alternas, de cinco a siete lobuladas o angulares con forma triangular, escabrosas al tacto en ambas caras, generalmente con ampollas pequeñas en el haz y con glándulas en el envés, con margen entero; flores unisexuales, pequeñas y llamativas, campanuladas, de color amarillo brillante, las masculinas dispuestas en racimos axilares y densos, las femeninas solitarias en las axilas de las hojas; frutos cilíndricos, grandes, verdes, con manchas verdes oscuras y verdes claras, volviéndose pardas; semillas numerosas, oblongo-ovadas, comprimidas, lisas, diminutamente tuberculadas. Familia de las cucurbitáceas, *Luffa aegyptiaca*. (También se llama esponja vegetal, estropajo, zacate).

soncle. ■ M. **sontle.**

sonería. ■ F. *En Guanajuato, Querétaro y San Luis Potosí*, repertorio de sones y jarabes que conoce e interpreta un violinista del huapango arribeño.

songa. ■ F. *En el Sureste*, burla o broma.

sonidero, ra. ■ ADJ. **1.** Perteneciente o relativo a la música mezclada de varios géneros, como cumbia, guaracha, rumba, etc., para amenizar fiestas: "En el barrio se escucha mucho la música sonidera". || **2.** Perteneciente o relativo a la fiesta, generalmente al aire libre, donde se programa **sonidero**: "Me encanta el ambiente de los bailes sonideros". ■ M. y F. **3.** Persona que se dedica a programar este tipo de música y animar en este tipo de eventos. ■ M. **4.** Música mezclada de varios géneros, como cumbia, guaracha, rumba, etc., para amenizar fiestas. || **5.** Fiesta, generalmente al aire libre, donde se programa **sonidero**.

sonido. ■ M. **1.** Equipo de audio que suele rentarse para eventos o fiestas. || **2.** Grupo de personas que manejan el **sonido**.

sonora. ■ F. Arbusto de amplia distribución en el sur de México, de hasta 4 m de altura; tallos muy ramificados, cuadrangulares, estrigosos; hojas simples, opuestas, ovadas, oblongo-ovadas, oblongo-elípticas, el haz de rugoso reticulado a escabroso, el envés generalmente estriguloso o cortamente pubescente, con margen crenulado; flores hermafroditas, pequeñas, tubulares, de color rosa, lila o púrpura, la garganta amarilla, dispuestas en cabezuelas globosas; frutos drupáceos, diminutos, azules o purpúreos. Familia de las verbenáceas, *Lantana involucrata*. (También se llama manzanita).

sonorense. ■ ADJ. **1.** Perteneciente o relativo al estado de Sonora: "Me gusta mucho el desierto sonorense". || **2.** Natural o procedente del estado de Sonora: "Hay varios beisbolistas sonorenses en el equipo nacional". ■ COM. **3.** Persona natural o procedente del estado de Sonora: "Hay varios sonorenses muy rápidos y fornidos en el equipo nacional".

sonorita. ■ F. *En el Noroeste*, hierba originaria de América, de hasta 50 cm de altura; tallos angulados, muy ramificados, de semierectos a postrados; hojas simples, opuestas, ovadas, triangulares o rómbicas orbiculares, glabras por ambas caras, con márgenes sinuados; flores hermafroditas, pequeñas y vistosas, con forma de embudo, de color verde amarillento, glabras o con algunos pelos externamente cerca del margen del limbo, estambres sobresaliendo de la corola, flores dispuestas en umbelas; frutos en antocarpos clavados, diez acanalados, viscosos y glandulares. Familia de las nictagináceas, *Commicarpus scandens*. (También se llama bejuco de araña).

sonsera. ■ F. supran. fam. Tontería; zoncera: "A él nada más le gusta decir pura sonsera".

sonte. ■ M. supran. rur. Unidad de medida para productos agrícolas que equivale a 400 piezas; zonte.

sontle. ■ M. **sonte.**

sonzapote. ■ M. **1.** supran. Árbol originario de América, de hasta 30 m de altura, monoico; tallos con ramas horizontales y luego colgantes, cortezas escamosas, de color pardo amarillenta, la interna rosada; hojas simples, alternas, de elípticas a lanceoladas, las jóvenes son péndulas, de color pardo rosado; flores hermafroditas, pequeñas, blancas amarillentas, con cinco pétalos, con 15 a 20 estambres, flores arregladas en panículas terminales; frutos drupáceos, obovoides, de color pardo amarillento, rugosos, con pulpa amarilla anaranjada, dulce al madurar; semillas grandes, pelosas; uso en la medicina tradicional. Familia de las crisobalanáceas, *Licania platypus*. (También se llama cabeza de mico, mezonzapote, sunzapote). || **2.** supran. Fruto del **sonzapote**; comestible.

soñado, da. ■ ADJ. supran. Fantástico, de ensueño: "La vista desde el hotel está soñada".

sopa. ■ F. **1.** Primer plato de una comida, que antecede al guisado o plato fuerte. || **2. sopa seca.** ■ LOC. **~ aguada.** LOC. SUST. La que lleva caldo, como la de verduras, fideos, letras, etc. ▶ **~ azteca.** LOC. SUST. **1. sopa de tortilla.** || **2. sopa de frijol.** ▶ **~ caldosa.** LOC. SUST. **sopa aguada.** ▶ **~ de frijol.** LOC. SUST. La que se prepara con esta legumbre entera y su caldo y verduras picadas; se suele acompañar de queso, crema y tiras de tortilla de maíz fritas. ▶ **~ de lima.** LOC. SUST. La que se prepara con pollo o pavo deshebrado,

S

rebanadas de este cítrico típico de la región y tiras de tortilla de maíz fritas; se le puede agregar jitomate y cebolla picada y sofritos; típica de Yucatán. ▷ ~ **de piedra.** LOC. SUST. *En Oaxaca y Veracruz,* la que se prepara con cebolla, chile verde y jitomate en rebanadas, condimentada con ajo y yerbasanta; se le agrega piedras calientes al rojo vivo para cocer las verduras, posteriormente se le añade pescado o camarón; caldo de piedra. ▷ ~ **de tortilla.** LOC. SUST. La que se prepara con un caldillo de jitomate condimentado al que se le añaden tiras de tortilla de maíz fritas, trozos de chicharrón, aguacate, crema, queso y aros de chile pasilla dorados. ▷ ~ **fría.** LOC. SUST. La que se prepara con pasta, pollo o carnes frías, verdura picada, mayonesa y crema. ▷ ~ **marinera.** LOC. SUST. La que se prepara con una combinación de mariscos, caldillo de jitomate y chile. ▷ ~ **seca.** LOC. SUST. Arroz o pasta servida sin caldo. ▷ ~ **serrana.** LOC. SUST. La que se prepara con caldo de frijol, a la que se le añaden tiras de tortilla de maíz fritas y queso de la región. ▷ ~ **tarasca.** LOC. SUST. La que se prepara con un caldillo de jitomate condimentado, al que se le añaden tiras de tortilla de maíz fritas y queso de la región. ■ EXPR. **¡sopas, perico!** Se usa para manifestar admiración o sorpresa: "Iba hablando de Ceci cuando, ¡sopas, perico!, que me la topo de frente". ■ INTERJ. **¡sopas!** Se usa para expresar sorpresa: "¡Sopas! Volvió a subir la gasolina".

sopaipilla. ■ F. *En Chihuahua,* buñuelo bañado de azúcar, miel de piloncillo y canela.

sópale. ■ INTERJ. **¡sópale(s)!** Se usa para expresar sorpresa: "¡Sópale! Se cayó de la silla".

sopapo. ■ M. supran. Golpe con la mano extendida que se le da a alguien en la cabeza.

sope. ■ ADJ. **1.** fam. *Referido a persona,* poco entendida; tonto: "Tu amiga es muy sope, me tiró el café encima". ■ M. **2.** Tortilla gruesa de maíz con un borde en la orilla. || **3.** Antojito de maíz preparado con un **sope**, generalmente frito, en cuya parte superior se ponen frijoles molidos y refritos, carne, pollo o chorizo y salsa con chile; se sirve con lechuga, crema y queso. || **4.** pop. Axila. || **5. sopapo.** ■ COM. **6.** fam. Persona poco entendida; tonto: "Tu amiga es una sope, me tiró el café encima".

sopear. ■ TR. **1.** fam. Remojar un alimento, generalmente pan, en un líquido para comerlo: "Mi abuelo sopea el pan dulce en el café". ■ INTR. **2.** Comer usando un pedazo de tortilla de maíz como cuchara: "Ya te he dicho que no sopees, ahí está la cuchara".

soplador. ■ M. Especie de abanico de palma tejida que sirve para avivar el fuego de un anafre, fogón, tlecuil, etcétera.

soplanucas. ■ M. supran. despect. Hombre homosexual que ejerce el rol activo.

soplapescuezos. ■ M. **soplanucas.**

soplar. ■ LOC. ~ **la canica.** LOC. VERB. **soplar la cañita.** ▷ ~ **la cañita.** LOC. VERB. vulg. Practicar el sexo oral.

soplarse. ■ TR. PRNL. **1.** Soportar algo desagradable: "Me soplé una película malísima en el cine". || **2.** supran. Apresurarse a terminar algo: "Nos soplamos el reporte final en una hora". || **3.** supran. vulg. Poseer sexualmente a alguien.

sopleteada. ■ F. vulg. Sexo oral.

sopletear. ■ TR. vulg. Hacer sexo oral a alguien.

sopor. ■ LOC. ~ **del buitre.** LOC. SUST. Somnolencia que da después de haber ingerido una comida abundante: "Cuando como en el trabajo siempre me da sopor del buitre".

sóquet. ■ M. Pieza metálica, de plástico o porcelana que sirve de base para enroscar el casquillo de un foco o bombilla eléctrica.

soreco, ca. ■ ADJ. **1.** supran. fam. *Referido a persona,* que no escucha bien; choreco: "Súbele al volumen porque estoy bien soreco". Ú.t.c.sust.: "Súbele al volumen porque soy un soreco". || **2.** supran. fam. *Referido a persona,* poco entendida; tonto: "Él está bien soreco, aún no sabe amarrarse las agujetas". Ú.t.c.sust.: "Él es un soreco, aún no sabe amarrarse las agujetas".

soreque. ■ ADJ. **1.** supran. fam. *En el Occidente, referido a persona,* que no escucha bien; soreco: "Súbele al volumen porque estoy bien soreque". || **2.** supran. fam. *En el Occidente, referido a persona,* poco entendida; soreco: "Él está bien soreque, aún no sabe amarrarse las agujetas". ■ COM. **3.** supran. fam. *En el Occidente,* persona sorda; soreco: "Súbele al volumen porque mi tía es una soreque". || **4.** supran. fam. *En el Occidente,* persona poco entendida; soreco: “Él es un soreque, aún no sabe amarrarse las agujetas”.

sorgatón, na. ■ ADJ. *En Jalisco, referido a persona*, robusta y que generalmente se comporta como tonta: “Ella es tan sorgatona que no se puede subir a la bicicleta”. Ú.t.c.sust.: “Ella es una sorgatona y no se puede subir a la bicicleta”.

soricua. ■ F. *En el Occidente*, embutido a base de sangre de cerdo; moronga.

sorjuana. ■ AMB. **1.** fest. Billete de doscientos pesos mexicanos: “Me encontré un sorjuana tirado en la calle”. || **2.** fest. Cantidad de doscientos pesos mexicanos: “Préstame una sorjuana para completar la renta”.

sornear. ■ TR. rur. Lastimar a un animal de carga o de cabalgadura por medio del roce, generalmente en el lomo: “La silla nueva sorneó al caballo”. Ú.m.c.prnl.: “Se sorneó el caballo con la silla nueva”.

sorongo. ■ M. Peinado hecho con el pelo recogido como chongo en la parte de arriba.

sorrajarle. ■ TR. PRNL. **1.** Golpear algo contra alguien con el fin de causarle daño: “Le sorrajé un bolsazo a un carterista en el metro”. || **2.** Golpear a alguien violentamente: “El luchador le sorrajó la cara y le sacó sangre”.

sorrajazo. ■ M. Golpe fuerte que se da con violencia.

sortija. ■ F. supran. Anillo de compromiso o de matrimonio.

sorullo, lla. ■ ADJ. fam. *Referido a persona*, de piel morena: “Conocí a un muchacho sorullo en la fiesta del sábado”. Ú.t.c.sust.: “Conocí a un sorullo en la fiesta del sábado”.

sosa. ■ M. **1.** Grupo de diferentes especies de árboles, arbustos, trepadoras o hierbas originarias de América; hojas alternas u opuestas, simples, lobadas o compuestas; flores hermafroditas, pequeñas y vistosas, con cinco pétalos fusionados lateralmente y completamente abiertos, en ocasiones profundamente partidos, de color blanco, morado, azul o amarillo, con tres o cinco estambres, fusionados lateralmente o libres entre sí, muy evidentes, por lo general de color amarillo, flores dispuestas en cimas, umbeliformes, o racemiformes, terminales o axilares; frutos en bayas; semillas numerosas, comprimidas o discoideas, lenticulares o aplanadas, de color amarillo a café. Familia de las solanáceas, varias especies del género *Solanum*. || **2.** Individuo del **sosa**.

soso. ■ M. Arbusto o árbol originario de México y Centroamérica, de hasta 5 m de altura, monoico; hojas simples, alternas, de ovadas a circulares, de hasta 50 cm de largo, rugosas, cubierta de pelos urticantes, con margen crenado; flores hermafroditas, pequeñas, de moradas a lilas blanquecinas, campanuladas, con cinco estambres, de filamento peloso, dispuestas en panículas o cimas escorpioideas; frutos capsulares, de ovadas oblongas a elipsoides, cubiertas de abundantes pelos; semillas numerosas, diminutas, cafés; hojas, uso ceremonial y en la medicina tradicional. Familia de las boragináceas, *Wigandia urens*. (También se llama malamujer, ortiga de tierra caliente, tabaco cimarrón, tabaquillo).

sosote. ■ M. Árbol originario de América, de hasta 12 m de altura; tallos muy ramificados, glabros; hojas alternas, enteras, de ovadas a elípticas, glabras; flores hermafroditas, grandes y vistosas, con forma de embudo, blancas con la garganta de roja a purpúrea, dispuestas en cimas terminales o axiales; frutos capsulares, globosos y elipsoidales, glabros, pardos o rojizos; semillas ovoides, pardas, cubiertas por algunos pelos blancos; cortezas, uso en la medicina tradicional; tallos, uso industrial. Familia de las convolvuláceas, *Ipomoea pauciflora*. (También se llama palo bobo, zozote).

sospechosismo. ■ M. Actitud de sospecha o desconfianza, generalmente hacia personas e instituciones públicas.

sospó. ■ M. *En Chiapas*, **silosúchil.**

sosquil. ■ M. *En el Sureste*, fibra vegetal de henequén que se emplea, generalmente, para hacer estropajos o sogas.

sosquilar. ■ TR. **sosquilear.**

sosquileada. ■ F. Conjunto de azotes con una soga hecha de sosquil o fibra vegetal de henequén.

sosquilear. ■ TR. *En el Sureste*, azotar con una soga hecha de sosquil o fibra vegetal de henequén: “Sosquileé al burro para que se apurara”.

sosquín. ■ M. *En el Sureste*, paliza que se le da a alguien.

S

sosquineada. ■ F. **sosquín.**

sosquinear. ■ TR. *En el Sureste,* dar una paliza a alguien: "Sosquinearon a un ladrón en ese lugar".

sotacaballo. ■ M. Arbusto originario de América, de hasta 2.5 m de altura; tallos cilíndricos, levemente estriados, de corteza glabra y viscosa, de color castaño o café claro; hojas simples, opuestas, de elípticas a rómbico-ovadas, con margen aserrado en la mitad y en los dos tercios superiores, con tres costillas que parten cerca de la base; flores hermafroditas, diminutas, tubulares, ensanchadas en el ápice, de color blanco a lila pálido, dispuestas en capítulos pequeños, cubiertos de numerosas brácteas amarillentas, dispuestos a su vez en panículas terminales; frutos aquénicos, columnares, diminutos, cinco angulados, las costillas pálidas, las caras glabras, con un mechón de pelos en el ápice. Familia de las compuestas, *Chromolaena laevigata.*

sotaco, ca. ■ ADJ. fam. *Referido a persona,* que es de baja estatura y generalmente rechoncha; zotaco: "El portero del equipo contrario está muy sotaco, será fácil de vencer". Ú.t.c.sust.: "El portero del equipo contrario es un sotaco, será fácil de vencer".

sotanudo, da. ■ ADJ. **1.** despect. *Referido a persona,* que viste sotana. ■ M. **2.** despect. Sacerdote.

sotol. ■ M. **1.** Grupo de plantas rosetófilas de amplia distribución en el norte de México, dioicas; tallos cortos y fibrosos, robustos y más o menos subterráneos; hojas largas, lanceoladas, flexibles, en forma de cuchara en la base, persistentes; flores unisexuales, diminutas, campanuladas, las femeninas de color blanco rosado, las masculinas amarillentas, dispuestas en un eje largo, panícula formada por racimos densos; frutos capsulares, trialados, coriáceos e indehiscentes; semillas trígonas, más o menos planas, rugosas, de color café oro; troncos, uso en la construcción; hojas secas, uso artesanal. Familia de las asparagáceas, varias especies del género *Dasylirion.* (También se llama zotol). || **2.** Individuo del **sotol**. || **3.** Licor que se elabora de cualquiera de las plantas del **sotol**.

sotolito. ■ M. Planta arrosetada originaria de México, de hasta 1 m de altura, monoica; troncos muy pequeños; hojas en rosetas, lineares, con margen sin espinas, pero con una espina terminal; flores bisexuales, con seis tépalos, de color amarillo blanquecino a verdoso, agrupadas en una larga espiga; frutos capsulares, de elipsoides a ovoides; semillas numerosas, aplanadas, negras. Familia de las asparagáceas, *Agave striata.* (También se llama espadín, estoquillo, maguey espadín, palmita, peinecillo).

sotupio. ■ M. *En Zacatecas,* montón: "Mi abuelita siempre desayunaba un sotupio de galletas".

soyacapulín. ■ M. **soyate.**

soyamiche. ■ M. Palma originaria de México, de hasta 5 m de altura; tallos erectos o ligeramente arqueados, cubiertos de largas espinas en la base; hojas simples, alternas, ampliamente redondeadas y lobuladas en segmentos lanceolados y rígidos, glabras, con margen entero; flores hermafroditas, diminutas, con cuatro pétalos más o menos de ovados a redondeados, estambres fusionados basalmente que forman un tubo corto, flores dispuestas en panículas largas, cubiertas con amplias brácteas envolventes; frutos pequeños, de redondeados a ovoides, lisos, de color verde; semillas diminutas, más o menos esféricas; fibras de las hojas, uso industrial. Familia de las arecáceas, *Cryosophila nana.* (También se llama escoba, palma abanico).

soyate. ■ M. Palma originaria de América, de hasta 5 m de altura, monoica; tallos solitarios, erectos; hojas de alternas a helicoidales, palmadas, filíferas, glabrescentes, peciolos de densa a esparcidamente dentados, lámina dividida de 50 a 80 segmentos, con márgenes ligeramente involutos; flores hermafroditas, diminutas, cubiertas de tomento, glabrescentes, con seis tépalos ovado-triangulares, agrupadas en largas panículas, pardas rojizas, ramificadas cerca de la base; frutos drupáceos, elipsoides, con ápice redondeado, de color amarillento; hojas, uso industrial. Familia de las arecáceas, *Brahea dulcis.* (También se llama isuate, palma apache, soyacapulín, zoyate).

stetson. [*estétson*] (De Stetson®). ■ M. Sombrero de fieltro de uso común en el norte de México.

strike. [*estráik*] ■ M. supran. Cualquier intento fallido.
suaca. ■ F. Serie de golpes; paliza.
suadero. ■ M. Carne grasa que se encuentra entre la piel y los huesos de la res, generalmente en la parte que cubre los costillares o en el estómago; se consume frita en tacos.
suajar. ■ TR. Recortar o dar forma con precisión a láminas de metal, cartones, cueros, etc., usando un suaje: "Suaja las planchas de acero para terminar el pedido de hoy".
suaje. ■ M. **1.** Instrumento con bordes cortantes para recortar o dar forma con precisión a láminas de metal, cartones, cueros y otros materiales.|| **2.** Recorte que se hace para dar forma con precisión a láminas de metal, cartones, cueros, etc., usando el **suaje**.
suale. ■ M. supran. Dulce hecho de amaranto que se prensa con melaza; alegría.
suapatli. ■ M. **soapatle.**
suaperro. (Juego de palabras entre suadero y perro). ■ M. fest. **suadero.**
suato, ta. ■ ADJ. *Referido a persona*, falta de entendimiento o de razón; tonto: "Ese muchacho suato echó a perder todo el material". Ú.t.c.sust.: "Ese suato echó a perder todo el material".
suave. ■ ADJ. coloq. *Referido a algo*, que causa gusto o agrado: "Estuvo suave que fuéramos al cine". ■ INTERJ. **¡suave!** coloq. Se usa para manifestar aprobación: "—¿Vamos al cine? —¡Suave!".
subelbaja. ■ M. supran. Aparato que consiste en una tabla alargada puesta en equilibrio en un punto de apoyo sobre la que se sientan dos personas, cada una en un extremo, y se balancean por diversión; subibaja.
subejercer. ■ TR. Ejercer parcialmente una institución un monto designado: "La institución de salud subejerció el presupuesto de egresos el año pasado".
subejercicio. ■ M. Hecho de subejercer o ejercer parcialmente una institución un monto designado.
subín. ■ M. **subinché.**
subinché. ■ M. supran. *En el Sureste*, árbol originario de Centroamérica, de hasta 15 m de altura, monoico; tallos y ramas hirsutos, con espinas muy gruesas y evidentes que alojan hormigas; hojas alternas, compuestas de cuatro a diez pares de pinas, foliolos de diez a 26 pares por pina, oblongos, ápice redondeado y mucronulado, base oblicua, con glándulas entre cada par de pinas; flores hermafroditas, diminutas, amarillas, en forma de embudo, agrupadas en espigas axilares solitarias, glabras; frutos en vaina, cilíndricos, indehiscentes, cartáceos, de color amarillo, rojo o café; semillas numerosas, elipsoides a subesféricas, de color café oscuro, rodeadas por un arilo blanquecino o amarillento, esponjoso. Familia de las leguminosas, *Acacia cornigera.* (También se llama árbol del cuerno, cornezuelo, huisache, huizache, ixcanal, izcanal, subín, zubín, zubinché).
subirle. ■ LOC. **~ el agua al tinaco.** LOC. VERB. fam. Pensar bien alguien: "A Martín le sube el agua al tinaco, siempre nos saca de complicaciones en el trabajo".
subirse. ■ LOC. **~ al guayabo.** LOC. VERB. vulg. Practicar el coito.
subírsele. ■ INTR. PRNL. fam. Volverse alguien arrogante por los méritos o reconocimientos obtenidos: "Se le subió porque ya se tituló". ■ LOC. **~ el apellido.** LOC. VERB. supran. fam. Encolerizarse: "A Eva se le subió el apellido cuando no la invitaron". ▷ **~ el color.** LOC. VERB. Sonrojarse una persona: "Se le subió el color a Laura cuando la felicitaron". ▷ **~ el indio.** LOC. VERB. **subírsele el apellido.** ▷ **~ el muerto.** LOC. VERB. *En la tradición popular*, sentir una persona, durante el sueño, el peso de un cuerpo sobre sí, atribuido a un aparecido, que causa miedo y ansiedad, así como inmovilidad temporal: "No quiere dormirse sola porque se le sube el muerto". ▷ **~ las copas.** LOC. VERB. Manifestar alguien los efectos de la ingesta de alcohol: "El muchacho empezó a cantar cuando se le subieron las copas".
submarino. ■ M. **1.** vulg. Pedazo de excremento que flota.|| **2.** supran. Bebida que se prepara con un caballito de tequila invertido en el fondo de un tarro que se llena con cerveza.
submarinos. ■ M. PL. **3.** fam. Residuo de comida que, al beber de un vaso, sale de la boca y queda flotando en el líquido.
suche. ■ ADJ. supran. *Referido a un fruto*, que está agrio, duro y arrugado, por no haber

S

madurado: “Este año solo se dieron duraznos suches y no los pudimos vender”.

suchicahue. ■ M. **sabanicté.**

súchil. ■ M. Árbol originario de México y Centroamérica, de hasta 30 m de altura; tallos rectos, con corteza lisa y grisácea; hojas simples, alternas, oblongas, coriáceas y brillantes; flores hermafroditas, vistosas y aromáticas, de color rosado o blanco, pétalos carnosos y con numerosos estambres rosados, flores solitarias y terminales; frutos foliculares, leñosos, agregados en grupos densos dando la apariencia de un único fruto; semillas cubiertas de una pulpa roja; uso en la medicina tradicional y ornamental. Familia de las magnoliáceas, *Magnolia mexicana*. (También se llama árbol de corazón, flor de corazón, magnolia, yolosóchil, yoloxóchitl).

sucucho. ■ M. **socucho.**

sucursal. ■ F. supran. fest. Persona que mantiene una relación sentimental con otra que está comprometida afectivamente.

sudarle. ■ INTR. PRNL. fam. Darle miedo: “A Joel le sudó cuando se dio cuenta de que estaba perdido”.

sudbajacaliforniano, na. ■ ADJ. **surbajacaliforniano, na.**

suelda. ■ LOC. **~ con ~.** LOC. SUST. supran. Árbol originario de México y Centroamérica, de hasta 18 m de altura; tallos poco ramificados, ramas erectas, escasamente pubescentes; hojas simples, opuestas, agrupadas en el ápice de las ramas, lanceoladas u obovado-lanceoladas, glabras, con margen crenado-glanduloso; flores hermafroditas, vistosas, de color naranja a rojo anaranjado, sépalos verdes anaranjados, estambres muy evidentes, naranjas, flores solitarias, dispuestas en las axilas de las hojas; frutos capsulares, diminutos, elipsoidales, ligeramente rugosos; semillas diminutas, estriadas, rodeadas de un arilo amplio. Familia de las pasifloráceas, *Erblichia odorata*. (También se llama jarro de oro).

sueño. ■ LOC. **~ guajiro.** LOC. SUST. Deseo, esperanza, proyecto, etc., que tiene pocas probabilidades de cumplirse: “Su sueño guajiro es ir a Japón”.

suerte. ■ INTERJ. **¡suerte!** Se usa para despedirse: “—Entonces, nos vemos mañana a las ocho. —Así quedamos, ¡suerte!”.

sufragar. ■ INTR. supran. Emitir un voto: “Dos terceras partes de la población sufragaron en las elecciones pasadas”.

sufricago. ■ M. *En el Sureste y Veracruz*, árbol o arbusto originario de México, de hasta 20 m de altura, dioico; tallos muy ramificados, glabros o con pelos cortos; hojas alternas, de lanceoladas a elíptico-lanceoladas, glabras, con margen entero; flores unisexuales, diminutas, de blancas a amarillentas, con seis tépalos ovales, de ápice redondeado, estambres arreglados en tres series, flores dispuestas en umbelas o capítulos, cuando jóvenes rodeadas por brácteas cortas; frutos pequeños, globosos, de color negro, rodeados por los pétalos; uso en la medicina tradicional; hojas, uso como condimento. Familia de las lauráceas, *Litsea glaucescens*. (También se llama sufricaya).

sufricaya. ■ F. **sufricago.**

sufrirla. ■ INTR. supran. fam. Soportar una presión muy intensa o duradera: “La sufrimos mucho cuando mi papá no tenía trabajo”.

suizo, za. ■ ADJ. *Referido a un alimento*, que se complementa con queso, generalmente fundido o gratinado: “Deme tres tacos suizos”.

sulché. ■ M. *En el Sureste*, hierba originaria de América; tallos recostados y muy ramificados, cubiertos de pelillos grisáceos; hojas alternas, divididas de cinco a nueve pares de foliolos largos, de elípticos a lanceolados, pubescentes en el envés, con margen entero; flores hermafroditas, pequeñas, vistosas, con cinco pétalos de color blanco a rosa, moradas en la madurez, con diez estambres, nueve de ellos fusionados lateralmente que forman un tubo, flores agrupadas en racimos laterales o terminales; frutos en vainas largas y delgadas, cubiertas de pelillos, de apertura en dos valvas retorcidas; semillas de ocho a diez, pequeñas y oblongas, de color café amarillento; uso forrajero y en la medicina tradicional. Familia de las leguminosas, *Tephrosia cinerea*.

sumatoria. ■ F. Véase **sumatorio, ria.**

sumatorio, ria. ■ ADJ. **1.** Que se suma o se acumula: “Debido al carácter sumatorio de los síntomas, el paciente empeoró”. ■ F. **2.** supran. Operación mediante la que se reúnen en una sola varias cantidades;

suma. || **3.** supran. Realización de una suma. || **4.** supran. Resultado de una suma.

sumida. ■ F. Deformación de una superficie; hundimiento.

sumir. ■ TR. Hundir una superficie: "Sumieron la puerta del auto con un golpe".

sunfiate. ■ M. vulg. Ano.

sunsuneada. ■ F. **sunsuneo.**

sunsuneo. ■ M. pop. Golpe que se le da a alguien.

sunsuniar. ■ TR. pop. Golpear a alguien: "Sunsuniaron a mi vecino por intentar detener la pelea".

sunté. ■ M. Hierba originaria de América, de hasta 4 m de altura, monoica; tallos pilosos; hojas alternas, de ovadas a triangulares, con margen aserrado; flores hermafroditas, tubulares, agregadas en una gran cabezuela de largos pedúnculos, las flores de la periferia semejan pétalos de color amarillo o anaranjado; frutos aquenios, con un par de espinas en el ápice; una sola semilla. Familia de las compuestas, *Tithonia tubaeformis*. (También se llama acagual, acahual, gigantón, palocote).

sunzapote. ■ M. **sonzapote.**

súper. ■ INTERJ. **¡súper!** Se usa para manifestar aprobación: "¡Súper!, mañana nos pagan el aguinaldo".

surbajacaliforniano, na. ■ ADJ. **1.** Perteneciente o relativo al estado de Baja California Sur: "La alcaldesa identificó sectores clave de la economía surbajacaliforniana". || **2.** Natural o procedente del estado de Baja California Sur: "El director pidió la renuncia de los delegados surbajacalifornianos". Ú.t.c.sust.: "El director pidió la renuncia de los surbajacalifornianos".

surcada. ■ F. supran. Hecho de surcar la tierra para ararla.

surcado. ■ M. **surcada.**

surcaliforniano, na. ■ ADJ. **surbajacaliforniano, na.**

surfo, fa. ■ ADJ. *Referido a persona*, que es aficionada al deporte del surf: "Estuvimos en la playa con dos muchachos surfos". Ú.t.c.sust.: "Estuvimos en la playa con dos surfos".

suriano, na. ■ ADJ. **1.** Perteneciente o relativo a la región sur de México: "Me compré una marimba suriana en la plaza de artesanías". || **2.** Natural o procedente de la región sur de México: "Los periodistas surianos fueron invitados a la rueda de prensa". Ú.t.c. sust.: "Los surianos fueron invitados a la rueda de prensa".

surimbo, ba. ■ ADJ. *Referido a persona*, falta de entendimiento o de razón; tonto: "Ella es muy surimba, perdió el dinero otra vez". Ú.t.c.sust.: "Ella es una surimba, perdió el dinero otra vez".

surquear. ■ TR. supran. Limpiar de hierbas los surcos de un terreno agrícola.

surqueo. ■ M. supran. Limpieza de hierbas de los surcos de un terreno agrícola.

surquerío. ■ M. Conjunto de los surcos de un terreno agrícola.

surtirse. ■ TR. PRNL. **1.** Golpear a alguien: "Toño se surtió a su primo porque no le quiso prestar su balón". || **2.** vulg. Poseer sexualmente a alguien.

susirio. ■ M. supran. Inquietud, zozobra; susidio.

susto. ■ M. supran. *En la tradición popular*, malestar que resulta de un episodio traumático, atribuido a causas naturales o sobrenaturales, que se manifiesta en diversos desajustes, orgánicos o anímicos, con síntomas varios, como insomnio, dolor de estómago, inapetencia, depresión, etcétera.

switch. [*suích*] ■ M. supran. Interruptor eléctrico.

T

t. ■ LOC. **~ de cobre.** LOC. SUST. supran. Dispositivo intrauterino.

ta. ■ M. *En el Sureste*, excremento de cualquier animal.

tabachín. ■ M. **1.** Arbusto originario de América, de hasta 3 m de altura; troncos delgados y lisos; hojas bipinadas, de 2 a 4 cm de largo, con tres a diez pares de pinas, con seis a diez pares de foliolos; flores en racimos, de 2 cm de largo, cada flor con cinco pétalos amarillos, anaranjados o rojos; frutos legumbres, alargados, de 6 a 12 cm de largo de color café; uso en la medicina tradicional y ornamental. Familia de las leguminosas, *Caesalpinia pulcherrima*. (También se llama bigotillo, chacalsúchil, chacalxóchitl, chachalcahuite, sirundanicua). || **2.** supran. Árbol originario de la India y cultivado en regiones tropicales, de hasta 12 m de altura, monoico; tallos con raíces gruesas; hojas alternas, divididas en numerosos y pequeños foliolos, elípticos; flores hermafroditas, vistosas, con cuatro pétalos de color rojo anaranjado y uno con tonos blancos y amarillos, con numerosos estambres rojos, agrupadas en racimos; frutos en vainas alargadas, aplanadas, de color café oscuro; semillas cafés, numerosas, de elipsoides a cilíndricas; uso ornamental. Familia de las leguminosas, *Delonix regia*. (También se llama árbol de fuego, flamboyán, framboyán).

tabaco. ■ M. supran. Cigarrillo. ■ LOC. **~ cimarrón.** LOC. SUST. **1. tabaquillo.** || **2. tacote.**

tabaneada. ■ F. pop. Trabajo arduo.

tabanear. ■ INTR. pop. Trabajar arduamente: "Eva tabaneó dos años para comprarse un coche".

tabanero, ra. ■ ADJ. pop. Que trabaja arduamente: "Un burro tabanero aguanta andando hasta diez kilómetros al día".

tabaquear. ■ INTR. Fumar tabaco o cigarro.

tabaquería. ■ F. supran. Fábrica donde se elaboran productos derivados del tabaco, generalmente puros.

tabaquillo. ■ M. Arbusto o árbol originario de México y Centroamérica, de hasta 5 m de altura, monoico; hojas simples, alternas, de ovadas a circulares, de hasta 50 cm de largo, rugosas, cubiertas de pelos urticantes, con margen crenado; flores hermafroditas, pequeñas, de moradas a lila blanquecino, campanuladas, con cinco estambres, de filamento peloso, dispuestas en panículas o cimas escorpioideas; frutos capsulares, de ovado-oblongos a elipsoides, cubiertos de abundantes pelos; semillas numerosas, diminutas, cafés; hojas, uso ceremonial y en la medicina tradicional. Familia de las boragináceas, *Wigandia urens*. (También se llama malamujer, ortiga de tierra caliente, soso, tabaco cimarrón).

tabardillo. ■ M. **1.** Hierba ampliamente distribuida en México, Centroamérica y las Antillas, de hasta 70 cm de altura; tallos ramificados, cilíndricos, verdes amarillentos o rojizos; hojas opuestas, enteras, de tres a cinco venas que parten desde la base, glabras; flores hermafroditas, pequeñas, blancas con tintes rojos, agrupadas en cabezuelas; frutos aquenios con cuatro costillas; uso en la medicina tradicional y ornamental. Familia de las compuestas, *Piqueria trinervia*. || **2.** Arbusto endémico de Baja California Sur, de hasta 4 m de altura; tallos erectos, con espinas, cilíndricos, puberulentos; hojas opuestas, divididas, bipinadas, de cinco a seis pares de pinas y de 18 a 25 pares de foliolos; flores hermafroditas, vistosas, con estambres de hasta 2 cm de largo, de color rojo a púrpura, flores agrupadas en panículas; frutos en vainas de hasta 9 cm de largo; semillas aplanadas, cafés; uso en la medicina tradicional y ornamental. Familia de las leguminosas, *Calliandra peninsularis*.

tabarete. ■ M. *En el Norte*, establecimiento callejero donde se despachan alimentos y bebidas.

tabascano, na. ■ ADJ. **tabasqueño, ña.**

tabasqueño, ña. ■ ADJ. **1.** Perteneciente o relativo al estado de Tabasco: "La empresa acaba de exportar muchos productos tabasqueños". || **2.** Natural o procedente del estado de Tabasco: "Un agricultor tabasqueño visitó la feria el pasado viernes". Ú.t.c.sust.: "El tabasqueño visitó la feria el pasado viernes". ■ M. **3.** Hierba originaria del centro y este de África, de hasta 1 m de altura; tallos erectos o decumbentes en la base; hojas opuestas, pecioladas que se desprenden fácilmente, con puntos cafés o púrpuras en la parte de abajo, con márgenes serrados o crenados, raramente subenteros; flores hermafroditas, vistosas, anaranjadas, rosas o rojas, verdes en la parte basal, agrupadas en panículas; frutos foliculares, secos, cafés, con semillas pequeñas; uso en la medicina tradicional. Familia de las crasuláceas, *Kalanchoe flammea*. || **4.** Árbol originario de América, de hasta 8 m de altura, monoico; tallos más o menos frágiles, con látex; hojas alternas, enteras, elípticas y lustrosas; flores hermafroditas, vistosas, en forma de trompeta, con cinco pétalos, de color rosado, rojo o de amarillo a blanco, olorosas, agrupadas en grandes cimas; frutos foliculares, elipsoides, alargados y leñosos; semillas numerosas, aladas, cafés; uso en la medicina tradicional. Familia de las apocináceas, *Plumeria rubra*. (También se llama cacalichuche, cacalojoche, cacalosúchil, ensalada, escuijoche, nicté, sabacuite, sabanicté, sangre de toro). || **5.** Flor de este árbol; uso como aromatizante y ornamental.

tabché. ■ M. *En el Sureste*, árbol o arbusto originario de los trópicos, de hasta 30 m de altura, monoico; troncos rectos; raíces aéreas de origen adventicio, corteza de color olivo pálido con manchas grises que se desprende fácilmente en escamas; hojas simples, opuestas, de elípticas a oblongas, aglomeradas en las puntas de las ramas, verdes en el haz, amarillentas con puntos negros en el envés; flores hermafroditas, pequeñas, blancas o amarillentas en la base y rojizas en las puntas, cuatro pétalos pelosos; frutos capsulares, elipsoides alargados, de color pardo, con cáliz persistente; una o dos semillas, germinan al interior de los frutos; corteza, hoja y raíz, uso en la medicina tradicional. Familia de las rizoforáceas, *Rhizophora mangle*. (También se llama mangle, mangle rojo).

tabique. ■ M. Ladrillo.

tabla. ■ F. **1.** supran. rur. Terreno de labranza de pequeña extensión.

tablas. ■ ADJ. **2.** Parejo; a mano: "Ya estoy tablas con Bernardo, los dos hicimos la parte que nos tocaba". || **3.** Sin compromiso pendiente; a mano: "Quedamos tablas con estos cien pesos, ¿verdad?". || **4.** *En un asunto comercial*, libre de deudas, pero carente de beneficios económicos: "Salí tablas en ese negocio".

tablelojeca. ■ M. Arbusto o árbol originario de América, de hasta 4 m de altura; tallos con frecuencia trepadores; ramas en zig zag, con pubescencia densa; hojas dísticas, coriáceas, emarginadas, con seis a diez pares de nervios laterales; flores hermafroditas, vistosas, amarillas o de color rosa pálido, con más de 100 estambres, ovario elevado en un ginóforo, de una a cinco flores agrupadas en racimos terminales o laterales; frutos capsulares, lineares, rojos o amarillos. Familia de las caparáceas,

Capparis flexuosa. (También se llama xbayumac, xpayumac).

tabloncillo. ■ M. **1.** supran. Árbol pequeño originario del continente americano; tallos inermes, con secreción lechosa al cortarlos; hojas alternas, con márgenes revolutos, con tricomas ferrugíneos; flores pequeñas, amarillas verdosas, dispuestas en inflorescencias de fascículos en los nudos bajo las hojas; frutos abayados, elípticos, de rojo a púrpura, con una semilla subglobosa, lateralmente comprimida. Familia de las sapotáceas, *Sideroxylon portoricense*. || **2.** supran. Madera del **tabloncillo**; uso industrial.

tablonear. ■ TR. rur. Dividir un terreno agrícola en parcelas de 100 varas.

tabloneo. ■ M. rur. División de un terreno agrícola en parcelas de 100 varas.

tablote. ■ M. **1.** Árbol originario de América, de hasta 20 m de altura; troncos de 30 a 60 cm de diámetro recubiertos de corteza gris; savia incolora, mucilaginosa; hojas simples, alternas, con estípulas, con la base asimétrica subcordada con peciolos cortos, aovadas u oblongas, aserradas, de 6 a 12 cm de largo y con el ápice agudo; flores pequeñas, agrupadas en inflorescencias axilares y cortamente estipitadas, con cinco pétalos de color blanco amarillento; frutos en cápsula subglobosa o elipsoidea, negro purpúreo al madurar; uso en la medicina tradicional. Familia de las malváceas, *Guazuma ulmifolia*. (También se llama aquiche, caulote, guásima, guásimo). || **2.** Fruto del **tablote**.

tacalote. ■ M. Arbusto trepador originario de América, de hasta 10 m de altura; tallos estriados, sin espinas; hojas alternas, divididas, bipinadas, raquis ocasionalmente volviéndose un zarcillo; flores hermafroditas, que salen directamente del tallo, con olor desagradable, blancas o cafés, agrupadas en panículas racemosas; frutos en vainas, en ocasiones curvados, con margen persistente, coriáceo; semillas circulares, aplanadas, cafés. Familia de las leguminosas, *Entada polystachya*. (También se llama tacolote).

tacamachín. ■ M. **1.** Grupo de peces de distribución en América y el Atlántico, de hasta 1.4 m de longitud; en tonos platinados claros; dorso azulado, con una característica línea negra a lo largo del cuerpo y, según la especie, manchas con tonalidades amarillas; cuerpo oblongo; cabeza apuntada; boca grande; dientes pequeños y agudos; aleta dorsal; dividida; cola recta. Familia de los centropómidos del orden Perciformes, varias especies del género *Centropomus*. (También se llama robalo). || **2.** Individuo de este grupo de peces; comestible. || **3.** supran. Grupo de peces teleósteos de amplia distribución, con diversos tamaños según la especie, pueden superar los 4 m de longitud; en tonos verdes y pardos principalmente; con un cuerpo aplanado dorsoventralmente; cabeza grande; ojos prominentes, con unos característicos tentáculos o barbillas que se extienden a cada lado de la mandíbula superior, en algunas especies también la mandíbula inferior; con frecuencia, las aletas dorsales y pectorales con espinas puntiagudas, en ocasiones venenosas. Varias especies del orden Siluriformes. (También se llama bagre, pez gato, siluro). || **4.** supran. Individuo de este grupo de peces teleósteos; comestible; uso en la pesca deportiva.

tacari. ■ M. Hierba originaria de América, de hasta 3 m de longitud, monoica; tallos colgantes en forma de hebras, muy ramificados, de color grisáceo, localizados sobre las ramas de los árboles; flores hermafroditas, pequeñas, con tres pétalos de color verde pálido a azul, con seis estambres; frutos capsulares, cilíndricos, cafés; semillas más o menos cilíndricas, plumosas en la base; uso ornamental. Familia de las bromeliáceas, *Tillandsia usneoides*. (También se llama barba de viejo, heno, musgo).

tacha. ■ F. jerg. Pastilla de droga de diseño, generalmente a base de éxtasis.

tachalote. ■ M. Ardilla de distribución en América del Norte, de hasta 50 cm de longitud; con pelaje jaspeado, en tonos grises y pardos, la parte ventral en tonos cafés; ojos con un contorno claro; cuerpo alargado; orejas pequeñas pero visibles; cola larga y tupida. Familia de los esciúridos del orden Rodentia, *Otospermophilus variegatus*. (También se llama ardilla de pedregal, ardillón de roca, techalote).

tachar. ■ TR. **1.** *En Colima*, regresar lo que se recibe en préstamo: "Táchame el dinero que te presté la quincena pasada". ■ INTR. **2.** *En*

Colima, botar repetidamente; rebotar: "La pelota tachó varias veces".

tache. ■ M. **1.** Señal que semeja una equis y que indica que algo es incorrecto: "¿Cuántos taches te pusieron en el examen?". || **2.** Descalificación que hace una persona sobre la conducta de otra: "Tienes tache porque no viniste a la fiesta". || **3.** *En Oaxaca*, constipado.

tachicón. ■ M. Liana leñosa de América, de hasta 10 m de longitud; tallos con la corteza exfoliante, ramas jóvenes escasamente estrigosas; hojas alternas, simples, coriáceas, con márgenes dentados, pero frecuentemente revolutos; flores hermafroditas, pequeñas, con los sépalos anaranjados y pétalos amarillos, con numerosos estambres, agrupadas en panículas terminales o axilares con pelos ferrugíneos; frutos capsulares, globosos, indehiscentes, cubiertos por dos sépalos acrescentes y endurecidos, de color amarillo o anaranjados; semillas de color negro, cubiertas de un arilo blanco. Familia de las dileniáceas, *Davilla kunthii*.

tachiste. ■ M. **1.** Arbusto originario de América, de hasta 3 m de altura, monoico; tallos muy ramificados y con puntos glandulares, pubescentes; hojas opuestas, enteras, de ovadas a lanceoladas, con puntos resinosos en la superficie, con margen ligeramente dentado, aromáticas al estrujarse; flores hermafroditas, diminutas, tubulares y de color azul a morado, agrupadas en numerosas cabezuelas pequeñas; frutos aquénicos, diminutos y cilíndricos, negros, con una serie de cerdas blancas en el ápice. Familia de las compuestas, *Chromolaena odorata*. (También se llama ciguapate, siguapate). || **2.** Hoja del **tachiste**; uso en la medicina tradicional.

tachuela. ■ ADJ. **1.** supran. fest. *Referido a persona,* de baja estatura: "Roberto es el jugador más tachuela del equipo de basquetbol". ■ F. **2.** Clavo pequeño de metal, de cabeza grande y plana, que sirve para sujetar algo sobre un tablero; chincheta. || **3.** supran. fest. Persona de baja estatura: "Roberto es la tachuela del equipo de basquetbol". || **4.** supran. *En Chiapas*, recipiente de hojalata labrada en que generalmente se bebe pozol. ■ COM. **5.** supran. fest. Persona de baja estatura: "Roberto es el tachuela del equipo de basquetbol".

tachuelear. ■ TR. fam. Sujetar algo con tachuelas o clavos: "Tachueleamos la mampara para que no se la llevara el aire".

taciste. ■ M. Palmera originaria de América, de hasta 7 m de altura; tallos delgados de menos de 15 cm de ancho; hojas palmeadas, dando la apariencia de un abanico, los segmentos están unidos entre sí alrededor de la mitad de su longitud, peciolos largos, gruesos y con espinas; flores pequeñas, sésiles, con tépalos amarillos verdosos, con seis estambres, agrupadas en espigas más largas que las hojas, divididas en varias ramas colgantes; frutos abayados, globosos, pequeños, de color naranja que se tornan negros en su madurez; uso ornamental. Familia de las arecáceas, *Acoelorraphe wrightii*.

taco. ■ M. **1.** Alimento o sustento. || **2.** Comida informal, generalmente poco abundante. || **3.** supran. Tacón. || **4.** gralizado. Alimento que se prepara con una tortilla caliente de maíz o de harina de trigo, enrollada o doblada con algún alimento dentro. ■ LOC. **~ acorazado.** LOC. SUST. El que se prepara con chile relleno, bistec, milanesa o cecina, y se acompaña de arroz a la mexicana y huevo cocido; se sirve en doble tortilla. ▷ **~ ahogado.** LOC. SUST. *En Jalisco*, el que se prepara con carne de cerdo y queso, y se baña con una salsa de chile, de frijoles, de jitomate o de tomate verde. ▷ **~ al pastor.** LOC. SUST. El que se prepara con carne de cerdo adobada obtenida de un trompo y con un pequeño trozo de piña. ▷ **~ caramelo.** LOC. SUST. *En Sonora*, el que se prepara en tortilla de harina de trigo, con carne de res y queso. ▷ **~ de canasta.** LOC. SUST. El que se prepara doblado por la mitad y se suda, generalmente en una canasta cubierta con tela y plástico. ▷ **~ de guisado.** LOC. SUST. El que se prepara en tortilla de maíz con diferentes guisos o algún alimento dentro, como bistec en salsa, chicharrón en salsa verde, papa con chorizo, huevo con salchicha, picadillo, rajas con crema, tinga, y se acompaña de arroz, huevo cocido o nopales. ▷ **~ de ojo.** LOC. SUST. coloq. Deleite de alguien mediante la observación de una persona atractiva: "Hubieras visto el taco de ojo que me di en la playa". ▷ **~ dorado.** LOC. SUST. El que se prepara con algún alimento dentro, se enrolla y se fríe

T

hasta volverse crujiente. ▷ ~ **gobernador.** (De Taco Gobernador®). El que es elaborado con camarón, chile verde y queso fundido; típico de Sinaloa. ▷ ~ **lagunero.** LOC. SUST. *En Coahuila*, el que se prepara en tortilla de maíz pasada por manteca de cerdo, con cebolla, rajas de chile poblano y jitomate, bañado con crema y queso, horneado. ▷ ~ **minero.** LOC. SUST. El que se prepara en tortilla de maíz con carne de cerdo o algún guisado, papas, frijoles y alguna salsa. ▷ ~ **placero.** LOC. SUST. El que se prepara con chicharrón, queso, salsa picante y aguacate. ▷ ~ **potosino.** LOC. SUST. *En San Luis Potosí*, comida que se prepara con tortilla de maíz remojada en salsa de chile colorado o de jitomate, rellena con pollo o queso, que se fríe y se sirve cubierto con ejotes, papas y zanahorias cocidas y queso desmenuzado, aguacate y crema. ▷ ~ **sudado.** LOC. SUST. **taco de canasta.**

tacolote. ■ M. **tacalote.**

tacón. ■ M. **1.** Zapato femenino alto que eleva el talón, generalmente abierto por el empeine; zapatilla. Ú.m.e.pl. || **2.** Juego infantil que consiste en que un niño golpee el borde de una moneda colocada en el suelo con el borde de la tapa de goma de un zapato, para hacerla saltar y llegar con los menos golpes posibles a una meta previamente establecida.

taconear. ■ INTR. Caminar mucho: "Taconeamos toda la tarde por la plaza del pueblo".

taconeo. ■ M. Acción y resultado de taconear o caminar mucho.

taconera. ■ F. despect. Prostituta.

tacoso, sa. ■ ADJ. *En el Norte, referido a persona*, despilfarradora: "Ema es muy tacosa y nunca le dura el dinero". Ú.t.c.sust.: "Ema es una tacosa y nunca le dura el dinero".

tacote. ■ M. **1.** Árbol originario de América, de hasta 6 m de altura, monoico; tallos ramosos, verdes azulados, cerosos; hojas alternas, enteras, de ovadas a lanceoladas, glabras y de color verde a azuloso; flores hermafroditas, vistosas, tubulares, de amarillas a verdosas, agrupadas en panículas; frutos capsulares, globosos u ovoides, cafés; semillas diminutas, ovadas, cafés o negras. Familia de las solanáceas, *Nicotiana glauca*. (También se llama donjuán, gretana, mostaza montés, tabaco cimarrón, virginio). || **2.** Hoja del **tacote**; uso como insecticida.

tacotillo. ■ M. Arbusto originario de América, de hasta 4 m de altura; tallos erectos, ramas a veces con pelillos y con glándulas resinosas; hojas alternas, simples, de forma algo variable, a veces con pelos o glándulas, con el margen generalmente aserrado y a veces ondulado, los peciolos muy cortos y con tricomas; flores sésiles, blancas o blancas verduzcas, tubulares, terminadas en cinco lóbulos que se curvan hacia atrás, agrupadas en cimas escorpioides, largamente pedunculadas; frutos drupáceos, globosos, carnosos, rojos, con el cáliz persistente. Familia de las borragináceas, *Cordia curassavica*.

tacuacha. ■ F. pop. Embuste.

tacuachadora. ■ F. *En Sonora*, segadora.

tacuachar. ■ TR. *En Sonora*, segar: "Tacuachamos la hierba en la mañana".

tacuacín. ■ M. **tlacuache.**

tacualón. ■ M. Mortero de piedra o de barro cocido, semiesférico, con tres pies cortos y resistentes, que se usa generalmente para preparar salsas.

tacuarín, na. ■ ADJ. **1.** despect. *Referido a persona*, de baja extracción social y de comportamiento socialmente inadecuado. Ú.t.c. sust. ■ M. **2.** *En el Noroeste*, galleta pequeña, dulce, hecha de harina de maíz o trigo.

tacuarinero, ra. ■ ADJ. **1.** *En el Noroeste*, perteneciente o relativo a los tacuarines o galletas pequeñas y dulces: "Tengo un pequeño negocio tacuarinero". ■ M. y F. **2.** *En el Noroeste*, persona que se dedica a hacer o a vender tacuarines o galletas pequeñas y dulces.

tacuate. ■ ADJ. **1.** Perteneciente o relativo al **tacuate**: "El tapete tacuate que compré en el mercado es de lana". || **2.** Natural o procedente del grupo étnico **tacuate**: "La mujer tacuate viste un huipil con bordados en forma de animales". ■ M. **3.** Grupo étnico establecido en los municipios de Santiago Ixtayutla y Santa María Zacatepec, en el estado de Oaxaca. || **4.** Lengua mixteca del municipio de Santa María Zacatepec, en el estado de Oaxaca. ■ COM. **5.** Persona natural o procedente del grupo étnico **tacuate**: "La tacuate viste un huipil con bordados en forma de animales".

tacuche. ■ M. supran. Traje masculino.

tacuil. ■ M. rur. Fardo o envoltorio grande y mal hecho.

tafeta. ■ F. supran. Tela delgada de seda; tafetán.

tafitazo. ■ M. fam. *En el Occidente*, golpe dado generalmente con el dedo medio después de hacer tensión contra la yema del pulgar.

tagarnina. ■ F. Recipiente para llevar o guardar el tabaco.

taguapillo. ■ M. Arbusto originario de México, de hasta 3 m de altura; monoico; tallos con corteza negruzca, ramillas pubescentes; hojas alternas, divididas en numerosos foliolos, linear-oblongos, casi erectos, ápice obtuso o ligeramente agudo, con margen entero; flores hermafroditas, tubulares, pequeñas, con estambres largos y numerosos, de color púrpura brillante, agrupadas en racimos terminales densos; frutos en vainas, densamente híspidos, con ápice obtuso y margen engrosado; de tres a cinco semillas, obovadas, de color amarillo; uso en la medicina tradicional. Familia de las leguminosas, *Calliandra grandiflora*. (También se llama cabello de ángel, huitote).

tah. ■ F. Hierba de amplia distribución en México, de hasta 2.5 m de altura; tallos de glabros a pilosos; hojas opuestas, o bien alternas en la parte superior, simples, generalmente de ovadas a romboide-ovadas, con margen entero o aserrado; flores hermafroditas, tubulares, agrupadas en cabezuelas dispuestas en panículas cimosas, con diez a 13 flores en la periferia en forma de pétalos de color amarillo; frutos aquénicos, con un cáliz acrescente en forma de vilano. Familia de las compuestas, *Viguiera dentata*.

tahuitol. ■ M. Instrumento musical compuesto por un arco de una sola cuerda y una jícara hueca; típico de comunidades indígenas de Occidente.

taimame. ■ M. *En Tabasco*, tortuga de distribución en Centroamérica y México, de hasta 20 cm de longitud; con caparazón de color café oscuro; plastrón reducido y de color crema; patas robustas con aletas desarrolladas; cabeza grande; mandíbula amarilla con manchas negras y con protuberancias que parecen colmillos. Familia de los quinosténidos del orden Testudines, *Claudius angustatus*. (También se llama choponti, tortuga almizclera).

tajada. ■ F. **1.** Soborno. || **2.** supran. Parte de una cantidad de dinero obtenido por una transacción ilegal.

tajamanil. ■ M. **tejamanil.**

tajamar. ■ M. supran. Terraplén que se hace para contener el flujo de un cuerpo de agua; dique.

tajarrar. ■ TR. rur. Herir con un arma blanca dejando una marca larga.

tajarrazo. ■ M. **1.** rur. Herida que se hace con un arma blanca. || **2.** rur. Cicatriz que deja el **tajarrazo**.

tajé. ■ M. Mamífero de distribución en América del Norte, de hasta 2 m de longitud desde la punta de la nariz hasta la punta de la cola; con cuerpo robusto y patas fuertes; cabeza grande y ancha; orejas un poco puntiagudas; partes superiores de color café claro a oscuro, partes inferiores más claras; cuernos de los machos en forma de espiral que rodea las orejas y llega hasta los ojos; habita en climas desérticos y de relieve topográfico intrincado. Familia de los bóvidos del orden Artiodactyla, *Ovis canadensis*. (También se llama borrego cimarrón).

tajeada. ■ F. supran. Hecho de realizar un tajo.

tajear. ■ TR. supran. Hacer un tajo: "Pídele al carnicero que tajee bien la carne".

tajín. (De Tajín®). ■ M. Mezcla industrializada de chile piquín molido, sal y limón.

tajuy. ■ M. Arbusto originario de América, de hasta 1.5 m de altura, monoico; tallos ramosos con espinas; hojas alternas, simples, sésiles, ápice mucronado, con márgenes enteros con pubescencia grisácea; flores hermafroditas, solitarias, pequeñas, pétalos verdes con las puntas y el envés de color púrpura a rojo rosado, con los estambres rosas purpúreos, saliendo en las axilas de las hojas; frutos capsulares globosos, con aguijones y barbas en el ápice; una o dos semillas, negras. Familia de las krameriáceas, *Krameria grayi*.

taka. ■ LOC. **taka taka.** LOC SUST. **takataka.**

takataka. ■ M. *En el Noroeste*, conjunto musical constituido, generalmente, por guitarra, contrabajo, acordeón y tarola; chirrín.

talacha. ■ F. **1.** fam. Trabajo. || **2.** *En una cárcel*, limpieza que hace un preso de los escusados a modo de castigo.

talachas. ■ F. PL. **3.** Establecimiento dedicado a la reparación de llantas; vulcanizadora.

talache. ■ M. **talacho.**

talachear. ■ INTR. **1.** fam. Trabajar: "Esta semana talacheé desde casa". || **2.** *En una cárcel*, limpiar un preso los escusados a modo de castigo.

talachero, ra. ■ ADJ. **1.** fam. *Referido a persona*, que es trabajadora, pero con poca iniciativa: "Ascendieron a Ramón porque es muy talachero". Ú.t.c.sust.: "Ascendieron a Ramón porque es un talachero". || **2.** fam. Propio de la persona **talachera**: "Ojalá todos tuvieran la actitud talachera de Ramón".

talacho. ■ M. Especie de azada con punta en uno de sus extremos.

talaje. ■ M. supran. Garrapata de distribución en América; de alrededor de 6 mm de longitud y 3 mm de ancho; en tonos que van del pardo negruzco al rojizo, patas y región ventral por lo general en tonos más claros; con cuerpo más o menos aplanado pero convexo dorsalmente cuando se distiende; carente de escudo, típico de las garrapatas suaves; bordes laterales de su cuerpo se aprecian redondeados; parásita. Familia de los argásidos del orden Ixodida, *Ornithodoros talaje*.

talamontes. ■ COM. Persona que se dedica a la tala ilegal de árboles: "Tengo un vecino que es un talamontes, ojalá lo encierren".

talanquera. ■ F. supran. Portón rústico hecho con dos postes verticales separados a cierta distancia uno del otro que tienen una serie de agujeros por los cuales se deslizan horizontalmente unos palos con los que se abre o cierra el paso.

talata. ■ F. *En el Occidente*, hormiga originaria de América; la reina llega a medir hasta 3 cm de longitud; la casta trabajadora, de 4 a 7 mm; generalmente de color rojizo; comestible. Familia de los formícidos del orden Hymenoptera, varias especies del género *Atta*, como *Atta cephalotes*, *Atta mexicana*, *Atta texana*. (También se llama arriera, chicatana, chincatana, chincantana, hormiga arriera, hormiga chicatana, mochomo, nacasmá, nucú, zompopa, zompopo).

talavera. ■ F. **1.** Cerámica pintada a mano, con no más de siete colores, blanco, azul, amarillo, negro, verde, naranja y malva, con denominación de origen; típica de Puebla. || **2.** Cualquier cerámica pintada a mano, similar a la que tiene denominación de origen.

talclote. ■ M. Hierba originaria de América, de hasta 1 m de altura, monoica; tallos muy ramificados, de tonos morados, pubescentes; hojas alternas, enteras, lanceoladas o lineares, con márgenes dentados; flores hermafroditas, vistosas, tubulares, agrupadas en racimos, con cinco pétalos de color azul a rosado, tres de ellos más grandes y vistosos; frutos capsulares, elipsoides; semillas numerosas, diminutas, lustrosas, cafés; uso ornamental. Familia de las campanuláceas, *Lobelia fenestralis*. (También se llama gusanillo).

talcochote. ■ M. Árbol originario de México, de hasta 30 m de altura, dioico; tallos erectos con corteza fisurada, de pardo amarillenta a morena, la interna de color blanco amarillento; hojas alternas, divididas de ocho a 16 foliolos oblongos u oblanceolados, pequeños, con nervadura central amarillenta; flores unisexuales, pequeñas, de color blanquecino verdoso a blanco amarillento, dispuestas en panículas axilares terminales; frutos drupáceos, ovoides, arreglados en grupos de dos a cinco, ligeramente angulosos, de amarillos a rojizos, astringentes cuando maduros; una semilla por fruto; cortezas, uso en la medicina tradicional; frutos comestibles; tallos, uso artesanal e industrial. Familia de las simarubáceas, *Simarouba amara*. (También se llama aceituno, cedrillo, negrito, pistache).

talega. ■ F. vulg. Testículo.

talegas. ■ ADJ. **1.** *Referido a persona*, holgazana: "¡Tengo un amigo muy talegas que no estudia ni trabaja!". ■ COM. **2.** Persona holgazana: "Es un talegas, no estudia ni trabaja".

talegón, na. ■ ADJ. *Referido a persona*, holgazana: "¡Tengo un amigo muy talegón que no estudia ni trabaja!". Ú.t.c.sust.: "Ese talegón no estudia ni trabaja".

talguate. ■ M. *En el Sureste*, parte flácida del cuerpo de una persona.

talguatoso, sa. ■ ADJ. **talguatudo, da.**

talguatudo, da. ■ ADJ. *En el Sureste, referido a persona*, que tiene partes del cuerpo flácidas. Ú.t.c.sust.

taliste. ■ ADJ. supran. *Referido a un alimento*, fibroso y correoso: "Los bisteces salieron muy talistes y no se pueden masticar".

talla. ■ F. *En el Sureste*, raspadura que se le hace al henequén para extraer la fibra.

tallada. ■ F. **1. talla.** || **2.** supran. Hecho de tallar o restregar.

tallador, ra. ■ M. y F. *En el Sureste*, persona que por oficio talla o raspa el henequén.

tallar. ■ TR. **1.** *En el Sureste*, raspar el henequén para extraer la fibra. || **2.** supran. Restregar: "Tallé mucho la ropa para sacar las manchas".

tallarse. ■ LOC. **~ el lomo.** LOC. VERB. fam. Trabajar arduamente: "El vecino se talla el lomo para que a su familia no le falte nada".

talle. ■ M. Prenda interior sin mangas, con o sin tirantes, que ciñe el cuerpo y no baja de la cintura.

tallón. ■ M. Roce que deja huella sobre una superficie; raspón.

talludo, da. ■ ADJ. **1.** *En el Sureste, referido a algo*, correoso: "Ese pan está más duro que un churro talludo". || **2.** *En Chiapas, referido a alguien*, que soporta grandes dificultades: "Mi papá es muy talludo, sobrevivió al accidente". Ú.t.c.sust.: "Mi papá es un talludo, sobrevivió al accidente".

talón. ■ M. Prostitución. ■ LOC. **las del ~.** LOC. SUST. despect. Prostitutas.

talonear. ■ TR. **1.** Incitar un jinete al caballo picándolo con los talones. ■ INTR. **2.** fam. Pedir dinero: "En el metro siempre hay gente que talonea". || **3.** supran. Caminar un largo trecho: "Taloneamos por todo el Centro para encontrar el regalo de mi amiga". || **4.** supran. fam. Trabajar: "Taloneo mucho para poder pagar la casa". || **5.** supran. despect. Practicar la prostitución.

taloneo. ■ M. Acción y resultado de talonear.

talonero, ra. ■ M. y F. despect. Persona que se dedica a la prostitución.

talquear. ■ TR. **1.** supran. Echar talco a una parte del cuerpo. || **2.** supran. jerg. Drogar a alguien con cocaína.

tamacua. ■ F. *En el Occidente*, tierra de labranza fértil y húmeda.

tamafac. ■ M. **tramafat.**

tamafat. ■ M. **tramafat.**

tamagua. ■ F. **tamacua.**

tamajona. ■ ADJ. despect. *Referido a una mujer*, robusta, tosca y de modales bruscos: "Nora ganó las luchas porque está muy tamajona". Ú.t.c.sust.: "Nora ganó las luchas porque es una tamajona".

tamal. ■ M. **1.** Alimento hecho, comúnmente, de masa de maíz nixtamalizado que contiene, por lo general, algún otro ingrediente, envuelto en hoja de maíz, de plátano o de alguna otra planta, y cocido al vapor o al horno. || **2.** vulg. Órgano sexual femenino. ■ LOC. **~ agrio.** LOC. SUST. *En Guanajuato y Michoacán*, el que se prepara con masa agria, se rellena con pasta de frijol con chiles anchos molidos y queso cotija, y se corta en rebanadas. ▷ **~ barbón.** LOC. SUST. *En Nayarit y Sinaloa*, el que se rellena con camarones grandes cuyas antenas quedan al descubierto, a semejanza de barbas. ▷ **~ barbudo.** LOC. SUST. **tamal barbón.** ▷ **~ canario.** LOC. SUST. El que es de color amarillo, cuya masa contiene harina de arroz, mantequilla, polvo para hornear, azúcar, yemas, leche y pasas. ▷ **~ chánchamo.** LOC. SUST. *En el Sureste*, el que se prepara con masa de maíz, se rellena con alguna carne y se le da forma esférica, amarrándolo en ambos extremos de las hojas de maíz o de plátano con que se envuelve. ▷ **~ chanchán.** LOC. SUST. **tamal chánchamo.** ▷ **~ chiapaneco.** LOC. SUST. El que se rellena con carne de cerdo deshebrada, mole y ciruela pasa, envuelto en hoja de plátano. ▷ **~ colado.** LOC. SUST. *En el Sureste*, el que se prepara con masa de maíz colada, manteca de cerdo, carne de guajolote, pollo o pato, envuelto en hoja de plátano y cocido al vapor; se sirve con salsa de jitomate, achiote y orégano; tamal yucateco. ▷ **~ cuitón.** LOC. SUST. *En la Huasteca*, el que se prepara con masa de maíz mezclada con frijol tierno y cocido al vapor; cuitón. ▷ **~ de agua.** LOC. SUST. *En Tlaxcala*, el que se prepara con masa de maíz, sin relleno, envuelto en hoja de maíz y cocido al vapor. ▷ **~ de capa.** LOC. SUST. *En Oaxaca y Veracruz*, el que se prepara con masa de maíz, relleno con una mezcla de hoja de aguacate, frijol y chile morita, envuelto en yerbasanta, que se sirve, generalmente, en una boda. ▷ **~ de capita.** LOC. SUST. *En Veracruz*, el que se prepara con una capa de maíz, una capa de masa de frijol negro y a veces una capa más de calabaza cocida o masa de maíz con panela. ▷ **~ de cazuela.** LOC. SUST. El que se prepara en este recipiente, con capas alternas de masa y de relleno, y se cuece en horno. ▷ **~ de ceniza.** LOC. SUST. El que se prepara con masa de maíz cocida con este polvo de color gris. ▷ ~ **de chepil.** LOC. SUST. **tamal de chipilín.** ▷ ~ **de chile.** LOC. SUST. El que es salado, por oposición al de dulce. ▷ ~ **de chipilín.** LOC. SUST. El que se prepara con masa de maíz, manteca de cerdo, caldo de res o pollo y hojas de chipilín, envuelto en hojas de maíz, cocido al vapor; se sirve con salsa de chile pasilla; típico de Chiapas, Oaxaca, Quintana Roo y Tabasco. ▷ ~ **de dedo.** LOC. SUST. **tamal norteño.** ▷ ~ **de dulce.** LOC. SUST. El que lleva azúcar en la masa. ▷ ~ **de elote.** LOC. SUST. El que se prepara con maíz tierno. ▷ ~ **de frijol.** LOC. SUST. **tamal de capa.** ▷ ~ **de mixcoco.** [*mishkóko, miskóko*] LOC. SUST. *En Sinaloa*, el que se prepara con masa fermentada, ceniza y se cuece con la madera del palo de Brasil, por lo que es de color magenta. ▷ ~ **de mole.** LOC. SUST. El que se rellena con carne y este guiso. ▷ ~ **de ombligo.** LOC. SUST. *En Tlaxcala*, el que se prepara con masa de maíz, batida con agua de cáscaras de tomate verde y anís, relleno con una pasta de frijol o de haba, cocida con hojas de aguacate; envuelto en hojas de maíz con un extremo hundido para formar un hueco y cocido al vapor. ▷ ~ **de pedo.** LOC. SUST. *En Veracruz*, el que se prepara con masa de maíz mezclada con frijol negro y manteca de cerdo, relleno con salsa de pipián, más frijoles negros al centro y un pedazo de yerbasanta, envuelto en hoja de maíz y cocido al vapor. ▷ ~ **de piedra.** LOC. SUST. *En Oaxaca*, el que se prepara con masa de maíz, sin manteca, con caldo de frijol negro, de textura compacta, envuelto en hoja de aguacate, cocido al vapor. ▷ ~ **de rajas.** LOC. SUST. El que se prepara con masa de maíz batida con manteca de cerdo, sal y caldo de pollo, se rellena con salsa de jitomate, queso fresco y chile serrano o jalapeño. ▷ ~ **de sal.** LOC. SUST. El que es salado, por oposición al de dulce. ▷ ~ **de votos.** LOC. SUST. **1.** fam. Fajo de boletas electorales que se introduce fraudulentamente en una urna. || **2.** fam. Práctica que consiste en la introducción fraudulenta de un fajo de boletas electorales en una urna. ▷ ~ **huasteco.** LOC. SUST. *En San Luis Potosí*, el que se prepara con masa de maíz, relleno con carne de cerdo deshebrada y guisada en salsa de chile ancho; envuelto en hoja de plátano y cocido al vapor. ▷ ~ **largo.** LOC. SUST. **tamal de agua.** ▷ ~ **norteño.** LOC. SUST. *En el Norte*, el que se prepara con masa de maíz, delgado, relleno con abundante carne de cerdo cocinada en salsa de chile colorado, jitomate, ajo, pimienta y comino, envuelto en hoja de maíz y cocido al vapor. ▷ ~ **oaxaqueño.** [*oajakéño*] LOC. SUST. El que se envuelve en hoja de plátano y tiene forma rectangular. ▷ ~ **(de) rojo.** LOC. SUST. El que se rellena con carne y algún tipo de chile de este color. ▷ ~ **salado.** LOC. SUST. **tamal de sal.** ▷ ~ **simple.** LOC. SUST. **tamal tonto.** ▷ ~ **tapatío.** LOC. SUST. *En Jalisco*, el que se prepara con masa de maíz mezclada con arroz remojado y molido, azúcar y sal, relleno con carne de cerdo o de res, molida y guisada con chile pasilla, ajo, comino, clavo, jitomate, cebolla, aceitunas, almendras, pasas, verduras cocidas y frutas en vinagre, envuelto en hoja de maíz y cocido al vapor. ▷ ~ **tarasco.** LOC. SUST. *En Michoacán*, el que se prepara con masa de maíz, relleno con charales, chile ancho y frijol bayo, envuelto en hoja de maíz y cocido al vapor. ▷ ~ **tonto.** LOC. SUST. **tamal de agua.** ▷ ~ **(de) verde.** LOC. SUST. El que se rellena con carne y algún tipo de salsa de este color. ▷ ~ **xoco.** [*shóko*] LOC. SUST. *En Veracruz*, el que se hace con masa de maíz negro, envuelto en hoja de xoco, cocido al vapor.

tamalada. ■ F. **1.** supran. Reunión de personas donde se sirven tamales como platillo principal; tamaliza.

tamaladas. ■ F. PL. **2.** Juego que consiste en que una persona intenta pasar por encima de una columna formada por otros que, agachados, se sujetan entre sí.

tamalayota. ■ F. Hierba rastrera originaria de América, monoica; tallos teretes, apostillados, híspidos; hojas alternas, simples, de subcirculares a reniformes, base cordada, con márgenes denticulados, híspidas, cinco palmatilobadas, con cuatro zarcillos ramificados; flores unisexuales, vistosas: las masculinas largamente pediceladas, amarillas, con márgenes crispados, las femeninas en pedicelos más cortos y fuertes, amarillas; frutos pepónides, variables en tamaño, forma y color, comúnmente esferoides y muy grandes, esponjosos, teretes; semillas numerosas, blancas, ovadas, aplanadas; frutos y semillas, comestibles. Familia de las cucurbitáceas, *Cucurbita maxima*. (También se llama istacayota, tamalayote).

tamalayote. ■ F. **tamalayota.**

tamaleada. ■ F. Acción y resultado de tamalear.

tamalear. ■ INTR. **1.** vulg. Manosear lascivamente a una mujer. || **2.** supran. Hacer tamales. || **3.** supran. Comer tamales.

tamalera. ■ F. Véase **tamalero, ra.**

tamalería. ■ F. Lugar donde se hacen o se venden tamales.

tamalero, ra. ■ ADJ. **1.** supran. Perteneciente o relativo al tamal: "La industria tamalera sigue siendo casera". || **2.** supran. *Referido a persona*, que gusta de comer tamales: "Miguel es muy tamalero, en la fiesta fue el que más comió". Ú.t.c.sust.: "Miguel es un tamalero, en la fiesta fue el que más comió". ■ M. Y F. **3.** supran. Persona que se dedica a hacer o a vender tamales. ■ F. **4.** Recipiente en que se cuecen los tamales.

tamaliza. ■ F. supran. Reunión de personas donde se sirven tamales como platillo principal; tamalada.

tamaño. ■ LOC. **del ~ del mundo.** LOC. ADJ. supran. *Referido a algo*, de gran magnitud: "Tengo un problema del tamaño del mundo". ▶ **~ caguama.** LOC. ADJ. Muy grande: "Traje un pastel tamaño caguama para que alcance para todos". ▶ **~ de hermoso.** LOC. ADJ. *En Yucatán, referido a alguien*, que es de complexión robusta y atractiva: "El hijo de Susana es tamaño de hermoso". ▶ **~ llorarás.** LOC. ADJ. **1.** fam. De dimensión excesiva: "Me compré una pantalla tamaño llorarás y no cabe en el mueble". || **2.** fam. De mucha duración o intensidad: "El último temblor fue tamaño llorarás".

tamaños. ■ M. PL. Agallas: "Para hacer lo que hizo Juan, hay que tener tamaños".

tamarindo. ■ M. **1.** vulg. Excremento. ■ COM. **2.** fam. Miembro del cuerpo de la policía de tránsito: "Esa tamarindo está muy atenta, seguro te pone una infracción si te estacionas en doble fila".

tamaulipa. ■ F. Arbusto de distribución en el noreste de México, de hasta 3 m de altura; tallos ramificados; hojas opuestas, simples, triangulares u ovadas, con márgenes dentados; flores hermafroditas, diminutas, tubulares, azules o rara vez blancas, de 30 a 50 flores agregadas en cabezuelas terminales; frutos aquénicos. Familia de las compuestas, *Tamaulipa azurea*.

tamaulipeca. ■ F. Véase **tamaulipeco, ca.**

tamaulipeco, ca. ■ ADJ. **1.** Perteneciente o relativo al estado de Tamaulipas: "La talabartería tamaulipeca es una gran industria". || **2.** Natural o procedente del estado de Tamaulipas: "Su madre es una empresaria tamaulipeca que exporta artesanías de la región". Ú.t.c.sust.: "Su madre es una tamaulipeca que exporta artesanías de la región". ■ F. **3.** Chamarra de piel típica del noreste del país, con flecos de piel en el borde inferior, a lo largo de las mangas y en la parte superior de la espalda, y bordados en el pecho y en la espalda.

tambache. ■ M. **1.** Conjunto de cosas sin orden, colocadas unas encima de otras: "Ordena el tambache que tienes en la cama". || **2.** supran. Bulto: "Agarró un tambache de ropa y se fue a lavar".

tambachi. ■ M. **tambache.**

tambo. ■ M. **1.** supran. Tonel de lámina o plástico. || **2.** supran. fam. Cárcel.

tambor. ■ M. **1.** Armazón de una cama sobre la que se coloca el colchón. || **2.** Recipiente giratorio y de forma generalmente cilíndrica que se encuentra dentro de una máquina revolvedora para hacer una mezcla de cemento, arena, grava, cal y agua.

tambora. ■ F. **1.** Banda de música popular, compuesta por instrumentos de aliento y percusión; típica de Sinaloa y Zacatecas. || **2.** Música que toca la **tambora**.

tamborazo. ■ M. **tambora.**

tameme. ■ COM. supran. Cargador que usa un mecapal o banda con dos orificios en sus extremos en los que se amarra lo que sujeta o contiene la carga que, apoyada en la parte frontal de la cabeza, se lleva sobre la espalda: "Pepe es el tameme más rápido de todo el mercado".

tampicirán. ■ M. Árbol originario de México, de hasta 10 m de altura; tallos glabros, con numerosas yemas escamosas; hojas alternas, compuestas, bipinadas, foliolos elíptico-ovados; flores hermafroditas, pequeñas, papilionadas, verdes amarillentas, agrupadas en panículas aglomeradas, muy ramificadas; frutos en vainas elíptico-oblongas, aplanadas, con

T

una sola semilla, usualmente suspendidos en grupos; uso artesanal e industrial. Familia de las leguminosas, *Dalbergia congestiflora*.

tananini. ■ M. Arbusto pequeño originario de las regiones semiáridas de América del Norte, de hasta 1.5 m de altura, dioico; ramificación intrincada que inicia casi desde la base; los extremos de las ramas presentan una pubescencia plateada canescente; hojas oblongas y lanceoladas, estrechamente elípticas u ovaladas, de color gris plateado; flores en cabezuelas o capítulos, dispuestas en pequeños corimbos o panículas corimbosas, cortamente pediceladas, con dos clases de flores: liguladas y de disco; las lígulas de color opaco a blanco crema; frutos aquenios obovados, negros; una semilla por aquenio; uso industrial. Familia de las asteráceas, *Parthenium argentatum*. (También se llama guayule, tatanini).

tanate. ■ M. **1.** Canasto de palma. || **2.** Bolsa o saco de cuero usado en las minas para sacar el mineral. || **3.** supran. fam. Testículo. Ú.m.e.pl.

tanatear. ■ TR. **1.** Hacer tanates o canastos de palma, bolsas o sacos de cuero: "Todo el día tanateamos bolsas para entregar a tiempo el pedido". || **2.** supran. Cargar algo en tanates o en canastos de palma, bolsas o sacos de cuero: "Tanateó los tamales para que se equilibrara el peso en la mula". || **3.** supran. fam. Tentar o tocar repetidamente algo: "¡No tanatees el pan, chamaco, lo vas a aplastar!".

tanateo. ■ M. Acción y resultado de tanatear.

tanatero, ra. ■ ADJ. **1.** Perteneciente o relativo al tanate: "Los Arellano son una familia que se dedica a la producción tanatera". ■ M. y F. **2.** Persona que trabaja en las minas llenando sacos de cuero con mineral. || **3.** Persona que se dedica a hacer o a vender tanates.

tanchar. ■ TR. *En el Noroeste*, llevar a otra persona en hombros: "Mi papá tanchó al niño todo el camino".

tanchí. ■ LOC. **a ~.** LOC. ADV. *En el Noroeste*, en hombros: "Ándale, llévame al pueblo a tanchí".

tanchiche. ■ M. **1.** Grupo de diferentes especies de hierbas originarias de Centroamérica, de hasta 4 m de altura; tallos acostillados, casi glabros; hojas alternas, compuestas, tres lobadas, con margen ligeramente aserrado, peciolos abrazadores; flores hermafroditas, pequeñas, tubulares, de amarillas a anaranjadas, dispuestas en cabezuelas, de 12 a 14 flores en la periferia a modo de pétalos de color amarillo; frutos aquénicos, puberulentos, cáliz persistente en forma de escamas fusionadas; una semilla. Familia de las asteráceas, varias especies del género *Tithonia*, como *Tithonia diversifolia*. || **2.** Individuo del **tanchiche**.

tanchucua. ■ M. **tanchukua.**

tanchukua. ■ M. *En el Sureste*, atole que se prepara con chocolate batido con masa de maíz, pimienta y anís.

tanda. ■ F. **1.** Sistema grupal de ahorro que consiste en la aportación periódica de una determinada cantidad de dinero a un encargado; una vez que se ha recaudado la cantidad total correspondiente al periodo, se entrega conforme al orden de una lista de los participantes, previamente establecido. || **2.** Cantidad de dinero que se entrega en este sistema grupal de ahorro. || **3.** Exhibición consecutiva de películas por el costo de una sola. || **4.** Función de teatro que consistía en una parodia con crítica social o política, acompañada de distintos espectáculos. || **5.** supran. Función de teatro o de cine.

tango. ■ M. Rabieta: "Cálmate, ya no armes tango por llegar diez minutos tarde".

tanguarnís. ■ M. **1.** Bebida alcohólica. || **2.** Trago de bebida alcohólica.

tanibata. ■ F. **tumbavaqueros.**

taninole. ■ M. Alimento preparado con calabaza hervida, leche y azúcar.

tanque. ■ M. **1.** supran. Depósito de combustible de un automóvil. || **2.** supran. Cárcel.

tanteada. ■ F. fam. Engaño que se le hace a alguien.

tanteador, ra. ■ ADJ. fam. *Referido a persona*, que tantea o engaña: "Ese hombre tanteador me quitó el dinero". Ú.t.c.sust.: "Ese tanteador me quitó el dinero".

tantear. ■ TR. fam. Engañar a alguien: "Me tanteó y me quitó el dinero". ■ LOC. **~ el agua a los camotes.** LOC. VERB. fam. Valorar una situación para ver hasta dónde se puede llegar: "No le tantees el agua a los camotes si no quieres que me desespere". ▷ **~ el agua a los chayotes.** LOC. VERB. **tantearle el agua**

a los camotes. ▶ ~ el agua a los tamales. LOC. VERB. **tantearle el agua a los camotes.**

tantito, ta. ■ ADJ. **1.** supran. fam. Poco: "Regálame tantito café, por favor". ■ M. **2.** supran. fam. Cantidad pequeña de algo: —"¿Quieres pastel? —Sí, dame el tantito que sobró".

tantito. ■ ADV. **3.** supran. fam. Un poco: "Espérame tantito, ya voy".

tanto. ■ EXPR. **para qué ~ brinco estando el piso tan parejo.** coloq. **para qué tanto brinco estando el suelo tan parejo. ▶ para qué ~ brinco estando el suelo tan parejo.** coloq. Se usa para indicar que resulta innecesario o exagerado hacer alharaca en circunstancias que no lo ameritan: "Para qué tanto brinco estando el suelo tan parejo, el asunto va a solucionarse solo". **▶ qué ~ es tantito.** coloq. Se usa para expresar que una determinada cantidad es insignificante o inocua: "No me voy a emborrachar, solo es una copita de ron, ¿qué tanto es tantito?". **▶ tantos años de marquesa (y no saber mover el abanico). 1.** Se usa para indicar que alguien tiene gran conocimiento o habilidad debido a la práctica de una actividad por tiempo prolongado: "—¡Qué bien te salen los pasteles! —Tantos años de marquesa y no saber mover el abanico". || **2.** Se usa para indicar que alguien, pese a la supuesta habilidad obtenida debido a la práctica en determinada actividad, comete errores de principiante: "¿Cómo se te fue este error?, ¡tantos años de marquesa y no saber mover el abanico!".

tapabocas. ■ M. supran. Mascarilla para proteger de agentes patógenos o tóxicos.

tapabotija. ■ F. Árbol originario de América, de hasta 20 m de altura, monoico; tallos con ramificación de baja altura, corteza grisácea; hojas simples, alteras, grandes y elípticas, densamente cubiertas de pelos en el envés, con margen diminutamente aserrado; flores hermafroditas, llamativas, con cinco pétalos espatulados, amarillos, cinco sépalos canosos, verdes amarillentos por la cara superior, cafés y peludos en la cara inferior, estambres numerosos, flores arregladas en panículas; frutos capsulares, globosos, cubiertos por cerdas flexibles, de color verde; semillas diminutas, de globosas a algo aplanadas; uso como alternativa de fibra vegetal para hacer papel. Familia de las tiliáceas, *Apeiba tibourbou*. (También se llama pachiote).

tapacaminos. ■ M. **1.** supran. Ave de amplia distribución en el Golfo de México, de hasta 30 cm de longitud; con plumaje de color café y una lista negra en coronilla, nuca y espalda; cara y región inferior de color ocre con pintas negras; parte baja de la garganta con una faja blanquecina; pico y patas negruzcos. Familia de los caprimúlgidos del orden Caprimulgiformes, *Caprimulgus carolinensis, Caprimulgus vociferus*. (También se llama atajacaminos). || **2.** supran. Ave de distribución en América; de hasta 30 cm de longitud; con plumaje de color café, con una lista negra en la coronilla, nuca y espalda; plumas alares puntiagudas y de color ante con manchas negras; remeras con listas rojas y negras; cara y región inferior de color ocre con pintas negras; una faja blancuzca en la parte baja de la garganta; pico y patas negruzcos; nocturna; se alimenta de insectos de tamaño mediano. Familia de los caprimúlgidos del orden Caprimulgiformes, *Nyctidromus albicollis*. (También se llama chotacabras).

tapachol. ■ M. *En Veracruz*, maíz que se siembra en invierno.

tapachole. ■ M. **tapachol.**

tapaculo. ■ M. *En Chiapas*, cualquier fruta antidiarreica.

tapado. ■ M. **1.** *En política*, persona escogida por la autoridad para ser el candidato a un cargo de elección, cuyo nombre se mantiene en secreto hasta el momento propicio.

tapados. ■ M. PL. **2.** Juego que consiste en colocar un monte de estampas boca abajo sobre una superficie lisa para que los competidores intenten voltearlas con un leve golpe con la mano ahuecada, de manera que las estampas volteadas son la ganancia del competidor en turno. || **3.** Juego entre dos personas que consiste en que una de ellas lanza un volado y cubre con una mano el resultado; posteriormente, la otra lanza un segundo volado con otra moneda y permite ver si es cara o cruz; si coincide con el primer volado, el segundo jugador gana.

tápalo. ■ M. Prenda similar al rebozo o al chal que cubre hombros y espalda principalmente.

tapanco. ■ M. supran. Desván que se usa generalmente para guardar objetos viejos o para almacenar semillas.

tapar. ■ TR. supran. Estreñir: "Las tunas taparon al niño y no ha hecho popó desde ayer". ■ LOC. **~ el sol con un dedo.** LOC. VERB. supran. Intentar ocultar un hecho evidente: "Acepta que ya se fue, no quieras tapar el sol con un dedo".

taparle. ■ LOC. **~ el ojo al macho.** LOC. VERB. **1.** supran. Aparentar algo: "Le tapa el ojo al macho llegando temprano para que crean que es muy trabajador". || **2.** supran. **tapar el sol con un dedo.**

taparrosca. ■ F. supran. Tapón de plástico que se enrosca para cerrar una botella.

tapate. ■ M. supran. Estramonio.

tapatío, a. ■ ADJ. **1.** Perteneciente o relativo a la ciudad de Guadalajara, capital del estado de Jalisco: "A Pilar le encanta la música tapatía". || **2.** Natural o procedente de la ciudad de Guadalajara, capital del estado de Jalisco: "Este verano vienen mis primos tapatíos a visitarnos". Ú.t.c.sust.: "Este verano vienen los tapatíos a visitarnos".

tapesco. ■ M. **1.** Rejilla que se coloca en el fondo de una olla para cocer alimentos a vapor. || **2.** supran. Tejido hecho de tiras de cañas flexibles que sirve de cama y, otras veces, colocado en alto, de repisa.

tapete. ■ M. despect. Persona servil.

tapón. ■ M. **1.** Lámina, de metal o de plástico, que cubre el rin de una llanta. || **2.** Tapa de rosca que cubre la entrada del depósito de combustible de un automóvil. ■ LOC. **~ de alberca.** LOC. SUST. fam. Individuo de baja estatura y generalmente gordo: "Me gusta tu perro porque es un tapón de alberca".

tapú. ■ M. **1.** *En el Istmo de Tehuantepec*, juego de pelota autóctono. || **2.** rur. *En Chiapas*, lunar inflamado que les brota a las gallinas.

taqueada. ■ F. Hecho de taquear o comer tacos.

taquear. ■ INTR. Comer tacos: "Ya sabes que los viernes taqueamos en casa de mis primos".

taquería. ■ F. Lugar donde se venden y consumen tacos.

taquero, ra. ■ ADJ. **1.** Perteneciente o relativo a los tacos: "México es un país de tradición taquera". || **2.** *Referido a persona*, que gusta de comer tacos: "Mi tío es muy taquero, si él pudiera, comería tacos toda la semana". Ú.t.c. sust.: "Mi tío es un taquero, si él pudiera, comería tacos toda la semana". ■ M. y F. **3.** Persona que se dedica a preparar o vender tacos.

taquiza. ■ F. **1.** Reunión de personas donde se sirven tacos como platillo principal. || **2.** Atracón de tacos: "Te duele la panza por la taquiza que te metiste anoche".

tarabundí. ■ M. **1.** supran. Hierba originaria de Centroamérica, de hasta 2 m de altura, monoica; tallos subterráneos o muy cortos, unidos a un rizoma tuberoso; hojas simples, alternas, deltadas o sagitadas, largamente pecioladas y envainantes, glaucas o blanquecinas en el envés; flores unisexuales, diminutas, sin pétalos ni sépalos: femeninas de color amarillo pálido, masculinas fértiles blancas, masculinas estériles rosadas, flores dispuestas en un mismo cilindro delgado, protegido por una bráctea o espata de color crema a rosado, en ocasiones con una mancha rosa en la base; uso ornamental. Familia de las aráceas, *Xanthosoma sagittifolium.* (También se llama malanga). || **2.** supran. Tubérculo del **tarabundí**; comestible.

tarahumara. ■ ADJ. **1.** Perteneciente o relativo al **tarahumara**; rarámuri: "La alimentación tarahumara se basa en el uso del maíz". || **2.** Natural o procedente del grupo étnico **tarahumara**; rarámuri: "El hombre tarahumara lleva una cinta blanca en su cabello". ■ M. **3.** Grupo étnico establecido en el estado de Chihuahua; rarámuri. || **4.** Lengua yutoazteca del subgrupo lingüístico tarahumarano; rarámuri. ■ COM. **5.** Persona natural o procedente del grupo étnico **tarahumara**; rarámuri: "El tarahumara lleva una cinta blanca en su cabello".

tarahumarano, na. ■ ADJ. **1.** Perteneciente o relativo al **tarahumarano** "Los grupos tarahumaranos viven cerca de barrancas". ■ M. **2.** Grupo étnico histórico que dio origen a los guarijíos y a los tarahumaras, entre otros. || **3.** Conjunto de grupos étnicos establecidos principalmente en los estados de Sonora y Chihuahua, como el guarijío o el tarahumara. || **4.** Lengua reconstruida que históricamente dio origen al guarijío y al tarahumara. || **5.** Grupo o familia de lenguas yutoaztecas que incluye al guarijío y al tarahumara, entre otras.

tarambana. ■ ADJ. **1.** *Referido a persona*, promiscua: "Ese muchacho resultó ser muy tarambana, ya trae otra novia". ■ COM. **2.** Persona promiscua: "Ese muchacho resultó ser un tarambana, ya trae otra novia".

tarasco, ca. ■ ADJ. **1.** Perteneciente o relativo al **tarasco**; purépecha: "La charanda tarasca es una bebida tradicional". || **2.** Natural o procedente del grupo étnico **tarasco**; purépecha: "Los danzantes tarascos cerraron el carnaval". Ú.t.c.sust.: "Los tarascos cerraron el carnaval". ■ M. **3.** Grupo étnico establecido principalmente en el estado de Michoacán; purépecha. || **4.** Lengua que habla el grupo étnico **tarasco**; purépecha. || **5.** Familia lingüística formada únicamente por la lengua **tarasco**; purépecha.

tarasquismo. ■ M. Palabra de origen purépecha empleada en español; purepechismo.

tardeada. ■ F. supran. Fiesta que se hace en la tarde, con baile y sin alcohol.

tarecua. ■ F. **1.** *En el Occidente*, zapato viejo y desgastado. || **2.** *En Guerrero y Michoacán*, instrumento de labranza con el mango de madera y la pala de hierro, que se usa para hacer hoyos. || **3.** *En Jalisco*, especie de sandalia. || **4.** *En Michoacán*, cierta especie de hongo. || **5.** *En Nuevo León*, persona con pie grande.

tarjeta. ■ F. Pedazo rectangular de cartón delgado donde aparece cada uno de los días laborables en que un empleado debe presentarse a trabajar, así como su hora de entrada y de salida. ■ LOC. **~ de presentación.** LOC. SUST. supran. La que contiene el nombre y otros datos de una persona o entidad.

tarjetahabiente. ■ COM. supran. Persona poseedora de tarjeta de crédito o de débito: "Las tarjetahabientes mujeres suelen gastar más en víveres y servicios".

tarjetazo. ■ M. **1.** Pago con tarjeta bancaria. || **2.** supran. Compra compulsiva que desequilibra los gastos personales: "Cuando vi el traje no pude resistirme y di tarjetazo".

tarjetear. ■ INTR. Pagar con tarjeta bancaria: "Tarjetea este fin de semana y aprovecha las rebajas".

tarola. ■ F. **1.** Instrumento de percusión con una malla metálica en su parte inferior que produce una sonoridad redoblante. || **2.** Conjunto de instrumentos de percusión en una banda u orquesta; batería.

tarolas. ■ ADJ. **1.** despect. *Referido a persona*, tonta: "Carlos es muy tarolas, ya se volvió a caer". ■ COM. **2.** despect. Persona tonta: "Carlos es un tarolas, ya se volvió a caer".

tarpala. ■ F. rur. Herramienta formada por una plancha metálica unida a un mango; pala.

tarrandán. ■ INTERJ. **¡tarrandán!** *En Colima*, se usa para indicar que algo o alguien cayó de manera brusca: "Venía cargado de libros y ¡tarrandán!, al suelo con todo".

tarrayada. ■ F. Pesca que se hace con tarraya.

tarrayar. ■ INTR. Pescar con tarraya: "Ayer tarrayamos y regresamos con muchas mojarras".

tarrayeo. ■ M. **tarrayada.**

tarrayero, ra. ■ M. y F. **1.** Persona que por oficio fabrica o vende tarrayas. || **2.** Persona que se dedica a pescar con tarraya.

tartaja. ■ F. Véase **tartajo, ja.**

tartajo, ja. ■ ADJ. **1.** supran. fam. *Referido a persona*, tartamuda: "Cuando era niño, mi vecino era tartajo". Ú.t.c.sust.: "Cuando era niño, mi vecino era un tartajo". ■ F. **2.** supran. fam. Metralleta.

tartamuda. ■ F. supran. fest. Metralleta.

tarugada. ■ F. supran. fam. Tontería.

tarugar. ■ TR. Taponar un agujero con un tarugo o trozo de madera, trapo u otro material; atarugar.

tarugazo. ■ M. fam. Golpe que se da una persona por descuido.

tarugo. ■ M. **1.** Utensilio de cocina, generalmente de tela acolchada, que sirve para tomar los objetos calientes. || **2.** *En la charrería*, traba que se usa a manera de botón para ajustar las chaparreras. || **3.** supran. Trozo de madera, trapo u otro material que sirve para taponar un agujero.

tarzán. ■ M. **1.** Padrote. || **2.** Hombre malviviente que se caracterizaba por su indumentaria particular como pantalones anchos, fajados a la cintura y reloj de cadena.

tarzaneada. ■ F. supran. Comportamiento de alguien similar al personaje de Tarzán.

tarzanear. ■ INTR. supran. Actuar o comportarse alguien como el personaje de Tarzán: "Miguel tarzaneaba en la fiesta, gritando y trepándose en los muebles".

tarzanera. ■ F. Véase **tarzanero, ra.**
tarzanero, ra. ■ ADJ. **1.** supran. Que es propio del personaje de Tarzán: "Diego dio un grito tarzanero cuando se aventó del tobogán". ■ M. **2.** fest. Calzoncillo; tarzanera. ■ F. **3.** fest. Calzoncillo.
tasajear. ■ TR. **1.** supran. Cortar la carne en tajadas delgadas o tasajos. || **2.** supran. Herir repetidamente a una persona con arma blanca. || **3.** supran. coloq. Criticar duramente a alguien: "Lo tasajearon toda la tarde porque siempre llega tarde".
tasajeo. ■ M. supran. Acción y resultado de tasajear.
tasajera. ■ F. Véase **tasajero, ra.**
tasajero, ra. ■ ADJ. **1.** supran. Perteneciente o relativo al tasajo o pedazo de carne seca y salada o acecinada. ■ M. y F. **2.** Persona que se dedica a preparar o a vender tasajos. ■ F. **3.** Vara para secar la carne al sol.
tasajo. ■ M. **1.** supran. Cactus de hasta 4 m de altura; monoico; tallos ramificados, con artículos o segmentos de elipsoides a cilíndricos, tuberculados, espinas fuertes y gruesas; flores hermafroditas, con numerosos pétalos amarillos verdosos con tonos de púrpuras a rosados; frutos abayados, amarillos, cubiertos de pelos finos o aguates; semillas numerosas, subglobosas. Familia de las cactáceas, *Cylindropuntia imbricata.* (También se llama cardón, vela de coyote). || **2.** supran. Tallo seco del **tasajo**; uso artesanal. || **3.** supran. Fruto del **tasajo**; comestible; uso en la medicina tradicional.
tascalate. ■ M. *En Chiapas*, bebida refrescante de cacao, maíz, achiote, azúcar y canela.
tascul. ■ M. Red redonda para pescar.
tashtulear. [*tashtuleár, tastuleár*] ■ TR. supran. *En el Sureste*, tocar a alguien con intención lasciva.
tata. ■ M. supran. Fórmula de tratamiento para dirigirse con respeto a un hombre de mayor edad que el hablante: "Tata, no se vaya a tropezar con las cajas".
tatacha. ■ F. Forma de hablar que se atribuye a grupos marginales de la población urbana.
tatahuila. ■ F. **1.** *En Sinaloa y Sonora*, movimiento giratorio de algo alrededor de un punto o sobre sí mismo. || **2.** *En Sinaloa y Sonora*, juego que consiste en hacer girar en el aire una persona a otra tomándola de las manos y dando vueltas sobre sí misma rápidamente.
tatalencho. ■ M. Hierba o subarbusto originario de América, de hasta 2 m de altura, monoico; tallos erectos, más o menos ramificados, estriados, brillantes y pegajosos; hojas alternas, de lineares a lanceoladas, densamente punteadas en ambas caras; flores hermafroditas o femeninas, diminutas, tubulares, amarillas, las del centro hermafroditas y las de la periferia femeninas, con apariencia de pétalos, dispuestas en cabezuelas numerosas, a su vez arregladas en corimbos terminales; frutos aquénicos, oblongos, algo comprimidos, en ocasiones de cuatro a cinco costillas y pelillos; uso en la medicina tradicional. Familia de las compuestas, *Gymnosperma glutinosum.* (También se llama escobilla, popote, xonequelite, zazal).
tatanini. ■ M. **tananini.**
tataquear. ■ INTR. *En Chiapas*, caminar de forma titubeante: "Ya no tataquees, ¿sabes a dónde vamos o no?".
tatarata. ■ ADJ. **1.** fam. *En Chiapas, referido a persona*, tartamuda: "Alonso es bien tatarata, por eso no le gusta hablar en público". || **2.** supran. fam. *Referido a alguien*, que no tiene equilibrio o se mueve erráticamente: "Mi gato anda tatarata porque lo medicamos". ■ COM. **3.** fam. *En Chiapas*, persona tartamuda: "Alonso es un tatarata, por eso no le gusta hablar en público".
tataratear. ■ INTR. **1.** fam. *En Chiapas*, tartamudear: "Laura tatarateaba desde niña". || **2.** supran. fam. Perder el equilibrio o moverse erráticamente: "Cuando mi hermano bebe mucho, tataratea".
tataratero, ra. ■ ADJ. **1.** fam. *En Chiapas, referido a persona*, tartamuda; tatarata: "Rosa es tataratera, por eso no le gusta hablar en público". Ú.t.c.sust.: "Rosa es una tataratera, por eso no le gusta hablar en público". || **2.** supran. fam. *Referido a alguien*, que no tiene equilibrio o se mueve erráticamente; tatarata: "Mi gato anda tataratero porque lo medicamos".
tatema. ■ F. **1.** Acción y resultado de tatemar. || **2.** Alimento que ha sido tatemado. || **3.** fam. Cabeza. || **4.** pop. Billete de denominación alta. || **5.** *En el Noroeste*, carne que se hornea, generalmente cubierta con hojas de maguey, en un hoyo con brasas cubierto de tierra.
tatemada. ■ F. **tatemado.**

tatemado. ■ M. Acción y resultado de tatemar.
tatemar. ■ TR. **1.** Poner un alimento sobre las brasas o en un comal para quemar parcialmente el exterior: "Tatema los jitomates y los chiles para la salsa". || **2.** Quemar, generalmente de manera superficial: "Tatemé el trapo cuando quité la olla de la estufa". || **3.** coloq. Dejar a alguien en evidencia, generalmente desacreditándolo: "Laura tatemó a Sonia delante de su mamá". || **4.** *En el Noroeste*, hornear un alimento, generalmente cubierto con hojas de maguey, en un hoyo con brasas cubierto de tierra: "Las cocineras tatemaron un chivo para la fiesta".
tauch. ■ M. Árbol originario de América, de hasta 20 m de altura, monoico; tallos de corteza negra e irregular, ramitas negras o amarillentas, con frecuencia estrigosas; hojas alternas, enteras, de oblongo-elípticas a lanceolado-elípticas, glabras o con algunos pelos estrigosos, brillantes por el haz; flores unisexuales, pequeñas, urceoladas, amarillas y fragantes: las masculinas dispuestas en cimas axilares de cinco flores, las femeninas solitarias o agregadas en grupos de tres flores; frutos abayados, subglobosos, glabros cuando maduros, leñosos, que conservan los sépalos, de color verde olivo a negro, pulpa casi negra, dulce y comestible; frutos, uso en la medicina tradicional. Familia de las ebenáceas, *Diospyros digyna*. (También se llama zapote negro, zapote prieto).
tawitol. ■ M. **tahuitol.**
taxi. ■ LOC. **~ de sitio.** LOC. SUST. El que pertenece a una asociación de transporte autorizada que regula el servicio y presta sus servicios desde una sede específica. ▶ **~ libre.** LOC. SUST. El que se aborda en tránsito en la vía pública.
tayra. ■ F. **tzonistac.**
té. ■ M. **1.** Bebida que se obtiene del cocimiento del fruto, hoja, tallo, flor o corteza de ciertas plantas. || **2.** Mezcla de hojas, tallos, flores, cortezas o frutos de ciertas plantas con que se prepara una bebida caliente, generalmente con fines medicinales. || **3.** supran. Bebida que se obtiene al dejar reposar en agua caliente frutos o hierbas aromáticas previamente deshidratados; infusión. ■ LOC. **~ danzante.** LOC. SUST. Reunión de jóvenes que se llevaba a cabo en la tarde para bailar y convivir: "Mis abuelos se conocieron en un té danzante".
tecali. ■ M. *En Puebla*, alabastro.
tecata. ■ F. Véase **tecato, ta.**
tecate. ■ M. **teclate.**
tecateada. ■ F. Hecho de juntar tecatas o cortezas, como la del árbol, la fruta, el queso, etcétera.
tecatear. ■ INTR. Juntar tecatas o cortezas, como la del árbol, la fruta, el queso, etcétera.
tecatero, ra. ■ M. y F. Persona que se dedica a juntar tecatas.
tecato, ta. ■ ADJ. **1.** jerg. *Referido a persona*, que es adicta a alguna droga. Ú.t.c.sust. ■ F. **2.** Corteza, como la del árbol, la fruta, el queso, etc. || **3.** Capa dura que se forma en la cicatrización de una herida. || **4.** Trozo pequeño de algo. || **5.** pop. Cabeza.
techalote. ■ M. **tachalote.**
techol. ■ M. **tecol.**
tecla. ■ F. fam. Seno femenino. Ú.m.e.pl.
teclate. ■ M. Insecto himenóptero de distribución en el noreste y centro de México, de entre 6 a 16.5 mm de longitud; con mesosoma pubescente, de color castaño claro a oscuro; machos y princesas, alados; su ontogenia consta de cuatro estadios larvarios y uno pupal al que se llama escamol y es comestible. Familia de los formícidos del orden Hymenoptera, *Liometopum apiculatum*. (También se llama chiquereye, hormiga chiquerei, hormiga de escamol, hormiga güijera, hormiga de hueva, hormiga pedorra, tetla, tetlame).
técnico, ca. ■ M. y F. *En la lucha libre*, luchador que se opone al rudo.
teco, ca. ■ ADJ. **1.** Perteneciente o relativo a la región del Istmo de Tehuantepec, en el estado de Oaxaca: "Juchitán es el lugar del matriarcado teco". || **2.** Perteneciente o relativo al **teco**: "El huipil teco es de color blanco con bordados de colores en el cuello". || **3.** Natural o procedente de la región del Istmo de Tehuantepec, en el estado de Oaxaca: "Mario se casó con una mujer teca". Ú.t.c.sust.: "Mario se casó con una teca". || **4.** Natural o procedente del grupo étnico **teco**: "El señor teco hace productos de jarcería". Ú.t.c.sust.: "El teco hace productos de jarcería". || **5.** despect. *En Guanajuato, referido a persona*, que es originaria de una

zona rural. Ú.t.c.sust. ■ M. **6.** Grupo étnico establecido en los municipios de Amatenango de la Frontera, Frontera Comalapa y Mazapa de Madero, en el estado de Chiapas. || **7.** Lengua maya del subgrupo lingüístico teco-mam.

tecochar. ■ TR. Cortar mal el pelo; trasquilar: "El peluquero me tecochó el fleco".

tecol. ■ M. Insecto en estadio de larva originario de América del Norte, de hasta 3 cm de longitud; con cuerpo ligeramente aplanado dorsoventralmente, de tonalidades rojizas, a excepción de su cabeza y una proyección quitinosa en forma de cuerno o espina que presenta en el último segmento de su cuerpo tonos oscuros; se alimenta de plantas de la familia de las agaváceas hasta completar su estadio larval; comestible. Familia de los cósidos del orden Lepidoptera, *Comadia redtenbacheri*. (También se llama chilincual, chilocuil, chimicuil, chincuil, chinicuil, gusano colorado, gusano rojo, gusano rojo de maguey, techol).

tecolín. ■ M. **1.** pop. Moneda.

tecolines. ■ M. PL. **2.** pop. Dinero.

tecolota. ■ F. Véase **tecolote, ta.**

tecolote, ta. ■ M. y F. **1.** fam. Miembro del cuerpo de la policía de tránsito. ■ M. **2.** Ave originaria de América, de hasta 30 cm de longitud; de color pardo, con cabeza redonda, patas largas y cola recortada; cuando se agita, cabecea y se mueve de arriba abajo. Familia de los estrígidos del orden Estrigiformes, *Athene cunicularia*. (También se llama búho, chicuate, chicuatotol). ■ F. **3.** Bolillo relleno de chilaquiles, con queso, crema y cebolla.

tecolotiza. ■ F. fam. Cuerpo de la policía de tránsito.

tecomajuche. ■ M. **1.** supran. Árbol originario de América, de hasta 17 m de altura; tallos rectos con ramas ascendentes; hojas alternas, enteras, palmadas, con cinco lóbulos, con márgenes aserrados; flores hermafroditas, vistosas, amarillas, con líneas rojas, agrupadas en racimos o panículas en las axilas superiores o terminales; frutos capsulares, globosos u ovoides, de verdes a rojizos, con el cáliz persistente; semillas numerosas, negras, cubiertas por abundantes pelos blancos, parecidos al algodón. Familia de las bixáceas, *Cochlospermum vitifolium*. (También se llama pochote). || **2.** supran. Sustancia tintórea de color amarillo extraída del **tecomajuche**.

teco-mam. ■ ADJ. **1.** supran. Perteneciente o relativo al **teco-mam**: "El pueblo teco-mam habitaba el sureste del actual Chiapas". ■ M. **2.** supran. Grupo étnico histórico que dio origen a los tecos y a los mames, entre otros. || **3.** supran. Conjunto de grupos étnicos establecidos principalmente en el estado de Chiapas, México, y en Guatemala. || **4.** supran. Lengua reconstruida que históricamente dio origen al teco y al mam. || **5.** supran. Grupo o familia de lenguas mayas que incluye al teco y al mam, entre otras.

tecomate. ■ M. **1.** Vasija de barro, más ancha que alta y de boca grande. || **2.** supran. Grupo de árboles originarios de América, de hasta 15 m de altura, monoicos; tallos con largas ramas extendidas e irregulares; hojas alternas, enteras o divididas, espatuladas, lustrosas; flores hermafroditas, vistosas, campanulares, amarillas verdosas; frutos capsulares, subglobosos, con pulpa negra, corteza dura, café; semillas numerosas, circulares, aplanadas, cafés. Familia de las bignoniáceas, varias especies del género *Crescentia*, como *Crescentia alata*, *Crescentia cujete*. (También se llama ayale, bule morro, calabazo, coatecomate, cuatecomate, cuautecomate, guaje, güiro, huaje, jícara, jícaro). || **3.** supran. Individuo del **tecomate**. || **4.** supran. Fruto seco de los individuos del **tecomate**; uso artesanal. || **5.** supran. Recipiente hecho con el fruto seco de los individuos del **tecomate**. || **6.** supran. Vasija hecha con la mitad del fruto seco de los individuos del **tecomate**.

tecopalcalhuite. ■ M. Árbol originario de Sudamérica, de hasta 12 m de altura; hojas alternas, divididas, paripinadas, con dos a cuatro pares de pinas, foliolos ovoides o elípticos; flores hermafroditas, pequeñas, blancas, con cuatro sépalos lanceolados, numerosos estambres, agrupadas en racimos terminales o panículas compuestas; frutos en vainas ovoides comprimidas, coriáceas; con una gran semilla cubierta con un arilo grueso. Familia de las leguminosas, *Copaifera langsdorffii*.

tectiteco, ca. Véase **teco, ca.**

tecuán. ■ M. **tecuejo.**

tecuejo. ■ M. *En Aguascalientes*, insecto de 1 a 1.5 cm de longitud; con cuerpo deprimido, aplanado, de color rojizo; antenas filiformes; las seis patas casi iguales; abdomen terminado por dos puntas articuladas. Familia de los blatélidos del orden Blattodea, *Blattella germanica*. (También se llama cucaracha alemana, cucaracha rubia, tecuán).

tecuín. ■ M. **tejuino.**

tecuino. ■ M. **tejuino.**

tehuacán. (De Agua Mineral de Tehuacán®). ■ M. Agua mineral gasificada.

tehuacanazo. ■ M. Tortura que consiste en introducir en la nariz de la víctima agua mineral gasificada tras agitarla, a veces combinada con chile piquín.

téibol. ■ M. **1.** Establecimiento comercial en el que se presentan bailes eróticos; *table dance*. || **2.** Baile erótico; *table dance*.

teibolero, ra. ■ ADJ. **1.** Perteneciente o relativo al téibol: "En el gimnasio acaban de poner un tubo teibolero para practicar *pole dance*". || **2.** *Referido a persona*, que es asidua al téibol: "Aldo es muy teibolero, todos los fines de semana va a divertirse ahí". Ú.t.c.sust.: "Aldo es un teibolero, todos los fines de semana va a divertirse ahí". ■ M. y F. **3.** Persona que se dedica al téibol.

teja. ■ F. **1.** Trozo pequeño de barro que se usa en juegos infantiles como el avión. || **2.** *En el Sureste*, parte superior del fuste de la silla de montar, cuyo borde exterior, semicircular, se cierra sobre los lomillos; abanico.

tejabán. ■ M. Cobertizo.

tejamanil. ■ M. supran. Tira delgada de madera que se usa como teja en los techos, entre otros usos en la construcción.

tejate. ■ M. *En Oaxaca*, bebida refrescante hecha de maíz, cacao y hueso de mamey molidos, entre otros ingredientes.

tejocotal. ■ M. Terreno plantado de tejocotes.

tejocote. ■ M. **1.** supran. Árbol originario de México, de hasta 10 m de altura; tallos erectos con espinas; hojas alternas, simples, láminas de elípticas a ovadas; flores hermafroditas, pequeñas, blancas, que salen en las axilas de las hojas, agrupadas en corimbos con pocas flores; frutos en pomo de color amarillo naranja; semillas cafés, lisas; raíces, uso en la medicina tradicional. Familia de las rosáceas, *Crataegus mexicana*. (También se llama manzanilla). || **2.** supran. Fruto del **tejocote**; comestible.

tejolote. ■ M. Piedra de forma cilíndrica, redondeada en los extremos, que se usa para moler en el molcajete.

tejón. ■ LOC. **~ mexicano.** [*mejikáno*] LOC. SUST. Mamífero de amplia distribución en México, de hasta 1 m de longitud de la nariz a la cola, en la que esta última abarca aproximadamente la mitad de la longitud; con pelaje de castaño claro a castaño oscuro, debajo de ojos, hocico y región ventral en tonos cremas, patas en tonos más oscuros, cola con anillos completos en tonos más oscuros respecto al resto de la piel; cabeza delgada con nariz alargada, flexible, ligeramente respingona; orejas pequeñas; patas robustas con garras no retráctiles; cola larga no prensil que se usa para equilibrio y señalización. Familia de los prociónidos del orden Carnivora, *Nasua narica*. (También se llama coatí, pizote).

tejones. (Juego de palabras entre tejones y te jodes). ■ EXPR. **~ porque no hay conejos.** eufem. Se usa para indicar que, a pesar de las condiciones adversas, no hay más remedio que aceptar la situación: "Tienes que ir, tejones porque no hay conejos". ▶ **~ porque no hay liebres.** eufem. **tejones porque no hay conejos.**

tejuinada. ■ F. rur. Reunión que realizan varios grupos indígenas del Norte, que se realiza por motivos sociales, religiosos, festivos, etc., en la que los asistentes beben tejuino.

tejuino. ■ M. *En el Occidente*, bebida fermentada hecha con granos de maiz germinados, piloncillo y canela, se sirve generalmente con hielo picado, limón y sal.

tektiteco, ca. Véase **teco, ca.**

tela. ■ LOC. **~ adhesiva.** LOC. SUST. supran. Tira de este material, que en una de sus caras tiene un emplasto adherente, que generalmente se usa para sujetar vendajes y apósitos, cubrir heridas, etcétera.

teleaudiencia. ■ F. supran. Audiencia que ve un programa por televisión.

teléfono. ■ LOC. **~ descompuesto.** LOC. SUST. **1.** supran. Juego en el que los participantes, situados uno al lado de otro, se van comunicando al oído un mensaje formulado por el primero de la fila hasta que el último lo dice en voz alta para compararlo con el original. || **2.** supran. Comunicación confusa y mal interpretada: “La reunión sobre el ajuste presupuestal terminó siendo un teléfono descompuesto”.

telera. ■ F. Pan de harina de trigo, ovalado, con dos divisiones paralelas al eje más largo.

teletón. ■ M. supran. Campaña benéfica, transmitida por televisión, que consiste en recolectar dinero entre la población.

televisión. ■ F. **~ abierta.** LOC. SUST. supran. Conjunto de canales que se emiten por vía directa y gratuita.

televisora. ■ F. supran. Emisora de televisión.

temacuil. ■ M. Saurio originario de México, de hasta 90 cm de longitud; con cuerpo cilíndrico; piel negra, con pequeñas manchas amarillas o naranjas y recubierta de escamas granulares y pequeñas; venenoso. Familia de los helodermátidos del orden Squamata, *Heloderma horridum.* (También se llama escorpión, lagarto de chaquira, lagarto de cuentas, lagarto enchaquirado).

temascal. ■ M. **temazcal.**

temascalero, ra. Véase **temazcalero, ra.**

temazate. ■ M. **1.** *En el Sureste,* ciervo de 1.5 m de longitud, de 40 a 50 cm de alzada; presenta dos pequeñas cornamentas agudas y no ramificadas; su pelaje de color gris, tonos pardos en la cabeza y patas. Familia de los cérvidos del orden Artiodactyla, *Mazama pandora.* (También se llama cornezuela, venado gris, venado pardo, yuco, yuk). || **2.** *En el Sureste,* ciervo de 1.5 m de longitud, de 40 a 50 cm de alzada; los machos presentan dos pequeñas cornamentas agudas y no ramificadas; su pelaje de color castaño rojizo y parte de la cara; la parte inferior de sus extremidades de color negruzco. Familia de los cérvidos del orden Artiodactyla, *Mazama temama.* (También se llama venado colorado, venado rojo, yuco, yuk).

temazcal. ■ M. **1.** supran. Construcción baja de adobe en la que se introducen piedras calientes sobre las que se colocan hierbas aromáticas y medicinales, que al ser rociadas con agua generan vapor. || **2.** supran. Baño de vapor que se toma en el **temazcal**.

temazcalero, ra. ■ ADJ. **1.** supran. Perteneciente o relativo al temazcal: “En la semana temazcalera habrá promociones en Tepoztlán”. || **2.** supran. *Referido a persona,* que gusta de tomar baños de temazcal: “Laura es muy temazcalera, ella te puede recomendar un buen lugar”. Ú.t.c.sust.: “Laura es una temazcalera, ella te puede recomendar un buen lugar”. ■ M. y F. **3.** supran. Persona que se dedica a preparar el temazcal y atender a quienes asisten.

tembeleque. ■ ADJ. **1.** supran. fam. *Referido a persona,* débil: “Diego quedó muy tembeleque después de la enfermedad”. || **2.** supran. fam. *Referido a persona,* que sufre temblores continuos: “La niña está toda tembeleque, hay que llevarla al doctor”. ■ COM. **3.** supran. fam. Persona débil: “Diego es un tembeleque desde que se enfermó”.

tembelequear. ■ INTR. supran. fam. Sufrir alguien temblores continuos: “La niña tembelequeó toda la madrugada y la llevamos al doctor”.

tembelequeo. ■ M. supran. fam. Hecho de sufrir alguien temblores continuos.

tembleco, ca. ■ ADJ. supran. fam. *Referido a alguien,* que sufre temblores continuos; tembeleque: “La perrita está toda tembleca, hay que llevarla al veterinario”.

temblorina. ■ F. coloq. Tembladera.

tememetla. ■ F. **1.** Hierba originaria de México, de hasta 1 m de altura, monoica; tallos firmes, erectos y carnosos, de color rosado, en ocasiones muy ramificados; hojas alternas, dispuestas en roseta generalmente basal, simples, gruesas, cóncavas, anchamente aovadas, carnosas, de consistencia cerosa; flores hermafroditas, pequeñas, de color rojo coral a rosado, sin aroma, agrupadas en panículas; frutos capsulares, ovoides, cafés; semillas numerosas, pequeñas, oblongas; uso ornamental. Familia de las crasuláceas, *Echeveria gibbiflora.* (También se llama lengua de vaca, oreja de burro). || **2.** Hojas de la **tememetla**; uso en la medicina tradicional.

temolote. ■ M. **tejolote.**

tempatlahoac. ■ M. Ave de amplia distribución en México, de hasta 50 cm de longitud y 75 cm de envergadura; con dimorfismo sexual; machos reproductivos con cabeza de color verde iridiscente, pecho y base de la cola blancos, flancos castaños, región dorsal en tonos pardos; hembras y machos fuera de temporada de apareamiento con plumaje parduzco vetado, pico gris en tonos anaranjados en las comisuras, largo y ancho que asemeja una espátula. Familia de las anátidas del orden Anseriformes, *Spatula clypeata.* (También se llama pato bocón, pato cuchara, pato cucharero, yacapatlahoac).

tempecate. ■ M. Árbol o arbusto originario de América, de hasta 10 m de altura; tallos glabros, erectos; hojas simples, opuestas, de obovadas a elípticas, glabras por ambos lados, con margen ondulado; flores hermafroditas, vistosas, con forma de trompeta, blancas o amarillentas, con cinco pétalos de obovados a elípticos, las flores dispuestas en panículas axilares; frutos foliculares, de fusiformes a elipsoidales, con dos crestas longitudinales; semillas pequeñas; uso en la medicina tradicional y ornamental. Familia de las apocináceas, *Tabernaemontana amygdalifolia.* (También se llama cojón de toro, hoja de chivo, leche de chivita, lechoso blanco, palo de leche, utzupec, verraco).

temperatura. ■ F. supran. Elevación del calor del cuerpo por encima de lo normal; fiebre.

tempisque. ■ M. **1.** supran. Árbol originario de América, de hasta 35 m de altura, monoico; tallos de corteza exfoliante, que se desprende en pequeñas placas rectangulares y en la que se produce un látex blanco; hojas alternas, enteras, elípticas, ápice de agudo a redondeado, a veces con una proyección foliar, glabras o con esparcidos tricomas aplicados; flores hermafroditas, tubulares, de color amarillo pálido, agrupadas en fascículos por debajo de las hojas; frutos abayados, de elipsoides a globosos, verdes, glabros y lisos; semillas elipsoidales, con testa lisa, brillante, de color café oscuro. Familia de las sapotáceas, *Sideroxylon capiri.* (También se llama huistempisque). || **2.** supran. Fruto del **tempisque**; comestible.

templete. ■ M. supran. Plataforma provisional que se usa como estrado, escenario, pista de baile, etcétera.

tenamaste. ■ M. **1.** rur. Fogón formado por tres piedras que se colocan en forma triangular y que sirve de base para colocar ollas, sartenes, vasijas, etc.; tlecuil. || **2.** supran. rur. Cada una de las tres piedras que forman el **tenamaste**.

tenate. ■ M. **tanate.**

tenateo. ■ M. **tanateo.**

tenatero, ra. Véase **tanatero, ra.**

tencua. ■ ADJ. **1.** *Referido a persona*, que tiene labio leporino: "El niño tencua no puede hablar bien". ■ COM. **2.** Persona que tiene labio leporino: "El niño es un tencua y no puede hablar bien".

tencuache. Véase **tencua.**

tencuacho, cha. ■ ADJ. *Referido a persona*, que tiene labio leporino: "El niño tencuacho no puede hablar bien". Ú.t.c.sust.: "El niño es un tencuacho y no puede hablar bien".

tendajón. ■ M. Tienda pequeña; tendejón.

tender. ■ LOC. **~ la cama.** LOC. VERB. Hacer la cama.

tendido, da. ■ ADJ. **1.** Que se desplaza rápidamente: "Marta se fue tendida para la escuela porque ya era tarde". || **2.** *Referido a una persona muerta*, que se está velando: "La mujer tendida tenía más de noventa años". Ú.t.c.sust.: "La tendida tenía más de 90 años". ■ LOC. **~ como bandido.** LOC. ADV. Rápidamente: "José, vete tendido como bandido por las tortillas, que ya van a cerrar".

tenejal. ■ M. Cal que se usa para el nixtamal.

tener. ■ LOC. **~ al niño atravesado.** LOC. VERB. **traer al niño atravesado.** ▷ **~ atole en las venas.** LOC. VERB. **tener sangre de atole.** ▷ **~ (el) chincual (adentro).** LOC. VERB. **traer (el) chincual (adentro).** ▷ **~ (su) chiste.** LOC. VERB. Encerrar alguna dificultad: "Tiene su chiste echar las tortillas". ▷ **~ cola (que le pisen).** LOC. VERB. supran. Contar con antecedentes negativos: "Ya tenía cola, por eso lo metieron de inmediato a la cárcel". ▷ **~ comiendo de la mano.** LOC. VERB. Dominar completamente a alguien: "Lo tenía comiendo de la mano, hasta que se dio cuenta y se divorció". ▷ **~ el santo volteado.** LOC. VERB. fam. Estar de mal humor y poco complaciente: "Traigo el santo volteado, mejor ni me hables". ▷ **~ en la bolsa.** LOC. VERB. supran. Contar con el apoyo incondicional de alguien: "Tenemos en la bolsa a los inversionistas, no te preocupes". ▷ **~ entre ceja y oreja.** LOC. VERB. **traer entre ceja y oreja.** ▷ **~ entre ojos.** LOC. VERB. **traer entre ojos.** ▷ **~ ganas.** LOC. VERB. **traer ganas.** ▷ **~ huevos.** LOC. VERB. supran. malson. Ser valiente: "Miguel tiene huevos, siempre hace frente a sus problemas". ▷ **~ la barriga**

T

pegada al espinazo. LOC. VERB. **traer la barriga pegada al espinazo.** ▷ **~ la chiva amarrada.** LOC. VERB. fam. Asegurar un puesto de trabajo: "Que no te preocupe el recorte de personal, tú tienes la chiva amarrada". ▷ **~ ley.** LOC. VERB. Sentir aprecio por alguien: "Se ve que Patricia les tiene mucha ley a tus papás". ▷ **~ onda.** LOC. VERB. Poseer características que se consideran agradables: "Esa cafetería tiene onda". ▷ **~ (los) pantalones.** LOC. VERB. **1.** coloq. Ser valiente: "Aseguran que el presidente del consejo no tiene pantalones para promover los cambios". || **2.** coloq. Ejercer autoridad: "En la casa de Mario su mamá es la que tiene los pantalones". ▷ **~ peleas en la Coliseo.** LOC. VERB. **1.** vulg. Llegar una persona a la edad suficiente para mantener relaciones sexuales. || **2.** vulg. Llegar una persona a la edad suficiente para asumir responsabilidades: "Tu hermanito ya tiene peleas en la Coliseo, así que ni lo defiendas". ▷ **~ sangre de atole.** LOC. VERB. fam. Mostrarse inalterable ante cualquier circunstancia: "Tú tienes sangre de atole, no te inmutas con los problemas". ▷ **~ un pedo atravesado.** LOC. VERB. malson. **traer un pedo atravesado.** ■ EXPR. **¡qué tiene!** Se usa para señalar que no existen impedimentos para que algo se realice: "Vámonos solas al cine, ¡qué tiene!". ▷ **¡tenga qué!** Se usa para indicar que se obtuvo un resultado sorpresivo y adverso a lo esperado o solicitado: "Mi jefe le preguntó a su primo si lo ayudaba y ¡tenga qué!, lo mandó al carajo".

tenerla. ■ LOC. **~ cantada.** LOC. VERB. supran. fam. Asegurar a alguien que se realizará una acción, generalmente de venganza: "Se la traigo cantada a Joel desde hace dos años, me las va a pagar".

tenis. ■ M. supran. Calzado de tipo deportivo.

tenmeacá. ■ M. Actividad para que alguien, por lo general un niño, se entretenga mientras el adulto realiza otra tarea: "Dale al niño un tenmeacá, mientras termino este trabajo".

tenmeaquí. ■ M. **tenmeacá.**

tentón, na. ■ ADJ. **1.** *Referido a persona*, que gusta de tocar objetos o a personas sin el consentimiento de estas: "Joaquín, no seas tentón, vas a romper algo". Ú.t.c.sust.: "El tentón volvió a romper algo". || **2.** *Referido a persona*, que roba; ladrón: "Agarraron a dos muchachos tentones afuera del mercado". Ú.t.c.sust.: "Agarraron a los tentones afuera del mercado".

tentonear. ■ INTR. Tocar objetos o a personas sin el consentimiento de estas: "Ivón siempre tentonea en la panadería".

teocali. ■ M. **teocalli.**

teocalli. [*teokáli*] ■ M. *En la antigua sociedad mexica*, templo que se construía generalmente en forma piramidal y en cuya cúspide se colocaba un altar.

teocintle. ■ M. **1.** Planta anual originaria de México y Centroamérica, de hasta 2 m de altura; tallos ramificados; inflorescencias masculinas, con espigas, cada una envuelta por una sola bráctea; varias espigas femeninas en una vaina, con pedúnculos de hasta 2 cm de largo; flores en forma de espiguillas dispuestas en dos hileras; de cinco a 12 semillas cariópsides, cubiertas por una gluma endurecida, con superficie lustrosa, lisa, de color blanco uniforme a café muy oscuro, con manchas de color café más claro a gris; uso forrajero. Familia de las gramíneas, varias especies del género *Zea*, como *Zea mays* ssp. *mexicana*, *Zea mays* ssp. *parviglumis*. (También se llama acecé, diente de burro, madre de maíz, maíz cimarrón, milpilla, pezuña de burro, sarazo, teosinte). || **2.** Fruto del **teocintle**.

teosinte. ■ M. **teocintle.**

teotihuacano, na. ■ ADJ. **1.** Perteneciente o relativo al pueblo prehispánico **teotihuacano**: "La zona arqueológica teotihuacana es Patrimonio Cultural de la Humanidad". || **2.** Perteneciente o relativo a la localidad de Teotihuacán, en el Estado de México: "Las calles teotihuacanas recibieron mantenimiento". || **3.** Natural o procedente de la localidad de Teotihuacán, en el Estado de México: "Los gobernantes teotihuacanos mandaron levantar la Pirámide del Sol". Ú.t.c.sust.: "Los teotihuacanos construyeron la Pirámide de la Luna". ■ M. **4.** Pueblo prehispánico, mesoamericano, que habitaba en la antigua ciudad ceremonial de Teotihuacán.

tepache. ■ M. **1.** Bebida fermentada hecha con cáscara de piña y azúcar. || **2.** Bebida ritual entre los mixes, elaborada a base de pulque fermentado, con masa de maíz, cacao y achiote, según las regiones.

tepachera. ■ F. Véase **tepachero, ra.**

tepachería. ■ F. Lugar donde se prepara o se vende tepache.

tepachero, ra. ■ ADJ. **1.** Perteneciente o relativo al tepache: "La industria tepachera sigue siendo casera". || **2.** *Referido a persona*, que gusta de tomar tepache: "Los muchachos tepacheros prepararon la bebida para ofrecerla en la reunión". Ú.t.c.sust.: "Los tepacheros prepararon la bebida para ofrecerla en la reunión". ■ M. y F. **3.** Persona que se dedica a preparar o a vender tepache. ■ F. **4.** Vasija en que se prepara el tepache.

tepalcate. ■ M. Pedazo de cualquier pieza de barro: "Los tepalcates de la vasija se extendieron por todo el piso".

tepalcatería. ■ F. **1.** Pedacería de objetos de barro. || **2.** Lugar donde se venden objetos de barro, por lo regular, de utilidad casera.

tepalcuana. ■ F. **1.** fam. Concubina. || **2.** fam. Nalga. Ú.m.e.pl.

tepalhuana. ■ F. **tepalcuana.**

tepaljuana. ■ F. **tepalcuana.**

tepaneca. ■ ADJ. **1.** Perteneciente o relativo al **tepaneca**: "La alianza tepaneca fue fundamental para la política de los mexicas". || **2.** Natural o procedente del pueblo prehispánico **tepaneca**: "Los guerreros tepanecas combatieron al lado de los aztecas". ■ M. **3.** Pueblo prehispánico hablante del náhuatl, que dominó la parte norte y oeste del valle de México, y que tuvo su capital en Azcapotzalco y luego en Tacuba. ■ COM. **4.** Persona natural o procedente del pueblo prehispánico **tepaneca**: "Los tepanecas combatieron al lado de los aztecas".

tepecano, na. ■ ADJ. **1.** Perteneciente o relativo al **tepecano**: "La lengua tepecana se dejó de hablar en México". || **2.** Natural o procedente del grupo étnico **tepecano**: "Los pobladores tepecanos derivaron de los tepimanos". Ú.t.c. sust.: "Los tepecanos derivaron de los tepimanos". ■ M. **3.** Grupo étnico que habitaba en el norte del estado de Jalisco. || **4.** Lengua yutoazteca del subgrupo lingüístico tepimano.

tepehua. ■ ADJ. **1.** Perteneciente o relativo al **tepehua**: "La agricultura tepehua se basa en el cultivo del café y la naranja". || **2.** Natural o procedente del grupo étnico **tepehua**: "El abuelo tepehua fue quien me sirvió un poco de café". ■ M. **3.** Grupo étnico establecido en los estados de Hidalgo, Puebla y Veracruz. || **4.** Lengua perteneciente a la familia totonaco-tepehua. ■ COM. **5.** Persona natural o procedente del grupo étnico **tepehua**: "El tepehua me sirvió un poco de café".

tepehuaje. ■ M. **1.** Árbol originario de México y Centroamérica, de hasta 20 m de altura, monoico; troncos ligeramente torcidos; ramas oblicuas y gruesas; hojas opuestas, divididas en numerosos foliolos falcados, pequeños, el eje principal con pelos, la hoja a menudo con una glándula en la base y a veces en la punta; flores hermafroditas, diminutas, de color crema verdoso, aromáticas, dispuestas en espigas densas, axilares; frutos en vainas alargadas, aplanadas, de textura aterciopelada; semillas numerosas, elipsoides, aplanadas, cafés oscuras, lustrosas; follaje y vainas, uso forrajero; troncos, uso industrial. Familia de las leguminosas, *Lysiloma acapulcense*. (También se llama guaje, huaje, machao). || **2.** Semilla del **tepehuaje**; uso en la medicina tradicional. ■ LOC. **~ dormilón.** LOC. SUST. **1.** Arbusto o árbol originario de México, de hasta 6 m de altura, monoico; tallos muy ramificados y con ramas de pubescentes a glabras; hojas alternas, divididas en glándulas, foliolos numerosos, elípticos; flores hermafroditas, pequeñas, tubulares, con cinco pétalos y diez estambres, de blancas a amarillentas, agrupadas en cabezuelas globosas; frutos en vainas, rectas, aplanadas, coriáceas, de cafés a rojizas; semillas numerosas, ovoides, aplanadas, de color café oscuro; uso en la medicina tradicional. Familia de las leguminosas, *Leucaena leucocephala*. (También se llama guaje, huaje, waaxim). || **2.** Fruto de este arbusto o árbol; comestible. || **3.** Semilla de este arbusto o árbol; comestible; uso en la medicina tradicional.

tepehuán, na. Véase **tepehuano, na.**

tepehuano, na. ■ ADJ. **1.** Perteneciente o relativo al **tepehuano**: "En territorio tepehuano es posible hallar correcaminos". || **2.** Natural o procedente de cualquier grupo étnico **tepehuano**: "Un artesano tepehuano hizo mi morral". Ú.t.c.sust.: "Un tepehuano hizo mi morral". ■ M. **3.** Nombre genérico de los grupos étnicos establecidos en los estados de Chihuahua, Durango, Jalisco y Nayarit.

|| **4.** Nombre genérico de tres lenguas yutoazteca del subgrupo lingüístico tepimano que incluye al tepehuano del norte, al tepehuano del sur y al tepecano. ■ LOC. **~ del norte.** LOC. ADJ. **1.** Perteneciente o relativo al **tepehuano del norte**: "En la elaboración de la falda tepehuana del norte se utilizan telas floreadas". || **2.** Natural o procedente del grupo étnico **tepehuano del norte**: "La mujer tepehuana del norte es quien trabaja la cerámica". || LOC. SUST. **3.** Grupo étnico establecido en el sur del estado de Chihuahua. || **4.** Lengua yutoazteca del subgrupo lingüístico tepimano. || **5.** Persona natural o procedente del grupo étnico **tepehuano del norte**: "La tepehuana es quien trabaja la cerámica". ▶ **~ del sur.** LOC. ADJ. **1.** Perteneciente o relativo al **tepehuano del sur**: "Las pipas tepehuanas del sur están fabricadas de carrizo". || **2.** Natural o procedente del grupo étnico **tepehuano del sur**: "El niño tepehuano del sur al cumplir el año debe probar la carne de venado". || LOC. SUST. **3.** Grupo étnico establecido en los estados de Durango y Nayarit. || **4.** Lengua yutoazteca del subgrupo lingüístico tepimano. || **5.** Persona natural o procedente del grupo étnico **tepehuano del sur**: "El tepehuano del sur al cumplir el año debe probar la carne de venado".

tepescuincle. ■ M. **tepescuintle.**

tepescuintle. ■ M. Mamífero originario de América, de hasta 80 cm de longitud; de pardo anaranjado a pardo oscuro, con hileras de bandas y manchas blancas; cabeza grande, las mejillas son abultadas, con orejas cortas y redondeadas y ojos grandes; hocico chato con varias vibrisas; patas delanteras cortas y las traseras más largas; nocturno; comestible. Familia de los cunicúlidos del orden Rodentia, *Cuniculus paca*. (También se llama jaleb, tepescuincle, tepezcuinte, tepezcuintle).

tepesquite. ■ M. **1.** Arbusto originario de América, de hasta 3 m de altura, monoico; tallos muy ramificados desde la base, con corteza color café rojizo; hojas simples, alternas, elípticas, coriáceas; flores hermafroditas, pequeñas, de color blanco a rosa, campanuladas, dispuestas en racimos; frutos abayados, pequeños, globosos, de color amarillento rojizo a café; con aproximadamente diez semillas, diminutas, cafés. Familia de las ericáceas, *Arctostaphylos pungens*. (También se llama gayuba de México, manzanita, pindicua, pingüica). || **2.** Fruto del **tepesquite**; comestible.

tepetate. ■ M. Capa terrestre caliza y dura que se emplea en revestimientos de carreteras y para la construcción, generalmente, de paredes.

tepezcohuite. ■ M. **1.** Grupo de árboles o arbustos originarios de Centroamérica y Sudamérica, de hasta 4 m de altura; tallos y ramas con aguijones, tomentosos; hojas alternas, compuestas, bipinadas, con glándulas en la base del peciolo; flores hermafroditas, pequeñas, sésiles, de color blanco o amarillo; agrupadas en cabezuelas paniculadas terminales o axilares de apariencia esférica; frutos en vainas aplanadas, dehiscentes en ambas suturas; semillas pardas claras, elipsoidales; cortezas y raíces, uso cosmético y farmacéutico. Familia de las leguminosas, *Mimosa tenuiflora*. || **2.** Individuo del **tepezcohuite**.

tepezcuinte. ■ M. **tepescuintle.**

tepezcuintle. ■ M. **tepescuintle.**

tepimano, na. ■ ADJ. **1.** Perteneciente o relativo al **tepimano**: "El grupo tepimano habitaba en el actual norte de Sonora". ■ M. **2.** Grupo étnico histórico que dio origen a los pápagos, a los pimas, a los tepehuanos del norte, a los tepehuanos del sur y a los tepecanos, entre otros. || **3.** Conjunto de grupos étnicos establecidos principalmente en los estados de Chihuahua, Durango, Jalisco, Nayarit y Sonora, México, y en Arizona, Estados Unidos de América. || **4.** Lengua reconstruida que históricamente dio origen al pápago, al pima, al tepehuano del norte, al tepehuano del sur y al tepecano. || **5.** Grupo o familia de lenguas yutoaztecas que incluye al pápago, al pima, al tepehuano del norte, al tepehuano del sur y al tepecano, entre otras.

tepiqueño, ña. ■ ADJ. **1.** Perteneciente o relativo a la ciudad de Tepic, capital del estado de Nayarit: "Encontré artesanía tepiqueña hecha con chaquira de muchos colores". || **2.** Natural o procedente de la ciudad de Tepic, capital del estado de Nayarit: "Los cocineros tepiqueños hicieron la demostración del pescado zarandeado". Ú.t.c.sust.: "Los tepiqueños hicieron la demostración del pescado zarandeado".

tepitear. ■ INTR. pop. Ir de compras al tianguis de Tepito en Ciudad de México: "Desde niño tepiteaba con mi abuelo los domingos".

tepiteo. ■ M. pop. Hecho de ir de compras al tianguis de Tepito en Ciudad de México.

tepol. ■ M. **teporingo, ga.**

tepolito. ■ M. **teporingo, ga.**

teponastle. ■ M. Instrumento musical de percusión, parecido a un tambor, con dos lengüetas que producen vibraciones distintas, que se toca horizontalmente con baquetas.

teponaztli. ■ M. **teponastle.**

tepopote. ■ M. **1.** Grupo de arbustos originarios de América, de hasta 2 m de altura, dioicos; tallos glandulares; hojas alternas, enteras, de lineares a elípticas, con margen ligeramente aserrado; flores unisexuales, diminutas, blancas, agrupadas en pequeñas cabezuelas; frutos aquénicos, diminutos, granulosos, con una serie de cerdas en el ápice. Familia de las compuestas, varias especies del género *Baccharis,* como *Baccharis conferta, Baccharis heterophylla, Baccharis pteronioides, Baccharis salicifolia.* || **2.** Individuo del **tepopote**.

teporingo, ga. ■ M. y F. **1.** despect. Persona indígena. ■ M. **2.** Mamífero originario de México, de hasta 30 cm de longitud; con pelaje jaspeado, en tonos amarillo, castaño y negro, algunas partes ocres; orejas relativamente pequeñas en comparación con otros conejos; vive en pequeños grupos, en madrigueras excavadas en el suelo. Familia de los lepóridos del orden Lagomorpha, *Romerolagus diazi.* (También se llama conejo de los volcanes, tepol, tepolito, zacatuche).

teporocha. ■ F. Véase **teporocho, cha.**

teporocho, cha. ■ ADJ. **1.** *Referido a persona,* alcohólica e indigente: "Siempre hay un hombre teporocho en esa esquina". Ú.t.c. sust.: "Siempre hay un teporocho en esa esquina". ■ F. **2.** Bebida alcohólica adulterada con aguardiente de caña.

tepozán. ■ M. **1.** Grupo de arbustos, u ocasionalmente árboles, distribuidos ampliamente en los trópicos de América y Europa; tallos cilíndricos o cuadrangulares, con tricomas estrellados; hojas opuestas, enteras, pilosas; flores hermafroditas, pequeñas, blancas amarillentas, fragantes, agregadas en panículas o dispuestas en cabezuelas, terminales o axilares; frutos capsulares, ovoides, cafés; semillas diminutas a menudo aladas; uso en la medicina tradicional. Familia de las escrofulariáceas, varias especies del género *Buddleja,* como *Buddleja cordata.* (También se llama huacalillo). || **2.** Individuo de este grupo de arbustos. || **3.** Arbusto originario de América, de hasta 4 m de altura, monoico, raramente dioico; tallos de corteza fisurada, de color café claro, ramas jóvenes cuadrangulares y tomentosas; hojas opuestas, enteras, lanceoladas, elípticas u ovadas, tomentosas por el envés, con margen aserrado; flores hermafroditas o funcionalmente unisexuales, diminutas, con forma de embudo, amarillentas en su interior, de blanquecinas a verduzcas al exterior, dispuestas en cimas laxas y a su vez en espigas terminales o axilares; frutos capsulares, cilíndricos, tomentosos y glandulares; semillas de oblongas a elipsoidales, aladas; uso en la medicina tradicional. Familia de las escrofulariáceas, *Buddleja americana.* (También se llama hierba de la mosca, pozancle, zayoliscán, zayolizcán).

tequereque. ■ M. Reptil originario de América, de hasta 1 m de longitud; de color verde claro, café, con manchas y rayas blancas, amarillas o negruzcas, según la especie; con cuerpo que se asemeja al de las iguanas, pero mucho más esbelto, con cresta grande sobre el dorso hasta la cuarta parte de su cola; cabeza aguda con una o dos crestas y las extremidades posteriores mucho más largas que las anteriores; es capaz de correr sobre el agua sobre sus patas posteriores que están provistas de unos lóbulos dérmicos que funcionan como aletas. Familia de los coritofánidos del orden Squamata, varias especies del género *Basiliscus,* como *Basiliscus basiliscus, Basiliscus plumifrons, Basiliscus vittatus.* (También se llama basilisco, pasarríos, querreque, teterete, toloque).

tequesquital. ■ M. Terreno donde abunda el tequesquite.

tequesquite. ■ M. Salitre de tierras lacustres, que se extrae en forma de piedra y que se emplea para cocer alimentos y fermentar masas, entre otros usos.

tequezquite. ■ M. **tequesquite.**

tequila. ■ M. gralizado. Destilado de agave, generalmente el azul, con denominación de origen. ■ LOC. **~ abocado.** LOC. SUST. **tequila joven.** ▷ **~ añejo.** LOC. SUST. El que se madura un año al menos y adquiere un color dorado o ámbar oscuro. ▷ **~ azul.** LOC. SUST. El que se elabora del *Agave tequilana*, en la zona de Jalisco. ▷ **~ blanco.** LOC. SUST. El que es claro y transparente, embotellado inmediatamente después de ser destilado. ▷ **~ extra añejo.** LOC. SUST. El que ha sido añejado por más de ocho años. ▷ **~ joven.** LOC. SUST. El que se deja reposar menos de sesenta días, generalmente de color dorado o ámbar. ▷ **~ oro.** LOC. SUST. **tequila joven.** ▷ **~ reposado.** LOC. SUST. El que se deja reposar de dos meses a un año, de color dorado tenue o ámbar claro.

tequilazo. ■ M. Trago de tequila.

tequilear. ■ INTR. Tomar tequila.

tequilería. ■ F. **1.** Destilería de tequila. || **2.** Establecimiento donde se vende tequila.

tequilero, ra. ■ ADJ. **1.** Perteneciente o relativo al tequila: "La industria tequilera se concentra en Jalisco". || **2.** *Referido a persona*, que gusta de tomar tequila: "Don Alberto era muy tequilero, todas las tardes se echaba dos caballitos después de comer". Ú.t.c.sust.: "Don Alberto era un tequilero, todas las tardes se echaba dos caballitos después de comer". ■ M. y F. **3.** Persona que se dedica a hacer o a vender tequila. ■ M. **4.** Vaso de vidrio, pequeño y angosto, que se utiliza para servir tequila, sangrita o mezcal; caballito.

tequio. ■ M. Trabajo comunitario, no remunerado y generalmente obligatorio.

terapeada. ■ F. **1.** Hecho de dar terapia psicológica. || **2.** supran. coloq. Convencimiento que se le hace a alguien para que haga algo para lo que muestra reticencia.

terapear. ■ TR. **1.** Dar terapia psicológica: "Rita terapeaba a sus pacientes en el despacho que acondicionó en su casa". || **2.** supran. coloq. Convencer a alguien para que haga algo para lo que muestra reticencia: "En la playa terapeamos a Luis para que se vaya a vivir solo".

terapeuta. ■ COM. supran. Profesional de la salud mental que da terapia psicológica: "Tengo cita con Alfredo, mi nuevo terapeuta".

terapia. ■ LOC. **~ intensiva.** LOC. SUST. supran. Unidad de cuidados intensivos de un centro hospitalario.

terciar. ■ TR. **1.** supran. Cargar algo en la espalda, generalmente un bulto o fardo de cierta mercancía. || **2.** supran. Mezclar líquidos para adulterarlos, especialmente el vino y la leche.

tercio. ■ M. **1.** Hato o bulto de leña. || **2.** Medida de peso para productos del campo con distintas equivalencias según la región.

terciopelo. ■ M. Serpiente originaria de América, de hasta 1.8 m de longitud; con rayas diagonales y diamantes con diferentes tonalidades pardas; venenosa. Familia de los vipéridos del orden Squamata, *Bothrops asper*. (También se llama cuatro narices, maguaquite, mahuaquite, mano de metate, nahuyaca, nauyaca, nauyaque, nauyaqui).

término. ■ LOC. **a ~.** LOC. ADJ. supran. *Referido a una mujer*, que está muy próxima a dar a luz: "Mi esposa estaba a término cuando la llevamos al hospital".

termósfera. ■ F. supran. Capa de la atmósfera situada por encima de los 85 km de altura y sin límite superior definido, caracterizada por un incremento continuo de temperatura; termosfera.

terracería. ■ F. Camino sin pavimentar para vehículos. ■ LOC. **de ~.** LOC. ADJ. *Referido a un camino*, de tierra apisonada: "Pasamos un largo trecho de terracería para llegar hasta aquí".

terregal. ■ M. **1.** Polvo que se levanta de la tierra; polvareda. || **2.** Páramo.

terreno. ■ LOC. **~ baldío.** LOC. SUST. El que está abandonado y sin edificación.

terrero. ■ M. Polvo que se levanta de la tierra; polvareda.

tescalera. ■ F. **1.** Terreno cubierto de piedra volcánica o texcal. || **2.** Nación, región o provincia mal administrados.

tesgüinada. ■ F. **tejuinada.**

tesgüino. ■ M. **tejuino.**

tésota. ■ F. Árbol o arbusto originario de México, de hasta 15 m de altura; troncos algunas veces muy ramificados desde la base; hojas alternas, divididas de cuatro a 12 pares de foliolos, elípticos, con un par de espinas en la base de cada hoja; flores hermafroditas, vistosas, de color púrpura rosado, papilionadas, agrupadas en ramilletes cortos; frutos en vainas, alargadas y globosas; una a ocho semillas por vaina, pequeñas. Familia de las leguminosas, *Olneya tesota*.

testerear. ■ TR. Mover o rozar ligeramente algo o a alguien: "No sé por qué se enoja, si apenas la testereé".

testereo. ■ M. Movimiento o roce ligero.

tetechal. ■ M. Cactus originario de México, de hasta 1.5 m de altura, monoico; tallos ramificados, a veces rastreros, con artículos o segmentos ovados, de color verde limón a amarillento, espinas en grupos de dos, amarillentas; flores hermafroditas, con numerosos tépalos amarillos verdosos y con tonos rojizos, con numerosos estambres de color amarillo; frutos de abayado-globosos a piriformes, amarillos y a veces con manchas púrpuras, cubiertos de densos pelos finos o ahuates amarillos; semillas numerosas, subglobosas. Familia de las cactáceas, *Opuntia heliobravoana*. (También se llama duraznillo blanco, nopal ardilla).

teterete. ■ M. **tequereque.**

tetla. ■ F. **teclate.**

tetlame. ■ M. **teclate.**

teto, ta. ■ ADJ. **1.** fam. *Referido a una persona adulta*, que actúa de manera infantil: "¡Deja de coleccionar juguetes, no seas teto!". Ú.t.c. sust.: "¡Eres un teto, deja de coleccionar juguetes!". || **2.** fam. *Referido a persona*, tonta: "No seas teto, esto es muy fácil". Ú.t.c.sust.: "Eres un teto, esto es muy fácil". || **3.** despect. *Referido a persona*, estudiosa: "Mi prima teta acabó la prepa en dos años". Ú.t.c.sust.: "Esa teta acabó la prepa en dos años". || **4.** fam. Propio de la persona **teta**: "Tus chistes son muy tetos, no das risa".

teucali. ■ M. **teocalli.**

texcal. [*teskál*] ■ M. Piedra volcánica.

texcaxóchitl. [*teskasóchitl*] ■ F. Hierba originaria de México y Centroamérica, de hasta 4 m de altura; tallos trepadores, ascendentes, pronto péndulos, verdes o rojizos, cilíndricos y apostillados, costillas con margen crenado; espinas pequeñas arregladas en grupos compactos (areolas) aciculares, divergentes, espinas tiesas, amarillas claras; flores hermafroditas, vistosas, tubulares, con múltiples pétalos, los externos angostamente lanceados, de color rojo a pardo rojizo, los internos linear-lanceolados, rojos; frutos abayados, oblongos, verdes oscuros, cubiertos de espinas rígidas, amarillas claras; semillas diminutas; uso ornamental. Familia de las cactáceas, *Heliocereus schrankii*. (También se llama junco, nopalillo).

texistepequeño, ña. [*tesistepekéño*] ■ ADJ. **1.** Perteneciente o relativo al **texistepequeño**: "Una bebida texistepequeña es el atole agrio". || **2.** Natural o procedente del grupo étnico **texistepequeño**: "El padrino texistepequeño sirvió xocoatole en la boda". Ú.t.c. sust.: "El texistepequeño sirvió xocoatole en la boda". ■ M. **3.** Grupo étnico establecido en el municipio de Texistepec, en el estado de Veracruz. || **4.** Lengua mixe-zoque del subgrupo lingüístico zoqueano del Golfo.

tezonpantli. ■ M. **1.** Arbusto de amplia distribución en México, de hasta 1 m de altura, monoico; tallos muy ramificados, con látex blanquecino y lechoso; hojas simples, alternas, lineares, más o menos carnosas; flores hermafroditas, pequeñas, de color blanco verdoso o matizadas de morado en el exterior, flores dispuestas en umbelas; frutos foliculares, ovoides, cafés verdosos; semillas numerosas, obovadas, de color café pálido, con un penacho de pelos blancos. Familia de las apocináceas, *Asclepias linaria*. (También se llama algodoncillo, mapipitza, romerillo, venenillo). || **2.** Hoja del **tezonpantli**; uso en la medicina tradicional. || **3.** Semilla del **tezonpantli**; uso en la medicina tradicional.

tezontle. ■ M. Piedra volcánica porosa, muy ligera, de color rojo oscuro.

thinner. [*tíner*] ■ M. supran. Diluyente hecho de compuestos orgánicos o derivados del petróleo, usado para disolver o adelgazar pintura.

tianguis. ■ M. **1.** Mercado que se instala eventual y periódicamente en un determinado lugar. || **2. tianguispepetla.** || **3.** Hierba de amplia distribución en México, de hasta 50 cm de altura, monoica; tallos ascendentes, verdes, glabrescentes; hojas alternas en la base y opuestas en el ápice, simples, ovado-lanceoladas, con márgenes enteros o dentados; flores unisexuales, diminutas, femeninas y masculinas agrupadas en ciatios glabros, con brácteas rojas brillantes, glándulas aplanadas fuertemente bilabiadas; frutos capsulares, ovoides;

semillas pequeñas, elipsoides, con la superficie tuberculada; uso ornamental. Familia de las euforbiáceas, *Euphorbia cyathophora*.

tianguispepetla. ■ M. Hierba originaria de América del Sur, de hasta 50 cm de altura; tallos postrados, formando densas matas; hojas opuestas, ovadas, membranáceas, con margen entero; flores hermafroditas, pequeñas, densamente aglomeradas en las axilas de las hojas, con una espina apical fuerte, blanquecinas; frutos indehiscentes, alados en los márgenes. Familia de las amarantáceas, *Alternanthera pungens*. (También se llama tianguis, verdolaga de puerco).

tiburón. ■ M. fam. Residuo de comida que, al beber de un vaso, sale de la boca y queda flotando en el líquido.

tienda. ■ LOC. **~ de raya.** LOC. SUST. Establecimiento comercial en una hacienda, donde se vendían mercancías a los trabajadores a cuenta de sus salarios. ▷ **~ departamental.** LOC. SUST. Gran establecimiento, distribuido en distintas secciones, donde se vende una gran variedad de productos.

tierno, na. ■ ADJ. **1.** *Referido a persona*, joven e inexperta: "A la nueva coordinadora no la van a respetar, aún está muy tierna". || **2.** supran. *Referido a un fruto*, que aún no está maduro; verde: "Los plátanos todavía están tiernos, no te los comas".

tierral. ■ M. pop. Polvo que se levanta de la tierra; polvareda.

tierroso, sa. ■ ADJ. pop. *Referido a algo*, que tiene tierra: "Yo no compro comida en la calle porque está toda tierrosa".

tieso, sa. ■ ADJ. pop. *Referido a persona*, altiva: "Mi novio se ve muy tieso, pero cuando lo conoces es muy agradable". Ú.t.c.sust.: "Mi novio parece un tieso, pero cuando lo conoces es muy agradable".

tigre. ■ M. Felino originario de América, de hasta 2 m de longitud; con cuerpo robusto y voluminoso; cabeza abultada y mandíbula prominente, orejas pequeñas y redondeadas; su piel puede ser entre amarillo pálido y castaño rojizo, cubierta de manchas en forma de roseta, excepto la región ventral, el cuello y la superficie exterior de las patas y los flancos inferiores, que son blancos; en ocasiones sufre de melanismo provocando que sea totalmente negro; animal solitario; depredador; ha sido objeto de culto de diversas culturas. Familia de los félidos del orden Carnivora, *Panthera onca*. (También se llama chacbolay, chacmool, champoltrín, jaguar). ■ LOC. **para el ~.** LOC. ADJ. Que está en pésimas condiciones: "Después de la cirugía plástica, Sara quedó para el tigre, se ve peor que antes".

tigrillo. ■ M. supran. Felino originario de América, de hasta 90 cm de longitud; con cuerpo alargado y robusto; cola relativamente corta; dorso de color gris mate o amarillo; dorso, hombros y cuello con manchas alargadas, de color pardo oscuro con el borde negro; vientre y patas con pequeñas marcas negras; hábitos nocturnos. Familia de los félidos del orden Carnivora, *Leopardus pardalis*. (También se llama güinduri, ocelote, onza, winduri).

tijereada. ■ M. **tijereo.**

tijerear. ■ TR. supran. Murmurar: "Ella siempre tijerea a las nuevas empleadas".

tijereo. ■ M. supran. Murmuración.

tijereteada. ■ F. **tijereo.**

tijeretear. ■ TR. **tijerear.**

tijereteo. ■ M. **tijereo.**

tilcoate. ■ M. Serpiente de amplia distribución en México, de hasta 2.5 m de longitud; de coloración café a olivácea, en tonos más oscuros hacia la cola, su vientre en tonos más claros, de distintos colores dependiendo de las subespecies; con tres rayas oscuras alrededor de los ojos, una mancha oscura vertical justo detrás de la mandíbula y una fuerte barra diagonal oscura a ambos lados del cuello; con escamas suaves y brillantes. Familia de los colúbridos del orden Squamata, *Drymarchon melanurus*. (También se llama arroyera de cola negra, culebra azul, culebra negra, culebra prieta, palancacoate, rabo negro, sabanera).

tilica. ■ F. Véase **tilico, ca.**

tiliche. ■ M. **1.** fam. Cualquier objeto: "¿De quién es ese tiliche que está en la mesa?". || **2.** fam. Andrajo: "Juan se puso un tiliche para la fiesta". || **3.** supran. fam. Objeto en desuso o de uso esporádico: "Guarda esta maleta en el cuarto de los tiliches".

tiliches. ■ M. PL. **4.** fam. Conjunto de las pertenencias de alguien: "Necesito empacar todos mis tiliches porque me voy a cambiar de casa".

tilichento, ta. ■ ADJ. **1.** fam. *Referido a persona*, que es de aspecto descuidado; andrajoso: "¿Por qué andas con ese muchacho tilichento?". Ú.t.c.sust.: "¿Por qué andas con ese tilichento?". || **2.** fam. *En Colima, referido a persona*, que gusta de guardar tiliches; tilichero: "Darío es muy tilichento, por eso tiene la recámara llena". Ú.t.c.sust.: "Darío es un tilichento, por eso tiene la recámara llena".

tilichero, ra. ■ ADJ. **1.** fam. *Referido a persona*, que gusta de guardar tiliches: "Soy muy tilichero, por eso tengo un desorden". Ú.t.c. sust.: "Soy un tilichero, por eso tengo un desorden". ■ M. y F. **2.** supran. fam. Vendedor de tiliches. ■ M. **3.** fam. Conjunto de objetos inútiles, de poco valor: "¡Tira ya ese tilichero, por el amor de Dios!". || **4.** fam. Desorden: "Recoge el tilichero que tienes en la recámara".

tilichiento, ta. ■ ADJ. **tilichento, ta.**

tilico, ca. ■ ADJ. **1.** fam. *Referido a alguien*, escuálido: "El perro de la vecina está muy tilico, necesita comer más". ■ F. **2.** fam. Figura del esqueleto humano como símbolo de la muerte: "Un día de estos se te va a aparecer la tilica si sigues fumando así".

tilín. ■ M. vulg. Pene.

tilinti. ■ M. *En Chiapas*, cuerda tensa para tender la ropa; tendedero.

tilique. ■ ADJ. **1.** fam. *Referido a alguien*, escuálido; tilico: "Rosario está muy tilique, necesita vitaminas". ■ COM. **2.** fam. Persona escuálida; tilico: "Rosario es una tilique, necesita vitaminas".

tilma. ■ F. Manto de algodón que llevan las personas del campo, a modo de capa, anudada sobre el hombro.

timba. ■ F. supran. fam. Barriga.

timbe. ■ M. **1.** Arbusto originario de América, de hasta 4 m de altura; tallos delgados; hojas compuestas, alternas, bipinadas, con hasta 15 foliolos, con márgenes ciliados, enteros; flores hermafroditas, pequeñas, de color blanco verdoso, con estambres muy largos, agrupadas en capítulos globosos axilares o en racimos terminales; frutos en vainas, oblongas, de color guinda, valvas delgadas, dehiscentes desde el ápice; semillas ovadas, comprimidas, de color café. Familia de las leguminosas, *Acacia angustissima*. || **2.** Arbusto de amplia distribución en América, de hasta 5 m de altura; tallos muy ramificados con espinas de color rojo; hojas alternas, compuestas, bipinadas, con la vena principal prominente en el envés, foliolos ovados, con márgenes enteros; flores hermafroditas, pequeñas, de cremas a amarillas, agrupadas en capítulos globosos axilares o en racimos terminales; frutos en vainas oblongas, delgadas, ligeramente curvas, comprimidas. Familia de las leguminosas, *Acacia malacophylla*.

timbiriche. ■ M. **1.** supran. Juego de lápiz y papel que consiste en que, sobre una cuadrícula punteada, los participantes unen puntos contiguos en turnos sucesivos hasta formar más cuadrados que el contrincante. || **2.** supran. Hierba originaria de América, de hasta 1.5 m de altura, monoica; tallos inconspicuos; hojas simples, arrosetadas, lanceoladas, rígidas, envainadas, con envés pubescente, numerosas, con margen con espinas; flores hermafroditas, grandes y vistosas, con tres pétalos color lila, fusionados en la base, carnosos, estambres fusionados a la base de los pétalos, flores dispuestas en racimos, cubiertos por numerosas brácteas de color rojo brillante y verde pálido; frutos abayados, fusiformes, estrechos en la parte apical y basal, de blancos amarillentos a cafés oscuros; semillas numerosas, pequeñas; uso artesanal. Familia de las bromeliáceas, *Bromelia plumieri*. (También se llama aguama, guámara, jocuistle, mexocote, xococuistle). || **3.** supran. Fruto del **timbiriche**; comestible.

timbón, na. ■ ADJ. supran. fam. *Referido a persona*, barrigona: "Ya estoy muy timbona por comer tanto". Ú.t.c.sust.: "Soy una timbona por comer tanto".

timbrar. ■ INTR. supran. Tocar el timbre: "Cuando llegue a tu casa, timbro para que me abras".

timbre. ■ M. supran. Sello postal.

tin. ■ M. Calcetín que cubre el pie sin rebasar el tobillo.

tina. ■ F. supran. Bañera.

tinacal. ■ M. **1.** Lugar donde se procesa el jugo de maguey para elaborar el pulque. || **2.** Recipiente donde se fermenta el pulque.

tinacalero, ra. ■ ADJ. **1.** Perteneciente o relativo al tinacal: "Su familia pertenece a

T

la tradición tinacalera del pueblo". ■ M. y F. **2.** Persona que trabaja en un tinacal o lugar donde se procesa el jugo de maguey para elaborar el pulque.

tinaco. ■ M. supran. Depósito de gran capacidad para almacenar agua, que se coloca en el techo o azotea de una casa o un edificio.

tíner. ■ M. ***thinner.***

tinga. ■ F. Guiso de carne de res o de pollo, deshebrada, con jitomate, cebolla, chipotle y especias.

tingo. ■ LOC. **del ~ al tango.** LOC. ADV. supran. De una parte a otra: "Hoy anduve del tingo al tango buscando a Rafael".

tip. [*tip*] ■ M. supran. Información práctica y valiosa: "Dame unos *tips* para mi viaje a Guatemala".

tiple. ■ M. *En Michoacán*, entonación del habla regional.

tipluda. ■ F. *En Michoacán*, voz aguda.

tipo. ■ ADV. Aproximadamente; como: "Llegaremos a la reunión tipo las ocho".

tiquio, quia. ■ ADJ. jerg. *Referido a persona*, que consume marihuana. Ú.t.c.sust.

tira. ■ F. **1.** fam. Cuerpo de policía: "Llegó la tira y se acabó el concierto". ■ COM. **2.** fam. Miembro del cuerpo de policía: "Ahí está el mismo tira, el que tiene cara de enojado". ■ LOC. **~ de materias.** LOC. SUST. Lista de asignaturas en las que un alumno está inscrito durante un periodo escolar.

tirabuzón. ■ M. *En el beisbol*, tipo de lanzamiento que hace un pícher en que la pelota, al llegar a la zona del bateador, rompe en dirección contraria a una curva: "Ese relevista le sacó provecho al tirabuzón durante toda su carrera".

tiradero. ■ M. **1.** supran. Conjunto de cosas tiradas o desordenadas en un lugar. || **2.** supran. Lugar donde se tira o se amontona basura; basurero.

tiraleche. ■ M. Utensilio que sirve para extraer la leche del pecho de una mujer que está en periodo de lactancia; sacaleches.

tirano. ■ LOC. **~ chibiú.** LOC. SUST. **tirano gritón.** ▶ **~ gritón.** LOC. SUST. Ave originaria de América, de hasta 20 cm de longitud; de color gris, con el pecho gris oscuro, cola sin horquilla; tiene las puntas más claras y angostas; se alimenta de insectos, frutos y reptiles. Familia de los tiránidos del orden Passeriformes, *Tyrannus vociferans*. (También se llama abejero, madrugador, tirano chibiú).

tirar. ■ LOC. **~ (de) a león.** LOC. VERB. **tirar (de) a loco.** ▶ **~ (de) a loco.** LOC. VERB. fam. Desestimar o no prestar atención a lo que dice u opina alguien: "No le hagas caso, tíralo a loco, pues no tiene razón". ▶ **~ (de) a lucas.** LOC. VERB. **tirar (de) a loco.** ▶ **~ carrilla.** LOC. VERB. fam. Hacer objeto a alguien de bromas; echar carrilla: "Le tiró carrilla a Miguel y este lo golpeó". ▶ **~ el arpa.** LOC. VERB. **tirar la toalla.** ▶ **~ el calzón.** LOC. VERB. supran. vulg. **tirar los perros.** ▶ **~ el miedo.** LOC. VERB. vulg. Defecar. ▶ **~ el yeso.** LOC. VERB. vulg. Practicar el coito. ▶ **~ esquina.** LOC. VERB. fam. Hacer un favor: "Nos tiró esquina dándonos raite". ▶ **~ la nutria.** LOC. VERB. **tirar el miedo.** ▶ **~ la onda.** LOC. VERB. fam. **tirar los perros.** ▶ **~ la toalla.** LOC. VERB. Abandonar una actividad, darse por vencido: "Tiró la toalla y dejó el boxeo". ▶ **~ lámina.** LOC. VERB. coloq. Conducir un automóvil de manera temeraria: "Miguel siempre tira lámina cuando se emborracha". ▶ **~ las cartas.** LOC. VERB. supran. Predecir el futuro mediante la lectura de la baraja española o del tarot; echar las cartas: "La adivina me tiró las cartas y me asustó lo que me dijo". ▶ **~ línea.** LOC. VERB. supran. Regular una autoridad las noticias que un medio de comunicación debe transmitir: "A ese periódico no le creas, se ve que le tiran línea". ▶ **~ los caracoles.** LOC. VERB. supran. Predecir el futuro mediante la lectura de la posición de estos al caer: "La santera del mercado de Sonora tira los caracoles todos los días". ▶ **~ los perros.** LOC. VERB. coloq. Insinuarse una persona a otra, con la intención de enamorarla o seducirla: "Manuel le tiró los perros a Jimena".

tirarle. ■ INTR. PRNL. Criticar a alguien; echarle: "Le tiraron al entrenador de futbol por la eliminación en el torneo".

tiricia. ■ F. **1.** pop. Ictericia. || **2.** supran. pop. Debilidad física: "Tu hijo se ve muy mal, tiene mucha tiricia". || **3.** supran. pop. Tristeza: "Siente tiricia por haberse ido de su tierra".

tiriciar. ■ TR. Tener tiricia.

tiriciento, ta. ■ ADJ. supran. pop. *Referido a persona*, que tiene tiricia: "Ya lleva mucho tiempo así, pobre señor tiriciento". Ú.t.c.sust.: "El tiriciento ya lleva mucho tiempo así".

tirlanga. ■ F. pop. Prenda de vestir de mala calidad o muy usada: "Ya tira a la basura esa tirlanga, se te ve muy mal".

tiro. ■ M. fam. Pelea. ■ LOC. **a ~ de calcetín.** LOC. ADV. **1.** fam. A corta distancia; a tiro de piedra: "El bar nos queda a tiro de calcetín". || **2.** fam. A pie; a golpe de calcetín: "Recorrí todo el Centro a tiro de calcetín". ▶ **al ~.** LOC. ADJ. **1.** fam. *Referido a alguien*, bien dispuesto: "Tengo al caballo al tiro para la competencia". || LOC. ADV. **2.** supran. fam. Ahora mismo, prontamente: "Y hazlo al tiro, que traigo prisa". || **3.** supran. Directamente, sin tapujos: "Tuve que decirle al tiro lo que pensaba". ▶ **de a ~.** LOC. ADJ. **1.** coloq. Descuidado, maltratado: "El hotel estaba muy de a tiro". || LOC. ADV. **2.** coloq. En verdad: "De a tiro te estás pasando con tus comentarios". ▶ **de a ~ por viaje.** LOC. ADV. coloq. Frecuentemente: "Mi jefe me manda a Oaxaca de a tiro por viaje".

tirol. ■ M. Recubrimiento de yeso que tiene apariencia rugosa y que se pone en los techos y paredes de las viviendas.

tiroleada. ■ F. Acción y resultado de tirolear.

tirolear. ■ TR. **1.** Recubrir los muros y techos de una construcción con una mezcla de yeso que al secarse adquiere una textura rugosa: "Los albañiles ya tirolearon el cuarto". || **2.** fam. Aventar alguna cosa: "Tiroleamos los cojines en el piso". || **3.** vulg. Eyacular sobre una persona.

tirolera. ■ F. Máquina que sirve para tirolear o recubrir muros y techos con una mezcla de yeso.

tiroteada. ■ F. vulg. Eyaculación que se hace sobre una persona.

tirotear. ■ TR. vulg. Eyacular sobre una persona.

tiste. ■ M. supran. *En el Sureste*, bebida elaborada con agua, maíz, chocolate y azúcar.

titipuchal. ■ LOC. **(un) ~ de.** LOC. ADJ. supran. fam. Numeroso, abundante o intenso; mucho: "Encontré un titipuchal de hormigas en la cocina". ▶ **un ~.** LOC. ADV. supran. fam. Con demasiada intensidad o frecuencia; mucho: "Ya me acaloré un titipuchal, vamos por un refresco".

titiritear. ■ INTR. supran. Tiritar: "Todos titiriteamos con tanto frío que hacía".

titiriteo. ■ M. supran. Acción y resultado de titiritear.

tiznado, da. ■ ADJ. eufem. Fastidioso; chingado: "El tiznado dolor de muela no me dejó dormir". ■ LOC. **de la tiznada.** LOC. ADJ. **1.** eufem. Muy difícil; de la chingada: "Estoy harto de este problema, está de la tiznada". || **2.** eufem. Feo; de la chingada: "La casa está de la tiznada". || **3.** eufem. Que está en mal estado; de la chingada: "Me siento de la tiznada desde ayer". ▶ **hasta la tiznada.** LOC. ADV. eufem. Muy lejos; hasta la chingada: "La casa de mis papás está hasta la tiznada". ■ EXPR. **¡a la tiznada!** eufem. Se usa para manifestar que se ha llegado al límite de la paciencia o de la tolerancia; ¡a la chingada!: "Ya no te puedo esperar más, llevo media hora aquí, ¡a la tiznada!". ▶ **¡que la tiznada! 1.** eufem. Se usa para manifestar enojo; ¡que la chingada!: "¡Que la tiznada!, ¡que ya dejes de estar molestando!". || **2.** eufem. Se usa para manifestar extrañeza o duda; ¡que la chingada!: "¡Que la tiznada!, ¿qué no te habías ido ya a tu casa?". ▶ **¡tiznada madre!** eufem. Se usa para manifestar furia; ¡chingada madre!: "¡Tiznada madre!, ¡perdimos el partido!". ▶ **y la tiznada.** eufem. Se usa para suspender una enumeración y para enfatizar el carácter excesivo, reiterativo o conocido de lo que se relata; y la chingada: "Mi prima me contó de su trabajo, sus hijos, su esposo y la tiznada".

tizo, za. ■ ADJ. jerg. *Referido a persona*, que está bajo los efectos de la marihuana. Ú.t.c.sust.

tlacámel. ■ M. **1.** Planta rosetófila originaria del norte de México, de hasta 2.5 m de altura, monoica; hojas de verdes claras a glaucas, anchamente lanceoladas, algo cóncavas, engrosadas en la base, de hasta 2.2 m de largo, de margen con dientes rectos, abruptamente dilatados en la base, de pardos oscuros a rojizos, espina terminal cónica, recta, pardo oscura; flores hermafroditas, vistosas, verdes amarillentas, con el ápice rojizo, dispuestas en una larga panícula congesta de hasta 6 m de altura; frutos capsulares, elipsoidales; semillas numerosas, aplanadas, negras. Familia de las asparagáceas, *Agave atrovirens.* (También se llama clacámel, maguey de pulque, maguey manso, maguey pulquero, tlacámetl). || **2.** Fruto del **tlacámel**; comestible. || **3.** Inflorescencia

T

del **tlacámel**; uso en la construcción y forrajero. || **4.** Hoja del **tlacámel**; uso en la medicina tradicional.

tlacámetl. ■ M. **tlacámel.**

tlachar. ■ TR. **1.** pop. Ver; clachar: "Tlaché a varios de mis parientes en la boda". || **2.** pop. Vigilar a alguien; clachar: "Tlacheaba a sus hijos cuando salían a jugar".

tlachicar. ■ TR. rur. Extraer el aguamiel o jugo del maguey.

tlachicotón. ■ M. **tlachique.**

tlachique. ■ M. rur. Aguamiel o jugo del maguey, generalmente para hacer pulque.

tlachiquero, ra. ■ ADJ. **1.** rur. Perteneciente o relativo al tlachique: "El trabajo tlachiquero es una tradición en su familia". ■ M. y F. **2.** rur. Persona que se dedica a extraer el tlachique.

tlaco. ■ M. pop. Dinero.

tlacocuautli. ■ M. Ave rapaz de amplia distribución en México, de hasta 50 cm de longitud y 1.25 m de envergadura; machos con plumaje gris oscuro, en tonos cafés en la parte dorsal, de color crema en la parte ventral; con grupa de color blanco; hembras en tonos más oscuros y parduzcos, región ventral rayada en tonos cafés; zonas de reproducción en Canadá y norte de Estados Unidos de América, durante el invierno migran a las llanuras del sur llegando hasta Colombia. Familia de los accipítridos del orden Accipitriformes, *Circus hudsonius*. (También se llama gavilán café, gavilán planeador, gavilán ratonero, rastrojero).

tlaconete, ta. ■ M. y F. **1.** pop. Niño: "Trae a tus tlaconetes a la fiesta de mis hijos". ■ M. **2.** Grupo de salamandras de distribución en América, de hasta 15 cm de longitud; con piel lisa y apariencia humectada, comúnmente en tono café oscuro, aunque según la especie pueden presentar otros patrones de coloración; cuerpo delgado; ojos que sobresalen; patas cortas; carecen de pulmones; ranuras con quimiorreceptores. Familia de los pletodóntidos del orden Caudata. || **3.** Individuo de este grupo de salamandras.

tlacote. ■ M. Inflamación purulenta producida por la infección bacteriana de un folículo piloso; forúnculo.

tlacoyo. ■ M. **1.** Porción de masa de maíz de forma ovalada y gruesa, rellena generalmente de haba, frijol o requesón. || **2.** Comida que se prepara con un **tlacoyo** aderezado con salsa, cilantro, cebolla y nopales.

tlacuache. ■ M. **1.** supran. Grupo de mamíferos marsupiales de distribución en América, de 30 a 90 cm de longitud; con pelaje en tonos pardos, grises y negruzcos; según la especie, rostro con distintos patrones de coloración, pero por lo general en tonos claros; patas y cola desnudos, en tonos negruzcos; orejas en tonos oscuros; nariz generalmente rosada; hocico alargado; cuerpo compacto; patas cortas y fuertes con falanges que les permiten trepar y sujetar; cola larga. Varias especies de la familia de los didélfidos del orden Didelphimorphia, como *Didelphis marsupialis*, *Didelphis virginiana*. (También se llama tacuacín, zarigüeya, zorro). || **2.** supran. Individuo del **tlacuache**.

tlacuachín. ■ M. Marsupial endémico de México, de hasta 35 cm de longitud; con pelaje corto y suave en tonos grisáceos parduzcos; con partes ventral e inferior de las patas en tonos blanquecinos; anillos negruzcos alrededor de los ojos; hembras en tonos anaranjados entre las patas traseras que en ocasiones se extienden desde los muslos hasta la garganta; con bigotes cortos, orejas redondeadas, cartilaginosas y en tonos negruzcos; cola larga, desnuda y prensil. Familia de los didéfildos del orden Didelphimorphia, *Tlacuatzin canescens*. (También se llama ratón de monte gris, ratón tlacuache gris).

tlacualeada. ■ F. rur. Hecho de llevar una persona la comida a los peones que trabajan en el campo.

tlacualear. ■ INTR. rur. Llevar una persona la comida a los peones que trabajan en el campo.

tlacualero, ra. ■ M. y F. rur. Persona que lleva la comida a los peones que trabajan en el campo.

tlahuica. ■ ADJ. **1.** Perteneciente o relativo al **tlahuica**; ocuilteco: "Los muebles tlahuicas se venden en el tianguis". || **2.** Natural o procedente del grupo étnico **tlahuica**; ocuilteco: "Los abuelitos tlahuicas preparan los tamales de quelite". ■ M. **3.** Grupo étnico establecido en el sureste del Nevado de Toluca en el Estado de México; ocuilteco. || **4.** Lengua otomangue del subgrupo lingüístico otopame;

ocuilteco. ■ COM. **5.** Persona natural o procedente del grupo étnico **tlahuica**; ocuilteco: "Los tlahuicas preparan los tamales de quelite".

tlalamate. ■ M. **1.** Arbusto de amplia distribución en México, de hasta 1 m de altura, monoico; tallos muy ramificados, con pubescencia estrellada, diminuta; hojas alternas, romboides, obtusas o agudas, crenadas o dentadas, algo discoloras; flores hermafroditas, de color amarillo, campanuladas, solitarias en las axilas de las hojas, con pubescencia estrellada muy fina; frutos esquizocárpicos, cónicos, glabrescentes, con o sin dos pequeñas espinas apicales, dehiscentes en el ápice entre las espinas; semillas glabras. Familia de las malváceas, *Sida rhombifolia*. (También se llama cuentere, escobilla, huinar, malvilla). || **2.** Fibra del **tlalamate**; uso industrial. || **3.** Raíz del **tlalamate**; uso en la medicina tradicional.

tlalcoyote. ■ M. Mamífero carnívoro de distribución en el norte de México, de hasta 90 cm de longitud; con pelaje en tonos grisáceos en la región dorsal y en tono amarillento en la región ventral; con cuello, mandíbula inferior, mejillas y flancos de color blanquecino; una banda blanca media dorsal se extiende desde la nariz hasta la base de la cola; con una máscara negra alrededor de los ojos y orejas; con dos franjas negras a lo largo de la cabeza; con cuerpo robusto y aplanado, cuello corto y ancho, orejas y ojos pequeños, patas fuertes y cortas con garras. Familia de los mustélidos del orden Carnivora, *Taxidea taxus*. (También se llama tejón).

tlalitos. ■ M. PL. Asientos que resultan de freír carnitas o chicharrón.

tlalsahuate. ■ M. **tlalzahuate.**

tlalzahuate. ■ M. Ácaro, de hasta 1 mm de longitud; de color rojo ocre o naranja; ciclo de vida con fases larva, ninfa y adulta; la fase larvaria es la única parasitaria; con seis patas cubiertas de pelos; cuerpo deprimido dorsoventralmente; habita en presencia de ganado; algunas especies son transmisoras de enfermedades. Familia de los trombicúlidos del orden Parasitengona, varios géneros. (También se llama pinolillo, tlalsahuate).

tlanepa. ■ F. **1.** Arbusto originario de América, de hasta 5 m de altura, monoico; tallos articulados; ramas quebradizas; hojas opuestas, enteras, grandes, acorazonadas y aromáticas; flores hermafroditas, blancas y diminutas, dispuestas en espigas sobre un eje carnoso; frutos abayados, negros. Familia de las piperáceas, *Piper auritum*. (También se llama acoyo, acuyo, hierba santa, hierbasanta, hoja de cáncer, hoja de la hierba santa, hoja santa, hojasanta, momo, omequelite, santamaría, xmacolan, yerba santa, yerbasanta). || **2.** Hoja de la **tlanepa**; comestible; uso en la medicina tradicional.

tlapalería. ■ F. Tienda donde se venden pinturas y materiales de albañilería, carpintería, electricidad, plomería, etcétera.

tlapalero, ra. ■ ADJ. **1.** Perteneciente o relativo a la tlapalería: "David abrió un negocio tlapalero". ■ M. Y F. **2.** Propietario de una tlapalería. || **3.** Persona que trabaja en una tlapalería.

tlapaneco, ca. ■ ADJ. **1.** Perteneciente o relativo al **tlapaneco**: "El gabán tlapaneco que me trajiste está hecho de lana". || **2.** Natural o procedente del grupo étnico **tlapaneco**: "La señora tlapaneca fue a vender jamaica al tianguis". Ú.t.c.sust.: "La tlapaneca fue a vender jamaica al tianguis". ■ M. **3.** Grupo étnico establecido en el sureste del estado de Guerrero. || **4.** Lengua otomangue del subgrupo lingüístico tlapaneco-subtiaba.

tlapaneco-subtiaba. ■ ADJ. **1.** supran. Perteneciente o relativo al **tlapaneco-subtiaba**: "La división lingüística tlapaneco-subtiaba derivó en dos lenguas". ■ M. **2.** supran. Grupo étnico histórico que dio origen a los tlapanecos y a los subtiaba, entre otros. || **3.** supran. Conjunto de grupos étnicos establecidos principalmente en el sureste del estado de Guerrero, México, y en el noroeste de Nicaragua. || **4.** supran. Lengua reconstruida que históricamente dio origen al tlapaneco y al subtiaba. || **5.** supran. Grupo o familia de lenguas otomangues que incluye al tlapaneco y al subtiaba, entre otras.

tlatomaxíhuitl. [*tlatomashiuitl*] ■ M. Hierba originaria de América, de hasta 40 cm de altura, monoica; tallos postrados o semierectos, aplanados, acanalados, hirsutos; hojas arrosetadas en la base, las caulinares alternas, divididas de tres a nueve pares de foliolos lineares, orbiculares u obovados, estrigulosos o hirsutos; flores hermafroditas, pequeñas, campanuladas, de color rosado, azul, blanco morado o blanco, solitarias o dispuestas en cincinos laxos; frutos capsulares, diminutos, globosos, pilosos en el ápice; semillas numerosas, ovoides, angulosas, aquilladas, de color pardo rojizo a amarillo. Familia de las hidrofiláceas, *Phacelia platycarpa*. (También se llama espuela, flor blanca).

tlaxcalteca. [*tlaskaltéka*] ■ ADJ. **1.** Perteneciente o relativo a la ciudad o al estado de Tlaxcala: "No se puede negar la importancia del pulque en la gastronomía tlaxcalteca". || **2.** Perteneciente o relativo al pueblo prehispánico **tlaxcalteca**: "Los privilegios tlaxcaltecas se mantuvieron cuando hubo alianza con los españoles". || **3.** Natural o procedente de la ciudad o del estado de Tlaxcala: "Es un importante arqueólogo tlaxcalteca". || **4.** Natural o procedente del pueblo prehispánico **tlaxcalteca**: "El pueblo tlaxcalteca se estableció en el actual estado de Tlaxcala en el siglo XIII". ■ M. **5.** Pueblo prehispánico hablante del náhuatl, que habitaba en el actual estado de Tlaxcala y que combatió junto a los españoles en la conquista de Tenochtitlán. ■ COM. **6.** Persona natural o procedente de la ciudad de Tlaxcala: "Era una tlaxcalteca destacada en la literatura regional". || **7.** Persona natural o procedente del pueblo prehispánico **tlaxcalteca**: "Los tlaxcaltecas se establecieron en el actual estado de Tlaxcala en el siglo XIII".

tlayuda. ■ F. **1.** Tortilla de maíz grande de 30 cm de diámetro aproximadamente; típica de Oaxaca. || **2.** Alimento preparado con una **tlayuda** a la que se le unta asiento de chicharrón, y se le pone algún ingrediente, como frijol, cecina, chorizo u otros guisos de la región; típica de Oaxaca.

tlazol. ■ M. supran. Conjunto de hojas y plantas secas de la caña de maíz o de azúcar que sirve de forraje.

tlazole. ■ M. **tlazol.**

tlazolera. ■ F. Lugar lleno de tlazol.

tlecuil. ■ M. rur. Brasero formado por tres piedras que se colocan en forma triangular y que sirve de base para colocar ollas, sartenes, vasijas, etc.; fogón.

tlecuile. ■ M. **tlecuil.**

toalla. ■ LOC. **~ femenina.** LOC. SUST. supran. Compresa desechable que sirve para absorber el flujo menstrual. ▶ **~ higiénica.** LOC. SUST. **toalla femenina.** ▶ **~ sanitaria.** LOC. SUST. **toalla femenina.**

tobilholoch. [*tobiljolóch*] ■ M. *En el Sureste*, tamal envuelto con hoja de maíz.

tobillera. ■ F. Calcetín que cubre hasta los tobillos.

tocacintas. ■ M. supran. Reproductor de cintas magnetofónicas.

tocada. ■ F. **1.** fam. Reunión en que se toca música popular: "¿Dónde va a ser la tocada hoy?". || **2.** fam. Concierto informal de *rock*: "La tocada estuvo muy buena, fueron cinco grupos distintos".

tocar. ■ LOC. **~ el piano al revés.** LOC. VERB. fam. Holgazanear: "Nada más tocas el piano al revés, así no desquitas el sueldo". ■ EXPR. **de que te toca, te toca.** Se usa para decirle a alguien que no puede cambiar su destino: "De que te toca, te toca; la muerte nos llega a todos".

tochito. ■ LOC. **~ bandera.** LOC. SUST. Juego informal de futbol americano en el que cada jugador porta cintas en distintas partes del cuerpo y sus contrincantes intentan quitárselas.

tochnacaztli. ■ M. Hierba dulceacuícola de distribución cosmopolita, monoica; tallos usualmente comprimidos, adheridos a las rocas; hojas alternas, pequeñas y generalmente lineares; flores hermafroditas, verdosas, diminutas, agrupadas en espigas que emergen del agua; frutos aquénicos, globosos, con un pico apical; una sola semilla. Familia de las potamogetonáceas, varias especies del género *Potamogeton*. (También se llama acaxaxan, oreja de conejo).

tocho. ■ M. **tochito bandera.** ■ LOC. **de ~ morocho.** LOC. SUST. fam. Un poco de todo: "Quiero comer de tocho morocho". ▶ **~ morocho.** LOC. SUST. fam. Todo: "Yo le pongo limón a tocho morocho".

tocna. ■ F. pop. Prostituta.

toda. ■ LOC. **a ~ carrera.** LOC. ADV. Rápidamente: "Salimos a toda carrera en cuanto nos enteramos". ▶ **a ~ madre.** supran. malson. LOC. ADJ. Muy bueno: "La fiesta estuvo a toda madre, hubo baile, comida y muy buena música". ■ EXPR. **¡a ~ madre!** malson. Se usa para manifestar agrado: "¡A toda madre! Me dieron vacaciones". ▶ **y ~ la cosa.** fam. Se usa para suspender una enumeración y para enfatizar el carácter excesivo, reiterativo o conocido de lo que se relata: "En la fiesta estuvimos platicando, bailando, tomando y toda la cosa".

todo. ■ LOC. **a ~ mecate.** LOC. ADJ. eufem. **a toda madre.** ■ EXPR. **o todos coludos o todos rabones.** fam. Se usa para exigir igualdad: "No es justo que Noé salga más temprano, o todos coludos o todos rabones".

toh. ■ M. *En el Sureste*, ave de distribución desde Yucatán hasta Panamá, de hasta 35 cm de longitud; con plumaje verde, en tonos rojos en vientre y espalda, plumas azul celeste y blancas en alas y cabeza, una línea negra debajo del ojo, con adornos azules y blancos en los bordes; característica particular, dos largas plumas con el raquis desnudo y pluma ancha al final. Familia de los momótidos del orden Coraciiformes, *Eumomota superciliosa*.

tojolabal. ■ ADJ. **1.** supran. Perteneciente o relativo al **tojolabal**: "En la asamblea tojolabal se resolvió la asignación de recursos". || **2.** supran. Natural o procedente del grupo étnico **tojolabal**: "Algunos ancianos tojolabales son quienes usan aún la vestimenta tradicional". ■ M. **3.** supran. Grupo étnico establecido en el estado de Chiapas, México, y en Guatemala. || **4.** supran. Lengua maya del subgrupo lingüístico chujeano. ■ COM. **5.** supran. Persona natural o procedente del grupo étnico **tojolabal**: "Algunos tojolabales son quienes usan aún la vestimenta tradicional".

toleco. ■ M. pop. **tostón.**

toletazo. ■ M. Jonrón.

tolete. ■ M. **1.** vulg. Pene. || **2.** supran. Garrote corto. || **3.** supran. *En el beisbol*, palo con el que se golpea la pelota; *bat*.

toletear. ■ INTR. supran. *En el beisbol*, batear un jonrón; jonronear: "El jugador toleteó tres veces en el partido".

toletero, ra. ■ ADJ. supran. *En el beisbol, referido a un jugador o equipo*, que logra muchos jonrones; jonronero: "El nuevo jugador es muy toletero, ganó el campeonato de bateo". Ú.t.c. sust.: "El toletero ganó el campeonato de bateo".

tolinga. ■ F. pop. Figura del esqueleto humano como símbolo de la muerte.

toloache. ■ M. **1.** Grupo de diferentes especies de hierbas o arbustos pequeños distribuidos principalmente de México a Sudamérica, de hasta 90 cm de altura; hojas alternas, enteras; flores hermafroditas, vistosas, blancas o con tonos púrpuras, campanuladas, solitarias, axilares o terminales, erectas o péndulas; frutos capsulares ovoides, dehiscentes en cuatro valvas, a veces espinosos; semillas numerosas, comprimidas lateralmente o angulosas; flores, uso ornamental; frutos, uso ceremonial. Familia de las solanáceas, varias especies del género *Datura*. (También se llama chamico, estramonio, hedionda, hediondo, nacazul). || **2.** Individuo del **toloache**; uso en la medicina tradicional.

tolobojo. ■ M. *En Yucatán*, ave de distribución desde el noroeste de México hasta el este de Guatemala, de hasta 50 cm de longitud; de color azul verde con la corona café; alas con dos raquetas terminales cuyo movimiento simula un péndulo. Familia de los momótidos del orden Coraciiformes, *Momotus mexicanus*. (También se llama bobo, momoto mexicano, pájaro cú, pájaro raqueta, pájaro reloj, turco).

tolok. ■ M. *En el Sureste*, reptil de hasta 1.3 m de longitud; de colores grisáceos acompañados por bandas negras; presenta un saco gular bien desarrollado y extremidades musculosas; los machos tienen una pequeña cresta que surge en la parte posterior de la cabeza y continúa hasta la cola, que es larga y presenta anillos con escamas espinosas; prefiere las zonas rocosas y puede habitar tanto en climas cálidos y templados, así como secos y húmedos; comestible. Familia de los iguánidos del orden Squamata, *Ctenosaura similis*. (También se llama iguana negra, xtolok).

tololoche. ■ M. Instrumento musical de cuatro cuerdas que se toca sin arco y de sonido grave; contrabajo.

tolón. ■ M. **tostón.**

toloque. ■ M. **tequereque.**

tolteca. ■ ADJ. **1.** Perteneciente o relativo al pueblo prehispánico **tolteca**: "Los Atlantes de Tula son muestra de la escultura tolteca". || **2.** Natural o procedente del pueblo prehispánico **tolteca**: "Los artesanos toltecas eran admirados en Mesoamérica". ■ M. **3.** Pueblo prehispánico que dominó el centro de México durante los siglos XI y XII. ■ COM. **4.** Persona natural o procedente del pueblo prehispánico

T

tolteca: "Los toltecas eran admirados en Mesoamérica".

tolucano, na. ■ ADJ. **toluqueño, ña.**

toluqueño, ña. ■ ADJ. **1.** Perteneciente o relativo a la ciudad de Toluca, capital del Estado de México: "Me gusta mucho comer chorizo toluqueño". || **2.** Natural o procedente de la ciudad de Toluca, capital del Estado de México: "Llegó un deportista toluqueño a enseñarnos alpinismo". Ú.t.c.sust.: "Llegó un toluqueño a enseñarnos alpinismo".

tomacorriente. ■ M. supran. Dispositivo de una instalación eléctrica donde se inserta la clavija.

tomada. ■ F. **1.** Ingesta de bebidas alcohólicas. || **2.** Cada una de las veces que se administra un medicamento por vía oral; toma.

tomador, ra. ■ ADJ. supran. *Referido a persona*, que acostumbra ingerir bebidas alcohólicas: "Hace algunos años era un muchacho muy tomador". Ú.t.c.sust.: "Hace algunos años era un tomador".

tomar. ■ INTR. supran. Ingerir bebidas alcohólicas: "Ya no tomes tanto, te va a hacer daño". ■ EXPR. **toma chango tu banana. 1.** fam. Se usa para indicar que alguien ha recibido su merecido: "El ladrón salió de la tienda y ¡toma chango tu banana!, que lo agarra la policía en la esquina". || **2.** fam. Se usa para manifestar sorpresa ante algún acontecimiento: "Tenía que llegar temprano a la oficina y ¡toma chango tu banana!, había mucho tráfico". ▶ **toma chango tu birote.** fam. **toma chango tu banana.** ▶ **toma chango tu mecate.** fam. **toma chango tu banana.**

tomarla. ■ EXPR. **¡tómala, barbón!** fam. **¡tómala!** ▶ **¡tómala, muñeco!** fam. **¡tómala!** ■ INTERJ. **¡tómala!** fam. Se usa para expresar sorpresa: "—Van a volver a subir la gasolina. —¡Tómala!, ¿otra vez?".

tomarse. ■ EXPR. **¡qué te tomas!** Se usa para agradecer un halago recibido: "—Estás más delgada, ¿no? —¡Qué te tomas!".

tomate. ■ M. **1.** Hierba originaria de México de hasta 60 cm de altura, monoica; tallos erectos o trepadores, en ocasiones ligeramente pubescentes; hojas simples, opuestas, ovadas, con márgenes irregularmente dentados; flores hermafroditas, pequeñas, campanuladas, amarillas, con manchas azules verdosas o moradas al centro, estambres con anteras azules; frutos abayados, de color verde a anaranjado, cubiertos por el cáliz que crece al madurar el fruto; semillas aplanadas, de obovadas a reniformes o circulares, de color amarillo a café; uso forrajero; hojas, uso en la medicina tradicional. Familia de las solanáceas, *Physalis philadelphica.* (También se llama miltomate, tomate de cáscara, tomate verde, tomatillo). || **2.** Fruto del **tomate**; comestible. || **3.** gralizado. Planta herbácea originaria de México, de hasta 1 m de altura; tallos semileñosos; hojas alternas, de hasta 25 cm de longitud, ápice puntiagudo, con margen de aserrado a ligeramente hendido; flores dispuestas en racimos cortos o alargados, a veces ramificados, amarillas; frutos carnosos, jugosos, globosos o alargados, de color rojo al madurar; semillas numerosas, más o menos circulares, aplanadas, amarillas. Familia de las solanáceas, *Lycopersicum esculentum.* (También se llama jitomate, tomate rojo, xucúpara). || **4.** gralizado. Fruto de esta planta; comestible. ■ LOC. **~ de cáscara.** LOC. SUST. **tomate verde.** ▶ **~ rojo.** LOC. SUST. **1.** Planta herbácea originaria de México, de hasta 1 m de altura; tallos semileñosos; hojas alternas, de hasta 25 cm de longitud, ápice puntiagudo, con margen de aserrado a ligeramente hendido; flores dispuestas en racimos cortos o alargados, a veces ramificados, amarillas; frutos carnosos, jugosos, globosos o alargados, de color rojo al madurar; semillas numerosas, más o menos circulares, aplanadas, amarillas. Familia de las solanáceas, *Lycopersicum esculentum.* (También se llama jitomate, tomate, xucúpara). || **2.** Fruto de esta planta; comestible. ▶ **~ verde.** LOC. SUST. **1.** Hierba originaria de México de hasta 60 cm de altura, monoica; tallos erectos o trepadores, en ocasiones ligeramente pubescentes; hojas simples, opuestas, ovadas, con márgenes irregularmente dentados; flores hermafroditas, pequeñas, campanuladas, amarillas, con manchas azules verdosas o moradas al centro, estambres con anteras azules; frutos abayados, de color verde a anaranjado, cubiertos por el cáliz que crece al madurar el fruto; semillas aplanadas, de obovadas a reniformes o circulares, de color amarillo a café; uso forrajero; hojas, uso en la medicina tradicional. Familia de las solanáceas,

Physalis philadelphica. (También se llama miltomate, tomate, tomate de cáscara, tomatillo). || **2.** Fruto de esta hierba; comestible.

tomatillo. ■ M. **1.** Hierba originaria de América, de hasta 1 m de altura; tallos erectos o decumbentes, angulosos y pilosos; hojas generalmente alternas pero con frecuencia subopuestas, simples o sinuado-dentadas, de ovadas a elípticas, con margen sinuado-dentado; flores hermafroditas, pequeñas, cinco lobadas, de blanco verdoso a color paja, estambres densamente pubescentes en la base; frutos abayados, subglobosos, purpúreos o negros, con pulpa jugosa; semillas diminutas, obovadas, reticuladas o con pequeñas fosas, de color café oscuro. Familia de las solanáceas, *Jalotomata procumbens*. (También se llama acahualera, equelite, jaltomata, jaltomate, quelite cojudo). || **2.** supran. **tomate verde.**

tompeate. ■ M. **tompiate.**

tompiate. ■ M. **1.** rur. Canasta pequeña de palma trenzada y de forma cilíndrica que se utiliza para guardar cosas, generalmente tortillas de maíz. || **2.** vulg. Testículo. Ú.m.e.pl.

tono. ■ LOC. **de ~.** LOC. ADJ. fam. Elegante: "Me invitaron a un restaurante de tono".

topada. ■ F. **1.** Incitación que se hace a un gallo para que dé golpes con la cabeza. || **2.** Enfrentamiento de dos gallos a modo de ensayo, momentos antes de la pelea oficial. || **3.** Enfrentamiento que se hace de manera verbal por medio de coplas y décimas improvisadas.

topar. ■ TR. **1.** Incitar a un gallo para que dé golpes con la cabeza. || **2.** Enfrentar dos gallos a modo de ensayo, momentos antes de la pelea oficial.

toparse. ■ INTR. PRNL. **3.** Enfrentarse de manera verbal dos cantantes por medio de coplas y décimas improvisadas.

tope. ■ M. **1.** Obstáculo en forma de bordillo que se pone en las calles para limitar la velocidad de los vehículos. || **2.** Golpe que se da con o en la cabeza. ■ LOC. **~ borrego.** LOC. SUST. Juego en que dos personas chocan suavemente las cabezas.

topeador, ra. ■ M. Y F. **1.** Persona que se dedica a entrenar gallos de pelea. || **2.** Persona que topea o se enfrenta verbalmente por medio de coplas y décimas improvisadas.

topear. Véase **topar.**

topetar. Véase **topar.**

topetear. Véase **topar.**

tópico. ■ M. supran. Asunto o materia; tema: "En esta ocasión, el tópico va a ser la gastronomía mexicana".

topil. ■ ADJ. **1.** *Referido a persona*, tonta: "Siempre he sido muy topil para manejar". ■ COM. **2.** Persona tonta: "Siempre has sido una topil para manejar, Regina, ten más cuidado". || **3.** rur. Oficial inferior de justicia; alguacil.

topillar. ■ TR. **1.** pop. Robar: "Le topillaron la cartera a Luis". ■ INTR. **2.** pop. Mentir: "Raquel nos topilló, sus promesas resultaron falsas". || **3.** pop. Hacer alguien trampa: "Vicente topilló en su examen final".

topillero, ra. ■ ADJ. **1.** pop. *Referido a persona*, que roba: "No lo invita a su casa porque dicen que es muy topillero". Ú.t.c.sust.: "No lo invita a su casa porque dicen que es un topillero". || **2.** pop. *Referido a persona*, mentirosa: "Nadie le cree a Judith porque es muy topillera". Ú.t.c.sust.: "Nadie le cree a Judith porque es una topillera". || **3.** pop. *Referido a persona*, tramposa: "Saúl no puede ser el árbitro porque es muy topillero". Ú.t.c.sust.: "Saúl no puede ser el árbitro porque es un topillero".

topillo. ■ M. pop. Acción y resultado de topillar.

toque. ■ M. **1.** Estremecimiento que produce una descarga eléctrica de baja intensidad en alguien. || **2.** supran. Cigarrillo de marihuana. || **3.** supran. Aspiración que se hace a un cigarrillo, generalmente de marihuana. || **4.** supran. Aspiración de una sustancia enervante por la nariz.

toquido. ■ M. **1.** supran. Tañido. || **2.** supran. Golpe que se da en una puerta para llamar.

toquín. ■ M. **tocada.**

torcer. ■ TR. **1.** fam. Sorprender a alguien haciendo algo indebido o ilegal: "Torcieron a mi hermano copiando en el examen". Ú.m.c. prnl.: "Se torcieron a mi hermano copiando en el examen". || **2.** fam. Matar a alguien. Ú.m.c.prnl. ■ LOC. **~ el brazo.** LOC. VERB. supran. fam. Obligar a alguien a hacer algo: "Me torció el brazo y tuve que contarle el chisme". ▶ **~ el quiote.** LOC. VERB. fam. Morirse; torcer el pescuezo. ▶ **~ el rabo.** LOC. VERB. **1.** fam. **torcer el quiote.** || **2.** fam. Ceder alguien ante los requerimientos o exigencias de otra persona: "Torcí el rabo, ni modo de no prestarle la lana a mi cuñada".

torcerse. ■ TR. PRNL. **3.** vulg. Desvirgar a alguien. ■ INTR. PRNL. **4.** fam. Averiarse algo: "El coche ya se torció".

torcido, da. ■ ADJ. fam. *Referido a persona*, gastada de dinero: "Llegué muy torcido del viaje".

tordo. ■ M. **1.** supran. Ave originaria de América, de hasta 40 cm de longitud; con pico largo y robusto; cola también larga y patas de dedos grandes, todo ello de color negro; el plumaje presenta una coloración que oscila entre el negro con lustre iridiscente de los machos y el café con cejas grisáceas de las hembras; habita generalmente en áreas agrícolas, pero se ha extendido hasta zonas urbanas. Familia de los ictéridos del orden Passeriformes, *Quiscalus mexicanus*. (También se llama chanate, cuervo, picho, xcau, zanate, zanate mayor, zanate mexicano). || **2.** supran. Ave de distribución en América, de hasta 35 cm de longitud; macho con plumaje predominantemente negro brillante en tonos café y rojizo según la especie; hembra con plumaje negro en tonos opacos o de colores gris y café claro según la especie; pico relativamente corto; gregaria; habita campos abiertos, suele poner sus huevos en los nidos de otras aves (parásitos de puesta); se alimenta de insectos y semillas; a menudo se encuentra junto a animales que pastan, como caballos y vacas. Familia de los ictéridos del orden Passeriformes, varias especies del género *Molothrus*, como *Molothrus aeneus*, *Molothrus ater*, *Molothrus oryzivorus*. (También se llama vaquero). ■ LOC. **~ alirrojo.** LOC. SUST. supran. Ave de distribución en América del Norte y Centroamérica, de hasta 25 cm de longitud y 40 cm de envergadura; con marcado dimorfismo sexual; machos con plumaje negro lustroso, hombros rojos y una raya amarilla pálida debajo de las manchas rojas; pico y patas de color negro; hembras con plumaje jaspeado, en tonos grisáceos blanquecinos en la región ventral y negruzcos y pardos en la región dorsal; rostro en tonos salmón o amarillentos. Familia de los ictéridos del orden Passeriformes, *Agelaius phoeniceus*. (También se llama acolchichi, arrocero, ave sargento, sargento alirrojo, tordo capitán). ▷ **~ capitán.** LOC. SUST. **tordo alirrojo.** ▷ **~ pinto.** LOC. SUST. Ave originaria de América, de hasta 20 cm de longitud; con parte dorsal de color pardo olivo o pardo rojizo; alrededor del ojo, ante pálido; lados de la cabeza de color pardo olivo pálido; cuello y pecho teñidos de ante, este último bien delineado, marcado con manchas triangulares; abdomen blanco; flancos pardo olivo; patas de color pardo pálido. Familia de los túrdidos del orden Passeriformes, *Catharus ustulatus*. (También se llama mirlillo solitario, mirulincillo).

torear. ■ TR. Rodar un chile fresco, especialmente serrano o jalapeño, sobre un comal o sartén para que suelte su jugo y tenga un sabor más picante: "Hijo, torea estos chiles para la salsa". Ú.m.e.pp.: "Esa salsa lleva chiles toreados".

torito. ■ M. **1.** Pregunta capciosa que se formula para comprobar los conocimientos de alguien. || **2.** Centro de detención para infractores del reglamento de tránsito por consumo excesivo de alcohol. || **3.** Armazón de madera con juegos pirotécnicos que una persona lleva sujeto a la espalda para perseguir a los asistentes de una celebración o festividad. || **4.** Bebida alcohólica preparada con aguardiente, leche, azúcar y alguna fruta licuada; típica de Veracruz. || **5. toro buey.**

tornaboda. ■ F. Fiesta que se celebra inmediatamente después de la recepción de una boda, como prolongación del festejo.

tornafiesta. ■ F. Fiesta que se celebra inmediatamente después de otra, como prolongación del festejo.

tornamesa. ■ F. supran. Tocadiscos.

tornillo. ■ M. **1.** Vaso de vidrio, generalmente con espirales o estrías exteriores, que se utiliza para servir pulque o cerveza. || **2.** *En algunos deportes*, tiro con el que el balón o la pelota sale girando en espiral.

toro. ■ LOC. **~ buey.** LOC. SUST. Ave originaria de América, de hasta 17 cm de longitud; con alas redondeadas y reflejos castaños muy notorios al vuelo; tiene pecho con apariencia manchada; patas amarillas; pico rosado o rojizo. Familia de los colúmbidos del orden Passeriformes, *Columbina passerina*. (También se llama coquita, mucuya, parbuca, rolita, torito).

toronja. ■ F. **1.** Planta trepadora de amplia distribución en México; tallos glabros, armados con espinas gruesas, recurvadas; hojas oblongas y lanceoladas, de hasta 30 cm de largo; flores monopétalas, de color blanco, en grandes racimos; frutos globosos, rojos; semillas pardas. Familia de las solanáceas, *Solanum refractum.* (También se llama chilacayota). || **2.** supran. Árbol originario del sureste asiático, de hasta 15 m de altura; hojas simples, alternadas, de oblongas a ovaladas, de color verde oscuro por el haz y más claro y piloso por el envés; flores hermafroditas, fragantes, solitarias o en racimos terminales, con estambres de color blanco y anteras de color naranja; frutos perimorfos, oblongos o globosos, de cáscara gruesa y esponjosa, verdes o amarillos, con pulpa jugosa en gajos de color amarillo claro o rosa, agridulces y ligeramente amargos; semillas generalmente pequeñas y escasas. Familia de las rutáceas, *Citrus máxima.* (También se llama cidra, pomelo). || **3.** supran. Fruto de este árbol; comestible.

toropinto. ■ M. *En Chiapas,* tamal de frijol.

torre. ■ EXPR. **¡en la ~!** supran. Se usa para manifestar sorpresa y contrariedad ante un hecho: "¡En la torre!, dejé las llaves dentro del coche".

torreta. ■ F. Sirena y faros colocados en la parte superior de un automóvil, generalmente una patrulla o una ambulancia.

torta. ■ F. **1.** Comida que se prepara con una pieza de pan, por lo regular bolillo o telera, abierta, cuyas mitades se untan generalmente con frijoles, crema, mayonesa o mostaza, entre las que se ponen diversos ingredientes, como jamón, queso o carne, y se le añaden acompañantes, como chile, jitomate, aguacate, lechuga y cebolla, entre otros. || **2.** Alimento grueso y redondo a base de vegetales o carnes, que se capea con huevo y se fríe, bañado generalmente con una salsa. || **3.** fam. Hinchazón producida por la picadura de un insecto. || **4.** vulg. Novia. || **5.** vulg. Nalga. Ú.m.e.pl. || **6.** vulg. Mujer joven sexualmente atractiva. ■ LOC. **~ ahogada.** LOC. SUST. La que se rellena con carnitas y se baña con caldillo de jitomate y chile; típica de Jalisco. ▶ **~ cubana.** LOC. SUST. La que se rellena con muchos ingredientes diversos. ▶ **~ de cielo.** LOC. SUST. *En Yucatán,* pastel envinado que se prepara con almendras y se cubre con azúcar glas. ▶ **~ de Santa Clara.** LOC. SUST. Galleta de harina de trigo cubierta con dulce de pepita de calabaza y azúcar glas; típica de Puebla. Ú.m.e.dim.

torteada. ■ F. **1.** vulg. Magreo de las tortas o nalgas de alguien. || **2.** supran. Elaboración de tortillas.

tortear. ■ TR. **1.** vulg. Magrear las tortas o nalgas de alguien. ■ INTR. **2.** supran. Elaborar tortillas.

tortería. ■ F. Lugar donde se preparan, venden y consumen tortas.

tortero, ra. ■ ADJ. **1.** Perteneciente o relativo a la torta: "Los platos torteros de plástico son los más resistentes". || **2.** *Referido a persona,* que gusta de comer tortas: "Mario es muy tortero, puede comerse varias al día". Ú.t.c.sust.: "Mario es un tortero, puede comerse varias al día". ■ M. y F. **3.** supran. Persona que se dedica a hacer o a vender tortas.

tortilla. ■ F. Alimento, de maíz o de trigo, en forma circular y aplanada, que se cuece tradicionalmente en comal y que se emplea para acompañar la comida. ■ LOC. **~ aleluya.** LOC. SUST. La de harina de trigo finamente molido, que se extiende y cuece sobre la superficie engrasada de un comal de gran tamaño; típica de Chihuahua. ▶ **~ correosa.** LOC. SUST. La de maíz, de consistencia dura y seca; típica de la Mixteca oaxaqueña. ▶ **~ de agua.** LOC. SUST. **tortilla sobaquera.** ▶ **~ de harina.** LOC. SUST. supran. La de trigo molido. ▶ **~ de maíz.** LOC. SUST. supran. La que se hace con masa de nixtamal. ▶ **~ de manteca.** LOC. SUST. **tortilla gordita.** ▶ **~ durita.** LOC. SUST. La de maíz, que se deja secar al sol hasta adquirir una consistencia dura y seca; típica de Colima. ▶ **~ gordita.** LOC. SUST. La de harina de trigo, manteca, leche y sal, gruesa, de unos 12 cm de diámetro; típica de Sonora. ▶ **~ larga.** LOC. SUST. La de maíz, que es más gruesa que la normal; típica de Guanajuato. ▶ **~ neja.** LOC. SUST. La de maíz, que tiene exceso de cal y es de color cenizo. ▶ **~ sobaquera.** LOC. SUST. *En el Norte,* la de harina de trigo, agua y sal, delgada, de hasta un metro de diámetro; típica de Sonora.

tortillería. ■ F. supran. Lugar donde se hacen o se venden tortillas de maíz o de trigo.

tortillero, ra. ■ ADJ. **1.** Perteneciente o relativo a la tortilla: "La industria tortillera ha crecido mucho". || **2.** *Referido a persona*, que gusta de comer tortillas: "Cecilia es muy tortillera, se comió seis en la cena". Ú.t.c. sust.: "Cecilia es una tortillera, se comió seis en la cena". ■ M. y F. **3.** supran. Persona que se dedica a hacer o a vender tortillas, principalmente de maíz. ■ M. **4.** Recipiente para conservar calientes las tortillas de maíz o de trigo.

tortol. ■ M. **1.** supran. rur. Palo corto unido a los extremos de una cuerda con que se cierra, dándole vueltas, una bolsa o un saco; tortor. || **2.** supran. *En el Sur*, acial.

tortolocho, cha. ■ ADJ. fam. *Referido a persona*, bizco: "Tengo un tío medio tortolocho". Ú.t.c.sust.: "Mi tío es un tortolocho".

torton. (De Torton®). ■ M. supran. Camión que lleva un remolque, generalmente cubierto, para transportar carga pesada.

tortuga. ■ F. (Juego de palabras entre tortuga y torta). fest. **torta.** ■ LOC. **~ almizclera.** LOC. SUST. **taimame.**

tortuguear. ■ TR. supran. Realizar algo con lentitud intencional: "No terminaron el trámite porque tortuguearon los documentos todo el día en la oficina".

tortuguismo. ■ M. supran. Realización de algo con lentitud intencional.

torzón. ■ M. fam. Espasmo muscular, particularmente el estomacal.

tosiento, ta. ■ ADJ. supran. *Referido a persona*, que padece tos, fatiga y opresión en el pecho; tosigoso: "No te acerques porque ando muy tosienta, te voy a contagiar". Ú.t.c. sust.: "No te le acerques o te va a contagiar la tosienta".

tosijoso, sa. ■ ADJ. **tosiento, ta.**

tostada. ■ F. **1.** Tortilla de maíz seca y crujiente. || **2.** Alimento preparado con una **tostada** sobre la que se pone algún ingrediente, como carne, pescado o pollo, y se adereza con crema, queso rallado, lechuga y salsa. ■ LOC. **de la ~.** LOC. ADJ. **1.** fam. Muy difícil; de la tiznada: "Estoy harto, esto está de la tostada". || **2.** fam. Feo; de la tiznada: "La silla está de la tostada". || **3.** fam. Que está en mal estado; de la tiznada: "Me siento de la tostada desde ayer". ▶ **~ curada.** LOC. SUST. La que se pasa por pulque y se deja en el comal hasta que se seca y dora; típica de Hidalgo. ▶ **~ de arriero.** LOC. SUST. Tortilla de maíz martajado, con manteca de cerdo y cocida a las brasas hasta volverse seca y crujiente; típica de Querétaro. ▶ **~ de pozol.** LOC. SUST. Tortilla de maíz nixtamalizado y martajado, frita en manteca de cerdo hasta volverse seca y crujiente; típica de Tabasco.

tostón. ■ M. **1.** Moneda de cincuenta centavos. || **2.** Cantidad equivalente a 50 unidades.

totogapolín. ■ M. *En Veracruz*, árbol originario de América, de hasta 15 m de altura, monoico o dioico; tallos cilíndricos, rectos, con cicatrices dispuestas en espiral, ramas que crecen horizontalmente o ligeramente colgantes, corteza gris, ligeramente fisurada; hojas alternas, simples, oblongo-ovadas, con márgenes serrados; flores unisexuales pequeñas, flores masculinas sésiles, verdes, agrupadas en cimas, flores femeninas pediceladas, verdes, agrupadas en cimas axilares; frutos drupáceos, carnosos, elipsoidales, rojos; semilla única, pequeña, negra; uso como especie maderable e industrial. Familia de las cannabáceas, *Trema micrantha*. (También se llama capulín, cuichpipil, equipal, guacimillo, ixpepe, pellejo de vieja, yaco de cuero).

totol. ■ M. Ave originaria de América, de hasta 1 m de altura, 1.3 m desde la punta del pico hasta el extremo de la cola, 2 m de envergadura y 20 kg de peso; tiene plumaje de color pardo verdoso con reflejos cobrizos y manchas blanquecinas en los extremos de las alas y de la cola, cabeza y cuello cubiertos de carúnculas rojas, así como la membrana eréctil que lleva encima del pico; tarsos negruzcos muy fuertes, dedos largos, y en el pecho un mechón de cerdas de 3 a 4 cm de longitud; la hembra es algo menor, pero semejante al macho en todo lo demás; en domesticidad, el ave ha disminuido de tamaño y ha cambiado el color del plumaje; hay variedades negras, rubias y blancas; comestible. Familia de los faisánidos del orden Galliformes, *Meleagris gallopavo*. (También se llama chompipe, chumpe, chumpipe, cócono, guajolote, güilo, huilo, jolote, pavo, picho, pípilo, totole, xolo).

totole. ■ M. **totol.**
totomoscle. ■ M. **totomoxtle.**
totomostle. ■ M. **totomoxtle.**
totomoxtle. [*totomóshtle, totomóstle*] ■ M. Hoja seca de la mazorca de maíz que se usa para forraje o como envoltura para tamales y para la elaboración de artesanías.
totomoztle. ■ M. **totomoxtle.**
totonaco, ca. ■ ADJ. **1.** Perteneciente o relativo al **totonaco**: "La alimentación totonaca se basa en el consumo de quelites". || **2.** Natural o procedente del grupo étnico **totonaco**: "La partera totonaca acomodó al bebé de esa señora". Ú.t.c.sust.: "La totonaca acomodó al bebé de esa señora". ■ M. **3.** Grupo étnico establecido en los estados de Veracruz y Puebla. || **4.** Lengua perteneciente a la familia totonaco-tepehua. ■ LOC. **~ tepehua.** LOC. ADJ. **1.** Perteneciente o relativo al **totonaco tepehua**: "La familia lingüística totonaca tepehua solo se desarrolló en México". || LOC. SUST. **2.** Grupo étnico histórico que dio origen a los totonacos y a los tepehuas, entre otros. || **3.** Conjunto de grupos étnicos establecidos principalmente en los estados de Veracruz, Hidalgo o Puebla. || **4.** Lengua reconstruida que históricamente dio origen al totonaco y al tepehua. || **5.** Familia lingüística que incluye a las lenguas totonaca y tepehua, entre otras. || **6.** Nombre del conjunto de las lenguas de esta familia.
totonaco-tepehua. ■ ADJ. **1.** Perteneciente o relativo al **totonaco-tepehua**: "La familia lingüística totonaco-tepehua solo se desarrolló en México". ■ M. **2.** Grupo étnico histórico que dio origen al grupo étnico totonaco y al tepehua, entre otros. || **3.** Conjunto de grupos étnicos que hablan totonaco o tepehua; establecidos en los estados de Veracruz, Hidalgo o Puebla. || **4.** Lengua reconstruida que históricamente dio origen a las lenguas totonaca y tepehua, entre otras. || **5.** Familia lingüística que incluye a las lenguas totonaca y tepehua, entre otras. || **6.** Nombre del conjunto de las lenguas de esta familia.
totopo. ■ M. Trozo de tortilla de maíz tostada, generalmente triangular.
totoposte. ■ M. supran. **totopo.**
trabado, da. ■ ADJ. supran. *Referido a persona*, paralizada, generalmente por la ira o por una mala noticia: "Me quedé trabado ante su reacción tan grosera".
trabajo. ■ M. supran. jerg. Acción con la que se pretende proteger o perjudicar a una persona mediante prácticas supersticiosas. Ú.m.e. dim. ■ LOC. **~ recepcional.** LOC. SUST. El que presenta un estudiante en una universidad para obtener el grado de licenciado.
trácala. ■ ADJ. **1.** fam. *Referido a persona*, tramposa; transa: "Tu hermano es muy trácala, no vuelvo a confiar en él". ■ F. **2.** supran. fam. Trampa; transa: "El vecino consiguió esa casa con puras trácalas". ■ COM. **3.** fam. Persona tramposa; transa: "Tu hermano es un trácala, no vuelvo a confiar en él".
tracaleada. ■ F. fam. Engaño para medrar u obtener un beneficio; transa.
tracalear. ■ TR. fam. Engañar para medrar u obtener un beneficio; transar: "Me tracalearon, a esta tele no le sirve el volumen".
tracaleo. ■ M. **tracaleada.**
tracalero, ra. ■ ADJ. supran. fam. *Referido a persona*, tramposa; transero: "La administradora es bien tracalera, me hizo firmar unas hojas y ahora no me quiere pagar". Ú.t.c.sust.: "La administradora es una tracalera, me hizo firmar unas hojas y ahora no me quiere pagar".
traer. ■ LOC. **las traes.** LOC. SUST. Juego infantil que consiste en que uno de los integrantes persigue a los demás hasta tocar a uno y convertirlo en el nuevo perseguidor. ▷ **~ al niño atravesado.** LOC. VERB. fam. Padecer dificultades severas: "Ten paciencia, traigo el niño atravesado, en una semana te pago lo que te debo". ▷ **~ (el) chincual (adentro).** LOC. VERB. fam. Estar alguien muy inquieto por algo: "Javier trae chincual porque mañana le dan los resultados". ▷ **~ comiendo de la mano.** LOC. VERB. **tener comiendo de la mano.** ▷ **~ corto.** LOC. VERB. Ejercer disciplina rigurosa sobre alguien: "La maestra trae corta a Viviana". ▷ **~ de encargo.** LOC. VERB. Hacer a alguien objeto de constantes agresiones o incomodidades: "Tus amigos me traen de encargo, me molestan siempre que nos vemos". ▷ **~ de su puerquito.** LOC. VERB. **traer de encargo.** ▷ **~ de un ala.** LOC. VERB. **1. traer corto.** || **2.** Generar un comportamiento inusual en alguien por enamoramiento: "Tu hermana me trae de

T

un ala, no sé ni en qué día vivo". **~ del ala.** LOC. VERB. **traer de un ala.** ▷ **~ el chango descalabrado.** LOC. VERB. Estar menstruando. ▷ **~ el santo volteado.** LOC. VERB. **tener el santo volteado.** ▷ **~ en la bolsa.** LOC. VERB. **tener en la bolsa.** ▷ **~ en salsa.** LOC. VERB. **1.** Apurar a alguien, ajetrearlo con mucho trabajo: "La empresa me trae en salsa, quiere todo para mañana". || **2. traer entre ceja y oreja.** ▷ **~ entre ceja y oreja.** LOC. VERB. **1.** Tener antipatía a alguien y tratar de hacerle daño: "Mi suegro me trae entre ceja y oreja, nunca le caí bien". || **2.** Tener una idea fija: "Traigo entre ceja y oreja comprarme un coche". ▷ **~ entre ojos.** LOC. VERB. Tener animadversión o mala voluntad a alguien: "A todos nos consta que esa señora te trae entre ojos desde que andas con su hija". ▷ **~ finto.** LOC. VERB. **traer de encargo.** ▷ **~ ganas.** LOC. VERB. **1.** Desear conseguir algo: "Le traigo ganas a esos zapatos rojos". || **2.** Desear enfrentarse con alguien: "Leo le traía ganas a Rogelio porque le quitó el puesto". || **3.** Desear entablar una relación amorosa con alguien: "Mariana le trae ganas a Luis desde que se conocieron". ▷ **~ la barriga pegada al espinazo.** LOC. VERB. supran. fam. Tener mucha hambre: "Después de tanto trabajo, traigo la barriga pegada al espinazo". ▷ **~ la torta bajo el brazo.** LOC. VERB. fam. Tener alguien buena suerte: "Raquel trajo la torta bajo el brazo, desde que nació me va muy bien en las ventas". ▷ **~ mal dado.** LOC. VERB. fam. Sufrir alguien condiciones adversas: "No logro recuperarme, parece que traigo mal dado". ▷ **~ un pedo atravesado.** LOC. VERB. malson. Pasar alguien por dificultades severas: "No sé qué hacer, traigo un pedo atravesado y no hallo salida".

traerla. ■ LOC. **~ atravesada.** LOC. VERB. **1.** fam. Estar alguien sumamente enojado: "La traigo atravesada con estos pleitos". || **2.** fam. Estar alguien borracho: "Me siento mal, hace tres días que la traigo atravesada".

trafique. ■ M. Maniobra poco limpia en un negocio.

tragaaños. ■ ADJ. **1.** supran. *Referido a persona*, que aparenta una edad mucho menor de la que tiene; traga años: "Tu hermana mayor es muy tragaaños, se ve más joven que tú". ■ COM. **2.** supran. Persona que aparenta una edad mucho menor de la que tiene; traga años: "Tu hermana mayor es una tragaaños, se ve más joven que tú".

tragamonedas. ■ F. supran. Máquina de juegos de azar que funciona introduciéndole monedas.

tragaños. Véase **tragaaños.**

tragar. ■ LOC. **traga años.** LOC. ADJ. supran. *Referido a persona*, que aparenta una edad mucho menor de la que tiene: "Tu hermana mayor es muy traga años, se ve más joven que tú". ▷ **~ camote.** LOC. VERB. **1.** pop. Resignarse alguien a soportar una situación molesta: "Tragué camote y no les reclamé nada". || **2.** pop. Prestar alguien poca atención: "Tragó camote toda la clase, por eso no pudo contestarle al profesor". || **3.** pop. Pasar alguien una vergüenza ante una situación incómoda, que lo deja en evidencia: "Tragué camote con tus comentarios, ¡qué pena con los compañeros!". || **4.** pop. Desentenderse de una responsabilidad: "Los directores tragan camote en vez de solucionar los problemas de la empresa". ▷ **~ camotillo.** LOC. VERB. pop. Resignarse alguien a soportar una situación molesta; tragar camote: "Tragué camotillo y no les reclamé nada". ▷ **~ más pinole.** LOC. VERB. **1.** supran. fam. Tolerar a alguien dichos o hechos: "Cuando mi esposo me hace escenas de celos, yo trago más pinole". || **2.** supran. fam. Ser alguien más listo y vivo que los demás: "Para las matemáticas, Angélica traga más pinole". ■ EXPR. **traga y luego masticas.** fam. Se usa para apresurar a alguien: "Ándale, traga y luego masticas porque se nos hace tarde".

tragarse. ■ LOC. **~ el orgullo.** LOC. VERB. supran. Soportar una humillación: "Me tragué el orgullo para escuchar todo lo que me dijo Rosa sin chistar". ▷ **~ la píldora.** LOC. VERB. supran. Creer ingenuamente un engaño o una falsedad: "Mis papás se tragaron la píldora y me dejaron ir a la fiesta".

trago. ■ M. **1.** Bebida alcohólica. || **2.** Copa donde se sirve una bebida alcohólica.

traje. (Juego de palabras entre traje y traer). ■ LOC. **de ~.** LOC. ADJ. supran. fest. *Referido a una reunión*, en la que cada uno de los invitados aporta algo de comer o de beber:

"Vamos a hacer una fiesta de traje, ¿con qué vas a cooperar?".

trajinera. ■ F. Véase **trajinero, ra.**

trajinero, ra. ■ ADJ. **1.** Perteneciente o relativo a la embarcación típica de Xochimilco: "El gremio trajinero está muy bien organizado". ■ M. y F. **2.** Persona que se dedica a conducir una embarcación típica de Xochimilco. ■ F. **3.** Embarcación sin timón ni quilla e impulsada con pértiga o garrocha, cubierta con un toldo de lámina o de madera, pintada con colores vivos, decorada con un templete de flores personalizado con el nombre de una mujer, que se suele usar para recreo; típica de los canales de Xochimilco. || **4.** Embarcación pequeña y descubierta, sin timón ni quilla e impulsada con un remo, para transporte o venta de comida, flores o recuerdos a los pasajeros de otras embarcaciones; típica de los canales de Xochimilco; chalupa.

tramafac. ■ M. **tramafat.**

tramafat. ■ M. fam. Pérdida súbita y pasajera de la conciencia y del movimiento.

trancazo. ■ M. supran. fam. Golpe violento y ruidoso. ■ LOC. **ni a trancazos.** LOC. ADV. supran. fam. De ninguna manera: "Ni a trancazos llego a la reunión, ya es muy tarde".

tranqueada. ■ F. fam. Golpe que se le da a alguien.

tranquear. ■ TR. Golpear: "Ayer tranquearon a Ignacio porque se puso muy grosero". Ú.m.c.prnl.: "Ayer se tranquearon a Ignacio porque se puso muy grosero". ■ LOC. **~ el zorro.** LOC. VERB. vulg. Practicar el coito.

tranquiza. ■ F. supran. fam. Serie de golpes; paliza.

transa. ■ ADJ. **1.** fam. *Referido a persona*, tramposa: "No se vale, Ulises, eres muy transa, yo te gané la apuesta". ■ F. **2.** supran. fam. Trampa: "Gané el juego por una transa que hice". ■ COM. **3.** fam. Persona tramposa: "No se vale, Ulises, eres un transa, yo te gané la apuesta". ■ EXPR. **qué ~.** pop. Se usa para preguntar qué sucede: "¿Qué transa con la computadora, Karina?".

transar. ■ TR. fam. Engañar para medrar u obtener un beneficio: "Me transaron, a esta tele no le sirve el volumen". ■ EXPR. **el que no transa, no avanza.** fam. Se usa para indicar, generalmente en la política, que cuanto más se engaña y se aprovecha de las circunstancias, más beneficios se obtiene: "Parece que en esta compañía el que no transa, no avanza".

transear. ■ TR. **transar.**

transitar. (Juego de palabras entre transitar y transa). ■ EXPR. **¿qué transita por tus venas?** fest. **qué transa.**

transparencia. ■ F. **1.** Soporte de imágenes en positivo; diapositiva. || **2.** Imagen fija diseñada para proyectarse o para verse en un medio digital; diapositiva.

transparencias. ■ F. PL. **3.** Mechones del cabello teñidos de un color más claro que el natural, generalmente de la sección interna e inferior de la cabellera.

tranza. Véase **transa.**

tranzar. Véase **transar.**

trapeada. ■ F. **1.** supran. Hecho de trapear o fregar el piso. || **2.** supran. fam. Regaño que se le hace a alguien.

trapeador. ■ M. supran. Utensilio para trapear o fregar el piso; fregona.

trapear. ■ TR. **1.** supran. Fregar el piso: "Trapeé el cuarto en la mañana". || **2.** supran. fam. Regañar a alguien: "Mi prima trapeó a sus hijos porque no arreglaron su cuarto".

trapiche. ■ LOC. **~ panelero.** LOC. SUST. Molino donde se elabora piloncillo. ▷ **~ panochero.** LOC. SUST. **trapiche panelero.**

traqueteada. ■ F. **1.** fam. Deterioro. || **2.** fam. Cansancio.

traquetear. ■ TR. **1.** fam. Deteriorar: "La vida traqueteó mucho a mi abuela". Ú.m.e.p.p. "Mi abuela está muy traqueteada por la vida". || **2.** fam. Cansar: "Un viaje tan largo traquetea a cualquiera". Ú.m.e.p.p.: "Quedé toda traqueteada por este viaje tan largo".

traqueteo. ■ M. **traqueteada.**

trasbotica. ■ F. Habitación que está detrás de la botica, donde usualmente se preparan medicinas de receta; rebotica.

traslapar. ■ TR. Extraviar un papel o documento entre muchos otros: "Espérame tantito, en la oficina traslaparon la hoja que me diste".

traslape. ■ M. Extravío de un papel o documento entre muchos otros.

trasmano. ■ LOC. **por ~.** LOC. ADV. supran. Secretamente: "Lo tuvimos que hacer por trasmano, no había otro modo".

traste. ■ M. supran. Utensilio de cocina.

trastero. ■ M. Mueble que sirve para guardar utensilios de cocina.

trastienda. ■ F. supran. vulg. Nalga.

trastupije. ■ ADJ. **1.** fam. *Referido a persona*, que realiza un negocio ilícito: "El licenciado trastupije ganó la concesión". ■ M. **2.** fam. Negocio ilícito: "Hacía trastupijes multimillonarios". ■ COM. **3.** fam. Persona que realiza un negocio ilícito: "El director del banco resultó ser un trastupije".

tratar. ■ LOC. **~ con las patas.** LOC. VERB. supran. fam. Tratar mal a alguien de palabra u obra: "En esa oficina te tratan con las patas, por eso no voy".

trebejo. ■ M. Mueble u objeto viejo, en desuso o de uso esporádico: "Te encanta guardar trebejos, ¿no ves que ya no tenemos espacio en la casa?".

trébol. ■ LOC. **~ de cuatro hojas.** LOC. SUST. **1.** Grupo de diferentes especies de hierbas originarias de América, de hasta 20 cm de altura, monoicas; bulbos o bulbillos subterráneos; hojas alternas, divididas en tres o más foliolos de forma acorazonada o aovada; flores hermafroditas, con cinco pétalos de color rosado, amarillo o morado, agrupadas en umbelas sobre un eje más largo que las hojas; frutos capsulares, cilíndricos, pequeños, de color café; semillas diminutas, ovoides. Familia de las oxalidáceas, varias especies del género *Oxalis*, como *Oxalis corniculata, Oxalis divergens, Oxalis tetraphylla.* (También se llama agrito, cuiyul). || **2.** Individuo de este grupo de diferentes especies de hierbas. || **3.** Hoja de los individuos de este grupo de diferentes especies de hierbas; comestible.

trenista. ■ COM. Empleado de ferrocarriles; ferroviario: "Mi abuelo es el trenista más veterano de la región".

trenzarse. ■ INTR. PRNL. supran. fam. Involucrarse dos o más personas en una pelea o discusión: "En el bar se trenzaron dos meseros por las propinas".

trepadera. ■ F. **1.** Estribo de un vehículo. || **2. trepadero.**

trepadero. ■ M. Hecho de trepar un grupo de personas simultáneamente y con desorden un vehículo. ■ LOC. **~ de mapache(s).** LOC. SUST. **1.** Desorden: "Tu cuarto es un trepadero de mapache". || **2.** Conjunto de personas oportunistas: "Esta empresa parece un auténtico trepadero de mapaches, todos buscan el reparto de cuanto botín esté disponible".

trepador. ■ M. **1.** Grupo de aves, de hasta 20 cm de longitud; con parte dorsal generalmente en tonos grisáceos; parte inferior en tonos cálidos; según la especie oscila entre los colores crema, amarillo y naranja; patrones de la cabeza en su mayoría consisten en una larga lista ocular negra y un píleo total o parcialmente oscuro que contrasta con una lista superciliar o la brida; cabeza grande; pico robusto y puntiagudo; cola y alas cortas. Familia de los sítidos del orden Passeriformes, especies en México, *Sitta canadensis, Sitta pygmaea.* (También se llama saltapalo). || **2.** Individuo del **trepador**.

treparse. ■ INTR. PRNL. **1.** fam. Aprovecharse de una situación para obtener beneficios personales: "Hay quienes se trepan en los escándalos para ganar fama". || **2.** supran. fam. Subirse a un medio de transporte: "Trépense rápido, hay mucho tráfico en la carretera por las vacaciones". ■ LOC. **~ en su macho.** LOC. VERB. fam. Ponerse muy terco; obstinarse: "Juan, de que se trepa en su macho, no se rinde ante un problema".

trepechón. ■ M. *En Chiapas*, acumulación de tierra que se produce por un deslave y que obstaculiza el tránsito en los caminos.

trespeleque. ■ ADJ. **1.** fam. Con poco pelo: "Casi no se rasura porque tiene barba trespeleque". || **2.** fam. *Referido a algo*, desprovisto de lo que por naturaleza suele cubrirlo: "Ese árbol trespeleque no da sombra". || **3.** fam. *Referido a persona*, incompetente: "El cocinero trespeleque de ese restaurante siempre quema la comida". || **4.** despect. *Referido a persona*, de baja extracción social y de comportamiento socialmente mal visto. ■ COM. **5.** fam. Persona incompetente: "Nuria es una trespeleque, siempre quema la comida". || **6.** despect. Persona de baja extracción social y de comportamiento socialmente mal visto.

triate. ■ ADJ. **1.** *Referido a persona*, trilliza: "La abuela fue a conocer a sus nietas triates". ■ COM. **2.** Persona trilliza: "La abuela fue a conocer a las triates recién nacidas".

tribalizar. ■ TR. Escindir o dividirse un partido político o una institución: "Todas esas decisiones tribalizaron a la oposición".

tricolor. ■ ADJ. **1.** Que es verde, blanco y rojo, como la bandera de México: "El traje de china poblana es tricolor". || **2.** Que es representativo de México: "El equipo tricolor ganó su primer partido".

triguillo. ■ M. Hierba originaria de América, de hasta 1 m de altura; tallos erectos o primero tendidos y después erectos, simples o ramificados cerca de la base; hojas alternas, enteras, lineares, envainantes en la base, en ocasiones esparcidamente pelosas hacia la base en el haz; flores hermafroditas o estériles, diminutas, verdes, en ocasiones purpúreas, agrupadas en una espiga densa y rígida, compuesta a su vez de ramas cortas de numerosas espiguillas, cada una con grupos de seis a diez cerdas en la parte basal; frutos cariópsides y diminutos; con una sola semilla cada uno. Familia de las gramíneas, *Setaria parviflora.* (También se llama motilla, zacate sedoso).

trinca. ■ F. **1.** *En Chiapas*, hecho de trincar o juntar dos cosas. || **2.** supran. fam. Hecho de trincar o sorprender a alguien en el momento en que comete un delito.

trincar. ■ TR. *En Chiapas*, juntar dos cosas: "Trinca las sillas para tener más espacio".

trinche. ■ M. supran. Tenedor de gran tamaño de dos puntas utilizado en cocina para agarrar y cocinar piezas de carne y otros alimentos.

trinquete. ■ M. **1.** fam. Hecho de trinquetear o recibir o dar sobornos. || **2.** supran. fam. Estafa.

trinquetear. ■ TR. **1.** fam. Recibir o dar un soborno a alguien: "Luis trinqueteó a Manuel para ganar la revancha". || **2.** supran. fam. Estafar a alguien: "En ese esquema piramidal trinquetearon a varias personas".

trinquetero, ra. ■ ADJ. **1.** fam. *Referido a persona*, que recibe o da sobornos: "El árbitro trinquetero fue expulsado de la liga". Ú.t.c. sust.: "El trinquetero fue expulsado de la liga". || **2.** supran. *Referido a persona*, estafadora: "El apostador trinquetero ganó todas las partidas". Ú.t.c.sust.: "El trinquetero ganó todas las partidas".

tripa. ■ LOC. **~ de vaca.** LOC. SUST. **1.** Planta trepadora originaria de América, de hasta 3 m de altura, monoica; tallos rastreros o trepadores, flexibles, ligeramente pubescentes en las partes jóvenes; hojas simples, alternas, de forma variable, de ovadas a profundamente partidas, de hasta 15 cm de altura, con margen aserrado, en ocasiones pubescentes; flores hermafroditas, pequeñas, blancas verdosas, blancas, amarillas y en raras ocasiones rojas, cuatro pétalos, dispuestas en cimas umbeliformes; frutos abayados, de ovoides a globosos, púrpuras o negros; semilla única, ovoide. Familia de las vitáceas, *Cissus verticillata.* (También se llama molongo, molonqui). || **2.** Tallo de esta planta; uso en la medicina tradicional.

triperío. ■ M. supran. fam. Conjunto de tripas o intestinos.

tripié. ■ M. Armazón de tres pies que sirve de soporte.

triplay. ■ M. supran. Tabla formada por tres capas de madera pegadas de manera que sus fibras quedan entrecruzadas.

trique. ■ ADJ. **1.** Perteneciente o relativo a la lengua otomangue del subgrupo lingüístico mixtecano; triqui: "La lengua trique recientemente posee un sistema de escritura". || **2.** Perteneciente o relativo al grupo étnico establecido en el oeste del estado de Oaxaca; triqui: "El huipil trique está hecho en telar de cintura". || **3.** Natural o procedente del grupo étnico establecido en el oeste del estado de Oaxaca; triqui: "El niño trique recolectó chicatanas para cocinarlas". ■ M. **4.** Grupo étnico establecido en el oeste del estado de Oaxaca; triqui. || **5.** Lengua otomangue del subgrupo lingüístico mixtecano; triqui. || **6.** fam. Mueble u objeto viejo, en desuso o de uso esporádico. || **7.** fam. Objeto cualquiera. ■ COM. **8.** Persona natural o procedente del grupo étnico establecido en el oeste del estado de Oaxaca; triqui: "La trique recolectó chicatanas para cocinarlas".

triques. ■ M. PL. **9.** fam. Pertenencias de alguien: "Toma tus triques y vete de esta casa".

triqui. ■ ADJ. **1.** Perteneciente o relativo al **triqui**: "El huipil triqui está hecho en telar de cintura". || **2.** Natural o procedente del grupo étnico **triqui**: "La niña triqui recolectó chicatanas para cocinarlas". ■ M. **3.** Grupo étnico establecido en el oeste del estado de Oaxaca. || **4.** Lengua otomangue del subgrupo lingüístico mixtecano. ■ COM. **5.** Persona natural o procedente del grupo étnico **triqui**: "La triqui recolectó chicatanas para cocinarlas en salsa".

troca. ■ F. Camioneta de trabajo pesado que puede incluir cajón para cargas.

trole. ■ ADJ. **1.** fam. *Referido a persona*, ebria: "Los meseros sacaron a un muchacho trole del bar". ■ M. **2.** *En el Noreste*, bebida que se prepara con hielo desmenuzado al que se agrega alguna esencia o jugo de fruta; raspado. || **3.** *En el Noreste*, preparación hecha a base de granos de maíz hervidos; se puede servir con sal, chile en polvo, queso, limón y mayonesa; esquite. ■ COM. **4.** fam. Persona ebria: "Los meseros sacaron a un trole muy escandaloso".

trolelote. ■ M. *En el Sureste*, preparación hecha a base de granos de maíz hervidos con epazote; se puede servir con sal, chile en polvo, queso, limón y mayonesa; esquite. Ú.m.e.pl.

trompa. ■ F. **1.** supran. Hocico del cerdo. || **2.** supran. pop. Boca. ■ LOC. **a (la) ~ talega.** LOC. ADV. Descuidadamente: "Tú haces todo a la trompa talega, eres un fodongo".

trompabulario. (Juego de palabras entre trompa y vocabulario). ■ M. supran. fest. Léxico vulgar empleado por alguien.

trompeta. ■ F. **1.** Arbusto originario de Sudamérica, de hasta 5 m de altura, monoico; tallos muy ramificados y frágiles; hojas alternas, enteras, de ovadas a elípticas, pubescentes, con márgenes de enteros a dentados; flores hermafroditas, vistosas, campanuladas o en forma de trompeta, de blancas a amarillas con tonos rosados, péndulas, muy fragantes al atardecer; frutos capsulares, elipsoides, cafés; semillas angulosas, cafés; uso ornamental. Familia de las solanáceas, *Brugmansia suaveolens*. (También se llama campana, florifundio, floripondio, floripundio). || **2.** Arbusto originario de México, de hasta 5 m de altura; tallos leñosos, volubles y trepadores; hojas simples, alternas, ovadas, coriáceas, brillantes y glabras; flores hermafroditas, grandes y vistosas, amarillas con cinco líneas rojas surgiendo desde la base, con forma de embudo, los lóbulos de los pétalos enroscados hacia atrás, flores solitarias o agrupadas en racimos; frutos abayados, globosos o piriformes, verdes, los sépalos persistentes; uso ornamental. Familia de las solanáceas, *Solandra maxima*. (También se llama copa de oro, rama de oro). || **3.** Flor de la **trompeta**; uso en la medicina tradicional.

trompillo. ■ M. supran. Arbusto o árbol originario de México, de hasta 6 m de altura; hojas alternas, simples, de espatuladas a oblongo-cuneadas, coriáceas, con los márgenes enteros o diminutamente serrados; flores hermafroditas, pequeñas, de color blanco, axilares, solitarias; frutos abayados, cónicos, alargados, con el estilo persistente, indehiscente; semillas rodeadas por un arilo consistente de papilas o pelos carnosos. Familia de las pentafilacáceas, *Ternstroemia lineata*.

trompudo, da. ■ ADJ. **1.** fam. *Referido a persona*, enojada: "Se puso trompuda nada más porque le dije que no la voy a ver hoy". || **2.** supran. fam. *Referido a persona*, de labios gruesos y pronunciados: "Mi primo trompudo siempre tiene mucha suerte en el amor". Ú.t.c.sust.: "El trompudo siempre tiene mucha suerte en el amor".

tronado, da. ■ ADJ. **1.** fam. *Referido a persona*, cansada: "Ando muy tronada, llevo trabajando días sin parar". || **2.** fam. *Referido a persona*, deprimida: "Me siento tronado y no paro de llorar".

tronador. ■ M. **1.** Grupo de insectos de amplia distribución, de .9 mm hasta 7.5 cm de longitud; de coloración variable, desde tonos brillantes e iridiscentes hasta de color negro; con cuerpo de moderado a muy alargado; cabeza generalmente prognata, región frontal muy variable, con o sin carena; ojos generalmente grandes y protuberantes; se caracteriza por la libre articulación entre protórax y mesotórax, y por poseer un prolongamiento de la región posterior del prosterno denominado proceso prosternal, el cual se incrusta en una cavidad del mesosterno, fenómeno que inicia un proceso físico que le da la propiedad de saltar acompañado por un chasquido. Varias especies de la familia de los elatéridos del orden Coleoptera. (También se llama quiebrapalito, saltador). || **2.** Individuo del **tronador**.

tronar. ■ TR. **1.** fam. Echar a perder el pulque de un tinacal: "Juan tronó el pulque porque le echó agua". || **2.** fam. Obtener un estudiante una calificación reprobatoria: "Troné español otra vez, tendré que repetir el semestre". || **3.** supran. fam. Poner un profesor a un estudiante una calificación reprobatoria: "Troné a cinco alumnos". ■ INTR. **4.** supran. fam. Concluir una relación amorosa: "¿Supiste que Rodrigo y Fabiola tronaron la semana pasada?". || **5.** fam. Deteriorarse por efecto del uso: "Mi celular ya tronó, lo tengo desde hace cinco años". ■ LOC. **~ como chicharra.** LOC. VERB. fam. Morirse: "El año pasado mi perro tronó como chicharra, lo vamos a extrañar". ▷ **~ como chicharrón.** LOC. VERB. fest. **tronar como chinampina.** ▷ **~ como chinampina.** LOC. VERB. fest. Fracasar en algo o no tener los resultados esperados: "Mi primo tronó como chinampina en su examen de admisión a la universidad". ▷ **~ como ejote.** LOC. VERB. fest. **tronar como chinampina.** ▷ **~ el aguacate.** LOC. VERB. vulg. **tronar el ejote.** ▷ **~ el ejote.** LOC. VERB. vulg. Desvirgar a una mujer. ▷ **~ los chicharrones.** LOC. VERB. fam. Imponer alguien su supremacía o voluntad sobre otras personas: "El luchador veterano se medirá con el nuevo favorito para ver de quién truenan los chicharrones". ▷ **~ pistaches con los codos.** LOC. VERB. vulg. Ser un hombre homosexual. ▷ **~ sus huesos.** LOC. VERB. vulg. Poseer sexualmente a alguien. Ú.m.e.dim.

tronarse. ■ TR. PRNL. **6.** fam. Ascsinar.

tronárselas. ■ INTR. PRNL. **7.** fam. Consumir drogas.

trono. ■ M. fest. Escusado; retrete.

tropa. ■ F. supran. rur. Conjunto de animales de carga; recua.

tropósfera. ■ F. Zona inferior de la atmósfera, hasta la altura de 12 km, donde se desarrollan los meteoros aéreos, acuosos y algunos eléctricos; troposfera.

truene. ■ M. fam. Hecho de tronar o concluir una relación amorosa.

truje. ■ EXPR. **a lo que te ~, Chencha.** fam. Se usa para animar a alguien a abocarse a un trabajo sin perder el tiempo y sin dar rodeos: "Bueno, ya estuvo bien de plática, a lo que te truje, Chencha, vámonos a trabajar".

trusa. ■ F. supran. Calzoncillo.

tsamá. [*samá*] ■ M. *En el Sureste*, variedad de frijol negro y de grano grande.

tsamchak. [*sámchak*] ■ M. *En el Sureste*, guiso de carne cocida con pocos condimentos.

tsapal. [*sápal*] ■ M. *En el Sureste*, conjunto de cosas puestas unas sobre otras.

tseltal. Véase **tzeltal.**

tsiris. [*síris*] ■ COM. *En el Sureste*, muchacho de corta edad: "Mi hijo todavía es un tsiris, apenas terminó la primaria".

tsopsandía. [*sopsandía*] ■ F. *En el Sureste*, juego en el que una sandía es partida por los jugadores a palazos.

tsotobichay. [*sotobíchai*] ■ M. *En el Sureste*, tamal relleno de huevo, con salsa de semilla de calabaza y envuelto en hoja de chaya.

tsotsil. Véase **tzotzil.**

tuba. ■ F. **1.** Bebida fermentada que se obtiene por la destilación del jugo de las espatas del cocotero; típica de Colima. || **2.** supran. Jugo que se obtiene de las espatas del cocotero. ■ LOC. **~ almendrada.** LOC. SUST. La que se prepara con almendras molidas, canela, yemas de huevo, nuez moscada, mamones y azúcar; típica de Colima. ▷ **~ compuesta.** LOC. SUST. **1.** La que se prepara con diversas frutas, generalmente piña, limón o fresa, y azúcar; típica de Colima. || **2.** La que se prepara con distintos vegetales, generalmente cebolla, apio y chile; típica de Colima.

tubo. ■ M. Cilindro pequeño, hueco y perforado en el que se enrolla el cabello para rizarlo. ■ INTERJ. **¡tubo!** Se usa para solicitar a los desnudistas en los téibol que, al bailar, lo hagan usando una barra colocada verticalmente en el escenario.

tucancillo. ■ LOC. **~ collarejo.** LOC. SUST. supran. Ave de distribución en el sur de México y Centroamérica, de hasta 30 cm de longitud, sin contar el pico, que es arqueado, grueso con una longitud similar a la del cuerpo, con cabeza pequeña, alas cortas, cola larga, con plumaje negro en general y de colores vivos, comúnmente anaranjado y escarlata en el cuello y el pecho; arborícola, apreciada por sus vivos colores, se le llega a domesticar como ave de ornato. Familia de los ranfástidos del orden Piciformes, *Pteroglossus torquatus*. (También se llama xochitencuate).

tuch. ■ M. **1.** *En el Sureste*, ombligo. || **2.** *En el Sureste*, moño de pelo en la parte posterior de la cabeza. || **3.** *En el Sureste*, molleja de las aves. || **4.** *En el Sureste*, especie de calabaza que cuando está seca se emplea como sonaja. ■ LOC. ~ **tunich.** LOC. SUST. **1.** *En el Sureste*, grupo de diferentes especies de hierbas originarias de América, de hasta 35 cm de longitud, monoicas; tallos suculentos, provistos de zarcillos simples; hojas alternas, simples, lobuladas, con los márgenes denticulados; flores unisexuales, pequeñas, de color amarillo verdoso, flores femeninas y masculinas muy numerosas, densamente agrupadas en fascículos o racimos axilares muy cortos, generalmente unisexuados; frutos pepónides, cilíndrico-elipsoidales, de color rojo o púrpura; semillas de gran tamaño, oscuras; uso en la medicina tradicional. Familia de las cucurbitáceas, varias especies del género *Doyerea*, como *Doyerea emetocathartica*. || **2.** *En el Sureste*, individuo de este grupo de diferentes especies de hierbas.

tucho. ■ M. *En el Sureste*, primate originario de América, de hasta 50 cm de longitud; con pelaje de color negro y café; con piel de tonalidades oscuras; ojos café oscuro; tronco delgado; extremidades superiores alargadas que terminan en manos con dedos largos y fuertes, salvo por su pulgar que parece vestigial; extremidades inferiores menos largas respecto a sus brazos; patas con dedos largos prensiles; cola larga y prensil que le sirve para sus hábitos arbóreos. Familia de los atélidos del orden Primates, *Ateles geoffroyi*. (También se llama mono araña, xtuch).

tule. ■ M. **1.** Hierba originaria de América, de hasta 80 cm de altura, monoica; tallos triangulares, en ocasiones de base bulbosa; hojas arrosetadas, enteras, lineares y envainantes en la base, volviéndose fibrosas, de hasta 70 cm de largo, escabrosas sobre los márgenes y la costilla central; flores hermafroditas, diminutas, sin pétalos, cubiertas por brácteas verdes, las flores agrupadas en conjuntos de una a tres espiguillas que surgen en el ápice de un pedúnculo triangular; frutos aquénicos, diminutos, triangulares, con los lados algo cóncavos, de color café, rojizo o amarillo; uso forrajero y en la medicina tradicional. Familia de las ciperáceas, *Cyperus hermaphroditus*. (También se llama zacate de tres hilos). || **2.** supran. Grupo de plantas herbáceas distribuidas principalmente en los trópicos y subtrópicos, monoicas o dioicas; tallos erectos u oblicuamente erectos; hojas arrosetadas, las basales lineares, algunas veces reducidas a vainas, cubriendo la base del tallo o rizoma; flores hermafroditas o unisexuales, sin perianto, agrupadas en espigas o espiguillas, rara vez en capítulos de espigas o espiguillas; frutos aquénicos, de color blanco, pardo oscuro hasta negro; las fibras de tallos y hojas se usan para tejer petates y asientos de sillas. Familia de las ciperáceas, varias especies del género *Cyperus*. || **3.** supran. Individuo de este grupo de plantas.

tulipán. ■ M. **1.** Arbusto originario de Asia, de hasta 3 m de altura, monoico; tallos muy ramificados; hojas alternas, enteras, de ovadas a ovado-lanceoladas, con margen aserrado; flores hermafroditas, vistosas, en forma de campana, con cinco pétalos rojos o de diferentes colores, estambres unidos en un tubo largo, solitarias; frutos capsulares, ovoides, cafés; uso ornamental. Familia de las malváceas, *Hibiscus rosa-sinensis*. (También se llama gallardete, lamparilla, obelisco, rosicler, tulipán americano). || **2.** Flor del **tulipán**; uso en la medicina ceremonial y ornamental. ■ LOC. ~ **americano.** LOC. SUST. **tulipán.**

tulix. [*tulísh*] ■ F. **turix.**

tullido. ■ EXPR. **cualquier ~ es alambrista.** coloq. **hasta el más tullido es alambrista.** ▶ **cualquier ~ es equilibrista.** coloq. **hasta el más tullido es alambrista.** ▶ **hasta el más ~ es alambrista.** coloq. Se usa para indicar que, en un grupo, incluso el menos capacitado de sus integrantes es muy capaz: "Pues dirás lo que quieras de nosotros, pero aquí hasta el más tullido es alambrista". ▶ **hasta el más ~ es equilibrista.** coloq. **hasta el más tullido es alambrista.**

tumbaburros. ■ M. **1.** supran. Conjunto de barras de acero que se agrega a los autos, generalmente las camionetas, para amortiguar los efectos de un choque; parachoques. || **2.** supran. fest. Diccionario.

tumbada. ■ F. supran. fam. Robo.

tumbar. ■ TR. supran. fam. Robar: "Me tumbaron mi coche ayer en la mañana".

tumbavaqueros. ■ M. **1.** Hierba originaria de México, de hasta 1 m de altura, monoica; raíces tuberosas; tallos finamente pubescentes; hojas alternas, de ovadas a lanceoladas, con margen irregularmente dentado; flores hermafroditas, vistosas, campanuladas, de color azul a púrpura, blancas en la base, solitarias o en pares; frutos capsulares, ovoides, cubiertos por el cáliz; cuatro semillas, elipsoides, negras. Familia de las convolvuláceas, *Ipomoea stans*. (También se llama espantalobos, tanibata). || **2.** Raíz del **tumbavaqueros**; uso en la medicina tradicional.

tuna. ■ F. supran. Fruto del nopal, generalmente dulce y comestible. ■ LOC. **~ cardona.** LOC. SUST. **1.** Árbol o arbusto originario de México, de hasta 5 m de altura; tallos erectos, muy ramificados, articulados, pencas angostamente obovadas, de color verde oscuro a grisáceo, recubiertas con una capa de cera; areolas cubiertas de lana de color castaño a negruzco, espinas de color amarillento a rojizo; flores hermafroditas, vistosas, tubulares, con múltiples pétalos verdes con tintes rojizos en el exterior y amarillos con tintes rojizos al interior, estambres numerosos, verdes, flores solitarias; frutos abayados, elipsoides, rojos, cubiertos de areolas sin espinas; semillas de discoideas a triangulares. Familia de las cactáceas, *Opuntia streptacantha*. (También se llama nopal cardón, nopal hartón, nopal de tuna colorada, tuna mansa). || **2.** Fruto de este árbol o arbusto; comestible. ▶ **~ colorada fina.** LOC. SUST. **1.** Arbusto originario de América, de hasta 5 m de altura; tallo erecto, muy ramificado, articulado, de pencas oblongas a obovadas, verdes opacas, cubiertas de una capa de cera grisácea; areolas hundidas, cubiertas de lana color grisáceo negruzco, con algunas cerdas pequeñas, color castaño amarillento, y espinas aplanadas, largas; flores hermafroditas, vistosas, tubulares, con múltiples pétalos amarillos con tintes rojizos, los exteriores de deltoides a oblongos, los interiores anchamente oblongos, estambres numerosos, blancos; frutos abayados, de elipsoides a obovoides, color rojo purpúreo, cubiertos de areolas sin espinas, cerdas y lana rojizas; semillas diminutas, discoideas; pencas, uso en la medicina tradicional. Familia de las cactáceas, *Opuntia ficus-indica*. (También se llama nopal manso, nopal tempranillo). || **2.** Fruto de este arbusto; comestible. ▶ **~ corriente.** LOC. SUST. **1.** Árbol o arbusto originario de México, de hasta 4 m de altura; troncos erectos, articulados, pencas de circulares a obovadas, de color verde claro a grisáceo, recubiertas con una capa de cera que les da un tono cenizo; areolas cubiertas de una lana de color gris a negro, espinas de cinco o seis, una rígida, negras, cerdas pequeñas, de color amarillo rojizo; flores hermafroditas, vistosas, tubulares, con múltiples pétalos de color verde amarillento, con tintes rojizos en el ápice, estambres numerosos, amarillos pálidos, flores solitarias; frutos abayados, de globosos a subglobosos, cubiertos de areolas y lana castaña rojiza; semillas discoideas. Familia de las cactáceas, *Opuntia hyptiacantha*. (También se llama nopal cascarón). || **2.** Fruto de este árbol o arbusto; comestible. ▶ **~ mansa.** LOC. SUST. **tuna cardona.** ▶ **~ tapona.** LOC. SUST. **1.** Arbusto originario de México, de hasta 2 m de altura; tallos erectos, muy ramificados, articulados, pencas de circulares a obovadas, muy gruesas, de color verde azulado, cubiertas con una capa de cera; areolas ovadas, elevadas en la parte superior de la penca, cubiertas de lana de color castaño claro a negruzco, cerdas numerosas, de color castaño a amarillo dorado, espinas vigorosas, amarillentas; flores hermafroditas, vistosas, tubulares, con múltiples pétalos amarillos, los exteriores de deltoides a obovados, los interiores espatulados, estambres numerosos, de color blanco verdoso, flores solitarias; frutos abayados, globosos, purpúreos, cubiertos de areolas con lana negruzca y cerdas amarillas; semillas diminutas, deltoides; pencas, comestibles; uso forrajero. Familia de las cactáceas, *Opuntia robusta* var. *robusta*. (También se llama nopal camueso, nopal tapón). || **2.** Fruto de este arbusto; comestible.

tunco, ca. ■ ADJ. **1.** *En Chiapas, referido a persona*, que es de baja estatura: "Adrián está muy tunco, nada más no crece". Ú.t.c.sust.: "Adrián es un tunco, nada más no crece". || **2.** supran. *Referido a alguien*, que carece de una extremidad: "Mi perro tunco no puede subir las escaleras". ■ M. **3.** supran. Cerdo.

tup. ■ M. **1.** *En el Sureste*, dedo meñique. || **2.** *En el Sureste*, hijo menor.

tupido. ■ LOC. **~ y parejo.** LOC. ADV. supran. fam. Con frecuencia y asiduidad: "Entrenábamos tupido y parejo, así conseguimos ganar la medalla de oro".

T

tupir. ■ TR. **1.** fam. Golpear a alguien: "No se dejó asaltar y lo tupieron a patadas". || **2.** fam. Agredir verbalmente a alguien: "Mientras decía su discurso, lo tupieron a insultos".

tupirle. ■ INTR. PRNL. **3.** fam. Darse prisa: "Túpele o vamos a llegar tarde". || **4.** fam. Trabajar alguien arduamente: "Le tupimos todo el fin de semana hasta terminar la chamba".

turco. ■ M. **tolobojo.**

turismo. ■ M. *En Chiapas*, taxi.

turix. [*turísh*] ■ F. *En el Sureste*, libélula.

turnar. ■ TR. Remitir una comunicación, expediente o actuación a otro departamento, juzgado, sala de tribunales, funcionario, etc.: "Turnaron la demanda al juzgado de primera instancia".

turulete. ■ M. *En el Sureste*, alimento hecho con maíz molido, piloncillo, manteca de cerdo y huevo, que se hornea, generalmente tiene forma de rombo.

tusada. ■ F. **1.** supran. Hecho de tusar o cortar las crines de las caballerías según un modelo determinado. || **2.** supran. Hecho de tusar o cortar mal el pelo a alguien.

tusar. ■ TR. **1.** supran. Cortar las crines de las caballerías según un modelo determinado: "Guarda las tijeras con las que tusamos a los caballos". || **2.** supran. Cortar mal el pelo a alguien: "El peluquero tusó al niño, ya no lo lleves con él".

tutupiche. ■ M. *En el Sureste*, orzuelo.

tuturusco, ca. ■ ADJ. **1.** fam. *Referido a alguien*, aturdido o mareado: "Bajó a la perrita toda tuturusca del coche". || **2.** fam. *Referido a persona*, ebria: "Tu amigo ya se tomó muchas cervezas, por eso anda tuturusco". Ú.t.c.sust.: "El tuturusco de tu amigo ya se tomó muchas cervezas".

tux. [*túsh*] ■ M. *En el Sureste*, hoyo en el centro de la barba, o el que se forma en la mejilla de algunas personas, cerca de la comisura de la boca, cuando se ríen; hoyuelo.

tuxtleco, ca. [*tustléko*] ■ ADJ. **1.** Perteneciente o relativo a la ciudad de Tuxtla Gutiérrez, capital del estado de Chiapas: "Las tostadas tuxtlecas son mis favoritas". || **2.** Natural o procedente de la ciudad de Tuxtla Gutiérrez, capital del estado de Chiapas: "El joven tuxtleco conocía todos los poemas de Sabines". Ú.t.c.sust.: "El tuxtleco conocía todos los poemas de Sabines".

tuza. ■ F. supran. Mamífero roedor de distribución en América del Norte y Centroamérica, de hasta 30 cm de longitud; con pelaje castaño, pardo o rojizo, por lo general empata con los tonos del suelo donde habita; cuerpo robusto; característica particular, presenta un par de bolsas bajo las mejillas que le sirven para transportar alimento; patas delanteras fuertes, aptas para sus hábitos fosoriales; ojos y orejas pequeñas; cola peluda; comestible. Familia de los geómidos del orden Rodentia, varios géneros.

tuzanteco, ca. ■ ADJ. **1.** Perteneciente o relativo al **tuzanteco**: "La lengua tuzanteco es una variante del mochó". || **2.** Natural o procedente del grupo étnico **tuzanteco**: "Los pobladores tuzantecos se protegen del dengue". Ú.t.c.sust.: "Los tuzantecos se protegen del dengue". ■ M. **3.** Grupo étnico establecido en el municipio de Tuzantán, en el estado de Chiapas. || **4.** Lengua maya del subgrupo lingüístico cotoque.

tzeltal. [*seltál*] ■ ADJ. **1.** Perteneciente o relativo al **tzeltal**; zendal: "Los textiles tzeltales están decorados con rombos como símbolo del cosmos". || **2.** Natural o procedente del grupo étnico **tzeltal**; zendal: "Los mujeres tzeltales bordaron toda la tarde". ■ M. **3.** Grupo étnico establecido en el centro este del estado de Chiapas; zendal. || **4.** Lengua maya del subgrupo lingüístico tzeltalano; zendal. ■ COM. **5.** Persona natural o procedente del grupo étnico **tzeltal**; zendal: "El tzeltal se disfraza de mujer durante el carnaval, que da inicio a la nueva cosecha".

tzeltalano, na. [*seltaláno*] ■ ADJ. **1.** Perteneciente o relativo al **tzeltalano**: "El tzeltalano forma parte de la familia de lenguas mayas". ■ M. **2.** Grupo étnico histórico que dio origen a los tzeltales y a los tzotziles, entre otros. || **3.** Conjunto de grupos étnicos establecidos principalmente en el estado de Chiapas. || **4.** Lengua reconstruida que históricamente dio origen al tzeltal y al tzotzil. || **5.** Grupo o familia de lenguas mayas que incluye al tzeltal y al tzotzil, entre otras.

tzendal. Véase **tzeltal.**

tziqueté. [*siketé*] ■ M. Árbol o arbusto originario de Centroamérica, de hasta 5 m de altura; tallos de glabros a densamente pubérulos, parduzcos; hojas simples, alternas, de angostamente ovadas a oblanceoladas o elípticas, coriáceas, el haz débilmente acanalado, envés estriado; flores hermafroditas, pequeñas, campanuladas, anaranjadas o rojas, dispuestas en racimos laxos o densos; frutos abayados, subglobosos u oblongos, anaranjados o amarillos anaranjados, ligeramente arrugados; semillas numerosas, diminutas. Familia de las primuláceas, *Bonellia macrocarpa*.

tzompantli. [*sompántli*] ■ M. **1.** Decoración festiva que consiste en una fila de cráneos de papel, pasta o yeso, generalmente sujetos a una pared, que se usa durante las conmemoraciones del Día de Muertos. || **2.** *En la antigua sociedad mexica*, conjunto de maderos en los que se empalaban cráneos humanos.

tzonistac. [*sonisták*] ■ M. Mamífero carnívoro de distribución desde las planicies costeras de México hasta el norte de Argentina, de hasta 75 cm de longitud; con pelaje suave y corto, en tonalidades sepia, castañas o negruzcas, uniforme en el cuerpo y las extremidades, con excepción de la región cefálica, que presenta tonos más claros, comúnmente grisáceos, y el pecho, que muestra una característica mancha en tonos amarillentos, anaranjados o castaños claros; hocico corto; orejas pequeñas y redondeadas; cuerpo alargado, similar al de las comadrejas; patas relativamente largas para un mustélido, con garras fuertes que le permiten trepar; cola larga y peluda; presenta glándulas anales con un olor característico. Familia de los mustélidos del orden Carnivora, *Eira barbara*. (También se llama sanjol, taira, tayra, viejo de monte, zamhool, zonistac).

tzotzil. [*sotsíl*] ■ ADJ. **1.** Perteneciente o relativo al **tzotzil**: "El chaleco tzotzil puede estar hecho de lana negra o blanca". || **2.** Natural o procedente del grupo étnico **tzotzil**: "Algunos indígenas tzotziles trabajan en las fincas cafetaleras". ■ M. **3.** Grupo étnico establecido en el centro y centro norte del estado de Chiapas. || **4.** Lengua maya del subgrupo lingüístico tzeltalano. ■ COM. **5.** Persona natural o procedente del grupo étnico **tzotzil**: "Algunos tzotziles trabajan en las fincas cafetaleras".

T

U

uachi. ■ M. **1.** Árbol originario de México, de hasta 15 m de altura, monoico; tallos muy ramificados y con ramas glabras; hojas alternas, divididas en glándulas, foliolos diminutos, numerosos, elípticos; flores hermafroditas, pequeñas, tubulares, con cinco pétalos y diez estambres, de blancas a amarillentas, agrupadas en cabezuelas globosas; frutos en vainas, rectas, aplanadas, coriáceas, de rojizas a moradas; semillas numerosas, ovoides, aplanadas, de color café oscuro. Familia de las leguminosas, *Leucaena esculenta*. || **2.** Semilla del **uachi**; comestible; uso en la medicina tradicional.

uacóporo. ■ M. Arbusto o árbol originario de América, de hasta 10 m de altura, monoico; tallos cortos, de corteza fisurada, ramas con espinas, de color verde amarillento; hojas alternas, divididas en numerosos y pequeños foliolos, ovados y rápidamente deciduos, de color verde pálido; flores hermafroditas, vistosas, con cinco pétalos amarillos, los superiores con tonos rojizos, fragantes, agrupadas en racimos; frutos en vainas que tienen marcadas las semillas, coriáceas y cafés; semillas poco numerosas, con forma cuadrangular y aplanada, cafés; uso en la medicina tradicional. Familia de las leguminosas, *Parkinsonia aculeata*. (También se llama espinillo, guacóporo, huacáporo, palo verde, retama).

uanimo. ■ M. **1.** *En Michoacán*, hojarasca. || **2.** jerg. *En Michoacán*, hojas de la marihuana de mala calidad.

uayuc. ■ M. *En el Sureste*, mamífero carnívoro parecido a la comadreja pero de mayor tamaño, originario de América del Norte, de hasta 50 cm de longitud, sin contar la cola; con cuerpo pardo claro; cola muy larga, de hasta 53 cm, con ocho anillos de color negro oscuro; arborícola, de hábitos nocturnos; omnívoro; suele cazar roedores, aves y reptiles; basáride. Familia de los prociónidos del orden Carnivora, *Bassariscus sumichrasti*. (También se llama cacomiscle, cacomistle, cacomixtle, cacomiztle).

ubicar. ■ TR. **1.** supran. Localizar alguien lo que buscaba: "¿Ya ubicó a su hijo entre el público?". || **2.** supran. Identificar o distinguir lo que se conocía de antemano: "No ubico a esa secretaria de la que me hablas". || **3.** supran. Colocar a alguien en un empleo, cargo o posición: "Pídele que lo ubique en un buen puesto dentro de la empresa".

ubicarse. ■ INTR. PRNL. **4.** Sentirse alguien cómodo en una determinada situación: "En la fiesta de tus primos me ubiqué, el ambiente estaba superbién". || **5.** supran. Comportarse adecuadamente en cada situación: "Para mucha gente Enrique es frívolo, por su relación con Susana, pero es un tipo que se ubica". || **6.** supran. Ser alguien realista: "¡Ubícate!, no puedes gastar más de lo que tienes".

úchala. ■ INTERJ. **¡úchala(s)!** supran. **újule.**

úchale. ■ INTERJ. **¡úchale(s)!** supran. **újule.**

uchepo. ■ M. Tamal de maíz tierno, que se sirve con salsa de jitomate, crema y queso; típico de Michoacán.

uclatave. ■ M. Arbusto originario de América, de hasta 6 m de altura, monoico; troncos ramificados desde el suelo, corteza rugosa de color grisáceo, con látex lechoso; hojas alternas, glabras, ovado-lanceoladas; flores hermafroditas, pequeñas, tubulares, de color blanco a verde amarillento, agrupadas en cimas; frutos drupáceos, ovoide-oblongos, glabros y traslúcidos; semilla única, ovoide-oblonga, con testa jugosa. Familia de las apocináceas, *Vallesia glabra*. (También se llama citabaro, huitatobe, otatave, palo verde, peralillo).

uco. ■ M. *En el Sureste*, mamífero roedor de distribución en México y Centroamérica, de hasta 60 cm de longitud; con pelaje largo, liso y brillante, de color café rojizo, salpicado en negro en el dorso y la rabadilla; cabeza alargada, con el hocico truncado, labio superior hendido y provisto de vibrisas; orejas pequeñas y redondeadas; cuello corto y grueso; tronco robusto y curvo; la cola es vestigial; las extremidades posteriores largas y delgadas, las delanteras un poco más cortas; de patas tridáctilas; su carne es muy apreciada en la gastronomía. Familia de los dasipróctidos del orden Rodentia, *Dasyprocta mexicana*, *Dasyprocta punctata*. (También se llama agutí, cereque, guaqueque, guatusa, querreque, sereque, zerete).

udi. ■ F. Unidad de inversión que se aplica a la adquisición de créditos hipotecarios.

uguate. ■ M. **1.** *En el Sur*, espina que tienen algunas plantas como el cardo y la mayoría de los cactus; aguate. || **2.** supran. *En el Sur*, pelo pequeño y delgado, generalmente rígido, que tienen algunas plantas en sus tallos, hojas o frutos y que al contacto genera malestar o irritación, como los de la ortiga, la caña de azúcar o el tamo de las hojas del maíz; aguate.

uixada. [*uisáda, uisháda*] ■ F. fam. Orinada.

uixar. [*uisár, uishár*] ■ INTR. fam. Orinar: "Mijo, no te uixes en el árbol".

újule. ■ INTERJ. **¡újule(s)!** supran. Se usa para expresar sorpresa o contrariedad: "¡Újule! ¡No me esperaba tantos invitados!".

ulama. ■ M. *En el Noroeste*, juego de pelota prehispánico.

ulazapote. ■ M. **uspib.**

uliche. ■ M. *En Tabasco*, guiso caldoso elaborado con carne de guajolote o de gallina, perejil, ajo, chile amashito y manteca de cerdo, que se espesa con masa de maíz.

último, ma. ■ EXPR. **el último y nos vamos.** coloq. Se usa para conseguir mayor permanencia en una reunión mediante el consumo de más bebida, generalmente alcohólica: "Espérate un poco, la fiesta está muy buena; el último y nos vamos". ▶ **la última y nos vamos.** coloq. **el último y nos vamos.**

unicel. ■ M. Material plástico espumado que se deriva del poliestireno y que tiene diversos usos.

unidad. ■ LOC. **~ habitacional.** LOC. SUST. Conjunto de edificios de departamentos, generalmente de clase popular: "Hicieron una nueva unidad habitacional por mi casa".

uniformado, da. ■ M. y F. supran. Persona de los cuerpos de seguridad que porta la vestimenta de su profesión: "Llegaron los uniformados al estadio durante el partido".

uno, na. ■ EXPR. **uno no es ninguno.** supran. Se usa para invitar a alguien a continuar bebiendo o comiendo: "¡Échate otro mezcal! Al cabo uno no es ninguno".

untada. ■ F. supran. Hecho de implicar a alguien en un asunto delictivo.

untar. ■ TR. supran. Implicar a alguien en un asunto delictivo: "Untaron a Marta con el cobro indebido de los impuestos". ■ LOC. **~ el camarón.** LOC. VERB. vulg. Frotar un hombre el pene sobre el cuerpo de otra persona.

uña. ■ ADJ. **1.** supran. fam. *Referido a persona*, que roba; ladrón: "Miguel es muy uña, mejor no te juntes con él". ■ F. **2.** supran. Chapa triangular u ovalada de carey, marfil o plástico, que se emplea para tocar ciertos instrumentos musicales de cuerda. || **3.** supran. Instrumento que sirve para quitar grapas. || **4.** supran. fam. Persona que roba: "Miguel es una uña, mejor no te juntes con él". ■ COM. **5.** supran. fam. Persona que roba; ladrón: "Miguel es un uña, mejor no te juntes con él". ■ LOC. **~ de gato.**

LOC. SUST. **1. uña de gavilán.** || **2.** supran. Grupo de diferentes especies de plantas arbustivas caracterizadas por presentar espinas pequeñas y encorvadas. Familia de las leguminosas, de los géneros *Acacia, Celtis, Machaerium, Mimosa.* || **3.** supran. Individuo de este grupo de diferentes especies de plantas arbustivas. || **4.** supran. Arbusto o bejuco originario de México y Centroamérica, de hasta 30 cm de altura; tallos cuadrangulares, puberulentos, con espinas y zarcillos; hojas simples, opuestas, de lanceoladas a ovadas, glabras en ambas caras; flores hermafroditas, diminutas, campanuladas, con cinco pétalos amarillos, barbados internamente y papilosos externamente, flores dispuestas en cimas paniculadas, terminales; frutos en bayas, globosos, tuberculados; semillas diminutas, de oblicuas a piramidales, reticuladas, pardas anaranjadas. Familia de las loganiáceas, *Strychnos brachistantha.* (También se llama comalonga, espuela de gallo). ▷ **~ de gavilán.** LOC. SUST. Hierba originaria de México y las Antillas, de hasta 3 m de altura; tallos carnosos, viscosos pubescentes, leñosos con la edad, con tintes morados; hojas simples, opuestas, de ovadas a triangulares, con margen anguloso, glandulosas y viscosas por ambas caras; flores hermafroditas, vistosas, campanuladas, de blancas a rosadas o hasta rojizas moradas, con una mancha interna de color morado, dispuestas en racimos terminales densos; frutos en cápsulas drupáceas, ovoides, la parte interna leñosa, con una cresta dentada y dos cuernos; uso en la medicina tradicional y ornamental; frutos, comestibles. Familia de las martiniáceas, *Martynia annua.* (También se llama caza pulga, cinco llagas, perrito, uña de gato). ▷ **~ del diablo.** LOC. SUST. Hierba de amplia distribución en México, de hasta 60 cm de altura; tallos erectos, con pelos glandulares; hojas simples, opuestas, de 3 a 5 lobadas, con margen aserrado; flores hermafroditas, vistosas, campanuladas, de color púrpura o magenta, agrupadas en racimos axilares; frutos capsulares, elipsoides, con pelos glandulares, al madurar la punta del fruto se divide en dos dando la apariencia de dos cuernos. Familia de las martiniáceas, *Proboscidea fragrans.* (También se llama hierba del toro). ▷ **uña(s) larga(s).** LOC. SUST. supran. fam. Persona que roba: "No confío en Miguel, es una uña larga". ▷ **~ y mugre.** LOC. SUST. supran. fam. Personas muy amigas e inseparables: "Rubén y Sergio son uña y mugre desde niños".

uñar. ■ TR. supran. fam. Robar: "María uñó el dinero de la alcancía".

uñeta. ■ F. Chapa triangular u ovalada de carey, marfil o plástico, que se emplea para tocar ciertos instrumentos musicales de cuerda; uña.

uñilargo, ga. ■ ADJ. supran. fam. *Referido a persona,* que roba; ladrón: "Los muchachos de la esquina son muy uñilargos, cada que entran a la tienda se llevan algo". Ú.t.c.sust.: "Los muchachos de la esquina son unos uñilargos, cada que entran a la tienda se llevan algo".

urna. ■ LOC. **~ embarazada.** LOC. SUST. Recipiente electoral en el que se depositan boletas con votos fraudulentos durante el armado del paquete electoral, antes de la votación: "Anularon la votación porque encontraron varias urnas embarazadas".

urraca. ■ F. **1.** Grupo de aves de distribución en América, de hasta 70 cm de longitud; con pico largo y fuerte; cola larga; cuello grueso; dependiendo de la especie, presenta coloraciones negras, azules oscuras, opacas e iridiscentes. Varias especies de la familia de los córvidos del orden Passeriformes, como *Corvus corax.* (También se llama cacalote, cuervo). || **2.** Individuo de la **urraca.** ■ LOC. **~ azulejo.** LOC. SUST. Ave de amplia distribución en Baja California, de alrededor de 30 cm de longitud; con plumaje de color azul profundo en nuca, costados y parte superior de la cabeza; según la especie, presenta una franja en tono blanco bajo el ojo y en tonos negruzcos en la región del oído; pecho normalmente de color blanco o en tonos grisáceos; cola en tono azul intenso al igual que las alas; patas y pico de color negro. Varias especies de la familia de los córvidos del orden Passeriformes. (También se llama chara, pájaro azul). ▷ **~ copetona.** LOC. SUST. supran. Ave de amplia distribución en la costa oeste de México, de hasta 55 cm de longitud; con cresta negra, larga y aguda; garganta y rostro blancos; banda angosta y negra que le cruza el pecho blanco y partes inferiores blancas; cola extremadamente larga; dorso azul brillante; habita en pastizales con arbustos, crecimiento secundario o bosques ralos; omnívora. Familia de los córvidos del orden Passeriformes, varias especies del género *Calocitta*, como *Calocitta colliei*, *Calocitta formosa*. (También se llama alguacil).

urza. ■ F. **1.** Arbusto o árbol pequeño de amplia distribución en México, de hasta 8 m de altura; tallos muy ramificados, corteza rugosa, escamosa cuando seca, de color café oscuro, las partes jóvenes cubiertas de finos pelos; hojas alternas, compuestas de diez a 15 pares de foliolos elípticos, glabras por ambas caras, con margen entero, cubiertas por glándulas resinosas aromáticas; flores hermafroditas, pequeñas, con cinco pétalos blancos, olorosas, agrupadas en racimos terminales o subterminales; frutos en vainas curvadas, puntiagudas, lisas, pubescentes o glabrescentes, de color café pálido; una semilla por fruto. Familia de las leguminosas, *Eysenhardtia polystachya*. (También se llama palo dulce, rosilla, vara dulce, varaduz). || **2.** Hoja de la **urza**; uso en la medicina tradicional. || **3.** Tallo de la **urza**; uso combustible, en la medicina tradicional, forrajero y ornamental.

urzuela. ■ F. Deterioro del cabello que consiste en la bifurcación de las puntas; orzuela.

usado, da. ■ ADJ. supran. despect. *Referido a persona*, que ha tenido múltiples relaciones sexuales. Ú.t.c.sust.

úscale. ■ INTERJ. **úshcale.**

úshcale. ■ INTERJ. **¡úshcale!** coloq. Se usa para echar a alguien de un lugar: "¡Úshcale, perro!, ¡sáquese de aquí!".

uspib. ■ M. **1.** *En el Sureste,* árbol originario de México y Centroamérica, de hasta 15 m de altura; tallos con corteza áspera, cafés con manchas blancas; hojas simples, alternas, de ovadas a elípticas, glabras por el haz y finamente pubescentes en el envés, con margen entero; flores hermafroditas, pequeñas, tubulares, con cinco pétalos blanquecinos, estambres numerosos, flores agrupadas en panículas terminales o axilares, densas; frutos drupáceos, pequeños, de elipsoides a ovoides, fibrosos, de color amarillo y de sabor dulce; uso en la medicina tradicional e industrial. Familia de las rosáceas, *Couepia polyandra*. (También se llama olozapote, palo de fraile, ulazapote, zapote bolo, zapote niño, zapotillo, zapotillo amarillo). || **2.** *En el Sureste,* fruto del **uspib**; comestible.

utilidades. ■ F. PL. supran. Porcentaje de los beneficios que una empresa logra y que reparte entre sus trabajadores como prestación al final del año fiscal.

utoazteca. ■ ADJ. **1.** supran. Perteneciente o relativo al **utoazteca**: "Los pueblos utoaztecas son cerca de 15 en México". ■ M. **2.** supran. Grupo étnico histórico que dio origen a los grupos étnicos tepimano, tarahumarano-guarijío, cahíta, corachol y nahuatlano, entre otros. || **3.** supran. Conjunto de grupos étnicos que hablan alguna lengua de los subgrupos lingüísticos tepimano, tarahumarano-guarijío, cahíta, corachol o nahuatlano, establecidos desde los estados del noroeste de Estados Unidos de América hasta El Salvador. || **4.** supran. Familia lingüística que incluye a los subgrupos lingüísticos tepimano, tarahumarano-guarijío, cahíta, corachol y nahuatlano, entre otros. || **5.** supran. Lengua reconstruida que históricamente dio origen a las lenguas de esta familia, como el yaqui, el tarahumara y el náhuatl, entre otras. || **6.** supran. Nombre del conjunto de las lenguas de esta familia, como el yaqui, el tarahumara y el náhuatl, entre otras.

utzupec. ■ M. *En el Sureste,* árbol o arbusto originario de América, de hasta 10 m de altura; tallos glabros, erectos; hojas simples, opuestas, de obovadas a elípticas, glabras por ambos lados, con margen ondulado; flores hermafroditas, vistosas, con forma de trompeta, blancas o amarillentas, con cinco pétalos de obovados a elípticos, las flores dispuestas en panículas axilares; frutos foliculares, de fusiformes a elipsoidales, con dos crestas longitudinales; semillas pequeñas; uso en la medicina tradicional y ornamental. Familia de las apocináceas, *Tabernaemontana amygdalifolia*. (También se llama cojón de toro, hoja de chivo, leche de chivita, lechoso blanco, palo de leche, tempecate, verraco).

uva. ■ LOC. **~ cimarrona.** LOC. SUST. **1.** supran. Bejuco originario de México, de hasta 35 m de longitud, monoico; tallos de cilíndricos a subcilíndricos, con corteza agrietada; hojas simples, alternas, oblongas o cordiformes, con pelos de apariencia aracnoide en ambas caras, de consistencia papirácea o cartácea, con margen denticulado o dentado;

flores bisexuales o unisexuales, amarillentas, diminutas, las unisexuales con estambres bien desarrollados y pistilos reducidos, flores dispuestas en panículas densas, dispuestas en las axilas de las hojas; frutos en bayas orbiculares, de color verde a púrpura oscuro en la madurez; generalmente con dos semillas por fruto, diminutas, piriformes, ligeramente curveadas. Familia de las vitáceas, *Vitis tiliifolia*. (También se llama bejuco blanco, bicholi, pichol, sanalotodo). || **2.** supran. Fruto de este bejuco; uso en la industria vinícola y en la medicina tradicional. || **3.** supran. Semilla de este bejuco; uso como oleaginosa y en la producción de harina. || **4.** supran. Tallo de este bejuco; uso en la medicina tradicional. ▶ **~ de mar.** LOC. SUST. **uva de playa.** ▶ **~ de playa.** LOC. SUST. **1.** supran. Árbol originario de América, de hasta 15 m de altura; tallos puberulentos, con corteza gris, lisa y fina, que se desprende en escamas; hojas simples, alternas, de orbiculares a reniformes, glabras por ambas caras, coriáceas; flores hermafroditas, diminutas, de blancas a verdosas, fragantes, dispuestas en racimos terminales y laterales, densas; frutos aquénicos, con forma de pera, con los sépalos persistentes, de color rosado a morado cuando maduros; semillas elípticas; uso en la medicina tradicional; cortezas y tallos, uso industrial. Familia de las poligonáceas, *Coccoloba uvifera*. (También se llama carnero, paparrón, papaturro, roble de la costa, uva de mar, uvero). || **2.** supran. Fruto de este árbol; comestible; uso en licorería.

uvé. ■ F. Letra *v*.

uvero. ■ M. **uva de playa.**

V

vaca. ■ F. **1.** *En El Bajío*, empanada rellena de picadillo. Ú.m.e.dim. || **2.** supran. Dinero que se reúne entre varias personas para destinarlo a un fin común. Ú.m.e.dim. ■ LOC. **~ de agua.** LOC. SUST. supran. Manatí.

vacacionada. ■ F. supran. Realización de un viaje con propósitos de esparcimiento y descanso.

vacacionar. ■ INTR. supran. Realizar un viaje con propósitos de esparcimiento y descanso: "¿Y dónde vacacionaron en Semana Santa?".

vacacionista. ■ ADJ. **1.** Perteneciente o relativo a las vacaciones: "La temporada vacacionista empieza la próxima semana". ■ COM. **2.** supran. Persona que vacaciona: "Los vacacionistas extranjeros ya empezaron los preparativos para el verano".

vacaloca. ■ F. supran. Juego que consiste en perseguir a otras personas con un armazón en forma de cabeza de vaca, cuyos cuernos se revisten de trapos impregnados en una sustancia inflamable que al encenderse sirve de diversión en fiestas populares; torito.

vaciado, da. ■ ADJ. **1.** fam. Que es simpático y gracioso: "Federico es muy vaciado, nos hizo reír con sus chistes". Ú.t.c.sust.: "Federico es un vaciado, nos hizo reír con sus chistes". || **2.** fam. Que llama la atención por su peculiaridad o rareza; curioso: "Esa mochila con orejas de ratón está muy vaciada".

vacilada. ■ F. **1.** supran. Diversión: "Es la pura vacilada con mis cuates de la secundaria". || **2.** supran. Tomadura de pelo: "Lo del viaje de Abel era una vacilada".

vacilador, ra. ■ ADJ. **1.** supran. *Referido a persona*, bromista: "Ese señor es muy vacilador, no te enojes". Ú.t.c.sust.: "Ese vacilador nos dijo puras exageraciones". || **2.** supran. Propio de la persona **vaciladora**: "Heredamos el carácter vacilador de mi abuelo".

vágido. ■ M. supran. pop. Desvanecimiento; vahído.

vago, ga. ■ ADJ. fam. *Referido a persona*, que es hábil en una actividad de ocio: "Ramiro salió bien vago para el billar". Ú.t.c.sust.: "Ramiro es un vago para el billar".

vagonero, ra. ■ M. y F. Persona que vende en el metro de vagón en vagón sin permiso de las autoridades.

vaiburín. ■ M. Hierba originaria de América, de hasta 1 m de altura; tallos decumbentes, con tricomas blancos, híspidos, raramente glabros; hojas opuestas, compuestas, foliolos elípticos, pares centrales más largos, pubescentes, con margen entero; flores hermafroditas, vistosas, polipétalas, rojas, amarillas o anaranjadas, con una mancha más oscura en la base de los pétalos, solitarias; frutos esquizocárpicos, ovoides y tuberculados. Familia de las zigofiláceas, *Kallstroemia grandiflora*.

vainillón. ■ M. Hierba epífita originaria de América, de hasta 5 m de largo; tallos suculentos, con raíces adventicias que surgen de los nodos; hojas alternas, ampliamente oblongas, de coriáceas a carnosas, con márgenes laminados contrayéndose en el ápice; flores hermafroditas, vistosas, bilaterales, amarillas, dispuestas en racimos, de seis a ocho flores; frutos capsulares, cortos, ligeramente curvos, acanalados; semillas diminutas, muy numerosas; uso industrial. Familia de las orquidáceas, *Vanilla pompona*.

vainoro. ■ M. **1.** Arbusto o árbol originario de América, de hasta 12 m de altura, monoico; tallos en forma de zig-zag, puberulentos, con espinas; hojas alternas, de ovadas a elípticas, cartáceas, con margen casi entero, aserrado por la parte media; flores unisexuales, pequeñas, masculinas sésiles, agrupadas en conjuntos compactos, con cinco estambres, flores hermafroditas de una a tres en inflorescencias ramificadas, con algunas flores masculinas; frutos drupáceos, elipsoides, anaranjados, carnosos, con un pico persistente. Familia de las cannabáceas, *Celtis iguanaea*. (También se llama garabato, nanchibejuco). || **2.** Fruto del **vainoro**; comestible.

valedor, ra. ■ M. y F. fam. Fórmula de tratamiento para dirigirse con confianza a una persona conocida: "Valedor, ¿si me sacas cinco copias?".

valemadrismo. ■ M. malson. Actitud de indiferencia ante todo; importamadrismo: "Con mis amigos todo se vuelve valemadrismo, a nadie le importa nada".

valemadrista. ■ ADJ. **1.** malson. *Referido a persona*, que mantiene una actitud de indiferencia ante todo; importamadrista: "Tu hermano es muy valemadrista, por eso me cae muy mal". || **2.** malson. Propio de la persona **valemadrista**: "Me impresiona su actitud valemadrista e irresponsable". ■ COM. **3.** malson. Persona que mantiene una actitud de indiferencia ante todo; importamadrista: "Tu hermano es un valemadrista, por eso me cae muy mal".

valenciana. ■ F. Doblez en la parte baja del pantalón vuelto hacia fuera y hacia arriba.

valentón. ■ M. rur. Tira de cuero que se emplea para atar dos reses por los cuernos, de modo que anden juntas.

valer. ■ INTR. **1.** fam. Frustrarse algo: "Valió nuestra ida al cine porque empezó a llover". || **2.** fam. Morirse: "El hombre valió de un balazo". || **3.** supran. fam. Estropearse, dejar de funcionar algo: "El radio valió con la descarga". || **4.** supran. fam. Carecer de importancia algo para alguien: "—¿Y tu trabajo? —¡Me vale!". ■ LOC. **~ bolillo.** LOC. VERB. **valer.** ▷ **~ cacahuate.** LOC. VERB. **valer.** ▷ **~ camote.** LOC. VERB. vulg. **valer.** ▷ **~ chetos.** LOC. VERB. **valer.** ▷ **~ gorro.** LOC. VERB. **valer.** ▷ **~ grillo.** LOC. VERB. **valer.** ▷ **~ madre(s).** LOC. VERB. malson. **valer.** ▷ **~ maiz.** LOC. VERB. eufem. **valer madre(s).** ▷ **~ mambo.** LOC. VERB. eufem. **valer madre(s).** ▷ **~ mierda.** LOC. VERB. malson. **valer.** ▷ **~ ñonga.** LOC. VERB. vulg. **valer.** ▷ **~ pene.** LOC. VERB. vulg. **valer.** ▷ **~ pepino.** LOC. VERB. **valer.** ▷ **~ pito.** LOC. VERB. **valer.** ▷ **~ queso.** LOC. VERB. **valer madre(s).** ▷ **~ sombrilla.** LOC. VERB. **valer.** ▷ **~ sorbete.** LOC. VERB. **valer.** ▷ **~ una pura y dos con sal.** LOC. VERB. **valer.** ▷ **~ verga.** LOC. VERB. malson. **valer.**

valevergoso, sa. ■ ADJ. supran. malson. *Referido a persona*, que mantiene una actitud de indiferencia ante todo; valemadrista: "Tu hermano es muy valevergoso, por eso me cae muy mal". Ú.t.c.sust.: "Tu hermano es un valevergoso, por eso me cae muy mal".

valeverguero, ra. ■ ADJ. **valevergoso, sa.**

valeverguismo. ■ M. **valemadrismo.**

valeverguista. ■ ADJ. supran. **valemadrista.**

valla. ■ F. supran. *En el Sureste*, lugar público donde se llevan a cabo peleas de gallos.

vallado. ■ M. rur. Zanja profunda a cuyos lados se amontona la tierra extraída de ella.

valona. ■ F. **1.** Género musical popular cuya letra en su forma habitual consta de una planta o cuarteta octosilábica sobre la que se improvisan o se componen previamente cuatro décimas que la glosan; típico de la Tierra Caliente en Michoacán y de la Sierra Gorda en Querétaro. || **2.** Cada una de las composiciones de este género musical; típica de la Tierra Caliente en Michoacán y de la Sierra Gorda en Querétaro. || **3.** Género musical popular cuya letra en su forma habitual consta de una cuarteta octosilábica o copla; típico de los Altos de Jalisco. || **4.** Cada una de estas cuartetas octosilábicas o coplas; típica de los Altos de Jalisco.

valonearse. ■ INTR. PRNL. supran. *En la charrería*, inclinarse o ladearse un jinete en la montura para coger la cola del toro que huye y derribarlo: "Ese charro se valoneó con mucha destreza durante el evento".

valonero, ra. ■ ADJ. **1.** Perteneciente o relativo a la valona: "En San Luis Potosí hay una gran tradición valonera". || **2.** *Referido a persona*, que se dedica a improvisar o recitar composiciones en valonas: "Los músicos valoneros tuvieron una buena presentación en el festival". ■ M. y F. **3.** Persona que se dedica a improvisar o recitar composiciones en valonas.

valor. ■ LOC. **a (puro) ~ mexicano.** [*mejikáno*] LOC. ADV. Con valentía: "Sin arnés, sin guantes, sin casco, a puro valor mexicano, así llegó la ayuda en el pasado sismo". ▶ **al (puro) ~ mexicano.** LOC. ADV. **a puro valor mexicano.**

valseada. ■ F. supran. Hecho de valsear o bailar.

valsear. ■ INTR. supran. Bailar, generalmente vals: "Mi abuelo valseó conmigo en la fiesta".

valuador, ra. ■ M. y F. supran. Persona que se dedica a determinar el valor de algo.

vampiro. ■ M. **1.** Bebida preparada con tequila, sangrita y agua mineral. || **2.** Bebida que se prepara con jugo de betabel y de zanahoria. || **3.** despect. Hombre que se prostituye. || **4.** vulg. Coito realizado durante el periodo menstrual de una mujer. || **5.** vulg. Sexo oral realizado durante el periodo menstrual de una mujer.

van. ■ F. supran. Furgoneta con puertas laterales, de pasajeros o para transportar mercancías.

vapor. ■ M. Baño sauna.

vaporcito. ■ M. *En el Sureste*, tamal pequeño que contiene frijol espelón, carne de pollo o de cerdo, envuelto en hoja de plátano y cocido al vapor.

vaporizo. ■ M. *En el Sureste*, vapor con propiedades curativas; vaho.

vaqueada. ■ F. supran. rur. Hecho de vaquear o reunir las vacas o el ganado disperso por el campo, generalmente para contarlo, herrarlo, curarlo o venderlo.

vaquear. ■ INTR. supran. rur. Reunir las vacas o el ganado disperso por el campo, generalmente para contarlo, herrarlo, curarlo o venderlo: "Vaqueamos todo el día, estoy muy cansado".

vaquería. ■ F. **1.** *En Yucatán*, fiesta tradicional. || **2.** *En Yucatán*, conjunto de bailes de la **vaquería** que se acompañan con música de jaranas.

vaquerillo. ■ M. Cuero ancho, generalmente de zalea de chivo, con bolsas al interior, que termina en forma casi ojival, cuelga a cada lado de la silla de montar y sirve para llevar provisiones. Ú.m.e.pl.

vaquero. ■ M. supran. Ave de distribución en América, de hasta 35 cm de longitud; macho con plumaje predominantemente negro brillante en tonos café y rojizo según la especie; hembra con plumaje negro en tonos opacos o de colores gris y café claro según la especie; pico relativamente corto; gregaria; habita campos abiertos, suele poner sus huevos en los nidos de otras aves (parásitos de puesta); se alimenta de insectos y semillas; a menudo se encuentra junto a animales que pastan, como caballos y vacas. Familia de los ictéridos del orden Passeriformes, varias especies del género *Molothrus*, como *Molothrus aeneus*, *Molothrus ater*, *Molothrus oryzivorus*. (También se llama tordo).

vaqueta. ■ F. Tira de cuero que usan los barberos para afilar la navaja de afeitar.

vaquetón, na. ■ ADJ. fam. *Referido a persona*, que es floja y que actúa con desfachatez; baquetón: "Tu compadre es bien vaquetón, no hace nada de su vida". Ú.t.c.sust.: "Tu compadre es un vaquetón, no hace nada de su vida".

vaquetudo, da. ■ ADJ. **vaquetón, na.**

vara. ■ LOC. **~ de san José.** LOC. SUST. Hierba de distribución cosmopolita, de hasta 2.5 m de altura; tallos ascendentes, vilosos; hojas alternas, enteras, ovadas, con tres o cinco lóbulos, coriáceas, con margen entero, ligeramente ondulado; flores hermafroditas, de gran tamaño, campanuladas, rosas, blancas o violetas, solitarias; frutos esquizocárpicos, subglobosos, divididos incompletamente dejando una cavidad interna; uso ornamental. Familia de las malváceas, *Alcea rosea*. ▶ **~ dulce.** LOC. SUST. **1.** Arbusto o árbol pequeño de amplia distribución en México, de hasta 8 m de altura; tallos muy ramificados, corteza rugosa, escamosa cuando seca, de color café oscuro,

V

las partes jóvenes cubiertas de finos pelos; hojas alternas, compuestas de diez a 15 pares de foliolos elípticos, glabras por ambas caras, con margen entero, cubiertas por glándulas resinosas aromáticas; flores hermafroditas, pequeñas, con cinco pétalos blancos, olorosas, agrupadas en racimos terminales o subterminales; frutos en vainas curvadas, puntiagudas, lisas, pubescentes o glabrescentes, de color café pálido; una semilla por fruto. Familia de las leguminosas, *Eysenhardtia polystachya*. (También se llama palo dulce, rosilla, varaduz, urza). || **2.** Tallo de este arbusto o árbol; uso combustible, forrajero, en la medicina tradicional y ornamental. || **3.** Hoja de este arbusto o árbol; uso en la medicina tradicional. ▷ **~ negra.** LOC. SUST. Arbusto originario de México, de hasta 5 m de altura; tallos de rojizos a morados, cubiertos con pelillos; hojas simples, de oblongo-elípticas a ovadas u obovadas, con margen entero u ondulado; flores hermafroditas, numerosas y diminutas, blancas o de color crema, con cinco pétalos y de cinco a diez estambres, las flores dispuestas en panículas densas y cortas, terminales; frutos drupáceos, subglobosos, provistos de glándulas y pelos setiformes, de color rojizo; uso en la medicina tradicional. Familia de las anacardiáceas, *Rhus standleyi*. (También se llama xoxocote, yucucaya).

varaduz. ■ M. **vara dulce.**

vararse. ■ INTR. PRNL. supran. Quedarse detenido un vehículo por avería: "El coche de mis tíos se varó en la carretera".

varazón. ■ M. supran. rur. Armazón de cañas o varas para hacer una construcción.

varilla. ■ F. **1.** Mercancía menuda y barata, generalmente de mercería. || **2.** supran. *En la construcción*, barra de hierro o acero, de diversos diámetros, que se usa para formar estructuras.

varillero, ra. ■ M. y F. Persona que se dedica a vender mercancía menuda y barata, generalmente de mercería.

varo. ■ M. **1.** pop. Peso, unidad monetaria; baro. || **2.** supran. pop. Dinero; baro.

varudo, da. ■ ADJ. pop. *Referido a persona*, que tiene mucho varo o dinero; barudo: "La tía varuda de Marcos le regaló un viaje a la India". Ú.t.c.sust.: "La varuda de la familia le regaló un viaje a la India a Marcos".

vasconcelismo. ■ M. Corriente de pensamiento político encabezada por José Vasconcelos que propició la institucionalización educativa.

vasconcelista. ■ ADJ. **1.** Perteneciente o relativo al vasconcelismo: "Durante la época vasconcelista se le dio un gran impulso a la educación". || **2.** *Referido a persona*, partidaria o militante del vasconcelismo: "La juventud vasconcelista apoyaba una visión de la cultura como factor de liberación y de dignificación de las personas". ■ COM. **3.** Persona partidaria o militante del vasconcelismo: "Los vasconcelistas fueron defensores activos de la cultura como factor de liberación y de dignificación de las personas".

vascoso, sa. ■ ADJ. *En el Norte, referido a algo*, demasiado grande: "Tu falda te queda vascosa, Ana, hay que cortarle".

vaserán. ■ M. rur. *En el Noroeste*, cauce seco de un río.

vaso. ■ LOC. **~ cafetero.** LOC. SUST. El de vidrio, mediano y ancho, que se utiliza para servir generalmente café con leche. ▷ **~ cubero.** LOC. SUST. **vaso jaibolero.** ▷ **~ de elote.** LOC. SUST. Preparación hecha a base de granos de maíz hervidos con epazote; se puede servir con sal, chile en polvo, queso, limón y mayonesa; esquite. ▷ **~ entrenador.** LOC. SUST. El de plástico, pequeño y ancho, con boquilla en la tapa y generalmente con asas, que se utiliza para servir bebidas a los niños pequeños. ▷ **~ jaibolero.** LOC. SUST. El de vidrio, alto y angosto, que se utiliza para servir jaiboles. ▷ **~ tequilero.** LOC. SUST. El de vidrio, pequeño y angosto, que se utiliza para servir tequila, sangrita o mezcal; caballito.

vasolote. ■ M. *En Michoacán*, preparación hecha a base de granos de maíz hervidos; se puede servir con sal, chile en polvo, queso, limón y mayonesa; esquite.

vato, ta. ■ M. y F. **1.** fam. Fórmula de tratamiento para dirigirse a una persona conocida: "Vato, préstame unas monedas para mi pasaje". || **2.** supran. fam. Joven: "Pregúntale a ese vato en qué calle estamos".

vecindad. ■ F. Conjunto de viviendas pequeñas y precarias que comparten un patio y algunos otros servicios, en donde viven varias familias.

veinticuatro. ■ LOC. **de ~ alfileres.** LOC. ADJ. *En Jalisco*, muy acicalado: "Mira a Raúl, vino de veinticuatro alfileres a la misa de su tía".

vela. ■ LOC. **~ de coyote.** LOC. SUST. **1.** supran. Cactus de hasta 4 m de altura, monoico; tallos ramificados, con artículos o segmentos de elipsoides a cilíndricos, tuberculados, espinas fuertes y gruesas; flores hermafroditas, con numerosos pétalos amarillos verdosos con tonos púrpuras a rosados; frutos abayados, amarillos, cubiertos de pelos finos o aguates; semillas numerosas, subglobosas. Familia de las cactáceas, *Cylindropuntia imbricata*. (También se llama cardón, tasajo). || **2.** supran. Tallo seco de este cactus; uso artesanal. || **3.** supran. Fruto de este cactus; comestible; uso en la medicina tradicional. ▷ **~ encendida.** LOC. SUST. Persona con quien se cuenta y a quien se recurre en caso de ser necesario, especialmente en relaciones amorosas o laborales: "Iré a platicar con mi abuela, ellas es mi vela encendida". ▷ **~ prendida.** LOC. SUST. **vela encendida.**

velada. ■ F. rur. *En Sonora*, reunión periódica de vaqueros para recoger el ganado que anda suelto en el campo.

velador, ra. ■ M. y F. **1.** supran. Persona que se dedica a vigilar un lugar durante la noche. ■ F. **2.** supran. Vela gruesa y corta, en forma de cono truncado e invertido, generalmente en un recipiente de cristal. || **3.** supran. Lamparilla que consta de una vasija de aceite o parafina y una mecha. || **4.** supran. Lámpara o luz portátil que suele colocarse en el buró. ■ LOC. **veladora encendida.** LOC. SUST. **vela encendida.** ▷ **veladora prendida.** LOC. SUST. **vela encendida.**

veladora. ■ F. Véase **velador, ra.**

velar. ■ INTR. rur. *En Sonora*, reunirse periódicamente los vaqueros para recoger el ganado que anda suelto en el campo: "Ya velamos el día de hoy".

velís. ■ M. **veliz.**

veliz. ■ M. supran. Maleta de viaje rígida, de forma rectangular, provista de un asa para llevarse en la mano.

ven. ■ F. **van.**

venadazo. ■ M. Disparo que, sin ser visto, se da a una persona con la intención de asesinarla tras haberla acechado.

venadear. ■ TR. supran. Acechar a una persona y dispararle.

venadeo. ■ M. supran. Acecho que se le hace a una persona para dispararle.

venadero, ra. ■ ADJ. **1.** supran. *Referido a un perro*, adiestrado para la caza de venados: "Conseguimos una perra venadera para la siguiente temporada". ■ M. y F. **2.** Persona que se dedica a criar venados. || **3.** Persona que se dedica a cazar venados.

venadillo. ■ M. *En el Noroeste*, árbol originario de México y Centroamérica, de hasta 20 m de altura, monoico; tallos de tronco erecto y grueso, corteza fisurada, de color café rosado, más oscura al madurar; hojas alternas, agrupadas en los extremos de las ramas, compuestas de cuatro a diez foliolos de ovados a elíptico-ovados; flores unisexuales, pequeñas y vistosas, de color blanco verdoso, estambres fusionados lateralmente formando un tubo largo, dispuestas en tirsos terminales; frutos capsulares, ovoides, erectos y alargados, de color café gris pálido; semillas numerosas, aladas, cafés pálidas, con uso industrial y en la medicina tradicional; tallos, uso industrial. Familia de las meliáceas, *Swietenia humilis*. (También se llama caoba del Pacífico, caobilla, gateado, zopilocahuite, zopilote).

venado. ■ M. supran. Cérvido de pelaje castaño pardo, de hasta 1.60 m de alzada y 2.20 m de longitud; astas con formas particulares según la especie. Familia de los cérvidos, especies de los géneros *Odocoileus* y *Mazama*. ■ LOC. **~ bura.** LOC. SUST. **venado cola negra.** ▷ **~ cola blanca.** LOC. SUST. supran. Ciervo de distribución en América; de hasta 1 m de altura y 2 m de longitud; con pelaje rojizo en verano y gris en invierno, con una mancha blanca bajo la cola; machos con astas que crecen de forma ramificada e inclinada hacia atrás que se renuevan anualmente. Familia de los cérvidos del orden Artiodactyla, *Odocoileus virginianus*. ▷ **~ cola negra.** LOC. SUST. *En Sonora*, ciervo de distribución en América del Norte, de hasta 2 m de longitud; con pelaje color gris o pardo, en tonos blancos en la región ventral; cola blanca con un mechón negro en la punta; cuerpo más robusto en comparación con el venado cola blanca; orejas relativamente largas, semejantes a las de las mulas; machos con astas de color negro, que crecen de forma ramificada, se inclinan hacia adelante y se renuevan de manera anual; con glándula grande en el hueco del hueso lagrimal. Familia de los cérvidos del orden Artiodactyla, *Odocoileus hemionus*. (También se llama bura, venado bura, venado mula). ▷ **~ colorado.** LOC. SUST. **venado rojo.** ▷ **~ gris.** LOC. SUST. **venado pardo.** ▷ **~ mula.** LOC. SUST. **venado cola negra.** ▷ **~ pardo.** LOC. SUST. supran. *En el Sureste,* ciervo de 1.5 m de longitud, de 40 a 50 cm de alzada; presenta dos pequeñas cornamentas agudas y no ramificadas; su pelaje de color gris, tonos pardos en la cabeza y patas. Familia de los cérvidos del orden Artiodactyla, *Mazama pandora*. (También se llama cornezuela, temazate, venado gris, yuco, yuk). ▷ **~ rojo.** LOC. SUST. supran. *En el Sureste,* ciervo de 1.5 m de longitud, de 40 a 50 cm de alzada; los machos presentan dos pequeñas cornamentas agudas y no ramificadas; su pelaje de color castaño rojizo y parte de la cara; la parte inferior de sus extremidades de color negruzco. Familia de los cérvidos del orden Artiodactyla, *Mazama temama*. (También se llama temazate, venado colorado, yuco, yuk).

vencer. ■ TR. **1.** Hacer que una cosa se rompa o se caiga por no poder soportar la fuerza o el peso que se ejerce sobre ella: "Tantos libros vencieron la repisa". || **2.** Hacer que algo flexible o elástico pierda su condición: "El golpe venció los amortiguadores del coche".

vencerse. ■ INTR. PRNL. **3.** supran. Caducar un producto de consumo: "Tira la penicilina que ya se venció".

vencidas. ■ F. PL. supran. Competencia en que dos jugadores sentados frente a frente apoyan uno de sus codos sobre una mesa tomándose de la mano y mirando cada uno su pulgar; gana el que, sin separar el codo de la mesa, hace que su contrincante toque ésta con el dorso de su mano.

vendimia. ■ F. fam. Venta.

venenillo. ■ M. **1.** Hierba originaria de América, de hasta 1 m de altura, monoica; tallos muy ramificados, con jugo lechoso blanco; hojas opuestas, enteras, lanceoladas; flores hermafroditas, vistosas, de color rojo anaranjado a rojo amarillo, agrupadas en umbelas; frutos foliculares y elipsoides; semillas numerosas, semicirculares, aplanadas, con un penacho de pelos; látex, uso en la medicina tradicional. Familia de las apocináceas, *Asclepias curassavica*. (También se llama cancerillo, quiebramuelas, revientamuelas, rompemuelas). || **2.** Raíz de esta hierba; uso en la medicina tradicional. || **3.** Árbol originario de México, de hasta 6 m de altura; tallos con corteza de aspecto ceniciento, con huellas manifiestas de las hojas que se han caído; hojas simples, alternas, linear-lanceoladas; flores hermafroditas, grandes y vistosas, en forma de embudo, amarillas, agrupadas en cimas terminales o axilares; frutos drupáceos, subglobosos, negros al madurar, con pequeños puntos blancos; semillas aladas, blanquecinas. Familia de las apocináceas, *Cascabela thevetioides*. (También se llama ayoyote, chachayote, chachayotl, codo de fraile, gorro de obispo, huesos de fraile, joyote, narciso amarillo, yoyote, yucucaca). || **4.** Fruto de este árbol; uso artesanal, en la medicina tradicional y ornamental. || **5.** Arbusto de amplia distribución en México, de hasta 1 m de altura, monoico; tallos muy ramificados, con látex blanquecino y lechoso; hojas simples, alternas, lineares, más o menos carnosas; flores hermafroditas, pequeñas, de color blanco verdoso o matizadas de morado en el exterior, flores dispuestas en umbelas; frutos foliculares, ovoides, cafés verdosos; semillas numerosas, obovadas, de color café pálido, con un penacho de pelos blancos. Familia de las apocináceas, *Asclepias linaria*. (También se llama algodoncillo, mapipitza, romerillo, tezonpantli). || **6.** Hoja de este arbusto; uso en la medicina tradicional. || **7.** Semilla de este arbusto; uso en la medicina tradicional. || **8.** supran. Árbol o arbusto originario de América, de hasta 8 m de altura; monoico; hojas alternas, enteras, lineares y lustrosas; flores hermafroditas, vistosas, en forma de embudo, amarillas y olorosas; frutos drupáceos, globosos, carnosos, de negros a púrpuras al madurar y con un hueso central; semillas carnosas, blancas, tóxicas; uso ornamental. Familia de las apocináceas, *Cascabela thevetia*. (También se llama cabalonga). || **9.** supran. Fruto de este árbol o arbusto; uso en la medicina tradicional. || **10.** supran. Semilla de este árbol o arbusto; uso en la medicina tradicional.

veneno. ■ LOC. **~ del diablo.** LOC. SUST. Bejuco originario de Guatemala y México, de hasta 15 m de largo; tallos trepadores, cilíndricos, con zarcillos; hojas opuestas, enteras, elípticas, alargadas, membranáceas, con margen entero; flores hermafroditas, pequeñas, amarillas, en cimas, de tres a diez flores; frutos en bayas globosas, lisas; semillas numerosas, circulares, aplanadas. Familia de las loganiáceas, *Strychnos tabascana*.

venganza. ■ LOC. **~ de Moctezuma.** LOC. SUST. **1.** Diarrea del viajero que padece un extranjero que visita México: "Acompañamos a James al doctor porque le dio la venganza de Moctezuma". || **2.** Cualquier desgracia que padece un extranjero que visita México: "Paula padeció la venganza de Moctezuma en verano: se rompió la mano en la excursión".

venida. ■ F. vulg. Hecho de venirse o alcanzar el orgasmo.

venir. ■ LOC. **~ flojo.** LOC. VERB. supran. **venir guango.** ▶ **~ guango.** LOC. VERB. fam. supran. Resultar sin importancia algo o alguien a una persona: "Me vienen guangos tu amigo y sus opiniones, haré lo que yo quiera". ■ EXPR. **venga para acá.** fest. **vénganos tu reino.** ▶ **vénganos tu reino.** fest. Se usa para aceptar algo conveniente: "—Te regalo mi torta. —Pues vénganos tu reino". ▶ **¡viene de ahi!** **1.** fam. Se usa para manifestar acuerdo con lo propuesto: "—Vamos por unas cervezas. —¡Viene de ahi!". || **2.** fam. Se usa para incitar o impulsar a alguien a que realice una acción: "¡Viene de ahi! ¡Arránquense con una ranchera!".

venirle. ■ LOC. **~ con ganas.** LOC. VERB. Apetecer mucho algo: "A Jaime le viene con ganas echarse unos tacos en la noche".

venirse. ■ INTR. PRNL. supran. vulg. Alcanzar alguien el orgasmo.

venta. ■ F. **1.** rur. Fierro con que se ventea o marca a un animal del ganado para indicar que ha sido vendido. || **2.** supran. rur. Marca hecha a un animal del ganado para indicar que ha sido vendido.

ventajoso, sa. ■ ADJ. **1.** supran. *Referido a persona*, que sin miramientos procura obtener ventaja: "Tu padrino es muy ventajoso, se quedó con la mayor parte de las ganancias". Ú.t.c.sust.: "Tu padrino es un ventajoso, se quedó con la mayor parte de las ganancias". || **2.** supran. Propio de la persona **ventajosa**: "Ya descubrimos las intenciones ventajosas de tu tío".

ventanear. ■ TR. **1.** fam. Poner en evidencia a alguien: "Ventanearon a la nueva secretaria con el jefe". ■ INTR. **2.** supran. Espiar desde una ventana: "El vecino siempre ventanea para ver quién está en la calle". || **3.** supran. coloq. Conversar a través de una ventana: "Laura y Rodrigo ventaneaban todas las tardes".

ventaneo. ■ M. Acción y resultado de ventanear.

ventear. ■ TR. supran. rur. Marcar un animal del ganado para indicar que ha sido vendido: "Ayer venteamos todas las vacas para entregarlas mañana".

ventila. ■ F. **1.** Abertura pequeña para ventilar un recipiente o una máquina: "No cubras las ventilas de la tele con ese trapo". || **2.** Ventana pequeña, abatible o con rejillas, que en una habitación o un automóvil permite la renovación del aire: "La ventila de mi cuarto es muy chica y no pasa suficiente aire cuando hace calor".

ventura. ■ F. Ave originaria de América, de hasta 20 cm de longitud; hembra con cola y alas de color gris azul, el vientre de color pardo y la cabeza gris; el macho es de color azul cobalto. Familia de los túrdidos del orden Passeriformes, varias especies del género *Sialia*, como *Sialia currucoides, Sialia mexicana, Sialia sialis*. (También se llama agachadiza, azulejo, olototol, pájaro azul).

ver. ■ LOC. **en veremos.** LOC. ADJ. supran. *Referido a una situación*, pendiente: "La discusión quedó en veremos". ▶ **~ el sol a cuadros.** LOC. VERB. fam. Estar alguien encarcelado: "El delincuente vio el sol a cuadros por diez años". ▶ **~ la cara.** LOC. VERB. supran. Engañar a alguien: "Amelia me vio la cara ayer, me vendió un vestido usado y dijo que era nuevo". ▶ **~ moros con tranchete(s).** LOC. VERB. Percibir peligros y amenazas donde no los hay: "Cuando salimos de viaje, mi mamá ve moros con tranchetes por todos lados". ■ EXPR. **a ~ de qué cuero(s) salen**

V

más correas. coloq. Se usa para retar a alguien para descubrir quién tiene más capacidad o mérito: "¡A ver de qué cuero salen más correas!, tú dices cuándo nos echamos la competencia de motos". ▷**a ~ de qué lado masca(n) la(s) iguana(s).** coloq. **a ver de qué cuero(s) salen más correas.** ▷**a ~ si como ronca duerme.** supran. Se usa para manifestar que se desea comprobar que los hechos de alguien son coherentes con lo que dice: "El jefe dice que nos va a aumentar el sueldo, a ver si como ronca duerme". ▷**ves la tempestad y no te hincas.** Se usa para señalar que alguien no tiene las debidas precauciones ante una circunstancia que lo necesita: "Cuida tu trabajo, ves la tempestad y no te hincas".

veracruzano, na. ■ ADJ. **1.** Perteneciente o relativo al estado o al puerto de Veracruz: "A don Daniel le encanta el café veracruzano". || **2.** Natural o procedente del estado o del puerto de Veracruz: "Una muchacha veracruzana nos enseñó a bailar sones jarochos". Ú.t.c.sust.: "Una veracruzana nos enseñó a bailar sones jarochos".

veranillo. ■ LOC. **~ de san Juan.** LOC. SUST. supran. Canícula.

veras. ■ LOC. **de a de ~.** LOC. ADV. supran. fam. De verdad; de veras: "Te digo que te quiero de a de veras, muchísimo". ▷**de de ~.** LOC. ADV. **de a de veras.**

verbeada. ■ F. fam. Hecho de verbear o hablar alguien mucho.

verbear. ■ INTR. fam. Hablar alguien mucho: "Sara se la pasa verbeando y me fastidia".

verbo. ■ ADJ. **1.** fam. *Referido a persona,* que habla mucho: "Tu prima es muy verbo, a veces me cansa". ■ M. **2.** fam. Persona que habla mucho: "Tu prima es un verbo, a veces me cansa". ■ COM. **3.** fam. Persona que habla mucho: "Tu prima es una verbo, a veces me cansa".

verde. ■ F. supran. fest. Marihuana.

verdín. ■ M. *En el Sureste,* licor que adquiere un tono verde al prepararse con diversas hierbas.

verdioso, sa. ■ ADJ. pop. Verdoso: "Me compré unos pantalones verdiosos bien chidos".

verdolaga. ■ ADJ. **1.** (Juego de palabras entre verdolaga y verga). eufem. *Referido a persona,* que sobresale en una actividad o rama del saber; verga: "Luis es muy verdolaga con las computadoras". || **2.** (Juego de palabras entre verdolaga y verde). fest. Inmaduro; verde: "Juan está muy verdolaga para un puesto de tanta responsabilidad". ■ F. **3.** (Juego de palabras entre verdolaga y verga). eufem. Persona que sobresale en una actividad o rama del saber; verga: "Luis es una verdolaga con las computadoras". || **4.** Hierba carnosa originaria de Europa, de hasta 40 cm de altura; tallos rojizos, ramificados, con las ramas extendidas radialmente; hojas alternas, de ovadas a espatuladas, carnosas, con margen entero; flores hermafroditas, pequeñas, actinomórficas, amarillas, solitarias o agrupadas en cimas; frutos capsulares, con dehiscencia circuncísil cerca de la mitad; comestible; uso en la medicina tradicional. Familia de las portulacáceas, *Portulaca oleracea.* (También se llama xucul). ■ LOC. **como (la) ~.** fam. LOC. ADJ. **1.** Orgulloso y satisfecho: "Rosa anda como la verdolaga porque ya es abuela". || **2.** supran. *Referido a algo,* que se expande rápida y profusamente: "Los ambulantes crecen como la verdolaga, de repente ya ocuparon todo el lugar". ▷**~ blanca.** LOC. SUST. Hierba originaria del continente americano, de hasta 1 m de longitud; tallos cilíndricos, algunas veces rojizos; hojas opuestas, ovadas, carnosas; flores hermafroditas, pequeñas, inconspicuas, moradas o rojizas moradas, solitarias, sésiles; frutos capsulares, curveados, con dehiscencia circuncísil; semillas diminutas, negras. Familia de las aizoáceas, *Trianthema portulacastrum.* (También se llama verdolaga de caballo). ▷ **~ de agua.** LOC. SUST. Planta acuática de amplia distribución en México, de hasta 80 cm de altura; tallos ramificados, con pelillos recostados sobre la superficie; hojas alternas, angostas, membranáceas, con márgenes aserrados; flores hermafroditas, tubulares, amarillas, solitarias, con nectarios en la base de los estambres; frutos capsulares, cilíndricos, con los sépalos persistentes. Familia de las onagráceas, *Ludwigia adscendens.* ▷**~ de caballo.** LOC. SUST. **verdolaga blanca.** ▷ **~ de puerco.** LOC. SUST. Hierba originaria de América del Sur, de hasta 50 cm de altura; tallos postrados, formando densas matas; hojas opuestas, ovadas, membranáceas, con margen entero; flores hermafroditas, pequeñas, densamente aglomeradas en las axilas de las hojas, con una espina apical fuerte, blanquecinas; frutos indehiscentes, alados en los márgenes. Familia de las amarantáceas, *Alternanthera pungens*. (También se llama tianguis, tianguispepetla).

verdugo, ga. ■ ADJ. rur. *Referido al ganado*, que tiene pelo rojizo con vetas negras: "Usa solo a los bueyes verdugos para el arado".

vereda. ■ F. *En el Sureste*, raya que divide el cabello en dos partes: "Niña, quédate quieta que no te puedo hacer la vereda".

verga. ■ ADJ. **1.** malson. *Referido a persona*, que sobresale en una actividad o rama del saber; hábil: "Él es muy verga para el griego". ■ F. **2.** malson. Persona que sobresale en una actividad o rama del saber; hábil: "Él es una verga para el cálculo". ■ COM. **3.** malson. Persona que sobresale en una actividad o rama del saber; hábil: "Él es un verga para el cálculo". ■ LOC. **de la ~.** LOC. ADJ. **1.** malson. Muy difícil. ||**2.** malson. Feo. ||**3.** malson. Que está en mal estado. ▷ **hasta la ~.** LOC. ADJ. **1.** supran. malson. *Referido a un lugar*, saturado. ||**2.** supran. malson. *Referido a persona*, harta. ||LOC. ADV. **3.** supran. malson. Muy lejos. ▷ **~ encuerada.** LOC. SUST. malson. Persona que sobresale en una actividad o rama del saber. ■ EXPR. **¡a la ~!** malson. Se usa para manifestar que se ha llegado al límite de la paciencia o de la tolerancia. ■ INTERJ. **¡verga!** supran. malson. Se usa para expresar sorpresa, generalmente ante una contrariedad.

vergas. ■ ADV. **4.** malson. *Pospuesto a ciertos interrogativos y antepuesto a un verbo*, indica la intensidad de la acción expresada: "¿Qué vergas quieres?".

vergazo. ■ M. supran. malson. Golpe fuerte.

vergonzosa. ■ F. supran. Hierba o arbusto originario de América, de hasta 1 m de altura, monoico; tallos espinosos; hojas alternas, divididas en numerosos foliolos pequeños, se cierran ante cualquier contacto; flores hermafroditas, pequeñas, de color rosado, agrupadas en cabezuelas esféricas; frutos en vainas pardas; semillas numerosas, circulares, negras. Familia de las leguminosas, *Mimosa pudica*. (También se llama adormidera, dormidera, dormilona, mimosa, moriviví).

vergüenza. ■ LOC. **el de la ~.** LOC. SUST. fest. Último bocado: "Me voy a terminar ese chile relleno, no importa que sea el de la vergüenza".

verguiza. ■ F. **1.** supran. malson. Paliza, serie de golpes dados a una persona. ||**2.** supran. malson. Derrota por amplio margen.

verificación. ■ LOC. **~ vehicular.** LOC. SUST. Sistema de revisión para controlar emisiones vehiculares, generalmente en la zona metropolitana de la Ciudad de México.

verija. ■ F. supran. rur. Ijar del ganado equino.

verraco, ca. ■ ADJ. **1.** supran. despect. *Referido a persona*, promiscua. Ú.t.c.sust. ■ M. **2.** Árbol o arbusto originario de América, de hasta 10 m de altura; tallos glabros, erectos; hojas simples, opuestas, de obovadas a elípticas, glabras por ambos lados, con margen ondulado; flores hermafroditas, vistosas, con forma de trompeta, blancas o amarillentas, con cinco pétalos de obovados a elípticos, las flores dispuestas en panículas axilares; frutos foliculares, de fusiformes a elipsoidales, con dos crestas longitudinales; semillas pequeñas; uso en la medicina tradicional y ornamental. Familia de las apocináceas, *Tabernaemontana amygdalifolia*. (También se llama cojón de toro, hoja de chivo, leche de chivita, lechoso blanco, palo de leche, tempecate, utzupec).

versada. ■ F. fam. Composición de versos o poemas.

verse. ■ INTR. PRNL. **1.** Tener alguien un determinado aspecto: "Te ves muy bien con falda corta".

vérselas. ■ INTR. PRNL. **2.** Encontrarse alguien en una situación adversa: "Tania se las vio duras para encontrar trabajo".

vertiente. ■ F. supran. Manantial, fuente natural de agua.

vestida. ■ F. despect. Hombre homosexual que se traviste.

vestidor, ra. ■ ADJ. supran. coloq. *Referido a una prenda de vestir*, que sienta o luce bien: "El traje sastre siempre es muy vestidor".

vetarro, rra. ■ ADJ. supran. fam. Viejo: "Ya estás muy vetarro, prefieres dormir que salir a tomar cerveza". Ú.t.c.sust.: "Eres un vetarro, prefieres dormir que salir a tomar cerveza".

vez. ■ LOC. **de una ~.** LOC. ADV. supran. Al instante, sin dilación: "Vámonos de una vez para que te pruebes el vestido".

veza. ■ F. **1.** Grupo de plantas herbáceas de amplia distribución en regiones templadas; tallos trepadores, con zarcillos; hojas alternas, compuestas, con un zarcillo al final, foliolos con borde entero; flores hermafroditas, vistosas, de color azul, violeta o amarillo, solitarias o en grupos, dispuestas en las axilas de las hojas; frutos legumbres, comprimidos, bivalvados, continuos en el interior. Familia de las fabáceas, varias especies del género *Vicia*, como *Vicia faba*. (También se llama haba). || **2.** Individuo de la **veza**. || **3.** Fruto de los individuos de la **veza**; comestible. || **4.** Semilla de los individuos de la **veza**; comestible.

vía. ■ LOC. **por vía(s) de mientras.** LOC. ADV. Entre tanto: "Por vía de mientras, nos quedamos aquí y esperamos a papá".

viaje. ■ LOC. **~ sin retorno.** LOC. SUST. supran. Muerte: "El viaje sin retorno sorprendió a don Panchito".

viáticos. ■ M. PL. supran. Dinero que se da a una persona para cubrir los gastos que implica un viaje de trabajo.

víbora. ■ F. supran. Reptil ofidio sin patas; serpiente. ■ LOC. **víboras coleadas.** LOC. SUST. Juego infantil que consiste en tomarse de las manos para formar una hilera y correr dando vueltas inesperadas buscando que los últimos sientan un chicoteo.

viboreada. ■ F. **viboreo.**

viborear. ■ TR. supran. fam. Criticar frecuentemente a alguien: "Ese grupito de muchachas viborea a la maestra en el receso".

viboreo. ■ M. supran. fam. Crítica frecuente que se le hace a alguien.

vicaria. ■ F. **vinca.**

vichishovo. ■ M. Cactus originario de México y Guatemala, de hasta 7 m de altura; tallos principales cortos, ramificados en forma de candelabro cerca de la base, de color verde azulado; espinas radiales rectas, grisáceas, espina central algunas veces ausente; flores hermafroditas, vistosas, de color verde a blanco amarillentas; frutos globosos, rojos, algunas veces con espinas; uso forrajero y para formar cercas; tallos, flores y frutos, comestibles. Familia de las cactáceas, *Myrtillocactus schenckii*. (También se llama garambullo blanco, vichi-xoba).

vichi-xoba. [*bichijóba, bichishóba*] ■ M. **vichishovo.**

victrola. ■ F. **vitrola.**

vida. ■ LOC. **~ capulina.** LOC. SUST. fam. La que se disfruta con sosiego y comodidad; buena vida: "Desde que se jubilaron, don Felipe y su esposa llevan una vida capulina". ■ EXPR. **~ de espaldas, por miedo a darlas.** fam. Se usa para indicar la aversión de un hombre heterosexual a la homosexualidad.

videocasetera. ■ F. supran. Aparato que graba y reproduce imágenes y sonidos en cinta magnética; video.

videograbadora. ■ F. supran. Aparato que graba y reproduce imágenes y sonidos en cinta magnética; video.

vidrio. ■ M. supran. Lente de los anteojos; cristal.

viejada. ■ F. **viejerío.**

viejerío. ■ M. **1.** supran. despect. Conjunto de personas viejas. || **2.** supran. despect. Conjunto de mujeres.

viejo, ja. ■ M. Y F. supran. afect. Fórmula de tratamiento para dirigirse a una persona de trato muy cercano: "¿Qué onda, vieja?, ¿cómo te fue en el trabajo?". ■ LOC. **viejo de monte.** LOC. SUST. Mamífero carnívoro de distribución desde las planicies costeras de México hasta el norte de Argentina, de hasta 75 cm de longitud; con pelaje suave y corto, en tonalidades sepia, castañas o negruzcas, uniforme en el cuerpo y las extremidades, con excepción de la región cefálica que presenta tonos más claros, comúnmente grisáceos, y el pecho, que muestra una característica mancha en tonos amarillentos, anaranjados o castaños claros; hocico corto; orejas pequeñas y redondeadas; cuerpo alargado, similar al de las comadrejas; patas relativamente largas para un mustélido, con garras fuertes que le permiten trepar; cola larga y peluda; presenta glándulas anales con un olor característico. Familia de los mustélidos del orden Carnivora, *Eira barbara*. (También se llama sanjol, taira, tayra, tzonistac, zamhool, zonistac). ▶ **viejo rabo verde.** LOC. SUST. supran. despect. Hombre de edad avanzada al que le gusta galantear y seducir a mujeres jóvenes: "Ni me presentes a tu tío porque dicen que es un viejo rabo verde”. ▶ **viejo verdolaga.** LOC. SUST. **viejo rabo verde.**

vieneviene. ■ COM. Persona que auxilia en las maniobras de estacionamiento y cuidado de un vehículo en la vía pública, y que recibe una propina por ello: “Esa vieneviene es muy cuidadosa, pídele que lave tu coche”.

vientos. (Juego de palabras entre viento y bien). ■ EXPR. **¡~ huracanados!** Se usa para manifestar acuerdo: “—¿Así repartimos el trabajo? —¡Vientos huracanados!”. ■ INTERJ. **¡vientos!** fam. Se usa para expresar aprobación: “¡Vientos! ¡Saqué diez en el examen!”.

viga. ■ F. *En Aguascalientes*, palabra malsonante.

vigésimo. ■ M. Fracción de billete de lotería cuyo valor es el de una vigésima parte del billete entero: “Me compré un vigésimo para el sorteo de este viernes”.

vigorosa. ■ F. vulg. Pene.

viguero, ra. ■ ADJ. fam. *En Aguascalientes, referido a persona*, que profiere palabras malsonantes consuetudinariamente: “Mi prima es muy viguera, por eso no la invitamos a la fiesta de mi hijo”. Ú.t.c.sust.: “Mi prima es una viguera, por eso no la invitamos a la fiesta de mi hijo”.

villahermosino, na. ■ ADJ. **1.** Perteneciente o relativo a la ciudad de Villahermosa, capital del estado de Tabasco: “No es fácil adaptarse a la humedad villahermosina”. || **2.** Natural o procedente de la ciudad de Villahermosa, capital del estado de Tabasco: “Su padre fue un importante empresario villahermosino que exportaba chocolate”. Ú.t.c.sust.: “Su padre fue un villahermosino que exportaba chocolate”.

villamelón, na. ■ ADJ. **1.** fam. *Referido a persona*, que sigue posturas que están de moda y de las que tiene poco conocimiento: “Tu amigo villamelón habla de beisbol y ni se sabe las reglas”. Ú.t.c.sust.: “Tu amigo es un villamelón, habla de beisbol y ni se sabe las reglas”. || **2.** fam. Propio de la persona **villamelona**: “Ya empezó la tradición villamelona de ver beisbol solo porque es la Serie Mundial”.

villameloneada. ■ F. fam. Hecho de villamelonear o seguir alguien posturas que están de moda y de las que tiene poco conocimiento.

villamelonear. ■ INTR. fam. Seguir alguien posturas que están de moda y de las que tiene poco conocimiento: “Muchos ven el futbol para villamelonear”.

villismo. ■ M. **1.** Campaña armada dirigida por Francisco Villa durante la Revolución mexicana. || **2.** Corriente de pensamiento militar y político encabezada por Francisco Villa. || **3.** Conjunto de militantes o simpatizantes del **villismo**.

villista. ■ ADJ. **1.** Perteneciente o relativo al villismo: “Durante muchos años se han presentado movimientos villistas”. || **2.** *Referido a persona,* partidaria o militante del villismo: “Había muchos campesinos villistas en varios estados del norte”. ■ COM. **3.** Persona partidaria o militante del villismo: “Hubo muchos villistas intrépidos en varios estados del norte”.

vinagre. ■ LOC. **en ~.** LOC. ADJ. En escabeche: “Las rajas en vinagre son mi especialidad”.

vinagrillo. ■ M. Arácnido de distribución cosmopolita, de hasta 4.5 cm de longitud; de color castaño; con cuerpo aplanado dorsoventralmente, prosoma y opistosoma bien definidos por una estrecha cintura; según la especie, dos ojos centrales y tres a ambos lados, próximos al margen frontal, o bien carece de ojos; quelíceros con un artejo final en forma de uña, sin glándula venenosa, con pedipalpos grandes y provistos de espinas; primer par de patas largo respecto a su cuerpo y anteniforme con función táctil y quimiorreceptora; cavernícola. Varias familias del orden Amblypygi.

vinca. ■ F. Hierba rastrera originaria de Europa, ahora cultivada en América, de hasta 1 m de longitud, monoica; tallos frágiles, con jugo lechoso al romperlos; hojas opuestas, enteras, de ovadas a lanceoladas; flores hermafroditas, vistosas, de color azul a morado, con cinco pétalos que dan la apariencia de rehilete; frutos foliculares, cilíndricos; semillas subglobosas, negras. Familia de las apocináceas, *Vinca major*. (También se llama cielo, cielo raso, vicaria).

vinorama. ■ F. *En el Noroeste,* arbusto o árbol originario de América, de hasta 7 m de altura, monoico; tallos muy ramificados, lisos, con las últimas ramillas pubescentes en la juventud, con espinas blanquecinas; hojas alternas, divididas hasta en 14 foliolos, con un nectario ubicado poco más abajo de la base del primer par de pinas, elípticas, con margen entero; flores hermafroditas, pequeñas, tubulares, de color amarillo, sésiles, agrupadas en cabezuelas globosas; frutos en vainas cilíndricas, con las puntas redondeadas, negras al madurar, glabras; semillas numerosas, en forma de riñón, de color pardo amarillo; uso industrial y en la medicina tradicional. Familia de las leguminosas, *Acacia farnesiana*. (También se llama güisache, güizache, huisache, huizache, yóndiro).

viñatero, ra. ■ ADJ. **1.** supran. Perteneciente o relativo a la viticultura: "Se ha mantenido la tradición viñatera en Ensenada". ■ M. y F. **2.** supran. Propietario de una viña. || **3.** supran. Persona que se dedica a la viticultura

violeta. ■ F. **1.** Grupo de diferentes especies de hierbas originarias de América, de hasta 2 m de altura, monoicas; tallos muy pubescentes a hirsutos; hojas alternas, acorazonadas o palmadas; flores hermafroditas, con cinco pétalos de color morado, con numerosos estambres amarillos y fusionados entre sí, solitarias que surgen de las axilas de las hojas; frutos esquizocárpicos y secos. Familia de las malváceas, varias especies del género *Anoda*. (También se llama amapolita). || **2.** Individuo de la **violeta**. ■ LOC. **~ africana.** LOC. SUST. **1.** Grupo de diferentes especies de hierbas o arbustos distribuidos en Europa; hojas por lo común alternas o dispuestas en rosetas, por lo general con estípulas; flores hermafroditas, actinomorfas, generalmente anaranjadas, axilares, solitarias o en racimos, cimas o panículas; frutos capsulares, con tres valvas, con un arilo bien desarrollado; uso en la medicina homeopática y ornamental. Familia de las violáceas, varias especies del género *Viola*. (También se llama violetina). || **2.** Individuo de este grupo de diferentes especies de hierbas o arbustos. ▷ **~ cimarrona.** LOC. SUST. Hierba de amplia distribución en México y Guatemala, de hasta 30 cm de altura; tallos delgados, erectos o algo curvados; hojas en forma de roseta, variando de acuerdo con la estación, se distingue una de invierno y una de verano, cambiando en la forma, tamaño e indumento; flores hermafroditas, vistosas, levantadas por un espolón, moradas, violetas o rojas, solitarias en las puntas del escapo; frutos capsulares, globosos; especie insectívora, los insectos quedan atrapados en una sustancia pegajosa en las hojas. Familia de las lentibulariáceas, *Pinguicula moranensis*. ▷ **~ de agua.** LOC. SUST. Hierba acuática originaria de Sudamérica, de hasta 30 cm de longitud, monoica; tallos reducidos, flotadores fijos al sustrato; hojas arrosetadas, elípticas, de oblatas a casi circulares, los individuos flotantes con peciolos cortos y flotantes; flores hermafroditas, grandes y llamativas, tubulares, pubescentes, de color lila o rara vez blancas, dispuestas en espigas; frutos capsulares, pequeños y elípticos, trígonos; semillas oblongo-elípticas, con tres costillas longitudinales, negruzcas. Familia de las pontederiáceas, *Eichhornia crassipes*. (También se llama cucharilla, flor de agua, jacinto de agua, lirio acuático, lirio de agua, pico de pato). ▷ **~ de los Alpes.** LOC. SUST. supran. Hierba originaria de Europa, de hasta 10 cm de altura; raíces globulares; tallos erectos; hojas alternas acorazonadas, simples, verdes, con tonos blancos hacia los márgenes y púrpuras en la parte abaxial, con margen entero; flores hermafroditas, vistosas, aromáticas, con los pétalos doblándose hacia atrás, púrpuras, algunas veces blancas o rojas; frutos capsulares; uso en la medicina homeopática y ornamental. Familia de las primuláceas, *Cyclamen europaeum*.

violetina. ■ F. **violeta africana.**

virginia. ■ F. **1.** *En Sonora*, pan esponjoso, redondeado y de sabor dulzón que se utiliza generalmente para hacer tortas. || **2.** Hierba originaria de América, de hasta 90 cm de altura, monoica; tallos estriados, finamente pelosos; hojas simples, opuestas, de lineares a ovadas; flores hermafroditas, pequeñas, dispuestas en cabezuelas terminales, flores de dos tipos: las del centro tubulares, de amarillentas a verdosas en la parte inferior, de moradas a negruzcas en la superior, glabras; las flores de la periferia petaloides, generalmente de color rojo oscuro, pero a veces amarillas o verdosas; frutos aquénicos, fusiformes y linear-oblongos, cafés, finamente pubescentes; una semilla por fruto; uso forrajero, en la medicina tradicional y ornamental. Familia de las compuestas, *Zinnia peruviana*. (También se llama mal de ojo).

virginio. ■ M. **1.** Árbol originario de América, de hasta 6 m de altura, monoico; tallos ramosos, verdes azulados, cerosos; hojas alternas, enteras, de ovadas a lanceoladas, glabras y de color verde a azuloso; flores hermafroditas, vistosas, tubulares, de amarillas a verdosas, agrupadas en panículas; frutos capsulares, globosos u ovoides, cafés; semillas diminutas, ovadas, cafés o negras. Familia de las solanáceas, *Nicotiana glauca*. (También se llama donjuán, gretana, mostaza montés, tabaco cimarrón, tacote). || **2.** Hoja del **virginio**; uso como insecticida.

virolear. ■ INTR. fam. Comportarse alguien como loco: "Su vecino virolea desde hace años".

virolo, la. ■ ADJ. fam. *Referido a persona*, que está o se comporta como loca: "Su vecino virolo se puso a gritar en la calle". Ú.t.c.sust.: "El virolo se puso a gritar en la calle".

virote. ■ M. **1.** Pan blanco ovoide de unos 15 cm de largo, hecho de harina de trigo, levadura y sal, semejante al bolillo. || **2.** fam. Asunto: "¿El virote que me contaste siempre se resolvió?".

virreina. ■ F. **1.** Hierba originaria de Europa, de hasta 50 cm de altura, monoica; tallos erectos o semirrastreros, poco ramificados, glanduloso-pubescentes; hojas simples, alternas, de oblanceoladas a espatuladas, glanduloso-pubescentes, con margen ligeramente dentado; flores hermafroditas, pequeñas, amarillas o anaranjadas, tubulares, dispuestas en cabezuelas solitarias o arregladas en varios grupos, las 30 flores de la periferia de apariencia de pétalos; frutos aquénicos dispuestos en dos o tres series: exteriores lineares, con un pico en el ápice, intermedios anchamente alados, interiores lineares, pubescentes. Familia de las compuestas, *Calendula officinalis*. (También se llama mercadela). || **2.** Flor de la **virreina**; uso en la medicina tradicional.

visaje. ■ M. supran. fam. Gusto o inclinación por exhibirse y sobresalir: "Su visaje siempre ha sido el problema de María".

visconversa. ■ LOC. **a la ~.** LOC. ADV. supran. fest. Al contrario; viceversa: "No, no entiendes, es a la visconversa".

visera. ■ F. supran. Cada una de las dos piezas de vaqueta que se colocan junto a los ojos de un caballo para que no vea por los lados, sino solo de frente.

visionudo, da. ■ ADJ. fam. *Referido a persona*, que llama la atención por su comportamiento o atuendo inoportuno: "Carla es muy visionuda, ¿ya viste las payasadas que está haciendo?". Ú.t.c.sust.: "Carla es una visionuda, ¿ya viste las payasadas que está haciendo?".

visita. ■ LOC. **~ de doctor.** LOC. SUST. supran. coloq. La de corta duración: "Yo solo hago visitas de doctor a mi suegra".

vitrola. ■ F. **1.** supran. Mueble provisto de tocadiscos y bocinas. || **2.** supran. Gramófono eléctrico que reproduce música; rocola.

viuda. ■ F. **1.** fam. Champaña. || **2.** Arbusto originario de Asia, de hasta 3 m de altura; tallos provistos de pelos cortos rígidos; hojas alternas, ligeramente más anchas que largas, a menudo con cinco lóbulos, con márgenes a menudo serrados, carentes de nectarios foliares; flores hermafroditas, en forma de embudo, amarillas con el centro oscuro y estigmas morados, solitarias; frutos capsulares, fusiformes, con un pico en el ápice; uso ornamental; semillas, uso como sustituto de café y en la medicina tradicional. Familia de las malváceas, *Abelmoschus manihot*. || **3.** Ave originaria de América, de hasta 50 cm de longitud; con cuerpo pardo castaño oscuro en el macho o pardo en la hembra; cabeza, cuello y pecho de color negro; pico negro con la punta anaranjada. Familia de los ictéridos del orden Passeriformes, *Psarocolius montezuma*. (También se llama oropéndola de Moctezuma, oropéndola mayor, zacua). || **4.** Ave zancuda originaria de América del Norte y Centroamérica, de hasta 25 cm de longitud; con plumaje negro y rojo pardo; ojos oscuros y frente con cresta amarilla; con un espolón en cada ala; patas en tonos verdosos, con dedos largos y garras agudas; habita en ecosistemas pantanosos y se alimenta de insectos, crustáceos y moluscos pequeños. Familia de los jacánidos del orden Charadriiformes, *Jacana spinosa*. (También se llama gallito de agua, jacana norteña, yohualcuachil). || **5.** Ave de distribución en América del Norte y Centroamérica, de hasta 50 cm de longitud; con plumaje de color gris apizarrado, en tonos más oscuros en la cabeza y el cuello; en edad adulta con pico blanco grueso y corto, y un protector frontal blanco, con un punto rojizo cerca de la base del pico entre los ojos; patas amarillentas, con dedos semipalmeados. Familia de los rálidos del orden Gruiformes, *Fulica americana*. || **6.** Ave carroñera de amplia distribución en América, de 1.5 m de longitud; con plumaje de color café oscuro a negro; cabeza y cuello desnudos, de color anaranjado o amarillo anaranjado, con una corona azul violácea; pico corto, ganchudo y de color marfil; en el vuelo su cola se distingue por ser larga y delgada. Familia de los catártidos del orden Cathartiformes, *Cathartes aura*. (También se llama aura, cabecirroja, chombo, gallinazo, zopilote). || **7.** Ave de amplia distribución en zonas tropicales de México, de hasta 25 cm de longitud; machos adultos de color blanco grisáceo en la parte dorsal y blanco en la región ventral; alas y cola con coloraciones parcialmente negras; hembras similares, pero más opacas, con marcas en la cabeza de color café o gris; pico y rostro en tonos oscuros, en ocasiones con coloraciones rojizas. Familia de los titíridos del orden Passeriforme, *Tityra semifasciata*. (También se llama rechinador). ■ LOC. **~ negra.** LOC. SUST. Araña originaria del este de América del Norte; la hembra de hasta unos 50 mm de longitud, el macho de 12 mm de longitud y pesa 30 veces menos; de color negro carbón brillante con una mancha roja en la cara inferior del abdomen y cuatro pares de rayas rojas y blancas en los lados; insectívora; vive en refugios construidos por ella misma a base de hilos entrecruzados sin un patrón aparente, muy duros y no pegajosos. Familia de los terídidos del orden Araneae, *Latrodectus hesperus*, *Latrodectus mactans*. (También se llama araña capulina, capulina, casampulga, chintatlahua).

vivas. ■ LOC. **a las ~.** LOC. ADJ. coloq. *Referido a persona*, que está atenta; alerta: "Tienes que estar a las vivas para conseguir ese trabajo".

voceador, ra. ■ M. y F. supran. Persona que se dedica a vender publicaciones periódicas o billetes de lotería en la calle.

vocear. ■ TR. supran. Pregonar la venta de publicaciones periódicas o billetes de lotería en la calle: "A las seis de la mañana ya vocean los periódicos".

vocho. ■ M. Automóvil modelo Volkswagen Sedán.

volado, da. ■ M. y F. **1.** fam. Hijo ilegítimo: "Le descubrimos una volada al abuelo". ■ M. **2.** supran. Lanzamiento de una moneda al aire para decidir entre dos opciones, según la cara que quede arriba; cara o cruz: "Vamos a echar un volado para ver quién paga las chelas". ■ LOC. **de volada.** LOC. ADV. supran. fam. Rápidamente: "¡Llegamos de volada al trabajo por el Periférico!". ▶ **volado tapado.** LOC. SUST. El que se hace ocultando con la mano la moneda que se lanza: "Un volado tapado para ver quién va por las tortillas".

volados. ■ M. PL. **3.** Juego entre dos o más personas en que se emplea una moneda que se echa al aire para que, tras sucesivos tiros, el azar determine al ganador; águila o sol; cara o cruz: "Estuvimos media hora jugando volados con el merenguero".

volador, ra. ■ M. y F. **1.** Persona ataviada con una vestimenta tradicional que participa en una ceremonia ritual para propiciar la fertilidad de la tierra; en esta ceremonia cuatro personas, enlazadas cada una de ellas por los tobillos a una cuerda, giran 13 veces alrededor de un mástil de gran altura hasta descender al suelo, mientras que otra persona permanece en la parte superior del mástil tocando la flauta y el tambor. ■ M. **2.** Árbol originario de México, de hasta 10 m de altura, dioico; troncos con espinas o proyecciones irregulares en la corteza, con resina hialina al cortarlos; hojas alternas, agrupadas densamente en el ápice de las ramas, divididas en tres foliolos obovados, con margen aserrado; flores unisexuales, pequeñas: las masculinas con cinco pétalos amarillos verdosos, las femeninas sin pétalos, agrupadas en panículas; frutos samaroides, con un ala muy evidente; una sola semilla. Familia de las anacardiáceas, *Amphipterygium adstringens*. (También se llama chalalate, cuachalalá, cuachalalate, cuachalalatl). || **3.** Corteza de este árbol originario de México; uso en la medicina tradicional. || **4.** Árbol originario de América, de hasta

20 m de altura; tallos erectos, ramificados en la parte superior, de color grisáceo; hojas alternas, ovado-deltadas, enteras o ligeramente trilobuladas, con margen entero; flores hermafroditas y masculinas, pequeñas, tépalos libres, dos de ellos de mayor tamaño, blancos, dispuestos en inflorescencias dicotómicas; frutos samaroides, péndulos, ovoides, con dos alas formadas por los tépalos. Familia de las hernandiáceas, *Gyrocarpus americanus*. (También se llama jutamo, sanfelipe).

volán. ■ M. *En el Sureste*, vehículo de tracción animal formado por un armazón de madera o hierro montado sobre ruedas; volanta.

volancoché. ■ M. **volán.**

volanta. ■ F. **1.** Vehículo de los aduaneros que vigilan las carreteras. || **2.** Vehículo de tracción animal formado por un armazón de madera o hierro montado sobre ruedas.

volante. ■ M. supran. Hoja impresa que sirve de guía a los asistentes de una conferencia o de una clase.

volantear. ■ INTR. **1.** supran. Repartir volantes de propaganda en lugares públicos: "El domingo volanteamos durante toda la mañana afuera del centro comercial". || **2.** supran. Jugar de volante o mediocampista en un partido de futbol: "Toño, tú eres el último hombre y tú, Paco, volanteas, ¿sale?".

volanteo. ■ M. supran. Repartición de volantes de propaganda en lugares públicos.

volantero, ra. ■ ADJ. **1.** supran. Perteneciente o relativo a los volantes de propaganda: "La práctica volantera ha dado buenos resultados a los nuevos negocios". ■ M. y F. **2.** supran. Persona que se dedica a repartir volantes de propaganda.

volantín. ■ M. **1.** Juego mecánico que consiste en varios asientos colocados en un círculo giratorio; carrusel. || **2.** Juego infantil que consiste en un poste del que cuelgan varios manubrios de metal al que se sujetan los jugadores para tomar vuelo y girar en el aire. || **3.** Ceremonia ritual de los voladores. || **4.** Mástil que se utiliza en esta ceremonia. || **5.** Juguete formado por un armazón plano que sostiene una lámina de papel o tela con una cola de cintas o trozos de papel que, sujeto con una cuerda, se arroja al aire para que el viento lo eleve; cometa. || **6.** supran. *En el Sureste*, vuelta completa que da una persona sobre sí misma, en el aire, invirtiendo la cabeza hacia el suelo y volviendo a caer de pie; voltereta.

volar. ■ TR. **1.** supran. fam. Robar: "Me volaron el celular en el metro". ■ EXPR. **¡a volar, (palomas)!** Se usa para indicar que una o más personas deben abandonar un lugar: "¡A volar, palomas! Ya se acabó la fiesta". ■ INTERJ. **¡vuelo!** fam. Se usa para desentenderse de algo: "—¿No vas a arreglar tu cuarto? —Qué flojera, ¡vuelo!".

volarle. ■ INTERJ. **¡vuélale!** Se usa para apresurar a alguien: "¡Vuélale! Vamos a llegar tarde a la comida".

volarse. ■ INTR. PRNL. **2.** fam. Entusiasmarse: "Julia se voló con el seis que sacó en español". || **3.** supran. fam. Actuar sin reflexión: "Matías se vuela cada vez que se sube a la moto". || **4.** supran. fam. Encolerizarse: "Si ves a Brenda con otro, no te vueles". ■ LOC. **~ la barda.** LOC. VERB. supran. **volársela.** ▷ **~ la clase.** LOC. VERB. Faltar un alumno voluntariamente a un curso o a una lección: "Los alumnos de tercer año se volaron la clase después del recreo".

volársela. ■ INTR. PRNL. **5.** coloq. Tener alguien éxito: "¡Felicidades!, te la volaste con esa exposición". || **6.** coloq. Excederse alguien: "Te la volaste, no tenías que hablarle así".

volcameria. ■ F. Arbusto originario de Indonesia, de hasta 4 m de altura; tallos huecos con nudos anillados, algunas veces con una banda de pelos; hojas opuestas, ovadas, con márgenes de sinuados a crenados; flores hermafroditas, tubulares, rojas o escarlatas, agregadas en inflorescencias paniculadas terminales; frutos que se separan en pirenos cuando maduran, rodeados por el cáliz con dos lóbulos. Ampliamente cultivada. Familia de las lamiáceas, *Clerodendrum fallax*.

volcán. ■ M. Tortilla de maíz, frita o tostada, sobre la que se pone carne y queso gratinado.

volear. ■ INTR. supran. *En el volibol*, tocar la pelota con los dedos abiertos de las dos manos para elevarla en diferentes jugadas: "En la siguiente rotación, yo saco y tú voleas, ¿no?".

voleo. ■ M. supran. *En el volibol*, hecho de volear o tocar la pelota con los dedos abiertos de las dos manos para elevarla en diferentes jugadas.

volibol. ■ M. supran. Voleibol.

volibolero, ra. ■ ADJ. **1.** Perteneciente o relativo al volibol: "El torneo volibolero permitió seleccionar a los mejores jugadores". || **2.** *Referido a persona*, que gusta del volibol: "En la escuela somos muy voliboleros". Ú.t.c.sust.: "En la escuela hay muchos voliboleros".

volibolista. ■ ADJ. **1.** Perteneciente o relativo al volibol: "El torneo volibolista permitió seleccionar a los mejores jugadores". || **2.** *Referido a persona*, que gusta del volibol: "En la escuela somos muy volibolistas". ■ COM. **3.** supran. Jugador de volibol: "Alejandra es una de las mejores volibolistas profesionales del país".

volón. ■ LOC. **de ~ (pimpón).** LOC. ADV. fest. **de volada.**

volpoch. ■ M. *En Yucatán*, serpiente originaria de México y Centroamérica, de hasta 1 m de longitud; con cabeza grande bien diferenciada del cuello; cuerpo robusto; color dorsal de rojizo a anaranjado, con una serie definida de bandas dorsales de color café a anaranjado; con dos líneas claras bien definidas que se extienden desde la punta del hocico hacia atrás; ovovivípara; se alimenta de anfibios y roedores; venenosa. Familia de los vipéridos del orden Squamata, *Agkistrodon bilineatus*. (También se llama bolpoch, cantil, pichicuata, pichicuate, wolpoch, zolcuate).

volteado, da. ■ ADJ. supran. despect. *Referido a persona*, homosexual. Ú.t.c.sust.

voltear. ■ TR. **1.** supran. Derribar un recipiente que, por lo general, contiene líquido: "En mi distracción, casi volteo el sartén con el aceite hirviendo". ■ INTR. **2.** supran. Doblar alguien en una esquina: "Cuando llegues a la farmacia, volteas a la derecha". ■ LOC. **~ bandera.** LOC. VERB. supran. fam. Cambiar de bando o partido al que se pertenecía y pasarse a otro: "Después de mucho pensarlo, mi papá se volteó bandera y dejó el sindicato". ▷ **~ la cara.** LOC. VERB. supran. fam. Ignorar a alguien como muestra de desprecio: "Las groseras de tus amigas me voltearon la cara". ▷ **~ la página.** LOC. VERB. **1.** supran. Cambiar de tema en una conversación: "Si sale el tema, tú volteas la página". || **2.** supran. Dejar algo en el pasado: "Tu ex ya se casó, voltea la página".

voltearse. ■ INTR. PRNL. **3.** supran. Girar la cabeza, el torso o todo el cuerpo hacia uno de los lados o hacia atrás: "Clara se volteó para escuchar el chisme de la mesa de al lado". || **4.** supran. Volcarse un vehículo: "Un tráiler se volteó en la curva". || **5.** supran. fam. Trocar alguien su adscripción grupal, política o religiosa: "Mis jefes se voltearon con los del partido de oposición". || **6.** supran. despect. Cambiar alguien de sexo. || **7.** supran. despect. Cambiar de preferencia sexual.

voltearsele. ■ LOC. **~ el calcetín.** LOC. VERB. **1.** fest. Cambiar alguien de sexo. || **2.** fest. Cambiar de preferencia sexual. ▷ **~ el calzón.** LOC. VERB. **volteársele el calcetín.** ▷ **~ el chirrión por el palito.** LOC. VERB. fam. Resultar algo contrario a lo que se esperaba: "Creía que le iban a dar un aumento de sueldo, pero se le volteó el chirrión por el palito y lo despidieron".

volteón. ■ M. **1.** Acción y resultado de voltear o voltearse. || **2.** Bofetón.

volverse. ■ LOC. **~ la bichi.** LOC. VERB. fest. *En el Noroeste*, hacerse alguien el desentendido para llamar la atención: "El niño se volvió la bichi en la comida y se echó el espagueti encima". ▷ **~ ojo de hormiga.** LOC. VERB. fest. Desaparecerse alguien mañosa e intencionadamente: "Cuando vi llegar a mi suegra, me volví ojo de hormiga y regresé a la cocina".

vomitel. ■ M. Árbol originario del Caribe y América del Sur, de hasta 10 m de altura; hojas alternas, ovadas, ásperas al tacto, persistentes; flores hermafroditas, grandes y vistosas, tubulares campanuladas, anaranjadas, agrupadas en inflorescencias cimosas, subterminales; frutos drupáceos, blancos, envueltos por los sépalos acrescentes y persistentes; uso en la medicina tradicional. Familia de las boragináceas, *Cordia sebestena*.

vos. ■ PRON. supran. *En Chiapas, Guerrero y Tabasco*, forma de la segunda persona del singular que se usa familiarmente entre personas que tienen mucha confianza: "¿Vos querés que te acompañe a la fiesta?".

vuelo. ■ LOC. **a ~ de pájaro.** LOC. ADV. supran. De manera superficial: "El maestro nos explica las ecuaciones a vuelo de pájaro y no le entiendo".

vuelta. ■ LOC. **a ~ de rueda.** LOC. ADV. supran. Lentamente: "Íbamos por la carretera a vuelta de rueda". ▷ **de ~.** LOC. ADV. supran. Otra vez: "Llámame de vuelta por la tarde". ▷ **~ en u.** LOC. SUST. supran. Giro para tomar el carril cuyo sentido es opuesto al que se llevaba: "Aquí en la esquina te das vuelta en u".

vuelto. ■ M. supran. Dinero que se devuelve a quien hace un pago de valor superior al del importe pagado.

vulcanizadora. ■ F. supran. Establecimiento dedicado a la reparación de llantas.

V

W

waaxim. [*guajím, guashím*] ■ M. **1.** *En el Sureste,* arbusto o árbol originario de México, de hasta 6 m de altura, monoico; tallos muy ramificados y con ramas de pubescentes a glabras; hojas alternas, divididas en glándulas, foliolos numerosos, elípticos; flores hermafroditas, pequeñas, tubulares, con cinco pétalos y diez estambres, de blancas a amarillentas, agrupadas en cabezuelas globosas; frutos en vainas, rectas, aplanadas, coriáceas, de cafés a rojizas; semillas numerosas, ovoides, aplanadas, de color café oscuro. Familia de las leguminosas, *Leucaena leucocephala.* (También se llama guaje, huaje, tepehuaje dormilón). || **2.** *En el Sureste,* fruto del **waaxim**; comestible. || **3.** *En el Sureste,* semilla del **waaxim**; comestible; uso en la medicina tradicional.

wácala. ■ INTERJ. **¡wácala(s)!** supran. fam. Se usa para indicar desagrado, asco o rechazo; guácala: "¡Wácala! ¡Ya pisé caca de perro!".

wácara. ■ F. **1.** fam. Vómito; guácara. || **2.** fam. Náusea; guácara.

wacarear. ■ TR. fam. Vomitar; guacarear: "Mi tío estaba enfermo y wuacareó la cena".

wácatela. ■ INTERJ. **¡wácatela(s)!** supran. fam. Se usa para indicar desagrado, asco o rechazo; guácatela: "¡Wácatelas!, el pescado huele mal".

wachacarros. ■ COM. fam. *En el Norte,* persona que auxilia en las maniobras de estacionamiento y cuidado de un vehículo en la vía pública, y que recibe una propina por ello; vieneviene: "Déjale el coche a la wachacarros de la esquina, es muy cuidadosa".

wáchale. ■ INTERJ. **¡wáchale!** *En el Norte,* se usa para advertir de un peligro: "¡Wáchale!, ¡en esa colonia asaltan!".

wachar. ■ TR. **wachear.**

wachear. ■ TR. **1.** fam. Ver: "Ya wacheamos la película que recién se estrenó". || **2.** fam. Encontrar a alguien para convivir: "Después de mucho tiempo, wacheamos a mis tías la semana pasada". || **3.** fam. *En el Norte,* vigilar: "Nos mandaron a unos polis para que wachearan la entrada del antro".

wacho. ■ M. supran. fest. Reloj.

waffle. [*guáfle*] ■ M. supran. Especie de panecillo crujiente y esponjoso de masa ligera cocido en un molde especial que le imprime un dibujo en forma de rejilla.

wafle. ■ M. ***waffle.***

waflera. ■ F. supran. Plancha eléctrica para hacer *waffles.*

waipear. ■ TR. supran. *En el Norte,* limpiar un parabrisas.

waiper. ■ M. supran. *En el Norte,* limpiaparabrisas.

wampa. ■ F. rur. Lugar pantanoso o paraje lleno de cieno; ciénaga.

washa. [*guásha*] ■ M. **wacho.**

wech. (Juego de palabras entre wech y huevo). ■ LOC. **a ~.** LOC. ADV. **a wilson.** ▶ **(de) a ~.** LOC. ADV. **(de) a wilson.**

wetudo, da. ■ ADJ. vulg. *Referido a alguien*, excitado sexualmente. Ú.t.c.sust.

wey. ■ ADJ. **1.** supran. malson. *Referido a persona*, tonta; güey: "Mi cuñada es muy wey, siempre nos la cotorreamos". || **2.** supran. malson. Propio de la persona **wey**; güey: "Lalo tiene ocurrencias muy weyes, siempre nos lo cotorreamos". ■ M. **3.** Pareja sentimental; güey: "Mi wey no va conmigo a las fiestas". ■ COM. **4.** malson. Persona indeterminada; güey: "Llegó un wey a preguntarnos por el lugar del concierto". || **5.** malson. Fórmula de tratamiento para dirigirse a un amigo; güey: "Wey, préstame tus apuntes, no seas mala". || **6.** supran. malson. Persona tonta; güey: "Mi cuñada es una wey, siempre nos la cotorreamos". ■ EXPR. **¡ay, ~!** malson. Se usa para mostrar asombro, incredulidad o dolor: "¡Ay, wey! Desde aquí arriba se ve muy lejos el suelo".

wilbur. (Juego de palabras entre Wilbur y huevo). ■ LOC. **a ~.** LOC. ADV. **a wilson.** ▶ **(de) a ~.** LOC. ADV. **(de) a wilson.**

wilson. (Juego de palabras entre Wilson y huevo). ■ LOC. **a ~.** LOC. ADV. supran. eufem. Por supuesto; a huevo: "—¿Quieres que vayamos al partido? —¡A wilson, Martín!". ▶ **(de) a ~.** LOC. ADV. supran. eufem. Forzosamente; (de) a huevo: "Me tuve que quedar en la oficina de a wilson".

winduri. ■ ADJ. **1.** *Referido a un caballo*, que tiene en la grupa una mancha blanca con pequeñas manchas oscuras: "Trae el potro winduri para la niña, es muy manso". ■ M. **2.** supran. *En Tamaulipas y Veracruz,* felino originario de América, de hasta 90 cm de longitud; con cuerpo alargado y robusto; cola relativamente corta; dorso de color gris mate o amarillo; dorso, hombros y cuello con manchas alargadas, de color pardo oscuro con el borde negro; vientre y patas con pequeñas marcas negras; hábito nocturno. Familia de los félidos del orden Carnivora, *Leopardus pardalis*. (También se llama güinduri, ocelote, onza, tigrillo).

wiwi. (Juego de palabras entre wiwi y huevo). ■ LOC. **a ~.** LOC. ADV. **a wilson.** ▶ **(de) a ~.** LOC. ADV. **(de) a wilson.**

wix. [*güísh*] ■ M. *En Yucatán*, orina.

wixar. [*güishár*] ■ INTR. **wixear.**

wixear. [*güisheár*] ■ INTR. Orinar: "Mijo, no te wixees en el árbol".

wolpoch. ■ M. *En Yucatán*, serpiente originaria de México y Centroamérica, de hasta 1 m de longitud; con cabeza grande bien diferenciada del cuello; cuerpo robusto; color dorsal de rojizo a anaranjado, con una serie definida de bandas dorsales de color café a anaranjado; con dos líneas claras bien definidas que se extienden desde la punta del hocico hacia atrás; ovovivípara; se alimenta de anfibios y roedores; venenosa. Familia de los vipéridos del orden Squamata, *Agkistrodon bilineatus*. (También se llama bolpoch, cantil, pichicuata, pichicuate, volpoch, zolcuate).

X

xbayumac. [*eshbayumák*] ■ M. *En el Sureste,* arbusto o árbol originario de América, de hasta 4 m de altura; tallos con frecuencia trepadores; ramas en zig zag, con pubescencia densa; hojas dísticas, coriáceas, emarginadas, con seis a diez pares de nervios laterales; flores hermafroditas, vistosas, amarillas o de color rosa pálido, con más de 100 estambres, ovario elevado en un ginóforo, de una a cinco flores agrupadas en racimos terminales o laterales; frutos capsulares, lineares, rojos o amarillos. Familia de las caparáceas, *Capparis flexuosa.* (También se llama tablelojeca, xpayumac).

xcau. [*eshkáu*] ■ M. *En el Sureste,* ave originaria de América, de hasta 40 cm de longitud; con pico largo y robusto; cola también larga y patas de dedos grandes; el plumaje presenta una coloración que oscila, en los machos, entre el negro con lustre iridiscente y, en las hembras, el café con cejas grisáceas; habita generalmente en áreas agrícolas, pero se ha extendido hasta zonas urbanas. Familia de los ictéridos del orden Passeriformes, *Quiscalus mexicanus.* (También se llama chanate, cuervo, picho, tordo, zanate, zanate mayor, zanate mexicano).

xec. [*shék*] ■ M. **1.** *En el Sureste,* ensalada hecha con jícama, naranja, chile y perejil. || **2.** *En el Sureste,* revoltijo: "Haz un xec de todos los ingredientes para el pastel". || **3.** *En el Sureste,* desorden: "Tu ropero está hecho un xec".

xek. [*shék*] ■ M. **xec.**

xiaxek. [*shiashék*] ■ M. *En el Sureste,* árbol originario de Centroamérica, de hasta 20 m de altura, monoico; tallos rectos, con la corteza gris parduzca; hojas alternas, compuestas de tres a seis pares de pinas, lineares, con margen entero; flores hermafroditas, de color rojo, fragantes, agregadas en cabezuelas solitarias o numerosas, axilares o terminales; frutos en vainas, dehiscentes, aplanados, agudos, de color café oscuro; uso en la industria melífera. Familia de las leguminosas, *Lysiloma sabicu.*

xic-ché. [*shikché*] ■ M. *En el Sureste,* árbol o arbusto originario de México y Centroamérica, de hasta 8 m de altura, dioico; tallos con ramas largas y delgadas, lenticiladas; hojas alternas, simples, elípticas, cartáceas, con márgenes enteros; flores unisexuales: las masculinas con el tubo estaminal muy corto y las femeninas con diez estambres, agrupadas de uno a tres en las axilas de las hojas; frutos drupáceos, más o menos triangulares en sección transversal. Familia de las eritroxiláceas, *Erythroxylum rotundifolium.*

xical. [*jikál, shikál*] ■ M. **xícal.**

xícal. [*jíkal, shíkal*] ■ M. **1.** rur. Vasija hecha de la corteza del fruto del jícaro. || **2.** rur. Cestilla de pequeño tamaño, en la que se van depositando las tortillas que salen del comal.

xich. [*jích, shích*] ■ M. *En el Sureste*, nervio o cartílago en la carne, especialmente en la de res, que hace que sea difícil masticarla.

xichoso, sa. [*jichóso, shichóso*] ■ ADJ. **1.** *En el Sureste, referido a alguien*, que es de musculatura bien definida, aunque delgado: "Juan practica ciclismo y está muy xichoso". || **2.** *En el Sureste, referido a la carne de consumo*, que tiene mucho nervio: "La carne que me serviste en el caldo está muy xichosa".

xik. [*shík*] ■ F. *En el Sureste*, axila; sobaco.

xikear. [*shikeár*] ■ TR. *En el Sureste*, dejar la ropa con olor a axila o sudor: "Después de jugar futbol, los hombres xikean todo el uniforme".

xiloxóchitl. [*jilosóchitl, shilosóchitl*] ■ M. **1.** Árbol originario de América, de hasta 20 m de altura, monoico; troncos firmes y abombados; hojas alternas, deciduas, divididas en cinco foliolos elípticos; flores hermafroditas, vistosas, con cinco pétalos de blancos a rosados, con numerosos estambres blancos o rosados, cuya forma se asemeja a la de una escobilla; frutos capsulares, elipsoides, cafés; semillas globosas, rodeadas de pelos algodonosos; cortezas, uso en la medicina tradicional. Familia de las malváceas, *Pseudobombax ellipticum*. (También se llama amapola, bailarina, cabello de ángel, chicocuchi, coquito, jilosúchil, lele, mocoque, silosúchil, sospó). || **2.** Flor del **xiloxóchitl**; uso en la medicina tradicional y ornamental.

ximacol. [*shimakól*] ■ M. Hierba trepadora originaria de México, de hasta 5 m de longitud, monoica; tallos con zarcillos presentes; hojas alternas, enteras o con forma de estrella, con tres, cinco o siete lóbulos, hirsutas, ásperas, con margen finamente aserrado; flores unisexuales, pequeñas, campanuladas, amarillas, agrupadas en racimos; frutos pepónides, ovoides, pueden tener algunas espinas, de color verdoso a amarillo; una sola semilla. Familia de las cucurbitáceas, *Sicyos deppei*, aunque otras especies de cucurbitáceas reciben este mismo nombre, como *Microsechium ruderale*. (También se llama chichicamole).

xinene. [*shinéne*] ■ M. **1.** Árbol originario de México y Centroamérica, de hasta 50 m de altura, monoico; hojas alternas, simples, redondeadas, con margen entero, tenuemente reticulado; flores hermafroditas, de color verde amarillo grisáceo, con los lóbulos del cáliz persistentes, agrupadas en inflorescencias de numerosas panículas terminales, con las brácteas persistentes; frutos drupáceos, con el perianto persistente y glabrescentes; uso industrial. Familia de las lauráceas, *Persea schiedeana*. || **2.** Fruto del **xinene**, de piel lisa, verde y pulpa fibrosa; comestible.

xiote. [*jióte, shióte*] ■ M. **1.** Lesión cutánea que se caracteriza por una disminución en la pigmentación; jiote. || **2.** supran. Enfermedad cutánea que se manifiesta con lesiones rojizas y prominentes, acompañadas de comezón y descamación; jiote. || **3.** supran. Lesión rojiza de esta enfermedad; jiote.

xirgo, ga. [*shírgo*] ■ ADJ. **1.** rur. Lanudo: "El perro está todo xirgo". || **2.** *En El Bajío, referido a alguien*, que es flaco y débil, generalmente porque no tiene el desarrollo físico esperado: "Lleva a tu hijo al doctor, está muy xirgo". || **3.** *En Hidalgo*, hirsuto: "Las hojas xirgas de la planta me lastimaron". ■ M. **4.** Capote de palma; típico de los tarahumaras.

xiuil. [*shigüíl*] ■ F. *En el Sureste*, piedrecilla o cálculo calcáreo que se encuentra en el estómago de los venados y que se usa como talismán: "El venado que mató mi padrino traía una xiuil adentro y me la regaló".

xix. [*shísh*] ■ M. *En el Sureste*, residuo: "Sírveme el xix que quedó de la sopa". ■ LOC. **hasta el ~.** LOC. ADJ. **1.** *En el Sureste, referido a persona*, harta; hasta la chingada: "Eres un grosero, ya me tienes hasta el xix". || **2.** *En el Sureste, referido a un lugar*, saturado; hasta la chingada: "El almacén estaba hasta el xix".

xixal. [*shishál*] ■ M. *En el Sureste*, conjunto de residuos.

xkanché. [*eshkanché*] ■ M. *En el Sureste*, arbusto o árbol ampliamente distribuido en el continente americano y África occidental, de hasta 10 m de altura, dioico; tallos con raíces zancudas; hojas alternas, simples, elípticas, con márgenes enteros; flores unisexuales, de color amarillo verdoso, fragantes, agrupadas en capítulos más o menos globosos o panículas, axilares o terminales; frutos secos amontonados en capítulos globosos o elipsoidales, aplanados, coronados por el hipanto superior por lo menos hasta su madurez. Familia de las combretáceas, *Conocarpus erectus*.

xkanpocolcum. [*eshkanpokolkúm*] ■ M. *En el Sureste,* arbusto o árbol pequeño originario de México, de hasta 6 m de altura, monoico; tallos cubiertos con numerosas lenticelas; hojas alternas, compuestas, bipinadas, sin espinas, foliolos elípticos, con margen entero; flores hermafroditas, de color chocolate o rojo oscuro, con márgenes amarillentos, agrupadas en panículas terminales, ocasionalmente terminando en ramas laterales con racimos simples; frutos tipo vaina, sésiles, oblongos, con glándulas en la base; semillas suborbiculares, planas, de cerca de un centímetro de diámetro; uso como especie maderable y en la industria melífera. Familia de las leguminosas, *Caesalpinia yucatanensis.*

xkikil. [*eshkikíl*] ■ M. **1.** *En el Sureste,* miedo: "No, señor, yo no les tengo xkikil a los espíritus". || **2.** *En el Sureste,* nerviosismo: "Doña Juana tiene xkikil porque le dieron malas noticias". || **3.** *En el Sureste,* temblorina: "El xkikil de Miguel era porque tenía fiebre".

xlá. [*eshlá*] ■ ADJ. **1.** *En el Sureste,* deteriorado: "Se rompió la xlá hamaca". || **2.** *En el Sureste,* fastidioso: "Me molestó tu xlá comentario".

xmacolan. [*eshmakolán*] ■ M. **1.** *En el Sureste,* arbusto originario de América, de hasta 5 m de altura, monoico; tallos articulados; ramas quebradizas; hojas opuestas, enteras, grandes, acorazonadas y aromáticas; flores hermafroditas, blancas y diminutas, dispuestas en espigas sobre un eje carnoso; frutos abayados, negros. Familia de las piperáceas, *Piper auritum.* (También se llama acoyo, acuyo, hierba santa, hierbasanta, hoja de cáncer, hoja de la hierba santa, hoja santa, hojasanta, momo, omequelite, santamaría, tlanepa, yerba santa, yerbasanta). || **2.** *En el Sureste,* hoja del **xmacolan**; comestible; uso en la medicina tradicional.

xmahaná. [*eshmajaná*] ■ F. *En el Sureste,* mariposa originaria de América, de hasta 17 cm de longitud; la hembra es parda con pequeñas manchas de diferentes tonalidades de rosa; el macho es más pequeño y negro; nocturna; se le asocia con la muerte o mala suerte. Familia de los noctuidos del orden Lepidoptera, *Ascalapha odorata.* (También se llama ixmahaná, xmajaná).

xmajaná. [*eshmajaná*] ■ F. **xmahaná.**

xmaoficio. [*eshmaofísio*] ■ ADJ. **1.** *En el Sureste, referido a persona,* que suele perder el tiempo; holgazán: "Martín es muy xmaoficio, se la pasa acostado en la hamaca". || **2.** *En el Sureste, referido a persona,* que tiene tiempo libre; desocupado: "Mónica estuvo tan xmaoficio todas las vacaciones que se aburrió". || **3.** *En el Sureste, referido a persona,* que no tiene trabajo; desempleado: "Los muchachos xmaoficios ya están buscando trabajo por fin". ■ COM. **4.** *En el Sureste,* persona que suele perder el tiempo; holgazán: "Martín es un xmaoficio, se la pasa acostado en la hamaca". || **5.** *En el Sureste,* persona que tiene tiempo libre; desocupado: "Mónica estuvo de xmaoficio todas las vacaciones". || **6.** *En el Sureste,* persona que no tiene trabajo; desempleado: "Esos xmaoficios tan flojonazos ya están buscando trabajo por fin".

xmaol. [*eshmaól*] ■ ADJ. *En el Sureste, referido a persona,* desanimada; desganada: "Ando xmaol desde que se murió mi tío".

xnipec. [*eshnipék*] ■ M. *En el Sureste,* salsa elaborada con cebolla y jitomate crudos, chile habanero y jugo de naranja agria.

xoalacate. [*shoalakáte*] ■ M. **1.** Cactus originario de México, de hasta 4 m de altura, monoico; tallos con numerosas ramas, candelabriformes, con cinco a seis costillas, de color verde azuloso, espinosas; flores hermafroditas, pequeñas, con numerosos tépalos de color blanco verdoso y estambres blancos; frutos abayados, pequeños, de globosos a elipsoides, morados, sin espinas; semillas numerosas, diminutas, negras. Familia de las cactáceas, *Myrtillocactus geometrizans.* (También se llama garambullo). || **2.** Fruto del **xoalacate**; comestible.

xoch. [*shóch*] ■ M. *En el Sureste,* búho.

xochear. [*shocheár*] ■ TR. **1.** *En el Sureste,* ver: "Mariana y Damián xochearon los puestos de la plaza". || **2.** *En el Sureste,* vigilar: "Jacinto xochea a su cuñado desde que entró a la casa".

xochichuy. [*sochichúi*] ■ M. *En el Sureste,* punto de cruz.

xochilo. [*sochílo*] ■ M. Brote de las plantas.

xochistle. [*sochístle*] ■ M. Bebida refrescante preparada con cacao, azúcar y achiote.

xochitencuate. [*sochitenkuáte*] ■ M. *En el Sureste y Veracruz,* ave de distribución en el sur de México y Centroamérica, de hasta 30 cm de longitud, sin contar el pico que es arqueado, grueso, con una longitud similar a la del cuerpo, con cabeza pequeña, alas cortas, cola larga, con plumaje negro en general y de colores vivos, comúnmente anaranjado y escarlata en el cuello y el pecho; arborícola, apreciada por sus vivos colores, se le llega a domesticar como ave de ornato. Familia de los ranfástidos del orden Piciformes, *Pteroglossus torquatus.* (También se llama tucancillo collarejo).

xoco. [*shóko*] ■ M. **1.** *En Veracruz,* árbol de amplia distribución al sur y sureste de México, de hasta 10 m de altura; troncos con corteza grisácea, lisa, con ramas extendidas; hojas simples, de ovadas a elípticas, acuminadas, de base cuneada o redondeada; flores sésiles, blancas o verdosas, reunidas en cabezuelas que se agrupan en inflorescencias paniculadas terminales; frutos globosos. Familia de las araliáceas, *Oreopanax capitatus.* (También se llama choco). || **2.** *En Veracruz,* hoja del **xoco**; uso en la gastronomía. || **3.** *En Veracruz,* tamal que se hace con masa de maíz negro, envuelto en hoja del **xoco**, cocido al vapor; xocotamal.

xocoatole. [*shokoatóle*] ■ M. Atole que se prepara con masa de maíz que se deja fermentar por cuatro o cinco días, condimentado con sal y chile o azúcar y, generalmente, acompañado de frijoles; atole agrio.

xococuistle. [*shokokúistle*] ■ M. **1.** Hierba originaria de América, de hasta 1.5 m de altura, monoica; tallos inconspicuos; hojas simples, arrosetadas, lanceoladas, rígidas, envainadas, con envés pubescente, numerosas, margen con espinas; flores hermafroditas, grandes y vistosas, con tres pétalos color lila, fusionados en la base, carnosos, estambres fusionados a la base de los pétalos, flores dispuestas en racimos, cubiertos por numerosas brácteas de color rojo brillante y verde pálido; frutos abayados, fusiformes, estrechos en la parte apical y basal, de blancos amarillentos a cafés oscuros; semillas numerosas, pequeñas; uso artesanal. Familia de las bromeliáceas, *Bromelia plumieri.* (También se llama aguama, guámara, jocuistle, mexocote, timbiriche). || **2.** Fruto del **xococuistle**; comestible.

xocol. [*shokól*] ■ M. Ciruelo.

xoconochtle. [*jokonóshtle, shokonóshtle, sokonóshtle*] ■ M. **xoconostle.**

xoconoscle. [*jokonóskle, shokonóskle, sokonóskle*] ■ M. **xoconostle.**

xoconostle. [*jokonóstle, shokonóstle, sokonóstle*] ■ M. **1.** Planta arbustiva endémica de México, de hasta 3 m de altura; troncos bien definidos y con densa ramificación, según el estado de maduración, de color verde claro a verde glauco; cladodios obovados, de color mate o verde azulado pálido, recubiertos de una capa cerosa; areolas dispuestas de siete a nueve series, en forma de pera, glóquidas amarillas, cortas, dispuestas en la parte central de la areola; espinas blancas en toda la penca, de escasas a abundantes; flores amarillas, con pericarpelo obovado; frutos de globosos a elipsoides, con cicatriz floral hundida, según el estado de maduración con cáscara de color blanco, verde pálido o verde a color amarillo, anaranjado, rosado o rojo, la pulpa muy ácida, ligeramente perfumada; los frutos no caen de las pencas cuando maduran, pudiendo quedar hasta varios meses sobre ellas, por lo que hay frutos durante todo el año; semillas rosadas y anguladas. Familia de las cactáceas, diversas variedades hortícolas de *Opuntia joconostle.* (También se llama joconostle, xoconochtle, xoconoscle, xoconoxcle, xoconoxtle). || **2.** Fruto del **xoconostle**; comestible; uso gastronómico y en la medicina tradicional. ■ LOC. **~ cenizo.** LOC. SUST. **xoconostle verde.** ▶ **~ colorado.** LOC. SUST. **xoconostle rojo.** ▶ **~ cuaresmeño.** LOC. SUST. **xoconostle verde.** ▶ **~ rojo.** LOC. SUST. El que ya está maduro. ▶ **~ rosa.** LOC. SUST. El que está semimaduro. ▶ **~ rosa de Castilla.** LOC. SUST. **xoconostle rosa.** ▶ **~ sangre de toro.** LOC. SUST. **xoconostle rojo.** ▶ **~ verde.** LOC. SUST. El que está inmaduro.

xoconoxcle. [*jokonóskle, shokonóskle, sokonóskle*] ■ M. **xoconostle.**

xoconoxtle. [*jokonóstle, shokonóstle, sokonóstle*] ■ M. **xoconostle.**

xocopedo. [*shokopédo*] ■ M. Pulque agrio.

xocosóchil. [*shokosóchil*] ■ M. Árbol originario de México y Centroamérica, de hasta 20 m de altura, dioico; tallos erectos, ligeramente acanalados, con corteza externa desprendiéndose en escamas, corteza interna quebradiza; hojas opuestas, simples, elípticas, con margen entero, envés con numerosos puntos glandulosos; flores hermafroditas, diminutas, fragantes, de color blanco, agrupadas en panículas axilares, estambres formando un anillo; frutos abayados, subglobosos, cubiertos por glándulas, de color pardo claro a oscuro cuando secos; de una a tres semillas por fruto, esféricas o semiesféricas, verdosas; uso industrial y en la medicina tradicional; frutos, uso culinario. Familia de las mirtáceas, *Pimenta dioica.* (También se llama pimienta gorda).

xocotamal. [*shokotamál*] ■ M. *En Veracruz,* tamal que se hace con masa de maíz negro, envuelto en hoja de xoco, cocido al vapor.

xocote. [*jokóte*] ■ M. **1.** *En el Sureste,* árbol originario de Centroamérica, de hasta 25 m de altura; troncos cortos, ramas gruesas, retorcidas y quebradizas, con corteza rugosa, de color gris plomo a oscuro verdoso; hojas alternas, compuestas de foliolos elípticos, de nueve a 25, insertos a uno y otro lado del peciolo, con borde ligeramente ondulado; flores púrpuras en racimos simples, pequeñas y de color rojo o rosado, cáliz diminuto con cinco lóbulos y cinco pétalos; frutos oblongos, carnosos, de color amarillo, naranja o rojo al madurar, cubiertos con una vellosidad blanca; una semilla; uso industrial y en la medicina tradicional. Familia de las anacardiáceas, *Spondias purpurea.* (También se llama ciruela de huesito, ciruela mexicana, ciruelo, cocota, jobo, jocote). || **2.** *En el Sureste,* fruto del **xocote**; comestible; uso en licorería.

xocoyote, ta. [*shokoyóte, sokoyóte*] ■ M. y F. fam. Hijo menor de una familia: "Jacinta ya no será la xocoyota, va a tener una hermana en abril".

xocoyotin. [*shokoyótin, sokoyótin*] ■ COM. **xocoyotzin.**

xocoyotzin. [*shokoyótsin, sokoyótsin*] ■ COM. fam. Hijo menor de una familia; xocoyote: "Jacinta ya no será la xocoyotzin, va a tener una hermana en abril".

xokbichuy. [*shokbichúi*] ■ M. *En el Sureste,* bordado de punto de cruz.

xolate. [*sholáte*] ■ M. Mazorca de maíz que no ha granado.

xolo. [*shólo*] ■ M. *En el Sureste,* ave originaria de América, de hasta 1 m de altura, 1.3 m desde la punta del pico hasta el extremo de la cola, 2 m de envergadura y 20 kg de peso; tiene plumaje de color pardo verdoso con reflejos cobrizos y manchas blanquecinas en los extremos de las alas y de la cola, cabeza y cuello cubiertos de carúnculas rojas, así como la membrana eréctil que lleva encima del pico; tarsos negruzcos muy fuertes, dedos largos, y en el pecho un mechón de cerdas de 3 a 4 cm de longitud; la hembra es algo menor, pero semejante al macho en todo lo demás; en domesticidad, el ave ha disminuido de tamaño y ha cambiado el color del plumaje; hay variedades negras, rubias y blancas; comestible. Familia de los faisánidos del orden Galliformes, *Meleagris gallopavo.* (También se llama chompipe, chumpe, chumpipe, cócono, guajolote, güilo, huilo, jolote, pavo, picho, pípilo, totol, totole).

xoloescuincle. [*sholoeskuínkle*] ■ M. **xoloitzcuintle.**

xoloescuintle. [*sholoeskuíntle*] ■ M. **xoloitzcuintle.**

xoloitzcuintle. [*sholoiskuíntle*] ■ M. Raza de perro originaria de México, de hasta 60 cm de longitud; sin pelo corporal, con cabeza delgada con poco pelo arriba, hocico sin premolares dentales, ojos de color café oscuro o amarillo, cola larga y sin pelo, patas largas y delgadas. Familia de los cánidos del orden Carnivora, *Canis lupus familiaris.* (También se llama perro azteca, xoloescuincle, xoloescuintle, xoloizcuincle, xoloizcuintle).

xoloizcuincle. [*sholoiskuínkle*] ■ M. **xoloitzcuintle.**

xoloizcuintle. [*sholoiskuíntle*] ■ M. **xoloitzcuintle.**

xomote. [*shomóte*] ■ M. Ave de amplia distribución en el centro y norte de México, de hasta 56 cm de longitud; de color café, con un espejuelo de color azul brillante con bordes blancos; patas anaranjadas; el macho tiene pico color amarillo mucho más brillante que la hembra y plumaje verde oscuro en su cabeza y cuello. Familia de las anátidas del orden Anseriformes, *Anas platyrhynchos.* (También se llama pato mexicano, pato norteño).

xonequelite. [*shonekelíte*] ■ M. Hierba o subarbusto originario de América, de hasta 2 m de altura, monoico; tallos erectos, más o menos ramificados, estriados, brillantes y pegajosos; hojas alternas, de lineares a lanceoladas, densamente punteadas en ambas caras; flores hermafroditas o femeninas, diminutas, tubulares, amarillas, las del centro hermafroditas y las de la periferia femeninas, con apariencia de pétalos, dispuestas en cabezuelas numerosas, a su vez arregladas en corimbos terminales; frutos aquénicos, oblongos, algo comprimidos, en ocasiones de cuatro a cinco costillas y pelillos; uso en la medicina tradicional. Familia de las compuestas, *Gymnosperma glutinosum*. (También se llama escobilla, popote, tatalencho, zazal).

xongo, ga. [*shóngo*] ■ ADJ. Sucio: "Antes de ir a la escuela, báñate, no vayas a salir todo xongo". Ú.t.c.sust.: "Eres un xongo, ya báñate".

xoquía. [*shokía*] ■ F. Olor desagradable que guardan las cosas como resultado de un mal lavado o un mal secado; choquía.

xoquiaque. [*shokiáke*] ■ F. **xoquía.**

xoquiento, ta. [*shokiénto*] ■ ADJ. **1.** Que tiene el olor desagradable que guardan las cosas como resultado de un mal lavado o un mal secado; choquiento: "Esta toalla está bien xoquienta, hay que volver a lavarla". || **2.** *Referido a persona,* que no se baña y huele mal; choquiento: "A esa niña xoquienta le urge un buen baño". Ú.t.c.sust.: "A esa xoquienta le urge un buen baño".

xoquilla. [*shokíya*] ■ F. **xoquía.**

xoquillento, ta. [*shokiyénto*] ■ ADJ. **xoquiento, ta.**

xoquillo. [*shokíyo*] ■ M. **xoquía.**

xoquío. [*shokío*] ■ M. **xoquía.**

xorgo, ga. [*shórgo*] ■ ADJ. *Referido a algo,* áspero, tosco o sin pulir: "Pásame esa piedra xorga que está allá atrás".

xote. [*shóte*] ■ M. *En el Sureste,* molusco de agua dulce, de hasta 5 cm de altura y 2 cm de diámetro; con concha sólida en forma de torre, posee un periostraco de color oliva a negruzco, de diez u 11 vueltas; se encuentra en ríos y arroyos con movimiento constante, pero de poca intensidad, poco profundos y con sombra; comestible. Familia Pachychilidae, varias especies del género *Pachychilus*. (También se llama caracol de arroyo, chuti, shote, shuti).

xoxocote. [*shoshokóte*] ■ M. Arbusto originario de México, de hasta 5 m de altura; tallos de rojizos a morados, cubiertos con pelillos; hojas simples, de oblongo-elípticas a ovadas u obovadas, con margen entero u ondulado; flores hermafroditas, numerosas y diminutas, blancas o de color crema, con cinco pétalos y de cinco a diez estambres, las flores dispuestas en panículas densas y cortas, terminales; frutos drupáceos, subglobosos, provistos de glándulas y pelos setiformes, de color rojizo; uso en la medicina tradicional. Familia de las anacardiáceas, *Rhus standleyi*. (También se llama vara negra, yucucaya).

xoxopascle. [*shoshopáskle*] ■ M. **xoxopaste.**

xoxopaste. [*shoshopáste*] ■ M. Palo ancho para tupir una tela que se está tejiendo; chochopascle.

xoy. [*shói*] ■ M. *En el Sureste,* forúnculo pequeño que nace en el borde del párpado; perrilla.

xpayumac. [*eshpayumák*] ■ M. **xbayumac.**

xpelón. [*eshpelón*] ■ M. *En el Sureste,* frijol negro y tierno.

xpuhuk. [*eshpujúk*] ■ F. **1.** *En el Sureste,* hierba nativa de México, de hasta 1 m de altura, monoica; tallos poco ramificados, verdosos; hojas alternas, divididas en numerosos foliolos, lanceoladas, con margen diminutamente aserrado; flores hermafroditas, vistosas, amarillas o anaranjadas, agrupadas en cabezuelas, con olor fuerte, con cinco u ocho flores de la periferia en forma de pétalos amarillos; frutos aquénicos, lineares, con escamas en el ápice; uso ceremonial, como insecticida, en la medicina tradicional y ornamental. Familia de las compuestas, *Tagetes erecta*. (También se llama cempasúchil, cempoal, flor de muerto, iscoque, musajoyó, sempasúchil, zempasúchil). || **2.** *En el Sureste,* flor de la **xpuhuk**; comestible; uso como colorante.

xtabay. [*eshtabái*] ■ F. *En el Sureste,* personaje de leyenda tradicional representado por una mujer que se aparece a los hombres por la noche para causarles algún mal.

xtabentún. [*eshtabentún*] ■ M. **1.** *En el Sureste,* planta trepadora originaria de América, de hasta 10 m de longitud, monoica; tallos rugosos o papilosos, huecos, glabros; hojas alternas, simples, de ovadas a acorazonadas, membranáceas o cartáceas, glabrescentes, base cordada, ápice acuminado, con márgenes enteros; flores hermafroditas, vistosas, en forma de embudo, color crema o blancas, púrpura en el interior, agrupadas en inflorescencias corimbosas, terminales; frutos capsulares, ovoides, pardos, glabros; de una a dos semillas, fusiformes o redondeadas, pardas, puberulentas, con propiedades psicotrópicas; uso ornamental. Familia de las convolvuláceas, *Turbina corymbosa.* (También se llama bejuco de san Pedro, ixtabentún, ololiuque, ololiuqui, semilla de la virgen). || **2.** *En el Sureste,* flor del **xtabentún**; uso ornamental. || **3.** *En el Sureste,* semilla del **xtabentún**; uso en la medicina tradicional. || **4.** Licor elaborado con miel de abeja fermentada, obtenido de la flor del **xtabentún**, a la cual se le agrega anís; típico de Yucatán.

xtolok. [*eshtolók*] ■ M. *En el Sureste,* reptil de distribución en México y Centroamérica, de hasta 1.3 m de longitud; de colores grisáceos acompañados por bandas negras; presenta un saco gular bien desarrollado y extremidades musculosas; los machos tienen una pequeña cresta que surge en la parte posterior de la cabeza y continúa hasta la cola, que es larga y presenta anillos con escamas espinosas; prefiere las zonas rocosas y puede habitar tanto en climas cálidos y templados, así como secos y húmedos; comestible. Familia de los iguánidos del orden Squamata, *Ctenosaura similis.* (También se llama iguana negra, tolok).

xtuch. [*eshtúch*] ■ M. supran. *En el Sureste,* primate originario de América, de hasta 50 cm de longitud; con pelaje de color negro y café; con piel de tonalidades oscuras; ojos de color café oscuro; tronco delgado; extremidades superiores alargadas que terminan en manos con dedos largos y fuertes, salvo por su pulgar que parece vestigial; extremidades inferiores menos largas respecto a sus brazos; patas con dedos largos prensiles; cola larga y prensil que le sirve para sus hábitos arbóreos. Familia de los atélidos del orden Primates, *Ateles geoffroyi.* (También se llama mono araña, tucho).

xtuhú. [*eshtujú*] ■ F. *En el Sureste,* tosferina.

xtup. [*eshtúp*] ■ COM. *En el Sureste,* hijo menor de una familia: "Abigail no será más la xtup, va a tener una hermanita".

xube. [*shúbe*] ■ ADJ. *En Hidalgo,* **xuro.**

xucul. [*shukúl*] ■ M. *En el Sureste,* hierba carnosa originaria de Europa, de hasta 40 cm de altura; tallos rojizos, ramificados, con las ramas extendidas radialmente; hojas alternas, de ovadas a espatuladas, carnosas, con margen entero; flores hermafroditas, pequeñas, actinomórficas, amarillas, solitarias o agrupadas en cimas; frutos capsulares, con dehiscencia circuncísil cerca de la mitad; comestible; uso en la medicina tradicional. Familia de las portulacáceas, *Portulaca oleracea.* (También se llama verdolaga).

xucúpara. [*jukúpara*] ■ M. **1.** *En Michoacán,* hierba originaria de México, de hasta 50 cm de altura, monoica; tallos con pelos glandulares, de color café; hojas opuestas, enteras, ovadas, a veces con margen crenado; flores hermafroditas, pequeñas, campanuladas, amarillas con manchas verdosas en el centro y con cinco estambres de anteras azules; frutos abayados, globosos, de 1 cm de diámetro, negros, rodeados por el cáliz que crece al madurar. Familia de las solanáceas, *Physalis sordida.* (También se llama chalturama). || **2.** *En Michoacán,* planta herbácea originaria de México, de hasta 1 m de altura; tallos semileñosos; hojas alternas, de hasta 25 cm de longitud, ápice puntiagudo, con margen de aserrado a ligeramente hendido; flores dispuestas en racimos cortos o alargados, a veces ramificados, amarillas; frutos carnosos, jugosos, globosos o alargados, de color rojo al madurar; semillas numerosas, más o menos circulares, aplanadas, amarillas. Familia de las solanáceas, *Lycopersicum esculentum.* (También se llama jitomate, tomate, tomate rojo). || **3.** *En Michoacán,* fruto de la **xucúpara**; comestible.

xulab. [*shuláb*] ■ F. *En el Sureste,* insecto himenóptero originario de América, de 3 a 12 mm de longitud; con mandíbula larga en forma de gancho; cuerpo y patas alargadas que pueden llegar a dar una apariencia arácnida; con coloraciones desde el dorado profundo hasta el café apagado; prefiere ambientes húmedos y calurosos; se caracteriza por realizar incursiones expansivas en grupos, asemejando ejércitos al marchar; altamente polimórficos dependiendo su trabajo. Familia de los formícidos del orden Hymenoptera, *Eciton burchellii.* (También se llama hormiga guerrera, hormiga soldado).

xumil. [*jumíl*] ■ M. Insecto originario de América, de hasta 12 mm de longitud; con cuerpo parecido a una chinche, de color verde o pardo; comestible. Familia de los pentatómidos del orden Hemiptera, diferentes especies del género *Euschistus*. (También se llama jumil).

xunco, ca. [*shúnko*] ■ M. y F. **1.** *En Oaxaca*, hijo menor de una familia: "Jacinto es el xunco de la familia". || **2.** *En Oaxaca*, joven: "Las xuncas se paseaban con su mejor vestido por la plaza".

xunde. [*shúnde*] ■ M. Cesto de carrizo de gran tamaño que se usa para el acarreo del maíz.

xure. [*shúre*] ■ ADJ. *En El Bajío*, **xuro.**

xuricu. [*shuríku*] ■ M. rur. Curandero, yerbero.

xuro. [*shúro*] ■ ADJ. rur. *Referido a un chile*, de mala calidad: "La salsa no quedó buena porque la hicieron con chiles xuros".

xux. [*shúsh*] ■ M. **1.** *En el Sureste*, grupo de insectos himenópteros, de 1 a 1.5 cm de longitud; comúnmente de color amarillo, con franjas negras, aunque en ocasiones de tonalidades negras, rojas o iridiscentes; con cuerpos delgados con los tagmas definidos; en el extremo posterior del abdomen presentan un aguijón; viven en sociedad, fabrican panales y producen miel; algunas especies, comestibles. Varias especies de la familia de los véspidos del orden Hymenoptera, como *Brachygastra mellifica*, *Polybia occidentalis*. || **2.** *En el Sureste*, individuo del grupo del **xux**. || **3.** *En el Sureste*, panal que fabrican las avispas; avispero.

xuxac. [*shúshak*] ■ ADJ. **1.** *En el Sureste, referido a persona*, delgada; flaco: "Se me hace que tu marido no come, está muy xuxac". ■ M. **2.** *En el Sureste*, cesto de bejuco tejido. ■ COM. **3.** *En el Sureste*, persona delgada; flaco: "Se me hace que tu marido no come, está hecho un xuxac".

X

Y

ya. ■ LOC. **~ mero.** LOC. ADV. supran. coloq. Casi: "Ya mero llegamos al cine, no te desesperes". ▶ **~ mismo.** LOC. ADV. supran. En este momento: "Lo quiero resuelto ya mismo o cancelaré tu contrato". ■ EXPR. **¡~ cásate!** fam. Se usa para indicar que una persona está de mal humor: "¿Vas a seguir así todo el día? ¡Ya cásate!". ▶ **¡~ chingué!** malson. **¡ya la hice!** ▶ **¡~ chole!** fam. **¡ya estuvo (suave)!** ▶ **¡~ estufas!** fam. **¡ya estuvo (suave)!** ▶ **¡~ estuvo (suave)!** coloq. Se usa para mostrar molestia ante una situación que es repetitiva: "¡Ya estuvo suave! Siempre me reclamas lo mismo". ▶ **¡~ fregué!** malson. **¡ya la hice!** ▶ **~ fue.** fam. Se usa para indicar que algo tendrá un final que no se puede modificar: "—¿Quieres que estudiemos para el examen o no? —Olvídalo, ya fue, es en una hora y no lo voy a aprobar". ▶ **¡~ la...!** supran. fam. Se usa para indicar sorpresa: "¡Ya la...!, se cayó la tele y se descompuso". ▶ **¡~ la hice!** fam. Se usa para expresar que se ha logrado o conseguido lo que se deseaba: "¡Ya la hice! Me gané los boletos para el concierto". ▶ **~ (se) lo besó el diablo.** fest. **ya (se) lo chupó el diablo.** ▶ **~ (se) lo chupó el diablo.** fest. Se usa para indicar que alguien debe evitar comer o levantar algo del suelo: "¡No levantes ese dulce, Pablito!, ya lo chupó el diablo". ▶ **~ ni la amuelas.** fam. Se usa para expresar reclamo o reproche: "Ya ni la amuelas, perdiste otra vez el dinero". ▶ **~ ni la chingas.** malson. **ya ni la amuelas.** ▶ **~ ni la friegas.** malson. **ya ni la amuelas.** ▶ **¡~ qué!** supran. fam. Se usa para indicar resignación: "—No me prestaron el coche para ir a la fiesta. —¡Ya qué!". ▶ **¡~ rugiste!** fest. Se usa para indicar asentimiento: "—Yo te invito los boletos para el concierto. —¡Ya rugiste!". ▶ **~ salió el peine.** fam. Se usa para evidenciar la verdad de algo: "¡Ya salió el peine!, me dijo que se sentía mal, pero salió con otros amigos". ▶ **¡~ vas (Barrabás)!** fam. Se usa para indicar asentimiento: "—¿Nos vamos de viaje? —¡Ya vas!". ■ INTERJ. **¡ya!** supran. Se usa para manifestar duda sobre lo que alguien dice: "—Voy a dejar el cigarro. —¡Ya!, cómo no".

yaca. ■ F. **1.** supran. Árbol originario de la India, de hasta 20 m de altura, monoico; tallos rectos y gruesos, de corteza lisa a algo cenicienta; hojas simples, alternas, de anchamente elípticas a ovadas, lustrosas, cuando jóvenes a menudo lobadas; flores unisexuales, grandes y vistosas, de verde pálido cuando jóvenes a negras con la edad, las masculinas tubulares, agrupadas en espigas de ramas jóvenes, las femeninas campanuladas, agrupadas en espigas de ramas maduras o sobre el tronco; frutos abayados, de elipsoides a ovoides, muy grandes, con una corteza de verde a café amarillenta con múltiples prolongaciones cónicas y puntiagudas, pulpa carnosa y amarillenta; semillas numerosas, de elípticas a redondeadas, cafés, con uso farmacéutico y en la medicina tradicional; látex, uso industrial y en la medicina tradicional; tallos, uso industrial. Familia de las moráceas, *Artocarpus heterophyllus.* || **2.** supran. Fruto de la **yaca**; comestible; uso farmacéutico y en la medicina tradicional.

yacapatlahoac. ■ M. Ave de amplia distribución en México, de hasta 50 cm de longitud y 75 cm de envergadura; con dimorfismo sexual; machos reproductivos con cabeza de color verde iridiscente, pecho y base de la cola blancos, flancos castaños, región dorsal en tonos pardos; hembras y machos fuera de temporada de apareamiento con plumaje parduzco vetado, pico gris en tonos anaranjados en las comisuras, largo y ancho que asemeja una espátula. Familia de las anátidas del orden Anseriformes, *Spatula clypeata.* (También se llama pato bocón, pato cuchara, pato cucharero, tempatlahoac).

yácata. ■ F. **1.** Construcción prehispánica de la zona purépecha de planta mixta, con una parte en forma piramidal y otra cónica: "Cuando voy a Tzintzuntzan me gusta visitar las yácatas". || **2.** Conjunto o montón de piedras que sirve para delimitar un terreno o cualquier superficie en el campo; mojón: "La yegua se nos perdió pasando la yácata de nuestro rancho".

yaco. ■ M. **1.** Árbol originario de México, de hasta 15 m de altura; tallos teretes, con densos pelos suaves y largos cuando jóvenes, de corteza grisácea a gris café; hojas simples, alternas, de elípticas a ovadas o acorazonadas, con margen aserrado, tomentuloso por el envés; flores hermafroditas, pequeñas, con cinco pétalos y sépalos violáceos o lilas, estambres numerosos, agrupadas en cimas axilares; frutos capsulares, pequeños, redondos, cubiertos por vellosidades de color gris o café. Familia de las malváceas, *Trichospermum mexicanum.* (También se llama algodoncillo, capulín, jonote). || **2.** *En el Sur,* árbol originario del este de América del Norte, de hasta 25 m de altura; tallos con ramas de delgadas a moderadamente gruesas, con corteza profundamente acanalada y estriada, cuando jóvenes de verdes a amarillentas o cafés rojizas, glabras o moderadamente pubescentes; hojas simples, alternas, ampliamente de ovadas a cordadas, glabras en el haz y con grupos de pelos en las axilas de las venas secundarias en el envés, con margen entero; flores hermafroditas, pequeñas, de color blanco con algunos tonos rosados, estambres numerosos, a menudo fusionados en la base en grupos de cinco, flores dispuestas en panículas en forma de cúpula plana, más o menos colgantes; frutos en drupas de elipsoides a casi globosas, con un pico corto en la punta, cubierta por densos pelos estrellados; semillas pequeñas, globosas, de color café a café rojizo, glabras. Familia de las tiliáceas, *Tilia americana.* (También se llama sirimo). ■ LOC. **~ de cuero.** LOC. SUST. *En Oaxaca,* árbol originario de América, de hasta 15 m de altura, monoico o dioico; tallos cilíndricos, rectos, con cicatrices dispuestas en espiral, ramas que crecen horizontalmente o ligeramente colgantes, corteza gris, ligeramente fisurada; hojas alternas, simples, oblongo-ovadas, con márgenes serrados; flores unisexuales pequeñas, flores masculinas sésiles, verdes, agrupadas en cimas, flores femeninas pediceladas, verdes, agrupadas en cimas axilares; frutos drupáceos, carnosos, elipsoidales, rojos; semilla única, pequeña, negra; uso como especie maderable e industrial. Familia de las cannabáceas, *Trema micrantha.* (También se llama capulín, cuichpipil, equipal, guacimillo, ixpepe, pellejo de vieja, totogapolín).

yagahuil. ■ M. **1.** Árbol originario de México y Centroamérica, de hasta 30 m de altura, dioico; tallos y ramas con espinas axilares, rectas y agudas, látex blanquecino; hojas simples, alternas, elípticas u obovadas, haz pubescente, con margen aserrado; flores unisexuales, pequeñas, verdosas: las femeninas arregladas en cabezuelas globosas, las masculinas arregladas en racimos alargados; frutos aquénicos, de globosos a lentiformes, de color amarillo verdoso, con pulpa jugosa; uso industrial; cortezas, uso en la extracción de taninos y en la medicina tradicional. Familia de las moráceas, *Maclura tinctoria.*

(También se llama maclura, palo de mora). || **2.** Fruto del **yagahuil**; comestible.

yagalán. ■ M. Arbusto originario de América, de hasta 3 m de altura, monoico; tallos muy ramificados, de corteza café o grisácea; hojas alternas, enteras, de elípticas a ovadas, con margen denticulado, muy pubescentes en el envés; flores hermafroditas, pequeñas, con cinco pétalos blancos, agrupadas en corimbos o umbelas; frutos en pomos pequeños, globosos, rojos y pubescentes; semillas pequeñas, ovoides, cafés. Familia de las rosáceas, *Amelanchier denticulata.* (También se llama duraznillo).

yagual. ■ M. supran. Rodete de fibra natural o tela que se pone encima de la cabeza para transportar una vasija u otro objeto.

yaguarundi. ■ M. supran. Felino de amplia distribución en América, de hasta 70 cm de longitud; de color pardo rojizo u oscuro o grisáceo, sin manchas; con orejas pequeñas y patas cortas. Familia de los félidos del orden *Carnivora, Herpailurus yagouaroundi.* (También se llama jaguarundi, onza, yaguarundí).

yaguarundí. ■ M. **yaguarundi.**

yaguela. ■ F. **1.** *En el Sur,* grupo de diferentes especies de árboles o arbustos resinosos originarios de América, de hasta 10 m de altura, dioicos; tallos con corteza de color rojo oscuro a amarillento o grisáceo, secretan resina muy aromática al quebrar o lastimar el tronco; hojas alternas, divididas en numerosos foliolos, de ovados a elípticos, con margen aserrado; flores unisexuales, diminutas, blanquecinas: las masculinas agrupadas en grandes panículas, las femeninas en cortos racimos; frutos drupáceos, pequeños, globosos y aromáticos; semilla única, elipsoide, de rojiza a negra. Familia de las burseráceas, varias especies del género *Bursera,* como *Bursera cuneata, Bursera fagaroides, Bursera glabrifolia.* (También se llama copal, cuajiote, guajiote, inamé, inanué, lindruáloe). || **2.** *En el Sur,* individuo de la **yaguela**. || **3.** *En el Sur,* resina aromática que se obtiene de los individuos de la **yaguela**; uso ceremonial y en la medicina tradicional.

yaicuaje. ■ M. supran. Árbol originario de América, de hasta 20 m de altura; tallos generalmente con surcos longitudinales y abundantes lenticelas, glabros al madurar; hojas alternas, compuestas de cuatro a seis u ocho foliolos de oblongos a elípticos, de color verde brillante, con margen entero; flores hermafroditas, masculinas y femeninas, diminutas y numerosas, blancas o amarillentas, con cinco pétalos y con cinco sépalos, con ocho estambres, agregadas en panículas densas; frutos abayados, globosos, de color rojo oscuro o purpúreo negruzco; dos semillas, globosas; uso en la medicina tradicional y como sombra; troncos, uso industrial y como especie maderable. Familia de las sapindáceas, *Exothea paniculata.*

yaité. ■ M. **1.** *En el Sureste,* árbol originario de América, de hasta 15 m de altura, monoico; tallos de grisáceos a cafés; hojas alternas, deciduas, divididas en foliolos elípticos; flores hermafroditas, vistosas, con cinco pétalos de rosados a blanquecinos, agrupadas en densos racimos; frutos en vainas largas y aplanadas, cafés; semillas circulares, aplanadas. Familia de las leguminosas, *Gliricidia sepium.* (También se llama cacahuanance, cacahuananche, cocoite, madre de cacao, matarratón). || **2.** *En el Sureste,* madera del **yaité**; uso artesanal y como combustible. || **3.** *En el Sureste,* corteza, hoja, raíz y semilla del **yaité**; uso como insecticida.

yaqui. ■ ADJ. **1.** Perteneciente o relativo al **yaqui**: "Un cinturón yaqui me regalaron en mi cumpleaños". || **2.** Natural o procedente del grupo étnico **yaqui**: "La mujer yaqui preparó un rico atole de garambullo". ■ M. **3.** Grupo étnico establecido en el estado de Sonora. || **4.** Lengua yutoazteca del subgrupo lingüístico cahíta. ■ COM. **5.** Persona natural o procedente del grupo étnico **yaqui**: "La yaqui preparó un rico atole de garambullo".

yarata. ■ F. *En el Occidente,* masa que forman los huevecillos de ciertos pescados, encerrada en una bolsa oval; hueva.

yarda. ■ F. **1.** Medida para la cerveza, aproximadamente de un litro, que se expende en restaurantes y bares servida en este recipiente. || **2.** Recipiente cilíndrico y delgado de casi un metro de altura. || **3.** Cantidad de cerveza que cabe en este recipiente.

ydeay. ■ EXPR. **¡~ vos!** *En Chiapas,* se usa como saludo entre personas de confianza:

"¡Ydeay vos!, ¿cómo estás?". ■ INTERJ. **¡ydeay!** *En Chiapas*, se usa para expresar sorpresa: "¡Ydeay!, ¿cómo te rompiste la nariz?".

yegua. ■ F. **1.** despect. Prostituta. || **2.** supran. pop. Colilla de cigarrillo.

yema. ■ F. **1.** fam. Huevo de gallina. || **2.** Árbol originario de México, de hasta 6 m de altura; tallos muy ramificados, amarillos, glabros; hojas simples, opuestas, de ovadas a lanceoladas o de oblongas a lanceoladas, con margen ondulado; flores hermafroditas, pequeñas, vistosas, con diez tépalos de color amarillo pálido a amarillo brillante o anaranjado, dispuestas en racimos densos, terminales; frutos abayados, de elipsoides a ovoides o globosos, de rojos o morados a negros al terminar de madurar. Familia de las berberidáceas, *Berberis berriozabalensis*. || **3.** supran. fam. Testículo. ■ LOC. **~ de Santa Clara.** LOC. SUST. Galleta de harina de trigo cubierta con dulce de pepita de calabaza y azúcar glas; típica de Puebla.

yerba. ■ LOC. **~ del golpe.** LOC. SUST. Hierba de distribución en América, de hasta 45 cm de altura, monoica; tallos simples o poco ramificados; hojas simples, alternas, las basales oblanceoladas, las apicales de oblongas a ovadas, con margen de sinuado-dentado a pinatífido; flores hermafroditas, pequeñas y vistosas, con cuatro pétalos de color rosado a morado, con ocho estambres de igual o diferente tamaño, flores solitarias o agrupadas en racimos; frutos capsulares, obovoides, con cuatro ángulos ligeramente alados, cubiertos de pelos; semillas de oblongas a obovoides, cafés; uso en la medicina tradicional y ornamental. Familia de las onagráceas, *Oenothera rosea*. (También se llama agua de azahar, hierba del golpe). ▶ **~ santa.** LOC. SUST. **yerbasanta.**

yerbajal. ■ M. supran. Lugar poblado de hierbas; hierbal.

yerbasanta. ■ F. **1.** Arbusto originario de América, de hasta 5 m de altura, monoico; tallos articulados; ramas quebradizas; hojas opuestas, enteras, grandes, acorazonadas y aromáticas; flores hermafroditas, blancas y diminutas, dispuestas en espigas sobre un eje carnoso; frutos abayados, negros. Familia de las piperáceas, *Piper auritum*. (También se llama acoyo, acuyo, hierba santa, hierbasanta, hoja de cáncer, hoja de la hierba santa, hoja santa, hojasanta, momo, omequelite, santamaría, tlanepa, xmacolan, yerba santa). || **2.** Hoja de la **yerbasanta**; comestible; uso en la medicina tradicional.

yerbería. ■ F. supran. Tienda donde se venden plantas medicinales; hierbería.

yerbero, ra. ■ ADJ. **1.** supran. Perteneciente o relativo a las hierbas medicinales; hierbero: "Su familia puso un negocio yerbero". ■ M. y F. **2.** supran. Persona que se dedica a cultivar o a vender hierbas medicinales; hierbero. || **3.** supran. Curandero que usa hierbas, generalmente medicinales; hierbero.

yerra. ■ F. **1.** supran. Acción y resultado de marcar el ganado con un hierro candente; hierra. || **2.** supran. Temporada en que se marca el ganado; hierra. || **3.** supran. Fiesta celebrada con motivo del acto de marcar el ganado; hierra.

yesca. ■ F. supran. jerg. Marihuana.

yeyepaxtle. ■ M. Arbusto originario de América, de hasta 35 cm de altura, monoico; tallos cilíndricos, de glabros a puberulentos; hojas simples, alternas, de lineares a estrechamente oblanceoladas o de cilíndricas a algo aplanadas, suculentas, con glándulas de aceite en los márgenes; flores pequeñas, tubulares, amarillas o verdosas, las del centro hermafroditas, de ocho a 13 femeninas en la periferia, con forma de pétalo, flores dispuestas en cabezuelas terminales; frutos aquénicos, de cilíndricos a fusiformes, cubiertos por pelos rígidos y con un mechón de cerdas en el ápice; uso en la medicina tradicional. Familia de las compuestas, *Chrysactinia mexicana*. (También se llama damiana, garañona, hierba de san Nicolás).

yoga. ■ M. pop. Hombre homosexual; puñal.

yohualcuachil. ■ M. Ave zancuda originaria de América del Norte y Centroamérica, de hasta 25 cm de longitud; con plumaje negro y rojo pardo; ojos oscuros y frente con cresta amarilla; con un espolón en cada ala; patas en tonos verdosos, con dedos largos y garras agudas; habita en ecosistemas pantanosos y se alimenta de insectos, crustáceos y moluscos pequeños. Familia de los jacánidos del orden Charadriiformes, *Jacana spinosa*. (También se llama gallito de agua, jacana norteña, viuda).

yolanda. (Juego de palabras entre Yolanda y yo). ■ PRON. fest. Forma que designa a la persona que habla, generalmente en una enumeración: "Los mejores amigos somos Brenda, Camila, Alfredo y yolanda".

yoli. ■ ADJ. *En el Norte, referido a algo,* bueno: "Las tortillas de harina de mi mamá están muy yolis".

yolis. (Juego de palabras entre Yolis y yo). ■ PRON. **yolanda.**

yolochichi. ■ M. **1.** Arbusto originario de México, de hasta 2 m de altura, monoico; tallos muy ramificados, teretes, tomentosos; hojas opuestas, ovado-triangulares, con pelos de color verde en ambas caras, con margen dentado; flores hermafroditas, campanuladas, diminutas, de color blanco, con glóbulos resinosos, agrupadas en cabezuelas de 35 a 40 flores; frutos aquénicos, muy pubescentes, vilano casi del largo de la corola, cerdas de color blanco a rosado. Familia de las compuestas, *Eupatorium petiolare.* (También se llama amargosilla, hierba del ángel, hierba del burro, hierba del pasmo, yolochichitl). || **2.** Hoja del **yolochichi**; uso en la medicina tradicional.

yolochichitl. ■ M. **1. yolochichi.** || **2.** Hierba originaria de México, de hasta 2.5 m de altura; tallos herbáceos o algo leñosos, no ramificados, con pelillos glandulares hacia las puntas; hojas simples, opuestas, de astadas a triangulares, puberulentas, con margen de crenado a dentado; flores hermafroditas, pequeñas y numerosas, tubulares, de color blanco a guinda rosado hacia el ápice, arregladas en cabezuelas terminales; frutos aquénicos, prismáticos, de ápice truncado, cubierto de pelillos, con un mechón de cerdas rosadas en el ápice. Familia de las compuestas, *Ageratina deltoidea.*

yolosóchil. ■ M. Árbol originario de México y Centroamérica, de hasta 30 m de altura; tallos rectos, con corteza lisa y grisácea; hojas simples, alternas, oblongas, coriáceas y brillantes; flores hermafroditas, vistosas y aromáticas, de color rosado o blanco, pétalos carnosos y con numerosos estambres rosados, flores solitarias y terminales; frutos foliculares, leñosos, agregados en grupos densos dando la apariencia de un único fruto; semillas cubiertas de una pulpa roja; uso ornamental y en la medicina tradicional. Familia de las magnoliáceas, *Magnolia mexicana.* (También se llama árbol de corazón, flor de corazón, magnolia, súchil, yoloxóchitl).

yoloxiltic. [*yolosíltik*] ■ M. Hierba originaria de México y Centroamérica, de hasta 70 cm de longitud; tallos muy ramificados, cilíndricos, glabros o puberulentos en dos líneas longitudinales; hojas simples, opuestas, de lanceoladas a angostamente ovadas, puntiagudas, con margen aserrado; flores hermafroditas, diminutas, tubulares, blancas con tintes rojizos, cubiertas de abundantes pelos, dispuestas en cabezuelas de tres o cuatro flores; frutos aquénicos prismáticos, diminutos, con cuatro costillas, glabros; uso en la medicina tradicional y ornamental. Familia de las compuestas, *Piqueria trinervia.* (También se llama alta reina, cuapopolchi, hierba de san Nicolás, hierba del perro, hierba del tabardillo, hierba del zopilote).

yoloxóchitl. [*yolosóchitl*] ■ M. **yolosóchil.**

yombina. ■ F. **1.** supran. Sustancia que se obtiene de la corteza del quebracho y de otros árboles, a la que se le atribuyen efectos afrodisiacos. || **2.** supran. Tableta elaborada con la **yombina**.

yompa. ■ F. supran. Especie de chaqueta que se usa para la caza o el deporte.

yóndiro. ■ M. *En Michoacán,* arbusto o árbol originario de América, de hasta 7 m de altura, monoico; tallos muy ramificados, lisos, con las últimas ramillas pubescentes en la juventud, con espinas blanquecinas; hojas alternas, divididas hasta en 14 foliolos, con un nectario ubicado poco más abajo de la base del primer par de pinas, elípticas, con margen entero; flores hermafroditas, pequeñas, tubulares, de color amarillo, sésiles, agrupadas en cabezuelas globosas; frutos en vainas cilíndricas, con las puntas redondeadas, negras al madurar, glabras; semillas numerosas, en forma de riñón, de color pardo amarillo; uso industrial y en la medicina tradicional. Familia de las leguminosas, *Acacia farnesiana.* (También se llama güisache, güizache, huisache, huizache, vinorama).

yonque. ■ M. supran. Lugar donde se concentran o almacenan coches inservibles, para ser desmantelados y recuperar las piezas reutilizables para su venta; deshuesadero.

yope. ■ ADJ. **1.** despect. *En Oaxaca, referido a persona*, de ascendencia o rasgos indígenas. ■ COM. **2.** despect. *En Oaxaca*, persona de ascendencia o rasgos indígenas.

yori. ■ ADJ. **1.** *Entre los indígenas yaquis y mayos, referido a persona*, mestiza: "Mi primo se casó con una mujer yori". ■ COM. **2.** *Entre los indígenas yaquis y mayos*, persona mestiza: "Mi primo se casó con una yori".

yorimuni. ■ M. *En el Noroeste*, frijol pinto.

yoyo. ■ ADJ. **1.** vulg. Ano. || **2.** supran. fam. *Referido a persona*, ególatra: "María es muy yoyo, nomás habla de sí misma". ■ M. **3.** Pan dulce hecho de dos medias esferas de bizcocho suave unidas con mermelada y cubiertas de mantequilla y azúcar. || **4.** vulg. *En Oaxaca*, vulva. ■ COM. **5.** supran. fam. Persona ególatra: "Felicia es una yoyo, nomás habla de sí misma".

yoyote. ■ M. **1.** Árbol originario de México, de hasta 6 m de altura; tallos con corteza de aspecto ceniciento, con huellas manifiestas de las hojas que se han caído; hojas simples, alternas, linear-lanceoladas; flores hermafroditas, grandes y vistosas, en forma de embudo, amarillas, agrupadas en cimas terminales o axilares; frutos drupáceos, subglobosos, negros al madurar, con pequeños puntos blancos; semillas aladas, blanquecinas. Familia de las apocináceas, *Cascabela thevetioides*. (También se llama ayoyote, chachayote, chachayotl, codo de fraile, gorro de obispo, huesos de fraile, joyote, narciso amarillo, venenillo, yucucaca). || **2.** Fruto del **yoyote**; uso artesanal, en la medicina tradicional y ornamental.

yuca. ■ F. **1.** supran. Arbusto originario de América, de hasta 3 m de altura, monoico; raíces tuberosas, de ovoides a cónicas; tallos de erectos a postrados, con látex; hojas alternas, divididas, palmeadas, de cinco a siete lóbulos, de forma aovada o linear; las flores son unisexuales, pequeñas, las masculinas y femeninas con cinco pétalos de color verdoso a blanco amarillento, con tonos de rojizos a rosados, ambos sexos agrupados en racimos; frutos abayados, globosos, verdes; tres semillas, ovoides, cafés, con manchas negras. Familia de las euforbiáceas, *Manihot esculenta*. (También se llama guacamote). || **2.** supran. Raíz de la **yuca**; comestible.

yucatanense. ■ ADJ. **1.** Perteneciente o relativo al estado de Yucatán; yucateco: "El biólogo se dedicaba a estudiar la flora yucatanense". || **2.** Natural o procedente del estado de Yucatán; yucateco: "Una arqueóloga yucatanense me dio un curso en la universidad". ■ COM. **3.** Persona natural o procedente del estado de Yucatán; yucateco: "La especialista, que era una yucatanense, me dio un curso de arqueología en la universidad".

yucateca. ■ F. Véase **yucateco, ca.**

yucateco, ca. ■ ADJ. **1.** Perteneciente o relativo al estado de Yucatán: "El biólogo se dedicaba a estudiar la flora yucateca". || **2.** Natural o procedente del estado de Yucatán: "Una arqueóloga yucateca me dio un curso en la universidad". Ú.t.c.sust.: "Una yucateca me dio un curso en la universidad". || **3.** fam. *Referido a persona*, que tiene la cabeza grande; cabezón: "Mi primo está muy yucateco". Ú.t.c.sust.: "Mi primo es un yucateco". ■ F. **4.** Hamaca hecha de henequén.

yucateco-lacandón. ■ ADJ. **1.** Perteneciente o relativo al **yucateco-lacandón**: "Los hablantes de la lengua yucateco-lacandón migraron al norte de la actual península de Yucatán". ■ M. **2.** Grupo étnico histórico que dio origen a los lacandones y a los mayas yucatecos, entre otros. || **3.** Conjunto de grupos étnicos establecidos principalmente en los estados de Chiapas, Yucatán, Campeche y Quintana Roo. || **4.** Lengua reconstruida que históricamente dio origen al lacandón y al maya yucateco. || **5.** Grupo o familia de lenguas mayas que incluye al lacandón y al maya yucateco, entre otras.

yuco. ■ M. **1. yuk.** || **2.** supran. Árbol originario de Colombia, de hasta 15 m de altura; tallos erectos, de corteza externa color café oscuro e interna de color rosáceo, con un ligero indumento café; hojas simples, alternas, espatuladas, de color verde oscuro por el haz y verde claro en el envés, brillantes; flores hermafroditas, pequeñas y blancas amarillentas, con cuatro estambres amarillos; frutos abayados, globosos, de negros a rojizos, lisos;

semillas ovoides, casi triquetras; cortezas, uso en la medicina tradicional. Familia de las araliáceas, *Oreopanax mutisianus*.

yucucaca. ■ F. **yoyote.**

yucucaya. ■ M. Arbusto originario de México, de hasta 5 m de altura; tallos de rojizos a morados, cubiertos con pelillos; hojas simples, de oblongo-elípticas a ovadas u obovadas, con margen entero u ondulado; flores hermafroditas, numerosas y diminutas, blancas o de color crema, con cinco pétalos y de cinco a diez estambres, las flores dispuestas en panículas densas y cortas, terminales; frutos drupáceos, subglobosos, provistos de glándulas y pelos setiformes, de color rojizo; uso en la medicina tradicional. Familia de las anacardiáceas, *Rhus standleyi*. (También se llama vara negra, xoxocote).

yucundatura. ■ M. **1.** *En el Sur*, árbol originario de América, de hasta 40 m de altura, monoico; troncos de hasta 14 m de diámetro; hojas dispuestas en espiral, finamente divididas en múltiples foliolos lineares; conos unisexuales: los conos masculinos, diminutos, agrupados en espigas péndulas, los conos femeninos, globosos y leñosos; semillas pequeñas, aladas; crece en lugares donde abunda el agua; uso ornamental. Familia de las cupresáceas, *Taxodium mucronatum*. (También se llama ahuehuete, bochil, sabino). || **2.** *En el Sur*, rama del **yucundatura**; uso ceremonial y en la medicina tradicional.

yuk. ■ M. **1.** supran. *En el Sureste*, ciervo de 1.5 m de longitud, de 40 a 50 cm de alzada; presenta dos pequeñas cornamentas agudas y no ramificadas; su pelaje de color gris, tonos pardos en la cabeza y patas. Familia de los cérvidos del orden Artiodactyla, *Mazama pandora*. (También se llama cornezuela, temazate, venado gris, venado pardo, yuco). || **2.** supran. *En el Sureste*, ciervo de 1.5 m de longitud, de 40 a 50 cm de alzada; los machos presentan dos pequeñas cornamentas agudas y no ramificadas; su pelaje es de color castaño rojizo, así como parte de la cara; la parte inferior de sus extremidades de color negruzco. Familia de los cérvidos del orden Artiodactyla, *Mazama temama*. (También se llama temazate, venado colorado, venado rojo, yuco).

yumbina. ■ F. **yombina.**

yunque. ■ ADJ. **1.** fam. *Referido a persona*, antipática: "Tu amiga me cae supermal, es bien yunque". ■ M. **2. yonque.** ■ COM. **3.** fam. Persona antipática: "Tu amiga me cae supermal, es una yunque".

yuquilla. ■ F. **1.** supran. Hierba originaria de América, de hasta 1.5 m de altura, monoica; tallos ramificados en la parte superior, que mueren generalmente hasta quedar el rizoma; hojas simples, alternas, ovadas, glabras en el haz, glabras o pilosas en el envés; flores hermafroditas, pequeñas, con tres pétalos blancos y un estambre con tres o cuatro estaminodios; flores arregladas en panículas terminales; frutos capsulares, elipsoides, de color verde a matizado de café rojizo; tres semillas; raíces, uso en la medicina tradicional. Familia de las marantáceas, *Maranta arundinacea*. (También se llama guajay platanillo, papatlitla, sagú, sagú de monte). || **2.** supran. Hierba originaria de Asia, de hasta 1.5 m de altura; tallos reducidos; hojas simples, opuestas, agrupadas en la parte baja de los tallos, largas y oblongas, basalmente envainantes; flores hermafroditas, tubulares, pequeñas, con tres sépalos blancos cubiertos de pelos suaves, tres pétalos amarillo brillantes, flores arregladas en racimos densos, cada una cubierta por una bráctea de color verde a blanquecina; frutos capsulares, elipsoides; rizomas, comestibles; uso industrial y en la medicina tradicional. Familia de las zingiberáceas, *Curcuma longa*. (También se llama cúrcuma).

yuruch, cha. ■ ADJ. **1.** *En el Sureste, referido a persona*, tacaña: "Rosa es bastante yurucha, no me quiso prestar cien pesos". Ú.t.c.sust.: "Rosa es una yurucha, no me quiso prestar cien pesos". || **2.** *En el Sureste, referido a una moneda*, desgastada: "Me dieron de cambio un peso yuruch en la tienda".

yutoazteca. ■ ADJ. **1.** supran. Perteneciente o relativo al **yutoazteca**: "Los pueblos yutoaztecas son cerca de quince en México". ■ M. || **2.** supran. Grupo étnico histórico que dio origen al tepimano, al tarahumarano-guarijío, al cahíta, al corachol y al nahuatlano, entre otros. || **3.** supran. Conjunto de grupos étnicos que hablan alguna lengua de los subgrupos lingüísticos tepimano, tarahumarano-guarijío, cahíta, corachol o nahuatlano; establecidos desde los estados del noroeste de Estados Unidos de América hasta El Salvador. || **4.** supran. Familia lingüística que incluye a los subgrupos lingüísticos tepimano, tarahumarano-guarijío, cahíta, corachol y nahuatlano, entre otros. || **5.** supran. Lengua reconstruida que históricamente dio origen a las lenguas de esta familia, como el yaqui, el tarahumara y el náhuatl, entre otras. || **6.** supran. Nombre del conjunto de las lenguas de esta familia, como el yaqui, el tarahumara y el náhuatl, entre otras.

yutonahua. Véase **yutoazteca.**

yuya. ■ F. *En el Sureste,* ave de hasta 20 cm de longitud; con pico alargado y puntiagudo; plumaje principalmente anaranjado y amarillento; alas con plumas negras y líneas blancas; cola y un parche en la garganta con plumas negras. Familia de los ictéridos del orden Passeriformes, *Icterus auratus.* (También se llama bolsero yucateco, calandria dorso naranja).

Z

zábila. ■ F. **1.** supran. Planta perenne, de hasta 1.5 m de altura; tallos caulescentes; hojas lanceoladas, con márgenes espinosos dentados, carnosas, con savia semitransparente y gelatinosa, de hasta 50 cm de longitud, de color verde; flores tubulares, de color amarillo, rojo o blanco, colgantes; frutos en cápsulas coriáceas; tres semillas, anguladas, aplanadas, de color negro. Familia de las asfodeláceas, *Aloe vera*. (También se llama aloe, aloe vera, sábila). || **2.** supran. Savia que contiene la hoja de la **zábila**; comestible; uso cosmético y en la medicina tradicional.

zacachichi. ■ M. **zacatechichi.**

zacahuil. ■ M. Tamal grande de masa martajada de maíz que se cuece al horno, envuelto en hoja de plátano, relleno de diferentes carnes, especialmente cerdo o guajolote, con salsa de chiles; típico de la Huasteca.

zacapal. ■ M. **1.** Planta parásita, sin clorofila, originaria de México y Centroamérica; tallos volubles, lisos, filiformes, de color amarillo; hojas alternas, enteras, en forma de escamas diminutas; flores hermafroditas, pequeñas, de subcampanuladas a cilíndricas, con tres a cinco lóbulos blancos o amarillentos, dispuestas en racimos o cimas compactas; frutos capsulares, de globosos a cónicos; cuatro semillas, ovadas, lisas o arrugadas, cubiertas con una estructura carnosa; uso en la medicina tradicional. Familia de las convolvuláceas, *Cuscuta jalapensis*. (También se llama fideo). || **2.** Hierba originaria de México, de hasta 1 m de altura; tallos erectos, más o menos densamente estrigosos; hojas alternas, concentradas cerca de la base del tallo, enteras o trilobadas, ovadas, rasposas, con margen crenado o dentado; flores hermafroditas o estériles, pequeñas, tubulares, las de la periferia estériles, con forma de pétalo, moradas, las del centro hermafroditas, amarillas, flores dispuestas en cabezuelas terminales, solitarias o agrupadas en varias; frutos aquénicos, oblongo-ovados, algo comprimidos, en ocasiones con dos aristas en la punta, de color negruzco; uso en la medicina tradicional. Familia de las compuestas, *Iostephane heterophylla*. (También se llama hierba de oso, hierba del manso).

zacasil. ■ M. Cactus arbustivo originario de México, de hasta 2 m de altura, monoico; tallos rectos o rastreros, cilíndricos, de hasta 2 cm de diámetro, color verde oscuro, de ocho a nueve costillas poco pronunciadas; con una espina central en cada areola, ligeramente aplanada; espinas que se vuelven blancas con la edad; flores hermafroditas, solitarias, en la extremidad del brote, de gran tamaño, color rosa, con el centro de la flor más oscuro; frutos tipo baya, sin dehiscencia, verdes oscuros, cubiertos de numerosas espinas; semillas negras, numerosas. Familia de las cactáceas, *Echinocereus poselgeri*. (También se llama sacasil).

zacate. ■ M. **1.** Grupo de plantas generalmente arbustivas, de hasta 1 m de altura, en su mayoría dioicas; raíces frecuentemente fibrosas rizomatosas, con un eje central bien definido y grueso; tallos cilíndricos, delgados, flexibles y huecos, producen abundante savia; hojas opuestas o verticiladas, reducidas a escamas; semillas solitarias, de rollizas a algo trígonas, de color amarillo a café, de lisas a algo ásperas; uso forrajero y en la medicina tradicional. Familia de las efedráceas, varias especies del género *Ephedra*, como *Ephedra compacta*, *Ephedra pedunculata*, *Ephedra trifurca*. (También se llama ítamo, ítamo real, popote, popotillo). || **2.** Individuo de este grupo de plantas. || **3.** Tallo de los individuos de este grupo de plantas; uso artesanal, ceremonial y en la industria de la jarciería. || **4. zacate camalote.** || **5.** supran. Hierba usada como forraje: "El caballo estaba comiendo zacate". || **6.** supran. Césped: "Te pago cien pesos para que podes el zacate del jardín". || **7.** supran. Estropajo de fibras vegetales que se usa para fregar: "Cómprate un zacate para lavar los trastes". || **8.** supran. jerg. Mariguana. || **9.** supran. Hierba originaria de América, de hasta 1.5 m de altura; tallos erectos, robustos, glabros, estrigosos en la base; hojas alternas, simples, linear-lanceoladas, largas, envainantes en la base, glabras o ligeramente rugosas al tacto; flores hermafroditas, diminutas, con pétalos reducidos, de color verde olivo a azul, agrupadas en espigas erectas y densas; frutos cariópsides diminutos, de color rojo pardo oscuro. Familia de las gramíneas, *Muhlenbergia macroura*. (También se llama raíz de zacatón). || **10.** supran. Raíz de esta hierba originaria de América; uso en la industria de la jarciería. || **11.** supran. Bejuco originario de Asia o África, de hasta 10 m de longitud, monoico; tallos angulosos, con tricomas esparcidos y recostados en la superficie; hojas simples, alternas, de cinco a siete lobuladas o angulares con forma triangular, escabrosas al tacto en ambas caras, generalmente con ampollas pequeñas en el haz y con glándulas en el envés, con margen entero; flores unisexuales, pequeñas y llamativas, campanuladas, de color amarillo brillante, las masculinas dispuestas en racimos axilares y densos, las femeninas solitarias en las axilas de las hojas; frutos cilíndricos, grandes, verdes, con manchas de color verde oscuro y verde claro, que se vuelven pardas; semillas numerosas, oblongas ovadas, comprimidas, lisas, diminutamente tuberculadas. Familia de las cucurbitáceas, *Luffa aegyptiaca*. (También se llama esponja vegetal, estropajo, sonayote). ■ LOC. **sin ~.** (Juego de palabras entre zacate y sacar). LOC. ADV. vulg. *Pospuesto a un número cardinal*, se usa para indicar que un hombre logra orgasmos múltiples mientras realiza el coito sin interrumpir la penetración: "Con esta vitamina te echas dos sin zacate". ▶ **~ aparejo.** LOC. SUST. **1.** Hierba originaria de México, de hasta 80 cm de altura, cespitosa; tallos erectos, simples, nudos y entrenudos glabros; hojas en su mayoría basales, vainas redondeadas en el dorso, que se aplanan con la edad; glumas de subiguales a ligeramente desiguales entre sí, más cortas que el flósculo, elípticas, color verde olivo, membranáceas, gluma superior trinervada. Familia de las poáceas, *Muhlenbergia quadridentata*. (También se llama popote cambray, popotillo, zacatón). || **2.** Tallo de esta hierba; se usa para hacer escobas y otros utensilios, además de uso ceremonial. ▶ **~ búfalo.** LOC. SUST. **zacate chino.** ▶ **~ camalote.** LOC. SUST. supran. Hierba originaria de África, ahora cultivada como maleza en los trópicos, de hasta 2 m de altura, monoica, tallos amacollados, ásperos y rectos; hojas alternas, envainantes en la base, enteras, lineares, pilosas o no; flores hermafroditas, diminutas, con pétalos verdosos, péndulas y agrupadas en conjuntos de numerosos racimos o espiguillas; frutos cariópsides y pequeños. Familia de las gramíneas, *Brachiaria mutica*. (También se llama camalote, camelote, zacate). ▶ **~ chino.** LOC. SUST. Hierba de distribución al este de México, de hasta 20 cm de altura, dioica u ocasionalmente monoica; tallos estoloníferos, formadores de césped; hojas alternas, enteras, lanceoladas y envainantes en la base, las plantas femeninas generalmente más grandes; flores unisexuales, diminutas, agrupadas en espigas terminales, las femeninas parcialmente escondidas entre las hojas, más cortas que las masculinas, color amarillento, flores masculinas casi transparentes; frutos cariópsides y diminutos. Familia de las gramíneas, *Bouteloua dactyloides*. (También se llama zacate búfalo). ▶ **~ cola de zorra.** LOC. SUST. Hierba originaria de América, de hasta 1 m de altura, monoica; tallos erectos, ramificados en la base o comprimidos; hojas alternas, enteras, lanceoladas, envainantes en la base, en las hojas superiores las vainas infladas; flores hermafroditas, diminutas, de color verde amarillento, plateadas o purpúreas, dispuestas en conjuntos de espigas terminales y ascendentes, con una flor fértil y dos reducidas; frutos cariópsides, fusiformes, lisos, con manchas rojizas; una semilla por fruto; uso forrajero y en la medicina tradicional. Familia de las gramíneas, *Chloris virgata*. (También se llama barba de chivo, escobilla, zacate mota). ▶ **~ de agua.** LOC. SUST. **1.** Grupo de diferentes especies de hierbas originarias de Europa, Asia o América, de hasta 2 m de altura, monoicas; tallos erectos o decumbentes, glabros o con pelillos en los nudos; hojas alternas, enteras, de lanceoladas a lineares, con base envainante; flores hermafroditas o infértiles, diminutas, sin pétalos, verdes con tintes color púrpura, dispuestas en espiguillas apretadas, las flores fértiles con una punta membranosa y larga en el ápice, espiguillas agregadas a su vez en panículas densas; frutos cariópsides, elípticos, diminutos, comprimidos lateralmente; uso forrajero. Familia de las gramíneas, varias especies de los géneros *Aristida, Echinocloa, Ixophorus*. || **2.** Individuo de este grupo de diferentes especies de hierbas. ▶ **~ de escobillas.** LOC. SUST. **1.** Hierba de amplia distribución en México, de hasta 2 m de altura, monoica; tallos reducidos, erectos, glabros o casi glabros; hojas alternas, agrupadas en la base, enteras, envainantes en la base, linear-lanceoladas, de hasta 80 cm de longitud, escabrosas en los márgenes; flores hermafroditas, diminutas, pétalos reducidos, de color gris cenizo, agrupadas en espiguillas y a su vez en panículas densas; frutos cariópsides, diminutos y de color rojo pardo oscuro. Familia de las gramíneas, *Muhlenbergia robusta*. (También se llama zacatón). || **2.** Tallo de esta hierba; uso en la pirotecnia y para hacer escobas y otros utensilios. ▶ **~ de la muela.** LOC. SUST. Hierba originaria de América, de hasta 50 cm de altura, monoica; tallos erectos o ligeramente torcidos, simples o solo ramificados en la parte inferior o superior; aplanados y algo alados; hojas alternas, enteras, plegadas, de lineares a angostamente lanceoladas, envainantes en la base; flores hermafroditas, pequeñas y vistosas, campanuladas, con seis tépalos amarillos con venas de color morado o con una mancha morada en el centro de la flor, dispuestas sobre cimas helicoidales, desarrollándose de forma alternada; frutos capsulares, triangulares, ligeramente alados en las aristas; semillas subhemisféricas, cóncavo-convexas, a veces angulosas, de color negro; uso ornamental. Familia de las iridáceas, *Sisyrinchium tenuifolium*. ▶ **~ de tres filos.** LOC. SUST. Hierba originaria de América, de hasta 80 cm de altura, monoica; tallos triangulares, en ocasiones de base bulbosa; hojas arrosetadas, enteras, lineares y envainantes en la base, volviéndose fibrosas, de hasta 70 cm de largo, escabrosas sobre los márgenes y la costilla central; flores hermafroditas, diminutas, sin pétalos, cubiertas por brácteas verdes, las flores agrupadas en conjuntos de una a tres espiguillas que surgen en el ápice de un pedúnculo triangular; fru-tos aquénicos, diminutos, triangulares, con los lados algo cóncavos, de color café, rojizo o amarillo; uso forrajero y en la medicina tradicional. Familia de las ciperáceas, *Cyperus hermaphroditus*. (También se llama tule). ▶ **~ gordura.** LOC. SUST. **zacate Rhodes.** ▶ **~ italiano.** LOC. SUST. Hierba originaria del Mediterráneo, naturalizada en diferentes áreas templadas del mundo, de hasta 1 m de altura; tallos erectos o doblados en los nudos, ramificados en la base; hojas alternas, enteras, envainantes en la base, opacas y ásperas en el haz; flores hermafroditas, diminutas, de color verde amarillento, dispuestas en dos hileras opuestas de espiguillas con numerosas flores; frutos cariópsides y diminutos; uso forrajero y ornamental. Familia de las gramíneas, *Lolium multiflorum*. (También se llama cola de zorro, pasto inglés). ▶ **~ Johnson.** LOC. SUST. supran. Hierba originaria del Mediterráneo, de hasta 2 m de altura, monoica; tallos huecos y pelosos; hojas simples, alternas, lineares y envainantes en la base, pelosas;

flores hermafroditas y unisexuales, diminutas, rojas, con brácteas (glumas) anchas y brillantes, sin nervadura, agrupadas en numerosas espiguillas; frutos cariópsides, ocultos por las glumas, con una única semilla; uso forrajero. Familia de las gramíneas, *Sorghum halepense*. (También se llama maicillo). ▷ **~ mezquite.** LOC. SUST. **1.** Hierba originaria de América, de hasta 30 cm de altura, monoica; tallos erguidos o ligeramente recostados, pilosos en los nudos; hojas alternas, enteras, dispuestas en dos hileras sobre el tallo, lanceoladas, envainantes en la base, ligeramente enrolladas, escabrosas en el haz y los márgenes; flores unisexuales, diminutas, de color pardo purpúreo, agrupadas en conjuntos de tres espiguillas, cada una con una flor central hermafrodita o femenina y de dos a cinco flores laterales masculinas; frutos cariópsides y diminutos. Familia de las gramíneas, *Hilaria cenchroides*. (También se llama espiga negra). || **2.** Hierba de amplia distribución en México, de hasta 35 cm de altura, monoica; tallos erectos o estoloníferos, formadores de césped; hojas alternas, enteras, la mayoría basales, dispuestas en dos hileras sobre el tallo, lanceoladas, puntiagudas, basalmente envainantes; flores unisexuales o hermafroditas, diminutas, rosadas o de color violeta pálido, dispuestas en conjuntos de tres espiguillas, cada una con una flor central hermafrodita o femenina y de dos a cinco flores laterales masculinas; frutos cariópsides y diminutos; uso forrajero. Familia de las gramíneas, *Hilaria belangeri*. ▷ **~ mota.** LOC. SUST. **zacate cola de zorra.** ▷ **~ Rhodes.** LOC. SUST. Hierba originaria de África, de amplia distribución a nivel mundial, de hasta 1.5 m de altura, monoica; tallos erectos, generalmente ramificados basalmente; hojas alternas, enteras, de estrechamente lanceoladas a lineares, de hasta 55 cm de largo, envainantes en la base, en ocasiones vilosas en el envés y en los márgenes; flores hermafroditas, masculinas o estériles, diminutas, amarillentas, agrupadas en espiguillas de tres a cuatro flores, la inferior hermafrodita, y a su vez en conjuntos de uno o dos verticilos de espigas, sobre un pedúnculo erecto de más de 30 cm; frutos cariópsides y diminutos; uso forrajero. Familia de las gramíneas, *Chloris gayana*. (También se llama zacate gordura). ▷ **~ sedoso.** LOC. SUST. Hierba originaria de América, de hasta 1 m de altura; tallos erectos o primero tendidos y después erectos, simples o ramificados cerca de la base; hojas alternas, enteras, lineares, envainantes en la base, en ocasiones esparcidamente pelosas hacia la base en el haz; flores hermafroditas o estériles, diminutas, verdes, en ocasiones purpúreas, agrupadas en una espiga densa y rígida, compuesta a su vez de ramas cortas de numerosas espiguillas, cada una con grupos de seis a diez cerdas en la parte basal; frutos cariópsides y diminutos; con una sola semilla cada uno. Familia de las gramíneas, *Setaria parviflora*. (También se llama motilla, triguillo).

zacateada. ■ F. **zacateo.**

zacatear. ■ TR. **1.** Recolectar el zacate: "Ayer zacateamos la hierba para preparar el forraje". || **2.** Castigar a alguien mediante azotes: "En la Antigüedad, zacateaban a los esclavos como costumbre". Ú.m.c.prnl: "En la Antigüedad, se zacateaban a los esclavos como costumbre". || **3.** Limpiar con un zacate: "Zacateamos la parrilla antes de asar la carne".

zacatearle. (Juego de palabras entre zacate y sacarle). ■ INTR. PRNL. **4.** Acobardarse; sacatearle: "No le zacatees y súbete a la montaña rusa".

zacatecano, na. ■ ADJ. **1.** Perteneciente o relativo a la ciudad o al estado de Zacatecas: "El mezcal zacatecano es de gran calidad". || **2.** Natural o procedente de la ciudad o del estado de Zacatecas: "Muchos migrantes zacatecanos residen en Estados Unidos". Ú.t.c. sust.: "Muchos zacatecanos residen en Estados Unidos".

zacatechichi. ■ M. Arbusto originario de México, de hasta 3 m de altura, monoico; tallos muy ramificados, de erectos a arqueados, glabros; hojas opuestas, enteras, ovadas, pubescentes, con margen aserrado; flores femeninas o hermafroditas, diminutas, tubulares y blancas, de una a tres en la periferia son femeninas, de cinco a 13 en el centro son hermafroditas, cabezuelas dispuestas en umbelas corimbiformes terminales; frutos aquénicos, cilíndricos, más o menos peludos, de color negro; uso en la medicina tradicional, considerada una especie con actividad psicotrópica. Familia de las compuestas, *Calea ternifolia*. (También se llama amula, hierba amarga, jaral, mala hierba, sacachiche, zacachichi).

zacatecomate. ■ M. rur. Recipiente pequeño hecho con la cáscara de una calabaza seca: "Nos sirvieron el champurrado en un zacatecomate".

zacateo. ■ M. Acción y resultado de zacatear o zacatearle.

zacatero, ra. ■ ADJ. **1.** supran. Perteneciente o relativo al zacate: "Tuvimos que adelantar la faena zacatera". ■ M. y F. **2.** supran. Persona que se dedica a recoger o a vender zacate.

zacatillo. ■ M. Nombre genérico dado a varias especies de plantas malezoides y de pequeño tamaño, con tallos reducidos, erectos o decumbentes, glabros o pubescentes; hojas alternas, agrupadas en la base de los tallos, de lineares a lanceoladas, con base envainante; flores hermafroditas, unisexuales o estériles, sin pétalos, agrupadas en espiguillas y a su vez en espigas; frutos cariópsides. Familia de las gramíneas, varios géneros y especies del orden Poales.

zacatlascal. ■ M. Planta parásita, sin clorofila, originaria de México; tallos volubles, lisos, filiformes, de color amarillo anaranjado; hojas alternas, enteras, en forma de escamas diminutas; flores hermafroditas, pequeñas, campanuladas, de tres a cinco lóbulos blancos, solitarias o agrupadas en glomérulos densos; frutos capsulares, deprimidos globosos, de apertura transversal; tres o cuatro semillas, anguladas; uso industrial. Familia de las convolvuláceas, varias especies del género *Cuscuta*, como *Cuscuta tinctoria*. (También se llama sacatascal, zacatlaxcale, zacatlaxcali).

zacatlaxcale. [*sakatlaskále*] ■ M. **zacatlascal.**

zacatlaxcali. [*sakatlaskáli*] ■ M. **zacatlascal.**

zacatón, na. ■ ADJ. **1.** *Referido a persona*, cobarde: "Luisa es bien zacatona porque no quiere meterse a la parte profunda de la alberca". Ú.t.c.sust.: "Luisa es una zacatona porque no quiere meterse a la parte profunda de la alberca". || **2.** Propio de la persona **zacatona**: "¿De dónde sacaste esa actitud tan zacatona? ¡Atrévete!". ■ M. **3.** Hierba de amplia distribución en México, de hasta 2 m de altura, monoica; tallos reducidos, erectos, glabros o casi glabros; hojas alternas, agrupadas en la base, enteras, envainantes en la base, linear-lanceoladas, de hasta 80 cm de longitud, escabrosas en los márgenes; flores hermafroditas, diminutas, pétalos reducidos, de color gris cenizo, agrupadas en espiguillas y a su vez en panículas densas; frutos cariópsides, diminutos y de color rojo pardo oscuro. Familia de las gramíneas, *Muhlenbergia robusta*. (También se llama zacate de escobillas). || **4.** Tallo de esta hierba; uso en la pirotecnia y para hacer escobas y otros utensilios. || **5.** Hierba originaria de México, de hasta 80 cm de altura, cespitosa; tallos erectos, simples, nudos y entrenudos glabros; hojas en su mayoría basales, vainas redondeadas en el dorso, aplanándose con la edad; glumas de subiguales a ligeramente desiguales entre sí, más cortas que el flósculo, elípticas, color verde olivo, membranáceas, gluma superior trinervada. Familia de las poáceas, *Muhlenbergia quadridentata*. (También se llama popote cambray, popotillo, zacate aparejo). || **6.** Tallo de esta hierba originaria de México; se usa para hacer escobas y otros utensilios, además de uso ceremonial. || **7.** supran. *En el Sureste,* insecto neóptero de amplia distribución; con cuerpo cilíndrico, delgado y alargado que asemeja ramas o palos, o bien cuerpo deprimido dorsoventralmente con apariencia de hoja; se mimetiza con ramas y hojas para evadir a sus depredadores. Varias familias del orden Phasmatodea, varios géneros como *Bostra, Diapheromera, Timema*, entre otros. (También se llama insecto palo, quiebrapalito).

zacatuche. ■ M. Mamífero originario de México, de hasta 30 cm de longitud; con pelaje jaspeado en tonos amarillo, castaño y negro, algunas partes ocres; orejas relativamente pequeñas en comparación con otros conejos; vive en pequeños grupos, en madrigueras excavadas en el suelo. Familia de los lepóridos del orden Lagomorpha, *Romerolagus diazi*. (También se llama conejo de los volcanes, tepol, tepolito, teporingo).

zacopipilol. ■ M. Hierba originaria de América, de hasta 1.5 m de altura, monoica; hojas alternas, enteras, con base envainante, de lanceoladas a lineares, verdes brillantes; flores hermafroditas, pequeñas, pétalos diminutos, ubicados en una gran panícula de espiguillas blanquecinas o amarillentas, de apariencia similar a la avena, cada espiguilla tiene numerosas flores, con una estructura foliar aristada llamada lema; frutos cariópsides y pequeños. Familia de las gramíneas, *Bromus carinatus*. (También se llama cebadilla criolla).

zacua. ■ F. Ave originaria de América, de hasta 50 cm de longitud; con cuerpo pardo castaño oscuro en los machos o pardo en las hembras; cabeza, cuello y pecho de color negro; pico negro con la punta anaranjada. Familia de los ictéridos del orden Passeriformes, *Psarocolius montezuma*. (También se llama oropéndola de Moctezuma, oropéndola mayor, viuda).

zacualtipana. ■ F. *En Hidalgo*, acción alevosa y desleal: "A mi tío le hicieron una zacualtipana para quitarle sus tierras".

zafacoca. ■ F. **1.** *En Jalisco*, castigo con azotes. || **2.** supran. Trifulca.

zafada. ■ F. Véase **zafado, da.**

zafado, da. ■ ADJ. **1.** supran. fam. *Referido a persona*, que está o se comporta como loca: "Tu primo está muy zafado, le gusta salir a caminar en la madrugada". Ú.t.c.sust.: "Tu primo es un zafado, le gusta salir a caminar en la madrugada". ■ F. **2. zafadura.**

zafadura. ■ F. supran. Dislocación de algo, generalmente de una articulación; zafada: "Fui con el huesero para que me acomodara la zafadura del hombro".

zafar. ■ TR. supran. Dislocar algo, generalmente una articulación: "Me zafé el hombro durante el entrenamiento".

zafársele. ■ LOC. **~ un tornillo.** LOC. VERB. supran. Comportarse como loco: "Con el sismo, a Pepe se le zafó un tornillo".

zafo. ■ INTERJ. **¡zafo!** Se usa para desentenderse de algo: "—¿Quién va a ir por Luis al aeropuerto? —¡Zafo! Yo tengo cosas que hacer".

zalate. ■ M. **1.** supran. Grupo de diferentes especies de árboles originarios de América, de hasta 50 m de altura, monoicos; troncos gruesos, con corteza suave; generalmente de raíces tubulares; hojas alternas, brillantes, enteras, ovadas o acorazonadas, que secretan látex al romperlas; flores hermafroditas y unisexuales, diminutas, crecen en el interior de una cubierta carnosa y forma esférica, comúnmente llamada higo, donde se alojan también los frutos. Familia de las moráceas, varias especies del género *Ficus*, como *Ficus carica, Ficus cotinifolia, Ficus elastica, Ficus insipida, Ficus maxima, Ficus petiolaris*. (También se llama amate, higuera, higuerón, matapalo, nacapuli, sabalí). || **2.** supran. Individuo del **zalate**.

zalbute. ■ M. *En el Sureste*, comida que se prepara con una tortilla de maíz, que se fríe de manera que queda inflada y a la que se le pone encima carne, cebolla curada, jitomate y col.

zambeque. ■ ADJ. **1.** *Referido a persona*, que tiene juntas las rodillas y separadas las piernas: "Su primo está muy zambeque desde pequeñito". || **2.** *En el Sureste, referido a persona*, tonta: "Mi comadre es muy zambeque para bromear". ■ COM. **3.** Persona que tiene juntas las rodillas y separadas las piernas: "Su primo es un zambeque desde pequeñito". || **4.** *En el Sureste*, persona tonta: "Mi comadre es una zambeque para bromear".

zambo, ba. ■ ADJ. despect. *Referido a persona*, rechoncha y de baja estatura: "Ese es mi tío zambo". Ú.t.c.sust.: "Mi tío es un zambo".

zambullón. ■ M. supran. Zambullida.

zambutida. ■ F. Acción y resultado de zambutir, zambutirse o zambutírsela.

zambutir. ■ TR. **1.** fam. Recluir: "Lo zambutieron tres años en la cárcel por robo". || **2.** fam. Meter algo con descuido: "Zambute la ropa en la maleta y vámonos". || **3.** supran. fam. Refundir: "Ella zambutió los víveres en la bodega".

zambutirse. ■ TR. PRNL. **4.** supran. fam. Comer: "Canijo, te zambutiste quince tacos y quieres más".

zambutírsela. ■ INTR. PRNL. **5.** vulg. Poseer sexualmente un hombre a alguien.

zamhool. [*samjól*] ■ M. *En el Sureste*, mamífero carnívoro de distribución desde las planicies costeras de México hasta el norte de Argentina, de hasta 75 cm de longitud; con pelaje suave y corto, en tonalidades sepia, castañas o negruzcas, uniforme en el cuerpo y las extremidades, con excepción de la región cefálica que presenta tonos más claros, comúnmente grisáceos, y el pecho, que muestra una característica mancha en tonos amarillentos, anaranjados o castaños claros; hocico corto; orejas pequeñas y redondeadas; cuerpo alargado, similar al de las comadrejas; patas relativamente largas para un mustélido, con garras fuertes que le permiten trepar; cola larga y peluda; glándulas anales con un olor característico. Familia de los mustélidos del orden Carnivora, *Eira barbara*. (También se llama sanjol, taira, tayra, tzonistac, viejo de monte, zonistac).

zanate. ■ M. supran. Ave originaria de América, de hasta 40 cm de longitud; con pico largo y robusto; cola también larga y patas de dedos grandes; el plumaje presenta una coloración que oscila, en los machos, entre el negro con lustre iridiscente y, en las hembras, café con cejas grisáceas; habita generalmente en áreas agrícolas, pero se ha extendido hasta zonas urbanas. Familia de los ictéridos del orden Passeriformes, *Quiscalus mexicanus*. (También se llama chanate, cuervo, tordo, zanate mayor, zanate mexicano). ■ LOC. **~ mayor.** LOC. SUST. **zanate.** ▷ **~ mexicano.** [*mejikáno*] LOC. SUST. **zanate.**

zanatear. ■ TR. supran. rur. Cuidar las milpas para que el zanate no se coma los granos de maíz: "Ve y zanatea el terreno de acá atrás".

zanatero, ra. ■ M. y F. supran. rur. Persona que se dedica a cuidar las milpas para que el zanate no se coma los granos de maíz.

zanca. ■ COM. **1.** *En el Occidente,* persona indeterminada: "Llegó un zanca y me pidió dinero para su pasaje". || **2.** *En el Occidente,* fórmula de tratamiento entre amigos: "Vamos por unas cervezas, zanca, no seas aburrido".

zancón, na. ■ ADJ. supran. *Referido a una prenda de vestir*, más corta de lo habitual: "Te regalo estos pantalones que compré, me quedan zancones".

zancudo. ■ M. supran. Insecto de distribución cosmopolita, de hasta 10 mm de longitud; de color negro, a veces con manchas blancas; la hembra produce un zumbido al volar, se alimenta de sangre y su picadura es irritante; el macho se alimenta de néctar; algunas especies transmiten enfermedades como el paludismo, el dengue y la fiebre amarilla. Infraorden de los culicomorfos, suborden Nematocera del orden Diptera. En la actualidad existen un total de 39 géneros y 135 subgéneros reconocidos, con algo más de 3 500 especies. (También se llama maromero, saltarina).

zandunga. ■ F. Música y baile populares, típicos de la zona del Istmo de Tehuantepec en Oaxaca.

zandunguear. ■ INTR. **1.** fam. Irse alguien de parranda: "Las vecinas siempre zandunguean los fines de semana". || **2.** fam. Chismorrear: "Mis amigas y yo zandungueamos en el café cada que podemos".

zandunguero, ra. ■ ADJ. **1.** *Referido a persona*, que toca, canta o baila zandungas: "El grupo zandunguero de Oaxaca ganó el premio". Ú.t.c.sust.: "Los zandungueros de Oaxaca ganaron el premio". || **2.** *Referido a persona*, que gusta de zandunguear: "Mis tías zandungueras se pasan toda la tarde platicando". Ú.t.c.sust.: "Mis tías son unas zandungueras, se pasan toda la tarde platicando". || **3.** *Referido a persona*, alegre: "A Roberto siempre lo invitan a las fiestas porque es muy zandunguero". Ú.t.c.sust.: "A Roberto siempre lo invitan a las fiestas porque es un zandunguero".

zapatilla. ■ F. supran. Zapato femenino con tacón alto, generalmente abierto por el empeine; tacón: "Estas zapatillas son altísimas, ya me cansaron".

zapatismo. ■ M. **1.** Campaña armada dirigida por Emiliano Zapata durante la Revolución mexicana. || **2.** Corriente de pensamiento político fundamentada en el discurso social de Emiliano Zapata. || **3.** Movimiento armado surgido a finales del siglo XX en comunidades indígenas de Chiapas, fundamentado en esta corriente del **zapatismo**. || **4.** Conjunto de militantes o simpatizantes de esta campaña, corriente o movimiento.

zapatista. ■ ADJ. **1.** Perteneciente o relativo al zapatismo: "Muchos jóvenes zapatistas han emigrado a la capital". || **2.** *Referido a persona,* partidaria o militante del zapatismo: "Las mujeres zapatistas estuvieron muy activas". ■ COM. **3.** Persona partidaria o militante del zapatismo: "Los zapatistas de Chiapas estaban listos para salir a la marcha".

zapatito. ■ M. supran. Enredadera originaria de América y de algunos países de África y Asia, de hasta 3 m de longitud, monoica; tallos herbáceos a veces semileñosos en la base, con zarcillos; hojas alternas, divididas en nueve foliolos con margen de crenado a dentado; flores diminutas, de blancas a amarillentas, agrupadas en panículas con un par de zarcillos; fruto capsular, abultado, membranoso, con apariencia de inflado; semillas globosas, negras. Familia de las anacardiáceas, *Cardiospermum halicacabum*. (También se llama alfombrilla, farolito).

zapatiza. ■ F. **1.** fam. Paliza. || **2.** fam. *En deportes*, victoria contundente de un contrincante sobre otro.

zapato. ■ ADJ. *En el dominó, referido a un jugador*, derrotado sin haber hecho puntos: "Nunca antes te había dejado zapato… o voy mejorando o vas empeorando". ■ INTERJ. **¡zapato!** *En el dominó*, se usa para indicar que un jugador o pareja de jugadores pierde una partida sin haber hecho ningún punto: "¡Zapato!, ahora sí te gané de calle".

zapatón. ■ M. **1.** rur. Zueco que se pone en las pezuñas de las caballerías para protegerlas. || **2.** supran. rur. Espuela postiza que se le pone a un gallo de pelea.

zape. ■ M. fam. Golpe que se da con la palma de la mano abierta en la cabeza de alguien.

zapear. ■ TR. fam. Golpear con la palma de la mano abierta la cabeza de alguien: "Los compañeros de la escuela zapearon a Miguel".

zapotazo. ■ M. supran. fam. Golpe fuerte.

zapote. ■ M. **1.** supran. Varias especies de árboles con frutos abayados, esféricos, de pulpa dulce, de color oscuro o blanco, con semillas grandes. Varias familias. || **2.** supran. Fruto del **zapote**; comestible. ■ LOC. **~ amarillo.** LOC. SUST. **1.** Árbol originario de América, de hasta 25 m de altura, dioico; troncos ligeramente acostillados, en ejemplares muy grandes con contrafuertes, con corteza grisácea, fisurada y látex pegajoso; hojas dispuestas en espiral, elípticas, cartáceas, glabras; flores unisexuales, pequeñas, tubulares, de color blanco amarillento, dos o tres agrupadas en fascículos axilares por debajo de las hojas, glabras; frutos abayados, subglobosos, de color amarillo, anaranjado o verde oscuro, lisos, glabros, con ápice obtuso; de una a seis semillas, elipsoidales, de color café oscuro, lisas, brillantes. Familia de las sapotáceas, *Pouteria campechiana*. (También se llama huicumo, zapote). || **2.** Fruto de este árbol; comestible. ▶ **~ blanco.** LOC. SUST. supran. Árbol originario de México y Guatemala, de hasta 12 m de altura, monoico; tallos muy ramificados, lisos; hojas alternas, enteras, compuestas de tres a siete foliolos elípticos, glabras o esparcidamente pubescentes; flores unisexuales, pequeñas, fragantes, con cinco pétalos de amarillos verdosos a blanquecinos, con cinco estambres, flores agrupadas en panículas terminales o axilares; frutos drupáceos, globosos o alargados, lisos, de color verde o amarillo pálido; frutos, comestibles; hojas, uso en la medicina tradicional. Familia de las rutáceas, *Casimiroa edulis*. (También se llama matasano, zapote, zapote dormilón). ▶ **~ bolo.** LOC. SUST. **1.** Árbol originario de México y Centroamérica, de hasta 15 m de altura; tallos con corteza áspera, cafés con manchas blancas; hojas simples, alternas, de ovadas a elípticas, glabras por el haz y finamente pubescentes en el envés, con margen entero; flores hermafroditas, pequeñas, tubulares, con cinco pétalos blanquecinos, estambres numerosos, flores agrupadas en panículas terminales o axilares, densas; frutos drupáceos, pequeños, de elipsoides a ovoides, fibrosos, de color amarillo y de sabor dulce; uso industrial y en la medicina tradicional. Familia de las rosáceas, *Couepia polyandra*. (También se llama olozapote, palo de fraile, ulazapote, uspib, zapote niño, zapotillo, zapotillo amarillo). || **2.** Fruto de este árbol; comestible. ▶ **~ chico.** LOC. SUST. **1.** Árbol originario de América, de hasta 20 m de altura, monoico; troncos gruesos y rectos, de corteza gris verdoso y madera blanquecina, de las incisiones en el tronco destila un látex lechoso y pegajoso; hojas alternas, enteras, lanceoladas, lanuginosas por el envés; flores hermafroditas, pequeñas, blancas y fragantes, aglomeradas en el ápice de las ramas; frutos drupáceos, de subglobosos a elipsoides, carnosos y jugosos, de color café; semillas elipsoides, aplanadas, negras; jugo lechoso que emana de las incisiones hechas en el tronco, conocido como chicle, uso industrial; madera, uso en la construcción de casas. Familia de las sapotáceas, *Manilkara zapota*. (También se llama chicozapote, quelachina, zapote de abejas, zapotillo). || **2.** Fruto de este árbol; comestible; uso en la medicina tradicional. ▷ **~ colorado.** LOC SUST. **zapote mamey.** ▷ **~ de abejas.** LOC SUST. **zapote chico.** ▷ **~ de agua.** LOC SUST. Árbol originario de América, de hasta 20 m de altura; tallos de corteza lisa y café, formando contrafuertes angostos; hojas alternas, palmadas, compuestas de cinco a nueve foliolos, de oblanceolados a obovado-oblongos, de hasta 21 cm de largo, lustrosos; flores hermafroditas, grandes y vistosas, con largos pétalos blancos, con numerosos estambres rojos o purpúreos, fusionados entre sí formando un tubo, flores solitarias y axilares; frutos capsulares, grandes, subglobosos, leñosos, que abren en cinco valvas; semillas numerosas, redondeadas, comestibles y con uso en la medicina tradicional. Familia de las malváceas, *Pachira aquatica*. (También se llama zapote, zapote reventador). ▷ **~ de niño.** LOC SUST. **1. zapote bolo.** || **2. zapote mamey.** ▷ **~ de santo Domingo.** LOC SUST. **zapote mamey.** ▷ **~ de viejas.** LOC SUST. Guanábana. ▷ **~ dormilón.** LOC SUST. **zapote blanco.** ▷ **~ mamey.** LOC. SUST. **1.** Árbol originario de América, de hasta 40 m de altura, monoico; tallos con la corteza fisurada, grisácea, se escama en pedazos rectangulares grandes, densamente velloso, con látex lechoso; hojas glabrescentes, cartáceas, dispuestas en espiral, de oblanceoladas a espatuladas, ápice cuspidado; flores hermafroditas, pequeñas, tubulares, de color amarillo verdoso, con aroma dulce, agrupadas en fascículos por debajo de las hojas; frutos abayados, de ovoidales a elipsoidales, glabros, escamosos y pardos; una o dos semillas, elipsoidales, lisas. Familia de las sapotáceas, *Pouteria sapota*. (También se llama huacux, huacuxa, huacuz, mamey, zapote, zapote colorado, zapote de niño, zapote de santo Domingo). || **2.** Fruto de este árbol; comestible. || **3.** Hoja de este árbol; uso en la medicina tradicional. || **4.** Semilla de este árbol; uso industrial y en la medicina tradicional. ▷ **~ negro.** LOC. SUST. Árbol originario de América, de hasta 20 m de altura, monoico; tallos de corteza negra e irregular, ramitas negras o amarillentas, con frecuencia estrigosas; hojas alternas, enteras, de oblongo-elípticas a lanceolado-elípticas, glabras o con algunos pelos estrigosos, brillantes por el haz; flores unisexuales, pequeñas, urceoladas, amarillas y fragantes: las masculinas dispuestas en cimas axilares de cinco flores, las femeninas solitarias o agregadas en grupos de tres flores; frutos abayados, subglobosos, glabros cuando maduros, leñosos, que conservan los sépalos, de color verde olivo a negras, pulpa casi negra, dulce y comestible; frutos, uso en la medicina tradicional. Familia de las ebenáceas, *Diospyros digyna*. (También se llama zapote prieto, tauch). ▷ **~ niño.** LOC. SUST. **zapote bolo.** ▷ **~ prieto.** LOC. SUST. **zapote negro.** ▷ **~ reventador.** LOC. SUST. **zapote de agua.**

zapotecano, na. ■ ADJ. **1.** Perteneciente o relativo al **zapotecano**: “Los grupos zapotecanos habitaron la región centro del actual estado de Oaxaca”. ■ M. **2.** Grupo étnico histórico que dio origen a los zapotecos y a los chatinos, entre otros. || **3.** Conjunto de grupos étnicos establecidos principalmente en el centro, sur y oriente del estado de Oaxaca. || **4.** Lengua reconstruida que históricamente dio origen al zapoteco y al chatino. || **5.** Grupo o familia de lenguas otomangues que incluye al zapoteco y al chatino, entre otras.

zapoteco, ca. ■ ADJ. **1.** Perteneciente o relativo al **zapoteco**: “Entre las artesanías zapotecas están las figuras de barro negro”. || **2.** Natural o procedente del grupo étnico **zapoteco**: “El cocinero zapoteco preparó mole negro”. Ú.t.c. sust.: “El zapoteco preparó mole negro”. ■ M. **3.** Grupo étnico establecido en el centro, sur y oriente del estado de Oaxaca. || **4.** Lengua otomangue del subgrupo lingüístico zapotecano.

zapotecuate. ■ M. Árbol originario de América, de hasta 10 m de altura, monoico; tallos glabrescentes, con látex lechoso al cortarlo; hojas opuestas, simples, elípticas, glabras o pubescentes en el envés, base cuneada, ápice acuminado; flores hermafroditas, vistosas, en forma de embudo, blancas con la garganta amarilla, nectario de la mitad de la longitud del ovario, agrupadas en panículas; frutos foliculares, verdes anaranjados, gruesos y agudos apicalmente; semillas numerosas, elipsoides, rodeadas de un arilo carnoso anaranjado. Familia de las apocináceas, *Tabernaemontana litoralis*. (También se llama islaúl, islaúr, sicte).

zapotillo. ■ M. **1.** Árbol o arbusto originario de América, de hasta 1 m de altura, monoico; tallos simples o ramificados, corteza externa de color pardo grisáceo pálido, corteza interna pajiza, rojiza o anaranjada; hojas verticiladas, enteras, de oblanceoladas a elípticas, glabras, lustrosas; flores unisexuales o hermafroditas, pequeñas y fragantes, campanuladas, de color blanco verdoso a crema, dispuestas en fascículos axilares densos; frutos abayados, elipsoidales u ovoides, lisos y glabros, anaranjados, rojos, violetas o negros cuando maduros; semilla única, elipsoidal, ligeramente comprimida lateralmente, negra y brillante; frutos, comestibles; uso como especie maderable. Familia de las sapotáceas, *Pouteria reticulata.* (También se llama sapotillo). || **2. zapote bolo.** || **3. zapote chico.** ■ LOC. **~ amarillo.** LOC. SUST. **zapote bolo.**

zapoyol. ■ M. supran. Semilla del fruto del zapote, de la que se extrae aceite vegetal para la elaboración de jabón y de uso en la medicina tradicional. Varias especies de la familia de las sapotáceas.

zarabanda. ■ F. fam. Paliza.

zaragate, ta. ■ ADJ. fam. *Referido a un niño*, travieso: "Sus sobrinas son muy zaragatas". Ú.t.c. sust.: "Sus sobrinas son unas zaragatas".

zaranda. ■ F. Utensilio con dos rejillas unidas con un mango para asar pescado o marisco.

zarandear. ■ TR. Asar a las brasas, con una zaranda que se voltea regularmente, pescados o mariscos, previamente marinados: "Doña Carlota zarandeó unos huachinangos para la fiesta". Ú.m.e.pp.: "Doña Carlota preparó unos huachinangos zarandeados para la fiesta".

zarape. ■ M. Prenda de abrigo de lana o de algodón, generalmente tejida con líneas o grecas de colores vivos, con una abertura en el centro para pasar la cabeza, que cuelga de los hombros y llega hasta la cintura; sarape.

zaraza. ■ F. Véase zarazo, za.

zarazo, za. ■ ADJ. **1.** rur. *Referido a un fruto*, que está a medio madurar; sarazo: "Mi abuelita prepara un pastel con mangos zarazos". ■ F. **2.** supran. Tela de algodón con estampados coloridos.

zarzabacoa. ■ F. Hierba o subarbusto originario de América, de hasta 3 m de altura; tallos fibrosos, puberulentos o cortamente pubescentes, frecuentemente rojizos; hojas alternas, compuestas por tres foliolos de elípticos a ovados, el central generalmente más grande, estrigosos; flores hermafroditas, pequeñas, con cinco pétalos azules, rosados o morados, agrupadas en racimos axilares o terminales; frutos en vainas aplanadas, ceñidas en cada semilla, con apariencia de rosario, cubierto de numerosos pelos en forma de gancho que permiten que se adhieran a la ropa o a la piel; semillas reniformes, diminutas; uso forrajero. Familia de las leguminosas, *Desmodium incanum.*

zayoliscán. ■ M. **1.** Arbusto de amplia distribución en México, de hasta 3 m de altura, monoico; tallos con corteza amarilla café, fisurada, ramas jóvenes cuadrangulares, amarillentas, inicialmente pubescentes, después glabras; hojas simples, opuestas, de ovadas a elípticas, con margen aserrado, pelosas en el envés; flores hermafroditas, pequeñas, amarillas, pubescentes, con desagradable aroma, dispuestas en cabezuelas terminales, a veces ramificadas; frutos capsulares, cilíndricos, pelosos en el ápice; semillas numerosas, diminutas, fusiformes, aladas; hojas, uso en la medicina tradicional; tallos, uso industrial. Familia de las escrofulariáceas, *Buddleja sessiliflora.* (También se llama hierba de tepozán, mispacle, mispastle, zayolizcán). || **2.** Arbusto originario de América, de hasta 4 m de altura, monoico, raramente dioico; tallos de corteza fisurada, de color café claro, ramas jóvenes cuadrangulares y tomentosas; hojas opuestas, enteras, lanceoladas, elípticas u ovadas, tomentosas por el envés, con margen aserrado; flores hermafroditas o funcionalmente unisexuales, diminutas, con forma de embudo, amarillentas en su interior, de blanquecinas a verduscas al exterior, dispuestas en cimas laxas y a su vez en espigas terminales o axilares; frutos capsulares, cilíndricos, tomentosos y glandulares; semillas de oblongas a elipsoidales, aladas; uso en la medicina tradicional. Familia de las escrofulariáceas, *Buddleja americana.* (También se llama hierba de la mosca, pozancle, tepozán, zayolizcán).

zayolizcán. ■ M. **zayoliscán.**

zayul. ■ M. supran. Insecto díptero, diminuto, de hasta 2.5 mm de longitud; de color negro, gris, amarillo o verdoso, el mesotórax a menudo tiene un patrón de tres a cinco franjas longitudinales oscuras sobre un fondo de color claro; alas transparentes en tonos verdes; se encierra en un capullo o pupa que nada hacia el fondo para protegerse de los peces; un poco antes de que reviente en la forma adulta nada hacia la superficie; común en los llanos de grandes ríos y lagos donde abundan los lirios de agua; se le asocia como causante de úlceras e infecciones oculares. Familia de los clorópidos del suborden Brachycera, del orden Diptera.

zazacua. ■ F. *En Veracruz*, tortuga, de hasta 12 cm de longitud; con cabeza oscura con dos pequeñas rayas amarillas en ambos lados; caparazón abombado de color café olivo; plastrón amarillento, dividido en tres partes, una fija y otras dos articuladas, lo que le permite encerrarse en el caparazón; patas ligeramente palmadas. Familia de los quinostérnidos del orden Testudines, *Kinosternon pensylvanicum.* (También se llama pochitoque, sasacua, sasagua).

zazal. ■ M. Hierba o subarbusto originario de América, de hasta 2 m de altura, monoico; tallos erectos, más o menos ramificados, estriados, brillantes y pegajosos; hojas alternas, de lineares a lanceoladas, densamente punteadas en ambas caras; flores hermafroditas o femeninas, diminutas, tubulares, amarillas, las del centro hermafroditas y las de la periferia femeninas, con apariencia de pétalos, dispuestas en cabezuelas numerosas, a su vez arregladas en corimbos terminales; frutos aquénicos, oblongos, algo comprimidos, en ocasiones de cuatro a cinco costillas y pelillos; uso en la medicina tradicional. Familia de las compuestas, *Gymnosperma glutinosum.* (También se llama escobilla, popote, tatalencho, xonequelite).

zazale. ■ M. Hierba originaria de México, de hasta 1.5 m de altura; tallos ramificados desde la base, ásperos; hojas alternas, enteras, triangulares y puntiagudas, rasposas y adherentes, con márgenes dentados; flores hermafroditas, vistosas, con cinco pétalos obovados y puntiagudos, de color amarillo claro o anaranjados, estambres numerosos, los diez externos más largos, flores dispuestas en dicasios terminales; frutos capsulares, cónicos, densamente pubescentes; semillas ovoides oblongas, aplanadas, tuberculadas verrugosas, de color pardo grisáceo; uso en la medicina tradicional. Familia de las loasáceas, *Mentzelia hispida.* (También se llama pegajoso, sasele, zazálic, zazáñic).

zazálic. ■ M. **zazale.**

zazamil. ■ M. *En Oaxaca y Veracruz,* árbol de hasta 15 m de altura; troncos leñosos y copas frondosas en forma de paraguas; hojas afelpadas por la cara superior, de color verde pálido; flores blancas y fragantes; frutos en forma de uva pequeña, de color blanco amarillento, en racimos; el jugo del fruto se usa como pegamento. Familia de las boragináceas, *Cordia alba.* (También se llama masú, zazanil).

zazanil. ■ M. **zazamil.**

zazáñic. ■ M. **zazale.**

zempasúchil. ■ M. **1.** supran. Hierba nativa de México, de hasta 1 m de altura, monoica; tallos poco ramificados, verdosos; hojas alternas, divididas en numerosos foliolos, lanceoladas, con margen diminutamente aserrado; flores hermafroditas, vistosas, amarillas o anaranjadas, agrupadas en cabezuelas, con olor fuerte, con cinco u ocho flores de la periferia en forma de pétalos amarillos; frutos aquénicos, lineares, con escamas en el ápice; uso ceremonial, como insecticida, en la medicina tradicional y ornamental. Familia de las compuestas, *Tagetes erecta.* (También se llama cempasúchil, cempoal, flor de muerto, iscoque, musajoyó, sempasúchil, xpuhuk). || **2.** supran. Flor del **zempasúchil**; comestible; uso como colorante.

zencolote. ■ M. rur. Recipiente hondo en forma de cono truncado en el que se almacenan las mazorcas de maíz: "Mijo, tráete el zencolote que está en el jacal".

zendal. ■ ADJ. **1.** Perteneciente o relativo al **zendal**; tzeltal: "Los textiles zendales están decorados con rombos como símbolo del cosmos". || **2.** Natural o procedente del grupo étnico **zendal**; tzeltal: "Las mujeres zendales bordaron toda la tarde". ■ M. **3.** Grupo étnico establecido en el centro este del estado de Chiapas; tzeltal. || **4.** Lengua maya del subgrupo lingüístico tzeltalano; tzeltal. ■ COM. **5.** Persona natural o procedente del grupo étnico **zendal**; tzeltal: "El zendal se disfraza de mujer durante el carnaval que da inicio a la nueva cosecha".

zendechó. ■ M. rur. *En Estado de México y Michoacán*, bebida alcohólica casera elaborada a base de maíz fermentado.

zenzontle. ■ M. supran. Ave de amplia distribución en América del Norte, Centroamérica y el Caribe, de hasta 30 cm de longitud; con cuerpo delgado y alargado; plumaje de color gris por la parte superior, con región inferior más pálida y pecho blanquecino; ojos de color amarillo pálido; pico negro mínimamente curvo; alas con finas líneas blancas; cola de color oscuro con los bordes blancos; patas negras y largas; su canto es muy variado y melodioso. Familia de los mímidos del orden Passeriformes, *Mimus polyglottos*. (También se llama burlón, censonte, censontle, centzontle, cenzontle, sinsonte).

zerete. ■ M. *En el Sureste,* mamífero roedor de distribución en México y Centroamérica, de hasta 60 cm de longitud; con pelaje largo, liso y brillante, de color café rojizo, salpicado en negro en el dorso y la rabadilla; cabeza alargada, con el hocico truncado, labio superior hendido y provisto de vibrisas; orejas pequeñas y redondeadas; cuello corto y grueso; tronco robusto y curvo; la cola es vestigial; las extremidades posteriores largas y delgadas, las delanteras un poco más cortas; de patas tridáctilas; su carne es muy apreciada en la gastronomía. Familia de los dasipróctidos del orden Rodentia, *Dasyprocta mexicana, Dasyprocta punctata*. (También se llama agutí, cereque, guaqueque, guatusa, querreque, sereque, uco).

zik. ■ M. *En el Sureste*, salpicón de venado; dzic.

zíper. (De Zipper®). ■ M. supran. Cierre que se aplica a una abertura longitudinal en prendas de vestir, bolsos y cosas semejantes.

zoapatle. ■ M. Arbusto originario de México y Centroamérica, de hasta 3 m de altura; tallos muy ramificados, aromáticos al estrujarse, las ramas jóvenes cubiertas de pelos largos y entrecruzados; hojas opuestas, enteras, de triangulares a triangulares ovadas, raramente ovadas o lanceoladas, estrigosas en el haz y velutinas en el envés, con muchas gotitas de exudado resinoso, con margen entero o aserrado; flores hermafroditas o estériles, diminutas, tubulares, de color blanco o crema, las de tres a 17 del centro hermafroditas y las de cero a seis de la periferia estériles, con apariencia de pétalos, flores dispuestas en cabezuelas, agrupadas a su vez en panículas densas; frutos aquénicos, obovados, algo comprimidos, negruzcos, con una única semilla; uso en la medicina tradicional. Familia de las compuestas, *Montanoa tomentosa*. (También se llama aclinán, pirimo blanco, soapatle).

zoca. ■ F. **1.** supran. rur. Último retoño de la caña de azúcar; soca. || **2.** supran. rur. Segunda cosecha de la caña de azúcar o del algodón para recolectar los últimos retoños; soca.

zócalo. ■ M. Plaza principal de Ciudad de México y de otras ciudades.

zoclo. ■ M. Friso de diversos materiales como azulejos, losetas o una tira de hule que se pone en la parte inferior de las paredes al interior de una habitación.

zocotroco, ca. ■ ADJ. fam. *Referido a persona*, que está drogada. Ú.t.c.sust.

zocuco. ■ M. **zumuque.**

zolcuate. ■ M. Serpiente originaria de México y Centroamérica, de hasta 1 m de longitud; con cabeza grande bien diferenciada del cuello; cuerpo robusto; color dorsal de rojizo a anaranjado, con una serie definida de bandas dorsales de color café a anaranjado; con dos líneas claras bien definidas que se extienden desde la punta del hocico hacia atrás; ovovivípara; se alimenta de anfibios y roedores; venenosa. Familia de los vipéridos del orden Squamata, *Agkistrodon bilineatus*. (También se llama bolpoch, cantil, pichicuata, pichicuate, volpoch, wolpoch).

zollenco, ca. ■ ADJ. supran. *Referido a alguien*, robusto: "Los parientes de Ramón son de complexión zollenca". Ú.t.c.sust.: "Los parientes de Ramón son unos zollencos".

zompantle. ■ M. **1.** Grupo de diferentes especies de árboles o arbustos principalmente originarios de América, con otros miembros en África, Asia y Australia, de hasta 10 m de altura, monoicos; tallos a veces con pequeñas proyecciones en la corteza en forma de espinas, corteza lisa, de color café amarillento; hojas alternas, divididas en tres foliolos, de romboides a ovados; flores hermafroditas, vistosas, con cinco pétalos, de rojos a anaranjados, alargados, agrupadas en racimos; frutos en vainas alargadas y en forma de rosarios, de cafés a negras; semillas reniformes, de color rojo o anaranjado; hojas, uso en la medicina tradicional. Familia de las leguminosas, varias especies del género *Erythrina*, como *Erythrina americana*. (También se llama colorín, equimite, gasparito, patol, pemuche, pichoco). || **2.** Individuo del **zompantle.** || **3.** Flor de los individuos del **zompantle**; comestible; uso en la medicina tradicional. || **4.** Fruto y semilla de los individuos del **zompantle**; uso artesanal y en la medicina tradicional.

zompantli. ■ M. **1.** Decoración festiva que consiste en una fila de cráneos de papel, pasta o yeso, generalmente sujetos a una pared, que se usa durante las conmemoraciones del Día de Muertos. || **2.** *En la antigua sociedad mexica,* conjunto de maderos en los que se empalaban cráneos humanos.

zompopa. ■ F. **zompopo.**

zompopera. ■ F. supran. Hormiguero de zompopos.

zompopo. ■ M. supran. Hormiga originaria de América; la reina llega a medir hasta 3 cm de longitud; la casta trabajadora, de 4 a 7 mm; generalmente de color rojizo; comestible. Familia de los formícidos del orden Hymenoptera, varias especies del género *Atta*, como *Atta cephalotes*, *Atta mexicana*, *Atta texana*. (También se llama arriera, chicatana, chincatana, chincantana, hormiga arriera, hormiga chicatana, mochomo, nacasmá, nucú, talata, zompopa).

zoncear. ■ INTR. supran. fam. Hacer o decir tonterías: "Zonceamos toda la tarde y no hicimos nada de provecho".

zoncera. ■ F. supran. fam. Tontería.

zongolica. ■ M. *En el Sur*, árbol originario de México y Centroamérica, de hasta 35 m de altura, dioica; tallos con corteza exterior gris o negra, exfoliantes en placas circulares; hojas opuestas, divididas en siete o nueve foliolos dispuestos en pares con un foliolo terminal, foliolos de oblongos a lanceolados, glabros en ambas caras, con margen dentado; flores unisexuales, diminutas, de color verde o amarillento, con cinco pétalos, las masculinas ligeramente más grandes que las femeninas, dispuestas en panículas densas, axilares; frutos capsulares, pequeños, fusiformes, con los sépalos persistentes y papiráceos, verdes, negros al madurar; uso como especie maderable y en la medicina tradicional. Familia de las anacardiáceas, *Astronium graveolens*. (También se llama sangualico).

zongón. ■ M. *En Veracruz*, hierba de distribución cosmopolita, de hasta 8 m de altura, monoica; tallos sin ramificar, erectos y huecos; hojas alternas, enteras, acuminadas, envainantes en la base de hasta 50 cm, glabras; flores hermafroditas, masculinas o estériles, diminutas, sin pétalos, de color café pálido a purpúreo, rodeadas de sedosos pelos blancos, dispuestas en espiguillas de tres a siete flores, las basales masculinas o estériles, y a su vez en largas espigas; frutos cariópsides, cilíndricos, diminutos, cafés; hojas y raíces, comestibles; tallos, uso industrial. Familia de las gramíneas, *Phragmites australis*. (También se llama carrizo, juco, picuaremo).

zonistac. ■ M. **zamhool.**

zonte. ■ M. supran. rur. Unidad de medida para productos agrícolas que equivale a 400 piezas.

zontle. ■ M. **zonte.**

zopilocahuite. ■ M. Árbol originario de México y Centroamérica, de hasta 20 m de altura, monoico; tallos de tronco erecto y grueso, corteza fisurada, de color café rosado, más oscura al madurar; hojas alternas, agrupadas en los extremos de las ramas, compuestas de cuatro a diez foliolos, de ovados a elíptico-ovados; flores unisexuales, pequeñas y vistosas, de color blanco verdoso, estambres fusionados lateralmente formando un tubo largo, dispuestas en tirsos terminales; frutos capsulares, ovoides, erectos y alargados, de color café gris pálido; semillas numerosas, aladas, cafés pálidas, con uso industrial y en la medicina tradicional; tallos, uso industrial. Familia de las meliáceas, *Swietenia humilis*. (También se llama caoba del Pacífico, caobilla, gateado, venadillo, zopilote).

zopilote. ■ M. **1. zopilocahuite.** || **2.** supran. Ave carroñera de amplia distribución en América, de 1.5 m de longitud; con plumaje de color café oscuro a negro; cabeza y cuello desnudos, de color anaranjado o amarillo anaranjado, con una corona azul violácea; pico corto, ganchudo y de color marfil; en el vuelo su cola se distingue por ser larga y delgada. Familia de los catártidos del orden Cathartiformes, *Cathartes aura*. (También se llama aura, cabecirroja, chombo, gallinazo, viuda). || **3. zopilote negro.** ■ LOC. **~ negro.** LOC. SUST. supran. Ave carroñera de amplia distribución en América, de hasta 60 cm de longitud y 1.5 m de envergadura; con plumaje negro; cabeza y cuello desnudos, arrugados y de color gris pizarra; cola corta y redondeada; patas grisáceas. Familia de los catártidos del orden Cathartiformes, *Coragyps atratus*. (También se llama nopo, zopilote). ▷ **~ rey.** LOC. SUST. supran. Ave carroñera de amplia distribución en América, de hasta 80 cm de longitud; con plumaje de color blanco crema en su mayor parte, manto teñido de café claro, rabadilla y plumas de vuelo negras, collar de plumas gris; cabeza desnuda y con carúnculas, vistosamente pintada de naranja, amarillo, azul y negro; iris blanco y pico de color naranja oscuro; solitario y habita sitios boscosos, generalmente selváticos. Familia de los catártidos del orden Cathartiformes, *Sarcoramphus papa*. (También se llama rey de zopilotes, rey gallinazo, rey zope, rey zopilote).

zopilotear. ■ TR. **1.** fam. Utilizar a alguien en desgracia para obtener un beneficio: "Ese delegado nada más zopilotea a los damnificados". ■ INTR. **2.** fam. Esperar un médico forense a que llegue un cadáver para analizarlo: "Zopiloteamos toda la noche en la morgue".

zopiloteo. ■ M. **1.** fam. Utilización de alguien en desgracia para obtener un beneficio. || **2.** fam. Espera que hace un médico forense de un cadáver para analizarlo.

zopilotillo. ■ M. supran. *En el Sureste*, ave de amplia distribución en América, de hasta 30 cm de longitud; con plumaje de color negro con escamado iridiscente en la cabeza y el pecho; apariencia desgarbada; alas relativamente cortas y redondeadas; cola larga colgante y maxila con el culmen alto y surcos prominentes; pico curvo y fuerte; piel de la cara y patas de color negro. Familia de los cucúlidos del orden Cuculiformes, *Crotophaga sulcirostris*. (También se llama garrapatero, picuy, pijón, pijul, pijuy).

zoque. ■ ADJ. **1.** Perteneciente o relativo al **zoque**: "La falda zoque es de color gris o rojo". || **2.** Natural o procedente del grupo étnico **zoque**: "La mujer zoque usa el vestido antiguo en las fiestas de mayordomía". ■ M. **3.** Grupo étnico establecido en los estados de Oaxaca y Chiapas. || **4.** Lengua mixe-zoque del subgrupo lingüístico zoqueano. ■ COM. **5.** Persona natural o procedente del grupo étnico **zoque**: "La zoque usa el vestido antiguo en las fiestas de mayordomía".

zoqueano, na. ■ ADJ. **1.** Perteneciente o relativo al **zoqueano**: "Algunas lenguas zoqueanas son habladas en el Istmo de Tehuantepec". ■ M. **2.** Grupo étnico histórico que dio origen a los zoques, a los popolucas de la Sierra, a los texistepequeños y a los ayapanecos, entre otros. || **3.** Conjunto de grupos étnicos establecidos principalmente en los estados de Oaxaca, Veracruz, Chiapas y Tabasco. || **4.** Lengua reconstruida que históricamente dio origen al zoque, al popoluca de la Sierra, al texistepequeño y al ayapaneco. || **5.** Grupo o familia de lenguas mixe-zoques que incluye al zoque, al popoluca de la Sierra, al texistepequeño y al ayapaneco, entre otras. ■ LOC. **~ del Golfo.** LOC. ADJ. **1.** Perteneciente o relativo al **zoqueano del Golfo**: "La lengua zoqueana del Golfo mantiene algunos préstamos con el náhuatl del estado de Veracruz". || LOC. SUST. **2.** Grupo étnico histórico que dio origen a los popolucas de la Sierra, a los texistepequeños y a los ayapanecos, entre otros. || **3.** Conjunto de grupos étnicos establecidos principalmente en los estados de Oaxaca, Veracruz, Chiapas y Tabasco. || **4.** Lengua reconstruida que históricamente dio origen al popoluca de la Sierra, al texistepequeño y al ayapaneco. || **5.** Grupo o familia de lenguas mixe-zoques que incluye al popoluca de la Sierra, al texistepequeño y al ayapaneco, entre otras.

zoquetada. ■ F. **1. zape.** || **2.** supran. Tontería.

zoquetazo. ■ M. **zape.**

zoquete. ■ M. **1.** Mugre, especialmente la producida por el cuerpo humano: "Quita tus tenis de aquí, apestan a zoquete". || **2.** *En el Norte*, **zoquite.**

zoquetear. ■ INTR. **1. zapear.** || **2.** supran. Hacer o decir tonterías: "Saúl zoqueteó todo el tiempo y no me dijo bien las cosas".

zoquite. ■ M. rur. Lodo.

zorimbo, ba. ■ ADJ. **1.** fam. *Referido a persona*, tonta: "Qué zorimbo es Carlos, se equivocó de calle otra vez". Ú.t.c.sust.: "Carlos es un zorimbo, se equivocó de calle otra vez". || **2.** fam. *Referido a persona*, borracha: "Mi hermano siempre regresa de las fiestas muy zorimbo". Ú.t.c.sust.: "Mi hermano es un zorimbo, siempre regresa mal de las fiestas".

zorrillo. ■ M. supran. Mofeta de distribución en América, de hasta 70 cm de longitud, de los que casi la mitad corresponden a la cola; con pelaje largo y lacio, de color negro o café oscuro, con dos franjas blancas que parten de la cabeza y se extienden paralelas al lomo hasta el anca, con variantes significativas en el ancho y extensión según la especie; cabeza pequeña y muy aguzada; orejas redondas y cortas; nariz desnuda y gruesa; extremidades cortas, pies grandes con cinco dedos unidos entre sí; uñas fuertes y curvadas; su característica más conocida es el fuerte y fétido olor que sus glándulas anales segregan al sentirse en peligro. Varias especies de la familia de los mefítidos del orden Carnivora.

zorro. ■ M. **1.** supran. *En el Sureste,* grupo de mamíferos marsupiales de distribución en América; de 30 a 90 cm de longitud; con pelaje en tonos pardos, grises y negruzcos; según la especie, rostro con distintos patrones de coloración, pero por lo general en tonos claros; patas y cola desnudos, en tonos negruzcos; orejas en tonos oscuros; nariz generalmente rosada; hocico alargado; cuerpo compacto; patas cortas y fuertes con falanges que les permiten trepar y sujetar; cola larga. Varias especies de la familia de los didélfidos del orden Didelphimorphia, como *Didelphis marsupialis*, *Didelphis virginiana.* (También se llama tacuacín, tlacuache, zarigüeya). || **2.** supran. *En el Sureste,* individuo del **zorro**.

zosquil. ■ M. *En el Sureste*, fibra vegetal de henequén que se emplea, generalmente, para hacer estropajos o sogas; sosquil.

zotaco, ca. ■ ADJ. despect. *Referido a alguien*, que es de baja estatura y generalmente rechoncho: "El portero del equipo contrario está muy zotaco, será fácil de vencer". Ú.t.c. sust.: "El portero del equipo contrario es un zotaco, será fácil de vencer".

zotehuela. ■ F. Patio interior, techado o no, de una vivienda; azotehuela.

zotol. ■ M. **1.** Grupo de plantas rosetófilas de amplia distribución en el norte de México, dioicas; tallos cortos y fibrosos, robustos y más o menos subterráneos; hojas largas, lanceoladas, flexibles, en forma de cuchara en la base, persistentes; flores unisexuales, diminutas, campanuladas, las femeninas de color blanco rosado, las masculinas amarillentas, dispuestas en un eje largo, panícula formada por racimos densos; frutos capsulares, trialados, coriáceos e indehiscentes; semillas trígonas, más o menos planas, rugosas, de color café oro; troncos, uso en la construcción; hojas secas, uso artesanal. Familia de las asparagáceas, varias especies del género *Dasylirion.* (También se llama sotol). || **2.** Individuo del **zotol**. || **3.** Licor que se elabora de cualquiera de las plantas del **zotol**.

zoyatanate. ■ M. rur. Bolsa rústica elaborada con zoyate: "Guarda los tamales en el zoyatanate para comérnoslos en el camino".

zoyate. ■ M. Palma originaria de América, de hasta 5 m de altura, monoica; tallos solitarios, erectos; hojas de alternas a helicoidales, palmadas, filíferas, glabrescentes, peciolos de densa a esparcidamente dentados, lámina dividida de 50 a 80 segmentos, con márgenes ligeramente involutos; flores hermafroditas, diminutas, cubiertas de tomento, glabrescentes, con seis tépalos ovado-triangulares, agrupadas en largas panículas, pardos rojizas, ramificadas cerca de la base; frutos drupáceos, elipsoides, con ápice redondeado, de color amarillento; hojas, uso industrial. Familia de las arecáceas, *Brahea dulcis.* (También se llama isuate, palma apache, soyate, soyacapulín).

zozopaste. ■ M. Palo ancho para tupir una tela que se está tejiendo: "La mujer movía con gran maestría el zozopaste en el telar".

zozote. ■ M. Árbol originario de América, de hasta 12 m de altura; tallos muy ramificados, glabros; hojas alternas, enteras, de ovada a elípticas, glabras; flores hermafroditas, grandes y vistosas, con forma de embudo, blancas con la garganta de roja a purpúrea, dispuestas en cimas terminales o axiales; frutos capsulares, globosas y elipsoidales, glabros, pardos o rojizos; semillas ovoides, pardas, cubiertas por algunos pelos blancos; cortezas, uso en la medicina tradicional; tallos, uso industrial. Familia de las convolvuláceas, *Ipomea pauciflora*. (También se llama palo bobo, sosote).

zubín. ■ M. **zubinché.**

zubinché. ■ M. supran. *En el Sureste*, árbol originario de Centroamérica, de hasta 15 m de altura, monoico; tallos y ramas hirsutos, con espinas muy gruesas y evidentes que alojan hormigas; hojas alternas, compuestas de cuatro a diez pares de pinas, foliolos de diez a 26 pares por pina, oblongos, ápice redondeado y mucronulado, base oblicua, con glándulas entre cada par de pinas; flores hermafroditas, diminutas, amarillas, en forma de embudo, agrupadas en espigas axilares solitarias, glabras; frutos en vaina, cilíndricos, indehiscentes, cartáceos, de color amarillo, rojo o café; semillas numerosas, elipsoides a subesféricas, cafés oscuras, rodeadas por un arilo blanquecino o amarillento, esponjoso. Familia de las leguminosas, *Acacia cornigera*. (También se llama árbol del cuerno, cornezuelo, huisache, huizache, ixcanal, izcanal, subín, subinché, zubín).

zucaritas. (De Zucaritas®). ■ F. PL. supran. Alimento industrializado a base de hojuelas de maíz cubiertas con azúcar.

zumba. ■ F. Véase **zumbo, ba.**

zumbador. ■ M. supran. Ave originaria de América, de tamaño pequeño, de 6 a 20 cm de longitud; con plumaje de colores iridiscentes; el pico se adapta al tipo de flor preferida por cada especie; con gorgueras o coronillas brillantes, collares y otros adornos según la especie; vuelo de aleteos rápidos y una rotación singular de toda el ala en la articulación del hombro, que le permite ir en cualquier dirección, incluso para atrás. Familia de los troquílidos del orden Apodiformes. (También se llama chupaflor, chupamiel, chupamirto, chuparrosa, colibrí, pájaro mosca, picaflor). ■ LOC. **~ canelo.** LOC. SUST. **zumbador rufo.** ▶ **~ rufo.** LOC. SUST. Ave originaria de América, de hasta 9 cm de longitud; el macho es de pecho blanco y cara rojiza; con la parte dorsal, los flancos y la cola de color pardo rojizo; la garganta es de color naranja o rojo intenso; la hembra tiene la espalda de color verde; algunas plumas de la garganta son de color naranja iridiscente, su cola es negra con la punta blanca y la base rojiza. Familia de los troquílidos del orden Apodiformes, *Selasphorus rufus*. (También se llama colibrí, dorado, zumbador canelo).

zumbarse. ■ TR. PRNL. **1.** Ingerir un alimento: "Ayer me zumbé ocho tacos de un jalón". || **2.** vulg. Poseer sexualmente a alguien.

zumbo, ba. ■ ADJ. **1.** *Referido a alguien*, saciado de comida: "Marquitos acabó todo zumbo con los tres platos de pozole que se comió". || **2.** *Referido a persona*, borracha: "Te juro que ya no vuelvo a llegar tan zumbo a la casa". Ú.t.c. sust.: "Un zumbo se paseaba cerca de la cantina". ■ F. **3.** Baile que se acompaña de música como salsa, merengue o cumbia y cuya coreografía sirve como ejercicio. || **4.** *En Colima*, juguete hecho con una corcholata aplastada en forma de lámina a la que se le hacen dos agujeros en el centro por donde se inserta un hilo que se toma por los extremos y se acomoda entre los dedos, se enreda y se jala, estirando y aflojando, logrando un efecto de sierra o cuchilla que vibra en el aire. || **5.** supran. Paliza.

zumo. ■ M. supran. Sustancia aceitosa contenida en la cáscara de algunos cítricos como la naranja o la mandarina: "Si te cae el zumo del limón, lávate las manos porque mancha la piel".

zumuque. ■ M. *En Tabasco*, tamal elaborado con sobrantes de masa de maíz, al que se le puede añadir carne, envuelto en hoja de plátano y cocido al vapor.

zurrada. ■ F. supran. malson. Error grave.

zurrapa. ■ F. **1.** Resto de comida, generalmente migajas: "Pásame las zurrapas del pan para comérmelas". || **2.** vulg. Pedazo pequeño de excremento.

zurrarla. ■ INTR. PRNL. supran. malson. Errar gravemente; cagarla: "La zurré otra vez en el examen y reprobé".

zurrón, na. ■ ADJ. *Referido a alguien*, que se comporta de manera molesta: "Javier me cae muy mal porque es un muchacho zurrón". Ú.t.c.sust.: "Javier me cae muy mal porque es un zurrón".

Índice de mexicanismos exclusivos

Este índice contiene aquellos artículos lexicográficos que no tienen acepción alguna compartida con los otros países de Hispanoamérica y que tampoco son voces generalizadas. Para las definiciones y los significados, el lector debe ir al artículo lexicográfico en cuestión en el cuerpo de este diccionario.

El lector encontrará, además de miles de vocablos no compartidos con ningún país hispanohablante, muchas voces del español general pero que o bien han desarrollado en el español de México nuevos significados, exclusivos de nuestro país, tales como *alambre, mayordomo* o *terreno*, por poner tres casos de cientos, o bien han generado nuevas expresiones o nuevas categorías, sea, las más de las veces, mediante la combinación de la voz con otras palabras, sea mediante una acentuación y entonación particulares. El lector, por otra parte, no encontrará en esta lista voces que seguramente considera identitarias de México, tales como *aguacate* o *taco*, porque, sin dejar de ser mexicanismos, alguna o varias de sus acepciones ya se han generalizado.

A

abajo
abalanzarse
abaratar
abdomen
abejero
abierto, ta
abocar
abogado
abrazo
abrigadero
abrigarse
abrigo
abuela
abueleada
abuelear
abuelita
abuelo
acá
acabalar
acachar
acagual
acagualero, ra
acahual
acahualera
acahualero, ra
acahuite
acalambrada
acalote
acamaya
acamayo
acamellonar
acapulqueño, ña
acarrear
acarreo
acasúchil
acatarrar
acaxaxan
acaxóchitl
accidente
acecé
aceitar
aceite
aceitero
aceitilla
aceituno
acelerada
acelere
acelga
acezintle
achafranar
achaparramiento
achaparrar
achicalamiento
achicalar
achichinar
achigual
achiotuda
achipilarse
achipilinarse
achispamiento
achisparse
achocar
achorizo
achotuda
achucatado, da
acitrón
acitronar
aclasole
aclinán
acocil
acocote
acolchichi
acolhua
acompadramiento
acompadrar
acompañar
acompes
aconcharse
acontentar
acordada
acordado, da
acorrientar
acostón
acotamiento
acoyo
acuache
acuyo
-ada
adelita
adentro
adrede
aduana
afigurársele
afilar
afiliarse
afinamiento
afligido, da
aflojar
afore
agachadilla
agachadiza
agachamiento
agachona
agandallar
agandalle
agaruto
agasajar
agasaje
agasajo
ágata
agave
agavero, ra
agencia
agente
agorzomar
agrito
agruras
aguachile
aguachinarse
aguaita
aguaje
aguama
aguamielero, ra
aguanieve
aguantar
aguarse
aguascalentense
aguascaltense
aguasol
aguatar
aguaucle
aguautle
aguayo, ya
aguayón
aguazol
águila
aguilita
agüizote
agüizotero, ra
ah
ahogarse
ahuacharse
ahuatar
ahuate
ahuaucle
ahuauhtle
ahuauhtli
ahuautle
ahuejote
ahuitar
ahuizotar
ahulado
ailamiento
ailar
aironazo
ajerada
ajerar
ajiaco
ajuar
ajuarear
ajuareo
ajuatar
ajustador, ra
ala
alabado
alacrán
alacrana
alagartarse
alamar
alambre
alambrear
alambreo
alazán, na
albañil
albazo
albergue
alborotador, ra
albureo
alburero, ra
alcáncer
alcanzar
alcatraz
alebrije
alegradora
alegrar
alegría
aleluyo, ya
aletón
alfabetizar
alfanje
alfiler
alfilerazo
alfilerillo
algonquino, na
alguacil
alguate
alicante
alicata

alicate
almácigo
almaraduz
almárcigo
almohadazo
alquimia
alta
altamiz
altamiza
altar
altas
altero
alterón
altisonante
alucín
alucinar
alucine
aluminero, ra
alux
aluxe
alverjón
alzumiate
amachinar
amacizamiento
amalaya
amalayón
amamparse
amanacochi
amaneramiento
amanerarse
amapa
amapola
amapolita
amaranto
amargosilla
amarillito
amarillo
amarrador, ra
amarranamiento
amarranarse
amarranavajas
amatillo
ambulantaje
ambulante
amendar
ameyal
amigocho, cha
amitamiento
amitarse
amolada

amole
ampayear
ampayeo
ampolleta
amuinar
amula
amuzgo, ga
amuzgo-mixtecano, na
anacagüite
anacahuita
anacahuite
ancheta
anchetero, ra
andador
andar
anfibio, bia
angelopolitano, na
angiolote
angurriento, ta
anillo
ánimo
anisillo
anisito
anolar
anotarse
anquera
anteburro
antecomedor
antellevar
antifaz
antirreeleccionismo
antirreeleccionista
antojería
antojito
anturio
áñil
año
apache
apachite
apachurramiento
apachurrón
apamate
apanchola
apancle
apandamiento
apandar
apando
apanicar
apantallapendejos
apañar

apañe
apapachador, ra
apapachón, na
aparar
apartadero
apartar
aparte
apaste
apazote
apelechar
apencarse
apendejamiento
apendejar
apercollar
apero
apersogar
apersonarse
aperturar
apescahuarse
apesgar
apiñonado, da
apipisca
apipixca
apipizca
apixcaguarse
apizcachar
aplaudida
aplaudido, da
aplicársela
apochamiento
apocharse
aporreadillo
aporreo
aporreón
apoxcahuarse
apozolarse
apretarse
aprevenir
apuchar
apuchón
apuñalar
apurarle
apurón, na
aquellito
aquequexquic
aquí
aquiche
arábiga
araña
archivar

arcial
arco
arcuza
ardilla
ardillón
arepa
arguenudo, da
armazón
árnica
arracada
arrachera
arranque
arrastrar
arrastriza
arre
arrebasar
arrebatado, da
arrebatinga
arrecharse
arrechiar
arrecho
arrecholar
arreglar
arremangar
arriba
arribazón
arrimar
arrimón
arrinquín
arroba
arrocero
arrocillo
arroyera
arroz
arrugarse
artesa
artículo
artisteada
artistear
arvejón
asado
asadura
asaltacunas
asapán
asbesto
asegún
asemejarse
asentadera
asentar
asesor, ra

asesorar
asesoría
así
asilenciar
asoleada
asomiate
asonsarse
astabandera
astillado, da
asustar
atápakua
atarragada
atascada
atascar
atasque
ate
atepocate
atingencia
atingente
atlanchana
atlanchane
atol
atorón
atotola
atrás
atusarse
audífono
autolavado
averiarse
avionazo
awakateko, ka
ax
axe
axi
axín
axiote
ay
ayacaste
ayacastle
ayacatcho
ayacaxtle
ayale
ayapaneco, ca
ayate
ayatero, ra
ayoyote
ayudada
azahar
azálea
-azo
azolve
azomiate
azonzamiento
azonzar
azorrillar
azotador
azotar
azote
azotehuela
azotón
azucena
azul
azulejo
azulillo
azumiate

B

babotas
bacachá
bacacho
bacal
bacalear
bacaleo
bacanora
bacha
bachacha
bachicha
bailable
bailarina
baile
bajacaliforniano, na
bajada
bajadero
baje
bajear
bajeo
bajita
bajo
bala
balam
balance
balanzón
balastrar
balastrear
balconear
balconeo
balearse
baleo
balín
ballena
balotán
banana
banda
bandeja
bandera
banderilla
bandido
banquetazo
banquetear
baquetón, na
baquetonada
baquetonear
baquetudo, da
bara
baras
baratero, ra
barbacha
barbacoyero, ra
barbaján, na
barbaridad
barbasquillo
barbear
barberismo
barbero, ra
bardado
bardar
bardeado
bardear
barniz
barrapié
barrepiés
barrida
bartolina
barudo, da
bas
báscula
basculeada
basculear
basculeo
basilisco
basquear
basta
bastardear
basto
basura
basurero
batachán
bataclán
batarete
batea
bateada
batepi
batidillo
batir
bautizar
bayo
be
bebeleche
beberecua
bebida
becerrada
beek
bejuco
bekech
belén
bembiar
beso
besucona
betabel
bibi
bichar
bichi
bichicori
bicho, cha
bicholi
bichola
bicicleto, ta
bien
bienquevaya
bigote
bigotillo
biker
bilé
bilet
bilimbique
bilioso, sa
bilis
billete
bimbalete
bingarrote
binguí
birich
birlo
birlocha
birote
birria
birriería

birriondo, da
bisagra
bisbirulo, la
bisne
bisnear
bisnero, ra
bísquet
bistec
bitachi
bitácora
bizbirindo, da
biznaga
bla
blanca
blanco
blandita
blandura
blanquizal
blusa
boa
bobby pin
bobo
bobox
bocabajear
bocado
bocamanga
bochi
bochil
bocol
bodorria
bofe
bofetiza
boinas
bojote
bola
bolán
bolea
boleada
boleado
boleador, ra
bolera
bolería
bolero, ra
boleta
boletinar
boleto
boli
boliche
boligoma
bolinga
bolis
bolito, ta
bolívar
bolpoch
bolseo
bolsero, ra
boludo, da
bomberazo
bombero, ra
bombita
bombocha
bombón
bon
bonche
bonda
boné
bonete
bonetería
bongolona
bongosero, ra
bonzo, za
borlote
borlotero, ra
borrado
borrarse
boruquero, ra
boruquiento, ta
boshito, ta
botador
botanear
botear
boteo
botiquín
botonazo
boxito, ta
boxosdá
brata
bravata
brazo
brete
brevedad
briago, ga
brinca
brincable
brincaburro
brincacharcos
brincadero
brincador, ra
brincasoga
brinco
brincolín
brincoteo
brinquitiburro
brisear
brístol
brocha
brodi
bromoso, sa
bronca
broquel
brotar
broza
bruja
brujer
brunch
bubón, na
bubu
buchona
bucitos
budín
bufar
buga
bugui
buki
bule
bulero, ra
bulinga
buquerío
buqui
bura
burbuja
burga
burguer
burlón
burrita
burundanga
buscabusca
buscapiés
buscar
but
buti

c

caballeriza
caballete
caballito
cabaretear
cabareteo
cabaretera
cabecirroja
cabecita
cabello
cabrería
cabrestero, ra
cabresto, ta
cabrilla
cabronazo
cabuche
cabulero, ra
cabús
caca
cacahuacintle
cacahuanance
cacahuasintle
cacahuazintle
cacala
cacarizo, za
cácaro
cacaseca
cacayaca
cachada
cachafás
cachagranizo
cachanilla
cacharote
cacharpo
cacharrerío
cachazón
cachetada
cacheteado, da
cachetear
cacheteo
cachetero
cachetiza
cachetón, na
cachetonamente
cachimba
cachiquel
cachirulear
cachora
cachorón
cachucha
cachureco, ca
cacique
cacle
cacoite
cacomiscle

cacomite
cacomixtle
cacomiztle
cacte
cactus
cada
cadena
cadencia
cadenero
cadera
cadillo
café
cafeceada
cafecear
cafre
cafrear
cagada
cagadero
cagante
cagoteada
cagotear
caguama
caguamanta
caguamear
caguamo, ma
caguengue
cahíta
cahuamanta
cahuamo, ma
caico
caifán
caimán
caimanera
cajeada
cajear
cajeteada
cajetear
cajeto, ta
calabaceada
calabaceado
calabacear
calabacete
calabacita
calabaza
calaca
calamápatl
calancapacle
calancapatle
calaquear
calaqueo
calar
calavera
calce
calderón
calentada
calentano, na
calentón
calichón
calillar
calistemo
callarse
callejoneada
callejonear
callo
calma
calmantes
calmil
calote
calpul
calpuli
calpulli
calzar
calzonear
calzonera
cámara
camarón
cambaya
cambiar
cambio
cambujo, ja
camelina
camelote
caminera
camioneta
camoteada
camotear
camotero, ra
camotiza
campanita
campechana
campechanear
campechaneo
campechanidad
campechano, na
campeona
campero, ra
camuco
canaleteada
canaleteo
canaletero, ra
canané
canasta
cancab
cancabear
cancalaz
cancel
cancerillo
canchalagua
canchanchán, na
canción
cancioncita
cancunense
candelero
candelilla
candil
caneca
canela
canelazo
canelita
canelo, la
cangrejo
canica
canijada
canijo, ja
cantada
cantar
cantera
cantidad
cantinero, ra
cantonear
cañada
cañangas
cañera
cañita
caoba
caobilla
capear
capelo
capichocho
capirotada
capirote
capón
capoteada
capotear
capri
capturista
capulina
capulinero
capullo
caracol
caracolitos
carácter
carajal
caravanear
caravaneo
carbón
cardenche
cardenchero, ra
cardillo
cardo
cargada
carita
carnal, la
carnaval
carnero
carnet
carnitas
carnitero, ra
carranceada
carrancear
carrancismo
carrancista
carraquear
carretero
carretiza
carricillo
carrilla
carriola
carrusel
cartera
cartilla
casaguate
casahuate
casampulga
cascabelillo
cascar
cáscara
cascarear
cascarero, ra
casero, ra
casino
caso
casquete
casta
castacán
castaño
castilleja
castorear
castrador, ra
castrante

castrar
catafixia
catafixiar
catarina
cateado, da
cateador, ra
catota
caulote
cauque
causante
cautivo
cayagual
cayahual
caza
cazaguate
cazahuate
cazueleja
cebadina
cebar
cebo, ba
cebolla
cebollazo
cebollero, ra
cebollón, na
ceboruco
cedrillo
cédula
cejo
celaduría
celute
cema
cemita
cenaduría
cenancle
cencal
cencali
cencalli
cencuate
cencuatera
cenicienta
cenicilla
cenicillo
centavear
centaveo
centavero, ra
centaviza
centavo
centenario
central
centralazo
ceñidor
cepa
cepillería
cera
cerca
ceré
cereque
cerillo, lla
cernidor
cero
cerraja
certeneja
cervatana
céspol
chabacano, na
chabelita
chaborra
chaca
chacalear
chacaleo
chacalero, ra
chacaloso, sa
chacalsúchil
chacalxóchitl
chacamota
chácara
chacbolay
chacicip
chacha
chachaguate
chachahuate
chachalaca
chachalaquero, ra
chachalcahuite
chacharear
chachareo
chacharero, ra
chachayote
chachayotl
chacmool
chacuaco, ca
chacualazo
chacualear
chacualeo
chacualole
chacualolear
chacualote
chacualotear
chacualoteo
chafa
chafaldrana
chafaldranería
chafear
chafez
chaflán
chagolla
chague
chagüe
chahuiscle
chahuistle
chahuiztle
chaineada
chaira
chairo, ra
chaka
chal
chalalate
chalán, na
chalangandina
chalapastroso, sa
chalape
chalchigüite
chalchuán
chale
chalear
chaleco
chalequeada
chalequear
chalequero, ra
chalturama
chamacada
chamagoso, sa
chamagua
chamaquear
chamaqueo
chamarra
chambarete
chambismo
chambitas
chambona
chamil
chamitle
chamizo
chamoi
chamois
chamorro
chamoy
chamoyada
champanera
champlar
champoloco
champoltrín
champurrado
chamucar
chamuscada
chamuscamiento
chamuscar
chancada
chancaste
chanchac
chanchamito
chánchamo
chanchán
chanchayote
chancla
chanclear
chancleo
chancletear
chancluda
chancludo, da
chaneque
chanfaina
chanfla
chanflón, na
changazo
changuear
changueo
changuga
changüicero, ra
chano, na
chanquilón, na
chantarse
chapalear
chapaleo
chapaletear
chapaleteo
chaparreras
chapata
chápata
chapatón, na
chapete
chapetear
chapetón
chapil
chapinada
chapiscle
chapo, pa
chapolear
chapoleo
chapón

chaponear
chaponeo
chapopotero, ra
chapoteadero
chapucear
chapucero, ra
chapule
chapulinear
chapulineo
chapulinero, ra
chapulinismo
chapuliscle
chapulixcle
chapuz
chapuza
chapuzón
chaqueta
chaquetear
chaqueteo
chaquistal
chaquiste
chaquistero
chara
charabasca
charagua
charal
charanagua
charanda
charape
charicurinda
charol
charolazo
charolero, ra
charrana
charrapastroso, sa
charrasca
charrasquear
charrear
charrería
charrismo
charrito
charruscar
chas
chasca
chaser
chasquearse
chasquetear
chasqueteo
chatino, na
chato
chautle
chavalo, la
chavorruco, ca
chavorruquear
chayacate
chayo
chayotada
chayote
chayotear
chayotero, ra
chayotescle
chayotestle
chayotextle
chayotillo
chaz
chazarilla
checada
checador, ra
chechera
chechón, na
chechonear
chela
cheleque
chelón, na
chelonear
chem
chemil
chempó
chenche
chencho, cha
chentarse
chepil
chepito
chepitofué
cheque
chercha
cherepo, pa
chereque
cherrengue
chesco
chesta
chetos
chetumalense
chetumaleño, ña
chevear
chiampinole
chianatole
chianzotzolatole
chiapaneca
chiapaneco, ca
chibaluna
chibola
chical
chicatana
chicha
chichapal
chicharreo
chicharrero, ra
chicharro
chicharroneada
chichibe
chichicamole
chichicaquítl
chichichbe
chichicle
chichicuilote, ta
chichifear
chichifeo
chichifo
chichil
chichilasa
chichimeco, ca
chichimoco
chichinar
chichipe
chichiquelite
chichiquil
chichita
chichituna
chicho, cha
chiclanero
chico, ca
chicocuchi
chicol
chicole
chicoleada
chicolear
chicoleo
chicolero, ra
chicomucelteca
chicomucelteco, ca
chicomuselteco, ca
chicotazo
chicoteo
chicotera
chicoyote
chicozapote
chicuace
chicuate
chicuatotol
chicuaz
chido, da
chiero, ra
chifla
chifladera
chiflar
chiflido
chiflonazo
chihuahua
chihuahuense
chihuahueño, ña
chihuó
chilacaste
chilacastle
chilacayota
chilandrajoso, sa
chilango, ga
chilapastroso, sa
chilapeño
chilaquiles
chilarajo
chilatole
chilayo
chilazo
chileajo
chileatole
chilena
chilera
chili
chilib
chilicastle
chilicoyote
chililillo
chilincual
chilindrina
chilla
chillante
chillonear
chilmole
chilmolera
chilmolero, ra
chilnecuatole
chilo, la
chilocle
chilocuil
chilorio
chiloso, sa
chilote
chilpachole
chilpancingueño, ña

chilpanxóchitl
chilpayate, ta
chilpocle
chilpotle
chilsaguate
chiltepín
chiltipiquín
chiltomate
chiluca
chimal
chimbo, ba
chimeco, ca
chimicuil
chimiscolear
chimiscoleo
chimiscolero, ra
chimiscolo, la
chimistreta
chimisturre
chimo
chimole
chimolero, ra
chimotal
chin
china
chinaca
chinacaste
chinacastear
chinacasteo
chinacate
chinaco, ca
chinamel
chinámel
chinamil
chinámil
chinamitla
chinamitle
chinampa
chinampear
chinampero, ra
chinampina
chinana
chinancal
chinantecano, na
chinanteco, ca
chinapo
chinascle
chinaste
chinastera
chinastle
chinaxtle
chincantana
chincaste
chincastle
chincatana
chincate
chincharrazo
chinchayote
chinchento, ta
chinchibul
chinchín
chinchorro
chinchurreta
chincolo, la
chincual
chincualear
chincualeo
chincualero, ra
chincuás
chincuate
chincuete
chincuetuda
chincuey
chincuil
chineado, da
chinelo
chinene
chinerío
chinga
chingá
chingadazo
chingadera
chingadez
chingamadral
chingaputamadral
chingaputamadrazo
chingaputimadral
chingaputimadrazo
chingaquedito
chingatal
chingativo, va
chingazo
chingo
chingomadral
chingonada
chingonería
chínguere
chinguero
chinguetas
chinguiña
chinguiñoso, sa
chinguirito
chinicuil
chiniji
chinito
chinizcán
chino, na
chinoleada
chinopote
chinquearse
chinquecharse
chinquechate
chinta
chintatlahua
chintesle
chintete
chintinoso, sa
chintla
chinto, ta
chintolas
chintolos
chintrolas
chintrolos
chintul
chintule
chipalón, na
chipe
chípil
chipilingo, ga
chipilo, la
chipiturco
chipocle
chipocludo, da
chipotle
chipotudo, da
chipujo, ja
chipule
chiqueo
chiquereye
chiquita
chiquiteada
chiras
chirgo, ga
chirmole
chiro, ra
chiroteo
chirrín
chirrión
chirrionar
chirrionera
chirris
chirrisca
chirrisco, ca
chirriscuás
chis
chisguete
chisme
chismear
chismolear
chismorrear
chismorreo
chismosear
chismoseo
chisporrotear
chistorete, ta
chítara
chitero, ra
chito
chivato, ta
chivito
chivo
chiwó
chocarlas
chocha
chochero, ra
chochito
chochnac
chochocol
chocholteco, ca
chochón, na
chochopascle
chochopaste
chochoyote
chocnac
chocoaventura
chocolomo
chocoso, sa
choi
choknak
chol
cholenco, ca
cholulteca
cholulteco, ca
chombo
chompa
chompeta
chompetear
chómpiras
chompo, pa
chon

choncho, cha
chonino
chontal
chop
chopcalle
chopo
chopontil
choque
choquía
choquiaque
choquiento, ta
choquilla
choquillento, ta
choquillo
choquiloso, sa
choquío
chorcha
chorchear
chorchero, ra
choreada
chorear
choreco, ca
chorero, ra
choro, ra
choroco, ca
chorote
chorreado, da
chóstomo
choto
chozno, na
chu
chúcata
chucatoso, sa
chuchita
chucho, cha
chuchú
chuchul
chuecura
chufa
chula
chuleada
chulear
chuma
chumiar
chundo, da
chúntaro, ra
chupador, ra
chupaflor
chupamaro, ra
chupamiel
chuparrosa
chuponero, ra
chuqui
chuquija
chuquijiento, ta
churido, da
churipo
chuspata
chutarse
chuti
cicirisco
cíclope
ciclopolicía
ciego
cielo
ciento
cigarrillo
cilantrazo
cilantrillo
cilindrero, ra
cilindro
cimbra
cinchar
cinco
cincolote
cincuate
cincuenta
cineteca
cío
ciruela
ciruelillo
ciruelo
cirugía
ciscar
cisiquelite
cisterna
citabaro
ciudad
ciudadanización
ciudadanizar
clacámel
clachique
claco
claconete, ta
clacote
clarasol
clarín
clavel
clavito
clayuda
clima
coahuilense
coamil
coatecomate
cobrarse
cobratario, ria
coca
cocer
cochal
cochar
cochimí
cochimí-yumano, na
cochinera
cochinero
cochinita
cochito
cochupo
cocina
cocineta
coco, ca
cocodrilo, la
cocoite
cocol
cocolazo
cocolero, ra
cocolía
cocoliste
coconete
cócono
cócora
cocorear
cócoro, ra
cocota
coctel
codales
codez
código
codiguero, ra
codinche
codomontano, na
codzito
cofre
cogedor, ra
cogelón, na
cogienda
coime
coitán
cojón
colache
colachi
coladera
colado, da
colar
coleadero
coleador
colecitas
coleto, ta
colguije
colimense
colimeño, ña
colimote, ta
colmar
colmenilla
colomo
colonche
coloradito
colorado
colorín
colote
comadre
comadreo
comalada
comaleo
comalonga
comanda
comata
comecalla
comechile
comesolo, la
comicalla
cómo
comodín, na
cómodo
compadre
comparente
comprador, ra
comprar
compromiso
concertacesión
concertacesionar
conchero, ra
conchita
conchito
conejear
confitillo
conga
congal
congelada
conocimiento
conquemeo

consecuentar
consignar
consolar
contador
contar
contentar
contento, ta
contingencia
contlapacharse
contlapache
contlapachearse
contra
conurbado, da
conversacionista
copa
copalchi
copastón, na
copeche
copechi
coperacha
copete
copetear
copia
copinado, da
copinar
copiosa
copotí
coptar
coqueta
coquillo
coquita
coquito
cora
corachol
coralillo
corbatearse
corico
cornezuela
cornezuelo
corralito
correoso, sa
correteado, da
corrida
corridero, ra
corta
cortés
coruco
corunda
cosa
coscomate
costo
costurear
cotizarse
cotoque
coyámel
coyolón, na
coyota
coyoteo
coyotera
coyotería
crápula
credenciales
credencialización
credencializar
credo
cremas
cremera
crico
cristero, ra
crucillo
cruda
cruzazuleada
cruzazulear
cuacha
cuachala
cuachalalá
cuachalalate
cuachalalatl
cuachalote, ta
cuachalotera
cuachar
cuacheche
cuachenche
cuachi
cuachiquimuli
cuaderno
cualquierear
cuanabichi
cuando
cuanto
cuánto
cuapopolchi
cuartear
cuarterón
cuartilla
cuartillo
cuarto
cuatachismo
cuatecomate
cuatezón, na
cuatrapear
cuatrapeo
cuatrero, ra
cuatromilpas
cuauhnahuacense
cuautecomate
cuautlahuizquílitl
cuaxala
cubo
cucapá
cúcara
cucaracha
cucharear
cucharilla
cucharita
cúchila
cuchilear
cuchillo
cuchiplanchar
cucho, cha
cuchumbo
cuclillo
cucurucho
cucuyuche
cuentachiles
cuentere
cuento
cuera
cuerda
cuerillo
cuerito
cuernavaquense
cuernavaqueño, ña
cuernito
cuerpo
cuervo
cuesa
cuesco
cuescomate
cuetear
cueza
cuica
cuicateco, ca
cuichpipil
cuícuiri
cuidar
cuijinicuil
cuilta
cuina
cuitón
cuiyul
cuja
culeada
culebra
culero, ra
culiacanense
culiche
culichi
culiflojo, ja
culipronta
cultivarse
cumplis
cundemba
cundina
cundumbo
cuña
cuquear
cura
curado, da
curar
curioso, sa
cusco, ca
cuscús
cusicuz

D

dado, da
dala
dama
damiana
danés
danza
danzante
danzar
dañero, ra
dañisto, ta
darketo, ta
de
debajo
décima
declaratoria
dedeada
dedear
dedeo
defeño, ña
dejada
delegación

delegacional
delegado, da
delgado, da
delta-California
demandar
demandita
dementizar
demonial
denominación
deoquis
depósito
derramar
derrapada
derrapar
derrape
derrapón
derriengue
desabrido, da
desaburrimiento
desacabalar
desacomedido, da
desacompasado, da
desactualización
desafanamiento
desafanar
desafane
desahijar
desahije
desahogada
desahogar
desajustar
desarme
desarrajamiento
desarrajar
desatorar
desatore
desavalorinarse
desazolvar
desazolve
desbambar
desbaratar
desborrar
desbreñar
descabezamiento
descabezar
descacharrización
descacharrizar
descansar
descarapelamiento
deschalecado, da
deschongada
deschongar
deschongue
desclochar
descolada
descolar
descolón
desconchabada
descontar
descontón
descopetar
descuachalangar
descuacharrangar
descuarrangar
descuido
dese, sa
desempance
desempatar
desengañado, da
desengañar
desentoldarse
desenzolvar
desfiguro
desflemar
desflemo
desfogue
desfundar
desgarrancharse
desgarriate
desgraciadez
desgraciado, da
desgranar
desgreñada
desgreñar
desgreñón
desguance
desguanguilado, da
desguangüilado, da
desguanzado, da
desguanzarse
desguanzo
deslavarse
deslechada
desmadramiento
desmadre
desmalezado
desmañanada
desmañanar
desmecatarse
desmeritar
desmoderado, da
desmorrar
desmorre
despachadora
despalotar
despalote
desparpajar
desparpajo
desparramadora
despedorrar
despedorre
despeinar
despellejada
despellejadero
despellejar
despelucada
despelucadero
despique
desplumadero
despochinar
despostilladura
despuntada
despuntado, da
despuntador
desquelitar
desquelite
desquintar
desrielar
destapacaños
destape
deste, ta
destoldar
destramador
destramparse
destripado, da
destripar
destróyer
desvenar
desvene
desviadero
desviejadero
desviejar
desyerbar
desyerbe
detalle
detectar
detener
detroit
devanar
día
diabla
diablal
diablar
diable
diablero, ra
diablito
diamante
diantre
dichoso, sa
diente
dieta
diez
diezmillo
difícil
difunto
director
discada
discutido, da
discutirse
disímbolo, la
disparador, ra
disparejo
distinguido, da
divisionario
doblada
dobladillador
dobladizo, za
doble
dobleteada
dogo
domador, ra
dominada
dominguilla
dominiquito
dona
donape
donapé
donde
donjuán
dopar
doradilla
doradita
dorado
dormilona
dragonazo
drenar
driblada
driblaje
dueño, ña
dulce

dura
duranguense
durangueño, ña
durar
duraznillo
dzic

E

ecapatl
ecapatli
echada
école
ecuaro
ejecutivo, va
éjele
ejercer
ejidal
ejidatario, ria
ejido
electropura
elevadorista
elotada
eloteada
elotillo
elotiza
elototol
embalada
embalarse
emballestarse
embancamiento
embancarse
embanquetado
embanquetamiento
embanquetar
embarazar
embarazo
embarbetar
embarrada
embarrado, da
embatusar
emberrinchinamiento
emberrinchinarse
embijada
embodegamiento
embodegar
emboletar
embolismado
embolismar
emboquillado
emboquillamiento
emboquillar
emborrachaduría
emborucar
emboruco
emborujo
embotar
embotijarse
embracilamiento
embracilar
embromada
embroque
emburrar
embutar
embute
empacada
empanochada
empanochado
empanochamiento
empanochar
empanzamiento
empanzar
empanzonamiento
empanzonar
empanzurramiento
empanzurrarse
empapelado, da
emparejada
emparejar
empascalada
empelotamiento
empeñero, ra
empepeyotarse
emperramiento
empeyotada
empeyotarse
empinada
empipianada
empolvarse
emposmarse
empujada
empuje
empujón
empuntada
empuntar
enarcarse
encabrestar
encajarse
encaje
encajoso, sa
encajuelamiento
encajuelar
encajundillar
encalada
encalillada
encalillarse
encamable
encamorramiento
encamorrar
encamotamiento
encanijada
encanijamiento
encanijar
encanoar
encantados
encaramada
encaramador, ra
encaramarse
encarreramiento
encarrerar
encarrilada
encarrilarse
encartarse
encasquetada
encasquetar
encelamiento
encelar
encerrona
enchamarrada
enchaparramiento
enchaparrarse
enchapilado
enchapilar
enchapopotamiento
enchapopotar
enchileanchar
enchinada
enchinamiento
enchinchamiento
enchincualar
enchipoclamiento
enchipoclar
enchipotlamiento
enchipotlar
enchucatada
enchucatarse
enchuecada
enchufada
encierre
encimoso, sa
encino
enclochamiento
encolado, da
encontentamiento
encontentar
encontrarle
encornamiento
encornar
encuatar
encuerado
encueratriz
encuerdamiento
encuerdar
encuerparse
encuetar
endenantes
endiablar
enditamiento
enditarse
endrogada
enfajilladora
enfajillador, ra
enflatar
enfrazar
enfrenada
enfrenón
enfrijolada
engañar
engargolado
engargolamiento
engargolar
engarrotarse
engentamiento
engentar
engodadero
engodamiento
engordacabras
engordadera
engordar
engordero, ra
engrosar
engrose
enguacalar
enguarapetada
enguasar
engurruñarse
engusanada
enhierbar

enhuacalamiento
enhuacalar
enjalmable
enjambre
enjaquimarse
enjarrada
enjarrado
enjarrar
enjarre
enjaulador, ra
enjaularse
enjitomatada
enjitomatar
enjorongar
enjorquetar
enjutirse
enlamamiento
enlamarse
enlame
enlevar
enlutamiento
enlutecer
enmalladora
enmallamiento
enmicado
enmicar
enmolada
enmorralada
enmorralar
enmuinamiento
enmuinar
enqueridarse
enratonarse
enredar
enredo
enrielada
enronchamiento
enroscarse
ensalada
ensalitrar
ensamble
ensarapar
ensartada
enseñar
entabacarse
entable
entaconar
entambar
entender
entequilada
enterregar
entomatada
entomatado
entomatar
entorchado
entorilar
entrada
entrambulicamiento
entrambulicar
entrambulique
entrarle
entre
entrecostilla
entrefalda
entregar
entrego
entreguista
entuchar
entular
envenenar
envergamiento
envergar
enviar
envidia
enyerbar
enyerbadura
enyerbe
enzolvamiento
enzolvar
enzolve
epa
épale
epazote
equelite
equimite
equipal
equipatear
equipata
equis
eres
erizamiento
erizar
erizo, za
escabecharse
escamada
escamar
escamocha
escamol
escamole
escaramuza
escarcha
escarlatino, na
escarmenador
escarmenada
escarmenar
escarola
escarpa
escautear
escoba
escobeta
escobeteada
escobetear
escobeteo
escobilla
escobillado
escobillo
escobillón
escoleta
escoltero
escombrada
escombrar
escondidillas
escorzonera
escritorio
escuintle, tla
escurrida
escurridera
escurriduras
escurrir
eskimo
esmedregal
eso
espabilada
espadín
espadón
espamentoso, sa
espantabobos
espantacigüeñas
espantaflojos
espantalobos
espantapendejos
espantar
especie
espectacular
espelón
espiada
espiar
espichado, da
espichar
espiga
espigueador, ra
espiguero
espinerío
espinillento, ta
espinillo
espinilludo, da
espinosilla
esponja
esprea
espuelado, da
espuelita
espule
espuma
espumilla
esquiate
esquimera
esquimo
esquinera
esquitera
esquitero, ra
esta
establo
estacada
estafiate
estampar
estanquillo
estantillo
estatal
esténcil
estencilear
estética
estirar
estómago
estoquillo
estornudadera
estrella
estrellita
estribo
estrujadas
eudeve
evangelista
examen
exhibición
exhibir
exótica
extensible
extrañamiento
extraordinario
extremarse
ey

F

fa
fabriquero, ra
facetada
faceteada
facetear
faceto, ta
fachosear
fachoseo
fachoso, sa
faena
fafalais
fafalaises
fafalias
faisán
fajada
fajador, ra
faje
fajina
fajo
faldillero
faldilludo
falsa
falsete
familia
famullo, lla
fanal
fandango
fantochería
fara
farafara
faramalla
faramallar
faramalloso, sa
farlopero, ra
faro
farol, la
fatiga
faul
fayuca
fayuqueada
fayuquear
fayuqueo
fayuquero, ra
federica
feliz
felón, na
felpar
ficha
fichar
fideo
fierrada
fifez
fifo
figuras
figuroso, sa
filereada
filerear
filete
filipéndula
filomeno
filtro
finca
fineada
finear
fineo
finero, ra
finta
firmar
fistol
fiusha
flaca
flamas
flamboyán
flamear
flamingo
flashazo
flatoso, sa
flecudo, da
fleima
fleiman
fletada
fleyman
flojito, ta
flor
floreada
floricuerno
florifundio
floripundio
flotilla
foco
fodongo, ga
fodonguear
fodongueo
fodonguería
fodonguez
fogoso, sa
fondear
fondeo
fondero, ra
fondillo
forjar
formador, ra
forro
fotingo
fox
fraccionar
framboyán
franelear
franeleo
franelero, ra
franjolino, na
franquiciatario, ria
free
fregadazo
fregadera
fregadez
fregativo, va
fregonería
french
freno
frentazo
frescobote
fresez
fresura
fría
friega
friegamadral
friegaquedito
friego
friegomadral
frijolazo
frijolear
fritada
fritanga
fritanguear
frito, ta
frotadita
fruncimiento
fruncir
fruta
frutilla
fuchi
fúchila
fúchile
fucho
fuente
fuerza
fuete
fueteada
fuetear
fufurufar
funda
fundamento
fundida
funeraria
fusilata
fushia
fuste
fusteque
futurismo

G

gabacho, cha
gabán
gabanear
gabanero, ra
gacela
gachada
gachez
gachupatas
gachupinada
gachupo, pa
galán, na
galantea
galera
galero, ra
galgódromo
gallego, ga
gallinita
gallogallina
gallogallino
gallón, na
gamborimbo
gandalla
gandalle
gandalleo
gandaya
gandul
ganón, na
ganzúa
gañote
garabato
garambullo
garañona
garañón, na

garapiñado, da
garapiñar
garatusa
garbancillo
garbanza
garfia
garfio, fia
garganta
gargantón, na
garibaldi
garibolear
gariboleo
garigolear
garigoleo
garnachear
garnacheo
garnachero, ra
garnachudo, da
garniel
garnil
garnuchazo
garnucho
garrafa
garraleta
garrapatilla
garrerío
garrocha
garrolero, ra
garrotera
garrotero, ra
garrotillo
garruchazo
garrudo, da
garruliento, ta
garupera
gas
garzón
gasero
gasné
gasofa
gasparito
gastar
gateado
gatear
gatero, ra
gatígrafo, fa
gatúbela
gaucho
gavilán
gavilla
gavillero, ra
gaviota
gayo, ya
gayola
gayuba
gaznate
gazné
gazpacho
gecko
geco
gigante
gigantón
giósér
girarla
girasol
girera
girimico, ca
giriolo, la
giro, ra
gis
globero, ra
globo
gloria
gobernadora
godín
godinato
godinear
godineo
godínez
gollete
golletear
golleteo
golletero, ra
golón
golondrina
gomita
gorbetear
gorbeteo
gorda
gorgoreador
gorra
gorreada
gorreo
gorrión
gorrita
gorro
gota
goteadura
gracia
graciotas
graficada
grafo
granadero, ra
granjel
granjena
granjeno
grapa
grasa
gratinar
greña
gretado
gretana
grifa
grilla
grillar
grillero, ra
grillo, lla
gringa
grito
gritón, na
grupera
gruyero, ra
guabesi
guacabaque
guacabaqui
guacalón, na
guácara
guacareada
guacarear
guacarera
guacarero, ra
guachal
guachapear
guachapeo
guache, cha
guachichil
guachilote
guacimillo
guacóporo
guadalajarense
guadalajareño, ña
guadalupano, na
guáguara
guagüis
guajay
guajiote
guajolocombo
guajolojet
guajolota
guajolote, ta
guajolotear
guajolotera
guajolotero, ra
gualulo
guámara
guameada
guamear
guamis
guamuche
guamúchil
guamuchilera
guanaca
guanacastle
guanaco, ca
guanajuatense
guandajón, na
guanengo
guapal
guapaque
guaparra
guapilla
guapo, pa
guaqueque
guarachar
guarachazo
guarache
guarachudo, da
guarampa
guarapear
guare
guarenga
guarijío, a
guarín, na
guaripa
guarro, rra
guarumo, ma
guasana
guaseado, da
guásima
guásimo
guasob
guasoncle
guasontle
guausoncle
guatape
guatapera
guatear
guateque
guatequero, ra

guatusa
guaute
guaxmole
guayaba
guayabate
guayabazo
guayabo, ba
guayacán
guayame
guayín
guayule
gubernatura
güegüeche
güegüenche
guelaguetza
güépula
güerco, ca
güerejo, ja
güero, ra
guerrerense
guerrista
guerroso, sa
guía
güichol
güila
güilanche
güilo, la
güilota
guingaro
guinumo
güinza
güira
güisa
güisache
güisarapo
güisayote
güísquil
güitumbillo
güiza
güizache
gumarro
gurguñate
gurrumino
gurusapo
gusanillo
guso
gustar
guzgo, ga
guzguear
guzguera
guzguería
guzguero, ra

H

habanera
habanero, ra
haber
habliche
hablichi
hablinche
hacayote
hacha
hacienda
hedionda
hediondilla
hediondo
helodia
hendida
heno
hermosillense
heroica
hey
hicotea
hidalguense
hidalgo
hidrocálido, da
hielo
hierbasanta
hierbatero, ra
higuerillero
higuerillo
higuerón
hilacho
hincharse
hipil
hocico
hoco
hocofaisán
hojaldra
hojaldre
hojamán
hojarasca
hojasanta
hojear
holán
holó
hombrada
horatotol
horma
hormanguillo
hornazo
horquillada
horquilleada
hotel
hoy
huacalillo
huacalón, na
huacalxóchitl
huachal
huachapear
huachapeo
huache, cha
huachichil
huachichile
huachicol
huachicolear
huachicoleo
huachicolero, ra
huacóporo
huacux
huacuxa
huacuz
huamuche
huamúchil
huanacaste
huanacastle
huanchal
huanzontle
huapal
huapango
huapanguear
huapanguero, ra
huapaque
huarache
huarachar
huarachazo
huarachudo, da
huarapear
huastecano, na
huasteco, ca
huatape
huateque
huatequero, ra
huaunzontle
huautle
huautli
huauzontle
huave
huaxacote
huaxmole
huazontle
huehuenche
huéhuetl
huejote
huele
huentle
huerco, ca
huerfanito, ta
huérfano, na
huesamenta
huesillo
huéspeda
huge
huichol
huichol, la
huiclacoche
huichacame
huichagorare
huichichile
huichichiltemel
huichuta
huico
huicumo
huila
huilanche
huilo, la
huilota
huinar
huisachada
huisache
huisachear
huisachería
huisachero, ra
huisai
huisay
huisiquil
huitatobe
huitlacoche
huitote
huitzapole
huitzilera
huizachear
huizachería
huizachero, ra
huiztlacuache
huje

hulífero, ra
humadera

I

ichcatón
iche
ichi
icinté
icohueyo
-ida
ideay
ídolo
ife
igual
iguanal
ilama
ilamacoa
imeca
impavidez
importamadrismo
importamadrista
imprepararse
imprevisivo, va
improvisado, da
inamé
inanué
incendio
inconformidad
incróspido, da
indiana
indiciar
ine
infeliz
inflable
inflar
inguande
ínter
irigote
irigotero, ra
iris
iscatón
iscoque
islaul
islaur
istacayota
istafiate
isuate
itacate
itzamacúa
ixcate
ixcateco, ca
ixguá
ixmahaná
ixpengua
ixpepe
ixpule
ixtabentún
ixtle
ixtlero, ra
iyamole
-iza
iza
izcanal
izote
izquiate
iztle

J

jabalí
jabalín, na
jacalear
jacalero, ra
jacalón
jacana
jacinto, ta
jadioso, sa
jaibo, ba
jaibol
jaibolear
jaibolero, ra
jakalteco, ca
jal
jalalteco, ca
jaleb
jalisciense
jalisco, ca
jalisquillo, lla
jalocote
jaltomata
jaltomate
jaltomatero
jamaicón
jamaicón, na
jamaicona
jambada
jambador, ra
jambar
jambazón
jambo, ba
jambón, na
jamón
jamoncillo
jarabero, ra
jaral
jaramado
jarana
jaranear
jaraneo
jaranero, ra
jaranista
jarcería
jarciería
jaria
jariar
jarilla
jarioso, sa
jaripa
jaripeada
jarocha
jarocho, cha
jaropeada
jaropearse
jarra
jarrito
jarro
jaulero, ra
jauque
jazmín
jazmincillo
jechu
jediondilla
jegüite
jeremico, ca
jeremiquear
jeremiqueo
jerga
jericaya
jerimico, ca
jerimiquear
jerimiqueo
jeteada
jey
jicalpeste
jicalpestle
jicalpextle
jicalpistle
jicarazo
jicarear
jicareo
jicarería
jichoso, sa
jicotea
jicotear
jicotillo
jigote
jijez
jijo, ja
jíjole
jilea
jilear
jilguerear
jilguero
jilosúchil
jima
jimador, ra
jimar
jimbar
jincar
jingibrina
jinicuil
jiotudo, da
jipioso, sa
jipiteca
jipiteco, ca
jiricaya
jirimico, ca
jiriolo, la
jitomatazo
jitomate
jocho
jocoatol
jocoatole
joconostle
jocoque
jocote
jocoyote, ta
jocuistle
joda
jodedumbre
jodidez
jojó
jolín, na
jolino, na
jolochal

joloche
jolochero, ra
jolotón
jonote
jonuco
jornadas
joronche
jorongo
jota
jotería
jotingas
jotolón
jotolón, na
joy
joyote
juacané
juan
juana
juanada
juanita
juarismo
juarista
jubilosa
juco
juda
judas
judío, a
juego
jugo
juguete
juguetear
juida
juilón, na
juirse
julia
jumatada
jumatazo
jumate
jumatear
jumatero, ra
jumil
junco
junior
junquillo
jurado, da
juramentero, ra
jurar
juria
justofué
jutamo

K

kabax
kambul
kamia
kancab
kancabear
kankab
kickapoo
kikapú
kiliwa
kilo
kimosabi
kinkis
kodzito
kol
kola
kolaloka
komóh
ku'ahl
kumiai

L

labial
laborista
lacandón, na
ladea
ladrillera
ladrónde
lagaña
lagartear
lambisconeo
lambisconería
lambisquear
lambrín
lambrisco, ca
lamepatas
lameplatos
lamer
laminazo
lampana
lampareo
lamparilla
lamparudo, da
lampaz
lancear
lanchón
lángara
langarear
langarico, ca
lángaro
langaruzo, za
languarico, ca
lantisco
lantrisco
lanzar
lapalada
laraila
larailo
larga
lata
latir
lavadero
lavadora
lavar
lavatrastes
lazariento, ta
lebón
lebrón, na
lechareada
lecharear
leche
lechemaría
lechereada
lecherear
lecherillo
lechero, ra
lechillo
lechoso
lechuguilla
leco, ca
lejía
lela
lele
lengua
lenguarico, ca
lentejilla
lentes
lentisco
león
leonera
leonero
lepe, pa
leperuza
leprosero, ra
lerendo, da
levantamuertos
leve
liacho
libramiento
libre
libro
licar
licenciado, da
licra
lienzo
limetón
limilla
limoncillo
limpiador
limpiatronco
lináloe
linche
línguili
lírico, ca
lirio
lista
listoncillo
litche
litchi
llamacoa
llamado
llamahielos
llamarada
llegada
llegador, ra
llora
lobo, ba
lochi
locochón, na
locote, ta
locuaz
lodero
lonch
lonchar
loquito
lorenza
lorenzana
lorito
lucerillo
luín
luis
luriarse

M

macabil
macachí
macalancoso, sa
macaniza
macarena
macarrón
macayo
macegual
machaca
machacado
machacuana
machao
machetiza
machi
machigüe
machihue
machihuy
machimbra
machín
machín, na
machina
machirrín
machirrín, na
machis
machito
machuache
machucada
machucadura
machuco, ca
machuelo
maciza
maclura
macochín
mactá
macuache
macuarreada
macuarrear
macuarro, rra
macuche
macuco, ca
macuilís
macús
macuteno, na
maderismo
maderista
madral
madreada
madreado, da
madrear
madrina
madrinola
madriza
madrola
madroño
madrota
madrugador
madruguete
mafafa
mafufa
mafufada
magnavoz
mago
maguaquite
maguey
mahuaquite
mai
maicito
maiz
maíz
malacatero, ra
malacatonche
malacopa
malacopeada
malacopear
malacrianza
malamujer
malcoa
malcopeada
malcopear
malcopeo
maldadoso, sa
maleconear
maleta
malgeniudo, da
malhombre
malilla
malinche
mallón
mallugón
malmodiar
malmodiento, ta
malmodoso, sa
maloja
malorear
malpasada
malpasarse
malva
malviajarse
malviaje
malvilla
mamada
mamar
mamazo
mame
mamerto, ta
mamey
mameyito
mamirrina
mamojuaxtle
mamucas
mamueca
mamuncia
mana
managuatillo
manalote
mancacaballo
manchado, da
manchamantel
manchis
manchón
mancomunado, da
mancuerna
manda
mande
mandiloneada
mandilonear
mandimbo
manea
manejada
mangana
mangarriazo
manguetería
manguillo
manita
manjar
manojeo
manojo
manosear
manoseo
manrubio
mantequillera
manto
manuela
manzanilla
manzanillo
manzanita
mapachagüe
mapachería
mapano, na
mapasúchil
mapear
mapeo
mapipitza
maquech
maquiladora
máquina
marca
marcar
marcatextos
marcha
marchantear
marchantería
mare
mareada
margallate
margarita
margayate
mariachera
mariagorda
marina
mariola
marota
marquesita
marranazo
marranilla
marrazo
marro, rra
martajada
martajado
martelina
martelinado
martelinar
martillo
masa
masacote, ta
masacotudo, da
masacúa
masacuata
masinó
maskin
masticar
mastuerzo
masú
matabachas
matacuaz
matalote
matancear
matanceo

matanga
matanguear
matangueo
matapiojo
matar
matasano
matatena
materialista
matlatzinca
matona
matrero, ra
matzatli
máuser
may
mayacaste
mayate
mayito
mayo
mayocol
mayora
mayordomía
mayordomo, ma
mayoritear
mayoriteo
mazacotudo, da
mazacúa
mazacuate
mazahua
mazapán
mazateco, ca
mazorquera
mazorquero, ra
mazorquilla
mearse
mecahilo
mecapacle
mecapatli
mecateada
mecatiza
mecatona
mecaxóchitl
meclapil
meco, ca
mecuate
medicina
medio
meimportamadrismo
mején
mejora
melón, na
meloncillo
melonzapote
membrete
membrillo
memela
memoria
méndigo, ga
menear
menguiche
menjunje
mensada
mentira
mentis
menudo
meocuil
mequiote
mercadela
mercado
mercocha
merendero
merenguero, ra
meridano, na
meridense
merideño, ña
mesabanco
mesero, ra
mesilla
mesiote
mesonzapote
mesósfera
mesote
mestlapique
metapil
metatear
metatero, ra
metepancle
metepantle
metepantli
metezurras
metlancasis
metodista
metzolle
mexa
mexcal
mexicalense
mexicanidad
mexicanista
mexicanización
mexicanizar
mexicano, na
mexiote
mexiquense
mexocote
mextlapique
meyal
meyolote
mezcal
mezcalear
mezcladora
mezclapique
mezontete
mezontle
mezonzapote
mezote
mezquicopal
mezquitamal
mezquite
mezquitillo
miagua
miango, ga
micha
michoacán
michoacano, na
mielero
mientras
migración
miguel
miguelito
mije
mil
milagrito
milagro
milcahual
millonetas
milpilla
miltomate
mimisqui
minguiche
minguichi
minutisa
miracielos
mirasol
mirlillo
mirón
mirotear
miroteo
mirulincillo
misa
miscua
misión
mispacle
mispastle
mistela
mita
mitaza
mitle
mitote
mitotear
mitotero, ra
mitra
mixcoco
mixe
mixeano, na
mixe-zoque
mixezoque
mixiote
mixteca
mixtecano, na
mixteco, ca
mocha
mochada
mochar
moche
mochería
mochez
mochilas
mochilería
mochó
mochomera
mochomo
mochongada
mochongo, ga
mocla
mocoque
modorra
modorro, rra
mojapendejos
mojigango
mojina
mojo
molacho, cha
molcajete
molcajetear
molcajetero, ra
molcas
molcate
molenque, ca
molera
molero, ra
mollete

molletear
molón, na
molongo
molonqueada
molonquearse
molonqui
molotera
momia
momio, mia
momita
momiza
momo
momoto
mona
monchis
monda
mondingo, ga
mondongo
móndrigo, ga
mone
monear
monedero
monero, ra
monillo, lla
montalayo
montarse
montera
montería
montero, ra
monterrelleno, na
monterreyeno, na
monterreyense
montonero, ra
moñudo, da
mop
mopeador
mopeo
moquete
moquetiza
mora
mordelón, na
mordelona
morelense
moreliana
moreliano, na
morenista
morilla
morillo
morita
morlote
mormado, da
mormarse
morral
morro, rra
morteadora
moruna
moscardón, na
mosco
mosongo, ga
mosqueo
mosqueta
mosquito
mostacilla
mostaza
motelar
motilla
motita
moto, ta
motocintleco, ca
motocle
motozintleco, ca
moyo
moyocuil
moyotle
moyotli
muatzate
mucbilpollo
mucbipollo
muchite
mucuya
mueble
muégano
muelas
muertito
muerto, ta
mugrero
muicle
muina
mujeraje
mujerería
mujú
mula
mulatilla
mulato
mulix
mulo, la
múltiple
muñeco
muppet
musajoyó
música
músico, ca
muste
mustio, tia
musú
mutusay
muxe

N

nabo
nacada
nacahuite
nacapitú
nacapuli
nacascalote
nacascolote
nacascul
nacasmá
nacatear
nacateo
nacatero, ra
nacatete
nacatón
nacayote, ta
nacazul
nach
nacha
nada
nadie
nagatero, ra
nagual, la
nagualeada
nagualear
nahua
nahuahablante
náhual
nahual, la
nahualear
nahualismo
nahualista
nahuapate
nahuatlaca
nahuatlaco, ca
nahuatlato, ta
nahuyaca
najayote, ta
najualá
nakatamal
nalgueada
nalguipronto, ta
nambimbo
nanacate
nanahuapatli
nanáis
nananche
nananchi
nance
nancerol
nanchibejuco
nango, ga
nanguera
nanita
naquear
naquerío
naquez
naquiza
naranjo
narciso
narrativa
narro, rra
nauyaque
nauyaqui
navajear
navajudo, da
navajuela
nave
navegar
nayarita
neceada
néctar
necuatolli
negociante
negociar
negocio
negra
neja
nejayo
nejayote
nejo, ja
nena
neolonés, sa
nesticuil
neta
netear
netón
neucle
neutle

neutli
nexcoyote
nextamalxóchitl
niamole
nicho
nicoatole
nicté
nicuatole
nido
nimácata
ninfa
niquindó
niscoco
niscómel
niscómil
nixcoco
nixcómitl
nixtamalero, ra
nixtamalizada
nixticuil
noche
nochera
nochesnopal
nocheztli
nochiztli
nochocle
nochote
nochotle
nogada
nogal
nogalillo
nohoch
nojoch
nomeolvides
nonti
nopalero, ra
nopalillo
nopalnocheztli
nopo
normatividad
norteña
novateada
novatear
novia
nube
nucú
nuculpat
nuégado
nuevehojas
nuez
nuncamente
nurite
nylon

Ñ

ñaca
ñamole
ñango, ga
ñapear
ñasgado, da
ñengo, ga
ñerez
ñonga
ñor, ra

O

oaxaco, ca
oaxaqueño, ña
obatel
obelisco
obrador, ra
obraje
obrajero, ra
obregonismo
obregonista
ocalo
ocaxtle
ocelosúchil
oceloxóchitl
ocochal
ocojal
ocoteada
ocoteo
ocotillo
ocoxal
ocoxale
ocozoal
ocozol
octavilla
ocuilteco, ca
ocuy
ofender
ofensiva
office
oficialía
ofrecido, da
ofrenda
ojal
ojaldra
ojaldre
ojamán
ojéis
ojetada
ojete
ojetear
ojetería
ojetez
ojoalegre
ojoche
ojolote
ojona
okey
oki
olán
olcacatzin
olcahuite
oleada
olinalá
olivo
olla
olmeca
ololiuque
ololiuqui
olotera
olotero, ra
olotón, na
olototol
olotudo, da
olozapote
oluteco, ca
omequelite
omita
-ón, na
ondeada
ondear
o'oba
ópata
opatano, na
operación
operadora
oquis
ora
orcajuela
ordinario
oreganal
orégano
órele
órenle
organillo
organito
órgano
orgasmear
oro
orozul
orozús
ortiga
ortiguilla
orzuela
oso
ostento
ostión
ostionería
ostoche
ostochi
otatal
otatave
otate
otatera
otatillo
otomí
otomiano, na
otopame
otopameano, na
overjauleada
overjaulear
ovitano
ox
oyamel
ozote

P

pacana
pacanil
pacano
pacanul
paceño, ña
pacha
pachacate
pachacato, ta
pachangueo
pachecada

pachequear
pachequeo
pachequez
pachi
pachiche
pachichi
pachiote
pachis
pachola
pachole
pacholear
pacholeo
pachonear
pachuca
pachuco, ca
pachuqueño, ña
pacota
padre
padrino
padroteada
padroteo
paga
pagua
pahua
pai
pailería
paipai
paisano, na
paiste
paisté
paistle
pajareo
pajarero, ra
pajarete
pajarillo
pajuela
pajuil
palancacoate
palancapacle
palancapatli
palanqueta
palanquetero, ra
palapa
palapar
palenquero, ra
paletería
paliacate
palillo
palmacté
palmán
palmilla
palmita
palocote
palofierro
palomazo
palomear
palomeo
palomero, ra
palosanto
pamba
pambaceada
pambaceado, da
pambacear
pambaceo
pambazo
pambiza
pame
panchero, ra
panchito, ta
pancho, cha
pancololote
pandearse
pandeo
pandroso, sa
panismo
panista
panorámico
panqué
pantalonera
panteonera
panuchero, ra
panucho
panzal
panzazo
papá
papachador, ra
papachar
papache
papacho
papacla
papadzul
papagayo
pápago, ga
pápalo
papalón, na
papaloquelite
papaloteo
papaqui
paparrón
papasul
papatlitla
papausa
papayero
papazul
papelero, ra
papeliza
papelote
papi
papichulo
papirrín
papuchi
papucho
paquero, ra
paquetero, ra
paracaídas
parangua
parbuca
parchada
parche
parchicuate
pardear
parián
pariente, ta
parir
parís
parqueada
parrandán
parrilla
parrillada
parteaguas
partemadres
parvear
parvifundio
parvifundismo
parvifundista
pasado, da
pasalistón
pasante
pasaportear
pasarríos
pascal
pascle
pascola
paseado, da
pasel
paseo
pasera
pasero
pasillo
pasión
pasmado, da
pasmarse
pasojo
pasonearse
pasote
pasta
pastel
pastelear
pasteleo
pastero, ra
pastle
pastor
pastorear
pastorero, ra
patacua
patashete
pataxete
pateado, da
pateador, ra
patí
patichueco, ca
patineta
patiño
patío
patitas
patol
patrimonializar
patzcal
pava
paxaque
paxtle
payacate
payasito
pea
pealada
pealar
pecanero
pececitos
pechal
péchita
pechito
pecho
peda
pedacería
pedaleada
pedero, ra
pediche
pedinche
pedorriza
pedregal

pegajoso
pegosteo
pegostle
pegostre
peinar
peinecillo
pejelagarto
peladaje
peladal
peladez
pelaná
pelandrujo, ja
pelangocho, cha
pelechar
pelillal
pelillar
pellejo
pellejudo, da
pellizcada
pellizcar
pellizco
pelódromo
pelona
pelonar
pelonote, ta
pelotera
peltre
peluca
peluche
pelusa
pemuche
penca
penchuque
penco, ca
penconote, ta
pendejez
peneque
penqueada
penquear
pensativo, va
pensión
peñasquería
pepe
pepenable
pepenadero
pepenco, ca
pepestle
pepeyote
pepino
peralillo
percherón
perdedizo, za
perder
perdida
pérdigo
perech
perejilazo
peribana
perica
periquera
perita
perla
perlilla
perlita
permanente
perol
perrada
perrear
perredismo
perredista
perreo
perrito
persignarse
persogo
personería
pescaditos
pescado
pescante
pescoceada
pescuezo
pescuezona
pescuezudo, da
pesera
pesero, ra
pesetero, ra
peso
pespunte
pespunteada
pespuntear
pespunteo
pestaña
pestañar
pestañazo
pestañeazo
pesudo, da
petaca
petacón, na
petaquear
petaquería
petaquero, ra
petate
petateada
petatería
petatillo
petismo
petista
petróleo
petrolera
petrolizar
pewter
peyoteada
peyotear
peyotero, ra
pez
pezuña
pi
pialada
pialador, ra
pialar
pialera
pib
pibil
pibinal
pibipollo
picada
picadero
picador
picaflor
picante
picazón
pichada
pichancha
picheo
pichi
pichicateo
pichiche
pichicuata
pichicuate
picho
pichoco
pichol
pick-up
picogordo
picogrueso
picón, na
picoretear
picte
pictle
picuaremo
picuy
piel
pierna
piesera
piesero
pifar
pifiar
pifla
pigua
pijón
pijul
pila
pilada
piladero
pilador, ra
piladora
pilar
pilcate
pilguanejo, ja
pilico
piligüijo, ja
pilmama
pilón
pilonche
piloncillo
piltamal
piltoncle
piltontle
pima
pin
pinacatada
pinacate
pinaco
pinche
pinchurriento, ta
pindicua
pingo, ga
pingüica
pino
pinol
pinolear
pinolera
pinolillo
pintada
pinto
pinturita
piña
piñar
piñata
piojero
piojo

pipada
pipián
pipicha
pípilo
pipiluyo
pípiris
pipirisnáis
pipisca
pipisqui
pipope
piquera
piraya
pirecua
pirimo
pirix
pirrimplín, na
pirrín
pirrurris
pirujo, ja
pisacorbata
pisacorbatas
pisaje
pisatario, ria
pisca
piscacha
piscador, ra
piscadora
piscar
pispirria
pispirrín
pistache
pistacho
pisteada
pisteadera
pisteador, ra
pistear
pistiojo, ja
pisto, ta
pistolazo
pistoqué
pita
pitear
pitero, ra
pitiflor
pito
pituti
pixca
pixcador, ra
pixcar
pixque
pizarrín
pizca
pizcacha
pizcador, ra
pizcar
piznate
pizote
placa
plagiador, ra
plan
plancha
planilla
plano
plantada
plantilla
plantón
plataforma
plataformero, ra
platanero
platero
playera
plebada
plebe
pleito
plenaria
plenarista
plomeo
plomería
plumilla
poblano, na
poca
pocamadre
pocavergüenza
poc-chuc
poch
pochar
poche
pochear
pochería
pochi
pochismo
pochitoque
pocho, cha
pochote
poco
poder
poderosa
pókar
polaca
polejía
polendas
polín
polko
polla
pollero, ra
pollito
polvera
polvorón
pomadoso, sa
pomo
pompa
ponchada
ponedor, ra
ponencia
ponente
pongo
ponle
ponopinito
ponteduro
pontó
pooch
popada
popal
popalear
popaleo
popalería
popalero, ra
popis
popo
popoloca
popolocano, na
popoluca
popote
popotillo
popoxcal
poquianchi
poquitear
poquiteo
porcelana
porfiriano, na
porfiriato
porfirismo
porfirista
poro
porraceada
porracear
porrazo
porrear
porril
porriño
porrismo
porro, rra
portallanta
portero
portugués
posadear
pote
potosino, na
potreada
potrear
potze
pozancle
pozolear
pozoleo
pozolería
pozolero, ra
pozolillo
pozoliza
pozonque
pozuelo
prángana
preciso, sa
prendedor
prendida
prensar
preocupón, na
preparatoria
preparatoriano, na
presidente
presídium
preventiva
previsivo, va
priísmo
priísta
pritt
procurador, ra
procurar
prolongársela
prontino, na
pronto, ta
propinero, ra
puchear
pueblo
puerco, ca
puercoespín
puerquita
puerquito
puesto, ta
púgil
pulcata

pulman
pulmonía
pulquería
pulquero, ra
punche
punto
pupilente
pura
purépecha
purepechismo
puro
purrún
purux
put
putamadral
putazo
puteada
putero
putimadral
putiza
puto
puxaxé
puxcahua
puxinú
puxo, xa

Q

quebracho
quebrada
quebradero
quebradita
quebradora
quebrantada
quebrantahuesos
quebrantamiento
quebrantar
queca
quechol
quechquémel
quechquémetl
quechquémitl
queco
quedadizo, za
quedado, da
quejumbrear
quejumbreo
quejumbres
quelachina
quelele
quemaca
quemada
quemadora
quemados
quemón
queque
quequescamote
quequeste
querenda
queretano, na
querreque
quesillo
queso
quesqueme
quesquémel
quesquémetl
quichinixi
quico
quicuyo
quiebra
quiebramuelas
quiebrapalito
quiebraplatos
quién
quihubo
quihúbole
quiltonil
quimil
quina
quince
quinceañera
quinceaños
quincear
quinientas
quinientón
quintanarroense
quinto
quinto, ta
quintonil
quintopatiero, ra
quiobas
quiobo
quióbole
quiote
quiquear
quiricua
quitán
quitaplacas
quitarse
quitupán
quiubas
quiubo
quizajas

R

rabanillo
rabeadera
rabiahorcado
raite
raiz
raíz
raja
rajar
ralámuli
rama
rameada
ramoncillo
ranchera
rancherada
ranchería
ranchero, ra
rapa
rapamontes
rapidín
rarámuri
rascadura
rascaduría
rascalavieja
rascatripas
rascuache
rascuachera
rascuacho, cha
rasmillada
rasmilladura
raspa
raspabuche
raspada
raspadito
raspaguacal
raspasombrero
raspatablas
raspón
rasquera
rastrillo
rastrojero, ra
rasurada
rasurar
rata
ray
raya
rayado, da
rayador, ra
real
realada
realar
reatiza
rebane
rebocería
rebocero, ra
rebolichada
reboruja
reborujadero
reborujar
reborujo
rebumbio
rebusque
recado
recalentado
recargada
recargarse
recargo
recargón
recarpetear
recarpeteo
recaudería
recaudero, ra
recaudo
recetada
rechinadera
rechinadero
rechinador
rechinar
rechola
recia
recio, cia
recoja
recordársela
recortar
recorte
recoveco
reculativa
redoba
redova
redrojear
redrojo, ja

refaccionaria
refaccionista
refifar
refife
refino
refreír
refrescársela
refresquería
refritar
refritear
refrito
regalado, da
regaloneo
regañiza
regazón
regazona
regio, gia
regiomontano, na
registradora
reguera
reguilete
rehilete
rejega
rejeguear
rejeguería
rejeguero, ra
rejoyada
relajear
relajiento, ta
relajista
relevo
relingo
remachadura
remanse
remesa
remillo
remojo
remojón
remolacha
remolón, na
remuda
remudar
renovadora
repamplinfarla
repapalotear
repapaloteo
repasada
repasar
repastar
repasto
repecho
repela
repelada
repeladero
repelar
repelo
repelón, na
repepenarse
repesca
repetir
reportazgo
reporte
requintista
requisitar
resbaladilla
reservación
resistol
resmillar
resonga
resongar
resongón, na
resortera
respeto
responsiva
restirador
retacería
retache
retaguardia
retama
retamo
retazo
retoño
retorno
retozar
retozo
retribuir
reuma
reventada
reventadero
revientacabra
revientacinchas
revientamuelas
revirada
revire
revivo
revoltijo
revolvedora
revolvencia
rezagado
rezo
ride
rielera
rielero, ra
rifar
rifle
ring
rinquinillo
riñista
riñón
ripeo
ripiar
risionada
robacarros
robachicos
robalón, na
robavacas
robo
rocío
rocola
rodada
rodado, da
rodadura
rodar
rodela
rodilla
rolita
rollo
romerillo
romerito
romero
rompecapa
rompelón, na
rompemadres
rompemuelas
rompeplatos
romper
rondín
roña
roperazo
rosa
rosadilla
rosalillo
roselina
rosetilla
rosicler
rosilla
rostizada
rotafolio
rotafolios
rotería
rotograbado
royal
rozadera
rozón
ruco, ca
rucola
rúcula
rudo, da
rueda
rugir
ruidero
ruinas
rumoreo
runfia
ruñido, da
ruñir
rupa
rutuburi

S

sabacché
sabacuite
sabadazo
sabalí
sábana
sabanal
sabanera
sabanicté
sabano
saber
sabín
sabino
sabroseada
sabrosear
sabroseo
sabrosura
sabucán
saca
sacabuche
sacabuches
sacabullas
sacachiche
sacalacahuite
sacalepunta
sacamaloras
sacamanteca
sacamiel

sacasil
sacatamal
sacatán
sacatascal
sacateada
sacatear
sacateo
sacatón, na
sacatripa
sacatripas
sacón, na
sacrificada
sacrificar
sahumerio
salazón
salbute
salchichonería
salesale
salidor, ra
salitroso, sa
saliva
salivero
salóbrego, ga
salonear
saloneo
salpicadera
salsear
salseo
saltador
saltapalo
saltapared
saltaperico
saltarín
saltarina
saltarroca
saltarse
saltillense
saltilleño, ña
salubridad
salud
salvadora
salvar
salve
samaritano
sambesarambe
sambutida
sanacoche
sanalotodo
sanar
sancamilo, la

sanchac
sanchaque
sancho, cha
sancochado
sancocho
sandunga
sandunguear
sandunguero, ra
sándwich
sandwichera
sanfelipe
sangarrias
sangaruto, ta
sangrada
sangría
sangrita
sangrón, na
sangronada
sangronear
sangronería
sangualico
sanjol
sanjuán
sanjuanazo
sanjuaneada
sanjuanear
sanjuanearse
sanjuaneo
sanjuanera
sanjuanero, ra
sanlunes
santa
santamaría
santanazo
santanista
santoniño
santuario
sape
sapeta
sapito
sapo
sapotillo
saraguato
sarahuato
saramuyo
sarape
sardo
sarra
saruqui
sasacua

sasagua
sascab
sascabera
sasele
sastre
sastrecillo
saucle
saúco
sautle
sauyán
sayolistle
sayulteco, ca
sayunsay
score
sebucán
secadora
secretearse
secundaria
sedilla
seguido
seguirle
según
segundar
seguro
segurolas
seis
sellar
sema
semana
semblantear
semblanteo
semilla
semillerito
semita
sempasúchil
sempiterna
senitud
sentido
seña
seño
separo
ser
sereno
sereque
seri
sermonero, ra
serpiente
servilleta
sesgarse
sesteada

seto
sexoservidor, ra
shirgo, ga
shishpolá
shote
show
shuti
sibal
sicaján
siché
sicte
sidral
siempre
sietepresas
sikilté
silbatazo
sillas
silosúchil
simple
simpleada
simplear
sina
sinaloense
sincolote
sincotel
sincronizada
sincuate
sindicato
síndrome
sinfonola
sinicuiche
sinicuil
sinicuilche
sinita
sinodal
sintul
sinvergüenzura
sipché
siqueté
sirarí
sirasil
siricua
sirimo
sirlochi
sirre
sirundanicua
sisirisco
sisterna
sitio
soapatle

soba
sobada
sobajar
sobaquera
sobres
soconante
socorrido, da
socoyote, ta
soda
solapa
sollada
sollamada
sollamarse
sollar
soltar
sombra
sombrerudo, da
son
sonadora
sonaja
sonajear
sonar
sonayote
soncle
sonería
songa
sonidero, ra
sonido
sonora
sonorense
sonorita
sontle
sopa
sopaipilla
sópale
sope
sopear
soplador
soplapescuezos
sopleteada
sopletear
sopor
sóquet
sorgatón, na
soricua
sorjuana
sornear
sorongo
sorrajarle
sorrajazo
sorullo, lla
sosa
soso
sosote
sospechosismo
sospó
sosquil
sosquilar
sosquileada
sosquilear
sosquín
sosquineada
sosquinear
sotacaballo
sotaco, ca
sotanudo, da
sotol
sotolito
sotupio
soyacapulín
soyamiche
soyate
stetson
suaca
suadero
suajar
suaje
suapatli
suaperro
suato, ta
suave
subejercer
subejercicio
suchicahue
súchil
sucucho
sudarle
sudbajacaliforniano, na
sueño
suerte
sufricago
sufricaya
suizo, za
sulché
sumida
sumir
sunfiate
sunsuneada
sunsuneo
sunsuniar
sunté
sunzapote
súper
surbajacaliforniano, na
surcaliforniano, na
surfo, fa
suriano, na
surimbo, ba
surquerío
surtirse

T

ta
tabaneada
tabanear
tabanero, ra
tabaquear
tabaquillo
tabardillo
tabarete
tabascano, na
tabasqueño, ña
tabché
tabique
tablelojeca
tablonear
tabloneo
tablote
tacalote
tacari
tacha
tachalote
tachar
tache
tachicón
tachiste
tachuelear
taciste
tacolote
tacón
taconear
taconeo
taconera
tacoso, sa
tacote
tacotillo
tacuacha
tacuachadora
tacuachar
tacuacín
tacualón
tacuarín, na
tacuarinero, ra
tacuate
tacuil
tafitazo
tagarnina
taguapillo
tah
tahuitol
taimame
tajamanil
tajarrar
tajarrazo
tajé
tajín
tajuy
taka
takataka
talacha
talache
talachear
talachero, ra
talacho
talamontes
talata
talavera
talclote
talcochote
talega
talegas
talegón, na
talguate
talguatoso, sa
talguatudo, da
talla
tallador, ra
talle
tallón
talludo, da
talón
taloneo
talonero, ra
tamacua
tamafac
tamafat

tamagua
tamajona
tamal
tamalayota
tamalayote
tamaleada
tamalería
tamarindo
tamaulipa
tamaulipeca
tamaulipeco, ca
tambachi
tambor
tambora
tamborazo
tampicirán
tananini
tanateo
tanatero, ra
tanchar
tanchí
tanchiche
tanchucua
tanchukua
tango
tanguarnís
tanibata
taninole
tanteada
tanteador, ra
tantear
tanto
tapabotija
tapachol
tapachole
tapaculo
tapado
tápalo
tapatío, a
tapete
tapón
tapú
taqueada
taquear
taquería
taquero, ra
taquiza
tarahumara
tarahumarano, na
tarambana
tarasco
tarasquismo
tarecua
tarjetear
tarola
tarolas
tarpala
tarrandán
tarrayada
tarrayar
tarrayeo
tarrayero, ra
tartaja
tarugar
tarugazo
tarzán
tarzanera
tasajera
tascalate
tascul
tatacha
tatahuila
tatalencho
tatanini
tataquear
tatema
tatemada
tatemado
tatemar
tauch
tawitol
taxi
tayra
tecali
tecata
tecate
tecateada
tecatear
tecatero, ra
tecato, ta
techalote
techol
tecla
teclate
técnico, ca
teco, ca
tecochar
tecol
tecolín
tecolota
tecolote, ta
tecolotiza
tecopalcalhuite
tectiteco, ca
tecuán
tecuejo
tecuín
tecuino
tehuacán
tehuacanazo
téibol
teibolero, ra
teja
tejabán
tejate
tejocotal
tejolote
tejón
tejuinada
tejuino
tektiteco, ca
telera
temacuil
temascal
temascalero, ra
temazate
temblorina
tememetla
temolote
tempatlahoac
tempecate
tenate
tenateo
tenatero, ra
tencua
tencuache
tencuacho, cha
tendajón
tender
tendido, da
tenejal
tenmeacá
tenmeaquí
tentón, na
tentonear
teocali
teocalli
teocintle
teosinte
teotihuacano, na
tepache
tepachera
tepachería
tepachero, ra
tepalcate
tepalcatería
tepalcuana
tepalhuana
tepaljuana
tepaneca
tepecano, na
tepehua
tepehuaje
tepehuán, na
tepehuano, na
tepescuincle
tepescuintle
tepesquite
tepetate
tepezcohuite
tepezcuinte
tepezcuintle
tepimano, na
tepiqueño, ña
tepitear
tepiteo
tepol
tepolito
teponastle
teponaztli
tepopote
teporingo, ga
teporocha
teporocho, cha
tepozán
tequereque
tequesquital
tequesquite
tequezquite
tequila
tequilazo
tequilear
tequilería
tequilero, ra
tequio
tercio
terciopelo
terracería
terregal
terreno

terrero
tescalera
tesgüinada
tesgüino
tésota
testerear
testereo
tetechal
teterete
tetla
tetlame
teto, ta
teucali
texcal
texcaxóchitl
texistepequeño, ña
tezonpantli
tezontle
tianguis
tianguispepetla
tiburón
tienda
tierral
tierroso, sa
tieso, sa
tigre
tijereada
tijereteada
tijeretear
tijereteo
tilcoate
tilica
tilichento, ta
tilichiento, ta
tilico, ca
tilín
tilinti
tilique
tilma
timbe
tin
tinacal
tinacalero, ra
tíner
tinga
tiple
tipluda
tipo
tiquio, quia
tira
tirabuzón
tiraleche
tirano
tiriciar
tirlanga
tirol
tiroleada
tirolear
tirolera
tiroteada
tirotear
tiznado, da
tizo, za
tlacámel
tlacámetl
tlachar
tlachicar
tlachicotón
tlachique
tlachiquero, ra
tlaco
tlacocuautli
tlaconete, ta
tlacote
tlacoyo
tlacuachín
tlacualeada
tlacualear
tlacualero, ra
tlahuica
tlalamate
tlalcoyote
tlalitos
tlalsahuate
tlalzahuate
tlanepa
tlapalería
tlapalero, ra
tlapaneco, ca
tlatomaxíhuitl
tlaxcalteca
tlayuda
tlazole
tlazolera
tlecuil
tlecuile
tobilholoch
tobillera
tocada
tocar
tochito
tochnacaztli
tocho
tocna
todo
toh
toleco
toletazo
tolinga
toloache
tolobojo
tolok
tololoche
tolón
toloque
tolteca
tolucano, na
toluqueño, ña
tomada
tomate
tompeate
tompiate
tono
topada
topar
tope
topeador, ra
topear
topetar
topetear
topil
topillar
topillero, ra
topillo
toquín
torcido, da
torear
torito
tornaboda
tornafiesta
tornillo
toro
toropinto
torreta
torta
tortería
tortolocho, cha
tortuga
torzón
tosijoso, sa
tostada
tostón
totogapolín
totol
totole
totomoscle
totomostle
totomoxtle
totomoztle
totonaco, ca
totonaco-tepehua
totopo
tracaleada
tracalear
tracaleo
trafique
tragaños
trago
trajinera
trajinero, ra
tramafac
tramafat
tranqueada
tranquear
transar
transear
transitar
transparencia
transparencias
tranza
tranzar
trapiche
traqueteada
traquetear
traqueteo
trasbotica
traslapar
traslape
trastero
trastupije
trebejo
trébol
trenista
trepadera
trepadero
trepador
trepechón
trespeleque
triate
tribalizar

tricolor
triguillo
trincar
tripa
tripié
trique
triqui
troca
trole
trolelote
trompa
trompeta
tronado, da
tronador
trono
tropósfera
truene
truje
tsamá
tsamchak
tsapal
tseltal
tsiris
tsopsandía
tsotobichay
tsotsil
tubo
tuch
tucho
tulipán
tulix
tullido
tumbavaqueros
tup
tupir
turco
turismo
turix
turnar
turulete
tutupiche
tuturusco, ca
tux
tuxtleco, ca
tuzanteco, ca
tzeltal
tzeltalano, na
tzendal
tziqueté
tzompantli
tzonistac
tzotzil

u

uachi
uacóporo
uanimo
uayuc
úchala
úchale
uchepo
uclatave
uco
udi
uguate
uixada
uixar
ulama
ulazapote
uliche
último, ma
unicel
unidad
uñeta
uñilargo, ga
urna
urza
urzuela
úscale
úshcale
uspib
utzupec
uvé
uvero

v

vaciado, da
vago, ga
vagonero, ra
vaiburín
vainillón
vainoro
valedor, ra
valemadrismo
valemadrista
valenciana
valentón
vallado
valona
valonero, ra
valor
vampiro
vapor
vaporcito
vaporizo
vaquería
vaquerillo
vaquero
vaqueta
vaquetón, na
vaquetudo, da
vara
varaduz
varilla
varillero, ra
varudo, da
vasconcelismo
vasconcelista
vascoso, sa
vaserán
vaso
vasolote
vecindad
veinticuatro
velada
veladora
velar
velís
ven
venadazo
venadeo
venadillo
vendimia
veneno
venganza
venida
ventaneo
ventila
ventura
veracruzano, na
verbeada
verbear
verbo
verdín
verdioso, sa
verdugo, ga
vereda
vergüenza
verificación
versada
verse
vertiente
vestida
veza
vía
viboreada
vicaria
vichishovo
vichi-xoba
victrola
vida
viejada
vieneviene
vientos
viga
vigésimo
vigorosa
viguero, ra
villahermosino, na
villamelón, na
villameloneada
villamelonear
villismo
villista
vinagre
vinagrillo
vinca
vinorama
virginia
virginio
virolear
virolo, la
virote
virreina
visionudo, da
viuda
vivas
vocho
volador, ra
volán
volancoché
volanta
volcameria
volcán

volibolero, ra
volón
volpoch
volteón
volverse
vomitel
vuelo

W

waaxim
wácara
wacarear
wachacarros
wáchale
wachar
wachear
wafle
wampa
washa
wech
wetudo, da
wilbur
wiwi
wix
wixar
wixear
wolpoch

X

xbayumac
xcau
xec
xek
xiaxek
xic-ché
xical
xícal
xich
xichoso, sa
xik
xikear
xiloxóchitl
ximacol
xirgo, ga
xiuil
xix
xixal
xkanché
xkanpocolcum
xkikil
xlá
xmacolan
xmahaná
xmajaná
xmaoficio
xmaol
xnipec
xoalacate
xoch
xochear
xochichuy
xochilo
xochistle
xochitencuate
xoco
xocoatole
xococuistle
xocol
xoconochtle
xoconoscle
xoconostle
xoconoxcle
xoconoxtle
xocopedo
xocosóchil
xocotamal
xocote
xocoyote, ta
xocoyotin
xocoyotzin
xokbichuy
xolate
xolo
xoloescuincle
xoloescuintle
xoloitzcuintle
xoloizcuincle
xoloizcuintle
xomote
xonequelite
xongo, ga
xoquía
xoquiaque
xoquiento, ta
xoquilla
xoquillento, ta
xoquillo
xoquío
xorgo, ga
xote
xoxocote
xoxopascle
xoxopaste
xoy
xpayumac
xpelón
xpuhuk
xtabay
xtabentún
xtolok
xtuhú
xtup
xube
xucul
xucúpara
xulab
xumil
xunco, ca
xunde
xure
xuricu
xuro
xux
xuxac

Y

yacapatlahoac
yácata
yaco
yagahuil
yagalán
yaguela
yaité
yaqui
yarata
yarda
ydeay
yerba
yerbasanta
yeyepaxtle
yoga
yohualcuachil
yolanda
yoli
yolis
yolochichi
yolochichitl
yolosóchil
yoloxiltic
yoloxóchitl
yóndiro
yope
yori
yorimuni
yoyote
yucatanense
yucateca
yucateco, ca
yucateco-lacandón
yuco
yucucaca
yucucaya
yucundatura
yunque
yuruch, cha
yutonahua
yuya

Z

zacachichi
zacahuil
zacapal
zacasil
zacateada
zacatear
zacatecano, na
zacatechichi
zacatecomate
zacateo
zacatillo
zacatlascal
zacatlaxcale
zacatlaxcali
zacatuche
zacopipilol
zacua
zacualtipana

zafada
zafo
zalbute
zambeque
zambo, ba
zambutida
zamhool
zanca
zancón, na
zandunga
zandunguear
zandunguero, ra
zapatismo
zapatista
zapatiza
zapato
zape
zapear
zapotecano, na
zapoteco, ca
zapotecuate
zapotillo
zarabanda
zaragate, ta
zaranda
zarandear
zarape
zaraza
zarazo, za
zarzabacoa
zayoliscán
zayolizcán
zazacua
zazal
zazale
zazálic
zazamil
zazanil
zazáñic
zencolote
zendal
zendechó
zerete
zik
zoapatle
zócalo
zoclo
zocotroco, ca
zocuco
zolcuate
zompantle
zompantli
zompopa
zongolica
zongón
zonistac
zopilocahuite
zopilotear
zopiloteo
zoque
zoqueano, na
zoquete
zoquite
zorimbo, ba
zosquil
zotaco, ca
zotehuela
zotol
zoyatanate
zoyate
zozopaste
zozote
zubín
zumba
zumbarse
zumuque
zurrapa
zurrón, na